Mm [em エム]
M m
「エ」を強く言ったあと、口を閉じたまま鼻で「ム」と言う。「ム」はハミングするときの感じに近い。

Nn [en エン]
N n
「ン」は舌先を上の歯ぐきにつけて言う。「エンヌ」という感じ。「みんな」の「ン」に近い。

Oo [ou オウ]
O o

Pp [pi: ピー]
P p

Qq [kju: キュー]
Q q
「九州」と言うときの「キュー」より、くちびるをすぼめる。ひょっとこのようにくちびるを丸めるのがコツ。

Rr [ɑ:r アー]
R r
あくびをするときのように口を大きく開けて「アー」と言う。米音では舌を後ろに反らせる。

S s
「エ」をはっきり言う。「ス」は軽く「スー」と空気がぬけていく感じで言う。

T t
舌先を上の歯ぐきにつけて「ティー」と言う。

Uu [ju: ユー]
U u
口ぶえを吹くようにして、「ユー」と言う。ひょっとこのようにくちびるを丸める。救急車の「ウーウー」に近い。

Vv [vi: ヴィー]
V v
下くちびるを軽くかんで「ヴィー」と言う。「ブイ」や「ビー」ではない。

Ww [dʌblju: ダブリュー]
W w
「ダブル ユー」(2つのU)を続けて言ったもの。「ダ」を強く言う。

Xx [eks エックス]
X x
「エ」を強く言い、軽く「クス」をそえる。「クスクス」と笑うときの音に似ている。

Yy [wai ワイ]
Y y
口ぶえを吹くときのように、口先をつき出して「ワイ」と言う。おどろいたときの「ウワッ」という感じに近い。

Zz [zi: ズィー]
Z z
Cをにごらせて「ズィー」と言う。イギリスでは[zed ゼッド]とも言う。

THE JUNIOR ANCHOR
ENGLISH-JAPANESE JAPANESE-ENGLISH DICTIONARY
EIGHTH EDITION

ジュニア・アンカー 中学 英和・和英辞典
第8版

初　版	1987年	第4版	2001年
第2版	1993年	第5版	2011年
第3版	1997年	第6版	2016年
		第7版	2020年

ANCHOR は「いかり」「たのみのつな」
ずっしりと重い信頼のマークです．

■ 監修
羽鳥博愛（東京学芸大学名誉教授），永田博人（元日本大学教授）
■ 編集委員
和泉伸一（CLILページ監修），西村秀之
■ 校閲・執筆
赤瀬川史朗
■ 発音校閲
野田哲雄
■ 英文校閲
Edwin L. Carty, Joseph Tabolt, Geraldine A. Twilley
Nobu Yamada, Colm Smyth, Michael Worman
■ 装丁
イモカワユウ (Delotta Inc.)
■ 口絵・本文デザイン
有泉武己，株式会社エデュデザイン，イモカワユウ (Delotta Inc.)
■ 見返しデザイン
有泉武己，高橋コウイチ (WF)
■ イラスト
青山京子，蛯沢良介，大管雅晴，カモ，Gurihiru，サタケシュンスケ，サトウノリコ*
ニシワキタダシ，ヒビノテツヤ，みやかわさとこ，有限会社ジェット
■ 写真
© Getty Images, PIXTA, 学研写真資料室
■ 録音制作
株式会社ブレーンズギア (ナレーション：Rumiko Varnes, 制作コーディネイト：Aerial US, Inc.)
一般財団法人 英語教育協議会 (ELEC)
(ナレーション：Howard Colefield, Karen Headrich, Carolyn Miller, Jennifer Okano)
■ アプリ制作
株式会社エレファンキューブ
■ DTP協力
株式会社四国写研
■ 編集協力
阿部幸弘，上保匡代，小縣宏行，株式会社エデュデザイン，小森里美
佐藤美穂，佐野秀好，敦賀亜希子，田中裕子，永田敬博，野口光伸，濱田啓太
宮崎史子，森田桂子，山口富美子，脇田聡，渡辺泰葉
■ 編集部
小野史子，堀江朋子，阿部武志

THE JUNIOR ANCHOR

ENGLISH - JAPANESE DICTIONARY

ジュニア・アンカー
中学 英和辞典

第8版

Gakken

小学英語の復習

ここでは，小学英語で習う表現や単語を確認しましょう．

日常のあいさつ

Hello, Bob.
How are you?

こんにちは，ボブ．
元気？

Hi, Yumi.
I'm good.

やあ，ユミ．
元気です．

- Hello.（こんにちは．）や Hi.（やあ．）は，一日中使えるあいさつ．
- Hello. や Hi. のあとに，相手の名前を続けることが多い．
- あいさつのあとに，How are you?（元気？）などを続けることが多い．
- I'm fine.（元気です．）のように答えてもよい．

いろいろなあいさつ

Good morning.
おはようございます．

Good afternoon.
こんにちは．

Good evening.
こんばんは．

Goodbye. / Bye.
さようなら．

See you.
またね．

Good night.
おやすみなさい．

REVIEW

初対面のあいさつ

Hi. My name is Taku.
Nice to meet you.

やあ. 私の名前はタクです.
はじめまして.

Hello. I'm Emma.
Nice to meet you, too.

こんにちは. 私はエマです.
こちらこそ, はじめまして.

- 自分の名前を伝えるときは, My name is .... (私の名前は…です.)
  または I'm .... (私は…です.) を使う. I'm は I am を縮めた言い方.
- Nice to meet you. (はじめまして.) は初対面のあいさつ. 返答するときは,
  Nice to meet you, too. (こちらこそ, はじめまして.) のように言えばよい.
- 初対面のあいさつをするときには, よく握手をする. 相手の目をしっかり見ながら,
  右手で相手の手をしっかりにぎるのがエチケット.

How do you spell your name?
あなたの名前はどうつづるのですか.

T-A-K-U, Taku.
T-A-K-U, タクです.

- 名前のつづりを伝えるときは, アルファベットを1文字ずつ言えばよい.

自分のこと

自己紹介

I'm Tanaka Aki.
私は田中アキです．

I'm twelve.
私は 12 歳です．

I'm from Tokyo.
私は東京の出身です．

I'm good at badminton.
私はバドミントンが得意です．

- 自分の名前や年齢などを伝えるときは，I'm .... (私は…です．) を使う．
- 姓名を伝えるときは，日本式に Tanaka Aki (姓＋名) でも，英語式に Aki Tanaka (名＋姓) でもよい．
- 自分の出身地を伝えるときは，I'm from .... (私は…の出身です．) を使う．
- 得意なことを伝えるときは，I'm good at .... (私は…が得意です．) を使う．

I like dogs.
私は犬が好きです．

I play soccer.
私はサッカーをします．

I have a red bike.
私は赤い自転車を持っています．

I can play the piano.
私はピアノがひけます．

- 「好きだ」は like を使う．dog (犬) のように数えられるもの (名詞) は，dog → dogs のように (e)s をつける (複数形にする)．
- 「〈スポーツ〉をする，〈楽器〉を演奏する」は play を使う．
- 「持っている」は have を使う．
- 「私は…できます．」は I can .... を使う．

REVIEW

いろいろな返答の仕方

年齢

How old are you?
あなたは何歳ですか.

I'm thirteen.
私は 13 歳です.

出身地

Where are you from?
あなたはどこの出身ですか.

I'm from Osaka.
私は大阪の出身です.

好ききらい・するかしないか

Do you like cats?
あなたはネコが好きですか.

Yes, I do. / No, I don't.
はい, 好きです. / いいえ, 好きではありません.

What color do you like?
あなたは何色が好きですか.

I like green.
私は緑が好きです.

Do you play tennis?
あなたはテニスをしますか.

Yes, I do. / No, I don't.
はい, します. / いいえ, しません.

できること

Can you swim?
あなたは泳げますか.

Yes, I can. / No, I can't.
はい, 泳げます. / いいえ, 泳げません.

5

天気・曜日・時刻

天気

How's the weather?
天気はどうですか.

It's sunny.
晴れています.

● 天気, 曜日, 時刻を伝えるときは, It's で文をはじめる.

天気の言い方

sunny よく晴れた 　　**cloudy** くもった 　　**rainy** 雨の

曜日

What day is it today?
今日は何曜日ですか.

It's Tuesday.
火曜日です.

曜日の言い方

Sunday 日曜日　　**Monday** 月曜日　　**Tuesday** 火曜日

Wednesday 水曜日　　**Thursday** 木曜日　　**Friday** 金曜日

Saturday 土曜日　　● 曜日名は大文字で書きはじめる.

REVIEW

時刻①

What time is it?
何時ですか.

It's two.
2時です.

- 時刻をたずねるときは, What time (何時) を使う.

時刻②

What time do you go to bed?
あなたは何時に寝ますか.

I go to bed at ten.
私は10時に寝ます.

時刻の言い方／生活の中の動作

It's one fifteen. 1時15分です.　　**It's six thirty.** 6時30分です.

It's eleven forty-five. 11時45分です.　●時刻は〈時＋分〉の順で表す.

get up 起きる　　　**go to school** 学校へ行く

have breakfast / have lunch / have dinner
朝食を食べる / 昼食を食べる / 夕食を食べる

take a bath ふろに入る　**watch TV** テレビを見る　**go to bed** 寝る

誕生日・道案内・買い物

誕生日

When is your birthday?
あなたの誕生日はいつですか.

My birthday is May 8th.
私の誕生日は5月8日です.

- 日付は,〈月+日〉の順で表す.
- 「1日, 2日…」は, first, second, ... のような序数（順序を表す語）で表す.
- 序数は, 1st, 2nd, 3rd のように略して書くこともできる.

月の言い方

January 1月	**May** 5月	**September** 9月
February 2月	**June** 6月	**October** 10月
March 3月	**July** 7月	**November** 11月
April 4月	**August** 8月	**December** 12月

- 月名は大文字で書きはじめる.

What do you want for your birthday?
あなたは誕生日に何がほしいですか.

I want a new pencil case.
私は新しい筆箱がほしいです.

- 自分がほしいものを伝えるときは, I want ....（私は…がほしいです.）を使う.

REVIEW

道案内

Excuse me.
Where is the hamburger shop?

すみません.
ハンバーガー店はどこですか.

Go straight and turn left.

まっすぐ行って
左に曲がってください.

道案内の表現

Go straight.　まっすぐ行ってください.

Turn left.　左に曲がってください.

Turn right.　右に曲がってください.

Go straight for two blocks.　2ブロックまっすぐ行ってください.

買い物・注文

What would you like?
何になさいますか.

I'd like a hamburger.
ハンバーガーをお願いします.

How much is it?
いくらですか.

It's 2 dollars.
2ドルです.

- What would you like?(何になさいますか.)は，店員が注文を取るときの表現.
- I'd like ....(私は…がほしいのですが.)は，I want ....(私は…がほしいです.)よりもていねいな言い方.

自分の家族や町の紹介

家族の紹介

This is my father.
こちらは私の父です.

He is a teacher.
彼は先生です.

- 人を紹介するときは,
  This is .... (こちらは…です.) で表す.
- 「彼は…です.」は, he (彼は) を使って
  He is .... で表す.

This is my sister.
こちらは私の姉[妹]です.

She can ski well.
彼女はスキーがじょうずにできます.

- 「彼女は…です.」は, she (彼女は) を使って
  She is .... で表す.
- 「こちらはだれですか.」は Who is this?
  でたずねる.

家族の言い方

father	**sister**
父	姉, 妹
mother	**grandfather**
母	祖父
brother	**grandmother**
兄, 弟	祖母

- 英語ではふつう年齢の上下を区別せず, どちらも単に brother, sister という.

REVIEW

町の紹介

We have a big stadium in our town.
私たちの町には大きなスタジアムがあります.

You can see cherry blossoms in spring.
春には桜の花を見ることができます.

You can enjoy fireworks festivals in July.
7月には花火大会を楽しむことができます.

- 見られることや楽しめることを紹介するときは, You can see ....(…を見ることができます.)や You can enjoy ....(…を楽しむことができます.)を使う.

様子・状態を表すことば / 季節の言い方

big
大きい

small
小さい

tall
(背が)高い

famous
有名な

beautiful
美しい

popular
人気のある

spring
春

summer
夏

fall
秋

winter
冬

- 「秋」は autumn ともいう.

思い出・将来の夢

小学校の思い出

I went to Nikko.
私は日光に行きました．

I enjoyed hiking.
私はハイキングを楽しみました．

I saw an old shrine.
私は古い神社を見ました．

I ate shaved ice.
私はかき氷を食べました．

- 「…した」のように，前にしたことを言うときは，動詞（動作を表す語）を過去形にする．

動詞の過去形

go（行く）➡ **went**（行った）　　**enjoy**（楽しむ）➡ **enjoyed**（楽しんだ）

see（見る）➡ **saw**（見た）　　**eat**（食べる）➡ **ate**（食べた）

なりたい職業

What do you want to be?
あなたは何になりたいですか．

I want to be a doctor.
私は医者になりたいです．

- I want to be ....（私は…になりたいです．）で，なりたい職業を表す．

職業を表すことば

teacher 教師　　**doctor** 医師　　**nurse** 看護師　　**baker** パン職人

singer 歌手　　**cook** 料理人　　**police officer** 警察官

REVIEW

行きたい国

Where do you want to go?
あなたはどこに行きたいですか.

I want to go to America.
私はアメリカに行きたいです.

- I want to …. (私は…したいです.) で, 自分の希望を表す.

国名

America アメリカ　　**France** フランス　　**Brazil** ブラジル
India インド　　**Kenya** ケニア　　**Australia** オーストラリア

中学校でしたいこと

What do you want to do in junior high school?
あなたは中学校で何をしたいですか.

I want to join the tennis team.
私はテニス部に入りたいです.

- 「あなたは何部に入りたいですか.」は What club do you want to join? と言う.

部活動・したいこと

soccer team サッカー部　　**baseball team** 野球部
brass band 吹奏楽部　　**cooking club** 料理部
study hard 一生けんめい勉強する　　**make a lot of friends** 友だちをたくさんつくる

- ふつう, 運動系の部活動には team を, 文化系の部活動には club を使う.

教室英語

ここでは,授業で使う英語の表現を見てみましょう.

授業のはじまり

Good morning, class.
おはようございます,みなさん.

Good morning, Ms. Green.
おはようございます,グリーン先生.

- 午後の授業であれば,Good afternoon.(こんにちは.)と言う.
- How are you?(元気ですか.)
  —Fine, thank you.(元気です,ありがとう.)
  のように続けることもある.
- 男性の先生には,Mr. を使う.

授業中の指示

- **Stand up.** 起立. **Bow.** 礼. **Sit down.** 着席.
- **Come here.** こっちに来なさい.
- **Come to the front.** 前に来なさい.
- **Go back to your seat.** 席にもどりなさい.
- **Raise your hand.** 手をあげなさい.
- **Put your hand down.** 手をおろしなさい.
- **Open your textbook to page 12.**
  教科書の 12 ページを開きなさい.
- **Close your textbook.** 教科書を閉じなさい.
- **Let's listen to the CD.** CD を聞きましょう.
- **Listen carefully.** 注意して聞きなさい.
- **Repeat after me.** 私のあとについて言いなさい.
- **Look at the blackboard.** 黒板を見なさい.
- **Let's read together.** いっしょに読みましょう.
- **Write this down.** これを書きなさい.

CLASSROOM ENGLISH

先生から生徒へ

- **Are you ready?**
  準備はいいですか.

- **Who knows the answer?**
  答えがわかる人はいますか.

- **Do you have any questions?**
  何か質問はありますか.

生徒から先生へ

- **Excuse me, Ms. Green.**
  すみません, グリーン先生.

- **What's *taiyo* in English?**
  「太陽」は英語でどう言いますか.

- **Could you speak more slowly?**
  もっとゆっくり話してくださいませんか.

授業の終わり

It's time to say goodbye.
お別れの時間です.

See you next time, everyone.
みなさん, また次回.

Goodbye, Ms. Green.
さようなら, グリーン先生.

TRAVELING ABROAD

飛行機を降りたら、まずは入国手続き．
コウタロウもマイも、しっかり質問に答えることができていたよ．
2人とも、かっこよかったな～．

空港で At the airport

入国手続き

Passport, please.
パスポートを拝見します．

What's the purpose of your visit?
訪問の目的は？

I'm on a homestay program.
*ホームステイです．

How long are you going to stay?
どのくらい滞在する予定ですか．

About four weeks.
約4週間です．

*目的が観光のときは，"Sightseeing."と答えればOK!

税関

Do you have anything to declare?
何か申告するものはありますか．

No, I don't.
いいえ，ありません．

It's for personal use.
個人用です．

What about this camera?
このカメラは？

All right.
けっこうです．

もしもの一言　空港のロビーで荷物を受け取るときに

I was on JA Flight 203. Which baggage claim area should I go to?
JA航空の203便に乗っていたのですが，どの手荷物受け取り所に行けばいいですか．

17

Eiwa 09

街で迷子になっても, 質問ができればなんとかなるさ！
ぼくは, 何度も何度も, いろんな人に
道を教えてもらったんだ.

道をたずねる Asking the way

Excuse me. Could you tell me the way to Columbus Circle?
すみません. コロンバス・サークルへの
道を教えていただけますか.

Sure. Go straight for three blocks and turn right.
いいですよ.
まっすぐ3ブロック
行って, 右に曲がって
ください.

Thank you.
ありがとうございます.

よく使う表現

Could you show me where I am on this map?
いま, いる所をこの地図で教えて
いただけますか.

Is there any bus service to ...?
…へ行くバスは
ありますか.

How long does it take to walk to ... Station?
…駅まで歩いてどのくらいかかりますか.

困ったことが起きたときに！

My passport was stolen.
パスポートをぬすまれました.

I've lost my wallet.
さいふをなくしました.

I'm lost.
道に迷って
しまいました.

TRAVELING ABROAD

バスや地下鉄に乗れるようになると行動範囲も広がるよ！
バス内では，停留所の名前をアナウンスしないこともあるから，
教えてもらえるように運転手さんにお願いしておくと安心！

バス停で　At a bus stop

行き先を聞く

Does this bus go to Lincoln Center?
このバスはリンカーン・センターに行きますか．

Yes. Put your card in this reader.
ええ．この読み取り機にカードを入れてください．

OK.
わかりました．

到着したら教えてもらう

Would you please tell me when we get to Lincoln Center?
リンカーン・センターに着いたら教えていただけますか．

Sure.
わかりました．

Thank you!
ありがとう！

バスや電車に乗るときは

ニューヨークでは，「メトロカード」というカードがバスでも地下鉄でも使えるんだ．ロンドンでも「オイスターカード」と呼ばれる乗車カードがあり，バスや地下鉄の料金が得になることも！

知っておこう

駅でよく見る表示

- **timetable**（時刻表）
- **round-trip ticket**（往復切符）【米】
  / **return ticket**（往復切符）【英】
- **one-way ticket**（片道切符）【米】
  / **single ticket**（片道切符）【英】

exit（出口）【米】

way out（出口）【英】

はずかしがらないでどんどん話をして
ホストファミリーと仲よくなろう！
お手伝いをすることも忘れちゃいけないよ．

ホストファミリーの家で At home with the host family

家に着いたら

Wow! This is a nice room.
わあ！ すてきなお部屋ですね．

Let me show you the rest of the house.
ほかの部屋も案内するわ．

Thank you.
ありがとうございます．

手伝いを申し出る

Can I help you with anything?
何かお手伝いできることはありますか．

Well, if there's anything I can do, please let me know.
何かぼくにできることがあったら，知らせてください．

Thank you.
ありがとう．

I'm fine for now. Thank you, Hiro.
今はいいわ．
ありがとう，ヒロ．

ルールを守って

夕食を食べないときや帰りがおそくなるときには，事前に伝えておこう．また，ベッドメイキングや洗たくなどの身のまわりのことは自分でするよ．

知っておこう

よく使う表現

May I use the phone?
電話を借りてもいいですか．

I'll be home late.
帰りの時間がおそくなります．

What time can I take a shower?
何時にシャワーを浴びたらいいですか．

May I bring a friend over?
友だちを連れてきてもいいですか．

TRAVELING ABROAD

海外では，入浴の方法やマナーなどが日本とちがうことがあるよ．
ぜひ，知っておこうね．

トイレと洗面所が，ふろと同じところに設けられた浴室が多いよ．
アメリカ人には湯ぶねにつかってつかれをいやすという習慣はなく，シャワーだけ使う人が多いんだって．

ふろの入り方 How to take a bath

湯は bathtub（浴そう）の半分くらいまで入れる．	カーテンは浴そうの中に入れ，湯がこぼれないようにする．	体は浴そうの中で洗って，shower（シャワー）ですすぐ．	湯は1人が使うごとにかえ，浴そうはこすってきれいにしておく．

テーブルマナー Table manners

- 物を食べるとき，音を立てない．
- ナイフ，フォークは外側から順に使う．
- パンは小さくちぎって食べる．
- 遠くの調味料は近くの人に取ってもらう．
- 席を立たなければならないときや，げっぷ・あくびが出てしまったときには，Excuse me.（失礼．）と言う．

Eiwa 11

ファストフード店で At a fast-food restaurant

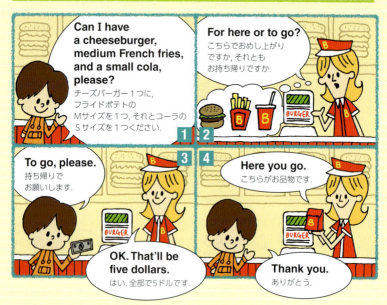

量が多いよ！ 外国のファストフード店で注文をすると，思っているよりも量が多くビックリすることも！ 量を確認してから注文すると安心．

英語圏のファストフードいろいろ

TRAVELING ABROAD

旅行先でしか見られない,
芸術作品や歴史的な建築物などを見に行ってみよう.
本物が見られるチャンスは少ないからね!

美術館で At a museum

入館料が無料に! 海外の美術館や博物館は曜日や時間帯によって無料になるところもあるよ.

知っておこう

世界の国々

北アメリカ North America

北アメリカ大陸は豊かな自然があふれる一方, ニューヨークやロサンゼルスなど, 大都市もたくさん！ ぼくらの自慢の場所や物を紹介するね.

Major League Baseball (MLB)
メジャーリーグ・ベースボール（アメリカ・カナダ）
30球団で編成された大人気のプロ野球リーグ.

jeans ジーンズ（アメリカ）
アメリカで丈夫な作業着として生まれた.

polar bear
ホッキョクグマ（カナダ・アメリカ）
カナダのジェームズ湾では、一年中ホッキョクグマが見られる.

グランドキャニオン (p.31)

totem pole
トーテムポール（アメリカ・カナダ）
北アメリカの北西海岸の先住民が作った彫刻の柱.

hula フラ（アメリカ）
ハワイの伝統的な踊り.

New York

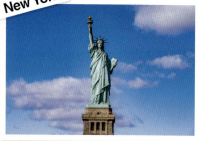

Statue of Liberty
自由の女神像（アメリカ）
ニューヨーク湾内のリバティ島にある高さ約46mの立像. アメリカの独立100周年を記念して, フランスから贈られた. 右手にたいまつ, 左手に独立宣言書を持つ.

p.28-39 の各大陸の地図の縮尺はそれぞれ異なります.

THE WORLD

Prince Edward Island
プリンス・エドワード島

maple syrup
メープルシロップ（カナダ）
サトウカエデなどの
樹液を集めて作る．

Anne of Green Gables
『赤毛のアン』（カナダ）

カナダ人小説家L.M.モンゴメリの人気作．
プリンス・エドワード島が舞台．

Canada

Rocky Mountains
ロッキー山脈（アメリカ・カナダ）
カナダからアメリカまで続く山脈．
コロラド州にあるロッキーマウンテ
ン国立公園には数えきれないほど多
くの種類の動植物が生息している．

ナイアガラの滝
(p.31)

自由の女神像
(p.28)

New York

the United States of America

taxi / cab
タクシー／キャブ（アメリカ）
ニューヨークでは，
黄色い車体のタクシー
が多く見られる．

Los Angeles

Mexico

Jamaica

taco タコス（メキシコ）

メキシコを代表する料理の
1つ．トウモロコシなどの粉
で作った皮（トルティーヤ）
に肉や野菜などをはさんで
食べる．

reggae
レゲエ（ジャマイカ）
ジャマイカで生まれた
ポピュラー音楽．

29

南アメリカ South America

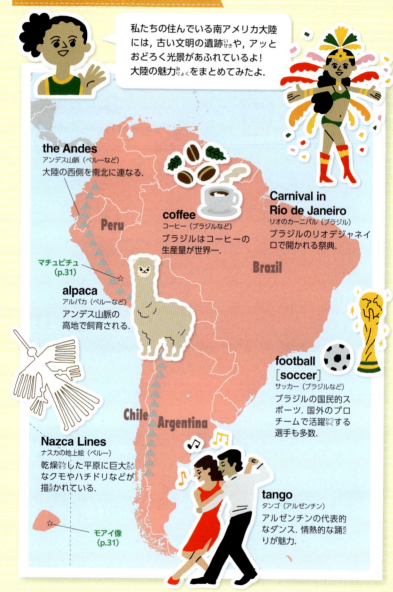

私たちの住んでいる南アメリカ大陸には，古い文明の遺跡や，アッとおどろく光景があふれているよ！大陸の魅力をまとめてみたよ．

the Andes
アンデス山脈（ペルーなど）
大陸の西側を南北に連なる．

coffee
コーヒー（ブラジルなど）
ブラジルはコーヒーの生産量が世界一．

Carnival in Rio de Janeiro
リオのカーニバル（ブラジル）
ブラジルのリオデジャネイロで開かれる祭典．

マチュピチュ (p.31)

alpaca
アルパカ（ペルーなど）
アンデス山脈の高地で飼育される．

football [soccer]
サッカー（ブラジルなど）
ブラジルの国民的スポーツ．国外のプロチームで活躍する選手も多数．

Nazca Lines
ナスカの地上絵（ペルー）
乾燥した平原に巨大なクモやハチドリなどが描かれている．

モアイ像 (p.31)

tango
タンゴ（アルゼンチン）
アルゼンチンの代表的なダンス．情熱的な踊りが魅力．

THE WORLD

観光 Sightseeing

すごいね！

Niagara Falls
ナイアガラの滝（アメリカ・カナダ）
ナイアガラ川にある滝で，カナダとアメリカとを分ける国境となっている．カナダ側から見ると馬蹄形をしている．

Grand Canyon
グランドキャニオン（アメリカ）
アリゾナ州の北部にある深い谷．その雄大な景観は，1919年に国立公園に指定され，1979年には世界遺産に登録された．

Machu Picchu
マチュピチュ（ペルー）
ペルーの高山にあるインカ文明の遺跡．標高約2,400mの高い場所にあることから空中都市とも呼ばれる．世界遺産に登録されている．

Moai
モアイ像（チリ）
ラパヌイ島（イースター島）にある巨大な石像．倒壊した像が多くある一方，日本企業の援助で再建された像もある．

🎧 Eiwa 16

ヨーロッパ Europe

ぼくらが住むヨーロッパには，たくさんの歴史的な建造物やおいしい食べ物，すてきな街並みなどがあるよ．ヨーロッパを旅する気分でながめてみてね！

bagpipes
バグパイプ（イギリスなど）

革ぶくろつきの楽器でふくろ（bag）にためた空気を押し出して音を鳴らす．とくにイギリス北部のスコットランドのものが有名．

windmill
風車（オランダ）

オランダ南部にあるキンデルダイクは，19台の風車が存在する人気スポット．

the United Kingdom

タワーブリッジ (p.36)☆

waffle
ワッフル（ベルギー）

卵やバターを練りこんだ小麦粉の生地をワッフル型で焼いた菓子．ブリュッセルタイプとリエージュタイプのワッフルがとくに有名．

France

croissant
クロワッサン（フランス）

クロワッサンは「三日月」の意味．バターをたくさん使ったさくさくのパン．

Spain

サグラダファミリア (p.36)

THE WORLD

オーロラ (p.36)

Sweden

matryoshka doll
マトリョーシカ人形（ロシア）
おみやげ品としても
有名な入れ子式の人形.

Russia

beer
ビール（ドイツ）
ドイツはヨーロッパで
いちばんのビール生産国.
温かいホットビールも
飲むビール大国.

the Netherlands
Germany
Belgium

Italy

ピサのドゥオモ広場 (p.36)

pizza
ピザ（イタリア）
ふわふわした生地の
ナポリタイプ, さくっ
とした生地のローマ
タイプなどさまざま.

33

🎧 Eiwa 17
アジア Asia

私たちの住むアジアには，個性豊かな食べ物や習慣，生き物，文化があふれているよ．ぜひ，遊びに来てほしいな．

giant panda
ジャイアントパンダ（中国）
四川(しせん)省など，限られた場所に生息する．好物はササ．

Saudi Arabia

kebab
ケバブ（トルコなど）
ケバブは「焼いた肉」の意味．羊の肉を角切りにして，串(くし)にさして焼くシシケバブは有名．

Nepal ☆

タージ・マハル
(p.37)

India

エベレスト山
(p.37)

camel
ラクダ（サウジアラビアなど）
「砂漠(さばく)の舟(ふね)」と呼ばれるほど輸送に重宝されている．

curry
カレー（インドなど）
"curry"は肉や野菜などを香辛(こうしん)料で調理したもの．米のほか，チャパティやナンと呼ばれるパンの一種といっしょに食べることも．

THE WORLD

Mt. Fuji 富士山（日本）
日本一高い山で、標高3,776m.

chima jeogori チマ チョゴリ（韓国など）
朝鮮半島の女性の民族衣装．チマは足首まであるひだのついたスカート，チョゴリは上着のこと．

Chinese food 中国料理（中国）
北京料理や四川料理など多彩．地域ごとに味つけなどの特徴が異なる．

banana, mango バナナ・マンゴー（フィリピン）
日本で人気の南国フルーツ．日本に輸入されるバナナの中でフィリピン産は約8割を誇る．

Merlion マーライオン（シンガポール）
上半身はライオン，下半身は魚の像．

万里の長城 (p.37)
アンコール遺跡群 (p.37)

35

🎧 Eiwa 18
観光 Sightseeing

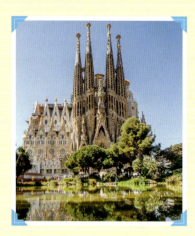

Sagrada Familia
サグラダファミリア (スペイン)

バルセロナにある教会. スペインを代表する有名な建築家, A.ガウディによる建築物. 完成目標は2026年とされている.

上までのぼってみたいなあ！

Cathedral Square
ピサのドゥオモ広場 (イタリア)

大聖堂や洗礼堂, ピサの斜塔などが立つ美しい広場. 別名「奇跡の広場」と呼ばれる. 斜塔は建設中からかたむきはじめたが, 中心軸をずらしながら建設が進められ, 14世紀半ばに完成した.

Tower Bridge
タワーブリッジ (イギリス)

ロンドンのテムズ川にかかる鉄骨製の橋で, 1894年に完成した. 跳開式の可動橋で, 大型船が通るときには, 橋がはね上がるところを見ることができる.

aurora
オーロラ (スウェーデンなど)

北極や南極近辺で見られる幻想的な発光現象. 緑色や青, 赤, ピンクなどさまざまな色の光が観測されている.

THE WORLD

Mt. Everest
エベレスト山（中国・ネパール）

ネパールと中国チベット自治区の国境にある世界一高い山. 標高は8,848m. 1953年にイギリスの登山隊が初登頂に成功. チベット語ではチョモランマ, ネパール語ではサガルマータと言う.

首が痛くなるくらい高いね.

Taj Mahal
タージ・マハル（インド）

ムガル帝国第5代皇帝シャー＝ジャハーンが, なくなった妃のために建立. 1632年から22年もの歳月をかけて建てられた. 1983年に世界遺産に登録された.

Angkor
アンコール遺跡群（カンボジア）

9〜15世紀に栄えたクメール人の王朝, アンコール朝の遺跡. アンコール＝ワットが有名. 1992年に世界遺産に登録された.

the Great Wall
万里の長城（中国）

春秋戦国時代に築かれ, 秦の始皇帝が大修築した長大な城壁の遺跡. 現存のものは明時代に建造されたもの.

37

🎧 Eiwa 19

アフリカ Africa

アフリカ大陸は、広大な自然の中にたくさんの野生の動物も暮らす魅力的な地。ぼくたち自慢の自然や動物、名産品を紹介するね。

Morocco
Algeria
Egypt
Madagascar
Botswana

☆ギザの3大ピラミッド (p.40)
☆サハラ砂漠 (p.40)

couscous
クスクス（モロッコなど）
アフリカ北西部周辺で生まれた食べもので、小麦などの粉を練ってつぶ状にしたもの。スープなどといっしょに食べる。

cacao
カカオ
アフリカが世界のカカオ豆の生産量の約7割を占める。

gorilla ゴリラ
アフリカ中部の熱帯雨林に生息するが絶滅の危機にある。

diamond
ダイヤモンド（ボツワナなど）
ボツワナやコンゴ民主共和国、南アフリカ共和国などではたくさんのダイヤモンドを産出する。

baobab
バオバブ（マダガスカルなど）
サバンナ地帯に多く分布する。世界有数の巨木の1つで、幹が徳利のようなユニークな形に育つ。

38

THE WORLD

オセアニア Oceania

オセアニアは, オーストラリアやニュージーランドのほか, きれいな海に囲まれたたくさんの島々がある美しい所. 海を楽しみたい人にはぴったりよ！

kangaroo
カンガルー（オーストラリアなど）
オーストラリア大陸, タスマニア島, ニューギニア島などに生息.

All Blacks rugby team of New Zealand
ニュージーランド代表のラグビーチーム
オールブラックス（ニュージーランド）
ラグビーはニュージーランドの国技. オールブラックスは試合前にニュージーランドの先住民マオリの踊り,「ハカ」を披露する.

ウルル (p.40)

Australia

シドニー・オペラハウス (p.40)

New Zealand

koala
コアラ（オーストラリア）
オーストラリアに生息. 子どもは母親のふんを食べて育つ.

sheep
羊（ニュージーランドなど）
ニュージーランドでは人口よりも多くの羊が飼育されている.

39

🎧 Eiwa 20
観光 Sightseeing

一面, 砂ね！

the Sahara
サハラ砂漠 (モロッコ, アルジェリアなど)

北アフリカにある世界最大の砂漠. 西はモロッコ・西サハラの大西洋岸から, 東はエジプトのナイル河谷までいたる. 昼夜の気温差が大きい.

Pyramids of Giza
ギザの3大ピラミッド (エジプト)

エジプトのギザにある3基のピラミッド. クフ王, カフラー王, メンカウラー王の墓とされる. クフ王のピラミッドが3基の中でもっとも大きく, 世界の七不思議の1つでもある.

Sydney Opera House
シドニー・オペラハウス (オーストラリア)

シドニーにある20世紀を代表する建築. 世界的に有名な劇場・コンサートホール. 14年もの年月をかけて完成した.

Uluru
ウルル (オーストラリア)

オーストラリアのほぼ中央にある大きな一枚岩で, 俗にAyers Rock (エアーズロック) とも呼ばれる. 先住民アボリジニの聖地である.

初版, 第6版, 第7版はしがき (抜粋)

　中学生が "英語を好きになる辞典" を目指して作られた『ジュニア・アンカー英和辞典』は, 1985年の発売以来, 何百万人もの中学生に愛用されてきました.

　この辞典は, 中学生のみなさんに十分利用していただいて, これからの世の中でほんとうに役に立つ英語力をつけてもらうため作りました. 楽しく引いてもらって, いろいろなことを覚えてもらえるように, 改訂の度にたくさんの工夫を重ねてきました.

　一方, 初版から一貫して変えてこなかったこともあります.
1. つづり字と発音のルールがわかるようにフォニックス方式を採用しています.
2. 例文は英会話にすぐに役立つように会話表現を多くし, 必要な場合は対話の形にしてあります.
3. 英語を話す人々の生活や文化, ものの考え方をわかりやすく解説してあります.
4. 目で見て理解できるように, さし絵, 写真, 図表をできるだけ多く載せてあります. 見て読んで楽しい辞典になっています.

　『ジュニア・アンカー』には, 今の中学生のみなさんが, 楽しみながら英語を学ぶことができる工夫がたくさん盛り込まれています.
　ぜひこの辞典を使って英語力をみがき, 広い世界へ飛び出していってください!

羽鳥博愛

使い方解説図

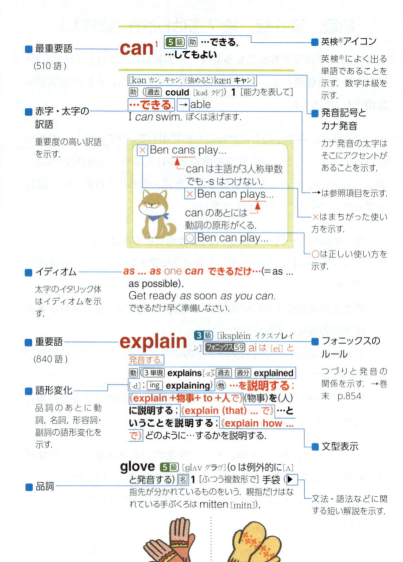

■ 最重要語
(510語)

can¹ 5級 助 …できる, …してもよい

[kən カン, キャン, (強めると)kæn キャン]
助 (過去 could [kəd クド]) 1 [能力を表して]
…できる. → able
I *can* swim. ぼくは泳げます.

■ 英検®アイコン

英検®によく出る単語であることを示す. 数字は級を示す.

■ 赤字・太字の訳語

重要度の高い訳語を示す.

■ 発音記号とカナ発音

カナ発音の太字はそこにアクセントがあることを示す.

× Ben cans play...
　can は主語が3人称単数でも -s はつけない.
× Ben can plays...
　can のあとには動詞の原形がくる.
○ Ben can play...

→は参照項目を示す.

×はまちがった使い方を示す.

○は正しい使い方を示す.

■ イディオム

as ... as one *can* できるだけ…(= as ... as possible).
Get ready *as soon as you can*.
できるだけ早く準備しなさい.

太字のイタリック体はイディオムを示す.

■ 重要語
(840語)

explain 3級 [ikspléin イクスプレイン] フォニックス59 ai は [ei] と発音する.

動 (3単現 explains [-z] 過去 過分 explained [-d]; ing explaining) 他 **…を説明する**; 《explain +物事+ to +人で》(物事)を(人)に説明する; 《explain (that) … で》…ということを説明する; 《explain how … で》どのように…するかを説明する.

■ フォニックスのルール

つづりと発音の関係を示す. →巻末 p.854

■ 語形変化

品詞のあとに動詞, 名詞, 形容詞・副詞の語形変化を示す.

■ 文型表示

glove 5級 [ɡlʌv グラヴ] (o は例外的に [ʌ] と発音する) 名 1 [ふつう複数形で] 手袋 (▶指先が分かれているものをいう. 親指だけはなれている手ぶくろは mitten [mítn]).

■ 品詞

文法・語法などに関する短い解説を示す.

gloves　mittens

2　two

この辞典の使い方

1 総項目数

見出し語・
変化形・
イディオム

この辞典には約 17,200 項目数を収録する．そのうち，見出し語は約 9,400，名詞の複数形，動詞・形容詞・副詞の変化形は約 3,600，その他イディオム・文型などあわせて約 4,200．

2 見出し語

重要な語

重要な見出し語は赤い大きな文字で示す．また，とくに重要な見出し語は上下にけい線を引いて強調し，主要な訳語を示す．

配列

1. ABC…とアルファベット順に示す．
2. 同一つづりで大文字・小文字のちがいのあるものは大文字を先に示す．
   [例] **Bob** [bɑb バブ ‖ bɔb ボブ] 名 ボブ（男性の名）．
   bob [bɑb バブ ‖ bɔb ボブ] 動 …をひょいと動かす．
3. 2 語以上からなる見出し語（合成語）もアルファベット順に示す．
   [例] **bus stop** という 2 語からなる見出し語は，bus →
   bush → busier → busiest → …… → businesswoman
   → bus stop のように，第1要素の bus からはなれる．
4. 同一つづりで語源の異なるものは，原則として別の見出し語とし，右肩に小さな数字をつけて区別する．
   [例] **bear**[1]
   bear[2]

2 種の
つづりが
ある場合

1. 2 とおりのつづりがある場合は，使用度の高いつづりを先に示す．
   [例] **goodbye, goodby**
2. 《米》と《英》とでつづりが異なる場合は，《米》を正式の見出し語とし，《英》の項ではその見出し語を参照させる．ただし，使用度の高い語は，《米》のあとに《英》を示す．
   [例] **color,** 《英》**colour** 名
   colour [kʌlər カラァ] 名 動 《英》＝《米》color

この辞典の使い方

3 発音

記号・位置

1. 発音記号とカナ発音を，見出し語のあとに [ ] に入れて示す.

[例] **apple** [ǽpl アプル]

2. 品詞によって発音が異なる場合は，長いダッシュ（──）の次に置く.

[例] **record** [rékərd レカド ‖ -kɔːd -コード] 名 **1** 記録.
── [rikɔ́ːrd リコード] 動他 **1** …を記録する.

アクセント

アクセント（強勢）は，原則として，第1アクセントだけを発音記号の母音の上につけて示す. カナ発音では太字で示す.

[例] **animal** [ǽnəm(ə)l アニマル]

米音と英音

1. 米音を中心に示す. 米音と英音が異なる場合は，米音・英音の順に示し，間に‖を置く.

[例] **hot** [hɑt ハット ‖ hɔt ホット]

leisure [líːʒər リージァ ‖ léʒə レジァ]

2. 米音で発音され，英音で発音されない [r] はイタリックで示す.

[例] **bird** [bəːrd バード]

another [ənʌ́ðər アナザァ]

省略できる発音

省略できる発音は( )に入れて示す.

[例] **mountain** [máunt(ə)n マウンテン]

handbag [hǽn(d)bæg ハン(ドゥ)バグ]

表記の省略

2種類以上の発音を併記したり，語の変化形を示したりするとき，その共通部分をハイフン(-)で示す.

[例] **contest** [kɑ́ntest カンテスト ‖ kɔ́n- コン-]

弱形と強形

弱形（弱い発音）と強形（強い発音）の2とおりの発音がある場合，強形には(強めると)と示し，弱形にはとくに何も示さない.

[例] **he** [hi ヒ，(強めると)hiː ヒー]

4　four

この辞典の使い方

フォニックス	1. 重要語を中心に，発音とつづりの関連を表示する．将来つづり字を見ただけで発音できるように配慮する．

    ［例］ **boat** [bout ボウト] **フォニックス68** oa は [ou] と発音する．

    フォニックス68 はフォニックスのルールの番号を示す．くわしくは巻末の「参考資料2 フォニックス　英語のつづり字と発音」(p.854) を参照.

  2. ルールにあてはまらない注意すべき語には，(例外的に…) と表示する．

    ［例］ **great** [greit グレイト] (ea は例外的に [ei] と発音する)

その他

    発音上注意を要する語には，(発音注意)(アクセント注意)と示す．

    ［例］ **screw** [skru: スクルー] (発音注意)

          hotel [houtél ホウテル] (アクセント注意)

4 品詞

記号・位置

  1. 品詞の表示は名詞は名，動詞は動のように略語の記号を用いて示す．→「略語一覧」(p.10)

  2. 同一見出し語に2つ以上の品詞がある場合には，使用度の高い品詞を先に示す．あとにくる品詞の前に長いダッシュ (――) を置く．

    ［例］ **drink** [driŋk ドゥリンク] 動他 (飲み物) **を飲む**.

        ―― 名 **1 飲み物**；酒.

自動詞と
他動詞

    動詞の場合，動のあとに自 他の記号を置き，自動詞と他動詞を示す．両方の用法がある場合には，あとの記号の前に短いダッシュ (─) を置く．

    ［例］ **study** [stʌ́di スタディ] 動他 **1 …を勉強する**.

        ─自 **勉強する**.

5 語形変化

規則変化と
不規則変化

    名詞の複数形，動詞・形容詞・副詞の変化形は，

  ① 不規則に変化するものは原則として全単語について示す．

  ② 規則的に変化するものは原則として示さない．ただし重要な語はほぼ全単語について示す．

  ③ 重要な語以外で，規則的に変化するものでも，とくに注意を要するものには示す．

five　5

この辞典の使い方

名詞の 複数形	名のあとに複数の記号を置き，太字で示す． ［例］ **man** [mæn マン] 名（複数 **men** [men]） **camera** [kǽm(ə)rə キャメラ] 名（複数 **cameras** [-z]） **scarf** [skɑːrf スカーフ] 名（複数 **scarfs** [-s] または **scarves** [skɑːrvz]）
動詞の活用	動のあとに 3単現，過去，過分，ing の記号をつけ，太字で示す． ［例］ **go** [gou ゴウ] 動（3単現 **goes** [-z]；過去 **went** [went ウェント]； 過分 **gone** [gɔ(ː)n ゴ(ー)ン]；ing **going**） **save** [seiv セイヴ] 動（3単現 **saves** [-z]；過去 過分 **saved** [-d]； ing **saving**）
形容詞と副 詞の比較級 と最上級	形または副のあとに比較，最上の記号をつけ，太字で示す． ［例］ **bad** [bæd バッド] 形（比較 **worse** [wəːrs ワ〜ス]；最上 **worst** [wəːrst ワ〜スト]） **slowly** [slóuli スロウリィ] 副（比較 **more slowly**；最上 **most** **slowly**）

6 訳語・説明

訳語の区分	訳語の区分は太字の数字で大別し，セミコロン（；）で小区分を行う．
配列順序と 太字の訳語	訳語は使用度の高いものから順に配列する．重要な語については，使用 度の高い訳語を太字で示す． ［例］ **hard** [hɑːrd ハード] **1 かたい.** **2 難しい**，困難な． **3 つらい**，苦しい；厳しい，激しい． **4 熱心な**，勤勉な．
補足説明	1．訳語の意味を補うための補足説明は（ ）に入れて示す． ［例］ **ago** [əgóu アゴウ] 副（今から）**…前に.** **sow** [sou ソウ]（種）をまく． 2．文法上の補足説明は [ ] に入れて示す． ［例］ **and** 接 **3** [命令形などのあとで] **そうすれば.**

6　six

この辞典の使い方

かこみ   語の正しい使い方をかこみで示す．とくに使い方を誤りやすい語には ○ (正)，× (誤) をつけて注意を喚起する．

○ in August
× in August 15th
　　↑
　　特定の日がつくときは on を使う．

○ on August 15th
▶月名は大文字で書きはじめる．

語法

1. [the をつけて] [a をつけて] は，つねに the や a をともなって使うことを示す．
　[例] **Amazon** [ǽməzɑn アマザン] 名 [the をつけて] アマゾン川．
2. [複数形で] は，つねに複数形で使うことを示す．その場合とくに断りがなければ複数あつかいとなる．
　[例] **custom** [kʌ́stəm カスタム] 名 (複数 customs [-z]) **3** [複数形で] **関税．**

同意語と反意語，対語

男性形と女性形

(同) は同意語 (句)，(反) は反意語，(対) は対語を示す．単に理解を助けるための同意語 (句) は＝の記号で示す．また男性・女性の対を表す語は(男)(女)の記号で示す．

　[例] **job** [dʒɑb チャブ ǁ dʒɔb チョブ] 名 **2** 作業，仕事 ((同) task)．
　happy [hǽpi ハピィ] 形 **1 幸福な，**幸せな ((反) unhappy 不幸な)．
　though [ðou ゾゥ] 接 **1 …だけれども** (= although)．
　brother [brʌ́ðər ブラザァ] 名 **兄，弟，**(男の) **兄弟** ((対) sister 姉，妹)．
　prince [prins プリンス] 名 王子，皇子 ((女) princess 王女，皇女)．

この辞典の使い方

コラム	語の理解を深めるために，次のようなコラムを設けて解説する.

📘文法 文法上・語法上の解説.

💬用法 ライティング，スピーキング，プレゼンに役立つようなことばの使い方を解説.

◀発音 語や文の発音やアクセントを解説.

🌐背景 ことばの背景となる英米の文化やものの考え方，日本語と英語のちがいなどを解説.

ⓘ参考 その他，学習上参考になる事がらを解説.

✏ライティング 作文などライティングに役立つ表現を示す.

💬スピーキング 日常よく使う会話表現を示す.

📊プレゼン 発表をするときに役立つ表現を示す.

単語力をつける 似た意味のことばや同ジャンルのことばを集めて示す.

他の品詞形	重要な語には原則として他の品詞形を示す. ただし，連続して表示されている場合は省略する.

[例] **live**[1] ［liv リヴ］ **動** →**名** life

同音語	つづりと意味はちがうが，発音が同じ語を項目の最後に [同音語] として示す.

[例] **eye** ［ai アイ］ **名** **1** 目. [同音語] I (私は)

英検® **アイコン**	英検(日本英語検定協会が行う実用英語技能検定試験) の問題を分析し，独自のコーパスを作成. 各級によく出る単語を次のように示す.

5級 英検5級 (中学初級程度)によく出る単語.

4級 英検4級 (中学中級程度)によく出る単語.

3級 英検3級 (中学卒業程度)によく出る単語.

準2 英検準2級 (高校中級程度)によく出る単語.

2級 英検2級 (高校卒業程度)によく出る単語.

※英検®は公益財団法人 日本英語検定協会の登録商標です. このコンテンツは，公益財団法人 日本英語検定協会の承認や推奨，その他の検討を受けたものではありません.

この辞典の使い方

７ 用例・文型・イディオム

用例

1. 重要な語にはできるだけ多くの用例を示す．日常よく使われる会話表現も極力収録し，必要に応じて対話形式で示す．
2. 用例内のイタリック体は見出し語，文型表示，イディオムの該当部分を示す．

［例］ **favorite** [féiv(ə)rit フェイヴ(ァ)リト] 形 (いちばん) **気に入っている**.

Soccer is my *favorite* sport.

文型

重要な語は文の型を訳語の前に《 》で示し，使い方を明示する．

［例］ **give** [giv ギヴ] 動他 **1** …**を与える**，**あげる**；《**give＋人＋物で**》(人) に (物) **を与える [あげる]**.

イディオム

イディオムは原則として見出し語の品詞ごとに，訳語・用例のあとに置き，太字のイタリック体で示す．ただし，一部のイディオムについては1つの品詞のあとにまとめたものもある．重要なイディオムは赤字で示す．

［例］ ***one another* おたがい (に)** (＝ each other) (▶主語としては使わない).

８ 巻頭ページ・さし絵・写真・図表

巻頭ページ

小学英語の復習，教室で使われる英語表現，海外旅行で使えるトラベル英会話，そして世界の国々のことば・自然・文化などを，イラストと写真で紹介する．

さし絵・写真・図表

語を視覚的に理解できるよう，さし絵・写真・図表を示す．また，文法上・語法上重要な事項を図解する．野球，サッカー，ジェスチャーをはじめ，重要な項目はとくにくわしく図解する．

この辞典の使い方

9 注意すべき記号

( )と[ ]

( )内の部分は省略が可能であることを表し，[ ]内の部分は置きかえが可能であることを表す.

[例] I *think* (*that*) he is American.
私は彼がアメリカ人だと思う.

What is ... like? …はどういうもの [人] ですか.

→, ▶, ˣ

→は他の項目を「参照せよ」を表し，▶は「注意」を表す.
また，まちがった英語には×印をつけて注意を喚起する.

[例] → house（図）

[例] （▶形容詞は anything のあとにくる. ˣinteresting anything
とはしない）.

略 語 一 覧

名	名詞	自	自動詞	3単現	3人称単数現在形
代	代名詞	他	他動詞	現在	現在形
形	形容詞	同	同意語	過去	過去形
冠	冠詞	反	反意語	過分	過去分詞
副	副詞	対	対語	ing	現在分詞
動	動詞	男	男性形	《米》	アメリカ用法
助	助動詞	女	女性形	《英》	イギリス用法
前	前置詞	複数	複数形	《略》	略語
接	接続詞	比較	比較級	接頭	接頭辞
間	間投詞	最上	最上級	接尾	接尾辞

辞 典 の 引 き 方

1. 見出し語は ABC…とアルファベット順にならんでいます

[bag という見出し語を引いてみましょう]

(1) 辞典の横についている アルファベットで最初 の文字 (bag の B) を 開きます。

(2) 調べたい単語の2文字 目 (bag の a) を、ページ 上部の左右の端に示さ れている単語の2文字 目と比べて、なければ 別のページを見ましょう。

(3) 調べたい単語の最初の 2文字 (bag の ba) が あるページが見つかっ たら、その前後で探し ましょう。

2. ページ上部の語・左右のアルファベットに注目

① 左ページの左上の語は、そのページ の最初に出てくる見出し語です．

② 右ページの右上の語は、そのページ の最後に出てくる見出し語です．

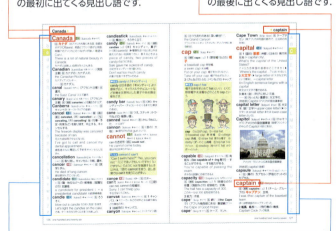

③ 各ページの左右に示されているアルファベットは，そのページに出てくる見出し語の 最初のアルファベットを示しています．

eleven 11

発 音 記 号 表　→ 参考資料1　発音記号の読み方と発音のしかた　p.846

母 音		子 音	
記 号	**例**	**記 号**	**例**
[iː　イー]	**eat** [iːt　イート]	[p　プ]	**cup** [kʌp　カップ]
[i　イ]*	**big** [big　ビッグ]	[b　ブ]	**book** [buk　ブック]
	pocket [pákit　パケト]	[t　ト/トゥ]	**get** [get　ゲット]
[e　エ]	**pen** [pen　ペン]		**little** [litl　リトゥル]
[æ　ア]	**hand** [hænd　ハンド]	[d　ド/ドゥ]	**read** [riːd　リード]
[ɑː　アー]	**father** [fáːðər　ファーザァ]		**drive** [draiv　ドゥライヴ]
[ɑ　ア‖ɔ　オ]	**hot** [hɑt　ハット‖hɔt　ホット]	[k　ク]	**class** [klæs　クラス]
		[g　グ]	**big** [big　ビッグ]
[ɔː　オー]	**all** [ɔːl　オール]	[f　フ]	**four** [fɔːr　フォー(ア)]
[uː　ウー]	**two** [tuː　トゥー]	[v　ヴ]	**very** [véri　ヴェリィ]
[u　ウ]	**good** [gud　グッド]	[θ　ス]	**three** [θriː　スリー]
[ʌ　ア]	**sun** [sʌn　サン]	[ð　ズ]	**this** [ðis　ズィス]
[ə　ア]**	**ago** [əgóu　アゴウ]	[s　ス]	**bus** [bʌs　バス]
	comedy [kámədi　カメディ]	[z　ズ]	**easy** [íːzi　イーズィ]
	capital [kæpətl　キャピトゥル]	[ʃ　シ]	**wash** [wɑʃ　ワッシ]
	common [kámən　カモン]	[ʒ　ジ]	**pleasure** [pléʒər　プレジァ]
	beautiful [bjúːtəfəl　ビューティフル]	[tʃ　チ]	**child** [tʃaild　チャイルド]
		[dʒ　ヂ]	**large** [lɑːrdʒ　ラーヂ]
[əːr　ア～]	**girl** [gəːrl　ガール]	[h　ハ]***	**hat** [hæt　ハット]
[ei　エイ]	**eight** [eit　エイト]	[m　ム/ン]	**name** [neim　ネイム]
[ai　アイ]	**eye** [ai　アイ]		**jump** [dʒʌmp　ヂャンプ]
[ɔi　オイ]	**boy** [bɔi　ボイ]	[n　ヌ/ン]	**noon** [nuːn　ヌーン]
[au　アウ]	**now** [nau　ナウ]		**clean** [kliːn　クリーン]
[ou　オウ]	**old** [ould　オウルド]	[ŋ　ング]	**spring** [spriŋ　スプリング]
[iər　イア]	**ear** [iər　イア]		
[eər　エア]	**chair** [tʃeər　チェア]	[l　ル]	**last** [læst　ラスト]
[uər　ウア]	**poor** [puər　プア]		**milk** [milk　ミルク]
		[r　ル]	**room** [ru(ː)m　ル(ー)ム]
		[j　イ]	**yes** [jes　イェス]
		[w　ウ]	**wind** [wind　ウィンド]

* [i] が強勢のない場合，あいまいな音なので，カナでは [イ / エ] のいずれかに表記される.

** [ə] は強勢のないあいまいな音なので，カナでは [ア / エ / イ / オ / ウ] のいずれにも表記される.

*** [h] は日本語の「ハ，ヘ，ホ」のときの子音に近い.

無料英単語アプリ・無料音声再生アプリについて

🟦 無料英単語アプリ

ジュニア・アンカー 中学英和辞典の重要な英単語を，クイズ形式で確認するアプリです．下記の二次元コードを読み取るか，URL にアクセスしてください．

https://gakken-ep.jp/extra/ja/

※ iPhone の方は，Apple ID，Android の方は Google アカウントが必要です．
　対応 OS や対応機種については，各ストアでご確認ください．
※ お客様のネット環境及び携帯端末によりアプリを利用できない場合や，音声をダウンロード・再生できない場合，当社は責任を負いかねます．ご理解・ご了承をいただきますよう，お願い申し上げます．
※ アプリは無料ですが，通信料はお客様の負担になります．

🟦 無料音声再生アプリ

🎧マークの音声と，ジュニア・アンカー 中学 英和辞典の見出し語の音声（原則として発音記号のあるもの）を，専用アプリで再生することができます．
下記の二次元コードを読み取るか，URL にアクセスしてください．

https://gakken-ep.jp/extra/myotomo/

※ iPhone の方は，Apple ID，Android の方は Google アカウントが必要です．
　対応 OS や対応機種については，各ストアでご確認ください．
※ お客様のネット環境及び携帯端末によりアプリを利用できない場合や，音声をダウンロード・再生できない場合，当社は責任を負いかねます．ご理解・ご了承をいただきますよう，お願い申し上げます．
※ アプリは無料ですが，通信料はお客様の負担になります．

さくいん

文 法

A
a の使い方 …………………………19
be able to と can …………………20
above と on …………………………22
advice の使い方 …………………29
after と behind …………………30
afternoon の使い方 ……………31
ago の使い方 ……………………33
alive の使い方 …………………37
all の使い方 ……………………37
all と every ……………………37
all の単数・複数 ………………37
almost の使い方 ………………39
already と yet …………………40
also と too ……………………40
always の位置 …………………41
疑問文・否定文のつくり方 ……42
I am の短縮形 I'm ……………42
among と between ……………43
a と an …………………………44
and の使い方 …………………45
come and ... の言い方 ………45
another の使い方 ……………47
any と some ……………………49
否定文と any …………………49
any と some のまとめ ………50
anyone の使い方 ……………51
anything の使い方 …………51
アポストロフィーの使い方 ……52
are の使い方 …………………56
are の短縮形 …………………56
asleep の使い方 ……………61
at と in ………………………63

B
baby の使い方 ………………70
bad の比較級・最上級 ………72
baggage の数え方 …………73
be という形 (be 動詞の原形) を
　使う場合 ……………………79
become と come ……………82
begin on [at, in] ……………85
best の使い方 ………………90
both の使い方 ………………103
both ～ and ... ……………103
by と until …………………120

C
cake の数え方 ………………122
can の使い方 ………………124
Can I ...? と May I ...? ……125
cannot と can't ……………126
cattle の数え方 ……………134
chalk の数え方 ……………138
cheese の数え方 …………144
clothes の使い方 …………155
coffee の数え方 …………158

D
data の使い方 ……………190
die と be killed と pass away ……204
discuss は他動詞 …………209
do の使い方 ………………212
助動詞 do のまとめ ………212
dozen の使い方 …………219

E
過去形，過去分詞のつくり方 ……232
too と either ……………235
else の位置 ………………237
形容詞の enough の使い方と意味 ……242
副詞の enough の位置 ……243
比較級のつくり方 …………245
最上級のつくり方 …………246
every の使い方 …………249
everyone の使い方 ……250

F
family の使い方 …………261
far の使い方 ……………262
far の比較級・最上級 …262
few と little ……………269
finish + -ing 形 ………273
基数と序数 ………………276
fish の単複 ……………277
food の使い方 …………284
It is — for ～ to ... . の文 ……285
fruit の使い方 …………295
furniture の数え方 ……297

G
give の使い方 …………306
glove の数え方 ………308

14　fourteen

さくいん

God と god ··311
good と well の使い方 ·························312

H

hair の数え方 ·······································323
have のまとめ ·····································333
he の使い方 ··334
his の 2 つの使い方 ···························346
how と what ······································357
hundred の使い方 ·······························359

I

I の使い方 ··362
if の使い方①—条件 ···························364
if の使い方②—仮定 ···························364
information の使い方 ·························371
-ing のつけ方 ·····································371
be 動詞（現在形）の使いわけ ··········379
is の使い方 ··379
it の使い方 ··380

J

juice の数え方 ····································388

L

last ＋ 時間を表す語 ···························403
Let's ... の答え方と否定形 ················412
life の使い方 ······································414
(a) little と (a) few ·························421

M

make ～ of ... と make ～ from ... ···········435
many の使い方 ···································439
my と mine ·······································457
money は数えられない名詞 ···············463
「先月」「今月」などの言い方 ············463
most ... と most of ... ·······················468
much と many ···································473
much と very ·····································474
must の使い方 ····································476

N

neither の使い方 ·······························484
never の位置 ·······································486
news の数え方 ····································487
next の使い方 ·····································488
no の意味と使い方 ·····························491
not の位置 ···495
not のまとめ ·····································496
部分否定 ··497

O

目的語とは？ ·····································503
of の使い方 ·······································505
often の位置 ······································508
「…歳です」の言い方 ·························510
on と above と over ·························511
特定の日を表す on ·····························511
only の位置 ·······································515
命令文＋ or，命令文＋ and ···············518
the other と another ·······················520
on と over ···523

P

paper の数え方 ···································530
piece の使い方 ···································545
please の位置 ·····································552

R

reach の使い方 ···································585
remember -ing と remember to ... ········594
the ＋ 川の名 ····································604

S

複数形のつくり方 ······························614
3人称単数現在形のつくり方 ···············614
say の使い方 ······································621
she の使い方 ······································645
since と from ·····································657
sky の使い方 ······································662
so のあとの語順 ·································670
some の使い方 ···································674
some の単複あつかい ·························674
somebody の使い方 ···························675
someone の使い方 ·····························675
something の使い方 ···························676
sometimes の位置 ·····························676
sorry の使い方 ···································677
stop -ing と stop to ... ·······················699
such の使い方 ····································710
such と so ···710
sugar の数え方 ···································711

T

tea の数え方 ······································726
that と it のちがい ·····························736
関係代名詞 that の使い方 ···················736
that と the ··737
the と a ··738
There is ... / There are ... の文 ·············740
they の使い方 ····································741

fifteen 15

さくいん

this + 時を表す名詞	746
thousand の使い方	747
too の使い方	757

U V W
until と till と by	780
usually の位置	784
very と much	788
water の数え方	801
wh- で始まる語のまとめ	811
感嘆文の語順	812

関係代名詞 which の使い方	815
関係代名詞 who の使い方	817
関係代名詞 whom の使い方	818
関係代名詞 whose の使い方	818
Why ...? に対する答え方	819

Y
yes の使い方	838
yet の位置	839
yet と already	839
yet と still	839

用 法

A
accept と receive	23
across と cross	25
advertisement と commercial	29
I am afraid と I hope	30
alone の表す意味	39
a. m. の使い方	42
be angry と be upset	46
another と the other	48
apartment と apartment house	52
arrive at と arrive in	58
arrive と get to	58
because と since	60
at と in と on	63

B
back と「背中」「腰」	71
bad と wrong	72
bargain と「バーゲン」	75
battle と war と fight	78
「…を産む」の言い方	80
beautiful の使い方	81
beautiful と pretty	81
because と since	82
before と ago	85
believe と believe in	87
below と under	88
had better の使い方	91
between と among	91
big と large と great	92
bike がさすもの	93
blue と「青」	98
boat と「ボート」	99
bored と boring	102

borrow と rent と use	102
branch と bough と twig	106
break の表す意味	107
bring と take	110
brother と「兄，弟」	112
build の表す意味	114
building の表す意味	114
「乗る」「降りる」の言い方	116
businessman と「ビジネスマン」	117
buy と get と purchase	118
「自分の車で」「9時の電車で」の言い方	119
by と near と beside	120

C
candy と「キャンディー」	126
cap と hat	127
car と「自動車」	128
トランプと trump	129
center と middle	136
cheap, inexpensive, reasonable, low	142
child と boy / girl	145
choose と select	147
city と town と village	149
claim と「クレーム」	150
clever と wise と bright	152
clock と watch	153
clothes と dress と suit	155
cold と cool と chilly	159
come と go	162
cook と make	174
correct と right	176
could と was able to, were able to	177
country と nation と state	178

さくいん

a couple of の使い方 ……………………178
cry と sob と weep ……………………184
culture と civilization ………………184
cup と glass ……………………………185
cut と break ……………………………186

D
dad の使い方 ……………………………188
dance の使い方 …………………………189
Washington D.C. と
　Washington …………………………193
dear の使い方 …………………………194
deer の数え方 …………………………196
defeat と beat と win ………………196
desk と table …………………………201
destroy の使い方 ……………………202
dinner と supper ……………………206
disease と sickness と illness ………209
dish と plate と saucer ………………209
draw と paint と write ………………219
drink と have と eat と take ………222
drive と ride …………………………222
dry と「ドライ」………………………224
during と for と while ………………225

E
early と fast …………………………228
early と late …………………………228
「東西南北」の言い方 ………………230
embarrassed と ashamed ……………237
Good evening. と Good night. ………248

F
Mr. や Ms. などの使い方 ……………261
fast と quick …………………………264
father の使い方 ………………………265
finger と thumb ……………………273
first name の使い方 …………………276
flower と blossom ……………………281
football がさす競技 …………………284
forest と woods ………………………286
forget と leave ………………………287

G
game と match ………………………298
garden と yard ………………………299
Goodbye. と Bye. と See you. ………313
gown と「ガウン」……………………314
guest と visitor と customer と
　passenger …………………………321

H
habit と custom ………………………323
handle と「ハンドル」………………326
handsome の使い方 …………………327
have a [an] +動作を表す名詞 ………332
have to と must ………………………333
head と face と neck …………………334
high と tall ……………………………344
hiking と picnic ………………………344
hit と strike と beat と punch ………346
hour と o'clock ………………………355
house と home ………………………355
humor と wit と joke …………………358

I J K
ill と sick ………………………………364
in と at と on …………………………367
interesting と amusing と funny ……375
in と into ………………………………376
自己紹介するときの言い方 …………377
it と one ………………………………381
職業をたずねるときの言い方 ………386
「有名人を知っている？」の言い方 ……398

L
learn と study ………………………407
Let us と Let's … ……………………412
let と make ……………………………412
alphabet と letter と word …………413
lie と日本語の「うそ」………………414
listen と hear ………………………419
little と small ………………………420
look と see ……………………………425
loose と日本語の「ルーズ」…………427
a lot of と many, much ………………428

M
mail と post …………………………433
make と have と let と get …………435
meet と see ……………………………449
million の使い方 ……………………455
mistake と error ……………………460
mom の使い方 ………………………462
no longer と no more ………………466
mother の使い方 ……………………469
Mr. の使い方 …………………………472
Mrs. の使い方 ………………………472
Ms. の使い方 …………………………473
How much ...? と
　How many ...? ……………………474

seventeen　17

さくいん

N
narrow の使い方 ……………………479
need to と have to …………………483
Have a nice … ! の言い方 …………489
good と nice ………………………489
night と evening …………………490

O
o'clock の使い方 …………………505
office の使い方 ……………………507
one と it ……………………………513

P Q
「…分過ぎ」「…分前」の言い方 …………535
picture と painting と drawing …………545
play と practice と do ……………550
「遊ぶ」の言い方 ……………………551
please の使い方 ……………………552
p.m. の使い方 ……………………553
port と harbor ……………………558
present と gift ……………………563
pretty と beautiful ………………564
pupil と student …………………573
question と problem ………………578
quite の使い方 ……………………580

R
rabbit と hare ……………………581
refuse と decline と reject ………591
ride のあとの前置詞 ………………601
「鳴っている」の言い方 ……………603
river と stream と brook …………604
road と street と path と way …………605

S
save と help ………………………621
say と tell と speak と talk ………622
sea と ocean ………………………628
see と look …………………………632
seem と look ………………………633
send の使い方 ……………………635
service の使い方 …………………639
shade と shadow …………………641
Shall I … ? と Shall we … ? …………642
ship と boat ………………………646
shop と store ……………………648
shore と coast と beach …………648
should と must, had better …………650
show と tell ………………………651
shut と close ………………………653

sick と ill …………………………653
since と because …………………657
「歌をうたう」の言い方 ……………658
sir と ma'am ………………………658
Sir の使い方 ………………………659
sister と「姉」「妹」………………659
sleep と go to bed ………………663
slow と late ………………………665
sound と noise ……………………678
「スープを飲む」の言い方 …………679
「止まっている」の言い方 …………699
history と story と tale …………701
style と日本語の「スタイル」…………708
supper と dinner …………………714

T
talent と日本語の「タレント」…………724
teach と tell, show ………………727
Thank you. と I thank you. …………735
thief と robber と burglar …………742
thin と slender と slim と skinny …………743
think と日本語の「思う」……………743
this と that ………………………745
to と toward と for ………………754
「今夜」の言い方 …………………757
方向を表す toward ………………760
travel と tour と trip と journey と
　voyage …………………………764
「〜度」「〜倍」の言い方 ……………772

U V W Y
under と below ……………………775
university と college ……………779
up はなぜ「北」なのか ……………781
upon と on …………………………781
vacation と holiday ………………785
wake up と get up …………………794
want to と would like to …………796
warm と hot ………………………797
watch と look at と see …………800
wear と put on ……………………804
weather と climate ………………805
What is he? と Who is he? …………811
which と what ……………………815
ていねいなたのみ方 ………………821
win の使い方 ……………………822
wish と want ………………………824
Would you …? はていねいな依頼 …………832
would と used to …………………832
手紙の結びのことば ………………841

A a A a A a

A, a [ei エイ] 图 (複数) **A's, a's** [-z] または **As, as** [-z] **1** エー (アルファベットの最初の文字).
2 《大文字 A で》《米》(成績の) A.
straight *A*'s
オール A, オール5.

> 背景 アメリカの学校の成績は,ふつうは5段階評価.よいほうから順に A, B, C, D, F となる. F は不合格 (failure) を表す.

a 5級 冠 **1つの, 1人の**

[ə ア, (強めると)ei エイ]
冠 **1 1つの, 1人の, 1ぴきの.**

a boy 　　*a* water
1人の少年 　 水

a dog 　　　*a* ball
1ぴきの犬 　 1つのボール

a は, 1つ, 2つと数えられるものが1つあるときに, それを表す名詞の前につける.

water (水) は数えられないので, a はつけられない.

I am *a* student.
私は生徒です.
This is *a* good dictionary.
これはよい辞書です (▶この2つの例文のように「1つの」の意味が弱いときは, 日本語に訳さなくてもよい).
They have *a* son and two daughters.
彼らには息子が1人と娘が2人いる.

文法 a の使い方
❶名詞に形容詞をつけるときは, a は形容詞の前に置く.
a good boy (1人のよい男の子)
×good a boy は誤り.
❷発音が母音で始まる語の前では a ではなく an を使う. *an* apple (1個のリンゴ) / *an* egg (1個の卵)
a と an の使い分け→ an

|レ| 子音　　　　|ア| 母音
a lemon レモン　　 *an* apple リンゴ

❸ a は the, my, Tom's, this, that などといっしょには使わない. ˣa my book, ˣthis a book などは誤り. my book, this book という.

× a my book
　　a と my はいっしょには使えない.
○ a book
○ my book

❹ a と an ははじめて話題にするときに使うが, すでに話題になっているものをさすときには the を使う. → the

2 [種類全体を表して] **…というもの**.
A whale is a mammal.
クジラ (というもの) はほにゅう類です (▶Whales are mammals. と複数形で表すのがふつう).

3 **…につき**.
We eat three meals *a* day.
私たちは日に3回食事をする.
I have piano lessons twice *a* week.
私は週に2回ピアノのレッスンを受けている.

4 [固有名詞の前につけて] **…という人**; …のような人; …家の人; …の製品, …の作品.

a. ▶

a Toyota トヨタの車.

He bought *a* Picasso.
彼はピカソの絵を買った.

A Mr. Nishikawa wants you on the
phone. 西川さんとかいう人から電話ですよ
(▶よく知らない人のことをいう場合).

a. 《略》＝acre(s)（エーカー）; adjective
（形容詞）

abacus [ǽbəkəs アバカス] 图（複数
abacuses [-iz], **abaci** [ǽbəsai アバサイ]）そろ
ばん.

abandon [əbǽndən アバンドン] 動 他（家
族など）を見捨てる;（車・家など）を捨てる;
（計画・習慣など）をやめる.

He *abandoned* his family.
彼は家族を見捨てた.

He *abandoned* all hope.
彼はあらゆる望みを捨てた.

an *abandoned* house
放置された家, 廃屋.

abbey [ǽbi アビィ] 图（複数 **abbeys** [-z]）
大修道院, 大寺院.

Westminster *Abbey*
ウェストミンスター寺院.

ABC [èibíːsíː エイビースィー] 图（複数
ABC's, ABCs [-z]）[ふつう the ABC ('s) で]
アルファベット;[ふつう the ABC ('s) of ...
で] …の初歩.

Abe [eib エイブ] 图 エイブ（男性の名;
Abraham の愛称）.

ability 準2 [əbíləti アビリティ] 图（複数
abilities [-z]）能力, 才能;《the ability to
... で》…する能力.

the ability to read and write
読み書きの能力.

She has *the ability to* do this job.
（＝She can do this job.）
彼女にはこの仕事をする能力がある.

able 3級 [éibl エイブル]

形 **1**（比較 **better able** または **more
able**;最上 **best able** または **most able**）
**《be able to ＋動詞の原形で》…するこ
とができる**（反 unable …できない）.

He *was able to* speak five lan-
guages. 彼は5か国語が話せた.

Cathy *is* not *able to* come to
Tokyo this year, but she will *be
able to* come next year.

キャシーは今年は東京に来られないが, 来年は
来られるだろう.

Will you *be able to* come by six?
6時までに来られるの？

文法 **be able to と can**

❶「…できる」（現在）というとき

1) ふつうは **can** を使う.

I *can* swim. 私は泳げる (▶ be able
to は一時的な能力を表すので, I am
able to swim. とはあまりいわない).

2) can は want to などのあとでは使
えないので, そのような場合は be
able to を使う.

I want to *be able to* speak
English. 私は英語を話せるようになり
たい.

❷「…できた」（過去）というとき

「…できた」のように過去の事実をいう場
合, can の過去形 could を使うと「（…
しようと思えば）できるのだが」といった
仮定の可能性の意味にとられることが多
いので, はっきり「…できた」とあること
をなしとげたことを表すには **was able
to** や **were able to** を使う.

He *was able to* run 100m in 11
seconds. 彼は 100m を 11 秒で走る
ことができた (▶実際に走ることができ
たことを表す).

He *could* run 100m in 11
seconds when he was young. 彼
は若いころ 100m を 11 秒で走る能力
があった (▶実際に 11 秒で走れたかど
うかは不明である).

❸ほかの助動詞と組み合わせるとき

can は助動詞なので, ほかの助動詞と
組み合わせて使うことはできない. その
ため, will 以外にも may, must,
should などの助動詞と組み合わせると
きは be able to を使う.

❹「…できるだろう」（未来）というとき

can には未来を表す言い方がないので,
「…できるだろう」の意味を表すときは
will be able to を使う.

We'll *be able to* get there by
noon. 正午までにはそこに着けるだろう.

You *won't be able to* walk for a
while. きみはしばらくは歩けないだろう
(▶否定では won't be able to を使う).

---

20 twenty

◀ about

❺「ずっと…できた」（完了形）というとき can には完了形がないので，「ずっと…できた」の意味を表すには **have been able to** や **has been able to** を使う．Nobody *has* ever *been able to* answer that question. 今までにだれもその問いに答えることはできなかった．

○ I can swim. (私は泳げる)
× I will can swim.
　　　　will と can は
　　　　いっしょには使えない．

○ I will be able to swim.
○ I have been able to swim.

2 (比較 **abler**; 最上 **ablest**) 有能な，腕ぁのたつ，りっぱな．
an *able* lawyer 有能な弁護士．
→動 **enable**

-able [-əbl -アブル] 接尾 ▶名詞のあとについて形容詞をつくる．例. comfortable (comfort + able 気持ちのよい)，fashionable (fashion + able 流行の)

abnormal [æbnɔ́ːrməl アブノーマル] 形 異常な (反 normal 正常な).

aboard [əbɔ́ːrd アボード] 副 飛行機 [船・列車・バスなど] に (乗って).
It is time to get *aboard*.
もう搭乗ぁ [乗船，乗車] する時刻だ．
All aboard! みなさんお乗りください (▶ 出発の合図).
Welcome aboard! ご搭乗 [ご乗船・ご乗車] ありがとうございます．
—— 前 (飛行機・船・列車・バスなど) に乗って．
Kana went *aboard* the plane.
カナは飛行機に乗った．

A-bomb [éibɑm エイバム] 名 原子爆弾 (= atom(ic) bomb).

aboriginal 準2 [æbərídʒ(ə)nəl アボリヂナル] 形 [Aboriginal で] アボリジニの．

aborigine [æbərídʒini: アボリヂニー] 名 [Aborigine で] アボリジニ (オーストラリアの先住民).

about 5級 前 …について
副 およそ，約…

[əbáut アバウト] フォニックス72 **ou** は [au] と発音する．

「…のまわりに」
——「…のあたりを」
——「…について」
——「およそ，約…」
1時間　**2時間**　3時間

前 **1 …について，…についての**，…に関して (▶ about は一般ぱ的な内容，on は専門的な内容を表すことが多い).
a book *about* science 科学に関する本．
I don't really know much *about* it.
ぼくはそのことについてよく知りません．
What was he talking *about*?
彼は何について話していたの？
I know nothing *about* him. 彼については何も知らない (▶ about のあとは目的格がくる．˟about he としないように注意).

2 …のまわりを，…のあたりに，…のあちこちに (▶ (米) では around を使うことが多い).
The children were running *about* the yard.
子どもたちが庭を走りまわっていた．

📢 スピーキング
How about …? と What about …?
❶ ともに「…するのはどう？」と提案したり，さそったりするときに使う．
Ⓐ *How about* going to the movies? 映画を見に行かない？
Ⓑ Sounds good. いいね．
(▶これらはくだけた言い方なので，あまり親しくない人などには使えない．その場合には，Would you like to go to the theater with me? (劇場へごいっしょにませんか) などと言うとよい.)
❷「…についてはどう思いますか」という意味もある．
Ⓐ *What about* this? I think it suits you.
これ，どう？きみに似合うと思うんだけど．
Ⓑ Yeah, I'll take it. そうね，買うわ．

twenty-one　21

above ▶

be about to ... …しようとしている.
We *are about to* leave.
ちょうどこれから出かけるところです (▶ be going to よりも近い, すぐに来る未来を表す. この about は形容詞とも考えられる).

be all about …がいちばんだいじだ, …しだいだ.

── 副 **1 およそ, 約…, くらい.**
I watch TV for *about* two hours a day. 1日2時間ぐらいテレビを見る (▶時間・期間を表す for のあとに about を置く).
My sister will come home at *about* six o'clock.
姉は6時ぐらいに帰宅するでしょう.

2《おもに英》**まわりに, あたりに; あちこちに**(▶《米》では around を使うことが多い).
We walked *about* in the park.
私たちは公園の中をあちこち散歩した.

above 準2 [əbʌ́v アバヴ]

前 **1 …の上に, …の上の, …の上の方に**(反 below …より下に).
There is a picture *above* the fireplace.
暖炉の上に1枚の絵がかかっている.
The plane was flying *above* the clouds. その飛行機は雲の上を飛んでいた.
3,000 meters *above* sea level
海抜3000メートル.

> 📖 文法 **above と on**
> above ははなれて上方にある場合をいう. 接触している場合には on を使う.
> → on (図)

above

on

2(数量・程度などが)**…より上で; …以上で; …より上位で.**
My English score was *above* average. 英語の点数は平均より上だった (▶「平均より上」ならば below average).

3 …の上流に (反 below …の下流に).
The village is a few miles *above* this bridge.
その村はこの橋の数マイル上手にある.

above all とりわけ, 何よりもまず.
He loves rock, jazz and, *above all*, classical music.
彼はロックやジャズ, そして何よりもクラシックが大好きだ.

── 副 上に (反 below 下に).
the question *above* 上記の問い.
── 形 上記の, 前記の, 前述の.
the *above* fact 前記の事実.

Abraham [éibrəhæm エイブラハム] 名 アブラハム(男性の名;愛称は Abe);(聖書)アブラハム (ユダヤ人の祖先).

abroad 3級 [əbrɔ́ːd アブロード]

副 **外国に, 外国で, 海外に.**
→ overseas
go *abroad* 外国へ行く (▶go to abroadとはいわない).
I have never been *abroad*.
私は1度も外国へ行ったことがない.
I want to travel *abroad* next year.
ぼくは来年海外旅行がしたい.
── 名 外国 (▶ a をつけず, 複数形なし).
a letter from *abroad* 外国からの手紙.

abrupt [əbrʌ́pt アブラプト] 形 とつぜんの, 不意の; ぶっきらぼうな.

absence [ǽbs(ə)ns アブセンス] 名 不在, 留守; 欠席 (反 presence 出席).
You have too many *absences*.
きみは欠席が多すぎる.

absent 3級 [ǽbs(ə)nt アブセント]

形 (いるべき場所に)**不在で; 欠席で** (反 present 出席して); (**be absent from** で) …を欠席している.

> 🗣 スピーキング
> Ⓐ Is everybody here?
> みんな, そろっている?
> Ⓑ No, Mr. Jones. Ken is *absent*.
> いいえ, ジョーンズ先生. ケンが休みです.

He *was absent from* school yesterday. 彼はきのう学校を休んだ.

absolute [ǽbsəluːt アブソルート] 形 絶対の, 絶対的な (反 relative 相対的な); 完全(無欠)な.
the *absolute* truth 絶対の真理.

◀ **accident**

absolutely [ǽbsəluːtli アブソルートゥリィ]
副 **1** 絶対(的)に；まったく.
He is *absolutely* right.
彼(の言っていること)はまったく正しい.
2 [会話で返事として] まったくそのとおり (▶
この意味の場合はふつう [ǽbsəlúːtli] と発音する). → certainly

🔊 **スピーキング**

ⓐ Are you sure?
ほんとう？
ⓑ *Absolutely*.
もちろん.
ⓑ *Absolutely* not.
とんでもない.

absorb 2級 [əbsɔ́ːrb アブソーブ, -zɔ́ːrb
-ゾーブ] 動 他 …を吸収する.
be absorbed in …に夢中になっている.

abstract [ǽbstrækt アブストゥラクト] 形 抽
象的な (反 concrete 具体的な).

absurd [əbsə́ːrd アブサ〜ド] 形 ばかげた，
不合理な.

abundant [əbʌ́ndənt アバンダント] 形 豊
富な，たくさんの.

abuse [əbjúːs アビュース] 名 虐待，乱用.
child *abuse* 児童虐待.
drug *abuse* 薬物乱用.
── [əbjúːz アビューズ] 動 他 …を虐待する，
乱用する.

academic 2級 [ækədémik アカデミク]
形 学園の；学問の，学業の.
academic performance
学業の成績，学力.

academy [əkǽdəmi アキャデミィ] 名
(複数 academies [-z]) **1** 学院 (▶おもに専
門教育の学校名に使う).
a police *academy* 警察学校.
2 学士院；(学術・文芸・美術の) 協会.

accent [ǽksent アクセント] 名 **1** アクセン
ト，強勢 (＝ stress)；アクセント符号.

◀**発音** 英語の単語や文には，それぞれ
強く発音する箇所(音節)と弱く発音す
る箇所がある．その場合，強く発音する
箇所に「アクセントがある」という．アク
セントは母音 (アイウエオに似た音) にあ
り，その上に ´ の符号をつける．
例. animal[ǽnim(ə)l アニマル]

The *accent* of this word is on the

first syllable.
この単語のアクセントは最初の音節にある.
2 なまり.
Paul speaks English with a French
accent.
ポールはフランス語なまりで英語を話す.

accept 準2 [əksépt アクセプト] 動 他
1 (提供されるもの)を受け入れる，受け取
る；(招待・申しこみなど)を受諾する
(反 refuse …を断る).
Jim *accepted* our invitation.
ジムは私たちの招待に応じてくれた.
2 …を(適切と)認める，受け入れる；(責任)
を負う.
The teacher didn't *accept* Jim's
excuse.
先生はジムの言いわけを認めなかった.
They should *accept* responsibility
for the accident.
彼らがその事故の責任を負うべきだ.

💬**用法** accept と receive
accept は「(物・申し出など)を快く受
け取る，受け入れる」という意味をもつ
のに対し，receive は単に物を受け取る
こと(行為)を表す.

acceptable 準2 [əkséptəbl アクセプタ
ブル] 形 受け入れられる；容認できる.
acceptable behavior
容認できるふるまい

access 準2 [ǽkses アクセス] 名 (場所・
物への) 接近；《コンピューター》アクセス.
Do you have internet *access* at
home? 家でインターネットが使えますか.

accessibility [æksesəbiləti アクセスィビ
リティ] 名 (場所などの) 行きやすさ；(サー
ビス・製品の) 利用しやすさ.

accessible [əksésəbl アクセスィブル] 形
(場所などが) 行きやすい；《コンピュー
ター》アクセスできる.
accessible restroom 多目的トイレ (車
いすなどでも入りやすいトイレ).

accessory [æksésəri アクセサリィ] (アク
セント注意) 名 (複数 accessories [-z]) [ふ
つう accessories で] (衣類・車などの) 付
属品，アクセサリー.

accident 3級 [ǽksəd(ə)nt アクスィデント]
名 事故，思いがけないできごと；偶発
事件；偶然.

twenty-three 23

accommodate ▶

There was a car *accident* on this road last night.
きのうの夜, この道で車の事故があった.

She had an *accident* at work.
彼女は仕事中に事故にあった.

Accidents will happen.
(ことわざ)事故は起こるもの[まぬがれがたい].

by accident 偶然に, 思いがけなく.

I met George *by accident*.
私は偶然, ジョージに出会った.

accommodate 準2 [əkámədeit アカマデイト] 動 他 (会館・ホテルなどが人) を収容できる;(客) を宿泊させる.

accompany [əkámp(ə)ni アカンパニィ]
動 [3単現 accompanies [-z]] [過去 過分 accompanied [-d]] [ing accompanying]
他 1 (人など) についていく (▶話し言葉では go with がふつう).

Fred *accompanied* Jane. (=(口語) Fred went with Jane.)
フレッドはジェーンについていった.

2 (音楽) …の伴奏をする.

I *accompanied* him on the piano.
ピアノで彼の伴奏をした.

accomplish 準2 [əkámpliʃ アカンプリシ] 動 [3単現 accomplishes [-iz]] [過去 過分 accomplished [-t]] [ing accomplishing]
他 …をやりとげる, 達成する.

according 準2 [əkɔ́ːrdiŋ アコーディング]
副 ▶ふつう次の連語で使われる.

according to …によれば, …によると, …に従って (▶ to のあとには名詞がくる).

According to the weather forecast, it will snow tonight.
天気予報によると, 今夜は雪が降るだろう.

accordion [əkɔ́ːrdiən アコーディオン] 名
アコーディオン.

account [əkáunt アカウント] 名 1 勘定, (金銭取り引きの) 計算書, 請求書;(銀行などの) 口座.

a bank *account* 銀行口座.

I'd like to open a savings *account*.
普通預金口座を開きたいのですが.

2 (コンピューター) アカウント (コンピューターネットワークやインターネット上のサービスにアクセスする権利や登録情報).

an email *account*
Eメールのアカウント.

3 説明;話, 記事.

Please give us a clear *account* of the accident.
その事故のことをはっきりと説明してください.

on account of …の理由で(= because of).

The train was late *on account of* the snow. 列車は雪で遅れた.

take ... into account = ***take account of ...*** …のことも考える, …にも配慮する.

You should *take* his age *into account*.
彼の年齢も考えたほうがいいよ.

── 動 自 ▶ふつう次の連語で使われる.

account for …の理由を説明する.

How do you *account for* these mistakes?
きみはどうやってこれらの誤りを説明するのかね.

accountant [əkáuntənt アカウンタント] 名
会計係;会計士.

accounting [əkáuntiŋ アカウンティング] 名 会計, 会計学, 経理.

accuracy 2級 [ǽkjurəsi アキュラスィ] 名 正確さ, 精密さ.

accurate 2級 [ǽkjurət アキュレト] 形 正確な, 精密な, まちがいのない.

My watch is *accurate*.
私の時計は正確だ.

accuse [əkjúːz アキューズ] 動 他 (**accuse ~ of ... で**) …という理由で~を起訴[告訴, 非難]する.

He was *accused* of murder.
彼は殺人罪で起訴された.

accustom [əkʌ́stəm アカスタム] 動 他 (**accustom ~ to ... で**) ~を…に慣れさせる (▶次の成句で使われることが多い).

be accustomed to …に慣れている (▶ to のあとには名詞または -ing 形がくる).

I'm *accustomed to* getting up early.
私は早起きすることに慣れています.

ace [eis エイス] 名 (さいころ・トランプなどの) 1, 1の札, エース;優秀選手;(テニスなどの) サービスエース.

an *ace* pitcher エース投手.

ache [eik エイク] (ch は例外的に [k] と発音する) 動 自 (ずきずきと) 痛む, うずく.

My tooth *aches*. (=I have a toothache.) 歯が痛い.

---

24 twenty-four

—图 (にぶい) 痛み. → pain
a stomach*ache* 腹痛.
a head*ache* 頭痛.

achieve 準2 [ətʃíːv アチーヴ] 動 他 (物事)を成しとげる;(努力して)…を達成する;(成功など)を勝ち取る.
Tom has *achieved* his goal.
トムは目標を達成した.
She *achieved* success as a writer.
彼女は作家として成功を収めた.

achievement 準2 [ətʃíːvmənt アチーヴメント] 名 達成;(生徒の) 学力;業績.
an *achievement* test 学力検査.

Achilles [əkíliːz アキリーズ] 名 《ギリシャ神話》アキレス, アキレウス.
Achilles(') heel アキレスのかかと (▶唯一の弱点のこと).
Achilles(') tendon アキレス腱.

achoo [ətʃúː アチュー] 間 ハクション (▶ ahchoo, 《米》atchoo, 《英》atishoo ともいう). → sneeze

acid [ǽsid アスィド] 形 酸の, 酸性の;すっぱい.
acid rain 酸性雨.
acid test (人・物の価値などの) 厳格な基準;試練.
—图《化学》酸.
an amino *acid* アミノ酸.

acknowledge [əknɑ́lidʒ アクナレヂ ‖ əknɔ́l- アクノリ-] 動 他 …を(本当だと)認める.
Few people *acknowledged* the artist's ability. ほとんどの人はその芸術家の才能を認めなかった.

acorn [éikɔːrn エイコーン] 名 ドングリ, オーク (oak) の実.

acquaintance 2級 [əkwéintəns アクウェインタンス] 名 知り合い, 知人;(人との)面識.
He has a lot of *acquaintances* but few friends.
彼にはたくさんの知人がいるが友人は少ない.

acquire [əkwáiər アクワイア] 動 他 (努力・行為などにより) …を獲得する;(習慣など)を身につける.
acquire a foreign language
外国語を習得する.

acre 3級 [éikər エイカァ] 名 エーカー (土地面積の単位;1エーカーは約 4047m^2).
an *acre* of land 1エーカーの土地.

◀ across

acrobat 3級 [ǽkrəbæt アクロバト] 名 (綱わたりなどの) 軽わざ師, 曲芸師.

across 3級 前 …を横切って, …の向こう側に

[əkrɔ́(ː)s アクロ(ー)ス]

前 **1** …**を横切って**, わたって, …の向こうへ;…と交差して (▶「…に沿って」は along).

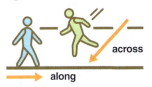

walk *across* the street
通りを歩いて横切る.
I can swim *across* the river.
ぼくはその川を泳いでわたれるよ.
A black cat ran *across* the road.
黒ネコが道路を走ってわたった.

2 …**の向こう側に**, …**の向こう側の**.
The bank is *across* the street.
銀行は通りの向こう側にある.
Who lives in the house *across* the lake?
湖の向こう側の家にはだれが住んでいるの？

3 …**のいたる所に**.
travel *across* the country
国中を旅する.

用法 across と cross
across と cross は混同しやすいので注意. cross は動詞で「…を横切る」という意味.
Don't walk *across* the street here.
(横切って)
Don't *cross* the street here.
(横切る)

—副 **横切って**;**向こう側に**.
The river isn't very wide right here.
Let's swim *across*.
川はここだとあまり広くない. 泳いでわたろう.

be across from …**の向かい側にある**.
The flower shop *is* just *across* (the street) *from* the bank. 花屋さんは(通りをへだてて) 銀行のちょうど向かい側にある.

twenty-five 25

act ▶

come across (人) に偶然会う, (物) をふと見つける. → come

act 3級 [ǽkt アクト]

動 3単現 **acts**[-ts ツ]；過去 過分 **acted**[-id]；ing **acting** 自 1 **行動する**, 実行する.
The police *acted* quickly.
警察はすばやく行動した.

2 ふるまう；(舞台で) 演じる.
act like a leader リーダーらしくふるまう.
Why do you *act* like that?
どうしてそんなふうにふるまうの？
Stop *acting* like a child!
子どもみたいなまね, よしなさい！

── 他 (劇や役割) **を演じる**.
act the part of Hamlet
ハムレットの役を演じる. →名 action

── 名 複数 **acts** [-ts ツ] 1 (1回の) **行為**, 行い.
a kind *act* 親切な行い.
a violent *act* 暴力(行為) (▶ an act of violence ともいう).

2 (劇などの) 幕.
Act I, Scene ii 第1幕第2場 (▶ act one, scene two と読む).

3 法律, 条令.

acting 準2 [ǽktiŋ アクティング] 形 代理の.
── 名 演技.
She wants to study *acting*.
彼女は演技の勉強をしたいと思っている.

action 3級 [ǽkʃən アクション]

名 複数 **actions** [-z] 1 **行動** (▶ある状況・場面に対処するときの行動についていう)；(個々の) 行い, 行為.
I can only judge from his *actions*.
彼の行動から判断するしかない.

2 動作, アクション；演技.
an *action* game アクションゲーム.
an *action* movie アクション映画.

Action! (映画)演技始め, スタート (監督の指示).

put ... into action …を実行に移す.
We quickly *put* our plan *into action*.
私たちはただちに計画を実行した.

take action 行動を起こす, 対処する.
Now is the time to *take action*.
いまこそ実行するときだ.

active 準2 [ǽktiv アクティヴ]

形 比較 **more active**；最上 **most active**
1 **活動的な**；活動中の；積極的な.
an *active* boy 活発な男の子.
an *active* volcano 活火山.
Grandma is very *active* for her age.
おばあちゃんは年のわりにはとても元気です.

2 (文法) 能動態の (反 passive 受け身形の).
the *active* voice 能動態.

activity 3級 [ǽktivəti アクティヴィティ] 名 複数 **activities**[-z] 1 [ふつう activities で] (ある分野の) 活動.
club *activities* クラブ活動.
extracurricular[ekstrəkərikjulər エクストゥラカリキュラァ] *activities*
課外活動.

2 活動 (していること), 活発さ；活気.
physical *activity* 体を動かすこと, 運動.

actor 4級 [ǽktər アクタァ] 名 (男女を問わず) 俳優, 役者；(とくに) 男優 (女 actress).

actress 3級 [ǽktris アクトゥレス] 名 女性の俳優, 女優 (男 actor) (▶近年では男女ともに actor ということが多い).

actual 2級 [ǽktʃuəl アクチュアル] 形 現実の, 実際の.
This movie is based on an *actual* event.
この映画は実際のできごとに基づいている.

actually 3級 [ǽktʃuəli アクチュアリ]

副 **実際には**；(意外だが) ほんとうに.
He looked like a doctor, but *actually* he wasn't. 彼は医者のように見えたが, 実際はそうではなかった.

I want to tell you about what *actually* happened.
実際に何があったのかをきみに伝えたいんだ.

acute [əkjúːt アキュート] 形 (感覚・知力などが) 鋭い；激しい；(病気が) 急性の (反 chronic [kránik] 慢性の).

ad [ǽd アッド] 名 《口語》 広告 (▶ advertisement を短縮した形).
[同音語] add (…を加える)

ad. (略) = adverb (副詞)

A.D. , AD [éidíː エイディー] (略) 西暦

◀ **adios**

[キリスト紀元] …年（▶ラテン語 *Anno Domini* [ǽnou dɑ́məni(ː)]（主の年にして）の略）(対) B.C. 紀元前).
A.D. 32 = 32 *A.D.* 西暦 32 年（▶ A.D. は年を表す数字の前に置いてもあとに置いてもよい).

Adam [ǽdəm アダム] 名 アダム（男性の名）; 《聖書》アダム（神が創造した最初の人間).
→ **Eve**

Adam's apple [ǽdəmz アダムズ æpl] 名 のどぼとけ（▶禁断の木の実が Adam（アダム）ののどにつかえたという伝説から).

adapt 2級 [ədǽpt アダプト] 動 他 …を適応させる；…を（〜に合うように）変える.
The story was *adapted* for children.
その物語は子ども向けに作りかえられた.
— 自 (環境などに) 適応する.
I slowly *adapted* to my new life.
私はじょじょに新しい生活に慣れていった.

add 3級 [ǽd アッド]
動 (3現) **adds** [-dz ヅ] (過去)(過分) **added** [-id] (ing) **adding**) 他 **1** …**を加える**, 足す；…を合計する.
What do you get if you *add* 5 to 6?
5 を 6 に加えるといくつになるかな.
2 …**とつけ加えて言う**.
"You should go, too," he *added*.
「きみも行ったほうがよい」と彼は言い足した.
→ 名 **addition**

add to …を増す.
A little salt *adds to* the flavor.
塩を少し加えると風味が増します.
[同音語] **ad** (広告)

addition 準2 [ədíʃən アディション] 名 つけ足すこと；足し算；足したもの.
→ 動 **add**

in addition 加えて, さらに.
in addition to …に加えて.
In addition to the new dress, I also bought new shoes.
その新しいドレスのほかに, 新しいくつも買った.

additional 準2 [ədíʃ(ə)nəl アディショナル] 形 追加の.

address 4級 [ədrés アドゥレス, ǽdres アドゥレス]
名 (複数) **addresses** [-iz] **1 住所**, あて名；(E メールなどの) アドレス.

Please write your name and *address* on this card. このカードに住所氏名を記入してください（▶ name and address の語順に注意. 日本語と逆になる).
Can you give me your new email *address*?
新しいメールアドレス, 教えてくれる？

🗣スピーキング

What's your address?「住所は？」
相手の住所をたずねるときは, Where do you live? ということが多い. What's your address? には警察官などが質問をするときのようなかたいひびきがある.

Ⓐ Where do you live?
おすまいはどちら？
Ⓑ I live in Takada-cho.
高田町です.
Ⓐ *What's your address?*
あなたのご住所は？
Ⓑ 690-5, Takada-cho.
高田町 690 の5です.

2 演説, 講演 (⸺ **speech**).
He gave the opening *address*.
彼は開会のことばを述べた.
―― [ədrés アドゥレス] 動 (3現) **addresses** [-iz]; (過去) (過分) **addressed** [-t]; (ing) **addressing**) 他 **1** (封筒 など) にあて名を書く；(手紙などを人に) あてて出す.
This card is *addressed* to you.
このカードはあなたあてだ.
2 (人) に話しかける (= **speak to**)；…に演説する, 講演する.
He *addressed* me very politely.
彼はとてもていねいに私に話しかけた.
3 (難題など) に取り組む.
address the bully problem at school 学校のいじめ問題に取り組む.

adequate [ǽdikwət アディクウェット] 形 (量・程度が) (…に) 十分な.

adios [ædióus アディオゥス] (＜スペイン語) 間 さようなら.

adj.

adj. 《略》= adjective (形容詞)

adjective [ǽdʒiktiv アヂェクティヴ] 图《文法》形容詞 (▶略語は a. または adj.).

adjust [2級] [ədʒʌ́st アヂャスト] 動 他 …を調節する；…を順応させる.
I *adjusted* the display brightness on my smartphone.
私はスマートフォンの画面の明るさを調節した.
—— 自 順応する.

adjustable [ədʒʌ́stəbl アヂャスタブル] 形 調節可能な.

administration [ədminəstréiʃən アドゥミニストゥレイション] 图 管理，経営；行政；《米》政権，政府.

admirable [ǽdm(ə)rəbl アドゥミラブル] 形 感心な，りっぱな.

admiral [ǽdm(ə)rəl アドゥミラル] 图 海軍大将，海軍将官.

admiration [ædməréiʃən アドゥミレイション] 图 感嘆(かん)，感服.

admire [2級] [ədmáiər アドゥマイア] 動 他 …に感心する.
Everybody *admired* his courage.
だれもが彼の勇気に感心した.

admirer [ədmái(ə)rər アドゥマイ(ア)ラァ] 图 崇拝(すうはい)者，ファン.

admission [準2] [ədmíʃən アドゥミション] 图 入るのを許すこと，入場，入会，入学；入場料.
an *admission* fee 入場料.
apply for *admission* 入学願書を出す.
Admission Free《掲示》入場無料

admit [準2] [ədmít アドゥミット] 動 (過去 過分 admitted [-id] ing admitting) 他
1 …を (しぶしぶ) 認める；(**admit that ...** で)…ということを(いやいやながら)認める.
I *admitted that* I was wrong.
私は自分がまちがっていることを認めた.
2 (入学・入会・入場など) を認める.
He *was admitted* to the school.
彼はその学校への入学を許可された.

adopt [2級] [ədápt アダプト‖ədɔ́pt アドプト] 動 他 **1** …を養子にする.
adopt a child 子どもを養子にする.
2 (考え・方針など) を採用する.

adore [ədɔ́ːr アドー(ァ)] 動 (過去 過分 adored [-d]) 他 …を熱愛する，…が大好きである.

adult [3級] [ədʌ́lt アダルト, ǽdʌlt アダルト]

图 大人，成人 (対 child 子ども).
act like an *adult* 大人らしくふるまう.
Adults Only
《掲示》成人向き，未成年者お断り
—— 形 成人した，大人の；成人向きの.
an *adult* dog 成犬.

adv. 《略》= adverb (副詞)

advance [準2] [ədvǽns アドゥヴァンス‖-váːns -ヴァーンス] 動 自 進む，前進する；進歩する，進行する.
IT has *advanced* greatly during the past ten years.
IT(情報技術)は過去10年間に大きく進歩した.
—— 他 …を進める；…を昇進させる；(時間・日程) を早める.
—— 图 進むこと，前進，進行；進歩，上達.
in advance 前もって，あらかじめ.
make a reservation *in advance*
前もって予約する.

advanced [準2] [ədvǽnst アドゥヴァンスト‖-váːnst -ヴァーンスト] 形 進歩した，高度の，上級の.
an *advanced* class 上級クラス.
advanced technology 先進技術.
—— 動 advance (進む) の過去・過去分詞.

advantage [準2] [ədvǽntidʒ アドゥヴァンテヂ‖-váːn- -ヴァーン-] 图 有利な点 [立場] (反 disadvantage 不利な点)；強み；利益；(テニス) アドバンテージ.
What are the *advantages* of hybrid cars? ハイブリッド車の優れている点は何ですか.
take advantage of (人・相手の弱点など) につけ込む；(機会など) を利用する.
Don't *take advantage of* others.
人の弱みにつけ込んだらだめだ.

adventure [3級] [ədvéntʃər アドゥヴェンチァ] 图 冒険(ぼうけん)；意外な経験，めずらしい経験；[複数形で] 冒険談.
Bill's life was full of *adventures*.
ビルの人生は冒険に満ちていた.
the *Adventures* of Robinson Crusoe
ロビンソン・クルーソーの冒険談.

adventurer [ədvéntʃ(ə)rər アドゥヴェンチ(ァ)ラァ] 图 冒険(ぼうけん)家.

adverb [ǽdvəːrb アドゥヴァ〜ブ] 图《文法》副詞 (▶略語は ad. または adv.).

advertise [2級] [ǽdvərtaiz アドゥヴァタイズ] 動 他 自 (…を) 広告する，(…の) 広告を出す.

28 twenty-eight

◀ **afraid**

advertisement 2級
[ǽdvərtáizmənt アドゥヴァ**タ**イズメント ‖ -vɔ́:tis- -ヴァ〜ティス-] 图 広告 (▶話し言葉では短縮して ad ともいう).
want *ad* 求人広告

> **用法** advertisement と commercial
> advertisement はあらゆる広告をさすが，とくにラジオ・テレビの広告をさすときは commercial を使う.

advertising [ǽdvərtaiziŋ アドゥヴァタイズィング] 图 広告，広告業.
── 形 広告の.

advice 3級 [ədváis アドゥ**ヴァ**イス] (アクセント注意) 图 助言，忠告，アドバイス.
I asked him for some *advice*.
私は彼にアドバイスを求めた.
Take my *advice*.
私の言うとおりにしなさい.
Thank you for your *advice*.
アドバイス，ありがとう.

> **文法** advice の使い方
> advice は数えられない名詞なので，ˣan advice や，ˣsome advices とはいわず，a piece of advice, some advice, a lot of advice のようにいう.

advise 準2 [ədváiz アドゥ**ヴァ**イズ] (発音注意) 動 他 (人) に助言 [忠告] する.
The doctor *advised* me to get more exercise.
医者は私にもっと運動をするようにとすすめた.

adviser [ədváizər アドゥ**ヴァ**イザァ] ▶《米》では advisor ともつづる. 图 忠告者，助言者，アドバイザー；顧問.

AED [èii:dí エイイーディー] 图 自動体外式除細動器 (▶ automated external defibrillator の略).

aerial [é(ə)riəl エ(ア)リアル] 形 空気の，空中の；航空の.
── 图《英》アンテナ (=《米》antenna).

aerobics [e(ə)róubiks エ(ア)ロウビクス] (発音注意) 图 エアロビクス.

aerogram [é(ə)rəgræm エ(ア)ログラム]
▶《英》では aerogramme とつづる.
图 航空簡易書簡.

aeroplane [é(ə)rəplein エ(ア)ロプレイン] 图《英》飛行機 (=《米》airplane).

Aesop [í:sɑp イーサプ‖í:sɔp イーソプ] 图 イソップ (紀元前6世紀？；古代ギリシャの寓話作家で，動物寓話集『イソップ物語』(*Aesop's Fables*) の作者だと考えられている).

AET [èii:tí: エイイーティー] 图 (日本の) 外国人英語指導助手 (▶ Assistant English Teacher の略). → ALT

affair 2級 [əféər アフェア] 图 関心事；できごと；浮気 (= love affair)；[複数形で] 事務，業務；(ばく然と) 事情.
foreign *affairs* 外交，外務.

affect 準2 [əfékt アフェクト] 動 他 …に影響する，作用する；(人) を感動させる；(病気が) …をおかす.
War *affects* people's lives in many ways. 戦争は人々の生活にさまざまな形で影響を与える.

affection [əfékʃən アフェクション] 图 愛情 (▶子どもに対する親の愛情のように，ふつうだやかで長く続く愛情をいう).

affectionate [əfékʃ(ə)nət アフェクシ(ョ)ネト] 形 愛情のこもった，優しい.

affectionately [əfékʃ(ə)nətli アフェクシ(ョ)ネトゥリ] 副 愛情をこめて，優しく.

afford 2級 [əfɔ́:rd アフォード] 動 他 (can / cannot afford 〜で) …する余裕が [お金，ひまなど] がある (▶ふつう否定文・疑問文で使う).
He *couldn't afford* to buy a laptop.
彼にはノートパソコンを買う余裕がなかった.

Afghanistan [æfgǽnəstæn アフガニスタン] 图 アフガニスタン (アジア南西部にある共和国；首都はカブール (Kabul)).

afraid 3級 [əfréid アフ**レ**イド] フォニックス59 ai は [ei] と発音する.
形 (比較 more afraid；最上 most afraid)
▶名詞の前では使わない. **1 おそれて**，こわがって；(be afraid of で) …をおそれる，…をこわがる，…を心配する (▶ of のあとには名詞または -ing 形がくる).
Don't be *afraid*! こわがるな!
She *was* very *afraid of* the dark.
彼女は暗やみをひどくおそれていた.
Don't *be afraid of* making mistakes. まちがうことをおそれるな.
2 (be afraid to ... で) こわくて…できない.
Jim *was afraid to* go there.
ジムはこわくてそこへ行けなかった.

Africa ▸

3 (be afraid that ... で) …ではないかと心配する.
I *was afraid that* she wouldn't understand me.
彼女が私の気持ちをわかってくれないのではないかと心配だった.

I am afraid (残念ながら)…と思う; 残念ですが…(▶文頭にも文尾にも使う).
I'm afraid I can't visit you tomorrow.
(残念ですが)あすはあなたを訪問できないと思います.

🗨️スピーキング
Ⓐ Did we miss the bus?
ぼくたち, バスに乗り遅れたかな?
Ⓑ *I'm afraid so.*
(残念だけど) そうみたいだよ.

🗨️スピーキング
Ⓐ Are you free tomorrow?
あした空いている?
Ⓑ *I'm afraid not.*
(残念だけど) 空いていないんだ.

💬用法 **I am afraid** と **I hope**
I am afraid は望ましくない事がらを言うときに使う. 望ましいことのときは **I hope** を使う. *I hope* he will succeed this time. (今度は彼が成功するとよいと思う)

Africa ③級 [ǽfrikə アフリカ](アクセント注意)

图 **アフリカ**.

African [ǽfrikən アフリカン] 形 アフリカ(人)の.
── 图 アフリカ人.

African-American

[ǽfrikən-əmérikən アフリカンアメリカン]
形 **アフリカ系アメリカ人の**(▶アメリカの「黒人」を表す語として black よりも好まれる表現).
Barack Obama was the first *African-American* President of the United States.
バラク・オバマはアフリカ系アメリカ人で初めての米国大統領だった.
── 图 (複数 **African-Americans** [-z])
アフリカ系アメリカ人.

after ⑤級 前 …のあとに
接 …したあとで

[ǽftər アフタァ ‖ ɑ́ːftə アーフタァ]

after

前 **1** (時間・順序が) **…のあとに**, …のあとの, …の後ろに, …の後ろの, …の次に; (米)(…分) 過ぎ (= past) (反 before …の前に).
after that そのあと, それから.
the day *after* tomorrow 明後日, あさって.
Let's play tennis *after* school.
放課後テニスをしよう.

🔎文法 **after** と **behind**
after は「…のあとに」という意味でおもに「時間」に使い, **behind** は「…の後ろに」という意味で「場所」に使う. The boy hid *behind* the tree. (その少年は木の後ろにかくれた)

2 …を追って, …を求めて.
Go *after* him! 彼のあとをつけろ!
A dog ran *after* the red car.
犬がその赤い車を追いかけていった.

3 …にならって, …にちなんで.
She was named Helen *after* her aunt. 彼女はおばさんの名にちなんでヘレンと名づけられた.

after all 結局, やはり.
We tried our best, but we lost the game *after all*. 私たちはベストをつくしたが, 結局試合に負けた.

After you. (道などをゆずるとき) **どうぞお先に.**

🗨️スピーキング
Ⓐ *After you.* お先にどうぞ.
Ⓑ Thank you.
ありがとう.
Ⓑ You go ahead.
どうぞ, お先に.

one after another 次々に. → one
── 接 **…したあとで** (反 before …する前に).

He got to the station *after* the train left. 彼は電車が出たあと駅に着いた.
I'll call you *after* I arrive.
着いたら電話します (▶この場合×will arrive としない).

── 副 あとで (反 before 前に) (▶ after の前には soon や just などの副詞がくることが多い).

Soon *after*, she returned with some friends. それからすぐに, 彼女は友だちといっしょにもどってきた.

ever after その後ずっと.
They lived happily *ever after*.
彼らはその後ずっと幸せに暮らしました (▶物語などの最後に使われる言い方. 「めでたし, めでたし」に相当する).

afternoon 5級 名 午後

[ǽftərnúːn アフタ**ヌ**ーン ‖ ɑːf- **ア**ーフ-]

フォニックス71 oo は [uː] と発音する.

名 (複数 afternoons [-z]) **午後** (▶正午と夕暮れの間) (対 morning 午前). → day (図), today (表)

文法 afternoon の使い方
単に「午後に」というときは in the afternoon というが, 「4月1日の午後に」とか「月曜日の午後に」のように特定の日の場合は in ではなく on を使う. また, afternoon に this や next, yesterday などがつくときは, in や on をつけない.

○ in the afternoon
× in Monday afternoon
　── 特定の日を表す語句がつくときは on を使う.
○ on Monday afternoon
○ this afternoon
　── 前置詞はつけない.

in the *afternoon* 午後に.
on the *afternoon* of May 1
5月1日の午後に (▶ May 1 は May first または May the first と読む).
on Monday *afternoon* 月曜日の午後に

(▶《米》話し言葉では on を省略することが多い).
on a rainy *afternoon* 雨の午後に.
every *afternoon* 毎日午後に.
this *afternoon* 今日の午後に.
tomorrow *afternoon* あしたの午後に.
late *afternoon* 夕方近くに.
It was 2:30 in the *afternoon*.
午後2時半だった.
We talked all *afternoon*.
私たちは午後はずっとおしゃべりした.

スピーキング
Good afternoon.「こんにちは」
午後のあいさつ. やや改まった表現なので, 親しい人に対しては, Hi! とか Hello! ということが多い. なお, Good afternoon, Mike. のように人名をつけていうと, よりていねいにひびく.

afternoon tea [æ̀ftərnuːn tiː ‖ ɑ̀ːf-]
名 《英》ティー, 午後のお茶 (▶英国で午後4時ごろに取る軽い食事のこと. 紅茶とともにサンドイッチやケーキを食べる. 単に tea ともいう).

afterward 2級 [ǽftərwərd アフタワド ‖ ɑ̀ːf- アーフ-] 副 あとで (同 later); そのあと.
We had lunch and watched a movie *afterward*.
私たちは昼食を食べ, そのあと映画を見た.

afterwards [ǽftərwərdz アフタワツ ‖ ɑ̀ːf- アーフ-] 副《主に英》= **afterward**

again 4級 副 また, ふたたび

[əgén ア**ゲ**ン, əgéin ア**ゲ**イン]

副 **1 また, ふたたび**, もう一度 (= once more).
Try *again*. もう一度やりなさい.
Don't make the same mistake *again*. ふたたび同じまちがいをするな.
It could happen *again*.
それはふたたび起こるかもしれない.

スピーキング
Ⓐ Please come *again*.
また来てください.
Ⓑ Thank you, I will.
ありがとう, またおじゃまします.

thirty-one 31

against ▶

2 もとの状態へ，もとの場所へ.
You'll soon be well *again*.
すぐに（もとどおり）元気になるよ.

again and again **何度も，くり返して.**
We sang the song *again and again*. 私たちはその歌を何度もうたった.

once again **もう一度.** → once
See you again. **またお目にかかりましょう**（▶次にいつ会えるかわからない相手に言う表現。「じゃあまた」とか「またあした」というような場合には, See you *later*. や See you *tomorrow*. のように具体的に言う）.

📢スピーキング
🅰 There's my flight announcement. I'd better say goodbye.
フライトの案内だ．お別れをしなくちゃ.
🅱 *See you again,* Taro.
太郎，またいつか会おうね.

against
[əgénst アゲンスト, əgéinst アゲインスト]
🔢**4級**
前 1 …に反対して（反 for …に賛成して）**；…に反して，…にさからって.**
Everyone was *against* the plan.
全員がその計画に反対だった.
It's *against* the law.
それは法律違反だ.

✏️ライティング
❓ Are you for or *against* smoking?
喫煙に賛成ですか，反対ですか.
🅰 I am *against* smoking. I think it is bad for our health and environment. 私は喫煙に反対です. 体にも環境にも悪いと思います.

2 …に対抗して（反 for …に味方して）.
Americans fought *against* each other in the Civil War.
南北戦争ではアメリカ人同士が戦った.

3 …にぶつかって.
He banged his head *against* the door. 彼は頭をドアにぶつけた.

4 …に寄りかかって，…にもたれて.
She was leaning *against* the wall.
彼女は壁に寄りかかっていた.

5 …を背景にして，…と対照して.
We could see the tower clearly *against* the blue sky.

その塔は青空を背景にくっきり見えた.

age
[éidʒ エイヂ] 🔢**4級** フォニックス48 a は [ei] と発音する.
名（複数 ages [-iz]）**1 年齢，年.**
He began swimming at the *age* of three.（= He began swimming when he was three.）
彼は3歳のとき水泳を始めた.
Ann and Jane are the same *age*.
アンとジェーンは同い年です.
She looks young for her *age*.
彼女は年のわりに若く見える.
Everyone changes with *age*.
人はみな年を重ねるにつれて変わるものだ.
2 時代，時期.
the Middle *Ages* 中世.
Hollywood's golden *age*
ハリウッドの黄金時代.
3 生涯の一時期.
a woman in middle *age* 中年の女性.
4（口語）[*ages* または **an age** で]**長い間.**
I haven't seen you for *ages*.
ずいぶん久しぶりですね.
come of age **成年に達する，大人になる.**

aged¹ [éidʒid エイヂッド] **形 年をとった.**
an *aged* man 年をとった男性.
aged² [éidʒd エイヂド] **形 …歳の.**
a child *aged* six 6歳の子ども.
age limit [éidʒ limit] **名 年齢制限；定年.**
agency 🔢**2級** [éidʒənsi エイヂェンスィ] **名**
（複数 agencies [-z]）**代理店；**（米）（政府などの）**機関，…局.**
a news *agency* 通信社.
a travel *agency* 旅行代理店.
agent 🔢**2級** [éidʒənt エイヂェント] **名 代理人；手先，エージェント.**
a sports *agent* スポーツエージェント.
a travel *agent* 旅行代理業者.
agitate [ædʒəteit アヂテイト] **動** 過去 過分 agitated [-id]；ing agitating **扇動する.**

ago
🔢**4級** **副**（今から）**…前に**

[əgóu アゴウ]
副（今から）**…前に.** → before
He was born ten years *ago*.
彼は10年前に生まれた.

ahead

I met Emi three weeks *ago*.
私はエミに3週間前に会った.
The last bus left five minutes *ago*.
終バスは5分前に出たよ.
How long *ago* was that?
それは今からどれくらい前のことですか.

文法 ago の使い方
❶ ago は動詞の過去形といっしょに使い, 現在完了とは使わない. 現在完了といっしょに使えるのは before (以前に).
❷ ago は ten years ago のように時の長さを表すことばが前につく. 単独では使わない.

× I have met Emi three years ago.
　　ago は現在完了といっしょには使えない.
○ I met Emi three years ago.
× I met Emi ago.
○ I have met Emi before.

a long time ago = **long ago** ずいぶん前に.
long, long ago 昔々.
　Long, long ago, there lived a young fisherman named Urashima Taro. 昔々, あるところに浦島太郎という若い漁師が住んでいました.

agony [ǽgəni アゴニィ] 名 (複数 **agonies** [-z]) (極度の) 苦痛, 苦悶.

agree 3級 [əgríː アグリー] フォニックス64
ee は [iː] と発音する.
動 (3単現 **agrees** [-z]; 過去 過分 **agreed** [-d]; ing **agreeing**) ▶ふつう進行形にしない.
⾃ **1 賛成する, 同意する, 意見が一致する** (反 disagree 意見が合わない); 《**agree with** で》(人・考えなど) **に賛成する**, (人) と意見が一致する; 《**agree to** で》(計画・提案など) **に同意する**; 《**agree on** で》…**について合意する**.

スピーキング
Ⓐ This costs too much.
　これは値段が高すぎるよ.
Ⓑ *I agree*. It sure does.
　同感. そのとおりだ.

　I agree, but … 同意しますが….
　I agree with you.
私はあなたの意見に賛成です.
Most people *agreed to* the plan.
ほとんどの人がその計画に同意した.
Everyone *agreed on* the plan.
その計画については全員が合意した.

2 《**agree with** で》[ふつう否定文で] (食べ物や気候などが人の好みや体質など) **に合う.**
Milk doesn't *agree with* him.
牛乳は彼 (の体質) には合わない.

— 他 …**に賛成する, 同意する**;《**agree that …** で》…**ということに賛成する.**
Do you *agree that* animal testing should be banned? 動物実験を禁止すべきだという意見に賛成ですか.

ライティング
Comic books are good for children.
マンガ本は子どもによい.
I agree that comic books are good for children. We can learn many things from comic books.
私はマンガ本は子どもによいという意見に賛成です. マンガ本から多くのことが学べます.

→ 名 agreement

agreeable [əgríːəbl アグリーアブル] 形
1 こころよい, ここちよい.
2 [名詞の前では使わない] 同意する, 賛成する.

agreement [əgríːmənt アグリーメント] 名 (意見などについての) 一致, 同意, 承諾; 協定.
a peace *agreement* 和平協定.

→ 動 agree

agricultural [æ̀grikʌ́ltʃ(ə)rəl アグリカルチ(ュ)ラル] 形 農業の.
agricultural products 農産物.

agriculture 2級 [ǽgrikʌ̀ltʃər アグリカルチァ] 名 農業; 農学.

ah [ɑː アー] 間 ああ!, あれ! (▶喜び・おどろき・軽べつ・なげきなどを表す; aah や aaahhh などとつづることもある).
Ah, I get it. ああ, わかったぞ.

aha [ɑ(ː)hɑ́ː アー ハー] 間 ほう!, はあ!; なるほど (▶喜び・おどろき・納得などを表す).

ahead 4級 [əhéd アヘッド]
フォニックス62 ea は [e] と発音する.

AI ▶

副 **前方に**；(時間が) 先に.
Go straight *ahead*.
まっすぐ先に進んでいってください.
The bus stop is 300 meters *ahead*.
バス停は 300 メートル先にありますよ.

ahead of …の前に，…の前を，…より先に，…より先を；…にまさって.
She walked *ahead of* me.
彼女は私の前を歩いた.

Go ahead. (口語) さあ，どうぞ；(話や仕事などを) さあ，どんどん続けなさい.

🔊 **スピーキング**

Ⓐ Can I use your telephone?
電話を貸してもらえませんか.

Ⓑ Sure. *Go ahead.*
ええ. どうぞ.

AI [éiái エイアイ] 人工知能 (▶ *artificial intelligence* の略).
AI will change our lives.
人工知能は私たちの生活を変えるでしょう.

aid [eid エイド] **名** 手伝い，援助；助けとなるもの，助手.
humanitarian *aid* 人道的支援.
disaster *aid* 災害援助.
We gave the injured boy first *aid*.
けがをした男の子に応急手当をした.

—— **動** 他 (文語) …を助ける，手伝う (▶ *help* よりも形式ばった語).

aide [eid エイド] **名** 側近；補佐官；(軍) 副官.
[同音語] aid (…を助ける)

AIDS [eidz エイヅ] **名** エイズ，後天性免疫不全症候群 (▶ *Acquired Immune Deficiency Syndrome* の略).

aim **2級** [eim エイム] **動** 他 (*aim ～ at ...* で) ～を…に向ける.
He *aimed* the arrow *at* the target.
彼は矢を的に向けた.

—— 自 ねらう；(*aim at* で) …をねらう；(*aim for* で) …をねらう，…をめざす；(*aim to ...* で) …しようとめざす.
The magazine is *aimed at* teenagers.
その雑誌は 10 代の若者向けです (▶ *teenager* とは本来 13 歳から 19 歳までの若者を指す. 英語で年齢をいうときに teen がつく (thirteen など) による).

She is *aiming for* a world record.
彼女は世界記録をめざしている.
We were *aiming to* win every game in the league.
ぼくたちはリーグ戦で全勝をめざしていた.

—— **名** ねらい；目標.
My *aim* is to be a writer.
私の目標は作家になることです.

ain't [eint エイント] (俗語) am not, are not, is not の短縮形.

Ainu [áinu: アイヌー] **形** アイヌ民族の；アイヌの.
—— **名** (複数) **Ainus** [-z] または **Ainu** アイヌ民族の人；アイヌ語.

air **4級** [ear エア] **フォニックス85** air は [ear] と発音する.

名 (複数) **airs** [-z] **1 空気** (▶ an をつけず，複数形なし).
Get some fresh *air*.
新鮮な空気を吸ったら (▶ 「少しは外に出て遊びなさい」というときの決まり文句).
The *air* on the mountaintop was thin. 山頂の空気はうすかった.
air pollution 大気汚染.
2 [the をつけて] **大気**，空，空中.
The balloon went high up in *the air*. 風船は空高くのぼっていった.
3 外見，ようす，雰囲気；態度.
The restaurant has a European *air*.
そのレストランはヨーロッパのような雰囲気がある.

by air 飛行機で，空路で.
My uncle often travels *by air*.
おじはよく飛行機で旅行をする.

in the open air 戸外で.

on the air (ラジオ・テレビで) 放送されて.
The program will be *on the air* tonight. その番組は今夜放送される.

air-conditioned [éarkəndiʃənd エアコンディションド] **形** エアコンのついた；(とくに) クーラー [冷房] のついた.

air conditioner **4級** [éar kəndiʃənər エア コンディショナァ] **名** エアコン，空気調節装置；(とくに) クーラー，冷房装置.

aircraft [éarkræft エアクラフト ‖ -krɑ:ft クラーフト] **名** (複数) **aircraft**) 航空機 (▶飛行機・気球・ヘリコプターなど).

aircraft carrier [éarkræft kæriər] **名** 航空母艦，空母.

34 thirty-four

◀ **airport**

airfare [éərfeər エアフェア] 名 航空運賃.
airfield [éərfi:ld エアフィールド] 名 (軍用・個人用などの小さな) 飛行場.
air force [éər fɔ:rs] 名 [ふつう the をつけて] 空軍 (▶陸軍は army, 海軍は navy という). → army
airline 3級 [éərlain エアライン] 名 航空会社 (▶会社名ではふつう Airlines で単数あつかい);航空路.
an *airline* company 航空会社.
airmail, air mail [éərmeil エアメイル] 名 航空(郵)便 (▶陸路や船による郵便のことは surface mail という).
(send) by *airmail* 航空便で(送る).
airplane 4級 [éərplein エアプレイン] 名 《米》飛行機 (= 《英》aeroplane) (▶単にplane ということが多い).
by *airplane* (= by plane) 飛行機で.
air pollution [éər pəlú:ʃən] 名 大気汚染(おせん).

airport 5級 [éərpɔ:rt エアポート]
フォニックス85 air は [eər] と発音する.
名 (複数 **airports** [-ts ツ]) **空港**.

airplane, airport
①ジェット機 ②[カクピト] 操縦(そうじゅう)室 ③主翼(しゅよく) ④[エアフレイム] 機体(きたい) ⑤尾部(びぶ) ⑥[ランディング ギア] 着陸(ちゃくりく)装置(そうち) ⑦エンジン ⑧ファーストクラス (の座席(ざせき)) ⑨エコノミークラス (の座席) ⑩[プロペラァドゥリヴン エアクラフト] プロペラ機 ⑪[グライダァ] グライダー ⑫ヘリコプター ⑬飛行(ひこう)船 ⑭駐車(ちゅうしゃ)場 ⑮空港ビル ⑯搭乗(とうじょう)橋(きょう) ⑰エプロン (格納(かくのう)庫や空港ビルに続く場所) ⑱[ハンガァ] 格納庫 ⑲管制(かんせい)塔(とう) ⑳誘導(ゆうどう)路 ㉑滑走(かっそう)路

thirty-five 35

air pressure ▶

Narita International *Airport*
成田国際空港.
Haneda *Airport*
羽田空港.

air pressure [éər prèʃər] 名 気圧.

air-raid [éərreid エアレイド] 形 空襲の.
an *air-raid* warning 空襲警報

airship [éərʃip エアシプ] 名 飛行船.

airsick [éərsik エアスィク] 形 飛行機に酔った.

airsickness [éərsiknis エアスィクネス] 名 飛行機酔い.

airway [éərwei エアウェイ] 名 航空路線；航空会社 (▶会社名ではふつう Airways で単数あつかい).

airy [é(ə)ri エ(ア)リィ] 形 [比較] airier；[最上] airiest] 風通しのよい；軽やかな.

aisle 準2 [ail アイル] (s は発音しない) 名 (座席や商品棚の間の) 通路.
an *aisle* seat
通路側の座席.

AK, Alas. (略)= Alaska (アラスカ州)

AL, Ala. (略)= Alabama (アラバマ州)

Al [æl アル] 名 アル (男性の名；Albert または Alfred の愛称).

-al [-əl -アル] 接尾 ▶名詞のあとについて形容詞をつくる. 例. musical (music + al 音楽の).

Alabama [æləbæmə アラバマ] 名 アラバマ州 (アメリカ南東部の州；略語は AL または Ala.).

Aladdin [əlædin アラディン] 名 アラジン (『アラビアン・ナイト』に出てくる少年の名. どんな願いもかなえる魔法のランプを手に入れた).

alarm 3級 [əlά:rm アラーム] 名 1 警報，警報器；おどろき.
The fire *alarm* went off.
火災報知器が鳴った.
2 目覚まし時計 (= alarm clock).
── 動 他 …に不安を感じさせる；…をおどろかす.

alarm clock 準2 [əlά:rm klàk ‖ klɔ̀k] 名 目覚まし時計. → clock (図)
I set the *alarm clock* for 6:30.
目覚まし時計を6時半にセットした.

alas [əlǽs アラス ‖ əlά:s アラース] 間 《文語》 (悲しみ・不安などを表して) ああ！

Alaska [əlǽskə アラスカ] 名 アラスカ州 (アラスカ半島にあるアメリカ最大の州；略語は AK または Alas.).

Alaskan [əlǽskən アラスカン] 形 アラスカの.
── 名 アラスカ州の人.

album 4級 [ǽlbəm アルバム]
名 [複数] albums [-z] 1 (CD などの) **アルバム.**
Her new *album* will be released next Wednesday. 彼女のニューアルバムは来週の水曜日に発売されるよ.
2 (写真・切手などの) **アルバム.**
a photo *album* 写真アルバム.

alcohol [ǽlkəhɔ̀(ː)l アルコホ(ー)ル] (発音注意) 名 アルコール；アルコール飲料，酒.
Drinking too much *alcohol* will damage your health.
アルコールの飲みすぎは健康に悪い.

ale [eil エイル] 名 エール (ビールの一種).

alert [əlá:rt アラ〜ト] 形 油断のない.
── 名 警戒，警報.

Alexander [æligzǽndər アレグザンダァ] 名 1 アレクサンドロス (古代マケドニアの王，アレクサンダー大王).
2 アレクサンダー (男性の名；愛称は Alex).

Alfred [ǽlfrid アルフレド] 名 アルフレッド (男性の名；愛称は Al または Fred).

algebra [ǽldʒibrə アルヂブラ] 名 代数(学).

Ali Baba [ǽli bά:bɑ: アリ バーバー] 名 アリババ (『アラビアン・ナイト』の登場人物).

Alice [ǽlis アリス] 名 アリス (女性の名).

alien 準2 [éiliən エイリアン] 形 異様な，異質な；異星人の；外国の，外国人の (▶「外国の」という意味ではふつう foreign を使う).
── 名 異星人，宇宙人；外国人.

alike [əláik アライク] 形 (複数の人・物を主語にして) 似て，同様で (▶名詞の前では使わない).
Roy and his brother are very much *alike*. ロイとお兄さんはたいへんよく似ている.
── 副 同様に，等しく.
She treated all her children *alike*.
彼女は子どもたちをみな平等にあつかった.

alive 準2 [əláiv アライヴ]
フォニックス50 i は [ai] と発音する.
形 [比較] more alive [最上] most alive]
1 (比較変化なし) **生きている** (反 dead 死んだ).

◀ **all**

My grandparents are still *alive*.
祖父母はいまも健在です。→ 動 live¹, 名 life

文法 alive の使い方

alive は名詞の前では使わない。「生きている魚」というときは live (この場合は [laiv] と発音する) か living を使って，a *live* fish や a *living* fish という。→ live²

2 生き生きして，活発で；現存している。

all [5級] 形 **全部の**，すべての
代 **全部**，みんな

[ɔːl オール]

形 **全部の**，すべての。
All children like toys.
子どもたちはみんなおもちゃが好きだ。
You can have *all* the cookies.
クッキーを全部食べていいよ。

文法 all の使い方

❶ all は数えられる名詞 (複数形) と数えられない名詞の両方に使える。
❷ all は，the や my, your や this, those などの語があるときは，それらの語の前にくる。×the all boysとはしない。

	the boys (その少年たち全員)
all	my friends (私の友だち全員)
	these books (これらの本全部)

❸ all が not といっしょに使われると，ふつう「全部が…とはかぎらない」の意味になる (部分否定)。*Not all* students learn the same way. (すべての生徒が同じように学習するわけではない＝学習のしかたは生徒によってさまざまだ)

文法 all と every

all は全体をまとめた言い方なのに対して，every のほうは「どの…も」の意味で個々をとりあげた言い方。every のあとには単数名詞がくる。*All* the boys are playing baseball. (男の子たちはみんな野球をしている) / *Every* boy has a cap on. (どの男の子も帽子をかぶっている) → every (図)

発音 単語のつづりで a のあとに l がくるとき，a は [ɔː] と発音することが多い。all [ɔːl オール] / always [ɔːlwəz オールウェズ] また l を発音しないこともある。talk [tɔːk トーク] / walk [wɔːk ウォーク]

***all day* 一日中。** → day
***all night* 一晩中。** → night
***all the time* いつも，絶えず；その間ずっと。**
My neighbor's dog barks *all the time*. 近所の犬はいつもほえている。

***all (the) year round* 一年中。** → year
── 代 **全部**，すべてのこと [もの，人々]，みんな。
Bill is the youngest of *all*.
ビルはみんなの中でいちばん若い。
We are *all* fine.
みんな元気にしています (▶ be 動詞があるときは all を be 動詞の後ろに置く)。
We *all* like sports. (＝ *All* of us like sports.)
私たちはみんなスポーツが好きだ (▶一般動詞の場合は all を動詞の前に置く)。

文法 all の単数・複数

all は「すべての人々，みんな」の意味では複数あつかい，「すべてのこと [もの]」の意味では単数あつかいになる。*All are* present. (みんな出席している) / *All is* well. (万事オーケー)

***all but* …のほかは全部；ほとんど。**
All but Tom were present.
(＝ All were present except Tom.)
トムを除いて全員出席した。

***all together* みんないっしょに。** → together

***in all* 全部で，合計して。**
I made five mistakes *in all*.
全部で5つのまちがいをした。

***Not at all.* どういたしまして** (＝ You're welcome.)；全然。

スピーキング
Ⓐ Thank you.
ありがとう。
Ⓑ *Not at all*.
どういたしまして。

"Are you surprised?" "No, *not at all*." 「おどろいた？」「いや，全然」

thirty-seven 37

allergic

not ... at all 少しも…ない.
He could *not* answer *at all*.
彼は全然答えられなかった.

That's all. それで終わり；それだけのことだ.
That's all for today.
（授業などが）今日はこれで終わりです.

without ... at all まったく…しないで.
── 副 まったく, すっかり.
She lived *all* alone in the woods.
彼女は森の中でまったくひとりぼっちで住んでいた.

all around ぐるりと, 一面に.

all at once いっせいに；とつぜん. → once

All done. すべて完了.

All gone. すべてなくなった（▶「食べ終わったよ」というときに子どもがよく言う）.

all over （場所について）…中^{じゅう}, いたる所に；すっかり終わって.
My father traveled *all over* the world. 私の父は世界中を旅行した.

all right ［返事で］ **よろしい**（＝OK）；わかりました；**元気な**；けっこうな；問題ない；［ふつう文末で］きっと, 確かに.

🗨スピーキング
Ⓐ Could you close the door?
戸を閉めていただけますか.
Ⓑ *All right.*
いいですよ.

🗨スピーキング
Ⓐ I'm sorry.
すみません.
Ⓑ *That's all right.*
いいんですよ.

I'm *all right* now.
私はもう元気になりました.
I'll be there *all right*. きっと行くよ.

all the same それでもやはり. → same

allergic 準2 [ǝlə́ːrdʒik アラ〜ヂク]（発音注意）
形 アレルギーがある；**（be allergic to で）**
…に対してアレルギー反応を起こす.
I'm *allergic to* peanuts.
私はピーナッツアレルギーです.

allergy 準2 [ǽlərdʒi アラヂィ]（発音注意）
名 [複数] **allergies** [-z] アレルギー.
a food *allergy* 食物アレルギー.

alley [ǽli アリィ] 名 [複数] **alleys** [-z] 裏通り；横町, 路地；小道, 散歩道；《（ボウリング）レーン；《（テニス）アレー.

All Fools' Day [ɔ́ːl fúːlz dèi] 名 エープリルフール. → April Fools' Day

alligator [ǽligeitər アリゲィタァ] 名 **1** （動物）（アリゲーター属の）ワニ（比較的小形で鼻づらが丸く, おとなしい. 別の種類の crocodile（クロコダイル属のワニ）は鼻づらがシャープなV字型で, 気があらい）.

2 ワニ皮.

> 💡背景 別れ際にユーモラスに "See you later, alligator!"（ではまたね）と言う. later [léitər] の終わりの音と alligator [ǽligeitər] の終わりの音が韻をふんで同じ音になっている. このように言われたら, "After a while, crocodile!"（近いうちにね）と答える. これも while [(h)wáil] と crocodile [krákədail] の終わりの音が韻をふんでいる. 2種類のワニを表す語（alligator, crocodile）を使ったユーモラスな表現.

allow 準2 [əláu アラゥ] フォニックス73
ow は [au] と発音する.

動 [3単現] **allows** [-z] [過去][過分] **allowed** [-d] [ing] **allowing** 他 **1** **…を許す**；**（allow 〜 to ... で）** 〜に…するのを許す, 〜に…させておく；〜が…するのを可能にする；**（be allowed to ... で）** …することが許される.
My parents never *allow* me *to* go out after dark.
私の両親は暗くなってからの外出をけっして許してくれません.
Allow me *to* introduce Mr. Ito to you. 伊藤さんをご紹介させていただきます.

2 （こづかいなど）を割り当てる, 支給する.

◀ **along**

No Pets Allowed 《掲示》ペットの連れこみ禁止
No Smoking Allowed 《掲示》禁煙

allowance [əláuəns アラウアンス] 图 こづかい, 手当, …費.
How much *allowance* do you get?
おこづかいはいくらもらってるの？

All Saints' Day [ɔ̀ːl séints dèi] 图《カトリック》諸聖人の祝日；《聖公会》諸聖徒日（11月1日；諸聖徒の霊を祭る日）.
→ Halloween

all-star [ɔ́ːlstɑːr オールスター] 形 スター総出演の.

almanac [ɔ́ːlmənæk オールマナク] 图 暦；年鑑.

almighty [ɔːlmáiti オールマイティ] 形 全能の；(**the Almighty** で) 全能者, 神.
Almighty God 全能の神.

almond [ɑ́ːmənd アーモンド] (l は発音しない) 图《植物》アーモンド (の木, 実).

almost 4級 [ɔ́ːlmoust オールモウスト, ɔːlmóust オールモウスト]
副 **ほとんど**, おおかた (回 nearly)；もう少しで(…するところ), すんでのところで.

🗣スピーキング
Ⓐ Are you finished? 終わった？
Ⓑ *Almost*. ほとんどね.

I am *almost* thirteen. (= I'll be thirteen soon.)
ぼくはもうすぐ13歳になる.
I am *almost* as tall as my Dad.
ぼくはもう少しでお父さんの身長にとどく.
Almost all (the) children like cake.
ほとんどの子どもはケーキが好きだ.
We haven't seen each other for *almost* a year.
私たちはもう1年近くも会っていない.
He *almost* left his umbrella on the train. 彼はあやうく電車にかさを置き忘れるところだった.

📖文法 **almost** の使い方
「ほとんどの学生」は almost all (the) students と か almost every student という. ˣalmost students は誤り.

aloha [əlóu(h)ə アロウハ, アロウア, ɑːlóuhɑː アーロウハー] (＜ハワイ語) 图 (歓迎・別れの)

あいさつ (もとの意味は「愛」).
── 間 アロハ！, ようこそ！, こんにちは！, さようなら！

aloha shirt [əlóu(h)ə ʃə́ːrt, ɑːlóuhɑː] 图 アロハシャツ (▶単に aloha とは略さない).

alone 3級 [əlóun アロウン] フォニックス51
o は [ou] と発音する.

形 副 [比較] **more alone**；[最上] **most alone**]
1 1人で, ほかにだれもいなくて (▶名詞の前では使わない).
You're not *alone*.
きみはひとりじゃないよ.
She was *alone* in the room.
彼女はその部屋に1人きりでいた.
My grandmother lives *alone*.
祖母はひとりで住んでいる.

💬用法 **alone** の表す意味
alone は2人以上に使われることもある. alone はもともとは, 関係者たち「だけ」でほかにだれもいないという意味. The two children were home *alone*. (2人の子どもだけが家にいた) / I don't want to be *alone* with him. (彼と2人きりにはなりたくない)

2 [名詞・代名詞のあとで] **ただ…だけ**.
You *alone* can help her.
あなただけが彼女を助けることができるのです.
all alone ひとりぼっちで (さびしく)；まったく独力で.
He was *all alone* with no friends.
彼は友だちもなくひとりぼっちだった.
alone together 2人きりで.
leave ... alone …を (かまわず) そのままにしておく.
Leave me *alone*. ほっといてちょうだい.
Leave the cat *alone*.
そのネコにはかまわずほうっておきなさい.

along [əlɔ́(ː)ŋ アロ(−)ング]
前 **1** (道などの上) **を通って**.

aloud

I walked *along* the street.
私は通りを歩いていった.

2 …に沿って (▶前後関係からわかるときはとくに訳さなくてもよい).
Let's run *along* the riverbank.
川岸に沿って走ろう.
Cut *along* the dotted lines.
点線に沿って切り取ってください.

── 副 **1** (止まらずに)前へ, ずんずん.
Move *along*, please.
(駅員が乗客に)おつめ願います.
Come *along*, children!
子どもたち, さあいらっしゃい.

2 (人)といっしょに;(物)を持って.
Shall I bring Peter *along*?
ピーターをいっしょにお連れいたしましょうか.
We'll bring *along* a cooler.
クーラーボックスを持っていくよ.

get along 仲よくやっていく;何とかやっていく, うまくやる. → get

aloud [əláud アラウド] 副 声を出して.
Read it *aloud*.
声を出して読みなさい.

alphabet [ǽlfəbet アルファベット]
フォニックス31 ph は [f] と発音する.

名 [ふつう the をつけて] **アルファベット** (▶ギリシャ語アルファベットの最初の2文字 alpha (アルファ) と beta (ベータ) が結合してできた語). → letter
Write *the alphabet*, from A to Z.
アルファベットの A から Z までを書きなさい.

alphabetical [æ̀lfəbétikəl アルファベティカル] 形 アルファベット(順)の.
Put these words in *alphabetical* order.
これらの単語をアルファベット順に並べなさい.

Alpine [ǽlpain アルパイン] 形 アルプス山脈の; [alpine で] 高山の.

Alps [ǽlps アルプス] 名 [the をつけて] アルプス山脈 (▶ヨーロッパ中南部のスイスを含めて7か国にまたがる山脈;最高峰はモンブラン (Mont Blanc) で, 4810m).

already 4級 副 すでに, もう

[ɔːlrédi オールレディ] フォニックス62 ea は [e] と発音する.

副 **すでに, もう**, 前に.
It is *already* dark.
もう暗くなってしまった.
The train has *already* left.
列車はすでに出てしまった.
I've read the book *already*, so you can take it home.
ぼくはその本をもう読んでしまったから, きみはうちに持っていってもいいよ.

🔵文法 **already と yet**
❶ already はふつう肯定文で, yet は疑問文・否定文で使う.

❷ already を疑問文で使うこともあるが, この場合は「おどろき・意外」を表す.
Have you finished the job *yet*? (あなたはもうその仕事をすませましたか) / Have you finished the job *already*? (えっ, あなたはもうその仕事をすませたのですか)

also 5級 副 …もまた

[ɔ́ːlsou オールソウ]

副 **…もまた**, …も (= too).
I know Bill. I *also* know his sister. (= I know his sister, too.)
私はビルを知っているし, 彼の妹も知っている.

🔵文法 **also と too**
❶ どちらも「…もまた」の意味だが, also のほうがやや改まった語. 話し言葉では too や as well を使うことが多い.
❷ also はふつう, 動詞の前 (be 動詞・助動詞があれば, そのあと) に置くが, too は文の終わりや意味のかかる語のあとに置く.

Ben can swim. Tom can *also* swim. ベンは泳げる. トムも泳げる (▶否定文では either を使い, Tom cannot swim, *either*. (トムも泳げない) という).

There is *also* another side to this.
これには別の一面もある.
The Sun Also Rises.
『日はまた昇る』(▶ヘミングウェーの小説名).
── 腰 **その上**, さらに.
***not only ~ but (also) ... ~だけでなく…も**. → not

ALT [èielti: エイエルティー] 名 (日本の学校の) 外国語指導助手 (▶ Assistant Language Teacher の略). → AET

alter 2級 [ɔ́:ltər オールタァ] 動 他 …を変える, 変更する.
── 自 変わる.

although 3級 [ɔ:lðóu オールゾウ] 接 …だけれども; (たとえ) …でも (= though).
Although they were poor, they were very happy. (= They were poor, but they were very happy.)
彼らは貧しかったけれど, とても幸福でした.

altimeter [ǽltimətər アルティメタァ] (アクセント注意) 名 (飛行機の) 高度計.

altogether 2級 [ɔ:ltəgéðər オールトゥゲザァ] 副 **1 まったく, 全然** (▶ all together (みんないっしょに) とは別の語).
I didn't *altogether* agree with him.
彼に全面的に賛成したわけではない (▶部分否定).
Then the rain stopped *altogether*.
それから雨はすっかり上がった.
2 合計して, 全部で (= in all).
We are five *altogether*.
私たちは全部で5人です.

aluminum [əlú:mənəm アルーミナム] 名 《米》《化》アルミニウム (= 《英》 aluminium [ǽləmíniəm アラミニアム]).

always 5級 副 いつも, つねに

[ɔ́:lwəz オールウェズ, -weiz -ウェイズ]
副 **いつも**, つねに. → sometimes (図)
You are *always* busy, aren't you?
きみはいつも忙しいね.
Dad is *always* working.
お父さんは仕事ばかりしている (▶進行形で使うと不満や非難, 称賛など, 話し手の感情がこもることが多い).
You should *always* get up early.
あなたはつねに早く起きるべきだ.
He *always* comes home late.
彼はいつも遅く帰ってくる.

🔖**文法** always の位置
❶ always はふつう一般動詞の前に, be 動詞や助動詞があればそのあとに置く.

❷ always (いつも) → usually (ふつうは) → often (しばしば) → sometimes (ときどき) の順にひん度は低くなる. → sometimes (図)

***not always いつも…とはかぎらない** (▶部分否定を表す).
The rich are *not always* happy.
金持ちがかならずしも幸福とはかぎらない.
Their team does *not always* win.
彼らのチームがいつも勝つとはかぎらない (▶全体を否定するときは, never を使って, Their team never wins. (勝つことは絶対にありえない) のようにいうか, Their team always lose. (いつも負ける) のようにいう).
"Do you go to school by bike?"
"*Not always*." 「学校には自転車で通ってるの?」「いつもではないけど」

am 5級 動 (私は) …である

[əm アム, (強めると) æm アム]
動 [過去] **was** [wəz ワズ]; [過分] **been** [bi(:)n ビ(ー)ン]; [ing] **being** [bí:iŋ ビーインヶ]) ▶主語が I のときの be 動詞の現在形. → be (表)

a.m., A.M. ▶

主語と be 動詞

1人称	I **am**	We **are**
2人称	You **are**	You **are**
3人称	He She **is** It	They **are**

(自) **1** (私は) **…である**, …です, …だ.
I *am* Japanese. 私は日本人です.
I'*m* sorry I'*m* late. 遅れてすみません (▶
I'm は I am を短縮した形).
Am I right? 私の言っているとおりですか.
I'*m* not American.
私はアメリカ人ではありません (▶略すときは
I'm not ... といい, "I amn't ... とはしない).

> **プレゼン**
> **A** I *am* Sato Ken. I'*m* twelve. I'*m*
> from Yokohama. Nice to meet
> you.
> 私は佐藤健です. 12歳です. 横浜の出
> 身です. はじめまして.

> **文法 疑問文・否定文のつくり方**
>
> [疑問文] Am I right?
> ——— am を I の
> 前に出す.
> [否定文] I am not American.
> ——— am のあとに
> not を置く.

2 (私は…に) **いる**.
I *was* in the U.S. last summer.
ぼくはこの前の夏アメリカにいた.

> **スピーキング**
> **A** Where are you, Ken?
> あなたはどこにいるの, ケン?
> **B** I'*m* here, Mom.
> ぼくはここにいるよ, お母さん.

> **文法 I am の短縮形 I'm**
> 話し言葉では I am はふつう短縮形を
> 使って I'm という. ただし, "Are you
> Japanese?" "Yes, I am." のように
> am が文の最後にくるときには, 短縮形
> にはしない. 文尾の am は強く発音する.

—— (助) **1** 《**I am ＋ -ing 形**で進行形をつく
り》(私は) **…しているところだ**, …し
ている最中だ; …するところだ.
I'*m thinking* now. いま, 考えてるの.
2 《**I am ＋過去分詞**で受け身をつくり》(私
は) **…される**, …されている.
My name is James, but I'*m called*
Jimmy. ぼくの名前はジェームズだが, ジミー
とよばれている.

a.m., A.M. 5級 [èiém エイエ ム]

（略）**午前** (▶ラテン語 *ante meridiem*(正
午の前)の略) (対 p.m., P.M. 午後).
at 8:30 *a.m.* 午前8時30分に (▶ at
eight thirty a.m. と読む).
the 6 *a.m.* train 午前6時発の列車.
The zoo is open from 10 *a.m.* to 5
p.m. daily. 動物園は毎日午前10時から午
後5時まで開いている.

> **用法 a.m. の使い方**
> ❶文の中では小文字のほうがふつう. ❷
> a.m. は数字のあとに置く. ❸ふつう
> o'clock といっしょには使わない.

amateur [ǽmətə(ː)r アマタ(〜), ǽmətʃ(u)ar
アマチュ(ュ)ア] (アクセント注意) (形) **アマチュア
の, しろうとの** (反 professional プロの).
—— (名) **アマチュア；しろうと** (反 pro-
fessional プロ選手).

amaze [əméiz アメイズ] (動) (他) **…をびっく
りさせる, おどろかす** (▶ surprise よりも
意味が強い)；(**be amazed at** で)**…にびっ
くりする**.
I *was amazed at* the news of her
wedding.
彼女の結婚式の知らせを聞いてびっくりした.

amazed [əméizd アメイズド] (形) **びっくりした**.

amazement [əméizmənt アメイズメント]
(名) **おどろき**.

amazing [əméiziŋ アメイズィング]

(形) ([比較] **more amazing**； [最上] **most
amazing**) **おどろくべき, すばらしい**.
You're *amazing*! きみってすごいね!

Amazon [ǽməzɑn アマザン] (名) [the を
つけて] **アマゾン川** (南アメリカの川；アンデ
ス山脈から大西洋に注ぐ大河).

ambassador [æmbǽsədər アンバサ
ダァ] (名) **大使**.

◀ among

ambition [æmbíʃən アンビション] 图 大きな望み；野心，出世欲.

ambitious 2級 [æmbíʃəs アンビシャス] 形 大志をいだいた；野心的な.
Boys, be *ambitious*!
若者よ，大志をいだけ（▶アメリカ人クラーク(W. S. Clark) 博士のことば）.

ambulance [æmbjuləns アンビュランス] 图 救急車.
Call an *ambulance*! 救急車を呼んで！

amen [eimén エイメン, ɑːmén アーメン] 間 アーメン（▶キリスト教で祈りの終わりなどに唱えることば）.

amend [əménd アメンド] 動 他 (行いなど) を改める；(法案・規則など) を修正 [改正] する.

America 3級 [əmérikə アメリカ]

图 **1 アメリカ**，米国，アメリカ合衆国（正式な国名は the United States of America）.
2 北アメリカ (= North America)；南アメリカ (= South America)；アメリカ大陸.

背景 ❶ America は，イタリアの航海家・探検家のアメリゴ・ベスプッチ (Amerigo Vespucci) にちなんで名づけられた.
❷ アメリカ人は，自国を the United States, the U.S. または単に the States と呼ぶ.
❸ 単に America というと南北両アメリカがふくまれ，ばく然としてしまうことがある.

American 3級 [əmérikən アメリカン]

形 **1 アメリカの**，米国の，アメリカ合衆国の；北米の，南米の；アメリカ大陸の.
American English アメリカ英語, 米語（▶「イギリス英語」は British English）.
2 アメリカ人の，アメリカ国籍の.
Tom is *American*. トムはアメリカ人です（▶ Tom is an American. よりふつうの言い方）.

—— 图 (複数 **Americans** [-z]) **アメリカ人**，米国人；アメリカ英語，米語.

American football [əmèrikən fútbɔːl] 图 アメリカン・フットボール，アメフト（▶イギリスではサッカーまたはラグビーのことを football というので，それと区別するため American football というが，アメリカでは単に football ともいう）.

American Indian [əmèrikən indiən] 图 アメリカインディアン（▶古い言い方．現在ではふつう Native American という）.

amiable [éimiəbl エイミアブル] 形 感じのよい，あいそのよい.

amigo [əmíːgou アミーゴウ]（＜スペイン語）图（複数 **amigos** [-z]）友だち.

among 5級 前 …の中に，…の間に

[əmʌ́ŋ アマング]

among はふつう「3つ以上の間」「3人以上の間」で使う.

前 **1 …の中に，…の中の，…の間に.**

🔍 文法 among と between
ふつう among は「3つ以上」の間を，between は「2つ」の間を表す．Ann stood *among* the boys. (アンは少年たちに囲まれて立っていた) / Tom sat *between* the two girls. (トムは2人の少女の間にすわった)

among　　　between

Kate is very popular *among* the boys in her class.

forty-three 43

amount ▶

ケイトはクラスの少年たちの間でとても人気がある.
Divide the money evenly *among* you. お金はきみたちで平等に分けなさい.
2 [ふつう最上級をともなって] **…の中の1人で，…の中の1つで**(= one of).
This lake is *among* the deepest in the world.
この湖は世界でもっとも深い湖の1つです.

amount 準2 [əmáunt アマウント] 名 [theをつけて]**量，額；(a ~ amount of ... で)~の量の…，~の額の…**(▶には数えられない名詞がくる)；**総額，合計**.
a large *amount of* money
多額の金.
── 動 自 ▶ふつう次の連語で使われる.
amount to (金額などが) **総計で…になる；…も同然である**.
The bill *amounts to* sixty dollars.
勘定は総計60ドルになる.

ample [ǽmpl アンプル] 形 **十分な；広い**.
Amsterdam [ǽmstərdæm アムステダム] 名 **アムステルダム**(オランダの首都；ただし政府・公館などはハーグ (The Hague) にある).
Amtrak [ǽmtræk アムトゥラク] 名 **(米)アムトラック**(▶全米鉄道旅客公社の通称. *American Track* の略).

amuse 準2 [əmjúːz アミューズ] 動 他 **…をおかしがらせる；…を楽しませる**.
I was *amused* by the idea.
私にはそのアイデアがおもしろかった.
amusement 準2 [əmjúːzmənt アミューズメント] 名 **おかしさ，おもしろさ；楽しみ，娯楽**.

amusement park
3級 [əmjúːzmənt pàːrk]
名 (複数 amusement parks [-s]) **遊園地**.

amusing [əmjúːziŋ アミユーズィング] 形 **(話などが) おもしろい，おかしい**.
→ interesting
an *amusing* story
おもしろおかしい話.

an 5級 冠 1つの，1人の

[ən アン, (強めると) æn アン]
冠 **1つの，1人の；…につき**. → a
an apple
1個のリンゴ.
an hour
1時間.

次の語の発音が母音で始まるときはaはanになる.

🔵文法 a と an
❶ an は，a と同じ意味で同じはたらきをするが，つづりに関係なく発音が母音 (アイウエオに似た音) で始まる語の前で使う.
❷「1つのリンゴ」は an apple というが，「1つの青いリンゴ」は a green apple という. green は発音が子音で始まるので a がつく.

🔵発音 an は後ろにくる母音と続けて発音されることが多い.
an_apple → [ənǽpl アナプル]
an_orange
→ [ənɔ́(ː)rindʒ アノ(ー)レンヂ]

anagram [ǽnəgræm アナグラム] 名 (語句の) **つづりかえ，アナグラム**；[複数形で] **つづりかえ遊び**.

🔵背景 anagram の例
cheap (安い) → peach (モモ)
the eyes (目)
→ They see. (彼らは見る)
train (列車) → It ran. (それは走った)
the countryside (いなか)
→ No city dust here.
(ここには都会のほこりはない)

analyse [ǽnəlaiz アナライズ] 動 (英) =

(米) analyze
analysis [ənǽləsis アナリスィス] 名 (複数 analyses [ənǽləsi:z]) 分析, 分解.
analyze 2級 [ǽnəlaiz アナライズ] ▶(英) では analyse とつづる.
動 他 …を分析する, 分解する; …をくわしく調べる.
ancestor 準2 [ǽnsestər アンセスタァ] (アクセント注意) 名 先祖, 祖先.
ancestral [ænséstrəl アンセストゥラル] 形 先祖の, 祖先の.
anchor [ǽŋkər アンカァ] 名 **1** (船の) いかり; 頼みの綱, たよりになるもの.

2 ニュースキャスター (= news anchor).
3 (リレーの) 最後の走者 [泳者], アンカー.
at anchor (船が) 停泊中の.
The ship was *at anchor* in the harbor. その船は港に停泊中だった.
ancient 準2 [éinʃənt エインシェント] 形 古代の, 大昔の (反 modern 現代の); 古来の, 昔からの.
ancient Egypt 古代エジプト.
an *ancient* city 古代都市.

and 5級 接 ～と…, そして

[ənd アンド, ən アン; (強めると) ænd アンド]
接 **1** ～と…; そして.
Bob *and* I are good friends.
ボブと私は仲よしです.
Two *and* three makes five. (Two *and* three make five. ともいう)
2と3では5 (2+3=5).
We bought hats, gloves *and* shoes yesterday.
私たちはきのう帽子と手袋とくつを買った (▶3つ以上を並べるときは, ふつう最後の語の前にだけ and を置く).

2 それで; それから.
She was tired *and* went to bed early.
彼女はつかれていた, それで早く寝た.

📝 ライティング
Today, I got up early *and* did my homework.
今日は早く起きて宿題をした.

3 [命令形などのあとで] そうすれば.
Read this book *and* you'll agree with me.
この本を読んだら, ぼくに賛成するよ.

💬 文法 and の使い方
and は2つ以上のものを結びつけるはたらきをする. その前後には同じはたらきをするまとまりがくる.
[語と語]
You and *I* (あなたと私)
Tom and *Mary* (トムとメアリー)
[語句と語句]
We *went to the store* and *bought some books*. (私たちは店へ行って本を買った)
[文と文]
They are cooking and *we are eating*. (彼らは料理をし, 私たちは食べている)

4 (come and +動詞で) …しに来る.
Come and see me tomorrow.
(= Come to see me tomorrow.)
あす遊びにいらっしゃい.

💬 文法 come and ... の言い方
話し言葉で「…するために来る」の意味を表す. 人を誘うときによく使われる.

5 [同じ語を and の前後に置いて, 意味を強めて] どんどん, …も…も.
She talked *and* talked.
彼女はしゃべりにしゃべった.

6 [名詞+ and +名詞で1つのものを表して] …つきの (もの).
bread *and* butter バターつきパン.
and so それで, だから.
He was sick, *and so* he could not come.
彼は病気だった, それで来られなかった.
and so on = *and so forth* …など (▶略語は etc.).
I bought vegetables, eggs, milk *and so on*.
私は野菜や卵, 牛乳などを買った.

Andersen

and yet それでも．→ yet

Andersen [ǽndərsn アンダスン]．**Hans Christian** 名 ハンス・クリスチャン・アンデルセン(1805-75；デンマークの童話作家で『人魚姫』『みにくいアヒルの子』などの作者).

Andes [ǽndi:z アンディーズ] 名 [the をつけて] アンデス山脈．

angel 3級 [éindʒ(ə)l エインヂ(ェ)ル] 名 天使；天使のような人．
You are such an *angel*.
きみは天使みたいだね．

anger 準2 [ǽŋgər アンガァ] 名 怒り．
with *anger* おこって．
Bill showed his *anger*.
ビルは怒りをあらわにした． →形 angry
in anger おこって．

Angkor Wat [ǽŋkɔ:r wɑ́t アンコー(ァ)ワト] 名 アンコールワット (カンボジアにある石造寺院の遺跡で世界遺産).

angle 準2 [ǽŋgl アングル] 名《数学》角，角度．
a right *angle* 直角．

Anglo-Saxon [ǽŋglousǽksn アングロウサクスン] 名 アングロサクソン人 (5世紀ごろ北ドイツからイングランドに移住した，今日のイギリス人の祖先).

angrily [ǽŋgrili アングリリィ] 副 おこって，腹を立てて．

angry 4級 [ǽŋgri アングリィ]
形 (比較) angrier；(最上) angriest (かんかんに) **おこった**，腹を立てた；(**be angry at**，**be angry with** で) …に腹を立てる；(**be angry about** で) …のことで腹を立てる．
an *angry* face おこった顔つき．
Mom gets *angry* easily.
母はすぐに腹を立てる．
Are you still *angry with* me?
まだ私のことおこってるの？
What are you so *angry about*?
何にそんなにおこってるの？ →名 anger

用法 be angry と be upset
be angry は日本語の「おこっている」よりも強い怒りを表すことが多い．日常生活で「おこっている」と言うときは be upset がよく使われる．

animal 5級 名 動物

[ǽnəm(ə)l アニマル]
名 (複数) **animals**[-z] **動物**，けだもの (▶「植物」は plant，「鉱物」は mineral). → zoo
a wild *animal* 野生動物．
a farm *animal* 家畜．
an endangered *animal*
絶滅の危機にある動物．
What *animals* are at the zoo?
その動物園にはどんな動物がいますか．
Do Not Feed the *Animals*
《掲示》動物にえさをやらないでください．

animal-free [ǽnəm(ə)lfri: アニマルフリー] 形 (食品が) 動物質を含んでいない．

animated [ǽnəmeitid アニメイティド] 形

単語力をつける **animal　動物の仲間**

- animal — 動物
- amphibians [ǽmfibiənz] — 両生類，両生動物
- birds — 鳥類
- fish — 魚類
- insects — 昆虫
- mammals — ほにゅう類，ほにゅう動物
- marsupials [mɑ:rsú:piəlz] — 有袋類
- reptiles [réptlz] — は虫類
- worms — (足がなく細長い) 虫

a mammal
ほにゅう動物

生き生きとした, 元気な;アニメの.
an *animated* cartoon アニメ, 動画.
an *animated* movie アニメ映画.

animation [ænəméiʃən アニメイション] 名
アニメーション;アニメ映画.

anime [ǽnəmei アニメイ] 名 アニメ.

ankle 3級 [ǽŋkl アンクル] 名 足首, くるぶし. → foot (図)

Ann, Anne [ǽn アン] 名 アン (女性の名;愛称は Annie または Nancy).

Anna [ǽnə アナ] 名 アンナ (女性の名;愛称は Annie または Nancy).

Anne Frank [ǽn frǽŋk アン フランク] 名 → Frank

anniversary 2級 [ænivə́ːrs(ə)ri アニヴァ〜サリィ] 名 (複数 anniversaries [-z]) (1年ごとの) 記念日, …周年記念日.
a wedding *anniversary* 結婚記念日.
the 30th *anniversary* of the founding of the school
学校創立 30 周年記念日.

announce 準2 [ənáuns アナウンス] 動 他 (正式に) …を発表する, 知らせる.
The government *announced* a plan to create new jobs.
政府は新たな雇用創出策を発表した.

announcement 準2
[ənáunsmənt アナウンスメント] 名 発表, 公表.
an *announcement* room 放送室.

announcer [ənáunsər アナウンサァ] 名 (ラジオ・テレビの) アナウンサー.

annoy [ənɔ́i アノイ] 動 (3単現 annoys [-z]; 過去 過分 annoyed [-d]; ing annoying) 他 (人) をむっとさせる, いらいらさせる, 困らせる (▶軽くおこらせたり, 一時的にいらいらさせたりすること).
My younger brother sometimes *annoys* me.
弟にはときどきいらいらさせられる.
I got *annoyed* with Jim.
私はジムにむっとした.

annoying 2級 [ənɔ́iiŋ アノイイング] 形 いらいらさせる.

annual 準2 [ǽnjuəl アニュアル] 形 年1度の, 毎年の (= yearly);1年の.
an *annual* event
毎年恒例の行事.
an *annual* income
年収.

◀ **another**

another 4級 形 もう1つの
代 別のもの

[ənʌ́ðər アナザァ] フォニックス35 th は [ð] と発音する.

形 **1 もう1つの**, もう1人の.
May I have *another* cup of tea?
お茶をもう1杯いただけますか.
I will be here for *another* week.
私はもう1週間ここにいます.

2 別の, ほかの (= different).
Please show me *another* hat.
別の帽子を見せてください.
That's *another* story.
それは別の話だよ.

🎤 プレゼン

Here's *another* example of eco-friendly products.
環境にやさしい製品の例をもう1つご紹介します.

📖 文法 another の使い方

❶ **another** は "an + other" が1語になったものなので, an や the や my などはつかない.

○ another cap
× an another cap
× the another cap
× my another cap

another =「an + other」なので an, the, my はつけない.

❷ ふつう数えられる名詞の単数形につく. ただし, 次の文では two weeks を1つのまとまりと考えて **another** を使っている.
It will take *another* two weeks to finish it.
(それを終わらせるまでにさらに2週間かかるだろう)

―― 代 **別のもの**;別の人, もう1つのもの, もう1人.
I don't like this hat. Can you show me *another*, please?

answer ▶

この帽子は好きではありません．別のを見せてくれませんか．
Saying is one thing and doing is *another*. 言うことと行うことは別のことだ．

> **用法** another と the other
> 2つ・2人のうちの「残りの1つ，残りの1人」というときは another ではなく，the other を使う．
> We have two daughters. One lives in Tokyo. *The other* [×Another] lives in Nagoya. (2人の娘がいて，1人は東京，もう1人は名古屋に住んでいる)

one after another 次々に．→ one
one another おたがい(に) (= each other) (▶主語としては使わない)．
We must help *one another*.
私たちは助け合わなければならない．
They gave presents to *one another*. 彼らはプレゼントを交換した (▶ to を落とさないように注意)．

answer

5級 動 (…に) 答える
名 答え

[ǽnsər アンサァ‖άːnsə アーンサァ] (w は発音しない)
動 (3単現 answers [-z] 過去 過分 answered [-d]; ing answering) 他 **1** (質問など) **に答える** (反 ask …をたずねる); (手紙など) に返事をする．

ask　　　　　　answer

Mike *answered*, "I don't know her." (= "I don't know her," *answered* Mike.)
「ぼくは彼女を知らないよ」とマイクは答えた．
Please *answer* my question.
私の質問に答えてください．
Why didn't you *answer* my email?
どうしてメールに返事してくれなかったの？
2 (電話など) **に答える**，出る，応じる．
The phone is ringing, please *answer*.
電話が鳴っているので，出てください．
answer the door
(来客の応対に) 玄関に行く．
── 自 **答える**，返事をする．
Please *answer* aloud.
声を出して返事をしてください．

answer back (目上の人にしかられたような場合に) 口答えする，言い返す．
── 名 (複数 answers [-z]) (質問に対する) **答え**；(メール，手紙などに対する) 返事；(問題の) 解答 (反 question 問い)．
This is the right *answer*.
これが正しい答えです (▶正しい答えが1つのときは the をつける)．
My *answer* is "No."
私の答えは「ノー」よ．
I'm sorry, but I don't have an *answer* for that.
すみませんが，その答えはわかりません．
Did you get an *answer* to your email? メールの返事はもらった？
I don't know the *answer* to question 2.
問2の正解がわからない．

answering machine

[ǽnsəriŋ アンサリング məʃíːn] 名 留守番電話．

ant

準2 [ænt アント] 名 (虫) アリ．

> **背景 ❶** アリは昔から勤勉の手本とされ，"work like an ant" (アリのように (忙しく) 働く) などという表現がある．聖書や『イソップ物語』にも登場する．
> **❷** 英語のなぞなぞ
> Q: What are the largest ants? (いちばん大きな ants はなーんだ？)
> A: Eleph*ants*. (象) または Gi*ants*. (巨人)

[同音語] aunt (おば)

antarctic

[æntάːrktik アンタークティク] 形 南極の (反 arctic 北極の)．
the *Antarctic* Continent 南極大陸．
the *Antarctic* Circle 南極圏．
the *Antarctic* Ocean 南極海．
── 名 (**the Antarctic** で) 南極 (地方)．

antenna

[ænténə アンテナ] 名 **1** (複数 antennas [-z]) (ラジオ・テレビなどの) アンテナ．
2 (複数 antennae [ænténiː アンテニィー]) (虫

などの) 触角.

anthem [ǽnθəm アンセム] 图 祝いの歌, 賛歌；聖歌，賛美歌.
a national *anthem* 国歌.

anti- [ǽnti- アンティ] 接頭 ▶「反対」「非」「逆」などの意味を表す. 例. antisocial (anti + social 反社会的な).

antique 2級 [æntíːk アンティーク] 形 (物・形が) 古風な；古くて値打ちのある.
an *antique* shop
骨とう品店，アンティークショップ.
—— 图 骨とう品.

antler [ǽntlər アントゥラァ] 图 シカの角.

antonym [ǽntənim アントニム] 图 反意語.

anxiety 2級 [æŋzáiəti アングザイエティ] 图 (複数 anxieties) 不安，心配.

anxious [ǽŋ(k)ʃəs アン(ク)シャス] 形 1 心配して；(be anxious about で) …を心配している.
She *is anxious about* her father's health. 彼女は父親の健康を心配している.
2 (be anxious for で) …を切望している，願っている；(be anxious to ... で) しきりに…したがっている.
We *were* all *anxious for* his safety.
私たちはみんな彼の無事を願っていた.
He *is anxious to* go abroad.
彼はしきりに海外に行きたがっている.

anxiously [ǽŋ(k)ʃəsli アン(ク)シャスリィ] 副 心配して，心配そうに.
I *anxiously* waited for my exam results.
試験の結果をやきもきしながら待った.

any 5級 形 [疑問文で] **いくらかの** [否定文で] **少しも (…ない)**

[əni エニ，(強めると)éni エーニィ]
形 1 [疑問文または if の文で]
a [数えられる名詞の複数形の前で] **いくつかの**，何人かの.
Do you have *any* brothers?
男のきょうだいはいますか (▶ brother は数えられる名詞なので，*Do you have any brother? とはいわない).
If you have *any* questions, come and ask me.
何か質問があれば，聞きにきてください.
b [数えられない名詞の前で] **いくらかの**.

Is there *any* milk left in the carton?
パックに牛乳がまだ残ってる？

🖊文法 any と some
❶ 肯定文で「いくらかの」の意味を表すときは some を使う. I have *some* pencils. (私は鉛筆を何本か持っています)
❷ any は，数えられる名詞にも数えられない名詞にも使う.
❸ any は「いくらかの」とか「いくつかの」といちいち訳さないことが多い.
❹ 疑問文でも，人に物を勧めるときや Yes の答えが期待されるときは，some を使う. Would you like *some* tea? (お茶はいかがですか) → some

🗣スピーキング
Ⓐ Do you have *any* questions?
質問はありますか.
Ⓑ Yes, I have some questions.
はい，いくつか質問があります.
Ⓑ No, I have no questions.
いいえ，質問はありません.

2 [否定文で]
a [数えられる名詞の複数形の前で] **1つも**，1人も (…ない).
I don't have *any* pets.
私はペットを飼っていません.
b [数えられない名詞の前で] **少しも**，何も，だれも (…ない).
There isn't *any* water in the swimming pool. プールには水がまったくない.

🖊文法 否定文と any
❶ not ... any は no と同じ意味. ❷ 否定文では，any を主語として使うのは誤り. 「どの生徒も来なかった」というときは*Any students did not come. ではなく，no を使って No students came. とする.

3 [肯定文で] **どんな…でも**，どの…でも，だれでも (▶ふつう，あとの名詞は単数形にする. [éni エニ] と強く発音する).
Any child knows that.
どんな子どもでもそのことは知っている.
You can come and visit us *any* time. いつでも遊びにきてね.

forty-nine 49

anybody ▶

Judy runs faster than *any* other girl in her class. (= Judy runs (the) fastest of all the girls in her class.)
ジュディーはクラスのどの女の子よりも走るのが速い.

There are some umbrellas over there. Take *any* one you like.
あそこにかさが何本かあるから, 好きなものを1本持っていきなさい.

文法 any と some のまとめ

[肯定文] I want *some* books.
（私は本がほしい）
[疑問文] Do you want *any* books?
（本がほしいですか）
[否定文] I don't want *any* books.
（私は本を1冊もほしくありません）
[勧める文] Do you want *some* books?
（（何か）本はいかがですか）
[「どの…でも」という文]
You can take *any* book.
（どの本を持っていってもいいよ）

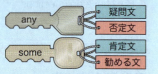

── 代 ▶意味や用法は形容詞と同じだが, あとに名詞は続かない.
1 [疑問文または if の文で] **いくらか**；**どれか, だれか**.
Do you want *any* of these dolls?
これらの人形のうちのどれかほしいですか.
2 [否定文で] **少しも**, **どれも, だれも** (…ない).

スピーキング
Ⓐ Are there any tulips?
チューリップはありますか.
Ⓑ No, there aren't *any*.
いいえ, 全然ありません.

I don't know *any* of them.
彼らのうち1人として知りません.
3 [肯定文で] **どれでも, どんなものでも, だれでも**.
Any of these will do.
これらのうちのどれでもよい.

if any もしあれば.
Correct errors, *if any*.
誤りがあれば訂正しなさい.

── 副 [疑問文・否定文で比較級の前で] **少しは；少しも**.
Is Lucy *any* better today?
ルーシーは今日は少しはよくなりましたか.

not ... any longer **もうこれ以上…しない**, もはや…でない (= no longer).
I *can't* wait *any longer*.
もうこれ以上待てない.

not ... any more **もうこれ以上…ない**, もう二度と…しない (= no more).
I *don't* have *any more* questions. (= I have no more questions.)
もうこれ以上質問はありません.

anybody 準2 [énibɑdi エニバディ |-bɔdi -ボディ]

代 ▶意味・用法は anyone と同じだが, anyone よりくだけた言い方. → anyone
1 [疑問文または if の文で] **だれか**.
Is *anybody* absent today?
今日はだれか欠席ですか (▶単数あつかい).
2 [否定文で] **だれも** (…ない).
I didn't see *anybody*. (= I saw nobody.) 私はだれも見ませんでした.
3 [肯定文で] **だれでも**.
Anybody can read it.
だれだってそれは読める.

anyhow [énihau エニハウ] 副 = anyway

anymore 3級 [enimɔ́ːr エニモー(ア)] 副 《米》[否定文で] もう, いまは (▶ any more と2語でもつづる).

anyone 4級 代 だれか, だれも (…ない), だれでも

[éniwʌn エニワン]
代 **1** [疑問文または if の文で] **だれか**.

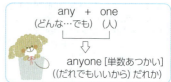

Is *anyone* here?
どなたかいらっしゃいますか.
Did *anyone* see the movie?

◀ **anywhere**

だれかその映画を見ましたか.
2 [否定文で] **だれも**(…ない).
He didn't know *anyone* in Paris. (= He knew no one in Paris.)
彼はパリではだれも知りませんでした.
3 [肯定文で] **だれでも**.
Anyone can enter this room.
だれでもこの部屋に入ってよい.
Anyone can learn to ride a bicycle. だれでも自転車に乗れるようになるよ.

📖**文法 anyone の使い方**
❶ anyone は anybody と同じ意味・用法だが, anybody のほうがくだけた言い方. ❷ anyone は単数あつかい. ❸否定の意味では, anyone を主語として使うことはできない. ˣAnyone didn't go out. ではなく, No one went out. (だれも外出しなかった)とする.

anything [4級] 代 何か, 何も(…ない)

[éniθiŋ エニスィング] [フォニックス34] th は [θ] と発音する.

any + thing
(どんな…でも) (もの)
⇩
anything [単数あつかい]
((何でもいいから)何か)

代 **1** [疑問文または if の文で] **何か**.
Do you want *anything* else?
何かほかのものがほしいの？

Is there *anything* interesting in that newspaper?
その新聞に何かおもしろいことがのっていますか (▶形容詞は anything のあとにくる. ˣinteresting anything とはしない).

🗣**スピーキング**
Ⓐ A hamburger and fries, please.
ハンバーガーとフライドポテトをください.
Ⓑ *Anything* else?
ほかにご注文は？
Ⓐ That's all.
以上でけっこうです.

2 [否定文で] **何も**(…ない).
They didn't have *anything* to eat. (= They had nothing to eat.)
彼らには食べるものが何もなかった (▶「anything to +動詞の原形」で「…するための何か」).

3 [肯定文で] **何でも**.

🗣**スピーキング**
Ⓐ What would you like for lunch?
お昼ごはん, 何がいいですか.
Ⓑ *Anything* will do.
何でもいいです.

Take *anything* you like.
何でも好きなものを持っていきなさい.

📖**文法 anything の使い方**
❶ anything は単数あつかい. ❷否定の意味のとき, anything を主語として使うことはできない. ˣAnything is not left. ではなく, Nothing is left. (何も残っていない)とする.

anything but …以外なら何でも；けっして…ではない.
I will do *anything but* cook.
料理以外のことなら何でもします.

anytime [3級] [énitaim エニタイム] 副
(米)いつでも；(お礼に対するくだけた返事として)どういたしまして.
You can call me *anytime*.
いつでも電話してね.
"Thanks for helping me."
"*Anytime*."
「手伝ってくれてありがとう」
「どういたしまして (いつでもどうぞ)」

anyway [3級] [éniwei エニウェイ] 副 とにかく, いずれにしても.
Anyway, let's begin. とにかく始めよう.

🗣**スピーキング**
Ⓐ I'm sorry but I'm busy right now.
悪いけど, いま, 忙しいんだ.
Ⓑ OK. Thanks *anyway*.
わかった. とにかくありがとう.

anywhere [4級] [éni(h)weər エニ(フ)ウェア]

副 **1** [疑問文または if の文で] **どこかに**.

apart ▶

Did you go *anywhere* yesterday?
きのうはどこかへ行きましたか.
2 [否定文で] **どこにも** (…ない).
I can't find him *anywhere*.
彼はどこにも見つからない.
3 [肯定文で] **どこへでも**, どこでも.
You can go *anywhere* you like.
きみはどこでも好きな所へ行ける.

apart 準2 [əpάːrt アパート] 副 はなれて, 別々に.
apart from …はさておき, …は別にして; …からはなれて.
My sister is now living *apart from* us to go to college. 姉はいま大学に通うためにぼくたちとはなれて暮らしている.

apartheid [əpάːrt(h)eit アパートゥヘイト, -エイト] (<オランダ語) 图 (有色人種, とくに黒人に対して南アフリカ共和国で行われた) 人種隔離ⁿ政策, アパルトヘイト.

apartment 4級 [əpάːrtmənt アパートゥメント] 图 《米》 アパート, マンション (= 《英》 flat²); 《米》 (建物としての) アパート, マンション, 共同住宅 (= 《英》 block of flats) (▶ apartment house ともいう).
→ mansion
a three-room *apartment*
3室あるアパート (1世帯分).
My brother lives alone in an *apartment*.
兄はアパートでひとり暮らしをしている.

> 📘用法 **apartment と apartment house**
> apartment は, アパートやマンションのうち1世帯が住む部分をさす. これに対してアパートやマンションの建物全体は apartment house または apartment building という.

ape [eip エイプ] 图 《動物》 類人猿ⁿ(▶ゴリラ, チンパンジー, オランウータンなどのように尾のないサルをさす). → monkey (図)

Apollo [əpάlou アパロウ ‖ əpɔ́lou アポロウ] 图 《ギリシャ・ローマ神話》 アポロ, アポロン (光明の神; 詩歌ⁿ・音楽・予言などをつかさどる, 若く美しい男神).
Apollo 11
アポロ 11 号 (人類初の有人月面着陸に成功した宇宙船の名).

apologize 準2 [əpάlədʒaiz アパロヂャイ

ズ ‖ əpɔ́l- アポロ-] 動 自 謝る, 謝罪する; 《apologize to で》 (人) に 謝 る; 《apologize for で》 …のことを謝る.
I *apologized to* her *for* my mistake.
ぼくは彼女に自分のまちがいを謝罪した.

apology [əpάlədʒi アパロヂィ ‖ əpɔ́l- アポロ-] 图 (複数 **apologies** [-z]) 謝罪.
a letter of *apology*
謝罪の手紙.
Please accept my sincere *apologies*.
心からおわび申し上げます.

apostrophe [əpάstrəfi アパストゥロフィ ‖ əpɔ́s- アポス-] 图 アポストロフィー (').
→ punctuation marks (表)

> ◆文法 **アポストロフィーの使い方**
> ❶文字・数字の省略を示す.
> I'm = I am / '25 = 2025
> ❷「～の」という意味 (所有格) を示す.
> a boy's ((1人の) 少年の) / boys' (少年たちの) / Bill's (ビルの)
> ❸文字・数字・符号の複数形を示す.
> three A's (A が3個) / Dot the i's. (i に点を打ちなさい)

app [æp アップ] 图 (コンピューター) アプリ (= application).
a smartphone *app* スマホアプリ.

apparent [əpǽrənt アパレント] 形 明白な; 外見上の, うわべの.
Lisa cried for no *apparent* reason.
リサははっきりした理由もなく泣いた.

apparently 準2 [əpǽrəntli アパレントゥリィ] 副 (本当かどうかは別にして) 見たところでは (…らしい), 外見上では.
Apparently, the building hasn't been used for a long time.
見たところその建物は長い間使われていないようだ.

appeal 準2 [əpíːl アピール] 動 自 **1** 《appeal for で》 …を求める; 《appeal to で》 …に求める.
Police are *appealing for* witnesses to the accident.
警察は事故の目撃ⁿ者をさがしている.
She *appealed to* us for help.
彼女は私たちに助けを求めた.
2 [進行形なし] 《appeal to で》 …の気に入る, …の心にうったえる.

◀ **application**

appeal to people's hearts
人々の心をつかむ.
―― 名 うったえ, 懇願; 魅力, 人気.
The TV show has universal *appeal*.
そのテレビ番組は幅広い人気がある.

appear 準2 [əpíər アピア]
フォニックス86 ear は [iər] と発音する.

動 (3単現) appears[-z] (過去) (過分) appeared [-d] (ing) appearing) 自 **1** [進行形なし] **…のように見える**, …そうだ (▶ appear の直後には形容詞や名詞がくる); **(appear to ... で) …するように見える,** …するようだ.
The girl *appeared* (*to* be) healthy.
女の子は健康そうだった.
The old woman *appeared* (*to* be) rich. (= It *appeared* that the old woman was rich.)
その高齢の女性は見たところお金持ちのようだった.
He didn't even *appear to* notice.
彼は気づいてすらいないようすだった.

2 現れる, 出現する (反 disappear 見えなくなる).
Nothing *appeared* on the screen.
画面には何も出なかった.

3 (テレビ・映画などに) **出る,** 出演する; (法廷に) 出廷する.
He has *appeared* in films and television dramas.
彼は映画やテレビドラマに出演してきた.

appearance [əpí(ə)rəns アピ(ア)ランス]
名 外見, ようす; 出現; 出演, 出廷.
Teenagers worry about their *appearance*.
10代の若者は容姿を気にするものだ.

appendix [əpéndiks アペンディクス] 名
(複数 appendixes [-iz] または appendices [-siːz] アペンディスィーズ) (巻末) 付録; (医) 虫垂, 盲腸.

appetite 2級 [ǽpətait アペタイト] 名 食欲; 欲望.
have a good *appetite* 食欲がある.
I don't have much *appetite* today.
今日はあまり食欲がない (▶「いまは食べたくない」というときは, I don't feel like eating. のようにいう).

appetizer [ǽpətaizər アペタイザァ] 名 前菜 (▶ 食事の初めに出る軽い料理や食前酒のこ

と. (英)では starter ともいう).

applaud [əplɔ́ːd アプロード] 動 他 自 (…を) 拍手かっさいする, ほめたたえる.

applause [əplɔ́ːz アプローズ] 名 拍手かっさい, 賞賛.

apple 5級 [ǽpl アプル]

名 (複数 apples [-z]) **リンゴ.**
My little sister likes *apples* very much. 妹はリンゴが大好きです.
An *apple* a day keeps the doctor away.
(ことわざ) 1日1個のリンゴは医者を遠ざける [1日1個リンゴを食べていれば医者にかからなくてすむ].

> 背景 英米ではリンゴを煮たり焼いたりなど料理にも使い, アップルパイ (apple pie)・ジャム (jam)・りんご酒 (cider) などをつくる.

apple pie 5級 [ǽpl pái] 名 アップルパイ.

> 背景 煮たリンゴを入れたパイで, アメリカの伝統的なデザート. 開拓時代からの身近な食べ物であり, "(as) American as apple pie" (アップルパイのようにアメリカ的=ひじょうにアメリカ的) という表現がある.

appliance 3級 [əpláiəns アプライアンス]
名 (家庭用の) 器具.
electrical *appliances* 電化製品.

applicant [ǽplikənt アプリカント] 名 志願者, 申しこみ者, 応募者.

application [æpləkéiʃən アプリケイション]
名 申しこみ (書), 志願; (コンピューターの) アプリケーション; 応用, 適用.
fill out an *application* form
申しこみ書に記入する.

apply

apply 準2 [əplái アプライ] 動 自
1 《apply to で》(学校・会社など)に(入学・就職などを)申しこむ；《apply for で》(仕事など)に申しこむ, 応募する.
I have *applied to* three high schools. 3つの高校に願書を出した.
Are you going to *apply for* that job? その仕事に応募するつもりですか.
2 [進行形なし]《apply to で》…にあてはまる.
This *applies to* both boys and girls. このことは男子にも女子にもあてはまる.
— 他 1 …を応用する；《apply ~ to ... で》～を…に応用する, ～を…にあてはめる.
apply AI *to* language learning
AIを言語学習に応用する.
2 …を当てる；(薬など)をぬる, つける.
apply a bandage 包帯をする.

appoint [əpóint アポイント] 動 他 …を任命する, 指名する.
He was *appointed* (as) ambassador to Britain.
彼はイギリス大使に任命された (▶唯一の役職には an や a をつけないのがふつう).

appointment 準2 [əpóintmənt アポイントゥメント] 名 (人に会う) 約束；(医者などの) 予約；任命.
I have a doctor's *appointment* tomorrow. あした, 病院の予約がある.

appreciate 2級 [əprí:ʃieit アプリーシエイト] 動 他 1 …に感謝する, …をありがたく思う.
I *appreciate* your help.
助けていただいたことを感謝します.
We would *appreciate* it if you would give us some advice.
ご助言をいただければありがたく存じます (▶ていねいにものを頼むときの言い方. it is if 以下の内容をさす).
2 …を正しく理解する；…の価値がわかる；…を鑑賞する.
He was too young to *appreciate* art.
彼はまだ若くて芸術が理解できなかった.

appreciation [əprì:ʃiéiʃən アプリーシエイション] 名 感謝；(正しい) 理解, 認識；鑑賞.

approach 2級 [əpróutʃ アプロウチ] 動 他 …に近づく, 接近する.
We *approached* the town.
われわれはその町に近づいた.
— 自 近づく.
The end of the school year is *approaching*. 学年末が近づいている.
— 名 近づくこと, 接近；(問題などへの) 取り組み方, 方法；入り口, 進入路.
Why don't you try a different *approach*?
別の方法をためしてみたら？

appropriate [əpróupriit アプロウプリエト] 形 ふさわしい, 適した.

approval [əprú:v(ə)l アプルーヴ(ァ)ル] 名 賛成；認可, 承認.

approve 2級 [əprú:v アプルーヴ] (o は例外的に [u:] と発音する) 動 他 …をよいと認める；…を承認する, 認可する.
— 自 《approve of で》…をよいと認める.
Ken did not *approve of* the plan.
ケンはその計画に賛成しなかった.

approximately 2級 [əpráksəmitli アプラクスィメトゥリ ‖ -róksə- -ロクスィ-] 副 おおよそ, 約 (▶略語は approx.).
It took me *approximately* two hours to finish this task.
この仕事を終わらせるのに約2時間かかった.

Apr. (略) = April (4月)

apricot [ǽprəkɑt アプリカト ‖ éiprəkɔt エイプリコト] 名《植物》アンズ (の木, 実).

April 5級 名 4月

[éiprəl エイプリル]
名 **4月** (▶略語は Apr.). → month (表)
I was born in *April*. 私は4月生まれだ (▶「…月に」というときは in を使う).
Roy was born on *April* 9, 2012.
ロイは2012年4月9日に生まれた (▶特定の日がつくときには on を使う. April 9 は April ninth または April the ninth と読む).

○ in April
× in April 9
　特定の日がつくときは on を使う.

○ on April 9
▶月名は大文字で書きはじめる.

◀ **are**

> 🔵背景 April は「開く」という意味のラテン語に由来する. 4月はすべての草木や花が開きはじめることからきている.

April Fools' Day, April Fool's Day [èiprəl fú:lz dèi] 图 エープリルフール, 4月ばかの日 (= All Fools' Day).

> 🔵背景 4月1日には, いたずらで人をからかったり, 罪のないうそをついたりしてもよいとされている.

apron [éiprən エイプロン] 图 **1** エプロン, 前かけ.
put on an *apron* エプロンをつける.
wear an *apron* エプロンをつけている.
2 (空港の) エプロン, 駐機場.
→ airport (図)

apt [æpt アプト] 形 **1** 《be apt to ...》(ふつう悪い意味で) …しがちである;《米口語》…しそうである.
We *are apt to* make mistakes when we're tired.
私たちは疲れているとまちがいをしがちだ.
2 適切な, 適した.

aquarium 3級 [əkwé(ə)riəm アクウェ(ア)リアム] 图 《複数》 aquariums [-z] または aquaria [əkwé(ə)riə アクウェ(ア)リア] 水族館;(養魚・水草用の) 水槽.

AR¹, Ark. 《略》= Arkansas (アーカンソー州)

AR² [éi áːr エイアー] 拡張現実 (▶ augmented reality の略. スマートフォンなどのカメラを通じて, 現実の風景にコンピューターの情報を重ねて表示するなどの技術).

Arab [ǽrəb アラブ] 图 アラブ人, アラビア人;《the Arabs で》アラブ民族 (▶アラビア語を話す民族).

Arabia [əréibiə アレイビア] 图 アラビア (アジア南西部にある半島).

Arabian [əréibiən アレイビアン] 形 アラビアの;アラビア人の, アラブ人の.

Arabian Nights [əréibiən nàits] 图 [The をつけて] アラビアンナイト (アラビア・ペルシャ・インドの物語を集めたもの;*The Thousand and One Nights* (千夜一夜物語) ともいう).

Arabic [ǽrəbik アラビク] 形 アラビアの;アラビア語の, アラビア文化の.
—— 图 アラビア語.

Arbor Day [áːrbər アーバァ dèi] 图 植樹日, 植樹祭 (▶ arbor はラテン語で「木」という意味).

> 🔵背景 植樹祭はアメリカのネブラスカ州から始まり, 全米に広まった. 今ではカナダやオーストラリアでも行われる.

arcade [ɑːrkéid アーケイド] (アクセント注意) 图 アーケード (屋根つき商店街);ゲームセンター.

arch [ɑːrtʃ アーチ] 图 《建築》アーチ;弓状のもの.

archaeology [ɑːrkiáləd ʒi アーキアロヂィ‖-ɔ́l- -オロ-] 图 考古学.

archer [áːrtʃər アーチァ] 图 弓を射る人, 《the Archer で》いて座.

archery [áːrtʃ(ə)ri アーチ(ェ)リィ] 图 《競技》アーチェリー.

Archimedes [ɑːrkəmíːdiːz アーキミーディーズ] 图 アルキメデス (紀元前287?–212;古代ギリシャの数学者・物理学者;「アルキメデスの原理」などを発見した).

architect 2級 [áːrkətekt アーキテクト] 图 建築家, 建築士.

architecture [áːrkətektʃər アーキテクチァ] 图 建築;建築学;建築様式.

arctic 2級 [áːrktik アークティク] 形 北極の (対 antarctic 南極の).
the *Arctic* Ocean 北極海.
—— 图 《the Arctic で》北極 (地方).

are 5級 動 …である, …にある, …にいる

[ər ア, 《強めると》ɑːr アー]

動 《過去》 were [wər ワァ] 《過分》 been [bi(ː)n ビ(ー)ン];《ing》 being [bíːiŋ ビーイング]) ▶主語が you・複数のときの be 動詞の現在形.
→ be (表)

主語と be 動詞			
1人称	I	am	We are
2人称	You are		You are
3人称	He She is It		They are

自 **1** ⋯である, ⋯です, ⋯だ.
We *are* students. 私たちは学生です.

fifty-five　**55**

area ▶

Tom and Bob *are* high school students. トムとボブは高校生だ.
Are you hungry? あなた(がた)はおなかがすいていますか.
You *are* not alone. きみ(たち)はひとりじゃないよ.
They *are* not Japanese. 彼らは日本人ではありません.
"*Are* you students at this school?" "Yes, we *are*." 「あなたたちはこの学校の生徒ですか」「はい, そうです」

文法 are の使い方

❶ are は現在の文で, 主語が you または は複数のときに使う.

❷ are の疑問文・否定文のつくり方は次のとおり.

[疑問文] *Are* you American?
───── are を you (主語) の前に出す.

[否定文] You *are* not alone.
are のあとに not を置く.

疑問文は are を主語の前に出す.

否定文は are のあとに not を置く.

2 (物が…に)**ある**, (人・動物が…に)**いる**.
My parents *are* now in Tokyo. 両親は今, 東京にいる.
Your keys *are* on the desk. かぎは机の上にあるよ.

文法 are の短縮形

話し言葉ではふつう, you're, we're, they're と are の短縮形を使う. ただし, "Are you Japanese?" "Yes, we are." のように are が文の最後にくるときは, 短縮形にはしない.

── 助 **1**《are + -ing 形で進行形をつくり》**…しているところだ**, …している最中だ; …するところだ.
They *are playing* catch in the yard. 彼らは庭でキャッチボールをしている.

2《are + 過去分詞で受け身をつくり》**…される**, …されている.
Many languages *are spoken* in India. インドでは多くの言語が話されている.

area 3級 [é(ə)riə エ(ア)リア]
フォニックス 80 are は [ear] と発音する.
名 (複数 areas [-z]) **1 地域**, 地方; 区域, 場所; 領域, 分野.
a parking *area* 駐車区域.
We live in the same *area* of (the) town. 私たちは町の同じ地域に住んでいる.
2 面積.
The *area* of the playground is about 9,000 square meters. 運動場の面積は約9000平方メートルある.

area code [é(ə)riə kòud] 名《米・カナダ》(電話の)地域番号, 市外局番.

arena 準2 [əríːnə アリーナ] 名 競技場, アリーナ.

aren't [ɑːrnt アーント] are not の短縮形.
They *aren't* students. 彼らは学生ではない.

Argentina [ɑːrdʒəntíːnə アージェンティーナ] 名 アルゼンチン (南アメリカ南部の共和国; 首都はブエノスアイレス (Buenos Aires)).

argue 準2 [ɑ́ːrgjuː アーギュー] 動 自 言い争う, 口げんかする; 議論する.
They're always *arguing* about money. 彼らはいつもお金のことで言い争っている.
I sometimes *argue* with Dad. 私はときどき父と口げんかになる.
── 他 …を議論する, 論じる; 《**argue that ... で**》…であると主張する.
She *argued that* he should carry out the plan. 彼がその計画を実行するべきだと彼女は主張した.

argument 準2 [ɑ́ːrgjumənt アーギュメント]《つづり注意》名 言い争い, 口げんか; 議論, 論争; 主張.
I had an *argument* with my mother. 母と口げんかになった.

arise [əráiz アライズ] 動 (過去 arose [əróuz]; 過分 arisen [ərízn]) 自 (問題などが) 発生する.
A new problem has *arisen*. 新たな問題が発生した.

◀ **around**

arisen [ərízn アリズン]（発音注意）動
arise（発生する）の過去分詞.

Aristotle [ǽristɑtl アリスタトゥル ‖ -tɔtl -トトゥ
ル] 图 アリストテレス（紀元前 384-322；古
代ギリシャの哲学者；プラトンに学び，幅広く
知識をきわめて，学問の基礎を築いた）.

arithmetic [əríθmətik アリスメティク]（アク
セント注意）图 算数；計算.

Arizona [ærəzóunə アリゾウナ] 图 アリゾ
ナ州（アメリカ南西部の州；グランドキャニオン
をはじめとし，国立公園・国定記念物が多い；
略語は AZ または Ariz.）.

ark [ɑːrk アーク] 图 [the をつけて]（聖書）（ノ
アの）方舟（= Noah's ark）.

Arkansas [ɑ́ːrkənsɔː アーカンソー]（発音
注意）图 アーカンソー州（アメリカ中南部に
ある森と湖の多い農業州；略語は AR または
Ark.）.

arm¹ 4級 [ɑːrm アーム] フォニックス75 ar
は [ɑːr] と発音する.
图（複数 arms [-z]）**1 腕**（▶肩から先の部分，
とくに肩から手首までをさす．ふつう hand（手）
はふくまない）．→ hand（図）
She was holding her baby in her
arms. 彼女は赤ちゃんを抱いていた（▶両腕
でかかえるので arms と複数形になる）.
He was carrying some books
under his *arm.*
彼は小わきに本を数冊かかえていた.
The mother put her *arms* around
her daughter. 母親は娘を抱きしめた.
2 腕の形をした物；（イカなどの）触手；
（いすの）ひじかけ；（衣服の）そで.
the *arms* of a chair いすのひじかけ.
arm in arm 腕を組んで；（人と）仲よく.
The two were walking *arm in arm.*
2人は腕を組んで歩いていた.

arm² [ɑːrm アーム] 图 [複数形で]武器,兵器.
── 動（他）（自）（…を）武装する.

armchair [ɑ́ːrmtʃeər アームチェア] 图 ひ
じかけいす. → living room（図）

armed [ɑːrmd アームド] 形 武装した.

armed forces [ɑ̀ːrmd fɔ́ːrsiz フォースィ
ズ] 图 [the をつけて]軍隊（複数あつかい）.

armor [ɑ́ːrmər アーマァ]▶（英）では armour
とつづる. 图 よろいかぶと,甲冑.

army 2級 [ɑ́ːrmi アーミィ]
图（複数 armies [-z]）[ふつう the をつけて]

陸軍（▶海軍は navy, 空軍は air force）；
軍隊（▶ the armed forces ともいう）.
He joined *the army* at the age of
18. 彼は 18 歳のときに陸軍に入隊した.

arose [əróuz アロウズ] 動 arise（発生する）
の過去形.

around 5級 前 …のまわりに
副 ぐるりと

[əráund アラウンド] フォニックス72 ou は [au] と
発音する.

前 ▶（米）では around,《英》では round
を使う傾向がある.

**1 …のまわりに，まわりを；…のまわり
をまわって.**
They sat *around* the table.
彼らはテーブルのまわりにすわった.
She wore a red scarf *around* her
neck. 彼女は首に赤いマフラーを巻いていた.
The earth goes *around* the sun.
地球は太陽のまわりをまわっている.
A car went *around* the corner.
車はその角を曲がっていった.

2 …のあちこちを.
I would like to travel *around* the
world. 世界中を旅行してまわりたいです.

スピーキング

Ⓐ Welcome to my hometown. I'll
show you *around* the town.
私の故郷へようこそ．私が町を案内しま
しょう.

3《口語》…の近くに.
Is there a library *around* here?
この近くに図書館はありますか.

4 およそ，…ぐらいに（= about）.
She will get home (at) *around* six
o'clock. 彼女は6時ごろに帰宅するでしょう.

── 副 **1 ぐるりと，まわって；まわりを,
まわりに；周囲が…；（180 度回転して）反
対 [逆] 方向へ.**
She stood up and looked *around.*
彼女は立ち上がってあたりを見まわした.
She turned *around* when she
heard his voice.
彼女は彼の声を聞いてふり返った.
Lake Biwa is 235 kilometers
around. 琵琶湖は周囲が 235km ある.

fifty-seven 57

arouse

2 あちこちに, あちこちを.
I'll show you *around*.
私があちこちご案内いたしましょう.
3 近くに, このあたりに.
all around ぐるりと, 一面に.

arouse [əráuz アラウズ] (発音注意) 動 他
(感情など)を刺激する, …を目覚めさせる.

arrange 2級 [əréindʒ アレインヂ] 動 他
1 …をとり決める; …の準備をする, 手はずを整える, …を手配する.
arrange a meeting
ミーティングの手配をする.
We *arranged* a going-away party for him.
私たちは彼のために送別会を計画した.
2 …を整える, きちんと並べる.
The books are *arranged* by subject. 本はテーマごとに並んでいます.
My mother *arranged* the flowers in a vase. 母はその花を花びんに生けた.
3《音楽》…を編曲する.
—自 準備をする, 手配する.
arrange for a student council assembly 生徒総会を開く準備をする.

arrangement [əréindʒmənt アレインヂメント] 名 **1** とり決め;〔複数形で〕準備, 手はず, 手配.
He made *arrangements* to fly to Los Angeles.
彼は飛行機でロサンゼルスに行く手配をした.
2 配置, 配列; 整とん.
flower *arrangement* 生け花.
3《音楽》編曲.

arrest 準2 [ərést アレスト]
動 (3単現 **arrests** [-ts ツ]; 過去 **arrested** [-id]; ing **arresting**) 他 …を逮捕する.
The thief was *arrested* by the police yesterday.
どろぼうはきのう警察に逮捕された.
— 名 逮捕.
You're under *arrest*! おまえを逮捕する!

arrival 準2 [əráiv(ə)l アライヴ(ァ)ル] 名
到着する.(反) depart 出発).
an *arrival* gate
(空港などの)到着ゲート.
The plane's *arrival* was delayed by three hours.
飛行機の到着は3時間遅れた.

空港の到着便の案内板.

arrive 4級 動 到着する, 着く

[əráiv アライヴ] フォニックス50 i は[ai]と発音する.
動 (3単現 **arrives** [-z]; 過去 過分 **arrived** [-d]; ing **arriving**) 自 **1** 到着する, 着く
(反 depart 出発する);《**arrive at, arrive in** で》…に到着する, 着く.
He *arrived* here about six.
彼は6時ごろにここに着いた.
I *arrived* at school at eight.
ぼくは8時に学校に着いた.
The plane *arrived* at Narita Airport on time.
飛行機は時間どおりに成田空港に到着した.
He *arrived* in New York yesterday.
彼はきのうニューヨークに着いた.
What time will we *arrive* in Sapporo? 札幌には何時に着きますか.

> 用法 **arrive at** と **arrive in**
> 到着する所を, 話し手が比較的せまい地点だと考えているときは at, 広い地域だと考えているときは in を使う. だから建物・駅・空港などには at を, 国や都市には in を使うのがふつうだが, 話し手の感じ方によって変わることもある.

> 用法 **arrive** と **get to**
> ともに「到着する, 着く」という意味であるが, **arrive** のほうがかたい言い方.
> He *arrived* in Tokyo. = He *got to* Tokyo. (彼は東京に到着した)

2《**arrive at** で》(結論・年齢など)に達する.
arrive at a conclusion 結論に達する.

arrow [ǽrou アロウ] 名 矢 (▶「弓」は

bow)；矢印.
shoot an *arrow* 矢を放つ.

Arsenal [ɑ́ːrs(ə)nəl アーセナル] 图 アーセナル（イギリスのサッカーチームの名）.

art 5級 [ɑːrt アート] フォニックス75 ar は [ɑːr] と発音する.

图《複数》**arts** [-ts ツ] **1**（一般に）**芸術**；（絵画・彫刻などの）**美術**；［集合的に］芸術作品，美術作品.
the fine *arts* 美術（とくに絵画・彫刻）.
arts and crafts 図画工作.
She studied *art* in college.
彼女は大学で美術を学んだ.
a work of *art*（1点の）芸術作品（▶複数形は works of art）.
Art is long, life is short.
《ことわざ》芸術は長く，人生は短し（▶この art はもとは 2 の「技術」の意味）.
an *art* museum 美術館.　→形 artistic
2 技術，こつ，技能.
the *art* of building 建築術.
the *art* of making friends
友だちをつくるこつ.
3［複数形で］**人文科学**（▶文学や歴史などの文系科目をいい，理系科目の自然科学（science）と区別する）.
4（自然に対して）**人工**（反 nature 自然）.
　→形 artistic，形 artificial

Arthur [ɑ́ːrθər アーサァ] 图 アーサー（男性の名）.

Arthur [ɑ́ːrθər アーサァ]，**King**
图 アーサー王（5世紀末から6世紀ごろのイギリスの伝説的な王で，民族的英雄）.

article 準2 [ɑ́ːrtikl アーティクル] 图 **1**（新聞・雑誌などの）**記事**；論説.
an interesting *article* 興味深い記事.
2 品物，商品；（同類の品物の）1個.
articles of clothing 衣料品.
an *article* of furniture 家具1点.
3《文法》**冠詞**.
the definite *article* 定冠詞.
the indefinite *article* 不定冠詞.

artificial 2級 [ɑːrtəfíʃəl アーティフィシャル] 形 **人工の，人造の**（反 natural 自然の）.
artificial intelligence 人工知能.
artificial flowers 造花.　→图 art

artist 4級 [ɑ́ːrtist アーティスト] 图《複数》**artists** [-ts ツ]**画家**（同 painter）；芸術家.
Picasso is my favorite *artist*.

ピカソは私が大好きな画家だ.

artistic [ɑːrtístik アーティスティク] 形 **芸術的な**；芸術のわかる，芸術的な才能のある；芸術の；芸術家の.
My sister is very *artistic*.
姉はとても芸術的才能がある.　→图 art

artwork [ɑ́ːrtwəːrk アートワーク] 图 芸術作品.

as 5級
接《as ～ as ... で》…と同じくらい～
前 …として

[əz アズ，（強めると）æz アズ]
接 **1**《as ～ as ... で比較を表して》
a …と同じくらい～（▶～の部分には形容詞・副詞の原級がくる. 前の as は副詞，あとの as は接続詞）.
He can run *as* fast *as* you.
彼はきみと同じくらい速く走れるよ.
Jane is *as* busy *as* a bee.
ジェーンはミツバチのようにとても忙しい.

🔊スピーキング

Ⓐ You're really tall, Ken.
ほんとうに背が高いね，ケン.
Ⓑ I'm *as* tall *as* my father.
お父さんと同じくらいの背の高さなんだ.

b《A times as ～ as ... で》…の A 倍～
（▶ A の部分には数がくる. ただし，「2倍」の場合は two times 以外に twice を使うことが多い）.
The country is *three times as* large *as* Japan.
その国は日本の3倍の大きさがある.
His bike is *twice as* expensive *as* mine.
彼の自転車はぼくの自転車の2倍の値段だ.
My smartphone is *half as* thick *as* yours. ぼくのスマホ，きみのスマホの半分の厚さだよ（▶「…の半分の～」というときは half を使う）.

c《not as ～ as ... で》…ほど～ではない
（▶ not so ～ as ... はやや形式ばった言い方）.
I'm *not as* tall *as* Ken.
ぼくはケンほど背が高くない.
I *can't* play the violin *as* well *as* she can. 私は彼女ほどじょうずにバイオリンをひけないの（▶話し言葉では she can では

fifty-nine　59

ASAP ▶

なく her ともいう).

He *doesn't* have *as* many friends *as* I have. 彼には私ほど友だちがたくさんいない (▶話し言葉では I have ではなく me ともいう).

My memory *isn't as* good *as* yours. ぼくの記憶力はきみほどよくない.

2 …のように, …のとおりに.

Do *as* I say. 私の言うとおりにしなさい.

I'm very busy, *as* you can see. 見てのとおり, ぼくはとても忙しいんだ.

When in Rome do *as* the Romans do. 《ことわざ》ローマではローマ人がするようにふるまえ = 郷に入っては郷に従え.

3 〔時を表して〕 …のとき, …しながら, …につれて.

My mother often sings *as* she works. 母は仕事をしながらよく歌をうたう.

4 〔原因・理由を表して〕《文語》…だから, …なので.

As I was upstairs, I couldn't hear the phone ringing. 2階にいたので, 電話の鳴る音が聞こえなかった.

📖用法 because と since
原因・理由を明確に表すときには because や since を使うことが多い.

── 代《関係代名詞として such ~ as … / the same ~ as … で》…のような~.

Do not read *such* books *as* you do not understand.

理解できないような本を読むな (▶かたい言い方で, ふつうの会話では使われない).

I'll buy *the same* camera *as* my friend did. 私は友だちが買ったのと同じカメラを買うつもりだ.

── 前 **1** …として.

He is famous *as* a pianist.
彼はピアニストとして有名だ.

My uncle gave me a camera *as* a birthday present.
おじは誕生日のおくり物として私にカメラをくれた.

✏️ライティング

I want to work *as* a volunteer.
私はボランティアとして働きたい.

---

2 …のときに.

George lived in Japan *as* a child.
ジョージは子どものころ日本に住んでいた.

---

as ... as one **can** できるだけ…. → can¹

as far as …まで; …するかぎりでは. → far

as for …についていえば.

He likes soccer. *As for* me, I prefer tennis. 彼はサッカーが好きだ. 私はというとテニスのほうが好きだ.

as if = **as though** まるで…みたいに.

She talked *as if* she knew all about our plans. 彼女はまるで私たちの計画をすっかり知っているみたいな話し方をした.

as it is 〔文頭または文中で〕しかし実際は; 〔文尾で〕そのままの, そのままで.

Please leave this box *as it is*.
この箱はそのままにしておいてください.

as it were いわば (= so to speak).

Our teacher is, *as it were*, a walking dictionary.
私たちの先生はいわば生き字引だ.

as long as …している間は; …するかぎりは. → long¹

as many as …と同じだけの数の. → many

as much as …と同じだけの量の. → much

as of …から, …以降で; …現在で.

as soon as …するとすぐに. → soon

as usual いつものように. → usual

as well …もまた, そのうえ. → well¹

~ as well as ... …と同様で~も. → well¹

ASAP [eieseipi エイエスエイピー] ▶ *as soon as possible* の略. メールなどで使う.

ash [æʃ アッシ] 名 灰.

The house was burned to *ashes*.
その家は焼けて灰になった (→全焼した).

ashamed [əʃéimd アシェイムド] 形 **1** はじて (▶名詞の前では使わない); 《**be ashamed of** で》…をはじる.

You should *be ashamed of* your behavior.
あなたは自分のふるまいをはじるべきだ.

There is nothing to *be ashamed of*. 何もはじることなどない.

2 《**be ashamed to ...** で》…するのがはずかしい.

I *was ashamed to* see them.
私ははずかしくて彼らと顔を合わせられなかった.

ashore [əʃɔ́ːr アショー(ァ)] 副 浜へ, 岸へ.

---

60 sixty

go *ashore* 岸に上がる，上陸する．

ashtray [ǽʃtrei アシュトゥレイ] 图（複数 **ashtrays** [-z]）(タバコの) 灰皿．

Asia 3級 [éiʒə エイジャ, éiʃə エイシャ]（発音注意）图 アジア．
Japan is in *Asia*. 日本はアジアにある．

Asian [éiʒən エイジャン || -ʃən -シャン] 形 アジアの，アジア人の．
── 图 アジア人．

aside [əsáid アサイド] 副 わきに；別にして．
He pushed the chair *aside*.
彼はいすをわきへ押しやった．

ask 5級 動 …をたずねる，(人) に頼む

[ǽsk アスク || ɑːsk アースク]
(動 3単現 **asks** [-s]；過去 過分 **asked** [-t]；ing **asking**)

ask　　　answer

他 **1** **…をたずねる**，聞く，問う（反 answer …に答える）；《ask ＋人＋物事で》(人) に (物事) をたずねる；《ask ＋人＋about ＋物事で》(人) に (物事) についてたずねる．
I don't know. *Ask* George.
私にはわからないから，ジョージに聞きなさい．
"What's the matter?" *asked* Ben.
(＝ Ben *asked*, "What's the matter?") 「どうしたんだ」とベンはたずねた．
I *asked* him a question.
私は彼に質問をした．
Tom *asked* me *about* my health.
トムは私の健康状態をたずねた．
He *asked* me the way to the station. 彼は私に駅へ行く道を聞いた．
She *asked* me if I knew him.
彼女は私に彼を知っているかどうか聞いた．
I *asked* her when she would marry Ben. 私は彼女にいつベンと結婚する気なのかと聞いた（▶全体が過去のことなので，will も過去形の would を使う）．

▶スピーキング
Ⓐ Can I *ask* you a question, Ms. Miller?
ミラー先生，1つ質問してもよろしいですか．
Ⓑ Sure. Go ahead.
もちろん．どうぞ．

2 (人) **に頼む**；《ask ＋人＋ for ＋物事で》(人) に (物事) を頼む，求める；《ask ＋人＋ to ... で》(人) に…してくださいと頼む．
I'm sorry I can't help you. *Ask* Ken.
手伝えなくてごめん．ケンに頼んで．
He *asked* me *for* help. (＝ He *asked for* my help.) 彼は私に助けを求めた．
I have something to *ask* you.
ちょっとお願いがあるんだけど（▶人にものを頼むときのふつうの言い方）．
May I *ask* you a favor?
お願いがあるのですが（▶人にものを頼むときのていねいな言い方）．
I *asked* him *to* wait.
私は彼に待ってくれと頼んだ．

3 (人) **を招待する**（同 invite）；《ask ＋人＋ to で》(人) を…に招く；《ask ＋人＋ out で》(人) をデートに誘う．
John *asked* Cathy *to* the dance.
ジョンはキャシーをダンスパーティーに誘った．
Mike *asked* me *out* and I said yes.
マイクからデートに誘われてオーケーした．

──自 **たずねる**；《ask about で》…についてたずねる；《ask for で》…を求める．
Beth *asked about* you.
ベスがきみのことを聞いていたよ．
He *asked for* money.
彼は金をくれと言った．

ask after (人の健康・病気のぐあいについて) たずねる．
He *asked after* you.
彼はあなたのぐあいをたずねていたよ．

asleep 3級 [əslíːp アスリープ] 形 眠って（反 awake 目が覚めて）．
The baby was *asleep*.
その赤ちゃんは眠っていた． →動 sleep

🔍文法 asleep の使い方
asleep は名詞の前では使わない．「眠っている赤ちゃん」というときは sleeping を使って，a *sleeping* baby という．

asparagus ▶

fall asleep 寝**ね**入る, 眠りに落ちる.
He *fell asleep* at once.
彼はすぐに寝入ってしまった.

asparagus [əspǽrəgəs アスパラガス] 图
《植物》アスパラガス.

aspect 2級 [ǽspekt アスペクト] 图 (状
況**じょう**などの) 局面, 側面;(物の) 外観.

ass [ǽs アス] 图《口語》ばか者,とんま;しり.

assemble [əsémbl アセンブル] 動 自
(人々が) 集まる, 集合する.
They *assembled* in the meeting
room.
彼らは会議室に集まった.
── 他 (人・物) を集める;(機械など) を組
み立てる.

assembly [əsémbli アセンブリィ] 图 複数
assemblies [-z] **1** 集会, 会合.
a school *assembly* 全校集会.
a student council *assembly*
生徒総会.
2 (機械などの) 組み立て.

assessment [əsésmənt アセスメント] 图
評価, 査定;評価額.
an environmental *assessment*
環境**かんきょう**アセスメント, 環境影響**えいきょう**評価.

assign [əsáin アサイン] (発音注意) 動 他
…を割り当てる;(宿題) を出す;(会合など
の) (日時・場所) を決める(= fix).

assignment [əsáinmənt アサインメント]
(発音注意) 图 (割り当てられた)仕事,任務;
(米) (学校の) 宿題.
a math *assignment* 数学の宿題.
He gave his class an *assignment*.
彼は担当のクラスに宿題を出した.

assist 2級 [əsíst アスィスト] 動 他 …を援
助**えんじょ**する, 補助する, 手伝う(▶ help より
形式ばった語).

assistance [əsístəns アスィスタンス] 图
助力, 援助**えんじょ**, 補助(▶ help より形式ばっ
た語).
financial *assistance* 経済援助.

assistant 3級 [əsístənt アスィスタント]
形 補助の;副…, 助….
an *assistant* principal
副校長, 教頭.
── 图 助手, 補佐 (役), アシスタント.

associate 2級 [əsóuʃieit アソウシエイト]
動 他 《associate ~ with ... で》~を…
に関連させる, ~で…を連想する.

What do you *associate with* sum-
mer? 夏といえば何を連想しますか.
── 自 つき合う, 交際する(▶おもに社交上,
または仕事関係でつき合う場合に使う).
── [əsóuʃiət アソウシエト] 图 仲間.

association [əsousiéiʃən アソウスィエイ
ション] 图 協会;交際;関連;連想.
Association of Tennis Professionals
男子プロテニス協会(▶ ATP と略す. 男子プ
ロテニスツアーを運営する団体).

association football
[əsousiéiʃən fútbɔːl] 图 サッカー (ふつう
association の -soc- の部分に er をつけ
て soccer という).

assorted [əsɔ́rtid アソーティド] 形 つめ合
わせの.

assume 2級 [əsúːm アスーム ‖ əsjúːm ア
スューム] 動 …と勝手に思いこむ, 仮定する,
当然…だと思う.

assure [əʃúər アシュア] 動 他 (人) に保
証する;《assure +人+ (that) ... で》(人)
に…ということを保証する.
I *assure* you (*that*) Mike is honest.
マイクが正直なことはぼくが保証するよ.

asthma [ǽzmə アズマ] (発音注意) 图 ぜ
んそく.

astonish [əstániʃ アスタニッシ ‖ -tɔ́niʃ -トニ
ッシ] 動 他 (ひどく) …をおどろかす;…を
びっくりさせる;《be astonished で》(ひ
どく) おどろく.
I *was astonished* at [by] the news.
私はその知らせにたいへんおどろいた.

astonishing [əstániʃiŋ アスタニッシング
‖ -tɔ́niʃ- -トニッシ-] 形 おどろくべき.

astonishment [əstániʃmənt アスタニッ
シメント ‖ -tɔ́niʃ- -トニッシ-] 图 おどろき.

Astro Boy [ǽstrə アストゥロ bɔ́i] 图『鉄
腕アトム』(手塚治虫**てづかおさむ**のテレビアニメ;アメリ
カのテレビ版の名).

astronaut 3級 [ǽstrənɔːt アストゥロノー
ト] 图 宇宙飛行士.

astronomer [əstránəmər アストゥロノマァ
‖ -trɔ́n- -トゥロノ-] 图 天文学者.

astronomy [əstránəmi アストゥロナミィ
‖ -trɔ́n- -トゥロノ-] 图 天文学.

at 5級 前 …に, …で

62 sixty-two

◀ **at**

[at アト, (強めると)æt **ア**ット]

前 1 [地点・位置を表して] **…に**, …で; …から.

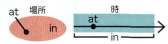

at は点としてとらえる. in はもっと広くとらえる

Paul is staying *at* the hotel.
ポールはそのホテルに泊まっている.
Change trains *at* Shibuya.
渋谷で電車を乗りかえなさい.
The Browns live *at* 15 High Street.
ブラウンさん一家はハイストリート15番地に住んでいる (▶「…に住む」という場合, 番地を示すなら at, 街路を示すなら I live *on* Olive Street. のように on, 町などは He lives *in* this city. のようにふつう in を使う).
Let's start *at* Lesson 5.
レッスン5から始めましょう.

📘文法 at と in

at は店, 駅, 村, 小さな町など比較的せまい場所や地点を表すとき, あるいは乗りかえなどの通過点をいうときなどに使う. We arrived *at* Narita Airport at 9 a.m. (私たちは午前9時に成田空港に着いた) / Let's meet *at* the station at 5 o'clock. (駅で5時に会いましょう)

in は国や大都市, その場所や建物の「中」, あるいは話し手が住んでいる場所など多少とも広がりを考えるときに使う. My uncle lives *in* Chicago. (おじはシカゴに住んでいる) / There were a lot of people *in* the station. (駅にはたくさんの人がいた) (▶駅を建物の「中」としてとらえているので in を使う).

2 [方向・目標を表して] **…に** (向かって), …をめがけて.
aim *at* complete victory
完全優勝をねらう.
We all looked *at* the baby.
私たちはみんなその赤ちゃんを見ました.
Tom threw a stone *at* the can.
トムはそのカンをめがけて石を投げた.
3 [時を表して] **…に**, …から.
at noon 正午に.

at night 夜中に.
at the moment いまは.
My father gets up *at* six o'clock.
父は6時に起きる.
School begins *at* eight. 学校は8時に[から]始まる (▶ *from* eight とはいわない).
Emily went to France *at* the age of sixteen.
エミリーは16歳のときにフランスへ行った.
I was ten years old *at* that time.
当時私は10歳でした.

💬用法 at と in と on

at は時刻など時の一点, in は長さをもった期間に使う. *in* the afternoon (午後に) / *in* May (5月に) / *in* winter (冬に)

on は特定の日や特定の日の朝・晩などに使う. *on* Monday (月曜日に) / *on* Sunday morning (日曜の朝に)

4 [状態・従事を表して] **…中で**, …して.
at the table 食事中で.
My father is *at* work now.
父はいま, 仕事中です.
We were *at* play in the park.
私たちは公園で遊んでいた.
5 [速度・値段・割合などを表して] **…で**.
at full speed 全速力で.
He drove *at* a speed of 50 miles an hour.
彼は時速50マイルで車を運転した.

sixty-three 63

atchoo ▶

He bought the yacht *at* a good price. 彼はそのヨットをよい値で買った.
6 [原因を表して] **…を見て**, 聞いて.
I was surprised *at* the news.
私はその知らせを聞いておどろいた.
7 [所属を表して] **…の**.
I'm a student *at* Nishi Junior High School. 私は西中学の生徒です.
8 [評価の対象を表して] **…が**（じょうずだ，へただ）.
My brother is good *at* English.
兄は英語が得意だ.
not ... at all 少しも…ない. → all

atchoo [ətʃúː アチュー] 間 ハクション（くしゃみの音）. → sneeze

ate 4級 [eit エイト‖ et エト]

動 eat (…を食べる) の過去形.
[同音語] eight (8 (の))

Athens [ǽθənz アセンズ] (発音注意) 名 アテネ（ギリシャの首都；古代ギリシャ文明の中心地）.

athlete 準2 [ǽθliːt アスリート] (アクセント注意) 名 運動選手；スポーツ選手.

athletic [æθlétik アスレティク] (アクセント注意) 形 運動競技の；運動が得意な，たくましい.
an *athletic* meet 運動競技会.

athletics [æθlétiks アスレティクス] (アクセント注意) 名 [ふつう複数あつかい] (各種の) 運動競技；(英) 陸上競技；[ふつう単数あつかい] (教科としての) 体育.
do *athletics*
運動競技をする.

-ation [-éiʃən -エイション] 接尾 ▶動詞のあとについて名詞をつくる.
例. examination(examine + ation 試験) (▶ examine の語尾の e をとって -ation) / information (inform + ation 情報) / invitation (invite + ation 招待(状)) (▶ invite の e をとって -ation).

Atlanta [ətlǽntə アトゥランタ] 名 アトランタ（アメリカ，ジョージア州の州都）.

Atlantic [ətlǽntik アトゥランティク] 形 大西洋の；大西洋岸の (▶「太平洋の」は Pacific).
── 名 [the をつけて] 大西洋 (= the Atlantic Ocean).

Atlantic Ocean [ətlǽntik óuʃən] 名 [the をつけて] 大西洋.

Atlas [ǽtləs アトゥラス] 名 《ギリシャ神話》アトラス（天球を両肩で背負わされた巨人）.

ロンドン市内にあるアトラスの彫刻.

atlas [ǽtləs アトゥラス] 名 地図帳 (▶ map はかけ地図など1枚の地図；maps を本にしたものが atlas).

map (地図)　　atlas (地図帳)

背景 昔の地図帳の最初のページに，天球を背負った Atlas の絵がついていたので，地図帳をatlasというようになった.

ATM [éitiːém エイティーエム] 名 現金自動預け払い機，ATM (▶ *automated teller machine* の略).
Where's the *ATM*?
ATM はどこにありますか.

atmosphere 準2 [ǽtməsfiər アトゥモスフィア] 名 **1** [the をつけて] 大気；(一定の場所の) 空気.
the upper *atmosphere*
上空の空気.
2 雰囲気.
There was a really good *atmosphere* in the classroom.
教室はとてもいい雰囲気だった.

atom [ǽtəm アトム] 名 原子.

atomic [ətámik アタミク‖ -tɔ́m- -トミ-] 形 原子の；原子力の.
atomic energy 原子力.
atomic bomb 原子爆弾.
Atomic Bomb Dome 原爆ドーム.

attach 2級 [ətǽtʃ アタッチ] 動 他 **1** …

◀ attic

をつける, とりつける; …をそえる; 《attach ~ to ... で》~を…につける[そえる].
attach a Word document
ワードで作成した書類を添付する.
I *attached* some photos *to* the email.
メールに写真を何枚か添付した.
2 《**be attached to** で》…に愛情をもっている, 愛着がある.

attack 4級 [ətǽk アタック] 图 **1** 攻撃 (反 defense 防御), 襲撃; 非難.
make an *attack* on the village
その村を攻撃する
2 発病, (病気の)発作.
have a heart *attack*
心臓発作に見舞われる.
── 動 他 **1** …を攻撃する, 襲う (反 defend …を守る).
attack the enemy
敵を攻撃する.
She was *attacked* on her way home.
彼女は帰宅途中に襲われた.
2 …を激しく非難する.
He *attacked* the government for its foreign policy.
彼は政府の外交政策を強く非難した.
3 (病気などが) …をおかす.

attain [ətéin アテイン] 動 他 (努力して) …を達成する; …に到達する.
He *attained* his goal at last.
彼はついに目標を達成した.

attempt 2級 [ətém(p)t アテン(プ)ト] 图 試み, 企て.
She made no *attempt* to help me.
彼女はぼくを手伝おうともしなかった.
He passed the entrance exam on his second *attempt*.
彼は2度目の挑戦で入学試験に合格した.
── 動 他 …を試みる, 企てる; 《**attempt to ...** で》…しようと試みる (▶ try より形式ばった語).
He *attempted to* escape, but failed.
彼は逃亡を企てたが, 失敗した.

attend 3級 [əténd アテンド]
動 (3単現 **attends** [-dz ヅ] 過去 過分 **attended** [-id] ing **attending**) 他 **1** (会合など) **に出席する**, (公式の席) に参列

する; (学校・教会など) に通う (▶ go to より形式ばった語).
attend a meeting
会合に出席する.
attend school 通学する (▶ attend ˣto school としない).
2 (人) の世話をする, …を看護する.
Three doctors are *attending* him.
3人の医師が彼の世話をしている.
── 自 《**attend to** で》(仕事など) に専念する, 精を出す; …を注意して聞く; (人) の世話をする.
I *attended to* my work.
私は仕事に精を出した.

attendance [əténdəns アテンダンス] 图 出席.
take *attendance*
出席をとる.

attendant 3級 [əténdənt アテンダント] 图 接客係.
a flight *attendant* 客室乗務員.

attention 4級 [əténʃən アテンション]
图 複数 **attentions** [-z] **1 注意**, 注目.
Attention, please! お知らせいたします (▶場内や機内アナウンスのことば. May I have your *attention*, please? のほうがていねい).
Pay *attention* to your teacher.
先生の言うことを注意して聞きなさい.
2 世話, 手当て.
medical *attention* 治療, 手当て.
3 (軍) 気をつけの姿勢.
Attention! 気をつけ! (▶しばしば [ətenʃʌ́n アテンシャン]と発音される)

attic [ǽtik アティク] 图 屋根裏, 屋根裏部屋 (▶天井を張らないで屋根のすぐ下を部屋にしたもの. 物置として使われたり, 子どもの寝室として使われたりする).

attitude ▸

attitude 2級 [ǽtit(j)u:d アティテュード, -トゥー-] 图 態度；考え方，気持ち（のもち方）；姿勢.
a positive *attitude*
積極的な態度.

attorney [ətə́:rni アタ～ニィ] 图 (複数 **attorneys** [-z]) 《米》弁護士 (=lawyer).

attract 準2 [ətrǽkt アトゥラクト] 動 他 (注意・興味など) を引きつける，(人) を魅惑する；(**be attracted to** で) …に引きつけられる，心をひかれる.
Kyoto *attracts* many tourists every year.
京都には毎年たくさんの観光客が訪れる.
What *attracted* you *to* him?
彼のどんなところにひかれたのですか.
I *was* deeply *attracted to* her.
私は彼女に強く心をひかれた.
→形 attractive

attraction 2級 [ətrǽkʃən アトゥラクション] 图 魅力；人を引きつけるもの，呼び物，アトラクション；(観光の) 名所.
New York has many tourist *attractions*.
ニューヨークには観光客を引きつける名所がたくさんある.

attractive 2級 [ətrǽktiv アトゥラクティヴ] 形 魅力的な，人を引きつける，興味をそそる；(容姿が) きれいな，ハンサムな (▶男女どちらにも使う).
John has an *attractive* smile.
ジョンの笑顔は魅力的だ.
She is young and *attractive*.
彼女は若くてきれいだ. →動 attract

auction [ɔ́:kʃən オークション] 图 競売，せり売り，オークション.
── 動 他 …を競売で売る，競売にかける.

audience 準2 [ɔ́:diəns オーディエンス] 图 [集合的に] (コンサート・映画・演劇などの) 聴衆，観衆，観客；(テレビの) 視聴者，(ラジオの) 聴取者.
There was a large *audience* in the concert hall.
コンサートホールの聴衆はおおぜいだった.

audio 準2 [ɔ́:diou オーディオウ] 形 音声の，オーディオの (=video 映像の).
── 图 (複数 **audios** [-z]) 音声，音響.

audio-visual [ɔ́:diouvíʒuəl オーディオウヴィジュアル] 形 視聴覚の.

audio-visual aids
視聴覚教具.

audition 準2 [ɔ:díʃən オーディション] 图 (歌手・俳優などの) オーディション.
── 動 他 …のオーディションをする.
── 自 オーディションを受ける.

auditorium [ɔ:dətɔ́:riəm オーディトーリアム] 图 講堂；(演劇・音楽会などのための) ホール，公会堂；観客席.

Aug. (略) = August (8月)

August 5級 图 8月

[ɔ́:gəst オーガスト] フォニックス60 au は [ɔ:] と発音する.

图 **8月** (▶略語は Aug.). → month (表)
It is hot in *August* in Tokyo.
8月の東京は暑い (▶「…月に」というときは in を使う).
Bill was born on *August* 15.
ビルは8月15日に生まれた (▶特定の日がつくときには on を使う. August 15 は August fifteenth または August the fifteenth と読む).

○ in August
× in August 15
── 特定の日がつくときは on を使う.
○ on August 15
▶月名は大文字で書きはじめる.

背景 初代ローマ皇帝アウグストゥス (Augustus) の名にちなむ.

aunt 5級 图 おば

[ǽnt アント‖ɑ:nt アーント] (au は例外的に [æ‖ɑ:] と発音する)
图 (複数 **aunts** [-ts ツ]) 1 **おば** (=uncle おじ).
My *aunt* and uncle live in Osaka.
私のおばとおじは大阪に住んでいます.
She is an *aunt* on my mother's side.

◀ **available**

彼女は母方のおばさんです.
Aunt Molly
モリーおばさん.
2 (血族関係はないが親しみをこめて) おばさん.
[同音語] ant (アリ)

aural [ɔ́ːrəl オーラル] 形 耳の；聴覚の.
[同音語] oral (口頭の)

aurora [ərɔ́ːrə オローラ] (発音注意) 名
(複数) **auroras** [-z], **aurorae** [ərɔ́ːriː] オーロラ, 極光 (▶ the Northern Lights ともいう).

Aussie [ɔ́ːsi オースィ ‖ ɔ́zi オズィ] 形 オーストラリアの, オーストラリア人の.
── 名 (くだけた話し言葉で) オーストラリア, オーストラリア人. → Australia, Australian

Australia 5級 [ɔ(ː)stréiljə オ(ー)ストゥレイリャ]

名 **オーストラリア** (正式な国名は the Commonwealth of Australia (オーストラリア連邦政); 首都はキャンベラ (Canberra)).

Australian [ɔ(ː)stréiljən オ(ー)ストゥレイリャン] 形 オーストラリアの；オーストラリア人の.
── 名 オーストラリア人.

Austria [ɔ́ː)striə オ(ー)ストゥリア] 名 オーストリア (首都はウィーン (Vienna)).

Austrian [ɔ́ː)striən オ(ー)ストゥリアン] 形 オーストリアの；オーストリア人の.
── 名 オーストリア人.

author 2級 [ɔ́ːθər オーサァ] 名 著者, (作品の) 作者.
Who is the *author* of this book?
この本の著者はだれですか.

authority 2級 [əθɔ́ːrəti オ サ リ ティ ‖ ɔːθɔ́riti オーソリティ] 名 (複数) **authorities** [-z] **1** 権威, 権力；権限.
I don't have the *authority* to make that decision.
私にはそれを決定する権限はありません.
2 [ふつう **the authorities** で] 当局.
the government *authorities*
政府当局.
3 権威者, 大家.

auto [ɔ́ːtou オートゥ] 名 (複数) **autos** [-z] 《米口語》自動車 (▶ automobile を短縮した形).

autobiography [ɔ̀ːtəbaiɑ́grəfi オートバイアグラフィ] 名 自伝, 自叙伝.

autograph [ɔ́ːtəgræf オートグラフ ‖ -grɑːf -グラーフ] 名 (芸能人などの) サイン (▶この意味では*sign とはいわない).

automatic [ɔ̀ːtəmǽtik オートマティク] 形 (機械などが) 自動の；無意識の.

automatically [ɔ̀ːtəmǽtikəli オートマティカリ] 副 自動的に；無意識に.

automation [ɔ̀ːtəméiʃən オートメイション] 名 オートメーション, 自動化.

automobile [ɔ́ːtəməbìːl オートモビール, ɔ̀ːtəmoubíːl オートモウビール] 名 《おもに米》自動車 (=《英》motorcar).
automobile industry
自動車産業.

autumn 5級 [ɔ́ːtəm オータム]
フォニックス60, 40 au は [ɔː] と発音する. n は発音しない.

名 (複数) **autumns** [-z] **秋** (▶《米》では日常語としては fall が使われる).
Leaves change color in *autumn*.
木の葉は秋に色づく.
autumn color 紅葉色.
in the *autumn* of 2025
2025 年の秋に.
in early *autumn*
初秋に.
in late *autumn*
晩秋に.
this *autumn*
今年の秋に.

autumnal [ɔːtʌ́mn(ə)l オータムナル] 形 秋の.
Autumnal Equinox Day 秋分の日 (▶ equinox [iːkwənɑks イークウィナクス] は昼と夜の長さが等しくなるときのこと).

available 準2級 [əvéiləbl アヴェイラブル] 形 **1** 利用できる；手に入る.
This hall is *available* to everyone.
このホールはだれでも利用できる.
Are there any rooms *available*?
空いている部屋はありますか.
The information is *available* on the internet.
その情報はインターネットで入手できる.
2 (人が) 手が空いている, (会う・話す) 時間がある.
Are you *available* now?

sixty-seven　67

avalanche ▶

いま，手が空いていますか．

💬スピーキング
Ⓐ When will you be *available*?
いつ手が空きますか．
Ⓑ Around 3 o'clock.
3時ごろです．

avalanche [ǽvəlæntʃ アヴァランチ ‖ -la:ntʃ -ラーンチ] 图 なだれ．

Ave. (略) = Avenue (大通り)

avenue [ǽvən(j)u: アヴェニュー，-ヌー] 图
1 大通り，…街（▶アメリカの大都市では，南北に走る通りを Avenue，それと交差する東西に走る通りを Street とよぶことがある；略語は Ave.）．→ street
Fifth *Avenue*
（ニューヨークの）5番街．

5番街と西33丁目の交差点の標識．

2 並木道．

average 準2 [ǽv(ə)ridʒ アヴ(ェ)レヂ]（アクセント注意）图 平均(値)，アベレージ．
the player's batting *average*
その選手の打率．
She practiced the piano an *average* of two hours a day.
彼女は平均して1日2時間ピアノの練習をした．
The *average* of 3, 5, and 7 is 5.
3と5と7の平均は5である．

above average 平均より上で．
I'm *above average* in most subjects.
私はほとんどの科目で平均より上だ．

below average 平均より下で．

on average 平均して．
How many hours do you sleep *on average*?
平均何時間寝ていますか．

— 形 **平均の**；ふつうの，一般の；並の．
the *average* score
平均点．

the *average* student
ふつうの学生．

avocado [ævəká:dou アヴォカードウ]（アクセント注意）图 (複数 **avocados** [-z])《植物》アボカド (の木，実)．

avoid 準2 [əvɔ́id アヴォイド] 動 他 (物・事・人など)をさける，よける；(**avoid -ing** で)…することをさける，…しないようにする．
avoid danger
危険をさける．
Why are you *avoiding* me?
どうして私のことをさけてるの．
We *avoided driving* through the city.
私たちはその都市を車で通りぬけるのをさけた（▶ avoid のあとには名詞または -ing 形がくる）．
I *avoided talking* to her.
彼女とは話をしないようにした．

awake [əwéik アウェイク] 形 目が覚めて（反 asleep 眠って），起きている（▶名詞の前では使わない）．
I was *awake* all night.
私は一晩中眠れなかった．
Are you still *awake*?
まだ起きてる？
Bob stayed *awake* waiting for his mother.
ボブは寝ないで母親を待っていた．

— 動 (3単現 **awakes** [-s] ; 過去 **awoke** [əwóuk] または **awaked** [-t] ; 過分 **awaked** または **awoke** または **awoken** [əwóuk(ə)n] ; ing **awaking**) 自 目が覚める（▶形式ばった語で，ふつうは wake up を使う）．
I *awoke* one morning and found myself famous.
私はある朝目を覚ますと有名になっていた（▶英国の詩人バイロンのことば）．

— 他 (人)の目を覚まさせる，(人)を起こす．

award 2級 [əwɔ́:rd アウォード] 图 賞，賞品．
She has won many *awards* for her work.
彼女はその業績に対してこれまで数々の賞を受賞している．

— 動 他 (賞など)を授与する，与える．
He was *awarded* first prize.
彼は1等賞をもらった．

aware 準2 [əwéər アウェア] 形 気づいて

(▶名詞の前では使わない);((be aware of で))…に気づいている.
No one *was aware of* the problem.
だれもその問題に気づいていなかった.

awareness [əwéərnis アウェアネス] 图
気づいていること, 認識.

away 4級 副 あちらへ, はなれて

[əwéi アウェイ] フォニックス59 ay は [ei] と発音する.
副 1 [動詞とともに移動・消去を表して] **あちらへ; …し去って**.
Go *away*. あっちへ行け.
Don't take it *away*.
それを持っていかないでくれ.
Put those toys *away*.
そのおもちゃをかたづけなさい.
2 [位置, 時期が] **はなれて**.
He lives two miles *away*.
彼は2マイルはなれた所に住んでいる.
3 留守で(反 at home 在宅して).
Mike will be *away* for a few days.
マイクは2,3日留守にします.
4 (スポーツの試合が) 遠征(えんせい)先で.
play *away* 遠征試合をする.
── 形 遠征先での, アウェーでの(反 home ホームでの).
an *away* game
アウェーでの試合.
away from …からはなれて; …から去って.
Keep *away from* them!
彼らには近づくな!
The lake is two miles *away from* here.
その湖はここから2マイルはなれた所にある.

far away 遠くはなれて. → far
right away すぐに, ただちに. → right

参考 背景 英語のジョーク
"Did you miss me while I was away?" "Oh, were you away?"
「私の留守中さびしかった?」「えっ, 留守にしてたの?」

awe [ɔː オー] (発音注意) 图 おそれ, 畏敬(いけい).

awesome [ɔ́ːsəm オーサム] 形 《米》(くだけた話し言葉で) すごい, すばらしい.

awful 2級 [ɔ́ːfəl オーフル] 形 **1** (口語) ひじょうに悪い, ひどい; すごい.
What *awful* weather!
何というひどい天気だ!
2 おそろしい.
War is *awful*. 戦争とはおそろしいものだ.

awfully [ɔ́ːfəli オーフリィ] 副 (口語) とても, ものすごく; ひどく.

awkward [ɔ́ːkwərd オークワド] 形 (比較 more awkward; 最上 most awkward) (人・行動・物などが) ぎこちない, 不器用な; あつかいにくい, やっかいな.

awoke [əwóuk アウォウク] 動 awake (目が覚める) の過去・過去分詞の1つ.

awoken [əwóuk(ə)n アウォウクン] 動 awake (目が覚める) の過去分詞の1つ.

ax, 《英》axe [æks アックス] 图 (複数 axes [-iz]) おの, まさかり. → tool (図)

Ayers Rock [èərz エアズ rák] 图 エアーズロック (オーストラリア大陸のほぼ中央部にある周囲約9キロ, 高さ348メートルの巨大な一枚岩. オーストラリアの先住民アボリジニの聖地. 近年は, アボリジニのことばで公式名であるウルル (Uluru) というのがふつう).

AZ, Ariz. (略) = Arizona (アリゾナ州)

azalea [əzéiljə アゼイリャ] 图 《植物》アザレア, ツツジ, サツキ.

Aztec [ǽztek アズテク] 图 アステカ人 (メキシコの先住民; 16世紀にスペイン人に征服(せいふく)された).

B, b ▶

B b B b B b

B, b [bi: ビー] 名 (複数) **B's, b's** [-z] または **Bs, bs** [-z] **1** ビー (アルファベットの2番目の文字).
2 (大文字 B で) (米) (学科の成績の) B (A〜D, F という評価のうちよいほうから2番目の成績). → A
[同意語] bee (ミツバチ)

baa [bɑ: バー] 名 メー (▶羊の鳴き声).
── 動 (自) (羊が) メーと鳴く.

baby 4級 [béibi ベイビィ]

名 (複数) **babies** [-z] (人・動物の) **赤ちゃん**, 赤んぼう.
She's going to have a *baby* next month.
彼女は来月赤ちゃんが生まれる.
Don't act like a *baby*.
そんな赤ちゃんみたいなまねをしないの (▶ Don't be such a baby. などともいう).
baby clothes ベビー服.
a *baby* monkey
赤ちゃんザル.

📖文法 **baby の使い方**
❶ baby は性別がわからない場合は it で受けるが, 赤ちゃんの親などの前では he や she で受けるほうが無難.
❷ 男の赤ちゃん, 女の赤ちゃんは, それぞれ baby boy, baby girl と言うが, 赤ちゃんが男の子か女の子かたずねるときには Is it a boy or a girl? などと言う.

baby buggy [béibi bʌ̀gi バギィ] 名
(米) = baby carriage

baby carriage [béibi kæ̀ridʒ キャリヂ]
名 (米) ベビーカー, うば車 (▶赤ちゃんを寝かせた状態で使う). → stroller

babysit 準2 [béibisit ベイビィスィト] 動
(3単現 **babysits** [-ts ツ] ; 過去 過分 **babysat** [-sæt] ; ing **babysitting**) (自) ベビーシッターをする, 子守をする.

babysitter [béibisitər ベイビィスィタァ] 名
ベビーシッター.

💬背景 sitter ともいい, 親の外出中に幼児や子どもの世話をする人をさす. 学生に人気の高いアルバイトのひとつ.

Bach [bɑːk バーク], **Johann Sebastian**
名 ヨハン・セバスチャン・バッハ (1685–1750 ; ドイツの作曲家).

back 5級 副 もとへ, 後ろへ
名 背中, 後ろ

[bæk バック] フォニックス27 ck は [k] と発音する.
副 **1 もとへ**, 帰って ; 返して.
Come *back*! 帰ってきて. もどってきて.
Put it *back* where it was.
それはもとの場所にもどしておいてね.
Go *back* to your seat.
自分の席にもどりなさい.

💬スピーキング
Ⓐ When will you be *back*?
いつもどりますか.
Ⓑ I'll be *back* in about an hour.
1時間ほどでもどります.

💬スピーキング
Hi, I'm back. 「ただいま」
帰宅のあいさつの「ただいま」にあたる決まった英語はない. その場にいる人に対しては Hi. や Hello. が一般的. その場にいない人に対して声だけで帰宅を知らせたいときは I'm back. (▶短い外出から帰ったとき) や I'm home. (▶学校や仕事など1日の外出からもどったとき) などと言う.
Ⓐ Mom, *I'm back*.
ママ, ただいま.
Ⓑ Hi, Jeff. How was school?
おかえり, ジェフ. 学校はどうだった?

2 後ろへ, あとへ, 後方へ.
Could you move *back* a bit?
少し後ろに下がってもらえますか.
He looked *back*.
彼は後ろをふり返った.

70 seventy

◀ **backward**

3 (相手に) こたえて, 返事して.
I'll call you *back* later.
あとで折り返し電話するね.

back and forth 前後に, 左右に, 行ったり来たりして.

── 名 〖複数〗 **backs** [-s] **1** (人・動物の) **背中**, 背; 腰.
The mother was carrying her baby on her *back*.
その母親は背中に赤ちゃんをおぶっていた.

I had a severe pain in my *back*.
私は背中 [腰] がとても痛かった.

📘用法 **back** と「背中」「腰」
日本語の「背中」は首から腰までをさすが, 英語の **back** は首からおしりのあたりまでをさす. また, 英語で「腰」というときは, そのさす場所によって **back** や **lower back** (背中の下の部分) を使う.
→ body (図)

2 [ふつう the back of で] **…の後ろ**, 後部, 奥; …の裏側 (反 front 前部).
the back of the head 後頭部
the back of my hand 手の甲 (▶手のひらは palm という).
I sat in *the back of* the car.
ぼくは車の後ろの座席にすわった.

3 (いすの) 背もたれ.
4 〖球技〗バック, 後衛 (反 forward フォワード).

at the back of = 〖米〗***in back of*** **…の後ろに; …の裏に; …の奥に** (反 in front of …の前に).
The kitchen is *at the back of* the house. 台所は家の奥にある.
There are two tennis courts *in back of* the gym.
体育館の後ろにテニスコートが2面ある.

behind …'s back (人) のいない所で, かげで.
They're speaking ill of you *behind your back*.

彼らはかげできみの悪口を言ってるよ.

on my back あおむけに (反 on my stomach うつぶせに).
Please lie *on your back*.
あおむけに寝てください.

── 動 〖3単現〗 **backs** [-s]; 〖過去〗〖過分〗 **backed** [-t]; 〖ing〗 **backing**) 他 **1** (車など) **を後退させる**, バックさせる.
He *backed* the car into the garage.
彼は車をバックさせてガレージに入れた.
2 …を支援する, 支持する, …に力を貸す.
Our teacher *backed* our plan.
先生がぼくたちの計画に力を貸してくれた.
── 自 後退する.

back away (不安になって・こわくて) あとずさりする.
back down 引き下がる.
back up …を支援する; (車など) を後退させる; …を裏付ける; 〖コンピューター〗(データなど)をバックアップする; 後退する.

── 形 **後ろの**, 裏の.
Is there anybody at the *back* door? 裏口にだれかいるの？

backache [bǽkeik バケイク] 名 背中の痛み, 腰痛.

backbone [bǽkboun バクボウン] 名 背骨; (the backbone of で) 〖比喩的に〗…の中心, …の主体, 支柱.

background 2級 [bǽkgraund バクグラウンド] 名 (問題・事件などの) 背景; (絵・景色などの) 背景; (人の) 経歴.
background music
バックグラウンド・ミュージック (▶略語は BGM).

backpack [bǽkpæk バクパク] 名 バックパック, リュックサック.

back-to-school [bæktəskúːl バックトゥスクール] 形 新学期の, 新学年の.
a *back-to-school* sale
新学期向けの大売り出し (▶英米では8月中旬ごろから行われる).

backup [bǽkʌp バカプ] 名 支援, バックアップ; 〖コンピューター〗バックアップ (保存用にデータなどのコピーをとっておくこと).

backward [bǽkwərd バクワド] 副
▶おもに 〖英〗 では backwards という.

backwards ▶

1 後ろへ, 後方へ (反 forward 前へ).
He fell *backward* down the stairs.
彼は後ろ向きに階段から落ちた.
2 逆に.
Count *backward* from ten to one.
10から1へ逆に数えなさい.
── 形 後方への;(学問・文化・開発などが)遅れている, 後進の.

backwards [bǽkwərdz バクワッヅ] 副
《おもに英》= backward

backyard 準2 [bækjɑ́ːrd バケヤード] 名
裏庭.

bacon [béikən ベイコン] 名 ベーコン.
bacon and eggs ベーコンエッグ (かりかりにいためたうす切りのベーコンに目玉焼きをそえた料理で, 英米の朝食によく出される).
→ breakfast (図)

bacteria 準2 [bækti(ə)riə バクティ(ア)リア] 名 バクテリア, 細菌, ばい菌 (▶ bacterium [bækti(ə)riəm] の複数形だが, 単数形を使うのはまれ).

bad 4級 形 悪い, へたな

[bǽd バッド]
形 (比較 **worse** [wə́ːrs ワース]; 最上 **worst** [wə́ːrst ワースト]) **1** 悪い; 有害な (反 good よい); くさった; 不都合な, 困った.
bad news 悪い知らせ.
a *bad* dream いやな夢, 悪夢.
You're a *bad* boy.
(男の子に対して) 悪い子ね.
Those children use *bad* language.
あの子どもたちはことばづかいが悪い.
The weather was very *bad* yesterday. きのうは天気がとても悪かった.
Smoking is *bad* for your health.
タバコを吸うのは健康によくない.

📖 文法 **bad の比較級・最上級**
bad は不規則に変化し, 比較級は worse, 最上級は worst となる.

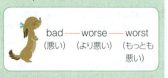

bad ── worse ── worst
(悪い) (より悪い) (もっとも悪い)

📖 用法 **bad と wrong**
bad は「悪い」ということをあらわす一般的な語で意味が広い. 反意語は good (よい). wrong は「不正な, まちがっている」という意味で, 反意語は right (正しい).
It's *wrong* to tell a lie. (うそをつくのはよくない)

2 ひどい, (病気などが) 重い.
She has a *bad* cold.
彼女はひどいかぜをひいている.

3 へたな; (**be bad at** で) …がへたである, 苦手である (同 be poor at; 反 be good at …がじょうずである).
Tom *is bad at* math.
トムは数学が苦手だ.

feel bad about …のことで後悔する, 気にする; 残念に思う.
go bad 悪くなる; くさる.
not bad 《口語》なかなかよい.
The concert was *not bad*.
コンサートはなかなかよかった.
not too bad = *not so bad* 《口語》まあまあ.

🗣 スピーキング
Ⓐ How are you? 元気?
Ⓑ *Not too bad*. まあまあだね.

That's too bad. それはいけませんね, それはお気の毒です.

🗣 スピーキング
That's too bad. 「それはいけませんね」
病気・失敗・何か悪いこと・不幸なできごとなどの場合に, 相手や第三者に対して同情するときに使う.
Ⓐ I had a bad cold all last week.
先週はずっとかぜをひきっぱなしでした.
Ⓑ *That's too bad*.
それはお気の毒に.

badge [bǽdʒ バッヂ] 名 バッジ, 記章.
wear a *badge* バッジをつけている.

badger [bǽdʒər バヂァ] 名 《動物》アナグマ.

badly 3級 [bǽdli バドゥリィ] 副 (比較 **worse** [wə́ːrs]; 最上 **worst** [wə́ːrst]) **1** 悪く, まずく (反 well よく).
Roy writes *badly*. ロイは字がへただ.

◀ **bald**

2 おおいに, ひどく (▶ふつう need, want などの動詞といっしょに使う).
He wants this camera *badly*.
彼はこのカメラをひどくほしがっている.

badminton 4級 [bǽdmintn バドミントゥン] 名 《スポーツ》バドミントン.

bag 5級 [bæg バッグ]

名 (複数) **bags** [-z]) **1** 袋: **かばん**, バッグ.
a paper *bag* 紙袋.
a plastic *bag* ビニール袋, レジ袋 (▶ ×vinyl bag とはいわない).
2 (**a bag of** で) 1袋 (の量) の.
a bag of potato chips
ポテトチップス1袋.

baggage [bǽgidʒ バゲヂ] 名 《おもに米》(旅行の) **手荷物** (=《おもに英》luggage).
baggage claim (空港の) 手荷物受取所.
Where can I check my *baggage*?
荷物はどこで預けられますか.

📖 文法 **baggage** の数え方
baggage は旅行時のスーツケースやトランクなど手荷物全体をさす語なので, a をつけず, 複数形はない.「手荷物1個」は a piece of baggage という.

bagpipes [bǽgpaips バグパイプス] 名 (複数あつかい) 《楽器》バグパイプ.

🟢 背景 スコットランド高地の人々などが愛用する楽器. 革袋(bag)つきの笛(pipe)で, 周囲に響き渡るようなかん高い音が出る.

bait [beit ベイト] (発音注意) 名 (つり針・わなどにつける) えさ.

bake 4級 [beik ベイク] フォニックス48 a は[ei]と発音する. 動 (3単現 **bakes** [-s]; 過去・過分 **baked** [-t]; ing **baking**) 他 (パン・ケーキ・クッキーなど)を (オーブンで) 焼く (▶パンをトースターで焼くときは toast).
→ cook (図)

bake　　　　　toast

She *baked* a chocolate cake for Jim's birthday.
彼女はジムの誕生日にチョコレートケーキを焼いてあげた.
a *baked* apple 焼きリンゴ.

baker 5級 [béikər ベイカァ] 名 パン職人, パンや菓子類の製造業者 (▶「店」は bakery).

bakery 3級 [béik(ə)ri ベイカリィ] 名 (複数 **bakeries** [-z]) ベーカリー, パン店; パン製造所.

balance 準2 [bǽləns バランス] 名 **1** バランス, つり合い, 調和; 平衡感覚.
I lost my *balance* and fell to the ground.
ぼくはバランスを失って地面に倒れた.
2 はかり, てんびん.

balcony [bǽlkəni バルコニィ] 名 (複数 **balconies** [-z]) バルコニー, ベランダ (→ house (図)); (劇場の) さじき席, 張り出し席.

bald 準2 [bɔ:ld ボールド] 形 (人・頭など

単語力をつける　　**bag**　いろいろなかばん

☐ **a bag**　　　　　　バッグ, かばん
　☐ a garbage bag　　(生ごみ用) ごみ袋
　☐ a handbag　　　　ハンドバッグ
　☐ a school bag　　　通学かばん
　☐ a sports bag　　　スポーツバッグ
☐ **a case**　　　　　　ケース
　☐ a briefcase　　　　書類かばん
　☐ a suitcase　　　　スーツケース

スポーツバッグ

ball¹ ▶

が）はげた；（山などが）草木がない.
a *bald* head はげ頭.

ball¹ 5級 [bɔːl ボール]

名 (複数 balls [-z]) **1** (球技用の) **ボール**, 球, まり, 玉；球状のもの.
throw a *ball* ボールを投げる.
catch a *ball* ボールをとる（▶「キャッチボールをする」は play catch という）.
a snow*ball* 雪の玉.
2 球技（= ball game）, 《米》(とくに) 野球（▶ a をつけず, 複数形なし）.
3 《野球》ボール（反 strike ストライク）.
three *balls* and two strikes
3ボール2ストライク.

ball² [bɔːl ボール] 名 舞踏会（▶とくに正式で大きなものをいう）. → dance

ballerina [bæləríːnə バレリーナ]（<イタリア語）名 バレリーナ.

ballet [bǽlei バレイ,bæléi バレイ]（発音注意）（<フランス語）名 バレエ；バレエ曲.
She takes *ballet* lessons.
彼女はバレエを習っている.

balloon [bəlúːn バルーン] 名 風船；気球.
blow up a *balloon* 風船をふくらます.
The *balloon* burst. 風船が割れた.

ballot [bǽlət バロト] 名 (無記名) 投票；投票用紙.
cast a *ballot* 投票する.

ballpark [bɔːlpɑːrk ボールパーク] 名 《米》野球場（= baseball stadium）.

ballpoint, ballpoint pen
[bɔːlpɔint ボールポイント (pén) ペン] 名 ボールペン（▶*ballpen* とはいわない）.

bamboo [bæmbúː バンブー]（アクセント注意）名 (複数 bamboos [-z]) 《植物》竹.
bamboo shoots 竹の子.

ban [bæn バン] 動 (三単現 bans [-z] 過去 過分 banned [-d] ing banning) 他 (法律・規則などで) …を禁止する.
―― 名 (法律・規則などによる) 禁止.

banana 5級 [bənǽnə バナナ‖ bənάːnə バナーナ]（アクセント注意）

名 (複数 bananas [-z]) **バナナ**.
a bunch of *bananas* バナナ1ふさ.
a *banana* peel バナナの皮.

band¹ 5級 [bænd バンド]

名 (複数 bands [-dz ヅ]) **帯, ひも,** (リング状の) バンド.
a rubber *band* ゴムバンド, 輪ゴム.

band² [bænd バンド]

名 (複数 bands [-dz ヅ]) **1** (吹奏楽・ロック・ジャズなどの) **楽団,** バンド.
I'm in the school brass *band*.
私は学校のブラスバンド部に入っている.
My friends and I formed a rock *band*. 友だちとロックバンドを結成した.
2 (人の) **一団,** 群れ.
a *band* of robbers 強盗の一団.

bandage [bǽndidʒ バンデイヂ] 名 包帯.
put a *bandage* on my leg
足に包帯を巻く.
She had a *bandage* around her head. 彼女は頭に包帯を巻いていた.
―― 動 …に包帯をする.

Band-Aid [bǽndèid バンデイド] 名 《商標名》バンドエイド（ガーゼつきばんそうこう）.

bandana, bandanna [bændǽnə バンダナ]（アクセント注意）名 バンダナ, 大型のハンカチ.

B & B, B and B [biː ən biː ビーアンビー] 名 (複数 B & Bs, B and Bs [-z]) (朝食つきの小規模な) ホテル, 民宿（▶ bed and breakfast の略）.

bang [bæŋ バング] 動 他 …をバン [ドン] と音をたてて打つ, 置く；(ドアなど) をバタンと閉める.
He *banged* a big book on the desk.
彼は大きな本を机の上にドスンと置いた.
―― 名 バン [ドン] という音.

Bangkok [bǽŋkɑk バンカク‖ bæŋkɔ́k バンコック] 名 バンコク (タイの首都).

Bangladesh [bæŋɡlədéʃ バングラデッシ] 名 バングラデシュ (アジアの共和国, 首都はダッカ (Dhaka)).

banjo [bǽndʒou バンヂョウ] 名 (複数 banjos または banjoes [-z]) 《楽器》バンジョー（▶アメリカのカントリー音楽には欠かせない弦楽器である）.

bank¹ 5級 名 銀行

[bæŋk バンク]
名 **銀行**；貯蔵所.

74　seventy-four

◀ **base**

a *bank* robber 銀行強盗.
She works at a local *bank*.
彼女は地元の銀行に勤めている.
I went to the *bank* to withdraw some money.
私はお金をおろしに銀行に行った.

bank² [bæŋk バンク] 图 (川・湖などの)岸, 土手, 堤防.
the right *bank* of a river 川の右岸.

banker [bǽŋkər バンカァ] 图 銀行家, 銀行経営者 (▶一般の銀行員のことは, 店舗で働く人をさして bank clerk, 社員全般をさして bank employee という).

bankrupt [bǽŋkrʌpt バンクラプト] 形 破産した, 倒産した.
go bankrupt 破産する, 倒産する.
── 動 (他) …を破産させる.

bar [bɑːr バー] 图 **1** バー, 居酒屋；カウンター式の飲食店.
a sushi *bar* すし屋.
2 棒；棒状のもの.
an iron *bar* 鉄の棒.
a *bar* of chocolate (= a chocolate *bar*) 棒チョコ, 板チョコ.

barbecue [bɑ́ːrbikjuː バーベキュー] 图 バーベキュー (▶BBQ ともつづる)；バーベキューパーティー.
have a *barbecue* in the yard 庭でバーベキューをする.

barber [bɑ́ːrbər バーバァ] 图 (人をさして)理髪師 (▶店のことは《米》では barbershop, 《英》では barber's または barber's shop という).
go to the *barber* 理髪店へ行く.

barbershop [bɑ́ːrbərʃɑp バーバシャプ ‖ -ʃɔp -ショプ] 图 《米》理髪店 (=《英》barber's, barber's shop).

看板柱の三色は昔, 理髪師が外科医と歯科医を兼ねていたなごり. 赤・青は血管を, 白は包帯を表す.

bar code [bɑ́ːr kòud] 图 バーコード.
bare [beər ベア] 形 はだかの, むき出しの；(木が)落葉した；(部屋が)がらんとした.

bare feet はだし.
Many trees are *bare* in winter.
多くの木は冬になると葉がなくなる.
[同音語] bear¹,² (…に耐える；クマ)

barefoot [bέərfut ベアフト] 形 はだしの.
── 副 はだしで.

barely [bέərli ベアリィ] 副 かろうじて (…する), やっと.
He *barely* passed the examination.
彼はかろうじて試験に受かった.

bargain [bɑ́ːrgin バーゲン] 图 お買い得品, (安い)買い物, 特売(品).
bargain goods 特売品.
These shoes were a real *bargain*.
このくつはほんと安く買えたよ.

> 💬用法 **bargain** と「バーゲン」
> bargain には日本語でいう「バーゲン(セール)」の意味はない. 「バーゲンセールで買った」は I got it *at a sale*. などといい ×at a bargain sale とはいわない.

bark 準2 [bɑːrk バーク] 動 (自) ほえる.
Your dog always *barks* at me.
きみのうちの犬, いつもぼくにほえるんだ.

barley [bɑ́ːrli バーリィ] 图 大麦 (▶「小麦」は wheat).

barn [bɑːrn バーン] 图 (農家の)倉庫, 納屋；《米》家畜小屋.
a cow *barn* 牛小屋, 牛舎.

barometer [bərɑ́mitər バラミタァ ‖ bərɔ́mitər バロミタァ] 图 晴雨計, 気圧計；(世論の動向を示す)バロメーター.

barrel [bǽrəl バレル] 图 たる；1たる(の量)；バレル(容量の単位).
a *barrel* of wine ワイン1たる.

barren [bǽrən バレン] 形 (土地などが)不毛な, 作物のできない.

barricade [bǽrəkeid バリケイド] 图 バリケード, 障害物.

barrier [bǽriər バリア] 图 さく, 障壁, ゲート；障がい, さまたげ.

barrier-free [bǽriərfriː バリアフリー] 形 バリアフリーの, 障壁のない (▶「障がい者や高齢者が使いやすいように工夫した」という意味).

barrow [bǽrou バロウ] 图 手押し車.

base 準2 [beis ベイス] 图 **1** 土台, もと.
the *base* of a mountain 山のふもと.
the *base* of a pillar 柱の台座.

baseball ▶

2 基礎, 基盤 (同 foundation).
3 (軍の)基地;拠点.
an air *base* 空軍基地.
4 (野球)ベース, 塁.
first *base* 一塁. →形 basic

—— 動 (3単現 **bases** [-iz] 過去 過分 **based** [-t] ing **basing**) 他 《**base** ～ **on ... で**》～の基礎を…に置く;《**be based in, be based at** で》…を本拠地とする, 拠点とする.
This book is *based on* a true story.
この本は実話に基づいている.

The band *is based in* Tokyo.
そのバンドは東京を活動の拠点としている.
[同音語] bass (《音楽》低音)

baseball 5級 [béisbɔːl ベイスボール]

名 (複数 **baseballs** [-z]) 《スポーツ》野球;
野球のボール;野球の(▶「野球」の意味では, a をつけず, 複数形なし).
Let's play *baseball* in the park.
公園で野球をしようよ.
I'm on the *baseball* team.
ぼくは野球部に入っている.

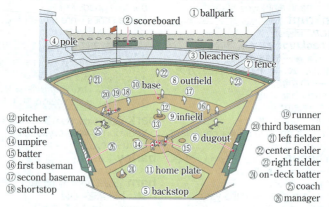

① ballpark
② scoreboard
③ bleachers
④ pole
⑦ fence
⑧ outfield
⑩ base
⑨ infield
⑥ dugout
⑪ home plate
⑤ backstop
⑫ pitcher
⑬ catcher
⑭ umpire
⑮ batter
⑯ first baseman
⑰ second baseman
⑱ shortstop
⑲ runner
⑳ third baseman
㉑ left fielder
㉒ center fielder
㉓ right fielder
㉔ on-deck batter
㉕ coach
㉖ manager

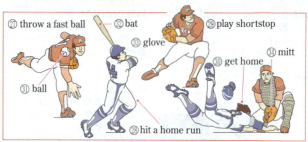

㉗ throw a fast ball
㉘ hit a home run
㉙ play shortstop
㉚ get home
㉛ ball
㉜ bat
㉝ glove
㉞ mitt

baseball
①[ボールパーク]野球場, スタジアム(▶ baseball stadium ともいう) ②[スコーボード]スコアボード ③[ブリーチャズ](屋根のない)観覧席 ④[ポウル]ポール ⑤[バクストプ]バックネット ⑥[ダガウト]ダッグアウト ⑦[フェンス]フェンス ⑧[アウトゥフィールド]外野 ⑨[インフィールド]内野 ⑩ベース ⑪ホームベース ⑫ピッチャー ⑬キャッチャー ⑭審判 ⑮バッター ⑯[ファ～スト ベイスマン]ファースト ⑰セカンド ⑱[ショートゥスタプ]ショート ⑲ランナー ⑳サード ㉑[レフト フィールダァ]レフト ㉒センター ㉓ライト ㉔[アンデク バタァ]次打者 ㉕コーチ ㉖監督

プレーの言い方と用具
㉗速球を投げる ㉘ホームランを打つ ㉙ショートを守る ㉚ホームインする ㉛ボール ㉜バット ㉝グラブ, グローブ ㉞[ミット]ミット

◀ **bathroom**

I often watch *baseball* games on TV. ぼくはよくテレビで野球を見る.

> 背景 アメリカでは，野球はアメリカン・フットボール，バスケットボールとならんでもっとも人気の高いスポーツ. 4月から9月にかけてメジャーリーグ (the Major Leagues) のレギュラーシーズンが行われる.

-based [-beist ベイスト] …を基にした，…をベースにした.

basement 2級 [béismənt ベイスメント] 图 地階；地下室.

bases¹ [béisiz ベイスィズ] 图 base (土台) の複数形.

bases² [béisi:z ベイスィーズ] 图 basis (基礎) の複数形.

basic [béisik ベイスィク] 形 基礎の；基本的な；基礎的な.
basic human rights 基本的人権.
　　　　　　　　　　　→图 base

basically [béisikəli ベイスィカリイ] 副 基本的に；つまり，要するに.

basin [béisn ベイスン] 图 《英》流し台；洗面台 (＝《米》sink)；《英》洗面器；水たまり；(川の) 流域；盆地灣.

basis [béisis ベイスィス] 图 複数 bases [béisi:z] 基礎，基本 (原理)；根拠跡；(on the basis of) …に基づいて.
Water is the *basis* of all life.
水はすべての生命の基礎である.

basket 5級 [bǽskit バスケット ‖ bá:s-バース-]
图 かご，バスケット (▶「バスケットボール」という意味はないので注意).
a laundry *basket* 洗たくかご.

basketball 5級 [bǽskitbɔ:l バスケットゥボール ‖ bá:s-バース-]
图 複数 basketballs [-z]《スポーツ》バスケットボール；バスケットボールのボール (▶「バスケットボール」という意味では，a をつけず，複数形なし).

> 背景 アメリカ生まれの球技で，野球やアメリカン・フットボールとならんで人気の高いスポーツ. NBA (National Basketball Association) というプロリーグがある.

We played *basketball* in the gym. ぼくたちは体育館でバスケットボールをした.

bass [beis ベイス] (発音注意) 图 **1**《音楽》低音，バス (▶男声などの低音部)；バス歌手. **2**《楽器》ベースギター (＝ bass guitar)；ダブルベース (＝ double bass).
[同音語] base (土台)

bat¹ [bæt バット] 图 (野球などの) バット；《英》(卓球・バドミントンなどの) ラケット (＝《米》paddle).
a baseball *bat* 野球のバット.
──── 動 (過去 過分 batted [-id]；ing batting) 他自 (…を) バットで打つ.

bat² [bæt バット] 图《動物》コウモリ.

bath
5級 [bæθ バス ‖ bɑ:θ バース]
フォニックス34 th は [θ] と発音する.
图 複数 baths [bæðz ‖ bɑ:ðz] **1** [ふつう単数形で] ふろ，入浴.
I take a *bath* every day.
ぼくは毎日おふろに入る.
The *bath* is ready. おふろがわいたよ.
2 浴室，バスルーム (＝ bathroom)；浴そう (＝ bathtub).
a public *bath* 公衆浴場.

> 背景 英米人にとって入浴の目的は体を清潔にすることで，多くの日本人のように湯につかって楽しむ習慣は一般的ではない. そのためシャワーを浴びるだけですますことが多い.

bathe [beið ベイズ] (発音注意) 動 自《米》ふろに入る，入浴する (＝ take a bath). ── 他《米》(病人・赤ちゃんなど) をふろに入れる.

bathhouse [bǽθhaus バスハウス ‖ bá:θ-バース-] 图 公衆浴場.

bathing [béiðiŋ ベイズィング] 图《米》入浴；《英》水泳.

bathing suit [béiðiŋ sù:t スート] 图《おもに米》(女性の) 水着 (＝ swimsuit).

bathrobe [bǽθroub バスロウブ] 图 バスローブ (▶入浴の前後に着るガウン).

bathroom 5級 [bǽθru(:)m バスル(ー)ム ‖ bá:θ- バース-] フォニックス34 th は [θ] と発音する. 图 複数 bathrooms [-z] 浴室，バスルーム；[遠まわしに]《米》トイレ，手洗い.
go to the *bathroom* トイレに行く (▶「ふろに入る」は take a bath，「シャワーを浴びる」は take a shower を使う).

seventy-seven　77

bathtub ▶

🗣スピーキング

Where is the bathroom?「トイレを貸してください」

トイレを借りるときの言い方で，Can I use your bathroom? ともいう．アメリカの家庭ではトイレと浴室がいっしょのことが多いので，bathroom はトイレの意味にもなる．駅やデパートなどのトイレは restroom / men's room (男性用) / ladies' room (女性用) などを使う．

Ⓐ Excuse me, *where's the bathroom?*
すみません，トイレを貸してください．

Ⓑ It's down the hall on the right.
廊下の奥の右側ですよ．

① toilet ② mirror ③ bathroom sink ④ towel ⑤ shower ⑥ shower curtain ⑦ bathtub ⑧ bath mat

bathroom
①便器 ②鏡 ③洗面台 ④タオル ⑤シャワー ⑥シャワー用カーテン (すそを浴そう内に入れ，しぶきが飛び散らないようにする) ⑦浴そう，湯ぶね ⑧浴室用マット

🌏背景

欧米の浴室と日本の「ふろ場」とのちがいは，トイレと洗面所が浴室内に設けられている点．入浴時は，浴そうの中で体を洗い，シャワーですすぐ．湯は1人ごとにかえるが，浴そうに湯をはらずにシャワーだけを使う人も多い．

bathtub [bǽθtʌb バスタブ ‖ báːθ- バース-] 图 浴そう，湯ぶね．

baton [bətɑ́n バタン ‖ bǽtən バトン] 图 《音楽》指揮棒；(マーチで使う) バトン；《競技》(リレー用の) バトン；《おもに英》警棒．

a *baton* twirler [twɑ́ːrlər トゥワ〜ラァ]《米》バトントワラー (▶バトンを操ってパレードを先導する人．男女どちらもさす)．

batter¹ [bǽtər バタァ] 图 (野球・クリケットなどの) 打者，バッター．
a lead-off *batter* トップバッター，先頭打者
(▶*top batter とはいわない)．

batter² [bǽtər バタァ] 图 生地 (小麦粉などに水や卵などをまぜたドロッとした状態のもの)．

battery [bǽt(ə)ri バテリィ] 图 (複数 **batteries** [-z]) 電池，バッテリー；《野球》バッテリー (投手と捕手き)．
The *battery* is dead.
電池が切れているよ．

batting [bǽtiŋ バティング] 图 《野球》打撃き，バッティング．

battle [bǽtl バトゥル] 图 (ある地域での) 戦い，戦闘き；[比ゆ的に] 戦い，争い．
win a *battle* 戦いに勝つ．
Finally the *battle* was over.
ついに戦いは終わった．

💬用法 battle と war と fight

battle はある地域での戦闘に使い，戦争全体には war を使う．fight は少人数の戦い，または個人的な戦いやけんかに使う．

battlefield [bǽtlfiːld バトゥルフィールド] 图 戦場．

bay 準2 [bei ベイ] 图 (複数 **bays** [-z]) 湾，入り江え (▶「メキシコ湾」のような大きな湾には gulf を使う)．
Tokyo *Bay* 東京湾．

bazaar [bəzɑ́ːr バザー] (アクセント注意) 图 バザー (慈善市)．
Our school held a *bazaar* yesterday. きのう学校でバザーがあった．

BBC [bìːbìːsíː ビービースィー] 图 英国放送協会 (▶*British Broadcasting Corporation* の略)．

B.C. [bìːsíː ビースィー] 紀元前 (▶BC ともつづる．*before Christ* (キリスト以前) の略) (対 A.D. 西暦き…年)．
in 44 *B.C.* 紀元前44年に (▶B.C. は数字のあとに置く)．

be 5級 動 …である，(…に) ある，いる

◀ **bear**¹

[bi ビ, (強めると)bi: ビー]

[動] (現在) **am** [əm アム], **are** [ar ア], **is** [iz イズ]; (過去) **was** [wəz ワズ], **were** [wər ワ]; (過分) **been** [bi(:)n ビ(ー)ン]; (ing) **being** [bíːiŋ ビーイング] (自) **…である**, …だ; (物が…に) **ある**, (人・動物が…に) **いる**; (…に) **なる**.

📕文法 be という形 (be 動詞の原形) を使う場合

❶助動詞のあと.
I'll *be* fifteen next week.
ぼくは来週15歳になる.

❷命令文.
Be careful with fireworks.
花火のあつかいに気をつけてね.
Don't *be* late for school.
学校に遅刻するな (▶否定 (=禁止) の命令文には Don't を使う).

❸〈to +動詞の原形〉.
I want to *be* a scientist.
科学者になりたい.

be が形を変える場合
be は主語によって次のように変化する.

主語	現在形	過去形	過去分詞
I	am	was	have **been**
We You They	are	were	have **been**
He She It	is	was	has **been**

―― [助] **1** 《be+-ing形で進行形をつくり》 **…している**.
Emily *is playing* outside.
エミリーは外で遊んでいる.
I *was talking* with a friend of mine on the phone then.
私はそのとき友だちと電話でしゃべっていた.
How long will you *be staying* here?
いつまでこちらにいらっしゃるのですか.

2 《be +過去分詞で受け身をつくり》 **…される**, …されている.
"Mona Lisa" *was painted* by Leonardo da Vinci. 『モナ・リザ』はレオナルド・ダ・ヴィンチによって描かれた.
My bike *was stolen* at the park.

公園で自転車を盗まれた.

3 《be + to +動詞の原形で》 **…する予定である；…すべきである；…できる**.
They *are to get* married in June.
彼らは6月に結婚する予定です.

be able to ... **…することができる.**
→ able

be going to ... **…するつもりだ.** → go

have been (これまでずっと) **…だった.**
→ been

have been to **…へ行ったことがある；…へ行ってきたところだ.** → been
[同音語] bee (ミツバチ), B (アルファベットの文字)

beach 4級 [biːtʃ ビーチ]
フォニックス63 フォニックス26 ea は [iː], ch は [tʃ]と発音する.

[名] (複数) **beaches** [-iz] (海・湖・川の) **浜辺**, **ビーチ**. → shore
We had a barbecue on the *beach*.
私たちは浜辺でバーベキューをした (▶in the beach とはいわない).
a *beach* ball ビーチボール.
a *beach* umbrella
ビーチパラソル (▶ beach ˣparasol とはいわない).

beacon [bíːkən ビーコン] [名] (灯台やブイなどの) 信号灯, 標識灯, 無線標識.

bead [biːd ビード] [名] じゅず玉, ビーズ; [複数形で] じゅず, ロザリオ.

beak [biːk ビーク] [名] (ワシなどの) するどく曲がったくちばし (▶「平たいくちばし」は bill).

beam [biːm ビーム] [名] **1** 光線, 光の筋.
a laser *beam* レーザー光線.
2 (建物の) はり, けた (横の骨組みのこと).

bean 準2 [biːn ビーン] [名] (食用の) 豆 (▶「さや」のことは pod という); (コーヒー・ココアなどの) 豆. → pea
Eat your *beans*.
豆を食べなさい (▶親が豆ぎらいの子どもによく言うことば).
I need to buy some coffee *beans*.
コーヒー豆を買わなくちゃ.

bear¹ 準2 [bear ベア] (ear は例外的に [ear] と発音する)
[動] (3単現) **bears** [-z] (過去) **bore** [bɔːr]; (過分) **borne** [bɔːrn], 「生まれる」の場合は **born** [bɔːrn]; (ing) **bearing**)

seventy-nine　79

bear² ▶

他 **1** [ふつうcan'tとともに否定文で](苦痛など)**に耐える**(▶この意味ではstandのほうがふつう).

I *can't bear* this heat.
この暑さにはがまんできない.

She *can't bear* having cats in the house.
彼女は家の中でネコを飼うことには耐えられない.

The pain was more than he could *bear*.
その痛みは彼には耐えられないほどのものだった.

2 (子)を産む;(植物が実)をつける;(**be born**で)**生まれる**(▶この意味での過去分詞はborn).

bear a baby
赤ちゃんを産む.

These trees don't *bear* fruits.
これらの木には実がならない.

He *was born* in Kyoto in 2003.
彼は2003年に京都で生まれた.

🗣スピーキング

Ⓐ When *were* you *born*?
お生まれはいつですか.

Ⓑ I *was born* in 2012.
2012年に生まれました. → born

💬用法 「…を産む」の言い方

「…を産む」というとき, 人間の場合にはbearは使わずにShe gave birth to a baby yesterday. (彼女はきのう赤ちゃんを産んだ)と表したり, または受け身を使ってHer baby *was born* yesterday. のように表したりするのがふつう.

→名 birth

[同音語] bare (はだかの)

bear² 3級 [bear ベア] (earは例外的に[ear]と発音する)

名 [複数] bears [-z] [動物] **クマ**.
a brown *bear* ヒグマ.
a polar *bear* シロクマ, ホッキョクグマ.
the Great *Bear* (天文) 大グマ座.
the Little *Bear*
(天文) 小グマ座.
a teddy *bear*
テディーベア, クマのぬいぐるみ.
[同音語] bare (はだかの)

beard [biərd ビアド] 名 あごひげ (▶「口ひ

げ」はmustache, 「ほおひげ」はwhiskers).

beard
あごひげ

mustache
口ひげ

whiskers
ほおひげ

sideburns
もみあげ

My father has a *beard*.
お父さんはあごひげを生やしている.

beast [biːst ビースト] 名 **1** 野獣(じゅう), けだもの (▶四本足の猛獣(もうじゅう)をいう. ふつうはanimalを使う).

2 (人間について)けだもののような人, ひどい人.

beat¹ 3級 [biːt ビート] 動 [過去] beat; [過分]

beaten [biːtn] またはbeat 他 **1** …を打ち負かす, 破る. → win

Nobody can *beat* him at tennis.
テニスで彼にかなう人はいないよ.

We were *beaten* by Class 3.
私たちは3組に負けた.

2 …を(何度も)打つ, なぐる, たたく (▶beatは続けて打つことをいうのに対し, hitは瞬間に1回打つことをいう).

He was *beaten* up by an older boy.
彼は上級生に何度もなぐられた.

He's good at *beating* a drum.
彼はたいこをたたくのがうまい.

── 自 (何度も)打つ;(心臓が) 鼓動(こどう)する.

My heart is *beating* fast.
心臓がドキドキするよ.

── 名 続けて打つこと;(心臓の) 鼓動; [単数形で] (音楽)拍子.

beat² [biːt ビート] 形 (くだけた話し言葉で)へとへとにつかれきった.

beaten [biːtn ビートゥン] 動 beat¹ (…を打つ)の過去分詞の1つ.

Beatles [biːtlz ビートゥルズ] 名 [theをつけて]ビートルズ(イギリスの4人組のロックグループ(1962-70)).

beautician [bjuːtíʃən ビューティシャン] 名 美容師.

◀ **because**

beautiful 5級 形 美しい, きれいな, すばらしい

[bjúːtəfəl ビューティフル] (つづり注意)
形 (比較 **more beautiful**; 最上 **most beautiful**) **1 美しい**, きれいな (反 ugly みにくい).
a *beautiful* woman 美しい女性.
You have *beautiful* eyes.
きみはきれいな目をしているね.
Look at those *beautiful* flowers.
あのきれいな花を見てごらん.
Sydney is one of the most *beautiful* cities in the world.
シドニーは世界でもっとも美しい都市の1つだ.

> 💬用法 **beautiful の使い方**
> 人・物の両方に使う. 人の場合は, おもに女性に使う. → handsome

> 💬用法 **beautiful と pretty**
> 人に使う場合, **beautiful** は「はなやかで美しい」, **pretty** は「かわいらしく美しい」という意味合いがある. → pretty

2 すばらしい, すてきな.
It's a *beautiful* day, isn't it?
いいお天気ですね.
It was a *beautiful* party.
すばらしいパーティーだった.
You did a *beautiful* job.
よくできたね. → 名 beauty

beautifully [bjúːtəfəli ビューティフリィ] 副 美しく; みごとに.
She sings *beautifully*.
彼女は美しく歌う (彼女の歌声は美しい).

beauty [bjúːti ビューティ] 名 (複数 **beauties** [-z]) **1 美しさ**, 美.
the *beauty* of the sunset
夕焼けの美しさ.
2 美人; 美しいもの.
Beauty and the Beast.
『美女と野獣(じゅう)』. → 形 beautiful

beauty parlor [bjúːti pɑ̀ːrlər] 名 美容院 (▶ beauty salon, beauty shop ともいう).

beaver [bíːvər ビーヴァ] 名《動物》ビーバー.

became 4級 [bikéim ビケイム] フォニックス48 a は [ei] と発音する.

動 become (…になる) の過去形.

because 4級 接 …なので, …だから

[bikɔ́(ː)z ビコ(ー)ズ] フォニックス60 au は [ɔː] と発音する.
接 **1** [直接の理由を表して] **…なので**, …だから; なぜなら…だから (だ).
I feel sick *because* I ate too much.
食べすぎちゃって気持ちが悪いよ.
Judy didn't come to school *because* she had a cold.
ジュディーはかぜをひいていたので, 学校に来なかった.

> ✏️ライティング
> I want to be a nurse *because* I want to help sick people.
> 病気の人たちを助けたいので看護師になりたい.

単語力をつける beautiful 「美しい」などを表すことば

☐ **beautiful** 　　　美しい
☐ attractive 　　　(外見が) 魅力(りょく)的な
☐ charming 　　　(人がらが) 感じのよい
☐ cute 　　　　　　かわいらしい
☐ good-looking 　顔立ちのよい, ルックスがいい
☐ handsome 　　 かっこいい, ハンサムな
☐ pretty 　　　　　 かわいい, きれいな

Becky ▶

"Why do you climb mountains?"
"*Because* they're there."
「どうして山に登るのですか」「そこに山があるからだ」

> 💬用法 **because** と **since**
> **because** は理由を伝えるときに使い，ふつうは文の後半にくる．
> I was late for school *because* I missed the train. (私は電車に乗りおくれたので，学校に遅刻した)
> それに対して，**since** は文の前半で，すでに相手が知っていることを理由として伝えるときに使われる．したがって，Why ～？ の文の答えとしては使えない．
> *Since* it was raining, there was no practice. (雨が降っていたので，練習はなかった) (▶「雨が降っていたこと」は聞き手も知っている).

2 [否定文に続く文中で] **…だからといって (～ではない)**.
You should not be discouraged *because* you made a mistake.
まちがったからといってがっかりしてはいけない．

because of **…のために** (▶あとには名詞や代名詞や -ing 形などがくる．それに対して，because のあとには〈主語＋動詞〉がくる).
Our school was closed *because of* the typhoon.
台風のため，学校は休みになった．

because ＋文
because of ＋名詞や
-ing 形

> 👤プレゼン
> The temperature is rising *because of* global warming. 地球温暖化のために気温が上昇しています．

Becky [béki ベキィ] 图 ベッキー (女性の名；Rebecca (レベッカ) の愛称).

become 4級 動 …になる

[bikám ビカム]
動 (3単現 **becomes** [-z]；過去 **became** [bikéim ビケイム]；過分 **become**；ing)

becoming) 自 **…になる**.
I *became* sick after eating too much cake.
ケーキを食べすぎて気分が悪くなった (▶後ろに形容詞がくる場合は，くだけた話し言葉では become のかわりに get がよく使われる).
He *became* a high school teacher after graduating from college.
彼は大学を卒業して高校の先生になった．
I want to *become* a hairdresser.
私は美容師になりたい (▶ I want to be a hairdresser. のほうがふつう).
The weather has *become* very warm.
陽気はたいへん暖かくなった．

> 📖文法 **become** と **come**
> **become** のあとにくるのは名詞か形容詞．「…するようになる」という意味を表すときは「come to ＋動詞の原形」を使う．He *came to like* tomatoes. (彼はトマトが好きになった).

── 他 **…に似合う** (▶かたい言い方).
That hat does not *become* her.
あの帽子は彼女に似合わない．

What becomes of ...? **…はどうなるか**.
What has *become of* him?
彼はどうなったのだろう．

becomes [bikámz ビカムズ] 動 become (…になる) の3人称単数現在形．
becoming [bikámiŋ ビカミング] 形 (文語) 似合った；ふさわしい，適当な．
── 動 become (…になる) の -ing 形．

bed 5級 [bed ベッド]

图 (複数 **beds** [-dz ヅ]) **1 ベッド**，寝台，寝床．
He is still in *bed*.
彼はまだ寝ている．
She was sick in *bed* for a month.
彼女は病気でひと月寝ていた．

> ベッドの種類
> a single bed シングルベッド．
> a double bed ダブルベッド．
> twin beds ツインベッド (シングルベッドを2つ置いたもの).
> bunk [bʌŋk] beds 2段ベッド (▶単に bunk(s) ともいう).

◀ beehive

2 (川・湖・海の) 底；花だん，苗床.
a flower *bed* 花だん.
get out of bed 起床する，起きる.
go to bed 寝る（▶「ベッドに入る」という意味.「眠る」は go to sleep）.
What time do you usually *go to bed*?
ふだんは何時に寝るの？
I *went to bed* early, but couldn't go to sleep.
早めに床についたけど，なかなか寝つけなかった.

🎤プレゼン
寝た時刻の言い方
I went to bed at (about) eleven.
私は11時 (ごろ) に寝た.
I went to bed a little before eleven.
私は11時ちょっと前に寝た.
I went to bed a little after eleven.
私は11時ちょっとすぎに寝た.
I went to bed late.
私は夜遅くに寝た.
I went to bed earlier than usual.
私はいつもより早い時刻に寝た.

🎤スピーキング
It's time to go to bed.「もう寝る時間ですよ」
親が子供に言ったり，大人が自分自身に対して「さあ，もう寝なくちゃ」という感じで言ったりする. It's bedtime. ともいう.
Ⓐ *It's time to go to bed*, Ann.
もう寝る時間よ，アン.
Ⓑ OK, Mom. Good night, Dad.
はい，ママ．おやすみ，パパ．
Ⓑ After this program is over.
この番組が終わってからね.

make *my* **bed** ベッドを整える.
Don't forget to *make your bed*.
ベッドを整えるのを忘れないで.

bed and breakfast [béd ən(d) brékfəst] 名 ＝ B & B, B and B
bedmaking [bédmeikiŋ ベッドメイキング] 名 ベッドメイキング，ベッドを整えること.
bedroom 5級 [bédru(:)m ベッドル(ー)ム] 名 (複数 **bedrooms** [-z]) 寝室，ベッドルーム.

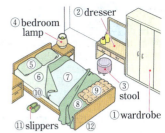

bedroom ① [ウォードゥロウブ] 洋服だんす ② [ドゥレサァ] 鏡台 ③ [ストゥール] スツール ④寝室用ランプ ⑤ pillow まくら ⑥ sheet シーツ (ふつう2枚重ねて使い，その間に体を入れる) ⑦ blanket 毛布 ⑧ bedspread [ベッドゥスプレド] ベッドカバー ⑨ quilt [クウィルト] キルト，掛けぶとん ⑩ mattress [マトゥレス] マットレス ⑪スリッパ ⑫ bed ベッド

bedside [bédsaid ベッドサイド] 名 ベッドのそば；まくらもと.
bedspread [bédspred ベッドスプレド] 名 (昼間かけておく) ベッドカバー.
bedtime [bédtaim ベッドタイム] 名 寝る時間，就寝時間.
It's *bedtime*. (＝ It's time to go to bed.) 寝る時間ですよ. → bed

bee 準2 [bi: ビー] 名《虫》ミツバチ (= honeybee).
a queen *bee* 女王バチ.
[同音語] B (アルファベットの文字), be (…である)

🎤背景 **英語のなぞなぞ**
Q: Is "A" like a flower?
「A」は花に似ているの？
A: Yes, a "B" follows it.
そう.「B」が追うんだもの.
(▶ bee (ミツバチ) が 'B' と同音であることからきた話)

beech [bi:tʃ ビーチ] 名 (複数 **beeches** [-iz]) ブナ，ブナの木.
beef 4級 [bi:f ビーフ] 名 牛肉 (▶ a をつけず，複数形なし.「ぶた肉」は pork,「トリ肉」は chicken,「羊肉」は mutton). → meat(表)
beefsteak [bi:fsteik ビーフステイク] 名 ステーキ，ビーフステーキ (▶単に steak ということが多い). → steak
beehive [bi:haiv ビーハイヴ] 名 ミツバチの巣，ミツバチの巣箱.

eighty-three 83

been ▶

been 3級 [bin ビン, (強めると)bi(:)n ビ(ー)ン]

動 be の過去分詞.

⾃ 1 《have been / has been で現在完了をつくり》(これまでずっと)…だった，…にいた，…にあった.

How *have* you *been*? 元気にしてた？
(▶久しぶりに会ったときに使うあいさつ).

2 《had been で過去完了をつくり》(あるときまでずっと)…だった；…にいた，…にあった.

She *had been* in the hospital for a month when I visited her.
ぼくがお見舞いに行ったとき，彼女は入院してひと月が過ぎていた.

have been to …へ行ったことがある；…へ行ってきたところだ.

"*Have* you ever *been to* Hawaii?"
"No, I've never *been* there."
「ハワイには行ったことがある？」「ううん，一度も行ったことないよ」

I've just *been to* a friend's house.
ちょうど友だちの家に行ってきたところだ.

> ⓘ参考 「…へ行ってしまった(だからいまここにいない)」は have gone to で表す. My father *has gone to* work.
> (お父さんはもう仕事に行ってしまった).

── 助 1 《have been ＋ -ing 形で現在完了進行形をつくり》(これまでずっと)…しつづけている.

How long *have* you *been watching* TV? どれくらいテレビを見つづけてるの？

2 《have been ＋過去分詞で現在完了の受け身をつくり》(これまで)…されてきている；…された(ことがある)；…になった.

He *has been brought* up by his aunt. 彼はおばさんに育てられてきた.

The writer *has been awarded* several prizes.
その作家はこれまでいくつかの賞を受けている.

beep [bi:p ビープ] 名 ビーという音，ピーという音(▶ブザーやコンピューターの警告音).

beer [biər ビア] 名 ビール.

a glass of *beer* ビール1杯ほど.

Beethoven [béit(h)ouvən ベイト(ホ)ウヴェン] Ludwig van 名 ルートウィヒ・ファン・ベートーベン (1770-1827；ドイツの作曲家).

beetle [bí:tl ビートゥル] 名 《虫》(カブトムシやクワガタムシなどの)甲虫. → insect
a stag [stæg スタッグ] *beetle* クワガタムシ.

before 5級 前 …の前に
接 …する前に

[bifɔ́ːr ビフォー(ア)] フォニックス83 ore は [ɔːr] と発音する.

前 1 [時間・順序を表して] **…の前に**，より先に (反 after …のあとに)；（米)(…分)前 (＝《英》to).

before

after

I have to be there *before* noon.
正午より前にそこに行かないといけない.

the day *before* yesterday おととい.

"What time is it?" "It's ten *before* eleven." 「何時ですか」「11時10分前です」
(▶ It's ten *to* eleven. または It's ten *of* eleven. ともいう).

> ✎ライティング
> I finished my homework *before* dinner.
> 私は夕食前に宿題を終わらせた.

2 [位置を表して] **…の前に** (反 behind …の後ろに) (▶ふつうは in front of を使う)；…の手前に.

It takes courage to speak *before* a lot of people.
おおぜいの人の前で話すのは勇気がいるものだ.

The police box is *before* the next crossing.
交番は次の交差点の手前です.

> ⓘ参考 位置や場所が「…のすぐ前に」というときは in front of を使うのがふつう. There is a bus stop *in front of* our house. (うちの家の前にバス停がある)

before dark 暗くなる前に.
Be back *before dark*.
暗くならないうちに帰ってきなさい.

◀ **begin**

before long やがて, もうすぐ (= soon).
It is going to rain *before long*.
まもなく雨が降るだろう.
Yuko should be here *before long*.
優子はもうすぐ来るはずだ.

── 接 **…する前に,** …しないうちに (反 after …したあとで) (▶後ろには〈主語＋動詞〉の文が続く).
Brush your teeth *before* you go to bed. 寝る前に歯をみがきなさい.
You shouldn't judge people *before* you know them well.
よく知らないうちは人を判断しないほうがよい.

── 副 **前に,** 以前に (反 after あとで) (▶完了形といっしょに使うことが多い).
the night *before* その前の晩.
long *before* ずっと以前に.
We've stayed at the hotel *before*.
そのホテルには前に泊まったことがある (▶過去形を使って We stayed at the hotel *before*. ともいう).
Have we seen each other *before*?
以前お会いしましたか.
He said he had lived in Kanazawa *before*.
以前金沢に住んでいたことがあると彼は言った.
They had left the week *before*.
彼らはその1週間前に出発していた.

> 📗用法 **before と ago**
> *before* は, 上例のように「(ばくぜんと) 以前に」や, ten years before (その時から10年前に) のように「過去のある時より前」という意味で, 過去や完了の文で使う. *ago* は, I stayed at this hotel two weeks *ago*. (私は2週間前にこのホテルに泊まった) のように「今から…前」という意味で, 過去の文で時の長さを示す語とともに使う. → ago

> 📘背景 **英語のなぞなぞ**
> Q: Where does Friday come before Thursday? 金曜日が木曜日より先にくるのはどこでしょう.
> A: In the dictionary. 辞書の中.
> (▶辞書の見出し語はアルファベット順だから)

beforehand [bifɔ́ːrhænd ビフォー(ア)ハンド] 副 前もって, あらかじめ.

beg [beg ベッグ] 動 他 (物・金など) をめぐんでくれと頼む, 許しなどを請う, せがむ; 《**beg ＋人＋ to ...** で》(人) にぜひ…してほしいと頼む; 《**beg ＋人＋ for** で》(人) に～をくれとせがむ.
His wife *begged* him *to* quit smoking. 妻は夫にタバコをやめるように頼んだ.
The man *begged* me *for* money.
その男は私にお金をめぐんでくれとせがんだ.
── 自 物ごいをする;《**beg for** で》…をせがむ.

I beg your pardon. **もう一度言ってもらえますか; ごめんなさい.** → pardon
"You're very quiet today." "*I beg your pardon?*"
「今日はすごくおとなしいね」「何と言いましたか」
(▶単に Pardon? ともいう).

began 4級 [bigǽn ビギャン]
動 begin (始まる) の過去形.

beggar [bégər ベガァ] 名 物ごいをする人.

begin 5級 動 始まる, …を始める

[bigín ビギン]
動 (3単現 **begins** [-z]; 過去 **began** [bigǽn ビギャン]; 過分 **begun** [bigʌ́n ビガン]; ing **beginning**) 自 **始まる** (同 start; 反 end 終わる).
School *begins* at eight.
学校は8時に始まる.
The midterms *begin* on June 5.
中間テストは6月5日から始まる (▶ begin *from* June 5 としない).

> 📗文法 **begin on [at, in]**
> 「…から始まる」というときに, 日本語の「…から」にひっぱられて from としやすいが, from を使うのは誤り. on や at, in を使う.

× School begins from April 8.
begin from とい
う言い方はない.
「月＋日」のときは
on を使う.
○ School begins on April 8.

beginner ▶

― 他 **…を始める**(同 start);(**begin to ... / begin + -ing 形**で) **…しはじめる**.
Let's *begin* today's lesson.
さあ，今日の授業を始めましょう．
It *began* to rain again. (= It *began* raining again.)
また雨が降りだした．
The baby *began* to cry.
赤ちゃんが泣きはじめた． → 名 beginning

begin with …で始まる．
The word "phrase" *begins with* a 'p'.
「フレーズ」という語は p で始まる．

to begin with まず第一に；初めに．
To begin with, we don't have enough time.
まず第一に，私たちには十分な時間がないよ．

beginner 3級 [bigínər ビギナァ] 名 初心者，ビギナー．

beginning 3級 [bigíniŋ ビギニング](つづり注意)

名 [ふつう単数形で] **初め**, 始まり (反 end 終わり).
We are going on an outing at the *beginning* of May.
私たちは5月の初めに遠足に行きます．
This is just the *beginning*.
まだ始まったばかりだよ． → 動 begin

from beginning to end 初めから終わりまで．
He read the book *from beginning to end*.
彼はその本を最初から最後まで読んだ．

from the beginning 初めから．
Could you explain *from the beginning*?
最初から説明してもらえますか．

―― 動 begin (始まる) の -ing 形．

begins [bigínz ビギンズ] 動 begin (始まる) の3人称単数現在形．

begun 3級 [bigán ビガン]
フォニックス46 u は [ʌ] と発音する．
動 begin (始まる) の過去分詞．

behave 準2 [bihéiv ビヘイヴ] 動 自 ふるまう；行儀よくする．
They're *behaving* badly, aren't they?
彼らは行儀が悪いね．

🗨 スピーキング
Behave yourself.「お行儀よくしなさい」
行儀の悪い子どもをしかるときの決まり文句．
Ⓐ Peter Barker Lasky Junior. *Behave yourself*.
ピーター・バーカー・ラスキー・ジュニア．お行儀よくしなさい．
Ⓑ Yes, Mom.
はい，ママ．
(▶子どもを厳しくしかるときには, Peter Barker Lasky Junior のように姓名をすべて言うことが多い)

behavior 準2 [bihéivjər ビヘイヴャ] ▶
《英》では behaviour とつづる．
名 ふるまい，態度；行儀．
Reward good *behavior*.
よいふるまいには(→よいことをしたら) ごほうびをあげなさい．

behind [biháind ビハインド]

前 **1** [場所を表して] **…の後ろに**, …のかげに，…の裏に (反 in front of …の前に).
→ after

behind　　　　　in front of

Someone is hiding *behind* the curtain.
だれかがカーテンのかげにかくれているよ．
The parking lot is just *behind* the building.
駐車場はその建物のすぐ裏だよ．
He was sitting *behind* me.
彼は私の後ろにすわっていた．

2 (時間・進みぐあいが) **…に遅れて**.
The flight arrived thirty minutes *behind* schedule.
飛行機は予定より30分遅れて到着した．
I'm far *behind* the rest of my class in math.
私は数学がほかの同級生よりかなり遅れている．

3 (事件などで) …の背後にいる，…のかげに，…の裏に．

◀ **bell**

behind ...'s back (人) のいない所で，
かげで．→ back

―― 副 **1** [場所を表して] **後ろに**．
Don't look *behind*.
後ろをふり返らないで．

2 (時間・進みぐあいが) **遅れて**．
We are two weeks *behind* in our
work. 私たちは仕事が2週間遅れている．

leave ... behind …を置き忘れる．
I *left* my umbrella *behind* on the
bus. かさをバスに置き忘れちゃった．

stay behind あとに残る．

Beijing [béidʒíŋ ベイヂング] 名 ペキン (北
京) (中華人民共和国の首都)．

being [bíːiŋ ビーイング] 動 be (…である)
の -ing形．

―― 助 (**be + being +過去分詞**で「進行
形の受け身」をつくり) …されているところだ．
The bridge *is being built*.
その橋は建設中だ．

―― 名 (…で) あること；生命体；存在．
a human *being* 人間．

come into being 誕生する；成立する．

Belgian [béldʒən ベルヂャン] 形 ベルギー
の；ベルギー人の．

―― 名 ベルギー人．

Belgium 3級 [béldʒəm ベルヂャム] 名
ベルギー (ヨーロッパの王国；首都はブリュッ
セル (Brussels))．

belief [bilíːf ビリーフ] 名 [複数] **beliefs** [-s]
信じること，信念 (反 doubt 疑い)；(神へ
の) 信仰；(人に対する) 信頼．
have a *belief* that ...
…ということを信じている．
They never lost their *belief* in God.
彼らは神への信仰をけっして失わなかった．

believe 3級 [bilíːv ビリーヴ]
フォニックス67 ie は [iː] と発音
する．

動 (3単現 **believes** [-z]；過去 過分 **believed**
[-d]；ing **believing**) 他 (…がほんとうだ)
と信じる，思う；(人の言うこと) **を信じ
る** (反 doubt …を疑う)；(***believe that ...
で***) **…だと信じる** (▶心の状態を表すので進
行形にしない)．
I don't *believe* that.
ぼくはそれを信じないよ．
Do you *believe* me?
私の言うこと，信じてくれる？

I can't *believe* they're going to get
married.
2人が結婚するなんて信じられないよ．
I *believe that* he is honest.
(= I *believe* him to be honest.)
私は彼は正直だと思う．
I *believe* it was a week ago.
それは1週間前のことだったと思うよ．

📣プレゼン

I *believe that* understanding
each other is the most important
thing.
私は，おたがいを理解することがもっとも大
切だと信じています．

―― 自 **信じる**．
Seeing is *believing*.
(ことわざ) 見ることは信じること (→百聞は
一見にしかず)．

believe in …の存在を信じる；…はよいこ
とだと信じる；…を信頼する．
Do you *believe in* ghosts?
幽霊がいると思う？
I *believe in* jogging.
私はジョギングは (健康に) よいと思っている．

believe it or not 《口語》信じられない
かもしれないけど，まさかと思うだろうが (▶
ふつう文頭に置く)．
Believe it or not, I saw a UFO
today.
信じないだろうけども，今日 UFO を見たよ．

💬用法 believe と believe in
believe が一時的に「人の言うことばを
信じる」という意味なのに対し，**believe
in** は「ある人の全体・その人の人格を信
じる，信用する」「あるものの存在を信じ
る」という意味を表す．

believer [bilíːvər ビリーヴァ] 名 信じる人，
信者．

Bell [bel ベル]. **Alexander Graham** 名 ア
レキサンダー・グラハム・ベル (1847-1922；
スコットランド出身の科学者で，電話の発明者．
のちにアメリカ国籍を取得)．

bell [bel ベル] 名 ベル，鈴；呼び鈴 (=
doorbell)；鐘．
Someone's ringing the *bell*.
だれかが呼び鈴を鳴らしてるよ．
I heard a temple *bell* ringing in the

eighty-seven 87

bellboy ▶

distance. 遠くでお寺の鐘が聞こえた.

背景 日本語の「ベル」は小さなものしかささないが, 英語では鐘のような大きなもののこともいう. 西洋の教会の鐘は, 日本の寺の鐘のようにゴーンとこもった音ではなく, 明るくはなやかに鳴りわたる.

モンテネグロの教会の鐘.

bellboy [bélbɔi ベルボイ] 图《米》ホテルのボーイ(▶ bellhop が性差のない語).

bellhop [bélhɑp ベルハップ ‖ -hɔp -ホップ] 图《米》ホテルのボーイ(▶男女ともに使う).

belly [béli ベリィ] 图 (複数 **bellies** [-z]) 《口語》腹, おなか; (動物の) 腹部; 胃(▶ふつうは stomach を使う). → stomach.

belong 3級 [bilɔ́(ː)ŋ ビロ(ー)ング]

動 自 《**belong to** で》《物が主語》…**のものである**;《人が主語》(団体・人など)**に所属する**(▶状態を表すので進行形にしない).

This book *belongs to* Momoko.
この本は桃子のだ (▶話し言葉ではふつう This book is Momoko's. という).
He *belongs to* the New York Mets.
彼はニューヨークメッツの選手だ.

belongings [bilɔ́(ː)ŋiŋz ビロ(ー)ンギングズ] 图 (複数あつかい) 所持品, 身のまわり品.

beloved [bilʌ́vid ビラヴィド] 形 最愛の.

below 準2 [bilóu ビロウ] フォニックス74

ow は [ou] と発音する.

前 **1** (位置が) **…より下に, 下の**(反 *above* …の上に, 上の).

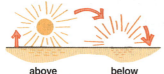

above   below

The Haras live right *below* us.
原さん一家はうちの真下に住んでいる.
The sun sank *below* the horizon.
太陽は地平線の下に沈んだ.

用法 **below** と **under**
below は「あるものより下にある」という位置関係を表すのに対して, **under** は「あるものの真下にあって」の意味で, 接触していたりおおわれていたりすることを表すときに使われる. The volcano is *below* sea level. (その火山は海水面より下にある(→海底にある)) / The children hid *under* the bed. (子どもたちはベッドの下にかくれた)

2 (数量・程度が) **…より下で, …未満で; …以下で**.

The temperature outside is 10 (degrees) *below* zero.
外の気温は零下10度だ.
My test score was *below* average.
私の試験の点は平均より下だった(▶「平均より上の」は above average という).

3 …の下流に(反 *above* …の上流に).

There is a waterfall *below* this bridge. この橋の下流に滝がある(▶ *under* this bridge だと「この橋の真下に」という意味になる). → under (図)

── 副 下に, 階下に(反 *above* 上に).
See the notes *below*.
(本などで)下の注を見よ.

belt [belt ベルト]

图 (複数 **belts** [-ts ツ]) **1** (ズボン・スカートなどの) **ベルト**, 帯; (機械などの) ベルト.
wear a *belt* ベルトをしめている.
Fasten your seat *belt*.
座席のベルトをおしめください.

2 (特色のある) 地帯, 地域.
the Cotton *Belt* アメリカの綿花地帯.
a green *belt* (都市周辺の) 緑地帯.

Ben [ben ベン] 图 ベン(男性の名; Benjamin の愛称).

bench 5級 [bentʃ ベンチ]

图 **ベンチ, 長いす**(背のあるものもないものもある); (野球の) ベンチ. → chair (図)
We had box lunches on a park *bench*. 公園のベンチでお弁当を食べた.

◀ **best**

bend 準2 [bend ベンド] 動 (過去 過分
bent [bent]) 他 (体の関節・もの) を曲げる.
Please *bend* your knees.
ひざを曲げてください.
—自 (道路などが) 曲がる；体を曲げる.
The road *bends* to the right.
道路は右にカーブしている.
bend down かがむ.
I *bent down* to pick up my key.
私はかがんでかぎを拾った.
bend over 上体を曲げる.
—— 名 (道路・川などの) カーブ, 曲がり.

beneath [biníːθ ビニース] 前 《文語》 …の
すぐ下に, 下のほうに (▶話し言葉ではふつう
below や under や underneath を使う).
—— 副 《文語》 下に, 下のほうに.

benefit 準2 [bénəfit ベネフィト] 名 ために
なること, よい効果, 利益；恩恵.
for the benefit of = ***for ...'s benefit***
…のために.
The funds are used *for the benefit
of* the poor.
その募金は貧しい人たちのために使われます.
—— 動 他 (人) のためになる.

Benjamin [béndʒəmin ベンヂャミン] 名 ベ
ンジャミン (男性の名；愛称は Ben).

bent [bent ベント] 動 bend (…を曲げる)
の過去・過去分詞.

bento [béntou ベントゥ] (＜日本語) 名弁当.

Berlin [bəːrlín バーリン] (アクセント注意)
名 ベルリン (ドイツの首都).

berry [béri ベリィ] 名 (複数 **berries** [-z]) ベ
リー (果肉がやわらかく果汁に富んだ小さ
な果実のこと). → fruit (図)

いろいろな berry
a blackberry クロイチゴ.
a blueberry ブルーベリー.
a gooseberry [gúːsberi] グーズベリー,
西洋スグリ.
a raspberry [rǽzberi] ラズベリー, キ
イチゴ.
a strawberry イチゴ.

[同音語] bury (…をうめる)

beside [bisáid ビサイド]

前 **…のそばに**, …のとなりに, …となら
んで (＝ by the side of).
There is a clock *beside* the bed.

ベッドのそばに時計がある.
The woman sitting *beside* me
coughed all the time.
となりにすわっていた女の人はずっとせきをして
いた.
be beside myself (喜びや怒りで) わ
れを忘れる.
The girl *was beside herself* with
joy.
その女の子はうれしくてわれを忘れていた.

besides 2級 [bisáidz ビサイヅ] 前 …に
加えて, …のほかに.
My sister has lots of dolls *besides*
this one.
妹はこの人形のほかにもたくさん人形を持って
いる.
Besides taking piano lessons, I go
to swimming school.
私はピアノのレッスンのほかに, スイミングス
クールにも通っている.
—— 副 そのうえ, それに.
I'm busy, and *besides*, I don't
want to go out now.
忙しいし, それにいまは出かけたくないの.

ⓘ参考 beside (…のそばに) と混同し
ないこと.

best 4級 [best ベスト]

形 (good, well の最上級；比較級は
better) [ふつう the または my, your など
をつけて] **もっともよい**, 最高の, もっと
も気分がよい (反 worst もっとも悪い).
He's one of *my best* friends.
彼はぼくの親友の1人です.
This is *the best* book I've ever
read.
これは私がいままでに読んだ中でいちばんい
い本だ.
The best thing to do when you're
tired is to go to bed.
つかれたときは寝るのがいちばん.

🔒プレゼン

The *best* way to protect the
environment is to know about
the environment.
環境を守るためのもっともよい方法は,
環境について知ることです.

eighty-nine 89

best-known ▶

> 📝**文法** **best** の使い方
> ふつう **best** の前には the をつける. ただし my, your, Ken's などの所有格がつくときは the をつけない.
> 「私のいちばんの思い出」
> ○ my best memory
> × my the best memory

—— 副 (well の最上級；比較級は better)
もっともよく， いちばんじょうずに (反 worst もっとも悪く).
Who can sing (the) *best* in your family?
家族の中でだれがいちばん歌がじょうずなの (▶(米) では the をつけることが多い).
I like winter (the) *best* of all the seasons.
すべての季節の中で冬がいちばん好きだ.

> 🗣**スピーキング**
> Ⓐ What subject do you like (*the*) *best*?
> どの科目がいちばん好きですか.
> Ⓑ I like P. E. (*the*) *best*.
> 体育がいちばん好きです.

—— 名 [the または my, your などをつけて]
もっともよい人・もの， 最高の人・もの；最善，最上.
the best of friends 最良の友.
the second best
2番目によいもの.
This is *the best* I can do for you.
これがきみにしてあげられる最善のこと (→精一杯のこと) です.
at *my* **best** 最良の状態で.
The cherry blossoms are *at their best* now.
桜はいまがいちばん見ごろです.
at (the) best せいぜい, よくても.
My English grade will be a 3 *at (the) best*. 英語の成績はよくても3だろうな.
do *my* **best = try** *my* **best** 全力をつくす，最善をつくす，できるかぎりのことをする.
We *did our best*, but we couldn't win the contest.
全力をつくしたが, コンテストに優勝できなかった.
make the best of (不利な事情など) に対してできるだけのことをする (▶「有利な

事情を利用する」は make the most of).
Make the best of a bad situation.
悪い状況をうまく活用しなさい.

best-known [bèstnóun ベストゥノウン] 形
(well-known の最上級) もっとも有名な.

bestseller [bestsélər ベストゥセラァ] 名 ベストセラー.

bet 準2 [bet ベット] 動 (過去) (過分) **bet** または **betted** [-id] (ing) **betting**) 他 (金など) を賭ける.
Don't *bet* money on sports.
スポーツにお金を賭けてはいけない.
I bet ... = I'll bet ... (口語) きっと…だよ.
I bet it will rain tomorrow.
きっとあした雨が降るよ.
You bet! (口語) もちろんだよ.
"Do you want to come?" "*You bet!*"
「いっしょに行く？」「もちろんだよ」

betray 2級 [bitréi ビトゥレイ] 動 他 (人・約束・信頼など) を裏切る.

better 4級 [bétər ベタァ]

形 (good, well の比較級；最上級は best)
よりよい； (病気・気分が) よくなって (反 worse より悪い).
Your bike is much *better* than mine.
きみの自転車のほうがぼくのよりずっといいね (▶ better を強調するときは very ではなく much や a lot あるいは far や still, even を使う).
I want to be *better* at basketball.
バスケットボールがもっとうまくなりたい.
Now I feel *better*.
前より気分がよくなった (▶この better は well の比較級).
My grades are getting *better*.
成績がよくなってきています.
no better than ... …も同然で, …にすぎない.
The more, the better. 多ければ多いほどよい.
The sooner, the better. 早ければ早いほどよい.

—— 副 (well の比較級；最上級は best)
よりよく， よりじょうずに (反 worse いっそう悪く).
You speak English *better* than I do. きみはぼくより英語を話すのがうまいね.

90 ninety

◀ **beyond**

I like this T-shirt *better* than the white one.
こっちのTシャツのほうが白いほうより好きだ（▶ この better は much の比較級）.
I know her *better* than you do.
私はあなたより彼女のことをよく知ってるよ.

🔊スピーキング
Ⓐ Which do you like *better*, tea or coffee?
紅茶とコーヒーのどちらがお好きですか.
Ⓑ I like coffee *better*.
コーヒーのほうが好きです.

had better …すべきだ, …しないといけない, …しなさい.
It's a long way there. We'd *better* leave early.
あそこまでは遠いから早めに出発すべきだ.
"My tooth hurts." "I think you'd *better* go to the dentist."
「歯が痛いんだ」「歯医者さんに行かないとだめだ」

💬用法 had better の使い方
❶ had better のあとは動詞の原形.
❷ You should … が「…したほうがよい」という忠告なのに対し, You had better … は「そうしなければよくないことが起こる」という強い忠告や命令, おどしなどのふくみがある.
❸ had は短縮形にして, I'd better, we'd better のように使うのがふつう.
❹ 否定形は「had better not +動詞の原形」の形. not の位置に注意.
❺ くだけた話し言葉では had を省略して You better … といったり, 単に Better … としたりすることも多い.

between 4級 前 (2つ)の間に, の間の

[bitwíːn ビトゥ**ウィーン**] フォニックス64 ee は [iː] と発音する.

前 (2つ)の間に, の間の；《between ～ and … で》～と…の間に, ～と…の間の.
Divide the money *between* you.
そのお金はあなたたち2人で分けなさい.
Himeji is *between* Kobe *and* Okayama.
姫路は神戸と岡山の間にある.

I sat *between* John *and* Bill.
私はジョンとビルの間にすわった.
I'll call you *between* eight *and* nine. 8時から9時の間に電話するよ.
What's the difference *between* the two? その2つのちがいは何ですか.

🔊スピーキング
This is just between you and me.＝This is just between us. 「ここだけの話だけど」
秘密を打ち明けるときの決まり文句.

Ⓐ *This is just between you and me.* Promise that you won't tell anybody. ここだけの話だよ. だれにも言わないって約束して.
Ⓑ Promise.
約束する.

💬用法 between と among
ふつう between は 2 つの間に, among は 3 つ以上の間に使う. Our house is *between* the bus stop *and* the convenience store. (うちはバス停とコンビニの間にある) / Our house is *among* the trees. (うちは木々に囲まれている)

between　　　**among**

beverage [bévəridʒ ベ**ヴァ**レヂ] 名 (水以外の) 飲み物.

beware [biwéər ビ**ウェ**ア] 動 自 《beware of で》…に用心する, 注意する. *Beware of* Pickpockets
《掲示》すりにご用心

beyond [bijánd ビ**ヤ**ンド ‖ bijɔ́nd ビ**ヨ**ンド]
前 **1**〔場所を表して〕…の向こうに.
There is a small village *beyond* that river. あの川の向こうに小さな村がある.
2（能力・限度・理解などが）…をこえて.
Math is *beyond* me.
数学はぼくにはわからない.
The computer is *beyond* repair.
そのパソコンはもう修理がきかない.

Bhutan ▶

beyond doubt 疑いなく, 確かに.

Bhutan [buːtɑ́ːn ブーターン] 名 ブータン (ヒマラヤ山脈東部にある王国; 首都はティンプー (Thimphu)).

Bhutanese [buːtəníːz ブータニーズ] 形 ブータンの; ブータン人の; ブータン語の.
── 名 ブータン人; ブータン語.

bible [báibl バイブル] 名 [**the Bible** で] (キリスト教の)聖書, バイブル (『旧約聖書』(the Old Testament)と『新約聖書』(the New Testament)から成る); (1冊の) 聖書.

bicycle 5級 [báisikl バイスィクル] (つづり注意)

名 [複数] **bicycles** [-z] (2輪の) **自転車**.
Can your sister ride a *bicycle*?
きみの妹は自転車に乗れるの?
My brother goes to school by *bicycle*.
兄は自転車で通学している (▶ by ˣhis bicycle としない. by を使って交通手段を表すときは冠詞などはつけない). → by

> ❶参考 車輪が2つ (bi-) ある車 (-cycle) という意味. 話し言葉ではよく bike という. → bike

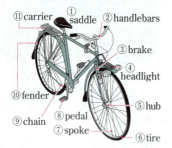

bicycle
① [**サドゥル**] サドル (▶ seat ともいう) ② [**ハンドゥルバーズ**] ハンドル (▶単に ˣhandle とはいわない) ③ ブレーキ ④ [**ヘドゥライト**] ヘッドランプ ⑤ [**ハブ**] ハブ ⑥ タイヤ ⑦ [**スポウク**] スポーク ⑧ ペダル ⑨ チェーン ⑩ [**フェンダ**] どろよけ ⑪ [**キャリア**] キャリア, 荷台

bid [bid ビッド] 動 [3単現] **bids** [-dz ヅ] [過去] [過分] **bid** [bid] [ing] **bidding**) 自 (競売などで) 値をつける, せり合う.
── 他 (競売などで) (値) をつける.
── 名 (競売などでの) つけ値, 入札.

big 5級 形 大きい

[big ビッグ]
形 ([比較] **bigger**; [最上] **biggest**) 1 **大きい** ([反] little, small 小さい).

big 大きい

little 小さい

a *big* dog 大きな犬.
They live in a *big* house.
彼らは大きな家に住んでいる.
I want to live in a *big* city like Tokyo. 東京のような大都市で暮らしたい.
This T-shirt is too *big* for me.
このTシャツ, ぼくには大きすぎます.
This apple is *bigger* than that one.
このリンゴはあのリンゴより大きい.
What's the *biggest* city in the world? 世界でいちばん大きな都市はどこ?
(▶ ˣWhere's the biggest city ...? とはいわない).

> ●用法 big と large と great
> big も large も「大きい」という意味で使われるが, big のほうが話し言葉でよく使われ, 感情をともなうのに対して, large はふつう大きいという事実を客観的にいう場合に使う. また great は形の大きさより, 程度や質的な点で「大きい, 偉大な」という意味. Your house is *big*. (大きな家だね) / Does this come in a *larger* size? (これのもっと大きなサイズはありますか) / The party was a *great* success. (そのパーティーは大成功だった)

2 年上の, 年長の (= older).
a *big* brother 兄さん.
3 重要な, えらい, 大きな.
Today is a *big* day in my life.
今日は私の人生でとても大切な一日なんだ.
the *big* men in town
町のおえらがたたち.

◀ **biography**

a big deal (口語)たいしたこと[物, 人](▶ときに皮肉的に使う).
It's not *a big deal*. (= It's no *big deal*.)
そんなのたいしたことじゃないよ.

Big Apple [bíg ǽpl] 图 [the をつけて] ビッグアップル (▶ニューヨーク市の愛称).

Big Ben [bíg bén ベン] 图 ビッグベン.

> 背景 イギリスの国会議事堂の時計塔の上部にある鐘や時計をいうが, 時計塔そのものをさすこともある. この鐘時計は1850年代に完成したが, 工事責任者である当時のロンドン市建設局長ベンジャミン・ホール (Benjamin Hall) は大男で Big Ben と呼ばれていたため, それが愛称となった.

Big Dipper [bíg dípər] 图 [the をつけて] (米) 北斗七星.

bigger [bígər ビガァ] 形 big (大きい) の比較級.

biggest [bígist ビゲスト] 形 big (大きい) の最上級.

bike [5級] [báik バイク] フォニックス50 i は [ai] と発音する.

图 (複数) **bikes** [-s] **自転車** (= bicycle); バイク (=(米) motorcycle, (英) motorbike).
ride (on) a *bike* 自転車に乗る.
I ride my *bike* to school. (= I go to school by *bike*.)
学校には自転車で通っている.

> 用法 *bike* がさすもの
> *bike* はふつう自転車をさすが, オートバイ (motorcycle) や原動機つき自転車 (motorbike) をさすこともある.

スマホなどで登録して共同利用できる自転車.

bikini [biki:ni ビキーニ] 图 (水着の)ビキニ.

bilingual [bailíŋgwəl バイリングワル] 形 (人が) 2か国語を流ちょうに話す, バイリンガルの; (本などが) 2か国語で書かれた.
a *bilingual* dictionary
2か国語辞典 (英和辞典, 和英辞典, 英仏辞典など).

bill¹ [2級] [bíl ビル] 图 **1** 請求書, …代; (英) 勘定書き (=(米) check).
pay the *bill* 勘定を払う.
May I have the *bill*, please?
お勘定をお願いします.
Let's split the *bill*. 割り勘にしましょう.
2 (米) 紙幣 (=(英) note).
I don't have any 1,000-yen *bills*.
1000円札は1枚も持ってない.
3 法案, 議案 (▶法案が通ると law (法律) になる).
4 びら, はり紙.

bill² [bíl ビル] 图 (アヒルなどの) (平たい) くちばし (▶ワシなどのかぎ形のくちばしは beak という).

billiards [bíljərdz ビリャッ] 图 [単数あつかい] ビリヤード, 玉つき.
play *billiards* ビリヤードをする.

billion [3級] [bíljən ビリョン] 图 10億.
one *billion* 10億.
ten *billion* 100億.
billions of dollars 何十億ドル.

bin [bín ビン] 图 大箱; ごみ置き場.

bind [báind バインド] 動 (過去) (過分) **bound** [báund]) 他 (ひもやロープなどで) …をしばる, くくる.
bind the newspapers with string
新聞をひもでくくる.

binder [báindər バインダァ] 图 (紙類などをとじこむ) バインダー.

bingo [bíŋgou ビンゴウ] 图 ビンゴ (ゲーム) (数を四角く配列したカードを使うゲームで, 早く縦・横あるいはななめの列をつくれた者が勝利者となる. カーニバルなどのほか, 資金集めなどのために, 教会やYMCA主催のもよおしなどでよく行われる).
Let's play *bingo*. ビンゴをしよう.
── 間 (口語)やった!, 勝った! (ビンゴゲームで勝者が Bingo! とさけぶことから)

binoculars [binákjulərz ビナキュラズ ‖ -nɔ́kju- -ノキュ-] 图 [複数あつかい] 双眼鏡.
a pair of *binoculars* 双眼鏡1台.

biography [baiágrəfi バイアグラフィ ‖ -ɔ́g-

ninety-three 93

biologist ▶

-オグ-] 名 (複数 biographies [-z]) 伝記.

biologist [baiάlədʒist バイアロヂスト‖-ɔ́l-
-オロ-] 名 生物学者.

biology 2級 [baiάlədʒi バイアロヂィ‖-ɔ́l-
-オロ-] 名 生物学.

biorhythm [báiouriðm バイオウリズム] 名
バイオリズム (生体内の周期的変化).

biotechnology [baiouteknálədʒi バ
イオウテクナロヂィ‖-nɔ́l- -ノロ-] 名 バイオテクノ
ロジー，生物工学.

bird 5級 名 鳥

[bə́:rd バ～ド] フォニックス77 ir は[ə:r]と発音する.
名 (複数 birds [-dz ヅ]) 鳥.
a wild *bird* 野鳥.
a national *bird* 国鳥.
a flock of *birds* 鳥の群れ.
The *birds* are singing.
鳥がさえずっている.

My sister has a *bird*.
妹は小鳥を飼っている.

> **ⓘ参考 鳥に関するおもなことわざ**
> A *bird* in the hand is worth two
> in the bush. 手中の1羽の鳥はやぶの
> 中の2羽の価値がある→あすの百より今
> 日の五十.
> *Birds* of a feather flock together.
> 同じ羽の鳥は群れ集う→類は友を呼ぶ.
> The early *bird* catches the
> worm. 早起きする鳥は虫をつかまえる
> →早起きは三文の得 (▶「早起きする人」
> を an early bird (= an early riser)
> という).

> **⟳背景** 英米では伝統的に鳥は日常生活
> に深くかかわりをもち，愛鳥精神も強い.
> また鳥に関する表現やことわざも多い.

birdie [bá:rdi バ～ディ] 名 《小児》小鳥ちゃ
ん (bird の愛称).

---

bird 各国を代表する鳥
●日本……pheasant [**フェ**ザント] キジ
●イギリス……European robin [ユ(ア)ロ**ピー**アン **ラ**ビン] ヨーロッパコマドリ
●アメリカ……bald eagle [**ボー**ルド **イー**グル] ハクトウワシ／
　cardinal [**カー**ディナル] ショウジョウコウカンチョウ
●オーストラリア……emu [**イー**ミュー] エミュー
●ニュージーランド……kiwi [**キー**ウィー] キウイ

European robin

pheasant

bald eagle

emu

cardinal

kiwi

94　ninety-four

◀ **bite**

bird-watching [bə́ːrdwɑ̀tʃiŋ バ〜ドゥワチング‖bə́ːrdwɔ̀tʃiŋ バ〜ドウォッチング] 图 バードウォッチング, 野鳥観察.

birth [bəːrθ バ〜ス] 图 誕生, 出生 (反 death 死).
What's your date of *birth*?
あなたの生年月日はいつですか (▶ When's your date of birth? とはいわない. date には what を使う). →動 bear¹
give birth to …を産む, 出産する (▶ 話し言葉では have a baby のほうがふつう).
She *gave birth to* a girl yesterday.
彼女はきのう女の子を産んだ.

birthday

5級 [bə́ːrθdei バ〜スデイ] フォニックス77 フォニックス34
ir は [əːr], th は [θ] と発音する.
图 (複数 *birthdays* [-z]) 誕生日.
What should I get for her *birthday*?
彼女の誕生日に何を買ってあげたらいいかなあ.
My father gave me a nice bike for my *birthday*.
父は私の誕生日にすばらしい自転車をプレゼントしてくれた.

▶スピーキング

Ⓐ When's your *birthday*?
誕生日はいつ？
Ⓑ (It's) August 15.
8月15日です.
(▶ August 15 は August fifteenth または August the fifteenth と読む.)

a *birthday* cake バースデーケーキ.
a *birthday* party 誕生日パーティー.
My uncle gave me a nice *birthday* present.
おじがすばらしい誕生日のプレゼントをくれた.

▶スピーキング

Happy birthday! 「誕生日おめでとう」
誕生日を祝うときの言い方. Many happy returns (of the day)! とつけ加えることもある. 手紙でよく使う言い方.
Ⓐ *Happy birthday*, Judy. This is for you.
お誕生日おめでとう, ジュディー. これはあなたへのプレゼントだよ.
Ⓑ Thank you. Wow, this is just what I wanted.
ありがとう. わあ, これほしかったんだ.

biscuit [bískit ビスケット] 图 **1** 《英》ビスケット (▶ アメリカでは cookie という).
2 《米》スコーン (▶ イギリスでは scone という).

イギリスの biscuit (左) とアメリカの biscuit (右).

bishop [bíʃəp ビショップ] 图 **1** (イングランド国教会の) 主教；(カトリックの) 司教.
2 (チェスの) ビショップ (こまの種類の1つ).

bison [báisn バイスン] 图 (複数 *bison* または *bisons* [-z]) 《動物》バイソン, アメリカ野牛.

bit¹ 準2 [bit ビット] 图 小片, かけら；少し, 少量.
a bit 《口語》ちょっと (▶ 形容詞や副詞などが続く)；《英》(時間が) ちょっと (＝ a sec).
It's *a bit* cold outside.
外はちょっと寒い.
Would you wait *a bit*?
ちょっと待ってもらえますか.
a bit of …のかけら；《英》少しの… (▶ 名詞などが続く).
a bit of paper 紙切れ.
I need *a bit of* time. 少し時間がいる.
bit by bit 少しずつ.
every bit すべて, 全部.
not a bit 《おもに英》少しも…でない.

bit² [bit ビット] 動 bite (…をかむ) の過去・過去分詞の1つ.

bit³ [bit ビット] 图 《コンピューター》ビット (▶ 情報量を表す最小単位. *bi*nary digi*t* の略).

bite

準2 [bait バイト] フォニックス50 i は [ai] と発音する.
動 (3単現 *bites* [-ts ツ]；過去 *bit* [bit]；過分 *bitten* [bítn] または *bit*；ing *biting*) 他 **1** (歯で) **…をかむ,…にかみつく,**…をかじる (▶ 「口の中でもぐもぐかむ」は chew).
bite an apple リンゴをかじる.
I was *bitten* by the dog next door.
となりの犬にかまれた.

ninety-five 95

bitten ▶

2 (蚊やノミなどが)…を刺す，かむ (▶「ハチが刺す」は sting).

I was *bitten* by a mosquito.
蚊に刺された．

―⊜ **かむ**，かじる；かみつく．
My dog doesn't *bite*.
うちの犬はかまないよ．

A barking dog seldom *bites*.
(ことわざ) ほえる犬はめったにかみつかない．

―― 图 (複数 **bites** [-ts ツ]) **1口，1口分**，
1かじり；かむこと；かみ傷．
He took a *bite* of the apple.
彼はリンゴを1口かじった．

Can I have a *bite* of your hot dog?
きみのホットドッグ，1口ちょうだい．

bitten [bítn ビトゥン] 動 bite(…をかむ)の過去分詞の1つ．

bitter [bítɚ ビタァ] 形 (比較 **bitterer**；最上 **bitterest**) (味が) 苦い (反 sweet あまい)；つらい；(寒さなどが) 厳しい．
This coffee is really *bitter*.
このコーヒーはとても苦いね．

bitterly [bítɚli ビタリィ] 副 ひどく，激しく．

bitterness [bítɚnis ビタネス] 图 苦さ；つらさ．

black 5級 形 黒い 图 黒

[blæk ブラック] フォニックス27 ck は [k] と発音する.
形 (比較 **blacker**；最上 **blackest**) **1 黒い**，
黒人の (→ African-American).
a *black* cat 黒ネコ.
a *black* and white photo 白黒写真 (▶ ×white and black とはいわない).
She has *black* hair. (= Her hair is *black*.) 彼女は黒い髪をしている.
He got a *black* eye in a fight.
彼はけんかをして目のふちにあざができた (▶「黒い目」というときは dark (brown) eyes を使う).

2 (コーヒーが) ブラックの，ミルクやクリームを入れない.
I'd like my coffee *black*.
私のコーヒーはブラックにしてください.

―― 图 (複数 **blacks**[-s])**黒**，黒色；黒い服，喪服 (▶ a をつけず，複数形なし).

blackboard 5級 [blǽkbɔːrd ブラックボード]

图 **黒板** (▶単に board ともいう).
Can you see the *blackboard*?
黒板の字が見えますか.
Write your name on the *blackboard*. 黒板にあなたの名前を書きなさい.
clean the *blackboard* 黒板をふく.

black box [blæk báks ‖ bɔ́ks] 图 **1** (飛行機の) ブラックボックス (▶フライトレコーダーのこと).

2 ブラックボックス (コンピューターのように，内部のしくみを知らずに使っているもの).

blacksmith [blǽksmiθ ブラクスミス] 图 かじ屋職人.

black tea [blæk tíː] 图 紅茶 (▶ふつうは単に tea という).

blade [bleid ブレイド] 图 (ナイフなどの) 刃；(麦・芝などの細長い) 葉 (▶「木の葉」は leaf).

blame [bleim ブレイム] 動 他 …のせいにする，…を責める；(blame＋人＋for ... で) …のことで (人) を責める；(blame ... on＋人で) …を (人) のせいにする.
Don't *blame* yourself.
自分を責めないで.
He *blamed* me *for* the mistake. (= He *blamed* the mistake *on* me.)
彼は失敗したのをぼくのせいにした.

be to blame 責任がある.
I *am to blame*. 悪いのは私です (▶ふつうは It's my fault. という).
Who's *to blame* for the accident?
事故の責任はだれにあるのか.

blank [blæŋk ブランク] 形 何も書かれていない，白紙の；(ディスクなどが) 空白の.
a *blank* sheet of paper 1枚の白紙.
Do you have a *blank* DVD?
空のDVD，ある？

―― 图 空白；(用紙などの)空欄，記入欄.
Fill in the *blanks*.
(テストで) 空所をうめなさい.

blanket [blǽŋkit ブランケト] 图 毛布.
She put a *blanket* over him.
彼女は彼に毛布をかけてやった.

blast [blæst ブラスト] 图 突風；爆発，爆風.

―― 動 他 …を爆破する.

blaze [bleiz ブレイズ] 图 炎.

―― 動 (3単現 **blazes** [-iz]；過去 過分 **blazed** [-d]；ing **blazing**) ⊜ 燃え上がる，

96 ninety-six

◀ **blond, blonde**

燃えるようにかがやく.

blazer [bléizər ブレイザァ] (発音注意) 图
ブレザー, プレザーコート.

bled [bled ブレッド] 動 bleed (出血する) の
過去・過去分詞.

bleed 2級 [bli:d ブリード] 動 (過去 過分
bled [bled]) 自 出血する.
Your nose is bleeding.
鼻血が出てるよ.　→图 blood

blend [blend ブレンド] 動 他 …を混ぜ合
わせる, 混合する (自 mix).
Blend the eggs and milk together.
卵と牛乳を混ぜ合わせなさい.
― 自 混ざる, 混ざり合う.
― 图 混合；混ぜたもの；(コーヒーなど
の) ブレンド.

blender [bléndər ブレンダァ] 图 (料理用
の) ミキサー.

bless [bles ブレス] 動 (過去 過分 **blessed**
[-t] または **blest** [blest]) 他 …を祝福する；
…のために神の加護を祈る；…に感謝する.
Bless me! 《古》おやおや (▶おどろきなど
を表す).
God bless you!, Bless you! あなた
に神のご加護がありますように！(▶英米で
くしゃみをした人に言うことば. 日本語の「お大
事に！」にあたる. これに対しては Thank
you. などと言う). → sneeze

blessing [blésiŋ ブレスィング] 图 ありがた
いもの, ありがたいこと；(牧師などの) 祝福
(のことば)；(食事の前またはあとの) 祈り.

blest [blest ブレスト] 動 bless (…を祝福す
る) の過去・過去分詞の1つ.

blew [blu: ブルー] 動 blow¹ ((風が) 吹く)
の過去形.
[同音語] blue (青い)

blind 3級 [blaind ブラインド] 形 目の見え
ない, 盲目の (▶「視覚に障がいがある」と
いうときは blind ではなく, visually
impaired [impéərd インペァド] や visually
challenged (目に障がいのある, 目の不自
由な) という言い方が好まれる).
He is blind in his right eye.
彼は右目が見えない.
― 動 他 …の目をくらませる.
― 图 (窓の) ブラインド (▶《米》では
shade, window shade ともいう).
draw up the blinds ブラインドを上げる.

blindfold [bláindfould ブラインドゥフォウルド]

图 目かくし, 目をおおうもの.
― 動 (過去 過分 **blindfolded** [-id]) 他 目
かくしをする.

blink [bliŋk ブリンク] 動 自 まばたきする,
(星などが) またたく.

bliss [blis ブリス] 图 無上の幸福.

blister [blístər ブリスタァ] 图 火ぶくれ, 水
ぶくれ.

blizzard [blízərd ブリザァド] 图 大吹雪(ぶき),
ブリザード.

block 3級 [blak ブラック ‖ blɔk ブロック]
フォニックス27 ck は [k] と発音する. 图 (複数
blocks [-s]) 1 (木・石など固体の) かたまり,
ブロック.
a block of ice 氷のかたまり.
concrete blocks コンクリートブロック.
2 《米》ブロック, 街区 (▶四方を道路で囲ま
れた1区画のことで, 交差点から次の交差点ま
でが1ブロック).
*Our school is two blocks from
here.*
うちの学校はここから2ブロックの距離にあります.
3 [ふつう複数形で] 《米》(おもちゃの) 積み
木, ブロック (= building blocks) (= 《英》
brick).
play with blocks 積み木で遊ぶ.
― 動 (3単現 **blocks** [-s]；過去 過分
blocked [-t]；ing **blocking**) 他 …をふさ
ぐ, 閉鎖(へいさ)する；…を妨害(ぼうがい)する (▶しばし
ば up をともなう).
*Many people were blocking up the
entrance.*
おおぜいの人たちがその入り口をふさいでいた.
(Road) Blocked 《掲示》通行止め

block letter [blák ‖ blɔ́k lètər] 图 [ふ
つう複数形で] (筆記体に対して) 活字体 (▶
「筆記体」は cursive [ká:rsiv カ〜スィヴ]
letter).

blog 2級 [blag ブラグ ‖ blɔg ブログ] 图 《イ
ンターネット》ブログ (個人などが定期的に更
新する日記形式のウェブサイト).
I updated my blog. ブログを更新しました.

blond, blonde [bland ブランド ‖ blɔnd
ブロンド] (<フランス語) 形 (髪(かみ)の毛が) ブロ
ンドの, 金髪(きんぱつ)の；(人が) ブロンドの髪の,
金髪の.
She has blonde hair.
(= She is blonde.) 彼女はブロンドだ.
― 图 ブロンドの人.

ninety-seven　97

blood ▶

■背景 (英)では **blond** は男性に, **blonde** は女性に使うのが一般的だが, (米)では しばしば区別なく **blond** を使う.

blood [blʌd ブラッド] (oo は例外的に [ʌ] と発音する)

名 血, 血液 (▶ a をつけず, 複数形なし).
blood type 血液型 (▶英米では, 占いなど で血液型が話題になることはない).
Giving *blood* helps others.
献血は人の役に立つ. →動 bleed

bloody [blʌdi ブラディ] 形 (比較 **bloodier**; 最上 **bloodiest**) 血まみれの, 血だらけの; (けんかなどが) 流血の, 血なまぐさい; 残忍な.

bloom [blu:m ブルーム] 名 (観賞用の) 花 (▶改まった語); 花ざかり, 開花.
in (full) bloom 満開の, 花ざかりの.
The cherry blossoms are *in full bloom* now. 桜の花はいま満開だ.
── 動 自 花が咲く.
The roses in this garden *bloom* in spring and fall.
この庭のバラは春と秋に咲きます.

blossom [blásəm ブラサム ‖ blɔ́səm ブロサム] 名 (複数 **blossoms** [-z]) 1 (おもに果実のなる木の) 花 (▶一般の花は flower という). → flower
apple *blossoms* リンゴの花.
2 花ざかり, 開花 (同 bloom).
The cherry trees were in full *blossom*. 桜の木は満開だった.
── 動 自 (おもに果実のなる木の) 花が咲く (同 bloom).

blouse [blaus ブラウス ‖ blauz ブラウズ] 名 ブラウス.

blow¹ [blou ブロウ] 動 (3単現 **blows** [-z]; 過去 **blew** [blu:]; 過分 **blown** [bloun]; ing **blowing**) 自 1 [the wind または it などを主語にして] (風が) 吹く; (風に) なびく, 風で飛ぶ.
The wind was *blowing* from the north. 風は北から吹いていた.
The balloon *blew* away.
風船は風で飛ばされていった.
2 (笛・汽笛などが) 鳴る.
The whistle *blew* and we started to run. 笛が鳴って私たちは走り出した.
3 (人が) 息をはく, 息を吹きかける.

She *blew* on her cold hands.
彼女は冷たくなった両手に息を吹きかけた.
── 他 …に息を吹く; (笛など) を鳴らす.
The referee *blew* the whistle to start the game.
審判は試合開始の笛を鳴らした.
blow off 吹き飛ぶ, 吹き飛ばす.
blow out (息でろうそくの火など) を吹き消す.
He *blew out* the candles on the cake. 彼はケーキのろうそくを吹き消した.
blow my nose 鼻をかむ.
I *blew my nose* with a tissue.
ティッシュで鼻をかんだ.
blow up (風船・タイヤなど) をふくらませる; (建物など) を爆破する.
blow up a balloon 風船をふくらませる.

blow² [blou ブロウ] 名 (こぶし・武器などでの) 強打, 殴打; (精神的な) 打撃.
Who struck the first *blow*?
最初になぐったのはだれだ.

blown [bloun ブロウン] 動 blow¹ ((風が) 吹く) の過去分詞.

blue 5級 形 青い
名 青

[blu: ブルー]
形 (比較 **bluer**; 最上 **bluest**) 1 青い, ブルーの, 空色の.
the *blue* sky 青空.
The sky is *blue*. 空は青い.
She has *blue* eyes.
彼女は青い目をしている.
2 (口語) 元気のない, ゆううつな.
blue Monday
ゆううつな月曜日 (▶日曜日のあとで学校などへ行くのがいやになることから).
── 名 (複数 **blues** [-z]) 1 青, 青色 (▶ a をつけず, 複数形なし).

■用法 blue と「青」
日本語の「青」は英語の blue よりも表す意味の範囲が広く, green (緑色) をふくむことがある. たとえば, 「青信号」「青葉」は英語では green で表す.

dark *blue* 紺, こい青色.
light *blue* うすい青色, 水色.
Do you have this in *blue*?

◀ **body**

(お店で) これのブルーはありますか.

2 [the blues で]《音楽》ブルース；《口語》
ゆううつ.

[同音語] blew (blow¹ ((風が) 吹く) の過去
形)

blueberry 準2 [blú:beri ‖ -b(ə)ri ブ
ルーベリィ]

名 《複数》 blueberries [-z]《植物》**ブルー
ベリー**. → berry

bluebird [blú:bə:rd ブルーバード] 名 ブ
ルーバード (▶ルリツグミなどの羽の青い鳥.
欧米慣では幸福のシンボルとされる).

blue whale [blù: (h)wéil] 名《動物》
シロナガスクジラ.

blunt [blʌnt ブラント] 形 先がとがっていな
い, にぶい (反 sharp するどい).
The tip of my pencil is *blunt*.
私の鉛筆訟の先はとがっていない.

blush [blʌʃ ブラッシ] 動 自 (…で) 赤面する.

board 2級 [bɔ:rd ボード]

名 **1** (木やプラスチックなどの細長くて平
たい) **板**；黒板 (= blackboard).
a cutting *board* まな板.
a bulletin *board* [《英》notice*board*]
掲示板 (=《英》《米》board).
Can you read what's on the *board*?
黒板に何て書いてあるか読めますか.

2 委員会；(官庁・会社の) 部, 局.
a *board* of directors 重役会, 役員会.

3 (下宿先・ホテルなどの) 食事, まかない
(▶ a をつけず, 複数形なし).
boarding house まかないつきの下宿.

on board (飛行機・船・電車など) に乗って.
There were 120 passengers *on
board* the plane.
飛行機には 120 人の乗客が乗っていた.

── 動 他 …に乗船 [乗車, 搭乗]する；
…を下宿させる.
Please *board* the plane from Gate
10. 10 番ゲートから飛行機にご搭乗ください.
─ 自 下宿する；(客が) 搭乗する.

board game [bɔ́:rd geim] 名 ボード
ゲーム (チェス・将棋など盤を使うゲーム).

boarding pass [bɔ́:rdiŋ pæs] 名 搭
乗券.

boarding school [bɔ́:rdiŋ skù:l] 名
全寮がん制学校 (▶通学して学ぶ学校は day

school).

boast [boust ボウスト] 動 自 (**boast
about** で) …を自慢まんする, 鼻にかける.
He always *boasts about* his son.
彼はいつも自分の息子を自慢する.

boat 4級 名 ボート, 船

[bout ボウト] フォニックス68 oa は[ou]と発音する.
名 《複数》 boats [-ts ツ]《(小型の) **ボート,
船** (▶ふつうは小型のものをいうが, 大小を問
わず船全般をさすこともある). → ship
a fishing *boat* 漁船.
row a *boat* ボートをこぐ.

> 💬用法 boat と「ボート」
> 日本語の「ボート」は手でこぐボートをさ
> すので, 厳密には《米》rowboat, 《英》
> rowing boat という.

Bob [bɑb バブ ‖ bɔb ボブ] 名 ボブ (男性の
名；Robert, Robin の愛称).

bob [bɑb バブ ‖ bɔb ボブ] 動《過去》《過分》
bobbed [-d]；《ing》 bobbing) 他 …をひょ
いと動かす.
── 自 ひょいと動く；《**bob for…** で)(ゲー
ムで) (水面の) (リンゴなど) を口にくわえ
ようとする.
bobbing for apples アップル・ボビング
(水に浮かべたリンゴを口にくわえるゲーム).

bobsled [bábsled バブスレド ‖ bɔ́b- ボブ-]
(発音注意)名《米》ボブスレー (競技用のそり).

bobsleigh [bábslei バブスレイ ‖ bɔ́b- ボブ-]
名《英》= bobsled

body 3級 [bádi バディ ‖ bɔ́di ボディ]

名 《複数》 bodies [-z]） **1** (人・動物の) **体,
肉体** (対 mind, soul, spirit 精神)；(首・
手足以外の) **胴体**ど.
the human *body* 人体.
A balanced diet keeps your *body*
healthy.
バランスのとれた食事は健康な体を維持じする.

2 [the をつけて] 中心部, 主要部.
the body of a car 車体.
the body of a letter 手紙の本文.

3 (人・動物の) 死体, 遺体.
The *body* was found in the woods.
遺体は森で発見された.

ninety-nine 99

body language ▶

4 団体, 集団, 組織.
They marched in a *body*.
彼らは一団となって行進した.

body language [bádi ‖ bódi læŋgwidʒ] 名 ボディー・ランゲージ(身ぶり・手ぶり・表情など, ことば以外の意思伝達手段のこと). → expression, gesture (図)

boil 2級 [bɔil ボイル] 動 他 …を沸かす; …を煮る, ゆでる; (ごはん) をたく.
→ cook (図)
boil the spinach ホウレンソウをゆでる.
He *boiled* the egg. 彼は卵をゆでた.
―― 自 沸く, ふっとうする; 煮える.
The water is *boiling*. お湯が沸いてるよ
(▶ ×The hot water is boiling. とはいわない).
Water *boils* at 100℃.
水はセ氏100度で沸とうする.

boiled [bɔild ボイルド] 形 沸っとした, ゆでた.
boiled water 沸かしたお湯.
a *boiled* egg ゆで卵.

boiler [bɔ́ilər ボイラァ] 名 ボイラー, 湯沸かし器.

boiling [bɔ́iliŋ ボイリング] 形 沸っとしている, 煮え立っている.
boiling water 沸とうしているお湯.

the *boiling* point 沸点.

bold [bould ボウルド] 形 大胆な; あつかましい; (色などが) はっきりした.
a *bold* plan 大胆な計画.

boldly [bóuldli ボウルドゥリィ] 副 大胆に.

bolt [boult ボウルト] 名 (ねじの) ボルト (▶「ナット」は nut という); (門などの)かんぬき; 電光, いなずま.
a *bolt* out of the blue
青天のへきれき, 思いもかけないできごと.

bomb [bɑm バム ‖ bɔm ボム] フォニックス39 最後の b は発音しない. 名 [複数] bombs [-z] 爆弾.
an atomic *bomb* 原子爆弾.
a nuclear *bomb* 核爆弾.
―― 動 他 …を爆撃する; 爆破する.

bomber [bámər バマァ] 名 爆撃機.

bond [bɑnd バンド ‖ bɔnd ボンド] 名 (愛情などの) きずな, 結びつき; 接着剤.
the *bond* between humans and dogs 人間と犬のきずな.

bone [boun ボウン] 名 骨.
I broke a *bone* in my foot in the game. 試合中に足の骨を折った.

bonfire [bánfaiər バンファイア ‖ bɔ́n- ボン-] 名 (祝いの日にたく) かがり火; たき火.

bonito flake [bəníːtou fleik ボニートウフ

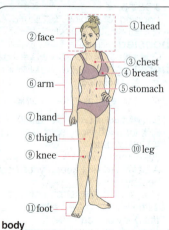
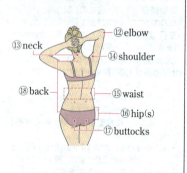

body
①頭 ②顔 ③胸 ④[ブレスト] 女性の乳房.
⑤おなか ⑥腕 ⑦手 ⑧[サイ] 太もも ⑨ひざ ⑩脚 (もものつけ根から足首まで) ⑪足 (足首から下の部分) ⑫ひじ ⑬首 ⑭肩 ⑮腰のくびれ, ウエスト ⑯腰まわり, ヒップ ⑰[バトクス] おしり ⑱背中

◀ **borderline**

レイク] 图 [ふつう複数形で] かつおぶし.

bonnet [bάnit バネット/ bɔ́nit ボネット] 图
1 (英) (車の) ボンネット (=(米) hood).
2 ボンネット (あごの下でひもを結ぶ女性・子ども用の帽子(ぼうし)).

bonobo [bənóubou ボノウボウ] 图 (動物)
ボノボ (▶チンパンジーの一種).

bonus [bóunəs ボウナス] 图 ボーナス, 賞与(しょうよ), 特別手当 (▶日本のような定期的なものではなく, 優秀な業務成績などに対する臨時のもの).

boo [bu: ブー] 間 ブー (▶非難・不満などを表す声); (人をおどろかすときに) ワッ!
── 图 [複数] **boos** [-z] ブーという声, ブーイング.
── 動 他 (…に) やじをとばす, ブーイングする.

book 5級 图 本

[buk ブック] フォニックス70 oo は [u] と発音する.
图 [複数] **books** [-s] **1 本**, 書物, 書籍(せき).

いろいろな本の種類
a children's book 子どもの本.
a comic book 漫画(まんが)本.
a picture book 絵本.
a reference book (辞書・百科事典などの) 参考図書.
a textbook 教科書.

I read the *book* in two days.
その本を2日で読んだ.
What kind of *books* do you read?
どんな本を読むの?
2 …帳, …録; [複数形で] 帳簿(ちょう).
an address *book* アドレス帳, 住所録.
a phone *book* 電話帳.
He is keeping the *books* now.
彼は今, 帳簿をつけている.
3 (本・書籍の) 巻, 編. → volume
Book One 第1巻.
── 動 (3単現 **books** [-s]; 過去 過分
booked [-t]; ing **booking**) 他 …を予約する (=(米) reserve).
I *booked* two tickets for the concert. 音楽会のチケットを2枚予約した.

bookcase 3級 [búkkeis ブッケイス] 图
本箱.

bookend [búkend ブケンド] 图 [ふつう複数形で] ブックエンド, 本立て.

booking [búkiŋ ブキング] 图 (座席・切符(きっぷ)などの) 予約 (=reservation).

booklet [búklit ブクレト] 图 小冊子, パンフレット.

bookmark [búkmɑːrk ブクマーク] 图 (本の) しおり; (インターネットのブラウザの) ブックマーク.
── 動 他 (インターネットブラウザで) …にブックマークをつける.

bookseller [búkselər ブクセラァ] 图 書店の店主.

bookshelf 準2 [búkʃelf ブクシェルフ]
图 [複数] **bookshelves** [búkʃelvz] 本だな.

bookshop [búkʃɑp ブクシャプ‖-ʃɔp -ショプ] 图 (おもに英) 書店.

bookstore 5級 [búkstɔːr ブクストー(ァ)]

图 [複数] **bookstores** [-z] (米) **書店**.

bookworm [búkwəːrm ブクワ〜ム] 图
本好きの人, 本の虫; (虫) シミ (本につく虫).

boom [bu:m ブーム] 图 [単数形で] (経済の) 急成長, 急増; 大流行, ブーム (▶比較的長い流行をいう. 季節ごとに移りかわるような短い流行には fashion や fad [fæd ファッド] を使う).

boomerang [búːm(ə)ræŋ ブーメラング]
图 ブーメラン.

boot 5級 [buːt ブート] 图 [ふつう複数形で] (米) ブーツ, 長ぐつ; (英) 深ぐつ (▶短ぐつの shoe に対する語). → shoe (図)
a pair of *boots* 1足のブーツ.
put on my *boots* ブーツをはく.
take off my *boots* ブーツをぬぐ.

booth [buːθ ブース‖ buːð ブーズ] 图 [複数]
booths [buːθs‖ buːðz] (仕切りのある) 小さな空間; (レストランの) ボックス席; (展示会場などの) ブース.
a ticket *booth* チケット売り場.

border 2級 [bɔ́ːrdər ボーダァ] 图 境界; 国境; ふち, へり.
the *border* between the U.S. and Canada アメリカとカナダの国境.
── 動 自 (**border on ...** で) …に隣接(りんせつ)する.
──他 …に隣接する, に縁(ふち)をつける.

borderline [bɔ́ːrdərlain ボーダーライン] 图
[単数形で] 境界線; 国境線.

one hundred and one **101**

bore[1] ▶

── 形 どっちつかずの，不明確な．

bore[1] 準2 [bɔːr ボー(ア)] 動 他 (人) を退屈たいくつさせる，うんざりさせる．
Am I *boring* you? ぼくの話，退屈かな？

bore[2] [bɔːr ボー(ア)] 動 bear[1] (…に耐える) の過去形．

bore[3] [bɔːr ボー(ア)] 動 他 (ドリルなどで穴) をあける．
bore a tunnel トンネルを掘ほる．
── 自 穴をあける．

bored 準2 [bɔːrd ボード] 形 退屈たいくつした，つまらない；**(bored with で)**…にあきた，うんざりした (▶退屈に思う人が主語にくる)．→ boring
You look *bored*. 退屈そうだね．
We were *bored with* his long-winded talk. 私たちは彼の長話にうんざりした (▶long-winded は「長たらしい」という意味)．
I'm getting *bored with* this game. このゲームにもあきてきたよ．

boring 3級 [bɔ́ːrɪŋ ボーリング]

形 **退屈たいくつさせる**，つまらない (▶退屈にさせる人や物が主語にくる)．→ bored
a *boring* class 退屈な授業．
This show is so *boring*. この番組，すごくつまらない．

💬用法 bored と boring
bored は退屈だと思う人が主語にくるのに対して，boring は退屈に感じさせる人・物が主語にくるので注意．
He's *bored*. (彼は退屈している)
He's *boring*. (彼は退屈な人だ)

born 3級 [bɔːrn ボーン] フォニックス78

or は [ɔːr] と発音する．

動 bear[1] の過去分詞の1つで，「(子) を産む」の意の受け身で使われる．
(be born で) (人・動物が) **生まれる**．
I *was born* on May 15, 2012. 私は2012年5月15日に生まれました．
Where *was* your father *born*? お父さんはどこで生まれたの？
── 形 生まれながらの (天才的な)；[合成語で]…生まれの，…に生まれた．
a *born* pianist
生まれながらの (天才的な) ピアニスト
an Italian-*born* painter
イタリア生まれの画家．

borne [bɔːrn ボーン] 動 bear[1] (…に耐える) の過去分詞の1つ．

borrow 4級 [bɑ́rou バロウ ‖ bɔ́rou ボロウ]

動 (3単現 **borrows**[-z]；過去 過分 **borrowed**[-d]；ing **borrowing**) 他 **…を借りる**，借用する (反 lend …を貸す)．

lend　　borrow

use

"Can I *borrow* your notes for a day?" "Sure."
「ノートを1日借りられない？」「いいよ」
I *borrowed* some money from a friend. 私は友だちからお金を借りた．

💬用法 borrow と rent と use
「お金を出して借りる」のは rent．borrow は「無料で借り，自分の手元に持ってきて使う」こと．「持ち運びができない物を借りる」のは use．だからトイレを借りたいときは Can I *use* the bathroom？という．携帯けいたい電話については Can I *use* ...? も Can I *borrow* ...? も使える．

borrower [bɑ́rouər バロウア ‖ bɔ́rouər ボロウア] 名 借り手 (反 lender 貸す人)．

boss 3級 [bɔ(ː)s ボ(ー)ス] 名 (会社の) 上司．

Boston [bɔ́(ː)stən ボ(ー)ストン] 名 ボストン (アメリカのマサチューセッツ州の州都；アメリカでもっとも古い歴史をもつ都市の1つ)．
Boston Common
ボストンコモン (ボストン市にある公園で，アメリカ最古の都市公園)．
Boston Red Sox ボストン・レッドソックス (アメリカ・メジャーリーグのアメリカンリーグに所属するプロ野球の球団)．

◀ **bother**

botanical [bətǽnikəl ボタニカル] 形 植物学の, 植物の.

botanical garden [bətǽnikəl gáːrdn] 名 植物園.

botany [bátəni バタニィ‖ bɔ́t- ボタ-] 名 植物学.

both 4級 形 両方の 代 両方

[bouθ ボウス] フォニックス34 th は [θ] と発音する.
形 [複数形の名詞の前で] **両方の**, どちらの…も (▶2人の人・2つのものについて使う).
I like *both* paintings. どっちの絵も好きだ (▶×the both paintings とはいわない).
Both her parents are high school teachers. 彼女の両親はどちらも高校の先生だ (▶×her both parents とはいわない).
Both days are good.
2日ともだいじょうぶだよ.
I don't need *both* these books.
これらの本, 2冊ともはいらないよ＝どちらか1冊でいいよ (▶ not ～ both は部分否定の文).

📖文法 **both の使い方**
❶数えられる名詞の複数形と使う.
❷ the や these, those などや my, your, his などと使うときは, それらの語の前にくる. *both my* hands(私の両手)

× my <u>both</u> hands
　↑ both は my
　　などの前にくる.
○ both my hands

❸否定文では「両方とも…というわけではない」と片方だけを否定する意味になる (部分否定). I *haven't* read *both* of his novels. (私は彼の小説を2冊とも読んだわけではない) (この both は代名詞).
「どちらも…でない」という意味には not ～ either ... または neither を使う (全体否定). I *haven't* read *either* of his novels. (私は彼の小説をどちらも読んでいない) → either, neither

── 代 **両方**, 2人, 2つ.
"Which do you like better?" "I like *both*."

「どちらが好きですか」「どちらも好きです」
Both are good. どっちもいい.
My parents *both* work. 両親はどちらも働いている (▶一般動詞のときはその前に置く).
They're *both* kind. 2人はどちらも親切だ (▶ be 動詞の場合はその後ろに置く).
We can *both* run 100 meters in 12 seconds.
ぼくたちは2人とも 100 メートルを 12 秒で走れる (▶助動詞があるときはその後ろに置く).

both of …の両方とも, どちらも.
I know *both of* the teachers.
どちらの先生も知っている.
I need *both of* them. どっちも必要だ.
── 接 **(both ～ and ... で) ～も…も両方とも, どちらも.**
Both Ryota *and* I played the game. 良太もぼくも試合に出た.
She is *both* kind *and* smart.
彼女は親切だし頭もいい.

📖文法 both ～ and ...
both ～ and ... は～と and ... を強めた言い方. ～と…の部分には, 原則として同じはたらきをする語句がくる.

bother 準2 [báðər バザァ‖ bɔ́ðə ボザァ]
動 他 …のじゃまをする; …をなやませる.
I'm sorry to *bother* you. (人に話しかけるときなどに) 忙しいところすみません.
Don't *bother* me with such a small matter.
そんなつまらないことで私をなやませないでくれ.
── 自 **わざわざする; (bother to ... / bother ＋ -ing 形で) わざわざ…する.**
Don't *bother* to wait.
(＝Don't *bother waiting*.)
わざわざ待っててくれなくてもいいよ.

🗣スピーキング
Please don't bother.「どうぞおかまいなく」
「わざわざ…してくださらなくてもけっこうです」というときの決まり文句.
Ⓐ Can I get you something to drink?
何かお飲み物でもお持ちしましょうか.
Ⓑ Oh, I'm fine. *Please don't bother*.
あ, だいじょうぶです, どうぞおかまいなく.

one hundred and three　103

bottle ▶

―― 图 めんどう；やっかいなこと［仕事，もの］.

bottle 4級 [bátl バトゥル ‖ bɔ́tl ボトゥル]

图 (複数 bottles [-z])（ガラスなどの）**びん**, (プラスチックの) ボトル；(**a bottle of** で) 1びん (の量) の….

a wine *bottle* ワインのびん.

a plastic *bottle* ペットボトル.

a bottle of milk 牛乳1本.

―― 動 他 …をびんに詰める.

bottom 準2 [bátəm バトム ‖ bɔ́təm ボトム]

图 **1**［ふつう the をつけて］**底**, 底部（反 top¹ 最上部，ふた）；水底.

the bottom of a cup カップの底.

at *the bottom* of the sea 海の底に.

2［ふつう the をつけて］最下部；最下位，ビリ（反 top¹ 首位）；おしり（= buttock, butt）.

Write your name at *the bottom* of the sheet.

用紙のいちばん下に名前を書いてください.

He was always at *the bottom* of the class. 彼はいつもクラスでビリだった.

3《野球》(回の) 裏（反 top¹ 表）.

at (the) bottom 内心では.

> 🗣 スピーキング
>
> **Bottoms up!**「ぐっとあけてください」
> 乾杯%するときの決まり文句.
> Ⓐ Here's to Kenji.
> Ⓑ Cheers. *Bottoms up!*
> 「健二のために，乾杯！」「乾杯！」

―― 形 いちばん下の，最下部の（反 top¹ いちばん上の）；底の.

It is in the *bottom* drawer.

それはいちばん下の引き出しにあるよ.

bough [bau バウ]（発音注意）图 大枝.

→ tree (図)

[同音語] bow¹ (おじぎ)

bought 4級 [bɔ́t ボート]

フォニックス36 gh は発音しない.

ou は例外的に [ɔ:] と発音する.

動 buy (…を買う) の過去・過去分詞.

> ◀ 発音 boat [bout ボウト] と発音を混同しないように注意.

boulevard [búːləvɑːrd ブールヴァード]（＜フランス語）图 広い並木道，大通り（▶略語

は blvd.）. → avenue, street

bounce [bauns バウンス] 動 自 (ボールなどが) はずむ，はね上がる，バウンドする.
―― 他 (ボールなど) をはずませる，バウンドさせる.

bound¹ [baund バウンド] 動 bind (…をしばる) の過去・過去分詞.
―― 形 (**be bound to …** で) きっと…するはずである，かならず…するはずである.
He *is bound to* pass the exam.
彼はきっと試験に受かるよ.

bound² [baund バウンド] 動 自 はね上がる；(ボールが) バウンドする.
Her heart *bounded* with joy.
彼女の心は喜びではずんだ.
―― 图 バウンド；はずむこと.

bound³ [baund バウンド] 形 (乗り物が) …行きの（▶この名詞の前では使わない）.
This train is *bound* for Aomori.
この列車は青森行きです.

bound⁴ [baund バウンド] 图 ［ふつう複数形で］境界 (線)，限界，範囲.

boundary [báund(ə)ri バウンダリィ] 图
(複数 boundaries [-z]) 境界 (線)；国境線（同 border）.

bouquet [boukéi ボウケイ, buː- ブー-]（＜フランス語）图 花束，ブーケ.

boutique [buːtíːk ブーティーク]（＜フランス語）图 ブティック.

bow¹ [bau バウ]（発音注意）(bow² との発音のちがいに注意）图 おじぎ，礼；頭を下げること.
make a *bow* おじぎをする.
―― 動 自 おじぎをする.
Stand up. *Bow*. Sit down.
起立. 礼. 着席（▶「起立. 礼. 着席」は英米では見られない習慣）.
We *bowed* to our teacher.
私たちは先生におじぎをした.
―― 他 (頭など) を下げる.
bow my head
おじぎをする.
[同音語] bough (大枝)

bow² [bou ボウ] 图 **1** (矢を飛ばす) 弓（▶「矢」は arrow）；(バイオリンなどの) 弓.
2 ちょう結び；ちょうネクタイ（= bow tie）.

bowl¹ [boul ボウル] 图 **1** おわん，どんぶり；(料理用の) ボウル；(**a bowl of** で) ボウル1杯% (の量) の.

104 one hundred and four

◀ **boycott**

a salad *bowl* サラダボウル.
a bowl of rice ごはん1杯.
2 (米)(すりばち形の)(野外)円形競技場, スタジアム.

bowl² [boul ボウル] 動 ⾃ ボウリングをする.

bowling [bóuliŋ ボウリング] 名 ボウリング.
a *bowling* alley ボウリング場.

bowwow [bauwáu バウワウ] 間 ワンワン!(▶犬のほえる声)
── [báuwau バウワウ] 名 《小児語》わんわん, 犬.

box¹ 5級 名 箱

[baks バックス ‖ bɔks ボックス]
名 (複数) **boxes** [-iz] 箱(▶多くの場合ふたのついたもの);(**a box of**で)1箱(の量)の.

police box
交番

toy box
おもちゃ箱

jack-in-the-box
びっくり箱

jewelry box
宝石箱

lunch box
弁当箱

music box
オルゴール

a wooden *box* 木箱.
a cardboard *box* 段ボール箱.
open a *box* 箱を開ける.
What's in the *box*?
箱の中には何が入っているの?
a box of chocolate チョコレート1箱.

box² [baks バックス ‖ bɔks ボックス] 動 ⾃ ボクシングをする.
── 他 (人)とボクシングをする.

boxed [bakst バックスト ‖ bɔkst ボックスト] 形 箱入りの, 箱づめの.

boxed lunch 弁当.

boxer [báksər バクサァ ‖ bɔ́ksər ボクサァ] 名 ボクサー(ボクシングの選手).

boxes [báksiz バクスィズ ‖ bɔ́ksiz ボクスィズ] 名 box¹(箱)の複数形.

boxing [báksiŋ バクスィング ‖ bɔ́ksiŋ ボクスィング] 名 《スポーツ》ボクシング.

Boxing Day [báksiŋ ‖ bɔ́ksiŋ dèi] 名 《英》ボクシングデー.

> 🌏背景 クリスマスの翌日をいい, 使用人や郵便配達の人などに Christmas box とよばれる祝儀(しゅうぎ)(本来は箱入りのお金)をおくる. イギリスでは法定休日.

boy 5級 名 男の子, 少年

[bɔi ボイ] フォニックス69 oy は [ɔi] と発音する.
名 (複数) **boys** [-z] **1 男の子**, 少年, 男子 (対 girl 女の子);若者(▶厳密には13-14歳ごろまでだが, ふつう20歳ぐらいまでをいう. man (大人の男性)と区別している).
boys and girls 少年少女.
a *boys'* school 男子校.
She had a baby *boy* last week.
彼女に先週男の子が産まれた.
2 (年齢に関係なく) 息子(= son).
He has two *boys* and a girl.
彼には息子が2人と娘が1人いる.
── 間 (おどろき・喜び・失望などを表して) わあ, まあ, おや;あーあ.

> 🗣スピーキング
>
> **Oh, boy!「わあ, まあ, おや」**
> おどろきや喜びを表すことば. Oh! と同じで, 老若(ろうにゃく)・男女(だんじょ)の別なく使われる.
> Ⓐ *Oh, boy!* What a beautiful day!
> わあ, いい天気だね.
> Ⓑ It sure is.
> うん, ほんとうだね.

boycott [bɔ́ikɑt ボイカト] 動 他 …をボイコットする;(商品)の不買(ふばい)運動をする.
── 名 ボイコット, 不買運動.

> 🌏背景 小作人にボイコットされたアイルランドの土地管理人 Charles C. Boycott(ボイコット)の名から.

boyfriend ▶

boyfriend [bɔ́ifrend ボイフレンド] 图 (親密な) 男友だち，恋人，彼 (氏)，ボーイフレンド (対) girlfriend ガールフレンド) (▶英語の boyfriend は「恋人」の意味で使われることが多い. 単なる男友だちの場合には He's just a friend. (彼はただの友だちです) などという).

My *boyfriend* is a year older than me. 私の彼，1つ年上なんだ.

boyhood [bɔ́ihud ボイフド] 图 少年時代 (対) girlhood 少女時代).

boyish [bɔ́iiʃ ボイイシ] 形 少年らしい；(女性が) 男の子っぽい.

Boy Scouts [bɔ́i skàuts ボイ スカウツ] 图 [the をつけて] ボーイスカウト (▶個々の団員は a boy scout という. 「ガールスカウト」は (米) では the Girl Scouts，(英) では the Girl Guides (ガールガイド) という).

🔵背景 1908 年にイギリスで創設された青少年のための組織. キャンプなどの実習を通して，何事にも適応できるように訓練していくことが目標である.

bra [brɑː ブラー] 图 (複数 bras [-z]) ブラジャー，ブラ(▶正式には brassiere[brəziər ブラズィア] というが，bra のほうが一般的).

bracelet [bréislit ブレイスレト] 图 ブレスレット，腕輪⟨▶

bracket [brǽkit ブラケト] 图 かっこ，ブラケット (▶ふつう「角かっこ (square brackets)」([ ]) をさす.「丸かっこ」(( )) は parentheses [pərénθəsiːz パレンセスィーズ]，「中かっこ」({ }) は braces [bréisiz ブレイスィズ] という).

braille [breil ブレイル] 图 [ふつう Braille で] 点字，点字法(▶考案者のフランス人ルイ・ブライユ (Louis Braille) の名から).

brain [2級] [brein ブレイン] 图 1 脳.
the right *brain* 右脳.
2 [しばしば複数形で] 頭脳，知力；(口語) 頭のいい人，秀才.
Use your *brains*. 頭を使いなさい.
You're a real *brain*.
きみってほんとに頭がいいね.

brake [breik ブレイク] 图 [ふつう複数形で] (車の) ブレーキ.
put on the *brakes* ブレーキをかける.
step on the *brakes* ブレーキをふむ.
[同音語] break (…をこわす)

branch [2級] [brænʧ ブランチ ∥ brɑːnʧ ブラーンチ] 图 **1** (木の) 枝(▶「幹」は trunk).
A cat was sitting on a *branch* of the tree. 木の枝にネコがすわっていた.

🔵用法 branch と bough と twig
branch は広い意味で木の「枝」をいうが，bough は「大枝」，twig は「小枝」をいう. → tree (図)

2 支店；支部；(学問などの) 部門.
He works at our New York *branch*.
彼はうちの(会社の)ニューヨーク支店で働いています.
3 (川などの) 支流；(鉄道の) 支線.
a *branch* of a river 川の支流.

brand [準2] [brænd ブランド] 图 **1** ブランド，商標，銘柄 (▶「ブランド品」のことは name-brand goods といったり name brands といったりする).
2 (家畜などの) 焼き印.

brand-new [brǽn(d)n(j)úː ブラン(ドゥ)ニュー，-ヌー] 形 真新しい，新品の.

brandy [brǽndi ブランディ] 图 ブランデー (▶蒸留酒の一種).

brass [bræs ブラス ∥ brɑːs ブラース] 图
1 真ちゅう (銅と亜鉛の合金).
2 [the をつけて] [集合的に] 金管楽器；(オーケストラなどの) 金管楽器部.

brass band [4級] [bræs bænd ∥ brɑːs bænd] 图 ブラスバンド；吹奏楽団.

brave [2級] [breiv ブレイヴ]
フォニックス48 a は [ei] と発音する.
形 (比較 braver；最上 bravest) 勇敢な，勇気のある.
He was a *brave* soldier.
彼は勇敢な兵士だった.
Don't be afraid. Be *brave*!
こわがらないで，勇気を出せ. →图 bravery

bravely [bréivli ブレイヴリィ] 副 勇ましく，勇敢に.

bravery [bréiv(ə)ri ブレイヴ(ァ)リィ] 图 勇敢さ，勇気. →形 brave

bravo [brɑ́ːvou ブラーヴォウ，brɑːvóu ブラーヴォウ] (<イタリア語) 間 ブラボー！，うまいぞ！，いいぞ！，でかした！

Brazil [5級] [brəzíl ブラズィル]
图 ブラジル (南アメリカの共和国；首都はブラジリア (Brasilia)).

106 one hundred and six

Brazilian [brəzíliən ブラズィリアン] 形 ブラジルの；ブラジル人の.
―― 名 ブラジル人.

bread 5級 名 パン

[bred ブレッド] フォニックス62 eaは[e]と発音する.
名 **1 パン，食パン**（▶ふつうaをつけず，複数形にしない）.
a loaf of *bread* パン1斤.
a slice of *bread* パン1枚.
bake *bread* in an oven
オーブンでパンを焼く.
toast *bread* パンをトーストする.
slice *bread* パンをうすく切る.
spread butter on *bread*
パンにバターをぬる.

いろいろなパンの種類
a bagel [béig(ə)l] ベーグル.
brown bread（全粒小麦でつくる）黒パン.
a bun（小型の）丸パン.
a croissant [krwɑːsɑ́ːnt] クロワッサン.
French bread フランスパン.
a roll ロールパン.
rye bread ライ麦パン.
white bread 食パン，精白パン.
whole wheat bread 全粒粉パン.

背景 ❶パンはキリストの肉の象徴で，血を表すぶどう酒とともに教会の聖餐式で使われ，宗教的に重要な意味をもっている.
❷パンは欧米人の重要な食べ物で，生命の糧とされ，日常生活の中で大きな意味をもっている. ただし日本のごはんのように主食というイメージはない.
❸日本語の「パン」はポルトガル語のpão からきている.
❹ bread はパンの総称で，ふつうは食パンのことをさす. 食パン以外の小型パンは roll，ハンバーガー用のパンは bun という.

2 生計，日々の糧.
earn my *bread*
（私の）生計を立てる.

bread and butter [brèdnbʌ́tər ブレドゥンバタァ]（発音注意）名 バターをぬったパン.

◀ **break**

発音 「バターをぬったパン」というときには1語のように続けて発音する. 区切って読むと，「パンとバター」という意味になる.

breadth [bredθ ブレドゥス] 名 幅，横幅（▶この意味では width のほうがふつう）.
→形 broad

break 4級 動 …をこわす，割る

[breik ブレイク]（ea は例外的に [ei] と発音する）
動（3単現 **breaks** [-s]；過去 **broke** [brouk ブロウク]；過分 **broken** [bróukən ブロウクン]；ing **breaking**）

用法 break の表す意味
break は力を加えて物を瞬間的にばらばらにしてしまうことで，「こわす」「割る」「折る」「ちぎる」などの意味を表す.

他 **1 …をこわす，割る，折る，ちぎる；…を骨折する.**
break a branch 枝を折る.
break an egg 卵を割る.
break a glass コップを割る.
My brother *broke* my toy.
弟が私のおもちゃをこわした.
Who *broke* the window?
窓ガラスを割ったのはだれだ.
Try to *break* this string.
このひもが切れるか引っぱってみて（▶「引っぱって切る」ときには break，「はさみなどで切る」ときには cut を使う）.
Jim fell from a tree and *broke* his arm.
ジムは木から落ちて腕の骨を折った.
2（規則・約束・記録など）**を破る**；（静けさ・沈黙など）を破る.
He always *breaks* his promises.
彼はいつも約束を破る.
break the world record
世界記録を破る.
3（お札など）をくずす.
Can you *break* this 10,000-yen bill?
この1万円札をくずしてもらえますか.
― 自 **こわれる，割れる，折れる，ちぎれる；骨折する.**

one hundred and seven 107

breakfast ▶

Be careful. It *breaks* easily.
気をつけて. それ, こわれやすいから.

break down (車・機械などが) こわれる, 故障する；…をこわす.
Our old car *broke down* again.
うちの古い車がまた故障した.

break in (ぬすみなどの目的で) 押し入る, 建物に侵入（しんにゅう）する；話に割りこむ.

break into (建物など) **に押し入る, 侵入する；とつぜん…しだす；こわれて…になる.**
A thief *broke into* our neighbor's house. 近所の家にどろぼうが入った.
After a pause, she *broke into* tears.
しばらく間をおいて, 彼女は急に泣きだした.
The vase *broke into* pieces.
花びんはこわれてこなごなになった.

break off こわれて取れる；…を折って取る, もぎ取る；(…を) 急にやめる, 中断する.
He *broke* a branch *off* the tree.
彼は木の枝を1本折って取った.
He *broke off* in the middle of his speech. 彼は講演を途中（とちゅう）でやめた.

break out (戦争・火事などが) 起こる.
The war *broke out* when my grandmother was ten years old.
祖母が10歳（さい）のときにその戦争が始まった.

break up ばらばらになる；解散する；(関係などが) だめになる；(恋人・夫婦などが) 別れる；…をばらばらにする.
John and Kate *broke up* last month. ジョンとケイトは先月別れた.
Break it *up*! もうやめろ (▶けんかなどを止めるときの言い方).

—— 名 **複数 breaks** [-s] **1 休けい**；**(英)** (学校の) 休み時間 (= **(米)** recess)；短い休暇（きゅうか）.
a coffee *break*
コーヒーブレイク (仕事の合間の休み時間).
Let's take a *break* and have some coffee. 休けいしてコーヒーでも飲もうよ.
It's time for a lunch *break*.
さあ, お昼休みだよ.
We have a ten-minute *break* between classes.
授業の間に10分の休み時間がある.

2 中断, 途切れ.
There was a *break* in our conversation. 会話が途切れた.

3 破損；**割れ目.**
a *break* in the clouds 雲の切れ目.
4 (口語) チャンス, 運.
Give me a break. いいかげんにしてくれ, 冗談（じょうだん）じゃないよ.
[同音語] brake (ブレーキ)

breakfast 5級 名 **朝食**

[brékfəst ブレクファスト] フォニックス62 ea は [e] と発音する.

名 **複数 breakfasts** [-ts ツ] **朝食**, 朝ごはん (▶ふつう a をつけず, 複数形なし).
I have *breakfast* at seven on weekdays.
平日は7時に朝食を食べる.
What do you usually have for *breakfast*?
ふだん朝食は何を食べてるの？
I had a light *breakfast* this morning. けさは軽い朝食をとった (▶ breakfast に形容詞がつくときは a をつける).

🔊 スピーキング

Ⓐ *Breakfast* is ready.
朝ごはん, できたよ.
Ⓑ I'm coming.
いま行きます.

✏️ ライティング

I usually have rice for *breakfast*.
たいてい朝食にはごはん (米) を食べます.

🟢 背景 ❶ "break (…を破る) + fast (断食（だんじき）)" から. 一晩中絶食していたのをやめて, 朝になって食事をすることの意味. ❷英米では, 朝食にはコーヒー・ジュースなどの飲み物と, パン・卵 (オムレツや目玉焼きなど)・ベーコン (またはハム)・シリアル (コーンフレークやオートミールなどのようなもの) などを食べる. イギリス特有の食べ物としては, タラやニシンなどがある. ❸英語のなぞなぞ
Q: What two things can't you eat for breakfast? (朝食に食べられない2つのものってなーんだ)
A: Lunch and dinner. (昼食と夕食さ)

◀ **bright**

breakfast イギリス式の朝食 (English breakfast) は，ヨーロッパの大陸式の朝食 (continental breakfast) にくらべて，質・量ともに豊富である．① bacon and eggs ベーコンエッグ ② toast トースト ③ tea 紅茶．

breaking [bréikiŋ ブレイキング] 動 break (…をこわす) の -ing 形．

breaks [breiks ブレイクス] 動 break (…をこわす) の3人称単数現在形．
── break (休けい) の複数形．

breast [brest ブレスト] 名 (女性の) 乳房(ぶさ) (▶左右で breasts)；胸．

breath [breθ ブレス] 名 (複数 **breaths** [-s]) 息, 呼吸．
take a deep *breath* 深呼吸をする．
Let's go out for a *breath* of fresh air.
気分転換に(新鮮(しん)な空気を吸いに)外へ出よう．
catch *my* ***breath*** はっと息をのむ；(ほっとして) 息をつく, 休息する．
hold *my* ***breath*** (ちょっとの間) 息を止める；(おどろき・興奮などで) かたずをのむ, 息をこらす．
out of breath 息が切れて．
I was *out of breath* after the 1,500-meter run.
1500m 走のあとは息が切れた．

breathe 準2 [bri:ð ブリーズ] (発音注意) 動 自 呼吸する．
breathe in 息を吸いこむ．
breathe out 息をはきだす．
Breathe deeply. 深呼吸をして．
── 他 (空気を) 呼吸する, 吸いこむ．
breathe the fresh air
新鮮(しん)な空気を吸う．

breathing [bri:ðiŋ ブリーズィング] 動 breathe (呼吸する) の -ing 形．
── 名 呼吸, 息つぎ．
deep *breathing* 深呼吸．

breathtaking [bréθteikiŋ ブレステイキング] 形 息をのむような；はらはらするほどの．

bred [bred ブレッド] 動 breed (繁殖(はんしょく)する, 飼育する) の過去・過去分詞．

breed [bri:d ブリード] 動 (3単現 **breeds** [-dz ヅ]；過去 過分 **bred** [bred]；ing **breeding**)
自 (動物が) 繁殖(はんしょく)する．
── 他 (動植物) を飼育する；(人が子ども) を養育する．
── 名 (動植物の) 品種．

breeze [bri:z ブリーズ] 名 そよ風, 微風(び) (▶ここちよい風をいう). → wind¹

bribe [braib ブライブ] 名 わいろ．
── 動 他 (人) にわいろを贈(おく)る, (人) を買収する．

brick [brik ブリック] 名 れんが；[ふつう複数形で] (英) (おもちゃの) 積み木 (=(米) block).

bride [braid ブライド] 名 花よめ, 新婦 (男 bridegroom 花むこ).

bridegroom [bráidgru(:)m ブライドグル(ー)ム] 名 花むこ, 新郎 (▶単に groom ともいう) (女 bride 花よめ).

bridge 5級 [bridʒ ブリッヂ]

名 橋；[比ゆ的に] かけ橋, 橋わたしとなるもの．
cross a *bridge* 橋をわたる．
build a *bridge* over a river
川に橋をかける．
We walked across the *bridge*.
ぼくたちは歩いてその橋をわたった．
a stone *bridge* 石橋．
a suspension [səspénʃən サスペンション] *bridge* つり橋．
the Golden Gate *Bridge*
ゴールデンゲートブリッジ, 金門橋．

brief 準2 [bri:f ブリーフ] 形 短時間の (同 short)；簡潔な．
a *brief* note 簡単なメモ．
── 名 (複数 **briefs** [-s]) 簡単な説明；[複数形で] ブリーフ (はだに密着した短いパンツ).
in brief 要するに, 簡潔に言えば．

briefcase [bri:fkeis ブリーフケイス] 名 ブリーフケース, 書類かばん．

briefly 2級 [bri:fli ブリーフリィ] 副 手短に, 簡潔に；少しの間, しばらく．

bright 3級 [brait ブライト]

brighten

形 **1 かがやいている**;明るい;(色が)あざやかな.
The children were playing in the *bright* sunshine.
子どもたちは明るい日ざしの下で遊んでいた.
He has a *bright* future.
彼にはかがやかしい未来がある.
a *bright* red dress あざやかな赤のドレス.
2 頭のよい, りこうな (反 foolish ばかな);勉強がよくできる. → clever
Jane is the *brightest* student in the class.
ジェーンはクラスでいちばん頭がいい生徒だ.
── 副 かがやいて, 明るく (▶ふつう shine (かがやく) といっしょに使う).
The sun is shining *bright*.
太陽が明るくかがやいている.

brighten [bráitn ブライトゥン] 動 他 …をかがやかせる;…を明るくする.
─ 自 明るくなる;晴れる.

brightly 2級 [bráitli ブライトゥリィ] 副 明るく, かがやいて;色あざやかに.

brightness [bráitnəs ブライトゥネス] 名 明るさ.

brilliant [bríljənt ブリリャント] 形 **1** 光りかがやく, きらきら光る (▶ bright よりも意味が強い).
a *brilliant* diamond
光りかがやくダイヤモンド.
2 りっぱな, すばらしい, みごとな;(とても) 優秀な, 才能豊かな.
a *brilliant* student 優秀な生徒.

brim [brim ブリム] 名 (コップなどの) 縁(ふち);(帽子の) つば.

bring

4級 動 **…を持ってくる, 連れてくる**

[briŋ ブリング]
動 (3単現 **brings** [-z] 過去 過分 **brought** [brɔːt ブロート]; ing **bringing**) 他 **1** (物) **を持ってくる**; (人) **を連れてくる**;(**bring +人+物 / bring +物+ to +人で**) (人) に (物) **を持ってくる** (反 take …を持っていく, 連れていく).
Don't forget to *bring* your swimwear. 水着を持ってくるのを忘れないでね.
Bring your brother with you next time.
今度は弟さんをいっしょに連れてらっしゃい.
He *brought* his girlfriend to the party.
彼はガールフレンドをパーティーに連れてきた.
Bring me the paper. (= *Bring* the paper *to* me.)
新聞を持ってきて.

> 用法 **bring と take**
> bring は話し手の所へ人や物を「連れてくる」「持ってくる」という意味. 逆に話し手の所からどこかへ人や物を「連れていく」「持っていく」のは take. この関係は come (話し手の方に来る) と go (話し手の所からどこかへ行く) の場合と同じ. → come

bring
take

2 …**をもたらす, 引き起こす**;(**bring +物事+ to +人・場所で**) (物事) **を** (人・場所) **へもたらす**.
That would *bring* new problems.
それが新たな問題を引き起こすだろう.
The story *brought* tears *to* her eyes.
その話を聞いて彼女は目になみだをうかべた.

bring about (変化・ある結果) **をもたらす**, **引き起こす**.

> プレゼン
>
> The internet has *brought about* huge social changes.
> インターネットは大きな社会的変化をもたらしてきた.

bring back (物) **を持って帰る**;(人) **を連れて帰る**;…**を返す**;…**を思い出させる**.
The astronauts *brought* some stones *back* from the moon.
宇宙飛行士たちは月から石をいくつか持ち帰った.
Don't forget to *bring* the book *back* by Friday.
その本を金曜日までに忘れずに返してください.

bring in …**を持ちこむ**.

110 one hundred and ten

◀ **bronze**

My mother *brought in* a birthday cake.
母はバースデーケーキを持って入ってきた.

bring out (本・製品など) を (新しく) 出す；…を持ち出す.

bring up (子どもなど) **を育てる**；(話題・計画など) を持ち出す.
She was *brought up* by her grandmother.
彼女はおばあさんに育てられた.

bringing [bríŋiŋ ブリンギング] 動 bring (…を持ってくる) の -ing 形.

brings [bríŋz ブリングズ] 動 bring (…を持ってくる) の3人称単数現在形.

brisk [brísk ブリスク] 形 (動作が) きびきびとした；そう快な.

Britain 準2 [brítn ブリトゥン] 名 イギリス，英国. → Great Britain

British 3級 [brítiʃ ブリティシ]
フォニックス32 sh は [ʃ] と発音する.

形 **イギリスの**，英国の；イギリス人の，英国人の.
He's *British*. 彼はイギリス人だ.
British English イギリス英語 (▶「アメリカ英語」は American English).

── 名 [the をつけて] **イギリス人**，英国人 (全体) (▶改まった言い方で，ふつうは British people という).

British Museum [brítiʃ mjuːzí(ː)əm] 名 [the をつけて] 大英博物館 (ロンドンにある世界有数の博物館).

broad [brɔːd ブロード] (発音注意) 形 **1** (幅が) 広い，広々とした (反 narrow せまい) (▶broad は面積の広がりに重点を置くが，wide は横幅の広さを強調する).
a *broad* street 広々とした道路.
He has *broad* shoulders.
彼は肩幅が広い.

2 心の広い，寛大な；広い範囲の.
Our teacher has a *broad* mind.
私たちの先生は寛大な心の持ち主だ.
→名 breadth, 動 broaden

◀ 発音 oa はふつう [ou] と発音するが，broad と abroad は [ɔː] と発音する.

broadcast 準2 [brɔ́ːdkæst ブロードゥキャスト ‖ -kɑːst -カースト] 動 (過去 過分 broadcast または broadcasted[-id]) 他 (テレビ・ラジオで) …を放送する.
broadcast the news ニュースを放送する.

── 名 放送 (番組).
a live *broadcast* of a baseball game 野球中継.

broadcasting [brɔ́ːdkæstiŋ ブロードゥキャスティング ‖ -kɑːstiŋ -カースティング] 名 放送，放送すること.
a *broadcasting* station 放送局.

broaden [brɔ́ːdn ブロードゥン] 動 他 (範囲・視野など) を広げる.
Traveling abroad *broadens* your world. 外国を旅することは世界を広げる.
── 自 広がる. →形 broad

broad-minded [brɔ́ːdmáindid ブロードゥマインディド] 形 心の広い，寛容な；偏見のない.

Broadway [brɔ́ːdwei ブロードゥウェイ] 名 ブロードウェー (ニューヨークのマンハッタン島を南北に走る大通りで，劇場街・娯楽街として有名).

broccoli [brákəli ブラコリィ ‖ brɔ́kəli ブロコリィ] 名 (複数 broccoli) (植物) ブロッコリー.

brochure [brouʃúər ブロウシュア] (＜フランス語) 名 パンフレット.

broil [brɔil ブロイル] 動 他 《おもに米》(肉など) を直火で焼く，あぶり焼きにする，焼き網で焼く (＝《おもに英》grill). → cook (図)
broil a chicken トリ肉を直火で焼く.

broke 4級 [brouk ブロウク]
フォニックス51 o は [ou] と発音する.
動 break (…をこわす) の過去形.

broken 4級 [bróukən ブロウクン]
動 break (…をこわす) の過去分詞.
── 形 **1 こわれた**，割れた，折れた；故障した；破られた.
a *broken* toy こわれたおもちゃ.
a *broken* window 割れた窓ガラス.
She has a *broken* arm.
彼女は腕を骨折している.
a *broken* promise 破られた約束.

2 (自国語以外のことばについて) 片言の，たどたどしい.
broken English たどたどしい英語.

bronze [bránz ブランズ ‖ brɔnz ブロンズ] 名 **1** 青銅，ブロンズ (▶銅とスズの合金)；

one hundred and eleven 111

brooch ▶

青銅製品.
a *bronze* statue 銅像，ブロンズ像.
a *bronze* medal 銅メダル.
2 ブロンズ色 (▶黄み・赤みがかった茶色).

brooch [broutʃ ブローッチ] (発音注意) 图
ブローチ.

brook [bruk ブルック] 图 小川 (= small
stream). → river

broom [bru:m ブルーム] 图 ほうき.

broth [brɔ(:)θ ブロ(ー)ス] 图 (肉・野菜な
どを) 煮た汁.

brother 5級 图 兄，弟

[brʌðər ブラザァ] フォニックス35 th は [ð] と発音
する．o は例外的に [ʌ] と発音する．
图 (複数 **brothers** [-z]) 兄，弟，(男の) 兄
弟 (对 sister 姉，妹)．
He is my *brother*. 彼は私の兄 [弟] です．
This is my *brother* Yusuke.
(紹介するとき，あるいは写真などを見せて) こ
れが兄 [弟] の祐介です．
Jim and Mike are *brothers*.
ジムとマイクは兄弟です．
Tom and Ann are *brother* and
sister. トムとアンはきょうだいです (▶この場
合 brother や sister の前に a をつけない)．
My *brother* goes to college.
ぼくの兄 [弟] は大学に通っている．

🗣スピーキング
Ⓐ Do you have any *brothers* or
sisters? 兄弟か姉妹はいますか．
Ⓑ Yes, I have two *brothers*.
はい，兄弟が2人います．[話し手以外に2
人いる]
Ⓑ No, I don't have any *brothers*
or sisters.
いいえ，きょうだいはいません．

💬用法 brother と「兄，弟」
❶英語ではふつう「兄」と「弟」の区別を
せず，どちらも単に brother という．
❷とくに区別するときは，「兄」は my
big brother とか my older brother
[〖英〗elder brother]，「弟」は my
little brother と か my younger
brother という．

🎤プレゼン
兄弟の数の言い方
I have a younger brother.
私には弟が1人います．
I have an older brother.
私には兄が1人います．
I have two older brothers.
私には兄が2人います．
I have a brother.
私には兄弟が1人います (▶兄でも弟でもか
まわない)．
I don't have any brothers.
= I have no brothers.
(男の) 兄弟はいません．

brotherhood [brʌðərhud ブラザァフド]
图 兄弟の間がら，兄弟愛；友好関係；同
業組合；協会．

brother-in-law [brʌðərinlɔ̀: ブラザァリン
ロー] 图 義理の兄，義理の弟 (对 sister-
in-law 義理の姉，義理の妹)．

brothers [brʌðərz ブラザァズ] 图
brother (兄，弟) の複数形．

brought 4級 [brɔːt ブロート]
フォニックス36 gh は発音し
ない．
ou は例外的に [ɔː] と発音する．
動 bring(…を持ってくる)の過去・過去分詞．

brow [brau ブラウ] (発音注意) 图 [ふつう
複数形で] まゆ，まゆ毛 (= eyebrow)；ひ
たい (= forehead)．

brown 5級 [braun ブラウン]
フォニックス73 ow は [au] と発
音する．
形 (比較 **browner**；最上 **brownest**) 茶色
の，かっ色の；(はだが) 日焼けした．
brown hair 茶色の髪の.
She has *brown* eyes.
彼女は茶色の目をしている．
—— 图 茶色，かっ色 (▶ a をつけず，複数
形なし)．
light *brown* うす茶色.
dark *brown* こげ茶色.

browse [brauz ブラウズ] 動 自 (店で商
品などを) ぶらぶら見てまわる；(本などを)
拾い読みする；《インターネット》《サイトを》
閲覧する．
browse through a magazine
雑誌を拾い読みする．

◀ **build**

――他 《インターネット》(サイトなど) を閲覧する.

browser [bráuzər ブラウザァ] 图 《インターネット》(ネットを見るための) ブラウザ, 閲覧ソフト.

brunch [brʌntʃ ブランチ] 图 (昼食も兼ねた) おそい朝食, ブランチ (▶ breakfast と lunch を組み合わせてできた語).

brush 5級 [brʌʃ ブラシ]
フォニックス46 フォニックス32 u は[ʌ].
sh は [ʃ] と発音する.
图 (複数 **brushes** [-iz]) **ブラシ**, はけ; **毛筆**, 絵筆; ブラシをかけること.
a toothbrush 歯ブラシ.
a paintbrush 絵筆; ペンキ用のはけ.
―― 動 (3単現 **brushes** [-iz] 過去 過分 **brushed** [-t]; ing **brushing**) 他 **…にブラシをかける**, …をブラッシングする; (歯など) **をみがく**.
I forgot to brush my hair.
髪をブラッシングするのを忘れちゃった.
Did you brush your teeth?
歯はみがいたの？

brush off (ブラシや手で) (ほこりなど) を払う, 払いのける.
I brushed the dust off my school uniform. 制服のほこりを払った.

brush up (忘れかけた語学など) をやり直してみがきをかける, …を勉強しなおす.
I need to brush up my English.
英語を勉強しなおさなくちゃならない.

Brussels [brʌslz ブラスルズ] 图 ブリュッセル (ベルギーの首都).

brutality [bru:tǽləti ブルータリティ] 图 野蛮さ, 残忍さ; 野蛮 [残忍] な行為.

bubble [bʌbl バブル] 图 (1つ1つの) あわ, あぶく (▶ bubble の集まったものが foam); シャボン玉.
Let's blow bubbles.
シャボン玉を飛ばそうよ.
bubble gum 風船ガム.
―― 動 自 あわ立つ.

bucket [bʌkit バケト] 图 バケツ, 手おけ (同 pail); (**a bucket of** で) バケツ1杯(の量) の.

Buckingham Palace [bʌkiŋəm pǽlis] 图 バッキンガム宮殿 (ロンドンにあるイギリス王室の宮殿; バッキンガム公爵が建てたのでこの名がある. 宮殿前庭

での衛兵交代式は有名).

buckle [bʌkl バックル] 图 (ベルト・かばん・くつなどの) 留め金, バックル.
―― 動 他 (留め金で) …をしめる.

bud [bʌd バッド] 图 芽; つぼみ.
The roses are in bud.
バラはつぼみをつけている.
―― 動 (過去 過分 **budded** [-id]; ing **budding**) 自 芽が出る.

Buddha [bú(:)da ブ(ー)ダ] 图 (ふつう the をつけて) 釈迦牟尼, 仏陀 (仏教の開祖); 仏像, 大仏.
a Buddha statue 仏像.

Buddhism [bú(:)dizm ブ(ー)ディズム] 图 仏教.

Buddhist [bú(:)dist ブ(ー)ディスト] 图 仏教徒.
―― 形 仏教の, 仏教徒の.

budget 2級 [bʌdʒit バヂェット] 图 予算, 予算案.
It's a little over our budget.
ちょっと予算オーバーだね.

Buenos Aires [bwèinəs é(ə)ri:z ブウェイノス エ(ア)リーズ ‖ bwènəs ái(ə)riz ブウェノス アイ(ア)リズ] 图 ブエノスアイレス (アルゼンチンの首都).

buffalo [bʌfəlou バファロウ] 图 (複数 **buffalo(e)s** [-z] または **buffalo**) (動物) 水牛 (= water buffalo); バイソン, (俗に) バッファロー (▶アメリカ野牛; 正確には bison という). → bison

buffet [bʌféi バフェイ ‖ búfei ブフェイ] (t は発音しない) (<フランス語) 图 **1** バイキング; 立食, 立食形式の食事.
Breakfast is served buffet-style.
朝食はバイキング形式で (出されま) す.
2 (列車・駅などのセルフサービス式の) 軽食堂, ビュッフェ.

bug [bʌg バッグ] 图 **1** 《おもに米》虫, 昆虫. → insect
bug spray 虫よけスプレー.
2 《コンピューター》バグ (プログラムの誤り・欠陥); (機械などの) 欠陥, 故障; 盗聴器.

build 3級 動 (家など) **を建てる**

[bild ビルド] (u は発音しない)
動 (3単現 **builds** [-dz ヅ]; 過去 過分 **built**

one hundred and thirteen 113

builder ▶

[bilt ビルト]; [ing] **building**) 他 (家など)**を建てる**, 建築する;(橋・船・道路など)**をつくる**, 建造する;(build +人+物/build +物+ for +人で)(人)に(物)を建ててやる.

build a bridge 橋をつくる.
build a nest 巣をつくる.
build a fire 火をおこす.
We're *building* a house. 私たちは家を建てている(▶自分が独力で建てる場合にも,建築業者に建ててもらう場合にもいう).
When was this school building *built*? この校舎が建てられたのはいつですか.
She *built* them a new house.
(= She *built* a new house *for* them.)
彼女は彼らに新しい家を建ててやった.

> 💬用法 **build** の表す意味
> build は家を「建てる」という意味だけでなく,橋・船・巣などを「つくる」や火を「おこす」という意味もある.

build
家を建てる

build
橋をつくる

build
火をおこす

build up …を(徐々に)つくり上げる, 発達させる, 増やす;発達する, 増える.
build up my English vocabulary
(私の)英語の語いを増やす.

builder [bíldər ビルダァ] 名 建築業者, 建築会社, 建造者, 建設者.

building 5級 名 建物, ビル

[bíldiŋ ビルディング] (u は発音しない)
名 (複数) buildings [-z] **建物**, ビル.
a three-story *building* 3階建ての建物.
There're a lot of tall *buildings* in New York City.
ニューヨーク市内には高いビルがたくさんある.

> 💬用法 **building** の表す意味
> building は大小・材料に関係なく建物全般をさす. 鉄筋コンクリートのビルも木造の一戸建ても building という.

— 動 build (…を建てる)の -ing 形.

buildings [bíldiŋz ビルディングズ] 名 building (建物)の複数形.

builds [bíldz ビルヅ] 動 build (…を建てる)の3人称単数現在形.

built 3級 [bilt ビルト] (u は発音しない)

動 build (…を建てる)の過去・過去分詞.

bulb [bʌlb バルブ] 名 電球(= light bulb); 球根.
a 100-watt *bulb*
100 ワットの電球.
a tulip *bulb*
チューリップの球根.

Bulgarian [bʌlgéə(ə)riən バルゲ(ア)リアン, bul- ブル-] 形 ブルガリアの;ブルガリア人の;ブルガリア語の.
— 名 ブルガリア人;ブルガリア語.

bull [bul ブル] 名 (去勢されていない)お牛(▶「去勢されたお牛」は ox,「め牛」は cow; → cow);(ゾウ・クジラなどの)おす.

bulldog [búldɔ(:)g ブルド(ー)グ] 名 ブルドッグ.

> 💬背景 イギリスで, おもに牛追いをするために育てられたので, この名がつけられたといわれる.

bulldozer [búldouzər ブルドウザァ] 名 ブルドーザー.

bullet [búlit ブレト] 名 弾丸, 銃弾.

bulletin [búlətn ブレトゥン] 名 (テレビ・ラジオなどの)短いニュース(= news bulletin);公報;会報.

bulletin board [búlətn bɔ̀ːrd] 名 (米)掲示板(=(英) noticeboard, (米)(英) board);(インターネット)(ネット上の)(電子)掲示板.
a classroom *bulletin board*
教室の掲示板.

◀ **burst**

bullfight [búlfait ブルファイト] 图 闘牛(の競技).

bully [búli ブリィ] 動 (3単現 **bullies** [-z]; 過去 過分 **bullied** [-d]; ing **bullying**) 他 …をいじめる.
Don't *bully* me. いじめないで.
—— 图 (複数 **bullies** [-z]) 弱い者いじめをする人, いじめっ子.

bullying [búliiŋ ブリイング] 图 いじめ.

bump 2級 [bʌmp バンプ] 動 他 …をぶつける.
He fell and *bumped* his head on the floor. 彼はころんで頭を床にぶつけた.
—— 自 ぶつかる.
bump into …にドスンとぶつかる;《口語》…にばったり出くわす.
—— 图 打撃(だげき), 衝突(しょうとつ);バタン,ドスン(という音);(ぶつけてできた)こぶ, はれ.

bumper [bʌ́mpər バンパァ] 图 (車の)バンパー.

bun [bʌn バン] 图 《米》(小型の)丸パン(▶ハンバーガーに使われるもの;→ bread);《英》(小型の丸い)(菓子)パン.

bunch [bʌntʃ バンチ] 图 **1** (果物などの)ふさ;(同種類の物の)束;《a bunch of で》1ふさの….
a bunch of grapes ブドウ1ふさ.
a bunch of keys かぎの束.
2 《口語》(人などの)集まり, 群れ;《a bunch of で》…の一団, 群れ.

bundle [bʌ́ndl バンドゥル] 图 (ひとまとめにした物の)束, 包み.
a bundle of newspapers 新聞の束.
—— 動 他 …を束にする;(ソフトウェア)をパッケージとして組み込む.

bunny [bʌ́ni バニィ] 图 (複数 **bunnies** [-z]) 《小児語》ウサギちゃん, ウサちゃん(▶ rabbit (ウサギ)の愛称).

bunt [bʌnt バント] 動 自《野球》バントをする.
—— 图《野球》バント.

buoy [búːi ブーイ, bɔi ボイ] (発音注意) 图 ブイ, 浮標(ふひょう).

burden 2級 [bə́ːrdn バ〜ドゥン] 图 (精神的な)重荷, 負担;荷物.

bureau 2級 [bjú(ə)rou ビュ(ア)ロウ] 图 (複数 **bureaus** [-z] または **bureaux** [bjú(ə)rouz])
1 (政府・官庁の)局, 部;事務所, 案内所.
an information *bureau* 受付, 案内所.
2 《米》(上部に鏡のついた)寝室(しんしつ)用たん

す;《英》(引き出しのついた)事務机.

burger [bə́ːrgər バ〜ガァ] 图 ハンバーガー(= hamburger).

burglar [bə́ːrglər バ〜グラァ] 图 (ふつう夜間にしのびこむ)どろぼう.

burial [bériəl ベリアル] 图 埋葬(まいそう);葬式(そうしき). → 動 bury

burn 準2 [bəːrn バ〜ン] フォニックス79
ur は [əːr] と発音する.
動 (3単現 **burns** [-z];過去 過分 **burned** [-d] または **burnt** [bəːrnt];ing **burning**) 他
1 …を**燃やす**, 焼く.
He *burned* his old letters.
彼は昔の手紙を燃やした.
2 (食べ物など)**をこがす**.
I *burned* the fish. 魚をこがしちゃった.
3 …をやけどさせる;…を日焼けさせる.
She *burned* her finger.
彼女は指をやけどした.
—— 自 **1** **燃える**, 焼ける.
The candles are still *burning*.
ろうそくはまだついている.
2 (食べ物などが)**こげる**;日焼けする.
Oh no, the toast is *burning*.
あーあ, トーストがこげてるよ.
burn down (家などが)すっかり焼ける, 全焼する;…をすっかり焼く, 全焼させる.
The temple *burned down*.
その寺は全焼した.
burn out 燃えつきる;燃えつくす;《be burned out で》焼け出される.
The bulb has *burned out*.
電球が切れた.
A lot of families *were burned out*.
多くの家族が焼け出された.
—— 图 (複数 **burns** [-z]) (火による)やけど.

burned-out [bə́ːrndáut バ〜ンダウト] 形 燃えつきた;つかれ切った.

burning [bə́ːrniŋ バ〜ニング] 形 燃えている;強烈な;緊急の.

burnt [bəːrnt バ〜ント] 動 burn (…を燃やす)の過去・過去分詞の1つ.
—— 形 焼けた;こげた, やけどした.

burnt-out [bə́ːrntáut バ〜ンタウト] 形 = burned-out.

burst 準2 [bəːrst バ〜スト] 動 (過去 過分 burst) 自 **1** 破裂(はれつ)する, 爆発(ばくはつ)する, 割れる;はちきれる.
The balloon *burst*. 風船が割れた.

one hundred and fifteen 115

bury

2 急に(ある状態に)なる.
The door *burst* open.
ドアがとつぜん開いた.
── 他 …を破裂させる, 爆発させる.

burst into (部屋など)にとつぜん入りこむ;とつぜん…しだす.
I was surprised when he *burst into* the room. 彼がとつぜん部屋に入ってきたときにはびっくりした.
She *burst into* tears.
彼女は急に泣きだした.

burst out -ing とつぜん…しだす.
He *burst out* laughing.
彼は急に笑いだした.
── 名 破裂, 爆発;とつぜん起こること.

bury 2級 [béri ベリィ] (u は例外的に [e] と発音する) 動 (3単現 **buries** [-z]; 過去 過分 **buried** [-d]; ing **burying**) 他 …を埋葬する;…をうめる, かくす.
He is *buried* in this cemetery.
彼はこの墓地に埋葬されている.
The dog *buried* it in the ground.
犬はそれを地面にうめた. → 名 burial
[同音語] berry (ベリー)

bus 5級 名 バス

[bʌs バス] フォニックス46 u は [ʌ] と発音する.
名 (複数 **buses** [-iz], (米)ときに **busses** [-iz]) バス.
get on a *bus* バスに乗る.
We're getting off the *bus* at the next stop. 次のバス停で降りるからね.
I took a *bus* to Tokyo Station.
東京駅までバスに乗った.
I met a classmate on the *bus*.
バスで同じクラスの子に会った.
I missed my *bus* this morning.
けさいつものバスに乗り遅れた.

背景 ❶ (英)では長距離バスや観光バスを coach というが, (米)では bus という. 英米ともに長距離バスが発達し, とくにアメリカでは, 日本の鉄道のように全国的な輸送機関として利用されている. ❷ bus という語は,「すべての人々のため」という意味の omnibus [ɑ́mnəbʌs]からきている.

バスに関する表現

a bus driver バスの運転手.
a bus stop バス停.
a double-decker (bus) 2階建てバス.
a long-distance bus
(= (英) coach) 長距離バス.
a microbus [máikrəbʌs] マイクロバス.
a school bus スクールバス.
a shuttle (bus) シャトルバス.
a sightseeing bus 観光バス.
a tour bus guide バスガイド.

アメリカのスクールバス.

用法「乗る」「降りる」の言い方
バスや列車の場合,「乗る」「降りる」はそれぞれ get on, get off をいうが, タクシーや乗用車に「乗る」は get in,「降りる」は get out of という. take はある場所へ行くために「乗る, 利用する」の意味.

by bus バスで.
Let's go there *by bus*.
バスでそこへ行きましょう (▶交通手段を表すときは bus の前に a や the はつけない).

ライティング
I usually go to school *by bus*.
私はたいていバスで学校に行きます.

bush [buʃ ブッシ] 名 **1** 低木, かん木 (背が低くて枝の多い木);かん木の茂み, やぶ.
2 [しばしば the をつけて] (とくにアフリカやオーストラリアの) 未開地;奥地.

busier [bíziər ビズィア] 形 busy (忙しい) の比較級.

busiest [bíziist ビズィエスト] 形 busy (忙しい) の最上級.

busily [bízili ビズィリィ] 副 忙しく;せっせと, 熱心に. → 形 busy

business 3級 [bíznis ビズネス] (u は例外的に [i] と発音し, i は発音しない)

◀ **but**

名（複数 **businesses** [-iz]）**1 仕事**, 職業；任務；用件.
"What *business* is he in?" "He's in computers."
「彼の仕事はどういう関係ですか」「コンピューター関係です」
She is away on a *business* trip.
彼女は出張している.

2 商売, 取り引き, 営業, ビジネス, 事業；景気.
business English ビジネス英語.
business hours 営業時間.
How's *business*? 景気はどうですか.

3 口出しすべきこと, 関係のあること.
It's none of your *business*. (= Mind your own *business*.)
（口語）それはきみの知ったことじゃない→大きなお世話だ（▶きつい言い方なので注意）.

on business 仕事で；商用で.
My father went to Hong Kong *on business*. 父は仕事でホンコンへ行った.

businessman 準2 [bíznismæn ビズネスマン]（i は発音しない）名（複数 **businessmen** [-men]）（男性の）実業家, 重役；ビジネスマン, 会社員.

> 🗨用法 businessmanと「ビジネスマン」
> ❶英語の businessman はふつう経営者や会社などの重要な地位にある人をさすが,「会社員, サラリーマン」の意味で使われることもある.
> ❷ businessperson が性差のない語.

businessperson [bíznispə:rsn ビズネスパースン] 名（複数 **businesspeople**）実業家, 重役；会社員（▶特に管理職をさす. 男女ともに使える語）.

businesswoman [bíznizwumən ビズネスウウマン] 名（複数 **businesswomen** [-wimin]）女性の実業家（▶ businessperson が性差のない語）.

bus stop 5級 [bʌ́s stὰp ‖ stɔ̀p] 名 バス停.

bust [bʌst バスト] 名（女性の）胸部, バスト；胸まわりの寸法；胸像, 半身像.

busy 4級 形 忙しい, にぎやかな

[bízi ビズィ]（u は例外的に [i] と発音する）

形（比較 **busier**；最上 **busiest**）**1**（人などが）**忙しい**（反 free ひまな）；**(be busy with** で）…で忙しい；**(be busy + -ing 形** で）…するのに忙しい.
I'm *busy* now, so I'll call you back later.
いまは忙しいから, あとで電話をかけ直すよ.
He *is busy with* some important work. 彼はだいじな仕事で忙しい.
She *is busy doing* her homework.
彼女は宿題をするのに忙しい.
Wednesday is the *busiest* day for me. 水曜がいちばん忙しい曜日です.
→副 busily

> ✏ライティング
> I was *busy* all day today.
> 今日は1日中忙しかった.

2（場所が）**にぎやかな**, 人通りの多い.
a *busy* street
にぎやかな通り, 交通量の多い通り, 繁華街.

忙しい ：交通量・人通りの多い

3《米》（電話が）話し中で（=《英》engaged）.
The line is *busy* again. また話し中だよ.

but 5級 接 しかし

[bət バト,（強めると）bʌt バット]

接 **しかし**, …だが, …だけど.
I like tennis, *but* I'm not very good at it.
テニスは好きだけど, あまりうまくないんだ.
It was sunny, *but* cold.
晴れていたが寒かった.
Excuse me, *but* could you tell me how to get to the station?
すみませんが, 駅へ行く道を教えていただけませんか（▶ Excuse me や I'm sorry などのあとで使う but はほとんど意味をもたない）.
I'm sorry, *but* I can't go.
悪いんだけど行けないよ.

butcher ▶

🔵プレゼン
Our city is small, *but* there are a lot of beautiful places.
私たちの市は小さいですが、美しい場所がたくさんあります。

not ~ but ... 〜ではなく….
She's *not* my sister *but* my cousin.
彼女は私の姉妹じゃなくていとこだよ。

not only ~ but (also) ... 〜だけでなく…も. → not

—— 副 《文語》ほんの、ただ…だけ（= only）.
Life is *but* a dream. 人生は夢にすぎない。

—— 前 …のほかは、…を除いて（= except）.
Everyone *but* him came.
彼以外は全員来た。

all but …のほかは全部；〜も同然. → all
anything but …以外なら何でも.
→ anything
nothing but ただ…だけ、単なる….
→ nothing

butcher [bútʃər ブチャ] 名 （人をさして）精肉業者、精肉店の主人（▶店は、（米）butcher shop,（英）butcher's）.

butter 4級 [bʌ́tər バタァ] 名 バター；バターに似たもの（▶ a をつけず、複数形なし）.
Could you spread *butter* on my toast? トーストにバターをぬってくれる？
Butter is made from milk.
バターは牛乳からつくられる。
peanut *butter* ピーナッツバター.

—— 動 他 （パンなど）にバターをぬる.

butterfly 5級 [bʌ́tərflai バタフライ]
名 (複数 butterflies [-z]) **1** (虫) **チョウ**.
I saw a rare *butterfly* today.
今日めずらしいチョウを見た。
2 《ふつう the をつけて》《水泳》バタフライ.

buttock [bʌ́tək バトク] 名 《ふつう複数形で》（人・動物の）おしり.

button 3級 [bʌ́tn バトゥン] 名 **1** （服の）ボタン.
Your second *button* is open.
上から2つ目のボタンがはずれているよ。
2 （ベルなどの）押しボタン；（電気製品などの）ボタン.
Push this *button*.

このボタンを押して。
Click the *button* below.
下のボタンをクリックしてください。

buy 5級 動 …を買う

[bai バイ]
動 (3単現 buys [-z]; 過去 過分 bought [bɔːt ボート]; ing buying) 他 **…を買う** (反 sell …を売る)；…をおごる；**(buy ＋人＋物／buy ＋物＋ for ＋人で)** (人) に (物) を買ってやる.

sell　　　buy

I *bought* the bag yesterday.
きのうそのかばんを買いました。
We went shopping, but didn't *buy* anything.
買い物に行ったけど、何も買わなかった。
My father *bought* me a dictionary.
(= My father *bought* a dictionary *for* me.) 父はぼくに辞書を買ってくれた。
I'll *buy* you lunch. お昼は私がおごるよ。
What should I *buy for* my mom?
お母さんには何を買ったらいいかな？
I *bought* this toy from that shop.
このおもちゃはあの店で買った。
He *bought* the game software for 5,000 yen.
彼はそのゲームソフトを5000円で買った。

✏ライティング
I went to a bookstore and *bought* some books yesterday.
きのう書店に行って本を何冊か買いました。

—— 自 買う、買い物をする.

🟢用法 **buy** と **get** と **purchase**
buy は「買う」という意味のもっとも一般的な語。**get** は話し言葉で使う言い方で、ふだんの買い物で使う。**purchase** は改まった語で、とくに家や車など高価な商品を「購入する」ときなどに使う。

― 名 (複数 buys [-z]) 買い物(すること); 安く買うこと; 格安品.
It's a good *buy*. それはいい買い物だよ.
[同音語] by (…のそばに), bye (さよなら)

buyer [báiər バイア] 名 買い手 (反 seller 売り手); 商品仕入れ係, バイヤー.

buying [báiiŋ バイイング] 動 buy(…を買う)の -ing 形.

buys [baiz バイズ] 動 buy (…を買う)の3人称単数現在形.

buzz [bʌz バズ] 動 (3単現 buzzes [-iz]; 過去 過分 buzzed [-d]; ing buzzing) 自
(虫・機械などが) ブンブンいう, ブンブン飛び回る; ブザーを鳴らす.
A fly is *buzzing* around in my room.
私の部屋の中をハエがブンブン飛び回っている.
― 他 …をブンブン鳴らす; …をブザーで呼ぶ.
The fly *buzzed* its wings.
ハエは羽をブンブン鳴らした.
― 名 (虫・機械などの) ブンブンいう音.

buzzer [bʌ́zər バザァr] (発音注意) 名 ブザー.
press a *buzzer* ブザーを押す.

by 5級 前 [手段・行為者]…によって [場所]…のそばに

[bai バイ, (強めると) bai バイ]
前 **1** [交通手段・通信手段・支払い方法などを表して] **…で, …を利用して** (▶ by のあとに交通・通信手段がくるときは単数形で a や the をつけない).

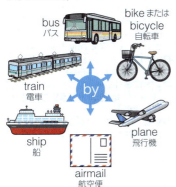

bus バス
bike または bicycle 自転車
train 電車
by
plane 飛行機
ship 船
airmail 航空便

"How long does it take to get there?" "Five minutes *by* car, twenty minutes on foot."
「そこに着くまでどのくらいかかる?」「車なら5分, 徒歩なら20分だよ」

💬用法 「自分の車で」「9時の電車で」の言い方
交通手段を表して「車で」というときは by car を使うが,「自分の車で」というときは by my car とはいわずに, in my car という.
I went there *in my car*.
(私は自分の車でそこに行った)
また,「9時の電車で」のように具体的にいうときは by the 9:00 train のように, the をつけていう.
I'm going to Tokyo *by the* 9:00 Shinkansen.
(私は9時の新幹線で東京に行く)

I'll contact him *by* phone or email.
電話かメールで彼に連絡してみるよ.
How long does it take *by* airmail?
航空便なら何日かかりますか.
Are you paying *by* cash or credit card?
お支払いは現金とカードどちらになさいますか.

「手段・方法」を表す by
[交通手段]
by bike 自転車で.
by boat 船で.
by bus バスで.
by car 車で.
by plane 飛行機で.
by ship 船で.
by subway (=(英)by tube)地下鉄で.
by train 列車で, 電車で.
[通信手段]
by airmail 航空便で.
by email メールで.
by letter 手紙で.
by phone 電話で.

2 [場所・位置を表して]**…のそばに** (同 near, beside); …のそばを通り過ぎて.
The girl was sitting *by* her mother.
女の子は母親のそばですわっていた.
A group of children ran *by* me.
子どもたちの一団が私のそばを走り過ぎた.

one hundred and nineteen 119

bye ▶

💬**用法 by と near と beside**
by は「…のそばに」という意味では near よりももっと近い感じを表す. たとえば live *by* the sea は海が見える場所に住むことを表しているが, live *near* the sea はかならずしも海が見えるわけではなく「海の近くに住む」ことを表す. また beside は「横に, そばに」という意味が強い.

3 [体の部分を表して] (人の) **…を**, …で.
Someone caught me *by* the arm.
だれかが私の腕をつかまえた (▶このように体の一部をいうときは, by のあとに「the +部分名」を続ける).

4 [受け身の文などで] **…によって** (▶ by のあとにはふつう動作をする人や原因などがくる).
Romeo and Juliet was written *by* Shakespeare.
『ロミオとジュリエット』はシェークスピアによって書かれた.
His house was destroyed *by* fire.
彼の家は火事で焼失した.

5 [期限を表して] **…までに**. → till, until
You must do it *by* tomorrow.
あすまでにそれをしなさい.
I'll be there *by* five o'clock.
ぼくは5時までにはそこに行ってますよ.

✎**文法 by と until**
by は「…までに」の意味で期限を表すのに対して, until は「…までずっと」の意味で動作・状態の続く期間を表す.
He'll be home *by* six. 彼は6時までに帰宅します (→6時以降は家にいる).
He'll be home *until* six. 彼は6時まで (ずっと) 家にいます (→6時以降は家にいない).

6 [経路を表して] **…を通って**, …を経由して.
My father will come home *by* way of London.
父はロンドン経由で帰国する.

7 [数・量・程度を表して] **…だけ**.
Bill is older than Mike *by* three

years. (= Bill is three years older than Mike.)
ビルはマイクより3歳年上です.
Prices have risen *by* 5% this year.
今年になって物価は5%上昇した (▶5%は five percent と読む).

8 [単位を表して] **…単位で**, …ぎめで.
I'm paid *by* the hour.
私は時給で給料をもらっている.

9 [乗除・寸法を表して] **…で** (かけて, 割って).
Three multiplied *by* four equals twelve. (= 3 multiplied *by* 4 is 12.)
3かける4は 12 (3×4= 12).

by all means もちろんです. → means
by chance 偶然に. → chance
by day 昼の間は. → day
by mistake まちがって. → mistake
by night 夜の間は. → night
by now いまごろはもう. → now
by myself 1人で. → oneself
by the way ところで. → way
by turns 代わる代わる. → turn
day by day 日ごとに. → day
little by little 少しずつ. → little
one by one 1人ずつ, 1つずつ. → one

── 圖 **そばに**, そばを通り過ぎて.
I watched his car going *by*.
私は彼の車が通り過ぎていくのをずっと見ていた.
Time goes *by*.
時は過ぎゆく.
[同音語] buy (…を買う), bye (さよなら)

bye [bái バイ] 圖《口語》さよなら, じゃあね, バイバイ (= bye-bye) (▶ goodbye よりもくだけた言い方で, 親しい人同士で使う).
→ goodbye
Bye (for) now.
じゃあね, さよなら.
[同音語] by (…で), buy (…を買う)

bye-bye [báibái バイバイ] 圖《口語》さよなら, じゃあね, バイバイ (= bye).

bypass [báipæs バイパス ‖ -pɑ:s -パース] 图 バイパス, (自動車用の) う回路;《医》バイパス (手術).

byte [báit バイト] 图《コンピューター》バイト (▶英字1文字を表現する情報量の単位).

C c C c C c

C, c [siː スィー] 名 (複数 **C's, c's** [-z] または **Cs, cs** [-z]) **1** シー (アルファベットの3番目の文字).
2 《大文字 C で》《米》(学科の成績の)C(A〜D, Fという評価のうち3番目の成績). → A [同音語] sea (海), see (…が見える)

C, C. (略) = Celsius, centigrade (セ氏(の)). → F, Celsius, centigrade

c., ¢ (略) = cent(s) (セント).

CA, Cal. (略) = California (カリフォルニア州).

cab [kæb キャブ] 名 タクシー (= taxi).
We took a *cab* to the station.
駅までタクシーに乗った.

cabbage [kǽbidʒ キャベヂ] (発音注意) 名 キャベツ.
two *cabbages* キャベツ2個 (▶ two heads of *cabbage* ということもある).

> 背景 ヨーロッパの言い伝えでは, 赤んぼうはキャベツから生まれるとされる. → stork

cabin [kǽbin キャビン] 名 **1** (森や山の中などにある簡素な木造の) 小屋. → hut
a log *cabin* 丸太小屋.
2 (船の) キャビン, 船室; (飛行機の) 客室.

cabinet [kǽbənit キャビネト] 名 **1** (食器などを入れる) 戸だな. → kitchen (図)
a kitchen *cabinet* 食器戸だな.
2 《ふつう the Cabinet で》内閣.

cable 準2 [kéibl ケイブル] 名 **1** (電気・電話などの) ケーブル.
2 ケーブルテレビ (= cable TV[television]).

cable car [kéibl kɑːr] 名 ケーブルカー; ロープウェー (= ropeway).

サンフランシスコのケーブルカー.

cable television [kéibl téləvìʒən] 名 ケーブルテレビ, 有線テレビ (▶ cable TV ともいう. 略語は CATV).

cacao [kəkáu カカウ, kəkáːou カカーオウ] 名 (複数 **cacaos** [-z]) (植) カカオの木 (熱帯アメリカ原産の常緑樹); カカオの実 (ココアとチョコレートの原料; cacao bean ともいう).

cactus [kǽktəs キャクタス] 名 (複数 **cactuses** [-iz] または **cacti** [kǽktai]) (植物) サボテン.

Caesar [síːzər スィーザァ], **Julius** 名 ジュリアス・シーザー (紀元前 100 ? -44; 古代ローマの将軍・政治家. ブルータスらに暗殺された).

café, cafe 4級 [kæféi キャフェイ, kəféi カフェイ] (<フランス語>) 名 (軽い食事のできる) 喫茶店, カフェ; 軽食堂.

cafeteria 5級 [kæ̀fətí(ə)riə キャフィティ(ア)リア] (<スペイン語>) 名 (複数 **cafeterias** [-z]) カフェテリア.

> 背景 学校や工場などの食堂で, 自分の好きなものをとって各自テーブルへ運んで食べるセルフサービス式のもの. 一般に安価で気軽に利用できる.

cage [keidʒ ケイヂ] 名 鳥かご; (動物の) おり.

Cairo [káiə)rou カイ(ア)ロウ] 名 カイロ (エジプト・アラブ共和国の首都).

cake 5級 [keik ケイク] フォニックス48 a は [ei] と発音する.
名 (複数 **cakes** [-s]) **1 ケーキ**, 洋菓子.
I love *cakes*. ケーキは大好きだ.

calculate ▶

make a cake ケーキをつくる
How about some cheese*cake*?
チーズケーキはいかが？

ケーキのいろいろ
a birthday cake バースデーケーキ.
a cheesecake チーズケーキ.
a chocolate cake チョコレートケーキ.
a decorated cake
《米》デコレーションケーキ.
a fancy cake 《英》デコレーションケーキ.
a fruitcake フルーツケーキ.
a pancake パンケーキ, ホットケーキ.
a pound cake
パウンドケーキ（スポンジケーキの一種）.
a sponge cake スポンジケーキ.
a strawberry layer cake
ショートケーキ.
a wedding cake ウェディングケーキ.

📖文法 cake の数え方
大きな丸い台型のケーキは a cake,
two cakes のようにいうが, 日本のケー
キ店の店頭に並んでいるような小さめ
のケーキやナイフを入れて切ったものは
a piece of cake, two pieces of
cake のようにいう.

2 丸い形をした食べ物；（平たくかたい）か
たまり.
a rice *cake* おもち.
***You can't have your cake and eat
it (too).*** 《ことわざ》一度に両方やろう
としても無理だ（▶文字どおりの意味は「ケー
キを食べたら手元に残らない」）.

calculate 2級 [kǽlkjuleit キャルキュレイ
ト] 動 他自（…を）計算する.
I'm not very good at *calculating* in
my head. 暗算はあまり得意ではない.

calculation [kælkjuléiʃən キャルキュレイ
ション] 名 計算.

calculator 4級 [kǽlkjuleitər キャルキュ
レイタァ] 名 計算器, 電卓.
Can I use your *calculator*?
きみの電卓, 貸してくれる？

calendar 5級 [kǽləndər キャレンダァ]（つ
づり注意）名 カレンダー, こよみ.
the solar *calendar* 太陽暦.

calf¹ [kǽf キャフ ‖ kɑːf カーフ]（発音注意）
名（複数 calves [kǽvz ‖ kɑːvz]）子牛.

calf² [kǽf キャフ ‖ kɑːf カーフ] 名（複数
calves [kǽvz ‖ kɑːvz]）(足の) ふくらはぎ.

California [kæləfɔ́ːrnjə キャリフォーニャ]
名 カリフォルニア州（アメリカ太平洋岸にあ
る全米最大の人口を誇る州；略語は CA また
は Cal., Calif.）.

call 5級 動（…に）電話をかける,
（…を）呼ぶ

[kɔːl コール]
動（3単現 calls [-z]；過去 過分 called [-d]；
ing calling）他 **1** …に電話をかける,
電話をする.
"*Call* me tonight." "OK."
「今夜電話して」「わかったよ」
Call this number in case of emer-
gency.
緊急の場合はこの番号にお電話ください.
How late can I *call* you tonight?
今晩何時ごろまでだったら電話していい？
2《call ＋目的語＋名詞などで》～を…と
呼ぶ.
I'm Rieko. Please *call* me Rie.
私はリエ子です. リエと呼んでください.
What is it *called* in English?
それを英語では何と言うんですか.
We have a cat *called* Momo.
うちにはモモという名前のネコがいるんだよ.

🗨スピーキング
Ⓐ What do you *call* this in
English?
これを英語でどう言いますか.
Ⓑ It's a can opener.
'can opener'（かん切り）と言います.

3 …を呼ぶ；《call ＋物＋ for ＋人で》(人)
に (車など) を呼んでやる.
Call the police. 警察を呼んで.
Call an ambulance.
救急車を呼んで.
Answer if you're *called*.
呼ばれたら返事をしてください.
Could you *call* a taxi *for* me?
タクシーを呼んでもらえますか.
—自 **1** 電話をかける, 電話する.
I'll *call* again later.
あとでまた電話します.
Thank you for *calling*.

◀ **Cambridge**

お電話ありがとう.

🔊**スピーキング**

call をふくんだ会話表現

"Who's calling, please?" "This is Ed White."
(電話で)「どちらさまですか」「エド・ホワイトです」

Who are you calling, please?
どなたにおかけでしょうか.

Please call me at this number.
この番号に電話してね.

Please call me later.
あとで電話してね.

I'll call back later.
あとでこちらから電話をかけ直します.

2 (大きな声で) **呼ぶ**, さけぶ.
Someone is *calling* for help.
だれかが助けを求めてさけんでいるよ.

call at (家) **を短時間訪問する**, (場所) に立ち寄る.
I *called at* Mr. Smith's house yesterday. 私はきのうスミスさんの家を訪ねた.

call back (…に) **電話をかけ直す**.
I'll *call back* later.
あとでこちらから電話をかけ直します.

call for …を要求する (= demand).
call for lower prices 値下げを要求する.

call off …を中止する, やめる (= cancel).
The school trip was *called off*.
修学旅行は中止になった.

call on (人) **を短時間訪問する** (= visit); 《**call on＋人＋to ...** で》(人に) …することをたのむ.
I *called on* Ms. Brown this morning.
私はけさブラウンさんを訪ねました.

call out 大声でさけぶ; 声をかける.
The man *called out* for help.
その人は大声で助けを求めた.

call up (人・番号) に電話をかける.
―― 图 〔複数〕 **calls** [-z] **1** **電話** (をかけること), (電話の) **呼び出し**, 通話.
There's a *call* for you.
(あなたに) 電話ですよ (▶近くにいる人になら
It's for you. でよい).
You got a *call* from Yui.
結衣から電話があったよ.

2 呼び声, さけび.
a *call* for help 助けを求める声.

3 (短い) **訪問**.

give ... a call …に電話する.
Give me *a call* next time you're in town. 今度町に来たら電話ちょうだい.

make a call 電話する.

call center [kɔ́ːl sèntər] 图 (会社の) 問い合わせ窓口, コールセンター.

called [kɔːld コールド] 動 call (…を呼ぶ) の過去・過去分詞.

caller [kɔ́ːlər コーラァ] 图 電話をかける人, 発信者.

calligraphy [kəlígrəfi カリグラフィ] 图 書道; カリグラフィー (▶特殊なペンや筆を使って文字を美しく書く技術).

calling [kɔ́ːliŋ コーリング] 動 call (…を呼ぶ) の -ing 形.
―― 图 天職, 職業; 呼ぶこと.

calls [kɔːlz コールズ] 動 call (…を呼ぶ) の3人称単数現在形.
―― 图 call (呼び声) の複数形.

calm 準2 [kɑːm カーム] (l は発音しない) 形 **1** (人・気分などが) 落ち着いた, 冷静な.
Keep *calm*! 冷静でいなさい.

2 (海・天候が) おだやかな.
The sea was *calm* all day today.
今日, 海は一日中おだやかだった.
―― 動 他 (人・感情など) を落ち着かせる.
―― 自 (人・感情などが) 落ち着く.

calm down 落ち着く; (人) を落ち着かせる.
Calm down and tell me what happened. 落ち着いて何があったか話して.

calmly [kɑ́ːmli カームリィ] 副 落ち着いて; おだやかに.

calorie [kǽləri キャロリィ] 图 カロリー.
Potato chips have a lot of *calories*.
ポテトチップスはカロリーが高い.

calves [kævz キャヴズ‖ kɑːvz カーヴズ] 图 calf¹ (子牛), calf² (ふくらはぎ) の複数形.

Cambodia [kæmbóudiə キャンボウディア] 图 カンボジア (インドシナ半島南西部の国; 首都はプノンペン (Phnom Penh)).

Cambodian [kæmbóudiən キャンボウディアン] 形 カンボジアの; カンボジア人の.
―― 图 カンボジア人.

Cambridge [kéimbridʒ ケインブリヂ] 图 **1** ケンブリッジ (イングランド南東部の都市で, ケンブリッジ大学の所在地); ケンブリッジ大学 (オックスフォード大学とともにイギリスの代

one hundred and twenty-three 123

came ▶

表的な大学；正式にはCambridge Universityという).
2 ケンブリッジ（アメリカのマサチューセッツ州の都市で，ハーバード大学の所在地).

came 4級 [keim ケイム]

動 come (来る) の過去形.

camel [kǽməl キャメル] **名**《動物》ラクダ.

camellia [kəmíːljə カメーリャ] **名**《植物》ツバキ.

camera 5級 [kǽm(ə)rə キャメラ]

名《複数》**cameras** [-z]）**カメラ**.
a digital *camera*
デジタルカメラ，デジカメ.
a video *camera* ビデオカメラ.
I left my *camera* somewhere.
カメラをどこかに置き忘れてきちゃった.

cameraman [kǽm(ə)rəmæn キャメラマン] **複数** **cameramen** [-men] **名**（テレビ・映画などの）カメラマン，撮影技師（▶最近は男女を区別しない camera operator, camera person という言い方が好まれる.「写真を撮るカメラマン」「（一般に）写真を撮る人」は photographer という).

camp 5級 [kæmp キャンプ]

名《複数》**camps** [-s]）**キャンプ**；キャンプ地；（捕虜などの）強制収容所.
My children are going (to go) to summer *camp*.
うちの子どもたちはサマーキャンプに行くの（▶日本の「林間学校」や「臨海学校」に近い).
── **動**（3単現 **camps** [-s]；過去 過分 **camped** [-t]；ing **camping**）**自** **キャンプをする**.

go camping キャンプに行く.
Why don't we *go camping* over the weekend?
週末にキャンプに行かない？

campaign 2級 [kæmpéin キャンペイン]（発音注意）**名**（選挙などの）運動，キャンペーン.
an election *campaign* 選挙運動.
a *campaign* against drugs
麻薬撲滅運動.

camper [kǽmpər キャンパァ] **名** キャンプをする人.

campfire [kǽmpfaiər キャンプファイア] **名**

キャンプファイア.

campground [kǽmpgraund キャンプグラウンド] **名**《米》キャンプ場（=《英》campsite).

camping 5級 [kǽmpiŋ キャンピング] **名** キャンプ，キャンプすること；キャンプ生活.

campsite [kǽmpsait キャンプサイト] **名**《英》キャンプ場（=《米》campground).

campus 準2 [kǽmpəs キャンパス] **名**（大学の）キャンパス，敷地.
on a college *campus*
大学のキャンパスで.

can¹ 5級 助 …できる，…してもよい

[kən カン，キャン，（強めると）kæn キャン]
助（過去 **could** [kəd クド]）**1**［能力を表して］**…できる**. → able
I *can* swim. ぼくは泳げます.
Ostriches *can't* fly, but they *can* run very fast. ダチョウは飛べないが，とても速く走ることができる.
Can you hear me?
私の声が聞こえますか.
How *can* I open this?
これどうやったら開けられるの？

> 📝 文法 can の使い方
> ❶ can は動詞の原形といっしょに使う.
> ❷ can は主語が何であってもいつも can の形のまま使う. 3人称単数の主語の場合でも語尾に -s をつけない.
>
> × Ben cans play...
> can は主語が3人称単数でも -s はつけない.
> × Ben can plays...
> can のあとには動詞の原形がくる.
> ○ Ben can play...
>
> | I We You They He She It | + can + 動詞の原形… |
> 主語が何でも can.

◀ can²

❸未来の文では will be able to を使う。You'll be able to swim soon. (すぐに泳げるようになるよ). 現在完了形では have been able to, has been able to を使う. → able

× You will can play...
助動詞は2つ並べられない.
○ You will be able to play...

❹ could は「…が可能だった (…する能力があった)」ことのみを表し, 実際にそれが行われたとは限らない. 一方, was able to / were able to は「実際に…できた (した)」という意味になる. → able, could

❺ can の否定形は cannot だが, 話し言葉では省略して can't ということが多い.

2 [許可を表して] **…してもよい**, …してもかまわない ; 《Can I ...? / Can we ...? で》 **…してもいいですか**, …してもかまいませんか.

You *can* have cake for dessert.
デザートにケーキを食べてもいいよ.
You *can* park your car here.
ここに車を止めてもかまいませんよ.
"*Can* I have two of these?" "Sure. Go ahead."
「これを2つもらってもいいですか」「ええ, どうぞ」

🔷文法 Can I ...? と May I ...?
許可を求めるときはふつう Can I ...? を使う. May I ...? は改まった場面で使う. Can I use your ballpoint? (ボールペン, 貸してもらえる?) / May I sit here? (ここにすわってもよろしいですか)

🔷スピーキング
Ⓐ *Can* I borrow your book?
きみの本を借りていいかい？
Ⓑ Sure. / No problem. / Certainly. いいとも.
Ⓑ I'm sorry I'm reading it right now. *Can* you wait until tomorrow? 悪いけどいま読んでいるんだ. あすまで待てる？

3 [依頼を表して] 《Can you ...? で》 **…してくれませんか**, …してもらえますか (▶ややくだけた言い方なので, ていねいにものを頼む必要があるときは Could you ...? や Would you ...? を使うほうがよい). → could, would

Can you help me with my homework? 宿題を手伝ってくれる？

4 [申し出を表して] 《I can ... で》 **…してもかまわない** ; 《Can I ...? で》 **…しましょうか** (▶よりていねいに申し出るときは Could I ...? を使う).

I *can* do your shopping if you want.
よかったらあなたの代わりに買い物をしてきてもいいよ.
Can I take a message?
(電話などで) 伝言をおうかがいしましょうか.
Can I help you?
お手伝いしましょうか ; (店員が) いらっしゃいませ, 何をおさがしでしょうか.

5 [可能性を表して] **…する可能性がある**, …でありうる.
Can it be true? それは本当？

6 [否定文で] **…のはずがない**.
The news *can't* be true.
そのニュースは本当のはずがない.
You *can't* be serious.
きみは本気のはずはない (→冗談で言ってるんだろ).

as ... as** one **can **できるだけ…** (＝as ... as possible).
Get ready *as* soon *as* you can.
できるだけ早く準備しなさい.

cannot help -ing **…せずにいられない**, 思わず…してしまう. → help
The mistake he made was so funny that I *couldn't help laughing*.
彼がやったまちがいがとてもおかしかったので, 私は思わず笑ってしまった.

cannot ~ too ... いくら～しても…しすぎることはない. → too

can² [kǽn キャン] 图 (食品の) **かんづめ** ; (金属製の) **かん, 容器** (＝《英》tin).
a *can* of tuna ツナかん1つ.
a *can* opener かん切り.
a *can* of paint ペンキのかん.
── 動 (過去・過分 **canned** [-d] ; ing canning) 他 **…をかんづめにする**.

Canada ▶

Canada 5級 [kǽnədə キャナダ]
名 **カナダ** (北アメリカ大陸にある国;首都は
オタワ(Ottawa). 英語とフランス語が公用語.
南隣のアメリカとのつながりが強い;略語は
Can.).
There is a lot of natural beauty in
Canada.
カナダには美しい自然がたくさんある.

Canadian [kənéidiən カネイディアン] (発音
注意) 形 カナダの;カナダ人の.
the *Canadian* Rockies
カナディアンロッキー.
── 名 カナダ人.

canal [kənǽl カナル] (アクセント注意) 名
運河.
the Suez *Canal* スエズ運河.

canary [kəné(ə)ri カネ(ア)リィ] (アクセント
注意) 名 (複数 canaries[-z]) (鳥)カナリア.

Canberra [kǽnb(ə)rə キャンベラ] 名
キャンベラ (オーストラリアの首都).

cancel 3級 [kǽnsl キャンスル] 動 (過去
過分 canceled, (英) cancelled [-d]; ing
canceling, (英) cancelling) 他 (行事・予
定・約束など)を取り消す, 中止する, キャ
ンセルする.
The firework display was *canceled*
because of rain.
花火大会は雨で中止になった.
I've got to call and *cancel* my
dental appointment.
歯医者さんに電話して予約をキャンセルしな
きゃ.

cancellation [kæns(ə)léiʃən キャンセレイ
ション] 名 取り消し, キャンセル;欠航, 運休.

cancer 準2級 [kǽnsər キャンサァ] 名 (医
学)がん.
He died of lung *cancer*.
彼は肺がんで亡くなった.

candidate 2級 [kǽndideit キャンディデイ
ト] 名 (職・地位などへの)候補者; (就職な
どの)志願者.
a *candidate* for president (= a
presidential *candidate*) 大統領候補者.

candle 3級 [kǽndl キャンドゥル] 名 ろう
そく.
blow out a *candle* ろうそくを吹き消す.
Let's light the *candles* on the cake.
さあ, ケーキのろうそくに火をつけましょう.

candlestick [kǽndlstik キャンドゥルスティ
ク] 名 燭台, ろうそく立て.

candy 5級 [kǽndi キャンディ] 名 (複数
candies [-z]) (米) キャンディー, 菓子
(= (英) sweets) (▶種類を述べるとき以外は
数えられない名詞あつかい. 数えるときは a
piece of candy, two pieces of
candy のようにする).
Saki gave me a piece of *candy*.
沙紀がキャンディーを1個くれた.
Don't eat too much *candy*.
お菓子を食べすぎちゃだめよ.

> 💬用法 candy と「キャンディー」
> candy は日本語の「キャンディー」より
> 意味が広く, キャラメルやチョコレートな
> ど砂糖を主原料とした菓子やあめ類全
> 般をさす.

candy bar [kǽndi bàr] 名 (米) キャ
ンディーバー (チョコレートにくるまれた棒状
のあめ).

cane [kein ケイン] 名 つえ, ステッキ; (トウ・
竹などの)細長い茎.

canned [kænd キャンド] 形 かんづめにし
た. → can²

cannon [kǽnən キャノン] 名 (昔の) 大
砲 (▶現代のものは gun という).

cannot 5級 [kənát カナット, kǽnat
キャナット ‖ kǽnɔt キャノト]
can の否定形 (過去 could not).
He *cannot* come today.
彼は今日は来られない.

> 📘文法 cannot と can't
> "Can I swim here?" "No, you can
> not." 「ここで泳いでもいいですか」「い
> けません」のように not を強調するとき
> 以外は, 1語の cannot を使う. 話し言
> 葉では can't を使うことが多い.

canoe 準2級 [kənúː カヌー] 名 カヌー.

can't [kænt キャント ‖ kɑːnt カーント] (口語)
can not, cannot の短縮形.
Sorry. I *can't* help you.
手伝えなくてごめん.

canvas [kǽnvəs キャンヴァス] 名 1 キャン
バス (▶スニーカーなどの材料となる綿や麻な
どの厚地の布).
2 (油絵用の) キャンバス.

canyon [kǽnjən キャニョン] (<スペイン語)

126 one hundred and twenty-six

▸ **captain**

图 (ふつう流れのある) 深い峡谷.
the Grand *Canyon*
グランドキャニオン (アメリカ・アリゾナ州にある峡谷).

cap 5級 [kǽp キャップ]

图 (複数) caps [-s] **1** (野球帽などの) **帽子**.
a baseball *cap* 野球帽.
a swim *cap* 水泳帽.
Put on your *cap*. 帽子をかぶりなさい.
Take off your *cap*. 帽子をぬぎなさい.
2 (びんなどの) ふた; (ペンなどの) キャップ.

▶用法 **cap と hat**

帽子全体をまとめて **hat** といい, とくに野球帽や水泳帽などのことを **cap** という.

cap ①と②が cap, ③〜⑥が hat.
① baseball cap 野球帽 ② college cap 角帽 ③ straw hat 麦わら帽子 ④ derby [ダ〜ビィ] 山高帽 ⑤ top hat シルクハット ⑥ cowboy [カウボイ] hat カウボーイハット

capable 準2 [kéipəbl ケイパブル] 形 有能な; (**be capable of + -ing 形**で) …することができる, …する能力がある.
You're *capable of passing* the exam.
きみなら試験に合格できるよ.

capacity 準2 [kəpǽs(ə)ti カパス(ィ)ティ]
图 (複数) **capacities** [-z] **1** (容器などの) 容量; (施設などの) 収容能力, 定員.
The hall has a *capacity* of 300.
このホールは 300 名を収容できる.
2 能力; 才能.

cape[1] [kéip ケイプ] 图 岬; (**the Cape** で) (アフリカ南西部にある) 喜望峰 (= the Cape of Good Hope).

cape[2] [kéip ケイプ] 图 ケープ, マント.

Cape Town [kéip táun] 图 ケープタウン (南アフリカ共和国の都市で, 立法府の所在地).

capital 3級 [kǽpətl キャピトゥル]

图 **1** (国の) **首都**; 州都; (日本の) 県庁所在地 (= capital city).
What's the *capital* of the United States?
アメリカ合衆国の首都はどこですか (▶ ×Where's the capital ...? とはいわない).
2 大文字 (▶ large letter は「大きな文字」という意味). → capital letter
An English sentence begins with a *capital*.
英文は大文字で書き始める.
3 資本 (金); (利子に対し) 元金.
── 形 (もっとも) 重要な; 大文字の.
[同音語] Capitol (アメリカの国会議事堂)

capital letter [kǽpətl létər] 图 大文字, 頭文字 (= upper-case letter) (▶「小文字」は small letter または lower-case letter という).

Capitol [kǽpətl キャピトゥル] 图 [the をつけて] アメリカの国会議事堂 (首都ワシントンの中心の Capitol Hill にある).

アメリカ・ワシントンにある国会議事堂.

[同音語] capital (首都)

capsule [kǽpsəl キャプスル ‖ -sju:l -スュール] 图 (薬の) カプセル; (宇宙ロケットの) カプセル.

captain 準2 [kǽptin キャプテン]

图 (複数) **captains** [-z] **1** (チーム・グループの) **キャプテン**, 主将.
I was (the) *captain* of the baseball team.
ぼくは野球部のキャプテンだった.
2 船長, 艦長; (飛行機の) 機長.
Captain Cook クック船長.

capture ▶

3 陸軍大尉_{たい}；海軍大佐_さ.

capture [kǽptʃər キャプチァ] **動** **他** (逃走犯など) をとらえる (**類** catch).
── **名** 捕獲_{かく}；ぶんどり品，捕獲物.

car 5級 名 車，自動車

[kɑ́ːr カー] フォニックス75 ar は [ɑ́ːr] と発音する.
名 〔複数 cars [-z]〕**1** 車，自動車 (▶「車」を表すもっとも一般的な語．正式には〔米〕automobile，〔英〕motorcar という).

by car 車で (▶交通手段を表すときは，名詞の前に a や the はつけない). → by
We should go *by car*.
車で行ったほうがいいよね (▶具体的に「私の車で」というときは in my car という).
He took us to the airport *in his car*.
彼は空港まで自分の車で送ってくれた.

drive a car 車を運転する.
Do you *drive a car*?
車は運転しますか？

get into a car 車に乗る.
Get into the car first.
先に車に乗って (▶バスや電車の場合は get on を使う．into は狭い空間に入りこむというイメージ．それに対して，on は面の上に乗るというイメージ).

get out of a car 車から降りる.
Be careful when you *get out of the car*. 車から降りるときは気をつけて (▶バスや

電車の場合は get off).

🔵用法 **car** と「自動車」
英語の **car** は乗用車のみをさし，トラック・バスはふくまれない．ただし，列車の車両 1 両には **car** を使う.

🔵背景 車の通行はアメリカやカナダでは右側，イギリスやオーストラリアでは日本と同じ左側である.

2〔米〕(列車の) 車両，客車 (=〔英〕carriage) (▶「1両分」のことをいう．全体は train).
a sleeping *car* 寝台_{だい}車.
a dining *car* 食堂車.
a two-*car* train 2両編成の列車.

caravan [kǽrəvæn キャラヴァン] **名**〔英〕(居住用の) トレーラーハウス (=〔米〕trailer)；(砂ばくを旅する) 隊商；ほろ馬車.

carbon 2級 [kɑ́ːrbən カーボン] **名**〔化学〕炭素.

carbon dioxide [kɑ̀ːrbən daiɑ́ksaid ダイアクサイド] **名**〔化学〕二酸化炭素，炭酸ガス (▶記号は CO_2).

card 4級 名 カード，はがき

[kɑ́ːrd カード] フォニックス75 ar は [ɑ́ːr] と発音する.
名〔複数 cards [-dz ヅ]〕**1** (プラスチックや紙の) **カード**.
a credit *card* クレジットカード.

⑤rearview mirror
⑥windshield wiper / windscreen wiper
④steering wheel
③windshield / windscreen
②hood / bonnet
①headlight
⑦trunk / boot
⑧wheel
⑨sideview mirror
⑩fender / wing
⑪bumper
⑫license plate / number plate

car 斜線_{しゃ} (/) の前はおもにアメリカ，後ろはおもにイギリスでの言い方．①ヘッドライト　②ボンネット　③[**ウィンドッシールド**] / [**ウィンドッスクリーン**] フロントガラス (▶✕ front glass とはいわない)　④ハンドル (▶✕ handle とはいわない)　⑤[リアヴュー ミラァ] バックミラー (▶✕ back mirror とはいわない)　⑥ワイパー　⑦トランク，荷物入れ　⑧車輪　⑨[サイドゥヴュー ミラァ] サイドミラー　⑩ [**フェンダァ**] フェンダー　⑪ [**バンパァ**] バンパー　⑫ナンバープレート

128　one hundred and twenty-eight

an ATM card《米》キャッシュカード(▶《英》では cash card).
a report card (学校の) 通知表.
I'm afraid I lost my student ID card. 学生証をなくしてしまったみたいです.
a business card 名刺.
2 はがき；(あいさつ用の) カード.
a postcard はがき；絵はがき.
a greeting card グリーティングカード, あいさつ状.

英米のあいさつ状
a birthday card バースデーカード
a Christmas card クリスマスカード
an Easter card イースターカード
a get-well card お見舞いのカード
an invitation (card) 招待状
a Mother's Day card 母の日のカード
a thank-you card お礼状
a Valentine card バレンタインカード
a wedding card 結婚式の案内状
(▶なお, 英米ではNew Year's card (年賀状) や summer greeting card (暑中見舞い) は出さない). → Christmas card

3 (トランプなどのゲームの) **札, カード** (▶ふつう playing cards という)；[複数形で単数あつかい]**トランプ (遊び)**.
Let's play cards. トランプをしよう.
It's your turn to deal the cards. きみがトランプを配る番だよ.
You're good at shuffling cards. トランプを切るのがうまいね.
Discard one card. カードを1枚捨てて.

用法 トランプと trump
日本語の「トランプ」は英語では cards という. 英語の trump は「切り札」の意味で,「トランプ遊び」のことではない.

cardboard [káːrdbɔːrd カードゥボード] 图
段ボール, 厚紙.
a cardboard box 段ボール箱.

cardigan [káːrdigən カーディガン] 图 カーディガン.

背景 イギリスの第7代カーディガン伯爵 (the Earl of Cardigan) (1797-1868) がデザインし, 愛用したことからきている.

cards [kɑːrdz カーツ] 图 card (カード) の複数形.

care 4級 [keər ケア] フォニックス80 are は [eər] と発音する.

图 (複数 cares [-z]) **1 注意, 用心** (▶ a をつけず, 複数形なし).
Handle With Care
《掲示》取りあつかい注意

「こわれもの. 取りあつかい注意」と書かれたはり紙. fragile は「こわれやすい」の意味.

2 世話；保護；管理 (▶ a をつけず, 複数形なし).
We share the care of our children.
子どもたちのめんどうは分担して見ています.
3 手入れ, ケア；(病院での) 治療.
skin care スキンケア.
4 心配, 不安. → 形 careful
(in) care of …方, …気付 (で) (▶手紙のあて名に書くときの略語は c/o).
Mr. John Smith c/o Mr. Ben Lee
ベン・リー様方ジョン・スミス様.
take care 注意する, 気をつける；[家族や友だちへのあいさつとして] **気をつけてね, 元気でね；**(**take care to ...** で) **気をつけて…する.**
Goodbye and take care!
じゃあ, 元気でね！
Take care. The plate is very hot.
お皿が熱いから気をつけて.
Take care not to catch a cold.
かぜをひかないように注意して.

スピーキング
Ⓐ Take care.
気をつけてね.
Ⓑ You, too.
あなたもね.
Ⓑ Thanks, I will.
ありがとう, そうするよ.

take care of (子ども・病人など) **の世話をする,** めんどうを見る；(物) を大切にあ

つかう；(事)を引き受ける；**(Take care of yourself. で) 体に気をつけて**；(病気の人に) おだいじに.

Would you *take care of* our children tomorrow? あしたうちの子どもたちのめんどうを見てもらえない？
Take better *care of* your things.
物をもっと大切にしなさい.

💬スピーキング
Ⓐ Please *take care of* yourself.
おだいじにね.
Ⓑ Thanks, I will.
ありがとう, そうするよ.

―― **動** ③単現 **cares** [-z]；過去 過分 **cared** [-d]；ing **caring** 🔵 [ふつう否定文・疑問文で] **気にかける**；**(care about で) …を気にする**, 心配する；…に関心がある (▶進行形にしない).

I don't *care* if he doesn't come.
彼なんか来なくたってかまわないよ.
He doesn't *care about* his clothes.
彼は着るものには関心がない.

―**他** …を気にかける, 気にする.

care for …を大切に思う；[ふつう否定文・疑問文で] **…を好む**, …がほしい；**(Would you care for ...? で) [ていねいに] …はいかがですか.**

I don't *care for* this design very much. このデザイン, あまり好きじゃないよ.
Would you *care for* something to drink? 何かお飲み物はいかがですか.

Who cares? (口語) そんなのどうでもいいよ, それがどうだっていうんだ (▶きつい言い方になるので注意).

career 準2 [kəríər カリア] (発音・アクセント注意) 图 **1** (長い間続ける) 職業, 仕事, キャリア.
a teaching *career* 教職.
Career Day 職業体験日.
career experience 職業体験学習.
2 仕事をしている期間；(一生の) 経歴, 職歴.

carefree [kéərfri: ケアフリー] 形 気楽な, 心配事のない.

careful 4級 [kéərfəl ケアフル]
フォニックス80 are は [eər] と発音する.

形 比較 **more careful**；最上 **most careful**)
1 a 注意深い, 用心深い, 慎重な

(反 careless 不注意な).
My father is a *careful* driver.
父は運転が慎重だ.

💬スピーキング
Ⓐ Be *careful*!
気をつけて！
Ⓑ All right. I will.
はい. 気をつけるよ.

b (be careful with で) …の扱いに気をつける.
You should *be* more *careful with* your glasses.
眼鏡の扱いにもっと気をつけなさい.
c (be careful about で) …に注意する.
Be careful about your health.
自分の健康に気をつけなさい.
d (be careful to ... で) 気をつけて…する.
Be careful not *to* touch the dish. It's very hot.
お皿が熱いから, さわらないように気をつけて.
2 ていねいな, 綿密な, 入念な.
It needs more *careful* study.
それにはさらに綿密な調査が必要だ.

→名 care

carefully [kéərfəli ケアフリィ]
フォニックス80 are は [eər] と発音する.

副 (比較 **more carefully**；最上 **most carefully**) **注意深く**, 慎重に；ていねいに (反 carelessly 不注意にも).
Listen to me *carefully*.
私の言うことをよく聞いて.

careless 準2 [kéərlis ケアレス] 形 **不注意な**；(仕事などが) いいかげんな (反 careful 注意深い).
I made some *careless* mistakes on the English exam.
英語のテストでいくつか不注意なミスをした.

carelessly [kéərlisli ケアレスリィ] 副 不注意にも, うっかりして；いいかげんに (反 carefully 注意深く).

carelessness [kéərlisnis ケアレスネス] 图 不注意, 油断；軽率さ.

cargo [káːrgou カーゴゥ] 图 [複数] **cargos** または **cargoes** [-z] (船・飛行機・トラックなどの) 積み荷.

Caribbean [kærəbíːən キャリビーアン] 形 カリブ海の.

the *Caribbean* Sea
カリブ海 (中南米と西インド諸島との間の海).

caribou [kǽrəbu: キャリブー] 图 (複数
caribous [-z]；集合的に **caribou**)《動物》カ
リブー (北米産の大トナカイ).

carnation 4級 [kɑːrnéiʃən カーネイショ
ン] 图《植物》カーネーション.

> 📗背景 アメリカやカナダでは5月の第2
> 日曜日を母の日 (Mother's Day) とし,
> 花をおくる. カーネーションの場合, 母
> 親が健在の人は赤, 母親を亡くした人は
> 白のカーネーションを胸にかざり, 母親
> への感謝を表す.

carnival [kɑ́ːrnivəl カーニヴァル] 图 1 謝
肉祭, カーニバル (▶カトリック教徒は四旬
節の40日間, キリストの苦しみをしのん
で肉を断つ. その前の数日間が carnival で,
おおいに肉を食べてお祭りさわぎをする).
2 お祭り (さわぎ), ばかさわぎ.

carol [kǽrəl キャロル] 图 喜びの歌, (とく
にクリスマスの) 祝い歌, キャロル,
a Christmas *carol* クリスマスキャロル.

carp [kɑːrp カープ] 图 (複数 **carp**；種類を
いうとき **carps** [-s])《魚》コイ.
fly *carp* streamers こいのぼりをあげる.

> 📗背景 日本や中国では勇ましい魚とし
> て好まれるが, 英米ではうすぎたなくて
> 貪欲な魚と思われていて, イメージは
> よくない.

carpenter [kɑ́ːrpəntər カーペン
タァ]

图 (複数 **carpenters** [-z]) **大工**.

carpet 準2 [kɑ́ːrpit カーペト] 图 (部屋敷
きの) カーペット, じゅうたん (▶ふつう部屋
の床全体をおおうものをいう). → rug

carport [kɑ́ːrpɔːrt カーポート] 图 カーポー
ト, 簡易ガレージ.

carriage [kǽridʒ キャリヂ] 图 (英)(電車
の) 車両, 客車 (= (米) car)；(自家用) 4
輪馬車.

carried [kǽrid キャリド] 動 carry (…を運
ぶ) の過去・過去分詞.

carrier [kǽriər キャリア] 图 1 運搬人,
配達人；輸送車；(自転車などの) 荷台；運
送会社.
2 (医)(病原菌やウイルスの) 保菌者, キャ
リア.

carries [kǽriz キャリズ] 動 carry (…を運
ぶ) の3人称単数現在形.

Carroll [kǽrəl キャロル]. **Lewis** 图 ルイ
ス・キャロル (1832-98；イギリスの童話作
家で『不思議の国のアリス』(*Alice's
Adventures in Wonderland*) などの
作者；本職はオックスフォード大学の数学・論理
学の教授).

carrot 5級 [kǽrət キャロト]

图 (複数 **carrots** [-ts ツ]) **ニンジン**.
→ vegetable (図)
We used a *carrot* for the snow-
man's nose.
雪だるまの鼻にはニンジンを使った.

carry 4級 動 …を運ぶ, 持ち歩く

[kǽri キャリィ]

動 (3単現 **carries** [-z]；過去 過分 **carried**
[-d]；ing **carrying**) 他 **1 …を運ぶ**, 持っ
て行く.
Can I help you *carry* the bags?
かばんを運ぶのを手伝おうか？
This suitcase is so heavy I can't
carry it.
このスーツケースは重たくて私には運べない.
She was *carrying* her baby on her
back. 彼女は赤ちゃんをおんぶしていた.
2 (バス・トラック・飛行機などが) (物) **を
運ぶ**；(人) を乗せる.
This bus can *carry* 60 passen-
gers. このバスは60人乗りです.
3 …を持ち歩く, 携帯する.
I always *carry* my smartphone
with me. スマホはいつも持ち歩いている.

carry ... around …を持ち歩く.

carry away …を運び去る, (洪水など
が) …をさらっていく.
The bridge was *carried away* by
the flood. 橋は洪水で押し流された.

carry on (仕事など) **を続ける**.
He'll *carry on* the business by
himself.
彼はひとりでその事業をやっていくつもりだ.

carry out (計画など) **を実行に移す**；(調
査など) に取りかかる.
He will soon *carry out* his plan.

carrying ▶

彼は計画をまもなく実行するだろう.
It is important to *carry out* this survey. この調査を実施することは重要だ.

carrying [kǽriiŋ キャリイング] 動 carry (…を運ぶ) の -ing 形.

cars [kɑːrz カーズ] 名 car (自動車) の複数形.

cart [kɑːrt カート] 名 荷車, 荷馬車;(米)(買い物などの) カート.
a shopping *cart* ショッピングカート.

carton [kɑ́ːrtn カートン] 名 (牛乳などの) パック, (厚紙の) 容器;(**a carton of** で) …1パック.
a milk *carton* 牛乳パック.
two *cartons* of milk 牛乳2パック (▶飲み物などについては ˣpack は使わない).
Could you buy *a carton of* eggs?
卵を1パック買ってきてくれる？

cartoon [3級] [kɑːrtúːn カートゥーン] 名 (テレビの) アニメ番組;(新聞や雑誌などの) 風刺漫画;(一続きの) 漫画 (= comic strip).

cartoonist [kɑːrtúːnist カートゥーニスト] 名 アニメ作家;漫画家.

cartridge [kɑ́ːrtridʒ カートゥリヂ] 名 (プリンターやペンなどの) カートリッジ, かえ.

carve [3級] [kɑːrv カーヴ] 動 他 **1** …を彫る, 彫刻する.
The mask is *carved* from wood.
その仮面は木を彫ってつくられている.
2 (食卓で)(肉) を切り分ける.

case¹ [2級] [keis ケイス] フォニックス48 a は [ei] と発音する.
名 (複数 cases [-iz]) **1** 場合;事例.
In most *cases*, people will get better within a few days.
たいていの場合, 数日で回復します.
2 [the をつけて] 事実, 実情.
It's not necessarily *the case*.
かならずしもそういうわけではない.
3 (犯罪などの) 事件;(法律) 訴訟.
a murder *case* 殺人事件.
4 (文法) 格.
in any case **どちらにしても**, とにかく.
In any case, please be here by nine.
どちらにしても9時までにこちらに来てください.
in case **1** (おもに米) もし…ならば.
In case I forget, please remind

me. 私が忘れていたら注意してください (▶ in case のあとの動詞は未来のことでも現在形にする).
2 …するといけないから, …の場合に備えて.
Take your coat *in case* it's cold.
寒いといけないからコートを持っていきなさい.
in case of …の場合には.
In case of rain, the game will be canceled. 雨の場合には試合は中止です.
in my case 私の場合は.
in that case それだったら, そういうことだったら.
In that case, you can use our car.
それだったら, うちの車を使ってもいいですよ.
just in case 念のため, 万一に備えて.
Bring extra money *just in case*.
念のため, お金をよぶんに持ってきなさい.

case² [5級] [keis ケイス] フォニックス48 a は [ei] と発音する.
名 (複数 cases [-iz]) (大小いろいろな) 箱 (同 box¹);ケース;[ふつう前に名詞をともなって] …入れ.
a glasses *case* 眼鏡ケース.
a pencil *case* 筆箱.
an accessory *case* 小物入れ.

casework [kéiswərk ケイスワ〜ク] 名 ケースワーク, 社会福祉援助 (caseworker の仕事).

caseworker [kéiswərkər ケイスワ〜カァ] 名 ケースワーカー, 社会福祉士.

cash [4級] [kæʃ キャッシ] フォニックス32 sh は [ʃ] と発音する. 名 現金.

スピーキング

Ⓐ *Cash* or charge?
(支払いは) 現金ですか, クレジットカードですか.
Ⓑ *Cash*, please.
現金でお願いします.

I don't carry *cash* with me.
私は現金は持ち歩かない.
── 動 他 …を現金にかえる.
cash a check 小切手を現金にかえる.

cashier [kæʃíər キャシァ] 名 (店の) レジ係;(銀行などの) 出納係, 窓口担当.

Cassiopeia [kæsiəpíːə キャスィオピーア] 名 《天文》カシオペア座 (北天の W 字形の星座).

cast [kæst キャスト ‖ kɑːst カースト] 動 (過去

過分 cast) 他 1 …に(劇の)役を割り当てる.
He is often *cast* as a hero.
彼は主人公の役が多い.

2《文語》…を投げる(▶ふつうは throw を使う); (票)を投じる.
── 名 [ふつう単数形で](劇・映画・テレビ番組などの)配役, 出演者, キャスト.

castanet [kæstənét キャスタネット] (アクセント注意) 名 [ふつう複数形で] カスタネット.

caster [kǽstər キャスタ] 名 (いすなどの脚部についている) 輪, キャスター.

castle 準2 [kǽsl キャスル‖ kάːsl カースル] (t は発音しない) 名 [複数] castles [-z] 城, とりで.

Himeji *Castle* 姫路城.
The children made a sand *castle* on the beach.
子どもたちは浜辺で砂のお城をつくった.
An Englishman's house is his *castle*. (ことわざ) イギリス人の家は城だ (▶いかなる人の侵入も許さずプライバシーを守る, というイギリス人の個人尊重の考えを表現したもの).

castle ①[イナァ ウォード] 内郭 ②[ゲイトゥハウス] 城門 (上の図では keep (天守) をかねている) ③四すみの塔 ④[ワチタウァ] 見張り塔 ⑤[アウタァ ウォード] 外郭 ⑥[モゥト] 堀 ⑦外城門 ⑧[ドゥローブリヂ] はね橋

casual [kǽʒuəl キャジュアル] 形 1 (服装が)カジュアルな, ふだん着の((反) formal 正装の); (態度などが)気さくな.
I like wearing *casual* clothes.
カジュアルな服装が好きだ.

2 偶然の, ふとした.
a *casual* visitor ふとした訪問客.

casually 準2 [kǽʒuəli キャジュアリィ] 副 (服装が)カジュアルに; (態度・様子などが)気さくに; 偶然に, ふと.

cat 5級 [kæt キャット]
名 (複数 cats [-ts ツ]) ネコ (猫).
Do you have a *cat*?
ネコを飼っていますか.
We have two *cats* ─ one is white and the other is light brown.
うちにはネコが2ひきいて, 1ぴきが白で, もう1ぴきがうす茶色だ.
When the *cat* is away, the mice will play.
(ことわざ) ネコがいないとネズミたちが遊ぶ, 鬼のいぬ間に洗濯 (▶「遠慮する人がいない間に好き勝手をしてくつろぐ」という意味).

参考 「子ネコ」は kitten. 小さな子どもはネコのことを kitty とか pussycat という. 鳴き声の「ニャーニャー」は mew [mjuː ミュー] または meow [miáu ミアゥ].

背景 ❶ cat (ネコ) は, 英米でもペットとして犬とならんでよく飼われている. ❷ネコの好物は, 英米ではミルクということになっている. ❸ネコがとるのは rat ではなくて mouse. rat は大型のネズミで, テリア種の犬がとる.
❹ネコはイメージが悪く, とくに黒ネコは悪魔や魔女の手先で縁起が悪いものと考えられることがある. A cat has nine lives. (ことわざ) ネコは9回殺しても死なない [ひじょうに執念深い] や, Care killed the cat. (ことわざ) 心配がネコを殺した＝心配は身の毒[執念深いネコでさえ, 心配が続くと死んでしまう] などネコに関することわざは数多い.

catalog,《おもに英》**catalogue**
[kǽtəlɔ(ː)g キャタロ(ー)グ] 名 (商品などの) カタログ; (図書館などの) 目録.
a mail-order *catalog* 通販のカタログ.

catch 4級 動 …をつかまえる, つかむ

[kætʃ キャッチ] フォニックス33 tch は [tʃ] と発音する.

動 (3単現 catches [-iz]; 過去 過分 caught [kɔːt コート]; ing catching) 他 1 (人・動物など) **をつかまえる**, つかむ; (犯人) を

catcher ▶

とらえる.
How many fish did you *catch* today? 今日は魚は何びきつれたの？
I hope the police will *catch* the robber soon.
警察がどろぼうを早くつかまえればいいけど.
He *caught* me by the arm.
彼はぼくの腕をつかんだ（▶体の一部にふれるときは「by the +体の部分」で表す）.

2（動いているもの）**をとる**.
He jumped up and *caught* the ball. 彼はとび上がってボールをとった.

3（乗り物）**に間に合う**（反 miss …に乗り遅れる）.
I *caught* the last train home.
私は終電に間に合って家に帰った.

4（病気）**にかかる**.
I seem to be *catching* a cold.
かぜをひきそうだ（▶「かぜをひいている」と状態を表すときは I have a cold. という）.

5 …**を理解する**（= understand）,聞きとる.

🔊スピーキング
Sorry, I don't *catch* your meaning.
すみませんが, おっしゃることがわかりません.

be caught in, get caught in（雨・あらしなど）にあう；（悪い状況）におちいる.
I *got caught in* a shower.
私は夕立にあった.

catch at …をつかもうとする.
A drowning man will *catch at* a straw.
〈ことわざ〉おぼれる者はわらをもつかむ.

catch on 気づく, わかる；人気を博する.
You'll *catch on* soon.
すぐにわかるでしょう.

catch up 追いつく；（*catch up with*で）（人）に追いつく；遅れずについていく.
If you want to *catch up with* your classmates, you will have to work much harder.
クラスのみんなに追いつきたかったら, もっと一生けんめい勉強しないとね.

── 名 〔複数〕**catches** [-iz] つかまえること, とること；キャッチボール.
Nice *catch*! ナイスキャッチ！

play catch キャッチボールをする.
Let's *play catch*, Dad. パパ, キャッチボールしようよ（▶ˣcatch ballとはいわない）.

catcher [kǽtʃər キャッチァ] 名《野球》キャッチャー, 捕手.

catches [kǽtʃiz キャチィズ] 動 catch（…をつかまえる）の3人称単数現在形.
── 名 catch（つかまえること）の複数形.

catching [kǽtʃiŋ キャチング] 動 catch（…をつかまえる）の -ing 形.

categorize [kǽtəgəraiz キャテゴライズ] 動 他 …を分類する.

caterpillar [kǽtərpilər キャタピラァ] 名 毛虫, イモムシ.

cathedral [kəθí:drəl カスィードゥラル] 名 大聖堂, 教区の中心となる聖堂.

英国国教会の総本山, カンタベリー大聖堂.

Catholic [kǽθ(ə)lik キャソリク] 形 カトリックの（= Roman Catholic）,（新教（= Protestant）に対して）旧教の.
── 名 カトリック教徒.

cat's cradle [kǽts kréidl] 名 あやとり.

catsup [kétʃəp ケチャプ, kǽtsəp キャツァプ] 名 = ketchup

cattle [kǽtl キャトゥル] 名〔複数あつかい〕〔集合的に〕（家畜の）牛（▶1頭1頭でなく集合的にいう）. → cow
a *cattle* ranch（肉）牛を飼育している牧場.

📖文法 cattle の数え方
群れをさすので ˣa cattle とか ˣcattles とはいわない. 頭数を表したいときは fifty head of cattle（牛50頭）のように head を使うか, fifty cows などという.

CATV《略》= *c*able *t*ele*v*ision（有線テレビ）；*c*ommunity *a*ntenna *t*ele*v*ision（（難視聴地域の）共同アンテナテレビ）（▶前者の意味で使うことが多い）.

caught [kɔ́:t コート] 4級
フォニックス60 フォニックス36 au は [ɔ:] と発音する. gh は発音しない.

◀ **cellphone**

動 catch（…をつかまえる）の過去・過去分詞.

cauliflower [kɔ́(ː)liflauər コ(ー)リフラウァ]（発音注意）名《植物》カリフラワー.

cause 準2 [kɔːz コーズ] フォニックス60

au は [ɔː] と発音する.

名《複数 **causes** [-iz]）**1 原因**（反 effect 結果）;（もっともな）**理由**.

The *cause* of the fire is still unknown. 火事の原因はまだわかっていない.

Do you think he has *cause* to worry? 彼には何か心配ごとでもあると思う？

2（世の中のためになる）目標, 大義;（主義・主張のための）運動.

They fought for the *cause* of peace. 彼らは平和という目標のために戦った.

―― 動（3単現 **causes** [-iz]; 過去 過分 **caused** [-d]; ing **causing**）他 …を引き起こす, …の原因となる;（**cause＋人**など**＋to ...** で）（人など）に…させる.

What *caused* the accident? 事故の原因は何ですか.

I'm sorry to have *caused* you so much trouble. いろいろご迷惑をおかけして申しわけございません.

What *caused* her *to* change her mind? 何がもとで彼女は考えを変えたのですか.

'cause [kəz カズ, （強めると）kɔːz コーズ] 接《口語》＝ because

caution [kɔ́ːʃən コーション] 名 用心, 慎重.

He approached the island with *caution*. 彼は用心しながらその島に近づいた.

cautious [kɔ́ːʃəs コーシャス] 形 用心深い, 慎重な.

cave 2級 [keiv ケイヴ] 名 ほら穴, どうくつ.

Bats live in this *cave*. このどうくつにはコウモリがすんでいる.

caw [kɔː コー] 名（カラスの）カーと鳴く声.

―― 動 自（カラスが）カーカーと鳴く.

CC, cc [síːsíː スィースィー]《略》＝ **carbon copy**（電子メールで相手先以外に同じ内容のメールを送ること；またその送信先）.

CD 5級 [síːdíː スィーディー]

名《複数 **CDs** [-z]）**CD**, コンパクトディスク（▶ compact disc の略）.

Who lent you this *CD*?

だれがこの CD を貸してくれたの？

CD-ROM [síːdiːrám スィーディーラム ‖ -rɔ́m -ロム] 名《複数 **CD-ROMs** [-z]）CD-ROM, シーディーロム（▶ compact disc read-only memory の略）.

cease [siːs スィース] 動 他 …を中止する（▶ stop の改まった言い方）.

―― 自 終了する（▶改まった語）.

cedar [síːdər スィーダァ] 名《植物》ヒマラヤスギ（▶日本の「スギ」は日本の固有種で英語でもそのまま sugi [súːgi スーギ] という）; ヒマラヤスギ材.

ceiling 3級 [síːliŋ スィーリング]（発音注意）名 天井.

This room has a high *ceiling*, doesn't it?

この部屋は天井が高いね（▶*tall ceiling* とはいわない.「ある物が高い位置に存在する」という意味のときは high を使う）.

There was a fly on the *ceiling*. 天井にハエがとまっていた.

celebrate 3級 [séləbreit セレブレイト] 動 自 他（…を）祝う.

Let's *celebrate*! お祝いをしよう！

My mother made a delicious cake to *celebrate* my birthday. 母はおいしいケーキをつくって私の誕生日を祝ってくれた.

celebration [seləbréiʃən セレブレイション] 名（パーティーなどの）お祝い, 祝賀会；お祝いすること.

celebrity [səlébrəti セレブリティ] 名 有名人（タレントなども含む）, 著名人.

celery [séləri セリリィ] 名《植物》セロリ.

cell 準2 [sel セル] 名《生物》細胞；（コンピューター）セル；電池；（刑務所や拘置所の）独房, 監房.

[同音語] sell（…を売る）

cellar [sélər セラァ] 名（食料や燃料などの）地下貯蔵室.

a wine *cellar* ワインの地下貯蔵庫.

[同音語] seller（売る人）

cello [tʃélou チェロウ] 名《複数 **cellos** [-z]）《音楽》チェロ（弦楽器）.

cellphone 5級 [sélfoun セルフォウン] ▶ cell phone ともつづる. 名 携帯電話（＝《英》mobile (phone)）（▶単に cell ともいう）.

on the *cellphone* 携帯電話で.

Call my *cellphone* if you need

one hundred and thirty-five　135

cellular phone ▶

anything. 何かあったら携帯に電話して.
Let's exchange *cellphone* numbers.
携帯の番号を交換しようよ.

cellular phone [sèljulər fóun セリュラァ フォウン] 名 携帯電話(= cellphone).

Celsius [sélsiəs セルスィアス] 名 形 セ氏(の)(同 centigrade)(▶温度の単位. C. または C と略す). (対 Fahrenheit 力氏(の)).
thirty degrees *Celsius*
セ氏30度 (▶ 30℃ と略す).
The temperature fell to 1°*C* this morning.
けさは気温が(セ氏)1度まで下がった (▶ 1℃ は one degree Celsius と読む).

> ⓘ参考 ❶スウェーデンの天文学者 Anders Celsius が考案した. ❷アメリカでは力氏(Fahrenheit)を使うことが多いので, とくに C と断らなければ力氏の温度である. なおセ氏と力氏の換算式は F = 1.8 × C + 32 となる. ❸セ氏は centigrade ともいうが, 一般には Celsius のほうが使われる.

cement [simént スィメント] 名 セメント; (一般に) 接着剤, 接合剤.

cemetery [sémətèri セメテリィ || -t(ə)ri -トゥリィ] 名 (複数 cemeteries [-z]) (教会に付属しない)墓地 (▶教会付属の墓地は churchyard という).

ワシントンにあるアーリントン国立墓地.

cent 5級 [sent セント]

名 **セント** (アメリカ・カナダ・オーストラリアなどの通貨の単位; 1ドルの100分の1; 略語は ¢ または c.); 1セント銅貨. → coin(写真), dollar
They cost 10 *cents* each.
1つ10セントです.

[同音語] scent (におい), sent (send (…を送る)の過去・過去分詞)

center, 〈英〉centre 4級

[séntər センタァ]

名 (複数 centers[-z]) **1 中心**, 真ん中; (**the center of** で) …の中心, 真ん中; …の的.
the center of the circle 円の中心.
Our school is in *the center of* the city.
私たちの学校は市の中心にある.
Now she's *the center of* attention.
彼女はいまや注目の的だ.

2 中心地; 施設, センター.
a city *center* 市街地.
a community *center*
市民センター, 公民館.
We wandered around the shopping *center*.
ショッピングセンターをぶらぶら歩きまわった.

3 (競技)(野球・ソフトボール・フットボールなどの)センター. →形 central

> 🟢用法 center と middle
> middle (真ん中) は時間にも場所にも使われるが, center は場所にだけ使い, ふつう時間には使わない.
> また center は middle に比べ, 厳密に中心を示す.

center   middle

— 動 他 …を集中する; …を中心に置く.

centigrade [séntəgrèid センティグレイド] 名 形 セ氏(の)(同 Celsius)(▶温度の単位. 略語は C. または C)). (対 Fahrenheit 力氏(の)). → Celsius

centimeter 5級 [séntəmì:tər センティミータァ] ▶ 〈英〉では centimetre とつづる.
名 センチ(メートル)(▶ cm と略す).
→ meter¹
"How tall are you?" "About 170*cm* tall."
「身長はどのくらいあるの?」「170センチぐらい」
(▶ 170cm は one hundred (and) seventy centimeters と読む).

◀ **certainly**

central 準2 [séntrəl セントゥラル]
形 **中心の，中央の**，中部の；**主要な**，重要な．
The head office is in the *central* part of the city.
本社は市の中心部にある．
Central Japan (日本の) 中部地方．
→名 center

Central America [sèntrəl əmérikə]
名 中央アメリカ，中米．

Central Park [sèntrəl párk] 名 セントラルパーク（ニューヨーク市マンハッタンの中心部にある公園．ニューヨーク市民の最大のいこいの場）．

centre [séntər センタァ] 名《英》=《米》center

century 3級 [séntʃəri センチュリィ]
名 (複数 centuries [-z]) **世紀**；100年．
in the early nineteenth *century*
19世紀の初めに．
for *centuries* 何百年にもわたって．
The twentieth *century* began in 1901 and ended in 2000.
20世紀は1901年に始まり2000年に終わった（▶20世紀は1901-2000年であって，1900-1999年ではないことに注意）．
This temple was built in the 15th *century*. この寺は15世紀に建てられた．

CEO [si:i:óu スィーイーオウ] 名 (複数 CEOs [-z]) (企業の) 最高経営責任者 (▶ **C**hief **E**xecutive **O**fficer の略)．

ceramic [səræmik セラミク] 形 陶磁器の．

ceramics [səræmiks セラミクス] 名 陶芸（= pottery）；陶磁器類，セラミックス．

ceramist [sérəmist セラミスト] 名 陶芸家．

cereal 4級 [sí(ə)riəl スィ(ア)リアル] (発音注意) 名 [しばしば複数形で] 穀物 (小麦・米・トウモロコシなど)；(朝食用の) シリアル (オートミール・コーンフレークなど)．

ceremony 4級 [sérəmouni セレモウニィ] ‖-məni -モニィ] (複数 ceremonies [-z]) 式，儀式；[前に名詞または形容詞をともなって] …式．
What should I wear for the *ceremony*? 式には何を着ていけばいいの？
tea *ceremony* 茶の湯；茶道．

---

ceremony のいろいろ
an awards ceremony 授賞式．
a closing ceremony 閉会式．
an entrance ceremony 入学式．
a graduation ceremony
卒業式 (▶単に graduation ともいう)．
an opening ceremony 開会式，始業式．
a wedding ceremony 結婚式．

---

certain 準2 [sə́ːrtn サ～トゥン]
フォニックス76 er は [ər] と発音する．
形 (比較 more certain；最上 most certain)
1 a (物事が) **確かな**，確実な，まちがいない (▶ sure よりも意味が強い)；(be certain to ... で) **かならず…する**．
a *certain* fact 確かな事実．
He *is certain to* come. 彼はきっと来る．
b (be certain of / be certain about で) (人が) …を確信している；(be certain that ... で) (人が) …ということを確信している．
Are you *certain about* that?
それは確かなの？
I'm *certain of* two things.
確かなことが2つある．
I'm *certain* (*that*) somebody broke into the room. だれかがその部屋に押し入ったことはまちがいない．
2 ある…，某…… (▶日本語の「ある…」という場合に比べると，わざとかくしている印象を与える)；ある程度の，一定の．
I heard the story from a *certain* person. 私はその話をある人物から聞いた．
for certain 確実に(は)，はっきりと(は) (= for sure) (▶ know, say のあとにくることが多い)．
I don't know *for certain*.
はっきりとは知りません．

certainly 3級 [sə́ːrtnli サ～トゥンリィ]
副 **1 確かに**，まちがいなく，きっと (同 surely)．
Our school team will *certainly* win the final.
決勝戦はうちの学校がまちがいなく勝つよ．
2 [返事で] **もちろんです**；承知しました，かしこまりました (▶改まった言い方)．
→ absolutely

certificate ▶

"Could I have some water, please?" "*Certainly.*"
(レストランで)「お水をいただけますか」「かしこまりました」

🗣スピーキング
Certainly.「かしこまりました」
「いいですよ」という返事のとてもていねいな言い方. 友だち同士やくだけた会話ではSure., OK., All right. などという.
A May I use your bathroom?
トイレを貸してくれませんか.
B *Certainly*.
はいどうぞ.

certificate 2級 [sərtífikət サティフィケト]
图 証明書；免許状.
a birth *certificate* 出生証明書.

cf. [sí:éf スィーエフ, kəmpéər コンペア] (略)
比較せよ (= compare), 参照せよ (▶もとはラテン語の *confer* の略).

CG [sí:dʒí: スィーヂー] コンピューターグラフィックス (▶ computer graphics の略).

chain [tʃéin チェイン] 图 **1** くさり, チェーン.
Keep your dog on a *chain*.
犬はくさりにつないでおいてください.

2 (店などの) チェーン；連なっているもの.
a mountain *chain* 山脈.
── 動 他 …をくさりでつなぐ, しばりつける.

chain store [tʃéin stɔːr] 图 チェーンストア (同一資本で経営されている多くの小売店の1つ).

chair 5級 图 いす

[tʃéər チェア] フォニックス26 フォニックス85 ch は [tʃ], air は [eər] と発音する.
图 (複数 chairs [-z]) **1 いす**.
He was sitting on the desk *chair*.
彼は勉強机のいすにすわっていた.
Sit in the *chair* and make yourself comfortable. いすにすわってくつろいでね (▶ sit in はいすに深々と [ゆったりと] すわるときに使う).

2 [the をつけて] 議長の職；議長, (会合の) 司会.
I'm in *the chair* at today's meeting.
ぼくが今日の会合で司会をする.

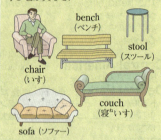

ℹ️参考 chair は, 一般に1人用で背もたれのあるいすをさし, 日本語の「いす」よりも意味がせまい. 英語では種類により呼び名が異なる.

bench (ベンチ)
stool (スツール)
chair (いす)
couch (寝いす)
sofa (ソファー)

chairman [tʃéərmən チェアマン] 图 (複数 chairmen [-mən]) (とくに男性の) 議長, 司会者；委員長 (▶現在は男女を区別しない chairperson や the chair という言い方が好まれる).

chairperson [tʃéərpəːrsn チェアパースン] 图 議長；委員長 (▶男女とも使える語).

chairwoman [tʃéərwumən チェアウマン] 图 (複数 chairwomen [-wimin]) 女性の議長；委員長.

chairs [tʃéərz チェアズ] 图 chair (いす) の複数形.

chalk 5級 [tʃɔːk チョーク] 图 チョーク.
a piece of *chalk* チョーク1本.
write with *chalk* チョークで書く.

📖文法 chalk の数え方
chalk は数えられない名詞なので, ふつう ×a chalk とはいわない. 1本, 2本と数えるときは a piece of chalk, two pieces of chalk という. ただし, 種類をいうときは chalks of different colors (ちがった色のチョーク) のようにいうこともある.

challenge [tʃǽlindʒ チャレンヂ] 图 挑戦, やりがいのあること, チャレンジ；難題, 課題.
accept a *challenge*
挑戦に応じる.
What is the greatest *challenge* as a teacher?
教師という仕事でもっともたいへんなことは何ですか.

◀ **change**

> 📣 **プレゼン**
>
> The aging population is a great *challenge* for our society.
> 人口の高齢化は私たちの社会にとって大きな課題です.

―― 動 他 **1** (人) に挑む, 挑戦する (▶ 日本語では「試験に挑む」とか「試合に挑む」のように言うが, challenge ではかならず「人」を目的語にする).

I *challenged* him to a game of tennis.
ぼくは彼にテニスの試合を申し入れた.

2 (物事・人) に異議を唱える.

challenged [tʃǽlindʒd チャレンヂド] 形 (心身に) 障がいのある.

a physically *challenged* person
体の不自由な人.

challenger [tʃǽlindʒər チャレンヂァ] 名 挑戦者, チャレンジャー.

challenging [tʃǽlindʒiŋ チャレンヂング] 形 張り合いのある, やりがいのある.

chamber [tʃéimbər チェインバァ] 名 部屋; [the をつけて] 議院.
chamber music 室内楽.

chameleon [kəmíːliən カミーリオン] (発音注意) 名 《動物》カメレオン.

chamomile [kǽməmail キャモマイル] (発音注意) 名 《植物》カモミール (ハーブの一種) (▶ camomile ともつづる).
chamomile tea カモミール茶.

champagne [ʃæmpéin シャンペイン] 名 シャンパン (フランスのシャンパーニュ地方特産の発泡性白ワイン).

champion [tʃǽmpiən チャンピオン] 名 (競技などの) 優勝者, 優勝チーム, 選手権保持者, チャンピオン.

My dream is to be a world skating *champion*.
ぼくの夢はスケートの世界チャンピオンになることです.

championship 準2 [tʃǽmpiənʃip チャンピオンシプ] 名 選手権 (大会).

win the judo *championship*
柔道の選手権大会で優勝する.

chance 3級 [tʃæns チャンス‖ tʃɑːns チャーンス] フォニックス26 ch は [tʃ] と発音する.

名 (複数 chances[-iz]) **1** 機会, チャンス (▶ 類義語の opportunity よりも偶然性を強調する語); 《a chance to ... で》 **…するチャンス, …する機会**.

This may be the last *chance*.
これが最後のチャンスかもしれない.
Give me another *chance*.
もう一度チャンスをください.
I have few *chances* to see him.
彼に会う機会はあまりない.

> ✏️ **ライティング**
>
> It was *a* great *chance to* learn about different cultures.
> それは異文化について学ぶすばらしい機会でした.

2 可能性, 見こみ (同 possibility); 《a chance of -ing 形 で》**…する可能性**.

She has no *chance of passing* the test.
彼女がテストに合格できる見こみはまったくない.

3 偶然 (のできごと), 運.

She left everything to *chance*.
彼女はすべてを運にまかせた.

by chance 偶然に, たまたま.

I met a friend from elementary school *by chance* on the train.
電車で偶然, 小学校のころの友だちに会った.

take a chance いちかばちかやってみる, 思いきってやってみる.

I'm not *taking a chance*.
危険をおかしてまでやるつもりはないよ.

―― 動 (3単現 chances [-iz]; 過去 過分 chanced[-t]; ing chancing) 自 《chance to ... で》偶然に…する.

I *chanced to* see her yesterday.
私はきのう偶然に彼女に会った.

change 4級 [tʃeindʒ チェインヂ] フォニックス26 ch は [tʃ] と発音する.

動 (3単現 changes[-iz]; 過去 過分 changed[-d]; ing changing) 他 **1** …を変える, 変更する; 《change ～ to ... で》**～を…に変える**.

Let's *change* the subject.
話題を変えましょう.
I *changed* my hairstyle.
髪型を変えたんだ.
I *changed* schools in the fifth grade. 5年生のときに転校した.

one hundred and thirty-nine 139

changeable ▶

He *changed* his name *to* Roy Smith. 彼は名前をロイ・スミスに変えた.

2 …を交換する, とりかえる.

I've *changed* the light bulb in the bathroom.
ふろ場の電球, かえておいたよ.

3 (乗り物)を乗りかえる (▶これまで乗ってきた乗り物と, これから乗りかえて乗る乗り物の2つを指すので, 乗り物名は複数形にする).

Where should I *change* trains?
どこで電車を乗りかえればいいの?

4 (金)を両替する;(金)を小銭にくずす(= break).

Could you *change* my yen into dollars?
円をドルに両替してもらえますか.

―⊜ **1** 変わる;《change from 〜 to ...で》〜から…に変わる.

You haven't *changed* at all.
きみは以前とまったく変わってないね.

The water *changed* into steam.
水が水蒸気に変わった.

The light *changed from* red *to* green. 信号が赤から青に変わった.

2 着がえる;乗りかえる.

Then *change* to an orange train on Track 5.
それから5番線のオレンジ色の電車に乗りかえてください.

― 名 《複数》 changes[-iz] **1** 変化;変更.

the *change* in the weather
天候の変化.

make a sudden *change* in the plans 突然予定を変更する.

2 交換;着がえ;乗りかえ.

Do you have a *change* of clothes?
着がえは持った?

3 [ふつう a をつけて] **気分転換**;《for a change で》気分転換に, たまには.

Why don't we eat out *for a change*?
たまには気分転換に外食しない?

4 つり銭;小銭 (▶ a をつけず, 複数形なし).

Here's your *change*. おつりです.

Keep the *change*.
おつりはとっておいてください (▶おつりをチップとしてわたすときの表現).

Do you have small *change*?
小銭持ってる?

changeable [tʃéindʒəbl チェインヂャブル]

形 (天気などが)変わりやすい;(人が)気まぐれの.

channel [tʃænl チャヌル] 名 **1** (テレビ・ラジオの)チャンネル.

Can you change to *channel* 10?
10チャンネルに変えてくれませんか.

2 海峡.

the English *Channel* イギリス海峡 (▶単に the Channel ともいう).

chant [tʃænt チャント] 名 詠唱;チャント.

chapel [tʃæpəl チャペル] 名 (学校・病院などの)礼拝堂, チャペル;小さな教会.
→ church

Chaplin [tʃæplin チャプリン], **Charles Spencer** 名 チャールズ・スペンサー・チャップリン (1889–1977;イギリスに生まれアメリカで活躍した映画俳優・監督;庶民の心をたくみに表し, 社会批判のこもった味のある喜劇を多くつくった. 通称 Charlie Chaplin).

chapter [3級] [tʃæptər チャプタァ] 名 (本・論文などの)章.

Chapter 8 第8章.

character [準2] [kærəktər キャラクタァ] (発音注意. ch は例外的に [k] と発音する)

名 《複数》 characters [-z] **1** (人の)**性格**, 人格 (⊜ personality) (▶個々の特徴について述べるときは characteristic を使う).

the Japanese national *character*
日本人の国民性.

Different people have different *characters*. 人はそれぞれ性格がちがう.

> ⓘ参考 性格を表す語
> kind 親切な, 優しい / nice 優しい / sweet 優しい (女性が使うことば) / brave 勇敢な / honest 正直な / cheerful 明るい

2 (場所・物事の)**特徴**.

The *character* of the island completely changed after the bridge was built.
橋ができてから島のようすはすっかり変わった.

3 (本・映画・劇などの)**登場人物**;(漫画などの)キャラクター.

Who plays the main *character* in the movie?
その映画の主人公はだれなの?

◀ **chase**

4 (漢字などの) **文字** (▶表意文字をいう. 英語のアルファベット，日本語のかなどの表音文字は letter という).
Chinese *characters* (= kanji *characters*) 漢字.

characteristic 2級 [kærəktərístik キャラクタリスティク] 图 (人・物事・場所の) 特徴，特性.
Politeness is one of his *characteristics*. 礼儀正しい点が彼の特徴の1つだ.
── 形 特有の，独特な.
Natto has a *characteristic* smell. 納豆には特有のにおいがある.

charcoal [tʃɑ́ːrkoul チャーコウル] 图 炭，木炭.

charge 2級 [tʃɑːrdʒ チャーヂ] フォニックス26 フォニックス75 ch は [tʃ]，ar は [ɑːr] と発音する.
图 (複数 charges [-iz]) **1** (サービスに対して支払う) **料金**：つけ，クレジット. → price
You can have this free of *charge*. こちらは無料でお持ちいただけます.
Cash or *charge*? お支払いは現金ですか，(クレジット)カードですか.
2 担当，責任：《(be) in charge of で》…を担当して (いる)，…の責任者で (ある).
May I speak to the person in *charge*? 担当の方とお話できますか.
Mr. Yamada *is in charge of* our class. 山田先生がうちのクラスの担任だ.
3 《法律》罪，罪状.
4 (バッテリーなどの) 充電.
── 動 (3単現 charges [-iz]；過去 過分 charged [-d]；ing charging) 他 **1** (料金) **を請求する**：《charge＋人＋for で》…代を (人) に請求する.
Do you *charge* for parking? 駐車料はかかりますか.
2 《米》(商品の代金など) **をクレジットカードなどで支払う**.
3 (バッテリーなど) **を充電する**.
I need to *charge* my cellphone. 携帯を充電しておかなくっちゃ.
4 《charge＋人＋with ... で》(人) を…のかどで**起訴する**，告発する.
He was *charged with* murder. 彼は殺人の罪で起訴された.

charger [tʃɑ́ːrdʒər チャーヂァ] 图 充電器.

charity 準2 [tʃǽrəti チャリティ] 图 (複数

charities [-z]) **1** 慈善，チャリティー.
a *charity* concert 慈善コンサート.
Charity begins at home.
《ことわざ》慈善は自分の家から始まる.
2 慈善団体，福祉団体.

Charles [tʃɑ́ːrlz チャールズ] 图 チャールズ (男性の名；愛称は Charley, Charlie) (▶英米でポピュラーな名前の1つ).

Charlie [tʃɑ́ːrli チャーリィ] 图 チャーリー (男性の名；Charles の愛称) (▶ Charley ともつづる).

Charlie Brown [tʃɑ́ːrli bráun] 图 チャーリー・ブラウン (アメリカの漫画『ピーナッツ』(*Peanuts*) の主人公の少年；何をやってもだめなため，かえって人気が出た. チャールズ・シュルツ作). → Snoopy

charm [tʃɑ́ːrm チャーム] 图 **1** 魅力，人をひきつける力.
The island has a unique *charm*. その島には独特の魅力がある.
2 お守り (= lucky charm, good-luck charm)；まじない.
a lucky *charm* for exams 合格祈願のお守り.

> 背景 英米では，てい鉄 (horseshoe) を戸口に打ちつけて魔よけとする. また，ウサギの足 (rabbit's foot) をお守りとすることもある.

── 動 他 …を魅了する，うっとりさせる.

charming [tʃɑ́ːrmiŋ チャーミング] 形 (人が) 感じのよい；(人・物事が) 魅力的な.
a *charming* smile 魅力的なほほえみ.

chart [tʃɑ́ːrt チャート] 图 **1** 図表，グラフ；海図.
a weather *chart* 天気図.
2 [the charts で] (歌の) ヒットチャート.

charter [tʃɑ́ːrtər チャータァ] 動 他 (船・バス・飛行機など) をチャーターする，契約で借りる.
── 图 **1** 憲章.
the UN *Charter* (= the *Charter* of the United Nations) 国連憲章.
2 (乗り物の) チャーター，借りきり.
a *charter* flight (飛行機の) チャーター便.

chase 準2 [tʃéis チェイス] 图 追跡，追求.
── 動 他 (つかまえようと) …を追いかける.
The police *chased* the bank robber. 警察は銀行強盗を追いかけた.

one hundred and forty-one 141

chat ▶

chase a cat away ネコを追いはらう.
— 自 追いかける.

chat 準2 [tʃæt チャット] 動 (過去)(過分)
chatted [-id] (ing) **chatting** 自 おしゃべりする,雑談する;《インターネット》(ネットで)チャットする.
We chatted about music.
私たちは音楽のことでおしゃべりした.

— 名 おしゃべり,雑談;《インターネット》(ネットの)チャット.
I had a long chat with Aya on the phone. 彩と電話で長話をした.

chatter [tʃǽtər チャタァ] 動 自 ペチャクチャしゃべる;(サルが)キャッキャッと鳴く;(鳥が)さえずる.
— 名 おしゃべり;(サルや鳥の)鳴き声.

cheap 3級 [tʃiːp チープ]
フォニックス26 フォニックス63 ch は [tʃ], ea は [iː] と発音する.
形 (比較) **cheaper** (最上) **cheapest** 1 (物などが) **安い** (反) expensive 高い);安っぽい,質が悪い.

cheap   expensive

That is the cheapest restaurant around here.
あそこはこの辺ではいちばん安いレストランだ.
I don't really like the color. It looks cheap.
色があまり気に入らないんです.安っぽく見えます.

> 💬用法 **cheap, inexpensive, reasonable, low**
> **cheap** には「安い」だけでなく「安っぽくて質が悪い」という意味もある.そのため,単に「値段が安い」と言いたいときは **inexpensive** を使うほうがよい.また,「値段が手ごろな」と言うときは **reasonable** を使う.なお,費用や給料などが「安い」と言うときは cheap ではなく **low** を使う.

2《米》けちな.

— 副 安く,安価に.
I can't sell it cheaper.
これ以上安く売ることはできません.

cheat 2級 [tʃiːt チート] 動 他 …をだます.
Don't cheat me. インチキするなよ.
Nobody is going to cheat you.
だれもきみをだましたりしないよ.
— 自 ごまかす;(試験で)カンニングをする.
cheat on an exam
試験でカンニングをする.

cheating [tʃiːtiŋ チーティング] 名 不正行為,カンニング.

check 4級 [tʃek チェック]
フォニックス26 フォニックス27 ch は [tʃ], ck は [k] と発音する.
動 (3単現) **checks** [-s] (過去)(過分) **checked** [-t] (ing) **checking** 他 1 (問題やまちがいがないか,安全かどうか) **…を確認する**,調べる;…を照合する,チェックする;《check (that) ...で》…ということを確認する.
Check your answers in the key.
答えは解答集で確かめてください.
Check your spelling before you hand in the essay.
作文を提出する前につづりを確認しなさい.
I went back and checked that I had locked the door.
家に戻ってかぎをかけたことを確かめた.

> 🗣スピーキング
> A *Do you have these shoes in blue?*
> このくつの青いのはありますか.
> B *Let me check.*
> お調べします.

2 …にチェックマーク(✓)を入れる.
Check the correct answers.
正解に✓印をつけなさい.
3 (空港やレストランなどで)(荷物・所持品)を預ける.
Where can I check my baggage?
荷物はどこで預けられますか.
4 …をさまたげる;(感情・行為)をおさえる.

check in (ホテルなどで) **チェックインする**;(空港で)搭乗手続きをする.
We checked in at the hotel.
私たちはそのホテルにチェックインした.

◀ **cheese**

check on …を調べる.
I'll *check on* that and get back to you.
その件は調べて折り返しお電話いたします.

check out (ホテルなどで)**チェックアウトする**；…を調べる，チェックする；(図書館で)(本)を借りる.
What time do we have to *check out*?
チェックアウトは何時ですか.
Anyway, let's *check* it *out*.
とにかく，調べてみよう.

── 名 (複数 checks [-s]) **1** (米) **小切手** (= (英) cheque).
Can I pay by *check*?
小切手で支払えますか.
a *check*book
(米) 小切手帳 (= (英) chequebook).
2 検査，チェック.
a security *check*
(パソコン・空港などの) セキュリティーチェック，手荷物検査.
a dental *check* 歯科検診.
3 (飲食店などの) **伝票**，勘定書き (= (英) bill).

> 🗣 スピーキング
> **check をふくんだ会話表現**
> Can I have the check, please?
> 勘定をお願いします.
> Can we have separate checks, please?
> 別々に支払えますか.
> There seems to be a mistake on the check.
> 勘定がまちがっているみたいなんですが.

checkers [tʃékərz チェカァズ] 名 [単数あつかい] (米) **チェッカー** (12個ずつある駒をチェス盤上で動かし，たがいにとり合っていくゲーム．(英) では draughts [dræfts ドゥラフツ] という)．→ chess

checkout [tʃékaut チェカウト] 名 **チェックアウト** (ホテルで支払いを済ませて出ること)；(スーパーなどの) レジ.

checkup 2級 [tʃékʌp チェカプ] 名 (健康) 診断，健診 (= medical checkup).

cheek [tʃíːk チーク] 名 ほお.

cheer 3級 [tʃíər チア] フォニックス26 ch は [tʃ] と発音する． 動 (3単現 cheers [-z]) 過去 (過分 cheered [-d]；ing cheering) 他 …**を声援する**；…を元気づける，はげます.
We *cheered* our school team.
わが校のチームに声援を送った.
── 自 元気づく，歓声をあげる.

cheer up 元気を出す；《cheer +人+ up で》…を元気づける，はげます.
He *cheered up* when he heard the good news.
よい知らせを聞いて彼は元気づいた.
Come on, *cheer up*!
さあさあ，元気を出して.

── 名 (複数 cheers [-z]) **1** 声援，かっさい，歓声 (▶相手をやじることは boo という).
A great *cheer* went up from the spectators.
観客から大歓声がわき上がった.
2 [Cheers! で] 乾杯！，万歳！

cheerful 2級 [tʃíərfəl チアフル] 形 (人が) 明るい，元気のいい；(場所などが) 楽しくなるような，気持ちのよい.
Nanako is a *cheerful* girl.
奈々子は明るい子だ.

cheerfully [tʃíərfəli チアフリィ] 副 明るく，元気よく；楽しそうに.

cheerfulness [tʃíərfəlnis チアフルネス] 名 上機嫌，愉快.

cheerleader [tʃíərliːdər チアリーダァ] 名 **チアリーダー** (▶cheergirl とはいわない．スポーツの試合で観客の応援を盛りあげる応援団員で，女子学生が多い．厳しい選抜の末に選ばれるため，チアリーダーは女子のあこがれ).

cheese [tʃíːz チーズ] フォニックス26 フォニックス64 ch は [tʃ]，ee は [iː] と発音する．
名 (複数 cheeses [-iz]) **チーズ**.
two pieces of *cheese*
チーズ2切れ.

cheeseburger ▶

Cheese is made from milk.
チーズは牛乳からつくられる.
Say *cheese*!
はいチーズ (▶写真をとるときの「はい笑って」にあたる. cheese と発音すると口元が笑った形になることから).

文法 cheese の数え方
cheese は数えられない名詞なので, ふつう a cheese とはいわない. a piece of cheese とか, two pieces of cheese のようにいう. ただし, 一定の形に固めたチーズは two cheeses のようにいう.

cheeseburger 4級 [tʃíːzbə̀rɡər チーズバ〜ガァ] 名 チーズバーガー.

cheetah [tʃíːtə チータ] 名 (動物) チーター.

chef 3級 [ʃéf シェフ] (<フランス語) 名 (複数 chefs [-s]) (修業を積んだプロの) コック, 料理人 (▶ cook はプロにもしろうとにも使える). → cook

chemical 準2 [kémikəl ケミカル] 形 化学の, 化学上の.
a *chemical* reaction 化学反応.
── 名 [複数形で] 化学薬品, 化学物質.

chemist [kémist ケミスト] 名 1 化学者.
2 (英) 薬剤師 (= (米) pharmacist); または chemist's で] (英) 薬局 (= (米) drugstore, pharmacy).

chemistry 準2 [kémistri ケミストゥリィ] 名 化学.

cheque [tʃék チェック] 名 (英) = (米) check (▶「小切手」という意味の場合にのみ使われるつづり).

cherish [tʃériʃ チェリシ] 動 他 (物事・人) を大事にする, 大切にする; (希望など) を心に抱く.

cherry 4級 [tʃéri チェリィ]
フォニックス26 ch は [tʃ] と発音する.
名 (複数 cherries [-z]) **サクランボ**; 桜の木; サクラ材.
as red as a *cherry*
サクランボのように赤い.
a *cherry* tree 桜の木.

cherry blossom [tʃéri blɑ̀səm ‖ blɔ̀səm] 名 [ふつう複数形で] 桜の花. → flower (図)

背景
桜の花は外国では日本ほどなじみがないが, ワシントンD.C.のポトマック河畔の桜 (1912年に東京市長尾崎行雄が約 3000本をおくった) は有名.

chess 準2 [tʃés チェス] 名 チェス (日本の将棋によく似たゲーム; チェス盤 (chessboard) の上で, 2人がそれぞれ16個の駒 (chessman) を動かす. 駒をとり合ったすえ, 最後に「チェックメイト (王手づめ)」したほうが勝つ).
play *chess* チェスをする.

chess チェスの駒 ①pawn [pɔ́ːn] ポーン, 歩兵 ②rook [rúk] ルーク, 城将 (飛車に相当) ③knight ナイト, 騎士 (桂馬に近い) ④bishop [bíʃəp] ビショップ, 僧正 (角に相当) ⑤king キング, 王 (王将に相当) ⑥queen クイーン, 女王

chest [tʃést チェスト] 名 1 胸, 胸部. → breast
2 (ふたのついた) 収納用の箱.
a *chest* of drawers
たんす (= (米) dresser).

chestnut [tʃésnʌt チェスナト] (最初の t は発音しない) 名 クリ (の実, 木).

chew 準2 [tʃúː チュ〜] 動 他 (食べ物) をかむ (▶「かじる」は bite). → bite
chew on (食べ物) をかむ, …にかみつく.

chewing gum [tʃúːiŋ ɡʌ̀m チューイング ガム] 名 チューインガム, ガム (▶単に gum ともいう).

Chicago 5級 [ʃikɑ́ːɡou シカーゴゥ] 名 シカゴ (アメリカ中部イリノイ州の大都市; 人口はニューヨーク, ロサンゼルスに次いで3番目に多い).

chick [tʃík チック] 名 ひよこ, (ニワトリなどの) ひな.

chicken 4級 [tʃíkin チキン]
名 1 **ニワトリ**.

We raise *chickens*.
うちではニワトリを飼っている.

①参考 chicken に関する語
a hen めんどり / a rooster 《米》おんどり (= 《英》cock) / a chick ひよこ / cock-a-doodle-doo コケコッコー(おんどりの鳴き声).

2 トリ肉, チキン. → meat (表)
I had fried *chicken* for lunch.
お昼はフライドチキンを食べた (▶「トリ肉」というときは数えられない名詞あつかいになる. a をつけて I had a chicken. というと, 「ニワトリを丸ごと1羽食べた」という意味になってしまうので注意).

3 《口語》おくびょう者, 弱虫.
You *chicken*! やーい, 弱虫.

chief 2級 [tʃiːf チーフ] 图 (複数 **chiefs** [-s]) (組織などの) 長; (部族の) 族長.
the section *chief* 課長.

in chief [名詞のあとで] [しばしば -*in-chief* とつづる] 最高位の.
the editor-*in-chief* 編集長.

── 形 おもな, 主要な; 最高位の.
the *chief* industry おもな産業.
a *chief* cook コック長.

chiefly [tʃiːfli チーフリィ] 副 おもに, 主として, 大部分は.

child 4級 图 子ども

[tʃaild チャイルド] **フォニックス26** ch は [tʃ] と発音する.

图 (複数 **children** [tʃildrən] 発音注意) **1** (大人に対して) **子ども** (対 adult 大人) (▶ふつうは小学生ぐらいまでをさす. 13歳ぐらい〜19歳の中学生・高校生には teenager を使う).
a small *child* 小さい子.
I got sick easily when I was a *child*. 私は子どものころは病気がちだった.
child labor
児童労働 (法律で定められた就業最低年齢以下の子どもによる違法労働).

2 (親に対して) **子**, 子ども (対 parent 親).
an only *child* ひとりっ子.
We have two *children* ─ a boy and a girl. うちは息子と娘, 2人子どもがいます.
→形 childish

①用法 child と boy / girl
男の子か女の子かがはっきりしているときは, 「幼い, 小さい」という感じをとくに出すとき以外は, 英語では **boy**, **girl** で表すことが多い.

childcare [tʃaildkeər チャイルドゥケア] 图 育児, 保育.

childhood 2級 [tʃaildhud チャイルドフッド] 图 子どものころ, 子ども時代.
I spent my *childhood* in Sendai.
私は子どものころを仙台で過ごした.

childish [tʃaildiʃ チャイルディシ] 形 子どもらしい; (大人の言動が) 子どもっぽい, 子どもじみた.
Don't be *childish*.
子どもみたいなまねをするな. →图 child

childlike [tʃaildlaik チャイルドゥライク] 形 子どもらしい (▶ childish が軽べつ的なのに対し, よい意味で使われる).

child-raising [tʃaildrèiziŋ チャイルドゥレイズィング] 图 子育て.

children 4級 [tʃildrən チルドゥレン] **フォニックス26** ch は [tʃ] と発音する.

単数形とちがい i は [i] と発音する.
图 child (子ども) の複数形.
three *children* 3人の子ども.

Chile [tʃili チリィ] 图 チリ (南米の共和国).

Chilean [tʃiliən チリアン] 形 チリの; チリ人の.
── 图 チリ人.

chill [tʃil チル] 图 [単数形で] 寒さ, 冷たさ; [複数形で] 寒気.
When did you start to have the *chills*? 寒気がし始めたのはいつごろですか.
── 動 他 …を冷やす.
chill tomatoes トマトを冷やす.
── 自 冷える.

chilly [tʃili チリィ] 形 冷たい, 寒い.
It's *chilly* today. 今日は寒いね.

chime [tʃaim チャイム] 图 鐘の音, チャイムの音; [ふつう複数形で] 鐘, チャイム.

chimney [tʃimni チムニィ] 图 煙突.
Santa Claus comes down the *chimney*.
サンタクロースは煙突から入ってくる.

chimp [tʃimp チンプ] 图 《口語》= chimpanzee

one hundred and forty-five 145

chimpanzee ▶

chimpanzee [tʃìmpænzíː, チンパンズィー] （アクセント注意）名《動物》チンパンジー（▶ chimp ともいう）.

chin [tʃín チン] 名 あご, あご先.
rub my *chin* あごをなでる（▶考えごとをするときのジェスチャー）.
Keep your *chin* up. 元気を出して（▶文字どおりの意味は「あごを上げていなさい」）.

ⓘ参考 chin（あご先）は, 自己主張・意志の表れるところと考えられている.

China 4級 [tʃáinə チャイナ]
フォニックス26 ch は [tʃ] と発音する.
名 **中国**（正式な国名は the People's Republic of China（中華ゅ人民共和国）；首都はペキン（Beijing））（▶古代王朝「秦し」がなまった呼び名）. →形 Chinese

china [tʃáinə チャイナ] 名 磁器（▶昔, 中国（China）が磁器の名産地だったことから）.

Chinatown [tʃáinətàun チャイナタウン] 名 [ときに the をつけて]（外国の都市にある）中国人街.

Chinese 5級 [tʃàiníːz チャイニーズ]
フォニックス26 フォニックス49
ch は [tʃ], 前の e は [iː] と発音する.
形 **中国の**；**中国人の**；**中国語の**.
a *Chinese* restaurant 中国料理店.
Chinese characters 漢字（▶この character は「文字」のこと）. → character
There were four *Chinese* people.
4人の中国の人たちがいました. →名 China
—— 名《複数 Chinese 単複同形》**中国人**；**中国語**.
My father speaks a little *Chinese*.
父は中国語を少し話す.

chip 5級 [tʃíp チップ] 名 **1**（果物などの）うす切り；[ふつう複数形で]《米》ポテトチップス（= potato chip）；《英》crisp）；《英》フライドポテト（=《米》French fries）.
2 木くず；（石・金属などの）破片, かけら；（陶器などの）欠けたところ.

chirp [tʃəːrp チャ〜プ] 動 自（虫が甲高かい声で）鳴く；（小鳥が）さえずる.
—— 名（虫・小鳥の）鳴き声.

chocolate 5級 [tʃɔ́k(ə)lət チャコレト ‖ tʃɔ́k- チョコ-] フォニックス26 ch は [tʃ] と発音する.（アクセント注意）
名《複数 chocolates[-ts ツ]》**1 チョコレート**.

a bar of *chocolate* 板チョコ1枚.
a piece of *chocolate* チョコレート1個.
2（飲み物の）ココア（= cocoa）.
hot *chocolate* 温かいココア.

choice 準2 [tʃɔ́is チョイス]
フォニックス26 フォニックス69 ch は [tʃ], oi は [ɔi] と発音する.
名《複数 choices [-iz]》**1 選択たく, 選択権**；選べること；選ぶこと.
You have a *choice* between art and music.
美術と音楽のどちらかを選べます.
I had no other *choice*.
ほかに選びようがなかった.
2 [ふつう単数形で] 選んだもの, 選ばれたもの；（ ... of *my* choice で）自分が選んだ….
What's the school *of your choice*?
志望校はどこなの？
—— 形《比較 choicer；最上 choicest》えりすぐった.
They serve the *choicest* beef at that restaurant.
あのレストランでは極上の牛肉を出す.
→動 choose

choir [kwáiər クワイア]（発音注意）名（教会の）聖歌隊；（学校などの）合唱団.

choke [tʃóuk チョウク] 動 自 息がつまる, むせぶ.
Eat the rice cake slowly, or you'll *choke*. おもちはゆっくり食べないと, のどにつまっちゃうよ.
—— 他 …を窒息ちっそくさせる.

choose 3級 [tʃúːz チューズ]
フォニックス26 フォニックス71 ch は [tʃ], oo は [uː] と発音する.
動（ 3単現 chooses [-iz]；過去 chose [tʃóuz]；過分 chosen [tʃóuzn]；ing choosing）他 **1 …を選ぶ**, 選択たくする；《choose ... from 〜で》〜から…を選ぶ.
She *chose* a book for him.
彼女は彼に本を選んであげた.
We *chose* Sam as chairperson.
私たちはサムを議長に選んだ.
Choose one *from* the catalog.
カタログから1点選んでください.
2《choose to ... で》…することに決める.
We *chose to* stay one more day.
もう1日泊まることにした.
—— 自 選ぶ, 選択する. →名 choice

◀ **Christmas card**

💬用法 **choose** と **select**
choose はある条件を満たすものをさがすという意味で、選んだものを実際に手に入れるというふくみがある。**select** は **choose** よりももっと多くの中から「注意深く選ぶ」こと。

chop [2級] [tʃɑp チャップ ‖ tʃɔp チョップ] 動
（過去・過分 **chopped** [-t]; ing **chopping**）
他（肉・野菜など）を細かく切り刻む（▶しばしば up をともなう）;（おのなどで）…をたたき切る。
Let me *chop* the onions.
タマネギはぼくが刻むよ。
── 名 骨つき肉、チョップ。
a pork *chop* 豚の骨つき肉。

chopsticks [4級] [tʃɑ́pstiks チャプスティクス ‖ tʃɔ́p- チョプ-]
名 [複数あつかい] **(食事用の) はし**。
a pair of *chopsticks* はし1ぜん。

chord [kɔːrd コード] 名 《音楽》コード、和音;《数学》弦。
[同音語] cord（綱）

chore [tʃɔːr チョー(ア)] 名 雑用;[複数形で] 日課、（家庭内の）毎日の仕事（▶そうじ、洗たくなどをさす）。
household *chores* 家事。
do the *chores* 家事をする。

chorus [kɔ́ːrəs コーラス] 名 合唱団;合唱（曲）、コーラス;（歌の）コーラス部分、リフレイン（= refrain）。
a *chorus* contest 合唱コンクール。

chose [3級] [tʃouz チョウズ] 動 choose (…を選ぶ) の過去形。

chosen [3級] [tʃóuzn チョウズン] 動 choose (…を選ぶ) の過去分詞。

chowder [tʃáudər チャウダァ] 名 チャウダー (貝を主材料にしたクリームスープ)。

Christ [kraist クライスト] 名 **(イエス)キリスト**。
the teachings of *Christ*
キリストの教え。

Christian [krístʃən クリスチャン] 形 キリスト教の;キリスト教徒の。
a *Christian* church
キリスト教教会。
── 名 クリスチャン、キリスト教徒。

Christianity [krìstʃiǽniti クリスチアニティ ‖ -tiǽniti -ティアニティ] 名 キリスト教。

Christian name [krístʃən néim] 名 クリスチャンネーム、（姓に対する）名、洗礼名（▶キリスト教徒でない人も多いので、first name, given name のほうが多く使われる）。 → name（表）

Christmas [krísməs クリスマス] (t は発音しない)
名 **クリスマス** (12月25日)（▶イエス・キリストの誕生を祝う日）。
a *Christmas* present
クリスマスプレゼント。
What did you do on *Christmas* Day?
クリスマスには何をしたの？

🗣スピーキング

Merry Chirstmas!
「クリスマスおめでとう！」
クリスマスの日に交わすあいさつ。Happy Christmas! という人もいる。
🅐 *Merry Christmas!*
クリスマスおめでとう。
🅑 The same to you.
おめでとう。

I wish you a Merry *Christmas*.
クリスマスおめでとう（▶カードに書きそえることば）。
a white *Christmas*
雪の積もったクリスマス。

💬背景 クリスマスは12月25日のキリストの誕生日で、厳密には Christmas Day という。この日は休日で、家族や親せき、親しい人たちと教会に行ったり食事をしたりして静かに過ごす。日本のように友だちと集まってパーティーをしたりするのは一般的ではない。

Christmas card [krísməs kàːrd] 名 クリスマスカード。

Christmas carol ▶

> 背景 クリスマスカードは親しい人々に送るあいさつ状で，"We [I] wish you a Merry Christmas and a Happy New Year!" (楽しいクリスマスと幸福な新年をお祈りします) と書きそえる．なお，クリスマスカードはクリスマスまでに着くように出さなければならない．この点，日本の年賀状とはちがう．また，キリスト教徒以外の人には "Happy Holidays!" などと書く．

Christmas carol [krísməs kærəl]
图 クリスマスキャロル (クリスマスの祝い歌).

Christmas Day [krísməs déi] 图 クリスマス (12月25日).

Christmas Eve [krísməs íːv] 图 クリスマスイブ，12月24日(の夜).

> 背景 クリスマスの前夜で，子どもたちはサンタクロース (Santa Claus) からおくり物をもらうために，くつ下をベッドの所につるして寝る．

Christmas holidays [krísməs hálədeiz ‖ hɔ́ldiz] 图 [the をつけて] 《英》クリスマス休暇 (=《米》 Christmas vacation).

Christmas present [krísməs prèznt] 图 クリスマスプレゼント.

Christmas tree [krísməs triː] 图 クリスマスツリー (▶北欧から入った習慣で，モミの木やプラスチックの木にかざりつけをする).

Christmas vacation [krísməs veikèiʃən] 图 [the をつけて] 《米》クリスマス休暇 (日本の冬休みにあたるが，もっと早く始まり早く終わる).

chrysanthemum [krisǽnθəməm クリサンセマム] 图 《植物》キク.

chuckle [tʃʌ́kl チャクル] 图 クスクス笑い．
── 動 自 クスクス笑う．

church 3級 [tʃə́ːrtʃ チャ～チ]
フォニックス26 フォニックス79 ch は [tʃ], ur は [əːr] と発音する．
图 (複数 churches [-iz]) **1** (キリスト教の) **教会**, 教会堂 (▶イギリスでは国教会の教会のみをさし，他の宗派のものは chapel とよぶことがある).
an old *church* 古い教会．
The *church* stands on the hill.

その教会は丘の上に立っている．
2 (教会での) **礼拝**; (go to church で) **教会へ礼拝のために行く** (▶礼拝のために行くときは church に a や the などの冠詞はつけない).
How often do you *go to church*?
教会にはどれくらいの頻度で通っていますか．

ニューヨークのトリニティ教会．

churchyard [tʃə́ːrtʃjɑːrd チャ～チヤード] 图 (教会付属の) 墓地. → cemetery

cicada [sikéidə スィケイダ, sikɑ́ːdə スィカーダ] 图 《虫》セミ.

cider [sáidər サイダ] 图 《米》リンゴジュース (= apple cider) (▶日本のサイダーは soda pop という); 《英》リンゴ酒 (=《米》 hard cider).

cigar [sigɑ́ːr スィガー] (アクセント注意) 图 葉巻き (葉を刻まずに巻いたタバコ).

cigarette [sigərét スィガレット, sígəret スィガレット] 图 紙巻きタバコ (1本).
a pack of *cigarettes* タバコ1箱．

Cinderella [sindərélə スィンデレラ] 图 シンデレラ (継母と姉たちにいじめられたが，魔法使いの助けで王子と結婚するというおとぎ話の主人公の名; もともと「灰かぶり」の意).

cinema [sínəmə スィネマ] 图 **1** 《英》映画館 (=《米》 movie theater).
2 《英》[the をつけて] 映画 (=《米》 the movies) (▶個々の映画作品は movie または は film という = 《米》 movie); 映画製作; 映画界．
go to *the cinema* 映画を見に行く．

cinnamon [sínəmən スィナモン] 图 シナモン, ニッケイ (香辛料).

circle 3級 [sə́ːrkl サ～クル]
图 **1** 円, 丸; 輪; 円形のもの．
draw a *circle* 円をかく．
The students sat in a *circle* around the teacher.
生徒たちは先生のまわりに輪になってすわった．

◀ **civics**

arc (弧)
radius (半径)
center (中心)
diameter (直径)
chord (弦)
circumference (円周)
semicircle (半円)

2 仲間, サークル；(同じ職業をもつ) 集団 (▶大学などのサークルのことは club という)；範囲, 領域.
He has a large *circle* of friends. 彼は交友範囲が広い.

── 動 他 **…に丸をつける**；(飛行機・鳥などが) …の上を旋回する.
Circle the correct answer. 正しい答えを丸でかこみなさい.
── 自 (飛行機・鳥などが) 旋回する.

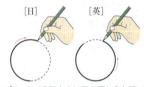

circle ふつう日本人は円を下から右回りにかくが, 英米人は O (オウ) の意識からか, 上から左回りにかくことが多い.

circular [sə́ːrkjulər サ〜キュラァ] 形 円形の(㊀ round)；ぐるりとまわる, 循環の.

circumstance 2級 [sə́ːrkəmstæns サ〜カムスタンス] 名 [ふつう複数形で] (周囲の) 事情, 状況, 暮らし向き.
It depends on the *circumstances*. それは状況しだいだ.

circus 3級 [sə́ːrkəs サ〜カス] 名 サーカス；(英)(放射状道路の集まる) 円形広場.
Piccadilly *Circus* ピカデリー広場.

cities [sitiz スィティズ] 名 city (市) の複数形.

citizen 準2 [sítəzn スィティズン]

名 **1 市民**, 公民；住民.
the *citizens* of Rome ローマ市民.
A lot of *citizens* were killed in the war. その戦争では多くの市民が犠牲になった.

2 国民 (その国の公民権をもつ人).
He became a Japanese *citizen* in 2000. 彼は 2000 年に日本に帰化した (日本国民になった).

citizenship [sítəznʃip スィティズンシプ] 名 市民権, 公民権.

city 5級 名 市, 都市, 都会

[siti スィティ]
名 [複数 **cities** [-z]] **1 市**, 都市, 都会.
the *City* of Chicago シカゴ市.
New York *City* ニューヨーク市 (▶ニューヨークには「ニューヨーク州」と「ニューヨーク市」があるので2つを区別するために City をつける. ふつうは市の名称をいうときには City はつけなくてよい).
Tokyo is a big *city*. 東京は大都市だ.
I like the *city* better than the country. ぼくはいなかより都会が好きだ.
I often stop by the *city* library on my way back from school.
学校の帰りによく市立図書館に寄る.

💬 用法 city と town と village
city は規模がふつう town (町) より大きく, town は village (村) よりも大きい.

2 [the をつけて] (ある都市の) 市民 (全体).
3 [**the City** で] (英) シティー (ロンドン発祥の地. 主要銀行・保険会社・取引所などが集まり, イギリスのみならず世界の商業・金融の中心地となっている. 正式には the City of London という).

アメリカの大都市の人口 (2022 年)
THE WORLD ALMANAC 2024 より

1.	New York City	833 万人
2.	Los Angels	382 万人
3.	Chicago	266 万人
4.	Houston	230 万人
5.	Phoenix	164 万人
6.	Philadelphia	156 万人
7.	San Antonio	147 万人

city hall 4級 [síti hɔ́ːl] 名 [しばしば City Hall で] (米) 市役所, 市庁舎.
She works for the *City Hall*. 彼女は市役所に勤めている.

civics [síviks スィヴィクス] 名 [単数あつかい] (学科としての) 公民.

civil ▶

civil [sív(ə)l スィヴ(ィ)ル] 形 **1** 市民の，公民の；国内の；(軍・宗教団体などに対して）民間の (対 military 軍の）；行政の.
civil rights 公民権.
a *civil* war 内戦，内乱.
2《法律》(刑事に対して）民事の.

civilian [sivíliən スィヴィリアン] 名 (軍人などに対し）民間人，一般市民.

civilization [sivələzéiʃən スィヴィリゼイション‖ sivəlai- スィヴィライ-] 名 文明；高度な社会. → culture
Western *civilization* 西洋文明.

civilized,《英》**civilised** [sívəlaizd スィヴィライズド] 形 文明化した，文化的な；洗練された.

civil servant [sívəl sə́ːrvənt] 名 公務員.

civil war [sívəl wɔ́ːr] 名 内戦，内乱；(**the Civil War** で）(アメリカの）南北戦争 (1861–65).

claim 2級 [kleim クレイム] 動 他 **1** …だと主張する (▶内容が疑わしいときに使う).
He *claims* he saw a ghost.
彼は幽霊を見たと言っている.
2 (正当な権利として）…を要求する；…を請求する.
── 名 主張；請求，要求.
Which *claim* is correct?
どっちの言っていることが正しいのか.

💬用法 claim と「クレーム」
日本語では「文句を言う」という意味で「クレームをつける」と言うが，英語の claim にはこのような意味はない．英語で「苦情を言う，クレームをつける」と言うときは complain などを使う.
→ complain

clam [klæm クラム] 名 (貝）(ハマグリなどの）二枚貝.
clam chowder
クラムチャウダー (二枚貝のクリームスープ).

clap [klæp クラップ] 動 (過去)(過分) **clapped** [-t]；(ing) **clapping**) 他 (手）をたたく，…に拍手する；(親しみをこめて）…を軽くたたく.
Clap your hands three times.
手を3回たたいて.
He *clapped* his son on the back.
彼は息子の背中を軽くたたいた.

── 自 拍手する.
The audience *clapped* and cheered. 観客は拍手かっさいした.
── 名 [a をつけて] 拍手 (の音).

clarinet 4級 [klærənét クラリネット] (アクセント注意) 名《楽器》クラリネット (木管楽器).

clash [klæʃ クラッシ] 動 自 **1** (人・事がらが）ぶつかる，衝突する (▶車などが衝突するときは crash).
2 (色・服などが）合わない.
── 名 (人・意見などの）衝突；(金属などがぶつかり合う）ガチャンという音.

class 5級 名 クラス，授業

[klæs クラス‖ klɑːs クラース]
名 (複数) **classes** [-iz] **1** クラス，学級，組 (▶クラスの生徒全体を表す．1人1人は classmate という).

🗣スピーキング
Ⓐ What *class* are you in?
きみは何組ですか.
Ⓑ I am in *class* B.
B組です.

I'm in the same *class* as Amy.
(= Amy is my classmate.)
私はエイミーと同じクラスだ.
Who's at the top of the *class*?
クラスでだれが1番なの？
a *class* meeting 学級会.
I was in *Class* 5 in my second year.
ぼくは2年生のときは5組だった.
Good morning, *class*.
みなさん，おはようございます.
2 (1回の）授業 (▶何時間目というときは period を使う）；(ある学科の）授業. → period
We have four *classes* today.
今日は4時間授業だ.
I like my history *class*.
歴史の授業が好きだ.
3 (社会の）階級，階層.
the middle *class* 中流階級.
4 (列車・船・飛行機などの）等級.
first *class* 1等.

◀ **cleaning**

economy *class*
(飛行機の) エコノミークラス (の座席).
→ airplane (図)

5 (米) 同期の卒業生 (全体).
the *class* of 2019 2019年の卒業生.

classes [klǽsiz クラスィズ ‖ klɑ́ːsiz クラースィズ] 名 class (クラス) の複数形.

classic 2級 [klǽsik クラスィク] 形 **1** (とくに文学・芸術について) 第一流の, 第一級の.
a *classic* movie 名作映画.

2 (様式などが) 古典的な; 典型的な; (服などが) (流行に左右されずに) 伝統的スタイルの.

── 名 (本・映画などの) 名作, 傑作; 古典; 優れた例.
literary *classics* 古典文学.

classical 3級 [klǽsikəl クラスィカル] 形 (ギリシャ・ローマの) 古典の; (文学・芸術などが) 古典 (風) の; (音楽が) クラシックの.
classical music
クラシック音楽 (▶classic music とはいわない).

classmate 4級 [klǽsmeit クラスメイト ‖ klɑ́ːs- クラース-]
名 (複数 classmates [-ts ツ]) **クラスメート**, 同級生.
Ryo and I are *classmates*. (= Ryo and I are in the same class.)
リョウとはクラスメートだ. → class

classroom 5級 [klǽsruː(ː)m クラスルー(ー)ム ‖ klɑ́ːs- クラース-]
名 (複数 classrooms [-z]) **教室**.
Our *classroom* is on the third floor.
うちの教室は3階です.
It's our group's turn to clean the *classroom*.
うちの班が教室のそうじ当番だ.
classroom activities 学級活動, 学活.

clause [klɔːz クローズ] 名 **1** 《法律》(契約書などの) 条項.
2 《文法》節 (▶「主語+動詞」をふくむ文の単位をいう).

claw [klɔː クロー] 名 (ネコ・タカなどの) つめ, (カニ・エビなどの) はさみ.

clay [klei クレイ] 名 粘土 (ねん), 土.
play with *clay*
粘土遊びをする.

clean 5級 形 **清潔な**
動 …をきれいにする

[kliːn クリーン] フォニックス63 eaは[iː]と発音する.
形 (比較 cleaner; 最上 cleanest) **1 清潔な**, きれいな; (汚染 (せん) 物質を出さない) クリーンな (反 dirty きたない).
Keep your room *clean*.
部屋はきれいにしておきなさい.
They need more food and *clean* water.
彼らにはもっと多くの食料と清潔な水が必要だ.
clean energy クリーンエネルギー (環境 (きょう) 汚染の原因となる物質を排出しないエネルギー; 太陽光エネルギーなど)

🟠 プレゼン

In this country, only 30% of the people can drink *clean* water.
この国ではたった30%の人しか清潔な水を飲むことができません.

2 (人・動物が) きれい好きな.
Cats are naturally *clean* animals.
ネコは生まれつききれい好きな動物だ.
3 あざやかな, みごとな.
a *clean* hit 《野球》クリーンヒット.
── 動 (3単現 cleans [-z]; 過去 過分 cleaned [-d]; ing cleaning) 他 **…をきれいにする**, そうじする.
I need to *clean* my room.
部屋のそうじをしなきゃ.
I *cleaned* the windows with a cloth. ぞうきんで窓をきれいにした.

clean up **…をかたづける**, きれいにそうじする.
Clean up the kitchen later.
あとで台所をかたづけなさい.

cleaned [kliːnd クリーンド] 動 clean (…をきれいにする) の過去・過去分詞.

cleaner 準2 [kliːnər クリーナァ] 名 **1** (電気) そうじ機; 洗剤.
a vacuum *cleaner* 電気そうじ機.
2 清掃 (そう) 員.
3 [the cleaners で] クリーニング店.
── 形 clean (清潔な) の比較級.

cleanest [kliːnist クリーネスト] 形 clean (清潔な) の最上級.

cleaning [kliːniŋ クリーニング] 動 clean

one hundred and fifty-one **151**

cleans ▶

(…をきれいにする) の -ing 形.
―― 名 そうじ；洗たく，クリーニング．

cleans [klíːnz クリーンズ] 動 clean (…を
きれいにする) の3人称単数現在形．

cleanup [klíːnʌp クリーナプ] 名 (大)そう
じ；(野球) 4番打者．
cleanup day 大そうじの日．

clear 5級 [klíər クリア] フォニックス86

ear は [íər] と発音する．

形 (比較) **clearer**；(最上) **clearest**) 1 (説明
などが) **明快な**，わかりやすい．
His explanation wasn't very *clear*.
彼の説明はよくわからなかった．
2 明白な，明らかな，はっきりした．

> 🔴 プレゼン
>
> I'd like to make one thing *clear*.
> 1つはっきりさせておきたいことがあります．

3 澄みきった；(水・ガラスなどが) 透明な．
clear water 透き通った水．
4 (空などが) **晴れわたった**．
After the typhoon passed, the sky
became *clear*.
台風が去って空は晴れわたった．→副 clearly
―― 副 **はっきりと**，明らかに (= clearly).
Speak loud and *clear*.
大きな声ではっきりと言いなさい．

―― 動 (3単現 **clears** [-z]；過去 過分
cleared [-d]；ing **clearing**) 他 **1 …をか
たづける**，きれいにする．
Can you help me *clear* the table?
食卓をかたづけるのを手伝ってくれる？
2 (じゃまなもの) を取り除く；(場所) をあ
ける．
We *cleared* the snow from the
sidewalk. 私たちは歩道の雪かきをした．
Clear the way! 道をあけて．
―― 自 **晴れる**，雨があがる．

clear up (天気が) 回復する，雨があがる．
I hope the weather will *clear up*
tomorrow. あしたは晴れてほしいなあ．

clearance [klíərəns クリアランス] 名 通関
手続き；正式許可証；かたづけること，除去．

clearly 3級 [klíərli クリアリィ]

副 **1 はっきりと**．
Please speak more *clearly*.
もっとはっきりと話してください．
2 明らかに (= obviously).

He was *clearly* surprised to see
me. 彼は私を見て明らかにおどろいた．
→形 clear

clergyman [klə́ːrdʒimən クラ〜ヂィマン]
名 (複数 **clergymen** [-mən]) 聖職者，牧師 (▶
clergyperson が性差のない言い方)．

clerk 4級 [kləːrk クラ〜ク ‖ klɑːk クラー
ク] フォニックス76 er は [əːr] と発音する．

名 (複数 **clerks** [-s]) **1** 《米》**店員** (同
salesclerk，《英》shop assistant).
2 (会社などの) 事務員．
a bank *clerk* 銀行員．
3 《米》(ホテルの) フロント係 (= desk
clerk).

clever 3級 [klévər クレヴァ]

形 (比較) **cleverer**；(最上) **cleverest**) **1 りこ
うな**，頭のよい，かしこい．
Tom is a *clever* boy.
トムはりこうな少年です．
2 (人・手先などが) **器用な**，じょうずな．
Nancy is *clever* with her hands.
ナンシーは手先が器用だ．

> 🔵 用法 clever と wise と bright
>
> clever は単にかしこいだけでなく，しば
> しば「ぬけめのない，ずるがしこい」とい
> う意味にもなる．wise は「豊富な経験
> にもとづいたかしこさ」をいい，子ども
> に使うことはあまりない．「勉強ができる」
> という意味では bright や smart を使う
> ことが多い．また，intelligent は「知能
> が高い」という意味．

cleverness [klévərnis クレヴァネス] 名 り
こうさ；器用さ；巧妙さ．

click 2級 [klik クリック] 名 (錠じょう・掛かけ
金がねなどを回すときなどの) カチッという音；
《コンピューター》(マウスの) クリック．
―― 動 カチッと音がする；《コンピュー
ター》(マウスで) クリックする．
―― 他 …をカチッと鳴らす；《コンピューター》
(マウスのボタン) をクリックする．

client [kláiənt クライアント] 名 (弁護士など
の) 依頼人；(店の) 顧客こきゃく．

cliff [klif クリフ] 名 (複数 **cliffs** [-s]) (海岸な
どの) がけ，絶壁ぜっぺき．

climate 準2 [kláimət クライメト] 名 気候
(▶ある地域の (平均した) 気候をいう．一時的
な天候・天気は weather という)．

◀ **close**[1]

climate change 気候変動.

🎤プレゼン

Climate change is one of the biggest problems humans face.
気候変動は人類が直面しているもっとも大きな問題のひとつです。

The *climate* in Hokkaido is pleasant this time of year.
北海道はこの季節は気候がよい．

climax [kláimæks クライマクス] 图 最高潮，絶頂，クライマックス．

climb 3級 [klaim クライム]
フォニックス39 b は発音しない．

動 [3単現] **climbs** [-z]；[過去][過分] **climbed** [-d]；[ing] **climbing**) 他 （手足を使って）…**を登る**，…に登る，…をよじ登る．
The cat *climbed* the tree quickly.
ネコはすばやく木に登った．
Have you ever *climbed* Mt. Myoko?
妙高（みょうこう）山に登ったことはありますか．
── 自 《しばしば **climb up** で》（手足を使って）**登る**，よじ登る；（物・物価・熱などが）上がる，上昇する．
My cat always *climbs* (up) onto my lap. ぼくのネコはいつもひざの上に乗ってくる．
climb down（手足を使って）…を降りる．
He *climbed down* the ladder.
彼ははしごを降りた．

climber [kláimər クライマァ] 图 登山者（＝ mountain climber），よじ登る人．

climbing 準2 [kláimiŋ クライミング] 動 climb（…を登る）の -ing形．
── 图 登山（＝ mountain climbing）．

cling [kliŋ クリング] 動 （過去][過分] **clung** [klʌŋ] 自 《**cling to** で》…にくっつく，しがみつく；…に執着（しゅうちゃく）する．
The boy *clung to* his mother.
その少年は母親にしがみついた．

clinic 準2 [klínik クリニック] 图 医院，診療（しんりょう）所，クリニック；《米》（複数の医師による）診療所．
a dental *clinic* 歯科医院．

clip [klip クリップ] 图 （紙などを留めておく）クリップ，紙ばさみ；留め金具．
── 動 他 …をクリップでとめる，はさむ．
── 自 《**clip to** で》…にとまる．

clippers [klípərz クリパズ] 图 《複数あつかい》（髪・つめ・羊毛などを）短く切ったり刈（か）ったりするはさみ．
nail *clippers* つめ切り．

cloak [klouk クロウク] 图 そでなしのコート，マント．

cloakroom [klóukru(:)m クロウクルム(ー)ム] 图 （ホテル・劇場などの）クローク，携帯（けいたい）品一時預り所．

clock 5級 [klɑk クラック ‖ klɔk クロック]
フォニックス27 ck は [k] と発音する．

图 （複数 *clocks* [-s]）（身につけない）**時計**
（▶身につける時計は watch）．
a wall *clock* 壁かけ時計．
a desk *clock* 卓上（たくじょう）時計．
This *clock* gains two minutes a month. この時計は月に2分進む．
This *clock* is five minutes fast.
この時計は5分進んでいる．
What time did you set the alarm *clock* for?
目覚まし（時計）は何時にセットしたの？
It's exactly ten by that *clock*.
あの時計ではちょうど10時だ．

📘用法 **clock** と **watch**
clock は携帯（けいたい）しない置き時計，掛（か）け時計，塔（とう）などについている時計．watch は携帯用の時計．なお，clock は時刻を音で知らせるもの，watch は身近に目で見るものというふくみがある．

clock
①，②が clock，③，④が watch．① cuckoo clock かっこう時計，はと時計 ② alarm clock 目覚まし時計 ③ wristwatch 腕（うで）時計 ④ pocket watch 懐中（かいちゅう）時計

clockwise [klákwaiz クラクワイズ ‖ klɔ́kwaiz クロクワイズ] 形 時計回りの，右回りの（反 counterclockwise [kàuntərklákwaiz カウンタクラクワイズ] 反時計回りの）．
── 副 時計回りに，右回りに．

close[1] 5級 動 …**を閉める，閉じる**

one hundred and fifty-three 153

close²

[klouz クロウズ] フォニックス51 o は [ou] と発音する. close² との発音のちがいに注意.

動 3単現 closes [-iz]；過去 過分 closed [-d]；ing closing 他 1 (ドア・窓など) を**閉める**；(目・本・かさなど) を閉じる (反 open …を開く). → shut

open

close

🗣スピーキング

Ⓐ Can you *close* the window, please?
窓を閉めてくれる？
Ⓑ Sure.
もちろん.

Now *close* your textbooks and answer my questions.
では教科書を閉じて質問に答えてください.

2 (店・施設など) **を閉める** (反 open …をあける) (▶「店じまいする」「廃業する」という意味でも使う).
They *close* the store every Wednesday.
その店は毎週水曜が休みだよ (▶ they は「店の人」をさす).

3 (話・会合など) **を終える**；(募集など) を締め切る.
— 自 1 (ドアなどが) **閉まる**.
The elevator door *closed*.
エレベーターのドアが閉まった.

2 (店・施設などが) 閉まる, 終わる (反 open あく).
The library *closes* at seven p.m. on weekdays.
その図書館は平日は午後7時に閉まる.

close down (店・会社が) 廃業する；(工場が) 閉鎖される.

close² 形 すぐ近くの, 親しい

[klous クロウス] (発音注意) フォニックス51 o は [ou] と発音する.
形 (比較 closer；最上 closest) **1** (位置が) **すぐ近くの**, すぐそばの (▶ near よりも近いことを表す)；(時間が) **間近の**.
What's the *closest* planet to the Earth?
地球にもっとも近い惑星は何ですか.
It was *close* to lunchtime.
もうすぐ昼休みだった.
Our house is *close* to my school.
ぼくたちの家は学校のすぐ近くです.

2 親しい, 仲のよい.
He's my *close* friend. 彼はぼくの親友だ.

3 綿密な.
Take a *closer* look.
もっとしっかり見てごらん.

4 (試合などが) 接戦の.
a *close* game 接戦.
The game was really *close* and exciting.
その試合は大接戦ですごくおもしろかったよ.
→ 副 closely

— 副 (位置が) **すぐ近くに**, すぐそばに.
We sat *close* together.
私たちはそばに寄ってすわった.
Come *closer* to me.
もっと近くに来なさい.

close at hand 近くに (= near at hand).
The final exam is *close at hand*.
期末試験は間近だ.

close by すぐ近くに.
My grandparents live *close by*.
祖父母はすぐ近くに住んでいる.

get close to …に近づく.

closed 3級 [klouzd クロウズド] 動 close¹
(…を閉じる) の過去・過去分詞.
— 形 閉まった, 閉じた；休みの (▶「閉まった状態」「閉じた状態」を表す).
Could you keep the door *closed*?
ドアを閉めたままにしておいてもらえますか.
Closed Today
(掲示) 本日休業

closely 2級 [klóusli クロウスリィ] 副 1 注意深く, しっかりと.
Maybe you didn't look *closely* enough.
しっかりと見なかったんじゃないの？

2 (仕事などを) 連携して, 協力して；(関係などが) 密接に. → 形 close²

closer [klóusər クロウサァ] 形 副 close²
(すぐ近くの；すぐ近くに) の比較級.

◀ **clothing**

closes [klóuziz クロウズィズ] 動 close¹ (…を閉める) の3人称単数現在形.

closest [klóusist クロウセスト] 形 副 close² (すぐ近くの；すぐ近くに) の最上級.

closet 3級 [klázit クラゼト ‖ klɔ́zit クロゼト] (発音注意) 名 《米》クローゼット (▶日本の「押(お)し入れ」も英語では closet という).

close-up [klóusʌ̀p クロウサプ] 名 《映画・テレビ・写真》クローズアップ, 大写しの写真.
in *close-up* クローズアップで, 大写しで.

closing 準2 [klóuziŋ クロウズィング] 動 close¹ (…を閉める) の -ing 形.
── 形 終わりの (反 opening 開始の).
a *closing* ceremony
閉会式；終業式 (▶英米の学校ではふつう終業式はない).

cloth 3級 [klɔ(ː)θ クロ(ー)ス]

名 《複数 cloths [-s, -ðz]》 **1** 布, 布地, 服地 (▶ a をつけず, 複数形なし).
three meters of *cloth* 3メートルの布.
2 (特定の用途(ようと)に使う) **布きれ**；ふきん, ぞうきん；テーブルクロス.
a table*cloth* テーブルクロス.
Do you have a *cloth* or something to wipe the floor?
床(ゆか)をふく布か何かある？

clothe [klouð クロウズ] 動 他 …に衣服を着せる (同 dress).
He is warmly *clothed*.
彼は暖かいかっこうをしている.

clothes 4級 [klouz クロウズ, klouðz クロウゾズ] (発音注意)

名 [複数あつかい] **衣服**, **着物**, 服装.
put on my *clothes* 服を着る.
take off my *clothes* 服をぬぐ.
change *clothes* 服を着がえる.
summer *clothes* 夏服.
I like casual *clothes*.
カジュアルな服が好きだ.

> 📘**文法** clothes の使い方
> ❶ clothes は複数あつかい.
> ❷ one, two, three などの数詞は直接つけられない. She took *two sets of* clothes. (彼女は2着の衣服を持っていった) のようにいう.

> 💬**用法** clothes と dress と suit
> clothes は性別・用途(ようと)に関係なく衣服全般をさす. dress は一般に「女性のワンピース」をさす. suit は女性の場合は上着とスカートまたはズボン, 男性の場合は上着とズボンのひとそろいをさす.

clothing 3級 [klóuðiŋ クロウズィング] 名 [集合的に] **衣料品** (▶ clothes よりも改まった語で, スカートやシャツなどの衣料全般を表す総称. 複数形なし).
a *clothing* store
衣料品店.
food, *clothing* and shelter
衣食住 (▶英語ではふつうこの順序でいう).

🎀 **単語力をつける** **clothes　衣服のいろいろ**

☐ **clothes**	衣服	☐ a sweater	セーター
☐ a coat	コート	☐ a sweat shirt	
☐ a dress	ドレス, ワンピース		スウェットシャツ, トレーナー
☐ a hoodie	パーカー	☐ a T-shirt	Tシャツ
☐ a jacket	上着, ジャケット,	☐ a uniform	制服, ユニフォーム
	ジャンパー	☐ a warm-up suit	
☐ a polo shirt	ポロシャツ		ジャージ (上下)
☐ a shirt	シャツ	☐ jeans	ジーンズ
☐ a skirt	スカート	☐ pants / trousers	ズボン
☐ a suit	スーツ	☐ shorts	ショートパンツ, 短パン

one hundred and fifty-five　155

cloud ▶

cloud 〔4級〕 名 雲

[klaud クラウド] フォニックス72 ou は [au] と発音する.

名 《複数 clouds [-dz ヅ]》**1 雲.**
Look. That *cloud* looks like a rabbit. ほら, あの雲, ウサギみたい.
There were no *clouds* in the sky.
空には雲ひとつなかった.
2 雲状のもの; (煙げ・砂煙などの) かたまり, 大群.
a *cloud* of smoke もうもうとたちこめる煙.　　　　　　　　　→形 cloudy
── 動 《3単現 clouds [-dz ヅ]》《過去》《過分 clouded[-id]》《ing clouding》他 …をくもらせる.
── 自 《cloud over で》(空が) くもる.

cloudless [kláudləs クラウドゥレス] 形 雲のない, 晴れ渡った.

clouds [klaudz クラウヅ] 名 cloud (雲) の複数形.

cloudy 〔5級〕 [kláudi クラウディ]
フォニックス72 ou は [au] と発音する.

形 《比較 cloudier；最上 cloudiest》(天気・空などが) **くもった.** → weather (表)
It was *cloudy* all day today.
今日は一日中くもっていた.　　→名 cloud

clove [klouv クロウヴ] 名 **1** 《植物》チョウジ (の木) .
2 [cloves で] ちょうじ, クローブ (香辛料).

clover [klóuvər クロウヴァ] 名 《植物》クローバー (家畜ちくの良質なえさになる).
a four-leaf *clover* 四つ葉のクローバー (▶見つけると幸運がもたらされるという).

clown 〔準2〕 [klaun クラウン] 名 (サーカスなどの) 道化師, ピエロ.
── 動 自 道化役をする；おどける, ふざける.
Stop *clowning* around and go to bed. ふざけていないでもう寝ねなさい.

club 〔5級〕 名 **クラブ, 部**

[klʌb クラブ] フォニックス46 u は [ʌ] と発音する.
名 《複数 clubs [-z]》**1** (学校などの) **クラ**

ブ, …**部**; (大学などの) **サークル.**
club activities クラブ活動 (▶英語ではふつう extracurricular [エクストゥラカリキュラァ] activities (課外活動) という).
I'm in the science *club*.
ぼくは科学部に入っています (▶野球部, バスケットボール部などの運動部には She is on the volleyball *team*. (彼女はバレーボール部に入っています) のように on ～ team を使う). → team

▶スピーキング
A What *club* are you in?
あなたは何のクラブに入っていますか.
B I'm in the shogi *club*.
将棋しょうぎ部に入っています.

a fan *club*
ファンクラブ.

▶プレゼン
自分の所属している部活動の言い方 (文化部)
I'm in the drama club.
私は演劇部に入っている.
I belong to the drama club.
私は演劇部に所属している.
I plan to join the drama club.
私は演劇部に入るつもりだ.

いろいろな部活動 (文化部)
art club 美術部.
brass band 吹奏すい楽部, ブラスバンド.
broadcasting club 放送部.
calligraphy club 書道部.
cartoon club 漫画まん部.
chorus コーラス部.
drama club 演劇部.
English club 英語部.
flower arrangement club 華道部.
newspaper club 新聞部.
photography club 写真部.
science club 科学部.
tea ceremony club 茶道部.

2 (ゴルフの) クラブ.
3 [clubs で] (トランプの) クラブのカード (全体).
the ace of *clubs* クラブのエース.
4 こん棒, 警棒.

clue [klu: クルー] 名 手がかり；ヒント.

The police haven't found any *clues* yet.
警察はまだ手がかりを何もつかんでいない.

clung [klʌŋ クラング] 動 cling (くっつく) の過去・過去分詞.

cm, cm. 《略》= centimeter(s) (センチメートル)

Co., co. [kou コウ, kʌ́mp(ə)ni カンパニィ] 名 (複数 Cos., cos. [-z]) 会社 (▶ company の略;「スミス商会」のように人名につける場合は, Co. の前に& (= and) を入れ, Smith & Co. となる).

c/o, c.o. [si:óu スィーオウ] 《略》[後ろに名前をともなって] … (様) 方, 気付 [ˈkétzuke] (▶ *care of* の略. 手紙のあて名に使う).

CO2 名 二酸化炭素.

coach 3級 [koutʃ コウチ] フォニックス68
フォニックス26 oa は [ou], ch は [tʃ] と発音する.
名 (複数 coaches [-iz]) 1 (競技・スポーツの) コーチ.
Our *coach* is strict.
うちのコーチは厳しい.
2 《英》長距離バス (=《米》long-distance bus);《英》客車 (=《米》car).
3 (大型の) 4輪馬車 (旅客を運ぶ屋根つきのもの).

> 背景 ❶この型の馬車が最初に使われたハンガリーの地名から名づけられた. ❷馬車が客を運ぶように, だれかを目標達成へ導く人をコーチとよぶようになった.

——動 他 …をコーチする, 指導する.
Mr. Yoshida *coaches* our baseball team. 吉田さんが私たちの野球チームのコーチをしている.

coal [koul コウル] 名 石炭.
a piece of *coal* 石炭1個.

coast 2級 [koust コウスト] 名 沿岸, 海岸 (▶ beach は「浜辺」「海辺」のこと).
on the Pacific *coast* 太平洋沿岸で.
the West *Coast* (アメリカの) 西海岸.

coaster [kóustər コウスタァ] 名 1 コースター (コップなどの下敷き).
2 沿岸航行船 (沿岸の港に寄港する船).
3 ジェットコースター (=《米》roller coaster).

coat 5級 [kout コウト] フォニックス68 oa は [ou] と発音する.
名 (複数 coats [-ts ツ]) 1 **コート**, オーバーコート; (スーツの) 上着, 《米》(スーツの)

上着 (= jacket).
You'd better put on your *coat*. It's pretty cold outside.
外はかなり寒いから, コートを着たほうがいいよ.
Take off your *coat* and have a seat. コートをぬいでおすわりください.

coat スーツの上着 (左) も coat という. 右は女性用の overcoat.

2 (動物の) 毛皮, 毛.
——動 (3単現 coats [-ts ツ]; 過去 過分 coated [-id]; ing coating) 他 …をおおう, 包む.
The table was *coated* with dust.
テーブルはほこりでおおわれていた.

cobra [kóubrə コウブラ] 名 (動物) コブラ.
cobweb [kábweb カブウェブ ‖ kɔ́b- コブ-] 名 クモの巣, クモの糸.
Coca-Cola [kòukəkóulə コウカコウラ] 名 コカコーラ (清涼 [セイリョウ] 飲料の商標名;話し言葉では Coke ともいう).
cock [kak カック ‖ kɔk コック] 名 1《英》おんどり (対 hen めんどり) (▶《米》では俗語で cock が男性の性器をさすため,「おんどり」の場合はこれをさけて rooster という).
2 (水道・ガスなどの) コック, せん.
cock-a-doodle-doo [kákədù:dldú: カカドゥードゥルドゥー ‖ kɔ́kə- コカ-] 名 コケコッコー (▶おんどりの鳴き声).
cockney, Cockney [kákni カクニィ ‖ kɔ́kni コクニィ] 名 1 きっすいのロンドンっ子 (ボウ教会 (Bow Church) の鐘 [カネ] の音が届くロンドン東部で生まれ, ロンドンなまりを話す人).
2 ロンドン英語, ロンドンなまり.
cockpit [kákpit カクピト ‖ kɔ́k- コク-] 名 (飛行機・レーシングカーの) 操縦室, コックピット. → airplane (図)
cockroach [kákroutʃ カクロウチ ‖ kɔ́k- コク-] 名 (虫) ゴキブリ (roach ともいう).
cocktail [kákteil カクテイル ‖ kɔ́k- コク-] 名

cocoa ▶

(アルコール飲料の) カクテル；(前菜の) カクテル.

cocoa [kóukou コウコウ] (発音注意) 名 ココア (カカオの種子の粉末) (= cocoa powder)；(飲み物の) ココア (= hot chocolate). → chocolate

coconut [kóukənʌt コウコナト] 名 ココヤシの実, ココナッツ.

cod [kɑd カド ‖ kɔd コド] 名 (魚) タラ (= codfish) (▶イギリスでは fish and chips の材料にすることも多い).

code [koud コウド] 名 **1** 規則, 規定.
a dress *code* 服装の規定.

2 (数字やアルファベットを組み合わせた) 番号, コード；(電信などの) 信号；暗号.
the Morse [mɔːrs モース] *code*
モールス (式電信) 符号.
break a *code* 暗号を解読する.

coed, co-ed [kóued コウエド] 形 男女共学 (制) の (▶ *coed*ucational の略).

coeducation [kouedʒukéiʃən コウエデュケイション ‖ -edju- -エデュー] 名 男女共学.

coexistence [kouigzístəns コウイグズィステンス] 名 共存.

coffee 5級 [kɔ́(ː)fi コ(ー)フィ]

名 [複数 **coffees** [-z]] **1 コーヒー** (▶ a をつけず, 複数形なし).
black *coffee* ブラックコーヒー.
weak *coffee* うすいコーヒー.
strong *coffee* こいコーヒー.
iced *coffee* アイスコーヒー.
How about a cup of *coffee*?
コーヒーを1杯どう？
Would you like some *coffee*?
コーヒーはいかがですか.

> 🗣 スピーキング
> Ⓐ How would you like your *coffee*?
> コーヒーはどのようになさいますか.
> Ⓑ With cream and sugar, please.
> ミルクと砂糖を入れてください.
> Ⓑ Black, please.
> ブラックでお願いします.

2 [おもに店で注文するときに] **(1杯の) コーヒー**.
Two *coffees*, please.

コーヒーを2杯ください.

> 📘 文法 **coffee の数え方**
> coffee は数えられない名詞なので, 1杯, 2杯と数えるときは a cup of coffee, two cups of coffee という. ただし, 店で注文をするときなどは, 簡単に A coffee, please. や Two coffees, please. などということも多い.

> 🌏 背景 **coffee** (コーヒー) はアメリカ人が日常的によく飲む飲み物. アメリカのコーヒーは大きなカップで飲むことが多い. また, うすいコーヒーのことを「アメリカンコーヒー」と言うが, これは和製英語. 英語では weak coffee という.

coffee break [kɔ́(ː)fi brèik] 名 《おもに米》 コーヒーブレイク (午前・午後の仕事の休み時間で, ふつう15分程度).

coffee shop [kɔ́(ː)fi ʃɑ̀p ‖ ʃɔ̀p] 名 《米》軽食堂；コーヒーショップ.

> 🌏 背景 アメリカでハンバーガーやホットドッグ, サンドイッチなど簡単な食事ができる店. ふつう朝早くから夜遅くまで開いている.

coil [kɔil コイル] 動 他 …をぐるぐる巻く.
A snake *coiled* itself around the branch.
ヘビが木の枝に体を巻きつけていた.
── 自 巻きつく, とぐろを巻く (up).
── 名 ぐるぐる巻いたもの；(電気)コイル.

coin 5級 [kɔin コイン]

名 **硬貨**, コイン (▶「紙幣」のことは《米》では bill, 《英》では note という).
a gold *coin* 金貨.
a 500-yen *coin*
500円硬貨.

1 cent (penny) 5 cents (nickel) 10 cents (dime) 25 cents (quarter)

coin アメリカのコイン. 上が表. ( ) 内はそのコインの通称.

◀ **collar**

> 🗣 **スピーキング**
>
> **Let's flip a coin.「コインで決めよう」**
> 仲間同士で何かを決めるとき、コインを投げその裏表で決める。コインの表をheads、裏をtailsといい、トスの前にどちらが出るかを予測する。
>
> Ⓐ *Let's flip a coin* to decide.
> コインで決めよう。
>
> Ⓑ OK. Heads I win. Tails I lose.
> よしきた。表が出ればぼくの勝ち。裏が出ればぼくの負けだ。

簡単に"Heads or tails?" "Tails." または "Heads." (「表か裏？」「裏」「表」) ということもある。

coincidence [kouínsidəns コウインスィデンス] 名 (事件などが) 同時に発生すること；偶然の一致。

cola [kóulə コウラ] 名 コーラ；コーラ1本。
→ Coca-Cola

cold 5級 形 寒い, 冷たい
名 かぜ

[kould コウルド]

形 (比較) **colder**；(最上) **coldest**) **1** (天候・場所などが) **寒い**；(風などが) **冷たい**；(もの・体・体の部分が) 冷たい (反) hot 暑い；熱い)。

cold

hot

It's a *cold* day, isn't it? 寒いですね。
Can I turn on the heater? The room is *cold*.
部屋が寒いからヒーターつけてもいい？
A *cold* wind was blowing outside.
外は冷たい風が吹いていた。
I want a *cold* drink.
冷たい飲み物がほしいなあ。

2 (心が) 冷たい, 冷淡な (反 warm 心の温かい)。
Why have you been so *cold* to me?
最近, どうして私にそんなに冷たくするの？
get cold さめる；冷たくなる。
Your meal is *getting cold*.
ごはんがさめちゃうわよ。

> 📘 **用法** cold と cool と chilly
> cold は「寒い」「冷たい」という意味を表す一般的な語。cool は「すずしい」という心地よさを表す。chilly は cold ほど寒くないときに「はだ寒い」という意味で使う。

── 名 (複数 **colds** [-dz ヅ]) **1** (病気の) **かぜ**；((**catch a cold** で)) **かぜをひく** (▶ get a cold ともいう)；((**have a cold** で)) **かぜをひいている** (▶進行形にはしない)。
I'm *catching a cold*. かぜをひきそうだ。
I *have* a slight *cold*. (= I'm coming down with a *cold*.) 私はかぜ気味だ。
I guess I caught your *cold*.
きみのかぜがうつったみたい。
I've finally gotten over my *cold*.
やっとかぜが治ったよ。
2 [しばしば the をつけて] 寒さ、寒け。
I had to wait for hours in *the cold*.
寒い中で何時間も待たされた。

> 🔊 **発音** called [kɔːld コールド] (call (…を呼ぶ) の過去・過去分詞) と発音がちがうことに注意。

> 📗 **背景** 英語のなぞなぞ
> *Q*: Which moves faster, heat or cold? (暑さと寒さは、どっちが速い？)
> *A*: Heat. Because anybody can catch cold. (暑さ。だれでも catch cold できるから) (▶ catch (a) cold はふつう「かぜをひく」の意味で使うが、ここでは「寒さを追いかけてつかまえる」の意味で使っている)

colder [kóuldər コウルダァ] 形 cold (寒い) の比較級。
coldest [kóuldist コウルデスト] 形 cold (寒い) の最上級。
coldly [kóuldli コウルドゥリィ] 副 冷淡に；寒く, 冷たく。
collar [kálər カラァ || kɔ́lə コラァ] 名 (服など

の) えり，（ワイシャツの）カラー；（ネコや犬などの）首輪.

collect 4級 [kəlékt コレクト]

動 (3単現 **collects** [-ts ツ]；過去 過分 **collected** [-id]；ing **collecting**) 他（物）**を集める**；（趣味・研究などで）…を収集する；（お金）を集める，（寄付など）をつのる.

Now I'm going to *collect* your answer sheets.
これから解答用紙を集めます.

We're *collecting* cans for recycling.
リサイクルでかんを集めています.

My father *collects* old coins.
父は古いコインを収集しています.

— 自（人などが）**集まる**；（ほこり・水などが）たまる. →名 collection

ⓘ参考 correct（正しい）と混同しないこと.

collect call [kəlékt kɔ́ːl] 名 コレクトコール（受信者が料金を支払う電話）.

I'd like to make a *collect call*.
コレクトコールをかけたいのですが.

collection 準2 [kəlékʃən コレクション] 名 集めること，収集；収集物，コレクション.

There is no trash *collection* on holidays. 休日はごみの収集はないよ.

My uncle has a large *collection* of classical CDs.
おじさんはクラシックの CD をかなり収集している. →動 collect

collector [kəléktər コレクタァ] 名 [ふつう前に名詞をともなって] **コレクター**，収集家；収集人；集金人.

a stamp *collector* 切手のコレクター.

college 5級 名 大学

[kálidʒ カレヂ ‖ kɔ́lidʒ コレヂ]
名 (複数 **colleges** [-iz]) 1 **大学**；単科大学（▶総合大学の university とはいちおう区別されるが，その差は厳密ではない）.
→ university
a junior *college* 短大.
an art *college* 美術大学.
a *college* student 大学生.

I go to *college*. ぼくは大学に通っている（▶大学の建物をさすのではなく「授業を受ける，在籍している」という意味で使うときは a や the をつけないことが多い）.

My sister goes to a women's *college*. 姉は女子大に通っている.

Our children are both in *college*.
(= Our children are both *college* students.)
うちの子どもは2人とも大学生です.

2（大学の）学部.
the *College* of Economics 経済学部.

colleges [kálidʒiz カレヂィズ ‖ kɔ́li- コレ-] 名 college（大学）の複数形.

collide [kəláid コライド] 動 自（**collide with** で）…と衝突する.

collision [kəlíʒən コリジョン] 名 衝突，（意見などの）不一致.

three-car *collision* 3台の車による衝突.

colloquial [kəlóukwiəl コロウクウィアル] 形 くだけた話し言葉の，口語の（反 literary 文学の，文芸の）.

colon [kóulən コウロン] 名 コロン（:）（▶句読点の1つ）. → punctuation marks（表）

colony [káləni カロニィ ‖ kɔ́l- コロ-] 名 (複数 **colonies** [-z]) 植民地；(特定の職業の人が集まる) 地域，地区.

color, (英) colour 5級 名 色

[kʌ́lər カラァ]
名 (複数 **colors** [-z]) 1 (個々の) **色**.

色のさまざまな形容
a bright color 明るい色
a cold color 寒色
a dark color 暗い色，こい色
a light color うすい色
a loud color はでな色
a warm color 暖色
a vivid color あざやかな色

🗣 スピーキング
Ⓐ What's your favorite *color*?
何色がいちばん好き？
Ⓑ Blue.
ブルー.

"What *color* is your new smart-

160 one hundred and sixty

phone?" "Black."
「あなたの新しいスマホは何色？」「黒だよ」
Our school *colors* are blue and white.
うちの学校のスクールカラーは青と白です．

2 (白黒に対して) カラー；色彩.
The book is full of *color* illustrations.
その本はカラーのイラストが豊富だ．

3 (はだの) 色.
You should never judge people by the *color* of their skin.
人をはだの色で判断してはいけない．

4 [ふつう複数形で] 絵の具.
water*colors* 水彩絵の具 (▶「油絵の具」は oil paint という). →形 colorful

── 動 ([3単現] colors [-z]；[過去] [過分] colored [-d]；[ing] coloring) 他 **1** …に色をつける, 色をぬる.
Color the circle red.
丸を赤くぬりなさい．

2 (髪) をそめる, カラーリングする (= dye).
I'd like to have my hair *colored*.
カラーリングをお願いします．

── 自 色づく，赤らむ．

Colorado [kɑlərǽdou カララドゥ ‖ kɔlərɑ́ːdou コロラードゥ] 名 コロラド州（ロッキー山脈と大平原がある州；略語は CO または Colo, Col.).

colored [kʌ́lərd カラァド]
▶ 《英》では coloured とつづる．
形 (白黒でない) カラーの，色のついた；…色の．
a cream-*colored* sweater
クリーム色のセーター．
colored leaves 紅葉．

colorful 準2 [kʌ́lərfəl カラフル]
▶ 《英》では colourful とつづる．
形 (比較) more colorful；(最上) most colorful) 色彩豊かな，カラフルな．
→名 color

colorfulness [kʌ́lərfəlnis カラフルネス]
名 色彩の豊かさ．

coloring [kʌ́ləriŋ カラリング]
▶ 《英》では colouring とつづる．
動 color (…に色をつける) の -ing 形．
── 名 (髪・はだなどの) 色つや，血色；(食品の) 着色料．

colors, 《英》**colours** [kʌ́lərz カラァズ]
名 color (色) の複数形．
── 動 color (…に色をつける) の3人称単数現在形．

Colosseum [kɑləsíːəm カラスィーアム ‖ kɔləsíəm コロスィアム] 名 [the をつけて] コロシアム, コロセウム (イタリアにある, 古代ローマの円形大闘技場).

ローマ市内にある円形闘技場. 楕円形をしていて, 長径 188 m ある.

colour [kʌ́lər カラァ] 名 動 《英》=《米》 color

colt [koult コウルト] 名 (おすの) 子馬.

Columbus [kəlʌ́mbəs コランバス], **Christopher** 名 クリストファー・コロンブス (1451 ? -1506；イタリア生まれの航海家；1492年にアメリカ大陸に到達したが, インドの一部だと思いこんでいた).

Columbus Day [kəlʌ́mbəs dèi] 名 コロンブス記念日 (コロンブスのアメリカ到達記念日で, アメリカの法定休日；10月の第2月曜日とする州が多い).

column [kɑ́ləm カラム ‖ kɔ́ləm コラム] (発音注意) 名 (石の) 円柱 (= pillar) (ギリシャ建築に見られるような支柱のこと)；(新聞などの段組みになった) 段；(新聞・雑誌の) コラム (記事).

coma [kóumə コウマ] 名 《医》昏睡(状態).
go into a *coma* 昏睡状態になる.

comb [koum コウム] (発音注意) 名 (髪をとかす) くし.
the teeth of a *comb* くしの歯.
── 動 他 (髪・毛など) をくしでとかす；(場所) を徹底的にさがす.
Did you *comb* your hair?
髪はとかしたの？

combat [kɑ́mbæt カンバト ‖ kɔ́n- コン-] 名 戦闘 (▶ battle より小規模の闘争をいう)；[比ゆ的に] 争い.
── [kəmbǽt コンバト ‖ kɔ́mbæt コンバト] 動

combination ▶

他 …と戦う; [比ゆ的に] …を撲滅するために戦う.
combat disease 病気と闘う.
— 自 (**combat with / combat against** で) …と戦う.

combination [kὰmbənéiʃən カンビネイション‖ kɔm- コン-] 名 (人や物の)組み合わせ.

combine 準2 [kəmbáin コンバイン] 動
他 …を結合させる; (**combine ~ with ...** で) ~と…とを組み合わせる; (異なるもの)を両立させる.
combine eggs and milk
卵と牛乳を混ぜる.
— 自 結合する, 結びつく.
— [kámbain カンバイン ‖ kɔ́m- コン-] 名
コンバイン (= combine harvester) (▶刈り取りと脱穀が同時にできる農業用機械).

come 5級 動 来る, やってくる

[kʌm カム]
動 [3単現] comes [-z]; [過去] came [keim ケイム]; [過分] come; [ing] coming 自 1 (話し手の方へ)**来る**, やってくる (反 go 行く); (目的地やある場所に)着く, 訪れる; 届く.

come / go

Come here, children!
子どもたち, こっちに来なさい.

× Come to here, children!
here は「ここへ」という意味の副詞なので to は不要.
○ Come here, children!

A lot of people *came* to the art exhibit. 多くの人が美術展を見にきた.
Please *come* again.
(店員などが) またおこしください.
Thank you for *coming*.
来てくれてありがとう.
Here *comes* the train. 電車が来たよ.
Did you *come* by bus? バスで来たの？
My son *came* running home.
息子が走って家に帰ってきた.
Nobody has *come* yet.
まだだれも来てないよ.

2 (話し相手の方へ) **行く**; (だれかといっしょに) 行く.

🗨 スピーキング
Ⓐ Breakfast is ready! 朝ごはんよ!
Ⓑ I'm *coming*. いま行くよ.
(▶ come を使うのは、「相手のいる場所を心に描いて, 自分がそこにやって来る」というイメージで表現するから. I'm going. というと,「出かけるよ」という意味になってしまう.)

You can *come* with me if you like.
よかったらいっしょに行かない？

💬 用法 **come と go**
英語では話し手の視点, 位置がだいじなポイント. come は「(話し手の方に) 来る」, 反対に go は「(話し手の所からどこかへ) 行く」.

3 (時や季節が) **やってくる**, めぐってくる; (ある位置に) 来る.
Final exams are *coming* soon.
もうすぐ期末テストだ.
Winter has gone and spring has *come*. 冬が終わり春がやってきた.
'Z' *comes* at the end of the alphabet.
Z はアルファベットの最後に来る.

4 (**come ＋形容詞**で) …**になる**.
I hope your dreams will *come* true.
きみの夢, 実現するといいね.

5 (**come to ...** で) …**するようになる** (▶ know, think, understand などの認識を表す動詞が続く. それ以外の動詞では「…しにくる」という意味になる).
How did you *come to* know Yuka?
由香とはどうやって知り合ったの？

come about (予期しないことが) 起こる (= happen).
How did this *come about*?
どうしてこんなことが起こったのか.

come across (物)をふと見つける, (人)に偶然会う; (場所)を横切ってくる.

come

I *came across* some old photos in the attic.
屋根裏部屋で古い写真を見つけた.

Come again? 《口語》何て言ったの？
(= Pardon?) (▶文尾を上げて読む).

come along (チャンスなどが) **めぐってくる**；(物事・活動などが) 進む，うまくいく．
A big opportunity *came along*.
大きなチャンスがめぐってきた．

How's your paper *coming along*?
レポートの進みぐあいはどう？

come and go 行ったり来たりする；(流行などが) 移り変わる．

come around = 《英》***come round*** (人の家などを) 訪れる；(季節などが定期的に) めぐってくる．
Why don't you *come around* for a cup of tea? うちに来てお茶でもどう？

come back **帰る**，もどる (= return).
When are you going to *come back* to Tokyo? 東京にはいつもどる予定ですか．

come by 通り過ぎる；立ち寄る，やってくる．

come down 降りる；(雨などが) 降る；(値段が) 下がる．
The snow was *coming down* heavily. 雪が激しく降っていた．

I hope prices will *come down*.
物価が下がってくれたらね．

come from **1 …の出身である** (= be from) (▶現在形で使う).

▶スピーキング

Ⓐ Where do you *come from*?
どこのご出身ですか．

Ⓑ I *come from* Tokyo.
東京の出身です．

(▶ "Where are you from?" "I'm from Tokyo." のほうがよく使われる.)

2 (物が) …からくる，…からできる；…に由来する．

come from across ... …の反対側から来る．

come home **帰宅する**；帰国する．
I *came home* very late last night.
昨夜は家に帰ってくるのがとても遅かった．

come in **入る**．
Please *come in*. どうぞお入りください．

come into **…に入ってくる**．
A white cat *came into* the house.

白いネコがうちに入ってきた．

The mountain top *came into* view.
山の頂上が見えてきた．

come of age 成人する．

come off (…から) とれる，はずれる．
This button is *coming off*.
このボタン，とれそうだ．

come on (季節などが) やってくる，始まる；(照明などが) つく．

Come on! **1** 《口語》**がんばって**；元気を出して；さあ早く；さあこい．
Come on! You're almost there.
がんばって，もう少しよ．

2 早くして，さっさとして．
Come on! We're going to miss the bus. さあ早く．バスに遅れるから．

3 まさか，うそだろ，かんべんしてくれ．

Come on in. 《米口語》さあさあ，入って (▶ Come in. を強めたもの).

come out **1 出てくる**；現れる；(花が) 咲く；(病院を) 退院する；外出する．
The moon *came out* from behind the clouds. 雲の間から月が現れた．

Cherry blossoms will soon *come out*. まもなく桜の花が咲くでしょう．

2 (本などが) **発売される**，世に出る；(映画などが) 公開される．
His new CD is *coming out* next month. 彼の新しいCDは来月発売される．

3 (写真が) 写っている (▶「現像して画像が現れる」という意味).

4 (事実などが) 明らかになる，わかる．
The voting results will *come out* soon. 選挙の結果はまもなくわかります．

come out of …から出てくる；…から生じる；(くぎなどが) …から抜ける．
come out of the bath ふろからあがる．

come over やってくる，…へ遊びにくる (▶自分の家に誘うときなどに使う表現).
Why don't you *come over* this Sunday? 日曜日にうちに遊びにこない？

come to …に来る，やってくる；(合計・結果が) …になる．
That *comes to* 12,000 yen.
(お勘定は) 合計で12000円になります．

come up **1** (自分の方に) 来る，やってくる；《**come up to** で》…に近づく；(問題などが) 起こる．
My teammates *came up to* me.

one hundred and sixty-three　163

comeback ▶

チームメートがぼくの方にやってきた.

2 (会話・会議などで) 話題になる；(テストなどに) 出る.

A similar topic *came up* in the last meeting.
前回の会議で似たような話題が出ました.

3 [ふつう進行形で] …が近づいている.
Final exams are *coming up*.
期末テストが近づいている.

4 (予期しないことなどが) 起こる, 生じる.
A big problem *came up* yesterday.
きのう大問題が生じた.

come upon (ある場所に) 偶然に来る；(人に) 偶然に出くわす；(…に) 急に襲いかかる.

come up with …に追いつく；(考えなど) を思いつく.

How come ...? [あとに「主語+動詞」を続けて] (口語) **どうして…なの?** (▶ Why ...? よりもくだけた言い方；単にHow come? (どうして?) だけでも使う.)

How come you didn't call me?
どうして電話してくれなかったの?

when it comes to ... …のことになると.

comeback [kámbæk カムバク] 图 (健康の) 回復；復帰, カムバック；再人気.
make a *comeback*
ふたたび人気になる；ふたたび成功する.

comedian [kəmíːdiən コミーディアン] 图 喜劇役者, コメディアン, お笑い芸人.

comedy **3級** [kámədi カメディ‖ kɔ́m- コメ-] 图 (複数 comedies [-z]) (芝居の) 喜劇 ((対) tragedy 悲劇). →形 comic

comes [kʌmz カムズ] 動 come (来る) の3人称単数現在形.

comet [kámit カメト‖ kɔ́mit コメト] 图 《天文》すい星, ほうき星.

comfort [kámfərt カンフォト] (発音注意) 图 **1** (体が) 楽なこと, 快適さ.
They live in reasonable *comfort*.
彼らは不自由のない暮らしをしている.

2 安らぎ, なぐさめ, はげまし；安らぎとなる人・もの.
That was the only *comfort*.
それがせめてものなぐさめだった.

―― 動 他 …をなぐさめる.

comfortable **準2** [kámfərtəbl
カンファタブル] (発音注意)

形 **1** **ここちのよい**, 気持ちのよい, 快適な ((反) uncomfortable ここちよくない).
a *comfortable* sofa
すわりごこちのよいソファー.

2 (人が) くつろいだ ((反) uncomfortable くつろげない).
Come on in and make yourself *comfortable*.
さあ, 中に入ってゆっくりくつろいでください (▶ Make yourself at home. という言い方もよく使う.)

3 (人が) 落ち着いた, 不安のない.
I don't feel *comfortable* with him.
彼といると落ち着かない.

comfortably [kámfərtəbli カンファタブリ] 副 ここちよく, 気持ちよく, 快適に.

comic **5級** [kámik カミク‖ kɔ́mik コミク]

形 (比較 more comic；最上 most comic)
喜劇の：コメディーの；漫画の；こっけいな.
a *comic* actor 喜劇俳優.
a *comic* book 漫画雑誌, 漫画本.
→图 comedy

―― 图 (複数 comics [-s]) 喜劇俳優 (= comedian)；(the comics で) (おもに米) 漫画 (= comic strip)；(英) 漫画雑誌；漫画本 (= (米) comic book).

comical [kámikəl カミカル‖ kɔ́mikəl コミカル] 形 こっけいな, 笑いたくなる.

comic strip [kámik‖ kɔ́mik strip] 图 こま割り漫画 (▶ strip とは「細長い1片」をさし, こまが帯状に連続していることから名づけられた. 新聞・雑誌連載物が多い).

ℹ️参考 comic strip に関する語
comic strip title 漫画の題名 / cartoonist 漫画家 / balloon 吹き出し / onomatopoeia [ɑnəmætəpíːə] 擬音語 / thought balloon 心の中の声や考えなどを表す吹き出し / artist's signature 漫画家のサイン

coming [kámiŋ カミング] 動 come (来る) の -ing 形.

―― 形 すぐに来る, きたるべき.
Why don't we go out this *coming* Sunday?
この日曜日はどこかに出かけない? (▶ next Sunday というと「今度の日曜日」か,「その

◀ **common sense**

次の日曜日|かがはっきりしないことがある. はっきりさせるためには this coming Sunday のように言う).

── 图 到来ﾗぃ；近づくこと.
comings and goings （人の）出入り.

Coming-of-Age Day
[kàmiŋ(ə)véidʒ dèi カミング(オ)ヴエイヂ デイ] 图
（日本の) 成人の日.

comma [kámə カマ‖ kómə コマ] 图 コンマ (,) （▶句読点の1つ. 文を区切るときや, 文に語句をはさむときなどに使う).
→ punctuation marks （表）

command [kəmǽnd コマンド‖ kəmáːnd コマーンド] 图 （上からの）命令, 指示；（軍隊などの）指揮.
── 動 他 **1** …を命じる；（command + 人+to ... で）（人) に…するよう命令する.
The general *commanded* the soldiers *to* attack the enemy.
将軍は敵を攻撃するように兵士たちに命令した.
2 …を指揮する.

commander [kəmǽndər コマンダァ‖ kəmáːndər コマーンダァ] 图 （軍隊の）司令官, 指揮官；海軍中佐.

commencement [kəménsmənt コメンスメント] 图 **1** 始まり, 開始（＝beginning).
2 《米》卒業式 （▶本来 **1** の意味で, 卒業式が人生へのスタートであるところから).

comment 準2 [káment カメント‖ kómコメ-] 图 （あることについての）意見, 感想, コメント；論評.
make a *comment*
意見を述べる, コメントする.
No *comment*.
何も言うことはありません；ノーコメント.
── 動 他 《comment (that) ... で》…とコメントを言う.
He *commented that* she was a great singer.
彼女はすばらしい歌手だと彼は述べた.
── 自 《comment on で》…を評論する, …について意見を述べる.
I want to *comment on* the news.
そのニュースについて意見を述べたい.

commerce [kámərs カマ〜ス‖ kóm- コマ-] 图 商業, 商取引, 貿易（＝trade).

commercial 2級 [kəmáːrʃəl コマ〜シャル] 形 商業の, 貿易の；営利的な.
a *commercial* school 商業学校.

The film was a big *commercial* success. その映画は興業的に大成功した.
── 图 （ラジオ・テレビの）コマーシャル （▶ˣCM とは略さない).

commit 2級 [kəmít コミット] 動 [過去] [過分] committed [-id]； [ing] committing） 他 （罪・過失など) を犯す.
He *committed* a terrible crime.
彼はひどい罪を犯してしまった.

committee 2級 [kəmíti コミティ] 图 （専門的な）委員会；委員 (全員) （▶会合は committee meeting, 個々の委員は committee member という).
The next *committee* meeting will be held on the 20th.
次回の委員会は 20 日に開かれる.

common 3級 [kámən カモン‖ kómən コモン]
形 **1 ふつうの**, ありふれた, よくある, 一般的な （反 rare¹ まれな).
Sparrows were very *common* birds in Japan.
スズメは日本ではごくありふれた鳥だった.

▶プレゼン

Cancer is one of the most *common* causes of death.
がんはもっとも一般的な死因の1つだ.

2 [比較変化なし] 共通の, 共同の, 共有の；公共の, 公衆の.
common people 一般人, 庶民ﾐ.
a *common* language 共通語.
These mistakes are *common* with Japanese students.
こうした誤りは日本の学生に共通のものだ.
── 图 共有地.
have ... *in common (with ~)* …を（〜と）共通にもつ.
We *have* a lot *in common*.
私たちには共通点が多い.

commonly [kámənli カモンリィ‖ kómənli コモンリィ] 副 一般に, 通例, ふつうは.

common sense [kàmən ‖ kòmən séns] 图 （判断力としての）常識, 良識 （▶みんなが知っている「常識的な知識」は common sense ではなく, common knowledge という).
He lacks *common sense*.
彼には常識が欠けている.

one hundred and sixty-five 165

commonwealth ▶

commonwealth [kámənwelθ カモン
ウェルス ‖ kɔ́mən- コモン-] 图 国家, 連邦ば,
共和国;[**the Commonwealth** で] 英連邦.

communicate 準2

[kəmjúːnəkeit コミューニケイト] 動 圓 **意思
を伝え合う**, コミュニケーションをとる;
(電話・メールなどで) 連絡し合う.
We *communicate* by email or
phone. ぼくたちはメールか電話で連絡をと
り合っている.

> ✐ライティング
>
> We use English to *communicate*
> with people in other countries.
> 私たちは外国の人たちとコミュニケーション
> をとるために英語を使う.

― 他 (情報・感情など) を伝える, 知らせる.

communication

[kəmjuːnəkéiʃən コミューニケイション]
图 [複数 **communications** [-z]] **1 コミュ
ニケーション**, 伝達, 意思の疎通ぷ;連
絡し合うこと.
a means of *communication*
コミュニケーションの手段.
communication skills
コミュニケーションスキル.
2 [しばしば複数形で] **通信手段**, 報道機関;
交通手段

communism [kámjunizm カミュニズム
‖ kɔ́mju- コミュ-] 图 共産主義.

communist [kámjunist カミュニスト
‖ kɔ́mju- コミュ-] 图 共産主義者;[しばしば
Communist で] 共産党員.
― 形 共産主義 (者) の.

community 3級 [kəmjúːnəti コミュー
ニティ] 图 [複数 **communities** [-z]] **1** 地域
社会;地域住民.
a *community* center
コミュニティーセンター, 公民館.
community activities 地域活動.
2 (職業・人種・宗教などが同じ人たちの)
生活共同体;[the をつけて] 一般社会.

community college [kəmjúːnəti
kɑ́lidʒ ‖ kɔ́lidʒ] コミュニティーカレッジ (▶
公立の2年制の高等教育機関).

commute [kəmjúːt コミュート] 動 圓 通
勤する, 通学する.

commuter [kəmjúːtər コミュータァ] 图
通勤者, 通学者.

compact [kəmpǽkt コンパクト] 形 密度
の高い, ぎっしりつまった;(車などが) 小
型の, コンパクトな.
a *compact* car 小型自動車.

compact disc [kámpækt disk ‖
kɔ̀m-] 图 コンパクトディスク (▶略語は
CD).

companion 2級 [kəmpǽnjən コンパ
ニョン] 图 (いっしょにいる) 仲間, 相手;(旅
の) 連れ (▶動物に対しても使う).

company 4級 [kámp(ə)ni カ
ンパニィ]

图 [複数 **companies** [-z]] **1** (組織としての)
会社 (▶略語は Co. または co.).
He works for an insurance
company. 彼は保険会社で働いている.

> ❶参考 *company* は「組織としての会
> 社」をさすのに対して, *office* は「場所
> または建物としての会社」をさす.

2 仲間, 連れ, 友だち (▶ a をつけず, 複
数形なし).
A man is known by the *company*
he keeps. (ことわざ) つきあう友人たちを
見ればその人の人がらがわかる.
3 いっしょにいること, 同席 (▶ a をつけず,
複数形なし).
I always enjoy their *company*.
彼らといっしょにいるといつも楽しい.

> 🟡背景 *company* の com は「いっしょ
> に」, pany はラテン語 panis (パン) の
> こと. つまり「パンをいっしょに食べる人」
> がもとの意味.

comparative [kəmpǽrətiv コンパラティ
ヴ] 形 比較による;かなりの.
― 图 《文法》[the をつけて] 比較級.

comparatively [kəmpǽrətivli コンパ
ラティヴリィ] 副 比較的, かなり.

compare 準2 [kəmpéər コンペァ]
フォニックス80 are は [ear] と発音する. 動 [3単現
compares [-z];過去 過分 **compared** [-d];
ing **comparing**] 他 **1** …をくらべる, 比
較する;《**compare ~ with ... / compare
~ to ...** で》 ~を…とくらべる.
Compare these two pictures.

◀ **compose**

この2枚の絵をくらべてごらん.
Compare your answers *with* your partner's. 自分の答えをとなりの人の答えとくらべてください.

2《compare ~ to ... で》~を…にたとえる.
Life is often *compared to* a voyage.
人生はよく旅にたとえられる.
— 圓 [ふつう否定文で]《**compare with** で》…に匹敵する, かなう.
My book report can't *compare with* his.
ぼくの読書感想文は彼の感想文にはおよばない.

comparison [kəmpǽrəsn コンパリスン]
图 比較;《文法》(形容詞・副詞の) 比較変化.

compartment [kəmpá:rtmənt コンパートゥメント] 图 仕切り;(仕切られた) たな;(列車の) コンパートメント, 個室;もの入れ.

compass [kʌ́mpəs カンパス] 图 (船の) 羅針盤;方位計, コンパス;〔ふつう複数形で〕(製図用の) コンパス (▶コンパス1個は a compass または a pair of compasses という).

方位計

コンパス

compete 準2 [kəmpí:t コンピート] 動
圓 競争する, 競い合う, 争う.

competition 2級 [kàmpətíʃən カンペティション ‖ kɔ̀m- コン-] 图 競争;競技会, 試合, コンテスト, コンクール (同 contest).
a chorus *competition* 合唱コンクール (▶「コンクール」はフランス語からきた外来語で, 英語では使わない).

complain 準2 [kəmpléin コンプレイン]
動 圓 **1** 不満を言う, ぐちをこぼす;《**complain about** で》…のことで不満を言う;クレームをつける.
They often *complain about* the noise. 彼らはよくその騒音に対して不満を口にしている.

2《**complain of** で》(痛みなど) をうったえる.
The patient *complained of* a pain in his chest. 患者は胸の痛みをうったえた.
— 他《**complain that ...** で》…だと不満を言う.

complaint 2級 [kəmpléint コンプレイント] 图 不満;文句, 苦情, クレーム.
make a *complaint*
不満を言う;苦情を言う (= complain).

complement [kámpləmənt カンプリメント ‖ kɔ́m- コン-] 图《文法》補語.

complete 準2 [kəmplí:t コンプリート] 形
1 全部そろった;完成した.
She has a *complete* set of *Harry Potter* books.
彼女は『ハリー・ポッター』を全巻持っている.
The work on the house is almost *complete*. 家の工事はほぼ終わっている.
2 まったくの;完全な.
a *complete* victory 完勝.
— 動 他 …を終わらせる, 完成させる.
She *completed* her work.
彼女は仕事を終わらせた.

completely 準2 [kəmplí:tli コンプリートゥリィ] 副 完全に, まったく, すっかり.
He is *completely* satisfied.
彼は完全に満足している.

complex 2級 [kəmpléks カンプレックス ‖ kɔ́mpleks コンプレックス] 形 複雑な, 込みいった (反 simple 簡単な).
a *complex* problem 複雑な問題.
— 图 **1** [kámpleks カンプレックス ‖ kɔ́m- コン-] (特定の用途のための) 複数の建物・ビル, 複合体.
an apartment *complex* 団地.
2《心理》コンプレックス.

complicated 2級 [kámpləkeitid カンプリケイティド ‖ kɔ́m- コン-] 形 複雑な, 込みいった, ややこしい.

compliment [kámpləmənt カンプリメント ‖ kɔ́m- コン-] 图 ほめことば, (下心のない) おせじ.

compose [kəmpóuz コンポウズ] 動 他
1 …を作曲する, (詩・文章など) をつくる.
Who *composed* this music?
この曲はだれが作曲したの?
2 …を組み立てる;《**be composed of** で》…から成る, …で構成されている.
The team *is composed of* elementary and junior high students.
チームは小中学生で編成されている.

one hundred and sixty-seven 167

composer ▶

3 (絵や写真) の構図を決める.

composer [kəmpóuzər コンポウザァ] 名
作曲家.

composition [kɑmpəzíʃən カンポズィション ‖ kɔm- コン-] 名 (音楽・詩などを) つくること, (とくに学校での) 作文; (音楽・詩などの) 作品; 成分; 構成.
write a *composition* 作文を書く.

compound [kámpaund カンパウンド ‖ kɔ́m- コン-] 名 **1** 《化学》 化合物 (= chemical compound); 合成物, 混合物. **2** 《文法》 複合語 (▶2語以上の語から成る語句. ice cream (アイスクリーム), dark-haired (黒い髪の) など).
── 形 合成の, 混合の.

comprehend [kɑmprihénd カンプリヘンド ‖ kɔm- コン-] 動 他 …を十分に理解する; …を含む (他 include).

comprehension [kɑmprihénʃən カンプリヘンション ‖ kɔm- コン-] 名 理解力; 読解力テスト, 聞き取りテスト.

comprehensive [kɑmprihénsiv カンプリヘンスィヴ ‖ kɔm- コン-] 形 包括的な, 広範囲の; 総合的な.

compulsory [kəmpʌ́ls(ə)ri コンパルソリィ] 形 義務の, 強制的な (反 voluntary 自発的な); (学科が) 必修の.
compulsory education 義務教育.

computer 5級 [kəmpjúːtər コンピュータァ]

名 《複数 computers[-z]》 **コンピューター**.

パソコンに関することば

a computer game コンピューターゲーム.
computer graphics コンピューターグラフィックス (▶ CG と略す).
computer software パソコンソフト.
a desktop computer デスクトップパソコン (▶単に desktop ともいう).
a laptop computer ノートパソコン (▶単に laptop ともいう).
a tablet タブレット.

My father has two *computers*.
父はパソコンを2台持っている.
He's good with *computers*.
彼はパソコンが得意だ (▶ be good with … で「…のあつかいがうまい」の意味).
Something is wrong with my *computer*. パソコンの調子がおかしい.

conceal [kənsíːl コンスィール] 動 他 …をかくす, 秘密にする.

conceited [kənsíːtid コンスィーティド] 形 うぬぼれの強い.

conceive [kənsíːv コンスィーヴ] 動 他 (計画など) を思いつく.
Who *conceived* the idea of the atomic bomb?
原子爆弾を思いついたのはだれですか.

concentrate 準2 [kánsəntreit カンセントゥレイト ‖ kɔ́n- コン-] (アクセント注意) 動 他 …を集中する, 一点に集める.
Concentrate all your energy on your studies. 勉強に全力をつくしなさい.
── 自 集中する, 専念する.
Be quiet. I'm *concentrating* on my homework.
静かにしてよ. 宿題に集中してるんだ.

concentration [kɑnsəntréiʃən カンセントゥレイション ‖ kɔn- コン-] 名 集中; 集中力.

concept [kánsept カンセプト ‖ kɔ́n- コン-] 名 概念; もとになる考え方, 発想, コンセプト (▶改まった語).
the *concept* of freedom
自由という概念.

concern 準2 [kənsə́ːrn コンサ〜ン] 動 他 **1** …に関係がある, かかわる.
This problem *concerns* us all.
これは私たち全員にかかわる問題だ.
2 …を心配させる.
── 名 心配, 不安; 関心事.
The entrance exam is my biggest *concern* now.
入試がいまの私のいちばんの心配事だ.

concerned 準2 [kənsə́ːrnd コンサ〜ンド] 形 **1** 心配して, 懸念して; 《be concerned about で》 …について心配している.
He *is* not *concerned about* his future.
彼は自分の将来のことについて心配していない.
2 かかわって, 関係して; 関心がある; 《be concerned with[in] で》 …に関係する, かかわりをもつ.

as far as ... be concerned (人) の考えでは; (物事) に関するかぎり.
As far as I'm *concerned*, this plan is much better.
ぼくはこっちの計画のほうがずっといいと思うけど.

◀ **confine**

concert 5級 [kánsə(:)rt カンサ（ー）ト‖ kɔ́nsət コンサト]
名 （複数 concerts [-ts ツ]） **コンサート**, 演奏会, 音楽会.
Where do I get tickets for the *concert*?
コンサートのチケットはどこで買えるの？

concise [kənsáis コンサイス] 形 （文体・ことばなどが）簡潔な.

conclude 2級 [kənklúːd コンクルード] 動 他 …と結論づける；…を終える.
— 自 （ことばなどで）結びとする，終える.
Concluded. （雑誌などで連載物が）本号完結.
To be concluded. （雑誌などで連載物が）次号完結（▶「次号に続く」は To be continued. という）.

conclusion [kənklúːʒən コンクルージョン] 名 結論；（ふつう単数形で）（物語などの）結末，最後（＠ ending）.
in conclusion 終わりに；結論として.

concrete [kɑ́nkriːt カンクリート, kánkriːt カンクリート‖ kɔ́n- コン-] 形 具体的な（＠ abstract 抽象的な）；コンクリート（製）の.
a *concrete* wall コンクリートのかべ.
— [kɑ́nkriːt カンクリート‖ kɔ́n- コン-] 名 コンクリート.
reinforced *concrete* 鉄筋コンクリート.

condemn [kəndém コンデム]（発音注意）動 他 …を責める，とがめる.

condition 2級 [kəndíʃən コンディション] 名 1 （物の）状態，コンディション；（患者などの）健康状態（▶ふつう a をつけず，複数形なし）.
This used car is in good *condition*.
この中古車は状態がいい.
The patient was in critical *condition*.
患者は危険な状態にあった.
2 [複数形で] 状況；（生活や労働などの）環境；気象条件.
under difficult *conditions*
困難な状況下で.
poor living *conditions* 劣悪な生活環境.
3 条件，必要条件.
What are the *conditions* to become a member? 会員になる条件は何ですか.

conditioner 準2 [kəndíʃənər コンディショナァ] 名 （ヘア）コンディショナー，リンス.

condo [kɑ́ndou カンドウ] 名 （複数 condos

[-z]）＝（米口語）condominium.

condominium [kɑ̀ndəmíniəm カンドミニアム] 名 《米》分譲マンション（▶《米》話し言葉では略して condo ということが多い. 1戸分にもマンション全体にも使う）.

condor [kɑ́ndər カンダァ‖ kɔ́ndɔ: コンドー] 名 《鳥》コンドル（南アメリカ産で，飛ぶ鳥の中では最大）.

conduct 2級 [kəndʌ́kt コンダクト] 動 他 …を導く，案内する；（調査・研究など）を行う；（実験など）をする；（オーケストラなど）を指揮する.
— [kɑ́ndʌkt カンダクト‖ kɔ́n- コン-] 名 （人前での）ふるまい，行い.

conductor [kəndʌ́ktər コンダクタァ] 名 （楽団の）指揮者；《米》（バス・電車などの）車掌（＝《英》guard）；案内者.

cone [koun コウン] 名 円すい（形）；円すい形のもの.
an ice cream *cone*
アイスクリームコーン.

confectioner [kənfékʃənər コンフェクショナァ] 名 菓子製造人；菓子店.

confectionery [kənfékʃəneri コンフェクショネリィ] 名 菓子類；菓子製造所；菓子店.

conference 準2 [kɑ́nf(ə)rəns カンフ(ェ)レンス‖ kɔ́n- コン-] 名 （正式な）会議.
an international *conference* 国際会議.

confess 2級 [kənfés コンフェス] 動 他 …を認める，白状する.
— 自 白状する，認める.

confidence 2級 [kɑ́nfədəns カンフィデンス‖ kɔ́n- コン-] 名 信頼，信用；自信；（**have confidence in** で）…に自信をもつ.
At first I didn't *have* any *confidence in* myself.
最初のうちは自分にまったく自信がなかった.

confident 準2 [kɑ́nfədənt カンフィデント‖ kɔ́n- コン-] 形 1 自信がある.
Are you *confident* about the test?
テストは自信ある？
2 確信して；（**be confident of [that]** …で）…を［…だと］確信している.
I'm *confident* (*that*) you'll pass the test. きみはきっとテストに合格するよ.

confine [kənfáin コンファイン] 動 他
1 （**confine A to B** で）A を B の範囲に限定する，しぼる.
2 （ある場所に）…を閉じ込める.

one hundred and sixty-nine 169

confirm ▶

confirm 2級 [kənfə́ːrm コンファーム] 動
他 …を（まちがいがないか）確認する；…
がまちがいないことを示す．

conflict [kánflikt カンフリクト‖ kɔ́n- コン-]
名（意見などの）衝突；争い．

confuse 準2 [kənfjúːz コンフューズ] 動
他 **1**（人）を混乱させる．
His words *confused* me.
彼のことばは私を混乱させた．

2 …を混同する；（**confuse ～ with
[and] …** で）…と…とをとりちがえる．
Don't *confuse* 'it's' *and* 'its'.
it'sと its をとりちがえないように．

confused [kənfjúːzd コンフューズド] 形
（人が）混乱した．

confusing [kənfjúːziŋ コンフューズィング]
形 頭を混乱させる，人をまごつかせる，
わけがわからない，理解できない．

confusion [kənfjúːʒən コンフュージョン]
名 混乱；混同．

Congo [káŋgou カンゴウ] 名 **1** コンゴ共
和国（もとフランス領；首都はブラザビル
(Brazzaville)）．

2 コンゴ民主共和国（もとベルギー領；旧名
Zaire（ザイール）；首都はキンシャサ
(Kinshasa)）．

congratulate 2級 [kəngrǽtʃəleit コ
ングラチュレイト‖-grǽtju- -グラテュ-] 動 他 …を
お祝いする；…にお祝いを言う．
I *congratulate* you on your success.
ご成功おめでとうございます．

congratulation 3級
[kəngrǽtʃəléiʃən コングラチュレイション‖-tju-
-テュ-] 名 [複数] **congratulations** [-z]）[複数
形で] 祝いのことば；[間投詞的に] おめでとう；
祝賀，祝い．
Congratulations on your marriage!
結婚，おめでとう！

> 🗨 スピーキング
>
> Ⓐ *Congratulations!* You made it.
> おめでとう．やったね．
> Ⓑ Thank you.
> ありがとう．
>
> (▶ Congratulations! は入学・進級・卒
> 業・就職・昇進しょう，その他さまざまな人生
> の喜びの場面で使われるお祝いのことば．話
> し言葉では Congrats! と略すことも多い．)

congress [káŋgres カングレス‖ kɔ́n- コ

ン-] 名 **1**（代表者の集まる正式な）会議．

2（**Congress** で）アメリカ議会（▶上院
(the Senate) と下院 (the House of
Representatives) から成る）．
→ parliament（表）

conj. (略) = conjunction（接続詞）

conjunction [kəndʒʌ́n(k)ʃən コンヂャ
ン(ク)ション] 名《文法》接続詞（▶略語は
conj.）．

connect 準2 [kənékt コネクト] 動（3単現
connects [-ts ツ]；過去 過分 **connected**
[-id]；[ing] **connecting**）他 …をつなぐ；
（**connect ～ with [to] …** で）〜を…と
結びつける，接続する．
This bus service *connects* the two
towns. このバス路線が2つの町を結んでいる．
Did you *connect* the printer cable
to the computer?
プリンターのケーブルをパソコンとつないだ？
—自 **1**（**connect to [with]** で）…とつ
ながる．
I can't seem to *connect to* the
Web. インターネットにつながらないみたい．
2（**connect with [to]** で）（電車・バス・
飛行機などが）…と接続する．
a *connecting* flight 接続便．
→名 connection

Connecticut [kənétikət コネティカト]（発
音注意）名 コネチカット州（アメリカ北東部
にある歴史を誇ほる豊かな州；略語は CT また
は Ct., Conn.）．

connection 準2 [kənékʃən コネクション
] 名 関係，つながり（同 link）；（電車・バ
スなどの）連絡れん；（電話・配線などの）接
続；[複数形で] 親戚，コネ．
There is a close *connection* be-
tween diet and disease.
食生活と病気には密接な関係がある．
→動 connect

conquer 2級 [káŋkər カンカァ‖ kɔ́ŋkə
コンカァ] 動 他 **1**（国など）を征服せいする．
2（問題など）を克服する，…に打ち勝つ
（同 overcome）．
—自 征服する；勝利を得る．
→名 conquest

conqueror [káŋkərər カンカラァ‖ kɔ́n-
コン-] 名 征服せい者．

conquest [káŋkwest カンクウェスト‖
kɔ́ŋkwest コンクウェスト] 名 征服せい．

170 one hundred and seventy

◀ **consumption**

→動 conquer

conscience [kánʃəns カンシェンス ‖ kɔ́n-コン-] (発音注意) 图 良心, 善悪の判断.

conscious 2級 [kánʃəs カンシャス ‖ kɔ́n-コン-] 形 1 意識している;《**be conscious of** で》…に気づいている (＝ aware).
I *was conscious of* someone standing behind me.
後ろにだれかが立っているのに気づいていた.
2 意識のある, 正気の (反 unconscious 意識不明の).

consent [kənsént コンセント] 图 同意, 承諾.
── 動 目 同意する, 承諾する.
I refused to *consent* to that plan.
私はその計画に同意することを断った.

consequence [kánsikwens カンスィクウェンス ‖ kɔ́nsikwəns コンスィクウェンス] 图 結果 (＠ result).

consequently [kánsikwentli カンスィクウェントゥリィ ‖ kɔ́nsikwəntli コンスィクウェントゥリィ] 副 その結果, したがって.

conservative [kənsə́ːrvətiv コンサ〜ヴァティヴ] 形 保守的な, 保守主義の.
── 图 保守的な人, 保守主義者.

consider 準2 [kənsídər コンスィダァ] 動 他 1 …をよく考える, 検討する;《**consider ＋ -ing 形** で》…することを考える.
He is *considering studying* abroad.
彼は留学することを考えている.
2 《**consider ～ to be ...** で》～を…と見なす, 思う.
I don't *consider* him *to be* a friend any longer.
彼のことはもう友だちとは思っていない.
→图 consideration

considerable [kənsídərəbl コンスィダラブル] 形 かなりの, 相当な.
I spent a *considerable* amount of time preparing for our long journey.
その長い旅行の準備にかなりの時間をついやした.

considerably [kənsídərəbli コンスィダラブリィ] 副 かなり, 相当に

considerate [kənsídərit コンスィダリト] 形 思いやりのある.

consideration [kənsidəréiʃən コンスィダレイション] 图 よく考えること; 思いやり.
→動 consider
take ... into consideration …を考

慮に入れる.

consist 2級 [kənsíst コンスィスト] 動 目 《**consist of** で》…から成る, できている.
Water *consists of* hydrogen and oxygen. 水は水素と酸素から成る.

consonant [kánsənənt カンソナント ‖ kɔ́n-コン-] 图 子音; 子音字 (▶「母音」は vowel).

constant [kánstənt カンスタント ‖ kɔ́n- コン-] 形 絶え間のない, いつも起こる; 一定の, 不変の.

constantly [kánstəntli カンスタントゥリィ ‖ kɔ́n- コン-] 副 いつも, 絶えず.

constellation [kɑnstəléiʃən カンスタレイション ‖ kɔn- コン-] 图 星座;《文章語》きらびやかな人々・物の集合.

constitute [kánstət(j)uːt カンスティテュートゥートゥート ‖ kɔ́nstitjuːt コンスティテュート] 動 他 …を構成する.

constitution [kɑnstət(j)úːʃən カンスティテューション, -トゥー- ‖ kɔnstitjúːʃən コンスティテューション] 图《the Constitution で》憲法; 体質, 体格; 構成, 構造.
Constitution Day (日本の) 憲法記念日.

construct 2級 [kənstrÁkt コンストゥラクト] 動 他 (建物・橋・道路など) を建設する (反 destroy …をこわす) (▶「建てる」という意味では build が一般的).
construct a building ビルを建設する.

construction [kənstrÁkʃən コンストゥラクション] 图 建設, 建造 (反 destruction 破壊).
a *construction* site 建設現場.
under construction 建設中で.
The new museum is *under construction*.
新しい美術館は建設中である.

consult [kənsÁlt コンサルト] 動 他 **1** (専門家) に相談する, 意見を求める.
consult a doctor 医者にみてもらう.
2 (辞書・地図など) を調べる (▶ふつうは check や use を使う).

consultant [kənsÁltənt コンサルタント] 图 (専門的な助言をする) 顧問, コンサルタント.

consume [kəns(j)úːm コンス(ュ)ーム] 動 他 …を消費する; (食物・カロリーを)摂取する.

consumer [kəns(j)úːmər コンス(ュ)ーマァ] 图 消費者 (反 producer 生産者).

consumption [kənsÁm(p)ʃən コンサ

ン(プ)ション] 图 消費（反 production 生産）；
（食物の）摂取量.

contact 3級 [kántækt カンタクト‖ kɔ́n- コ
ン-] 图（人・物との）接触；連絡；つ
きあい.
Let's keep in *contact*! 連絡をとり合おう.
lose *contact*
つきあいをやめる，連絡をとらなくなる.

get in contact with …と連絡をとる.
How can I *get in contact with* him?
彼にはどうすれば連絡がとれますか.

―― [kántækt カンタクト‖ kɔ́n- コン-,
kəntǽkt コンタクト] 動 他 …に連絡する.
I'll *contact* you in a couple of days.
2，3日中にはご連絡します.

contact lens [kántækt‖ kɔ́ntækt
lènz] 图（複数）**contact lenses** [-iz]〔しばし
ば複数形で〕コンタクトレンズ.
wear *contact lenses*
コンタクトレンズをしている.

contain 準2 [kəntéin コンテイン] 動 他
（進行形なし）（中には）…が入っている，…
を入れている，ふくむ.
This chocolate doesn't *contain*
sugar.
このチョコレートには砂糖が入っていません.

container 2級 [kəntéinər コンテイナァ]
（アクセント注意）图 容器，入れ物；（貨物
輸送用の）コンテナ.

contemporary [kəntémpəreri コンテ
ンポゥレリィ -rəri -ラリィ] 形（芸術・音楽などが）
現代の；同時代の.
contemporary art 現代美術.
―― 图（複数）**contemporaries** [-z]）同時
代の人.

content[1] [kántent カンテント‖ kɔ́n- コン-]
（アクセント注意）图（本・番組などの）内
容；〔複数形で〕（容器などの）中身；(本の)
目次.

content[2] [kəntént コンテント]（アクセント
注意）形〔名詞の前では使わない〕満足した.
I'm *content* with my simple life.
私は自分の質素な生活に満足しています.

contest 4級 [kántest カンテスト‖
kɔ́n- コン-]
图（複数）**contests** [-ts ツ]）**コンテスト**，
競技会，コンクール.
a speech *contest*
スピーチコンテスト，弁論大会.

Are you going to take part in the
contest? コンテストに出るの？

context [kántekst カンテクスト‖ kɔ́n- コン-]
图（事件などの）状況，背景；（文章などの）
前後関係.

continent [kántinənt カンティネント‖ kɔ́n-
コン-] 图 大陸；《the Continent で》（イギ
リスから見て）ヨーロッパ大陸.
Australia is the smallest *continent*
in the world.
オーストラリアは世界でいちばん小さな大陸です.

世界の大陸名

Asia アジア大陸
Europe ヨーロッパ大陸
Africa アフリカ大陸
North America 北アメリカ大陸
South America 南アメリカ大陸
Australia オーストラリア大陸
Antarctica [æntɑ́ːrktikə] 南極大陸

continental [kàntinéntl カンティネントゥル
‖ kɔ̀n- コン-] 形 大陸の，大陸的な；（ふつ
う **Continental** で）（イギリスから見て）
ヨーロッパ大陸（風）の.
a *continental* climate 大陸性気候.
continental breakfast ヨーロッパ大陸風
朝食（▶パンとコーヒー程度の簡単な朝食）.

continual [kəntínjuəl コンティニュアル] 形
断続的な，ひっきりなしの.

continually [kəntínjuəli コンティニュア
リィ] 副 ひんぱんに，しょっちゅう.

continue 3級 [kəntínjuː コンティ
ニュー]

動（ 3単現 **continues** [-z]； 過去 過分
continued [-d]； ing **continuing**）他 …を
続ける；（**continue to ... / continue
+ -ing 形**で）…し続ける.
She decided to *continue* the job.
彼女はその仕事を続けることにした.
Prices are *continuing* to rise.
物価は上昇し続けている.
She *continued writing* letters.
彼女は手紙を書き続けた.
――自 **続く**.
Fighting *continued* for many years.
戦いは何年間も続いた.

To be continued.（雑誌などで連載
物が）次号に続く，以下次号（▶「次号完結」
は To be concluded. という）.

◀ **convince**

continuous [kəntínjuəs コンティニュアス]
形 絶え間ない，連続的な．
Three days of *continuous* heavy
rain stopped at last.
3日間絶え間なく降り続いた大雨がやっとやんだ．

contract 2級 [kántrækt カントゥラクト
‖ kɔ́n- コン-] 名 契約；契約書．
make a *contract* with …と契約する．
── [kántrækt カントゥラクト ‖ kəntrǽkt コン
トゥラクト] 動 他自 (…を)契約する，請け負う．

contrary 2級 [kántreri カントゥレリィ
‖ kɔ́ntrəri コントゥラリィ] 形 反対の，逆の．
His actions are *contrary* to his
words.
彼の行動は言っていることと食いちがっている．
── 名 (複数 contraries [-z]) [the をつけ
て] 正反対，逆．

on the contrary [文頭で] それどころか．
to the contrary それとは反対に．

contrast 2級 [kántræst カントゥラスト
‖ kɔ́ntrɑːst コントゥラースト] 名 対照，対比，コ
ントラスト．

in contrast = ***by contrast*** 対照的に．
── [kəntrǽst コントゥラスト ‖ -trɑ́ːst -トゥラー
スト] 動 他 《contrast ~ with ... で》 ~を
…と対照させる，~を…と対比させる．

contribute 2級 [kəntríbjuːt コントゥリ
ビュ(ー)ト] (アクセント注意) 動 自
《contribute to で》 …に貢献する；…
の一因になる；…に寄付する．
Motor vehicles *contribute to* global
warming.
自動車が地球温暖化の一因になっている．
── 他 …を寄付する；《contribute ~
to... で》(金など)を…に寄付する；(時間・
労力など)を…に提供する．
I *contributed* 10,000 yen *to* the
Red Cross. 赤十字に1万円を寄付した．

contribution [kàntrəbjúːʃən カントゥリ
ビューション ‖ kɔ̀n- コン-] 名 寄付；寄付金；貢
献．

control 3級 [kəntróul コントゥロウル] 名
コントロール，支配；規制．
The driver lost *control* of the car
and hit the wall. その運転手の車はコント
ロールを失い塀にぶつかった．
controls on air pollution
大気汚染の規制．

out of control 制御できなくなって．

take control (of) (…を)支配する．
take control of the country
国を支配する．
── 動 他 …をコントロールする；…を支
配する，管理する．
Police *controlled* the crowd at the
fireworks display.
警察は花火大会に集まった観衆の警備にあたった．

control tower [kəntróul tàuər] 名
(空港の)管制塔，コントロールタワー．
→ airport (図)

convenience 準2 [kənvíːnjəns コン
ヴィーニェンス] 名 便利(なもの)，好都合．
Please call us at your *convenience*.
都合のよいときにお電話ください．

convenience store

3級 [kənvíːnjəns stɔ̀ːr]
名 (複数 convenience stores [-z]) **コン
ビニエンスストア**．

convenient 3級 [kənvíːnjənt コンヴィー
ニェント] 形 (比較 **more convenient**；最上
most convenient) 都合のよい；(物・場
所などが)便利な．
When will it be *convenient* for you?
ご都合はいつがよろしいですか (▶やや改まっ
た言い方で，ふつうは When is good for
you? のようにいう．*When will you be
convenient? とはいわない)．
The new shopping center is very
convenient for us.
新しくできたショッピングセンターはとても便利だ．

convention [kənvénʃən コンヴェンション]
名 大会，集会；(伝統的な)しきたり．

conversation 準2

[kànvərséiʃən カンヴァセイション ‖ kɔ̀n- コン-] 名
会話，おしゃべり．
English *conversation* 英会話．
We had a long *conversation* about
the new movie. ぼくたちはその新しい映
画のことでずっとしゃべっていた．

conveyor belt [kənvéiər bèlt コンヴェ
イア ベルト] 名 ベルトコンベヤー．
conveyor belt sushi 回転ずし．

convince 2級 [kənvíns コンヴィンス] 動
他 …に納得させる，確信させる；《be
convinced of で》 …を確信している．
She *is convinced of* his innocence.

one hundred and seventy-three 173

(= She is *convinced* that he is innocent.) 彼女は彼が無実だと確信している.
coo [ku: クー] 動 (自) (ハトが)クークーと鳴く.
— (他) (ことばを) 優しくささやく.
— 名 ハトのクークーという鳴き声.

cook 5級 動 (…を) 料理する
名 コック

[kuk クック] フォニックス70 oo は [u] と発音する.
動 (3単現) cooks [-s], (過去) (過分) cooked [-t]; (ing) cooking) (他) (火・熱を使って) **…を料理する** (▶「焼く」「煮る」「ゆでる」「蒸す」など).
My father sometimes *cooks* dinner for us.
父はときどき私たちの夕食をつくってくれる.
The fish wasn't *cooked* enough.
魚はよく火が通っていなかった.

💬用法 **cook と make**
cook は火を使ったり, 熱を加えたりして料理することで,「サラダをつくる(make a salad)」などというときは使えない.

— (自) **料理する**; (食べ物が) 料理される, 煮える.
I want to learn how to *cook*.
料理のしかたを覚えたい.
— 名 (複数) cooks [-s] (プロの) **コック**, 料理人; 料理をする人; [前に形容詞をともなって] 料理が…な人. → chef
He works as a *cook* in a restaurant.
彼はレストランでコックとして働いている.

✏️ライティング
My mother is a good *cook*. (= My mother is good at cooking.)
母は料理がうまい.

cookbook 準2 [kúkbuk ククブク] 名 料理の本 (= (英) cookery book).

cooked [kukt クックト] 動 cook (…を料理する) の過去・過去分詞.
cooker [kúkər クカァ] 名 調理器具; (オーブンも一体になった) こんろ, レンジ (= (米) stove).
a rice *cooker* 炊飯器
cookie 5級 [kúki クキィ] フォニックス70 oo は [u] と発音する. 名 (複数) cookies [-z] (米) クッキー (= (英) biscuit).

cooking 5級 [kúkiŋ クキング]
フォニックス70 oo は [u] と発音する.
動 cook (…を料理する) の -ing 形.
— 名 **料理** (すること); (できた) 料理.
cooks [kuks クックス] 動 cook (…を料理する) の3人称単数現在形.
— 名 cook (コック) の複数形.

cool 5級 形 すずしい, 冷静な

[ku:l クール] フォニックス71 oo は [u:] と発音する.
形 (比較) cooler; (最上) coolest) **1 すずしい** (反) warm 暖かい).

cool　　　　　　warm

It was a little *cool* yesterday.
きのうは少しすずしかった.
2 冷静な, 落ち着いた (同) calm).
I managed to stay *cool*.
何とか平静を保つことができた.
3 (口語) かっこいい, おしゃれな.
You look *cool* in those jeans.
そのジーンズ姿, かっこいいよ.
4 (態度が) 冷たい, 冷淡な.

① bake　② roast　③ broil/grill　④ deep-fry　⑤ pan-fry　⑥ boil

cook 料理の仕方 ① (ジャガイモ・パンなどを天火などで) 焼く ② (肉を天火などで) 焼く ③ (焼き網などで肉などを) 焼く ④ [ディープフライ] 油であげる ⑤ [パンフライ] フライパンでいためる ⑥ 煮る, ゆでる (▶「とろ火で煮こむ」のは stew, 「ふかす」のは steam という)

◀ **corner**

Bill seemed very *cool* toward me today.
ビルは今日は私に対してずいぶん冷淡に思えた.
── 動 (3単現 **cools** [-z]; 過去 過分 **cooled** [-d]; ing **cooling**) 他 **…を冷やす**, さます.
cool the wine ワインを冷やす.

cooled [kuːld クールド] 動 cool (…を冷やす) の過去・過去分詞.

cooler [kúːlər クーラァ] 形 cool (すずしい) の比較級.
── 名 冷却器; (ピクニックやつり用の) 冷蔵用容器, クーラーボックス (▶冷房用のクーラーのことは air conditioner という).

coolest [kúːlist クーレスト] 形 cool (すずしい) の最上級.

co-op, coop [kóuɑp コウアプ‖ -ɒp -オプ] 名 《口語》生協 (生活協同組合).

cooperate 2級 [kouǽpəreit コウアペレイト‖ -ɔp- -オペ-] 動 自 協力する, 協同する.

cooperation 2級 [kouæpəréiʃən コウアペレイション‖ -ɔp- -オペ-] 名 協力, 協同.
Thank you for your *cooperation*.
ご協力ありがとうございます.

cop [kɑp カップ‖ kɔp コップ] 名 《口語》おまわり(さん), 警官 (= police officer) (▶「おまわり」「サツ」のようなぞんざいな言い方として使われることも多い).
cops and robbers どろぼうごっこ.

copier [kɑ́piər カピア‖ kɔ́piər コピア] 名 コピー機, 複写機; コピーする人.

cop-out [kɑ́paut カパウト] 名 (義務・約束などからの) 逃避, 責任回避.

copper [kɑ́pər カパァ‖ kɔ́pə コパァ] 名 銅 (▶「青銅」は bronze という); 銅貨.

copy 4級 [kɑ́pi カピィ‖ kɔ́pi コピィ]
名 複数 **copies** [-z] **1** **コピー**, 複写, 写し; (絵などの) **複製**.
make ten *copies* 10 部コピーする.
2 (同じ本・雑誌などの) **…部**, **…冊**.
The book sold more than one million *copies*.
その本は 100 万部以上売れた.
── 動 (3単現 **copies** [-z]; 過去 過分 **copied** [-d]; ing **copying**) 他 **…を写す**; …のコピーをとる; …のまねをする.
Copy this sentence into your notebook. この文をノートに写しなさい.
── 自 **写す**; コピーする.

copyright [kɑ́pirait カピィライト‖ kɔ́pi- コピィ-] 名 版権, 著作権.

coral [kɔ́(ː)rəl コ(ー)ラル] 名 サンゴ.
a *coral* reef サンゴ礁.

cord [kɔːrd コード] 名 綱, なわ, ひも (▶ rope より細く, string より太い); 《おもに米》(電気の) コード.

core [kɔːr コー(ァ)] 名 (リンゴ・ナシなどの) 芯; [the をつけて] (物事の) 核心.
to the *core* 芯まで; 徹底的に.

cork [kɔːrk コーク] 名 コルク; (びんの) コルクせん.

corkscrew [kɔ́ːrkskruː コークスクルー] 名 コルク抜き, せん抜き.

cormorant [kɔ́ːrm(ə)rənt コーモラント] 名 《鳥》鵜.

corn 4級 [kɔːrn コーン] 名 《米》トウモロコシ, コーン; 《英》(小麦・大麦などの) 穀物 (▶ a をつけず, 複数形なし).
an ear of *corn* トウモロコシの実1本.

> 📖 背景 corn はアメリカ・カナダ・オーストラリアではトウモロコシをさし, 英国ではふつう「穀物」(とくに小麦) をさす. 英国ではトウモロコシは maize [meiz] とか Indian corn と呼ぶ.

corned [kɔːrnd コーンド] 形 塩漬けの, 塩漬けにした.

corner 4級 [kɔ́ːrnər コーナァ]
フォニックス 78 or は [ɔːr] と発音する.
名 複数 **corners** [-z] **1** (通りの) **角**, 曲がり角, 街角.

🗣 スピーキング
Ⓐ Excuse me. Where is Sakura Station?
すみません. さくら駅はどこですか.
Ⓑ Turn right at the next *corner*, and you'll see it on your left.
次の角を右に曲がると左手に見えます.

2 (部屋などの) **すみ**; (物の) **角**.
There is a plant in the *corner* of the room.
部屋のすみには植物が置かれています.
the *corner* of the table テーブルの角.
around the corner = 《英》***round the***

one hundred and seventy-five 175

cornfield ▶

corner 角を曲がったところに；[比ゆ的に] すぐそこに，間近に．
There's a Chinese restaurant *around the corner*.
角を曲がったところに中国料理店がある．
Christmas is just *around the corner*. もうすぐクリスマスだ．

cornfield [kɔ́ːrnfiːld コーンフィールド] 图
《おもに米で》トウモロコシ畑；《おもに英で》小麦畑，穀物畑．

cornflakes [kɔ́ːrnfleiks コーンフレイクス] 图 [複数あつかい] コーンフレーク．

corporation [kɔːrpəréiʃən コーポレイション] 图 法人，《米》株式会社．

correct 3級 [kərékt コレクト] 形 正しい，正確な，まちがいのない（反 incorrect 不正確な）．
I think your answer is *correct*.
きみの答えで合ってると思うよ．
The *correct* time now is 10:30.
今の正確な時刻は 10 時 30 分です．
→副 correctly

> 💬用法 **correct** と **right**
> **correct** も **right** も，ともに誤りのないことを意味する． a *correct* answer も a *right* answer も「正解」の意味．ただし，**right** はしばしば「道徳的に正しい」の意味をふくむ．

―― 動 他 (まちがい) を直す，訂正する．
Did you *correct* all your mistakes?
まちがいは全部直しましたか．

> ①参考 collect (…を集める) と混同しないこと．

correction [kərékʃən コレクション] 图 訂正，修正；（しばしば **corrections** で）(犯罪者の) 更生．

correctly 準2 [kəréktli コレクトゥリィ] 副 正しく，正確に． →形 correct

correspond [kɔ(ː)rəspánd コ(ー)レスパンド ‖ -spónd -スポンド] 動 圓 文通する；一致する；相当する．

correspondence [kɔ(ː)rəspándəns コ(ー)レスパンデンス ‖ -spónd- -スポンデ-] 图 文通，通信；一致．

correspondent [kɔ(ː)rəspándənt コ(ー)レスパンデント ‖ -spónd- -スポンデ-] 图 文通者，手紙を書く人；(新聞・雑誌の) 通信員，

特派員．

corridor 準2 [kɔ́ːrədər コーリダァ ‖ kórido- コリド-] 图 (建物の) 廊下（= hall）；(列車の) 通路．

corrupt [kərʌ́pt コラプト] 形 (道徳的に) 腐敗した；(とくに) わいろのきく．
―― 動 他 …を堕落させる；(人) を買収する．
―― 圓 腐敗する；堕落する．

cosmos[1] [kázməs カズモス ‖ kɔ́z- コズ-] 图 [the をつけて] 宇宙．

cosmos[2] [kázməs カズモス ‖ kɔ́z- コズ-] 图 [複数 cosmos または cosmoses [-iz]]《植物》コスモス．

cost 3級 [kɔ(ː)st コ(ー)スト]

图 [複数 costs [-ts-]] **1 費用**；値段．
at low *cost* 安い費用で．
The *cost* of living here is very high.
ここでの生活費はとても高い．
2 損失，犠牲．→形 costly
at all costs = at any cost どんな犠牲を払っても，ぜひとも．
We have to complete this *at any cost*. どんな犠牲を払ってもこれを完成させなくてはならない．
―― 動 [過去][過分] cost)（▶原形と過去・過去分詞が同じ形であることに注意）．
他 (進行形・受け身形なし) **1 (金) がかかる**，(値段が) …である．
This book *costs* 1,000 yen.
この本は 1000 円だ．
How much did it *cost*?
それにいくらかかりましたか．
2 (時間・労力など貴重なもの) を犠牲にさせる，失わせる．
That mistake *cost* him his job.
そのミスのせいで彼は仕事を失った．

Costa Rica [kòustə ríːkə コウスタ リーカ, kàːs- カース-] 图 コスタリカ (中米の共和国；首都はサンホセ (San José))．

costly 2級 [kɔ́(ː)stli コ(ー)ストゥリィ] 形 (比較 costlier；最上 costliest] 高価な，費用のかかる；犠牲の大きい． →图 cost

costume 4級 [kást(j)uːm カスチューム, -tʊ́ːm ‖ kɔ́stjuːm コスチューム] 图 (ある時代・国民・地方などに特有の) 服装；(舞台用・仮装用の) 衣装，コスチューム．
a traditional *costume* 伝統衣装．

◀ **count**¹

cottage [kátidʒ カテ ヂ ‖ kɔ́tidʒ コテヂ] 图
(いなかの) 小さな家, コテージ；《米》(避
暑地などの) 別荘.

cotton 準2 [kátn カトゥン ‖ kɔ́tn コトゥン]
图 綿, 綿花；木綿；《米》脱脂綿 (=《英》
cotton wool).

cotton candy [kàtn ‖ kɔ̀tn kǽndi]
图 (複数 cotton candies [-z]) 《米》綿菓
子 (=《英》candyfloss).

couch [kautʃ カウチ] 图 寝いす, 長いす,
ソファー, カウチ, → chair (図)

cough 準2 [kɔ(ː)f コ(ー)フ] (発音注意)
動 圎 せきをする；せきばらいをする.
She *coughed* violently.
彼女は激しくせきこんだ.
── 图 せき；せきばらい.

could 4級 助 …できた

[kəd クド, (強めると)kud クッド] (発音注意)
助 (can の過去形)
1 [過去の能力を表して] **…できた.**
He *could* swim 100m in 50 seconds
when he was in high school.
彼は高校時代 100 メートルを 50 秒で泳ぐこと
ができた.
I ran as fast as I *could*.
できるだけ速く走った.
I tried many times, but I *couldn't*
do it. 何回もやってみたが, できなかった.
I knew you *could* do it.
きみならできると思ってたよ.
He said that he *could* drive a car.
(= He said, "I can drive a car.")
彼は車を運転できると言った.

> 用法 **could と was able to, were able to**
> 過去の長い期間にわたって「する能力が
> あった」というときは両方とも使えるが,
> 1回限りのことを「できた (成功した)」と
> いうときは **was able to, were able to** を使い, **could** は使わない. I *was able to* solve thirty arithmetic problems in five minutes today.
> (今日5分間で計算問題を 30 問解いたよ)
> (▶今日1回限りのことを表すので, I ˣ*could* … とはいわない).

2 [現在の推量や可能性を表して] **…するかも
しれない；(そうしようと思えば) …できる.**
I *could* help you if you want.
よかったら [きみが望むなら] 力になるけど.

3 [if などをともなって] (…でありさえすれば)
**…できるのに；(I wish I could … で) …
できたらいいのに.**
If I had enough money, I *could* go
to the concert. もしお金があればコンサー
トに行けるのに (▶実際にはいまお金を持って
いない場合に使われる).
I wish I *could* fly. 空を飛べたらいいのに.

4 《**Could I …? で**》 [ていねいに許可を求め
て] **…してもよろしいですか.**

> 🗣 スピーキング
> Ⓐ *Could I* borrow this?
> これ貸してもらえますか.
> Ⓑ Sure. Go ahead.
> ええ, どうぞ.
> Ⓑ I'm sorry. I'm using it right now.
> ごめんなさい. いま使っているんです.

5 《**Could you …? で**》 [ていねいな依頼
を表して] **…していただけますか.**
Could you come at ten tomorrow?
あす 10 時に来ていただけますか.

couldn't [kúdnt クドゥント] could not の
短縮形.

council [káunsl カウンスル] 图 会議, 協議
会, 評議会；(市や町などの) 議会.
a student *council* 生徒会.

counsel [káuns(ə)l カウンセル] 動 囮 (専
門家として) (人) に助言する.

counseling [káuns(ə)liŋ カウンセリング] ▶
《英》では counselling とつづる.
图 カウンセリング, (専門家による) 指導,
助言.

counseling room [káuns(ə)liŋ
rù(ː)m] 图 相談室.

counselor [káuns(ə)lər カウンセラァ] ▶
《英》では counsellor とつづる.
图 カウンセラー, 相談員, 助言者；《米》
弁護士.

count¹ 2級 [kaunt カウント]

フォニックス72 ou は [au] と発音
する.
動 3単現 counts[-ts ツ]；過去 過分 counted
[-id]；ing counting 囮 **1** (1つずつ) **…を
数える**；…を計算する.

one hundred and seventy-seven 177

count² ▶

Count to ten, then open your eyes.
10まで数えて目を開けなさい.

I tried to get to sleep by *counting* sheep. 羊を数えて眠ろうとした.

2 …を数に入れる, ふくめる.
Count me in. 《口語》私もまぜて (▶何かに参加したいときに使う表現. 反対に「私はやめとくよ」は *Count* me out. という).

—⑪ **1 数を数える**.
My daughter can *count* to ten.
娘は10まで数えられる.

2 [進行形なし] 大切である, 重要である.
Keep practicing. It *counts*.
練習し続けなさい. それが大事だよ.

count down (ロケット発射前に) 秒読みをする; (9, 8, 7…0と) 逆に数える.

count on …をたよりにする, あてにする.
You can *count on* me whenever you need help. 助けが必要なときはいつでもたよりにしてくれていいよ.

—— 名 (複数 *counts* [-ts ツ]) (1つずつ) 数えること; 計算.

count² [kaunt カウント] 名 《しばしば **Count** で》(イギリス以外の) 伯爵.

countable [káuntəbl カウンタブル] 形 数えられる.

countdown [káuntdaun カウントゥダウン] 名 秒読み, カウントダウン.

counter 3級 [káuntər カウンタァ] 名 (店・銀行などの) カウンター; 計数器.

countless [káuntlis カウントゥレス] 形 無数の, 数えきれないほどの.
countless stars 無数の星.

countries [kʌ́ntriz カントゥリィズ] 名 country (国) の複数形.

country 5級 名 国

[kʌ́ntri カントゥリィ] (ou は例外的に [ʌ] と発音する)

名 (複数 **countries** [-z]) **1** (国土としての) 国, 国家, 国土.
a foreign *country* 外国.
an independent *country* 独立国.
What *country* do you want to visit?
どの国に行ってみたい?
Japan is an island *country*.
日本は島国です.

✎ ライティング
I want to visit many *countries* in the future.
私は将来, たくさんの国を訪れたい.

📘用法 country と nation と state
country は「国」を表す一般的な語で, とくに地理的な国土を強調する語.
nation は国民・民族に重点がある.
state はやや形式ばった語で, 法的・政治的側面が強調される.

2 [the をつけて] (都会に対して) **いなか**, 田園地帯 (反 the town, the city 都会).
My grandparents live in *the country*. 祖父母はいなかに住んでいる.
I prefer *the country* to the city.
私は都会よりもいなかのほうが好きだ.

country music [kʌ́ntri mjùːzik] 名 カントリーミュージック (▶アメリカ南部の伝統音楽などから発展した音楽. country and western ともいう).

countryside 準2 [kʌ́ntrisaid カントゥリサイド] 名 いなか, 田園地帯.
I love traveling the *countryside*.
いなかを旅するのが大好きだ.

county 3級 [káunti カウンティ] 名 (複数 **counties** [-z]) 《米》郡, カウンティ (州 (state) の下の行政区画); 《英》州 (日本の県に相当する行政区画).
Orange *County* オレンジ郡.

couple

[kʌ́pl カプル] (ou は例外的に [ʌ] と発音する)

名 **1** (同種類のものの) **2つ; 一対** (▶ pair とちがって, かならずしも対をなすものではない).
2 夫婦 (= married couple); 恋人どうし, カップル.
They are a nice *couple*.
2人はお似合いのカップルだ.

a couple of 2つの (= two); 2, 3の, いくつかの (= a few).
a couple of cats 2ひきのネコ.
Could you wait for *a couple of* minutes? 2, 3分お待ちいただけますか.

📘用法 a couple of の使い方
a couple of は2つのこともあるし, それ以上のこともある. どちらの意味を表すかは前後の文脈から判断する.

◀ **cover**

coupon 準2 [k(j)úːpɑn クーパン, キュー-‖kúːpɔn クーポン] 图 **割引券, クーポン券.**

courage 2級 [kə́ːridʒ カ〜レヂ‖kʌ́ridʒ カレヂ] (発音注意) 图 **勇気** (同 bravery).
a man of *courage* 勇気のある人.
I don't have the *courage* to ask her out.
彼女をデートにさそう勇気なんてない.

courageous [kəréidʒəs カレイヂャス] 形 **勇敢な, 勇気のある.**

course 5級 [kɔːrs コース]
フォニックス91 our は [ɔːr] と発音する.
图 (複数 courses [-iz]) **1** (学校の) **課程, 科目, 学科, 講座** (▶その科目の全体の授業をいう. 1回の授業は《米》は class, 《英》は lesson という).
a French *course* フランス語講座.
What *courses* are you going to take? どの科目をとるつもりなの？
2 進路, (飛行機・船などの) **針路, コース;** (時などの) **進行,** 経過.
The plane was off *course*.
飛行機はコースからはずれて飛んでいた.
the *course* of life 人生行路, 一生.
3 (コース料理の) 1品, 1皿.
a five-*course* dinner
5品のディナーコース.
4 (マラソン・ゴルフなどの) **コース.**
a golf *course* ゴルフコース.
in the course of = during the course of …の間に.
She smiled two or three times *in the course of* the conversation.
話している間に彼女は2, 3度ほほえんだ.
of course **もちろん, 当然.**

▶🗣スピーキング

🅐 May I come in?
入ってもよろしいですか.
🅑 *Of course*.
もちろん.
(▶ Of course. は「当然です.」のようにえらそうに聞こえることもあるので, この場合 Sure. Go ahead. (もちろん. どうぞ.) と応じるほうがよい.)

"You don't like snakes, do you?"
"*Of course* not."
「ヘビはきらいでしょ」「当然きらいだよ」

Of course I'll be happy to help you out. もちろん, 喜んで手伝うよ.

🔊発音 of course の発音は [əvkɔ́ːrs オヴコース] と [əfkɔ́ːrs オフコース] の2とおりがある. [əfkɔ́ːrs] は, 後ろの [k] の音に影響されて [v] が [f] になったもの.

court 4級 [kɔːrt コート] 图 **1 裁判所, 法廷** (= law court).
a *court* case 裁判.
a *court* of law 裁判所.
He brought the matter to *court*.
彼はその問題を法廷にもちこんだ.
2 (テニス・バレーボールなどの) **コート.**
a volleyball *court* バレーボールコート.
3 《しばしば Court で》**宮廷, 王宮.**

🔊発音 caught [kɔːt コート] (catch (…をつかまえる) の過去・過去分詞), coat [kout コウト] (上着) とつづりや発音がちがうことに注意.

cousin 4級 [kʌ́zn カズン] (ou は例外的に [ʌ] と発音する)
图 (複数 cousins [-z]) **いとこ** (▶男女のどちらにも使える).
This is my *cousin* who lives in Yamagata.
(写真などを見せて)これは山形にいるいとこだよ.

Coventry [kʌ́v(ə)ntri カヴェントゥリィ] 图 **コベントリー** (イギリスの都市).

cover 3級 [kʌ́vər カヴァ]
動 (3単現 covers [-z]; 過去 過分 covered [-d]; ing covering) 他 **1 …をおおう;** 《cover ～ with ... で》**～を…でおおう;** 《be covered with [in] ... で》**…でおおわれている.**
Snow *covered* the mountains.
(= The mountains *were covered with* snow.)
雪は山々をおおった.
Kana always *covers* her mouth *with* her hand when she laughs.
加奈は笑うときかならず口元を手でかくす (▶日本人がよくするこのしぐさは英米では「何かかくしごとをしようとしている」と誤解されることがあるので注意).
The floor *is covered with* a carpet.
床はじゅうたんでおおわれている.

one hundred and seventy-nine **179**

COW ▶

2 (主題などが) …をあつかう；(範囲が) …にわたる；(ある距離を) を行く.
The coming exam *covers* a lot.
今度のテストは範囲が広い.

cover up …をすっかりおおう.
—— 图 (複数 **covers** [-z]) **1 おおい, カ** バー, ふた.
a cushion *cover* クッションカバー.
Put a *cover* over that hole.
あの穴にふたをしなさい.

2 (本・雑誌などの) 表紙 (▶本の表紙にかける「カバー」は jacket という)；(CD などの) ジャケット.
a back *cover* 裏表紙.

from cover to cover 本の初めから終わりまで.
She read the book *from cover to cover* in a day.
彼女はその本を1日で最初から最後まで読んだ.

cow 5級 [kau カウ] 图 め牛, (とくに) 乳牛 (▶おす・めすに関係なく「家畜の牛」をさすことも多い). → bull, cattle, ox
a milk *cow* 乳牛 (▶ dairy cowともいう).
Have you ever milked a *cow*?
牛の乳をしぼったことある？

① 参考 **牛に関する語**
a bull (去勢していない) お牛 / an ox (去勢した) お牛 / a calf 子牛 / cattle [集合的に] (家畜としての) 牛 / moo モー (▶牛の鳴き声).

coward [káuərd カウアド] 图 おくびょう者, ひきょう者, こわがり, いくじなし.

cowboy [káubɔi カウボイ] 图 (複数 **cowboys** [-z]) 《米》カウボーイ.

背景 牧場にやとわれ, 牛の管理をする人. 彼らが仕事の必要上体得した技を競う大会がロデオ (rodeo). → rodeo

cozy [kóuzi コウズィ] ▶ 《英》では cosy ともつづる.
形 (比較 **cozier**; 最上 **coziest**) (場所などが) 暖かくて居心地のよい.

crab [kræb クラブ] 图 カニ；カニの肉.

crack [kræk クラック] 動 圓 (食器などが) ひびが入る；割れる.
—— 他 (食器など) にひびを入れる；(木の実・卵など) を割る.
—— 图 **1** ひび, 割れ目；細いすき間.

This glass has a *crack*.
このコップ, ひびが入ってる.

2 ズドン [バシッ, バリッ, ボキッ] という音 (銃声やむちの音, 物が割れる音など).

cracker [krǽkər クラカァ] 图 **1** (菓子の) クラッカー (= 《英》biscuit) (うすいかた焼きビスケット).

2 爆竹, クラッカー.

cradle [kréidl クレイドゥル] 图 ゆりかご.

craft [kræft クラフト ‖ krɑːft クラーフト] 图
1 (特殊な) 技術, (木工などの) 工芸；工芸品；(特殊な技術を要する) 職業.
arts and *crafts* 美術工芸, 図画工作.
2 (複数 **craft**) 船；飛行機.

craftsman [krǽftsmən クラフツマン ‖ krɑ́ːfts- クラーフツ-] 图 職人；熟練工 (▶性差のない craftsperson を使うことが多い).

craftsperson [krǽftspəːrsn クラフツパースン ‖ krɑ́ːfts- クラーフツ-] 图 (複数 **craftspeople**) 職人；熟練工.

cram [kræm クラム] 動 (過去 過分 **crammed** [-d]; ing **cramming**) 他 …をつめこむ.
—— 圓 つめこみ勉強をする.

cramp [kræmp クランプ] 图 (筋肉の) けいれん, こむら返り.
I had a *cramp* in my leg.
片足がつった.

cram school [krǽm skùːl] 图 塾；予備校.

cranberry [krǽnberi, -bəri クランベリィ] 图 (複数 **cranberries** [-z]) 《植物》クランベリー, ツルコケモモ.
cranberry sauce
クランベリーソース (アメリカでは感謝祭の七面鳥 (turkey) 料理に欠かせないソース).

crane [krein クレイン] 图 (複数 **cranes** [-z]) 《鳥》ツル；(機械の) クレーン, 起重機.

crash [kræʃ クラッシ] 動 圓 **1** (車などが) 衝突する；(飛行機が) 墜落する.
The car *crashed* into the wall.
その車は塀に衝突した.
2 大きな音を立ててこわれる.
3 (コンピューターなどが) クラッシュする (▶突然動かなくなること).
—— 图 ガチャン [ドシン] という音 (▶物がこわれたり落ちたりするときの大きな音)；(車の) 衝突事故；(飛行機の) 墜落事故.
The window broke with a *crash*.
窓はガチャンと音を立てて割れた.

◀ **crib**

crater [kréitər クレイタァ] 图 (火山の) 噴火口, クレーター；(爆発などで地面にできた) 穴.

crawl [krɔːl クロール] 動 圓 (人・虫が)はう；(乗り物・時間などが) のろのろと進む.
— 图 **1** [a をつけて] はうこと；徐行.
2 [ふつう the をつけて]《水泳》クロール.
swim *the crawl* クロールで泳ぐ.

crayon [kréiɑn クレイアン ‖ kréiən クレイオン] (発音注意) 图 クレヨン；クレヨン画.
draw with *crayons* クレヨンで絵を描く.

craze [kreiz クレイズ] 图 熱中；(一時的な) 大流行.

crazy [kréizi クレイズィ] 形 (比較 **crazier**；最上 **craziest**) **1** ばかげた；正気でない.
That's *crazy*. そんなのばかげてるよ.
2 夢中で, 熱中して.
She's *crazy* about dancing.
彼女はダンスに夢中だ.

cream 5級 [kriːm クリーム]

图 **1** **クリーム** (牛乳の表面にできる脂肪分).
Cream is made from milk.
クリームは牛乳からつくられる.

> 🗨 スピーキング
> Ⓐ With *cream*?
> (コーヒーに) ミルクは入れますか.
> Ⓑ Yes, please. はい, お願いします.
> (▶コーヒーを注文するときの「ミルク」は英語で cream という.)

2 クリーム菓子.
ice *cream* アイスクリーム.
3 (化粧用の) クリーム.
cold *cream* コールドクリーム.
→形 creamy

cream puff [kriːm pʌf] 图 (複数 **cream puffs** [-s]) シュークリーム (▶日本語の「シュークリーム」はフランス語から).

creamy [kriːmi クリーミィ] 形 (比較 **creamier**；最上 **creamiest**) クリームの多く入った；クリーム状の；クリーム色の.
→图 cream

create 準2 [kriéit クリエイト] (ea は e と a を個別に発音する)

動 他 **1** **…を創造する**, (新しいもの・独創的なもの) をつくりだす, 生みだす.
God *created* the heavens and the earth. 神は天地を創造した (▶『旧約聖書』の「創世記」の一節).
All men are *created* equal.
人はみな平等につくられている (▶米国の独立宣言の一節).
2 (事態・状況など) を引き起こす.
That would only *create* more problems.
そんなことをしても問題が増えるだけだろう.
→形 creative

creation 準2 [kriéiʃən クリエイション] 图 創造, 創作；創造物.

creative 準2 [kriéitiv クリエイティヴ] 形 創造力のある, 独創的な.
creative power 創造力, 創作力.
→動 create

creativity [kriːeitívəti クリーエイティヴィティ] 图 独創性, 独創的能力.

creator [kriéitər クリエイタァ] 图 **1** 創造者, 創作者, 作者, クリエーター.
2 (the Creator で) 神, 造物主.

creature 2級 [kriːtʃər クリーチァ] (発音注意) 图 (植物以外の) 生き物.

credit 準2 [krédit クレディト] 图 **1** クレジット (▶クレジットカードなどで後払いで買い物すること), 信用貸し.
Cash or *credit*?
(店員が) お支払いは現金ですか, カードですか.
2 名誉；(大学の) 履修単位.

credit card [krédit kɑːrd] 图 クレジットカード.

creek [kriːk クリーク] 图 《英》(海・川などの) 小さな入り江；《米》小川.

creep [kriːp クリープ] 動 (過去・過分 **crept** [krept]) 圓 (気づかれないように) そっと歩く, ゆっくり動く；(虫などが) はう.
The cat *crept* into the room.
ネコはそっと部屋に入りこんだ.

crept [krept クレプト] 動 creep (そっと歩く) の過去・過去分詞.

crescent [krésnt クレスント] 图 三日月, 三日月状のもの.

crew 準2 [kruː クルー] 图 圓 (飛行機・船の) 乗務員 (全員), (船の) 乗組員 (全員) (▶全体をさすときは単数あつかい, 個々のメンバーをさすときは複数あつかい. 1人1人のメンバーは crew member という).

crib [krib クリブ] 图 《おもに米》ベビーベッド.

one hundred and eighty-one 181

cricket[1] ▶

cricket[1] [krikit クリケト] 名《虫》コオロギ.
cricket[2] [krikit クリケト] 名《スポーツ》クリケット（野球に似た球技で、イギリスの国民的スポーツ. 11名ずつ2組のチームで競う）.

cried [kraid クライド] 動 cry（泣く）の過去・過去分詞.
cries [kraiz クライズ] 動 cry（泣く）の3人称単数現在形.
── 名 cry（さけび声）の複数形.
crime 2級 [kraim クライム] 名《法律上の》罪, 犯罪（▶道徳上・宗教上の罪は sin）; 犯罪行為.
commit a *crime* 罪を犯す.
criminal 準2 [krím(ə)nl クリミヌル] 名 犯罪者.
── 形 犯罪の; 刑事上の.
crisis [kráisis クライスィス] 名（複数） crises [kráisiːz] 危機, 大変な時期; (重大な)分かれ目, 転機.
a food *crisis* 食糧危機.
crisp [krisp クリスプ] 形 1（食べ物が）カリカリした;（紙・布などが）パリッとした.
2（空気が冷たく）身のひきしまるような.
── 名 [ふつう複数形で]《英》ポテトチップス（=《米》potato chip）.
crispy [kríspi クリスピィ] 形（食べ物が）パリパリ［カリカリ］しておいしい.
critic [krítik クリティク] 名 評論家, 批評家; あらさがしをする人.
critical [krítik(ə)l クリティカル] 形 批判的な; 評論の; 重要な, 重大な; 危機の.
He's always *critical* of others. 彼はいつも他人には厳しい.
critically [krítik(ə)li クリティカリ] 副（絶滅に直結するほど）危機的に.
criticism [krítəsizm クリティスィズム] 名 批判; 批評.
criticize 準2 [krítəsaiz クリティサイズ] ▶《英》では criticise とつづる.
動 他 自（…を）批判する,（…の）悪口を言う;（…を）批評する.

croak [krouk クロウク] 名（カエル・カラスなどの）しわがれた鳴き声; カーカー, ゲーコゲーコ, ケロケロ.
── 動 自（カエル・カラスなどが）鳴く; しわがれ声で話す.
── 他 …をしわがれ声で言う.
crocodile [krákədail クラコダイル ‖ krɔ́k-クロコ-] 名《動物》（クロコダイル属の）（大形の）ワニ. → alligator
crocodile tears うそ泣き, そら涙（▶ワニはえさを食べながら涙を流すという伝説から）.
crocus [króukəs クロウカス] 名《植物》クロッカス.
croissant [krwɑːsɑ́ːnt クルワーサーント ‖ kwǽsɔŋ クワッソング]（<フランス語）名 クロワッサン.
crop 2級 [krɑp クラップ ‖ krɔp クロップ] 名（穀物・野菜・果物などの）（農）作物, 収穫（物）; 収穫高.
the rice *crop* 米の収穫(高).
The *crops* didn't grow well this year. 今年は作物があまり育たなかった.
croquet [kroukéi クロウケイ ‖ króukei クロウケイ]（発音注意）名《競技》クローケー（木づちで球を打って門柱の中を通すゲーム. ゲートボールに似ている）.

cross 3級 [krɔ(ː)s クロ(ー)ス]

動 他 1（道路・川・橋など）**をわたる**, 横切る.
Be careful when you *cross* the street. 道をわたるときは気をつけなさい.
2 …を交差させる,（腕・脚など）を組む.
cross my legs 脚を組む.
3（横線・×印などで）…を消す.
I *crossed* her name off the list. 私は彼女の名前を名簿から消した.
── 自（道路などが）交差する; 横切る.
***cross* my fingers = keep my fingers crossed**（指を重ね合わせて）幸運を祈る（▶人さし指と中指を交差させることは災難よけになるという迷信から）.

◀ **cry**

—— 图 (褪数 crosses [-iz]) 十字形，十字
記号 (+, ×)；十字架；**(the Cross で)**(キ
リストがはりつけにされた) 十字架.
the Southern *Cross* 南十字星.
the Red *Cross*
赤十字社 (▶略語は R.C.).

cross-country [krɔ̀(:)skʌ́ntri クロ(ー)
スカントゥリイ] 形 クロスカントリーの.
—— 图 クロスカントリー (とくにスキー・競
走など).

crossing [krɔ́(:)siŋ クロ(ー)スィング] 图
1 横断 (すること).
No *Crossing* (掲示) 横断禁止
2 交差点；横断歩道；(鉄道の) ふみきり.
—— 動 cross (…を横切る) の -ing 形.

crossroads [krɔ́(:)sroudz クロ(ー)スロウ
ヅ] 图 交差点，十字路.

crosswalk [krɔ́(:)swɔ:k クロ(ー)スウォー
ク] 图《米》横断歩道.

crossword [krɔ́(:)swəːrd クロ(ー)スワ〜
ド] 图 クロスワードパズル (▶ crossword
puzzle ともいう).

crouch [krautʃ クラウチ] 動 自 身をかが
める，かがむ.

crow [krou クロウ] 图《鳥》カラス (▶鳴き
声は caw [kɔː]).

crowd 3級 [kraud クラウド]

图 **群衆**，人ごみ.
A big *crowd* was marching toward
the park.
おおぜいの群衆が公園の方へ向かって歩いて
いくところだった.
We lost sight of our son in the
crowd.
私たちは人ごみの中で息子の姿を見失った.
—— 動 自 (人が) 群がる，(たくさんの人
が) 集まる.
Hundreds of fans *crowded* around
the singer.
何百人ものファンが歌手のまわりに集まった.
—— 他 (人が) …に群がる，(たくさんの人が)
(場所) に集まる，つめかける.

crowded 3級 [kráudid クラウディ
ド]

形 (場所が人で) **こみ合った**，混雑した.

crown [kraun クラウン] 图 王冠.

crude [kru:d クルード] 形 **1** 天然のままの.
2 (人・態度が) 粗野な，がさつな.

3 (考えなどが) 大ざっぱな，雑な.
—— 图 原油 (= crude oil).

cruel [krú:əl クルーエル] 形 (比較 crueler,
《英》crueller；(最上 cruelest,《英》cruellest)
1 (人・行為などが) 残酷な，ひどい.
Don't be *cruel* to animals.
動物をいじめてはいけない.
How can you be so *cruel*?
どうしてそんなにひどいことができるんだ？
2 (状態などが) 悲惨な，むごい.

cruelty [krú:əlti クルーエルティ] 图 (褪数
cruelties [-z]) 残酷さ；残酷な行為.
cruelty to animals 動物虐待.

cruiser [krú:zər クルーザァ] 图 巡洋
艦；クルーザー，遊覧用ヨット.

crumb [krʌm クラム] 图 [ふつう複数形で]
パンくず.

crumble [krʌ́mbl クランブル] 動 自 (物
が) ぼろぼろにくずれる，くだける.

crumpled [krʌ́mpld クランプルド] 形 しわ
くちゃにした；ぺちゃんこの.

crush [krʌʃ クラッシ] 動 他 …を押しつぶ
す，くだく.
He *crushed* the can in his hand.
彼はかんを片手でにぎりつぶした.
—— 图 [a をつけて] ほれこみ，恋愛感情.

crust [krʌst クラスト] 图 パンの耳，パイの
皮；(一般に) かたい外皮.

crutch [krʌtʃ クラッチ] 图 松葉づえ.
walk on *crutches* 松葉づえで歩く.

cry 3級 動 泣く，さけぶ

[krai クライ]
動 (3単現 cries [-z]；過去 過分 cried [-d]；
ing crying) 自 **1** (おもに声をあげて) **泣く**.
Don't *cry*, Meg. メグ，泣かないで.
The baby is *crying* again.
赤ちゃんがまた泣いているよ.
2 **さけぶ**，大声を出す (同 shout).
I *cried* in pain. 私は痛くて大声をあげた.
—— 他 …とさけぶ，大声で…と言う.
"Fire!" *cried* the boy.
「火事だ」とその少年はさけんだ.

cry for …をほしがって泣く；(人) をさがし
て泣く；(大声で) …を求める.
The baby was *crying for* milk.
赤ちゃんはミルクをほしがって泣いていた.

one hundred and eighty-three 183

crying ▶

***cry out* 大声を出す.**
The man *cried out* when he jumped into the hot bath. 熱いふろにとびこんだとき，その男は大声をあげた.

***cry over* (不幸・失敗など)をなげいて泣く.**
It is no use *crying over* spilt milk. 《ことわざ》こぼれたミルクをなげいてもむだだ＝覆水盆に返らず.

> 💬用法 cry と sob と weep
> cry は「泣く」という意味のもっとも一般的な語．とくに子どもが声をあげて泣く場合が多いが，なみだを流すだけの場合にも使われる．sob は「すすり泣く」「泣きじゃくる」の意味．weep は改まった語で「なみだを流して静かに泣く」の意味．

cry　　　sob　　　weep

── 名《複数》**cries** [-z] **1 さけび（声）**；泣き声．
He gave a loud *cry*. 彼は大きなさけび声をあげた.
2 (鳥・動物の)鳴き声.

crying [kráiiŋ クライイング] 動 cry(泣く)の -ing 形.

crystal [krístl クリストゥル] 名 水晶；クリスタルガラス(製品)；結晶(体).

crystallize [krístəlaiz クリスタライズ] 動 ⾃ 結晶する.

cub [kʌb カブ] 名 (クマ・ライオン・キツネ・トラなどの)子.

Cuba [kjúːbə キューバ] 名 キューバ(西インド諸島最大の島で共和国；首都はハバナ(Havana)).

cube [kjuːb キューブ] 名 立方体；立方体のもの；《数学》3乗，立方.
the *cube* of 6 6の3乗，6^3.

cuckoo [kú(ː)kuː ク(ー)クー] (発音注意) 名《複数》**cuckoos** [-z] (鳥)カッコウ；カッコー(という鳴き声).

cucumber [kjúːkʌmbər キューカンバァ] 名 《植物》キュウリ.

cue [kjuː キュー] 名 (行動の)きっかけ，合図，ヒント.
miss the *cue* きっかけを失う.

cuff [kʌf カフ] 名 (服の)そで口，(ワイシャツの)カフス；(米)ズボンのすその折り返し.

cuisine [kwizíːn クウィズィーン] 名 料理(法)，料理のしかた.

cultivate [kʌ́ltəveit カルティヴェイト] 動 他 (土地)を耕す，耕作する；(作物)を栽培する；(才能・品性など)を養う.
cultivate the land 土地を耕す.

cultural [kʌ́ltʃ(ə)rəl カルチ(ュ)ラル] 形 文化の；文化的な；芸術の；教養の.
cultural heritage 文化遺産.
cultural exchange 文化交流.
→ 名 culture

culturally [kʌ́ltʃ(ə)rəli カルチ(ュ)ラリィ] 副 文化的に.

culture 3級 [kʌ́ltʃər カルチァ]

名《複数》**cultures** [-z] **1 文化**；**教養**(▶「教養」の意味では a をつけず，複数形なし).
Japanese *culture* 日本文化.
a *culture* shock カルチャーショック.
Going abroad is the best way to know more about your own *culture*. もっと自分の国の文化を知るのには外国に行ってみるのがいちばんの方法だ.
→ 形 cultural

> 💬用法 culture と civilization
> civilization はおもに物質文明をさすが，culture は精神面を重視した言い方．民族の生活・習慣・物の考え方などをもふくむ．

2 栽培，養殖(▶ a をつけず，複数形なし).

cultured [kʌ́ltʃərd カルチァド] 形 (人が)教養のある；(趣味などが)洗練された；養殖した.

cunning [kʌ́niŋ カニング] 形 (人が)ずるい，ずるがしこい.
── 名 ずるさ，悪知恵(▶ cunning には日本語の「カンニング」という意味はない．「試験でカンニングをする」はふつう cheat on an exam という). → cheat

cup 5級 名 カップ

[kʌp カップ] フォニックス46 u は [ʌ] と発音する.
名 (複数) cups [-s] **1** (コーヒーや紅茶の) **カップ**.

💬用法 **cup と glass**
cup はおもに取っ手のついたガラス製以外の容器で温かい飲み物用. ガラス製で冷たい飲み物用には glass を使う. だから日本語の「コップ」は英語では glass.

cup

glass

カップのいろいろ
a coffee cup コーヒーカップ.
a cup and saucer 受け皿つきのカップ(▶ [kʌpənsɔ́ːsər カパンソーサァ] と発音する).
a mug マグカップ (▶ mug ˣcup とはいわない).
a teacup ティーカップ, 紅茶茶わん.

2 (a cup of で) **カップ1杯(の量)の…**.
I drink three *cups of* coffee a day.
私は1日にコーヒーを3杯飲む.

💬スピーキング
🅐 Would you like *a cup of* tea?
紅茶を1杯いかがですか.
🅑 Yes, please. Thanks.
はい, お願いします. ありがとう.

3 優勝カップ.
Our team won the *cup*.
うちのチームは優勝カップを手にした.

cupboard [kʌ́bərd カバド] (p は発音しない) 名 食器戸だな. → kitchen (図)

Cupid [kjúːpid キューピド] 名 《ローマ神話》キューピッド (恋愛の神. 弓矢を持ち, その矢に当たった人は恋になやむという. ギリシャ神話のエロス (Eros) にあたる).

cure 準② [kjuər キュア] 動 他 (病気・病人) を治す; (人の悪いくせなど) を直す.
This medicine *cured* me of my cold. この薬で(私の)かぜが治った.
── 名 治療(法); 治療薬.

curfew [kə́ːrfjuː カ〜フュー] 名 外出禁止; 門限.

Curie [kjú(ə)ri キュ(ア)リィ], **Marie** 名 マリー・キュリー (1867-1934; ポーランド生まれのフランスの物理学者・化学者; 夫のピエール (Pierre) と協力して 1898 年にラジウムを発見した).

ポーランドにあるキュリー夫人の銅像.

curiosity [kjù(ə)riɑ́səti キュ(ア)リアスィティ ‖ -ɔ́siti -オスィティ] 名 (複数) **curiosities** [-z]) 好奇心; めずらしい物.
Young children are full of *curiosity*.
小さい子どもは好奇心にあふれている.

curious 準② [kjú(ə)riəs キュ(ア)リアス] 形 好奇心の強い; 奇妙な.
I'm *curious* about how the human body works.
ぼくは人の体のしくみがどうなっているかに興味がある.

curl [kəːrl カ〜ル] 動 他 (髪の毛など) をカールさせる; …を巻く.
── 自 (髪が) カールする; (物が) 丸まる.
── 名 巻き毛, カール; [複数形で] カールした髪; うず巻き(状のもの).

curling [kə́ːrliŋ カ〜リング] 名 《スポーツ》カーリング.

curly [kə́ːrli カ〜リィ] 形 (比較) **curlier**; (最上) **curliest**) (髪が) カールした, 巻き毛の; (物が) 丸くなった, うず巻き状の.

currency 2級 [kə́ːrənsi カ〜レンスィ ‖ kʌ́r- カレ-] 名 (複数) **currencies** [-z]) 通貨, 貨幣.
The *currency* of Japan is the yen.
日本の通貨は円である.

current 2級 [kə́ːrənt カ〜レント ‖ kʌ́rənt カレント] 形 現在の (同 present¹); 現在通用している.
current topics
今日の話題.

curriculum ▶

The *current* situation isn't good.
現在の状況はよくない.
── 图 (水・空気・ガスなどの) 流れ；電流
(= electric current).
The *current* of the river is very rapid.
その川の流れはとても速い.

curriculum [kəríkjuləm カリキュラム] 图
(複数) curriculums[-z]または curricula[-lə]
(学校の) カリキュラム，教科課程.

curry 5級 [kə́ːri カ〜リ‖kʌ́ri カリ] 图
(複数) curries[-z] カレー (料理)；カレー粉
(▶くわしくは curry powder という).
curry and rice カレーライス.

curse [kə́ːrs カ〜ス] 图 のろい (のことば)；
ののしり.
── 動 他 …をのろう；…をののしる.

curtain [kə́ːrtn カ〜トゥン] 图 **1** カーテン.
Can you open the *curtains*?
カーテンを開けてくれる？
2 (舞台の) 幕.
The *curtain* rises at 6:30.
(劇場の) 幕は6時半に上がる.

curve [kə́ːrv カ〜ヴ] 图 (道路などの) カーブ；曲線；(野球) カーブ.
── 動 自 曲がる，カーブする.
The road *curved* to the right.
道路は右にカーブしていた.
── 他 …を曲げる，カーブさせる.

cushion [kúʃən クション] 图 クッション (▶
日本の「座ぶとん」は floor cushion という).
→ living room (図)

custodian [kʌstóudiən カストゥディアン]
图 (公共の建物などの) 管理人，守衛.

custom 準2 [kʌ́stəm カスタム]

图 (複数) customs [-z] **1** (社会・国などの)
習慣，慣習；(個人の) 習慣. → habit
manners and *customs* 風俗習慣.
Different countries have different cultures and *customs*.
国がちがえば文化や習慣もちがってくる.
Each country has its own *customs*.
《ことわざ》 どの国にもそれぞれの習慣がある＝
所変われば品変わる.
2 《しばしば (the) customs または (the)
Customs で》[単数あつかい] (空港などの)
税関.

pass through *customs* 税関を通る.
3 [複数形で] **関税** (▶輸入品に課す税金).
The *customs* duties were paid.
関税は支払われた.

customer 4級 [kʌ́stəmər カスタマァ]
图 (店などの) 客，顧客，得意先.
→ guest (図)

cut 5級 動 …を切る

[kʌt カット] フォニックス46 u は [ʌ] と発音する.
動 (3単現) cuts [-ts ッ]；(過去)(過分) cut；(ing)
cutting) (▶原形と過去・過去分詞が同じ形で
あることに注意).
他 **1** (刃物で) **…を切る**；(髪・草など)
を刈る.
Can you *cut* the pie into six pieces? パイを6つに切ってくれる？
I *cut* my finger with a knife.
ナイフで指を切っちゃった.
I had my hair *cut* yesterday.
きのう髪を切ってもらった.

💬用法 cut と break
cut は「はさみなどの道具を使って切る」
というときに，break は刃物を使わずに
「折ったり引っぱったりして切る」というと
きに使う.

2 (道具を使って) **…を切ってつくる**；(穴)
をあける；(道など) を切り開く.
They *cut* a road through the jungle. 彼らはジャングルに道を切り開いた.
3 (費用など) を減らす，切りつめる；…を
削除する.
The company needs to *cut* labor costs.
会社は人件費を減らす必要がある.
4 《口語》(学校・授業) をサボる.
You *cut* class again!
また授業をサボったでしょ.
── 自 (刃物などが) **切れる**；切る.
This kitchen knife *cuts* well.
この包丁はよく切れる.
Cut along the dotted line.
点線にそって切りなさい.

cut down (木など) **を切り倒す**.
They *cut down* that big tree.
彼らはあの大木を切り倒した.

186 one hundred and eighty-six

◀ **cymbal**

cut down on …の量を減らす.
cut in (列・会話などに) 割りこむ.
　Don't *cut in* line.
　列に割りこんじゃだめだよ.
cut off …を切りとる；(電気・水道・ガスなど) を止める.
　Then *cut off* the corners of your paper.
　次に紙の四すみを切りとりなさい.
cut out **…を切りぬく**；**《口語》…をやめる**.
　I *cut* the article *out* of the paper.
　その記事を新聞から切りぬいた.

> 🗣スピーキング
> **Cut it out!**「やめろ！」
> 相手がいまやっていることや言っていることをやめさせるときに使うことば.
> Ⓐ *Cut it out!*
> 　やめろ！
> Ⓑ What's the matter?
> 　いったいどうしたの.

── 名 (**複数 cuts** [-ts ツ]) **1 切ること**；**切り傷**.
I fell and got *cuts* on my legs.
ころんで足に切り傷を負った.
2 減らすこと，削減.

cute 5級 [kjuːt キュート] フォニックス52 u は [juː] と発音する.
形 (比較 **cuter** ; 最上 **cutest**) 《口語》(子ども・動物・品物などが) **かわいらしい**, かわいい；《米》(異性が) 魅力的な (▶男性に対しても使う).
a *cute* dog かわいい犬.
How *cute*! かわいい！
That baby is so *cute*.
あの赤ちゃん, とてもかわいい！

cutlet [kʌ́tlit カットゥレト] 名 (子牛や羊の) 肉の切り身；カツレツ.

cuts [kʌts カッツ] 動 cut (…を切る) の3人称単数現在形.
── 名 cut (切ること) の複数形.

cutter [kʌ́tər カタァ] 名 切る人；裁断機, カッター.

cutting [kʌ́tiŋ カティング] 動 cut (…を切る) の -ing 形.
── 名 切ること, 切断.

cybercrime [sáibərkraim サイバァクライム] 名 ネット犯罪, サイバー犯罪.

cyberspace [sáibərspeis サイバァスペイス] 名 サイバースペース (コンピューターのネットワーク上の空間).

cycle 準2 [sáikl サイクル] 名 周期；(電気) サイクル, 周波；自転車；オートバイ.
── 動 ⾃ 自転車に乗る, サイクリングをする；循環する.

cycling 5級 [sáikliŋ サイクリング] 名 サイクリング.

cyclist [sáiklist サイクリスト] 名 自転車に乗る人.

cylinder [sílindər スィリンダァ] 名 円筒, 円柱；(エンジンなどの) シリンダー, 気筒.

cymbal [símb(ə)l スィンバル] 名 シンバル (打楽器).

187

D d

D, d [di: ディー] 名 (複数 **D's, d's** [-z]) または **Ds, ds** [-z]) **1** ディー (アルファベットの4番目の文字).
2 《大文字 D で》《米》(学科の成績の)D(A 〜 D, F という評価のうち4番目の成績. ふつう最低合格点).

'd [-d -ド] had, did, would の短縮形.
You'd (= You had) better see your doctor. 医者にみてもらいなさい.
I'd (= I would) like to go home. 私は家に帰りたいのですが.

-d → -ed

dad 5級 [dæd ダッド]
名 (複数 **dads** [-dz ヅ]) 《口語》**お父さん**, パパ (対)《米》mom, 《英》mum お母さん).
→ daddy
Good night, *Dad*!
お父さん, おやすみなさい!

> 💬用法 **dad の使い方**
> 子どもが父親に呼びかけるときによく使う. 小さな子だけでなく, 大人も使う. 固有名詞のように大文字で書き始め, 冠詞をつけないことが多い.

daddy [dædi ダディ] 名 (複数 **daddies** [-z])《小児語》パパ, お父さん (対)《米》mommy, 《英》mummy ママ). → dad

daffodil [dæfədìl ダフォディル] 名《植物》ラッパズイセン (▶ウェールズの国花).
→ flower (図)

dagger [dǽgər ダガァ] 名 短剣ケん.
→ sword (図)

dahlia [dǽljə ダリャ ‖ déiljə デイリャ] 名《植物》ダリア.

daily 3級 [déili デイリィ] フォニックス59 ai は [ei] と発音する.
形 **日常の**;**毎日の**;日刊の.
daily life (= everyday life) 日常生活.
→名 day
── 副 **毎日** (= every day).
I exercise for thirty minutes *daily*.
私は毎日 30 分運動しています.

── 名 (複数 **dailies** [-z]) 日刊新聞.

dairy [déəri デアリィ] 名 (複数 **dairies** [-z]) 乳製品製造所;乳製品販売はん店.
── 形 乳製品の.
dairy products 乳製品.

dairy farm [déəri fàːrm] 名 酪農らく場.

daisy [déizi デイズィ] 名 (複数 **daisies** [-z]) 《植物》ヒナギク.

dam [dæm ダム] 名 ダム.
[同音語] damn (…をののしる)

damage 2級 [dǽmidʒ ダメヂ] (発音注意) 名 **損害**, **被害**ひ. (▶ a をつけず, 複数形なし).
do *damage* 被害を与あたえる.
The earthquake caused serious *damage* in the area.
地震じんはその地域に深刻な被害をもたらした.
Fortunately, there was no *damage* to our house.
幸いなことに, うちの家に被害はなかった.
── 動 (3単現 **damages** [-iz];過去 過分 **damaged** [-d];現 **damaging**) 他 …に**損害を与える**, 被害をもたらす.
Smoking will *damage* your health.
喫煙きつえんは健康に害をもたらす.

damaged [dǽmidʒd ダメヂド] 形 損害を受けた.

damn [dæm ダム] (n は発音しない) 動 他 …をののしる;〔間投詞的に〕(怒おり・いらだちを表して)《口語》ちくしょう.
[同音語] dam (ダム)

damned [dæmd ダムド] 形 《口語》ひどい;いまいましい.

damp [dæmp ダンプ] 形 しめっぽい, しめり気のある, じめじめした.
The air is warm and *damp*.
空気は暖かくてしめっている.

dance 5級 [dæns ダンス ‖ dɑːns ダーンス]
名 (複数 **dances** [-iz]) **ダンス**, 舞踊ぶよう;ダンスパーティー. → ball
a folk *dance*
フォークダンス, 民族舞踊.

▶ dare

We went to a *dance* yesterday.
私たちはきのうダンスパーティーに行った.

用法 dance の使い方
dance には1語で「ダンスパーティー」という意味もある. たとえば school *dance* (学校のダンスパーティー) のようにいう.

——動 (3単現) **dances** [-iz]; 過去 過分 **danced** [-t]; ing **dancing** 自 **1 踊る**, ダンスをする.
We *danced* to the music.
私たちは音楽に合わせて踊った.

スピーキング
🅐 Will you *dance* with me?
いっしょに踊ってくれる？
🅑 Sure. いいわよ.

2 (喜び・興奮などで) はねまわる, とびはねる, こおどりする.
The girl *danced* for joy.
その女の子はとびはねて喜んだ.

——他 (踊り) を踊る.
dance a waltz ワルツを踊る.

dancer 5級 [dǽnsər ダンサァ ‖ dάːnsə ダーンサァ] 名 踊る人; (プロの) ダンサー.
She's a good *dancer*.
(= She's good at dancing.)
彼女はダンスがうまい.

dancing 5級 [dǽnsiŋ ダンスィング ‖ dάːnsiŋ ダーンスィング] 動 dance (踊る) の-ing形.
——名 ダンス.

dandelion [dǽndəlaiən ダンディライオン] 名《植物》タンポポ.

背景 フランス語の *dent de lion* (ライオンの歯) から. 葉の形をさしている.

danger 準2 [déindʒər デインヂァ]

名 (複数) **dangers** [-z] **1 危険**; 危険性, おそれ (反) safety 安全).
the *dangers* of alcohol
アルコールの危険性.
face *danger* 危険に直面する.
We want a park where children can play without *danger*.
私たちは子どもが安心して遊べる公園を望んでいます.

Danger! Falling Rocks
(掲示) 危険！落石注意

「危険. 落石注意. 停止禁止」の掲示.

2 危険なもの, 危険な人.
Smoking is a *danger* to health.
喫煙は健康をおびやかす.
→ 動 endanger

be in danger 危険にさらされている.
Her life *is* still *in danger*.
彼女の命はいまも危険な状態にある.

be out of danger 危険がなくなる.

dangerous 3級 [déindʒ(ə)rəs デインヂ(ャ)ラス]

形 (比較) **more dangerous**; (最上) **most dangerous**) **危険な**, 危ない (反) safe 安全な).
a *dangerous* place 危険な場所.
It's *dangerous* to walk alone after dark. 暗くなってから1人で歩くのは危ないよ.

dangerously [déindʒ(ə)rəsli デインヂ(ャ)ラスリィ] 副 危険なくらい.

Danish [déiniʃ ディニッシ] 形 デンマークの; デンマーク人の; デンマーク語の.
——名 デンマーク人; デンマーク語.

dare [deər デア] 動 他 (**dare to ...** で) 思いきって…する, …する勇気がある.
He didn't *dare to* touch the tiger.
彼はトラに手を触れる勇気がなかった.
——助 (過去) **dared** [-d] [否定文・疑問文で] 思いきって…する.
He *dare not* travel alone.
彼には1人で旅行する勇気がない.

How dare ...? (ひどくおこって) よくも…できるよね.
How dare you say that?
よくもそんなこと言えるよな.

I dare say ... (英) おそらく…だろう.
I dare say you are mistaken.
きみはたぶんまちがっていると思う.

one hundred and eighty-nine 189

dark

dark [4級] [形] 暗い [名] 暗やみ

[dάːrk ダーク] フォニックス75 ar は [άːr] と発音する．

[形] (比較 darker; 最上 darkest) **1 暗い**, うす暗い (反 light¹ 明るい).
It's already *dark* outside.
外はもう暗いよ．
It's getting *dark*.
だんだん暗くなってきた．

2 (色が)こい (反 light¹ うすい); (髪・目・はだなどが) **黒っぽい**.
a *dark* brown suit こげ茶色のスーツ．
She has *dark* hair and *dark* eyes.
彼女は髪も目も黒い (▶ black eye というと殴られたときなどにできる「目のまわりの黒いあざ」をさす). → [名] darkness

── [名] [ふつう the をつけて] **暗やみ**; 夕暮れ (▶複数形なし).
Becky is afraid of *the dark*.
ベッキーは暗やみをこわがる．

after dark **日が暮れてから**, 暗くなってから．
Don't go out *after dark*.
日が暮れてから外出したらだめよ．

before dark **日が暮れないうちに**, 暗くならないうちに．
Be home *before dark*.
暗くならないうちに帰ってきなさい．

in the dark 暗やみで, 暗い所で．
Cats can see *in the dark*.
ネコは暗い所で目が見える．

darken [dάːrkən ダークン] [動] [他] …を暗くする．
── [自] 暗くなる．

darker [dάːrkər ダーカァ] [形] dark (暗い) の比較級．

darkest [dάːrkist ダーケスト] [形] dark (暗い) の最上級．

darkness [dάːrknis ダークネス] [名] 暗やみ, 暗黒． → [形] dark

darling [dάːrliŋ ダーリング] [名] [夫婦・恋人同士・親から子への呼びかけとして] **あなた, おまえ** (▶日本語に訳さないことも多い).
My *darling*! ねえ, あなた！
How was your day, *darling*?
ねえ, 今日はどんな1日だった？

🗣スピーキング
darling は, 夫婦・恋人同士・親から子どもへの呼びかけの語として, 名前の代わりによく使われる．このほかに, dear [díər ディア] や honey [hʌ́ni ハニィ] などがある．
🅐 This is for you, Mom.
　お母さん, これあげる．
🅑 Wow, thank you, *darling*.
　まあ, ありがとう．

── [形] (口語) **かわいい, すてきな** (▶おもに女性が使う); **最愛の**; お気に入りの．

darts [dάːrts ダーツ] [名] [単数あつかい] **ダーツ** (ダーツボード (dartboard) とよばれる的に投げ矢 (dart) を手で投げて得点を競う室内ゲーム).

Darwin [dάːrwin ダーウィン], **Charles** [名] **チャールズ・ダーウィン** (1809-82; イギリスの博物学者; 進化論を確立した).

dash [dǽʃ ダッシ] [動] [自] **突進する**, 急いで行く (= rush).
He *dashed* out of the front door.
彼は玄関から急いでとび出していった．
── [他] …をぶつける, 投げつける; …を打ちくだく．
── [名] **1** [単数形で] **ダッシュ, 突進**; 短距離走 (▶ 400 メートルまでは dash, それ以上は run を使う).
the 50-meter *dash* 50メートル走．
2 ダッシュ記号 (—). → punctuation marks (表)

data [déitə デイタ, dǽtə ダタ] [名] [単数または複数あつかい] **データ, 資料**.

📖文法 data の使い方
data はもともと datum [déitəm デイタム] の複数形なので複数あつかいが原則だが, しばしば単数としてあつかわれる．
This *data* is correct. (このデータは正確だ) ／ These *data* are correct. (これらのデータは正確だ)

◀ **day**

date

5級 [deit デイト] **フォニックス48** a は [ei] と発音する.

名 **(複数)** dates [-ts ツ] **1 日付**；**期日** (▶年月日・月日・日または年をさす).

What's your *date* of birth?
生年月日はいつですか (▶ ×When is your date of birth? としないことに注意).

📢スピーキング

Ⓐ *What's the date today?*
今日は何月何日？
Ⓑ *It's November 10.*
11月10日です.
(▶ What date is it today? ともいう.)

ⓘ参考 「2025 年6月5日」の代表的な書き方と読み方は次のとおり.
❶アメリカ式
[書き方] June 5(th), 2025 簡略な書き方は 6/5/2025 (月・日・年の順)
[読み方] June (the) fifth, two thousand twenty-five または twenty-five.
❷イギリス式
[書き方] 5(th) June, 2025 簡略な書き方は 5/6/2025 (日・月・年の順)
[読み方] the fifth of June, two thousand twenty-five または twenty-five.

2 デート，**会う約束.**
I had a *date* with her last weekend.
ぼくは先週末に彼女とデートしたんだ.
I'm going on a *date* with Ken on Sunday. 私，日曜日にケンとデートするの.
3 (米) デートの相手.
She's my *date* tonight.
彼女が今夜のぼくのデート相手なんだ.

out of date 時代遅れの，流行遅れの；古くて役に立たない.
This cellphone is *out of date*.
この携帯電話は時代遅れだ.

up to date 最新の；最新情報を載せた.
This smartphone is *up to date*.
このスマホは最新式だ.

── **動** (**3単現** dates [-ts ツ]；**過去** **過分** dated [-id]；**ing** dating) **他 1** (手紙・書類など) **に日付を書く.**
His letter was *dated* June 5.
彼の手紙には6月5日の日付があった.

2 (人) とデートする，**つき合う.**
He is *dating* my younger sister.
彼はぼくの妹とつき合っています.

──**自 1** 《**date from** で》… (年代) から始まる；《**date back to** で》… (年代) にさかのぼる.
The Gion Festival *dates back to* the 9th century.
祇園ぎおん祭の起源は9世紀にさかのぼる.
2 デートする，**つき合う.**
Mike and Jane have been *dating* for two years.
マイクとジェーンは2年間つき合っている.

daughter **4級** **名** 娘むすめ

[dɔ́ːtər ドータァ] **フォニックス60** **フォニックス36** au は [ɔː] と発音し，gh は発音しない.
名 **(複数)** daughters[-z] **娘** (対) son 息子).
an only *daughter* 1人娘.
Yuki is our oldest *daughter*.
由紀はいちばん上の娘 (→長女) です.
We have two *daughters*.
うちには娘が2人います.

daughters [dɔ́ːtərz ドータァズ] **名**
daughter (娘) の複数形.
David [déivid デイヴィド] **名 1 デビッド** (男性の名；愛称は Dave または Davy).
2 《聖書》ダビデ (ソロモン (Solomon) 王の父でイスラエルの第2代の王).
dawn [dɔːn ドーン] (発音注意) **名 夜明け** (▶「夕暮れ」は dusk).
at *dawn* 夜明けに.
── **動 自** (夜が) **明ける.**

day **5級** **名 日**，**昼間**

[dei デイ] **フォニックス59** ay は [ei] と発音する.
名 **(複数)** days [-z] **1 日**，1日.
on a rainy *day* 雨の日に.
There are seven *days* in a week.
(= A week has seven *days*.)
1週間は7日ある.
She works eight hours a *day*.
彼女は1日に8時間働く (▶この a day は「1日につき」という意味).
Have a nice *day*.

one hundred and ninety-one **191**

daybreak ▶

よい1日を(▶朝出かける人に対して言ったり，別れぎわにGoodbye.の代わりに言ったりする).
It was a long *day*.
長い1日だったよ(▶朝早くからずっと忙しかったときなどに使う表現).

🗣スピーキング
Ⓐ *What day is today?*
今日は何曜日？
Ⓑ *It's Friday.*
金曜日です.

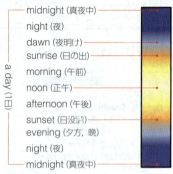

a day (1日)
- midnight (真夜中)
- night (夜)
- dawn (夜明け)
- sunrise (日の出)
- morning (午前)
- noon (正午)
- afternoon (午後)
- sunset (日没)
- evening (夕方，晩)
- night (夜)
- midnight (真夜中)

2 昼間，日中 (対 night 夜間).
They worked during the *day*.
彼らは日中働いた.
The *days* are getting longer and longer. 日がだんだん長くなってきた.

3 (特定の) 日；記念日；祝日.
New Year's *Day* 元旦.
Thanksgiving *Day*
感謝祭(アメリカで11月第4木曜日，カナダで10月第2月曜日に行う).

4 [しばしば複数形で] **時代**，時期.
in my school *days* 学生時代に.
Those were the good old *days*.
あのころは古きよき時代だった. →形 daily

all day (long) 一日中.
It rained *all day long* today.
今日は一日中雨だった.

by day (夜に対して) 昼間は.

call it a day (口語) その日の仕事などを終わりにする.
Let's *call it a day*.
今日はこのへんで終わりにしよう.

day after day 来る日も来る日も，毎日
(▶何かたいくつなことなどが続くときに使うこ

とが多い).
I'm sick of doing the same thing *day after day*.
毎日毎日同じことばかりやっているんでうんざりだよ.

day and night = *night and day* 昼も夜も.
He works hard *day and night*.
彼は昼も夜も一生けんめいに働く.

day by day 日ごとに，日に日に.
It's getting warmer *day by day*.
日ごとに暖かくなってきた.

every day 毎日.
Ben walks to school *every day*.
ベンは毎日歩いて学校へ行く(▶évery dáy と両方を強めて読む. every と day をはなして書くことに注意). → everyday

every other day 1日おきに.

in those days そのころは.
There were no cellphones *in those days*. そのころは携帯電話はなかった.

one day (過去の) **ある日**；(未来の) **いつか**.
One day Alice went to see her grandmother. ある日のこと，アリスはおばあさんに会いに行きました.

one of these days 近いうちに.
Please come and see me *one of these days*. 近いうちに遊びにきてね.

some day (未来の) **いつか**，そのうちに.
I'd like to go to Europe *some day*.
いつかヨーロッパに行ってみたい.

the day after tomorrow あさって，明後日.

the day before yesterday おととい，一昨日.

the other day 先日，数日前に.
I happened to see my elementary school teacher *the other day*.
先日，小学校のときの先生に偶然出会った.

these days このごろ，最近(▶ふつう現在形または現在進行形とともに使う).
These days I have no time to watch TV. 最近はテレビを見る時間もない.

to this day 今日まで(ずっと).

daybreak [déibreik デイブレイク] 名 夜明け.

day-care center, (英) **day-care centre** [déikeər sèntər] 名 保育所；(高齢者などの) 日中介護施設.

◀ **dealt**

daydream [déidri:m デイドゥリーム] 動 (自)
空想にふける.
—— 名 空想, 白昼夢{はくちゅうむ}.

daylight [déilait デイライト] 名 日光 (同
sunlight); 昼間; 夜明け (同 dawn).
at *daylight* 夜明けに.

days [deiz デイズ] 名 day (日) の複数形.

daytime [déitaim デイタイム] 名 [the をつ
けて] 日中, 昼間.
in *the daytime* 日中は.

dazzle [dǽzl ダズル] 動 (他) …の目をくら
ませる.
—— 名 きらきらする光, まばゆさ.

D.C. [dí:sí: ディースィー] コロンビア特別区
(▶ District of *Columbia* の略).

📗**用法** Washington D.C. と
Washington
アメリカの首都ワシントン市を
Washington, D.C. とよぶのは, 太平
洋岸にある同名の州と区別するため.

dead 準2 [ded デッド] フォニックス62 ea
は [e] と発音する.
形 **1 死んだ**. 死んでいる; (植物が) 枯{か}
れている (反 alive, living 生きている).
a *dead* body 遺体.
2 (電池などが) 切れた; (活動あるいは機
能が) 停止した.
My smartphone battery is *dead*.
私のスマホは電池がありません.
3 まったくの, 絶対の.
the *dead* opposite 正反対.
→動 die, 名 death
—— 副 まったく, すっかり.
I'm *dead* tired. くたくたにつかれています.

dead end [dèd énd] 名 (道路などの)
行き止まり; (政策などの) 行き詰{づ}まり.

deadline 準2 [dédlain デドゥライン] 名 最
終期限, 締{し}め切り.

deadlock [dédlɑk デドゥラック ‖ dédlɔk デド
ゥロク] 名 (交渉{こうしょう}などの) 行き詰{づ}まり, 膠
着{こうちゃく}状態.
—— 動 (他) …を行き詰まらせる.
—— (自) 行き詰まる.

deadly [dédli デドゥリィ] 形 [比較 deadlier
または more ~; 最上 deadliest または most
~) 致命{ちめい}的な, 非常に危険な.
—— 副 ひどく, とても.

Dead Sea [dèd sí:] 名 [the をつけて]

死海 (イスラエルとヨルダンの間の塩水湖).

deaf [def デフ] 形 耳が聞こえない, 耳が
遠い, 耳が不自由な (▶聴覚に障がいがある
人々を指す場合には hearing-impaired
[impéərd インペアド] が好まれる).

deal 2級 [di:l ディール] フォニックス63 ea
は [i:] と発音する.
動 (3単現 **deals** [-z]; 過去 過分 **dealt** [delt];
(ing) **dealing**) (他) (トランプの札など) **を配
る; …を分配する**.
deal the cards トランプの札を配る.
—— (自) (人や店が商品を) **あつかう**; 取り引
きをする; トランプの札を配る.
deal in (商品) を商う; (人・店などが) …
をとりあつかっている.
The store *deals in* imported furni-
ture. その店は輸入家具をあつかっている.
***deal with* 1** (人・問題など) をあつかう,
…に対処する, …とつき合う; (会社などが)
…と取り引きする.
How should I *deal with* this prob-
lem? この問題にどう対処すべきだろう？
It's hard to *deal with* him.
彼とつき合うのは難しい.
2 (本・映画などが) (テーマとして) …をと
りあげる.
—— 名 [複数 **deals** [-z]] **1** (ビジネスでの)
取り引き; [ふつう単数形で] あつかい, 処
遇{しょぐう}.
2 (トランプの札を) 配ること.
a good*[*great*] *deal (量が) たくさん.
He eats *a great deal*. 彼はよく食べる.
a good*[*great*] *deal of (量が) たくさん
の… (▶ of のあとには数えられない名詞がく
る).
He made *a great deal of* money.
彼は大金をかせいだ.
big deal (口語) たいしたこと.
It's no *big deal*.
そんなのたいしたことじゃないよ.
It's a deal. 手を打つよ, 取り引き成立
だ (▶交換条件などに合意した際に言う).

dealer [dí:lər ディーラァ] 名 (ある商品の)
取り引き業者, 販売{はんばい}業者, 販売会社,
ディーラー; (トランプの札の) 配り手, (ゲー
ムの) 親.
a car *dealer* 自動車販売業者.

dealt [delt デルト] 動 deal (…を配る) の過
去・過去分詞.

one hundred and ninety-three　193

dear ▶

dear [4級] [形] だいじな, …様

[díar ディア] [フォニックス86] ear は[íar]と発音する.
[形] [比較] dearer; [最上] dearest) **1 だいじな**, かけがえのない (同 precious); **かわいい**.
Beth is a very *dear* friend of mine.
ベスは私のかけがえのない友人だ.
2 [手紙の書き出しで] **拝啓, …様.**
Dear Sir, 拝啓 (▶ Sir は男性に使う敬称).
Dear Madam, 拝啓 (▶ Madam は女性に使う敬称).
Dear Ichiro, 一郎様 (▶名前の場合).
Dear Mr. Jones,
ジョーンズ様 (▶姓の場合).
My *dear* Jane, ジェーン様.

> 💬用法 dear の使い方
> ❶ (米) ではふつう my をつけると改まった表現で, my をつけないほうが自然な表現. (英) ではその反対.
> ❷名と姓を並べて Dear Jane Smith のようには使わない.

> dear の使い方
> ○ Dear Bob,
> ○ Dear Mr. Jones,
> × Dear Mr. Bob Jones,
> × Dear Bob Jones,
> × Dear my friend,
> ○ My dear friend,

── [名] [複数] **dears** [-z] **かわいい人**; いい子; [呼びかけで] **あなた**, おまえ.
Come over here, my *dear*.
ねえあなた, こっちへ来て.

── [間] **おや**, まあ.

> 🗣スピーキング
> Dear me. や Oh, dear. は軽いおどろきや落胆の気持ちを表すことば. 男女ともに使う.
> **A** *Oh, dear.* You're late again.
> おやおや, また遅刻かい.
> **B** Sorry. My alarm didn't go off.
> すみません. 目覚まし時計が鳴らなかったものですから.

[同語源] deer (シカ)

dearer [dí(ə)rər ディ(ア)ラァ] [形] dear (だいじな) の比較級.

dearest [dí(ə)rist ディ(ア)レスト] [形] dear (だいじな) の最上級.
── [名] **最愛の人** (呼びかけとして使う).

death [deθ デス]

[フォニックス62] [フォニックス34] ea は[e].
th は[θ]と発音する.
[名] [複数] **deaths** [-s] **死**, **死亡** (反) birth 誕生, life 生命).
Everyone is afraid of *death*.
人はみんな死をおそれる.
The plane crash caused many *deaths*.
その飛行機の墜落事故で多くの死者が出た.
to death 死ぬまで; (口)死ぬほど, ひどく.
be starved *to death* 餓死する.
→[動] die, [形] dead

debate [2級] [dibéit ディベイト] [名] **討論**, **ディベート** (賛成・反対のグループにわかれて, あるテーマについて論じ合う); **討論会**.
have a *debate* 討論する, ディベートを行う.
── [動] [他][自] (…を)討議する, 討論する.

debt [det デット] (b は発音しない) [名] **借金**, **負債**; 借金のある状態.
She's heavily in *debt*.
彼女は多額の借金をかかえている.

debut, début [deibjú: デイビュー, déibju: ディビュー] (発音注意) (<フランス語) [名] **デビュー**, 初舞台 (を踏むこと).
She made her *debut* as a singer last year.
彼女は昨年歌手としてデビューした.

Dec. (略) = December (12月)

decade [2級] [dékeid デケイド, dekéid デケイド] [名] **10年間**.
for *decades* 何十年も.
The city has changed a lot in the past *decade*.
その都市はこの10年で大きく変わった.

decay [dikéi ディケイ] [動] [3単現] **decays** [-z] [過去] [過分] **decayed** [-d] [ing] **decaying**) [自] **くさる**; **おとろえる**.
a *decaying* tooth (進行中の) 虫歯.
── [他] **…をくさらせる**.
── [名] **腐敗**; **おとろえ**.

deceive [disí:v ディスィーヴ] [動] [他] (人) を **だます**, **あざむく**.

◀ decline

I finally realized that I had been *deceived*.
私はだまされていたことにようやく気がついた.

December 5級 名 12月

[disémbər ディセンバァ]

名 **12月**(▶略語は Dec.). → month(表)
It begins to snow here in *December*.
ここでは 12 月に雪が降りはじめる(▶「…月に」というときは in を使う).
I was born on *December* 16.
私は 12 月 16 日に生まれた(▶特定の日付をいうときは on を使う. December 16 は December sixteenth または December the sixteenth と読む).
Christmas is in *December*.
クリスマスは 12 月にある.

○ in December
× in December 25
特定の日がつくときは on を使う.

○ on December 25
▶月名は大文字で書きはじめる.

背景 ラテン語で 10 月(decem = 10)の意味. 3月(古代ローマ暦の年始)から数えて 10 番目の月.

decent [díːsnt ディースント] 形 まともな, ちゃんとした;(人が)きちんとした.

decide 3級 [disáid ディサイド]

フォニックス50 i は [ai] と発音する.

動 (3単現 **decides** [-dz ヅ]; 過去 過分 **decided** [-id]; ing **deciding**) 他 …**を決める**;(decide to ... で) …**しようと決心する**, …することに決める, …することにする;(decide that ... で) …**と決定する**; …ということにする.
You should *decide* your future by yourself. 自分の将来は自分で決めるべきだ.

ライティング
I *decided to* become an astronaut.
私は宇宙飛行士になろうと決心した(▶ decide は目的語に -ing 形はとらない).

He *decided* not *to* quit the club.
彼は部活をやめないことにした(▶ decide to ... の否定形は decide not to ... の形になり「…しないことにする」の意味を表す).
We haven't *decided* where we'll go. どこに行くかはまだ決めてない.

— 自 **決定する**, 決める;決心する.
I can't *decide*. 私は決心がつかない.
You have to *decide* on your own.
自分で決めなさい.

decision 準2 [disíʒən ディスィジョン] 名 決定, 結論, 判断;決心.
Don't make any hasty *decisions*.
結論を急いじゃだめだよ.
It'll take a long time to come to a *decision*.
結論が出るまでにはしばらく時間がかかるだろう.

deck [dek デック] 名 **1** (船の) デッキ, 甲板;(電車やバスなどの)階, 床;
the main *deck* 主甲板.
the upper *deck* (バスの) 2階.
2 《米》(家屋から張り出した) デッキ, テラス.
3 《米》(トランプの) 1組 (=《英》pack).

declaration [dekləréiʃən デクラレイション] 名 **1** 宣言, 布告.
2 (税金・関税などの) 申告(書).

Declaration of Independence

[dekləréiʃən əv indipéndəns] 名 [the をつけて](アメリカによるイギリスからの)独立宣言(トマス・ジェファソンが起草し, 1776 年7月4日, 東部 13 州の代表者 56 名により承認された).

declare 2級 [dikléər ディクレア] 動 他
1 …**を宣言する**, 公表する, 布告する;…と断言する.
America *declared* its independence from Britain on July 4, 1776.
アメリカは 1776 年 7 月 4 日にイギリスからの独立を宣言した.
2 (税関で) (課税品) の申告をする.

スピーキング
Ⓐ Do you have anything to *declare*?
何か申告するものはありますか.
Ⓑ No, I don't.
いいえ, ありません.

decline 2級 [dikláin ディクライン] 動 自
(体力などが) おとろえる;(量が) 減少する;

one hundred and ninety-five 195

decorate ▶

(質が) 低下する；(物価などが) 下落する.
His health began to *decline* in his sixties.
60代になって彼の健康はおとろえはじめた.
── 他 (申し出など) を (ていねいに) 断る, 辞退する.
She *declined* our invitation.
彼女は私たちの招待を断った.
── 名 衰退(たい)；減少；低下；下落.

decorate 準2 [dékəreit デコレイト] (アクセント注意) 動 他 …をかざる.
The classroom was *decorated* with flowers. 教室は花でかざられていた.

decoration 3級 [dèkəréiʃən デコレイション] 名 装飾(そう), かざりつけ；[しばしば複数形で] 装飾物, かざり.

decrease 準2 [dikríːs ディクリース] 動 自 (数・量などが) 減少する, 減る (反 increase 増加する).
Our sales are *decreasing*.
私たちの売り上げは減少している.
── 他 (数・量など) を減らす.
── [díːkriːs ディークリース] 名 減少；低下.

dedicate [dédəkeit デディケイト] 動 他 (**dedicate +時間・労力+ to +目的・人**) (時間・労力) を (目的・人) にささげる.

deed [diːd ディード] 名 《文語》行為(い), 行い. → 動 do

deep

3級 [diːp ディープ] フォニックス64
ee は [iː] と発音する.
形 (比較 deeper；最上 deepest) **1 深い**
(反 shallow 浅い)；**深さが…で**.
a *deep* sea 深い海.
The river is very *deep*.
その川はとても深い.
a *deep* shelf 奥行きのあるたな.
The pool is about two meters *deep*. そのプールは深さが約2mある.

> 🗣スピーキング
> Ⓐ How *deep* is the snow?
> 雪の深さはどのくらいですか.
> Ⓑ It is one meter *deep*.
> 深さは1メートルです.

2 (色が) こい；(声が) 低い, 太い.
The sky was *deep* blue.
空はこい青色をしていた.
He has a *deep* voice.
彼の声は低くて太い.

3 (考えなどが) **深い**.
She's not a *deep* thinker.
彼女は物事をあまり深く考えない.
4 (眠り・呼吸などが) 深い.
fall into a *deep* sleep 深い眠りにつく.
take a *deep* breath 深呼吸をする.
── 副 深く, 深い所に. → deeply
They walked *deep* into the forest.
彼らは森の奥深くに歩いていった. →名 depth
deep down 心の底では.

deep-fry [díːpfrái ディープフライ] 動 他 (魚・肉などを) を油であげる.

deeply [díːpli ディープリ] 副 [比喩的に] 深く, ひじょうに (▶具体的な意味では, ふつう deep を使う). → deep
I was *deeply* moved. 私は深く感動した.
She was *deeply* hurt by his words.
彼女は彼のことばに深く傷ついた.

deer 3級 [díər ディア] 名 (複数 deer 単複同形) 《動物》シカ.

> 📖用法 deer の数え方
> deer は単複同形なので, a deer (1ぴきのシカ), two deer (2ひきのシカ) のように表す.

[同音語] dear (だいじな)

defeat [difíːt ディフィート] 動 他 (試合・戦いなどで) …を負かす, 破る, …に勝つ (自 beat¹).

> 📖用法 defeat と beat と win
> 「相手に勝つ」というときは defeat や beat, 「試合・戦いに勝つ」というときは win を使う. He *defeated* the world champion. (彼は世界チャンピオンを破った) / He *won* the final match. (彼は決勝戦に勝った).

We *defeated* Higashi Junior High by 2-1. ぼくたちは東中学に2対1で勝った (▶ 2-1は two to one と読む).
The Mets were *defeated* by the Dodgers yesterday.
きのうメッツはドジャースに負けた.
── 名 敗北, 負け (反 victory 勝利).

defect [díːfekt ディーフェクト, difékt ディフェクト] 名 欠点, 短所；(機能の) 障害.

defence [diféns ディフェンス] 名 《英》= 《米》defense

defend 2級 [difénd ディフェンド] 動 他

196 one hundred and ninety-six

◀ **delicatessen**

1 …を守る(反 attack …を攻撃する). The soldiers *defended* their country against the enemy attacks. 兵士たちは敵の攻撃から祖国を守った. She *defended* herself with a knife. 彼女はナイフで自分の身を守った.

2 …を弁護する；…を擁護する. *defend* freedom 自由を擁護する.

3 《スポーツ》(タイトルなど)を防衛する. He *defended* his title again. 彼はまたしてもタイトルを防衛した.

defense [diféns ディフェンス] ▶《英》では defence とつづる. 名 防御, 防衛(反 attack, offense 攻撃)；《スポーツ》守備(側), ディフェンス(の選手)(反 offense 攻撃(側), オフェンス)；弁護.
the Ministry of *Defense* (日本の)防衛省.

defensive [difénsiv ディフェンスィヴ] 形 防御の, 守りの；自衛上の(反 offensive 攻撃的な).
── 名 [the をつけて] 防御, 守勢.

define 2級 [difáin ディファイン] 動 他 (語・句など)を定義する；…を明確にする.
Some words are hard to *define*. 定義するのが難しい語もある.

definite [défənit デフィニト] 形 はっきりした；一定の；確実な, 明らかな.

definitely [défənitli デフィニトゥリィ] 副 **1** 明確に.
2 [返事で]確かに, もちろんです.

definition 2級 [defəníʃən デフィニション] 名 (語・句などの)定義, (辞書の)語義.

deforest [di:fɔ(:)rist ディーフォ(ー)レスト] 動 他 (森)の樹木を切りはらう.

deforestation [di:fɔ(:)ristéiʃən ディーフォ(ー)レスティション] 名 山林開拓, 森林伐採.

degree 準2 [digrí: ディグリー] フォニックス64 ee は [i:] と発音する. (アクセント注意) 名 [複数] **degrees** [-z] **1** (温度・角度などの) 度(▶記号は °).
Water freezes at 32 *degrees* Fahrenheit [32°F] or zero *degrees* Celsius [0°C]. 水はカ氏32度つまりセ氏0度で凍る(▶《米》では温度を表すのにカ氏を使うことが多い. 0°は zero degrees と複数形で表すことに注意).
a 60-*degree* [60°] angle 60度の角度.

2 (量・段階などの) **程度**, レベル.

to some *degree* ある程度は.
in some *degree* いくぶん, 多少.

3 (学校の) **学位**, (大学以上の) 称号.
get a *degree* 学位をとる.
a master's *degree* 修士号.

Delaware [déləweər デラウェア] 名 デラウェア州 (アメリカ東部大西洋岸にある全米で2番目に小さな州；略語は DE または Del.).

delay 準2 [diléi ディレイ] 動 [三単現] **delays** [-z]；[過去] [過分] **delayed** [-d]；[ing] **delaying** 他 …を遅らせる；(計画など)をのばす, 延期する.
What *delayed* you so long? どうしてこんなに遅れたの？
My plane was *delayed* for three hours because of heavy snow. 飛行機が大雪で3時間遅れた.
We can't *delay* our departure any longer. もうこれ以上出発をのばせないよ.
── 名 [複数] **delays** [-z] 遅れること；延期.
without delay 遅れずに, すぐに.

delegate [déligət デレゲト, -geit -ゲイト] 名 (政治的な会議の) 代表者；使節.

delete [dilí:t ディリート] 動 他 (語・文・データなど)を削除する.

Delhi [déli デリィ] 名 デリー (インドの首都).

delicate 準2 [délikət デリケト] (アクセント注意) 形 **1** こわれやすい；(体などが)ひ弱な.
a *delicate* glass こわれやすいグラス.
2 繊細な, 優美な.
delicate flowers 優美な花.
3 デリケートな, 微妙な, (香りなどが)ほのかな；(食物・味が)あっさりしておいしい, 薄い.
a *delicate* situation 微妙な状況.

delicatessen [delikətésn デリカテスン] (ドイツ語) 名 デリカテッセン (調理済みの肉やチーズやサラダ・サンドイッチなどを売る店) (▶略して deli ともいう. もとはドイツ語の「おいしい食べ物」の意味).

delicious ▶

delicious
[4級] [dilíʃəs ディリシャス]

形（比較 more delicious：最上 most delicious）（食べ物・料理が）**とてもおいしい**；香りのよい（▶この1語で「とてもおいしい」という強い意味をもつため，"very delicious" とはいわないのがふつう）.

Everything was *delicious*.
全部とてもおいしかったです（▶英語には「ごちそうさま」という言い方がないので，このような表現で感謝を表すことがある）.

It smells *delicious*.
それはとてもおいしそうなにおいがする.

> 🗨 スピーキング
> Ⓐ How was the apple pie?
> アップルパイの味はどうだった？
> Ⓑ It was *delicious*.
> とてもおいしかったよ.

delight
[2級] [diláit ディライト] 名 **大喜び**；楽しみ.

The children jumped with *delight*.
子どもたちは大喜びでとびあがった.
→形 delightful

―― 動 他 …を大喜びさせる.

delighted
[準2] [diláitid ディライティド] 形
大喜びで（▶ happy や pleased よりも強い意味になる）；(be delighted by [with, at] で）…に大喜びである；(be delighted to ... で）…してとても喜ぶ.

> 🗨 スピーキング
> Ⓐ Would you like to stay for dinner?
> 夕食を食べていきませんか.
> Ⓑ I'd *be delighted to*. 喜んで.

I *am delighted by* your good news.
あなたのよい知らせをとてもうれしく思います.

I'm *delighted to* see you all.
みんなに会えてほんとうにうれしいよ.

delightful
[diláitfəl ディライトゥフル] 形 とても楽しい；とてもすばらしい.

My aunt is a *delightful* person.
私のおばはとても楽しい人です. →名 delight

deliver
[準2] [dilívər ディリヴァ] 動 他

1 …を届ける，配達する.
The package was *delivered* in the morning.
午前中に荷物が届いた.
I'd like this *delivered* to the U.S.
これをアメリカへ配達してもらいたいのですが.
2（演説など）をする；（意見）を述べる.

delivery
[2級] [dilív(ə)ri ディリヴ(ァ)リィ]
名（複数 deliveries [-z]）配達；出産.

a *delivery* service
配送サービス，出前.
There's no *delivery* on Sundays.
日曜日は配達がない.

delta
[déltə デルタ] 名（河口の）三角州，デルタ.

demand
[2級] [dimǽnd ディマンド ‖ dimά:nd ディマーンド] 動 他 …を要求する.

The man *demanded* money of us.
男は私たちに金を要求した.

―― 名 **1** 要求.
We can't accept his *demands*.
彼の要求を受け入れるわけにはいかないよ.
2 需要（⇔ supply 供給）.
The *demand* for clean energy is increasing rapidly.
クリーンエネルギーへの需要が急速に高まっている.

demo
[démou デモゥ] 名 **1** デモ（＝ demonstration）.
2 デモ（試聴用）音源；（コンピューター）デモソフト.

🔑 単語力をつける　**delicious　味を表すことば**

☐ **delicious** とてもおいしい		☐ hot	からい
☐ awful	ひどくまずい	☐ salty	塩からい
☐ bad	まずい	☐ sour	すっぱい
☐ bitter	苦い	☐ sweet	あまい
☐ good	おいしい	☐ tasty	（風味があって）おいしい

democracy [dimάkrəsi ディマクラスィ ‖ dimɔ́k- ディモク-] 图 (複数 **democracies** [-z]) 民主主義;民主政治;民主国家 (▶「民衆による統治」という意味のギリシャ語から生まれた). →形 democratic

democrat [déməkræt デモクラト] 图 民主主義者;[Democrat で] (米) 民主党員.

democratic [dèməkrǽtik デモクラティク] 形 民主主義の;民主的な;[Democratic で] (米) 民主党の. →图 democracy

Democratic Party [dèməkrǽtik pɑ́ːrti] 图 [the をつけて] (米) 民主党 (共和党 (the Republican Party) とともにアメリカの2大政党の1つ).

demon [díːmən ディーモン] 图 鬼, 鬼神, 悪魔.

demonstrate 準2 [démənstreit デモンストゥレイト] (アクセント注意) 動 他 1 (学説など) を実証する;…をはっきりと示す. The study *demonstrates* that children are greatly influenced by TV. その研究は子どもがテレビに大きく影響されていることを実証した.
2 (見本などで) …を説明する, 実演する. The instructor *demonstrated* how to use the software. インストラクターはそのソフトの使い方を実演した.
— 自 デモをする. They *demonstrated* against the war. 彼らは戦争反対のデモをした.

demonstration [dèmənstréiʃən デモンストゥレイション] 图 **1** デモ (▶話し言葉では demo ともいう). a *demonstration* against the government 反政府デモ.
2 実演;実証するもの. give a *demonstration* 見本を示す, 実演する.

Denmark [dénmɑːrk デンマーク] 图 デンマーク (ヨーロッパの王国;首都はコペンハーゲン (Copenhagen)).

dense [dens デンス] 形 (物・人が) 密集した;(霧・液体などが) こい. a *dense* forest 密林. There was a *dense* fog this morning. けさは濃霧が出た.

dental [déntl デントゥル] 形 歯の;歯科の.

dentist 3級 [déntist デンティスト] 图 歯医者, 歯科医師. He went to the *dentist*('s). 彼は歯医者へ (治療に) 行った. I have a *dentist*'s appointment at five. ぼくは5時に歯医者を予約している.

deny 2級 [dinái ディナイ] (発音注意) 動 (3単現 **denies** [-z]; 過去 過分 **denied** [-d]; ing **denying**) 他 (事実ではないと) …を否定する;…を否認する. She *denied* the rumor. 彼女はそのうわさを否定した.

depart 準2 [dipɑ́ːrt ディパート] 動 自 (文語) 出発する (反 arrive 到着する) (▶ start や leave よりもかたい言い方).

department 準2 [dipɑ́ːrtmənt ディパートゥメント] 图 (デパートなどの) 売り場;(会社などの) 部, 課;(大学の) 学科;(政府の) (米) 省, (英) 局. Where's the children's clothing *department*? 子ども服の売り場はどこですか. the sales *department* 販売部.

department store
5級 [dipɑ́ːrtmənt stɔ́ːr] 图 (複数 **department stores** [-z]) **デパート**, 百貨店 (▶「部門ごとに分かれた店」という意味. 単に ×depart とはいわない). go shopping at a *department store* デパートへ買い物に行く.

departure 2級 [dipɑ́ːrtʃər ディパーチァ] 图 出発 (反 arrival 到着). (the) time of *departure* (= (the) *departure* time) 出発時刻. a *departure* lounge (空港の) 出発ロビー.

空港の出発時刻の掲示.

depend
準2 [dipénd ディペンド]

dependent ▶

動 (3単現 **depends** [-dz ヅ]；過去 過分 **depended** [-id]；ing **depending**) 自
1 (**depend on** で) **…による**；…をあてにする（同 rely）.

> 👤 プレゼン
>
> Japan *depends on* foreign countries for natural resources.
> 日本は天然資源を外国に依存している.

2 (**depend on** で) (物事が) **…による**，…しだいである.
That *depends on* the weather.
それは天気しだいだ.

That depends. = ***It depends.*** それは時と場合による，それはケースバイケースだ.

> 💬 スピーキング
>
> Ⓐ Do you always leave your office at five?
> いつも5時にオフィスを出るのですか.
> Ⓑ *That depends.*
> 時と場合によりますね.

dependent [dipéndənt ディペンデント] **形**
たよっている，依存している（反 independent 自立した）；(**be dependent on** で) …にたよっている；…しだいである.
He's still *dependent on* his parents.
彼はいまでも両親にたよっている.

deposit [dipázit ディパズィト‖-pózit -ポズィト] **名 1** (銀行への) 預金；預金額.
I made a *deposit* of ¥50,000 in the bank.
私は銀行に5万円を預金した.

2 頭金，手付け金；保証金.
── **動** 他 (銀行に) (金) を預ける，預金する.
I'd like to *deposit* this into my account.
私の口座にこのお金を預けたいのですが.

depress [diprés ディプレス] **動** 他 …の元気をなくさせる，…を落胆させる.

depressed [diprést ディプレスト] **形** 元気のない，落胆した；不景気の.

depression [dipréʃən ディプレション] **名**
不景気，不況；ゆううつ；うつ病.

deprive [dipráiv ディプライヴ] **動** 他
(**deprive +人+ of +物** で) (人) から (物など) をうばう.

Poverty *deprives* children *of* educational opportunities.
貧困は子どもから教育の機会をうばってしまう.

dept. 《略》= department (部)

depth 準2 [depθ デプス] **名** 深さ；(建物などの) 奥行き.
What's the *depth* of the water here? ここの水深はどのくらいですか.
→**形** deep

derive [diráiv ディライヴ] **動** 他 (性質・利益など) を引き出す，得る.
derive pleasure from music
音楽から喜びを得る.
Most musical terms are *derived* from the Italian language.
音楽用語はたいていイタリア語からきている.
── 自 由来する；(…から) 出ている.

describe 準2 [diskráib ディスクライブ]
動 他 …を描写する，…の特徴を述べる；(できごとのようすなど) を説明する.
Words cannot *describe* the beauty of the landscape.
ことばではその風景の美しさを言いつくせません.

description [diskrípʃən ディスクリプション]
名 描写，記述；説明.

desert¹ 準2 [dézərt デザト] (アクセント注意) **名** 砂漠；荒野 (アメリカの desert は広大な砂丘の連なり (砂砂漠) ではなく，荒野 (岩砂漠) であることが多い).
the Sahara *Desert* サハラ砂漠.

desert² [dizə́ːrt ディザ〜ト] **動** 他 (家族・職務など) を捨てる，…から脱走する；《ふつう **be deserted** で》人けがない.
── 自 脱走する.
[同音語] dessert (デザート)

deserted [dizə́ːrtid ディザ〜ティド] **形** 人通りのない；見捨てられた.

deserve 2級 [dizə́ːrv ディザ〜ヴ] **動** 他
(賞賛・処罰など) に値する；…されて当然だ.
She *deserves* praise.
(= She *deserves* to be praised.)
彼女はほめられて当然だ.

design 3級 [dizáin ディザイン]
フォニックス37 g は発音しない.
名 《複数 **designs** [-z]》 **1** デザイン；設計.
How do you like the *design* of this car? この車のデザインをどう思いますか.
2 設計図，図面；模様，柄.

I don't like the *design* of this tie.
このネクタイの模様が気に入らない.
3 計画；陰謀.
── 動（3単現 **designs** [-z]；過去 過分 **designed** [-d]；ing **designing**）他 自（…をデザインする；（…を）設計する；（…を）計画する.
Mr. James *designed* this museum.
この美術館はジェームズ氏が設計した.

designer 準2 [dizáinər ディザイナァ]（発音注意）名 デザイナー；設計技師.
a graphic *designer*
グラフィックデザイナー.

desirable [dizái(ə)rəbl ディザイ(ア)ラブル] 形 望ましい, 好ましい.

desire 2級 [dizáiər ディザイア] 名（強い）願い, 欲望.
a *desire* for power 権力欲.
He has no *desire* to learn.
彼には学習意欲がない.
── 動 他（強く）…を願う, 望む（▶ wish よりも意味が強く, 形式ばった語. 進行形にはしない）.

desk 5級 名 机

[desk デスク]
名（複数 **desks** [-s]）**1 机**.
There is a book on the *desk*.
机の上に1冊の本がある.
Jane is studying at her *desk*.
ジェーンは机に向かって勉強している.

> **用法** desk と table
> desk は勉強や事務に使い, ふつう引き出しがついている. table は食事などをする台をさす.

desk　　　table

2［ふつう the をつけて］（ホテル・会社などの）受付.
the reception *desk*
（= the front *desk*）ホテルのフロント（▶英語では単に*front*とはいわない）.

desks [desks デスクス] 名 desk（机）の複数形.

desktop [désktɑp デスクタブ ‖ désktɔp デスクトプ] 形《コンピューター》デスクトップ型の（▶ノート型に対し, 机にすえ置くタイプ）.
── 名 **1**《コンピューター》デスクトップ（アイコンの並んだ最初の画面）.
2 デスクトップ・コンピューター.

despair [dispéər ディスペア] 名 絶望（反 hope 希望）.
── 動 自 絶望する.

desperate [désp(ə)rət デスパレト] 形 必死の, 命がけの；絶望的な（同 hopeless）；《**be desperate for** で》…がほしくてたまらない.

desperately [désp(ə)rətli デスパレトゥリィ] 副 必死になって；どうしても, ぜひとも；絶望して.

despise [dispáiz ディスパイズ] 動 他 …を軽べつする；…が大きらいだ（▶進行形にしない）.

despite 2級 [dispáit ディスパイト] 前 …にもかかわらず（= in spite of）.
They decided to sail *despite* the bad weather.
悪天候にもかかわらず, 彼らは出航することにした.

dessert 5級 [dizə́ːrt ディザ〜ト] 名 デザート.

> ♪スピーキング
> Ⓐ What would you like for *dessert*?
> デザートは何にしますか.
> Ⓑ Ice cream, please.
> アイスクリームをお願いします.

destination 2級 [dèstənéiʃən デスティネイション] 名（旅行などの）目的地, 行き先.
I reached my *destination* around noon. 私は目的地に正午ごろに着いた.

destiny [déstəni デスティニィ] 名 運命, 宿命.

destroy 準2 [distrɔ́i ディストゥロイ]
フォニックス69 oy は [ɔi] と発音する. 動（3単現 **destroys** [-z]；過去 過分 **destroyed** [-d]；ing **destroying**）他（建物・橋・町など）**を破壊する**, こわす（反 construct …を建設する）；（計画など）をだめにする.
The earthquake *destroyed* most of

destruction ▶

the city. 地震じんで町の大半が破壊された.
The temple was completely *destroyed* by fire.
その寺は火事で全焼した.

→ 形 destructive

💬用法 **destroy** の使い方
「こわす」「破る」「焼く」などどんな方法であれ物の形をなくすことで, 希望・夢・動植物の命などを絶つ意味にも使われる.

destruction [distrˈʌkʃən ディストゥラクション] 名 破壊はい; (反) construction 建設)
the *destruction* of the forest
森林の破壊.

destructive [distrˈʌktiv ディストゥラクティヴ] 形 破壊はい的な. → 動 destroy

detail 準2 [dítéil ディテイル, díːteil ディーテイル] 名 細部; (複数形で) 詳細しょう.
I'll give you more *details* later.
くわしいことはあとでお知らせします.
in detail くわしく, 詳細に.
He told me the story *in detail*.
彼は私にその話をくわしく話してくれた.

detection [ditékʃən ディテクション] 名 発見・探知; 発覚.

detective 3級 [ditéktiv ディテクティヴ] 名 刑事(= police detective); 探偵たい(= private detective).

detergent [ditˈɚːrdʒənt ディターヂェント] 名 洗剤ざい.

determination [ditˌɚːrminéiʃən ディタ〜ミネイション] 名 やる気, 決意, 決心; 決定.

determine 2級 [ditˈɚːrmin ディタ〜ミン] 動 他 …を決定する; …と決心する (▶ decide よりかたい語).
She *determined* to go home at once. 彼女はすぐに家に帰ろうと決心した.

determined [ditˈɚːrmind ディタ〜ミンド] 形 決心して, 覚悟かく ができて; (**be determined to ...** で) …することを決心している.
I'*m determined to* become a doctor and save many lives.
私は医者になって多くの人の命を救おうと決めている.

deuce [d(j)uːs デュース, ドゥース] 名 (テニスなどの) デュース, ジュース.

develop 準2 [divéləp ディヴェロプ] 動 他 **1** …を発達させる, 発展させる; …を

発育させる.
develop my skills
自分の技能を伸のばす.
2 (新商品・土地など) を開発する; (方法など) を生み出す.
develop wasteland 荒れ地を開発する.
develop software for internet searching
インターネットの検索さくソフトを開発する.
3 (フィルム) を現像する.
— 自 (技能など) 伸びる, 発達する; (関係などが) 発展する. → 名 development

developed [divéləpt ディヴェロプト] 形 発達した; 進んだ.
a *developed* country 先進国.

developing [divéləpiŋ ディヴェロピング] 形 (国などが) 発展途上じょうの.
a *developing* country 発展途上国.

development [divéləpmənt ディヴェロプメント] 名 **1** 発達, 発展; (新商品・土地などの) 開発.
economic *development* 経済の発展.
growth and *development* of children 子どもの成長と発達.
2 (フィルムの) 現像 → 動 develop

device 2級 [diváis ディヴァイス] 名 装置そう, しかけ; くふう.
a safety *device* 安全装置.

devil [dév(ə)l デヴ(ィ)ル] 名 悪魔あく, 悪霊りょう; (**the Devil** で) 魔王, サタン (= Satan).
Speak of the *devil*.
(ことわざ) 悪魔のことを言えば (悪魔が現れる) =うわさをすれば影ぞ.

devise [diváiz ディヴァイズ] 動 他 (方法など) をくふうする, (機械など) を考案する, 発明する.

devote [divóut ディヴォウト] 動 他 (時間・労力など) をあてる, さく, かける; (**be devoted to** で) (仕事など) に専念する.
He *is devoted to* his work.
彼は仕事に打ちこんでいる.

devotion [divóuʃən ディヴォウション] 名 献身, 専念.

dew [d(j)uː デュー, ドゥー] 名 露つ.
[同音語] due (到着ちゃくするはずで)

dewdrop [d(j)úːdrɑp デュードゥラプ, ドゥー- ‖ d(j)úːdrɔp デュードゥロプ, ドゥー-] 名 露つのしずく.

diagram [dáiəgræm ダイアグラム] 名 図, 図形, 図表.

dial [dáiəl ダイアル] 名 (時計などの) 文字盤；(メーターなどの) 目盛り盤；(ラジオなどの) ダイヤル.
── 動 [過去][過分] dialed, (英) dialled [-d]；[ing] dialing, (英) dialling) 他 …へ電話をかける.
dial 911 《米》 = 《英》 *dial* 999
(警察や消防署) に緊急の電話をかける (日本の 110 番または 119 番にあたる).
→ emergency

dialect [dáiəlekt ダイアレクト] 名 方言.
He speaks the London *dialect*.
彼はロンドンなまりで話す.

dialog, 《英》 **dialogue** [dáiəlɔ(:)g ダイアロ(ー)グ] 名 対話；(本の) 会話の部分；(劇・映画の) せりふ.

diameter [daiǽmətər ダイアメタァ] 名 (円などの) 直径. → circle (図)

diamond [dái(ə)mənd ダイ(ア)モンド] 名 ダイヤモンド；ひし形；(トランプの) ダイヤのカード；[ふつう the をつけて] (野球の) 内野；野球場.

Diana [daiǽnə ダイアナ] 名 ダイアナ (女性の名；ローマ神話に出てくる月の女神).

diaper [dái(ə)pər ダイ(ア)パァ] 名 《米》 おむつ, おしめ.

diary 5級 [dái(ə)ri ダイ(ア)リィ]

名 (複数) diaries [-z] 日記, 日記帳.
keep a *diary* (= write in a *diary*)
日記を (継続的に) つける.
I didn't write in my *diary* yesterday.
きのうは日記をつけなかった.

> ⓘ参考 日記は, 一般に次のように書くことが多い.
> ❶最初に曜日→日付→天候 (▶日付を前に出すこともある) を書く. 月名・曜日名は省略形を使うこともある.
> ❷本文中の主語が I のときはよく省略する.

dice [dais ダイス] 名 (複数) **dice** 単複同形]
さいころ；(肉や野菜を) さいの目に切ったもの.
── 動 他 (野菜など) をさいの目に切る.

dictate [dikteit ディクテイト, diktéit ディクテイト] 動 他 …を口述する.
── 自 口述する, 書き取らせる.

dictation [diktéiʃən ディクテイション] 名 書き取り, 口述；命令, さしず.

dictionaries [dikʃəneriz ディクショネリィズ] 名 dictionary (辞書) の複数形.

dictionary 5級 名 辞書, 辞典

[dikʃəneri ディクショネリィ ‖ -ʃənəri -ショナリィ]
名 (複数) **dictionaries** [-z] 辞書, 辞典.
a Japanese *dictionary* 国語辞典.
an English-Japanese *dictionary*
英和辞典.
a Japanese-English *dictionary*
和英辞典.
a walking *dictionary*
歩く辞書＝生き字引き (物知りの人).
check a *dictionary* 辞書で調べる.
Look up the word in your *dictionary*.
辞書でその語を調べてみなさい.

> 🗨 スピーキング
> Ⓐ Can I use your *dictionary*?
> きみの辞書を使っても (借りても) いい？
> Ⓑ Sure. Here you are.
> もちろん. どうぞ.

did 5級 [did ディド, (強めると) did ディッド]

助 (do の過去形) → do
1 [疑問文をつくる]
Did he come? 彼は来ましたか.

× Did he came?
原形がくる.
過去形にしない.
○ Did he come?

2 [否定文をつくる]
She *didn't* come. 彼女は来なかった.
I *didn't* do my homework.
ぼくは宿題をやらなかった (▶この didn't は助動詞. do は動詞).

3 [強調を表して] ほんとうに, ぜひ (▶あとにくる動詞を強調し, つねに強く発音する).
She *did* come by herself.
彼女はほんとうに1人きりでやってきたんだ.
── [一般動詞の代わりとして] (▶同じ動詞や動詞をふくんだ語句のくり返しをさけるために使う).

didn't ▶

スピーキング
A: Who came first?
だれが1位になったの？
B: I *did*.
ぼくだよ.

── 動 他 (doの過去形) **…をした**, 行った.
I *did* my best. 私はやれるだけやった.
She *did* the laundry today.
彼女は今日洗たくをした.
I *did* it. やったあ.
You *did* it. やったね.
── 自 した；ふるまった.

didn't [dídnt ディドゥント]

did notの短縮形. → did
He *didn't* say anything.
彼は何も言わなかった.

die 3級 [dai ダイ] (ieは[ai]と発音する)

動 (3単現 **dies** [-z] / 過去 過分 **died** [-d] / ing **dying** [dáiiŋ]) 自 **1** (人・動物が) **死ぬ**, 亡くなる (反 **live¹** 生きる)；(植物が) 枯れる.
My uncle *died* five years ago.
私のおじは5年前に亡くなった.
He *died* of cancer.
彼はがんで亡くなった.
I thought I was going to *die*.
死ぬんじゃないかと思ったよ.
I'm *dying* of hunger.
おなかがへって死にそうだよ.

> **文法 die と be killed と pass away**
> ❶病気・飢え・老齢で死ぬときは **die of**, けがや不注意などで死ぬときは **die from** が使われるが, 実際は区別されないことも多い. die *of* [*from*] hunger (飢えで死ぬ) / die *from* [*of*] a wound (けがで死ぬ)
> ❷戦争・災害・事故などで死ぬときは **be killed** を使うことが多い. Many people *are killed* in traffic accidents. (多くの人々が交通事故で亡くなっている)
> ❸「死ぬ」という直接的な表現を避けて,「亡くなる」という意味の **pass away** もよく使われる.

派生形に注意.
die [dai ダイ] 動 死ぬ.
dead [ded デッド] 形 死んだ.
death [deθ デス] 名 死.

2 (口語) (**be dying for** で) …がほしくてたまらない；(**be dying to** で) …したくてたまらない.
I *am dying for* that bag.
あのバッグがほしくてたまらないの.
Mike *is dying to* see Meg.
マイクはメグに会いたくてたまらない.
→ 形 **dead**, 名 **death**

die away (風・音・光などが) だんだん弱まる, しだいに消える.

die out (動物・植物が) 絶滅する, 死に絶える；(習慣・伝統などが) すたれる.
Dinosaurs *died out* 66 million years ago.
恐竜は6600万年前に絶滅した.

diet¹ 2級 [dáiət ダイエト] 名 ふだんの食事；(減量などのための) ダイエット食, 規定食.
Try to eat a balanced *diet*.
バランスのとれた食事を心がけてください.
She's on a *diet*. 彼女はダイエット中です.
I decided to go on a *diet*.
ダイエットすることにしたよ.

diet² [dáiət ダイエト] 名 (**the Diet** で) (日本の) 国会, 議会. → **parliament** (表)
the Japanese *Diet* 日本の国会.

dietician, -titian [daiətíʃən ダイエティシャン] 名 栄養学者；栄養士.

differ 準2 [dífər ディファ] 動 自 ちがう, 異なる；(**differ from** で) …と異なる.
Nancy's personality *differs* greatly *from* that of her younger sister.
ナンシーの性格は彼女の妹の性格とは大きくちがう. → 形 **different**

difference 3級 [dífrəns ディフ(ェ)レンス]

名 (複数 **differences** [-iz]) **ちがい**, 相違；差.
What is the *difference* between a hat and a cap?
hat と cap のちがいは何ですか.
What are the *differences* between the two? その2つのちがいは何ですか.
There's no *difference* in meaning.
意味の上でのちがいはない.

◀ **digital**

make a difference 相違を生じる；重要である．
make no difference ちがいがない；重要ではない．
It *makes no difference* to me whether he comes or not.
彼が来るかどうかは私にとっては重要ではない．

different 4級 形 ちがった，異なった

[díf(ə)rənt ディフ(ェ)レント]
形 (比較 **more different**; 最上 **most different**) **1 ちがった**，異なった (反 same 同じ)；**(be different from で)** …とちがっている (▶ from のかわりに《米》では than,《英》では to を使うこともある).
Every school is *different*.
学校はそれぞれちがっている．
Hi, Anne! You look *different* today.
やあ，アン．今日は別人みたいだね (▶ 新しい髪型や服装などをほめるときの言い方).
Things are *different* in *different* places. 場所が変われば事情も変わる．

> 🟢プレゼン
> My opinion *is different from* theirs. 私の考えは彼らの考えとはちがう．

2 いろいろな，さまざまな．
There are many *different* cultures in the world.
世界にはさまざまな文化がある． → 動 differ

differently [díf(ə)rəntli ディフ(ェ)レントゥリィ] 副 ちがって，異なって．
act *differently* ちがった行動をとる．

difficult 4級 [dífikəlt ディフィカルト]

形 (比較 **more difficult**; 最上 **most difficult**)
1 難しい，困難な (▶ hard よりかたい語) (反 easy やさしい)；**(be difficult (for ~) to ... で)** (～にとって) **…するのは難しい．**

Japanese is a *difficult* language *to* learn. (= Japanese *is difficult to learn*. = It's *difficult to* learn Japanese.)
日本語は習得するのが難しいことばだ．
This remote control *is difficult to* use. (= It's *difficult to* use this remote control.) このリモコンは使いにくい．
This book *is difficult for* young children *to* understand.
(= It's *difficult for* young children *to* understand this book.)
この本は小さな子には難しくてわからない．
2 (人が) 気むずかしい，あつかいにくい．
a *difficult* person 気むずかしい人．

difficulty 準2 [dífikəlti ディフィカルティ] 名 (複数 **difficulties** [-z]) **1** 難しさ (反 ease 容易さ)；**(have difficulty (in) + -ing 形で)** …するのに苦労する．
I *had difficulty* (*in*) *opening* the box. その箱を開けるのに苦労した．
2 [ふつう複数形で] 問題，困難 (なこと)．
with difficulty やっとのことで．
The patient stood up *with difficulty*.
患者はやっとのことで立ち上がった．
without difficulty らくらくと，たやすく．
He solved the problem *without difficulty*. 彼はその問題をなんなく解いた．

dig 準2 [díg ディッグ] 動 (過去 過分 **dug** [dʌg]; ing **digging**) 他 (穴・地面など) を掘る；(土の中から) …を掘り出す．
The dog *dug* a hole in the yard.
犬は庭に穴を掘った．
We *dug* potatoes in the garden yesterday.
私たちはきのう畑のジャガイモ掘りをした．
— 自 掘る．
dig out …を掘り出す；…をさがし出す；…を調べ出す．
dig up …を掘る；…を掘り出す．

digest 2級 [daidʒést ダイチェスト, di- ディ-] 動 他 (食物) を消化する；…を理解する．
Tofu is easy to *digest*.
豆腐は消化がいい．
— [dáidʒest ダイチェスト] 名 要約，あら筋，ダイジェスト．

digestion [daidʒéstʃən ダイチェスチョン, di- ディ-] 名 (食物の) 消化；消化力．

digital 準2 [dídʒitl ディヂトゥル] 形 (電気

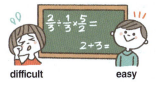

difficult　　　　easy

dignity ▶

製品などが）デジタル方式の；（時計などが）デジタルの，数字で示す．

dignity [dígnəti ディグニティ] 名 尊さ；威厳．

a person of *dignity*
威厳のある人．

dilemma [dilémə ディレマ] 名 板ばさみ，ジレンマ（同じように好ましくない2つのうちから選択しなければならない状態）．

diligence [dílədʒ(ə)ns ディリヂ(ェ)ンス] 名 勤勉，勉強や仕事などに精を出すこと．

diligent [dílədʒ(ə)nt ディリヂ(ェ)ント] 形 勤勉な，熱心な．

He is *diligent* in his studies.
彼は勉強に熱心である．

dim [dim ディム] 形（比較 **dimmer**；最上 **dimmest**) うす暗い；ぼやけた．

dime [daim ダイム] 名《米》10 セント硬貨．→ coin（写真）

dimly [dímli ディムリィ] 副 ぼんやりと，ほのかに；うす暗く．

dimple [dimpl ディンプル] 名 えくぼ．

The girl has cute *dimples* when she smiles.
その女の子は笑うとかわいいえくぼができる．

ding-dong [díŋdɔ̀(:)ŋ ディングドー(ー)ング] 名 ゴーンゴーン，キンコン；ピンポン（▶鐘やベルの音）．

dining [dáiniŋ ダイニング] 名 食事，食べること．

dining car [dáiniŋ kɑ̀:r] 名 食堂車．

dining hall [dáiniŋ hɔ̀:l] 名 食堂，ダイニングホール．

dining room 4級 [dáiniŋ rù(:)m] 名（家・ホテルなどの）食堂，ダイニングルーム．

dinner 5級 名 夕食

[dínər ディナァ]
名（複数 **dinners** [-z]) **1 夕食**；(その日の)おもな食事，ディナー（▶ふつう a をつけず，複数形なし）．

Mom is making *dinner* for us.
お母さんは私たちに夕食をつくっているよ．

Dinner is ready. 夕食ができたよ．

We usually have *dinner* around six. うちはふつう6時ごろに夕食をとる．

She cooked us a good *dinner*.
彼女はおいしい夕食をつくってくれた（▶dinner に形容詞がつくと a が必要となる）．

Why don't you come over for *dinner*?
うちに来て夕食でもいっしょにどうですか．

Do you want to go out for *dinner*?
夕食は外で食べようか？

💬用法 **dinner** と **supper**
dinner は「一日の食事のうちで中心となる食事」でふつうは「夕食」をさすが，昼食に **dinner** をとれば夕食は **supper** という．

🗣スピーキング

Ⓐ What's for *dinner*, Mom?
お母さん，夕食はなあに？
Ⓑ Fried chicken.
フライドチキンよ．

2（正式な）晩餐会，夕食会（= dinner party)．

dinners [dínərz ディナァズ] 名 dinner（夕食）の複数形．

dinosaur 2級 [dáinəsɔːr ダイナソー(ァ)] 名 恐竜．

dip [dip ディップ] 動（過去・過分 **dipped** [-t]；ing形 **dipping**) 他（水などに）…をちょっとひたす．

I *dipped* my bread in the soup.
私はパンをスープにつけた．
— 自（水などに）ちょっとつかる．

diploma [diplóumə ディプロウマ] 名 卒業証書，学位記（学位・資格の証明書）．

① soup ② salad ③ entrée ④ dessert ⑤ coffee / tea

dinner ディナーに食べるものの一例．
①スープ ②サラダ ③［アーントゥレイ］主菜 ④デザート ⑤コーヒー／紅茶

◀ **disagreeable**

diplomat [dípləmæt ディプロマト] 名 外交官.

diplomatic [dìpləmǽtik ディプロマティク] 形 外交の.

dipper [dípər ディパァ] 名 ひしゃく.

direct 準2 [dirékt ディレクト, dai- ダイ-] 形
1 まっすぐな, 直行する (反 indirect 遠まわりの).
There is a *direct* flight to London.
ロンドンへは直行便がある.
2 直接の (反 indirect 間接の).
── 副 まっすぐに, 直接に. → directly
── 動 他 1 (注意・感情など)を向ける.
2 …を指揮する;(映画など)を監督する.
3 (人)に道を教える.

direction 準2 [dirékʃən ディレクション, dai- ダイ-] 名 1 方向, 方角.
They are going in the wrong *direction*.
彼らはまちがった方向に向かっている (▶前置詞が to ではなくて in であることに注意).
The boys ran away in all *directions*.
少年たちは四方八方ににげ去った.
We drove in the *direction* of the sea. 私たちは海に向かって車を走らせた.
Which *direction* is the station?
駅はどっちの方角ですか.
He has no sense of *direction*.
彼は方向音痴だ.

north 北
northwest 北西　northeast 北東
west 西　　　　　　east 東
southwest 南西　southeast 南東
south 南

2 [ふつう複数形で] (使用法などの)説明(書) (= instructions), (道案内などの)指示.
follow the *directions* 説明書に従う.
3 指揮, 指導;監督.
Our team is under the *direction* of Mr. Nemoto.
私たちのチームは根本先生の指導を受けている.

directly 準2 [diréktli ディレクトゥリィ, dai- ダイ-] 副 1 まっすぐに;直接に;率直に.
They flew *directly* to New York.
彼らは飛行機でニューヨークに直行した.
2 ちょうど, まさに, すぐ (= right).

3 すぐに, ただちに (= immediately).
→ 形 direct

director 3級 [diréktər ディレクタァ, dai- ダイ-] 名 (映画の)監督;(劇の)演出家;(会社の)取締役, 重役;指揮者, 指導者.

directory [diréktəri ディレクトゥリィ, dairéktəri ダイレクトゥリィ] 名 (複数 directories [-z]) 名簿;電話帳 (= telephone directory).

dirt 2級 [dəːrt ダ~ト] 名 よごれ, ごみ, ほこり, 泥.

dirty 4級 [dəːrti ダ~ティ] フォニックス77
ir は [əːr] と発音する.
形 (比較 dirtier;最上 dirtiest) **きたない**, よごれた (反 clean きれいな).
Don't leave your *dirty* socks here.
よごれたくつ下をこんなところに置かないで.
Your hands are *dirty* with mud.
手が泥でよごれてるよ.

dis- [dis- ディス-] 接頭 動詞, 名詞, 形容詞の前について反対語をつくる.
例. disagree (dis + agree 意見がちがう) / discover (dis + cover 発見する).

disability 3級 [dìsəbíləti ディサビリティ] 名 (複数 disabilities [-z]) 身体の障がい.
people with *disabilities*
身体に障がいをもつ人たち.

disabled 2級 [diséibld ディスエイブルド] 形 障がいをもつ, 身体障がいのある (▶ disabled people という表現もあるが, people with disabilities という表現のほうが一般的).

disadvantage [dìsədvǽntidʒ ディサドヴァンテヂ || -váːn- -ヴァーン-] 名 不利な点 (反 advantage 有利な点);不利益.

disagree 準2 [dìsəgríː ディサグリー]
動 自 **意見が合わない** (反 agree 意見が一致する);一致しない.

> プレゼン
> Some people would *disagree*.
> 中にはちがう意見の人もいるだろう.

I sometimes *disagree* with my mother. 母とはときどき意見が合わない.
We *disagree* with each other about the idea.
私たちはその考えについてたがいに意見が合わない.

disagreeable [dìsəgríːəbl ディサグリーアブル]

disappear ▶

ブル] 形 不愉快(ゆかい)な, いやな；(人が) 付き合いにくい.

disappear 準2 [dìsəpíər ディサピア]

動 (3単現 disappears [-z]；過去 過分 disappeared [-d]；ing disappearing) 自
見えなくなる：消えてなくなる, 消滅(めつ)する (反 appear 現れる).

My bike key has *disappeared*.
自転車のかぎがなくなっちゃった.

The snow has completely *disappeared*.
雪はすっかり消えて (とけて) しまった.

disappoint 準2 [dìsəpɔ́int ディサポイント] 動 他 (人) をがっかりさせる.

disappointed 準2 [dìsəpɔ́intid ディサポインティド] 形 がっかりして, 失望して；(**be disappointed at [in, with]** で) …にがっかりする；(**be disappointed (that)** で) …ということにがっかりする.

I *was disappointed at* the news.
私はその知らせを聞いてがっかりした.

I'*m disappointed in* you.
きみには失望したよ.

I *was* very *disappointed that* Jane didn't call me. 私はジェーンから電話が来ないのでとてもがっかりした.

disappointment [dìsəpɔ́intmənt ディサポイントメント] 名 がっかりすること, 失望, 期待はずれ；期待はずれのもの.

to my *disappointment*
(私が) がっかりしたことには.

The new movie was a *disappointment*.
その新着映画は期待はずれだった.

disaster 2級 [dizǽstər ディザスタァ ‖ dizɑ́ːstə ディザースタァ] 名 大災害；大惨事(さん)；最悪；大失敗.

a natural *disaster* 自然災害.

disc 準2 [disk ディスク] 名 = disk

discipline [dísəplin ディスィプリン] 名 規律；(子どもの) しつけ.

keep school *discipline*
学校の規律を守る.

disc jockey [disk dʒɑ́ki ヂャキィ ‖ dʒɔ́ki ヂョキィ] 名 (複数 disc jockeys [-z]) ディスクジョッキー (人) (▶略語は D.J. または DJ).

disco [dískou ディスコウ] 名 (複数 discos

[-z]) ディスコ.

discount 3級 [dískaunt ディスカウント] 名 割引, 値引き.

a *discount* store
ディスカウントストア, 安売り店.

Could you give me a *discount*?
まけてもらえませんか.

—— [diskáunt ディスカウント, dískaunt ディスカウント] 動 他 …を割引する.

discourage [diskə́ːridʒ ディスカ～レヂ ‖ -kʌ́ridʒ -カレヂ] 動 他 **1** (人) をがっかりさせる, (人) の自信をなくさせる (反 encourage …を勇気づける).

Don't be *discouraged* by one failure. 1度の失敗くらいでがっかりしないで.

2 (**discourage＋人＋from＋-ing形** で) (人) に…を思いとどまらせる.

Her parents *discouraged* her *from seeing* him. 彼女の両親は彼女が彼に会うのを思いとどまらせた.

discover 準2 [diskʌ́vər ディスカヴァ]

動 (3単現 discovers [-z]；過去 過分 discovered [-d]；ing discovering) 他 **…を発見する**：(**discover that ...** で) …ということを発見する, …がわかる, …を初めて知る (▶「発明する」は invent).

Who *discovered* Neptune?
だれが海王星を発見したのですか.

The new star was *discovered* by an amateur astronomer.
その新星はアマチュア天文学者によって発見された. →名 discovery

discoverer [diskʌ́v(ə)rər ディスカヴ(ァ)ラァ] 名 発見者.

discovery 準2 [diskʌ́v(ə)ri ディスカヴ(ァ)リィ] 名 (複数 discoveries [-z]) 発見；発見したもの (▶「発明」は invention).

She made an important scientific *discovery*.
彼女は科学上の重要な発見をした.
→動 discover

discriminate [diskríməneit ディスクリミネイト] 動 他 自 (…を) 差別する, 区別する.

🔴 プレゼン

It's wrong to *discriminate* against people based on race.
人種を理由に人を差別するのはまちがっている.

discrimination 2級
[diskrimənéiʃən ディスクリミネイション] 名 差別(待遇), 区別.
racial *discrimination* 人種差別.
sex *discrimination* 男女差別; 性差別.

discus
[diskəs ディスカス] 名 (競技用の)円盤.

discuss 2級
[diskʌ́s ディスカス]
フォニックス58 u は [ʌ] と発音する.

動 (3単現 **discusses** [-iz]; 過去 過分 **discussed** [-t]; ing **discussing**) 他 (いろいろな観点から) **…を話し合う**, …を議論する (= talk about).
We'll *discuss* the matter at the next meeting.
その問題については次回話し合います.
You should *discuss* it openly with your parents.
そのことは両親と率直に話し合ったほうがいい.

> 文法 discuss は他動詞
> talk about などからの連想で ×discuss about としやすいが, これは誤り. discuss は他動詞で, 直後に目的語がくる.

discussion 3級
[diskʌ́ʃən ディスカション]
フォニックス58 u は [ʌ] と発音する.

名 (複数 **discussions**[-z]) **話し合い**, 議論.
We had a class *discussion* about bullying. いじめについてクラスで話し合った.

disease 準2級
[dizíːz ディズィーズ] 名 (重い)病気.

> 用法 disease と sickness と illness
> disease は伝染病や身体の病気などの比較的重い病気をさし, 病名がはっきりしている場合に使うことが多い. sickness や illness は漠然と不健康な状態, 病気の状態などを表すときに使う.

heart *disease* 心臓病.

disguise
[disgáiz ディスガイズ] 動 他 (**disguise** *myself* **as** ... で) …に変装する.
— 名 変装, 仮装; 見せかけ.

disgust
[disgʌ́st ディスガスト] 名 (不快な物事に対する) いや気, むかつき.
— 動 他 …をいやな気分にさせる; ((**be disgusted** で)) むかむかしている.
Your attitude *disgusts* me. (= I'm *disgusted* with your attitude.)
きみの態度を見ているとむかむかする.

disgusting
[disgʌ́stiŋ ディスガスティング] 形 むかつくような, ひどい, 気持ち悪い; (やり方などが) 許せない.
The smell was *disgusting*.
ひどいにおいだった.

dish 4級
[diʃ ディッシ] フォニックス32 sh は [ʃ] と発音する.

名 (複数 **dishes** [-iz]) 1 **皿**; 盛り皿; [**the dishes** で] (食事で使う) 食器類.
I'll wash *the dishes*. 食器はぼくが洗うよ.

> 用法 dish と plate と saucer
> dish はふつうテーブルまで料理を入れて運ぶ深い皿で, plate はテーブルで1人1人が食べるのに使う平たい丸型のものをさす. コーヒーカップの受け皿は saucer という.

dish / saucer / plate

2 一皿の料理; (一般に) 料理.
The main *dish* was chicken.
メインディッシュはチキンだった.
Pasta is my favorite *dish*.
私はパスタ料理が大好きだ.

dishonest
[disάnist ディスアネスト ‖ -ɔ́nist -オネスト] (h は発音しない) 形 正直でない (反 honest 正直な).

dishwasher
[díʃwɑʃər ディシワシァ ‖ -wɔʃə -ウォシァ] 名 (自動) 食洗機.

disk
[disk ディスク] 名 1 《コンピューター》 ディスク.
a hard *disk* ハードディスク.
2 円盤(状のもの), レコード (▶ disc ともつづる).

disk jockey
[disk dʒɑ́ki ヂャキィ ‖ dʒɔ́ki ヂョキィ] 名 = **disc jockey**

dislike ▶

dislike 準2 [disláik ディスライク] 動 他 …をきらう (反 like¹ …が好きである) (▶「…はきらいだ」というときは don't like → dislike → hate の順に意味が強くなる). He *dislikes* school. 彼は学校がきらいだ. She *dislikes* talking to strangers. 彼女は見知らぬ人と話をするのがきらいだ.
―― 名 きらいなこと, 嫌悪ぉ (反 like¹ 好きなこと) ; (複数形で) きらいなもの.

dislocate [dislóukeit ディスロウケイト] 動 他 …の関節をはずす, …を脱臼だっきゅうさせる. *dislocate* my shoulder 肩を脱臼する.

dismiss [dismís ディスミス] 動 他 (人) を解雇かいする (= fire).

Disney [dizni ディズニィ], **Walt** 名 ウォルト・ディズニー (1901-66 ; アメリカの映画製作者).

Disneyland [diznilænd ディズニィランド] 名 ディズニーランド (ウォルト・ディズニーがロサンゼルス郊外ぉがにつくった大遊園地. 東京・パリ・香港 (ホンコン)・上海 (シャンハイ) にもある).

displace [displéis ディスプレイス] 動 他 …に取って代わる ; (人) を祖国から追放する.

displaced [displéist ディスプレイスト] 形 故国を追われた, 難民の.

display 準2 [displéi ディスプレイ] 動 (3単現 displays [-z], 過去 過分 displayed [-d], ing displaying) 他 **1** …を展示する, 陳列ちんする ; (コンピューター) …を (画面上に) 表示する.
2 (感情や態度など) を示す, 表す.
―― 名 (複数 displays [-z]) **1** 展示 ; 展示会, 催し, …大会.
The latest model smartphones are on *display*. 最新型のスマホが展示されている.
a fireworks *display* 花火大会.
2 (パソコンなどの) ディスプレー.

disposal [dispóuz(ə)l ディスポウザル] 名 (不用物などの) 処分 ; (事がらの) 処理.

dispose [dispóuz ディスポウズ] 動 自 (**dispose of** で) …を処分する ; (用事など) を片づける.
―― 他 …を配列する.

dispute [dispjúːt ディスピュート] 動 他 (相手の主張など) に反論する ; …について論争する.
―― 自 論争する ; 口論する.

―― 名 (…についての) 論争 ; 口論, けんか, 争議.

dissolve [dizálv ディザルヴ ‖ -zólv -ゾルヴ] 動 自 (液体に) 溶とける.
Salt *dissolves* in water. 食塩は水に溶ける.
―― 他 …を溶かす.

distance 3級 [dístəns ディスタンス]

名 (複数 distances [-iz]) 距離きょり, 道のり ; 遠距離, 遠方 (▶単なる「距離」と「遠い距離」の2つの意味がある).
The *distance* from Tokyo to Naha is about 1,550km. 東京から那覇なまでの距離は約 1550 キロある.
It's a short *distance* from this station to the museum. この駅から美術館まではほんの少しの距離ですよ.
The supermarket is within walking *distance*. スーパーは歩いて行ける距離にある.

at a distance 少しはなれたところに.
I followed her *at a distance*. 私は彼女の少しあとをついていった.

in the distance 遠方に.
We saw Mt. Fuji *in the distance*. 遠くに富士山が見えた.

distant 2級 [dístənt ディスタント] 形 (比較 more distant ; 最上 most distant) **1** (距離きょ・時間が) 遠い, はなれた (反 near 近い).
a *distant* country 遠い国.
Mars is very *distant* from the earth. 火星は地球からとても遠い.
2 (親せき・関係が) 遠い (反 close² すぐ近くの).

distill, (英) **distil** [distíl ディスティル] 動 他 …を蒸留する.

distinct [distíŋ(k)t ディスティン(ク)ト] 形 はっきりした, 明らかな ; 異なった.

distinction 2級 [distíŋ(k)ʃən ディスティン(ク)ション] 名 はっきりした区別.

distinctly [distíŋ(k)tli ディスティン(ク)トゥリ] 副 明りょうに, 明確に ; 疑いもなく.

distinguish 2級 [distíŋgwiʃ ディスティングウィシ] 動 他 …を見分ける, …の区別がつく, ちがいがわかる.
Can you *distinguish* butter from margarine?

バターとマーガリンの区別がつきますか.

distress [distrés ディストゥレス] 图 苦悩, なやみ；困窮.
—— 動 他 …を苦悩させる；…を困窮させる.

distribute 2級 [distríbju(ː)t ディストゥリビュ(ー)ト] 動 他 …を配る, 分配する.

district 3級 [dístrikt ディストゥリクト] 图 地域, 地方；(行政・司法上の) 地区, 管区.
a school *district*
学区.
the Lake *District*
(イングランド北西部の) 湖水地方.

District of Columbia [dístrikt əv kəlʌ́mbiə] 图 [the をつけて] (アメリカの) コロンビア特別区. → D.C.

disturb 準2 [distə́ːrb ディスタ〜ブ] 動 他
1 …のじゃまをする, めいわくになる.
I'm sorry to *disturb* you, but could you help me move this table?
お手数をおかけして申し訳ないのですが, このテーブルを動かすのを手伝ってもらえますか.
2 …を不安にさせる, いやな気分にさせる.
—— 自 (休息・睡眠などの) じゃまをする.
Do Not Disturb 《ホテルのドアの掲示》
(睡眠中につき) 起こさないでください

ホテルの部屋のドアにかかった「起こさないでください」の下げ札.

ditch [dítʃ ディッチ] 图 (道路・畑などの) みぞ, どぶ；水路.

dive 2級 [dáiv ダイヴ] 動 (過去 dived [-d], (米また) dove [douv] 過分 dived) 自 (頭から) 水に飛びこむ；水にもぐる, ダイビングする.
He *dived* into the pool.
彼はプールに飛びこんだ.
—— 图 飛びこみ；突進；潜水, ダイビング.

diver 準2 [dáivər ダイヴァr] 图 潜水士, ダイバー；(水泳の) ダイビング選手.

diversity [daivə́ːrsəti ダイヴァ〜スィティ] 图 多様性, 雑多なこと.

divide 準2 [diváid ディヴァイド]
フォニックス50 あとの i は [ai] と発音する.
動 (3単現 **divides** [-dz ヅ] 過去 過分 **divided** [-id] ing **dividing**) 他 1 **…を分ける, 分配する**；(**divide ～ into ... で**) **～を…に分ける**；(**divide ～ between [among] ＋人で**) **～を (人) に分ける** (▶ between は「2人」, among は「3人以上」を表す).
I *divided* the cake *into* six pieces.
ケーキを6つに分けた.
He *divided* the apples *among* the children. 彼はリンゴを子どもたちに分けた.
2 《数学》…を割る (対 multiply …をかける).
Ten *divided* by two is five.
10 割る 2 は 5 だ (10÷2=5).
—— 自 分かれる.　　　→名 division

divine [diváin ディヴァイン] 形 神の；神のような.

diving [dáiviŋ ダイヴィング] 图 潜水；(水中への) 飛びこみ, ダイビング.

division [divíʒən ディヴィジョン] 图 1 分割；分配.
2 (企業・官庁の) 部, 課, 局.
3 《数学》割り算.　　　→動 divide

divorce [divɔ́ːrs ディヴォース] 图 離婚.
—— 動 他 自 (…と) 離婚する.
His parents got *divorced* two years ago. 彼の両親は2年前に離婚した.

DIY, D.I.Y. [díːaiwái ディーアイワイ] 日曜大工 (▶ *do-it-*yourself の略).

dizzy 2級 [dízi ディズィ] 形 (比較 **dizzier**；最上 **dizziest**) めまいがする.
I feel *dizzy*. めまいがするよ.

DJ, D.J. [díːdʒèi ディーヂェイ] ディスクジョッキー (▶ *disc jockey* の略).

DNA [díːenéi ディーエンエイ] 图 《生化学》 ディーエヌエー (▶遺伝情報の保存・複製に関与する物質. *deoxyribo*nucleic *acid* (デオキシリボ核酸) の略).

do 5級 助 [疑問文をつくる] [否定文をつくる]
動 (…を) **する**

[du, də ドゥ, (強めると)duː ドゥー]
助 (3単現 **does** [dəz ダズ] 過去 **did** [did ディド])

do ▶

1 [疑問文をつくる]
Do you like math?
あなたは数学は好きですか.

2 [否定文をつくる]
I *do not*[*don't*] play tennis.
私はテニスはしません.
Do not[*Don't*] cry. 泣いちゃだめよ.
You like ice cream, *don't* you?
アイスクリームは好きでしょ.

> 📖 **文法** do の使い方
> 助動詞の do はふつう一般動詞といっしょに使う. be 動詞 (am, is, are) や他の助動詞（will, can など）といっしょには使わない. ただし, Don't be noisy. (さわぐな) のように be 動詞の否定の命令文のときだけ be 動詞と使う.

3 [強調を表して] ほんとうに, ぜひ (▶直後にくる動詞を強調し, つねに強く発音する).
I *do* want to go, but I'm too busy.
すごく行きたいんだけど, 忙しすぎてね.
── [一般動詞の代わりとして] (▶同じ動詞や動詞をふくんだ語句のくり返しをさけるために使う).
He runs faster than I *do*.
彼は私より速く走る (▶ do は run の代わり).
"Who wrote this?" "I *did*."
「だれがこれを書いたの？」「ぼくだよ」(▶ did は wrote it の代わり).
── 動 [3単現] **does**[dʌz ダズ]; [過去] **did**[did ディド]; [過分] **done**[dʌn ダン]; [ing] **doing**)
他 **1 …をする**, 行う.
Do it yourself.
自分でやりなさい.

> 📖 **文法** 助動詞 do のまとめ
> 疑問文や否定文をつくる場合, 動詞が have, like, play のような一般動詞のときは do の助けをかりる.

現在の疑問文
主語によって do か does を使い分ける. 3人称単数のときは does, それ以外のときは do を使う.

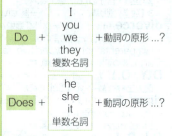

現在の否定文
主語によって do か does を使い分ける. 3人称単数のときは does, それ以外のときは do を使う.

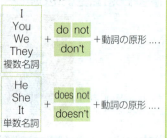

過去の疑問文
主語が何であっても did を使う.

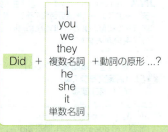

過去の否定文
主語が何であっても did を使う.

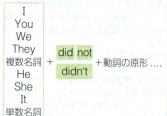

◀ **document**

"What are you *doing* now?" "I'm not *doing* anything."
「いま何をしてるの？」「何もしてないよ」

🗣スピーキング

Ⓐ What do you *do*?
お仕事は何ですか.

Ⓑ I'm a doctor.
医者です.

(▶相手の職業をたずねるときに What are you? とはいわない. また, What kind of work do you do? とすると, ていねいにひびく.)

2 [料理, 洗たく, 宿題など] **をする** (▶目的語によってさまざまな意味になる).
do the cooking
料理する.
Did you *do* your homework?
宿題はしたの？
Could you *do* the dishes?
食器を洗ってくれる？
How long have you been *doing* this job?
この仕事はどのくらいの期間しているのですか.

3 (効果ぷう・利益・損害) **をもたらす**, (影響ぷう) を与える.
It won't *do* you any harm.
それは少しも害にはならないよ.

4 《have done で》…を終える, 済ませる, 《be done で》…が終わる.

──⊜ **1 する**, やる；ふるまう.
Do as you are told.
言われたとおりにしなさい.

🗣スピーキング

Ⓐ How are you *doing*?
調子はどうですか.

Ⓑ I'm *doing* fine, thanks.
元気にやっています.

(▶How are you doing? は体調だけではなく, 場面によって「楽しくやっているか」「勉強がうまくいっているか」「仕事はどうか」などの意味になる.)

2 《will do で》間に合う, 役に立つ.
That'll *do*. それでだいじょうぶ.
"*Will* this *do*?" "No, it *won't* (*do*)."
「これでいい？」「いや, それじゃだめだ」
→图 deed

do away with (規則・制度など) を廃

止じする, やめる.
do it うまくいく, 成功する.
I *did it*! I won first prize in the speech contest.
やった！スピーチコンテストで優勝したよ.
do *my* **best** 最善をつくす. → best
do well うまくやっていく, 成功する.
do with [what とともに使って] …を (どう) 処理する.
What did you *do with* the car key?
車のかぎはどうしたの？
do without (…) なしですます.
I can't *do without* a smartphone.
スマホがないとやっていけないよ.
have ... to do with 〜 〜と…の関係がある. → have
How do you do? **はじめまして**. → how

dock [dɑk ダック ‖ dɔk ドック] 图 (造船・修理用の) ドック；岸壁がん；《米》波止場はと, 埠頭ふとう.
── 動 ⊜ (船が) 接岸する；(宇宙船が) ドッキングする.
── ⊕ (船) をドックに入れる；(宇宙船) をドッキングさせる.

doctor 5級 [dɑ́ktər ダクタァ ‖ dɔ́ktə ドクタァ]

图 (複数 **doctors** [-z]) **1 医者**, 医師；[呼びかけで] 先生 (▶医師の名前を言うときは名前の前に Dr. をつける).
a family *doctor* かかりつけ医 (▶home doctor とはいわない).
I'm going to the *doctor* for a checkup tomorrow.
あした健康診断で病院に行く (▶go to the doctor('s) で「医者に (みてもらいに) 行く, 病院に行く」という意味).
You should see a *doctor*.
医者にみてもらったほうがいいよ.

✏ライティング

I want to be a *doctor* because I want to help sick people.
病気の人たちを助けたいので医者になりたいです.

2 博士, 博士号 (▶肩がた書きには男女とも Dr. を使う). → Dr.
a *doctor*'s degree 博士号.

document 2級 [dɑ́kjumənt ダキュメント ‖ dɔ́kju- ドキュ-] 图 文書, 書類；記録；(コ

two hundred and thirteen　213

documentary ▶

ンピューターの) 文書 (ファイル).
an official *document* 公文書.

documentary 準2 [dɑkjuméntəri]
ダキュメンタリィ [名] (複数 **documentaries** [-z])
ドキュメンタリー映画 [番組], 記録映画.
a *documentary* film 記録映画.

dodgeball [dɑ́dʒbɔːl] ダヂボール ‖ dɔ́dʒ-
ドヂ- [名]《スポーツ》ドッジボール (▶
dodge ball と2語にもつづる).
play *dodgeball* ドッジボールをする.

dodo [dóudou] ドウドウ [名] (複数 **dodo(e)s**
[-z])《鳥》ドードー (インド洋のモーリシャス島
にいたが絶滅した).

---

does 5級 [助][疑問文をつくる]
[否定文をつくる]
[動] (…を) する

[dəz ダズ, (強めると) dʌz ダズ]
[助] (do の3人称単数現在形) → do

does は主語が3人称
単数のときに使う.

1[疑問文をつくる]
Does he drive?
彼は車を運転しますか.
Does your father like sports?
お父さんはスポーツが好きですか (▶ your
father は3人称単数の主語なので Does を
使う. your につられて*Do your father ...?
としやすいので注意).

2[否定文をつくる]
My father *doesn't* like cats.
父はネコが好きじゃない.

3[強調を表して] ほんとうに, ぜひ (▶直後
にくる動詞を強調し, つねに強く発音する).
Lisa doesn't like math, but she
does like history.
リサは数学は好きじゃないけど歴史なら好きだ.

── [一般動詞の代わりとして] (▶同じ動詞
や動詞をふくんだ語句のくり返しをさける
ために使う).
Mike swims faster than Bob *does*.
マイクはボブより速く泳ぐ (▶ does は
swims の代わり).
"Who teaches you English?" "Ms.
Yoshii *does*."
「英語はどの先生が教えてくれてるの？」「吉井

先生よ」(▶ does は teaches us English
の代わり).

── [動] [他] (do の3人称単数現在形) **…を
する**, 行う.
My sister *does* the dishes after
dinner.
妹が夕食後の食器洗いをします.
── [自] **する, やる；行う.**

doesn't [dʌ́znt ダズント]

does not の短縮形.
He *doesn't* like carrots so much.
彼はニンジンがあまり好きじゃない.

dog 5級 [dɔ(ː)g ドー(ー)グ]

[名] (複数 **dogs** [-z]) **犬.**
a Seeing Eye *dog*《米》《商標》
盲導犬 (=《英》guide *dog*).
an assistance *dog* 補助犬.
a police *dog* 警察犬.
I have a *dog* named Lucky.
私はラッキーという名前の犬を飼っている.
I take my *dog* for a walk every
morning.
毎朝犬を散歩に連れていく.

> **①参考** ❶「子犬」は puppy という. 小
> さな子どもは犬のことを doggy
> [dɔ́(ː)gi ドー(ー)ギィ] や bowwow という.
> なお, 鳴き声の「ワンワン」は
> bowwow, 小犬の鳴き声「キャンキャ
> ン」は yip [jip イップ] と表す. 「ほえる」は
> ふつう bark という.
> ❷犬に命令するときの言い方は次のとお
> り. Sit! (おすわり!) / Down! (ふせ!)
> / Stay! (おあずけ!) / Shake! または
> Paw! (お手!) / Other paw! (おかわ
> り!).

> **背景** 犬は忠実の象徴とされている
> が, その反面悪い意味での慣用的な表
> 現やことわざも多い.
> die like a *dog* (みじめな死に方をす
> る) / lead a *dog*'s life (みじめな生活
> をする) / A barking *dog* seldom
> bites.《ことわざ》(ほえる犬はめったに
> かみつかない) / Every *dog* has his
> day.《ことわざ》(だれの人生にもいい
> 時はあるものだ)

背景 英語のなぞなぞ
Q: What kind of dog never bites?
(絶対にかみつかない犬はなーんだ)
A: A hot dog. (ホットドッグ)

doggy, doggie [dɔ́(ː)gi ドˊ(ー)ギィ] 名
《小児語》わんわん, わんちゃん(犬の愛称);
小犬.

doggy bag [dɔ́(ː)gi ドˊ(ー)ギィ bæg] 名
《米》ドギーバッグ(レストランで食べ残した物を入れる持ち帰り用の袋).

doghouse [dɔ́(ː)ghaus ドˊ(ー)グハウス]
名《おもに米》犬小屋(＝kennel).

dogwood [dɔ́(ː)gwud ドˊ(ー)グウッド] 名
《植物》ハナミズキ(白または淡紅色の花が咲く. アメリカの中東部の3州では州花や州木となっている).

doing [dúːiŋ ドゥーイング]
── 動 do (…をする) の -ing 形.
── 名 すること, 行為.

do-it-yourself [dùːitʃɔrsélf ドゥーイチァセˊルフ] 形 日曜大工の, (部品・道具などが)しろうとでも組み立てできる.
── 名 日曜大工, 大工仕事(家の修理など)(▶略語はDIYまたはD.I.Y.).

doll 5級 [dɑl ダル‖dɔl ドル]
名 《複数》dolls [-z] **人形**.
My little sister likes playing with her *dolls*. 妹は人形で遊ぶのが好きだ.

dollar 5級 [dɑ́lər ダˊラァ‖dɔ́lə ドˊラァ] (つづり注意)
名 《複数》dollars [-z] **1 ドル** (▶アメリカ, カナダ, オーストラリア, 香港(ホンコン), シンガポールなどの貨幣単位; 1ドルは100セント; 記号は$).
eight *dollars* ninety-eight cents (＝$8.98) 8ドル98セント.
a ten-*dollar* bill 10ドル紙幣.
They bought the used car for five thousand *dollars*.
彼らはその中古車を5000ドルで買った.
2 1ドル紙幣, 1ドル硬貨.

dollhouse [dɑ́lhaus ダˊルハウス‖dɔ́l- ドˊル-] 名《米》人形の家(＝《英》doll's house)(ヨーロッパの伝統的な玩具の1つ. 小さな家具や人形が入っていて, 部屋がいくつ

◀ **done**

もある精巧な家の模型).

dolphin 4級 [dɑ́lfin ダˊルフィン‖dɔ́l- ドˊル-]
名《動物》イルカ.

dome 3級 [doum ドウム] 名《建築》(半球状の)丸屋根, 丸天井, ドーム.
Tokyo *Dome* 東京ドーム.
the Atomic Bomb *Dome*
原爆ドーム.

domestic 2級 [dəméstik ドメˊスティク]
形 **1** 家庭(内)の, 家事の; 家庭的な.
domestic chores 家事.
domestic violence 家庭内暴力.
2 国内の; 国内産の(反 foreign 外国の).
the *domestic* market 国内市場.
a *domestic* flight 国内線.
3 (動物が)人に飼いならされた.
domestic animals 家畜.

domino [dɑ́mənou ダˊミノゥ] 名 (《複数》 **domino(e)s** [-z]) 《複数形で》ドミノ牌(長方形の札); 《単数あつかい》ドミノ(ゲーム)(28 個の牌でする遊戯).
play *dominoes* ドミノ(ゲーム)をする.

Donald Duck [dán(ə)ld ダˊナルド dʌ́k]
名 ドナルドダック(▶ディズニー(Disney)のアニメ作品に登場するアヒルのキャラクター).

donate 2級 [dóuneit ドˊウネイト‖dounéit ドウネˊイト] 動 他 …を寄付する.
donate blood 献血する.
── 自 寄付をする.

donation [dounéiʃən ドウネˊイション] 名 寄付; 寄付金.

done 3級 [dʌn ダン] (発音注意)
動 do (…をする) の過去分詞.
I've *done* my homework.
宿題は済ませたよ.
── 形 **1 済んだ**, 終わった.
My homework is almost *done*.

two hundred and fifteen 215

donkey ▶

宿題はほとんど終わった.
Well *done*! よくやったね.
2 [ふつう合成語で] (食物が) **焼けた**, 煮えた, よく火が通った.
I like my steak well-*done*.
ステーキはよく焼いたのが好きだ.

donkey [dáŋki ダンキィ‖dóŋki ドンキィ] 图
(複数 **donkeys** [-z]) **1** (動物) ロバ (アメリカでは民主党のシンボルマークになっている).
→ elephant
pin the tail on the *donkey* ロバにしっぽ (▶日本の福笑いに似たゲーム. 目かくしをして, 尾のないロバの絵に尾をつける).
2 ばか者；がんこ者.
3 ドンキー (ダブルダッチの技の名前).
→ double Dutch

donor [dóunər ドウナァ] 图 寄付者；(臓器) 提供者.

don't [dount ドウント]

do not の短縮形.
I *don't* know her name.
彼女の名前は知りません.
Don't be late for school.
学校に遅刻したらだめよ (▶否定の命令文は Don't で始める).

donut 4級 [dóunʌt ドウナット] 图
= doughnut

door 5級 图 ドア, 戸

[dɔːr ドー(ァ)]
图 (複数 **doors** [-z]) **1 ドア**, 戸.
the front *door* 玄関；玄関のドア.
Open the *door*, please.
ドアを開けてください.
Close the *door*, please.
ドアを閉めてください.
Don't leave the *door* open.
ドアを開けっぱなしにしないで.
2 玄関, 戸口.
Someone is at the *door*.
だれか玄関に来てるよ.
Can you answer the *door*?
玄関に出てくれる？
3 1戸, 1軒.
She lives three *doors* from my house.

彼女はうちから3軒目の家に住んでいる.
4 [比ゆ的に] (…への) 入り口, 門戸.
open the *doors* wide to foreigners
外国人に大きく門戸を開く.
from door to door 戸口から戸口へ, 1軒ごとに.
The salesperson walked *from door to door*.
そのセールスパーソンは1軒1軒歩いていった.
next door (to) (…の) 隣に. → next
out of doors 戸外で (= outdoors).
We spent a night in a tent *out of doors*.
ぼくたちは戸外のテントで一夜をすごした.

doorbell [dɔːrbel ドーベル] 图 玄関のベル.

doorknob [dɔːrnɑb ドーナブ‖-nɔb -ノブ] 图 ドアの取っ手.

doorway [dɔːrwei ドーウェイ] 图 出入り口, 戸口.

dorm [dɔːrm ドーム] 图 = dormitory

dormitory 準2 [dɔːrmətɔːri ドーミトーリィ‖-t(ə)ri -トゥリィ] 图 (複数 **dormitories** [-z]) (米) (大学などの) 寮, 寄宿舎 (▶話し言葉では dorm という).

dot [dɑt ダット‖dɔt ドット] 图 (小さな) 点；点のように小さいもの；URL などの表記に使われる小さな点.
dots of light 小さな光の点々.
── 動 過去 過分 dotted [-id]；ing
dotting 他 …に点を打つ.

double 準2 [dʌbl ダブル] (ou は例外的に [ʌ] と発音する) 形 **1** 2倍の.
double the amount
2倍の量 (▶ double は the の前に置く).
2 二重の；2人用の (▶「1人用の」は single), 2つ分の.
a *double* line 二重線.
a *double* bed ダブルベッド.
── 動 自 2倍になる；(野球) 2塁打を打つ.
── 他 …を2倍にする.
── 图 **1** 2倍の量.
2 [複数形で] (テニスなどの) ダブルス (対 singles シングルス)；(野球) 2塁打.
── 副 2倍に；二重に.

double bass [dʌbl béis] 图 (楽器) ダブルベース, コントラバス (▶単に bass ともいう).

double-decker [dʌ́bldékər ダブルデッカァ] 名 2階建てのバス (▶double-decker bus ともいう); 2段重ねのサンドイッチ・ハンバーガー.

ロンドン市内を走る赤い2階建てバス.

double Dutch [dʌ́bl dʌ́tʃ] 名 《米》ダブルダッチ (2本のロープを同時に使い, 3人以上で行うなわ跳び).

doubt 準2 [daut ダウト] (b は発音しない)
名 疑い, 疑問 (反 belief 信念).
I'm sure you'll win the game. There's no *doubt* about it.
試合にはきっと勝てるよ. まちがいないさ.
I still have some *doubts* about the plan. その計画にはまだ疑問が残る.
I have no *doubt* that you'll keep your promise.
約束は守ってくれると信じているよ.
no doubt たぶん, きっと; 確かに.
No doubt he'll come. 彼はきっと来るさ.
without doubt 疑いなく, 確かに.
Without doubt, Jim is the best swimmer in our class.
疑いなくジムは私たちのクラスで水泳がいちばんうまい (▶without doubt のほうが no doubt より意味が強い).
—— 動 他 …を疑う (反 believe …を信じる); (**doubt if / doubt whether** で) [肯定文で] **…かどうか疑わしいと思う**; (**doubt (that) ...** で) [ふつう否定文・疑問文で] **…ということを疑わしいと思う, …でないと思う** (▶進行形にしない).

🗨 スピーキング
Ⓐ Will he win?
彼は勝つかな？
Ⓑ I *doubt* it.
あやしいな.

I *doubted* her words.
私は彼女のことばを疑った.
I *doubt if* she'll come.
彼女が来るかどうか疑わしい.
I *don't doubt that* she'll support me. 彼女が力になってくれることを疑わない (→きっと力になってくれると思う).

doubtful [dáutfəl ダウトゥフル] 形 (事がらなどが) 疑わしい, はっきりしない; (人が) 疑わしいと思っている, 確信がない; 迷っている.

doughnut 4級 [dóunʌt ドゥナット] (発音注意) 名 ドーナツ (アメリカではふつう輪の形, イギリスではまんじゅう型で中にジャムやクリームが入っている. おやつのほか, 朝食に食べる人もいる) (▶donut ともつづる).

dove¹ [dʌv ダヴ] 名 ハト (平和の象徴とされる).

dove² [douv ドウヴ] 動 《米》dive (水に飛びこむ) の過去形の1つ.

Dover [dóuvər ドウヴァ] 名 (**the Strait(s) of Dover** で) ドーバー海峡 (イングランド南東部とフランスの間にある海峡).

down¹ 5級 副 下へ

[daun ダウン] フォニックス73 OW は [au] と発音する.

副 **1** [動作・位置・静止の状態をさして] **下へ**, 下がって (反 up 上へ).

up　　　　　down

go *down* to the first floor by escalator エスカレーターで1階に下りる.
Please sit *down*. どうぞすわってください.

down²

We lay *down* on the grass.
私たちは草の上に寝ころんだ.
The sun is going *down* in the west.
太陽が西に沈もうとしている.
2 (中心地・話し手などから) はなれて; (地図上で) 南へ.
He came *down* from London to see us.
彼は私たちに会いにロンドンからやってきた.
3 (価格・数量などが) 下がって; (勢いが) 落ちて.
Food prices are *down* this month.
今月は食料品の値段が下がった.
Turn *down* the TV.
テレビの音を小さくしなさい.
up and down 上がったり下がったり; あちこちと. → up
── 前 **1** …を下って, 下りて (反 up …を上って).
We ran *down* the hill.
私たちは坂をかけ下りた.
We went *down* the river in a boat.
私たちは船で川を下った.
2 (道など) を通って, …にそって (同 along); …を通っていったところに.
The children walked *down* the street.
子どもたちはその道を歩いていった (▶道が下り坂でなくても使える).
He lives just *down* this street.
彼はこの通りをちょっと行ったところに住んでいる.
── 形 **1** 下への, 下りの (反 up 上への).
a *down* elevator 下りのエレベーター.
2 《米口》元気のない, 気落ちした; (コンピューターなどが) 作動しない.
I feel *down* today.
今日は気分がめいっている.
You look a little *down* today. Are you OK? 今日はちょっと元気がなさそうだけど, だいじょうぶ?

down² [daun ダウン] 名 ダウン (鳥の綿毛; やわらかい羽毛).

download [dáunloud ダウンロウド ‖ daunlóud ダウンロウド] 動 他 《コンピューター》(データ) をダウンロードする.
── [dáunloud ダウンロウド] 名 ダウンロード.

downstairs 3級
[daunstéɑrz ダウンステアズ] フォニックス73 フォニックス85 ow は [au], air は [ear] と発音する.

── 副 **階下へ**, 下の階で (反 upstairs 階上へ).
I went *downstairs* for dinner.
夕食を食べに階下に下りた.
Mom is *downstairs* in the kitchen.
お母さんは下の台所にいるよ.
── [dáunsteɑrz ダウンステアズ] 形 階下の.
a *downstairs* room 階下にある部屋.

downtown 4級 [dáuntáun ダウンタウン] 副 繁華街へ, 町の中心地区に.
go *downtown*
繁華街へ出かける.
We went shopping *downtown*.
私たちは町へ買い物に出かけた.
── 形 繁華街の, 町の中心街の.
His office is in the *downtown* area.
彼の事務所は町の中心街にある.
downtown Tokyo 東京の中心街.
── 名 (町の) 繁華街, 中心区 (▶日本語の「下町」とはちがう. 住宅地域に対し, 商店やオフィスの多い地区をさす).

ニューヨークのウォール街. ダウンタウンの一画をなす.

down vest [dáun vèst] 名 ダウンベスト (羽毛入りのベスト).

downward [dáunwərd ダウンワド] 副 下の方へ, 下に (反 upward 上の方へ) (▶《英》では downwards とつづる).
── 形 下方への, 下向きの.

downwards [dáunwərdz ダウンワヅ] 副
= downward

Doyle [dɔil ドイル], **Arthur Conan** 名 アーサー・コナン・ドイル (1859-1930; イギリスの小説家; シャーロック・ホームズ (Sherlock Holmes) が活躍する推理小説の作者).

doz. (略) = dozen(s) (ダース).

dozen [dʌ́zn ダズン] 名 (複数 dozen または dozens [-z]) **1** ダース, 12個.

a *dozen* pencils 1ダースの鉛筆.
two *dozen* eggs 2ダースの卵 (▶two ˣdozens eggs とはしない).
a half *dozen* pens
半ダース (=6本) のペン.

> 📖**文法** dozen の使い方
> ❶ dozen の前に two, three などの数を表す語がきても dozen に -s をつけない. ❷ 略語は単数形, 複数形とも doz. または dz.

2 (**dozens of** で) 《口語》 何十もの…, 数十もの…; 多数の….
Dozens of people waited in line.
何十人もの人が列に並んでいた.
by the dozen ダース単位で.
Pencils are sold *by the dozen*.
鉛筆はダース単位で売っている.

Dr., Dr 3級 [dáktər ダクタァ‖dɔ́ktə ドクタァ]
图 (複数) **Drs.**, **Drs** [-z] …博士, …医師, …先生 (▶Doctor の略.《英》ではピリオドをつけない形でも使う).
Dr. (Samuel) Johnson (サミュエル・)ジョンソン博士 (▶姓名または姓につける).

Dracula [drǽkjulə ドゥラキュラ] 图 ドラキュラ (怪奇小説の主人公である吸血鬼).

draft [drǽft ドゥラフト‖drɑ́ːft ドゥラーフト] ▶《英》では draught とつづることも多い. 图 図案, 設計図; 下書き;《米》(スポーツの) ドラフト制度.
a speech *draft* 演説の下書き.

drag [drǽg ドゥラッグ] 動 (過去)(過分) **dragged** [-d]; ing **dragging**) 他 **1** (重いもの) を引きずる, 引っぱる.
We *dragged* the table to one side.
私たちはテーブルを引きずってわきに寄せた.
2 (コンピューター) パソコンの画面上で) (ファイルなど) をドラッグする.

dragon [drǽgən ドゥラゴン] 图 竜, ドラゴン (つばさと尾をもち, 口から火をはくという伝説上の怪獣;西洋では悪の化身とされるのに対し, 東洋の「竜」は水神として神聖視され, めでたいしるしともされている).

dragonfly [drǽgənflai ドゥラゴンフライ] 图 (複数) **dragonflies** [-z])(虫) トンボ.

drain [drein ドゥレイン] 動 他 (水など) を排出させる.
— 自 (水が) はける, 流れ出る.

— 图 排水路;《米》排水口.

drama 4級 [drάːmə ドゥラーマ,《米》drǽmə ドゥラマ] 图 **1** 劇, 戯曲 (▶ play よりも改まった語); (テレビなどの) ドラマ; 劇的な事件.
2 演劇, (詩・散文などに対して) 劇文学.
a *drama* club 演劇部.

dramatic 2級 [drəmǽtik ドゥラマティク] 形 劇の, 演劇の; 劇的な; めざましい, 急激な.
dramatic changes 劇的な変化.

drank 4級 [drǽŋk ドゥランク]
動 drink (…を飲む) の過去形.

draught [drǽft ドゥラフト‖drɑ́ːft ドゥラーフト] (発音注意) 图《英》= **draft**

draw 4級 動 (線) を引く, (絵・地図など) をかく

[drɔː ドゥロー] フォニックス61 awは[ɔː]と発音する.
動 (3単現 **draws** [-z]; 過去 **drew** [druː ドゥルー]; 過分 **drawn** [drɔːn ドゥローン]; ing **drawing**) 他 **1** (線) を引く; (鉛筆・ペン・クレヨンなどで) (絵・地図など) をかく.
Draw a straight line between points A and B.
点Aと点Bを結ぶ直線を引きなさい.
She *drew* a picture of her family.
彼女は家族の絵をかいた.
I'll *draw* a map to her house.
彼女の家までの地図をかいてあげるよ.

> 📖**用法** draw と paint と write
> draw も paint も「絵をかく」だが, draw は「(ペンや鉛筆などで) 線画をかく」で, paint は「(絵の具で) 絵をかく」. write は「字を書く」で, 「絵をかく」には使えない.

2 …を引く, 引っぱる.
Would you *draw* the curtains?
カーテンを引いてもらえる？（▶開けるときにも閉めるときにも使える）.

3 （人・注意など）を引きつける.
Her beautiful eyes *drew* my attention.
彼女の美しい目が私の注意を引いた.

4 （お金）を引き出す.
He *drew* 100,000 yen from the bank. 彼は銀行から10万円引き出した.

5 …を引き分けにする.

6 （銃・剣など）をぬく.

―⃝ 1 絵をかく.
My little brother *draws* very well.
弟は絵をかくのがうまい.

2 引く, 引っぱる；近づく.
Christmas is *drawing* near.
クリスマスが近づいている.

―⃝ （複数 **draws** [-z]） 引き分け（試合）；くじ引き.

drawer [drɔːr ドゥロー（ァ）] （発音注意）⃝
（たんす・机などの）引き出し.
My desk has four *drawers*.
私の机には引き出しが4つついている.

drawing 2級 [drɔ́ːiŋ ドゥローイング] 動
draw（…を引く）の -ing 形.
―⃝ （鉛筆・ペン・クレヨンなどでかいた）絵, 線画, スケッチ（▶絵の具を使ってかく絵のことは painting）；絵をかくこと；製図；図面.

drawn 3級 [drɔːn ドゥローン] フォニックス61
aw は [ɔː] と発音する. 動 draw（…を引く）の過去分詞.
―⃝ 引かれた；（試合が）引き分けの.
a *drawn* game 引き分けの試合.

draws [drɔːz ドゥローズ] 動 draw（…を引く）の3人称単数現在形.

dread [dred ドゥレッド] ⃝ おそれ.

dreadful [drédfəl ドゥレドゥフル] 形 おそろしい；ひどい, いやな（＝ terrible）.
It was a *dreadful* trip.
ひどい旅だったよ.

dream 4級 [driːm ドゥリーム]
フォニックス63 ea は [iː] と発音する.
⃝ （複数 **dreams** [-z]） **1** （眠っているときに見る）夢.
awake from a *dream*

夢から覚める.
I had a strange *dream*.
不思議な夢を見た（▶I *saw a strange dream. とはいわない）.
I had a *dream* about you last night. ゆうべきみの夢を見たよ.

🗨️ スピーキング
Pleasant dreams!「いい夢を！」
寝る前の決まり文句. Sweet dreams! ともいう. Sleep tight.（ぐっすり寝てくださいね）ということばのあとによく使われる.
Ⓐ Sleep tight. *Pleasant dreams!*
　ぐっすりおやすみ. いい夢をね.
Ⓑ OK, Mom. You, too.
　うん, ママもね.

2 （心にえがく）夢.
realize a *dream*
夢を実現させる.
My *dream* finally came true.
ついに私の夢がかなった.

✏️ ライティング
My *dream* is to become a cartoonist.
私の夢は漫画家になることです.

📋 プレゼン
My dream is to become a teacher.
私の夢は教師になることです.
My dream is to make movies.
私の夢は映画を製作することです.
My dream is to travel around the world.
私の夢は世界一周旅行をすることです.
I want to be a doctor in the future.
私は将来医師になりたいです.
I want to go to China in the future.
私は将来中国に行きたいです.

―⃝ （3単現 **dreams** [-z]；過去 過分 **dreamed** [-d, dremt]，《英また》**dreamt** [dremt]；ing **dreaming**） ⃝ **夢を見る；**《**dream of** で》…の夢を見る, …を夢見る；〔否定文で〕…のことを思う.
I *dreamed* all night. 一晩中夢を見ていた.
The boy *dreams of* becoming a

◀ **drink**

professional soccer player.
その男の子はプロのサッカー選手になることを
夢見ている.

── 他 (**dream a ... dream** で) …な夢を
見る (▶…は形容詞); (**dream (that) ...**
で) …と夢に見る; [否定文で] …と思う.
I *dreamed* a bad *dream*. 私は悪い夢
を見た (▶ふつうは I had a bad dream.
という).

I *never dreamed* I'd meet you
here. ここであなたにお会いするとは夢にも
思いませんでした (▶おもにいいことが起こっ
た時に使うことが多い).

dreamer [dríːmər ドゥリーマァ] 名 夢見る
人;夢想家.

dreamland [dríːmlænd ドゥリームランド]
名 夢の国,ユートピア.

dreamt [dremt ドゥレムト] 動 《英》 dream
(夢を見る) の過去・過去分詞の1つ.

dress 4級 [dres ドゥレス]

動 (3単現 **dresses**[-iz]; 過去 過分 **dressed**
[-t]; ing **dressing**) 他 (子どもなど) **に服
を着せる**.
She *dressed* the children.
彼女は子どもたちに服を着せた.
The boy was poorly *dressed*.
その男の子は貧しい身なりをしていた.

── 自 服を着る,身じたくをする.
It's cold outside. *Dress* warmly.
外は寒いから暖かいかっこうをしなさい.

be dressed in …を着ている.
She *was dressed in* a T-shirt and
jeans. 彼女はTシャツにジーンズ姿だった.

dress up 着かざる,盛装する,正装する;
扮装する,仮装する.
Why are you *dressed up*?
どうしてめかしこんでるの?

get dressed 服を着る,身じたくをする.
Hurry up and *get dressed*.
急いで身じたくをしなさい.

── 名 (複数 **dresses**[-iz]) 1 (女性・女の
子用の上下続きの) **ドレス**,ワンピース (▶
上下の分かれた服は suit (スーツ) という).
→ clothes
She was wearing a blue *dress*.
彼女は青いドレスを着ていた.
You look very nice in that *dress*.
そのドレス,よく似合ってるね.

2 服装,衣服 (▶ a をつけず,複数形なし).
formal *dress* 礼服.
a *dress* code
(学校などの) 服装の規定,ドレスコード.

dresser [drésər ドゥレサァ] 名 《米》ドレッ
サー,(鏡台つき) 化粧だんす (= 《英》
chest of drawers);《英》食器だな.

dressing [drésiŋ ドゥレスィング] 動 dress
(…に服を着せる) の -ing 形.
── 名 1 (サラダにかける) ドレッシング.
French *dressing* フレンチドレッシング.
2 《米》(鳥料理の) 詰め物.
3 (傷などの) 手当て;包帯,ガーゼ.
4 着つけ,衣装.

dressmaker [drésmeikər ドゥレスメイ
カァ] 名 (とくにプロの) 婦人服の仕立て職
人 (▶「紳士服の仕立て職人」は tailor).

dressmaking [drésmeikiŋ ドゥレスメイキ
ング] 名 洋裁;婦人服仕立て.

drew 4級 [druː ドゥルー]

動 draw (…を引く) の過去形.

dribble [dríbl ドゥリブル] 動 自 1 (液体が)
たれる,したたる;(赤ちゃんなどが) よだ
れをたらす.
2 《球技》ドリブルする.
── 他 1 (液体・よだれなど) をたらす.
2 (ボール) をドリブルする.

dried [draid ドゥライド] 形 乾燥した.
dried fruit ドライフルーツ.
dried green seaweed 青のり.

drier [dráiər ドゥライア] 名 = dryer

drift 2級 [drift ドゥリフト] 名 漂流;(風
などの) 流れ;(雪などの) ふきだまり.
── 動 自 (空中・水上・空間などを) ゆっ
くり動く,ただよう;漂流する.

driftwood [dríftwud ドゥリフトウッド] 名
流木.

drill 2級 [dril ドゥリル] 名 1 (工具の)ドリル,
(穴を開ける) きり.
2 反復練習,ドリル;(実地) 訓練.
a fire *drill* 消防訓練,火災避難訓練.
── 動 他 1 (ドリルで) (穴) を開ける.
2 …に反復練習をさせる,…を訓練する.

drink 5級 動 (…を) 飲む
名 飲み物

[driŋk ドゥリンク]

two hundred and twenty-one 221

drinking ▶

[動] (3単現) **drinks** [-s]; [過去] **drank** [dræŋk ドランク]; [過分] **drunk** [drʌŋk ドランク]; [ing drinking] 他 (飲み物)**を飲む**.
My children *drink* a lot of milk.
うちの子どもたちは牛乳をたくさん飲む.
He *drinks* a cup of coffee in the morning.
彼は朝にコーヒーを1杯飲む.

💬用法 **drink と have と eat と take**
drink は水やその他の液体を入れ物から直接「飲む」こと. スープを飲むときは have か eat を使うが, カップ入りのスープを口をつけて飲む場合は drink も使える. 薬を「飲む」ときはふつう take を使う.

🗣スピーキング
Ⓐ I want something to *drink*.
私は何か飲む物がほしい.
Ⓑ How about some iced tea?
アイスティーはいかが.

— 自 **1 飲む**; 酒を飲む.
My father doesn't *drink*.
父はお酒を飲みません.
Don't *drink* and drive.
飲酒運転をするな.
2 (drink to で) …を祈って乾杯する, …を祝って乾杯する.
Let's *drink to* our success.
われわれの成功を祈って乾杯しよう.
drink up …を飲みほす, 全部飲む.
Drink up your milk.
牛乳を最後まで飲みなさい.

— 名 (複数) **drinks** [-s] **1 飲み物**; 酒.
soft *drinks* 清涼飲料.
2 (酒・水などの) 1杯.
Can I have a *drink* of water?
水を1杯もらえる？

drinking [drɪŋkɪŋ ドゥリンキング] 動 drink (…を飲む) の -ing 形.
— 名 飲酒, 飲むこと.

drinking water [drɪŋkɪŋ wɔːtər] 名 飲料水.

drinks [drɪŋks ドゥリンクス] 動 drink (…を飲む) の3人称単数現在形.
— 名 drink (飲み物) の複数形.

drip [drɪp ドゥリップ] 動 自 (液体が) したたる, ポタポタ落ちる.
— 他 (水・血など) をしたたらせる.
— 名 したたり; [**drips** で] しずく; ポタポタ (したたる音).

drive [4級] 動 (車など)**を運転する**

[draɪv ドゥライヴ] フォニックス50 i は [aɪ] と発音する.
動 (3単現) **drives** [-z] 過去 **drove** [droʊv ドゥロウヴ]; 過分 **driven** [drɪvən ドゥリヴン]; ing **driving**) 他 **1** (車・電車など)**を運転する**.
drive a car 車を運転する.
2 (人)**を車に乗せていく**; (人) を車で送っていく.
She *drives* her son to school every morning.
彼女は毎朝車で息子を学校に送っていく.

💬用法 **drive と ride**
drive はエンジンや馬を操作して車や馬車を動かすことで, 自転車・オートバイ・馬などにまたがって乗るのは ride. 電車・バスなど, 運転士の運転するものに「乗っていく」のも ride を使って ride on a train のようにいう.

drive   ride

3 …を追いたてる, 追い払う; (人) を (ある状態に) 追いこむ.
He *drove* the cattle across the river. 彼は牛を追いたてて川をわたらせた.
The noise is *driving* me crazy.
うるさくて頭が変になりそう.
4 (動力が) (機械など) を動かす.
This car is *driven* by electricity.
この車は電気によって動く.
— 自 **車を運転する**; 車で行く, ドライブする.
Do you *drive*? 車を運転するの？
Drive carefully. 気をつけて運転してね.
My father *drives* to work.
父は車で通勤している.
drive away …を追い払う.
— 名 (複数) **drives** [-z] **1 ドライブ**, (車

◀ **drought**

に) 乗っていくこと；(車で行く) 道のり.
Let's go for a *drive* this weekend.
この週末ドライブに行こうよ.
Nara is a two-hour *drive* from
there. 奈良はそこから車で2時間だ.
2《コンピューター》(ディスクなどの) ドライブ，駆動きう装置.
a DVD *drive* DVDドライブ.

drive-in [dráivin ドゥライヴィン] 名 ドライブイン (車で乗り入れ，車に乗ったまま利用できるレストラン・映画館・銀行など).

driven [drívən ドゥリヴァン] (発音注意)
動 drive (…を運転する) の過去分詞.

driver 5級 [dráivər ドゥライヴァ]
名《複数》 drivers [-z] **車を運転する人**，ドライバー；運転手.
She is a good *driver*.
彼女は車の運転がうまい.
a taxi *driver* タクシーの運転手.

driver's license [dráivərz làisns]
名《米》運転免許めん証 (=《英》 driving licence).
get a *driver's license* 運転免許をとる.

drives [draivz ドゥライヴズ] 動 drive (…を運転する) の3人称単数現在形.
—— 名 drive (ドライブ) の複数形.

drive-through [dráivθrùː ドゥライヴスルー] 名 ドライブスルー (車に乗ったまま利用できるレストランや銀行など) (▶話し言葉では drive-thru ともつづる).

driveway [dráivwei ドゥライヴウェイ] 名《複数》 driveways [-z] (公道から建物・車庫へ通じる) 私有地の中の車道.
→ house (図)

driving 準2 [dráiviŋ ドゥライヴィング] 動 drive (…を運転する) の -ing 形.
—— 名 (車の) 運転，ドライブ.

drone [droun ドゥロウン] 名 (ミツバチの) おすバチ；ブンブンいう音；(無線操縦の) 無人機，ドローン.

drop 4級 [drɑp ドゥラップ ‖ drɔp ドゥロップ]
動《3単現》 drops [-s]《過去》《過分》 dropped [-t]《ing》 dropping 他 **1** (物) を**落とす**；(液体) をたらす.
You *dropped* your spoon again?
またスプーンを落としたの？

🔊スピーキング

Ⓐ Excuse me, you *dropped* this.
すみません，これ落としましたよ.
Ⓑ Oh, thank you.
まあ，ありがとうございます.

2《口語》(乗り物から) (人) を降ろす (反 pick up (人) を (車で) むかえに行く).
Can you *drop* me off at the station?
駅で降ろしてもらえる？
3 (程度・勢いなど) を弱める，低くする.
Jim *dropped* his voice.
ジムは声を落とした.
4 (短い便り・手紙) を出す.
Drop me a line.
お手紙ちょうだいね.
5 (文字・名前など) を落とす，ぬかす.
—— 自 **1** **落ちる**；(水などが) したたる.
The book *dropped* to the floor.
その本は床ゆかに落ちた.
2 (温度・物価などが) **下がる** (反 rise 上がる).
The temperature *dropped* suddenly. 気温が急に下がった.
Land prices have *dropped* since a few decades ago.
土地の値段は数十年前から下がってきている.

drop by 《口語》立ち寄る.
You can *drop by* anytime.
いつでも来てね.

drop in 《口語》立ち寄る (▶「人」を訪ねるときは drop in on，「家」を訪ねるときは drop in at とする).
Tom *dropped in* on me yesterday.
きのうトムは私のところに立ち寄った.

drop out (学校を)(中途ちゅうと)退学する；(途中で) やめる，脱落だつらくする.
—— 名《複数》 drops [-s] **1** (水などの) **しずく**.
a *drop* of rain 雨のひとしずく.
2 [単数形で] **落ちること**，落下；(温度・物価などが) 下がること，下落げらく.
There was a sudden *drop* in the price of oil. 石油の価格が急落した.
3 ドロップ，あめ玉.

dropout [drɑpaut ドゥラパウト ‖ drɔpaut ドゥロパウト] 名 (中途ちゅうと) 退学者；落後者.

drought [draut ドゥラウト] (発音注意) 名 干ばつ，日照ひでり続き.

two hundred and twenty-three **223**

drove

drove 4級 [drouv ドロウヴ] フォニックス51 oは[ou]と発音する.
動 drive (…を運転する) の過去形.

drown 2級 [draun ドラウン] (発音注意)
動 自 おぼれ死ぬ, 水死する.
A *drowning* man will catch at a straw.
(ことわざ) おぼれる者はわらをもつかむ.
— 他 …をおぼれて死なせる; (be *drowned* で) おぼれて死ぬ.

drug 準2級 [drʌg ドラッグ] 名 1 (ふつう複数形で) 麻薬.
2 薬, 薬剤 (▶この意味では medicine が一般的).

drugstore 3級 [drʌ́gstɔːr ドラグストー(ァ)] 名 (米) ドラッグストア.

drum 4級 [drʌm ドラム]
名 (複数) drums [-z] **たいこ**, ドラム; (the *drums* で) (ジャズバンドなどの) ドラムス.
beat a *drum* たいこをたたく.
I play *the drums* in the brass band.
私はブラスバンドでドラムを演奏しています.

drummer [drʌ́mər ドラマァ] 名 たいこをたたく人; ドラマー, ドラム奏者.

drunk [drʌŋk ドランク]
動 drink (…を飲む) の過去分詞.
— 形 酒によった.

drunken [drʌ́ŋkən ドゥランクン] 形 酒によっぱらった; 酒のうえでの.
a *drunken* driver よっぱらいの運転手.

dry 4級 [drai ドゥライ]
形 (比較) drier または dryer; (最上) driest または dryest) **1 かわいた**, 乾燥した (反 wet ぬれた).

dry   wet

a *dry* towel かわいたタオル.
Is the laundry *dry* yet?
洗たく物, もうかわいてる?
The air is *dry* in winter.
冬は空気が乾燥する.
2 雨が降らない, 日照りの.

dry weather 日照り続きの天気.
the *dry* season 乾季.
3 のどがかわいた (= thirsty).
My throat feels *dry*. のどがかわいたよ.
4 たいくつな, 無味乾燥な.

💬用法 dry と「ドライ」
dry には, 日本語の「ドライ」のような「合理的で割り切った」という意味はない.

— 動 (3単現) dries [-z] (過去)(過分) dried [-d] (ing) drying) 他 **…をかわかす**; (ぬれた物) をふく.
dry my hair 髪をかわかす.
She *dried* the dishes.
彼女は食器をふいた.
— 自 かわく.
dry up すっかりかわく, 干上がる.

dryer, drier [dráiər ドゥライア] 名 (洗たく物の) 乾燥機; ドライヤー.
a hair *dryer* ヘアドライヤー.

Dubai [duːbái ドゥーバイ] 名 ドバイ (アラブ首長国連邦の首長国の1つ; またその首都).

dubbing [dʌ́biŋ ダビング] 名 吹き替え; ダビング.

Dublin [dʌ́blin ダブリン] 名 ダブリン (アイルランド共和国の首都).

duck¹ [dʌk ダック] 名 (鳥) カモ, アヒル (▶ふつう goose (ガチョウ) よりも小さく首が短い).
a wild *duck* カモ.
a domestic *duck* アヒル.

ℹ️参考 「アヒルの子」は duckling という.「ガーガー」という鳴き声は quack, quack.

duck² [dʌk ダック] 動 自 頭をひょいと下げる, かがむ.

duckling [dʌ́kliŋ ダクリング] 名 アヒルの子; 子ガモ (▶ -ling は「小さい」の意味).

due 2級 [d(j)uː デュー, ドゥー] 形 **1** [名詞の前では使わない] **到着するはずで**, 予定

◀ **during**

されて；**(due to ... で)** …する予定で，…
するはずで.
The plane is *due* at 11:30.
その飛行機は11時30分に到着予定だ.
He is *due to* start tomorrow.
彼はあす出発する予定です.

2 当然支払われるべき；提出期限のきた.
the *due* date
支払期日，(借りた物(本など)の)返却日.

🗣 **スピーキング**

Ⓐ When is the paper *due*?
レポートのしめきりはいつですか.
Ⓑ By the end of this month.
今月末です.

3 当然の，正当な；じゅうぶんの.
be due to …のせいである，…が原因で
ある.
Her illness *was due to* overwork.
彼女の病気は過労が原因だった.
due to …のために(= because of).
The train was two hours late *due
to* snow. 電車は雪のため2時間遅れた.
[同音語] dew (露)

duet [d(j)uːét デューエット, ドゥーエット] 图《音
楽》デュエット，二重唱，二重奏.

dug [dʌɡ ダッグ] 動 dig(…を掘る)の過去・
過去分詞.

duke [d(j)uːk デューク, ドゥーク] 图《しばし
ば Duke で》公爵.

dull [dʌl ダル] 形 **1** 頭のにぶい(⇔
bright 頭のよい)；切れ味のにぶい(⇔
sharp するどい).
a *dull* knife
よく切れないナイフ.

2 つまらない，おもしろくない；たいくつな.
a *dull* book つまらない本.

dumb [dʌm ダム](発音注意)形 **1**《口語》
ばかな，まぬけな(= stupid).

2 口のきけない(▶差別的にひびくので，
unable to speak (話すことができない)や
speech-impaired [spiːtʃímpeərd スピー
チインペアド](言語障がいの)という言い方が使
われる).

dump [dʌmp ダンプ] 動 他 **1**(ごみなど)
を捨てる，投棄する；…をドシンと落とす，
降ろす.

2(余剰品など)を外国市場へ投げ売り
する，ダンピングする.

── 图 ごみ捨て場；ごみの山.

dumpling [dʌ́mpliŋ ダンプリング] 图 ゆで
だんご(スープや煮込み料理に入れる).

dump truck [dʌ́mp trʌ̀k] 图《米》ダ
ンプカー(=《英》dumper [dʌ́mpər ダンパァ]
truck) (▶ dump car とはいわない).

durable [d(j)úərəbl デュアラブル, ドゥアラブ
ル] 形 長もちする，じょうぶな.

during 4級 前 …の間に

[d(j)úː(ə)riŋ デュ(ア)リング, ドゥー-]
前 **1** (ある特定の期間)**の間,**…**の間ずっと.**
Mike goes fishing every day
during the summer.
マイクは夏の間(ずっと)毎日つりに行く.

✏️ **ライティング**

We practiced hard *during* the
summer vacation.
私たちは夏休みの間，一生けんめい練習しま
した.

2 (ある特定の期間)**の間に.**
It snowed *during* the night.
夜の間に雪が降った.
She went to see her grandmother
during the winter vacation.
彼女は冬休み中におばあさんに会いに行った.

💬**用法** during と for と while
❶ during と for
ともに「期間」を表すが，during のあと
に は the summer (夏) や the
vacation (休暇)のように「ある特定
の期間」を表す語がくる. for のあとには
「期間の長さ」を示す a week (1週間)，
two months (2か月間) などがくる.
Bob was in the hospital *for* a
week *during* the summer. (ボブは
夏の間1週間入院した)
❷ during と while
ともに「期間」を表すが，during はあと
に特定の時を表す語句がくる. while は
あとに主語と動詞をふくんだ文がくるこ
とが多い. 「ニューヨーク滞在中」は
during my stay in N.Y. ま た は
while I was staying in N.Y. で表せ
る.

two hundred and twenty-five 225

dusk [dʌsk ダスク] 图 夕暮れ, たそがれ (▶「夜明け」は dawn); うす暗がり.
at *dusk* 夕暮れに.

dust [dʌst ダスト] 图 ちり, ほこり; 砂ぼこり; 粉末(状のもの).
The room was full of *dust*.
部屋はほこりだらけだった.
a cloud of *dust*
砂ぼこり, 砂けむり. →形 dusty
── 動 他 …のほこりを払う.
I *dusted* the furniture.
家具のほこりを払った.

dustbin [dʌ́stbin ダストビン] 图《英》ごみ箱, ごみ入れ (=《米》garbage can).

duster [dʌ́stər ダスタァ] 图 そうじ人; はたき; ぞうきん.

dustpan [dʌ́stpæn ダストパン] 图 ちり取り.

dusty [dʌ́sti ダスティ] 形 (比較 dustier; 最上 dustiest) ほこりっぽい, ほこりだらけの. →图 dust

Dutch [dʌtʃ ダッチ] 形 オランダの; オランダ人の; オランダ語の.
── 图 オランダ語; [the をつけて] オランダ人(全体).

duty 2級 [d(j)úːti デューティ, ドゥーティ]
图 (複数 duties [-z]) **1 義務**, 本分 (▶ a をつけず, 複数形なし) (対 right 権利).
do my *duty* 自分の義務を果たす.
He has no sense of *duty* at all.
彼には義務感がまったくない.
2 [ふつう複数形で] 職務, 任務.
the *duties* of a teacher
教師としての職務.
3 [しばしば複数形で] 税, 関税.
pay *duty* 関税を払う.

off duty 非番で, 勤務時間外で, 当直あけで.
Jim will be *off duty* in the morning.
ジムは朝, 非番になる.

on duty 勤務中で, 当直で.
I'm *on duty* tonight. 今夜は当直だ.

duty-free [d(j)úːtifríː デューティフリー, ドゥーティ-] 形 関税のかからない, 免税の.
── 图 免税品; 免税品店.

空港内の免税品店.

DVD 5級 [díːvíːdíː ディーヴィーディー]
图 (複数 DVDs, DVD's [-z]) **DVD**, ディーブイディー (▶ *d*igital *v*ersatile[*v*ideo] *d*isc の略).

dwarf [dwɔːrf ドゥウォーフ] 图 (複数 dwarfs [-s] ときに dwarves [dwɔːrvz]) (おとぎ話の) 小人.

dye [dai ダイ] 图 染料.
── 動 (3単現 dyes [-z]; 過去 過分 dyed [-d]; ing dyeing) 他 …を染める, 着色する.

dying [dáiiŋ ダイイング] (つづり注意) 動 die (死ぬ) の -ing 形.
The injured dog is *dying*.
そのけがをした犬は死にかけている.
── 形 死にかかっている, 臨終の.
a *dying* man 死にかかっている人.

dynamic [dainǽmik ダイナミク] 形 活動的な, 精力的な; 動的な, ダイナミックな.

dynamite [dáinəmait ダイナマイト] 图 ダイナマイト.

dz. 《略》= dozen(s) (ダース) → dozen

◀ eager

E e E e E e

E, e [iː イー] 名 (複数 **E's, e's** [-z] または **Es, es** [-z]) イー (アルファベットの5番目の文字).
E, E. (略) = east (東)

each 4級 形 それぞれの 代 それぞれ, 各自

[iːtʃ イーチ] フォニックス63 フォニックス26 ea は [iː], ch は [tʃ] と発音する.
形 [単数名詞をあとにともなって] **それぞれの**, めいめいの, 各… (▶人にも物にも使う). → every (図)

Each group has ten minutes to present their work. それぞれの班には勉強の成果について10分の発表時間がある.
Each question has four choices.
各問いには4つの選択肢があります.

× each questions
→ each は1つずつとらえているので, 単数名詞しか続かない.
○ each question

I try to jog for 30 minutes *each* day.
1日に30分ジョギングするようにしている.

each and every どの…も, 1つ1つどれでも (▶every を誇張した形).
each time そのたびに; …するたびに.
John tried three times, but *each time* he failed.
ジョンは3度やってみたが, 毎回失敗した.
Each time he came, he gave me a book. 彼は来るたびごとに, 私に本をくれた (▶この each time は接続詞的に使われている).

—— 代 それぞれ, 各自, めいめい (▶ふつう単数あつかいで, 人にも物にも使う); (**each of the [my] +複数名詞で**) それぞれの…, めいめいの…, 各….
They *each* did their best.
彼らはめいめいベストをつくした.
Each of the boys has his own bicycle.
その男の子たちはそれぞれが自分の自転車を持っている (▶ Each of the boys *have his own bicycle. とはしない. 「each of the [my] +複数名詞」は単数あつかい).

each other おたがい(に) (= one another) (▶主語には使えない).
We've known *each other* for years.
私たちは何年もの間おたがいを知っている (→長年の知り合いだ).
They looked at *each other*.
彼らはたがいに顔を見合わせた (▶ each other は代名詞. *They look each other. とはいわない).
We keep in touch with *each other* by email.
私たちはメールでおたがい連絡をとっている.

> 🗣プレゼン
> We have to help *each other*.
> 私たちはおたがい助け合わなければなりません.

—— 副 それぞれ, 1人につき, 1つにつき.
Take one *each*.
1人1つずつとってください.
The apples cost 100 yen *each*.
リンゴは1個100円です.

eager 2級 [íːɡər イーガァ] 形 **1** (**be eager to ...** で) しきりに…したがっている, …したくてたまらない; (**be eager for** で) …を切望している.
He *is eager to* see her.
彼はしきりに彼女に会いたがっている.
We *are eager for* victory.
私たちは勝利を切望している.
2 熱心な, 熱意にあふれた.
an *eager* student 熱心な生徒.

eagerly ▶

eagerly [íːgərli イーガァリィ] 副 熱心に, しきりに.

eagle 準2 [íːgl イーグル] 名 (鳥)ワシ.

ear¹ 3級 名 耳

[íər イア] フォニックス86 ear は [iər] と発音する.
名 (複数 ears [-z]) **1 耳**.
Why do rabbits have such long ears?
ウサギはなぜ耳があんなに長いの？
We hear with our ears.
私たちは耳で音を聞きます.
2 [単数形で] 音を聞き分ける能力, 音感; 聴覚.
You have a good ear for music.
きみは音感がいいね.
be all ears (口語)熱心に聞こうとしている, 聞きたくてたまらない.

🔊スピーキング

I'm all ears.「話して」
「しっかりと聞いていますから, どうぞ話してください」という意味の決まり文句.
🅐 I have something I want to talk to you about.
話したいことがあるんだけど.
🅑 OK. *I'm all ears*.
いいよ. ちゃんと聞いてるから話して.

ear² [íər イア] 名 (トウモロコシの)実; (麦などの)穂.

earache [íəreik イアレイク] 名 耳の痛み.

earl [ə́ːrl アール] 名 (英)伯爵(▶イギリス以外の伯爵は count という).

earlier [ə́ːrliər アーリァ] 副 形 early (早く; 早い)の比較級.

earliest [ə́ːrliist アーリエスト] 副 形 early (早く; 早い)の最上級.

early 5級 形 早い
副 早く

[ə́ːrli アーリィ] フォニックス87 ear は [əːr] と発音する.

形 (比較 **earlier**; 最上 **earliest**) (時刻・時期が) **早い**; 初期の (反 late 遅い).

early

late

My mom's an *early* riser.
母は早起きです.
I woke up in the *early* morning.
(= I woke up *early* in the morning.)
ぼくは朝早くに目が覚めた.
The *early* bird catches the worm.
(ことわざ)早起きの鳥は虫をつかまえる＝早起きは三文の得(▶早起きする人のことも early bird という).

── 副 (時刻・時期が) **早く**; 初期に(反 late 遅く).
I got up *early* this morning.
けさは早起きした.
My dad came home *earlier* than usual. お父さんはいつもより早く帰ってきた.
Snow began to fall *early* in the winter this year.
今年は冬の初めから雪が降り始めた.

📖用法 **early と fast**
early は「時刻・時期的に早く」という意味. get up *early* (早く起きる). fast は「スピードが速く」という意味で, 反意語は slowly (ゆっくりと). run *fast* (速く走る) → fast¹

📖用法 **early と late**
early には形容詞の「時刻的に早い」と副詞の「時刻的に早く」という意味があり, どちらの場合も反意語は late.
It's *early* [*late*] to do that. (それをするには早い[遅い]) / I got up *early* [*late*] this morning. (けさは早く[遅く]起きた).

◀ **easily**

earn 準2 [ə́ːrn アーン] フォニックス87 ear は [əːr] と発音する.

動 (3単現) **earns** [-z]; 過去 過分 **earned** [-d]; ing **earning** 他 (お金) をかせぐ; (努力した結果として) …を得る.

earn a living 生計をたてる.

earn money お金をかせぐ.

earnest [ə́ːrnist アーネスト] 形 まじめな, 真剣(しん)な; 熱心な.

in earnest まじめに, 本気で.

He began to work *in earnest*.
彼は真剣に仕事をやりだした.

earphone [íərfoun イアフォウン] 名 [ふつう複数形で] イヤホン.

put on *earphones* イヤホンをつける.

earring [íəriŋ イアリング] 名 [ふつう複数形で] イヤリング.

ears [íərz イアズ] 名 ear (耳) の複数形.

earth [ə́ːrθ アース]

フォニックス87 フォニックス34 ear は [əːr], th は [θ] と発音する.

名 (複数) **earths** [-s] **1** ((the) earth または (the) Earth で) **地球**. → planet (図)

The earth moves around the sun.
地球は太陽のまわりをまわっている.

Let's save *the Earth*. 地球を救おう.

What is the fastest animal on *Earth*? 地球上でいちばん足の速い動物は何ですか.

📣 プレゼン

Many animals and plants are disappearing from *the earth*.
多くの動植物が地球から姿を消しつつある.

地球に関する語句

the North Pole 北極
the South Pole 南極
the equator 赤道
the Northern Hemisphere 北半球
the Southern Hemisphere 南半球

2 (空に対して) **地**, 地面(類 ground¹); (海に対して) 陸地(類 land).

He slipped and fell on the wet *earth*.
彼はすべってぬれた地面にころんだ.

3 土, 土壌(じょう) (類 soil).

I covered the seeds with *earth*.
(まいた) 種に土をかぶせた.

4 (英) (電気) アース, 接地線 (= (米) ground).

on earth (形容詞の最上級を強めて) 世界中で; (口語) (疑問詞を強めて) いったい, いったいぜんたい.

He is the *greatest* person *on earth*.
彼は世界中でもっとも偉大な人だ.

What *on earth* did you say to her?
いったい彼女に何て言ったの?

Earth Day [ə́ːrθ dèi アース デイ] 名 地球の日 (地球の環境(きょう)や自然の保護について考える日; 4月22日).

earthquake 準2

[ə́ːrθkweik アースクウェイク]

名 (複数) **earthquakes** [-s] **地震**(じん). (▶話し言葉では quake ともいう).

the Great East Japan *Earthquake*
東日本大震災(さい).

the Great Hanshin-Awaji *Earthquake* 阪神・淡路大震災.

We had an *earthquake* last night.
きのうの夜, 地震があった.

an *earthquake* with a magnitude of 7 マグニチュード7の地震.

earthworm [ə́ːrθwəːrm アースワーム] 名 (虫) ミミズ.

ease 2級 [íːz イーズ] 名 簡単なこと, 容易さ, たやすさ (反 difficulty 難しさ); 気楽さ; 落ち着き. →形 easy

at ease 気楽な; 落ち着いて.

I don't feel *at ease* with him.
彼といると落ち着かない.

with ease 簡単に, 楽に (= easily).

She solved all the problems *with ease*. 彼女は全部の問題を簡単に解いた.

easel [íːz(ə)l イーズル] 名 画架(が), イーゼル; (黒板などの) 掛(か)け台.

easier [íːziər イーズィア] 形 easy (簡単な) の比較級.

easiest [íːziist イーズィエスト] 形 easy (簡単な) の最上級.

easily 4級 [íːzəli イーズィリィ]

フォニックス63 ea は [iː] と発音する.

副 (比較) **more easily**; (最上) **most easily**)

簡単に, 楽に, たやすく, すぐに (= with ease).

You can do it *easily*.
きみなら簡単にできるよ.

two hundred and twenty-nine 229

He gets upset *easily*.
彼はすぐにきげんが悪くなる.
She won the game *easily*.
彼女はその試合に楽勝した. →形 easy

east

[í:st イースト] フォニックス63 ea は [i:] と発音する.

名 **1** [ふつう the をつけて] **東**, 東方; 東部 (▶略語は E または E.) (反 west 西).
The sun rises in *the east*.
太陽は東からのぼる (▶日本語につられて ×from the east としない).
My aunt lives in a small town to *the east* of London.
おばはロンドンの東の方の小さな町に住んでいる (▶ to the east of は「…をはなれて東の方に」という意味).
We used to live in *the east* of Shizuoka Prefecture.
私たちは静岡県の東部に住んでいました (▶ in the east of …はおもに《英》で,《米》では in (the) eastern part of …のほうがよく使われる).

💬用法 「東西南北」の言い方
ふつう north, south, east and west といい, 日本語とは語順が異なる.

2《the East で》東洋; (とくにアメリカの) 東部地方. →形 eastern
── 形 **東の**, 東部の;(風が) 東からの (反 west 西の;西からの).
the *east* coast 東海岸.
A strong *east* wind was blowing.
強い東風が吹いていた.
── 副 **東へ**, 東に.
The ship sailed *east*.
船は東に向かって航海した.

Easter [í:stər イースタァ] 名 **復活祭**, イースター; 復活祭の日 (= Easter Day, Easter Sunday).
Happy *Easter*! 復活祭おめでとう.

💬背景 キリストは金曜日に十字架にはりつけになり, 次の日曜日によみがえった. イースターはこのキリストの復活を祝う祭りで, 3月21日以降の満月の日の次の日曜日と定められていて年によって日が異なる.

Easter egg [í:stər èg] 名 イースターエッグ, 復活祭の卵.

💬背景 卵は新しい生命を意味し, 子どもたちは庭にかくされた卵をさがす遊びをする. もともとはゆで卵に色をつけていたが, いまではプラスチックのものやチョコレートのものも売られている.

Easter holidays [í:stər hálədeiz ‖ hólədiz] 名《the をつけて》**復活祭の休暇** (英米の学校では, 復活祭の日曜日をふくめて前後1週間の休暇がある).

eastern [í:stərn イースタン] 形 (比較変化なし) **1 東の**, 東方の; 東部の (反 western 西の).
on the *eastern* side 東側に.
Eastern Europe 東ヨーロッパ.
2《ふつう **Eastern** で》東洋の;《米》アメリカ東部地方の.
Eastern culture 東洋の文化. →名 east

eastward [í:stwərd イーストウド] 副 **東へ**, 東に.
── 形 東方(へ)の.

eastwards [í:stwərdz イーストウヅ] 副 = eastward

easy

5級 形 **簡単な, やさしい**
副 **簡単に**

[í:zi イーズィ] フォニックス63 ea は [i:] と発音する.
形 (比較 easier | 最上 easiest) **1 簡単な, やさしい** (反 difficult 難しい).

difficult   easy

There's no *easy* way.
簡単な方法なんてないよ.
Math is *easier* than chemistry for me.
ぼくにとっては化学より数学のほうがやさしい.
2《**be easy (for ～) to ... で**》(～にとって) …**するのは簡単だ**, …**しやすい**;《**It is easy (for ～) to ... で**》(～にとって) …**するのは簡単だ**, …**しやすい**.
This question *is easy to* answer.
(= *It is easy to* answer this question.)
この質問は答えるのが簡単だ.

◀ **ecology**

This book *is* not *easy for* me *to* read. (= *It is* not *easy for* me *to* read this book.)
この本は私にとって読みにくい (▶*I am easy to read this book.* とはいわない).
It's easy to catch a cold this time of year. この時期はかぜをひきやすい.

3 楽な, 気楽な；くつろいだ.
Life isn't so *easy*.
人生はそんなに楽ではない (→人生はそんなにあまくない). →图 ease, 副 easily

── 副 **簡単に**, 楽に；気楽に.
Easier said than done.
《ことわざ》口で言うのは実行するよりやさしい＝言うは易く, 行うは難し.

Take it easy. 《口語》**気楽にやってね**；(人をなだめて) **興奮しないで**；(別れのあいさつで) **じゃあね**.

🗣スピーキング

Ⓐ Bye, Jeff.
じゃあね, ジェフ.
Ⓑ See you, Beth. *Take it easy*.
またね, ベス. じゃあね.

easy chair [íːzi tʃèər] 图 安楽いす；すわりごこちのよいひじかけいす (= armchair).

easygoing [íːzigóuiŋ] イーズィゴウイング 形 のんきな, あくせくしない.

eat 5級 動 (…を) **食べる**

[íːt イート] フォニックス63 ea は [iː] と発音する.
動 (3単現) **eats** [-ts ツ]；(過去) **ate** [eit エイト ‖ et エト]；(過分) **eaten** [íːtn イートゥン]；(ing) **eating**.
他 **…を食べる**；(具の多いスープを) 飲む.

🗣スピーキング

Ⓐ What time do you *eat* breakfast? 朝ごはんは何時に食べますか.
Ⓑ Usually at seven.
ふつう7時です.

Do you have something to *eat*?
何か食べるものある？
I *ate* miso soup this morning.
けさはみそ汁を飲んだ. → drink
─自 **食べる**, 食事をする.
He's always *eating*.

彼はいつも食べてばかりいる.
They were *eating* and drinking happily.
彼らは楽しそうに食べたり飲んだりしていた (▶日本語では「飲み食いする」と言うが, 英語では eat and drink と語順が逆になる).

eat out 外食する.
We *eat out* on Sundays.
私たちは日曜には外食する.

eat up 《口語》(…を) 残さずにたいらげる, 全部食べる.
Eat up your spinach!
ホウレンソウを全部食べなさい！

eaten 3級 [íːtn イートゥン] フォニックス63 ea は [iː] と発音する.
動 eat (…を食べる) の過去分詞.

eater [íːtər イータァ] 图 食べる人.
a big *eater* 大食家, よく食べる人.

eating [íːtiŋ イーティング] 動 eat (…を食べる) の -ing 形.

eats [íːts イーツ] 動 eat (…を食べる) の3人称単数現在形.

ebb [eb エブ] 图 引き潮.
── 動 自 (潮が) 引く；[比ゆ的に] (力などが) 衰退する.

echo [ékou エコウ] 图 (複数 **echoes** [-z]) (音の) 反響；こだま, 山びこ.
── 動 自 (音が) 反響する.
─他 …を反響させる；(人のことばなど) をくり返す.

eclipse [iklíps イクリプス] 图 《天文学》(太陽・月の) 食.

食に関するさまざまな表現
a solar eclipse	日食
a lunar eclipse	月食
a partial eclipse	部分食
a total eclipse	皆既食.

eco- [íːkou- イーコウ-] 接頭 ▶名詞や形容詞などの前について, 「生態の」「環境に関する」という意味の語をつくる.

eco-friendly [íːkoufrèndli イーコウフレンドゥリィ] 形 生態系に優しい；環境に優しい.

ecological [ìːkəládʒikəl イーコラヂカル ‖ -lɔ́dʒ- -ロヂ-] 形 生態学の；環境保護の.

ecologist [ikálədʒist イカロヂスト ‖ ikɔ́lə- イコロ-] 图 生態学者；環境保護論者.

ecology [ikálədʒi イカロヂィ ‖ ikɔ́lə- イコロ-]

two hundred and thirty-one 231

e-commerce ▶

图 生態学, エコロジー（生物と環境の関係を研究する学問）；生態, (自然) 環境.
Ecology before economy.
経済の前に環境を（環境保護の標語）.

e-commerce [íːkɑ̀məːrs イーカマ～ス ‖ -kɔ̀m- -コマ-] 图 電子商取引.

economic [ìːkənámik イーコナミク ‖ -nɔ́m- -ノミ-] 形 経済 (上) の；経済学 (上) の.
economic growth 経済成長.

economical [ìːkənámikəl イーコナミカル ‖ -nɔ́m- -ノミ-] 形 (人が) 倹約を重んじる, (金・時間などを) むだにしない；(物が) 経済的な.
an *economical* car 燃費のよい車.

economics 2級 [ìːkənámiks イーコナミクス ‖ -nɔ́m- -ノミ-] 图 〔単数あつかい〕経済学.

economist [ikánəmist イカノミスト ‖ -kɔ̀n- -コノ-] 图 経済学者；経済専門家, エコノミスト.

economy 2級 [ikánəmi イカノミィ ‖ -kɔ̀n- -コノ-] 图 〔複数 **economies** [-z]〕経済；節約, 倹約.
the Japanese *economy* 日本経済.

economy class [ikánəmi ‖ -kɔ̀n-klæs] 图 (旅客機の) エコノミークラス.

ecosystem [íːkousìstəm イーコウスィステム, ékou- エコウ-] 图 生態系.

ecotour [íːkoutuər イーコウトゥア] 图 エコツアー (▶生態系を損なわずに, その豊かさを楽しむ旅行).

ecotourism [íːkoutú(ə)rizm イーコウトゥ(ア)リズム] 图 エコツーリズム (▶生態系を保護しながらの観光活動).

Ecuador [ékwədɔːr エクワドー(ァ)] 图 エクアドル (南米の共和国；首都はキト (Quito)).

-ed [-t -ト, -d -ド, -id -イド] 接尾 ▶規則動詞の原形について過去形・過去分詞をつくる.

✎文法 過去形, 過去分詞のつくり方

大部分の語	-edをつける	play*ed*
e で終わる語	-dだけをつける	love*d*
アクセントのある「短母音＋子音字」で終わる語	子音字を重ねて-edをつける	stop*ped*
「子音字＋y」で終わる語	yをiにして-edをつける	tr*ied*

◀発音 -ed, -d の発音

[t] [d] のあと	[id イド] wanted [ワンティド]
[d] 以外の有声音のあと	[d ド] stayed [ステイド]
[t] 以外の無声音のあと	[t ト] worked [ワ～クト]

Eden [íːdn イードゥン] [発音注意] 图 〔聖書〕エデンの園 (= the Garden of Eden), 楽園 (神は人類最初の男女アダム (Adam) とイブ (Eve) をエデンの園に住まわせた. しかしヘビにそそのかされた2人は禁断の果実である知恵の木の実を食べたため, この楽園から追放された).

edge 2級 [edʒ エッヂ] 图 **1** 端, ふち, へり.
the *edge* of a desk 机のへり.
2 (刃物などの) 刃.
This knife has a sharp *edge*.
このナイフは刃がするどい.

edible [édəbl エディブル] 形 (毒性がなく) 食べられる；食用の.
—— 图 [ふつう複数形で] 食用品.

Edinburgh [édinbəːrə エディンバ～ラ] 图 エジンバラ (イギリスの都市；スコットランド (Scotland) の首都).

Edison [éd(i)sn エディスン] **Thomas Alva**
图 トマス・アルバ・エジソン (1847-1931；アメリカの発明家；電信機・蓄音機・白熱電球・映画撮影機などを発明した).

edit [édit エディト] 動 他 (新聞・雑誌・放送番組など) を編集する；(コンピューターのデータ) を修正する.

edition [idíʃən イディション] 图 (本などで, 初版や再版などの) 版 (▶発行部数全体または1冊分をさす)；(雑誌などの) 号.
the first *edition* 初版.

editor 準2 [éditər エディタァ] 图 (本などの) 編集(責任)者；(新聞・雑誌などの) 編集長, 主筆.
a magazine *editor* 雑誌編集者.

editorial [edətɔ́ːriəl エディトーリアル] 图 (新聞などの) 社説.

educate 準2 [édʒukeit エヂュケイト ‖ édju- エデュ-] 動 他 (おもに学校で) …を教育する.

He was *educated* in America.
彼はアメリカで教育を受けた.
→ 图 education

educated [édʒukeitid エヂュケイティド ‖ édju- エデュ-] 形 (人が)教育[教養]のある; (推定などが)知識[経験]に基づく.

education [edʒukéiʃən エヂュケイション ‖ edju- エデュ-]
图 **教育** (▶複数形なし).
school *education* 学校教育.
She had a good *education*.
彼女はよい教育を受けた. → 動 educate

educational 2級 [edʒukéiʃ(ə)nəl エヂュケイショ)ナル ‖ edju- エデュ-] 形 教育(上)の; 教育的な.
an *educational* program 教育番組.

eel [i:l イール] 图《魚》ウナギ.

effect 準2 [ifékt イフェクト] 图 **1** (ある原因から生じた) **結果** (反) cause 原因).
cause and *effect* 原因と結果.
2 影響; 効果; (薬などの)ききめ.
The *effects* of this chemical on the environment are unknown. この化学物質が環境に与える影響はわかっていない.
sound *effects* 音響効果.
side *effects* 副作用.

have an effect on (人・物)に影響を及ぼす; …に効果がある.

effective 2級 [iféktiv イフェクティヴ] 形 効果的な, 効力のある; (薬などが)ききめのある; (法律が) 有効な.

effectively [iféktivli イフェクティヴリィ] 副 効果的に, 有効に.

efficient 2級 [ifíʃənt イフィシェント] 形 効率的な, 能率的な; (人が) 有能な.
efficient use of energy
エネルギーの効率的な利用.

effort 準2 [éfərt エフォト]
图《複数》 **efforts** [-ts ツ] **努力**; (とくに困難な) 試み; 活動.
It was a waste of *effort*.
それはむだな努力だったよ.
He lifted the heavy box without *effort*. 彼は重い箱を軽々と持ちあげた.

make an effort (to ...) (…するよう) 努力する (▶*do an effort* とはいわない).
He *made an effort to* lose weight.
彼は体重を減らそうと努力した.

◀ **eggplant**

e.g. [i:dʒí: イーヂー, fərigzǽmpl フォリグザンプル ‖ fərigzá:mpl フォリグザーンプル] 副 **たとえば** (▶ラテン語 *exempli gratia* の略で, 英語の *for example* にあたる).
fruit, *e.g.* apples, cherries, peaches and grapes
果物, たとえばリンゴ, サクランボ, モモ, ブドウ.

egg 5級 [eg エッグ]
图《複数》 **eggs** [-z] (食用の) **卵**; (鳥・は虫類・昆虫・魚などの) 卵.
A baby tortoise came out of the *egg*.
子ガメが卵からかえった.

> 🎤 スピーキング
>
> 🅐 How would you like your *eggs*?
> 卵はどう料理しましょうか.
> 🅑 Scrambled, please.
> いり卵にしてください.

> 📘 背景 英米人は日本人のように生卵 (raw egg) を食べることはないが, その料理のしかたは多彩. 写真は, 左上より右回りに **boiled eggs** (ゆで卵), **scrambled eggs** (いり卵), **fried eggs** (目玉焼き), **omelet** (オムレツ). ゆで卵には **soft-boiled egg** (半熟卵)と **hard-boiled egg** (かたゆで卵)がある. また「ベーコンエッグ」は **bacon and eggs**,「ハムエッグ」は **ham and eggs** という.

eggplant [égplænt エグプラント ‖ -plɑ:nt -プラーント] 图《植物》《米》ナス.

> ℹ️ 参考 アメリカのナスは形が大きく, 卵 (egg) に似ているところから名づけられた.

two hundred and thirty-three 233

Egypt ▶

Egypt [3級] [íːdʒipt イーヂプト] 名 エジプト (アフリカの旧王国; 現在の正式国名は the Arab Republic of Egypt (エジプト・アラブ共和国); 首都はカイロ (Cairo)).

Egyptian [idʒípʃən イヂプシャン] 形 エジプトの; エジプト人の.
—— 名 エジプト人.

eh [ei エイ ‖ e エ] 間 《口語》ね?, でしょ?; えっ!, なに? (おどろき・問い・疑いを表すときや, 相手の同意を求めるときに使う).

Eiffel Tower [áif(ə)l táuər アイフ(ェ)ル タウァ] 名 [the をつけて] エッフェル塔.

eight [5級] 形 8の 名 8

[eit エイト] フォニックス65 フォニックス36 ei は [ei] と発音し, gh は発音しない.
形 **8の**; 8個の, 8人の; 8歳で.
at *eight* o'clock 8時に.
My brother is *eight* (years old).
弟は8歳です.
—— 名 (複数) eights [-ts] **8**; 8歳, 8時; [複数あつかい] **8個**, 8人.
Our school begins at *eight*.
私たちの学校は8時に始まる.
[同意語] ate (eat (…を食べる) の過去形)

eighteen [5級] 形 18の 名 18

[eitíːn エイティーン] フォニックス64 ee は [iː] と発音する. 前後の文のリズムによりアクセントの位置が変わり [éitiːn] となることがある.
形 **18の**; 18個の, 18人の; 18歳で.
My sister is *eighteen* (years old).
姉は18歳です.
—— 名 (複数) eighteens [-z] **18**; 18歳; [複数あつかい] **18個**, 18人.

eighteenth [eitíːnθ エイティーンス] 形 [ふつう the をつけて] 第18の, 18番目の.
the *eighteenth* century 18世紀.
—— 名 [ふつう the をつけて] 第18, 18番目; (月の) 18日 (▶略語は 18th).

eighth [5級] 形 第8の 名 第8

[eitθ エイス, eitθ エイトゥス] フォニックス65 フォニックス34 ei は [ei], th は [θ] と発音する. (発音・つづり注意)
形 **1** [ふつう the をつけて] **第8の**, 8番目の.
2 8分の1の.
an *eighth* note 8分音符.
—— 名 (複数) eighths [-s] **1** [ふつう the をつけて] **第8**, 8番目; (月の) 8日 (▶略語は 8th).
on *the eighth* of May (= on May 8)
5月8日に (▶ May 8 は May eighth または May the eighth と読む).

eight (8) + -th (…番目の)

○ eighth
× eightth
発音するときは [eiθ] となる.
[eitθ] と発音することもある.

2 8分の1.
three *eighths* 8分の3.

eighties [éitiz エイティズ] 名 eighty (80) の複数形.

eightieth [éitiəθ エイティエス] 形 [ふつう the をつけて] 第80の, 80番目の.
—— 名 [ふつう the をつけて] 第80, 80番目 (▶略語は 80th).

eighty [5級] 形 80の 名 80

[éiti エイティ] フォニックス65 フォニックス36 ei は [ei] と発音し, gh は発音しない.
形 **80の**; 80個の, 80人の; 80歳で.
My grandfather is *eighty* (years old).
祖父は80歳です.
—— 名 (複数) eighties [-z] **1 80**; 80歳; [複数あつかい] **80個**, 80人.
2 《*my* eighties で》(年齢の) 80代; 《*the* eighties で》(各世紀の) 80年代 (▶ the 80s [80's] とも書く).
He is in *his eighties*.
彼は80代です.

Einstein [áinstain アインスタイン], **Albert** 名 アルベルト・アインシュタイン (1879-1955; ユダヤ系ドイツ人の理論物理学者で相対性理論などを発表した. 1940年にアメリカに帰化した).

234 two hundred and thirty-four

◀ **election**

either

3級 形 （2つのうち）**どちらかの**
副 …もまた（…ない）

[íːðər イーザァ ‖ áiðə アイザァ] **フォニックス35** th は [ð] と発音する．（発音注意）

形 [うしろに単数名詞をともなって]

1 [肯定文で]（2つのうち）**どちらかの；どちらの…でも**．
Take *either* book.
どちらの本をとってもいいですよ．
Either day is OK.
どっちの日でもだいじょうぶだよ．

2 [否定文で] **どちらの〜も**（…ない）．
I do*n't* like *either* team.
（＝I like neither team.）
どちらのチームも好きではない．

3 [ふつう side, hand などの語をともなって]（2つのうち）両方の，どちらの…も．
There is a window on *either side* of the door.
ドアの両側にそれぞれ窓がある（▶この場合，on both sides, on each side のように both や each を使うのが一般的）．

—— 代 **1** [肯定文・疑問文で]（2つのうち）**どちらでも；どちらか**．
Either will do.
どちらでもよい．
Can *either* of you help me out?
(2人のうち)どちらでもいいから手伝ってくれる？

2 [否定文で] **どちらも**（…ない）．
I have*n't* met *either* of them.
彼らのどちらにも会ったことがない．

—— 接 **〈either 〜 or ... で〉〜か…か（どちらか）**；[否定文で]〜も…も（…ない）．
Take *either* the muffin *or* the doughnut.
マフィンかドーナツのどちらかおとりください．
Either he is right *or* I am.
彼か私のうちどちらかが正しい．
You can *either* stay home *or* go shopping.
あなたは家にいてもいいし，買い物に出かけてもいいよ．
I ca*n't* play *either* the piano *or* the guitar.（＝I can play neither the piano nor the guitar.）
ぼくはピアノもギターもひけない．

—— 副 [否定文で] **…もまた**（…ない）．

🗣**スピーキング**

Ⓐ I don't like tennis so much.
テニスはあまり好きじゃない．
Ⓑ I do*n't, either*.
私も．

He doesn't have a dog, and he doesn*'t* have a cat, *either*.
彼はイヌを飼っていないし，ネコも飼っていない．

📖**文法** too と either
too は「…も好き」のように両方を肯定するときに使う．I like spring. I like fall, *too*.（私は春が好き．秋も好き）
not ... , either は「…も好きではない」のように両方とも否定するときに使う．I don't like summer. I do*n't* like winter, *either*.（私は夏は好きではない．冬も好きではない）

肯定文…too
否定文…either
否定のときの「…もまた」は either を使う．

elbow [élbou エルボウ] 名 ひじ．

elder [éldər エルダァ] 形 (old の比較級の1つ)(兄弟姉妹の中で)年上の，年長の（▶《米》ではふつう older を使う）(反 younger 年下の)．
my *elder* brother 私の兄．

elderly **準2級** [éldərli エルダリィ] 形 年配の，お年寄りの（▶old よりていねいな言い方）；[the をつけて][集合的に]お年寄り，高齢者（= elderly people）．

eldest [éldist エルデスト] 形 (old の最上級の1つ)(兄弟姉妹の中で)もっとも年上の(▶《米》ではふつう oldest を使う) (反 youngest もっとも年下の)．
Dick is my *eldest* brother.
ディックは私のいちばん上の兄です．

elect **2級** [ilékt イレクト] 動 他 (投票で)…を選ぶ，選出する．→ choose
I was *elected* class representative.
私は学級委員に選ばれた．

election [ilékʃən イレクション] 名 選挙．
Who will win the *election*?
選挙はだれが勝つかな？

elective ▶

The general *election* is held on the 20th.
総選挙は20日に行われる.

elective [iléktiv イレクティヴ] 形 (米) 選択(科目)の.

electric 準2 [iléktrik イレクトゥリク] 形 電気の; 電動の, 電気で動く.
electric power 電力.
an *electric* drill 電気ドリル.
an *electric* guitar エレキギター.
→ 名 electricity

electrical 準2 [iléktrikəl イレクトゥリカル] 形 電気の, 電気に関する; 電気による.
electrical appliances 電気製品.
electrical engineering 電気工学.

electrician [ilektríʃən イレクトゥリシャン] 名 電気技師; 電気工.

electricity 2級 [ilektrísəti イレクトゥリスィティ] 名 電気 (▶ an をつけず複数形なし).
This machine runs by *electricity*. この機械は電気で動く.
an *electricity* company 電力会社.
→ 形 electric

electron [iléktrɑn イレクトゥラン ‖ -trɔn -トゥロン] 名 電子, エレクトロン.

electronic 準2 [ilektrɑ́nik イレクトゥラニク ‖ -rɔ́n- -ロニ-] 形 電子の (働きによる); 電子工学の, エレクトロニクスの.
electronic equipment 電子機器.
an *electronic* organ 電子オルガン.

electronics 2級 [ilektrɑ́niks イレクトゥラニクス ‖ -trɔ́n- -トゥロニ-] 名 [単数あつかい] 電子工学, エレクトロニクス.

elegant [éligənt エレガント] 形 上品な, 優雅な.

element [éləmənt エレメント] 名 要素; (化学) 元素.

elementary 準2 [eləméntəri エレメンタリ] 形 初級の; 初歩の, 基本の.
an *elementary* course 初級コース.

elementary school
4級 [eləméntəri skúːl]
名 (複数 **elementary schools** [-z]) (米) 小学校 (= (英) primary school) (アメリカでは州によって異なるが, ふつう小学校は5年〜6年ある). → school (図)

アメリカの小学校の校門・校舎.

elephant [éləfənt エレファント]
名 (複数 **elephants** [-ts ツ]) (動物) **ゾウ(象)**.

💡背景 ゾウは記憶力のよい動物とされ, An elephant never forgets. (ゾウは一度経験したことはけっして忘れない) ということわざがある. また, アメリカ共和党のシンボルマークになっている.

elevator 3級 [éləveitər エレヴェイタァ] (アクセント注意) 名 (米) エレベーター (= (英) lift).
Let's take the *elevator* to the 6th floor. エレベーターで6階まで行こう.

💡背景 欧米では, エレベーターに乗るときは女性や年長者を優先させるのがエチケット.

eleven 5級 形 11の
名 11

[ilévən イレヴン]
形 **11の**; 11個の, 11人の; 11歳で.
I'm *eleven* (years old).
私は11歳です.
── 名 (複数 **elevens** [-z]) 1 **11**; 11歳, 11時; [複数あつかい] **11個, 11人**.
The store opens at *eleven*.
その店は11時に開店する.
2 [単複両あつかい] (サッカー・クリケットなどの) チーム, イレブン.

eleventh 5級 形 第11の
名 第11

[ilévənθ イレヴンス] フォニックス34 th は [θ] と発音する.

◀ **embarrassing**

形 **1** [ふつう the をつけて] **第 11 の**, 11 番目の.
2 11 分の1の.
── 名 (複数 **elevenths** [-s]) **1** [ふつう the をつけて] **第 11**, 11 番目; (月の) 11 日 (▶略語は 11th).
2 11 分の1.

elf [elf エルフ] 名 (複数 **elves** [elvz]) 小妖精⁽せい⁾ (童話などに出てくるいたずら者).

Elizabeth [ilízəbəθ イリザベス] 名 エリザベス (女性の名; 愛称は Bess, Bessie, Beth, Betty, Lisa, Liz など) (▶英米でもっともポピュラーな名前の1つ).
Elizabeth Tower
エリザベス・タワー (イギリスの国会議事堂の時計塔⁽とう⁾の鐘⁽かね⁾時計「ビッグベン」の正式名称).
→ Big Ben

Elizabeth I [ilízəbəθ ðə fə́ːrst] 名 エリザベス1世 (1533-1603; イギリスの有名な女王; 在位 1558-1603).

Elizabeth II [ilízəbəθ ðə sékənd] 名 エリザベス2世 (1926-2022; イギリスの前君主; 在位 1952-2022).

elm [elm エルム] 名 《植物》ニレ.
an *elm* tree ニレの木.

else 3級 [els エルス]

副 **そのほかに**, ほかに, ほかの.
Could you ask someone *else*?
だれかほかの人に聞いてもらえますか.
I want to give her something *else* for her birthday.
彼女の誕生日には何かほかのものをあげたいなあ.
Who *else* is going with us?
ほかにだれが私たちといっしょに行くの?

📖 文法 **else の位置**
else は something, anyone, nobody など some-, any-, no- のつく語や who, what などの疑問詞のあとで使う.

🗣 スピーキング
🅐 Would you like anything *else*?
何かほかにご注文はございますか.
🅑 Yes. I'll have apple pie.
ええ. アップルパイをください.
🅑 No, thank you.
いえ, けっこうです.

elsewhere [éls(h)wear エルス(フ)ウェア] 副 どこかほかの所で.

elves [elvz エルヴズ] 名 elf (小妖精⁽せい⁾) の複数形.

'em [əm エム] 代 《口語》 = them (彼らを).
Go with *'em*.
彼らといっしょに行きなさい.

email 5級 [íːmeil イーメイル]

▶ e-mail, E-mail ともつづる.

名 (複数 **emails** [-z]) **E メール**, (電子)メール (= electronic mail) (▶個々のメールをさすときは数えられる名詞).
an *email* address E メールアドレス.
Did you get my *email*?
ぼくの E メール, 届いた?
I haven't sent any *emails* today.
私は今日 E メールを送っていません.

📣 プレゼン
Email makes it easier to communicate with people around the world.
E メールは世界中の人々とのやりとりをしやすくします.

── 動 他 **…に E メールを送る**, メールする.
I'll *email* you later.
あとで E メールを送るね.

embarrass [imbǽrəs エンバラス] 動 他 **…にはずかしい思いをさせる; …を当惑⁽とうわく⁾させる, まごつかせる.**

embarrassed [imbǽrəst エンバラスト] 形 (人が) はずかしい思いをした; 当惑⁽とうわく⁾した.
Even if you make a mistake in a foreign language, you don't have to be *embarrassed*.
外国語でまちがったからといって, はじることはない.

💬 用法 **embarrassed と ashamed**
embarrassed はちょっとしたまちがいや失敗などで気まずい思いをしたときに使う. **ashamed** は何か道徳的に悪いことをしてやましい気持ちになったときに使う.

embarrassing [imbǽrəsiŋ エンバラスィング] 形 (物事が) (人を) はずかしくさせる

two hundred and thirty-seven 237

embassy ▶

ような，当惑させるような．
I fell in front of many people. It was so *embarrassing*!
おおぜいの前でころんじゃって，すごくはずかしかったよ．

embassy [émbəsi エンバスィ] 名 (複数 **embassies** [-z]) 大使館．
the Japanese *Embassy* in London
ロンドンの日本大使館．

embrace [imbréis エンブレイス] 動 他 …を抱きしめる，抱擁する．
—— 名 抱擁，抱き合い．

embroidery [imbrɔ́idəri エンブロイダリィ] 名 ししゅう．

emerald [ém(ə)rəld エメラルド] 名 エメラルド (あざやかな緑色の宝石)．
—— 形 エメラルド色の．

emergency 準2 [imə́ːrdʒənsi イマ～ヂェンスィ] 名 (複数 **emergencies** [-z]) 非常時，緊急時，緊急事態．
Call 911 in case of *emergency*.
緊急時には 911 に電話しなさい．
an *emergency* exit 非常口．
an *emergency* room
(米) 救急処置室 (▶ ER と略す)．

アメリカの消防車の車体に書かれた「911」の文字．「911」は警察署，消防署への緊急通報用の電話番号．

emigrant [émɪɡrənt エミグラント] 名 (他国への) 移民，移住者 (反 immigrant (外国からの) 移民)．

emigrate [émɪɡreit エミグレイト] 動 自 (他国へ) 移住する，移民する (反 immigrate (外国から) 移住する)．

emigration [emɪɡréiʃən エミグレイション] 名 (他国への) 移住 (反 immigration (外国からの) 移住)．

eminent [émənənt エミネント] (アクセント注意) 形 著名な；地位の高い，身分の高い．

emission [imíʃən イミション] 名 (光・熱などの) 放射，放出．

emotion 2級 [imóuʃən エモウション] 名 (愛情・嫌悪・怒りなどの強い) 感情 (▶ ふつうに「感情」というときは feelings を使う)．
a person of strong *emotions*
感情の激しい人．

emotional 2級 [imóuʃ(ə)nəl エモーショナル] 形 感情的な；感情の．
Don't get so *emotional*.
そんなに感情的にならないで．

emperor [émp(ə)rər エンペラァ] 名 皇帝，王；(日本の) 天皇 (対 empress 女帝，皇后)．
the *Emperor*'s Birthday 天皇誕生日．

emphasis [émfəsis エンファスィス] 名 (複数 **emphases** [émfəsi:z]) 強調，重視；強勢．
put an *emphasis* on education
教育を重視する．

emphasize 2級 [émfəsaiz エンファサイズ] 動 他 …を強調する，重視する．
The politician *emphasized* the importance of elderly care.
その政治家は高齢者介護の重要性を強調した．

empire [émpaiər エンパイア] (アクセント注意) 名 帝国．
the Roman *Empire* ローマ帝国．

Empire State Building [émpaiər stéit bildiŋ] 名 [the をつけて] エンパイアステート・ビル (ニューヨーク市にある 102 階建ての建物．Empire State (帝国州) はニューヨーク州の愛称)．

employ 準2 [implɔ́i エンプロイ] 動 (3単現 **employs** [-z]；過去 過分 **employed** [-d]；ing **employing**) 他 …をやとう，雇用する．
The company *employs* over 200 foreign engineers.
その会社は 200 人以上の外国人エンジニアをやとっている．

employee 準2 [implɔ́ii: エンプロイイー] 名 従業員，使用人 (対 employer 雇用者)．

employer [implɔ́iər エンプロイア] 名 雇用者，雇用主 (対 employee 従業員)．

employment [implɔ́imənt エンプロイメント] 名 (労働者などの) 雇用．

empress [émpris エンプレス] 名 女帝，皇后 (対 emperor 皇帝；天皇)．

emptiness [ém(p)tinəs エン(プ)ティネス] 名 空々；無意味．

empty 準2 [ém(p)ti エン(プ)ティ]

形 (比較 **emptier**; 最上 **emptiest**) 空の (反 full いっぱいの); 人がいない.

empty
空の

full
いっぱいの

an *empty* can 空きかん.
This box is *empty*. この箱は空だ.
The house seemed *empty*.
家にはだれもいないようだった.

── 動 (3単現 **empties** [-z]; 過去 過分 **emptied** [-d]; ing **emptying**) 他 …を空にする (反 fill …を満たす).
─ 自 空になる;(場所から) 人がだれもいなくなる.

emu [í:mju: イーミュー] 名 (複数 **emus** [-z] または **emu**)《鳥》エミュー (ダチョウに似た飛べない大きな鳥; オーストラリア産).

enable 2級 [inéibl エネイブル] 動 他《**enable** +人+ to … で》(物・事が)(人) に…できるようにする.
This dictionary will *enable* you *to* understand English better.
この辞書であなたは英語がもっとわかるようになるだろう. → 形 able

enclose [inklóuz エンクロウズ] 動 他 (手紙・小包などに) …を同封する; (フェンス・壁などで) …を囲む.
I have *enclosed* some photos of the children.
子どもたちの写真を何枚か同封しました.

encounter 2級 [inkáuntər エンカウンタァ] 動 他《文語》…に(偶然)出会う, 出くわす;(困難・危険など)にあう, 直面する.
He *encountered* many problems during his stay abroad.
彼は海外にいる間に多くの問題に直面した.
── 名 偶然の出会い.

encourage 準2

[inkə́:ridʒ エンカ～レヂ‖-kʌ́ridʒ -カレヂ]
動 他 (人)をはげます, 勇気づける (反 discourage …をがっかりさせる);

《**encourage** +人+ to … で》(人) に…するように勧める.
My mother's words *encouraged* me.
私は母のことばにはげまされた.

encouragement [inkə́:ridʒmənt エンカ～レヂメント‖-kʌ́ridʒ- -カレヂ-] 名 はげますこと, 激励; 奨励.

encouraging [inkə́:ridʒiŋ エンカ～レヂング‖-kʌ́r- -カレ-] 形 元気づける, はげみになる.

encyclopedia [insaikləpí:diə エンサイクロピーディア] 名 百科事典 (=《英》encyclopaedia).

end 4級 [end エンド]

名 (複数 **ends** [-dz ヅ]) **1** [単数形で] 終わり, 最後 (反 beginning, start 初め).
Do you know the *end* of the story?
その話の結末は知ってる?
Hand in your paper by the *end* of the week.
レポートは週末までに提出してください.

2 (物の)端, 先; つき当たり.
Hold both *ends* of the string.
ひもの両端を持ってください.
The library is at the *end* of the hall.
図書室はろうかのつき当たりです.

終わり

端

3 目的.
at the end 終わりに.
come to an end 終わる.
His long speech *came to an end*.
彼の長い話が終わった.

in the end ついに, 最後は, 最終的には.
I tried hard, and *in the end*, I passed.
必死に挑戦して最終的に合格したよ.

put an end to …を終わらせる.

── 動 (3単現 **ends** [-dz ヅ]; 過去 過分 **ended** [-id]; ing **ending**) 他 …を終わらせる, 終える, やめる (反 begin, start …を始める).

endanger ▶

He *ended* his speech with a smile.
彼はほほえみながら話を終えた.
——㊙ **終わる** (㊙ begin, start 始まる).
What time do your exams *end*?
テストは何時に終わるの？
The play *ends* with the hero's death.
その劇は主人公の死で終わる.
end in …で終わる.
The plan *ended in* failure.
その計画は失敗に終わった.
end up 結局…になる.

endanger 2級 [indéindʒər エンディンヂァ] 動 他 …を危険にさらす.
→名 danger

endangered 2級 [indéindʒərd エンディンヂァド] 形 (動物・植物が) 絶滅の危機にある.
an *endangered* species 絶滅危惧種.
an *endangered* animal
絶滅の危機に瀕している動物.

endeavor [indévər エンデヴァ] ▶ (英) では endeavour とつづる. 動 ㊙ (文語) 努力する (▶ try よりかたい言い方).
—— 名 努力.

ending [éndiŋ エンディング] 動 end (…を終わらせる) の -ing 形.
—— 名 (物語・映画・ドラマなどの) 終わり, 結末.
have a happy *ending*
幸せな結末で終わる.

endless [éndlis エンドゥレス] 形 果てしない, 限りない, 終わりのない.

end-of-term [èndəvtə́rm エンダヴタ～ム] 形 期末の.
an *end-of-term* examination
期末試験.

endurance [ind(j)ú(ə)rəns エンデュ(ア)ランス, -ドゥ(ア)-] 名 忍耐, がまん.

endure [ind(j)úər エンデュア, -ドゥア] 動 他 ㊙ (…に) たえる, (…を) がまんする.
I cannot *endure* this heat.
この暑さにはたえられない.

enemy 準2 [énəmi エネミィ] 名 (複数 enemies [-z]) 1 (1人の) 敵 (㊙ friend 味方).
He has a lot of *enemies*.
彼には敵がたくさんいる.
2 [the をつけて] [集合的に] [単複両あつかい]

敵軍, 敵兵；敵国.
The enemy was driven back.
敵軍は撃退された.

energetic [enərdʒétik エナヂェティク] 形 (人・行動などが) 精力的な, 活動的な, エネルギッシュな.

energy 準2 [énərdʒi エナヂィ] (発音注意)
名 (複数 energies [-z]) 精力, 活力, 元気；エネルギー, …力.
The children are full of *energy*.
子どもたちは元気いっぱいだ.
clean *energy* クリーンエネルギー.
solar *energy* 太陽エネルギー.

engage [ingéidʒ エンゲイヂ] 動 他 (人の注意や興味) を引きつける；(人) をやとう.
——㊙ (**engage in** で) …に従事する, …にかかわる.

engaged [ingéidʒd エンゲイヂド] 形 (比較変化なし) 1 (**be engaged to** で) …と婚約している.
She's *engaged to* a banker.
彼女は銀行家と婚約している.
2 (**be engaged in** で) …に従事している, …にかかわっている.
She *is engaged in* taking care of children with disabilities.
彼女は障がいのある子どもたちのケアに従事している.

engagement [ingéidʒmənt エンゲイヂメント] 名 婚約；約束 (▶改まった語).
an *engagement* ring
婚約指輪, エンゲージリング.

engine 準2 [éndʒin エンヂン] 名 (車などの) エンジン, 機関；機関車 (㊙ locomotive).

engineer 準2 [endʒəníər エンヂニア] フォニックス88 eer は [iər] と発音する. (アクセント注意)
名 (複数 engineers [-z]) 1 (設計) 技師, 技術者, エンジニア.
an electrical *engineer* 電気技師.
2 (船の) 機関士；(米) (列車の) 運転士 (= (英) engine driver).

engineering [endʒəní(ə)riŋ エンヂニ(ア)リング] 名 工学.
genetic *engineering*
遺伝子工学.

England 3級 [íŋglənd イングランド]

240 two hundred and forty

▶ enjoy

图 1 **イングランド**(イギリスの大ブリテン島 (Great Britain) からスコットランド (Scotland) とウェールズ (Wales) を除いた部分).

背景 England は大ブリテン島の南半分以上をしめ, 人口・産業の大半が集中するイギリスの中心となる地方. 首都ロンドン (London) がある.

2 イギリス, 英国 (▶「イギリス」という意味で England を使うのは誤用とされ, さけられる傾向があるのでふつう Britain あるいは Great Britain, the United Kingdom (略して UK) が使われる).

English 5級 图 英語
形 英語の

[íŋɡliʃ イングリシ] フォニックス32 sh は [ʃ] と発音する.

图 1 **英語** (= the English language) (▶ an をつけず, 複数形なし).
What do you call 'sakura' in English?
桜は英語で何と言いますか.
American *English* アメリカ英語.
British *English* イギリス英語.

▸スピーキング
Ⓐ Do you speak *English*?
英語, 話せる?
Ⓑ Yes, a little.
ええ, 少しだけ.
(▶ Can you speak English? というと相手の人に失礼にひびくことがある.)

2 [the をつけて] [複数あつかい] **イングランド人** (全体) (▶ かつては「イギリス人」の意味でも使われたが, いまその意味では British を使う).

── 形 1 **英語の**.
an *English* word 英単語.
We have an *English* lesson tomorrow. あす英語の授業があります.

2 イングランド (人) の.
John is an *English* boy.
ジョンはイングランド (人) の少年です.

English breakfast [íŋɡliʃ brékfəst]
图 **イギリス式朝食** (ふつう卵料理・ソーセージ・ベーコン・豆・パンなど).

Englishman [íŋɡliʃmən イングリシマン]
图 (複数 **Englishmen** [-mən]) (男性をさして) **イングランド人** (安 Englishwoman).

English-speaking [íŋɡliʃspíːkiŋ イングリシスピーキング] 形 **英語を話す**.
English-speaking people
英語を話す人々.

engrave [inɡréiv エングレイヴ] 動 他 (石・金属などに) (ことばなど) を**彫**ほる, 刻きむ.

enjoy 5級 動 ...を楽しむ

[indʒɔ́i エンヂョイ] フォニックス69 oy は [ɔi] と発音する.

動 (3単現 **enjoys** [-z]; 過去 過分 **enjoyed** [-d]; ing **enjoying**) 他 1 **...を楽しむ**; (趣味しゅ・習慣として) ...をする; (**enjoy + -ing 形で**) **...することを楽しむ**, ...して楽しむ.

▸スピーキング
Ⓐ How was your trip?
旅行はどうでしたか.
Ⓑ I really *enjoyed* it.
とても楽しかったです.

My mom *enjoys* gardening.
母はガーデニングを楽しみます.
I really *enjoyed* your party.
パーティーはたいへん楽しかったです (▶ パーティーに招かれて帰るときなどに言うお礼のことば).
Enjoy your meal.
お食事をお楽しみください (▶ 飲食店で店員が客に言う決まり文句).
I've *enjoyed* talking with you.
お話しできてよかったです (▶ I've enjoyed ˣto talk with you. としない. enjoy のあとに動詞を続けるときは -ing 形にする).

enjoyable ▶

× He enjoyed to read.
enjoy の目的語は名詞か -ing 形.
○ He enjoyed reading.

🎤 プレゼン

I **enjoyed** the movie.
私はその映画を楽しみました.
I **enjoyed** the concert.
私はそのコンサートを楽しみました.
I **enjoyed** the school festival.
私は文化祭を楽しみました.
I **enjoyed** my stay in Nara.
私は奈良での滞在を楽しみました.
I **enjoyed** playing volleyball.
私はバレーボールをすることを楽しみました.
I **enjoyed** shopping in Harajuku.
私は原宿で買い物することを楽しみました.
I **enjoyed** talking with them.
私は彼らと話すことを楽しみました.
(▶「本当に楽しかった」というときは, I really enjoyed ... という. また下の3つの文は「～して楽しんだ」とも訳せる.)

2 (よいもの) を持っている, …に恵まれている.
My grandfather still *enjoys* good health. 私の祖父はいまも元気です.
→ 名 enjoyment

enjoy myself 楽しむ, 楽しく過ごす (= have a good time).
I *enjoyed myself* at your birthday party.
私はきみの誕生日パーティーで楽しい時を過ごしました.

🗣 スピーキング

Ⓐ Here's your cola. *Enjoy!*
はい, あなたのコーラ. 楽しんでね.
Ⓑ Thanks, Jess.
ありがとう, ジェス.
(▶ Enjoy. は「楽しんでね」という意味で, 飲み物や食事を出したあとや, 別れるときのあいさつとして使われる.)

enjoyable 3級 [indʒɔ́iəbl エンヂョイアブル] 形 楽しい, おもしろい.
enjoyed [indʒɔ́id エンヂョイド] 動 enjoy (…を楽しむ) の過去・過去分詞.

enjoying [indʒɔ́iiŋ エンヂョイイング] 動 enjoy (…を楽しむ) の -ing 形.
enjoyment [indʒɔ́imənt エンヂョイメント] 名 楽しみ, 喜び. → 動 enjoy
enjoys [indʒɔ́iz エンヂョイズ] 動 enjoy (…を楽しむ) の3人称単数現在形.
enlarge [inlɑ́ːrdʒ エンラーヂ] 動 他 …をより大きくする, 拡大する;(写真)を引き伸ばす.
— 自 より大きくなる.
enormous 2級 [inɔ́ːrməs イノーマス] 形 とても大きい, 巨大な (同 huge).
an *enormous* spider
巨大グモ.

enough 3級 形 じゅうぶんな

[ináf イナフ] フォニックス29 gh は [f] と発音する. ou は例外的に [ʌ] と発音する.
形 [うしろに名詞をともなって] **じゅうぶんな…**, 必要なだけの…;(enough ～ for ... で) …にじゅうぶんな～ (物);(enough ～ to ... で) …するのにじゅうぶんな～ (同 sufficient).
We still have *enough* time.
まだじゅうぶんな時間があるよ.
I wonder if there's *enough* food *for* everyone here.
食べ物はここにいる全員の分があるかな？
I have *enough* money *to* buy a new car.
私は新車を買うだけのお金を持っている.

📖 文法 形容詞の enough の使い方と意味

❶ I have money *enough* to buy a new car. のように enough は名詞のあとに置くこともできるが, 前に置くほうが一般的.
❷ enough は「何かに必要な量・程度を満たす」という意味で「じゅうぶんな」ということであって,「たっぷりの」とか「豊富な」という意味はない. だから上の例の I have enough money ... は ×「私はお金をたっぷり持っている」のではなく,「新車を買うのに足りるだけのお金を持っている」ということ.

— 代 **じゅうぶん**, じゅうぶんな量.

◀ **entrance**

Is that *enough* or too much?
それでじゅうぶん，それとも多すぎる？
That's *enough*.
もうじゅうぶんだ，いいかげんにしろ．
── 副 [動詞・形容詞・副詞のうしろに置いて]
**じゅうぶん(に)；〔enough to ... で〕
…するのに必要なだけ．**
Did you study *enough* for the test?
テスト勉強しっかりやった？
The shirt isn't big *enough* for me.
このシャツはぼくにはじゅうぶん大きくない
(→少し小さい)．
She is not old *enough* to drive.
彼女は車を運転できる年齢になっていない．

🔍文法 副詞の enough の位置
副詞の enough は，修飾する動詞・形容詞・副詞のあとにくる．

語順に注目！
enough ＋名詞＋ to ...
形容詞＋ enough ＋ to ...

ensure 2級 [inʃúər エンシュア] 動 他
(成功など)を確実にする；…を保証する．

enter 3級 [éntər エンタァ]

動 (3単現 enters [-z]；過去 過分 entered [-d]；ing entering) 他 **1 …に入る** (▶改まった語．話し言葉では go into または come into を使う)．
He *entered* the classroom in a hurry. 彼は急いで教室に入った．

✗ enter into the room
　この enter は他動詞．
　前置詞は使わない．
○ enter the room
○ come into the room
○ go into the room

2 (競走・コンテストなど) **に参加する；
…に入学する，入会する．**
Why don't you *enter* the contest?
コンテストに出てみたら？
When did you *enter* this school?
きみはいつこの学校に入学したの？ (▶「入学する」は話し言葉では get into をよく使う)．
3 (名前・日付など) を記入する；(パソコン などにデータなど) を入力する．
Enter your ID and password here.
ID とパスワードをここに入力してください．
── 自 **入る；登場する** (反 exit 退場する) (▶改まった語)．
Hamlet *enters*. ハムレット登場 (▶脚本などのト書きで使う)． → 名 entrance, entry

「進入禁止」の標識．

enterprise [éntərpraiz エンタプライズ] 名
(新たな) 大プロジェクト，難事業；会社，
企業；チャレンジ精神．
entertain 2級 [entərtéin エンタテイン]
動 他 (演技や話などで) (人) を楽しませる (同 amuse)；…をもてなす．
The magician *entertained* them.
マジシャンは彼らを楽しませた．
entertainer 準2 [entərtéinər エンタテイナァ] 名 芸人，タレント，エンターテイナー．
entertainment [entərtéinmənt エンタテインメント] 名 娯楽；催し(物)；もてなし．
enthusiasm [inθ(j)ú:ziæzm エンス(ュ)ーズィアズム] 名 熱中，熱心さ，熱狂；熱意．
enthusiast [inθ(j)ú:ziæst エンス(ュ)ーズィアスト] 名 (…に) 熱中している人，ファン．
enthusiastic 2級 [inθ(j)u:ziǽstik エンス(ュ)ーズィアスティク] 形 熱心な；熱狂的な．
entire 2級 [intáiər エンタイア] 形
全体の，全部の (同 whole)；完全な (同 complete)．
I spent the *entire* day watching TV today. 今日は一日中テレビを見ていた．
entirely [intáiərli エンタイアリィ] 副 まったく，完全に (同 completely)．

entrance 3級 [éntrəns エントゥランス]

名 (複数 entrances [-iz]) **1 入り口，玄関** (反 exit 出口)．
Where's the *entrance* to the store?
店の入り口はどこですか．

two hundred and forty-three 243

entry ▶

2 入場；入社；入学.
an *entrance* ceremony 入学式.
How much is the *entrance* fee?
入場料はいくらですか.
She passed the *entrance* exam for the high school.
彼女はその高校の入試に合格した.
→動 enter

No Entrance (掲示) 立ち入り禁止, ここからは入れません

entry 2級 [éntri エントゥリィ] 名 (複数 entries [-z]) 入ること, 入場；(競技などへの) 参加者, 出品物. →動 enter

No Entry (掲示) 立ち入り禁止

envelope [énvəloup エンヴェロウプ, ɑ́:n- アーン-] 名 封筒.
He put the check in an *envelope*.
彼はその小切手を封筒に入れた.

envious [énviəs エンヴィアス] 形 うらやましがっている (= jealous)；ねたましそうな.
He was *envious* of my success.
彼は私の成功をうらやんでいた. →名動 envy

environment 3級

[invái(ə)rənmənt エンヴァイ(ア)ロンメント] (つづり注意)
名 (複数 environments [-ts ツ]) [the をつけて] (自然) 環境；(生活・労働などの) 環境.

> 🎤プレゼン
> We must protect *the environment* from pollution.
> 私たちは汚染から自然環境を守らなければいけません.

environmental 準2
[invai(ə)rənméntl エンヴァイ(ア)ロンメントゥル] (つづり注意) 形 環境の, 環境による；環境保護の.

environmental problems 環境問題.

envy [énvi エンヴィ] 動 (3単現 envies [-z]；過去 過分 envied [-d]；ing形 envying) 他
…をうらやむ；…をねたむ.
Sometimes I *envy* our dog.
ときどきうちの犬がうらやましくなる.
── 名 (複数 envies [-z]) うらやみ；ねたみ, しっと. →形 envious

episode [épəsoud エピソウド] 名 エピソード, 挿話；(連続ドラマの) 1話.
the last *episode*
最終回.

equal 準2 [í:kwəl イークウォル]

フォニックス 11 qu は [kw] と発音する.

形 (比較変化なし) **1** (数・量・大きさなどが) **等しい**, 同じ；**(be equal to で)** …と等しい.
The two countries are almost *equal* in size. 両国は面積がほぼ同じだ.
One mile *is equal to* 1.609 km.
1マイルは 1.609 キロに等しい.

2 平等の, 対等の.
All people are *equal*.
人はすべて平等である.
equal rights for men and women
男女平等.

3 (be equal to で) (仕事など) にたえられる；…ができる. →副 equally
── 動 (3単現 equals [-z]；過去 過分 equaled, (英) equalled [-d]；ing形 equaling, (英) equalling) 他 …に等しい.
One plus two *equals* three. 1+2=3.
── 名 (複数 equals [-z]) 同等の人・物.

equality [i(:)kwɑ́ləti イ(ー)クワリティ ǁ -kwɔ́l- -クウォリ-] 名 平等, 等しいこと；同等.

equally [í:kwəli イークウォリィ] 副 等しく, 同じように, 同様に；平等に. →形 equal

equator [i(:)kwéitər イ(ー)クウェイタァ] 名 [the をつけて] 赤道.

equinox [í:kwənɑks イークウィナクス ǁ -nɔks -ノクス] 名 [ふつう the をつけて] 春分, 秋分, 昼夜平分時 (昼と夜の長さが同じになる時).
the spring *equinox* 春分.
the autumnal *equinox* 秋分.

equip [ikwíp イクウィプ] 動 他 (人・船などに) 装備をする, 必要品を供給する.

equipment 準2 [ikwípmənt イクウィプ

メント] 名 [集合的に] 備品, 用品, 設備, 装備 (▶ an をつけず, 複数形なし. 数えるときは a piece of equipment のように表す).
sports *equipment* スポーツ用品.
medical *equipment* 医療機器.

er [ə:r アー] 間 《英》あのう, えっと, そのう (▶ことばにつかえたときや, ちゅうちょしたときなどに使う).

-er [-ər アー] 1 接尾 ▶形容詞・副詞について比較級 (「より…」を表す形) をつくる. ただしこれは1音節の語と一部の2音節の語で, それ以外は前に more をつける.

文法 比較級のつくり方

大部分の語	-erをつける	old*er*
eで終わる語	-rだけをつける	larg*er*
「短母音+子音字」で終わる語	子音字を重ねて -erをつける	big*ger*
「子音字+y」で終わる語	yをiにして -erをつける	bus*ier*

2 ▶動詞・形容詞・名詞について「…する人」「…するもの」を表す. 例. singer (sing + er 歌う人, 歌手) / cleaner (clean + er そうじ機, そうじをする人)

era [í(ə)rə イ(ア)ラ, érə エラ] 名 時代, 年代, 時期 (同 period).
the Reiwa *era* 令和時代.

erase [iréis イレイス ‖ iréiz イレイズ] 動 他 (書かれたもの・記録など) を消す.

eraser 5級 [iréisər イレイサァ ‖ iréizər イレイザァ]
名 (複数 **erasers** [-z]) 《米》**消しゴム** (=《おもに英》rubber); 黒板ふき.

erect [irékt イレクト] 形 まっすぐな.
stand *erect* まっすぐに立つ, 直立する.
── 動 他 (像など) を建てる (同 build); …を直立させる (▶改まった語).

err [ə:r エア ‖ ə:r アー] 動 自 (**err in** で) を誤る.

errand [érənd エランド] 名 お使い, 使い走り.
Would you run an *errand* for me? ちょっとお使いに行ってきてくれる？

error [érər エラァ] 名 誤り, まちがい, ミス; 《野球》エラー, 失策.
I made a serious *error*. 私は重大なミスを犯してしまった.

The accident was caused by human *error*. 事故は人的ミスで起こった.

erupt [irʌ́pt イラプト] 動 自 (火山が) 噴火する.

eruption [irʌ́pʃən イラプション] 名 噴火.

-es [-iz -イズ] 接尾 ▶一部の動詞について3人称単数現在形をつくり, 一部の名詞について複数形をつくる. → -s¹, -s³

escalator [éskəleitər エスカレイタァ] (アクセント注意)
名 エスカレーター.
an up *escalator* 上りのエスカレーター.

スピーキング

🅐 Where's the *escalator*?
エスカレーターはどこですか.
🅑 Go straight and it's on your right. まっすぐ行って, 右側です.

背景 欧米ではエスカレーターに乗ると右側に寄って立ち, 左側は急ぐ人が通れるように空けておくことが多い.

ロンドンの地下鉄のエスカレーター.

escape 準2 [iskéip イスケイプ] 動 自 (束縛・場所などから) にげる, 脱出する.
The prisoner *escaped* from prison. その囚人は刑務所から脱走した.
── 他 (危険・災難など) をのがれる, まぬかれる.
── 名 (複数 **escapes** [-s]) 脱出, 逃亡; 脱走; (危険などを) のがれること.
She had a narrow *escape* from death. 彼女は九死に一生を得た.

Eskimo [éskimou エスキモウ] 名 (複数 **Eskimo**(**s**)) エスキモー人, エスキモー語.

ℹ️ 参考 **Eskimo** はアメリカ先住民族のことばで「生肉を食べる人」がもとの意味. 民族的蔑称になることがあるので, 使い方に配慮が必要. **Eskimo** とよばれる人は自らを **Inuit** または **Innuit** [ín(j)uit] (イヌイット) とよぶ.

especially ▶

especially
[espéʃ(ə)li エスペシ(ャ)リィ]

副 (比較 more especially；最上 most especially) **とくに**, とりわけ, なかでも.
She is *especially* good at Japanese language.
彼女はとくに国語が得意だ.
He loves music, *especially* jazz.
彼は音楽好きで, なかでもジャズが大好きだ.

Esperanto [espərǽntou エスペラントウ]
名 **エスペラント** (1887年, ポーランド人のザメンホフが発表した人造語).

essay 準2 [ései エセイ] 名 (複数 **essays** [-z]) (生徒・学生が作成する) レポート, 作文；エッセー, 随筆, 小論.
I have to hand in this *essay* on Wednesday. このレポート, 水曜日に出さないといけないんだ.

essence [ésns エスンス] 名 **本質**；(抽出じゅうした) 精, エキス.

essential 2級 [isénʃəl エセンシャル] 形 不可欠な, 絶対必要な；本質的な.
Exercise is *essential* for good health. 運動は健康に欠かせない.
── 名 (しばしば複数形で) 不可欠な要素.

-est [-ist -イスト] 接尾 ▶形容詞・副詞について最上級 (「もっとも…」を表す形) をつくる. ただし1音節の語と一部の2音節の語で, それ以外は前に most をつける.

📎文法 最上級のつくり方

大部分の語	-estをつける	old*est*
e で終わる語	-stだけをつける	larg*est*
「短母音＋子音字」で終わる語	子音字を重ねて -est をつける	big*gest*
「子音字＋y」で終わる語	yをiにして-estをつける	bus*iest*

establish 準2 [istǽbliʃ エスタブリシ] 動 他 (会社・組織など) を設立する (＝found)；(学説など) を確立する.
The company was *established* in the late Meiji era.
その会社は明治時代の後期に設立された.

establishment [istǽbliʃmənt エスタブリシメント] 名 (組織・制度などの) 設立；《the Establishment で》支配階級, (今の) 体

制；機関.

estate 2級 [istéit イステイト] 名 **財産** (同 property)；遺産；(いなかの大きな) 地所.
real *estate* 不動産.

estimate 2級 [éstəmeit エスティメイト] 動 他 …を推定する, 見積もる；…を評価する.
The population of the city is *estimated* to be 300,000.
市の人口は30万人と推定される.
── [éstəmət エスティメト] 名 **推定**, 見積もり (書)；評価.

etc. [etsét(ə)rə エトッセトゥラ, əndsóufɔːrθ アンドソウフォース] 《略》…など (ラテン語 et cetera の略で, and so forth や and so on にあたるため, これらの英語に置きかえて読むことが多い).
tea, coffee, *etc*. 紅茶, コーヒーなど (▶ *etc*. の前は and をつけず, コンマを置く).

eternal [itə́ːrnl イターヌル] 形 **永遠の**.
eternal life 永遠の命.

ethic [éθik エスィク] 名 **1** (単数形で) (一般的に) 倫理, 道徳律.
2 (複数形で) 倫理学；(社会・職業における) 倫理.

ethical [éθikəl エスィカル] 形 **倫理的な**；道徳的に正しい.

Ethiopia [iːθióupiə イースィオウピア] 名 **エチオピア** (アフリカ東部の国；首都はアディスアベバ (Addis Ababa)).

ethnic 2級 [éθnik エスニク] 形 **民族の**, 民族特有の.
an *ethnic* group 民族 (集団).

etiquette [étikət エティケト] (qu は例外的に [k] と発音する) (＜フランス語) 名 **礼儀作法**, エチケット.
It is not proper *etiquette* to do that.
そうするのはエチケットに反する.

EU [iːjúː イーユー] 名 《the をつけて》**欧州連合** (▶ European Union の略).

eucalyptus [juːkəlíptəs ユーカリプタス] 名 《植物》ユーカリ.

euro, Euro [jú:(ə)rou ユ(ア)ロウ] 名 (複数 **euros** [-z]) **ユーロ** (EU の通貨単位；記号は €).

Europe
3級 [júː(ə)rəp ユ(ア)ロプ]
(発音注意)
名 **ヨーロッパ**, 欧州 (▶大陸部と島部から成るが, イギリス人はしばしば自国と対比して大陸部だけを Europe とよぶ).

背景 ヨーロッパという名はギリシャ神話に登場する王女エウロペにちなむ.

European 3級 [ju(ə)rəpíːən ユ(ア)ロピーアン] 形 ヨーロッパの, ヨーロッパ人の.
a *European* language ヨーロッパの言語 (▶ ×an European language としない).
── 名 ヨーロッパ人.

European Union [jú(ə)rəpìːən júːnjən ユ(ア)ロピーアン ユーニョン] 名 [the をつけて] 欧州連合 (▶略語は EU).

Eurostar [júː(ə)roustɑːr ユ(ア)ロウスター] 名 《商標名》ユーロスター (イギリスとヨーロッパ大陸を結ぶ高速列車).

evacuate 2級 [ivǽkjueit イヴァキュエイト] 動 避難する.

evacuation [ivæ̀kjuéiʃən イヴァキュエイション] 名 避難;立ちのき.
an *evacuation* drill 避難訓練.

evaluation [ivæ̀ljuéiʃən イヴァリュエイション] 名 (人・物の) 評価.

Eve [iːv イーヴ] (発音注意) 名 《聖書》イブ, エバ (神が創造した最初の女性;アダム (Adam) の妻). → Adam

eve [iːv イーヴ] (発音注意) 名 《ふつう Eve で》(祝祭日の) 前夜, 前日, イブ.
Christmas *Eve* クリスマスイブ.
New Year's *Eve* 大みそか.

even 3級 [íːvən イーヴン]
副 **1** [ふつう修飾する語 (句) の前で] **…でさえ**, …すら, …でも.
He works *even* on Sundays. 彼は日曜でさえ働いている.
Even a child can understand it. 子どもでもそんなことぐらいわかる (▶ even は名詞・代名詞も修飾できる).
2 [比較級を強めて] **さらに**, もっと, なおいっそう (＝still).
It rained *even* harder in the afternoon. 午後に雨足がさらに強くなった.
even if ... [仮定を表して] **たとえ…だとしても** (▶まだ起こっていないことについて使う).
→ even though
Even if we leave right away, we'll be late. いますぐ出発しても遅れるだろう.
even so たとえそうでも.
even though ... **…であるのに, …で**

はあるが (▶すでに起こっていることについて使う);[仮定を表して] **たとえ…だとしても** (＝even if).
I went to practice, *even though* I was tired. ぼくはつかれていたけれど, 練習に行った.
── 形 [比較 more even ときに evener;最上 most even ときに evenest) **1** (表面が) 平らな;(温度・速度などが) 一定の.
This table top is not very *even*. このテーブルの上はあまり平らではない.
2 (試合などが) 互角の;同点の.
an *even* game 互角の試合.
3 偶数の (対 odd 奇数の).
2, 4 and 6 are *even* numbers. 2, 4, 6は偶数である.

evening 5級 名 晩, 夕方

[íːvnin イーヴニング]
名 (複数 **evenings** [-z]) **晩, 夕方** (▶日が沈んでから寝るまでの時間をいい, 日本語でいう「夕方」のことではない. 英語で「夕方」は late afternoon). → day (図), night
We're having some guests this *evening*. 今晩お客さんが何人か来ます (▶ evening に this, yesterday, every などがつくときは, 前置詞はつけない).
We got there in the *evening*. 私たちはそこには晩に到着した.
yesterday *evening* きのうの晩 (▶ふつう ×last evening とはいわない).
tomorrow *evening* あしたの晩 (▶×next evening とはいわない).
We met on Sunday *evening*. 私たちは日曜の晩に会った (▶曜日や日付といっしょに使う場合は on を使う. 《米》では省略することも多い).

○ in the evening
× in Saturday evening
　　特定の日を表す語句がつくときは on を使う.
○ on Saturday evening
○ yesterday evening
　　前置詞はつけない.

Good evening. こんばんは.

evening dress ▶

💬**用法** Good evening. と Good night.
Good evening. は日没後に人に会ったときの「こんばんは」，Good night. は夜に人と別れるときや寝る前の「おやすみなさい」という意味．

🗣**スピーキング**
Ⓐ *Good evening*, Mr. Harper.
ハーパーさん，こんばんは．
Ⓑ *Good evening*, Mr. Torii.
こんばんは，鳥井さん．
(▶ Good evening. は改まった表現で，Hello. や Hi. で代用することも多い.)

evening dress [íːvniŋ drès] 图 夜会服．

evening paper [íːvniŋ pèipər] 图 夕刊 (▶英米ではふつう朝刊紙とは別の新聞社が発行する)．

event 4級 [ivént イヴェント]

图 **複数 events** [-ts ツ] **1 できごと**，事件．
It was a major *event* for me.
それはぼくにとっては大事件だった．
2 行事，イベント；(競技の) 種目．
the main *event* メインイベント (ボクシングなどで，その日の主要な試合)．

school events	おもな学校行事
入学式	entrance ceremony
始業式	opening ceremony
健康診断	medical examination
遠足	outing, field trip
試験	exam (= examination)
球技大会	ball game tournament
終業式	closing ceremony
夏休み	summer vacation
林間学校	summer camp
臨海学校	camp by the beach
修学旅行	school trip, school excursion
運動会	sports day, field day
文化祭	school festival
冬休み	winter vacation
開校記念日	school anniversary
卒業式	graduation ceremony
春休み	spring vacation

eventually [ivéntʃuəli イヴェンチュア(ア)リィ] 副 結局は，最後には．

ever 3級 副 **いままでに，かつて**

[évər エヴァ]
副 **1** [疑問文・否定文で] **いままでに，かつて；**どんなときでも (▶日本語にはかならずしも訳さない)；[if の文で] **(これから) いつか．**
Have you *ever* been abroad?
外国に行ったことはありますか．
I hardly *ever* watch TV.
テレビはほとんど見ない．
Don't *ever* say that again.
2度とそんなことを言うなよ．
If you *ever* go to New York, you should visit the museum.
いつかニューヨークに行くことがあれば，その美術館に行ったほうがいいよ．

🗣**スピーキング**
Ⓐ Have you *ever* been to Hokkaido? あなたはいままで北海道に行ったことがありますか．
Ⓑ No, but I'd like to go there.
ないけど，行きたいですね．
Ⓑ Yes, I've been there twice.
ええ，これまでに2度行ったことがあります．

2 [意味を強めて] [比較級・最上級とともに] **いままでに；いったい．**
This is the *most interesting* book I have *ever* read. いままで読んだ本の中でこれがいちばんおもしろい．
This is the *best* hotel I've *ever* been to. いままで行った中でこのホテルが最高だ．
as ... as ever あいかわらず…．
My grandpa is *as* active *as ever*.
祖父はかわらず元気です．
ever after それからずっと．
They lived happily *ever after*.
彼らはそれからずっと幸せに暮らしました．
ever since それ以来ずっと．
for ever 永久に (= forever)．
I'll remember you *for ever*.
あなたのことはずっと覚えています．

Everest [évərist エヴェレスト] 图 **(Mt. Everest または Mount Everest で)** エベレスト山，チョモランマ (ヒマラヤ山脈にある世界の最高峰；8848m)．

248 two hundred and forty-eight

◀ **everyday**

evergreen [évərgri:n エヴァグリーン] 形
(樹木・葉が)常緑の.
── 名 常緑樹.

every 5級 形 どの…もみな, 毎…

[évri エヴリィ]

形 **1** [単数名詞の前に置いて] **どの…もみな**, すべての….
Every student has their own locker.
生徒はみんな自分のロッカーを持っている (▶ Every student has his or her own locker. と書くこともあるが, 話し言葉では their を使うほうがふつう).

× every students

every の次にくる
名詞は単数形.

○ every student

📖文法 every の使い方

❶ every と all と each
every は「どれもこれも」のように1つ1つを意識して全部をさす語なので, あとの名詞は単数形. *every* boy (どの少年も). **all** は「すべて」と全体をまとめる語なので, あとの名詞は複数形. *all* the boys (その少年たち全員). **each** は「それぞれ」の意味で, 全体に関係なく1つ1つを個別にさすので, あとの名詞は単数形. *each* boy (それぞれの少年).

each	every	all
(個別)	(個別+全体)	(全体)

❷ not + every (部分否定) every が not といっしょに使われると, 「みな…とはかぎらない」という意味になる(部分否定).
Not every member of the team can become a regular. (すべての部員がレギュラーになれるわけではない). これに対し「だれもレギュラーになれない」(全体否定) は *No* member of the team can become a regular.

2 [月日や数を表す語とともに] **毎…**; …ごとに, …おきに.
every week 毎週
She jogs *every* morning.
彼女は毎朝ジョギングをしている.
The Olympic Games take place *every* four years.
オリンピックは4年ごとに行われる.
I exercise *every* other day.
私は1日おきに運動している.
every day 毎日
(every) now and then ときどき (= every so often). → now
every time ... …するたびに (▶接続詞のように使う).
They argue *every time* they see each other.
2人は顔を合わせるたびに口げんかをしている.
every year 毎年.

everybody 3級

[évribɑdi エヴリバディ || -bɔdi -ボディ]

代 [単数あつかい] **だれでも**, みんな (同 everyone) (▶ everyone と同じ意味だが, everybody のほうがくだけた言い方).
Good morning, *everybody*.
みなさん, おはよう.
Everybody likes the song.
みんなその歌が好きです.

> 🗣スピーキング
>
> Ⓐ Is *everybody* here?
> みんなそろいましたか.
> Ⓑ Yes.
> はい.
> Ⓑ Ken isn't here yet.
> ケンがまだです.

Not *everybody* can do this.
これはみんなができるわけではない (▶ not ... everybody で部分否定 (だれもが…わけではない) という意味になる).
Everybody's business is nobody's business.
《ことわざ》みんなの仕事はだれの仕事でもない = 共同責任は無責任.

everyday [évridei エヴリデイ]

形 (比較変化なし) [名詞の前で] **毎日の**, 日常の, ふだんの (同 daily).

two hundred and forty-nine 249

everyone ▶

everyday life 日常生活，毎日の生活．

参考 every day と書くと「毎日」という副詞の意味となり，2語とも強く発音する．
I play tennis *évery dáy*. (ぼくは毎日テニスをする)

every day → 「毎日」
everyday → 「毎日の」

everyone 5級 代 だれでも，みんな

[évriwʌn エヴリワン]
代 [単数あつかい] **だれでも**，みんな (同 everybody).
Hello, *everyone*. みなさん，こんにちは．
Everyone was really glad to hear that.
それを聞いてみんな大喜びだった．
Does *everyone* in Canada speak English?
カナダではだれもが英語を話しますか．

文法 everyone の使い方
❶ everyone と everybody は同じ意味だが，everybody のほうがくだけた言い方．❷ どちらも単数あつかいだが，they で受けることが多い．

everything 4級 代 すべてのこと・もの

[évriθiŋ エヴリスィング] **フォニックス34** th は [θ] と発音する．
代 ❶ [単数あつかい] **すべてのこと，すべてのもの**，何もかも．
Everything is OK. 万事うまくいってるよ．
Thank you for *everything*.
いろいろありがとうございました．

スピーキング
Ⓐ How's *everything*?
調子はどう？
Ⓑ Pretty good, thanks.
上々だ，ありがとう．

I don't agree with *everything* she said.
彼女の言ったことすべてに賛成しているわけではない (▶ not ... everything で部分否定になる). → every
❷ いちばん大切なもの，すべて．
Health means *everything* to me.
私にとって健康は何よりも大切です．

everywhere 3級

[évri(h)wear エヴリ(フ)ウェア]
副 **どこでも**，あらゆる所に．
There are vending machines *everywhere*.
自動販売機はどこにでもある．
I looked *everywhere* in my room.
私は部屋のあらゆる所を探した．

evidence 2級 [évədəns エヴィデンス] 名 証拠；(裁判での)証拠(物件)，証言；証人．

evident [évədənt エヴィデント] 形 明白な，明らかな．

evil 2級 [íːvəl イーヴル] 形 邪悪な，残虐な．
an *evil* crime 凶悪な犯罪．
── 名 悪 (反 good 善) (▶改まった語).

evolution [èvəlúːʃən エヴォルーション, ìːvə-イーヴォ-] 名 ❶ [生物学] 進化，進化論．
human *evolution* 人類の進化．
❷ 発展；発達したもの．
the *evolution* of the airplane
飛行機の発展．

ex. (略) = example (例)

exact 準2 [igzǽkt イグザクト] 形 正確な，ぴったりの (同 accurate).
What is the *exact* time?
正確な時刻は何時ですか．
I don't remember his *exact* words.
彼が正確に何て言ったかは覚えていない．

exactly 準2 [igzǽktli イグザクトゥリィ] 副
❶ 正確に；ちょうど，まさに．
We left home *exactly* at seven.
私たちは7時ちょうどに家を出た．
She looks *exactly* like her twin sister.
彼女はほんとうにふたごの姉[妹]とそっくりだ．
❷ [返事で] (まさに) そのとおりです．
"Maybe I should study harder."
"*Exactly*."
「どうやらぼくはもっと勉強したほうがいいみたい」「そのとおりだね」

not exactly …とはいえない；[返事で]

◀ **exchange**

ちょっとちがうんだ.
"Are you sick?" "*Not exactly* — I'm a little tired."
「気分が悪いの？」「そうじゃないんだ. ちょっとつかれただけだよ」

exaggerate [igzǽdʒəreit イグザ**ヂャ**レイト] 動 他 …を大げさに言う, 誇張する. ─ 自 大げさな言い方をする.

exam 5級 [igzǽm イグ**ザ**ム]

名 (複数 **exams** [-z]) **試験**, テスト (▶ examination を短縮した語).
take an *exam* 試験を受ける.
How were your final *exams*?
期末試験はどうだった？
She passed her entrance *exam* for that high school.
彼女はその高校の入試に合格した (▶ pass (by) a high school は「高校のそばを通り過ぎる」という意味).
He failed his math *exam*.
彼は数学の試験が不合格だった.
I didn't do very well on my *exams*.
試験はあまりできなかった.

examination

[igzæmənéiʃən イグザミ**ネ**イション]
名 (複数 **examinations** [-z]) **1 試験**, テスト (▶改まった語. ふつうは exam を使う).
pass an entrance *examination*
入学試験に合格する.
2 調べること, 調査；診察, 検診.
a physical *examination* 身体検査.

examine 2級 [igzǽmin イグ**ザ**ミン] 動 他 …を調べる, 調査する；…を診察する.
The researchers *examined* the test results.
研究者たちは実験の結果を検証した.

example 3級 [igzǽmpl イグ**ザ**ンプル | -zάːmpl ザーンプル]

名 (複数 **examples** [-z]) **1 例**, 実例.
Can you give me an *example*?
例を1つあげてもらえますか.

🔊 プレゼン
The internet is changing education. I'll show you an *example*.
インターネットが教育を変えています.
例を1つお見せしましょう.

2 手本, 模範.
Abraham Lincoln is a good *example* for boys.
エイブラハム・リンカンは少年たちのよいお手本です.

for example たとえば.
Prices have risen sharply, *for example*, the price of gas has increased 50%.
物価は急騰している. たとえば, ガソリン価格は50％も上昇した.

excellent 3級 [éks(ə)lənt エクセレント] 形 優れた, すばらしい；(成績が) 優の.
Excellent! みごとだ！
He is *excellent* in math.
彼は数学がよくできる.

except [iksépt イクセプト] 前 …以外は, …を除いて (は).
She gets up at seven every day *except* Sundays.
彼女は日曜以外は毎日7時に起きる.
Everyone *except* Mark came.
マークのほかは全員来た.

except for …を除いて, …以外は.
Except for a few mistakes, your paper is perfect.
いくつかのまちがいを除けば, きみのレポートは申し分ない.

exception 2級 [iksépʃən イクセプション] 名 例外 (▶人にも物にも使う).
There are some *exceptions* to the rule. その規則にはいくつか例外がある.

without exception 例外なく.

excess [iksés イクセス] 名 超過.

exchange 3級 [ikstʃéindʒ イクス**チェ**インヂ]

名 **交換**；為替；両替.
I'm going to the U.S. for a year as an *exchange* student.
私は交換留学生として1年間アメリカに行きます.
an *exchange* of ideas 意見交換.
── 動 他 …を交換する；《**exchange ~ for ...** で》~を…と交換する；両替する.

🔊 スピーキング
Ⓐ Why don't we *exchange* email addresses?
メールアドレスを交換しない？
Ⓑ Sure. もちろん.

excite

Could you *exchange* yen *for* dollars? 円をドルに両替していただけますか.

excite 準2 [iksáit イクサイト] 動 他 …を興奮させる；(感情) を起こさせる.
Don't *excite* the animals.
動物を興奮させるな.

excited 4級 [iksáitid イクサイテイド]

形 (比較) more excited；最上 most excited)
1 (人が) **とてもわくわくした**.
→ exciting
I'm really *excited* about the concert.
コンサートにとてもわくわくしている.
2 (人が) **興奮した**；腹を立てた.
Don't get so *excited*.
そんなに興奮しないで.
an *excited* crowd 興奮した群衆.

excitement [iksáitmənt イクサイトゥメント]
名 興奮；刺激げき.

exciting 4級 [iksáitiŋ イクサイティング]

形 (比較 more exciting；最上 most exciting) (物事が) **わくわくさせる, はらはらさせる, 興奮させる**. → excited
an *exciting* football game
手にあせにぎるようなフットボールの試合.

× an excited game
↑
「(物事が) おもしろい」というときは exciting を使う.
○ an exciting game

🖊 ライティング
I saw a soccer game yesterday.
It was really *exciting*.
きのうサッカーの試合を見ました. とてもおもしろかったです.

exclaim [ikskléim イクスクレイム] 動 自
(文) (喜び・怒いかり・おどろきなどで) さけぶ.
exclaim in delight 喜んでさけぶ.
— 他 …とさけぶ, はげしい口調で言う.

exclamation [ekskləméiʃən エクスクラメイション] 名 (喜び・怒いかり・おどろきなどの) さけび.

exclamation mark [point]
[ekskləméiʃən mɑːrk [póint]] 名 感嘆かん符(!). → punctuation marks (表)

exclude [iksklúːd イクスクルード] 動 他 …を除外する, ふくめない (反 include …をふくむ)；…を排除はいする.

excursion [ikskə́ːrʒən イクスカ〜ジョン ‖ ikskə́ːʃən イクスカ〜ション] 名 遠足, (団体の) 小旅行.

excuse 5級 動 …を許す
名 言いわけ

[ikskjúːz イクスキューズ] フォニックス52 u は [juː] と発音する. 動と名で発音がちがうことに注意.
動 (3単現 excuses [-iz]；過去 過分 excused [-d]；ing excusing) 他 (人・行為こうを) **を許す**；(人が) …の言いわけをする；(人) に (事がら) を免除めんする.
I'll *excuse* you this time.
今回は許してあげるよ.

Excuse me. **1** [知らない人に話しかけるとき] **すみませんが**, 失礼ですが.
Excuse me, but how do I get to the city library? すみませんが, 市立図書館にはどう行けばいいですか.
2 [ちょっとしたことを謝るときに] **すみません**, ごめんなさい.
Excuse me. I'm getting off.
(電車・バスなどで) すみません. 降ります.
3 [文尾を上げて] **(とくに米) すみませんが, もう一度言ってください**.

💬 スピーキング
Ⓐ *Excuse me*.
すみません.
Ⓑ That's OK.
気にしないでください.
(▶ Excuse me. は2つの場面で使える. 1つは, 人の前を通ったり, 知らない人に話しかけたりするときなど, これから自分のすることが相手に迷惑めいをかけると思われるとき. これに対してはふつう Certainly. とか Sure. (どうぞ) という.
もう1つは肩かたが軽くぶつかったり, 人と話していてせきをしてしまったりなど, 相手の人に失礼なことをして謝るとき. これに対しては That's OK. (気にしないでください) などという. なお, 人の足を強くふんだり, 花びんを割ったりなど, 大きな迷惑をかけて謝るときには I am sorry. という.
また2人以上のときは Excuse us. という.)

Excuse me.　　I am sorry.

── [ikskjúːs イクス**キュ**ース] 图 (複数 **excuses** [-iz]) **言いわけ**, 口実.
Don't make *excuses*!
言いわけはするな！
That's just an *excuse*.
それは言いわけにすぎないよ.

excused [ikskjúːzd イクス**キュ**ーズド] 動
excuse (…を許す) の過去・過去分詞.

excuses [ikskjúːziz イクス**キュ**ーズィズ] 動
excuse (…を許す) の3人称単数現在形.
── [ikskjúːsiz イクス**キュ**ースィズ] 图 excuse (言いわけ) の複数形.

excusing [ikskjúːziŋ イクス**キュ**ーズィング] 動 excuse (…を許す) の -ing 形.

execute [éksəkjuːt エクセキュート] 動 他
1 …の死刑を執行する.
2 (義務・命令など) を実行する.

executive [igzékjutiv イグゼキュティヴ] 图
(企業の) 管理職, 幹部.

exercise 3級 [éksərsaiz エクササイズ]

图 (複数 **exercises** [-iz]) 1 (体の) **運動** (▶ an をつけず, 複数形なし); 体操.
do some *exercise* 運動をする.
Jogging is good *exercise*.
ジョギングはいい運動になる.
I think you need to get more *exercise*.
もっと運動したほうがいいんじゃない？

2 練習；練習問題. → practice
math *exercises* 数学の練習問題.

── 動 (3単現 **exercises** [-iz]; 過去 過分 **exercised**[-d]; ing **exercising**) 圓 (準備) **運動をする**; 練習をする.
Try to *exercise* regularly.
ふだんから運動するようにしなさい.

── 他 **…に運動させる**, …を訓練する; (体の部分) をきたえる.

exhaust[1] [igzɔ́ːst イグゾースト] (h は発音しない) 動 他 …をつかれ果てさせる；…を使い果たす.

exhaust[2] [igzɔ́ːst イグゾースト] (h は発音しない) 图 (気体の) 排出, 排気.

exhausted [igzɔ́ːstid イグゾーステイド] (h は発音しない) 形 つかれ果てて, へとへとになって.
I was *exhausted* from the long practice. 長い練習でへとへとになった.

exhibit 2級 [igzíbit イグズィビト] (h は発音しない) 動 他 **…を展示する**；…を公開する.
Van Gogh's paintings will be *exhibited* at the museum.
その美術館でゴッホの絵画が展示される.
── 圓 展覧会を開く；出品する.
── 图 《米》 展覧会, 展示会 (同 exhibition)；展示品, 出品作品.

exhibition 準2 [eksəbíʃən エクスィビション] (発音注意) 图 展覧会, 展示会 (▶《米》では exhibit ともいう)；展示, 公開.

exist 準2 [igzíst イグズィスト] 動 圓 存在する；生存する (▶進行形にしない).
Do fairies really *exist*?
妖精はほんとうにいるの？

existence [igzístəns イグズィステンス] 图 存在, 実在；生存.
the struggle for *existence* 生存競争.

exit 3級 [éɡzit エグズィト, éksit エクスィト] 图 出口 (反 entrance 入り口) (▶標識ではふつう《米》は Exit, 《英》は Way Out).
an emergency *exit* 非常口.

学校の非常口.

── 動 圓 退場する (反 enter 登場する).

expand 準2 [ikspǽnd イクスパンド] 動 圓 広がる, 拡大する；膨張する.
── 他 …を広げる, 拡大させる；…を膨張させる.

expansion [ikspǽnʃən イクスパンション] 图 拡張, 拡大.

expect 3級 [ikspékt イクスペクト]

expectation ▶

動 (3単現 expects [-ts ツ]; 過去 過分 expected [-id]; ing expecting) 他

1 a …を予期する, 予想する (▶よいことにも悪いことにも使う).
We all *expected* better results.
みんなはもっといい結果を予想していた.

b (expect ～ to ... で) ～が…するだろうと思う.
I don't *expect* him *to* change his mind.
彼の気が変わるとは思えない.

c (expect (that) ... で) …だろうと思う.
I *expect that* he'll pass the test.
彼はテストに合格すると思う.

> 🗨 スピーキング
> Ⓐ Will he come today?
>   彼は今日,来るでしょうか.
> Ⓑ I don't *expect* so.
>   たぶん来ないでしょう.

2 a (当然のこととして)**…を期待する.**
What did you *expect*?
何を期待していたの？

b (expect ～ to ... で) ～に…してほしいと期待する.
You shouldn't *expect* others *to* know what you want.
自分の望みを人がわかってくれるなんて期待しないほうがいい.

3 [進行形で] **…を待ち受けている**; **(be expecting (a baby) で) 赤ちゃんが生まれる.**

expectation [ekspektéiʃən エクスペクテイション] 名 予想, 見込み; [ふつう複数形で] 期待.
I'm sorry I didn't meet your *expectations*.
ご期待にそえなかったことを申し訳なく思っています.

expedition [ekspədíʃən エクスペディション] 名 探検, 遠征; 探検隊.

expense 2級 [ikspéns イクスペンス] 名 支出, 費用; [複数形で] 経費.
living *expenses* 生活費.
at my own *expense* 自費で.

expensive 4級 [ikspénsiv イクスペンスィヴ]
形 (比較 more expensive; 最上 most expensive) (値段が) **高い**, 高価な (同

costly; 反 cheap, inexpensive 安い).
→ cheap

expensive

cheap

expensive clothes
高い服.
This car is too *expensive* for me.
この車はぼくには高すぎる.

experience 3級
[ikspí(ə)riəns イクスピ(ア)リエンス]
名 (複数 experiences [-iz]) **経験**, 体験.
She has no *experience* in teaching children.
彼女は子どもを教えた経験がない.
Experience is the best teacher.
《ことわざ》経験は最良の教師.

> ✎ ライティング
> I learned a lot from this *experience*.
> 私はこの経験からたくさんのことを学びました.

── 動 (3単現 experiences [-iz]; 過去 過分 experienced [-t]; ing experiencing) 他 **…を経験する**, 体験する.

experiment 準2 [ikspérəmənt イクスペリメント] 名 実験.
do an *experiment*
実験をする.
── [ikspérəment イクスペリメント] 動 自 実験する; ためす, 試みる.

expert 準2 [ékspə:rt エクスパート] 名 専門家, エキスパート; 熟達した人.
── 形 熟練した, 精通した; 専門家の.

explain 3級 [ikspléin イクスプレイン] フォニックス59 ai は [ei] と発音する.

動 (3単現 explains [-z]; 過去 過分 explained [-d]; ing explaining) 他 **…を説明する**; **(explain ＋物事＋ to ＋人で) (物事)を(人)に説明する**; **(explain (that) ... で) …ということを説明する**; **(explain how ... で) どのように…するかを説明する.**
Could you *explain* it more clearly?

それをもっとわかりやすく説明してもらえますか.
You should *explain* it *to* your parents.
そのことを両親にきちんと話したほうがいい.
He *explained that* he had forgotten about the test.
彼はテストのことを忘れていたと説明した.
The teacher *explained how* to solve the math problem.
先生はその数学の問題の解き方を説明した.

🎤プレゼン
Let me *explain* why I think so.
なぜ私がそう考えるのか説明させてください.

── 自 説明する; 弁解する.

explanation 準2 [eksplənéiʃən エクスプラネイション] 名 説明.
Could you give me an *explanation* of what it's like?
それがどのようなものかを説明してもらえますか.

explode [iksplóud イクスプロウド] 動 自 (爆弾などが) 爆発する.
── 他 (爆弾など) を爆発させる.

exploration [eksplɔréiʃən エクスプロレイション] 名 (未知の地域などの) 探検, 実地調査; (問題・事実などの) 探求.

explore 準2 [iksplɔ́ːr イクスプロー(ァ)] 動 他自 (…を) 探検する, 実地調査する.

explorer [iksplɔ́ːrər イクスプローラァ] 名 探検家.

explosion 2級 [iksplóuʒən イクスプロージョン] 名 (火薬などの) 爆発; 爆発音.

expo [ékspou エクスポウ] 名 博覧会 (= exposition); 《**Expo** で》万国博覧会.

export 2級 [ekspɔ́ːrt エクスポート] 動 他 自 (…を) 輸出する (反 import …を輸入する).
Japan *exports* cars around the world.
日本は世界中に車を輸出している.
── [ékspɔːrt エクスポート] 名 輸出 (反 import 輸入); [ふつう複数形で] 輸出品 (反 import 輸入品).

expose 2級 [ikspóuz イクスポウズ] 動 他 …を (風雨・危険などに) さらす; (秘密など) を暴露する, あばく.
Jane *exposed* her back to the sun.
ジェーンは背中を太陽にさらした.

exposition [ekspəzíʃən エクスポズィション] 名 説明, 解説; 展覧会; 博覧会 (= expo).

express 4級 [iksprés イクスプレス]
動 (3単現 **expresses** [-iz] 過去 過分 **expressed** [-t]; ing **expressing**) 他 (感情など) **を表現する**; (意見) を述べる; 《**express** *my*self で》自分の考えをはっきり言う.
He never *expresses* his feelings.
彼は絶対に感情を表に出さない.
You should *express yourself* more clearly.
思っていることはもっとはっきり言ったほうがいい.
── 形 (電車などの) **急行の**, 高速の (▶「各駅停車の」は local); (英) 速達便の.
an *express* train 急行列車.
── 名 (複数 **expresses** [-iz]) 急行列車, 急行バス; 速達 (便).

expression [ikspréʃən イクスプレション] 名 (ことば・表情・態度などによる) 表現; 言い回し; (顔などの) 表情.
He looked at me with a strange *expression*.
彼は奇妙な顔つきで私を見た.
→ body language

expressway [ikspréswei イクスプレスウェイ] 名 (米) 高速道路 (= freeway) (▶ (英) では motorway という).

extend 準2 [iksténd イクステンド] 動 他 (期間など) を延長する; (建物) を増築する; (道路) を拡張する.
Could I *extend* my check-out time until noon?
(ホテルで) チェックアウトの時間を正午まで延ばしたいのですが.
── 自 (範囲に) わたる, およぶ; 広がる.

extension [iksténʃən イクステンション] 名 (期間の) 延長; (建物の) 増築; (道路の) 拡張; (電話の) 内線 (番号).

extensive ▶

extensive [iksténsiv イクステンスィヴ] 形
広範囲にわたる，大量の．

extent [ikstént イクステント] 名 (けが・被害・問題などの) 範囲，程度，深刻さ；(知識・場所などの) 範囲，広さ．
to some *extent* (= to a certain *extent*)
ある程度は．

external [ikstə́ːrn(ə)l エクスタ〜ナル] 形 外の，外部の．

extinct 2級 [ikstíŋkt イクスティンクト] 形 (動物・植物が) 絶滅した．

extinction [ikstíŋkʃən イクスティンクション] 名 (動物・植物の) 絶滅；消えること．

extinguisher [ikstíŋgwiʃər イクスティングウィシァ] 名 消火器 (▶ fire extinguisher ともいう)．

extra 準2 [ékstrə エクストゥラ] 形 余った，余分の；追加の；臨時の．
She saves all her *extra* money.
彼女は余ったお金をすべて貯金している．
an *extra* charge
割り増し料金．
── 副 追加して；別に，余分に．
── 名 (正規の物以外の) 余分の物；追加料金；(映画の) エキストラ．

extra- [ekstrə- エクストゥラ-] 接頭 ▶「…外の」「…の範囲外の」という意味の語をつくる．例．extraordinary (extra + ordinary なみはずれた)．

extraordinary [ikstrɔ́ːrdəneri イクストゥローディネリ‖-nəri -ナリィ] 形 なみはずれた，おどろくべき，目を見張るような；異常な (反 ordinary ふつうの)．

extraterrestrial [ekstrətəréstrial エクストゥラテレストゥリアル] 形 地球外の，大気圏外の．

extreme 2級 [ikstríːm イクストゥリーム] 形 極度の，極端な；(人・考えなどが) 過激な；先端の．
── 名 極端，極度．

extremely 2級 [ikstríːmli イクストゥリームリィ] 副 きわめて，ひじょうに．

extremist [ikstríːmist イクストゥリーミスト] 名 過激論者，過激派．

---

eye 名目

[ai アイ] (発音注意)
名 (複数 eyes [-z]) **1** 目．
Please open your *eyes*.
目を開けてください．
blue *eyes* 青い目．
He has dark *eyes*. 彼の目は黒い (▶「黒い目」は dark eyes または dark brown eyes という． black eye はなぐられたときなどにできる「目のまわりの黒いあざ」の意味になる)．

背景 欧米などでは，ひとみの色は髪の色とともに身体的特徴を表すものとして身分証明書などに記されることがある．

2 視力；見分ける力，眼力．
He has an *eye* for art.
彼には芸術を見る目がある．

3 (台風・カメラなどの) 目；(針の) 穴．
an eye for an eye 目には目を (▶同程度の報復をすること)．
keep an eye on …から目をはなさないでいる．
look ... in the eye …の目をまともに見る．
[同音語] I (私は)

eyebrow [áibrau アイブラウ] (発音注意) 名 まゆ，まゆ毛．

eye contact [ái kɑ̀ntækt‖-kɔ̀n-] 名 視線を合わせること，相手の目をまっすぐに見ること． → body language

eyelash [áilæʃ アイラシ] 名 (1本の) まつげ；(**eyelashes** で) まつ毛 (全体)．

eyelid [áilid アイリッド] 名 まぶた．

eyes [aiz アイズ] 名 eye (目) の複数形．

eyesight 2級 [áisait アイサイト] 名 視力，視覚．
She has good *eyesight*.
彼女は視力がよい．

eyewitness [áiwitnis アイウィトゥネス, -wit- -ウィトゥ-] 名 目撃者．

256　two hundred and fifty-six

◀ **fact**

F f F f F f

F, f [ef エフ] 名 (複数 **F's, f's** [-s] または **Fs, fs** [-s]) **1** エフ (アルファベットの6番目の文字). **2** 《大文字 F で》《米》(学科の成績の) F, 不可 (▶不合格点. failure (落第) から).

F, F. (略) = Fahrenheit (力氏の) → C, Fahrenheit

fable [féibl フェイブル] 名 (教訓を目的に動物などが登場する短い) 寓話ぐう.
Aesop's Fables『イソップ物語』

Fabre [fáːbər ファーバァ], **Jean Henri** 名 ジャン・アンリ・ファーブル (1823-1915; フランスの昆虫ちゅう学者で『昆虫記』の著者).

fabric [fǽbrik ファブリク] 名 **1** 織物; (カーテンや服などの) 生地じ. **2** (社会などを構成する) 骨組み, 構造.

face 5級 名 顔
動 …に面する

[feis フェイス] フォニックス48 a は [ei] と発音する.
名 (複数 **faces** [-iz]) **1** 顔; 顔つき.
Wash your *face*. 顔を洗いなさい.
The ball hit him in the *face*.
ボールが彼の顔に当たった (▶ hit him in his *face* とはいわない. 体の一部に接触しょくするときは the を使う).
Her *face* was very sad.
彼女はとても悲しそうな顔つきだった.
2 (物の) 表面, 表めん; (建物などの) 正面; (時計の) 文字盤ばん.
the *face* of a clock 時計の文字盤.

face to face 向かい合って; 直接会って.
I sat *face to face* with her.
私は彼女と向かい合ってすわった.

▶プレゼン

These days we can communicate easily by using phones or emails, but I think it's important to talk *face to face*.
最近は電話やメールで簡単にコミュニケーションをとれるが, 私は直接会って話すことは大切だと思う.

make a face = *make faces* (不快なときに) 顔をしかめる, いやな顔をする; (からかって) おかしな顔をする.

── 動 (3単現 **faces** [-iz]; 過去 過分 **faced** [-t]; [ing] **facing**) 他 **1** …に面する; …の方を向く.
Our house *faces* the sea.
私たちの家は海に面している.
She turned back to *face* the camera.
彼女はふり返ってカメラの方を向いた.
2 (困難など) に直面する, 立ち向かう.
He *faces* many difficulties.
彼はいろいろな困難に直面している.
Let's *face* it.
(不都合なことでも) 事実は事実として認めよう.
── 自 面する, 向く.
The room *faces* to the south.
部屋は南に向いている.

faced [feist フェイスト] 動 face (…に面する) の過去・過去分詞.

facial [féiʃəl フェイシャル] 形 顔の.

facility 2級 [fəsíləti ファスィリティ] 名 (複数 **facilities** [-z]) 《ふつう複数形で》設備, 施設.

facing [féisiŋ フェイスィング] 動 face (…に面する) の -ing 形.

fact 3級 [fǽkt ファクト]

名 (複数 **facts** [-ts ツ]) **事実, 現実**; 実際.
a novel based on *fact*
事実にもとづく小説.
You need to accept the *fact* she's not really your friend.
彼女はほんとは友だちなんかじゃないという事実を受け入れないと.
Fact is stranger than fiction.
《ことわざ》事実は小説よりも奇きなり.

as a matter of fact じつは, じつのところは.
As a matter of fact, she had two children.
じつは彼女には2人の子どもがいたんだ.

in fact (前の文を強調・訂正ていして) 実際は, じつのところ; それどころか, というより.

two hundred and fifty-seven **257**

He wasn't ill. *In fact*, he looked pretty healthy. 彼は病気ではなかった。それどころか、とても元気そうだったよ。

factor 準2 [fǽktər ファクタァ] 名 要因, 要素.
Trust is an important *factor* in any friendship. 信頼関係はどんな友情においても大切な要素である。

factory 3級 [fǽkt(ə)ri ファク(ッ)リ]
名 (複数 **factories** [-z]) **工場**, 製造所.
He works in a car *factory*.
彼は自動車工場で働いている。

faculty [fǽkəlti ファカルティ] 名 (複数 **faculties** [-z]) (文語)(身体・精神の) 能力, 機能；(大学の) 学部；(米) [集合的に] (学校・大学の) 教職員；(英) 大学の学部.

fade 2級 [feid フェイド] 動 (自) (光・音・記憶などが) しだいに消えていく；(色が) あせる；(花が) しおれる, しぼむ.
All the roses have *faded*.
バラは全部しぼんでしまった。

Fahrenheit [fǽrənhait ファレンハイト] 名 形 カ氏 (の) (反 Celsius, centigrade セ氏 (の)) (▶おもにアメリカ国内で使われている温度の単位。略語は F または F.).
32°F カ氏 32 度 (▶ thirty-two degrees Fahrenheit と読む。0°Cに相当).

背景 ❶ドイツの物理学者ファーレンハイトがこの温度目盛りを考案した。❷アメリカ国内ではふつうカ氏を使うので, とくに断りがないときはカ氏で表されていると考えてよい。→ Celsius

fail 準2 [feil フェイル]
動 (自) **1 失敗する** (反 succeed 成功する)；(**fail to ...** で) …するのに失敗する, …できない.
He tried his best, but *failed*.
彼は最善をつくしたが失敗した。
She *failed* to come. 彼女は (当然来るべきであったのに) 来なかった。
2 (機械・体の一部などが) 動かなくなる.
The right engine *failed*.
右のエンジンが動かなくなった。

— (他) (試験・科目など) に落第する, 落ちる (反 pass …に合格する).
Bob *failed* the exam.
ボブはその試験に落第した。

never fail to ... かならず…する。
He *never fails to* keep his word.
彼はかならず約束を守る。

— 名 ▶次の成句で。

without fail かならず, きっと.
Be back by six *without fail*.
かならず6時までにもどってきなさい。

failure [féiljər フェイリャ] 名 **1** 失敗 (反 success 成功)；失敗者, 失敗作.
The plan ended in *failure*.
その計画は失敗に終わった。
Failure teaches success.
(ことわざ) 失敗は成功のもと。
2 (機械の) 故障；(体の一部の) 機能停止.
a power *failure* 停電.
He died of heart *failure*.
彼は心不全で亡くなった。

faint [feint フェイント] 形 **1** (音・におい・色などが) かすかな；(考えなどが) おぼろげな；(望みなどが) わずかな.
She felt a *faint* hope.
彼女はかすかな望みを感じていた。
2 気が遠くなりそうになって；めまいがして.
I feel *faint*. めまいがするの。
— 動 (自) 気を失う, 気絶する.
She *fainted* when she heard the news. その知らせを聞いて彼女は気を失った。

fair¹ 準2 [fear フェア] フォニックス85 air は [ear] と発音する。
形 (比較 **fairer**；最上 **fairest**) **1 公平な**, 公正な, フェアな (反 unfair 不公平な)；**適正な**, 妥当な.
Our teacher is always *fair* to us.
私たちの先生はいつも私たちに公平だ。
That's not *fair*.
そんなの不公平だ (→ずるいよ).
Do you think 10,000 yen is a *fair* price? 1万円は妥当な価格だと思う?
2 かなりの, 相当の (同 considerable).
He spent a *fair* amount of money on books.
彼はかなりの額のお金を書物に使った。
3 (程度・能力が) まあまあの, まずまずの.
Mike's Japanese is *fair*.
マイクの日本語はまあまあだね。

◀ **fall**

4 (はだが) **色白の**;(髪が) 金髪の (反 dark 黒っぽい).
The girl has *fair* hair. その少女は金髪だ.
5 (天気が) **晴れた**. → fine
The weather was *fair* that day.
その日はよい天気でした.
── 副 公正に, フェアに.
Play *fair*. フェアにやれよ.
[同音語] fare (運賃)

fair[2] [fɛər フェア] 图 **1** 博覧会, 見本市;《米》品評会, 展示即売会;バザー.
an international trade *fair* 国際見本市.
a state *fair*《米》ステートフェア, 州の品評会 (サーカス・見せ物・カーニバルなどもある大がかりな州単位の品評会).
2《英》(見せ物や余興の) 巡回興行, 移動遊園地.
[同音語] fare (運賃)

fairly 準2 [féərli フェアリィ] 副 **1** まあまあ, わりと;かなり, 相当に.
Emi speaks English *fairly* well.
恵美は英語をわりとじょうずに話す.
2 公平に, 公正に (反 unfairly 不公平に).

fair play [fɛər pléi] 图 (スポーツなどで) フェアプレー;公正な態度.

fair trade [fɛər tréid] 图 フェアトレード (発展途上国の作物や製品を公正な価格で購入する貿易のしくみ).

fairy [féəri フェ(ア)リィ] 图 (複数 fairies [-z]) (おとぎ話に出てくる) 妖精.

fairy tale [féəri tèil] 图 おとぎ話.

faith [feiθ フェイス] 图 信頼, 信用;信仰;宗教.
I have *faith* in his honesty.
私は彼の誠実さを信じている.

faithful [féiθfəl フェイスフル] 形 忠実な, 誠実な.
a *faithful* friend 誠実な友人.

faithfully [féiθfəli フェイスフリィ] 副 忠実に, 誠実に.
Yours faithfully, = **Faithfully yours,** 敬具 (改まった手紙の結び文句).

fake [feik フェイク] 图 にせ物, 模造品;ぺてん師, 詐欺師.
── 動 他 …を偽造する;…のふりをする.

fall
5級 動 **落ちる**
图 秋

[fɔːl フォール]
動 (3単現 falls [-z]) (過去 fell [fel フェル]) (過分 fallen [fɔ́ːlən フォールン]) (ing falling) 自 **1 落ちる**;(雨・雪などが) **降る**.

(人・動物が) 倒れる　　(温度が) 下がる

Leaves *fall* in autumn.
秋には葉が落ちる.
She almost *fell* down the stairs.
彼女は階段からころげ落ちそうになった.
Snow was *falling* again.
また雪が降っていた.
2 (温度・値段などが) **下がる** (反 rise 上がる).
The temperature *fell* below zero.
気温は氷点下に下がった.
3 (人が) **ころぶ**, 倒れる;(木などが) **倒れる**.
He *fell* and hurt his head.
彼はころんで頭をけがした.
4 (**fall** +形容詞で)(ある状態) になる.
fall sick 病気になる.
The classroom *fell* silent.
教室はしーんと静まりかえった.

fall apart (物などが) ばらばらにこわれる;くずれる.
He wore the shoes until they *fell apart*.
彼はそのくつをぼろぼろになるまではいた.

fall asleep 寝入る.
She soon *fell asleep*.
彼女はすぐに眠りについた.

fall behind (勉強・仕事などが) 遅れる.
He is *falling behind* with his work schedule. 彼は仕事の予定が遅れている.

fall down ころぶ, 倒れる;…から落ちる.
Be careful not to *fall down*.
ころばないように注意して.

fall in love with …と恋に落ちる, …が好きになる. → love

fall on …の上に倒れる;(影などが) …の上に落ちる;(休日などが) …に当たる;(人) を襲う.

fallen ▶

The tree *fell on* his neighbor's house. 木は彼の隣の家に倒れた.
Christmas *falls on* Sunday this year. 今年のクリスマスは日曜日に当たる.

fall over ころぶ, 倒れる; (…から) 落ちる.
── 图 (複数 **falls** [-z]) **1** 《米》**秋** (同 autumn) (▶月名や曜日名とちがい, 小文字で書く).
We're going to go on a trip to Hokkaido this *fall*.
私たちはこの秋, 北海道へ旅行に行く.
in the *fall* of 2025 2025 年の秋に.

> ✏️ライティング
> I like *fall* the best because I can enjoy a lot of delicious food(s).
> たくさんのおいしい食べ物を楽しめるので, 私は秋がいちばん好きです.

2 落下; 転倒; 降雨 (量), 降雪 (量); (気温などの) 低下; (価格などの) 下落 (反 rise 上昇).
Humpty Dumpty had a great *fall*.
ハンプティー・ダンプティー, ドサッと落っこちた (▶ *Mother Goose* (マザーグース) の中の歌の1節).

3 [複数形で] **滝**.
Niagara *Falls* ナイアガラの滝.
Kegon *Falls* 華厳の滝.

fallen [fɔ́ːlən フォーレン] 動 fall (落ちる) の過去分詞.
── 形 落ちた; 倒れた; 死んだ.
fallen leaves 落ち葉.

falling [fɔ́ːliŋ フォーリング] 動 fall (落ちる) の -ing 形.

falls [fɔːlz フォールズ] 動 fall (落ちる) の3人称単数現在形.
── 图 fall (落下) の複数形.

false [fɔːls フォールス] 形 **1** まちがった, 誤った (反 true ほんとうの).
The information was completely *false*.
その情報は完全にまちがっていた.
a true-*false* test ○×式テスト.
2 本物でない, にせの; 人工の; 見せかけの, うわべだけの.
false teeth 入れ歯.

fame 2級 [feim フェイム] 图 名声, 有名; 評判. → 形 famous

familiar 3級 [fəmíljər ファミリャ] 形 よく

知られた, 見たことのある, 聞いたことのある, なじみのある (反 unfamiliar よく知られていない); (**be familiar to ＋人** で) (人) によく知られている; (**be familiar with ＋物事** で) (人が) (物事) をよく知っている, …に精通している.
You look *familiar*.
きみとは以前会ったことがある気がする.
I heard a *familiar* voice.
聞きなれた声がした.
That name *is familiar to* me.
その名前ならよく知っています.
I'*m familiar with* that school. (＝That school *is familiar to* me.)
私はその学校のことはよく知っている.

families [fǽm(ə)liz ファミリィズ] 图 family (家族) の複数形.

family 5級 图 家族

[fǽm(ə)li ファミリィ]
图 (複数 **families** [-z]) **1 家族**, 一家.
This is my *family*. これが私の家族です.
the Suzuki *family* 鈴木さん一家 (▶名字に s をつけて, the Suzukis ともいう).
There are five people in my *family*.
うちは5人家族です (▶ We are a *family* of five. ともいうが, ×My family is five. とはいわない).

> 💬スピーキング
> Ⓐ How many people are there in your *family*?
> 何人家族ですか.
> Ⓑ There are four, counting me.
> 私を入れて, 4人です.
> (▶「何人家族ですか」は How big is your *family*? ともいう.)

There are only thirty *families* in this village.
この村には 30 世帯しか住んでいない.
His *family* is very large.
彼のうちは大家族です.
"How's your *family*?" "They're fine, thank you."
「ご家族はお元気ですか」「ええ, 元気にしています, ありがとう」
a *family* doctor かかりつけの医師.

◀ **fancy**

📝**文法** family の使い方
❶家族全体を1つのまとまりとしてみるときは単数あつかい. 家族の1人1人を表す場合は複数あつかいだが, （米）では単数あつかいのことも多い.
❷日本語では「家族が多い」というが, 英語では have a large family のようにいう. many families というと, 「家族」がいくつもあることになってしまうので注意.

2 (一家の) **子どもたち**.
Mr. and Mrs. Smith have a large *family*.
スミス夫妻には子どもが多い (▶家族が多い).
3 一族, 親族, 親せき.
Do you have any *family* here?
こちらにご家族やご親せきはいますか.
4 《生物》(分類学上の) 科; 《言語》語族.
the cat *family* ネコ科.

family name [fǽm(ə)li nèim] 图 名字, 姓 (対 first name 名) (▶英米では名字が名のあとにくるので last name ともいう). → name

---

💬**用法** Mr. や Ms. などの使い方
たとえば John Smith という名前では, Smith を family name という. Mr. や Mrs. などの敬称をつけるときは Mr. Smith または Mr. John Smith (「Mr. +姓」または「Mr. +名+姓」) のようにいい, *Mr. John (Mr. +名) のようにはいわない.

---

family tree [fǽm(ə)li trí:] 图 家系図.
famine [fǽmin ファミン] 图 ききん; ひどい不足, 欠乏.

---

famous **4級** 形 **有名な**

[féiməs フェイマス]
形 (比較 more famous; 最上 most famous)
(よい意味で) **有名な**, 名高い (▶「悪い意味で有名な, 悪名の高い」は notorious [noutɔ́:riəs] という); ((be famous for[as] で) …で [として] 有名である.
Her mother is a *famous* pianist.
彼女のお母さんは有名なピアニストだ.
This town *is famous for* its grapes.
この町はブドウで有名だ.
He's *famous as* a writer. (＝He's a *famous* writer.) 彼は作家として有名だ.
→图 fame

✏️**ライティング**

We went to Kyoto on our school trip. We visited a lot of *famous* shrines and temples there.
私たちは修学旅行で京都に行きました. 私たちはそこでたくさんの有名な神社仏閣を訪れました.

---

fan¹ **3級** [fæn ファン]

图 (複数 fans [-z]) **ファン**, 熱心な愛好者.
a sport *fan* スポーツファン.
He's a big *fan* of the Yankees.
彼はヤンキースの大ファンだ.
fan² **3級** [fæn ファン] 图 扇風機 (＝electric fan); 扇; 扇子; うちわ.
── 動 (過去 過分 fanned[-d]; ing fanning)
他 (扇などで) …をあおぐ; …に風を送る.
fancy **準2** [fǽnsi ファンスィ] 图 (複数

🔖 単語力をつける | **family　家族に関することば**

☐ grandfather	祖父	☐ daughter	娘
☐ grandmother	祖母	☐ grandson	孫息子
☐ father	父	☐ granddaughter	孫娘
☐ mother	母	☐ uncle	おじ
☐ brother	兄, 弟	☐ aunt	おば
☐ sister	姉, 妹	☐ cousin	いとこ
☐ son	息子		

fantastic ▶

fancies [-z]）(英) 空想；(気まぐれな) 考え, 好み.
have a *fancy* for ...
…が好きである.

―― 形 (比較) **fancier**；(最上) **fanciest**) 高級な, 一流の；装飾的な；こった, はでな.
fancy clothes 高級な服.
a *fancy* cake (英)デコレーションケーキ(▶(米)では a decorated cake という. ×decoration cake とはいわない).

―― 動 (3単現) **fancies** [-z]；(過去) (過分) **fancied** [-d]；(ing) **fancying** 他 (米)(古語)…を空想する；(英)(文語)…となんとなく思う.
I *fancy* I have met you before.
前にお会いしたような気がします.

fantastic 準2 [fæntǽstik ファン**タ**スティク]
形 (口語) すばらしい, すてきな；すごい；空想的な；風変わりな.
I had a *fantastic* time.
すごく楽しかったよ.
"I got a perfect score." "*Fantastic*!"
「満点とったよ」「すごいね」

fantasy [fǽntəsi ファン**タ**スィ] 名 空想, ファンタジー.

far 4級 副 遠くに

[fɑːr ファー] フォニックス75 ar は [ɑːr] と発音する.
副 (比較) **farther** [fɑ́ːrðər] または **further** [fə́ːrðər]；(最上) **farthest** [fɑ́ːrðist] または **furthest** [fə́ːrðist] **1** (場所・距離が) **遠くに**, はるかに (反) near 近くに (▶ふつう疑問文や否定文で使う).

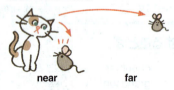

near   **far**

> 🗣 スピーキング
> Ⓐ How *far* is it from here to the hotel? ここからそのホテルまでどのくらいの距離がありますか.
> Ⓑ It's about five hundred meters.
> 約500メートルです.

Is the station *far* from here?
駅はここから遠いですか.

> 📖 文法 *far* の使い方
> *far* はふつう疑問文・否定文で使われる. 肯定文では **a long way** を使うことが多い. The zoo is *a long way* from the station. (動物園は駅からは遠い)

2 (時間が) **ずっと**, はるかに, (現在から) 遠く.
Ken often studies *far* into the night.
ケンはよく夜遅くまで勉強します.

3 [形容詞の比較級・最上級を強めて] (程度が) **ずっと**, はるかに (同 much).
The team is *far* stronger than I thought.
そのチームは思っていたよりもずっと強い.

as far as …**するかぎりでは**；(ある場所) まで.
As far as I know, he is a nice man.
私の知るかぎりでは, 彼は感じのよい人だ.

far away 遠くはなれて.
My aunt moved *far away*.
おばは遠くへ越していった.

far from 少しも…でない, …ところでない (▶「(場所が)…から遠い」が基本の意味).
The story was *far from* interesting.
その話は少しもおもしろくなかった.

so far いままでのところでは, これまでは.
We haven't had any snow *so far*.
これまでは雪は降ってないよ.
So far so good.
いままでのところはうまくいっている；そこまではよかった.

> 📖 文法 *far* の比較級・最上級
> *far* の比較級・最上級の farther, farthest は距離に, further, furthest は時間・程度などに使うのが原則. しかし現在では後者は距離にも使う.
>
>

―― 形 **1** 遠い.
the *far* past 遠い昔.
2 [ふつう the をつけて] 向こうの, 遠い方の.
the far north 最北端.

faraway [fά:rəwèi ファーラウェイ] 形 (場所・時間が) 遠方の, 遠くはなれた.

fare 準2 [feər フェア] 名 (乗り物の) 料金, 運賃.
a train *fare* 鉄道運賃.
What's the *fare* to Nakano? 中野までの料金はいくらですか.
[同音語] fair[1,2] (公平な;博覧会)

Far East [fὰ:r í:st] 名 [the をつけて] 極東 (中国・日本など東アジアの地域をさす. ヨーロッパを中心に世界を見た言い方).

farewell [fèərwél フェアウェル] 名 別れ; 別れのあいさつ.
a *farewell* party 送別会.

farm 4級 名 農場

[fɑ:rm ファーム] フォニックス75 ar は [ɑ:r] と発音する.

名 (複数 **farms** [-z]) **1 農場**, 農園.
run a *farm* 農場を経営する.
He works on a *farm*. 彼は農場で働いている.
a fruit *farm* 果樹園.

2 飼育場;養殖場.
a chicken *farm* 養鶏場.
an oyster *farm* カキ養殖場.

farmer 4級 [fά:rmər ファーマァ]
フォニックス75 ar は [ɑ:r] と発音する.

名 (複数 **farmers** [-z]) 農場経営者, 農場主;農家 (の人).
My uncle is a *farmer*. おじは農場経営者だ.
a rice *farmer* 米農家.
a dairy *farmer* 酪農家.

> 背景 自分で農場 (farm) を経営する人のこと. やとわれて農場で働く人は farmhand とか farm worker という.

farmhouse [fά:rmhaus ファームハウス] 名 (農場内にある) 農場主の家.

farming 準2 [fά:rmiŋ ファーミング] 名 農業, 農場経営;飼育;養殖.

farmland [fά:rmlænd ファームランド] 名 農地.

farmyard [fά:rmjɑ:rd ファームヤード] 名 農家の庭 (住宅・納屋などに囲まれた空き地).

◀ **fast**[1]

farther [fά:rðər ファーザァ] (far の比較級の1つ) 副 より遠くに, ずっと先に;さらに.
I can swim *farther* than Bill. 私はビルより遠くまで泳げる.
—— 形 より遠い, ずっと先の.

farthest [fά:rðist ファーゼスト] (far の最上級の1つ) 副 もっとも遠くに.
—— 形 もっとも遠い.

fascinate [fæsəneit ファスィネイト] 動 他 (人) を魅了する, うっとりさせる.
I was *fascinated* by her performance. 彼女の演奏にうっとりしてしまった.

fascinating [fæsəneitiŋ ファスィネイティング] 形 (人) を魅了する, うっとりさせる.

fashion 準2 [fæʃən ファション] 名 **1** 流行, ファッション;流行しているもの, 流行の服.
I'm interested in *fashion* and music. 私はファッションや音楽に関心がある.
This is the latest *fashion*. これが最新のファッションだ.

2 やり方, しかた.
in my own *fashion* 自分流のやり方で.

in fashion 流行して.
Knee-high boots are back *in fashion*. ロングブーツがまた流行している.

out of fashion すたれて, 流行おくれで.
Such ideas have gone *out of fashion*. そういう考えはもうすたれてしまった.

fashionable [fæʃ(ə)nəbl ファシ(ョ)ナブル] 形 流行の, はやりの.
fashionable clothes 流行の服.

fast[1] 5級 副 速く
形 速い

[fæst ファスト ‖ fɑ:st ファースト]

副 (比較 **faster**;最上 **fastest**)
1 (スピードが) **速く** (反 slowly 遅く) (▶ early は時刻や時期が「早く」の意味).
→ early

fast   slowly

fast² ▶

Bob can run *fast*.
ボブは速く走れる.
Don't talk so *fast*.
そんなに早口でしゃべらないで.
Bill can skate *faster* than Fred.
ビルはフレッドより速くスケートですべれる.

2 しっかりと；（眠りが）ぐっすりと.
Tie the rope *fast* around your waist.
ロープを腰のまわりにしっかりと結んで.
The baby was *fast* asleep.
赤ちゃんはぐっすり眠っていた.

── 形 **1**（スピードが）**速い**（反 slow 遅い）（▶ early は時刻や時期が「早い」という意味）.
She's a *fast* runner.（＝She runs fast.）
彼女は走るのが速い.
What's the *fastest* train in the world?
世界でいちばん速い電車は何ですか.

用法 fast と quick
fast は人や物の動きのスピードが速いこと. a *fast* car（速い車）
quick は動作が手間どらずにすばやいこと，ぐずぐずしないことを表す. a *quick* answer（即答）

2（時計が）**進んでいる**（反 slow 遅れている）（▶時計が進むというときは gain を使う）.
That clock is five minutes *fast*.
あの時計は5分進んでいる.
3 しっかりした，固定した. → 動 fasten

発音 first [fə́ːrst ファ〜スト]（第1の）とは発音がちがうことに注意.

fast² [fæst ファスト ‖ fɑːst ファースト] 動 自（宗教的な理由などで）断食する.
── 名 断食；断食期間.
Muslims *fast* during Ramadan.
イスラム教徒はラマダンの間断食する.

fasten **3級** [fǽsn ファスン ‖ fɑːsn ファースン]（t は発音しない）動 他 …を固定する，しっかり留める.
Please *fasten* your seat belts.
シートベルトをおしめください.
── 自（かぎ・ファスナー・ボタンなどが）かかる，しまる. → 副形 fast

fastener [fǽsnər ファスナァ ‖ fɑːsnə ファースナァ]（t は発音しない）名 留め具（▶ボタン，ホック，ファスナー，ジッパーなどの総称. いわ

ゆる「ファスナー」のことは英語では zipper という）.

faster [fǽstər ファスタァ] 副 形 fast（速く；速い）の比較級.

fastest [fǽstist ファステスト] 副 形 fast（速く；速い）の最上級.

fast food [fǽst ‖ fɑːst fúːd] 名 ファストフード.

背景 注文するとすぐに（fast）出される食品（food）のこと. ハンバーガー（hamburger）やフライドチキン（fried chicken）など. これらは店内で食べずに持ち帰ることもできるが，これを takeout ＝（英）takeaway という. ファストフードを食べさせる店は fast-food restaurant という.

fasting [fǽstiŋ ファスティング ‖ fɑːstiŋ ファースティング] 名 断食，絶食.

fat [fæt ファット] 形（比較 fatter；最上 fattest）（でっぷり）太った，肥満した（反 thin やせた）（▶ fat は太りすぎの状態を表し，他人に対して使うと軽べつ的な感じを与えるので使うのはさけたほうがよい.「太った」という意味では男性には stout，女性には plump [plʌmp プランプ]，子どもには chubby [tʃʌ́bi チャビィ] などが使われる）. → thin
I'm getting *fat* these days.
私は最近太ってきた.
── 名 脂肪.

fatal [féitl フェイトゥル] 形 致命的な，命取りの；取り返しのつかない.
a *fatal* accident 死亡事故.
a *fatal* illness 死にいたる病，不治の病.

fate [feit フェイト] 名 運命，宿命.

father **5級** 名 父，父親

[fɑ́ːðər ファーザァ] **フォニックス35** th は [ð] と発音する. a は例外的に [ɑː] と発音する.
名（複数 fathers [-z]）**1 父，父親**，お父さん（対 mother 母）.
my mother and *father* 私の父と母（▶日本語の語順とちがって mother を先にいうのがふつう）.
He's Mary's *father*.
あの人はメアリーのお父さんだよ.
Where is *Father*? お父さんはどこ？

264 two hundred and sixty-four

◀ **favourable**

💬**用法** father の使い方
❶家族間で父親をさすときは，しばしば冠詞や my をつけず，Father と大文字で固有名詞のようにあつかう．❷子どもが父親に呼びかけるときは Dad，Daddy を使うことが多い．→ dad，daddy

2 [the をつけて] 創始者，生みの親；[ふつう複数形で] 祖先，先祖．
George Washington is called *the father* of the United States.
ジョージ・ワシントンは「アメリカ合衆国の父」とよばれている．

3 [Father で尊称・呼びかけとして] (とくにカトリック教会の)…神父．
Father Flanagan フラナガン神父．

Father Christmas [fáːðər krísməs]
图 (英) サンタ・クロース (= Santa Claus).

father-in-law [fáːðərinlɔ̀ː ファーザリンロー]
图 義理の父 (妻または夫の父)，義父．

Father's Day [fáːðərz dèi] 图 父の日 (6月の第3日曜日；1910 年にアメリカで始まった).

faucet [fɔ́ːsit フォーセット] 图 (米) (水道などの) 蛇口，コック (= (英) tap).
turn on the *faucet*
蛇口をひねって水を出す．

fault 2級 [fɔ́ːlt フォールト] 图 **1** (人の) 欠点，短所；(物の) 欠陥，きず；故障．
an electrical *fault* 電気系統の故障．
2 (過失に対する) 責任；誤り．
I'm sorry, it's my *fault*.
すみません，私の責任です．
It's your own *fault*.
それはきみの責任だ (→悪いのはお前だ).
3 (テニスなどの) フォールト (サーブの失敗).
4 《地質》断層．
an active *fault* 活断層．

find fault with …に文句を言う，…を非難する，…のあらさがしをする．
She is always *finding fault with* others.
彼女はいつも他人のあらさがしばかりしている．

favor 準2 [féivər フェイヴァ] ▶ (英) では favour とつづる．
图 親切な行い；好意，(相手の親切にうったえてする) 願い；支持，賛成．
→ 形 favorite

---

in favor of …に賛成して，…を支持して．
I am *in favor of* the plan.
私はその案に賛成です．

🗨スピーキング
Ⓐ *Could you do me a favor*?
お願いがあるのですが．
Ⓑ Sure. What is it?
いいですよ．何ですか．
(▶ Could you do me a favor? は人に「お願いがあるのですが」と頼むときの言い方．Would you do me a favor? とか May I ask you a favor? などともいう．)

favorable [féiv(ə)rəbl フェイヴ(ァ)ラブル]
▶ (英) では favourable とつづる．
形 好意的な；好都合な．
give a *favorable* answer
好意的な (承諾などの) 返事をする．

favorite, (英)favourite

5級 [féiv(ə)rit フェイヴ(ァ)リト]
形 (ふつう比較変化なし) (いちばん) **気に入っている**，大好きな (▶ favorite には「いちばん」の意味がふくまれているので，ふつう比較級・最上級にしない).
Soccer is my *favorite* sport.
サッカーはぼくの大好きなスポーツです．

🗨スピーキング
Ⓐ What is your *favorite* color?
あなたのいちばん好きな色は何ですか．
Ⓑ Blue is my *favorite* color.
青が私のいちばん好きな色です．

"What's your *favorite* food?"
"Spaghetti."
「大好きな食べ物は何？」「スパゲッティ」
→ 图 favor

—— 图 [複数] favorites [-ts ツ] (いちばんの) **お気に入り**，大好きな物・人；人気者．
This bag is my *favorite*.
このかばん，いちばん気に入ってるんだ．
Fish and chips is a great *favorite* with British people.
フィッシュ・アンド・チップスはイギリス人の大好物だ．

favour [féivər フェイヴァ] 图 (英)＝(米) favor

favourable [féiv(ə)rəbl フェイヴ(ァ)ラブル]
形 (英)＝(米) favorable

---

two hundred and sixty-five　265

fax ▶

fax [fæks ファックス] 名 〖複数〗 **faxes** [-iz] ファックス (▶ facsimile の略).
── 動 他 …をファックスで送る.

FBI [éfbi:ái エフビーアイ] 名 〖the をつけて〗エフ・ビー・アイ, (アメリカの) 連邦捜査局 (州・郡・市などの自治体の警察とはちがって, 全国的な規模の犯罪やとくに重大な犯罪をあつかう; Federal Bureau of Investigation の略).

FC [éfsí: エフスィー] 名 フットボールクラブ, エフシー, サッカークラブ (Football Club の略).

fear [fíər フィア]

名 **おそれ**; 心配, 不安.
She had a *fear* of failure.
彼女は失敗をおそれた.
The only thing we have to fear is *fear* itself. われわれがおそれなければならないことはただ1つ, おそれそのものだ (▶アメリカ第 32 代大統領 F. ローズベルトのことば).
── 動 他 **…をおそれる**, こわがる; (**fear (that) ... で**) …ではないかと心配する (▶ ふつう進行形にしない. fear はやや形式ばった言い方で, ふつうは be afraid を使う).
→ afraid
Animals *fear* fire. 動物は火をこわがる.
People *fear that* a big earthquake will strike Tokyo in the near future.
近い将来大地震が東京をおそうのではないかと人々は心配している.
── 自 おそれる, こわがる; (**fear for で**) …のことを心配する, 気づかう.
They *feared for* the safety of their daughter. 彼らは娘の安否を心配した.

fearful [fíərfəl フィアフル] 形 おそろしい; おそれて.

feast [fí:st フィースト] 名 祝宴, 宴会, ごちそう; (宗教上の)祝祭, 祭日.
a wedding *feast* 結婚披露宴.

feat [fí:t フィート] 名 功績, 偉業.

feather 2級 [féðər フェザァ] 名 (鳥の1本1本の)羽, 羽毛 (▶「つばさ」は wing).
Birds of a *feather* flock together.
(ことわざ)同じ羽の鳥は群れ集う=類は友を呼ぶ.

feature 2級 [fí:tʃər フィーチァ] 名 **1** 特徴, 特色.
Wet weather is a main *feature* of the region.

雨がちの天気がその地方のおもな特徴だ.
2 顔のつくり (目・鼻・口などの1つをさす); [ふつう複数形で] 顔だち, 容ぼう.
3 (新聞・雑誌・テレビなどの) 特集記事・番組.
a *feature* article 特集記事.
── 動 他 …を呼び物とする, 特集する; …を大きく取り上げる.

Feb. 《略》= February (2月)

February 5級 名 2月

[fébrueri フェブルエリィ ‖ -əri -アリィ]
名 **2月** (▶略語は Feb.). → month (表)
February is the shortest month of the year. 2月は1年でもっとも短い月だ.
Valentine's Day is in *February*.
バレンタインデーは2月にあります (▶「…月に」というときは in を使う).
My sister was born on *February* 28. 妹[姉]は2月28日に生まれた (▶特定の日がつくときには on を使う).

○ in February
× in February 14
特定の日がつくときは on を使う.

○ on February 14
▶月名は大文字で書きはじめる.

背景 ラテン語で「Februa (2月15日のつぐないの祭り) のある月」の意味.

fed 準2 [féd フェド] 動 feed (…に食べ物を与える) の過去・過去分詞.

federal [fédərəl フェデラル] 形 連邦の, 連邦政府の; (ふつう **Federal** で) アメリカ連邦政府の.
the *Federal* Government
アメリカ合衆国政府.

fee 3級 [fí: フィー] 名 **1** (医者・弁護士などへの) 謝礼, 報酬.
medical *fees* 医療費.
2 料金 (会費・授業料・入場料など).
an admission *fee* 入場料.
a membership *fee* 会費.

feeble [fí:bl フィーブル] 形 (体・声・力・効果などが) 弱い.

◀ **fell**

feed 準2 [fíːd フィード] 動 (過去 過分 **fed**
[féd]) 他 (人) に食べ物を与える; (動物)
にえさをやる.

Don't *feed* the animals.
動物にえさを与えないでください.

——自 (動物が) えさなどを食べる; (**feed
on** で) (動物が) …を常食とする.

Cattle *feed on* grass.
牛は草を常食としている.　　→名 food

—— 名 (ペットなどの) えさ; (家畜の) 飼料.

feedback [fíːdbæk フィードゥバク] 名 (消
費者・利用者などからの) フィードバック,
反応, 参考意見.

feel 動 (…と) 感じる, (…の) 感じがする

[fíːl フィール] フォニックス64 ee は[iː]と発音する.
動 (3単現 **feels** [-z]; 過去 過分 **felt** [félt フェ
ルト]; ing **feeling**) 自 1 (**feel ＋形容詞ま
たは過去分詞で**) (体・手で…と) **感じる;**
(…の) **感じがする** (▶進行形にしない).

I *feel* very tired. とてもつかれた.

🔊 スピーキング

Ⓐ *How do you feel?*
気分はどうですか.

Ⓑ I *feel* better today.
今日は (前より) よくなった感じです.

2 (頭の中で…と) **感じる,** 思う.
I *feel* happy. 私は幸せな気分だ.
How do you *feel* about her?
彼女のことはどう思ってるの?
I *felt* sorry for her.
彼女のことを気の毒に思った.

——他 **1** (体などで) **…を感じる;** (指先・
手で)…を感じる, さわる (▶進行形にしない).

I *felt* a pain in my leg.
足に痛みを感じた.

Did you *feel* the earthquake this
morning? けさ, 地震を感じましたか.

2 (頭の中で) **…を感じる,** 思う; (**feel
(that) ... で**)…だと思う (▶進行形にしない).

I *feel that* our team will win.
ぼくたちのチームが勝つとぼくは思うよ.

I *felt that* I was very lucky.
自分はとても運がいいと思った.

feel for …を手さぐりでさがす; …に同情
する.

Jiro *felt* in his pocket *for* a ten-yen
coin.
二郎はポケットに手を入れて10円玉をさがした.

feel like (さわった感じが)…のようだ; …
のような気がする; …がほしい.

This *feels like* silk.
これは絹のような手ざわりだ.

It *feels like* snow today.
今日は雪になりそうだ.

Do you *feel like* a cup of tea?
紅茶を1杯いかが?

feel like -ing …したい気がする.

I don't *feel like doing* anything.
何もする気になれないよ.

feeling [fíːliŋ フィーリング] フォニックス64 ee は[iː]と発音する.

動 feel (…と感じる) の -ing 形.

—— 名 (複数 **feelings** [-z]) **1** (ふつう単数形
で) **感じ,** 気分, …感; (ばく然とした) 感じ,
思い.

It was a really good *feeling*.
すごくいい気分だった.

I have a *feeling* something bad is
going to happen.
何か悪いことが起こりそうな気がする.

2 (ふつう複数形で) (人の) **感情,** 気持ち.
I didn't mean to hurt her *feelings*.
彼女の感情を傷つけるつもりなんてなかったんだ.

No hard *feelings*. うらみっこなしね (▶仲
直りのことば).

3 感覚 (▶ a をつけず, 複数形なし).
He has lost all *feeling* in his left arm.
彼は左腕の感覚をまったく失った.

4 意見, 感想.
What are her *feelings* about it?
それについて彼女の意見はどうなのでしょうか.

feels [fíːlz フィールズ] 動 feel (…と感じる)
の3人称単数現在形.

feet 5級 [fíːt フィート] フォニックス64 ee は[iː]と発音する.

名 foot (足) の複数形.

1 足, 両足 (足首から下の部分).
Her *feet* were cold.
彼女の両足は冷たかった.

2 フィート (長さの単位:略語は ft.). → foot
I am five *feet* six (inches tall).
私の身長は5フィート6インチ(約167.6cm)です.

fell 4級 [fél フェル]

two hundred and sixty-seven　267

fellow ▶

動 fall (落ちる) の過去形.

fellow [félou フェロウ] **名 1** [ふつう前に形容詞をつけて]《口語》…な人・男, やつ (▶古風な言い方. 現在は guy を使うことが多い).
George is a good *fellow*.
ジョージはいいやつだ.

2 [ふつう複数形で]《古風な言い方》仲間, 同僚.

3《特に英》(大学の) 特別研究員, フェロー；《米》奨学金を受けている大学院生.
—— **形** 仲間の.
fellow workers 仕事仲間.

fellowship [félouʃip フェロウシプ] **名** 友情, 親交；仲間であること；(大学院生・特別研究員などに与えられる) 特別奨学金.

felt¹ **4級** [felt フェルト]

動 feel (…と感じる) の過去・過去分詞.

felt² [felt フェルト] **名** フェルト.

felt-tip pen [félt(t)tip フェル(トゥ) ティプ pén] **名** フェルトペン, サインペン (▶ felt pen あるいは felt-tip ともいう).

female **準2** [fíːmeil フィーメイル] **形** 女性の；(動物・昆虫などの) めすの (対 male 男性の；おすの).
a *female* student 女子生徒.
a *female* gorilla めすのゴリラ.
—— **名** 女性, 女；(動物の) めす (対 male 男性；おす).

fence **準2** [fens フェンス] **名** フェンス, さく, へい, 囲い (▶「垣根」のことは hedge ともいう).

a wooden *fence* 木のさく.
There is a *fence* around the park.
公園のまわりにはフェンスがある.

fencing [fénsiŋ フェンスィング] **名**《スポーツ》フェンシング. → sport (表)

fern [fəːrn ファ〜ン] **名**《植物》シダ (類).

Ferris wheel [féris フェリス (h)wíːl] **名** (遊園地などの) 大観覧車.

ferry **3級** [féri フェリィ] **名**《複数》**ferries** [-z]) フェリー, 連絡船 (▶ ferryboat ともいう)；フェリーの発着所.

ferryboat [féribout フェリボウト] **名** フェリー, 連絡船, 渡し船.

fertile [fə́ːrtl ファ〜トゥル ‖ fə́ːtail ファ〜タイル] **形 1** (土地が) 肥えた, 肥沃な.
2 (人・動植物が) 繁殖能力のある.

fertilizer [fə́ːrtəlaizər ファ〜ティライザァ] ▶《英》では fertiliser とつづる.
名 肥料.

festival **4級** [féstəvəl フェスティヴァル]

名《複数》**festivals** [-z]) 祭り, (定期的にもよおされる) …祭；祝い, 祝日, 祭日.
a music *festival* 音楽祭.
We have our school *festival* in October. 10月に学園祭がある.

fetch [fetʃ フェッチ] **動** **自他**《おもに英》《米・古語》(行って) (物を) とってくる, (人を) 連れてくる (▶《米》では go and get, go あるいは bring, get を使うことが多い).
Fetch the ball, Spotty.
(犬に向かって) スポッティ, ボールをとって来い.

単語力を つける **feeling 感情を表すことば**

☐ angry	(かんかんに) おこって	☐ sad	悲しい
☐ blue	ゆううつな	☐ scared	こわがった, おびえた
☐ bored	あきた, 退屈した	☐ shocked	ショックを受けて
☐ disappointed	がっかりした	☐ sorry	
☐ embarrassed			気の毒で, 残念で, 申しわけなく
	きまりが悪い, 気はずかしい	☐ surprised	
☐ excited	興奮した, わくわくした		おどろいて, びっくりして
☐ glad	うれしい	☐ upset	おこって, 気を悪くして
☐ happy	うれしい, 楽しい, 幸せな	☐ worried	心配な, 不安な
☐ nervous	あがっている, 心配して		

◀ **fiber**

fever 3級 [fíːvər フィーヴァ]

图 (病気の) **高熱**；熱病；興奮状態，熱狂.

have a slight *fever* 微熱がある.

My son has had a *fever* since yesterday.

うちの息子がきのうから高い熱を出している（▶「熱がある」は have a *fever* という）.

few 5級 圏 少しの，ほとんどない

[fjúː フュー] フォニックス66 ew は [juː] と発音する.

圏 (比較) fewer；(最上) fewest 1 **(a few ＋名詞の複数形で)** [肯定的に使って] **少しの…**，少数の…，数…（反）many 多くの）.

I made *a few* mistakes on the exam. テストで少しだけまちがった.

There were *a few* people in the room. 部屋には数人の人がいた.

▶ **スピーキング**

Ⓐ Can I borrow this book for *a few* days?
この本を何日か借りてもいい？

Ⓑ Sure.
もちろん.

2 **(few ＋名詞の複数形で)** [否定的に使って] **…はほとんどない**.

I have *few* friends in Tokyo.
東京にはほとんど友だちがいない.

In those days very *few* people owned a cellphone.
当時，携帯電話を持っている人はほとんどいなかった.

📖 **文法** few と little

	数えられる名詞 (boys, eggs)	数えられない名詞 (milk, water)
少しある	a few＋複数名詞	a little＋単数名詞
ほとんどない，少ししかない	few＋複数名詞	little＋単数名詞

❶ few も little も何かが「少し」のときに使う. それが数えられる名詞であれば few を使い，数えられない名詞であれば little を使う. また，「少しある」という気持ちなら a few / a little を使い，「少ししかない」という気持ちなら few / little を使う.

× a few boy
○ a few boys
× few apple
○ few apples
× few water
↑ 数えられない名詞の前には a little や little を使う.
○ a little water
○ little water

❷ a few か few かは，話し手の気持ちによって決まり，かならずしも数の多少にはよらない. たとえば，「英語の歌を数曲知っている」場合，「少しは知っている」と思えば I know *a few* English songs. となり，もっと何曲も知りたい人にとっては I know *few* English songs.（数曲しか知らない）となる. little, a little の場合も同様.

just a few ＝ ***only a few*** ごく少数の.

I took *just a few* photos.
写真はほんの数枚しかとらなかった.

quite a few かなり多くの.

There were *quite a few* customers in the shop.
その店にはかなり多くの客がいた.

―― 代 [複数あつかい] **少数，少しの物・人**（反）many 多くの物・人）（▶ a few と few のちがいは形容詞の場合と同じ）.

Few of my answers were correct.
私の答えはほとんどが正しくなかった.

I know *a few* of these people.
この人たちの何人かは知っています.

fewer [fjúːər フューア] 圏 few（少しの…）の比較級.

fewest [fjúːist フューエスト] 圏 few（少しの…）の最上級.

fiber 2級 [fáibər ファイバァ] ▶《英》では fibre とつづる.

two hundred and sixty-nine 269

fiction ▶

图 食物繊維せん；（綿・ナイロンなどの）繊維；（布の）生地き.

fiction 準2 [fíkʃən フィクション] 图 [集合的に] 小説，フィクション（反）nonfiction ノンフィクション）．→ novel

science *fiction*
サイエンスフィクション（空想科学小説）（▶ sci-fi [sàifái サイファイ]，SF はこの略）．

> ❶参考 **fiction** は長編小説（novel），短編小説（short story）などの架空くうの物語の総称．歴史・伝記・紀行文など事実に基づいた作品は nonfiction（ノンフィクション）という．

fiddle [fídl フィドゥル] 图 フィドル（カントリーミュージックなどで使われるバイオリン），バイオリン．

field 3級 [fíːld フィールド] フォニックス67 ie は [iː] と発音する.

图［複数］**fields** [-dz ヅ] **1 畑**，牧草地，草原.
a rice *field* 田んぼ.
2（野球・サッカーなどの）**競技場**；フィールド（トラックの内側），
on the *field* 競技場で.
a soccer *field* サッカー競技場.
track and *field*
（米）陸上競技（＝（英）athletics）.
3（研究・活動の）**分野**，領域.

field day [fíːld dèi] 图［複数］**field days** [-z]（米）運動会（の日）（＝（英）sports day）.

fielder [fíːldər フィールダァ] 图《野球》外野手，野手；《クリケット》野手.

field trip [fíːld trìp] 图（生徒たちの）見学；校外学習.

fierce [fíərs フィアス] 形（人・動物などが）どうもうな；（感情・天候などが）激しい.
a *fierce* dog 猛犬もう.

fifteen 5級 形 **15 の**
图 **15**

[fiftíːn フィフティーン] フォニックス64 ee は [iː] と発音する．前後の文のリズムによりアクセントの位置が変わり [fíftiːn] となることがある.

形 **15 の**；15 個の，15 人の；15 歳さで.
—— 图［複数］**fifteens** [-z] **1 15**；15 歳；
［複数あつかい］**15 個**，15 人.
2［単数あつかい］（ラグビーの）チーム，フィフティーン.

our *fifteen* わが校のラグビーチーム.

fifteenth [fiftíːnθ フィフティーンス]

形［ふつう the をつけて］**第 15 の**，15 番目の.
—— 图［ふつう the をつけて］第 15，15 番目；（月の）15 日（▶略語は 15th）.

fifth 5級 形 **5番目の**
图 **5番目**

[fífθ フィフス] フォニックス34 th は [θ] と発音する.
形 **1**［ふつう the をつけて］**第5の**，5番目の.
the *fifth* floor（米）5階．（英）6階.
2 5分の1の.
—— 图［複数］**fifths** [-s] **1**［ふつう the をつけて］**第5**，5番目；（月の）5日（▶略語は 5th）.
on *the fifth* of May（＝ on May 5）
5月5日に（▶ May 5 は May fifth または May the fifth と読む）.
2 5 分の1.
two *fifths* 5分の2.

fifths [fífθs フィフスス] 图 fifth（5分の1）の複数形.

fifties [fíftiz フィフティズ] 图 fifty（50）の複数形.

fiftieth [fíftiəθ フィフティエス] 形［ふつう the をつけて］第 50 の，50 番目の.
—— 图［ふつう the をつけて］第 50，50 番目（▶略語は 50th）.

fifty 5級 形 **50 の**
图 **50**

[fífti フィフティ]
形 **50 の**；50 個の，50 人の；50 歳さで.
—— 图（［複数］**fifties** [-z]）**1 50**；50 歳；［複数あつかい］**50 個**，50 人.
2《my fifties で》（年齢ねんの）50 代；《the fifties で》（各世紀の）50 年代（▶ the 50s または 50's とも書く）.
in *the* (nineteen) *fifties* 1950年代に.

fig [fig フィッグ] 图《植物》イチジクの実，木.

fight 3級 [fáit ファイト] フォニックス36 gh は発音しない.

動（3単現 **fights** [-ts ツ]）過去 過分 **fought** [fɔ́ːt]，ing **fighting**）自 **1 戦う**，争う；《fight against, fight with で》（敵など）

と戦う；**(fight for で)** …を求めて戦う，奮闘する．

Japan *fought against* the U.S. in the Second World War.
第2次世界大戦で日本はアメリカと戦った．

They *fought for* freedom.
彼らは自由のために戦った．

2 けんかする：口げんかする．

The two boys were *fighting*.
2人の少年はけんかをしていた（▶ fight はなぐり合いの場合も口げんかの場合もある）．

Stop *fighting*! けんかはやめて．

―他 (敵など) **と戦う**；(病気・犯罪など) と戦う．

fight an enemy 敵と戦う．

―― 图 (複数) **fights** [-ts ツ] **戦い**；**けんか**；闘志；，ファイト．→ battle

win a *fight* 戦いに勝つ．

We had a big *fight*.
ぼくたちは大げんかをした．

fighter [fáitər ファイタァ] 图 戦う人，戦士；ボクサー；戦闘機 (= fighter plane)．

fighting [fáitiŋ ファイティング] 图 戦い，戦闘；なぐり合い．

fighting spirit [fàitiŋ spírit] 图 闘志，ファイト．

figure 3級 [fígjər フィギュア ‖ fígə フィガァ] 图 (複数) **figures** [-z] **1** (文字に対して) **数字**；[複数形で] 計算；数値，統計 (値)．

the *figure* 4 数字の4．

a single *figure* 1けたの数字．

He's good at *figures*. 彼は計算が得意だ．

2 図；図形，さし絵 (▶略語は fig.)．

See *Figure* 5. 第5図を見よ．

3 (人の) **姿**，**形**；(とくに女性の) **体形**，容姿；(絵画・彫刻などの) 人物像．

She has a good *figure*.
彼女はスタイルがいい (▶ She has a good ˣstyle. とはいわない)．

4 (重要な) **人物**．

a political *figure* 大物政治家．

a well-known *figure* 名士．

―― 動 他 《米口語》(figure (that)... で) …と思う，判断する．

figure out …を理解する；問題を解決する．

figure skating [fígjər skèitiŋ] 图 フィギュアスケート．

file¹ [fail ファイル] 图 (書類・新聞などの) とじこみ，ファイル；(コンピューター上の) ファ

イル．

―― 動 他 …をファイルにする，整理する．

file² [fail ファイル] 图 やすり．

―― 動 他 (つめなど) をやすりでみがく．

Filipino [filəpíːnou フィリピーノウ] 形 フィリピンの；フィリピン人の；フィリピーノ語の (フィリピンの公用語の1つ)．

―― 图 (複数) **Filipinos** [-z] フィリピン人；フィリピーノ語．

fill 3級 [fil フィル]

動 (3単現 **fills** [-z]；過去 過分 **filled** [-d]；
ing **filling**) 他 (容器・場所など) **を満たす**，いっぱいにする (反 empty …を空にする)；**(fill ～ with ... で)** ～を…で満たす，いっぱいにする．

He *filled* the glass.
彼はグラスにいっぱいついだ．

She *filled* the bottle *with* water.
彼女はボトルに水をいっぱい入れた．

The pool was *filled with* children.
プールは子どもたちでいっぱいだった．

―自 **満ちる**，いっぱいになる；**(fill with で)** …**で満ちる**，いっぱいになる．

The room soon *filled*.
その部屋はすぐにいっぱいになった．

Her eyes *filled with* tears.
彼女の目はなみだでいっぱいだった．→形 full

fill in (空所など) に必要事項を記入する．

fill in the blanks 空らんに記入する．

fill out (用紙など) に (もれなく) 書きこむ．

Please *fill out* this form.
この用紙に必要事項を記入してください．

fill up …をいっぱいにする；いっぱいになる．

Can you *fill* it *up*, please?
(ガソリンスタンドで) 満タンでお願いします．

filling [fíliŋ フィリング] 图 中身，詰め物．

film [film フィルム] 图 映画 (= movie)；(写真の) フィルム；薄い膜．

Have you seen this *film*?
この映画，見たことある？

―― 動 他 …を撮影する．

filmmaking [fílmmeikiŋ フィルムメイキング] 图 映画製作．

film star [fílm stàːr] 图 映画スター．

filter [fíltər フィルタァ] 图 ろ過器，フィルター；《写真》フィルター．

―― 動 他 自 (…を) ろ過する．

fin [fin フィン] 图 (魚の) ひれ；ひれ状の物．

final ▶

final 準2 [fáinl ファイヌル] 形 最後の，最終の；最終的な．

I missed the *final* episode.
最終回を見のがしてしまった．

final exams 期末試験（▶単に finals ともいう）． →副 **finally**

―― 名 1 [しばしば複数形で] 決勝戦（▶「準決勝」は semifinals，「準々決勝」は quarterfinals という）．

The team made it into the *finals*.
チームは決勝まで勝ち進んだ．

2 [ふつう複数形で] (大学などの) 期末試験，期末テスト（= final exams）．

take the *finals* 最終試験を受ける．

finally 3級 [fáinəli ファイナリィ]

副 1 **とうとう**，**ついに**（= at last），やっと，ようやく．

Finally the day came.
ついにその日が来た．

I *finally* finished my summer homework. 夏休みの宿題がやっと終わった．

2 [ふつう文頭で] **最後に**（⑥ lastly）．

Finally, I would like to say thank you once again.
最後にもう一度お礼を申しあげたいと思います．

finance [fínæns フィナンス, fáinæns ファイナンス] 名 財政，金融；[複数形で] 財源；財政状態．

the Minister of *Finance* 財務大臣．
the Ministry of *Finance* 財務省．

financial 2級 [finǽnʃəl フィナンシャル, faiファイ-] 形 財政上の；金融の．

find 5級 動 …を見つける，(…だ) とわかる

[faind ファインド]
動 [3単現] **finds** [-dz ヅ]；[過去] [過分] **found** [faund ファウンド]；[ing] **finding** 他 1 (さがして) **…を見つける**；**(find +人+物 / find +物+ for +人で)** (人) に (物) を見つけてやる．

I can't *find* the car key.
車のかぎが見つからないよ．

Where did you *find* my handbag?
私のハンドバッグをどこで見つけたの？

She *found* me a job.（= She *found* a job *for* me.）

彼女は私に仕事を見つけてくれた．

2 (偶然に) **…を見つける**．

I *found* a 500-yen coin on the street. 道で 500 円玉を拾った．

3 (…だ) **とわかる**，思う；**(find +目的語 +形容詞など / find (that) ... で)** 〜が…だとわかる．

How do you *find* this town?
この町をどう思いますか．

I *found* the book pretty interesting.
その本がけっこうおもしろいとわかった．

📝ライティング

I *found that* it was exciting to communicate with people from other countries.
ほかの国の人たちと意思を伝え合うのはわくわくすることだとわかりました．

find out (調べた結果) **…ということがわかる，(…) を見つけだす**，調べる（▶「なくした物などを見つける」というときは find を使う）

I *found out* that a part was missing.
部品が1つ足りないのがわかった．

Let's *find out* about the city on the internet.
その都市についてネットで調べてみよう．

finder [fáindər ファインダァ] 名 発見者；(カメラ・望遠鏡の) ファインダー．

finding [fáindiŋ ファインディング] 動 find (…を見つける) の -ing 形．

finds [faindz ファインヅ] 動 find (…を見つける) の3人称単数現在形．

fine¹ 5級 形 すばらしい，けっこうな，元気な

[fain ファイン] フォニックス50 i は [ai] と発音する．
形 [比較] **finer**；[最上] **finest** 1 **すばらしい**，りっぱな；美しい；(品質の) 上等な，高級な．

There is a *fine* art museum near my house.
私の家の近くにりっぱな美術館がある．

That's the *finest* movie I've ever seen. こんなにすばらしい映画は見たことがない．

The house looks *fine* to me.
その家は私にはりっぱに見える．

a *fine* restaurant 高級レストラン．

2 《口語》**けっこうな**，申し分のない；(同

▶ **finish**

意の気持ちを表して)(それで)**いい**.
Everything is *fine*. 万事うまくいってるよ.
Either way is *fine* with me.
ぼくはどっちでもかまわないよ.

🔵スピーキング
Ⓐ How about meeting at ten?
10時に待ち合わせでどう?
Ⓑ That's *fine*.
それでいいよ.

3 元気な, 健康な (同) well).

🔵スピーキング
Ⓐ How are you?
ごきげんいかがですか.
Ⓑ *I'm fine*, thank you. And you?
ありがとう, 元気です. あなたはどう?
Ⓐ *Fine*, too, thank you.
ありがとう, 私も元気です.

4 (天気が) **晴れた**.
The weather was *fine* today.
今日は天気がよかった (▶ It was fine today. だけだと天気の話かどうか伝わらない場合があるので, the weather を主語にすると誤解がない).

5 洗練された,上品な;とても細い;細かな.
a *fine* lady 洗練された上流婦人.
She has very *fine* hair.
彼女の髪の毛はとても細い.
── 副《口語》うまく, ちゃんと, りっぱに.
I'm sure you'll do just *fine*.
きっとうまくいくよ.

fine² [fáin ファイン] 名 罰金.
pay a $50 *fine* = pay a *fine* of $50
50ドルの罰金を払う.
── 動 他 (人) に罰金を科する.

fine art [fáin ɑ́ːrt] 名 **1** [**the fine arts** で] (せまい意味で) 美術;(広い意味で) 芸術.
2 [集合的に] 美術作品;芸術作品.

finer [fáinər ファイナァ] 形 fine¹ (すばらしい) の比較級.

finest [fáinist ファイネスト] 形 fine¹ (すばらしい) の最上級.

finger 5級 [fíŋɡər フィンガァ]

名 (複数 **fingers** [-z]) (手の) **指** (▶「足の指」は toe). → hand (図)
I cut my *finger* with a kitchen knife.
私は包丁で指を切った.

指の言い方
a thumb 親指.
a forefinger [fɔ́ːrfìŋɡər フォーフィンガァ] 人さし指 (▶ index finger ともいう).
a middle finger 中指.
a third finger 薬指 (▶左手の薬指は ring finger ともいう).
a little finger 小指 (▶ pinky ともいう).

🔵用法 **finger** と **thumb**
手の指の数をいうときは thumb (親指) を特別あつかいして, A hand has four fingers and a thumb. というが, thumb も finger にふくめて A hand has five fingers. ともいう.

keep *my* **fingers crossed** (人さし指に中指を重ねて) 幸運を祈る. → cross

fingernail [fíŋɡərnèil フィンガァネイル] 名 指のつめ.

fingerprint [fíŋɡərprìnt フィンガァプリント] 名 指紋.

finish 4級 動 …を終える, 終わる

[fíniʃ フィニッシ] フォニックス32 sh は [ʃ] と発音する.
動 (3単現 **finishes** [-iz]; 過去・過分 **finished** [-t]; ing **finishing**) 他 **1 …を終える**, 済ます (反 begin …を始める);(教育課程など) を終える;(**finish ＋ -ing 形で**) **…し終わる, …し終える, …してしまう.**
Have you *finished* your homework?
宿題はもう済ませたの?
She *finished writing* her New Year's cards. 彼女は年賀状を書き終えた.

🔵文法 **finish ＋ -ing 形**
finish の目的語には名詞や -ing 形がくる. 「to ＋動詞の原形」はこない. ×finish to write としないように注意.

「…を書き終える」の言い方
× finish to write…
finish の目的語は名詞か -ing 形.

○ finish writing …

two hundred and seventy-three 273

finished ▶

I *finished reading* that book yesterday. あの本はきのう読み終わった。
2 …を仕上げる，磨き上げる．
finish the wood with a coat of varnish 木材にニスをかけて仕上げる．
3 (飲食物)をきれいに平らげる．
Finish your milk.
牛乳を飲んでしまいなさい．
— 自 **1 終わる**，済む (反 begin 始まる).
The meeting started at three and *finished* at five.
会合は3時に始まり5時に終わった．

> 🗣 スピーキング
> Ⓐ *Finished?*
>   終わった？
> Ⓑ *Finished.*
>   終わったよ
> (▶勉強や仕事などが「終わった？」とたずねるときは，Have you finished? を略して Finished? ともいう．まだ済んでいないときは Not yet.，「もう少しで終わるよ」というときは Almost. という．)

2 (競走で)ゴールインする(反 start スタートする).
She *finished* second in the race.
彼女はそのレースに2位でゴールインした．

start

finish

— 名 (複数 **finishes** [-iz]) **1** [単数形で] 終わり；(競走の)ゴール．
2 仕上げ．
The table has a beautiful *finish*.
そのテーブルはみごとな仕上げがしてある．

finished [fíniʃt フィニシト] 動 finish (…を終える)の過去・過去分詞．
— 形 **1** (人が)(物事を)終えている，済ませている．
I'm finally *finished*. ようやく終わったよ．
2 完成した，仕上がった，できあがった．

finishes [fíniʃiz フィニシィズ] 動 finish (…を終える)の3人称単数現在形．
— 名 finish (仕上げ)の複数形．

finishing [fíniʃiŋ フィニシング] 動 finish (…を終える)の -ing 形．

Finland [fínlənd フィンランド] 名 フィンランド (北ヨーロッパの共和国；首都はヘルシンキ (Helsinki)).

Finnish [fíniʃ フィニシ] 形 フィンランドの；フィンランド人の；フィンランド語の．
— 名 フィンランド人；フィンランド語．

fir [fə:r ファ〜] 名 (植物)モミ(の木)(クリスマスツリーとして使う)．

fire [fáiər ファイア] フォニックス82 ire は [áiər] と発音する．

名 (複数 **fires** [-z]) **1 火** (▶ a をつけず，複数形なし).
Don't play with *fire*.
火遊びをしてはいけない．
There is no smoke without *fire*.
(ことわざ)火のない所に煙は立たない．
2 火事，火災．
Last night there was a *fire* near our house. 昨夜うちの近くで火事があった．
Fire! Fire! Call the fire department!
火事だ，火事だ！消防署に電話して．
3 たき火；(炉・料理用の)火．
start a *fire* 火をおこす．
put out a *fire* 火を消す，消火する．
Come and sit by the *fire*.
こっちに来てたき火のそばにすわったら．
No Open *Fires* (掲示)たき火を禁ず
catch fire 火がつく，燃えあがる．
The house *caught fire*.
その家に火がついた．
on fire 燃えている，火災を起こして．
The house was *on fire*.
その家は燃えていた．
set fire to ... ＝ ***set ... on fire*** …に火をつける．
Somebody *set fire to* the store.
何者かがその店に火をつけた．
— 動 (3単現 **fires**[-z]; 過去 **fired**[-d]; ing **firing**) 他 **1** (銃・弾丸などを)**発射する**，発砲する．
The suspect *fired* his gun at the officers.
容疑者は警官たちに向けて銃を発射した．
2 (人)を解雇する，くびにする．
She got *fired* last month.
彼女は先月くびになった．
— 自 発砲する．
Fire! うて！

fire alarm [fáiər əlɑ̀ːrm] 图 火災報知機；火災警報.

fireboat [fáiərbout ファイアボウト] 图 消防艇.

firecracker [fáiərkrækər ファイアクラカァ] 图 爆竹, かんしゃく玉.

fire department [fáiər dipɑ́ːrtmənt] 图《米》消防署, 消防本部 (=《英》fire brigade).

fire drill [fáiər dril] 图 (学校などの) 避難訓練, 消防訓練.

fire engine [fáiər èndʒin] 图 消防車.

fire escape [fáiər iskèip] 图 (ビルの外側にある) 非常階段.

fire extinguisher [fáiər ikstiŋgwiʃər イクスティングウィシァ] 图 消火器.

firefighter 5級 [fáiərfaitər ファイアファイタァ] 图 消防士 (▶fire fighter ともつづる).

firefly [fáiərflai ファイアフライ] 图 (複数 **fireflies** [-z]) (虫) ホタル.

firehouse [fáiərhaus ファイアハウス] 图 《米》消防署 (の建物) (同 fire station).

fireman [fáiərmən ファイアマン] 图 (複数 **firemen** [-mən]) 消防士 (▶最近では男女を区別しない firefighter が使われる).

fireplace [fáiərpleis ファイアプレイス] 图 暖炉.
A fire was burning in the *fireplace*.
暖炉には火が燃えていた.

fireproof [fáiərpruːf ファイアプルーフ] 形 耐火性の, 不燃性の.

fireside [fáiərsaid ファイアサイド] 图 [the をつけて] 炉ばた；[比ゆ的に] 一家だんらん.

fire station [fáiər stèiʃən] 图 消防署 (の建物) (同 firehouse).

firewall [fáiərwɔːl ファイアウォール] 图 **1** 防火壁.
2 《コンピューター》ファイアウォール (ネットワークへの不正なアクセスを防ぐしくみ).

firewood [fáiərwud ファイアウッド] 图 まき, たきぎ.

firework 3級 [fáiərwəːrk ファイアワーク] 图 (複数 **fireworks** [-s]) [ふつう複数形で] 花火.
a *fireworks* display 花火大会.

firm¹ [fəːrm ファ～ム] 形 **1** かたい；しっかりした, 安定した.
a *firm* handshake かたい握手.
firm ground かたい地面.
I had a *firm* grip on the handlebars.
(自転車の) ハンドルをしっかりにぎった.
2 (決定・信念などが) しっかりした, ゆるがない.
firm friendship 変わらぬ友情.

firm² [fəːrm ファ～ム] 图 会社, 事務所.
a law *firm* 法律事務所.

firmly [fə́ːrmli ファ～ムリ] 副 しっかりと, かたく；断固として, きっぱりと.

first 5級 形 第1の
副 第一に

[fəːrst ファ～スト] フォニックス77 ir は [əːr] と発音する.

形 [ふつう the をつけて] **第1の**, 1番目の, **最初の** (反 last¹ 最後の) (▶略語は 1st).
the *first* term 1学期.
the *first* runner 第1走者.
first base (野球) 1塁.
a *first*-year student 1年生.
January is the *first* month of the year. 1月は1年の最初の月です.
The *first* train leaves at 5:20.
始発電車は5時20分に出る.
This is my *first* visit to Australia.
オーストラリアに来たのはこれがはじめてです.

🗣 スピーキング

Ⓐ Is this your *first* visit to Japan?
日本に来たのはこれがはじめてですか.
Ⓑ Yes. This is my *first* time.
はい, はじめてです.

at first sight 一目見て. → sight
first thing (朝・午後などの) 一番に, 真っ先に (▶副詞的に使われる).
Please call me *first thing* in the morning. 朝一番に私に電話をください.
for the first time はじめて.
for the first time in my life
(私が) 生まれてはじめて.

first aid ▶

I saw a koala *for the first time*.
ぼくはコアラをはじめて見た.

in the first place まず第一に.
I won't buy it because, *in the first place*, it's too expensive.
それは買わないよ. まず第一に, 高すぎるからね.

> 🔍 **文法 基数と序数**
> one (1), two (2), three (3), four (4) … を基数というのに対して, first (1番目), second (2番目), third (3番目), fourth (4番目) … は順序を表すので序数という. 序数は 1st, 2nd, 3rd, 4th … のように略して書くこともある. → number (表)

first 1番目 **second** 2番目 **third** 3番目

── 副 **1 第一に, 最初に**(反 last 最後に); **まず**(はじめに); **1番目に**, 1位で.
Who arrived *first*?
だれが最初に着いたの?
Study *first*. Then you can watch TV.
まず勉強しなさい. そうしたらテレビを見てもいいわよ.
First come, *first* served.
(ことわざ) 早い者勝ち.
2 はじめて.
When I *first* met her, she was still in college.
はじめて会ったとき, 彼女はまだ大学生だった.

first of all まず第一に, まず先に, 何よりも.
First of all, wash your hands.
何よりも先に手を洗いなさい.
First of all, I'd like to introduce myself. まず自己紹介をしたいと思います.

── 名 (複数 **firsts** [-ts ツ]) **1** [ふつう the をつけて] **最初; 最初の物・人**.
from *the first* 最初から.
Nancy was *the first* to arrive here.
ナンシーがここに着いた最初の人だった (→ナンシーが最初にここに着いた).
2 [ふつう the をつけて] (月の) 第1日, ついたち (▶略語は 1st).
April (the) first (= the first of April) (米) 4月1日 (▶ふつう April 1 または April 1st と書き, (the) first と読む).
3 (野球) 1塁 (= first base).

at first 最初 **(のうち) は**, 初めは.
At first, I thought she was joking.
最初は彼女が冗談を言っていると思っていた.

> ◀ **発音** fast [fæst ファスト | fɑːst ファースト] (速く; 速い) と発音がちがうことに注意.

first aid [fə́ːrst éid] 名 応急手当.
first-class [fə́ːr(t)klǽs ファース(トゥ)クラス | -klɑ́ːs -クラース] 形 一流の, 最高級の; (乗り物が) ファーストクラスの, 1等の.
firsthand [fə̀ːrsthǽnd ファーストゥハンド] 副 直接に, じかに (▶ first-hand ともつづる).
── 形 直接の, じかに得た.
first lady [fə́ːrst léidi] 名 (複数 **first ladies** [-z]) (しばしば **the First Lady** で) (アメリカの) 大統領夫人; 州知事夫人.
first name [fə́ːrst néim] 名 (姓に対して) 名 (対 family name 姓) (▶英米では「姓」より「名」を先にいうので first name という. また given name ともいう). → name

> 💬 **用法 first name の使い方**
> ❶ たとえば John F. Kennedy という名前では, John を **first name** という.
> ❷ **first name** だけをよぶときは, Mr. や Mrs. などの敬称はつけない. → family name ❸ 大人でも親しい間がらでは **first name** でよぶことが多い.

fish 5級 名 魚
動 つりをする

[fiʃ フィッシュ] フォニックス32 sh は [ʃ] と発音する.
名 (複数 **fish**; 種類をいうとき **fishes** [-iz])
1 魚.
a tropical *fish* 熱帯魚.
He caught ten *fish*.
彼は魚を 10 ぴきつった.
2 (食べ物としての) **魚, 魚肉** (▶ a をつけず, 複数形なし).
My father likes *fish* better than meat. 父は肉より魚のほうが好きです.
My mother is cooking *fish* for dinner. 母はいま, 夕食の魚を料理しています.

▶ **fit¹**

> 🔍 **文法** fish の単複
>
> fish は数えられる場合と数えられない場合がある。❶一般に生き物として「魚」という場合は数えられる。複数形にはふつう fish を使い，とくに種類を強調する場合にだけ fishes を使う。❷「魚を食べる」「魚を料理する」のように食べ物として「魚」のことをいう場合は数えられない。
> Which do you like better, meat or *fish*? (肉と魚，どちらが好きですか)

── 動（3単現 **fishes** [-iz]；過去 過分 **fished** [-t]；ing **fishing**）自 **つりをする**，魚をとる，漁りをする．
He likes *fishing* in the ocean.
彼は海づりが好きだ．
Let's go *fishing* by the river. 川につりに行こうよ（▶ ˣto the river とはいわない）．

① crayfish ② cuttlefish
③ jellyfish ④ shellfish ⑤ starfish

fish 英語には，魚類以外の水中生物でも fish とよばれるものがある．①[kréifiʃ クレイフィシ] ザリガニ ②[kʌ́tlfiʃ カトゥルフィシ] コウイカ ③[dʒélifiʃ チェリフィシ] クラゲ ④[ʃélfiʃ シェルフィシ] 貝 ⑤[stáːrfiʃ スターフィシ] ヒトデ

fish and chips [fiʃ ən tʃíps] 名 フィッシュ・アンド・チップス．

> 🔍 **背景** タラなどの魚のフライとフライドポテトを盛り合わせた，イギリス発祥のファストフード．

fishbowl [fíʃboul フィシボウル] 名 金魚鉢．

fished [fíʃt フィッシト] 動 fish（つりをする）の過去・過去分詞．

fisher [fíʃər フィシァ] 名 漁師，つりをする人（→ fisherman）．

fisherman 準2 [fíʃərmən フィシャマン] 名（複数 **fishermen** [-mən]）漁師；つりをする人（▶性差のない語は fisher）．

Fisherman's Wharf [fíʃərmənz (h)wɔ́ːrf フィシャマンズ(フ)ウォーフ] 名 フィッシャーマンズワーフ（米国カリフォルニア州のサンフランシスコにある観光地）．

fishes [fíʃiz フィシィズ] 名 fish（魚）の複数形の1つ（▶種類をいうときに使う）．

── 動 fish（つりをする）の3人称単数現在形．

fishing 5級 [fíʃiŋ フィシング] フォニックス32
sh は [ʃ] と発音する．名 **魚つり，つり；漁業**．
My dad loves *fishing*.
父はつりが大好きだ．
a *fishing* line つり糸．
a *fishing* port 漁港．
a *fishing* village 漁村．

── 動 fish（つりをする）の -ing 形．

① fishing rod
② reel
③ float
④ sinker
⑤ hook
⑧ landing net
⑥ bait
⑦ lure

fishing
① つりざお ② リール ③ うき ④ [síŋkər スィンカァ] おもり ⑤ つり針 ⑥ [beit ベイト] えさ ⑦ [luər ルア] 擬餌針 ⑧ たも網

fist [fist フィスト] 名 こぶし，げんこつ．

fit¹ 3級 [fit フィット] 動（3単現 **fits** [-ts ツ]；過去 過分 **fitted** [-id] または（米）**fit**；ing **fitting**）他（服などのサイズ・型が）**…にぴったり合う**（▶色やデザインが「合う」は match を使う）；…を合わせる．

two hundred and seventy-seven 277

fit² ▶

Those jeans *fit* you perfectly.
そのジーンズはきみにぴったり合ってるね.
—⊜ (サイズ・型が) 合う;(物が) 収まる, 入る.
These shoes don't *fit*.
このくつはサイズが合わない.
fit ~ to ... ～を…に合わせる.
—— 形 (比較) **fitter**;(最上) **fittest**) **1** 適した, ぴったりの, 適当な.
The water wasn't *fit* for drinking.
その水は飲用には適していなかった.
2 (運動をして) 体調がよい, 健康な.
I *feel* fit today. 今日は体の調子がよい.
He walks every day to keep *fit*.
彼は健康を維持するために毎日ウォーキングをしている.

fit² [fit フィット] 名 (ふつう a をつけて) (病気の) 発作, 引きつけ;(感情などの) 爆発.

fitting [fítiŋ フィティング] 形 (その状況に) ふさわしい, 適切な.
—— 動 fit¹ (合う) の -ing 形.

fitting room 3級 [fítiŋ rù(:)m] 名 試着室.

five 5級 形 5の
名 5

[faiv ファイヴ] フォニックス50 i は [ai] と発音する.
形 **5の**:5個の, 5人の;5歳で.
He is *five* feet tall.
彼は (背の高さが) 5フィートです (=約152cm).
—— 名 (複数 **fives** [-z]) **5**:5歳, 5時;[複数あつかい] **5個**, 5人.
at *five* past *five* 5時5分すぎに.
Give me five! (口語) (成功などの喜びを表して) やったね!(ハイタッチすること) (▶ *five* は片手の5本の指のこと).

fix 3級 [fiks フィックス] 動 他 **1** …を修理する, 直す (⊜ repair).
fix a watch 時計を修理する.
He can *fix* your computer for you.
彼ならきみのためにパソコンを直してくれるよ.
2 (日時・場所など) を決める.
fix a date for the meeting
会合の日どりを決める.
3 (おもに米) (食事など) の用意をする, したくをする.
Mom is *fixing* dinner.

お母さんは夕食のしたくをしている.
4 …を固定する, とりつける;…に注意を注ぐ.
fix a shelf to the wall
かべにたなをとりつける.

fixed [fikst フィクスト] 形 固定した, 決まった;一定の.
a *fixed* idea 固定観念.

FL, Fla. (略) = Florida (フロリダ州)

flag 3級 [flæg フラッグ] 名 旗.
the Japanese *flag* = the national *flag* of Japan 日本の国旗.
put up a *flag* 旗をかかげる.
The *flag* was flying in the wind.
旗は風になびいていた.

> 🔷背景 日本の国旗を「日章旗」というように, 各国の国旗にも特別な呼び名のあるものが多い.
> the Stars and Stripes
> 星条旗 (アメリカ合衆国の国旗).
> the Union Jack ユニオンジャック (イギリス連合王国の国旗).
> the Tricolor [tráikʌlər トライカラァ]
> 3色旗 (フランス共和国の国旗).

flake [fleik フレイク] 名 (雪・羽毛などの) 1片;(食品の) フレーク.
a *flake* of snow (= a snow*flake*)
ひとひらの雪.
corn*flakes* コーンフレーク.

flame [fleim フレイム] 名 ほのお.
The whole house was in *flames*.
その家全体がほのおに包まれていた.

flamingo [fləmíŋgou フラミンゴウ] 名 (複数 **flamingos** または **flamingoes** [-z]) (鳥) フラミンゴ, ベニヅル.

flap [flæp フラップ] 動 (過去 **flapped** [-t];(ing) **flapping**) 他 …をパタパタ動かす;(つばさなど) を羽ばたかせる.
—— ⊜ パタパタと, はためく.
—— 名 パタパタ (する音);(ポケットの) たれぶた;(封筒の) 折り返し.

flash [flæʃ フラッシ] 動 ⊜ ぴかっと光る, 点滅する;(考えなどが) ぱっと心にうかぶ.
Lightning *flashed*.
いなずまがぴかっと光った.
—— 名 きらめく光, 点滅する光;(考えなどの) ひらめき;(カメラの) フラッシュ;(テレビ・ラジオの) ニュース速報.

◀ **float**

flashlight [flǽʃlàit フラシライト] 图《米》懐中電灯 (=《英》torch);(写真の) フラッシュ.

flask [flǽsk フラスク‖ flɑːsk フラースク] 图 (実験用の)フラスコ;(携帯用の)魔法びん.

flat¹ [flǽt フラット] 形 [比較] **flatter**; [最上] **flattest**) **1** 平らな, 平たい;平たんな.
a *flat* surface 平らな面.
2 (タイヤなどが) パンクした, 空気のぬけた;(炭酸飲料などが) 気のぬけた.
I've got a *flat* tire.
タイヤがパンクした.
This cola is *flat*.
このコーラは気がぬけているよ.
3《音楽》フラットの, 半音低い (反 sharp シャープの) (▶記号は♭).
── 副 平らに;《音楽》半音低く, フラットで;《口語》(時間が) ちょうど,きっかり,(…) フラットで;きっぱりと.
She ran 100 meters in thirteen seconds *flat*.
彼女は100メートルを13秒フラットで走った.
── 图 平面, 平らな部分;パンク (したタイヤ);《音楽》フラット.

flat² [flǽt フラット] 图《英》アパート (=《米》apartment).

flavor [準2] [fléivər フレイヴァ] ▶《英》では flavour とつづる.
图 (独特の) 味, 風味.
This ice cream has a special *flavor*.
このアイスクリームには独特の風味がある.
── 動 他 …に風味をつける.

flavoring [fléivəriŋ フレイヴ(ァ)リング] 图 風味, 風味づけ, 香味料.

flavour [fléivər フレイヴァ]《英》=《米》**flavor**

flaw [flɔː フロー] 图 欠陥;(宝石などの) ひび.

flea [fliː フリー] 图 《虫》ノミ.

flea market [fliː mɑ́ːrkit フリー マーキト] 图 ノミの市, フリーマーケット.

ⓘ**参考** free market (自由市場) と混同しないこと.

fled [fled フレッド] 動 flee (にげる) の過去・過去分詞.

flee [fliː フリー] 動 (3単現 **flees** [-z]; 過去 過分 **fled** [fled]; ing **fleeing**) 自 (**flee from** … で)…からにげる, 逃走する.
── 他 (人・場所など) からにげる.

fleece [fliːs フリース] 图 羊毛;(素材としての) フリース;フリース地の服.

fleet [fliːt フリート] 图 艦隊;(船・自動車などの) 隊列.

flesh [fleʃ フレッシ] 图 (人・動物の)肉 (▶食用の肉は meat);(果物・野菜の) 身,果肉;[the をつけて] 肉体.

ⓘ**参考** fresh (新鮮な) と混同しないこと.

flew [3級] [fluː フルー]

動 fly¹ (飛ぶ) の過去形.
[同音語] flu (インフルエンザ)

flexible [fléksəbl フレクスィブル] 形 (物が) 曲げやすい;(人・計画などが) 融通のきく.

flier, flyer [fláiər フライア] 图 飛ぶもの (鳥, 虫など);飛行士;ちらし, ビラ.

flies [flaiz フライズ] 動 fly¹ (飛ぶ) の3人称単数現在形.
── 图 fly¹,² (野球のフライ;ハエ) の複数形.

flight [準2] [flait フライト] [フォニックス36] gh は発音しない.

图 (複数 **flights** [-ts ツ]) **1** 飛ぶこと, 飛行;空の旅.
How was your *flight*?
空の旅はいかがでしたか.
Have a nice *flight*!
すばらしい空の旅を!
2 (航空会社の)飛行便, フライト.
a *flight* attendant (旅客機の)客室乗務員.
What time is the next *flight* to Haneda? 次の羽田便は何時ですか.
Flight 125 125便 (▶125は one two five または one twenty-five と読む).
3 (一続きの)階段. →動 fly¹

flight attendant [fláit ətèndənt] 图 (旅客機の) 客室乗務員.

fling [fliŋ フリング] 動 (過去 過分 **flung** [flʌŋ]) 他 …を投げる, 放り出す;…を投げるように動かす.
── 自 さっと動く.

flip [flip フリップ] 動 他 (指先などで)…を軽くはじく;…をひっくり返す.

float [2級] [flout フロウト] 動 自 うかぶ, うく (反 sink 沈む);ただよう.
Ice *floats* on water. 氷は水にうかぶ.
── 他 …をうかべる.

two hundred and seventy-nine **279**

flock ▶

―― 名 (祭り・パレードの) 山車; (飲み物の) フロート; (つりの) うき.

flock [flɑk フラック‖flɔk フロック] 名 (鳥・羊・ヤギなどの) 群れ; 人の群れ.
a *flock* of sheep 羊の群れ.
―― 動 自 集まる, 群がる.

flood [flʌd フラッド] (oo は例外的に [ʌ] と発音する) 名 洪水; (物の) はんらん, 殺到.
The *flood* destroyed hundreds of houses.
洪水で何百もの家屋が全壊した.
―― 動 他 **1** …を水びたしにする; (川など) をはんらんさせる.
Heavy rains *flooded* the river.
豪雨でその川がはんらんした.
2 (人・手紙などが) …に押し寄せる, 殺到する.
―― 自 水びたしになる; (川などが) はんらんする; (多くの人・物などが) 押し寄せる, 殺到する.

floor 5級 [flɔːr フロー(ァ)]

名 (複数 floors [-z]) **1** 床 (▶「天井」は ceiling).
a wooden *floor*
木の床.
We cleaned the *floor* with a brush.
ぼくらは床をブラシできれいにした.
2 (建物のそれぞれの) 階, フロア (▶「…階建て」というときは floor ではなく story, (英) storey を使う).

背景 アメリカとイギリスでは階の数え方がちがう. 下図のように1階ずつずれる.

a three-story house
3階建ての家

How many *floors* does the department store have?
そのデパートは何階までありますか.

■ スピーキング
A What *floor* is the toy department on?
おもちゃ売り場は何階ですか.
B It's on the fifth *floor*.
5階です ((英) 4階です).

floral [flɔ́ːrəl フローラル] 形 花の.

Florida 4級 [flɔ́(ː)rədə フロ(ー)リダ] 名 フロリダ州 (アメリカ東海岸の最南端の州で, 観光・保養地として有名; 略語は FL または Fla.).

florist [flɔ́(ː)rist フロ(ー)リスト] 名 (人をさして) 生花店の店主, 花屋さん (▶ (英) では店のことは florist's ということもある).

flour 準2 [fláuər フラウア] 名 小麦粉 (▶「小麦」は wheat).
Bread is made from *flour*.
パンは小麦粉からつくられる.
[同音語] flower (花)

flow 2級 [flou フロウ] 動 自 (水・川・なみだなどが) 流れる; (人・交通などが) 流れるように動く.
The Yodo River *flows* through Osaka. 淀川は大阪を流れている.
Tears *flowed* down her cheeks.
なみだが彼女のほおを流れ落ちた.
―― 名 [ふつう単数形で] 流れ.
a *flow* of water 水の流れ.

flower 5級 名 花

[fláuər フラウア] フォニックス73 OW は [au] と発音する.

名 (複数 flowers [-z]) 花, 草花.

■ スピーキング
A What is this *flower* called?
これは何という花ですか.
B It's a hyacinth.
ヒヤシンスです.

What a beautiful *flower*!
なんてきれいな花なんでしょう.
I like wild *flowers*.
私は野生の花が好きです.
the national *flower* 国花.
Lots of *flowers* bloom in spring.
春になるとたくさんの花が咲く.

I planted *flowers* in the garden.
私は庭に草花を植えた.

> **用法** flower と blossom
> flower は「花」を意味する一般的な語で,おもにチューリップやバラなど草花の花をいう. これに対して blossom は「果樹の花」をいう. apple *blossoms* (リンゴの花)

[同音語] flour (小麦粉)

flower arrangement [fláuər ərèindʒmənt] 名 生け花, フラワーアレンジメント (▶個々の作品ではなく技術をさす場合はふつう flower arranging という).

flower bed [fláuər bèd] 名 花だん.

flower garden [fláuər gà:rdn] 名 花園, 花畑.

flowerpot [fláuərpɑt フラウアパト‖-pɔt -ポト] 名 植木ばち.

flowers [fláuərz フラウアズ] 名 flower(花)の複数形.

flown [floun フロウン] 動 fly¹ (飛ぶ)の過去分詞.

flu [flu: フルー] 名 [しばしば the をつけて] インフルエンザ (▶ influenza を短縮した語). I've got *the flu*.
ぼくはインフルエンザにかかった.
[同音語] flew (fly¹ (飛ぶ)の過去形)

fluent [flú:ənt フルーエント] 形 (ことばが)流ちょうな.

fluently [flú:əntli フルーエントゥリィ] 副 流ちょうに, すらすらと.

fluffy [flʎfi フラフィ] 形 (比較 fluffier; 最上 fluffiest) ふわふわした, やわらかい.

fluid [flú:id フルーイド] 名 液体;《化学》流動体 (▶液体も気体もふくむ).
——形 流動性の (⇔ solid 固体の).

flung [flʎŋ フラング] 動 fling (…を投げる)の過去・過去分詞.

flunk [flʎŋk フランク] 動 他 (試験など)に失敗する;(教授が)(学生)に落第点をつける.

---

flower おもな国花 (national flower)
- 日本……cherry blossom (桜の花)
- イギリス……イングランド — rose (バラ)/スコットランド — thistle (アザミ)/ウェールズ — daffodil (ラッパズイセン)
- アイルランド……shamrock [ʃæmrɑk シャムラク] (三つ葉のクローバーの類)
- カナダ……正式な国花はないが sugar maple (サトウカエデ) がシンボルとなっている.
- オーストラリア……golden wattle [wɑ́tl ワトゥル] (ピクナンサアカシア)

cherry blossom   rose   thistle   daffodil

shamrock   sugar maple   golden wattle

flurry ▶

flurry
— ⃝ (試験などに) 失敗する.

flurry [flə́ːri フラ〜リィ] 图 突風.

flush [flʌʃ フラッシ] 動 ⃝ (人・顔などが)
ぱっと赤くなる; (水が) どっと流れる.
— ⃝ (顔など) を紅潮させる; (水など)
をどっと流す.
— 图 (水などの) ほとばしり; (顔などの)
赤らみ.

flute 5級 [fluːt フルート] 图 (複数 flutes[-ts
ッ]) (楽器) フルート.
She's good at playing the *flute*.
彼女はフルートを吹くのがじょうずだ.

fly¹ 5級 動 飛ぶ, 飛行機で行く

[flai フライ]
動 (3単現 flies [-z]) (過去 flew [fluː フルー]
(過分 flown [floun フロウン]) (ing flying) ⃝
1 (鳥・虫などが) **飛ぶ**.
Penguins can't *fly*.
ペンギンは空を飛べない.

2 飛行機で行く.
I'm *flying* to Sydney next week.
私は来週シドニーに飛行機で行きます.
It takes six hours to *fly* from Narita
to Bangkok.
成田からバンコクまで飛行機で6時間かかる.

3 (時間などが) 飛ぶように過ぎる.
Time *flies*.
(ことわざ) 時は飛ぶように過ぎていく, 時がた
つのは早い＝光陰矢のごとし.

4 (旗などが) はためく, 風になびく.
The flag is *flying*. 旗がはためいています.
— ⃝ (飛行機など) **を操縦する, 飛ばす**;
(場所・距離など) を飛ぶ; (人・貨物) を空輸
する; (たこなど) をあげる.
Mr. Jones *flies* his own plane.
ジョーンズさんは自家用機を操縦する.
We enjoyed *flying* our kites.
私たちはたこあげをして遊んだ. →flight
— 图 (複数 flies [-z]) (野球) フライ; (ズ
ボンの) ファスナー.

fly² [flai フライ] 图 (複数 flies [-z]) (虫) ハエ.

flying [fláiiŋ フライイング] 動 fly¹ (飛ぶ) の
-ing形.
— 形 飛ぶ, 飛行する.
— 图 飛ぶこと, 飛行.

flying fish [fláiiŋ fiʃ] 图 (魚) トビウオ.

flying saucer [fláiiŋ sɔ́ːsər] 图 空飛
ぶ円盤. →UFO

flying time [fláiiŋ tàim] 图 飛行時間.

FM [éfém エフエム] 图 (ラジオ) エフエム, FM
(周波数変調; frequency modulation の
略).

foam [foum フォウム] 图 あわ (のかたまり)
(▶1つ1つのあわは bubble).

focus 2級 [fóukəs フォウカス] 图 (複数
focuses [-iz] または foci [fóusai] (レンズな
どの) 焦点; ピント; (関心などの) 中心.
in focus 焦点が合って.
out of focus 焦点がずれて, ピンぼけで.
— 動 (3単現 focuses, (おもに英) focus-
ses [-iz] (過去 (過分 focused, (おもに英)
focussed [-t] (ing focusing, (おもに英)
focussing) ⃝ (カメラなど) の焦点を合わ
せる; (注意など) を集中させる.
He *focused* the camera on the
bride. 彼は花よめにカメラの焦点を合わせた.
— ⃝ 焦点が合う; 注意を集中する.

fog [fɔ(ː)g フォ(ー)グ] 图 霧 (▶ mist よりも
こい霧をいう).
There was thick *fog* in the morning.
朝はこい霧が出た.

foggy [fɔ́(ː)gi フォ(ー)ギィ] 形 (比較 foggier;
最上 foggiest) **1** 霧の深い, 霧の立ちこ
めた.
a *foggy* day 霧の立ちこめた日.
2 (記憶などが) はっきりしない, ぼんや
りした.

foil [foil フォイル] 图 (食品を包む) ホイル,
金属の薄片, 箔.
aluminum *foil* アルミホイル (▶ alumi
foil とはいわない).

fold 2級 [fould フォウルド] 動 ⃝ **1** …を折
りたたむ, 折り重ねる.
She *folded* the letter in half.
彼女は手紙を2つに折りたたんだ.
fold an umbrella かさをたたむ.
fold the chair いすを折りたたむ.
2 (手・足・腕など) を組む.
He *folded* his arms. 彼は腕組みをした.
— 图 折り目; ひだ.

folder [fóuldər フォウルダァ] 图 書類入れ,
ファイル; (コンピューター) フォルダー (ファ
イルを保存しておくところ).

folding [fóuldiŋ フォウルディング] 形 (家具な
どが) 折りたたみ式の.

◀ **food**

a *folding* bicycle 折りたたみ自転車.
—— **動** fold (…を折りたたむ) の -ing 形.

folk [fouk フォウク](lは発音しない) **名** 《複数》
folk または《米》**folks** [-s]) **1** [複数あつかい]
(一般の) 人々, 人たち (同 people).
country *folk* いなかの人々.

2 《my **folks** で》[複数あつかい]《おもに米》
両親, 家族.
—— **形** 民間の, 民衆の；民族の, 民俗(みんぞく)
的な.
folk tale 民話, 民間説話.

folk dance [fóuk dæns ‖ dà:ns] **名**
フォークダンス, 民俗(みんぞく)舞踊(ぶよう).

folk music [fóuk mjù:zik] **名** フォーク
(ミュージック), 民俗(みんぞく)音楽.

folk song [fóuk sɔ̀(:)ŋ] **名** フォークソ
ング, 民謡(みんよう).

folk tale [fóuk tèil] **名** 民話.

follow **3級** [fálou ファ口ウ ‖ fɔ́lou
フォ口ウ]

[動] [3単現] **follows** [-z]；[過去][過分] **followed**
[-d]；[ing] **following**) **他 1 …のあとにつ
いていく**, …のあとについてくる.
Please *follow* me.
私のあとについてきてください.
You go first and I'll *follow* you.
先に行って. 私はあとについて行くから.

2 …のあとに続く, …の次に来る, …に次
いで起こる.
Summer *follows* spring.
夏は春の次に来る.

3 (規則・指示など) **に従う**.
follow the instructions 指示に従う.

> **📣 プレゼン**
>
> It's important to *follow* the school
> rules, but there are some rules
> that I cannot understand why I
> have to *follow*.
> 校則に従うことは大切ですが, なぜ守らなけ
> ればならないのかわからない規則もあります.

4 (道) **を進んでいく**, たどる.
Follow this road. この道を行きなさい.

5 …を理解する, …がわかる.
I don't quite *follow* you.
きみの言っていることがよくわからないよ.

—— **自 あとについていく**, あとについてくる；
続いて起こる；理解する.
He went in and I *followed*.

彼が入っていき, 私はそのあとについていった.
as follows 次のとおりで.
The members are *as follows*:
メンバーは次のとおり:

follower [fálouar ファロウア ‖ fɔ́l- フォ口-]
名 1 (主義・教えなどの)信奉(しんぽう)者, 支持者；
弟子(でし).

2 (スポーツチームなどの) ファン.

3 フォロワー(▶ X (旧 Twitter)などの SNS で,
投稿内容を見られるように登録した人).

following **準2** [fálouiŋ ファロウイング ‖ fɔ́l-
フォ口-] **形** 《the **following** ＋名詞で》次の
… (同 next)；次に述べる….
He came back *the following* year.
彼は次の年に (→その翌年(よくとし)に) 帰ってきた.
Answer *the following* questions.
次の質問に答えなさい.

fond [fand ファンド ‖ fɔnd フォンド]

[形] **1** 《be **fond of** で》**…が大好きであ
る** (▶ like よりも意味が強い). → like¹
Emily *is fond of* music. (＝Emily likes
music very much.)
エミリーは音楽が大好きだ.
I'm *fond of* playing the piano.
私はピアノをひくのが大好きです (▶ be
fond of のあとには名詞か -ing 形がくる).

2 愛情深い, 優しい；(記憶(きおく)などが) なつ
かしい.
a *fond* memory なつかしい思い出.

food **5級** **名** 食物, 食べ物

[fu:d フード] **フォニックス71** oo は [u:]と発音する.
名 《複数》 **foods** [-dz ヅ] **食物**, 食料；(飲
み物に対して)**食べ物**, 食品；**料理** (▶ a を
つけず, 複数形なし)；(ときに foods の形で)
(個々の種類の) **食品**.
food and drink 食べ物と飲み物, 飲食物
(▶ふつうこの語順になる).
food, clothing, and housing
衣食住 (▶日本語と語順が異なる).
natural *food*(s) 自然食品.
frozen *food*(s) 冷凍(れいとう)食品.
I like Japanese *food*.
ぼくは和食が好きだ.
One cannot live without *food*.
人は食物なしで生きることはできない.

two hundred and eighty-three **283**

food court

🗣スピーキング
Ⓐ What's your favorite *food*?
いちばん好きな食べ物は何ですか.
Ⓑ Sashimi.
さしみです.

📘文法 **food の使い方**
ふつう「食物」というときは a をつけず，複数形にしない.ただし，食物の「種類」をさすときは，a をつけたり複数形にしたりする.
canned *foods* かんづめの食品類.

→動 feed

food court [fúːd kɔːrt フード コート] 名
フードコート（小さな飲食店が集まった飲食スペース）.

fool [fuːl フール] 名 ばか，ばかもの，おろかもの. →形 foolish
make a fool of （人）をばかにする.
Don't *make a fool of* your classmate.
クラスの友だちをばかにしてはいけない.

foolish [fúːliʃ フーリシ] 形 ばかな，おろかな（反 wise かしこい）.
Don't be *foolish*.
ばかなことを言うな. /ばかなことをするな.

foot 5級 名 足，フィート

[fut フット] フォニックス70 oo は [u] と発音する.
名（複数）feet [fiːt] **1 足**（反 hand 手）
（▶ 足首から下の部分をいう. ももから足首までは leg）.
stand on one *foot* 片足で立つ.
He kicked the ball with his left *foot*.
彼は左足でボールをけった.

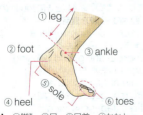

foot ①脚 ②足 ③足首 ④かかと
⑤足の裏 ⑥足の指（▶「足の親指」は big toe,「足の小指」は little toe）

2 フィート（長さの単位；略語は ft.）（▶人間の足の裏の長さをもとにしたもので，1 フィートは 1/3 ヤード，12 インチ，約 30.48cm）.
The snow was one *foot* deep.
雪は1フィートの深さだった（→積雪は1フィートだった）.
He's about six *feet* tall.
彼の身長は約6フィートある.

3 [the をつけて]（物の）下の部分，底；（山の）ふもと（反 top¹ 頂上）.
the foot of the page
ページの下の部分.
at *the foot* of a mountain
山のふもとに.

on foot **徒歩で.**
Do you go to school *on foot* or by bike?
学校には歩いて通っているの，それとも自転車で通っているの？（▶ on foot はふつう by bike など他の手段と対比していうときに使う.単に「歩いて学校に行く」というときは，I walk to school. という）.

football 5級 [fútbɔːl フットボール]
フォニックス70 oo は [u] と発音する.

名（複数）footballs [-z] **フットボール；**
フットボールのボール（▶「フットボール」の意味では a をつけず，複数形なし）.
They like to play *football*.
彼らはフットボールをするのが好きだ.
a *football* field フットボール競技場.

📘用法 **football がさす競技**
（米）ではふつうアメリカン・フットボール（American football）をさす.（英）ではサッカー（soccer）またはラグビー（rugby）をさす.
→ American football, rugby, soccer

footlights [fútlaits フトライツ] 名 [複数あつかい] 舞台の足元の照明，脚光.
footprint [fútprint フトプリント] 名 足跡.
footstep [fútstep フトゥステプ] 名 足音；足跡.

for 5級 前 …のために，…の間

[fər フォ,（強めると）fɔːr フォー(ァ)]

◀ **for**

前 **1** [利益・受け取る人などを表して] **…のために**；…あてに.

…のために

…に向かって　　　…の間

This is a present *for* you.
これはあなたへのプレゼントです.
What can I do *for* you?
(店で店員が) 何にいたしましょう. / いらっしゃいませ.
Jogging is good *for* your health.
ジョギングは健康によい.
My father bought a smartphone *for* me. (= My father bought me a smartphone.)
父は私にスマートフォンを買ってくれた.

2 [目的を表して] **…のために**；…を得ようとして, 求めて.
go *for* a walk 散歩に出かける.
cry *for* help 大声で助けを求める.
What is this line *for*?
これは何の行列ですか.
My brother gave me a book *for* my birthday. 兄は誕生日に本をくれた (▶この for は「(特定の日時・機会) に, …を祝って」という意味をふくむ).

3 [用途・適否などを表して] **…向きの**, …用の, …に適した.
magazines *for* children
子ども向きの雑誌.
What do you usually have *for* breakfast?
朝食にはふつう何を食べますか.

4 [目的地・行き先を表して] **…に向かって**, …行きの.
She left Narita *for* London this morning.
彼女はけさ成田からロンドンに出発した.

Is this the train *for* Chicago?
これはシカゴ行きの列車ですか.
5 [期間・距離を表して] **…の間**.
I have lived in this town *for* ten years. 私はこの町に 10 年住んでいる.
They had to walk *for* five miles.
彼らは 5 マイル歩かなければならなかった.
6 [原因・理由を表して] **…のために**, …という理由で.
The park is famous *for* its cherry blossoms. その公園は桜の花で有名だ.
7 [交換を表して] **…と引き換えに**；(ある金額) で；…に対して.
How much did you pay *for* that bag?
そのかばん, いくらで買ったの？
I bought the jeans *for* 5,000 yen.
そのジーンズを 5000 円で買った.
Thank you *for* your email.
メールをありがとう.
8 **…に賛成して**, 味方して (反 against …に反対して, 対抗して).
Are you *for* or against his plan?
あなたは彼の計画に賛成ですか反対ですか.
9 **…に関しては；…としては**, …のわりには.
Goodbye *for* now. じゃ, さよなら.
That's all *for* today. 今日はここまで.
It's warm *for* December.
12 月にしては暖かい.
My mother looks young *for* her age. 母は年のわりには若く見える.
10 **…の代わりに**；…を表して, …を意味して.
I wrote a letter *for* him.
私は彼の手紙の代筆をした.
What is the French word *for* "snow?" フランス語で「雪」は何ですか.
11 《for ～ to … で》**～が…すること**.
It's dangerous *for* small children *to* play here.
小さな子どもがここで遊ぶのは危険だ.

💬文法 It is — for ～ to …. の文
to のあとには動詞の原形がくる. for ～は to 以下の意味上の主語となる.

for all 《文語》…にもかかわらず.
For all his wealth, he is not happy.
あれほどの金持ちにもかかわらず, 彼は幸福ではない.
for ever 永久に. → ever

two hundred and eighty-five　285

forbad ▶

for *myself* **独力で**, 自分の力で；自分の
ために. → oneself
for the first time はじめて. → first

── 圏〔文語〕というのは…だから（▶改
まった語. ふつうは because を使う）.
Meg went to bed early last night,
for she was exhausted.
メグは昨晩は早く寝ました. というのはつかれ
きっていたからです.

forbad [farbǽd フォバッド] 動 forbid（…を
禁じる）の過去形の1つ.

forbade [farbǽd フォバッド, -béid -ベイド]
動 forbid（…を禁じる）の過去形の1つ.

forbid [farbíd フォビッド] 動〔過去〕forbade
[farbǽd, -béid] または forbad [farbǽd]；〔過分〕
forbidden [farbídn]；〔ing〕forbidding）他
…を禁じる；（**forbid ＋人＋ to ...** で）（人）
が…することを禁じる.
His father *forbade* him *to* ride his
motorcycle.
父親は彼がバイクに乗ることを禁じた.

forbidden [farbídn フォビドゥン] 動 forbid
（…を禁じる）の過去分詞.

force 2級 [fɔ́ːrs フォース] 图 1 力, 腕
力；暴力；武力, 軍事力.
The boy took it by *force*.
その男の子は力ずくでそれをとった.

2 （物理的な）力.
the *force* of gravity 重力.
the *force* of the wind 風力.

3 [集合的に] 集団, 団体；[しばしば複数形で]
軍隊, 部隊.
the police *force* 警察（隊）.
the armed *forces* 軍隊（陸海空軍）.
the Air *Force* 空軍.

── 動 他 1 （**force ＋人＋ to ...** で）（人）
にむりやり…させる.
He *forced* me *to* pay the money.
彼はむりやり私にお金を払わせた.
They were *forced to* leave their
homeland.
彼らは強制的に祖国から追い出された.

2 （ドア・窓など）をこじあける；力ずくで
…する.
I *forced* the window open.
私は窓をこじあけた.

Ford [fɔ́ːrd フォード] 图 1 フォード（フォード
社製の自動車）.

2 ヘンリー (Henry)・フォード (1863–1947；

アメリカの自動車会社フォード社の創設者）.

forecast 2級 [fɔ́ːrkæst フォーキャスト]
‖-kɑːst -カースト] 图 予測；（天気の）予報.
a weather *forecast* 天気予報.

── 動 （〔過去〕〔過分〕forecast また は
forecasted [-id]）他 （将来のこと）を予測
する；（天気など）を予報する.
forecast the weather 天気予報する.

forefinger [fɔ́ːrfiŋɡər フォーフィンガァ] 图
人さし指（▶ first finger または index
finger ともいう）.

forehead [fɔ́(ː)rid フォ(ー)レド, fɔ́ːrhed
フォーヘド] 图 ひたい, おでこ.

foreign 3級 [fɔ́(ː)rin フォ(ー)リン]
フォニックス37 g は発音しない.
形 **外国の** （反 home, domestic 国内
の）；対外関係の, 外交の.
a *foreign* language 外国語.
a *foreign* country 外国.
Japan's *foreign* policy 日本の外交政策.
the Ministry of *Foreign* Affairs
（日本の）外務省.

foreigner [fɔ́(ː)rinər フォ(ー)リナァ] 图 外
国人（▶「よそ者」というニュアンスがあるので,
外国籍であることを伝える場合には, He is
a foreigner. ではなく He is American.
（彼はアメリカ人です）のようにふつう具体的な
国籍をいう. 外国人の観光客などをさす場合も,
a visitor from overseas （海外からの訪
問客）のような言い方が好ましい）.

forename [fɔ́ːrneim フォーネイム] 图 （姓
に対する）名（= first name, Christian
name）.

foresight [fɔ́ːrsait フォーサイト] 图 先見
の明, 先見力；将来の見通し.

forest 3級 [fɔ́(ː)rist フォ(ー)レスト]
图 （複数 forests [-ts ッ]）（広大な地域にわ
たる）**森林**, 山林.
a rain *forest* 熱帯林.
There are a lot of wild animals in
the *forest*.
その森にはたくさんの野生動物がいる.

> **▶用法 forest と woods**
> forest は人の手が入っていない, 広い
> 地域にわたる「森林」をいう. woods は
> forest より小さく, 人里に近くて人の手
> が入った「森」や「林」をいう.

forever [fərévər フォレヴァ]

副 **永久に**, 永遠に, いつまでも (▶ 〔英〕ではfor everとはなしてつづることもある).
I'll love you *forever*. ずっと愛しているよ.

forgave [fərgéiv フォゲイヴ] 動 forgive(…を許す)の過去形.

forge [fɔːrdʒ フォーヂ] 動 他 (貨幣かいなど)を偽造ぞうする.
—— 名 かじ場の炉.

forget 3級 動 …を忘れる

[fərgét フォゲット]

動 (3単現 **forgets**[-ts ツ]; 過去 **forgot** [fərgάt フォガット]; 過分 **forgotten** [fərgάtn フォガットン] または forgot; ing **forgetting**) 他 **1 a …を忘れる**, 思い出せない (反 remember …を覚えている).

forget　　　remember

I *forget* his name.
彼の名前を忘れてしまった.
I'll never *forget* you.
あなたのことをけっして忘れません.
Forget it.
(謝罪などに対して)気にするな.

b 《forget (that) ... で》**…ということを忘れる**;《forget + 疑問詞[what, where, whenなど] ... で》**…かを忘れる**.
I *forgot that* she was coming today.
私は彼女が今日来るのを忘れていた(いま思い出した).
I *forget where* I put my smartphone.
スマホをどこに置いたか忘れた.

c 《forget + -ing 形で》**…したことを忘れる** (▶過去の行為にっついて使う).
I will never *forget visiting* the U.S. last summer. 去年の夏にアメリカへ行ったときのことはけっして忘れないだろう.

d 《forget to ... で》**…するのを忘れる** (▶未来の行為について使う).

Don't *forget to* call me.
忘れずに電話してね.
I *forgot to* take the money.
お金を持っていくのを忘れてしまった.

2 …を置き忘れる.
She has *forgotten* her umbrella again. 彼女はまたかさを置き忘れてしまった.

💬用法 forget と leave
ふつう forget は場所を示す語句をともなわないときに使う.「電車に」「部屋に」などがつけば leave を使う. I *left* my umbrella on the train.(私は電車にかさを忘れた)

—— 自 **忘れる**.
🔊スピーキング
Ⓐ What's his name?
彼の名前は何というの?
Ⓑ I *forget*.
忘れたよ.

Don't *forget*. 忘れないでよ.
He *forgot* about the meeting.
彼はその会合のことを忘れていた.

forgetful [fərgétfəl フォゲットフル] 形 忘れっぽい.

forgets [fərgéts フォゲッツ] 動 forget(…を忘れる)の3人称単数現在形.

forgetting [fərgétiŋ フォゲティング] 動 forget(…を忘れる)の -ing 形.

forgive 準2 [fərgív フォギヴ] 動 (過去 forgave [fərgéiv]; 過分 forgiven [fərgívən]) 他 (人・過ちち・罪など)を許す;《forgive + 人 + for + -ing 形で》(人)が…したことを許す.

🔊スピーキング
Ⓐ Please *forgive* me. I didn't mean any harm.
どうか許してください. 悪気はなかったのです.
Ⓑ That's all right.
気になさらずに.

I *forgive* you. 許してあげるよ.
I can never *forgive* him *for* bully*ing* me. 彼がぼくをいじめたことは絶対に許せない.
—— 自 **許す**.
Let's *forgive* and forget.
おたがいに(昔のことは)水に流そう (▶仲直り

forgiven ▶

するときの決まり文句).

forgiven [fərɡívən フォギヴン] **動** forgive
(…を許す) の過去分詞.

forgot 4級 [fərɡát フォガット ‖ -ɡɔ́t -ゴット]
動 forget (…を忘れる) の過去形, 過去分詞の1つ.

forgotten [fərɡátn フォガトゥン ‖ -ɡɔ́tn -ゴットゥン] **動** forget(…を忘れる)の過去分詞の1つ.

fork [fɔ́ːrk フォーク] **名** 1 (食事で使う) フォーク.
a knife and *fork* (1組みの) ナイフとフォーク (▶セットとして考えるので, a knife and *a fork* とはいわない).
2 (農業用の) くまで.
3 (道路や川の)分かれるところ, 分岐点.

form 準2 [fɔ́ːrm フォーム]

名 1 **形**, 形状；姿；フォーム.
The cloud took the *form* of a rabbit.
雲はウサギの形になった.
His batting *form* is not good.
彼のバッティングフォームはよくない.
2 形態, タイプ；形式, 型.
There are various *forms* of music.
音楽にはさまざまな形式がある.
3 (申しこみ・質問などの) **用紙**, 書式.
an application *form* 申しこみ用紙.
Please fill out the *form*.
用紙に記入してください.
── **動 他** 1 …を形づくる, …の形になる.
The children *formed* a circle.
子どもたちは輪になった.
2 …を組織する, 結成する.
We *formed* a jazz band.
ぼくたちはジャズバンドを結成した.
── **自** (物が) 形になる, 形ができる.
A plan *formed* in his mind.
彼の頭の中で計画がまとまった.

formal 準2 [fɔ́ːrməl フォーマル] **形** 1 正式の, 公式の (反 informal 非公式の)；儀礼的な；正装の(反 casual ふだん着の).
a *formal* visit 公式の訪問.
formal dress 礼服, 正装.
2 (人・態度などが) かたくるしい, 形式ばった；(ことば・表現が) 形式ばった, 改まった(反 informal 形式ばらない).
a *formal* expression 形式ばった表現.

format [fɔ́ːrmæt フォーマット] **名** (本の) 体裁；(コンピューター) フォーマット (データの形式, 記録方式).

former [fɔ́ːrmər フォーマァ] **形** 1 以前の, 前の, 元の；昔の.
his *former* wife 彼の前妻.
the *former* mayor of New York
ニューヨークの前市長.
2 [the をつけて] (2つのうちの) 前者 (対 the latter 後者) (▶代名詞のように使う).
Of the two plans, I prefer the *former*.
2つのプランの中では前者のほうがいいね.

formula [fɔ́ːrmjulə フォーミュラ] **名** (複数 **formulas** [-z] または **formulae** [fɔ́ːrmjuliː])
1 (数学の) 公式；化学式.
2 決まった言い方, 決まり文句；決まったやり方.

fort [fɔ́ːrt フォート] **名** とりで, 要塞.

forth [fɔ́ːrθ フォース] **副** (文語) (空間的に) 前へ；外へ；(時間的に) 先へ.
April showers bring *forth* May flowers. 4月の雨は5月の花をもたらす.
from this day *forth* この日以後ずっと.
and so forth …など. → and
[同音語] fourth (第4の)

forties [fɔ́ːrtiz フォーティズ] **名** forty (40) の複数形.

fortieth [fɔ́ːrtiəθ フォーティエス] (つづり注意) **形** [ふつう the をつけて] 第40の, 40番目の.
── **名** [ふつう the をつけて] 第40, 40番目 (▶略語は 40th).

fortunate 2級 [fɔ́ːrtʃ(ə)nət フォーチュネト] **形** 運がよい, 幸運な, 幸せな, 恵まれた (反 unfortunate 不運な) (▶ふつう lucky よりも長く続くものをいう).
I'm *fortunate* to have good friends. (= I'm *fortunate* that I have good friends.) よい友だちがいて私は幸せだ.

fortunately [fɔ́ːrtʃ(ə)nətli フォーチュネトゥリィ] **副** 幸運にも, 幸い (にも), 運よく (反 unfortunately 不運にも).
Fortunately, I caught the last train.
幸い終電に間に合った.

fortune [fɔ́ːrtʃən フォーチュン] **名** 1 財産, 富；大金.
He made a *fortune* in real estate.
彼は不動産で大金持ちになった.
2 運；運命；幸運 (反 misfortune 不運).
I had the good *fortune* to meet him. 彼に出会えたのは幸運だった.

288 two hundred and eighty-eight

▶ **fourteen**

fortune slip [fɔ́ːrtʃən slip] 名 おみくじ
(日本のおみくじを説明する表現).

forty 5級 形 40 の
名 40

[fɔ́ːrti フォーティ] フォニックス78 or は [ɔːr] と発音する. (つづり注意)

形 **40 の**；40 個の，40 人の；40 歳で.
Ali Baba and the Forty Thieves
『アリババと 40 人の盗賊』
── 複数 **forties**[-z] 1 **40**；40 歳；[複数あつかい] **40 個**，40 人.
2 (*my* **forties** で)(年齢の)40代；(**the forties** で) (各世紀の) 40 年代 (▶ the 40s または 40's とも書く).
a man in *his* forties 40 歳代の男性.

forward 3級 [fɔ́ːrwərd フォーワド]
フォニックス78 or は [ɔːr] と発音する.

副 (比較 **more forward** ときに **forwarder**；最上 **most forward** ときに **forwardest**) **前へ**，前方へ (反 backward 後方へ)；将来に向かって.
go *forward* 前進する.
step *forward* 前へふみだす.

look forward to ···を楽しみに待つ，期待する (▶ to のあとには名詞か -ing 形がくる).
I'm *looking forward to* seeing you.
お目にかかるのを楽しみにしています (▶ to ˣsee you のように，to のあとに動詞の原形を続けないように注意).
── 形 **前方の**，前部の；前方への.
a *forward* movement 前進.
── 名 (複数 **forwards**[-dz ヅ])(球技) **フォワード**，前衛 (反 back バック).

forwards [fɔ́ːrwərdz フォーワヅ] 副 (おもに英) = **forward**

fossil 2級 [fás(ə)l ファス(ィ)ル ∥ fɔ́s(ə)l フォス(ィ)ル] 名 化石.
fossil fuel 化石燃料.

foster [fɔ́(ː)stər フォ(ー)スタァ] 動 他 (文語) ···を育成する，促進する；(実子でない子ども) を養育する.
── 形 里親の；里子の.
a *foster* parent 里親.
a *foster* child 里子.

fought 3級 [fɔːt フォート] 動 fight (戦う)

の過去・過去分詞.

foul [faul ファウル] (発音注意) 形 不潔な，きたない (反 clean 清潔な)；(競技) 反則の，(野球) ファウルの.
── 名 (競技) 反則，(野球) ファウル.
── 動 自 (競技) 反則をする，(野球) ファウルボールを打つ.
[同音語] fowl (家禽)

found¹ 4級 [faund ファウンド]
フォニックス72 ou は [au] と発音する.

動 find (···を見つける) の過去・過去分詞.

found² [faund ファウンド] 動 他 (会社・学校など) を設立する.
The company was *founded* in 1970. その会社は 1970 年に設立された.

foundation 2級 [faundéiʃən ファウンデイション] 名 **1** [しばしば複数形で](建物の)土台，基礎；(物事の) 基礎，基盤 (同 base).
2 創立，設立；財団.

founder [fáundər ファウンダァ] 名 創設者，設立者.
America's *Founders* (米) アメリカ建国者 (▶ 1787 年にアメリカ憲法を制定した人たち).

fountain [fáunt(i)n ファウンテ(ィ)ン] 名 噴水；泉 (同 spring).
a drinking *fountain*
(公園などの) 噴水式の水飲み場.

fountain pen [fáunt(i)n pèn ファウンテ(ィ)ン ペン] 名 万年筆.

four 5級 形 4の
名 4

[fɔːr フォー(ァ)] フォニックス91 our は [ɔːr] と発音する.

形 **4の**；4個の，4人の；4歳で.
four seasons 四季.
── 名 (複数 **fours**[-z]) **4**；4歳，4時；[複数あつかい] 4個，4人.
at *four* in the morning 朝の4時に.

fourteen 5級 形 14 の
名 14

[fɔːrtíːn フォーティーン] フォニックス64 ee は [iː] と発音する. 前後の文のリズムによりアクセントの位置が変わり [fɔ́ːrtìːn] となることがある.

fourteenth ▶

形 **14 の**；14 個の，14 人の；14 歳で.
── 名 (複数) **fourteens** [-z] **14**；14 歳；
[複数あつかい] **14** 個，14 人.

fourteenth [fɔːrtíːnθ フォーティーンス] 形
[ふつう the をつけて] 第 14 の，14 番目の.
── 名 [ふつう the をつけて] 第 14，14 番
目；(月の) 14 日 (▶略語は 14th).

fourth 5級 形 **4番目の**
名 **4番目**

[fɔːrθ フォース] フォニックス91 フォニックス34 our は
[ɔːr]. th は [θ] と発音する.
形 **1** [ふつう the をつけて]**第4の**，4番目の.
the fourth chapter 第4章.
2 4 分の1の.
── 名 (複数) **fourths** [-s] **1** [ふつう the を
つけて] **第4**，4番目；(月の) 4日 (▶略語は
4th).
2 4分の1 (= quarter).
three *fourths* (= three quarters)
4分の3.
the Fourth of July アメリカの独立記念
日 (7月4日). → Independence Day
[同音語] forth (前へ)

fourths [fɔːrθs フォースス] 名 fourth (4分
の1) の複数形.

fowl [faul ファウル] (発音注意) 名 (ニワトリ・
アヒル・七面鳥などの) 家禽;；[集合的に]
鳥類.
[同音語] foul (不潔な)

fox [fɑks ファックス ‖ fɔks フォックス] 名 (複数)
foxes [-iz] (動物) キツネ (▶「子ギツネ」の
ことは cub という).
a silver *fox* 銀ギツネ.

背景 fox はイソップ物語などにあるよ
うに，悪がしこくてずるいというイメージ
がある.

Fr. (略) = France (フランス)；French (フ
ランスの)；Friday (金曜日)

fractal [frǽktl フラクトゥル] 名 (数学) フラ
クタル (部分が全体と自己相似となっている図
形).

fraction [frǽkʃən フラクション] 名 断片；
(数学) 分数.

fragile [frǽdʒəl フラヂル ‖ -dʒail -ヂャイル]
形 こわれやすい，もろい.

fragment [frǽgmənt フラグメント] 名 破

片，かけら.

fragrant [fréigrənt フレイグラント] 形 香かり
のよい，芳香ほうのある.

frail [freil フレイル] 形 (体質が) 弱い，虚
弱きょな；はかない.

frame 2級 [freim フレイム] 名 (窓などの)
わく；(絵の) 額縁がく；(建物の) 骨組み；体格.
a picture *frame* 額縁.

framework [fréimwəːrk フレイムワ～ク]
名 (建物などの) 骨組み；(考え方などの)
枠く組み；構成，組織.

France 4級 [frǽns フランス ‖ frɑːns フラー
ンス] 名 フランス (ヨーロッパの共和国；面積
は日本よりやや大きく，人口は約半分；首都は
パリ (Paris)).
France is larger than Japan.
フランスは日本より大きい. →形 French

Frank [frǽŋk フランク], **Anne** 名 アンネ・
フランク (1929-45；ドイツで生まれたユダヤ
人の少女；ナチスの強制収容所で 15 歳で病
死した；『アンネの日記』の作者).

frank [frǽŋk フランク] 形 率直な，かくしだ
てをしない.
Please give me your *frank* opinion.
率直な意見を聞かせてください.
to be frank with you 率直に言えば (=
frankly speaking).
To be frank with you, I don't think
you're studying hard enough.
はっきり言えば，きみは十分に勉強していない
と思うね.

frankfurter [frǽŋkfərtər フランクファタァ]
名 フランクフルトソーセージ (▶このソー
セージが最初につくられたドイツの都市
Frankfurt (フランクフルト) から).

Franklin [frǽŋklin フランクリン], **Benjamin**
名 ベンジャミン・フランクリン (1706-90；
アメリカの政治家・科学者・文筆家；アメリカ独
立宣言の起草者の1人).

frankly 準2 [frǽŋkli フランクリィ] 副 率直
に，あからさまに.
You should answer *frankly*.
率直に答えてほしい.
frankly speaking 率直に言えば (= to
be frank with you).
Frankly speaking, I don't like him.
率直に言えば，私は彼が好きではない.

freckle [frékl フレックル] 名 [ふつう複数形
で] そばかす.

◀ **French fries**

free 〔4級〕 [fri: フリー] フォニックス64 ee は [i:] と発音する.

〔形〕〔比較〕**freer**；〔最上〕**freest**） **1 自由な**, 束縛されない；《**be free to ...** で》**自由に…することができる**.

a *free* society 自由な社会.

You're *free to* choose whatever you like.
自由にどれでも好きなのを選んでください.

2 無料の, ただの.

I have two *free* tickets for the concert.
コンサートの無料チケットが 2 枚あるんだ.

3 《be free from [of] で》…がない, …をまぬがれている.

She *is free from* worries.
彼女には心配事がない.

This *is free of* charge. これは無料です.

4 ひまな（反 busy 忙しい）.

🔊スピーキング
Ⓐ Are you *free* tomorrow?
あした, あいてる？
Ⓑ Yes, I am.
うん, あいてるよ.
Ⓑ I'm sorry, I'm not.
ごめん, あいてない.

Will you be *free* next Sunday?
次の日曜日はおひまですか.

"What do you do in your *free* time?" "I play computer games."
「ひまなときは何をしてるの？」「コンピューターゲームさ」   →〔副〕freely

feel free to ... 自由に…してよい, 自由に…することができる.

If you have any questions, *feel free to* ask me.
もし何か質問があったら, 自由に（→遠慮しないで）私にたずねなさい.

for free ただで, 無料で.

You can have this *for free*. ご自由にお持ちください；これサービスしておきますね.

set ... free …を自由にする, 解放する.

I *set* the butterfly *free*.
チョウをはなしてやった.

—— 〔動〕〔3単現〕**frees** [-z]；〔過去〕〔過分〕**freed** [-d]；〔ing〕**freeing**）〔他〕…を自由にする, 解放する.

freedom [fri:dəm フリーダム] 〔名〕自由（同

liberty）；解放.

freedom of speech 言論の自由.

have the *freedom* to ...
…する自由がある.

freely 〔準2〕 [fri:li フリーリィ] 〔副〕自由に；おしげもなく；率直に.   →〔形〕free

freeway [fri:wei フリーウェイ] 〔名〕《米》高速道路（= expressway）（▶《英》では motorway という）.

freeze 〔準2〕 [fri:z フリーズ] 〔動〕〔過去〕froze [frouz]；〔過分〕frozen [fróuzn]）〔他〕…を凍らせる；(食品など)を冷凍する；(人)をこごえさせる.

Freeze the meat and fish.
その肉と魚を冷凍しておいてね.

—— 〔自〕**1** (水などが)凍る；(体が)こごえる.

The pond *froze* over again today.
池は今日もまた凍った.

I'm *freezing*. 寒くてこごえそうだ.

2 (恐怖などで)動けなくなる；(コンピューターが)動かなくなる, フリーズする.

Freeze! 動くな, 止まれ, 動くと撃つぞ.

freezer [fri:zər フリーザァ] 〔名〕冷凍庫, フリーザー.

freezing point [fri:ziŋ point フリーズィング] 〔名〕[the をつけて] 氷点, 凝固点（反 boiling point 沸点）.

freight [freit フレイト] (発音注意) 〔名〕貨物；貨物輸送；貨物運賃.

a *freight* train
貨物列車（▶《英》では goods train ともいう）.

French 〔5級〕 [frentʃ フレンチ] フォニックス26 ch は [tʃ] と発音する.

〔形〕**フランスの**：フランス人の：フランス語の.

She's *French*. 彼女はフランス人です.

a *French* class フランス語のクラス.
→〔名〕France

—— 〔名〕**1 フランス語**（▶ a をつけず, 複数形なし）.

They speak *French* in France.
(= *French* is spoken in France.)
フランスではフランス語を話す.

2 [the をつけて] [複数あつかい] **フランス人**(全体).

French fries [frentʃ fráiz フライズ] 〔名〕[複数あつかい] 《おもに米》フライドポテト（= 《英》(potato) chips）.

two hundred and ninety-one　291

French horn ▶

French horn [frèntʃ hɔ́ːrn] 图《楽器》フレンチホルン (うずまき形の金管楽器；単に horn ともいう).

frequency [fríːkwənsi フリークウェンスィ] 图 頻繁に；頻度.
the *frequency* of crimes 犯罪の多発.
the *frequency* of use 使用頻度.

frequent [fríːkwənt フリークウェント] 形 頻繁な, たびたびの, しばしば起こる.
She's a *frequent* visitor to the city library. (= She often goes to the city library.)
彼女は市立図書館によく行く.

frequently 2級 [fríːkwəntli フリークウェントゥリィ] 副 頻繁に, よく, たびたび (同 often).
She visits the place *frequently*.
彼女はよくその場所を訪れる.

fresh 3級 [freʃ フレッシュ] フォニックス32
sh は [ʃ] と発音する.

形 (比較 fresher；最上 freshest) **1 新鮮な**, 鮮度のよい；生の；とりたての, できたての.
fresh vegetables 新鮮な野菜.
fresh eggs 産みたての卵.
fresh coffee いれたてのコーヒー.

2 新たな, 新しい；新規の.
make a *fresh* start
新規まきなおしをする, 再出発する.

3 さわやかな, すがすがしい.
The air was *fresh* and cool.
空気はさわやかでひんやりしていた.

4 (水などが) 塩分のない (反 salt 塩分をふくんだ).
fresh water 真水, 淡水 (▶前後関係では「新鮮な水」という意味にもなる).

5 元気な, 生き生きした.

freshly [fréʃli フレシュリィ] 副 新しく, 新たに；…したてで；新鮮に, すがすがしく.
freshly baked bread 焼きたてのパン.

freshman [fréʃmən フレシュマン] 图 (複数 freshmen [-mən])《米》(大学・高校の) 1年生 (▶女子学生にも使う). → senior (表)

Fri. (略) = Friday (金曜日)

friction [fríkʃən フリクション] 图 摩擦.

Friday 5級 图 金曜日

[fráidei フライデイ, -di -ディ]
图 (複数 Fridays [-z]) 金曜日 (▶略語は Fr. または Fri.).
We have six classes on *Friday*.
金曜日には授業が6時間ある (▶「…曜日に」というときはふつう on をつける).
next *Friday* 次の金曜日に (▶ next や last などがつくときは, 前置詞はつけない).

○ on Friday
✕ on last Friday
—— last や next などがつくときは on は使わない.
○ last Friday
▶曜日名は大文字で書きはじめる.

Friday the thirteenth 13日の金曜日 (▶英語では曜日, 日付の順にいう).
Thank God, it's *Friday*!
やれやれ, やっと金曜日だ (▶ T.G.I.F. [ティーヂーアイエフ] と略す. ふつう金曜日の夕方から週末 (weekend) が始まる).

背景 "Frigg (フリッグ；北欧神話の主神オーディンの妻) + day (日)" から.

fridge 3級 [fridʒ フリッヂ] 图《口語》冷蔵庫 (= refrigerator).

fried 準2 [fraid フライド] 動 fry (…を油であげる) の過去・過去分詞.
—— 形 油であげた, 油でいためた.
fried fish 魚のフライ.
fried rice チャーハン.
fried (Chinese) noodles 焼きそば.

fried chicken [fráid tʃíkin] 图 フライドチキン.

friend 5級 图 友だち, 友人

[frend フレンド] (ie は例外的に [e] と発音する. つづり注意)
图 (複数 friends [-dz ヅ]) 友だち, 友人；味方 (反 enemy 敵).
Bill and I are good *friends*.
ビルと私は大の仲よしです.
He has a lot of *friends*.
彼は友だちがたくさんいる.
A *friend* in need is a *friend* indeed.

292 two hundred and ninety-two

◀ from

(ことわざ) まさかのときの友こそほんとうの友.

> 🗨スピーキング
> 🅐 *Will you be my friend?*
> 私の友だちになってくれない？
> 🅑 *Sure.*
> もちろん.
> (▶「いっしょに遊ぼう, 仲よくしよう」というときの決まった言い方. Let's be friends. (友だちになろうよ) でもよい).

be friends with …と友だちである, 親しい (▶相手が1人でも friends の形で使う).
I'm *friends with* Beth.
私はベスと仲がいい.

make friends with = ***become friends with*** …と友だちになる, 親しくなる.
I *made friends with* John.
私はジョンと親しくなった.

friendly 3級 [fréndli フレンドゥリィ]
(ie は例外的に [e] と発音する)
形 (比較 **friendlier**; 最上 **friendliest**) **1 親しみのこもった**, 優しい, 好意的な, 友好的な, 愛想のいい.
a *friendly* smile 親しみのこもったほほえみ.
The restaurant has a *friendly* atmosphere.
そのレストランは感じのいい店だ.
2 (be friendly with で) …と親しい.
I'm *friendly with* my neighbors.
私は近所の人たちと仲がよい.

friendship 準2 [fréndʃip フレンドゥシプ]
名 **友情**; 友だちづきあい, 友好関係.

fright [frait フライト] (発音注意) 名 (とつぜんの激しい) 恐怖; おどろき.

frighten 準2 [fráitn フライトゥン] (発音注意) 動 他 …をこわがらせる, おびえさせる, ぎょっとさせる.
Don't *frighten* me. びっくりさせるなよ.

frightened [fráitnd フライトゥンド] 形 おびえた, こわがっている, ぎょっとした.
I'm *frightened*. こわいよう.
I was *frightened* at the sight.
その光景を見てこわくなった. →名 fright

frightening [fráitniŋ フライトゥニング]
形 (人を) ぎょっとさせる, こわい, おそろしい.
It was a really *frightening* experience. それはじつにおそろしい体験だった.

Frisbee [frízbi フリズビィ] 名 フリスビー (たがいに投げ合って遊ぶプラスチック製の円盤; 商標名).

frog 準2 [frɔ(:)g フロ(ー)グ ‖ frɔg フロッグ]
名 カエル (▶「ヒキガエル」は toad, 「オタマジャクシ」は tadpole).

from 5級 前 …から

[frəm フロム; (強めると) frʌm フラム ‖ frɔm フロム]

from　　to

前 **1** [場所を表して] **…から(の)**; **(from ~ to ... で) ~から…まで(の)**.
I'll send you a postcard *from* Hawaii. ハワイから絵はがきを送るね.
It only takes a few minutes *from* the station *to* the hotel.
駅からホテルまではほんの数分です.
The cat came out *from* under the bed. ベッドの下からネコが出てきた (▶この例のように, from のあとに副詞 (句) がくることもある).
I went *from* store *to* store.
私は店から店へとまわった (▶同じ名詞を使うとき, a や the などが省略される. from door to door (1軒ごとに) / from flower to flower (花から花へ)).
2 [時間を表して] **…から(の)**; **(from ~ to ... で) ~から…まで(の)** (▶ from ~ till ... , from ~ through ... の形で使われることも多い).
The library is open *from* 10 a.m. *to* 6 p.m. 図書館は午前10時から午後6時ま

two hundred and ninety-three 293

で開いている.

The meeting lasted *from* two *till* five. 会議は 2 時から 5 時まで続いた.

3 [出所を表して] **…から(の)**; **…出身の**. → of

beef *from* Australia
オーストラリア産の牛肉.

This is an email *from* Tom.
これはトムからのメールだよ.

🗨 スピーキング

Ⓐ Where do you come *from*?
出身地はどこですか.

Ⓑ I come *from* Hawaii.
ハワイです.

(▶出身地はどこかをたずねるときは, 現在形を使って Where do you come from? とか Where are you from? という. 過去形を使って Where did you come from? とたずねると出身地ではなく「(今日はたまたま) どこから来たのですか」という問いになる.)

4 [原料を表して] **…から(の)**.
Cheese is made *from* milk.
チーズは牛乳からつくられる.

5 [分離・区別を表して] **…から**, **…と(の).**
Don't take the candy *from* your little brother.
弟からお菓子をとっちゃだめよ.

My idea is different *from* yours.
私の考えはあなたの考えとはちがいます.

6 [原因・理由を表して] **…から**, **…のために**.
Her father died *from* overwork.
彼女のお父さんは過労で亡くなった.

I know *from* experience.
私は経験から知っている.

far from **少しも…でない**, **…どころでない**. → far

from morning till night **朝から晩まで**. → morning

from now on **これからは**, **今後 (は)**.
I'll never be late *from now on*.
これからはけっして遅刻しません.

from ... on **…からずっと**.

from time to time **ときどき**. → time

front ③級 [frʌnt フラント] (o は例外的に [ʌ] と発音する)

图 [複数 fronts [-ts ツ]] **1** [ふつう the をつけて] **前部**, 前面, 正面 (反 back 後部).

the front seat of the car 車の助手席.
The front of the store is painted blue. その店の正面は青くぬってある.

2 [ふつう the をつけて] **最前線**, **戦地**.
He lost his life at *the front*.
彼は最前線で死んだ.

in front of (場所について) **…の前に** (反 at the back of …の後ろに).
There is a big tree *in front of* the building.
その建物の前に大きな木がある.

―― 形 **前の**, **正面の**.
the *front* door 正面玄関.
the *front* yard 前庭.
the *front* page (新聞の) 第1面.

front desk [frʌnt désk] 图 (ホテルなどの) **フロント**, **受付** (= (英) reception desk) (▶「フロント」は和製英語).

frontier ②級 [frʌntíər フランティア, frʌ́ntiə フランティア] 图 **国境**; [the をつけて] **辺境**, フロンティア (とくにアメリカの西部開拓時代の開拓地と未開拓地の境界地帯).
frontier spirit
フロンティア・スピリット (アメリカ人のもつ不屈の辺境開拓者精神).

frost [frɔ(ː)st フロ(ー)スト] 图 **霜**.
There was *frost* this morning.
けさは霜が降りた.

frosty [frɔ́(ː)sti フロ(ー)スティ] 形 **霜の降りる**, **とても寒い**.
a *frosty* morning 霜の降りた朝.

frown [fraun フラウン] (発音注意) 動 圓 **まゆをひそめる**, **顔をしかめる**.
―― 图 **しかめつら**.

froze [frouz フロウズ] 動 freeze (…を凍らせる) の過去形.

frozen 準② [fróuzn フロウズン] 動 freeze (…を凍らせる) の過去分詞.
―― 形 **凍った**, **冷凍の**.
frozen food 冷凍食品.

fruit ⑤級 图 **果物**

[fruːt フルート] (発音・つづり注意)
图 [複数 fruits [-ts ツ]] **果物**, フルーツ; 果実.
fresh *fruit* 新鮮な果物.
I like *fruit* very much.
私は果物が大好きだ.

294 two hundred and ninety-four

▶ **full**

> 🗣スピーキング
>
> Ⓐ What's your favorite *fruit*?
> いちばん好きな果物は何ですか.
> Ⓑ Strawberries.
> イチゴです.
> (▶ What *fruit* do you like the best? ともいう.)

My favorite *fruits* are apples and oranges.
私の大好きな果物はリンゴとオレンジです.

📖文法 *fruit* の使い方
ふつう「果物」とまとめていう場合は a をつけず, 複数形にしない. ただし, 個々の果物や種類を表すときは, a をつけたり複数形にしたりする.

fruitcake [frúːtkeik フルートゥケイク] 名 フルーツケーキ.

frustrate [frʌ́streit フラストゥレイト ‖ frʌstréit フラストゥレイト] 動 他 (事が) (人) を失望させる, いらいらさせる.

frustrated [frʌ́streitid フラストゥレイティド ‖ frʌstréitid フラストゥレイティド] 形 (人が) いらいらした.

fry 準2 [frai フライ] 動 (3単現 **fries** [-z]; 過去 過分 **fried** [-d]; ing **frying**) 他 …を油であげる, いためる (▶とくに多量の油で「あげる」場合には deep-fry [díːpfrái] という). → cook (図)

ⓘ参考 fly¹ (飛ぶ) と混同しないこと.

── 名 (複数 **fries** [-z]) (米) フライドポテト; あげ物料理.

frying pan [fráiiŋ pæn フライイング パン] 名 フライパン.

ft. (略) = foot, feet (フィート)

fuel 準2 [fjúː(ː)əl フュ(ー)エル] 名 燃料.
run out of *fuel* 燃料が切れる.
save *fuel* 燃料を節約する.

fuel cell [fjúː(ː)əl sèl] 名 燃料電池.

-ful [-fəl -フル] 接尾 ▶名詞のあとについて形容詞をつくる. 例. careful (care + ful 注意深い) / hopeful (hope + ful 希望に満ちた) / useful (use + ful 役に立つ)

fulfill [fulfíl フルフィル] ▶《おもに英》では fulfil とつづる. 動 (過去 過分 **fulfilled** [-d]; ing **fulfilling**) 他 (義務・約束など) を果たす; (望みなど) を実現する.
He always *fulfills* his promises.
彼はいつも約束を果たす.

fulfillment [fulfílmənt フルフィルメント] ▶《おもに英》では fulfilment とつづる. 名 (義務などの) 遂行; (希望などの) 実現.

full 4級 [ful フル]

① orange ② grapes ③ apple ④ peach ⑤ pear
⑥ plum ⑦ cherries ⑧ chestnuts ⑨ strawberries ⑩ blueberries

fruit おもな果物 ①オレンジ ②ブドウ ③リンゴ ④モモ ⑤西洋ナシ ⑥プラム ⑦サクランボ ⑧クリ ⑨イチゴ ⑩ブルーベリー

fullback

形 (比較) **fuller**; (最上) **fullest**) **1 いっぱいの**, 満ちた (反 empty 空の); おなかがいっぱいの, 満腹の (反 hungry 空腹の); **(be full of で)** …でいっぱいである.
→ empty (図)

full

hungry

The large hall was *full*.
その大きなホールは満員だった.
Don't speak with your mouth *full*.
食べ物を口にほおばったまましゃべっちゃだめよ.
The park *was full of* people.
公園は人でいっぱいだった.
Her eyes *were full of* tears.
彼女の目になみだがあふれていた.

🗣 スピーキング
Ⓐ How about some more cake?
もう少しケーキはどう？
Ⓑ Thanks, but I'm *full*.
ありがとう, でも, おなかがいっぱいなんです.

2 じゅうぶんな; **全部の**, 完全な; 最大限の.
a *full* moon 満月.
a *full* marathon フルマラソン.
Sign your *full* name here, please.
ここにフルネームでサインしてください.
They ran at *full* speed.
彼らは全速力で走った. → 動 fill, 副 fully
── 名 じゅうぶん, 完全; まっさかり (▶ a をつけず, 複数形なし).

in full 省略せずに, 全部.
Please write your address *in full*.
住所を省略せずに書いてください.

fullback [fúlbæk フルバク] 名 (サッカーなどで) フルバック.

full name [fúl néim] 名 (ミドルネームをふくめた) 略さない氏名, フルネーム.

full stop [fúl stάp ‖ stɔ́p] 名 終止符, ピリオド (▶ (米) では period という).

fully [fúli フリィ] 副 完全に, じゅうぶんに; (文語) まるまる.
I was *fully* satisfied.
私はじゅうぶんに満足した. → 形 full

fun (4級) [fʌn ファン] (フォニックス 46) u は [ʌ] と発音する.

名 **楽しいこと**, 楽しさ, おもしろいこと (▶ a をつけず, 複数形なし).
Have *fun*! 楽しんでね！
We had a lot of *fun* at the party.
パーティーはとても楽しかった. → 形 funny

🗣 スピーキング
Ⓐ Are you having *fun*?
楽しんでますか.
Ⓑ I am!
もちろん！

for fun 冗談で, おもしろ半分で.
I said it just *for fun*.
冗談でそう言っただけだよ.

make fun of …をからかう.
Don't *make fun of* me. からかうなよ.
── 形 おもしろい.
It is *fun* playing video games.
テレビゲームは楽しいね.

ⓘ 参考 fan¹・² (ファン；扇風機) と混同しないこと.

function [fʌ́ŋkʃən ファンクション] 名 機能, 働き；職務.
the *function* of the brain 脳の働き.

functional [fʌ́ŋkʃənəl ファンクショナル] 形 機能 (上) の；実用的な；(機械などが) 作動できる.

fund [fʌnd ファンド] 名 (特定の目的のための) 資金, 基金；[複数形で] 手持ち資金；財源.
a scholarship *fund* 奨学資金.

fundamental [fʌ̀ndəméntl ファンダメントゥル] 形 基本的な, 根本的な.
fundamental human rights
基本的人権.

fund-raising [fʌ́ndrèiziŋ ファンドゥレイジング] 名 資金集め, 募金.

funeral (2級) [fjúːn(ə)rəl フューネラル] 名 葬式.

attend a *funeral* 葬式に出る.
a *funeral* ceremony 葬式, 告別式.

funny 4級 [fʌ́ni ファニィ] フォニックス58
uは[ʌ]と発音する.

形 (比較 funnier; 最上 funniest) **1 おかしい**, こっけいな, おもしろい.
→ interesting
He's always telling *funny* jokes.
彼はいつもおかしな冗談ばかり言っている.
What's so *funny*?
何がそんなにおかしいの？

2 変な, 奇妙な, 説明しにくい.
This apple juice has a *funny* taste.
このリンゴジュース, 変な味がするよ.
That sounds *funny*.
それは奇妙な話だね. →名 fun

fur [fəːr ファ〜] 名 (ネコ・ウサギなどの) やわらかい毛；(キツネ・ミンクなどの) 毛皮；毛皮製品.
a *fur* coat 毛皮のコート.

furious [fjú(ə)riəs フュ(ア)リアス] 形 (人が) かんかんになっておこった；激しい.

furnace [fə́ːrnis ファ〜ネス] 名 炉, 溶鉱炉, かまど.

furnish [fə́ːrniʃ ファ〜ニシ] 動 他 (家・部屋など) に家具を備えつける；《文語》…に (必要品を) 供給する.
The room is fully *furnished*.
その部屋には (必要な) 家具がすべて備えつけてある.

furnished [fə́ːrniʃt ファ〜ニシト] 形 (家・部屋などが) 家具付きの.

家具付きのリビングルーム.

furniture 準2 [fə́ːrnitʃər ファ〜ニチァ]
名 [集合的に] 家具 (▶ a をつけず, 複数形なし).
a set of *furniture* 家具一式.

📖文法 *furniture* の数え方
furniture は数えられない名詞なので, 数えるときは a piece of furniture (1つの家具), two pieces of furniture (2つの家具) のようにいう.

further 準2 [fə́ːrðər ファ〜ザァ] (far の比較級の1つ) 副 さらに進んで；さらに遠くに.
The post office is 500 meters *further* ahead.
郵便局はさらに500メートル先です.
── 形 さらに進んだ；さらに遠くの.
I want to get *further* information.
私はさらに情報を入手したい. → farther

furthermore [fə́ːrðərmɔːr ファ〜ザァモー(ァ)] 副 おまけに, それだけでなく.

furthest [fə́ːrðist ファ〜ゼスト] (far の最上級の1つ) 副 形 もっとも進んで. → farthest

fury [fjú(ə)ri フュ(ア)リィ] 名 激しい怒り.

fuse [fjuːz フューズ] (発音注意) 名 (電気の) ヒューズ；(火薬の) 導火線.

futon [fúːtɑn フータン ‖ -tɔn -トン] (<日本語) 名 (折りたたみ式の) ソファーベッド (日本の「ふとん」とは異なる).

future 4級 [fjúːtʃər フューチァ]

名 **1** [ふつう the をつけて] **未来, 将来** (対 past 過去, present¹ 現在)；前途, 将来性.
plan for *the future* 将来の計画を立てる.
They're going to get married in *the near future*.
近い将来, 2人は結婚する予定だ.
He has a bright *future* (ahead of him). 彼にはすばらしい未来がある.

2 [the をつけて]《文法》未来 (時制).

in the future 未来は, 将来は；これからは, 今後は (=《英》in future).
What would you like to do *in the future*?
将来どんなことをしたいですか.

G, g ▶

G g G g G g

G, g [dʒiː ヂー] 图 (複数 **G's, g's** [-z] または **Gs, gs** [-z]) ジー (アルファベットの7番目の文字).

g (略) = gram(s) (グラム)

GA, Ga. (略) = Georgia (ジョージア州)

gadget [ɡǽdʒit ギャヂェト] 图 (便利で気のきいた) (小さな) 機械装置, 小道具.

Gaelic [ɡéilik ゲイリク] 图 ゲール語.
― 形 ゲール人の；ゲール語の.

gain 準2 [gein ゲイン] 動 他 **1** (必要なもの・大切なものなど) を手に入れる, 得る (反 lose …を失う).
The teacher has *gained* the respect of his students.
先生は生徒たちから尊敬されるようになった.
2 (速度など) を増す；(体重) を増す.
The bus was *gaining* speed.
バスはスピードを上げていた.
She has *gained* weight.
彼女は体重が増えた.
3 (時計が) …だけ進む (反 lose …だけ遅れる) (▶「時計が進んでいる」という状態を表すときは be fast を使う). → fast¹
This clock *gains* one minute a day.
この時計は1日に1分進む.
― 自 利益を得る；(体重などが) 増す；(時計が) 進む.
― 图 **1** 利益 (反 loss 損失).
2 増加；向上.

galaxy [ɡǽləksi ギャラクスィ] 图 (複数 **galaxies** [-z]) 銀河；[the Galaxy で] 銀河系.

gale [geil ゲイル] 图 強風, 暴風；[しばしば複数形で] (感情などの) 爆発.

Galileo [ɡæliléiou ギャリレイオウ] **Galilei** 图 ガリレオ・ガリレイ (1564-1642；イタリアの物理学者・天文学者で近代科学のもとを築いた. 地動説を支持したため宗教裁判にかけられた).

gallery 準2 [ɡǽləri ギャラリィ] 图 (複数 **galleries** [-z]) 美術館, 画廊など；(劇場の) 天井さじき (劇場の最上階の席で, 料金がもっとも安い)；(議会などの) 傍聴席.

gallon [ɡǽlən ギャロン] 图 ガロン (液量の単位；1ガロンは日本やアメリカでは 3.785 リットル, イギリスでは 4.546 リットル；略語は gal.).

gallop [ɡǽləp ギャロプ] 图 ギャロップ (馬のもっとも速い走り方).
― 動 自 (馬が) ギャロップでかける.

gamble [ɡǽmbl ギャンブル] 動 自 かけごとをする, ギャンブルをする.
― 他 (金など) をかける.
― 图 [単数形で] かけ, 一か八かの冒険・試み；とばく, ギャンブル.

gambling [ɡǽmbliŋ ギャンブリング] 图 かけごと, とばく, ギャンブル.

game 5級 图 ゲーム, 試合

[geim ゲイム] フォニックス48 a は [ei] と発音する.
图 (複数 **games** [-z]) **1 ゲーム**, 遊び.
a video *game* テレビゲーム.
Let's play some *games*.
何かゲームをしようよ.
2 試合, ゲーム；競技.
We won the *game*.
ぼくたちはその試合に勝った.

✎ライティング
I watched a baseball *game* on TV last night.
私は昨夜テレビで野球の試合を見ました.

💬用法 game と match
(米) では baseball (野球), football (フットボール) のように -ball のつく競技には **game** を使い, golf (ゴルフ), boxing (ボクシング), tennis (テニス) などには **match** を使うことが多い.

3 [the games で] (大きな) 競技大会.
the Olympic *Games* オリンピック大会.
4 (1試合または1セット中の) ゲーム.
He lost the first *game* of the third set. 彼は第3セットの第1ゲームを落とした.

game creator [ɡéim krièitər クリエイ

298 two hundred and ninety-eight

▶ **gas**

タァ] 名 ゲームクリエイター.

Gandhi [gǽndi ギャンディ, gάːndi ガーンディ], **Mohandas Karamchand** 名 ガンジー（1869-1948；インド独立運動の指導者で Mahatma（偉人さん）Gandhi ともよばれる）.

gang [gǽŋ ギャング] 名 不良グループ；犯罪グループ，ギャング団（▶1人のギャングは a gangster という）.

Ganges [gǽndʒiːz ギャンヂーズ] 名 [the をつけて] ガンジス川（インドの大河）.

gangster [gǽŋstər ギャングスタァ] 名 ギャング団の一員（▶集団は gang）.

gap 2級 [gǽp ギャップ] 名 すき間，割れ目；（意見などの）相違, へだたり，格差.
the generation gap 世代間の断絶.
the gap between the rich and the poor 貧富の格差.

garage 3級 [gərάːʒ ガラージ ‖ gǽrɑːʒ ギャラージ]（発音注意）名 ガレージ，車庫；自動車整備工場.
I put the car in the garage.
車を車庫に入れた.

garage sale [gərάːʒ sèil] 名《米》ガレージセール.

背景 テレビ・衣類・本など，不用品を自分の家のガレージや庭先などに並べて売ること. アメリカの住宅地でよく目にする.

garbage 5級 [gάːrbidʒ ガーベヂ] 名
1《米》（台所から出る）生ごみ，くず（▶a をつけず，複数形なし）(=《おもに英》rubbish).
Can you take out the garbage?
ごみを出してきてくれる？
a garbage can
《米》（台所用の）ごみ入れ (=《英》dustbin).
a garbage truck
《米》ごみ収集車 (=《英》dustcart).
2 ばかげた考え，ばかげたことば；つまらないもの（▶a をつけず，複数形なし）.

garden 5級 名 庭，庭園

[gάːrdn ガードゥン] フォニックス75 ar は [ɑːr] と発音する.

名（複数 gardens [-z]）1 庭，庭園；《米》（家の庭の）花だん，畑，菜園；《英》（花木が植えられた）庭. → yard¹（図）
a flower garden 花畑，（大きな）花だん.
a rose garden バラ園.
a vegetable garden《米》家庭菜園 (=《英》kitchen garden).
2 [しばしば複数形で] 公園，遊園地.
a botanical garden 植物園.
Kensington Gardens
（ロンドンの）ケンジントン公園.

用法 garden と yard
garden はふつう目を楽しませるために草花や木の植えてある庭園. yard は「中庭」や家の周囲の空き地をいう. 家の前や後ろのしばふの植えてある庭も，《米》では yard という.

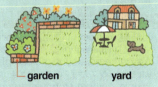

garden　　　yard

gardener [gάːrdnər ガードゥナァ] 名 植木職人，庭師；（趣味として）庭いじりをする人.

gardening [gάːrdniŋ ガードゥニング] 名 園芸，ガーデニング，庭仕事.

gargle [gάːrgl ガーグル] 動 @ うがいをする. ── 名 うがい；うがい薬.

garlic [gάːrlik ガーリク] 名《植物》ニンニク；ガーリック.

gas [gǽs ギャス] 名（複数 gases または gasses [-iz]）1 気体，ガス（▶「固体」は solid,「液体」は liquid）；（燃料用の）ガス.
Oxygen is a gas. 酸素は気体です.
turn on the gas
（せんをひねって）ガスをつける.
2《米》ガソリン (=《英》petrol)（▶ gasoline を短縮した形）.
We're running out of gas.

two hundred and ninety-nine 299

gasoline ▶

ガソリンがなくなってきているよ.

gasoline 準2 [gǽsəlin ギャソリーン] 名
《米》ガソリン (= 《英》 petrol) (▶《米》では
単に gas ともいう).

gasp [gǽsp ギャスプ‖ ɡɑːsp ガースプ] 動 自
息を切らす, あえぐ;息をのむ.
—— 他 …と息を切らせて言う.
—— 名 息切れ, あえぎ;息をのむこと.

gas station [gǽs stèiʃən] 名 《米》ガ
ソリンスタンド (= 《英》 petrol station) (▶
ˣgasoline stand は和製英語).

gate
3級 [geit ゲイト] フォニックス48 a は
[ei]と発音する.

名 [複数] **gates** [-ts ツ] **1** 門, 出入り口.
I'll meet you at the park *gate*.
公園の入り口で会いましょう.

2 (空港の) ゲート;(バスの) 乗り場.
Flight 256 to London is now board-
ing at *gate* 52.
ロンドン行き 256 便は 52 番ゲートで搭乗
手続き中です.

gateway [géitwei ゲイトゥウェイ] 名 [複数]
gateways[-z] 入り口;[単数形で] [比ゆ的に]
道, 手段.

gather
準2 [gǽðər ギャザァ]
フォニックス35 th は[ð]と発音する.

動 [3単現] **gathers**[-z] [過去] [過分] **gathered**
[-d] [ing] **gathering** 自 集まる, 集合する.
We *gathered* around the campfire.
私たちはキャンプファイアのまわりに集まった.
People *gathered* together to cele-
brate. 人々はお祝いのために集まった.

—— 他 **1** …を集める.
We are *gathering* information on
the history of our city.
私たちは私たちの市の歴史についての情報を
集めている.
2 (花など) をつむ;(作物) を収穫する.
It is time to *gather* crops.
作物を収穫する時期だ.
3 (勢力・スピードなど) をしだいに増す.

gathering [gǽðəriŋ ギャザリング] 名
1 (人の) 集まり, 集会.
a *gathering* place 会合場所.
2 採集, 収集.
information *gathering* 情報収集.

gave
4級 [geiv ゲイヴ] フォニックス48 a
は[ei]と発音する.
動 give (…を与える) の過去形.

gay [gei ゲイ] 形 同性愛の, ゲイの.
—— 名 [複数] **gays** [-z] (おもに男性の) 同
性愛者.

gaze [geiz ゲイズ] 動 自 じっと見る.
gaze at the stars 星を見つめる.

GB, G.B. [dʒíːbíː ヂービー] 大ブリテン
島;イギリス (▶ *Great Britain* の略);ギ
ガバイト (▶ *gigabyte* の略).

GDP [dʒíːdíːpíː ヂーディーピー] 国内総生産
(▶ *gross domestic product* の略).

gear [giər ギア] 名 **1** ギア, 歯車.
My bike has six *gears*.
ぼくの自転車は 6 段変速だ.
2 (ある目的のための) 用具一そろい, 用品.
camping *gear* キャンプ用品.

gee [dʒiː ヂー] 間 《おもに米》《口語》 [おど
ろき・賞賛などを表して] うわー!, すごい!

geese 準2 [giːs ギース] 名 goose(ガチョ
ウ) の複数形.

gem [dʒem ヂェム] 名 宝石 (同 jewel).

gender [dʒéndər ヂェンダァ] 名 性, 性別,
ジェンダー;(男女の) 性意識.

gene [dʒiːn ヂーン] 名 《生物学》遺伝子.

general
準2 [dʒén(ə)rəl ヂェネラ
ル]

形 [比較] **more general**;[最上] **most general**)
1 一般的な, 全体的な (反 special 特
別な);総合的な;世間一般の.
general knowledge 一般知識.
a *general* election 総選挙.
a *general* hospital 総合病院.
the *general* public 世間一般.
The *general* feeling toward her
was very good. 彼女に対する一般の人た
ちの印象はとてもよかった.
2 おおよその, だいたいの.
a *general* idea おおよその考え方.
—— 名 [複数] **generals** [-z] 陸軍大将, 空
軍大将;将官.

in general 一般的に, 全般的に, たいてい.
I like sports *in general*, and volley-
ball in particular.
スポーツは全般的に好きで, とくにバレーボー
ルが好きだ.

generally [dʒén(ə)rəli ヂェネラリィ] 副
1 たいてい, ふつう (同 usually).
I *generally* have lunch at the
school cafeteria.
昼食はたいてい学校のカフェテリアで食べる.

◀ **German**

2 一般的に, 全般的に.
a *generally* correct interpretation
全般的に見て正しい解釈.

generally speaking [ふつう文頭で] ― 般的に言って.
Generally speaking, it has not been so cold this winter.
一般的に言うと, この冬はあまり寒くない.

generation [準2] [dʒènəréiʃən ヂェネレイション] 名 **1** 世代, 一代 (子どもが生まれてから親になるまでの約 30 年).
from *generation* to *generation*
世代から世代へ, 代々.

📣プレゼン

We have to protect nature for the next *generation*.
私たちは次の世代のために自然を守らなければなりません.

2 [単複両あつかい] 同世代 (の人々).
people of my *generation*
私と同世代の人々.

generous [2級] [dʒénərəs ヂェネラス] 形
気前がよい, おしみなく (物を) 与える; 寛大な.
He's *generous* with his money.
彼は気前よくお金を出す.

Geneva [dʒəníːvə ヂェニーヴァ] 名 ジュネーブ (スイス, レマン湖畔の美しい都市; 国際赤十字の本部がある).

genius [dʒíːniəs ヂーニアス] 名 非凡な才能; (人をさして) 天才.
a musical *genius* 音楽の天才.

genre [ʒάːnrə ジャーンル] (<フランス語) 名
(芸術作品の) 種類, ジャンル; 様式.

gentle [準2] [dʒéntl ヂェントゥル] 形 **1** (人・態度などが) 優しい, おだやかな, 物静かな (反 rough あらっぽい).
He's *gentle* and helpful.
彼は優しくて親切だ.

2 (風などが) おだやかな; 静かな.
A *gentle* breeze was blowing.
おだやかな風が吹いていた.　→副 gently

gentle-hearted [dʒéntlhὰːrtid ヂェントゥルハーティド] 形 優しい心をもった.

gentleman [3級] [dʒéntlmən ヂェントゥルマン]

名 (複数 gentlemen [-mən]) **1** [知らない男性をていねいにさして] **男のかた; 紳士**.

紳士的な人 (▶ man よりもていねいな語)
(対 lady 女のかた, ご婦人).
Who's that *gentleman*?
あの男のかたはどなたですか.

2 [複数形で] [男性への呼びかけとして] **みなさん** (▶改まった語).
Ladies and *gentlemen*! みなさん! (▶男女の聴衆に対して使う).

3 [複数形で] (英) 男性用トイレ (▶トイレの入り口の掲示).

gentlemen [dʒéntlmən ヂェントゥルマン] 名 gentleman (紳士) の複数形.

gently [dʒéntli ヂェントゥリィ] 副 優しく; おだやかに, 静かに.
She spoke *gently* to the children.
彼女は子どもたちに優しく話しかけた.
→形 gentle

genuine [2級] [dʒénjuin ヂェニュイン] 形
本物の; 心からの, ほんとうの.
a *genuine* antique 本物の骨とう品.

geography [4級] [dʒiάgrəfi ヂアグラフィ ‖ -ɔ́g- -オグ-] 名 地理 (学).

geometry [dʒiάmətri ヂアメトゥリィ ‖ -ɔ́m- -オメ-] 名 幾何学.

George [dʒɔːrdʒ ヂョーヂ] 名 ジョージ (男性の名).

George Lucas [dʒɔ́ːrdʒ lúːkəs ルーカス] 名 → **Lucus**

George Washington [dʒɔ́ːrdʒ wάʃiŋtən ワシントン] 名 → **Washington**[2]

Georgia [dʒɔ́ːrdʒə ヂョーヂァ] 名 **1** ジョージア州 (アメリカ南東部にある, 『風と共に去りぬ』の舞台となった州; 略語は GA または Ga.).

2 ジョージア (旧ソビエト連邦「グルジア」の現在の正式な国名. 首都はトビリシ (Tbilisi)).

geothermal [dʒiːouθə́ːrm(ə)l ヂーオウサーマル] 形 地熱の.
a *geothermal* power station
地熱発電所.

ger [géər ゲア] 名 ゲル (モンゴルの移動住居).

germ [dʒə́ːrm ヂャーム] 名 ばい菌, 細菌.

German [4級] [dʒə́ːrmən ヂャーマン] 形
ドイツの; ドイツ人の; ドイツ語の.
a *German* car
ドイツ製の自動車.

── 名 (複数 Germans [-z]) **1** ドイツ語 (▶ a をつけず, 複数形なし).

three hundred and one　301

Germany ▶

They speak *German* in Germany.
(= *German* is spoken in Germany.)
ドイツではドイツ語を話す.
2 ドイツ人; [**the Germans** で]ドイツ人(全体), ドイツ国民(▶改まった言い方で, ふつうは German people という).

Germany 3級 [dʒə́ːrməni チャ～マニィ]
图 ドイツ(首都はベルリン(Berlin)).

gerund [dʒérənd チェランド] 图《文法》動名詞.

Gestapo [gəstáːpou ゲスターポウ] (〈ドイツ語〉) 图 [the をつけて]ゲシュタポ(ナチスドイツの秘密国家警察).

gesture [dʒéstʃər チェスチァ]

图 (複数 gestures [-z]) **1 身ぶり**, しぐさ, ジェスチャー. → body language, 下図
by *gesture* 身ぶりで

What do these *gestures* mean?
これらのジェスチャーはどういう意味ですか.
2 (気持ちの)しるし, 意思表示.
It would be a nice *gesture* to send her some flowers.
彼女にお花をあげたら, うまく気持ちを伝えられるんじゃない?

―― 動 (3単現 **gestures** [-z]; 過去 過分 **gestured** [-d]; ing **gesturing**) 他 …を身ぶりで表す, 手ぶりで表す.
She *gestured* to me that the room smelled bad.
彼女は私にその部屋がくさいというジェスチャーをした.

―― 自 身ぶりをする, 手ぶりをする.
Ann *gestured* to me to be quiet.
アンは身ぶりで私に静かにしているようにと合図した.

■英米と日本のジェスチャー

I
「わたし」
(英米)
親指や手で胸をさす.

(日)
人さし指で鼻をさす.

Come here.
「こっちへ来て」
(英米)
下のジェスチャーは失礼になることがある.

(日)
英米の「あっちへ行け」にまちがえられることがある.

■英米独特のジェスチャー

cross my fingers
「うまくいきますように」
人さし指と中指を交差させる.

Go away.
「あっちへ行け」
親指をつき出す.

OK.
「満足」
OKサイン

No!
「だめ」「不満足」
親指を下げる.

Thumbs up!
「うまくいった」
親指を立てる.

I don't know.
「知らないわ」
肩をすぼめる.

No!
「だめだよ!」
人さし指を左右にふる.

get

get [5級] 動 …を得る，…を買う，(…に) 着く

[get ゲット]
動 (3単現 gets [-ts ツ]; 過去 got [gɑt ガット]; 過分 got または《米》gotten [gɑ́tn ガトゥン]; ing getting)

…を買う　　…を受け取る

…をとってくる　　着く

他 **1 …を得る，手に入れる．**
Maybe you can *get* more information on the Web.
ウェブならもっと情報が得られるんじゃない？
She's *got* a new job.
彼女は新しい仕事が決まった．

2 a …を買う (同 buy).
I *got* a new racket.
私は新しいラケットを買った．

b 〖get＋人＋物で〗(人) に (物) を買ってやる (▶物のほうに重点がある); **〖get＋物＋for＋人で〗(人) に (物) を買ってやる** (▶人のほうに重点がある).
Can you *get* me some bread while you're there?
ついでにパンも買ってきてくれる？
I *got* a cool T-shirt *for* him.
私は彼にかっこいいTシャツを買ってやった．

3 …を受け取る，もらう． → receive
I *got* an email from my cousin yesterday. きのういとこからメールをもらった．

4 (物) をとってくる，持ってくる；(人) を連れてくる，呼んでくる．
I'll *get* my umbrella. かさをとってくるよ．
Can you *get* me the newspaper?
その新聞をとってくれる？
I'll *get* a doctor. 医者を呼んできます．

5 《口語》…がわかる，…を理解する．
I *get* it. なるほど，わかるよ．
I *got* it. わかったよ．

6 〖get＋人＋to … で〗(説得して・頼んで) (人) に…させる，…してもらう．
I *got* my brother *to* help me with my summer project.
兄に夏休みの自由研究を手伝ってもらった．

7 〖get＋物＋過去分詞で〗(物) を…してもらう，…させる．
When did you *get* your hair *cut*?
いつ髪を切ってもらったの？ (▶ When did you cut your hair? というと「自分で髪を切った」という意味になる).

8 〖get＋物・人＋形容詞または -ing 形で〗(物・人) を… (の状態) にする．
He *got* his pants *dirty*.
彼はズボンをよごした．

9 (バス・電車・タクシーなど) を利用する，…に乗る．

─自 **1 (ある場所に) 着く** (同 arrive).
→ get to
I *got* home at four. 4時に帰宅した．

2 〖get＋形容詞または過去分詞で〗(ある状態) になる (同 become).
She soon *got well*.
彼女はすぐによくなった．
I hope you'll *get better* soon.
早くよくなってね．
It's *getting dark*. 暗くなってきた．
We *got lost* in the mountains.
私たちは山の中で道に迷った．

get across 向こう側へ着く；わたる，わたらせる；(考えなどが) (相手に) 通じる，伝わる (to).

get along 何とかやっていく，暮らす (同 get on)；(…と) うまくやっていく．

> 🗨 スピーキング
> 🅐 *How are you getting along?*
> 元気？
> 🅑 *Fine, thanks.*
> まあね．

get around =《おもに英》**get round**
動きまわる，歩きまわる；旅行する；(うわさなどが) 広まる；…を克服する．

get at …に届く，達する；…を入手する；(真実など) を知る．

get away (from) (…から) にげる，ぬけ

gets ▶

出す;立ち去る.
Get away! にげろ!

get away with (自分の犯した悪事など)をうまくかくしとおす, …のとがめを受けない;…を持ちにげする.

get back もどる, 帰る;…をとりもどす.
When did you *get back*?
いつもどったの?
I have to *get* that book *back* from Ken. あの本を健から返してもらわないと.

get down (高い所から) 降りる;…を降ろす;…をがっかりさせる.
The cat finally *got down* from the tree. ネコはようやく木から降りてきた.

get in (車・タクシーなど) に乗る (反) get out of …から降りる);中に入る.
It's starting to rain, so let's *get in* the car. 雨が降りはじめたから車に乗ろう.

get into (…の中)に(無理をして)入る;(車・タクシーなど)に乗りこむ (反) get out of …から出る).
The burglar tried to *get into* the house. どろぼうは家の中に入ろうとした (▶ふつうに「入る」というときは go into).
They *got into* a car.
彼らは車に乗りこんだ.

get off (バス・電車・飛行機・自転車など)から降りる (反) get on …に乗る);(…を)出る;降りる;出かける, 出発する.

get on　　　　get off

get off the bus バスを降りる
I usually *get off* at Mita.
私はたいてい三田駅で降ります.

get on (バス・電車・飛行機・自転車など)に乗る (反) get off …から降りる);何とかやっていく, 暮らしていく (同) get along).
I *got on* the wrong train.
私は電車を乗りまちがえました.
How's your sister *getting on*?
お姉さんはいかがお過ごしですか.

get out 出る, 出ていく;脱出する;…を取り出す;…をにがす.
Get out! 出ていけ!

All the passengers *got out* alive.
乗客は全員無事に脱出した.

get out of (場所)から出る;(車・タクシーなど)から降りる (反) get in …に乗る, get into …に乗りこむ).
Jim *got out of* the room.
ジムは部屋から出ていった.
He *got out of* the car and locked the door. 彼は車から降りてかぎをかけた.

get over (困難など)を乗りこえる, …から立ちなおる;(病気) から回復する.
He quickly *got over* his homesickness.
彼はすぐにホームシックから立ちなおった.

get rid of …をとり除く. → rid

get through (…を) 通りぬける;(たいへんな時期)を乗りきる;(電話で)連絡がつく;(仕事など) を終える;(試験) になんとか合格する.
Excuse me, I need to *get through*.
すみません, 通してください.
I have a lot of work to *get through*.
かたづける仕事がたくさんある.

get to …に到着する.
We *got to* Kyoto in the evening.
私たちは夜には京都に到着した.

get together 集まる, 会う.
Why don't we *get together* again?
今度また会いませんか.

get up 起きる, 起床する (▶「目を覚ます」は wake up);立ち上がる, 起き上がる.
Time to *get up*. 起きる時間よ.
What time do you usually *get up*?
いつも何時に起きますか.

have got …を持っている (= have).
Have you *got* a pen? ペン持ってる?

have got to ... …しなければならない (= have to).
I've *got to* call home. 家に電話しなきゃ.

gets [gets ゲッツ] 動 get (…を得る)の3人称単数現在形.

getting [gétiŋ ゲティング] 動 get (…を得る) の -ing形.

Ghana [gáːnə ガーナ] 名 ガーナ (アフリカ西部の共和国;首都はアクラ (Accra)).

ghost 3級 [goust ゴウスト] (gh は例外的に [g] と発音する) 名 幽霊, お化け.
I don't believe in *ghosts*.
幽霊なんて信じない.

◀ give

giant [準2] [dʒáiənt チャイアント] 形 巨大な.
a *giant* jellyfish
巨大クラゲ.
── 名 巨人;大男;偉人ら, 大物;大企業.

> 背景 ギリシャ神話の巨人族ギガンテス (Gigantes) からできた語. 巨人は世界中の神話・伝説によく出てくる. 巨大で怪力はあるが, たいていおろかで, 神々と戦って敗れている.

giant panda [dʒàiənt péndə] 名《動物》ジャイアントパンダ. → panda

gift [4級] [gift ギフト]

名 (複数 **gifts** [-ts ツ]) **1 贈り物**, プレゼント (▶ present よりも改まった語). → present²
a birthday *gift* 誕生日プレゼント.
Here's a little *gift* for you.
これはあなたへのささやかな贈り物です.
a *gift* shop おみやげ店.
2 生まれつきの才能.
He has a *gift* for music. (= He has a musical *gift*.)
彼は音楽の才能がある.

gifted [giftid ギフティド] 形 才能豊かな.
gigabyte [gígəbait ギガバイト] 名《コンピューター》ギガバイト (情報量の単位; 略語は GB).
gigantic [dʒaigǽntik ヂャイギャンティク] 形 巨大な, ものすごく大きい.
giggle [gigl ギグル] 動 自 くすくす笑う.
── 名 くすくす笑い.
ginger [準2] [dʒíndʒər ヂンヂァ] 名《植物》ショウガ;ジンジャー (香辛料).
ginger ale
ジンジャーエール (ショウガ入りでアルコールをふくまない清涼飲料).
ginkgo, gingko [gíŋkou ギンコウ] 名 (複数 **ginkgo(e)s, gingko(e)s** [-z])《植物》イチョウ.
giraffe [dʒəréf ヂラフ ‖ dʒirάːf ヂラーフ] 名 (複数 **giraffes** [-s])《動物》キリン.

girl [5級] 名 女の子, 少女

[gə́ːrl ガール] フォニックス77 ir は [əːr] と発音する.
名 (複数 **girls** [-z]) **女の子**, 少女, 女子 (対 boy 男の子) (▶ 厳密には 13〜14 歳ごろまでだが, 20 歳ぐらいまで使うことがある. woman (大人の女性) と区別していう).
boys and *girls* 子どもたち.
a *girls*' school 女子校.
I have a 6-month-old baby *girl*.
私には 6 か月になる女の赤ちゃんがいる.

girlfriend [準2] [gə́ːrlfrend ガールフレンド] 名 **1** ガールフレンド, 恋人, 彼女 (対 boyfriend ボーイフレンド).
I wish I had a *girlfriend*.
彼女がいればいいのになあ.
2 (女性から見た) 女友だち.
Girl Guides [gə́ːrl gáidz] 名 [the をつけて]《英》ガールガイド. → Girl Scouts
girlhood [gə́ːrlhud ガールフド] 名 少女時代 (対 boyhood 少年時代).
Girl Scouts [gə́ːrl skáuts] 名 [the をつけて]《米》ガールスカウト. → Girl Guides

> 背景 イギリスのガールガイド (Girl Guides) にならって 1912 年アメリカで結成された. 団員の少女たちは, 家事の手伝いやキャンプなどの団体生活を通して, 心身ともに健康でりっぱな市民となることを目的としている.

give [5級] 動 …を与える, あげる

[giv ギヴ]
動 (3単現 **gives** [-z]; 過去 **gave** [geiv ゲイヴ]; 過分 **given** [gívən ギヴン]; ing **giving**)

give　　　take

他 **1 …を与える**, あげる (反 take …を受け取る); (give + 人 + 物で) (人) に (物) を与える[あげる] (▶ 物のほうに重点がある); (give + 物 + to + 人で) (人) に (物) を与える [あげる] (▶ 人のほうに重点がある).
I'll *give* you a present.

three hundred and five　305

given ▶

きみにプレゼントをあげるよ.
What are you going to *give* her for her birthday?
彼女の誕生日に何をあげるつもり？
Jane *gave* me this watch. (= Jane *gave* this watch *to* me.)
ジェーンは私にこの時計をくれた.

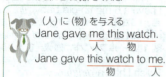
(人)に(物)を与える
Jane gave me this watch.
　　　　　人　　物
Jane gave this watch to me.
　　　　　物　　　人

🔖文法 give の使い方
❶ this watch のような名詞ではなく it や them などの代名詞を使う場合は，ふつうそれを動詞のすぐあとに置く．Jane gave *it* to me. (ジェーンは私にそれをくれた)
❷ She gave me a book. を受け身にかえる場合，人・物のどちらも主語にすることができる．*I* was given a book by her. (私は彼女から本をもらった) / *A book* was given to me by her. (本が彼女から私に与えられた) (▶あとの場合には to が入るのがふつう).

2 …をわたす，手わたす.
I *gave* the tickets to him.
そのチケットは彼にわたしたよ.
Time's up. Please *give* me your answer sheets.
時間です.答案用紙を出してください.

3 (金額・値段)**を支払う**(同 pay).
I *gave* him five dollars for the book.
私はその本の代金として彼に 5 ドル支払った.

4 (必要なもの)**を与える，提供する.**
Could you *give* me another chance?
もう一度チャンスをいただけませんか.
The teacher *gave* me some advice.
先生は私にいくつかアドバイスをしてくれた.
Would you mind *giving* me a ride home?
できれば家まで車で送ってもらえませんか.

5 (情報など)**を知らせる；…を伝える.**
They didn't *give* us any information.
彼らは何の情報も教えてくれなかった.
Give my best regards to your family.
ご家族のみなさんによろしくお伝えください (▶ やや改まった言い方.ふつうは Say hello [hi] to your family. という).

6 (動作・態度)**をする；(声・音)を発する.**
I'll *give* it a try. やってみるよ.
She *gave* a loud scream.
彼女は大声で悲鳴をあげた.

7 (会など)**を開く，催す.**
We're *giving* a party on Christmas Eve.
私たちはクリスマスイブにパーティーをします.
He *gave* concerts in many cities in Japan.
彼は日本の多くの都市でコンサートを開いた.

give away …をただであげる.
She *gave away* all her old clothes.
彼女は古い服を全部ただであげた.

give back …を返す；(**give ＋人＋ back ＋物**で)(人)に(物)を返す.
Did you *give* the book *back* to the library? その本は図書館に返したの？
When are you going to *give* me *back* the DVD?
いつ DVD を返してくれるの？

give in 降参する，屈する.
Don't *give in* yet. まだ降参しちゃだめだ.

give off (におい・熱・光など)を発する.

give out …を配る；(音など)を出す.
The teacher *gave out* the question sheets.
先生は問題用紙を配った.

give up …**をやめる；**(希望など)**を捨てる；(…を)あきらめる；降参する.**
He wouldn't *give up* hope.
彼は希望を捨てようとしなかった.
Don't *give up*. あきらめちゃだめ.

give up on (人・事)を見放す，…に見切りをつける.

give way くずれる，こわれる；(…に)道をゆずる.
The ground *gave way* beneath my feet. 足元の地面がくずれた.

given 3級 [gívən ギヴン]
動 give (…を与える) の過去分詞.
—— 形 決められた，一定の，与えられた.

given name [gívən néim] 名 (米)(姓に対して)名 (= first name; 対 family name, last name 姓).

gives [givz ギヴズ] 動 give (…を与える) の3人称単数現在形.

giving [giviŋ ギヴィング] 動 give (…を与える) の -ing 形.

glacier [gléiʃər グレイシァ‖ glǽsiə グラスィア] 名 氷河.

glad 4級 形 うれしい

[glǽd グラッド]

形 (比較 **gladder** または **more glad**; 最上 **gladdest** または **most glad**) **1** [名詞の前では使わない] (人が) **うれしい**, 喜んで (反 sad 悲しい); **(be glad (that) ... で)** …**なのでうれしい**, …ということをうれしく思う.

I'm so *glad*. すごくうれしい.

I'*m glad* you like it.
気に入ってくれてよかった (▶プレゼントをあげたときなどに使う表現).

2 (be glad to ... で) …してうれしい; [未来の文で] 喜んで…する.

I'*m glad to* hear that.
それを聞いてうれしい; それはよかったね.

💬スピーキング
Ⓐ Will you come with me?
いっしょに来ませんか.
Ⓑ Sure. *I'll be glad to*.
ええ, 喜んで.

I'll *be glad to* help you.
喜んでお手伝いするよ (▶未来の文では「喜んで…する」という意味になる).

💬スピーキング
Ⓐ *I'm glad to meet you*.
お目にかかれてうれしいです.
Ⓑ *Glad to meet you*, too.
こちらこそうれしいです.
(▶初対面の人に会って「お目にかかれてうれしいです」というときは I'm glad to meet you. という. I'm を略して Glad to meet you. ともいう. また前に会って知っている人に「お目にかかれてうれしいです」というときは, see を使って (I'm) glad to *see* you. という.)

gladder [glǽdər グラダァ] 形 glad (うれしい) の比較級.

gladdest [glǽdist グラデスト] 形 glad (うれしい) の最上級.

glance [glǽns グランス‖ glɑːns グラーンス] 動 自 ちらっと見る; ざっと目を通す.

She *glanced* at her watch.
彼女はちらっと時計を見た.
── 名 ちらっと見ること.

at a glance 一見して, ちょっと見ただけで.

Glasgow [glǽsgou グラスゴウ‖ glɑːs- グラース-] 名 グラスゴー (イギリスのスコットランド最大の都市).

glass 5級 [glǽs グラス‖ glɑːs グラース]

名 (複数 **glasses** [-iz]) **1 ガラス** (▶ a をつけず, 複数形なし); [集合的に] ガラス製品.
Glass breaks easily.
ガラスは割れやすい.
a *glass* bottom boat
グラスボート (ガラス底のボート).

2 (ガラスの) **コップ**, グラス (▶ cup と異なりふつう水・ジュースなどの冷たい飲み物に使う; → cup); **(a glass of で) コップ1杯 (の量) の**….

glass　　　　cup

She took two *glasses* from the cupboard.
彼女は食器だなからグラスを 2 つとり出した.
Could you get me *a glass of* water? 水を 1 杯持ってきてくれる?

3 [複数形で] **眼鏡** (▶数えるときは a pair of glasses のようにする).
When did you start wearing *glasses*?
いつごろから眼鏡をかけ始めたの?
sun*glasses* サングラス.

ⓘ参考 grass (草) と混同しないこと.

glasses 5級 [glǽsiz グラスィズ] 名 glass (コップ) の複数形; 眼鏡.

glee [gli: グリー] 名 《音楽》グリー合唱曲 (無伴奏の3部または4部の男声合唱曲).

glee club [gliːklʌb] 名 合唱団.

glide [glaid グライド] 動 自 すべる, すべるように動く；グライダーで飛ぶ.

glider [gláidər グライダァ] 名 グライダー.

glimpse [glim(p)s グリン(プ)ス] 名 ちらっと見ること, ひと目, 一見.
catch a *glimpse* of ...
…をちらっと見る, …が一瞬目に入る.
── 動 他 …をちらっと見る.

glitter [glítər グリタァ] 動 自 ぴかぴか光る, きらきらかがやく.

global 準2 [glóubəl グロウバル] 形 全世界の, 世界的, 世界的規模の (= worldwide)；広範囲な, 全体的な.

globally [glóub(ə)li グロウバリィ] 副 全世界に；全体的に.

global warming [glòubəl wɔ́ːrmiŋ] 名 (複数形なし) 地球温暖化.

> 📣 プレゼン
> What can we do to stop *global warming*?
> 地球温暖化を止めるために私たちには何ができるでしょうか.

globe [gloub グロウブ] 名 地球儀；[the をつけて] 地球 (= the earth), 世界；球, 球体 (= sphere).

> ⓘ 参考 glove (手袋) と発音・つづりがちがうことに注意.

gloomy [glúːmi グルーミィ] 形 暗い；ゆううつな.

glorious [glɔ́ːriəs グローリアス] 形 栄光ある；荘厳な.

glory [glɔ́ːri グローリィ] 名 (複数 glories [-z]) 栄光, 名誉；功績；荘厳さ.

glove 5級 [glʌv グラヴ] (o は例外的に [ʌ] と発音する) 名 1 [ふつう複数形で] 手袋 (▶指先が分かれているものをいう. 親指だけはなれている手ぶくろは mitten [mítn]).

gloves

mittens

She put on her *gloves*.
彼女は手袋をはめた.

rubber *gloves* ゴム手袋.

> 🔍 文法 glove の数え方
> 「1組みの手袋」というときは a pair of gloves, 「2組みの手袋」は two pairs of gloves という. → pair (図)

2 (野球・ボクシングの) グローブ, グラブ.
I have two *gloves*.
ぼくはグローブを2つ持っている (▶この場合は*two pairs of gloves* とはいわない).

glow [glou グロウ] 名 [単数形で] (炎のない) やわらかな光；白熱 (光)；燃えるような輝き；(体・ほおの) ほてり, 紅潮.
── 動 自 白熱光を発する；やわらかな光を放つ；(体・ほおが) ほてる.

glowworm [glóuwəːrm グロウワ~ム] 名 (虫) ツチボタル (ホタルに似た昆虫).

glue 3級 [gluː グルー] 名 接着剤, のり.
── 動 他 …をのりでくっつける, 接着する.

gm. (略) = gram (グラム)

GNP [dʒìːènpíː ヂーエンピー] 国民総生産 (▶ *gross national product* の略).

gnu [n(j)uː ニュー, ヌー] (発音注意) 名 (動物) ヌー, ウシカモシカ (アフリカ産).

go 5級 動 行く

[gou ゴウ]
動 (3単現 **goes** [-z]; 過去 **went** [went ウェント]; 過分 **gone** [gɔ(ː)n ゴ(ー)ン]; ing **going**)
自 1 行く, 進む (反 come 来る)
→ come

come 来る
go 行く

英語では話し手の視点, 位置がだいじなポイント. **go** は「(話し手の所からどこかへ) 行く」. **come** は「(話し手の方へ) 来る」.

Go to the door.
ドアの所に行きなさい.
I *go* to school by bike.
ぼくは自転車で学校に通っている.

go

You can *go* home now. もう家に帰ってもよろしい (▶ go ˣto home とはいわない).
Go (and) see who it is.
だれなのか行って見てきて (▶玄関にだれか来ているときの表現.【米】ではよく and を省略する).
He has *gone* to the library.
彼は図書館に行ってしまった (いまはいない).

2 去る；(人・物が) 消え去る, なくなる.
I'm sorry. I must be *going* now.
(別れぎわに) すみません. もう行かないといけないんです (▶別れるときの決まった言い方. I must *go* now. ともいえるが進行形にすると「もうそろそろ」の感じが加わる).
My money is all *gone*.
私のお金は全部なくなった.

3 《go ＋ -ing 形で》 …しに行く.
go fishing つりに行く.
go swimming 泳ぎに行く.
go hiking ハイキングに行く.
They *went shopping* in Shinjuku.
彼らは新宿に買い物に行った.

4 《go ＋形容詞で》(ふつう悪い状態) になる.
The tofu has *gone* bad.
豆腐がくさっちゃったよ.

5 (事が) …に進行する, …にいく.

> 📣スピーキング
> Ⓐ How did it *go*?
> どんなぐあいにいきましたか.
> Ⓑ It *went* quite well.
> かなりうまくいったよ.
> Ⓑ It didn't *go* well.
> うまくいかなかったよ.

How's the game *going*?
試合はいまどうなっている？
How's it *going*? 調子はどうですか.

6 (音が) 鳴る；(音・鳴き声を) 発する.
The gun *went* bang.
ピストルがバーンとなった.

be going to … (人が) **…するつもりだ,** …する予定だ；**…しようとしている**；(人・物事が) **…するだろう** (▶未来のことをいうときに使う. 以前から考えていた計画や予定を表す. また何かがこれから起こりそうな兆候がある時に使う).
I'm *going to* wait for her.
私は彼女を待つつもりだよ (▶ be going to … はすでに決めてある予定を表すが, I will

wait for her. のように will … を使うとその時点で初めて決めた意向を表す).
It's *going to* rain soon.
もうすぐ雨になるだろう.

> 📣スピーキング
> Ⓐ How long *are* you *going to* stay here?
> どのくらいここに滞在するつもりですか.
> Ⓑ I'm *going to* stay here for five days.
> 5日間ここに滞在するつもりです.

go across …を横切っていく, わたる.
We *went across* the river by boat.
私たちは船で川をわたった.

go after …を追いかける.

go against …に反する；…にさからう.

Go ahead. 《口語》さあ, どうぞ.
→ ahead

go along (…を) 進む；(うまく) やっていく.
Go along this street for two blocks.
この通りを 2 ブロック行きなさい.

go around 《米》歩きまわる；(…に) 立ち寄る；…のまわりをまわる (▶《英》では go round という).

go away 立ち去る；出かける.
Go away! あっちに行って！

go back 帰る, もどる.
She *went back* to her seat.
彼女は自分の席にもどった.

go by (年月が) たつ；通り過ぎる.
Two years *went by*. 2 年がたった.
A car *went by*. 車が 1 台通り過ぎた.

go down 降りる；(道) を行く；(物価などが) **下がる**；(太陽・船などが) **沈む**.
I *went down* to the first floor in an elevator. エレベーターで1階まで降りた.

go far 遠くまで行く；(物が) (…するのに) 大いに役立つ.

go for …を呼びに行く；…をしに出かける；…を襲う；…を好む.
Go for a doctor. 医者を呼んでこい.

Go for it! 《口語》がんばれ！；当たってくだけろ！

go in 入る.
Let's *go in*. 中に入ってみよう.

go into …に入る；…をよく調べる.
She *went into* the room.
彼女は部屋に入った.

three hundred and nine　309

goal ▶

go off 立ち去る；(明かりなどが) 消える；
(電気・水道などが) とまる.
The lights *went off* suddenly.
とつぜん明かりが消えた.

go on 1 (先へ)進む；(物事が)続く；起こる.
Please *go on*. (止まらないで) 先に進んで
ください；どうぞ続けてください.
Now let's *go on to* the second
question. では２つ目の質問に移ろう.
What's *going on*?
何が起こってるの？；どうしたの？

2 (…を) 続ける；(go on＋-ing 形で) …
しつづける.
He *went on talking* about his trip.
彼は旅行の話をしつづけた.

go out 出ていく，出かける；(火などが)
消える.
"I'm just *going out*." "Take care."
「ちょっと出かけてくるよ」「行ってらっしゃい」
The fire *went out* soon.
すぐに火は消えた.

go out of …から出ていく.
He *went out of* the room.
彼は部屋から出ていった.

go out with …とデートする，つき合う (▶
ふつう進行形で使う).
Who are you *going out with*?
だれとつき合ってるの？

go over …をわたる，越える；わたってい
く，越えていく.
She *went over* to Shikoku.
彼女は四国にわたった.
They *went over* the mountains.
彼らは山を越えていった.

go round (英)＝(米) go around

go through …を通りぬける；(つらいこ
となど) を経験する；…をくわしく調べる.
The train *went through* the tunnel.
列車はトンネルを通りぬけた.
She's *gone through* two divorces.
彼女は2度の離婚を経験してきた.

go to bed 寝る. → bed

go up 上がる，のぼる；飛び立つ.
The balloon is *going up* into the
sky. 風船が空に上がっていく.

go up to …まで行く；…に近寄る.
She *went up to* the door and
knocked on it.
彼女はドアまで行ってノックした.

go with …といっしょに行く；…と合う.
I'll *go with* you. きみといっしょに行くよ.
This blouse *goes* well *with* this
skirt. このブラウスはこのスカートとよく合う.

go without …なしで済ます.
They had to *go without* food for
two days. 彼らは2日間食料なしで済まさ
なければならなかった.

It goes without saying that ... …
ということは言うまでもない. → say

to go (飲食物が) 持ち帰り(用)の (＝to
take out).
For here or *to go*? ＝Is this for here
or *to go*? ここでめしあがりますか，それとも
お持ち帰りですか.
Two coffees *to go*, please.
持ち帰り用のコーヒーを2つお願いします.

goal [4級] [góul ゴウル] 图 **1** (人生・努力
などの) 目標，ゴール.
My *goal* is to get into Higashi High
School. ぼくの目標は東高校に入学することだ.
2 (球技の) ゴール (▶競走の「ゴール」は
finish line という).
He missed the *goal*.
彼はゴールをはずした.
3 (ゴールに入れた) 得点.
Japan scored a *goal* in the second
half. 日本は後半に1点を入れた.

goalball [góulbɔːl ゴウルボール] 图 ゴール
ボール (音の出るボールを使って行う球技).

goalkeeper [góulkiːpər ゴウルキーパァ]
图 (サッカーなどの) ゴールキーパー.

goal line [góul làin] 图 (アメリカン・フッ
トボール，サッカーなどの) ゴールライン.

goalpost [góulpoust ゴウルポウスト] 图
(サッカー・ホッケーなどの) ゴールポスト.

goat [準2] [gout ゴウト] 图 (動物) ヤギ.

go bag [góu bæg ゴウバッグ] 图 非常用持
ち出し袋.

goblin [gáblin ガブリン ‖ gɔb- ゴブ-] 图 (童
話などに出てくるいたずらな) 小鬼.

go-cart [góukàːrt ゴウカート] 图 (遊園地な
どの) ゴーカート (▶(英) では go-kart とも
つづる).

god [gad ガッド ‖ gɔd ゴッド]
图 **1** [God で] (キリスト教・イスラム教な
どの一神教の) 神，創造主.
I believe in *God*. 私は神を信じている.

310 three hundred and ten

◀ **good**

2 (キリスト教以外の) 神 (**女** goddess 女神).
the *gods* of Greece ギリシャの神々.

> **📖文法 God と god**
> God は一神教，とくにキリスト教，イスラム教などの「神」をさすので，大文字で書きはじめ，a をつけず，複数形にしない．その他の場合には複数形にもなり，小文字で書きはじめることができる．

God bless you. (くしゃみをした人に対して) おだいじに (▶単に Bless you. ともいう). → sneeze

God (only) knows. 神のみぞ知る，だれにもわからない．

Oh, my God! [おどろき・いらだちなどを表して] ええっ，まったくもう (▶信仰心があつい人の中には不快に思う人もいるので，使わないほうがよい).

goddess [gádis ガデス‖ gɔ́dis ゴデス] **名** 女神 (**男** god 神).

goes [gouz ゴウズ] **動** go (行く) の3人称単数現在形.

Gogh [gou ゴウ‖ gɔf ゴフ], **Vincent van** **名** ヴィンセント・ヴァン・ゴッホ (1853-90；オランダの画家．英語では van [væn ヴァン] Gogh というのがふつう).

going [góuiŋ ゴウイング] **動** go (行く) の -ing 形.
── **名** 行くこと，出発；進みぐあい．

gold **3級** [gould ゴウルド]
名 **金** 黄金 (▶ a をつけず，複数形なし)；金色；(口語) 金メダル (= gold medal).
This necklace is made of *gold*.
このネックレスは金でできている．
→**形** golden
── **形** 金の，金製の；金色の．
a *gold* watch 金時計．

Gold Coast [góuld kòust] **名** [the をつけて] 黄金海岸 (西アフリカの旧イギリス領植民地の総称；1957 年からガーナ共和国の一部)；ゴールドコースト (オーストラリア東海岸の観光都市).

golden [góuldn ゴウルドゥン] **形** **1** 金色の，金色にかがやく (▶ golden は gold よりも比ゆ的な意味で使われる)；(英)(文語) 金の，金製の (▶この意味ではふつう gold を使う).
She has *golden* hair. (= Her hair is

golden.) 彼女の髪は金髪だ．
a *golden* crown 金の王冠．
2 絶好の；貴重な．
It's a *golden* opportunity to improve your English.
英語を上達させる絶好のチャンスだよ．
→**名** gold

Golden Gate Bridge [góuldn gèit brídʒ] **名** [the をつけて] ゴールデン・ゲート・ブリッジ，金門橋．

goldfish [góuldfiʃ ゴウルドゥフィシ] **名** (複数) **goldfish**；種類をいうとき **goldfishes** [-iz] 金魚 (明治初期に日本からアメリカへ輸出され，それから世界へ広まった).

gold rush [góuld rÀʃ] **名** ゴールドラッシュ (とくに 1849 年にアメリカ，カリフォルニア州の金鉱へおおぜいの人々が殺到したものは有名．その人たちを forty-niners (フォーティナイナーズ) とよぶ).

golf **4級** [gɑlf ガルフ‖ gɔlf ゴルフ] **名** ゴルフ (スコットランドに生まれたスポーツで，英米両国で発展をとげた).
play *golf* ゴルフをする．

golfer [gɑ́lfər ガルファ‖ gɔ́lfər ゴルファ] **名** ゴルフをする人，ゴルファー．

gondola [gándələ ガンドラ‖ gɔ́n- ゴン-] **名** ゴンドラ (水の都ベニス特有の小舟)；(ロープウエーなどの) ゴンドラ，つりかご．

gone

[gɔ(:)n ゴ(ー)ン] **動** go (行く) の過去分詞．
He has *gone* home. 彼は帰宅しました．
── **形** 去った，過ぎ去った；なくなった；死んだ (▶ be gone の形は完了形の一種とも考えられる).
Winter is *gone*. 冬は去った．
All my hope is *gone*.
すべての希望はなくなってしまった．

gonna [gɔ́(:)nə ゴ(ー)ナ] (俗語) = going to.
I'm *gonna* buy it. ぼくはそれを買うんだ．

good

5級 **形** よい，じょうずな，おいしい

[gud グッド] **フォニックス70** oo は [u] と発音する.
形 (比較) **better** [bétər]　(最上) **best** [best])
1 (質・内容・程度などが) **よい** (反) bad 悪い).

three hundred and eleven　311

good ▶

good	better	best
よい	よりよい	もっともよい

That's a *good* idea. それはよい考えだ.
good weather よい天気.
He has a *good* bike.
彼はいい自転車を持っている.
Do you know a *good* restaurant?
いいレストランを知らない?

🗣スピーキング

Ⓐ I did it. I passed the test.
やった. 試験に受かったよ.

Ⓑ *Good*! I'm proud of you.
やったね. あなたを誇りに思うわ.

2 (人・行いが) **善良な**, (道徳的に)正しい, りっぱな (→ **12**); (子どもが) 行儀のよい.
a *good* man 善良な男性.
Be a *good* boy [girl].
いい子にしていなさい.

3 じょうずな, 腕のよい (反 bad, poor へたな).
My mother is a *good* cook. (= My mother cooks well.)
母は料理がじょうずです.

📘文法 good と well の使い方

good (じょうずな) は形容詞なので, a good baseball player のように名詞の前に置く. しかし well (じょうずに) は副詞なので, 名詞の前に置けない. ×a well baseball player とはしない.

○ a good baseball player
　↳ good は名詞を修飾する.
× a well baseball player
× Roy plays baseball good.
○ Roy plays baseball well.
　　　　　↳ well は動詞を修飾する.

4 (食べ物が) **おいしい** (同 delicious).
This cake is very *good*.
このケーキはとてもおいしい.
Something smells *good*.
何かおいしそうなにおいがするね.

5 親切な, 優しい (同 kind); (**It is good of +人+ to ... で**) (人) が…するのは親切である.
Be *good* to others.
他人には親切にしなさい.
It was good of her *to* come with me. 親切にも彼女はいっしょに来てくれた.

6 仲のよい, 親しい.
We're *good* friends.
私たちは仲よしです.

7 楽しい, ゆかいな, うれしい; 快い.
We had a *good* time at the concert.
コンサートで楽しい時を過ごした.
That's *good* news. うれしい知らせだね.

8 適している; (服などが) 似合っている.
This water is *good* for drinking.
この水は飲むのに適している.
When is *good* for you?
あなたはいつが都合いい?
That sweater looks *good* on you.
(= You look *good* in that sweater.)
そのセーター, きみに似合うね.

9 (体・健康などに) **よい** (反 bad 悪い).
Too much stress isn't *good* for you. ストレスをためすぎると体によくない.

10 じゅうぶんな, かなりの.
Did you have a *good* sleep?
よく寝ましたか.

11 (…の期間) **有効な**.
This ticket is *good* for two days.
この切符は2日間有効です.

12 [the をつけて] [名詞的に] よいこと; [複数あつかい] 善人.
The good die young.
善人は若死にする.

a good deal of (量が) たくさんの…. → deal

a good many かなり多くの. → many

as good as …も同然で, ほとんど….
He's *as good as* dead.
彼は死んだも同然だ.

be good at **…がじょうずだ**, …が得意だ
(反 be bad [poor] at …がへただ).
She'*s good at* swimming. (= She is a good swimmer. = She swims well.)

◀ **goose**

I want to *be good at* English.
英語が得意になりたい.

プレゼン

得意なことの言い方
I'm good at music.
私は音楽が得意です.
I'm good at computers.
私はコンピューターを使うことが得意です.
I'm good at singing.
私は歌うことが得意です.

Good for you. よくやった, おめでとう.
Good luck! 幸運を祈ります, しっかりね, がんばってね!; (別れのあいさつで) ごきげんよう.

Good ... のあいさつ

Good morning. おはよう (ございます)
(▶午前中のあいさつ).
Good afternoon. こんにちは (▶午後のあいさつ).
Good evening. こんばんは (▶夕方や夜, 人に出会ったときのあいさつ).
Good night. おやすみなさい; さようなら
(▶夜遅くするときや別れるときのあいさつ).
Goodbye.. Goodby. さようなら (▶別れのあいさつ).

── 名 よいこと, 善 (反 evil 悪); 役に立つこと; 利益 (▶ a をつけず, 複数形なし).
It'll do you *good* to take some rest.
ちょっと休んだほうがいいよ.
This is no *good*. これじゃだめだ.
It's no *good* telling her.
彼女に言ってもむだだよ.

goodbye, goodby

5級 間 さようなら

[gu(d)bái グ(ドゥ)バイ] (▶ good-by(e)ともつづる).

間 **さようなら**, ごきげんよう.

スピーキング

Ⓐ *Goodbye*, Cathy!
さようなら, キャシー!
Ⓑ See you, Patty.
ではまた, パティー.

Goodbye until tomorrow.
ではまたあした.

用法 Goodbye. と Bye. と See you.
Goodbye. は別れのことば. 朝・昼・晩いつでも使え, 日本語の「行ってきます」「行ってらっしゃい」などにあたることもある. あとに相手の名前を言うほうがよい. Bye. のほうが Goodbye. よりくだけた言い方で, 親しい間がらでよく使う. See you. や So long. もくだけた言い方で, 日本語の「またね」に近い.

── 名 (複数 goodby(e)s [-z]) 別れのあいさつ, さようなら.
I said *goodbye* to them at the station. 彼らと駅で別れた.
I have to say *goodbye* now.
もうおいとましなければなりません.

good-bye, good-by [gù(d)bái グ(ドゥ)バイ] = goodbye, goodby

good-looking [gùdlúkiŋ グドゥルキング] 形 (比較 better-looking; 最上 best-looking) (人の外観が) かっこいい, 顔立ちのいい (▶男女どちらにも使う).

good-natured [gùdnéitʃərd グドゥネイチャド] 形 人のよい, 気立てのよい, 親切な.

goodness [gúdnis グドゥネス] 名 **1** よいこと, 善良さ.
2 神 (▶ God に対する遠回しな言い方で, しばしば感嘆の表現として使う).
My *goodness*!
[おどろきや怒りなどを表して] わあ!, なにこれ!
Thank *goodness*!
[喜びを表して] ああ, よかった!

goods [gudz グッズ] 名 [複数あつかい] 商品, 品物; (英) 貨物 (= freight).
sporting *goods* スポーツ用品.
leather *goods* 革製品.

goodwill [gudwil グドゥウィル] 名 好意, 親切; 親善, 友好.

goose [gu:s グース] 名 (複数 geese [gi:s]) (鳥) ガチョウ.

背景 ガン (wild goose) を飼いならしてできた種類で, アヒル (duck) より大きく白鳥 (swan) より小さい. ガチョウは『マザーグース』(*Mother Goose*) をはじめ, 物語や童謡にしばしば登場する. → Mother Goose

three hundred and thirteen **313**

gorgeous ▶

gorgeous [gɔ́ːrdʒəs ゴーヂャス] 形 《(口語)》(人が)とても魅力的な；(天気などが)すばらしい；この上なく美しい，華麗な．

gorilla [gərílə ゴリラ] (アクセント注意) 名 《(動物)》ゴリラ．

gosh [gɑʃ ガッシ] 間 《(口語)》えっ!，おやっ!；えいくそっ! (▶おどろき・いらだちなどを表す).

gospel [gáspəl ガスペル‖gɔ́s- ゴス-] 名 [the をつけて] 福音 (救いと神の国とを説いたキリストの教え)；キリストの教義；ゴスペル (アメリカ南部起源の宗教音楽)；[Gospel で] 福音書．

gossip [gásip ガスィプ‖gɔ́sip ゴスィプ] 名 うわさ話，(有名人の) ゴシップ．

got 4級 [gɑt ガット‖gɔt ゴット]

動 get (…を得る) の過去形；過去分詞の1つ．

I *got* a letter from Tom yesterday.
私はきのうトムから手紙をもらった．

I *got* it. わかった；了解．

Gothic [gáθik ガスィク‖gɔ́θik ゴスィク] 名
1 《建築》ゴシック様式 (中世後期の13-15世紀ごろ西ヨーロッパで流行した建築様式；高くそびえる塔をそなえた大聖堂(cathedral)に特色がある)．
2 《印刷》ゴシック字体，太字．
—— 形 ゴシックの；ゴシック字体の．

gotta [gátə ガッタ‖gɔ́tə ゴッタ] 《(口語)》(have) got to の短縮形．
Well, I *gotta* go.
もう行かなくちゃいけない．

gotten 3級 [gátn ガットゥン‖gɔ́tn ゴットゥン] 動 《(米)》get (…を得る) の過去分詞の1つ．

gourmet [gúrmei グァメィ] (<フランス語) 名 食通，グルメ．

govern [gʌ́vərn ガヴァン] 動 他 **1** (国など) を治める，統治する．
India was *governed* by Great Britain. インドはイギリスに統治されていた．
2 …を管理する，運営する．
—— 自 治める，統治する．

government

[gʌ́vər(n)mənt ガヴァ(ン)メント] (つづり注意)
名 **1** [しばしば the Government で] 政府；内閣．
the Japanese *Government* 日本政府．
a local *government* 地方自治体．

a *government* worker 公務員．
2 政治，行政；政体 (▶a をつけず，複数形なし)．

government of the people, by the people, for the people
人民の，人民による，人民のための政治 (▶アメリカ第16代大統領リンカンのことば)．

governor [gʌ́v(ə)nər ガヴ(ァ)ナァ] 名 (アメリカの州・日本の都道府県の) 知事；(学校・銀行などの) 理事，総裁，長官．
the *Governor* of Tokyo 東京都知事．

gown [gaun ガウン] 名 (女性の正装用の) ロングドレス，ガウン；(裁判官・大学教授・大学卒業生などが着る) 式服，ガウン；(寝巻きまたは化粧着としての) ガウン．
a wedding *gown* ウエディングドレス．

> 💬用法 gown と「ガウン」
> 部屋着の「ガウン」のことは dressing gown というが，bathrobe とか robe ともいう．

GPS [dʒiːpiːés ヂーピーエス] 全地球測位システム (カーナビなどに応用されている，現在地を知るシステム) (▶global positioning system の略)．

grab 準2 [græb グラブ] 動 (過去・過分 grabbed [-d]；ing grabbing) 他 …をとつぜんつかむ，ぐっとつかむ；…をひったくる．
He *grabbed* me by the arm.
彼は私の腕をとつぜんぎゅっとつかんだ．

grace [greis グレイス] 名 (身のこなしなどの) 優雅さ，優美さ．

graceful [gréisfəl グレイスフル] 形 優美な，優雅な；気品のある．

grade 4級 [greid グレイド]
フォニックス48 a は[ei]と発音する．

名 (複数 grades [-dz ヅ]) **1** 等級，程度，段階．
grade A A級．
2 《(米)》(小・中・高校の) 学年 (▶アメリカでは小学校から中学・高校まで通算して数えるので，ふつう全部で12 grades ある)．
→ school (図)

> 🗣スピーキング
> Ⓐ *What grade are you in?*
> 何年生ですか．
> Ⓑ I'm in the 7th *grade.*
> 中学1年生です．

◀ **grandmother**

🔊 プレゼン

自分の学年の言い方

I'm in the seventh grade.
私は中学 1 年生です.

I'm in the eighth grade.
私は中学 2 年生です.

I'm in the ninth grade.
私は中学 3 年生です.

---

3 (学科の) **成績** (=《英》mark), 評点.
→ A

He always gets good *grades* in math. 彼はいつも数学の成績がよい.

grader [gréidər グレイダァ] 图《米》[first, second などの序数を前につけて] …年生.

My sister is a *fourth grader*.
妹は4年生です.

grade school [gréid skùːl] 图《米》小 学 校 (= elementary school；《英》primary school).

gradual [grǽdʒuəl グラヂュアル] 形 だんだんの, じょじょの.

gradually [2級] [grǽdʒuəli グラヂュアリィ] 副 しだいに, だんだんと, じょじょに.

graduate [3級] [grǽdʒueit グラヂュエイト] 動 ⾃ 《graduate from で》…を卒業する (▶《米》ではすべての学校に,《英》ではふつう大学にのみ使う). → leave

My sister *graduated from* college this spring. 姉はこの春大学を卒業した.

—— [grǽdʒuət グラヂュエト] 图 卒業生 (▶《英》では大学卒業生をさす)；大学院生.

a high school *graduate* 高校卒業生.

—— [grǽdʒuət グラヂュエト] 形 大学院の.

a *graduate* student 大学院生.

graduation [準2級] [grǽdʒuéiʃən グラヂュエイション] 图 **1** 卒業 (▶《米》ではおもに高校と大学の卒業に,《英》ではふつう大学の卒業に使う).

2 卒業式 (▶《英》では大学の卒業式のみに使われる).

graffiti [grəfíːti グラフィーティ] (<イタリア語) 图 (かべや公衆トイレなど公共の場での) 落書き.

grain [grein グレイン] 图 **1** [集合的に] 穀物ぶつ, 穀類.

Japan imports a lot of *grain* from the U.S.
日本は大量の穀物をアメリカから輸入している.

2 (穀物の) つぶ；(砂・塩などの) つぶ.

grains of sand 砂のつぶ.

gram [5級] [græm グラム] ▶《英》では gramme とつづる. 图 グラム (▶重さの単位；g または gm., gr. と略す).

grammar [grǽmər グラマァ] (つづり注意) 图 文法.

English *grammar* 英文法.

grammar school [grǽmər skùːl] 图《英》グラマースクール (大学進学者のための公立中等学校で,《米》の high school に相当する).

gramme [græm グラム] 图《英》=《米》**gram**

grand [grænd グランド] 形 壮大そうだいな, 雄大ゆうだいな；盛大な；りっぱな；威厳いげんのある.

a *grand* view 雄大なながめ.

a *grand* piano グランドピアノ.

Grand Canyon [grǽnd kǽnjən] 图 [the をつけて] グランドキャニオン (アメリカのアリゾナ州北西部, コロラド川沿いの大峡谷きょうこくで, 全長約 450km におよぶ. この一帯はアメリカでも有数の国立公園となっている).

grandchild [grǽn(d)tʃaild グラン(ドゥ)チャイルド] 图 [複数 **grandchildren** [-tʃildrən]] 孫.

grandchildren [grǽn(d)tʃildrən グラン(ドゥ)チルドゥレン] 图 grandchild (孫) の複数形.

granddad [grǽn(d)dæd グラン(ドゥ)ダド] 图《口語》おじいちゃん (= grandfather).

granddaughter [grǽn(d)dɔːtər グラン(ドゥ)ドータァ] 图 女 の 孫, 孫 娘むすめ (対 grandson 孫息子).

grandfather [5級]

[grǽn(d)fɑːðər グラン(ドゥ)ファーザァ] フォニックス35

th は [ð] と発音する.

图 [複数 **grandfathers** [-z]] **祖父**, おじいさん (対 grandmother 祖母).

My *grandfather* is seventy years old. 祖父は 70 歳さいです.

grandfather('s) clock [grǽn(d)fɑːðər(z) klɑ́k ‖ klɔ́k] 图 (床ゆか置き・ふりこ式の) 箱型大時計.

grandma [5級] [grǽn(d)mɑ グラン(ドゥ)マー] 图《口語》おばあちゃん (= grandmother).

grandmother [5級]

grandma ▶

[grǽn(d)mʌðər グラン(ドゥ)マザァ] フォニックス35
th は [ð] と発音する.
名 (複数 **grandmothers** [-z]) 祖母, おばあさん (対 grandfather 祖父).
My *grandmother* lives in Hokkaido. 祖母は北海道に住んでいる.

grandpa 5級 [grǽn(d)pɑː グラン(ドゥ)パー]
名 《口語》おじいちゃん (= grandfather).

grandparent 4級 [grǽn(d)pe(ə)rənt グラン(ドゥ)ペ(ア)レント] 名 祖父, 祖母.

grandson 4級 [grǽn(d)sʌn グラン(ドゥ)サン] 名 男の孫, 孫息子 (対 granddaughter 孫娘).

grant [grænt グラント‖ grɑːnt グラーント] 動 他 《文語》(願いなど)を聞き入れる;(許可・権利など)を与える (▶改まった語).

grape 5級 [greip グレイプ] 名 ブドウ (▶ a grape はブドウ1つぶをさす. ふつうふさになっているので, 複数形 grapes を使う).
a bunch of *grapes* 1ふさのブドウ.
grape juice グレープジュース.
Wine is made from *grapes*. ワインはブドウからつくられる.

grapefruit [gréipfruːt グレイプフルート] 名 (複数 **grapefruit** または **grapefruits** [-ts ツ]) グレープフルーツ.

果実がブドウ (grape) のようにふさ状になることからこの名がある.

grapevine [gréipvain グレイプヴァイン] 名 ブドウの木, ブドウのつる.

graph 2級 [græf グラフ‖ grɑːf グラーフ] 名 グラフ, 図表. → chart
a line *graph* 折れ線グラフ.

graphic [grǽfik グラフィク] 形 1 (描写が)生き生きとした, 露骨な. 2 図表で表した;グラフィックの.

grasp [græsp グラスプ‖ grɑːsp グラースプ] 動 他 …をしっかりつかむ, にぎる;…を理解する (同 understand).
Grasp the rope. ロープをつかめ.
grasp the meaning 意味をつかむ.

── 名 [ふつう単数形で] しっかりつかむこと;理解 (= understanding).

grass 準2 [græs グラス‖ grɑːs グラース]
名 草, 牧草, しばふ, 牧草地 (▶ふつう a をつけず, 複数形なし. ただし草の種類をいうときは grasses になる).
I lay on the *grass* and looked up at the sky. 草の上に寝ころがって空を見た.
The *grass* is always greener on the other side of the fence.
《ことわざ》へいの向こう側のしばふはいつでももっと青い (→隣のものはよく見える).

Keep Off The Grass 《掲示》しばふに入らないでください

背景 日本語の「草」は農作物のじゃまとなる雑草 (weed) をさすこともあり, イメージはかならずしもよくない. しかし英語の grass は, 牛や羊の放牧場となるため, よいイメージのほうが強い.

参考 glass (ガラス) と混同しないこと.

grasshopper [grǽshɑpər グラスハパァ‖ grɑ́ːshɔpə グラースホパァ] 名 《虫》バッタ;キリギリス;イナゴ.

grassland [grǽslænd グラスランド‖ grɑ́ːs-グラース-] 名 牧草地;[しばしば複数形で] 草原.

grassy [grǽsi グラスィ‖ grɑ́ːsi グラースィ] 形 草の生えた;草でおおわれた;草のような.

grate [greit グレイト] 名 (暖炉の) 火格子.

grateful [gréitfəl グレイトフル] 形 感謝して, ありがたく思って;《**be grateful (to +人) for +物事**》 ((人) に) (物事) を感謝する.
I'm *grateful to* you *for* your help. あなたのご助力に感謝しています.

grave¹ 3級 [greiv グレイヴ] 名 墓.

◀ **greatly**

grave[2] [greiv グレイヴ] 形 (問題・結果などが) 重大な, 深刻な；まじめな.

gravel [grǽv(ə)l グラヴ(ェ)ル] 名 [集合的に] 砂利じゃ.

graveyard [gréivjɑːrd グレイヴャード] 名 墓地.

gravitation [grævətéiʃən グラヴィテイション] 名 《物理学》重力, 引力.
the law of universal *gravitation*
万有引力の法則.

gravity [2級] [grǽvəti グラヴィティ] 名 重力, 引力；《文語》重大さ；まじめさ.

gravy [gréivi グレイヴィ] 名 (肉を焼くときに出る) 肉汁じゅう；グレービー (肉汁からつくるソース).

gray [grei グレイ] フォニックス59 ay は [ei] と発音する. ▶《英》では grey とつづる.
形 (比較 grayer, 《英》greyer；最上 grayest, 《英》greyest) **1 灰色の**, グレーの, ねずみ色の.
a *gray* suit グレーのスーツ.
2 (髪がが) しらがの, しらがまじりの.
My mother's hair is going *gray*.
母の髪がしらがになってきている.
3 (天気が) どんよりした, くもった.
I hate these *gray* June days.
私は6月のこのどんよりとした毎日がいやです.
── 名 **灰色**, グレー；灰色の服.
He is always dressed in *gray*.
彼はいつも灰色の服を着ている.

great [5級] 形 **偉大だいな, すばらしい**
[greit グレイト] (ea は例外的に [ei] と発音する)
形 (比較 greater；最上 greatest) **1 偉大な**, えらい；すぐれた.
He was a *great* jazz musician.
彼は偉大なジャズミュージシャンだった.
2 (程度・大きさ・数量などが) **大きい**, (程度が) すごい；重要な.
The school festival was a *great* success. 学園祭は大成功だった.
the *Great* Buddha of Nara
奈良の大仏.
3 すごい, すてきな, すばらしい.
I had a *great* time on my vacation.
休暇きゃは すごく楽しかった.

That's *great*! それはすごい！

🗨スピーキング
Ⓐ My dad got me a computer.
パパがぼくにコンピューターを買ってくれたよ.
Ⓑ *Great*!
すごいっ！

I feel *great*! 気分は最高！ →副 greatly
a great deal of (量が) **たくさんの…**.
→ deal
a great many ひじょうに多くの….
→ many
a great number of ひじょうにたくさんの…. → number

Great Bear [grèit béər] 名 [the をつけて] 《天文》大ぐま座.

Great Britain [grèit britn] 名 大ブリテン島 (イングランド・スコットランド・ウェールズをふくむイギリスの本国の島で, しばしば「イギリス」の国名の代わりに使われる).
→ United Kingdom

greater [gréitər グレイタァ] 形 great (偉大だいな) の比較級.

greatest [gréitist グレイテスト] 形 great (偉大だいな) の最上級.

great-grandchild [grèitgrǽn(d)tʃaild グレイトゥグラン(ドゥ)チャイルド] 名 (複数 **great-grandchildren** [-tʃildrən]) ひまご, 曽孫そう.

great-grandfather [grèitgrǽn(d)fɑːðər グレイトゥグラン(ドゥ)ファーザァ] 名 ひいおじいさん, 曽祖父そう.

great-grandmother [grèitgrǽn(d)mʌðər グレイトゥグラン(ドゥ)マザァ] 名 ひいおばあさん, 曽祖母そう.

great-grandparent [grèitgrǽn(d)pe(ə)rənt グレイトゥグラン(ドゥ)ペ(ア)レント] 名 曽祖父そう母.

Great Lakes [grèit léiks] 名 [the をつけて] 五大湖 (アメリカとカナダの国境にある大きな5つの湖, スペリオル (Superior)・ミシガン (Michigan)・ヒューロン (Huron)・エリー (Erie)・オンタリオ (Ontario) のことをいう).

greatly [準2] [gréitli グレイトゥリ] 副 おおいに, ひじょうに；りっぱに.
be *greatly* astonished 大いにおどろく.
→形 great

three hundred and seventeen **317**

greatness [gréitnis グレイトゥネス] 名 偉大さ, 高潔さ.

Great Wall of China [grèit wɔːl əv tʃáinə] 名 [theをつけて] 万里の長城 (▶単に the Great Wall ともいう).

Greece 3級 [griːs グリース] 名 ギリシャ (ヨーロッパ南東部の共和国; 首都はアテネ (Athens)).

greed [griːd グリード] 名 どん欲, 欲ばり. *greed* for money 金銭欲.

greedy [gríːdi グリーディ] 形 (比較 **greedier**; 最上 **greediest**) 欲ばりの.

Greek 3級 [griːk グリーク] 形 ギリシャの; ギリシャ人の; ギリシャ語の. *Greek* myths ギリシャ神話.
— 名 ギリシャ人; ギリシャ語.

green 5級 形 緑の 名 緑

[griːn グリーン] フォニックス64 ee は [iː] と発音する. 形 (比較 **greener**; 最上 **greenest**) **1 緑の**, 緑色の; (草木・信号などが) 青い (▶日本語では「青葉」「青信号」などと緑を「青」ということがあるが, 英語では green と blue は区別されている).
a *green* apple 緑のリンゴ; 青リンゴ.
green grass 緑の草, 青々とした草.
The light turned *green*.
信号は青になった.
2 (野菜・果物が) 熟していない, 青い; 《口語》(人が) 未熟な, 経験の浅い, 青二才の.
The tomatoes in the garden are still *green*. 庭のトマトはまだ青い.
3 しっと深い; (顔色が) 青白い.
4 環境に配慮した, 環境にやさしい (= environmentally friendly).
green energy グリーンエネルギー, 環境にやさしいエネルギー.

have a green thumb (米) 園芸がうまい (=《英》have green fingers).
— 名 (複数 **greens** [-z]) **1 緑**, 緑色; 緑色の服 (▶ a をつけず, 複数形なし).
dark *green* 濃い緑色.
yellow *green* 黄緑.
2 [複数形で] 葉物野菜, 青物.
3 草地, 緑地; (ゴルフなどの) グリーン.

greenery [gríːn(ə)ri グリーナリィ] 名 [集合的に] 青葉, 緑樹.

Greenery Day [gríːn(ə)ri dèi] 名 みどりの日 (日本の祝日).

greengrocer [gríːngrousər グリーングロウサァ] 名 《英》青果店の店主, 八百屋さん.

greenhouse [gríːnhaus グリーンハウス] 名 (複数 **greenhouses** [-hauziz]) 温室.
They grow melons in this *greenhouse*.
この温室ではメロンを栽培している.

greenhouse effect [gríːnhaus ifèkt] 名 [the をつけて] 温室効果 (大気中の二酸化炭素などの増加によって気温が上昇する現象).

greenhouse gas [gríːnhaus gæs] 名 [ふつう複数形で] 温室効果ガス (二酸化炭素などの温室効果の原因となるガス).

green pepper [gríːn pépər] 名 ピーマン.

green tea 5級 [gríːn tíː] 名 緑茶.

Greenwich [grénidʒ グレニッヂ, grinitʃ グリニッチ] 名 グリニッジ (ロンドン南東部の町で, もと王立天文台があった. ここを通る子午線が経度0°であり, それをもとにした時刻が世界の標準時とされている).

greet [gríːt グリート] 動 他 **1** …にあいさつする.
She *greeted* me with a smile.
彼女はにっこりして私にあいさつしてくれた.
2 …をむかえる; (**be greeted with** で) …でむかえられる.
The team *was greeted with* loud cheers. チームは大歓声でむかえられた.

greeting [gríːtiŋ グリーティング] 名 (複数 **greetings** [-z]) **1** あいさつ.
They exchanged *greetings*.
彼らはあいさつをかわした.
2 [複数形で] あいさつのことば.
Season's *Greetings* = *Greetings* of the Season おめでとう (「クリスマスおめで

◀ **group**

とう」などの時候のあいさつの代用の文句).

greeting card [grí:tiŋ kɑ̀:rd] 名 グ
リーティングカード (誕生日やクリスマスなど
に送るあいさつ状), あいさつ状.

grew 3級 [gru: グルー]

動 grow (大きくなる) の過去形.

grey [grei グレイ] 形 名 《英》＝《米》**gray**

greyhound [gréihaund グレイハウンド] 名
《動物》グレーハウンド (足の長い猟犬).

grief [gri:f グリーフ] 名 深い悲しみ, なげき.
Good *grief*! やれやれ, おや, まあ (おどろき・
なげきなどを表す).

grieve [gri:v グリーヴ] 動 自 (おもに死を)
なげき悲しむ.
— 他 (死) を悲しむ；…を悲しませる.

grill 準2 [gril グリル] 動 他 (おもに米) …
を焼き網で焼く；《おもに英》(肉など) を
直火で焼きする (＝《米》broil).
— 名 焼き網, グリル.

Grimm [grim グリム], **Jacob** 名 ヤーコプ・
グリム (1785-1863；ドイツの言語学者・民
話研究家；弟のウィルヘルム (Wilhelm,
1786-1859) と協力して民話を集め, 『グリム
童話集』を編集した).

grin [grin グリン] 動 (過去) (過分) **grinned** [-d]；
(ing) **grinning** (自) 歯を見せて笑う, 口を
開いてにこにこする.
— 他 (にっこり) 笑って…を示す.

grind [graind グラインド] 動 (過去) (過分)
ground [graund] (他) (穀物など) をひい
て粉にする；(肉など) をひく；…をみがく.
grind wheat into flour
小麦をひいて粉にする.

grip [grip グリップ] 動 (過去) (過分) **gripped**
[-t]；(ing) **gripping** (他) …をしっかりにぎる,
ぐいとつかむ.
— 名 にぎること；握力；にぎり方；理
解 (力)；取っ手.

groan [groun グロウン] 動 (自) (人が)うめく.
— 名 うめき声, うなり声.

grocer [gróusər グロウサァ] 名 食料品商
(▶店ではなく人のこと).
a *grocer's* (shop)
《英》食料雑貨店 (＝《米》grocery (store)).

grocery 準2 [gróus(ə)ri グロウサリィ] 名
(複数) **groceries** [-z] 食料雑貨店 (▶
grocery store ともいう)；[複数形で] 食料
雑貨類.

grocery store [gróus(ə)ri stɔ̀:r] 名
食料雑貨店 (▶単に grocery ともいう).

groom [gru(:)m グルーム] 名 花むこ, 新
郎 (＝bridegroom) (女) bride 花よめ).

groomer [grú:mər グルーマァ] 名 トリマー,
グルーマー (ペットの手入れをする人).

groove [gru:v グルーヴ] 名 (敷居などの)
溝；グルーヴ (乗りのいいビート・リズム).

grope [group グロウプ] 動 (自) 手さぐりす
る.

gross [grous グロウス] 形 1 総計の, 全体の.
the *gross* amount 総額.
a *gross* income 総収入.
2 (誤りなどが) はなはだしい, ひどい.
a *gross* error 大まちがい.
3 《口語》ぞっとする, 胸がむかつくような
(＝disgusting).

ground¹ 5級 名 地面, 土地

[graund グラウンド] (フォニックス72) ou は [au] と
発音する.
名 (複数) **grounds** [-dz ヅ] **1** [the をつけて]
地面；土地 (▶複数形なし).
We sat down on *the ground*.
ぼくたちは地面にすわった.
The ground was covered with
snow. 地面は雪でおおわれていた.
2 [しばしば複数形で] (ある目的のための)
場所, …場；運動場, グラウンド.
a camping *ground* キャンプ場.
a play*ground* 遊び場, 運動場.
3 [複数形で] (建物の) 敷地, 構内.
school *grounds* 学校の敷地.
4 [しばしば複数形で] 根拠.
We have good *grounds* to believe
his story.
彼の話を信じるにたるじゅうぶんな理由がある.
5 《米》《電気》アース (＝《英》earth).

ground² [graund グラウンド] 動 grind (…
をひいて粉にする) の過去・過去分詞.

ground floor [gràund flɔ́:r] 名 《英》
1階 (▶《米》では first floor という).
→ floor (図)

groundwater [gráundwɔ̀:tər グラウン
ドウォータァ] 名 地下水.

group 4級 [gru:p グループ] (ou は
例外的に [u:] と発音する)

three hundred and nineteen 319

grove

图 (複数) **groups** [-s] **1 グループ**, 群れ, 集団; (**a group of** で) …の一団.
a *group of* girls
女の子の集団.
Make *groups* of four.
4人1組みになりなさい.
The students studied in *groups*.
生徒はグループに分かれて勉強した.
2 (音楽の) グループ (@ band²).
a rock *group* ロックグループ.

grove [gróuv グロウヴ] 图 林, 木立ち.

grow 4級 動 成長する, …を栽培する

[grou グロウ] フォニックス74 OW は [ou] と発音する.

動 3単現 **grows** [-z] 過去 **grew** [gru: グルー]; 過分 **grown** [groun グロウン]; ing **growing**
@ **1** (量・大きさなどが) **大きくなる**; (子どもなどが) **成長する**, (植物が) 育つ, 生育する.
Children *grow* quickly.
子どもは成長が早い.
Potatoes *grow* well here.
ここはジャガイモがよく育つ.
2 (**grow** +形容詞で) (しだいに) (ある状態) **になる** (= become) (▶話し言葉では get がふつう).
The wind *grew* stronger.
風はだんだん強くなった.
— 他 **…を栽培する**, 育てる, つくる.
We *grow* tomatoes and pumpkins.
うちではトマトとカボチャを栽培しています.
He *grows* roses in his garden.
彼は庭でバラを育てている. → 图 growth
grow up 成長する, 育つ; 大人になる.
He *grew up* in Shikoku.
彼は四国で育った.
Grow up! (口語) もっと大人になりなさい! (▶母親が子どもをしかるときの決まり文句).

growing [gróuiŋ グロウイング] 動 grow (大きくなる) の -ing 形.

growl [graul グラウル] (発音注意) 動 @ (犬などがおこって) うなる.
— 图 うなり声.

grown 3級 [groun グロウン] 動 grow (大きくなる) の過去分詞.

grown-up [gróunʌp グロウナップ] 图 (複数) **grown-ups** [-s] (口語) 大人 (= adult).
— 形 大人の, 成人した; 成人向きの.

grows [grouz グロウズ] 動 grow (大きくなる) の3人称単数現在形.

growth 2級 [grouθ グロウス] 图 成長, 発育; 増加; 発達.
economic *growth* 経済成長.
population *growth* 人口増加.
→ 動 grow

grumble [grʌ́mbl グランブル] 動 @ ぶつぶつ言う, 不平を言う.

grunt [grʌnt グラント] 動 @ 他 (ブタが) ブーブー鳴く; (不平不満などで) (…を) ぶつぶつ言う.
— 图 ブーブー言う声.

Guam [gwɑ:m グワーム] 图 グアム島 (アメリカ領で太平洋マリアナ諸島中の最大の島; 略語は GU).

guarantee [gærəntí: ギャランティー] 图 保証; 保証するもの; 保証書, 担保; 正式な約束.
— 動 他 …を保証する; …を約束する.
This computer is *guaranteed* for one year.
このコンピューターは1年間の保証がついている.

guard 準2 [gɑ:rd ガード] (uは発音しない) 图 **1** 警備員, ガードマン (▶×guardman は和製英語); 衛兵, ボディーガード; (刑務所の) 看守.
A security *guard* stopped me at the gate. 警備員が入り口で私を止めました.

ロンドンで行進する衛兵たち.

2 警備, 警戒, 監視, 見張り.
3 (アイスホッケーなどの) 防具.
4 (ボクシングなどの) ガード, 受けの姿勢.
be on guard 用心している, 見張っている; 当番である.
— 動 他 …を見張る, 監視する; …を守る.
The dog *guarded* the house.
その犬は家の見張りをした.

―⾃ 警戒する，用心する.

Guatemala [gwɑ̀:təmɑ́:lə グワーテマーラ] 图 グアテマラ（中央アメリカの共和国；首都はグアテマラシティ（Guatemala City））.

guess 3級 [ges ゲス] (uは発音しない)

動 (3単現 guesses [-iz]; 過去 過分 guessed [-t]; ing guessing) 他 1 **…を推測する**; …を言い当てる.

I *guess* he's around 40.
彼は40歳ぐらいかなあ.

Can you *guess* what I have in my hand?
手に何を持っているか当ててごらん.

I could *guess* what she was going to say.
彼女が何を言おうとしていたかわかった.

2《口語》…**と思う**，考える（= think）.
I *guess* I can do it.（= I can do it, I *guess*.）
それはできると思う.

I was lucky, I *guess*.
私は運がよかったのだと思う.

―⾃ 推測する；うまく言い当てる.
I'm only *guessing*.
これは私の推測にすぎない.

Guess what! あのね，ねえねえ（▶相手の注意をひくときに使う表現）.

🗣スピーキング
Ⓐ *Guess what!*
あのね.
Ⓑ What?
なあに.

I guess so. たぶんそうだね.

🗣スピーキング
Ⓐ Is he coming?
彼は来ますか.
Ⓑ *I guess so.*
来ると思う.
Ⓑ *I guess not.*
たぶん来ないだろうね.

―图 (複数 guesses [-iz]) 推測，見当.
take [make] a *guess* 推測する.

guest 3級 图 客

[gest ゲスト] (uは発音しない)
图 (招待) **客**（対 host 主人）;（ホテルの）宿泊客;（レストランなどの）利用客;（ラジオ・テレビの）ゲスト出演者.

We're having three *guests* tonight.
今晩うちにお客さんが3人来るんだ.

Be my *guest*.
おごらせてよ；どうぞご自由に.

> 💬用法 **guest** と **visitor** と **customer** と **passenger**
> **guest** は「招待客」，**visitor** は「訪問客」，**customer** は「(店の) 客」，**passenger** は「乗客」をいう.

guest / visitor ： customer

passenger

guest worker [gést wə̀:rkər] 图（短期滞在の）出稼ぎ外国人労働者，ゲストワーカー.

guidance [gáid(ə)ns ガイダンス] 图 指導，ガイダンス.

guide 3級 [gaid ガイド] (uは発音しない)

图 (複数 guides [-dz ヅ]) 1（旅行などの）**案内人**，ガイド.
a tour *guide* 旅行ガイド.
a mountain *guide* 山岳ガイド.

2 案内書，ガイドブック，入門書；旅行案内書（= guidebook）.
This is a good *guide* to English.
これは英語のよい入門書だ.
a restaurant *guide* レストラン案内書.

―動 (3単現 guides [-dz ヅ]; 過去 過分 guided [-id]; ing guiding) 他 (人) **を案内する**;（人）に道を教える（同 show）；…を指導する.

He *guided* us around the city.
彼は私たちに町を案内してくれた.

guidebook 準2 [gáidbuk ガイドゥブク]
名 旅行案内書, ガイドブック (▶単に guide
ともいう).

guide dog [gáid dò(:)g] 名 盲導犬
(=《米》Seeing Eye dog 商標名).

guideline [gáidlain ガイドゥライン] 名 [ふつ
う複数形で] ガイドライン, 指針.

guilt [gilt ギルト] 名 罪;有罪 (反 innocence
無罪);罪悪感, うしろめたさ.

guilty 準2 [gílti ギルティ] 形 (比較 guiltier
最上 guiltiest) **1** 有罪の, 罪を犯した (反
innocent 無罪の).
Not *guilty*! 無罪!
She was found *guilty* of murder.
彼女は殺人罪で有罪になった.
2 うしろめたい, 申し訳ない.
You don't have to feel *guilty* about
it. そのことで自分を責めることはないよ.

guitar 5級 [gitá:r ギター]
フォニックス75 ar は [ɑːr] と発音
する. (u は発音しない. アクセント注意)
名 (複数 guitars [-z]) **ギター**.
I want to be able to play the *guitar*.
私はギターがひけるようになりたい.

guitarist [gitá:rist ギターリスト] 名 ギタリ
スト, ギター奏者.

gulf [gʌlf ガルフ] 名 (複数 gulfs [-s]) 湾 (▶
bay より大きいものをいう).
the *Gulf* of Mexico
メキシコ湾.

gull [gʌl ガル] 名 《鳥》カモメ.

Gulliver [gʌ́ləvər ガルヴァ] 名 ガリバー(イ
ギリスの小説家スウィフト(Jonathan Swift)
が書いた『ガリバー旅行記』(*Gulliver's
Travels*) の主人公の名;小人国や巨人国
や奇妙な島々を旅行し, 人間ぎらいになっ
て帰国する).

gum¹ [gʌm ガム] 名 ゴム;チューインガム
(= chewing gum).

gum² [gʌm ガム] 名 [ふつう複数形で] 歯ぐき.

gun [gʌn ガン] 名 銃;ピストル (同
pistol);大砲.
gun control 銃規制.

fire a *gun* 銃を撃つ.

■背景 アメリカでは開拓時代以来, 自
分の安全は自分で守るという考え方が強
く, 個人が銃を持つことが認められてい
るが, 銃による犯罪もあとをたたない.

gunman [gʌ́nmən ガンマン] 名 (複数
gunmen [-mən]) ガンマン, ピストルを持っ
たギャング .

gunpowder [gʌ́npaudər ガンパウダァ]
名 火薬.

gush [gʌʃ ガッシ] 動 自 (水・ことばなどが)
ほとばしり出る, 噴き出す.
— 他 …を噴出させる.
—— 名 [しばしば a をつけて] (液体・感情な
どの) ほとばしり, 噴出.

gust [gʌst ガスト] 名 突風;爆発.
—— 動 自 (風が) 急に吹く.

gutter [gʌ́tər ガタァ] 名 側溝;雨どい;
《ボウリング》ガター.

guy [gai ガイ] 名 (複数 guys [-z]) 《口語》男,
やつ (▶複数形では女性をふくむこともある).
He's a funny *guy*.
あいつはおもしろいやつだ.

Guy Fawkes Night [gái fɔ́:ks フォー
クス nàit] 名 《英》ガイ・フォークス・ナイト
(11月5日;ガイ・フォークス一味の火薬による
国王暗殺を未然に防いだ日(1605年11月5日)
を記念し, 花火などで祝うイギリスの祭り).

gym 5級 [dʒim ヂム]
名 (複数 gyms [-z]) **1** 《口語》**体育館**, ジ
ム;スポーツクラブ (▶ gymnasium を短
縮した形).
work out at the *gym*
ジムでトレーニングする.
2 (学科としての) **体育** (▶ gymnastics
を短縮した形).

gymnasium [dʒimnéiziəm ヂムネイジィ
アム] 名 (複数 gymnasiums [-z] または
gymnasia [dʒimnéiziə]) 体育館, ジム (▶話
し言葉では略して gym という).

gymnastics [dʒimnǽstiks ヂムナスティ
クス] 名 [複数あつかい] 体操;[単数あつかい]
(学科としての) 体育 (= P.E.).

◀ **hair**

H h H h H h

H, h [eitʃ エイチ] 图 (複数) **H's, h's** [-iz] または **Hs, hs** [-iz]) エイチ (アルファベットの8番目の文字).

ha, hah [hɑː ハー] 間 [おどろき・喜びなどを表して] おや, まあ！; [ふつう ha! ha! または ha-ha! で] [笑い声を表して] あはは！

habit 3級 [hǽbit ハビト]

图 (個人の) **習慣**, くせ；(動植物の) 習性.
get into the *habit* of ... …のくせがつく.
break the *habit* of ... …のくせをやめる.
He has a *habit* of biting his nails. (= He is in the *habit* of biting his nails.)
彼にはつめをかむくせがある.
Habit is a second nature.
(ことわざ) 習慣は第2の天性である.

💬用法 **habit と custom**
ふつう habit は個人の習慣やくせを表し, custom は社会や個人が長い間につくりあげた規則的な慣習を表す.

habitat 2級 [hǽbitæt ハビタト] 图 (動物の) 生息地；(植物の) 生育地, 自生地.

hacker [hǽkər ハカァ] 图 ハッカー (コンピューターシステムに不法に侵入などして情報をぬすんだりする人).

had 4級 [həd ハド, (強めると)hæd ハッド]

動 他 have (…を持っている) の過去・過去分詞. → have
I *had* a good time with my friends yesterday.
きのうは友だちと楽しく過ごした.
—— 勔 have の過去形 (▶話し言葉では短縮形 'd を使うことが多い). 《**had＋過去分詞で過去完了形をつくり**》 [完了・結果を表して] **…してしまっていた**；[経験を表して] **…したことがあった**；[継続を表して] (**ずっと**) **…していた**.
The game *had* already *started* when we arrived.
ぼくたちが着いたときにはもう試合が始まっていた.

had better **…したほうがよい.** → better
had to ... **…しなければならなかった.**
I *had to* do my homework last night. 昨夜は宿題をしなければならなかった.

hadn't [hǽdnt ハドゥント] had not の短縮形.

ha-ha [hàːháː ハーハー] 間 [笑い声を表して] はは！, あはは！(= ha, hah). → ha, man (図)

haiku [háiku: ハイクー] (＜日本語) 图 (複数) **haiku, haikus** [-s]) 俳句.

hail [heil ヘイル] 图 ひょう, あられ.
—— 勔 圓 [it を主語にして] ひょうが降る, あられが降る.

hair 5級 图 髪の毛, 毛

[hear ヘア] フォニックス85 air は[ear]と発音する.
图 (複数) **hairs** [-z]) **1** [全体をさして] **髪の毛**, 毛 (▶ a をつけず, 複数形なし).
She has long *hair*. 彼女は髪が長い.
His sister has dark *hair*.
彼の妹は黒い髪をしている.
Brush your *hair*.
髪をとかしなさい.
When did you have your *hair* cut?
いつ髪を切ってもらったの？
2 (1本1本の) 毛.
Oh, there's a *hair* in my soup.
あっ, スープの中に髪の毛が1本入ってる.
There are some gray *hairs* on my father's head.
父の頭には, しらがが何本かある.

📘文法 **hair の数え方**
「髪の毛全体」は hair というが, 「1本1本の髪の毛」は a hair という.

📙背景 髪の色には, gray [(英) grey] (白), silver (銀) のほかに blond(e) (ブロンド), brunet(te) [bruːnét ブルーネット] (ブルーネット), black (黒) などがある.

[同音語] hare (ノウサギ)

three hundred and twenty-three 323

hairbrush ▶

hairbrush [héɑrbrʌʃ ヘアブラシ] 名 ヘアブラシ.

haircut [héɑrkʌt ヘアカト] 名 散髪, ヘアカット; 髪の刈り方.
I got a *haircut* last week.
先週髪をカットした.

hairdo [héɑrduː ヘアドゥー] 名 (女性の)髪の結い方, 髪型.

hairdresser [héɑrdresər ヘアドゥレッサァ] 名 美容師 (▶ barber は「(男性対象の)理髪師」のこと).

hairdryer, hair dryer [héɑrdraiər ヘアドゥライアァ] ▶ hairdrier, hair drier ともつづる. 名 (ヘア)ドライヤー (▶ 単に dryer ともいう).

hairstylist [héɑrstailist ヘアスタイリスト] 名 美容師, ヘアスタイリスト.

Haiti [héiti ヘイティ] (発音注意) 名 ハイチ (西インド諸島にある共和国; 首都はポルトープランス (Port-au-Prince)).

half 4級 名 半分 形 半分の

[hæf ハフ ‖ hɑːf ハーフ] (l は発音しない)
名 (複数 **halves** [hævz ‖ hɑːvz]) **半分**, 2分の1 (▶「4分の1」は quarter); (時刻の) **30 分**; **(half of で)** …の半分; (競技) 前半, 後半.
an hour and a *half* 1 時間半.
Can you cut the grapefruit in *half*?
グレープフルーツを半分に切ってくれる?
Half of the apple was bad.
リンゴの半分がくさっていた (▶「half of +単数名詞」ならば単数あつかい).
Half of the apples were bad.
半数のリンゴがくさっていた (▶「half of +複数名詞」ならば複数あつかい).

half of the apple → 単数あつかい

half of the apples → 複数あつかい

It's *half* past six now. いま 6 時半です (▶話し言葉ではふつう It's six thirty now. という).
I've read the first *half of* the book.
その本の前半まで読んだ.

The second *half* began.
(スポーツの試合などで) 後半が始まった.

── 形 [後ろに名詞をともなって] **半分の**, 2 分の 1 の.
half a mile (= a *half* mile) 半マイル.
It takes *half* an hour to walk there.
そこまで歩いていくと 30 分かかります.
I have studied English for five and a *half* years.
私は英語を 5 年半勉強しています.

── 副 半分だけ, 半ば; 一部だけ, ある程度.
My town is *half* as large as yours.
私の町はあなたの町の半分の大きさです.

half time, half-time [hæf ‖ hɑːf tàim] 名 (サッカー・バスケットボールなどの) ハーフタイム.

halfway [hæfwéi ハフウェイ ‖ hɑːf- ハーフ-] 副 **中途で**, 半ばで.
I'm only *halfway* through my homework. 宿題はまだ途中だ.

── 形 中途の, 半ばの, 中間の.
the *halfway* point between the two towns 2つの町の中間地点.

hall 4級 [hɔːl ホール]

名 (複数 **halls** [-z]) **1 会館**, 公会堂; **ホール**; 集会所, 事務所.
a city *hall* 市役所.
a concert *hall* コンサートホール.
Carnegie [kɑ́ːrnəgi カーネギイ] *Hall*
カーネギーホール (ニューヨーク市にある有名なコンサートホール).

2 玄関 (の広間), ロビー; (米) 廊下.
I left my coat in the *hall*.
私は玄関にコートを忘れてきた.
My classroom is at the end of the *hall*. ぼくの教室は廊下のつきあたりです.

◀ 発音 hole [houl ホウル] (穴) とは発音がちがうことに注意.

hallelujah, halleluiah [hæləlúːjə ハレルーヤ] (<ヘブライ語>) 間 ハレルヤ! (▶「神をたたえよ」という意味).

── 名 ハレルヤ聖歌 (神を賛美する歌).

hallo(a) [həlóu ハロウ] 間 (英) = hello

Halloween, Hallowe'en 4級 [hæloíːn ハロウイーン] 名 ハロウィーン (All Saints' Day の前の晩のもよおし).

◀ **hand**

> **🔵背景** 聖人や殉教(じゅんきょう)者の霊(れい)を祭る11月1日の All Saints' Day (諸聖人の祝日, 万聖節) の前夜, つまり10月31日の夜に行われるもよおし. カトリック教徒は先祖や親類の墓参りをする. カボチャの中身をくりぬいて目・鼻・口をあけたちょうちん (jack-o'-lantern) を玄関(げんかん)先や窓辺にかざる. 子どもたちは仮装をして近所の家々を "Trick or treat!" (お菓子(かし)をくれないといたずらするぞ) と言って歩きまわり, キャンディーなどをもらう.

hallway [hɔ́ːlwei ホールウェイ] (**複数** hallways [-z]) 玄関(げんかん)(の間(ま)); 廊下(ろうか).

halves [hævz ハヴズ] **名** half (半分) の複数形.

ham **5級** [hém ハム] **名** ハム.
ham and eggs ハムエッグ.

hamburger **5級**
[hémbəːrɡər ハンバ〜ガァ]

名 (**複数** hamburgers [-z]) **ハンバーガー** (= burger); ハンバーグ (ステーキ) (= hamburger steak); (米)牛肉のひき肉.

> **🔵背景** ドイツのハンブルク(Hamburg)地方のひき肉料理が移民によってアメリカへ伝えられたので, この名がある.

Hamlet [hémlit ハムレット] **名** ハムレット (シェークスピア (Shakespeare) の4大悲劇の1つ; またその主人公の名).

hammer [hémər ハマァ] **名** 金づち, ハンマー; 《競技》(ハンマー投げの) ハンマー.
── **動** 他 …を金づちで打つ.

hamster [hémstər ハムスタァ] **名** 《動物》ハムスター.

hand **5級** **名** 手

[hénd ハンド]

名 (**複数** hands [-dz ヅ]) **1 手** (**対** foot 足) (▶手首から先の部分; 「腕(うで)」は arm という).
What do you have in your right *hand*?
あなたは右手に何を持っているのですか.
She put her *hand* on my shoulder.
彼女は私の肩(かた)に手を置いた.
Raise your *hands* if you agree.
賛成の人は手をあげてください.
Go and wash your *hands*.
手を洗ってきなさい.

③ middle finger
② forefinger   ④ third finger
                ⑤ little finger
① thumb   ⑥ palm
                ⑦ hand
⑧ wrist   ⑨ arm

hand ①親指 ②[**フォーフィンガァ**] 人さし指 ③中指 ④薬指 (▶左の薬指は ring finger ともいう) ⑤小指 ⑥手のひら ⑦手 ⑧手首 ⑨腕

2 (時計の) **針**.
the second *hand* (時計の) 秒針.
3 [ふつう a をつけて] **手助け, 手伝い, 援助(えんじょ)の手**.
Can you give me *a hand*?
ちょっと手を貸してくれる?
4 (人・通りなどの) **…側; 方, 方面** (**同** side).
on my right *hand* 右側に.
5 [a をつけて] (賞賛(しょうさん)の) **拍手(はく)**.
→ **名** handful, **形** handy

(**at**) **first hand** 直接に, じかに.

at hand (場所的・時間的に) **近くに**.
I always keep my dictionary *at hand*. いつも辞書を手元に置いている.

by hand (機械・印刷などではなく) **手で**.
a letter written *by hand* 手書きの手紙.

give a big hand to …**に大きな拍手を送る**.

hand in hand **手をとりあって; 協力して**.
The couple was walking *hand in hand* along the beach.
2人は手をとりあって浜辺(はまべ)を歩いていた.

Hands Off (掲示) **手をふれるな**

hold …**'s hand** …**の手をしっかりにぎる; **…を精神的に支える**.

join hands with …**と手をつなぐ**.

on (the) one hand 〜, on the other hand … **一方では〜, また他方では…**.

shake hands with …**と握手(あくしゅ)する**.

three hundred and twenty-five **325**

handbag ▶

🔵背景 握手は西洋人にとってあいさつの1つ. 右手で相手の手をしっかりにぎる. そのとき相手としっかり目を合わせるのがエチケット.

—— 動 (3単現 **hands** [-dz ヅ]; 過去 過分 **handed** [-id]; ing **handing**) 他 (hand + 人+物 / hand +物+ to +人で) (人) に (物) を手わたす.
I *handed* him the magazine.
(= I *handed* the magazine *to* him.)
私は彼にその雑誌を手わたした.

hand down …を後世に残す, 伝える.
hand in (書類・課題など) **を提出する**.
I *handed in* my essay yesterday.
私はきのう作文を提出した.
hand out …を配る.

handbag 準2 [hæn(d)bæg ハン(ドゥ)バッグ] 图 (女性用の) ハンドバッグ (= (米) purse); (旅行用) 手さげかばん. → purse

handball [hæn(d)bɔːl ハン(ドゥ)ボール] 图 (スポーツ) ハンドボール.

🔵背景 ヨーロッパ式ハンドボールは, 手を使ってゴールに球を投げこむチーム競技. アメリカ式ハンドボールは, 小さな球を手でかべに打ちつけて敵味方交互ぎにかべに打ち返す室内競技. シングルスまたはダブルスで行う.

handbook [hæn(d)buk ハン(ドゥ)ブク] 图 手引き書, ハンドブック.

handful [hæn(d)ful ハン(ドゥ)フル] 图 (複数 **handfuls** [-z]) 一つかみ, 一にぎり; 少数, 少量.
a *handful* of sand 一にぎりの砂.
→ 名 hand

handicap [hændikæp ハンディキャプ] 图 ハンディキャップ, ハンデ; 不利な条件; 身体障がい, 精神障がい (▶いまは disability を使うのが一般的).

handicapped [hændikæpt ハンディキャプト] 形 (身体・精神などに) 障がいのある (▶差別的にひびくことがあるので, いまは disabled を使うことが多い).

handicraft [hændikræft ハンディクラフト] 图 (しばしば複数形で) 手細工 (品), 手工芸; (学科としての) 工作.

handkerchief [hæŋkərtʃif ハンカチフ] (発音注意) 图 (複数 **handkerchiefs** [-s])

ハンカチ.
He blew his nose in his *handkerchief*. 彼はハンカチで鼻をかんだ.
drop (the) handkerchief ハンカチ落とし (子どもの遊び).

🔵背景 ❶西洋ではハンカチは胸のポケットに入れてかざりとするほか, 鼻をかむのにも使う. ❷日本のように子どもがハンカチやティッシュを持ち歩く習慣はあまりない.

handle 準2 [hændl ハンドゥル] 動 他
1 …に手をふれる; (道具など) を (手で) あつかう.
He *handles* the ball really well.
彼はボールさばきがみごとだ.
Handle With Care (掲示) 取りあつかい注意 (▶荷物などにつける注意書き) → care (写真)
2 (問題など) をあつかう, 処理する.
—— 图 (ドア・引き出しなどの) 取っ手 (▶頭の丸い取っ手は knob); (カップの) 手, 取っ手; (バケツ・ナイフなどの) 柄え.
the *handle* of a bucket バケツの柄.

🟢用法 handle と「ハンドル」
自転車の「ハンドル」は handlebars, 車の「ハンドル」は a (steering) wheel という.

handlebars [hændlbɑːrz ハンドゥルバーズ] 图 (自転車・オートバイなどの) ハンドル.

handmade [hæn(d)méid ハン(ドゥ)メイド] 形 手製の.

handout [hændaut ハンダウト] 图 ハンドアウト, プリント (要点などを書いて会場などで人にわたすもの).

handrail [hæn(d)reil ハン(ドゥ)レイル] 图 (階段などの) 手すり.

hands [hændz ハンヅ] 图 hand (手) の複数形.
—— 動 hand (〜に…を手わたす) の3人称単数現在形.

handshake [hæn(d)ʃeik ハン(ドゥ)シェイク] 图 握手あくしゅ.

handsome 準2 [hænsəm ハンサム] (発音注意) 形 (比較 **handsomer** または **more handsome**; 最上 **handsomest** または **most handsome**) **1** (とくに男性が) ハンサムな, 顔立ちのよい, 魅力的な; (物が) りっぱな, 堂々とした.

◀ **happily**

He is tall, dark, and handsome.
彼は背が高くて髪が黒くて、そしてハンサムだ（▶ dark ははだの色をさすこともある）.

2 (行為などが) 気前のよい, 寛大な；(金額などが) かなり多い.

> 💬用法 **handsome** の使い方
> handsome はふつう男性に使い, 女性には pretty, beautiful を使うことが多いが, きりっとした威厳のある美しさを強調する場合には handsome を使うこともある.
> → beautiful

handstand [hǽn(d)stænd ハン(ドゥ)スタンド] 图 (手をついた) 逆立ち.
do a *handstand* 逆立ちをする.

handwriting [hǽndraitiŋ ハンドゥライティング] 图 筆跡；手書き.
He has good *handwriting*. (= His *handwriting* is good.) 彼は字がじょうずだ.

handy [hǽndi ハンディ] 形 (比較 **handier**；最上 **handiest**) (物が) 使いやすい, 便利な；(人が) 器用な.
a *handy* tool 使いやすい道具.
Mike is *handy* at repairing bikes.
マイクは自転車の修理がうまい. →图 hand

hang 3級 [hǽŋ ハング] 動 (過去 過分 **hung** [hʌŋ], **2**の意味の場合は **hanged** [-d]) 他
1 …を掛ける, つるす.
Hang your coat here.
ここにコートを掛けて.
He *hung* the picture on the wall.
彼はその絵をかべに掛けた.
2 …を絞首刑にする.
He was *hanged* for murder.
彼は殺人罪で絞首刑になった.
——自 掛かる, ぶら下がる.
A bird cage was *hanging* in the window. 鳥かごが窓にぶら下がっていた.
Hang in there! がんばって！ねばるんだ！
hang on 1 しっかりとつかまる；がんばり続ける.
2 (口語) 待つ；電話を切らずに待つ.
hang out (口語) うろつく；たむろする, 入りびたる；ぶらぶらと時を過ごす.
hang up 電話を切る (反 hold on 電話を切らないでおく).
I've got to *hang up* now. じゃあ, もう切るね (▶電話を切るときの決まり文句).

hanger [hǽŋər ハンガァ] 图 ハンガー, 洋服掛け.

hang glider [hǽŋ glàidər] 图 ハンググライダー.

Hangul [hɑ́ːŋguːl ハーングール] 图 ハングル (韓国語, 朝鮮語を表記する文字).

happen 3級 [hǽpən ハプン]

動 (3単現 **happens** [-z]；過去 過分 **happened** [-d]；ing **happening**) 自 **1** (偶然に) **起こる**, 生じる (同 occur).
What *happened*?
どうしたの？, 何があったの？
Do you know what *happened* to Ken? He won one million yen.
ケンに何があったか知ってるかい？100万円当たったんだって.
I was worried something bad *happened* to you. きみに何か悪いことがあったんじゃないかって心配したよ.

> 🗣スピーキング
> Ⓐ Hi, Yumi. What *happened*?
> やあ, ユミ. どうしたの？
> Ⓑ I have good news!
> いい知らせがあるんだ.

2 《**happen to ...** で》たまたま…する, 偶然…する.
I *happened to* see her at the station. 駅で彼女と偶然会った.
Do you *happen to* know his email address?
ひょっとして彼のメールアドレスを知ってますか.

happening [hǽp(ə)niŋ ハプニング] 動 happen (起こる) の -ing 形.
—— 图 [しばしば複数形で] できごと, 事件.

happier [hǽpiər ハピア] 形 happy (幸福な) の比較級.

happiest [hǽpiist ハピエスト] 形 happy (幸福な) の最上級.

happily [hǽpili ハピリィ] 副 **1** 幸福に, 幸せに；楽しく, ゆかいに.
They lived *happily* ever after.
彼らはその後ずっと幸せに暮らしましたとさ (▶昔話などの結びの決まり文句).
2 幸いにも, 運よく (= fortunately).
Happily, he had a narrow escape from death. 幸いにも彼は命からがらにげのびた. →形 happy

three hundred and twenty-seven　327

happiness

happiness 3級 [hǽpinis ハピネス] 名
幸福, 幸せ.

happy 5級 形 幸福な, 楽しい

[hǽpi ハピィ]
形 《比較》 happier; 《最上》 happiest) **1 幸福な**, 幸せな(反 unhappy 不幸な); 楽しい, うれしい, 満足した.
a *happy* school life 楽しい学校生活.
I feel *happy* when I'm playing the piano.
私はピアノをひいているときに幸せを感じる(▶ ˣfeel happiness としない).
Mary looks *happy*.
メアリーは幸福そうだね.
Bob was *happy* with the present.
ボブはそのプレゼントに満足していた.

2 《be happy to ... で》 …してうれしい; 《will [would] be happy to ... で》 喜んで…する; 《be happy (that) ... で》 …ということがうれしい.
I *am happy to* see you.
お目にかかってうれしく思います.

> 🗣 スピーキング
> Ⓐ Won't you come and see me tomorrow? あした遊びに来ない?
> Ⓑ Sure. *I'd be happy to*.
> ええ. 喜んで.

I'*m happy to* have you here. (= I'm *happy (that)* you are here.)
ようこそいらっしゃいました.
I'*ll be happy to* go with you.
喜んでごいっしょします. → 副 happily

> **Happy ... !** 「…おめでとう」
> Happy New Year!
> 明けましておめでとう. → new year
> Happy Valentine's Day!
> バレンタインおめでとう.
> Happy Easter! イースターおめでとう.
> Happy Mother's [Father's] Day!
> 母 [父] の日おめでとう.
> Happy birthday (to you)!
> お誕生日おめでとう. → birthday
> Happy Holidays!
> 休日おめでとう! → Christmas card

harassment [hərǽsmənt ハラスメント, hǽrəs- ハラス-] 名 いやがらせ.
sexual *harassment*
性的いやがらせ, セクハラ.

harbor, (英) **harbour** [hάːrbər ハーバァ] 名 港; (船の) 停泊地. → port
The ship is in the *harbor*.
船は港に停泊中である.

hard 4級 形 かたい, 難しい
副 一生けんめいに

[hάːrd ハード] フォニックス75 ar は [ɑːr] と発音する.
形 《比較》 harder; 《最上》 hardest》
1 かたい (反 soft やわらかい).

hard

soft

This *sembei* is very *hard*.
このせんべいはとてもかたい.
We use a *hard* ball.
ぼくたちはかたいボール [硬球] を使っている.
This is as *hard* as iron.
これは鉄のようにかたい.
Diamonds are the *hardest* of all stones.
ダイヤモンドはすべての石の中でいちばんかたい.
→ 動 harden

2 難しい, 困難な (▶ difficult よりくだけた語) (反 easy やさしい); 《It is hard (for + 人 +) to ... で》 ((人) が) …するのは難しい.

hard   easy

That's a *hard* question.
難しい質問だね.
hard work
骨の折れる仕事(▶ 前後関係で「つらい仕事」「熱心な仕事ぶり」という意味にもなる).
The math exam was really *hard*.

◀ **harsh**

数学のテストはとても難しかった.

That's *hard* to believe.
それは信じがたい.

It is hard (*for* me) *to* get into Nishi high school.
(ぼくが)西高校に入るのは難しい.

It is hard for me *to* swim across the river.
その川を泳いでわたるのは私には難しい.

3 つらい, 苦しい; 厳しい, 激しい.

Philip had a very *hard* time.
フィリップはとてもつらいめにあった.

He had a *hard* time finding a job.
彼は仕事を見つけるのに苦労した.
→图 hardship

4 熱心な, 勤勉な.

He is a *hard* worker. (= He works hard.) 彼は働き者です.

── 圖 **1** **一生けんめいに**, 熱心に.

Study *hard*. 一生けんめい勉強しなさい.

Ben worked *harder* than Jim.
ベンはジムより熱心に働いた.

Don't work too *hard*.
働きすぎないようにね; 無理しないでね.

> ✎ライティング
>
> I want to practice *hard* to be a professional tennis player.
> プロのテニスプレーヤーになるために一生けんめい練習したいです.

2 激しく, ひどく.

It rained *hard* last night.
昨夜はひどい雨でした.

hardcover [hάːrdkÀvər ハードゥカヴァ] 图 ハードカバー, かたい表紙の本 (= hard-back). → paperback

hard disk [hάːrd dísk] 图《コンピューター》ハードディスク.

harden [hάːrdn ハードゥン] 動 圓 固まる, かたくなる.
── 他 …を固める, かたくする. →形 hard

harder [hάːrdər ハーダァ] 形 圖 hard (かたい; 一生けんめいに) の比較級.

hardest [hάːrdist ハーデスト] 形 圖 hard (かたい; 一生けんめいに) の最上級.

hardly 3級 [hάːrdli ハードゥリィ] 圖 ほとんど…ない (圓 scarcely).

I could *hardly* believe her story.
私は彼女の話がほとんど信じられなかった.

We *hardly* had time to eat lunch.
私たちは昼食をとる時間がほとんどなかった.

hardship [hάːrdʃip ハードゥシプ] 图 苦難, 困窮.
→形 hard

hardware 2級 [hάːrdwear ハードゥウェア] 图 **1** (コンピューターの) ハード (ウェア) (コンピューターの機械・装置). → software

2 金物類, 鉄器類.

a *hardware* store 金物店.

hard-working, hardworking [hάːrdwÀrkiŋ ハードゥワ～キング] 形 よく働く, よく勉強する, 勤勉な.

hare [hear ヘア] 图《動物》ノウサギ (▶ rabbit より大きく, 穴にはすまない).
[同音語] hair (髪の毛)

harm 2級 [haːrm ハーム] 图 害, 損害, 被害; 悪意.

The storm did great *harm* to the crop.
その嵐は作物に多大な被害を与えた.
── 動 他 …を傷つける, …に害をおよぼす.

harmful 準2 [hάːrmfəl ハームフル] 形 有害な, 害になる.

Eating too much can be *harmful* to your health.
食べすぎは健康を害することがある.

harmless [hάːrmlis ハームレス] 形 害のない, 無害な; 悪意のない.

harmonica 5級 [haːrmánikə ハーマニカ ‖ -mɔ́ni- -モニ-] 图《楽器》ハーモニカ.

harmoniously [haːrmóuniəsli ハーモウニアスリィ] 圖 調和して; 仲よく.

harmony 準2 [hάːrməni ハーモニィ] 图 (複数 **harmonies** [-z]) 調和, 一致, 協調;《音楽》ハーモニー, 和声.

in harmony with …と調和して; …と仲よく.

She lives *in harmony with* nature.
彼女は自然と調和して暮らしている.

harness [hάːrnis ハーネス] 图 馬具 (馬車馬を車につなぐための用具一式).

harp [haːrp ハープ] 图《楽器》ハープ, たて琴.

Harry Potter [hέri pátər ハリィ パタァ ‖ hári pɔ́tə ハリィ ポタァ] 图 ハリー・ポッター (イギリスの小説家 J・K・ローリングの作品に登場する架空の人物で魔法を使い).

harsh [haːrʃ ハーシ] 形 **1** (人・罰・批判

A
B
C
D
E
F
G
H
I
J
K
L
M
N
O
P
Q
R
S
T
U
V
W
X
Y
Z

three hundred and twenty-nine 329

Harvard University ▶

などが) 厳しい, きつい.
a *harsh* punishment 厳罰な.
2 (環境・気候などが) 厳しい；不快な；(音が) 耳ざわりな, (光・色が) どぎつい.
the *harsh* winters in Moscow モスクワの厳しい冬.

Harvard University [hάːrvərd ハーヴァド juːnəvə̀ːrsəti] 图 ハーバード大学 (マサチューセッツ州にあるアメリカ最古の大学；1636年創立).

ハーバード大学のキャンパス.

harvest 準2 [hάːrvist ハーヴェスト] フォニックス75 ar は [ɑːr] と発音する.

图 (複数 harvests [-ts ツ]) **収穫**, 刈り入れ；収穫物；収穫量；収穫期.
harvest time 収穫期.
The rice *harvest* was good last year. 去年は米が豊作だった.
── 動 (3単現 harvests [-ts ツ] 過去 過分 harvested [-id] ing harvesting) 他 …を収穫する.
Now it is time to *harvest* potatoes. いまがジャガイモを収穫する時期だ.

has 5級 動 …を持っている 助 (has ＋ 過去分詞で現在完了形をつくる)

[həz ハズ, (強めると)hæz ハズ]
動 have (…を持っている) の3人称単数現在形. → have
Ken *has* a new bike.
ケンは新しい自転車を持っている.
── 助 have の3人称単数現在形. **(has ＋ 過去分詞で現在完了形をつくり)** [完了・結果を表して] **…したところだ, …してしまった**；[経験を表して] **…したことがある**；[継続を表して] **(ずっと) …している**.
He *has been* sick all this week.

彼は今週ずっと体調が悪い.

hasn't [hæznt ハズント] has not の短縮形.

haste [heist ヘイスト] 图 急ぐこと；あわてること (▶ hurry よりもかたい言い方).
Haste makes waste.
(ことわざ) せいては事を仕損じる.
make haste (文語) 急ぐ.
Make haste slowly.
(ことわざ) ゆっくり急げ＝急がばまわれ.

hastily [héistili ヘイスティリィ] 副 あわてて, 急いで.

hasty [héisti ヘイスティ] 形 (比較 hastier；最上 hastiest) 急ぎの, あわただしい；性急な, 軽率な.
Don't be so *hasty*. Take your time.
そんなにあわてないで. ゆっくりやりなさい.
a *hasty* meal あわただしい食事.

hat 5級 [hæt ハット] → cap (図)

图 (複数 hats [-ts ツ]) **帽子** (▶野球帽 (baseball cap) やベレー帽 (beret [bəréi ベレイ ‖ bérei ベレイ]), 工事用のヘルメット (hard hat) などもふくめた, 帽子類の総称としても使われる).
a straw *hat* 麦わら帽子.
a hard *hat* (工事用の) ヘルメット.
Please put on your *hat*.
帽子をかぶってください.
She was wearing a white *hat*.
彼女は白い帽子をかぶっていた.

hatch¹ [hætʃ ハッチ] 動 自 (卵が) かえる.
── 他 (卵を) かえす.

hatch² [hætʃ ハッチ] 图 (船の甲板などの) 昇降口, ハッチ.

hatchet [hǽtʃit ハチェット] 图 手おの；まさかり.

hate 3級 [heit ヘイト]

動 他 **…をにくむ**, ひどくきらう (反 love …を愛する) (▶進行形にしない).
→ dislike
I *hate* rainy days. 雨の日は大きらいだ.
I *hate* you! あなたなんて大きらい！
She *hates* cleaning.
彼女はそうじが大きらいだ.
── 图 にくしみ, 嫌悪.

hatred [héitrid ヘイトゥレッド] 图 にくしみ, 嫌悪.

haunt [hɔːnt ホーント] 動 他 (幽霊など

◀ **have**

が）（場所）によく出る；（人が）…へしばしば行く；（記憶・考えなどが）…の頭からはなれない，（人）にとりつく.

haunted [hɔ́:ntid ホーンティド] 形 幽霊の出る；死者の霊がとりついた.
a *haunted* mansion 幽霊屋敷.

have

5級 動 …を持っている
助 《have ＋過去分詞で現在完了形をつくる》

[həv ハヴ, （強めると）hæv ハヴ]
動（3単現 **has** [hæz ハズ]；過去 過分 **had**
[hæd ハッド]；ing **having**）

I **have**	We **have** ....
You **have**	You **have** ....
He She It 単数名詞 } **has**	They 複数名詞 } **have** ....

他 **1**（手などに）**…を持っている**，所有している；（ペットなど）を飼っている（▶進行形にしない）.
What do you *have* in your right hand? 右手に何を持っているの？
I *have* a laptop.
私はノートパソコンを持っている.

「私はペンを10本持っている」
× I am having ten pens.
└─「持っている」の意味のときは進行形にしない.
○ I have ten pens.

They *have* two dogs.
彼らは犬を2ひき飼っている.
I don't *have* any money with me.
ぼくはお金を持ちあわせていない.
2（兄弟姉妹・友だちなど）**がいる**；（性質・特徴など）**がある**，…をもっている；（店などに）…を置いている，売っている（▶進行形にしない）.
I *have* a brother and a sister.
私には兄 [弟] と姉 [妹] がいます.
She *has* long hair.
彼女は長い髪をしている.
A week *has* seven days. (= There

are seven days in a week.)
1週間は7日ある.
Do you *have* this in other colors?
（店で）これの色ちがいはありますか.
The hotel *has* 200 rooms.
そのホテルには200室ある.
3（感情・考えなど）**がある**（▶進行形にしない）.
I *have* a good idea. いい考えがあるよ.
4 …を受け取る，受ける，得る；（仕事・時間など）**がある**（▶進行形にしない）.
Can I *have* this?
これをもらってもいいですか.
I didn't *have* much time to read books. 本を読む時間があまりなかった.
How many classes do you *have* on Mondays? 月曜は何時間授業ですか.
5 …を食べる（同 eat）；飲む（同 drink）
（▶進行形でも使う）. → eat, drink
I *have* breakfast at seven.
私は7時に朝食を食べます.
What time do you usually *have* dinner? 夕食はふつう何時に食べるの？
He *had* another cup of coffee.
彼はもう1杯コーヒーを飲んだ.
Kate is *having* lunch in the cafeteria.
ケイトはカフェテリアでお昼を食べている.
I'll *have* an omelet and a salad, please. オムレツとサラダをください（▶ I'll have ... は飲食店などで注文をするときの決まり文句）.
6（病気）**にかかっている**（▶進行形にしない）.
I *have* a cold. かぜをひいてるんだ（▶
×I'm having a cold. としない）.
7（パーティー・会議など）**を開く**；（客）が**ある**，…を客としてむかえる.
We *have* our next meeting on Friday. 次の会合は金曜に開きます.
We all enjoyed *having* you with us.
来ていただいて楽しかったです.
8 …を経験する；（ある時）を過ごす.
We *had* a lot of rain last month.
先月は雨がたくさん降った.
We *had* a severe earthquake this morning. けさひどい地震があった.
We *had* a good time at the party.
パーティーで楽しい時を過ごした.
9（have ＋ 特定の名詞で）**…する**.

three hundred and thirty-one 331

have ▶

have a bath (= bathe) 入浴する.
have a swim (= swim) ひと泳ぎする.
I *had* a dance with her. (= I danced with her.) 私は彼女とダンスをした.

💬用法 **have a [an] +動作を表す名詞**
ふつう「have a [an] +動作を表す名詞」で「…する」という意味を表す. 動詞1語で表す場合とくらべて「ちょっと…する」という感じが出る.

10 (have +人+動詞の原形で) (人)に…させる, してもらう. → get, let, make(表)
We *had* him *take* a picture of us.
彼に私たちの写真をとってもらった.
I'll *have* my teacher *come* with me.
私は先生にいっしょに来てもらうつもりです.

11 (have +物+過去分詞で) (物)を…してもらう, させる;〖被害などを表して〗(物)を…される;(物・事)を…してしまう, し終わる.
I *had* my car *checked*.
車を点検してもらった.
I *had* my bag *stolen*. (= My bag was stolen.) かばんをぬすまれた.
Have your homework *done* before dinner.
夕食前に宿題をすませておきなさいよ.

🔊発音 「…させる, してもらう」という意味のときは have を強く, 「…される」というときは過去分詞を強く発音する.

―― 助 (3単現 **has** [hæz]; 過去 **had** [hæd])
1 (have +過去分詞で現在完了形をつくる)

「have +過去分詞」は現在完了形.

a 〖完了・結果を表して〗**…したところだ, してしまった** (▶ just (ちょうど), already (すでに), yet (もう) などをともなうことが多い).
I'*ve* just *arrived* at the station.
駅にちょうど着いたところです.
I'*ve* already *had* lunch.
昼ごはんはもう済んだよ (▶ already はふつう肯定文で使う).
Have you *finished* your homework *yet*? 宿題はもう終わったの? (▶ yet は否定文や疑問文で使う. 疑問文で yet の代わりに already を使うと「もう終わっちゃったの?」というおどろきを表す).

b 〖経験を表して〗**…したことがある** (▶ ever (いままでに), never (一度も…ない), once (1度) などをともなうことが多い).
"*Have* you *ever read* this book?"
"No, I'*ve* never *read* it."
「この本は読んだことがありますか」「いいえ, 一度も読んだことがありません」
I'*ve been* to Europe *once*.
ヨーロッパには1度行ったことがある.
How many times *have* you *been* there? そこには何回行ったことがあるの?

c 〖継続を表して〗**(ずっと) …している** (▶ for (…の間), since (…から) などをともなうことが多い).
He'*s* (= He *has*) *lived* in Japan *for ten years*. 彼は日本に住んで10年になる.
She'*s* (= She *has*) *worked* there *since* 2015.
彼女は2015年からそこに勤めている.

「have または has +過去分詞」のまとめ

いっしょに使う語句	意 味
完了・結果	
~ just ...	ちょうど…したところだ
~ already ...	もう…してしまった
... yet?	もう…してしまったか
~ not ... yet	まだ…していない
継続	
... since ~	~から
... for ~	~の間 } ずっと…している
How long ...?	いつから…しているか
経験	
~ ever ...?	いままでに…したことがあるか
~ never ...	一度も…したことがない
~ often ...	たびたび
... before	前に } …したことがある
How often ...?	何度…したことがあるか

2 (have been + -ing 形で) ずっと…している (▶現在完了進行形といい, 過去のある時点から現在まで動作が継続していることを表す).
Judy *has been watching* TV for five hours.
ジュディーは5時間ずっとテレビを見ている.
do not have to ... **…する必要はない, …しなくてもよい.**

◀ **having**

You *don't have to* worry about that. そんなことを心配しなくてもいいよ．

🗨 スピーキング

Ⓐ Do I *have to* go, too?
ぼくも行かなければなりませんか．

Ⓑ No, you *don't have to*.
いや，行く必要はないよ．

have got **…を持っている**．→ get

have got to ... **…しなければならない**．
→ get
I've *got to* call him.
彼に電話しなくっちゃ．

have ... on **（衣服など）を身につけている**．
She *had* red shoes *on*. (= She was wearing red shoes.)
彼女は赤いくつをはいていた．

have to ... **…しなければならない**
→ must（▶否定形は do not have to).
I *have to* get there on time.
時間どおりにそこに行かないといけない．
She *has to* stay after school.
彼女は放課後残らなければいけない．
He *had to* wash the dishes.
彼は食器を洗わなければならなかった．

◀ 発音 have to は [hǽftə ハフトゥ], has to は [hǽstə ハストゥ], had to は [hǽttə ハットゥ] と発音することが多い．

💬 用法 **have to と must**
have to はまわりの状況(じょうきょう)から客観的に判断するときに使うのに対して，**must** では話し手の感情が強く表れる．そのため，日常的には **have to** を使うことのほうが多い．

have ... to do with **〜 〜と…の関係がある**（▶ ... の部分には something, anything, nothing, little, much などがくる）．
This *has nothing to do with* us.
これは私たちにはまったく関係のないことだ．

only have to ... = ***have only to ...***
…しさえすればよい（▶〈英〉〈米〉ともに only have to ... のほうがふつう．また，only の代わりに just を使うこともある）．
You *only have to* wait for the results now. あとは結果を待つだけだ．

haven't [hǽvnt ハヴント] have not の短縮形．

having [hǽviŋ ハヴィング] 動 have（…を

📖 文法 **have のまとめ**

❶ 動詞 have
疑問文のつくり方

＊主語が3人称単数のときは「Does+主語+have ...?」

否定文のつくり方

＊主語が3人称単数のときは「主語＋does not [doesn't] have ....」

❷ 「have ＋過去分詞」
疑問文のつくり方

Have ＋ { I / we / you / they / 複数名詞 } ＋ 過去分詞 ...?

＊主語が3人称単数のときは「Has+主語+過去分詞 ...?」

否定文のつくり方

{ I / We / You / They / 複数名詞 } ＋ have + not / haven't ＋ 過去分詞 ....

＊主語が3人称単数のときは「主語＋has not [hasn't] ＋過去分詞 ....」

three hundred and thirty-three 333

Hawaii ▶

食べる) の -ing 形.

Hawaii 3級 [həwά:i; ハワーイ—] 名 **1** ハワイ州 (アメリカの1州; 太平洋上の Hawaiian Islands より成る; 州都はホノルル (Honolulu); 略語は HI).

2 ハワイ島 (ハワイ諸島の中で最大の島).

Hawaiian [həwά:jən ハワーヤン] 形 ハワイの; ハワイ人の; ハワイ語の.
—— 名 ハワイ人; ハワイ語.

hawk [hɔːk ホーク] 名 (鳥) タカ.

hawthorn [hɔ́ːθɔːrn ホーソーン] 名 (植物) サンザシ (生け垣などによく使う).

hay [hei ヘイ] 名 干し草.
Make *hay* while the sun shines.
(ことわざ) 日の照っているうちに干し草をつくれ=チャンスをのがすな.

hay fever [héi fiːvər] 名 (医学) 枯草熱, 花粉症.
I have *hay fever*. ぼくは花粉症だ.

hazard [hǽzərd ハザド] 名 危険要素; 危険.
a *hazard* map ハザードマップ.

haze [heiz ヘイズ] 名 もや, かすみ.

hazel [héiz(ə)l ヘイゼル] 名 **1** (植物) ハシバミ.

2 うす茶色.

hazy [héizi ヘイズィ] 形 もやのかかった.

---

he 5級 代 彼は, 彼が

[hi ヒ, (強めると)hiː ヒー]

代 (複数) **they** [ðei] 彼は, 彼が (対 she 彼女は) (▶話し手 (I), 聞き手 (you) 以外の1人の男の人をさして使う).

	単　数	複　数
主　格	he 彼は	they 彼らは
所有格	his 彼の	their 彼らの
目的格	him 彼を	them 彼らを

That is Jeff. *He* likes baseball.
あの人はジェフです. 彼は野球が好きです.

🗨スピーキング

Ⓐ Who is Chris? クリスってだれ？
Ⓑ *He* is a singer.
彼は歌手だよ.

📘文法 he の使い方

❶ he は男性を表す語 (brother, Jeff, Mr. Brown など)や, ときにはおすのペットの名前の代わりに使うこともある.
❷目の前にいる人を直接さして he を使うと失礼に聞こえることがある. 目の前の人を直接さすときは Mr. Brown のように名前を使い, 名前がわからなければ this gentleman (こちらの男性) のようにいうのがよい.

---

head 5級 名 頭

[hed ヘッド] フォニックス62 ea は [e] と発音する.
名 (複数) **heads** [-dz ヅ] **1** 頭, 頭部 (▶首から上をさす).
Mike hit me on the *head*.
マイクがぼくの頭をたたいたんだ.
He shook his *head*.
彼は首を横にふった.
Watch Your *Head* (掲示) 頭上に注意
Don't put your *head* out of the car window. 車の窓から顔を出さないで.

🗨用法 head と face と neck

head は首から上の頭部全体で, face (顔) をふくむ. 日本語では「車の窓から顔を出すな」と言うが, 英語では face ではなく上の用例のように head を使う. また, 日本語の「首を切る」を, 英語では neck (首) を使わず head を使って表す. The king cut off their *heads*. (王は彼らの首を切り落とした)

2 頭脳, 知力, 頭 (同 brain).
Use your *head*. 頭を使いなさい.
Two *heads* are better than one.
(ことわざ) 2人の頭脳は1人の頭脳よりもよい=3人寄れば文殊の知恵.
3 (組織の) 長, トップ; (物の) 最上部.
the *head* office 本社
the *head* of a nail くぎの頭.
4 [ふつう複数形で] (コイン・硬貨の) 表 (反 tails 裏).
Heads or tails? 表か裏か? (▶コインを投げ上げて勝ち負けを決めたり, 順番を決めたりするときに使う決まり文句)
at the head of …の首席で; …の先頭に.

Jane is *at the head of* her class.
ジェーンはクラスの首席だ.
from head to foot [toe] 頭のてっぺんからつま先まで, 全身.
I got soaking wet *from head to foot*.
頭のてっぺんからつま先までびしょびしょだった.
── 動 (3単現) **heads** [-dz ヅ]; (過去)(過分) **headed** [-id]; (ing) **heading**)
(他) …の先頭に立つ, …を率いる; …を(ある方向に)向ける;《サッカー》(ボール)をヘディングする.
The parade was *headed* by cheerleaders.
そのパレードはチアリーダーが先頭に立っていた.
── (自) 向かう, 進む.
be heading for …に向かっている.
Where *are* you *heading for*?
どこへ行くの?

headache 3級 [hédeik ヘディク]
(名) (複数 **headaches** [-s]) **頭痛**.
have a *headache* 頭痛がする.
I have had constant *headaches* recently. 最近ずっと頭痛がするんだ.

headed [hédid ヘディド] 動 head(…の先頭に立つ)の過去・過去分詞.

heading [hédiŋ ヘディング] (名) (本・章などの)表題, 見出し; 《サッカー》ヘディング.
── 動 head(…の先頭に立つ)の -ing 形.

headlight [hédlait ヘドライト] (名) (車・バイクなどの)ヘッドライト.

headline [hédlain ヘドゥライン] (名) (新聞・雑誌などの)見出し.

headlong [hédlɔ(:)ŋ ヘドゥロ(ー)ング] (副) まっさかさまに, 頭から先に.

headmaster [hedmǽstər ヘドマスタァ ‖ -máːstə -マースタァ] (名) 校長 (▶《米》では私立学校の校長をいう).

headphones 準2 [hédfounz ヘドゥフォウンズ] (名) [複数あつかい] ヘッドホン.

headquarters [hédkwɔːrtərz ヘドゥクウォータァズ] (名) [単数・複数両あつかい] (組織の)本部; (会社の)本社; (軍の)司令部.

heal [híːl ヒール] 動 (自) (傷などが)治る; (悲しみなどが)いえる.
── (他) (傷など)を治す; (悲しみなど)をいやす.
Time *heals* all wounds.
時はすべての傷をいやす.
[同音語] heel(かかと)

health 準2 [helθ ヘルス]
(名) **健康**, 健康状態(反 illness, sickness 病気) (▶ a をつけず, 複数形なし).
He is in good *health*.
彼は健康状態がいい.
Health is better than wealth.
(ことわざ) 健康は富にまさる.
health care 健康管理.
health and physical education 保健体育.

health care, healthcare [hélθ kèər ヘルス ケアァ] (名) 保健医療; 健康管理.
a *health care* worker 医療従事者.

healthy 3級 [hélθi ヘルスィ]
(形) (比較 **healthier**; 最上 **healthiest**) **1 健康な** (反 sick, ill 病気で).
Her children are quite *healthy*.
彼女の子どもたちはまったく健康です.
Going to bed early can keep you *healthy*. 早寝することで健康を維持できる.
2 健康によい, 健康的な.
Try to eat a *healthy* diet.
健康的な食事を心がけなさい.

heap [hiːp ヒープ] (名) (乱雑に積み重なった物の)山.
a *heap* of clothes 山積みになった服.
── 動 (他) …を積み上げる.
heap up stones 石を積む.

hear 5級 動 …が聞こえる

[híər ヒア] (フォニックス86) **ear** は [iər] と発音する.
(動) (3単現) **hears** [-z]; (過去)(過分) **heard** [həːrd ハード] 発音注意; (ing) **hearing**) (▶ふつう進行形にしない).

hear → heard → heard
[híər]   [həːrd]   [həːrd]
[ヒア]   [ハード]   [ハード]
という発音の変化に注意.

(他) **1 …が聞こえる**, …を聞く (▶ hear は「自然に耳に入る」とき, listen は「注意して聞く, 耳をかたむける」ときに使う).

heard ▶

hear : listen

Didn't you *hear* anything?
何か聞こえなかった？

Could you speak a little louder, please? I can't *hear* you very well.
もう少し大きな声で話していただけますか，よく聞きとれないので．

I listened, but *heard* nothing.
耳をすましたが何も聞こえなかった．

We *heard* a scream outside last night. きのうの晩，外でさけび声が聞こえた．

🗨 スピーキング

Ⓐ *Can you hear me?*
聞こえるかい？
Ⓑ Not very well.
あまりよく聞こえないよ．
(▶ Can you hear me? (聞こえる？) は，電話が遠いときやまわりがさわがしいときなどに，自分の言っていることが相手に伝わっているかを確認するための言い方．)

2 (**hear＋人・物＋動詞の原形で**) (人・物) が…するのが聞こえる；(**hear＋人・物＋-ing 形で**) (人・物) が…しているのが聞こえる．

I often *heard* him say so.
彼がそう言うのをよく耳にした．

I *heard* a cat *mewing* outside.
外でネコが鳴いているのが聞こえた．

3 (知らせなど) **を耳にする**，聞いて知る．
I *heard* the news from a friend.
その話は友だちから聞いて知った．

🗨 スピーキング

Ⓐ I failed the test again.
また試験に落ちちゃったよ．
Ⓑ I'm sorry to *hear* that.
残念だね．

4 (**I hear (that) ... で**) **…だそうだ，…だと聞いている** (▶ that はしばしば省略される)．
I *hear* they're going to move soon.
彼らはもうすぐ引っ越しするそうだよ．

— 📘 (耳が) 聞こえる．
My grandpa doesn't *hear* well.
祖父は耳がよく聞こえない (→耳が遠い)．

hear about …**について聞く．**
Did you *hear about* Sarah? She's going to change schools.
サラのこと聞いた？転校するんだって．
I've *heard* a lot *about* you from Beth. あなたのことはベスからよく聞いています (▶ 紹介されたときによく使う)．

hear from (手紙・電話などで) …**から連絡がある．**
Have you *heard from* him recently?
最近彼から連絡があった？
I'm looking forward to *hearing from* you.
あなたから連絡がくるのを楽しみにしています (▶手紙やメールの終わりに書く決まり文句)．

hear of …**のことを聞く，…のことを耳にする，**…のうわさを聞く．
I haven't *heard of* him lately.
最近彼のうわさは聞いていない．
I've *heard of* the restaurant, but I've never been there.
そのレストランは話に聞いたことはあるけど，一度も行ったことはないよ．
[同音語] here (ここに)

heard 4級 [hə́ːrd ハ～ド] (発音注意)
📘 hear (…が聞こえる) の過去・過去分詞．

hearing 準2 [hí(ə)riŋ ヒ(ア)リング] 名 聴力；聞くこと；聞いてもらうこと；聴聞会，公聴会，ヒアリング．
Her *hearing* is getting worse.
彼女はだんだん耳が遠くなってきた．
a *hearing* test 聴力検査 (▶語学の「ヒアリングテスト」のことは a listening test または a listening comprehension test という)．
a *hearing* aid 補聴器．
a public *hearing* 公聴会．
a *hearing* dog 聴導犬．
— 📘 hear (…が聞こえる) の -ing 形．

hears [híərz ヒアズ] 📘 hear (…が聞こえる) の3人称単数現在形．

heart [háːrt ハート] (ear は例外的に [áːr] と発音する)
名 (**複数** hearts [-ts ツ]) **1 心臓．**
a *heart* attack 心臓発作．

336　three hundred and thirty-six

◀ **heaven**

My *heart* is beating fast.
心臓がドキドキしている.

He's suffering from *heart* disease.
彼は心臓病をわずらっている.

2 心.

She has a kind *heart*. (= She is kind-hearted.)
彼女は心の優しい人だ.

She loved him from the bottom of her *heart*.
彼女は心の底から彼を愛していた.

3 [the をつけて]中心;(問題などの)核心.
The ballpark is in *the heart* of the city. その野球場は市の中心にある.

4 勇気, 気力, 意欲 (▶ a をつけず, 複数形なし).
I lost *heart* after I failed the test.
テストに失敗してぼくはがっかりした.

5 (トランプの) ハートの札;ハート形 (のもの).
the queen of *hearts* ハートのクイーン.

at heart 心底では, 根は.
He is a kind man *at heart*.
彼は根は優しい男だ.

learn ... by heart …を覚える,暗記する.
I *learned* the poem *by heart*.
私はその詩を暗記した.

with all my **heart** 真心をこめて.

heartbeat [hάːrtbiːt ハートゥビート] 名 心臓の鼓動など.

-hearted [-hάːrtid ハーティド] ▶ほかの語のあとについて「…な心の」という意味を表す形容詞をつくる.
kind-*hearted* 優しい心の.

hearth [hάːrθ ハース] 名 炉床じょう (暖炉だんの前の石やれんがを敷いた床ゆか).

heartily [hάːrtəli ハーティリィ] 副 心から, 思う存分.

heart-shaped [hάːrtʃeipt ハートゥシェイプト] 形 ハート形をした.

heartwarming [hάːrtwɔːrmiŋ ハートゥウォーミング] 形 心温まる.

hearty [hάːrti ハーティ] 形 心からの, 心のこもった;(食事が) たっぷりの.

heat [hiːt ヒート]

名 **1** 熱 (▶「病気による体の熱」は fever), 熱さ;(気候の) 暑さ (反 cold 寒さ).
The sun gives us light and *heat*.

太陽は私たちに光と熱を与えてくれる.
I can't bear the *heat*.
ぼくは暑さには耐たえられない.　　→形 hot

2 [ふつう単数形または the をつけて](コンロ・オーブンなどの) 火, 温度.
Turn *the heat* to high. 強火にしてください.

3 (米) 暖房ぼう (= (英) heating).
Could you turn up the *heat*?
暖房を強くしていただけますか.

4 (競走・競技会の) 予選.
── 動 他 (料理など) を熱する, 温める;(部屋など) を暖房する.
I *heated* up the soup.
私はそのスープを温めた.

──自 熱くなる, 暖まる.

heater [3級] [híːtər ヒータァ] 名 暖房ぼう器具, ヒーター;温水器.
a gas *heater* ガスヒーター.

heath [hiːθ ヒース] 名 **1** (ヒース類がおいしげった) 荒野こう.

2 (植物) ヒース (荒野に自生し, 7-9 月に小さな赤系統の花をつける低木の総称).

> **背景** heath は**2**よりも**1**をさすことが多く, イギリス人はこの語からイングランド北部や南西部の荒涼こうたる原野を連想する.

heather [héðər ヘザァ] 名 《植物》ヘザー (スコットランドに多い, うすむらさきの花をつけるヒース (heath) の一種).

heating [híːtiŋ ヒーティング] 名 暖房ぼう(装置).
central *heating* セントラルヒーティング.

heat island [híːt áilənd] 名 ヒートアイランド (都市部の気温が周辺部より高くなる現象).

heaven [hévən ヘヴン] 名 **1** [しばしば **Heaven** で] 天国 (対 hell 地獄じごく).
go to *heaven* 天国にいく, 死ぬ.

2 [ふつう the heavens で] 《文語》天, 空, 天上 (同 sky).
The stars shine in *the heavens*.
星は天でかがやく.

3 [ふつう **Heaven** で] 神 (同 God).
Heaven helps those who help themselves.
(ことわざ) 天はみずから助くる者を助く.

(Good) heavens! (古語) [おどろきを表して]おや,まあ,わあ;[いらだちを表して]いっ

three hundred and thirty-seven　337

heavenly ▶

たい.
Good heavens! Do you have any idea what time it is?
いったい何時だと思ってるの？

heavenly [hévənli ヘヴンリィ] 形 天国の；天国のような；天の；(口語)すばらしい.
a *heavenly* body 天体.
heavenly beauty
この世のものとも思えない美しさ.

heavily 2級 [hévili ヘヴィリィ] 副 たくさん，大量に；激しく；重く；重苦しく.
It was raining *heavily* outside.
外は雨が激しく降っていた.

heavy 4級 [hévi ヘヴィ] フォニックス62
ea は [e] と発音する.
形 (比較) heavier；(最上) heaviest) **1 重い**
(反 light² 軽い).

heavy

light

This bag is too *heavy* for me to carry. このバッグは重すぎて私には運べない.
Salt water is *heavier* than fresh water. 塩水は真水よりも重い.
How *heavy* is the package?
(= How much does the package weigh?) 小包の重さはどのくらいですか.
He's gotten much *heavier* since last year. 彼は去年よりかなり太った (▶この heavy は fat (太っている)の遠まわしな言い方).
2 (程度・数量などが) **大きい**，大量の；(雨・雪などが) **激しい**；(交通が) 混雑する；(仕事などが) きつい，つらい.
We had *heavy* snow last night.
昨夜は大雪が降った.
I had a *heavy* lunch today.
今日のお昼ごはんは量が多かった.
Traffic is *heavy* during rush hours.
ラッシュ時は交通が混雑する.
heavy work きつい仕事，重労働.
heavy taxes 重い税金，重税.
3 (服などが) 厚手の，重めの.
a *heavy* coat 厚手のコート.
4 (食事・料理が) こってりした，消化しにくい，胃にもたれる (反 light² 軽い).

a *heavy* dish 胃にもたれる料理.

heavy metal [hèvi métl] 名 **1** 重金属.
2 《音楽》ヘビーメタル (強烈なビートと金属音をひびかせるロック音楽).

Hebrew [híːbruː ヒーブルー] 名 **1** ヘブライ人，(古代の)イスラエル人，(近代の) ユダヤ人. → Jew
2 古代ヘブライ語；現代ヘブライ語 (イスラエルの公用語).
—— 形 ヘブライ人の；ヘブライ語の；ユダヤ人の.

hectare [héktea(r) ヘクテア ‖ -tɑː -ター] 名 ヘクタール (面積の単位；100 アール，1万平方メートル；ha. と略す；英米では土地の面積にはふつう acre (エーカー) を使う). → acre

he'd [hi(ː)d ヒ(ー)ド] he had または he would の短縮形.

hedge [hedʒ ヘッヂ] 名 生け垣，垣根.
→ fence

hedgehog [hédʒhɑɡ ヘヂハッグ ‖ -hɔ(ː)g -ホ(ー)グ] 名 《動物》ハリネズミ；(米)ヤマアラシ.

heed [hiːd ヒード] 動 他 …に注意する，気をつける.
—— 自 注意を払う.

heel [hiːl ヒール] 名 (人間の足の) かかと；(くつの) かかと，ヒール.
[同音語] heal (治る)

height [hait ハイト] (発音注意. ei は例外的に[ai]と発音する) 名 **1** (物の) 高さ；(人の) 身長.
What is the *height* of Mt. Everest?
(= How high is Mt. Everest?)
エベレスト山の高さはどれくらいですか.
I'm about the same *height* as my mother. 私は母と身長が同じくらいです.
2 高度，地上からの高さ.
We are flying at a *height* of 10,000 meters. ただいまこの飛行機は高度1万メートルを飛行中です (▶旅客機の機長が乗客に飛行中の高度を伝える決まり文句. 10,000 meters は ten thousand meters と読む).
3 [単数形で] 絶頂，最盛期.
at [in] the *height* of summer
夏の真っ盛りに.
4 [しばしば複数形で] 高地，高い場所.
I'm afraid of *heights*. 私は高いところがこわい (→高所恐怖症だ). → 形 high

heir [eə(r) エア] (発音注意) 名 相続人，跡取り；後継者.

held [3級] [held ヘルド]

[動] hold (…を手に持つ) の過去・過去分詞.

Helen [hélən ヘレン] [名] ヘレン (女性の名; 愛称は Ellie, Nell, Nellie, Nelly).

helicopter [hélikɑptər ヘリカプタァ ‖ -kɔptə -コプタァ] [名] ヘリコプター (▶話し言葉では chopper ともいう).

heliport [hélipɔːrt ヘリポート] [名] ヘリポート (ヘリコプターの発着場).

hell [hel ヘル] [名] [しばしば **Hell** で] 地獄 (対 heaven 天国).

he'll [hi(ː)l ヒ(ー)ル] he will の短縮形.

hello [5級] [helóu ヘロウ, həlóu ハロウ]

[間] **1 こんにちは, やあ.** →hi

🗨スピーキング
Ⓐ *Hello*, Lisa.
こんにちは, リサ.
Ⓑ *Hello*, Mary. How are you?
こんにちは, メアリー. 元気?
Ⓐ Fine, thank you.
ええ, 元気よ.

Hello, there. やあ, こんにちは.

🗨スピーキング
Ⓐ *Hello*, Mom!
お母さん, ただいま.
Ⓑ *Hello*, Ben.
おかえり, ベン.

❶ Hello. は時間帯に関係なく使える気軽なあいさつ. 家に帰ったときの「ただいま」「おかえり」などの意味でも使う.
❷ hello のあとに相手の名前をつけるのがふつう.
❸ hi は hello よりもくだけた言い方で親しい者どうしで使う.

2 (電話で) **もしもし.**
Hello, this is Mike (speaking).
もしもし, マイクです.

🔶背景 ❶ふつう電話を受けたほうが先に Hello. という. ❷電話で最初に hello を使ったのは発明家エジソン (Edison) だといわれている. 実用電話の発明者ベル (Bell) は, ライバル意識から hello ではなく ahoy [əhɔ́i アホイ] (おおい) を使ったという.

―― [名] [複数] **hellos** [-z] こんにちはというあいさつ.

say hello to (ふつう命令形で) (人) によろしくと言う (同 say hi to).

🗨スピーキング
Ⓐ Please *say hello to* Mrs. White.
どうかホワイト夫人によろしくお伝えください.
Ⓑ I sure will.
かならず伝えます.

helmet [hélmit ヘルメット] [名] (警察官・消防士・バイクなどの) ヘルメット (▶とくに工事現場で使う保安用のヘルメットは hard hat という).

工事現場で使われるヘルメット.

help [5級] [動] (…を) **手伝う, 助ける** [名] 助け, 手伝い

[help ヘルプ]

[動] ([3単現] **helps** [-s]; [過去] [過分] **helped** [-t]; [ing] **helping**) [他] **1 a** (人が) **…を手伝う, 助ける,** 力になる.

Help me! 手伝って! 助けて!
Thank you for *helping* me.
手伝ってくれてありがとう.
We must *help* each other.
私たちはたがいに助け合わなければならない.

🗨スピーキング
Ⓐ Can I *help* you?
何かおさがしですか; いらっしゃいませ.
Ⓑ Yes, I'm looking for a shirt.
ええ, シャツをさがしているのですが.
Ⓑ I'm just looking, thank you.
ちょっと見ているだけです, ありがとう.

(▶ Can I help you? は店員などが客に言うことば. May I help you? はひじょうにていねいな言い方.)

helped

b 《help＋人＋with で》(人)の…を手伝う.
My brother often *helps* me *with* my homework.
兄はよくぼくの宿題を手伝ってくれます.

c 《help＋人＋(to＋)動詞の原形で》(人)が…するのを手伝う(▶to をつけないほうがふつう).
I *helped* an elderly woman (*to*) cross the street.
おばあさんが道をわたるのを手助けしてあげた.

2 (物が)…に役立つ.
I'm sure it'll *help* you a lot.
それはきっと大いにきみの役に立つと思うよ.

— 自 **1 手伝う**, 助ける, 力になる; 《help with で》…を手伝う.
Help! Fire! 助けて！火事だ！
He *helped with* the dishes after dinner. 彼は夕食後の食器洗いを手伝った.

2 役立つ.
Every little thing *helps*.
(ことわざ) どんなつまらないものでもそれなりに役に立つ.

cannot help -ing …しないではいられない, つい…してしまう.
He looked so funny that I *couldn't help laughing*.
彼の姿がおかしくてついつい笑わずにはいられなかった.

help myself 必要な努力を自分でする, 人に頼らない.
Heaven *helps* those who *help themselves*.
(ことわざ) 天はみずから助くる者を助く.

help yourself to (食べ物など)を自分でとって食べる[飲む].
Help yourself to anything you like.
お好きなものをご自由にめしあがってください(▶to 以下を省略することもある. Please *help yourself*. (ご自由にとっておめしあがりください)).

I can't help it.* ＝ *It can't be helped.
どうにもしかたない, どうしようもない.
I tried not to cry, but *I couldn't help it*.
泣くまいとしたが, こらえきれなかった.

— 名 《複数》helps [-s] **1 手伝い**, 助け, 援助 (▶a をつけず, 複数形なし).
Do you need any *help*?
何か手伝ってほしいことある？

スピーキング

Ⓐ Thank you for your *help*.
手伝ってくれてありがとう.
Ⓑ You're welcome.
どういたしまして.

She cried for *help*.
彼女は助けを求めてさけんだ.

2 [ふつう a をつけて] 役立つ人, 役立つもの; やとい人, お手伝い.
You've been *a* great *help*.
(おかげさまで)とても助かりました.
→形 helpful

「従業員募集じゅう」の掲示.

helped [hélpt ヘルプト] 動 help (…を手伝う) の過去・過去分詞.

helper [hélpər ヘルパァ] 名 手伝ってくれる人, 助手; 《米》(家事をしてくれる) お手伝い, ヘルパー.

helpful 3級 [hélpfəl ヘルプフル] 形 役立つ, 助けになる (自 useful).
He gave me some *helpful* advice.
彼から役に立つアドバイスをしてもらった.
You've been very *helpful*.
あなたのおかげでとても助かりました.
→名 help

helping [hélpiŋ ヘルピング] 名 (食べ物の) 1杯分, 1盛り.
How about another *helping*?
(＝How about a second *helping*?)
お代わりはいかがですか.
— 動 help (…を手伝う) の -ing 形.

helping hand [hèlpiŋ hǽnd] 名 [a をつけて] 援助(の手), 助力.
give him *a helping hand*
彼に援助の手を差し伸のべる.

helpless [hélplis ヘルプレス] 形 自分の力ではどうすることもできない, 無力の.

helps [helps ヘルプス] 動 help (…を手伝う) の3人称単数現在形.

— 图 help（やとい人）の複数形.

Helsinki [hélsiŋki ヘルスィンキ] 图 ヘルシンキ（フィンランドの首都）.

hemisphere [hémisfiər ヘミスフィア] 图 (地球・天体などの) 半球.
the Northern *Hemisphere* 北半球.

hen [hen ヘン] 图 めんどり（▶「おんどり」は《米》では rooster, 《英》では cock という）.
→ chicken
Hens lay eggs. めんどりは卵を産む.

her 5級 代 彼女の, 彼女を, 彼女に

[hər ハ, (強めると)həːr ハ〜]
代 **1**（複数 their [ðeər]）(she の所有格) **彼女の** (対 his 彼の). → she（表）
Her name is Jane.
彼女の名前はジェーンです.
What does she have in *her* hand?
彼女は手に何を持っていますか.

2（複数 them [ðəm]）(she の目的格) **彼女を, 彼女に** (対 him 彼を).
Who is that lady? Do you know *her*? あの女の人はだれですか. あなたは彼女を知っていますか.
I gave *her* a nice present.
私は彼女にすてきなプレゼントをあげた.
I want to play tennis with *her*.
私は彼女とテニスがしたい.

herb [əːrb アーブ, həːrb ハ〜ブ || həːb ハーブ] 图 ハーブ, 薬用植物, 香草.

Hercules [hə́ːrkjuliːz ハ〜キューリーズ] 图《ギリシャ・ローマ神話》ヘラクレス.

herd [həːrd ハ〜ド] 图 (動物の) 群れ, (とくに) 牛の群れ.

here 5級 副 ここに, ここへ

[hiər ヒア] フォニックス81 ere は [iər] と発音する.
副 **1** **ここに, ここで, ここへ** (対 there そこに).

here

there

I'm *here*. ぼくはここにいるよ.
Come *here*. こっちに来て.
He's not *here* right now.
彼はいまここにいません.
Are we all *here*? (= Is everybody *here*?) みんなそろった？
Please sign your name *here*.
ここに署名してください.
I'm living *here* in Tokyo.
私はいまここ東京に住んでいます（▶ here と in Tokyo は同格関係.「東京のここにいる」という意味ではないので注意）.
What are you doing *here*?
ここで何してるの？
The girls *here* are all from Okinawa.
ここにいる女の子たちは全員沖縄出身です.

2（**Here is[are]＋名詞**で）**ここに…がある**.
Here is your watch.
ここにあなたの腕時計がありますよ.
Here are some eggs.
ここに何個かの卵がある.

3[文頭で]［目の前のものに相手の注意をひいて］**さあ, ほら**.
Here's your coffee. コーヒーをどうぞ.
Here's the picture I was telling you about. ほら, これが私が話していた写真だよ.
Here comes the bus.
さあ, バスが来たよ.
Here's something for you.
少しですがどうぞ（▶チップなどをわたすときの決まり文句）.

4[注意をひくときに使って] **ねえ, ほら**；[たしなめるときに使って] **こらっ**；[返事として] **はい**.
Here! Stop fighting, you two.
こらっ, そこの2人, けんかをやめなさい.

🎤スピーキング
ⓐ Helen!
ヘレンさん.
ⓑ *Here!*
はい.
（▶出欠をとられたときの返事. Yes. あるいは Present. と答えてもよい.）

here and there **あちこちに, ところどころに**.
There were boats *here and there* on the lake.
湖にはあちこちにボートがうかんでいた.

Here I am. **さあ着いた；ただいま**（帰り

here's ▶

ました).

Here it is. [相手がさがしている物などを差し出して] **ここにありますよ；さあ，どうぞ**（▶ しばしば Where is ～？の返答として使われる．また物が複数のときは，Here they are. となる）．

"Where is my bag?" "*Here it is.*"
「ぼくのバッグはどこ？」「ここにあるよ」

Here we are. さあ（…に）着いたよ；（ほしいものが）ほら，あったよ．
Here we are at the hotel.
さあ，ホテルに着いたよ．

Here we go! さあ，行くぞ！，さあ始めるぞ！

Here you are. = Here you go. [相手が求めている物を手わたしたり見せたりして] **さあ，どうぞ**（▶ Here it is. とのちがいに注意）．

🗣 スピーキング
Ⓐ Could you pass me the salt, please?
（食事中に）塩をとっていただけますか．
Ⓑ *Here you are.*
はい，どうぞ．

Look here! = See here! ねえ，ちょっと；おい，いいかい． → look

over here こちらに．

—— 图 **ここ**（▶ a をつけず，複数形なし）．
How far is it from *here*?
そこはここからどのくらいはなれていますか．
It's cold in *here*.
（室内などで）この中は寒いね．
A famous singer lives near *here*.
有名な歌手がこの近くに住んでいる．

🗣 スピーキング
Ⓐ *For here* or to go?
ここでめしあがりますか，それともお持ち帰りになさいますか．
Ⓑ *For here*, please.
ここで食べます．
（▶ファストフード店などで店員が客に聞く決まり文句）

[同音語] hear（…が聞こえる）

here's [híərz ヒアズ] here is の短縮形．

heritage [hérətidʒ ヘリティヂ] 图 [ふつう単数形で]（文化的な）遺産；伝統．
cultural *heritage* 文化遺産．
a World *Heritage* Site 世界遺産．

---

hero 3級 [híːrou ヒーロウ ‖ híərou ヒアロウ] 图 [複数 heroes [-z]] 英雄⠀；ヒーロー（▶ この意味では男女に使う）；（小説・映画などの）主人公（⚥ heroine 女主人公）．
a national *hero* 国民的英雄．

heroic [hiróuik ヒロウイク] 形 英雄⠀の；勇敢⠀な，果敢な．

heroine [hérouin ヘロウイン]（発音注意）图 （小説・映画などの）ヒロイン，女主人公；英雄⠀的な女性（⚥ hero 英雄）．

herring [hérin ヘリング] 图 （魚）ニシン．

---

hers 5級 代 彼女のもの

[həːrz ハ～ズ] フォニックス76 er は [əːr] と発音する．

代 [複数 theirs[ðeərz]]（she の所有代名詞）**彼女のもの**（対 his 彼女のもの）．
→ mine¹（表）
a friend of *hers* 彼女の友だち．
"Is this book Ellen's?" "Yes, it's *hers*."
「この本はエレンのですか」「はい，彼女のです」
My bag is bigger than *hers*（= her bag）. 私のかばんは彼女のより大きい．

---

herself [hərsélf ハセルフ]

代 [複数 themselves [ðəmsélvz]] 1 [意味を強めるために使って] **彼女自身**（▶ この用法では herself を強く発音する）． → oneself（表）
She *herself* came to me.
（= She came to me *herself*.)
彼女自身が私のところへ来た．

2 [動詞・前置詞の目的語として使って] **彼女自身を，彼女自身に．**
The girl introduced *herself*.
その少女は自己紹介⠀をした．
She looked at *herself* in the mirror.
彼女は自分の姿を鏡で見た．

by herself 1人で；だれの力も借りずに．
She had dinner *by herself*.
彼女はひとりぼっちで夕食を食べた．

for herself 自分のために；自分自身で．
Did she make this blouse *for herself*? 彼女は自分のためにこのブラウスをつくったのですか．

he's [hi(ː)z ヒ(ー)ズ] he is または he has

342 three hundred and forty-two

◀ **high**

の短縮形.
He's (＝He is) a nice guy.
あいつはいいやつだ.
He's (＝He has) been sick in bed.
彼は病気でずっと寝ている.

hesitate 2級 [hézəteit ヘズィテイト] 動
⾃ ためらう, ちゅうちょする.
Don't *hesitate* to call me if you
need any help. もし助けが必要なときは
いつでも遠慮せずに電話してください.

hesitation [hezətéiʃən ヘズィテイション] 名
ためらい, ちゅうちょ.

hey 4級 [hei ヘイ] 間 [呼びかけとして] お
い; [あいさつとして] やあ; [おどろきを表して]
わあ; [いらだちを表して] おいおい (▶親しい
間がらで使う).
Hey, you! おい, おまえ.

HI 《略》＝Hawaii (ハワイ州)

hi 5級 [hai ハイ]

間 《口語》 **やあ**, **こんにちは**; **ただいま**;
おかえり.

🔊スピーキング

Ⓐ *Hi*, Ken.
やあ, ケン.
Ⓑ *Hi*, Tom.
やあ, トム.
❶ Hi. は Hello. よりもくだけたあいさつ
で, 親しい者どうしで使う. 時間帯に関係なく
使える. ❷家に帰ったときの「ただいま」「お
かえり」などの意味でも使う. ❸ Hi のあとに
相手の名前をつけて言うことが多い.

Hi, there! やあ, こんにちは.
Hi, Mom. ママ, ただいま.
Say *hi* to Ken.
ケンによろしくね (▶ Say hello to ... よりも
くだけた言い方).
[同音語] high (高い)

hiccup [híkʌp ヒカプ] 名 [ふつう複数形で]
しゃっくり.
I had (the) *hiccups*. しゃっくりが出た.
── 動 《過去》《過分》 **hiccup(p)ed** [-t]; 《ing》
hiccup(p)ing ⾃ しゃっくりする.

hid [hid ヒッド] 動 hide (…をかくす) の過去
形; 過去分詞の1つ.

hidden [hídn ヒドゥン] 動 hide (…をかく
す) の過去分詞の1つ.
── 形 かくれた, かくされた.

hide 準2 [haid ハイド] 動 《過去》 hid [hid];
《過分》 **hidden** [hídn] または **hid**) 他 …をかく
す, おおいかくす.
He *hid* the money in the box.
彼はお金を箱の中にかくした.
She's *hiding* something from me.
彼女は私に何かかくしている.
──⾃ かくれる.
Ken was *hiding* behind the curtain.
ケンはカーテンの後ろにかくれていた.
hide myself かくれる, 身をかくす.
Where did you *hide yourself*?
どこにかくれていたの？

**hide-and-go-seek, hide-and-
seek** [hàid(ə)ngóusi:k ハイドゥンゴウスィーク,
hàid(ə)nsí:k ハイドゥンスィーク] 名 かくれんぼ
(やり方は日本とほぼ同じ. 鬼のことは it という).
Let's play *hide-and-go-seek*. I'm it.
かくれんぼをしようよ. 私が鬼になるよ.

high 5級 形 高い
副 高く

[hai ハイ] フォニックス36 gh は発音しない.
形 《比較》 **higher**; 《最上》 **highest**) **1 高い**,
(位置が)高い, 高い所にある(反 low 低い).
a *high* mountain 高い山
Mountains are *higher* than hills.
山は丘より高い.
Mt. Fuji is the *highest* mountain in
Japan. 富士山は日本でいちばん高い山です.
There is a *high* fence around the
factory. 工場のまわりには高いフェンスがある.
The room has a *high* ceiling.
その部屋は天井が高い.
2 [長さを表す語をともなって] **…だけの高さ
がある**, **高さは…である**.

🔊スピーキング

Ⓐ How *high* is that mountain?
あの山の高さはどのくらいですか.
Ⓑ It's about 2,000 meters *high*.
2000 メートルくらいです.

The wall is ten feet *high*.
かべの高さは 10 フィートある (▶ 1 フィートは
30.48 センチ).
3 (価格が)**高い**(反 low(価格が)安い); (数
量・程度・地位などが) 高い.
Prices are *higher* in cities.

three hundred and forty-three 343

higher ▶

都会のほうが物価は高い.
The train was traveling at *high* speed. 電車は高速で走っていた.
She got a *high* score on the test.
彼女はテストで高得点をとった.
→ 图 height, 圖 highly

💬用法 **high** と **tall**
high は地面からの位置の高さに重点があり、山やかべ、天井に使う. **tall** は人や建物など地面から細長く伸びたものに使う. a *high* mountain (高い山) / a *tall* man (背の高い人). **high** の反意語は **low** (低い), **tall** の反意語は **short** (背の低い).

high   low

tall   short

── 圖 **高く** (反 low 低く).
Jump *high*. 高くとべ.
The plane is flying *high* in the sky.
飛行機は空高く飛んでいる.
[同音語] hi (やあ)

── 图 (複数) **highs** [-z] **最高点**, 最高気温, 最高水準.

higher [háiər ハイア] 形 圖 high (高い; 高く) の比較級.
[同音語] hire (…をやとう)

highest [háiist ハイエスト] 形 圖 high (高い; 高く) の最上級.

high jump [hái dʒʌmp ハイ ヂャンプ] 图 [the をつけて]《スポーツ》走り高とび.

highland [háilənd ハイランド] 图 [しばしば複数形で] 高地, 高原.

highlight [háilait ハイライト] 图 ハイライト, (事件・ニュースなどの) 最も重要な・目立つ部分, (イベントなどの) 呼び物, 見せ場.

highlighter [háilaitər ハイライタァ] 图 蛍光ペン.

highly [háili ハイリィ] 圖 たいへん, おおいに; 高度に (▶程度が高いことを表す).
He thinks *highly* of you.
彼はあなたを高く評価している.
I *highly* recommend it.
それはとてもお勧めです. →形 high

high-rise [háiràiz ハイライズ] 形 (建物が) 高層の.
a *high-rise* condo
高層マンション.

high school 5級 [hái skù:l] 图 (複数) **high schools** [-z] 《米》高校, 高等学校, ハイスクール.
a *high school* student 高校生.
a junior *high school*
中学校 (▶単に a junior high ともいう).
He goes to *high school*.
彼は高校に通っている; 彼は高校生だ.
He graduated from this *high school* this spring.
彼はこの春この高校を卒業した.

💡背景 アメリカでは州によって学校制度がちがっていて、小学校 (elementary school)が5年または6年、中学校(junior high school, middle school)が2年または3年、高校が3年または4年あり、小中高あわせて12年ある. → school(図)

high-tech [hàiték ハイテク] 形 ハイテクの.

highway 準2 [háiwei ハイウェイ] 图 (複数) **highways** [-z] (都市と都市を結ぶ) 幹線道路 (▶日本でいう「高速道路」にあたるのは, 《米》では expressway, freeway, 《英》では motorway など).

hijack [háidʒæk ハイヂャク] 動 他 (航空機・バス・船など) を乗っ取る, ハイジャックをする.

hike 3級 [haik ハイク] 動 自 ハイキングする.
We often go *hiking* in the woods.
私たちはよく森へハイキングに行く (▶to the woods とはしない).
── 图 ハイキング.
go on a *hike* ハイキングに行く.

hiker [háikər ハイカァ] 图 ハイキングする人, ハイカー, 徒歩旅行者.

hiking 5級 [háikiŋ ハイキング] 图 ハイキング, 徒歩旅行.
I really enjoyed *hiking*.
ハイキングはとても楽しかった.

💬用法 **hiking** と **picnic**
hiking は歩くことそのものを目的とするが, **picnic** (ピクニック) は食事を持っていき野外で楽しむのが目的.

hill 3級 名 丘, 小山

[híl ヒル]
名 (複数 hills [-z]) **1 丘, 小山** (▶ hill は小高い山または丘で mountain よりも低いものをいう).
on the top of the *hill* 丘の頂上に.
Jack and Jill went up the *hill*.
ジャックとジルは丘をのぼっていった (▶『マザーグース』より).
2 坂, 坂道 (= slope).
The ball rolled down the *hill*.
ボールは坂をころがっていった.

hillside [hílsaid ヒルサイド] 名 丘の斜面, 山腹.

hilltop [híltɑp ヒルタプ ‖ -tɔp -トプ] 名 丘の頂上.

him 5級 代 彼を, 彼に

[hím ヒム, (強めると)hím ヒム]
代 (複数 them [ðəm]) (he の目的格) **彼を, 彼に** (対) her 彼女を). → he (表)
I like *him*. 私は彼が好きです.

× I like he.
動詞 like の目的語なので目的格 him がくる.
○ I like him.

🗣 スピーキング

Ⓐ Do you know that boy?
あの少年を知っていますか.
Ⓑ Yes, I do. I know *him* very well.
はい. 彼をとてもよく知っています.

I gave *him* ten minutes.
私は彼に10分与えた.
I can't go with *him*.
私は彼といっしょに行けません.

Himalayas [himəléiəz ヒマレイアズ] 名 [the をつけて] ヒマラヤ (山脈).

himself [himsélf ヒムセルフ]

代 (複数 themselves [ðəmsélvz]) **1** [意味を強めるために使って] **彼自身** (▶この用法では himself を強く発音する). → oneself (表)
He went there *himself*.
彼は自分でそこへ行った.
2 [動詞・前置詞の目的語として使って] **彼自身を, 彼自身に.**
He washed *himself*. 彼は体を洗った.
Henry talked about *himself* to his friends.
ヘンリーは友だちに自分自身について話した.
by himself 1人で; だれの力も借りずに.
Did he go there *by himself*?
彼は1人でそこへ行ったのですか.
for himself 自分のために; 自分自身で.
He was not able to do anything *for himself*. 彼は1人では何もできなかった.

Hindi [híndi(:) ヒンディ(ー)] 名 ヒンディー語 (インドの公用語の1つ).

Hindu [híndu: ヒンドゥー, hindú: ヒンドゥー] 名 ヒンドゥー教徒; (一般に) インド人.
── 形 ヒンドゥー教の, ヒンドゥー教徒の.

hint [hínt ヒント] 名 ヒント; 暗示, それとなく示すこと.
Give me another *hint*.
もう1つヒントをください.
He gave me a *hint* that he wanted to go home.
彼は私に家に帰りたいとほのめかした.
── 動 (他)(自) (…を) ほのめかす.

hip [híp ヒップ] 名 [ふつう複数形で] (人の) 腰, ヒップ (▶日本語でいう「おしり」のことではなく, 腰の骨のつき出したあたりをいう. 両側にあるのでふつう複数形で使う. 英語で「おしり」のことは buttocks とか bottom という).
She was standing with her hands on her *hips*.
彼女は腰に両手をあてて立っていた.

hippo [hípou ヒポウ] 名 (複数 hippos [-z]) (口語) = hippopotamus

hippopotamus [hipəpátəməs ヒポパタマス ‖ -pɔ́tə- -ポタ-] 名 (複数 hippopotamuses [-iz] しばしば hippopotami [-mai]) (動物) カバ.

hire 準2 [háiər ハイア] 動 (他) **1** (人) をやとう.
2 (英) …を借りる, レンタルする (= (米) rent).
── 名 雇用; (物の) 賃借り; (短期の).
[同音語] higher (より高い)

his ▶

his 5級 代 彼の, 彼のもの

[hiz ヒズ, (強めると)hiz ヒズ]

代 **1** (複数 **their** [ðeər]) (he の所有格) **彼の** (対 her 彼女の). → he (表)

This is my friend. *His* name is Bill.
この人は私の友だちです. 彼の名前はビルです.

Is this *his* camera?
これは彼のカメラですか.

2 (複数 **theirs** [ðeərz]) (he の所有代名詞) **彼のもの** (対 hers 彼女のもの). → mine¹ (表)

"Is this Taro's book?" "Yes, it's *his*."
「これは太郎の本ですか」「はい, 彼のです」(▶ his は his (= Taro's) book のこと).

My hat is bigger than *his*.
私の帽子は彼のより大きい.

> 📝 文法 **his の 2 つの使い方**
> his は「彼の…」というときと,「彼のもの」というときに使う.
>
> | his (彼の) | name (名前) |
> |---|---|
> | | camera (カメラ) |
> | | book (本) |
> | his (彼のもの) | |

Hispanic [hispǽnik ヒスパニク] 形 ヒスパニックの,(スペイン語を話す)ラテンアメリカ(系)の.
── 名 ヒスパニック,(アメリカの)ラテンアメリカ系住民(メキシコ, プエルトリコなどスペイン語を母語とする国の出身者).

hiss [his ヒス] 動 自 シューという音を出す;(人が)シーッと言う.
── 名 シュー (という音).

historian [histɔ́(:)riən ヒスト(ー)リアン] 名 歴史家;歴史学者.

historic [histɔ́(:)rik ヒスト(ー)リク] 形 歴史上重要な, 歴史上有名な, 歴史的な(▶ historical とのちがいに注意).
a *historic* moment 歴史的な瞬間.
a *historic* building 歴史的建造物.

historical [histɔ́(:)rikəl ヒスト(ー)リカル] 形 歴史の, 歴史上の, 歴史に関する(▶ historic とのちがいに注意).
a *historical* novel 歴史小説.

a *historical* figure 歴史上の人物.

history 5級 [híst(ə)ri ヒスト(ゥ)リィ]

名 (複数 **histories** [-z]) **1** 歴史;(学問・学科としての) 歴史 (▶ a をつけず, 複数形なし).

human *history* 人類の歴史.

I'm studying Japanese *history* in school. 学校で日本史を勉強している.

History repeats itself.
(ことわざ) 歴史はくり返す.

2 (個々の物事の) 歴史, 由来.

Sumo has a long *history* in Japan.
相撲は日本で長い歴史がある.

3 (個人の) 経歴, 履歴.

a personal *history* 履歴, 履歴書.

hit [hit ヒット]

動 (3単現 **hits** [-ts ツ];過去 過分 **hit**;ing **hitting**) (▶ 原形と過去・過去分詞が同じ形であることに注意).

他 **1** …**を打つ**, たたく, なぐる.

I *hit* the ball as hard as I could.
ぼくは思いっきりボールを打った.

He *hit* me on the head.
彼はぼくの頭をなぐった (▶ 体の一部に接触するときは the を使う).

> 📘用法 **hit と strike と beat と punch**
> hit は「たたく」という意味のもっとも一般的な語. strike は hit よりも改まった語. beat は「くり返したたく」, punch は「げんこつでなぐる」という意味.

2 …をぶつける;…にぶつかる;…に当たる;(台風などが) …を襲う.

She *hit* her head against the door.
彼女は頭をドアにぶつけた.

The car *hit* a utility pole.
車は電柱にぶつかった.

The arrow *hit* the target.
矢が的に当たった.

Typhoon No.15 *hit* Kyushu.
台風 15 号は九州を襲った(→九州に上陸した).

3 (考えなどが) …にとつぜん思いうかぶ.

── 自 **打つ**, たたく, なぐる;**ぶつかる**;(台風などが) 襲う.

hit on …を思いつく.

I *hit on* a good idea.
いい考えを思いついた.

◀ hold

――名 (複数 hits [-ts ツ]) 打撃; 衝突; (映画・曲などの)ヒット, 大当たり, 大成功;《野球》ヒット, 安打.

hitchhike [hítʃhaik ヒチハイク] 動 自 ヒッチハイクする.

hitchhiker [hítʃhaikər ヒチハイカァ] 名 ヒッチハイクする人.

Hitler [hítlər ヒトゥラァ], **Adolf** アドルフ・ヒトラー 名 アドルフ・ヒトラー (1889-1945; ナチ党 (the Nazis) 党首, ドイツ連邦党首 (1933-45); 第二次世界大戦を引き起こした独裁者).

hitter [hítər ヒタァ] 名 打つ人;《野球》打者.

HIV [èitʃaivi: エイチアイヴィー] エイズウイルス, ヒト免疫不全ウイルス (▶ *h*uman *i*mmunodeficiency *v*irus の略).
→ AIDS.
HIV-positive HIVに感染している.

hive [haiv ハイヴ] 名 ミツバチの巣, ミツバチの巣箱 (▶ beehive ともいう).

hmm [hm フム] 間 [疑い・思案・ためらいなどを表して] ふーん, うーん, ふうむ (▶ h'm, hm ともつづる).
Hmm, are you sure?
ふーん, ほんとうなの？

ho [hou ホウ] 間 ほう！, おや！ (▶注意をひくときや, 笑い・おどろきなどの発声).

hobby 4級 [hábi ハビィ‖hɔ́bi ホビィ]

名 (複数 hobbies [-z]) (長期間にわたる) **趣味**.
His *hobby* is stamp collecting.
彼の趣味は切手の収集です.

🗣スピーキング
Ⓐ What are your *hobbies*?
あなたの趣味は何ですか.
Ⓑ My *hobby* is making model boats.
私の趣味は模型の船をつくることです.

ℹ️参考 hobby はふつう楽しみのために研究や作業をすることで, 収集・園芸・芸術・手芸・工作などをいう. スポーツ・読書・テレビを見ることなど, 手軽にできる趣味はふつうhobbyとはいわず, **pastime** という.

hockey [háki ハキィ‖hɔ́ki ホキィ] 名《スポーツ》《米》アイスホッケー (= ice hockey);《英》(フィールド) ホッケー (=

field hockey).

hoe [hou ホウ] 名 (土起こしや除草用の) くわ.

hog [hɔ(:)g ホ(ー)グ] 名《米》(食肉用に育てた) ブタ (= pig);《英》(去勢した) 食肉用の雄ブタ.

hold 3級 [hould ホウルド]

動 (3単現 holds [-dz ヅ];[過去][過分] held [held];[ing] holding) 他 **1 …を手に持つ, つかむ, にぎる, かかえる.**

…を手に持つ　　電話を切らずに待つ

Hold this for me. これ持ってて.
Hold your pen in your hand.
手にペンを持ちなさい.
He *held* her hand.
彼は彼女の手をにぎった.
She was *holding* her baby in her arms. 彼女は赤ちゃんを腕に抱いていた.

2 …を押さえておく, 支える; …を (ある状態に) 保つ, しておく;(電話)を切らずに待つ.
The shelf will *hold* all the dictionaries. そのたなならこれらの辞書を全部支えられるだろう.
Hold the door open, please.
ドアを開けておいてください.
Could you *hold* the line, please?
(電話で) そのままお待ちいただけますか.

3 (会・パーティーなど)を開く, もよおす.

🎤プレゼン
In 1964, the Olympic Games were *held* in Tokyo and a lot of people came to Japan.
1964年にオリンピックが東京で開催され, たくさんの人が日本に来ました.

4 (財産など) を持っている, 所有している.
My uncle *holds* a few stocks.
ぼくのおじは株を少し持っている.

5 (容器などが) …を入れることができる, (人員など) を収容する.
This ballpark *holds* 30,000.

holder ▶

この野球場は3万人を収容できる.
―― 自 (変わらず) **続く**, (ある状態) のままでいる; (物が) 持ちこたえる; つかまっている; 電話を切らずに待つ.
This good weather won't *hold* for long.
このよい天気は長くは続かないだろう.
Hold tight, please.
しっかりつかまってください (▶乗り物などで乗客に言うことば).
Could you *hold*?
(電話で) 少々お待ちください.

hold back …を制止する, 阻止する.
hold down (人・物) を押さえておく, …を下げる.
hold on (電話を) **切らないでおく** (反 hang up 電話を切る); 持ちこたえる.

> 🔊スピーキング
> Ⓐ May I speak to Mr. Green?
> グリーンさんをお願いします.
> Ⓑ OK. *Hold on,* please.
> はい, 切らずにお待ちください.

hold on to …にしっかりつかまっている, …にしがみつく.
Hold on to the rope.
ロープにしっかりつかまって.
hold out (手など) を差し出す.
hold up (手など) をあげる; …を持ちあげる; …を支える; …を遅らせる.
―― 名 (複数 **holds** [-dz ヅ]) 手でつかむこと, 手ににぎること.
catch hold of = ***get hold of*** …を持つ, つかむ, にぎる.

holder [hóuldər ホウルダァ] 名 **1** 所有者, 所持者, 保持者.
a world record *holder* 世界記録保持者.
2 支えるもの; …入れ, 台.
a candle *holder* ろうそく立て.

hole
[houl ホウル] 〔フォニックス51〕 o は [ou] と発音する.
名 (複数 **holes** [-z]) **穴**, くぼみ; (動物の) 巣穴; (ゴルフ) ホール.
We dug a big *hole* in the ground.
私たちは地面に大きな穴を掘った.
There's a *hole* in his sock.
彼のくつ下に穴があいている.
〔同音語〕 whole (全体の), hall [hɔːl ホール] (会館) と発音がちがうことに注意.

holiday 〔4級〕 名 休日, 祝日

[hálədei ハリデイ ‖ hólədi ホリデイ]
名 (複数 **holidays** [-z]) **1 休日, 祝日** (▶日曜日は holiday とはいわない).
a national *holiday*
国民の祝日.
Next Monday is a *holiday*.
次の月曜日は祝日だ.

> 🔊スピーキング
> Ⓐ *Have a good holiday!*
> 楽しい休日を!
> Ⓑ Thanks. You, too.
> ありがとう. あなたもね.

2 (おもに英) **休暇** (= (米) vacation).
the Christmas *holidays*
クリスマス休暇, (学校などの) 冬休み.
He took a week's *holiday* in winter.
彼は冬に1週間の休暇をとった.
on holiday (おもに英) 休暇で, 休暇をとって (= (米) on vacation).
Nancy is *on holiday* in San Francisco.
ナンシーはサンフランシスコで休暇中です.

Holland [háland ハランド ‖ hóland ホランド] 名 オランダ (英語での一般的な呼び名で, 正式名は the Netherlands; 首都はアムステルダム (Amsterdam)).

hollow [hálou ハロウ ‖ hólou ホロウ] 形 (中が) 空ろの, 空洞の; くぼんだ.
a *hollow* tree 中が空洞になっている木.
hollow cheeks こけたほお.
―― 名 くぼみ, へこみ; くぼ地.

holly [háli ハリィ ‖ hóli ホリィ] 名 (複数 **hollies** [-z]) (植物) 西洋ヒイラギ (赤い実をつけた枝葉をクリスマスのかざりにする).

Hollywood
[háliwud ハリウッド ‖ hóli- ホリ-]
名 **ハリウッド** (アメリカ, カリフォルニア州ロサンゼルス郊外にある町で, 映画産業の中心地).

holy 〔準2〕 [hóuli ホウリィ] 形 (比較 **holier**; 最上 **holiest**) 神聖な; 信心深い.
holy ground 聖地.

Holy Bible [hóuli báibl] 名 [the をつけて] 聖書 (= the Bible). → bible

home

5級 图 家, 家庭;故郷
副 家へ, 家に

[houm ホウム] フォニックス51 oは[ou]と発音する.

home には名詞で「家」, 副詞で「家に」の意味がある.

图 (複数) homes[-z] **1** (家族と住んでいる) **家, わが家, 自宅; 家庭.** → house
He left *home* at eight o'clock.
彼は8時に家を出た(▶leave homeには「出かける」という意味のほかに「親元をはなれる」という意味がある).
There is no place like *home*.
《ことわざ》わが家にまさるところはない(▶ "Home, Sweet Home"(楽しきわが家)の歌の一節より).

2 故郷, ふるさと;本国(▶ a をつけず, 複数形なし).
Australia feels like *home*.
オーストラリアはまるで自分のふるさとみたいな気がする.

3 (老人・孤児などの)養護施設, ホーム.
a nursing *home*
(病院の機能をもつ)老人ホーム.

4 [ふつう the をつけて] (文化などの) 発祥地;(動物の)生息地,(植物の)原産地.

5 (野球の) 本塁, ホーム(ベース)(同 home plate).

at home 在宅して, 家に, 家で;くつろいで, 気楽に;本国で.
Is Mrs. Carpenter *at home*?
カーペンターさんはご在宅ですか(▶(米)話し言葉では at を省略することが多い).
I played games *at home* yesterday.
きのうは家でゲームをしていた.

feel at home くつろぐ, 落ち着く.
I *feel at home* in her room.
彼女の部屋にいると落ち着く.

make *yourself* **at home** くつろぐ.

🗨 スピーキング
Ⓐ Please *make yourself at home*.
どうぞくつろいでください.
Ⓑ Thank you very much.
どうもありがとう.

— 副 **家へ, 家に**, 自宅へ, 自宅に;故郷へ;本国へ.
He got *home* around eleven.
彼は11時ごろに帰宅した.
I want to go *home* soon.
早く家に帰りたい(▶ go ˣto home とはいわない).
My father usually comes *home* late.
父はたいてい帰りが遅い.

× come to home
この home は副詞なので to は使わない.
○ come home

Susie, Dad is *home*!
スージー, お父さんが帰ってきたわよ.

🗨 プレゼン
帰宅時間・家を出る時間の言い方
I usually get home at six.
私はいつも6時に帰宅します.
I usually leave home before six.
私はいつも6時前に家を出ます.

🗨 スピーキング
Ⓐ Mom, I'm *home*.
ママ, ただいま.
Ⓑ Hi, Ken. ケン, おかえり.
(▶「ただいま」の意味の I'm home. はその場にいない相手に声で帰宅を知らせたいときに使う. その場にいる人に対して「ただいま」と言うときは Hello. や Hi. が一般的.)

on *my* **way home** 帰り道で, 帰宅途中に.
I saw Tom's mother *on my way home*.
帰り道でトムのお母さんに会った.

— 形 **1 家庭の**;自宅の;故郷の;国内の(反 foreign 外国の).
home life 家庭生活.
Do you know his *home* phone number? 彼の自宅の電話番号, 知ってる?
home products 国産品.

2 (スポーツが) 地元の, ホームでの, 本拠地での(反 away アウェーでの).
the *home* team
ホームチーム(反 the visiting team ビジターチーム).

homecoming ▶

homecoming [hóumkʌmiŋ ホウムカミン
グ] 图 帰省；帰郷；帰宅；帰国；《米》(年
1回の大学・高校の) 同窓会.

home economics
[hòum i:kənámiks ‖ -nóm-] 图 家庭科.

homegrown, home-grown
[hòumgróun ホウムグロウン] 形 (野菜などが)
自家栽培の；(製品などが) 国産の.

homeland [hóumlænd ホウムランド] 图 母
国，祖国，故国.

homeless [hóumlis ホウムレス] 形 家のな
い，ホームレスの.

homemade [houmméid ホウムメイド] 形
自家製の；手づくりの.
a *homemade* cake
自家製のケーキ，手づくりのケーキ.

homemaker [hóummeikɚ ホウムメイカ]
图 《米》家事にたずさわる人，ホームメー
カー，主夫，主婦 (▶男女問わず使える語.
housewife (主婦) の代わりに使われる).

homemaking [hóummeikiŋ ホウムメイ
キング] 图 家事にたずさわること；家庭科 (=
home economics).

homemaking room
[hóummeikiŋ rù(ː)m] 图 家庭科室.

homepage, home page
[hóumpeidʒ ホウムペイヂ] 图 (インターネット
の) ホームページ.

home plate [hòum pléit] 图 《野球》
本塁，ホーム (ベース) (▶単に home と
もいう).

Homer [hóumɚ ホウマァ] 图 ホメロス (紀
元前8世紀ごろのギリシャの詩人；トロイ戦争で
のアキレウスの活躍をテーマとした『イリア
ス』，戦後オデュッセウスが帰国するまでの冒
険をあつかった『オデュッセイア』の作者と考
えられている).

homer [hóumɚ ホウマァ] 图 《米口語》《野
球》ホームラン，本塁打 (同 home run).
a two-run *homer* 2 ランホームラン.

homeroom 準2 [hóumru(ː)m ホウム
ルー(ー)ム] 图 《米》ホームルーム (▶「教室」「時
間」または「生徒全体」をさす).
a *homeroom* teacher 担任の先生.

home run [hòum rʌ́n] 图 《野球》ホー
ムラン，本塁打 (▶《米口語》では homer
ともいう).
hit a *home run*
ホームランを打つ.

homesick [hóumsik ホウムスィク] 形 ホー
ムシックの，家 [故郷] を恋しがる.
get *homesick* ホームシックになる.

homestay [hóumstei ホウムステ
イ]
图 (複数 homestays [-z]) ホームステイ
(▶具体的に「…にホームステイする」というとき
は stay with a family in…のようにいう).
do a *homestay* ホームステイをする.
"What's the purpose of your visit?"
"A *homestay*."
「旅行の目的は何ですか」「ホームステイです」

hometown 3級 [houmtáun ホウムタウ
ン] 图 故郷，ふるさとの町 (▶生まれ育った所
をさすことが多い. 町のほかに市や村でも my
hometown という).
My *hometown* is Kobe.
私のふるさとは神戸です.

▶ スピーキング
Ⓐ Where's your *hometown*?
　故郷はどちらですか.
Ⓑ I was born in New Jersey, but
I grew up in Chicago.
　ニュージャージー生まれで，シカゴ育ち
　です.

homework 5級

[hóumwɚːrk ホウムワーク]
图 (学校の) 宿題 (▶ a をつけず，複数形な
し).
I have a lot of *homework* today.
今日は宿題がたくさんある.
Have you finished your *homework*?
宿題はすんだの？
She always does her *homework*
before dinner.
彼女はいつも夕食の前に宿題をする.

▶ プレゼン
「宿題がある」の言い方
I have a lot of homework to do.
私にはたくさんの (するべき) 宿題があります.
I have a little homework to do.
私には少しの (するべき) 宿題があります.
I have some homework to do.
私にはいくらかの (するべき) 宿題があります.
I don't have any homework to do.
私には (するべき) 宿題がありません.

◀ **hop**

honest
準2 [ánist アネスト‖ ɔ́n- オ
ネ-] (h は発音しない)
形 **正直な**, うそをつかない, 誠実な (反
dishonest 正直でない).
He's an *honest* man. 彼は正直者だ (▶
h は発音しないので冠詞は a ではなく an).
Thank you for being *honest* with
me. 正直に話してくれてありがとう.
Be *honest* about your feelings.
自分の気持ちにすなおになって.
to be honest 正直に言うと.
→名 honesty

honestly [ánistli アネストゥリィ‖ ɔ́n- オネ-](h
は発音しない) 副 **1** 正直に.
2 [文全体を修飾して] 正直に言えば.

honesty 準2 [ánisti アネスティ‖ ɔ́n- オネ-]
(h は発音しない) 名 正直, 誠実.
Honesty is the best policy.
(ことわざ)正直は最善の方策. →形 honest

honey 準2 [háni ハニィ] 名 [複数 honeys
[-z]] **1** はちみつ.
2 [夫婦・恋人などの同士などの呼びかけとして](お
もに米口語)かわいい人, ねえ, あなた, お
まえ (同 darling).

honeybee [hánibi: ハニビー] 名 (虫) ミ
ツバチ (▶単に bee ともいう).

honeycomb [hánikoum ハニコウム] 名
1 ミツバチの巣.
2 ハチの巣状のもの；ハニカム構造.

honeymoon [hánimu:n ハニムーン] 名
ハネムーン, 新婚旅行, 新婚期間.
They went to Australia for their
honeymoon.
2 人は新婚旅行にオーストラリアへ行った.

背景 一説には, moon は month (ひ
と月) を意味し, スカンジナビア人が結
婚後 1 か月間はちみつ酒を飲んだ, と
いう習慣に由来するといわれている.

Hong Kong [hàŋ káŋ ハング カング‖ hɔ̀ŋ
kɔ́ŋ ホング コング] 名 ホンコン, 香港 (中国南東
部のイギリスの旧植民地. 1997 年に中国へ返
還された).

Honolulu [hɑnəlú:lu: ハノルールー] 名 ホ
ノルル (米国ハワイ州の州都).

honor [ánər アナァ‖ ɔ́nə オナァ] (発音注意)
▶ 《英》では honour とつづる. 名 **1** 名
誉；面目；信義；名誉となる人, 名誉
となる物.

He's a man of *honor*.
彼は名誉を重んじる人だ.
win *honor* 名誉を得る.
2 光栄なこと, 名誉なこと (▶改まった語).
It's a great *honor* to be invited.
お招きいただきたいへん光栄に存じます.
3 尊敬, 敬意 (同 respect).
4 [複数形で] (大学などの) 優等；栄典, 勲
章 (graduate with *honors* 優等で卒業する.
in honor of …に敬意を表して.
A celebration party was held *in
honor of* Mr. Snow.
スノー氏のために祝賀会が開かれた.
―― 動 他 …に栄誉を与える；…を尊敬
する, …に敬意を表す.
People *honored* the hero.
人々はその英雄に敬意を表した.

honorable [án(ə)rəbl アナラブル‖ ɔ́n- オ
ナ-] (発音注意) ▶ 《英》では honourable
とつづる. 形 りっぱな, 尊敬に値する；光
栄ある, 名誉ある.

honour [ánər アナァ‖ ɔ́nə オナァ] 名 《英》
= 《米》 honor

honourable [án(ə)rəbl アナラブル‖ ɔ́n-
オナ-] 形 《英》= 《米》 honorable

hood [hud フッド] 名 (コートなどの)フード；
《米》 (車の) ボンネット (= 《英》 bonnet).

hoodie [húːdi フーディ] ▶ hoody ともつ
づる. 名 パーカー, フードつきのスウェッ
トシャツ.

hoof [hu(:)f フ(ー)フ] 名 ひづめ.

hook [huk フック] 名 (物を引っかける) フッ
ク, かぎ, 留め金；(洋服の) ホック；つり針.
a clothes *hook* 洋服掛け.
―― 動 他 …をかぎで引っかける；…をつ
り針でつる.

hoop [hu:p フープ] 名 (たるなどの) たが；
フラフープの輪 (フラフープは 商標)；《米》
(バスケットボールの) リング (ゴールの輪).

hooray [huréi フレイ] 間 = hurray

hop [hɑp ハップ‖ hɔp ホップ] 動 (過去・過分
hopped [-t], (ing) hopping) 自 (人が片足
で) ぴょんぴょんとぶ；(小鳥・カエルなど
が足をそろえて) ぴょんぴょんとぶ.
―― 名 (人の) 片足とび, 跳躍；(小鳥・
カエルなどの) 両足とび.
the *hop*, step, and jump
ホップ・ステップ・ジャンプ, 三段とび.

three hundred and fifty-one **351**

hope ▶

hope
4級 動 (…を)望む
名 希望，望み

[houp ホウプ] フォニックス51 o は[ou]と発音する．
動 (3単現 **hopes**[-s]；過去 過分 **hoped**[-t]；
ing **hoping**) 他 **…を望む**，願う；**(hope to ... で)** …したいと思う，…することを望む；**(hope (that) ... で)** **…だといいと思う**，…であることを望む (▶口語では that はふつう省略する).

🗣 スピーキング
Ⓐ It'll be sunny tomorrow.
あしたは晴れるだろう．
Ⓑ I hope so.
そうだといいな．
Ⓑ I hope not.
そうでなければいいな．

I hope to win.
勝ちたいと思います．
I hope to see you again soon.
(＝I hope I will see you again soon.)
近いうちにまたお会いできるといいですね (▶hope は実現可能なことへの望みを表す．実現困難な願いをいうときは wish を使う).
→ wish
I hope (that) you will succeed.
あなたが成功することを願っています (▶hope のあとには your success のような目的語を直接続けられない).

🗣 スピーキング
This is for you. I hope you like it.
これ，きみへのプレゼント．気に入ってくれるといいんだけど．
(▶I hope は望ましいことについて「…と思う」というときに使う．望ましくないことについて「…と思う」というときは,I'm afraid ... や I fear ... を使う)

――自 望む；**(hope for で)** …を望む，期待する．
I hope for your success.
ご成功を願っています．
―― 名 **複数 hopes**[-s] **1 希望，望み** (反 despair 絶望).
Don't give up hope.
希望を捨てるな．
Do we have any hope?
私たちに望みはあるのですか．

2 見こみ，可能性．
There is no hope of her recovery.
彼女には回復の見こみはない．
There is some hope (that) he will win.
彼が勝つ見こみはいくらかある．

3 希望を与える人，ホープ；たよりになるもの．
Tom is our best hope.
私たちはトムを何よりもたよりにしている．
my last hope 私の最後のたのみの綱.
→形 hopeful

hoped
[houpt ホウプト] 動 hope (…を望む)の過去・過去分詞.

hopeful
準2 [hóupfəl ホウプフル] 形 希望に満ちた；有望な (反 hopeless 望みのない).
→名 hope

hopefully
[hóupfəli ホウプフリィ] 副 [文全体を修飾して]うまくいけば；希望に満ちて.

hopeless
[hóuplis ホウプレス] 形 望みのない；絶望的な (反 hopeful 希望に満ちた).

hopes
[houps ホウプス] 動 hope (…を望む)の3人称単数現在形.
―― 名 hope (希望)の複数形.

hoping
[hóupiŋ ホウピング] 動 hope (…を望む)の -ing 形.

horizon
3級 [həráizn ホライズン] (発音注意) 名 **1** [ふつう the をつけて]地平線，水平線．
The sun sank below the horizon.
太陽が地平線に沈んだ．
2 [ふつう複数形で] (人の知識や興味などの) 限界，範囲；視野．

horizontal
[hɔ(:)rəzántl ホ(ー)リザントゥル ‖-zɔ́n- -ゾン-] 形 水平線の，地平線の；水平の，横の (反 vertical 垂直の).

horn
2級 [hɔːrn ホーン] 名 **1** (牛・ヤギ・シカなどの)角．
Water buffaloes have long horns.
水牛には長い角がある．
2 角笛；(車などの)警笛，クラクション；《楽器》ホルン (＝French horn).

horoscope
[hɔ́(:)rəskoup ホ(ー)ロスコウプ] 名 **1** 星占い，占星術 (人が生まれたときの天体の位置関係からその人の運勢を占う).
2 (占い用の) 天宮図，十二宮図．

◀ **hospital**

12星座
Aries [éə)ri:z エ(ア)リーズ]
おひつじ座 (3/21-4/19)
Taurus [tɔ́:rəs トーラス]
おうし座 (4/20-5/20)
Gemini [dʒémənai チェミナイ, -ni: -ニー]
ふたご座 (5/21-6/21)
Cancer [kǽnsər キャンサァ]
かに座 (6/22-7/22)
Leo [li:ou リーオウ]
しし座 (7/23-8/22)
Virgo [və́:rgou ヴァーゴウ]
おとめ座 (8/23-9/22)
Libra [láibrə ライブラ, li:- リー-]
てんびん座 (9/23-10/23)
Scorpio [skɔ́:rpiou スコービオウ]
さそり座 (10/24-11/22)
Sagittarius [sædʒətéə)riəs サヂテ(ア)リアス]
いて座 (11/23-12/21)
Capricorn [kǽprikɔ:rn キャプリコーン]
やぎ座 (12/22-1/19)
Aquarius [əkwéə)riəs アクウェ(ア)リアス]
みずがめ座 (1/20-2/18)
Pisces [páisi:z パイスィーズ, písi:z ピスィーズ]
うお座 (2/19-3/20)

horrible [hɔ́(:)rəbl ホ(ー)リブル] [形] おそろしい, ぞっとする; とても不快な, ひどくいやな, ひどい.
a *horrible* sight おそろしい光景.
a *horrible* smell ひどく不快なにおい.

horror 3級 [hɔ́(:)rər ホ(ー)ラァ] [名] 恐怖; おそろしいこと, 惨事.
a *horror* movie ホラー映画.
the *horrors* of war
戦争の惨事.

horse 4級 [hɔ́:rs ホース] フォニックス78
or は [ɔ́:r] と発音する.

[名] (複数) **horses** [-iz] 馬.
ride a *horse* 馬に乗る.
get on a *horse* 馬にまたがる.
get off a *horse* 馬から降りる.
on a *horse* 馬で, 馬に乗って.
You can lead a *horse* to water, but you can't make him drink.
《ことわざ》馬を水際に連れていくことはできても, 無理やり水を飲ませることはできない (▶「その気のない者にいくらまわりで何を言おうとむだだ」という意味).

ⓘ 参考 「(おすの) 子馬」は colt, 小形の品種の「小馬」は pony という. 鳴き声の「ヒヒーン」は neigh.

horseback [hɔ́:rsbæk ホースバク] [名] 馬の背.
on *horseback* 馬に乗って.
horseback riding
《米》乗馬 (=《英》horse riding).

horseman [hɔ́:rsmən ホースマン] [名] (複数) **horsemen** [-mən]) 騎手; 馬に乗る人.

horse racing [hɔ́:rs rèisiŋ レイスィング] [名] 競馬.

horseshoe [hɔ́:rsʃu: ホースシュー] [名] てい鉄, 馬てい (馬の足の裏に打ちつける金具のこと).

西洋では, 魔よけや幸運をもたらすお守りで, 戸口やかべにかけたり, キーホルダーにしたりする.

hose [houz ホウズ] (発音注意) [名] (水まきなどに使う) ホース.

hospice [háspis ハスピス ‖ hɔ́s- ホス-] [名] ホスピス (がんなどの末期患者の痛みの緩和や心のケアをする施設).

hospitable [háspitəbl ハスピタブル, haspí- ハスピ- ‖ hɔspí-, hɔ́spi- ホスピ-] [形] (客を) 親切にもてなす; (環境などが) 快適な, 生存しやすい.

hospital 5級 [háspitl ハスピトゥル ‖ hɔ́s- ホス-]

[名] (複数 **hospitals** [-z]) 病院.

🔸 プレゼン
専門医院に行ったことの言い方
I went to the dentist.
私は歯医者に行きました.
I went to the eye doctor.
私は目医者に行きました.
I went to the ear, nose and throat clinic.
私は耳鼻いんこう科医院に行きました.

an emergency *hospital* 救急病院.
She is working at a *hospital*.
彼女は病院で働いている.
He is now in the *hospital*.

three hundred and fifty-three 353

hospitality

彼はいま入院している.
go to the *hospital* 通院する；入院する.
leave the *hospital* 退院する.
I went to the *hospital* to see her.
私は病院に彼女のお見舞いに行った.

hospitality [hɑspətǽləti ハスピタリティ]
名 (客に対する) 親切なもてなし，歓待.
give *hospitality* to a guest
客を歓待する.

host [houst ホウスト] 4級

名 (複数 hosts [-ts ツ]) (客をもてなす) **主人(役)**，ホスト役 (▶しばしば女性にも使う) (女 hostess).
── 動 (3単現 hosts [-ts ツ]; 過去・過分 hosted [-id]; ing hosting) 他 (会など) を主催する.

hostage [hάstidʒ ハステヂ ‖ hɔ́s- ホス-] 名 人質.

hostel [hάstl ハストゥル ‖ hɔ́s- ホス-] 名 ユースホステル (= youth hostel).

hostess [hóustis ホウステス] 名 (客をもてなす) 女主人 (男 host); (テレビなどの) 女性司会者.

host family [hóust fǽm(ə)li] 名 (複数 host families [-z]) ホストファミリー (留学生などを泊める家庭).

hostile [hάstl ハストゥル, -tail -タイル ‖ hɔ́stail ホスタイル] 形 敵の；敵意に満ちた.

hot 5級 形 暑い，熱い

[hɑt ハット ‖ hɔt ホット]
形 (比較 hotter; 最上 hottest)

hot 暑い・熱い　　cold 寒い・冷たい

1 (天気・気候が) **暑い** (反 cold 寒い).

a *hot* summer 暑い夏.
It's very *hot* today. 今日はとても暑い.
Hot day, isn't it? 暑いですね.
It is *hotter* today than yesterday.
今日はきのうよりも暑い.
August is the *hottest* month of the year in Japan.
8月が日本でいちばん暑い月だ.

2 (物が) **熱い** (反 cold 冷たい).
hot water 湯. → hot water
I'd like some *hot* tea.
熱いお茶が飲みたいなあ.
This coffee is too *hot* to drink.
このコーヒー，熱くて飲めないよ.

3 (味が) **ぴりっとからい** (▶「塩からい」は salty).
This curry is very *hot*.
このカレーすごくからいよ. → 名 heat

hot dog [hάt ‖ hɔ́t dɔ̀(:)g] 名 ホットドッグ. 5級

hotel 4級 [houtél ホウテル] (アクセント注意)

名 (複数 hotels [-z]) **ホテル**.
We stayed at a *hotel* close to the station.
私たちは駅からすぐのホテルに泊まった.
Did you make a *hotel* reservation?
ホテルの予約はしたの？

hotline, hot line [hάtlain ハトゥライン ‖ hɔ́t- ホット-] 名 (1) (2国政府首脳間の緊急な) 直通電話；(一般に) 緊急用直通電話，直通電話サービス.

hot spring [hάt ‖ hɔ́t spriŋ] 名 温泉.

hotter [hάtər ハタァ ‖ hɔ́tər ホタァ] 形 hot(暑い；熱い) の比較級.

hottest [hάtist ハテスト ‖ hɔ́tist ホテスト] 形 hot (暑い；熱い) の最上級.

hot water [hάt ‖ hɔ́t wɔ́:tər] 名 湯 (▶前後関係から「お湯」とわかるときは単に water を使う.「お湯がわいているよ」というときは✗The hot water is boiling. ではなく，The water is boiling. という).

hound [haund ハウンド] 名 猟犬.

hour 5級 名 1時間，時刻

[áuər アウア] フォニックス90 our は [áuər] と発音する. h は発音しない.

◀ house

名 (複数) hours[-z] **1 1時間**, 60分(▶「分」はminute, 「秒」はsecond).
for an *hour* 1時間(の間) (▶hは発音しないので「1時間」はan hourとなる).
half an *hour*(=(米)a half *hour*) 30分.
I'll be there in an *hour*.
1時間後にそっちに行くよ.
It took three *hours* to get there.
そこに着くのに3時間かかった.
I waited for him for *hours*.
私は何時間も彼を待った.
The store is open 24 *hours* a day.
その店は24時間営業だ.
The time difference between Tokyo and London is nine *hours*.
東京とロンドンの時差は9時間ある.

💬用法 hour と o'clock
... o'clockは時計の針がさす「時刻」をいい, hourは60分から成る時間の幅を表す. three hoursは「3時間, 180分」, three o'clockは時刻の「3時」のことである.

2 時刻.
at an early *hour* 早い時刻に.
at a late *hour* 遅い時刻に.
3 [ふつう複数形で](営業・勤務などの)**時間**; (授業の)時限.
What are your business *hours*?
営業時間は何時から何時までですか.
school *hours* 授業時間.
by the hour 時間ぎめで.
We hired a boat *by the hour*.
私たちは時間ぎめでボートを借りた.

keep early hours 早寝を早起きをする.

[同音語] our (私たちの)
hour hand [áuər hænd] 名 [ふつう the をつけて] (時計の)時針, 短針.
hours [áuərz アウアズ] 名 hour (1時間)の複数形.

house 5級 名 家

[haus ハウス] フォニックス72 ouは[au]と発音する.
名 (複数) **houses** [háuziz ハウズィズ] 発音注意) **1 家**, 住宅 (▶おもに1世帯の家族が住む1戸建ての家屋をいう).
He lives in a large *house*.
彼は大きな家に住んでいる.
Welcome to our *house*. Come on in. わが家へようこそ. どうぞお入りください.
I went to Tom's *house* after school.
私は放課後, トムの家に行った.
He built a new *house* last year. 彼は去年家を新築した (▶buildは「自分で建てる」場合にも「業者に建ててもらう」場合にも使う).
a two-storied *house* 2階建ての家.

💬用法 house と home
houseは「建物」としての「家」をさす. homeは「家族が住む場所」としての「家」をさすが, 「家庭」の意味が強い. His *house* burned down. (彼の家が焼けた) / a sweet *home* (楽しい家庭). ただし, (米)では home を house と同じく「住宅」の意味で使うこともある.

house ①屋根 ②煙突 ③[ゲイブル]破風 ④バルコニー ⑤ドア, 戸 ⑥[ストゥープ]入り口階段 ⑦進入路, アプローチ ⑧窓 ⑨シャッター, 雨戸 ⑩ガレージ, 車庫 ⑪道路から車庫までの車道 ⑫しばふ

three hundred and fifty-five 355

household ▶

2 (特殊な目的に使う) 建物；劇場.
a green*house* 温室.
an opera *house*
オペラハウス，オペラ劇場.
3 [the House で] 議院，(とくに) 下院.
the House of Representatives
(アメリカなどの) 下院；(日本の) 衆議院.
play house ままごと遊びをする.

household [2級] [háushould ハウスホウルド] 名 (同居人もふくめた) 家族，世帯.

housekeeper [háuski:pər ハウスキーパァ] 名 家政婦，お手伝いさん.

housekeeping [háuski:piŋ ハウスキーピング] 名 家事；(ホテルなどの) 客室清掃.

Houses of Parliament [háuziz əv pá:rləmənt] 名 [the をつけて] (イギリスの) 国会議事堂.

housewife [háuswaif ハウスワイフ] 名 (複数 **housewives** [-waivz]) (専業の) 主婦 (▶最近は性差を避けるために homemaker [hóummeikər] という言い方がよく使われる).

housework [準2] [háuswə:rk ハウスワ～ク] 名 家事 (▶ a をつけず，複数形なし. homework は「宿題」のこと. 混同しやすいので注意).

housing [háuziŋ ハウズィング] 名 住宅供給；[集合的に] 住宅.

Houston [hjú:stən ヒューストン] 名 ヒューストン (アメリカ，テキサス州の都市).

hovercraft [hávərkræft ホヴァクラフト ‖ hóvəkrɑ:ft ホヴァクラーフト] 名 ホバークラフト (空気で機体をうき上がらせて進む，水陸両用の乗り物).

---

how [5級] 副 どのようにして，どのくらい

[hau ハウ] フォニックス73 ow は [au] と発音する.
副 **1** [方法を表して] **どのようにして，どうやって**，どんな方法で，どんな手段で；(how to ... で) **…のしかた**.
How did you meet her?
彼女とはどうやって知り合ったの？

📣スピーキング

🅐 *How* do you go to school?
どうやって学校へ行きますか.
🅑 By bus.
バスで行きます.

"*How* would you like your steak?"
"Well-done, please."
「ステーキの焼きかげんはどういたしましょうか」「よく焼いてください」

I learned *how to* play the guitar from Ken.
ぼくはギターのひき方をケンから習った.

2 [程度などを表して] **どのくらい，どれほど** (▶あとに形容詞や副詞が続く).

How old ...?	年齢
How many ...?	数
How many times ...?	回数
How much ...?	量・金額
How tall ...?	身長・高さ
How high ...?	高さ
How long ...?	長さ・期間
How far ...?	距離
How often ...?	頻度

"*How* old are you?" "I'm thirteen years old."
「あなたは何歳ですか」「13歳です」[**年齢**]

"*How* many bags do you have?"
"I have three."
「かばんをいくつ持っているんだい」「3つだよ」[**数**]

"*How* many times have you been there?"
"Two times."
「そこへは何回行ったことがありますか」「2回です」[**回数**]

"*How* much water is in the bottle?"
"It's about half full."
「水はびんにどのくらいありますか」「約半分だ」[**量**]

"*How* much is this shirt?"
"It's 500 yen."
「このシャツはいくらですか」「500円です」[**金額**]

"*How* tall are you?" "I'm six feet tall."
「身長はどのくらいですか」「6フィートあります」[**身長**]

"*How* tall is the Tokyo Skytree?"
"It's 634 meters tall."
「東京スカイツリーの高さはどのくらいですか」「634メートルです」[**高さ**]

"*How* long is the Tone River?"
"About 322 kilometers long."

356 three hundred and fifty-six

however

「利根川はどのくらいの長さですか」「およそ322キロです」[長さ]

"*How* long are you going to stay here?" "For a week."

「どのくらいここに滞在するつもりですか」「1週間です」[期間]

"*How* far is it from here to the station?"

"It's about 300 meters."

「ここから駅までどのくらいありますか」「約300メートルです」[距離]

"*How* often do you play tennis?" "Once a week."

「どのくらいの割合でテニスをしますか」「週に1回です」[頻度]

How well do you know her?

あなたは彼女をどれくらいよく知っていますか.

3 [健康状態を表して] **どんなぐあいで, どんな調子で.**

"*How*'s your father?" "He's fine, thank you."

「お父さんはお元気ですか」「ええ, 元気にしています」

"*How* do you feel today?" "I feel much better, thank you."

「今日は気分はどう？」「ありがとう, だいぶよくなったよ」

4 [相手の感想や印象をたずねて] **どのようで,** どんな感じで.

"*How* do you like Japan?" "It's wonderful."

「日本(の印象)はいかがですか」「すばらしいです」(▶ How do you feel about Japan? や What do you think about Japan? (日本をどう思いますか) ともいうが, ×How do you think about Japan? とはいわない).

"*How* was Paris?" "Terrific. I had a wonderful time."

「パリはどうだった？」「すばらしかったよ. ほんとうに楽しかった」

5 [感嘆文で] **なんと** (▶あとに形容詞・副詞が続く).

How hot it is!

なんて暑いんだろう！

How cute she is!

彼女はなんてかわいいんでしょう！

How fast Mary runs!

メアリーはなんて速く走るのだろう！

📝**文法** how と what

❶感嘆文では後半の「主語＋動詞」は省略されることが多い. ❷ what も感嘆文に使われるが, what のあとには形容詞をともなう名詞がくる. *What* a pretty girl she is！(彼女はなんてかわいい女の子なんでしょう)

6 [名詞節を導いて] …する方法.

Could you tell me *how* I can get to the station?

駅にはどう行けばいいか教えていただけますか.

How about ...? **…はいかがですか；…しませんか.** → about

How are you? **お元気ですか, ごきげんいかがですか** (▶知人に会ったときのあいさつ. How are you doing? (元気にしてる？) とか How's everything? (調子はどう？) などともいう).

🗣**スピーキング**

🅐 *How are you*, Chris?
クリスさん, お元気ですか.
🅑 Fine, thank you.
元気です, ありがとう.

How come ...? 《口語》どうして…, なぜ… (▶あとには「主語＋動詞」が続く. Why ...? よりもくだけた言い方).

How come you were so late?

どうしてそんなに遅かったの？

How do you do? **はじめまして** (▶はじめて会った人に対する改まったあいさつ. 返事も How do you do? という. ひじょうにかたい言い方なので, ふつうは Nice to meet you. を使う).

How's everything? **調子はどうですか.**

however [hauévər ハウエヴァ]

フォニックス73 ow は [au] と発音する.

[副] **1** [あとに形容詞・副詞を続けて] **どんなに…でも** (▶話し言葉では no matter how のほうがふつう).

Call me *however* late it is.

どんなに遅くなっても私に電話してね.

2 [接続詞的に] **しかしながら,** けれども (▶ but よりも形式ばった語. 文頭, 文中, 文尾のいずれにも置かれる).

She's a bright student. *However*, she got a bad score on the test.

three hundred and fifty-seven　357

howl ▶

彼女は優秀な生徒だ. しかし, そのテストで悪い点をとってしまった.

howl [haul ハウル] 動 自 (オオカミなどが)遠ぼえする.
— 名 (オオカミなどの)遠ぼえ.

how's [hauz ハウズ] how is の短縮形.

Hudson [hʌ́dsn ハドッスン] 名 [the をつけて] ハドソン川 (アメリカの川; 河口にはニューヨーク市がある).

hug [hʌg ハッグ] 動 (過去)(過分) hugged [-d]; (ing) hugging) 他 …を抱きしめる, ハグする.
— 名 抱きしめること, ハグ.
Give me a *hug*.
ハグして.

huge 準2 [hju:dʒ ヒューヂ] 形 とても大きな, 巨大な (同 enormous; 反 tiny ごく小さい).
America is a *huge* country.
アメリカはとても大きい国だ.

huh [hʌ ハ] 間 (軽べつ・おどろき・疑問などを表して) ふん; へえ; なんだって.

hula [húːlə フーラ] 名 フラ, フラダンス.

hullo [həlóu ハロウ] 間 (おもに英)= hello

hum [hʌm ハム] 動 (過去)(過分) hummed [-d]; (ing) humming) 他 …を鼻歌でうたう, ハミングする.
— 自 鼻歌をうたう, ハミングする; (ハチ・機械などが) ブンブンいう, うなる.
— 名 (ハチ・機械などの)ブンブンいう音.

human 3級 [hjúːmən ヒューマン]
フォニックス52 u は [juː] と発音する.
形 (比較) more human; (最上) most human) (動物や機械などに対して) **人間の**; 人間的な, 人間らしい.
the *human* body 人体.
The accident was caused by *human* error. 事故は人的ミスで起こった.
→ 名 humanity
— 名 (複数 humans [-z]) 人間, 人.

human being [hjúːmən bíːiŋ] 名 (動物や機械などに対して) 人間, 人.

humanism [hjúːmənizm ヒューマニズム] 名 人間中心主義 (人間の尊厳を守ろうとする考え方).

humanity [hju:mǽnəti ヒューマニティ] (複数 humanities [-z]) 人間らしさ, 人間性, 人情; [集合的に]人類; [the humanities で]

(自然科学に対して) 人文科学.
→ 形 human

humankind [hjúːmənkaind ヒューマンカインド] 名 人類.

human race [hjúːmən réis] 名 [the をつけて] 人類 (同 mankind).

human rights [hjùːmən ráits] 名 [複数あつかい] 人権.

humble [hʌ́mbl ハンブル] 形 (比較) humbler または more humble; (最上) humblest または most humble)
1 けんきょな, けんそんした (反 proud 誇りに思う, いばった).
2 (身分などが) 低い, いやしい; みすぼらしい, 粗末な.

humid [hjúːmid ヒューミド] 形 湿った, 湿気の多い.

humidity [hju(ː)mídəti ヒュ(ー)ミディティ] 名 (空気中の) 湿気; 湿度.

hummingbird [hʌ́miŋbəːrd ハミングバード] 名 (鳥) ハチドリ.

飛ぶときブーンという音を出す米国産の鳥; 種類が多いが, その最小の種類のものは世界最小の鳥.

humor 3級 [hjúːmər ヒューモァ] ▶ (英)では humour とつづる.
名 ユーモア, おかしさ, こっけい; ユーモアを解する心.
She has a good sense of *humor*.
彼女はユーモアがわかる.

> 用法 humor と wit と joke
> humor は相手の感情にうったえる思いやりのある「おかしみ」のことをいう. イギリス人はユーモア感覚をもつことで有名である. これに対して知的な「こっけい味」を wit (機知) という. joke はふざけたりからかったりする「冗談」で, アメリカ人が好むといわれる.

humorous [hjúːm(ə)rəs ヒューモラス] 形 (人が) ユーモアのある; こっけいな, ユーモラスな.

humour [hjúːmər ヒューモァ] 名 (英) = (米) humor

Humpty Dumpty [hʌ̀m(p)ti

358　three hundred and fifty-eight

dÁm(p)ti ハン(プ)ティ ダン(プ)ティ] 名 ハンプティー・ダンプティー.

背景 卵の形でえがかれる人物の名. へいの上から落ちて割れてしまい, だれももとにもどせなかった.『マザーグース』(*Mother Goose*) でおなじみだったが, ルイス・キャロルの『鏡の国のアリス』に再登場してすっかり人気者になった.

Humpty Dumpty
へいの上に乗っかっているハンプティー・ダンプティーとアリス.『鏡の国のアリス』のさし絵. テニエル画.

hundred 5級 形 100 の 名 100

[hÁndrəd ハンドゥレッド]

形 **100 の**；100 個の, 100 人の；100 歳で.
a *hundred* yen 100 円.
a *hundred* years 100 年.

――名 (複数 **hundreds** [-dz ヅ]) **100**；100 歳；[複数あつかい] 100 個, 100 人.
a *hundred* 100.
four *hundred* (and) fifty 450 (▶ 100 の位のあとが 00 でないとき, 《英》では and を入れるが, 《米》ではよく省略する).

文法 hundred の使い方
❶ 200, 300 は two hundred, three hundred という. hundred に -s はつけない. ❷ hundred は, 成句の hundreds of のときのみ -s をつける. ❸ 年号はふつう 100 の位で区切って読み, hundred は使わない. 1990 = nineteen ninety. ただし, 1900 年のようなときは hundred を使う. 1900 = nineteen hundred. また, 2000 年のときは thousand (千) を使う. 2000 = two thousand. また 2025 年のようなときは two thousand twenty-five や twenty twenty-five という.

hundreds of **何百もの….**
Hundreds of people went to the concert.
何百人もの人々がそのコンサートに行った.

hundredth 5級 [hÁndrədθ ハンドゥレッドゥス] 形 [ふつう the をつけて] 第 100 の, 100 番目の.
――名 [ふつう the をつけて] 第 100, 100 番目.

hung [hÁŋ ハング] 動 hang (…を掛ける) の過去・過去分詞.

Hungary [hÁŋg(ə)ri ハンガリィ] 名 ハンガリー (ヨーロッパ中部の共和国；首都はブダペスト (Budapest)).

ブダペストのドナウ川沿いにたつ国会議事堂.

hunger [hÁŋgər ハンガァ] 名 空腹；飢え, 飢餓.
Many people died of *hunger* in those days.
その当時多くの人たちが飢え死にした.
Hunger is the best sauce.
(ことわざ) 空腹は最上のソースである＝ひもじいときにまずいものなし. →形 hungry

hungrily [hÁŋgrəli ハングリリィ] 副 飢えて；渇望して.

hungry 5級 [hÁŋgri ハングリィ]

形 (比較 **hungrier**；最上 **hungriest**) **空腹の**, おなかがすいた (反 full おなかがいっぱいの)；飢えた.

hungry

full

I'm very *hungry*. とてもおなかがすいた.
Are you *hungry*? おなかはすいた？
I'm getting *hungry*. おなかがすいてき

hunt ▶

た. →图 hunger

hunt 準2 [hʌnt ハント] 動 他 (動物・鳥など)を狩る, 狩猟する; …をさがし求める.
hunt deer シカ狩りをする.
── 自 狩りをする; さがし求める.
go *hunting* 狩りに行く.
── 图 狩り, 狩猟; さがすこと, …さがし.
go on a fox *hunt* キツネ狩りに行く.
a treasure *hunt* 宝さがし.

hunter [hʌ́ntər ハンタァ] 图 ハンター, 猟師.

hunting 準2 [hʌ́ntiŋ ハンティング] 图 狩り, 狩猟; さがし求めること.
job *hunting* 職さがし; 就職活動.

hurdle [hə́ːrdl ハードゥル] 图 **1** (陸上競技の) ハードル; [the hurdles で] [単数あつかい] ハードル競走, 障害物競走.
2 障害, 困難.

hurl [həːrl ハール] 動 他 …を強く投げる, 投げつける; (悪口など) を浴びせる.

hurrah [huráː フラー] 間 = hurray

hurray [huréi フレイ] ▶ hooray ともつづる. 間 やったあ, 万歳!, フレー!
Hip, hip, *hurray*! ヒップ, ヒップ, フレー (▶応援・かっさいなどのかけ声).
Hurray! We won! やったあ! 勝ったぞ!

hurricane 3級 [hə́ːrəkein ハ～リケイン ‖ hʌ́rikən ハリケン] 图 ハリケーン (夏から秋にかけて北大西洋やメキシコ湾沖で発生し, しばしばアメリカを襲う暴風雨). → typhoon

hurried [hə́ːrid ハ～リド ‖ hʌ́rid ハリド] 形 大急ぎの, あわてた.

hurriedly [hə́ːridli ハ～リドゥリィ ‖ hʌ́ridli ハリドゥリィ] 副 大急ぎで, あわただしく.

hurry 4級 [hə́ːri ハ～リィ ‖ hʌ́ri ハリィ]

動 (3単現 hurries [-z]; 過去 過分 hurried [-d]; ing hurrying) 自 **急ぐ**, 急いでいく; あわてる.
If you *hurry*, you can catch the bus. 急げばそのバスに乗れるよ.
I *hurried* to the hospital. 私は急いでその病院へ行った.
I *hurried* after her. 彼女のあとを急いで追った.
── 他 (人) をせきたてる, 急がせる.
Don't *hurry* me. せかさないでよ.

hurry up 急ぐ (▶おもに命令文で使う).
Hurry up, Jeff! ジェフ, 急げ!

── 图 急ぎ, 急ぐこと, あわてること; [疑問文・否定文で] 急ぐ必要 (▶複数形なし).
What's the *hurry*? 何を急いでるの?
There's no *hurry*. 急ぐことないよ.

in a hurry 急いで, あわてて.
Don't be *in a hurry*. あわてることはない.

hurt 3級 [həːrt ハート] フォニックス79 ur は [əːr] と発音する.

動 (3単現 hurts [-ts ツ]; 過去 過分 hurt; ing hurting) (▶原形と過去・過去分詞が同じ形であることに注意).

他 **1** (人・体の一部) **を傷つける**, (人) **にけがをさせる**. → injure
He *hurt* his leg when he fell off his bike. 彼は自転車でころんで足をけがした.
Don't *hurt* yourself. けがをしないでね (▶

単語力をつける

I'm .... 感覚を表すことば

- ☐ **I'm ....** 私は…です.
- ☐ exhausted くたくたにつかれた
- ☐ full おなかがいっぱいの
- ☐ hungry おなかのすいた
- ☐ sleepy 眠い
- ☐ starved / starving おなかがぺこぺこな
- ☐ thirsty のどがかわいた
- ☐ tired つかれた

hurt *my*self で「けがをする」の意味).
He was badly *hurt* in the traffic accident.
彼はその交通事故でひどいけがをした.
2 (感情など) **を傷つける**, 害する.
I didn't mean to *hurt* you. きみを傷つけるつもりは (→悪気は) なかったんだ.
——自 (体の一部が) **痛む**, 痛い.
Where does it *hurt*? どこが痛みますか.
My right arm still *hurts*.
右腕がまだ痛むんだ.
——名 (複数) **hurts** [-ts ツ] (精神的な) **傷**; (身体の) けが.
——形 (比較) **more hurt**; (最上) **most hurt**) **けがをした**;傷ついた.

husband 4級 [házbənd ハズバンド]
名 (複数) **husbands** [-dz ヅ] **夫** (対) wife 妻).
my *husband* and I 夫と私.

hush [hʌʃ ハッシ] 動 他 …を黙らせる.
——[ʃː シー, hʌʃ ハッシ] 間 しっ!静かに!
Hush! Someone is coming.
しっ!だれかがくるぞ.

husk [hʌsk ハスク] 名 **1** (穀類の) 外皮, 殻;(米)トウモロコシの皮;無用のもの.

husky¹ [háski ハスキィ] 名 (複数) **huskies** [-z] ハスキー犬 (そり用の寒さに強い犬).

husky² [háski ハスキィ] 形 声のかれた; (声が) しわがれた,ハスキーな.

hut [hʌt ハット] 名 小屋, ほったて小屋 (▶ cabin よりもそまつなもの). → cabin
a mountain *hut* 山小屋.

hyacinth [háiəsinθ ハイアスィンス] 名 (植物) ヒヤシンス.

hybrid [háibrid ハイブリド] 名 (動物・植物の) 交配種, ハイブリッド; (一般に) 混成物.
——形 交配の, 雑種の;混成の;ハイブリッドの.

Hyde Park [hàid ハイド páːrk] 名 ハイドパーク (ロンドン第1の公園で, the Park といえばここをさす. だれもが自由に演説できるスピーカーズ・コーナー (Speakers' Corner) という広場もある).

hydrant [háidrənt ハイドゥラント] 名 消火栓 (= fire hydrant).

hydrogen [háidrədʒən ハイドゥロヂェン] 名 (化学) 水素 (▶記号は H).

hydrogen bomb [háidrədʒən bàm ‖ bɔ̀m] 名 水素爆弾.

hyena [haiíːnə ハイイーナ] 名 (動物) ハイエナ.

hymn [him ヒム] (発音注意) 名 (音楽) 賛美歌, 聖歌.
[同音語] him (彼を)

hyphen [háifən ハイフン] 名 ハイフン (▶ - の記号;語をつなげたり, 音節を区切ったりするのに使う). → punctuation marks (表)

I, i ▶

I, i [ai アイ] 名 (複数 **I's, i's** [-z] または **Is, is** [-z]) アイ (アルファベットの9番目の文字).

I 5級 代 私は, 私が

[ai アイ, (強めると)ai アイ]
代 (複数 **we** [wi:]) **私は, 私が**.

	単数	複数
主格	I 私は	we 私たちは
所有格	my 私の	our 私たちの
目的格	me 私を	us 私たちを

I am (= *I'm*) a student.
ぼくは学生です.
I'm happy.
私は幸せです.
I have two brothers.
私には男のきょうだいが2人います.
I like soccer very much.
ぼくはサッカーが大好きです.
Emi and *I* are classmates.
エミと私は同級生です.
I was wrong.
私はまちがっていた.

> 🟢 文法 **I**の使い方
> ❶日本語の「ぼくは」「私は」「おれは」などの言い方は英語ではどれもIになる. 男女の区別なく使う.
> ❷文の途中ちゅうでも, いつも大文字で書く. 小文字だと目立たないからである.

Iはいつも大文字で書く.
Iが小文字(i)だと目立たないから.

❸ほかの代名詞・名詞と並べるときは, Iがいちばん最後にくる. You, he, and I ... のように, ふつう2人称→3人称→1人称の順になる.

> ⓘ参考 ジェスチャーで, 日本人が「私は」と自分のことを言うときは, 鼻のあたりを指さすことが多い. 英米人がIと言うときは, 胸のあたりを指さす.
> → gesture (図)

[同音語] eye (目)

IA, Ia. (略) = Iowa (アイオワ州)
IC [áisí: アイスィー] 集積回路(▶ *i*ntegrated *c*ircuit の略).

ice 5級 [ais アイス]

名 **1** 氷.
His hands were as cold as *ice*.
彼の手は氷のように冷たかった.
2 (シャーベットなどの) 氷菓子かし; (英)(文語) アイスクリーム (= ice cream).
→形 icy
── 動 他 …を凍こらす, 冷やす.

iceberg [áisbə:rg アイスバーグ] 名 氷山.
the tip of the iceberg 氷山の一角いっかく, ほんの一部.

ice cream 5級 [áis kri:m] 名 アイスクリーム.
an *ice cream* parlor
(米) アイスクリーム (専門) 店.
"What flavor of *ice cream* do you like?" "I love vanilla."
「アイスクリームはどんな味が好き？」「バニラが大好き」

iced [aist アイスト] 形 氷で冷やした.
iced coffee アイスコーヒー.

ice hockey [áis hɑ̀ki ‖ hɔ̀ki] 名 (スポーツ) アイスホッケー (▶(米)では単にhockeyともいう). → hockey

Iceland [áislənd アイスランド] 名 アイスランド (北大西洋の共和国; 首都はレイキャビク (Reykjavik)).

◀ if

ice-skate [áisskèit アイススケイト] 動 圓 アイススケートをする.

ice skating, ice-skating 3級
[áis skèitiŋ アイス スケイティング] 图 《スポーツ》アイススケート.

icicle [áisikl アイスィクル] 图 つらら.

icon [áikɑn アイカン ‖ -kɔn -コン] 图 《コンピューター》アイコン.

ICT [àisi:ti: アイスィーティー] 情報通信技術 (▶ *i*nformation and *c*ommunication(s) *t*echnology の略).

icy [áisi アイスィ] 形 (比較 **icier**; 最上 **iciest**) 氷のように冷たい；氷の (ような)；凍ってつくような. (道などが) 凍った，凍結した.
an *icy* wind
凍てつくような風. →图 ice

ID¹ [áidí: アイディー] 图 (複数 **ID's, IDs** [-z]) 身分証明書, ID カード (▶ *id*entification, *id*entity の略).

ID², Ida. (略) = Idaho (アイダ州)

I'd [aid アイド] I would, I had の短縮形.
I'd (= I would) like a glass of water.
水が 1 杯ほしいのですが.

Idaho [áidəhou アイダホウ] 图 アイダホ州 (アメリカ北西部の典型的な山地州；略語は ID または Ida.).

ID card [áidí: kɑ̀:rd] 图 身分証明書, ID カード (▶ *id*entity card または *id*entification card の略；単に ID ともいう).

idea 5級 图 考え，アイデア

[aidí(:)ə アイディ(ー)ア] (アクセント注意)
图 (複数 **ideas** [-z]) **1 考え**，思いつき，アイデア.
That's a good *idea*!
それはいい考えだ！ (▶ That sounds like a good *idea*. ともいう).

━━ スピーキング ━━
Ⓐ How about going to Disneyland?
ディズニーランドへ行かない？
Ⓑ That's a great *idea*!
名案だね！

Do you have any good *ideas*?
何かよい提案はありますか.
2 見当，想像，理解.
I have no *idea*.

まったくわかりません；見当もつきません.
Do you have any *idea* what time it is? 何時ごろかわかりますか.
3 意見，考え方；思想，理念.
We have the same *idea*.
私たちは同じ意見です.

ideal 準2 [aidí(:)əl アイディ(ー)アル] 形 申し分のない，理想的な.
It was *ideal* weather for a picnic.
ピクニックにはもってこいの天気だった.
She finally found her *ideal* job.
彼女はついに自分が理想とする仕事を見つけた.
━━ 图 理想；理想的な人，理想的なもの.

ideas [aidí(:)əz アイディ(ー)アズ] 图 idea (考え) の複数形.

identification [aidentəfikéiʃən アイデンティフィケイション] 图 身分証明書 (= ID, ID card)；身元確認.
an *identification* card
身分証明書 (= ID, ID card).

identify 2級 [aidéntəfai アイデンティファイ] 動 (3単現 **identifies** [-z]；過去 過分 **identified** [-d]；現 **identifying**) 他 (人) の身元を確認する；…を (本人・同一のものであると) 確認する；…を見分ける.
She *identified* her umbrella at once.
彼女は自分のかさがどれかすぐにわかった.

identity [aidéntəti アイデンティティ] 图 (複数 **identities** [-z]) 同一であること；身元；アイデンティティー，独自性.

idiom [ídiəm イディオム] 图 イディオム，熟語，成句，慣用句.

idle [áidl アイドゥル] 形 (比較 **idler**; 最上 **idlest**) (機械などが) 使用していない，稼働していない；役に立たない.
[同音語] idol (アイドル)

idleness [áidlnis アイドゥルネス] 图 何もしないこと，怠惰；効果がないこと.

idol [áidl アイドゥル] 图 アイドル；偶像.
a national *idol* 国民的アイドル.
[同音語] idle (使用していない)

i.e. [ái í: アイ イー, ðæetiz ザティズ] すなわち，言いかえれば (▶ラテン語 id *e*st (= that is) の略；辞書などで使われる).

if 4級 接 もし…ならば

three hundred and sixty-three 363

ignition ▶

[if イフ, (強めると) if イフ]

接 **1** [条件を表して] **もし…ならば**, …すれば.

If it rains tomorrow, we will stay home.
もしあした雨が降れば, 私たちは家にいます.

You can catch the train *if* you go now.
いま行けばあなたはその列車に間に合います.

🔊スピーキング

Ⓐ Let's go shopping tomorrow *if* you're free.
もしひまならあした, 買い物に行こう.

Ⓑ Good idea. I'm free all day tomorrow.
いい考えだね. あしたは一日中空いているよ.

📖文法 if の使い方① ― 条件
ありうることについて「もし…ならば」というときの if のあとの動詞は, 未来のことを表すときでも現在形を使う.

2 [仮定を表して] **もし…ならば**, もし…だったら.

If I were a bird, I would fly to Hawaii. もし私が鳥なら, ハワイまで飛んでいくのになあ.

If I had had another ticket, I could have taken you to the concert.
私がもう1枚切符を持っていたら, きみをコンサートに連れていけたのだが.

📖文法 if の使い方② ― 仮定
ありえないことや, 事実とは異なることを仮定した表現を「仮定法」といい, if のあとの動詞は過去形 (be 動詞は were, 話し言葉では was) や過去完了形などを使う.

3 たとえ…でも.

I will do it *if* it is difficult.
たとえ困難でも, 私はそれをやります (▶「たとえ…でも」の意味をはっきりさせるときは, even if で表すことが多い). → even if

4 …かどうか.

Please ask Ben *if* he likes music.
ベンに音楽が好きかどうか聞いてください.

I wonder *if* they will come.
彼らは来るのかしら.

even if ... たとえ…だとしても (= even though ...).
There will be a game *even if* it rains. たとえ雨が降っても, 試合はある.

if any もしあれば. → any

if necessary もし必要ならば.
→ necessary

if not ... 仮に…でないにしても.

if possible できるなら. → possible

if you like もしよかったら. → like¹

ignition [igníʃən イグニション] 名 点火, 発火; (内燃機関の) 点火装置.

ignorance [ígnərəns イグノランス] 名 無知; 知らないこと.

ignorant [ígnərənt イグノラント] 形 **1** (人が) 無知な, 無学な.
2 《be ignorant of [about] ...で》 (物事) を知らない.

ignore 2級 [ignɔ́ːr イグノー(ア)] 動 他 …を無視する.
We *ignored* his advice.
私たちは彼の忠告を無視した.

iguana [igwάːnə イグワーナ] 名 《動物》 イグアナ (熱帯アメリカ産の大トカゲ).

IL, Ill. (略) = Illinois (イリノイ州)

ill 準2 [íl イル]

形 《比較》 **worse** [wə́ːrs] 《最上》 **worst** [wə́ːrst]
1 (おもに英) [ふつう名詞の前では使わない] **病気の**, 体調が悪い, 気分が悪い (= (米) sick) (反 well¹ 健康で).
My brother is *ill* in bed.
弟は病気で寝ています.
She became *ill* last month.
彼女は先月病気になった.

「エドは病気です」の言い方
× Ed is illness.
　　　　↑
　　　名詞は使えない.

○ Ed is ill.

💡用法 ill と sick
「病気の」の意味で, 名詞の前に置くときは sick を使い, ill は使わない. → sick

2 悪い (同 bad).
ill manners 不作法.　　→ 名 illness
── 副 悪く (反 well¹ よく).

◀ **immigration**

I'll [ail アイル] I will の短縮形.
I'll (= I will) be there by six.
6 時までにそこへ行きます.

illegal [ilíːɡəl イリーガル] 形 違法の, 不法
の, 非合法の (反 legal 合法の).

Illinois [ilənɔ́i イリノイ] (発音注意) 名 イリ
ノイ州 (アメリカ中部の州; 州北部には大都市
シカゴ (Chicago) がある; 略語は IL または
Ill.).

illiteracy [ilít(ə)rəsi イリテラスィ] 名 読み
書きのできないこと.

illiterate [ilít(ə)rət イリテレト] 形 読み書
きのできない, 非識字の; (一般に) 無学の.
── 名 読み書きのできない人, 非識字者.

illness 2級 [ílnis イルネス] 名 病気 (同
sickness; 反 health 健康). → disease
He was absent from school for
three months because of *illness*.
彼は病気で 3 か月学校を休んだ. →形 ill

illuminate [ilúːməneit イルーミネイト] 動
他 …を照らす; (建物・場所など) にイル
ミネーションを施(ほどこ)す, ライトアップする.

illumination [iluːmənéiʃən イルーミネイ
ション] 名 明るくすること, 照明; [ふつう複数
形で] イルミネーション.

illustrate [íləstreit イラストゥレイト ‖ ilʌ́streit
イラストゥレイト] 動 他 …を実例で説明する;
(本など) にイラストを入れる.

illustration [iləstréiʃən イラストゥレイション]
名 イラスト, さし絵, 図解; 実例.

illustrator [íləstreitər イラストゥレイタァ] 名
イラストレーター, さし絵画家.

I'm [aim アイム] I am の短縮形.
I'm (= I am) sorry. すみません.

im- [im- イン-] 接頭 ▶ b, m, p で始まる形容
詞の前について, 反意語をつくる. 例.
impatient (im + patient がまんできない)
/ impossible (im + possible 不可能な).

image 準2 [ímidʒ イメヂ] (アクセント注
意) 名 1 イメージ, 印象.
What *image* do you have of Tokyo?
東京に対してどんな印象をもっていますか.

2 (鏡・画面などに映った) 映像, 画像.
an *image* file 画像ファイル.

3 像, (とくに) 彫像(ちょうぞう).

imaginary [ímædʒəneri イマヂネリィ ‖
-n(ə)ri -ナリィ] 形 想像上の, 架空(かくう)の, 実
在しない.

imagination 3級 [imædʒənéiʃən イマ

ヂネイション] 名 1 想像, 想像力.
I'll leave it to your *imagination*.
それはご想像におまかせします.

2 気のせい, 勝手な想像, 妄想(もうそう).
It's just your *imagination*.
気のせいですよ.

imagine [imǽdʒin イマヂン]

動 (3単現 imagines[-z] 過去 過分 imagined
[-d]; ing imagining) 他 …を想像する,
心に思いえがく; (imagine (that) ... で)
…と想像する (▶ふつう進行形にしない).
I can't *imagine* life without you.
きみのいない人生なんて考えられないよ.
Imagine you are a singer.
自分が歌手だと想像してみて.

── 自 想像する, 心に思いえがく.
Just *imagine*! ちょっと考えてもごらんよ
(おどろくでしょう; あきれるでしょう).
Can you *imagine*? 想像できますか？

imitate 2級 [íməteit イミテイト] 動 他 …
をまねる; (人) の物まねをする; …を模造
する.
He *imitates* his father's hand-
writing. 彼は父親の筆跡(ひっせき)をまねている.

imitation [imətéiʃən イミテイション] 名 ま
ね, 模倣(もほう); 模造品, にせ物.

immediate [imíːdiət イミーディエト] 形 い
ますぐの, 即時(そくじ)の; 差し迫(せま)った; 直接の.
an *immediate* answer 即答.

immediately 準2 [imíːdiətli イミーディ
エトゥリィ] 副 いますぐ, ただちに (= at once).
Stop that *immediately*!
それをいますぐやめなさい.

She moved to Tokyo *immediately*
after graduation.
彼女は卒業後すぐに東京に移った.

immense [iméns イメンス] 形 巨大(きょだい)な,
ばく大な, 多大な (同 huge).

immigrant [íməɡrənt イミグラント] 名 (外
国からの) 移民, 移住者 (▶外国への移民は
emigrant).

immigrate [íməɡreit イミグレイト] 動 自
(immigrate from ... で) (外国から) 移
住する; (immigrate into [to] ... で) (あ
る国へ) 移住する. → emigrate

immigration [iməɡréiʃən イミグレイション]
名 (外国からの) 移住, 移民 (反 emigration
他国への移住); (空港などでの) 出入国管

three hundred and sixty-five　365

immortal ▶

理, 出入国審査.
the *immigration* office 出入国管理事務所.

immortal [imɔ́ːrtl イモートゥル] 形 不死身
の, 不滅の（反 mortal 死ぬべき運命の）.

impact 2級 [ímpækt インパクト] 名 （ふつ
う単数形で）大きな影響（力）; 衝撃.

impaired [impéərd インペアド] 形 障がい
のある.
visually [hearing] *impaired*
視覚［聴覚］障がいのある.

impatient [impéiʃənt インペイシェント] 形
1 いらいらして; がまんできない（反
patient がまん強い）; せっかちな.
Don't be so *impatient*.
そんなにいらいらするなよ.
2 待ちどおしい.
I'm *impatient* for my cousins to
arrive. いとこの到着が待ちどおしい.

imperfect [impɔ́ːrfikt インパ～フェクト] 形
不完全な, 不十分な; 未完成の, 欠点の
ある（反 perfect 完全な）.

imperial [impí(ə)riəl インピ(ア)リアル] 形
帝国の; 皇帝の.

Imperial Palace [impí(ə)riəl pǽlis]
名 [the をつけて]（日本の）皇居.

impolite [impəláit インポライト] 形 無作法
な, 無礼な, 失礼な; ぶしつけな（反 polite
ていねいな）.

import 準2 [impɔ́ːrt インポート, ímpɔːrt イ
ンポート] 動 他 …を輸入する（反 export …
を輸出する）.
Japan *imports* almost all its natural
resources from foreign countries.
日本は天然資源のほとんどを外国から輸入して
いる.
imported goods 輸入品.
── [ímpɔːrt インポート] 名 輸入（反 export
輸出）; （ふつう複数形で）輸入品（反 export
輸出品）.

importance [impɔ́ːrt(ə)ns インポートゥン
ス] 名 大切さ, 重要性（▶複数形なし）.
I learned about the *importance* of
family. 私は家族の大切さを知った.

important 4級 形 大切な, 重要な

[impɔ́ːrt(ə)nt インポートゥント] フォニックス78 or は
[ɔ́ːr] と発音する.

形（ 比較 more important; 最上 most
important）**1**（物事が）大切な, 重要な,
だいじな; (It is important to ... で) …
することが大切 [重要] である.
Love is *important*. 愛情は大切だ.
I have something *important* to tell
you. あなたにだいじな話があるんだ.
It is important to get enough sleep.
じゅうぶんな睡眠をとることが大切だ.

> 📣プレゼン
> I think it's *important* for our
> society to have more diversity.
> もっと多様性をもつことは私たちの社会に
> とって大切だと思います.

2（人が）有力な, 影響力のある.
an *important* writer 重要な作家.
a very *important* person 要人, 大物（▶
VIP または V. I. P. と略す）.

impossible 準2 [impásəbl インパスィブ
ル ‖ -pɔ́s- ポスィ-] 形 **1** 不可能な, 無理な,
とてもありえない（反 possible 可能な）;
(It is impossible (for+人+) to ... で)
((人が) …することは不可能 [無理] である,
…することはできない.
That's *impossible*. そんなのありえないよ.
It's impossible (for me) *to* get this
done by tomorrow.
これをあすまでにやってしまうのは（ぼくには）不
可能だ（▶人を主語にして ✗ I am impossible
to ... とはいわない）.
2（人・物が）手に負えない, がまんなら
ない.
You're just *impossible*.
おまえってやつはほんとにしょうがないなあ.

impress 2級 [imprés インプレス]

動（ 3単現 impresses [-iz]; 過去 過分
impressed [-t]; ing impressing）他 …
を感動させる, 感心させる, …に感
銘を与える; (be impressed by
[with, at] で) …に感動する, 感心する.
These words *impressed* me very
much. このことばは私に大きな感銘を与えた.

> ✏️ライティング
> I *was* very *impressed by* her
> words.
> 彼女のことばにとても感銘を受けました.

366 three hundred and sixty-six

◀ in

impression 準2 [impréʃən インプレション] 名 **1** 印象；感銘，感動．

💬スピーキング
Ⓐ What's your *impression* of Kyoto?
京都のご感想は？
Ⓑ It's a great city!
すばらしい都市です．
Ⓑ It wasn't as good as I expected.
期待したほどではなかった．

I got the *impression* that she wasn't listening to me.
彼女は私の話を聞いていないと感じた．
2 (ばく然とした) 感じ，考え．

impressive [imprésiv インプレスィヴ] 形 印象的な；すばらしい，りっぱな．
an *impressive* speech 感動的な演説．

imprint [imprínt インプリント] 動 他
1 (印など)を(物)に押す．
2 [比ゆ的に] (物事)を(心)に刻みこむ．

imprinting [imprínting インプリンティング] 名 《動物学》刷りこみ (鳥のヒナなどが生まれた直後に見た動く物体を親とみなし，あとを追うようになるような学習現象)．

improve 準2 [imprúːv インプルーヴ] (o は例外的に [uː] と発音する) 動 他 …を改良する，改善する；…を上達させる．
He *improved* his English by reading a lot.
彼は多読することで英語力を伸ばした．
— 自 よくなる；上達する，進歩する．
Her health has *improved* a lot.
彼女はずいぶん体のぐあいがよくなった．

improvement 準2 [imprúːvmənt インプルーヴメント] 名 改良，改善；向上，上達．

impulse [ímpʌls インパルス] 名 (心の) 衝動；一時の感情．
impulse buying 衝動買い．

IN, Ind. (略) = Indiana (インディアナ州)

in 5級 前 [場所] **…の中に**
[時] **…に**

[in イン，(強めると) in イン]
前 **1** [場所・方向を表して] **…の中に，の中で，…に；…の中へ** (反 out of …の外へ)．
→ at, into

…の中に

…の中で

What's *in* the box?
箱の中に何が入っているの？
Mom is *in* the kitchen.
お母さんは台所にいる．
My sister lives *in* Tokyo.
姉は東京で暮らしている．
The sun rises *in* the east and sets *in* the west.
太陽は東からのぼり西に沈む (▶ from the east とか to the west のようにしない)．
He put his wallet back *in* his pocket. 彼はポケットにさいふをもどした．
2 [時間・期間を表して] **…に，…のうちに** (▶午前・午後，月，季節，年，世紀などを表すときに使う)．
It rained *in* the morning.
午前中に雨が降った．
We have two classes *in* the afternoon. 午後は2時間授業がある．
Her birthday is *in* June.
彼女の誕生日は6月だ．
What sports do you play *in* winter?
あなたは冬にはどんなスポーツをしますか．
He graduated from college *in* 2024. 彼は2024年に大学を卒業した．
The temple was built *in* the 16th century. その寺は16世紀に建てられた．
There are seven days *in* a week.
1週間は7日です．
He is *in* his thirties. 彼は30代だ．

💭用法 **in と at と on**
in は午前・午後や月・年など比較的長い時間を表す語とともに使う．*in* the morning (朝に)，*in* September (9月に)．at は *at* six (6時に) のように時刻を表す語と使う．on は *on* July 4 (7月4日に)，*on* Sunday (日曜日に) のように特定の日を表す語と使う．

3 [かかる時間を表して] **…に，…で．**
I have to read 30 pages *in* a day.
1日に30ページ読まないといけない．

three hundred and sixty-seven 367

in- ▶

4 [時間の経過を表して] **…たったら，…のあとに．**
He'll be back *in* an hour.
彼は 1 時間したらもどります．

5 [状態を表して] **…の (状態の) 中で．**
My father is *in* the hospital.
父は入院しています．
You'll be *in* trouble if you're caught.
見つかったらたいへんなことになるぞ．

6 [形態を表して] **…の形で．**
The girls danced *in* a circle.
女の子たちは輪になって踊った．
People waited *in* line.
人々は行列して待った．

7 [服装を表して] **…を着て，身につけて．**
She was dressed *in* pink.
彼女はピンクの服を着ていた．
a salesperson *in* a suit
スーツ姿の販売員．

8 [乗り物を表して] **…に乗って．**
We went *in* our car. うちの車に乗っていった (▶「車で行った」と交通手段を表すときは We went by car. という)．

9 [方法・手段・言語などを表して] **…で．**
Write your answers *in* pencil.
答えは鉛筆で書いてください．
They were speaking *in* Spanish.
彼らはスペイン語で話していた．

10 [範囲を表して] **…に (おいて)，…の点で．**
I'm weak *in* science. 私は理科が弱い．
In my opinion, his new book isn't as good as his previous one. ぼくの意見では，彼の新作本は前作ほどではないね．

in front of …の前に．→ front

in itself それ自体で．→ itself

── [副] **1 中へ，中に** (反 out 外へ)．
Come *in*! 入って．
He ran to the pool and jumped *in*.
彼はプールまで走っていって，飛びこんだ．

2 在宅して (反 out 外出して)．
Is your mother *in*?
お母さんはいらっしゃいますか．

3 (米) 流行して，はやって．

in- [in- イン-] [接頭] ▶形容詞の前について反意語をつくる．例. incorrect(in + correct 不正確な) / independent(in + dependent 独立した)．

inbound [inbaund インバウンド] [形] 国内行

きの (反 outbound 外国行きの)．

Inca [íŋkə インカ] [名] インカ人；[the Incas で] インカ族 (南米ペルーにいた先住民)．

inch [intʃ インチ] [名] (複数 inches [-iz]) インチ(長さの単位；1 インチは 12 分の 1 フィートで，2.54cm；略語は in.)．
She is five feet four *inches* tall.
彼女は身長が 5 フィート 4 インチある．
by inches 少しずつ．

incident [ínsədənt インスィデント] [名] できごと；事件．

incline [inkláin インクライン] [動] (他) …をかたむける；(be inclined to ... で) …してもいいかなと思う；…する傾向がある．
I *am inclined to* accept their invitation.
私は彼らの招待を受けてもいいかなと思う．

include 準2 [inklú:d インクルード] [動] (他)
1 …をふくむ (▶進行形にしない)．
The price *includes* the tax.
価格は税こみです．
2 (全体の中に) …をふくめる，入れる (反 exclude …をふくめない)．
Breakfast is *included* at B&B.
B&B(朝食つき民宿)では朝食がふくまれている．

including [inklú:diŋ インクルーディング] [前] …をふくめて，入れて．
Six were invited, *including* you.
きみも入れて 6 人が招待されたよ．

income 2級 [ínkʌm インカム] [名] (定期的な) 収入，所得．
monthly *income* 毎月の収入，月収．

incomplete [ìnkəmplí:t インコンプリート] [形] 不完全な，未完成の．
an *incomplete* novel
書き上がっていない小説．

inconvenience [ìnkənví:njəns インコンヴィーニェンス] [名] 不便；迷惑；めんどう (反 convenience 便利なこと)．

inconvenient 準2 [ìnkənví:njənt インコンヴィーニェント] [形] 不便な，都合の悪い (反 convenient 便利な)．

incorrect [ìnkərékt インコレクト] [形] まちがった，不正確な (反 correct 正しい)．

increase 準2 [inkrí:s インクリース] [動] (自) (数・量・程度などが) 増える，増加する，多くなる (反 decrease 減る)．
The number of members has increased. 会員数が増えた．

◄ Indian

The price of gas has *increased* by 25%. ガソリンの価格が 25% 上昇した.

📣 プレゼン
The world's population is *increasing* and we will need much more energy in the future.
世界の人口は増加していて, 将来はもっとたくさんのエネルギーが必要になるでしょう.

── 他 (数・量・程度など) を増やす.
The government is planning to *increase* taxes.
政府は増税を計画している.

── [ínkri:s インクリース] 图 増加, 増大 (反 decrease 減少).
a rapid *increase* in population
人口の急激な増加.

increasingly [inkrí:siŋli インクリースィングリィ] 副 ますます; だんだん.

incredible [2級] [inkrédəbl インクレディブル] 形 信じられない; 途方もない, おどろくべき, すばらしい.

incredibly [inkrédəbli インクレディブリィ] 副 信じられないほど;《口語》法外に, ひじょうに.

indeed [2級] [indí:d インディード] 副 1 [形容詞・副詞を強調して] 実に, ほんとうに, まったく; [同意を強調して] 確かに, ほんとうに.
Thank you very much *indeed*.
ほんとうにどうもありがとうございました.
It's very hot *indeed*.
まったくすごい暑さだ.

🗣 スピーキング
Ⓐ Kate is a good pianist.
ケイトはピアノがうまい.
Ⓑ Yes, *indeed*.
ええ, ほんとうに.

2 [前に言ったことを強調して] 実のところ, それどころか (▶改まった言い方).
Indeed, the situation could be worse.
実のところ状況はいっそう悪くなる可能性がある.

3 (**indeed** ~, **but ...** で)《文語》なるほど~だが…, 確かに~だが….
This is fine *indeed*, *but* it is expensive.
なるほどこれはりっぱだが, 値段が高い.

4 [間投詞的に]《おもに英》まさか, へえ.
"Tom got straight A's." "*Indeed!* "
「トムはオール 5 だったよ」「まさか!」

independence [indipéndəns インディペンデンス] 图 1 独立.
India gained *independence* from Britain in 1947.
インドは 1947 年にイギリスから独立した.
2 自立.
financial *independence*
経済的自立.

Independence Day [indipéndəns dèi] 图《アメリカの》独立記念日 (7 月 4 日なので the Fourth of July ともいう).

🟩 背景 1776 年のこの日, イギリスに対する独立宣言 (the Declaration of Independence) を発表した. アメリカの法定休日のうちもっとも重要な日とされ, パレードやショーなどが行われる.

independent [準2] [indipéndənt インディペンデント] 形 (国・組織などが) 独立した; (人が) 自立した, 人にたよらない (反 dependent 人にたよっている).
an *independent* country 独立国.
I want to be *independent*.
早く自立したい (→ 一人前になりたい).
She is *independent* of her parents.
彼女は親の世話にならないで自立している.

index [índeks インデクス] 图 (複数 **indexes** [-iz] または **indices** [índəsi:z]) 索引; (図書館などの) 目録; 指数, 指標.

index finger [índeks fiŋgər] 图 人さし指 (▶ forefinger または first finger ともいう).

India [3級] [índiə インディア]

图 **インド** (首都はデリー (Delhi)).

Indian [3級] [índiən インディアン] 形 インドの; インド人の;《アメリカ》インディアンの.
── 图 (複数 **Indians** [-z]) 1 インド人.
2 《アメリカ》インディアン (▶現在では Native American と呼ぶのがふつう).

🟩 背景 航海家コロンブスが 1492 年にアメリカ大陸に到達したとき, そこをインド (India) の一部と思い, その住民をインディアン (Indian) と呼んだことに始まるとされる.

three hundred and sixty-nine 369

Indiana ▶

Indiana [indiǽnə インディアナ] 图 インディアナ州 (アメリカ中部にある豊かな農業州；略語は IN または Ind.).

Indian Ocean [indiən óuʃən] 图 [the をつけて]インド洋.

indicate 2級 [índikeit インディケイト] 動 他 …を示す, 表す.
The location is *indicated* with a cross on the map.
その位置は地図上に×印で示されている.

indication [indikéiʃən インディケイション] 图 (…の)指示, 表示；兆候きざ, 気配.

indifference [indíf(ə)rəns インディフ(ァ)レンス] 图 無関心, むとんちゃく.

indifferent [indíf(ə)rənt インディフ(ァ)レント] 形 [名詞の前では使わない] (…に)無関心な, むとんちゃくな.
He is *indifferent* to money.
彼はお金にはむとんちゃくだ.

indigo [índigou インディゴウ] 图 (染料の)あい, インディゴ；あい色.

indirect [indirékt インディレクト, -dai- ダイ-] 形 間接的な (反 direct 直接的な)；(道などが)まっすぐでない, 遠まわりの.
an *indirect* tax 間接税.
an *indirect* route 遠まわりのルート.

individual [indivídʒuəl インディヴィデュアル ‖-vidjuəl -ヴィデュアル] 形 **1** 個々の, それぞれの；1人1人の；個人用の.
A school should meet the needs of *individual* students.
学校は生徒1人1人の要求を満たすべきである.
individual freedom 個人の自由.
an *individual* locker
個人用ロッカー.
2 個性的な, 独特の.
── 图 (全体に対して)個人, 1人の人間.
the rights of the *individual*
個人の権利.

Indonesia 3級 [indəní:ʒə インドニージァ, -ʃə -ʒァ] (発音注意) 图 インドネシア (首都はジャカルタ (Jakarta)).

Indonesian [indəní:ʒən インドニージャン, -ʃən -ʒャン] 形 インドネシアの；インドネシア人の.
── 图 インドネシア人；インドネシア語.

indoor 準2 [índɔr インドー(ァ)] 形 屋内の, 室内の (反 outdoor 屋外の).

indoors [indɔ́rz インドーズ] 副 屋内に, 室内に (反 outdoors 屋外に).

industrial 2級 [indʌ́striəl インダストゥリアル] 形 (比較 more industrial；最上 most industrial) 産業の, 工業の；産業[工業]が(高度に)発達した.
industrial growth 産業の成長.
an *industrial* city 工業都市.
industrial arts
(米)(授業科目としての)工作, 工芸.
industrial arts and homemaking
(授業科目としての)技術・家庭科.
→ 图 industry

Industrial Revolution [indʌ̀striəl revəlú:ʃən] 图 [the をつけて]産業革命 (1760 年ごろイギリスで始まり, 以後各国で機械・動力の発明をきっかけとして起こった社会的大変革).

industrious [indʌ́striəs インダストゥリアス] 形 勤勉な, よく働く.

industry 2級 [índəstri インダストゥリ] (アクセント注意) 图 (複数 industries [-z])
1 産業, 工業；業界, …産業.
heavy *industries* 重工業.
the car *industry* 自動車産業.
2 勤勉.
→ 形 industrial

inequality [ini(:)kwá:ləti イニ(一) クワリティ] 图 不平等.

inexpensive 準2 [inikspénsiv イニクスペンスィヴ] 形 (値段の)安い, 低価格の.
→ cheap.
Buses are an *inexpensive* way to travel.
バスは安上がりな旅行手段だ.

infancy [ínfənsi インファンスィ] 图 幼年時代, 幼児期.

infant [ínfənt インファント] 图 《おもに英》幼児, 《おもに米》乳児 (▶改まった語).

infect [infékt インフェクト] 動 他 (病気などが)(人)に感染する, うつる.

inferior [infí(ə)riər インフィ(ァ)リア] 形 劣おとった；《be inferior to ... で》…より劣る (反 superior 優れた).

infield [ínfi:ld インフィールド] 图 《野球・クリケット》[the をつけて]内野；(競技場のトラックより内側の)フィールド.

infielder [ínfi:ldər インフィールダァ] 图 《野球・クリケット》内野手.

infinite [ínfənit インフィニト] 形 無限の, 果てしない (反 finite 限りある).

370 three hundred and seventy

◀ **initial**

infinitive [infinətiv インフィニティヴ] 名《文法》不定詞.

influence 準2 [ínflu(ː)əns インフル(ー)エンス] 名 影響(力);影響力のある人・もの.
His friends are a good *influence* on him.
友だちは彼によい影響を与えている.
── 動 他 …に影響を与える.

influential [influénʃəl インフルエンシャル] 形 (人・物事が)影響力のある,有力な.

influenza [influénzə インフルエンザ] 名《医学》インフルエンザ(▶日常語では the flu [fluː] という). → flu

inform 2級 [infɔ́ːrm インフォーム] 動 他 (人)に知らせる, 通知する(▶手紙でよく使われるが, ふつうは tell を使う).
→名 information

informal [infɔ́ːrməl インフォーマル] 形 形式ばらない, 略式の;(会合などが) 非公式の (反 formal 正式の).
an *informal* party 略式のパーティー.
an *informal* visit
非公式の訪問.

information 4級

[infərméiʃən インフォメイション]
名 [複数 informations [-z]] **1 情報**, 知識 (▶ an をつけず, 複数形なし;話し言葉では info [infou インフォウ] ともいう).
I need more *information* about it.
そのことについてもっと情報が必要だ.
Do you have any other *information*?
ほかに何か情報はありませんか.
Thanks for the *information*.
その情報を(教えてくれて)ありがとう.
2 案内;(駅・ホテルなどの) 案内所.
an *information* desk
(空港・駅などの) 案内所. →動 inform

📖 **文法 information の使い方**
「情報」という意味の information は数えられない名詞なので, "an information とか *informations とはいわず, some information (いくらかの情報), a lot of information (多くの情報) のようにいう. 数えるときは a piece of information, two pieces of information のようにする.

infrastructure [ínfrəstrʌ̀ktʃər インフラストゥラクチァ] 名 社会基盤, インフラ (社会・経済活動が機能するための道路・上下水道・鉄道網・通信網などの総体).

-ing [-iŋ -イング] **1** 接尾 ▶動詞の原形について, 「…している」という意味の現在分詞をつくる (現在分詞は be 動詞とともに進行形をつくったり, 名詞の前やあとにきてその名詞を修飾したりする).
2 ▶動詞の原形について, 「…すること」という意味を表す動名詞をつくる.

📖 **文法 -ing のつけ方**

大部分の語	そのまま -ing をつける	play*ing*
e で終わる語	e をとって -ing をつける	writ*ing*
アクセントのある「短母音+子音字」で終わる語	子音字を重ねて -ing をつける	cut*ting*

ingredient 2級 [ingríːdiənt イングリーディエント] 名 構成要素, 原料;成分.

inhabitant [inhǽbitənt インハビタント] 名 住人, 住民.

inherit [inhérit インヘリト] 動 他 (財産・権利など)を相続する,(性質など)を受け継ぐ.

inheritance [inhérit(ə)ns インヘリタンス] 名 相続;遺産, 相続財産(▶親などから自分が受け継ぐもの).

initial 2級 [iníʃəl イニシャル] 形 最初の, 初期の;(字・音が) 語の最初の, 語頭の.
── 名 (語・姓名の) 最初の文字;[ふつう複数形で] イニシャル(▶姓名の頭文字).
My *initials* are H. S.
私のイニシャルは H. S. です.

initiative [iníʃətiv イニシャティヴ] 名 [ふつう the をつけて] 主導権.

injection [indʒékʃən インヂェクション] 名 注射; 注射液.

injure 準2 [índʒər インヂァ]

動 (3単現 **injures** [-z]; 過去 過分 **injured** [-d]; ing **injuring**) 他 **…を傷つける** (▶とくに事故によるけがに使う); (感情など) を害する. ＝ hurt
I *injured* my knee when I was playing soccer.
サッカーをしているときにひざにけがをした.
He was badly *injured* in the accident. 彼はその事故でひどいけがをした.
→ 名 injury

injured [índʒərd インヂャド] 形 けがをした, 痛めた.
get *injured* けがをする.

injury 準2 [índʒəri インヂュリィ] 名 (複数 **injuries** [-z]) (事故などによる) けが, 負傷 (▶ wound はナイフ・銃弾などによるけが).
He suffered serious *injuries* in a motorcycle accident.
彼はバイク事故で重傷を負った. → 動 injure

injustice [indʒʌ́stis インヂャスティス] 名 不正, 不公平 (反 justice 公正).

ink 準2 [íŋk インク] 名 インク.
a bottle of *ink* インク1びん.

inland [ínlənd インランド] 形 内陸の.
── 副 内陸に, 奥地に.

inn [ín イン] 名 宿屋 (ふつう旅館と酒場をかねた旧式の旅館). → hotel

inner [ínər イナァ] 形 内部の, 奥の (反 outer 外の).

inning [íniŋ イニング] 名 《野球》 回.
the top half of the fifth *inning*
5回の表.

innocence [ínəsəns イノセンス] 名 無実, 無罪 (反 guilt 有罪); 無邪気.

innocent [ínəsənt イノセント] 形 無実の, 無罪の (反 guilty 有罪の); 無邪気な.
He is *innocent* of the crime.
彼はその罪を犯していない.

input [ínput インプト] 名 (コンピューターの) 入力, インプット (反 output 出力, アウトプット); (提供される) アドバイス, 意見.

inquire [inkwáiər インクワィア] 動 他 **…を**たずねる, 問い合わせる (▶改まった語. ふつうは ask を使う).

inquiry [inkwái(ə)ri インクワィ(ア)リィ] 名 (複数 **inquiries** [-z]) 問い合わせ, 質問; 調査.

insect 準2 [ínsekt インセクト] 名 昆虫.
I was bitten by an *insect*.
虫にかまれたよ.
I liked collecting *insects* when I was a boy.
子どものころは昆虫採集が好きだった (▶英米の子どもは昆虫採集はあまりしない).

> ① 参考 日本語の「虫」にあたる1語の英語はない. かたい羽の甲虫やハチ・アリ・ハエなどの昆虫類は insect, 毛虫・ミミズなどのはう虫は worm という.

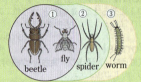

beetle　fly　spider　worm

insect ①は学問的な意味での insect, ②は通俗的な意味での insect (話し言葉では bug), ③は日本語の「虫」にふくまれるもの.

insert [insə́ːrt インサ～ト] 動 他 **…を挿入**する.

inside 4級 [insáid インサイド, ínsaid インサイド] フォニックス50 あとの i は [ai] と発音する.

前 **…の中に**, …の内側に (＝ inside of …) (反 outside …の外に).
We waited *inside* the car.
私たちは車の中で待った.
── 副 **内側に**, 内部に (反 outside 外側に).
Come *inside*. It's raining.
雨が降っているから中に入りなさい.
── 名 [the をつけて] **内側**, 内部 (反 outside 外側).
The inside of the house was dark.
家の中は暗かった.

inside out 裏返しに.
He was wearing his sweater *inside out*. 彼はセーターを裏返しに着ていた (▶「上下さかさまに」は upside down,「後ろ前に」は back to front という).
── 形 **内側の** (反 outside 外側の).

◀ **instrument**

an *inside* pocket 内ポケット.

insight [ínsait インサイト] 图 洞察, 洞察力.

insist 準2 [insíst インスィスト] 動 圓
《**insist on** で》…を主張する (▶とくにまわりの人がそうではないと感じているときに使う);
…することを強く要求する.

The mother *insisted on* her son's innocence. 母親は息子の無実を主張した.
Ben *insisted on* watching that program.
ベンはその番組を見ると言ってきかなかった.
if you *insist* どうしてもと言うなら (▶話し言葉では相手の提案を受け入れるときに使う).
— 他《**insist (that) ...** で》…と主張する, 言いはる;…と強く要求する.
He *insisted* (*that*) I (should) go.
彼は私に行けと言ってきかなかった.

inspect [inspékt インスペクト] 動 他 …をくわしく調査[検査]する;視察する.

inspection [inspékʃən インスペクション] 图 (目視による) 点検, 検査;視察.

inspector [inspéktər インスペクタァ] 图 検査官, 査察官;《米》警視,《英》警部.
Inspector Smith スミス警視.

inspiration [inspəréiʃən インスピレイション]
图 インスピレーション, 霊感;着想, 思いつき;刺激 [励み] になる物 [人].
a poet's *inspiration* 詩人の霊感.

inspire 準2 [inspáiər インスパイア] 動 他
1 (人) をふるいたたせる;《**inspire ＋人＋to ...** で》(人) に…する気にさせる.
2 …に霊感を与える;(小説などの芸術作品) の着想を与える.

install [instɔ́:l インストール] 動 他 (装置など) を取り付ける, 設置する;《コンピューター》(ソフトウェアやアプリ) をインストールする.

instance 準2 [ínstəns インスタンス] 图 例, 実例 (同 example).
for instance たとえば (同 for example).
Some birds, penguins *for instance*, cannot fly at all.
鳥のなかには (たとえば) ペンギンのようにまったく飛べないものもいる.

instant 準2 [ínstənt インスタント] 形 すぐの, 即座の;(食べ物が) 即席の.
The album was an *instant* success. そのアルバムはすぐにヒットした.
instant food インスタント食品.

—— 图 [ふつう単数形で] 瞬間, 一瞬.
It all happened in an *instant*.
すべては一瞬のうちに起こった.

instantly [ínstəntli インスタントゥリィ] 副 即座に, 直ちに, すぐに.

instead 3級 [instéd インステッド]

副 **(その) 代わりに**, そうではなくて.
If you don't want to go, I can go *instead*. きみが行きたくないなら, ぼくが代わりに行ってもいい.

instead of **…の代わりに**;…ではなく, …しないで.
We went by bus *instead of* walking.
私たちは歩きではなくバスで行った.

instinct 2級 [ínstiŋ(k)t インスティン(ク)ト] 图 本能;直感.

instinctive [instíŋ(k)tiv インスティン(ク)ティヴ] 形 本能的な, 直感の.

institute 2級 [ínstət(j)u:t インスティテュート, -トゥート] 图 (学問・教育などの) 機関, 学会, 協会;工科大学, 理工系の専門学校;(専門分野の研究にあたる) 研究所.
Massachusetts *Institute* of Technology
マサチューセッツ工科大学 (MIT と略す).

institution [ínstət(j)ú:ʃən インスティテューション, -トゥー‖-tjú:-] 图 (大学・病院・銀行などの) 公共機関;制度, 社会慣習;設立;制定.
educational *institutions* 教育機関.

instruct 2級 [instrʌ́kt インストラクト] 動 他《**instruct ＋人＋ ...** で》(人) に…するように指示する, 命じる;《**instruct ＋人＋in** で》(人) に…を指導する, 教える (同 teach) (▶とくに実用的な技術について使う).
Please *instruct* me what to do.
何をすればよいか私に指示してください.

instruction 準2 [instrʌ́kʃən インストラクション] 图 [複数形で] (機械などの) とりあつかい説明書;指示, 命令;指導, 教育.

instructive [instrʌ́ktiv インストラクティヴ] 形 有益な, ためになる, 教育的な.

instructor 準2 [instrʌ́ktər インストラクタァ] 图 指導員;《米》(大学の) 講師.
a swimming *instructor*
水泳のインストラクター.

instrument 4級 [ínstrumənt インストゥルメント] 图 **1** 楽器 (＝ musical instrument).

three hundred and seventy-three 373

insult ▶

What musical *instrument* do you play? どんな楽器が演奏できるの？
2 (医療などの) 器具, 道具 (▶ tool よりも精密なもの). → tool (図)

insult [2級] [ínsʌlt インサルト] 图 (…に対する) 侮辱 (to).

insurance [2級] [inʃú(ə)rəns インシュ(ア)ランス] 图 保険；保険金；保険料.
fire *insurance* 火災保険.
an *insurance* company 保険会社.

insure [inʃúər インシュア] 動 他 (人・財産など) に保険をかける.

integrate [íntəgreit インテグレイト] 動 他 …を統合する；…をまとめる.

integrated [íntəgreitid インテグレイティド] 形 総合的な.
an *integrated* circuit 集積回路.

intellect [íntəlekt インテレクト] 图 知性 (▶ intelligence (知能) に比べて意味がせまく, とくに論理的な思考力をさす).

intellectual [intəléktʃuəl インテレクチュアル] 形 知性に関する；知性的な (▶高度の教養・知性・判断力を備えていることをいう).
── 图 知識人, インテリ.

intelligence [intélədʒəns インテリヂェンス] 图 **1** 知能, 頭の働き, 思考力.
2 機密情報；諜報(ちょうほう)機関.

intelligent [準2] [intélədʒənt インテリヂェント] 形 優秀な, 知能の高い.
Ann is an *intelligent* student.
アンは優秀な生徒だ.

intend [準2] [inténd インテンド] 動 他 **1** …を意図する；(intend to ... で) …するつもりである.
What do you *intend to* do this afternoon? 今日の午後は何をするつもりですか.
2 (be intended for で) …を対象にしている, …向けである.
This program *is intended for* children. この番組は子ども向けだ.

intense [inténs インテンス] 形 (ようす・性質・感情などが) 強烈(きょうれつ)な；激しい.

intensive [inténsiv インテンスィヴ] 形 集中的な, 徹底(てってい)した.

intention [inténʃən インテンション] 图 意図；意思.
I have no *intention* of quitting the club. 部活をやめるつもりはない.

interaction [intərǽkʃən インタラクション]

图 相互作用.

interactive [intərǽktiv インタラクティヴ] 形 (コンピューター) (機器と) 双方向の, 対話型の, インタラクティブな；(テレビ番組が) 視聴(しちょう)者参加型の；相互(そうご)に作用する.

interchange [intərtʃéindʒ インタチェインヂ] 图 交換(こうかん)；(高速道路の) インターチェンジ.

interdependent [intərdipéndənt インタディペンデント] 形 相互依存の.

interest [3級] [ínt(ə)rist インタレスト] (アクセント注意) 图 **1** 興味, 関心 (▶複数形なし).
She has a special *interest* in history. 彼女は歴史に特別な興味をもっている.
I have no *interest* in sports.
スポーツにはまったく関心がない.
▶ **2** 関心事, (手軽にできる) 趣味(しゅみ) (▶長期間続けている趣味は hobby という).
My *interests* are reading and watching movies.
私の趣味は読書と映画鑑賞(かんしょう)です.
3 利子, 利息；[しばしば複数形で] 利益.
── 動 他 …に興味を起こさせる, 関心をもたせる. → interested
Politics really *interests* me.
政治はとても私に興味を起こさせる.
→ 形 interesting

interested [3級] 形 興味をもっている

[ínt(ə)ristid インタレスティド] (アクセント注意)
形 (比較 more interested；最上 most interested) 興味をもっている, 関心がある.
be interested in …に興味がある, 関心がある；(be interested in + -ing 形で) …することに興味がある, することに関心がある；…したがっている.

🔊スピーキング

Ⓐ Are you *interested in* baseball?
野球には興味がありますか.
Ⓑ Yes, very much.
うん, とっても.
Ⓑ No. It's boring.
いいえ. 退屈(たいくつ)だもん.

I'm really *interested in* soccer.

ぼくはサッカーにとても関心がある.

I'm *interested in buying* a new computer.
新しいパソコンを買いたいと思っている.

get interested in = ***become interested in*** …に興味をもつ, に関心をもつ.

How did you *get interested in* music?
どうして音楽に興味をもつようになったの？

interesting 4級
形 おもしろい

[int(ə)ristiŋ インタレスティング] (アクセント注意)
形 (比較 **more interesting**; 最上 **most interesting**) **おもしろい**, 楽しい, 興味深い (反 boring つまらない); **(It is interesting to ... で) …するのはおもしろい[楽しい, 興味深い]**.

He told me an *interesting* story.
彼は私におもしろい話をしてくれた.

Her classes are always *interesting*.
彼女の授業はいつも楽しい.

It's interesting to meet different people. いろんな人に出会うのはおもしろい.
→ 名 動 interest

× I am interesting in math.
↑ interesting は、あるものやことが人に「興味を起こさせる」ということ.

○ Math is interesting to me.
○ I am interested in math.

用法 interesting と amusing と funny
interesting は「知的な興味をそそっておもしろい」. **amusing** は「娯楽として楽しい」で, ユーモラスなものに使う. an *amusing* story (おもしろおかしい話 (漫才や落語的な話)). **funny** は「こっけいだったり, 奇妙だったりでおかしい」. a *funny* joke (おかしな冗談).

interestingly [int(ə)ristiŋli インタレスティングリィ] 副 おもしろく; おもしろいことに.

interfere 2級 [intərfíər インタフィア] 動
(自) 干渉する, 口出しする; じゃまする.
Please don't *interfere* with my life.
ぼくの人生に干渉しないでくれ.

interior [intí(ə)riər インティ(ア)リア] 形 内部の; 室内の, 屋内の.
interior design インテリアデザイン.
— 名 〔ふつう単数形で〕内部; 室内, 屋内.

interjection [intərdʒékʃən インタヂェクション] 名 《文法》間投詞, 感嘆詞 (Ah!, What! など).

internal [intə́ːrnl インタ〜ヌル] 形 内部の; 国内の.
internal organs 内臓.
internal wars 内乱.

international 3級

[intərnǽʃ(ə)nəl インタナショナル]
形 (比較 **more international**; 最上 **most international**) **国際的な**, 国と国の間の.
the *international* community
国際社会.
an *international* school

単語力をつける interesting 「おもしろい」などを表すことば

☐ **It's ....** それは….

☐ amusing おもしろおかしい, 楽しい

☐ boring 退屈な

☐ exciting わくわくするような

☐ fascinating 魅惑的な, 心うばわれる

☐ funny おかしい, こっけいな

☐ great すごい

☐ interesting おもしろい, 興味深い

☐ wonderful すばらしい

インターナショナルスクール.

internet, Internet
3級 [íntərnet イ́ンタネット]
名 [the をつけて] **インターネット**, ネット (▶話し言葉では the Net ともいう).
How often do you use *the internet*?
インターネットはどれくらい利用しているの？
I found this recipe on *the internet*.
このレシピはネットで見つけたんだよ.
be on the internet (情報などが) インターネット上に公開されている; (人が) インターネット通信 [閲覧] 中である.

internship [íntərnʃip イ́ンターンシプ] 名 インターン [医学実習生] の地位 [身分, 期間]; (一般に) 実務研修, 就業体験.

interpret 2級 [intə́ːrprit イ́ンタ〜プリト] (アクセント注意) 動 自他 (…を) 通訳する, 解釈する.

interpreter [intə́ːrpritər イ́ンタ〜プリタァ] (アクセント注意) 名 (複数 **interpreters** [-z]) 通訳 (者).

interrupt 2級 [intərʌ́pt イ́ンタラプト] 動
他 **1** …の話をさえぎる, …に口をはさむ; …のじゃまをする.
May I *interrupt* you?
ちょっとよろしいでしょうか (▶仕事中あるいは話し中の人に話しかけるときに使う表現).
2 …を中断する.
— 自 話をさえぎる, 口をはさむ; じゃまをする.

スピーキング
Ⓐ Excuse me for *interrupting*.
お話中おじゃましてすみません.
Ⓑ That's OK. What is it?
いいんですよ. 何ですか.
Ⓑ Could you wait?
ちょっと待っていただけますか.

interruption [intərʌ́pʃən イ́ンタラプション] 名 じゃま; 中断.

intersection [intərsékʃən イ́ンタセクション] 名 交差; 交差点.

interval [íntərvəl イ́ンタヴァル] (アクセント注意) 名 (時間・場所の) 間隔.
at regular *intervals* 定期的に.

interview
3級 [íntərvjuː イ́ンタヴュー]
名 (複数 **interviews** [-z]) (会社・学校などの) **面接**; (有名人への) **インタビュー**.
I have an *interview* next week.
来週面接がある.
She went to a job *interview*.
彼女は就職の面接に行った.
— 動 (3単現 **interviews** [-z]; 過去 過分 **interviewed** [-d]; ing **interviewing**) 他
…を面接する; …にインタビューする.

interviewer [íntərvjuːər イ́ンタヴューア] 名 面接する人; インタビューアー.

intimate [íntəmət イ́ンティメト] 形 (…と) 親しい, 親密な; (雰囲気が) 打ち解けた.

into
4級 前 …の中へ

[íntə イ́ントゥ, (強めると)íntuː イ́ントゥー]
前 **1** [運動・方向を表して] **…の中へ, の中に** (反 out of …から外へ)
Let's get *into* the car. 車に乗ろう.
The teacher came *into* the classroom. 先生が教室に入ってきた.

💬用法 **in** と **into**
I was *in* the store. (私は店の中にいた) のように, **in** はふつうある場所の中にあることやいることを表す. これに対し, She ran *into* the store. (彼女は店にかけこんだ) のように, **into** はある場所の中への動きを表す. なお, 話し言葉では **into** の代わりに **in** を使うこともある.

into …の中へ　in 中で　out of …から外へ

2 [変化を表して] **…に (なる)**.
This rain will soon change *into* snow. この雨はもうすぐ雪になるだろう.
Put this sentence *into* English.
この文を英語にしなさい.
3 [分割を表して] **…に (分ける)**.
She cut the pie *into* six pieces.
彼女はパイを6つに切った.
4 [衝突を表して] **…にぶつかって**.
The car crashed *into* a tree.

◀ **invitation**

車は木にぶつかった.

be into 《口語》…に熱中している.
He's really *into* rock music.
彼はロックにはまっている.

intonation [ìntənéiʃən イントネイション] 名
抑揚 ; (声の上げ下げの調子), 音調, イント
ネーション.

introduce 3級 動 …を紹介する

[ìntrəd(j)úːs イントゥロデュース, -ドゥース‖-djúːs]
動 (3単現 **introduces** [-iz] ; 過去 過分
introduced [-t] ; ing **introducing**) 他
1 (人) **を紹介する** ; 《introduce ＋人＋
to ＋人で》(人) を (人) に紹介する.
May I *introduce* Mr. Smith?
スミスさんをご紹介します.
Let me *introduce* my sister Yuki *to*
you. 妹 [姉] の有紀を紹介します.
2 (制度・文化など) **を導入する** ; (新しい
物事) を経験させる, 教える ; (動植物など)
を (初めて) 持ちこむ.
When were Chinese characters
introduced to Japan?
漢字が日本に伝えられたのはいつですか.

> 💬用法 **自己紹介するときの言い方**
> May I introduce myself? は「自己
> 紹介をさせてください」というときの決
> まった言い方. Let me introduce
> myself. ともいう.

→名 introduction

introduced [ìntrəd(j)úːst イントゥロデュー
スト, -ドゥースト] 動 introduce (…を紹介する)
の過去・過去分詞.

introduces [ìntrəd(j)úːsiz イントゥロデュー
スィズ, -ドゥースィズ] 動 introduce (…を紹介す
る) の 3 人称単数現在形.

introducing [ìntrəd(j)úːsiŋ イントゥロ
デュースィング, -ドゥースィング] 動 introduce (…を
紹介する) の -ing 形.

introduction [ìntrədʌ́kʃən イントゥロダク
ション] 名 紹介 ; 導入 ; 入門 (書) ; (本・話な
どの) 序文, 前置き.
a letter of *introduction* 紹介状.

→動 introduce

intuition [ìnt(j)u(ː)íʃən インテュ(ー)イショ
ン, -トゥ(ー)-] 名 直感, 勘.

intuitive [ìnt(j)úːətiv インテューイティヴ
‖-tЮ-] 形 直観の, 直感的に理解できる.

Inuit [ínuit イヌイト] 名 イヌイット (北米・グ
リーンランドの先住民). →Eskimo

invade [invéid インヴェイド] 動 他 (他国な
ど) を侵略する, …に侵入する.

invader [invéidər インヴェイダァ] 名 侵
入者, 侵略者.

invasion [invéiʒən インヴェイジョン] 名 侵
入, 侵略 ; 侵害.

invent 準2 [invént インヴェント]

動 他 (新しい機械・装置など) **を発明す
る** ; (新しい方法など) を考案する (▶「…を
発見する」は discover).
Chinese people *invented* paper.
中国人は紙を発明した.

invention 準2 [invénʃən インヴェンション]
名 **1** 発明 ; 考案 (▶「発見」は discovery).
the *invention* of the computer
コンピューターの発明.
Necessity is the mother of *invention*.
《ことわざ》必要は発明の母＝発明は必要から
生まれる.
2 発明品 ; 考案されたもの.
Is the smartphone a wonderful
invention? スマホはすばらしい発明品ですか.

inventor 2級 [invéntər インヴェンタァ] 名
発明者, 考案者.
Bell was the *inventor* of the tele-
phone. ベルは電話の発明者だ.

invest 2級 [invést インヴェスト] 動 自 他
(金などを) 投資する.

investigate 2級 [invéstəgeit インヴェ
スティゲイト] 動 自 他 (…を) 調査する ; (事件
などを) 捜査する.
The police started to *investigate*
the case. 警察は事件の捜査を始めた.

investigation [investəgéiʃən インヴェス
ティゲイション] 名 調査 ; 捜査.
It is under *investigation*. それは調査中だ.

invisible 2級 [invízəbl インヴィズィブル]
形 目に見えない (反 visible 目に見える).
an *invisible* man 透明人間.

invitation 準2 [ìnvətéiʃən インヴィテイショ
ン] 名 招待, さそい ; 招待状.
I refused the *invitation*.
私は招待を断った.
an *invitation* card 招待状.

three hundred and seventy-seven 377

invite ▶

🗣スピーキング
🅐 Thank you for your kind *invitation*.
お招きくださいましてありがとうございます.
🅑 You're welcome.
どういたしまして.

I got an *invitation* to their wedding.
2人の結婚式の招待状が届いた.

invite 3級 動 …を招待する

[inváit インヴァイト] フォニックス50 あとのiは[ai]と発音する.

動 (3単現 invites [-ts ツ]; 過去 過分 invited [-id]; ing inviting) 他 **1 …を招待する**, 招く;(invite ＋人＋ to で)(人)を…に招待する,(人)を…に招く.

I *invited* Susan *to* a dance.
私はスーザンをダンスパーティーに招待した.

Who do you want to *invite*?
だれをさそうの?

I was *invited to* her birthday party.
彼女のお誕生日会に招かれた.

🗣スピーキング
🅐 Thank you very much for *inviting* us.
お招きありがとうございます.
🅑 I'm glad you could come.
来ていただいてうれしいです.

2《invite ＋人＋ to … で》(人)に…するように(ていねいに)依頼する.

He was *invited to* give a lecture at the university.
彼は大学での講演を依頼された.

invited [inváitid インヴァイティド] 動 invite (…を招待する)の過去・過去分詞.

invites [inváits インヴァイツ] 動 invite (…を招待する)の3人称単数現在形.

inviting [inváitiŋ インヴァイティング] 動 invite (…を招待する)の -ing 形.
―― 形 心を引く, 気をそそる.
That chocolate cake looks *inviting*.
あのチョコレートケーキはうまそうだ.

involve 準2 [inválv インヴァルヴ ∥ -vólv -ヴォルヴ] 動 他 **1 …を巻きこむ**.
Don't *involve* me in this.
こんなことにぼくを巻きこまないでくれ.

2 …を(必然的に)ともなう.
Everything *involves* some risk.
どんなことでも何らかのリスクはともなう.

3《be involved in で》(人が)…に参加する.
More than 1,000 students *were involved in* the project.
プロジェクトには1000人以上の学生が参加した.

inward [ínwərd インワド] 形 内側の, 内部の(反 outward 外側の);心の.
―― 副 内部へ, 内に向かって;心の中へ.

inwards [ínwərdz インワヅ] 副《英》= inward

-ion [-jən -ヨン] 接尾 ▶動詞のあとについて名詞をつくる. 例. action (act + ion 行動) / direction (direct + ion 方向, 指導) / discussion (discuss + ion 話し合い)

Iowa [áiəwə アイオワ] 名 アイオワ州(アメリカ中部の州で, トウモロコシの大産地;略語はIA または Ia.).

IQ, I.Q. [àikjú: アイキュー] 名 知能指数 (▶ intelligence quotient [kwóuʃənt クウォウシェント] の略).

Iran [irɑ́:n イラーン] (アクセント注意) 名 イラン(アジア南西部の共和国;首都はテヘラン(Teheran)).

Iraq [irɑ́:k イラーク] (アクセント注意) 名 イラク(アジア南西部の共和国;首都はバグダッド(Baghdad)).

Iraqi [irɑ́:ki イラーキ] 形 イラクの;イラク人の.
―― 名 イラク人;(イラクで話されている)アラビア語.

Ireland [áiərlənd アイアランド] 名 **1** アイルランド(大ブリテン島の西にある島;北部はイギリスの一部で, 南部はアイルランド共和国).
2 アイルランド共和国(首都はダブリン(Dublin)).

多くの観光客が訪れるダブリンのトリニティ・カレッジ図書館.

◀ **Islamic**

iris [ái(ə)ris アイ(ア)リス] 图 《植物》アイリス；(目の) 虹彩.

Irish [ái(ə)riʃ アイ(ア)リシ] 形 アイルランドの；アイルランド人の，アイルランド語の.
── 图 アイルランド語；[the をつけて] アイルランド人 (全体) (▶改まった言い方で，ふつうは Irish people という).

Irishman [ái(ə)riʃmən アイ(ア)リシマン] 图 (複数 Irishmen [-mən]) アイルランド人；アイルランドの男性 (⊗Irishwoman).

iron 準2 [áiərn アイアン] (発音注意) 图
1 鉄；鉄分.
Strike while the *iron* is hot. 《ことわざ》
鉄は熱いうちに打て＝よい機会をのがすな.
I need more *iron* in my diet.
私は食事にもっと鉄分が必要です.
an *iron* bridge 鉄橋.
an *iron* will 鉄のようにかたい意志.
2 アイロン.
── 動 他 (衣服など)にアイロンをかける.
I forgot to *iron* my shirt.
ワイシャツにアイロンをかけるの忘れてた.

irony [ái(ə)rəni アイ(ア)ロニィ] 图 (複数 **ironies** [-z]) 皮肉，アイロニー；皮肉な結果.

irregular [irégjulər イレギュラァ] 形 不規則な (反 regular 規則正しい).

irritate [írəteit イリテイト] 動 他 **1** …をいらいらさせる，いらだたせる.
2 (皮ふなど) を刺激する，ひりひりさせる.

irritated [írəteitid イリテイティド] 形 (人が) いらだった，いらいらした.

is 5級 動 …である，(…に) ある，いる

[iz イズ, (強めると)iz イズ]
動 (過去 **was** [wəz ワズ]；過分 **been** [bi(:)n ビ(ー)ン]；ing **being** [bi:iŋ ビーイング]) ▶主語が he, she, it, this, that および名詞の単数

形のときに使う be 動詞の現在形. → be (表)

文法 be 動詞 (現在形) の使いわけ

I am ….	We are ….
You are ….	You are ….
He / She / It / 単数名詞 } is ….	They / 複数名詞 } are ….

自 **1** …**である**，…**です**，…**だ**.
Tom *is* a student. トムは学生です.
The earth *is* round. 地球は丸い.
2 (物が…に)**ある**，(人・動物が…に)**いる**.
"Where's Tom?" "He's in his room."
「トムはどこ？」「自分の部屋にいるよ」
There *is* an interesting program on TV tonight.
今晩テレビでおもしろい番組がある.

文法 is の使い方
❶ **is** は，現在の文で主語が単数の名詞や he, she, it のときに使う.
❷ 話し言葉ではふつう，is の短縮形 's を使って，he's, she's, it's のようにいう. ただし，"Is he Taro?" "Yes, he *is*." のように is が文の最後にくるときは，短縮形にはしない. 発音するときも強く言う.

── 助 **1** 《**is＋-ing 形**で進行形をつくり》…**しているところだ**，…している最中だ；…するところだ.
She *is* playing tennis.
彼女はいまテニスをしています.
Tim *is* making a paper plane.
ティムは紙飛行機をつくっている.
2 《**is＋過去分詞**で受け身をつくり》…**される**，…されている.
Spanish *is* spoken in many countries. スペイン語は多くの国で話されている.

-ish [-iʃ -イシ] 接尾 ▶名詞のあとについて形容詞をつくる. 例．childish (child＋ish 子どもっぽい) / foolish (fool＋ish ばかな) / selfish (self＋ish 自分かってな).

Islam [islá:m イスラーム, ízla:m イズラーム] 图 イスラム教.

Islamic [isláemik イスラミク, iz- イズ-] 形 イ

three hundred and seventy-nine 379

island ▶

スラム教の, イスラム教徒の.

island [3級] [áilənd アイランド] (s は発音しない)

名 (複数 islands [-dz ヅ]) 島.
Japan is an *island* country.
日本は島国です.
Awaji-shima *Island* 淡路島 (▶1つの島のときは the は不要).
the Izu *Islands* 伊豆諸島 (▶諸島・群島のときは the が必要).

isle [ail アイル] (s は発音しない) 名 (詩で) 島, 小島 (▶日常語では固有名詞の一部として使う).
the British *Isles* イギリス諸島.

isn't [iznt イズント] is not の短縮形.
It's a bit cold, *isn't* it?
ちょっと寒いですね.

isolate [áisəleit アイソレイト] 動 他 …を孤立させる; …を分離する.

isolation [aisəléiʃən アイソレイション] 名 孤立.

Israel [ízriəl イズリアル] 名 イスラエル (1948年独立宣言; 首都はエルサレム (Jerusalem) (日本は首都として未承認)).

Israeli [izréili イズレイリ] 形 イスラエルの; イスラエル人の.
── 名 イスラエル人.

issue [2級] [íʃu: イシュー] 名 1 問題 (点), 争点.
the *issue* of domestic violence
家庭内暴力の問題.
2 発行; 刊行物; (雑誌などの) …号.
the latest *issue* of the monthly magazine その月刊誌の最新号.
── 動 他 …を発行する, 出版する; (命令など) を出す.
issue a magazine 雑誌を発行する.

Istanbul [istænbú(:)l イスタンブ(ー)ル] 名 イスタンブール (トルコの都市; 旧名は Constantinople (コンスタンチノープル)).

大勢の人々でにぎわうイスタンブールのイスティクラル通り.

IT [áití: アイティー] (コンピューター) 情報技術 (▶ *information technology* の略).
the *IT* revolution IT革命.

it [5級] 代 それは, それを

[it イト, (強めると) it イット]
代 (複数 they [ðei]) 1 [主語として] **それは**, それが; [目的語として] **それを**, それに.

it には「それは」と「それを」の意味がある.

	単数	複数
主格	it それは	they それらは
所有格	its それの	their それらの
目的格	it それを	them それらを

🗨 スピーキング

Ⓐ What's that?
あれは何ですか.
Ⓑ *It*'s a rocket.
ロケットです.

"Where is my cap?" "*It*'s on the chair."
「私の帽子はどこにありますか」「いすの上にあります」
"Who is *it*?" "*It*'s me."
「(ノックを聞いて) どなた?」「私です」
I have a dog. *It*'s white.
私は犬を飼っています. それは白い犬です.

📖 文法 it の使い方

❶ it は, すでに述べた単数の物や事がら, 動物などをふたたびさす場合に使う. 複数の場合は they を使う. どちらも日本語に訳さない場合が多い. → they
❷ その単数の物や事がら, 動物を主語としてではなく, 動詞の目的語としていう場合も it を使う. I use *it* every day. (私は毎日それを使います)

◀ **itchy**

💬**用法 it と one**
it は前に述べた物そのもの (the＋名詞) を, one は同種類のもの (a＋名詞) をさす.
I lost my pen. But I found *it* under the bed. (私はペンをなくした. けれどベッドの下で見つけた) / I've lost my pen. I must buy a new *one*. (私はペンをなくした. 新しいのを買わなければならない)

2 [時刻・時間・曜日・天候・寒暖・距離ポ・明暗などを述べる文の主語として] (▶日本語に訳さない).

曜日　天候　寒暖

| Mon. |
| Tue. |
| Wed. |
| Thur. |
| Fri. |

it

時刻・時間　明暗　距離

"What time is *it*?" "*It*'s two o'clock."
「何時ですか」「2時です」 [**時刻**]
It's Saturday today.
今日は土曜日です. [**曜日**]
It was rainy yesterday.
きのうは雨でした. [**天候**]
It's hot today. 今日は暑い. [**寒暖**]
"How far is *it* from here to the station?" "*It*'s about two miles."
「ここから駅までどのくらいありますか」「およそ2マイルです」 [**距離**]
It was quite dark outside.
外はとても暗かった. [**明暗**]

3 [形式主語や形式目的語として] (▶日本語に訳さない).
It is not easy to speak English.
英語を話すのはやさしくない (▶ it は形式主語で, to 以下をさす).

It is interesting for me to study the habits of birds.
鳥の習性を研究するのは私にはおもしろい (▶ it は形式主語で, to 以下をさす. for me は to 以下の動詞の意味上の主語).
It is good that you get up early.
早起きをするのはよいことだ (▶ it は形式主語で, that 以下をさす).
I found *it* difficult to learn English.
英語を学ぶのは難しいことがわかった (▶ it は形式目的語で, to 以下をさす).

4 《**It is ～ that ...** の形で～の部分を強めて》 …なのは～である.
It was only yesterday *that* Bob came to see me. ボブが私に会いにきたのはほんのきのうのことだった.

── 图 (鬼ごっこなどの) 鬼 (▶ an をつけず, 複数形なし).
You're *it*. きみが鬼だ.

Italian 4級 [itǽljən イタリャン] 形 イタリアの；イタリア人の；イタリア語の.
an *Italian* movie イタリア映画.
→图 Italy
── 图 イタリア語；イタリア人；[the **Italians** で] [複数あつかい] イタリア人 (全体).
speak *Italian* イタリア語を話す.

italic [itǽlik イタリク] 形 《印刷》 (文字が) イタリック体の, 斜体の.
── 图 [ふつう複数形で] イタリック体, 斜体.

Italy 4級 [ítali イタリ] (アクセント注意) 图 イタリア (南ヨーロッパの共和国；首都はローマ (Rome)).
→形 Italian

ローマのトレビの泉.

itch [itʃ イッチ] 動 直 かゆい.
My back *itches*. (＝I have an itch on my back.) 背中がかゆいよ.
── 图 かゆみ.

itchy [ítʃi イチィ] 形 (比較 **itchier**； 最上

three hundred and eighty-one 381

itchiest) かゆい.

it'd [ítəd イトゥッド] it would, it had の短縮形.

item 準2 [áitəm アイテム] 名 (リストなどの) 項目もく, 品目;商品;(新聞などの) 1件の記事.
There're ten *items* on my shopping list. 買い物リストには 10 品目ある.
I'm sorry, but we've run out of that *item*. (店で) 申しわけございませんが, その商品は切らしております.

it'll [ítl イトゥル] it will の短縮形.
It'll be rainy tomorrow.
あしたは雨 (降り) でしょう.

its 5級 [its イツ, (強めると) its イッツ]

代 (複数 **their** [ðeər]) (it の所有格) **その**, **それの**. → it (表)
I have a dog. *Its* name is Snoopy.
私は犬を飼っています. その名前はスヌーピーです.

❶参考 it's (= it is または it has) と混同しないこと.

it's と its
it's = it is (それは…です)
its = it の所有格 (その)

it's [its イツ] it is, it has の短縮形.
It's (= It is) cold today. 今日は寒い.
It's (= It has) stopped raining.
雨がやんだ.

itself [itsélf イトゥセルフ]

代 (複数 **themselves** [ðəmsélvz]) **1** [意味を強めるために使って] **それ自身** (▶この用法では *itself* を強く発音する). → oneself(表)
The house *itself* is small, but the yard is very big.
家自体は小さいが, 庭はとても広い.
2 [動詞・前置詞の目的語に使って] それ自身を, それ自身に.
History repeats *itself*.
(ことわざ) 歴史はくり返す.

by itself 単独で;ひとりでに.
The building stands *by itself* near the river.
その建物は川の近くにぽつんと立っている.

in itself それ自体で.
Money is not bad *in itself*.
金はそれ自体では悪いものではない.

IUCN [aijuːsíːén アイユースィーエン] 国際自然保護連合 (▶ *I*nternational *U*nion for *C*onservation of *N*ature and *N*atural *R*esources の略).

I've [aiv アイヴ] I have の短縮形.
I've been to New York.
私はニューヨークへ行ったことがある.

ivory [áivəri アイヴォリィ] 名 (複数 **ivories** [-z]) 象げ;象げ色, アイボリー;象げ製品.

ivy [áivi アイヴィ] 名 (複数 **ivies** [-z]) (植物) ツタ.

◀ **Jan.**

J j J j J j

J, j [dʒéi チェイ] 名 [複数] **J's, j's** [-z] または **Js, js** [-z] ジェー（アルファベットの10番目の文字）.

Jack [dʒǽk チャック] 名 ジャック（男性の名；John の愛称）.

jack [dʒǽk チャック] 名 **1** （トランプの）ジャック.
2 （車のタイヤ交換などで使う）ジャッキ.
3 [複数形で] ジャックス（お手玉遊びの一種）；（ジャックスに用いる）ジャック.

ボールをつきながら，鉄やプラスチックでできた6つの突起のあるジャックを1つずつひろい上げていく．

jacket 5級 [dʒǽkit チャケト] 名 [複数] **jackets** [-ts ツ] **1** ジャケット，上着（スーツの上着など，腰までのもの）.
I've left my *jacket* in the car.
車に上着を忘れてきたよ．
2 （本などの）カバー（▶英語の cover は本そのものの表紙をさし，jacket はその上にくるんである紙をさす）．

jack-in-the-box [dʒǽkinðəbàks チャキンザバックス ‖ -bɔ̀ks -ボックス] 名 びっくり箱.

jack-o'-lantern, jack-o'lantern [dʒǽkəlæ̀ntərn チャコランタン] 名 カボチャちょうちん（▶o' は of の短縮形）．

背景 カボチャに目・鼻・口をあけたもので，アメリカでは10月31日のハロウィーン（Halloween）に子どもたちがこのちょうちんをつくって玄関や窓辺にかざる．

jaguar [dʒǽgwɑːr チャグワー ‖ -gjuə -ギュア] 名 （動物）ジャガー（アメリカ産のヒョウの類）．

jail [dʒéil チェイル] 名 拘置所，留置場；刑務所．→ prison

Jakarta [dʒəkɑ́ːrtə チャカータ] 名 ジャカルタ（インドネシア共和国の首都；Djakarta ともつづる）．

jam¹ [dʒǽm チャム] 名 [複数] **jams** [-z] ジャム（▶ふつう a をつけず，複数形なし．種類をいうときは複数形になる．ふつう果肉入りのジャムをさす．果肉をふくまない透明なものは jelly という）．
a jar of strawberry *jam*
びん入りのイチゴジャム．
a *jam* sandwich
ジャムのサンドイッチ．

jam² 2級 [dʒǽm チャム] 動 [過去] [過分] **jammed** [-d]；[ing] **jamming** 他 …をつめこむ，押しこむ；…をふさぐ；（機械など）を動かなくする；（コピー機）をつまらせる．
She *jammed* her belongings into her bag.
彼女は持ち物をかばんにつめこんだ．
The copy machine is *jammed*.
コピー機がつまったよ．
—自 （機械などが）動かなくなる；（コピー機が）つまる；むらがる，押し合う．
—— 名 つまること；（交通などの）混雑，渋滞．
I was stuck in a traffic *jam*.
交通渋滞に巻きこまれた．

Jamaica [dʒəméikə チャメイカ] 名 ジャマイカ（西インド諸島の国；首都はキングストン (Kingston)）．

James [dʒéimz チェイムズ] 名 ジェームズ（男性の名；愛称は Jim または Jimmy）．

Jan. （略）= January (1月)

three hundred and eighty-three 383

Jane ▶

Jane [dʒein ヂェイン] 图 ジェーン（女性の名；愛称は Janet または Jenny）.

janitor [dʒǽnətər ヂャニタァ] 图（学校など
の）用務員；（米）管理人.

January 5級 图 1月

[dʒǽnjueri ヂャニュエリィ‖ -əri -アリィ]
图 **1月**（▶略語は Jan.）. → month（表）
January is the first month of the
year.
1月は年の最初の月だ.
We have a lot of snow in *January*.
1月には雪が多い（▶「…月に」というときは in
を使う）.
He was born on *January* 1.
彼は1月1日生まれだ（▶特定の日がつくとき
には on を使う. January 1 は January
first または January the first と読む. また
（英）では, on the first of January とも
いう）.

○ in January
× in January 1
└── 特定の日がつくとき
　　は on を使う.

○ on January 1
▶月名は大文字で書きはじめる.

背景 ローマ神話の神ヤヌス（Janus）
からきた語. この神は2つの顔をもち,
過ぎさった月と新しい月をともに見るこ
とができる.

Japan 5級 图 日本

[dʒəpǽn ヂャパン]
图 **日本**（▶略語は Jpn.）.
I live in *Japan*.
私は日本に住んでいます.
Japan is a beautiful country.
日本は美しい国です.
Tokyo is the capital of *Japan*.
東京は日本の首都です.
This singer is very popular in *Japan*.
この歌手は日本でとても人気があります.

スピーキング
Ⓐ Where are you from?
出身はどちらですか.
Ⓑ I'm from Tokyo, *Japan*.
日本の東京の出身です.

参考 ❶ Japan という語は,「日本」を
意味した中国語の音「ジーペン」がなまっ
たものといわれる. ❷小文字の japan は
「うるし」「漆器」という意味. → china

Japanese 5級

形 **日本の, 日本人の**
图 **日本人, 日本語**

[dʒæpəníːz ヂャパニーズ] **フォニックス49** 前の e
は [iː] と発音する.

形 **日本の；日本人の；日本語の.**
Do you like *Japanese* food?
日本の食べ物は好きですか.
I have a *Japanese* class tomorrow.
あした国語の授業がある.
What is the *Japanese* word for
"apple"?
apple を日本語では何といいますか.

ライティング
I want to learn more about *Japa-
nese* culture.
私は日本文化についてもっと多くのことを学
びたいです.

—— 图（複数 **Japanese** 単複同形）
1 日本人（▶単複同形なので,「1人の日本人」
は a *Japanese*,「2人の日本人」は two
Japanese となる）；[the をつけて][複数あ
つかい]日本人（全体）（≒ Japanese people）.
The *Japanese* like cherry blos-
soms. 日本人は桜が好きだ（▶ the を省略
することもある）.

参考「私は日本人です」というときは
I'm a Japanese. と名詞を使うよりも,
I'm Japanese. のように形容詞を使う
ほうがふつう.

2 日本語；（日本人から見た）国語（▶ a
をつけず, 複数形なし）.
James speaks fluent *Japanese*.

ジェイムズは日本語をすらすら話す.
Kate is learning *Japanese* at school. ケイトは学校で日本語を習っている.

Japanese-American
[dʒæpəni:z əmérikən チャパニーズアメリカン]
形 日系アメリカ人の;日米間の.
── 名 日系アメリカ人.

Japanese-Brazilian [dʒæpəni:z brəzíljən チャパニーズブラズィリャン] 形 日系ブラジル人の.
── 名 日系ブラジル人.

jar [dʒɑːr チャー] 名 (口の広い) びん, つぼ (▶一般にガラス製でジャムなどの食品の容器として使う).

jaw [dʒɔː ヂョー] 名 あご (▶ chin はあごの先をさす).
the upper *jaw* 上あご.
the lower *jaw* 下あご.

jazz 3級 [dʒæz チャズ] 名 《音楽》ジャズ.
He loves listening to *jazz*.
彼はジャズを聞くのが大好きだ.

> 背景 ジャズは19世紀の終わりごろに, アメリカのニューオーリンズ (New Orleans) で生まれた.

jealous 2級 [dʒéləs ヂェラス] 形 うらやんで, ねたんで;焼きもちをやいて, しっと深い.
He was *jealous* of my new bike.
彼はぼくの新しい自転車をうらやんでいた.

jealousy [dʒéləsi ヂェラスィ] 名 (複数 jealousies [-z]) しっと;ねたみ.

jeans 3級 [dʒiːnz ヂーンズ] 名 [複数あつかい] ジーンズ, ジーパン (▶数えるときは a pair of jeans, two pairs of jeans のようにする.「ジーパン」は和製英語).

> 背景 jeans ということばは, ジーンズの生地が最初に織られたイタリアの町ジェノバ (Genoa) からきているといわれる.

Jeep [dʒiːp ヂープ] 名 ジープ (▶商標名. 山道などを走る4輪駆動の小型車).

Jefferson [dʒéfərsn ヂェファスン], Thomas 名 トマス・ジェファソン (1743-1826;アメリカ第3代の大統領;独立宣言を起草した中心人物).

Jell-O, jello [dʒélou ヂェロウ] 名 《米》ゼリー (= 《英》jelly) (▶商標名).

jelly [dʒéli ヂェリィ] 名 (複数 jellies [-z])
1 《英》ゼリー (= 《米》Jell-O, jello).
2 (果肉のない透明な) ジャム (▶果肉入りジャムは jam という).

jellyfish [dʒélifiʃ ヂェリフィシ] 名 (複数 jellyfish:種類をいうとき jellyfishes [-iz]) 《動物》クラゲ.

Jenny [dʒéni ヂェニィ] 名 ジェニー (女性の名;Jane の愛称).

jerk [dʒəːrk ヂャ〜ク] 名 急な動き;ぐいと引くこと, ぐいと押すこと.
── 動 他 …を急に動かす.

jersey [dʒə́ːrzi ヂャ〜ズィ] 名 (複数 jerseys [-z]) **1** (スポーツ選手が着る) ジャージーのシャツ (▶日本語の「ジャージー (体操着)」は gym clothes という).

2 《英》セーター (= sweater).

Jerusalem [dʒərúːs(ə)ləm ヂェルーサレム] (発音注意) 名 エルサレム (パレスチナ地方の歴史的都市).

Jessie [dʒési ヂェスィ] 名 ジェシー (女性の名;Jessica の愛称;ときに男性の名のこともある).

Jesus [dʒíːzəs ヂーザス] 名 イエス, イエス・キリスト (Jesus Christ). → Christ

Jesus Christ [dʒíːzəs kráist] 名 イエス・キリスト. → Christ

jet 準2 [dʒet ヂェット] 名 ジェット機 (= jet plane);(水・気体などの) 噴出.

jet lag [dʒét læg ラッグ] 名 時差ぼけ.
suffer from *jet lag* 時差ぼけになる.

jet plane [dʒét pléin] 名 ジェット機 (▶単に jet ともいう). → airplane (図)

Jew [dʒuː ヂュー] 名 ユダヤ人;ユダヤ教徒.

jewel [dʒúːəl ヂューエル] 名 宝石 (= gem);[ふつう複数形で] (宝石入りの) 装身具, 宝飾品. → jewelry

jeweler [dʒúːələr ヂューエラァ] (▶《英》では jeweller とつづる).
名 宝石商.

jewelry 準2 [dʒúːəlri ヂューエルリィ] ▶

Jewish ▶

（英）では jewellery とつづる.

名 [集合的に] 宝石類（▶ jewel が1つ1つの宝石をさすのに対し，jewelry は宝石類全体をさす）；(指輪，ネックレス，ブレスレットなどの) 宝飾品，アクセサリー.

Jewish [dʒúːɪʃ ヂューイッシ] 形 ユダヤ人の.

jigsaw [dʒígsɔː ヂグソー] 名 **1** 糸のこぎり.
2 = jigsaw puzzle

jigsaw puzzle [dʒígsɔː pʌzl] 名 ジグソーパズル（▶単に jigsaw ともいう）.
do a *jigsaw puzzle* ジグソーパズルをする.

Jim [dʒím ヂム] 名 ジム（男性の名；James の愛称）.

Jimmy [dʒími ヂミィ] 名 ジミー（男性の名；James の愛称）.

jingle [dʒíŋgl ヂングル] 動 他 (硬貨・かぎ束・鈴など) をチャラチャラ鳴らす，チリンチリン鳴らす.
―自 チャラチャラ鳴る，チリンチリン鳴る.
―名 (金属がぶつかり合うときの) チャラチャラという音，チリンチリンという音.

job 5級 [dʒɑb ヂャブ ‖ dʒɔb ヂョブ]

名 [複数 jobs [-z]] **1** (収入を得るための) **仕事**，職，勤め口.
He got a new *job*.
彼は新しい仕事が見つかった.
When did she lose her *job*?
彼女はいつ失業したの？
a part-time *job* パートの仕事.

> 📢用法 職業をたずねるときの言い方
> 「お仕事は何ですか？」と相手の職業をたずねるときは，What's your job? よりも，What do you do (for a living)? というのがふつう.

2 作業，仕事（同 task）.
Housekeeping is a difficult *job*.
家のきりもりはたいへんな仕事だ.

do a good job = ***do a great job*** うまくやる.
(You *did a*) *good job*! よくやったね（▶ほめるときの決まり文句）.

jockey [dʒɑ́ki ヂャキィ ‖ dʒɔ́ki ヂョキィ] 名 (競馬の) 騎手，ジョッキー.

jog [dʒɑ́g ヂャッグ ‖ dʒɔ́g ヂョッグ] 動 (過去 過分 jogged [-d] ing jogging) 自 ジョギングをする.

jogger [dʒɑ́gər ヂャガァ ‖ dʒɔ́gə ヂョガ] 名

ジョギングをする人.

jogging 準2 [dʒɑ́giŋ ヂャギング ‖ dʒɔ́g-ヂョギ-] 名 ジョギング.
She took up *jogging* to keep fit.
彼女は健康維持のためにジョギングを始めた.

John [dʒɑ́n ヂャン ‖ dʒɔ́n ヂョン] 名 ジョン（男性の名；愛称は Johnny, Jack など）（▶英米でもっともポピュラーな名前の1つ）.

John Bull [dʒɑ́n ‖ dʒɔ́n búl] 名 ジョン・ブル（典型的なイングランド人を表すニックネームで，無愛想・率直・現実的であることなどがその特徴とされる）.
→ Uncle Sam

John Lennon [dʒɑ́n ‖ dʒɔ́n lénən レノン] 名 → Lennon

join 4級 [dʒɔ́in ヂョイン] フォニックス69 oi

初は [ɔi] と発音する

動 (3単現 joins [-z]；過去 過分 joined [-d]；ing joining) 他 **1** …**に加わる**，参加する；…に入る，入会する.
What club are you going to *join*?
どの部活に入るつもり？
Let me *join* you.
仲間に入れて.

> 💬スピーキング
> Ⓐ We're going to play soccer after school. Can you *join* us?
> 放課後にサッカーをするんだけど，いっしょにやらない？
> Ⓑ Sure.
> もちろん.

2 …と落ち合う；(川などが) …と合流する.
I'll *join* you at the park.
公園で落ち合おう.
Where does this road *join* the national highway?
この道路はどこで国道と合流しますか.

3 …をつなぐ，つなぎ合わせる.
Join the two ends of the string together with a knot.
ひもの両端を結んでつなぎなさい.
―自 **1 参加する**；入る，入会する.
May I *join* in the game?
ゲームに入ってもいいですか.

◀ **judge**

2 合流する.
The two rivers *join* here.
2つの川はここで合流する.

joint [dʒɔint チョイント] 图 (体の) 関節；つ
ぎ目.
finger *joints* 指の関節.
── 形 共同の，合同の.
(a) *joint* work 共同作業.

joke [dʒouk ヂョウク] 图 (複数 *jokes* [-s]) 冗
談，ジョーク，しゃれ；からかうこと，か
らかい. → humor
He's always telling *jokes*.
彼はいつも冗談ばかり言ってる.
Did you do it as a *joke*?
冗談のつもりでやったの？
It's just a *joke*. ほんの冗談だよ.
It's no *joke*.
それは笑いごとではない；それは重大だ.
play a joke on …をからかう.
── 動 (3単現 *jokes* [-s]；過去 *joked*
[-t]；ing *joking*) 圓 冗談を言う.
Stop *joking*! 冗談はやめてよ！
I'm just *joking*. ただの冗談だよ.
You must be *joking*. まさか冗談でしょう.

joker [dʒóukər ヂョウカァ] 图 (トランプの)
ジョーカー；よく冗談を言う人，おどけ者.

jolly [dʒáli ヂャリイ‖dʒɔ́li ヂョリイ] 形 (比較
jollier；最上 *jolliest*) ゆかいな，陽気な；
楽しい.
a *jolly* fellow
ゆかいな男，つきあって楽しい男.

Joseph [dʒóuzəf ヂョウゼフ] 图 ジョーゼフ
(男性の名；愛称は Jo, Joe) (▶英米でもっと
もポピュラーな名前の1つ).

journal [dʒəːrnl ヂャ〜ヌル] 图 専門雑誌；
定期刊行物；新聞；日誌，日記 (▶
diary より公的な記録をさすことが多い).

journalism [dʒə́ːrnəlizm ヂャ〜ナリズム]
图 ジャーナリズム (新聞・雑誌・テレビ・ラジ
オなどの報道関係の仕事).

journalist [dʒə́ːrnəlist ヂャ〜ナリスト] 图
(複数 *journalists* [-ts ツ]) ジャーナリスト，
新聞記者，雑誌記者，放送記者.
→ reporter

journey 準2 [dʒə́ːrni ヂャ〜ニィ] (our は
例外的に [əːr] と発音する) 图 (複数
journeys [-z]) 旅行，旅.
go on a *journey* 旅に出る.
He made a long *journey* to Chicago.

彼はシカゴへ長い旅をした.
We were all tired from the long
journey. みんな長旅でつかれていた.

> ⓘ参考 *journey* は比較的長い旅のこと
> をいう. それで「人生」にたとえられるこ
> ともある. → travel

joy [dʒɔi ヂョイ] フォニックス69 oy は [ɔi] と
発音する.
图 (複数 *joys* [-z]) **喜び** (反 sorrow 悲し
み)；喜びの種.
Their son's success was their great
joy.
息子の成功は彼らの大きな喜びだった.
for joy = *with joy* うれしくて，喜びで.
He jumped *for joy* when he opened
the present. プレゼントを開けたとき彼はう
れしくてとび上がった.
I'm filled *with joy*. 喜びでいっぱいです.
to ...'s joy (人) が喜んだことには.
To the teacher*'s joy*, one of her
students won first prize in the
speech contest.
先生にとってうれしいことに，生徒の1人が弁
論大会で1等賞をとった.

joyful [dʒɔ́ifəl ヂョイフル] 形 うれしい，(物
事が) 喜ばしい；(人が) 喜んでいる.
joyful news うれしいニュース.

Jr., jr. [dʒúːnjər ヂューニャァ] (略) = Junior,
junior (…2世) → junior

judge 3級 [dʒʌdʒ ヂャッヂ] 图 **1** 裁判官，
判事.
2 (スポーツの) 審判 (員)，ジャッジ；(コ
ンテストなどの) 審査員.
the *judges* at a speech contest
スピーチコンテストの審査員.
── 動 他 **1** …を判断する，評価する.
Don't *judge* others by their looks.
人を見かけで判断してはいけない.
2 …を審査する，審判する.
Who's going to *judge* the photo
contest?
写真コンテストの審査はだれがするのですか.
3 …に判決を下す；…を裁く，裁判する.
The court *judged* him innocent.
法廷は彼に無罪の判決を下した.
── 圓 判断する；審査する；判決を下す，裁く.
judging from = *judging by* …から判
断して.

three hundred and eighty-seven　387

judgment ▶

Judging from the look on his face, he seemed to agree with me.
彼の表情からすると，私の意見に賛成しているようだった.

judgment [dʒʌdʒmənt チャヂメント] ▶
《英》では judgement とつづる.
图 判断,評価；判断力；(裁判の)判決；裁判.

judo 4級 [dʒúːdou ヂュードゥ] (＜日本語)
图 柔道.
practice *judo* (＝ do *judo*)
柔道をする.

Judy [dʒúːdi ヂューディ] 图 ジュディー (女性の名；Judith の愛称).

jug [dʒʌg ヂャッグ] 图 (取っ手つきの) 水差し (＝ pitcher¹).

juice 5級 [dʒuːs ヂュース]

图 (複数 juices [-iz]) **ジュース**；(果物・野菜の) 汁；(▶英語の juice は天然果汁100％のものだけをさし，それ以外のジュース類は soft drink という)；肉汁.
a glass of orange *juice*
オレンジジュース 1 杯.
lemon *juice* レモン汁.

> 🔍文法 **juice の数え方**
> ふつう a をつけず複数形にもしないが，レストランなどで注文するときは Two orange juices, please. (オレンジジュースを 2 杯お願いします) などということが多い.

juicy [dʒúːsi ヂュースィ] 形 (比較 juicier；最上 juiciest) (果物などが) 汁の多い，水分の多い.
juicy fruits 果汁の多い果物.

Jul. 《略》＝ July (7 月)

July 5級 图 7月

[dʒulái ヂュライ]
图 **7月** (▶略語は Jul.). → month (表)
July 4 is Independence Day in the U.S.
7 月 4 日はアメリカ合衆国では独立記念日だ.
Our summer vacation begins in *July*. 私たちの夏休みは7月に始まる (▶「…月に」というときは in を使う).
Kate was born on *July* 2.

ケイトは7月2日に生まれた (▶特定の日がつくときは on を使う. July 2 は July second または July the second と読む).

○ in July
× in July 2
┗━特定の日がつくときは on を使う.

○ on July 2
▶月名は大文字で書きはじめる.

> 📘背景 ジュリアス・シーザー (Julius Caesar) の名にちなんで名づけられた.

jumbo 準2 [dʒʌmbou チャンボウ] 形 《口語》特大の，ジャンボの.
── 图 (複数 jumbos [-z]) ジャンボジェット機 (＝ jumbo jet).

jumbo jet [dʒʌmbou dʒèt] 图 ジャンボジェット機 (▶単に jumbo ともいう).

jump 5級 [dʒʌmp チャンプ]

動 (3単現 jumps [-s]；過去・過分 jumped [-t]；ing jumping) 自 **とぶ**，ジャンプする.
She *jumped* up and down with joy.
彼女は喜びのあまりとびはねた.
The cat *jumped* down from the fridge. ネコは冷蔵庫からとび降りた.
He *jumped* out of bed and got dressed.
彼はベッドからとび起きて服を着た.
We *jumped* into the water all together.
ぼくたちはいっせいに水にとびこんだ.
jump at …目がけて飛びかかる.
── 他 …をとびこえる.
I managed to *jump* the fence.
何とかフェンスをとびこえることができた.

── 图 (複数 jumps [-s]) **ジャンプ**，とぶこと，跳躍.
the long *jump* 走り幅とび (▶競技名には the をつける).
the high *jump* 走り高とび.
the triple *jump* 三段とび (▶ the hop, step, and jump ともいう).

jumper [dʒʌmpər チャンパァ] 图 **1** 作業用上着；《米》ジャンパースカート；《英》セーター (＝ sweater)，プルオーバー (▶日本語の「ジャンパー」にあたるのは jacket また

は windbreaker).
2 跳躍者；跳躍選手.
a long *jumper* 走り幅とびの選手.

jump rope [dʒÁmp ròup] 名《米》なわとび；(なわとびの)とびなわ.
── 動 (自) なわとびをする.
How many times can you *jump rope*? なわとびは何回できる？

Jun. (略) = June (6月)

junction [dʒÁŋ(k)ʃən チャン(ク)ション] 名 (幹線道路の)合流点, ジャンクション (▶略語は JCT).

June 5級 名 6月

[dʒuːn チューン]
名 **6月** (▶略語は Jun.). → month (表)
in *June* 6月に (▶「…月に」というときは in を使う).
Susan was born on *June* 4.
スーザンは6月4日に生まれた (▶特定の日がつくときは on を使う. June 4 は June fourth または June the fourth と読む).

○ in June
× in June 4
特定の日がつくときは on を使う.
○ on June 4
▶月名は大文字で書きはじめる.

背景 ❶ June はローマの氏族の名からきたとか, ローマ神話のジュピターの妻にあたる守護神ジュノー (Juno) からきたとか, young (若い) という意味のラテン語からきたなどの説がある.
❷ June bride (6月の花嫁) という言い方があるが, 6月に結婚した花嫁は Juno にあやかってもっとも幸福だと言い伝えられている. 6月はイギリスでは一年中で気候がいちばんよい季節である.

Juneau [dʒúːnou チューノウ] 名 ジュノー (米国のアラスカ州の州都).

jungle 準2 [dʒÁŋgl チャングル] 名 [ふつう the をつけて] ジャングル, (熱帯の)密林.

jungle gym [dʒÁŋgl dʒìm] 名《米》ジャングルジム.
Let's play on the *jungle gym*.
ジャングルジムで遊ぼうよ.

junior [dʒúːnjər チューニャ]

形 **1** (…より)年下の；(組織の中で)(地位・役職などが)**下の**, 下級の (反 senior (地位)上の).
a *junior* officer 下級将校.
2 [Junior で] [父親と息子が同姓同名のときに息子のほうに使って] …ジュニア, …2世 (▶ Jr. と略す).
Robert Jones, *Jr.*
ロバート・ジョーンズ 2世.
── 名 (複数 juniors [-z]) **1 年少者**, 年下の者, 後輩.
He is two years my *junior*. (= He is my *junior* by two years.)
彼はぼくより2つ年下だ (▶ He is two years younger than I am. と表すのがふつう).
2《米》(大学の)**3年生**；(高校の)最高学年の1年下の生徒 (▶アメリカの高校は3年または4年あるので, 学校によって高校2年生または3年生になる). → senior (表)
I'm a *junior* in college.
私は大学の3年生です.

junior college [dʒúːnjər kálidʒ ‖ kɔ́lidʒ] 名 短大, 短期大学. → college

junior high school

5級 [dʒúːnjər hái skùːl]
名 (複数 junior high schools [-z])《米》**中学校** (▶アメリカでは州によって教育制度が異なるが, 6-2-4 制, 5-3-4 制の場合, その中間の2年または3年間を通う学校のことで, 日本の中学校にあたる. 単に junior high ともいう). → school (図)
I'm a *junior high school* student.
(= I'm in *junior high school*.)
ぼくは中学生です.

ライティング
I go to Sakura Minami *Junior High School*.
私はさくら南中学校に通っています (▶具体的な学校名を書くときは, 固有名詞なので各単語の最初を大文字にする).

junk [dʒÁŋk チャンク] 名 がらくた, くず；くだらないもの.

junk food ▶

junk food [dʒʌ́ŋk fùːd] 图《口語》ジャンクフード (高カロリーで栄養価の低い食品. スナック菓子や, 即席ラーメンめんなど).

Jupiter [dʒúːpətər チューピタァ] 图 **1**《ローマ神話》ユピテル, ジュピター (天地を支配する主神;ギリシャ神話のゼウス (Zeus) にあたる).
2《天文》木星. → planet (図)

juror [dʒú(ə)rər チュ(ア)ラァ] 图 陪審ばいしん員 (陪審 (jury) の一員).

jury [dʒú(ə)ri チュ(ア)リィ] 图《複数》**juries**[-z]
[集合的に] 陪審ばいしん (▶ふつう民間から選ばれた陪審員全体のことをいう. 陪審員は法廷ほうていに出席し有罪・無罪の評決を裁判長に答申する. 1人1人の陪審員のことは juror という).

just 5級 副 ちょうど, たったいま, ちょっと

[dʒəst チャスト, (強めると)dʒʌst チャスト]
副 **1 ちょうど**, まさに, ぴったり.
It is *just* seven o'clock.
ちょうど7時です (▶文脈によっては「まだ」といういらだちや失望を感じさせる意味にもなるので「ちょうど…時です」という文では exactly を使うとよい).
The package arrived *just* as I was leaving. ちょうど出かけようとしていたときに荷物が届いた.
Just then, I heard a loud noise outside.
ちょうどそのとき, 外で大きな物音がした.
Oh, thank you. This is *just* what I wanted.
わあ, ありがとう. こういうのがちょうどほしかったんだ.
2 たったいま, (ちょうど) …したばかりで.
He's *just* left. 彼はたったいま出かけました.
We've *just* come home from a trip.
ちょうど旅行から帰ったところです.
3 ほんの…だけ, まだ…にすぎない (同 only).

She's *just* a friend.
彼女はただの友だちだよ.
4 何とか, やっとのことで.
He *just* caught the last train.
彼は何とか終電に間に合った.
I *just* managed to pass the exam.
テストにはどうにかぎりぎり合格した.
5 [命令などの表現をやわらげて] **ちょっと**, **まあ.**
Just a minute, please.
ちょっとお待ちください.
Just come on in. まあ, 入って.
6 (口語) [強調を表して] ほんとうに, まったく.
The noise was *just* terrible.
その騒音そうおんはほんとにひどかった.

just as ... ちょうど…と同じように.
Do *just as* I do.
私のするとおりにしなさい.

just like ... まさに…のように.
He looks *just like* his father.
彼はお父さんにそっくりだ.

just now たったいま, いまさっき. → now
── 形 [比較] **more just** ときに **juster**;[最上] **most just** ときに **justest** **正しい**, **公平な** (同 fair);正当な (▶改まった語).
a *just* society 公平な社会.
I want to be *just* to all people.
私はすべての人を公平にあつかいたい.
→動 justify

justice 2級 [dʒʌ́stis チャスティス] 图 **1 公正**, **公平**, **正義** (反 injustice 不公平).
They fought for *justice*.
彼らは正義のために戦った.
2 裁判;司法.
a court of *justice* 裁判所.
the *justice* system 司法制度.

justify 2級 [dʒʌ́stəfai チャスティファイ] 動
(3単現 **justifies** [-z];過去 過分 **justified** [-d];ing **justifying**)他 (行為こうい・主張など)を正しいとする;…を弁明する;…を正当化する. →形 just

390 three hundred and ninety

K k Kk Kk

K, k [kei ケイ] 名（複数 **K's, k's** [-z] または **Ks, ks** [-z]）ケイ（アルファベットの 11 番目の文字）.

kabaddi [kəbǽdi, kɑːbάːdi, kʌ́bədi カバディ, カーバーディ, カバディ] 名《競技》カバディ（インドの国技で，1 チーム 7 人の 2 組で行う．鬼ごっこに似た競技．攻撃側の 1 人は攻撃中はひと呼吸の間に「カバディ，カバディ」と連呼しなければならない）．

kabuki [kəbúːki カブーキ]（＜日本語）名（日本の）歌舞伎.

Kamchatka [kæmtʃǽtkə キャムチャトゥカ] 名 [the をつけて] カムチャツカ半島.

kangaroo [kæŋɡərúː キャンガルー]（発音・アクセント注意）名（複数 **kangaroos** [-z]）《動物》カンガルー．

「これより先 5 キロ，カンガルーが多いので注意」というオーストラリアの標識.

Kansas [kǽnzəs キャンザス] 名 カンザス州（アメリカ中部の州で小麦生産地帯の中心地；略語は KS または Kans., Kan.）.

karaoke [kærióuki キャリオウキ]（＜日本語）名 カラオケ．
go to *karaoke* カラオケに行く．
sing *karaoke* カラオケを歌う．

Karen [kǽrən キャレン] 名 カレン（女性の名）．

Kate [keit ケイト] 名 ケイト（女性の名；Katherine, Catherine の愛称）．

Kat(h)mandu [kɑːtmɑːndúː カートゥマーンドゥー] 名 カトマンズ（ネパールの首都）．

kayak [káiæk カイアク] 名 カヤック（皮張りのカヌー）．

keen [kiːn キーン] 形 **1**（感覚・知性などが）鋭い，発達した（反 dull 頭のにぶい）．
Dogs have a *keen* sense of smell.
犬は嗅覚が発達している．
2《おもに英》熱心な（同 eager）；（趣味などに）熱中した，夢中である．
I am not very *keen* on tennis.
私はテニスはたいして好きではない．

keep
3級 動（ある期間）…を持っている，〜を…にしておく

[kiːp キープ] フォニックス64 ee は [iː] と発音する．動（3単現）**keeps** [-s]；過去 過分 **kept** [kept ケプト]；ing **keeping**）他 **1**（ある期間）…を持っている，とっておく；…を自分のものにする．
I'll *keep* your ticket.
ぼくがきみのチケットを持っててあげるよ．
You can *keep* it if you like.
よかったらとっておいて．
Please *keep* the change.
おつりはとっておいてください．
2 …をしまっておく，保管する．
Where do you *keep* the keys?
かぎはどこにしまっているの？
3（keep ＋目的語＋形容詞または分詞で）〜を…にしておく．
Keep the door *open*.
ドアは開けたままにしておいて．
I'm sorry we *kept* you *waiting*.
お待たせして申しわけありません．
4（家畜など）を飼う，飼育する（▶ペッ

keeper▶

トを飼うときは have を使う；（家族など）を養う.
They *keep* **cattle on their farm.**
彼らは農場で牛を飼育している.

5 （記録）をつける.
I've been *keeping* **a diary for a year.** ぼくは1年間日記をつけつづけている.

6 （約束・時間）を守る.
You have to *keep* **your promise.**
約束は守らなければなりません.

― 圓 **1** （keep＋形容詞で）ずっと…である.
Keep **quiet, please.** 静かにしててね.

2 （keep＋-ing形で）…しつづける；何度も…する.
It *kept snowing* **all day long.**
一日中雪は降りつづいた.
He *kept calling* **me.**
彼は私に何度も電話してきた.

3 （食べ物がくさらずに）もつ.
Onions *keep* **well in cool dark places.**
タマネギは冷暗所に置くと長持ちする.

keep away 近づかない，はなれている；…を近づけない.
We'd better *keep away* **from that dog.** あの犬には近づかないほうがいいよ.
Keep **all medicine** *away* **from your children.** 薬はすべて子どもの手の届かないところに置いてください.

keep ... from ～ …に～させない；…を～から隠す；…を～から守る.
The storm *kept* **us** *from* **returning home.** あらしで家に帰れなかった.

keep in （人）を閉じこめる.
We were *kept in* **because of the storm.** 私たちはあらしで外に出られなかった.

keep off …に近づかない.
Keep Off **The Grass**
《掲示》しばふに入るな→ grass

keep on -ing …しつづける；何度も…する（▶ keep -ing よりも意味が強く，「しつこく…する」という意味合いがある）.
The boy *kept on crying.*
男の子は泣きつづけた.

keep out …を入れない，しめ出す.
Keep Out 《掲示》立ち入り禁止
keep to …をはなれない，はずれない.
Keep To **The Left** 《掲示》左側通行（▶

Keep Left ともいう).

keep up …を続ける.
All right. *Keep* **it** *up!* よし，その調子！

keep up with …に遅れずについていく.
Would you slow down? I can't *keep up with* **you.**
ゆっくり歩いてくれる？ついていけないよ.
I worked hard to *keep up with* **the rest of the class.** クラスのみんなに遅れないようにがんばって勉強した.

keeper [kíːpər キーパァ] 图 番人；管理人；（動物園の）飼育係（= zookeeper）；（サッカーなどの）ゴールキーパー（= goalkeeper）.

keeping [kíːpiŋ キーピング] 動 keep（…を持っている）の -ing 形.

keeps [kíːps キープス] 動 keep（…を持っている）の3人称単数現在形.

Keller [kélər ケラァ], **Helen** 图 ヘレン・ケラー（1880-1968；アメリカの著述家；目が見えず，耳が聞こえず，口がきけないという三重苦を克服し，社会福祉事業につくした）.

Kennedy [kénədi ケネディ], **John Fitzgerald** 图 ジョン・フィッツジェラルド・ケネディ（1917-63；アメリカの第35代大統領で，遊説中テキサス州ダラスで暗殺された）.

kennel [kénl ケヌル] 图 犬小屋（= doghouse）.

Kentucky [kəntʌ́ki ケンタキィ] 图 ケンタッキー州（アメリカ中東部の州で，バーボンウイスキー・競走馬の産地として知られる；略語は KY または Ken.）.

Kenya [kénjə ケニャ] 图 ケニア（アフリカ東部の共和国；首都はナイロビ（Nairobi））.

Kenyan [kénjən ケニャン] 形 ケニアの；ケニア人の.
―― 图 ケニア人.

kept 3級 [kept ケプト]

動 keep（…を持っている）の過去・過去分詞.

ketchup [kétʃəp ケチャプ] 图 ケチャップ（▶ catsup ともつづる）.

kettle [kétl ケトゥル] 图 やかん.

Kevin [kévin ケヴィン] 图 ケビン（男性の名）.

key 4級 [kiː キー] （ey は例外的に [iː] と発音する）图 〖複数〗 keys [-z] **1** かぎ（▶日本語では「錠」のことも「かぎ」というが，英語では lock といってはっきり区別する）.

◀ **kilogram**

Which is the *key* to the front door?
どれが玄関(げんかん)のかぎ？
(▶ the key ×of the front door としない).
Have you seen the car *key*?
車のかぎ，見なかった？
I turned the *key* and opened the door. かぎをまわしてドアを開けた.
2 [ふつう単数形で] (問題を解く) かぎ，秘けつ.
the *key* to the mystery
そのなぞを解くかぎ.
3 (音楽の) 調，キー；(ピアノ・オルガンなどの) キー，鍵(けん)；(パソコンなどの) キー.
a major *key* 長調.
4 (問題集などの) 解答集，解答編.
―― [形] 重要な，かぎになる.
Underline the *key* words.
キーワードにはアンダーラインを引きなさい.

keyboard [kíːbɔrd キーボード] [名] (パソコンなどの) キーボード；(ピアノなどの) 鍵盤(けんばん)；[複数形で] 鍵盤楽器，キーボード.

keyhole [kíːhoul キーホウル] [名] かぎ穴.

kg [略] = kilogram(s) (キログラム)

kick [3級] [kík キック]

[動] (3単現 **kicks** [-s])；過去 過分 **kicked** [-t]；[ing] **kicking**) [他] **…をける**，けとばす，キックする.
He *kicked* the ball high in the air.
彼は空中にボールを高くけった.
Some boys were *kicking* a ball around in the park. 数人の男の子が公園でボールをけって遊んでいた.
―― [自] ける，けとばす.
kick off (サッカーなどの) 試合を始める.
The game *kicks off* at 7 p.m.
試合は午後 7 時にキックオフする.
―― [名] けること，キック.

kickoff [kíkɔ(ː)f キコ(ー)フ] [名] (サッカー・アメリカンフットボールなどの) キックオフ；(キャンペーンなどの) 開始.

kid [3級] [kíd キッド]

[名] (複数 **kids** [-dz ヅ]) **子ども** (同 child)；若者；子ヤギ；子ヤギの皮.
―― [動] (3単現 **kids** [-dz ヅ]；過去 過分

kidded [-id]；[ing] **kidding**) [自] [他] [口語] (…を) **からかう**；冗談(じょうだん)を言う.

🗣 スピーキング

A I saw Tom Cruise at the station yesterday.
きのう駅でトム・クルーズを見たよ.
B You're *kidding*. / You must be *kidding*. うっそー.

You're *kidding*! = No *kidding*!
冗談でしょ. ウソー！
(I'm) just *kidding*. 冗談だよ.

kiddie, kiddy [kídi キディ] [名] ちっちゃな子ども，幼児.

kidnap [kídnæp キドゥナプ] [動] [他] (人) を誘拐(ゆうかい)する.

kidney [kídni キドゥニィ] [名] 腎臓(じんぞう).

Kilimanjaro [kìləməndʒάːrou キリマンヂャーロウ] [名] キリマンジャロ (タンザニアにあるアフリカ最高峰の火山；高さ 5895m).

kill [3級] [kíl キル]

[動] (3単現 **kills** [-z]；過去 過分 **killed** [-d]；[ing] **killing**) [他] **1 a** (人・動物) を**殺す**；(植物) を枯(か)らす，全滅(ぜんめつ)させる.
That man *killed* three women.
その男は 3 人の女性を殺した.
Drought *killed* all the crops.
日照り続きで作物がすべて枯れた.
b (**be killed** で) (事故・戦争などで) **死ぬ**，亡(な)くなる (▶不慮(ふりょ)の事故などで亡くなるときは die よりも be killed のほうがふつう)；(**kill** *myself* で) **自殺する**.
He *was killed* in a train accident.
彼は電車の事故で亡くなった.
2 (時間) をつぶす.
Then, let's *kill* time.
それじゃ，時間をつぶそう.
3 [ふつう進行形で] …をひどく痛がらせる.
These shoes *are killing* me.
このくつ，痛くてがまんできないよ.

killer [kílər キラァ] [名] 殺人者，殺し屋.

killer whale [kílər (h)weil キラァ (ホ)ウェイル] [名] 《動物》 シャチ (イルカ科のほ乳動物).

kilo [kíːlou キーロウ] [名] (複数 **kilos** [-z]) キロ，キログラム (▶ふつうは kilogram の短縮形として使われ，kilometer (キロメートル) の短縮形として使われるのはまれ).

kilogram [5級] [kíləgræm キログラム] ▶

three hundred and ninety-three 393

kilometer ▶

（英）では kilogramme とつづる.
图 **キログラム**（1000 グラム；単に kilo とも
いう；略語は kg）.

kilometer 5級 [kilámətər キラメァタァ,
kiləmiːtər キロミータァ] ▶（英）では kilometre
とつづる. 图 **キロメートル**（1000 メートル；
略語は km）.

kilt [kilt キルト] 图 **キルト**（▶スコットランド高
地の男性が着くひだのある短いスカートで，ふ
つう格子（ごうし）じま）.

キルトをはき，下腹部
にスポラン(sporran)
という小袋をさげてい
る.

kimono [kimóunə キモウノ, -nou -ノウ]（＜
日本語）图（複数 **kimonos** [-z]）着物, 和服；
（日本の着物風の）女性用部屋着.

kind¹ 图 種類

[kaind カインド]

图（複数 **kinds** [-dz ヅ]）**種類**（同 sort）.
I don't like this *kind* of music.
ぼくはこういう種類の音楽は好きじゃない.
He reads all *kinds* of books.
彼はあらゆる種類の本を読む.

a kind of 一種の…, …みたいなもの.
Sumo is *a kind of* wrestling.
すもうは一種のレスリングです.

What kind of ...? どんな種類の….

🗣 **スピーキング**

Ⓐ *What kind of* music do you
like?
どんな種類の音楽が好きですか.

Ⓑ I like J-pop, Japanese pop
music.
私はJポップ, 日本のポピュラー音楽が好
きです.

kind² 5級 形 親切な, やさしい

[kaind カインド]

形（比較 **kinder**；最上 **kindest**）**1 親切な**,
優しい（反 unkind 不親切な）；**(be kind
to で)** …に親切である.
Susie is very *kind*.
スージーはとても親切だ.
Be kind to your friends.
友だちには親切にしてあげなさい.
He is the *kindest* person I know.
彼はぼくが知るいちばん親切な人だ.

**2 (It is kind of ＋人 ＋ to ... ／ 人 ＋ is
kind to ... で)** (人) が…するのは親切で
ある.
It's very *kind of* you. どうもご親切に.
It's very *kind of* you *to* say so.
(＝ You're very *kind to* say so.)
そうおっしゃっていただいてとてもうれしいです.

🗣 **スピーキング**

Ⓐ Here, let me help you.
さあ, お手伝いさせてください.

Ⓑ *That's very kind of you.*
ご親切にどうも.

**3 (be kind enough to ... ／ be so kind
as to ... で) 親切にも…する.**
He *was kind enough to* give me a
ride to the station. (＝ He *was so
kind as to* give me a ride to the
station.) 彼は親切にも駅まで車で送ってくれ
た. →图 kindness, 副 kindly

kinder [káindər カインダァ] 形 kind² (親切
な) の比較級.

kindergarten [kindərgɑːrtn キンダガー
トゥン] (＜ドイツ語) 图 幼稚（ようち）園.
My youngest daughter is in *kinder-
garten*.
私のいちばん下の娘は幼稚園に通っています.

ⓘ**参考** ❶（英）では nursery school
や preschool と呼ばれ 3 ～ 5 歳（さい）のと
きに通う. 日本の幼稚園と似ている. ❷
（米）では小学校の一部を構成する入学
準備クラス. ふつう 5 歳のときに 1 年間
通う.

kindest [káindist カインデスト] 形 kind² (親
切な) の最上級.

kindhearted [kain(d)hɑːrtid カイン(ドゥ)
ハーティド] 形 心の優しい, 思いやりのある.

kindly [káindli カインドゥリィ] 副（比較 **more**

◀ kitchen

kindly; 最上 **most kindly**) 親切に（も），優しく．
She spoke to the girl *kindly*.
彼女はその女の子に優しく話しかけた．
The man *kindly* told me the way to the station.
その人は親切に駅までの道を教えてくれた． →形 kind²

── 形 （比較 **kindlier** または **more kindly**；最上 **kindliest** または **most kindly**）優しい，思いやりのある．
a *kindly* voice 優しい声．

kindness [káin(d)nis カイン(ドゥ)ネス] 名
親切，優しさ；親切な行為．
Thank you for your *kindness*.
ご親切ありがとう．
I'll never forget your *kindness*.
ご親切はけっして忘れません． →形 kind²

King [kiŋ キング], **Martin Luther, Jr.** 名
マーチン・ルーサー・キング 2 世
（1929-68；アメリカの黒人公民権運動の指導者で牧師；1964 年ノーベル平和賞受賞．1968 年テネシー州で暗殺された）．

king 3級 [kiŋ キング]

名（複数 **kings** [-z]）**1** 王，国王（対 queen 女王）．
the *King* of England イングランド王．
King Henry VIII ヘンリー 8 世（▶ VIII は the eighth と読む）．
2（ある分野での）実力者，第一人者；（動植物の）もっとも強いもの，王様．
a home-run *king* ホームラン王．
The lion is called the *king* of beasts.
ライオンは百獣の王と呼ばれる．
3（トランプ・チェスの）キング．

kingdom [kíŋdəm キングダム] 名 **1** 王国
（王または女王が統治する国）．
2（自然界を 3 つにわけたときの）…界．
the animal *kingdom*. 動物界．
the plant *kingdom*. 植物界．
the mineral *kingdom*. 鉱物界．

kingfisher [kíŋfiʃər キングフィシャ] 名（鳥）
カワセミ，ヤマセミ．

kiosk [kí(ː)ɑsk キ(ー)アスク‖-ɔsk -オスク] 名
キオスク（駅などにある小さな売店）．

kiss [kis キス] 名（複数 **kisses** [-iz]）キス，くちづけ（愛情の表現のほかにあいさつとしても行う）．
I gave her a *kiss*. 私は彼女にキスをした．

── 動（3単現 **kisses** [-iz]；過去 過分 **kissed** [-t]；ing **kissing**）他 …にキスする．
He *kissed* her on the cheek.
彼は彼女のほおにキスをした（▶ ... kissed her on ＊her cheek とはしない．体の一部に接触するときは the を使う）．
Kiss me good night.
おやすみのキスをして．
"I hurt my elbow." "Let me *kiss* it better." 「ひじが痛いよう」「痛いの痛いのとんでいけ」（▶キスをしながら言う）．
── 自 キスをする．

kit [kit キット] 名 道具一式，用具一式，セット；（模型などの）部品一式，パーツ一式．
a first-aid *kit* 救急箱．
a drum *kit* ドラムセット．

kitchen 5級 名 台所

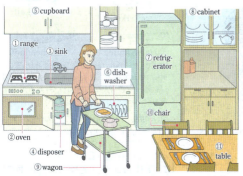

kitchen ①レンジ（▶（cooking) stove ともいう） ② [ʌ́v(ə)n アヴン] オーブン，天火 ③流し ④ [dispóuzər ディスポウザァ] ごみ処理器（生ごみをくだいて下水に流す電気器具） ⑤ [kʌ́bərd カバド] 食器戸だな ⑥食器洗い機 ⑦冷蔵庫 ⑧かざり戸だな ⑨ワゴン ⑩いす ⑪テーブル

kite ▶

[kitʃin キチン] フォニックス33 tch は [tʃ] と発音する.

图 (複数 kitchens [-z]) **台所, キッチン.**
I helped my mother in the *kitchen*.
ぼくは台所でお母さんの手伝いをした.

> 背景 食堂 (dining room) を兼ねた「ダイニングキッチン」は和製英語で, 英語では eat-in kitchen などという.

kite 4級 [kait カイト] 图 (おもちゃの)たこ.
We enjoyed flying *kites*.
ぼくたちはたこあげをして遊んだ.

kitten 3級 [kitn キトゥン] 图 子ネコ.
My daughter brought a *kitten* home.
娘が子ネコを連れて帰ってきた.

kitty [kiti キティ] 图 (複数 **kitties** [-z]) にゃんこちゃん, (子)ネコちゃん (同 kitten) (▶子どもが使う語).
Kitty, kitty! ネコちゃん, ネコちゃん (▶子ネコを呼ぶときの言い方).

kiwi 3級 [kíːwiː キーウィー] 图 **1** (果物) キウイフルーツ (= kiwi fruit) (▶形が鳥のキウイと似ていることから).
2 (鳥) キウイ (ニュージーランド産の飛べない鳥).

Kleenex [klíːneks クリーネクス] 图 クリネックス (▶商標名. tissue (ティッシュペーパー) の意味で使う).

km, km. (略) = kilometer(s) (キロメートル)

knack [næk ナック] 图 [ふつう a または the をつけて] こつ, 技巧.

get *the knack* of skating
スケートのこつをつかむ.

knapsack [næpsæk ナプサク] 图 ナップザック, リュックサック.

knee 準2 [niː ニー] フォニックス38 k は発音しない. 图 ひざ, ひざこぞう. → lap¹(図)
He got down on his *knees* and prayed.
彼はひざまずいて祈った.

kneel [niːl ニール] フォニックス38 k は発音しない. 動 (過去 過分 **knelt** [nelt] または **kneeled** [-d]) 自 ひざまずく.

knelt [nelt ネルト] 動 kneel (ひざまずく) の過去・過去分詞の1つ.

knew 4級 [n(j)uː ニュー, ヌー ‖ njuː ニュー] フォニックス38 k は発音しない. 動 know (…を知っている) の過去形.
[同音語] new (新しい)

knife 5級 [naif ナイフ] フォニックス38 k は発音しない. i は [ai] と発音する. 图 (複数 **knives** [naivz]) ナイフ, 小刀, 包丁; (手術用の) メス.

① pocketknife　② jackknife

③ table knife　④ kitchen knife

knife ① [pákitnaif パケトゥナイフ] (小型の)折りたたみナイフ ② [dʒǽknaif ヂャックナイフ] ジャックナイフ (大型の折りたたみナイフ) ③ 食卓用ナイフ ④ (料理用の) 包丁

a *knife* and fork ナイフとフォーク (▶ a knife and ˣa fork とはいわない. ナイフとフォークで1セットと考える).
a bread *knife* パン切りナイフ.

knight [nait ナイト] (発音注意) 图 (中世の)

▶ know

騎士;(英)ナイト, ナイト爵(の人)(国家の功労者として, 貴族の爵位に次ぐ勲位を授かり, 一代限りだが Sir の称号を許される). [同音語] night (夜)

knit [nit ニット] フォニックス38 k は発音しない. 動 [過去] [過分] **knitted** [-id] または **knit**; [ing] **knitting**) 他 …を編む.
She *knitted* a sweater for him.
(=She *knitted* him a sweater.)
彼女は彼にセーターを編んであげた.
a *knitted* cap
ニット帽, 毛糸の帽子.
── 自 編み物をする.

knitting [nítiŋ ニティング] 名 編み物.
── 動 knit (…を編む) の -ing 形.

knives [naivz ナイヴズ] 名 knife (ナイフ) の複数形.

knob [nɑb ナブ‖ nɔb ノブ] (発音注意) 名 (ドアなどの球状の) 丸いノブ, つまみ, 取っ手 (▶ハンドル状の取っ手のことは handle という).

knob   handle

knock [3級] [nɑk ナック‖ nɔk ノック] フォニックス38 フォニックス27 はじめの k は発音しない. ck は [k] と発音する. 動 自 1 (ドアなどを) ノックする, トントンとたたく, 打つ.
Someone is *knocking* on the door.
だれかがドアをノックしてるよ.
2 ぶつかる, あたる.
I *knocked* against him in the crowd. 私は人ごみの中で彼にぶつかった.
── 他 1 …を (物などに) ぶつける.
He *knocked* his head against the wall. 彼はかべに頭をぶつけてしまった.
2 …をなぐる.
knock down …をなぐり倒す, 押し倒す;…をとりこわす.
knock out …をなぐって気絶させる;(ボクシングで) …をノックアウトする.
── 名 ノック, (ドアなどを) トントンとたたく音.

knocker [nákər ナカァ‖ nɔ́kər ノカァ] 名 (玄関の) ノッカー.

knockout [nákaut ナカウト‖ nɔ́kaut ノカウト] 名 《ボクシング》ノックアウト (▶略語は KO, K.O., k.o.).

knot [nɑt ナット‖ nɔt ノット] (発音注意) 名 (ひもなどの) 結び目;ノット (1 ノットは船が 1 時間に 1 海里 (約 1852m) 進む速さ). [同音語] not (…でない)

know [5級] 動 …を知っている

[nou ノウ] フォニックス38 フォニックス74 k は発音しない. ow は [ou] と発音する.
動 ([3単現] **knows** [-z]; [過去] **knew** [n(j)u: ニュー, ヌー]; [過分] **known** [noun ノウン]; [ing] **knowing**) 他 **1** (事実・情報など) **を知っている**, わかっている (▶状態を表すのでふつう進行形にしない).
I *know* her email address.
彼女のメールアドレスを知ってるよ.

× I am knowing her email address.
know はふつう
進行形にしない
○ I know her email address.

I don't *know* the meaning of that word. その単語の意味がわかりません.
2 a (**know (that) … で**) **…ということを知っている**, …ということをわかっている (▶話し言葉ではふつう that は省略する).
I *knew* (*that*) he liked me.
私は彼が私に好意をもっていることは知っていた.
I *know* (*that*) you can do it.
きみならきっとできるよ (▶はげますときに使う表現).
b (**know how to … で**) **…のしかたを**

three hundred and ninety-seven 397

know ▶

知っている，…のしかたがわかる.

Do you *know how to* get to the post office?
郵便局への行き方を知っていますか.

c (**know who** [**what, where, when**] ... で) だれが [何が，どこで，いつ] …か知っている [わかっている].

I don't *know when* he's coming back.
彼がいつもどってくるか知らない.

I *know how* you feel.
その気持ち，わかるよ.

Do you *know which* is yours?
どっちが自分のかわかる？

3 (**be known** で) 知られている.

He *is known* to everybody in our school. (= Everybody in our school knows him.)
彼のことは学校のだれもが知っている (▶ is known *by* としない).

The temple *is known* for its garden.
その寺は庭で有名です.

4 (人) と知り合いである；(物事) をよく知っている，…にくわしい (▶話などで聞いて知っている場合には使わない).

I *know* him.
彼とは知り合いだ；彼とは顔見知りだ.

I *know* her very well.
彼女のことはよく知ってます.

I've *known* him for ten years.
彼と知り合って 10 年になるよ.

用法 「有名人を知っている？」の言い方

「**know** ＋人」は「…と知り合いである」という意味なので，You don't *know* Ohtani of the Los Angeles Dodgers, do you? というと，「ロサンゼルス・ドジャースの大谷，知らないの？」ではなく，「ロサンゼルス・ドジャースの大谷と知り合いじゃないの？」というような意味になってしまう. 英語では **know of** を使って，You don't *know of* Ohtani, do you? のようにいう.

---

5 …を見てそれとわかる，認める.

We hadn't seen him for years, but I *knew* him right away.
何年も会っていなかったが，彼だとすぐにわかった.

6 (**know ～ from ...** で) ～と…を見分けられる，区別できる.

Tom does not *know* right *from* wrong.
トムは善悪の区別がつかない.

7 (言語など) を知っている，習得している.

I don't *know* much Chinese.
中国語はあまり知らない.

―＠ **1** 知っている，わかっている.

I *know*.
〔口語〕[同意して]そうだね；[思いついて]わかった！；わかってるよ.

I don't *know*.
《口語》わからないよ，知らないよ；[迷いを表して] さあ，どうだかね，どうしようかな (▶発音のしかたによっては「知らないよ，そんなこと！」という意味になるので，質問に対して「わからない」というときは，I'm sorry を前につけるほうがよい).

How do you *know*?
どうしてわかるの？

2 (**know about** で) …のことを知っている；(**know of** で) … (があること) を知っている；…を (聞いて) 知っている.

How did you *know about* it?
どうしてそのことを知っていたの？

Do you *know of* a good preschool around here?
この辺でいい保育園を知っていますか？

プレゼン

How much do you *know about* the SDGs?
みなさんは SDGs についてどのくらい知っていますか (▶ SDGs：持続可能な開発目標).

→図 knowledge

as far as I know 《口語》私の知るかぎりでは.

As far as I know, she still works there.
私の知るかぎり，彼女はまだそこで働いているはずだよ.

as you know ご存じのように.

know better (そんな) ばかなことはしない，(そんなことぐらい) わかっている.

I *know better*.
そんなことわかっているよ；そんなにばかじゃないよ.

Who knows? だれにもわからない (▶ God knows. のほうがていねいな言い方).

◀ KY, Ky.

🗣スピーキング
Ⓐ Do you *know* where Ben is?
ベンはどこにいるか知っているかい？
Ⓑ Who knows?
さあね．
Ⓑ Yes, I do, but I'm not telling.
知ってるけど，教えない．

you know [つなぎのことばとして] **あのう**；[相手の関心をひいて] **ほら，そうそう**；[相手の同意を求めて] **わかるでしょう，…だよね．**
You know, I'm not a good cook.
ねえわかるでしょ，私，料理が苦手なんだ．
[同音語] no (いいえ)

know-how [nóuhàu ノウハウ] (発音注意) 名 《口語》ノウハウ，技術情報；実際的知識．

knowing [nóuiŋ ノウイング] 動 know (…を知っている) の -ing 形．

knowledge [nálidʒ ナレヂ ‖ nɔ́l- ノレ-] フォニックス38 k は発音しない．
名 知識；認識，知っていること (▶複数形なし)．
Her *knowledge* of history is amazing. 彼女の歴史の知識はすばらしい．
Knowledge itself is power.
知識は力なり (▶イギリスの哲学者フランシス・ベーコンのことば)． →動 know

to my knowledge 私の知るかぎりでは．

known 準2 [noun ノウン]
フォニックス38 フォニックス74 k は発音しない．ow は [ou] と発音する．
動 know (…を知っている) の過去分詞．
─ 形 周知の，広く知られている．

knows [nouz ノウズ] 動 know (…を知っている) の3人称単数現在形．
[同音語] nose (鼻)

KO, K.O. , k.o. [kèióu ケイオウ] 名 (複数 KO's [-z]) 《ボクシング》ノックアウト．→ knockout
─ 動 (3単現 KO's [-z]；過去 過分 KO'd [-d]；ing KO'ing) 他 …をノックアウトする．

koala 4級 [kouáːlə コウアーラ] (発音注意) 名 (複数 koalas [-z]) 《動物》コアラ (オーストラリア産のほにゅう動物で，腹の部分に子どもを入れる袋がある)．

Korea [kərí(ː)ə コリ(ー)ア]
名 朝鮮 (いまは北緯 38 度線で朝鮮民主主義人民共和国と大韓民国に分かれている；前者の首都はピョンヤン (Pyongyang [pjʌŋjáːŋ ピャングヤーング]), 後者の首都はソウル (Seoul))．

Korean 3級 [kərí(ː)ən コリ(ー)アン]
形 朝鮮の，韓国の；朝鮮人の，韓国人の；朝鮮語の，韓国語の．
Korean Folk Village 韓国民俗村．
─ 名 (複数 Koreans [-z]) 朝鮮人，韓国人；朝鮮語，韓国語．

KS, Kans., Kan. 《略》= Kansas(カンザス州)

kung fu [kʌ̀ŋ fúː カングフー] (<中国語) 名 カンフー (空手に似た中国の拳法)．

Kuwait [kuwéit クウェイト] 名 クウェート (アラビア半島北東部にある国)．

KY, Ky. 《略》= Kentucky (ケンタッキー州)

L l L1 Ll

L, l [el エル] 名 (複数) **L's, l's** [-z] または **Ls, ls** [-z] エル (アルファベットの 12 番目の文字).

£ [paund(z) パウンド, パウンツ] (略) = pound(s) (ポンド) (イギリスの通貨単位のポンドを示す；数字の前につける).
£15 15 ポンド (▶ fifteen pounds と読む).

LA, La. (略) = Louisiana (ルイジアナ州)

L.A. [èléi エルエイ] (略) = Los Angeles (ロサンゼルス)

lab [læb ラブ] 名《口語》研究所；実験室 (▶ laboratory を短縮した語).
a *lab* group (理科の授業の) 実験の班.

label [léibəl レイベル] (発音注意) 名 ラベル；荷札；レコード会社.
a baggage *label* 荷札.

labor [léibər レイパァ] ▶《英》では labour とつづる. 名 労働 (とくに肉体労働をさす).
manual *labor* 肉体労働.

laboratory 2級 [læb(ə)rətɔːri ラボラトーリィ | ləbɔ́rətəri ラボラトリィ] 名 (複数 **laboratories** [-z]) 研究所；実験室 (▶話し言葉では lab という).
a language *laboratory* LL教室, 語学実習室 (▶英語では LL とは略さない).

Labor Day [léibər dèi] 名 労働者の日 (アメリカとカナダでは 9 月の第 1 月曜日, イギリスでは 5 月 1 日のメーデー (May Day) がこれにあたる. ともに法定休日).

laborer [léibərər レイバラァ] 名 労働者.

labour [léibər レイパァ] 名《英》=《米》**labor**

lace [leis レイス] 名 (布地の) レース；(くつなどの) ひも.
lace curtains レースのカーテン.

lack [læk ラック] 名 不足, 欠乏 (同 want).
lack of food 食糧の不足.
── 動 他 …が (十分) ない, 欠けている.
He *lacks* common sense.
彼は常識に欠けている.

lacking [lǽkiŋ ラキング] 形 欠けて, 不足して；(**be lacking in ...** で) (人・物が) (能力・特性など) をもたない.

He *is lacking in* common sense.
彼は常識がない.

lacrosse [ləkrɔ́(ː)s ラクロス(ー)ス] 名《スポーツ》ラクロス (ホッケーに似た球技；1 チーム 10 人 (女子は 12 人) で対戦し, 網のついたスティックでゴムのボールを敵陣に入れて得点を競う).

lad [læd ラッド] 名 若者, 少年；男.

ladder [lǽdər ラダァ] 名 はしご.
He went up the *ladder* to the roof.
彼ははしごで屋根にのぼった.
Don't walk under a *ladder*.
はしごの下は歩くな (▶はしごの下を歩くと不吉なことが起こるという迷信がある).

lady 5級 [léidi レイディ]
名 (複数 **ladies** [-z]) **1** [知らない女性をていねいにさして] **女のかた, ご婦人** (対 gentleman 男のかた, 紳士) (▶ふつう「女性」というときは woman を使う).
Who's that *lady*?
あの女性のかたはどなたですか.
2 [複数形で] [女性への呼びかけとして] **みなさん** (▶改まった語).
Ladies and gentlemen. みなさん (▶男女の聴衆に対して使う).
3 [**the ladies** で]《英》(公共の建築物の) 女性用トイレ (=《米》ladies' room) (▶トイレの入り口の掲示).

ladybird [léidibə̀ːrd レイディバ～ド] 名《英》=《米》**ladybug**

ladybug [léidibʌ̀ɡ レイディバグ] 名《虫》《米》テントウムシ (=《英》ladybird).

◀ **language**

背景 色や形の愛らしさから西洋人にも親しまれている. この lady は聖母マリアを意味し, 殺すのは不吉とされる.

laid [leid レイド] **動** lay¹ (…を置く) の過去・過去分詞. → lie¹ (表)
Tom *laid* his coat over the chair.
トムはコートをいすにかけた.

lain [lein レイン] **動** lie¹ (横になる) の過去分詞. → lie¹ (表)
[同音語] lane (コース)

lake 4級 名 湖

[leik レイク] **フォニックス48** a は [ei] と発音する.
名 (複数 **lakes** [-s]) **湖** (▶「池」のことは pond という).
Lake Biwa 琵琶湖 (▶湖の名前には, ふつう the をつけない).
Let's go fishing at the *lake* next Sunday. 今度の日曜は湖につりに行こう (▶この場合 to the lake とはいわない).

Lake District [léik distrikt] **名** [the をつけて] (イングランド北西部の) 湖水地方.

lamb [læm ラム] (発音注意) **名** **1** 子羊 (▶「羊」は sheep という).
Mary had a little *lamb*.
メリーさんは子羊を飼っていた (▶『マザーグース』より).
2 子羊の肉, ラム. → meat (表)

lame [leim レイム] **形** **1** 足の不自由な (▶差別的に聞こえるので, ふつう人には使わない).
a *lame* horse 足の悪い馬.
2 (言いわけ・議論などが) 筋の通らない, へたな.
3 やる気のない, 熱意のない.

lamp [læmp ランプ] **名** 電気スタンド;ランプ.
a desk *lamp* 卓上スタンド.

land 3級 [lænd ランド]

名 (複数 **lands** [-dz ヅ]) **1** **土地** (▶ a をつけず, 複数形なし).
rich *land* 肥えた土地.
2 (海に対して) **陸**, 陸地 (対 sea 海) (▶ a をつけず, 複数形なし).
In the distance we began to see *land*. 遠くに陸が見えはじめた.

Frogs live on *land* and in water.
カエルは陸上と水中で生活する.
3 《文語》国, 国土 (▶話し言葉ではふつう country を使う).

by land 陸路で (対 by sea 船で, by air 飛行機で).
They traveled *by land*.
彼らは陸路で旅行した.
—— **動** (3単現 **lands** [-dz ヅ]; 過去 過分 **landed** [-id]; ing **landing**) **自** (飛行機が) **着陸する** (反 take off 離陸する);(船が) 入港する;(人が) (飛行機・船などで) 到着する;上陸する.
The plane *landed* at Narita on time. 飛行機は定刻に成田に着陸した.

landing [lǽndiŋ ランディング] **名** 着陸,上陸;(階段の) 踊り場.
a *landing* card 入国カード.

landlady [lǽn(d)leidi ランドゥレイディ] **名** (旅館・下宿などの) 女性の家主, 大家 (男 landlord).

landlord [lǽn(d)lɔːrd ランドゥロード] **名** (旅館・下宿などの) 主人, 大家 (女 landlady);地主.

landmark 2級 [lǽn(d)maːrk ランドゥマーク] **名** (旅行者にとっての) 目印 (となるもの), ランドマーク;史跡.

land mine [lǽnd main] **名** (複数 **land mines** [-z]) 地雷 (▶ landmine [ランドゥマイン] ともつづる).
clear *land mines* 地雷を除去する.

landscape 2級 [lǽn(d)skeip ランドゥスケイプ] **名** 景色, 風景, ながめ (▶とくにいなかの景色をいう);風景画.
—— **形** (画面が) 横長の (反 portrait 縦長の).

landslide [lǽn(d)slaid ランドゥスライド] **名** 地すべり, 山崩れ.

lane 4級 [lein レイン] **名** (陸上トラック・プールの) コース;(車道の) 車線, レーン;(いなかの) 細い道;路地.
[同音語] lain (lie¹ (横になる) の過去分詞)

language 4級 名 言語, ことば

[lǽŋgwidʒ ラングウィヂ] (発音注意)
名 (複数 **languages** [-iz]) **1** (国や地域で話す) **言語**, ことば;(ある国の) 国語 (▶個々

four hundred and one **401**

language laboratory ▶

の「語」は word).
my native *language* 母語, 母国語.
a foreign *language* 外国語.
a common *language* 共通語.
language arts
(米) 言語技術, 言語科目 (読み・書き・話し方などの科目).
What *language* is spoken in Brazil?
ブラジルでは何語が話されていますか.
2 (表現手段としての) **ことば**, 言語.
spoken *language* 話しことば.
written *language* 書きことば.
sign *language* 手話.
3 ことばづかい.
Watch your *language*.
ことばづかいに気をつけなさい.

language laboratory [læŋgwidʒ læb(ə)rətɔ:ri ‖ ləbɔ̀rətəri] 名 (複数 language laboratories [-z]) LL 教室, 語学実習室 (▶ language lab ともいう. 英語では *LL とは略さない).

lantern [læntərn ランタン] 名 ランタン, 手さげランプ, ちょうちん.

Laos [laus ラウス, lá:ous ラーオウス] 名 ラオス (インドシナ北西部の共和国; 首都はビエンチャン (Vientiane)).

lap¹ [læp ラップ] 名 ひざ (▶ 腰をかけたときの両もも上部をさす.「ひざこぞう」は knee).

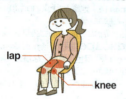

She had the baby on her *lap*.
彼女は赤ちゃんをひざにのせていた (▶ on her *laps とはしない).

lap² [læp ラップ] 動 (過去)(過分) lapped [-t]; (ing) lapping) 自 (競走で) トラックを1周する.
── 名 (陸上トラックの) 1周; (競泳プールの) 1往復.

lap³ [læp ラップ] 動 (過去)(過分) lapped [-t]; (ing) lapping) 他 (動物が) …をなめるように飲む, ぴちゃぴちゃなめる; (波などが) (…に) 打ちよせる.

laptop (準2) [læptɑp ラプタプ ‖ -tɔp -トプ] 名 ノートパソコン (= laptop computer).

Laputa [ləpjú:tə ラピュータ] 名 ラピュタ島 (スウィフト (Swift) 作『ガリバー旅行記』 *Gulliver's Travels* に出てくる空飛ぶ島).

large 5級 形 大きい, (面積が) 広い

[lɑ:rdʒ ラーヂ] フォニックス75 ar は [ɑ:r] と発音する.

形 (比較) larger; (最上) largest) **1 大きい**, (面積が) 広い (反 small 小さい). → big

large

small

The Oka family lives in a *large* house. 岡さん一家は大きな家に住んでいる.
Which country is *larger*, Japan or Britain?

単語力をつける

large 大小を表すことば

□ big	大きい, でかい	⟷	□ little	小さい, ちっちゃな
□ large	大きい	⟷	□ small	小さい
□ huge	巨大な	⟷	□ tiny	ごく小さい, ちっちゃな

◀ **last¹**

日本とイギリスではどちらの国が大きいですか.

🗣スピーキング
🅐 How *large* is this farm?
この農場はどのくらいの広さですか.
🅑 It's about 20 acres.
20エーカーほどです.

2 (数・量が) **多い**, 多数の, 多量の.
Japan has a *large* population.
日本は人口が多い.
a *large* amount of money 大金.

largely [lɑ́ːrdʒli ラーヂリィ] 副 おもに, 大部分は.

larger [lɑ́ːrdʒər ラーヂァ] 形 large (大きい) の比較級.

largest [lɑ́ːrdʒist ラーヂェスト] 形 large (大きい) の最上級.

lark [lɑːrk ラーク] 名 (鳥) ヒバリ.

🌐背景 イギリス人がもっとも愛する鳥の1つで, そのさえずりは春・朝・歓喜ポム・幸福の象徴とされる. 空高くまい上がるので skylark ともいう.

larva [lɑ́ːrvə ラーヴァ] 名 (複数 **larvae** [-viː]) (昆虫などの) 幼虫.

laser [léizər レイザァ] 名 (医療ゅょ・通信分野などの) レーザー (装置); レーザー光線 (= laser beam).
a *laser* printer レーザープリンター.

last¹ 5級 形 最後の, この前の 副 最後に

[læst ラスト‖ lɑːst ラースト] (▶本来は late の最上級の1つ).

形 **1** [the をつけて] (順序・時間が) **最後の**, **最終の** (反 first 最初の).
Z is *the last* letter of the alphabet.
Zはアルファベットの最後の文字です.
Bill is *the last* runner.
ビルが最終ランナーです.

🗣スピーキング
🅐 When does *the last* train leave?
最終列車はいつ出発しますか.
🅑 It leaves at 11:45.
11時45分発です.

2 この前の, 先…, 昨… (反 next 次の).

My father went to America *last* week. 父は先週アメリカへ行きました.

📝文法 last + 時間を表す語
以下のような表現では, **last** の前に the や前置詞の on, in, at はつけない.
last week 先週.
last summer この前の夏, 去年の夏.
last night 昨日の夜, 昨夜 (▶「昨日の晩」というときはふつう last evening ではなく, yesterday evening という. 同様に, 「きのうの朝」は yesterday morning という).
last Tuesday この前の火曜日 (▶今週か先週かをはっきりさせたいときは, Tuesday this week, Tuesday last week のようにいう).

✕ in last year
└─ in はつかない.
○ last year

What did you learn in the *last* class? この前の授業では何を勉強した？
3 [the をつけて] **最近の**, この.
I've gained weight over *the last* month. このひと月で体重が増えた.
I haven't seen her for *the last* three years. 彼女にはここ3年会っていない.
4 残った最後の.
This is your *last* chance.
これが最後のチャンスだよ.

for the last time 最後に
── 副 (順序・時間が) **最後に** (反 first 最初に); **この前, 最近**.
Who came in *last*?
最後に入ってきたのはだれ？
When did you see him *last*?
最後に彼に会ったのはいつですか.
── 名 [the をつけて] **最後の人**, **最後の物**; **最後** (▶複数形なし).
Kosuke was *the last* to leave the classroom.
教室を最後に出たのは康介だった.
the week before *last* 先々週.

at last **ついに**, ようやく, とうとう.
Summer vacation has come *at last*. ついに夏休みがやってきた.

to the last 最後まで.

four hundred and three **403**

last²

last² 準2 [læst ラスト‖lɑːst ラースト] 動 自
続く；もちこたえる，もつ．
The meeting *lasted* for three hours. 会合は3時間続いた．
I don't think this good weather will *last* until the weekend.
このいい天気は週末までもたないと思う．

lasting [læstɪŋ ラスティング‖lɑːstɪŋ ラースティング] 形 長く続く，永久の．
—— 動 last²(続く)の -ing 形．

lastly [læstli ラストゥリィ‖lɑːst- ラースト-] 副
[ふつう文頭で] (話題や事がらの列挙の)最後に，終わりに (= finally, last).
Lastly, I would like to wish you all a Happy New Year.
最後に，みなさんよいお年をおむかえください．

last name [læst néɪm] 名 (米) (名に対して) 名字，姓 (= family name, surname) (反 first name 名).

late

late 5級 形 遅い，遅れた
副 遅く，遅れて

[leɪt レイト] フォニックス48 a は [eɪ] と発音する．
形 (比較 later；最上 latest) (▶順序についての比較には latter [lǽtər], last [læst] を使う) **1** (時刻・時間が) **遅い** (反 early 早い) (▶「速度が遅い」というときは slow を使う)；**遅れた，遅刻した**；(**be late for で**) …**に遅れる，遅刻する**．

early

late

> スピーキング
> Ⓐ I'm sorry I'm *late*.
> 遅れてごめん．
> Ⓑ That's OK. What happened?
> いいよ．何があったの？

The train was ten minutes *late*.
列車は10分遅れた．
We'll be *late* if we don't run.
走らないと遅刻しそうだ．
We had a *late* breakfast.
ぼくたちは遅い朝食をとった．
He *is* sometimes *late for* school.
彼はときどき学校に遅刻する．

2 (期間の) **後半の**, 後期の (反 early 初期の).
in the *late* twentieth century
20世紀後半に．
He's in his *late* thirties.
彼は30代後半だ．

比較級・最上級に注意！

late (時刻が遅い) → later (より遅い) → latest (もっとも遅い，最新の)

latter (後半の) → last (最後の)

3 最近の，最新の．
This is a *late* model car.
これは新型の車です．
4 今は亡き，故… (▶格式ばった表現).
The *late* Mr. Smith was a great writer. 故スミス氏はすぐれた作家だった．

too late 間に合わない，手遅れで．
It's *too late* to be sorry.
いまごろ後悔してもおそいよ．

—— 副 **遅く，遅れて** (反 early 早く).
I'll be back *late*. 帰りは遅くなるよ．
I got up twenty minutes *later* than usual this morning.
けさはいつもより20分起きるのが遅かった．

—— 名 ▶次の成句で使われる．
of late (文語) 近ごろ，最近 (同 lately).
I have not seen him *of late*.
私は近ごろ彼に会っていません．
till late = **until late** 遅くまで．

lately 準2 [léɪtli レイトゥリィ] 副 このごろ，近ごろ，最近 (▶ふつう現在完了形とともに使う). → **recently**
I haven't seen him *lately*.
最近彼に会っていない．

later

later 5級 [léɪtər レイタァ] (late の比較級の1つ)

副 (時刻・時間が) **あとで** (同 afterward)；もっと遅く．
See you *later*. またあとでね (▶「行ってきます」という意味でも使われる).
I'll call you *later*. あとで電話するよ．
A few days *later*, I met her again.

それから数日して、また彼女に会った.
later on あとで, のちほど.
── 形 **もっとあとの**, もっと遅い;もっと最近の.
We took a *later* train.
私たちはもっとあとの電車に乗った.

latest [léitist レイテスト] (late の最上級の1つ) 形 最新の, 最近の;もっとも遅い, 最後の.
This is the *latest* news from New York.
ニューヨークから最新のニュースをお伝えします.
── 名 [the をつけて] 最新のもの;最終期限.
at the latest 遅くとも.
I'll be back by seven *at the latest*.
遅くても7時までには帰るから.

Latin [lǽt(i)n ラテン] 名 ラテン語（古代ローマで話された）;ラテン系の人.
── 形 ラテン語の, ラテン（語）系の.

Latin America [lǽt(i)n əmérikə] 名 ラテンアメリカ（スペイン語・ポルトガル語の話される中南米地方）.

latitude [lǽtət(j)uːd ラティテュード, -トゥード] 名 緯度（▶略語は lat.）（反 longitude 経度）.
latitude thirty degrees north (= thirty degrees north *latitude*) (= *Lat.* 30°N)
北緯30度.

latter [lǽtər ラタァ] (発音注意) (late の比較級の1つ) 形 あとの, 後半の;[the をつけて] (2つのうち)後者の;[the をつけて] [代名詞的に] 後者（反 the former 前者）.
I spent *the latter* half of the year in Osaka.
私はその年の後半を大阪で過ごしました.

laugh
3級 [lǽf ラフ‖ láːf ラーフ]
フォニックス29 gh は [f] と発音する.
動 3単現 **laughs** [-s]; 過去・過分 **laughed** [-t]; ing形 **laughing** 自 （声を出して）**笑う**
（▶ smile は「ほほえむ, にっこりする」）;ばかにして笑う, あざ笑う.

Don't *laugh*. 笑わないで.
I couldn't help *laughing*.
ぼくは笑わずにはいられなかった.
What are you *laughing* about?
何を笑っているの？

laugh at **…を見て笑う, …を聞いて笑う；…をばかにして笑う**, あざ笑う.
Everyone *laughed at* the joke.
みんなその冗談(じょうだん)を聞いて笑った.
They *laughed at* me.
彼らはぼくのことをばかにして笑った（▶受け身の文にする場合でも at は残して I *was laughed at* by them. とする）.
── 名 [複数 **laughs** [-s]] 笑い；笑い声.
give a hearty *laugh* 心から笑う.

laughter 準2 [lǽftər ラフタァ‖ láːf- ラーフ-] 名 笑い, 笑い声.
She burst into *laughter*.
彼女はとつぜん笑いだした.

launch 2級 [lɔ́ːntʃ ローンチ, láːntʃ ラーンチ] 動 他 （ロケットなど）を打ち上げる, 発射させる;（船）を進水させる;（事業など）を始める, に着手する.
── 名 （ロケットなどの）発射;（船の）進水.
a *launch* pad （ロケットなどの）発射台（▶ a launching pad ともいう）.

laundry 準2 [lɔ́ːndri ローンドゥリィ, láːn- ラーン-] 名 [複数 **laundries** [-z]] クリーニング店;[the をつけて] [集合的に] 洗たく物.
do *the laundry* 洗たくをする.
a *laundry* room 洗たく室.

laurel [lɔ́ː(r)əl ロ(ー)レル] 名 《植物》ゲッケイジュ（月桂樹）（▶ゲッケイジュの葉は香辛(こうしん)料に使う）.

> **背景** 古代ギリシャには, ゲッケイジュの枝葉でかんむりをつくって英雄(えいゆう)にかぶせる習慣があった. のちに, 競技の優勝者に月桂冠を与(あた)えるようになったのはそのなごりである. → olive

lava [láːvə ラーヴァ] 名 （火山の）溶岩(ようがん).

lavatory [lǽvətɔːri ラヴァトーリィ, -tɔri -トリィ] 名 [複数 **lavatories** [-z]] 《やや古風》(公共の)洗面所, トイレ（▶《米》では飛行機内のトイレをさしてよく使われる）.

law 2級 [lɔː ロー] 名 **1** (制度としての) 法律, 法制度;（学問としての）法学（▶ a をつけず, 複数形なし）.
obey the *law* 法律を守る

laugh

smile

lawful ▶

break the *law* 法律を犯す.
Drunk driving is against the *law*.
飲酒運転は法律に違反する.
He studied *law* at college.
彼は大学で法律を勉強した.
2 (個々の) 法律, …法.
labor *laws* 労働法.
3 (学問・芸術上の) 法則.
the *law* of gravity
重力の法則. →形 legal

lawful [lɔ́ːfəl ローフル] 形 合法的な, 法律で認められた.

lawn [lɔːn ローン] 名 しばふ. → grass
mow the *lawn* しばを刈る.

lawn mower [lɔ́ːn mòuər モウア] 名 しば刈り機 (▶単に mower ともいう).

law school [lɔ́ː skùːl ロースクール, 法科大学院 (法律家を養成するための専門職大学院).

lawyer 2級 [lɔ́ːjər ローヤァ] 名 弁護士, 法律家 (▶「法律」は law).
consult a *lawyer* 弁護士に相談する.

lay¹ 準2 [lei レイ]

動 (3単現 **lays** [-z]; 過去 過分 **laid** [leid]; ing **laying**) 他 **1** ···を置く, ···を横にする (▶「横になる」は lie). → lie¹ (表)
She *laid* the baby on the bed.
彼女は赤ちゃんをベッドに寝かせた.
lay the books on the shelf
本をたなに置く.
2 (卵) を産む.
This hen *lays* a lot of eggs.
このめんどりは卵をたくさん産む.
3 ···を設置する; (じゅうたんなど) を敷く; (管など) を埋設する.
lay a carpet on the floor
床にじゅうたんを敷く.
lay aside ···をわきへどけておく; ···をとっておく.
lay out ···をきちんと並べる, 広げる; [ふつう受け身で] (建物など) を設計する; (本など) をレイアウトする.

lay² [lei レイ] 動 lie¹ (横になる) の過去形. → lie¹ (表)

layer 2級 [léiər レイア] 名 層, 重なり, レイヤー.

layoff [léiɔ̀(ː)f レイオ(ー)フ] 名 レイオフ (不況時の一時解雇).

layout [léiaut レイアウト] 名 (建物などの) 設計, 配置; (本などの) レイアウト.

lazy 準2 [léizi レイズィ] 形 [比較 **lazier**; 最上 **laziest**) なまけものの, 怠惰な, 不精な; 気分がだらけた.
Don't be so *lazy*. そんなになまけるな.
I felt *lazy* and couldn't concentrate.
気分がだらけて集中できなかった.

lb. [paund(z) パウンド, パウンヅ] (略) = pound (ポンド) (重量の単位; 複数形は lbs. または lb.). → pound¹
3 *lb*(s). 3ポンド (▶ three pounds と読む).

lead¹ 2級 [liːd リード] 動 (過去 過分 **led** [led]) 他 **1** ···を案内する, 導く; (lead + 人 + to + 場所 で) (人) を (場所) へ連れていく.
He *led* us *to* our room.
彼は私たちを部屋まで案内してくれた.
2 ···の先頭に立つ, ···を率いる; ···の指揮をする.
Jim always *leads* the class in history.
ジムは歴史ではいつもクラスで1番だ.
Who will *lead* the brass band tomorrow? だれがあしたのブラスバンドの指揮をするのですか.
3 (lead a ... life で) ···な生活を送る, 人生を送る.
After her marriage, she *led* a happy *life*.
結婚してから彼女は幸せに暮らした.
─ 自 **1** (道などが···へ) 通じる.
Does this road *lead* to the town?
この道を行けば町に出ますか.
2 先頭に立つ, リードする.
Japan was *leading* 3-1.
日本は3対1でリードしていた (▶ 3-1 は three to one と読む).
3 (lead to で) ···につながる, ···をもたらす, 引き起こす.

🔲 **プレゼン**

We must solve this problem, or it may *lead to* a bigger problem.
この問題を解決しないかぎり, より大きな問題を引き起こしかねない.

─ 名 先導; [the をつけて] (競技などの) 先頭, 首位; [ふつう単数形で] (···点の) リード.
take *the lead* in a race

406 four hundred and six

◀ learn

競走で先頭に立つ.

lead[2] [led レッド] (発音注意) 图 鉛なまり;(鉛筆ひっの) しん.
[同意語] led (lead[1] (…を案内する) の過去・過去分詞]

leader [líːdər リーダァ] フォニックス63 ea は [iː] と発音する.
图 (複数 leaders [-z]) **リーダー**, 指導者; 先頭に立つ人.
She was chosen as *leader* of our group.
彼女が私たちのグループのリーダーに選ばれた.

leadership 2級 [líːdərʃip リーダシプ]
图 指導力, 統率力;指導者の地位.

leading [líːdiŋ リーディング] 形 主要な.
the *leading* actor 主演俳優.

leaf 準2 [líːf リーフ]
图 (複数 leaves [líːvz]) **1** (木の) **葉**.
The *leaves* on the tree turn red in fall. 秋になるとその木の葉は紅葉する.
2 (本の中の紙) 1枚, 1葉よう.

league [líːg リーグ] 图 (スポーツの) リーグ, 競技連盟;(組織・国などの) 同盟, 連盟.
a baseball *league* 野球連盟.

leak [líːk リーク] 動 自 (水・ガス・秘密などが) もれる;(天井てんじょう・パイプ・容器などが) もる.
The roof was *leaking* when it rained.
雨が降ると, その屋根から雨もりしていた.
—— 图 (水・ガスなどの) もれ;もれ口;(秘密などの) 漏ろうえい, リーク.

lean[1] 2級 [líːn リーン] 動 (過去)(過分) leaned [-d] または《英》leant [lent] 自 寄りかかる;(ある方向に) 体をかたむける;かたむく.
lean forward 前かがみになる.
lean back 後ろに寄りかかる.
He was *leaning* against the wall.
彼はかべに寄りかかっていた.
—— 他 …を立てかける, もたせかける.
lean on …にもたれる;…をたよる.

lean[2] [líːn リーン] 形 (体が健康的に) 引きしまった, ほっそりした. → thin

leant [lent レント] 動《英》lean[1] (寄りかかる) の過去・過去分詞の1つ.
[同意語] lent (lend (…を貸す) の過去・過去分詞]

leap [líːp リープ] 動 (過去)(過分) leaped [-t]

または **leapt** [lept, líːpt] 自 とぶ, はねる, ジャンプする.
Look before you *leap*.
(ことわざ)とぶ前によく見なさい;よく考えてから行動しなさい=ころばぬ先のつえ.
—— 图 とぶこと, 跳躍ちょうやく, ジャンプ.

leapfrog [líːpfrɔ(ː)g リープフロ(ー)グ] 图 馬とび (子どもの遊び).

leapt [lept レプト, líːpt リープト] 動 leap (とぶ) の過去・過去分詞の1つ.

leap year [líːp jiər] 图 うるう年.
A *leap year* occurs every four years. うるう年は4年ごとにくる.

learn 4級 動 **…を習う, 覚える**

[ləːrn ラ〜ン] フォニックス87 ear は [əːr] と発音する.

動 (3単現 learns [-z]; 過去)(過分) learned [-d, -t] または learnt [ləːrnt ラ〜ント]; (ing) learning)
他 **1 a …を習う, 覚える**, 習い覚える, 学ぶ, 習得する (対 teach …を教える).

teach　　　learn

I'm *learning* English at school.
私は学校で英語を習っている.
I *learned* the recipe from her.
そのレシピは彼女から教わった.
b (**learn (how) to ... で**) **…することを学ぶ, することを覚える, …できるようになる**.
He *learned how to* use a computer quickly.
彼はパソコンの使い方をすぐに覚えた.

💬用法 learn と study
learn は「覚える」「身につける」ことに重点があるのに対し, study は「勉強する」ことに重点がある. つまり study の結果, learn にいたる.

2 (歌詞・せりふなど) **を覚える**, 暗記する.
I found it difficult to *learn* all my lines.

four hundred and seven 407

learned[1] ▶

せりふを全部覚えるのはたいへんだということがわかった.

He *learned* the poem by heart.
彼はその詩を暗記した.

3 (聞いたり読んだりして) **…を知る** (= find out) (▶格式ばった語).

I *learned* from her email that her mother was in the hospital.
彼女からのメールで彼女のお母さんが入院していることを知った.

──(自) **覚える**, 学ぶ.

He is quick to *learn*. (=He is a quick learner.) 彼は物覚えが早い.

It is never too late to *learn*.
《ことわざ》学ぶのに遅すぎるということはない.

> ✎ライティング
>
> *Learning* about different cultures is interesting.
> さまざまな文化について知ることはおもしろい.

→形 learned[2]

learn of …のことを知る.

I *learned of* the accident today.
私はその事故のことを今日知った.

learned[1] [láːrnd ラ〜ンド, láːrnt ラ〜ント] 動 learn (…を習う) の過去・過去分詞の1つ.

learned[2] [láːrnid ラ〜ニド] (発音注意) 形 学問のある, 学識のある, 博識の.

a *learned* person 学者, 博識な人.

→動 learn

learner [láːrnər ラ〜ナァ] 名 学ぶ人, 学習者.

a quick *learner* のみこみが早い人.

a slow *learner* 物覚えが悪い人.

learning [láːrniŋ ラ〜ニング] 動 learn (…を習う) の -ing 形.

──名 学習; 学問.

language *learning* 語学学習.

learns [láːrnz ラ〜ンズ] 動 learn (…を習う) の3人称単数現在形.

learnt [láːrnt ラ〜ント] 動 learn (…を習う) の過去・過去分詞の1つ.

lease [líːs リース] 名 借地契約，賃貸借(契約)，リース.

leash [líːʃ リーシ] 名 (おもに米) (犬などをつなぐ) 革ひも, リード, くさり (= (英) lead).

Put your dog on a *leash*.
犬にリードをつけてください.

least 準2 [líːst リースト] (little の最上級; 比較級は less)

形 [ふつう the をつけて] (量や程度が) **もっとも少ない**, 最少の (反 most もっとも多くの).

the *least* amount of money
最少額の金.

── 代 [ふつう the をつけて] もっとも少ないこと, 最少.

That's the *least* of my problems.
そんなのはたいした問題じゃない.

at least **1** [数量・程度について] **少なくとも**, 最低でも (反 at most 多くて).

He goes to the movies *at least* once a month.
彼は少なくとも月に1度は映画を見にいく.

2 [悪い状況などのよい面を示して] とにかく, … (した) だけましだ; [直前に言ったことを訂正して] 少なくとも.

We didn't succeed, but *at least* we tried. 私たちはうまくいかなかったが, とにかくやるだけやってみた.

He got a perfect score ― *at least* that's what he says. 彼, 満点取ったんだって. 少なくとも彼はそう言ってるよ.

in the least [ふつう否定文で] 少しも (…ない).

── 副 もっとも少なく, もっとも…でない.

My *least* favorite subject is math.
もっとも好きでない科目は数学です.

leather [léðər レザァ] 名 革, レザー, 本革.

🖊 単語力をつける

learn 「学ぶ」を表すことば

☐ know (…を) 知っている
☐ learn (…を) 習い覚える
☐ master (…を) マスターする

☐ memorize (…を) 暗記する
☐ study (…を) 勉強する
☐ understand (…を) 理解する

◀ **lecturer**

leather gloves 革の手袋.
This belt is made of *leather*.
このベルトは革製だ.

leave 〔4級〕 動 …を去る，出発する

[líːv リーヴ] フォニックス63 ea は [iː] と発音する.

…を去る

…を置き忘れる

動 (3単現 **leaves** [-z]; 過去 過分 **left** [léft レフト]; ing **leaving**) 他 **1** (場所)**を去る，出かける，出発する，はなれる.**
He *left* the room a few minutes ago. 彼は数分前にその部屋を出た.
"What time do you usually *leave* home?" "I *leave* home at around 7:40." 「ふつう家を何時に出ますか」「7時40分ごろに出ます」
I'm *leaving* Osaka tomorrow.
あした大阪を出発します.
He's going to *leave* Tokyo for New York next Monday.
今度の月曜日に彼は東京をたってニューヨークに行く(▶ leave を使って目的地を表すときは to ではなく for を使う).
She *left* home when she was 18.
彼女は18歳のとき親元をはなれた (▶ leave home は「家を出る」という意味と「親元をはなれる」「家出をする」という意味がある).

2 (仕事・学校など)**をやめる**(=quit); (英) (学校)**を卒業する**; (会など)**から脱退する.**
She *left* school for financial reasons. 彼女は経済的理由で学校をやめた.
Why did you *leave* the soccer team? なぜサッカー部をやめたのですか.

3 …を置き忘れる (▶あとに場所を表すことばがくる). → forget
I *left* my bag in the car.
車にかばんを忘れてきたよ.

4 …を置いていく；…を預ける；…を残す.
She *left* the children with their grandmother. 彼女は子どもをおばあちゃんのところに預けていった.

5 《**leave＋目的語＋形容詞**などで》**～を…のままにしておく.**
Who *left* the door *open*?
ドアを開けっぱなしにしたのはだれ？
You *left* the lights *on*.
電気がつけっぱなしよ.

6 …をまかせる，ゆだねる.
Just *leave* it to me.
とにかくぼくにまかせて.
— 自 **去る，出る，出かける，出発する**;《**leave for** で》**…に出発する.**
What time does the train *leave*?
電車は何時に出ますか.

🗨 スピーキング

Ⓐ I must be *leaving* now.
もうおいとましなければなりません.
Ⓑ Do you have to go so soon?
そんなに早く帰らないといけないの？

We will leave for Paris next week.
└ for＋行き先

He will leave Tokyo for Sapporo.
└ 出発地
└ for＋行き先

leave ... alone …をそのままにしておく，かまわずにそっとしておく.
Leave it *alone*. そのままにしておいて.
Leave me *alone*. ひとりにさせてくれ.

leave ... behind (物)を置き忘れる；(人)を置き去りにする.
Someone has *left* this bag *behind*.
だれかこのかばんを置き忘れているよ.

leave out …をぬかす；…を除外する.

leaves¹ [líːvz リーヴズ] 動 leave (…を去る) の3人称単数現在形.

leaves² [líːvz リーヴズ] 名 leaf (葉) の複数形.

leaving [líːviŋ リーヴィング] 動 leave (…を去る) の -ing 形.

lecture 〔準2〕 [léktʃər レクチャ] 名 講義；講演；説教.
The painter gave a *lecture* on Picasso. 画家はピカソについて講演した (▶ ˣmake a lecture とはいわない).

lecturer [léktʃ(ə)rər レクチ(ァ)ラァ] 名 (大学の) 講師.

four hundred and nine　409

LED ▶

LED [éli:dí: エルイーディー] 名 発光ダイオード (▶ *light-emitting diode* の略).
LED lighting LED 照明.

led 準2 [led レッド] 動 lead¹ (…を案内する) の過去・過去分詞.
[同音語] lead² (鉛鉛)

left¹ 4級
形 左の
副 左に
名 左

[left レフト]

形 左の, 左側の (反 right 右の).
She had something in her *left* hand. 彼女は左手に何か持っていた.
There was a car parked on the *left* side of the road.
道の左側に車がとめてあった.
── 副 左に, 左へ (反 right 右に).

left　　straight　　right

Turn *left*, and you'll see the store.
左に曲がるとその店がありますよ.
Keep Left (= Keep To The Left) (掲示) 左側通行 (▶イギリスでは, 車は日本と同じ左側通行である. アメリカやカナダは右側通行).
── 名 (複数 **lefts** [-ts ツ]) 左, 左側 (反 right 右) (▶ a をつけず, 複数形なし); (野球) レフト.
There's an art museum on your *left*. 左側に美術館があります.

left² 4級 [left レフト]

動 leave (…を去る) の過去・過去分詞.
She *left* for London yesterday.
彼女はきのうロンドンに向けて出発した.

left field [left fí:ld] 名 《競技》(野球・ソフトボール・フットボールなどの) レフト.

left-handed [lèfthǽndid レフトハンディド] 形 (人が) 左ききの; (物が) 左ききの人のための.

leftover [léftouvər レフトウヴァr] 形 (食事などの) 残り物の.

leg 5級 [leg レッグ]

名 (複数 **legs** [-z]) (人・動物の) 足, 脚 (▶ ももの付け根から足首までをさす); (家具・器具などの) 脚. → foot (図)
She crossed her *legs*.
彼女は足を組んだ.

legacy [légəsi レガスィ] 名 (複数 **legacies** [-z]) 遺産.

legal 準2 [lí:gəl リーガル] 形 法律の; 法律にかなった, 合法の (反 illegal 非合法の).
a *legal* act 合法的行為. → 名 law

legend 2級 [lédʒənd レヂェンド] 名 伝説, 言い伝え.
the *legend* of King Arthur
アーサー王伝説.

lei [lei レイ] 名 レイ (ハワイなどで人を送りむかえするとき, その人の首にかける花輪).

leisure 2級 [lí:ʒər リージャ ‖ léʒə レジャ] 名 ひま, ひまな時間, 余暇か (▶仕事から解放された時間をさし, 日本語の「レジャー」のようにかならずしも娯楽ぶとは結びつかない).

lemon 5級 [lémən レモン] 名 レモン.
lemon juice レモン汁.
tea with *lemon* レモンティー.

> 背景 レモンは日本では, さわやかなものという印象があるが, 英米人にとって lemon はすっぱいものという印象が強く, イメージはよくない. 俗に「欠陥車」などの意味で使われることもある.

lemonade 4級 [lèmənéid レモネイド] 名 《米》レモネード (レモン汁に水・砂糖を加えた飲み物); 《英》レモンソーダ (▶レモネード売りはアメリカやイギリスの子どものアルバイトとして人気がある).

lend 3級 [lend レンド]

動 (過去)(過分) **lent** [lent レント]) 他 (金・物・力など) **を貸す** (反 borrow …を借りる); (**lend + 人 + 物** で) (人) に (物) を貸す (▶物のほうに重点がある); (**lend + 物 + to + 人** で) (物) を (人) に貸す (▶人のほうに重点がある).

◀ lesson

lend

borrow

I can *lend* you some money.
お金を貸してあげてもいいよ.
Can you *lend* me a hand?
手を貸してくれる？
I *lent* it *to* her. ぼくはそれを彼女に貸した（▶物が代名詞のときは ˟lend her it とはふつういわない）.

「(人) に (物) を貸す」の言い方
I will lend you some money.
　　　　　　　人　　　物
I will lend some money to you.
　　　　　　　　物　　　人

lender [léndər レンダァ] 名 貸す人, 貸し主 (反 borrower 借り手).

length 2級 [leŋ(k)θ レング(ク)ス] 名 (物の) 長さ (▶長方形のような形の場合, 英語では長いほうを length, 短いほうを width という); (時間の) 長さ, 期間. →形 long¹

lengthen [léŋ(k)θ(ə)n レング(ク)スン] 動 他 …を長くする; …を延ばす.
— 自 長くなる; 延びる.

Lennon [lénən レノン], **John** 名 ジョン・レノン (1940-80; イギリスのロックバンド, The Beatles (ビートルズ) の元メンバー).

lens 2級 [lenz レンズ] 名 (複数 lenses [-iz]) レンズ; コンタクトレンズ (= contact lens).
a camera *lens* カメラのレンズ.
I wear contact *lenses*.
私はコンタクトレンズをしている.

lent 3級 [lent レント] 動 lend (…を貸す) の過去・過去分詞.
[同音語] leant (lean¹ (寄りかかる) の過去・過去分詞)

Leonardo da Vinci [lì:ənάːrdou də víntʃi リーオナードゥ ダ ヴィンチィ] 名 レオナルド・ダ・ビンチ (1452-1519; イタリア・ルネサンスの美術家・科学者; 自然の探究をもとに『モナ・リザ』『最後の晩餐』などの名画をかき, 科学・技術の分野でも業績をあげた).

leopard [lépərd レパド] 名《動物》ヒョウ.

less 3級 [les レス] (little の比較級; 最上級は least)
形《**less** + **数えられない名詞**で》(量・程度が) **より少ない** (▶数えられる名詞には fewer を使うのがふつう) (反 more より多くの).
You need to spend *less* time playing video games.
テレビゲームをする時間を減らしなさい.
— 代 より少ない数量.
I have to eat *less* and exercise more. 私は食べる量を減らしてもっと運動しないといけない.
— 副 **より少なく**, より…でない.
The restaurant was *less* expensive than we thought. (= The restaurant wasn't as expensive as we thought.) レストランは思っていたほど高くなかった (▶話し言葉では not as [so] ... as を使うのがふつう).

less than [数詞の前で] …未満の, …より少ない.
It took me *less than* half an hour to do the homework.
私はその宿題をするのに30分もかからなかった.

more or less 多かれ少なかれ; だいたい. → more

no less than [数詞の前において強調して] …もの, …ほどの.
No less than 50 people entered the competition.
50人もの人がそのコンテストに参加した.

-less [-les -レス] 接尾 ▶名詞のあとについて「…のない」という意味の形容詞をつくる. 例. endless (end + less 果てしない) ／ priceless (price + less 値がつけられないくらい貴重な).

lessen [lésn レスン] 動 他 …を減らす, 少なくする, 小さくする.
— 自 減る, 少なくなる, 小さくなる.
[同音語] lesson (授業)

lesson 5級 [lésn レスン]
名 (複数 lessons [-z]) **1 授業, レッスン**, 練習, けいこ; (学校の) 勉強 (▶《米》では学校の授業のことはふつう class という).

four hundred and eleven　411

let ▶

She takes piano *lessons* once a week.
彼女は週に1度ピアノのレッスンを受けている.

2 (教科書の) **課**, レッスン.
Let's read *Lesson* 10 together.
いっしょにレッスン 10 を読みましょう.

3 教訓, いましめ.
I've learned my *lesson*. 教訓を学んだ
(→いい勉強になった).
[同音語] lessen (…を減らす)

let [3級] [let レット]

[動] (過去) (過分) let ; (ing) letting) (▶原形と過去・過去分詞が同じ形であることに注意).

(他) **1** (**let ＋人＋動詞の原形で**) (**人**) に (**思いどおりに**) **…させる**；(人) が…するのを許してやる.
Let me *try* again. もう一度やらせてください.
My mother wouldn't *let* me *go* out.
母はどうしても私を外出させてくれなかった.

💬用法 **Let us と Let's ...**
「私たちに…させて」と許可を求める場合は Let us [let ás レット アス] ... を使う.
Let us go there. (私たちをそこへ行かせてください).「…しよう」と相手をさそう場合はふつう Let's ... と短縮した形を使う. → let's

💬用法 **let と make**
let は本人の希望を聞き入れて「…させる」場合に使うが, make は本人の意向にかかわりなく命令的に「…させる」場合に使う.
Let her eat an apple. (彼女がリンゴを食べたいのなら食べさせなさい) /
Make her eat an apple. (いやがっても, 彼女にリンゴを食べさせなさい)

2 (**let ＋物＋動詞の原形で**) (物) を…のままにしておく.
I decided to *let* my hair *grow* long.
髪を長く伸ばすことにした.
Let it *be*. そのままにしておきなさい；あるがままに受け入れよ.

3 [あとに副詞や前置詞をともなって] …が〜 (の状態) になるようにする.
Please *let* me *in*. 中に入れて.
I *let* the cat *out*.
私はネコを外に出してやった.

---

4 《英》 (土地・家など) を貸す (＝《米》 rent).
a house to *let* 貸し家.
let ... alone …を (かまわず) そのままにしておく.
Let me see. ええと. → see

lets [lets レッツ] [動] let (…させる) の3人称単数現在形.

let's [5級] [lets レッツ]

《口語》 **…しよう (じゃないか)**, しましょう (▶提案や勧誘などを表す).

🗣スピーキング
Ⓐ *Let's* play tennis.
テニスをしよう.
Ⓑ Yes, *let's*.
うん, そうしよう.
Ⓑ No, *let's* not.
いや, よそう.

Let's go to the park, shall we?
公園へ行こうじゃないか (▶ Let's ... の付加疑問は, shall we? となる).

📖文法 **Let's ... の答え方と否定形**
❶ Let's ... に対して「はい, そうしましょう」と答えるときは Yes, let's., 「いや, よしましょう」は No, let's not. という. なお, Yes, let's. のほかに All right. とか OK., Okay. ということも多い.
❷ Let's ... の否定形は Let's not ... または Don't let's ... がふつう. *Let's not* go today. (今日は行くのはよそう)

Let's see. ええと. → see

letter [5級] [名] **手紙**, 文字

[létar レタァ]
[名] (複数) letters [-z]) **1 手紙**.
I wrote a long *letter* to him.
彼に長い手紙を書いた (▶単に「手紙を書く」というときは I wrote to him. でよい).
I got a *letter* from Lucy.
ルーシーから手紙をもらった.
2 (アルファベットなどの) **文字**.
a capital *letter* 大文字 (▶大文字のことを ×large letter とはいわない).
a small *letter* 小文字.

---

412 four hundred and twelve

◀ **lie¹**

🔵用法 alphabet と letter と word
alphabet （アルファベット）は A, B, C … Z という順に並んだ 26 文字全部の総称。その A, B, C … それぞれ 1 文字ずつを letter という。letter はふつう、それだけでは意味をもたない。それらが組み合わさると、たとえば eat（食べる）や tea（紅茶）のように意味をもった word（語）となる。

---

letterbox, letter box [létɚbɑks レタァバクス ‖ -bɔks -ボクス] 图 《英》郵便受け；郵便ポスト（▶《米》ではふつうどちらも mailbox という）.

letting [létiŋ レティング] 動 let（…させる）の -ing 形.

lettuce [létəs レタス] 图 《植物》レタス.

leukemia [lu:ki:miə ルーキーミア] ▶《英》では leukaemia とつづる. 图 《医学》白血病.

level [lévəl レヴェル] 图 《複数 **levels** [-z]）
1 （重要さ・価値などの）レベル，程度，水準.
the education *level* 教育レベル.
2 水平，水平面；（液面の）**高さ**，高度.
The water rose to a *level* of forty feet. 水面は 40 フィートまで上昇した.
the river *level* 川の水位.
above sea level 海抜….
Mt. Fuji is 3,776 meters *above sea level*. 富士山は海抜 3776 メートルです.
── 形 平らな，水平な；同じ高さの；横に並んだ.
This floor is not *level*.
この床は水平ではない.

lever [lévɚ レヴァァ ‖ lí:və リーヴァ] 图 てこ；レバー.

liable [láiəbl ライアブル] 形 法的責任がある，義務がある；…しがちである.

liar [láiɚ ライァ] 图 うそつき（▶日本語の「うそつき」よりもはるかに強い意味をもつ）.
You *liar*! このうそつき！　→動 lie²

liberal [líb(ə)rəl リベラル] 形 寛大な；自由主義の（反 conservative 保守主義の）；気前のよい.

liberty [líbɚti リバティ] 图 自由（同 freedom）.
the Statue of *Liberty* 自由の女神像.

Liberty Bell [líbɚti bèl] 图 [the をつけて] 自由の鐘（アメリカ独立宣言が採択さ

れた際に鳴らされたといわれている）.

librarian [laibré(ə)riən ライブレ(ア)リアン] 图 司書，図書館員.

libraries [láibreriz ライブレリィズ] 图 library（図書館）の複数形.

library 5級 图 図書館，図書室

[láibreri ライブレリィ ‖ -brəri -ブラリィ]
图 《複数 **libraries** [-z]）**1 図書館**，（学校などの）図書室.
a public *library* 公立図書館.
I sometimes study in the *library*.
私はときどき図書館で勉強します.
2 （個人の）**蔵書**；コレクション；書斎.
He has a large *library* of English books. 彼は英語の本をたくさん持っている.

license 準2 [láisns ライスンス] ▶《英》では licence とつづる.
图 免許証，許可証.
get a driver's *license* 車の免許をとる.

license plate [láisns plèit] 图 《米》（自動車の）ナンバープレート（▶《英》では number plate という）.

lick [lik リック] 動 他 …をなめる.
The cat was *licking* milk from the saucer.
そのネコは皿の中のミルクをなめていた.

lid [lid リッド] 图 （なべ・びん・かんなどの）ふた；[ふつう複数形で] まぶた（= eyelid）.
take off the *lid* ふたを開ける.

lie¹ 2級 [lai ライ] (ie は [ai] と発音する)

動 《3単現 **lies** [-z]；過去 **lay** [lei]；過分 **lain** [lein]；ing **lying** [láiiŋ]） 自 **1 横になる**，横たわる，寝る，寝ころぶ（▶「…を横にする」は lay）. → lay¹

現在形	過去形	過去分詞	-ing 形
自 lie¹ 横になる	lay	lain	lying
自 lie² うそをつく	lied	lied	lying
他 lay 横にする	laid	laid	laying

four hundred and thirteen　413

lie² ▶

He was *lying* on the bed reading a book.
彼はベッドで横になって本を読んでいた.
Please *lie* on your back.
あおむけになってください.
2 (物・場所などが) **ある**.
The package was *lying* on the floor. 荷物は床に置いてあった.
3 (**lie in** で) (原因・理由などが) **…にある**.
His charm *lies in* his honesty.
彼の魅力はその正直なところにある.
4 (**lie ＋ 形容詞または分詞**で) (ある状態に) **ある**, いる.
Her bag *lay open*.
彼女のバッグはあいたままだった.
lie down 横になる, 寝る.
I'm tired. I want to *lie down*.
私はつかれたので横になりたい.
Lie down. ふせろ; (犬に向かって) ふせ.

lie² [lai ライ]

名 (**複数** lies [-z]) **うそ** (⊗ truth 真実).
a white *lie* 罪のないうそ.
a black *lie* 悪質なうそ.
an out-and-out *lie* 真っ赤なうそ (▶ a ×red lie とはいわない).
tell a lie うそをつく (▶×say a lie とはいわない).
I'll never *tell a lie* again.
もう二度とうそはつきません.

💬**用法** lie と日本語の「うそ」
日本語の「うそ」より強い非難・軽べつの意味がこもっているので, 他人に向かってこの語を軽々しく使うことはさけるべきである. 日本語の「うっそー」は No kidding. とか Really? などにあたる.

―― **動** (**3単現** lies [-z]; **過去** **過分** lied [-d]; **ing** lying [láiiŋ]) **自** **うそをつく**.
I know you're *lying*.
きみがうそをついてるとわかっているよ.
→**名** liar

life 5級 **名** **生命**, **一生**, **生活**

[laif ライフ] **フォニックス50** i は [ai] と発音する.
名 (**複数** lives [laivz]) **1** (一般的に) **生命**, **命**; 人命 (⊗ death 死); 生命力; (個人の)

命, 生命.
life and death 生と死.
Human *life* is sacred. 人命は尊い.
Where there's *life*, there's hope.
(ことわざ) 命のあるかぎり希望がある.
The doctor saved the baby's *life*.
その医者は赤ちゃんの命を救った.
a *life* span 寿命.

📝**文法** life の使い方
一般的な「生命」の意味では数えられない名詞だが,「個人の命, 人命」の意味では数えられる名詞になる.

2 (人の) **一生**, 生涯; **人生**.
Mozart's *life* was short.
モーツァルトの生涯は短かった.
For the first time in his *life*, he saw a tornado.
彼は生まれて初めて竜巻を見た.
Life is wonderful. 人生はすばらしい.
This is the *life*! (口語) 最高! (▶「これこそ人生だ」という意味).
3 [集合的に] **生命**, **生物**, 生きもの.
Is there *life* on other planets?
ほかの惑星に生物はいますか.
4 **生活**, 暮らし.
everyday *life* 日常生活, 日々の暮らし.
She wrote about her *life* in the U.S.
彼女はアメリカでの生活について書いた.
They lived a happy *life*.
彼らは幸せに暮らした.
5 元気, 活発.
The children are full of *life*.
子どもたちは元気いっぱいだ.
6 伝記 (⊗ biography).
a *life* of Newton ニュートン伝. →**動** live¹
all my **life** 一生の間, いままでずっと.
He has lived there *all his life*.
彼はいままでずっとそこで暮らしてきた.
come to **life** 生き返る, 意識が回復する; 生き生きとしてくる.
The audience *came to life* when the music began.
音楽が始まると聴衆は生き返ったようになった.
for my **life** 必死になって.
I ran *for my life*. 私は必死になって走った.
in my **life** 一生のうちで, 生まれてからいままでに.
I've never eaten such a big cake

414 four hundred and fourteen

◀ **lighted**

in my life. 私はいままでにあんなに大きなケーキを食べたことがない.

lifeboat [láifbout ライフボウト] 名 (船に備えてある) 救命ボート, 救命艇.

life cycle [láif sàikl] 名 生活環, 生活循環, ライフサイクル.

life-size(d) [láifsàiz(d) ライフサイズ(ド)] 形 実物大の, 等身(大)の.

lifestyle 2級 [láifstail ライフスタイル] 名 (個人の) 生活態度, 生き方, 生活様式, ライフスタイル.

lifetime [láiftaim ライフタイム] 名 一生, 生涯, (物の) 寿命.

lift 2級 [lift リフト] 動 他 …を持ちあげる, 上げる.
The suitcase was too heavy to *lift* into the car.
スーツケースは重くて(持ちあげて)車に入れられなかった.
── 名 [ふつう単数形で] 車に乗せること(= ride);《英》エレベーター(=《米》elevator);(スキー場などの)リフト.
I can give you *a lift* to the station.
駅まで車で送ってあげるよ.

light¹ 5級 名 光, 明かり
形 明るい

[lait ライト] フォニックス36 gh は発音しない.
名 (複数 lights [-ts ツ]) **1 光**;明るさ(反 darkness 暗黒)(▶ a をつけず,複数形なし).
the *light* of the moon
月の光(▶ moon*light* ともいう).
The sun supplies *light* and heat to the Earth. 太陽は地球に光と熱をもたらす.
2 明かり, 電気, 電灯.
Can you turn the *light* on?
電気をつけてくれる?
I'll leave the *light* on for you.
電気, つけたままにしておくよ.
3 信号(= traffic light).
The bus stopped at a red *light*.
バスは赤信号で止まった.
The *light* turned green.
信号は青になった(▶信号の「青」は英語では×blue とはいわない). → green
Turn left at the *lights*.
信号を左に曲がって(▶「信号機」という意味ではふつう複数形になる).

4 [ふつう a をつけて] (タバコなどの) **火**.
── 形 (比較 lighter;最上 lightest) **1** (場所が) **明るい**, よく日が差す(反 dark 暗い).
It got *lighter* outside.
外は(それまでより)明るくなった.
The room is *light* with large windows.
部屋には大きな窓があるので明るい.
2 (色が) うすい, あわい(反 dark こい).
light blue 水色, うすいブルー.
→動 lighten¹
── 動 (3単現 lights [-ts ツ];過去 過分 lighted [-id] または lit [lit リット];ing lighting) 他 **…に火をつける**;…を照らす, …に明かりをつける.
She *lit* the candles on the cake.
彼女はケーキのろうそくに火をつけた.
The room was brightly *lit*.
その部屋にはこうこうと明かりがついていた.
── 自 **火がつく**;明るくなる.
The lighter won't *light*.
ライターの火がつかない.

light² 形 軽い

[lait ライト] フォニックス36 gh は発音しない.
形 (比較 lighter;最上 lightest) **1** (重さが) **軽い**(反 heavy 重い).

light

heavy

His bag is *lighter* than mine.
彼のかばんは私のよりも軽い.
(as) *light* as a feather 羽のように軽い.
2 (服などが) **薄手の**(反 heavy 厚手の).
a *light* jacket 薄手のジャケット.
3 (量・程度などが) **軽い**, 少ない;(食事が)軽い, あっさりした(反 heavy 胃にもたれる).
a *light* meal 軽い食事. →動 lighten²

light bulb [láit bàlb] 名 電球.
lighted [láitid ライティド] 動 light¹ (…に火をつける)の過去・過去分詞の1つ.

lighten[1] ▶

lighten[1] [láitn ライトゥン] 動 他 …を明るくする, 照らす.
—— 自 明るくなる.　　→形 light[1]

lighten[2] [láitn ライトゥン] 動 他 (重さ・負担など) を軽くする, 減らす.
—— 自 軽くなる；楽になる.　　→形 light[2]

lighter[1] [láitər ライタァ] 名 (タバコ用の) ライター (▶ cigarette lighter ともいう).

lighter[2] [láitər ライタァ] 形 light[1,2] (明るい；軽い) の比較級.

lightest [láitist ライテスト] 形 light[1,2] (明るい；軽い) の最上級.

lighthouse 3級 [láithaus ライトゥハウス] 名 (複数 lighthouses [-hauziz]) 灯台.

lighting [láitiŋ ライティング] 動 light[1] (…に火をつける) の -ing 形.
—— 名 点火；(部屋などの) 照明.

lightly [láitli ライトゥリ] 副 軽く, 軽快に；そっと, 静かに.

lightning [láitniŋ ライトゥニング] (発音・つづり注意) 名 いなずま, いな光 (▶「雷鳴」は thunder という).
The tree was struck by *lightning*.
その木にかみなりが落ちた.

lights [laits ライツ] 動 light[1] (…に火をつける) の 3 人称単数現在形.
—— 名 light[1] (明かり) の複数形.

like[1] 5級 動 …が好きである, …を好む

[laik ライク] フォニックス50 i は [ai] と発音する.
動 (3単現 likes [-s]；過去 過分 liked [-t]；ing 形 liking) 他 1 **…が好きである**, 気に入る, …を好む (反 dislike …をきらう) (▶ 心の状態を表すので進行形にしない).

I *like* baseball.
ぼくは野球が好きです.
"Do you *like* sports?"
"Yes, I do."
「スポーツは好きですか」「はい, 好きです」
I *like* dogs, but I don't *like* cats.
私は犬は好きだけど, ネコは好きじゃない.

I like dogs.
一般的に「…が好きだ」というとき, 数えられる名詞のときは複数形にする.

▶スピーキング
Ⓐ Which do you *like* better, winter or summer?
冬と夏, どちらが好きですか.
Ⓑ I *like* winter better.
冬のほうが好きです.

I don't *like* it when he plays music loudly. 彼が大きな音で音楽をかけるのはきらいだ (▶ it は when 以下をさす).

2 《**like + -ing 形 / like to ...**で》…**するのが好きである**.
I *like watching* TV. (= I *like to watch* TV.) 私はテレビを見るのが好きです.
—— 自 好む, 望む.
Do as you *like*. 好きなようにしなさい.

How do you like ...? [印象をたずねて] …はどうですか, いかがですか.
How do you like Japan?
日本はいかがですか.

if you like もしよかったら.
You can keep this *if you like*.
よかったらこれあげるよ.

I would like ... …**がほしいのですが** (▶ 後ろには名詞などがくる. want (…がほしい) よりもていねいな言い方で, ふつう I'd like のように短縮形を使う).
I'd like some water, please.
お水をいただきたいのですが.

I would like to ... …**したいのですが** (▶ want to ... (…したい) よりもていねいな言い方で, ふつう I'd like to のように短縮形を使う)；《**would like + 人 + to ...**で》(人) に…**してほしいのです**.
I'd like to stay one more day.
もう一泊したいのですが.
I'd like you all *to* come to the party. あなたたち全員にパーティーに来ていただきたいのですが.

Would you like ...? …**はいかがですか**
(▶人に物をすすめるときのていねいな言い方)
"*Would you like* some coffee?"
"Thank you."
「コーヒーはいかがですか」「ありがとうございます, いただきます」(▶ 断るときは No, thank you. (いいえ, けっこうです) などという).

Would you like to ...? …**するのはいかがですか**.
Would you like to join us?

ごいっしょにいかがですか (▶相手の意向をていねいにたずねる言い方).

── 名 (複数 **likes** [-s]) [複数形で] **好み**, 好きなこと, 好きなもの (反 dislike きらいなこと).

likes and dislikes 好ききらい.

like² 4級 [laik ライク] フォニックス50 i は [ai] と発音する.

前 **1 …に似ている**, **…のように** (反 unlike …とはちがって).

Meg is just *like* her mother.
メグはお母さんによく似ている (▶容姿も性格も似ているとき. 容姿だけが似ているときは look like を使う).

I want hair *like* yours.
私もあなたのような髪がほしいな.

2 [例をあげて] **…のような** (= such as).

I love sports *like* soccer and basketball. サッカーやバスケットボールのようなスポーツが大好きだ.

***feel like -ing* …したい気がする.** → feel
***look like* (容姿が) …に似ている**; **…になりそうだ.**

He *looks* just *like* his father.
彼はお父さんにそっくりだ.

It *looks like* rain. 雨になりそうだ.

***What is ... like?* …はどういうもの [人] ですか** (▶*How is ... like? とはしない).

スピーキング

Ⓐ *What's* Bill *like*? ビルってどんな人?
Ⓑ He's very nice. とてもいい人よ.

── 形 (比較 **more like**; 最上 **most like**) **似た**, 似ている (反 unlike 似ていない).

These shirts are of *like* design.
これらのシャツは同じようなデザインだ.

── 名 (複数 **likes** [-s]) [ふつう the / my などをつけて] **似た人** [物・事]; 同様な人 [物・事], 同類; 匹敵するもの.

── 副 [ことばにつまったときに] (口語) **ええと**, 何ていうか; [例をあげて] **たとえば**; (口語) たぶん, おそらく.

── 接 (口語) **…のように** (▶正式の文では as を使う); **まるで…かのように** (= as if).

It turned out *like* you said.
きみの言ったとおりになったね.

-like [-laik -ライク] 接尾 ▶名詞のあとについて「…のような」「…らしい」という意味の形容詞をつくる.

例. childlike(child + like 子どものような).

liked [laikt ライクト] 動 like¹ (…が好きである) の過去・過去分詞.

likely 準2 [láikli ライクリィ] 形 (比較 **likelier** または **more likely**; 最上 **likeliest** または **most likely**) **1 起こりそうな** (反 unlikely 起こりそうにない); (**be likely to ... で**) **たぶん…しそうである.**

More rain is *likely* tomorrow.
あすはさらに雨が降りそうだ.

It's *likely* to snow. 雪が降りそうだ (▶ It *will be likely to ... とはしない).

2 ありそうな, もっともらしい.

the most *likely* reason
もっとも考えられる理由.

── 副 **たぶん, おそらく** (▶ふつう most, very などをともなう).

They'll *very likely* win the game.
試合にはおそらく彼らが勝つだろう.

likeness [láiknis ライクネス] 名 **似ていること**, 類似 (点); 似顔絵; そっくりな人.

likes [laiks ライクス] 動 like¹ (…が好きである) の 3 人称単数現在形.

liking [láikiŋ ライキング] 名 [ふつう a をつけて] **好み**; 趣味.

── 動 like¹ (…が好きである) の -ing 形.

lilac [láilək ライラク] 名 (植物) **ライラック**, リラ.

lily [líli リリィ] 名 (複数 **lilies** [-z]) (植物) **ユリ**.
(as) fair as a *lily* ユリのように清い.

背景 バラ (rose) とともに西洋ではきわめてなじみ深い花. キリスト教では「純潔」「潔白」などの象徴とされ, 復活祭 (Easter) には白ユリがかざられる.

Lima [líːmə リーマ] 名 **リマ** (南米ペルーの首都).

limb [lim リム] (発音注意) 名 (人・動物の) **手足**; (鳥の) つばさ.

limit 準2 [límit リミト] 名 **1 限度**, 限界; 制限.

the speed *limit* 制限速度.

There's no time *limit*.
時間の制限はありません.

2 境界, 範囲, 区域.

***Off Limits* (掲示) 立ち入り禁止 (区域)**

── 動 他 **…を制限する**; **…を制約する.**

The doctor advised him to *limit* the amount of salt he eats.

four hundred and seventeen **417**

limited

医者は彼に塩分の摂取量を制限するよう勧めた.

limited [límitid リミティド] 形 (数量・時間などが) 限られた.

limousine [líməzi:n リムズィーン ‖ lìməzí:n リムズィーン] 名 **1** リムジン型自動車 (運転席と後部座席が仕切られた高級乗用車).

2 《米》リムジンバス (空港の旅客送迎用のバス).

limp [límp リンプ] 動 @ (不自由な) 片足を引きずって歩く.

—— 名 [a をつけて] 足を引きずって歩くこと.

Lincoln 準② [líŋkən リンカン], **Abraham** 名 エイブラハム・リンカン (1809-65; アメリカの第 16 代大統領で奴隷解放令を公布した. 南北戦争が北軍の勝利で終わったあと暗殺された).

the *Lincoln* Memorial リンカン記念館 (アメリカの首都ワシントンにある).

line

line 4級 [láin ライン] フォニックス50 i は [ai] と発音する.

名 [複数] **lines** [-z] **1** 線.

> **いろいろな線の言い方**
> a straight line 直線.
> a curved line 曲線.
> a dotted line 点線.
> a wavy line 波線.
> a broken line 破線.
> a zigzag line ジグザグ線.
> parallel lines 平行線.
> cross lines 交差した線.

Draw a *line* between the two points. 2点を直線で結びなさい.

2 (道路・スポーツのコートなどの) **ライン**, 線.
the finish *line* 《米》 (競技や競争の) ゴール (=《英》the finishing line).
a property *line* 土地の境界線.

3 列;《米》(人・車などの) 行列 (=《英》queue).

線

列

a *line* of trees 並木.

I had to wait in *line* to get the ticket. チケットを買うのに行列しなければならなかった.
Don't cut in *line*.
列に割りこんだらいけませんよ.

4 (文章・詩の) **行**ぎょう; 短い手紙; [ふつう複数形で] せりふ.
See page 5, *line* 12.
5 ページの 12 行目を見よ.
Drop me a *line*. 手紙をください (▶旅行などに出かける人に対していう).

5 電話線;電話の接続.
Hold the *line*, please.
(電話の相手に) 切らずにお待ちください.
I tried to call her, but the *line* was busy. 彼女に電話をしてみたが, 話し中だった.
I'm sorry, but he's on another *line*.
申し訳ありませんが, 彼はただいまほかの電話に出ています.

6 (鉄道などの) **路線**; 線路.
Change to the Chuo *Line* at Shinjuku. 新宿で中央線に乗りかえてください.

7 ひも, 綱, ロープ, 糸.
a laundry *line* 洗たくロープ.
a fishing *line* つり糸.

8 (顔などの) しわ.
She had deep *lines* on her forehead.
彼女はひたいに深いしわがあった.

—— 動 ③単現 **lines** [-z] 過去 過分 **lined** [-d] ing **lining** 他 **…に並ぶ**; [ふつう受け身で] …に線を引く.
Crowds *lined* the route to watch the parade.
パレードを見ようと大勢の人が沿道に並んだ.

line up (1列に) 並ぶ; …を1列に並べる.
Line up, everybody.
みなさん, 1列に並んで.

linear motor train [líniər móutər trèin] 名 リニアモーター列車.

linen [línin リネン] 名 リネン, リンネル (亜麻からできたじょうぶな布地); リネン製品 (テーブルクロス, シーツなど).

liner [láinər ライナァ] 名 (大型の) 定期船, 定期旅客機; 《野球》ライナー.
an ocean *liner* 大洋航路客船.

linger [líŋgər リンガァ] 動 @ **1** (場所から) 立ち去らないでいる, 居残る; そのへんをぶらぶらしている.
2 (感情・記憶おく・においなどが) なかな

か消えない.

lining [láiniŋ ライニング] 图 (服などの) 裏地, 裏張り.

link 2級 [liŋk リンク] 動 他 …をつなぐ, 結ぶ (= connect); …を関連づける.
This computer is *linked* to the internet.
このコンピューターはインターネットにつながっている.
── 图 (くさりの) 輪; つながり, 関連 (性); (交通・通信などの) 連絡手段.

lion 3級 [láiən ライオン]

图 (複数 **lions** [-z]) (動物) **ライオン** (▶とくにめすをさすときは lioness [láiənis ライオネス] という).

🟢背景 百獣の王ライオンは権威の象徴とされ, 紋章などにもよく使われる.

lip [lip リップ] 图 くちびる (▶「くちびる」の周辺, 鼻の下までもふくめることがある. また, 上下2つあるので複数形で使われることが多い).
the upper *lip* 上くちびる.
the lower *lip* 下くちびる.

liquid 準2 [líkwid リクウィド] 图 液体 (▶「気体」は gas, 「固体」は solid という).
── 形 液体の, 液状の.

liquor [líkər リカァ] 图 酒, アルコール (飲料).

list 3級 [list リスト] 图 リスト, 一覧表; 名簿.
a check*list* チェックリスト.
a shopping *list* 買い物リスト.
Maybe you can make a *list* of things to bring on the trip.
旅行に持っていくものを書き出してみたら？
── 動 他 …を表にする, リストにする, リストアップする (▶英語には ˣlist up という言い方はない).

listen 5級 動 (注意してよく) 聞く

[lisn リスン] (t は発音しない)
動 (3単現 **listens** [-z]; 過去 過分 **listened** [-d]; ing **listening**) 自 (注意してよく) **聞く**, 耳をすます; (**listen to** で) **…を聞く**; (忠告など) を聞き入れる, …に耳を貸す.

Listen carefully.
よく聞きなさい.
Listen! Do you hear the crickets?
ほら, 聞いて！コオロギが鳴いてるよ (▶「耳をすましてよく聞いてごらん」と相手の注意を引くときのことば).
Listen to me. ぼくの言うことを聞いて.
I was *listening to* the music then.
ぼくはそのとき音楽を聞いていた.
He wouldn't *listen to* his mother.
彼は母親の言うことを聞こうとしなかった.

✏️ライティング

I usually *listen to* music before going to sleep.
私はたいてい寝る前に音楽を聞きます.

💬用法 listen と hear
listen は「耳をかたむける」という意思をともなった行為. hear は「(自然に耳に入ってきて) …が聞こえる」こと.

listen　　　　hear

listen for …に耳をすます.
I was *listening for* the phone to ring.
電話が鳴るのをいまかいまかと耳をすませていた.

listened [lisnd リスンド] 動 listen (聞く) の過去・過去分詞.

listener [lisnər リスナァ] 图 聞く人, 聞き手; (ラジオの) 聴取者, リスナー.
He's a good *listener*.
彼はじょうずな聞き手だ (→人の話をよく聞く).

listening [lisniŋ リスニング] 動 listen (聞く) の -ing 形.
── 图 リスニング, 聞きとり.
a *listening* test リスニングテスト (▶ hearing test は「聴力検査」という意味になる).

listens [lisnz リスンズ] 動 listen (聞く) の3人称単数現在形.

lit [lit リット] 動 light¹ (…に火をつける) の過去・過去分詞の1つ.

liter [líːtər リータァ] (発音注意) ▶ (英) では

literacy ▶

litre とつづる.
图 リットル(容量の単位；略語は l. または lit.；1リットルは1000cc；英米ではふつう gallon (ガロン)を使う). → gallon
a liter of water 1リットルの水.

literacy [lítərəsi リテラスィ] 图 読み書きできる能力, 識字能力；(ある分野の) 運用能力(反 illiteracy 読み書きのできないこと).
computer *literacy*
コンピューターリテラシー；コンピューターを使う能力.
information *literacy* 情報リテラシー.

literal [lítərəl リテラル] 厖 文字どおりの；文字の.
a *literal* translation 直訳.

literally 2級 [lítərəli リテラリィ] 副 文字どおりに, 文字どおり (の意味で).

literary [lítəreri リテレリィ | -rəri -ラリィ] 厖 文学の, 文芸の (反 colloquial 口語の).

literature 準2 [lítərətʃ(u)ər リテラチ(ュ)ア] 图 文学, 文芸；文学作品.
Japanese *literature* 日本文学.

Lithuania [liθuéiniə リスエイニア] 图 リトアニア(バルト海に面する共和国；首都はビリニュス (Vilnius)).

litre [líːtər リータァ] 图 《英》=《米》liter

litter [lítər リタァ] 图 (とくに公共の場所に捨てられた) ごみ, くず.
── 動 他自 (ごみなどを) 散らかす, ポイ捨てする.
No *Littering* 《掲示》ごみ捨て禁止

分別がしっかりされているごみ箱.

little 5級 厖 小さい, 少しの
副 少し

[lítl リトゥル]
厖 (比較 less [les]；最上 least [liːst]) **1 小さい** (同 small) (反 big 大きい)；(小さくて) かわいい.
a *little* finger (手の) 小指.
Kate is a *little* girl.
ケイトは (小さな) かわいい女の子です.

用法 little と small

❶ little には「かわいらしい」「ちっぽけな」といった愛情や軽べつの気持ちがふくまれるが, small は単に「形が小さい」ことを示す. a *little* girl (かわいい少女) / a *small* girl (小がらな少女)

little

small

❷ 比較級, 最上級の less, least は量や程度を表すので, 「小さい」という意味ではふつう smaller, smallest を使う.

比較級・最上級に注意！
little ── ▶ less
(少ない) (より少ない)
── ▶ least
(もっとも少ない)

---

2 (年齢が) **小さい**, 幼い；年下の.

ライティング

I liked dolls when I was *little*.
小さいころは人形が好きだった.

a *little* brother (= a younger brother) 弟 (▶「兄」は a big brother または an older brother という).

3 [a little で肯定的に] (量・程度が) **少しの**, 少量の, 少しはある, わずかな (反 much たくさんの, 多量の).
I have *a little* money on me.
少しならお金を持ってるよ.
He speaks *a little* Chinese.
彼は中国語を少し話す.

4 [a をつけないで否定的に] (量・程度が) **少ししかない**, ほとんどない.
We've had *little* snow this winter.
この冬はほとんど雪が降っていない.
There was *little* work to do.
するべき仕事はほとんどなかった.

◀ **live**¹

📖文法 (a) little と (a) few

❶**3**, **4**の little は数えられない名詞につけて「量が少ない」ことを表す. 「数が少ない」ときは **few** を使う. → few

❷**a little**, **a few** は「少しはある」で「ある」に重点が置かれ, **little**, **few** は「ほとんどない」で「ない」に重点が置かれる.

	数が	量が
少ししかない	few	little
少しはある	a few	a little
たくさんある	many	much

5 (時間・距離が) **少しの**; **重要でない**, ささいな.

for a *little* while ほんの少しの間.

I have no time to worry about such *little* things. そんなささいなことを心配しているひまはない.

a little bit ほんの少し.
"Are you tired?"
"Yes, *a little bit*."
「つかれた？」「ええ, ちょっと」

only a little ほんのわずかの…, ほとんど…がない.

quite a little 《口語》かなりたくさんの….

── 副 1 [**a little** で肯定的に] **少し**, 少しは…する, ちょっと.

I can play the piano *a little*.
ぼくは少しはピアノがひける.

Meg is *a little* taller than her mother. メグは母親よりも少し背が高い.

🗣スピーキング

Ⓐ Do you speak English?
英語を話しますか.
Ⓑ Yes, *a little*.
ええ, 多少は.

2 [a をつけないで否定的に] **ほとんど…しない**.

He slept very *little* last night.
きのうの晩彼はほとんど寝ていない.

not a little 少なからず, 大いに.

She was *not a little* surprised at the news.
彼女はその知らせに少なからずおどろいた.

── 代 **少し**, 少量 (▶a little と little のちがいは形容詞の場合と同じ) (反) much 多量).

Just give me *a little*, please.
私に少しください.

My sister eats *little* for breakfast.
姉は朝食は少ししか食べない.

little by little 少しずつ, ちょっとずつ.

His English improved *little by little*.
彼の英語は少しずつよくなった.

Little Bear [lítl béər] 图《天文》[the をつけて] 小ぐま座.

little finger [lítl fíŋgər] 图 (手の) 小指(▶pinkyともいう). →finger, hand(図)

live¹ 5級 動 住む, 暮らす, 生きる

[liv リヴ]

動 (3単現 **lives** [-z]; 過去 過分 **lived** [-d]; ing **living**) 自 **1 住む**, 住んでいる, 暮らす; (動物が) 生息している (▶あとに場所を表す語 (句) などをともなう).

🗣スピーキング

Ⓐ Where do you *live*?
お住まいはどちらですか.
Ⓑ I *live* in Aomori.
私は青森に住んでいます.

Koalas *live* in Australia.
コアラはオーストラリアにすんでいる.

We've *lived* in this city for more than ten years.
私たちはこの市に住んで 10 年以上になる.

My sister is *living* with her aunt to attend college.
姉は大学に通うためにおばさんのところで暮らしている (▶進行形 (is living) はふつう「一時的に住んでいる」ときのみ使う).

They all *lived* happily ever after.
それからみんなは幸せに暮らしました (▶おとぎ話の終わりの決まり文句).

2 生きる, 生存する (反) die 死ぬ).

My grandfather *lived* to be ninety.
おじいちゃんは 90 歳まで生きた.

I can't *live* without you.
あなたなしでは生きていけない.

He *lives* on in our memories.
彼は私たちの記憶の中で生きている.

four hundred and twenty-one　421

live²

―他 (**live a ... life** で)…な生活をする.
He *lived a* happy *life*.
彼は幸せに暮らした. →图 life

live on …を食べて生きている, …を主食とする; …で生活費をまかなう;(ことばなどが) 生き続ける.
Sheep *live on* grass.
羊は草を食べて生きている.

live up to (主義など) に従って生活する;(期待など) にこたえる.
She tried to *live up to* her parents' expectations.
彼女は両親の期待にこたえようと努力した.

live² [laiv ライヴ] (live¹ との発音のちがいに注意) 形 1 生きている (反 dead 死んだ). → alive, living
Spiders feed on *live* insects.
クモは生きた昆虫をえさにする.

2 (放送・演奏が) 生放送の, 録音でない, ライブの.
a *live* TV show テレビの生番組.
The hotel has *live* music every Saturday night.
ホテルでは毎週土曜日の夜にライブ演奏がある.

lived [livd リヴド] 動 live¹ (住む) の過去・過去分詞.

livelihood [láivlihud ライヴリフド] 名 暮らし, 生計.
The farm is his *livelihood*.
農場 (の収入) が彼の生計の手段である.

lively [láivli ライヴリィ] 形 (比較 livelier; 最上 liveliest) 元気な, 活発な.
Haruka is a *lively* girl.
はるかは元気な女の子だ.

liver [lívər リヴァ] 名 1 肝臓.
2 レバー (食品としての動物の肝臓).

Liverpool [lívərpu:l リヴァプール] 名 リバプール (イングランド北西部の港湾都市で工業がさかん).

lives¹ [livz リヴズ] 動 live¹ (住む) の 3 人称単数現在形.

lives² [laivz ライヴズ] 名 life ((個人の) 命) の複数形.

living 準 2 [líviŋ リヴィング] 動 live¹ (住む) の -ing 形.
― 形 生きている (反 dead 死んだ).
→ alive, live²
living things 生物, 生き物.
He is still *living*. 彼はまだ生きている.

― 名 **1** [ふつう単数形で] 生計, 生活費.
He makes his *living* from farming.
彼は農業で生計を立てている.

2 生活, 暮らし.
the cost of *living* 生活費.
the standard of *living* 生活水準.

living room 5級 [líviŋ rù(:)m] 名 居間, リビング (ルーム) (家族の一家団らんの部屋で, 客間も兼ねる. (英) では sitting room ともいう).
We don't have a TV in our *living room*. うちのリビングにはテレビがない.

living room ①ソファー ②クッション ③コーヒーテーブル (ふつうソファーの前に置いて使う低い小型テーブル) ④ひじかけいす ⑤ [átəmən アトマン] オットマン (クッションつき足のせ台) ⑥ (床の一部に敷く) じゅうたん ⑦テレビ ⑧ [fáiərpleis ファイアプレイス] 暖炉 ⑨ [mæntlpi:s マントゥルピース] マントルピース (暖炉の「炉だな」).

lizard [lízərd リザド] 名 (動物) トカゲ.

'll [ル] will の短縮形.
I'*ll* do my best. ぼくはベストをつくします.

load [loud ロウド] 名 (トラック・貨車・船などの) 積み荷, 荷物.
carry a heavy *load* 重い荷物を運ぶ.

― 動 他 (荷物) をのせる, 積む; (車) に荷物をのせる.
load a truck トラックに荷物を積む.
Can you help me *load* the car?
車に荷物をのせるのを手伝ってくれる?

― 自 荷物を積む, 荷積みする.

◀ logical

loaf [louf ロウフ] 名 (複数 **loaves**[louvz]) (一定の形に焼いた) パンのひとかたまり (▶切ったものは slice で表す).
two *loaves* of bread 食パン2斤.

loan [loun ローン] 名 (銀行などからの) ローン, 融資, 貸し付け.
How are you going to pay back the *loan*?
どうやってローンを返済するつもりですか.
── 動 他 《米》(金など) を貸す (同 lend).

loaves [louvz ロウヴズ] 名 loaf (パンのひとかたまり) の複数形.

lobby 準2 [lɑ́bi ラビィ‖lɔ́bi ロビィ] 名 (複数 **lobbies** [-z]) (ホテル・劇場などの) ロビー.
I'll meet you at seven in the *lobby*. 7時にロビーで待っています.

lobster [lɑ́bstər ラブスタァ‖lɔ́b- ロブ-] 名 《動物》ロブスター, ウミザリガニ.

local 3級 [lóukəl ロウカル]

形 **1 地元の**, 近所の, その地域の (▶「いなかの」という意味はないので注意).
local news その地域のニュース.
She works at a *local* grocery store.
彼女は近所のスーパーで働いている.
2 《米》(列車・バスが) 各駅停車の.
a *local* train 普通列車 (▶「急行列車」は an express train という).
── 名 **1** 〔ふつう複数形で〕地元の人.
2 《米》(各駅停車の) 普通列車.

locally [lóukəli ロウカリィ] 副 地元で, 近所で, その地方で; 局部的に.

locate 準2 [lóukeit ロウケイト‖loukéit ロウケイト] 動 他 **1** …の(正確な)場所をつきとめる.
I *located* the source of the noise.
その音がどこからしているのかつきとめた.
2 (**be located** で)(ある場所に)ある, 位置する.
The city hospital *is located* in the city center. 市立病院は市の中心にある.

location 準2 [loukéiʃən ロウケイション] 名 位置, 所在地; (映画などの) ロケ地.

lock 準2 [lɑk ラック‖lɔk ロック] 動 他 …にかぎをかける, 錠じょうを下ろす.
Be sure to *lock* the door when you leave.

出かけるときはかならずドアにかぎをかけてね.
I *locked* myself out.
(ホテルなどのオートロックのドアで) かぎを部屋の中に置いたままドアを閉めてしまいました.
lock up …を閉じこめる.
── 名 錠 (▶「かぎ」は key). → key (図)
She put the key in the *lock*.
彼女はかぎを(錠に)さしこんだ (▶ key は lock をあけるもの).

locker 5級 [lɑ́kər ラカァ‖lɔ́kər ロカァ] 名 ロッカー (かぎのかかる戸だな).
I left my baggage in a coin-operated *locker* at the station.
駅のコインロッカーに荷物を入れておいた (▶ ×coin locker は和製英語).

アメリカの学校では, 生徒1人ずつにロッカーが与あたえられることが多い.

locker room [lɑ́kər‖lɔ́kər rù(:)m] 名 ロッカールーム.

locomotive [loukəmóutiv ロウコモウティヴ] 名 機関車.
a steam *locomotive* 蒸気機関車.

locust [lóukəst ロウカスト] 名 《虫》バッタ; イナゴ.

lodge [lɑdʒ ラッヂ‖lɔdʒ ロッヂ] 名 山小屋, ロッジ.
── 動 自 泊とまる, 下宿する.

lodging [lɑ́dʒiŋ ラヂング‖lɔ́dʒ- ロヂ-] 名
1 宿, 宿舎; 宿泊しゅく.
2 〔複数形で〕貸間, 下宿.

log 3級 [lɔ(:)g ロ(ー)グ] 名 丸太.
a *log* cabin 丸太小屋.

logging [lɔ́(:)giŋ ロ(ー)ギング] 名 木の伐採ばっさい, 丸太の切り出し.

logic [lɑ́dʒik ラヂク‖lɔ́dʒik ロヂク] 名 論理; 論理学; まともな考え, 理屈りくつ.
I can't understand his *logic*.
彼の理屈がわからない.

logical [lɑ́dʒikəl ラヂカル‖lɔ́dʒ- ロヂ-] 形

four hundred and twenty-three 423

logo ▶

すじの通った, 論理的な.
Try to be more *logical*.
もう少しすじが通る話し方をしてくれ.

logo [lóugou ロウゴウ] 图 (複数 **logos** [-z])
ロゴ (会社などのマーク).

lollipop [lɑ́lipɑp ラリパプ ‖ lɔ́lipɔp ロリポプ]
图 ▶ lollypop ともつづる. (棒のついた)
ペロペロキャンディー.

London [4級] [lʌ́ndən ランドン] (前の o
は例外的に [ʌ] と発音する) 图 ロンドン (イ
ギリスの首都).
the *London* Eye
ロンドン・アイ (ロンドンにある大観覧車).

> 背景 イングランド南東部にあるイギリ
> ス最大の都市. 市内をテムズ(Thames)
> 川が流れる. 紀元 43 年にローマ軍が築
> いて以来, 世界の歴史の舞台となり,
> 金融・文化の中心となってきた. 歴史
> 的建造物や公園が多くある.

Londoner [lʌ́ndənər ランダナァ] 图 ロン
ドン人, ロンドンっ子.

loneliness [lóunlinis ロウンリネス] 图 わ
びしさ, 孤独.

lonely 準2 [lóunli ロウンリィ]

形 (比較 **lonelier**; 最上 **loneliest**) **1 さび
しい**, 孤独な, ひとりぼっちの.
She felt *lonely* because she was
away from her family.
家族からはなれていたので彼女はさびしかった.
2 (場所が) 人気のない, 孤立した.
a *lonely* island 孤島.

long¹ [5級] 形 長い
副 長く

[lɔ(ː)ŋ ロ(ー)ング]
形 (比較 **longer** [lɔ́(ː)ŋgər]; 最上 **longest**

[lɔ́(ː)ŋgist] **1** (物・距離・時間が) **長い**
(反 short 短い).

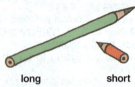

long　　　　　　short

Yui has *long* hair.
ユイは髪が長い.
We have a *long* summer vacation.
私たちには長い夏休みがある.
I haven't seen her for a *long* time.
彼女とは長い間会っていない.
Long time no see. 《口語》久しぶりだね.
2 [長さを表す語をともなって] **…の長さが
ある**, 長さが…の.

> スピーキング
> Ⓐ How *long* is this river?
> この川の長さはどれくらいですか.
> Ⓑ About a hundred kilometers.
> 約 100 キロです.

Each exam is 50 minutes *long*.
試験は 1 科目 50 分です. →图 length
── 副 **長く**, 長い間.
I can't stay *long*.
私は長くはいられません.
How *long* have you lived in Tokyo?
東京にはどのくらいお住まいですか.

> スピーキング
> Ⓐ How *long* have you been in
> Japan?
> 日本にいらしてどのくらいですか.
> Ⓑ For three years.
> 3 年です.

as long as …している間は; …しさえす
れば; …するかぎりは.
You are welcome to stay *as long
as* you like. お好きなだけいてください.
You can go out *as long as* you
finish your homework.
宿題を終わらせたら外出してもいいわよ.
long ago ずっと前に.
no longer = **not ... any longer** もう
…ではない.
You're three now. You're *no longer*

◀ look

a baby.
3歳でしょ. もう赤ちゃんじゃないんだからね.
I *can't* wait *any longer*.
もうこれ以上待てないよ.
So long! 《口語》**さようなら**, じゃあね (▶ goodbye よりもくだけた表現で親しい人の間で使う). → goodbye

🗨 スピーキング

Ⓐ I'll see you tomorrow.
  あしたまた会おう.
Ⓑ *So long*.
  じゃあね.

── 图 長い間.
It won't take *long*.
そんなに時間はかからないだろう.
before long まもなく, やがて. → before
for long [ふつう否定文・疑問文で] 長い間.
long² [lɔ(ː)ŋ ロ(ー)ング] 動 @ **切望する**.
They *longed* for peace.
彼らは平和を強く望んでいた.

long-distance [lɔ̀(ː)ŋdístəns ロ(ー)ングディスタンス] 形 **長距離の**.
long-distance running 長距離走.
longer [lɔ́(ː)ŋgər ロ(ー)ンガァ] 形 副 long¹ (長い; 長く) の比較級.
longest [lɔ́(ː)ŋgist ロ(ー)ンゲスト] 形 副 long¹ (長い; 長く) の最上級.
longing [lɔ́(ː)ŋiŋ ロ(ー)ンギング] 图 [ふつう a をつけて] (…したいという) 強い願望; あこがれ.
── 形 (表情などが) あこがれの.
longitude [lándʒət(j)uːd ランヂテュード, -トゥード ‖ lɔ́ŋɡitjuːd ロンギテュード] 图 **経度** (▶ 略語は long.) (反 latitude 緯度).
longitude forty degrees east (= forty degrees east *longitude*) (= *Long*. 40°E) 東経 40 度.
long jump [lɔ́(ː)ŋ dʒʌ̀mp] 图 [the をつけて] 幅とび, 走り幅とび.
long shot [lɔ́(ː)ŋ ʃɑ̀t ‖ ʃɔ̀t] 图 《映画》遠写し, ロングショット.
in long shot
遠写しの, ロングショットの.

look 5級 動 見る, …に見える

[luk ルック] フォニックス 70 oo は [u] と発音する.

動 (3単現 **looks** [-s]; 過去 過分 **looked** [-t]; ing **looking**) @ **1** (注意して) **見る**; (**look at で**) **…を見る**.
Look at me. こっちを見て.
What are you *looking at*?
何を見ているの?
Look carefully! よく見て!
Look! The light is red. ほら, 見て! 信号が赤だよ (▶「ほら, 見てごらん」とか,「いいかい」と相手の注意を引くときのことば).
I *looked*, but could see nothing.
じっと見たが, 何も見えなかった.

💬 用法 **look と see**
look は「見ようとして見る」, see は「自然に目に入る, 見える」という意味.

look   see
じっと見る   自然に見える

🗨 スピーキング

Ⓐ May I help you?
  いらっしゃいませ, 何かおさがしですか.
Ⓑ I'm just *looking*, thank you.
  見ているだけです. ありがとう.

2《**look ＋ 形容詞**などで》**…に見える, …のようである, 顔つきが…である**;《**look like ＋ 名詞**などで》**…のように見える; …に似ている; …そうである**.
You *look* so *happy*.
すごくうれしそうだね.
She *looks like* a model.
彼女はモデルみたいだ.
He doesn't *look* much *like* his brother. 彼はお兄さんとあまり似ていない.
It *looks like* rain. 雨になりそうだ.
look after **…の世話をする**, めんどうを見る (= take care of).
She *looked after* her grandchildren.
彼女は孫たちのめんどうを見た.
You should *look after* yourself.
自分のことは自分でしなさい.
look around 《米》= 《英》***look round***
あたりを見まわす.

four hundred and twenty-five 425

looked ▶

Alice *looked around* for some time. アリスはしばらくあたりを見まわした.

look back ふり返って見る；昔をふり返る.
She *looked back* at me again and again. 彼女は私の方を何度もふり返った.

look down 下を見る，うつむく；**(look down at で) …を見下ろす**.
She *looked down* at the street from the balcony.
彼女はバルコニーから下の通りを見た.

look down on …を軽べつする，見下す（⾑ look up to …を尊敬する）.
I think he *looks down on* me.
彼はぼくのことを軽べつしていると思う.

look for …をさがす，さがし求める.
Have you seen my keys? I'm *looking for* them.
私のかぎを見なかった？ さがしているんだけど.

look forward to …を楽しみにする，楽しみに待つ. → forward

Look here! おい，いいかい（▶相手の注意をうながしたり，抗議したりするときのことば）.
Look here, everybody.
（教室などで）みなさん，いいですか.

look in …の中をのぞく.
look in a mirror 鏡を見る
She *looked in* the show window.
彼女はショーウインドーの中をのぞいた.

look into …の中をのぞきこむ；…を調べる，調査する.
He *looked into* her eyes.
彼は彼女の目をのぞきこんだ.

look on ~ as ... ～を…とみなす.
Many people *look on* him *as* an excellent writer.
彼を優れた作家とみなしている人は多い.

look out 外を見る；気をつける.
I was *looking out* of the window.
窓から外を見ていた（▶《米》話し言葉では of を省くことが多い）.
Look out!
気をつけて. 危ない（= Watch out!）.
Look out for the cars.
車に気をつけて.

look over …に目を通す，…をざっと調べる；…越しに見る.
Would you *look over* these papers?
これらの書類に目を通してくださいませんか.

look up 見上げる；(辞書などで) …を調べる；**(look up at で) …を見上げる**.
Look up the word in your dictionary.
その単語を辞書で調べてごらん.
We *looked up at* the night sky.
私たちは夜空を見上げた.

look up to … を尊敬する（⾑ look down on …を軽べつする）.
I *looked up to* him as my leader.
私は彼のことを指導者として尊敬していた.
—— 图 （[複数]）**looks** [-s] **1** [a をつけて]
ちょっと見ること；調べること；(take a look at / have a look at で) …を(ちょっと) 見る；…を調べる.
He *had a look* around the house.
彼はその家を見わたした（▶ have a look は「ちょっと見る」という感じ）.
Take a look at this. ちょっとこれを見て.
2 表情，目つき，顔つき；[複数形で] 容ぼう，外見.
Ann had a sad *look* on her face.
アンは悲しそうな表情をしていた.
She gave me a sharp *look*.
彼女はするどい視線を私に向けた.
Good *looks* aren't everything.
外見のよさがすべてではない.

looked [lukt ルックト] 動 look (見る) の過去・過去分詞.

looking [lúkiŋ ルキング] 動 look (見る) の -ing 形.

lookout [lúkaut ルカウト] 图 [ふつう a / the をつけて] 見張り，警戒，用心.

looks [luks ルックス] 動 look (見る) の 3 人称単数現在形.
—— 图 look (表情) の複数形.

loop [lu:p ループ] 图 （ひも・ロープ・針金などの) 輪；環状のもの.
Make a *loop* in the string.
ひもで輪をつくりなさい.

loose 準2 [lu:s ルース] 形 **1** (服が) だぶだぶの；ゆるんだ；(結び目などが) ゆるい. （⾑ tight ぴったりした).
She wore a *loose* sweater.
彼女はだぶだぶのセーターを着ていた.
One of my shirt buttons is *loose*.
シャツのボタンが 1 つゆるんでとれそうだ.
2 (動物などが) つながれていない.
The dog is *loose* in the yard.
その犬は庭で放し飼いにされている.

◀ **loses**

💬 **用法** loose と日本語の「ルーズ」
英語の loose には日本語の「時間や仕事にルーズな」という意味はないので注意.

ℹ️ **参考** lose [luːz ルーズ] (…をなくす) と混同しないように注意. 発音もちがう.

loosen [lúːsn ルースン] 動 他 …をゆるめる, (結び目など) をほどく.
He *loosened* his belt.
彼はベルトをゆるめた.
— 自 ゆるむ, たるむ.

lord [lɔːrd ロード] 名 **1** 君主, 支配者.
2 [Lord または the Lord, our Lord で] 主, 神, イエス・キリスト.
3《英》貴族;[Lord で][称号として] …卿;[the Lords で]《英》[集合的に][複数あつかい] 上院議員.
the House of *Lords* (イギリスの) 上院.

lorry [lɔ́(ː)ri ロ(ー)リィ] 名 [複数 **lorries** [-z]] (おもに英) トラック (=《米》truck).

Los Angeles 4級 [lɔːs ǽndʒələs ロースアンヂェラス ‖ lɔs ǽndʒiliːz ロスアンヂリーズ] 名 口サンゼルス (アメリカ, カリフォルニア州の大都市. 人口は全米第2位. L.A. と略す) (▶ もともとスペイン語で the angels (天使たち) という意味).

lose 4級 動 …をなくす, …を失う, …に負ける

[luːz ルーズ] (o は例外的に [uː] と発音する)
動 [3単現 **loses** [-iz]][過去][過分 **lost** [lɔ(ː)st ロ(ー)スト]][ing **losing**]

…をなくす

…に負ける

他 **1** (物) **をなくす**, 紛失する (反 find …を見つける).
I *lost* my wallet, but found it in the car.
さいふをなくしたけど, 車の中で見つけたんだ.
I have *lost* my key.
私はかぎをなくした (まだ見つかっていない).
2 (仕事・家など) **を失う**;(自信・興味など) をなくす, 失う (反 gain …を手に入れる).
She *lost* her job. 彼女は失業した.
When he failed the test, he *lost* confidence. テストに合格できなかったので, 彼は自信をなくした.
3 (試合・コンテスト・選挙など) **に負ける** (反 win …に勝つ).

✏️ **ライティング**
We all tried our best, but our team *lost* the game.
私たち全員が全力をつくしましたが, 私たちのチームは試合に負けました.

4 (時計が) …**だけ遅れる** (反 gain …だけ進む).
This clock *loses* three minutes a day. この時計は 1 日に 3 分遅れる (▶「この時計は 3 分遅れている」というときは slow を使って, This clock is three minutes slow. という).
5 (時間) **をむだにする**;(チャンス) をのがす.
We have no time to *lose*.
私たちにむだにできるような時間はないよ.
You *lost* your big chance.
きみは大きなチャンスをのがしたね.
6 (体重) **を減らす**.
I've *lost* 2 kilos over the last month.
この 1 か月で体重が 2 キロ減った.
7 (道) **に迷う**.
We *lost* our way while hiking.
ハイキングをしているときに道に迷ってしまった.
8 (人) **をなくす**, …と死別する.
She *lost* her mother when she was only five years old.
彼女はたった 5 歳で母親をなくした.
— 自 **負ける** (反 win 勝つ);損をする;(時計が) 遅れる.
I *lose*. You win. ぼくの負け, きみの勝ちだ.
The Giants *lost* to the Tigers 2 to 1.
巨人は阪神に 2 対 1 で負けた. → 名 loss

lose sight of …を見失う. → sight

ℹ️ **参考** loose [luːs ルース] (だぶだぶの) と混同しないように注意. 発音もちがう.

loser [lúːzər ルーザァ] 名 (試合などの) 敗者 (反 winner 勝利者);失敗者;損をする人, 損した人.

loses [lúːziz ルーズィズ] 動 lose (…をなくす) の 3 人称単数現在形.

losing ▶

losing [lúːzɪŋ ルーズィング] 動 lose (…をなくす) の -ing形.

loss 準2 [lɔ(ː)s ロ(ー)ス] 名 **1** 失うこと, なくなること；(人の) 死.
weight *loss* 体重の減少；減量.
loss of memory 記憶の喪失.
It took her years to get over the *loss* of her son. 彼女は息子の死から立ちなおるのに何年もかかった.
2 損失, 損害 (反 gain, profit 利益)；敗北. →動 lose
be at a loss 途方にくれている, 困っている.
She *was at a loss* for words.
彼女は何と言ってよいかことばに困っていた.

lost 4級 [lɔ(ː)st ロ(ー)スト]

動 lose (…をなくす) の過去・過去分詞.
── 形 **1** **道に迷った**, 迷子になった.
They got *lost* in the mountains.
彼らは山で道に迷った.
a *lost* child 迷子.
2 **失われた**；なくなった, 紛失した, 行方不明の；負けた.
I looked everywhere for my *lost* keys. なくしたかぎをくまなくさがした.
a *lost* game 負け試合.

lost and found [lɔ̀(ː)st ən fáund]
名 [the をつけて] 遺失物取扱所.

lot 5級 [lɑt ラット ‖ lɔt ロット]

名 (複数 **lots** [-ts ツ]) **1** 《**a lot of ＋名詞**または**lots of ＋名詞**で》 [数・量を表して] **たくさんの**… (▶ many や much よりもくだけた言い方). → many
There were *a lot of* flowers in the park. 公園にはたくさんの花があった.

💬用法 **a lot of** と **many, much**
疑問文・否定文では **a lot of** より, many や much が多く使われる傾向がある.

2 《**a lot** または **lots** で》 (数・量が) **たくさん**, いっぱい；[副詞的に] **とても**, たいへん.
He knows *a lot* about computers.
彼はパソコンのことをよく知っている.
Thanks *a lot*.
どうもありがとう (▶ Thank you very much. よりもくだけた言い方).
3 (米) 土地 (の一区画), 敷地.
a parking *lot*
(米) 駐車場 (= (英) car park).
4 運命；くじ；くじ引き.

lottery [lɑ́t(ə)ri ラテリィ ‖ lɔ́t(ə)ri ロテリィ]
名 宝くじ, 抽選, くじ引き.
a ticket *lottery* チケットの抽選.

lotus [lóʊtəs ロウタス] 名 (複数 **lotuses** [-ɪz])(植物) ハス.

loud 3級 [laʊd ラウド]

形 (音・声などが) **大きい**；そうぞうしい, うるさい, やかましい.
in a *loud* voice 大きな声で.
Could you turn it down? It's a little too *loud*.
ちょっとうるさいから, 音を小さくしてもらえない？
── 副 大声で (▶ loudly よりもくだけた語).
Could you speak *louder*, please?
もっと大きな声で話してもらえますか.

loudly 準2 [láʊdli ラウドゥリィ] 副 大声で；そうぞうしく, うるさく.

loudspeaker [láʊdspìːkər ラウドゥスピーカァ] 名 拡声器, (ラウド) スピーカー.

Louisiana [luːìːziǽnə ル(ー)イーズィアナ] 名 ルイジアナ州 (メキシコ湾にのぞむアメリカ南部の州；略語は LA または La.).

lounge [laʊndʒ ラウンヂ] 名 (ホテル・空港などの) ラウンジ, 休憩室, 待合室.
the hotel *lounge* ホテルのラウンジ.
the departure *lounge*
(空港の) 出発ラウンジ.

◀ **low**

Louvre [lúːvrə ルーヴル] 图 [the をつけて] (パリの) ルーブル美術館.
the *Louvre* Museum ルーブル美術館.

love 5級 動 …を愛する
图 愛, 恋人(こいびと)

[lʌv ラヴ]
動 (3単現 **loves** [-z]; 過去 過分 **loved** [-d]; ing **loving**) 他 **1** (人・物事)**を愛する**, (人や物事)**が大好きである**(反 hate …をにくむ)(▶ふつう進行形にしない).

I *love* you.
愛してるよ; (母親が小さい子どもに) いい子ね, かわいい子ね.

I *love* my parents.
私は両親のことが大好きだ.

🗨スピーキング
Ⓐ I *love* you, Kathy.
　キャシー, 愛してるよ.
Ⓑ I *love* you, too, Bill.
　ビル, 私もよ.

My father *loves* jazz.
父はジャズが大好きだ.

2 (**love to ... / love ＋ -ing 形で**) **…するのが大好きである**.
She *loves to* travel. (＝She *loves traveling*.) 彼女は旅行するのが大好きだ.

I'd love to ... ぜひ…したい (▶I would love to ... の短縮形で, like や want よりも「～したい」という気持ちが強いときに使う表現).
I'd love to go to New York.
ニューヨークにぜひ行ってみたい.

🗨スピーキング
Ⓐ Won't you join us?
　いっしょにやらない？
Ⓑ Yes, *I'd love to*.
　ええ, 喜んで.

―― 图 (複数 **loves** [-z]) **1 愛**, 愛情; 恋愛(れんあい)(▶複数形なし).
her *love* for her children
わが子に対する彼女の愛情.

My first *love* was when I was thirteen years old.
初恋は 13 歳のときでした.

a *love* letter ラブレター.
a *love* story ラブストーリー, 恋愛小説.

2 大好きなこと, 大好きなもの.
He has a great *love* of books.
(＝He *loves* reading.) 彼は本が大好きだ.
3 恋人.
He was my first *love*.
彼は私の初恋の人だった.
She was the *love* of my life.
彼女は人生で最愛の人だった.
4 (テニスのスコアの) ラブ, ゼロ (▶無得点のこと). →形 lovely

be in love with …に恋している.
She's in *love* with Kenta.
彼女は健太に恋している.

fall in love with …に恋する.
He *fell in love with* Anna.
彼はアンナに恋をした.

With love, [手紙の結び文句] 愛をこめて (▶単に Love, と書くこともある.「かしこ」に近いひびきをもつ女性用語. 親しい間では男性も使う).

loved [lʌvd ラヴド] 動 love (…を愛する) の過去・過去分詞.

lovely 準2 [lʌ́vli ラヴリィ] 形 (比較 **lovelier**; 最上 **loveliest**) **1** 美しい, きれいな.
She's a *lovely* little girl.
彼女はかわいらしい子だ.
We enjoyed a *lovely* view of the mountains.
私たちは山々の美しい景色を楽しんだ.
2 (口語) すばらしい, すてきな; ゆかいな.
What a *lovely* day!
すばらしい天気ね.
You have a *lovely* house!
すてきなお宅ですね. →图 love

lover [lʌ́vər ラヴァ] 图 愛人, 恋人(こいびと)(▶ふつう「恋人」は boyfriend, girlfriend という); [複数形で] 恋人同士; 愛好者.
a sports *lover* スポーツの愛好家.

loves [lʌvz ラヴズ] 動 love (…を愛する) の3人称単数現在形.
―― 图 love (恋人(こいびと)) の複数形.

loving [lʌ́viŋ ラヴィング] 形 愛情に満ちた, 優しい; 愛する, 親愛な.
―― 動 love (…を愛する) の -ing 形.

low 5級 [lou ロウ] フォニックス74 ow は [ou] と発音する.

形 (比較 **lower**; 最上 **lowest**) **1** (高さ・位置などが) **低い** (反 high 高い) (▶「背が低い」は low ではなく short).

four hundred and twenty-nine 429

lower ▶

high / low / tall / short
高い / 低い / (背が)高い / (背が)低い

a *low* table 低いテーブル.
The room had a *low* ceiling.
部屋は天井が低かった.
2 (程度などが) **低い**；(量が) 少ない；(価格が) 安い (反 high 高い).
Cook on *low* heat. 弱火で煮こみます.
low in fat 脂肪が少ない.
low wages 低賃金.
3 (声が) 小さい.
She always speaks in a *low* voice.
彼女はいつも小さな声で話す.
—— 副 **低く**, 低い位置で (反 high 高く)；(声・音が) 小さく.
The helicopter was flying *low*.
ヘリコプターは低空を飛んでいた.
—— 名 (複数) **lows**[-z] **最低点**. 最低気温.

lower 準2 [lóuər ロウアァ] 形 (low の比較級) **1** より低い.
This building is *lower* than that one.
この建物はあの建物より低い.
2 下の方の；下級の (反 upper 上の方の).
the *lower* lip 下くちびる.
—— 動 他 …を低くする, 下げる.
Please *lower* the volume.
ボリュームを下げてください.

loyal [lɔ́i(ə)l ロイ(ア)ル] 形 (人・信条などに) 誠実な, 忠実な；(国家・国王などに) 忠誠心のある (= faithful).
He is always *loyal* to his friends.
彼はいつも友だちに誠実だ (→けっして友だちを裏切ったりしない).

loyalty [lɔ́i(ə)lti ロイ(ア)ルティ] 名 (複数) **loyalties** [-z] 忠実, 誠実；忠誠；[ふつう複数形で] 忠誠心, 誠実な行為.

Ltd., ltd. [limitid リミティド] (略) = limited company (株式会社, 有限会社) (▶ふつう会社名のあとにつける).

Lucas [lú:kəs ルーカス], **George** 名 ジョージ・ルーカス (1944-；アメリカの映画監督・製作者；1977 年に Star Wars『スター・ウォーズ』を監督した).

luck 4級 [lʌk ラック] フォニックス27 ck は [k] と発音する.
名 **運** (同 fortune)；幸運 (= good luck) (▶ a をつけず, 複数形なし).
I had good *luck*.
私は運がよかった.
Better *luck* next time. 次はうまくいくさ (▶相手をはげますときの決まり文句).
→形 lucky
Good luck (to you)! 幸運を祈ります, がんばってね；[別れるときに] ごきげんよう.

スピーキング
Ⓐ *Good luck!*
幸運を祈るわ.
Ⓑ Thank you.
ありがとう.

Good luck with your exams!
テストがんばってね (▶英語では「うまくいくように祈ってるね」という).

Good luck! のジェスチャー.

luckily 3級 [lʌ́kili ラキリィ] 副 幸運にも.

lucky 4級 [lʌ́ki ラキ] フォニックス27 ck は [k] と発音する.
形 (比較) **luckier**；(最上) **luckiest**) **1 運のよい** (同 fortunate；反 unlucky 運の悪い)；(**lucky to ... で**) 運よく…する, 幸い…する.
I was *lucky*. 運がよかっただけさ. まぐれさ.
Lucky me! ついてるぞ!

スピーキング
Ⓐ I'm going to have a date with Lisa.
今度リサとデートするんだ.
Ⓑ *Lucky* you!
ついてるね!

I was *lucky to* find my purse.
幸いさいふは見つかった.
2 幸運を招く, 縁起のよい.
a *lucky* break (思いがけない) 幸運.
a *lucky* four-leaf clover.
幸運の四つ葉のクローバー.

◀ lyric

Seven is a *lucky* number.
7は縁起のよい数だ。　　　　→名 luck

Lucy [lúːsi ルースィ] 名 ルーシー(女性の名).

luggage 2級 [lʌ́ɡidʒ ラゲヂ] 名 《おもに英》(旅行の)荷物, 手荷物 (▶《米》では baggage ということが多い。ともに a をつけず, 複数形にもしない。数えるときは a piece of luggage のようにいう).
carry-on *luggage*
機内持ちこみ手荷物.

lullaby [lʌ́ləbai ララバイ] 名 (複数 lullabies [-z]) 子守歌.

lumber [lʌ́mbər ランバァ] 名 《おもに米》材木, 板材 (=《英》timber).

lump [lʌmp ランプ] 名 **1** かたまり; 角砂糖 (1個).
a *lump* of clay 粘土のかたまり.
two *lumps* of sugar 角砂糖2個.
2 こぶ, はれ物, しこり.
She felt a *lump* in her left breast.
彼女は左胸にしこりを感じた.

lunar [lúːnər ルーナァ] 形 月の (▶「太陽の」は solar という).

lunch 5級 名 昼食, 弁当

[lʌntʃ ランチ] フォニックス26 ch は [tʃ] と発音する.
名 (複数 lunches [-iz]) 昼食, お昼ご飯 (▶修飾語をともなわない「昼食」の意味ではふつう a をつけず, 複数形なし); 弁当. → meal
school *lunch* 給食.
Now let's have *lunch*.
さあ, 昼ご飯にしよう.
What are you going to have for *lunch*? 昼ご飯は何を食べるの？
We played volleyball after *lunch*.
昼食後にバレーボールをした.
a *lunch* break 昼休み.

> 背景 アメリカでは, 生徒は昼食を学校のカフェテリア (cafeteria) でとり, 日本のように教室で食べることはまずない。弁当を家から持ってくるときは, 入れ物は手さげのついた小型のケース (lunch box) や紙袋 (lunch bag) がよく使われる。その中身のことは box lunch といい, ハンバーガーやサンドイッチなどが多い.

lunchbox [lʌ́ntʃbɑks ランチバックス ‖ -bɔks -ボックス] 名 弁当箱 (▶ lunch box と2語でつづることもある).

luncheon [lʌ́ntʃən ランチョン] 名 昼食; 昼食会, 午餐会 (▶ lunch よりも格式ばった語で正式なものをいうことが多い).

lunchtime 準2 [lʌ́ntʃtaim ランチタイム] 名 昼食時間, ランチタイム (▶「昼休み」は lunch break という).
It's *lunchtime*. お昼だ.

lung [lʌŋ ラング] 名 肺 (▶肺は2つあるので複数形で使われることが多い).

luster, 《英》**lustre** [lʌ́stər ラスタァ] 名 光沢, つや.

luxurious [lʌɡʒú(ə)riəs ラグジュ(ア)リアス] 形 ぜいたくな.

luxury 2級 [lʌ́ɡʒ(ə)ri ラグジ(ュ)リィ, lʌ́kʃ(ə)ri ラクシ(ュ)リィ] 名 (複数 luxuries [-z]) ぜいたく; ぜいたく品, 高級品 (反 necessity 必需品).

-ly [-li -リィ] **1** 接尾 ▶形容詞のあとについて副詞をつくる。例 clearly (clear + ly 明らかに) / kindly (kind + ly 親切に).

> **-ly がつくと別の意味になる単語**
> 副詞の中で, -ly がつくとまったく別の意味になる語には次のようなものがある.
> hard (熱心に) —hardly (ほとんど…ない)
> just (ちょうど) —justly (正しく)
> late (遅く) —lately (最近)
> most (もっとも多く) —mostly (たいてい)
> near (近くに) —nearly (ほとんど, あやうく)

2 ▶名詞のあとについて形容詞をつくる。例 manly (man + ly 男らしい) / friendly (friend + ly 親しい)

lying [láiiŋ ライイング] (つづり注意) 動 lie¹,² (横になる; うそをつく) の -ing 形.

lyric [lírik リリク] 形 叙情的な.
—名 **1** (複数形で) (歌の) 歌詞.
2 叙情詩.

four hundred and thirty-one　431

M, m ▶

M m M m M m

M, m [em エム] 名 (複数 **M's, m's** [-z] または **Ms, ms** [-z]) エム (アルファベットの 13 番目の文字).

m, m. 《略》=meter(s)(メートル);mile(s)(マイル);minute(s) (分)

'm am の短縮形.
I'm(= I am) Japanese. 私は日本人です.

MA, Mass. 《略》=Massachusetts(マサチューセッツ州)

ma [mɑː マー] 名 [しばしば **Ma** で] 《おもに小児語》お母ちゃん (対 pa パパ) (▶ mamma の略).

ma'am [məm マム, (強めると)mæm マム, mɑːm マーム] 名 《米口語》奥様, お嬢様, 先生 (▶ madam の短縮形. 女性に対するていねいな呼びかけのことば. 名前のわからない女性に対しても使う. 男性には sir を使う).
→ sir
Certainly, *ma'am*.
(店員が女性客に対して) かしこまりました.

macaroni [mækəróuni マカロウニ] 名 マカロニ.

Macedonia [mæsidóuniə マスィドウニア] 名 **1** 北マケドニア (旧ユーゴスラビア共和国;首都はスコピエ (Skopje)).
2 マケドニア (ギリシャ北部にあった古代王国).

machine ③級 [məʃíːn マシーン] (例外的に ch は [ʃ], i は [iː]と発音する)
名 (複数 **machines** [-z]) **機械**.
a sewing *machine* ミシン(▶日本語の「ミシン」は machine がなまったもの).
a game *machine* ゲーム機.
a washing *machine* 洗たく機.
a *machine* gun 機関銃.
→形 mechanical

machinery [məʃíːn(ə)ri マシーナリィ] 名 [集合的に] (とくに大型の) 機械類 (▶1つ1つの機械は machine).

Machu Picchu [mὰːtʃuː píːktʃuː マーチュー ピークチュー] 名 マチュピチュ (ペルーにあるインカ帝国の都市遺跡).

mackerel [mǽk(ə)rəl マケレル] 名 (複数

mackerel;種類をいうとき mackerels [-z]) (魚)サバ;サバ類の魚.

mad [mæd マッド] 形 (比較 madder) (最上 maddest) **1** [名詞の前では使わない] 《口語》おこった, かんかんになった (同 angry).
Are you *mad* at me?
ぼくのこと, おこってるの？
What is she so *mad* about?
彼女は何のことであんなにおこっているの？
2 [名詞の前では使わない] 《口語》夢中になって, 熱中して.
He's *mad* about soccer.
彼はサッカーに夢中だ.
3 気が変になった, 頭がおかしい.
go *mad* 気が変になる.
a *mad* dog 狂犬.

madam [mǽdəm マダム] 名 (複数 mesdames [meidάːm]) 奥様, お嬢様 (▶女性に対するていねいな呼びかけのことばで, ふつう店の女性客・知らない女性などに使う. 短縮形は ma'am. 男性には sir を使う).
May I help you, *madam*?
(店員が女性客に対して) 何にいたしましょうか.

> 背景 **英語の回文**
> 前から読んでも, 後ろから読んでも同じになる文 (回文) の例.
> "Madam, I'm Adam."
> (奥様, 私がアダムです)

made ⑤級 [meid メイド] フォニックス48 a は [ei] と発音する.
動 make (…をつくる) の過去・過去分詞.
―― 形 [合成語で] **…づくりの**, …製の.
a hand*made* table 手づくりのテーブル.
ready-*made* clothes 既製服.
[同音語] maid (お手伝いの女性)

madness [mǽdnis マドゥネス] 名 狂気;ばかげた危険な行為.

Madrid [mədríd マドゥリッド] 名 マドリード (スペインの首都).

magazine ⑤級
[mǽgəziːn マガズィーン ‖ mæɡəzíːn マガズィーン]

◀ **main**

名 **雑誌**.
a fashion *magazine*
ファッション雑誌.
a weekly *magazine* 週刊誌.

magic 準2 [mǽdʒik マヂク] 名 **魔法**;
手品, マジック；魔力；不思議な力 (▶a を
つけず, 複数形なし).
use *magic* 魔法を使う.
He suddenly disappeared like *magic*. 彼はとつぜん魔法のように消えうせた.
── 形 (比較 more magic; 最上 most magic) **魔法の**；手品の, マジックの.
a *magic* carpet 魔法のじゅうたん.
a *magic* trick 手品.
do *magic* tricks 手品をする.

magical [mǽdʒikəl マヂカル] 形 魔法の；不思議な.

magician [mədʒíʃən マヂシャン] 名 魔法使い；手品師, 奇術師.

magnet [mǽgnit マグネト] 名 磁石 (▶「方位磁石」のことは compass という).

magnetic [mægnétik マグネティク] 形 磁石の, 磁気の, 磁気をおびた.
a *magnetic* tape 磁気テープ.

magnificent 2級 [mægnífəsnt マグニフィスント] 形 (建物・景色などが) 壮大な；すばらしい, みごとな.
a *magnificent* temple
壮大な寺院.

magnitude [mǽgnət(j)uːd マグニテュード, -トュード] 名 大きさ；重大さ, 重要性；(地震の) マグニチュード.
an earthquake with a *magnitude* of 7.5 (= a 7.5-*magnitude* earthquake)
マグニチュード 7.5 の地震.

maid [meid メイド] 名 お手伝い (の女性);
(ホテルの) メイド (▶ hotel housekeeper, room attendant が性差のない言い方).
(同音語) made (make (…をつくる) の過去・過去分詞)

maiden [méidn メイドゥン] 名《文学》乙女, 娘, 少女 (= girl).

mail 準2 [meil メイル]

名 **1**(おもに米) **郵便** (=(おもに英) post)；[集合的に] **郵便物**.
I got a lot of *mail* this morning.
けさはたくさんの郵便物が届いた.
express *mail* 速達郵便.

💬用法 mail と post
《米》では post office (郵便局), parcel post (小包郵便) 以外は mail を使う.《英》では外国向けの郵便を除き post が好まれる.

2《コンピューター》(電子) メール, E メール (= email). → email
a *mail* address
メールアドレス.
I check my *mail* every morning.
私は毎朝メールをチェックする.
by mail《米》郵便で.
I'll send the ticket *by mail*.
チケットは郵便で送ります.
── 動 他 **1**《米》(手紙・小包など) を郵送する, ポストに入れる (=《英》post).
Could you *mail* this letter for me?
この手紙を出してもらえる？
2《コンピューター》…を電子メールで送る,
E メールで送る, メールする. → email
(同音語) male (男性の)

mailbox 3級 [méilbɑks メイルバクス ‖ -bɔks -ボクス] 名《米》郵便ポスト (=《英》postbox)；《米》(各家庭の) 郵便受け (=《英》letterbox [létərbɔks])；《コンピューター》メールボックス.

mailman [méilmæn メイルマン] 名 (複数 **mailmen** [-men])《米》郵便配達人, 郵便集配人 (=《英》postman) (最近は性差のない mail carrier を使う).

mail order [méil ɔ́ːrdər] 名 通信販売.

main 3級 [mein メイン] 形 おもな, 主要な (同 chief).
the *main* entrance 正面玄関.
main dish メインディッシュ (▶食事のコースの中でいちばん中心になる料理).
the *main* street of a town
町の目ぬき通り.

four hundred and thirty-three 433

Maine ▶

the *main* character
(物語・映画などの)主人公. →副 **mainly**

Maine [3級] [mein メイン] 名 メーン州(アメリカ北東部大西洋岸の州で,丘陵地と森林が多く,海岸が美しい;略語は ME または Me.).

mainland [méinlænd メインランド] 名 [the をつけて] (付近の島や半島に対して) 本土.
the Greek *mainland* (=*mainland* Greece)
ギリシャ本土.

mainly [2級] [méinli メインリ] 副 おもに, 主として (同 chiefly);大部分は.
Our customers are *mainly* young women. 私どものお客様はおもに若い女性の方がたです. →形 **main**

maintain [準2] [meintéin メインテイン] 動 他 1 …を続ける, 維持する;(建物・機械など)を整備しておく, メンテナンスする.
maintain world peace
世界平和を維持する.
maintain a car 車を整備しておく.
2 (家族など)を養う, 扶養する.
maintain a family 家族を養う.

maintenance [méint(ə)nəns メインテナンス] 名 維持(管理), メンテナンス.

maize [meiz メイズ] 名 (おもに英) トウモロコシ (▶ (米) ではふつう corn という).

majestic [mədʒéstik マヂェスティク] 形 (人が) 威厳のある;(物が) 荘厳な, 堂々とした, 壮大な.

majesty [mædʒəsti マヂェスティ] 名 [複数] majesties [-z] 威厳;[Majesty で] 陛下 (▶ 元首への敬称).
Your *Majesty* 陛下 (▶ 呼びかけまたは代名詞 you に代わる尊称).
His *Majesty* (the Emperor) (天皇)陛下.
Her *Majesty* (the Empress)
(皇后)陛下.

major [準2] [méidʒər メイヂァ] 形 1 大きいほうの;重大な, 主要な (反 minor 小さいほうの).
a *major* city 主要都市.
a *major* problem 重大な問題.
2《音楽》長調の (反 minor 短調の).
C *major* ハ長調.

— 名 (米) (大学の) 専攻科目;専攻している学生;《音楽》長調 (反 minor 短調).

— 動 自 (米) (**major in** で) …を専攻する.
major in history 歴史を専攻する.

majority [準2] [mədʒɔ́(:)rəti マヂョ(ー)リティ] 名 [複数] majorities [-z]) 大多数, 過半数 (反 minority 少数).
A *majority* of Japanese people like rice. 日本人の大多数はお米が好きです.
a *majority* decision 多数決.

major leaguer [méidʒər lí:gər リーガァ] 名 (米) メジャーリーガー, 大リーグの選手.

Major Leagues [méidʒər lí:gz] 名 [the をつけて] (米) (プロ野球の) メジャーリーグ, 大リーグ (▶ the American League と the National League の2つがあるので複数形にする).

make [5級] 動 …をつくる, (人・物)を…にする

[meik メイク] フォニックス 48 a は [ei] と発音する. 動 (3単現 makes [-s], 過去 過分 made [meid メイド]; ing making) 他 1 (物)をつくる, 製造する;(**make**＋人＋物 / **make**＋物＋**for**＋人で) (人) に (物) をつくってやる.
make a bookshelf 本だなをつくる.
a product *made* in Hong Kong
香港製の製品.
This factory *makes* sporting goods.
この工場ではスポーツ用品を製造している.
She often *makes* pizza for lunch.
彼女は昼食によくピザをつくる.
My mother *made* me a new dress.
(=My mother *made* a new dress *for* me.) 母は私に新しいドレスをつくってくれた.

> 「(人) に (物) をつくってやる」の言い方
> She made <u>me</u> <u>a new dress</u>.
>   人   物
>
> She made <u>a new dress</u> for <u>me</u>.
>   物   人

2 (食事・ベッドなど) を用意する, 整える;(**make**＋人＋物 / **make**＋物＋**for**＋人で) (人) に (物) を用意する.
make my bed ベッドメーキングをする.

◀ **make**

She *made* him a meal. (=She *made* a meal *for* him.)
彼女は彼に食事を用意してあげた．

3 (友だちなど) **をつくる**，…ができる；(金・名声など) **を得る**．
She had to *make* money to support her children.
彼女は子どもを養うためにお金をかせがなければいけなかった．

🖊ライティング
I have *made* a lot of good friends in junior high school.
私は中学でたくさんの仲のいい友だちができました．

4 …**をつくりだす**，**生じさせる**；(結果的に) …**になる**；(数量が) …になる．
Don't *make* any noise.
音をたてないで．
She will *make* a good singer.
彼女はいい歌手になるだろう．
Two and three *make*(*s*) five.
2＋3＝5．

5 (**make ＋ 特定の名詞で**) …**する**．
make a speech 演説する．
make a promise 約束をする．
I *made* several mistakes on the test. 私はテストでいくつかまちがえた．

6 (**make ＋ 目的語 ＋ 名詞 [形容詞・過去分詞] で**) (人・物) **を…にする**．
We *made* him *captain*.
ぼくたちは彼をキャプテンにした (→選んだ) (▶ captain など 1 つしかない役職を表す語を補語にするときは a や the はつけない)．
The news *made* her *sad*.
その知らせは彼女を悲しませた (→その知らせを聞いて彼女は悲しくなった)．

「〜を…にする」の言い方
We made him　captain.
　　　　目的語　補語 (名詞)

The news made her sad.　　　目的語
補語 (形容詞)

7 (**make ＋ 目的語 (人など) ＋ 動詞の原形で**) (人など) **に** (無理やり) **…させる**．
They *made* me *work* for ten hours.
彼らは私を 10 時間働かせた (▶受け身の文は I was *made* to work for ten hours. となる)．
What *makes* you *think* so?
何があなたをそう思わせるのですか (→なぜそう思うのですか)．

💬用法 **make** と **have** と **let** と **get**
日本語では，どの語も「…させる」という意味になるが，英語では状況によって使い分けが必要なので注意．用例はそれぞれの見出し語を参照のこと．

make	相手の意思とは関係なく無理やりさせるとき (無理やり…させる)
have	常識的に考えて相手がやってくれそうなことをしてもらうとき (…させる，…してもらう)
let	相手が望んでいることを許すとき (自由に…させてあげる，…するのを許す)
get	相手にお願いして何かをしてもらうとき (説得して…してもらう，…させる)

― 圓 (…の方へ) 向かう，進む．
make for …へ向かっていく；…の役に立つ；…を生み出す．

make ～ from … **～を…からつくる**．
Butter is *made* from milk. バターは牛乳からつくられる．→ make ～ of …

make it (《口語》成功する，うまくいく；(日時などを) …と決める；間に合う．
I *made it*! やったぞ！うまくいった！
You *made it*! やったね．

make out …がわかる，…を理解する；(文書) を作成する．
It was noisy, so I couldn't *make out* his words.
うるさかったので彼が何を言っているか聞き取れなかった．

make ～ (out) of … **～を…からつくる**．
We *make* desks (*out*) *of* wood.
私たちは木で机をつくる．

🔍文法 **make ～ of …** と **make ～ from …**
of は材料の質が変化しない場合に使い，**from** は原料・材料の質や成分が変化する場合に使うことが多い．

four hundred and thirty-five 435

maker ▶

make sure (of) (…)を確かめる. → sure
make up …を構成する；…をつくりあげる；(…を) メーキャップする, 化粧する；仲直りする.
Japan is *made up* of four main islands. 日本は4つのおもな島から成る.
He *made up* the list.
彼はそのリストをつくりあげた.
Let's *make up*. 仲直りしよう.
make up for …をうめ合わせる.
We had to *make up for* the lost time. 私たちは遅れた時間をとりもどさなければならなかった.
—— 名《複数》 **makes** [-s] 型；製造元, メーカー, …製.
What *make* is the computer?
そのパソコンはどこのメーカーですか.

maker [méikər メイカァ] 名 つくる人；メーカー, 製造業者.
a car *maker* 自動車メーカー.

makes [meiks メイクス] 動 make (…をつくる) の 3 人称単数現在形.
—— 名 make (型) の複数形.

makeup 準2 [méikʌp メイカプ]
▶ make-up ともつづる. 名 化粧《しょう》；(俳優などの) メーキャップ；化粧品.
wear *makeup* 化粧をしている.
take off *makeup* 化粧を落とす.

making [méikiŋ メイキング] 動 make (…をつくる) の -ing 形.

Malala Yousafzai [məlá:lə jùsəfzái マラーラ ユサフザイ] 名 マララ・ユスフザイ (1997–；パキスタン出身の人権活動家. 2014年に史上最年少でノーベル賞 (平和賞) を受賞した).

Malawi [məlá:wi マラーウィ] 名 マラウイ (アフリカ南東部の共和国；首都はリロングウェ (Lilongwe)).

Malay [méilei メイレイ ‖ məléi マレイ] 名 《複数》 **Malays** [-z] マレー人；マレー語.
—— 形 マレーの；マレー人の；マレー語の.

Malaysia [məléiʒə マレイジャ] 名 マレーシア (アジア南東部の国；首都はクアラルンプール (Kuala Lumpur)).

Malaysian [məléiʒən マレイジャン ‖ -ziən -ズィアン] 形 マレーシアの.
—— 名 マレーシア人.

Maldives [mɔ́:ldaivz モールダイヴズ, -di:vz -ディーヴズ] 名 [the をつけて] モルディブ共和国 (インド洋にある群島；首都はマレ (Malé)).

male [meil メイル] 形 男性の, 男の；(動物の) おすの (対 female 女性の；めすの).
a *male* teacher 男の先生.
a *male* elephant おすのゾウ.
—— 名 男性, 男；(動物の) おす (対 female 女性；めす).
《同音語》mail (郵便)

Mali [má:li マーリィ] 名 マリ (アフリカ北西部の共和国；首都はバマコ (Bamako)).

mall 4級 [mɔ:l モール ‖ mæl マル] 名 ショッピングセンター, ショッピングモール (= shopping mall).

malt [mɔ:lt モールト] 名 麦芽, 麦もやし, モルト.

mama, mamma [má:mə マーマ ‖ məmá: ママー] 名 《小児語》 ママ, お母ちゃん (対 papa パパ) (▶《米》では mom(ma), 《英》では mum(my) のほうがふつう).

mammal [mǽməl ママル] 名 ほにゅう動物.
Dolphins and whales are *mammals*.
イルカやクジラはほにゅう類だ.

mammoth [mǽməθ マモス] 名 《動物》 マンモス.

mammy [mǽmi マミィ] 名 《小児語》 お母ちゃん, マミー (▶《米》では mommy, 《英》では mummy のほうがふつう).

man 5級 名 男性, 男の人

[mæn マン]
名 《複数》 **men** [men] 1 (女性・男の子に対して) (成人した) **男性**, 男の人, 男 (対 woman 女性).

◀ **Manila**

a *man* and a woman
1 人の男性と 1 人の女性.

three *men* and a boy
3 人の男性と 1 人の少年.

2 (一般に男女を問わず) **人** (▶性差のない person (複数形は people) が使われる傾向にある).

A *man* does not live by bread alone. 人はパンのみにて生くるにあらず (▶『新約聖書』のことば).

All *men* and women are created equal. 人はみな平等につくられている.

3 (動物・自然と区別して) **人間, 人類** (= mankind) (▶ a や the をつけず, 単数形で使う; 人間の発声を表すおもなことばは下図参照).

Only *man* can make fire.
人間だけが火をおこすことができる.

4 (ふつう複数形で) (男性の) 部下, 従業員.
He is one of my *men*.
彼は私の部下の 1 人だ.　　　→形 manly

manage 準2 [mǽnidʒ マネヂ] (アクセント注意) 動 他 **1** …を何とかやりとげる; (**manage to ...** で) 何とか…する, どうにか…する.

She *managed* a smile. 彼女は何とか笑顔 ${}$ をつくった (→つくり笑いをした).

We *managed to* get there on time.
私たちは何とか時間どおりにそこに着けた.

2 (事業・組織など) を経営する, 管理する.
manage a store 店を経営する.
manage a house 家事のきりもりをする.
— 自 うまくやる, どうにかやっていく.

I think I can *manage* without a car.
車がなくても何とかなると思うけど.

management [mǽnidʒmənt マネヂメント] 名 (事業・店などの) 経営, 管理.

manager 3級 [mǽnidʒər マネヂァ] (アクセント注意) 名 経営者, 責任者; 部長, 課長, 主任; (芸能人などの) マネージャー; (スポーツチームなどの) 監督 ${}$ (▶「映画監督」は director).

mandarin [mǽndərin マンダリン] 名 マンダリン (日本のミカンに近い品種).
mandarin orange ミカン.

mandolin [mǽndəlin マンドリン] 名 《楽器》マンドリン.

manga [mǽŋgə マンガ] (<日本語) 名 (日本の) マンガ.

mango [mǽŋgou マ ン ゴ ゥ] 名 (複数 **mangoes** または **mangos** [-z]) 《植物》マンゴー; マンゴーの実.

mangrove [mǽŋgrouv マングロウヴ] 名 《植物》マングローブ (熱帯の河口・海辺に生育する樹木).

Manhattan [mænhǽtn マンハトゥン] 名 マンハッタン (ニューヨーク市内の南北に細長い島. 区の名でもある. 島の中南部には高層ビルがひしめき, 商業や文化の中心地).

manhood [mǽnhud マンフド] 名 成年男子であること; [集合的に] 男子たち; 男らしさ (女 womanhood 女らしさ).

mania [méiniə メイニア] (発音注意) 名 《医》躁病 ${}$; 熱狂 (的愛好), …熱, マニア.

Manila [mənílə マニラ] 名 マニラ (フィリピンの首都).

man 人間の発声を表すことば
① [i:k イーク] キャー
② [njɑ: ニャー] ベーッ
③ [jipi: イピー] ウッヒッヒ
④ [z: ズー] グーグー
⑤ [hɑ:há: ハーハー] ハハハ
⑥ [hik ヒック] ヒック (しゃっくり)
⑦ [ɑ:tʃú: アーチュー] ハクション
⑧ [autʃ アウチ] あいた

four hundred and thirty-seven　437

mankind ▶

mankind [mǽnkáind マンカインド] 名 [ふつう単数あつかい] 人類, 人間 (▶いまはふつう humankind などが使われる).
→ humankind

manly [mǽnli マンリィ] 形 [比較] manlier; [最上] manliest) (男性が) 男らしい, 勇気のある (▶ふつうよい意味に使う). → 名 man

man-made [mǽnméid マンメイド] 形 人造の, 人工の (▶ manmade ともつづる).

manner 2級 [mǽnər マナァ]

名 **1** [単数形で] **やり方**, しかた, 方法 (▶形式ばった語. ふつうは way を使う).
She talks in a friendly *manner*.
彼女は親しみやすい話し方をする.

2 [単数形で] (人に対する) **態度**.
He had a cold *manner*.
彼の態度は冷たかった.

3 [複数形で] **作法**, 行儀ぎょう, マナー.
table *manners* 食事の作法, テーブルマナー.
That girl has good *manners*.
あの女の子はお行儀がいい.
It's bad *manners* to talk with your mouth full.
口に物を入れたまましゃべるのは行儀が悪い.

4 [複数形で] (社会の) **風習**, 習慣, 風俗.
manners and customs 風俗習慣.

> 🔵背景 礼儀作法は日本でも欧米でも基本精神は同じだが, 行為や表現のしかたが異なる場合がある.
> **テーブルマナー (食事作法) について**
> ❶食事は適当に話をしながらするが, 口が食べ物でいっぱいのときは話してはいけない.
> ❷物を食べたり, スープを飲んだりするときは, 音を立てない. また, ナイフやフォークと食器がふれる音を出さないようにする.
> ❸皿を持ちあげたり, 皿に口をつけたりしない.
> ❹パンは手で小さくちぎってから (バターなどをつけて) 食べる.
> ❺調味料などが遠くにあるときは, 近くの人に Could you pass me the salt, please? (塩をとってください) などと言ってとってもらう.

mansion [mǽnʃən マンション] 名 大邸宅ていたく.

> 🔵背景 大金持ちが住むような広い庭のついた大きな建物をいう. 日本語でいう「マンション」に相当するものは, 《米》では **condominium** (= (口語) **condo**) (分譲ぶんじょうマンション) とか **apartment house** (賃貸マンション), 《英》では **flat** という.

アメリカの大邸宅. 広い敷地しきちを有し, 邸内の車道も公道なみである.

manta [mǽntə マンタ] 名 (魚) マンタ, イトマキエイ (▶ manta ray ともいう).

mantelpiece [mǽntlpi:s マントゥルピース] 名 マントルピース (▶暖炉だんろ (fireplace) の上のたなのこと).

manual [mǽnjuəl マニュアル] 形 手の; 手で行う, 手作業の; 手動式の; 肉体労働の.
manual labor 肉体労働.
── 名 取りあつかい説明書, マニュアル, 手引き.
a computer *manual*
コンピューターの取りあつかい説明書.

manufacture 2級 [mæn(j)ufǽktʃər マニュファクチァ, マヌ-] 動 他 (工場などで)…を (大量に) 生産する, (大量に) 製造する.
── 名 (大量) 生産, (大量) 製造; [しばしば複数形で] 製品.

manufacturer [mæn(j)ufǽktʃ(ə)rər マニュファクチ(ャ)ラァ, マヌ-] 名 (大規模な) 製造業者, メーカー.

many 5級 形 多くの, 多数の
代 多数, 多くの人・物

[méni メニィ]

形 [比較] **more** [mɔːr]; [最上] **most** [moust] (数が) **多くの**, たくさんの, 多数の (反 a few 少数の). → much
Do you have *many* friends at school?
あなたは学校に友だちがたくさんいますか.

I don't have *many* comic books.
漫画本はあまり持っていない (▶ not ... many で「あまり…ない」という意味).

Many foreign tourists visit Japan every year. 毎年多くの外国人観光客が日本を訪れる (▶ 話し言葉では A lot of foreign tourists ... ということが多い).

文法 many の使い方

❶ many と much と a lot of, lots of
many は数が「多い」ことで数えられる名詞の複数形につく. much は量が「多い」ことで数えられない名詞につく. 話し言葉では many, much はおもに否定文・疑問文に使われ, 肯定文では数・量ともに a lot of や lots of が使われる傾向にある. → much

❷ 物の数・量の表し方
形容することばのちがいと, 名詞に -s がつくかどうかに注意.

	数えられる名詞 (egg, penなど)	数えられない名詞 (water, milkなど)
1つ	a pen	—
少し	a few pens	a little milk
いくらか	some pens	some milk
たくさん	many pens	much milk
	a lot of pens	a lot of milk

── 代 [複数あつかい] **多数**, 多くの人・物 (反 a few 少ない人・物); **(many of the [one'sなど] ＋名詞の複数形で)…の多く**.

many

a few

Many of the glasses were broken.
コップの多くがわれていた (▶ Many glasses were broken. なら「多くのコップがわれていた」という意味).

a great many = *a good many* かなり多くの…, ひじょうに多くの… (▶ great のほうが good より強意的).

A great many people were disappointed with the results.
かなり多くの人がその結果に失望した.

as many as …と同じだけ; …もの多数.
Take *as many as* you want.
ほしいだけとりなさい.

as many ... as ~ ~と同数の…; ~ほど多くの….
I have *as many* books *as* she does.
私は彼女と同じくらい本を持っている.

How many ...? いくつの, 何人の (▶ 量や金額をたずねるときは How much ...? を使う).

How many students are there in your school?
あなたの学校には何人の生徒がいますか.

スピーキング

Ⓐ *How many* brothers do you have?
あなたには兄弟が何人いますか.

Ⓑ I have one big brother.
兄がひとりいます.

Ⓑ I don't have any brothers.
兄弟はいません.

Maori [máuri マウリ] 名 マオリ人 (ニュージーランドの先住民); マオリ語.
── 形 マオリ人の; マオリ語の.

map 4級 [mæp マップ]

名 (1枚の) **地図** (▶「地図帳」は atlas という). → atlas (図)
a road *map* 道路地図.
a *map* of the world = a world *map* 世界地図.
a weather *map* 天気図.
look at a *map* 地図を見る.
read a *map* 地図を読む.
draw a *map* 地図をかく.
The shrine wasn't on the *map*.
地図にはその神社はなかった.

maple [méipl メイプル] 名《植物》カエデ, モミジ.

背景
カエデはカナダの国の木で, その葉 (maple leaf) はカナダのシンボルとして国旗にも使われている. 正式にはサトウカエデ (sugar maple) といい, その樹液を煮つめるとメープルシロップ (maple syrup) ができる. → flower (図)

Mar. 《略》= March (3月)

Marathi [mərάːti マラーティ] 名 マラーティー語（インドの公用語の1つ）.

marathon 3級 [mǽrəθən マラソン] 名《スポーツ》マラソン（▶ marathon race ともいう. 一般的には 42.195km の長距離走を指し, 学校などで行うマラソン大会のことは marathon とはいわず, long-distance race（長距離走）などという）.
run a full *marathon* フルマラソンを走る.
She entered the Tokyo *Marathon*. 彼女は東京マラソンに出場した.

背景 紀元前 490 年, マラトン (Marathon) の戦いでギリシャがペルシャに勝ち, それを一兵士がアテネまで走りつづけて伝えたという. この故事を記念した競技がマラソンで, 42.195km の距離はマラトン-アテネ間のそれに近い.

marble [mάːrbl マーブル] 名 大理石; ビー玉; [複数形で] ビー玉遊び（日本と同じく遊び方はいろいろあるが, 英米では大人もやり, 全国チャンピオン大会まである）.
play *marbles* ビー玉遊びをする.

March 5級 名 3月

[mɑːrtʃ マーチ] フォニックス75 フォニックス26 ar は [ɑːr], ch は [tʃ] と発音する.

名 **3月**（▶略語は Mar.）. → month（表）
In Japan, the school year ends in *March*. 日本では3月に学年が終わる（▶「…月に」というときは in を使う）.
It happened on *March* 5, 2020. それは 2020 年3月5日に起こった（▶ March 5 は March fifth または March the fifth と読む）.
We will graduate from this school next *March*. 私たちは来年の 3 月にこの学校を卒業する.

○ in March
× in March 5
　↳ 特定の日がつくときは on を使う.
○ on March 5
▶月名は大文字で書きはじめる.

背景 ❶ March はローマ神話の戦争の神マルス (Mars) にささげられた月の意味.
❷ 英語のなぞなぞ
Q: Why are you so tired on April Fools' Day?（エープリルフールはとてもつかれるのはなぜ？）
A: Because we have just had a long March.（長い March が済んだばかりだから）（▶ March には「3月」のほかに「行進」という意味もある）.

march 準2 [mɑːrtʃ マーチ] 動 自 行進する; デモ（行進）をする; 堂々と歩く, さっさと行く.
We *marched* around the athletic field. 私たちは運動場を行進した.
── 名 （軍隊・デモなどの）行進; (音楽) 行進曲, マーチ.
a wedding *march* 結婚行進曲.

Marco Polo [mάːrkou póulou マーコウ ポウロウ] 名 マルコ・ポーロ（1254?-1324?; イタリアの旅行家.『東方見聞録』の作者）.

mare [meər メア] 名 《動物》めす馬, めすロバ.

margarine [mάːrdʒərin マーヂャリン ‖ mɑːdʒəríːn マーヂャリーン]（発音注意）名 マーガリン.

margin [mάːrdʒin マーヂン] 名 ふち, へり; （ページなどの）余白;（得点・得票などの）差;（経費や時間などの）余裕, ゆとり;（商売上の）利ざや, マージン.

Maria [məríːə マリーア] 名 マリア（女性の名）.

marine [məríːn マリーン] 形 海の, 海洋の; 海にすむ.
marine life 海洋生物.
── 名 [しばしば Marine で] 海兵隊員.

Marine Day [məríːn dèi] 名 海の日（日本の祝日の1つ）.

marionette [mæriənét マリオネット] 名 あやつり人形, マリオネット. → puppet

mark [mɑːrk マーク] 名 **1** 印, 記号, マーク, …符.
a question *mark* 疑問符 (?).
an exclamation *mark* 感嘆符 (!)
2 跡；しみ, よごれ;（ひふにできた）あざ.
a burn *mark* やけどの跡.
There are dirty *marks* on the

◀ **Mars**

carpet. カーペットによごれがついているよ.

3 (おもに英) 成績 (= (米) grade)；点数.
I got full *marks* on the English exam. 私は英語の試験で満点をとった.

4 的ま，目標；目印.
put a *mark* on a map
地図に目印をつける.

On your mark(s), (get) set, go! (競走で) 位置について，用意，どん！

── 動 他 **1** …に印をつける，しみをつける，跡をつける；(位置) を示す.
Mark the mistakes in red.
まちがったところに赤で印をつけなさい.
The wall was *marked* with stains.
かべにはしみがついていた.

2 …を祝う，記念する；(時期が) …にあたる.
This year *marks* our school's 50th anniversary.
今年はわが校の創立 50 周年にあたる.

3 …に点(数)をつける，(答案など)を採点する.
Our teacher has *marked* all the papers.
私たちの先生は答案を全部採点してしまった.

marker [máːrkər マーカァ] 图 印をつける人・物；目印；マジックペン，マーカー.

market 3級 [máːrkit マーケト]
フォニックス75 ar は [ɑːr] と発音する.

图 (複数 **markets** [-ts ツ]) **1** **市場**いち，市いち，マーケット.
a fish *market* 魚市場.
a flea *market* ノミの市，フリーマーケット (▶ free market は「自由市場」という意味となるので注意).
My mother goes to *market* every Friday.
母は毎週金曜日に市場へ買い物に行く (▶「買い物に行く」という意味ではふつう a や the をつけない).

2 市場じょう，マーケット；株式市場.
the stock *market* 株式市場.

─── プレゼン ───
The computer game *market* is growing every year.
コンピューターゲーム市場は毎年成長しています.

Mark Twain [máːrk twéin トゥウェイン]

图 マーク・トウェイン (1835-1910；アメリカの作家；少年小説『トム・ソーヤーの冒険ぼう』『ハックルベリー・フィンの冒険』で自由な生活を生き生きとえがき，国民的人気を博した).

marmalade [máːrməleid マーマレイド]
图 マーマレード (オレンジなどをうすく切って，皮ごと煮でつくったジャムの一種).

marriage [mǽridʒ マリヂ] (発音注意)
图 **1** 結婚こん；結婚生活.
They had a happy *marriage*.
2 人は幸せな結婚生活を送った.
an arranged *marriage* 見合い結婚.
2 結婚式 (同 wedding).   → 動 marry

married [mǽrid マリド] 動 marry (…と結婚こんする) の過去・過去分詞.

── 形 結婚している (反 single 独身の)；結婚の.
married life 結婚生活.
a *married* couple 夫婦.
be married 結婚している.
Is she *married* or single?
彼女は結婚しているの，それとも独身なの？
We've *been married* for seven years. 私たちは結婚して 7 年になります.
He *was* once *married* to an American woman.
彼は以前アメリカ人女性と結婚していた (▶ married *with とはいわない).
get married 結婚する (▶話し言葉では動詞の marry よりもこちらの言い方がふつう).
They're *getting married* soon.
2人はもうすぐ結婚する.

marry 準2 [mǽri マリィ]

動 (3単現 **marries** [-z]；過去 過分 **married** [-d]；ing **marrying**) 他 **…と結婚こんする**；…を結婚させる.
Will you *marry* me?
ぼくと結婚してくれませんか.
John *married* Mary.
ジョンはメアリーと結婚した (▶ John married *with Mary. とはいわない).
── 自 結婚する (▶話し言葉では get married がふつう). → married
She *married* young.
彼女は若くして結婚した.   → 图 marriage

Mars [mɑːrz マーズ] 图 **1** 《ローマ神話》マルス (戦争の神).
2 《天文》火星. → planet (図)

four hundred and forty-one **441**

marsh ▶

marsh [mɑ́ːrʃ マーシ] 图 沼地, 湿地.

marshmallow [mɑ́ːrʃmelou マーシメロ ｳ‖mɑːʃmǽlou マーシマロウ] 图 マシュマロ (▶もとは marsh mallow (ウスベニタチア オイ) の根から製造された).

martial arts [mɑ̀ːrʃəl ɑ́ːrts マーシャル アーツ] 图 [複数あつかい] (柔道・剣道・空手な どの) 武道, 武術, 格闘技.

Martin [mɑ́ːrtin マーティン] 图 マーチン (男性の名).

marvelous [mɑ́ːrv(ə)ləs マーヴ(ェ)ラス] ▶《英》では marvellous とつづる. 形 すばらしい, すてきな; おどろくべき; 不思議な.

Mary [mé(ə)ri メ(ア)リィ] 图 メアリー, メ リー (女性の名; 愛称は Molly, Polly または May); (聖書) (聖母) マリア (▶以前は英米 でもっともポピュラーな名前の1つだった).

Maryland [mérələnd メリランド] 图 メリー ランド州 (アメリカ東部の小さな州; 略語は MD または Md.).

mascot [mǽskɑt マスカト‖-kət -コト] 图 マスコット, 縁起のよい物 [動物・人].

mash [mǽʃ マッシ] 動 他 (ジャガイモな ど) をすりつぶす, 押しつぶす.
mashed potatoes マッシュポテト.

mask [mǽsk マスク‖mɑːsk マースク] 图 マ スク; 面, 仮面.
a gas *mask* ガスマスク.
wear a *mask* マスクをかぶっている.

> ① 参考 かぜ用のマスクは flu mask と いい, 医療用のマスクは surgical [sə́ːrdʒikəl サ〜ヂカル] mask という.

mason [méisn メイスン] 图 石工 (▶ stonemason のほうがふつう);《米》れん が職人, コンクリート職人.

mass[1] [mǽs マス] 图 かたまり, 集まり; (**a mass of / masses of** で) 大量の…, た くさんの…; [the masses で] 一般大衆.
a *mass* of snow 雪のかたまり.
a *mass* of people おおぜいの人たち.

Mass, mass[2] [mǽs マス] 图 ミサ; ミ サ曲.

Massachusetts [mǽsətʃúːsits マサ チューセッツ] 图 マサチューセッツ州 (アメリカ北 東部の州で州都はボストン; 略語は MA また は Mass.).

mass communication [mǽs kəmjùːnəkéiʃən マス コミュニケイシャン] 图 マスコミ (▶新聞・ラジ

オ・テレビなどによる情報の大量伝達; 日本で いう「マスコミ」は mass media のこと).

mass media [mǽs míːdiə] 图 [the をつけて] マスメディア, マスコミ (テレビ・ ラジオ・新聞・雑誌など).

mass production [mǽs prədʌ́kʃən] 图 マスプロ, 大量生産.

mast [mǽst マスト‖mɑːst マースト] 图 (船 の) マスト, 帆柱.

master [2級] [mǽstər マスタァ‖ mɑ́ːs- マース-]

图 **1** (男性の) **主人**, 支配者 (女) mistress; (対) servant 召し使い) (▶喫茶店などの マスターには manager を使う); (動物など の) 飼い主 (▶ owner がふつう).
the *master* of the house その家の主人.
2 腕のいい人, 名人; (画家の) 巨匠 (▶ 性差のない expert などが好まれる).
a *master* of an art 一芸の達人.
3 [しばしば **Master** で]修士号 (▶ふつう大学 院で2年間の課程を修めて得られる学位).
── 動 他 (技術・言語など) を (完全に) **習得する**, マスターする; …に熟達 する; …を支配する (▶「マスターする」とい う意味ではふつう learn を使うことが多い).
How did you *master* English?
どうやって英語をマスターしたのですか.

masterpiece [mǽstərpiːs マスタピース ‖ mɑ́ːs- マース-] 图 傑作, 名作; 代表作.
a musical *masterpiece* 名曲.

mat [mǽt マット] 图 マット, 敷き物.
a bath *mat* バスマット.
Wipe your shoes on the *mat* before you come in.
入る前に (玄関で) マットでくつをぬぐいなさい.

match[1] [4級] [mǽtʃ マッチ]
フォニックス33 tch は [tʃ] と発 音する.

图 (複数) matches [-iz] **1** 試合. → game
a tennis *match* テニスの試合.
2 競争相手, ライバル.
I'm no *match* for him at swimming.
水泳では彼にはまったくかなわない.
3 似合っている物, 似合いの相手.
That tie is a good *match* for your suit.
そのネクタイはスーツによく似合っているね.
── 動 (3単現) matches [-iz] (過去) (過分) matched [-t]; (ing) matching) 他 **1** …と

442 four hundred and forty-two

◀ **matter**

調和する, 似合う, マッチする (▶「サイズが合う」ときは fit を使う).

The curtains *match* the color of the carpet.
そのカーテンはカーペットの色と合っている.

2 …にふさわしい人・物を見つける.
Match (up) each word with its meaning below.
それぞれの語と合う意味を下から選びなさい.

3 …と対等である, …に匹敵する.
No one can *match* her in tennis.
テニスでは彼女にかなうものはいない.

—自 調和する, 合う, 似合う, マッチする.

match² [mætʃ マッチ] 图 (複数) **matches** [-iz] (1本の) マッチ.
a box of *matches* マッチ1箱.
strike a *match* マッチをする.

mate [meit メイト] 图 **1** 友だち, 仲間;[しばしば合成語をつくって] …メート.
a class*mate* クラスメート, 同級生.
a team*mate* チームメート.
a room*mate* ルームメート, 同居人.
2 配偶者 (夫, 妻);(動物の) つがいの片方;(一対の物の) 片方.

material 準2 [mətí(ə)riəl マティ(ア)リアル] 图 **1** 原料, 材料.
raw *materials* 原料.
building *materials* 建築資材.
2 (服などの) 生地 (= fabric).
curtain *material* カーテン生地.
3 題材, 資料.
She is collecting *material* for her next novel.
彼女は次の小説の題材を集めている.
4 [複数形で] 用具, 道具.
writing *materials* 筆記用具.
teaching *materials* (教師が使う) 教材.
—— 形 物質の;物質的な (反 spiritual 精神的な).
the *material* world 物質世界.

math 5級 [mæθ マス] フォニックス34 th は [θ] と発音する.
图 《米口語》 **数学** (= 《英口語》 maths) (▶ mathematics を短縮した形).
She is good at *math*.
彼女は数学が得意だ.
He got a perfect score in *math*.
彼は数学で満点をとった.

mathematician [mæθəmətíʃən マセ

マティシャン] (アクセント注意) 图 数学者.

mathematics
[mæθəmætiks マセマティクス] フォニックス34 th は [θ] と発音する.
图 [単数あつかい] **数学** (▶ 《米》 話し言葉では math, 《英》 話し言葉では maths を使う).
→ math
Mathematics is very interesting.
数学はとてもおもしろい.

maths [mæθs マスス] 图 《英口語》= 《米口語》 math

matter 3級 [mǽtər マタァ]

图 (複数) **matters** [-z] **1** 事がら, 事, 問題.
This is an important *matter*.
これは重要なことだよ.
It's only a *matter* of time.
それは単に時間の問題だ.
It's no laughing *matter*.
笑いごとじゃないよ.
2 [複数形で] 事情, 状況.
Matters are different in Japan.
日本では事情がちがう.
3 [the をつけて] 困ったこと;故障.

🔊 スピーキング
A *What's the matter?*
どうしたの?
B Nothing.
別に何でもないよ.
B I don't feel good.
ぐあいが悪いの.

What's *the matter* with Meg? She looks worried.
メグに何かあったの? なやんでいるようだけど.

🔊 スピーキング
What's the matter? は体のぐあいが悪いのか, あるいは何かめんどうなことが起こったのかをたずねるときの決まり文句. 話す相手に対して, What's the matter with you? というと, 「きみはどうかしてるんじゃない?」と相手をとがめるようなニュアンスをふくむことがあるので, What's the matter? というほうがよい. 似たような表現として, What's wrong? / What's the problem? / Are you OK? などがある.

four hundred and forty-three　443

mattress ▶

There's something *the matter* with my smartphone.
スマホの調子が何かおかしいんだ.
4 物質；物（▶ a をつけず, 複数形なし）.
printed *matter* 印刷物.
solid *matter* 固体.
as a matter of fact じつのところは.
→ fact
***no matter how* [*what, where, when, who*] たとえどんなに[何が, どこに, いつ, だれが]…しても.**
I will go *no matter what* happens.
たとえ何があっても私は行きます.
to make matters worse さらに悪いことに, さらに困ったことに.
── 動（3単現 **matters** [-z]；過去 過分 **mattered** [-d]；ing **mattering**）自（進行形なし）**重要である, 問題となる**（▶ふつう it を主語にして疑問文・否定文に使う）.
It doesn't *matter*.
そんなことは問題ではない.
It doesn't *matter* what he says.
彼がどう言おうとかまわない.
What does it *matter*?
それがどうしたというんだ？（→そんなことどうでもいいじゃないか）

mattress [mǽtris マトゥレス] 名 マットレス. → bedroom（図）

mature [mətʃúər マチュア] 形 **1**（人・動物が）**成熟した**；（果物などが）**熟した**；（ワイン・チーズなどが）**熟成した**.
a *mature* dog 成犬.
mature cheese 熟成したチーズ.
2 分別のある；（子供が）**大人びた, しっかりしている**.
He's *mature* for his age.
彼は年のわりにはしっかりしている.

maximum [mǽksəməm マクスィマム] 名（複数 **maximums** [-z] または **maxima** [mǽksəmə]）**最大限, 最大量, 最高点**（反 minimum 最小限）.
── 形 **最大の, 最高の**（反 minimum 最小の）.

May 5級 名 5月

[mei メイ] フォニックス59 ay は [ei] と発音する.
名 **5月**（▶ May は略さない）. → month（表）

May 5 is "Children's Day" in Japan.
5月5日は日本では「こどもの日」である.
How many holidays do we have in *May* this year?
今年は5月には休みが何日ありますか（▶「…月に」というときは in を使う）.
We are leaving Tokyo on *May* 10.
私たちは5月10日に東京を出発します（▶特定の日がつくときは on を使う. May 10 は May tenth または May the tenth と読む）.

○ in May
× in May 10
　特定の日がつくときは on を使う.
○ on May 10
▶月名は大文字で書きはじめる.

背景 **May** は, ローマ神話の豊穣の女神メイア（Maia）の月の意味.

may 4級 助 …かもしれない；…してもよい

[mei メイ] フォニックス59 ay は [ei] と発音する.
助（過去 **might** [mait マイト]）**1**（可能性を表して）**…かもしれない, …する可能性がある**（▶この意味ではふつう疑問文で使わない）.
The plane *may* arrive late.
飛行機は遅れるかもしれない.
It *may* rain tonight.
今夜は雨が降るかもしれない.
If you don't hurry, you *may* not catch the bus.
急がないとバスに間に合わないかもしれないよ.
It *may* be true, but I don't believe it. ほんとうかもしれないけど, 信じないよ.

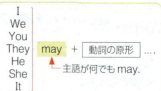

I / We / You / They / He / She / It ＋ *may* ＋ 動詞の原形 ….
　主語が何でも may.

2 [許可を表して] **…してもよい**（▶話し言葉ではふつう can や could を使うことが多

◀ **me**

い）；**(May I ...? で) …してもよろしいですか**（▶相手の許可を求める表現で Can I ...? よりもていねいな言い方. 目上の人や知らない人やお客さんなどに対して使う）.

You *may* play a computer game now.
いまはもうコンピューターゲームをしてもよろしい.

May I go home early?
（生徒が先生に）早退してもいいですか.

"*May I* come in?" "Yes, you *may*."
「入ってもいいですか」「ええ, どうぞ」

May I help you?
（店員が客に向かって）何にいたしましょうか, いらっしゃいませ.

May I take your order?
（レストランで）ご注文はお決まりですか.

May I speak to Janet, please?
（電話で）ジャネットさんと話せますか（→ジャネットさんをお願いします）.

スピーキング

❶ **May I ...?** に対して「はい, いいですよ」というときはふつう **Sure.** とか **Why not?** とか **Yes, please.** などという. 断るときは **I'm sorry, you can't.** などという. ただし, 厳しく禁止する場合は **No, you must not.** を使う（→ **must**）. なお, **Yes, you may.** や **No, you may not.** と答えるのは, 子どもや目下の人に答えるときにかぎられる.

❷ 話し言葉では **may** の代わりに **can** や **could** をよく使う. "Can I go out?" "Yes, of course." 「外出してもいいですか」「ええ, もちろん」

---

3 (May＋主語＋動詞の原形で) [祈願・願望を表して]（願わくば）…しますように（▶改まった表現）.

May you be very happy!
お幸せに.

may as well ... …してもよい. → well¹
may well ... …するのももっともである. → well¹

maybe ⑤級 [méibi メイビィ]
フォニックス59 ay は [ei] と発音する.

剾 [文全体を修飾して] **もしかしたら, …かもしれない**（⊚ perhaps）（▶確信がないときに使う）. → perhaps, probably

---

スピーキング

Ⓐ Will he come?
彼は来るかな.

Ⓑ *Maybe*.
来るかもしれないね.

Ⓑ *Maybe* not.
来ないかもしれないね.

Maybe I can see you next week.
来週あなたにお会いできるかもしれない.

Maybe it'll rain, but *maybe* not.
雨が降るかもしれないし, 降らないかもしれない.

Maybe some other time then.
じゃ, またいつか（別の機会に）ね（▶さそいを断られたときに返す表現）.

Maybe so. そうかもしれないね.

Maybe you should call him right now.
いますぐ彼に電話したほうがいいかもしれないよ.

May Day [méi dèi] 图 **1 五月祭**（5月1日の春の到来を祝う祭り；May queen（5月の女王）を選んでパレードをしたりする）.
2 メーデー, 労働祭（▶アメリカの「労働者の日（Labor Day）」は9月の第1月曜日）. → Labor Day

Mayflower [méiflauər メイフラウア] 图 [the をつけて] **メイフラワー号**（1620年, イギリスの清教徒が信仰の自由を求めてアメリカにわたったときに乗った船）.

mayonnaise [méiəneiz メイオネイズ]（＜フランス語）图 **マヨネーズ**（▶話し言葉では mayo [méiou] ともいう）.

mayor 2級 [méiər メイア ‖ meə メア] 图 **市長, 町長**（▶「知事」は governor という）.
elect him *mayor* 彼を市長に選ぶ.

Maypole, maypole [méipoul メイポウル] 图 **メイポール, 5月柱**（昔, 1本の柱を花やリボンでかざり, May Day にそのまわりで子どもたちが踊った）.

maze [meiz メイズ] 图 **迷路**.

M.C., MC [èmsí: エムスィー] **司会者, 進行係**（▶ master of ceremonies の略）.

MD, Md.（略）＝ Maryland（メリーランド州）

me ⑤級 代 私を, 私に

[mi ミ, （強めると）mi: ミー]

four hundred and forty-five　445

ME, Me.

代 (複数) us [əs] **1** (Iの目的格) **私を**, 私に.
→ I (表)
Do you remember *me*?
私 (のこと) を覚えていますか.
Can you give *me* a call?
私に電話してくれる？
Do you want to go shopping with *me*? 私と買い物に行く？
2 (口語) [Iの代わりとして] 私 (は).
"Who is it?" "It's *me*."
(ドアのノックを聞いて)「どなたですか」「私です」
"I'm hungry." "*Me*, too."
「おなかがすいたよ」「ぼくも」

ME, Me. (略) = Maine (メーン州)

meadow [médou メドウ] (発音注意) 名
(とくに干し草をつくる) 牧草地, 草地 (▶家畜などを放し飼いにする「放牧場」は pasture).

meal 3級 [mi:l ミール] フォニックス63 ea は [i:] と発音する.

名 (複数) **meals** [-z] (1日の定時の) **食事**；
1食分 (の食べ物).
a light *meal*
軽い食事 (量の少ない食事).
a heavy *meal* 量の多い食事.
We have three *meals* a day.
私たちは1日3度食事をします.
Thank you for the *meal*. It was delicious.
お食事ごちそうさまでした. とてもおいしかったです.
Brush your teeth after *meals*.
毎食後には歯をみがきなさい.

> 背景 3回の食事は breakfast (朝食), lunch (昼食), dinner または supper (夕食). dinner はいちばんごちそうのある食事でふつうは夕食だが, 休日や祝祭日には昼食のこともあり, その場合の簡単な夕食を supper という. また, 朝食と昼食を兼用した食事は brunch (breakfast + lunch) という.

mean¹ 3級 動 …を意味する

[mi:n ミーン] フォニックス63 ea は [i:] と発音する.
動 [3単現] **means** [-z]; [過去] [過分] **meant** [ment メント]; [ing] **meaning**)

mean→meant→meant
[mi:n] [ment] [ment]
[ミーン] [メント] [メント]
という発音の変化に注意.

他 **1** (ことば・事物などが) **…を意味する** (▶進行形にしない).
What does this word *mean*? (= What is the meaning of this word?)
この単語はどんな意味ですか.
The Japanese word 'ai' *means* 'love' in English.
日本語の '愛' は英語の 'love' のことです.
My first name is Misaki. 'Mi' *means* 'beauty' and 'saki' *means* 'bloom.'
私の名前は美咲です. 「美」は「美しさ」,「咲」は「咲く」という意味です.

2 **…のつもりで言う, …のことを言う** (▶進行形にしない).
What do you *mean*?
どういう意味？

> スピーキング
> Ⓐ What do you *mean* by that?
> それ, どういうこと？
> Ⓑ I *mean* I don't like him.
> 私は彼が好きじゃないということ.
> Ⓑ Nothing special.
> 別に.

I didn't *mean* you. I *meant* Ken.
きみのことじゃなくて, ケンのことだったんだ.
Do you *mean* I should go there?
それって私がそこに行くべきだっていうこと？

> スピーキング
> Ⓐ Do you really *mean* it?
> あなたは本気で言っているのですか.
> Ⓑ Yes, I *mean* it.
> ええ, 本気ですよ.

3 (**mean to ...** で) **…するつもりである**.
I *meant to* apologize to him.
私は彼に謝るつもりだった.
I'm sorry. I didn't *mean to* hurt you.
ごめんね. 君を傷つけるつもりはなかったんだ.

I mean [前に言ったことを言い直して] いやその；[補定して] つまり.
I'll see you on the 8th, *I mean* the 7th. そしたら8日にね, いや, 7日にね.

446 four hundred and forty-six

◀ **meat**

I'm not hungry. *I mean*, I don't feel like eating.
おなかはすいてないよ. というか, 食欲がないんだ.

mean² [mi:n ミーン] 形 **1** ひきょうな, 卑劣ぷ゚な, ひどい;(人に)意地悪な, 不親切な.
a *mean* guy 卑劣なやつ.

It was *mean* of him to say that to you.
きみにそんなこと言ったなんて, 彼はひどいやつだな.

Don't be so *mean* to Jane.
ジェーンにそんなに意地悪しちゃだめよ.

2《英》けちな (=《米》cheap).

meaning
3級 [mi:niŋ ミーニング]
フォニックス63 ea は [i:] と発音する.
名 (複数 meanings [-z]) (ことば・文などの) **意味**;意義.

What is the *meaning* of this word?
この単語はどういう意味ですか.

the *meaning* of life 人生の意義.
── 動 mean¹ (…を意味する) の -ing 形.

meaningful [mi:niŋfəl ミーニングフル] 形 (語などが) 意味のある;意味深長な.

means [mi:nz ミーンズ] 名 (複数 means 単複同形) **1** [単複両あつかい] 手段, 方法.
Email is now a common *means* of communication.
E メールはいまでは一般的な通信手段である.

I had no *means* of getting there.
そこに行く方法がなかった.

2 [複数あつかい] 資力;財産, 富;収入.
a man of *means* 資産家.

by all means [承諾ミ゚゚などの意味を強めて] もちろんです, ぜひどうぞ (値 of course).
"Can I go with you?" "*By all means!*"
「いっしょに行ってもいい？」「もちろんだよ」
"May I use your smartphone?" "*By all means.*" 「あなたのスマホを使ってもよろしいですか」「どうぞどうぞ」

by no means けっして…でない.
He is *by no means* a liar.
彼はけっしてうそつきなんかじゃない.
── 動 mean¹ (…を意味する) の 3 人称単数現在形.

meant
[ment メント] **フォニックス62** ea は [e] と発音する. (発音注意)
動 mean¹ (…を意味する) の過去・過去分詞.

meantime [mi:ntaim ミーンタイム] 名 [the をつけて] その間, 合間.

in the meantime その間に;話変わって一方.

meanwhile **2級** [mi:n(h)wail ミーン(フ)ワイル] 副 その間に;一方では.

measles [mi:zlz ミーズルズ] 名 [ふつう単数あつかい]《医学》はしか, 麻疹ू゚.

measure **準2** [méʒər メジャ] 名 **1** [ふつう複数形で]対策, 手段, 措置ら゚.
safety *measures* 安全対策.
take strong *measures*
強硬ぢ゚手段をとる.

2 寸法, 大きさ;広さ;分量;重さ (▶長さ・面積・体積・重量のいずれにも使う);(ものさし・ますなどの) 測定器具.
a tape *measure* 巻き尺.
── 動 他 **1** (寸法・大きさ・重さ・量など) を測る, 測定する.
Measure the length of this rope.
このロープの長さを測りなさい.

I *measured* the package with a tape measure.
巻き尺で荷物の大きさを測った.

2 (人・価値など) を評価する.
── 自 長さ [大きさ・重さ・広さなど] が…である (▶進行形にしない).
This desk *measures* 70 cm by 120 cm.
この机のサイズは奥ᵃ゚行き 70 センチ, 幅ぱば 120 センチである.

measurement [méʒərmənt メジャメント] 名 測定, 測量;採寸;[ふつう複数形で] 寸法, サイズ.

meat
5級 [mi:t ミート] **フォニックス63** ea は [i:] と発音する.
名 (複数 meats [-ts ツ]) (食用の) **肉**, 食肉 (▶ふつう a をつけず, 複数形なし. 種類をいうときは複数形になる);(カニ・貝などの) 身, 肉;果肉.
raw *meat* 生肉.
a piece of *meat* 肉 1 切れ.
You eat too much *meat*.
あなたは肉を食べすぎる.

I don't eat much *meat*.
ぼくは肉はあまり食べない.

He prefers *meat* to fish.
彼は魚よりも肉が好きだ.

four hundred and forty-seven　447

meatball ▶

> **ⓘ参考** 食用としての肉を meat というが，動物によって表のように呼び名が異なる．

	動物名	その肉 (meat)
牛	ox, bull, cow	beef
子牛	calf	veal [vi:l ヴィール]
ブタ	pig	pork
羊	sheep	mutton
子羊	lamb	lamb
ニワトリ	cock, hen, chicken	chicken

[同音語] meet (…に会う)

meatball 5級 [míːtbɔːl ミートゥボール] 名 ミートボール，肉だんご．

meatloaf, meat loaf [míːtlouf ミートゥロウフ] 名（複数）**-loaves**[-louvz]ミートローフ（ひき肉にタマネギやパン粉などを混ぜてオーブンで焼いたもの）．

Mecca [mékə メッカ] 名 **1** メッカ（サウジアラビアの都市；マホメットの生誕地でイスラム教の聖地）．

2 [ふつう **mecca** で] 多くの人のあこがれの地，「メッカ」．

mechanic [mikǽnik メキャニク] 名（機械・車などの）機械工，整備士．

mechanical [mikǽnikəl メキャニカル] 形 **1** 機械の；機械で動く．
a *mechanical* engineer 機械技師．
2 （人・行動が）機械的な，自動的な．→名 machine

mechanical pencil [mikǽnikəl pénsl] 名 《米》シャープペンシル （＝《英》propelling pencil）（▶「シャープペンシル」は和製英語）．

mechanism [mékənizm メカニズム] 名 **1** 機械（装置）．
2 しくみ，構造，メカニズム；システム，体制．

medal [médl メドゥル] 名 メダル，勲章，記章．
a gold *medal* 金メダル．

medalist [méd(ə)list メダリスト] ▶ 《英》では medallist ともつづる．名 メダル受賞者，メダリスト．
a gold *medalist* 金メダリスト．

meddle [médl メドゥル] 動 自 おせっかいをする；《英》（人のものを）勝手にいじる．

media [míːdiə ミーディア] 名 **1** [the をつけて] [ふつう複数あつかい]（テレビ・新聞・インターネットなどの）メディア，マスコミ（＝ mass media）．
social *media* ソーシャルメディア（▶ SNS のように，ユーザー同士がつながるインターネット上のメディア）．
2 medium (手段) の複数形の１つ．

medical 準2 [médikəl メディカル] 形 医学の，医療の；内科の．
medical care 医療，治療．
a *medical* checkup 健康診断．
a *medical* school (大学の) 医学部．
medical science 医学（▶ medicine ともいう）．

medicine 3級 [méd(ə)sən メディ(ィ)スン] 名（複数）**medicines** [-z] **1 薬**，内服薬，医薬品．
You'd better take some *medicine*.
薬を飲みなさい（▶薬を飲むというときは ˣdrink ではなく take を使う．ただし，水薬の場合は drink も使う）．
herbal *medicine* 漢方薬．
2 医学（▶ a をつけず，複数形なし）．
He is studying *medicine*.
彼は医学を学んでいる．

Mediterranean [mèditəréiniən メディテレイニアン] 形 地中海の．
the *Mediterranean* Sea 地中海．
── 名 [the をつけて] 地中海（＝ the Mediterranean Sea）．

medium 4級 [míːdiəm ミーディアム] 名（複数）**mediums** [-z] または **media** [míːdiə] 手段，媒体；媒介物．
The internet is a useful *medium* of communication.
インターネットは役に立つ情報伝達手段である．

448 four hundred and forty-eight

◀ **megabyte**

—— 形 (サイズ・量・程度などが) 中くらいの, 中間の, ふつうの；(ステーキの焼きかげんが) ミディアムの.

This T-shirt comes in three sizes：small, *medium* and large.
このTシャツはS, M, Lの3サイズがあります.

"How would you like your steak?"
"*Medium*, please."
「ステーキの焼きかげんはどうなさいますか」「ミディアムでお願いします」

meet 5級 動 …に会う

[miːt ミート] フォニックス64 ee は [iː] と発音する.
動 (3単現 **meets**[-ts ツ]；過去 過分 **met**[met メット]；ing **meeting**) 他 1 (約束などをして) **…に会う**, …と待ち合わせる；(偶然に) **…に会う**；**…をむかえにいく**.

I'm going to *meet* Kate at the café.
これからケイトとそのカフェで会うんだ.

I *met* your sister on the street.
通りできみの妹に偶然会ったよ.

I'll *meet* you at the airport.
空港までむかえにいくよ.

2 (はじめて) **…に会う**, …と出会う, 知り合いになる.

Nice to *meet* you. お会いできてうれしいです.

🗣 スピーキング

Ⓐ *I'm glad to meet you*, Mr. Smith.
お会いできてうれしいです, スミスさん.

Ⓑ *It's nice to meet you, too*, Ms. Ray. こちらこそお会いできてうれしいです, レイさん.

❶ (I'm) glad to *meet* you. や Nice to *meet* you. や Pleased to *meet* you. は初対面のあいさつ.

❷ I'm glad to *see* you. は 「よくいらっしゃいました」「しばらくでした」などという知り合い同士のあいさつ.

❸ 同じく It's nice to *meet* you. は初対面の人に「お会いできてうれしい」, It's nice to *see* you. は知人に対して「(また) 会えてよかった」という言い方.

❹ 初対面の人と別れるときには (It was) nice *meeting* you. 「お会いできて楽しかったです」という.

"How did you *meet* each other?"
(= "How did you get to know each other?") "We *met* at a party."
「2人はどうやって知り合ったのですか」「パーティーで会ったのよ」

💬用法 meet と see
初対面の人に「会う」は meet, 知っている人に「会う」は see.

3 (道・川・路線などが) **…と合流する**.
This road *meets* the national highway a few kilometers ahead.
この道は数キロ先で国道と合流する.

4 (希望・要求など) を満たす.
—— 自 1 (約束して) **会う**, 待ち合わせる；集まる；(偶然) 会う；**知り合いになる**.

Where shall we *meet*?
どこで待ち合わせしようか.

Haven't we *met* before?
以前お会いしませんでしたか.

I think we've *met* somewhere before.
たしか以前どこかでお会いしたと思うのですが.

2 (道・川などが) 合流する.
Those two rivers *meet* in the city.
あの2つの川は市内で合流している.

meet with (不幸・事故など) にあう；(人) と (約束して) 会談する, 面会する.
meet with an accident 事故にあう.

—— 名 (複数 **meets**[-ts ツ])《おもに米》(スポーツの) **競技会** (=《おもに英》meeting).
an athletic *meet* 運動会.
[同音語] meat (肉)

meeting 4級 [míːtiŋ ミーティング]

名 1 **会**, **会合**, 集会, ミーティング.
attend a *meeting* 会に出席する.
The next *meeting* is on June 14.
次の会合は6月14日にある.

I had a *meeting* with Mr. Kato.
私は加藤氏と会議を行った.

2 《おもに英》競技会 (=《おもに米》meet).
—— 動 meet (…に会う) の -ing 形.

meets [míːts ミーツ] 動 meet (…に会う) の3人称単数現在形.
—— 名 meet (競技会) の複数形.

megabyte [mégəbait メガバイト] 名《コンピューター》メガバイト (情報量の単位；2^{20} (= 1048576) バイト；略語は MB).

four hundred and forty-nine　449

melancholy ▶

→ gigabyte

melancholy [mélənkɑli メランカリィ ‖ -kəli -コリィ] 形 ふさぎこんだ, ゆううつな; もの悲しい.
She is in a *melancholy* mood.
彼女はふさぎこんでいる.
── 名 ふさぎこみ, ゆううつ.

Melbourne [mélbərn メルバン] 名 メルボルン (オーストラリア南東部の港湾都市).

melody 3級 [mélədi メロディィ] 名 (複数 melodies [-z]) メロディー, 旋律; 美しい音楽.
a simple *melody* 単純な旋律.

melon 5級 [mélən メロン] 名 メロン (▶日本でいう (マスク) メロン (muskmelon [mʌ́skmelən]) のほか, スイカ (watermelon) も melon にふくまれる).
a slice of *melon* メロン一切れ.

melt 準2 [melt メルト] 動 自 (氷・雪・バターなどが) とける; (心や感情などが) やわらぐ.
The ice *melted* quickly.
氷はすぐにとけてしまった.
── 他 …をとかす; (心) をやわらげる.
The sun *melted* all the snow.
太陽は雪を全部とかしてしまった.

meltdown [méltdaun メルトゥダウン] 名 (原子炉の) 炉心溶融.

member 4級 [mémbər メンバァ]

名 (複数 members [-z]) (団体・組織・クラブなどの) **メンバー**, 会員, 一員.
a staff *member* (1人の) 従業員 (▶従業員全体は the staff という).
a family *member* (= a *member* of the family) 家族の1人.
She was a *member* of that team.
(= She was on that team.)
彼女はそのチームの一員だった.
How many *members* do you have on your team?
あなたのチームにはメンバーが何人いますか.

membership 準2 [mémbərʃip メンバシプ] 名 会員であること, 会員資格; [集合的に] 全会員; 会員数.
a *membership* fee 会費.
a *membership* card 会員証.

memo [mémou メモウ] 名 (複数 memos [-z]) (連絡用などの) メモ (▶ memorandum を短縮した形; 個人的に忘れないように書き留める, 日本語の「メモ」は英語ではふつう note という).

memorial 3級 [məmɔ́:riəl メモーリアル] 名 記念碑, 記念館.
a war *memorial* 戦争記念碑.
a *memorial* hall 記念館.
a *memorial* service 追悼の式.
Okinawa Prefectural Peace *Memorial* Museum
沖縄県平和祈念資料館.

ワシントン市にあるリンカーン記念館 (the Lincoln Memorial). 内部には大きなリンカーン像が鎮座している.

Memorial Day [məmɔ́:riəl dèi] 名 (米) 戦没者追悼記念日 (祝日の1つで多くの州では5月の最終月曜日).

memorize 2級 [méməraiz メモライズ] ▶ (英) では memorise とつづる. 動 他 …を暗記する, 記憶する.
She *memorized* ten English words each day.
彼女は英単語を1日に10語ずつ暗記した.

memory 3級 [mém(ə)ri メモリィ]

名 (複数 memories [-z]) **1 記憶**; 記憶力.
The *memory* of that day is still clear in my mind.
その日のことはいまでもはっきり覚えているよ.
She has a good *memory*.
彼女は記憶力がいい.

2 [ふつう複数形で] 思い出, 追憶.
I have happy *memories* of the school trip.
私には修学旅行の楽しい思い出がある.

3 (コンピューターの) メモリ, 記憶容量.

in memory of …の記念に.
We planted some cherry trees *in memory of* our graduation.
私たちは卒業の記念に桜の木を植えた.

◀ **merit**

men 4級 [men メン]

图 man (男性；人) の複数形.
All *men* must die. 人はだれでも死ぬ.

mend [mend メンド] 動 他 …を修繕する，直す，つくろう (▶衣類や簡単なものを直す場合に使い，複雑なものを「修理する」という意味には repair あるいは fix を使う)；(行為など) を改める.

My mother *mended* my socks.
母は私のくつ下をつくろってくれた.

— 自 (行為などを) 改める.
It is never too late to *mend*.
《ことわざ》改めるのに遅すぎることはけっしてない.

men's room [ménz rù(:)m] 图 《おもに米》男性用トイレ (対 ladies' room).

-ment [-mənt -メント] 接尾 ▶動詞のあとについて名詞をつくる.
例. enjoyment (enjoy＋ment 楽しみ) / government (govern＋ment 政治，政府) / movement (move＋ment 動き).

mental 2級 [méntl メントゥル] 形 精神の，心の (反 physical 肉体の)；知力の；頭の中だけで行われる.
mental health 心の健康，メンタルヘルス.
mental illness 精神病.
She does *mental* arithmetic quickly. 彼女は暗算が速い.

mentality [mentǽləti メンタリティ] 图 (複数 mentalities [-z]) 考え方，物の見方，態度；精神構造；知性.

mention 準2 [ménʃən メンション] 動 他 …について (簡単に) 述べる，言及する.
He didn't *mention* anything about it. 彼はそのことには何も言及しなかった.

Don't mention it. 《口語》(お礼やおわびに対して) どういたしまして (You're welcome. というのがふつう).

— 图 (ある事がらについて) 言及すること.
The newspaper made no *mention* of the incident.
新聞はその事件についていっさいふれていなかった.

menu 4級 [mén(j)u: メニュー，メヌー] 图 (レストランなどの) メニュー，献立表；《コンピューター》(パソコンの) メニュー.
What's on the *menu* today?
(店で) 今日のメニューは何ですか.

🗨 スピーキング
Ⓐ Can I see the *menu*, please?
メニューをお願いします.
Ⓑ Sure.
かしこまりました.

ⓘ参考 日本語ではよく「今晩のメニュー (おかず) は何？」のように聞くことがあるが，こうした場合，英語では menu は使わずに What's for dinner today? のようにいう.

meow [miáu ミアウ] ▶《英》では miaow とつづる. 图 ニャー (▶ネコの鳴き声.《米》meow, mew,《英》miaow, miaou と表す).
— 動 自 (ネコが) ニャーと鳴く.

merch [mə́ːrtʃ マーチ] 图 商品，グッズ (▶ merchandise の略).

merchant [mə́ːrtʃənt マ〜チャント] 图 商人 (▶話し言葉ではあまり使われなくなっているが，貿易商をさすときなどに使う).
The Merchant of Venice
『ベニスの商人』(▶シェークスピア作の喜劇).

Mercury [mə́ːrkjəri マ〜キュリィ] 图 **1** 《ローマ神話》マーキュリー，メルクリウス (神々の使者で，商業・雄弁・盗賊などの守護神；ギリシャ神話のヘルメス (Hermes) にあたる).
2 《天文》水星. → planet (図)

mercury [mə́ːrkjəri マ〜キュリィ] 图 水銀 (▶記号は Hg).

mercy [mə́ːrsi マ〜スィ] 图 情け，慈悲，あわれみ (の情).
beg for *mercy* 慈悲をこう.

at the mercy of …のなすがままになって，…になすすべもなく.
The ship was *at the mercy of* the storm. 船はあらしにほんろうされた.

mere [miər ミア] 形 ほんの，単なる.
He is a *mere* child. (＝ He is only a child.) 彼はほんの子どもだ.

merely [míərli ミアリィ] 副 単に，ただ…だけ (▶ only より形式ばった語).
I'm *merely* telling you the truth.
私はただ事実を話しているだけです.

merit [mérit メリト] 图 値打ち，価値；優れた点，長所，とりえ (▶日本語の「メリット」は「有利な点，強み」の意味で advantage に

four hundred and fifty-one **451**

mermaid ▶

近い).

artistic *merit* 芸術的価値.

mermaid [mə́ːrmeid マ〜メイド] [名] (**女性の**) **人魚** (上半身が女性で, 下半身が魚という想像上の動物; [男] merman [mə́ːrmæn マ〜マン]).

merrily [mérili メリリィ] [副] 陽気に, 楽しく; (何も気づかずに) のんきに.

merry [méri メリィ] [形] [比較] **merrier**; [最上] **merriest**) 陽気な, ゆかいな; 楽しい ([反] sad 悲しい).

Let's eat, drink and be *merry*.
食べて, 飲んで楽しくやろう.

The more, the *merrier*.
(人や数などが) 多ければ多いほど楽しい.

> 🗨スピーキング
> Ⓐ *Merry Christmas!*
> クリスマス, おめでとう!
> Ⓑ *Merry Christmas* to you, too!
> クリスマス, おめでとう!
> ❶ (The) same to you. とか You, too. などと答えることもある.
> ❷書きことばで「クリスマス, おめでとう」は I wish you a merry Christmas. ともいう. a がつくことに注意.

merry-go-round [mérigouràund メリゴウラウンド] [名] メリーゴーラウンド, 回転木馬.

mesdames [meidáːm メイダーム] [名] madam (奥様) の複数形.

mess [mes メス] [名] (**場所が**) **散らかった状態; 混乱した状態, めちゃくちゃな状態, 混乱.**

What a *mess*! なんて散らかしようなの!

Sorry for the *mess*.
散らかしっぱなしでごめんね. →[形] messy

in a mess 散らかって; めちゃくちゃになって, 混乱して.

Things are *in a mess*.
事態はたいへん混乱している.

―― [動] [他] (**仕事・計画など**) **をだいなしにする, めちゃくちゃにする.**

mess with …におせっかいをする, 干渉する.

message 4級 [mésidʒ メセヂ]

[名] [複数] **messages**[-iz]) **1 伝言**, 用件, メッセージ, ことづけ; (E メールなどの) メッ

セージ.

I left a *message* on his answering machine.
彼の留守電に伝言を入れておいた.

Can I take a *message*?
(電話で) 伝言をおうかがいしましょうか (▶ Can I take *your* message? とはいわない).

I got three email *messages* this morning. けさは 3 通メールが届いた.

> 🗨スピーキング
> Ⓐ Can I leave a *message* for him?
> 彼に伝言をお願いできますか.
> Ⓑ Sure. What is it?
> ええ, 何でしょうか.

2 (**公式の**) **メッセージ;** (本・映画・演説などで) **伝えたいこと, うったえたいこと, 意図.**

messenger [mésəndʒər メセンヂァ] [名] (**伝言などを**) **伝える人; 使者;** (文書などの) **配達業者.**

messy [mési メスィ] [形] [比較] **messier**; [最上] **messiest**) **散らかっている** ([反] tidy きちんとした).

His room is always *messy*.
彼の部屋はいつも散らかっている. →[名] mess

met 4級 [met メット]

[動] meet (…に会う) の過去・過去分詞.

metal [métl メトゥル] [名] **金属.**

The container is made of *metal*.
その容器は金属でできている.

precious *metals* 貴金属.

metaphor [métəfər メタファァ] [名] **隠喩**, 暗喩 (▶比喩法の 1 つで, 直喩などと異なり, 比較を表す as, like のような語を使わない, 次の例のような比喩. 例. Life is a journey. (人生とは旅である)).

meteor [míːtiər ミーティア] [名] **流星; いん石** (= meteorite).

meteorite [míːtiərait ミーティオライト] [名] **いん石.**

meter[1], (英) **metre** 5級

[míːtər ミータァ] (発音注意)
[名] [複数] **meters** [-z]) **メートル** (長さの単位; 略語は m).

the 50-*meter* dash 50 メートル走.

The pool is 25 *meters* long.

◀ **Middle East**

そのプールは長さが 25 メートルだ.

Mt. Fuji is 3,776 *meters* high.
富士山は高さ 3776 メートルだ.

meter² [míːtər ミータァ] 图 (水道・電気・ガス・タクシーなどの) メーター, 計量器.

a gas *meter* ガスのメーター.

method 準2 [méθəd メソッド] 图 (組織的あるいは系統だった) 方法, …法.

a traditional teaching *method*
伝統的な教授法.

use a new *method* 新しい方法を使う.

metre [míːtər ミータァ] 图 《英》=《米》
meter

metropolis [mətrápəlis メトゥラポリス ∥-tráp- -トゥロポ-] 图 首都；(一国・一地域の) 主要都市；大都市, 大都会.

metropolitan [metrəpálətn メトゥロパリトゥン ∥-pɔ́l- -ポリ-] 形 首都の, 大都会の, 大都市の.

the *Metropolitan* Police
《英》ロンドン警視庁.

mew [mjuː ミュー] 图 動 = meow

Mexican 3級 [méksikən メクスィカン] 形 メキシコの；メキシコ人の.

Mexican-American
メキシコ系アメリカ人の.

── 图 メキシコ人.

Mexico [méksikou メクスィコウ] 图 メキシコ (北アメリカ大陸南部にある共和国；首都はメキシコシティー (Mexico City)).

MI, Mich. (略) = Michigan (ミシガン州)

Miami [maiǽmi マイアミ] 图 マイアミ (アメリカ・フロリダ州南東部の都市).

miaow [mi(ː)áu ミ(ー)アウ] 图 動 《英》= 《米》 meow

mice [mais マイス] 图 mouse (ハツカネズミ) の複数形.

Michael [máikəl マイケル] 图 マイケル (男性の名；愛称は Mike, Mickey).

Michelangelo [maikəlǽndʒəlou マイケランヂェロウ] 图 ミケランジェロ (1475-1564；イタリア・ルネサンスの美術家；絵画・彫刻きょう・建築の各分野に天才を発揮した).

Michigan [míʃigən ミシガン] 图 ミシガン州 (アメリカ中北部の州で, 自動車工業と酪農のうで有名；略語は MI または Mich.).

Mickey Mouse [míki ミキィ máus] 图 ミッキー・マウス (ウォルト・ディズニーがつくった漫画まんが映画の主人公の名. ガールフレンドは

Minnie [míni ミニィ] Mouse).

microphone [máikrəfoun マイクロフォウン] 图 マイクロホン, マイク (▶話し言葉では mike ともいう).

microscope 2級 [máikrəskoup マイクロスコウプ] 图 顕微鏡けんびきょう.

I looked at plankton under a *microscope*.
私は顕微鏡でプランクトンを見た.

microwave [máikrəweiv マイクロウエイヴ] 图 **1** (電気) マイクロ波.
2 電子レンジ (= microwave oven).
── 動 他 (食品) を電子レンジで温める.

microwave oven [máikrəweiv ʌv(ə)n] 图 電子レンジ.

mid- [mid- ミッド] 「中央の」「中間の」などの意味の結合形. 例. *mid*summer (真夏) / *mid*night (真夜中) / *mid*-1900s (1900年代半ば).

midday [míddei ミッデイ] 图 正午, 真昼 (圓 noon).

at *midday* 正午に.

middle 3級 [mídl ミドゥル]

图 [the をつけて] (場所・時間が) **真ん中**, 中間. → center (図)

the *middle* of a line 線の真ん中.

It was the *middle* of the night.
それは真夜中のことだった.

in the middle of (場所が) …の真ん中に；(期間が) …の中ごろに；…している途中ちゅうで；…していて忙しい.

There was a hole *in the middle of* the road. 道の真ん中に穴があいていた.

We're going on a trip *in the middle of* this month.
今月の中ごろに旅行に出かけます.

── 形 **真ん中の**, 中間の, 中くらいの.

a *middle*-aged woman 中年の女性.
my *middle* finger 中指.

Middle Ages [mídl éidʒiz] 图 [the をつけて] (西洋史の) **中世** (一般に 5 世紀後半の西ローマ帝国の滅亡ぼうから 15 世紀のルネサンスまでの時期をさす).

Middle East [mídl íːst] 图 [the をつけて] **中東** (▶ 《英》ではエジプトからイランまで, 《米》では地中海東岸・エーゲ海からインドまでをいう. ヨーロッパを中心にして世界を見た言い方).

four hundred and fifty-three　453

middle name ▶

middle name [mídl néim] 图 ミドル
ネーム (▶(1)第2番目の洗礼名；たとえば
John Stuart Mill の Stuart. (2)既婚さんの女
性はミドルネームに旧姓さんを使うことが多い).

middle school [mídl skù:l] 图 ミド
ルスクール，中等学校 (▶(米)では州によっ
て異なるが，11歳から14歳までのことが多い.
(英)では8歳から12歳，または9歳から13
歳までである).

Middle West [mídl wést] 图
= Midwest (アメリカ中西部地方).

midnight 3級 [mídnait ミドゥナイト] 图
夜中の12時 (▶深夜の時間帯全体を指す「真
夜中」は the middle of the night という).
She came home around *midnight*.
彼女は夜中の12時ごろに帰宅した.

midterm [mídtə:rm ミドゥタ～ム] 形 (米)
(任期・学期などの) 中間の .
a *midterm* examination 中間試験.

midway [mídwei ミドゥウェイ] 形 中途 ちゅう
の；中ほどの.
── 副 中途に，中ほどに；途中で.

Midwest [mídwést ミドゥウェスト] 图 [the
をつけて] アメリカ中西部地方 (= Middle
West) (the Midwestern United
States ともいう).

might¹ [mait マィト] (発音注意)
動 (may の過去形) → may
1 [可能性を表して] **…かもしれない，…**
する可能性がある (▶ may よりも可能
性が少々低いことを表す).
It *might* rain in the afternoon.
午後は雨かもしれないね.
He said that she *might* come by
noon. (= He said, "She may come
by noon.") 彼は，彼女は正午までには来る
かもしれないと言った.
2 [許可を表して] …してもよい.
He said that I *might* use his dic-
tionary.
彼は，私が彼の辞書を使ってもよいと言った (▶
He said (to me), "You may use my
dictionary." (彼は言った，「私の辞書を使っ
てもいいよ」) と同じ意味).
3 [ていねいな言い方で] …してもよい.
Might I ask your name?
失礼ですがどちらさまですか (▶ May I ask
your name? よりていねいな言い方).

4 [ていねいな提案を表して] …したらいかが
でしょう.
You *might* want to try it.
それをためしてみてはいかがでしょうか.

might² [mait マィト] (発音注意) 图 (文語)
力，勢力.
Might is right.
(ことわざ) 力は正義なり＝勝てば官軍.

mighty [máiti マィティ] (発音注意) 形
(比較 mightier；最上 mightiest) (文語)
力強い，強力な.
The pen is *mightier* than the sword.
(ことわざ) ペンは剣よりも強し＝言論・文筆
の力は武力に勝る.

migrate [máigreit マィグレィト, maigréit マ
ィグレィト] 動 自 1 (人が) 移住する.
→ emigrate, immigrate
2 (鳥・魚などが) 定期的に移動する，渡た
る，回遊する.

Mike [maik マィク] 图 マイク (男性の名；
Michael の愛称).

mike [maik マィク] 图 (口語) マイク (=
microphone).

mild 準2 [maild マィルド] 形 1 (病気・け
がなどが) 軽い，軽症の；(程度などが) 軽い.
a *mild* case of flu 軽いインフルエンザ.
2 (気候などが) おだやかな，暖かい.
a *mild* climate おだやかな気候.
3 (食べ物の味が) まろやかな，甘口の.
a *mild* flavor まろやかな味.
4 (薬などの効き目が) おだやかな；(石け
んなどが) 刺激 しげきの少ない.
mild soap 刺激の少ないせっけん.
5 (人・態度などが) 柔和 にゅうわな，おだやかな.
a *mild* voice おだやかな声.

mile 3級 [mail マィル] 图 マイル (距離
の単位；1マイルは約1.6km).
The station is about two *miles* from
here. 駅まではここから2マイルほどあります.
The river is one hundred *miles*
long. その川の長さは100マイルある.
50 *miles* per hour 時速50マイル.

military [míləteri ミリテリィ ‖ -təri -タリィ] 形
軍の，軍人の (対 civil 民間の)；陸軍の.
military power 軍事力.
military action 軍事行動.
military service 兵役.
military training 軍事訓練.
── 图 [the をつけて] 軍隊.

454 four hundred and fifty-four

◀ mind

milk 5級 图 牛乳, ミルク

[milk ミルク]

图 **1 牛乳**, ミルク, 乳（▶人・動物の「乳」をいうが, ふつうは「牛乳」のこと；a をつけず, 複数形なし）.
cow's *milk* 牛の乳.
mother's *milk* 母乳.
Can I have a glass of *milk*?
牛乳をコップ1杯もらえる？

× a milk
数えられない名詞なので a はつけない.

○ a glass of milk
○ some milk

I didn't like *milk* when I was a boy.
子どものころはぼくは牛乳がきらいだった.
Drink your *milk*, dear.
さあ, いい子だから牛乳を飲みなさい（▶親が子どもによく言うせりふ）.
It is no use crying over spilt *milk*.
《ことわざ》ミルクがこぼれたからといってなげいてもしかたがない＝覆水盆に返らず.
2（植物の）乳液, 植物乳.
coconut *milk* ココナツミルク, ヤシの乳液.
── 動（3単現 **milks** [-s]；過去 過分 **milked** [-t]；ing **milking**）他 …の乳をしぼる.
Have you ever *milked* a cow?
牛の乳をしぼったことはある？

milkshake, milk shake
[mílkʃeik ミルクシェイク] 图 ミルクセーキ.

milky [mílki ミルキィ] 形 **1** 乳のような, 乳白色の.
2 牛乳をたっぷり入れた.

Milky Way [mílki wéi] 图 [the をつけて]《天文》銀河, 天の川.

mill [mil ミル] 图 **1** 製粉場, 水車場；（製粉・製紙・製鉄・紡績などの）工場, …所.
a paper *mill* 製紙工場.
a steel *mill* 製鉄所.
2 製粉器, 粉ひき器, ミル.
a coffee *mill* コーヒーミル.

miller 3級 [mílər ミラァ] 图 製粉職人；製粉業者.

milli- [mili- ミリ-] 接頭 ▶単位を表す名詞の前について, 「1000分の1」の意味を表す. 例. millimeter (milli + meter ミリメートル).

millimeter [mílimi:tər ミリミータァ] ▶《英》では millimetre とつづる. 图 ミリメートル（▶長さの単位；1m の 1000分の1；略語は mm）.

million 3級 [míljən ミリョン]

图（複数 **millions** [-z]）**100万**（▶数詞とともに使われる場合にはふつう millions とはしない）.
The population of Tokyo is around fourteen *million*.
東京の人口は約1400万人です.

用法 million の使い方
100万から1億までの単位は million を使う.
one *million* 100万.
two *million* 200万（▶ two ×millions とはいわない）.
six *million* five hundred thousand 650万.
ten *million* 1000万.
one hundred *million* 1億.

millions of 何百万もの…；ひじょうに多くの…；山ほどの….

🔷プレゼン
Millions of people are dying of hunger around the world.
世界中でひじょうに多くの人々が飢えで死んでいます.

── 形 **100万の**.
one *million* yen 100万円（▶ one million ×yens としない. yen は単複同形）.
six *million* people 600万の人々.

millionaire 2級 [miljənéər ミリョネア] 图 大金持ち, 百万長者, 大富豪.

mind 3級 [maind マインド]

图（複数 **minds** [-dz ヅ]）**1 心**, **精神；頭**, **知性**（対 body 肉体）（▶ heart が「情」を主とした心であるのに対して, mind は「知」をつかさどる頭の働き）.
He has a brilliant *mind*.
彼はすぐれた頭脳の持ち主です.
a person with a sharp *mind*

four hundred and fifty-five 455

mind ▶

頭が切れる人.
peace of *mind* 心の平安.
2 考え, 意向, 意見.

> 🗣 スピーキング
>
> **A** What's on your *mind*?
> 何を考えてるの？
> **B** Nothing in particular.
> とくに何も.

What do you have in *mind*?
何か考えはある？
I can read your *mind*.
ぼくにはきみの考えていることがわかる.
So many men, so many *minds*.
《ことわざ》人の数だけ意見がある＝十人十色.
3 記憶（力）, 記憶力 (圓 memory) (▶a を
つけず, 複数形なし).
Keep this in *mind*.
このことを忘れないでね.
Out of sight, out of *mind*.
《ことわざ》（親しい人も）見えなくなれば忘れ
てしまう＝去る者は日々にうとし.

change *my* **mind 考えを変える**；気が
変わる.
He didn't *change his mind*.
彼は考えを変えなかった.

come to mind 心にうかぶ；ふと思い出す.
My father's words *came to mind*.
父の言ったことばが心にうかんだ.

make up *my* **mind 決心する**.
She *made up her mind* to be a
teacher. 彼女は教師になろうと決心した.
It took me some time to *make up*
my mind.
私は決心するまでしばらく時間がかかった.

── 動 (3単現 **minds** [-dz ヅ]；過去 過分
minded [-id]；ing **minding**) 他 **1** [進行形
なし] [ふつう疑問文・否定文で] **…をいやが
る, 気にする；(mind ＋ -ing 形で) …す
るのをいやがる**.
Don't *mind* me. 私のことは気にしないで
(▶Never mind. (そんなこと, 気にしないで)
とは意味が異なるので注意).
I don't *mind* the cold.
私は寒いのはかまいません.
Do you *mind* my *sitting* here?
ここにすわってもかまいませんか.
2 [しばしば命令文で] **…に気をつける,
注意する**.

Mind your step. 《英》足元に気をつけて.
── 自 **気にする；いやだと思う**.
I will go there if you don't *mind*.
さしつかえなければ, 私がそこへ参りましょう.
**Do [Would] you mind if I ...? …して
もかまいませんか, してもよろしいですか**
(▶人に許可を得るときのていねいな言い方).

> 🗣 スピーキング
>
> **A** Do you *mind* if I sit here?
> ここにすわってもかまいませんか.
> **B** No, I don't (*mind*).
> ええ, どうぞ.
> ▶日本語の訳につられて Yes, I do. と答
> えると「あなたがすわるのをいやだと思う」と
> いうひじょうに強い拒否の意味になるので注
> 意.

Mind your own business. 《口語》
大きなお世話だ. 人のことに口を出すな (▶
かなりきつい言い方なので注意).
Never mind! 《口語》気にしないで, 心
配するな (＝Don't worry.) (▶ Don't
mind. とはふつういわない).

> 🗣 スピーキング
>
> **A** I'm sorry I'm late.
> 遅れてごめんなさい.
> **B** *Never mind*. I just got here
> myself.
> 気にしないで. 私もいま来たばかりなの.

**Would you mind -ing? …していた
だけませんか** (▶ちょっとしたことを頼むとき
のていねいな言い方).
Would you mind babysitting my
kids (for me)? 子どもたちのベビーシッ
ターをしていただけませんか.

> 🗣 スピーキング
>
> **A** *Would you mind opening* the
> window?
> 窓を開けていただけませんか.
> **B** (No,) not at all.
> いいですよ.
> ❶ Would you mind -ing? に対して,
> 「いいですよ」と答えるときは No, I don't.
> / Certainly not. / Of course not. な
> どともいう.
> ❷ふつう Will you mind ...? とはいわない.
> ❸ Please ... よりもていねいな言い方.

456 four hundred and fifty-six

◀ **Minor Leagues**

mine¹ 5級 代 私のもの

[main マイン] フォニックス50 i は [ai] と発音する.
代 (複数 **ours** [áuarz])(I の所有代名詞)
私のもの.

所有格	所有代名詞
my （私の）	mine （私のもの）
our （私たちの）	ours （私たちのもの）
your （あなた(たち)の）	yours （あなた(たち)のもの）
his （彼の） her （彼女の） their （彼らの）	his （彼のもの） hers （彼女のもの） theirs （彼らのもの）

This book is *mine*.
この本は私のものです.
Which is *mine*? どっちが私の？
"Whose pen is this?" "It's *mine*."
「これ、だれのペン？」「ぼくのだよ」
Your racket is newer than *mine*. き
みのラケットのほうがぼくのより新しい (▶ my
racket という代わりに mine を使っている).
Anne is a friend of *mine*.
アンは私の友だちです.

📝文法 **my と mine**
my は「私の」という意味で，あとに名詞
がくる. mine は「私のもの」という意味
で，あとに名詞はこない.

× This is my.
└─my のあとには
名詞がくる.
○ This is my pen.
○ This is mine.
× She is a friend of my.
○ She is a friend of mine.

mine² [main マイン] 名 鉱山；地雷，機雷.
a coal *mine* 炭鉱.
miner [máinər マイナァ] 名 鉱夫，坑夫
（鉱山や炭坑での採掘作業者）.
[同音語] minor （小さいほうの）
mineral 2級 [mín(ə)rəl ミネラル] 名 鉱
物 (▶「動物」は animal，「植物」は plant）；
（栄養素としての）ミネラル.

―― 形 鉱物(性)の，鉱物をふくむ.
mineral water ミネラルウオーター.
mini [míni ミニ] 名 ミニ，超小型のもの；
[形容詞的に] ミニの.
miniature [míni(ə)tʃər ミニ(ア)チァ ‖
mínətʃə ミナチャ] 名 小型の模型，ミニチュア.
minimum 2級 [míniməm ミニマム] 名
(複数 **minimums** [-z] または **minima** [minimə])
最小限，最低限，最小量，最小数 (反
maximum 最大限).
It will take a *minimum* of three
hours to get there.
そこに行くのに最低でも3時間かかるだろう.
―― 形 最小の，最低限の (反 maximum
最大の).
mining [máiniŋ マイニング] 名 採鉱 (業)；
鉱業.
miniskirt [míniskə:rt ミニスカ〜ト] 名 ミ
ニスカート.
minister 2級 [mínistər ミニスタァ] 名
1 （イギリス・日本などの）大臣 (▶アメリカの
「大臣」「長官」は secretary)；公使.
the Prime *Minister* 首相，総理大臣.
2 聖職者；（プロテスタント教会の）牧師 (▶
カトリック教会の神父は priest).
ministry [mínistri ミニストゥリィ] 名 (複数
ministries [-z])（イギリス・日本などの）省，
省庁 (▶アメリカの「省」は department).
the *Ministry* of Finance 財務省.
Minnesota [minəsóutə ミネソウタ] 名 ミ
ネソタ州 （アメリカ中北部の州で，森林や湖が
多い；略語は MN または Minn.).
minor [máinər マイナァ] 形 **1** （他とくらべ
て）小さいほうの，それほど重要でない
(反 major 大きいほうの).
2 《音楽》短調の (反 major 長調の).
―― 名 《法律》未成年者；《音楽》短調
(反 major 長調).
[同音語] miner （鉱夫）
minority 2級 [mənɔ́:rəti ミノーリティ
‖ mainɔ́rəti マイノリティ] 名 (複数 **minorities**
[-z])（大多数に対して）少数 (反 majority
大多数）；（国・地域の）少数民族，少数派，
マイノリティー.
ethnic *minority* 少数民族.
sexual *minority*
性的少数者，性的マイノリティー.
Minor Leagues [máinər li:gz] 名
[the をつけて] 《米》(プロ野球の) マイナー

four hundred and fifty-seven　457

mint ▶

リーグ (メジャーリーグの下位にあるリーグ).

mint [mint ミント] 图 ハッカ, ミント (ハッカの葉).

minus [máinəs マイナス] 前 …を引いた, …マイナス (反 plus …を加えた).

Six *minus* two is four. (= Six *minus* two equals four.)
6引く2は4 (6－2＝4).

── 形 マイナスの, 負の.

The temperature is *minus* 3 (degrees Celsius). 気温はマイナス3度です.

minute 4級 图 (時間の) 分, ちょっとの間

[mínit ミニト] (発音とつづり注意)
图 (複数 minutes [-ts ツ]) 1 (時間の) 分 (▶ 略語は m または min. ;「時間」は hour, 「秒」は second).

An hour has 60 *minutes*.
1時間は60分です.

I arrived here ten *minutes* ago.
10分前にここに着いた.

I'll be ready in a few *minutes*.
数分で準備できるから.

We're already thirty *minutes* late.
私たちはもう30分遅れてるよ.

It's a five-*minute* walk from here to the bus stop.
ここからバス停までは歩いて5分です (▶ ✗five-minutes walk とはしない. ハイフンでつないだ後ろの名詞は単数形を使う).

2 [ふつう a をつけて] ちょっとの間, 少し (同 moment).

I'll be back in a *minute*.
すぐにもどります.

Can I talk to you for a *minute*?
ちょっと話してもいい？

Do you have a *minute*?
ちょっと時間がありますか.

💬 スピーキング

🅰 Are you ready?
準備はできた？

🅱 Wait a *minute*, please.
ちょっと待ってください.

▶相手の人に「ちょっと待ってください」というときは Wait a minute, please. とか Just a minute, please. という.

minute hand [mínit hænd] 图 [ふつう the をつけて] (時計の) 分針, 長針.

miracle [mírəkl ミラクル] 图 奇跡, 奇跡的なこと.

It was a *miracle* that she recovered from the disease. 彼女が病気から回復したのは奇跡だった (→奇跡的に回復した).

miraculously [mərǽkjələsli ミラキュラスリィ] 副 奇跡的に.

mirror 3級 [mírər ミラァ] 图 鏡 ; (車の) ミラー.

She looked at herself in the *mirror*.
彼女は鏡で自分の姿を見た.

mis- [mis- ミス-] 接頭 ▶「悪い」「誤った」の意味.

例. *mis*fortune (不運), *mis*print (誤植).

mischief [místʃif ミスチフ] 图 いたずら, わんぱく;害, 危害, 損害, 迷惑.

get into *mischief* いたずらをする.

mischievous [místʃivəs ミスチヴァス] 形 (子どもなどが) いたずら好きな, わんぱくな;危害を与える.

miser [máizər マイザァ] 图 けち (な人).

miserable [míz(ə)rəbl ミゼラブル, ミズ-] 形 みじめな, つらい; (天候・状況などが) ひどい, いやな, 悲惨な.

She felt *miserable* then.
彼女はそのときみじめな気持ちだった.

miserable weather いやな天気.

misery [míz(ə)ri ミゼリィ, ミズ-] 图 (複数 miseries [-z]) みじめさ, 大きな不幸;みじめなこと, 不幸なこと.

misfortune [misfɔ́rtʃən ミスフォーチュン] 图 不運, 不幸 (反 fortune 幸運);不幸なできごと, 災難.

by *misfortune* 不運にも, 運悪く.

miso [mí:sou ミーソウ] (＜日本語) 图 みそ.

miso soup みそ汁.

misprint [mísprint ミスプリント] 图 誤植, ミスプリント.

Miss [mis ミス]

图 (複数 Misses [-iz]) 1 [未婚女性の姓または姓名の前につけて] …さん, …先生 (男 Mr.) (▶女性への敬称としては, 未婚・既婚の区別なく使える Ms. が好まれることが多い. Miss のあとにはピリオドはつけない).
→ Mr., Mrs., Ms.

Miss Brown ブラウンさん.

458 four hundred and fifty-eight

2(ときに **miss** で)〔知らない若い女性などに対する呼びかけとして〕**お嬢さん，おねえさん．**
Can I have the menu, *miss*?
(店で) おねえさん，メニューを見せてください．

miss 3級 [mis ミス]

動 3単現 **misses** [-iz]; 過去 過分 **missed** [-t]; ing **missing**) 他 **1 …をのがす，…しそこなう**;(的など) **をはずす**;…をはぶく，ぬかす．
He *missed* a penalty kick.
彼はペナルティーキックをはずした．
I *missed* the movie last night.
私はきのうの夜その映画を見のがした．
The department store is across from the station, so you can't *miss* it. デパートは駅の向かい側にあるから，見のがすことはないよ (→かならずわかるよ)．

2(電車・バスなど) **に乗り遅れる** (反 catch …に間に合う).
I overslept and *missed* my bus.
ぼくは寝坊していつものバスに乗り遅れた．

…に乗り遅れる　　…がいなくてさびしい

3(人) **がいなくてさびしい**;(人・物) の不在に気づく;(物事) がなつかしい．
I *miss* you so much.
(電話・メールなどで) きみがいなくて，とてもさびしいよ．

🗣スピーキング
Ⓐ I'll *miss* you. Keep in touch!
きみがいなくなるとさびしくなるよ．連絡をとり合おうね．
Ⓑ Take care!
うん，元気でね．

I *miss* my elementary school days.
小学生のころがなつかしい．

4(授業・試合・会合など) **に出られない**;**…を欠席する．**
She *missed* a week of school because of the flu.
彼女はインフルエンザのせいで1週間学校を休んだ．
── 自 **しそこなう，失敗する**;**的をはずす．**

missile [mísəl ミサィル ‖ mísail ミサイル] (発音注意) 名 **ミサイル．**

missing [mísiŋ ミスィング] 動 miss (…をのがす) の -ing 形．
── 形 **なくなっている，見当たらない**;**行方のわからない，行方不明の．**
I noticed that a puzzle piece was *missing*. パズルのピースが1つなくなっているのに気づいた．
Three crew members are still *missing*.
3人の乗組員がいまだに行方不明のままである．

mission 2級 [míʃən ミション] 名 (軍事・宇宙船などの) **任務，使命，ミッション**;(海外への) **使節団**;**伝道**;**布教活動．**
a *mission* school ミッションスクール．

missionary [míʃ(ə)neri ミシ(ョ)ネリィ ‖ -n(ə)ri -ナリィ] 名 (複数 **missionaries** [-z]) **宣教師，伝道師．**

Mississippi [misəsípi ミスィスィピィ] 名
1 ミシシッピ州 (メキシコ湾に接するアメリカ南部の州；略語は MS または Miss.)．
2 [the をつけて] ミシシッピ川 (アメリカ中部を北から南に縦断してメキシコ湾に注ぐ，アメリカ合衆国でもっとも長い川)．

Missouri [mizúə)ri ミズ(ア)リィ] 名 **1** ミズーリ州 (アメリカ中部の州；略語は MO または Mo.)．
2 [the をつけて] ミズーリ川．

mist [mist ミスト] 名 **もや，かすみ，うすい霧** (▶ fog よりうすいものをさす)．
The *mist* has cleared. 霧が晴れた．

mistake 3級 [mistéik ミステイク]
フォニックス48 a は [ei] と発音する．
名 (複数 **mistakes** [-s]) **誤り，まちがい，**

mistaken ▶

ミス (▶英語では *miss とはいわない).
make a *mistake* まちがいをする (▶ *do a mistake とはいわない).
correct my *mistake* 誤りを正す.
I made five *mistakes* on the English test.
英語のテストで5つまちがえた.
It's an easy *mistake* to make.
それはよくある誤りだ.

💬 用法 mistake と error
「誤り, まちがい」という意味では mistake が一般的な語. error はやや改まった語で, 比較的重大な誤りについて使う.

by mistake まちがって.
I put on someone else's shoes *by mistake*. まちがって人のくつをはいてしまった.
── 動 (3単現) **mistakes** [-s]; (過去) **mistook** [mistúk]; (過分) **mistaken** [mistéikən]; (ing) **mistaking** (他) **を誤解する**, 取りちがえる; **(mistake ~ for ... で) ~を...とまちがえる, 取りちがえる** (▶ふつう進行形にしない).
I *mistook* the meaning of his question. 私は彼の質問の意味を誤解した.
I *mistook* him *for* his twin brother.
私は彼を彼の双子の兄[弟]とまちがえた.

mistaken [mistéikən ミステイクン] 動 mistake (...を誤解する) の過去分詞.
── 形 (考えなどが) 誤解された, まちがった; (人が) まちがった.
a *mistaken* idea 誤った考え.
I thought she loved me, but I was *mistaken*. 彼女はぼくのことを愛してくれていると思っていたが, ぼくがまちがっていた.

mister [místər ミスタァ] 名 [知らない男性への呼びかけとして] もし, きみ, おにいさん (▶ sir のほうがていねい). → Mr.

mistletoe [mísltou ミスルトウ] 名《植物》ヤドリギ (▶クリスマスの装飾に使う. このかざりの下にいる異性にキスしてもよいとされている).

mistook [mistúk ミストゥック] 動 mistake (...を誤解する) の過去形.

mistress [místris ミストゥレス] 名 愛人, 情婦; 女主人 (男 master).

misty [místi ミスティ] 形 (比較) **mistier**; (最上) **mistiest** 霧の (深い).

misunderstand [misʌndərstænd ミサンダスタンド] 動 (過去)(過分) **misunderstood** [misʌndərstúd] (他) ...を誤解する, 考えちがいをする, 取りちがえる.

misunderstanding [misʌndərstændiŋ ミサンダスタンディング] 名 誤解; 意見の食いちがい.

misunderstood [misʌndərstúd ミサンダストゥッド] 動 misunderstand (...を誤解する) の過去・過去分詞.

misuse [misjú:z ミスユーズ] 動 (他) ...を誤用する, 悪用する.

mitt [mit ミット] 名 ミトン (= mitten);《野球》ミット (▶「グローブ, グラブ」は glove という). → baseball (図)

mitten [mítn ミトン] 名 ミトン (▶親指だけがはなれた手袋. 数えるときは a pair of mittens のように表す).

mittens　　gloves

mix 3級 [miks ミックス] 動 (3単現) **mixes** [-iz]; (過去)(過分) **mixed** [-t]; (ing) **mixing** (他) ...を混ぜる;《mix ~ with ... で》~に...を混ぜる.
You can't *mix* oil and water.
油と水は混ざらない.
Mix the flour *with* the eggs.
小麦粉に卵を混ぜてください.
mix blue and yellow paint
青と黄色の絵の具を混ぜる.
── (自) 混ざる; (人と) 仲よくつきあう.
Oil and water don't *mix*.
油と水は混ざらない.
→ 名 mixture ...を混同する.
mix up ...をよく混ぜる; ...を混同する.

mixed 準2 [mikst ミクスト] 形 混合の; 男女共学の; (テニスなどの) 男女混合の; (感情などが) 複雑な.
mixed doubles ミックスダブルス.
have *mixed* feelings
複雑な気持ちである.

mixer [míksər ミクサァ] 名 1 ミキサー (▶果物・野菜用の「ミキサー」はふつう《米》blender,《英》liquidizer [líkwidaizər] という).

◀ **moisture**

a concrete *mixer*
コンクリートミキサー；ミキサー車.
2 (画像・音声などの) ミキサー.

mixture 2級 [míkstʃər ミクスチャ] 名 混合；混合物. →動 mix

mm¹, mmm [mm ム] 間 ウーン (あいづちなどを表す).

mm² (略) = millimeter(s) (ミリメートル)

MN, Minn. (略) = Minnesota (ミネソタ州)
MO, Mo. (略) = Missouri (ミズーリ州)

moan [moun モウン] 名 (苦痛・悲しみなどの) うめき声.
—— 動 自 うなる, うめく.

mob [mɑb マブ‖mɔb モブ] 名 暴徒；群衆.
a *mob* of fans
集まったたくさんのファンたち.

mobile [móubəl モウビル‖-bail -バイル] 形 (物が) 移動可能な, 可動性のある；(人が) 体を動かせる, 機動力のある.
—— [móubi:l モウビール‖-bail -バイル] 名 (英) 携帯電話 (= mobile phone) (▶(米) では cell または cellphone という)；(美術) モビール.

mobile home [mòubəl‖mòubail hóum] 名 (米) トレーラーハウス (移動住宅；車で引いて移動できる1戸建て住宅. 旅行用ではなく居住用.「トレーラーハウス」は和製英語).

mock [mɑk マック‖mɔk モック] 動 他 …をあざけり笑う, …をからかう.
—— 自 あざける.
—— 形 模擬の, にせの.
a *mock* exam 模擬試験.

mode [moud モウド] 名 **1** 方式, 方法, 手段, モード.
2 流行.

model 4級 [mádl マドゥル‖mɔ́dl モドゥル] 名 **1** 模型；(自動車などの) 型.
He loves building plastic *models*.
彼はプラモデルをつくるのが大好きだ.
the latest *model* of laptop computer
最新型のノートパソコン.
2 模範, 手本.
She is a *model* of politeness.
彼女は礼儀正しさの手本だ.
3 (絵・写真などの) モデル；ファッションモデル.
She looks like a *model*, doesn't she? 彼女, モデルみたいだね.
—— 形 模型の；模範的な；モデルとなる.

a *model* answer 模範解答.
She was a *model* student at school.
彼女は学校では模範的な生徒だった.
—— 動 (3単現 **models** [-z]；過去 過分 **modeled**, (英) **modelled** [-d]；ing **modeling**,《英》**modelling**) 他 (粘土, ろうなどで) …をかたどる；(**model ~ after ...** で) …をモデルにして~をつくる, …を~のお手本とする.
Susan *modeled* herself after her teacher. スーザンは先生をお手本とした.

moderate [mádərət マデレト‖mɔ́d- モデ-] 形 (気温・価格・程度・量などが) 適度の, 中くらいの；穏健な.
moderate exercise 適度な運動.

moderator [mádəreitər マデレイタァ‖mɔ́d- モデ-] 名 仲裁者, 調停者；(会議などの) 司会者.

modern 2級 [mádərn マダン‖mɔ́dən モダン] (アクセント注意)
形 **1** 現代の：近代の (反 ancient 古代の).
modern times 現代.
the *modern* world 現代世界.
modern art 現代美術.
2 最新の, 現代的な.
The hospital has *modern* facilities.
その病院は最新の設備をそなえている.
modern fashions 最新のファッション.

modest [mádist マデスト‖mɔ́d- モデ-] 形 ひかえめな, 謙虚な；地味な；ほどほどの, 適度の.
He is *modest* about his grades.
彼は成績を鼻にかけることはしない.

modesty [mádəsti マデスティ‖mɔ́d- モデ-] 名 [ふつうほめて] 謙虚さ, つつしみ深さ.

modify [mádəfai マディファイ‖mɔ́d- モディ-] 動 他 **1** (形状・性質など) を修正する, 変更する.
modify a design デザインを修正する.
2《文法》…を修飾する.

Mohammed [mo(u)hǽmid モ(ウ)ハメド] 名 マホメット. → Muhammad

moist [mɔist モイスト] 形 (適度に) しめった, しめりけのある.

moisture [mɔ́istʃər モイスチァ] 名 湿気, 水分.

four hundred and sixty-one 461

mold¹, mould¹ ▶

mold¹, (英) **mould¹** [mould モゥルド]
图 型, (菓子などの) 流し型.
── 動 他 (型に入れて) …を作る; (性格など) を形作る.

mold², (英) **mould²** [mould モゥルド]
图 かび.
── 動 自 かびが生える.

mole¹ [moul モゥル] 图 (動物) モグラ.
mole² [moul モゥル] 图 ほくろ, あざ.

mom 5級 [mɑm マム ‖ mɔm モム]

图 (複数 **moms** [-z]) (米口語) **お母さん**,
ママ (= (英) mum) (対 dad お父さん).
I'm hungry, *Mom*.
ママ, おなかすいちゃった.

> 💬用法 **mom の使い方**
> 母親に呼びかけるときによく使われる.
> 小さい子どもだけでなく大人も使うが,
> 小さい子どもは **mommy** を使うことが
> 多い. 固有名詞のように大文字で始め,
> 冠詞をつけないことが多い.

moment 4級

[móumənt モゥメント]
图 (複数 **moments** [-ts ツ]) **1 瞬間**,
ちょっとの間, 一瞬.
Wait a *moment*, please. (= Just a *moment*, please.) 少々お待ちください.
Do you have a *moment*?
いまちょっと時間がありますか.
He looked at me for a *moment*.
彼は一瞬私を見た.
2 (特定の) 時, 時期.
They arrived here at the same *moment*. 彼らは同時にここに到着した.
at any moment いまにも, いつなんどき.
It was about to rain *at any moment*.
いまにも雨が降りだしそうだった.
at the moment いまは, ただいま.
I'm sorry, but he is busy *at the moment*.
あいにく彼はいま忙しいんです.
for the moment 当座は, さしあたっては.
in a moment あっという間に.
the moment (that) ... …するとすぐに
(= as soon as) (▶接続詞のように使う).
The moment he saw me, he ran away. 彼は私の姿を見るとすぐに逃げた.

mommy [mámi マミィ ‖ mɔ́mi モミィ] 图

────────────

(複数 **mommies** [-z]) (米口語) (小児語)
ママ, お母ちゃん (= (英) mummy) (対
daddy パパ). → mom
Mon. (略) = Monday (月曜日)
monarch [mánərk マナァク ‖ mɔ́n- モナ-]
(発音注意) 图 君主 (▶王・女王・皇帝など).

Monday 5級 图 月曜日

[mándei マンデイ, -di -ディ]
图 (複数 **Mondays** [-z]) **月曜日** (▶略語は
Mon.).
See you on *Monday*. 月曜日に会おうね
(▶「…曜日に」というときはふつうonをつける).
last *Monday* この前の月曜日に (▶*on
last Monday* とはしない).
next *Monday* 次の月曜日に (▶*on next
Monday* とはしない).

○ on Monday
× on last Monday

↑last や next がつくときは
on は使わない.

○ last Monday
▶曜日名は大文字で書きはじめる.

I have piano lessons on *Mondays*.
毎週月曜日にはピアノのレッスンがある (▶ on
Mondays のように曜日名が複数形になると
「毎週…曜日には」のように習慣性が強まる).
on *Monday* morning 月曜の朝に.

> ☁背景 "moon (月) + day (日)" から.

money 5級 图 お金

[máni マニィ]
图 **お金**, 金銭; 貨幣 (▶ a をつけず, 複
数形なし; 「硬貨」は coin, 「紙幣」は (米) で
は bill, (英) では note という).
I don't have any *money* with me.
いまお金をぜんぜん持っていません.
I had only a little *money*.
お金は少ししか持っていなかった.
He made a lot of *money*.
彼は大金をかせいだ.

Time is *money*. (ことわざ) 時は金なり.

文法 money は数えられない名詞

❶ money は数えられない名詞で「たくさんの」は much か a lot of で表し, many は使わない.

❷ しかし貨幣の種類を表す coin (硬貨), bill (紙幣) は many coins, a bill のように数えることができる. また貨幣の単位である dollar (ドル), cent (セント), pound (ポンド) なども複数になると -s がつく. ただし yen (円) は複数でも -s はつかない.

money は数えられない名詞.
× a money
× moneys
○ a lot of money

Mongolia [maŋgóuliə マンゴウリア ‖ mɔŋ-モン-] 图 モンゴル (中国の内モンゴル自治区およびモンゴル国をふくむ).

Mongolian [maŋgóuliən マンゴウリアン ‖ mɔŋ- モン-] 形 モンゴルの; モンゴル人の; モンゴル語の.
—— 图 モンゴル人; モンゴル語.

monitor 2級 [mánətər マニタァ ‖ mɔ́nitə モニタァ] 图 (パソコン・テレビなどの) モニター, ディスプレー; 学級委員.

monk [mʌŋk マンク] 图 修道士, 修道僧.

monkey 5級 [mʌ́ŋki マンキィ] (発音注意)

图 (複数) **monkeys** [-z] (動物) **サル** (▶一般に尾のあるサルをいい, ゴリラ・チンパンジーのように, 尾のないサル (類人猿) は ape [eip] という).

Stop it! You little *monkey*.
やめなさい！ このいたずらぞう！ (▶いたずら好きの子どもに対して愛情をこめて言う).

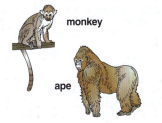

monkey

ape

monocycle [mánəsaikl マノサイクル ‖ mɔ́nə- モノ-] 图 一輪車 (▶ unicycle がふつう).

monopoly [mənápəli モナポリィ ‖ -nɔ́p- -ノポ-] 图 (商品・事業の) 独占, 独占権.

monorail [mánəreil マノレイル ‖ mɔ́nə- モノ-] 图 モノレール.
We took the *monorail* to the airport. 空港までモノレールで行った.

monotonous [mənát(ə)nəs モナトゥナス ‖ -nɔ́tə- -ノト-] 形 (声・音などが) 単調な.

monster [mánstər マンスタァ ‖ mɔ́n- モン-] 图 怪物, 化け物, モンスター; 巨大なもの.

Montana [mantǽnə マンタナ ‖ mɔn- モン-] 图 モンタナ州 (アメリカ北西部の州で, 西側にはロッキー山脈, 東側には大平原が広がる; 略語は MT または Mont.).

month 5級 图 (年月の) 月

[mʌnθ マンス] フォニックス34 th は [θ] と発音する.
图 (複数) **months** [-s, mʌn(t)s] (年月の) **月**, 1 か月.

A year has twelve *months*.
(= There are twelve *months* in a year.)
1年は12か月です.

"What day of the *month* is (it) today?" "It is (the) 13th."
「今日は何日ですか」「13日です」 (▶質問文は What's the date today? のほうがふつう. 答え方は It is the 13th of February. (2月13日です) とか It is February 13. のようにもいう).

I haven't seen her for *months*.
彼女にはもう何か月も会っていない.

She goes to the hospital every *month*. 彼女は毎月病院に行く.

I went traveling in Hokkaido last *month*.
私は先月北海道に旅行に行った.

He will come next *month*.
彼は来月来るだろう.

文法 「先月」「今月」などの言い方

前に last, this, next, every などがつくと, 前置詞は使わない.

monthly ▶

🔊背景 英語のなぞなぞ
Q：Which month has 28 days?
（28 日あるのは何月？）
A：All the months do.
（全部の月がそうだよ）

monthly [mánθli マンスリイ] 形 毎月の，
月1回の，月々の；（雑誌などが）月刊の．
a *monthly* magazine 月刊誌．
—— 副 毎月，月1回，月々．
—— 名 [複数 **monthlies** [-z]] 月刊誌．

Montreal [mɑntriːɔ́ːl マントゥリオール ‖ mɔn-
モン-] 名 モントリオール（カナダのケベック州
にある港湾都市）．

monument 2級 [mánjumənt マニュメン
ト ‖ mɔ́nju- モニュー-] 名 記念碑，記念像，記
念館；（歴史的）記念物，遺跡．
set up a *monument* 記念碑を建てる．

moo [muː ムー] 動 自 （牛が）モーと鳴く．

—— 名 [複数 **moos** [-z]] モー（▶牛の鳴き
声）．

mood [muːd ムード] 名 （一時的な）気分，
きげん（▶英語の mood は人の心持ちをさ
す．日本語の店・場所の雰囲気を表す「ムード」
は英語の atmosphere にあたる）．
He was in a bad *mood* today.
彼は今日はきげんが悪かった．

moody [múːdi ムーディ] 形 [比較 **moodier**
しばしば **more moody** ‖ 最上 **moodiest** しば
しば **most moody**] 気持ちの変わりやすい，
不きげんな．

moon 名 （天体の）月

[muːn ムーン] フォニックス71 oo は [uː] と発音する．
名 [複数 **moons** [-z]] **1** [ふつう the をつけて]
（天体の）**月**．

month　12 か月の言い方と言いならわし，由来

月	month/ 略語	英米での言いならわし／由来
1月	January / Jan.	Snow in January（1月は雪）／ローマ神のヤヌス（Janus）から，この神は2つの顔をもち，過ぎ去った月と新しい月をともに見ることができるという意味でこの名がつけられた．
2月	February / Feb.	Ice in February（2月は氷）／古代ローマで行われた *Februa* という「つぐないの祭り」から．
3月	March / Mar.	Wind in March（3月は風）／戦争の神マルス（Mars）の名から．
4月	April / Apr.	Rain in April（4月は雨）／open（開く）という意味のラテン語から．4月は草花が発育しはじめるという意味でつけられた．
5月	May / 略さない	Buds in May（5月は若芽）／ローマ神話の成長の女神メイア（Maia）の名にちなんでつけられた．
6月	June / Jun.	Roses in June（6月はバラ）／ローマの氏族名からきたという説や，ジュピターの妻にあたる守護神ジュノー（Juno）からきたという説，young（若い）という意味のラテン語からきたという説などがある．
7月	July / Jul.	Play in July（7月は遊び）／ジュリアス・シーザー（Julius Caesar）の名にちなんで名づけられた．
8月	August / Aug.	Hot days in August（8月は暑い日々）／初代ローマ皇帝アウグストゥス（Augustus）の名にちなんだもの．
9月	September / Sep., Sept.	School in September（9月は学校）▶9月に新学年が始まるから．／ラテン語で7月（*septem* = 7）の意味．古代ローマ暦では7月だったが，のちに January と February が加わったためにずれたものである．
10月	October / Oct.	Apples in October（10月はリンゴ）／ラテン語で8月（*octo* = 8）の意味．古代ローマ暦では8月だった．
11月	November / Nov.	Cold days in November（11月は寒い日々）／ラテン語で9月（*novem* = 9）の意味．古代ローマ暦では9月だった．
12月	December / Dec.	Christmas in December（12月はクリスマス）／ラテン語で10月（*decem* = 10）の意味．古代ローマ暦では10月だった．

The moon goes around the earth.
月は地球のまわりをまわる.
a full moon 満月 (▶ある特定の時期・形の月についていうときは, a をつけることが多い).
a crescent [krésnt] moon 三日月.
There is a moon tonight.
今夜が月が出ている.

背景 月面のもようを日本では伝統的に「ウサギのもちつき」とみるが, 西洋では「人の顔」に見立て, the man in the moon (月の中の男) といったりする. また, 月から連想するものは魔女や魔力で, 月の光に当たると人は気が変になると考えられてきた.

2 (惑星の) 衛星.
Mars has two moons.
火星には2つの衛星がある.

moon cake [mú:n kèik] 名 月餅 (中国の菓子).

moonlight [mú:nlait ムーンライト] 名 月光, 月明かり.
We took a walk in the moonlight.
私たちは月明かりの中を散歩した.

moonshine [mú:nʃain ムーンシャイン] 名 月光.

mop [mɑp マップ ‖ mɔp モップ] 名 モップ (長い柄のついたぞうきん).

moral [mɔ́(:)rəl モ(一)ラル] 形 道徳の; 道徳的な, 道義的な; 道徳をわきまえた, 品行方正な.
lead a moral life 道徳的な生活をする.
moral education 道徳 (教育).
—— 名 教訓; [複数形で] 道徳, モラル.

morally [mɔ́(:)rəli モ(一)ラリイ] 副 道徳的に.

more 4級 副 もっと
形 もっと多くの
代 もっと多くのこと・物・人

[mɔːr モー(ァ)] **フォニックス83** ore は [ɔːr] と発音する.

副 (much の比較級; 最上級は most)
1 [おもに2音節以上の形容詞・副詞の前につけて比較級をつくり] **もっと**.
This magazine was more interesting than that one.
この雑誌のほうがそれよりもおもしろかった.
Nothing is more precious than time. 時より大切なものはない.
Could you speak more slowly, please? もっとゆっくり話していただけますか.
Which is more difficult for you, math or science? あなたにとって数学と理科ではどちらのほうが難しいですか.

比較級のつくり方
1音節の語 → -er か -r
2音節の語 → -er か -r / more ...
3音節以上の語 → more ...

2 もっと (多く), さらに.
You need to sleep more.
あなたはもっと睡眠が必要だ.

3 《more ~ than ... で》…よりはむしろ~ (▶同一の人・同一の物の性質を比較する場合に使う) (同 rather).
Her cat is more cute than beautiful. 彼女のネコは美しいというよりもかわいらしい (▶比較級が -er 型の形容詞・副詞を使う場合でも, 「more + 原級 + than + 原級」にする).

—— 形 (many, much の比較級; 最上級は most) (数や量が) (…より) **もっと多くの**, より多くの (▶あとに than をともなうことが多い) (反 fewer, less より少ない); **それ以上の**.

many (数)
much (量) → more → most

(多くの)　(もっと多くの)　(いちばん多くの)

He has more friends than me.
ぼくより彼のほうが友だちが多い (▶ many の比較級).
Tony has more money than Bill.
トニーはビルよりたくさんの金を持っている (▶ much の比較級).
Can I have some more soup?
スープをもう少しもらえる?
Let's do it one more time.
もう一度やりましょう.
We have no more time.
ぼくたちにはもうこれ以上時間がないんだ.
I still have two more classes to-

moreover ▶

day. 今日はあと 2 時間授業がある (▶数をともなって「あと…」というときは, 「数＋more＋名詞」の順になる).

── 代 **もっと多くのこと・物, もっと多くの人**.

Tell me *more* about yourself.
あなたのことをもっと話してください.

Would you like some *more*?
(コーヒーなど) もう少しいかがですか.

🗨スピーキング
Ⓐ What a delicious cake!
とてもおいしいケーキね!
Ⓑ Have some *more*. もっとどうぞ.

all the more かえって, なおさら.
any more これ以上.
more and more **ますます多くの…; ますます**.

The story became *more and more* interesting.
その物語はますますおもしろくなった.

more or less ほぼ; だいたい.

They are *more or less* the same age. 彼らはほぼ同じ年齢だ.

more than [後ろに数をともなって] **…以上, …より多くの; …どころではない**.

It took us *more than* three hours to prepare for it.
それを準備するのに 3 時間以上もかかった.

This museum was built *more than* sixty years ago.
この博物館は 60 年以上も前に建てられた (▶厳密には more than sixty は 60 をふくまないので, 日本語の「61 年以上」にあたる).

It's *more than* just a game.
それは単なるゲーム以上のものだ.

more than anything 何よりも.
much more (あとに数えられない名詞がきて) ずっと多くの.

We had *much more* snow this year than last year.
今年は去年よりずっと多くの雪が降った.

no more = not ... any more もうこれ以上…しない.

He will come *no more*. (= He will not come *any more*.)
彼はもう二度と来ないでしょう.

I *can't* eat *any more*.
私はもうこれ以上は食べられません.

💬用法 **no longer** と **no more**
no longer は時間や時期に関して「もうこれ以上…しない」をいい, no more は量や程度に関していう.

no more than ほんの…にすぎない (= only).

She is *no more than* five.
彼女はほんの 5 歳にすぎない. →

once more もう一度. → once
the more ～, the more ... ～すればするほどますます…. → the

moreover 準2 [mɔːróuvər モーオウヴァ]
副《文語》そのうえ, さらに.

morning 5級 名 朝, 午前

[mɔ́ːrniŋ モーニング] フォニックス78 or は [ɔːr] と発音する.

noon 正午
afternoon 午後
morning 午前

名 (複数 mornings [-z]) **朝, 午前** (対 afternoon 午後) (▶ふつう夜明けから正午または昼食時までをいう).

I usually get up at seven in the *morning*. 私はふつう朝 7 時に起きます (▶「朝に」というときはふつう in がつく).

I get up early in the *morning*.
私は朝は早く起きる.

We have four classes in the *morning*. 午前中に 4 時間授業がある.

on Sunday *morning* 日曜日の朝に.
on the *morning* of May 5
5 月 5 日の朝に (▶「特定の日・曜日の朝に」というときには前置詞は on を使う. May 5 は May fifth または May the fifth と読む).

this *morning* けさ (▶✕in this morning とはいわない).

one *morning* ある朝.
yesterday *morning* きのうの朝.
tomorrow *morning* あすの朝.
every *morning* 毎朝.

466 four hundred and sixty-six

◀ **most**

○ in the morning
× in every morning
every や yesterday などがつくときは前置詞は使わない．
○ every morning
○ yesterday morning

🗣 スピーキング

🅐 *Good morning*, Ms. Brown.
ブラウン先生，おはようございます．
🅑 *Good morning*, everyone.
みなさん，おはよう．
▶ Good morning. は午前中のあいさつ．昼近くまで使える．ふつう相手の名前を最後につける．友だちどうしでは good を省略して Morning, Jeff. (おはよう，ジェフ) などともいう．

a *morning* walk 朝の散歩．
Morning bells are ringing.
朝の鐘が鳴っています．

from morning till night 朝から晩まで．
He worked *from morning till night*.
彼は朝から晩まで働いた．

morning glory [mɔ́ːrniŋ glɔ́ːri] 图
(複数 morning glories [-z]) (植物) アサガオ．

mortal [mɔ́ːrtl モートゥル] 形 死ぬべき運命の (反 immortal 不死身の)．

mosaic [mouzéiik モウゼイイク] 图 モザイク (ガラスや石を組み合わせて色やもようにつくった装飾)；モザイクもよう；モザイク細工．

Moscow [mɑ́skau マスカウ ‖ mɑ́skou モスコウ] 图 モスクワ (ロシア連邦の首都)．

Moslem [mɑ́zləm マズレム ‖ mɔ́z- モズ-] 图 形 (古) = Muslim

mosque [mɑsk マスク ‖ mɔsk モスク] 图 モスク，イスラム教寺院．

mosquito [məskíːtou モスキートウ] 图 (複数 mosquitoes または mosquitos [-z]) (虫) 蚊か．

moss [mɔ(ː)s モ(ー)ス] 图 (植物) コケ．

most

4級 副 もっとも，いちばん
形 もっとも多くの，たいていの
代 最多数，大部分

[moust モウスト]

副 (much の最上級；比較級は more)
1 [おもに 2 音節以上の形容詞・副詞の前につけて最上級をつくり] **もっとも，いちばん．**

最上級のつくり方
1音節の語 → -est か -st
2音節の語 → -est か -st / most ...
3音節以上の語 → most ...

What is the *most* popular sport in Japan?
日本でいちばん人気のあるスポーツは何ですか．
This is the *most* interesting movie of the five.
これはその 5 つの中でもっともおもしろい映画だ．

✏️ ライティング

He is one of the *most* famous actors in Japan. I love his movies.
彼は日本でもっとも有名な俳優のひとりです．私は彼の映画が大好きです．

2 [動詞を修飾して] **もっとも(多く)，いちばん．**
He worked (the) *most*.
彼がいちばん働いた．
What subject do you like (the) *most*?
どの科目がいちばん好き？
3 [the をつけないで] ひじょうに (同 very) (▶やや形式ばった言い方)．
She is a *most* brilliant girl.
彼女はひじょうに頭のいい子だ．

── 形 (many, much の最上級)
1 [ふつう the をつけて] (数や量が) **もっとも多くの，いちばん多くの** (反 fewest, least もっとも少ない)．

many (数)
much (量) → more → most

(多くの)　(もっと多くの)　(いちばん多くの)

He has *the most* comic books in our class.
クラスでは彼がいちばん多くの漫画の本を持っている (▶ many の最上級)．

mostly ▶

Who has *the most* money of the three?
3人のうちでだれがいちばんお金をたくさん持ってるの？（▶ much の最上級）.

2 [the をつけないで] **たいていの**, 大部分の.
Most boys like soccer.
たいていの少年はサッカーが好きだ.
Most people think so.
たいていの人はそう思っている.
Most children like pizza.
たいていの子どもはピザが好きだ.

× The most children like pizza.
──「たいていの」の意味のときは the をつけない.
○ Most children like pizza.

── 代 **1** [ふつう the をつけて]（数や量が）**最多数，最大量**；最大限度.
This is *the most* I can do.
これが私ができるせいいっぱいのことです.

2 [the をつけないで] **大部分**；(**most of the** [**one's** など] **+名詞**で)[特定の人・物について] **…の大部分，たいていの…，ほとんどの….**
Most of the students come to school by bike.
たいていの生徒は自転車で通学している.
Mike did *most of the* work.
マイクがその仕事のほとんどをやった.
They spent *most of their* vacation in Shinshu.
彼らは休暇のほとんどを信州で過ごした.

📖 文法 most ... と most of ...
most ... は不特定の物や人について「たいていの…，大部分の…」という意味を表し，most of ... は特定の物や人について「…の大部分」を表す. したがって most of のあとには the や their など特定の物や人であることを示す語がくる.

at (the) most せいぜい，多くても；（費用などが）高くても.
She is twenty *at (the) most*.
彼女はせいぜい20歳だ.
I can only pay 1,000 yen *at (the)*

most. 私にはせいぜい千円しか払えない.
make the most of …を最大限に利用する.
Make the most of your time.
時間はできるだけ有効に使いなさい.

mostly 2級 [móustli モウストゥリィ] 副 たいてい，ほとんど，大部分は；おもに.
He *mostly* goes out on Sundays.
彼は日曜日にはたいてい外に出かける.

motel [moutél モウテル]（アクセント注意）名 モーテル.

📖 背景 motor と hotel を組み合わせた語. 自動車旅行者のためのホテルで，ハイウエー沿いなどにあり，広々とした駐車場をもつ. 利用料は一般のホテルよりかなり安い.

宿泊する部屋の前まで車で行ける便利なホテル. 郊外でよく見られる.

moth [mɔ(ː)θ モ(ー)ス] 名（虫）ガ；（衣類を食いあらす）イガ（= clothes moth）.

mother 5級 名 母，母親

[mʌ́ðər マザァ] フォニックス35 th は [ð] と発音する. o は例外的に [ʌ] と発音する.

名（複数 **mothers** [-z]）**1 母**，母親，お母さん；（動物の）めすの親（対 father 父）.
my *mother* and father 私の父母（▶日本語では「父母」の順でいうが，英語ではふつう mother and father の順でいう）.
My *mother* works three days a week. 私の母は週３日働いています.
I'm about the same height as my *mother*. 私の身長は母とほとんど同じだ.
She is the *mother* of three children. 彼女は３人の子どもをもつ母親だ.
Mother is out now.

◀ **mound**

お母さんはいま外出してるよ.

●用法 mother の使い方
❶家族内の会話や呼びかけでは,冠詞やmyをつけず,Motherと大文字で固有名詞のようにあつかうことが多い.
❷子どもはMotherの代わりにMom(=《英》Mum), Mommy (=《英》Mummy)ということが多い. → mom, mommy

2《the mother of で》[比ゆ的に] …の母.
Necessity is *the mother of* invention.
(ことわざ)必要は発明の母.

Mother Goose [mʌ́ðər gúːs] 名 マザーグース (「がちょうおばさん」の意).

●背景 より正確には『マザーグースの歌』(*Mother Goose rhymes*)という. 英米に古くから伝わる童謡の総称で,子守歌・なぞなぞ・早口ことば・物語歌・ゲーム歌などいろいろある. マザーグースに登場する人物は,英米人にとってたいへんなじみ深い.

mother-in-law [mʌ́ðərinlɔ̀ː マザリンロー] 名 義理の母(配偶者の母).

Mother's Day [mʌ́ðərz dèi] 名 母の日(《米》などでは5月の第2日曜日).

Mother Teresa [mʌ́ðər tərìːsə] 名 マザーテレサ (1910-97; カトリック教会の修道女として,インドの貧しい人々のために活動した).

mother tongue [mʌ́ðər tʌ́ŋ] 名 母語(= native language) (生まれて最初に身につけた言語), 母国語.

motif [moutíːf モウティーフ]《フランス語》名 モチーフ, 基調(文学作品・楽曲などでくり返される中心主題); 基本になるもよう.

motion [móuʃən モウション] 名 動き, 運動, 移動; 動作, 身ぶり.
in slow *motion*
スローモーションで.

motion picture [móuʃən piktʃər] 名《米》映画(▶ movie の堅い表現).

motive [móutiv モウティヴ] 名 動機.
the *motive* for a crime 犯罪の動機.

motocross [móutoukrɔ̀(ː)s モウトウクロ(ー)ス] 名 モトクロス(オートバイのクロスカントリーレース).

motor [móutər モウタァ] 名 モーター, 原動機; エンジン.

motorbike 準2 [móutərbaik モウタバイク] 名 小型オートバイ(▶ motorcycle より小型のものをいう).

motorboat [móutərbout モウタボウト] 名 モーターボート.

motorcycle 準2 [móutərsaikl モウタサイクル] 名 大型オートバイ.

motor home [móutər hòum] 名 キャンピングカー(▶「キャンピングカー」は和製英語).

motorway [móutərwei モウタウェイ] 名《英》高速道路(=《米》expressway, freeway).

motto [mátou マトウ ‖ mɔ́tou モトウ] 名 (複数 **motto(e)s** [-z]) モットー, 標語.

mound [maund マウンド] 名 塚; 小山; (野球の)マウンド.

motorcycle ①ハンドル (▶単に ✕handle とはいわない) ② [リアヴュー ミラァ] バックミラー (▶ ✕back mirror とはいわない) ③ [フューエル タンク] 燃料タンク ④シート, 座席 ⑤ [テイルライト] テールライト ⑥ [マフラァ] マフラー, 消音器 ⑦ [フトゥレスト] 足置き(台) ⑧エンジン ⑨タイヤ ⑩ブレーキ ⑪ [フェンダァ] フェンダー, どろよけ ⑫ヘッドライト

four hundred and sixty-nine 469

Mount ▶

Mount [maunt マウント] 名 [山の名の前で]
…山 (▶ Mt. と略すことが多い).
Mount Fuji (= *Mt.* Fuji) 富士山.

mount 準2 [maunt マウント] 動 他 (はしご・山など) に登る; (馬・自転車など) に乗る.

mountain 5級 名 山

[máunt(ə)n マウンテン] フォニックス72 ou は[au]と発音する.

名 (複数) **mountains** [-z] **1** 山.
climb a *mountain* 山に登る.
the *mountain*top 山頂.
Mt. Fuji is the highest *mountain* in Japan. 富士山は日本でいちばん高い山だ (▶「富士山」のような個々の山の名前は, 前にふつう Mt. をつけて表す).
My uncle likes *mountain* climbing. おじは山登りが好きだ.
a *mountain* road 山道.

> ✎ライティング
> I went hiking in the *mountains* last Saturday.
> この前の土曜日は山へハイキングに行きました.

2 (the ... Mountains で) …山脈.
the Himalayan *Mountains*
ヒマラヤ山脈.　　→ 形 mountainous

Mountain Day [máunt(ə)n dèi] 名 山の日 (日本の祝日の1つ).

mountainous [máunt(ə)nəs マウンテナス, -tənəs] 形 山地の, 山間部の, 山の多い.
a *mountainous* country 山国.
　　　　　　　　　　→ 名 mountain

mountainside [máunt(ə)nsàid マウンテンサイド] 名 山腹.

mourn [mɔ́:rn モーン] 動 他 (人の死など) を悲しむ.
— 自 (死などを) 悲しむ, 嘆く.

mournful [mɔ́:rnfəl モーンフル] 形 悲しみに沈んだ, 痛ましい.

mouse 3級 [maus マウス] 名 (複数) **mice** [mais] **1** (動物) ハツカネズミ, マウス.

> ℹ️参考 鳴き声の「チューチュー」は squeak.

💬背景 ❶ 西洋の家で昔見られた小さなネズミが mouse で, 日本の家で昔見られた大型のネズミは rat である. mouse は小型なので, ネコでもとるが, rat はテリアなどの犬がとる.
❷ mouse にはおくびょう者の意味があるが, rat のように悪いイメージはない.

　　rat　　　　　　mouse

2 (コンピューター) マウス (▶この意味では複数形は mouses [máusiz] も使う).

mousse [mu:s ムース] (<フランス語) 名 ムース (あわ立てた生クリームに卵白やゼラチンなどを加えて冷やしたデザート); あわ状の整髪剤.

moustache [mʌ́stæʃ マスタシ ‖ məstɑ́:ʃ マスターシ] 名 (英) = (米) mustache

mouth 5級 名 口

[mauθ マウス] フォニックス72 フォニックス34 ou は[au], th は[θ]と発音する.

名 (複数) **mouths** [mauðz マウズズ]) **1** 口.
Open your *mouth*. 口を開けて.
Close your *mouth*. 口を閉じて.
Don't talk with your *mouth* full.
口いっぱいに食べ物を入れたまましゃべっちゃだめでしょ.
Shut your *mouth*! だまれ.
2 河口; (トンネルの) 出入り口; (びんなどの) 口; 口状の物.
the *mouth* of the Amazon
アマゾン川の河口.
by word of mouth 口コミで, 口頭で.
spread *by word of mouth*
口コミで広まる.

mouths [mauðz マウズズ] (発音注意) 名
mouth (口) の複数形.

move 4級 [mu:v ムーヴ] (o は例外的に [u:] と発音する)

動 (3単現) **moves** [-z]; (過去) (過分) **moved** [-d]; (ing) **moving** 他 **1** …を動かす, 移動させる, 移す.

◀ **movie**

…を動かす　　…を感動させる

Move the car into the garage.
車をガレージに入れなさい.
Can you help me *move* this sofa?
このソファーを動かすのを手伝ってくれる？

2 (人)の心を動かす, …を感動させる (▶悲しみ・笑い・怒りなどの気持ちを引きおこすときに使う).
She was *moved* to tears by the story.
彼女はその物語に感動してなみだを流した.

📝 ライティング

I was deeply *moved* by the movie.
私はその映画に深く感動しました.

──自 **1 動く**, 移動する.
Don't *move*. Say cheese.
動かないで, はい, チーズ.
I saw something *moving* among the grass. 草かげで何かが動くのが見えた.

2 引っ越す, 移る.
They *moved* to a new apartment.
彼らは新しいアパートに移った.
Our neighbors *moved* in last week. 隣の人たちは先週引っ越してきた (▶引っ越して出ていくときは move out という). →图 motion

move around 動きまわる, …のまわりをまわる.
The earth *moves around* the sun.
地球は太陽のまわりをまわっている.

move away 立ち去る; 転居する.
move back 後退する; 引き下がる.
move back to …にもどる.
move on どんどん進む; …をどんどん進ませる.
Let's *move on* to the next topic.
次の話題に進みましょう.
move over 席をつめる.
Move over a little, please.
ちょっとつめてください.

── 图 (複数 *moves* [-z]) **1 動き**, 移動; 引っ越し, 転居.

2 (チェス・将棋などの駒の) 動かし方.
That's a good *move*. それはいい手だ.
make a move 動く, 行動を起こす.

movement 準2 [múːvmənt ムーヴメント] 图 **1 動き** (同 motion); 動作, 身ぶり.
a dancer's graceful *movements*
ダンサーの優美な身のこなし.

2 (社会的・政治的な) 運動.
a peace *movement*
平和運動.

movie
5級 [múːvi ムーヴィ] (o は例外的に [uː] と発音する)
图 (複数 *movies* [-z]) **1** (おもに米) **映画** (= film, 《堅い表現》motion picture); [**the movies** で] [集合的に] 映画 (の上映).
→ film

単語力をつける　movie　映画のいろいろ

☐ a movie	映画	☐ a fantasy movie	ファンタジー映画
☐ an action movie	アクション映画	☐ a horror movie	ホラー映画
☐ an adventure movie	冒険映画	☐ a mystery movie	ミステリー映画
☐ an animated movie	アニメ映画	☐ a romance movie	恋愛映画
		☐ a sci-fi movie	SF映画
☐ a comedy movie	コメディー映画	☐ a war movie	戦争映画

moving ▶

see a *movie* 映画を見る(▶「映画館で見る」場合は see がよく使われ,「テレビや DVD で見る」場合は watch も使われる).
go to *the movies* 映画を見に行く(▶「特定の映画を見に行く」は go to the movie).
a *movie* fan 映画ファン.
a *movie* star 映画スター.
a *movie* studio 映画スタジオ.

💬スピーキング

Ⓐ How did you like the *movie*?
その映画はどうだった？
Ⓑ I really enjoyed it.
とってもよかったよ.
Ⓑ It was terrible.
ひどかった.

👤プレゼン

「〜で映画を見た」の言い方
I saw a movie at the movie theater last night.
私は昨晩映画館で映画を見ました.
I saw a movie on TV.
私はテレビで映画を見ました.
I saw a movie on a computer.
私はコンピューターで映画を見ました.
I saw a movie on the internet.
私はインターネットで映画を見ました.

2 [the movies で] (おもに米) 映画館 (= movie theater, (英) cinema); 映画界.

moving [múːviŋ ムーヴィング] 形 感動的な, 感動させる; 動く, 動いている.

mow [mou モウ] 動 (過去) mowed [-d] (過分) mowed または mown [moun] 他 (草・しば・麦など) を (大がま・刈り取り機で) 刈る, 刈り取る.
mow grass 草を刈る.
mow the lawn しばふを刈る.

mower [móuər モウア] 名 草刈り機, しば刈り機, 麦刈り機.

mown [moun モウン] 動 mow(…を刈る) の過去分詞の 1 つ.

Mozart [móutsɑːrt モウツァート], **Wolfgang Amadeus** 名 ヴォルフガング・アマデウス・モーツァルト (1756-91; オーストリアの作曲家; 18 世紀のウィーン古典派を代表する天才音楽家).

Mr., Mr [5級] [místər ミスタァ]

名 (複数) **Messrs.** [mésərz] [男性の姓または姓名の前につけて] **…さん**, …氏, …先生 (女 Ms., Miss, Mrs.) (▶ Mister の略).
Mr. Smith スミスさん, スミス先生.
Mr. John Brown ジョン・ブラウン氏.
Mr. and Mrs. Smith スミス夫妻.

💬用法 Mr. の使い方

❶ (米) では Mr. とピリオドをつけるが, (英) ではつけないことが多い. ❷ Mr., Ms., Miss, Mrs. などの敬称は, 姓または姓名の前につけて使う. 名前を表すとき英語では「名＋姓」の順になるが, たとえば「ジョン・ブラウン氏」を呼ぶときは, Mr. をつけて Mr. John Brown (Mr. ＋ 名 ＋ 姓) または Mr. Brown (Mr. ＋姓) のようにいう. ×Mr. John のように「Mr. ＋名」という言い方はしない. Ms., Miss, Mrs. などでも同様である. ❸ 「青木先生」というときは男の先生なら Mr. Aoki, 女の先生なら Ms. Aoki または Miss Aoki, Mrs. Aoki という. ×teacher は使わない.

○ Mr. John Brown ─「名＋姓」
○ Mr. Brown ─「姓」
× Mr. John ─「Mr. ＋名」という言い方はしない.

Mrs., Mrs [5級] [mísiz ミスィズ]

名 (複数) **Mmes.** [meidáːm] [結婚している女性の姓または姓名の前につけて] **…夫人**, …さん, …先生 (男 Mr.) (▶ Mistress の略). → Mr., Miss, Ms.
Mrs. White
ホワイト夫人, ホワイト先生.

💬用法 Mrs. の使い方

❶ (米) では Mrs. とピリオドをつけるが, (英) ではピリオドをつけないことが多い. ❷ 女性への敬称としては, 未婚・既婚の区別なく使える Ms. が好まれることが多い.

MS, Miss. (略) = Mississippi (ミシシッピ州)

▶ **much**

Ms., Ms 5級 [miz ミズ]

名 (複数 **Mses.** または **Ms.'s**[mízəz, -ɨz])[女性の姓または姓名の前につけて] **…さん**, …先生(男 Mr.). → Mr., Miss, Mrs.
Ms. Williams
ウィリアムズさん, ウィリアムズ先生.

💬用法 **Ms.の使い方**
❶相手が結婚しているかどうかわからないときや, 未婚・既婚の区別をしたくないときに使う. ❷ Miss, Mrs.の代わりにMs.を使う人が増えている.

MT, Mont. 《略》= Montana (モンタナ州)

Mt. 4級 [maunt マウント]

名 **…山** (▶ Mount の略で, 山の名の前につける).
Mt. Everest エベレスト山.

エベレスト山. ネパールと中国チベット自治区の国境に位置する世界一高い山.

much
5級 形 **多くの, 多量の**
代 **多量, たくさん**
副 **とても, ひじょうに**

[mʌtʃ マッチ] フォニックス46 フォニックス26 u は [ʌ], ch は [tʃ] と発音する.

形 (比較 **more**[mɔːr]; 最上 **most**[moust])(量が) **多くの, たくさんの, 多量の** (反 little 少しの) (▶ふつう否定文・疑問文で使い, 肯定文には a lot of を使う). → many
Do we have *much* time?
時間はたっぷりありますか.
There isn't *much* water in the river.
川にはあまり水がない.
I have too *much* homework to do.
やるべき宿題が多すぎる.
I don't have *much* pain right now.
いまはそれほど痛みはありません.
Is there *much* sugar in the pot?
つぼの中に砂糖がたくさんありますか.

🔍文法 **much と many**
much は数えられない名詞とともに使う. 数えられる名詞には **many** を使う.

× many sugar (砂糖)
　　↳ 数えられない名詞には many はつかない.
○ much sugar
○ many spoons (スプーン)
　　↳ 数えられる名詞
○ a lot [lots] of sugar
○ a lot [lots] of spoons

── 代 [単数あつかい] (量・金額が) **多量, たくさん** (反 little 少量) (▶ふつう否定文・疑問文で使い, 肯定文には a lot を使う).
I don't know *much* about him.
彼についてはあまりよく知りません.
Much of the island is covered with snow and ice.
島の大部分は雪と氷でおおわれている.

── 副 **1 とても**, たいへん, ひじょうに, よく (▶動詞を強めるときは very much とすることが多い).
I like chocolate *very much*.
私はチョコレートが大好きなんだ.
We enjoyed the concert *very much*.
そのコンサートはとても楽しかった.
Thank you very *much*.
どうもありがとうございます.
It doesn't matter so *much*.
それほどだいじなことではない.
a *much* loved song
多くの人から愛されている歌.
2 [比較級・最上級を強めて] **ずっと**, はるかに.
Her husband is *much* older than her.
彼女の夫は彼女よりずっと年上だ.
The exam was *much* more difficult than I expected.
テストは思っていたよりもはるかに難しかった.
I'm feeling *much* better now.
いまはだいぶ気分がよくなりました.

four hundred and seventy-three　473

mud ▶

📖文法 much と very
❶ much はふつう動詞・過去分詞および形容詞・副詞の比較級・最上級を修飾する. very は形容詞・副詞の原級を修飾する.
❷ 過去分詞や形容詞化した過去分詞を修飾するときは much を使うのが原則だが, 話し言葉では very を使うことも多い. She was *very* surprised. (彼女はたいへんおどろいた)

as much as …と同じだけの量の; …と同じ程度に.
Take *as much as* you want.
ほしいだけとりなさい.

be too much for (人・事が) …の手に負えない, 処理できない.

How much ...? (金額をたずねて) **…はいくらですか**; (量・程度などをたずねて) **…はどのくらいですか**.

🗣スピーキング
🅐 *How much* is this watch?
この時計はいくらですか.
🅑 It's 40 dollars.
40ドルです.

How much did you pay for the ticket? そのチケットにいくら払ったの?
How much milk is left?
牛乳はどのくらい残っているの?

💬用法 How much ...? と How many ...?
How much ...? は「いくら」と金額をたずねる場合と, 「どのくらい (の)」と量や程度をたずねる場合とがある.「いくつの」と数をたずねる場合には How many ...? を使う. → many

not much of a ... たいした…ではない.
She is *not much of a* pianist.
彼女はたいしたピアニストではない.

So much for .... …はこれでおしまい.
So much for today.
今日はこれでおしまい (▶終わってやれやれ, せいせいしたという感じ).

mud [mʌd マッド] 名 どろ, ぬかるみ.
My shoes were covered with *mud*.
くつはどろだらけだった.

muddy [mʌ́di マディ] 形 [比較] muddier;

[最上] muddiest) どろの, どろだらけの, ぬかるみの.
a *muddy* road どろんこ道.

muffin [mʌ́fin マフィン] 名 マフィン (アメリカではカップ型に入れて焼いたケーキ. イギリスでは平たい丸型のパン).

左がイギリスの, 右がアメリカのマフィン.

muffler [mʌ́flər マフラァ] 名 **1** (米) (車・バイクなどの) 消音装置, マフラー.
2 マフラー, えり巻き (▶この意味では scarf のほうがふつう).

mug [mʌg マッグ] 名 マグ (カップ) (▶取っ手のついた大形カップ. 英語では*mug cup* とはいわない).

muggy [mʌ́gi マギィ] 形 [比較] muggier; [最上] muggiest) (天気が) むし暑い.
Summer in Japan is very *muggy*.
日本の夏はとてもむし暑い.

Muhammad [muhǽməd ムハメド] 名 ムハンマド, マホメット (570?-632; アラブの預言者ぷ; アッラーの神からさとりを受け, イスラム教の開祖となった. 聖典「コーラン」(the Koran [kərǽn]) は神の啓示を彼が集成したもの. Mohammed, Mahomet ともつづる).

mule [mjuːl ミュール] 名 (動物) ラバ.

multi- [mʌ́lti- マルティ-] 接頭 ▶「多くの」の意味を表す語をつくる. (反) mono- 1つの). 例. multimedia (multi + media マルチメディア) / multinational (multi + national 多国籍ᵏⁱの).

multicultural [mʌ̀ltikʌ́ltʃ(ə)rəl マルティカルチ(ュ)ラル] 形 多文化の, 多文化的な, 多様な文化からなる.

multimedia [mʌ̀ltimíːdiə マルティミーディア] 名 マルチメディア.

multiple [mʌ́ltəpl マルティプル] 形 多種多様の, 多数の.

multiply 2級 [mʌ́ltəplai マルティプライ] 動 (3単現 multiplies [-z]; 過去 過分 multiplied [-d]; ing multiplying) 他 (数学) …をかける (反 divide …を割る);…を増やす, 増加させる.

▶ **musically**

3 *multiplied* by 5 is 15.
3かける5は15（3×5=15）(▶ 3 times 5 is 15. ともいう).

mum [mʌm マム] 名《英口語》お母さん, ママ (=《米》mom) (対 dad お父さん).

mummy¹ [mʌ́mi マミィ] 名 (複数 **mummies** [-z])《英口語》《小児語》ママ, お母ちゃん (=《米》mommy) (対 daddy パパ).

mummy² [mʌ́mi マミィ] 名 (複数 **mummies** [-z]) ミイラ.

munch [mʌntʃ マンチ] 動 他自 (…を) むしゃむしゃ食べる, もぐもぐ食べる.

murder [mə́ːrdər マ〜ダァ] 名 殺人；殺人事件.
commit (a) *murder* 人殺しをする.
── 動 他 …を殺す, 殺害する (同 kill).

murderer [mə́ːrdərər マ〜ダラァ] 名 殺人者, 人殺し, 殺人犯.

murmur [mə́ːrmər マ〜マァ] 動 自他 (…を) 小さな声で言う, つぶやく, ささやく.
── 名 つぶやき, ささやき；(風・木の葉などの) ざわめき.

muscle 準2 [mʌ́sl マスル] (発音注意) 名 筋肉.
build up my *muscles* 筋肉をきたえる.

museum 4級 [mjuːzí(ː)əm ミューズィ(ー)アム] (アクセント注意)
名 (複数 **museums** [-z]) **博物館**；美術館. (▶英米ではあまり両者を区別しない).
a science *museum* 科学博物館.
an art *museum* 美術館.
The British *Museum* 大英博物館 (▶ロンドンにある世界有数の博物館).

ニューヨークのメトロポリタン美術館.

mushroom 準2 [mʌ́ʃruː(ː)m マシュル(ー)ム] 名《植物》マッシュルーム；(食用の) キノコ.

music 5級 名 **音楽**

[mjúːzik ミューズィク]

名 **1 音楽**；曲 (▶ a をつけず, 複数形なし. 曲を数えるときは a piece of music, two pieces of music のようにする).
listen to *music* 音楽を聞く.
play *music* 音楽を演奏する.
dance to *music* 音楽に合わせて踊る.
a *music* teacher 音楽の先生.

🗨 スピーキング

Ⓐ What kind of *music* do you like?
どんな種類の音楽が好きですか.
Ⓑ Classical *music*.
クラシック音楽です.

音楽のいろいろ
background music バックグラウンドミュージック (▶略語は BGM).
classical music クラシック音楽 (▶×classic music とはいわない).
country music カントリーミュージック.
folk music 民俗音楽；フォーク (ミュージック).
hip hop music ヒップホップ (ミュージック).
jazz ジャズ.
pop music ポピュラー音楽, ポップス.
rap music ラップ (ミュージック).
rock music ロック (ミュージック).
soul music ソウル (ミュージック).

2 楽譜 (▶ a をつけず, 複数形なし).
read *music* 楽譜を読む.

musical 3級 [mjúːzikəl ミューズィカル] 形 音楽の；音楽的な；音楽が得意な, 音楽好きな.
a *musical* instrument 楽器.
She is very *musical*.
彼女は音楽がひじょうに得意だ.
── 名 ミュージカル.
a Broadway *musical*
ブロードウェーミュージカル.

musical chairs [mjúːzikəl tʃéərz] 名 [単数あつかい] いすとりゲーム.

musically [mjúːzikəli ミューズィカリィ] 副

four hundred and seventy-five 475

music box ▶

音楽的に；音楽上.

music box [mjúːzik bὰks ‖ bɔ̀ks] 名
(米) オルゴール (= (英) musical box).

musician 3級 [mjuːzíʃən ミューズィシャン]

名 [複数 musicians [-z]] **音楽家**，ミュージシャン (演奏家，作曲家，指揮者など).
I want to be a rock *musician*.
ぼくはロックミュージシャンになりたい.
a street *musician*
ストリートミュージシャン.

Muslim [mázləm マズリム, mús- ムス-] 名
イスラム教徒.
── 形 イスラム教の，イスラム教徒の.

must 4級 助 …しなければならない，…にちがいない

[məst マスト, (強めると)mʌst マスト]
助 [過去形なし] **1** [強い義務・必要・命令を表して] (かならず) **…しなければならない** (▶話し言葉では have to のほうがよく使われる). → have
You *must* stay home.
あなたは家にいなくてはいけません (→かならず家にいなさい) (▶相手に有無を言わせない強い言い方. 助言するときは should を使う).
You *must* turn in your paper by Friday.
レポートは金曜までにかならず提出すること.
I *must* go now. (= I *must* be going now.) もう行かないと (→帰らないと).

> 🗣 プレゼン
>
> We *must* protect our environment.
> 私たちは環境を守らなければなりません.

> 📘 文法 must の使い方
>
> ❶ 「…しなければならない」は must で表す. その反対の「…する必要はない」は do not have to か need not で表す.
>
>
> 主語が何でも must.

❷ must には過去形がないので，「…しなければならなかった」は **had to** で表す. She *had to* go to school by bicycle. (彼女は自転車で学校へ行かなければならなかった). また，「…しなければならないだろう」と未来を表すときは **will have to** を使う. You *will have to* walk to school tomorrow. (あす，あなたは歩いて学校へ行かなければならないでしょう)

2 (must not ... で) [強い禁止を表して] **…してはいけない** (▶短縮形は mustn't).
You *must not* leave your bike here.
自転車をここに置いたままにしてはいけない.

3 [推量を表して] **…にちがいない**, きっと…のはずだ.
It *must* be true.
それはほんとうにちがいない.
You *must* be tired after your long trip. 長旅のあとできっとおつかれでしょう.
── 名 [a をつけて] 絶対必要なもの；ぜひ見る[聞く・読む]べきもの.
It's *a must*. それは必見[必聴・必読]だよ.

mustache [mʌ́stæʃ マスタシュ ‖ məstɑ́ːʃ マスターシュ] ▶(英) では moustache とつづる.
名 口ひげ.

beard
あごひげ

mustache
口ひげ

whiskers
ほおひげ

sideburns
もみあげ

He wears a *mustache*.
彼は口ひげをはやしている.

mustard [mʌ́stərd マスタド] 名 マスタード, からし.

mustn't [mʌ́snt マスント]

(発音注意) must not の短縮形. → must
You *mustn't* run around here.
ここでは走りまわってはいけない (▶ひじょうに強い言い方なので, ふつうは You can't

◀ **myth**

run around here. などという).

mutter [mʌ́tər マタァ] 動 圓 つぶやく.
—— 他 …をぶつぶつ言う.
—— 图 つぶやき.

mutton [mʌ́tn マトゥン] 图 羊の肉, マトン
(▶「子羊の肉」のことは lamb という).
→ meat (表)

mutual [mjúːtʃuəl ミューチュアル] 形 たが
いの, 相互の；共通の, 共同の.
mutual understanding 相互理解.
We have a lot of *mutual* friends.
ぼくたちには共通の友だちがたくさんいる.

MVP [émviːpíː エムヴィーピー] 最優秀選
手(▶ *m*ost *v*aluable *p*layer の略).

my 5級 代 私の

[mai マイ. (強めると)mai マイ]
代 (複数) our [áuər] 1 (I の所有格) **私の**,
ぼくの. → I (表)
my family 私の家族.
That's *my* pen. あれはぼくのペンです (▶
That's ×a my pen. とはいわない).
Beth is *my* best friend.
ベスは私の親友です.
2 [親しみを表す呼びかけに使って]
my boy おい, きみ；おい, ぼうや.
my dear ねえ, きみ；ねえ, あなた.
—— 圊 [口語] [おどろき・喜びなどを表して]
おや, まあ, あら.
Oh, *my*! あら, まあ.
My, look at the time!
まあ, もうこんな時間！

Myanmar [mjænmɑːr ミャンマー] 图 ミャ
ンマー (東南アジアの共和国；首都はネーピー
ドー (Naypyidaw)).

myself [maisélf マイセルフ]

代 (複数) **ourselves** [auərsélvz]) **1** [意味を強
めるために使って] **私自身** (▶この用法では
myself を強く発音する). → oneself (表)
I did it *myself*.
それをやったのはこの私なんです.
2 [動詞・前置詞の目的語として] **私自身を**,
私自身に.
I dressed *myself* quickly. (= I got
dressed quickly.)
私は急いで服を着た.
I looked at *myself* in the mirror.
私は鏡で自分の姿を見た.

▶ プレゼン

Let me introduce *myself* first.
最初に自己紹介をさせてください.

by myself 1 人で；だれの力も借りずに.
I think I can do it *by myself*.
私はそれを自分 1 人でできると思う.
I live here (all) *by myself*.
私はここに (まったく)1 人で住んでいます.
for myself 自分のために；自分自身で.
I want to see it *for myself*.
自分自身でたしかめたいんだ.

mysterious [mistí(ə)riəs ミスティ(ア)リア
ス] 形 なぞめいた, 不可解な, 不思議な,
神秘的な.

mystery 3級 [míst(ə)ri ミステリィ] 图
(複数 **mysteries** [-z]) **1** 不思議, 神秘；不
可解なこと, なぞ.
2 推理小説, ミステリー.

myth [miθ ミス] 图 **1** 神話 (▶「伝説」は
legend).
the Greek *myths*
ギリシャ神話.
the classical *myths*
ギリシャ・ローマ神話.
2 (一般に信じられているが) 根拠のな
い話, 俗説, 「神話」.

four hundred and seventy-seven 477

N, n

N, n [en エン] 名 (複数 **N's, n's** [-z] または **Ns, ns** [-z]) エヌ (アルファベットの 14 番目の文字).

N, N. 《略》= north (北)

n. 《略》=《文法》noun (名詞)

'n, 'n' [ən アン, n ン] 接 〜と… (▶ and の短縮形).

rock 'n' roll ロックンロール.

naan [nɑːn ナーン] 名 ナン (インドの平たいパン; nan ともつづる).

nail [neil ネイル] 名 **1** (人の)つめ (▶ネコ・ワシなどの動物・鳥類のつめはふつう claw という).

fingernails 手の指のつめ.
toenails 足の指のつめ.
cut my nails つめを切る.
nail clippers つめ切り.

2 くぎ.

He hammered a nail into the wall. 彼はかべにくぎを 1 本打った.
pull out a nail くぎをぬく.

Nairobi [nairóubi ナイロウビィ] 名 ナイロビ (ケニアの首都).

naked [néikid ネイキド] (発音注意) 形 (人が)はだかの, 何も着ていない;(目が)肉眼の;(物などが)むきだしの,おおいのない.

a naked body 裸体.
the naked eye 肉眼.

name 5級 名 名前 動 …と名づける

[neim ネイム] フォニックス48 a は [ei] と発音する.
名 (複数 **names** [-z]) (人や動物, 物の) **名前, 名, 名称**.

🗣 スピーキング

Ⓐ *May I ask your name?* お名前は何とおっしゃいますか.

Ⓑ *My name is* Yoshida Taro. 私の名前は吉田太郎です.

▶ May I ask your name? は What's your name? よりもていねいな言い方. May I have your name? ともいう. Who are you? (おまえは何者だ) は失礼になるのでふつう使わない.

Please write your *name* and address here. ここにお名前とご住所をお書きください (▶英語ではかならず name and address の語順で使い,日本語の「住所氏名」とは逆になる).

"How do you spell your *name*?" "L-O-U-I-S-E, Louise." 「お名前はどうつづるのですか」「L, O, U, I, S, E, Louise です」

I don't remember the *name* of the store. その店の名前は覚えていない.

Do you know the *name* of this flower? この花の名前を知ってる?

🔎背景
欧米では, 個人名 (first name) が先で, 姓 (family name) があとにくる. この 2 つの間に中間名 (middle name) をもつ人もいる.

英語では「名 + 姓」の順.

family name 多い姓ベスト3

	アメリカ	イギリス
1	Smith (スミス)	Smith
2	Johnson (ジョンソン)	Jones (ジョーンズ)
3	Williams (ウィリアムズ)	Brown (ブラウン)

by name 名前だけは；名前で.
I know him *by name*. (実際に会ったことはないが) 彼の名前だけは知っている.
in the name of …という名のもとに.
under the name of …という名前で.
I reserved a table at the restaurant *under the name of* Takahashi. 高橋という名前でそのレストランに予約しておきました.
━━ 動 (3単現 **names** [-z]; 過去 過分 **named** [-d]; ing **naming**) 他 **1 …と名づける**, …という名前をつける；《name ＋ 人など＋名前で》(人など)を…と名づける.
We *named* our dog Love. うちの犬に「ラブ」という名前をつけた.
2 …の名前を挙げる, 名前を言う；(人)を指名する, …を任命する.
Can you *name* all of the planets? 惑星の名前をすべて言えますか.
name ＋人・動物など ～ ***after …*** …の名をとって (人・動物など) に～と名づける.
The baby was *named* Robert *after* his grandfather. 赤ちゃんは祖父の名をとってロバートと名づけられた.

named [neimd ネイムド] 動 **name** (…という名前をつける) の過去・過去分詞.

nameless [néimlis ネイムレス] 形 名のついていない；名を伏せてある；名もなき.

namely [néimli ネイムリィ] 副 すなわち, つまり (＝ that is (to say)).

nameplate [néimpleit ネイムプレイト] 名 (家などの) 表札, 名札；ネームプレート.

naming [néimiŋ ネイミング] 動 **name** (…という名前をつける) の -ing 形.

nan [næn ナン] 名 ナン (インドの平たいパン；naan ともつづる).

Nancy [nǽnsi ナンスィ] 名 ナンシー (女性の名).

nap [næp ナップ] 名 うたた寝, 昼寝, 仮眠.
take a *nap* 昼寝をする.
━━ 動 (過去 過分 **napped** [-t]; ing **napping**) 自 うたた寝をする, 昼寝する.

napkin [nǽpkin ナプキン] 名 (食卓用) ナプキン；《米》(女性の) 生理用ナプキン.

Napoleon [nəpóuljən ナポウリョン], **Bonaparte** 名 ナポレオン・ボナパルト (1769-1821；一士官からフランス皇帝となった人物).

パリにあるボナパルト通りの標識.

narcissus [nɑ:rsísəs ナースィサス] 名 (複数 **narcissi** [nɑ:rsísai], **narcissuses** [-iz] または **narcissus** で)**1** 《植物》スイセン.
2 〔**Narcissus** で〕《ギリシャ神話》ナルキッソス (水にうつった自分の姿に恋いこがれて水死し, スイセンになった美少年).

narration [næréiʃən ナレイション] 名 物語ること, 語り, ナレーション；(個々の) 話, 物語；《文法》話法.

narrative [nǽrətiv ナラティヴ] 名 物語, 話.

narrator [nǽreitər ナレイタァ ‖ nəréitə ナレイタァ] 名 ナレーター, 語り手.

narrow 3級 [nǽrou ナロウ]

形 **1** (幅が) **せまい** (反 **wide, broad** 広い) (▶面積がせまいというときには small を使う).

narrow
幅がせまい

small
面積がせまい

This street is long and *narrow*. この道は細長い.

💬用法 **narrow** の使い方
narrow は「幅がせまい」こと. 日本語の「せまい部屋」は「小さい部屋」のことだから a small room という. 幅がせまくないかぎり a ×narrow room とはいわない.

2 (心などが) せまい；(範囲などが) 限られた.
a *narrow* mind せまい心.
3 かろうじての；(試合などが) 僅差の.
He had a *narrow* escape from drowning. 彼はあやうくおぼれ死ぬところだった.
a *narrow* victory 僅差の勝利.

NASA [nǽsə ナサ] 名 ナサ, 米国航空宇宙局 (▶ National Aeronautics and

nasty ▶

Space Administration の略).

nasty [nǽsti ナスティ∥nάːs- ナース-] 形 [比較] **nastier**；[最上] **nastiest**] いやな，不快な，ひどい；意地悪な.

Don't be so *nasty* to your little sister. 妹にそんなに意地悪するな.

a *nasty* smell いやなにおい，悪臭.

nation 準2 [néiʃən ネイション]

名 **1** [集合的に] **国民**.

the Japanese *nation* 日本国民.

The Prime Minister addressed the *nation*. 首相は国民に向かって演説した.

2 国，**国家**. → country

Western *nations* 欧米諸国.

the United *Nations* 国際連合，国連.

national 3級 [nǽʃ(ə)nəl ナショナル]

形 **国民の；国家の**，国の；全国の（反 local その地域の）；（組織などが）国立の.

a *national* hero 国民的英雄.

a *national* flag 国旗.

a *national* anthem 国歌.

a *national* park 国立公園.

the *National* Diet (日本の) 国会.

the Tokyo *National* Museum 東京国立博物館.

National Foundation Day (日本の) 建国記念の日.

national holiday [nǽʃ(ə)nəl hɑ́lədei∥hɔ́lədi] 名 国の祝祭日.

nationality [nǽʃənǽləti ナショナリティ] 名 [複数 **nationalities** [-z] 国籍.

National League [nǽʃ(ə)nəl líːg] 形 [the をつけて] **ナショナルリーグ**（▶ American League とともにアメリカのプロ野球のメジャーリーグの 2 大リーグを成す）. → Major League

National Trust [nǽʃ(ə)nəl trΛ́st] 名 [the をつけて] (英) **ナショナルトラスト**，文化財保護財団（自然美や史跡を維持・管理するための団体）.

native 準2 [néitiv ネイティヴ] 形 生まれ故郷の，出生地の；生まれつきの，生来の；（人が）先住の；その土地の，原産の.

my *native* language 母語.

a *native* speaker of English 英語のネイティブスピーカー（英語を母語として話す人のこと）.

Aborigines are Australia's *native* people.

アボリジニはオーストラリアの先住民である.

―― 名 (ある土地の) 生まれの人；先住民.

a *native* of Texas テキサス生まれの人.

Native American [nèitiv əmérikən] 名 **アメリカ先住民**（▶ American Indian に代わる言い方）.

―― 形 アメリカ先住民の.

NATO, Nato [néitou ネイトゥ]（発音注意）名 北大西洋条約機構，ナトー（▶ North Atlantic Treaty Organization の略）.

natural 3級 [nǽtʃ(ə)rəl ナチュラル]

形 ([比較] **more natural**；[最上] **most natural**) **1 自然の**，天然の；自然のままの（反 artificial 人工の）；気取らない，ごく自然の.

the *natural* world 自然界.

a *natural* disaster 自然災害.

natural resources 天然資源.

2 当然の，あたりまえの，自然の；(**It is natural (that) ... で**) **…というのは当然だ**；(**It is natural (for＋人) to ... で**) (人が) **…するのは当然だ**.

It's natural that you think so. (＝ *It's natural for you to* think so.)

きみがそう考えるのは当然だ.

It is natural for parents *to* worry about their children.

親が子どもを心配するのはあたりまえだ.

3 生まれながらの，生まれつきの.

He is a *natural* leader.

彼は生まれながらのリーダーだ. → 名 nature

naturally 準2 [nǽtʃ(ə)rəli ナチュラリ]

副 **1 自然に**，ふつうに.

Just act *naturally*.

ただ自然にふるまえばいいんだよ.

2 生まれつき.

She's *naturally* shy.

彼女は生まれつきはずかしがりやだ.

3 当然，もちろん.

Naturally, I was disappointed when I failed the exam.

当然，試験に失敗したときはがっかりした.

nature 3級 [néitʃər ネイチァ]

名 ([複数 **natures** [-z]) **1 自然**，自然界（野，

480 four hundred and eighty

◀ **near**

山・海・川や動植物はふくむが，人間や人工の物はふくまない）(⇔ art 人工)(▶ a をつけず，複数形なし).
the forces of *nature* 自然の力.
the laws of *nature* 自然の法則.
the beauty of *nature* 自然の美しさ(▶ ˟beautiful nature とはいわない).
2 (人・物の) **性質**, 性格, 天性, 本質.
human *nature* 人間性.
It's her *nature* to worry.
心配するのは彼女の性格だ (→彼女は心配性だ). →形 natural
by nature 生まれつき.
She is curious *by nature*.
彼女は生まれつき好奇心が強い.

naughty [nɔ́ːti ノーティ] 形 (比較) **naughtier**; (最上) **naughtiest**) (子どもが) わんぱくな, いたずらな, 言うことをきかない; 行儀の悪い.

naval [néiv(ə)l ネイヴ(ェ)ル] 形 海軍の.

navel [néiv(ə)l ネイヴ(ェ)ル] 名 へそ.

navigate [nǽvəgeit ナヴィゲイト] 動 他 (船・飛行機など) を操縦する，ナビゲートする; (海・川・空) を航海 [飛行] する. 一自 航海 [飛行] する; (運転手の横で) 方向を指示する, 道案内する.

navigation [nævəgéiʃən ナヴィゲイション] 名 (船の) 航行, 航海; (飛行機の) 飛行; 航海術, 航空術.
a car *navigation* system カーナビ.

navigator [nǽvəgeitər ナヴィゲイタァ] 名
1 航海者.
2 ナビゲーター (航空機や船などの進路の自動調整装置).

navy 準2 [néivi ネイヴィ] 名 (複数 **navies** [-z]) [ふつう the をつけて] 海軍 (▶「陸軍」は army, 「空軍」は air force).

Nazca Lines [náːskɑː làinz] 名 ナスカの地上絵.

Nazi [náːtsi ナーツィ] 名 ドイツのナチ党員; [the Nazis で] ナチ党 (ヒトラー (Hitler) により 1919 年につくられた国家社会主義ドイツ労働者党).
— 形 ナチ党の.

NBA [ènbiːéi エンビーエイ] 全米バスケットボール協会 (▶ *National Basketball Association* の略).

NC, N.C. (略) = North Carolina (ノースカロライナ州)

ND, N.Dak. (略) = North Dakota (ノースダコタ州)

NE, Nebr. (略) = Nebraska (ネブラスカ州)

---

near 5級 前 …の近くに
副 近くに
形 近い

[niər ニア] フォニックス86 ear は [iər] と発音する.
前 **1** (距離的に) **…の近くに, 近くで**.
There is a small pond *near* the park. 公園の近くに小さな池がある.
Is there a bus stop *near* here?
この近くにバス停はありますか (▶この here は副詞ではなく名詞).
Don't come *near* me. 私に近づかないで (▶ near ˟to me とはいわない).
2 (時間的に) **…の近くに**.
It was *near* midnight.
夜の 12 時に近かった.
3 もう少しで…するところで, あやうく…するところで, …しそうで.
The patient was *near* death.
患者は死にかけていた.
— 副 (比較 **nearer**; 最上 **nearest**) (距離的・時間的に) **近くに, 近くで** (⇔ far 遠くに).

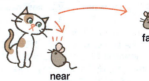

The boy came *near* and whispered in my ear. その少年は近づいてきて, 私の耳元でささやいた.
Christmas was drawing *near*.

four hundred and eighty-one 481

nearby ▶

クリスマスが近づいていた.

near at hand 近くに, 間近に.
Christmas is *near at hand*.
もうすぐクリスマスです.

near by すぐ近くに (= nearby).
There is a hospital *near by*.
すぐ近くに病院があります.

—— 形 **1** (距離的・時間的に) **近い**, 近くの (反 distant 遠い).

> 🔊スピーキング
> Ⓐ Is the park far from here?
> 公園はここから遠いですか.
> Ⓑ No, it isn't. It's quite *near*.
> いいえ. すぐ近くです.

Where's the *nearest* post office?
いちばん近い郵便局はどこですか.
Which station is *nearer*, Shibuya or Harajuku?
渋谷と原宿ではどっちの駅が近いですか.
Bob and Bess will marry in the *near* future.
ボブとベスは近い将来結婚するだろう.

2 (関係が) 近い.
a *near* relative 近い肉親, 身内(親, 子など).

nearby 準2 [níɚbai ニアバイ, niɚbái ニアバイ] 形 すぐ近くの, 近所の.
a *nearby* restaurant 近所のレストラン.
—— 副 すぐ近くに, 近所に (= near by).
I parked the bike *nearby*.
自転車を近くにとめた.

nearer [níɚɚ ニアラァ] 副 形 near (近くに; 近い) の比較級.

nearest [níɚist ニアレスト] 副 形 near (近くに; 近い) の最上級.

nearly 2級 [níɚli ニアリィ]
> フォニックス86 ear は [iɚr] と発音する.

副 (比較 more nearly; 最上 most nearly)
1 ほとんど, ほぼ (同 almost).
It's *nearly* noon. もうそろそろ12時だ (▶ It's about noon. というと12時前後をさす. nearly は12時少し前のときに使う).
I have *nearly* finished my work.
私は仕事をほとんど終えました.

2 もう少しで…するところで (同 almost).
I *nearly* missed the train.
私はもう少しで電車に乗り遅れるところだった.

neat 2級 [níːt ニート] 形 **1** (部屋などが) かたづいた, きれいな, きちんとした; (人が) きれい好きな; (服装が) こざっぱりした; (字が) きれいな.
Always keep your room *neat* and tidy.
部屋はいつもきちんとかたづけておきなさいね.
her *neat* dress 彼女のこざっぱりした服.
neat handwriting きれいな筆跡.
2 (米口語) すばらしい, すてきな, すごい.
a *neat* idea すばらしい考え.

Nebraska [nibrǽskə ネブラスカ] 名 ネブラスカ州 (アメリカ中部の州; 大平原の中央に位置し, 牛とカウボーイで有名; 略語は NE または Nebr.).

necessarily [nesəsérəli ネセサリリィ ‖ nésəs(ə)rəli ネセサリリィ] 副 必然的に, かならず; 当然 (▶ not など否定語とともに使うことが多い).
not *necessarily* かならずしも…でない.

necessary 3級 [nésəseri ネセセリィ ‖ -sari -サリィ]
形 (比較 more necessary; 最上 most necessary) **必要な**, なくてはならない (反 unnecessary 必要のない); (It is necessary (for + 人) to ... で) (人が) …することが必要である; (It is necessary that ... で) …ということが必要である.

> 📢プレゼン
> Good sleep is *necessary* for health.
> よく眠ることは健康のために必要です.

Is it *necessary* to make a reservation? 予約をとる必要がありますか.
It is *necessary* for you to study harder. (= It is *necessary* that you study harder.)
きみはもっと一生けんめい勉強する必要がある (▶ You are necessary to study harder. とはしない).

if necessary もし必要ならば.
I'll help you, *if necessary*.
必要ならお手伝いしましょう.

necessity 2級 [nəsésəti ネセスィティ] 名 (複数 necessities [-z]) 必要 (性); 必要なもの, 必需品.
basic *necessities* 生活必需品.
A computer is a *necessity* for most

◀ **negative**

jobs.
ほとんどの仕事でパソコンは必需品である.
Necessity is the mother of invention. 《ことわざ》必要は発明の母.

neck [nek ネック]

图 1 (人・動物の) **首.**
She was wearing a silk scarf around her *neck*.
彼女は首に絹のマフラーを巻いていた.

2 (服の) えり, 首まわり; (びんなどの) 首.
a V-*neck* sweater ∨ネックのセーター.
the *neck* of a bottle びんの首.

necklace [3級] [néklis ネクレス] 图 ネックレス, 首かざり.
a pearl *necklace* 真珠のネックレス.

necktie [準2] [néktai ネクタイ] 图 《おもに米》ネクタイ (▶形式ばった語. ふつうは tie を使う).

need [5級] 動 …を必要とする 图 必要

[niːd ニード] フォニックス64 ee は [iː] と発音する.
動 (3単現 needs [-dz ヅ]; 過去 過分 needed [-id]; ing needing) (▶ふつう進行形にしない).
他 **1** …**を必要とする.**
I *need* your help. あなたの助けが必要です (→力を貸してください).
Do you *need* a knife?
ナイフは必要ですか.
This wall *needs* painting. (= This wall *needs* to be painted.) このかべはペンキをぬる必要がある (▶ need のあとが -ing 形のときは「…してもらう」という意味).

2 (need to ... で) (人が) …**する必要がある,** …しなければならない.
We *need to* hurry.
私たちは急がなければなりません.
He doesn't *need to* buy a new bag. (= He doesn't have to buy a new bag.)
彼は新しいバッグを買う必要はないよ.

> 🗨 用法 need to と have to
> need to は「…する必要がある」と客観的にいう言い方. それに対して, have to は「…しなければいけない (が気が進まない)」という感情がつけ加わる.

—— 助 (過去形なし) 《おもに英》[疑問文・否定文で] …**する必要がある.**
"*Need* I go now?" "No, you *need* not." 「私がいま行く必要がありますか」「いいえ, ありません」(▶《米》では, Do I need to go now?, No, you don't need to. のように need を動詞として使うのがふつう).
"Must I go now?" "No, you *needn't.* (= No, you don't have to.)"
「いま行かなければなりませんか」「いや, その必要はありません」(▶ need not = don't have to).

—— 图 (複数 needs [-dz ヅ]) **1 必要** (▶複数形なし).
They're in *need* of food and water.
彼らは食料と水を必要としている.
There's no *need* to worry.
心配することはありません.
2 [ふつう複数形で] 必要なもの.
basic *needs* 生活に最低限必要なもの.
3 まさかのとき, 困った事態; 貧困 (▶ a をつけず, 複数形なし).
A friend in *need* is a friend indeed.
《ことわざ》困ったときの友こそ真の友.

needed [niːdid ニーディド] 動 need (…を必要とする) の過去・過去分詞.

needle [níːdl ニードゥル] 图 (ぬい物・編み物・注射器・測定器などの) 針 (▶時計の「針」は hand); 針のようにとがっているもの.

needless [níːdlis ニードゥレス] 形 必要のない, むだな (圓 unnecessary).
needless to say 言うまでもなく.
Needless to say, good health is the most important thing of all.
言うまでもなく, 健康はいちばん大切なものだ.

needn't [níːdnt ニードゥント] need not の短縮形.

needs [níːdz ニーヅ] 動 need (…を必要とする) の3人称単数現在形.
—— 图 need (必要なもの) の複数形.

needy [níːdi ニーディ] 形 困窮している.
the *needy* 困窮している人たち (▶ 「the ＋形容詞」で「…な人々」という意味になる).

negative [準2] [négətiv ネガティヴ] 形 否定の, 否定的な; 消極的な (反 positive 積極的な; 陽性の); 陰性の, マイナスの; (写真が) ネガの.
a *negative* sentence 否定文.
negative thinking マイナス思考.

four hundred and eighty-three **483**

neglect ▶

—— 图 否定；《文法》否定語，否定文；(写真の) ネガ.

neglect [niglékt ネグレクト] 動 他 …をおこたる，ほうっておく.

> 🎤プレゼン
>
> We mustn't *neglect* environmental problems any more.
> 私たちはこれ以上環境問題に無関心でいてはいけない.

—— 图 怠慢；ほうっておくこと.
neglect of duty 義務をおこたること.

negotiate [nigóuʃieit ネゴウシエイト] 動 自 交渉する，協議する；(**negotiate with** ＋人＋**about**＋物で) (物)のことで(人)と交渉する.
—— 他 (交渉・協議などで) …を取り決める，協定する.

negotiation [nigouʃiéiʃən ネゴウシエイション] 图 [しばしば複数形で] 交渉，話し合い.

Negro, negro [níːgrou ニーグロウ] 图 [差別的な表現] 黒人 (▶もとは「黒人」という意味の一般語だったが，いまでは African-American などで表す).

neigh [nei ネイ] 图 ヒヒーン (▶馬の鳴き声).

neighbor 3級 [néibər ネイバァ]
▶(英)では neighbour とつづる. 图 **近所の人**，隣人；隣の国，隣国.
a next-door *neighbor* 隣の家の人.
He gets along very well with his *neighbors*.
彼は近所の人ととても仲がよい.

neighborhood 準2 [néibərhud ネイバァフッド]▶(英)では neighbourhood とつづる. 图 近所；地域，地区；[the をつけて] 近所の人々.
She lives in my *neighborhood*.
彼女はうちの近所に住んでいる.

neighboring [néib(ə)riŋ ネイバリング]
▶(英)では neighbouring とつづる. 形 近所の，隣の.
a *neighboring* city 隣町.
France and Germany are *neighboring countries*.
フランスとドイツは隣国どうしです.

neighbour [néibər ネイバァ] 图 (英)＝ (米) **neighbor**

neither 3級 [níːðər ニーザァ‖náiðə ナイザァ] フォニックス35 th は[ð]
と発音する. (発音注意)
形 [うしろに単数名詞をともなって] (2つまたは2人のうちの) **どちらの〜も…でない** (＝ not either) (反 both どちらの〜も).
Neither game was exciting.
どちらの試合もおもしろくなかった (▶ Neither games ˣwere exciting. とはしない).
Neither team scored.
どちらのチームも得点しなかった.
I like *neither* movie.
私はどちらの映画も好きではない (▶話し言葉では I don't like either movie. という).
—— 代 (2つまたは2人のうちの) **どちらも…でない** (反 both どちらも).
"Do you want some coffee or tea?"
"*Neither*, thank you."
「コーヒーか紅茶を飲みますか」「いいえ，どちらもけっこうです」
Neither of his sons can swim. 彼のどちらの息子も泳げない (▶ neither of のあとには the, my, these などで限定された複数名詞あるいは複数の代名詞の目的格がくる).
Neither of us noticed it.
私たちは2人ともそれに気づかなかった.

> 📖文法 neither の使い方
> neither はふつう3人称単数としてあつかう. なお，話し言葉では複数あつかいのこともある.

—— 接 (neither 〜 nor ... で) **〜でもなく…でもない**.
Neither my sister *nor* I watch much TV.
姉も私もあまりテレビは見ない (▶ Neither A nor B が主語のときは動詞の人称・数は B に一致させる. ただし，話し言葉では複数あつかいのこともある).
I have *neither* money *nor* power.
ぼくには金もなければ力もない.
—— 副 [否定文のあとで] 〜もまた…でない.

> 🗣スピーキング
>
> 🅐 I'm not very happy.
> あまりうれしくない.
> 🅑 *Neither* am I. / Me, *neither*.
> 私もだ.

I can't dance, and *neither* can

484 four hundred and eighty-four

◀ **never**

Mike. ぼくはダンスができないし、マイクもできないんだ（▶ neither のあとは疑問文のような語順になる）.

neon [níːɑn ニーアン‖-ɔn -オン] 图《化学》ネオン.
a neon light ネオン灯.

Nepal [nipɔ́ːl ネポール] 图 ネパール（インドと中国（チベット自治区）の間、ヒマラヤ山脈南面にある国；首都はカトマンズ（Katmandu））.

nephew [néfjuː ネフュー‖ névjuː ネヴュー]（発音注意）图（親せき関係の）おい（図 niece めい）.

Neptune [népt(j)uːn ネプテューン, -トゥーン] 图 **1**《ローマ神話》ネプチューン（海洋の神；ギリシャ神話のポセイドン（Poseidon）にあたる）.
2《天文》海王星. → planet（図）

nerve [nəːrv ナ～ヴ] 图 **1** 神経.
a nerve cell 神経細胞.
2 勇気、度胸；《口語》あつかましさ、ずうずうしさ.
I didn't have the nerve to ask her. 彼女にたずねるだけの勇気がなかった.

***get on* my nerves** …の神経にさわる、…をいらいらさせる.
He really gets on my nerves. あいつはほんとにしゃくにさわるやつだ.

nervous 3級 [náːrvəs ナ～ヴァス] 形（比較 more nervous）（最上 most nervous）緊張した；心配している；神経の；神経質な.
I always get nervous before exams. 試験の前はいつも緊張する.

nervously [náːrvəsli ナ～ヴァスリィ] 副 神経質に、びくびくして.

-ness [-nis -ネス] 接尾 ▶形容詞のあとについて名詞をつくる. 例. darkness（dark + ness 暗やみ）/ kindness（kind + ness 親切）.

nest 準2 [nest ネスト]
图（鳥・虫・小動物などの）巣.
build a nest 巣をつくる.

net [net ネット]
图 **1** 網、ネット.
a tennis net テニスのネット.
2 [the Net, the net で]《口語》**インターネット**（= the internet）、ネット.

I bought this book on the Net. この本はネットで買った.
── 動（過去 過分 netted[-id]；ing netting）他 …を網でとる、…に網をかぶせる.

netball [nétbɔːl ネットボール] 图《英》ネットボール（イギリスで生まれたバスケットボールに似た球技；1チームは7人）.

Netherlands [néðərləndz ネザランヅ] 图 [the をつけて] オランダ（▶オランダの正式名だが、日常会話ではオランダの一部の地域をさす Holland もよく使う. なお、Netherlands は low lands（低地）という意味）.

netiquette [nétikit ネティケト] 图 ネチケット（インターネット上でメールや情報をやり取りするときのマナー；net と etiquette を組み合わせてできた語）.

network 準2 [nétwəːrk ネトゥワ～ク] 图（テレビ・ラジオの）ネットワーク、放送網；（コンピューターの）ネットワーク；（鉄道・架線などの）網状のもの、網状組織；（人・会社などの）つながり、人脈.
a computer network コンピューターのネットワーク.
a TV network テレビのネットワーク.
a network of railroads 鉄道網.
a network of friends 友だちの輪.

neutral [n(j)úːtrəl ニュートゥラル, ヌー-] 形 中立の、中間の；中性の.
a neutral nation 中立国.

Nevada [nəvǽdə ネヴァダ, nəváːdə ネヴァーダ] 图 ネバダ州（アメリカ南西部の州；砂漠が多く、ギャンブルで有名なラスベガスがある；略語は NV または Nev.）.

never 3級 副 けっして…ない、一度も…ない

[névər ネヴァ]
副 **1** けっして…ない（▶「not + ever」の意味で、not よりも強い否定を表す）.
→ sometimes（図）
Kevin never tells a lie. ケビンはけっしてうそをつかない.
She was never late for class before. 彼女はそれまで授業に遅れたことがなかった.
I'll never do it again. そんなことはもう二度としません.
Never give up! けっしてあきらめるな！

four hundred and eighty-five **485**

nevertheless ▶

Never mind! 心配しないで；気にするな．

> **文法** never の位置
> never はふつう，be 動詞・助動詞のあと，一般動詞の前にくる．

2 [おもに完了形の文で] (いままでに) **一度も…ない**．
I have *never* been to Hawaii.
私は一度もハワイに行ったことがない．
I've *never* seen such a wonderful movie.
私はこんなすばらしい映画を見たことがない．

nevertheless 2級 [nèvərðəlés ネヴァザレス] 副
それにもかかわらず，それでも，やはり (▶形式ばった語．but, however よりも意味が強い)．
It's getting stormy; *nevertheless*, we have to go.
あらしが近づいてきている．それでも私たちは行かなければならないのだ．

new 5級 形 新しい

[n(j)u: ニュー, ヌー]
形 (比較 newer; 最上 newest) **新しい**
(反 old 古い); 新品の (同 brand-new; 反 used² 中古の); 初めての; 慣れていない．

new

old

a *new* hat 新しい帽子．
These shoes are *new*.
このくつは新品だ．
A *new* shopping center will open nearby.
近くに新しいショッピングセンターが開店する．
This computer is *newer* than mine.
このパソコンは私のよりも新しい．
a *new* teacher 新任の先生．
Everything I saw was *new* to me.
見るものすべてが目新しかった．
I'm *new* here.
私はここは初めてです；ここへ来たばかりです．
What's new? 《口語》何か変わったことはない？；何かいいことあった？ (▶親しい友人の間のあいさつ)．

> ● スピーキング
> Ⓐ Hi, Jimmy! *What's new*?
> やあ，ジミー．何か変わったことない？
> Ⓑ Nothing much.
> あいかわらずだよ．

[同音語] knew (know (…を知っている) の過去形)

newcomer [n(j)ú:kʌmər ニューカマァ, ヌ—-] 名 新しく来た人；新参者，新米の人，新人．
She is a *newcomer* to this town.
彼女はこの町に来たばかりです．

New Delhi [n(j)ù: déli デリ] 名 ニューデリー (インドのデリー連邦直轄地内にある行政区)．

New England [n(j)ù: íŋglənd] 名 ニューイングランド (アメリカ北東部のコネチカット, マサチューセッツ, ロードアイランド, バーモント, ニューハンプシャー, メーンの6州の総称)．

newer [n(j)ú(:)ər ニュ(—)ア, ヌ(—)ア] 形 new (新しい) の比較級．

newest [n(j)ú(:)ist ニュ(—)エスト, ヌ(—)-] 形 new (新しい) の最上級．

New Guinea [n(j)ù: gíni ギニィ] 名 ニューギニア (オーストラリアの北方にある世界第2の大島；パプア島ともいう)．

New Hampshire [n(j)ù: hǽmpʃər ハンプシァ] 名 ニューハンプシャー州 (アメリカ北東部にある静かな小州；略語は NH または N.H.)．

New Jersey [n(j)ù: dʒə́:rzi ヂャ〜ズィ] 名 ニュージャージー州 (アメリカ東部の州で，人口密度は全米一高い；略語は NJ または N.J.)．

newly [n(j)ú:li ニューリィ, ヌ—-] 副 最近, 近ごろ；新しく．
a *newly* married couple 新婚夫婦．

New Mexico [n(j)ù: méksikou] 名 ニューメキシコ州 (アメリカの南西部の州でメキシコと境を接する；略語は NM または N.Mex.)．

New Orleans [n(j)ù: ɔ́:rliənz オーリアンズ, ɔ:rlí:nz オーリーンズ] 名 ニューオーリンズ (アメリカ, ルイジアナ州の南東部にあり，ミシシッピ (Mississippi) 川の河口に位置する都

市；ジャズの発祥地）．

news 4級 图 ニュース，知らせ

[n(j)uːz ニューズ，ヌーズ] (発音注意．[*ニュース]
ではない)

图 (新聞・テレビなどの) **ニュース，報道**；
知らせ，たより (▶ a をつけず，複数形なし)．
the latest *news* 最新のニュース．
sports *news* スポーツニュース．
read the *news* on the web
ウェブでニュースを読む．
I haven't seen the *news* today.
今日はニュースを見ていない．
I have some good *news* for you.
きみにいい知らせだよ．
That's *news* to me. それは初耳だよ．
No *news* is good *news*.
《ことわざ》たよりのないのはよいたより．

✎文法 news の数え方
❶ news には a や数詞はつけない．数
えるときは a piece of news とか
two pieces of news のようにいう．
❷つねに単数あつかい．

newscaster [n(j)úːzkæstər ニューズキャ
スタァ, ヌーズ-] 图 (テレビ・ラジオの) ニュー
スキャスター，ニュースを読む人，ニュー
スを解説する人 (= (英) newsreader) (▶
この意味では *caster とはいわない．日本の
総合司会をする「(ニュース) キャスター」にあた
るのは anchor)．

newspaper 5級

[n(j)úːzpeipər ニューズペイパァ, ヌーズ-] 图
(複数 newspapers [-z]) **新聞**；新聞紙 (▶
単に paper ともいう)．
a morning *newspaper* 朝刊．
an evening *newspaper* 夕刊．
I read the article in the *newspaper*.
私は新聞でその記事を読んだ (▶*on the
newspaper としない)．

newsstand [n(j)úːzstænd ニューズスタン
ド, ヌーズ-] 图 (街頭の) 新聞・雑誌の売店．

New Testament [n(j)úː téstəmənt
テスタメント] 图 [the をつけて] 新約聖書 (▶『旧
約聖書』は the Old Testament)．→ bible

Newton [n(j)úːtn ニュートゥン, ヌ-]．Isaac

▶ **New Zealand**

图 アイザック・ニュートン (1642-1727；イ
ギリスの数学者・物理学者・天文学者；万有引
力の法則その他を発見し，近代科学の基礎を
築いた)．

new year 3級 [n(j)úː jíər] 图 [ふつう
the をつけて] 新年，新しい年，あくる年；
[**New Year** で] 正月，元日．

🔊スピーキング
Ⓐ *Happy New Year!*
新年おめでとうございます！
Ⓑ *Same to you.*
おめでとう．
▶英米ではふつう元日にしかいわない．

New Year's holidays
(日本の)正月(休み) (▶英米では休みは元日の
みで2日から仕事や学校が始まる)．
a *New Year's card*
年賀状．

New Year's Day [n(j)úː jiərz déi]
图 元日 (1月1日)．

New Year's Eve [n(j)úː jiərz íːv] 图
大みそか (12月31日)．

New York 5級 [n(j)úː jɔ́ːrk
ニュー ヨーク, ヌー-]

フォニックス78 or は [ɔːr] と発音する．

图 **1 ニューヨーク市** (▶ニューヨーク州と
区別するため正式には New York City (略
して NYC または N.Y.C.) と書く)．
2 ニューヨーク州 (アメリカ北東部の州．愛
称は the Empire State；略語は NY また
は N.Y.；New York State ともいう)．

New York City [n(j)úː jɔːrk siti] 图
ニューヨーク市．

🗽背景 ニューヨーク州南東部，ハドソン
川の河口にあるアメリカ最大の都市．ア
メリカ経済の中心地で，芸術・ファッショ
ンなど世界の文化の中心地でもある．
愛称は the Big Apple．

New Yorker [n(j)úː jɔ́ːrkər ヨーカァ] 图
ニューヨーク市民 (ときにニューヨーク州の住
民)．

New Zealand 3級

[n(j)úː zíːlənd ニューズィーランド, ヌー-] 图
ニュージーランド (オーストラリアの南東，
太平洋上にある島国で，イギリス連邦内の独
立国；牧羊がさかん；首都はウェリントン

four hundred and eighty-seven　487

next ▶

(Wellington);略語は NZ, N.Z.).

next 5級 形 次の 副 次に

[nekst ネクスト]

形 1 (時間などが) **次の**, 今度の, 来…（反 last この前の）; [the をつけて] その次の, 翌…．

next month 来月．

We're going to meet *next* Friday.
私たちは次の金曜日に会うことにしている (▶ ˣon next Friday とはいわない).

See you *next* week.
(別れるときに) じゃあまた来週 (会いましょう).

I'm going to go to Australia *next* year. 私は来年オーストラリアに行きます．

I'll be on vacation for *the next* week. これから1週間休暇だ (▶ next week に the がつくと「来週」ではなく「これからの，またはあすからの1週間」の意味になる).

> 💬 文法 next の使い方
> ❶ 現在を基準にして「来週」「来月」「来年」というとき，next の前に the や前置詞の on, in などはつかない．
> ❷ 過去のある時を基準にして「その翌日・翌週・翌月・翌年」というときには the をつける． I saw him *the next* day. (私はその翌日彼に会った)
> ❸ next は「次の, 今度の」という意味なので，next Friday というと「今週 [同じ] の金曜日」をさすこともあれば「来週 [次の週] の金曜日」をさすこともある．したがって「今週の金曜日」とはっきり示す場合には this Friday か this coming Friday, 「来週の金曜日」なら (on) Friday next week などとするとよい．

2 [ふつう the をつけて] (順序などが) **次の**, 今度の．

The *next* stop is Harajuku.
次の停車駅は原宿です．

> 🗣 スピーキング
> Ⓐ Who's *next*?
> 次はだれですか．
> Ⓑ I'm *next*. / It's me. / Me.
> 次はぼくの番だ．

3 [the をつけて] (場所が) **隣の**; **次の**.
the *next* room 隣の部屋．
Turn left at the *next* corner.
次の角を左に曲がりなさい．

next door (to) (…の) 隣に．
A new family moved *next door*.
隣に新しい家族が越してきた．
He lives *next door to* us.
彼は私たちの隣に住んでいる．

next time この次は, 今度は．

── 副 **次に**, 今度に; 隣に．
What should I do *next*?
次は何をしたらいいの？

next to **…の隣に**, …の横に; …の次に．
The art room is *next to* the music room. 美術室は音楽室の隣です．
Next to me, he is the tallest boy in our class. 彼はクラスでぼくの次に背が高い．

── 图 次の人, 次の物 (▶形容詞 next の次にくる名詞が省略されたもの).
Next, please. 次のかたどうぞ; 次の質問は？

next-door [nékstdɔ̀ːr ネクストゥドー (ァ)] 形
隣の家の, 隣の．
next-door neighbors 隣の家の人々．

NGO [éndʒiːóu エンヂーオウ] 非政府組織; 援助活動を行う民間ボランティア団体 (▶ *Non-Governmental Organization* の略).

NH, N.H. (略) = New Hampshire
(ニューハンプシャー州)

Niagara [naiǽg(ə)rə ナイアガラ] 图 1 =
Niagara Falls (ナイアガラの滝).
2 [the をつけて] **ナイアガラ川** (アメリカとカナダの境界を流れる川).

Niagara Falls [naiǽg(ə)rə fɔ́ːlz] 图
[ふつう単数あつかい] **ナイアガラの滝** (アメリカとカナダの境界を流れるナイアガラ川にあり，カナダ滝とアメリカ滝の2つに分かれている．新婚旅行で訪れる人が多い).

◀ **Nigeria**

nibble [níbl ニブル] 動 他 …をちょっとかじる.
── 名 ちょっとかむこと;1 かみ.

nice 5級 形 すてきな，よい

[nais ナイス] フォニックス50 i は [ai] と発音する.
形 (比較 nicer；最上 nicest) **1 すてきな，よい，**すばらしい，愉快な(同 pleasing；反 nasty いやな);おいしい，うまい.
It's a *nice* day, isn't it?
いい天気ですね．
You look *nice* in jeans.
ジーンズがよく似合うね．
He is a *nice* guy. 彼はいい人だよ.
We had a really *nice* time.
私たちはとても楽しい時を過ごした.

💬スピーキング

Ⓐ Ken, this is Naomi.
ケン，こちらがナオミさん.
Ⓑ *Nice* to meet you.
はじめまして;お会いできてうれしいです.

"*Nice* to meet you." "*Nice* to meet you, too."
「はじめまして」「こちらこそ，はじめまして」(▶初対面のときのあいさつの1つ).

(It was) *nice* meeting you. (= It's been *nice* meeting you.)
(初対面の人と別れるときに) お会いできてよかったです (▶2度目以降のときは *Nice* seeing you. という).

💬用法 Have a nice ...! の言い方
nice は「よい，すてきな，すばらしい」などの意味で，Have a nice ...! の形で会話でよく使われる.
Have a nice day! 今日はいい日でありますように;行ってらっしゃい.
Have a nice flight! よいご旅行を (▶飛行機で出かける人に言う).
Have a nice holiday! / Have a nice vacation! よい休日を.
Have a nice time! 楽しんでらっしゃい.
Have a nice trip! よいご旅行を.
Have a nice weekend! よい週末を (▶金曜日に別れるときに言う).

💬用法 good と nice
good も nice も「よい」と訳されるが，good は一般に質がよいことを，nice は人に与える感じがよいことを表す. a *good* bicycle はギアが何段もついているなど装備・性能などがよい自転車であり，a *nice* bicycle は (たとえ古くても) その人にとって好きな，愛着のある自転車のことである.

2 親切な，やさしい (同 kind²);(**It is nice of + 人 + to ... で) (人) が…するのは親切である.**
They were very *nice* to me.
彼らは私にはとても親切にしてくれた.
Be *nice* to your younger sister.
妹にやさしくしてあげなさい.
It's *nice* *of* you to help me.
ご親切に手伝ってくださってありがとう.
That's very *nice* of you.
ご親切にどうも (ありがとう).
nice and [nàisn ナイスン] ... [次にくる形容詞の意味を強めて](口語)とても…で(よい).
The air was *nice and* cool.
空気はとてもひんやりとしてここちよかった.

nicely [náisli ナイスリィ] 副 りっぱに，すてきに.

nicer [náisər ナイサァ] 形 nice (すてきな) の比較級.

nicest [náisist ナイセスト] 形 nice (すてきな) の最上級.

Nicholas [níkələs ニコラス] 名 ニコラス (男性の名;愛称は Nick).

Nick [nik ニック] 名 ニック (男性の名; Nicholas の愛称).

nickel [níkəl ニケル] 名《化学》ニッケル (金属元素);《米・カナダ》5セント (白銅) 貨. → coin

nickname [níkneim ニクネイム] 名 あだ名，ニックネーム;愛称.
Do you have any *nicknames*?
あだ名はありますか.
Tom is a *nickname* for Thomas.
トムはトーマスの愛称です.

niece [ni:s ニース] 名 (親せき関係の) めい (対 nephew おい).

Nigeria [naidʒi(ə)riə ナイヂ(ア)リア] 名 ナイジェリア (アフリカ中西部の共和国;首都はアブジャ (Abuja)).

four hundred and eighty-nine 489

night ▶

night 5級 名 夜

[nait ナイト] フォニックス36 gh は発音しない.
名 (複数 nights [-ts ツ]) 夜, 晩, 夜間 (対) day 昼間, 日中). → day (図)
every *night* 毎晩.
last *night* きのうの夜に.
tomorrow *night* あしたの夜に.
We had a dance on Friday *night*.
金曜日の夜にダンスパーティーを開いた (▶曜日名・日付など特定の日がつくときはonを使う).
I stayed up late last *night*.
きのうの晩は遅くまで起きていた (▶*at last night とはいわない).
I'm going to see her tomorrow *night*. 彼女にあしたの晩会う (▶*at tomorrow night とはいわない).

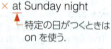

○ at night
× at Sunday night
└ 特定の日がつくときは on を使う.

○ on Sunday night
○ last night

I spent three *nights* in Hokkaido.
ぼくは北海道に3泊した.
a *night* game (野球などの) ナイター, 夜間試合 (▶「ナイター」は和製英語).

💬スピーキング

Ⓐ *Good night*, Mom.
ママ, おやすみなさい.
Ⓑ *Good night*, Mike.
マイク, おやすみ.
▶ Good night. は夜寝るとき, または夕方以降に別れるときのあいさつ. Have a good night. ともいう. なお, 夜出会ったときのあいさつは Good evening. (こんばんは) という.

💭用法 night と evening
evening が日没から寝るまでの間をさすのに対し, night は日没から日の出までの間をいう. また, 「今夜」「今晩」というときは this night ではなく, tonight または this evening を使う.

all night=***all night long*** 一晩中, 終夜.
The convenience store is open *all night*. そのコンビニは終夜営業している.
It rained *all night long*.
雨は一晩中ずっと降り続いた.
at night 夜に, 夜間に.
It's getting cold *at night*.
夜は寒くなってきた.
He came to see me late *at night*.
彼は夜遅く私を訪ねてきた.
by night 夜は, 夜間は (▶ふつう by day (昼は) と対比で使い, 昼と夜の対比を表す).
have a bad night よく眠れない.
have a good night よく眠る.
night after night 毎晩.
night and day 日夜, 昼夜の別なく.
They are working *night and day*.
彼らは昼も夜も働いている.
[同音語] knight (騎士).

nightdress [náitdres ナイトゥドゥレス] 名 (女性用の) 寝巻き, ネグリジェ (= nightgown, (口語) nightie).

nightgown [náitgaun ナイトゥガウン] 名 (米) (女性・子ども用のゆったりとした) 寝巻き, ネグリジェ.

Nightingale [náitingeil ナイティンゲイル], **Florence** 名 フローレンス・ナイチンゲール (1820-1910; イギリスの看護師; クリミア戦争に従軍して看護につくし, 帰国後も看護師の養成につとめて, 国際赤十字設立のきっかけをつくった).

nightingale [náitingeil ナイティンゲイル] 名 (鳥) ナイチンゲール, サヨナキドリ (春ヨーロッパに渡来する紅かっ色のヒタキ科のわたり鳥; おすは繁殖期, とくに夜間に, 美しい声で鳴く. 欧米の詩歌に好んでうたわれた).

nightmare [náitmear ナイトゥメア] 名 悪夢, おそろしい夢; おそろしいできごと.

night school [náit skù:l] 名 夜間学校, 定時制学校 (▶「全日制の学校」は day school).

Nile [nail ナイル] 名 [the をつけて] ナイル川 (アフリカの大河; ビクトリア湖の上流に発し, 地中海に注ぐ; 全長 6,695km).

nine 5級 形 9の
名 9

[nain ナイン] フォニックス50 i は [ai] と発音する.
形 **9 の**；9個の，9人の；9歳で．
He slept for *nine* hours.
彼は9時間眠った．
── 名（複数 **nines** [-z]）**1 9**；9歳，9時；
[複数あつかい] **9個，9人**．
at *nine*
9時に；9歳で．
2 [単数あつかい] (野球の) チーム，ナイン．

nineteen 5級 形 **19 の**
名 **19**

[naintíːn ナインティーン] フォニックス64 ee は [iː]
と発音する．前後の文のリズムによりアクセント
の位置が変わり [náintíːn] となることがある．
形 **19 の**；19個の，19人の；19歳で．
── 名（複数 **nineteens** [-z]）**19**；19歳；
[複数あつかい] **19個，19人**．

nineteenth [naintíːnθ ナインティーンス] 形
[ふつう the をつけて] 第 19 の，19 番目の．
the nineteenth century 19世紀．
── 名 [ふつう the をつけて] 第 19，19 番
目；(月の)19 日（▶略語は 19th）．

nineties [náintiz ナインティズ] 名 ninety
(90) の複数形．

nintieth [náintiəθ ナインティエス]（つづり
注意）形 [ふつう the をつけて] 第 90 の，
90 番目の．
── 名 [ふつう the をつけて] 第 90，90
番目（▶略語は 90th）．

ninety 5級 形 **90 の**
名 **90**

[náinti ナインティ]
形 **90 の**；90個の，90人の；90歳で．
My grandfather will be *ninety* next
year. 私の祖父は来年で 90 歳になります．
── 名（複数 **nineties** [-z]）**1 90**；90歳；
[複数あつかい] **90個，90人**．
2（**my nineties** で）(年齢の)90 代；(**the
nineties** で）(各世紀の) 90 年代．
in *the* eighteen *nineties* 1890年代に
（▶ in the 1890s と書くことも多い）．

ninth 5級 形 **9 番目の**
名 **9 番目**

[nainθ ナインス] フォニックス34 th は [θ] と発音す
る．(つづり注意)
形 **1** [ふつう the をつけて] **第 9 の**，9 番目の．
2 9 分の 1 の．
── 名（複数 **ninths** [-s]）**1** [ふつう the を
つけて] **第 9**，9 番目；(月の) 9 日（▶略語
は 9th）．
2 9 分の 1．

nitrogen [náitrədʒən ナイトゥロヂェン] 名
(化学) 窒素（▶記号は N）．

NJ, N.J. (略) = New Jersey（ニュー
ジャージー州）

NM, N.Mex (略) = New Mexico
（ニューメキシコ州）

no 5級 副 いいえ
形 **1つの…もない，1人の…もない**

[nou ノウ] (発音注意)

no は否定を表す
ことば．

副 **1** [問いに答えて] **いいえ**（反）yes はい）．
"Is Bob coming?" "*No*, he isn't. He
is sick."
「ボブは来ますか」「いいえ，来ません．病気な
んです」
"Do you know that teacher?" "*No*,
I don't."
「あの先生知ってる？」「ううん，知らないな」
"Have you seen the movie?" "*No*,
not yet."
「その映画は見た？」「いや，まだ見てないよ」
"Can't you swim?" "*No*, I can't."
「泳げないの？」「うん，泳げないんだ」

> 📖 **文法** no の意味と使い方
> ❶ no は多くの場合,「いいえ」と訳される．
> ❷ しかし，上の最後の例文のように否定
> の疑問文に答えるときは，英語では，答
> えの内容が肯定文ならば Yes.，否定
> ならば No. を使う．英語の Yes. と No. は，
> 相手の質問のしかたによって「はい」「い
> いえ」にする日本語とは逆になるので注
> 意．つまり上の例文の答え方は Can
> you swim?（泳げますか）とたずねられ
> たときと同じになる．

four hundred and ninety-one 491

No., no. ▶

Can you swim?（泳げる？）
No, I can't.（ううん，泳げない）
Can't you swim?（泳げない？）
No, I can't.（うん，泳げない）

↑ 答えの内容が否定のときは No.

No!
親指を下げるジェスチャー．

2 [比較級の前で] **少しも…ない**.
I'm feeling *no* better this morning.
今朝になっても調子はまったくよくならない（▶ not よりも強い否定．話し言葉では I'm not feeling any better this morning. がふつう）．

3 [おどろき・疑いなどを表して] **えっ，まさか，なんで**.
Oh, *no*! Look at the time.
えっ，もうこんな時間！

no longer もはや…でない． → long
no more もうこれ以上…しない． → more
── 形 **1** **1つの…もない，1人の…もない**，少しの…もない（= not any）（▶ 数えられる名詞，数えられない名詞のどちらにも使う）．
I have *no* money on me.
私はお金の持ちあわせがない（▶ money は数えられない名詞．話し言葉では I don't have any money on me. がふつう）．
She has *no* brothers. 彼女には男のきょうだいはいない（▶ 話し言葉では She doesn't have any brothers. がふつう）．
No one lives on that island.
あの島にはだれも住んでいない．

2 [be 動詞のあとの名詞の前で] **けっして…でない，…どころではない**（▶ 強い否定を表し，事実はむしろその逆であることを示す）．
He is *no* fool.
彼はばかなんかではない，それどころかりこうな男だよ（▶ He isn't a fool. というと単に「彼はばかではない」という事実を表す）．

3 [掲示などで] **…禁止**.
No Parking 駐車禁止

No Smoking 禁煙

── 名 (複数) **noes** または **nos** [-z] **いいえ [ノー] という返事 [ことば]，否認**（反 yes 「はい」という返事）；[ふつう複数形で] **反対投票**．
Don't say *no*. いやと言わないで．

❶参考 日本語にも「ない（= nai）」「ぬ（= nu）」のように n で始まる否定を表す語があるが，英語にも n で始まる否定の意味を表す語がかなりある．
no（いいえ）/ **nothing**（何も…ない）/ **nobody**（だれも…ない）/ **none**（1つも…ない）/ **nor**（～もまた…ない）/ **not**（…でない）/ **neither**（どちらも…ない）/ **never**（けっして…ない）

[同音語] **know**（…を知っている）

No., no. [nÁmbər ナンバァ] 名 (複数) **Nos., nos.** [-z] [数字の前で] **第…番，第…号，…番地**（▶ number の略語）．
No. 1 第1番，第1号．
Beethoven's Symphony *No.* 9
ベートーベンの交響曲第9番．

Noah [nóuə ノウア] 名 (聖書) **ノア**（神が地上にはびこった悪をほろぼすために洪水を起こしたとき，ノアは神の命令で方舟（Noah's ark）をつくり，家族と一つがいずつの動物を乗せて難をのがれたという）．

Nobel [noubél ノウベル]，**Alfred** 名 **アルフレッド・ノーベル**（1833-96；スウェーデンの化学者でダイナマイトの発明者；科学の進歩と平和を念願した彼の遺言により，ノーベル賞（Nobel Prize）が設けられた）．

Nobel Prize [nòubel práiz] 名 **ノーベル賞**（ノーベルの遺産から毎年，物理学，化学，生理学・医学，文学，平和，経済学の各部門で世界にもっとも貢献した人に与えられる賞）．
the *Nobel Prize* in Literature
ノーベル文学賞．
the *Nobel* Peace *Prize* ノーベル平和賞．

noble [nóubl ノウブル] 形 **気高い，高潔な；貴族の，高貴な**．
a man of *noble* character
人格高潔な人．
a *noble* family 貴族の一家；名門．
── 名 **貴族**．

nobody 準2 [nóubɑdi ノウバディ ‖ -bɔdi -ボディ]
代 [単数あつかい] **だれも…ない**（▶ no one よりもくだけた言い方）．

Nobody is perfect.
完ぺきな人など1人もいない.
There was *nobody* in the classroom. 教室にはだれもいなかった.
nobody but …以外だれもない.

nod [nɑd ナッド ‖ nɔd ノッド] 動 [過去][過分] **nodded** [-id] [ing] **nodding** 自 (同意などを表して)うなずく；会釈する；(いねむりして)こっくりする.
She *nodded* with a smile.
彼女はほほえみながらうなずいた.
nod *my* **head** 首を縦にふる.
── 名 うなずき, 会釈.

noise 3級 [nɔiz ノイズ]
名 **うるさい音**, 騒音；物音；雑音（▶ふつう大きい音や不快な音をいう). → sound¹
make a *noise*
やかましい音をたてる；さわぐ, うるさくする.
Don't make so much *noise*.
そんなにさわぐんじゃないよ. →形 noisy

noisily [nɔ́izili ノイズィリィ] 副 さわがしく, やかましく, どやどやと.

noisy 準2 [nɔ́izi ノイズィ] フォニックス69
oi は [ɔi] と発音する.
形 [比較] **noisier** ; [最上] **noisiest** **さわがしい**, うるさい, やかましい (反 quiet 静かな).

noisy   quiet

Don't be so *noisy*.
そんなにうるさくしないで；そんなにさわがないで.
There were *noisy* children on the train. 電車にはさわがしい子どもたちが乗っていた. →名 noise

non- [nɑn- ナン- ‖ nɔn- ノン-] 接頭 ▶「…でない」「非」「不」などの否定の意味を表す. (▶ un-, in- に比べて意味が弱く, 消極的否定を表す). 例. *non*fiction（ノンフィクション), *non*-Christian（非キリスト教徒).

none [nʌn ナン] (o は例外的に [ʌ] と発音する) 代 **1** (**none of +名詞**または**代名詞**で)（～は）だれも…ない, 1つも…ない, まったく…ない (▶ none of のあとには

the や my などで特定された名詞, または代名詞の us, them などがつく).
I knew *none* of them.
私は彼らのだれも知らなかった.
None of the passengers were injured. 乗客のだれにもけがはなかった (▶「none of + 名詞の複数形」はふつう複数あつかいにする).
None of the information was helpful. どの情報も役に立たなかった (▶「none of + 数えられない名詞」は単数あつかいになる).
None of us knew her address.
私たちのだれも彼女の住所を知らなかった (▶ of のあとに代名詞の場合には目的格を使う).
(That's) *none of* your business!
おまえの知ったことか, よけいなお世話だ.
2 [前に出てきた名詞を受けて]だれも…ない；1つも…ない, まったく…ない (▶数えられる名詞にも数えられない名詞にも使う).
She looked for violets, but there were *none*. 彼女はスミレの花をさがしたが, 1本もなかった (▶ 話し言葉ではふつう there weren't any という).
"Is there any butter?" "No, there is *none*."
「バターはありますか」「いいえ, まったくありません」

nonfiction [nɑnfíkʃən ナンフィクション ‖ nɔn- ノン-] 名 ノンフィクション（記録・紀行・伝記・歴史など, 事実に基づく文学) (反 fiction フィクション).

non-native [nɑ̀nnéitiv ナンネイティヴ ‖ nɔ̀n- ノン-] 形 (人が) 母語話者でない.
a *non-native* speaker of English
英語が母語でない人.

nonsense [nɑ́nsens ナンセンス ‖ nɔ́nsens ノンセンス] 名 ばかげたこと, ばかげた考え, 無意味なことば, ナンセンス.
(That's) *nonsense*. ばかばかしい.
talk *nonsense* ばかげたことを言う.

nonstop [nɑnstɑ́p ナンスタップ ‖ nɔnstɔ́p ノンストップ] 形 途中で止まらない, 直行の.
── 副 ノンストップで；休みなく.

nonviolence [nɑnváiələns ナンヴァイオレンス ‖ nɔn- ノン-] 名 非暴力主義.

nonviolent [nɑnváiələnt ナンヴァイオレント ‖ nɔn- ノン-] 形 非暴力(主義)の.

noodle 4級 [nú:dl ヌードゥル]
名 [複数] **noodles** [-z] [ふつう複数形で] め

ん類，ヌードル．
I like any kind of *noodles*.
めん類なら何でも好きです．

noon 5級 名 正午

[nuːn ヌーン] フォニックス71 oo は[uː]と発音する．
名 **正午**，昼の 12 時（似 midnight 夜の 12 時）（▶ a をつけず，複数形なし．→ day(図)
at *noon* 正午に（▶ at twelve noon ともいう）．
They arrived around *noon*.
彼らは正午ごろに着いた．

no one 4級 [nóu wʌn] 代 [単数あつかい] だれも…ない（▶ nobody のほうがくだけた言い方）．
No one knows her email address.
だれも彼女のメールアドレスを知らない．

nor 準2 [nɔr ナァ, (強めると)nɔːr ノー(ァ)] 接
1 (neither ～ nor ... で) ～でもなく…でもない．→ neither
I have *neither* a dog *nor* a cat. 私は犬もネコも飼っていない（▶ふつうは I don't have (either) a dog or a cat. という）．
Neither Mike *nor* Tom is good at Japanese.
マイクもトムも日本語が得意ではない．
2 [否定文のあとで] ～もまた…ない．
Jenny is*n't* going, *nor* is Kate.
ジェニーも行かないし，ケイトも行かない（▶ nor のあとは疑問文のような語順になる）．

normal 準2 [nɔ́rml ノーマル] 形 正常な，ふつうの，通常の；標準の．
a *normal* life ふつうの生活．
Your temperature is *normal*.
あなたは平熱です．

north

[nɔːrθ ノース]
フォニックス78 フォニックス34 or は[ɔːr], th は[θ]と発音する．
名 **1** [ふつう the をつけて] **北**；北方；北部（似 south 南）（▶略語は N または N.）．
Sweden is in *the north* of Europe.
(= Sweden is in northern Europe.)
スウェーデンはヨーロッパの北部にある．
Hokkaido is to *the north* of Honshu.
北海道は本州の北方にある．
Which way is *north*? どっちが北ですか．
The ship sailed from south to

north. 船は南から北に向かって進んだ．
north, south, east and west 東西南北（▶日本語と語順が異なる）．
2 (the North で) (米)アメリカの北部（オハイオ川以北の諸州）．　　→形 northern
── 形 **北の**；北部の；(風が)北からの（似 south 南の；南からの）．
The library is on the *north* side of the campus.
図書館はキャンパスの北側にある．
── 副 **北へ**，北に（似 south 南へ）．
The swans fly *north* in spring.
白鳥は春になると北へ飛んでいく．

North America [nɔ̀rθ əmérikə] 名 北アメリカ．

North American [nɔ̀rθ əmérikən] 形 北アメリカの，北米の；北米人の．
── 名 北米人．

North Carolina [nɔ̀rθ kærəláinə キャロライナ] 名 ノースカロライナ州（アメリカ南東部にある元々はタバコ産業と繊維{せんい}産業の州；略語は NC または N.C.）．

North Dakota [nɔ̀rθ dəkóutə ダコウタ] 名 ノースダコタ州（アメリカ中北部にある大規模農場が多くある州；全米屈指の小麦の生産地；略語は ND または N.Dak.）．

northeast [nɔ̀rθíːst ノースィースト] 名 [the をつけて] 北東（▶略語は NE または N.E.）；北東部，北東地方．
── 形 北東(へ)の；(風が)北東からの．
── 副 北東へ，北東に．

northeastern [nɔ̀rθíːstərn ノースィースタン] 形 北東の，北東地方の．

northern 準2 [nɔ́rðərn ノーザン] (発音注意) 形 北の，北部の，北方の（似 southern 南の）；(**Northern** で) (米)アメリカ北部地方の．
northern Europe 北ヨーロッパ，北欧{ほくおう}．
── 名 north

Northern Ireland [nɔ̀rðərn áiərlənd] 名 北アイルランド．

northern lights [nɔ̀rðərn láits] [the をつけて] [複数扱い] 北極光，オーロラ．

North Pole [nɔ̀rθ póul] 名 [the をつけて] 北極（対 South Pole 南極）．

North Sea [nɔ̀rθ síː] 名 [the をつけて] 北海（イギリス・ノルウェー・デンマークなどに囲まれた海）．

North Star [nɔ̀rθ stáːr] 名 [the をつ

けて)(天文)北極星.

northward [nɔ́ːrθwərd ノースワド] 形 北方(へ)の(反 southward 南方(へ)の).
── 副 北方へ, 北方に (反 southward 南方へ).

northwards [nɔ́ːrθwərdz ノースワツ] 副 北方へ (= northward).

northwest [nɔ̀ːrθwést ノースウェスト] 名 [the をつけて] 北西(略語は NW または N.W.);北西部, 北西地方.
── 形 北西(へ)の;(風が)北西からの.
── 副 北西へ, 北西に.

northwestern [nɔ̀ːrθwéstərn ノースウェスタン] 形 北西の, 北西地方の.

Norway [nɔ́ːrwei ノーウェイ] 名 ノルウェー (ヨーロッパ北部のスカンジナビア半島にある王国;首都はオスロ (Oslo)).

Norwegian [nɔːrwíːdʒən ノーウィーヂャン] 形 ノルウェーの, ノルウェー人の, ノルウェー語の.
── 名 ノルウェー人;ノルウェー語.

nose 名 鼻

[nouz ノウズ] フォニックス51 O は[ou]と発音する.
名 (複数 **noses**[-iz])鼻;[ふつう a をつけて]嗅覚;(物の) 先端部分.

He has a long *nose*.
彼は鼻が高い (▶ a *high nose とはいわない;「低い」は short).

My *nose* is running. (= I have a runny *nose*.) 鼻水がとまらない.

Uh-oh, my *nose* is bleeding.
わあ, 鼻血が出ちゃった.

I blew my *nose*. 私は鼻をかんだ.

参考 顔の一部としていう場合, 犬や馬などの鼻は muzzle [mʌ́zl マズル], 象の鼻は trunk [trʌŋk トゥランク], ブタやワニなどの鼻は snout [snaut スナウト] という.

muzzle　　　trunk　　　snout

[同音語] knows (know (…を知っている) の3人称単数現在形)

nosebleed [nóuzbliːd ノウズブリード] 名 鼻血 (が出ること).

not 5級 副 …でない, …しない

[nɑt ナット ‖ nɔt ノット]
副 **1** [動詞・助動詞とともに使い, 文全体を否定して] **…でない, …しない** (▶話し言葉ではふつう短縮形 n't を使う).

I am *not* hungry.
私はおなかがすいてはいません. → am

This is*n't* [is *not*] my umbrella.
これは私のかさではありません.

They are*n't* [are *not*] in the same class as me.
彼らは私と同じクラスではない.

Nancy wo*n't* [will *not*] join our team.
ナンシーは私たちのチームに加わらないだろう.

I do*n't* [do *not*] like fish so much.
私は魚はあまり好きじゃない.

I did*n't* [did *not*] go to school yesterday.
ぼくはきのう学校へ行かなかった.

She has*n't* [has *not*] come yet.
彼女はまだ来ていません.

You should*n't* [should *not*] eat too much. 食べすぎないようにね.

文法 not の位置
❶ **not** は is のような be 動詞, will のような助動詞のすぐあとに置く.
❷ like や go のような一般動詞を否定するときは **do not, does not, did not** を動詞の前に置く.

Don't eat too much.
あまり食べすぎないで.

Don't be afraid. こわがらないで (▶否定の命令文では be 動詞にも Don't をつける).

Didn't you go to the concert?
コンサートに行かなかったの？ (▶否定の疑問文では短縮形を文のはじめに出す).

2 [文の中の一部を否定して] [all, always, both, every などとともに使い, 部分否定をつくって] **…とはかぎらない, …であるわけではない.**

four hundred and ninety-five 495

not ▶

📖文法 not のまとめ

1 not と結びついた短縮形

be	is not	→	isn't
	are not	→	aren't
	was not	→	wasn't
	were not	→	weren't
do	do not	→	don't
	does not	→	doesn't
	did not	→	didn't
have	have not	→	haven't
	has not	→	hasn't
	had not	→	hadn't
shall	shall not	→	shan't
	should not	→	shouldn't
will	will not	→	won't
	would not	→	wouldn't
can	cannot	→	can't
	could not	→	couldn't
must	must not	→	mustn't

2 助動詞があるとき

主語 　　助動詞

I / You / We / He / She / It / They ＋ [can / may / must / will / should …] ＋ not ＋動詞の原形 ….

3 be 動詞のとき

主語　　be 動詞

I	am / was
He / She / It	is / was
You / We / They	are / were

＋ not ….

4 現在完了 (have [has] +過去分詞) のとき

主語　　have / has

I / We / You / They 〔 have 〕
He / She / It 〔 has 〕
＋ not ＋過去分詞 ….

5 一般動詞のとき

・現在形

主語

I / You / We / They ＋ [do ＋ not / don't] ＋動詞の原形 ….

He / She / It ＋ [does ＋ not / doesn't] ＋動詞の原形 ….

I *don't* drink coffee.
私はコーヒーを飲みません.
He *doesn't* play golf.
彼はゴルフをしません.

・過去形

主語

I / You / We / He / She / It / They ＋ [did ＋ not / didn't] ＋動詞の原形 ….

6 否定命令のとき

[Do ＋ not / Don't] ＋動詞の原形 ….

Don't be late. 遅れるな.
Don't tell lies. うそをつくな.

Not all children like school.
子どもがみな学校が好きなわけではない.
I *don't* want *both* of them.
両方ともほしいわけではない (→片方だけでもよい).
Not everyone thinks that way.
みんながみんなそう考えるわけではない.

🔷文法 部分否定
not は all, always, both, every などと使うと部分否定(「すべてが…というわけではない」のような言い方)を表す.

3〖次にくる「to + 動詞の原形」や -ing 形あるいは節を否定して〗**…でない.**
She told me *not* to tell anyone about it.
彼女は私にそのことはだれにも話さないようにと言った(▶「to + 動詞の原形」を否定するときは not をそのすぐ前に置くことが多い).
I didn't go to the party because I was sick, *not* because I didn't want to.
パーティーに行かなかったのはぐあいが悪かったからだよ. 行きたくなかったからじゃないよ.

4《not ... any で全体を否定して》**何も…ない, だれも…ない.**
He *didn't* have *any* money.
彼はお金をまったく持っていなかった.
5〖文の代わりに使い〗**そうではない.**
"You're not angry?" "Of course *not*."
「おこってないだろうね」「もちろんおこってないよ」
(▶ Of course I'm not angry. のこと).

🗣スピーキング
Ⓐ Can she come?
彼女は来られますか.
Ⓑ I'm afraid *not*.
来られないと思います.
▶「来られないと思います」は I'm afraid she can't come. ともいえる. 会話では否定の応答のとき, 文をくり返す代わりに not だけで済ませることがある. おもに think, believe, hope, be afraid などのあとにくる.

not always いつも…とはかぎらない.
→ always
not ~ any more もうこれ以上~ない.
Not at all. どういたしまして. → all
not ~ but ... ~ではなく….

She is *not* a doctor *but* a nurse.
彼女は医師ではなく看護師だ.
I got these flowers *not* for her *but* for you.
この花は彼女にではなくきみに買ったんだ.

not only ~ but (also) ... = not just ~ but (also) ... 〖強調して〗**~だけでなく…も.**
He's *not only* bright *but* (*also*) kind. 彼は頭がいいだけでなく親切だ.
Not only you *but* (*also*) Jane was at the party.
きみだけでなくジェーンもパーティーにいた(▶動詞は but (also) のあとの語に合わせる).
[同音語] knot (結び目)

note
[nout ノウト] フォニックス51 o は [ou] と発音する.
名(複数 notes [-ts ツ]) **1 メモ(書き), 覚え書き;(授業でとる)ノート** (▶日本語の「ノート」は notebook という).

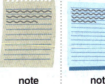 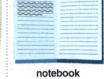

note　　　notebook

take *notes*
メモする, (授業などの)ノートをとる.
He made a *note* of the number.
彼はその番号をメモした.
2(形式ばらない)**短い手紙.**
I wrote a thank-you *note* to him.
彼にお礼の手紙を書いた.
3(本の)**注, 注釈;(音楽)音符;(楽器の)音, 調子;(英)紙幣**(=(米)bill).
── 動 他 **…に注意する, 注目する;…をメモする, 書き留める.**
I *noted* down her email address.
ぼくは彼女のメールアドレスをメモした.

notebook 5級 名 ノート, 手帳

[nóutbuk ノウトブク]
名(複数 notebooks [-s ス]) **ノート, 手帳.**
Write down your answers in your *notebook*. ノートに答えを書き留めなさい.

noted ▶

noted [nóutid ノウティド] 形 著名な, 有名な (▶ある特殊ἑ°な技能や才能をもっているという意味).

nothing 3級 代 何も…ない

[nʌ́θiŋ ナスィング] フォニックス34 th は [θ] と発音する. (発音注意)

代 **何も…ない** (= not anything).
She said *nothing*.
彼女は何も言わなかった (▶話し言葉では She didn't say anything. というほうがふつう).
There is *nothing* wrong with this machine.
この機械はどこも故障していない (▶形容詞は nothing のあとに置く).
We had *nothing* to eat.
(= We didn't have anything to eat.)
私たちには食べ物が何もなかった.
"What's the matter?" "*Nothing* in particular."
「どうかしたの？」「いや別に何でもない」
It's *nothing*. たいしたことないよ.

―― 名 **無**, ゼロ；(おもに米) (スポーツの得点の)ゼロ, 0点 (▶ a をつけず, 複数形なし).
The score was two to *nothing*.
得点は2対0だった.

for nothing ただで.
He gave me this book *for nothing*.
彼はこの本をただでくれた.

have nothing to do with … とは何の関係もない.
I *have nothing to do with* the matter.
ぼくはそのこととはまったく関係ないよ.

nothing but ただ…だけ (= only).
I want *nothing but* the truth.
私が知りたいのは真実だけだ.
At that time, I was *nothing but* a little boy.
そのころ, ぼくはほんの子どもにすぎなかった.

> ◀発音 否定の意味を表す no で始まる語 nobody, nowhere, no one は no を[nou ノウ]と発音するが, nothing は例外的に[nʌ́θiŋ ナスィング]と発音する.

notice 4級 [nóutis ノウティス]

動 (3単現 **notices** [-iz] / 過去 過分 **noticed** [-t] / ing **noticing**) 他 **…に気がつく**, **…がわかる**；(**notice (that) … で**) **…ということに気づく**；(**notice ＋人・物＋動詞の原形または -ing 形で**) **(人・物)が…する[…している]のに気づく**.
He *noticed* me.
彼は私に気がついた.
I *noticed* her *crying*. (=I *noticed* (*that*) she was crying.)
私は彼女が泣いているのに気づいた.
No one *noticed* (*that*) he had come in.
彼が入ってきたことにだれも気づかなかった.

―― 名 (複数 **notices** [-iz]) 1 (掲示板などの) **掲示**, はり紙；**通知**.
There was a *notice* on the door saying 'Closed for Today'.
ドアには「本日休業」のはり紙がしてあった.
2 **注意**, 注目 (同 attention) (▶ a をつけず, 複数形なし).

take notice of …を心に留める, …に注意する.
Don't *take* any *notice of* him.
彼のことは気にするな.

without notice 無断で, 通知なしで.
He was fired *without notice*.
彼は予告なしに解雇された.

noticeable [nóutisəbl ノウティサブル] 形 目立つ, 人目を引く；著しい.

notion [nóuʃən ノウション] 名 考え, 意見；観念 (同 idea).

noun [naun ナウン] 名 《文法》名詞 (▶略語は n.).
a proper *noun* 固有名詞.
a common *noun* 普通名詞.

nourish [nə́ːriʃ ナ〜リシ ‖ nʌ́r- ナ¹r-] 動 他 …を養う, 育成する；…に栄養を与ぁえる.

Nov. (略) = November (11月)

novel 準2 [nɑ́v(ə)l ナヴ(ェ)ル ‖ nɔ́v(ə)l ノヴ(ェ)ル] 名 (長編)**小説** (▶英語では短編小説は長編小説と区別して short story といい, 小説全体をまとめていうときは fiction という).
a detective *novel* 推理小説.
a historical *novel* 歴史小説.

novelist [nɑ́vəlist ナヴェリスト ‖ nɔ́v- ノヴェ-] 名 小説家.

498 four hundred and ninety-eight

◀ **nowhere**

November 5級 名 11月

[no(u)vémbər ノ(ウ)**ヴェ**ンバァ]
名 **11月** (▶略語は Nov.). → month(表)
Snow begins to fall here in *November*.
ここでは11月に雪が降りはじめる (▶「…月に」というときは in を使う).
In the U.S., people celebrate Thanksgiving Day on the fourth Thursday of *November*.
アメリカ合衆国では人々は11月の第4木曜日に感謝祭を祝う (▶特定の日がつくときには on を使う).

○ in November
× in November 15
　　特定の日がつくときは on を使う.

○ on November 15
▶月名は大文字で書きはじめる.

背景 ラテン語で9月 (novem = 9) の意味. 3月 (古代ローマ暦の年始) から数えて9番目の月.

now 5級 副 いま, いまは, 現在

[nau ナウ] フォニックス73 OW は [au] と発音する.
副 **1 いま, いまは,** 現在.
Are you free *now*?
あなたはいまひまですか.
He's staying in New York *now*.
彼はいまニューヨークに滞在中です.
It's not raining *now*.
いまは雨は降っていない.
2 いますぐ, ただちに (= at once).
Go back home *now*.
いますぐ家に帰りなさい.
We'd better leave *now*. Traffic might be heavy.
すぐに出かけたほうがいいよ. 道がこんでるかもしれないから.
3 [ふつう文頭で] [話題を変えて] **さて**, それ

では, ところで, さあ; [注意を引いて] ほら.
Now let's start at page 20.
(授業で) それでは, 20ページから始めましょう.
Now, let's try it again.
さあ, もう一度やってみようよ.
Now, what's for dinner?
ねえ, 夕食は何？

(every) now and then = now and again ときどき.
My aunt in Paris writes me *now and then*.
パリにいるおばはときどき私に手紙をくれる.
just now [過去の文で] **たったいま,** いまさっき, ついさっき (▶現在完了形では使わない); [現在の文で] **ちょうどいま**.
The package arrived *just now*.
ついさっき荷物が届いた.
I'm free *just now*.
ちょうどいま手があいています.
right now いますぐに; いまのところ, ただいまは.
Start working *right now*.
いますぐに仕事にかかりなさい.
I'm busy *right now*.
いまちょうど忙しいんだ.
── 接 《しばしば **now that** で》いまや…であるから (▶以前とはちがうことを表す).
Now (*that*) I have enough money, I can get that tablet.
いまではもうお金があるから, あのタブレットが買える.
── 名 現在, いま.
by now いまごろはもう.
She should be there *by now*.
彼女はいまごろはもうそこに着いているはずだ.
for now いまのところ (は).
from now on これからは, 今後は.
Be more careful *from now on*.
これからはもっと気をつけなさい.

nowadays 準2 [náuədeiz ナウアデイズ]
副 いまでは, 最近では (▶ふつう現在形または現在進行形とともに使う).
Nowadays many children have their own computers.
いまでは多くの子どもたちが自分のコンピューターを持っている.

nowhere [nóu(h)weər ノウ(フ)ウェア] 副
どこにも…ない, どこへも…ない.
"Where did you go on the week-

four hundred and ninety-nine　499

nozzle ▶

end?" "*Nowhere*."
「週末はどこに行った？」「どこにも行かなかったよ」
There's *nowhere* to eat around here.
この辺は食事できるところがまったくない.

nozzle [názl ナズル ‖ nózl ノズル] 名 (ホースなどの) 筒先, 吹き口, ノズル.

NPO [ènpi:óu エンピーオウ] 非営利組織 (▶ *nonprofit organization* の略).

nuclear [n(j)ú:kliər ニュークリア, ヌー-] 形 原子力の; 原子核の, 核の.
nuclear energy 原子力, 核エネルギー.
a *nuclear* power station 原子力発電所.
nuclear weapons 核兵器.

nuisance [n(j)ú:sns ニューサンス, ヌー-] 名 [ふつう a をつけて] 迷惑, いやなもの, 手を焼く人・物.
a public *nuisance*
公的不法妨害 (一般市民の健康・安全をおびやかす行為).
What a *nuisance*!
うるさいな; じゃまくさいな.

numb [nʌm ナム] (発音注意)
形 感覚を失った, (…で) まひした.
── 動 他 [しばしば受け身形で] …の感覚をなくさせる.

number 5級 [nʌ́mbər ナンバァ]

名 (複数) **numbers** [-z] **1** **数**, 数字.
Zero is an even *number*.
0 は偶数である.
1, 3, 5, 7 and 9 are odd *numbers*.
1, 3, 5, 7, 9 は奇数である.
They say 13 is an unlucky *number*.
13 は不吉な数だとされる.

13 のボタンがないエレベーター.

2 (…の) **数**, 総数; (**the number of** + 名詞の複数形で) [単数あつかい] …の数, …の人数.

▶プレゼン
In Japan *the number of* children is decreasing.
日本では子どもの数が減っています (▶動詞は children でなく number に一致させる.

3 **番号**; (雑誌などの) …号 (▶ 略語は No.; 複数は Nos.).
What's your new phone *number*?
新しい電話番号は何?
What *number* are you calling?
(電話で) 何番におかけですか.
Sorry, you have the wrong *number*.
(電話で) 番号がちがいますよ.
Please take a *number* and have a seat.
(銀行・病院などで) 番号札をとってすわって (お待ち) ください.
a back *number* バックナンバー, 既刊号.
a special *number* (雑誌などの) 特別号.

ⓘ 参考 **番号の読み方**
❶ 電話番号などはふつう 1 字ずつ読む.
721-3579 → seven-two-one, three-five-seven-nine
❷ 西暦はふつう 2 つに分けて読む.
1997 → nineteen, ninety-seven
2000 → two thousand
2025 → two thousand (and) twenty-five または twenty, twenty-five
❸ 部屋番号は 1 字ずつ読むか, 100 の位で分けて読む.
Room 518 → room five-eighteen / room five, one, eight
❹ 番地は 3 けた以上は 1 字ずつ読む.
907 Green Street → nine-o [ou]-seven Green Street (グリーン通り 907 番) (▶英米では通りに沿ってきちんと家に番号がついているので家をさがしやすい).

a large number of ≒ **a great number of** ひじょうにたくさんの… (▶後ろには名詞の複数形が続き, 複数あつかいとなる).
A large number of people canceled their reservations.
おおぜいの人が予約をキャンセルした.

a number of いくつかの…, 数人の… (= several, some); たくさんの… (=

◀ **number one**

many）（▶後ろには名詞の複数形が続き，複数あつかいとなる；どちらの意味になるかは文の前後関係で区別する.「たくさんの…」の意味をはっきり表すには，a の次に large, great などをつけるのがふつう）.

A number of students didn't come for the school excursion.
数人の［多数の］生徒が遠足に来なかった.

in number 数の上で，総数で.

numbers of たくさんの… (= many).
We can see *numbers of* stars here at night.
ここでは夜にたくさんの星を見ることができる.
—— 動（3単現 **numbers** [-z]；過去 過分 **numbered** [-d]；ing **numbering**）他 …に番号をつける；(全部で) …の数になる.

number one [nʌ́mbər wʌ́n] 图 第 1 位のもの，第 1 位の人.

number　基数 (ふつうの数) と序数 (…番目を表す数)

基数 Cardinal Numbers	アラビア数字 Arabic Numerals	ローマ数字 Roman Numerals	序数 Ordinal Numbers	略　語
zero	0	なし	なし	なし
one	1	I	first	1st
two	2	II	second	2nd
three	3	III	third	3rd
four	4	IV	fourth	4th
five	5	V	fifth	5th
six	6	VI	sixth	6th
seven	7	VII	seventh	7th
eight	8	VIII	eighth	8th
nine	9	IX	ninth	9th
ten	10	X	tenth	10th
eleven	11	XI	eleventh	11th
twelve	12	XII	twelfth	12th
thirteen	13	XIII	thirteenth	13th
fourteen	14	XIV	fourteenth	14th
fifteen	15	XV	fifteenth	15th
sixteen	16	XVI	sixteenth	16th
seventeen	17	XVII	seventeenth	17th
eighteen	18	XVIII	eighteenth	18th
nineteen	19	XIX	nineteenth	19th
twenty	20	XX	twentieth	20th
thirty	30	XXX	thirtieth	30th
forty	40	XL	fortieth	40th
fifty	50	L	fiftieth	50th
sixty	60	LX	sixtieth	60th
seventy	70	LXX	seventieth	70th
eighty	80	LXXX	eightieth	80th
ninety	90	XC	ninetieth	90th
one hundred	100	C	one hundredth	100th
one hundred 　(and) one	101	CI	one hundred 　(and) first	101st
two hundred	200	CC	two hundredth	200th
one thousand	1,000	M̄	one thousandth	1,000th
ten thousand	10,000	X̄	ten thousandth	10,000th
one hundred 　thousand	100,000	C̄	one hundred 　thousandth	100,000th
one million	1,000,000	M̄	one millionth	1,000,000th

five hundred and one　501

number plate ▶

number plate [nʌ́mbər plèit] 名 《英》(自動車の)ナンバープレート (▶《米》では license plate という).

numeral [n(j)úːm(ə)rəl ニューメラル, ヌー-] 名 数字; 《文法》数詞. → number

numerous [n(j)úːm(ə)rəs ニューメラス, ヌー-] 形 多数の, 数多くの.

nun [nʌn ナン] 名 修道女, 尼僧.

nurse 5級 [nə́ːrs ナース] フォニックス79
ur は [əːr] と発音する.
名 (複数 nurses [-iz]) 看護師, 看護人.
I want to be a *nurse*.
私は看護師になりたい.
a *nurse*'s office 保健室.
go to the *nurse*
保健の先生のところに行く.
── 動 (3単現 nurses [-iz]; 過去 過分 nursed [-t]; ing nursing) 他 1 …を看護する, 看病する.
She *nursed* her sick son all night.
彼女は病気の息子を徹夜で看病した.
2 (赤ちゃん)に乳をやる.

> 背景 **英語の回文**
> 前から読んでも, 後ろから読んでも同じになる文 (回文) の例.
> Nurses run. (看護師たちは走る)

nursery [nə́ːrs(ə)ri ナ〜サリィ] 名 (複数 nurseries [-z]) 託児所; 苗床.

nursery rhyme [nə́ːrs(ə)ri ràim] 名 (ふつう昔から伝わっている) 童謡, わらべ歌 (▶《米》では Mother Goose rhyme ともいう). → Mother Goose

nursery school [nə́ːrs(ə)ri skùːl] 名 保育所, 保育園 (3歳から5歳くらいまでの幼児を預かる).
a *nursery* school teacher 保育士.

nursing [nə́ːrsiŋ ナ〜スィング] 名 看護, 看護師の仕事.

nursing home [nə́ːrsiŋ hòum] 名 (とくに高齢者のための) 介護施設, 老人ホーム.

nut [nʌt ナット] 名 1 木の実, ナッツ (▶クリ (chestnut), クルミ (walnut), ピーナッツ (peanut) など, かたい皮に包まれた木の実をさす). → fruit (図)

2 (ボルトをしめる) ナット, 留めネジ.

nutrient [n(j)úːtriənt ニュートゥリエント, ヌー-] 名 栄養物; 栄養剤.

nutritious [n(j)uːtríʃəs ニュートゥリシャス, ヌー-] 形 栄養のある.

NV, Nev. (略) = Nevada (ネバダ州)

N.Y., NY (略) = New York (ニューヨーク州; ニューヨーク市)

N.Y.C., NYC (略) = New York City (ニューヨーク市)

nylon 2級 [náilɑn ナイラン ‖ -lɔn -ロン] 名 ナイロン.

nymph [nimf ニンフ] 名 《ギリシャ・ローマ神話》ニンフ (川・森・山などに住む, 女性の姿をした水や山, 木の精); 《詩》若い美女.

NZ, N.Z. (略) = New Zealand (ニュージーランド)

◀ **observe**

O o O o O o

O, o [ou オウ] 图 (_複数_) **O's, o's** [-z] または **Os, os** [-z] **1** オウ (アルファベットの 15 番目の文字).

2 (電話番号・番地などの) ゼロ (たとえば 408 は four-o-eight と読む).

[同音語] oh (おお), owe (…の借りがある)

O [ou オウ] 間 おお；おや (▶つねに大文字で書き, コンマはつけない. 日常語では oh のほうがふつう). → oh

O dear (me)! おやまあ！

oak [ouk オウク] 图 《植物》オーク (＝ oak tree)；オーク材.

> **背景** カシ, カシワ, ナラなどかたくて大木になる樹木の総称. イギリスには堂々としたオークが多く,「森の王者」とされている. 実は acorn (ドングリ).

oar [ɔːr オー(ア)] 图 (ボートの)オール, かい (▶カヌーのパドルは paddle という).

oasis [ouéisis オウエイスィス] (発音注意) 图 (_複数_) **oases** [-siːz] オアシス (砂漠などの中の水辺や緑地)；いこいの場所.

oat [out オウト] 图 [ふつう複数形で] オートムギ, カラスムギ, エンバク (寒冷地で栽培される穀物で, オートミールにしたり馬のえさにしたりする).

oath [ouθ オウス] 图 誓い；(法廷などでの)宣誓.

oatmeal [óutmiːl オウトゥミール] 图 オートミール (エンバクをひき割りにしたもの；水または牛乳でかゆ状に煮て, 砂糖を入れて朝食とする).

obedience [oubíːdiəns オウビーディエンス, əbíː- オビー-] 图 (…に対する) 服従；(法などの) 順守.

obedience to school rules
校則を守ること.

obedient [oubíːdiənt オウビーディエント, əbíː- オビー-] 形 (…に対して) 従順な, おとなしい.

obey 準2 [oubéi オウベイ, əbéi オベイ] 動 他 (人など)に服従する, (命令など)に従う.

obey the rules 規則に従う.
obey the law 法律に従う.

You should _obey_ your parents.
両親の言うことに従いなさい.
—— 自 服従する.

object 準2 [ábdʒikt アブヂェクト ‖ ɔ́b- オブ-] (图と動でアクセントと発音がちがうことに注意) 图 **1** 物, 物体.

an unidentified flying _object_
未確認飛行物体, UFO.
There were many strange _objects_ in the room.
部屋の中には変わった物がたくさんあった.

2 目的, 目標 (自 purpose)；対象.
an _object_ of study 研究対象.

3 《文法》目的語.

> **文法** 目的語とは？
> I play tennis. (私はテニスをします) という文で, tennis を play の目的語という.「…を」の意味になることが多い.

—— [əbdʒékt オブヂェクト] 動 自 反対する；《_object to_ で》…に反対する.
He _objected to_ my plan.
彼は私の計画に反対した.

objection [əbdʒékʃən オブヂェクション] 图 反対, 異議；反対理由.
Objection! 異議あり！
No _objection!_ 異議なし！
I have no _objection_ to your plan.
私はあなたの計画に異議はありません.

objective 準2 [əbdʒéktiv オブヂェクティヴ] 形 客観的な.

oblige 2級 [əbláidʒ オブライヂ] 動 他 《_oblige_＋人＋to ... で》(義務・法律などが) (人) にやむをえず…させる；《_be obliged to ..._ で》(人が) …せざるをえない.
Parents _are obliged to_ protect their children. 親は子どもを守らなければいけない (→守る義務がある).

oboe [óubou オウボウ] (発音注意) 图 《楽器》オーボエ (木管楽器の 1 つ).

observation [ɑbzərvéiʃən アブザヴェイション ‖ ɔb- オブ-] 图 観察, 観測；観察力.

observe 2級 [əbzə́ːrv オブザ〜ヴ] 動

five hundred and three 503

observer ▶

他 **1** …を観察する, 観測する; …に気づく.
observe the growth of morning glories アサガオの成長を観察する.
2 (法律・規則など) を守る, 順守する.
observe the rules of the club クラブの諸規則を守る.

observer [əbzə́ːrvər オブザ〜ヴァ] 名 観察者, 観測者; (会議などの) オブザーバー, 立会人.

obsess [əbsés オブセス] 動 自 (…のことを) 絶えず心配する, (…が) 頭を離れない.

obstacle [ɑ́bstəkl アブスタクル ‖ ɔ́b- オブ-] 名 障害 (物), じゃま (物).

obstacle race [ɑ́bstəkl rèis ‖ ɔ́b-] 名 障害物競走.

obstruct [əbstrʌ́kt オブストゥラクト] 動 他 (道など) をふさぐ, 通れなくする; …をさえぎる; (捜査など) や裁判) を妨害する.

obstruction [əbstrʌ́kʃən オブストゥラクション] 名 **1** 障害; 障害物.
2 妨害; (スポーツ) オブストラクション (反則となる妨害行為).

obtain 2級 [əbtéin オブテイン] 動 他 …を得る, 手に入れる (▶ get よりかたい語); (目的) を達成する.

obvious 2級 [ɑ́bviəs アブヴィアス ‖ ɔ́b- オブ-] 形 明らかな, 明白な, すぐにわかる.
an *obvious* mistake 明らかな誤り.
It is *obvious* that he told a lie. 彼がうそをついたのは明らかだ.

obviously [ɑ́bviəsli アブヴィアスリィ ‖ ɔ́b- オブ-] 副 言うまでもなく; 明らかに.
He *obviously* likes you. 言うまでもなく彼はきみのことが好きだ.

occasion 2級 [əkéiʒən オケイジョン] 名 (特定の) 場合, 時; (…する) 機会; 好機; (特別な) 行事, できごと.
I met her on several *occasions*. 彼女には数回会ったことがある.
We had *occasion* to visit the temple. 私たちはその寺を訪ねる機会があった.
The graduation ceremony is a special *occasion* for us. 卒業式は私たちにとって特別な行事です.

on occasion ときどき.

occasional [əkéiʒ(ə)nəl オケイジョナル] 形 ときおりの, たまの.
It will be cloudy with *occasional* rain today. (天気予報で) 今日はくもりときどき雨でしょう.

occasionally 2級 [əkéiʒ(ə)nəli オケイジョナリィ] 副 たまに, ときおり.

occupation [ɑ̀kjupéiʃən アキュペイション ‖ ɔ̀kju- オキュ-] 名 **1** 職業, 仕事, 職.
What is your *occupation*? ご職業は何ですか (▶ 一般的には What do you do (for a living)? という).
Please fill in your name, address and *occupation* here. ここにお名前, ご住所, ご職業を記入してください.
2 (家などの) 居住, 占有; 占領.

occupy 準2 [ɑ́kjupai アキュパイ ‖ ɔ́kju- オキュ-] 動 3単現 occupies [-z] 過去 過分 occupied [-d] ing occupying) 他 **1** (場所・地位など) を占める; (建物など) に居住する; (時間) をとる, 使う.
All the seats were *occupied*. 席は全部ふさがっていた.
Occupied (掲示) (トイレなどで) 使用中

2 (国・土地など) を占領する.
The city was *occupied* by the enemy. その都市は敵軍に占領されていた.
3 (be occupied with [in] で) …に従事している, …で忙しい.
I am *occupied with* my homework right now. 私は今宿題で忙しい.

occur 2級 [əkə́ːr オカ〜] (アクセント注意) 動 過去 過分 occurred [-d]; ing occurring) 自 **1** (物事が) 起こる, 発生する, 生じる (▶ happen よりも形式ばった語).
The accident *occurred* at midnight. その事故は夜中の 12 時に起こった.
2 (occur to で) (考えなどが) ふと…の心に浮かぶ.
A good idea *occurred to* me. いい考えを思いついた.

ocean 4級 [óuʃən オウシャン]

名 複数 oceans [-z] **1** (ふつう the をつけて) 大洋, 海洋, 海 (▶ sea より大きいものについていうが, (米) ではしばしば sea の代わりに使う). → sea

◀ **of**

I like to swim in *the ocean*.
私は海で泳ぐのが好きだ.

OCEAN 世界の大洋. 太平洋と大西洋を南北に分け the seven seas (7つの海) という.

the Pacific Ocean	太平洋
the Atlantic Ocean	大西洋
the Indian Ocean	インド洋
the Arctic Ocean	北極海
the Antarctic Ocean	南極海

2 (**an ocean of / oceans of** で)(口語)
すごくたくさんの…, 一面の….
oceans of money ばく大な金.

o'clock
5級 [əklάk オクラック‖əklɔ́k オクロック] フォニックス27 ck は [k] と発音する. (アクセント注意)
圃 (時刻を表して) **…時** (▶ of the clock を短縮した形). → hour

🗣スピーキング
Ⓐ What time is it?
いま何時ですか.
Ⓑ It's nine *o'clock*.
9時ちょうどです.

💬用法 **o'clock の使い方**
o'clock は「9時」「10時」のように「…時ちょうど」というときにだけ使い,「何時何分」というときには使わない. また, o'clock はしばしば省略される.

Oct. (略) = October (10月)

October
5級 图 **10月**
[ɑktóubər アクトウバァ‖ɔk- オク-]
图 **10月** (▶略語は Oct.). → month (表)
We often go on picnics in *October*.
私たちは10月にはよくピクニックに行く (▶「…月に」というときは in を使う.)
The package arrived on *October* 15.
小包は10月15日に届いた (▶特定の日がつくときには on を使う. October 15 は October fifteenth または October the fifteenth と読む.)
We moved here last *October*.
私たちは去年の10月にここに引っ越してきた.

○ in October
× in October 15
　　特定の日がつくときは on を使う.
○ on October 15
▶月名は大文字で書きはじめる.

🔄背景 ラテン語で8月 (octo = 8) の意味. 3月 (古代ローマ暦の年始) から数えて8番目の月.

octopus [ɑ́ktəpəs アクトパス‖ɔ́k- オク-] 图
(複数 **octopuses** [-iz] または **octopi** [-pai])
(動物) タコ.

ⓘ参考 "octo (8) + pus (足)" から.

odd [ɑd アッド‖ɔd オッド] 形 **1** 変わった, 変な, 奇妙な.
He's an *odd* guy.
彼は変わったやつだ.
2 (数が) 奇数の (反 even 偶数の).
odd numbers 奇数.

odor, (英) **odour** [óudər オウダァ] 图 におい (▶特徴的な臭気をさすことが多い).
→ smell
body *odor* 体臭.

of
5級 前 **…の**

[(ə)v (オ)ヴ, 強めると)ɑv, ʌv アヴ‖ɔv オヴ]
前 **1** (所属・所有を表して) **…の**.
The roof *of* his house is green.
彼の家の屋根は緑色だ.
a friend *of* mine 私の友だち(の1人)(▶ my friend とすると「私の友だち」という意味で, 特定の友人をさす.)
Washington, D.C. is the capital *of* the United States.
ワシントン D.C. はアメリカ合衆国の首都である.

📖文法 **of の使い方**
「〜の」というとき人・動物の場合は Tom's legs (トムの (両) 足) のように 's で表すことができる. しかしテーブルのように無生物の場合にはふつう a table's legs とはいわず, of を使って the legs *of* a table (テーブルの脚) という.

five hundred and five **505**

off ▶

2 [部分を表して] **…の中の**；[最上級のあとで] **…のうちの**，…の中で．

She is one *of* my friends.
彼女は友だちの1人だ．

Most *of* the students walk to school.
ほとんどの生徒は歩いて通学している．

He is a member *of* the art club.
彼は美術部の一員だ．

Tom is the oldest *of* the four.
トムは4人の中でいちばん年上だ．

3 [主題・内容・関連を表して] **…について（の）**，…の．

a map *of* Japan 日本の地図．

This is a picture *of* my family.
これは私の家族の写真です．

I have never heard *of* him.
彼のことは一度も聞いたことがありません．

4 [同格を表して] **…という**．

the city *of* Paris パリという都市．

5 [分量・容器を表して] **…（の量）の**．

a glass *of* water（コップ）1杯の水．

a cup *of* coffee
（カップ）1杯のコーヒー．

a carton *of* milk
牛乳1パック（▶ a ˟pack of milk とはいわない）．

two spoonfuls *of* sugar
スプーン2杯の砂糖．

6 [材料を表して] **…でつくった**，…製の，…の．

a chair made *of* wood 木のいす．

This dress is made *of* cotton.
この服は木綿(もめん)でできている．→ make

7 [原因・理由を表して] **…のため**，…で．

The man died *of* cancer.
その男性はがんで亡(な)くなった．

8 [出所・起源を表して] **…（から）の**；…出身の．

the people *of* Japan 日本人．

9 [距離(きょり)・方向・分離(ぶんり)を表して] **…から**；[時間を表して] **…の**．

The temple is one kilometer north *of* the station.
その寺は駅から1キロ北にある．

Somebody robbed her *of* her handbag.（= She was robbed *of* her handbag.）
だれかが彼女のハンドバッグをうばった．

10 [対象を表して] **…の**，…を，…への．

the invention *of* the telephone
電話の発明（▶ the telephone は「…というもの」と種類全体を表す）．

11 [行為(こうい)者を表して] **…の**，…が（～した）；**(It is＋形容詞＋of＋人＋to＋動詞の原形で)**（人）が…するのは～である．

the books *of* Mark Twain マーク・トウェインの作品，マーク・トウェインが書いた作品（= Mark Twain's books）．

It's nice *of* you *to* come.
よくいらっしゃいました．

12 [性質・特徴(とくちょう)を表して] **…の性質をもつ**，…のある．

a person *of* ability（= an able person）
有能な人（▶「of＋名詞」を形容詞で表すことができる）．

My grandfather was a man *of* character. 私の祖父はりっぱな人だった．

13 [時刻を表して]《米》（…分）**前**（= to）（反）after, past（…分）過ぎ）．

It's ten *of* seven. 7時10分前です．

---

off 🄑級 剾 **はなれて**
前 **…からはなれて**

[ɔ(ː)f オ(ー)フ]

剾 **1** （位置が）**はなれて**；（距離(きょり)・時間が）はなれて，**先に**；**出発して**．

The plane took *off* ten minutes ago.
飛行機は10分前に離陸(りりく)した．

The sparrows flew *off*.
スズメは飛んでいった．

We get *off* at the next station.
私たちは次の駅で降ります．

Hands *Off*
（掲示）手をふれないでください

I'm *off* now.
じゃあもう行くね．

2 はずれて；ぬいで（反）on 身につけて）．

That button is coming *off*.
そのボタン，とれそうだよ．

Take *off* your hat.（= Take your hat *off*.）
帽子(ぼうし)をぬぎなさい．

3 （電気・水道・ガスなどが）**切れて**，止まって（反）on ついて，出て）．

Turn *off* the light.
電気を消しなさい．

▸ **office**

Did you turn *off* the gas?
ガスは消した？

off 切れて / on ついて

4 中断して，中止になって．
The game was called *off* because of rain. 試合は雨で中止になった．

5 (仕事が) 休みで，休んで．
He took a day *off*. 彼は1日休みをとった．
She is *off* today. 彼女は今日休んでいる．

6 割り引いて．
I bought this dress at 20% *off*.
この服を2割引きで買った．

be well off 裕福な，暮らし向きがよい．→ well¹

off and on = **on and off** ときどき，断続的に．
It rained *off and on* all day.
一日中雨が降ったりやんだりだった．

── 前 **1** …からはなれて．
We got *off* the train.
私たちは列車を降りた．
He fell *off* the ladder.
彼ははしごから落ちた．
Keep *Off* the Grass
〔掲示〕しばふに入らないでください

2 …からはずれて，とれて．
A button came *off* my coat.
コートのボタンがとれた．

3 (仕事など) を休んで．
be *off* duty 非番である．

── 形 はなれた；はずれた；非番の，ひまな；季節はずれの．
an *off* season シーズンオフ．
an *off* street 横町，路地裏．

offence [əféns オフェンス] 名 〔英〕=〔米〕 offense

offend 2級 [əfénd オフェンド] 動 他 …の感情を害する；…をおこらせる．
He was *offended* by my words.
彼は私の言ったことに腹を立てた．

offense [əféns オフェンス]
▶〔英〕では offence とつづる．名 **1** 罪，犯罪，違反；(人の) 感情を害すること，不快にすること．
a traffic *offense* 交通違反．
2 攻撃；〔米〕(スポーツチームの) 攻撃(側)，オフェンス (反 defense 守備，ディフェンス)．

offensive [əfénsiv オフェンスィヴ] 形 気にさわる；いやな；攻撃の，攻撃的な (反 diffensive 防御の)．

offer 準2 [ɔ́(ː)fər オ(ー)ファ] 動 他 **1** …を提供する；を提案する，申し出る．
《offer＋人＋物／offer＋物＋to＋人》で (人) に (物) を提供する，申し出る，勧める．
offer a new plan 新しい計画を提案する．
She *offered* me a cup of tea.
彼女は私にお茶を1杯出してくれた．
I *offered* my seat *to* an old lady on the bus.
私はバスでおばあさんに席をゆずった．

2 《offer to ...》で …しようと申し出る．
He *offered* to help us.
彼は私たちの手伝いをしましょうと申し出た．

── 名 申し出，提案．
She didn't accept his *offer* of marriage.
彼女は彼からの結婚の申しこみを断った．

office 5級 [ɔ́(ː)fis オ(ー)フィス]

名 〔複数〕 **offices** [-iz] **1 事務所**，事務室，オフィス；**会社**，営業所；職場，勤め先；〔米〕診療所，医院．→ company
work in an *office*
事務所に勤める，会社に勤める．
My father drives to his *office*.
父は車で通勤している (▶ drive to his *company* とはいわない．company は場所ではなく組織としての会社を表す)．
the head *office* 本社．
the principal's *office* 校長室．
an *office* worker 会社員．

> 💬用法 **office** の使い方
> office は事務・サービス的な仕事などが行われる場所をさすことばで，建物全体をさす場合もあり，その中の1室をさす場合もある．そこに働く人は office worker という．なお，*OL は office と lady を組み合わせた和製英語．

2 役所，官庁；〔**Office** で〕〔米〕局；〔英〕省．

five hundred and seven 507

officer ▶

a post *office* 郵便局.

3 官職，公職，職.
take *office* 就任する.
leave *office* 辞任する. →形 official

officer 5級 [ɔ́(ː)fisər オ(ー)フィサァ]

图〖複数〗officers [-z] **1**（軍隊の）**将校**，
士官（対 soldier 兵士）.
an army *officer* 陸軍将校.
a naval *officer* 海軍将校.

2 **公務員**，役人（▶とくに部署の責任者に
ついていう）；（企業きょう・団体などの）役員.
a public *officer* 公務員.

3 **警察官**（= police officer）（▶呼びかけ
にも使う）.
Excuse me, *Officer*.
おまわりさん，ちょっとすみません.

official 準2 [əfíʃəl オフィシャル] 形 公式
の，正式な；公務こうの，公務の，職務上の.
an *official* document
公文書.
The President made an *official*
visit to China.
大統領は中国を公式訪問した. →图 office
―― 图 公務員，役人.
a government *official*
国家公務員；政府の役人.

official language [əfíʃəl læŋgwidʒ]

图 公用語（国・国際機関などの公の場で使う
ことを定められた言語）.

officially 2級 [əfíʃəli オフィシャリ] 副 公
式に，正式に；公務上；公式には，表向き
には.

often 5級 副 よく，しばしば

[ɔ́(ː)fən オ(ー)フン, ɔ́(ː)ftn オ(ー)フトゥン]
副〘比較〙more often または oftener；〘最上〙
most often または oftenest（▶比較級では
more often がふつう）. **よく**，**しばしば**，
たびたび. → sometimes（図）
I *often* go to the movies.
私はよく映画を見に行きます.
She is *often* late for school.
彼女はよく学校に遅刻ちこくする.
He doesn't read very *often*.
彼はあまり本を読まない（▶ not … very
often で「あまり…しない」の意味）.

🔖文法 often の位置
ふつう often は一般動詞の前に，be 動
詞・助動詞があればそのあとに置く．た
だし意味を強めるために他の位置に置く
こともある.

How often …? 何回…，どのくらい…．

🔊スピーキング
🅐 *How often* do the trains run?
電車はどのくらいの間隔で来ますか.
🅑 Every 10 minutes.
10 分おきです.

OH, O. 《略》= Ohio（オハイオ州）

oh 5級 [ou オゥ] 間 [おどろき・心配・喜び・
悲しみなどを表して] おお，ああ，わあ；[返
事をするときに] ああ，えっと；[相手の注意を
引いて] ねえ，ほら.
Oh, no! とんでもない!；まさか!，困った!（▶
O と異なり，あとにコンマまたは感嘆符かんを
置くのがふつう）.
Oh, I'm sorry. ああ，どうもすみません.
Oh, look at that! ねえ，あれ見て!

O. Henry [òu hénri] 图 オー・ヘンリー
（1862-1910；アメリカの短編作家；『最後の
一葉』などで，皮肉な環境かんにある人間の心
理をたくみにとらえた）.

Ohio [o(u)háiou オ(ゥ)ハイオゥ] 图 オハイオ
州（アメリカ北東部，エリー湖南岸の州；略語
は OH または O.）.

oil [ɔil オイル]

图 **1** **油**，**オイル**；石油（▶種類をいうとき
以外は，an をつけず複数形なし）.
olive *oil* オリーブ油.
Japan imports almost all its *oil*.
日本は石油のほとんどを輸入している.
an *oil* company 石油会社.
2 [ふつう複数形で] 油絵の具；油絵（= oil
painting）.
―― 動 他 …に油をさす.

oil field [ɔil fiːld] 图 油田，石油生産地域.
oil painting [ɔil pèintiŋ] 图 油絵.
oily [ɔ́ili オイリィ] 形 油の，油のような；油だ
らけの.
oink [ɔiŋk オインク] 图 ブーブー（▶ブタの鳴
き声）.

OK[1], O.K. [òukéi オゥケイ]

508 five hundred and eight

▶ okay ともつづる. 《口語》形 **よろしい**, オーケーで, だいじょうぶで (= all right).
That's *OK*. それでだいじょうぶだよ.
Everything is *OK*. 万事オーケー.
Is it *OK* if I come in?
中に入ってもかまわない？

🗨スピーキング

Ⓐ Are you *OK*? だいじょうぶ？
Ⓑ Yes, I'm *OK*. だいじょうぶだよ.
(▶体調をたずねるときの表現.)

OK 「うまくいった」「完ぺきだ」などを表すジェスチャー.

── 間 **1 オーケー**, よろしい, いいよ, わかった.
"How about meeting at the station at ten o'clock?" "*OK*."
「10時に駅で会うのはどう？」「いいよ」
OK, I'll do it. よし, ぼくがやるよ.

2 それでは, ええと (▶話題を変えるときや, 相手の注意を引くときに使う).
OK. Let's go on to the next question. それじゃ, 次の質問にいきましょう.

── 副 **うまく**, ちゃんと, 問題なく, まずまず.
I did *OK* on the math test.
数学のテストはまあまあうまくいった.

── 動 [3単現] **OK's** [-z] [過去][過分] **OK'd** [-d] [ing] **OK'ing** 他 **…をオーケーする, 承認する.**
They *OK'd* my plan. 彼らは私の計画をオーケーした.

── 名 [複数] **OK's** [-z] **承認, 許可.**
I've got his *OK*. 彼のオーケーをとった.

OK², Okla. 《略》= Oklahoma (オクラホマ州)

okay [oukéi オウケイ] 形 間 副 動 名 《口語》= OK

Okinawan [oukəná:wən オウキナーワン] 形 沖縄の, 沖縄の人の.

Oklahoma [oukləhóumə オウクラホウマ] 名 オクラホマ州 (アメリカ中南部にある農牧業と石油の州; 略語は OK または Okla.).

▲ **old**

old [5級] 形 **年とった, …歳の, 古い**

[ould オウルド]
形 (比較) **older** または **elder** ; (最上) **oldest** または **eldest**) **1 年とった**, 年老いた (反) young 若い).

old   young

an *old* person 老人(▶ elderly person のほうがていねいな表現).
get *old* 年をとる, 老いる (▶ get の代わりに grow, become も使われる).
She looks *old* for her age.
彼女は年のわりにふけて見える.
the *old* and the young 老人と若者 (▶「the + 形容詞」で「…な人々」という意味を表す. the old は「年とった人々」, the young は「若い人々」の意味).

2 [how や時間を表す語を前に置いて] **…歳の, …年たって, …月たって;** [比較級・最上級で] **年上の.**

🗨スピーキング

Ⓐ *How old* are you?
あなたは何歳ですか.
Ⓑ I'm thirteen (years *old*).
私は13歳です.

The baby is two months *old*.
その赤ちゃんは生後2か月です.
Our school is 80 years *old*.
私たちの学校は創立80年になります.
a five-year-*old* boy 5歳の男の子 (▶ five-years-old としない. 「…歳の～」と名詞があとにくるときは「数-year-old」という形で使う. また, a boy of five という言い方もある).
Mary is (three years) *older* than I am. メアリーは私より(3つ)年上です (▶話し言葉では than me ともいう).
Bob is the *oldest* of the three.
ボブは3人の中でいちばん年上です.
my *older* [《おもに英》elder] brother

older ▶

私の兄 (▶「いちばん上の兄」は my oldest [(おもに英) eldest] brother という).

📝**文法**「…歳です」の言い方
「私は10歳です」は I'm ten (years old). で, I'm ten years. とはいわない.

○ I'm ten.
× I'm ten years. ← old を入れる.
○ I'm ten years old.

3 古い, 古くなった (反 new 新しい).
old shoes 古いくつ.
the good *old* days 古きよき時代.
There is an *old* shrine in the village. 村には古い神社がある.

old　　　　new

4 昔からの, 昔なじみの (反 new 初めての); 前の, 以前の.
He is an *old* friend of mine. 彼は昔からの友だちです.

older [óuldər オウルダァ] 形 old (年とった) の比較級の1つ.

oldest [óuldist オウルデスト] 形 old (年とった) の最上級の1つ.

old-fashioned [óuldfǽʃənd オウルドファションド] 形 旧式の, 古風な, 古くさい, 時代遅れの.

Old Testament [óuld téstəmənt テスタメント] 名 [the をつけて] 旧約聖書 (▶『新約聖書』は the New Testament). → bible

olive [ɑ́liv アリヴ ‖ ɔ́liv オリヴ] (アクセント注意) 名 オリーブの木; オリーブの実; オリーブ色.
olive oil オリーブ油.

📗**背景** オリーブの枝は平和のシンボルとされ, 国連旗にも図案化されている. 古代ギリシャでは競技の優勝者に, オリーブの枝葉でつくったオリーブ冠や月桂冠を与えていた. → laurel

Olympia [əlímpiə オリンピア] 名 オリンピア (ギリシャのペロポネソス半島西部にある平原; ゼウス (Zeus) の聖地で古代オリンピア競技の行われた所).

Olympiad [əlímpiæd オリンピアド] 名 [the をつけて] 国際オリンピック大会 (▶ the Olympic Games より形式ばった言い方).

Olympic [əlímpik オリンピク] 形 オリンピックの.
a new *Olympic* record オリンピック新記録.
an *Olympic* athlete オリンピック選手.

Olympics [əlímpiks オリンピクス] 名 [ふつう the をつけて] [複数あつかい] オリンピック大会 (= the Olympic Games).
She won a gold medal in 2016 Rio *Olympics*.
彼女は2016年のリオオリンピックで金メダルを獲得した.

Olympic Games 3級 [əlímpik géimz] 名 [the をつけて] [単数・複数両あつかい] 国際オリンピック大会 (▶ games は「競技大会」の意味. the Olympics あるいは the Olympiad ともいう).
The *Olympic Games* were held in London in 2012.
2012年にロンドンで国際オリンピック大会が開かれました.

omelet, omelette [ɑ́m(ə)lit アムレト ‖ ɔ́m- オム-] 名 オムレツ.
a plain *omelet*
(卵だけの) プレーンオムレツ.

omit [oumít オウミト] 動 (過去)(過分) omitted [-id]; (ing) omitting) 他 …を省略する; …を落とす, ぬかす.
You may *omit* these lessons.
これらの課は省略してもよい.

on 5級 前 …の上に
[特定の日などを表して] …に

[ən オン, (強めると) ɑn アン ‖ ɔn オン]

on は基本的には, 接触を表す.

前 **1** [場所を表して] **a …の上に**; …に (接

510　five hundred and ten

して）(▶面に接触していることを表し, かべや天井にあるものも on という).
The cat is *on* the chair.
そのネコはいすの上にいる.
There was a fly *on* the ceiling.
天井にハエがとまっていた.
I looked at the picture *on* the wall.
かべにかかっている絵を見た.

b …の近くに, …の方に, …の側に；(川・湖・海など) **のそばに**, ほとりに, …沿いに.
You'll see the store *on* your left.
その店は左手に見えるでしょう.
We had lunch at a restaurant *on* the lake.
湖のほとりのレストランで昼食をとった.

c (道の) **…通りに**；(建物の) **…階に**.
The store is *on* Olive Street.
その店はオリーブ通りにあります.
The clothing department is *on* the fourth floor. 服売り場は4階です (▶ in the fourth floor とはいわない).

d (本・印刷物の) **…に(ある)**, …の.
Be sure to write down your answers *on* your answer sheet.
答えはかならず解答用紙に書いてください.
Look at the photo *on* page 10.
10 ページの写真を見てください.

> 📖 **文法** on と above と over
> on は物の表面に接触していることを示す語なので,「上に」とはかぎらない. above ははなれて上の方にあることを示し, over は真上か, おおいかぶさって上にあることを表す.

on　　　above

over

2 …を身につけて [着て, はいて, かぶって] ; …を持ち合わせて ; …を (地面などに) つけて.
John is wearing a hat *on* his head.
ジョンは頭に帽子をかぶっている.
I don't have any money *on* me right now.
いまお金をまったく持っていないよ.
Can you stand *on* your hands?
逆立ちはできる？

3 [特定の日などを表して] **…に**. → at, in
I have tennis practice *on* Mondays. 毎週月曜日にテニスの練習がある.
He was born *on* July 12.
彼は7月12日に生まれた.
We usually play soccer *on* Sunday afternoon.
私たちは日曜の午後はたいていサッカーをします.

> 📖 **文法** 特定の日を表す on
> 「午後に」は in the afternoon というが, ある特定の日の午後にというときは on を使う. *on* the afternoon of July 14 (7月14日の午後に).

4 [状態を表して] **…して**, …中で.
He is now *on* vacation.
彼はいま休暇中です.
The house is *on* fire.
その家が燃えている.

5 [所属を表して] (チーム・委員会など) **の一員で**.
She is *on* the volleyball team. (= She is a member of the volleyball team.)
彼女はバレーボール部に入っている (▶ (英) では on ではなく in を使う).

6 [主題・内容を表して] **…について(の)**, …に関する (▶ふつう about は一般的な内容に, on はより専門的な内容に使う).
Do you have any books *on* environmental problems?
環境問題に関する本を何か持っていますか.
His lecture *on haiku* was interesting.
俳句についての彼の講演はおもしろかった.

7 [目的・用事を表して] **…のために**.
Let's go *on* a picnic.
ピクニックに行こう.
My uncle went to Paris *on* business. おじは仕事でパリに行った.

once ▶

8 [方法・手段を表して] **…で**, …によって；(乗り物) に乗って.

I watched that movie *on* TV.
その映画はテレビで見た.

I like to chat with my friends *on* the phone.
友だちと電話でおしゃべりするのが好きだ.

I found the information *on* the internet.
私はその情報をインターネットで入手した.

I saw a friend of mine *on* the train.
電車で友だちに会った.

9 《on＋-ing 形で》 **…するとすぐに** (= as soon as) (▶形式ばった言い方).

On seeing her, the children ran to her.
彼女の姿を見るとすぐに子どもたちはかけ寄っていった.

10 《口語》…のおごりで.

It's *on* me. ここ (これ) はぼくのおごりだよ.

—— 副 **1** (物の) **上に；身につけて** [着て, はいて] (反 off ぬいで).

It's cold outside. Put *on* your coat.
外は寒いからコートを着なさい (▶ Put your coat on. ともいう. ただし代名詞のときは ˟Put on it. とはいわず, Put it on. の形になる).

His sister had red shoes *on*.
彼の妹は赤いくつをはいていた.

2 (電気・ガス・水道などが) **ついて**, 出て (反 off 切れて).

The light in her room was still *on*.
彼女の部屋の電気はまだついていた.

Who turned *on* the light?
だれが電気をつけたの？

3 (バス・電車などに) **乗って**.

We got *on* at Ueno Station.
私たちは上野駅から乗った.

4 (番組が) **放送されて**；(映画が) 上映されて.

What's *on* at the theater?
その映画館ではいま何を上映しているの？

I like studying with the music *on*.
私は音楽をかけながら勉強するのが好きだ.

5 《動詞＋on で》 **つづけて**.

I *walked on* for many hours.
ぼくは何時間も歩きつづけた.

Read on to page 5.
5ページまでずっと読んでください.

from now on いまからずっと, これからずっと.

on and off = *off and on* ときどき, 断続的に. → off

on and on 休まずに, どんどん, たてつづけに.

She talked *on and on*.
彼女はどんどんしゃべり続けた.

once 4級 副 **1度, かつて**

[wʌns ワンス]

副 **1** **1度**, 1回.

I've seen her mother only *once*.
私は彼女の母親を1度だけ見かけたことがある (▶「2度」は twice または two times, 「3度」以上は times を使って, three times, four times … のようにいう).

I have a piano lesson *once* a week. 私は週に1回ピアノのレッスンがある (▶ a week は「1週間に (つき)」という意味. once ˟in a week とはいわない).

📣 **スピーキング**

🅐 Have you ever been abroad?
外国には行ったことがありますか.

🅑 Yes, only *once*.
ええ, 1度だけあります.

2 **かつて**, 昔は, 以前 (▶過去形とともに使うことが多い).

The writer *once* lived in Japan.
その作家は以前日本で暮らしていた.

He was *once* a popular singer.
彼は昔は人気歌手だった.

once in a while たまに, ときどき.

once more = *once again* もう一度.

Let's sing this song *once more*.
もう一度この歌を歌いましょう.

once upon a time 昔々 (▶昔話の初めによく用いる).

Once upon a time there were three little pigs.
昔々, 3びきの子ブタがいました.

—— 接 いったん…すると；…するとすぐに.

Once you have a bad habit, it's not easy to get rid of it.
いったん悪いくせがつくとなかなか直せない.

—— 名 **1度**, 1回.

◀ **one**

Once is enough. 1度で十分だ.
all at once いっせいに；とつぜん.
The lights went out *all at once*.
いっせいに明かりが消えた.
at once すぐに；いっせいに，**同時に**.
Stop that *at once*!
そんなことはすぐにやめなさい.
I can't do two things *at once*.
私は同時に 2 つのことはできない.

---

one

5級 形 **1 つの，ある…**
名 **1，1 つ**
代 [前に出てきた名詞の代わりとして] **もの，…の 1 つ**

[wʌn ワン]
形 **1 1 つの，** 1 個の，1 人の（▶ a, an よりも数を強調する）；1 歳の.
one hundred 百.
One coffee, please.
コーヒーを 1 つ，お願いします.
I have *one* sister.
私には姉［妹］が 1 人います.
Do *one* thing at a time.
1 度に 1 つのことをしなさい.
Mr. Hara's son is *one* year old.
原さんの息子さんは 1 歳だ.
2 [時を表す名詞につけて]（未来または過去の）**ある….**
one summer day ある夏の日.
I had a bad dream *one* night.
ある夜悪い夢を見た.
── 名（複数 **ones** [-z]）**1，1 つ，** 1 個，1 人；1 時；1 歳.
Lesson *One* レッスン 1, 第 1 課.
One plus seven equals eight.
1 足す 7 は 8（1＋7＝8）.
One for all, all for *one*.
1 人はみんなのために，みんなは 1 人のために.
The meeting starts at *one* in the afternoon. 打ち合わせは午後 1 時に始まる.
── 代（複数 **ones** [-z]）**1** [前に出てきた名詞のくり返しをさけて] **もの，…の.**
I don't like this sweater. Can you show me another *one*（＝ sweater）?
（店で）このセーターは好みじゃないんです. ほかのを見せてもらえますか.
Used books are usually much cheaper than new *ones*（＝ books）.

古本はふつう新しい本よりずっと安い.
"Do you have a smartphone?"
"Yeah. I have *one*（＝a smartphone）."
「スマートフォンは持ってる？」「うん，持ってるよ」（▶ I have ˣit. とか I have ˣa one. とはいわない）.

💬用法 **one と it**
どちらも前に出てきた名詞のくり返しをさけるために使うことばだが，ちがいがある. it は前の名詞が表すものと同一のものをさす. I lost my pen, but I found *it*（＝ my pen）later.（私はペンをなくした. でもあとでそれを見つけた）
一方 one は，前の名詞が表すものと同じ種類のものを示す. I lost my pen. I have to buy a new *one*（＝ a new pen）.（私はペンをなくした. 新しいのを買わなくてはならない）

2（**one of** で）**…の 1 つ，の 1 人.**
I know only *one of* them.
彼らのうち 1 人だけ知っている.
Mt. Hotaka-dake is *one of* the highest mountains in Japan.
穂高岳は日本でもっとも高い山の1つである.
3（一般に）**人**（▶かたい言い方で，話し言葉では you あるいは they を使う；複数形なし）.
One must always do *one's* [（米）their] best.
人はいつも最善をつくさなければならない（▶話し言葉では You must always do your best. という）.
one after another ＝ one after the other 次々に.
Three typhoons hit Japan *one after another*.
3 つの台風が次々と日本に上陸した.
one another おたがい(に)（＝ each other）. → another
one by one 1 人ずつ，1 つずつ.
Please come into the room *one by one*. 部屋には 1 人ずつ入ってください.
one day（過去の）**ある日**；（未来の）**いつか.** → day
One day you'll understand.
いつか，わかるときがくるよ.
one ～，the other ...（2 つ・2 人のうち）**一方は～，もう一方は….**
She has two sons. *One* is in high

five hundred and thirteen 513

one-day ▶

school, and *the other* is in junior high school.

彼女には息子が2人います. 1人は高校生で, もう1人は中学生です.

[同音語] won (win (…に勝つ) の過去・過去分詞)

one-day [wándèi ワンデイ] 形 1日の, 日帰りの.

ones [wʌnz ワンズ] 名 代 one (1；もの) の複数形.

I broke my glasses. I need to get new *ones*.

眼鏡をこわしてしまったんだ. 新しいものを買わないといけないな.

one's [wʌnz ワンズ] 代 1 [人称代名詞の所有格の代表として, 辞書などで使われる形].

do *one's* best 最善をつくす (▶ one's は主語に応じて my, your, his などに変わることを示す).

2 one の所有格. → one 代 3

One must do *one's* duty.

私たちは義務を果たさなければならない.

oneself [wʌnsélf ワンセルフ]

代 ▶ oneself はそのままの形ではあまり使われない. 主語の人称に応じて下の表のように変化する.

	単　数	複　数
1人称	myself	ourselves
2人称	yourself	yourselves
3人称	himself herself itself	themselves

1 [意味を強めるために使って] **自分自身** (▶ この用法では oneself を強く発音する).

I did it *myself*. 私自身がそれをやりました.

2 [動詞・前置詞の目的語として] **自分自身を, 自分自身に.**

Did you hurt *yourself*? けがしたの？

She looked at *herself* in the mirror.

彼女は鏡にうつった自分の姿を見た.

***by oneself* 1 1人きりで** (＝alone).

He traveled around India *by himself*. 彼は1人でインドを旅した.

One can't do it *by oneself*.

人は1人でそれをすることはできない (▶主語が one (人は) のときは oneself で受ける).

2 だれの力も借りずに.

She wrote the essay all *by herself*.

彼女はだれにも頼らず作文を書いた.

***for oneself* 自分のために**；自分自身で.

He built a house *for himself*.

彼は自分のために家を建てた.

***help* yourself to …を自分でとって食べる.** → help

***say to* myself 心の中で考える, 心の中で思う.** → say

***to oneself* 自分自身に；自分だけに.**

one-sided [wʌnsáidid ワンサイデイド] 形 一方的な；不公平な.

a *one-sided* game 一方的な試合.

one way [wàn wéi] 名 《掲示》一方通行 (▶《英》ではふつう a one-way street).

one-way [wʌnwéi ワンウェイ] 形 **1** (道路が) 一方通行の.

a *one-way* street 一方通行道路.

2 《米》(切符が) 片道の (＝《英》single) (反) round-trip 往復の).

a *one-way* ticket 《米》片道切符 (▶「往復切符」は《米》では round-trip ticket, 《英》では a return ticket という).

onion [ʌ́njən アニョン] 名 《植物》タマネギ. → vegetable (図)

Chop the *onion*.

タマネギをみじん切りにしてください.

online [準2] [ɑnláin アンライン ‖ ɔn-オン-] 副 オンラインで (インターネットなどに接続した状態で)；インターネット上で.

I met him *online*.

彼とはネット上で知り合ったんだ.

—— 形 オンラインの.

an *online* dictionary オンライン辞書.

take *online* classes

オンライン授業を受ける.

only [5級] 副 ただ…だけ, …しかない 形 ただ1つの, ただ1人の

[óunli オウンリィ]

副 **ただ…だけ**, …しかない, ほんの….

They have *only* one child.

彼らには子どもは1人しかいない.

I arrived *only* a few minutes ago.

ぼくはほんの数分前に着いたばかりだ.

It was *only* a joke. 単なる冗談だよ.

This room is for staff *only*.

この部屋は職員用です；(掲示) 関係者以外立ち入り禁止.

📖文法 only の位置

❶ only は修飾する語句のすぐ前に置くのが原則である. *Only* I saw the photo. (私だけがその写真を見た) / I *only* saw the photo. (私はその写真を見ただけだ [破いたりしていない]) / I saw *only* the photo. (= I saw the photo *only*.) (私はその写真だけ見た [ほかには見ていない])

onlyは修飾する語句の直前に置くのが原則.

❷ 会話では only は動詞の前に置き, 強調したいところは強めに言うことが多い.

have only to ... …しさえすればよい. → have

not only ～ but (also) ... ～だけでなく…も. → not

── 形 ただ1つの, ただ1人の.
Beth is an *only* child. ベスは1人っ子だ (▶ Beth is only a child. というと only は副詞になって「ベスはまだ子どもだ」という意味になる).
an *only* son 1人息子.
She is the *only* girl in the science club.
彼女は科学部の中でただ1人の女の子です.

onto [(子音の前)á(ː)ntə アー(ー)ントゥ‖ón- オン-; (母音の前)á(ː)ntu アー(ー)ントゥ] 前 《米》…の上へ, 上に (▶《英》では on to とつづることもある).
He got *onto* the bus. 彼はバスに乗った.

onward [ánwɚd アンワド‖ón- オン-] 副 (時間的・空間的に) 前方へ, 前に進んで.
── 形 前方への; 進歩する.

onwards [ánwɚdz アンワヅ‖ón- オン-] 副 = onward

oolong [úːlɔ(ː)ŋ ウーロ(ー)ング] 名 ウーロン茶 (▶ oolong tea ともいう).

oops [u(ː)ps ウ(ー)プス] 間 [ちょっとした失敗をしたときや, おどろいたときなどに発して] おっと, しまった.
Oops! I spilled my coffee.
あっ, コーヒーをこぼしちゃった.

open

open 5級 形 開いた, あいている
動 …をあける, 開く

[óup(ə)n オウプン]
形 (比較 **more open**；最上 **most open**)
1 開いた, あいている (反) closed 閉まった); (ドアが) かぎのかかっていない.
an *open* window あいている窓.
Don't leave the door *open*.
ドアを開けっぱなしにしておいちゃだめよ.
Come in. The door is *open*.
どうぞ (お入りなさい). あいてますから (▶ノックに対する返事).
2 広々とした；おおいのない.
an *open* field 広大な野原.
in the *open* air 野外で.
3 [名詞の前では使わない] (店などが) **あいている, 営業している**；(施設などが) 公開した, 自由に利用できる.

🗣スピーキング

Ⓐ How late are you *open*?
何時まで営業してますか.
Ⓑ We are *open* until eight.
8時までです.

Open from 7 a.m. to 11 p.m.
(掲示) 営業時間：午前7時～午後11時 (▶掲示での OPEN は「営業中」, CLOSED は「閉店」を表す).

The new shopping center will be *open* next month.
来月新しいショッピングセンターがオープンする.
The library is *open* to everyone.
図書館はすべての人に開放されている.
4 (人が) 率直な, かくしごとをしない；偏見のない.
Bob was very *open* with me.
ボブは私に何もかくしごとはしなかった.

five hundred and fifteen 515

open-air ▶

She has an *open* mind.
彼女は偏見のない人です.

— 動 [3単現] opens [-z] [過去] [過分] opened [-d] [ing] opening) 他 **1 …をあける, 開く** (反 close …を閉める); (地図など)を広げる; 《コンピューター》(ファイルなど)を開く.

open

close

Could you *open* the window, please? 窓をあけてもらえますか？
open my eyes wide 目を大きく見開く.
The teacher *opened* the door and came into the classroom.
先生がドアをあけて教室に入ってきた.
Open your textbooks to page 30.
教科書の 30 ページをあけてください.
She put the box on the table and *opened* it.
彼女は箱をテーブルの上に置いてあけた.
He *opened* the map (out) and looked at it. 彼は地図を広げて見た.

2 …を始める;(店など)をあける, …の営業を始める (反 close …を閉める); (新規に)…をオープンする.
He *opens* his office at 10:00.
彼は事務所を 10 時にあける.
My uncle *opened* a coffee shop last week.
私のおじが先週喫茶(きっさ)店を開いた.

— 自 **1 開く, あく**;(花が)咲く.
The door *opened* slowly.
ドアはゆっくりとあいた.
The tulips are starting to *open*.
チューリップが咲きはじめた.

2 始まる;(店などが)あく,開店する;(新しく)オープンする (反 close 閉まる).
The restaurant *opens* at 11:00.
そのレストランは 11 時にあく.

🗣 スピーキング
Ⓐ When does the post office *open*? 郵便局は何時にあきますか.
Ⓑ At nine. 9 時です.

The new museum will *open* this fall. 新しい美術館はこの秋オープンする.
→ 名 opening

open-air [òup(ə)néər オウプネア] 形 野外の, 屋外の.
an *open-air* concert 野外コンサート.

opened [óup(ə)nd オウプンド] 動 open (…をあける) の過去・過去分詞.

opener [óup(ə)nər オウプナァ] 名 開ける道具, 開ける人.
a can *opener* かん切り (▶ 《英》では a tin opener ということもある).

open house [òup(ə)n háus] 名 自宅開放 (パーティー); 《米》(学校の) 参観日, (施設の) 一般公開日 (= 《英》 open day); 住宅の内覧会.

opening [3級] [óup(ə)niŋ オウプニング] 名 **1 はじめ, 開始**;(店・施設などの) オープン, 開店, 開業.
the *opening* of a new restaurant
新しいレストランの開店.

2 穴, すき間.

— 形 開始の, はじめの (反 closing 終わりの).
an *opening* ceremony 開会式, 始業式.
→ 動 open

— 動 open (…をあける) の -ing 形.

openly [óup(ə)nli オウプンリィ] 副 つつみかくさずに, 率直に; 公然と, あからさまに.

opera [áp(ə)rə アペラ ‖ ɔ́p(ə)rə オペラ] 名 オペラ, 歌劇.
an *opera* house オペラハウス, 歌劇場.

オーストラリアのシドニー・オペラハウス.
(Sydney Opera House)

operate [準2] [ápəreit アペレイト ‖ ɔ́p-オペ-] 動 自 **1** (機械などが) 動く, 作動する.
This garage door isn't *operating* smoothly.
このガレージのドアはスムーズに動いていない.
2 (医師が) 手術する.
He *operated* on my father.

◀ **or**

彼が父の手術をした.

── 他 (機械など)を操作する, 運転する.
Can you *operate* this machine?
この機械を操作できますか.

operation 2級 [ɑpəréiʃən アペレイション ‖ ɔp- オペ-] 图 **1** 手術.
have an *operation* 手術を受ける.

2 運転, 作動; 操作; (軍などの)活動, 作戦.
peacekeeping *operations*
(国連の)平和維持活動.

operator [ɑpəreitər アペレイタァ‖ ɔp- オペ-] 图 (電話の)オペレーター, 交換手;(機械を)操作する人.

opinion 3級 [əpínjən オピニョン]
图 **1** 意見, 考え.
express my *opinion* 自分の意見を述べる.
What's your *opinion* of the new mayor? 新しい市長についてどう思いますか.

🗨 プレゼン

In my *opinion*, it's a good idea.
私の意見では, それはいい考えです.

2 世論 (= public opinion).
an *opinion* poll 世論調査.

opponent [əpóunənt オポウネント] 图
1 (競争・ゲーム・討論などの)相手.
2 (計画・考えなどに対する)反対者.

opportunity 準2 [ɑpərt(j)úːnəti アパテューニティ, -トゥー- ‖ ɔpətjúː- オポテュー-] 图 (複数 **opportunities** [-z]) 機会, チャンス(▶ chance に比べて opportunity は必然性の高いものをさし, 「何かをするのによい機会」という意味を表す).

🗨 プレゼン

It was a great *opportunity* to think about my future.
それは自分の将来について考えるすばらしい機会でした.

oppose 2級 [əpóuz オポウズ] 動 他 …に反対する.
They *oppose* the plan to build a new dam.
彼らは新しいダムの建設計画に反対している.

opposite 2級 [ɑpəzit アポズィト ‖ ɔp- オポ-] 形 逆の, 反対の;反対側の, 向かい側の.

the *opposite* sex 異性.
The seasons in Sydney are *opposite* to ours.
シドニーの季節は私たちのとは逆である.
The restaurant is on the *opposite* side of the bank.
レストランは銀行の向かいにある.

── 图 反対のもの;反意語.
The *opposite* of 'big' is 'small.'
big (大きい)の反意語は small (小さい)です.

── 前 (場所が) …に向き合って;…の反対で.
There's an elevator *opposite* the entrance.
エントランスの向かいにエレベーターがあります.

opposition [ɑpəzíʃən アポズィション‖ ɔp-オポ-] 图 **1** 反対, 対立;抵抗.
2 [the をつけて] 反対者, 相手(側).

optimistic [ɑptəmístik アプティミスティク ‖ ɔp- オプ-] 形 楽天的な, のんきな.

option [ɑpʃən アプション‖ ɔp- オプ-] 图 選択, 選択肢;選ぶことのできる手段, 選ぶことのできる物, オプション.

optional [ɑpʃ(ə)nəl アプショナル] 形 自由に選択できる.

OR, Ore. (略) = Oregon (オレゴン州)

or 5級 接 ～または…, それとも, [命令形などのあとで] そうしないと

[ɑr オァ, (強めると) ɔːr オー(ァ)]
接 **1** [選択・可能性を表して] **～または…,** それとも (▶ or の前後には同じような働きをする語 (句) や節などがくる).
I want to be a doctor *or* a teacher.
私は医師か教師になりたい. [名詞と名詞]
Is it true *or* false? それは正しいですか, まちがっていますか. [形容詞と形容詞]
You can go there by train *or* by bus. そこには電車でもバスでも行けます. [副詞句と副詞句]
You can stay here *or* you can come with me. ここにいてもいいし, いっしょに来てもいいよ. [節と節]
Would you like coffee, tea *or* orange juice?
コーヒーにしますか, 紅茶にしますか, それともオレンジジュース？(▶ 3 つ以上の要素をあげるときは最後の要素の前に or を置く).

five hundred and seventeen 517

-or

Is that right ↗ or wrong ↘?
それは正しいですか，それともまちがっていますか．

Which do you like better, fish ↗ or meat ↘? 魚と肉とではどっちが好き？

🔊 **発音** どちらかを選ばせる疑問文では or の前は上げ調子で，or のあとは下げ調子で言う．

A ↗ or B ↘
A ↗, B ↗ or C ↘

🗣 **スピーキング**
Ⓐ Which do you like better, summer or winter?
夏と冬，どちらが好きですか．
Ⓑ I like summer better.
夏のほうが好きです．

2 [否定文で] **〜でも…でも（ない）．**
I haven't met her *or* her sister.
私は彼女にも彼女の妹にも会ったことがない（▶ her ˟and her sister とはしない）．
My father doesn't gamble *or* drink.
私の父はギャンブルも酒もやりません（▶ gamble ˟and drink とはしない）．

3 [ふつうコンマのあとで] **すなわち**，いいかえれば．
I ran 10 miles, *or* about 16 kilometers.
私は10マイル，すなわち16キロほど走った．

4 [命令形などのあとで] **そうしないと．**
→ and
Hurry up, *or* (else) you'll be late.
急がないと遅れるよ（▶ else を加えると意味が強調される）．
You'd better keep warm, *or* you'll catch a cold.
暖かいかっこうをしないとかぜをひくよ．

📖 **文法** 命令文+ or，命令文+ and
❶ 命令形のあとの or は「そうしないと」「さもないと」という意味．
❷ 命令形のあとの and は「そうすれば」という意味．Try again, *and* you will succeed.（もう一度やってみなさい，そうすればうまくいきますよ）→ and

... *or* so …かそこら．
We'll be there in an hour *or so*.
1時間かそこらで着きます．

-or [-ər -ア] [接尾] ▶動詞のあとについて，「…する人，…する物」という名詞をつくる．例．conductor（conduct + or 指揮者）/ visitor（visit + or 訪問者）．

oral [ɔ́ːrəl オーラル] [形] 口頭の，口述の．
oral communication
オーラルコミュニケーション（▶口頭で自分の考えなどを言いあうこと）．

orange 5級 [ɔ́(ː)rindʒ オ(ー)レンヂ]

[名] (複数) oranges [-iz] **オレンジ**；オレンジの木；**オレンジ色**，だいだい色（▶この意味では a をつけず，複数形なし）．
peel an *orange* オレンジの皮をむく．
squeeze an *orange*
オレンジのしるをしぼる．
── [形] オレンジの；オレンジ色の．
an *orange* T-shirt オレンジ色のTシャツ．

🌐 **背景** 日本のミカンは（英）satsuma や（米）tangerine とか mandarine などという．

orange juice [ɔ́(ː)rindʒ dʒúːs] [名] (果汁100%の) オレンジジュース．

orbit [ɔ́ːrbit オービト] [名] (天体・人工衛星などの) 軌道．
the *orbit* of the moon 月の軌道．

orca [ɔ́ːrkə オーカ] [名] (動物) シャチ．

orchard [ɔ́ːrtʃərd オーチャド] [名] 果樹園．
an apple *orchard* リンゴ園．

orchestra 準2 [ɔ́ːrkistrə オーケストゥラ] [名] オーケストラ，管弦楽団．
a symphony *orchestra* 交響楽団．

orchid [ɔ́ːrkid オーキド] [名] **1** (植物) ラン(蘭)；ランの花．
2 うすむらさき色．

order 4級 [ɔ́ːrdər オーダァ]
フォニックス78 or は[ɔːr]と発音する．

[名] (複数) orders [-z] **1 順序**，順番；整理，整とん；秩序（▶ an をつけず，複数形なし）．
the batting *order* (野球の) 打順．
in *order* of age 年齢の順に．
The cards were arranged in alphabetical *order*.
カードはアルファベット順に並んでいた．
Put your room in *order*.

◀ **original**

部屋をかたづけなさい.

2 命令, 指令.
This is an *order*. これは命令だ.
You must obey your leader's *orders*.
リーダーの命令には従わなければならない.

3 (商品や飲食店などでの) **注文**.
You can place your *order* on the internet.
注文はインターネット上でできるよ.
May I take your *order*?
(レストランで) ご注文をおうかがいしましょうか.

in order to ... [目的を表して] …するために.
Plants need light *in order to* live.
植物が生きていくには光が必要だ.

out of order (機械などが) 故障して.
This ticket machine is *out of order*.
この券売機は故障している.

── 動 [3単現] **orders** [-z] / [過去] [過分]
ordered [-d] / [ing] **ordering** 他 **1 …を命じる**, …に命令する; (order + 人 + to ... で) (人) に…するように命令する.
The doctor *ordered* me *to* cut down on sweets.
医者は私にあまい物を減らすように命じた.

2 (商品など) **を注文する**.
I *ordered* some books from the bookstore. その書店に本を数冊注文した
(▶ *to* the bookstore とはいわない).
I *ordered* a sandwich and an iced coffee.
ぼくはサンドイッチとアイスコーヒーを注文した.

── 自 (レストランなどで) **注文する**.
Are you ready to *order*?
ご注文はお決まりですか.

ordinary [準2] [ɔ́ːrdəneri オーディネリィ ‖ -n(ə)ri -ナリィ] 形 ふつうの; ありふれた
(反) extraordinary なみはずれた).
ordinary people ふつうの人々.

ore [ɔːr オ−(ァ)] 图 鉱石.

Oregon [ɔ́ː(ː)rigən オ−(−)レゴン] 图 オレゴン州 (太平洋に面するアメリカの州; 略語は OR または Ore.).

organ [ɔ́ːrgən オ−ガン] 图 **1** (体の) 器官, 臓器.
internal *organs* 内臓.
2 《楽器》 オルガン; (教会などの) パイプオルガン (= pipe organ).

play the *organ*
(パイプ) オルガンをひく.

organic [2級] [ɔːrgǽnik オ−ギャニック] 形有機(体)の; 有機肥料で育てた, 有機飼料で育てた.
organic vegetables
有機栽培の野菜.

organist [ɔ́ːrgənist オ−ガ二スト] 图 オルガン奏者.

organization [準2] [ɔːrgənizéiʃən オ−ガ二ゼイション ‖ -gənai- -ガナイ-] ▶《英》では organisation とつづる. 图 組織, 団体, 機関; 組織化.
an international *organization*
国際機関.
a nongovernmental *organization*
非政府組織 (▶ NGO と略す).

organize [準2] [ɔ́ːrgənaiz オ−ガナイズ]
▶《英》では organise とつづる.
動 他 …をまとめる; …を整理する; (行事など) の準備をする; …を組織する.
We were busy *organizing* the party.
私たちはそのパーティーの準備で忙しかった.

organizer [ɔ́ːrgənaizər オ−ガナイザァ] 图主催者, まとめ役; 世話役.
an event *organizer*
イベント企画者.

Orient [ɔ́ːriənt オ−リエント] 图 [the をつけて]《文語》東洋 (同 the East); アジア (同 Asia); 東方諸国.

Oriental [ɔːriéntl オ−リエントゥル] 形 東洋の, 東洋風の.

orienteering [ɔːriəntí(ə)riŋ オ−リエンティ(ア)リング] 图 オリエンテーリング (地図と磁石だけで山野の指定地点をめぐり, 所要時間を競うゲーム).

origami [ɔ̀ː)rigáːmi オ−(−)リガ−ミ] (<日本語) 图 折り紙 (の技術); 折り紙 (作品).

origin [準2] [ɔ̀ː(ː)rədʒin オ−(−)リヂン] 图 起源, 始まり; (家族・人種などの) 出身.
the *origin* of life
生命の起源.

original [準2] [ərídʒənəl オリヂナル]
形 **最初の, もとの**; 独創的な; 原文の.
The result was far from the *original* goal.
結果は最初の目標からはほど遠いものだった.
an *original* idea 独創的な考え.

five hundred and nineteen **519**

originality ▶

―― 图 原物；原本，原画.

originality [ərìdʒənǽləti オリヂナリティ]
图 独創性，創造力.

originally 2級 [ərídʒ(ə)nəli オリヂナリィ]
副 もとは，最初は，もともと；独創的に.
Tofu was *originally* invented in China. 豆腐はもともと中国で生まれた.

Orion [ouráiən オウライオン ∥ əráiən オライオン]
图 **1** 《ギリシャ神話》オリオン (狩りの名人).
2 《天文》オリオン座.

ornament [ɔ́ːrnəmənt オーナメント] 图 かざり，装飾《☆》；装飾品.
Christmas tree *ornaments*
クリスマスツリーのかざり.

orphan [ɔ́ːrfən オーファン] 图 孤児《☆》，身よりのない子ども (▶ときに父母のどちらかをなくした子どもにも使う).

ostrich [ástritʃ アストゥリッチ ∥ ɔ(ː)s- オ(ー)ス-]
图《複数》**ostriches** [-iz]，集合的に **ostrich**
《鳥》ダチョウ.

Othello [əθélou オセロウ, ou- オウ-] 图『オセロ』(シェークスピアの4大悲劇の1つ. およびその主人公名).

othello [əθélou オセロウ, ou- オウ-] 图《商標名》オセロゲーム.

other 4級 形 ほかの，もう一方の 代 ほかの物，ほかの人

[ʌðər アザァ] フォニックス35 **th** は [ð] と発音する.
形 **1** **ほかの**，他の，別の.
Do you have any *other* questions?
ほかに何かご質問はありますか.
Judy is brighter than any *other* student in the class.
ジュディーはクラスのほかのどの生徒よりも勉強がよくできる (▶「比較級＋than any other」のあとにはふつう単数名詞がくる).

プレゼン
It's necessary to learn about *other* countries.
ほかの国々について学ぶことは必要です.

2 《the [one's] other＋単数名詞で》(2つ・2人のうちの) **もう一方の…**，もう片方の…；《the [one's] other＋複数名詞で》(3つ・3人以上のうちの) **残りの…**.
They live on *the other* side of the street.

彼らはその通りの反対側に住んでいる.
Have you seen *my other* glove?
私のもう片方の手袋，見なかった？
John is absent, but *the other* students are all here.
ジョンは欠席ですが，残りの生徒はみなここにいます.
I like English and math, but I don't like *the other* subjects.
英語と数学は好きだけど，それ以外の科目は好きじゃない.

🔖文法 the other と another
the other は「2つのうちのもう一方の」を表し，**another** は元は "an + other" で，「いくつかあるものの中のもう1つの」を表す.

every other 1つおきの…．
every other day 1日おきに.
in other words 言いかえれば. → word
the other day 《口語》**先日，数日前に.**
→ day

―― 代《複数》**others** [-z] **1** 《しばしば複数形で》**ほかの物，ほかの人**，他人.
Be kind to *others*.
人には親切にしなさい.
Some students like English, *others* don't.
英語が好きな生徒もいれば，そうでない生徒もいる.

2 《the をつけて》(2つ・2人のうちの) **もう一方，もう片方**；(3つ・3人以上のうちの) **残りの1つ，残りの1人**.
I have two brothers. One is in Osaka, and *the other* (is) in Akita.
私には兄弟が2人いて，1人は大阪にもう1人は秋田にいます.

3 《the [one's] others で》(3つ・3人以上のうち) **残りのすべての物，残りのすべての人**.
Mr. Smith has four sons. One is a doctor and another is a teacher. But I don't know about *the others*.
スミスさんには息子さんが4人いて，1人は医者でもう1人は先生ですが，ほかの息子さんたちについては知りません.

each other **おたがい(に).** → each
one ～, the other ... (2つ・2人のうち) **一方は～，もう一方は….** → one

520 five hundred and twenty

◀ out

the other
残り1つ

the others
残り全部

others [ʌ́ðərz アザァズ] 代 other (ほかの物) の複数形.

otherwise 準2 [ʌ́ðərwaiz アザァワイズ] 副 **1** [命令文などのあとで] さもないと (= or);もしそうでなければ (= if not).
Leave right away, *otherwise* you won't be on time.
いますぐ出かけないと時間どおりにつかないよ.
2 別の方法で,ちがうふうに;それ以外は,ほかの点では.
I think *otherwise*.
私はちがうふうに考えます.
I don't like the book's ending, but *otherwise* it was good.
その本の結末は好きではないけど,それ以外はよかった.

Ottawa [ɑ́təwə アタヮ || ɔ́tə- オタ-] 名 オタワ (カナダの首都).

ouch [autʃ アゥチ] 間 あいた!,痛い!;熱い!,あちち!→ man (図)

ought [ɔːt オート] (発音注意) 助 (過去形なし)(**ought to ...** で) …したほうがよい;…すべきである;…するはずである (▶ to のあとには動詞の原形が続く. 否定形は ought not to の語順. やや形式ばった言い方で, should のほうがふつう). → should
You *ought to* study harder.
きみはもっといっしょうけんめい勉強すべきだ.

ounce [auns アウンス] (発音注意) 名 オンス (重さの単位で 28.35 グラム;貴金属・薬品の場合は 31.10 グラム;略語は oz.).
two *ounces* of flour
小麦粉2オンス.

our 5級 代 私たちの

[áuər アウア, ɑːr アー]
代 (we の所有格) **私たちの**,われわれの. → we (表)

Our school day begins at 8:20.
私たちの学校は8時20分に始まります.
Mr. Oda is *our* English teacher.
小田先生はぼくたちの英語の先生です.
[同音語] hour (1時間)

ours 5級 代 私たちのもの

[áuərz アウアズ, ɑːrz アーズ] フォニックス90 our は [áuər] と発音する.
代 (we の所有代名詞) **私たちのもの**;(**of ours** で) **私たちの**. → mine¹ (表)
These rackets are not *ours*.
これらのラケットは私たちのじゃない (▶この ours は our rackets の意味).
She's a friend *of ours*.
彼女は私たちの友人です.

ourselves [auərsélvz アウアセルヴズ]

代 **1** [意味を強めるために使って] **私たち自身** (▶この用法では ourselves を強く発音する). → oneself (表)
We *ourselves* have to take responsibility for that.
その責任は私たち自身が負わなければならない.
2 [動詞・前置詞の目的語として] **私たち自身を,私たち自身に**.
We enjoyed *ourselves* at the amusement park.
遊園地ではとても楽しく過ごした (→楽しかった).
between ourselves 《口語》ここだけの話だが,内緒の話だが.
by ourselves 私たちだけで;自力で.
We built the hedge all *by ourselves*.
私たちは自力で生け垣をつくった.
for ourselves 私たちのために;私たち自身で.

out 5級 副 外へ,不在で

[aut アウト] フォニックス72 ou は [au] と発音する.
副 **1 外へ,外に,外で**;出かけて,不在で,留守で (⇔ in 中へ;在宅して).
Let's go *out*.
出かけようよ;外出しよう.
Get *out*! 出ていけ!

five hundred and twenty-one 521

outbound ▶

out　　　in

He's *out* in the garden.
彼は庭に出ています (▶まず out で「外」にいることを表し、さらに in the garden で具体的な場所を示している).
We went *out* for a walk.
私たちは散歩に出かけた.
My mom is *out* now.
お母さんはいま留守だよ.

2 **なくなって**, (火・明かりなどが) 消えて; 最後まで, すっかり.
Time is running *out* and we must hurry.
時間がなくなってきたので急ぐ必要がある.
The lights in the house were *out*.
家の明かりは消えていた.
My battery is running *out*.
バッテリーがなくなりそうです.

3 **現れ出て**; (花が) 咲いて.
The moon came *out* again.
月がふたたび現れた.
Red flowers were *out* on the roadside. 道ばたに赤い花々が咲いていた.

4 大声で.
I heard someone cry *out*.
だれかがさけぶ声が聞こえた.

5 はずれて; (調子が) 悪い; 故障して (= out of order).
The copy machine is *out* again.
コピー機がまた調子が悪いよ.

6 《野球》アウトで (⇔ safe セーフの).
The batter is *out*. バッター, アウト!

out of **1** (場所・位置など) **から**, …の外へ, …からはなれて. → into

in
…の中に

into
…の中へ

out of
…から外へ

He got *out of* the taxi.
彼はタクシーから降りた (▶バス・電車などの場合は get off を使う).
I took my smartphone *out of* my pocket. ポケットからスマホを取り出した.
2 [材料を表して] **…から**, …を利用して.
She made the doll *out of* old clothes.
彼女は古着から人形をつくった.
3 (ある数) **の中から**, …のうち.
Five *out of* thirty students were late for school.
30 人のうち 5 人の生徒が学校に遅れた.
4 …がなくなって, …を切らして.
We're *out of* margarine.
マーガリンを切らしている.

── 前 (おもに米口語) …から外へ.
Beth looked *out* the window.
ベスは窓から外を見た.

── 名 (複数 **outs** [-ts ッ]) 《野球》アウト.

outbound [áutbaund アウトゥバウンド] 形 外国行きの (⇔ inbound 国内行きの).

outcome [áutkʌm アウトゥカム] 名 [ふつう単数形で] 結果, 成果.

outdoor 準② [áutdɔːr アウトゥドー(ァ)] 形 屋外の, 野外の, アウトドアの (⇔ indoor 屋内の).

outdoors [autdɔ́ːrz アウトゥドーズ] 副 屋外で, 野外で (⇔ indoors 屋内で).

outer [áutər アウタァ] 形 外側の, 外部の, 外の (⇔ inner 内部の); 中心からはずれた.
outer space 宇宙, (地球の) 大気圏外.

outfield [áutfiːld アウトゥフィールド] 名 [ふつう the をつけて] 《野球・クリケット》外野; [集合的に] 外野手 (⇔ infield 内野).

outfielder [áutfiːldər アウトゥフィールダァ] 名 《野球・クリケット》外野手 (⇔ infielder 内野手).

outfit [áutfit アウトゥフィト] 名 服装, 衣装一式.
outfit of the day
今日の服装 (一式), 本日のコーディネート.

outgoing [autgóuiŋ アウトゥゴウイング] 形 (人・性格が) 外向的な; 出ていく, 去っていく.

outing [áutiŋ アウティング] 名 遠足, 遠出, 外出.
My sister went to Nara on a school *outing*. 妹は学校の遠足で奈良に行った.

◀ **over**

outlet [áutlet アウトゥレット] 图 **1** (米)(電気の)コンセント (=(英)power point, socket) (▶「コンセント」は和製英語).
2 アウトレット，工場直売店．

outline [áutlain アウトライン] 图 あらまし，概要；輪郭；略図．
an *outline* of the book
その本の概要．
── 動 他 …の概要を述べる；…の輪郭をかく．

outlook [áutluk アウトゥルク] 图 (物・事に対する)見解，考え方；(経済などの)見通し，先行き；見晴らし，眺望．

out-of-date [àutəvdéit アウトヴデイト] 形 時代遅れの，旧式の (反 up-to-date 最新の).

output [áutput アウトゥプット] 图 **1** 生産高，生産．
2 (コンピューターなどの)出力，アウトプット (反 input 入力).

outside 4級 [autsáid アウトゥサイド, áutsaid アウトゥサイド]

フォニックス72 フォニックス50 ou は [au]，i は [ai] と発音する．

图 [the をつけて] **外側**，外部，外 (反 inside 内側).
from *the outside* 外側から．
The outside of the house needs painting.
家の外側(→外壁)はペンキぬりが必要だ．
── 形 **外側の**，外の，外部の (反 inside 内側の).
an *outside* light 外の明かり．
The *outside* wall of the building was damaged.
建物の外壁はいたんでいた．
── 副 **外へ[に, で]**，外側へ[に, で]，外部へ[に, で] (反 inside 中へ).
It's really cold *outside*.
外はすごく寒いよ．
I went *outside* to see what was happening.
何が起きているのかを見るために外に出てみた
(▶ go outside は「(室内・屋内から)外に出る」，go out は「出かける」という意味をふくむ).
── 前 **…の外に**，…の外側に (反 inside …の中に).
I've never been *outside* Japan.
私はいままで日本の外に出たことがない (→海

外へ行ったことがない).
We waited *outside* the shop.
ぼくたちはその店の外で待っていた．

outskirts [áutskə:rts アウトゥスカーツ] 图 [複数あつかい] 町はずれ，郊外．

outstanding [autstǽndiŋ アウトゥスタンディング] 形 目立つ；とてもすぐれた．

outward [áutwərd アウトゥワド] 形 外側の，外部の (反 inward 内側の).
── 副 外部へ，外に向かって．

outwards [áutwərdz アウトゥワヅ] 副 = outward

oval [óuv(ə)l オウヴ(ァ)ル] 形 だ円形の；卵形の
── 图 だ円形；卵形(の物).

oven 4級 [ʌ́v(ə)n アヴン] (o は例外的に [ʌ] と発音する) 图 オーブン．
She baked bread in the *oven*.
彼女はオーブンでパンを焼いた．

over 5級 前 …の上に, …をおおって 副 上の方へ, 終わって

[óuvər オウヴァ]

前 **1** (はなれて) **…の上に**，真上に，上方に (反 under …の下に).
There was a stone bridge *over* the river.
川には石橋がかかっていた．

◆文法 on と over
「…の上に」でも on は接触していることを示し，over は (はなれて) おおいかぶさるような感じで上にあることを示す． → on (図)

on　　over

2 …をおおって；…の一面に，…中に．
I put my hand *over* my mouth and tried not to laugh.
私は口を手でおおって笑うのをこらえた．

3 …をこえて；…の向こう側に．
The dog jumped *over* the fence and ran away.
犬はフェンスをとびこえてにげていった．

five hundred and twenty-three 523

over- ▶

The lake is *over* this hill.
湖はこの丘の向こう側にある.

4 (数量が) **…より多い** (＝more than)
(反) under …未満の).

This game is for children *over* ten.
このゲームは10歳より上の子ども向きです(▶
over ten は10歳をふくまないので, 10歳
をふくむときは children ten and over や
children ten or over とする).

5 **…について.**

We talked *over* the plan.
私たちはその計画について話し合った (▶ talk
over は talk about よりも時間をかけてじっ
くりと話し合うときに使う).

6 (時間が) **…にわたって, …の間.**

What did you do *over* the week-
end? 週末は何をしてたの？

7 (電話・ラジオなど) **によって, …で, …
を通して.**

I spoke to Jane *over* the telephone.
私は電話でジェーンと話した (▶「電話で」は
on the telephone ともいう).

8 **…しながら.**

Let's talk *over* (a cup of) coffee.
コーヒーでも飲みながら話しましょう.

all over (場所について) **…中に**, → all
There was trash *all over* the place.
あちこちにごみが散らかっていた.

── 圖 **1** (はなれて) **上の方へ, 上の
方を, 真上に.**

A helicopter was flying *over*.
上空をヘリコプターが飛んでいた.

2 [場所の移動を表して] **向こうへ**, 向こう
側に, こえて；こちら (側) へ.

I'm going *over* to Bob's house.
ボブのうちに行ってくるよ.

My uncle came *over* from Okinawa
to visit us.
おじさんがはるばる沖縄から会いに来てくれた.

3 終わって；(be over で) 終わる.

School is *over* around three.
学校は3時ごろに終わる.

4 一面に.

We painted the door *over* in green.
私たちはドア一面に緑のペンキをぬった.

The pond was frozen *over*.
池一面が凍っていた.

5 倒れて；ひっくり返して.

He fell *over* and hit his head.

彼はころんで頭を打った.

turn *over* the page ＝ turn the page
over ページをめくる.

6 (数量が) **それ以上に**, より多く.

people of 20 and [or] *over*
20歳以上の人たち.

7 くり返して；(米) **もう一度.**

I think we should start *over*.
もう一度最初からやり直したほうがよさそうだね.

over again もう一度.

Can you play this song *over
again*?
この曲をもう一度かけてくれる？

over and over **(again)** 何度も, くり返し.

I read that book *over and over
(again)*.
その本は何度もくり返し読みました.

over here こちらに, こっちに.

Come *over here*.
こっちへ来て.

over there **あそこに**, あっちに, 向こうに.

What's that building *over there*?
あそこの建物は何ですか.

over- [óuvər- オウヴァ-] [接頭]

1 動詞・名詞・形容詞の前につけて「過度に」
「あまりに…すぎる」の意味を表す.
例. overwork (over ＋ work 働きすぎる).

2「上に, 上から」「外に」などの意味を表す.
例. overseas (over ＋ seas 海外へ).

overall 2級 [óuvərɔːl オウヴァロール] [名]

[複数形で] (複数あつかい) (米) オーバーオー
ル (胸当て付きの作業ズボン)；(英) つなぎ
(の作業服)；(英) (女性・子どもが服の上
から着る) 上っ張り, スモック.

overcame [ouvərkéim オウヴァケイム] [動]

overcome (…に打ち勝つ) の過去形.

overcoat [óuvərkout オウヴァコウト] [名]

オーバー (▶とくに厚手でたけの長いものをい
う). → coat (図)

overcome 2級 [óuvərkám オウヴァカム]

[動] (過去 **overcame** [ouvərkéim]；過分
overcome) 他 **…に打ち勝つ, …を打ち
負かす；…を克服する.**

I managed to *overcome* many
difficulties.
私は何とか多くの困難に打ち勝つことができた.

overflow [ouvərflóu オウヴァフロウ] [動] (自)

(水などが) あふれる, はみだす；(川などが)
はんらんする.

524 five hundred and twenty-four

◀ **owing**

The bath is *overflowing*!
おふろの水があふれてるよ.
── 他 (水などが) …をこえてあふれる; (川などが) …をこえてはんらんする.

overhead [òuvərhéd オウヴァ**ヘ**ッド] 副 頭上に; 上空に.
Danger *Overhead* 〈掲示〉 頭上注意
── [óuvərhed オ**ウ**ヴァへッド] 形 頭上の, 高架の, 空中の.
overhead cables 高架線.

overhear [òuvərhíər オウヴァ**ヒ**ア] 動 〈過去〉〈過分〉 **overheard** [òuvərhə́ːrd オウヴァ**ハ**〜ド]) 他 (他人の話など) を偶然に聞く.

overhunting [òuvərhántiŋ オウヴァ**ハ**ンティング] 名 乱獲.

overlook 2級 [òuvərlúk オウヴァ**ル**ック] 動 他 **1** …を見落とす, 見すごす; …を大目に見る.
He *overlooked* a red light.
彼は赤信号を見落とした.
2 (建物・場所・人などが) …を見下ろす, 見わたす.
The tower *overlooks* the whole city. その塔からは市全体が見下ろせる (→ 一望できる).

overnight [òuvərnáit オウヴァ**ナ**イト] 副 一晩 (中), 夜通し; 一夜にして.
stay *overnight* at a friend's house
友だちの家に一晩泊まる.
── 形 夜通しの; 1泊の; (郵便物などが) 翌日配達の.

overseas 準2 [òuvərsíːz オウヴァ**ス**ィーズ] 副 海外へ, 海外で, 外国へ, 外国で.
→ abroad
go *overseas* 海外へ行く.
My sister is now studying *overseas*.
姉はいま海外で勉強している.
── 形 海外の, 外国の; 海外への, 海外向けの.
an *overseas* trip 海外旅行.
overseas students (= students from overseas)
海外からの留学生.

oversleep 3級 [òuvərslíːp オウヴァス**リ**ープ] 動 〈過去〉〈過分〉 **overslept** [òuvərslépt]) 自 寝すごす, 寝ぼうする.
I *overslept* and was late for school.
寝ぼうして学校に遅刻した.

overslept [òuvərslépt オウヴァス**レ**プト] 動

oversleep (寝すごす) の過去・過去分詞.

overtake [òuvərtéik オウヴァ**テ**イク] 動 〈過去〉 **overtook** [òuvərtúk オウヴァ**トゥ**ック]; 〈過分〉 **overtaken** [òuvərtéik(ə)n オウヴァ**テ**イクン]; ing **overtaking**) 他 **1** …を追いこす, 追い抜く.
2 (ある事態・死などが) …をとつぜん襲う; 《be overtaken by で》 (恐怖など) に襲われる.
── 自 《おもに英》 追いこす.
Do Not *Overtake*
《道路標識》 追いこし禁止 (▶ 《米》では No Passing).

overweight [òuvərwéit オウヴァ**ウェ**イト] 形 (人が) 太りすぎの; 重量超過の (▶ fat の代わりに使われることがある).

overwork [óuvərwəːrk **オ**ウヴァワ〜ク] 名 働きすぎ (ること), 過労.
My mother got sick because of *overwork*.
母は過労で病気になった.
── [òuvərwə́ːrk オウヴァ**ワ**〜ク] 動 他 …を働かせすぎる, 酷使する.
── 自 働きすぎる.
He has been *overworking*.
彼は最近働きすぎだ.

owe 2級 [ou **オ**ウ] 動 他 **1** (金) の借りがある, (人) に借金がある; 《owe + 人 + 金 / owe + 金 + to + 人で》 (人) に (金) を借りている.
I *owe* him two thousand yen.
(= I *owe* two thousand yen *to* him.)
私は彼に 2000 円借りがある.
How much do I *owe* you?
きみにいくら借りているんだっけ?; (買い物などで) おいくらですか.
2 《owe ～ to … で》 ～は…のおかげである, ～を…に負っている.
I *owe* my victory *to* my family.
ぼくが勝利できたのは家族のおかげです.
[同音語] O (アルファベットの文字), Oh (おお)

owing [óuiŋ **オ**ウィング] 形 支払うべき, 未払いの (▶名詞の前では使わない).
There are ten dollars *owing*.
未払いが 10 ドルある.
owing to …のために, …が原因で (▶ because of のほうがくだけた言い方).
The train was late *owing to* an accident.

five hundred and twenty-five **525**

事故のため列車が遅れた.

owl [aul アウル] (発音注意) 图《鳥》フクロウ(▶種類が多く, ミミズクもふくむ;知恵の象徴ちょうちょうとされている).

own 4級 [oun オウン] フォニックス74 owは[ou]と発音する.

形 **1 自分自身の**, 自分の, (…)自身の; 特有の(▶my, your, his などの所有格のあとに使って意味を強める).
He has his *own* store in the center of the city.
彼は市の中心部に自分(自身)の店を持っている(▶×an own store とはいわない).

2 (*my own* で)[名詞的に使って]**自分自身のもの**.
This house is *my own*.
この家は(借家ではなく)私の持ち家です.

(*all*) *on my own* ひとりで;自分の力で(= by *my*self).

of my own [名詞のあとで]自分自身の.
I want a room *of my own*. (= I want my own room.)
ぼくは自分(自身)の部屋がほしい.

―― 動 3単現 **owns**[-z]; 過去 過分 **owned**[-d]; ing **owning** 他 …を所有する(▶進行形にしない).
My uncle *owns* the land.
私のおじがその土地を所有している.

owner [óunər オウナァ] 图 持ち主, 所有者, 飼い主.
Ken's father is the *owner* of this sailboat.
ケンのお父さんがこのヨットの持ち主です.

OX [aks アックス ‖ ɔks オックス] 图 (複数 **oxen** [áksn ‖ ɔ́ksn]) お牛(▶とくに食用や荷役用に去勢されたお牛のこと). → cow

oxcart [ákska:rt アクスカート] 图 牛車.
oxen [áksn アクスン ‖ ɔ́ksn オクスン] 图 ox (お牛)の複数形.
Oxford [áksfərd アクスフォド ‖ ɔ́ks- オクス-] 图 オックスフォード(イングランド中南部の都市;オックスフォード大学の所在地);オックスフォード大学(▶正式には Oxford University という. ケンブリッジ(Cambridge)大学と並びイギリスの代表的な大学;12世紀に創立).

英語圏で最古とされるオックスフォード大学.

oxygen [áksidʒən アクスィヂェン ‖ ɔ́ksi-スィ-] 图《化学》酸素(▶記号は O).
oyster [ɔ́istər オイスタァ] 图《貝》カキ.

背景 欧米おうべいではたいてい生のまま, レモンやケチャップなどをかけて食べる.「つづりに r をふくまない月(5月〜8月)にはカキを食べるな」という格言があるとおり, 9月から4月までがカキのシーズンである.

oz.(略)= ounce(s) (オンス)
ozone [óuzoun オウゾウン] (発音注意) 图《化学》オゾン.
the *ozone* layer オゾン層.
an *ozone* hole オゾンホール.

◀ **page**¹

P p P p P p

P, p [pi: ピー] 名 (複数 **P's, p's** [-z] または **Ps, ps** [-z]) ピー (アルファベットの 16 番目の文字).
[同音語] pea (エンドウ豆)

p [pi: ピー] 名 (複数 **p**) 《英口語》ペンス (▶ penny, pence を短縮した形).

p. (複数 **pp.**) 《略》= page (ページ)

PA, Pa. (略) = Pennsylvania (ペンシルベニア州)

pa [pɑ: パー] 名 [しばしば **Pa** で] 《古風・口語》 《小児語》パパ, お父ちゃん (対 ma ママ) (▶ papa を短縮した形).

pace [peis ペイス] 名 1 歩 (の幅☆); [しばしば a をつけて] 速度, 歩調, ペース.
at a fast pace
速い足どりで.
at a slow pace
ゆっくりとした足どりで.

keep pace with …に遅☆れずについていく.
Can you slow down a bit? I can't keep pace with you.
もう少しゆっくり行ってくれない？ついていけないから (▶ I can't keep up with you. がふつうの言い方).
── 動 自 (落ち着かずに) 行ったり来たり歩きまわる.

Pacific [pəsifik パスィフィク] 形 太平洋の (▶ 「大西洋の」は Atlantic).
the Pacific coast of Japan
日本の太平洋沿岸.
── 名 [the をつけて] 太平洋 (= the Pacific Ocean).

Pacific Ocean [pəsifik óuʃən] 名 [the をつけて] 太平洋.

pack 準2 [pæk パック] 動 他 …を荷づくりする; (かばん・スーツケースなど) に荷物をつめる; …をつめこむ.
Did you pack your suitcase?
スーツケースに荷物は入れたの？
The children were packed into the bus. 子どもたちはバスにつめこまれた.
── 自 荷づくりする, 荷物をまとめる.

🔊 **スピーキング**

🅐 I'll help you pack.
荷づくりを手伝ってあげるよ.
🅑 Thanks. I appreciate it.
ありがとう. 助かるよ.

── 名 1 包み, 荷物.
a hiker's pack ハイカーの荷物.
2 《米》 (商品の) 箱; (ガムなどの) 1 箱; パック, セット (▶ 「牛乳パック」にはふつう carton を使う); 《おもに英》 (トランプの) 1 組み (= 《米》 deck).
a pack of cards トランプ 1 組み.
3 (人・オオカミなどの) 群れ; (悪人などの) 一味.
a pack of wolves オオカミの群れ.

package 3級 [pækidʒ パケヂ] 名 1 包み; (郵送用の) 小包, 荷物 (同 parcel).
Could you mail this package for me? この小包を出してきてもらえますか.
2 《米》 (包装用の) 箱, 袋, パック.
a package of cookies クッキー 1 箱.

packet [pækit パケト] 名 (商品包装用などの小さな) 包み, 袋; 束☆.
a packet of sugar
スティックシュガー (1 回分の小袋入りの砂糖).

pad [pæd パッド] 名 1 あて物, つめ物, パッド.
2 (はぎとり式の) メモ用紙, 便せん.

paddle [pædl パドゥル] 名 1 (カヌー用の) パドル.
2 (卓球☆☆の) ラケット.
── 動 他 (カヌーなど) をパドルでこぐ.

paddy [pædi パディ] 名 水田, 稲田☆☆ (▶ paddy field ともいう).

page¹ 5級 [peidʒ ペイヂ] フォニックス48

a は [ei] と発音する.

名 (複数 **pages** [-iz]) (本などの) **ページ** (▶ 略語は p., 複数形は pp.); (新聞の) 面, 記事; (雑誌などの) 欄☆.
This book has 300 pages.
この本は 300 ページある.
Look at line 10 on page 5.
5 ページの 10 行目を見なさい.

five hundred and twenty-seven 527

page[2] ▶

Open your books to *page* 25.
本の 25 ページを開いてください (▶ページ番号をいうときは「page + 数」で表す).
Now turn to the next *page*.
それでは次のページを開けてください.
the front *page* of a newspaper
新聞の第一面.

page[2] [peidʒ ペイヂ] 動 他 (人)を呼び出す.
Paging Mr. Tanaka!
(アナウンスで) お呼び出しいたします, 田中様.

pageant [pǽdʒənt パヂ(ェ)ント] (発音注意) 名 華やかな行列, 華やかなショー; (その土地の歴史などをあつかった)野外劇.

pagoda [pəɡóudə パゴウダ] 名 パゴダ (東洋風の多層の塔; アジア諸国の仏寺の塔など).
a five-story *pagoda* 五重塔.

paid [3級] [peid ペイド] フォニックス59 ai は[ei]と発音する. 動 pay (…を支払う)の過去・過去分詞.

pail [peil ペイル] 名 手おけ, バケツ (同 bucket).
a *pail* of water バケツ 1 杯の水.
[同音語] pale (青白い)

pain 準2 [pein ペイン] 名 1 (体の)痛み.
I had a sharp *pain* in my stomach.
おなかにするどい痛みがあった.
chest *pains* 胸の痛み.
2 (精神的な)苦しみ, 悲しみ.
She was in emotional *pain*.
彼女は感情的に苦しんでいた.
3 [複数形で] 苦労, 骨折り.
They took great *pains* to please their customers.
消費者を満足させるのに彼らはひじょうに苦労した.
No pain, no gain. 《ことわざ》苦労なくして得られるものはない = 苦は楽の種.

painful 準2 [péinfl ペインフル] 形 (体が)痛い; (精神的に)つらい, 苦痛な.

paint 5級 [peint ペイント] フォニックス59 ai は[ei]と発音する.
名 (複数) paints [-ts ツ] 1 **ペンキ**, 塗料 (▶ a をつけず, 複数形なし; 日本語の「ペンキ」はオランダ語に由来する).
We need some more blue *paint*.
青ペンキがもう少し必要だ.
Wet *Paint* (=《英》Fresh *Paint*)
(掲示) ペンキぬりたて

「注意. ペンキぬりたて」の掲示.

2 絵の具; [複数形で] 絵の具のセット.
oil *paints* 油絵の具.
── 動 (3単現 paints [-ts ツ]; 過去 過分 painted [-id]; ing painting) 他 1 **…にペンキをぬる.**
We need to *paint* the fence.
フェンスにペンキをぬる必要がある.
2 (絵の具で)(絵)**をかく** (▶鉛筆・クレヨンなどで絵や図面などを「かく」ときは draw を使う). → draw

paint   draw

Who *painted* this picture?
この絵はだれがかいたの?
── 自 ペンキをぬる; (絵の具で) 絵をかく.

painter 準2 [péintər ペインタァ] 名 画家 (同 artist); 塗装工.

painting 5級 [péintiŋ ペインティング]
名 1 (絵の具を使った) 絵, 絵画.
→ picture
an oil *painting* (= a *painting* in oils)
油絵.
2 (絵の具で) 絵をかくこと.
study *painting*
絵を勉強する.

pair 3級 [peər ペア] フォニックス85 air は[eər]と発音する.
名 (複数) pairs [-z] 1 (くつや手袋など2つから成るものの) **1組み**, 1対;《a pair of で》1組みの….
a *pair of* shoes くつ1足.
a *pair of* socks くつ下1足.

528 five hundred and twenty-eight

a pair of gloves 手袋1組み.
I bought two *pairs* of sneakers.
スニーカーを2足買った.
2 (ズボンや眼鏡など2つの部分から成るものについて) **1個（のもの）；(a pair of で) 1個の…**.
a pair of pants ズボン1本.
a pair of glasses 眼鏡1個.
a pair of scissors はさみ1丁.
I want to get *a pair of* jeans.
ジーンズを1本買いたい.

2つで1組みを成すもの

shoes くつ　　**gloves** 手袋

a pair of

glasses 眼鏡　　**scissors** はさみ　　**pants** ズボン

2つの部分から成るもの

3 [ふつう複数あつかいで] (夫婦などの) カップル, ペア, コンビ；(動物の) つがい.
4 (トランプ) ペア.
in pairs 2人1組みで, ペアになって.
Practice *in pairs*.
ペアになって練習してください.
[同音語] pear (西洋ナシ)
— 動 他 …を2人1組みにする, 2つ1組みにする.

pajamas [pədʒáːməz パヂャーマズ] ▶《英》では pyjamas とつづる. 名 パジャマ (▶形容詞的に使われる場合は単数形 pajama を使う).
a pair of *pajamas* パジャマ1着.
a *pajama* party パジャマパーティー (▶10代の子どもたちが友だちの家でパジャマ姿で一晩楽しく過ごす). → party
a *pajama* top パジャマの上.

Pakistan [pækistæn パキスタン ‖ pɑːkistáːn パーキスターン] 名 パキスタン (インドの西隣にある共和国；首都はイスラマバード (Islamabad)).

Pakistani [pækistǽni パキスターニィ] 形 パキスタンの, パキスタン人の.

pal 5級 [pæl パル] 名《口語・やや古い》仲間, 友だち；遊び仲間 (▶ふつう男性どうしで使う) (＝ friend).
a pen *pal*《米》ペンパル. 文通友だち (＝《おもに英》penfriend).

palace [pǽlis パレス] 名 宮殿, 王宮；大邸宅.
Buckingham *Palace* バッキンガム宮殿 (ロンドンにあるイギリス王室の宮殿).

pale [peil ペイル] 形 **1** (顔色が) 青白い, 顔色が悪い.
Are you all right? You look a little *pale*. だいじょうぶ？顔色がちょっと悪いよ.
2 (色あいが) うすい, あわい.
pale blue うすい青, 水色.
[同音語] pail (手おけ)

Palestine [pǽləstain パレスタイン] 名 パレスチナ (西アジア西部, 地中海東岸の地域).

palette [pǽlit パレト] 名 パレット, 絵の具板.

palm [pɑːm パーム] (l は発音しない) 名
1 手のひら (▶「手の甲」は the back of *my* hand という).
2 (植物) ヤシ, シュロ (＝ palm tree).

pamphlet 2級 [pǽmflit パンフレト] 名 パンフレット, 小冊子 (▶広告などの「ちらし, ビラ」などにはふつう leaflet や brochure を使う).

pan 3級 [pæn パン] 名 (平たい) なべ (▶深いなべは pot という).
a frying *pan* フライパン.

Panama [pǽnəmɑː パナマー] 名 パナマ (中央アメリカの共和国；首都はパナマシティー (Panama City)).

pancake 3級 [pǽnkeik パンケイク] 名 パンケーキ, (うすい) ホットケーキ (アメリカでは朝食によく食べる). → syrup (写真)

panda 3級 [pǽndə パンダ] 名 [複数 pandas [-z]]《動物》パンダ, ジャイアントパンダ (＝ giant panda)；レッサーパンダ (＝ lesser panda).

pandemic [pændémik パンデミク] 名 パンデミック, 全世界的流行病.

pane [pein ペイン] 名 窓ガラス (1枚).

panel [pǽn(ə)l パネル] 名 はめ板, パネル.

panel discussion [pǽn(ə)l diskʌ́ʃən] 名 パネルディスカッション (数名の代表者が聴衆の前でする討論会).

panelist [pǽn(ə)list パネリスト] ▶《英》で

panic ▶

は panellist とつづる. 图 **1** パネルディスカッションの討論者, パネリスト. **2**（クイズ番組などの）解答者.

panic 2級 [pǽnik パニック] 图 パニック, 大混乱；（経済）恐慌.
── 動（過去）（過分）**panicked** [-t]；ing **panicking**）自 あわてる, あせる, パニックにおちいる.
Don't *panic*. Take your time.
あわてないで, ゆっくりやりなさい.

pansy [pǽnzi パンズィ] 图（複数）**pansies** [-z]（植物）パンジー, 三色スミレ（▶ふつうのスミレを violet という）.

panther [pǽnθər パンサァ] 图（動物）ヒョウ（＝leopard）;（米）ピューマ, アメリカライオン（＝puma, cougar）;（米）ジャガー（＝jaguar）.

panties [pǽntiz パンティズ] 图（女性・子ども用の）パンティー, パンツ.

pantomime [pǽntəmaim パントゥマイム] 图 **1** 無言劇, パントマイム.
2（英）おとぎ芝居（▶イギリスでクリスマスに子どものために行われる）.

pants [pǽnts パンツ] 图 ［複数あつかい］（米）ズボン（＝（おもに英）trousers）（▶（米）では trousers は改まった言い方. 数えるときは a pair of pants, two pairs of pants のようにいう）;（英）（女性・子ども用の）パンティー;（男性用下着の）パンツ.
put on my *pants*
自分のズボンをはく

pantyhose, panty hose
[pǽntihouz パンティホウズ] 图 ［複数あつかい］（米）パンティーストッキング, パンスト（＝（英）tights）.

papa [pάːpə パーパ ‖ pəpάː パパー] 图（小児語）パパ, お父ちゃん（対）mama, mamma ママ）（▶ dad, daddy のほうがふつう）.

papaya [pəpάiə パパイア] 图（植物）パパイヤ；パパイヤの果実.

paper 4級 图 紙, 新聞, 書類

[péipər ペイパァ]
图（複数）**papers** [-z] **1** 紙, 用紙（▶ a をつけず, 複数形なし）.
May I have a piece of *paper*?
紙を1枚いただけますか.

a *paper* bag 紙袋.
a *paper* dictionary
（電子辞書に対して）紙の辞書.

> 文法 **paper の数え方**
> 数えられない名詞なので, 枚数をいう場合は piece を使い a piece of paper（1枚の紙）, two pieces of paper（2枚の紙）のようにいう. また一定の大きさや形のある紙には sheet を使い, a sheet of paper のようにもいう.

× Give me a paper.
paper は数えられない名詞なので, 直接 a はつけない.

○ Give me a piece of paper.
○ Give me some paper.

2 新聞（＝newspaper）.
I haven't read today's *paper*.
今日の新聞はまだ読んでいない.
a morning *paper* 朝刊.
an evening *paper* 夕刊.
3（英）答案（用紙）, 試験問題（用紙）;（米）（生徒の）レポート（同 essay）（▶ report は「報告書」の意味で, 学生の書くレポートにはふつう使わない）;（研究）論文.
Hand in your *papers* now.
さあ答案を提出しなさい.
This *paper* is due tomorrow.
このレポート（の提出期限）はあすまでだ.
4 ［複数形で］書類, 文書.

> 背景 paper という語は, 水草の一種「パピルス」からきている. 古代エジプトでは, この茎から紙をつくった.

paperback [péipərbæk ペイパバク] 图 ペーパーバック, 紙表紙本.

paper clip [péipər klìp] 图（書類を留める）クリップ.

paper crane [péipər krèin] 图 折り鶴.

paper money [péipər mʌ̀ni] 图 紙幣.

paperweight, paper weight
[péipərweit ペイパウェイト] 图 文鎮, ペーパーウェイト.

◀ **park**

Papua New Guinea [pǽpuə n(j)ùː gíni パプア ニュー ギニィ, -ヌー-] 名 パプアニューギニア (ニューギニア島東半分と周辺の島から成る；首都はポートモレスビー (Port Moresby)).

parachute [pǽrəʃùːt パラシュート] 名 パラシュート (▶話し言葉では chute ともいう).

parade 準2 [pəréid パレイド]

名 (複数 **parades** [-dz ヅ]) **パレード**, 行列, 行進.
—— 動 自他 (…を) パレードする, 行進する.

paradise [pǽrədàis パラダイス] 名 楽園, パラダイス；[**Paradise** で] 天国, 極楽；エデンの園 (▶アダムとイブが住んだ楽園).

paragraph [pǽrəgrǽf パラグラフ ‖ -grɑ́ːf -グラーフ] 名 (文章の) 段落, パラグラフ (▶まとまった考えを述べている文の集まり；書き出しはふつう数文字分下げる. この字下げのことをインデント (indent) という).

parallel [pǽrəlel パラレル] 形 平行の.
parallel lines 平行線.
—— 名 類似物；平行線.

Paralympic 3級 [pærəlímpik パラリンピク] 形 パラリンピックの.
a *Paralympic* athlete パラリンピック選手. the *Paralympic* Games パラリンピック大会.
—— 名 [the Paralympics で]パラリンピック (障がい者の国際スポーツ大会 the Paralympic Games ともいう).

paralyze [pǽrəlaiz パラライズ] ▶(英)では paralyse とつづる. 動 他 …をまひさせる, しびれさせる；[比ゆ的に] …を動けなくさせる.

paralyzed [pǽrəlaizd パラライズド] ▶(英)では paralysed とつづる. 形 (体・体の一部が) まひした.

parasol [pǽrəsɔ̀(ː)l パラソ(ー)ル] 名 日がさ, パラソル (▶「雨がさ」は umbrella. 「ビーチパラソル」はふつう beach umbrella という).

parcel [pɑ́ːrsl パースル] 名 《おもに英》小包, 小荷物 (= 《米》 package).

pardon [pɑ́ːrdn パードゥン] フォニックス75 ar は [ɑːr] と発音する.

名 **許すこと**, 許し (▶ふつう a をつけず, 複数形なし).

📣 スピーキング

Ⓐ My phone number is 6431-1605.
私の電話番号は 6431 の 1605 です.
Ⓑ (*I beg your*) *pardon?* ↗
えっ, もう一度お願いします.

- - - - - - - - - - - - - - - - - - -

Ⓐ I'm not 20. I'm 19.
私は 20 歳じゃなくて 19 歳です.
Ⓑ Oh, *I beg your pardon.* ↘
あっ, これは失礼しました.

▶ I beg your pardon. は文の終わりを上げ調子で言うと, 相手の言ったことが聞きとれなかったときなどの「もう一度お願いします」になる. 下げ調子で言うと, 迷惑や非礼をわびるときなどの「ごめんなさい」になる.
「もう一度おっしゃってください」は Pardon? とか Beg your pardon? と言うこともある. なお Once more. は教室内で先生が生徒に「もう一度」と指示するときなどに使う.

—— 動 (3単現 **pardons** [-z]；過去 過分 **pardoned** [-d]；ing **pardoning**) 他 …を**許す** (▶ふつう進行形にしない).
Pardon me. [文の終わりを上げて発音し]もう一度おっしゃってください；[文の終わりを下げて発音し] すみません, お許しください (▶どちらの意味でも改まった言い方).

pare [pear ペア] 動 他 …の皮をむく (▶ナイフなどで皮をむく場合に使う).

parent 4級 [pé(ə)rənt ペ(ア)レント]

名 (複数 **parents** [-ts ツ]) **親** (▶父または母) (対 child 子ども)；[*my* parents で] **両親**.
She lives with *her parents*.
彼女は両親と暮らしている.

parfait [pɑːrféi パーフェイ] (<フランス語) 名 パフェ.

Paris 3級 [pǽris パリス] 名 パリ (フランスの首都).

park 5級 名 公園 動 駐車する

[pɑːrk パーク] フォニックス75 ar は [ɑːr] と発音する.
名 (複数 **parks** [-s]) **1 公園** (▶遊園地から国立公園までいろいろな公園をさすが, ふつう

five hundred and thirty-one **531**

parka

大きな公園のこと。街角などにある小公園はふつうsquareという。また、公園の中にある遊び場は playground という。
Why don't we go for a walk in the *park*? 公園を散歩しない？
an amusement *park* 遊園地.
a national *park* 国立公園.
Yoyogi *Park* 代々木公園.
Central *Park*
(ニューヨークの) セントラルパーク (▶(米)では公園名にはふつう the をつけない).

マンハッタンにあるセントラルパーク.

2 [複合語をつくって] (特定の目的に使われる) 地区, …団地, …パーク.
a business *park*
ビジネスパーク, ビジネス街.
an industrial *park* 工業団地.
3 (米) 野球場 (= ballpark).
4 駐車場.
a car *park* (英) (= (米) a parking lot)
駐車場.

── 動 [3単現 **parks**[-s]; 過去 過分 **parked** [-t]; ing **parking**] 他自 (車などを) **駐車する**.
Where can I *park* my car?
どこに駐車できますか.

parka [pá:rkə パーカ] 名 パーカ (フードつきの防寒用ジャケット. フードつきのスウェットシャツは hoody という).

parked [pá:rkt パークト] 動 park (…を駐車する) の過去・過去分詞.

parking 準② [pá:rkiŋ パーキング] 動 park (…を駐車する) の -ing 形.
── 名 **1** 駐車.
You have to pay 500 yen for *parking*. 駐車料が500円かかる.
No *Parking* 《掲示》駐車禁止

a *parking* space (一般に)駐車可能な場所.
2 駐車場所.

parking lot [pá:rkiŋ làt ‖ lɔ̀t] 名 《米》 駐車場 (= (英) car park).

parliament [pá:rləmənt パーラメント] (発音注意) 名 議会, 国会 (▶日本の「国会」は the Diet という); [**Parliament** で] (イギリス・カナダなどの) 議会. → Houses of Parliament
a Member of *Parliament* (イギリスの)下院議員 (▶ MP または M.P. と略す).

parlor [pá:rlər パーラァ] ▶《英》では parlour とつづる. 名 《しばしば **a ... parlor** の形で》…店 (= shop).

parliament アメリカ, イギリス, 日本の国会・議院などの呼び名

	アメリカ	イギリス	日本
国会	Congress	Parliament	the Diet
国会議事堂	the Capitol	the Houses of Parliament	the Diet Building
議院	the Senate [sénət セネト] = the Upper House (上院)	the House of Lords = the Upper House (上院)	the House of Councilors [káuns(ə)lərz カウンス(ィ)ラァズ] (参議院)
	the House of Representatives = the Lower House (下院)	the House of Commons = the Lower House (下院)	the House of Representatives (衆議院)

◀ **particularly**

an ice-cream *parlor* アイスクリーム店.
a beauty *parlor* 美容院 (▶ beauty salon ともいう).

parrot [pǽrət パロト] 图 《鳥》オウム.

parsley [pάːrsli パースリィ] 图 《植物》パセリ.

part 4級 [pάːrt パート] フォニックス75 ar は [ɑːr] と発音する.

图 《複数》 **parts** [-ts ツ] **1 部分**, 一部 《反》 whole 全体》; 《**part of** で》…の一部.
I cut the cake into six *parts*.
ぼくはケーキを6つに切った.

He spent a great *part of* his life in Kyoto. 彼は人生の大部分を京都で過ごした.
Part of the house was damaged by the typhoon.
台風で家の一部がこわれた.

What's the best *part of* your job?
あなたの仕事のいちばんすばらしいところはどこですか.

2 (仕事の) **役目**; (映画・演劇などの) 役.
Who plays the *part* of the king?
だれが王様の役を演じるの？

3 [ふつう複数形で] (機械などの) 部品, パーツ.
spare *parts* of a car 車の予備部品.

4 [ふつう複数形で] 地方, 地域.
the northern *part* of Japan 北日本.

5 (本の) 部, 編; (音楽) (曲の) パート.
This book contains five *parts*.
この本は5部構成になっている.
the piano *part* ピアノのパート.

6 《米》(髪の) 分け目.

in part 一部分は, ある程度. → partly
play a part 役割を果たす; 一因になる.

──〔プレゼン〕

Smartphones *play an* important *part* in everyday life. スマホは日常生活で重要な役割を果たしています.

take part in …に参加する.
She *took part in* the singing contest. 彼女は歌のコンテストに参加した.

──動 (三単現 **parts** [-ts ツ]; 過去 過分 **parted** [-id]; ing **parting**) 自 (人が) **別れる**; 《**part from** で》…と別れる, 離別する; (物が) **分かれる**.
They *parted* at the station.
彼らは駅で別れた.
The road *parts* there.
道はそこで2つに分かれている.

──他 (人) **を引きはなす**; (物) を分ける.
The war *parted* his family.
その戦争で彼の家族はばらばらになった.
She *parts* her hair in the center.
彼女は髪を真ん中で分けている.

part with …を手放す.
He doesn't want to *part with* his car. 彼は車を手放したくない.

partial [pάːrʃəl パーシャル] 形 部分的な, 一部の; 不完全な.

participant 2級 [pɑːrtísəpənt パーティスィパント] 图 参加者.

participate 準2 [pɑːrtísəpeit パーティスィペイト] 動 自 参加する; 《**participate in** で》…に参加する (▶やや改まった語. ふつう take part in を使う).

particular 準2 [pərtíkjulər パティキュラァ] 形 (比較 **more particular**; 最上 **most particular**) **1** (比較変化なし) 特定の, (ほかではなく) まさにこの.
Why did he choose this *particular* car? 彼はなぜ (ほかの車ではなく) この車を選んだの？

2 (比較変化なし) **特別の**, 格別の.
There was nothing *particular* in his email. 彼のメールにはとくにこれといったことは書かれていなかった (▶ -thing で終わる語の場合は後ろから修飾する).

3 [be 動詞などのあとで] 好みがうるさい; 気むずかしい.
She *is particular* about her clothes.
彼女は着るものにはうるさい.

──图 《複数》 **particulars** [-z] (個々の) 項目; [複数形で] 詳細.

in particular [名詞のあとで] とくに, とりたてて (= particularly).
He is fond of music, and classical music *in particular*.
彼は音楽, とくにクラシックが好きだ.

──〔スピーキング〕

Ⓐ What's up?
どうかしたの？
Ⓑ *Nothing in particular*.
いや, 別に.

particularly [pərtíkjulərli パティキュラリィ] 副 とくに; 格別に.
My mom's cakes are *particularly* good. うちの母のケーキはとくにおいしい.

five hundred and thirty-three 533

partly ▶

partly [pɑ́ːrtli パートゥリ] 圖 部分的に，いくらか，ある程度は． → part
It was *partly* my fault.
私にも責任はいくらかあった．

partner [pɑ́ːrtnər パートゥナァ] 图 パートナー；共同経営者；仲間；配偶者（妻または夫）．
She wants to be *partners* with you.
彼女はきみと組みたがっているよ．
a business *partner* 共同経営者．

partnership [pɑ́ːrtnərʃip パートゥナシプ] 图 提携，協調，協力関係，パートナーシップ；共同経営．
Partnerships for the Goals
パートナーシップで目標を達成しよう，目標達成のための協力関係（▶国連が掲げる SDGs（持続可能な開発目標）の 17 番目の目標）．

part-time 3級 [pɑ́ːrttáim パートゥタイム] 形 パート（タイム）の，非常勤の．
She has a *part-time* job at a nearby supermarket.
彼女は近くのスーパーでパートをしている．
── 圖 パート（タイム）で，非常勤で．

part-timer [pɑ́ːrttáimər パートゥタイマァ] 图 パートタイマー，非常勤で働く人，アルバイトの従業員．

party 5級 [pɑ́ːrti パーティ] フォニックス75
ar は [ɑːr] と発音する．
图 [複数] parties [-z] 1 **パーティー**，(社交上の) 集まり，会．
We're having a *party* next Sunday.
今度の日曜日に，パーティーをするんだ．
I'm invited to Mie's birthday *party*.
美恵のお誕生日会にさそわれているの．

> **ⓘ参考 party のいろいろ**
> a birthday party 誕生日会 / a farewell party 送別会 / a dinner party (正式の) 晩さん会 / a tea party お茶会 / a pajama party パジャマパーティー / a surprise party びっくりパーティー
> 英米の家庭では週末，自宅に友人や知人を呼んで，パーティーを催すことが多い．主人役を務める人は host (男性)，hostess (女性) という．招かれた客はふつう夫婦で出かけるので，その間小さい子どもがいる場合はベビーシッター (babysitter) に預ける．

2 **党**，政党 (= political party).
Which *party* do you support?
どの政党を支持しますか．

> **ⓘ参考** アメリカの2大政党は共和党 (the Republican Party) と民主党 (the Democratic Party)，イギリスの2大政党は保守党 (the Conservative Party) と労働党 (the Labour Party) をいう．

3 **一行**，…隊．
a search *party* 捜索隊．

pass 3級 [pæs パス‖ pɑːs パース]
動 (3単現 **passes** [-iz]；過去・過分 **passed** [-t]；ing **passing**) 他 1 (…のそば・前など) **を通る**，通り過ぎる；…を追いこす．
A car *passed* us at high speed.
猛スピードで車が私たちを追いこした．
2 (試験など) **に通る**，合格する (反 fail …に落第する)；(法案など) を通す．
He *passed* the entrance exam for college. 彼は大学入試に合格した．
3 **…を手わたす**．

> **▶スピーキング**
> Ⓐ Can you *pass* me the salt, please?
> 塩をとってくれる？
> Ⓑ Here you are.
> はいどうぞ．

Pass your answer sheets forward.
答案用紙を前に手わたしてください．
4 (球技) (ボール) をパスする．
── 自 1 **通る**，通り過ぎる；追いこす．
Please let me *pass*.
ちょっと通してください．
No *Passing* (掲示) 追いこし禁止
2 (時間が) **過ぎる**，たつ．
Five years have *passed* since then. あれから 5 年たった．
3 (試験などに) **通る**，合格する (反 fail 落ちる).
4 (球技) (ボールを) パスする．

pass around …を順にまわす．
Please *pass* the question sheets *around*. 問題用紙を順にまわしてください．

pass away (人が) 亡くなる (▶ die の遠まわしな言い方).

My grandmother *passed away* this morning. 祖母がけさ亡くなりました.

pass by …のそばを通りかかる; (そばを) 通り過ぎる; (時が) 過ぎ去る.
We *passed by* her house.
私たちは彼女の家のそばを通り過ぎた.

pass down (次の世代へ) (知識・伝統など) を伝える.

pass on 先に進む; (時が) たつ; …を伝える.

pass ... on to ~ ~に…を手わたす.

pass out (ビラなど) を配る (＝hand out); 気を失う.

pass through …を通りぬける; (時・状態など) を経験する.

── 图 (複数 **passes**[-iz]) **1** (通行) 許可証, 通行券.
2 《球技》(ボールの) パス.
3 山道.

passage [pǽsidʒ パセヂ] 图 通路, 《英》廊下 (＝《米》hall, hallway); 通行, 通過; (文章の) 1節.

passenger 準2 [pǽs(ə)ndʒər パセンヂァ] 图 乗客, 旅客 (▶「乗務員」は crew という). → guest
The *passengers* were all saved.
乗客は全員救出された.

passerby [pæsərbái パサバイ ‖ pάːsə- パーサ-] 图 (複数 **passersby** [pǽsərz-]) 通行人, 通りがかりの人 (▶ passer-by ともつづる).

passion [pǽʃən パション] 图 情熱; (異性に対する) 強い感情; 大好物.
She has a *passion* for chocolates.
彼女はチョコレートが大好きだ.

passionate [pǽʃənit パショネト] 形 熱烈な, 情熱的な; 激しい.

passive [pǽsiv パスィヴ] 形 (人・態度などが) 消極的な, 受け身の; 《文法》(文が) 受け身 (形) の, 受動態の (匃 active 能動態の).

passport 4級 [pǽspɔːrt パスポート ‖ pάːs- パース-] 图 旅券, パスポート.
I need to get a *passport* before the trip. 旅行までにパスポートをとる必要がある (▶この意味では*take a passport とはいわない).

ⓘ参考 "pass (通る) ＋ port (港)" から.

---

password [pǽswəːrd パスワード ‖ pάːs-パース-] 图 パスワード; 合いことば.

past 準2 [pæst パスト ‖ pɑːst パースト]

形 **過去の**, いままでの; (時・期間が) 過ぎ去った (ばかりの), 過去…の; 《文法》過去の.
I know this from my *past* experience.
このことはいままでの経験でわかっている.
I have not been sick for the *past* three years.
私は過去3年間病気になったことがありません.
She has changed a lot over the *past* year.
この1年で彼女はずいぶん変わった.
the *past* tense 過去時制.

── 图 **1** [the をつけて] **過去** (匃 future 未来, present¹ 現在); [my または a をつけて] (人の) 過去, 経歴.
It's all in *the past* now. もう過去の話だ (→もう終わったことだ).
I know nothing about *his past*.
彼の過去については何も知らない.
2 [the をつけて] 《文法》過去 (時制).

── 前 **1** (時刻・年齢などが) **…を過ぎて**.
It's ten *past* two. (＝It's two ten.)
2時10分過ぎです.
He came home at half *past* seven.
彼は7時半に帰ってきた.

💬用法 「…分過ぎ」「…分前」の言い方
「2時10分過ぎ」は《米》では It is ten minutes after two. ともいう.「…分前」には to または before を使う. It is five minutes *to* six. (6時5分前です)

2 (場所が) **…を過ぎて**, 通りこして.
We walked *past* the church.
私たちは教会を (歩いて) 通り過ぎた.

── 副 そばを通り過ぎて; (時が) 過ぎて.
He ran *past*. 彼はそばを走って通り過ぎた.
[同音語] passed (pass (…を通る) の過去・過去分詞)

pasta 3級 [pάːstə パースタ] (＜イタリア語) 图 パスタ (スパゲッティ・マカロニなどの総称).

paste [peist ペイスト] 图 (接着用の) のり; のり状のもの; (肉・魚などの) すり身, ペースト; (製菓用の) 練り粉.
── 動 他 …をのりではる; (データ) をは

pastime ▶

りつける，ペーストする．
copy and *paste* a picture
写真をコピペする．

pastime [pǽstaim パスタイム ‖ pάːs- パース-] 图 気晴らし，娯楽，（気楽に楽しめる）趣味． → hobby
Watching movies is my favorite *pastime*.
映画を見るのが私のいちばんの気晴らしです．

pastry 準2 [péistri ペイストゥリィ] 图 (複数 **pastries** [-z]) ペストリー（パイ・タルトなどの菓子）．
a *pastry* shop 洋菓子店．
a *pastry* chef パティシエ，菓子職人．

pasture [pǽstʃər パスチァ ‖ pάːs- パース-] 图 牧草地，放牧場． → meadow

Pat [pǽt パット] 图 **1** パット（女性の名；Patricia の愛称）．
2 パット（男性の名；Patrick の愛称）．

pat [pǽt パット] 動 (過去)(過分) **patted** [-id]；(ing) **patting** ⋯を軽くたたく．
My dad *patted* me on the shoulder.
お父さんはぼくの肩をポンとたたいた．

patch [pǽtʃ パッチ] 图 (衣類などの)つぎ，当て布；斑点．

patchwork [pǽtʃwəːrk パチワ〜ク] 图 パッチワーク（さまざまな色やがらの布を1枚につぎ合わせる手芸）．

patent [pǽt(ə)nt パテント ‖ péit- ペイト-] 图 特許，パテント；特許権．

path 準2 [pǽθ パス ‖ pɑːθ パース] 图 小道，細道（▶ふみかためられてできた野山の道や，人が歩くためにつくった庭園などの道をさす．ふつう車は通れない）． → road

patience [péiʃəns ペイシェンス] 图 忍耐，がまん（強さ），がんばり．

patient 準2 [péiʃənt ペイシェント] 图 患者，病人．
The doctor took the *patient's* blood pressure.
医者は患者の血圧を測った．
a cancer *patient* がん患者．
── 形 がまん強い，しんぼう強い，忍耐強い（反 impatient がまんできない）．
Be *patient*. がまんしなさい．
I want to be more *patient* with others. 人に対してもっとしんぼう強くなりたい．

patiently [péiʃəntli ペイシェントゥリィ] 副 忍耐強く，辛抱強く，根気よく．

patrol [pətróul パトゥロウル] 動 (過去)(過分) **patrolled** [-d]；(ing) **patrolling** 自他 (⋯を) パトロールする，巡回する．
── 图 (警察などの) 巡回，パトロール；パトロール隊．

patron [péitrən ペイトゥロン] 图 (財政的) 保護者，後援者，パトロン．

pattern 2級 [pǽtarn パタン] 图 **1** (服地・かべ紙などの) がら，もよう．
wallpaper *patterns* かべ紙のもよう．
I like the *pattern* on this sweater.
このセーターのがらが好きだ．
2 パターン，型．
sentence *patterns* 《文法》文型．

┌─ プレゼン ─┐
Some people say weather *patterns* are changing because of global warming.
地球温暖化のせいで天候のパターンが変化していると言う人々がいます．
└───────────┘

3 [ふつう単数形で] 模範，手本．

patty [pǽti パティ] 图 パティ（ひき肉・魚・ジャガイモなどを小さく平たく固めて焼いたもの）．

Paul [pɔːl ポール] 图 ポール（男性の名）．

pause [pɔːz ポーズ] 图 小休止，休息．
take a *pause* ちょっと休む．
── 動 自 休止する，ちょっと休む，立ち止まる．
He *paused* after a few steps.
彼は数歩歩いて立ち止まった．

pave [péiv ペイヴ] 動 他 (道路) を舗装する．

pavement [péivmənt ペイヴメント] 图 (米) (道路の) 舗装 (面)；(英) (舗装した) 歩道 (＝(米) sidewalk).

paw [pɔː ポー] 图 (犬やネコなどつめのある動物の) 足．

pay 3級 [pei ペイ] フォニックス59 ay は [ei] と発音する．
動 (3単現) **pays** [-z]；(過去)(過分) **paid** [peid]；(ing) **paying** 他 **1** (金・勘定など) を払う；(pay ＋人＋金 / pay ＋金＋to ＋人で) (人) に (金) を払う．
pay a bill 勘定を支払う．
pay a tax 税金を支払う．
I *paid* him 2,000 yen. (＝I *paid* 2,000 yen *to* him.) 私は彼に 2000 円払った．

◀ **Peanuts**

They *paid* two million yen for the car. 彼らはその車に 200 万円払った（▶品物の代金を支払うときは「pay + 代金 + for + 品物」の形を使う）.

My sister gets *paid* monthly.
姉は月ごとに給料をもらっています.

2（訪問）をする；（注意など）を払う.
He didn't *pay* any attention to Mike.
彼はマイクにはまったく注意を払わなかった.

―⃝ **1**（人が）**金を支払う**；給料を支払う.
pay by credit card カードで支払う.
"How will you be *paying*?" "In cash."
「お支払い方法は何になさいますか」「現金で払います」

2（仕事が）金になる，もうかる；（ある行為が）割に合う.
Crime doesn't *pay*. 犯罪は割に合わない.

pay back《**pay + 人 + back** で》（人）に金を返す，返済する；《**pay + 金など + back** で》（金など）を返す，返済する.

pay for（買ったものなど）**の代金を支払う**.
The book has been *paid for*.
その本のお支払いはすんでいます.

pay off（借金など）をすべて返済する；（計画などが）うまくいく，成功する.
―― 图 給料（▶ a をつけず，複数形なし）.
The work is hard, but the *pay* is good. 仕事はきついが，給料はいい.

payment [péimənt ペイメント] 图 支払い；支払い金額.
make a *payment* 支払いをする.

PC [piːsíː ピースィー] 图 《複数》**PCs** [-z] または **PC's** [-z] パソコン（▶ personal computer の略）.

P.E., PE [5級] [piːíː ピーイー] 图 体育（▶ physical education の略）.

pea [piː ピー] 图 《植物》エンドウ（豆）.
green *peas* グリーンピース，青エンドウ.

like two peas in a pod（口語）うり二つで（▶「同じさやの中の豆のように」の意味）.
The twins are *like two peas in a pod*. そのふたごはうり二つだ.

🔵背景 **英語のなぞなぞ**
Q: What letter is a small, round, green vegetable?（小さくて丸くて緑色の野菜は何という文字？）
A: P.（ピー）（▶ pea（エンドウ豆）と P は同音語）.

［同音語］P（アルファベットの文字）

peace [3級] [piːs ピース] フォニックス63
ea は [iː] と発音する.

图（▶ふつう a をつけず，複数形なし）. **1 平和**（⦿ war 戦争）.
world *peace* 世界平和.
the Nobel *Peace* Prize ノーベル平和賞.
War and Peace『戦争と平和』（ロシアの作家トルストイの小説の題名）.
the *Peace* Memorial Park
平和記念公園（広島市にある）.

2（心や場所の）安らぎ，静けさ，平穏.
I love the *peace* and quiet of my hometown.
私はふるさとの安らぎと静けさが大好きだ.

at peace 平和で；おだやかに；仲よく.
Japan has been *at peace* for more than 75 years.
日本は 75 年以上も平和な状態が続いている.

in peace 平和に，おだやかに；仲よく.
People want to live *in peace*.
人々は平和に暮らしたいと思っている.

make peace with …と仲直りする，和解する.
Bob *made peace with* John.
ボブはジョンと仲直りした.

［同音語］piece（1 つ）

peaceful [3級] [piːsfəl ピースフル] 形 静かな，おだやかな；平和な.

peacefully [準2] [piːsfəli ピースフリイ] 副 静かに，おだやかに；平和に，平和的に.

peach [3級] [piːtʃ ピーチ] 图 《植物》モモ.

🔵背景 花が美しく実もあまいため，モモは西洋でも好感をもたれている. 俗に「すてきな人」「若くてかわいい女性」のことを **peach** という. この点 **lemon**（レモン）と対照的. → lemon

peacock [piːkɑk ピーカク∥-kɔk -コク] 图 《鳥》（おすの）クジャク（▶めすは peahen [piːhen ピーヘン] という）.

peak [piːk ピーク] 图 （とがった）山頂，峰（⦿ top¹, summit）；最高点，絶頂.

peanut [準2] [piːnʌt ピーナト] 图 落花生，ピーナッツ.

Peanuts [piːnʌts ピーナッツ] 图『ピーナッツ』（アメリカの漫画家シュルツ（Charles M. Schulz）の代表作品のタイトル；チャーリー・ブラウン（Charlie Brown）や犬のス

pear ▶

ヌーピー (Snoopy) が登場する.

pear [peər ペア] 图 西洋ナシ. → fruit (図)

pear 西洋ナシ　　Japanese pear ナシ

背景 日本のナシと異なり, ひょうたん型で, 果肉もやわらかい.

[同音語] pair (1組み).

pearl [pə:rl パール] 图 真珠.
an artificial *pearl* 模造真珠.
a cultured *pearl* 養殖真珠.
a *pearl* necklace 真珠のネックレス.

peasant [péz(ə)nt ペザント] 图 小作農 (▶文脈によっては否定的な意味合いを持つことがあるので注意が必要).

pebble [pébl ペブル] 图 (川や海で水に洗われて丸くなった) 小石.

peck [pek ペック] 動 他 (くちばしで) …をつつく.

peculiar [pikjú:ljər ピキューリャ] 形 **1** 奇妙な, 変わった.
2 固有の, 独特の.
This custom is *peculiar* to Japan. この慣習は日本独特のものです.

pedal [pédl ペドゥル] 图 (自転車・ピアノなどの) ペダル.

peddler [pédlər ペドゥラァ] 图 行商人, 呼び売り商人.

pedestrian [pidéstriən ペデストゥリアン] 图 (車に乗った人に対して) 歩行者.
── 形 歩行者 (のための).
a *pedestrian* bridge 歩道橋.

peekaboo [pi:kəbú: ピーカブー] 图 いないいないばあ (▶赤んぼうをあやす遊び).
── 間 いないいないばあ!

peel [pi:l ピール] 動 他 (果物など) の皮をむく.
peel a banana バナナ (の皮) をむく.
peel off はがれる; …をはがす, むく.
── 图 (果物などの) 皮.

peep[1] [pi:p ピープ] 動 自 ちらっと見る; のぞき見する, ぬすみ見する.
── 图 ちらっと見ること; のぞき見.

peep[2] [pi:p ピープ] 图 (ひな鳥などの) ピーピー鳴く声.
── 動 自 ピーピー鳴く.

peg [peg ペッグ] 图 木のくぎ (▶金属のくぎは nail), くい, ペグ; (バイオリンなどの弦を張る) 糸巻き.

pelican [pélikən ペリカン] 图 (鳥) ペリカン.

pen[1] 5級 图 ペン

[pen ペン]

图 (複数 pens [-z]) **1 ペン** (▶ボールペン・万年筆などいろいろなペンをさす).
Do you have a *pen* or something to write with? ペンか何か書くもの, 持ってる?
Don't write your answers with a *pen*. 答えはペンで書かないように.
2 [比ゆ的に] ペン, 文筆 (業).
The *pen* is mightier than the sword. (ことわざ) ペンは剣よりも強し.

参考 pen のつく語いろいろ
a fountain pen 万年筆 / a ballpoint pen ボールペン / a felt-tip pen フェルトペン / a pen pal (おもに米) = (英) a penfriend ペンパル, 文通友だち / a pen name ペンネーム

背景 pen という語はラテン語の *penna* (鳥の羽) からきている. 昔のペンはガチョウの羽の軸をけずってつくられたため.

pen[2] [pen ペン] 图 囲い, おり.

penalty [pénəlti ペナルティ] 图 (複数 **penalties** [-z]) 刑罰; 罰金; (競技) (反則に対する) 罰則, ペナルティー; (サッカーの) ペナルティーキック.

pence [pens ペンス] 图 penny (ペニー) の複数形 (▶話し言葉では単数形でもこの形を使うことがある; 略語は p).

pencil 5級 图 鉛筆

[pénsl ペンスル]

图 (複数 **pencils** [-z]) **鉛筆**.

◀ **per**

a mechanical *pencil* シャープペンシル (▶ ✗sharp pencil は「とがった鉛筆」という意味).

I need to sharpen my *pencils*. 鉛筆をけずらないといけない.

Write with a *pencil.* (= Write in *pencil.*) 鉛筆で書いてください (▶ in を使うときは a をつけないことに注意).

🄘**参考** pencil という語は, ラテン語でもともと「小さい尾」という意味で「絵筆」をさした.

pencil case [pénsl kèis] 图 鉛筆入れ, 筆箱 (▶ pencil box ともいう).

pendant [péndənt ペンダント] 图 ペンダント.

pendulum [péndʒuləm ペンデュラム ‖ -dju- -デュ-] 图 (時計などの) 振り子.

penfriend [pénfrend ペンフレンド] ▶ pen-friend, pen friend ともつづる. 图 《英》ペンフレンド, ペンパル, 文通友だち (=《おもに米》pen pal).

penguin [péŋgwin ペングウィン] 图 《鳥》ペンギン.

peninsula [pənínsələ ペニンスラ ‖ -sju- -スュ-] 图 半島.

the Kii *Peninsula* 紀伊半島.

penmanship [pénmənʃip ペンマンシプ] 图 ペンマンシップ, ペン習字.

pen name [pén nèim] 图 ペンネーム, 筆名, 雅号.

pennant [pénənt ペナント] 图 《米》ペナント, 優勝旗, 応援旗；(船が信号のために掲げる) 長旗, 三角旗.

Pennsylvania 3級 [penslvéinjə ペンスルヴェイニャ] 图 ペンシルベニア州 (アメリカ東部の州で, ウィリアム・ペン (William Penn) が開拓したことからこの名がある；略語は PA または Pa. または Penn.).

penny [péni ペニィ] 图 [複数] **pence** [pens], **2** では **pennies** [-z] **1** ペニー, ペンス (イギリスの貨幣単位で, 1971 年以降は 1 ペニーが 100 分の 1 ポンド (pound)；略語は p). → pound¹

5*p* [pi:] (= five *pence*) 5 ペンス.

2 《英》1 ペニー貨；《米》1 セント貨. → coin(図)

pen pal [pén pæl] 图 《おもに米》ペンパル, 文通友だち (▶《英》では penfriend がふつう).

pension¹ [pénʃən ペンション] 图 年金, 恩給.

pension² [pɑːnsióun パーンスィオウン ‖ pónsiən ポンスィオン] (発音注意) (＜フランス語) 图 (ヨーロッパのまかないつき) 安宿.

people 5級 图 人々；国民

[pí:pl ピープル] (eo は例外的に[i:]と発音する) 图 [複数] **peoples** [-z] **1** [複数あつかい] **人々**；世間の人々 (▶ a をつけず, 複数形なし；person (人) の複数形として使う).

There were a lot of *people* in the station. 駅にはたくさんの人がいた.

There are five *people* in my family. うちは 5 人家族です (▶ ✗My family is five people. とはいわない. また five ✗peoples とはしない).

🗨 **スピーキング**

🅐 How many *people* are there in your family? ご家族は何人ですか.

🅑 There are three, including me. 私を入れて, 3 人です.

People say (= They say) he is very rich. 彼は大金持ちだといわれている.

2 **国民**, 民族 (▶ この意味のときは a をつけたり, 複数形にしたりする).

the *peoples* of Asia アジアの諸民族.

3 [the をつけて] [複数あつかい] 一般民衆, 国民.

government of *the people*, by *the people*, for *the people*

人民の, 人民による, 人民のための政治 (▶ アメリカ第 16 代大統領リンカンのゲティスバーグでの演説の一節より).

pepper 3級 [pépər ペパァ] 图 (香辛料の) コショウ；トウガラシの実；ピーマン (▶ この意味では green pepper がふつう).

🔵 **背景** 早口ことば

Peter Piper picked a peck of pickled peppers. (ピーター・パイパー, どっさり漬け物とりあげた)

peppermint [pépərmint ペパミント] 图 《植物》ハッカ, ペパーミント.

per [pər パァ] 前 (数量・価格などが) …につき (▶ 日常的には a または an を使う).

five hundred and thirty-nine 539

perceive ▶

The car was going at 100 km *per* hour. 車は時速 100km で走っていた.
once or twice *per* year 1 年に 1, 2 回.

perceive [pərsíːv パスィーヴ] 動 他 …を知覚する, …に気づく; …を理解する.

percent 3級 [pərsént パセント] (発音注意) ▶ (英) ではふつう per cent とつづる.
名 (複数 **percent**) パーセント (▶ cent は 100 を表し, 「100 につき」の意味; 記号は%).
fifteen *percent* 15 パーセント (▶ 15%と書くことが多い).

> 🔵 プレゼン
>
> About 60 *percent* of the world's population lives in Asia. 世界人口の約 60%がアジアで暮らしています.
> ▶ percent of … が主語のとき, 動詞は of に続く名詞に合わせる. この場合, population は単数なので動詞は lives になる.

percentage 2級 [pərséntidʒ パセンテヂ] 名 パーセンテージ, 百分率; 割合.
What *percentage* of the students go to cram schools?
何パーセントの生徒が塾に通っていますか？

percussion [pərkʌ́ʃən パカション] 名 《音楽》[the をつけて] パーカッション (オーケストラの打楽器など); [集合的に] 打楽器.

perfect 4級 [pə́ːrfikt パ〜フェクト] フォニックス76 er は [əːr] と発音する.
形 1 完全な (反 imperfect 不完全な), 申し分のない; まったくの.
a *perfect* game (野球の) 完全試合.
I am a *perfect* stranger here.
私はここはまったくはじめての土地です.
2 最適の, うってつけの (= ideal).
It was a *perfect* day for hiking.
ハイキングにはもってこいの日だった (→まさにハイキング日和だった).
perfect timing
理想的なタイミング, ぴったりのタイミング.
3 《文法》完了の.
the present *perfect* tense
現在完了時制.

perfection [pərfékʃən パフェクション] 名 完ぺき, 完全 (なこと); 完成, 仕上げ.

perfectly [pə́ːrfiktli パ〜フェクトゥリィ] 副 完全に, 申し分なく; まったく, すっかり (同

completely).
It's *perfectly* right. それはまったく正しい.

perform 3級 [pərfɔ́ːrm パフォーム]
フォニックス78 or は [ɔːr]と発音する. 動 (3単現 performs [-z] 過去 過分 performed [-d] ing performing) 他 1 (劇など) を演じる; (曲) を演奏する, (ダンス) をする; (動物が) (芸当) をする.
We're going to *perform* a play in the school festival.
私たちは文化祭で劇をすることになっている.
2 (仕事など) を行う, (任務など) をなしとげる, 果たす.
We must *perform* our duty.
われわれは義務を果たさなければならない.
— 自 上演する; 演奏する; 演じる.
perform in front of a large audience
おおぜいの聴衆の前で演奏する.

performance 3級

[pərfɔ́ːrməns パフォーマンス] フォニックス78 or は [ɔːr]と発音する.
名 (複数 performances [-iz]) 1 演奏; 上演, 公演; 演技.
a live *performance* of a Beethoven symphony
ベートーベンの交響曲の生演奏.
2 [単数形で] (任務などの) 実行, 遂行; できばえ, 成果.
in the *performance* of my duty
任務遂行中で.

performer 3級 [pərfɔ́ːrmər パフォーマァ] 名 演奏者, 役者, 芸人; 行為者.

performing arts [pərfɔ́ːrmiŋ άːrts] 名 [the をつけて] [複数あつかい] 舞台芸術 (演劇・ミュージカルなど).

perfume 2級 [pə́ːrfjuːm パ〜フューム] (アクセント注意) 名 香水; (快い) 香り.
wear *perfume* 香水をつける.

perhaps 準2 [pərhǽps パハップス] (発音注意)

副 [文全体を修飾して] もしかしたら, …かもしれない (同 maybe) (▶ maybe よりも改まった語. maybe と同じく, 半分程度かそれ以下の確率を表す). → probably
She is young, *perhaps* 20 years old. 彼女は若い. もしかしたら 20 歳ぐらいかもしれない.
Perhaps it will snow this evening.

540 five hundred and forty

◀ **Persian**

今晩は雪が降るかもしれない.

スピーキング

A Do you think Mary will win?
メアリーは勝つかな？

B *Perhaps.*
かもね.

B *Perhaps not.*
勝てないかもしれないね.

period 2級 [pí(ə)riəd ピ(ア)リオド]
图 **1 期間**, 時期.
for a short *period* しばらくの間.
2 時代 (= era).
the Shakespearean *period*
シェークスピアの時代.
the Showa *period* 昭和時代.
3 (学校の) **時間**, 時限 (◉ lesson).
We have social studies in the first
period. 1時限目は社会だ (▶序数の前の
the は省略できる).
period for integrated studies
総合的な学習の時間.
4 《文法》《米》ピリオド, 終止符 (= 《英》
full stop). → punctuation marks (表)

perish [périʃ ペリシ] 動 ◉ 滅びる；死ぬ
(= die).

permanent [pə́ːrmənənt パ〜マネント]
形 永久の, 永続的な, 不変の.
permanent peace 永久の平和.

He wants to get a *permanent* job.
彼は定職につきたいと思っている.

ⓘ参考 日本語の「パーマ」は permanent
wave, 話し言葉では perm [パ〜ム] と
いう.

permission 2級 [pərmíʃən パミション]
图 許可, 認可, 許し.
Don't Enter without *Permission*
(掲示) 許可なく入室を禁ず

permit 2級 [pərmít パミット] 動 (過去)
(過分) **permitted** [-id]；ing **permitting**) 他
…を許可する, 許す (▶改まった語).
Using smartphones is not *permitted*
here. (= You are not *permitted* to
use smartphones here.)
ここはスマホの使用は禁止です.
— ◉ (物・事が) 許す.
if weather *permits* 天候が許せば.
— [pə́ːrmit パ〜ミト] 图 許可証.

Perry [péri ペリ] 图 **Matthew Calbraith**
图 マシュー・カルブレイス・ペリー (1794–
1858；1853年浦賀に来て開港を求めた米国
の提督).

Persia [pə́ːrʒə パ〜ジァ‖-ʃə -シャ] 图 ペル
シャ (▶ 1935年までの Iran (イラン)の旧称).

Persian [pə́ːrʒən パ〜ジャン‖-ʃən -シャン]
形 ペルシャの；ペルシャ人の；ペルシャ語
の.
— 图 ペルシャ人；ペルシャ語.

**単語力を
つける** **period 期間を表すことば**

☐ an age	(歴史的な特徴がある) 時代
☐ the ice age	氷河時代
☐ a century	世紀
☐ the twenty-first century	21世紀
☐ an era	時代, 年代
☐ the Meiji era	明治時代
☐ a period	期間, 時代, (学校の) 時限
☐ the first period	(学校の) 1時限目, 1時間目
☐ a semester	(2学期制の) 学期
☐ the first semester	前期
☐ a term	(3学期制の) 学期
☐ the first term	1学期

five hundred and forty-one **541**

persimmon ▶

persimmon [pə́rsimən パスィモン] 图
《植物》カキ.

person
3級 [pə́rsn パ〜スン]
フォニックス76 er は [ə:r] と発音する.

图 《複数 persons [-z]) **1** (1人の) **人**, 個人(▶男女・年齢などの区別なしに使う語.「人々」という意味では persons はおもに法律などの専門分野で使われ, ふつうは people を複数形として使う).

He is an important *person*.
彼は重要な人です.

Can I speak to the *person* in charge, please? (電話やレストランなどで) 担当者の方と話せますか.

2 [前に名詞をともなって] …タイプの人, …が好きな人.

I'm not a morning *person*.
私は朝型ではない.

a cat *person* ネコ好きの人.

3 《文法》人称.
the third *person* 3 人称.

personal **準2** [pə́rs(ə)nəl パ〜ソナル]
形 **1** 個人の, 個人的な;私的な (回 private);本人の, 自らの.

This is just a *personal* opinion.
これはあくまで個人的な意見です.

my *personal* life 私生活.

This book is based on the author's *personal* experience.
この本は著者自らの体験に基づいている.

2 《文法》人称の.　→图 personality

personal computer [pə̀rs(ə)nəl kəmpjú:tər] 图 パソコン (▶略語は PC. 日常語としては単に computer ということが多い. laptop (ノートパソコン), desktop (デスクトップパソコン)という言い方もよく使われる).

personality [pə̀rsənǽləti パ〜ソナリティ] 图 《複数 personalities [-z]) **1** 個性, 性格;人格.

My homeroom teacher has a strong *personality*. 担任の先生は強い個性の持ち主です (→個性的な人です).

2 (芸能界・スポーツ界などの) 有名人.
a TV *personality* テレビタレント (▶英語の talent は「才能」のことで, 「タレント」という意味はない).　→形 personal

personally [pə́rs(ə)nəli パ〜ソナリィ] 副
1 自分で, 自ら (= in person).

2 [文全体を修飾して] 自分としては, 個人的には.

3 個人的に, 内密に.

perspective [pərspéktiv パスペクティヴ]
图 遠近画;大局的見方.

persuade **2級** [pərswéid パスウェイド]
動 他 …を説得する;(persuade + 人 + to … で) (人) を説得して…させる.

I *persuaded* him *to* join our club.
私は彼を説得してうちのクラブに入らせた.

Peru [pərú: ペルー] 图 ペルー (南アメリカの太平洋岸にある共和国;首都はリマ (Lima)).

Peshawar [pəʃá:wər ペシャーワ] 图 ペシャーワル (パキスタン北部の都市).

pesticide [péstisaid ペスティサイド] 图 殺虫剤.

pet
5級 [pet ペット]

图 《複数 pets[-ts ツ]) **1** **ペット**, 愛がん動物.

Do you have any *pets*?
ペットは何か飼っていますか.

a *pet* shop ペットショップ.

2 お気に入りの人.

a teacher's *pet* 先生のお気に入り.

petal [pétl ペットゥル] 图 《植物学》花びら, 花弁.

Peter Pan [pí:tər pǽn] 图 ピーター・パン (イギリスの作家バリー (1860-1937) の同名の劇の主人公で, 永遠に大人にならない元気ないたずらっ子).

Peter Rabbit [pí:tər rǽbit] 图 ピーターラビット (イギリスの作家ビアトリクス・ポターの絵本に登場する主人公のウサギ).

petition [pətíʃən ペティション] 图 請願書, 嘆願書.

petrol [pétrəl ペットゥル] 图 《英》ガソリン (= 《米》gas, gasoline).

petroleum [pətróuliəm ペトゥロウリアム] 图 石油.

pharmacist [fá:rməsist ファーマスィスト] 图 薬剤師.

pharmacy [fá:rməsi ファーマスィ] 图 《複数 pharmacies [-z]) 薬局;薬学.

phase [feiz フェイズ] 图 (発達・変化などの) 段階, 時期;(問題などの) 面.

enter on a new *phase*
新しい段階に入る.

pheasant [féz(ə)nt フェザント] 图 《鳥》キジ.　→ bird (図)

542 five hundred and forty-two

◀ **physical education**

phenomena [finάmənə フィナメナ ‖ -nɔ́mənə -ノメナ] 名 phenomenon（現象）の複数形.

phenomenon 2級
[finάmənɑn フィナメナン ‖ -nɔ́minən -ノミノン] 名 《複数 phenomena [finάmənə]）現象.
natural *phenomena* 自然現象.

Philadelphia [filədélfiə フィラデルフィア] 名 フィラデルフィア（アメリカのペンシルベニア州の大都市. 独立宣言の地).

Philippine [fíləpi:n フィリピーン] 形 フィリピンの；フィリピン人の（▶フィリピン人は Filipino）.

Philippines [fíləpi:nz フィリピーンズ] 名 [the をつけて] フィリピン共和国（アジア東部の共和国. 正式名は the Republic of the Philippines；首都はマニラ（Manila [mənílə]））；フィリピン諸島.

philosopher [filάsəfər フィラソファ ‖ -lɔ́s- -ロソ-] 名 哲学者.

philosophy [filάsəfi フィラソフィ ‖ -lɔ́s- -ロソ-] 名 哲学.

背景 ギリシャ語で「知（sophy）を愛すること（philos）」という意味.

Phnom Penh [(p)nὰm pén (プ)ナム ペン] (発音注意) 名 プノンペン（カンボジアの首都).

phoenix [fí:niks フィーニクス] (発音注意) 名 不死鳥，フェニックス（死んでもよみがえる，想像上の鳥).

phone 5級 [foun フォウン]
フォニックス31 フォニックス51 ph は [f], o は [ou] と発音する.
名 《複数 phones [-z]）1《口語》電話（▶ telephone を短縮した形).
talk on the *phone* 電話で話す.
2《口語》(機械としての) 電話 (機).
Don't hang up the *phone*.
電話を切らないでください（▶ the phone は省略されることもある).

スピーキング
A May I use your *phone*?
電話をお借りしていいですか.
B Sure, go ahead.
ええ，どうぞ.

―― 動（3単現 **phones** [-z]；過去 過分 **phoned** [-d]；ing **phoning**）他 …に電話

をかける. → call
I'll *phone* you again.
また電話します（▶ call を使うのが一般的).

phone book [fóun bùk] 名 電話帳.

phone booth [fóun bù:θ] 名 公衆電話ボックス，電話コーナー.

phonics [fάniks ファニクス ‖ fɔ́n- フォニ-] 名 フォニックス（発音とつづり字の規則性に基づいて英語の読み方を教える教授法).

photo 3級 [fóutou フォウトウ]
フォニックス31 ph は [f] と発音する.
o はどちらも [ou] と発音する.
名 《複数 **photos** [-z]）《口語》写真（▶ photograph を短縮した形. picture ともいうが，photo はとくに絵画と区別したいときに使う).
Could you please take my *photo*?
(= Could you please take a *photo* of me?) 私の写真をとってくださいますか.
My hobby is taking bird *photos*.
私の趣味は鳥の写真を撮影することです.

photograph 準2 [fóutəgræf フォウトグラフ ‖ -grɑːf -グラーフ] 名 写真（▶話し言葉では photo または picture を使う).
a color *photograph*
カラー写真.
―― 動 他 …の写真をとる.

photographer 3級 [fətάgrəfər フォタグラファ ‖ -tɔ́g- -トグ-] (アクセント注意) 名 《複数 **photographers** [-z]）写真家；(一般に) 写真をとる人.

photography [fətάgrəfi フォタグラフィ ‖ -tɔ́g- -トグ-] 名 写真撮影；写真撮影技術.

phrase [freiz フレイズ] 名《文法》句，フレーズ；成句，言いまわし.
a set *phrase* 成句，決まり文句.

physical 2級 [fízikəl フィズィカル] 形
1 肉体の，身体の（反 mental 精神の，emotional 感情の).
physical strength 体力.
physical activity 体を動かすこと.
a *physical* checkup 健康診断.
a *physical* fitness test 体力測定.
2 物質の；物理学の.
the *physical* world 物質界.
physical science 物理科学.

physical education [fízikəl edʒukéiʃən ‖ edju-] 名 体育（▶略語は P.E. または PE).

five hundred and forty-three　543

physically 準2 [fízikəli フィズィカリィ] 副
肉体的に；物質的に；物理的に.
physically challenged
身体に障がいのある.

physician 2級 [fəzíʃən フィズィシャン] 名
医師，開業医 (= doctor)；《米》内科医 (▶外科医 (surgeon) とは異なり，診察をし，薬を処方する医師をさす).

physicist [fízisist フィズィスィスト] 名 物理学者.

physics 2級 [fíziks フィズィクス] 名 [単数あつかい] 物理学.

pianist 5級 [piǽnist ピアニスト, pí(ː)ənist ピ(ー)アニスト] 名 ピアニスト；ピアノをひく人.

piano 5級 [piǽnou ピアノウ] (アクセント注意)
名 [複数] **pianos** [-z] **ピアノ**.
play the *piano* ピアノをひく (▶プロの演奏家の場合，the を省略することも多い).
He plays the *piano* well. (= He is a good *piano* player.)
彼はピアノがじょうずだ.
I have *piano* lessons once a week.
週に1度ピアノのレッスンがある.
a grand *piano* グランドピアノ.

Picasso [pikάːsou ピカーソウ, pikǽsou ピキャソウ], **Pablo** 名 パブロ・ピカソ (1881–1973；スペイン生まれのフランスの画家・彫刻家；ユニークな手法で現代的な視覚表現を行った).

Piccadilly Circus [pikədíli sə́ːrkəs ピカディリィ サーカス] 名 ピカデリー広場 (ロンドンの Piccadilly 街の東端にあり，繁華な街の中心地).

piccolo [píkəlou ピコロウ] 名 [複数] **piccolos** [-z] 《楽器》ピッコロ (ふつうのフルートより1オクターブ高い音を出す).

pick 4級 [pík ピック] フォニックス27 ck は [k] と発音する.
動 [3単現] **picks** [-s] [過去] [過分] **picked** [-t] [ing] **picking**) 他 **1 …を選ぶ** (同 choose).
You can *pick* any book you like.
好きな本をどれでも選んでください.
I was *picked* to play in the tournament. トーナメント戦の選手に選ばれた.
2 (花など) **をつむ**；(果実) をもぐ.
They *picked* strawberries on the farm. 彼らは農園でイチゴ狩りをした.
3 (指などで) …をつまみとる；(鼻・歯など) をほじくる.
Don't *pick* your nose.
鼻をほじくるものじゃありませんよ.

pick on …をいじめる，からかう.
He was *picked on* by older students. 彼は上級生からいじめられた.

pick out …を選び出す，ピックアップする (= choose)；…を周囲の物の中から見つけ出す.
pick out the best book
最良の本を選び出す.

pick up **…を拾いあげる，とりあげる；(人) を (車で) むかえに行く**；(物) をとりにいく；(スピード) を出す.
I'll *pick* you *up* at the airport.
空港まで車でむかえに行くよ.

pickle [píkl ピクル] 名 [ふつう複数形で] ピクルス (野菜，とくにキュウリの酢漬け).

pickpocket [píkpɑkit ピクパケト ‖ -pɔkit ポケト] 名 すり.
Beware of *Pickpockets*
《掲示》すりにご用心

pickup [píkʌp ピカプ] 名 (商品配達用の) 小型トラック；乗せること.

picnic 3級 [píknik ピクニク] 名 ピクニック，野外での食事；(野外での食事を伴う) 遠足，行楽. → hiking
Last Sunday we went on a *picnic* at the seaside.
この前の日曜は海辺にピクニックに行った.
Let's have a *picnic* in the park.
公園で食事をしよう.

pictogram [píktəgræm ピクトグラム] 名 ピクトグラム，絵文字.

picture 5級 名 絵，写真

[píktʃər ピクチァ]

◀ pigeon

名 (複数 pictures [-z]) **1 絵**, 絵画.

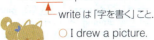

× I wrote a picture.
└ write は「字を書く」こと.
○ I drew a picture.
○ I painted a picture.

I like to draw *pictures*.
私は絵をかくのが好きだ.
There are some *pictures* on the wall. かべには何枚か絵が掛かっている.

💬用法 picture と painting と drawing
picture は「絵」を一般的にいう. painting は油絵・水彩画のように paint (絵の具類) を使った色のある絵. drawing はペンや鉛筆などでかいた線画.

2 写真 (⊜ photo, photograph).
We took a lot of *pictures* there.
私たちはそこでたくさんの写真をとった.
3 映画 (▶ふつうは movie という);(テレビなどの) 映像, 映り;(テレビ・映画などの) 画面.
4 [ふつう単数形で] 生き生きした描写;ようす, 状況.
The diary gives a good *picture* of daily life in those days. その日記は当時の日常生活のようすをよく伝えている.
── 動 (3単現 pictures [-z] 過去 過分 pictured [-d] ing picturing) 他 …を想像する, 心に描く;…を絵にかく.
I *pictured* myself going out with her.
ぼくは彼女とデートしている自分を想像した.

picture book [píktʃər bùk] 名 (おもに子ども用の) 絵本.
picture card [píktʃər kàːrd] 名 (トランプの) 絵札;絵はがき.
pictured [píktʃərd ピクチャド] 動 picture (…を想像する) の過去・過去分詞.
picturing [píktʃəriŋ ピクチャリング] 動 picture (…を想像する) の -ing 形.
pidgin English [pídʒin íŋgliʃ] 名 ピジン英語 (▶現地語の影響を強く受けた英語).
pie 5級 [pai パイ] (ie は [ai] と発音する) 名 (複数 pies [-z]) パイ. → apple pie
bake a *pie* パイを焼く.

a piece of *pie* パイ1切れ.

piece 3級 [piːs ピース] フォニックス67
ie は [iː] と発音する.
名 (複数 pieces [-iz]) **1 1 つ**, 1 個, 1 本, 1 切れ;**(a piece of + 数えられない名詞で) 1 つ** [1 個, 1 本, 1 切れなど] **の…**.
a *piece of* chalk 1 本のチョーク.
two *pieces of* chalk 2 本のチョーク.
How about another *piece of* cake?
ケーキをもう 1 切れ, いかがですか.

📖文法 piece の使い方
❶そのままでは 1 つ, 2 つ, …と数えられないものを数える場合に使う. ❷単数の場合は a piece of, 複数の場合は 〜 pieces of の形で使う.

a piece of ... で数える名詞
a piece of paper 1 枚の紙.
a piece of wood 1 本の木材, 1 片の木.
a piece of furniture 家具 1 点.
a piece of news 1 つのニュース.
a piece of advice 1 つのアドバイス.

2 断片;(ガラスなどの) **破片**, かけら.
broken glass *pieces* ガラスの破片.
The vase broke into *pieces*.
花びんはこなごなに割れた.
3 (機械などの) **部品**.
4 (美術・文学・音楽などの) **作品**.
a *piece* of music (音楽の) 曲.
a piece of cake (口語) たやすいこと.
This is *a piece of cake*.
これはほんとにかんたんだよ.
to pieces ばらばらに, こなごなに.
She tore the letter *to pieces*.
彼女はその手紙をずたずたに破った.
[同音語] peace (平和)

pie chart [pái tʃàːrt] 名 円グラフ.
pier [piər ピア] 名 桟橋, ふ頭.
pierce [piərs ピアス] 動 他 **1** …を突き通す;…に穴をあける.
2 《文学》(寒気・苦痛などが) …(の身) にしみる, …を突きさす.
pig [pig ピッグ] 名 ブタ.

ℹ️参考 「子ブタ」は piglet [píglet ピグレト] や piggy, 「ぶた肉」は pork という. 鳴き声の「ブーブー」は oink という.

pigeon 準2 [pídʒən ピヂョン] 名 (鳥) ハ

five hundred and forty-five 545

piggy

ト(都市部などにいるイエバト, ドバトなど灰色や茶色の大きなハト. 小型のハトは dove という).

piggy [pígi ピギィ] 名(複数 **piggies** [-z]) 子ブタ;(小児語)ブタちゃん.

piggyback [pígibæk ピギィバク] 名 肩車;おんぶ.
— 動 自 おんぶする.

piggy bank [pígi bǽŋk] 名 貯金箱(子ブタの形のものが多い).

pigtail [pígteil ピグテイル] 名(編んだ)お下げ髪.

pilaf, pilaff [pilá:f ピラーフ ‖ pilǽf ピラフ] 名 ピラフ(米に肉・魚・スパイスを加えてたき込んだ料理).

pile 2級 [pail パイル] 名 積み重ねたもの, …の山;(**a pile of ...** / **piles of ...** で)(口語)たくさんの…. → heap
a *pile* of books 本の山.
There is a *pile* of letters on the table. テーブルにはたくさんの手紙が積み上げられている.
— 動 他 …を積み重ねる.

pilgrim [pílgrim ピルグリム] 名 巡礼者.

pill [pil ピル] 名(薬の)錠剤, 丸薬;[the をつけて]ピル, 経口避妊薬.
Don't forget to take your *pills*. 薬を飲むのを忘れないでね.

pillar [pílər ピラァ] 名 柱, 支柱.

pillow [pílou ピロウ] 名 まくら(しばしば2つ重ねて使う).

pilot 4級 [páilət パイロト] 名(飛行機の)パイロット, 操縦士;(船の)水先案内人.
a chief *pilot* 機長(▶ captain ともいう).

pimple [pímpl ピンプル] 名 にきび, 吹き出物.

pin [pin ピン] 名 ピン;留め針(▶ぬい針・編み針は needle);(米)(ピンのついた)ブローチ, バッジ;(ボウリング)ピン;(けん玉の)けん先.
a safety *pin* 安全ピン.
a hair*pin* ヘアピン.
— 動(3単現 **pins** [-z]; 過去 過分 **pinned** [-d]; ing **pinning**) 他 …をピンで留める.
pin an insect 昆虫をピンで留める.

pinch [pintʃ ピンチ] 動 他(指などで)…をつねる;…をはさむ;…をつまむ.
Be careful not to *pinch* your fingers. 指をはさまないように注意しなさい.

pinch in (スマートフォンやタブレットの画面を)指でつまんで縮小する.

pinch out (スマートフォンやタブレットの画面を)指でつまんで拡大する.

— 名 1 つねること.
give a *pinch* つねる.
2 [ふつう a をつけて] 1 つまみの物, 少量.
a *pinch* of salt 1 つまみの塩.
3 ピンチ, 危機.
in a *pinch* 困ったときには(は).
a *pinch* hitter ピンチヒッター, 代打者;(一般に)急場の代役.

pine [pain パイン] 名(植物)松(の木).
pine trees 松の木.

pineapple [páinæpl パイナプル] 名(植物)パイナップル.

背景 果実が松かさ(pine cone)に似ているところから名づけられた.

ping-pong [píŋpɔ̀(:)ŋ ピンクポ(ー)ング] 名 卓球, ピンポン(= table tennis)(▶ Ping-Pong はもとは卓球用具の商標名).
a *ping-pong* paddle 卓球のラケット.

pink 5級 [piŋk ピンク]

名(複数 **pinks** [-s]) **1 ピンク(色)**, もも色(▶正確にはナデシコ類の花の色. 日本語のようにエロチックな意味合いはなく, 「健康」「若さ」のイメージがある; a をつけず, 複数形なし).
I feel like wearing *pink* today.

今日はピンクを着たい気分です.

2《植物》ナデシコ.

── 形《比較》**pinker**;《最上》**pinkest**）**ピンク(色)の**, もも色の.

pink sneakers ピンクのスニーカー.

Pinocchio [pinóukiou ピノウキオウ] 图 ピノキオ（イタリアの作家コッローディの童話の主人公で, 木製の人形）.

pint [paint パイント] 图 **パイント**（▶飲み物などの量を表す単位;《米》では1パイントが約0.47 リットル,《英》では約 0.57 リットルに相当する）.

pioneer [paiəníər パイオニア]（アクセント注意）图 **開拓者**;**先駆者**.

pipe [paip パイプ] 图 **1 パイプ**, 管.

The *pipe* under the sink is leaking.
流し台の下の水道管がもれている.

a gas *pipe* ガス管.

a water *pipe* 水道管.

2（タバコの）パイプ;笛, 管楽器.

pipeline [páiplain パイプライン] 图（石油・水・ガスなどを運ぶ）**パイプライン**, 送油管.

pirate [páiə(ə)rət パイ(ア)レト] 图 **海賊**;海賊船;（DVD・ソフトウェアなどの）海賊版作成者, 海賊版販売者.

pistol [pistl ピストゥル] 图 **けん銃**, ピストル.

pit [pit ピット] 图（地面の）**穴, くぼみ**;（鉱山の）たて坑;[**the pit(s)**で]（サーキット場の）**ピット**（燃料補給やタイヤ交換などを行う場所）.

pitch [pitʃ ピッチ] 動 **1 …を投げる**.

pitch a ball ボールを投げる.

2《口語》（商品など）を売りこむ.

3（調子など）を整える, …に合わせる.

──自 投げる;《野球》（投手が）**投球する**;（船・飛行機が）縦ゆれする（対 roll 横ゆれする）.

── 图 **1**（野球などの）投球.

2（声や音の）高さ, 調子.

pitcher¹ [pitʃər ピチァ] 图《米》**水差し, ピッチャー**（耳形の取っ手と口がついている）（＝jug）.

pitcher² [pitʃər ピチァ] 图《野球》**投手, ピッチャー**.

pitfall [pitfɔːl ピトゥフォール] 图 **落とし穴**.

pity [píti ピティ] 图《複数》**pities** [-z] **1 あわれみ, 同情**.

I looked at her with *pity*.
ぼくはあわれに思って彼女を見た.

2[ふつう a をつけて]**残念なこと**.

What *a pity*! それは残念！

That's *a pity*. それは残念です.

It is *a pity* that you can't come with us. きみがぼくたちといっしょに来られないなんて残念だなあ（▶話し言葉では that を省くことが多い）.

pizza 5級 [píːtsə ピーツァ]（＜イタリア語）图《複数》**pizzas** [-z] **ピザ, ピッツァ**.

I love *pizza* with salami.
私はサラミをのせたピザが大好きだ.

pl., plur.《略》＝plural（複数）

placard [plǽkɑːrd プラカード] 图（広告・公示などの）**はり紙, ポスター, プラカード**.

place 4級 [pleis プレイス] フォニックス48

a は [ei] と発音する.

图《複数》**places** [-iz] **1 場所**, 所;地域.

Tsuwano is a beautiful *place*.
津和野は美しい所だ.

I know a good *place* to eat.
おいしい店を知ってるよ.

2 席, 座席;（行列などの）場所, 番.

Go back to your *place*.
自分の席にもどりなさい.

She saved a *place* for me.
彼女は私の場所をとっておいてくれた.

3《口語》**家, 住まい, うち**（同 house）.

┌─ 🗨スピーキング ────────────────┐

A How about having a pajama party at my *place*?
うちでパジャマパーティーをやるというのはどう？

B Sounds great!
いいね！

└──────────────────────────────┘

4 地位;職;立場.

Just put yourself in my *place*.
ちょっと私の立場になってみてよ.

5（競技の）**順位**.

He took first *place* in the exam.
彼はその試験で1番になった.

from place to place あちこちに.

He traveled *from place to place*.
彼はあちこちと旅行した.

in place of ＝ **in** …**'s place** …の代わりに.

I had to go *in his place*.
彼の代わりにぼくが行かなければならなかった.

take place（事件などが）**起こる**;（行事などが）行われる（▶地震などの自然現象

five hundred and forty-seven　547

plain ▶

When will the concert *take place*?
コンサートはいつあるの？

take the place of = ***take*** *... 's place*
…の代わりになる，…にとって代わる．
DVDs *took the place of* videotapes.
DVD がビデオにとって代わった．

── 動 (3単現 **places** [-ɪz]；過去 過分 **placed** [-t]；ing **placing**) 他 **…を置く，配置する．**
A chair was *placed* near the window. 窓のそばにいすが置かれていた．

plain 準2 [pleɪn プレイン] 形 **1 明白な，明らかな，はっきりした** (同 clear).
It was *plain* that he was wrong.
彼がまちがっていることははっきりしていた．

2 (ことばなどが) **わかりやすい，平易な．**
The book is written in *plain* English. この本はやさしい英語で書かれている．

3 (服などが) **じみな，無地の；**(デザインが) **簡素な；**(食べ物が) **味つけのうすい．**
a *plain* black dress 無地の黒いドレス．
She likes *plain* food.
彼女はあっさりとした食べ物が好きだ．

── 名 **平野，平原．**
a vast *plain* 広々とした平野．
the Great *Plains* グレートプレーンズ（北アメリカ大陸の中西部に広がる大平原）．
[同音語] plane¹,² (飛行機；かんな)

plainly [pléɪnli プレインリィ] 副 **明白に，はっきりと；率直に；質素に．**

plan 4級 [plæn プラン]

名 (複数 **plans** [-z]) **1 計画，案，プラン．**
carry out a *plan* 計画を実行する．
There is a *plan* to build an airport in the area.
その地域に空港を建設する計画がある．
I need to make *plans* for my summer vacation.
夏休みの計画を立てないといけない．

> 🗣スピーキング
> Ⓐ Do you have any *plans* for the weekend?
> 週末は何か予定があるの？
> Ⓑ I have no special *plans*.
> 特に予定はありません．

2 (建物・機械などの) **設計図，図面．**

── 動 (3単現 **plans** [-z]；過去 過分 **planned** [-d]；ing **planning**) 他 **1 …を計画する．**
We're *planning* a welcome party.
私たちは歓迎会を計画しています．

2 (plan to ... で) …するつもりである．
My big brother *plans to* go on to college. 兄は大学に進学するつもりだ．

3 …を設計する，…の設計図をかく．

plane¹ 5級 名 飛行機

[pleɪn プレイン] フォニックス48 a は [eɪ] と発音する．
名 (複数 **planes** [-z]) **1 飛行機** (▶ airplane を短縮した形)．→ airplane (図)
He went to Hokkaido by *plane*.
彼は飛行機で北海道へ行った．
The *plane* arrived on schedule.
飛行機は定刻に到着した．
a *plane* crash 飛行機の墜落事故．
2 平面．
[同音語] plain (明白な，平野)

plane² [pleɪn プレイン] 名 (大工道具の) **かんな．**
[同音語] plain (明白な，平野)

planet 3級 [plǽnɪt プラネト]

名 (複数 **planets** [-ts ツ]) (天文) **惑星** (▶「恒星」は star)．

planet 太陽系の惑星

◀ **platypus**

planetarium [plænətéəriəm プラネテアリアム] 名 プラネタリウム.

plank [plæŋk プランク] 名 厚板, 床板.

plankton [plǽŋktən プランクトン] 名 〔集合的に〕プランクトン, 浮遊生物.

plant 4級 [plænt プラント ‖ plɑːnt プラーント] 名 〔複数〕**plants** [-ts ツ] **1** 植物；(木に対して) 草 (▶「動物」は animal,「鉱物」は mineral).
wild *plants* 野生植物.
garden *plants* 園芸植物, 栽培植物.
2 (大規模な) **工場**, プラント (= factory).
a power *plant* (米) 発電所.
── 動 (3単現) **plants** [-ts ツ] 過去 過分 **planted** [-id]；ing **planting**) 他 (植物) を**植える**, (種) をまく.
plant seeds 種をまく.

> 💬 プレゼン
> We should *plant* more trees to save the environment.
> 私たちは環境を守るためにもっと木を植えるべきです.

plantation [plæntéiʃən プランテイション] 名 大農園, 大農場, プランテーション (とくに熱帯地方で一種類の植物だけを大規模に栽培する農園をいう).
a coffee *plantation* コーヒー農園.

plaster [plǽstər プラスタァ ‖ plɑ́ːstə プラースタァ] 名 しっくい, プラスター (石灰・砂・水などを混ぜたもので, かべや天井にぬる)；こう薬；焼き石こう (骨折したときに患部を固定するギプス (plaster cast) などに使う).

plastic 4級 [plǽstik プラスティク]
名 〔複数〕**plastics** [-s] **プラスチック**；ビニール.

── 形 **プラスチック(製)の**；ビニール(製)の.
a *plastic* bag ビニール袋；レジ袋 (▶ ×vinyl bag とはいわない).
a *plastic* bottle ペットボトル.

plate 5級 [pleit プレイト] 名 **1 皿**, とり皿 (▶ 1人1人の前に置かれる浅くて丸い皿で, dish からこれにとって食べる).

plate　　　　　**dish**

a paper *plate* 紙皿.
a dinner *plate*
ディナープレート (夕食用の大皿).
a paper *plate* 紙皿.
2 1皿分 (の料理).
two *plates* of curry カレー 2皿.
3 (金属・ガラスなどの) **板**；表札；(野球) プレート；**本塁**.
a steel *plate* 鉄板, 鋼板.
a license *plate* (米)(車の) ナンバープレート (= (英) number plate).
the home *plate* (野球) 本塁.

platform [plǽtfɔːrm プラトゥフォーム] 名 (駅の) プラットホーム；壇, 演壇, 教壇；台.

Plato [pléitou プレイトウ] 名 プラトン (紀元前427?-347；古代ギリシャの哲学者；ソクラテスの教えを受け, 師を主人公とする対話形式の哲学書を書いた. 学園「アカデメイア」を創設し, 多くの弟子を育成した).

platypus [plǽtəpəs プラティパス] 名 (動物) カモノハシ (▶ duck-billed platypus ともいう).

🔖 **単語力をつける**　　**plant　植物に関することば**

☐ **a plant**	植物	☐ a tree	木
☐ a flower	花	☐ a trunk	木の幹
☐ a leaf	葉	☐ a weed	雑草
☐ a(n) herb	ハーブ	☐ grass	草, 牧草；しばふ
☐ a root	根	☐ seaweed [síːwiːd]	海藻
☐ a stem	(草の)茎		

play ▶

play 5級 動 (スポーツ・ゲーム)をする, (楽器・曲)を演奏する, 遊ぶ
名 劇;遊び

[plei プレイ] フォニックス59 **ay** は [ei] と発音する.

…をする

…を演奏する

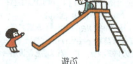
遊ぶ

動 (3単現 **plays**[-z]; 過去 過分 **played**[-d]; ing **playing**)

他 **1** (スポーツ・ゲーム)**をする** (▶スポーツ名やゲーム名にはふつう **the** をつけない);
…と対戦する.
Let's *play* soccer after school.
放課後サッカーをしようよ.
We *played* computer games all afternoon. 私たちは午後ずっとコンピューターゲームをしていた.
play catch
キャッチボールをする.
Who's going to *play* who?
だれとだれが[どことどこが]対戦するの？

🗨 スピーキング
Ⓐ Do you *play* any sports?
スポーツはしますか？
Ⓑ I sometimes *play* tennis.
ときどきテニスをします.

💬 用法 **play** と **practice** と **do**
何かスポーツを「する」というとき,英語では競技によって動詞が異なる. tennis, baseball, football のようにルールがあり,相手(個人やチーム)があり,ボールを使う競技の場合はふつう **play** を使う. 格闘技やそれに類するもの,また武道, judo, sumo, wrestling, boxing などには **practice** や **do** を使う. 体を動かすのが主目的の運動 skating, skiing, swimming などは -ing のない形の動詞で表す. また,「スポーツをする」というときはふつう do sports ではなく play sports という. → sport (図)

2 (楽器・曲など)**を演奏する** (▶(米)ではプロの演奏者の場合,楽器名に the をつけないこともある).
He's good at *playing* the guitar.
彼はギターの演奏がじょうずだ.

○ play tennis
　└ スポーツ名にはふつう the をつけない.

○ play the guitar
　└ 楽器名にはふつう the をつける.

3 (劇・役)**を演じる**;…ごっこをする.
Who *plays* Hamlet in the movie?
その映画ではだれがハムレット役なの？
play house ままごと遊びをする.
4 (役割)**を果たす**;…の一因となる.

🗨 プレゼン
Vegetables *play* an important role in our daily diet.
野菜は毎日の食生活で大切な役割を果たしています.

自 **1** (とくに小さい子ども・動物が)**遊ぶ** (反 work 働く);たわむれる.
She's *playing* in the yard with her dog. 彼女は庭で犬と遊んでいる.
When the cat's away, the mice will *play*.
《ことわざ》ネコがいない間にネズミは遊ぶ
= 鬼のいぬ間に洗たく.

◀ **please**

💬用法 「遊ぶ」の言い方
play は小さい子どもが遊ぶときに使う語. 中高生が友だちと遊ぶという意味では hang out などを使う. Who do you usually *hang out* with? (ふだんだれと遊んでいるの？)

2 競技をする；ゲームをする.
Our team *played* against Kita Junior High in the final.
うちのチームは決勝戦で北中学と戦った.

3（人が）**演奏する**；（音楽が）演奏される；（劇・映画などが）公演される, 上映される.
He *plays* in a rock band.
彼はロックバンドで演奏している.
What is *playing* at the theater now?
その劇場ではいま何が上演されているの？

── 名（複数）**plays** [-z] **1 劇**, 芝居；戯曲. → drama
Shakespeare's *plays*
シェークスピアの劇.

2 遊び（反 work 仕事）（▶ a をつけず, 複数形なし）.
All work and no *play* makes Jack a dull boy.
《ことわざ》勉強ばかりして遊ばないと子どもはばかになる＝よく学びよく遊べ.
a *play* area 遊び場, (子どもの遊び)公園.

3 競技, 試合, プレー.
the spirit of fair *play*
フェアプレーの精神.

played [pleid プレイド] 動 play (…をする) の過去・過去分詞.

player 5級 [pléiər プレイア]
フォニックス59 ay は [ei] と発音する.
名（複数）**players** [-z] **1 選手**, 競技する人；ゲームする人.
He is a good basketball *player*. (= He is good at playing basketball.)
彼はバスケットボールがうまい.
a pro baseball *player* プロの野球選手.

2 (楽器の) **演奏者**；俳優；(音楽や映像を再生する) プレーヤー.
a DVD *player* DVD プレーヤー.

playful [pléifəl プレイフル] 形 ふざけた；元気いっぱいの；楽しげな, 陽気な.

playground 3級 [pléigraund プレイグラウンド] 名 (小学校などの) 運動場；遊び場.
We played dodgeball in the *playground* after school.
放課後私たちはドッジボールをした.

playing [pléiiŋ プレイイング] 動 play (…をする) の -ing 形.

playing card [pléiiŋ kὰːrd] 名 トランプ札. (▶単に card ともいう).

playlist [pléilist プレイリスト] 名 演奏曲目, 演奏リスト.

playoff [pléiɔ(ː)f プレイオ(ー)フ] 名《スポーツ》プレーオフ (同点・引き分けの場合の優勝決定戦, 順位決定戦).

plays [pleiz プレイズ] 動 play (…をする) の3人称単数現在形.
── 名 play (劇) の複数形.

playtime [pléitaim プレイタイム] 名 (学校での) 遊び時間.

plaza [plǽzə プラザ ‖ pláːzə プラーザ] (＜スペイン語) 名 (建物で囲まれた都市の) 広場；(屋外型の) ショッピングセンター.

pleasant 2級 [pléznt プレズント] 形
1 (物事が) 楽しい, ゆかいな；(天気などが) 気持ちのよい, ここちよい.
It was a *pleasant* evening.
楽しい夜だった.
The weather was *pleasant* all day.
一日中気持ちのよい天気だった.

2 (人・態度が) 感じのよい, 愛想のよい.
She was a *pleasant* woman in her forties. 彼女は40代の感じのよい人でした.
→名 pleasure, 動 please

pleasantly [plézntli プレズントゥリィ] 副 楽しく, ゆかいに.

please 5級 副 どうぞ
動 …を喜ばせる

[pliːz プリーズ] フォニックス63 ea は [iː] と発音する.

please は人にものを頼むときの「どうぞ」の意味.

副 [ていねいな依頼を表して] **どうぞ**, **お願いします**.
Please come in. (=Come in, *please*.)
どうぞお入りください.

five hundred and fifty-one 551

pleased

文法 please の位置
Come in. (入ってきなさい) をていねいにいうとき, please はその前後どちらに置いてもよい.

Please come in.
←, をつけない.

Come in, please.
←, をつける.

Please close the door.
ドアをしめてください.
This way, please. こちらにどうぞ.
Two coffees, please.
(店で) コーヒーを2つ, お願いします.

スピーキング
Ⓐ Would you like some cola?
コーラはいかがですか.
Ⓑ Yes, please.
ええ, いただきます.

スピーキング
Ⓐ Could you please open the door?
ドアを開けてくださいませんか.
Ⓑ Certainly.
かしこまりました.
▶ Could you please ...? は, ていねいに人にものを頼むときに使う.

用法 please の使い方
❶日本語の「どうぞ」は相手に目の前にある物をすすめるときにも使うが, 英語の please にはそのような意味はない.「コーヒーをどうぞ」と言うときは Here's your coffee. のように言う. → here
❷また, 司会者がゲストなどを呼ぶときに日本語では「それでは山田さん, どうぞ」のように言うが, 英語の please にはこうした使い方はなく, 単に "Mr. Yamada." だけでよい.

── 動 (3単現 pleases [-iz]; 過去 過分 pleased [-d]; ing pleasing) 他 (人)を喜ばせる, 満足させる; …の気に入る (▶進行形にしない).

Music pleases people.
音楽は人を楽しませる.
My uncle is hard to please.
私のおじは気むずかしい人だ.
── 自 好む, したいと思う (自 like¹) (▶進行形にしない).
Do as you please.
好きなようにしなさい; 勝手にしなさい.

if you please もしよろしければ, おそれ入りますが (▶ please のていねいな言い方).
Follow me *if you please*.
よろしければ, こちらへいらしてください.

→ 名 pleasure, 形 pleasant

pleased [plíːd プリーズド] 形 **1** 喜んで, 満足して;《**be pleased with** で》…を喜んでいる, …に満足している;《**be pleased with ＋人＋for** で》(人) が…してくれて喜んでいる, 満足している.
He looked very *pleased*.
彼はとても喜んでいるようすだった.
My mother *was* very *pleased with* my exam results.
母は私のテストの結果にとても喜んでくれた.

2《**be pleased to ...** で》喜んで…する, …してうれしい, …して満足している.
I'm really *pleased to* be here.
ここに来られてほんとうにうれしい.
I'm *pleased to* meet you.
お会いできて光栄です (▶ Nice to meet you. よりもていねいな言い方).

── 動 please (…を喜ばせる) の過去・過去分詞.

pleases [plíːz プリーズィズ] 動 please (…を喜ばせる) の3人称単数現在形.

pleasing [plíːzɪŋ プリーズィング] 形 (物事が) ゆかいな, 気持ちのよい, 楽しい.
The scenery is *pleasing* to the eye.
その景色は見ていて楽しいものである.

── 動 please (…を喜ばせる) の -ing 形.

pleasure ③級 [pléʒər プレジャ]

名 **1** 楽しみ, 喜び, 快楽.
He takes *pleasure* in gardening.
彼は園芸が道楽である.

2 楽しいこと, うれしいこと, 快楽.
It's been a *pleasure* meeting you.
お会いできてよかったです.

→ 動 please, 形 pleasant

◀ **pneumonia**

🔊スピーキング

A Thank you for your help.
手伝ってくれてありがとう.

B *My pleasure.*
どういたしまして.

▶相手からお礼を言われて, 「どういたしまして」「こちらこそ」というときには (It's) my pleasure. とか The pleasure is mine. という.

---

for pleasure 遊びで, 楽しみで.
Do you use your computer *for* work or *pleasure*? パソコンは仕事で使っていますか, 遊びで使っていますか.

with pleasure 喜んで;(返事で) かしこまりました.

🔊スピーキング

A Will you come with us?
私たちといっしょに来ませんか.

B Thank you, *with pleasure.*
ありがとうございます. 喜んでそうさせていただきます.

---

plentiful [pléntifəl プレンティフル] 形 (数量が) たくさんある.

plenty [plénti プレンティ] 名 たくさん, じゅうぶん.

🔊スピーキング

A Another cup of tea?
お茶をもう1杯いかがですか.

B No, thank you. I've had *plenty.*
いや, けっこうです. もうじゅうぶんいただきました.

---

plenty of たくさんの…, じゅうぶんな…
(▶ふつう肯定文で使い, あとには数えられる名詞, 数えられない名詞のどちらもくる).
→ much, many
You have *plenty of* time.
あなたには時間がたっぷりある.
I think there are *plenty of* people that feel the same way.
同じように感じている人はたくさんいると思う.

pliers [pláiərz プライアズ] 名 [ふつう複数あつかい] ペンチ.

plop [plɑp プラップ ‖ plɔp プロップ] 動 (過去・過分 **plopped** [-t]; ing **plopping**) 自 ポチャリと落ちる.
── 名 [a をつけて] ポチャリと落ちる音.

plot [plɑt プラット ‖ plɔt プロット] 名 陰謀, たくらみ;(小説・映画などの) 筋.

plow [plau プラウ] ▶ 《英》では plough とつづる. 名 (田畑を耕すための) すき;耕うん機.
── 動 自他 (すきを使って) (…を) 耕す.

pluck [plʌk プラック] 動 他 (羽など) をむしり取る, 引き抜く.

plug 準2 [plʌg プラグ] 名 (電気製品の) プラグ, 差しこみ (▶「コンセント」のことは 《米》では outlet, 《英》では socket という);(洗面台・ふろなどの) 栓.
── 動 (過去・過分 **plugged** [-d] ; ing **plugging**) 他 (穴など) をふさぐ.
plug in プラグをコンセントに差しこむ.

plum [plʌm プラム] 名 《植物》西洋スモモ, プラム. → fruit(図)

plump [plʌmp プランプ] 形 丸々と太った, ぽっちゃりした (▶赤んぼうなどの健康的な太り方をさす).

plunge [plʌndʒ プランヂ] 動 自他 飛びこむ;(…に) 突入する;(…を) 突っこむ.
── 名 飛びこみ, 突入;(突然の) 落下;下落.

plural [plú(ə)rəl プル(ア)ラル] 形 《文法》複数の (反 singular 単数の).
── 名 《文法》複数(形) (▶略語は pl., plur.).

plus 3級 [plʌs プラス] 前 …を足した, 加えた, プラスした (反 minus …を引いた).
Two *plus* three equals five.
2足す3は5 (2＋3＝5).
── 形 プラスの, 正の (反 minus マイナスの, 負の).

plush [plʌʃ プラッシ] 名 絹ビロード.

Pluto [plú:tou プルートウ] 名 **1** 《ギリシャ・ローマ神話》プルートー (冥界の神).
2 《天文》冥王星 (太陽系の準惑星).

p.m., P.M. 4級 [pí:ém ピーエム] 《略》午後 (▶ラテン語 post meridiem (正午のあと) の略) (対 a.m., A.M. 午前).
at 4:30 *p.m.* 午後4時30分に (▶ at four thirty p.m. と読む).

💬用法 p.m. の使い方
❶文の中では小文字のほうがふつう. ❷ p.m. は数字のあとに置く. ❸ふつう o'clock といっしょには使わない.

---

pneumonia [n(j)u(:)móunjə ニュ(ー)モ

---

five hundred and fifty-three **553**

P.O., PO ▶

ウニャ, ヌ(一)-] (発音注意) 名 (医学) 肺炎.

P.O., PO [pí:óu ピーオウ] 郵便局(▶ post office の略).

P.O.B., POB [pí:òubi: ピーオウビー] 私書箱(▶ post-office box の略).

P.O. Box [pí:òu bàks ‖ bòx] 私書箱(▶ post-office box の略).

pocket 5級 [pákit パケット ‖ pɔ́kit ポケット]

名 **ポケット**

a jacket *pocket* 上着のポケット.
He took his handkerchief out of his *pocket*.
彼はポケットからハンカチを取り出した.
── 形 ポケットサイズの, 小型の.
a *pocket* dictionary 小型辞書.

pocketbook [pákitbuk パケトブク ‖ pɔ́kit- ポキト-] 名 **1** (米) 札入れ, さいふ. **2** (米) 文庫本(▶ pocket book ともつづる). **3** (英) 手帳.

pocket money [pákit ‖ pɔ́kit mʌ̀ni] 名 こづかい(=(米) allowance).

pod [pɑd パッド ‖ pɔd ポッド] 名 (エンドウ豆・大豆などの) さや.

Poe [pou ポウ], **Edgar Allan** 名 エドガー・アラン・ポー(1809-49; アメリカの詩人・小説家・批評家; 恐怖と幻想に満ちた作風で知られ, 「モルグ街の殺人」「黄金虫」などで推理小説の元祖とされる).

poem 準2 [póuim ポウエム] 名 (1編の) 詩. → poetry, poet
I have to write a *poem* about my dream.
「自分の夢」というテーマで詩を書かなければばいけない.

poet [póuit ポウエト] 名 詩人.
Who is your favorite *poet*?
好きな詩人はだれですか.

poetic [pouétik ポウエティク] 形 詩のような, 詩的な; 詩人の; 詩の.
a *poetic* scene
詩的な風景.

poetry 2級 [póuitri ポウエトゥリィ] 名 [集合的に] (文学のジャンルとしての) 詩(▶ 1編 1編の詩は poem という).

point 3級 [point ポイント] フォニックス69

oi は [ɔi] と発音する.

名 (複数) **points** [-ts ツ]

先

点

1 (とがった物の) **先**, 先端.
the *point* of a pin ピンの先.
2 点; (時間的な) 点, 時点; (場所的な) 地点; (特色のある) 点, 特徴.
We decided to go back to the starting *point*.
ぼくたちはスタート地点まで引き返すことにした.
a weak *point* 弱点, 短所.

> プレゼン
>
> Everyone has good *points* and bad *points*.
> だれでも良いところと悪いところがあります.

3 [ふつう the をつけて] **要点**, ポイント; 問題の核心; (ことばの) ねらっている点.
Please get to *the point*.
(いらだちを表して) 要点を言ってください(▶ What's your *point*? ともいう).
That's a good *point*. それはいい指摘です.
The point is to make your opinion clear.
大切なのは自分の意見をはっきりさせることです.

4 (スポーツ・成績などの) **得点**, ポイント, 点数.
He got 95 *points* in math. (= He got a score of 95 in math.)
彼は数学で 95 点をとった.
Our team was leading by six *points*. うちのチームが 6 点リードしていた.

5 (計器などの目盛りの) **点**; 小数点.
the boiling *point* 沸点.
2.35 (▶ two point three five と読む).
── 動 (3単現) **points** [-ts ツ], 過去 過分 **pointed** [-id]; ing **pointing**) 自 **1** (**point to / point at** で) (指などで) …をさす.
She *pointed to* a sign on the store.
彼女は店の看板を指さした.

2 (建物などが) (…に)面する; (標識などが) (…の方向を)さす.
── 他 (人が) (銃・カメラなど)**を向ける**; …**をさし示す**.
He *pointed* a toy gun at me.

◀ **political**

彼は私におもちゃの銃を向けた.

point out …を指摘する.

She *pointed out* several mistakes.
彼女はいくつかのまちがいを指摘した.

pointed [pɔ́intid ポインティド] 形 とがった, 先の鋭い.

poison 2級 [pɔ́iz(ə)n ポイズン] 名 毒, 毒薬.

a deadly *poison* 猛毒.
—— 動 他 …に毒を入れる；…を毒殺する；…を汚染する.

poisoned [pɔ́iz(ə)nd ポイズンド] 形 毒入りの.

poisoning [pɔ́iz(ə)niŋ ポイズニング] 名 《医学》中毒.

food *poisoning* 食中毒.

poisonous 2級 [pɔ́iz(ə)nəs ポイゾナス] 形 毒のある；有害な.

poke [pouk ポウク] 動 他 (人の体・物)をつく, つつく；(頭など)をつき出す.
—— 自 つつく；つき出る.

poker [póukər ポウカァ] 名 《トランプ》ポーカー.

Poland [póulənd ポウランド] 名 ポーランド(ヨーロッパ中東部のバルト海にのぞむ共和国；首都はワルシャワ(Warsaw)).

polar [póulər ポウラァ] 形 南極の, 北極の；極地の.

polar bear [póulər bèər] 名 シロクマ, ホッキョクグマ.

Pole [poul ポウル] 名 ポーランド人.

pole[1] [poul ポウル] 名 棒, さお, 柱.

a tent *pole* テントの支柱.
a utility *pole* 電柱.

pole[2] [poul ポウル] 名 (天体・地球の)極；極地；《物理》電極, 磁極.

the North *Pole* 北極(点).
the South *Pole* 南極(点).
the *Pole* Star 北極星.

polestar [póulstɑːr ポウルスター] 名 [the をつけて]《天文》北極星(▶ Pole Star ともつづる；the North Star, Polaris [pouléəris ポウラリス]ともいう).

police 3級 [pəlíːs ポリース] (i は例外的に [iː] と発音する)
名 [ふつう the をつけて] [複数あつかい] (組織としての)**警察**；[集合的に] 警察官(▶ a をつけず, 複数形なし. 1人1人の警察官は a police officer).

Call *the police*! 警察を呼んで!

The police are investigating the case. 警察はその事件を捜査している(▶ 新聞などでは the を省くこともある).

a *police* box 交番.
a *police* station 警察署.

police car [pəlíːs kàːr] 名 パトカー, 警察車両.

policeman [pəlíːsmən ポリースマン] 名 (複数 **policemen** [-mən]) 男性の警察官, 巡査(対 policewoman 女性の警察官)(▶一般的に「警察官」というときは, 性差のない police officer を使う. 呼びかけるときは officer を使う). → police officer

policemen [pəlíːsmən ポリースマン] 名 policeman (男性の警察官)の複数形.

police officer 5級 [pəlíːs ɔ̀(ː)fisər] 名 (男女の)警察官, 巡査(▶単に officer ともいう).

ⓘ参考 現在では, 男女の差別をさけるためにpoliceman, policewoman ではなくpolice officer が使われる.

police station [pəlíːs stèiʃən] 名 警察署.

policewoman [pəlíːswumən ポリースウマン] 名 (複数 **policewomen** [-wimin]) 女性の警察官(対 policeman 男性の警察官)(▶呼びかけるときは officer を使う). → police officer

policewomen [pəlíːswimin ポリースウィメン] 名 policewoman (女性の警察官)の複数形.

policy 準2 [páləsi パリシィ‖ pɔ́l- ポリ-] 名 (複数 **policies** [-z]) 政策, 方針.

polish 2級 [páliʃ パリシ‖ pɔ́liʃ ポリシ] 動 他 …をみがく, …のつやを出す.
—— 名 つや出し, みがき粉.

polite 準2 [pəláit ポライト] 形 ていねいな, 親切な, 礼儀正しい；行儀がよい(反 impolite 無作法な).

You should be more *polite* to your teacher.
先生にはもっと礼儀正しくしなさいね.

politely 2級 [pəláitli ポライトゥリィ] 副 ていねいに, 礼儀正しく.

politeness [pəláitnis ポライトゥネス] 名 礼儀正しさ, ていねいさ.

political [pəlítikəl ポリティカル] 形 政治の,

five hundred and fifty-five 555

politician ▶

政治に関する.
a *political* party 政党.

politician 2級 [pəlɪ́tɪʃən パリティシャン ‖ pɔl- ポリ-] 名 政治家；政治屋，策士（▶ statesman は「りっぱな政治家」の意味に使うが，politician は「営利・私利をはかる政治屋」の意味をふくむことがある）.

politics [pɑ́lətɪks パラティクス ‖ pɔ́l- ポリ-]（アクセント注意）名 [単数・複数両あつかい] 政治；政界；[単数・複数両あつかい] 政治学；[複数あつかい] 政治的意見，政見.

poll [poul ポウル] 名 世論調査（▶ opinion poll ともいう）；投票，投票数.

pollen [pɑ́lən パレン ‖ pɔ́lən ポレン] 名 花粉.
pollen allergy 花粉アレルギー，花粉症.

pollute 2級 [pəlúːt ポルート] 動 他（水・空気など）をよごす，汚染する.

pollution 3級 [pəlúːʃən ポルーション] 名 汚染，公害；汚染物質.
air *pollution* 大気汚染.
environmental *pollution* 環境汚染.

polo [póulou ポウロウ] 名 1 《競技》ポロ（馬に乗った1組4人のプレーヤーから成る2組のチームが，長いスティックで木製のボールを打ち，相手のゴールに入れて得点を競うゲーム）.
2 《競技》水球（= water polo）.

ポロ

水球

polo shirt [póulou ʃə́ːrt] 名 ポロシャツ.
polyurethane [pɑ̀liːjúː(ə)rəθeɪn パーリュ(ア)レセイン] 名 ポリウレタン.

pond 3級 [pɑnd パンド ‖ pɔnd ポンド] 名 池（▶ ふつう lake（湖）より小さく，pool（池）より大きい）.
There were some ducks in the *pond*. 池にはカモが何羽かいた.

pony [póuni ポウニィ] 名 [複数 ponies [-z]] ポニー（ふつうより小形の品種の馬）.

ponytail [póuniteɪl ポウニテイル] 名 ポニーテール（女の子の髪型で，小馬（pony）のしっぽ（tail）のように後ろで1つに結んでたらしたもの）.

poodle [púːdl プードゥル] 名 プードル（ペット犬）.

pool 5級 [puːl プール] 名 1 （水泳用の）プール（= swimming pool）.
We went swimming in the school *pool*. 学校のプールに泳ぎにいった（▶ *to the school pool とはいわない）.
2 水たまり，池；（光の）あたる部分.
There are *pools* in the field.
その野原にはあちこちに水たまりがある.

poor 準2 形 貧しい，かわいそうな

[puər プァ]

poor

rich

形 [比較 poorer；最上 poorest] 1 **貧しい**，貧乏な（反 rich 金持ちの）.
a *poor* girl 貧しい少女.
He was a *poor* painter at that time.
当時彼は貧しい画家だった.
the *poor* (= poor people) 貧しい人たち（▶ 'the +形容詞' で「…な人々，…な者たち」という意味になる）.

2 **かわいそうな**，あわれな，気の毒な（▶ この poor は副詞的に訳したほうが自然な日本語になることが多い）.
The *poor* boy lost his parents in the accident.
かわいそうにその男の子は事故で両親を失った.
You *poor* thing!
（相手に対して）かわいそうに！

3 **貧弱な**；（状態・品質などが）悪い；（体が）弱い，おとろえた；へたな；（土地が）やせた.
He has been in *poor* health.
このところ彼は健康がすぐれない.

→ 名 poverty
be poor at …がへたである（同 be bad at；反 be good at …がじょうずである）；…が不得意だ.

▸ **porridge**

Jack *is poor at* mathematics.
ジャックは数学が不得意だ.

be poor at　　be good at

poorer [púːə₍ə₎rər プ(ア)ラァ] 形 poor (貧しい) の比較級.

poorest [púːə₍ə₎rist プ(ア)レスト] 形 poor (貧しい) の最上級.

poorly [púːə₍ə₎rli プ(ア)リィ] 副 **1** へたに, まずく.
2 貧しく, 不十分に.

pop¹ 4級 [pɑp パップ ‖ pɔp ポップ] 形《口語》人気のある, ポピュラーな; 大衆向けの, 通俗的な (▶ popular を短縮した形).
a *pop* singer ポピュラー歌手.
── 名《複数》**pops** [-s] ポピュラー音楽.

pop² [pɑp パップ ‖ pɔp ポップ] 動《過去》《過分》**popped** [-t]《ing》**popping** 自 ポンと音を立てる, ポンとはじける; 急に出る; (考えなどが) ひらめく.
The balloon *popped*.
風船はパンと音を立てて割れた.
── 他 …にポンと音を出させる; (栓(せん)など) をポンとぬく.
── 名 **1** ポンという音.
2《口語》発泡(はっぽう)飲料水.
soda *pop* 炭酸飲料.

popcorn [pɑ́pkɔːrn パプコーン ‖ pɔ́p- ポプ-] 名 ポップコーン.

pope [poup ポウプ] 名〖ふつう **the Pope** で〗ローマ教皇.

Popeye [pɑ́pai パパイ ‖ pɔ́pai ポパイ] 名 ポパイ (アメリカの漫画(まんが)のヒーロー. がさつでけんかっ早い船乗りだが, 恋人(こいびと)オリーブをいちずに愛する純情家でもある. ホウレンソウを食べるとがぜん強くなる).

poplar [pɑ́plər パプラァ ‖ pɔ́p- ポプ-] 名《植物》ポプラ.

poppy [pɑ́pi パピィ ‖ pɔ́pi ポピィ] 名《複数》**poppies** [-z]《植物》ケシ, ポピー.

popular 5級 形 **人気のある**

[pɑ́pjulər パピュラァ ‖ pɔ́pju- ポピュ-]
形 (《比較》**more popular**;《最上》**most popular**) **1 人気のある**; 流行の.
She is a *popular* singer.
彼女は人気のある歌手だ.
The TV show is *popular* with young girls.
そのテレビ番組は若い女の子に人気がある.
Mr. Abe is one of the most *popular* teachers at school.
安部先生は学校でもっとも人気のある先生の1人だ.
2 (専門家向けに対して) **大衆向けの**, 大衆的な; 通俗(つうぞく)的な.
popular music
ポピュラー音楽.
popular culture
大衆文化.

popularity [pɑpjulǽrəti パピュラリティ ‖ pɔpju- ポピュ-] 名 (…の間での) 人気; 流行 (with).

population 準2 [pɑpjuléiʃən パピュレイション ‖ pɔpju- ポピュ-] 名 人口, 住民数.
What's the *population* of Japan?
日本の人口はどのくらいですか (▶ˣHow many is the population of Japan? とはいわない).
Yokohama has a large *population*.
横浜は人口が多い (▶人口の多い・少ないには large, small を使う).

porch [pɔːrtʃ ポーチ] 名 玄関(げんかん), ポーチ (母屋(おもや)からつき出た屋根のある比較的広い空間でいすなどを置くことが多い);《米》ベランダ (=《おもに英》veranda).

pork 3級 [pɔːrk ポーク] 名 ぶた肉.
→ meat (表)

porridge [pɔ́(ː)ridʒ ポ(ー)リヂ] 名 ポリッジ (オートミールなどを水や牛乳で煮(に)た, おかゆ状のもの. イギリスで朝食によく食べる).

port ▶

port [pɔ́ːrt ポート]
图 **港**；港町.
An oil tanker entered the *port*.
1せきのオイルタンカーが入港した.
Yokosuka *Port* (= the *Port* of Yokosuka) 横須賀港.

> 💬用法 **port** と **harbor**
> **harbor** がふつう船の停泊できる場所をさすのに対し，**port** は人工の施設をもつ大きな商港を意味し，しばしば市街地までふくめた町全体をさす.

portable [pɔ́ːrtəbl ポータブル] 形 持ち運びのできる，携帯用の.
a *portable* shrine おみこし.
a *portable* DVD player
携帯用DVDプレーヤー.

porter [pɔ́ːrtər ポータァ] 图 (駅・空港・ホテルなどの)ポーター(客の手荷物を運ぶ人)；《英》(ホテルなどの)ドアボーイ(同 doorman).

portfolio [pɔːrtfóuliou ポートフォウリオウ]
图 **1** (書類や絵を入れる) 折りかばん, 書類入れ.
2 (画家などの作風を示す) 作品集.

portion [pɔ́ːrʃən ポーション] 图 部分, 一部分 (同 part)；(食べ物などの) 量.

portrait [pɔ́ːrtrit ポートゥレト] 图 肖像画, 肖像写真；ポートレート, 人物写真.
—— 形 (画面が) 縦長の (反 landscape 横長の).

Portugal 3級 [pɔ́ːrtʃugəl ポーチュガル]
图 ポルトガル (ヨーロッパ南西部の大西洋に面した共和国；首都はリスボン (Lisbon)).

Portuguese [pɔːrtʃugíːz ポーチュギーズ]
形 ポルトガルの；ポルトガル人の；ポルトガル語の.
—— 图 〔複数 **Portuguese** 単複同形〕ポルトガル人；ポルトガル語.

pose [pouz ポウズ] 图 (写真などのためにとる) ポーズ, 姿勢.

position 2級 [pəzíʃən ポズィション] 图
1 位置, 場所；(競技) (守備) 位置, ポジション.
He checked the *position* of the sun. 彼は太陽の位置を確認した.
2 姿勢.
Please lie down in a comfortable *position*. 楽な姿勢で横になってください.
3 〔ふつう単数形で〕立場；地位；職.
We're in a difficult *position*.
私たちは難しい立場に置かれている.

positive 準2 [pázətiv パズィティヴ ‖ pɔ́z-ポズィ-] 形 **1** 明確な, 明白な, まちがいのない；**(be positive (that) ...** で**)** …と確信している.
a *positive* fact 明白な事実.
I'm *positive* that I put the book back on the shelf.
確かにその本はたなにもどしたよ.
2 積極的な, 前向きな (反 negative 消極的な).
positive thinking プラス思考.
3 有益な；陽性の (反 negative 陰性の).

positively [pázətivli パズィティヴリ ‖ pɔ́z-ポズィ-] 副 明確に；積極的に, 前向きに.

possess [pəzés ポゼス] 動 他 …を所有する (▶改まった語で，日常的には have を使う．進行形にしない).

possession [pəzéʃən ポゼション] 图 所有；〔しばしば複数形で〕所有物.

possibility [pɑ̀səbíləti パスィビリティ ‖ pɔ̀s-ポス-] 图 〔複数 **possibilities** [-z]〕可能性；ありうること, 可能なこと.
There's a good *possibility* that that won't happen.
そんなことは起こらない可能性が高い.

possible 3級 [pásəbl パスィブル ‖ pɔ́s-ポスィ-] 形 (物事が) 可能な；(物事が) ありうる (反 impossible 不可能な).
Is it *possible* to live completely alone? (= Can one live all alone?)
まったく1人きりで暮らすことは可能だろうか (▶人を主語にして *Are we possible to live completely alone?* とはいわない).
That's quite *possible*.
それはおおいにありうる.

as ... as possible できるだけ…(= as ...

as ~ can).
Hand in your paper *as* soon *as possible*. (= Hand in your paper as soon as you can.)
レポートはできるだけ早く提出しなさい.

if possible できるなら.
I would like your comments on that, *if possible*. できればそれについてのコメントをいただきたいのですが.

possibly 2級 [pásəbli パスィブリ‖pɔ́s-ポスィ-] 副 **1** ひょっとしたら. → perhaps
The cat is *possibly* sick.
ひょっとしたらそのネコは病気かもしれない.

2 [can とともに使って;強調して]どうしても,何とかして; [否定文で]どうしても(…ない).
I *can't possibly* tell him the truth.
彼にどうしてもほんとうのことが言えない.

post¹ 準2 [poust ポウスト]

名 **1** [ふつう the をつけて] (おもに英) 郵便; 郵便物 (▶複数形なし). → (米) mail
Has *the post* arrived yet?
郵便物はもう着きましたか.

2 (英) 郵便ポスト (= (米) mailbox).
── 動 他 (英) (郵便) をポストに入れる, (郵便物・小包など) を出す, 郵送する (= (米) mail).

post² [poust ポウスト] 名 **1** (ネット上の) 書きこみ, 投稿.
a blog *post* ブログの記事.

2 (フェンスなどの) 支柱, 柱, くい.
── 動 他 (びら・はり紙など) をはる, 掲示(けいじ)する; (インターネットに) (記事や写真・動画など) を投稿する, アップする, 書きこむ, 掲示する.
post a video on YouTube
YouTube に動画をアップする.

Post No Bills (英) (掲示) はり紙お断り

post³ [poust ポウスト] 名 地位, 職, ポスト; 部署, 持ち場.

post- [poust- ポウスト-] 接頭 ▶「後の」「次の」の意味を表す. (反) pre-). 例. *post*script (post + script 後書き).

postage [póustidʒ ポウステヂ] 名 郵便料金.

postage stamp [póustidʒ stǽmp] 名 郵便切手 (▶単に stamp ともいう).

postal [póustl ポウストゥル] 形 郵便の.
postal charges 郵便料金.

postal card [póustl kɑ̀:rd] 名 (米) (官製の) 郵便はがき. → postcard

postal code [póustl kòud] 名 郵便番号 (= (米) zip code, (英) postcode).

postbox [póus(t)bɑks ポウス(トゥ)バクス‖-bɔks -ボクス] 名 (英) (郵便) ポスト (= (米) mailbox).

postcard 5級 [póus(t)kɑrd ポウス(トゥ)カード] 名 (官製の) 郵便はがき; 私製はがき, 絵はがき (▶ post card ともつづる).
send a *postcard* 絵はがきを出す.

postcode [póus(t)koud ポウス(トゥ)コウド] 名 (英) 郵便番号 (= (米) zip code).

poster 4級 [póustər ポウスタァ] 名 (広告用などの) ポスター, びら.

postman [póus(t)mən ポウス(トゥ)マン] 名 (複数) **postmen** [-mən] (英) 郵便集配人, 郵便配達人 (= (米) mailman) (▶いまでは性差別をさけるため mail carrier などを使う).

postmaster [póus(t)mæstər ポウス(トゥ)マスタァ] 名 (男性の) 郵便局長 (▶ post office supervisor などが性差のない語).

post office 5級 [póust ɔ́(:)fis]

名 (複数) **post offices** [-iz] 郵便局 (▶略語は P.O.; イギリスの郵便局は, 本局以外は新聞店や雑貨店を兼ねていることが多い).
Excuse me. Is there a *post office* around here?
すみません. この辺に郵便局はありますか.

postpone 2級 [pous(t)póun ポウス(トゥ)ポウン] 動 他 (計画・行事など) を延期する (= put off).
The game was *postponed* because of rain. 試合は雨のため延期された.

postscript [póus(t)skript ポウス(トゥ)スクリプト] 名 (手紙の) 追伸(ついしん) (▶略語は P.S., PS, p.s.); (本などの) 後記; 後書き.

pot 準2 [pɑt パット‖pɔt ポット] 名 つぼ, はち; (深い) なべ (▶浅いなべは pan という); 植木鉢(うえきばち) (= flowerpot).

A little *pot* is soon hot.
(ことわざ) 小さいなべはすぐ熱くなる [小人(しょうじん)

potato

はおこりやすい].

potato 5級 [pətéitou ポテイトウ]
名 (複数) potatoes [-z] **ジャガイモ** (▶「サツマイモ」は sweet potato).
potato salad ポテトサラダ.

背景 欧米などでは主要食物の1つで，料理法もいろいろある．ゆでたものは boiled potato，オーブンで焼いたものは baked potato，細長く切ってあげたフライドポテトは French fries という．

オーブンで焼いたベイクドポテト．

potato chip [pətéitou tʃíp] 名 1 (米)
[ふつう複数形で] ポテトチップス (= (英) (potato) crisps).
2 (英) フライドポテト(=(米)French fries).

potluck [pátlʌk パトゥラック ‖ pɔ́t- ポトゥ-] ▶
(英) では pot luck ともつづる．名 **1** 出たとこ勝負．
2 ありあわせの食べ物
a *potluck* party (参加者が1品ずつ持ち寄る) ポットラックパーティー．

さまざまな料理が並ぶポットラックパーティーのテーブル．

potter [pátər パタァ ‖ pɔ́tər ポタァ] 名 陶工，陶芸家．
pottery [pátəri パタリィ ‖ pɔ́t- ポタ-] 名 [集合的に] 陶器類; 陶芸; 製陶.
pouch [pautʃ パウチ] 名 小袋; 袋.
poultry [póultri ポウルトゥリィ] 名 [集合的に]

家禽 (ニワトリ・アヒルなど); 家禽の肉．

pound¹ [paund パウンド]
名 **1 ポンド** (重量の単位; 1ポンドは16オンスで，約453.6グラム; 略語は lb.).
two *pounds* of butter 2ポンドのバター．
2 ポンド (イギリスの通貨の単位; 1ポンドは100ペンス; 略語は£).
£5.10 5ポンド10ペンス (▶ five pounds and ten pence と読む).

pound² [paund パウンド] 動 他 …を強く連打する，ドンドンたたく．
— 自 連打する; (心臓などが)どきどきする．

pour 準2 [pɔːr ポー(ァ)] 動 他 (飲み物など)を注ぐ，入れる，流しこむ．
I *poured* hot water into the teapot.
ティーポットにお湯を注いだ．
Pour in the batter and bake for 30 minutes. 生地を流し入れ，30分焼きます．
— 自 (液体などが)(勢いよく)流れ出る，ふき出る; (雨が)激しく降る．
It was *pouring* outside.
外はひどく雨が降っていた．

poverty 2級 [pávərti パヴァティィ ‖ pɔ́v- ポヴァ-] 名 貧乏，貧困．
live in *poverty* 貧困の中で暮らす．
No *Poverty* 貧困をなくそう (▶国連が掲げる SDGs (持続可能な開発目標) の1番目の目標)． →形 poor

powder [páudər パウダァ] 名 粉; 火薬．
baking *powder* ふくらし粉．

power 3級 [páuər パウア]
フォニックス73 ow は [au] と発音する．
名 (複数) powers [-z] **1 力; 権力; 電力; 動力; (法的な) 権限** (▶ a をつけず，複数形なし)．
solar *power* 太陽エネルギー．
a *power* station 発電所．
political *power* 政権，政治権力．
2 [しばしば複数形で] 体力; 知力; 才能．
He is at the height of his *powers* as a pitcher.
彼は投手としていちピークにある．
**3 権力者; 強国，大国．
an economic *power* 経済大国．
— 動 他 …に動力を供給する．

powerful 準2 [páuərfəl パウアフル]

◀ **precise**

形（ 比較 **more powerful**； 最上 **most powerful**）**力強い**, 強力な；勢力のある.
The car has a *powerful* engine.
その車のエンジンは馬力がある.

powerless [páuərlis パウアレス] 形 無力な, 弱い.

power plant [páuər plænt ‖ plɑ̀ːnt] 名《米》発電所（=《英》power station）.
a nuclear *power plant* 原子力発電所.

power station [páuər stèiʃən] 名《英》発電所（=《米》power plant）.

pp. [péidʒiz ペイヂィズ]《略》= pages（ページの複数形）

PR, P.R. [píːɑːr ピーアー] ピーアール, 広報・宣伝活動（▶ public relations の略）.

practical 2級 [præktikəl プラクティカル] 形 実際の；実用的な, 実践的な；（人・考えなどが）現実的な.
practical English 実用英語.
She is a *practical* person.
彼女は現実的な人だ. → 名 practice

practically [præktik(ə)li プラクティカリィ] 副 実質的に；事実上.

practice 5級 [præktis プラクティス]
名《複数 **practices** [-iz]）**1**（くり返して行う）**練習**, けいこ.
I have soccer *practice* after school. 放課後サッカーの練習がある.
Practice makes perfect.《ことわざ》練習すれば完全になる＝習うより慣れろ.

2 **実行**, 実践（反 theory 理論）（▶ a をつけず, 複数形なし）.
He worked hard to put those ideas into *practice*. 彼はその考えを実行に移そうと一生けんめい努力した.

3（社会・組織などでの）慣習, 慣行.
→ 形 practical

―― 動 ▶動詞は《英》では practise とつづる.（ 3単現 **practices** [-iz], 過去 過分 **practiced** [-t], ing **practicing**）
他 **1**（くり返して）**…を練習する**.

🖊ライティング
I *practice* the piano every day.
私はピアノの練習を毎日します.

She's *practicing* speaking English.
彼女は英語を話す練習をしています（▶「…す

る練習をする」というときは practice -ing 形の形を使い, ×practice to … とはしない）.
2 **…を実行する**, 実践する；（慣習として）…を行う.
He *practiced* getting up early.
彼はいつも早起きした.
―― 自 練習する.

practise [præktis プラクティス] 動《英》=《米》practice

prairie [préəri プレアリィ] 名 大草原, プレーリー（とくにアメリカのミシシッピ川流域に広がる大草原地帯をさす）.

praise [preiz プレイズ]
名 **ほめること**, 賞賛（▶ a をつけず, 複数形なし）.
The art teacher gave me a lot of *praise* for my work.
美術の先生は私の作品をとてもほめてくれた.
―― 動 他 …をほめる, ほめたたえる, 賞賛する.
We *praised* him for his fine speech.
私たちは彼のりっぱなスピーチを賞賛した.

prawn [prɔːn プローン] 名 クルマエビ（中型のエビ）. → lobster, shrimp.

pray [prei プレイ] 動 自 祈る, 願う；《**pray for** で）…を祈る, 願う.
I *pray* for your good health.
ご健康をお祈りしています.

prayer¹ [preər プレア]（発音注意）名 祈り, 祈願；[しばしば複数形で]祈りのことば, 願いごと.

prayer² [préiər プレイア] 名 祈る人.

◀発音 **prayer**¹（祈り）と発音がちがう.

pre- [pri- プリ-]接頭 ▶「以前（の）」「前もって…」の意味を表す.（反 post-）.
例. *preposition*（pre + position 前置詞）.

preach [priːtʃ プリーチ] 動 自《**preach to** で）…にお説教をする.
―― 他（神の教えなど）を説教する.

preacher [priːtʃər プリーチァ] 名 説教師, 伝道者.

precious 準2 [préʃəs プレシャス] 形 貴重な, 高価な；だいじな（同 dear）.
a *precious* metal 貴金属.
She is my *precious* friend.
彼女は私のだいじな友だちです.

precise [prisáis プリサイス] 形 正確な, 精

precisely ▶

密な, 明確な.

precisely [prisáisli プリ**サ**イスリィ] 副 正確に, 明確に.

preface [préfis プレフィス] (発音注意) 名 (本の)前書き, 序文 (著者自身が書いたもの).

prefectural [priféktʃərəl プリ**フェ**クチュラル] 形 (日本などの)県の, 府の; 県立の, 府立の.
the *prefectural* office 県庁.

prefecture [pri:fektʃər プリーフェクチァ ‖ -tʃuə -チュァ] 名 (日本などの) 県, 府.
Nagano *Prefecture* 長野県.
Osaka *Prefecture* 大阪府.

prefer 準2 [prifɚr プリ**ファ**〜] (アクセント注意) 動 (過去 (過分 preferred [-d] ; ing preferring) 他 …のほうを好む (▶進行形にしない) ; (**prefer ～ to ...** で) …よりも～のほうを好む (▶改まった語でふつうは like ～ better than ... を使う).
Which do you *prefer*, dogs or cats? (= Which do you like better, dogs or cats?)
犬とネコではどちらが好きですか.
I *prefer* summer *to* winter. (= I like summer better than winter.)
私は冬よりも夏が好きです.

pregnant 2級 [prégnənt プ**レ**グナント] 形 (女性・動物のめすが) 妊娠している.
She is five months *pregnant*.
彼女は妊娠 5 か月です.

prejudice [prédʒudis プ**レ**ヂュディス] 名 偏見, 先入観.
racial *prejudice* 人種的偏見.

premier [primiər プ**リ**ミァ, pri:miər プリーミァ ‖ prémiə プ**レ**ミァ] 名 首相.
── 形 最高位の, 第一の; 最高級の.

prep [prep プレップ] 名 **1** 準備 (= preparation).
do *prep* work 準備作業をする.
2 私立高校 (= preparatory school).

preparation [prepəréiʃən プレパ**レ**イション] 名 準備, したく; (食品の) 調理.
We are making *preparations* for the trip. 私たちは旅行のしたくをしているところです. → 動 prepare

preparatory [pripærətɔːri プリパ**ラ**トーリィ ‖ -t(ə)ri -ト(ゥ)リィ] 形 準備の, 予備の.

preparatory school [pripærətɔːri sku:l] 名 (米) (大学進学を目的とする, 特に全寮制の) 私立高校; (英) (パ

ブリックスクール (public school) への進学を目的とする) 私立小学校.

prepare 準2 [pripéər プリ**ペ**ア] フォニックス80 are は [eər] と発音する.
動 (3単現 prepares [-z] ; 過去 過分 prepared [-d] ; ing preparing) 自 **準備する**, 用意する; (**prepare for** で) …の**準備をする** (= get ready for).
prepare for a trip 旅行のしたくをする.
My older brother is *preparing for* his college entrance exams.
兄さんは大学受験に備えて勉強をしている.
── 他 **1** …**の準備をする**: (食事) のしたくをする.
prepare my lessons 予習する.
My mom is *preparing* dinner.
お母さんは夕食のしたくをしている.
2 (**be prepared for** で) …に対する心の準備ができている, …を覚悟している.
You should *be prepared for* the worst. 最悪の場合に備えるべきだ.
→ 名 preparation

prepared [pripéard プリ**ペ**アド] 形 準備してある; 準備ができている; 心がまえができている.

preposition [prepəzíʃən プレポ**ズ**ィション] 名 《文法》前置詞 (▶略語は prep.).

prescribe [priskráib プリスク**ラ**イブ] 動 他 …を指示する; (薬) を処方する.

prescription [priskrípʃən プリスク**リ**プション] 名 (薬の) 処方せん; 処方薬.

presence [prézns プ**レ**ズンス] 名 (人が) いること, (物が) あること; 出席, 同席 (反 absence 欠席).
Nobody was aware of my *presence*.
だれも私が出席していることに気づかなかった.

present¹ 準2 [préznt プ**レ**ズント] 形 **1** [名詞の前では使わない] 出席して, 居合わせて (反 absent 欠席で) ; (**be present at** で) …に出席する.
Almost all the members *were present at* the meeting.
メンバーのほとんど全員が話し合いに出席した.
2 現在の, いまの; 《文法》現在 (時制) の.
I don't know his *present* address.
私は彼の今の住所は知らない.
the *present* tense 現在時制.
the *present* progressive 現在進行形.

562 five hundred and sixty-two

▶ **press**

—— 图 [the をつけて] 現在, いま（対）past 過去, future 未来）;《文法》現在 (時制).
There is no time like the *present*.
《ことわざ》いまのような時はない ＝ 善は急げ.

at present 現在は, 目下のところ（同）now）.
My brother is in Paris *at present*.
私の兄はいまパリにいます.

for the present いまのところは, 当分は.
She is going to stay with her parents *for the present*.
彼女は当分両親のところにいる予定だ.

present² 5級 [préznt プレズント]
（图と動のアクセントのちがいに注意）

图 [複数 **presents** [-ts ツ] **贈り物**, プレゼント.
a Christmas *present*
クリスマスプレゼント.
I have a *present* for you.
きみにプレゼントがあるんだ.
My parents bought me a guitar for my birthday *present*.
両親が誕生日プレゼントにギターを買ってくれた.
Thank you for your *present*. プレゼント, ありがとう（▶英米ではプレゼントをもらったら, Can I open it?（開けてもいい？）と言ってその場で開けて, お礼を言う習慣がある）.

🗣 スピーキング

Ⓐ Here's a *present* for you!
これ, あなたへのプレゼントよ.
Ⓑ Thank you.
ありがとう.

💬 用法 **present** と **gift**
present は親しい間がらでの贈り物で, 手づくりの物か買った物でもあまり高額でない物が多い. **gift** はもっと形式ばった言い方で, お金もふくめて高額の物をいう.

—— [prizént プリゼント] 動 [3単現 **presents** [-ts ツ] | 過去 過分 **presented** [-id] | ing **presenting**] 他 **1** **…を贈る**;（present ＋ 人 ＋ with ＋ 物 / present ＋ 物 ＋ to ＋ 人で）(人) に (物) を贈る.
We *present* you *with* this book. (＝ We *present* this book *to* you.)
われわれはあなたにこの本を贈呈します（▶書き言葉や改まった話し言葉に使う. ふつうは

give を使う).
2 …を見せる;（書類など）を提出する;（番組）を放送する.
He *presented* his passport at the immigration.
彼は出入国審査でパスポートを見せた.

presentation 準2 [prezentéiʃən プレゼンテイション ‖ pri:zen- プリーゼン-] 图 発表, プレゼン (テーション);提示;（賞などの）授与;授与式.
I'm going to give a *presentation* in my social studies class.
私は社会の授業で発表をするつもりだ.

present-day [prézntdéi プレズントゥデイ]
形 現代の, 今日の.
present-day English 現代英語.

presently [prézntli プレズントゥリィ] 副《おもに米》現在, いま（同 now）;《文語》まもなく, やがて（▶改まった語）.

preserve 2級 [prizə́ːrv プリザ〜ヴ] 動 他 …を保護する, 守る;…を保存する.
preserve a forest 森林を保護する.
preserve fish in salt
魚を塩漬けにして保存する.

president 3級 [préz(ə)dənt プレズ(ィ)デント]
图 [複数 **presidents** [-ts ツ] **1** [しばしば the President で] **大統領**.
the *President* of the United States of America アメリカ合衆国の大統領.
2《米》(会社の) **社長**;(大学の) **学長**;(会の) **会長**（▶組織の長を表すのに広く使われる）.
the student council *president*
生徒会会長.

press 準2 [pres プレス]
動 他 **1** …を（しっかりと）**押す**, 押しつける;（果物など）をしぼる.
Press this button to start printing.
印刷を始めるには, このボタンを押しなさい.
She *pressed* her ear against the door. 彼女はドアに耳を押しあてた.
2 …にアイロンをかける, プレスする.
She is *pressing* her shirts.
彼女はシャツにアイロンをかけている.
3（考え・物など）を押しつける;（人）にしつこく言う, せがむ.
—— 自 押す, 押しつける;押し進む.
—— 图 **1** [the をつけて] [集合的に] (新聞・

five hundred and sixty-three **563**

pressure ▶

雑誌・テレビ・ラジオなどの)**報道機関**, 報道陣；新聞, 雑誌.
freedom of *the press* 報道の自由.
2 押すこと；圧縮機, しぼり器.

pressure 2級 [préʃər プレシァ]

名(複数) pressures [-z] **圧力**, 圧縮；気圧；(精神的な) **重圧**, プレッシャー.
Let's take your blood *pressure*.
血圧を測ってみましょう.
high *pressure* 高気圧.

pretend 2級 [priténd プリテンド] 動 他
…のふりをする.
She *pretended* to be sick. (= She *pretended* that she was sick.)
彼女は仮病をつかった.

prettier [prítiər プリティア] 形 pretty (きれいな) の比較級.

prettiest [prítiist プリティエスト] 形 pretty (きれいな) の最上級.

pretty 5級

形 **きれいな, かわいらしい**
副 **かなり**

[príti プリティ]
形 (比較) prettier；(最上) prettiest) **きれいな, かわいらしい**.
a *pretty* little girl かわいい女の子.
You look really *pretty* in that dress.
その服, あなたがとてもかわいく見えるね.
What a *pretty* flower! きれいな花ね.
That pink scarf is *prettier* than this one. あっちのピンクのマフラーのほうがこれよりきれいだ.

> 💬用法 **pretty** と **beautiful**
> **beautiful** がはなやかで完成された美しさをいうのに対し, **pretty** はかわいらしい美しさをいい, ふつう女の人・子ども・小形の物などに使う.

pretty

beautiful

── 副 《口語》 **かなり**, 相当に (同 fairly).

It's *pretty* warm today, isn't it?
今日はかなり暖かいね.
I did *pretty* well on my exams.
試験はかなりよくできた.

pretzel [prétsəl プレッツェル] (＜ドイツ語＞) 名
プレッツェル (ひもの結び目形または棒状の, 塩味のビスケット).

prevent 準2 [privént プリヴェント] 動 他
…をさまたげる；…を防ぐ；(prevent … from + -ing 形で) …が～するのをさまたげる, 防ぐ.
prevent disease 病気を予防する.
He *prevented* me *from* finishing the work.
彼は私が仕事をやり終えるのをじゃました.

> 🗣プレゼン
> What should we do to *prevent* global warming?
> 地球の温暖化を防ぐために何をすべきだろうか.

prevention [privénʃən プリヴェンション] 名 防止, 予防.

preview [príːvjuː プリーヴュー] 名 **1** (映画の) 試写会, (演劇の) 試演；予告編.
2 (コンピューター) プレビュー (印刷などをする前に画面上で確認すること).

previous [príːviəs プリーヴィアス] 形 (時間・順序で) 前の, 以前の；直前の.
I'm sorry, but I have a *previous* engagement.
すみませんが, 先約があるのです (▶招待などを断るときの決まり文句. 改まった言い方).

previously [príːviəsli プリーヴィアスリィ] 副
以前に, 前に；前もって.

prey [préi プレイ] 名 (肉食動物の) えじき, 獲物；[比ゆ的に] 犠牲.

price 3級 [práis プライス]

名 **1 値段**, 価格；[複数形で] 物価. → cost

◀ **princess**

the *price* of gas ガソリンの値段.
I bought this jacket at a low *price*.
このジャケットを安い値段で買った (▶ at a
ˣcheap price とはいわない. 値段の高い・
安いにはふつう high, low を使う).
a *price* tag 値札.
2 代償;代価;犠牲.
at any price どんな犠牲を払っても, ど
んなことがあっても.

prick [prik プリック] **動** 他 …をちくりとさす.
── **名** つき傷;とげ;(ちくっと) さすこと.

pride [準2] [praid プライド] **名 1** 誇り, 自
尊心;自慢 (の種).
It is important to take *pride* in your
work. 自分の仕事に誇りをもつことが大切だ.
2 うぬぼれ, 思い上がり. →**形** proud
── **動** 他 (**pride** my**self on** で) …を自
慢する (= be proud of).
She *prides* herself on her cooking.
彼女は料理が自慢である.

priest [priːst プリースト] **名** (キリスト教の)
神父;祭司, 僧.
a Buddhist *priest* (仏教の) 僧侶.

primary [práimeri プライメリィ ‖ -m(ə)ri -マ
リィ] **形 1** 主要な, 第一の.
the *primary* colors 三原色 (絵の具など
では赤・青・黄. 光では赤・青・緑).
What's your *primary* goal in life?
あなたの人生でいちばんの目標は何ですか.
2 最初の, 初期の;(英)(教育が) 初等の (=
(米) elementary).
primary education 初等教育.

primary school [práimeri ‖ -m(ə)ri
skùːl] **名** (英) 小学校 (▶ほぼアメリカの
elementary school に相当する).
→ school (図)

prime [praim プライム] **形 1** もっとも重要
な, 主要な, 第一の.
a *prime* suspect
最重要容疑者, 第一容疑者.
2 最高級の, 第一級の, 特上の.
prime beef 極上級の牛肉.
── **名** [単数形で] 全盛期, 盛り.

prime minister [pràim mínistər] **名**
[しばしば **Prime Minister** で]首相;(日本の)
総理大臣 (▶略語は PM).

prime time [pràim táim ‖ práim
tàim] **名** [the をつけて] (テレビの) ゴール
デンタイム (午後 7 時から 11 時ごろ;「ゴー
ルデンタイム」は和製英語).

primitive [prímətiv プリミティヴ] **形** 原始
の, 太古の;原始的な, そぼくな.
primitive man 原始人.
Sticks and stones are *primitive*
weapons. 棒や石は原始的な武器である.

primrose [prímrouz プリムロウズ] **名** (植
物) サクラソウ.

prince [prins プリンス] **名** 王子, 皇子 (女
princess 王女, 皇女).
the Crown *Prince* 皇太子.
Prince William ウィリアム王子.
the *Prince* of Wales プリンス・オブ・
ウェールズ (イギリス皇太子の称号).
Prince Shotoku 聖徳太子.
The Little Prince『星の王子様』(サン・テ
グジュペリ作の童話).

princess [prínsis プリンセス ‖ prinsés プリ
ンセス] **名 1** 王女, 皇女 (男 prince 王子,
皇子).
Princess Charlotte シャーロット王女.
2 王妃;妃殿下.
the *Princess* of Wales

🎵 単語力を つける **price 値段・料金を表すことば**

☐ **a fee**
　　(入場料・授業料・会費などの) 料金
☐ **an admission fee**
　　入場料 (an admission charge
　　ともいう)
☐ **a charge**
　　(ホテル代などの) 料金

☐ **hotel charges** ホテル代
☐ **a cost** 費用
☐ **a fare** (乗り物の) 運賃, 料金
☐ **a bus fare** バス料金
☐ **a price** (商品の) 値段
☐ **a telephone bill** 電話代

principal ▶

プリンセス・オブ・ウェールズ（イギリス皇太子妃の称号）.

principal 3級 [prínsəp(ə)l プリンスィパル]

形 **おもな**, もっとも重要な, 第一の.
a *principal* reason 最大の原因.
—— 名 (米) (小・中・高等学校の) **校長** (= (英) head teacher)；(英) (大学の) 学長 (= (米) president),
the *principal's* office 校長室.

principle [prínsəpl プリンスィプル] 名 **1** 原理, 原則；法則.
the *principle* of gravity 重力の法則.
2 (個人の) 主義, 信念.
in principle 原則として, 原則的には.

print 3級 [print プリント]

動 (3単現 **prints** [-ts ツ]；過去 過分 **printed** [-id]；ing **printing**) 他 **1** …**を印刷する**；(本など) **を出版する**, 刊行する.
How many copies do we need to *print*? 何部印刷すればいいのですか.
2 …を活字体で書く, ブロック体で書く.
Please *print* your name and address.
ご住所とご氏名を活字体でお書きください.
3 (写真) を焼き付ける, プリントする.
—— 自 印刷する；出版する.
print out (コンピューター) (データなど) を打ち出す, プリントアウトする.
—— 名 (複数 **prints** [-ts ツ]) **1 印刷**, (印刷された) 活字 (▶ a をつけず, 複数形なし；授業で配布される印刷物は handout という.「プリント」は和製英語).
The *print* of this book is very small.
この本の活字はとても小さい.
2 (押してつけられた) 跡.
a foot*print* 足跡.
finger*prints* 指紋.
3 (写真の) 印画；版画；(印刷された) 複製画.
in print 印刷されて, 出版されて.
out of print (本などが) 絶版になって.

printer [príntər プリンタァ] 名 印刷機；印刷業者；印刷工；プリンター.

printing [príntiŋ プリンティング] 名 印刷 (術)；(写真) 焼き付け.

priority [praió:rəti プライオーリティ ‖ -ór- -オリ-] 名 (複数 **priorities** [-z]) 優先すべきこと；優先, 優先権, 先であること.

prism [prízm プリズム] 名 プリズム；(数学) 角柱.

prison 2級 [prízn プリズン] 名 刑務所, 監獄 (▶ (米) ではふつう prison を刑務所に使い, jail を留置所・拘置所に使う).
→ jail

prisoner [príz(ə)nər プリズナァ] 名 囚人；刑事被告人；捕虜.

privacy [práivəsi プライヴァスィ ‖ pri- プリ-] 名 プライバシー (私生活を他人から干渉されないこと)；秘密.

private 準2 [práivət プライヴェット] 形 **1** 私有の；私立の；民間の (反 public 公立の).
a *private* home 個人宅.
a *private* junior high 私立中学.
2 個人的な, 私的な；秘密の.
my *private* life 私生活.
This is my *private* opinion.
これは私の個人的な意見です.
in private 内密に, こっそり；非公式に.
May I speak to you *in private*?
内密にお話ししてもよろしいですか.

privilege [prívəlidʒ プリヴェレヂ] 名 特権, 特典；特別な名誉.

privileged [prívəlidʒd プリヴェレヂド] 形 特権のある.

prize 3級 [praiz プライズ]

名 **賞**, 賞金, 賞品.
She won first *prize* in the cooking contest.
彼女は料理コンテストで1等賞をとった (→優勝した) (▶ first prize の前にはふつう the をつけない).
the Nobel *Prize* ノーベル賞.

pro 3級 [prou プロウ] 名 (複数 **pros** [-z]) (口語) プロの選手, プロ；専門家 (▶ professional を短縮した形).
—— 形 (口語) プロの.

probable [prábəbl プラバブル ‖ prób- プロバ-] 形 (おそらく [たぶん]) ありそうな (▶ 可能性が比較的高い場合に使う).
It is *probable* that the plane will arrive late.
おそらく飛行機の到着は遅れるだろう.

probably 3級 [prábəbli プラバブリ ‖ prób- プロバ-] 副 [文全体を修飾して] たぶん, おそらく (▶ 可能性が比較的高い場合に使う. maybe, perhaps より高い確率を表す).

◀ **professional**

🔊スピーキング

Ⓐ Are you going to take the job?
その仕事を引き受けるつもり？

Ⓑ *Probably*.
たぶんね．

Ⓑ *Probably not*.
たぶんやらないよ．

"How many people are coming to the party?" "*Probably* twenty or so."
「パーティーには何人来るの？」「たぶん20人ぐらいかな」

It'll *probably* rain tomorrow.
あしたはたぶん雨だなあ．

problem 4級 [prábləm プラブレム‖prɔ́b- プロブ-]

图（複数）**problems** [-z] **1**（個人・社会などの）**問題**．

She has a *problem* with her parents. 彼女は両親との間に問題がある．
Unemployment is one of the major social *problems*.
失業は大きな社会問題の1つだ．

2（理数系の）**問題**． → question
solve a *problem* 問題を解く．
Could you help me with *problem* 3? 3番の問題を教えてくれない？

No problem.　[質問・依頼に対して] **いいですよ，だいじょうぶですよ**；[お礼に対して] **どういたしまして**；[おわびに対して] **いいんですよ**．

🔊スピーキング

Ⓐ Can I use this?
これを使ってもいい？

Ⓑ *No problem*.
いいよ．

procedure [prəsíːdʒər プロスィーヂャ] 图
手続き，手順．

proceed [prəsíːd プロスィード] 動 圓 続行
する；進行する（▶改まった語）．

process 準2級 [práses プラセス‖próuses
プロウセス] 图 過程，プロセス；手順．

procession [prəséʃən プロセション] 图
行列；（行列の）行進，進行．

processor [prásesər プラセサァ‖próus-
プロウセ-]（アクセント注意）图《コンピューター》プロセッサー，処理装置．

produce 準2級 [prəd(j)úːs プロデュース, -ドゥース]

（動と图のアクセントのちがいに注意）動
（3単現 **produces** [-iz]；過去 過分 **produced**
[-t]；ing **producing**）他 **1**（農産物・製品など）**を生産する**；（物・人）**を産出する**，生み出す．

The factory mainly *produces* small cars.
その工場はおもに小型車を製造している．
Green plants *produce* oxygen during the day.
緑色をした植物は日中は酸素をつくり出す．

2（映画・番組・演劇など）**を制作する**，プロデュースする．

He is *producing* a documentary film. 彼は記録映画を制作している．
　　　　　　→图 production, product
── [prád(j)uːs プラデュース, -ドゥース‖ prɔ́djuːs
プロデュース] 图［集合的に］（とくに野菜や果物などの）農産物（▶ a をつけず，複数形なし）．
farm *produce* 農産物．

producer [prəd(j)úːsər プロデューサァ,
-ドゥー-‖-djúː- -デュー-] 图 生産者［会社］，製造者［会社］；（映画・演劇・テレビ番組などの）プロデューサー，制作者（▶映画監督は director）．

product 準2級 [prádəkt プラダクト ‖ prɔ́dʌkt プロダクト]

图 **製品**；産物，生産物．

The company's *products* are sold worldwide.
その会社の製品は世界中で販売されている．
factory *products* 工場製品．
farm *products* 農産物． →動 produce

production 3級 [prədʌ́kʃən プロダクション] 图 生産；生産高；（映画・劇などの）制作；作品． →動 produce

productive [prədʌ́ktiv プロダクティヴ] 形
生産的な．

Prof. [prəfésər プロフェサァ] 图［肩書きとして］…教授（▶ Professor の略）．
Prof. J. Brown J. ブラウン教授．

profession [prəféʃən プロフェション] 图
（おもに知的な）職業，専門職．

professional 4級 [prəféʃ(ə)nəl プロフェショ(ォ)ナル] 形（ふつう比較変化なし）**1**（医者・弁護士などの）知的職業の；専門家の．
You need *professional* help.

five hundred and sixty-seven　**567**

professor ▶

あなたには専門家の助けが必要です.

2 (スポーツ選手などが) プロの (⊠ **amateur** アマチュアの) (▶話し言葉では **pro** という).

a *professional* golfer プロゴルファー.

── 名 (複数) **professionals** [-z] 知的職業人；専門家；プロ選手 (⊠ **amateur** アマチュア).

professor 準2 [prəfésər プロフェサァ]
名 (大学の) 教授；[肩書きとして] …教授.
→ Prof.

Professor Anderson アンダーソン教授.

profile [próufail プロウファイル] (発音注意)
名 横顔, プロフィール, 人物像；輪郭.

profit 準2 [práfit プラフィト ‖ prɔ́fit プロフィト] 名 もうけ, 利益；得 (⊠ **loss** 損失).
make a *profit* 利益を得る, もうける.

profitable [práfitəbl プラフィタブル ‖ prɔ́f-プロフ-] 形 利益の上がる, もうかる.

profound [prəfáund プロファウンド] 形 (影響などが) 深い, 深遠な；心の底からの.

program, (英)programme
4級 [próugræm プロウグラム]
名 (複数) **programs** [-z] **1** (テレビ・ラジオの) **番組** (⊕ **show**)；(劇などの) **プログラム**.

What *programs* do you watch on TV? テレビでどんな番組を見ますか.
a theater *program* 劇場のプログラム.

2 計画, 予定(表)；(教育や訓練の) プログラム.

a development *program* 開発計画.

3 (コンピューターの) **プログラム**.

── 動 (3単現 **programs** [-z]) (過去)(過分) **programmed** [-d]；(ing) **programming**) 他 (コンピューター) のプログラムを作成する, …をプログラムする.

programmer [próugræmər プロウグラマァ] 名 (コンピューターの) プログラマー, プログラム作成者.

programming [próugræmiŋ プロウグラミング] 名 (コンピューター) プログラミング.
a *programming* language プログラミング言語.
a *programming* school プログラミング教室.
programming education プログラミング教育.

progress 2級 [prágres プラグレス ‖ próug- プロウグ-] (名と動のアクセントのちがいに注意) 名 **1** 進行, 前進 (▶ a をつけず, 複数形なし).
The train made slow *progress*. 列車はゆっくりと進んだ.

2 進歩, 発達 (▶ a をつけず, 複数形なし).
You've made a lot of *progress* in English. 英語がずいぶん上達したね.

in progress 進行中で, 始まって.
The project is already *in progress*. プロジェクトはすでに始まっている.

── [prəgrés プログレス] 動 (3単現 **progresses** [-iz] (過去)(過分) **progressed** [-t]；(ing) **progressing**) 自 進歩する；前進する.
Technology is *progressing* rapidly. テクノロジーは急速に進歩している.

progressive [prəgrésiv プログレスィヴ] 形 進歩的な, 革新的な.

prohibit [prouhíbit プロウヒビト, prə- プロ-] 動 他 …を禁じる, 禁止する.

project 4級 [prádʒekt プラヂェクト ‖ prɔ́dʒ- プロヂェ-] (名と動のアクセントのちがいに注意) 名 計画；(大がかりな) 事業, 計画.
carry out a *project* 計画を実行する.
a *project* to build a new airport 新空港を建設する計画.

── [prədʒékt プロヂェクト] 動 他 …を計画する；…を映写する.

projector [prədʒéktər プロヂェクタァ] 名 プロジェクター, 投影機.

promise 3級 [prámis プラミス ‖ prɔ́mis プロミス]
名 (複数) **promises** [-iz]) **1** 約束.
He made a *promise* not to tell anyone about this. 彼はこのことはだれにも話さないと約束した.
You broke your *promise* again. きみはまた約束を破ったね.
I will keep my *promise*. 私は約束を守ります.

2 (将来のよい) 見こみ, 有望, 望み.
a young man of great *promise* 前途有望な若者.

── 動 (3単現 **promises** [-iz]；(過去)(過分) **promised** [-t]；(ing) **promising**) 他 **1** …を約束する；(**promise to ...** で) …する

568 five hundred and sixty-eight

◀ **prospect**

ると約束する；《**promise (that) ... で**》…することを約束する.

He *promised to* take me to Disneyland. (= He *promised* that he would take me to Disneyland.) 彼は私をディズニーランドに連れていくと約束した.

2《**promise＋人＋(that) ... で**》(人) に…することを約束する.

I *promised* my parents *that* I wouldn't hide anything from them. 両親に何もかくしごとはしないと約束した.

3《**promise＋人＋物・事 / promise＋物・事＋to＋人**で》(人) に (物・事) を与えると約束する.

His parents *promised* him a bike for his birthday. (= His parents *promised* a bike *to* him for his birthday.) 彼の両親は誕生日に自転車を買ってあげると約束した.

―⑪ **約束する**.

🔊スピーキング
Ⓐ *Promise*? 約束する？
Ⓑ *Promise*. 約束するよ.

promising [prámisiŋ プラミスィング ‖ prɔ́m-プロミ-] 形 (将来が) 有望な, 見こみある, 前途とのある.

promote 準2 [prəmóut プロモウト] 動 ⑩ …を昇進じょうさせる；…を促進そくする.

promotion [prəmóuʃən プロモウション] 名 昇進じょう；促進そく；販売はん促進, プロモーション.

prompt [prɑm(p)t プラン(プ)ト‖ prɔm(p)t プロン(プ)ト] 形 すばやい, 迅速じんな；即座そくの.

a *prompt* reply 即答.

promptly [prám(p)tli プラン(プ)トゥリィ‖ prɔ́m(p)t- プロン(プ)トゥ-] 副 すばやく, 迅速じんに.

pron. [próunaun プロウナウン] 《略》= pronoun (代名詞)

pronoun [próunaun プロウナウン] 名 《文法》代名詞 (▶略語は pron.).

pronounce 準2 [prənáuns プロナウンス] 動 ⑩⑪ (…を) 発音する.

How do you *pronounce* this word? この単語はどう発音するのですか.

pronunciation [prənʌnsiéiʃən プロナンスィエイション] 名 発音.

Her *pronunciation* is excellent.

彼女の発音はすばらしい.

proof [pru:f プルーフ] 名 《複数》**proofs** [-s] 証拠しょう；証明；試験, 吟味ぎん.

You have no *proof* that he stole the money. 彼が金をぬすんだという証拠は何もないじゃないか. →動 prove

-proof [-pru:f] 接尾 ▶「…に耐たえる」「…を防ぐ」「…にも安全な」の意味を表す形容詞をつくる. 例. fire*proof* (耐火の), sound*proof* (防音の).

prop [prɑp プラップ‖ prɔp プロップ] 名 [ふつう複数形で] (劇の) 小道具.

propel [prəpél プロペル] 動 ⑩ …を進ませる, 前進させる；[比ゆ的に] (人) を駆かり立てる.

propeller [prəpélər プロペラァ] 名 プロペラ；(船の) スクリュー.

proper 2級 [prápər プラパァ‖ prɔ́pə プロパァ] 形 **1** 適切な, ふさわしい；正しい.

the *proper* way to write a paper レポートの正しい書き方.

2 固有の, 特有の.

This custom is *proper* to Japan.

この習慣は日本特有だ.

a *proper* noun

《文法》固有名詞.

properly 準2 [prápərli プラパリィ‖ prɔ́p-プロパ-] 副 きちんと, 正しく, 適切に.

property [prápərti プラパティ‖ prɔ́p- プロパ-] 名 《複数》**properties** [-z] [集合的に] 財産；所有物, 所有地.

prophet [práfit プラフィト‖ prɔ́fit プロフィト] 名 預言者 (神の意志を伝える人).

proportion 2級 [prəpɔ́rʃən プロポーション] 名 割合；比率；つり合い, 調和.

The *proportion* of boys to girls in the school is 3 to 2.

その学校の男女の比率は 3 対 2 です.

proposal [prəpóuzəl プロポウザル] 名 提案；結婚けんの申しこみ, プロポーズ.

propose 準2 [prəpóuz プロポウズ] 動 ⑩ …を提案する (▶改まった語).

He *proposed* a new plan.

彼は新しい計画を提案した.

―⑪ 《**propose to** で》…に結婚けんを申しこむ, プロポーズする.

prose [prouz プロウズ] 名 散文 (反 verse 韻文いん).

prospect [práspekt プラスペクト‖ prɔ́s- プ

five hundred and sixty-nine **569**

prosper ▶

ロス-] 图 可能性，予想；[複数形で]（成功・利益などの）見こみ.

prosper [práspər プラスパァ ‖ prós- プロス-] 動 自 栄える，うまくいく.

prosperity [prɑspérəti プラスペリティ ‖ prɔs- プロス-] 图 繁栄ぶり，成功.

prosperous [prásp(ə)rəs プラスペラス ‖ prós- プロス-] 形 繁栄している，盛んな.

protect 3級 [prətékt プロテクト]

動 他 …を保護する，守る；（protect ... from [against] ～で）…を（危険など）から守る，…が～しないようにする.

protect the environment
環境を保護する.

Parents always want to *protect* their children *from* danger. 親は子どもを危険から守りたいといつも思っている.

protection [prətékʃən プロテクション] 图 保護；保護する物，保護する人.

protest [próutest プロウテスト]（图と動のアクセントのちがいに注意）图 抗議，異議，反対.

He made a *protest* against the decision. 彼はその決定に抗議した.

── [prətést プロテスト] 動 自 抗議する；（protest against [about] で）…に抗議する，反対する.

They *protested against* the new plan. 彼らはその新しい計画に抗議した.

──他 《米》…に抗議する；…を主張する.

He *protested* his innocence. (= He *protested* that he was innocent.)
彼は自分の無実を主張した.

Protestant [prátəstənt プラテスタント ‖ prót- プロテ-] 图 (キリスト教の) プロテスタント，新教徒 (カトリックの教義に反対して新教をつくった人たちをいう).

proud 準2 [praud プラウド]

形 1 誇りに思う；（be proud of で）…を誇りに思う，…に満足している.

My father *is* very *proud of* his new car. 父は今度の車にとても満足している.

Be proud of yourself.
自分自身に誇りをもちなさい.

I'm really *proud of* you.
あなたが誇らしいわ（▶家族や親しい人が誇らしいなことをして，それが自分のことのようにうれ

しいときにいう決まり文句）.

Our team is very *proud* that it has won every game this year.
われわれのチームは今年すべての試合に勝ったことをたいへん誇りに思っている.

2 自尊心が強い；いばった，高慢な.

He is too *proud* to admit his mistakes. 彼はプライドが高すぎてまちがいを認めようとしない. →图 pride

proudly [práudli プラウドゥリ] 副 誇らしげに，満足そうに；いばって.

prove 準2 [pru:v プルーヴ] (o は例外的に [u:] と発音する) 動 (3単現 **proves** [-z]；過去 **proved** [-d]；過分 **proved** または《米》**proven** [prú:vən]；ing **proving**) 他 …を証明する；（prove (that) ... で）…ということを証明する.

They *proved* her honesty. (= They *proved that* she was honest.)
彼らは彼女が正直であることを証明した.

──自 (prove (to be) + 形容詞または名詞で) …であるとわかる，判明する (▶ to be は省くことが多い)

The theory *proved to be* false.
その理論は誤っていることがわかった.
→图 proof

proven [prú:vən プルーヴン] 動《米》prove (…を証明する) の過去分詞の1つ.

proverb [právərb プラヴァ～ブ ‖ próv- プロヴ-] 图 ことわざ，格言.

As the *proverb* says, "Time is money."
ことわざにもあるとおり，「時は金なり」だよ.

provide 準2 [prəváid プロヴァイド] 動 他 …を供給する，与える，提供する.

Cows *provide* us with milk. (=Cows *provide* milk for us.)
牛は私たちに牛乳を与えてくれる.

──自 (provide for で) (将来・危険など) に備える；…を養う.

We must *provide for* the future.
私たちは将来に備えなければならない.

provider [prəváidər プロヴァイダァ] 图 供給者；プロバイダー.

an internet service *provider*
インターネットプロバイダー（インターネット接続サービス会社）.

province [právins プラヴィンス ‖ próv- プロヴ-] 图 (カナダなどの) 州；(中国などの)

◀ **Pulitzer Prize**

省；[the provinces で] (首都・大都会に対して) 地方，いなか.
the *Province* of Quebec
(カナダの) ケベック州.

provision [prəvíʒən プロヴィジョン] 图
1 供給；準備.
2 [ふつう複数形で] 食糧.

prune [pru:n プルーン] 图 プルーン，干しスモモ.

P.S. [pí:és ピーエス] 追伸 [▶ *postscript* [póus(t)skript] の略. 手紙で，本文を書き終えたあと，ちょっとしたことを書きそえるときに使う).

psalm [sɑ:m サーム] (p は発音しない) 图 賛美歌，聖歌.

psychologist [saikáləʤist サイカラヂスト‖-kól- -コロ-] (p は発音しない) 图 心理学者，心理士.
a clinical *psychologist* 臨床心理士.

psychology [saikáləʤi サイカラヂ‖-kól- -コロ-] (p は発音しない) 图 **1** 心理学.
2 (個人・集団の) 心理 (状態).

P.T.A., PTA [pí:ti:éi ピーティーエイ] PTA，父母と教師の会 [▶ *Parent-Teacher Association* の略.《米》では PTO (*Parent-Teacher Organization* の略) ともいう).

PTO, P.T.O. [pí:ti:óu ピーティーオウ]
1 《米》 親 と 教師 の 会 [▶ *Parent-Teacher Organization* の略；日本の PTA に相当する).
2 (おもに英) 裏面に続く [▶ *Please Turn Over* の略).

pub [pʌb パブ] 图《英》パブ，大衆酒場 [▶ *public house* を短縮した形).

public ③級 [pʌ́blik パブリク]

图 [比較 more public；最上 most public)
1 (比較変化なし) **公の，公共の；公立の；公的な** (反 *private* 私的な；私立の).
public opinion 世論.
public transportation 公共交通機関.
a *public* library 公共図書館，公立図書館.
a *public* hall 公会堂.
a *public* bath 公衆浴場；銭湯.
a *public* official 公務員.
2 公然の，知れわたっている.
It is a matter of *public* knowledge.
それはみんながよく知っていることだ.

The report was made *public* last week. その報告書は先週公表された.
── 图 [the をつけて] [集合的に] **一般の人たち，大衆，公衆，世間.**
the general *public* 一般大衆.
in public 人前で，公然と.
I've never made a speech *in public* before.
いままで人前でスピーチをしたことは一度もない.

publication [pʌblikéiʃən パブリケイション] 图 出版，発行；(本・雑誌などの) 出版物；発表. →動 *publish*

public relations [pʌ́blik riléiʃənz] 图 広報，宣伝 [▶略語は PR, P.R.).

public school [pʌ́blik skú:l] 图
1《米》(小学校から高校までの) 公立学校 (反 *private school* 私立学校).
2《英》パブリックスクール (大学進学をめざす私立中等学校．中学と高校を合わせたもの．全寮制のところが多い；イートン (Eton)，ハロー (Harrow)，ラグビー (Rugby) などがとくに有名).

publish ③級 [pʌ́bliʃ パブリシ] 動 他
1 …を出版する，発行する，刊行する.
His new novel will be *published* this summer.
この夏に彼の新作小説が出版される.
2 (新聞・雑誌などで) …を発表する，公表する (同 *announce*).
publish a study 研究を発表する.
── 自 出版する，発行する，刊行する.
→图 *publication*

publisher [pʌ́bliʃər パブリシャ] 图 出版社，出版業者，発行者.

pudding [púdiŋ プディング] 图 プディング [▶小麦粉・米の粉などに，牛乳・卵・果物・肉などを加えてつくったやわらかい菓子；日本でいう「プリン」は custard [kʌ́stərd カスタド] (pudding)；「プリン」は pudding がなまったもの).

puddle [pʌ́dl パドゥル] 图 水たまり.

puff [pʌf パフ] 图 [複数 **puffs** [-s]) (空気・煙などの) ひと吹き，ぷっと吹くこと.
a *puff* of wind 一陣の風.
── 動 自 (風・煙などが) ぷっと吹く.
── 他 …をぷっと吹く.

Pulitzer Prize [p(j)ù(:)litsər ピュ(ー)リツァ，プ(ー)- práiz] 图 ピューリツァー賞 (アメリカのジャーナリスト Joseph Pulitzer の遺

five hundred and seventy-one **571**

志によって毎年アメリカにおいてジャーナリズム・文学・音楽などで功績をあげた人に与えられる賞).

pull 3級 [pul プル]

動 (3単現 pulls [-z]; 過去 過分 pulled [-d]; ing pulling) 他 **…を引く**, 引っぱる (反 push …を押す).

push　　　　　　　　pull

Don't *pull* my hair.
私の髪を引っぱらないで.
She *pulled* the cart and I pushed it.
彼女が荷車を引っぱって, 私が押した.
He *pulled* the door open.
彼はドアを引いて開けた.

— 自 **引く**; (車・船などが) 進む.
Stop *pulling*. I can't walk that fast.
引っぱらないで. そんなに速く歩けないから.
Pull (ドアなどの掲示) 引く → push

ドアに書かれた
pull (引く) の掲示.

pull back …を引きもどす.
pull down …を引きおろす; (家など) を取りこわす.
He *pulled down* the blinds.
彼はブラインドを引きおろした.
pull in (人・車が) わきに寄る; (店などに) 入る; (電車・バスなどが) 着く, 入る.
pull off …を (引っぱって) ぬぐ.
Here, help me *pull off* these boots.
ねえ, このブーツをぬぐのを手伝ってよ.
pull on (セーターなど) を (引っぱって) 着る; (くつ下・くつなど) を (引っぱって) はく.
pull out (歯・栓など) を**ぬく**, …を取り出す; (人が) 車を道路に出す; (車が) 道路に出る; (電車・バスなどが) 発車する.
The dentist *pulled out* one of my teeth. 歯医者は私の歯を1本ぬいた.
pull over (車が) わきに寄る, (人が) 車をわきに寄せる.
pull up (車が) 止まる; (人が) (車) を止める; …を引き上げる.

— 名 (複数 pulls [-z]) 引っぱること (反 push 押すこと); (就職などの) コネ.
I felt a *pull* at my coat.
私はだれかがコートを引っぱるのに気がついた.

pullover [púlouvər プロウヴァ] 名 プルオーバー (頭からかぶって着るセーターやシャツ).

pulse [pʌls パルス] 名 脈拍; 鼓動.

puma [p(j)úːmə ピューマ, プー-] 名 (動物) ピューマ, アメリカライオン (= cougar).

pump 2級 [pʌmp パンプ] 名 ポンプ.

a water *pump* 水ポンプ.
— 動 他 (液体・気体) をポンプで送る; (タイヤ) に空気を入れる.
pump up water ポンプで水をくむ.
pump up a tire (= *pump* air into a tire) タイヤに空気を入れる.

pumpkin 5級 [pʌ́m(p)kin パン(プ)キン] 名 (植物) カボチャ.

pumpkin pie パンプキンパイ ((米) ではとくに感謝祭 (Thanksgiving Day) やクリスマスなどに食べる).

punch[1] [pʌntʃ パンチ] 動 他 …をげんこつでなぐる, …にパンチをくらわす.
— 名 パンチ, げんこつでなぐること.

punch[2] [pʌntʃ パンチ] 名 穴あけ器, パンチ.
— 動 他 …に穴をあける.

punch[3] [pʌntʃ パンチ] 名 パンチ, ポンチ (果汁などに洋酒・砂糖・香料などを混ぜてつくる飲み物. パーティーなどでパンチボウル (punch bowl) に入れて出される).

◀ Puritan

punctual [pʌ́ŋ(k)tʃuəl パン(ク)チュアル] 形 時間を厳守する.
You must be *punctual*.
きみは時間を守らなければなりません.

punctuation [pʌ̀ŋ(k)tʃuéiʃən パン(ク)チュエイション] 名 句読(とう)法, 句読点の打ち方; 句読点.

punctuation mark
[pʌ̀ŋ(k)tʃuéiʃən mɑ́ːrk] 名 (ピリオド・コンマなどの)句読(とう)点.

punctuation marks おもな句読点

記号	呼び名	おもな使い方
.	period ピリオド	ふつうの文の終わりや略語のあとに
?	question mark 疑問符(ふ)	疑問文の終わりに
!	exclamation mark 感嘆(たん)符	感嘆文の終わりに
,	comma コンマ	文中に軽い区切りをつけるとき
:	colon コロン	会話の話し手の名前のあとになど
;	semicolon セミコロン	コンマとピリオドの間の性質をもつ
'	apostrophe アポストロフィー	短縮形や所有を表すとき
" "	quotation marks 引用符	日本語のかぎかっこと同じはたらき
-	hyphen ハイフン	2つの語を結んで1つにするとき
—	dash ダッシュ	言いかえや挿(そう)入語句を置くとき

punish [pʌ́niʃ パニシ] 動 他 (人・悪事など)を罰(ばっ)する; (**punish ~ for ...** で) ~を…で罰する.
If you are caught, you will be *punished*. 見つかったら罰を受けるよ.
She *punished* her son *for* telling a lie. 彼女は息子がうそをついたので罰を与(あた)えた.

punishment [pʌ́niʃmənt パニシメント] 名 罰(ばつ), 処罰, 刑罰; 罰すること, 罰せられること.

pupil¹ [pjúːpl ピュープル] 名 生徒; 弟子(でし) (対) teacher 先生).
How many *pupils* are there in your class?
あなたのクラスには生徒が何人いますか.

💬用法 **pupil** と **student**
(米)では小学生をさして **pupil** というが, **student** も使われる. 中学生から大学生や大学院生までは **student** で表す. (英)では **pupil** は小・中・高校生をさし, **student** はおもに大学生や大学院生をいう.

pupil² [pjúːpl ピュープル] 名 (目の)ひとみ.

puppet [pʌ́pit パペト] 名 あやつり人形; 指人形.

puppy 3級 [pʌ́pi パピィ] 名 (複数 **puppies** [-z]) 子犬 (▶ pup ともいう).
a *puppy* walker
パピーウォーカー (盲導犬候補の1歳(さい)未満の子犬を, 家族の一員として育てるボランティア).

purchase 2級 [pə́ːrtʃəs パ〜チェス] 動 他 …を買う (▶ buy よりも改まった語).
They *purchased* a new house in the suburbs.
彼らは郊外(こうがい)に新居を購入(こうにゅう)した.
── 名 購入; 購入品, 買い物.

pure [pjuər ピュア] 形 1 純粋(じゅんすい)な, まじりけのない.
a crown of *pure* gold 純金の王冠(かん).
2 きれいな, よごれていない, 清い; (音などが)澄(す)んだ.
pure air きれいな空気.
3 (口語)まったくの.
It was *pure* luck that she survived.
彼女が助かったのはまったくの幸運だった.

purely [pjúərli ピュアリィ] 副 1 [修飾する語(句)の前に置いて]単に; まったく.
2 純粋(すい)に.

Puritan [pjú(ə)ritən ピュ(ア)リタン] 名 清教徒, ピューリタン (16-17世紀にイギリスで起こった新教徒の一派で, 一部は1620年にメイフラワー号でアメリカに移住した).

five hundred and seventy-three 573

purple

purple [pə́ːrpl パ〜プル] 图 むらさき色 (▶ violet より赤みがかった色).
── 形 むらさき色の.
His lips turned *purple*.
彼のくちびるがむらさき色になった.

purpose 準2 [pə́ːrpəs パ〜パス]
フォニックス79 ur は [əːr] と発音する.

图 [複数] **purposes** [-iz] **目的**, 意図.
He talked about the *purpose* of the volunteer group. 彼はそのボランティア団体の目的について話しました.

💬スピーキング
Ⓐ What's the *purpose* of your visit? 訪問の目的は何ですか.
Ⓑ Sightseeing and homestay. 観光とホームステイです.

for the purpose of …の目的で.
She went to France *for the purpose of* studying art.
彼女は美術を勉強するためにフランスへ行った.

on purpose わざと, 故意に (反 by accident 偶然に).
He dropped the ball *on purpose*.
彼はわざとボールを落とした.

purse [pəːrs パ〜ス]

图 **1** (米)(女性用の) **ハンドバッグ** (=(英)handbag).
2 (英)(ふつう女性用で, おもにきんちゃく型の) さいふ, 小銭入れ, がま口 (=(米) change purse, coin purse)(▶「札入れ」は wallet).

🔎背景 アメリカの男性は purse を持たず, 小銭はふつうそのままポケットに入れておく. チップなどを払うときに便利だからである. 男物のズボンのポケットが深いのは小銭をたくさん入れるためだといわれている.

purse
小銭を入れるさいふ

wallet
札入れ

purser [pə́ːrsər パ〜サァ] 图 (旅客機・客船の) パーサー, 事務長.

pursue [pərs(j)úː パス〜, パスュー] 動 他 …を追いかける, 追跡する; …を追い求める; …を続ける (▶改まった語).
They *pursued* the criminal.
彼らはその犯人を追跡した.

pursuit [pərs(j)úːt パス〜ト, パスュート] 图 追跡; 追求; 研究; 仕事.

push 3級 [puʃ プッシ] フォニックス32 sh は [ʃ] と発音する.

動 (3単現 **pushes** [-iz]; 過去 過分 **pushed** [-t]; ing **pushing**) 他 **1** **…を押す** (反 pull …を引く).
Can you *push* the up button for me?
(エレベーターの前で) 上りのボタンを押してくれる?
He *pushed* her out of the room.
彼は彼女を部屋から押し出した.

2 …を押して進む; …をしいる.
We *pushed* our way through the crowd. 私たちは人ごみを押しのけて進んだ.
── 自 **押す**; 押し進む.
The teacher told the children to stop *pushing*.
先生は子どもたちに押すのをやめなさいと言った.
Push (ドアなどの掲示) 押す

ドアに書かれた push (押す) の掲示.

── 图 [複数] **pushes** [-iz] 押すこと (反 pull 引っぱること); 努力; (強い) 働きかけ.
One more *push*, and it will open.
もうひと押しすれば開くよ.

pussy [púsi プスィ] 图 [複数] **pussies** [-z]
《小児語》ニャンニャン, (子) ネコちゃん (▶ pussycat ともいう).

put 5級 動 …を置く

◀ **put**

[put プット]
[動] [3単現] **puts** [-ts ツ]; [過去][過分] **put**; [ing] **putting**)（▶原形と過去・過去分詞が同じ形であることに注意）．

put → put → put
という変化に注意．

[他] **1** …**を置く**, のせる; …を入れる．

🗣スピーキング

A Where did you *put* the key?
かぎはどこに置いたの?
B I think I *put* it on the table.
テーブルの上に置いたと思うけど．

She *put* some strawberries on the top of the cake.
彼女はケーキの上にいくつかイチゴをのせた．
He *put* his hands into his coat pockets.
彼は両手をコートのポケットに入れた．

2 …**を（ある状態）にする．**
Put your room in order.
部屋をかたづけなさい．
She *put* her children to bed.
彼女は子どもたちを寝かしつけた．

3 …**を表現する，言い表す**; …を訳す．
I don't know how to *put* it into words.
それをどうことばで表現したらいいのかわからない．
Put these sentences into English.
これらの文を英語に訳しなさい．

4 …**を書きこむ，記入する．**
Put your name on the top line.
いちばん上の線に名前を書いてください．

5 (問題など)を出す; (税金など)を課する．
He *put* a question to me. (= He asked me a question.)
彼はぼくに質問した．
A heavy tax was *put* on imports.
重い税金が輸入品にかけられた．

put aside （一時的に）…をわきにおく; …を棚上げにする; (金)を積み立てる．
They *put aside* a little money every month.
彼らは毎月少しずつお金を積み立てている．

put away …をかたづける; (金など)をた

くわえる．
Why don't you *put* your toys *away*?
どうしておもちゃをかたづけないの?

put back …を（もとの場所に）もどす．
Put the scissors *back* in the drawer when you are finished using them.
使い終わったらはさみは引き出しにもどしてね．

put down …を下に置く; …を書きとめる．
OK, time's up. *Put* your pencils *down*.
さあ，時間です．鉛筆を置いてください．
Put down my email address.
ぼくのメールアドレスを書きとめておいて．

put forth （木が芽・葉など）を出す．
The trees began to *put forth* new leaves.
木々が新しい葉を出しはじめた．

put in …**を入れる**; (器具など)を取りつける，差しこむ; (時間・労力・金など)を費やす．
He *put* some coins *in* the vending machine.
彼は自動販売機に硬貨を入れた．

put off …を延期する，延ばす．
The game was *put off* for a week.
試合は1週間延期になった．
Never *put off* till tomorrow what you can do today.
(ことわざ)今日できることをあすまで延ばすな．

***put on* 1** (服)**を着る**, (帽子)をかぶる，(くつなど)をはく, (化粧)をする ((反) take off …をぬぐ) （▶「身につける動作」を表す．「身につけている状態」を表すときは wear, have ... on を使う）．→ have, wear

put on

wear

He got out of the car and *put on* his coat. 彼は車から降りてコートを着た．
Put on your hat. (= *Put* your hat *on*.) 帽子をかぶりなさい．

2 (テレビ・電気・ガスなど)**をつける** ((反) put out …を消す); (劇など)を上演する．

five hundred and seventy-five 575

puts ▶

put on

put out

> 🗣スピーキング
> ⓐ Can you *put on* the light, please?
> 電気をつけてくれる？
> ⓑ Sure.
> はい．

3 (速度・体重など)を増す．
He has *put on* weight these past few months.
彼はここ数か月で体重が増えた．

put out (火・明かりなど)**を消す** (= turn off) (反 put on …をつける).
Put out the lights before you go to bed.
寝る前に電気は消しなさいね．

put together (部品など)を組み立てる；…をまとめる，まとめてつくる．
put a machine *together*
機械を組み立てる

put up **…をあげる**，掲げる；…を建てる；(テント)を張る；(たななど)を取り付ける．
We *put up* the posters around the school. そのポスターを学校中にはった．
Where should we *put up* our tent?
テントはどこに張ったらいいかなあ？

put up at …に泊まる．
We *put up at* a hotel last night.
私たちは昨夜ホテルに泊まった．

put up with …をがまんする．
I can't *put up with* him any longer.
あいつにはもうがまんできない．

puts [puts プッツ] 動 put (…を置く)の3人称単数現在形．

putting [pútiŋ プティング] 動 put (…を置く)の -ing 形．

puzzle 2級 [pʌ́zl パズル] 名 パズル；[ふつう単数形で] 難問；なぞ．
He likes doing crossword *puzzles*.
彼はクロスワードパズルをするのが好きだ．
── 動 他 (理解できないことが)…を困らせる，(頭など)を悩ませる；**(be puzzled by** で) …に困惑する．
The problem *puzzled* us.
その問題は私たちを困らせた．

pyjamas [pədʒɑ́:məz パヂャーマズ] 名 《英》パジャマ (= pajamas).

pyramid [pírəmid ピラミド] 名 [しばしば **Pyramid** で] (エジプトの)ピラミッド；ピラミッド状のもの．

> ✏️ライティング
> I want to visit Egypt in the future because I want to see the *Pyramids*.
> 私はピラミッドが見たいので将来エジプトを訪れたいです．

◀ **quarter**

Q q *Q q* *Q q*

Q, q [kju: キュー] 图 (**複数** **Q's, q's** [-z] また
は **Qs, qs** [-z]) キュー（アルファベットの 17
番目の文字）.
[同音語] queue（列）

quack [kwæk クワック] 图 ガーガー（▶ア
ヒルの鳴き声）.
── 動 ⾃（アヒルが）ガーガー鳴く.

quail [kweil クウェイル] 图 《鳥》ウズラ.

quake [kweik クウェイク] 動 ⾃（人・心・
体が）（寒さ・恐怖などで）ふるえる, 身
ぶるいする；（地面などが）ゆれる, 震動と
する.
── 图 《口語》地震（= earthquake）.

Quaker [kwéikər クウェイカァ] 图 クエー
カー教徒（キリスト教の一派）.

qualification [kwɑləfəkéiʃən クワリフィ
ケイション‖ kwɔl- クウォリ-] 图 [しばしば複数形
で] 資格, 能力, 適性.

qualified [kwɑ́ləfaid クワリファイド‖ kwɔl-
クウォリ-] 形（仕事などに対する）能力 [技術,
知識] がある, 適任の；資格 [免許] をもっ
ている, 有資格の.
He is well *qualified* for the job.
彼にはその仕事をする十分な能力がある.
She is a *qualified* nurse.
彼女は看護師の資格をもっている.

qualify 2級 [kwɑ́ləfai クワリファイ‖ kwɔl-
クウォリ-] 動 (3単現 **qualifies** [-z] 過去 過分
qualified [-d] ing **qualifying**) ⾃ **1** 資格
を取る；（**qualify as** で）…の資格を得る.
He worked very hard to *qualify as*
a lawyer.
彼は弁護士の資格を得るために必死に勉強した.
2（**qualify for** で）…の資格を得る；…の
出場資格を得る.
Our team *qualified for* the final.
うちのチームは決勝戦に進んだ.
── 他 …に資格を与える.
This license *qualifies* you to drive
a taxi.
この免許証でタクシーを運転する資格が与え
られる（→この免許証があるのでタクシーを運
転できる）.

quality 2級 [kwɑ́ləti クワリティ‖ kwɔl- ク
ウォリ-] 图 (**複数** **qualities** [-z]) **1** 質, 品質
(対 quantity 量).
This smartphone has good sound
quality. このスマホは音質がいい.
It's good in *quality*. それは質がよい.
2 良質, 高品質.
Quality Education 質の高い教育をみん
なに（▶国連が掲げる SDGs（持続可能な開
発目標）の 4 番目の目標）.
3（人の）性質, 資質；（物の）性質, 特性.
She has many good *qualities*.
彼女にはいいところがたくさんある.

quantity 2級 [kwɑ́ntəti クワンティティ‖
kwɔn- クウォン-] 图 (**複数** **quantities** [-z]) 量
(対 quality 質)；(**a ... quantity of ~**で)
…の量の~；(**quantities of ~**で) 多量
の~.
quality and *quantity* of information
情報の質と量.
a small *quantity of* gold 少量の金.
quantities of money 多額のお金.

quarrel [kwɔ́(:)rəl クウォ(ー)レル] 图（口で
の）けんか, 口論.
He had a *quarrel* with his wife
about money.
彼はお金のことで妻と口げんかをした.
── 動 (過去 過分 **quarreled** [-d]；《英》 **quar-
relled** [-d]；ing **quarreling**；《英》 **quar-
relling**) ⾃ けんかする.

quarter 2級 [kwɔ́:rtər クウォータァ]
フォニックス11 qu は [kw] と
発音する.
图 (**複数** **quarters** [-z]) **1 4分の1**（▶「2
分の 1」は half）.
cut tomatoes into *quarters*
トマトを 4 分の 1 に切る.
a *quarter* 4 分の 1.
three *quarters* 4 分の 3（▶分子が 2 以上
になると quarters と複数形になる）.
2 15分（1 時間の 4 分の 1）；(競技)クォー
ター（競技時間の 4 分の 1）.
It's a *quarter* past ten. (= It's ten

five hundred and seventy-seven **577**

quartet, quartette ▶

fifteen.) 10 時 15 分 (過ぎ) です.
Ken left for school at a *quarter* to
eight. 健は 8 時 15 分前に学校へ出かけた.
3 (アメリカ・カナダの) 25 セント硬貨;
25 セント (1 ドルの 4 分の 1). → coin (写真)
My father gave me a *quarter*.
父はぼくに 25 セント硬貨を 1 枚くれました.
4 四半期 (▶ 1 年の 4 分の 1 で 3 か月のこと.
企業の決算などに使われる).
the first *quarter* 第 1 四半期.
5 (都市の) 地域, 地区, …街.

quartet, quartette [kwɔːrtét クウォー
テット] 图 《音楽》4 重奏曲, 4 重唱曲; 4 重
奏団, カルテット. → solo, duet, trio,
quintet

quartz [kwɔːrts クウォーツ] 图 石英, ク
オーツ.

Quebec [kwibék クウィベック] 图 ケベック
州 (カナダ東部の州); ケベック (ケベック州の
州都).

queen [3級] [kwíːn クウィーン]
[フォニックス11] [フォニックス64] qu は
[kw], ee は [iː] と発音する.
图 《複数》queens [-z] **1** (君主としての) **女
王** (対) king 王); 王妃ひ, 皇后 (▶国王
の妻. 日本の「皇后」は the Empress という).
Queen Elizabeth II エリザベス 2 世 (▶ II
は the second と読む).
2 花形, 女王.
the *queen* of the contest
コンテストの女王.
3 (虫) 女王バチ (= queen bee); 女王ア
リ (= queen ant).
4 (トランプ・チェスの) クイーン.
the *queen* of hearts ハートのクイーン.

queer [kwíər クウィア] 形 **1** (男性の) 同性
愛の; クィアの (▶ LGBT, 性的少数者をさ
す). → gay
2 (やや古風) 奇妙きみょうな, 変な, 風変わり
な (同 strange).
a *queer* smell 変なにおい.

question [4級] 图 質問, 問題

[kwéstʃən クウェスチョン] [フォニックス11] qu は
[kw] と発音する.
图 《複数》questions [-z] **1** **質問**, 問い
(反) answer 答え).

I have a *question*. 質問があります.
Do you have any *questions*?
何か質問はありますか.
Any other *questions*? ほかに質問は?
Nobody asked the teacher any
questions. だれも先生に質問しなかった.

🗨 スピーキング

Ⓐ Can I ask you a *question*?
質問をしてもいいですか.
Ⓑ Sure, go ahead.
ええ, どうぞ.

He answered my *questions* about
Australia. 彼は私のオーストラリアについて
の質問に答えてくれた.
question sheets 問題用紙.
2 (英語や国語などの文系の) 問題 (▶数学
や理科などの理系の問題は problem).
She answered all the *questions*
correctly.
彼女はそれらすべての問いに正解した.
3 (議論すべき) **問題**; 問題点.
It's a *question* of money.
それはお金の問題だ.
The *question* is who will do it.
問題はそれをだれがやるかだ.
To be, or not to be: that is the
question.
生きるべきか死ぬべきか, それが問題だ (▶
シェークスピア作『ハムレット』の中のせりふ).
4 疑問, 疑い.
There is no *question* about his
abilities.
彼に能力があることは疑う余地がない.

🗨 用法 question と problem
question は「質問」のことなので, ask
a *question* (質問をする) や answer
the *question* (質問に答える) のように
使う.
problem は「(解決すべき) 問題」のこ
とで, the population *problem* (人
口問題), the environmental *prob-
lem* (環境かんきょう問題) のように使う.
problem とよくいっしょに使われる動詞
は solve (解決する).
There are some *problems* for us
to *solve*. (われわれには解決すべき問
題がいくつかある).

out of the question とても無理な，問題外の．
Your request is *out of the question*.
きみの要求はまったく話にならない．

── 動 (3単現 questions [-z]； 過去 過分 questioned [-d]； ing questioning) 他 …に質問する；…を尋問(じんもん)する．
I was *questioned* by the police.
私は警察に尋問された．

question mark [kwéstʃən mɑ̀ːrk]
名 クエスチョン・マーク，疑問符(ふ)(?)．
→ punctuation marks (表)

questionnaire [kwèstʃənéər クウェスチョネア] 名 アンケート．

queue [kjuː キュー] (発音注意) 名 1《英》(順番を待つ人などの)列(＝《米》line)．
2《コンピューター》(処理の)待ち行列，キュー．
a printer *queue* 印刷待ちデータのリスト．

── 動 自 (過去 過分 queued； ing queu(e)ing)《英》(順番を待って)列をつくる．

[同音語] Q (アルファベットの文字)

quick 3級 [kwik クウィック]
フォニックス11 フォニックス27 qu は [kw]，ck は [k] と発音する．

形 (比較 quicker； 最上 quickest) 1 (動作・行動などが) **速い**，すばやい；短時間の(反 slow 遅い)(▶スピードが速いことは fast)．

quick　　　fast

Be *quick*! 早くしなさい．
I took a *quick* shower.
私はさっとシャワーを浴びた．

2 理解が早い，りこうな．
She is *quick* to learn. (＝She is a *quick* learner.) 彼女は物覚えが早い．
The boy is *quick* at figures.
その男の子は計算が速い．

3 短気な，おこりっぽい．
He has a *quick* temper.
彼はおこりっぽい．

── 副《口語》**速く**，急いで，すばやく(＝ quickly).
Come *quick*! 早くおいで！

quickly 3級 副 速く，すばやく

[kwíkli クウィクリィ] フォニックス11 フォニックス27 qu は [kw]，ck は [k] と発音する．

副 (比較 more quickly； 最上 most quickly)
(動作・行動などが) **速く**，すばやく；すぐに(反 slowly 遅く)(▶スピードについて「速く」というときは fast を使う)．→ fast¹
I walked *quickly* to the classroom.
教室まで早足で歩いた．
"I'm sorry," she said *quickly*.
「ごめんなさい」と彼女はすぐに言った．
He *quickly* hid behind the curtain.
彼はすばやくカーテンの陰(かげ)にかくれた．

quiet 4級 [kwáiət クワイエト]
フォニックス11 qu は [kw] と発音する．

形 (比較 quieter； 最上 quietest) 1 **静かな**，音の(あまり)しない，ひっそりした(反 noisy さわがしい)．

quiet　　　noisy

Be *quiet*! 静かにしなさい！
Please keep *quiet* while I'm talking. ぼくが話している間はだまっててよ．
a *quiet* room 静かな部屋．

2 (生活などが)平穏(へいおん)な，おだやかな；(精神などが)安らかな．
lead a *quiet* life 平穏な生活を送る．

3 (性格・態度などが) おとなしい，ひかえめな；無口な．
She was *quiet* and shy when she was a child.
彼女は子どものころ無口で内気だった．

quiet → 静かな
quite → まったく
混同しないように注意！

keep ... quiet ＝ keep quiet about

five hundred and seventy-nine　579

quietly ▶

…のことをだまっている.
── 图 静けさ；(心の)平静（▶ a をつけず，複数形なし）.

quietly [kwáiətli クワイエトッリィ] 圖 静かに，そっと；平穏に.

She stood up and walked *quietly* out of the room.
彼女は立ち上がって部屋からそっと出ていった.

My mother spoke to me *quietly*.
母は私に小声で話しかけた.

quilt [kwilt クウィルト] 图 (羽・綿・羊毛などを入れてキルティングにした)掛けぶとん，キルト；(キルト状の)ベッドカバー（▶スコットランドの民族衣装であるキルト(kilt)とは関係がないので注意）.

quilting [kwiltiŋ クウィルティング] 图 キルティング（表地と裏地の間に綿や羽毛などを入れて刺し縫いする技法）.

quintet, quintette [kwintét クウィンテット] 图 《音楽》5 重奏曲，5 重唱曲；5 重奏団，クインテット.

quit 準2 [kwit クウィット] 動（過去 過分 quit，《英また》 quitted；ing quitting）他（口語）(学校・仕事など)をやめる；(おもに米口語)(習慣など)をやめる.

She *quit* high school and started to work at a local restaurant.
彼女は高校をやめて地元のレストランで働きはじめた.

My father *quit* smoking for his health. 父は健康のためにタバコをやめた.
──自（口語）やめる；辞職する，退職する.

quite 3級 [kwait クワイト] フォニックス11 フォニックス50 qu は [kw]，i は [ai] と発音する.

圖 **1 まったく，**すっかり.
That's *quite* right. まったくそのとおりです.

🗨 スピーキング

Ⓐ I'm sorry I was late.
遅れてすみません.
Ⓑ That's *quite* all right.
いや，いいんですよ.

We *quite* agree with you.
おっしゃることにわれわれはまったく賛成です.

Your answer is not *quite* wrong.
きみの解答がまったくまちがっているというわけではない（▶ quite を否定文で使うと「すっかり[まったく]…というわけではない」という部

分否定の意味を表す）.

2 かなり；なかなか，まあまあ；とても.
The film was *quite* long.
その映画はかなり長かった.

It was *quite* a shock for me.
それは私にはとてもショックだった（▶「quite a [an] ＋名詞」の順になる）.

He's *quite* a good guitar player.
彼はなかなかギターがうまい（▶「quite a [an] ＋形容詞＋名詞」の順になる）.

🗨 スピーキング

Ⓐ Did you enjoy the computer game?
コンピューターゲームはおもしろかったですか.
Ⓑ Yes, *quite* a lot.
ええ，とっても.

💬用法 quite の使い方
quite は「まったく」から「まあまあ」まで，使われるときの状況によっていろいろな意味になる.

ⓘ参考 quiet(静かな)と混同しないこと.

quiz 3級 [kwiz クウィズ] フォニックス11 qu は [kw]と発音する.
图（複数 quizzes [-iz]）**1** (ラジオ・テレビの)**クイズ.**
a *quiz* show クイズ番組.
2 《米》(口頭や筆記による) 小テスト.
We're going to have a *quiz* next class. 次の授業は小テストをします.
a pop *quiz* ぬき打ちテスト.

quota [kwóutə クウォゥタ] 图 割り当て数，割り当て量，枠；ノルマ.

quotation [kwoutéiʃən クウォゥテイション] 图 (本などからの)引用；引用文 [句，語].
quotations from Shakespeare
シェークスピアからの引用 (文). →動 quote

quotation mark [kwoutéiʃən mɑ̀rk] 图 [ふつう複数形で]引用符，クォーテーション・マーク（▶会話や引用文の前後などにつける記号. 日本語のかぎかっこ（「 」）に近い. ダブルクォーテーション（" "）とシングルクォーテーション（' '）の 2 種類がある）.
→ punctuation marks (表)

quote [kwout クウォゥト] 動 他自 (人のことば・文章を)引用する. →图 quotation

580 five hundred and eighty

▶ **rail**

R r R r R r

R, r [ɑːr アー] 图 (複数 **R's, r's** [-z] または **Rs, rs** [-z]) アー(ル) (アルファベットの 18 番目の文字).

-r [-r -ʌr] 接尾 → -er

rabbit 5級 [rǽbit ラビト] 图 ウサギ.

> 📘用法 **rabbit** と **hare**
> rabbit は飼いウサギまたは野ウサギで, 穴に棲（す）む. hare は rabbit より大きい野ウサギで, 足が長く穴には棲まない. (米) ではどちらも rabbit ということが多い.

raccoon, (英)**racoon** [rækúːn ラクーン] 图 (動物) アライグマ.

raccoon dog [rækúːn dɔ̀(ː)g] 图 (動物) タヌキ.

race¹ 3級 [reis レイス]

图 **競走**, レース；戦い.
a horse *race* 競馬の 1 レース.
Who won the *race*?
だれが競走に勝ったの？

―― 動 ⾃ **1 競走する**.
Let's *race* home. さあ, 家まで競走だ.
2 大急ぎで走る；(車などが)飛ばして走る.
―― 他 …と競走する；…を競走させる.
I'll *race* you to the bridge.
きみと橋のところまで競走しよう.

race² 3級 [reis レイス] 图 人種, 民族.
the human *race* 人類.

racial [réiʃəl レイシャル] 形 人種の, 民族の.
racial prejudice 人種的偏見（へんけん）.

racism [réisizm レイスィズム] 图 人種差別, 人種的偏見（へんけん）.

rack [ræk ラック] 图 (乗り物などの) たな, 網（あみ）だな；(服・タオルなどを掛（か）ける) …掛け.
a magazine *rack* マガジンラック.
a towel *rack* タオル掛け.

racket 5級 [rǽkit ラケト] フォニックス27

ck は [k] と発音する.

图 (複数 **rackets** [-ts ツ]) (テニスなどの) **ラケット** (▶ アラビア語で「手のひら」の意味).
a tennis *racket* テニスのラケット.

radar [réidɑːr レイダー] 图 レーダー, 電波探知機 (▶ radio detecting and ranging の略語).

radiation [reidiéiʃən レイディエイション] 图 (光・熱などの) 放射；放射エネルギー.

radio 4級 [réidiou レイディオウ] (発音注意)

图 (複数 **radios** [-z]) **1** (the をつけて) (放送としての) **ラジオ**, ラジオ放送 (▶複数形なし)；(電気製品としての) **ラジオ(受信機)**.
I heard the news on *the radio*.
そのニュースはラジオで聞いた.
a *radio* station ラジオ(放送)局.
Can you turn on the *radio*, please?
ラジオをつけてくれる？
2 無線, 無線通信 (▶ a をつけず, 複数形なし).
send a message by *radio*
無線で通信を送る.

radioactive [reidiouǽktiv レイディオウアクティヴ] 形 放射性の, 放射能のある.

radioactivity [reidiouæktívəti レイディオウアクティヴィティ] 图 放射能.

radish 3級 [rǽdiʃ ラディシ] 图 (植物) ラディッシュ, ハツカダイコン.

radium [réidiəm レイディアム] 图 (化学) ラジウム.

radius [réidiəs レイディアス] 图 半径.
→ circle (図)

raft [ræft ラフト ‖ rɑːft ラーフト] 图 いかだ；(救命用の) ゴムボート.

rag [ræg ラッグ] 图 ぼろきれ, 布きれ；[複数形で] ぼろ服.

rage [reidʒ レイヂ] 图 はげしい怒（いか）り.
―― 動 ⾃ 激怒（げきど）する；(風雨・戦争・病気などが) あれくるう, 猛威（もうい）をふるう.

ragged [rǽgid ラギド] (発音注意) 形
1 (衣服が) ぼろぼろの.
2 ぎざぎざの, でこぼこした.

raid [reid レイド] 图 襲撃（しゅうげき）, 急襲；(警察の) 手入れ.
an air *raid* 空襲.

rail [reil レイル] 图 (階段などの) てすり, (かきね・さくなどの) 横木；[ふつう複数形で] (鉄

five hundred and eighty-one **581**

railroad ▶

道) 線路, レール；鉄道.
a curtain *rail* カーテンレール.

railroad [réilroud レイルロウド] 名 《米》鉄
道 (= 《英》railway)；鉄道の.
a *railroad* station (鉄道の) 駅.
a *railroad* crossing 鉄道の踏切_{ふみきり}.

鉄道の踏切 (railroad crossing) の標識.

railway [réilwei レイルウェイ] 名 (複数
railways [-z]) 《英》鉄道 (= 《米》railroad).

rain
5級 名 雨
動 雨が降る

[rein レイン] フォニックス59 ai は [ei] と発音する.
名 (複数 **rains** [-z]) 1 雨, 降雨；雨の.

> 🗣スピーキング
> Ⓐ How is the weather?
> 天気はどうかな.
> Ⓑ It looks like *rain*.
> 雨になりそうだ.

We've had a lot of *rain* this month.
今月は雨が多い.
a heavy *rain* 大雨.
2 (**the rains** で) (熱帯地方の) 雨季.
In Thailand *the rains* come in mid-
April and last until October.
タイでは雨季は 4 月中旬から始まり10月まで
続く. →形 rainy

rain or shine 降っても照っても, どんな
ことがあっても.
I'll be there, *rain or shine*.
どんなことがあってもそこに行きます.
――― 動 (3単現 **rains** [-z]；過去 過分 **rained**
[-d]；現分 **raining**) 🚲 雨が降る (▶天候を
表す it を主語にする).
Is *it* still *raining*? 雨はまだ降ってる?
It began to *rain* in the afternoon.
昼から雨が降りはじめた.

rainbow [réinbou レインボウ] 名 虹_{にじ}.

There is a *rainbow* in the sky.
空に虹が出ている.

> 🔍背景 "rain (雨) ＋ bow (弓)" から.
> 虹の色は内側から violet (紫), indigo
> (藍_{あい}), blue (青), green (緑), yellow
> (黄色), orange (だいだい色), red (赤)
> の順.

raincoat 準2 [réinkout レインコウト] 名 レ
インコート.
raindrop [réindrɑp レインドゥラプ ‖ -drɔp
-ドゥロプ] 名 雨滴_{うてき}, 雨つぶ, 雨だれ.
rained [reind レインド] 動 rain (雨が降る)
の過去・過去分詞.
rainfall [réinfɔːl レインフォール] 名 降雨；降
雨量.
rain forest 準2 [réin fɔ(ː)rist] 名 多
雨林, 熱帯雨林.
raining [réiniŋ レイニング] 動 rain (雨が降
る) の -ing 形.
rains [reinz レインズ] 動 rain (雨が降る) の
3人称単数現在形.
rainstorm, rain storm
[réinstɔːrm レインストーム] 名 暴風雨.
rainwater [réinwɔːtər レインウォータァ] 名
雨水.

rainy
5級 [réini レイニィ] フォニックス59
ai は [ei] と発音する.
形 (比較 **rainier**；最上 **rainiest**) 雨の, 雨
降りの, 雨の多い.
It was *rainy* yesterday. きのうは雨降り
でした (▶✕It was rain ... とはいわない).
We go to school by bus on *rainy*
days. 私たちは雨の日はバスで通学します.
the *rainy* season 雨季；(日本の) 梅雨.
→名 rain

> ⓘ参考 天候を表す名詞＋y
> cloud (雲) ＋ y → cloudy (くもった)
> rain (雨) ＋ y → rainy (雨降りの)
> snow (雪) ＋ y → snowy (雪の降る)
> storm(あらし) ＋ y → stormy(あらしの)
> sun (太陽) ＋ y → sunny (晴れた)
> wind (風) ＋ y → windy (風の強い)

for a rainy day 万が一のために, いざ
というときに備えて.

raise
3級 [reiz レイズ] フォニックス59 ai
は [ei] と発音する.
動 (3単現 **raises** [-iz]；過去 過分 **raised**

◀ rare¹

[-d]；[ing] raising)

…をあげる　　…を育てる

他 **1**（手など）**を上げる**；（物）を持ち上げる；（程度など）を高める.
Raise your hand when your name is called. 名前を呼ばれたら手をあげてください（▶ put up your hand ともいう；複数の人の場合でもふつう hand（単数）にする）.
raise prices 物価を上げる.

2（子ども）**を育てる**；（家畜）**を飼う**，飼育する；（作物）を栽培する.
We *raise* chickens on our farm.
農場でニワトリを飼っている.

3（資金）を集める，調達する.
raise funds 資金を集める.

raisin [réizn レイズン] 名 レーズン，干しブドウ（▶「ブドウ」は grape）.

rake [reik レイク] 名（庭の落ち葉などを集める）くま手，レーキ.

rally [rǽli ラリィ] 名 **1**（政治活動などの）大会，集会.
2（テニスなどの）ラリー，連続の打ち合い.
3 ラリー（公道で行う自動車レース）.

RAM [ræm ラム] 名《コンピューター》（メイン）メモリ（▶ *Random Access Memory* の略）.

Ramadan [rǽmədáːn ラマダーン] 名 イスラム暦の第9月，ラマダーン（▶この期間イスラム教徒は日の出から日没までは毎日断食をする）.

ramen [ráːmen ラーメン]（＜日本語）名 ラーメン.

ramp [ræmp ランプ] 名 ランプ，スロープ（▶階段を使わないで階と階をつなぐ傾斜した歩行路，インターチェンジの出入り口にある自動車用の傾斜路など）.
a wheelchair *ramp* 車いす用のスロープ.

Ramsar Convention [rǽmsɑːr kənvénʃən ラムサー カンヴェンシャン] 名 [the をつけて] ラムサール条約（▶湿地を保護する国際条約）.

ran 4級 [ræn ラン]（原形 run との発音のちがいに注意）
動 run（走る）の過去形.

ranch [rænʧ ランチ ‖ rɑːnʧ ラーンチ] 名（アメリカ西部・カナダの）大牧場；《米》[ふつう合成語で] 大農場，…園.

random [rǽndəm ランダム] 形 手当たりしだいの，でたらめの；《統計》無作為の.
make a *random* choice 手当たりしだいに選ぶ，無作為に選ぶ.
at random 手当たりしだいに；無作為に.
He selected books to read *at random*.
彼は読む本を手当たりしだいに選んだ.

rang [ræŋ ラング] 動 ring²（鳴る）の過去形.

range 2級 [reindʒ レインヂ] 名 **1** 範囲；領域；幅.
The library has a wide *range* of books.
その図書館には広範囲におよぶ本がある.
2 山脈，山なみ.
a mountain *range* 山脈.

> ⓘ参考 山脈の名称をいうときは the ... Mountains という形を使う. the Ou Mountains（奥羽山脈）.

3（料理用の）レンジ.
── 動 @ 連なる；《**range from ... to ~**で》[範囲を表して] …から～におよぶ.

ranger [réindʒər レインヂァ] 名 森林監視員，公園監視員，レンジャー.

rank [ræŋk ランク] 名（軍隊などの）階級；（社会的な）地位，身分；（人・物の）列.
an artist of the first *rank* 一流画家.
── 動 @（順位・地位を）占める，位置する.

ransom [rǽnsəm ランサム] 名 身代金.

rapid 2級 [rǽpid ラピド] 形《比較》more rapid；《最上》most rapid（動作・動きなどが）速い，敏速な；（変化などが）急速な，急激な（反）slow 遅い.
The flow of the river is *rapid*.
その川は流れが速い.
── 名 [ふつう複数形で] 早瀬，急流.

rapidly 準2級 [rǽpidli ラピドゥリィ] 副 速く，急速に，急激に（反）slowly 遅く.
The boy walked *rapidly*.
その少年は速く歩いた.

rare¹ 準2級 [rear レア] 形 まれな，めずらしい，めったにない（反）common ふつうの.
It's *rare* for her to be late.
彼女が遅刻することはめったにない.

five hundred and eighty-three　583

rare² ▶

rare² [rεər レア] 形 (ステーキの焼きかげんが) レアの, 生焼けの (表面だけを焼いて中に生の部分が残る焼き方). → steak

rarely 準② [réərli レアリィ] 副 めったに…ない, まれにしか…ない (同 seldom).
I *rarely* meet her these days.
最近彼女とはめったに会わない.

rascal [rǽskəl ラスカル ‖ rɑ́ːs- ラース-] 名 いたずら者；ならず者.

rash [rǽʃ ラッシ] 形 向こう見ずの；軽率な.

raspberry [rǽzberi ラズベリィ ‖ rɑ́ːzb(ə)-ri ラーズベリィ] (p は発音しない) 名 [植物] ラズベリー, キイチゴ (の実).

rat [rǽt ラット] 名 (大型の) ネズミ.

mouse   rat

📘背景 日本の家ネズミ・ドブネズミは rat だが, 西洋の家ネズミはもっと小さい mouse である. rat は mouse (ハツカネズミ) より大きく, ふつうどぶや川にいる. mouse とちがって rat のイメージは悪く, 卑劣漢, 裏切り者などの意味もある. → mouse

rate [réit レイト] 名 **1** 割合, 率, レート；速度.
an exchange *rate* 為替レート.

🔴プレゼン
The Japanese birth*rate* is among the lowest in the world. 日本の出生率は世界最低の水準にある.

2 料金, 値段；賃金.
hotel room *rates* ホテルの部屋代.
3 等級, 等, 級.
a first-*rate* novel 第一級の小説.
at any rate (口語) とにかく；[前に言ったことを訂正・補足して] 少なくとも.
At any rate I'll try.
とにかくやるだけやってみるよ.

rather 準② [rǽðər ラザァ ‖ rɑ́ːðə ラーザァ]

副 **1** かなり, だいぶ, なかなか (▶否定的な意味合いで使われることが比較的多い)；いくぶん, やや.
It's *rather* cold in here, isn't it?

この中はかなり寒いね.
2 むしろ, どちらかというと；(~ *rather than* … / *rather* ~ *than* … で) …というよりむしろ~.
He is lazy *rather than* foolish.
彼はおろかというよりはなまけものだ.
***would rather* …(*than* ~)** (~よりも) どちらかというと…したい.

🔴スピーキング
Ⓐ How about going to the movies tonight?
今夜, 映画に行くのはどう？
Ⓑ I'd *rather* stay home and watch TV.
どちらかというと家でテレビを見ていたい.

rating [réitiŋ レイティング] 名 評価；(テレビなどの) 視聴率.

ratio [réiʃou レイショウ ‖ -ʃiou -シオウ] 名 比率, 割合.

rattle [rǽtl ラトゥル] 動 自 (物がぶつかったりして) ガタガタ [カタカタ] 鳴る [動く].
── 他 …をガタガタ [カタカタ] 鳴らす.
── 名 ガタガタ [カタカタ] いう音；(おもちゃの) がらがら.

rattlesnake [rǽtlsneik ラトゥルスネイク] 名 (動物) ガラガラヘビ.

raven [réiv(ə)n レイヴ(ァ)ン] 名 (鳥) ワタリガラス (▶ふつうのカラス (crow) よりも大きく, 不吉の前兆とされる).

raw [rɔ́ː ロー] 形 (食べ物が) 生の, 調理していない, 火を通していない (反 cooked 調理した)；(物が) 原料のままの, 加工していない.
a *raw* egg 生卵.
raw vegetables 生野菜.

📘背景 海外での和食のブームもあって, さしみのことは英語でも sashimi でそのまま通じるようになってきた. 英米人は raw fish と聞くと食欲がわかないようである.

ray [réi レイ] 名 [複数] rays [-z] (太陽・明かりなどの) 光線；放射線.
the *rays* of the sun (= the sun's *rays*)
太陽光線.
X-*rays* エックス線.

razor [réizər レイザァ] 名 かみそり.
an electric *razor* 電気かみそり.

Rd. [roud ロウド]（略）= Road（…通り，…街）（▶街路名に使う）．

re- [ri- リ-]［接頭］▶動詞の前について，「ふたたび…する」「し直す」という意味の動詞をつくる．例．recover (re + cover …をとりもどす，回復する) / return (re + turn 帰る，もどる)．

're [-ər -ア] are の短縮形．
We're (= We are) on vacation.
私たちは休暇中です．
Oh my, you're (= you are) so tall!
まあ，背が高いわねえ！

reach ［3級］ [riːtʃ リーチ] ［フォニックス63］
［フォニックス26］ ea は [iː]，ch は [tʃ] と発音する．

［動］［3単現］ reaches [-iz] ［過去］［過分］ reached [-t]；［ing］ reaching) ⑩ **1 …に着く**，到着する（反）leave …を出発する（▶get to や arrive at, arrive in よりも改まった語で，おもに書き言葉で使う）．
It took us three hours to *reach* the top of the mountain.
山頂に着くまで3時間かかった．

> **✎文法 reach の使い方**
> 「…に到着する」という意味では，reach のあとには Tokyo, school のような名詞が直接続き，in や at や to は使わない．arrive, get とのちがいに注意．
> reach Tokyo = arrive in Tokyo = get to Tokyo (東京に着く)

2（物が）**…に届く**；**…に（手が）届く**（▶進行形にしない）．
The letter hasn't *reached* me yet.
その手紙は私のところにはまだ届いていない．
3（ある状態・段階）**に達する，到達する．**
The temperature will *reach* 35℃ today. 今日は気温が 35 度になるだろう．
4（電話などで）**…と連絡をとる．**

> 🗣スピーキング
> Ⓐ How can I *reach* you?
> どうやったらあなたに連絡がつきますか．
> Ⓑ You can *reach* me at this number.
> この番号にかければ，私に連絡がつきます．

—⑪ **1 届く，達する．**
Her hair *reaches* below her shoulders.
彼女の髪は肩の下まで伸びている．
2 手を伸ばす；手が届く．
—［名］（手などを）伸ばすこと；手の届く範囲（▶複数形なし）．
Keep this medicine out of the *reach* of children. この薬は子どもの手の届かない場所に保管してください．

react ［2級］ [ri(ː)ækt リ(ー)アクト] ［動］ ⑪ 反応する，対応する；反抗する；《react against で》…に反抗する，反発する．
I'm worried how my parents will *react*. 親がどんな反応を示すか心配だ．

reaction [ri(ː)ækʃən リ(ー)アクション] ［名］ 反応，対応；反抗，反発．
I was surprised at her *reaction*.
彼女の反応に私はびっくりした．

read¹ ［5級］［動］**…を読む**

[riːd リード] ［フォニックス63］［フォニックス62］ 原形の ea は [iː]，過去・過去分詞の ea は [e] と発音する．
［動］［3単現］ reads [-dz ヅ]；［過去］［過分］ read [red レッド]；［ing］ reading)

read → read → read
[riːd]　[red]　[red]
[リード]　[レッド]　[レッド]
という発音の変化に注意．

⑩ **1 …を読む；《read ＋人＋物 / read ＋物＋to ＋人で》（人）に（本など）を読んでやる．**
My mother *reads* the newspaper every morning. 母は毎朝新聞を読む．
What are you *reading*?
何を読んでるの？
She *read* her textbook again and again. 彼女は教科書を何度も読んだ（▶この read は過去形．[red] と発音する）．
Have you ever *read* any books by Murakami Haruki?
村上春樹の本は読んだことがありますか（▶この read は過去分詞．[red] と発音する）．

> ✏ライティング
> I like to *read* books about famous people.
> 私は有名人に関する本を読むのが好きです．

read² ▶

2 …を読みとる，理解する．
Nobody can *read* your mind.
だれもあなたの心は読めない．
He's good at *reading* maps.
彼は地図を読むのがうまい．

3 (標識などに) …と書いてある；(計器が) … (の値) をさしている．
The sign *reads* "Out of Order."
看板には「故障」と書かれている．
The clock *read* 8:15 then.
そのとき，時計は8時15分をさしていた．
──⑩ **1 読む**，本を読む，読書する．
Can you *read* aloud?
声に出して読んでくれる？
I just don't have time to *read* these days. 最近は本を読む時間すらない．
2 読んで知る．
I *read* about the accident in the paper.
事故のことは新聞で知った．
read out …を読み上げる；…を音読する．
read through (本など)を終わりまで読む．
Did you *read* this book *through*?
この本を終わりまで読みましたか．

read² 4級 [red レッド] フォニックス62 ea は [e] と発音する．原形の read [riːd] と発音がちがうことに注意．
[同音語] red (赤い)
⑩ read¹ (…を読む) の過去・過去分詞．

reader [ríːdər リーダァ] 图 **1** (新聞・雑誌などの) 読者，購読者；読書家．
She is a fast *reader*.
彼女は本を読むのが速い．

2 (語学学習などの) 教科書，読本，リーダー；《コンピューター》読みとり装置．
an English *reader* 英語のリーダー．

readier [rédiər レディア] 厖 ready (用意ができた) の比較級．

readiest [rédiist レディエスト] 厖 ready (用意ができた) の最上級．

readily [rédəli レディリィ] 剾 簡単に，たやすく；進んで，喜んで，ためらわず．
　　　　　　　　　→厖 ready

reading [ríːdiŋ リーディング] 图 読書；読み物．
a *reading* room 図書閲覧室，読書室．
──⑩ read¹ (…を読む) の -ing 形．

reads [riːdz リーヅ] ⑩ read¹ (…を読む) の3人称単数現在形．

ready 5級 厖 用意ができた

[rédi レディ] フォニックス62 ea は [e] と発音する．
厖 《比較》 readier；《最上》 readiest **1** [名詞の前では使わない] **a 用意ができた**，準備ができた；(物事が) 仕上がっている，できている．

🗣スピーキング
🅐 Dinner is *ready*.
　食事の用意ができたよ．
🅑 It smells nice!
　いいにおい！

Are you *ready*? 用意はできた？
Ready or not, here I come.
もういいかい，さあさがすよ (▶かくれんぼの鬼のことば．かくれている子どもの返事は聞かずにさがすところが日本とはちがう)．
b 《be ready for で》 …の用意ができている，準備ができている．

🗣スピーキング
🅐 *Are* you *ready for* school?
　学校へ行く準備はできてるの？
🅑 Not yet.
　まだだよ．
🅑 Almost.
　もうちょっとだよ．

c 《be ready to ... で》 …する用意ができている，準備ができている．
Are you *ready to* order?
(レストランなどで) ご注文はお決まりですか．
2 《be ready to ... で》 喜んで…する，…してもかまわない (＝be willing to)．
I'm always *ready to* help you.
いつでも力になるよ．
3 すばやい，即座の．
a *ready* answer 即答． →剾 readily
get ready 用意をする，準備をする．
Get ready quickly! 早く用意しなさい．
I have to *get ready* for my exams.
テストの準備をしなくちゃ．
(*Get*) *ready*, (*get*) *set*, *go*! 《米》 ＝
《英》 *Ready*, *steady*, *go*! 《競技》位置について，用意，どん！

ready-made [rèdiméid レディメイド] 厖
既製 (品) の (⊛ custom-made.

◀ reasonable

made-to-order 注文して作った).

real 3級 [ri:(ə)l リー(ア)ル, ríəl リアル]

形 [比較 **more real**; 最上 **most real**] **1 現実の**, 実際の; **実在する**.

Such things can happen in *real* life.
そうしたことは実際の生活で起こりえます.

Mito Komon was a *real* historical person.
水戸黄門は実在した歴史上の人物である.

2 ほんとうの, 真実の (同 true); (人工の物ではなく) **本物の** (同 genuine).

a *real* friend ほんとうの友だち.

Is this ring *real* gold?
この指輪は本物の金ですか？

→動 realize, 副 really

reality 準2 [riǽləti リアリティ] 名 [複数 **realities** [-z]) 現実 (のもの); 現実性.

the hard *realities* of life
人生のきびしい現実.

realize 準2 [ri(:)əlaiz リ(ー)アライズ] ▶ 《英》では realise とつづる.

動 他 **1** …をさとる, …に気づく, …をはっきり理解する (▶進行形にしない).

She didn't *realize* her mistake.
彼女は自分のまちがいに気がつかなかった.

2 (計画・夢など) を実現させる.

She at last *realized* her dream.
彼女はついに夢を実現させた. →形 real

really 5級 副 ほんとうに

[ri:(ə)li リー(ア)リィ‖ríəli リアリィ]

副 **1 ほんとうに**, 実際に.

Do you *really* think so?
きみはほんとうにそう思うの？

I don't know what he's *really* like.
彼が実際にどんな人なのかわからない.

2 とても, すごく, じつに.

You look *really* good in that hat.
その帽子, すごく似合うね.

▶ライティング

I *really* enjoyed the movie.
その映画はとても楽しかったです；私はその映画をとても楽しみました.

3 [文全体を修飾して] **実際は**, 事実は.

I *really* do not want to see him

again.
私はじつのところ彼には二度と会いたくない.

4 [間投詞的に] **ほんとう**, へえ；うっそー.

▶スピーキング

Ⓐ I saw a UFO yesterday.
きのう UFO (ユーフォー) を見たよ.

Ⓑ *Really?*
ほんとう？

▶スピーキング

Really? の発音のしかたには次の 3 通りがある.

❶ *Really?* (↗) [強いおどろき・関心]
「えっ, ほんとう!？」

❷ *Really?* (↘) [軽いおどろき・関心]
「うっそー」「ふうん, そうなの」

❸ *Really?* (↘) [軽い相づち・無関心]
「あ, そう」

▶ ❷の「うっそー」という言い方には, このほかに, No kidding! / You're kidding. / I don't believe that. などがある.

Not really. いや, それほどでも (ないです), 別に, そんなには.

Not really! まさか. →形 real

reap [ri:p リープ] 動 他 (作物) を刈る, 刈り入れる.

rear [riər リア] 名 [ふつう the をつけて] (建物・乗り物などの) 後ろ, 後部 (同 back; 反 front 前の部分).

rearview mirror [riərvju: mírər リアヴュー ミラァ] 名 (自動車などの) バックミラー (▶「バックミラー」は和製英語).

reason 3級 [ri:zn リーズン]

フォニックス63 ea は [i:] と発音する.

名 [複数 **reasons** [-z]) **1 理由**, わけ.

I just want to know the real *reason*.
私はほんとうの理由を知りたいだけです.

Tell me the *reason* why you did it.
きみがそれをした理由を言いなさい.

2 理性, 合理的判断；道理 (▶ a をつけず, 複数形なし).

reasonable 2級 [ri:z(ə)nəbl リーズナブル] 形 **1** 筋道の通った, 道理に合った；(人が) 分別のある；(行動・判断などが) 適切な.

I think any *reasonable* person would agree with that.
良識のある人ならだれでもそれに賛成するだろう.

five hundred and eighty-seven 587

rebound

2 (値段が) 手ごろな (▶しばしばよい意味で「安い」の意味で使われる); (数量が) 適度な. → cheap
That restaurant serves *reasonable* food.
あのレストランは手ごろな値段の料理を出す.

rebound [ribáund リバウンド] 動 自 はね返ってくる; (株価などが) 持ち直す, 反発する.
—— [ríːbaund リーバウンド] 名 はね返り; 回復; 《バスケットボール》リバウンド.

rebuild 2級 [riːbíld リービルド] 動 《過去》《過分》rebuilt [-bílt]) 他 …を再建する, …を改築する.

recall [rikɔ́ːl リコール] 動 他 …を思い出す (▶remember よりも改まった語); (会社が) (欠陥のある製品) をリコールする, 回収する.
—— 名 (大使などの) 召還; (米) リコール (住民の投票によって公務員を解任すること); (欠陥商品などの) 回収.

receipt 準2 [risíːt リスィート] (p は発音しない) 名 領収書, レシート; 受け取ること.
May I have a *receipt*, please?
レシートをいただけませんか.

receive 4級 [risíːv リスィーヴ] (ei は例外的に [iː] と発音する)
動 (3単現 **receives** [-z]; 過去 過分 **received** [-d]; ing **receiving**) 他 **1 …を受け取る**, 受ける; (電話など) をもらう (反 send …を送る) (▶改まった語. get のほうがくだけた言い方). → accept, send (図)

send   receive

I *received* your letter.
お手紙を受け取りました.
He *received* the Nobel Prize last year. 彼は昨年ノーベル賞を受けた.
2 …をむかえる; …を受け入れる.
They *received* me very warmly.
彼らは私をたいへん温かくむかえてくれた.
3 《球技》(サーブ) を打ち返す, レシーブする; (パスなど) を受ける.

receiver [risíːvər リスィーヴァ] 名 受け取り人; (電話の) 受話器; 《球技》レシーブする人, レシーバー.

recent 準2 [ríːsnt リースント] 形 最近の, 近ごろの.
The city has changed a lot in *recent* years. 近年, 町は大きく変わった.

recently 3級 [ríːsntli リースントゥリィ] 副 最近, 近ごろ (▶ふつう過去形, 現在完了形で使い, 現在形では使わない. 現在形で「最近」は these days などを使う).
We've had bad weather *recently*.
ここ最近天気が悪い.

reception [risépʃən リセプション] 名 (客などの) 歓迎; 歓迎会, レセプション; (ホテルなどの) フロント, 受付.
a wedding *reception* 結婚披露宴.

reception desk [risépʃən dèsk] 名 [ふつう the をつけて] (ホテルの) フロント, 受付係.

receptionist [risépʃənist リセプショニスト] 名 (会社・病院・ホテルなどの) 受付係.

recess [ríːses リーセス, risés リセス] 名 (米) (学校の) 休けい時間, 休み時間 (=《英》break); (議会の) 休会.

recipe 3級 [résəpi レスィピ] 名 (料理の) レシピ, 調理法.

recital [risáitl リサイトゥル] 名 (音楽の) リサイタル, 独奏会, 独唱会; (詩の) 朗読会.

recitation [resitéiʃən レスィテイション] 名 (聴衆の前で行う) 暗唱, 朗読, 吟唱; 朗読会; 暗唱文.

recite [risáit リサイト] 動 自他 (詩などを) 朗読する, 暗唱する.

reckless [réklis レクレス] 形 向こう見ずな, 無謀な.

reckon [rék(ə)n レコン] 動 他 (**reckon … (to be)** ~で) …を~とみなす; ~と思う; …を計算する.

recognition [rekəgníʃən レコグニション] 名 (見て・聞いて) それとわかること, 識別; 認識, 認めること; 《コンピューター》(音声・文字などの) 認識.
speech *recognition* 音声認識.

recognize 準2 [rékəgnaiz レコグナイズ]
▶《英》では recognise とつづる.
動 他 **1** …をそれと認める, …だと気づく, わかる (▶以前に見たり聞いたりしたものと同じだと気づくこと. 進行形にはしない).
I *recognized* her at once.

私にはすぐに彼女だとわかった.
2 …を (事実だと) 認める.

recollect [rèkəlékt レコレクト] 動 他 …を思い出す, 回想する (▶進行形にしない).

recollection [rèkəlékʃən レコレクション] 名 回想；思い出.

recommend 準2 [rèkəménd レコメンド] 動 他 …を勧(すす)める, 推薦(すいせん)する.
My English teacher *recommended* this dictionary to me.
英語の先生は私にこの辞書を勧めてくれた (▶「recommend ＋物＋ to ＋人」の形で使う).

recommendation [rèkəməndéiʃən レコメンデイション] 名 推薦(すいせん)；(学校などの) 推薦状；勧告(かんこく) (書).

recommended [rèkəméndid レコメンデド] 形 おすすめの.

reconcile [rékənsail レコンサイル] 動 他 …を和解させる.

record 準2 [rékərd レカド ‖ -kɔːd -コード]

(名と動のアクセントのちがいに注意)
名 (複数 **records** [-dz ツ]) **1** 記録；(運動競技などの) (最高) 記録, レコード.
break a *record* 記録を破る.
Who holds the world *record* for the 100-meter breaststroke?
100メートル平泳ぎの世界記録はだれがもっているのですか.
2 レコード.
3 [単数形で] 経歴；成績, 業績.
She has a good academic *record*.
彼女は学校の成績がいい.
—— [rikɔːrd リコード] フォニックス78 or は [ɔːr] と発音する. 動 (三単現 **records** [-dz ツ]；過去・過分 **recorded** [-id]；〜ing **recording**) 他 **1** …を記録する.
This discovery will be *recorded* in history. この発見は歴史に残るだろう.
2 (音楽など) を録音する；(テレビ番組・映画など) を録画する.
I forgot to *record* that program.
その番組の録画をし忘れちゃった.
—— 自 録音する；録画する.
Be quiet, please. We are *recording*.
静かにお願いします. いま録音中ですから.

recorder [rikɔːrdər リコーダァ] 名 **1** (音声・動画の) 録音機, 録画機；記録係.
a DVD *recorder* DVDレコーダー.

recording 準2 [rikɔːrdiŋ リコーディング] 名 録音, 録画；録音したもの, 録画したもの.
a *recording* studio 録音スタジオ.

recover 準2 [rikÁvər リカヴァ] 動 自 健康を回復する；(**recover from** で)(病気・けがなど) から回復する；(つらい経験など) から立ち直る.
She is now *recovering from* her illness. 彼女はいま病気から回復しつつある.
—— 他 (失ったもの) をとりもどす；(健康など) を回復する.

recovery [rikÁvəri リカヴァリィ] 名 (病気・けがなどからの) 回復；(つらい経験などから) 立ち直ること.

recreation [rèkriéiʃən レクリエイション] 名 レクリエーション, 気晴らし (▶とくに体を動かすもの). ＝ pastime

recruit [rikrúːt リクルート] 動 他 (新兵など) を入れる；(社員・会員など) を採用する, 募集(ぼしゅう)する.
—— 名 新兵；新入生, 新入社員.

rectangle [réktæŋgl レクタングル] 名 長方形.

recycle 3級 [riːsáikl リーサイクル]

動 (三単現 **recycles** [-z]；過去・過分 **recycled** [-d]；〜ing **recycling**) 他 …を再生利用する, リサイクルする.
recycle old paper 古紙を再生利用する.
recycled paper 再生紙.

> 📢 プレゼン
> We can *recycle* plastic bottles and make other plastic products.
> ペットボトルをリサイクルしてほかのプラスチック製品を作ることができます.

> ⓘ参考 英語でリサイクルショップのことは **recycled-goods shop** あるいは **thrift** [θrift スリフト] **shop** という. 後者では売り上げは慈善(じぜん)団体に寄付されることが多い.

recycled [riːsáikld リーサイクルド] 形 再生利用された, リサイクルされた.

recycling 3級 [riːsáikliŋ リーサイクリング] 名 リサイクル, 再(生)利用.
recycling of glass and metal

red ▶

ガラスや金属のリサイクル.

red 5級 形 赤い
名 赤

[red レッド]

形 (比較 **redder**; 最上 **reddest**) **赤い**, 赤色の; (顔が) 真っ赤になった; (髪の毛が) 赤みがかった.

a *red* light 赤信号.

The boy's eyes were *red* from crying. 男の子は泣いて目を赤くしていた.

He turned *red* with anger.
彼はおこって真っ赤になった.

―― 名 **赤**, 赤色; 赤い服 (▶ a をつけず, 複数形なし).

My favorite color is *red*.
私のいちばん好きな色は赤だ.

She was dressed in *red*.
彼女は赤い服を着ていた.

[同音語] read² (read¹ (…を読む)の過去・過去分詞)

red bean paste [red bíːn péist] 名
あんこ, あずきあん.

red card [rèd káːrd] 名 (サッカーなどの) レッドカード.

Red Cross [rèd krɔ́(ː)s] 名 [the をつけて] 赤十字社 (国際的な組織; 正式名は the International Red Cross Society; 略語は R.C.).

redder [rédər レダァ] 形 red (赤い) の比較級.

reddest [rédist レデスト] 形 red (赤い) の最上級.

Red List [réd list] 名 レッドリスト (絶滅した, または絶滅のおそれのある動植物を指定したリスト).

red pickled ginger [red pikld dʒíndʒər] 名 紅しょうが.

Red Sea [rèd síː] 名 [the をつけて] 紅海 (アフリカとアラビアとの間の細長い海).

reduce 準2 [rid(j)úːs リデュース, -ドゥース] フォニックス52 u は
[juː] と発音する.

動 (3単現 **reduces**[-iz]; 過去 過分 **reduced**[-t]; ing **reducing**) 他 (数量・体重など) **を減らす**; (値段) を下げる.

I *reduced* my weight by 10kg.
私は体重を 10kg 減らした (▶ I lost 10kg.

というのがふつう).

Reduced Inequalities
軽減された不平等 (▶ 「人や国の不平等をなくそう」という国連が掲げる SDGs (持続可能な開発目標) の 10 番目の目標).

―― 自 減少する; 減量する.

reduction [ridʌ́kʃən リダクション] 名 削減; 減少; (数学) 約分.

redwood [rédwud レドゥッド] 名 (植物) アメリカスギ (アメリカ, カリフォルニア州産の 100m もの大木になるセコイア (sequoia [sikwɔ́iə スィクウォイア]) の一種).

reed [ríːd リード] 名 (植物) アシ, ヨシ; (音楽) (木管楽器の) リード (クラリネットなどの振動して音を出す部分).

[同音語] read¹ (…を読む)

reef [ríːf リーフ] 名 (複数 **reefs**[-s]) (暗) 礁; (水面下の・水面から少し出た) 砂州.

a coral *reef* サンゴ礁.

reel [ríːl リール] 名 リール (電線・テープ・フィルム・ホースなどの巻きわく); (つりざおの) リール; (映画フィルムの) 巻.

refer 準2 [rifə́ːr リファ～] (アクセント注意)
動 (過去 過分 **referred**[-d]; ing **referring**) 自 **1** (refer to で) …のことを話す, …のことに言及する.

He didn't *refer to* the matter.
彼はそのことにはふれなかった.

2 (refer to で) (本など) を参照する.

Please *refer to* page 124.
124 ページを参照してください.

referee [rèfəríː レフェリー] 名 (スポーツ) (サッカー・レスリングなどの) レフェリー, 審判員. → umpire

reference [réf(ə)rəns レフ(ェ)レンス] 名 言及; 参照, 参考.

reference book [réf(ə)rəns bùk] 名 (辞書・事典・年鑑などの) 参考図書 (▶ 日本でいう「学習参考書」のことは study aid や study guide などという).

refine [rifáin リファイン] 動 他 …を精製する; 洗練する; 磨きをかける.

reflect 2級 [riflékt リフレクト] 動 他 **1** (光・熱など) を反射する; (音) を反

◀ **register**

響させる；（**be reflected in** で）…にうつる.

2 …を反映する, …に表れる.

reflection [riflékʃən リフレクション] 图 (鏡・水面などにうつった) 像；(光・熱などの) 反射；(音の) 反響；(事実・効果などの) 反映.

reform [rifɔ́ːrm リフォーム] 動 他 (制度など) を改革する；(人) を改心させる.
―― 圁 (人が) 改心する, 更生する.
―― 图 (制度などの) 改革, 改善.

reformation [refərméiʃən レフォメイション] 图 **1** 改正, 改革.
2 [**the Reformation** で] 宗教改革 (16 世紀に起こったカトリック教会に対する改革運動).

refrain [rifréin リフレイン] 图 (詩歌の) くり返し, リフレイン.

refresh 準2 [rifréʃ リフレッシ] 動 他 (人) の気分をさわやかにする, …を元気づける.
The cold air *refreshed* him.
冷たい空気が彼の気分を爽快にした.

refreshed [rifréʃt リフレシト] 形 気分がさわやかになった .

refreshing [rifréʃiŋ リフレシング] 形 元気づける；すがすがしい.

refreshment [rifréʃmənt リフレシメント] 图 元気回復, 気分をさわやかにすること；[複数形で] 軽い飲食物, 茶菓子.

refrigerator [rifrídʒəreitər リフリヂェレイタァ] 图 冷蔵庫, 冷蔵室 (▶話し言葉では fridge ともいう. 冷凍庫は freezer).

refuge [réfjuːdʒ レフュー ヂ] 图 避難；避難所.

refugee [refjudʒíː レフュヂー] 图 (国を追われた) 難民；亡命者.

refusal [rifjúːz(ə)l リフューザル] 图 拒否, 拒絶.

refuse 2級 [rifjúːz リフューズ] フォニックス52 u は [ju:] と発音する. 動 (3単現 **refuses** [-iz] 過去 過分 **refused** [-d] ing **refusing**) 他
1 (申し出・誘いなど) を断る, 拒絶する (反 accept …を受け入れる).
She *refused* his offer.
彼女は彼の申し出を断った.
2 (**refuse to ...** で) …することをこばむ, …しようとしない.
He *refused* to give up.
彼はあきらめようとしなかった.
She *refused* to give her name.

彼女は自分の名前を明かそうとしなかった.

💬用法 refuse と decline と reject
refuse は decline (ていねいに断る) よりも意味が強く, reject (拒絶する) よりも弱い. turn down もよく使う.

―― 圁 断る, 拒絶する.
She asked me to apologize, but I *refused*.
彼女は私に謝るように頼んだが, 私は断った.

regard 2級 [rigɑ́ːrd リガード] 图 尊敬, 尊重, 評価；考慮；配慮；[複数形で] よろしくというあいさつ.
They have a high *regard* for his ability. 彼らは彼の能力を高く評価している.

🗣スピーキング
🅐 Give my best *regards* to your parents.
ご両親にどうぞよろしくお伝えください.
🅑 Thank you, I will.
ありがとう, そうします.

Best *regards*, 敬具 (▶手紙で, 結びに使う).
in regard to …に関しては (▶改まった言い方).
I have no complaints *in regard to* his work.
彼の仕事ぶりについては何も不満はありません.
―― 動 他 …を (ある見方で) 見る, 思う；(**regard ... as ~** で) …を~と見なす.
I've always *regarded* Yuta *as* my best friend.
ぼくはずっと雄太のことを親友だと思っている.

regardless [rigɑ́ːrdləs リガードゥレス] 副 困難などにかまわず, 何が何でも.
regardless of ... …にかまわず, …にかかわらず.

region 2級 [ríːdʒən リーヂョン] 图 地方, 地域, 地帯 (▶ふつう area よりも広い地域をさす).
the Kanto *region* 関東地方.

register 2級 [rédʒistər レヂスタァ] (アクセント注意) 图 **1** レジスター, レジの機械, 自動登録器 (= cash register) (▶スーパーなどのレジカウンターは checkout あるいは checkout counter という).
2 (役所などの) 登録簿, 名簿.
―― 動 他 **1** …を登録する；…の届けを出す；(手紙など) を書留にする.

five hundred and ninety-one **591**

regret ▶

2 (計器などが)(目盛り)を示す, さす.
— 自 登録する.

regret [rigrét リグレット] 動 (過去)(過分)
regretted [-id]; (ing) regretting) 他 …を
後悔する, くやむ.
Work harder, or you'll *regret* it later.
もっとしっかり勉強しないと, あとで後悔するこ
とになるぞ.
—— 图 後悔;残念.
Do you have any *regrets* about
that? そのことを後悔しているの?

regular 準2 [régjulər レギュラァ] 形 **1** 規
則正しい;定期的な;(配列などが)等間
隔の (反 irregular 不規則な).
We have a *regular* meeting once
a month. 月に1度定例会がある.
2 ふだんの;(仕事などが)正規の;(スポー
ツ選手が)レギュラーの.
We'll go back to the *regular* sched-
ule next week.
来週から平常のスケジュールにもどります.
a *regular* member 正規会員.
a *regular* player レギュラー選手.
3 (文法)(名詞・動詞などが)規則変化の
(反 irregular 不規則変化の).
a *regular* verb 規則動詞.

regularly 準2 [régjulərli レギュラァリ] 副
規則正しく;定期的に;決まって;よく(…する).

regulation [regjuléiʃən レギュレイション]
图 規則, 規定.
follow the school *regulations*
校則に従う.

rehearsal [rihə́ːrsəl リハ〜サル] 图 (演
劇・音楽などの)リハーサル, けいこ.

rehearse [rihə́ːrs リハ〜ス] 動 他 (劇・役
割など)のリハーサルを行う.

reign [rein レイン] 图 統治;治世.
—— 自 (国などを)統治する;(国など
に)君臨する.

rein [rein レイン] 图 (ふつう複数形で)(馬な
どの)手綱;(比喩的に)支配, 制御.

reindeer [réindiər レインディア] 图 (複数
reindeer ときに reindeers [-z])(動物)トナ
カイ.

reject 2級 [ridʒékt リヂェクト] 動 他 …を
拒絶する, 断る, はねつける. → refuse
Ellen *rejected* Ben's proposal.
エレンはベンのプロポーズを拒絶した.

rejection [ridʒékʃən リヂェクション] 图 拒

絶;拒否.

rejoice [ridʒɔ́is リヂョイス] 動 自 歓喜す
る, 喜ばしく思う.

relate 準2 [riléit リレイト] 動 他 …を(〜
と)関係づける, 関連づける.
—— 自 (relate to で) …と関係がある.

related [riléitid リレイティド] 形 **1** (物事が)
関係がある, 関連がある;(be related
to で) …に関係がある, 関連がある.
Tides *are related to* the moon.
潮の満ち引きは月と関係がある.
2 (人が)親せきである;(be related to
で) …と親せきである.
I'*m* closely *related to* his family.
私は彼の家族とは近い親せきだ.

relation [riléiʃən リレイション] 图 **1** 関係,
関連.
international *relations* 国際関係.
2 親せき (▶ relative のほうがふつう).

relationship 準2 [riléiʃənʃip リレイショ
ンシプ] 图 **1** (個人・集団・国家などの間の)
関係, 関連, 結びつき.
2 親せき関係.

relative 準2 [rélətiv レラティヴ] 图 **1** 親
類, 親せき, 身内 (▶親・子・きょうだいなど
もふくむ). → relation
She is a *relative* on my mother's
side. 彼女は母方の親せきです.
2 (文法)関係詞 (▶関係代名詞, 関係副詞
などがある).
—— 形 **1** 相対的な, 比較的な (反 abso-
lute 絶対的な);関係のある, 関連した.
2 (文法)関係詞の.

relatively [rélətivli レラティヴリィ] 副 比較
的(に), わりあいに.

relax 3級 [riláks リラックス]

動 (3単現) relaxes [-iz]; (過去)(過分) relaxed
[-t]; (ing) relaxing) 自 **くつろぐ**, リラッ
クスする, のんびりする;(筋肉・緊張
などが)**ほぐれる**.
I'm just going to *relax* this week-
end. この週末はのんびりするよ.

▸スピーキング◂

Ⓐ What did you do last weekend?
この前の週末は何をしたの?
Ⓑ I just *relaxed* at home.
ただ家でのんびりしていました.

▶ **remember**

— 他 (人)をくつろがせる，リラックスさせる，…の緊張をほぐす．

relaxed [rilǽkst リラクスト] 形 (人が)リラックスした，くつろいだ；(場所・雰囲気などが)のんびりできる．
The players looked *relaxed* after the game.
試合後選手たちはほっとしたようすだった．

relaxing [rilǽksiŋ リラクスィング] 形 (音楽・休暇などが) ゆったりした気分にさせる，(人を)リラックスさせる．

relay [ríːlei リーレイ] 名 (複数 **relays** [-z]) (仕事などの)交代，交代者；リレー競走(= relay race)；中継．

release 2級 [rilíːs リリース] 動 他 1 (人・動物)を自由にする；…を釈放する，解放する；(つかんでいた物)を放す，ゆるめる，放出する．
The hijackers *released* all the hostages.
ハイジャック犯は人質を全員解放した．

2 (情報など)を公表する；(映画)を封切る，公開する；(CDなど)を発売する．
The film will be *released* this fall.
その映画はこの秋公開される．

—— 名 解放；釈放；(ニュースなどの)公表；(映画の)封切り；(CDなどの)発売．
the *release* of a new album
新しいアルバムの発売．

reliable 2級 [riláiəbl リライアブル] 形 信頼できる，あてになる．
I need more *reliable* information.
もっと信頼できる情報がほしい．

relief [rilíːf リリーフ] 名 (複数 **reliefs** [-s])
1 [しばしば a をつけて] (不安・苦痛などが)和らぐこと，治まること；安心．
What *a relief*! I was so worried about you. ああ，ほっとした．あなたのことをすごく心配したよ．
2 救援，救助；救援物資；交代(する人)．
3 (建築・彫刻) 浮き彫り，レリーフ．

relieve 2級 [rilíːv リリーヴ] 動 (不安・苦痛など)を和らげる，なくす；…を安心させる；…を救援する，救助する；…を交代する．
This medicine will *relieve* your headache. この薬で頭痛は治まるだろう．

religion 2級 [rilídʒən リリヂョン] 名 宗教；宗派，…教．

religious [rilídʒəs リリヂャス] 形 宗教の，宗教上の；信心深い．
religious freedom 宗教的自由．

reluctant [rilʌ́ktənt リラクタント] 形 気の進まない；しぶしぶの．

rely 準2 [rilái リライ] 動 (3単現 **relies** [-z]；過去 過分 **relied** [-d]；ing **relying**) 自 《**rely on** で》…にたよる；…をあてにする (同 depend).
You can *rely on* me.
ぼくをあてにしてもいいよ．

remain 2級 [riméin リメイン] 動 自 1 (人が)残る，とどまる(同 stay)；(物が)残る．
They went, but I *remained* here.
彼らは行ったが私はここに残った．

2 《**remain** ＋名詞または形容詞などで》…のままでいる．
He *remained* silent all the way.
彼はずっとだまったままだった．

remark [rimáːrk リマーク] 名 (簡単な)意見，感想；コメント．
He made a few *remarks* about it.
彼はそれについて 2, 3 意見を述べた．

—— 動 他 自 (感想・意見などを)述べる．

remarkable [rimáːrkəbl リマーカブル] 形 注目すべき；おどろくべき，目立った．

remarkably [rimáːrkəbli リマーカブリィ] 副 著しく，ひときわ，目立って；〔文全体を修飾して〕注目すべきことに，おどろくべきことに．

remedy [rémədi レメディ] 名 (複数 **remedies** [-z]) (病気の)治療(法)，治療薬．

remember 4級 動 …を覚えている，思い出す

[rimémbər リメンバァ]
動 (3単現 **remembers** [-z]；過去 過分 **remembered** [-d]；ing **remembering**) (▶状態を表す語なので進行形にしない)．

他 1 a …を覚えている (反 forget …を忘れる)．

remember

forget

remembered ▶

I don't *remember* him.
彼のことは覚えていません.

Do you *remember* me? We met once before. 私を覚えておられますか. 以前一度お会いしましたね.

You *remember* things well.
物覚えがいいね.

b (remember + -ing 形で) …したことを覚えている.

I *remember* watching this movie.
この映画を見た覚えがある.

c (remember to ... で) 忘れずに…する, …することを覚えている.

Remember to call. (= Don't forget to call.) 忘れずに電話ちょうだいね.

d (remember (that) ... で) …ということを覚えている.

I still *remember* that we had a fight over that. そのことでけんかしたことは, いまでも覚えてるよ.

📖文法 remember -ing と remember to ...

remember -ing が過去にしたことを「覚えている」のに対し, remember to ... は, これから先にすることを「覚えておく」, つまり「忘れずに…する」という意味になる.

2 …を思い出す.

I can't *remember* her last name.
彼女の名字を思い出せない.

3 (remember me to + 人で) (人) によろしく伝える.

Please *remember* me to your mother.
どうかお母さんによろしくお伝えください.

—⌾ **1** 覚えている, 記憶している.

I hope I *remember* correctly.
私の記憶が正しければいいのですが.

2 思い出す.

Now I *remember*! ああ, 思い出したよ.

remembered [rimémbərd リメンバァド] 動 remember (…を覚えている) の過去・過去分詞.

remembering [rimémbəriŋ リメンバリング] 動 remember (…を覚えている) の -ing 形.

remembers [rimémbərz リメンバァズ] 動 remember (…を覚えている) の3人称単数現在形.

remind 2級 [rimáind リマインド] 動 他 (物事・人が) (人) に気づかせる, (人) に思い出させる; (remind + 人 + of で) (物事・人が) (人) に…を思い出させる (▶進行形にしない).

Oh, that *reminds* me.
ああ, それで思い出したよ.

This song *reminds* me *of* my elementary school days.
この曲を聞くと小学生のころを思い出す.

reminder [rimáindər リマインダァ] 名 思い出させる人 (物).

remote [rimóut リモウト] 形 (比較) remoter または more remote; (最上) remotest または most remote) (場所が) 遠くはなれた; へんぴな (▶遠くて不便という意味をふくむ); (時間が) 遠くへだたった.

The village is in a *remote* area.
その村は人里はなれたところにある.

—— 名 (電気製品などの) リモコン (▶ remote control の略).

remote control [rimóut kəntróul] 名 (電気製品などの) リモコン (▶話し言葉では単に remote ともいう); 遠隔操作, 遠隔制御.

removal [rimúːvəl リムーヴァル] 名 除去; (英) 移動, 移転.

remove 準2 [rimúːv リムーヴ] 動 (3単現 removes [-z]; 過去 removed [-d]; ing removing) 他 **1** …をとり去る, とり除く; (remove ~ from ... で) …から~をとる.

Remove the seeds *from* the green peppers.
ピーマンの種をとり除いてください.

2 (帽子・服・くつなど) をぬぐ (▶改まった語. take off がふつう).

Remove your hat.
帽子をぬぎなさい.

3 (英) …を移す, 移転させる.

Renaissance [renəsáːns レネサーンス ‖ rənéisɑns ルネイサンス] 名 [the をつけて] ルネサンス, 文芸復興 (14~16 世紀にイタリアからヨーロッパ各地へ広まった新しい文化の興隆の現象; 古典文化の復活と人間中心主義を特色とする. フランス語で本来「再生」の意味).

renew [rin(j)úː リニュー, ヌー] 動 他 …を新しくする; …を更新する.

renewable [rin(j)úːəbl リニューアブル, ヌー-] 形 再生できる.
renewable energy
再生可能エネルギー (太陽光, 風力, 水力など).

Renoir [rənwάːr ランワー ‖ rénwɑ: レンワー], **Pierre Auguste** 名 ピエール=オーギュスト・ルノワール (1841-1919；フランス印象派の画家).

rent 準2 [rent レント] 名 賃貸料, 家賃；使用料, レンタル料.
For Rent (掲示) (米) 貸し家あり, 貸し間あり (▶ (英) では To Let).
—— 動 他 (家・アパート・土地など) を賃借りする；(車・DVD など) をレンタルする. → borrow

rent-a-car [réntəkàːr レンタカー] 名 (米) レンタカー, 貸し自動車.

rental 3級 [réntl レントゥル] 名 (車などの) レンタル；賃借料, 賃貸料；レンタル料, 使用料；賃貸の, レンタルの.

repair 準2 [ripéər リペア] 動 他 1 …を修理する, 修繕する (同 fix) (▶ 大きなものや複雑なものを修理するときに使う). → mend
repair a car 車を修理する.
2 [比喩的に] …を修復する.
repair a friendship 友だちと仲直りする.
—— 名 修理, 修繕；修復 [しばしば複数形で] 修理作業.
under repair 修理中で, 修復中で.
The temple was *under repair*.
その寺は修復中だった.

repay [ripéi リペイ] 動 他 (金) を払いもどす, 返す；(人) に返金する.

repeat [ripíːt リピート]
動 他 **…をくり返して言う**；…をくり返す.
"Be careful," she *repeated*.
「気をつけてね」と彼女はくり返して言った.
You can't *repeat* your life.
人生はくり返しがきかない.
—— 自 くり返して言う；くり返す.
Repeat after me, class. クラスのみなさん, 私のあとについて言ってください.
repeat myself くり返して言う；くり返す.
History *repeats* itself.
(ことわざ) 歴史はくり返す.

repeatedly [ripíːtidli リピーテイドゥリィ] 副 (何度も) くり返し (て).

repetition [repətíʃən レペティション] 名 くり返し, 反復.

replace 準2 [ripléis リプレイス] 動 他 …にとって代わる；(物) をとりかえる；(**replace ... with ~**で) …を~ととりかえる.
Kenta *replaced* Jiro as captain.
健太が次郎に代わってキャプテンになった.

reply 準2 [ripléi リプライ] (発音注意)
動 (3単現 replies[-z]；過去 過分 replied[-d]；ing replying) 自 **返事をする**, 返答する (▶ answer よりも改まった語)；(**reply to** で) …に返事をする, 返答をする.
She didn't *reply to* my question.
彼女は私の質問に答えなかった.
—— 他 …と答える.
"I don't know," he *replied*.
「知らない」と彼は答えた.
—— 名 (複数 replies [-z]) 返事, 返答.
Thank you for your *reply*.
ご返事ありがとうございます.

report 4級 [ripɔ́ːrt リポート]
フォニックス78 or は [ɔːr] と発音する.
動 (3単現 reports[-ts ツ]；過去 過分 reported [-id]；ing reporting) 他 1 **…を報告する**.
He *reported* this accident to the police. 彼はこの事故を警察に通報した.
2 (テレビ・新聞などが) (事件など) **を報道する**, 記事にする.
The TV news *reported* his death.
テレビニュースは彼の死を伝えた.
—— 自 1 **報告する**, 証言する；報道する.
He *reported* on his trip to India.
彼は自分のインド旅行について報告した.
2 (異動・所在などを) 届け出る.
report to the police
警察に届け出る；出頭する.
—— 名 (複数 reports [-ts ツ]) 1 **報告**；報告書 (▶ 生徒が書くレポートのことはふつう paper または essay という).
hand in a *report* 報告書を提出する.
a book *report* 読書感想文.
2 (テレビ・新聞などの) **報道**, 記事.
a newspaper *report* 新聞報道.
a weather *report* 天気予報.
3 (英) (生徒の成績の) 通知表, 通信簿 (= (米) report card).

five hundred and ninety-five 595

report card ▶

report card [ripɔ́ːrt kɑ̀ːrd] 图《米》(生徒の成績の)通知表, 通信簿.

reporter 3級 [ripɔ́ːrtər リポータァ] 图《複数》reporters [-z] (テレビ・新聞などの)報道記者, レポーター, 通信員.

represent 2級 [rèprizént レプリゼント] (アクセント注意) 動 他 1 …を代表する; …の代理となる.
Our team *represented* the prefecture. うちのチームは県の代表になった.
2 …をえがく; …を示す, 表す, 表現する.
The red lines on the map *represent* national highways.
地図上の赤い線は国道を表す.

representative 2級 [rèprizéntətiv レプリゼンタティヴ] 图 代表者; 代理人; [Representative で](アメリカの)下院議員; (日本の)衆議院議員. → parliament(表) the House of *Representatives* (アメリカの)下院; (日本の)衆議院.

reproach [ripróutʃ リプロウチ] 图 とがめ, 非難.

reproduce 2級 [rìːprəd(j)úːs リープロデュース, ドゥース] 動 他 (音・場面など)を再生する; …を複製する, 複写する, コピーする; (動植物が)(子孫)を繁殖させる. ─ 自 (動植物が)繁殖する.

reproduction [rìːprədʌ́kʃən リープロダクション] 图 再生, 複製; 生殖(作用).

republic [ripʌ́blik リパブリク] 图 共和国.
the *Republic* of Korea 大韓民国.

republican [ripʌ́blikən リパブリカン] 形 共和国の; [Republican で]《米》共和党の. → democratic
─ 图 共和主義者; [Republican で]《米》共和党員. → democrat

Republican Party [ripʌ́blikən pɑ́ːrti] 图 [the をつけて]《米》共和党(民主党 (the Democratic Party) とともにアメリカの2大政党の1つ).

reputation 2級 [rèpjutéiʃən レピュテイション] 图 (世間一般の)評判, 世評; 名声.
The school has a good *reputation*.
その学校は評判がいい.

request 準2 [rikwést リクウェスト] 動 他 …を依頼する, 要請する, 求める, 申し入れる (▶ ask より改まった語).
We *request* your presence.
ご出席をお願いいたします.

─ 图 依頼, 要請; リクエスト(曲).
by request 求めに応じて, 要請されて.
Buses stop here *by request*.
バスは乗客の要請があればこの停留所に止まる[だまっていれば止まらない].

ロンドンで見られるバス停. 手をあげて合図するとバスが止まってくれる.

require 準2 [rikwáiər リクワイア] 動 他 …を必要とする (▶ need よりも改まった語); (法律・規則などで) …を要求する; …を命じる.
The use of seat belts is *required* by law.
シートベルトの着用が法律で義務づけられている.

rescue 準2 [réskjuː レスキュー] 動 他 (危険などから) …を救助する, 救出する.
The firefighters *rescued* a boy from the fire.
消防士は火の中から男の子を救出した.
─ 图 救助, 救出.

research 準2 [rísəːrtʃ リサーチ, risə́ːrtʃ リサーチ] 图 研究, 調査, リサーチ.
market *research* 市場調査.
─ 動 自 他 (…を)研究する, 調査する.

researcher [rísəːrtʃər リサーチァ] 图 研究者, 調査員.

resemblance [rizémbləns リゼンブランス] 图 (…との)類似, 似ていること.

resemble [rizémbl リゼンブル] 動 他 …に似ている (▶受け身形や進行形にしない).
His character *resembles* that of his father. 彼の性格は父親に似ている.

reservation 準2 [rèzərvéiʃən レザヴェイション] 图 (座席・部屋などの)予約 (= booking) (▶ 医者などの予約には appointment を使う).
I'd like to make a *reservation* for dinner. ディナーの予約をお願いします.

reserve 準2 [rizə́ːrv リザ〜ヴ] 動 他 (部

◀ **responsible**

屋・座席など）を予約する；…をとっておく．
I've *reserved* a hotel room.
ホテルの部屋を予約している（▶「ホテルを予約する」のつもりで*reserve the hotel*とはいわない．ホテルごと予約する意味になる）．
── 图 [ふつう複数形で] たくわえ，備え．
oil *reserves* 石油の備蓄；石油埋蔵量．

reserved [rizə́ːrvd リザ〜ヴド] 形 予約した，（席などが）指定の；ひかえめな．
reserved seats 指定席．

reset [ri:sét リーセット] 動 [過去][過分] reset；[ing] resetting] 他 …をセットし直す．

residence [rézədəns レズィデンス] 图 住まい，邸宅（▶ house にくらべてとくに大きくてりっぱな住宅をさす）；居住．
The White House is the official *residence* of the U.S. President.
ホワイトハウスはアメリカ大統領官邸である．

スピーキング

Ⓐ Is this Mr. Brown's *residence*?
（電話で）ブラウンさんのおたくですか．
Ⓑ Yes. Who's calling, please?
そうです．どちらさまですか．

resident [2級] [rézidənt レズィデント] 图（家の）居住者；（地域の）住民．

resign [rizáin リザイン] 動 (自) 辞職する，辞任する．
──(他)（職など）を辞職する，辞任する．

resignation [rezignéiʃən レズィグネイション] 图 辞職，辞任；辞表．

resist [2級] [rizíst リズィスト] 動 (他) 1 …に抵抗する；（化学作用など）に耐える．
the ability to *resist* some diseases
いくつかの病気に対する抵抗力．
2 [ふつう否定文で] …をがまんする．
I can't *resist* chocolate cake.
チョコレートケーキにはつい手が出てしまう．

resistance [rizístəns リズィスタンス] 图 抵抗；（病気などに対する）抵抗力．

resolution [rezəlú:ʃən レゾルーション] 图（…しようという）決意，決心；決議．
What's your New Year's *resolution*?
新年の抱負は？

resolve [rizálv リザルヴ ‖ -zólv -ゾルヴ] 動 (他) 1（問題・疑問など）を解決する，解く．
resolve a problem 問題を解決する．
2《resolve to ... / resolve (that) ...で》…しようと決心する，決議する．

3 …を分解する．
resolve water into oxygen and hydrogen 水を酸素と水素に分解する．

resort [rizɔ́ːrt リゾート] 图 行楽地，リゾート(地)．
a summer *resort* 避暑地．
a ski *resort* スキー場（▶周辺の宿泊施設などもふくめてさす）．

resource [2級] [ri:sɔːrs リーソース, rizɔ́ːrs リゾース] 图 [ふつう複数形で] 資源；(教育の) 資料，教材；手段，方策．
natural *resources* 天然資源．
online *resources* ネットの情報．

respect [準2] [rispékt リスペクト]

動 (他) **…を尊敬する**，高く評価する；…を尊重する．
You should *respect* other people's feelings. 他の人々の気持ちを尊重すべきだ．

プレゼン

We should *respect* our culture.
私たちは私たちの文化を尊重すべきです．

── 图 1 尊敬，敬意；尊重の念（▶ a をつけず，複数形なし）．
I have great *respect* for my parents. 私は両親をとても尊敬している．
2 点，細目．
in every *respect* あらゆる点で．

respectable [rispéktəbl リスペクタブル] 形 1（人が）(社会的に)まともな，犯罪などに関係のない；（服装などが）下品でない．
2（量などが）かなりの；（質などが）悪くない．

respectful [rispéktfəl リスペクトゥフル] 形 敬意を表す，丁重な．

respond [2級] [rispánd リスパンド ‖ -spónd -スポンド] 動 (自) 答える，返答する，応答する（▶ answer や reply よりも改まった語）；(物事に)反応する．

response [2級] [rispáns リスパンス ‖ -spóns -スポンス] 图 応答，返答；反応．

responsibility [2級] [rispànsəbíləti リスパンスィビィリティ ‖ -spən- -スポン-] 图《複数 responsibilities [-z]》責任；義務．
I'll take *responsibility* for the accident. 私が事故の責任をとります．

responsible [準2] [rispánsəbl リスパンスィブル ‖ -spón- -スポン-] 形 責任のある；《responsible for で》…に責任がある．

five hundred and ninety-seven 597

I'm *responsible for* my son's actions.
私は息子の行動について責任がある.
Responsible Consumption and Production 責任ある消費と生産 (▶「つくる責任つかう責任」という国連が掲げるSDGs (持続可能な開発目標) の12番目の目標).

rest[1] 3級 [rest レスト]

名 (複数 rests [-ts ツ]) **休息**, 休けい (▶授業・仕事などの合間の短い休けいは break という).
Let's take a *rest* here.
ここでちょっと一休みしよう.
You need to get more *rest*.
きみにはもっと休養が必要だ.

—動 (3単現 rests [-ts ツ]; 過去・過分 rested [-id]; ing resting) 自 **休む**, 休けいする, 休息する.
After the long walk, we *rested* for a while. 私たちはたくさん歩いたあと, しばらく休けいした.
—他 …を休ませる; …を置く.
rest my eyes 目を休ませる.

rest[2] [rest レスト] 名 [the をつけて] 残り, そのほかの物・人; (**the rest of** で) …の残り; そのほかの(物・人々) (▶ the rest のさす内容によって単数あつかい・複数あつかいのどちらにもなる).
Thanks. I'll do *the rest*.
ありがとう. 残りは私がやるから.
The rest of the students were absent. ほかの生徒は欠席だった.

restaurant 5級 [réstərənt レストラント]
(<フランス語)
名 (複数 restaurants [-ts ツ]) **レストラン**, 料理店, 食堂.
Do you know a good *restaurant* around here?
この辺でいいレストランを知りませんか.

restless [réstlis レストゥレス] 形 落ち着かない, そわそわした, 不安な.
a *restless* boy 落ち着きのない男の子.

restore [ristɔ́ːr リストー(ア)] 動 他 …を修復する, 復旧する, 回復する.

restrict [ristríkt リストゥリクト] 動 他 …を制限する; …を禁止する.

restroom [réstruː(ː)m レストルー(ー)ム] 名 《米》(駅・劇場などの) トイレ, 化粧室 (▶男性用は men's room, gentlemen's room, 女性用は women's room, ladies' room などともいう. 家庭にあるトイレはふつう bathroom という).

result 準2 [rizʌ́lt リザルト] 名 結果; [ふつう複数形で] (テスト・試合・競技などの) 成績.
More than 600,000 people died as a *result* of the war. その戦争によって60万人以上の人たちが亡くなった.
I'm looking forward to my exam *results*. テストの結果が楽しみだ.
—動 自 結果として起こる; (**result from** で) …の結果として生じる; (**result in** で) …という結果になる.
The floods *resulted from* days of heavy rain. 洪水は何日も降り続いた大雨が原因で起こった.

retire 準2 [ritáiər リタイア] 動 自 退職する, 引退する.
My father is going to *retire* next year. 父は来年引退します.

retreat [ritríːt リトゥリート] 動 自 (軍隊などが) 退却する; (一般に) 後退する, 引き下がる.
—名 退却, 後退.

return 3級 [ritə́ːrn リターン]
フォニックス79 ur は [əːr] と発音する.

動 (3単現 returns [-z]; 過去・過分 returned [-d]; ing returning) 自 **1** (もとの場所へ) **帰る**, もどる (▶話し言葉では get back や go back, come back がふつう).
He *returned* from Okinawa yesterday. 彼はきのう沖縄からもどった.
We've just *returned* from our vacation.
ちょうど休暇からもどったところだ.
2 (もとの状態・前の話題に) もどる.
Let's *return* to the subject.
本題にもどりましょう.

◀ **revolver**

—⑩ (もとの場所に) **…を返す**；…のお返しをする.
I forgot to *return* my library books.
図書館の本を返し忘れた.
She *returned* a smile to me.
彼女は私にほほえみ返した.

—— 图 [複数] **returns** [-z] **1 帰ること**；ふたたびめぐってくること.
We are waiting for your *return*.
私たちはあなたのお帰りを待っています.
Happy birthday and many happy *returns* of the day!
誕生日おめでとう, そしてこの日が何度もめぐってきますように (▶誕生日のお祝いの文句. 単に Many happy *returns*! ともいう. 手紙に書くときに多く使われ, 会話では Happy birthday! ということが多い).

2 返すこと, 返却.
He asked for the *return* of the money. 彼はそのお金の返済を要求した.

in return お返しに；お礼として.
She smiled *in return*.
彼女もほほえみ返してくれた.
This is *in return* for all your help.
これはいろいろ力になってくださったあなたへのお礼です.

—— 圈 **1 帰りの**.
the *return* voyage 帰りの航海.
a *return* address
差出人住所, 返送先住所.
2 《英》往復の.
a *return* ticket
《英》往復切符 (= 《米》round-trip ticket)
(▶ 《米》では「帰りの切符」の意味になる).

reunion [riːjúːnjən リーユーニョン] 图 再結合；同窓会.

reusable [riːjúːzəbl リーユーザブル] 圈 再利用できる.

reuse [riːjúːz リーユーズ] 動 [三単現 **reuses** [-iz]] [過去] [過分] **reused** [-d] [ing] **reusing**] ⑩ …を再利用する.
—— [riːjúːs リーユース] 图 再利用.

reveal [riviːl リヴィール] 動 ⑩ (秘密など) を明かす, もらす；(見えなかったもの) を現す, 見せる (同 show).
A break in the clouds *revealed* a full moon. 雲の切れ間から満月が現れた.

revenge [rivéndʒ リヴェンヂ] 動 ⑩ 《**be revenged on / revenge myself on** で》

…に復讐する.
—— 图 復讐；うらみ.

reverse 準2 [rivə́ːrs リヴァ〜ス] 動 ⑩ …を逆にする, 反対にする.
Our positions are now *reversed*.
いまや私たちの立場は逆転している.
—— 圈 逆の, 反対の.
—— 图 [ふつう the をつけて] 逆, 反対.

review 2級 [rivjúː リヴュー] 動 ⑩ **1** …を見直す, 再確認する, 再検討する；《米》…を復習する (= 《英》revise).
I have to *review* today's lesson.
今日の勉強を復習しなければならない.
2 (本・映画など) を批評する, 論評する.
review a book 書評をする.
—— 图 **1** 《米》復習；見直し, 再検討.
review lessons 復習のレッスン.
2 (本・映画などの) 批評, 評論.
a book *review* 書評.

revise 2級 [riváiz リヴァイズ] 動 ⑩ …を修正する；(本など) を改訂する, 校訂する.
a *revised* edition 改訂版.

revision [riví ʒən リヴィジョン] 图 改訂；修正, 改正；《英》復習 (= 《米》review).

revival [riváiv(ə)l リヴァイヴ(ァ)ル] 图 (劇や映画などの) 再上演, 再上映；復活, 生き返り.

revive [riváiv リヴァイヴ] 動 ⑩ …を生き返らせる, 復活させる, 復興させる；(劇)を再上演する, (映画)を再上映する.

revolt [rivóult リヴォウルト] 图 反乱, 暴動；反発, 反抗.
—— 動 ⾃ 反乱を起こす, 反抗する.

revolution 2級 [revəlúːʃən レヴォルーション] 图 (政治的な) 革命；(思想・方法などの) 大変革；回転, (天体の) 公転.

revolutionary [revəlúːʃəneri レヴォルーショネリィ || -ʃənəri -シ(ョ)ナリィ] 圈 革命の；画期的な, 革命的な.
the *Revolutionary* War
アメリカ独立戦争.

revolve 2級 [riválv リヴァルヴ || -vɔ́lv -ヴォルヴ] 動 ⾃ 回転する.
The earth *revolves* around the sun.
地球は太陽の周りを公転する (▶ revolve around より も go around, move around のほうがくだけた言い方).

revolver [riválvər リヴァルヴァ || -vɔ́lvə -ヴォルヴァ] 图 リボルバー (回転式連発ピストル).

five hundred and ninety-nine **599**

reward ▶

reward [2級] [riwɔ́ːrd リウォード] 图 お礼；報酬；報い；ほうび；(警察の)懸賞金．
── 動 他 …にお礼する；…に報いる．

rewrite [riːráit リーライト] 動 (過去) rewrote (過分) rewritten (ing) rewriting 他 …を書き直す，書き換える．

Rhine [rain ライン] 图 [the をつけて] ライン川 (スイスに発し，ドイツ・オランダを流れて北海に注ぐ)．

rhino [ráinou ライノウ] (h は発音しない) 图 (複数) rhinos [-z] (口語) (動物) サイ (▶ rhinoceros の略)．

rhinoceros [rainás(ə)rəs ライナスラス ‖ -nɔ́s- -ノス-] (h は発音しない) 图 (動物) サイ (▶話し言葉では rhino という)．

Rhode Island [ròud áilənd ロウド アイランド] 图 ロードアイランド州 (アメリカ北東部にあるいちばん小さな州；略語は RI または R.I.)．

rhyme [raim ライム] (h は発音しない) 图
1 韻(をふむこと) (▶詩で行末の音を他の行末の音と一致させること)．

> **ⓘ 参考** 韻の例
> Rain, rain, go away.
> Come again another day,
> Little Johnny wants to play.
> (雨，雨，飛んでいけ / またいつかおいで / ジョニーちゃんは遊びたい)
> (▶行末の away, day, play の [ei] の音が一致している (『マザーグース』より))．

2 詩；詩歌．
a nursery *rhyme* 童謡，わらべ歌．

rhythm [2級] [ríðm リズム] (はじめの h は発音しない) 图 リズム，調子．
We danced to the *rhythm*.
私たちはリズムに合わせて踊った．
keep *rhythm* with the song
歌に合わせてリズムを刻む．

rhythmic [ríðmik リズミク] 形 調子のよい；リズミカルな．
rhythmic gymnastics 新体操．

rhythmical [ríðmikəl リズミカル] 形 調子のよい；リズミカルな (= rhythmic)．

RI, R.I. (略) = Rhode Island (ロードアイランド州)

rib [rib リブ] 图 ろっ骨，あばら骨；[しばしば複数形で] あばら肉，リブ (ロース)．

ribbon [ríbən リボン] 图 リボン．
Her hair was tied with a *ribbon*.
彼女の髪はリボンでゆわえてあった．

rice [5級] 图 米，ごはん

[rais ライス] (フォニックス50) i は [ai] と発音する．
图 **米**，ごはん，めし，ライス；(植物) イネ (▶ a をつけず，複数形なし)．

イネ　　米

ごはん

(▶すべて rice という．)

grow *rice* 米をつくる．
a *rice* ball おにぎり．
a *rice* cake もち．
a *rice* cracker せんべい．
a *rice* cooker 炊飯器．
cook *rice* ごはんをたく．
rice-planting 田植え．
Which do you have for breakfast, *rice* or toast?
朝食はごはんですか，トーストですか．

> ✎ ライティング
> I eat *rice* every day.
> 私は毎日，米 [ごはん] を食べます．

> 📖 背景 西洋では米は主食ではなく，料理の一材料として利用される．米は多産の象徴とされ，結婚式の参列者が新郎新婦にふりかけて祝ったりする．

rice field [ráis fìːld] 图 水田，稲田 (= paddy field, rice paddy)．

rice paddy [ráis pædi パディ] 图 水田，稲田 (= paddy field, rice field)．

600 six hundred

◀ rides

rich 4級 形 金持ちの

[rítʃ リッチ] フォニックス26 ch は [tʃ] と発音する.
形 (比較) **richer**; (最上) **richest**) **1 金持ちの**, 富んだ (反) poor 貧乏な.

rich

poor

He became *rich*. 彼は金持ちになった.
the *rich* and the poor 金持ちと貧乏人 (▶ the rich で「お金持ち(全体)」(= rich people) という意味.「the + 形容詞」で「…な人(全体)」を表す).

2 豊かな, 豊富な; **(be rich in で)** …が豊富である; (土地が)肥えている, 肥沃な;(食物が)栄養を多くふくんだ; 油っこい.
Lemons *are rich in* vitamin C.
レモンはビタミンCが豊富だ.
The plains have *rich* soil.
その平野は土壌が肥えている.

3 (宝石・衣服などが) 高価な.
She was wearing a lot of *rich* jewelry.
彼女は高価な宝石をたくさん身につけていた.

Richard [rítʃərd リチャド] 名 リチャード (男性の名; 愛称は Dick).
richer [rítʃər リチァ] 形 rich (金持ちの) の比較級.
riches [rítʃiz リチィズ] 名 [複数あつかい] 富, 財宝.
richest [rítʃist リチェスト] 形 rich (金持ちの) の最上級.
rickshaw [ríkʃɔː リクショー] (<日本語>) 名 人力車.
rid [ríd リッド] 動 (過去)(過分) rid または ridded [-id]; (ing) ridding) 他 (**rid ~ of ... で**) ~から (やっかいなもの) をとり除く.
He *rid* the town *of* rats.
彼は町からネズミを追い払った.

get rid of (やっかいなもの) をとり除く.
Why don't you *get rid of* these old magazines?
この古い雑誌, 処分したら?

ridden [rídn リドゥン] 動 ride (乗る) の過去分詞.
riddle [rídl リドゥル] 名 なぞ, なぞなぞ; なぞめいた人 [物, こと].
solve a *riddle*
なぞを解く.

ride 5級 動 (…に) 乗る 名 乗ること

[ráid ライド] フォニックス50 i は [ai] と発音する.
動 (3単現) **rides** [-dz ヅ]; (過去) **rode** [róud ロウド]; (過分) **ridden** [rídn リドゥン]; (ing) **riding**) 自 (馬・乗り物に) **乗る**, 乗っていく.
ride on a bike
自転車に乗る.
I *rode* on the school bus.
スクールバスに乗った.

> 💬用法 ride のあとの前置詞
> 乗用車・タクシー・エレベーターのように「…の中に」の感じの乗り物の場合にはふつう in を使うが, その他の乗り物には in も on も使う.

── 他 (馬・乗り物) **に乗る**, 乗っていく.
I *rode* my bike to my friend's house.
友だちの家まで自転車で行った.
He loves *riding* his horse on the beach.
彼は海辺で馬に乗るのが大好きだ.

── 名 (複数) **rides** [-dz ヅ] (馬・乗り物などに) **乗ること**; (遊園地などの) 乗り物.
Let's go for a *ride*.
(馬・自転車・バイクなどに) 乗って出かけよう.
It's a thirty-minute train *ride* to Yokohama.
横浜まで電車で 30 分です.

> 🗣スピーキング
> Ⓐ Could you give me a *ride* home?
> 家まで車で送ってもらえますか?
> Ⓑ Sure.
> いいですよ.

rider 準2 [ráidər ライダァ] 名 (馬・自転車・バイクなどに) 乗る人.
rides [ráidz ライヅ] 動 ride (乗る) の3人称単数現在形.

six hundred and one 601

ridge ▶

── 图 ride (乗ること) の複数形.

ridge [ridʒ リッヂ] 图 山の背, 尾根; 山脈; 隆起 (した線), (畑の) うね.

ridiculous [ridíkjuləs リディキュラス] 形 ばかげた, ばかばかしい.

riding [ráidiŋ ライディング] 動 ride (乗る) の -ing 形.

── 图 乗馬, 乗車.

rifle [ráifl ライフル] 图 ライフル銃.

right
5級 形 右の, 正しい
副 右に 图 権利

[rait ライト] フォニックス36 gh は発音しない.

left 左の　right 右の

wrong まちがった　right 正しい

形 (比較) **more right** しばしば **righter**; (最上) **most right** しばしば **rightest**) **1 右の**, 右側の (反 left 左の).
Put up your *right* hand. 右手をあげて.
The shop is on the *right* side of the street. その店は通りの右側にある.
2 (答え・考え・事などが) **正しい**, 正確な; (行動などが) (道徳的に) **正しい**, 正当な (反 wrong まちがった).
That's the *right* answer.
それが正解です.
You are *right*.
きみの言うとおりだ (=きみの言っていることは正しい).
Is this the *right* train to Shinjuku?
新宿にはこの電車でいいですか.

🗨 スピーキング
Ⓐ Your brother is a college student, isn't he?
きみのお兄さんは大学生でしょう?
Ⓑ *That's right.*
そうです.

You're going tomorrow, *right*?
あす行くんでしょう? (▶ 文末につけて同意や確認を求めるくだけた言い方.「…でしょ, …だよね」のように訳す).

3 適当な, 適切な, いちばんふさわしい.
I couldn't find the *right* words.
ぴったりのことばが見つからなかった.
Now isn't the *right* time.
いまはそういう時期ではない.
She is the *right* person for the job.
彼女はその仕事の適任者だ.

── 副 **1 右に** (反 left 左に).
Turn *right* at the first corner. 最初の角を右に曲がってください (▶ Turn to the right at the first corner. ともいう).
2 正しく, まちがいなく, 正確に (同 correctly; 反 wrong 誤って).
Behave *right*. 正しくふるまいなさい.
3 [あとにくる語を強めて] **ちょうど** (同 just); **すぐに**.
She was standing *right* next to me.
彼女はちょうど私の隣に立っていた.
I'll be *right* back. すぐにもどります.
4 まっすぐに.
Go *right* home. まっすぐ家に帰りなさい.
Go *right* ahead.
(道案内などで) まっすぐ進みなさい.

all right よろしい. → all
Keep Right (= *Keep to the Right*)
(掲示) 右側通行 (アメリカでは自動車は右側通行)

right away = **right off** すぐに, ただちに (▶ at once とくらべるとくだけた言い方).
I'll leave *right away*. すぐに出かけます.

right now いますぐに; ただいまは.
I'm coming down *right now*.
いますぐ降りていきます.

── 图 (複数 **rights** [-ts ツ]) **1 右**, 右側 (反 left 左) (▶ a をつけず, 複数形なし); (野球) ライト.
Turn to the *right* after you pass the hotel.
ホテルを過ぎたところで右に曲がってください

◀ **rise**

(▶ turn to the right は turn right ともいう).
on your *right* 右側に.
2 (道徳的に) **正しいこと**, 正義；善 (⊗ wrong 悪).
There is no *right* or wrong.
正しいとか正しくないの問題ではない.
3 **権利** (⊗ duty 義務)；正当な理由, 正当な要求.
human *rights* 人権.
the *right* to vote 選挙権.
[同音語] write (…を書く)

right-handed [ràithǽndid ライトゥハンデド] 形 右ききの.

rightly [ráitli ライトゥリィ] 副 正しく, 公正に.

rights [raits ライツ] 名 right (権利) の複数形.

rigid [rídʒid リヂド] 形 (物・体などが) 硬直した；(性格などが) 厳格な, がんこな.

rim [rim リム] 名 [ふつう the をつけて] (眼鏡・皿などの) 縁(ふち), へり.

ring¹ 4級 [riŋ リング]

名 (複数 rings [-z]) **1** **指輪**, リング.
She wore a beautiful diamond *ring*.
彼女はきれいなダイヤモンドの指輪をはめていた (▶「はめる・はずす」という動作は put on, take off で表す).
a wedding *ring* 結婚(けっこん)指輪.
an engagement *ring*
婚約指輪, エンゲージリング (▶×engage ring とはいわない).
2 **輪** (⊜ circle)；輪の形をしたもの.
We danced in a *ring*.
私たちは輪になって踊(おど)った (▶ dance in a circle ともいう).
a key *ring* キーホルダー
3 (ボクシングなどの) リング；(円形の) 競技場.
form a ring 輪をつくる；輪になる；(親指と人さし指で) 輪をつくる (▶ OK の意味を表す. → OK (図)).

ring² 3級 [riŋ リング]

動 (3単現 rings [-z]；過去 rang [ræŋ]；過分 rung [rʌŋ]；ing ringing) (自) (ベル・電話・鐘(かね)などが) **鳴る**.
The bell already *rang*.
(授業の) ベルはもう鳴ったよ.

My smartphone was *ringing*.
私のスマホが鳴っていた.

💬用法 「鳴っている」の言い方
「(玄関(げんかん)や電話の) ベルが鳴っている」というときは, The bell is *ringing*. よりも There's the bell! がふつう.

—(他) **1** (ベル・電話・鐘など) **を鳴らす**.
I *rang* the doorbell and his sister came to the door. 玄関のベルを鳴らすと, 彼の妹が玄関に出てきた.
2 (英)…に電話をかける (= (米) call).
ring back (英) (電話をかけてきた人) に電話をかけ返す (= (米) call back).
ring off (英) 電話を切る.
ring up (英)…に電話をかける (= (米) call up).
—— 名 (複数 rings [-z]) (ベル・電話などの) **鳴る音**, ひびき；(ベルなどを) 鳴らすこと；[a をつけて] (英口語) **電話** (をかけること).
the *ring* of the phone 電話の鳴る音.

rink [riŋk リンク] 名 スケートリンク, アイススケート場, ローラースケート場.

rinse [rins リンス] 動 (他) …をすすぐ,ゆすぐ.
rinse my mouth with water
水で自分の口をすすぐ.
—— 名 すすぎ, ゆすぎ；ヘアリンス.

Rio de Janeiro [ríːou dei ʒəné(ə)rou リーオウ デイ ジャネ(ア)ロウ] 名 リオデジャネイロ (ブラジルの旧首都で海港；この地で開かれるカーニバルは世界的に有名).
the *Rio* Carnival リオのカーニバル.

riot [ráiət ライアト] 名 暴動, 騒動(そうどう).
—— 動 (自) 暴動を起こす, 暴動に加わる.

ripe [raip ライプ] 形 (果物などが) 熟した, 実った；(穀物が) 実った.
ripe fruit 熟した果物.
This melon is *ripe*.
このメロンは熟している.

ripple [rípl リプル] 名 さざ波；さざ波の音；(笑いなどの) さざめき.
—— 動 (他) (湖面など) にさざ波を立てる.
—— (自) (水面が) さざ波を立てる；(小川の水などが) サラサラ流れる.

rise 3級 動 のぼる, 上がる

[raiz ライズ] フォニックス50 i は [ai] と発音する.

six hundred and three **603**

risen ▶

[動] (3単現) **rises**[-iz] ; [過去] **rose**[rouz ロウズ] ; [過分] **risen**[rízn リズン] ; [ing] **rising** [自] **1** (太陽・月などが) **のぼる** (反) set 沈む ; (煙などが) **上がる** ; (気温・価格などが) **上がる** (反) fall 下がる ; (山・建物などが) (高く) そびえる.

rise　　　　set

The sun *rises* in the east.
太陽は東からのぼる (▶ rises ˣfrom the east とはいわない).
Smoke was *rising* from the volcano. 火山から煙がたちのぼっていた.

> 🗣 プレゼン
> The average annual temperature is *rising* every year.
> 年間平均気温は毎年上昇しています.

2 立ち上がる (▶ふつうは stand up を使う) ; 起床する, 起きる (▶ふつうは get up を使う).
All *rise*. 全員起立.
── [名] (複数) **rises**[-iz] **上がること**, (気温・価格などの) **上昇** (反) fall 下落 ; (地位などの) 昇進 ; 台頭, 隆盛.
a *rise* in the cost of living
生活費の上昇.

risen [rízn リズン] (発音注意) [動] rise (のぼる) の過去分詞.

riser [ráizər ライザァ] [名] [early または late をともなって] 起きる人.
an early *riser* 早起きの人.
a late *riser* 遅く起きる人, 朝寝坊.

rises [ráiziz ライズィズ] [動] rise (のぼる) の3人称単数現在形.

rising [ráiziŋ ライズィング] [動] rise (のぼる) の -ing 形.
── [形] 上がる, のぼる.
the *rising* sun のぼる太陽, 朝日.
── [名] 上昇 ; 起きること.
early *rising* 早起き.

risk [risk リスク] [名] 危険, リスク ; 冒険.
take a *risk* 危険をおかす.
at the risk of …の危険をおかして, …

の危険を覚悟の上で.
He jumped into the river to save the drowning girl *at the risk of* his life.
彼はおぼれている少女を助けようと命がけで川に飛びこんだ.
── [動] 他 (命など) をかける.

rival [2級] [ráivəl ライヴァル] [名] 競争相手, ライバル.

river [5級] [名] 川

[rívər リヴァ]
[名] (複数) **rivers**[-z] (比較的大きい) **川**.

> ✏ ライティング
> I went fishing in the *river* last Sunday.
> 私はこの前の日曜日に川へつりに行きました (▶ to the river とはいわない).

the Mississippi (*River*) ミシシッピ川.
The (*River*) Thames runs through London.
テムズ川はロンドンを流れる.

> 📖 文法　the ＋ 川の名
> 川の名には the をつける. (米) では River を名前のあとに, (英) では名前の前につけるが, どちらも省略することも多い.

> 💬 用法　river と stream と brook
> river は比較的大きな川をさす. stream は river より小さな「小川, 流れ」をさし, brook は stream より小さな流れをさす.

riverside [rívərsaid リヴァサイド] [名] [the をつけて] 川岸, 川辺.

road [4級] [roud ロウド] フォニックス68 oa は [ou] と発音する.

[名] (複数) **roads**[-dz ヅ] **1 道路**, 道, 街道 (▶市街地の店や住宅の立ち並ぶ道路は street という).
Our car was going along the *road*.
私たちの車はその道路を走っていた.
Don't run into the *road*.
道路にとび出しちゃだめよ.
a main *road* 幹線道路.
a *road* map (自動車用の) 道路地図.

a *road* sign 道路標識.

「通行止め」の標識.

2 [**Road** で] …通り, …街 (▶略語は Rd.).
We live at 39 Forest *Road*.
私たちはフォレスト通り39番地に住んでいます.
3 [比喩的に] (…にいたる) 道, 手段, 方法.
the *road* to success 成功への道.
There is no royal *road* to learning.
(ことわざ) 学問に王道なし (▶「学問には楽に習得できるような方法はない」という意味).

> 💬用法 **road** と **street** と **path** と **way**
> **road** は車の通る大きな道で, ふつう都市と都市, 村と村のようにはなれた地域を結ぶ道路をいう. **street** は建物や商店などが並ぶ市内の通りをいう. **path** は野原や公園などの車が通らない小道をいう. **way** は道路というより, 抽象的な意味での「道」とか, ある場所から別の場所へ行く「通路」をさす.

カリフォルニア州の national road (国道).

[同音語] rode (ride (乗る) の過去形)

roadside [róudsaid ロウドゥサイド] 名 [the をつけて] 道端.
road sign [róud sàin] 名 道路標識.
roar [rɔːr ロー(ァ)] 動 (自) (ライオンなどが) ほえる; 大声をあげる, わめく.
The lion *roared*. ライオンがほえた.
── 名 ほえる声; 大声, どなり声; とどろき.
roast 2級 [roust ロウスト] 動 他 (肉など) を (オーブン・じか火で) 焼く, あぶる, ロー

ストする; (豆など) をいる. → cook (図)
── 自 (肉などが) 焼ける.
── 名 大きな焼き肉の切り身; 焼き肉.
── 形 焼いた, あぶった.
roast beef ローストビーフ.

rob 2級 [rab ラブ‖rɔb ロブ] 動 (過去) (過分) **robbed** [-d] (ing) **robbing**) 他 (**rob + 人 など + of + 物**) (人など) から (物) をうばう (▶ rob はしばしば「暴力を使ってうばう」意味に使い, steal は「こっそりぬすむ」意味に使う). → steal
Someone *robbed* her *of* money and jewelry. (＝ She was *robbed of* money and jewelry (by someone).)
何者かが彼女の現金と宝石をうばった.

robber [rábər ラバァ‖rɔ́bə ロバ] 名 強盗, どろぼう (▶ thief が「こそどろ」の感じをふくむのに対し, robber は「暴力やおどしで金品をうばう強盗」をいう).
a bank *robber* 銀行強盗.

robbery [ráb(ə)ri ラバリィ‖rɔ́b- ロバ-] 名 強盗行為; 強盗事件; 強盗罪.
armed *robbery* 武装強盗 (罪).

robe [roub ロウブ] 名 **1** ゆったりとした長い上着 (▶バスローブなどもさす).
2 [しばしば複数形で] (裁判官などの) 礼服, 式服.

Robert [rábərt ラバト‖rɔ́b- ロバ-] 名 ロバート (男性の名).

Robin [rábin ラビン‖rɔ́bin ロビン] 名 ロビン (男性の名; Robert の愛称).

robin [rábin ラビン‖rɔ́bin ロビン] 名 (鳥) (英) コマドリ, (米) コマツグミ.

> 🌐背景 コマドリは胸が赤く鳴き声が美しいイギリスの国鳥. イギリス人は昔からこの小鳥を愛し, 他国でも胸の赤い鳥を見つけると robin と名づけ, 故郷をしのんだ. アメリカのコマツグミはその一例. → bird (図)

Robin Hood [rábin hùd ラビン フッド‖rɔ́bin húd ロビン フッド] 名 ロビン・フッド (イギリスの伝説上の人物; 緑色の服を着て森に住む盗賊で, 弱い者の味方をしたとされる).

robot 3級 [róubət ロウバット‖-bɔt -ボト] 名 (複数) **robots** [-ts ツ] ロボット; 機械的に行動する人.
This *robot* walks like a human.
このロボットは人間のように歩行する.

robotics

> 背景 チェコの劇作家カレル・チャペック (1890-1938) がチェコ語の *robota* (強制労働) からつくった造語.

robotics [roubátiks ロウバティクス ‖ -bɔ́t- -ボティ-] 图 [単数あつかい] ロボット工学.

rock¹ 4級 [rak ラック ‖ rɔk ロック]
フォニックス㉗ ck は [k] と発音する.

图 (複数 rocks [-s]) 岩, 岩壁_{がんぺき}; 岩石; (米) 石 (同 stone).
He climbed up the steep *rock* wall.
彼はけわしい岩壁をよじ登った.
The lighthouse stands on *rocks*.
灯台は岩場の上に立っている. → 形 rocky

rock² [rak ラック ‖ rɔk ロック] 動 (自) (前後・左右に) ゆれる, ゆれ動く.
—— (他) …をゆらす, ゆり動かす.
—— 图 (音楽の) ロック (= rock music), ロックンロール (= rock'n'roll); ゆれ.
I like *rock* better than jazz.
ぼくはジャズよりもロックが好きだ.

rock climbing, rock-climbing [rák ‖ rɔ́k klàimiŋ] 图 岩登り, ロッククライミング.

rocket 準2 [rákit ラケト ‖ rɔ́kit ロケト] 图 ロケット.
launch a *rocket* ロケットを打ち上げる.

Rockies [rákiz ラキズ ‖ rɔ́kiz ロキズ] 图 [the をつけて] ロッキー山脈 (= the Rocky Mountains).

rocking chair [rákiŋ ‖ rɔ́kiŋ tʃèər] 图 揺りいす, ロッキングチェア.

rocking horse [rákiŋ ‖ rɔ́kiŋ hɔ̀ːrs] 图 (子どもが乗る) 揺り木馬.

rock'n'roll [rák(ə)nróul ラクンロウル ‖ rɔ́k(ə)n- ロクン-] 图 [音楽] ロックンロール (▶ *rock* and *roll* の略).

rocky [ráki ラキィ ‖ rɔ́ki ロキィ] 形 (比較 **rockier** 最上 **rockiest**) 岩の多い; 岩でできている. → 图 rock¹

Rocky Mountains [ráki ‖ rɔ́ki máunt(ə)nz] 图 [the をつけて] ロッキー山脈 (北アメリカ西部の大山脈; 単に the Rockies ともいう).

rod [rad ラッド ‖ rɔd ロッド] 图 (木製・金属製などの) 棒, さお; つりざお.
a fishing *rod* つりざお.

rode 4級 [roud ロウド]

動 ride (乗る) の過去形.
[同音語] road (道路)

rodeo [róudiou ロウディオウ] 图 (複数 **rodeos** [-z]) ロデオ (アメリカ西部でカウボーイが行う競技会; あばれ馬や牛に乗ったり, 投げなわで牛をとらえたりして, 牧童としての技を競う). → cowboy

role 準2 [roul ロウル] 图 (映画・演劇などの) 役 (同 part); 役目, 役割.
play the *role* of Hamlet
ハムレット役を演じる.
the leading *role* 主役
[同音語] roll (ころがる)

role model [róul màdl ‖ mɔ̀dl] 图 模範_{はん}となる人, お手本, ロールモデル.

role-play, role play [róulplèi ロウルプレイ] 图 役割演技 (別の人物を演じること), ロールプレー; (語学学習の) 役割練習 (= role-playing).
—— 動 (自) ロールプレーをする.

roll 準2 [roul ロウル]
動 (自) 1 (ボールなどが) ころがる; (車・列車など車輪のついたものが) 進む.
The ball *rolled* into the river.
ボールはころがって川に落ちた.
2 (船・飛行機などが) 横ゆれする (対 pitch 縦ゆれする).
3 (雷_{かみなり}・太鼓_{たいこ}などが) ゴロゴロ鳴る, とどろく.
Thunder *rolled* in the distance.
遠方で雷がゴロゴロ鳴った.
—— (他) 1 …をころがす, ころがして運ぶ.
He *rolled* the tire to the car.
彼はタイヤを車の所までころがしていった.
2 …を巻く; (そでなど) をまくり上げる.
He *rolled* up the sleeves to his elbows. 彼はひじまでそでをまくり上げた.
—— 图 1 (筒_{つつ}状に) 巻いたもの; (**a roll of** で) …1本, …1巻き.

606 six hundred and six

a roll of toilet paper
トイレットペーパー1巻き.
2 ロールパン. → **bread**
3 名簿;出席簿;(雷・太鼓の)とどろき;(船・飛行機などの)横ゆれ.
The teacher started to call the *roll*.
先生は出席をとりはじめた.
[同音語] role (役)

roller [róulər ロウラァ] 图 ローラー(地ならし・印刷・ペンキぬりなどに使う);ころがるもの.

roller coaster [róulər kòustər] 图 (遊園地などにある)ジェットコースター(▶単に coaster ともいう;*jet coaster は和製英語).

roller skate [róulər skèit] 图 [ふつう複数形で]ローラースケートぐつ.

roller-skate [róulərskèit ロウラァスケイト] 動 国 ローラースケートをする.

roller skating [róulər skèitiŋ] 图 (運動としての)ローラースケート.

ROM [rɑm ラム ‖ rɔm ロム] 图 《コンピューター》ロム, 読み出し専用メモリ(▶ read-only memory の略).

Roman [róumən ロウマン] 形 ローマの;古代ローマ人の;(現代の)ローマ人の.
the *Roman* Empire
ローマ帝国(紀元前27年に建設され, 395年に東西に分裂した).
— 图 古代ローマ人;(現代の)ローマ市民.

romance [ro(u)mǽns ロ(ウ)マンス] 图
1 恋愛, ロマンス.
2 恋愛小説, 恋愛映画;空想小説, 冒険小説;中世騎士の物語.

Romania [rouméiniə ロウメイニア] 图 ルーマニア(欧州南東部の共和国;首都はブカレスト(Bucharest)).

romantic 準2 [ro(u)mǽntik ロ(ウ)マンティク] 形 ロマンチックな;空想的な;恋愛の;(映画・小説などが)恋愛ものの.

Rome [roum ロウム] 图 ローマ(イタリアの首都;古代ローマ帝国の首都).
All roads lead to *Rome*.
《ことわざ》すべての道はローマに通ず[同じ目的を達するにも方法はいろいろある].
When in *Rome* do as the Romans do.《ことわざ》ローマではローマ人のするようにせよ=郷に入っては郷に従え.

Romeo [róumiou ロウミオウ] 图 ロミオ(シェークスピア作の悲劇『ロミオとジュリエット』(*Romeo and Juliet*)の主人公).

roof [ru:f ルーフ] フォニックス71 oo は [u:] と発音する.
图 (複数) roofs [-s] **1** 屋根;(ビルの)屋上.
The cat climbed up onto the *roof*.
ネコは屋根に上がった.
a *roof* parking lot 屋上駐車場.
2 (洞窟・車などの)天井(▶部屋の天井は ceiling).

rooibos [rɔ́ibɑs ロイバス] 图 ルイボス(マメ科の植物).
rooibos tea ルイボスティー

rookie [rúki ルキィ] 图 《米》《野球》新人選手, ルーキー.

room 5級 图 部屋

[ru(:)m ル(ー)ム]
图 (複数) rooms [-z] **1** 部屋, …室.
My house has seven *rooms*.
私の家は7部屋ある.
a large *room* 広い部屋(▶ a wide room とすると,「幅の広い部屋」の意味になる).
a small *room* せまい部屋(▶ a narrow room とすると,「幅のせまい部屋」の意味になる).
"Where's Lisa?" "She's in her *room*."
「リサはどこ?」「自分の部屋だよ」
Go to your *room*.
自分の部屋に行って(反省し)なさい(▶親が子どもをしかるときのことば).

🗣スピーキング

Ⓐ Do you have a *room* for tonight?
今晩部屋は空いていますか.

Ⓑ I'm sorry all the *rooms* are occupied.
あいにく満室です.

room のつく語のいろいろ

- a living room 居間, リビング.
- a bathroom 浴室 (▶トイレもかねているのがふつう).
- a bedroom 寝室.
- a dining room (家の) 食堂, ダイニング (▶ kitchen (台所) と兼用の家も多い. dining kitchen は和製英語).
- a restroom (米) (公共の場所の)トイレ (▶ bathroom を使うときもある).
- a hotel room ホテルの部屋.
- a dressing [fitting] room 試着室.
- a waiting room 待合室.
- a classroom 教室.
- (a) homeroom (米) ホームルーム.
- a sickroom 病室; 保健室.
- a locker room ロッカールーム.
- a playroom (子ども用の) 遊戯室.

2 (人・物などの占める) **場所**, 空間 (同 space); **余地** (▶ a をつけず, 複数形なし). This table takes up too much *room*.
このテーブルは場所をとりすぎる.
There is no *room* for doubt.
疑う余地はない.

make room for …に場所を空ける.
Can you *make room for* me?
ちょっと席をつめてくれる？

roommate [rú(ː)mmeit ル(ー)ムメイト] 名 (寮などで) 同じ部屋の人, ルームメート.

Roosevelt [róuzəvelt ロウズヴェルト] (発音注意) 名 ローズベルト.

1 Franklin Delano (1882-1945; アメリカ第 32 代大統領: 1933-45).

2 Theodore (1858-1919; アメリカ第 26 代大統領: 1901-09).

rooster [rúːstər ルースタァ] 名 (米) (ニワトリの) おんどり (= (英) cock) (▶めんどりは hen). → chicken

ⓘ参考 おんどりの鳴き声は cock-a-doodle-doo (コケコッコー).

root[1] [ruːt ルート] 名 **1** (植物の) 根; (髪・歯・指などの) つけ根, 根もと.
root vegetables
(野菜の) 根菜類.
the *root* of a hair 毛根.
2 [ふつう the をつけて] (問題などの) 根源, 原因; [複数形で] (人の) ルーツ, 起源.
search for my family's *roots*
わが家のルーツをさぐる.
3 (数学) 根, ルート (記号は√).
a square *root* 平方根.
── 動 他 …を根づかせる.
── 自 根づく.
[同音語] route (道筋)

root[2] [ruːt ルート] 動 自 (**root for** で) (米

① study room 仕事部屋 　② bedroom 寝室 　③ bathroom 浴室

④ living room 居間 　⑤ dining room 食堂 　⑥ kitchen 台所

◀ **round**

《口語》(チームなど)を応援する.
Which baseball team do you *root for*? どの野球チームを応援しているの？
[同音語] route (道筋など)

rope [roup ロウプ] 图 ロープ, 綱, なわ (▶ string, cord よりも太くてじょうぶなものをさす). → string
We tied the *rope* to the boat.
私たちはボートにロープをつないだ.

ropeway [róupwei ロウプウェイ] 图 (おもに貨物を運ぶ) ロープウエー. → cable car

rose[1] [5級] [rouz ロウズ] 图 バラ, バラの花.
Roses smell sweet.
バラはいい香りがする.

━━━━━━━━━━━━━━━━━━
📖背景 バラはユリ (lily) とならんで花の代表とされ, その美しさと香りから「花の女王」とよばれる. イングランドの国花でもあり, イギリスではバラづくりを趣味とする人が多い. → flower (図)
━━━━━━━━━━━━━━━━━━

rose[2] [rouz ロウズ] 動 rise (のぼる) の過去形.

rosy [róuzi ロウズィ] 形 **1** バラ色の, (ほおなどが) 赤らんだ, 血色のよい.
2 [比喩的に] (前途などが) 明るい, 有望な.

rot [rɑt ラット∥rɔt ロット] 動 (過去・過分 **rotted** [-id] ; ing **rotting**) 圁 くさる, 腐敗する.
━━ 他 …をくさらせる, 腐敗させる.

rotary [róutəri ロウタリィ] 图 ロータリー, 環状交差点 (=《米》traffic circle,《英》roundabout).

rotate [róuteit ロウテイト∥routéit ロウテイト] 動 圁 (軸などを中心に) 回転する ; (天体が) 自転する ; 循環する ; (輪番式に) 交代する.
━━ 他 …を回転させる ; (人) をローテーションで交代させる.

rotten [rátn ラットゥン∥rɔ́tn ロットゥン] 形 (比較 **rottener** ; 最上 **rottenest**) (食べ物などが) くさった, (木などが) 朽ちた.

rough [準2] [rʌf ラフ] (発音注意) 形
1 (表面・きめが) あらい, ざらざらの, でこぼこした (反 smooth なめらかな).
rough skin ざらざらの皮ふ.
a *rough* road でこぼこ道.
2 (人・行動などが) 乱暴な, あらっぽい (反 gentle おだやかな) ; 粗野な, 不作法な.
rough manners 不作法.
3 おおざっぱな, だいたいの, おおよその.

a *rough* sketch ラフスケッチ, 素描など.

roughly [rʌ́fli ラフリィ] 副 おおよそ, ざっと ; 手荒あらく, 乱暴に.

round [準2] [raund ラウンド]
フォニックス72 ou は [au] と発音する.

形 (比較 **rounder** ; 最上 **roundest**) **1** 丸い, 円形の, 球形の (▶「四角い」は square).
a *round* table 丸いテーブル.
a *round* post 円柱.
He has a *round* face. 彼は丸顔だ.
The earth is *round*. 地球は丸い.
2 1 周の.
a *round* trip 《米》往復旅行 (=《英》return trip) ;《英》周遊旅行.

━━ 图 (複数 **rounds** [-dz ズ]) **1** (一連の交渉などの) 一区切り, 1 回 ; (同じことの) くり返し ; 回転 ; (仕事でまわる) 巡回 ; (医者の) 回診.
the *round* of the seasons
四季のめぐり (▶詩的な言い方).
2 (ボクシング・ゴルフなどの) 1 ラウンド ; (競技会・トーナメント戦などの) …回戦.
a *round* of golf ゴルフの 1 ラウンド.
3 円, 輪, 丸いもの.
The girls danced in a *round*.
女の子たちは輪になって踊った.

━━ 前 (▶ 前副 とも, ふつう《英》では round を,《米》では around を使う).
1 …のまわりに, …のまわりを.
Lots of girls gathered *round* the singer.
おおぜいの少女がその歌手のまわりに集まった.
The earth moves *round* the sun.
地球は太陽のまわりをまわっている.
2 …のあちこちに, …のあちこちを.
My aunt took me *round* Kyoto.
おばが京都を案内してくれた.

━━ 副 **1** ぐるりと, まわって ; まわりに ; 周囲が…で.
The earth turns *round* once every day.
地球は毎日 1 回転する.
Spring will come *round* again.
また春がめぐってきます.
This island is about ten miles *round*.
この島は周囲が約 10 マイルある.
2 あちこちに.

six hundred and nine 609

roundabout ▶

all (the) year round 一年中.
Here you can enjoy skiing *all year round*.
こちらでは一年中スキーが楽しめます.
── 動 (3単現 **rounds** [-dz ヅ]; 過去 過分 **rounded** [-id]; ing **rounding**) 他 (角・カーブ) をまわる; …を丸くする.
The car *rounded* the corner.
その車は角を曲がった.

roundabout [ráundəbaut ラウンダバウト] 名 (英) ロータリー, 環状交差点; メリーゴーラウンド.

rounders [ráundərz ラウンダァズ] 名 [単数あつかい] (英) ラウンダーズ (▶もとはイギリスで発達した野球に似た球技; 野球の前身といわれる).

round trip [ràund trip] 名 往復旅行(= (英) return trip).

round-trip [ràundtrip ラウンドゥトゥリップ] 形 (米) 往復 (旅行) の (反 one-way (切符が) 片道の.
a *round-trip* ticket
(米) 往復の切符(= (英) return (ticket)).

route [準2] [ru:t ルート, raut ラウト] (ou は例外的に [u:]と発音する) 名 道筋, 路線, 航路, 空路.
an air *route* 航空路.
U.S. *Route* 66 (米) 国道 66 号線.
[同音語] root¹·² (根, 応援する)

routine [ru:tí:n ルーティーン] 名 決まってすること, いつもすること, 日課.
daily *routine*
毎日すること, 日課.
── 形 決まってる, 日常の; 型にはまった.
routine work
決まりきった日常の仕事.

row¹ [準2] [rou ロウ] 名 (人・物の) 列, 並び; (劇場などの) 座席の列 (▶ふつう横に並んだ列をさす. 縦の列は line という).
a *row* of houses 家なみ.
the front *row* 最前列.
in a row 1 列に; 連続で.
The children stood *in a row* across the stage.
子どもたちは舞台に 1 列に並んだ.

row² [rou ロウ] 動 他自 (舟を) こぐ.
He *rowed* the boat toward shore.
彼は岸に向かって舟をこいだ.
── 名 こぐこと, ボートに乗ること.

go for a *row*
ボートに乗りに行く.

rowboat [róubout ロウボウト] 名 (米)(オールでこぐ) ボート (= (英) rowing boat).

Roy [rɔi ロイ] 名 ロイ (男性の名).

royal [3級] [rɔ́i(ə)l ロイ(ア)ル] 形 王の, 女王の; 王室の; (日本の) 皇室の.
the *royal* family
王室, 王家; 皇室.

RSVP, R.S.V.P. [á:rèsvi:pí: アーエスヴィーピー] (招待状などの末尾で) ご返事ください; 出欠をお知らせください (▶フランス語の *Répondez s'il vous plaît.* (= Reply if you please.) から).

rub [rʌb ラブ] 動 (過去 過分 **rubbed** [-d]; ing **rubbing**) 他 …をこする; …をみがく.
She was cold so she *rubbed* her hands.
彼女は寒くて手をこすり合わせた.

rubber [rʌ́bər ラバァ] 名 ゴム; (英) 消しゴム (= (米) eraser).
a *rubber* band 輪ゴム.

rubbish [rʌ́biʃ ラビシ] 名 (英) ごみ, くず, がらくた (= (米) garbage, trash).

ruby [rú:bi ルービィ] 名 (複数 **rubies** [-z]) (宝石の) ルビー.

rude [2級] [ru:d ルード] 形 失礼な, 無礼な, 不作法な, 礼儀知らずの, はしたない.
It is *rude* to stare at people.
じっと人を見つめるのは失礼なことだ.

rug [rʌg ラッグ] 名 (床の一部に敷く) 敷き物, じゅうたん, ラグ (▶部屋の床全体に敷きつめるものは carpet).

rugby [5級] [rʌ́gbi ラグビィ] 名 (スポーツ) ラグビー (▶正式には rugby football という. 大文字で Rugby ともつづる; a をつけず, 複数形なし).

> 📘背景 ロンドン北西のラグビー校 (Rugby School)で 1 人の少年が, サッカーの試合中にルールを無視してボールを持って走った. そこからこの球技が生まれ, 発祥校の名がつけられた.

rugged [rʌ́gid ラギド] (発音注意) 形 (比較 **more rugged** または **ruggeder**; 最上 **most rugged** または **ruggedest**) でこぼこの, 粗い, ざらざらした; ごつい.

ruin [2級] [rú:in ルーイン] 動 他 …をだめにする, だいなしにする; …を破滅させる.

610 six hundred and ten

a *ruined* building
廃墟となった建物.

── 图 荒廃; (身の) 破滅; 破産; [しばしば複数形で] 廃墟, 遺跡.

rule 3級 [ru:l ルール]

图 (複数 rules [-z]) **1 規則**, ルール, 規定, 決まり.
Drivers must obey the traffic *rules*.
ドライバーは交通規則を守らなければならない.
It's against the *rules*.
それはルール違反だ.
There is no *rule* without exceptions.
《ことわざ》例外のない規則はない.

> 🎤プレゼン
> I think school *rules* are necessary.
> 私は校則は必要だと思います.

2 支配 (▶ a をつけず, 複数形なし).
the *rule* of law 法の支配.
3 (個人・一家の) 習慣; (世間の) ならわし.
as a rule ふつうは, 一般的に言って.
As a rule, children like candy.
一般的に言って, 子どもはキャンディーが好きだ.
make it a rule to ... …することにしている.
She *makes it a rule* not *to* eat sweet and fatty foods. 彼女はあまいものと油っこいものは食べないことにしている.

── 動 (3単現 rules [-z]) (過去)(過分) ruled [-d]; (ing) ruling) 他 **…を支配する**, 統治する (同 govern).
The queen *ruled* the country for twenty years.
女王はその国を 20 年間治めた.
── 圓 **1 支配する**, 統治する.
At that time Queen Victoria *ruled* over the country.
当時はビクトリア女王が国を治めていた.
2 (裁判官が) 判決を下す, 裁決する.

ruler 4級 [rú:lər ルーラァ] 图 支配者, 統治者; 定規, ものさし.
Use your *ruler* and draw a line of 5cm.
定規を使って 5 センチの線をかいてください.

rumor 2級 [rú:mər ルーマァ] ▶ (英) では rumour とつづる. 图 うわさ.
All kinds of *rumors* are going around about her.
彼女についてはいろんなうわさが流れている.

run 5級 動 **走る, (川が) 流れる**

[rʌn ラン] フォニックス46 u は [ʌ] と発音する.

走る

運行する

流れる

動 (3単現 runs [-z]; (過去) ran [ræn ラン]; (過分) run; (ing) running) 圓 **1** (人・動物などが) **走る; 急いでいく.**
She *ran* as fast as she could.
彼女は全速力で走った.
I have to *run*. 急がなくっちゃ (▶急いで出なければならないときの決まり文句).
2 逃げる, 逃亡する.
He *ran* for his life.
彼は必死になって [命からがら] 逃げた.
Fire! Run! 火事だ! 逃げろ!
3 (電車・バスなどが) **運行する.**

> 🗣スピーキング
> 🅐 How often do the buses *run*?
> バスはどのくらいの頻度で運行していますか.
> 🅑 Every fifteen minutes.
> 15 分おきです.

The Tohoku Shinkansen *runs* between Tokyo and Aomori.
東北新幹線は東京―青森間を走る.
4 (川・液体が) **流れる**; (道が) 通じている.
The Tone (River) *runs* through the Kanto Plains. 利根川は関東平野を流れる.
My nose is *running*. 鼻水がとまらないよ.
The road *runs* along the lake.
その道は湖に沿って走っている.
5 (機械・エンジンなどが) **動く, 作動する;** (プログラムが) 動く.

run ▶

This clock doesn't *run* well.
この時計は調子が悪い.

6《おもに米》(選挙に) 出る，立候補する.
run for President 大統領に立候補する.

7(**run＋形容詞**で)**…になる** (▶ふつう悪い状態に使う).
The pond *ran* dry. 池は干上がった.

8(時間的に)続く；(事が)継続する；(映画が)上映される；(劇が)公演される.
The musical *ran* for eight months.
そのミュージカルは8か月間続演された.

——他 **1**(ある距離・道など)**を走る**；(動物・人)**を走らせる**.
We *ran* 10km along the riverbank.
川の土手を10キロ走った.
He *ran* his horse through the town.
彼は馬で町をかけぬけた.

2(会社・店など)**を経営する** (▶ふつう所有して経営している場合に使う. 単に経営を任されているときは manage を使う)；(業務など)**を管理する**；…を主催する.
He *runs* a restaurant nearby.
彼は近くでレストランを経営している.

3(機械)**を動かす**，作動させる；(エンジン)をかける；(プログラム)を実行する.
How do you *run* this program?
このプログラム，どうやって動かすの？

run across(道など)を走ってわたる；偶然(人)に出会う；偶然(物)を見つける.
I *ran across* him at the station yesterday. きのう駅で偶然彼に出会った.

run after **…を追いかける**.
My dog likes to *run after* a ball.
うちの犬はボールを追いかけるのが好きだ.

run around 走りまわる.
Don't *run around* in here.
この中では走りまわっちゃだめだよ.

run away **逃げる**，逃走する；家出する.
The man cried out and *ran away*.

男は悲鳴をあげて逃げた.

run down …をかけおりる；…を流れ落ちる.
He *ran down* the stairs and left the house. 彼は階段をかけおりて家を出た.
Tears *ran down* her cheeks.
なみだが彼女のほおを流れ落ちた.

run into …にぶつかる，…につっこむ；…にかけこむ；…に偶然出会う.
She *ran into* the classroom.
彼女は教室にかけこんだ.
I *ran into* my elementary school teacher today.
今日，小学校のときの先生にばったり会った.

run off 逃げる，走り去る.

run out (…が)なくなる (▶「なくなるもの」が主語にくる).
My phone battery is *running out*.
私の電話の電池がなくなりそうです.
Time is *running out*.
時間がなくなってきたよ.

run out of …がなくなる，…を使い果たす (▶人が主語にくる).
I *ran out of* battery.
電池がなくなりました.
We're *running out of* gas.
ガソリンがなくなってきたよ.

run over (車などが) **…をひく**；(容器・液体が)あふれる.
She was almost *run over* by a car.
彼女は車にひかれるところだった.

run up かけ上がる；(出費・借金など)を増やす，ためる；(旗など)を掲げる.

run up to …にかけよる.
The girl *ran up to* her mother.
その女の子は母親のもとにかけよった.

—— 名 《複数 **runs** [-z]》**1** 走ること；競走.
I go for a *run* every morning.
私は毎朝走っている.

🖊 単語力をつける **run** 「走る」などを表すことば

☐ **dash**	ダッシュする，勢いよく走る		☐ **run**	走る
☐ **hurry**	急いでいく，あわてる		☐ **rush**	急いでいく，突進する
☐ **jog**	ゆっくり走る，ジョギングする		☐ **skip**	スキップする
☐ **march**	行進する		☐ **walk**	歩く

the 1,500-meter *run* 1500メートル走.

2 [ふつう a をつけて] 連続；**(a run of** で)…の連続；(劇・映画などの) 連続公演.
We had *a run of* rainy weather.
雨天の日が続いた.

3 (野球・クリケットの) 得点.
a home *run* ホームラン (= homer).

in the long run 長い目で見れば，結局は.
In the long run, you'll be glad you did it. あとになってそうしてよかったと思うよ.

rung [rʌŋ ラング] 動 ring² (鳴る) の過去分詞.

runner 4級 [rʌ́nər ラナァ] 名 走る人；競走者，ランナー；(野球の) 走者.
a marathon *runner* マラソンランナー.

running 5級 [rʌ́niŋ ラニング] 動 run (走る) の -ing 形.
── 名 ランニング，走ること；競走；経営.
── 形 走っている，走るための；(水・鼻水などが) 流れている，流れる.
running water 流れる水；水道水.

runny [rʌ́ni ラニィ] 形 (比較 **runnier**；最上 **runniest**) (口語) 鼻水が出る；なみだが出る；(食べ物が) ふつうよりやわらかい，流れやすい.
I've had a *runny* nose since this morning. けさから鼻水が出ている.

runs [rʌnz ランズ] 動 run (走る) の3人称単数現在形.
── 名 run (走ること) の複数形.

runway [rʌ́nwei ランウェイ] 名 滑走路；《米》(ファッションショーの) 花道，ランウェイ (=《英》catwalk [kǽtwɔːk]).

rupee [rúːpi ルーピー ‖ ruːpíː ルーピー] 名 ルピー (インド・パキスタン・スリランカ・ネパールなどの貨幣単位).

rural [rú(ə)rəl ル(ア)ラル] 形 いなかの，田園の，農村の (反 urban 都市の).

rush 2級 [rʌʃ ラッシ] 動 自 **1** 急いでいく，急いでくる，勢いよく進む，突進する.
Tom *rushed* in with good news.
トムはよい知らせを持ってとびこんできた.
He *rushed* into the room.
彼は部屋へとびこんだ.

2 (**rush to ...** で) 急いで…する.
She *rushed to* call the doctor.
彼女は急いで医者に電話をした.
── 他 …を急いで連れていく；…を急がせる，せきたてる.
She was *rushed* to the hospital.
彼女は急いで病院に運ばれた.
Don't *rush* me, please.
せかさないでください.
── 名 急いでいくこと，急いでくること，突進；ラッシュ，殺到；せわしさ.
What's the *rush*? 何を急いでいるの？
the gold *rush* ゴールドラッシュ.

rush hour [rʌ́ʃ àuər] 名 ラッシュアワー (出勤・帰宅の交通が混雑する時間).

Rushmore [rʌ́ʃmɔːr ラシモー(ァ)] 名 ラシュモア山 (アメリカ中西部のサウスダコタ州にある山；ワシントン，ジェファソン，T・ローズベルト，リンカーンの顔が山腹に刻まれている).

Russia [rʌ́ʃə ラシァ] 名 ロシア (連邦)；ロシア帝国.

Russian [rʌ́ʃən ラシャン] 形 ロシアの；ロシア人の；ロシア語の.
── 名 ロシア人；ロシア語.

rust [rʌst ラスト] 名 さび.
── 動 自 さびる，さびつく；[比ゆ的に] 鈍る.

rustle [rʌ́sl ラスル] 動 自 サラサラと音をたてる，かさかさと鳴る.
── 名 [the / a をつけて] サラサラという音.

rusty [rʌ́sti ラスティ] 形 (比較 **rustier**；最上 **rustiest**) さびた，さびついた；[比ゆ的に] (腕・能力が) 使わないで鈍った，なまった.

rye [rai ライ] 名 ライムギ (黒パンやウイスキーの原料).

S, s ▶

Ss Ss Ss

S, S [es エス] 图 (複数 **S's, s's** [-iz] または **Ss, ss** [-iz] エス (アルファベットの 19 番目の文字)

S, S. (略) = south (南)

-s¹ [-s -ス, -z -ズ, -iz -イズ] 接尾 ▶名詞について，複数形をつくる.
I have lots of DVD**s**.
私は DVD をたくさん持っている.

✎文法 複数形のつくり方

大部分の語	-s をつける	dog**s**
s, x, ch, sh で終わる語	-es をつける	bench**es**
「子音字＋y」で終わる語	y を i にして -es をつける	cit**ies**
o で終わる語	-s または -es をつける	piano**s** potato**es**
f, fe で終わる語	f, fe を v にして -es (-s の場合もある)をつける	lea**ves** wi**ves** (例外：roofs)

◀発音 -s, -es の発音

[z], [ʒ], [dʒ], [s], [ʃ], [tʃ] のあと	[iz イズ] roses [ロウズィズ]
[z], [ʒ], [dʒ] 以外の有声音のあと	[z ズ] boys [ボイズ]
[s], [ʃ], [tʃ] 以外の無声音のあと	[s ス] books [ブックス]

ただし [t], [d] のあとでは [ts ツ], [dz ヅ] と 1 音のように発音する.

-s² [-s -ス, -z -ズ, -iz -イズ] 接尾 ▶(おもに米) 曜日や季節などを表す名詞について，「その期間に (いつも)」という意味を表す.
Meg plays tennis on Sunday**s**.
メグは日曜日にはいつもテニスをする.

-s³ [-s -ス, -z -ズ, -iz -イズ] 接尾 ▶動詞について，3人称単数現在形をつくる.
He work**s** hard.
彼はけんめいに働く.

✎文法 3人称単数現在形のつくり方

大部分の語	-s をつける	like**s**
s, x, ch, sh, o で終わる語	-es をつける	teach**es** go**es**
「子音字＋y」で終わる語	y を i にして -es をつける	stud**ies**

◀発音 -s, -es の発音

[z], [ʒ], [dʒ], [s], [ʃ], [tʃ] のあと	[iz イズ] washes [ワシィズ]
[z], [ʒ], [dʒ] 以外の有声音のあと	[z ズ] plays [プレイズ]
[s], [ʃ], [tʃ] 以外の無声音のあと	[s ス] speaks [スピークス]

ただし [t], [d] のあとでは [ts ツ], [dz ヅ] と 1 音のように発音する.

's [-s -ス, -z -ズ, -iz -イズ] (略) is, has の短縮形.
What**'s** (= What is) the matter?
どうしたの？
Maki**'s** (= Maki has) gone to London.
マキはロンドンへ行ってしまった (▶ 's の発音は -'s と同じ). → -'s

-'s [-s -ス, -z -ズ, -iz -イズ] 接尾 ▶人や生物を表す名詞について，所有格「…の」をつくる.
Mike**'s** bicycle マイクの自転車.
a boys**'** school 男子校 (▶ -s で終わる複数形の名詞には ' だけをつける).

◀発音 -'s の発音

[z], [ʒ], [dʒ], [s], [ʃ], [tʃ] のあと	[iz イズ] Alice's [アリスィズ]
[z], [ʒ], [dʒ] 以外の有声音のあと	[z ズ] dog's [ド(ー)グズ]
[s], [ʃ], [tʃ] 以外の無声音のあと	[s ス] Dick's [ディックス]

ただし [t], [d] のあとでは [ts ツ], [dz ヅ] と1音のように発音する.

$ [dɑ́lər(z) ダラァ(ズ)] (略) = dollar(s) (ドル) (▶アメリカ・カナダ・オーストラリアなどの貨

614 six hundred and fourteen

幣へい単位のドルを示す；数字の前につけて使う）．
$35.50 35ドル50セント（▶ thirty-five (dollars) fifty (cents) と読む）．

sack [sæk サック] 图 (とくにじょうぶな布や紙製の) 大袋；《米》(一般に) 袋, 買い物袋；1袋の量．
a grocery *sack*
(大きな) 買い物袋．
a *sack* of potatoes
ジャガイモ1袋．

sacred [séikrid セイクレド] (発音注意) 形 神聖な (同 holy).
a *sacred* book 聖典．
a *sacred* temple 神聖な寺院．

sacrifice 2級 [sǽkrəfais サクリファイス] 图 犠牲ぎせい (にするもの)；いけにえ (をささげること)；《野球》犠打．

sad 4級 形 悲しい

[sæd サッド]
形 (比較 sadder；最上 saddest) 1 (人が) **悲しい**, さびしい, がっかりした (反 happy 幸福な, glad うれしい).

sad

happy

🗣スピーキング
🅐 What's wrong? You look *sad*.
悲しそうだけど, どうしたの？
🅑 I'm just a little tired.
少しつかれているだけだよ．

Don't be so *sad*.
そんなに悲しまないで．
2 (表情が) **悲しそうな**；(話・物事などが) (人を) 悲しませる．
sad news 悲しい知らせ．
That is the *saddest* story I've ever heard. そんな悲しい話, 聞いたことがない．
→ 副 sadly

sadder [sǽdər サダァ] 形 sad (悲しい) の比較級．

saddest [sǽdist サデスト] 形 sad (悲しい) の最上級．

saddle [sǽdl サドゥル] 图 (馬の)くら；(自転車などの)サドル. → bicycle (図)

sadly [sǽdli サドゥリィ] 副 悲しそうに, 悲しげに；[文全体を修飾して] 残念なことに, 悲しいことに．
→ 形 sad

sadness [sǽdnis サドゥネス] 图 悲しみ (同 sorrow).

safari [səfáːri サファーリィ] 图 サファリ, (狩猟しゅりょう・探検などの) 遠征えんせい旅行．
go on *safari*
サファリに行く．

safari park [səfáːri pàːrk サファーリィパーク] 图 サファリパーク (放し飼いになっている動物が車の中から見られる自然動物園).

safe 3級 [seif セイフ] フォニックス48 a は [ei] と発音する.

形 (比較 safer; 最上 safest) 1 **安全な** (反 dangerous 危険な).
a *safe* place
安全な場所．
We'll be *safe* if we stay here.
ここにいれば私たちは安全だ．
Is it *safe* to walk here at night?
夜にここを歩いても安全ですか．

💬プレゼン
Japan is a *safe* country. It has one of the lowest crime rates in the world. 日本は安全な国です. 犯罪発生率が世界でもっとも低い国のひとつです.

2 **無事な**．
He came home *safe* and sound.
彼は無事に家にもどってきた．
3 《野球》セーフの (反 out アウトで).
→ 图 safety, 副 safely

── 图 (複数 safes [-s]) **金庫**．
*safe*cracking 金庫破り．

safebreaker [séifbreikər セイフブレイカァ] 图 《英》金庫破り専門のどろぼう．

safely [séifli セイフリィ] 副 安全に, 無事に．
→ 形 safe

safety 3級 [séifti セイフティ] 图 **安全** (反 danger 危険)；無事 (▶ a をつけず, 複数形なし).
Safety first. 安全第一 (▶危険防止の標語).
a *safety* pin 安全ピン．
a *safety* belt 安全ベルト (= seat belt).
→ 形 safe

Sahara ▶

Sahara [səhǽərə サハラ] 图 [the をつけて]
サハラ砂漠（アフリカ北部にある世界最大の砂漠；Sahara Desert ともいう）.

said 4級 [sed セッド] (発音注意)

動 say (…を言う) の過去・過去分詞.

sail 準2 [seil セイル] 图 (船の) 帆；帆船；[ふつう a をつけて] (短い) 帆走；航海.
a red *sail* 赤い帆.
There was not a *sail* in sight.
船は1せきも見えなかった.

set sail 出航する，出帆する.
They *set sail* for San Francisco.
彼らはサンフランシスコに向けて出航した.
── 動 (自) 帆で走る；(人・船が) 航海する；出航する，出帆する.
He *sailed* across the Pacific Ocean.
彼は太平洋を航海した.
── (他) (海など) を航行する，航海する；(船) を操縦する.
[同音語] sale (販売など)

sailboat 準2 [séilbout セイルボウト] 图
(米) (小型の) ヨット，帆船 (＝(英) sailing boat) (▶ yacht は大型でおもに船室を備えたものをいう). → yacht

sailing [séiliŋ セイリング] 图 航海 (術)；ヨット競技.

sailor [séilər セイラァ] 图 船員，船乗り；水兵 (▶ 陸軍の軍人は soldier).
He is a good *sailor*. 彼は船によわない (▶「船によう人」は a poor sailor という).

saint [seint セイント] 图 聖者，聖人；[Saint で] 聖… (▶聖者の名の前に置き，ふつう St. と略して使う).
St. Paul 聖パウロ.

Saint Valentine's Day [sèint vǽləntainz dèi] 图 聖バレンタインの祝日 (2月14日). → Valentine('s) Day

sake [seik セイク] 图 ため，利益，目的.
▶ふつう次のような連語で使う.

for heaven's sake 1 《口語》お願いだから，頼むから.
For heaven's sake, stop making that noise!
頼むからその不快な音を立てるのはやめてくれ！ (▶少し強い表現なので使う場面に注意).
2 [疑問文で] いったいどうして (▶いらだち・おどろきを表す).

for the sake of ＝ for ...'s sake …の

ために.
He worked hard *for the sake of* his family.
彼は家族のために一生けんめい働いた.

salad 5級 [sǽləd サラド]
图 (複数 **salads** [-dz ヅ]) **サラダ**.
make (a) *salad* サラダをつくる (▶×cook (a) salad とはいわない. cook は熱を加える調理に使う).
(a) vegetable *salad*
野菜サラダ.

salaried [sǽlərid サラリド] 形 (人が) 給料を受けている；(仕事が) 有給の.
salaried employees 給与生活者 (▶日本の「サラリーマン」のことは，salaryman ともいうが，性差のない表現として office worker のほうが好まれる).

salary 2級 [sǽl(ə)ri サラリィ] 图 (複数 **salaries** [-z]) (会社員・公務員などの) 給料 (▶アルバイトなど日給や週給で支払われるものには wage を使う). → wage
a monthly *salary* 月給.
a high *salary* 高い給料 (▶×an expensive salary とはいわない).

🔵背景 ラテン語で「塩を買うための金」という意味. 古代ローマ時代に兵士が給与として塩 (salt) を支給されていたことと関係がある.

sale 4級 [seil セイル] 图 **1** 販売，売却；[複数形で] 売上高；[複数形で] 販売業務，営業；営業部.
a garage *sale* ガレージセール (▶自宅のガレージの前で不用品を売ること).
ticket *sales*
チケットの売り上げ.
a *sales* manager
営業部長，販売部長.
He works in *sales*.
彼は営業部で働いている.
2 特売，安売り，セール (▶「バーゲンセール」を英語では×bargain sale ではなく，単に sale という).
a summer *sale* 夏物大安売り.
I bought these T-shirts at a *sale*.
私はこれらのTシャツをバーゲンで買った.
→ 動 sell

for sale 売り物の.

616 six hundred and sixteen

This house is *for sale*.
この家は売りに出ている.

Not *For Sale* (掲示) 非売品

on sale (商品が)販売中で;《米》特売(中)で,セールで(▶日本語ではよく「バーゲンセールで」というが, 英語では on sale でよい).
Her first book will go *on sale* next month. 彼女の初の本は来月発売される.
I bought this cap *on sale* for 1,000 yen.
この帽子はセールで 1000 円で買ったんだ.

> 背景 **英語のなぞなぞ**
> Q: When is a department store like a boat? (デパートが船みたいなのはいつ?)
> A: When it has a sale. (セールをするとき)(▶ sale と sail (帆) が同音語).

[同音語] sail (帆)

salesclerk 3級 [séilzklə:rk セイルズクラ~ク ‖ -klɑ:k -クラーク] 名《米》(売り場の)店員, 販売員 (▶単に clerk ともいう) (=《英》sales assistant).

salesman [séilzmən セイルズマン] 名《複数》**salesmen** [-mən]) 男性の店員, 外交販売員; セールスマン (女 saleswoman) (▶日本語の「セールスマン」は外交販売員をさすが, 英語の salesman は売り場の店員もさす. 最近では性差のない salesperson という言い方が好まれている).
a car *salesman* 車のセールスマン.

salesperson [séilzpə:rsn セイルズパ~スン] 名 店員, 販売員 (同 salesclerk) (▶性差のない言い方).

saleswoman [séilzwumən セイルズウマン] 名《複数》**saleswomen** [-wimin]) 女性の店員, 外交販売員 (男 salesman).
→ salesman, salesperson

salmon 準2 [sǽmən サモン] (l は発音しない) 名《複数》**salmon**; 種類をいうとき **salmons** [-z]) (魚) サケ.

salon 準2 [səlán サラン ‖ sǽlɔn サロン] (<フランス語) 名 (美容・服飾などの)店.
a beauty *salon*
美容院 (▶《米》では beauty shop または beauty parlor ともいう).

saloon [səlú:n サルーン] 名 (船・ホテルなどの) 大広間;《英》セダン型乗用車;《米》(とくに昔の西部の) 酒場.

salt 4級 [sɔ:lt ソールト]

名 **塩**, 食塩.

> スピーキング
> A: Pass me the *salt*, please.
> 塩をとってください.
> B: Sure. Here you are.
> はい, さあどうぞ.
> (▶食卓で塩の入れ物の近くにすわっている人に言う. 人の前に手を伸ばすのはエチケット違反とされる).

── 形 塩をふくんだ (反 fresh 塩分のない);塩づけの.
salt water 塩水;海水 (▶「淡水」は fresh

単語力を つける	salt 調味料のいろいろ

☐ ketchup	ケチャップ	☐ salt	塩
☐ mayonnaise	マヨネーズ	☐ soup stock	出し汁
☐ *miso*	みそ	☐ soy sauce	しょうゆ
☐ mustard	マスタード	☐ sugar	砂糖
☐ pepper	コショウ	☐ vinegar	酢
☐ red pepper	トウガラシ	☐ *wasabi*	わさび

salty ▶

water).
salty [sɔ́ːlti ソールティ] 形 [比較 **saltier** | 最上 **saltiest**] (食品などが)塩からい，塩気のある，塩分の多い．
salute [səlúːt サルート] 名 敬礼；会釈．
— 動 他 …に敬礼する，会釈する（▶ greet よりかたい言い方）．
Sam [sæm サム] 名 サム（男性の名；Samuel の愛称）．

same 4級 形 同じ
代 同じこと；同じ物

[seim セイム] フォニックス48 a は [ei] と発音する．

same の前には the をつけることが多い．

形 [the をつけて] **同じ**，同一の，同様な（反 different ちがった）．

same

different

Jane and I are in *the same* class.
ジェーンとぼくは同じクラスだ（▶ in ˣa same class とはいわない）．
Their dresses are *the same* color.
彼女たちのドレスは同じ色です．
at the same time 同時に．
They arrived here *at the same time.* 彼らは同時にここに着いた．
in the same way 同じように．
"Here" and "hear" are pronounced *in the same way.*
here と hear は同じように発音される．
the same ... as 〜 〜と同じ(種類の)…．
I'm about *the same* height *as* my father. ぼくは父と身長が同じくらいです．
This is *the same* tie *as* Tom's.
これはトムのと同じ(種類の)ネクタイだ．
the same 〜 (that) ... …と同じ〜．
He's wearing *the same* shirt *that* he had on yesterday.

彼はきのうと同じシャツを着ている．
— 代 [ふつう the をつけて] **同じこと；同じ人，同じ物．**
I'll have *the same.*
（レストランなどで）私も同じ物をいただきます．

🗣 スピーキング

Ⓐ A hamburger and a small cola, please.
ハンバーガー 1 つとコーラの S サイズを 1 つください．
Ⓑ *Same* for me, please.
ぼくにも同じものを．

Your bike is almost *the same* as mine.
きみの自転車はぼくのとほとんど同じだ．
"Thank you for helping me." "No problem. I know you would do *the same* for me."
「手伝ってくれてありがとう」「いいんだよ．きみだってきっとぼくに同じことをしてくれたと思うよ」
all the same それでもやはり；まったく同じ．
She is not perfect, but I love her *all the same.* 彼女はかんぺきではないが，それでもぼくは彼女を愛している．
Thank you *all the same.*
それでもとにかくありがとう（▶ 相手の提案や勧誘にこたえられなくても，その厚意に感謝するときなどに使う決まり文句）．
Same here.（口語）私も同様です，こちらも同様です．

🗣 スピーキング

Ⓐ Merry Christmas, Ed!
エド，クリスマスおめでとう．
Ⓑ *Same to you!*
おめでとう．
（▶(The) same to you! や I wish you the same. は，Merry Christmas!（クリスマスおめでとう）とか Happy New Year!（明けましておめでとう）といわれたときの返事として使われる．）

sample 準2 [sémpl サンプル | sáː m- サーン-] 名 実例；見本，標本，サンプル．
Samuel [sémjuəl サミュエル] 名 サミュエル（男性の名；愛称は Sam）．
sanctuary [sǽŋ(k)tʃueri サン(ク)チュエリィ | -tʃu(ə)ri -チュ(ア)リィ] 名 [複数 **sanctuaries** [-z]] 避難所；鳥獣保護区域，禁猟所．

消防士はその女の子を火の中から救助した.

> **用法** save と help
> save は「命にかかわる危険から救助する」, help は「手伝って人を助ける」の意味. 前の2つの用例文には help は使えない. My father *helped* me with my homework. (父は宿題を手伝ってくれた).

2 (金) **をたくわえる**, 貯金する;(後のために)…をとっておく, 残しておく;(時間・労力・金など) **を節約する**.
She is *saving* money for the trip.
彼女は旅行のためにお金をためている.
I'll *save* the rest for Dad.
残りはお父さんに残しておいてあげる.
Flying *saves* time.
飛行機で行くと時間が節約できる.
3（コンピューター）（ファイルなど）**を保存する, セーブする.**
Don't forget to *save* the file when you are finished. 作業が終わったらファイルを保存するのを忘れないで.

saving [séiviŋ セイヴィング] 图 節約;[複数形で] 貯金, 預金.
She has a lot of *savings*.
彼女はたくさん貯金がある.

savior [séivjər セイヴャ] ▶《英》では saviour とつづる. 图 救済者, 救い主;[the Saviour で] 救世主キリスト (▶この意味では《米》でも Saviour がふつう).

saw¹ 【4級】 [sɔː ソー] フォニックス61 aw は [ɔː] と発音する.
動 see (…が見える) の過去形.

saw² [sɔː ソー] 图 のこぎり.

[日]　　　　　　　　[英米]

saw² 日本ののこぎり(左)は手前に引いて切るが, 西洋ののこぎりは向こう側に押して切る.

sax [sæks サックス] 图 サキソフォン, サックス (= saxophone).

saxophone [sǽksəfòun サクソフォウン] 图《楽器》サキソフォン, サックス（管楽器で, ジャズの花形楽器）(▶考案者の名前 Sax と, 「音・声」の意味の phone の合成語. 話し言葉では単に sax ともいう).

say 【4級】 動 …を言う

[sei セイ] フォニックス59 ay は [ei] と発音する.
動 (3単現 **says** [sez セズ];過去 過分 **said** [sed セッド];ing **saying**)

> **◀発音** says は [sez セズ]で, ×[seiz] ではない. said も [sed セッド] と発音する.

他 **1** …**を言う**, 述べる;《say ... to＋人 で》人に…を言う;《say (that) ... で》…**と言う**.
Could you *say* that again, please?
もう一度言っていただけますか.
I never *said* that.
そんなこと, 一度も言ってないよ.
Don't *say* those things.
そういうことは言わないでよ.
What did you *say*?
何て言ったの？(▶きつい言い方).
Say "Cheese!" はい, チーズ.

> **✐ライティング**
> He *said*, "I'm looking for a post office." (= He *said that* he was looking for a post office.)
> 彼は郵便局をさがしていると言いました (▶ that はしばしば省略される).

She *said* nothing *to* me.
彼女は私に何も言わなかった.
I *said* goodbye *to* everyone.
私はみんなにさよならと言った.
They didn't even *say* thank you.
彼らはお礼さえも言わなかった.
He *said* to me, "You are wrong." (= He told me (that) I was wrong.)
彼は私に「きみがまちがっている」と言った.
Easier *said* than done.
(ことわざ) 言うはやすく, 行うはかたし.

> **📖文法** say の使い方
> say はあとに目的語が続くことが多い. たとえば「彼女に話してください」は, ×Please say to her. ではなく, Please *say something* to her. または Please *speak* to her. / Please *talk* to her. という.

say ▶

💬**用法** say と tell と speak と talk
say は「言う」で, 実際にどのようなことばを発したかに重点が置かれる. *say yes*(「はい」と言う).
それに対し, tell は「伝える, 告げる」で, 実際にどう話されたかよりも話の内容に重点が置かれるとともに, だれに伝達したかを表す. *tell* a story (話をする).
speak は「話す」で, 話すという動作そのものに重点が置かれる. *speak slowly*(ゆっくり話す). また, 英語などの言語を話すというときも speak を使う. *speak German*(ドイツ語を話す).
talk は「(相手と)語る, しゃべる」で, 人と話をすることに重点が置かれる. Let's *talk* together.(いっしょにおしゃべりしようよ)

say yes speak slowly
tell a story Let's talk together.

2《People [They] say (that) ... / It is said that ... で》(人は) …と言っている, …といううわさである(▶ It is said that ... は形式ばった言い方);《～ is said to ... で》～は…すると言われている.
People *say* Ms. Smith is going to get married.
スミス先生は結婚するといううわさだ.
Dr. Johnson *is said to* be a good doctor. (= It is said that Dr. Johnson is a good doctor.)
ジョンソン先生は名医だそうである.

3(本・手紙・掲示などに)…と書いてある;(時計が)(時刻)をさす, 示す.
His email *says* that he is doing very well.
彼のメールにはとても元気でやっていると書いてあるよ.
The weather forecast *says* it's going to rain.
天気予報ではこれから雨が降るって言っているよ.
The sign *says*, "Danger."
標識には『危険』と書いてある.
My alarm clock *said* seven o'clock.
目覚ましは7時をさしていた.

4[挿入語的に]言ってみれば, たとえば, まあ(▶ let us say とか let's say ともいう).
That woman looks, *say*, around forty.
あの女性は, そうですね, 40歳くらいに見えます.

─圓 **1** 言う, 話す; 意見を述べる.
Just do as I *say*.
とにかく私の言うとおりにしなさい.

2(米口語)[間投詞的に](相手の関心を引いて)ねえ;(新しい話題を出して)そうそう, そういえば.

I say《英・やや古い》ねえ, おい.
I say, Bob, who's that girl?
ねえ, ボブ, あの女の子はだれだい?

It goes without saying that ...
…ということは言うまでもない.
It goes without saying that too much fat is bad for your health.
脂肪の取りすぎが体に悪いのは言うまでもない.

People say (that) ... …といううわさだ, …だそうだ.
People say that he is rich.
彼は金持ちだそうだ.

say hello to = say hi to …によろしくと言う(▶ say hi to のほうがよりくだけた言い方). → hello

say to *myself* 心の中で思う, 心の中で考える(▶「ひとり言を言う」は talk to myself).
I *said to myself*, "What should I do?"
ぼくは「どうしたらいいんだろう」と心の中で思った.

that is (to say) つまり, すなわち.
He came to Japan five days ago, *that is (to say)*, last Saturday.
彼が来日したのは5日前, つまり先週の土曜日です.

to say nothing of ... …は言うまでもなく.
He can speak Spanish, *to say nothing of* English.
彼は英語は言うまでもなくスペイン語も話せる.

What do you say to ...? (相手をさそうときや感想を聞くときに)…はどうですか, …はどう思いますか(▶ to のあとは名詞または -ing 形. to ... のかわりに節がくることもある).

◀ scarf

🗣スピーキング

Ⓐ *What do you say to* a movie this weekend?
今週末，映画に行かない？
Ⓑ Sure.
いいね！
Ⓑ I'm sorry, but I have tennis practice.
ごめんね，テニスの練習があるんだ．

You can say that again. まったくそのとおりです，おっしゃるとおりです．
You don't say! [文の終わりを下げて発音して]まあ，へえ（▶感嘆・皮肉を表す）；[文の終わりを上げて発音して]まさか，ほんとうですか（▶疑問を表す）．
You said it! そのとおり，おっしゃるとおりです．

saying 3級 [séiiŋ セイイング] 名 言うこと；言ったことば；ことわざ，格言（⑩ proverb）．
As the *saying* goes, haste makes waste. ことわざにあるように急がばまわれだよ．
── 動 say(…を言う)の -ing 形．

says [sez セズ]（発音注意）動 say(…を言う)の3人称単数現在形．

SC, S.C. 《略》＝ South Carolina(サウスカロライナ州)

scale¹ [skeil スケイル] 名 目盛り，(目盛りのついた)定規；規模；(尺度となる)等級，段階．
the *scale* on a thermometer 温度計の目盛り．
on a large *scale* 大規模に．

scale² [skeil スケイル] 名 [しばしば複数形で] 天びん（⑩ balance），はかり；体重計．
kitchen *scales* (料理用などの)はかり．

scallop [skáləp スキャロプ] 名《貝》ホタテガイ．

scan 2級 [skæn スキャン] 動（過去・過分 scanned [-d]；ing scanning）他 …をよく調べる；(本・記事など)をざっと見る；(パソコンで)(画像など)をスキャナーで取りこむ；《医学》(体の一部)を走査する，スキャンする．
── 名 綿密な調査，精査；《医学》スキャニング，走査．

scandal [skǽndl スキャンドゥル] 名 スキャンダル，醜聞；不祥事．
a political *scandal* 政治スキャンダル．

Scandinavia [skændənéiviə スキャンディネイヴィア] 名 スカンジナビア（ノルウェー・スウェーデン・デンマーク(ときにアイスランドやフィンランドをふくむ)の総称）；スカンジナビア半島．

scar [skɑːr スカー] 名（人の皮ふ・家具などについた）傷あと．

scarce [skeərs スケアス] 形（数量などが）少ない，わずかな，とぼしい．
Natural resources are *scarce* in Japan. 日本は天然資源がとぼしい．

scarcely [skéərsli スケアスリィ] 副 ほとんど…ない（⑩ hardly, barely）．
My little brother can *scarcely* swim. 弟はほとんど泳げない（▶ scarcely ではなく hardly, barely を使うほうがふつう）．

scare 準2 [skeər スケア] 動 他 …をこわがらせる，おびえさせる（⑩ frighten）．
You *scared* me. ああ，びっくりした（▶相手におどろかされたときにいう）．
You don't *scare* me. お前なんてこわくないぞ（▶子どもがけんかをするときの表現）．

scarecrow [skéərkrou スケアクロウ] 名 かかし．

イギリスのかかし．日本のものよりもリアルにつくられている．

🔎背景 英米のかかしは2本足でズボンをはき，シャツを着て帽子をかぶっている人形のことが多い．「カラス(crow)をおどす(scare)もの」とは，そのものずばりの表現．

scared 3級 [skeərd スケアド] 形（人が）こわがった，おびえた；(**be scared of** で) …をおそれる，…がこわい．
I'm *scared of* snakes. 私はヘビがこわい．
be scared to death ひどくおびえている．

scarf 4級 [skɑːrf スカーフ] 名（複数 **scarfs** [-s] または **scarves** [skɑːrvz]）スカーフ，マフラー（▶ muffler はエンジンなどの「消音装置」の意味で使うのがふつう）．

six hundred and twenty-three 623

scarlet ▶

scarlet [skάːrlit スカーレト] 名 緋⁰色（あざやかな赤）.
—— 形 緋色の，真っ赤な.

scarves [skaːrvz スカーヴズ] 名 scarf（スカーフ）の複数形の１つ.

scary 3級 [skéəri スケアリィ] 形 [比較]
scarier；[最上] scariest] こわい，おそろしい.
a *scary* movie こわい映画.
It's *scary*. こわいなあ.

scatter [skǽtər スキャタァ] 動 他 …をまき散らす；…を追い散らす.
scatter flower seeds in a garden 庭に花の種をまく.
—— 自 （人・動物などが）ちりぢりになる.

scene 3級 [síːn スィーン] 名 1 （映画・劇・物語などの）一場面，シーン；（劇の）場.
The final *scene* was very touching. そのラストシーンはとても感動的だった.
Act III, *Scene* 2 第3幕第2場（▶ Act three, scene two と読む）.
2 [ふつう単数形で]（事故・事件などの）現場，場所.
the *scene* of the accident 事故現場.
Police soon arrived at the *scene*. すぐに警察が現場に到着した.
3 光景，景色，ながめ.
the *scene* from the hotel window ホテルの窓からのながめ.
She painted *scenes* of everyday life. 彼女は日常生活の風景を絵に描いた.
[同音語] seen（see（…が見える）の過去分詞）

scenery 2級 [síːnəri スィーナリィ] 名 風景，景色（▶一地域全体の自然の風景をさす）. → view, scene
Japan has beautiful mountain *scenery*. 日本には美しい山々の風景があります.

scent [sént セント] 名 （快い）におい（同 smell）；香り；（動物の残した）におい.
This flower has a sweet *scent*. この花はあまい香りがする.
[同音語] cent（セント），sent（send（…を送る）の過去・過去分詞）

schedule 3級 [skédʒuːl スケデュール ‖ ʃédjuːl シェデュール] 名 1 予定（表），計画，スケジュール；（米）（学校の）時間割（=（英）timetable）.
I have a tight *schedule* on that day. 私はその日は予定がつまっている（▶英語では ×hard schedule とはふつういわない）.

a school *schedule* 学校の時間割.
2 （米）（飛行機・電車・バスなどの）時刻表（=（英）timetable）.
a train *schedule* 列車の時刻表.
on schedule 予定[時間]どおりに.
Our plane arrived *on schedule*. 飛行機は予定どおりに到着した（▶「予定より早く」は ahead of schedule という）.

scheme [skíːm スキーム] 名 計画，案（▶ plan より形式ばった語）；たくらみ，悪だくみ.

scholar 2級 [skάlər スカラァ ‖ skɔ́lə スコラァ] 名 （おもに人文科学系の）学者.

scholarship 2級 [skάlərʃip スカラシプ ‖ skɔ́lə- スコラ-] 名 奨学⅞金，スカラシップ（英米ではふつう成績優秀で将来性のある者に与えられ，返済の必要がない）；学問，学識.

school¹ 5級 名 学校；授業

[skuːl スクール] フォニックス71 OO は [uː] と発音する.
名 （複数） schools [-z] 1 （建物としての）**学校**（▶ふつう小・中・高校をいう）.
Our *school* stands on a hill. 私たちの学校は丘⁰の上に立っている.
She teaches music at a high *school*. 彼女は高校で音楽を教えている.

> **school に関するいろいろな表現**
> an elementary school
>   （米）小学校（=（英）primary school）.
> a junior high (school) 中学校.
> a (senior) high school 高校.
> a public school 公立学校.
> a boarding school 全寮⅞制の学校.
> a co-ed school （男女）共学校.
> a boys' school 男子校（▶ boy's ではなく boys' であることに注意）.
> a girls' school 女子校.
> a school building 校舎.
> a school uniform 制服.

2 **授業**（同 class）；（授業を受ける場としての）学校（▶ a や the をつけず，複数形なし）.
School starts at 8:40. 学校は8時40分に始まる.
I have no *school* tomorrow. あしたは学校がない.
I go to *school* from Monday through Friday.

◀ school[1]

月曜から金曜まで（授業を受けるために）学校に通っている（▶学校の種類を述べるときや，授業以外の目的で学校に行くときは go to a [the] school のように冠詞をつける）.

「学校へ（授業を受けに）行く」の言い方
× go to the school
「授業を受けるために学校へ行く」ときには the をつけない．
○ go to school

プレゼン
「私は〜で学校に来ます」の言い方
I come to *school* by bike.
私は自転車で学校に来ます．
I come to *school* by bus.
私はバスで学校に来ます．
I come to *school* by train.
私は電車で学校に来ます．
I come to *school* on foot.
私は徒歩で学校に来ます．
I walk to *school*.
私は歩いて学校に来ます．

3 [the をつけて][集合的に][単数・複数両あつかい]**全校生徒（と教師）**．
The whole *school* knows it.
全校生徒がそれを知っている．
4（大学の）**専門学部，大学院；（専門技能を教える）専門学校；教習所**．
a law *school* 法学部．
a graduate *school* 大学院．
a cooking *school*
料理学校, クッキングスクール．
a driving *school* 自動車教習所．
5（芸術・学問などの）**流派, 学派**．
the classical *school*
古典派．

背景 school は「ひま」という意味のギリシャ語からきている．古代ギリシャでは戦争や政治から解放されたひまな人が集まって学問をした．そこから「ひまな人が集まって学問をする場所」つまり「学校」となった．

***after school* 放課後．**
Let's play baseball *after school*.
放課後野球をしよう．
Let's walk home together *after school*.
学校が終わったらいっしょに歩いて家に帰ろう．

***at school* 学校で；授業中で；《英》在学**

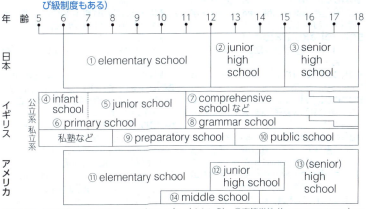

school 日英米の初等・中等学校制度（標準的な例．アメリカでは州により異なり，また飛び級制度もある）

①小学校 ②中学校（▶ lower secondary school ともいう） ③高等学校（▶ upper secondary school ともいう） ④幼児学校 ⑤初等学校 ⑥小学校（④と⑤を合わせた呼び方） ⑦中等学校 ⑧グラマースクール（▶⑦と⑧をまとめて secondary school という） ⑨（パブリックスクールへの）準備学校 ⑩パブリックスクール ⑪小学校 ⑫中学校 ⑬高等学校 ⑭ミドルスクール

six hundred and twenty-five 625

school² ▶

中で (= 《米》in school).
My son is now *at school*.
息子はいま学校へ行っています.

in school 学校で; 《米》在学中で (= 《英》
at school).
I studied French *in school*.
私は学校でフランス語を勉強した.
My youngest daughter is still *in school*.
いちばん下の娘はまだ学校に通っています [在学中です].

school² [sku:l スクール] 图 (魚などの)群れ.
a *school* of fish 魚の群れ.

schoolboy [skú:lbɔi スクールボイ] 图
(複数 **schoolboys** [-z]) (小・中・高校の)
男子生徒 (対 schoolgirl 女子生徒).

school bus [skú:l bʌs] 图 スクール
バス.
I go to school on the *school bus*.
(= I go to school by *school bus*.)
スクールバスで通学している (▶ by を使うときは the をつけない).

> **背景** アメリカの小・中・高校生の送迎に使うスクールバスは, 車体が黄色でよく目立つ. 児童が乗降中は後方車も対向車も停車して, 安全を確保するきまりになっている.

schoolchild [skú:ltʃaild スクールチャイルド] 图 (複数 **schoolchildren** [-tʃildrən]) 学童 (ふつう小学生をさす).

school excursion [skú:l ikskə̀ːrʒən ∥ ikskə̀ːʃən] 图 学校の遠足, 修学旅行 (= school trip).

school festival [skú:l fèstəvəl] 图 (学校の)文化祭.

schoolgirl [skú:lgə̀ːrl スクールガール] 图 (小・中・高校の)女子生徒 (対 schoolboy 男子生徒).

schoolhouse [skú:lhaus スクールハウス] 图 校舎 (▶特に小さい学校の校舎に使う; 大きい校舎は school building).

schooling [skú:liŋ スクーリング] 图 学校教育; (通信教育の)スクーリング.

schoolmaster [skú:lmæstər スクールマスタァ ∥ -mɑːs- -マース-] 图 《おもに英》《古風》(小・中・高校の)教師, 男性の教員.

schoolmate [skú:lmeit スクールメイト] 图 学校の友だち; 同窓生.

schoolteacher [skú:lti:tʃər スクールティーチァ] 图 (小・中・高校の)教師.

school trip [skú:l trip] 图 学校の遠足, 修学旅行 (▶ school excursion よりくだけた言い方).

schoolwork [skú:lwəːrk スクールワーク] 图 学業, 勉強 (授業・宿題など全部).

schoolyard 5級 [skú:ljɑːrd スクールヤード] 图 校庭, 運動場 (同 playground).

school year [skú:l jiər] 图 学年, 学年度 (欧米懸ではふつう9月から翌年の6月まで).
In Japan the new *school year* begins in April.
日本の新学年度は4月から始まります.

Schweitzer [ʃwáitsər シワイツァ] **Albert** 图 アルベルト・シュバイツァー (1875-1965; ドイツ系フランス人の神学者・音楽家・医師; 独力でアフリカに病院を建て, 現地の人の医療鱗につくした. ノーベル平和賞受賞者).

science 5級 [sáiəns サイエンス]

图 (複数 **sciences** [-iz]) **1** (広い意味で) **科学**; (とくに)自然科学.
science and technology
科学とテクノロジー.
natural *science*
自然科学.
science fiction
空想科学小説, SF.

2 (学科としての)**理科**, (学問としての)科学.
I'm not good at *science*.
ぼくは理科が苦手だ.
a *science* teacher (= a teacher of *science*)
理科の先生.   →形 scientific

science fiction [sàiəns fikʃən] 图 [集合的に] SF, 空想科学小説, サイエンスフィクション (▶ sci-fi ともいう).

scientific 2級 [sàiəntifik サイエンティフィク] 形 科学の, 科学的な.
scientific research 科学研究.
a *scientific* discovery 科学的発見.
            →图 science

scientist 3級 [sáiəntist サイエンティスト]

图 (複数 **scientists** [-ts ツ]) **科学者**, (とくに)自然科学者.
I want to be a great *scientist*.
私はりっぱな科学者になりたい.

sci-fi [sàifái サイファイ] 名 ＝science fiction
scissors 3級 [sízərz スィザズ] 名 [複数あつかい] はさみ (▶数えるときは a pair of scissors (はさみ1丁), two pairs of scissors (はさみ2丁) のようにいう).
→ pair (図)
These *scissors* are sharp. (＝These *scissors* cut well.)
このはさみはよく切れる.

scold 準2 [skould スコウルド] 動 他 (親・先生などが) (とくに子ども・生徒を) しかる.
The teacher *scolded* him for being late. 先生は彼が遅刻したのでしかりつけた.

scone [skoun スコウン] 名 (英) スコーン (＝ (米) biscuit) (小麦粉, ベーキングパウダー, 牛乳などをまぜてつくる小型のやわらかい菓子パン).

scoop [sku:p スクープ] 名 1 (アイスクリーム・砂糖などをすくう) 大さじ, 小シャベル.
a *scoop* of ice cream
1 すくいのアイスクリーム.

2 (新聞・テレビなどの) スクープ, 特ダネ.
── 動 他 1 …をすくう.
2 (特ダネ) を出す, スクープする.

scooter [skú:tər スクータァ] 名 1 スクーター (＝ motor scooter; 原動機付きスクーター).
2 キックスクーター (地面をけって進む子どもの遊具).

scorch [skɔ:rtʃ スコーチ] 動 他 …をこがす; (太陽の熱などが) (植物を) 枯らす.
── 自 こげる.

score 準2 [skɔ:r スコー(ァ)] 名 ([複数] **scores** [-z]) 1 (競技・試合などの) 得点, 点数, スコア; (テストの) 点, 点数.
Our team won by a *score* of 2 to 1.
ぼくたちのチームは 2 対 1 のスコアで勝った.
What's the *score* now?
いまのスコアはどうなっていますか.
Who got a perfect *score*?
だれが満点をとったの？

📝 ライティング
I got a *score* of 90 on the math exam.
数学のテストで 90 点をとった.

2 (音楽) 楽譜, スコア.
── 動 ([3単現] **scores** [-z] [過去] [過分] **scored** [-d] [ing] **scoring**) 他 (試合・テストなどで) (点数) を**得点する**; …を採点する.

scoreboard [skɔ́:rbɔ:rd スコーボード] 名 (試合の) 得点掲示板, スコアボード.

scorebook [skɔ́:rbuk スコーブク] 名 スコアブック, 得点記録表.

scorn [skɔ:rn スコーン] 名 軽べつ, あざけり.
── 動 他 …を軽べつする.

scorpion [skɔ́:rpiən スコーピオン] 名 (動物) サソリ.

Scotch [skɑtʃ スカッチ ‖ skɔtʃ スコッチ] 形 スコットランドの; スコットランド人の (▶スコットランド人は Scotch よりも Scottish を好んで使う). → Scottish
── 名 スコッチウイスキー (＝ Scotch whisky).

Scotland [skɑ́tlənd スカトゥランド ‖ skɔ́t- スコッ-] 名 スコットランド (大ブリテン島の一部でイングランド (England) の北部に接する地方; 地勢も人間の気風も方言もイングランドとはかなりちがう; 首都はエジンバラ (Edinburgh)).

Scottish [skɑ́tiʃ スカティシュ ‖ skɔ́t- スコ-] 形 スコットランドの, スコットランド人の; スコットランド方言の.

scout [skaut スカウト] 名 偵察兵; (芸能人・スポーツ選手などの人材を探す) スカウト (マン); ボーイスカウト (の一員), ガールスカウト (の一員).
He is a boy *scout*.
彼はボーイスカウト (の一員) だ.

scramble [skrǽmbl スクランブル] 動 自 よじ登る; 急いで…する, あわてて…する; 先を争って…する.
── 他 …を混乱させる; (卵) をかき混ぜながら焼く.
scrambled eggs
スクランブルエッグ, いり卵. → egg

scrap [skræp スクラップ] 名 (紙・布などの) 切れはし, くず鉄; [複数形で] 残飯, 残り物.
a *scrap* of paper (1枚の) 紙切れ.

scrapbook ▶

scrapbook [skrǽpbuk スクラップブク] 图 スクラップブック.

scrape [skreip スクレイプ] 動 他 …をこする，こすってきれいにする；(**scrape ... off ～で**) ～ (物) の… (よごれなど) をこすり落とす；(皮ふ) をすりむく.

scratch 2級 [skrætʃ スクラッチ] 動 他 (つめで) (かゆいところなど) をかく；…をひっかく，…にかき傷をつける.
—— 图 すり傷，ひっかき傷；ひっかく音，ひっかかる音.

scream 準2 [skri:m スクリーム] 動 自 悲鳴をあげる，金切り声をあげる.
The boy *screamed* with pain.
その男の子は痛くて悲鳴をあげた.

> 📚背景 早口ことば
> I scream, You scream, We all scream for ice cream. (私もさけんでる，きみもさけんでる．みんなアイスクリームがほしいとさけんでる)

—— 图 悲鳴，金切り声.

screen 準2 [skri:n スクリーン] 图 (テレビ・パソコンなどの) 画面；(映写用の) スクリーン；[ふつう the をつけて] 映画，映画界；ついたて，仕切り；(窓・ドアなどの) 網戸.
a computer *screen* パソコンの画面.

screw [skru: スクルー] (発音注意) 图 ねじ (▶「ねじまわし，ドライバー」は screwdriver という)；(船の) スクリュー；(飛行機の) プロペラ (= propeller).

screwdriver [skrú:draivər スクルードゥライヴァ] 图 ねじまわし，ドライバー.

script [skript スクリプト] 图 (劇・映画・放送の) 台本，脚本.
a *script* for a movie 映画の台本.

scroll [skroul スクロウル] 图 巻き物，掛け軸.
—— 動 他 自 《コンピューター》(画面を) スクロールする.

scrub [skrʌb スクラブ] 動 (過去 scrubbed [-d]；ing scrubbing) 他 (床・衣服・体など) をごしごしこすってきれいにする.

scuba [sk(j)ú:bə スキューバ，スクーバ] 图 スキューバ (潜水用の呼吸装置) (▶ self-contained underwater breathing apparatus の略).

scuba diving [sk(j)ú:bə dàiviŋ スキューバ ダイヴィング，スクーバ] 图 スキューバダイビング (潜水用の呼吸装置をつけて水にもぐるスポーツ).

sculptor [skʌ́lptər スカルプタァ] 图 彫刻家.

sculpture [skʌ́lptʃər スカルプチァ] 图 彫刻；彫刻作品.

SD, S.Dak. (略) = South Dakota (サウスダコタ州)

SDGs [èsdì:dʒí:z エスディーヂーズ] 图 持続可能な開発目標 (▶ Sustainable Development Goals の略．国連加盟国が 2016 年から 2030 年の 15 年間で達成するとした 17 の目標．2015 年の国連サミットで採択された).

sea 5級 图 海

[si: スィー] フォニックス63 *ea* は [i:] と発音する.
图 (複数 seas [-z]) **1** [the をつけて] 海 (対 land 陸).
We swam in *the sea*.
私たちは海で泳いだ.
the *sea* floor 海底.
2 (ある状態の) 海；波.
a calm *sea* おだやかな海.
a rough *sea* あれた海.
3 [固有名詞で] …海 (▶大きな湖にも使うことがある).
the *Sea* of Japan 日本海 (▶ the Japan Sea ともいう).
the Dead *Sea*
死海 (イスラエルとヨルダンをまたぐ塩水湖).

> 💬用法 sea と ocean
> sea は「海」をさす一般的な語．ocean は the Pacific *Ocean* (太平洋)，the Atlantic *Ocean* (大西洋) のように大きな海，大洋を意味する．しかし (米) ではしばしば ocean を sea の代わりに使う.

at sea 航海中で，航海中の.
The Mermaid is *at sea*.
マーメイド号は航海中です.

by sea 船で，海路で (▶「陸路で」は by land,「空路で」は by air, by plane).

go to sea 船乗りになる (▶ go to the sea では「海岸へ行く」という意味).

628 six hundred and twenty-eight

◀ **season**

He *went to sea* when he was eighteen. 彼は 18 歳で船乗りになった.
[同意語] see (…が見える), C (アルファベットの文字) (▶ she [ʃiː シー] (彼女は) と発音がちがうので注意).

seafood 3級 [síːfuːd スィーフード] 图 シーフード, 魚介類, 海産物 (魚類・貝類).

seagull [síːɡʌl スィーガル] 图 《鳥》カモメ (▶単に gull ともいう).

seahorse [síːhɔːrs スィーホース] 图 《魚》タツノオトシゴ.

seal¹ [síːl スィール] 图 《複数》 **seals** [-z] または **seal** (動物) アザラシ (アシカ・オットセイ・アザラシ類の総称).

seal² 2級 [síːl スィール] 图 印, 判, 印章; 封印, (容器などの) 密封シール.

sea level [síː lèvəl] 图 (平均)海面.
This mountain is 1,500 meters above *sea level*.
この山は海抜約 1500 メートルだ.
a rise in *sea level* 海面の上昇.

sea lion [síː làiən] 图 《動物》アシカ, トド.

seam [síːm スィーム] 图 (服などの)ぬい目, 合わせ目.

seaman [síːmən スィーマン] 图 《複数》 **seamen** [-mən] 船乗り, 船員 (▶ sailor, mariner [mǽrənər マリナァ] などが性差のない語); (海軍) 水兵.

sea otter [síː ɑtər アタァ] 图 《動物》ラッコ.

seaport [síːpɔːrt スィーポート] 图 海港; 港町, 港湾都市.

search 準2 [səːrtʃ サ〜チ] 動 他 (…を見つけようと)(場所など)をさがす, 捜索する; (コンピューター)検索する; 《**search 〜 for ...** で)…がないかと(場所など)をさがす, 調べる.
The police *searched* the house.
警察はその家を捜索した.
search the Web
インターネットで検索する.
I *searched* my pockets *for* a 100 yen coin. 私は 100 円玉がないかとポケットの中をさがした.

── 自 (**search for** で)…を(求めて)さがす.
We *searched* for our dog for hours.
私たちはうちの犬を何時間もさがした (▶この意味では×searched our dog としない. for が必要).

── 图 捜索.
in search of …をさがして, 求めて.

searchlight [sə́ːrtʃlait サ〜チライト] 图 サーチライト, 探照灯.

seashell [síːʃel スィーシェル] 图 (海の)貝, 貝がら.

> 💬背景 早口ことば
> She sells seashells by the seashore. (彼女は海辺で貝がらを売っている)

seashore [síːʃɔːr スィーショー(ァ)] 图 海岸, 海辺. → shore

seasick [síːsik スィースィク] 形 船によった.
I've never been *seasick*.
私は船によったことがない.

seaside [síːsaid スィーサイド] 图 [ふつう the をつけて] 海辺, 海岸.
He went to *the seaside* in the summer. 彼は夏, 海へ (海水浴に) 行った.
a *seaside* resort 海辺のリゾート地.

season 4級 图 季節

[síːzn スィーズン] フォニックス63 ea は [iː] と発音する.

图 《複数》 **seasons** [-z] **1 季節**.
There are four *seasons* in a year, spring, summer, fall, and winter.
1 年には 4 つの季節, 春, 夏, 秋, 冬がある.

🗣スピーキング

Ⓐ Which *season* do you like the best? あなたはどの季節がいちばん好きですか.
Ⓑ I like summer the best.
夏がいちばん好きです.

2 (ある特定の) **時期**, シーズン.
the rainy *season* 雨季 (▶「(日本の) 梅雨」という意味にもなる).
The baseball *season* starts next week. 野球シーズンは来週開幕する.
the off *season* シーズンオフ(▶×season off は和製英語).

in season (野菜・果物などが) 食べごろで, 旬で; タイムリーな.
Strawberries are *in season* now.
イチゴはいまが旬だ.

six hundred and twenty-nine 629

seasonal ▶

out of season (野菜・果物などが) 時期はずれで.
Oysters are *out of season* now.
カキはいま時期はずれだ.

Season's Greetings! 時候のごあいさつを申し上げます! (クリスマスカードなどに書く文句;相手がキリスト教徒ではないときなど, 宗教に関係なく使える表現).
── 動 (3単現 **seasons** [-z]) 過去 過分 **seasoned** [-d] ; ing **seasoning**) 他 (食べ物) に味つけする.

seasonal [síːz(ə)nəl スィーズナル] 形 季節の, 季節的な;旬の.
seasonal flu 季節性インフルエンザ.
seasonal vegetables 旬の野菜.

seasoning [síːzniŋ スィーズニング] 名 (塩, コショウやスパイスなどの) 調味料.

season ticket [síːzn tíkit] 名 《英》定期(乗車)券 (▶《米》では commutation [kɑmjutéiʃən カミューテイション] ticket) ;(演奏会やスポーツなどの) シーズンチケット, 定期入場券 (期間中いつでも入場できる).

seat 4級 [síːt スィート] フォニックス63 ea は [iː] と発音する.
名 (複数 **seats** [-ts ツ]) **座席**, 席, すわる所.
the driver's *seat* 運転席.
the back *seat* 後部座席.
Would you like an aisle *seat* or a window *seat*? 通路側の席と窓側の席とどちらがよろしいですか.
have a *seat* すわる, 腰にかける.
Go back to your *seat*.
自分の席にもどりなさい.

> **🗨 スピーキング**
> Ⓐ **Please *have a seat*.**
> どうぞおすわりください.
> Ⓑ **Thank you.** ありがとうございます.
> (▶ **Sit down.** は学校で先生が生徒に言うときなどに使う表現. それ以外の場合は **have a seat** が一般的です.)

"May I sit here?" "Sorry, that *seat* is taken." 「ここにすわってもいいですか」「ごめんなさい. その席はふさがっています」
── 動 (3単現 **seats** [-ts ツ]) 過去 過分 **seated** [-id] ; ing **seating**) 他 **…を席につかせる**; (**be seated / *seat* myself** で) **すわる** (同 sit) ;(レストランなどで) …を席に案内する.

Please be *seated*. どうぞおかけください (▶ **Please sit down.** よりていねいな表現).
Helen *seated herself* behind Tom.
ヘレンはトムの後ろにすわった.

> **◀📢 発音** **sheet** [ʃíːt シート] (シーツ) と発音がちがうので注意.

seat belt [síːt bèlt] 名 (車・飛行機などの) シートベルト, 安全ベルト (= safety belt).
fasten my *seat belt*
シートベルトをする.

Seattle 3級 [siǽtl スィアトゥル] 名 シアトル (アメリカ, ワシントン州の港湾都市;アラスカ・太平洋方面と国内とを結ぶ陸海空の要地でもある).

sea turtle [síː tə̀ːrtl] 名 《動物》海ガメ.

seawater [síːwɔ̀ːtər スィーウォータァ] 名 海水.

seaweed [síːwiːd スィーウィード] 名 海藻 (ノリ・ワカメ・コンブなどをふくむ).

sec. 《略》= second(s)(秒) ;secretary(長官)

second¹ 5級 形 **2番目の** 名 **2番目**

[sékənd セカンド]
形 **1** [ふつう the をつけて] **2番目の**, 第2の (▶ 略語は 2nd;「2の, 2つの」は two). → number (表)
the *second* period (授業の) 2時間目.
the *second* lesson 第2課.
This is my *second* time in Kyoto.
京都はこれが2度目です.

> **✏ ライティング**
> **I got *second* place in the contest.**
> 私はコンテストで2位になりました.

2 [a をつけて] **もう1つの**, 別の (同 another).
I want a *second* chance.
もう一度チャンスがほしい.
She is a *second* Nightingale.
彼女は第2のナイチンゲールだ.
── 名 (複数 **seconds** [-dz ツ]) **1** [ふつう the をつけて] **2番目(のもの)**, 第2(のもの) ;[人名のあとにおいて] 第2世;(月の)2日 (▶ 2nd と略す)
Elizabeth *the Second* エリザベス2世

◀ **security**

(▶ふつう Elizabeth II と書く).
It's *the second* of July today. (= It's July 2 today.) 今日は7月2日です (▶ July 2 は July second または July the second と読む).

2 《野球》2塁.

3 [複数形で] 《口語》(食事の) お代わり.
How about *seconds*? お代わりはいかが？

―― 副 **2番目に**, 第2に.
Los Angeles is the *second* largest city in the United States.
ロサンゼルスはアメリカで2番目に大きな都市です (▶「the second + 最上級の形容詞 + 名詞」で「2番目に…な〜」という意味になる).

second² [sékənd セカンド]

图 (複数 **seconds** [-dz ツ]) **1** (時間・角度の) **秒** (▶ 符号は〝 ″〟; 略語は sec.;「時間」は hour,「分」は minute).
There are sixty *seconds* in a minute. 1分は60秒です.
You have thirty *seconds* left.
残り時間は30秒です.
1h. 5′10″(= one hour, five minutes, ten *seconds*) 1時間5分10秒.

2 ちょっとの間 (同 moment).
Just a *second*. ちょっと待って.

secondary [sékənderi セカンデリィ‖-dəri -ダリィ] 形 **第2の**; 二次的な; (教育が) 中等の (▶「第1の, 初歩の」は primary).

secondary school [sékəndəri ‖-dəri skùːl] 图 **中等学校** (小学校と大学との間の学校). → school (図)

secondhand [sekəndhǽnd セカンドゥハンド] 形 **中古(品)の**, お古の (同 used²; 反 new 新品の) (▶《米》では used のほうを多く使う); 中古品を売る [あつかう].
a *secondhand* book 古本.
a *secondhand* bookstore 古書店.

―― 副 **中古で**.
I bought this furniture *secondhand*.
この家具は中古で買った.

secondly [sékəndli セカンドゥリィ] 副 [文頭に置いて] (理由などを列挙するときに使って) **第2に**, 次に (▶「第1に」は first, firstly,「最後に」は lastly).

secret 3級 [síːkrit スィークレット]

形 **秘密の**, 人に知られていない; (情報

などが) 機密の.
secret information 機密情報.

―― 图 **1 秘密**, ないしょ.
This is a *secret* between the two of us. これは2人だけの秘密よ.
Can you keep a *secret*?
秘密を守れる？

2 [ふつう単数形で] 秘けつ, コツ.
What's the *secret* of your success?
あなたの成功の秘けつは何ですか.

3 [しばしば複数形で] 神秘, なぞ.
the *secrets* of nature 自然界の神秘.
→ 副 secretly

in secret 秘密に, ひそかに, こっそりと (同 secretly).
They met *in secret*.
2人はこっそりと会った.

secretary 2級 [sékrəteri セクレテリィ ‖-t(ə)ri -タリィ] 图 (複数 **secretaries** [-z]) 秘書; [しばしば **Secretary** で] 《米》(省の) 長官 (日本などの Minister (大臣) にあたる; 略語は sec.).
the *Secretary* of State 《米》国務長官.

secretly [síːkritli スィークレトゥリィ] 副 秘密に, ひそかに, こっそりと. → 形 图 secret

section 3級 [sékʃən セクション] 图
1 (切って分けられた) 部分; 区画, 区域; (建物の中の) 区切られた場所, コーナー; (新聞などの) 欄; (書物などの) 節 (▶ 記号は §).
The library has a children's *section*.
図書館には児童書のコーナーがある.
the sports *section* スポーツ欄.
Chapter 2, *Section* 3 第2章第3節.
2 部門; (会社・官庁などの) 課; (オーケストラなどの) セクション, 部.
the brass *section* 金管楽器部門.

sector [séktər セクタァ] 图 (産業・経済などの) 部門, 分野;《数学》扇形.

secure 準2 [sikjúər スィキュア] 形 安心な; 安全な (同 safe); (仕事などが) 安定した; がんじょうな.
Keep your money in a *secure* place.
お金は安全な場所にしまっておきなさい.

―― 動 他 (危険などから) …を守る, 安全にする; …をしっかり固定する.

security 準2 [sikjú(ə)rəti スィキュ(ア)リティ] 图 安全, 安心; 警備; 保証.

six hundred and thirty-one **631**

see

see 5級 動 …が見える；(人)に会う；わかる

[si: スィー] フォニックス64 ee は [i:] と発音する.

動 (3単現 **sees** [-z]; 過去 **saw** [sɔ: ソー]; 過分 **seen** [si:n スィーン]; ing **seeing**)

◀発音 **she** [ʃi: シー] (彼女は) と発音がちがうので注意.

他 **1** (自然に) **…が見える**, …を見る (▶進行形にしない).

see は「見える」の意味では進行形にしない.

I *saw* the moon tonight.
今夜は月が見えた.

Turn right, and you'll *see* the bank on your left.
右に曲がると，左側に銀行が見えます.

Do you *see* that girl over there?
あそこのあの女の子が見える？

I looked around but *saw* nothing.
あたりを見まわしたが，何も見えなかった.

Have you ever *seen* the movie "E.T."? 映画の『E.T.』を見たことがある？

💬用法 **see と look**
see は「(見ようとしなくても) 自然に見える」という意味, look は「何かを見ようとして見る」という意味を表す.

see　　　look

watch

(▶ see は自然に「見える，目に入ってくる」, look は注意して，見ようとして「見る」, watch はじっと注意して「見る」.)

2 《**see＋人・物＋動詞の原形**で》**〜が…するのを見る**；《**see＋人・物＋-ing 形**で》**〜が…しているのを見る**.

I *saw* him *go* into the store.
彼が店に入るのを見た (▶受け身にすると, He was seen to go into the store. (彼は店に入るのを見られた) のように to が入る).

She *saw* the girl *playing* in the park.
彼女はその女の子が公園で遊んでいるのを見かけた.

3 (人) **に会う**；(医者など) にみてもらう；[ふつう進行形で] (人) とつき合う.

🔊スピーキング

Ⓐ *(It's) nice to see you* again, John. ジョン，また会えてよかった.
Ⓑ Hi, Ken. やあ，ケン.
(▶ (It's) nice to see you. は知っている人に久しぶりに会ったときに使う表現. I'm glad to see you. ともいう. 初対面の人には (It's) nice to meet you. あるいは I'm glad to meet you. などという.)

I haven't *seen* her for a long time.
彼女には長い間会っていない.

Someone is here to *see* you.
どなたかご面会のかたが見えています.

Can I *see* you again?
(デートの別れぎわなどに) また会えるかな？

I think you should *see* a doctor.
医者にみてもらったほうがいいと思うよ.

Are you *seeing* anyone?
だれかつき合っている人いるの？

4 (名所など) **を見物する**；(映画・テレビ番組など) **を見る** (同 watch).

We *saw* the sights of Kyoto.
私たちは京都見物をした.

I happened to *see* the movie on TV. その映画はたまたまテレビで見たよ.

5 (人) **を送っていく**，見送る.
I'll *see* you to the bus stop.
バス停まで送るよ.

6 …**を経験する** (▶進行形にしない)；…を見て知る.

His grandfather has *seen* two big wars. 彼の祖父は2度，大きな戦争を経験した.

7 …**がわかる**, …を理解する (同 understand)；…に気づく.

You'll *see* what I'm saying is true.

◀ **seen**

そのうちぼくの言っていることがほんとうだとわかるよ.

8 …を確かめる, 調べる, 確認する(▶ふつう進行形にしない).

Go (and) *see* who's at the door.
だれが玄関に来たのか見てきて.

9 …を考える, 想像する(▶進行形にしない).

Where do you *see* yourself in ten years?
10 年後の自分はどうなっていると思いますか.

―⑩ **1** [しばしば can をともなって] **見る**, 見える(▶進行形にしない).

Cats *can see* in the dark.
ネコは暗いところでも物が見える.

I *can't see* well without my glasses.
私は眼鏡がないとよく見えません.

Let's wait and *see*.
ようすを見てみましょう.

2 わかる, 理解する(▶進行形にしない).

You'll *see*. そのうちわかりますよ.

See. I told you so.
ほら, 言ったとおりでしょ. →图 sight

I see. **わかった,** なるほど.

Oh, *I see*. ああ, わかりました.

Let me see. =*Let's see.* **ええと,** ちょっと待って.

Let me see, where should I start?
ええと, 何から始めたらいいだろう.

Long time no see! 《口語》久しぶりだね!

see ... off (人)を見送る.

We went to the airport to *see* my uncle *off*.
私たちは空港までおじを見送りにいった.

See you. 《口語》**じゃあまたね.**

See you later. じゃあまたね.

See you on Monday.
また月曜日に会おうね.

See you again. またいつか会おうね(▶次にいつ会えるかわからない人に対して使う表現).

You see. **いいですか;** ほら, ね(▶表現をやわらげたり, 同意を求めたり, 念を押したりするときに使う).

You see, it's not such a simple problem.
いや, まあそんなに単純な問題じゃないんだよ.
[同音語] sea (海), C (アルファベットの文字).

seed [si:d スィード] 图 種, 種子.

flower *seeds* 花の種.

sow *seeds* 種をまく.

―― 動 他 …に種をまく.

seeing [si:iŋ スィーイング] 動 see ((人)に会う) の -ing 形.

―― 图 見ること;視覚, 視力.

Seeing is believing. 《ことわざ》見ることは信じることだ=百聞は一見にしかず.

seeing eye dog [si:iŋ ái dɔ(:)g] 图 [しばしば **Seeing Eye dog** で] 《おもに米》盲導犬(▶商標. 一般的には guide dog という).

seek 準2 [si:k スィーク] 動 (過去)(過分) **sought** [sɔ:t]) 他 …をさがす, さがし求める (▶ look for よりも形式ばった語).

Everyone *seeks* happiness.
人はみな幸福を追い求めている.

seem 準2 [si:m スィーム]

動 ▶ふつう進行形にしない.

―― ⑪ **1** 《**seem (to be) +形容詞**または**名詞**などで》**…のように思われる, …のようだ** (▶ to be は省略されることが多い);《**seem like +名詞**で》…のように思われる, …のようだ (▶ like を省略することもある).

My new teacher *seems* (*to be*) kind. 新しい先生は親切そうだ.

He *seems* (*to be*) an honest man. (= He *seems* (*to be*) honest.)
彼は正直者のようだ.

It *seemed like* a nice place to live.
そこは住むにはいい場所のようだった.

――――――――――――――――――――
💬**用法** seem と look
She *looks* very kind. のように **look** を使うと「見た感じが…だ」を意味するのに対し, **seem** はいろいろなようすや状況などに基づいた判断を表す.
――――――――――――――――――――

2 《**seem to ... / It seems (that) ...** で》**…するように思われる.**

Meg *seems to* like him. (= *It seems that* Meg likes him.)
メグはどうやら彼のことが好きみたいだ.

It seemed (to me) *that* they were happy. 私には彼らが幸せそうに思えた.

It seems we are lost.
ぼくらは道に迷ったみたいだ.

seen 3級 [si:n スィーン] フォニックス64

ee は [i:] と発音する.

six hundred and thirty-three **633**

sees ▶

動 see (…が見える) の過去分詞.
[同音語] scene (一場面)

sees [síːz スィーズ] 動 see (…が見える) の3人称単数現在形.

seesaw [síːsɔː スィーソー] 名 シーソー, シーソー遊び.
play on a *seesaw* シーソーで遊ぶ.

seize [síːz スィーズ] 動 他 (急に強く) …をつかむ, にぎる;(病気・恐怖などが) …を襲う.
He *seized* my arm. (= He *seized* me by the arm.)
彼は私の腕をぐいとつかんだ.

seldom 準2 [séldəm セルダム] 副 めったに…ない (同 rarely). → sometimes (図)
She *seldom* plays sports.
彼女はめったにスポーツをしない.

select 準2 [səlékt セレクト] 動 他 (最適なものとして) …を選ぶ, 選びぬく (▶ choose よりも改まった語).
He *selected* a few books for Tom.
彼はトムのために本を数冊選んだ.
select ~ as ... ~を…として選ぶ.

selection [səlékʃən セレクション] 名 選択; 選ばれた人・物; 精選品; 選集.

self [self セルフ] 名 (複数 **selves** [selvz]) 自己, 自分, 自身.
reveal *my* true *self* 本性を現す.

self-help [sèlfhélp セルフヘルプ] 名 自助, 自立.

selfish [sélfiʃ セルフィシ] 形 利己的な, 自分本位の, 自分かってな, わがままな.
Don't be so *selfish*.
そんな自分かってなこと言わないで.

selfishness [sélfiʃnis セルフィシネス] 名 利己主義, 自分本位, わがまま.

self-portrait [sèlfpɔ́ːrtrit セルフポートゥレト] 名 自画像.

self-service [sèlfsɔ́ːrvis セルフサ〜ヴィス] 名 (食堂などの) セルフサービス.
— 形 セルフサービス式の.
a *self-service* gas station
セルフサービスのガソリンスタンド.

self-sufficiency [sèlfsəfíʃənsi セルフサフィシェンスイ] 名 自給自足.

sell 4級 動 …を売る

[sel セル]
動 (3単現 **sells** [-z]; 過去 過分 **sold** [sould ソウルド]; ing **selling**) 他 **…を売る** (反 buy …を買う); (店などが) …を売っている; **(sell + 人 + 物 / sell + 物 + to + 人で)** **(人)** に **(物)** を売る (▶ 前者は「物」のほうに, 後者は「人」のほうに重点がある).

sell buy

He's going to *sell* his car.
彼は車を売るつもりだ.
He *sold* me some comic books.
彼がマンガを売ってくれた.
I *sold* my car *to* John. (= I *sold* John my car.)
私は車をジョンに売った.

「(人) に (物) を売る」の言い方
I sold John my car.
　　　　 人　　　物
I sold my car to John.
　　　　 物　　　人

He *sold* his computer for ¥10,000.
彼はパソコンを 1 万円で売った.
They also *sell* shoes at that store. (= That store also *sells* shoes.)
あの店はくつも売っている (▶ 「店でいつも売っている, あつかっている」というときは現在進行形ではなく現在形を使う).
— 自 (人が) 売る (反 buy 買う); (物が) 売れる.
The book *sold* well.
その本はよく売れた. → 名 sale

sell out (チケットなどが) 売り切れる; (店が) チケットなどを売り切ってしまう.
(All) *Sold Out* (掲示) 売り切れ
Tickets for the concert have *sold out*.
コンサートのチケットは売り切れた.
[同音語] cell (細胞)

seller [sélər セラァ] 名 売る人, 売り手 (反 buyer 買い手); 売れる物.

a best *seller*
ベストセラー.
[同音語] cellar (地下室)

selling [séliŋ セリング] 動 sell(…を売る)の -ing 形.

sells [selz セルズ] 動 sell(…を売る)の3人称単数現在形.

selves [selvz セルヴズ] 名 self(自己)の複数形.

semester 2級 [siméstər セメスタァ] 名 《米》(2学期制の)学期(▶ term は2学期制と3学期制のどちらも表せる).
the spring *semester* 春学期.

semicolon [sémikoulən セミコウロン ‖ semikóulən セミコウロン] 名 セミコロン(;).
→ punctuation marks (表)

semifinal [semifáinl セミファイヌル] 名 準決勝.

senate [sénit セネト] 名 [ふつう the Senate で] (アメリカ・カナダ・フランスなどの)上院. → parliament (表)

senator [sénətər セネタァ] 名 (アメリカ・カナダなどの)上院議員.

send 4級 動 …を送る，〜に…を送る

[send センド]
動 (3単現) **sends** [-dz ヅ] (過去)(過分) **sent** [sent セント] (ing) **sending** 他 **1 …を送る**, 届ける(反) receive …を受け取る); 《send ＋人＋物 / send ＋物＋ to ＋人で》(人)に (物)を送る(▶前者は「物」のほうに，後者は「人」のほうに重点がある).

send　receive

I forgot to *send* the letter.
手紙を出し忘れた.

My parents always *send* me a birthday present. (= My parents always *send* a birthday present *to* me.)
両親はいつも私に誕生日のプレゼントを送ってくれる.

「(人) に (物) を送る」の言い方

She sent me a present.
　　　　　人　物

She sent a present to me.
　　　　　物　　　人

Will you *send* me an email? (= Will you *send* an email *to* me?)
Eメールを送ってくれる？

I would like to *send* this package to the U.S.
この荷物をアメリカへ送りたいのですが.

2 (人)を行かせる，派遣(はけん)する.
The teacher *sent* his students home. 先生は生徒を家に帰らせた(▶「生徒を家まで送った」の意味ではなく，たとえば「もう遅いから帰りなさい」といって帰宅させた，というような場合に使う表現).
He was the first astronaut that was *sent* into space. 彼は宇宙に送りこまれた最初の宇宙飛行士だった.

> 💬用法 send の使い方
> send は「…を送る」という意味だが，送る人は送られる物や人といっしょに行かないことに注意. だから「家まで人を送る」を表すのに send は使えない. 「あなたを家へ送る」は take you home，「歩いて送る」は walk you home，「車で送る」は take you home in a car または drive you home という.

send back …を送り返す.
send for **…を呼びにやる**，とりにやる.
Send for a doctor! 医者を呼べ.
She *sent* her son *for* the laundry. 彼女は息子にクリーニングをとりに行かせた.
send out (部屋などから) …を外へ行かせる; (郵便で) …を発送する.

sending [séndiŋ センディング] 動 send (…を送る)の -ing 形.

send-off [séndɔ̀(ː)f センド(一)フ] 名 《口語》見送り, 歓送(かんそう)会, 送別会.

sends [sendz センヅ] 動 send(…を送る)の3人称単数現在形.

Senegal [senigɔ́ːl セニゴール] 名 セネガル (アフリカ西部の共和国; 首都はダカール (Dakar)).

senior ▶

senior 雅[2] [síːnjər スィーニャ]

形 **1 年上の,** 年長の (反 junior 年下の).
She's three years *senior* to me. (= She's *senior* to me by three years.)
彼女は私より3つ年上です (▶ She is three years older than me. のように older を使った言い方がふつう).
Senior Citizens' Day (日本の)敬老の日.
2 (地位・役職が) **上級の,** 上の, 先輩の (反 junior 下級の).
a *senior* officer 幹部職員.
3 [**Senior** で] 父親のほうの (▶父親と息子が同姓同名のときなどに, 父親のほうを表す場合に姓名のあとにつける; 略語は Sr. または sr.).
John Smith, *Sr.* ジョン・スミス1世.
4 《米》(高校・大学の) 最終学年の.
my *senior* year (高校・大学の) 最終学年, 最後の年.

—— 图 **1** 《米》(高校・大学の) 最終学年の生徒, 最上級生.
She is a *senior* at Lakeland High School.
彼女はレイクランド高校の最上級生です.

> 背景 アメリカの高校は3年制か4年制がふつう. そのため, **senior** は高校の年数によって高校3年生または高校4年生の意味になる. また, **junior** は senior よりも1つ前の学年の生徒を表す.

アメリカの高校生・大学生の呼び名
(*印は [sáfəmɔːr サファモー(ァ)] と読む)

	2年制	3年制	4年制
4年生	——	——	senior
3年生	——	senior	junior
2年生	senior	junior	sophomore*
1年生	junior	freshman	freshman

2 年上の人, 年長者, 先輩.
He is three years my *senior*. (= He is my *senior* by three years.)
彼は私より3歳年上 [3年先輩] です.

senior citizen [síːnjər sítəzn] 图 高齢者, お年寄り (▶ old people (老人) の遠回しな言い方. 単に senior ともいう).

senior high school [síːnjər hái

skúːl] 图 《米》高等学校 (▶ senior high ともいう. とくに中学校と区別する必要のないときは, 単に high school でふつう高等学校をさす). → junior high school, school(図)

sensation [senséiʃən センセイション] 图
(五官による) 感覚, 感じ; 大評判, センセーション.

sense 2級 [sens センス]

图 **1 感覚.**
the *sense* of hearing 聴覚 (▶このほか sight (視覚), smell (嗅覚), taste (味覚), touch (触覚) をあわせて五感 (the five senses) という).
a sixth *sense* 第六感. 直感.
2 [ふつう a や the をつけて] (物事を理解する) 感覚, 理解力, センス.
My teacher has *a* good *sense* of humor. 私の先生はユーモアのセンスがある (→ユーモアがわかる).
She has no *sense* of direction.
彼女は方向感覚がない (→方向音痴んだ).
3 分別, 思慮.
common *sense* (物事を判断する能力としての) 常識, 良識 (▶「常識的な知識」のことは common knowledge という).
4 《*my* senses で) 正気; 意識.
She will soon come to *her senses*.
彼女はすぐに正気を取りもどすよ.
5 (語句などの) 意味 (同 meaning).
She used the word in a different *sense*.
彼女はそのことばをちがう意味で使った.
→形 sensitive

in a sense ある意味では.
in this sense この意味では.
make sense (文などが) 意味を成す, 理解できる; (行動などが) 筋が通っている.
The sentence doesn't *make sense*.
その文は意味を成さない (→意味が通らない).

sensible [sénsəbl センスィブル] 形 良識のある, 賢明な (同 wise).
He is a *sensible* boy.
あの子は賢明な子だ.

sensitive 2級 [sénsətiv センスィティヴ]
形 敏感な, 感じやすい; 感受性が豊かな; 神経質な; 思いやりのある.
sensitive skin 敏感肌.
She is a very *sensitive* woman.

◀ Serbian

彼女はとても思いやりのある人だ.
Kate is *sensitive* about her weight.
ケイトは体重のことをとても気にしている.
→图 sense

sent 4級 [sent セント]

動 send(…を送る)の過去・過去分詞.
[同音語] cent (セント), scent (におい)

sentence 3級 [séntəns センテンス]

图 **1** 《文法》**文**, センテンス.
An English *sentence* starts with a capital letter. 英語の文は大文字で始まる.
2 《法律》(刑罰の)宣告, 判決；刑.
He got a life *sentence*.
彼は終身刑を受けた.
── 動 他 …に判決を下す.

sentiment [séntəmənt センティメント] 图
感情；情緒 (▶ feeling よりもかたい言い方)；[ときに軽べつして]感傷.

sentimental [sentəméntl センティメントゥル] 形 (ふつう軽べつして) (人が) 感傷的な；(芸術作品が) 感情にうったえる.
a *sentimental* person なみだもろい人.

Seoul [soul ソウル] 图 ソウル (大韓民国の首都).

Sep. 《略》= September (9月)

separate 準2 [sépəreit セパレイト]

(動と形の発音のちがいに注意)
動 (3単現 *separates* [-ts ツ]; 過去 過分 *separated* [-id]; ing形 *separating*) 他 **…を分ける**, 区分する；《*separate* ~ into ...で》~を…に分ける；《*separate* ~ from ...で》~を…と分ける, 引きはなす.
Our teacher *separated* us *into* two groups. 先生は私たちを 2 つの班に分けた.
I *separated* the good apples *from* the bad ones.
私はいいリンゴと傷んだリンゴを分けた.
── 自 (物が)分かれる；(人が)別れる.
── [sép(ə)rət セパレト] 形 別の, 分かれた；別々の.
All his children have *separate* rooms. 彼の子どもたちはみな別々の部屋を持っている.

separately 準2 [sép(ə)rətli セパレトゥリィ] 副 別々に, 個別に.

separation [sepəréiʃən セパレイション] 图 分離；離脱；《法律》(夫婦の)別居.
the *separation* of powers
権力分立, 三権分立.

Sept. 《略》= September (9月)

September 5級 图 9月

[septémbər セプテンバァ]
图 **9月** (▶略語は Sep. または Sept.).
→ month (表)
The new school year starts in *September* in the U.S.
アメリカでは新学期は 9 月に始まる (▶「…月に」というときは in を使う).
She left for London on *September* 10. 彼女は 9 月 10 日にロンドンへたった (▶特定の日がつくときは on を使う. September 10 は September tenth または September the tenth と読む).
Robert came back from New York last *September*.
ロバートは昨年の 9 月にニューヨークからもどってきた (▶ ✕in last September とはいわない).

○ in September
✕ in September 10

特定の日がつくときは on を使う.

○ on September 10
▶月名は大文字で書きはじめる.

背景 ラテン語で7月 (septem = 7) の意味. 3月 (古代ローマ暦の年始) から数えて 7 番目の月.

sequence [síːkwəns スィークウェンス] 图 (できごとなどの)連続；連続するもの.
a *sequence* of events
一連のできごと.

Serbia [sə́ːrbiə サ〜ビア] 图 セルビア (ヨーロッパのバルカン半島の南東に位置する共和国；首都はベオグラード (Belgrade)).

Serbian [sə́ːrbiən サ〜ビアン] 形 セルビアの；セルビア人の；セルビア語の.
── 图 セルビア人；セルビア語.

sergeant ▶

sergeant [sάːrdʒənt サーヂェント] (発音注意) 名 (陸軍の) 軍曹.

series 2級 [sí(ə)riːz スィ(ア)リーズ] 名 (複数) series 単複同形) (同種の物事・できごとの) 連続；(a series of で) 連続する…, 一連の…；(テレビ番組・本などの) 続きもの, シリーズ.
a series of scientific discoveries
一連の科学的発見.
a TV *series* 連続テレビ番組.
the World *Series* ワールドシリーズ (アメリカのプロ野球で年間優勝チームを決める選手権試合).

serious 準2 [sí(ə)riəs スィ(ア)リアス] 形
1 (問題・状況じょうきょうなどが) 重大な, 深刻な；(病気・罪などが) 重い.

👤 プレゼン

Global warming is a *serious* problem.
地球温暖化は深刻な問題です.

She suffered *serious* injuries in the accident.
彼女は事故で重傷を負った.
2 しんけんな, まじめな, 本気の.
Don't laugh. I'm *serious*.
笑わないでよ. しんけんなんだから.
Are you *serious*?
きみは本気なの?
Be *serious*. 冗談じょうだんはやめて.

seriously 2級 [sí(ə)riəsli スィ(ア)リアスリィ] 副 重大に, ひどく；まじめに, 本気で, しんけんに.
His father is *seriously* ill.
彼の父親は重病だ.
I'm *seriously* thinking about studying abroad.
ぼくは留学をしんけんに考えている.

sermon [sə́ːrmən サ〜モン] 名 (教会などでの) 説教；[比ゆ的に] お説教, 小言こごと.

servant [sə́ːrvənt サ〜ヴァント] 名 (家の) 召めし使い, 使用人 (対 master 主人)；公僕こうぼく, 公務員.
a public *servant* 公務員.

serve 3級 [sə́ːrv サ〜ヴ] フォニックス76
er は [əːr] と発音する.
動 (3単現 serves [-z]；過去 過分 served [-d]；ing serving) 他 **1** (人) に給仕するﾞ；(食事) を出す；(おもに英) (店で) (客) に

応対する.
Coffee is *served* after the meal.
お食事後にコーヒーをお出しします.
Lunch is *served* from eleven to two.
ランチは 11 時から 2 時までです.
2 (国・組織・人など) に仕える, 奉仕ほうしする；(職務) を務める.
She's *served* the family for twenty years.
彼女は (お手伝いとして) その家に 20 年間仕えてきた.
3 …の役に立つ, …の間に合う.
It's my pleasure to *serve* you.
あなたのお役に立てれば幸いです.
4 …に (必要な物を) 供給する.
This power plant *serves* a large number of cities with electricity.
この発電所は多くの都市に電気を供給している.
5 (スポーツ) (テニスなどで) (ボール) をサーブする.
── 自 **1** 仕える；(公務員・軍人として) 勤務する.
He *served* as mayor for four years.
彼は 4 年間市長を務めた.
2 給仕をする, 食事を出す.
3 役立つ；間に合う.
The sofa *served* as a bed.
ソファーがベッドの代わりになった.
4 (スポーツ) (テニスなどで) サーブする.
→名 service
── 名 (複数 serves [-z]) (スポーツ) (テニスなどの) サーブ, サービス.

server [sə́ːrvər サ〜ヴァ] 名 **1** (コンピューター) サーバー (ネットワーク内で他のコンピューターからの要求に従って処理をするコンピューター).
2 食べ物を取り分けるもの, サーバー (フォーク, スプーンなど)；(米) (レストランの) 接客係, 給仕人.
3 (スポーツ) (テニスなどの) サーバー, サーブをする人.

service [sə́ːrvis サ〜ヴィス]
名 **1** (ホテル・レストランなどの) サービス.
customer *service* 顧客こきゃくサービス.
The *service* at the restaurant was excellent.
そのレストランのサービスは最高だった.

638 six hundred and thirty-eight

用法 service の使い方
英語の **service** には「値引き」「ただ」の意味はない. また, ×after-service は和製英語. **after-sales service** とか単に **service** という.

2 公共事業; (交通の)便.
a delivery *service* 配達サービス.
The bus *service* to the airport is good. 空港へのバスの便はよい.
3 (人のために)力をつくすこと; (国・組織などへの)奉仕; (公務員・軍人としての)務め.
social *services* 社会奉仕.
4 (教会などの)礼拝 (式).
(a) morning *service* 朝の礼拝(式) (▶ morning service には日本の喫茶店などの「モーニングサービス」の意味はない. 英語では breakfast special, morning set という).
5 (スポーツ) (テニスなどの) サーブ, サービス.　　　　　　　→ 動 serve
Out of Service (掲示) (エレベーターなどが)調整中

CAUTION OUT OF SERVICE

「注意. 調整中」の掲示.

service dog [sə́ːrvis dɔ̀(ː)g] 名 介助犬, サービスドッグ.
sesame [sésəmi セサミィ] 名 《植物》ゴマ.
Open, *sesame*! 開け, ゴマ! (▶『アラビアン・ナイト』の中の「アリ・ババと 40 人の盗賊」で使われたまじないの文句).
session [séʃən セション] 名 **1** (会議・法廷などの) 開会, 開廷; 会期.
go into *session* 開会する.
2 会合, セッション; 期間.
a question-and-answer *session* 質疑応答の時間.
3 (大学の) 学期, 授業 (時間).

set [set セット]
動 (3単現) **sets** [-ts ツ]; (過去) (過分) **set**; (ing) **setting**) (▶原形と過去・過去分詞が同じ形であることに注意). 他 **1** (きちんと) …を置く, すえつける (▶「置く」の意味では put がふつうだが,set は定められた位置に「きちんと置く」ことに重点がある).

I *set* the books on the shelf.
本をたなにきちんと置いた.
2 (日時・決まりなど)を決める, 定める.
Let's *set* the time and date for the next meeting.
次の会合の日時を決めましょう.
3 (食卓など)を整える, …の用意をする; (時計など) をセットする.
Can you *set* the table?
食卓の用意をしてもらえる？
I *set* my alarm for 6 o'clock.
目覚ましを 6 時に (鳴るように) セットした.
4 (本・映画・劇など)の舞台を設定する.
The novel is *set* in early Meiji Japan.
その小説は明治初期の日本が舞台となっている.
5 (記録) を出す, 樹立する.
She *set* a new world record.
彼女は世界新記録を出した.
6 《set + 目的語 + 形容詞 (句) などで》…を (ある状態) にする.
He will be *set* free.
彼は自由になるだろう; 彼は釈放されるだろう (▶ They will *set* him *free*. の受け身).
── 自 **1** (太陽・月などが)沈む (反 rise のぼる). → rise (図)
The sun *sets* in the west.
太陽は西に沈む(▶×to the westとはしない).
2 (接着剤・ゼリーなどが)固まる; (のり・ペンキなどが)かわく.
Wait until the glue *sets*.
のりがかわくまで待ちます.

set aside (ある目的のために)…をとっておく; (いったん)…をわきに置いておく.
set in (悪い状況・悪天候などが)始まる.
The rainy season has *set in*.
梅雨が始まった.
set off = **set out** (旅行などに)出発する (= start).
The whole family *set off* on a trip.
家族全員で旅行に出かけた.
set out to ... …しようとする, …に着手する.
set to (仕事など)を始める.
She *set to* work at once.
彼女はすぐに仕事をやりだした.
set up (像・テントなど) を立てる, 設置する; (会社など)を設立する; …の準備をする.
set up a tent テントを張る.
── 名 (複数) **sets** [-ts ツ] **1** 1 組み, セット;

six hundred and thirty-nine　639

setter ▶

(**a set of** で) … 1 組み，… 1 セット．
a set of golf clubs ゴルフクラブのセット．
2 (テレビ・ラジオなどの) 受信機．
buy a TV *set* テレビを買う．
3 (映画・劇などの)セット，舞台装置．
4 (髪の)セット．
5 (テニス・バレーボールなどの)セット．
the first *set* 第1セット．
── 形 (あらかじめ)決められた,定められた.
a *set* lunch 定食ランチ．
get set 用意する．
setter [sétər セタァ] 图 《バレーボール》
セッター．
setting [sétiŋ セティング] 動 set(…を置く)
の -ing 形.
── 图 (太陽・月が) 沈むこと；置くこと；
(劇・小説などの) 設定，舞台装置；環
境．
settle 2級 [sétl セトゥル] 動 他 1 (問題な
ど)を解決する，かたづける；(日程・計画
など)を決める．
That *settles* the question. (＝That
settles it.) それで問題は解決だ．
2 (動かないように)…を安定させる；…を
定住させる，…に移住する．
He *settled* his cap on his head.
彼はぼうしをしっかり頭にかぶった．
3 (心など)を静める，落ち着かせる．
─圎 **1** 移り住む，定住する；落ち着く．
They *settled* in Tokyo. 彼らは東京に落
ち着いた (→東京に永住することにした)．
2 (天候・状態などが)静まる，定まる．
settle down 静かにする，(騒ぎなどが)
治まる；平静になる；(ある場所に)腰を下
ろす，落ち着く；身を固める．
settlement [sétlmənt セトゥルメント] 图 入
植地，居住地；植民，移民；解決，和解；
セツルメント (生活困窮者の多い地区の改
善をする事業団体またはそのセンター)．
settler [sétlər セトゥラァ] 图 移民；入植者，
開拓者．

seven
5級 形 **7 の**
图 **7**

[sévən セヴン]
形 **7 の**：7 個の，7 人の；7 歳で．
A week has *seven* days.
1 週間は 7 日ある．

the *seven* seas 7 つの海 (現在は北・南
大西洋，北・南太平洋，インド洋，北極海，南
極海をいう)． → ocean (表)
── 图 (複数 sevens [-z]) **7**：7 歳，7 時；
[複数あつかい] **7 個**，7 人．
I usually get up at *seven*.
私はふつう 7 時に起きます．

seventeen
5級 形 **17 の**
图 **17**

[sèventíːn セヴンティーン] フォニックス64 ee は [iː]
と発音する．前後の文のリズムによりアクセント
の位置が変わり [sévəntiːn] となることがある．
形 **17 の**：17 個の，17 人の；17 歳で．
She is *seventeen* years old.
彼女は 17 歳です．
── 图 (複数 seventeens[-z]) **17**：17 歳；
[複数あつかい] **17 個**，17 人．
seventeenth [sèvəntíːnθ セヴンティーン
ス] 形 [ふつう the をつけて] 第 17 の，17
番目の．
── 图 [ふつう the をつけて] 第 17，17 番
目；(月の) 17 日 (▶略語は 17th)．

seventh
5級 形 **7 番目の**
图 **7 番目**

[sévənθ セヴンス] フォニックス34 th は [θ] と発音
する．
形 **1** [ふつう the をつけて] **第 7 の**,7 番目の．
He is in *the seventh* grade.
彼は 7 年生 [中学 1 年生] です． → grade
2 7 分の 1 の．
── 图 (複数 sevenths [-s]) **1** [ふつう the
をつけて] **第 7**，7 番目；(月の) 7 日 (▶略
語は 7th)．
the seventh of April (＝ April 7) 4 月
7 日．
2 7 分の 1．
two *sevenths* 7 分の 2．
seventieth [sévəntiəθ セヴンティエス] 形
[ふつう the をつけて] 第 70 の，70 番目の．
── 图 [ふつう the をつけて] 第 70，70
番目 (▶略語は 70th)．

seventy
5級 形 **70 の**
图 **70**

[sévənti セヴンティ]
形 **70の**；70個の，70人の；70歳で．
— 名 〖複数 **seventies**[-z]〗 **1** **70**；70歳；〖複数あつかい〗**70**個，70人．
2 《**my seventies**で》（年齢の）70代；《**the seventies**で》（各世紀の）70年代（▶ the 70sまたはthe 70'sとも書く）．
She is in *her seventies*.
彼女は70代です．

several 3級 [sév(ə)rəl セヴラル]

形 **いくつかの**，数個の，数人の（▶ふつう a few よりは多く，many よりは少ない数を表す．また，some がばく然とした不定の数を表すのに対して，several は 3，4 から上限10 ぐらいまでという具体性がある）．
The word has *several* meanings.
その単語にはいくつかの意味がある．
He has visited Nara *several* times.
彼は奈良に数回行ったことがある．
We stayed in Kyoto for *several* days. 私たちは京都に数日間滞在した．
— 代 〖複数あつかい〗数個，数人．
Several of the windows were open.
窓のいくつかは開いていた．
Several of them were late.
彼らのうち数人が遅刻した．

severe 2級 [sivíər スィヴィア] 形 **1**（気候などが）**厳しい**；（痛みなどが）激しい；（病気などが）ひどい，重い．
a *severe* winter 厳しい冬．
a *severe* storm 激しいあらし．
She felt a *severe* pain in her arm.
彼女は腕に激しい痛みを感じた．
2（人・規則・罰などが）**厳格な**，厳しい．
a *severe* punishment 厳しい罰．

severely [sivíərli スィヴィアリ] 副 激しく，ひどく，重大に；厳しく．

sew [sou ソウ]（発音注意）動 〖過去〗**sewed**
[-d]；〖過分〗**sewn** [soun] または **sewed**〗他 …**をぬう**，ぬい合わせる．
Would you *sew* this button on my shirt?
このボタンをシャツにつけていただけますか．
— 自 ぬい物をする．
〖同音語〗so（それほど），sow（（種）をまく）

sewing [sóuiŋ ソウイング] 名 裁縫．
a *sewing* kit 裁縫セット．

sewing machine [sóuiŋ məʃiːn] 名（裁縫用）ミシン．

sewn [soun ソウン] 動 sew(…をぬう)の過去分詞の1つ．
〖同音語〗sown(sow (種)をまく)の過去分詞)

sex [seks セックス] 名 **1** 性，性別．
the male *sex* 男性．
the female *sex* 女性．
the opposite *sex* 異性．
sex discrimination 性差別．
2 セックス，性交；性的な事がら．

sexual [sékʃuəl セクシュアル] 形 性の；性的な；性欲の．
sexual harassment
性的いやがらせ，セクハラ．

SF, sf [èséf エスエフ] エスエフ，空想科学小説（▶ science fiction の略）．

sh [ʃ シ] 間 しっ，静かに（▶ shh, ssh ともつづる）．

shabby [ʃǽbi シャビィ] 形 〖比較〗**shabbier**；〖最上〗**shabbiest**〗（衣服などが）使い古した，ぼろぼろの；（住居などが）みすぼらしい，ぼろの；むさくるしい；（人が）みすぼらしい身なりをした．

shade [ʃeid シェイド] 名 **1**〖ふつう the をつけて〗**日陰**，物陰，陰．
Let's sit in *the shade* of that tree.
あの木の陰にすわろう．

💬 用法 shade と shadow
shade は日なたに対する「日陰」をさし，shadow は光によってできる影をさす．

2（電気スタンドなどの）かさ；《米》（窓の）ブラインド（= blind）．
the *shade* of the lamp 電灯のかさ．
Would you pull down the *shade*?
ブラインドを下ろしてくれる？
3（濃淡の）色あい，色調；（ことばの）意味あい，ニュアンス．
— 動 他 …を陰にする，おおう；（直射日

shadow ▶

光など)をさえぎる.
He *shaded* his eyes with his hand.
彼は片手を目にかざした.

shadow [ʃǽdou シャドウ] 图 **1** (光によってできる) 影, 影法師. → shade
The trees cast *shadows* on the road.
その木々が道路に影を投げかけていた.

2 陰, 日陰, 暗がり.
The porch was in the *shadow*.
玄関は日陰になっていた.

shady [ʃéidi シェイディ] 形 [比較] shadier; [最上] shadiest] 陰の多い, 陰になった (反 sunny 明るく日のさす).
a *shady* path 木陰の小道.

shake 3級 [ʃeik シェイク] フォニックス32
フォニックス48 sh は [ʃ], a は [ei] と発音する.

動 [3単現] shakes [-s] [過去] shook [ʃuk]; [過分] shaken [ʃéikən] [ing] shaking) 他
1 …をふる, ゆさぶる.
A strong wind *shook* my house.
強風が家をゆり動かした (→強風で家がゆれ動いた).
shake my finger 指をふり動かす (▶相手に人さし指を向けて左右に動かすしぐさで, 相手を非難したり相手に警告したりするときに使う).
shake my head 首を横にふる (▶頭を左右に動かして, 拒絶・否定などを示す. 「首を縦にふる, うなずく」は nod).

2 (人)を動揺させる, …にショックを与える.
She was *shaken* by the sight.
(= The sight *shook* her up.)
彼女はその光景を見てショックを受けた.

—自 **1 ゆれる**.
The house *shook* and the windows rattled. 家がゆれて窓がガタガタ音を立てた.
2 (緊張・寒さなどで) ふるえる; (声が) ふるえる.
He was *shaking* with cold.
彼は寒さでふるえていた.

shake hands with …と握手する.
→ hand
—— 名 [複数] shakes [-s] **1** ふること; 振動; ふるえ.
a hand*shake* 握手.
2 ミルクシェイク (= milkshake).

shaken [ʃéikən シェイクン] 動 shake(…を

ふる)の過去分詞.

Shakespeare [ʃéikspiər シェイクスピア], **William** 图 ウィリアム・シェークスピア (1564-1616; イギリス最高の劇作家・詩人; 『ハムレット』『オセロ』『リア王』『マクベス』の四大悲劇, 『ロミオとジュリエット』『ベニスの商人』などで人間の真実の姿をえがいた).

shall 4級 助 (Shall I ...? / Shall we ...? で)…しましょうか

[ʃ(ə)l シ(ャ)ル, 強めると] ʃæl シャル] フォニックス32
sh は [ʃ] と発音する.

助 [過去] should[ʃəd シュッド] **1** (**Shall I ...? / Shall we ...?** で) [相手の意志をたずねて] **…しましょうか**.

 Shall I ...? / Shall we ...? で, 「…しましょうか」の意味を表す.

Shall I bring you the menu?
(レストランで)メニューをお持ちいたしましょうか.

🗣スピーキング
Ⓐ *Shall I* call her?
彼女に電話をしましょうか.
Ⓑ Yes, please.
はい, お願いします.
Ⓑ No, thanks. I'll call her.
いや, けっこうです. 私が電話します.

What *shall I* do? 私は何をしましょうか (▶困って「私はどうしたらいいだろう」と自問自答するときにも使う).

🗣スピーキング
Ⓐ *Shall we* sing this song?
この歌をうたいましょうか.
Ⓑ Yes, let's.
ええ, 歌いましょう.
Ⓑ No, let's not.
いや, よしましょう.

💬用法 Shall I ...? と Shall we ...?
相手の意志をたずねたり相手に提案したりするときのていねいな言い方. Shall I ...? は自分の行動について, Shall we ...? は相手といっしょにする行動について使う.

◀ **shape**

2 《**I shall ... / We shall ...** で》[話し手の決意や強い意志を表して] (かならず) **…するつもりである** (▶現在ではほとんど使われない).
I shall return.
私はかならず帰ってくるつもりです.

3 《**I shall ... / We shall ...** で》[単なる未来を表して]《英》…するでしょう, だろう (▶この場合ふつうは will を使う).
I shall be thirteen years old next year. 私は来年 13 歳になります.

4 《**You[He, She, They] shall ...** で》[話し手の意志を表して] (人)に…させてやる, させる (▶目下の者や子どもなどに対して使う).
You shall have this book. (＝I will give you this book.)
あなたにこの本をあげよう.

5 《**Let's ..., shall we?** で》…しようよ, …しようじゃないか. → let's
Let's do that, *shall we*?
そうしようよ.

📢スピーキング
Ⓐ *Let's* play baseball, *shall we*?
野球をしようよ.
Ⓑ Yes, let's.
うん, そうしよう.
Ⓑ No, let's not.
いや, やめておこう.
❶「そうしよう」と答えるとき, Sure. とか Okay. などともいう.
❷「いや, やめておこう」は Well, I don't feel like it. とか I don't want to. などともいう.

shallow [ʃǽlou シャロウ] 形 浅い (反 deep 深い).

a *shallow* dish
浅いお皿.
It's *shallow* here.
このあたりは(水深が)浅いよ.

shame [ʃeim シェイム] 图 (罪悪感などによる) はずかしさ, はじ；[a をつけて] はじになること [物], はじになる人；困ったこと；残念なこと.
Shame on you!
はじを知れ；このはじ知らずめが.
That's *a shame*.
そりゃ残念だ.

📢スピーキング
Ⓐ I lost my wallet.
さいふをなくしたんだ.
Ⓑ *What a shame!*
まあ, たいへん.

shampoo [ʃæmpúː シャンプー] 图 《複数 **shampoos** [-z]》(洗髪用) シャンプー；洗髪.
── 動 他 (髪を) をシャンプーする, 洗う.
shampoo my hair
髪を洗う.

Shanghai [ʃæŋhái シャンヂハイ] 图 シャンハイ, 上海 (長江 (揚子江) 河口の都市で, 中国第一の貿易港をもつ).

shan't [ʃænt シャント ‖ ʃɑːnt シャーント] 《英口語》shall not の短縮形.

shape 3級 [ʃeip シェイプ]

图 **1 形**, かっこう, 姿.
What *shape* is that table?
そのテーブルはどんな形ですか.
2 (人・物の)調子, 状態 (同 condition).
She is in good *shape*.

単語力をつける

shape　形のいろいろ

平面図形		立体図形	
☐ circle	円	☐ cone	円すい
☐ diamond	ひし形	☐ cube	立方体
☐ rectangle	長方形	☐ cylinder	円柱
☐ square	正方形；四角形	☐ prism	角柱
☐ triangle	三角形	☐ pyramid	角すい
		☐ sphere	球

six hundred and forty-three　**643**

share ▶

彼女は体調がよい.
How do you keep in *shape*?
どうやって体型を維持していますか.
── 動 …を形づくる.
Shape the clay into a ball.
粘土でボールの形をつくってください.
Italy is *shaped* like a boot.
イタリアは長ぐつのような形をしている.

share 3級 [ʃeər シェア] フォニックス32
フォニックス80 sh は [ʃ], are は [ear] と発音する.

名 [複数] shares [-z] 1 [ふつう単数形で] **分け前**, とり分；(費用などの) 分担.
He got his *share* of the money.
彼はその金の分け前をもらった.
2 市場占有率, シェア；株式.
── 動 [3単現] shares [-z] [過去] [過分] shared [-d] [ing] sharing 他 1 **…をともにする**, (部屋など) をいっしょに使う, 共有する.
I *share* this room with my sister.
この部屋は妹といっしょに使っています.
2 …を分ける, 分配する；(仕事・費用など) を分担する.
Let's *share* the sandwiches.
サンドイッチを分けよう.

shark 準2 [ʃɑːrk シャーク] 名 (魚) サメ, フカ.

sharp 3級 [ʃɑːrp シャープ] 形 1 (刃などが) するどい, よく切れる；(鉛筆などが) とがった (反 dull, blunt 切れ味のにぶい, 先がとがっていない).
The knife is very *sharp*.
そのナイフはとてもするどい [よく切れる].
2 (頭・感覚が) 鋭敏な, 切れる.
He is really *sharp*.
彼はとても頭が切れる.
3 (カーブ・坂などが) 急な, けわしい；(変化などが) 急激な.
This road has a lot of *sharp* curves.
この道には急カーブが多い.
4 (痛みなどが) 激しい, するどい, さすような；(批判などが) 厳しい, 痛烈な.
I felt a *sharp* pain in my head.
頭にするどい痛みを感じた.
5 (音楽) シャープの, 半音高い (反 flat フラットの) (▶ 記号は♯).
── 副 (時間が) きっかり, ちょうどに.
Come here at two o'clock *sharp*.

ここに2時ちょうどに来てください.

sharpen [ʃɑːrpən シャープン] 動 他 …をするどくする, とがらせる.

sharpener [ʃɑːrp(ə)nər シャープナァ] 名 とぐ人, けずる人；とぐ物, けずる物.
a pencil *sharpener* 鉛筆けずり.

sharply [ʃɑːrpli シャープリィ] 副 するどく；急に；厳しく. →形 sharp

shatter [ʃætər シャタァ] 動 他 …を粉砕する；(健康・精神など) をだめにする.
── 自 粉々になる.

shave [ʃeiv シェイヴ] 動 [過分] shaved [-d] または shaven [ʃeivən] 他 自 (顔・ひげなど) をそる, (人の) ひげをそる.
My father *shaves* every morning.
父は毎朝ひげをそる.

shaved ice [ʃeivd áis] 名 かき氷.

shaven [ʃeivən シェイヴン] 動 shave ((顔・ひげなどを) そる) の過去分詞の1つ.

shawl [ʃɔːl ショール] 名 ショール, 肩かけ.

she 5級 代 彼女は, 彼女が

[ʃi シ, (強めると) ʃiː シー] フォニックス32 sh は [ʃ] と発音する.

代 [複数] they [ðei] **彼女は**, 彼女が (対 he 彼は) (▶ 話し手 (I), 聞き手 (you) 以外の1人の女の人をさして使う).

she | he

	単数	複数
主格	**she** 彼女は	they 彼女らは
所有格	her 彼女の	their 彼女らの
目的格	her 彼女を	them 彼女らを

This is my aunt. *She* lives in Fukuoka.
(写真を見せて) これはおばで, (彼女は) 福岡に

住んでいます.

📖文法 she の使い方
❶ she は1人の女性を表す語 (girl, aunt, Mary など) の代わりに使う.
❷「彼女は」「彼女が」と訳すよりも,「その(女の)人」「その(女の)子」のように言ったり,「中村さん」「美理ちゃん」のように名前を使ったりしたほうが自然な日本語になる. また, 訳さなくてもよい場合もある.
❸ she は人間ばかりでなく動物のめすをさすこともある. とくにペットにはよく使う. また, 月・船・車・国・自然などをさすときに使われることがある. The ship has come in, but *she* will leave again in thirty minutes. (船が入ってきたが, 30分したらまた出ていくだろう)

shed¹ [ʃed シェッド] 名 小屋, 物置.
shed² [ʃed シェッド] 動 (過去)(過分) shed ; (ing) shedding ⑩ (血・なみだなどを)流す, こぼす; (木が)(葉を)落とす.
She *shed* tears of joy.
彼女はうれしなみだを流した.
she'd [ʃi(:)d シ(ー)ド] she had または she would の短縮形.
sheep [ʃi:p シープ] 名 (複数) sheep 単複同形) 羊 (▶ 1ぴきの羊は a sheep. 2ひきの羊は two sheep で, two ˟sheeps としない).
a flock of *sheep*
羊の群れ.

ⓘ参考 羊は sheep, 子羊のことは lamb という. 羊肉は mutton, 羊毛やその製品は wool という. 羊の鳴き声「メー」は baa と表す.

羊の群れと牧羊犬.

◀shepherd

🌐背景 ❶ 羊はいつも群れ (flock) をつくり, 羊飼いにすなおに従うので「従順・内気」のイメージがある.「羊飼い (shepherd)」と「羊」はキリスト教の聖職者と信者の関係を表す. the (Good) Shepherd はキリストをさすが, キリストは「神の子羊 (the Lamb of God)」ともよばれる.
❷ 眠れない夜に羊の群れを思いうかべ, 羊の数を心の中で数える (count sheep) と眠れるという.

sheepdog [ʃí:pdɔ(:)g シープド(ー)グ] 名 牧羊犬 (コリーなど).
sheet 3級 [ʃi:t シート] 名 **1** シーツ, 敷布.
She changed the *sheets* on the bed. 彼女はベッドのシーツを交換した.
2 (紙・ガラスなどの) 1枚.
an answer *sheet* (テストの) 解答用紙.
a *sheet* of paper 1枚の紙 (▶ a piece of paper ともいう).

◀発音 seat [si:t スィート] (座席) と発音がちがうことに注意.

shelf 準2 [ʃelf シェルフ] 名 (複数) shelves [ʃelvz] たな.
Put this on the top *shelf*.
これをいちばん上のたなに置いて.
shell [ʃel シェル] 名 貝がら; (卵・木の実などの) から; (豆の) さや; (カメなどの) 甲ら.
We collected pretty *shells* on the beach.
私たちは浜辺できれいな貝がらを集めた.
she'll [ʃi(:)l シ(ー)ル] she will の短縮形.
shellfish [ʃélfiʃ シェルフィシ] 名 (複数) shellfish 単複同形) 貝; (エビ・カニなどの) 甲殻類.
shelter 2級 [ʃéltər シェルタァ] 名 避難, 保護; (災害時などの)避難所, シェルター.
We took *shelter* from the rain.
私たちは雨宿りをした.
food, clothing and *shelter* 衣食住 (▶ 日本語とは語順が異なる).
── 動 自 (危険・災害などから) 避難する.
── ⑩ …を守る; …を保護する.
shelves [ʃelvz シェルヴズ] 名 shelf (たな) の複数形.
shepherd [ʃépərd シェパド] (発音注意) 名 羊飼い (▶日本語でいう犬の「シェパード」は

sherbet ▶

German shepherd (dog) という.
→ sheep

sherbet [ʃə́ːrbət シャ〜ベット] 图 (米)シャーベット; (英)ジュースのもと (果汁などの風味をつけた粉末); 清涼飲料.

sheriff [ʃérif シェリフ] 图 (複数 sheriffs [-s]) (米)郡保安官, シェリフ (司法権と警察権をもつ郡 (county) の最高職).

Sherlock Holmes [ʃə́ːrlak hóumz シャ〜ラク ホウムズ -lɔk -ロク] 图 シャーロック・ホームズ (イギリスの作家コナン・ドイル (Doyle) の推理小説中で活躍する名探偵たんてい).

she's [ʃi(ː)z シ(一)ズ] she is または she has の短縮形.

shh [ʃ シ] 間 = sh

shield [ʃiːld シールド] 图 (防御ぼうぎょ用の) たて; 防護するもの, 保護者.
—— 動 他 …を守る, 保護する.

shift [ʃift シフト] 動 他 (場所・方向・人・物など) を変える, 移す.
We *shifted* the books to the next room.
私たちはそれらの本を隣となりの部屋に移した.
—— 自 変わる, 移る, 移動する.
The wind *shifted* to the south.
風向きが南に変わった.
—— 图 変化; 交代 (制), (交代制の) 勤務時間.
a night *shift* 夜間勤務.

shilling [ʃíliŋ シリング] 图 シリング (イギリスの旧貨幣きゅうか単位. 1971 年に廃止はいしされ; 1 シリングは 12 ペンス, 1 ポンドの 20 分の 1; 略語は s.).

shine [ʃáin シャイン]

動 (過去 過分 shone [ʃoun シ ʃɔn], 他 2 では shined [-d]; ing shining) 自 (太陽・明かりなどが) **かがやく**, 光る, 照る.
The sun was *shining* brightly.
太陽は明るくかがやいていた.
Polish the floor until it *shines*.
床をぴかぴかになるまでみがきなさい.
Her face *shone* with happiness.
彼女の顔は喜びでかがやいた.
—— 他 1 (明かり・光など) を向ける.
I *shone* the flashlight around the room. 部屋の中を懐中かいちゅう電灯で照らした.
2 (くつなど) をみがく.
He *shined* his shoes.
彼はくつをみがいた.

—— 图 [単数形で] かがやき; みがくこと; 光沢こうたく, つや.
The wooden floor had a beautiful *shine*. 木張りの床はぴかぴかに光っていた.

shining [ʃáiniŋ シャイニング] 形 光る, かがやく; [比ゆ的に] 目立つ, りっぱな.

shiny 準2 [ʃáini シャイニィ] 形 [比較] **shinier**; [最上] **shiniest**) かがやく, 光っている, ぴかぴかしている; 晴天の.

ship 5級 [ʃip シップ]

图 (大型の) **船**.
The *ship* sailed across the Pacific Ocean. 船は太平洋を航海した.
We boarded the *ship*.
私たちは船に乗りこんだ.
the *ship* and its crew
船とその乗組員 (▶ ship はしばしば女性名詞としてあつかわれ, its ではなく her で受けることもある).

by ship = ***on a ship*** 船で, 海路で.
We went to Britain *by ship*.
私たちは船でイギリスに行った.

用法 ship と boat
ship は「船」を表す一般的な語だが, おもに大型の船をいう. boat はオールや小型エンジンで動く小型の船をいうが, 話し言葉では ship と同じように使うことも多い.

—— 動 (過去 過分 shipped [-t]; ing shipping) 他 (船や車などで貨物) を輸送する, 運ぶ.

shipyard [ʃípjɑːrd シプヤード] 图 造船所.

shirt 5級 [ʃə́ːrt シャ〜ト] フォニックス32
フォニックス77 sh は [ʃ], ir は [əːr] と発音する.

图 (複数 **shirts**[-ts ツ]) **ワイシャツ**, シャツ.
a long-sleeved *shirt* 長そでのシャツ.
a T-*shirt* Tシャツ.
iron a *shirt* シャツにアイロンをかける.

参考 shirt はふつう男性用ワイシャツをさすが, 女性用シャツブラウス, 肌着はだぎ (undershirt), スポーツ用シャツなどもふくまれる. 「ワイシャツ」は white shirt がなまったものだが, 英語では単に shirt という.

shiver [ʃívər シヴァ] 動 自 (寒さ・恐怖

◀ shooting

などで）ふるえる，身ぶるいする（同 tremble）.
──名 ふるえ，身ぶるい．

shock 3級 [ʃak シャック ‖ ʃɔk ショック] フォニックス32 フォニックス27 sh は [ʃ], ck は [k] と発音する．

名 (複数 shocks [-s]) **1**（精神的な）**ショック**，打撃．
Really? It's a big *shock*!
ほんと？ すごくショックだな．
His death was a great *shock* to us.
彼の死は私たちにとって大きな打撃だった．
I am still in *shock*.
私はまだショックから立ち直っていません．
2（衝突・爆発などの）衝撃；電気ショック（= electric shock）.
the *shock* of an explosion 爆発の衝撃.
──動 (3単現 shocks [-s]; 過去 過分 shocked [-t]; ing shocking) 他 **…にショックを与える，衝撃を与える**．
Her attitude really *shocked* me.
彼女の態度にはほんとうにびっくりした．

shocked [ʃakt シャックト ‖ ʃɔkt ショックト] 形（人が）ショックを受けて．
Her family was *shocked* by her death. 家族は彼女の死にショックを受けた．

shocking [ʃakiŋ シャキング ‖ ʃɔk- ショキ-] 形 衝撃的な，ショッキングな，おそろしい；ひどい．

shoe 5級 [ʃu: シュー] フォニックス32 sh は [ʃ] と発音する．(つづり注意)

名 (複数 shoes [-z]) **くつ**，短ぐつ（▶「長ぐつ，ブーツ」は boot という．両足にはくので，ともにふつう複数形で使う）． → pair (図)

shoes
くつ

boots
ブーツ

I put on my *shoes*.
私はくつをはいた．[動作]
She has red *shoes* on. (= She is wearing red *shoes*.)
彼女は赤いくつをはいている．[状態]
a pair of *shoes* くつ1足（▶ 2足は two pairs of shoes という）．
a *shoe* store くつ店（▶ *shoes store* とはいわない）．

> 背景 欧米ではくつは衣服の1つと考えられ，室内でもはいているのが礼儀である．通常ベッドに入るときにぬぐ．ただし slippers（室内ばき）にはきかえることはあるので，wardrobe（洋服だんす）の下に shoe rack（くつ置きだな）があることが多い．

shoelace [ʃú:leis シューレイス] 名 くつひも．
shoemaker [ʃú:meikər シューメイカァ] 名 くつ店の主人，くつ職人．
shoestring [ʃú:striŋ シューストゥリング] 名
1《米》くつひも（= shoelace）．
2 わずかなお金．
shone [ʃoun ショウン ‖ ʃɔn ション] 動 shine（かがやく）の過去・過去分詞の1つ．
[同音語] shown (show (…を見せる) の過去分詞)
shook [ʃuk シュック] 動 shake(…をふる) の過去形．

shoot [ʃu:t シュート] フォニックス32 フォニックス71 sh は [ʃ], oo は [u:] と発音する．

動 (3単現 shoots [-ts ツ]; 過去 過分 shot [ʃat ‖ ʃɔt]; ing shooting) 他 **1**（人・物・動物）**を撃つ**；（銃）を撃つ；（矢）を射る．
The hunter *shot* a bird.
ハンターは鳥を1羽しとめた．
He was *shot* dead from behind.
彼は背後から撃たれて死んだ．
2《スポーツ》（ボール）をシュートする．
3 …を撮影する．
──自 **撃つ，射撃する，発砲する**；《スポーツ》シュートする．
He *shoots* well. 彼は射撃がうまい．
→名 shot
shoot at …をねらって撃つ（▶ かならずしも命中することを意味しない）．
He *shot at* a bird.
彼は鳥をねらって撃った．
──名 (複数 shoots [-ts ツ]) 新芽，若芽；若葉；若枝．
a bamboo *shoot* タケノコ．
shooting [ʃú:tiŋ シューティング] 名 発砲（事件），銃撃（事件）；撮影；《英》銃猟．

six hundred and forty-seven 647

shop ▶

shop 5級 名 店
動 買い物をする

[ʃáp シャプ‖ʃɔ́p ショプ] フォニックス32 sh は [ʃ] と発音する.

名 (複数) shops[-s] **1**(おもに英)**店**, 商店, ショップ (=(米) store).
a book*shop* (英) = (米) a bookstore 書店 (▶(米) では bookshop はこぢんまりした書店をさす).
a pet *shop* ペットショップ.
Many *shops* are closed on Sundays. 多くの店が日曜日には閉まっている.
Do they sell magazines at that *shop*? あの店では雑誌を売っていますか.

💬用法 **shop と store**
「物を売る店」は, (英) では **shop** というが, (米) ではふつう **store** を使う. ただしアメリカでも, **store** よりこぢんまりした専門店は **shop** ともいう.

2 仕事場, 作業場, 工房 (=workshop); (仕事場をかねた)店.
repair *shop* 修理工場.
a barber*shop* (米) = (英) a barber's 理髪店.

── 動 (3単現 shops[-s]; 過去 過分 shopped[-t]; ing shopping) 自 **買い物をする**.
She often *shops* in Ginza.
彼女は銀座でよく買い物をする.
We went *shopping* at the local department store.
私たちは地元のデパートに買い物に行った.

「店に買い物に行く」の言い方
× go shopping to the store
○ go shopping at the store
○ go to the store to shop

shopkeeper [ʃápki:pər シャプキーパァ‖ʃɔ́p- ショプ-] 名 (おもに英)小売店主, 店の経営者 (▶(米) では storekeeper のほうがふつう).

shopped [ʃápt シャプト‖ʃɔ́pt ショプト] 動 shop(買い物をする)の過去・過去分詞.

shopping 5級 [ʃápiŋ シャピング‖ʃɔ́p- ショピ-] フォニックス32 sh は [ʃ] と発音する.

名 **買い物**, ショッピング (▶a をつけず, 複数形なし).
do the *shopping* 買い物をする (▶この意味では ×do shopping とはいわない).
Do you have a lot of *shopping* to do? 買い物はたくさんあるの？
a *shopping* center ショッピングセンター (郊外などに商店を集中してつくった一区画).
a *shopping* mall ショッピングモール (多数の小売店が集まった商業施設).

── 動 shop(買い物をする)の -ing 形.
go *shopping* 買い物に行く.

✏️ライティング
I went *shopping* in Harajuku with my friends last weekend. 私はこの前の週末, 友だちと原宿に買い物に行きました.

shopping bag [ʃápiŋ bæɡ‖ʃɔ́piŋ-] 名 (紙・ビニール・布などの)買い物袋.

shore [ʃɔ́ːr ショー(ァ)] 名 (海・湖・川の)岸, 海岸 (▶「海岸」は seashore ともいう).
walk along the *shore* 岸に沿って歩く.
The boat reached the opposite *shore*. ボートは対岸に着いた.

💬用法 **shore と coast と beach**
shore は水に接した場所をさすが, **coast** は shore をふくめた広い地域をさす. the Pacific *Coast* ((アメリカの)太平洋岸). **beach** は波に洗われる砂や小石の多い平らな浜をさす. Long *Beach* (ロングビーチ)

short 5級 形 短い, 背が低い

[ʃɔ́ːrt ショート] フォニックス32 フォニックス78 sh は [ʃ], or は [ɔːr] と発音する.

long 長い　short 短い

tall 背が高い　short 背が低い

◀ **should**

形 (比較) **shorter**；(最上) **shortest** **1** (物の長さ・距離などが)**短い** (反) long¹ 長い).
short hair 短い髪.
The tunnel is *short*. そのトンネルは短い.
2 (時間などが) **短い** (反) long¹ 長い).
Life is *short*. 人生は短い.
The days are getting *shorter*.
日が短くなってきた.
He will be back in a *short* time.
彼はまもなくもどります.
3 背が低い (反) tall 背が高い).
I'm *shorter* than my big brother.
ぼくは兄よりも背が低い.
4 不足して；(**be short of** で) …が不足している.
I'm two dollars *short*.
お金が2ドル足りない.
We're *short of* time.
私たちには時間が足りない.

be short for …の略(語)である.
Ben *is short for* Benjamin.
ベンはベンジャミンを短くした名(=略称)である.

―― 副 急に, とつぜん (同 suddenly).
When he saw Mary, he stopped *short*.
彼はメアリーを見ると急に立ち止まった.

cut short …を短く切る；…の話を中断する.

run short (備えなどが)不足する.
Food is *running short*.
食糧が不足してきた.

run short of (人などが)…をきらす.
We're *running short of* rice.
お米がだんだんとぼしくなってきた.

―― 名 (複数 **shorts** [-ts ツ]) 短編映画；(野球)ショート, 遊撃手(▶ shortstop ともいう)；(口語)(電気回路の)ショート(= short circuit [sə́ːrkit サ〜キット]).

for short 短く, 略して.
We call a compact disc a CD *for short*.
コンパクトディスクを略してCDという.

in short 簡単に言えば, 要するに.
In short, we need your help.
要するに私たちにはきみの助けが必要なんだ.

shortage 準2 [ʃɔ́ːrtidʒ ショーテヂ] 名
不足, 欠乏.
a water *shortage* 水不足.

shortcoming [ʃɔ́ːrtkʌmiŋ ショートゥカミング] 名 [ふつう複数形で] 欠点.

shortcut [ʃɔ́ːrtkʌt ショートゥカト] 名 近道.
Let's take a *shortcut* to school.
学校まで近道して行こう.

shorten 準2 [ʃɔ́ːrtn ショートゥン] 動 他 …を短くする, 短縮する.
―― 自 短くなる, 縮まる, 縮む.

shorter [ʃɔ́ːrtər ショータァ] 形 short(短い)の比較級.

shortest [ʃɔ́ːrtist ショーテスト] 形 short (短い)の最上級.

shorthand [ʃɔ́ːrthænd ショートゥハンド] 名 速記, 速記法.

shortly 2級 [ʃɔ́ːrtli ショートゥリィ] 副 **1** まもなく, もうじき, もうすぐ (= soon) (▶ soon より形式ばった語).
The train will be arriving *shortly*.
電車はまもなく到着します.
2 短く, 簡単に.
3 ぶっきらぼうに, そっけなく.

shorts [ʃɔːrts ショーツ] 名 [複数あつかい] (運動用)ショートパンツ；半ズボン, 短パン；(おもに米) パンツ (男性用の下着).

shortsighted [ʃɔːrtsáitid ショートゥサイティド] 形 目先のことしか見えない, 近視眼的な (▶ short-sighted ともつづる).
a *shortsighted* policy 近視眼的な方針.

shortstop [ʃɔ́ːrtstɑp ショートゥスタプ ‖ -stɔp -ストプ] 名 (野球)ショート, 遊撃手.

short-tempered [ʃɔ́ːrttémpərd ショートゥテンパド] 形 短気な, おこりっぽい, かんしゃく持ちの.

shot [ʃɑt シャット ‖ ʃɔt ショット] 動 shoot(…を撃つ)の過去・過去分詞.
―― 名 **1** 発砲, 発射, 射撃；銃声, 弾丸.
He took a *shot* at the bird.
彼はその鳥をめがけて発砲した.
2 (サッカーなどの)シュート, ショット(▶ ×shoot とはいわない)；(おもに米)注射 (= injection = (英) jab)；写真, スナップ；(映画などの)一場面.
Good *shot*! ナイスショット, ナイスシュート.

shotgun [ʃɑ́tgʌn シャトゥガン ‖ ʃɔt- ショトゥ-] 名 散弾銃.

should 4級 助 …すべきである

[ʃəd シュド, (強めると)ʃud シュッド] フォニックス32 sh

six hundred and forty-nine 649

shoulder ▶

は [ʃ] と発音する。(発音注意)

形は shall の過去形だが，ふつう「…したほうがよい」「…すべきだ」という意味．

[助] (shall の過去形) **1** [相手に助言したり意見を求めるときに] **…したほうがよい**（▶形は過去形だが意味は現在なので注意）．
I think you *should* study more.
あなたはもっと勉強したほうがいいと思うよ．
Should I stay home?
家にいたほうがいいかな？

2 [義務を表して] **…すべきである**，…しなければならない（▶強い義務を表すときは must や have to, has to を使う）．
You *should* be more careful.
きみはもっと注意深くあるべきだ．
You *should* have seen the movie.
その映画を見ればよかったのに（▶「should have + 過去分詞」で「…すべきだった（のにしなかった）」といった後悔や非難の意味を表す）．

💬 用法 should と must, had better
義務を表す should は, must や had better よりやわらかい表現である．

👤 プレゼン
What *should* we do to protect the environment?
環境を守るために私たちは何をすべきでしょうか．

3 (It is + 形容詞 + (that) ~ should ... で) [おどろき・意外・残念などを表して] **~が…するのは―だ**．
It is strange *that* she *should* say that.
彼女がそんなことを言うなんて不思議だ．

4 [可能性・予想を表して] **きっと…するだろう**，…するはずだ．
They *should* be there by now.
彼らは今ごろ向こうに着いているはずだ．

5 (if ~ should ... で) **万一~が…ならば**，万一~が…すれば．
If it *should* rain, we will stay home.
万一雨が降れば，私たちは家にいます．

6 [shall の過去として] **…でしょう**，…だろう．
I said I *should* be back soon. (= I said, "I shall be back soon.")

私はすぐもどりますと言った（▶いまではふつう would を使う）．

7 [仮定・条件に対する結果を表して] **…するであろうに**，…するのだが．
If she were here, I *should* be very happy.
もし彼女がここにいれば，私はとても幸せなのになあ．

8 [疑問詞 why, how などとともに] **いったいどうして…か**(…ではないだろう)．
How *should* I know what he is thinking?
どうして私に，彼が何を考えているかわかるだろうか〔わかるはずがない〕．

should like to ... **…したいのですが**．

shoulder [5級] [ʃóuldər ショウルダァ] [名]

肩（▶左右の肩を別々に考えるので「両肩」は shoulders とする．日本語の「肩」より範囲は広く上背部をさす）．

She was carrying her bag on her *shoulder*.
彼女は肩からかばんをさげていた．
He shrugged his *shoulders*.
彼は肩をすくめた．

shoulder 肩をすくめるのは，「どうにもならない」「関係ない」といった無力感・無関心・あきらめ・当惑などを表すジェスチャー．

shouldn't [ʃúdnt シュドゥント] should not の短縮形．

shout [3級] [動] (…と) さけぶ

[ʃaut シャウト] [フォニックス32] [フォニックス72] sh は [ʃ], ou は [au] と発音する．

[動] ([3単現] **shouts** [-ts ツ]; [過去] [過分] **shouted** [-id]; [ing] **shouting**) [他] **…とさけぶ**，…を大声で言う．
She *shouted*, "Help me!" from her car. 彼女は「助けて！」と車からさけんだ．
The mother *shouted* her son's name. 母親は息子の名前を大声で呼んだ．
―[自] **さけぶ**，大声で話す，どなる．
shout for joy うれしくて大声をあげる．
You don't have to *shout* like that.
そんなにどならなくてもいいじゃないか．

650 six hundred and fifty

◀ show

── 名 (複数) **shouts** [-ts ツ] さけび(声), 大声.
give a *shout* of joy 歓声をあげる.

shouted [ʃáutid シャウテイド] 動 shout(…とさけぶ)の過去・過去分詞.

shouting [ʃáutiŋ シャウティング] 動 shout(…とさけぶ)の -ing 形.

shouts [ʃauts シャウツ] 動 shout(…とさけぶ)の3人称単数現在形.
── 名 shout(さけび)の複数形.

shovel [ʃʌv(ə)l シャヴ(ェ)ル] 名 シャベル.
── 動 他 …をシャベルですくう.

show
5級 動 …を見せる, …を案内する

[ʃou ショウ] フォニックス32 フォニックス74 sh は [ʃ], ow は [ou] と発音する.

…を見せる

…を案内する

動 (3単現) **shows** [-z]; (過去) **showed** [-d]; (過分) **shown** [ʃoun ショウン] ときに **showed**; (ing) **showing** 他 **1 …を見せる, 示す**; 《show + 人 + 物 / show + 物 + to + 人 で》(人)に(物)を見せる (▶前者は「物」に, 後者は「人」に重点がある).

Please *show* your ticket at the entrance.
入り口でチケットを見せてください.

She *showed* me her stamp collection. (= She *showed* her stamp collection *to* me.)
彼女は私に切手のコレクションを見せてくれた.

「(人)に(物)を見せる」の言い方
She showed me her stamps.
　　　　　　人　　　物
She showed her stamps to me.
　　　　　　物　　　　　人

2 (展覧会などに)**…を展示する**, 出品する; (映画)を上映する.
What movie are they *showing* there?
そこではどんな映画を上映していますか.

3 …を案内する, (部屋などに)(人)を通す; (人)に(道など)**を教える**.
He *showed* me to the table.
彼が私をテーブルまで案内してくれた.

🗣 スピーキング

Ⓐ Could you *show* me the way to the station?
駅までの道を案内していただけますか.
Ⓑ Sure. / Certainly.
いいですよ.

💬 用法 show と tell
道をたずねる場合はふつう tell me を使う. show me はその場所まで案内してもらったり, 地図を使って示してもらったりする場合に使う. いきなり知らない人に show me を使うと失礼にひびくことがある.

4 …を明らかにする, 証明する, 示す; …をやって見せる, 教える; (感情など)**を表す**.
His research *shows* how children are influenced by TV.
彼の研究は子どもたちがテレビにどのように影響されているかを示している.
She *showed* me how to make my bed. 彼女はベッドメーキングのしかたをやって見せてくれた.
show my feelings
自分の感情を外に出す.

── 自 **1 見える**; 現れる, 見てとれる.
Worry *showed* on her face.
彼女の顔には心配の表情が見えた.

2 (映画が)上映される; (番組が)放送される.

show ... around ～ **…に～を案内してまわる.**
I'll be happy to *show* your friends *around* town.
喜んであなたのお友だちに町中を案内し(てまわり)ますよ.

show off ひけらかす; …を見せびらかす.
I don't like to *show off*.
ぼくはひけらかしたくないんだ.

show up 《口語》約束の場所にやって来る, 姿を現す.

six hundred and fifty-one　651

showcase ▶

I waited and waited, but she didn't *show up*.
待っても待っても彼女は現れなかった.

――名 (複数 **shows** [-z]) (テレビ・ラジオの)番組；(ミュージカルなどの)ショー；**展示会**, ショー；品評会.
a live *show* 生番組.
a Broadway *show* ブロードウェーのショー.
a motor *show* 自動車ショー.

be on show 展示中である, 展示されている.

show and tell ショー・アンド・テル (生徒にめずらしい物などを持ってこさせ, それについて説明させる教育活動. アメリカの小学校などで, スピーチの力をつけさせるために行われている).

showcase [ʃóukeis ショウケイス] 名 陳列用のガラスケース, ショーケース；[比ゆ的に] 公開の場.
――動 他 …を展示する, 披露する.

showed [ʃoud ショウド] 動 show(…を見せる)の過去形；過去分詞の１つ.

shower 4級 [ʃáuər シャウア] 名 **1** シャワー (= shower bath).
take a *shower* シャワーを浴びる.
2 にわか雨, 夕立 (= rain shower).
I was caught in a *shower* on my way home. 帰り道でにわか雨にあった.
3 (米) お祝い品贈呈パーティー (結婚する人や出産する人へお祝い品をわたすために友人たちが開くパーティー).
――動 自 シャワーを浴びる (▶ take a shower のほうがふつう).
――他 …を(雨のように)与える；…に水をそそぐ.

showing [ʃóuiŋ ショウイング] 動 show(…を見せる)の -ing 形.
――名 見せること, 展示；(映画の)上映；(番組の)放送；(展覧会の)開催.

shown [ʃoun ショウン] 動 show (…を見せる)の過去分詞.
[同音語] shone (shine (かがやく)の過去・過去分詞)

showroom [ʃóuru(:)m ショウル(ー)ム] 名 商品の陳列室, ショールーム.

shows [ʃouz ショウズ] 動 show (…を見せる)の3人称単数現在形.
――名 show(番組)の複数形.

show window [ʃóu windou] 名 ショーウインドー.

shrank [ʃræŋk シュランク] 動 shrink(しりごみする)の過去形の１つ.

shrewd [ʃru:d シルード] 形 (人・判断などが)ぬけ目のない, そつがない.

shriek [ʃri:k シリーク] 動 自 悲鳴をあげる, 金切り声をあげる (▶ scream よりかん高い声を表す).
――他 …を金切り声で言う.
――名 悲鳴, かん高い声；激しい笑い声.

shrill [ʃril シリル] 形 (音・声が) かん高い, けたたましい.

shrimp [ʃrimp シュリンプ] 名 小エビ.

shrine 3級 [ʃrain シュライン]

名 (複数 **shrines**[-z]) **神殿**, 聖堂；(日本の) **神社** (▶「寺, 寺院」にはふつう temple を使う).
(the) Meiji *Shrine* 明治神宮.

shrink [ʃriŋk シュリンク] 動 (過去 **shrank** [ʃræŋk] または (米) **shrunk** [ʃrʌŋk] 過去分 **shrunk** または (米) **shrunken** [ʃrʌŋkən]) (人が)しりごみする；(布などが)縮む.

shrub [ʃrʌb シュラブ] 名 低木, かん木 (▶ tree より低いもの). → bush

shrug [ʃrʌg シュラッグ] 動 (過去 過分 **shrugged** [-d] ing **shrugging**) 他 自 (肩を)すくめる (▶困惑やあきらめなどのしぐさ). → shoulder (図)
shrug my shoulders 肩をすくめる.

shrunk [ʃrʌŋk シュランク] 動 shrink (しりごみする)の過去形・過去分詞の１つ.

shudder [ʃʌdər シャダァ] 動 自 (おそろしさ・寒さなどで)ふるえる, 身ぶるいする.

shut 3級 [ʃʌt シャット] 動 (過去 過分 **shut**； ing **shutting**) (▶原形と過去・過去分詞が同じ形であることに注意). 他 **1** (ドア・窓など)を閉める, (目・口など)を閉じる (反 open …を開ける).

shut

open

She *shut* the door and started her

◀ sickness

car. 彼女はドアを閉めて車を動かした.
Mike *shut* his eyes.
マイクは目を閉じた.
(▶上の2文の shut は過去形).

💬用法 shut と close
shut は close より，力をこめてあらあらしく閉めるという感じをともなうので，shut をさけて close を好んで使う人が少なくない.

2 (本・ナイフなど)をたたむ，閉じる(反 open …を開ける).
Shut your book. 本を閉じなさい.
shut an umbrella かさをたたむ.
―(自) 閉まる，閉じる.
The door *shut* with a bang.
ドアはバタンと閉まった.

shut out …をしめ出す；(光など)をさえぎる；(野球)(相手チーム)をシャットアウトする，完封勝ちする.
Shut out the sunlight.
日光が入らないようにしなさい.

shut up …を閉じこめる；(店・工場など)を閉める，閉鎖する；(口語)(人)をだまらせる；話をやめる，だまる.
Shut up! だまれ！(▶ひじょうに乱暴で強い言い方. 目上の人には使えない).

shutter [ʃʌ́tər シャタァ] (名) **1** (ふつう複数形で) (窓の)雨戸，よろい戸，シャッター. → house (図)
2 (カメラの)シャッター.

shuttle 準2 [ʃʌ́tl シャトゥル] (名) 近距離往復のバス[電車]，シャトルバス[電車，便]，往復便.
The *shuttle* runs every hour.
シャトルバスは1時間ごとに運行しています.

shuttlecock [ʃʌ́tlkɑk シャトゥルカク ‖ -kɔk -コク] (名) (バドミントンなどに使う)羽根，シャトル.

shy 3級 [ʃai シャイ]
(形) (比較) **shyer** または **shier**；(最上) **shyest** または **shiest**) **はずかしがりやの，内気な；はずかしそうな**.
Don't be so *shy*.
そんなにはずかしがらないで.
a *shy* smile はずかしそうなほほえみ.

shyness [ʃáinis シャイネス] (名) 内気，はにかみ.

sick 4級 (形) 病気の，気分が悪い

[sik スィック] フォニックス27 ck は [k] と発音する.
(形) (比較) **sicker**；(最上) **sickest**) **1 病気の，病気で** (反 well¹, healthy 健康な).
He is *sick*. 彼は病気だ (▶ He is ˟sickness. とはいわない).

× He is sickness.
↑ 名詞は使わない.
○ He is sick.

He is *sick* in bed. 彼は病気で寝ている.
Is she OK? She looks *sick*.
彼女だいじょうぶ？ぐあいが悪そうだけど.
They take care of the *sick*.
彼らは病人たちの世話をしている (▶ "the + sick" で「病気の人たち(= sick people)」という意味).

✏️ライティング
I want to be a doctor because I want to help *sick* people.
病気の人たちを助けたいので，私は医師になりたいです.

2 [名詞の前では使わない] **気分が悪い**，はき気がする.
I feel *sick*. はき気がする.

💬用法 sick と ill
❶「病気で」の意味では(米)ではふつう sick を使い，(英)では ill を使う. (英)で sick を使う場合はふつう「気分が悪い，はき気がする」という意味.
❷名詞の前では(米)(英)とも sick を使う. my *sick* mother (私の病気の母). これを my ˟ill mother とはいわない.

3 (***be sick of*** で) …にうんざりしている，あきている.
I'm *sick* and tired *of* you.
きみにはもううんざりだよ.
I'm *sick of* hearing this song.
この歌は聞きあきた.

get sick 病気になる.

sickle [sikl スィクル] (名) (片手用の)鎌.
sickness [síknis スィクネス] (名) 病気 (同 illness)；はき気.

six hundred and fifty-three 653

side ▶

side 3級 [said サイド] フォニックス50 i は [ai] と発音する.

名 複数 sides [-dz ヅ] **1** (左右・前後の)**側**; (表裏・内外の)**面**.

There is a parking lot on the right *side* of the street.
通りの右側に駐車場がある.

on the other *side* of the river
川の向こう岸に.

2 (物の)**へり**, **端**; **側面**, **横面**; (図形の)**辺**; (山・土手などの)**斜面**.

Can you hold both *sides* of this box? この箱の両端を持っててくれる？

A square has four *sides*.
正方形には 4 つの辺がある.

3 (問題などの)**面**, **方面**.

Look on the bright *side* of life.
人生の明るい面を見なさい.

4 (体の)**わき腹**, **横腹**.

I had a pain in my left *side*.
左のわき腹が痛かった.

5 味方, 側.

I'm always on your *side*. (= I'll always take your *side*.)
ぼくはいつもきみの味方だよ.

by the side of = **by ...'s side** …のそばに.

from all sides いたるところから, 四方から; 各方面から.

from side to side 前後左右に, 左右に.

No side! (ラグビー) ノーサイド, 試合終了.

side by side (横に)並んで.

We walked *side by side*.
ぼくたちは横に並んで歩いた.

── 形 横の; 副 の, 従の; わき道の.

a *side* door 横のドア.

a *side* job
(定職がある人の)副業.

side dish [sáid diʃ] 名 (主料理に対して) 添え料理, 副菜.

sidewalk 2級 [sáidwɔːk サイドゥウォーク] 名 (米) (車道に対して) 歩道 (= (英) pavement).

siesta [siésta スィエスタ] (<スペイン語) 名 (スペインなどで日中の暑い時間帯にとる) 昼寝, シエスタ.

sigh 2級 [sai サイ] (発音注意) 動 自 (悲嘆・安心のために)ため息をつく.

She *sighed* with relief.
彼女はほっとしてため息をついた.

── 名 ため息.

sight 準2 [sait サイト] (発音注意) 名 **1** [ときに a をつけて] **見ること**.

I know her by *sight*, but I have not talked with her.
彼女の顔は知っているけれど話したことはない.

2 視力, 視覚 (= eyesight); 視界, 視野 (▶ a をつけず, 複数形なし).

My *sight* is getting worse.
視力が悪くなってきた.

He has good eye*sight*.
彼は視力がいい.

Mt. Fuji came into *sight*.
富士山が視界に入ってきた.

3 光景, ながめ.

The sunset was a beautiful *sight*.
日没はすばらしいながめだった.

a strange *sight* 見慣れない光景.

4 [**the sights** で] 名所, 観光地.

We saw *the sights* of Kyoto.
私たちは京都の名所を見物した. →動 see

at first sight 一目見て; 一見したところでは.

He fell in love with her *at first sight*.
彼は彼女に一目ぼれした.

at the sight of …を見て.

The baby smiled *at the sight of* her mother.
赤ちゃんは母親を見てにっこりと笑った.

catch sight of …をちらっと見かける.

I *caught sight of* her near the park.
私は公園の近くで彼女を見かけた.

in sight 視界に入って, 見えて.

There was not a house *in sight*.
家は1軒も見えなかった.

lose sight of …を見失う.

We soon *lost sight of* the car.
私たちはすぐにその車を見失った.

Try not to *lose sight of* your goal.
目標を見失わないようにしなさい.

out of sight 見えないところに.

The plane flew *out of sight*.
飛行機は飛び去った (→見えなくなった).

Out of sight, out of mind.
《ことわざ》(親しい人も) 見えなくなれば忘れてしまう＝去る者は日々にうとし.

[同音語] site (用地)

654 six hundred and fifty-four

◀ **silence**

sightseeing 3級 [sáitsi:iŋ サイトゥスィーイング]

图 **観光**, 見物, 遊覧（▶ a をつけず，複数形なし）.

They went *sightseeing* in Italy.
彼らはイタリアへ観光旅行に行った．

We did some *sightseeing* in the city.
私たちは市内を観光した．

a *sightseeing* bus 観光バス．

sign 3級 [sain サイン]（発音注意）图 **1** 標識，掲示, 看板．

a road *sign* 道路標識．

「スノーモービル注意」の標識．

2（数学・音楽などで使う）記号, 符号；しるし．
a plus *sign* プラス記号（+）．

3 合図, 身ぶり, サイン．
The police officer gave me a *sign* to stop.（= The police officer signaled me to stop.）警官は私に止まれと合図した．

参考 荷物などを受け取るときにするサインは signature という. ただし, 動詞で「サインする（署名する）」というときは sign でよい. また, 有名人などのサインは autograph という.

4 きざし, 前ぶれ, 前兆．
Dark clouds are a *sign* of rain.
黒い雲は雨が降る前ぶれだ．

5 …宮, …座（黄道十二宮の 12 区分の 1 つ）．→ horoscope

スピーキング

Ⓐ What's your *sign*?
きみは何座？

Ⓑ Aquarius.
みずがめ座だよ．

—— 動 他 **1**（書類・手紙などに）署名する, サインする；…と契約を結ぶ．

He *signed* the letter.
彼は手紙に署名した（▶手紙の文章はパソコンで打っても最後の署名は手書きにするのがふつう）．

2 …に合図する, 合図を送る；…を手話で話す（▶「手話」は sign language という）．
— 自 署名する, サインする；契約する；合図する；手話をする．

Please *sign* here.
ここにサインをお願いします．
→ 图 signature

背景 英語のジョーク

Teacher: Why are you late?
Sam: Because the sign down the street said, "School Ahead; Go Slow."
先生「どうして遅刻したのですか」
サム「通りの標識に『前方に学校あり, 徐行』と書いてあったんです」

signal 準2 [sígnəl スィグナル] 图 信号, 合図；（道路・鉄道の）信号機．

Wait until I give the *signal*.
合図するまで待ってて．

a traffic *signal*（交通）信号（▶ traffic light ともいう）．

—— 動（過去）（過分）signaled,（英）signalled [-d];（ing）signaling,（英）signalling）他 …に信号を送る；…に合図する．

He *signaled* her to stand up.
彼は彼女に立ち上がれと合図した．
— 自 合図する；信号を送る．

signature [sígnətʃ(u)ər スィグナチ(ュ)ア]

图 署名, サイン（▶有名人などがする「サイン」は autograph という）．　→ 動 sign

significance [signífəkəns スィグニフィカンス]

图 意義；重要性, 重大さ．
This book has great historical *significance*.
この本には大きな歴史的意義がある．

significant [signífəkənt スィグニフィカント]

形 重要な, 重大な；いちじるしい；（数・量が）かなりの．
a *significant* discovery 重要な発見．

sign language [sáin læŋgwidʒ] 图 手話（法）．

talk in *sign language* 手話で話す．

silence [sáiləns サイレンス] 图 **1** 静けさ, 静寂．

the *silence* of the night 夜の静けさ．

2 沈黙, 無言, 無口.

He stood in *silence*.
彼はだまって立っていた.

There was a long *silence* before she answered.
彼女が答えるまでに長い沈黙があった.

silent 4級 [sáilənt サイレント]

形 **1** **静かな**, しんとした(▶quiet よりもいっそう静かな場合に使う).

a *silent* night
しんとした夜.

2 沈黙した, だまっている, 無言の, 無音の.

silent reading 黙読.

a *silent* movie 無声映画.

Please put your smartphone on *silent*.
スマホはマナーモードにしてください.

silently 準2 [sáiləntli サイレントゥリィ] 副 だまって, 無言で; 静かに.

silk [silk スィルク] 名 絹, シルク, 絹糸; [しばしば複数形で] 絹の服.

Silk Road [silk róud] 名 [the をつけて] シルクロード.

silkworm [sílkwəːrm スィルクワ〜ム] 名 (虫) カイコ.

silly 2級 [síli スィリィ] 形 (比較 sillier; 最上 silliest)(人・言動が)ばかな, おろかな, ばかげた. → foolish, stupid

Don't be *silly*.
ばか(なこと)を言うな; ばかまねはよしなさい.

You *silly* old bear!
おバカさんのクマちゃん (▶『クマのプーさん』でクリストファー少年が, プーのことを愛情をこめて呼ぶ表現).

silo [sáilou サイロウ] 名 (複数 silos [-z]) サイロ (飼料を貯蔵するための, ふつう円筒形の建物); 地下ミサイル格納庫.

silver 準2 [sílvər スィルヴァ] 名 **1** 銀.

gold and *silver* 金と銀.

This spoon is made of *silver*.
このスプーンは銀製だ.

2 [集合的に]銀食器; 銀貨;《口語》銀メダル.

3 銀色, シルバー.

── 形 銀の, 銀製の; 銀色の.

a *silver* coin 銀貨.

a *silver* medal 銀メダル.

silver hair 銀髪, (美しい) 白髪.

similar 準2 [símələr スィミラァ]

形 (比較 **more similar**; 最上 **most similar**)
同じような, 似かよった (▶元来異なっているものが同じような, ということで, same ほど意味が強くない. また, similar は名詞の前にも動詞の後ろにも使えるが, alike は動詞の後ろにしか使えない).

Her view is very *similar* to mine.
彼女の考え方は私のととても似ている.

We have *similar* tastes in music.
ぼくたちは音楽の好みが似ている.

simple 4級 [simpl スィンプル]

形 (比較 **simpler**; 最上 **simplest**) **1** **簡単な**, 容易な, 単純な, シンプルな (反 complex 複雑な).

a *simple* task 簡単な仕事, 簡単な作業.

The book is written in *simple* English.
その本はやさしい英語で書かれている.

The question is extremely *simple*.
その問題はとても簡単だ.

2 (生活などが)**質素な**, 地味な, 簡素な; (人が)そぼくな, 純朴な.

a *simple* life 質素な生活.

3 純真な, むじゃ気な; お人よしの.

She was as *simple* as a child.
彼女は子どものようにむじゃ気だった.

simply 2級 [símpli スィンプリィ] 副 **1** 簡単に, わかりやすく; 質素に, 簡素に.

The teacher explained the problem *simply*.
先生はその問題をわかりやすく説明した.

She was dressed *simply*.
彼女は質素な身なりをしていた.

2 単に, ただ…だけ (同 only).

He is not angry. He is *simply* tired.
彼は腹を立てているわけではないよ. ただつかれているだけだ.

3 [強調して]まったく, 全然.

I can't *simply* agree with it.
それにはまったく賛成できない.

simulate [símjuleit スィミュレイト] 動 他 …の模擬実験をする, シミュレーションを行う.

simulation [sìmjuléiʃən スィミュレイション] 名 シミュレーション, 模擬実験.

simulation games
シミュレーションゲーム.

656 six hundred and fifty-six

◀ sing

sin [sin スィン] 名 罪(▶ sin は宗教・道徳上の罪で, crime は法律上の罪).

since 3級 前 …以来, …から
接 …して以来, …してから

[sins スィンス]
前 **…以来**, …から(ずっといままで).

基本的には「それ以来」という意味. 現在完了といっしょに使うことが多い.

🗣スピーキング
🅐 How long have you lived here?
ここに住んでどのくらいですか.
🅑 We have lived here *since* 2010.
私たちは 2010 年からここに住んでいます.

I haven't seen her *since* then.
私はそのとき以来彼女には会っていない.
Mary has been sick in bed *since* last Friday.
メアリーはこの前の金曜日からずっと病気で寝ています.

💬文法 since と from
since は過去のある時に始まったことが現在までずっと続いていることを示すので, 動詞はふつう現在完了を使う. from は「…から」という意味で単に始まりの時点だけを示し, 現在や過去や未来など時制に関係なく使う. He worked there *from* 2015 to 2020. (彼は 2015 年から 2020 年までそこに勤めた)

── 接 **1 …して以来**, …してから(ずっと).
I've known him *since* he was a baby.
私は彼を赤ちゃんのころから知っている.
It's three years *since* we first met. (= It has been three years *since* we first met. / Three years have passed *since* we first met.)
ぼくたちがはじめて出会ってから 3 年になる.
2 [理由を表して] **…ので**, …だから.
Since it was raining, the children played inside.
雨が降っていたので, 子どもたちは家の中で遊んだ.

💬用法 since と because
理由を表す接続詞としては, since は because より意味が弱く, as よりは強い. また since はふつう主となる文(主節)の前に置かれ, すでに相手が知っている理由を述べるときに使うので, Why ～? の文の答えには使えない. because はふつう主節のあとにきて, 相手が知らない理由を述べるときに使う.

── 副 それから, それ以来, その後.
I haven't heard from him *since*.
その後彼からはずっと連絡がない.
ever since それ以来ずっと.
They got married in 2012 and have lived happily *ever since*.
彼らは 2012 年に結婚して以来ずっと幸せに暮らしている.
sincere [sinsíər スィンスィア] 形 (人が)誠実な; (言動などが)心からの, 誠意のある.
a *sincere* friend 誠実な友人.
a *sincere* apology 心からのおわび.

sincerely 3級 [sinsíərli スィンスィアリィ]
副 (比較 more sincerely; 最上 most sincerely) **心から**, 心をこめて.
Yours sincerely, = (米) ***Sincerely (yours),*** 敬具(▶手紙の正式な結びの文句として, よく使われる).
sincerity [sinsérəti スィンセリティ] 名 真心; まじめさ, 誠実, 言行一致.
→ 形 sincere

sing 5級 動 歌をうたう

[siŋ スィング]
動 (3単現 **sings**[-z]; 過去 **sang**[sæŋ サング]; 過分 **sung**[sʌŋ サング]; ing **singing**) 自
1 歌をうたう, 歌う.
She *sings* very well. (= She is a very good singer.)
彼女は歌がとてもじょうずだ.
He loves *singing*.
彼は歌うのが大好きだ.
We *sang* to the piano. (= We *sang*

six hundred and fifty-seven 657

Singapore ▶

along with the piano.)
私たちはピアノの伴奏％で歌った.

2 (鳥が)さえずる.
Birds are *singing* in the trees.
鳥が木でさえずっている.

── ⑯ (歌)**を歌う**.
The singer *sang* some old folk songs.
歌手は古い民謡％を何曲か歌った.

> 💬用法 「歌をうたう」の言い方
> 「歌をうたう」はどんな歌かを説明すると
> き以外は sing a song といわずに
> sing だけでよい. したがって She
> likes to sing. に songs をつける必要
> はない. She likes to read. に books
> をつける必要がないのと同様である.

Singapore 3級 [síŋ(g)əpɔːr スィンガポー(ァ)] 图 シンガポール(マレー半島南端ﾀﾞﾝの島の共和国;およびその首都).

singer 5級 [síŋər スィンガァ]

图 [複数 singers [-z]] **歌手**, 歌う人.
She is a good *singer*.
彼女は名歌手だ, 彼女は歌がうまい.

singer-songwriter
[síŋərsɔ́(ː)ŋràitər スィンガソ(ー)ングライタァ] 图 シンガーソングライター.

singing [síŋiŋ スィンギング] 動 sing(歌をうたう)の -ing 形.
── 图 歌うこと, 歌唱ﾀﾞ；鳥のさえずり.

single [síŋgl スィングル] 形 **1** たった１つの,たった１人の(▶ a, one などを強調する).
She didn't make *a single* mistake.
彼女は１つもまちがえなかった.

2 独身の(反 married 結婚ﾀﾞしている).
Is he *single* or married?
彼は独身ですか, 結婚されているのですか.

3 １人用の. → double
a *single* room
(ホテルの) １人部屋, シングル(ルーム).
a *single* bed シングルベッド.

4 (英)(切符ﾌﾟが)片道の(=(米)one-way)
(反 return 往復の).
a *single* ticket 片道切符.

── 图 **1** (CD などの)シングル盤ﾊﾞﾝ.

2 (ホテルの) １人部屋, シングル (ルーム).

3 [複数形で] (テニスなどの)シングルス(の試合)(対 doubles ダブルス)；(野球)シ

ングルヒット.

4 (英)片道切符.

sings [síŋz スィングズ] 動 sing(歌をうたう)の3人称単数現在形.

singular [síŋgjulər スィンギュラァ] 形 《文法》 単数の(反 plural 複数の).
a *singular* noun 単数名詞.
── 图 [ふつう the をつけて] 《文法》 単数(形)(反 plural 複数(形)).

singularity [sìŋgjulǽrəti スィンギュラリティ] 图 **1** (古風) 奇異さ, 特異(な点).

2 シンギュラリティ, 技術的特異点 (AI(人工知能)が将来, 人類の能力を超えて進化し自己複製をはじめるようになるという仮説上の時点).

sink 2級 [síŋk スィンク] 動 [過去 sank [sǽŋk] ときに sunk [sʌ́ŋk]；過分 sunk] 倉 **1** (水中に)沈ﾑむ, 沈没ﾎﾞﾂする(反 float うく).
The ship *sank* in the Indian Ocean.
その船はインド洋で沈没した.

2 (太陽・月などが)沈む；(地盤ﾊﾞﾝなどが)沈下する.
The sun *sank* behind the hill.
太陽は山かげに沈んだ.

3 (価値などが)低下する；(数量などが)減少する；(声などが)低くなる.
His voice gradually *sank*.
彼の声はだんだん低くなっていった.

── ⑯ …を沈める, 沈没させる.
High waves *sank* the boat.
高波が船を沈めた.

── 图 (台所の)流し (台)；(米)洗面台.

sinner [sínər スィナァ] 图 (宗教・道徳上の)罪人ﾆﾝ.
We are all *sinners*.
われらはみな罪人なり (キリスト教の考え方).

sip [síp スィップ] 動 [過去 過分 sipped [-t]；ing sipping] ⑯ …を少しずつ飲む, ちびちび飲む.
sip green tea 緑茶をすする.

sir 3級 [sər サァ, (強めると)səːr サ～] 图 **1** あなた；先生.
Good morning, *sir*. おはようございます.
Yes, *sir*. はい, そうです.

> 💬用法 sir と ma'am
> 目上の男性や店の男性客に対するていねいな呼びかけのことば. 日本語にはとくに訳さない. 女性に対しては ma'am を使う.

◀ sit

2 [Sirで] サー…, …卿.
Sir Charles Chaplin
サー・チャールズ・チャップリン.

用法 Sirの使い方
イギリスの準男爵またはナイト爵の称号として, 姓名の前に使う. Sir Charlesのように名前だけに使うことはあるが, 姓だけに使って×Sir Chaplinとはしない.

siren [sái(ə)rən サイ(ア)レン] 图 **1** (消防車・パトカーなどの)サイレン.
I heard a fire engine's *siren* in the distance.
遠くで消防車のサイレンが聞こえた.

2 [しばしば Sirenで]《ギリシャ神話》セイレーン (上半身は女性, 下半身は鳥 (のちに魚とされた) の姿をした海の精で, 美しい声で船乗りをさそい寄せ, 船を難破させたという).

sister 5級 图 姉, 妹

[sístər スィスタァ]
图 (複数 sisters [-z]) **1 姉, 妹;姉妹, 女のきょうだい** (対 brother 兄, 弟).
Jane has two *sisters*.
ジェーンには女のきょうだいが2人いる (▶つまりジェーンは3人姉妹である).
I don't have any *sisters*.
私には女のきょうだいはいない.
sister cities
《米》姉妹都市 (=《英》twin towns).
These two schools are *sister* schools. この2つの学校は姉妹校です.

スピーキング
Ⓐ Do you have any brothers or *sisters*? きょうだいはいますか.
Ⓑ No, I'm an only child.
いいえ, 私はひとりっ子です.

用法 sisterと「姉」「妹」
❶「姉」は a big sister とか an older [elder] sister,「妹」は a little sister とか a younger sister という.
❷ 姉妹の間で「お姉さん」と呼びかけるときは, ふつう sister を使わずに名前を言う.

プレゼン
姉妹の数の言い方
I have a younger sister.
私には妹が1人います.
I have an older sister.
私には姉が1人います.
I have two older sisters.
私には姉が2人います.
I have a sister.
私には姉[妹]が1人います.
I don't have any sisters.
私には姉も妹もいません.

2 (カトリック教の)修道女, シスター.

sister-in-law [sístərinlɔ̀ː スィスタリンロー] 图 義理の姉, 義理の妹 (対 brother-in-law 義理の兄, 義理の弟).

sit 5級 動 すわる

[sit スィット]
動 (3単現 sits [-ts ツ]; 過去 過分 sat [sæt サット]; ing sitting) 圓 **1 すわる**, 腰をかける (対 stand 立つ); すわっている.

sit down   stand up

He *sat* on a chair.
彼はいすにすわった.
We were *sitting* on the sofa, watching TV.
ソファーにすわってテレビを見ていた (▶ひじかけのいすのように深々と沈むようにすわるときは sit in を使う).
Sit, Spotty!
(犬に向かって) スポッティー, おすわり.

2 (鳥などが) とまる; 卵を抱く.
Sparrows were *sitting* on the telephone line.
電線にスズメがとまっていた.

— 他 …をすわらせる.
The mother *sat* her son at the table.
母親は息子を食卓につかせた.

six hundred and fifty-nine 659

site ▶

sit at (テーブルなど) につく.
She *sat at* her desk and started
her homework.
彼女は机に向かって (→机のいすにすわって)
宿題を始めた.

sit down **すわる**, 着席する. → seat

📢スピーキング
Ⓐ Please *sit down*.
すわってください.
Ⓑ OK. はい.

sit up (遅くまで)起きている；(寝た状態
から)上半身を起こす.
He *sat up* late to study for the test.
彼は遅くまで(寝ないで)テストの勉強をしてい
た.
Sit up straight, children!
(着席している生徒たちに)背筋を伸ばして
すわりなさい.

site 2級 [sait サイト]

图 (複数 **sites** [-ts ツ]) **1 用地**, 敷地；(事
件などの)現場；遺跡.
the *site* for a factory 工場予定地.
a World Heritage *Site* 世界遺産.
2 (インターネットの)サイト (= website).
a shopping *site*
ショッピングサイト
[同意語] sight (光景)

sits [sits スィッツ] 動 sit(すわる)の3人称単
数現在形.

sitting [sitiŋ スィティング] 動 sit(すわる)の
-ing 形.

sitting room [sitiŋ rù(:)m] 图 《おも
に英》居間(▶《英》《米》とも living room の
ほうを多く使う).

situated [sitʃueitid スィチュエイティド] 形
《**be situated** で》(…に)位置している, ある.
His house *is situated* on a hillside.
彼の家は丘の中腹にある.

situation 2級 [sitʃuéiʃən スィチュ
エイション ‖ -tju- -テュ-]

图 (複数 **situations** [-z]) **事態**, 状況；
立場；(町・建物などの)位置, 場所.
I was in a similar *situation*.
私も似たような状況にありました.

sit-up [sitÀp スィタプ] 图 (あおむけで上体
を起こす)腹筋運動, シットアップ.

six 5級 形 6 の
图 6

[siks スィックス]
形 **6 の**：6 個の, 6 人の；6 歳で.
He is *six* feet tall.
彼は身長が 6 フィートある.
── 图 (複数 **sixes** [-iz]) **6**；6 歳, 6 時；
[複数あつかい] **6個**, 6 人.
I'm going to see him at *six* tomor-
row.
私はあしたの 6 時に彼に会うつもりです.

sixteen 5級 形 16 の
图 16

[siksti:n スィクスティーン] フォニックス64 ee は [i:]
と発音する. 前後の文のリズムによりアクセント
の位置が変わり [siksti:n] となることがある.
形 **16 の**：16 個の, 16 人の；16 歳で.
When will you be *sixteen* years
old? あなたはいつ 16 歳になるのですか.
── 图 (複数 **sixteens** [-z]) **16**；16 歳；[複
数あつかい] **16個**, 16 人.
sixteenth [siksti:nθ スィクスティーンス] 形
[ふつう the をつけて] 第 16 の, 16 番目の.
── 图 [ふつう the をつけて] 第 16, 16 番
目；(月の)16 日 (▶略語は 16th).

sixth 5級 形 6 番目の
图 6 番目

[siksθ スィックスス] フォニックス34 th は [θ] と発音
する.
形 **1** [ふつう the をつけて] **第 6 の**, 6 番目の.
the sixth floor 《米》6 階, 《英》7 階.
2 6 分の 1 の.
── 图 (複数 **sixths** [-s]) **1** [ふつう the を
つけて] **第 6**, 6 番目；(月の)6 日 (▶略語
は 6th).
the sixth of August (= August 6)
8 月 6 日.
2 6 分の 1.
five *sixths* 6 分の 5.

sixths [siksθs スィックススス] 图 sixth（6
分の 1 ）の複数形.

sixties [sikstiz スィクスティズ] 图 sixty (60)
の複数形.

◀ **sleeps**

slant [slænt スラント‖slɑːnt スラーント] 名 傾斜; (物の)見方, 観点.
── 動 自 傾斜する, 傾く.

slap [slæp スラップ] 動 (過去)(過分) **slapped** [-t] (ing) **slapping**) 他 …を平手でピシャリと打つ, 平手打ちする.
── 名 平手打ち.

slash [slæʃ スラッシ] 動 他 …をさっと切る.
── 名 1 切ること; むち打つこと.
2 スラッシュ記号, 斜線 (／) (▶逆向きの斜線 (＼) は back slash という).

slave [sleiv スレイヴ] 名 どれい.
They had to work like *slaves*.
彼らはどれいのように働かなければならなかった.

🟢背景 「スラブ人 (Slav)」を表すギリシャ語から. 中世に多くのスラブ人が捕虜となり, どれいにされたため.

slavery [sléiv(ə)ri スレイヴ(ァ)リィ] 名 どれいの身分; どれい制度.

sled 準2 [sled スレッド] 名 《米》(小型の)そり (=《英》sledge) (▶大型のそりは sleigh).

sledge [sledʒ スレッヂ] 名 《英》そり.

sleep 5級 動 眠る 名 眠り

[sliːp スリープ] フォニックス 64 ee は [iː] と発音する. 動 (3単現 **sleeps** [-s]; 過去 過分 **slept** [slept スレプト]; (ing) **sleeping**) 自 眠る, 寝る (反 wake 目が覚める).

sleep

wake

Did you *sleep* well? (= Did you have a good sleep?)
よく眠れましたか？ (▶この意味では Could you sleep? とはあまりいわない).
Good night. *Sleep* tight.
おやすみ. ぐっすり寝てね (▶「おやすみ」と言うときの決まり文句).
I usually *sleep* late on Sundays.
日曜はたいてい遅くまで寝ている (▶「夜遅く寝る」は go to bed late).

🟢用法 sleep と go to bed
sleep は「眠る」で, go to bed は「床の中に入る」という意味.「早く寝る」は go to bed early で sleep early とはいわない.

── 名 眠り, 睡眠; 睡眠時間 (▶複数形なし).
Have a good *sleep*.
ゆっくりお休みなさい.
You should get some *sleep*.
きみは少し寝たほうがいいよ.
He often talks in his *sleep*.
彼はよく寝言を言う. →形 sleepy

go to sleep 寝る, 就寝する;《口語》(手足などが)しびれる.
I *went to sleep* at about eleven o'clock. 私は 11 時ごろ寝た.
My legs soon *went to sleep*.
すぐに足がしびれてきた.

🟢背景 英語のジョーク
Teacher: Wake him up, Tom.
Tom: You do it, sir. You put him to sleep.
先生「トム, 彼を起こしなさい」
トム「先生が起こしてください. だって先生が眠らせたのだから」

sleeper [slíːpər スリーパァ] 名 [ふつう形容詞をともなって] 眠る人.
a short *sleeper* 睡眠時間の短い人.

sleepiness [slíːpinis スリーピネス] 名 眠さ.

sleeping [slíːpiŋ スリーピング] 動 sleep (眠る) の -ing 形.

sleeping bag [slíːpiŋ bæɡ] 名 (キャンプ・野宿用の)寝袋.

Sleeping Beauty [slíːpiŋ bjúːti] 名 [the をつけて] 眠り姫, 眠れる森の美女 (おとぎ話で, 魔法によって 100 年間眠らされた美しい王女).

sleeping car [slíːpiŋ kɑːr] 名 寝台車 (▶ sleeper ともいう).

sleepless [slíːplis スリープレス] 形 眠れない; 不眠の.

sleepover [slíːpouvər スリープオウヴァ] 名 (友人宅での)お泊まり会 (= slumber party).

sleeps [sliːps スリープス] 動 sleep (眠る)

sleepy ▶

の3人称単数現在形.

sleepy 5級 [slí:pi スリーピィ]

形 (比較 sleepier; 最上 sleepiest) 眠い,
眠そうな.
I'm *sleepy*. 私は眠い.
I'm getting *sleepy*. 眠たくなってきた.
You look very *sleepy*.
とても眠たそうだね. →名 sleep

sleepyhead [slí:pihed スリーピヘド]
《口語》[とくに子どもに対して] おねむさん;
お寝ぼうさん.

sleeve [slí:v スリーヴ] 名 (衣服の)そで.
a blouse with long *sleeves*
長そでのブラウス.

sleigh [slei スレイ] 名 (ふつう馬が引く大
型の)そり (▶小型のそりは sled という).

slender [sléndər スレンダァ] 形 (物が)細
長い;(人・体が)すらりとした, ほっそりと
した. → thin
a *slender* girl すらりとした女の子.
She has *slender* fingers.
彼女はほっそりとした指をしている.

slept 4級 [slept スレプト]

動 sleep(眠る)の過去・過去分詞.

slice 3級 [slais スライス] 名 (食品をうすく
切った) 1 切れ;(パンなどの) 1 枚.
a *slice* of pizza ピザ 1 切れ.
a *slice* of bread パン 1 枚.
—— 動 他 (パン・ハムなど)をうすく切る.

slid [slid スリド] 動 slide (すべる) の過去・
過去分詞.

slide [slaid スライド] 動 (過去 過分 slid [slid])
自 すべる, すべるように進む;《野球》(塁
に)すべりこむ.
slide down a hill 丘をすべり降りる.
The runner *slid* home safely.
ランナーは本塁へすべりこみセーフだった.
—— 他 …をすべらせる, …をすべりこませる;
…をこっそり動かす.
—— 名 1 すべること;《野球》スライディ
ング;すべり台.
have a *slide* on the ice
(スケートなどで)氷の上をひとすべりする.
Let's play on the *slide*.
すべり台で遊ぼう.
2《写真》スライド;(顕微鏡の)スライド.

slight [slait スライト] 形 (量・程度などが)

わずかな, 少しの, 軽い.
I felt a *slight* pain in my arm.
腕に少し痛みを感じた.

slightly [sláitli スライトゥリィ] 副 少しばかり,
わずかに.
Bend your head forward *slightly*.
首を少しだけ前に曲げてください.

slim [slim スリム] 形 (比較 slimmer; 最上
slimmest) (人・体が)すらりとした, ほっそ
りした. → thin
She has a *slim* waist.
彼女はウエストがほっそりしている.

slip 準2 [slip スリップ] 動 (過去 過分
slipped [-t]; ing slipping) 自 (うっかり)
すべる, 足をすべらせる, すべってころぶ;
すべり落ちる;そっと入る, そっと出る.
I *slipped* on the ice.
氷の上ですべった.
My jacket *slipped* from the hanger.
ジャケットがハンガーからすべり落ちた.
He *slipped* out of the room.
彼はこっそりと部屋からぬけ出した.
—— 他 …をすべらせる;…を(人に)こっそり手
わたす;(記憶など)からすっぽりぬける.
He *slipped* a 1,000-yen bill into
my pocket.
彼は千円札をこっそり私のポケットに入れた.
Her birthday completely *slipped*
my mind.
彼女の誕生日のこと, すっかり忘れてたよ.
→形 slippery
—— 名 すべること;(ちょっとした)ミス;
紙切れ;伝票;スリップ(女性用の下着).

slipper [slipər スリパァ] 名 [ふつう複数形
で] 上ぐつ, 室内ばき.
a pair of *slippers* スリッパ 1 足.

slippery [slip(ə)ri スリパリィ] 形 (比較
more slippery ときに slipperier; 最上
most slippery ときに slipperiest) (路面・
床などが)すべりやすい.
Caution. *Slippery* Surface
(掲示)すべりやすいので注意 →動 slip

slogan [slóugən スロウガン] 名 スローガ
ン, 標語;宣伝文句.

slope [sloup スロウプ] 名 坂, 斜面.
a steep *slope* 急な斜面.

sloppy [slápi スラピィ ‖ slópi スロピィ] 形
(比較 sloppier; 最上 sloppiest) (仕事な
どが)いいかげんな, だらしない.

664 six hundred and sixty-four

slot [slάt スラット‖slɔ́t スロット] 图 (自動販売機などの)料金投入口.

slot machine [slάt‖slɔ́t məʃíːn] 图《米》スロットマシーン(=《英》fruit machine);《英》(菓子などの)自動販売機(=《米》vending machine).

slow 5級 [slóu スロウ] 厖 **1** (速度・動作などが)遅い,ゆっくりした,のろい(反 fast¹, quick 速い);(物覚えが)遅い.

The bus was very *slow*.
バスは(速度が)とても遅かった.

She is *slow* at her work. (= She is a *slow* worker.)
彼女は仕事が遅い.

He is a *slow* learner.
彼は物覚えが遅い.

Slow and steady wins the race.
(ことわざ)ゆっくりと着実に進む者が競走に勝つ=急がばまわれ.

> 💬用法 slow と late
> slow は「速度や動作が遅い」ことで,反意語は fast(速度が速い)と quick(動作が速い). late は「時刻・時期が遅い」ことで,反意語は early.

2 (時計が)遅れている(反 fast¹ 進んでいる).

This clock is five minutes *slow*.
この時計は 5 分遅れている.

── 副 (口語)遅く,ゆっくり(= slowly).
Drive *slow*. ゆっくり運転しなさい.

「ゆっくり.子どもたちが遊んでいます」という掲示.

── 動 ⾃ 速度を落とす,スピードを落とす;ゆっくりやる,のんびりやる.
── 他 …の速度を落とす,スピードを落とす,…を遅くする.

slow down 速度を落とす,スピードを落とす(反 speed up 速度を上げる).
The car *slowed down*.
車はスピードを落とした(▶ ×speed down とはいわない).
Slow Down (掲示)徐行(= Go Slow)

slowly 4級 副 遅く

[slóuli スロウリィ] フォニックス74 ow は [ou] と発音する.

副 (比較 **more slowly**; 最上 **most slowly**)
遅く,ゆっくり(反 fast, quickly, rapidly 速く).

fast　　　　　slowly

I walked *slowly*. 私はゆっくりと歩いた.

> 🗣スピーキング
> Ⓐ Could you speak more *slowly*, please?
> もっとゆっくり話していただけますか.
> Ⓑ Sure.
> わかりました.

slum [slʌ́m スラム] 图 [しばしば the slums で] スラム街,貧民街.

slumber [slʌ́mbər スランバァ] 图《文語》[しばしば複数形で] 眠り,まどろみ.
── 動 ⾃ 眠る;まどろむ,うつらうつらする.

slumber party [slʌ́mbər pɑ́ːrti] 图 (複数 **slumber parties** [-z])《米》パジャマパーティー,お泊まり会(▶ pajama party, sleepover ともいう).

slump [slʌ́mp スランプ] 图 不景気;不振,不調,スランプ.

sly [slái スライ] 厖 (比較 **slyer, slier**; 最上 **slyest, sliest**) ずるい,悪がしこい.

small 5級 厖 小さい

[smɔ́ːl スモール]
厖 (比較 **smaller**; 最上 **smallest**) **1 小さい**,(面積が)せまい(反 big, large 大きい)(▶ small も little も「小さい」だが,small には little のような「かわいい」という感じはふくまれない). → little

smaller ▶

small　　large

My room is *small*. ぼくの部屋はせまい.
It's a *small* world. 世間はせまい.
My camera is *smaller* than yours.
私のカメラはあなたのより小さい.
Australia is the *smallest* continent in the world.
オーストラリアは世界でいちばん小さな大陸です.
a family with *small* children
小さな子どもがいる家族.

> 🗨 スピーキング
> Ⓐ How about this one?
> こちらはいかがですか?
> Ⓑ It's a little too big. Do you have this in a *smaller* size?
> 少し大きすぎます. もっと小さいサイズはありますか.

2(数量が)**少ない**, わずかな；ささいな.
The population of Japan is *smaller* than that of the U.S.
日本の人口はアメリカの人口よりも少ない.
Don't worry about *small* things.
ささいなことでくよくよしないで.

smaller [smɔ́ːlər スモーラァ] 形 small(小さい)の比較級.

smallest [smɔ́ːlist スモーレスト] 形 small(小さい)の最上級.

small letter [smɔ́ːl létər] 名 小文字(▶「大文字」は capital letter. この意味では ˟large letter とはいわない).

smart 3級 [smɑ́ːrt スマート]

形 (比較 smarter；最上 smartest) **1** 《おもに米》**りこうな**, 頭のよい；ぬけ目のない. → clever
He is *smart* and a hard worker.
彼は頭がよくて勤勉家だ.
a *smart* student ぬけ目のない学生(▶「頭のよい学生」という意味にもなる).

2(人・服装などが)**しゃれた**, いきな(▶日本語でいう体つきがすらっとした「スマートな」という意味はふくまない).

a *smart* new shirt しゃれた新しいシャツ.

smartphone 3級 [smɑ́ːrtfoun スマートゥフォウン] 名 スマートフォン, スマホ(携帯情報端末機能やインターネット接続機能をもった携帯電話).

> 🗨 プレゼン
> Some people say *smartphones* make our lives better, but is it really true?
> スマートフォンは私たちの生活をよりよくするという人がいますが, それはほんとうでしょうか.

smash [smǽʃ スマッシ] 動 他 …をこなごなにこわす[する]；…を強打する；(テニスなどで)(ボール)をスマッシュする.
Someone *smashed* the window.
何者かが窓ガラスをこなごなにした.
― 自 こなごなにこわれる[割れる].
―― 名 はげしくくだけること, こなごなにくだけること；強打；(テニスなどの)スマッシュ.

smell 3級 [smel スメル]

動 (3単現 smells [-z]；過去 過分《おもに米》smelled [-d], 《おもに英》smelt [smelt]；ing smelling)自 **1** 《smell+形容詞 などで》**…のにおいがする**, 香りがする；《smell like+名詞 で》**…のようなにおいがする**(▶進行形にしない).

> 🗨 スピーキング
> Ⓐ Wow! Something *smells* good.
> うわあ! おいしそうなにおい.
> Ⓑ I'm cooking chicken.
> トリ肉を料理しているのよ.

This soap *smells like* lemon.
この石けんはレモンのような香りがする.
2(物が)におう, 悪臭がする；鼻がきく, においがわかる.
Your breath *smells*. 息がくさいよ.
I can't *smell* very well.
私はあまり鼻がきかない.
― 他 **…のにおいをかぐ；…のにおいがする**.
She *smelled* the milk and threw it out.
彼女は牛乳のにおいをかいでそれを捨てた.
I *smell* something burning.
何かがこげているにおいがする.

◀ **smoking**

── 名 (複数 smells [-z]) **におい**；悪臭；嗅覚.
the *smell* of the flowers 花の香り.
a nice *smell* いいにおい.
What's that *smell*?
一体あれは何のにおいなの？(▶不快なにおいについていう).
a strong *smell* of gas
ガスの強いにおい.
Dogs have a keen sense of *smell*.
犬は嗅覚が鋭い.

> ❶参考「におい」の意味ではもっとも一般的な語だが、修飾語がつかないときはしばしば「悪臭」の意味になる.

smelly [sméli スメリィ] 形 (比較 smellier; 最上 smelliest) (物が)くさい，いやなにおいのする.

smelt [smelt スメルト] 動《おもに英》smell (…のにおいがする)の過去・過去分詞の１つ.

smile 5級 動 ほほえむ
名 ほほえみ

[smail スマイル] フォニックス50 i は[ai]と発音する.
動 (3単現 smiles [-z]; 過去 過分 smiled [-d]; ing smiling) 自 **ほほえむ**, にっこり笑う, 微笑する (▶声を立てないでにっこり笑うこと. 「声を立てて笑う」は laugh).

smile
ほほえむ

laugh
笑う

The girl *smiled* happily.
女の子はうれしそうににこにこした.
She always *smiles* at me when we see each other. 彼女は顔を合わせるといつも私にほほえみかける.
Fortune *smiled* on me. 幸運が私にほほえみかけてくれた (→味方してくれた).
── 他 ❶ …をにっこりして示す.
Mark *smiled* his thanks.
マークはほほえんで感謝の気持ちを表した.
❷《smile a＋形容詞＋smile で》…な笑い方をする.
He *smiled* a bitter smile. (＝He smiled bitterly.) 彼は苦笑いをした.
── 名 (複数 smiles [-z]) **ほほえみ**, 微笑.
She has a cute *smile*.
彼女は笑顔がかわいい.
She gave me a *smile*.
彼女は私にほほえみかけた.
with a smile にっこり笑って.
"Thanks, Mom," she said *with a big smile*. 「お母さん、ありがとう」と彼女は満面の笑みで言った.

smiled [smaild スマイルド] 動 smile (ほほえむ)の過去・過去分詞.

smiles [smailz スマイルズ] 動 smile (ほほえむ)の3人称単数現在形.
── 名 smile (ほほえみ)の複数形.

smiley [smáili スマイリィ] 形 ほほえんだ、にこやかな.
── 名《コンピューター》(メールなどで使う) (笑顔の)顔マーク, 顔文字.

smiling [smáiliŋ スマイリング] 動 smile (ほほえむ)の -ing 形.

smog [smɑg スマッグ ‖ smɔg スモッグ] 名 スモッグ.

> ❶参考 "*smoke*（煙）＋*fog*（霧）" から.

smoke [smouk スモウク] 名 ❶ 煙.
There is no *smoke* without fire.
(ことわざ)火のないところに煙は立たぬ.
❷［ふつう a をつけて］タバコを吸うこと，(タバコの)一服.
have *a smoke* 一服する.
── 動 自 ❶ タバコを吸う.
My father doesn't *smoke*.
私の父はタバコを吸わない.
❷ 煙を出す.
The fire is *smoking*. 火がくすぶっている.
── 他 (タバコ)を吸う；…をくん製にする.

smoked [smoukt スモウクト] 形 (肉・魚などを)くん製にした.
smoked salmon
スモークサーモン, くん製のサケ.

smoker [smóukər スモウカァ] 名 喫煙者.

smoking [smóukiŋ スモウキング] 名 タバコを吸うこと, 喫煙.
He quit *smoking* last year.
彼は去年喫煙をやめた.

smooth ▶

stop *smoking*
タバコをやめる.
No Smoking (掲示)禁煙

smooth 準2 [smuːð スムーズ] (発音注意) 形 1 (表面・はだなどが)なめらかな, つるつるした (反 rough ざらざらの).
smooth surface なめらかな表面.
smooth paper つるつるした紙.
2 (海・水面が)静かな, おだやかな;(動作・進行などが)順調な, スムーズな.
a *smooth* sea おだやかな海.
My flight was *smooth*.
私の空の旅は快適だった.

smoothie [smúːði スムーズィ] 名 スムージー.

smoothly [smúːðli スムーズリィ] 副 なめらかに;スムーズに, 順調に.

snack 4級 [snæk スナック]

名 (複数 snacks [-s]) **軽食**, 間食;スナック食品;おやつ
have a *snack* 軽い食事をとる.
It's *snack* time. おやつ(の時間)ですよ.

snack bar [snǽk bὰːr] 名 (カウンター式の)軽食堂.

snail [sneil スネイル] 名 《虫》カタツムリ.

snake 3級 [sneik スネイク]

フォニックス48 a は[ei]と発音する.
名 (複数 snakes [-s]) 《動物》**ヘビ**.
a poisonous *snake* 毒ヘビ.
snakes and ladders ヘビとはしご(すごろく遊びの一種).

snap [snæp スナップ] 動 (過去)(過分) snapped [-t];(ing) snapping) 自 ポキッと折れる, ブツンと切れる;パチンと音を立てる, バタンと音を立てる.
My bat *snapped* in two.
ぼくのバットはポキッと2つに折れた.
The door *snapped* shut.
ドアがバタンと閉まった.
── 他 …をポキッと折る, ブツンと切る;(指など)をパチンと鳴らす.
He *snapped* his fingers.
彼は指をパチンと鳴らした.
── 名 ポキッ[ブツン, パチン]という音;(写真)スナップ写真;(服などの)ホック, 留め金.

snapshot [snǽpʃɑt スナップシャト ‖ -ʃɔt -ショト] 名 スナップ写真.

sneaker 3級 [sníːkər スニーカァ] 名 〔ふつう複数形で〕スニーカー (▶数えるときは a pair of sneakers (1足), two pairs of sneakers (2足) などとする).

sneeze 2級 [sniːz スニーズ] 名 くしゃみ.
── 動 自 くしゃみをする.
I couldn't stop *sneezing* yesterday.
きのうはくしゃみがとまらなかった.

> ⓘ参考 くしゃみの音の「ハックション」は **A(h)choo!** [ɑːtʃúː アーチュー], または **Atchoo!** [ɑtʃúː アチュー]と表す. くしゃみをした人に対しては, **(God) bless you.** (お大事に)という. こう言われたらくしゃみをした人は **Thank you.** (ありがとう)と言う習慣がある.

sniff [snif スニフ] 動 自 鼻をクンクン鳴らす;においをかぐ.

Snoopy [snúːpi スヌーピィ] 名 スヌーピー(アメリカの漫画シリーズ『ピーナッツ』の主人公チャーリー・ブラウンが飼っているビーグル犬の名;主人をさめた目で見ていて, からかったりする).

snore [snɔːr スノー(ァ)] 動 自 いびきをかく.
── 名 いびき.

snorkel [snɔ́ːrk(ə)l スノーケル] 名 シュノーケル, スノーケル(潜水するときに使うJ字型のくだを水面につき出す呼吸装置).
── 動 自 シュノーケルをくわえて泳ぐ.

snorkeling [snɔ́ːrk(ə)liŋ スノーケリング] 名 シュノーケリング.

snow 5級 名 雪
動 雪が降る

[snou スノウ] フォニックス74 **ow**は[ou]と発音する.
名 **雪** (▶ふつう a をつけず, 複数形なし);(1回に降る)雪, 降雪.
shovel *snow* 雪かきをする.
We had little *snow* this winter.

◀ **so**

この冬は雪があまり降らなかった.
The children played in the *snow*.
子どもたちは雪遊びをした.
The mountain is covered with *snow*.
その山は雪でおおわれている. →形 snowy
―― 動 (3単現 **snows** [-z]; 過去 過分
snowed [-d]; ing **snowing**) 自 **雪が降
る** (▶天候を表す it を主語にする).
Look. It's *snowing* heavily.
ほら,雪が激しく降ってるよ.
It began to *snow*. (= *It* began
snowing.) 雪が降りはじめた.

snowball [snóubɔːl スノウボール] 名 (雪
合戦の)雪の玉.
throw *snowballs* 雪合戦をする (▶ have
a snowball fight ともいう).

snowboard [snóubɔːrd スノウボード] 名
スノーボードの板 (▶スポーツとしての「スノー
ボード」は snowboarding).
―― 動 自 スノーボードですべる,スノー
ボードをする.

snowboarding 3級 [snóubɔːrdiŋ
スノウボーディング] 名 (スポーツとしての)ス
ノーボード(競技).

snowcapped, snow-capped
[snóukæpt スノウキャプト] 形 《文語》雪をい
ただいた,雪をかぶった.

snowed [snoud スノウド] 動 snow(雪が
降る)の過去・過去分詞.

snowfall [snóufɔːl スノウフォール] 名 (1回
の)降雪;降雪量.

snowflake [snóufleik スノウフレイク] 名
雪片;雪の1片.

snowing [snóuiŋ スノウイング] 動 snow
(雪が降る)の -ing 形.

snowman 4級 [snóumæn スノウマン]
名 (複数 **snowmen** [-men]) 雪だるま,雪
人形.

西洋の雪だるま.
帽子をかぶり,
マフラーをしてい
る.写真のように
3段になっている
ことがよくある.

snows [snouz スノウズ] 動 snow(雪が降
る)の3人称単数現在形.

snowstorm [snóustɔːrm スノウストーム]
名 ふぶき.

Snow White [snòu (h)wáit] 名 白雪
姫 (▶グリム童話に収められた昔話の1つ,お
よびその主人公の名;はだが雪(snow)のよう
に白い(white)美少女).

snowy 5級 [snóui スノウイ]

形 (比較 **snowier**; 最上 **snowiest**) **雪の
多い,雪の降る**;雪の積もった.
We are having a *snowy* winter this
year. 今年の冬は雪が多い.
the *snowy* ground 雪の積もった地面.
  →名 snow

SNS [ésénés エスエンエス] ソーシャル・ネッ
トワーキング・サービス,ソーシャル・ネッ
トワーキング・サイト (▶social networking
service, social networking site の略;
Facebook のようにウェブ上で会員ユーザーど
うしがつながり交流するサービス.英語では略
称の使用頻度は低い).

so 5級 副 それほど
接 それで

[sou ソウ]
副 **1 それほど**,そんなに;そんなふうに.
Don't eat *so* much.
そんなにたくさん食べてはいけないよ.
Why were you *so* late?
どうしてそんなに遅かったのですか.
2 すごく,とても,ひじょうに (= very).
I'm *so* sleepy. ぼく,すごく眠いよ.
Thanks *so* much. ほんとうにありがとう.
I'm *so* glad to see you.
(また)お目にかかれてとてもうれしいです.
3 [前の文などの内容を受けて] **そのように,
そのようで**,そう.
Is that *so*? そうですか,ほんとうですか.
Are you tired? If *so*, you can stay
home. つかれてるの? (そう)だったら家にい
てもいいんだよ.

🗨 スピーキング
Ⓐ This restaurant is too expen-
sive.
このレストラン,高すぎるよ.
Ⓑ I think *so*. そうだね.
Ⓑ I don't think *so*. そうは思わないけど.

six hundred and sixty-nine　**669**

soak ▶

4 [前の文を受けて] **…もまた** (そうである).

🗣 スピーキング
Ⓐ Helen is a good athlete.
ヘレンは運動が得意だ.
Ⓑ *So* is her sister.
彼女の妹もさ.

She smiled, and *so* did I.
彼女がにっこりしたので, 私もにっこりした.
"I want to go home." "*So* do I."
「ぼくは家に帰りたい」「私もよ」(▶ So do I. の代わりに Me, too. と言ってもよい).

📝 文法 so のあとの語順
前の文が be 動詞か助動詞のときは「so + be 動詞または助動詞 + 主語」の語順にする. 一般動詞のときは「so + do [does, did] + 主語」の語順にする. ともに主語を強めて言う.

5 [前の文を受けて] **そのとおり** (である).

🗣 スピーキング
Ⓐ Emily is always smiling.
エミリーはいつもにこにこしている.
Ⓑ *So* she is.
ほんとうにそうだね.
(▶同意・同感を表す言い方で Yes, she is. と同じ意味. is を強めて言う)

and so on = ***and so forth*** **…など**.
→ and

not so ～ as ... **…ほど～でない**.

... or so [数量・時間などに使って] **…かそこら**.
The work will be finished in an hour *or so*.
仕事は 1 時間かそこらで終わるだろう.

so as to ... **…するために, …するように**.
I ran *so as to* catch the last bus.
私は最終バスに間に合うように走った.

so ～ as to ... **…するほど～な, ～なので…する**.
I am not *so* foolish *as to* believe him. 私は彼の言うことを信じるほどおろかではない.

so far **いままでのところでは**. → far

So long! 《おもに米口語》 **じゃあね, またね** (▶親しい者同士のあいさつ). → long¹

So much for **…はこれでおしまい** (▶いやな仕事やたいへんなものごとがようやく終わったときなどに使う). → much

so ～ that ... **とても～なので…, …なほど～** (▶話し言葉では that を省略することが多い).
She is *so* friendly *that* everyone likes her. 彼女はとても親しみやすいのでみんなから好かれている.
I was *so* sick *that* I couldn't go to school.
私はとてもぐあいが悪くて学校に行けなかった.

so that ～ may [**can**] **...** **～が…できるように**. → that

so to speak いわば, 言ってみれば.
→ speak

—— 接 [理由・結果を表して] **それで, だから**;[文頭に置いて] **では, それで**.
I was tired, *so* I just went to bed early. 私はつかれていたので早めに寝た.
So I'll meet you on Saturday at 9:00. それじゃ, 土曜日の 9 時に会おうね.
[同音語] sew (…をぬう), sow (種をまく)

soak [souk ソウク] 動 他 (液体に)…をひたす;…をぬらす;(液体)を吸収する.
—— 自 しみこむ;つかる.

soap 準2 [soup ソウプ] 名 せっけん;(口語) 連続(メロ)ドラマ (= soap opera).
a bar of *soap* せっけん 1 個.

soap opera [sóup ὰp(ə)rə ‖ ὸp-] 名 連続(メロ)ドラマ (テレビ・ラジオの主婦向け連続メロドラマのこと. 番組のスポンサーがしばしばせっけん会社だったため, このように呼ばれるようになった).

soar [sɔːr ソー(ァ)] 動 自 高く飛ぶ, 舞い上がる;(価格などが) 急上昇する.

sob [sɑb サブ ‖ sɔb ソブ] 動 (過去・過分 **sobbed** [-d];[ing] **sobbing**) 自 泣きじゃくる, すすり泣く, むせび泣く. → cry (図)
—— 名 泣きじゃくり, すすり泣き.

sober [sóubər ソウバァ] 形 酒によっていない, しらふの;(自制心のある) まじめな, 理性的な.

so-called [sòukɔ́ːld ソウコールド] 形 **1** …とやら (▶そのように呼ばれているが実際にはそうではないと話し手や筆者が思っている名詞の前に置く).
Susie's *so-called* friend lied to her.
スージーの友人とやらは彼女にうそをついた.
2 いわゆる.
so-called influenza
いわゆるインフルエンザ.

670 six hundred and seventy

soccer [sákər サカァ ‖ sɔ́kə ソカァ] 5級

名 **サッカー** (▶ a をつけず,複数形なし;イギリスではふつう football というが,アメリカでは football というと American football をさすので,soccer という名称が使われるようになった). → p.672 (図)
I like *soccer*. ぼくはサッカーが好きだ.
I'm on the *soccer* team.
ぼくはサッカー部に入っている (▶《英》では on ではなく in を使う).
I want to be a pro *soccer* player.
ぼくはプロのサッカー選手になりたい.

sociable [sóuʃəbl ソウシャブル] 形 社交的な;親しみやすい.

social [sóuʃəl ソウシャル] 形 1 社会の,社会的な.
social problems 社会問題.
2 人づき合いの上の;社交の;社交的な.
social activities 社交活動.
John has poor *social* skills.
ジョンは人づき合いがへただ.

socialism [sóuʃəlizm ソウシャリズム] 名 社会主義.

socialist [sóuʃəlist ソウシャリスト] 名 社会主義者.

social media [sòuʃəl míːdiə] 名 ソーシャルメディア (▶ユーザーがみずから情報を投稿・発信できる媒体. ブログや SNS,YouTube のような動画共有サイトなどをふくむ).

social studies 3級
[sóuʃəl stʌ̀diz]
名 [単数あつかい] (教科の) **社会科**.
He is our *social studies* teacher.
彼は私たちの社会科の先生です.

social worker [sóuʃəl wə̀ːrkər] 名 ソーシャルワーカー,社会福祉士 (▶心身や環境の問題から生活に支障がある人の相談に応じ,支援する職業).

society [səsáiəti ソサイエティ]
名 (複数 societies [-z]) **1 社会**,世の中,世間;社交界 (の人々),上流社会.
I don't think TV is harmful to *society*. テレビが社会に有害だとは思いません.
a member of *society* 社会の一員,社会人.
Japanese *society* 日本の社会.
high *society* 上流社会.

> プレゼン
> Japan is a super-aged *society*. Around 30% of its population is 65 or older.
> 日本は超高齢社会です.人口の約30%が65歳以上です.

2 協会;クラブ,同好会.
a medical *society* 医師会.

sock [sɑk サック ‖ sɔk ソック] 名 [ふつう複数形で] (短い) くつ下,ソックス (▶ひざ,またはひざの上までの長さのくつ下のことは stocking(s) という). 3級
a pair of *socks* (短い) くつ下1足.
put on my *socks* くつ下をはく.
take off my *socks* くつ下をぬぐ.
Where's my other *sock*?
ぼくのもう片方のくつ下はどこだろう？

socket [sákit サケット ‖ sɔ́kit ソケット] 名
1 (物をはめこむ) 受け口;(電球の) ソケット.
2 (かべにある,電源プラグの) 差しこみ口,コンセント (▶《米》では outlet ともいう).

Socrates [sákrətiːz サクラティーズ ‖ sɔ́k-ソク-] 名 ソクラテス (紀元前 469?-399;ギリシャの哲学者;「なんじ自身を知れ」をモットーに,アテネ市民と問答をくり返した). → Plato

soda [sóudə ソウダ] 名《米》炭酸飲料,(味付き) ソーダ水 (▶日本でいうサイダーのような飲み物. soda pop ともいう);ソーダ水,炭酸水 (= soda water).

sofa [sóufə ソウファ] 名 ソファー. 5級
→ chair (図)
sit on a *sofa* ソファーにすわる.

soft [sɔː(ː)ft ソ(ー)フト] 5級

形 (比較 softer;最上 softest) **1 やわらかい**;ふんわりした (反 hard かたい).

soft　　　　　hard

a *soft* bed やわらかいベッド.
soft hair やわらかな髪.
2 (音・声などが) **おだやかな**;(光・色が)

soft ▶

soccer ①サッカー場, スタジアム ②[blíːtʃɚz ブリーチァズ] 屋根のない観覧席 ③センターサークル（ハーフウェイライン上にかかれた円） ④ハーフウェイライン（フィールドを二分する線） ⑤ペナルティーボックス／ペナルティーエリア（ゴールキーパーが手でボールをさわることのできる範囲(はんい)） ⑥ペナルティースポット／ペナルティーマーク（ペナルティーエリアの中でゴールの正面にかかれたマーク．ペナルティーキックはここからける） ⑦ゴール ⑧ゴールエリア（ゴール前の長方形の範囲．この中からゴールキックをける） ⑨ゴールライン（フィールドの短い辺のこと．ボールがこのラインから出た場合ゴールキックかコーナーキックを行う） ⑩タッチライン（フィールドの長い辺のこと．ボールがこのラインから出た場合スローインを行う）

プレーの言い方 ⑪キックする（ボールをける） ⑫シュートする ⑬ドリブルする ⑭ヘディングする ⑮トラップする（足や胸でボールを止めること） ⑯セーブする（ゴールキーパーなどがゴールを守ること）

やわらかな;(性格・態度などが)優しい.
He spoke in a *soft* voice.
彼はおだやかな声で話した.
soft music 静かな音楽.
a *soft* light やわらかな光.
have a *soft* heart 心が優しい.
→動 soften, 副 softly

softball 3級 [sɔ́(ː)ftbɔːl ソ(ー)フトゥボール]
名 (複数 **softballs** [-z])《スポーツ》ソフトボール;ソフトボール用のボール.

soft drink [sɔ̀(ː)ft dríŋk] 名 ソフトドリンク, ジュース, 清涼飲料(アルコール分をふくまない飲料).

soften [sɔ́(ː)fn ソ(ー)フン] (発音注意) 動
他 …をやわらかくする, やわらげる.
soften his anger 彼の怒りをやわらげる.
— 自 やわらかくなる;やわらぐ. →形 soft

softly [sɔ́(ː)ftli ソ(ー)フトゥリィ] 副 やわらかく;静かに, そっと;優しく. →形 soft

soft tennis [sɔ̀(ː)ft ténis] 名 軟式テニス, ソフトテニス.

software 準2 [sɔ́(ː)ftweər ソ(ー)フトゥウェア] 名 (コンピューターの)ソフトウェア, ソフト. → hardware
download the new *software*
新しいソフトをダウンロードする.

soil 2級 [sɔ́il ソイル] 名 土, 土壌(同 earth).
rich *soil* 肥えた土.

solar 2級 [sóulər ソウラァ] (比較変化なし)
形 太陽の(▶「月の」は lunar).
a *solar* cell 太陽電池.
solar energy 太陽エネルギー.
solar heat 太陽熱.
a *solar* eclipse 《天文》日食.

solar system [sóulər sìstəm] 名
[the をつけて]《天文》太陽系.

sold 3級 [sóuld ソウルド] 動 sell(…を売る)の過去・過去分詞.
Sold Out Today 《掲示》本日売り切れ

soldier 2級 [sóuldʒər ソウルヂァ] 名 (陸軍の)軍人;兵士(対 officer 将校).

sole¹ [sóul ソウル] 形 唯一の(▶ only より強調的で形式ばった語).
[同音語] soul (魂)

sole² [sóul ソウル] 名 足の裏;くつの底.
[同音語] soul (魂)

solemn [sáləm サレム ‖ sɔ́ləm ソレム] (発音注意) 形 厳粛な, 重々しい;(表情など) まじめな, しかつめらしい.

solid 2級 [sálid サリド ‖ sɔ́lid ソリド] 形 固体の(反 fluid 流動性の);かたい, がんじょうな;中身のつまった;中まで同じ物質の, 純粋の.
Water becomes *solid* when it freezes. 水は凍ると固体になる.
solid gold 純金.
— 名 固体(▶「液体」は liquid, 「気体」は gas).

solitary [sálətèri サリテリィ ‖ sɔ́lit(ə)ri ソリタリィ] 形 ひとりの, 孤独な, 孤立した.

solo 準2 [sóulou ソウロウ] (発音注意) 名
(複数 **solos** [-z] まれに **soli** [sóuliː])《音楽》ソロ, 独奏, 独唱;独奏曲, 独唱曲.
do a *solo* 独奏する, 独唱する.

soloist [sóulouist ソウロウイスト] (発音注意) 名 独奏者;独唱者;ソリスト.

Solomon [sáləmən サロモン ‖ sɔ́l- ソロ-] 名 ソロモン《旧約聖書》に登場する紀元前10世紀ごろのイスラエルの王;博識で機知に富み, 彼の時代に王国はおおいにさかえた).

solution 2級 [səlúːʃən ソルーション] 名
(問題などの)解決(法);解答;溶解.

> 🎤 プレゼン
>
> We found a *solution* to the problem.
> 私たちはその問題の解決法を見つけました.

solve 準2 [sálv サルヴ ‖ sɔ́lv ソルヴ]
動 他 (問題・困難など)を解決する;(数学の問題など)を解く.
solve a crime 犯罪を解決する.
Can you *solve* this math problem?
この数学の問題が解けますか.

Somalia [səmáːliə ソマーリア] 名 ソマリア(アフリカ東部にある共和国;首都はモガディシュ (Mogadishu)).

some 5級 形 いくつかの
代 (…のうちの) いくつか

[səm サム, (強めると)sʌm サム]

some は, 数や量ははっきりしないが「いくつかある」「いくらかある」というときに使う.

somebody ▶

形 1 [ふつう肯定文で] **いくつかの**, いくらかの(▶この意味では弱く発音する. 日本語に訳さないことが多い); 少しの, ある程度の.

I have *some* questions.
いくつか質問があるのですが.

We still have *some* milk left.
牛乳はまだいくらか残っている.

🖉文法 some の使い方

❶ 数えられる名詞(複数形)にも数えられない名詞にも使う.

❷ some はその数が問題ではなく「ある」ということが問題なので,「いくつか」と日本語には訳さない場合が多い.

❸ some と any の使い分け

(1) some は肯定文で使う. 否定文で使うことはない. 疑問文で使うときは, 人に物を勧めるときや Yes の答えが期待できるときである.

[肯定文で]

He has *some* DVDs.
彼は DVD を何枚か持っている(▶数えられる名詞の前に).

I'd like *some* water.
お水をもらえますか(▶数えられない名詞の前に).

[疑問文で]

Would you like *some* coffee?
コーヒーはいかがですか(▶物を勧めるときなど).

Do you have *some* time tomorrow?
あしたお時間がありますか(▶ Yes の答えが期待できるときに使う).

(2) any は否定文・疑問文・if の文で使う.

[疑問文で]

Do you have *any* brothers?
男のきょうだいはいますか?

[否定文で]

I don't have *any* money with me.
私は手持ちのお金がまったくない.

2 [単数名詞とともに] **ある…**, だれか…(▶何であるか, だれであるかがわからないときや, わかってはいるが言いたくないときに使う).

Some boy broke the window.
だれか男の子が窓を割った.

He is living in *some* place in Kobe.
彼は神戸のどこかに住んでいる.

3 (全部ではない)**一部の**, 中には…もある

(▶some ... others 〜や, some ... some 〜のように対照的に使うことが多い).

Some flowers are red, and *others* are white. 赤い花もあれば, 白い花もある.

Some people like *natto*, *some* don't.
納豆を好きな人もいるし, きらいな人もいる.

some day (未来の)**いつか**. → day

some more もう少し多く(の).

▶スピーキング

Ⓐ Would you like *some more* coffee?
コーヒーをもっとお飲みになりますか.

Ⓑ Yes, please. ええ, いただきます.

Ⓑ No, I'm fine. Thank you.
いえ, けっこうです. ありがとうございます.

some time かなり長い間, しばらく;(未来・過去の)いつか.

It took *some time* to solve the problem.
その問題を解くのにかなり時間がかかった.

―― 代 ▶意味・用法は形と同じだが, すぐあとには名詞が続かない. **1** [肯定文で](…のうちの)**いくつか**, 少し, 数人.

Some of the boys were late.
男子の中には遅れた者もいた.

Some of my money was stolen.
私の金のいくらかがぬすまれた.

🖉文法 some の単複あつかい

some は数えられるものを表すときは複数あつかい, 数えられないものを表すときは単数あつかいになる.

2 [複数あつかい] **ある人たち**, ある物;中には…の人もいる[物もある].

Some came early. 早く来た人もいた.

Some are red, and others are blue. 赤いのもあれば青いのもある.

―― 副 [数詞の前に置いて] **約**, およそ(同 about)(▶ about よりもばく然とした数を表す).

There were *some* five hundred people in the room.
部屋にはおよそ 500 人の人がいた.

somebody [sʌ́mbɑdi **サ**ムバディ ‖ -bɔdi -ボディ] 代 [ふつう肯定文で] **だれか**, ある人(▶意味・用法は someone と同じだが, 話し言葉では someone よりも使われることが多い).

674 six hundred and seventy-four

◀ **something**

There's *somebody* at the door.
玄関にだれか来てるよ.
Somebody stole my bike.
だれかがぼくの自転車をぬすんだ.

> 📝**文法** **somebody** の使い方
> ❶ some body とはなして書くことはできない. ❷ somebody はふつう, 単数あつかい. ❸否定文・疑問文・if の文ではふつう anybody を使う.

someday 4級 [sǎmdei サムデイ] 副 (未来の)いつか, そのうち(▶ some day ともつづる).
Someday I want to travel around the world. いつか世界中を旅してみたい.

somehow [sǎmhau サムハウ] 副 何とかして, どうにか.
"Have you saved your target of 100,000 yen?" "Not yet, but I'll make it *somehow*." 「目標の10万円はためた？」「まだだよ, でも何とかするよ」

someone 3級 代 だれか

[sǎmwʌn サムワン]
代 [ふつう肯定文で] **だれか**, ある人.
Someone broke into my room.
だれかが私の部屋に侵入した.
Did you go in *someone's* car?
だれかの車で行ったのですか(▶形は疑問文であるが, 答えを求めることより「だれか」ということに関心があるときは someone を使う).

> 📝**文法** **someone** の使い方
> ❶ somebody と someone は同じ意味・用法であるが, 話し言葉では somebody のほうが多く使われる.
> ❷ someone は単数としてあつかう.
> ❸否定文・疑問文・if の文ではふつう anyone を使う.

> [肯定文]
> There's *someone* in the room.
> [否定文]
> There isn't *anyone* in the room.
> [疑問文]
> Is there *anyone* in the room?

somersault [sǎmərsɔːlt サマソールト] 名
とんぼ返り, 宙返り.

something 4級 代 何か

[sǎmθiŋ サムスィング] フォニックス34 th は [θ] と発音する.

代 [ふつう肯定文で] **何か**, あるもの.
She had *something* in her hand.
彼女は手に何か持っていた.
I have *something* to tell you.
お話ししたいことがあります (▶「何か…すべきこと」というときは「something to + 動詞の原形」で表す).
I'd like to drink *something* cold.
何か冷たいものが飲みたいのですが (▶形容詞は something のあとに置く. ×cold something とはしない).
Let's get *something* to eat.
何か食べるものをさがそう (▶「何か…するもの」というときは「something to + 動詞の原形」で表す).

> 語順に注意！
> something cold
>   形容詞
>   (何か冷たいもの)
> something to drink
>   to+ 動詞の原形
>   (何か飲むもの)
> something cold   to drink
>   形容詞   to+ 動詞の原形
>   (何か冷たい飲みもの)

> 🗣**スピーキング**
> Ⓐ Would you like *something* to eat?
>   何か召し上がりますか.
> Ⓑ Yes, please. ええ, いただきます.
> Ⓑ No, thank you. I'm full.
>   いえ, けっこうです.
>   もうおなかいっぱいです.
> (▶人にものを勧めたりするときは, 疑問文中でも something を使う.)

be something of (人が)ちょっとした…である.
He *is something of* a writer.
彼はちょっとした作家です.

six hundred and seventy-five **675**

sometime ▶

📝文法 something の使い方
❶ something は単数としてあつかう.
❷ something は肯定文や, 人にものを勧めるときの疑問文に, anything はふつう否定文・疑問文・if の文に使う.
❸ something を修飾する形容詞や「to＋動詞の原形」は something のあとにくる.

[肯定文]
I have *something* to do.
[否定文]
I don't have *anything* to do.
I have *nothing* to do.
[疑問文]
Do you have *anything*
to do?

── 名 重要なもの・人, かなりのもの・人; (一種の) あるもの.
a little something (口語) ささやかなもの, ちょっとしたプレゼント.
This is *a little something* for you.
(プレゼントなどを手わたすときに) これ, ささやかなものだけど.
── 副 いくらか, やや, 多少.
something like …のようなもの.
The flower is *something like* a rose. その花はバラのような花です.

sometime 3級 [sámtaim サムタイム] 副 (未来・過去の) いつか (▶ some time ともつづる).
Can I see you *sometime* next week? 来週いつかきみに会えるかな？

sometimes 5級
副 ときどき

[sámtaimz サムタイムズ]
副 **ときどき**, ときには.

ひん度を示す副詞	日	月	火	水	木	金	土	日
always (いつも)	●	●	●	●	●	●	●	●
usually (ふつうは)	●	●	●	●	●	●	●	○
often (しばしば)	─	●	●	─	●	●	●	─
sometimes (ときどき)	─	●	─	●	─	●	─	─
seldom, rarely (めったに…ない)	─	─	─	●	─	─	─	─
never (けっして…ない)	─	─	─	─	─	─	─	─

I *sometimes* go to the movies.
私はときどき映画を見に行く.
He is *sometimes* late for school.
彼はときどき学校に遅刻する.
Sometimes I help my mother in the kitchen.
私は台所で母の手伝いをすることもあります.

📝文法 sometimes の位置
sometimes は一般動詞と使うときは動詞の前に, be 動詞・助動詞と使うときはそのあとに置く. ただし, 文中での位置は比較的自由で, 文の最初か終わりにくることもある.

somewhat [sám(h)wɑt サム(フ)ワト ‖-(h)wɔt -(フ)ウォト] 副 いくぶん, 少し, 多少.
It's *somewhat* cold today.
今日はいくらか寒い.
somewhere 3級 [sám(h)wear サム(フ)ウェア] 副 どこかに, どこかへ, どこかで (▶ふつう肯定文に使い, 否定文・疑問文・if の文では anywhere を使う).
I've seen him *somewhere*.
彼にはどこかで会ったことがある.
Let's go *somewhere* else.
どこかほかのところへ行こう.

son 4級 名 息子

[sʌn サン] (o は例外的に [ʌ] と発音する)
名 (複数 sons [-z]) 息子, 男の子 (対 daughter 娘).
We have two *sons* and a daughter.
うちは息子が 2 人と娘が 1 人います.
[同音語] sun (太陽)
sonata [sənάːtə ソナータ] 名 (発音注意) (音楽) ソナタ, 奏鳴曲.

song 5級 [sɔ(ː)ŋ ソ(ー)ング]

名 (複数 songs [-z]) 1 歌, 歌曲.
Let's sing some *songs*.
何曲か歌をうたいましょう.
a folk *song* フォークソング, 民謡.
2 (鳥などの) さえずり.

soon 5級 副 まもなく, もうすぐ

676 six hundred and seventy-six

[suːn スーン] フォニックス71 ooは[uː]と発音する.
副 (比較 sooner; 最上 soonest) **1 まもなく**, もうすぐ; そのうちに.
I'll be back *soon*. もうすぐ帰るから.
See you *soon*. ではまたね(▶くだけた別れのあいさつ).
We went home *soon* after soccer practice. ぼくたちはサッカーの練習が終わるとすぐに家に帰った.
Come to see us again *soon*.
近いうちにまた遊びに来てください.

2 (時間が) **早く**, 早めに.
The *sooner*, the better.
早ければ早いほどよい.
How *soon* does the game begin?
あとどのくらいで試合は始まるの？(▶ How soon ...? で「どのくらい早く, いつごろまでに」とたずねる意味になる).

as soon as ... …するとすぐに.
As soon as the bell rang, the students ran out of the classroom.
ベルが鳴るとすぐに生徒たちは教室から走って出ていった.

as soon as possible = as soon as I can できるだけ早く.
If there are any problems, let me know *as soon as possible*. 何か問題があったらできるだけ早く知らせてください.

sooner or later 遅かれ早かれ.
Sooner or later you should tell your parents about this. 遅かれ早かれきみは両親にこのことを話すべきだよ.

sooner [súːnər スーナァ] 副 soon(まもなく)の比較級.

soonest [súːnist スーネスト] 副 soon(まもなく)の最上級.

sophisticated [səfístikeitid ソフィスティケイティド] 形 洗練された.

soprano [səprǽnou ソプラぁノウ ‖ səpráːnou ソプラーノウ] (音楽) 名 ソプラノ (女性・子どもの最高音域); ソプラノ歌手.

sore 準2 [sɔːr ソー(ァ)] 形 痛い, ひりひりする.
I have a *sore* throat. のどが痛い.

sorrow [sárou サロウ ‖ sɔ́rou ソロウ] 名 悲しみ; 悲しいこと ((反) joy 喜び).

sorrowful [sárəfəl サロフル ‖ sɔ́rou-ソロウ-] 形 (人が)悲しんでいる, 悲嘆にくれている; (物事が)悲しい.

◀ sorry

sorry 5級 形 すまなく思って

[sári サリィ, sɔ́ːri ソーリィ ‖ sɔ́ri ソリィ]
形 **1 すまなく思って**; 《be sorry to ... で》…してすみません; 《be sorry (that) ... で》…を申しわけなく思う(▶話し言葉ではふつう that は省略する); 《be sorry for で》…を後悔する.

🗨 スピーキング
Ⓐ *I'm sorry*.
ごめんなさい.
Ⓑ That's all right.
いや, いいんだよ.

🗨 スピーキング
❶ I'm sorry. は謝るときに使う. 軽く謝るときには単に Sorry! や Excuse me. ということもある.
❷ 謝られたら, That's all right. (いや, いいんだよ) / Don't worry about it. (気にしないで) などと返答する.
❸ 日本語の「すみません」はお礼をいうときにも使うが, 英語ではお礼のときは Thank you. という.

Excuse me.   I'm sorry.

I'*m sorry* to trouble you.
お手数をかけてすみません.
I'*m sorry* I'm late. 遅れてごめんなさい.
You'll *be sorry for* that someday.
きみはそのことをいつか後悔するぞ.

📖 文法 sorry の使い方
sorry をふくむ文は, ふつう主語を人にする. ˣIt is sorry ... などとはしない. また sorry は名詞の前には使わない.

2 残念で, 残念ながら…で(▶ていねいに断るときや, 賛成できないときの表現)
I'm *sorry*, the tickets are sold out.
申しわけございませんが, チケットは売り切れま

sort ▶

した.
I'm *sorry* about that. それは残念ですね.

🗣スピーキング
- Ⓐ Can you come with me?
  ぼくといっしょに来られますか.
- Ⓑ I'm *sorry*, I can't.
  残念ですが, 行けません.

3 気の毒で, かわいそうで; **(be sorry for** で**)** …のことを気の毒に思う; **(be sorry to ...** で**)** …して気の毒に思う.
I *was* very *sorry for* her.
彼女のことがとても気の毒だった.
I'*m sorry to* hear that.
それを聞いてお気の毒に思います.

Sorry? [語尾を上げて] 何とおっしゃいましたか, もう一度おっしゃってください(▶ I beg your pardon? あるいは Pardon? や, What did you say? などもいう).

sort 2級 [sɔːt ソート] 图 種類 (同 kind¹).
What *sort* of cat is it?
それはどんな種類のネコですか.
I like all *sorts* of movies.
私はあらゆる種類の映画が好きです.

a sort of 一種の…; …みたいなもの.
a sort of fruit 一種の果物.

── 動 他 …を分類する.

SOS [esoués エスオウエス] 图 遭難信号, エスオーエス.
send an *SOS*
遭難信号を送信する.

so-so [sóusòu ソウソウ] 形 《口語》 ぱっとしない, よくも悪くもない, まあまあだ.

🗣スピーキング
- Ⓐ How was the concert?
  コンサートはどうだった?
- Ⓑ *So-so*.
  ぱっとしなかったよ.

sought [sɔːt ソート] 動 seek(…をさがす) の過去・過去分詞.

soul [soul ソウル] 图 (肉体に対して)魂; 精神 (対 body 肉体); [おもに否定文で] 《文語》人 (同 person).
the *souls* of the dead 死者の魂.
The music has no *soul*.

その音楽には魂がこもっていない.
There was not a *soul* in sight.
人っ子ひとり見えなかった.
[同音語] sole¹,² (唯一の; 足の裏)

sound¹ 4級 [saund サウンド]
フォニックス72 ou は [au] と発音する.

图 (複数 sounds [-dz ヅ]) 音, 物音; 音量.
What's that *sound*? あの音は何?
I heard the *sound* of bells in the distance. 遠くから鐘の音が聞こえた.
Sound travels about 340 meters per second in the air. 音は空気中を毎秒約 340 メートルの速さで進む.

💡用法 sound と noise
sound は「音」を表す一般的な語.
noise は「うるさい音」「さわがしい音」
など不快な音に使う.

── 動 (3単現 sounds [-dz ヅ]; 過去 過分 sounded [-id]; ing sounding)
⾃ **1 (sound＋形容詞**などで**) …に聞こえる**, …に思われる, …そうだ, …なようだ (▶進行形にしない).
That *sounds* great! すごくよさそうだね.
Sounds noisy. さわがしいですね.
She *sounded* tired on the phone.
電話の声では彼女はつかれているようだった.
(That) *sounds* like fun.
(それは)おもしろそうだね (▶名詞があとにくるときは sound like の形になる).

🗣スピーキング
- Ⓐ How about going for a drive?
  ドライブはどう?
- Ⓑ (That) *sounds* good.
  いいね.

2 鳴る, 音がする.
The buzzer on the door *sounded*.
ドアのブザーが鳴った.

── 他 …を鳴らす, 吹き鳴らす.
The car behind me *sounded* its horn. 後ろの車がクラクションを鳴らした.

sound² 2級 [saund サウンド] 形 **1** (人・体・心などが)健全な; (物が)傷んでいない.
They came home safe and *sound*.
彼らはけがもなく無事に帰ってきた.
A *sound* mind in a *sound* body.
《ことわざ》健全な肉体に健全な精神が宿らん

ことを.
2 (睡眠などが)じゅうぶんな.
have a *sound* sleep ぐっすり眠る.
3 (判断・アドバイスなどが)申し分ない.
sound judgment しっかりした判断.
sound advice 申し分ない助言.

soundproof [sáundpru:f サウンドゥプルーフ] 形 防音の.

soup 5級 [su:p スープ] (ou は例外的に [u:] と発音する)
名 **スープ** (▶ふつう a をつけず, 複数形なし).
have *soup* スープを飲む.
Eat your *soup* while it's hot.
スープは熱いうちに飲みなさい.
vegetable *soup* 野菜スープ.
a *soup* spoon スープ用スプーン.

> 💬用法 「スープを飲む」の言い方
> 「スープを飲む」は have soup ということが多いが, 皿からスプーンを使って飲む場合は eat soup, カップから直接飲む場合は drink soup ともいえる. 音を立てずに飲むのがエチケット.

eat soup　　drink soup
スープを飲む

sour [sáuər サウア] 形 すっぱい, 酸味のある (▶「あまい」は sweet).
These grapes are *sour*, aren't they?
このブドウ, すっぱいね.
That's just *sour* grapes.
それは負けおしみさ (▶「すっぱいブドウ」は自分が欲しいけれども入手不可能なために軽べつしたふりをしている物 (イソップ物語から)).

source 2級 [sɔ:rs ソース] 名 源; (川などの)水源, 源流; (物事などの)原因; (情報などの)出所.
a *source* of energy エネルギー源.
the *source* of the Amazon
アマゾン川の源流.
the *source* of the fire 火事の原因, 火元.

ⓘ参考 sauce ((調味料の)ソース) と混同しないこと.

▶ **southeast**

south 4級 [sauθ サウス] フォニックス72
フォニックス34 ou は [au], th は [θ] と発音する.
名 **1** (ふつう the をつけて) **南**; 南方; 南部
(反 north 北) (▶略語は S または S.).
Which way is *south*? どっちが南？
The coast is 20km to *the south*.
海岸は 20 キロ南にある.
the south of France フランス南部.
The island is located to *the south* of India. その島はインドの南方にある (▶ to the south of は「…の南方に」の意味).
My school is in *the south* of the city. 私の学校はその市の南部にある (▶ in the south of は「…の南部に」の意味).
2 ((**the South** で)) (米) アメリカ南部 (オハイオ川・ペンシルベニア州より南の諸州).
She comes from *the South*.
彼女はアメリカ南部の出身だ.
　　　　　　　　　　→形 southern
—— 形 **南の**; 南部の; (風が)南からの (反 north 北の; 北からの).
The hotel is on the *south* side of the island.
ホテルは島の南側にある.
South winds blow in summer.
夏は南からの風が吹く.
—— 副 南へ, 南に (反 north 北へ).
My room faces *south*.
私の部屋は南向きだ.
Many birds fly *south* for the winter.
多くの鳥は冬に向けて南へ飛んで行く.

South Africa [sàuθ ǽfrikə] 名 南アフリカ共和国 (アフリカ大陸南端の共和国; 正式名は the Republic of South Africa; 首都はプレトリア (Pretoria) (行政首都), ケープタウン (Cape Town) (立法首都)).

South America [sàuθ əmérikə] 名 南米, 南アメリカ.

South Asia [sàuθ éiʒə] 名 南アジア.

South Carolina [sàuθ kærəláinə キャロライナ] 名 **サウスカロライナ州** (アメリカ南東部にあり, 南部の伝統的な文化が生きつづけている州; 略語は SC または S.C.).

South Dakota [sàuθ dəkóutə ダコウタ] 名 **サウスダコタ州** (アメリカ中西部にあり, 農業と牧畜業・観光業が中心で, 有名な荒野地帯がある; 略語は SD または S.Dak.).

southeast [sauθí:st サウスイースト] 名

six hundred and seventy-nine　679

Southeast Asia ▶

[the をつけて] 南東 (▶略語は SE または S.E.); 南東部, 南東地方.
── 形 南東(へ)の;(風が) 南東からの.
── 副 南東へ, 南東に.

Southeast Asia [sàuθíːst éiʒə] 名 東南アジア.

southeastern [sauθíːstɚn サウスイースタン] 形 南東の, 南東部の.

southern 準2 [sʌ́ðɚn サザン] (south とちがい, ou は [ʌ], th は [ð] と発音する) 形 南の, 南部の, 南方の (反 northern 北の);[Southern で] 《米》アメリカ南部地方の.
southern Europe 南ヨーロッパ.
→ 名 south

Southern Cross [sʌ́ðɚn kró(ː)s] 名 [the をつけて] 《天文》南十字星.

South Pole [sáuθ póul] 名 [the をつけて] 南極 (反 North Pole 北極).

southward [sáuθwɚd サウスワド] 形 (方向が) 南の, 南方の, 南に向かう (反 northward 北の).
── 副 南へ, 南方へ, 南方に, 南に向かって (反 northward 北へ).

southwards [sáuθwɚdz サウスワツ] 副 = southward (南方へ).

southwest [sauθwést サウスウェスト] 名 [the をつけて] 南西 (▶略語は SW または S.W.); 南西部.
── 形 南西(へ)の;(風が) 南西からの.
── 副 南西へ, 南西に.

southwestern [sauθwéstɚn サウスウェスタン] 形 南西の, 南西部の.

souvenir 3級 [suːvəníɚ スーヴェニア, súːvəniɚ スーヴェニア] 名 記念品, みやげ.
a *souvenir* from Hawaii
ハワイのおみやげ.

> 📘背景 souvenir はふつう人にあげるものではなく, 旅の記念や思い出の品として自分に買うものをさすことが多い. 家族や友人へのみやげ物には **gift** や **present** を使うとよい.

Soviet Union [sòuviət ソウヴィエト júːnjən 名 [the をつけて] (旧)ソ連邦㊥, ソビエト連邦 (正式名は the Union of Soviet Socialist Republics;略語は U.S.S.R., USSR;1991 年解体).

sow [sou ソウ] 動 他 (過分 sown [soun] また

は sowed [-d]) (種)をまく.
sow flower seeds in spring
春に花の種をまく.
[同音語] so (それほど), sew (…をぬう)

sown [soun ソウン] 動 sow((種)をまく) の過去分詞の 1 つ.
[同音語] sewn (sew (…をぬう) の過去分詞)

soy [sɔi ソイ] 名 大豆 (= soybean);しょうゆ (▶ふつう soy sauce という).

soybean [sɔ́ibiːn ソイビーン] 名 《植》大豆 (= 《英》soya [sɔ́iə ソイア] bean) (▶単に soy ともいう).

soy sauce [sɔ́i sɔ̀ːs] 名 しょうゆ(▶《英》では soya [sɔ́iə ソイア] sauce ともいう).

space 3級 [speis スペイス]
フォニックス48 a は [ei] と発音する.

名 (複数 spaces [-iz]) **1** (時間に対して) **空間**, 空 (対 time 時間).
time and *space* 時間と空間.
stare into *space* 空をじっと見つめる.

2 宇宙, 宇宙空間 (= outer space) (▶ a をつけず, 複数形なし)
He was the first man to walk in *space*.
彼は宇宙遊泳をした最初の人でした (▶ in ˣthe space としない).
space travel 宇宙旅行.
a *space* station 宇宙ステーション.

3 余地, (空いた)場所, スペース.
(a) living *space* 居住空間.
a parking *space* 駐車㊥スペース.
The piano takes up too much *space*.
ピアノが場所をとりすぎている.

spacecraft [spéiskræft スペイスクラフト] 名 (複数 spacecraft) 宇宙船.

spaceman [spéismæn スペイスマン] 名 (複数 spacemen [-men]) 宇宙飛行士 (= astronaut);宇宙人.

spaceship [spéisʃip スペイスシプ] 名 宇宙船.

space shuttle [spéis ʃʌ̀tl] 名 スペースシャトル, 宇宙連絡㊥船(地球と宇宙ステーションの間を往復していた宇宙船).

space station [spéis stèiʃən] 名 宇宙ステーション.

spacesuit, space suit [spéiss(j)uːt スペイスス(ュ)ート] 名 宇宙服.

spacewalk, space walk

680 six hundred and eighty

[spéiswɔːk スペイスウォーク] 名 (宇宙船を出ての)船外活動；宇宙遊泳.

spade [speid スペイド] 名 すき(農機具)；(トランプの)スペードの札.
the king of *spades*
スペードのキング.

> ⓘ参考 トランプのスペードは「剣」をデザイン化したもの.

spaghetti 5級 [spəgéti スパゲティ] (＜イタリア語) 名 **スパゲッティ** (▶ a をつけず，複数形なし).

Spain 3級 [spein スペイン] フォニックス59 ai は [ei] と発音する. 名 スペイン (南ヨーロッパのイベリア半島にある王国；首都はマドリード (Madrid)). →形 Spanish

span [spæn スパン] 名 (端から端までの)長さ；(ある一定の)期間，スパン.

Spaniard [spǽnjərd スパニャド] 名 スペイン人.

Spanish 4級 [spǽniʃ スパニシ] 形 スペインの；スペイン人の；スペイン語の.
→名 Spain
── 名 スペイン語(▶ a をつけず，複数形なし)；[the をつけて] [複数あつかい] スペイン人 (全体).
Spanish is spoken in Spain and South America. (＝They speak *Spanish* in Spain and South America.)
スペイン語はスペインと南米で話されている.

spank [spæŋk スパンク] 動 他 (罰として)子どものしりをぴしゃりとたたく.

spare [speər スペア] 動 他 **1** (時間・お金・物など)をさく，分けてやる，貸してやる.
Could you *spare* me ten minutes?
10分ほど時間をいただけないでしょうか.
I have no time to *spare*.
空いている時間はない.
2 [ふつう否定文で] (お金・労力など)を出しおしむ，節約する.
He *spared no* effort.
彼は努力をおしまなかった.
Spare the rod and spoil the child.
(ことわざ) むちをおしめば子どもはだめになる
＝かわいい子には旅をさせよ.

── 形 予備の，スペアの；余分の.
a *spare* key スペアキー.
a *spare* tire スペアタイヤ (▶ spare key, spare tire は単に spare ともいう).

▶スピーキング
Ⓐ What do you do in your *spare* time?
ひまなときには何をしますか.
Ⓑ Bird-watching.
バードウォッチングだよ.
Ⓑ I'm always busy. I have no *spare* time.
いつも忙しいんだ. ひまなんかないよ.

── 名 予備のもの, スペア；スペアタイヤ.

spark [spɑːrk スパーク] 名 火花, 火の粉；(電気)スパーク.

sparkle [spɑ́ːrkl スパークル] 動 自 (宝石・星・目などが)きらきらかがやく，きらめく.
── 名 (宝石・星・目などの)かがやき.

sparrow [spǽrou スパロウ] 名 (鳥)スズメ.

spat [spæt スパット] 動 spit (つばをはく)の過去形・過去分詞の1つ.

speak 5級 動 話す；演説する；(ある言語)を話す

[spiːk スピーク] フォニックス63 ea は [iː] と発音する. 動 (3単現 **speaks** [-s]；過去 **spoke** [spouk スポウク]；過分 **spoken** [spóukən スポウクン]；ing **speaking**) 自 **1 話す**, ものを言う，口をきく.

say
(言葉を)述べる

speak
(言語を)話す

talk
(相手と)話す

tell
(情報を)伝える

Could you *speak* more slowly, please?
もう少しゆっくり話していただけますか.
Hello. This is Emily *speaking*.
(電話で)もしもし. エミリーですが (▶ This is

speaker ▶

Emily. ともいう. 電話では×I'm Emily. とはふつういわない).

She was so shocked that she couldn't *speak*.
彼女はとてもショックを受けたので口をきくこともできなかった.

2 演説する, スピーチする, 講演する.
He *spoke* in front of many people.
彼はおおぜいの人の前で演説した.

― 他 **1** (ある言語)**を話す**, 使う.

▶スピーキング
Ⓐ Do you *speak* English?
あなたは英語を話しますか.
Ⓑ Yes, a little bit.
ええ, 少しだけ.
(▶知的な能力をたずねるときに Can you ～? というと失礼にひびく.)

English is *spoken* in many countries. (= They *speak* English in many countries.)
多くの国々で英語が話されている.
English *Spoken*
〈掲示〉(商店の店頭などで)英語話します(→英語でお買い物できます)

2 (意見・真実など)を言う.
always *speak* the truth
つねにほんとうのことを言う. → 图 speech

generally speaking 一般的に言えば, 一般的には. → generally

not to speak of …は言うまでもなく.
He understands Spanish, French, Italian, *not to speak of* English.
彼は英語は言うまでもなく, スペイン語, フランス語, イタリア語も理解できる.

so to speak いわば, 言ってみれば (▶挿入どの句的に使う).
The dog is, *so to speak*, a member of my family.
その犬は言ってみれば家族の一員です.

speak for …を要求する;(人)を弁護する.

speak ill of = ***speak badly of*** …のことを悪く言う.
You shouldn't *speak ill of* others.
他人の悪口を言ってはいけません.

speaking of …といえば.
Speaking of Mark, what's he doing these days?
マークといえば, 最近彼はどうしてる?

speak of …のことを言う.
This is the boy we *spoke of* yesterday.
これが私たちがきのう話していた少年です.

speak out はっきりと言う.

speak to …**に話しかける**, …と話す.
I *spoke to* him this morning.
けさ彼と話しました.
I was *spoken to* by a stranger last night.
私はゆうべ知らない人に話しかけられた.

▶スピーキング
Ⓐ May I *speak to* Lucas Allen?
(電話で) ルーカス・アレンさんをお願いします.
Ⓑ *Speaking*.
私ですが.
Ⓑ Wait a minute, please.
しばらくお待ちください.
(▶「私ですが」は This is he[she]. ともいう.)

speak up 大きな声で話す, 大きな声で言う;(考え・気持ちなどを)はっきり話す.
Could you *speak up* a little?
もう少し大きな声で話してもらえませんか.

speak well of …のことをよく言う, ほめる.
Everyone *speaks well of* him.
みんなが彼のことをほめる.

speaker [spíːkər スピーカァ] 图 **1** 話す人;演説者, 講演者;(ある言語を)話す人.
She is a poor *speaker*.
彼女は話がへただ.
a guest *speaker*
ゲスト講演者, 特別講演者.
a native *speaker* of English
英語のネイティブスピーカー;英語を母語として話す人.

2 (ステレオなどの)スピーカー, 拡声器 (= loudspeaker).

Speakers' Corner

[spíːkərz kɔ́ːrnər] 图 スピーカーズ・コーナー(ロンドンのハイドパーク (Hyde Park) にある演説広場;日曜日には自分の主義主張をうったえようという人々がやってきて熱弁をふるう).

speaking [spíːkiŋ スピーキング] 動 speak (話す)の -ing 形.

682 six hundred and eighty-two

▶ **speed**

speaks [spi:ks スピークス] 動 speak(話す)の3人称単数現在形.

spear [spiər スピア] 名 やり, 投げやり.

special 4級 [spéʃ(ə)l スペシ(ャ)ル]

形 (比較 more special；最上 most special)
1 特別な, 特殊な (反 general 一般的な)；(個人にとって)大切な.

Is there any *special* news today?
今日は何か特別なニュースがありますか.

This is a *special* day for me.
私にとって今日は特別な日です.

a *special* friend 特別な友人.

> 💬 スピーキング
>
> 🅰 What are you doing, Rick?
> リック, 何をやってるの？
> 🅱 Nothing *special*. とくに何も.

2 専門の, 専攻の；(目的・用途が)特殊な.

He has his own *special* way of making curry. 彼はカレーのつくり方について独自の方法を持っている.

3 臨時の.

We took a *special* train for Kyoto.
私たちは京都行きの臨時列車に乗った.

→名 specialty, 動 specialize
── 名 (複数 specials [-z]) 特別な人・物；(テレビなどの)特別番組；《米》特別サービス料理.

specialist [spéʃəlist スペシャリスト] 名 専門家；専門医.

specialize 準2 [spéʃəlaiz スペシャライズ] 動 自 専門にする, 専門に研究する, 専攻する.

specialize in mathematics
数学を専攻する. →形 special

specially [spéʃəli スペシャリィ] 副 とくに, 特別に, わざわざ.

specialty [spéʃəlti スペシャルティ] 名 (複数 specialties [-z]) **1** (学問などの)専門, 得意の分野.

2 (ある店などの)自慢料理；(ある場所の)名物料理；特産品. →形 special

species 準2 [spí:ʃi:z スピーシーズ] (発音注意) 名 (複数 species 単複同形) 《生物》種, 種属.

an endangered *species*
絶滅寸前の種, 絶滅危ぐ種.

specific [spəsifik スペスィフィク] 形 ある特定の；具体的な.

to be more *specific*
もっと具体的にいえば.

specimen [spésəmən スペスィメン] 名 見本, 標本, 実例, サンプル (同 sample).

spectacle [spéktəkl スペクタクル] 名 (目を見はらせるような)光景；壮観, スペクタクル；ショー, 大イベント.

spectator [spékteitər スペクテイタァ] 名 (スポーツの試合・ショーなどの)観客；(行事などの)見物人；目撃者.

sped [sped スペッド] 動 speed(急ぐ)の過去・過去分詞の1つ.

speech 4級 [spi:tʃ スピーチ]

フォニックス64 フォニックス26 ee は [i:], ch は [tʃ] と発音する.

名 (複数 speeches [-iz]) **1 演説**, スピーチ, 講演.

The President made a *speech* on TV. 大統領はテレビで演説した.

give an after-dinner *speech*
(食後の)テーブルスピーチをする (▶「テーブルスピーチ」は和製英語).

a *speech* contest
スピーチコンテスト, 弁論大会.

2 話すこと, 発言, 言論；**話しぶり**；話す能力；話し言葉；《文法》話法(▶ a をつけず, 複数形なし).

freedom of *speech* 言論の自由.
→動 speak

speed [spi:d スピード] 名 速度, スピード.

at high *speed* 高速で.

He drove at a *speed* of 90 kilometers per hour.
彼は時速90キロで車を運転した.

I ran at full *speed*. ぼくは全速力で走った.

The *speed* limit is 50km per hour.
制限速度は時速50キロだ.

「制限速度25(マイル)」の標識.

six hundred and eighty-three 683

speedy ▶

—— **動** (3単現 **speeds** [-dz ヅ] ; 過去 過分 **sped** [sped] または **speeded**[-id] ; ing **speeding**) **自** 急ぐ, 急いで走る, 飛ばす ; [ふつう進行形で] スピード違反をする.

A police car *sped* by.
パトカーが猛スピードで通り過ぎた.

He was caught *speeding* again.
彼はまたスピード違反でつかまった.

speed up スピードを上げる, 速度を上げる (反 slow down スピードを落とす).

speedy [spíːdi スピーディ] **形** (比較 **speedier** ; 最上 **speediest**) 速い, すみやかな. → fast, quick

spell 3級 [spel スペル]

動 (3単現 **spells**[-z] ; 過去 過分 **spelled**[-d] または **spelt** [spelt] ; ing **spelling**) **他** (語) をつづる.

📣スピーキング

Ⓐ How do you *spell* your name?
あなたのお名前はどうつづりますか.

Ⓑ (It's *spelled*) S-M-I-T-H, Smith.
S-M-I-T-H, Smith とつづります.

🔊発音 S-M-I-T-H の読み方は [smiθ] ではなく, [es] - [em] - [ai] - [tiː] - [eitʃ] と 1字 1字区切って読む. このように「1文字ずつ読む」ことを spell out という.

ⓘ参考 日本語では「この語のスペルは」というが, spell は動詞なので注意. 英語では名詞の spelling を使う.

spelling 3級 [spélin スペリング] **名** 語のつづり方, スペリング ; つづり, スペル.

I don't know the *spelling* of this word. この単語のスペルがわからない.

spelling bee [spélin bíː] **名** (米) つづり字コンテスト (▶小学校などで行われるつづり字の正確さを競うコンテスト).

spelt [spelt スペルト] **動** spell(…をつづる) の過去・過去分詞の 1 つ.

spend 3級 **動** (金) を使う ; (時間) を過ごす

[spend スペンド]
動 (3単現 **spends** [-dz ヅ] ; 過去 過分 **spent** [spent スペント] ; ing **spending**) **他 1** (金) を

使う, ついやす ; (**spend ＋ 金 ＋ on ＋ 物・目的で**) (金) を (物・目的) に使う.

Have you *spent* all your allowance?
おこづかいを全部使っちゃったの？

She *spends* a lot of money *on* clothes.
彼女は洋服にたくさんのお金をついやす.

2 (時間) **を過ごす** ; (**spend ＋時間＋ -ing 形で**) (時間) を…して過ごす.

Beth *spent* a week in Paris.
ベスはパリで 1 週間を過ごした.

I *spent* my summer vacation in Nagano. 私は夏休みを長野で過ごした.

I *spent* that evening *watching* a movie.
その晩は映画を見て過ごした.

How did you *spend* your winter vacation?
冬休みはどのように過ごしましたか.

spending [spéndin スペンディング] **動** spend(…を使う) の -ing 形.

spends [spendz スペンヅ] **動** spend(… を使う)の3人称単数現在形.

spent 3級 [spent スペント]

動 spend(…を使う)の過去・過去分詞.

sphere [sfíar スフィア] **名** 球, 球体.
The earth is a *sphere*.
地球は球体である.

Sphinx [sfíŋks スフィンクス] **名** [the をつけて] **1** (ギリシャ神話)スフィンクス(女性の頭とライオンの胴につばさをもつ怪物 ; 通行人に「朝は 4 本足, 昼は 2 本足, 夜は 3 本足のものは何か」というなぞをかけ, 解けない人を殺したといわれる. [答えは man (人間)]).
2 スフィンクス像(エジプトのギザ付近にある巨像).

spice [spais スパイス] **名** 薬味, 香辛料, スパイス.

spicy 準2 [spáisi スパイスィ] **形** (比較 **spicier** ; 最上 **spiciest**) **1** (食物などが)香辛料のきいた, 薬味を入れた, こうばしい.
2 (話などが) きわどい, いかがわしい.

spider [spáidar スパイダァ] **名** (虫)クモ.
a *spider*'s web クモの巣 (▶単に web ともいう).

Don't step on that *spider*, or it'll rain tomorrow.

684 six hundred and eighty-four

◀ **sponge**

そのクモをふまないで. あした雨が降るから(▶ クモを殺すと翌日雨が降るという迷信がある).

spike [spaik スパイク] 名 **1** とがりくぎ, 長くとがった物.

2 [複数形で] (野球・陸上競技用の)スパイクシューズ; スパイク.

3 (物価などの)急上昇.

4 《バレーボール》スパイク.

spill 準2 [spil スピル] 動 (過去) (過分) spilled [-d], 《英また》spilt [spilt]) 他 (液体・粉など)をこぼす.

I *spilled* some coffee on my shirt.
コーヒーを少しシャツにこぼしてしまった.

It is no use crying over *spilt* milk.
《ことわざ》こぼれたミルクをなげいても仕方がない＝覆水盆に返らず.

── 名 (複数 spills[-z])こぼれること, 流出.

spilt [spilt スピルト] 動 spill(…をこぼす)の過去・過去分詞の1つ.

spin 2級 [spin スピン] 動 (過去) (過分) spun [spʌn]; (ing) spinning) 自 (こまなどが)くるくるまわる, 回転する;(頭が)くらくらする;糸をつむぐ.

The top *spun* around and around.
こまはくるくるとまわった.

My head was *spinning*.
頭がくらくらした (▶ My head was swimming. という言い方もある).

── 他 (こまなど)をくるくるまわす;(糸)をつむぐ.

spin wool into thread 羊毛を糸につむぐ.

spinach [spinitʃ スピニチ‖-idʒ -ニヂ] (発音注意) 名 ホウレンソウ. → Popeye
a bunch of *spinach* ホウレンソウ1わ.

spirit 準2 [spirit スピリト] 名 **1** 精神, 心 (対 body 肉体);魂;霊;霊魂.
He has a noble *spirit*.
彼は気高い精神の持ち主だ.

the *spirit* of fair play フェアプレーの精神.
frontier *spirit*
フロンティア・スピリット, 開拓者精神.

school *spirit* 愛校心, 愛校精神.

2 [複数形で] 気分, きげん;元気.
He's in good *spirits*. 彼は上きげんだ.
She's in low *spirits*. 彼女は元気がない.

3 [ふつう複数形で] アルコール分の強い酒.

spiritual [spiritʃuəl スピリチュアル] 形 精神的な, 魂の (反 material 物質的な).

spiritually [spiritʃuəli スピリチュアリィ] 副

精神的に.

spit [spit スピット] 動 (過去) (過分) spat [spæt], 《米また》spit; (ing) spitting) 自 つばをはく.

spite [spait スパイト] 名 悪意, 意地悪.
in spite of …にもかかわらず. → despite
In spite of the rain, he went to school by bike.
雨にもかかわらず, 彼は自転車で登校した.

splash [splæʃ スプラッシ] 動 他 (水・どろなど)をはねかける, はねる.
── 自 (水・どろなどが) はねる.
── 名 (水・どろなどの) はね, しみ;(水・どろなどを)はねること, バシャバシャとはねる音.

splendid [spléndid スプレンディド] 形 (建物などが) 壮麗な;みごとな, りっぱな;すばらしい.
a *splendid* view すばらしいながめ.

split 2級 [split スプリット] 動 (過去) (過分) split; (ing) splitting) 他 (木材など)を割る, (布)をさく;…を分裂させる;…を分ける, 分配する.
He *split* the log in two.
彼は丸太を2つに割った.
Let's *split* the bill. 割勘にしよう.
── 自 割れる, さける;分裂する.

spoil [spoil スポイル] 動 (過去) (過分) spoiled [-d] または spoilt [spoilt]) 他 **1** …をだいなしにする, だめにする.
The bad weather *spoiled* our vacation.
悪天候で私たちの休暇はだいなしになった.
2 (子どもなど)をあまやかしてだめにする.
a *spoiled* child あまやかされた子.

spoilt [spoilt スポイルト] 動 spoil(…をだいなしにする)の過去・過去分詞の1つ.

spoke¹ 4級 [spouk スポウク]
フォニックス51 o は [ou] と発音する.
動 speak(話す)の過去形.

spoke² [spouk スポウク] 名 スポーク, (車輪の)輻. → bicycle (図)

spoken 3級 [spóukən スポウクン]
動 speak(話す)の過去分詞.
── 形 **話される**;話し言葉の, 口語の (対 written 書かれた).
spoken language 話し言葉.

sponge [spʌndʒ スパンヂ] 名 スポンジ;

six hundred and eighty-five **685**

sponsor ▶

海綿.

sponsor 2級 [spánsər スパンサァ‖ spɔ́n-スポン-] 图 (テレビ・ラジオ番組の)スポンサー, 広告主;(スポーツ大会などの)後援者;保証人.

spoon 5級 [spuːn スプーン] 图 スプーン, さじ(▶「フォーク」は fork, 「ナイフ」は knife).
a table*spoon* テーブルスプーン, 大さじ.
a tea*spoon* ティースプーン, 小さじ.

spoonful [spúːnfəl スプーンフル] 图 スプーン1杯(の量).
a *spoonful* of salt スプーン1杯の塩.
two *spoonfuls* of sugar
スプーン2杯の砂糖.

sport 5級 图 スポーツ, 運動競技

[spɔːrt スポート] フォニックス78 or は [ɔːr] と発音する.

图 (複数 sports [-ts ツ]) **1 スポーツ**, 運動競技.
I love *sports*. スポーツは大好きです.
What *sports* do you play?
どんなスポーツをしますか(▶「スポーツをする」はふつう play sports というが, 話し言葉では do sports ともいう).

sport(s) shoes
スポーツシューズ, 運動ぐつ.
a *sports* team スポーツチーム.
the *sports* section
(新聞の)スポーツ欄.

🗨 スピーキング

Ⓐ What *sport* do you like the best?
あなたはどんなスポーツがいちばん好きですか.

Ⓑ I like tennis the best.
私はテニスがいちばん好きです.

Ⓑ I don't play *sports* much, but I enjoy watching soccer.
(自分では)あまりスポーツをしないのですが, サッカーを見て楽しんでいます.

💡背景 英語の **sport** は運動競技だけでなく, 狩りや魚つり競技などもふくむ. アメリカでとくに人気のあるスポーツはアメリカン・フットボール (football), バスケットボール (basketball), 野球 (baseball) などであり, イギリスではサッカー (soccer, (英) football) やラグビー (rugby), クリケット (cricket) などである.

sport おもなスポーツ(スポーツを「する」の言い方については, → play)

skiing (スキー)　 swimming (水泳)　 bowling (ボウリング)	「スキー[水泳, ボウリング]をしよう」は, スポーツ名を動詞にもどして Let's ski [swim, bowl]. という.
soccer (サッカー)　 golf (ゴルフ)　 volleyball (バレーボール)	「サッカー[ゴルフ, バレーボール]をしよう」は, play を使って Let's play soccer [golf, volleyball]. という.
judo (柔道)　 boxing (ボクシング)　 fencing (フェンシング)	「柔道[ボクシング, フェンシング]をしよう」は practice を使って Let's practice judo [boxing, fencing]. という.

2 娯楽，楽しみ (▶ a をつける；複数形なし).

sporting [spɔ́ːrtiŋ スポーティング] 形 スポーツ(用)の；スポーツ好きな.
sporting goods スポーツ用品.

sports car [spɔ́ːrts kɑ̀ːr] 名 スポーツカー.

Sports Day [spɔ́ːrts dèi] 名 スポーツの日 (▶日本の祝日. 2020年に体育の日 (Health and Sports Day) から名称変更).

sports day [spɔ́ːrts dèi] 名 (複数 sports days [-z]) (おもに英) (学校の) 運動会の日，体育祭の日 (＝(米) field day).

sportsman [spɔ́ːrtsmən スポーツマン] 名 (複数 sportsmen [spɔ́ːrtsmən]) スポーツマン，(狩猟・つり・競馬などもふくむ) スポーツの好きな人，スポーツをする人 (▶ sports lover, athlete などが性差のない語. 日本語の「スポーツマン」は athlete に相当することが多い).

sportsmanship [spɔ́ːrtsmənʃip スポーツマンシップ] 名 スポーツマンシップ，スポーツマン精神.

spot [準2] [spɑt スパット ‖ spɔt スポット] 名 (複数 spots [-ts ツ]) **1** 場所，地点. → place
a tourist *spot* 観光地.
a camping *spot* キャンプ場.
This is a good fishing *spot*.
ここはよいつり場だ.
2 はん点，しみ，あと，よごれ.
a white dog with brown *spots*
茶色いぶちのある白い犬.
His shirt had some ink *spots* on it.
彼のシャツにはインクのしみがついていた.

on the spot その場で；即座に.
The man was caught *on the spot*.
男はその場でつかまった.

── 動 (3単現 spots [-ts ツ]；過去・過分 spotted [-id]；ing spotting) 他 …を見つける，…に気づく；…をよごす，…にしみをつける.

spout [spaut スパウト] 名 (やかんなどの) 注ぎ口；雨どいの口；噴出口.

sprain [sprein スプレイン] 動 他 (手首・足首など) をくじく，ねんざする.
── 名 ねんざ.

sprang [spræŋ スプラング] 動 spring (とぶ) の過去形の1つ.

spray [sprei スプレイ] 名 (複数 sprays [-z]) しぶき；スプレー，噴霧器.

hair *spray* ヘアスプレー.
── 動 (3単現 sprays [-z]；過去・過分 sprayed [-d]；ing spraying) 他 (香水など) を吹きかける.
spray water on the plants
植物に(スプレーで)水をやる.

spread [3級] [spred スプレッド]
フォニックス62 ea は [e] と発音する.
── 動 (3単現 spreads [-dz ヅ]；過去・過分 spread；ing spreading) ▶原形と過去形・過去分詞が同じ形であることに注意.
他 **1** …を**広げる**.
spread a cloth on the table
テーブルにテーブルクロスを広げる.
He *spread* a map on the desk. 彼は机に地図を広げた(▶この spread は過去形).
2 (spread ～ on ... / spread ... with ～で) …を…にうすく(のばして)**ぬる**.
She *spread* jam on her toast.
(＝ She *spread* her toast *with* jam.)
彼女はトーストにジャムをぬった.
3 (ニュース・うわさなど) を広める；(病気など) を広める，まん延させる.
He *spread* the news all over town.
彼はそのニュースを町中に広めた.
── 自 **1** **広がる**.
The fire *spread* rapidly through the building.
火事はまたたく間に建物全体に広がった.
2 (ニュース・うわさなどが) **広まる**；(病気・ウイルスなどが) まん延する.
The virus *spread* quickly throughout the country.
そのウイルスはすぐに国じゅうに広まった.
── 名 (複数 spreads [-dz ヅ]) **1** 広がり；普及；(病気の) まん延.
2 スプレッド(▶パンなどにぬるバター・ジャムなどをいう).

spring [5級] 名 春，泉，ばね

[spriŋ スプリング]
名 (複数 springs [-z]) **1** **春** (▶月名や曜日名とちがい，小文字で書く).
early *spring* 早春，春の初めごろ.
late *spring* 晩春，春の終わりごろ.
Spring is here. 春が来た；いまは春だ (▶

six hundred and eighty-seven **687**

springboard ▶

Spring has come. は「いま来たばかりだ」という感じが強い).
Tulips come out in *spring*.
チューリップは春に咲く.
in the *spring* of 2025 2025年の春に.
My big brother got into college this *spring*. 兄はこの春大学に入った(▶「春に」はふつう in spring で表すが, this や last, next などがつくと in はつけない).

○ in spring
× in this spring
　←this や last などがつくときは in は使わない.
○ this spring

spring flowers 春の花.
a *spring* break 《米》(大学の)春休み.

✏ライティング
My favorite season is *spring* because I like to see cherry blossoms.
桜の花を見るのが好きなので, 私のいちばん好きな季節は春です.

ⓘ参考 ほかの季節は summer (夏), fall または autumn (秋), winter (冬).

2 泉(＝fountain).
a hot *spring* 温泉.
3 ばね, スプリング, ぜんまい.
bed *springs* ベッドのスプリング.
4 跳躍, とぶこと(＝jump).
── 動 〖3単現〗 **springs** [-z];〖過去〗 **sprang** [spræŋ スプラング] または **sprung** [sprʌŋ スプラング];〖過分〗 **sprung**;〖ing〗 **springing**) 自 (すばやく)**とぶ**, とびはねる, はねる(＝jump); (水などが)わき出る.
He *sprang* out of bed.
彼はベッドからとび起きた.

springboard [spriŋbɔːrd スプリングボード] 图 (水泳の)飛びこみ板; (体操などの)跳躍板.

springing [spriŋiŋ スプリンギング] 動 spring (とぶ) の -ing 形.

spring onion [spriŋ ʌnjən] 图《植物》ネギ.

spring roll [spriŋ roul] 图 春巻.

springs [spriŋz スプリングズ] 動 spring (とぶ)の3人称単数現在形.
── 图 spring (春, 泉)の複数形.

sprinkle [spriŋkl スプリンクル] 動 他 (水・砂・粉などを)まく, ふりかける.

sprinkler [spriŋklər スプリンクラァ] 图 スプリンクラー(しばふの散水や, 消火用の散水器).

sprint [sprint スプリント] 图 短距離競走, スプリント.

sprout [spraut スプラウト] 图 (植物の)芽, 新芽.
bean *sprouts* 豆もやし.

sprung [sprʌŋ スプラング] 動 spring (とぶ)の過去形の1つ; 過去分詞.

spun [spʌn スパン] 動 spin (くるくるまわる)の過去・過去分詞.

spy [spai スパイ] 图 〖複数〗 **spies** [-z] スパイ.
── 動 〖3単現〗 **spies** [-z];〖過去〗〖過分〗 **spied** [-d];〖ing〗 **spying**) 自 ひそかに見張る, 調査する, スパイする.

square [skwear スクウェア] 图 **1** 正方形; 四角 (いもの)(▶「三角」は triangle, 「円」は circle). → shape
Draw a *square* with 5cm sides.
1辺が5センチの正方形をかきなさい.
2 (市街地の四角い)広場(▶いくつかの街路の集合点で, その中央が小公園になっていることが多い).
Trafalgar *Square*
トラファルガー広場(ロンドンの中心にある広場).

空から見たトラファルガー広場.

3 《数学》平方, 2乗 (▶略語は sq.).
square root 平方根
The *square* of 3 is 9.
3の2乗[平方]は9である.
── 形 **1** 正方形の, 四角い; 直角の.
a *square* table 四角いテーブル.
2 《数学》平方の, 2乗の(▶略語は sq.).
The floor area is 120 *square* meters. 床面積は120平方メートルです.

◀ **stained glass**

squash¹ [skwɑʃ スクウァッシ‖skwɔʃ スクウォッシ] 名 (英) スカッシュ (果汁などでつくる飲料) ;《球技》スカッシュ.
lemon *squash* レモンスカッシュ.

squash² [skwɑʃ スクウァッシ‖skwɔʃ スクウォッシ] 名 (複数 **squashes** [-iz], 集合的に **squash**)《植物》カボチャ(の類) (▶ pumpkin や zucchini もふくむ).

squeak [skwiːk スクウィーク] 動 自 (ネズミが)チューチュー鳴く ; (ドアなどが)キーキーと音を立てる.
—— 名 (ネズミの)チューチュー鳴く声 ; (ドアなどの)キーキーという音.

squeeze [skwiːz スクウィーズ] 動 他 **1** …をぎゅっとにぎる ; …を抱きしめる.
He *squeezed* my hand again.
彼はもう一度私の手をぎゅっとにぎった.
2 (果物など)をしぼる ; (水分・果汁など)をしぼる.
squeeze a lemon レモンをしぼる.
3 …を押しこむ, つめこむ.
squeeze many things into a bag
バッグにたくさんの物をつめこむ.
—— 名 **1** (手を)ぎゅっとにぎること ; 抱きしめること ; しぼること ; (少量の)しぼり汁.
2《野球》スクイズ(= squeeze play).

squid [skwid スクウィッド] 名 (複数 **squid** ; 種類をいうとき **squids** [-dz ツ])《動物》イカ (▶ ヤリイカ, スルメイカなど). → fish

squirrel [skwɜ́ːrəl スクワ〜レル‖skwi- スクウィ-] 名《動物》リス.

Sr., sr. 1 [síːnjər スィーニャ] 年上のほうの (▶ Senior の略).
2 [sístər スィスタァ] カトリック教の修道女 (▶ Sister の略).

Sri Lanka [sriː lǽŋkə スリー ランカ] 名 スリランカ(インドの南東にあるセイロン (Ceylon) 島を占める共和国 ; 1972 年までの国名はセイロン (Ceylon)).

St.¹ [sein(t) セイン(ト)‖s(ə)n(t) セン(ト)] 名 [聖人の名の前に置いて] 聖…, セント… (▶ Saint の略. 聖人にちなむ建物や地名などにも使われる).
St. John 聖ヨハネ.

St.² [striːt ストゥリート] 名 [通りの名前の後ろに置いて] …街, …通り (▶ Street の略).
10 Downing *St.* ダウニング街 10 番地(▶ イギリスの首相官邸の住所).

stab [stæb スタブ] 動 他 …を刃物などでつ

きさす.
—— 名 さすこと ; さし傷.

stable¹ 2級 [stéibl ステイブル] 形 (比較 **stabler** または **more stable** ; 最上 **stablest** または **most stable**)安定した, しっかりした ; 堅実などな.

stable² [stéibl ステイブル] 名 馬小屋 ; 家畜小屋 ; 訓練施設など.

stack [stæk スタク] 名 麦わら・干し草などの山 ; 積み重ねた山, 積み重ね.
a *stack* of newspapers 新聞の山.
—— 動 他 …を積み上げる.

stadium 4級 [stéidiəm ステイディアム] (発音注意)
名 (複数 **stadiums** [-z] または **stadia** [-diə])
スタジアム, 競技場, 球場.
a baseball *stadium* 野球場.

staff 3級 [stæf スタフ‖stɑːf スターフ] 名 (複数 **staffs** [-s]) [ふつう単数形で] [集合的に] 職員, 部員, 社員, 局員, スタッフ (▶ グループ全員をさす. 1 人 1 人のスタッフのことは staff member という).
He is a member of the teaching *staff*. 彼は教職員の 1 人です.
the medical *staff* 医療などスタッフ.

stage 3級 [steidʒ ステイヂ]
フォニックス48 a は [ei] と発音する.
名 (複数 **stages** [-iz]) **1** (成長・発達・変化などの) **段階**, 時期.
the early *stage* of the game
試合の初期段階 [場面].
The project has reached the final *stage*. プロジェクトは最終段階に入った.
2 **舞台**, ステージ ; [the をつけて] 演劇, 俳優業.
appear on (the) *stage* 舞台に登場する.
go on the *stage*
舞台に上がる ; 俳優になる.

stagecoach [stéidʒkoutʃ ステイヂコウチ] 名 駅馬車(昔, 駅ごとに馬をかえて定期的に客や郵便などを運んだ馬車).

stagger [stǽgər スタガァ] 動 自 よろめく ; ふらふら歩く ; 動揺する, たじろぐ.
—— 他 (人)をよろめかす, ぐらつかせる ; (人)の心を動揺させる.

stain [stein ステイン] 動 他 …にしみをつける, …をよごす ; …に着色する.
—— 名 しみ, よごれ.

stained glass [stèind glǽs‖glɑ́ːs]

six hundred and eighty-nine 689

stainless ▶

名 ステンドグラス(教会の窓などにはめこんで美しい絵・もようをつくる色つきガラス).

スペインのカトリック教会, サグラダ・ファミリアのステンドグラス.

stainless [stéinləs ステインレス] 形 **1** ステンレス(製)の; (金属が)さびを生じない.
2 よごれのない, しみのない.

stainless steel [stèinləs stíːl] 名 ステンレス鋼, ステンレススチール.

stair 準② [steər ステア] 名 **1** [複数形で] (屋内のひと続きの)階段. → step, upstairs, downstairs
go up *stairs* 階段をのぼる.
2 (階段の)1段.
[同音語] stare (じっと見つめる)

staircase [stéərkeis ステアケイス] 名 (手すりもふくめてひと続きの)階段.
a spiral *staircase* らせん階段.

stairway [stéərwei ステアウェイ] 名 ＝ staircase (階段).

stalk [stɔːk ストーク] 名 茎.
a celery *stalk* セロリの茎.

stall [stɔːl ストール] 名 **1** (市場・駅などの)売店, 屋台, 露店.
2 (馬小屋・牛舎などの1頭用の)ひと仕切り; (トイレ・シャワーなどの)個室.

stamp 4級 [stæmp スタンプ]

名 [複数 **stamps** [-s]] **1** スタンプ, 判; (押された)印, (スタンプの)消印.
a rubber *stamp* ゴム印.
a date *stamp* 日付印.
2 切手(▶改まった言い方は postage stamp).
a 110-yen *stamp* 110円切手.
collect *stamps* 切手を収集する.
I forgot to put a *stamp* on the letter. 手紙に切手をはるのを忘れた.
── 動 (3単現 **stamps** [-s]; 過去 過分 **stamped** [-t]; ing **stamping**) 他 **1** …をふみつける.
2 …にスタンプ[判, 印]を押す; …に切手をはる.

stand 5級 動 立つ, 立っている

[stænd スタンド]
動 (3単現 **stands** [-dz ヅ]; 過去 過分 **stood** [stud ストゥッド]; ing **standing**) 自 **1** 立つ, 立っている (反 sit すわる).

stand up   sit down

She was *standing* at the door.
彼女はドアのところに立っていた.
stand on my hands 逆立ちする.
I had to *stand* for three hours on the train. 電車で3時間立ちっぱなしだった.
We *stood* in line for the bus.
私たちは列に並んでバスを待った.
He *stood* waiting for a bus.
彼は立ってバスを待っていた(▶「stand + -ing 形」は「立って…している, …しながら立っている」という意味).

2 立ち上がる.
The students *stood* (up) when the teacher came into the classroom.
先生が教室に入ってくると生徒たちは起立した.
3 (建物などが)(…に)ある, 位置する(▶進行形にしない).
The castle *stands* on a hill.
城は小高い山の上にある.
4 (ある状態・立場に)ある.
The door *stood* open. ドアは開いていた.
He *stands* in a difficult position.
彼は難しい立場に立っている.
5 立ち止まる; (電車・バス・車などが)止まっている, 停車している.
The train for Tokyo is *standing* on track No. 2.
東京行きの電車は2番線に停車しています.
── 他 **1** (物)を立てる; (人)を立たせる.
He *stood* the candle on the table.
彼はテーブルにろうそくを立てた.

2 [ふつう否定文・疑問文でcan や could をともなって] …をがまんする.
I *can't stand* this heat.
この暑さにはがまんできない.

No Standing (掲示) 停車禁止 (▶この標識のある所では,人を乗せたり降ろしたりするために一時的に車を止めることも禁止される.これに対し,車を長い間止めておく意味での「駐車ちゅうしゃ」を禁止するのは No Parking)

道路の縁石に書かれた NO STANDING (停車禁止) の表示.

stand by …のそばに立つ;…に味方する.
They *stood by* me until the end.
彼らは最後まで私の味方をしてくれた.

stand for …を表す,意味する;…の略である;…を支持する.
"What does DVD *stand for*?" "It *stands for* digital video disc."
「DVD は何の略ですか」「digital video disc (デジタルビデオディスク) の略です」

stand up 立ち上がる.
Stand up, class.
(生徒に向かって) みんな,立ってください.
Stand up straight.
(背筋を伸ばばして) しゃんと立ちなさい.

—— 名 (複数 **stands** [-dz ヅ]) **1** 屋台やたい,売店.
a hot dog *stand* ホットドッグの売店.
an ice-cream *stand*
アイスクリームの屋台.
2 (物をのせる・立てる) 台,…立て.
an umbrella *stand* かさ立て.
a music *stand* 譜面ふめん台.
3 [しばしば **the stands** で] スタンド,観客席.

standard 2級 [stǽndərd スタンダド] 名 標準,基準,水準,レベル;(道徳的) 規範はん.
a *standard* of living 生活水準.
be above *standard* 水準以上である.

—— 形 標準の,標準的な.
standard fee 標準料金.

standard time [stǽndərd táim] 名 (ある国・地方の) 標準時 (▶イギリスではグリニッジ時.アメリカでは経度によって 6 つの地区に分かれる).

standing [stǽndiŋ スタンディング] 動 stand (立つ) の -ing 形.

standpoint [stǽn(d)pòint スタン(ドゥ)ポイント] 名 立場,観点,見地.

stands [stǽndz スタンヅ] 動 stand (立つ) の3人称単数現在形.
—— 名 stand (屋台やたい) の複数形.

staple [stéipl ステイプル] 名 [ふつう複数形で] 主要食品,主食;主要産物.
Rice is a *staple* of the Japanese diet. 米は和食の中心だ.
—— 形 おもな;重要な.

stapler [stéiplər ステイプラァ] 名 ホチキス.

star 4級 名 星,スター

[stɑːr スターァ] フォニックス75 ar は [ɑːr] と発音する.
名 (複数 **stars** [-z]) **1** 星;(天文) 恒星こうせい.
We can't see any *stars* tonight.
今夜は星が 1 つも見えない.
the *Star* Festival 七夕たなばた (祭り).
2 (映画・音楽・スポーツなどの) スター,花形,人気者.
a movie *star* 映画スター.
a baseball *star* 野球のスター選手.
a *star* tennis player テニスの花形選手.
3 星形のもの,星印;(ホテル・レストランなどの格付けを表す) 星.
a five-*star* restaurant 5つ星レストラン.

—— 動 (3単現 **stars** [-z];過去・過分 **starred** [-d];ing 形 **starring**) 他 …を主演させる,主役にする.
—— 自 主役を演じる,主演する.

starch [stɑːrtʃ スターチ] 名 でんぷん,スターチ;(洗たく用の) のり.
—— 動 他 (シャツなど) にのりをつける.

stare [steər ステア] 動 自 (おどろき・おそれ・好奇心などで) じっと見つめる,じろじろ見る.
Don't *stare* at people.
人をじろじろ見るのはよしなさい.
—— 他 …をじっと見つめる.
[同音語] stair ((階段の) 1段)

starfish [stɑ́ːrfiʃ スターフィシ] 名 (複数

starry ▶

starfish または starfishes) (動) ヒトデ.

starry [stá:ri スターリィ] (形) 星の, 星の多い.
a *starry* sky 星空.

Stars and Stripes
[stá:rz ən(d) stráips] (名) [the をつけて] 星条旗, アメリカ国旗 (赤・白の13本の横じまは独立当時の13州を表し, 50個の白い星は現在の50州を表す).

star-shaped [stá:rʃèipt スターシェイプト] (形) 星形の.

start
5級 (動) 始まる, …を始める
(名) 初め, 開始, 出発

[stá:rt スタート] フォニックス75 ar は [a:r] と発音する.

(動) (3単現) **starts** [-ts ツ] (過去)(過分) **started** [-id] (ing) **starting** (自) **1** (事が) **始まる** ((同) begin; (反) end 終わる); (人が) 始める; (火事などが) **発生する**, 起こる; (機械が) **動き出す**.

School *starts* at eight thirty.
学校は8時半に始まる.

The game has just *started*.
試合は始まったばかりだ.

The fire *started* near his house.
火事は彼の家の近くで起こった.

The engine *started* at last.
やっとエンジンがかかった.

2 (…へ向かって) 動き出す, ((start for で)) …へ出発する ((同) leave; (反) arrive 到着する).

They *started* for home at 5:30.
彼らは5時半に家に向かって出発した.

The runners *started* at 7 a.m.
ランナーたちは午前7時に走り出した.

「彼はパリを出発した」
× He started Paris.

start は自動詞なので, 目的語がとれない.

○ He started from Paris.
○ He left Paris.

3 (おどろいて) 体をぴくっと動かす, びくっとする, はっとする.

She *started* at the noise.
彼女はその物音にびくっとした.

— (他) **1** **…を始める** ((同) begin; (反) stop …をやめる); ((start +-ing形 / start to …で)) **…しはじめる**.

start work 仕事を始める.

Start your homework at once.
すぐに宿題を始めなさい.

She *started reading* the book yesterday. (= She *started to read* the book yesterday.)
彼女はきのうからその本を読みはじめた.

It *started to* rain in the late afternoon. 夕方から雨が降り出した.

2 (機械など) **を始動させる**, 動かす; (事) を起こす, 発生させる; (事業など) を起こす, 設立する.

I can't *start* my car.
車のエンジンがかからないよ.

start (up) a new business
新しい会社を起こす; 新しい商売を始める.

start off = start out 始める; 出発する.

start with …から始める, …で始める.

Let's *start with* the first question.
最初の質問から始めましょう.

to start with [理由をあげて] まず第一に; 最初は, 初めは.

To start with, we don't have enough money.
第一私たちはそんなにお金を持っていない.

— (名) (複数) **starts** [-ts ツ] **1** (物事の) **初め**, 最初; **開始**, スタート; **出発**; 出発点.

at the *start* 最初は.
from the *start* 最初から.
from *start* to finish 初めから終わりまで.

You must make a new *start* in life.
きみは人生の再出発をしなければいけない.

2 [ふつう a をつけて] はっとしてとび上がること.

I woke up with *a start*.
はっとして目を覚ました.

started [stá:rtid スターティド] (動) start(始まる) の過去・過去分詞.

starter [stá:rtər スタータァ] (名) 出発する人; 先発メンバー.

starting [stá:rtiŋ スターティング] (動) start (始まる) の -ing形.

starting player [stá:rtiŋ plèiər] (名) 先発選手.

startle [stá:rtl スタートゥル] (動) (他) …をびっくりさせる, ぎょっとさせる.

◀ **Statue of Liberty**

starts [stɑːrts スターツ] **動** start(始まる) の3人称単数現在形.
── **名** start(初め)の複数形.

starvation [stɑːrvéiʃən スターヴェイション] **名** 飢餓, 餓死.

starve 2級 [stɑːrv スターヴ] **動 自 1** 飢える；餓死する.
starve to death 餓死する.
2 [進行形で]《口語》とても空腹である.
I'm *starving*. おなかがぺこぺこだ.
── **他** …を飢えさせる；…を餓死させる.

state 準2 [steit ステイト] **名 1** (人・物事の)状態, 状況, 情勢.
a happy *state* of mind 幸せな心の状態.
the *state* of Japan's economy 日本の経済情勢.
2 国家, 国；政府. → country
a welfare *state* 福祉国家.
the Secretary of *State*
(アメリカの)国務長官；(英国の)国務大臣.
state forests 国有林.
3 (アメリカ・オーストラリアなどの)州.
the *State* of California カリフォルニア州.
There are fifty *states* in the United States of America.
アメリカ合衆国には50の州がある.
"What's the *state* flower of New York?" "(It's) the rose."
「ニューヨークの州花は何ですか」「バラです」
a *state* university 州立大学.
4 [the States で]《口語》アメリカ(= the United States (of America))(▶the States はふつうアメリカ人が国外から自国をさすときに使う).
I'm going back to *the States* next month. 私は来月アメリカに帰ります.
── **動 他**《口頭または書面で》(正式・公式に) …を述べる, 発言する, 表明する.
He *stated* the facts clearly.
彼は事実を明確に述べた.

statement 2級 [stéitmənt ステイトゥメント] **名** 申し立て, 陳述；声明(書), ステートメント.
an official *statement* 公式声明.
a joint *statement* 共同声明.

statesman [stéitsmən ステイツマン] **名**
(複数) **statesmen** [-mən]) 政治家(▶「りっぱな政治家」「大政治家」などよい意味に statesman は使うが, politician はときに

「営利・私利をはかる政治屋」などの悪い意味をふくむこともある. 性差のない語は statesperson).

stateswoman [stéitswumən ステイツウマン] **名** (複数) **-women** [-wimin -ウィミン]) (女性の)政治家.

station 5級 **名** 駅, (官庁などの)…署

[stéiʃən ステイション]
名 (複数) **stations** [-z]) **1** (鉄道などの) **駅**
(▶くわしくは《米》railroad station, 《英》railway station または train station という)；(待合室のある)バス発着所(= bus station)(▶ふつうのバス停は bus stop).
a subway *station* 地下鉄の駅.
get off at the next *station*
次の駅で(電車を)おりる.
change trains at Tokyo *Station*
東京駅で電車を乗りかえる(▶駅の名称には the をつけない).
Where is the nearest *station*?
いちばん近い駅はどこですか.
This train stops at every *station*.
この列車は各駅停車です.
2 (官庁などの)…署, …局；(施設のある) …所；放送局.
a police *station* 警察署.
a fire *station* 消防署.
a gas *station*
《米》ガソリンスタンド(=《英》petrol station)(▶gasoline stand は和製英語).
a TV *station* テレビ局.

stationery [stéiʃəneri ステイショネリィ, -ʃənəri -ショナリィ] **名** [集合的に]文房具；(ふつう対になった封筒つきの)便せん.
a *stationery* store 文房具店.

stationmaster [stéiʃənmæstər ステイションマスタァ] **名** (鉄道の)駅長.

statue 3級 [stætʃuː スタチュー] **名** 像, 彫像(人・動物などをかたどったもので, ふつう大きいものをさす).
set up a *statue* 像を立てる.

Statue of Liberty
[stætʃuː əv líbərti] **名** [the をつけて]自由の女神像(ニューヨークの湾内の島(Liberty Island)にある巨像；アメリカ建国100周年を記念してフランスから贈られた).

six hundred and ninety-three **693**

stay ▶

stay [4級] [動] **とどまる；滞在する**
[名] **滞在**

[stei ステイ] [フォニックス59] ay は [ei] と発音する.
[動] [3単現] **stays**[-z]；[過去] [過分] **stayed**[-d]；
[ing] **staying**) [自] **1** (ある場所に)**とどまる**, いる.

Stay here. ここにいてね.

I had to *stay* ((おもに英)) at) home all this afternoon. 今日の午後はずっと家にいなければならなかった.

Can't you *stay* a little longer?
もうちょっといられませんか(▶人をひきとめるときの言い方).

2 滞在する；(**stay at / stay in** で) (ホテルなど) **に泊まる**, 滞在する, (**stay with** で) (人)の家に泊まる.

I'm *staying in* London now.
いまロンドンにいます.

🔊スピーキング

🅐 How long are you going to *stay in* Canada?
カナダにどのくらい滞在するつもりですか.

🅑 For two weeks.
2週間です.

We *stayed at* a hotel in Kyoto.

私たちは京都ではホテルに泊まった.

He is *staying with* his uncle. (= He is *staying at* his uncle's house.)
彼はおじさんの家に泊まっている (▶「人」には with, 「場所」には at を使う).

3 (**stay ＋ 形容詞**または**名詞**などで) **…のままでいる** (同 remain).

My father runs to *stay healthy*.
父は健康でいるために走っています.

Stay hungry, *stay foolish*.
ハングリーであり続けよ, おろかであり続けよ (▶ Apple 社の創設者の1人スティーブ・ジョブズが広めたことば).

I hope we (will) *stay friends* forever.
私たちずっと友だちでいられるといいなあ.

stay away from **…からはなれている**, …に近づかない；(学校・授業など)を休む.

People *stayed away from* the place after dark.
人々は暗くなってからはその場所に近寄らなかった.

He got sick and *stayed away from* school for three days.
彼は病気になって3日間学校を休んだ.

stay in (おもに夜に外出せずに)家にいる.

stay out 外にいる, (夜遅くまで)外出している.

stay out of (めんどうなことなど)にかか

単語力を
つける **stationery　文房具のいろいろ**

☐ **stationery**	文房具	☐ a pencil sharpener	
☐ a ballpoint pen	ボールペン		鉛筆けずり
☐ compasses	コンパス	☐ a protractor [prəutrǽktər]	
☐ correction fluid			分度器
[kərékʃən flùːid]	修正液	☐ a red pencil	赤鉛筆
☐ a cutter [kʌ́tər]	カッター	☐ a ruler	定規
☐ an eraser	消しゴム	☐ scissors	はさみ
☐ a highlighter	蛍光ペン	☐ 《米》Scotch tape /	
☐ a mechanical pencil		《英》Sellotape [séləteip]	
	シャープペンシル		セロテープ
☐ a paste / a glue	のり	☐ a stapler	ホチキス
☐ a pen	ペン	☐ a triangle	三角定規
☐ a pencil	鉛筆えん		

わらない.

stay up 寝ないで起きている, 夜ふかしする(＝sit up).
He often *stays up* late listening to music.
彼はよく夜遅くまで音楽を聞いて起きている.

── 名 (複数 **stays** [-z]) 滞在, 滞在期間.
During our *stay* in London, we visited the British Museum.
ロンドン滞在中に私たちは大英博物館に行った.

stayed [steid ステイド] 動 stay(とどまる)の過去・過去分詞.

staying [stéiiŋ ステイイング] 動 stay(とどまる)の -ing 形.

stays [steiz ステイズ] 動 stay(とどまる)の3人称単数現在形.
── 名 stay(滞在)の複数形.

steadily [stédəli ステディリィ] 副 しっかりと, 着実に；じょじょに, だんだんと.
My English has *steadily* improved.
ぼくの英語は着実に上達してきた.

steady [stédi ステディ] 形 (比較 **steadier**; 最上 **steadiest**) **1** (物などが)固定された, しっかりした, ぐらつかない.
This table isn't *steady*.
このテーブルはぐらぐらしている.

2 変わらない, 一定の, 安定した；着実な.
a *steady* job 安定した仕事, 定職.
at a *steady* speed 一定のスピードで.
make *steady* progress
着実に進歩する.
Slow and *steady* wins the race.
(ことわざ) ゆっくりと着実に進む者が競走に勝つ＝急がばまわれ.

steak 5級 [steik ステイク] (発音注意, ea は例外的に [ei] と発音する) 名 (複数 **steaks**[-s]) ステーキ, (とくに)ビーフステーキ, ビフテキ；(肉や魚の)厚い切り身.
a slice of *steak* ステーキ1枚.
I want to have *steak* for dinner.
夕食にステーキを食べたい.

🗣スピーキング
Ⓐ How would you like your *steak*?
ステーキの焼きぐあいはどういたしましょうか.
Ⓑ Medium, please.
ミディアムに焼いてください.

🌏背景 ステーキを注文するときは焼きぐあいを指示する. **rare** 生焼けの(外側だけ焼いて中に生の部分がかなり残っている焼き方) / **medium** 中くらいに, ふつうに焼いた / **medium-rare** ミディアムとレアの中間の / **well-done** よく焼いた.

medium に焼いたステーキ.

steal 3級 [sti:l スティール] 動 (過去 **stole** [stoul]；過分 **stolen**[stóulən]) 他 **1** …を(こっそり)ぬすむ(▶暴力によってうばう」は rob).
→ rob
My bike was *stolen* yesterday. (= Someone *stole* my bike.)
ぼくの自転車がきのうぬすまれた.
I had my wallet *stolen*.
私はさいふをぬすまれた(▶「have＋物＋過去分詞」で「(物)を…される」の意味となる).
Someone *stole* money from the safe. だれかが金庫から金をぬすまれた.

2 《野球》(ベース)に盗塁する.
steal second 2塁に盗塁する.

── 自 ぬすみをする；こっそり行く, こっそり来る.
[同音語] steel (鋼鉄).

steam [sti:m スティーム] 名 蒸気, 水蒸気, 湯気, スチーム(▶ a をつけず, 複数形なし).
a cloud of *steam* 湯けむり.
a *steam* locomotive
蒸気機関車(▶ SL は和製略語).
── 動 他 …を蒸す.
steam potatoes
ジャガイモをふかす.
── 自 蒸気を出す, 湯気を立てる.
The kettle was *steaming*.
やかんは湯気を立てていた.

steamboat [stí:mbout スティームボウト] 名 汽船, 蒸気船.

steam engine [sti:m èndʒin] 名 蒸気機関.

steel [stiːl スティール] 名 鋼鉄, はがね, スチール.
This knife is made of *steel*.
このナイフは鋼鉄製だ.
stainless *steel* ステンレス鋼.
[同音語] steal (…をぬすむ)

steep 2級 [stiːp スティープ] 形 (坂・丘などが)けわしい, 急な.
This slope is *steep*. この坂は急だ.

steeple [stíːpl スティープル] 名 (教会などの)尖塔 (中に鐘があり, 塔の上部はとがり屋根になっている).

steer [stiər スティア] 動 他自 (乗り物を)操縦する, 運転する, (船の)かじをとる.
steer a ship 船のかじをとる.

steering wheel [stíərɪŋ (h)wiːl スティアリング (ホ)ウィール] 名 (自動車の)ハンドル (▶ 単に wheel ともいう. ×handle とはいわない. また「自転車のハンドル」は handlebars という). → car (図)

stem [stem ステム] 名 (草の)茎; (木の)幹.

step 3級 [step ステップ]

名 (複数 steps [-s]) **1 歩み**, 1歩; 歩き方, 足どり.
take a *step* forward 1歩前に出る.
Watch your *step*. 足元に気をつけて (▶ Watch your ×steps. としない).

階段に書かれた「足元に気をつけて」の表示.

That's one small *step* for a man, one giant leap for mankind.
1人の人間にとっては小さな一歩にすぎないが, 人類にとっては大きな飛躍の一歩である (▶ 人類で最初に月に降り立った宇宙飛行士アームストロングのことば).

2 (目標に近づく) **一段階**, 一歩.
It was the first *step* toward success. それは成功への第一歩だった.
Take things one *step* at a time. (いっぺんにやろうとせずに) 1つずつ積み重ねていきなさい.

3 (階段・はしごなどの) **1段**; [複数形で] (とくに屋外の) **階段**, はしご段 (▶ 屋内の階段は stairs という).
the top *step* of a ladder
はしごのいちばん上の段.

4 足音 (= footstep); 足あと.
I heard his *steps* outside.
外で彼の足音が聞こえた.
He found some *steps* in the snow.
彼は雪にいくつかの足あとを見つけた.

step by step 一歩一歩と, 着実に.
He is learning *step by step*.
彼は着実に学んでいる.

── 動 (3単現 **steps** [-s]; 過去 過分 **stepped** [-t]; ing **stepping**) 自 **1 歩ふみ出す**, 歩を進める; (短い距離を)歩く; ふむ.
I *stepped* back. 1歩後ろに下がった.
Please *step* this way.
どうぞこちらへおいでください.
I'm sorry for *stepping* on your foot.
足をふんですみません.

step aside わきへ寄る, どく.
Step aside! どいて!
She *stepped aside* for an elderly man. 彼女はお年寄りに道をゆずった.

step out 表に出る; ちょっと外出する.

stepladder [stépladər ステプラダァ] 名 脚立, ふみ台.

stereo [stériou ステリオウ] 名 (複数 **stereos** [-z]) ステレオ (装置・プレーヤー); ステレオ (方式・効果).

stereotype [stériətaip ステリオタイプ] 名 [ふつう軽べつ的に] ステレオタイプ, 型にはまった物・人; 固定観念, 通念.

stern [stəːrn スターン] 形 (人・規律などが)厳格な, 厳しい; (処置・警告などが)手厳しい; (顔つきなどが)いかめしい, こわい.
a *stern* father 厳格な父.

stew 4級 [st(j)uː ステュー, ストゥー] 名 シチュー.
beef *stew* ビーフシチュー.

steward [st(j)úː(ː)ərd ステュ(ー)アド, ストゥ(ー)-] 名 (飛行機・船などの)給仕, ボーイ, スチュワード (女 stewardess スチュワーデス).

stewardess [st(j)úː(ː)ərdis ステュ(ー)アデス, ストゥ(ー)-] 名 (飛行機・船などの)スチュ

ワーデス（男 steward スチュワード）(▶最近は性差のない cabin attendant, flight attendant, cabin crew などが使われる).

stick[1] [stik スティック] 名 **1** 棒切れ, 棒, (切り取った)小枝；棒状の物.
We gathered *sticks* to make a fire.
私たちは火をおこすために小枝を集めた.
a *stick* of chalk
チョーク1本.
a *stick* of chalk チョーク1本.
2《おもに英》ステッキ, つえ(= walking stick, cane).
3 (ホッケーなどの)スティック；(ドラムの)スティック；(音楽の)指揮棒.

stick[2] 2級 [stik スティック] 動 過去 過分 **stuck** [stʌk] 他 **1** …をつきさす；（**stick ... with ~ / stick ~ in ... / stick ~ into ...** で）…を～でつきさす；…につきさる.
I *stuck* my finger *with* a pin. (= I *stuck* a pin *in* my finger.)
私は指をピンでさしてしまった.
Don't *stick* food *with* your chopsticks. はしで食べ物をつきさしてはだめだよ.
2 …をはりつける, くっつける.
stick a stamp on a letter
手紙に切手をはる.
──自 つきささる, ささる；くっつく.
Something *stuck* to his foot.
何かが彼の足にくっついた. →形 sticky

stick out …をつき出す；つき出る.
She *stuck out* her tongue.
彼女は舌をつき出した (▶軽べつを表すしぐさ).

stick to …にくっつく；(仕事など)をやりとおす, やりぬく；(主義・主張など)を堅持する, かたく守る.
Once you set your goal, *stick to* it.
一度目標を立てたら最後までやりぬくことだ.

sticker [stíkər スティカァ] 名 (車の窓などにはる) ステッカー, シール.

「赤ちゃんが乗っています」というステッカーがはられた車の後部ウインドー.

sticky [stíki スティキィ] 形 比較 **stickier**；最上 **stickiest** **1** ねばねばする, べたべたする, くっつく.
2《口語》(天候などが)湿気の多い, 蒸し暑い. →動 stick

stiff [stif スティフ] 形 **1** (紙・材質などが)かたい, しっかりした；(体の部分が)こった, こわばった.
a *stiff* cardboard box
しっかりした段ボール箱.
I have *stiff* shoulders.
私は肩がこっている.
2 (態度・動作などが)かた苦しい, ぎこちない；(競争・罰などが)厳しい.
a *stiff* smile ぎこちないほほえみ.

still 4級 副 まだ, なお
形 じっとした；静かな

[stil スティル]
副 **1 まだ**, なお(▶現在・過去・未来のいずれにも使う).
It's *still* raining outside.
外はまだ雨が降っている.
I *still* remember that day clearly.
その日のことはいまでもはっきりと覚えている.
Is he *still* at home?
彼はまだ家にいますか.
The light in her room was *still* on.
彼女の部屋の明かりはまだついていた.
2 [比較級を強めて] **なおいっそう, さらに**(=副 even).
Bob runs fast, but Ed runs *still* faster.
ボブは走るのが速いが, エドはさらに速い.
3 それでも, やはり.
It was raining hard, but we *still* played the game.
雨が激しく降っていたが, それでも私たちは試合をやった.

──形 (比較 **stiller**；最上 **stillest**) **1 じっとした, 静止した.**
Keep *still*! Don't move.
じっとしてて！動かないで！
Can't you sit *still*?
じっとすわっていられないの？
2 静かな.
a *still* evening 静かな晩.
Still waters run deep.

stilt ▶

《ことわざ》流れの静かな川は深い＝だまっている人は思慮が深い.

stilt [stilt スティルト] 图 《ふつう複数形で》竹馬.

walk on *stilts* 竹馬に乗って歩く.

sting [stiŋ スティング] 動 《過去》《過分》 **stung** [stʌŋ]） 他自 (昆虫・植物が)(…を)さす (▶蚊やノミがさすときは sting ではなく bite を使う)；…にさすような痛みを与える.

A bee *stung* me on the arm.
ミツバチが私の腕をさした.

── 图 **1** 《英》(ハチなどの) 針, (植物の)とげ.

2 さすこと, さされること；さし傷；(さすような)痛み.

stingy [stíndʒi スティンヂィ] 形 (《比較》 **stingier**；《最上》 **stingiest**)《口語》けちな.

Don't be so *stingy*.
そんなにけちけちするなよ.

stir [2級] [stəːr スタ〜] 動 (《過去》《過分》 **stirred** [-d]；《ing》 **stirring**) 他 **1** (液体など)をかき回す, かき混ぜる.

She *stirred* her coffee with a spoon.
彼女はスプーンでコーヒーをかき回した.

2 …を(かすかに)動かす, ゆり動かす.
── 自 (かすかに)動く；身動きする.

stir-fry [stə́ːrfrai スタ〜フライ] 動 他 …を強火でいためる.

stitch [stitʃ スティッチ] 图 (ぬい物の) 1 針, 1 ぬい；(編み物の) 1 編み；ぬい方, 編み方, ステッチ (ししゅうのさし方).

A *stitch* in time saves nine.
《ことわざ》早めに 1 針ぬっておけば, ほころんでから 9 針ぬう手間が省ける＝ころばぬ先のつえ.

stock [2級] [stak スタック‖stɔk ストック] 图 **1** 在庫 (品), ストック；貯蔵 (品), たくわえ.

The book is out of *stock*.
その本は品切れです.

We have a large *stock* of T-shirts.
当店ではTシャツを豊富にとりそろえています.

2 株, 株式.
the *stock* market 株式市場；証券取引所.
the *stock* exchange 証券取引所.

── 動 他 (店が)…をとりそろえている, …の在庫がある；…を貯蔵する.

The store *stocks* all types of shoes.
その店はあらゆる種類のくつをそろえている.

Stockholm [stákhou(l)m スタックホウ(ル)ム‖stɔ́khoum ストックホウム] 图 ストックホルム (スウェーデンの首都).

stocking [stákiŋ スタキング‖stɔ́k- ストキ-] 图 《ふつう複数形で》ストッキング, (長い)くつ下 (▶ひざまたはひざの上までの長さのものをさす.「短いくつ下」は sock という).

a pair of *stockings* 1足のくつ下.

stole [3級] [stoul ストウル] 動 steal(…をぬすむ)の過去形.

stolen [3級] [stóulən ストウルン] 動 steal (…をぬすむ)の過去分詞.

stomach [3級] [stʌ́mək スタマク] (o は例外的に [ʌ], ch は例外的に [k] と発音する) 图 **1** 胃.

I have an upset *stomach*.
胃のぐあいが悪い (▶「おなかのぐあいが悪い」という意味にもなる).

I have a pain in my *stomach*.
胃が痛い.

2 おなか, 腹, 腹部.
Please lie on your *stomach*.
うつぶせ[腹ばい]になってください (▶「おなかを下にして寝てください」の意味).

stomachache [3級] [stʌ́məkeik スタマクエイク] (発音注意) 图 腹痛；胃痛.

I have a *stomachache*. おなかが痛い.

stomp [stamp スタンプ‖stɔmp ストンプ] 動 他 《口語》(地面や床など)をふみつける.

stone [stoun ストウン] フォニックス51 o は [ou] と発音する

图 《複数》 **stones** [-z] **1** 石, 石材(▶ a をつけず, 複数形なし).

The bridge is made of *stone*.
その橋は石でできている.

a *stone* wall 石のかべ.

2 小石, 石ころ (▶《米》では rock ともいう).
He threw a *stone* at the river.
彼は川をめがけて石を投げた.

Kill two birds with one *stone*.
《ことわざ》一石二鳥.

A rolling *stone* gathers no moss.
《ことわざ》ころがる石にはコケが生えない＝転石コケむさず(▶「仕事や住まいを転々と変える人は金がたまらず, 友人ができない」という意味のほかに,「活動的な人はいつも清新である」という意味でも使われる).

3 宝石 (= precious stone).

4 《英》(モモ・サクランボなどの)かたい種 (= 《米》 pit [pit ピット]).

stony [stóuni ストウニィ] 形 石の；石の多い.

698 six hundred and ninety-eight

stood
3級 [stud ストゥッド]
フォニックス70 ooは[u]と発音する.
動 stand(立つ)の過去・過去分詞.

stool [stu:l ストゥール] **名** (ひじかけと背のない)いす,こしかけ,スツール. → chair(図)
sit on a *stool*
スツールにすわる.

stoop [stu:p ストゥープ] **動 自** 身をかがめる,前かがみになる.

stop
5級 動 …を止める,止まる
名 止まること,停留所

[stɑp スタップ ‖ stɔp ストップ]
動 (**3単現** stops [-s]; **過去 過分** stopped [-t]; **ing** stopping) **他 1**(動いているもの)**を止める**(**反** start …を始動させる); (供給など)を停止する.
Would you *stop* the music, please? その音楽を止めてくれる?
He *stopped* a taxi and jumped in.
彼はタクシーを止めてとび乗った.

2 …をやめる;…を中断する;《stop + -ing形で》**…することをやめる**.
Stop it! やめて!
We *stopped* work for lunch.
私たちは昼食をとるため仕事を中断した.
We *stopped* watching TV.
私たちはテレビを見るのをやめた.
It soon *stopped* snowing.
雪はすぐにやんだ.
I couldn't *stop* laughing. 私は笑わずにはいられなかった(▶ cannot stop -ingで「…せずにはいられない」という意味).

> **文法** stop -ing と stop to …
> stop -ing は「…することをやめる」という意味. He *stopped* talking. (彼は話すのをやめた) stop to … は「…するために立ち止まる」または「立ち止まって…する」という意味. He *stopped to* check his smartphone. (彼はスマホをチェックするために立ち止まった)

3 …をさまたげる,中止させる;《stop … (from) + -ing形で》**…が〜するのをやめさせる,するのをさまたげる**.
The rain *stopped* the children *from* playing outside.
雨で子どもたちが外で遊ぶのをさまたげた(→

雨で子どもたちは外で遊べなかった).
─自 1(動いているものが)**止まる**,停止する,立ち止まる;中断する.
Stop! 止まれ!

> **スピーキング**
> **A** Does the bus *stop* at Honcho?
> バスは本町に止まりますか.
> **B** Yes, it does.
> ええ,止まります.

The bus *stops* here.
バスはここに止まります.
I *stopped* to talk to him in the hall.
廊下で立ち止まって彼と話した.
The car didn't *stop* at the stop sign.
車は「停止」の標識で一時停止しなかった.

「一時停止」の標識.

> **用法**「止まっている」の言い方
> 車などの乗り物が「止まっている」という状態をいうときは, stop ではなく stand を使い進行形の文にする. A bus *was* standing at the stop. (バス停にバスが止まっていた)

2《stop at で》《英口語》(ホテルなど)に泊まる,滞在する(= stay).
He is *stopping* at this hotel.
彼はこのホテルに泊まっている.

stop by (…に)(立ち)寄る.
I *stopped* by a convenience store and bought some bread.
コンビニに寄ってパンを買った.

stop in《米口語》立ち寄る;《英口語》家にいる.
Won't you *stop in* for a cup of tea?
ちょっと立ち寄ってお茶でもいかがですか.

stop off 途中で立ち寄る,途中下車する.

stop over 途中下車する;(旅行の途中で)ちょっととどまる.
He'll *stop over* in Hong Kong on

stopped ▶

his way to Japan.
彼は日本へ来る途中，ホンコンに立ち寄るでしょう。

── 图 (複数 stops [-s]) **1 止まること**，停止.

The bus came to a sudden *stop*.
バスは急停車した.

The train made a brief *stop* at the station. 列車はその駅で短時間停車した.

2 (バスなどの)**停留所**；(電車の)停車駅.
a bus *stop* バス停.

▶ **スピーキング**

Ⓐ How many *stops* to Union Station?
ユニオン駅はいくつ目ですか.

Ⓑ It's three *stops* from here.
ここから3つ目です.

What's the next *stop*?
次の停留所[駅]はどこですか.

3 (旅の途中などでの)滞在，立ち寄り(場所).

stopped [stɑpt スタップト ‖ stɔpt ストップト] 動 stop(…を止める)の過去・過去分詞.

stopping [stɑ́piŋ スタッピング ‖ stɔ́piŋ ストッピング] 動 stop(…を止める)の -ing 形.

stops [stɑps スタップス ‖ stɔps ストップス] 動 stop(…を止める)の3人称単数現在形.
── 图 stop(停止)の複数形.

stopwatch [stɑ́pwɑtʃ スタップワッチ ‖ stɔ́p-

ストプ-] 图 ストップウォッチ.

storage 2級 [stɔ́ːridʒ ストーリヂ] 图
1 貯蔵，保管；(とくに)倉庫保管.
The meat is kept in cold *storage*.
その肉は冷蔵貯蔵されている.
2 《コンピューター》記憶 容量；記憶装置.

store 5級 图 店

[stɔːr ストー(ァ)] フォニックス83 ore は [ɔːr] と発音する.

图 (複数 stores [-z]) **1** 《米》**店**，商店(＝《英》 shop). → shop
I bought this camera at that *store*.
このカメラをあの店で買った.

2 [the stores で] 《英》大型店，デパート，百貨店(＝ department store).

3 たくわえ，貯蔵(＝ stock).

── 動 (3単現 stores [-z]；過去・過分 stored [-d]；ing storing) 他 **…をたくわえる**，貯蔵する；…をしまっておく，保管する.

Ants *store* up food for the winter.
アリは冬にそなえて食物をたくわえる.

stored [stɔːrd ストード] 動 store(…をたくわえる)の過去・過去分詞.

storehouse [stɔ́ːrhaus ストーハウス] 图

単語力をつける

store 店のいろいろ

☐ **a store**	店	☐ a furniture store	家具店
☐ a bakery	パン店	☐ a grocery store	食料雑貨店
☐ a bookstore	書店	☐ an outlet store	
☐ a butcher shop	精肉店		アウトレットストア
☐ a convenience store		☐ a pharmacy / a drugstore	
	コンビニエンスストア		薬局／ドラッグストア
☐ a clothing store	衣料品店	☐ a shoe store	くつ店
☐ a department store		☐ a stand	売店
	デパート	☐ a supermarket	スーパー
☐ an electrical appliance store		☐ a toy store	おもちゃ店
	電器店	☐ a vegetable store	
☐ a fish shop	魚店		青果店

◀ **straight**

倉庫.

storekeeper [stɔ́ːrkiːpər ストーキーパァ]
图 商店経営者, 店主, 商店主 (=
shopkeeper).

storeroom [stɔ́ːruː(ː)m ストール(ー)ム]
图 貯蔵室, 物置.

stores [stɔːrz ストーズ] 图 store(店)の複
数形.
── 動 store(…をたくわえる)の3人称単
数現在形.

storey [stɔ́ːri ストーリィ] 图 《英》= **story²**

stories [stɔ́ːriz ストーリィズ] 图 story¹,² (物
語；階)の複数形.

storing [stɔ́ːriŋ ストーリング] 動 store(…を
たくわえる)の -ing 形.

stork [stɔːrk ストーク] 图 《鳥》コウノトリ.

> 🔵背景 ツルに似た鳥で，人家の煙突えんとつ
> や屋上に巣をかけることがある．その家
> には幸運が訪れるとされ，赤ちゃんもこ
> の鳥が運んでくるという言い伝えがあ
> る． → cabbage

storm 🟩3級 [stɔːrm ストーム] 图 あらし，暴
風雨.
Some of the branches were
broken by the *storm*.
あらしで木の枝が何本か折れた.
a snow*storm* 吹雪ふぶき.

stormy [stɔ́ːrmi ストーミィ] 形 (比較 stormi-
er；最上 stormiest) あらしの，暴風雨の；
(天気が)大荒れの.
a *stormy* night あらしの夜.
stormy weather 大荒れの天気.

story¹ 🟩5級 图 **物語, 話**

[stɔ́ːri ストーリィ]
图 (複数 stories [-z]) **1** (架空かくうの) **物語,**
話, 小説.
a bedtime *story*
(子どもが) 寝ねる前に読んでもらうお話.
a love *story* 恋愛れんあい小説, 恋物語.
a short *story*
短編小説 (▶「長編小説」は novel).
a ghost *story* 怪談かいだん.
2 (事実に基づく) **話,** (報告としての)話；
(人・物事に)まつわる話；(新聞などの)記事.
a true *story* 実話.

It is the *story* of a doctor's life.
それはある医師の生涯しょうがいをえがいた話である.
He told me the *story* of his life.
彼は私に自分の身の上話をしてくれた.
a newspaper *story* 新聞記事.

> 💬用法 history と story と tale
> **story** はもとは **history** (昔の話, 歴史)
> の hi が落ちたものだが, 現在では「実話」
> 「架空の物語」の両方の意味で使われる.
> 「昔話」や「おとぎ話」は **tale** で表すこと
> が多い. a fairy *tale* (おとぎ話)

story², 《英》 **storey** [stɔ́ːri ストーリィ] 图
(複数 stories, 《英》storeys [-z]) (建物の)
階 (▶「…階建て」というように建物の全体の階
数を表すときに使う. それぞれの「階」を表すと
きは floor を使う). → floor (図)
a ten-*story* building 10階建ての建物(▶
「…建ての」と形容詞的に使うときは -story の
ように単数形にする).
My house has two *stories*.
私の家は 2 階建てです.
How many *stories* does this
department store have?
このデパートは何階建てですか (▶この場合は
How many floors …? でもよい).

storybook [stɔ́ːribuk ストーリブク] 图 (子
ども向けの)物語の本, おとぎ話の本, 童
話の本.

storytelling [stɔ́ːriteliŋ ストーリテリング]
图 物語を話すこと.

stout [staut スタウト] 形 (人が)でっぷりし
た, どっしりした, かっぷくのよい (▶ fat の
遠まわしな言い方)；(物が)じょうぶな, がん
じょうな, 《文語》勇敢ゆうかんな.
a *stout* old lady でっぷりした老婦人.

stove 🟦準2 [stouv ストウヴ] 图 (料理用の)
レンジ, こんろ；(暖房だんぼう用の)ストーブ,
暖炉だんろ.
a gas *stove* ガスレンジ.

St. Paul's (Cathedral)
[seint pɔːlz (kəθiːdrəl)] 图 セントポール
大聖堂 (ロンドンの大寺院).

straight 🟩3級 [streit ストゥレイト]
フォニックス59 フォニックス36 ai
は [ei] と発音し, gh は発音しない.

形 (比較 straighter；最上 straightest)
1 まっすぐな, 一直線の；直立した, 垂直
な；(髪かみの毛が) 直毛の, ちぢれていない.

seven hundred and one **701**

straighten ▶

a *straight* line 直線.
a *straight* road まっすぐな道路.
straight hair 直毛, ちぢれていない髪の毛.
a *straight* back まっすぐに伸ばした背中.
Is the picture *straight*?
絵はまっすぐになってる？
2 正直な, 率直な, 誠実な.
He didn't give a *straight* answer to my question.
彼は私の質問に正直に[まじめに]答えなかった.
3 連続した.
get *straight* A's
《米》(学科の成績で) オール A をもらう, オール5をもらう.
── **副 1 まっすぐに**, 一直線に；直立して, 垂直に.
Go *straight* along this street.
この通りをまっすぐ行きなさい.
stand *straight* まっすぐに立つ.
sit up *straight* 背筋を伸ばしてすわる.
2 (ほかのことをせずに) すぐに, 直接(に), まっすぐ (に).
Go *straight* home.
(寄り道せずに) まっすぐ家に帰りなさい.
When I came home, I went *straight* to bed. 私は家に帰るとすぐに寝た.
3 率直に, 正直に.
Tell it to me *straight*. 率直に話してくれよ.
4 連続して, 続けて, ずっと.
We played video games for five hours *straight*.
私たちはテレビゲームを 5 時間ずっとしていた.
[同音語] strait (海峡).

straighten [stréitn ストゥレイトゥン] **動** 他 …をまっすぐにする；…をきちんとする, 整理する.
straighten my back
背筋をまっすぐ伸ばす.
── 自 まっすぐになる.

strain [strein ストゥレイン] **名** 緊張；(心身に対する) 重圧；過労；筋ちがい.
── **動** 他 **1** (無理をして) (体の一部など) を痛める；(体・筋肉など) を極度に使う；(針金・綱など) を張りつめる.
2 (こし器を使って)…をこす.

strait [streit ストゥレイト] **名 1** 海峡.
the *Straits* of Dover ドーバー海峡.
2 [ふつう複数形で] 困難, 苦境.
[同音語] straight (まっすぐな)

strange [streindʒ ストゥレインヂ] 4級

形 (比較 **stranger**；最上 **strangest**) **1 奇妙な**, 変な, 不思議な.
That's *strange*. それは変ねえ.
I heard a *strange* sound upstairs.
2 階で変な物音が聞こえた.
It's *strange* that you've never met him. きみが彼に会ったことがないなんて変だね.
2 見知らぬ, 見たことのない, 聞いたことのない, 知らない；はじめての.
a *strange* country 未知の国.
strange to say 不思議なことに, 奇妙なことに.
Strange to say, I passed the exam.
不思議なことに, ぼくは試験に合格した.

strangely 2級 [stréindʒli ストゥレインヂリィ]
副 奇妙に, 変に；不思議なことに, 妙なことに.

stranger 準2 [stréindʒar ストゥレインヂァ]

名 1 見知らぬ人, 知らない人.
a complete *stranger*
まったく知らない人, 赤の他人.
A *stranger* spoke to me on the street. 見知らぬ人が通りで私に話しかけてきた.
2 (ある場所に)**はじめて来た人**, 不案内な人.
I'm sorry. I'm a *stranger* here.
(道をたずねられて)すみませんが, この辺はよく知らないんです [はじめてなんです].

strangle [strǽŋgl ストゥラングル] **動** 他 …をしめ殺す；(欲望など) をおさえつける.

strap [stræp ストゥラップ] **名** (革・布などの) ひも, ストラップ, 革帯, バンド；(服などの) 肩ひも；(電車などの) つり革.
a watch *strap* 時計のバンド.

straw [strɔː ストゥロー] **名 1** わら, 麦わら.
a *straw* hat 麦わら帽子.
2 わら 1 本；(飲み物を飲む)ストロー.
A drowning man will catch at a *straw*.
《ことわざ》おぼれる者はわらをもつかむ.
drink orange juice through a *straw*
ストローでオレンジジュースを飲む.
drawing straws 麦わらくじ (▶鬼などを決める方法の 1 つ. 麦わら・ストロー・紙切れなどを用意し, 1 本だけほかよりも短くしておく. それを引いた人が「当たり」となる).

702 seven hundred and two

strawberry

strawberry 4級 [strɔ́:beri ストゥローベリィ ‖ -b(ə)ri -ベリィ] 名 (複数 **strawberries** [-z])
イチゴ (▶地面をはう細長い茎(くき)がわら(straw)に似ており，そこに実(berry)がつくことから).
→ berry
pick *strawberries* イチゴをつむ.

stray [strei ストゥレイ] 形 (動物などが)道に迷った，はぐれた.
a *stray* dog 迷子の犬，のら犬.
a *stray* sheep
(聖書)迷える羊[正道をふみはずした人].

stream [stri:m ストゥリーム] 名 **1** 小川，流れ. → river
cross a *stream* 小川をわたる.
The boat went down the *stream*.
ボートは流れを下っていった.
2 (液体・気体・人・物などの)流れ.
the jet *stream* ジェット気流.
the blood *stream* (体内の)血流.
a *stream* of traffic 交通の流れ.
—— 動 自 (液体・気体などが)流れる，流れ出る; (光が)さす; (たくさんの人・物が)流れるように動く.
Tears *streamed* down her cheeks.
なみだが彼女のほおを流れ落ちた.

streaming [strí:miŋ ストゥリーミング] 名 ストリーミング (インターネットで音声や映像をダウンロードしながら再生する技術).

streamline [strí:mlain ストゥリームライン] 名 流線;流線形.
—— 動 他 (仕事・組織など)を合理化する; …を流線形にする.

street 5級 名 通り，街路

[stri:t ストゥリート] フォニックス64 ee は [i:] と発音する.

名 (複数 **streets** [-ts ツ]) **1** (街(まち)の中の)通り，道路，街路 (▶両側または片側に店や住宅が立ち並ぶ市街地の道路をさす). → road

a busy *street* にぎやかな通り，交通量の多い通り;繁華(はんか)街.
a back *street* 裏通り.
a shopping *street* 商店街.
walk down the *street* 通りを歩く.
cross the *street* 通りをわたる.
2 [Street で][通りの名前に使って] …通り，…街 (▶略語は St.).
Wall *Street* ウォール街(ニューヨークにある金融(きんゆう)の中心地).

🔵背景 アメリカでは，東西に走る通りを Street，南北に走る通りを Avenue と名づけている都市がよくある.

streetcar [strí:tkɑ:r ストゥリートゥカー] 名 (米)路面電車，市街電車(▶(英)では tram または tramcar [trǽmkɑ:r トゥラムカー] という). → train

street children [strí:t tʃíldrən] 名 [複数あつかい] ストリートチルドレン (路上で物ごいをして生活する子どもたち).

strength 準2 [streŋ(k)θ ストゥレング(ク)ス] 名 **1** (肉体的な)力，強さ.
I pulled the rope with all my *strength*.
ロープを力いっぱい引っぱった.
2 (物の)強さ，じょうぶさ，強度.
the *strength* of a rope
ロープの強度.
3 (精神的な)強さ，精神力; (人の)強み，長所.
strength of will 意志の強さ.
my *strengths* and weaknesses
長所と短所;強みと弱み. → 形 strong

strengthen 2級 [stréŋ(k)θən ストゥレング(ク)スン] 動 他 …を強くする，強化する.
I need to *strengthen* my muscles.
筋肉をきたえる必要がある.
—— 自 強くなる. → 形 strong

stress 2級 [stres ストゥレス] 名 **1** (精神的な)ストレス;圧迫(あっぱく)，圧力.
I've been under a lot of *stress* lately.
最近ストレスがたまっている.
2 強調，重点;(音声)強勢，アクセント.
→ accent
The *stress* is on the second syllable. アクセントは第2音節にある.
—— 動 他 …を強調する，重視する; (音節・語)に強勢を置く，アクセントを置く.

stressed ▶

stressed 準2 [strest ストゥレスト] 形 1 ストレスがたまった, ストレスを感じた. 2 (音節・語に) 強勢のある, アクセントのある.

stretch 準2 [stretʃ ストゥレッチ] 動 他 …を伸ばす, 引き伸ばす, 張る, 広げる;(手足など)を伸ばす.
We *stretched* a rope between the trees. 私たちは木の間にロープを張った.
Stretch your arms to the sides.
両手を横に伸ばしてください.
― 自 (生地・ゴムなどが) 伸びる;体・手足を伸ばす, 伸びをする;(土地などが) 広がる, 延びる.
She *stretched* and breathed deeply. 彼女は伸びをして深呼吸をした.
This beach *stretches* about 10km east to west.
この砂浜は東西に 10 キロほど延びている.
― 名 広がり;ひと続きの期間;(手足などを) 伸ばすこと, 伸びること, ストレッチ (体操).

stretcher [strétʃər ストゥレチァ] 名 (病人などを運ぶ) 担架.

strict 準2 [strikt ストゥリクト] 形 1 (人などが) 厳しい, 厳格な;(規則・指示などが) 厳しい.
a *strict* teacher 厳しい先生.
Our school rules are very *strict*.
うちの学校の校則はとても厳しい.
2 厳密な, 正確な
in the *strict* sense of the word
その語の厳密な意味で.

strictly [stríktli ストゥリクトゥリィ] 副 厳しく;厳密に.
She was brought up *strictly*.
彼女は厳しく育てられた.
strictly speaking 厳密に言えば.

stridden [strídn ストゥリドゥン] 動 stride(大またで歩く)の過去分詞.

stride [straid ストゥライド] 動 過去 **strode** [stroud] 過分 **stridden** [strídn] 自 大またで歩く;またぐ.
stride along the street
通りを大またで歩く.
― 名 大またの1歩, ひとまたぎ.

strike [straik ストゥライク] 動 過去 過分 **struck** [strʌk] 他 1 …にぶつかる, 当たる, つき当たる;…をぶつける. → hit
The car *struck* a tree.
その車は木にぶつかった [衝突した].
I *struck* my leg against the chair.
足をいすにぶつけた.
2 …を打つ, たたく, なぐる (▶ hit より形式ばった語);…を攻撃する, 襲撃する.
He *struck* me on the head.
彼は私の頭をなぐった (▶ He struck me on ˣmy head. とはいわない).
strike a ball with a bat
バットでボールを打つ.
Terrorists *struck* the subway station. テロリストは地下鉄の駅を襲撃した.
3 (考えなどが) (人)の心にうかぶ (▶進行形にしない).
A good idea suddenly *struck* me.
とつぜんいい考えがうかんだ.
4 (時計が) (時)を打つ, 告げる.
The clock *struck* one.
時計が1時を打った.
5 (マッチ)をする;(マッチをすって) (火)をつける.
strike a match マッチをする.
― 自 1 ぶつかる, 当たる, 衝突する.
The ball *struck* against the window. ボールは窓に当たった.
The ship *struck* on the rocks.
船は暗礁に乗り上げた.
2 打つ, なぐる.
He *struck* at me.
彼は私めがけてなぐりかかってきた.
Strike while the iron is hot.
(ことわざ)鉄は熱いうちに打て=よい機会をのがすな.
3 攻撃する, 襲撃する.
4 ストライキをする. →名 stroke
strike out (野球)…を三振にとる;三振する.
― 名 1 ストライキ, スト.
go on strike ストに入る.

2 打つこと；（軍事）攻撃（▶とくに空爆をさす）．
an air *strike* 空襲．
3《野球》ストライク（反 ball ボール）；《ボウリング》ストライク．

strikeout [stráikaut ストゥライクアウト] 名
《野球》三振．

striker [stráikər ストゥライカァ] 名 **1** ストライキの参加者．
2（サッカーの）ストライカー，フォワード．

striking [stráikiŋ ストゥライキング] 形 目立つ，顕著な，きわだった．

string [striŋ ストゥリング] 名 **1** ひも，糸（▶ rope, cord より細く，thread より太いもの）．→ rope
a (piece of) *string* 1本の糸．
2 ひも[糸]でつないだもの；(**a string of** で)ひとつなぎの…，一連の…．
a *string of* beads 一連のビーズ．
3（弦楽器の）弦；[the strings で][集合的に] 弦楽器（奏者）．

stringed [striŋd ストゥリングド] 形 弦のある．

stringed instrument
[striŋd instrumənt] 名 弦楽器．

strip¹ [strip ストゥリップ] 動（過去|過分 **stripped** [-t]；[ing] **stripping**）他 …をはだかにする，…の服をぬがせる；（皮など）をむく，はぐ．
— 自 はだかになる，服をぬぐ；皮がむける．

strip² [strip ストゥリップ] 名（紙・布・金属・土地などの）細長い一片．
a *strip* of paper 細長い紙切れ．

stripe [straip ストゥライプ] 名 しま，筋，ストライプ．
a sweater with red and blue *stripes* 赤と青のストライプのセーター．

striped [straipt ストゥライプト] 形 しまのある，筋の入った．

strive [straiv ストゥライヴ] 動（過去 **strove** [strouv] または **strived** [-d]；過分 **striven** [strivən] または《おもに米》**strived**) 自《文語》(…を得ようと)努力する，はげむ (for)．

strode [stroud ストゥロウド] 動 stride(大またで歩く)の過去形．

stroke [strouk ストゥロウク] 名 **1** 打つこと，打撃；一打，一撃．
with one *stroke* of the ax
おのの一撃で．

2（くり返し運動の）1回の動作；（水泳・ボートこぎなどの）ひとかき；（テニス・ゴルフなどの）ひと打ち，ストローク；一筆．
swim with slow *strokes*
ゆっくりとしたストロークで泳ぐ．
3 脳卒中；発作． →動 strike

stroll [stroul ストゥロウル] 動 自 ぶらぶら歩く，ぶらつく，散歩する．
—— 名 ぶらぶら歩き，散歩．

stroller [stróulər ストゥロウラァ] 名 ぶらつく人，散策者；《米》ベビーカー（▶×baby car は和製英語）．

strong 4級 形 強い

[strɔ(ː)ŋ ストゥロ(ー)ング]
形（比較 **stronger** [strɔ́(ː)ŋgər]；最上 **strongest** [strɔ́(ː)ŋgist]）**1**（力・体などが）**強い**，じょうぶな（反 weak 弱い）；（物が）がんじょうな；（意志などが）強い，強固な．

strong　　weak

a *strong* man 力の強い男．
Tom is not very big, but he is *strong*.
トムは体はあまり大きくないが，力は強い．
She is *stronger* than she looks.
彼女は見かけによらず力が強い．
These shoes are very *strong*.
このくつはとてもじょうぶだ．
The wind was *strong* last night.
昨夜は風が強かった．
She has a *strong* will. 彼女は意志が強い．
2 得意な（反 weak 不得意な）；(**be strong in** で) …が得意である．
Fred *is strong in* math.
フレッドは数学が得意です．
3（コーヒー・茶などが）**こい**（反 weak うすい）；（におい・風味・光などが）強い．
I like my coffee *strong*.
コーヒーはこいのが好きだ．
strong tea こいお茶．
a *strong* smell 強烈なにおい．

stronger ▶

→ 名 strength, 動 strengthen, 副 strongly

stronger [strɔ́(ː)ŋgər ストロ(ー)ンガァ] 形 strong(強い)の比較級.

strongest [strɔ́(ː)ŋgist ストロ(ー)ンゲスト] 形 strong(強い)の最上級.

strongly [strɔ́(ː)ŋli ストロ(ー)ングリィ] 副 強く；強硬に；がんじょうに，強固に.
→ 形 strong

struck [strʌk ストゥラック] 動 strike(…にぶつかる)の過去・過去分詞.

structure 2級 [strʌ́ktʃər ストゥラクチァ] 名 構造，構成；組織；建造物，建物(▶とくに大きな建造物をさす).
the *structure* of a ship 船の構造.
a large brick *structure* 大きなれんが造りの建物.

struggle 2級 [strʌ́gl ストゥラグル] 動 自 精いっぱい努力する，奮闘する；戦う；(自由になろうと)もがく，じたばたする.
struggle with illness 病気と戦う.
He *struggled* to pass the exam.
彼は試験に受かるために精いっぱいがんばった.
── 名 精いっぱいの努力，奮闘；もがき，あがき；戦い，闘争.
the *struggle* for existence 生存競争.

stubborn [stʌ́bərn スタボン] 形 がんこな，強情な，言うことをきかない.

stuck [stʌk スタック] 動 stick(…をつきさす)の過去・過去分詞.

student 5級 名 学生, 生徒

[st(j)úːdnt ステューデント, ストゥー-]
名 (複数 **students** [-ts ツ]) 1 **学生, 生徒**
(対 teacher 教師) (▶(米)では中学生から大学生まで，ときに小学生にも使うが，(英)ではふつう大学生をさす). → pupil¹

teacher student
先生 生徒

an elementary (school) *student*
(米)小学生.

a junior high (school) *student*
(米)中学生.
a high school *student* (米)高校生.
a college *student* 大学生.
I'm a junior high (school) *student.*
(= I go to junior high (school).)
私は中学生です.
He is a *student* at Harvard University.(= He is a Harvard *student.*)
彼はハーバード大学の学生です(▶ a student ˣof Harvard University としない).
a *student* council
生徒会, (米)学生自治委員会.
a *student* handbook (日本の)生徒手帳.
2 研究者，学者.

student teacher [st(j)úːdnt tíːtʃər] 名 教育実習生，教生(= practice teacher).

studied [stʌ́did スタディド] 動 study(…を勉強する)の過去・過去分詞.

studies [stʌ́diz スタディズ] 動 study(…を勉強する)の3人称単数現在形.
── 名 study(研究)の複数形.

studio 準2 [st(j)úːdiou ステューディオウ, ストゥー-] (発音注意) 名 (複数 **studios** [-z])
1 (テレビ・ラジオなどの)スタジオ, 放送室；映画撮影所；(画家・写真家などの)仕事場, アトリエ, 工房.
a television *studio* テレビスタジオ.
2 ワンルームマンション，ワンルームアパート(=(米) studio apartment, (英) studio flat)(▶「ˣワンルームマンション」は和製英語).

study 5級 動 (…を) 勉強する 名 勉強, 研究

[stʌ́di スタディ]
動 (3単現 **studies** [-z]；過去 過分 **studied** [-d]；-ing形 **studying**) ▶ -ing 形は study にそのまま -ing をつけて studying だが，過去・過去分詞は y を i にかえて -ed をつけることに注意.

…を勉強する …を研究する

◀ **stupid**

つづりに注意！
[3単現]
study + s → studies

y を i にかえて -es をつける.

[過去・過分]
study + ed → studied

y を i にかえて -ed をつける.

[-ing 形]
study + ing → studying

-ing をつけるだけ.

他 **1 …を勉強する**, 研究する. → learn
We *study* English at school.
私たちは学校で英語を勉強します.
What subjects are you *studying* at school?
学校ではどんな教科を勉強していますか.
She *studied* law at college.
彼女は大学で法律を勉強した.
He *studied* English for years and has learned to speak it well.
彼は英語を何年も勉強してうまく話せるようになった(▶ study は「努力して勉強する」という意味をもち, learn は study を通して「習得する」という意味をもつ).
2 …を(くわしく)調べる.
He *studied* the road map.
彼は道路地図をよく調べてみた.
━ 自 **勉強する**, 研究する.
She *studied* hard for the exam.
彼女は試験にそなえて一生けんめい勉強した.

study abroad 外国で勉強する, 海外留学をする.

━ 名 [複数] **studies**[-z]) **1 勉強**, 勉学(▶ a をつけず, 複数形なし) ; [*my studies* で](個人が修める)学業, 勉強.
begin the *study* of English
英語の勉強を始める.
She does well in *her studies*.
彼女は勉強がよくできる.
2 研究.
the *study* of American literature
アメリカ文学の研究.
make a *study* of plant fossils
植物の化石の研究をする.
3 [しばしば複数形で] **学科, …学, …科.**

social *studies* 社会(科).
4 書斎, 勉強部屋.

🔵背景 日本の子どもの勉強部屋はアメリカでは **bedroom** にあたる.

studying [stʌ́diiŋ スタディイング] 動 study (…を勉強する)の -ing 形.

stuff [stʌf スタフ] 名 《口語》物質 ; 材料, 原料 ; 物(▶名前がわからないときや具体的に物の名前・物事を言う必要がない場合などに使う).
I got all the *stuff* to make curry.
カレーをつくる材料をすべてそろえたよ.
What's this strange *stuff* on the floor? 床にあるこの変な物, 何？
I don't like *stuff* like that.
そういうのは好きじゃないよ.
━ 動 他 (容器など)に(～を)つめこむ ; (物)をつめこむ ; …につめ物をする.
He *stuffed* his bag with his books. (＝ He *stuffed* his books into his bag.) 彼はかばんに本をつめこんだ.

stuffed [stʌft スタフト] 形 つめ物入りの ; おなかがいっぱいの.
a *stuffed* animal 動物のぬいぐるみ.
I'm *stuffed*. おなかがいっぱいだ.

stumble [stʌ́mbl スタンブル] 動 自 つまずく ; (読むときなどに)つかえる.

stump [stʌmp スタンプ] 名 (木の)切り株 ; 短い切れはし, 短い使い古し.
━ 動 他 (問題などが難しくて)…をなやませる, …を困らせる.
━ 自 重い足どりで歩く.

stun [stʌn スタン] 動 (過去 過分 stunned [-d] ; ing stunning) 他 (人)をぼう然とさせる.

stung [stʌŋ スタング] 動 sting((…を)さす)の過去・過去分詞.

stupid [st(j)úːpid ステュービド, ストゥー-] 形 (比較 stupider または more stupid ; 最上 stupidest または most stupid) (人・言動などが)ばかな, ばかげた ; おろかな.
→ foolish, silly
a *stupid* idea ばかげた考え.
Don't be *stupid*.
ばかなことをするな ; ばかなことを言うな.
It was *stupid* of me to believe him.
彼の言うことを信じたぼくがばかだったよ.
I felt *stupid* doing it.

seven hundred and seven **707**

St. Valentine's Day ▶

そんなことをしている自分がばからしく思えた.

St. Valentine's Day

[séint vǽləntainz dèi] 图 聖バレンタインの祝日. → Valentine('s) Day

style [stail スタイル]

图 **1** (生活・行動などの) **様式, スタイル,**
やり方, …風；(芸術・建築などの) 様式,
手法.
life*style* 生活様式.
in a modern *style* 現代風に.
the Gothic *style* ゴシック様式.

2 (服・髪などの) **型, スタイル**；流行(の型).
the latest *styles* in swimsuits
最新の流行の水着.
a hair*style* ヘアスタイル.

> 🗨用法 style と日本語の「スタイル」
> 日本語では「彼女はスタイルがよい」などというが, 英語の style は体型をいう場合には使わない. 英語では figure を使って She has a good *figure*. (彼女はスタイルがよい) のようにいう.

3 文体；話し方；表現のしかた.
his writing *style* 彼の文体.
4 (服装・態度などの) 上品さ, 気品；センスのよさ, 洗練.
She has a good sense of *style*.
彼女はとてもセンスがよい.

in style 流行の.
out of style 流行遅れの.

stylish [stáiliʃ スタイリシ] 形 流行の；おしゃれな.

subject 4級 [sʌ́bdʒikt サブヂェクト]

图 [複数 subjects[-ts ツ]] **1** (学校の) **教科,**
科目, 学科.
Math is my favorite *subject*.
数学は大好きな科目です.

> 🗨スピーキング
> Ⓐ What school *subject* do you like best?
> 何の教科がいちばん好きですか.
> Ⓑ Social studies. 社会科です.

I like English the best of all my
subjects.
私は全教科の中で英語がいちばん好きです.

---

subject 英米の学校のおもな教科名

English	英語
math(s) (=mathematics)	数学
science	理科
social studies	社会科
foreign language	外国語
music	音楽
art	美術
P.E. (=physical education)	体育
industrial arts	工芸
homemaking	家庭科

▶日本の学校の「国語」は Japanese, 「保健
体育」は health and physical education,
「技術・家庭」は technology and home
economics という.

2 (話・議論・研究・作品などの) **主題, テーマ**；**話題.**
Let's change the *subject*.
話題を変えよう.
a *subject* for discussion 議論のテーマ.
3 《文法》(文の) **主語,** 主部.
What is the *subject* of this sentence? この文の主語は何ですか.

submarine [sʌ́bməri:n サブマリーン,

sʌ̀bməri:n サブマリーン] 图 潜水艦 (▶話し
言葉では sub ともいう).

> ⓘ参考 "sub(下に)＋ marine(海)" から.

submersible [səbmə́:rsəbl サブマ〜サ

ブル] 图 潜水艇；潜水艦.

subscribe [səbskráib サブスクライブ] 動

⾃ (新聞・雑誌などを) 定期購読する；
(各種サービスに) 加入する, 申しこむ.
subscribe to Netflix
ネットフリックスに加入する.
subscribe to a YouTube channel
ユーチューブでチャンネル登録する.

subscription [səbskrípʃən サブスクリプ

ション] 图 (新聞・雑誌などの) 定期購読；
(各種サービスへの) 加入契約；購読料,
サービス利用料.

substance 2級 [sʌ́bstəns サブスタンス]

图 物質, 物；実質, 内容.
dangerous *substances* 危険物質.

substitute [sʌ́bstət(j)u:t サブスティテュー

ト, -トゥート] 图 代わりになる物, 代わりになる
人, 代用品；代役, 補欠.
use milk as a *substitute* for cream
クリームの代わりに牛乳を使う.

708 seven hundred and eight

― 動 他 …を代わりに使う.

subtitle [sʌ́btaitl サブタイトル] 名 (本などの)副題; [複数形で] (映画の)字幕スーパー.

subtle [sʌ́tl サトゥル] (発音注意) 形 (ちがい・ニュアンスなどが) 微妙な; かすかな.
subtle differences 微妙なちがい.

subtract [səbtrǽkt サブトゥラクト] 動 他 (数・量を)引く (反 add …を加える).
If you *subtract* 3 from 5, you get 2. 5から3を引くと2になる.

subtraction [səbtrǽkʃən サブトゥラクション] 名 [数学] 引き算 (反 addition 足し算).

suburb 2級 [sʌ́bəːrb サバ〜ブ] 名 [しばしば the suburbs で] [集合的に] 郊外, (都市の)近郊; 郊外住宅地.
He lives in *the suburbs*. 彼は郊外に住んでいる.

subway 5級 [sʌ́bwei サブウェイ]

名 1 《米》**地下鉄** (=《英》underground, tube).
go by *subway* 地下鉄で行く.
We took the *subway* to Chicago. 地下鉄に乗ってシカゴまで行った.

ニューヨークの地下鉄の入り口.

2 《英》地下道.

succeed 準2 [səksíːd サクスィード] 動 自
1 成功する, うまくいく (反 fail 失敗する); (**succeed in** で)…に成功する (▶あとには名詞または -ing 形がくる).
He tried, but he didn't *succeed*. 彼はやってみたがうまくいかなかった.
I hope you'll *succeed*. うまくいくといいね.
If at first you don't *succeed*, try, try again.
最初はうまくいかなくても, 何度も何度もやってごらん (▶親や先生が子どもにいう決まり文句).
He *succeeded* as an actor. 彼は俳優として成功した.

He *succeeded in* climbing Mt. Everest. 彼はエベレスト山の登頂に成功した.
2 《**succeed to** で》(地位・職務・財産など) **を引きつぐ**, 継承する.
The crown prince *succeeded to* the throne. 皇太子は王位を継承した.
― 他 …のあとをつぐ; …のあとに続く.
Who *succeeded* Tokugawa Ieyasu? 徳川家康のあとをついだのはだれですか.

success 3級 [səksés サクセス] (アクセント注意) 名 [複数形で **successes** [-iz]] 1 成功, うまくいくこと (反 failure 失敗).
Hard work leads to *success*.
努力が成功に結びつく.

🔸スピーキング

Ⓐ Congratulations on your *success*! 成功おめでとう.
Ⓑ Thank you. ありがとう.

I wish you *success*.
ご成功をお祈りします.
Failure teaches *success*. 《ことわざ》
失敗が成功を教える=失敗は成功のもと.
2 成功したもの, 成功した事, 成功した人.
The school festival was a big *success*. 文化祭は大成功だったよ.

successful 準2 [səksésfəl サクセスフル] 形 成功した, うまくいった.
The play was very *successful*.
その芝居は大成功だった.
a *successful* businessperson
(事業に)成功した実業家.

successfully [səksésfəli サクセスフリィ] 副 うまく, 首尾よく, みごとに.

succession [səkséʃən サクセション] 名 連続; (地位・財産などの)相続, 継承.
in *succession* 連続して, 次々に.
a *succession* of fine days 晴天続き.

successor [səksésər サクセサァ] 名 (…の)相続者, 後継者 (to) (反 predecessor 前任者).

such 3級 形 そのような

[sətʃ サチ, (強めると) sʌ́tʃ サッチ] フォニックス26 ch は [tʃ] と発音する.

形 1 《**such**+ (**a**+) **名詞**で》**そのような**, そんな, こんな.

suck ▶

Why are you in *such* a hurry?
どうしてそんなに急いでいるの.
I've never heard *such* a thing.
そんな話, 聞いたことがありません.
You should keep away from *such* people. そんな連中には近づかないほうがいいよ.

× I've never heard a such thing.
　a は such の後ろにくる.
○ I've never heard such a thing.

文法 such の使い方
such のあとには不特定のものを表す語がくる. だから the といっしょには使わない. 名詞が数えられる名詞で単数形のときには a[an] を使う. *such* a book (そのような本). 数えられない名詞や複数形のときは a [an] は使わない. *such* books (そのような本)

2 (such + (a +) 形容詞 + 名詞で) そんなに…な；ひじょうに…な.
Don't ask *such* a silly question.
そんなばかな質問をするな.
I have never eaten *such* a delicious cake. 私はこんなにおいしいケーキを食べたことがない.
He's *such* a nice guy.
彼はほんとうにいいやつだ.

文法 such と so
❶ such と形容詞をいっしょに使うときには, 「such + (a +) 形容詞 + 名詞」の順にする.
❷ such の代わりに so を使うと, 語順は「so + 形容詞 + a + 名詞」となる. たとえば上の 3 番目の例文は He is *so* nice *a* guy. となる. ただし, **such** を使うのがふつう.

3 とてもよい；とてもひどい.
She was *such* a beauty.
彼女はすごい美人だった.

~ , such as ... (たとえば)…のような~.
I love winter sports, *such as* skiing, snowboarding and skating.
ぼくはスキーやスノーボードやスケートのようなウインタースポーツが大好きです.

such ~ as ... …のような~.
There is no *such* thing *as* a free lunch. この世に無料の昼食など存在しない(→ただほど高いものはない).
He is not *such* a bad guy *as* he seems. 彼は見た目ほど悪いやつじゃない.

such ~ that ... ひじょうに~なので….
Susie is *such* a lovely girl *that* everybody likes her. (= Susie is so lovely (a girl) that everybody likes her.) スージーはひじょうに愛らしい女の子なので, みんな彼女が好きだ.
It was *such* a nice day *that* we went out for a walk. とてもいい天気だったので私たちは散歩に出かけた.

—— 代 そのようなこと[人, 物].
During the camp, you can enjoy activities like hiking and swimming and *such*. キャンプではハイキングや水泳などをお楽しみいただけます.

suck [sʌk サック] 動 他 …を吸う；(指・あめなど)をしゃぶる.
suck milk through a straw
ストローで牛乳を吸う.
The baby is *sucking* his thumb.
赤ちゃんは親指をしゃぶっている.
—— 自 吸う；しゃぶる, なめる.

Sudan [suːdǽn スーダーン ∥ su(ː)dάːn スーダーン] 名 [the をつけて] スーダン (アフリカ東北部の共和国).

Sudanese [sùːd(ə)níːz スーダニーズ ∥ su(ː)dəníːz スーダニーズ] 形 スーダンの；スーダン人の.
—— 名 スーダン人.

sudden 準2 [sʌ́dn サドゥン] 形 とつぜんの, 急な.
a *sudden* change in the weather
天候の急変.

all of a sudden とつぜん, 急に (= suddenly).

suddenly
3級 [sʌ́dnli サドゥンリィ] フォニックス58 u は [ʌ] と発音する.
副 (比較 more suddenly; 最上 most suddenly) とつぜん, 急に.
Suddenly it started to rain.
とつぜん雨が降りはじめた.
The horse started running *suddenly*. その馬は急に走りはじめた.

710　seven hundred and ten

◀ **suitcase**

suffer [準2] [sʌ́fər サファ] 動 他 (苦痛・損害など)を受ける, こうむる.
He *suffered* severe pain in his chest. 彼は胸の激しい痛みに襲われた.
Several passengers *suffered* slight injuries. 乗客数人が軽傷を負った.
The company *suffered* heavy losses. 会社は大きな損失をこうむった.
— 自 苦しむ, なやむ; (**suffer from** で)…に苦しむ, なやむ; (病気)にかかる.
She is *suffering from* a bad cold.
彼女はひどいかぜをひいている.

suffering [sʌ́f(ə)riŋ サフ(ァ)リング] 名 苦しみ; [ふつう複数形で] 苦難.
— 動 suffer (…を受ける) の -ing 形.

sufficient [səfíʃənt サフィシェント] 形 じゅうぶんな (▶形式ばった語. 日常的には enough がふつう).
sufficient food for the winter
冬 (を越すの) にじゅうぶんな食糧.

sugar [3級] [ʃúgər シュガァ]
名 **砂糖**; 砂糖 1 杯, 角砂糖 1 個.
white *sugar* 白砂糖.
two lumps of *sugar* 角砂糖 2 個.
a spoonful of *sugar* スプーン1杯の砂糖.
Do you take *sugar* in your tea?
紅茶に砂糖を入れますか.

文法 sugar の数え方
sugar はふつう a をつけず, 複数形にしない. スプーン 1 杯, 2 杯と数えるときは a spoonful of sugar, two spoonfuls of sugar という. ただし会話では, スプーン 1 杯の砂糖や角砂糖 1 個の意味で a sugar を, またその複数形 sugars を使うこともある.

sugarcane [ʃúgərkein シュガァケイン] 名 (植物)サトウキビ (▶sugar cane ともつづる).

suggest [準2] [sə(g)dʒést サ(グ)チェスト ‖ sədʒést サヂェスト] 動 他 1 (計画・考えなど) を提案する; …を勧める.
He *suggested* a plan at the meeting. 彼は会議で 1 つの案を出した.
She *suggested* that we go out for dinner. (=She said, "Let's go out for dinner.") 彼女は夕食は外で食べようと言った.
Could you *suggest* a good book?
何かいい本を勧めてくれますか.

🔊 プレゼン
I *suggest* that we should make some rules.
私はルールを作るべきだと思います.

2 …をほのめかす; …をそれとなく示す.
Are you *suggesting* that I'm lying?
私がうそをついているとでも言いたいわけ？

suggestion [sə(g)dʒéstʃən サ(グ)チェスチョン ‖ sədʒés- サヂェス-] 名 提案; 暗示, それとなく言うこと.
Could I make a *suggestion*?
1 つ提案してもよろしいですか.

suicide [súːəsaid スーイサイド] 名 自殺; 自殺者.
He comitted *suicide*. 彼は自殺した (▶ He killed himself. ともいう).

suit [3級] [suːt スート]
名 (複数 suits [-ts ツ]) 1 **スーツ**, 上下そろいの服 (男性用は上着とズボンのそろい, またはベストも加えたスリーピース. 女性用は上着とスカートまたはズボンを組み合わせたもの).
He was wearing a gray *suit*.
彼はグレーのスーツを着ていた.
a business *suit* ビジネススーツ.
2 (ある目的のために着る) 服 (▶複合語として使う場合が多い).
a sweat *suit* スウェットスーツ.
a bathing *suit* 水着.
a space *suit* 宇宙服.
3 訴訟, 告訴.
4 (トランプの) 組み札, スーツ (同じマークの 13 枚のカードのこと).
— 動 (3単現 suits [-ts ツ]; 過去 過分 suited[-id]; ing suiting) ▶進行形にしない.
他 1 …に適する, 合う, 都合がよい.
The date *suits* me fine.
その日にちは私にとって好都合です.
Life in a big city doesn't *suit* me.
大都会での生活は(私の)性に合わない.
2 (衣服などが) …に似合う (同 become).
Long hair *suits* her very well.
長い髪は彼女にとてもよく似合う.

suitable [2級] [súːtəbl スータブル] 形 適した, ふさわしい, 適当な (同 appropriate).
Is this dress *suitable* for the party?
このドレス, パーティーにふさわしい？

suitcase [準2] [súːtkeis スートゥケイス] 名

seven hundred and eleven 711

sum ▶

スーツケース(▶日本語で「トランク」と呼ぶものもふくむ). → trunk
Have you packed your *suitcase*?
スーツケースにもう荷物はつめたの？

sum 2級 [sʌm サム] 名 [the をつけて] 合計；金額, 額.
The sum of 5 and 3 is 8.
5足す3は8です.
a large *sum* of money 多額の金, 大金.
── 動 (過去・過分 **summed** [-d]; ing **summing**) 他 (**sum up** で) …を短くまとめる, 要約する.
sum up all the facts
全部の事実を要約する.

Sumatra [sumáːtrə スマートゥラ] 名 スマトラ島(マレー諸島の中で2番目に大きい島).

summary 2級 [sʌ́m(ə)ri サマリィ] 名 (複数 **summaries** [-z]) 要約, 大意.
a news *summary* おもなニュース項目.
a *summary* of a book 本の大意.

summer 5級 名 夏

[sʌ́mər サマァ] フォニックス58 uは[ʌ]と発音する.
名 (複数 **summers** [-z]) 夏(▶月名や曜日名とちがい, 小文字で書く).
I often go swimming in *summer*.
ぼくは夏にはよく泳ぎに行く.
Where're you going this *summer*?
この夏はどこに行くの？(▶ ×in this summer としない. summer の前に this や last がつくときは in はつけない).
a *summer* class 夏の補習授業.
a *summer* school
夏期講座, 夏期講習, 夏期学校.

○ in summer
× in this summer

this や last などがつくときは in は使わない.

○ this summer

✎ライティング
My favorite season is *summer*.
I can enjoy swimming and camping. 私のいちばん好きな季節は夏です. 水泳やキャンプを楽しめます.

summer vacation
[sʌ́mər veikéiʃən ‖ və-] 名 (米) 夏休み(=(英) summer holidays).

summit [sʌ́mit サミト] 名 (山などの)頂上(圓 top¹); (先進国) 首脳の会議, サミット.

sumo [súːmou スーモウ] (<日本語) 名 すもう.
do *sumo* wrestling すもうをとる.
a *sumo* wrestler すもう取り, 力士.
a *sumo* ring 土俵.
a *sumo* stable すもう部屋.

sun 4級 名 太陽

[sʌn サン] フォニックス46 uは[ʌ]と発音する.
名 **1** [the をつけて] **太陽** (▶「月」は the moon).
The sun rises in the east and sets in the west. 太陽は東からのぼり西に沈む.
The sun shone brightly again.
太陽はふたたび明るくかがやいた.
There is no new thing under *the sun*. 日のもとに新しきことなし(▶『旧約聖書』のことば).
2 [しばしば the をつけて] 日光, ひなた.
The cat was lying in *the sun* in the yard. ネコは庭でひなたぼっこをしていた.
→形 sunny

[同音語] son (息子)

Sun. (略) = Sunday (日曜日)

sunburn [sʌ́nbəːrn サンバ~ン] 名 日焼け(▶健康的な感じの日焼けは suntan, ひりひり痛むような日焼けは sunburn という).

sundae [sʌ́ndi サンディ ‖ sʌ́ndei サンデイ] 名 サンデー(アイスクリームに果物やナッツなどをのせ, シロップなどをかけたもの).
[同音語] Sunday (日曜日)

Sunday 5級 名 日曜日

[sʌ́ndei サンデイ, -di -ディ]
名 (複数 **Sundays** [-z]) **日曜日** (▶略語は Sun.).
Ken goes to soccer practice on *Sundays*.
ケンは日曜日にはサッカーの練習に行く(▶「…曜日に」というときはふつう on をつける. on Sundays のように複数形にすると「日曜日は

◀ supper

いつも」と習慣を表す感じが強くなる).
What did you do last *Sunday*?
先週の日曜日は何をしていたの?
on *Sunday* morning 日曜日の朝に.
See you next *Sunday*. 今度の日曜日に会いましょう (▶ next, last, every などがつくときは前置詞 on はつけない).

○ on Sunday
× on next Sunday
→ next や last などがつくときは on は使わない.

○ next Sunday
▶曜日名は大文字で書きはじめる.

背景 "sun(太陽) + day(日)" から.

[同音語] sundae (サンデー)

sunflower [sʌ́nflauər サンフラウア] 名
《植物》ヒマワリ.

sung [sʌŋ サング]

動 sing(歌をうたう)の過去分詞.

sunglasses [sʌ́nglæsiz サングラスィズ]
名[複数あつかい]サングラス.

sunk [sʌŋk サンク] 動 sink(沈む)の過去形の1つ;過去分詞.

sunlight 3級 [sʌ́nlait サンライト] 名 日光
(= sunshine).
My room gets a lot of *sunlight*.
ぼくの部屋は日当たりがよい.

sunny 5級 [sʌ́ni サニィ] フォニックス58

u は [ʌ] と発音する.

形 (比較 sunnier; 最上 sunniest) **1 明るく日のさす**, よく晴れた; 日当たりのよい.
sunny weather 晴天.
It's *sunny* today. 今日は快晴だ.
2 陽気な, 快活な. →名 sun

sunny-side up [sʌ́nisàid ʌ́p サニィサイド アップ] 形 《米》(卵が)目玉焼きの, 片面だけ焼いた.

sunrise [sʌ́nraiz サンライズ] 名 日の出, 日の出どき (反 sunset 日の入り).
get up at *sunrise* 日の出とともに起きる.

sunscreen [sʌ́nskri:n サンスクリーン] 名
日焼け止め (クリーム).

sunset [sʌ́nset サンセト] 名 日の入り, 日没 (反 sunrise 日の出).
at *sunset* 日没時に.

sunshine 準2 [sʌ́nʃain サンシャイン] 名
[しばしば the をつけて] 日光, ひなた;晴天.
They were playing in *the sunshine*.
彼らはひなたで遊んでいた.

suntan [sʌ́ntæn サンタン] 名 [ときに a をつけて] 日焼け. → sunburn

super [sú:pər スーパァ] 形 《口語》極上の, 最高の, すばらしい.
That's *super*! それすごいね, 最高だ.
── 名 特上品,特製品;《米》(アパートの)管理人.

superb [su(:)pə́:rb ス(ー)パ〜ブ] 形 すばらしい, とびきりりっぱな, みごとな.

superhighway [sù:pərháiwei スーパハイウェイ] 名 《米》スーパーハイウェー (▶ freeway, expressway, turnpike [tə́:rnpaik ターンパイク]などの多車線の高速道路).

superior [su(:)pí(ə)riər ス(ー)ピ(ア)リア]
形 優れた (反 inferior 劣った);上等の;上位の.
── 名 目上の人, 上役;より優れた人.

Superman [sú:pərmæn スーパマン] 名
スーパーマン (アメリカの漫画などのヒーロー).

supermarket 5級

[sú:pərmɑ:rkit スーパマーケト]
名[複数 **supermarkets** [-ts ツ]] **スーパー, スーパーマーケット.**

superstar [sú:pərsta:r スーパスタァ] 名
(芸能界・スポーツ界などの)超大物スター, スーパースター, 大スター.

superstition [sù:pərstíʃən スーパスティション] 名 迷信.

supervision [sù:pərvíʒən スーパヴィジョン] 名 監督, 管理, 指導.

supervisor [sú:pərvaizər スーパヴァイザァ] 名 (仕事などの)監督者, 管理者;(会社の)上司;指導主事.

supper [sʌ́pər サパァ] 名 夕食, 晩ごはん.
I've already had *supper*.
夕食はもう食べたよ.

🔊 スピーキング

🅐 What did you have for *supper*?
夕食に何を食べたの?
🅑 We had fried chicken.
フライドチキンを食べたよ.

seven hundred and thirteen 713

supplement ▶

We had a delicious *supper*.
私たちはおいしい夕食を食べた (▶ supper に形容詞をともなうときは a ... supper と a が必要になる).

💬用法 **supper** と **dinner**
dinner は「一日の食事のうちで中心となる食事」でふつう夕食をさす. supper は「一日のいちばん最後に家でとる食事」をさし, 夕食の意味となる. 昼に dinner をとれば夕食は supper という. → dinner

supplement [sʌ́pləmənt サプリメント] 图
1 補足, 追加;(辞典などの)補遺;(新聞・雑誌などの)付録, 増刊.
2 サプリメント, 栄養補助食品.
vitamin *supplements* ビタミン剤.

supply 2級 [səplái サプライ] 動 (3単現 **supplies** [-z] 過去 過分 **supplied** [-d] ing **supplying**) 他 (物)を供給する;(人)に供給する.

Cows *supply* us with milk. (= Cows *supply* milk to us.)
め牛は私たちに牛乳を供給する.

── 图 (複数 **supplies** [-z]) 供給 (反 demand 需要);供給物, 供給量;たくわえ, 在庫;[複数形で] 必需品;物資.
supply and demand
需要と供給 (▶日本語と語順が逆になる).

Green vegetables are in short *supply*.
青物野菜の供給が不足している.
food *supplies* 食糧;物資.

support 2級 [səpɔ́rt サポート]
フォニックス78 or は [ɔ́ːr] と発音する.
動 (3単現 **supports** [-ts ツ];過去 過分 **supported** [-id] ing **supporting**) 他 **…を支持する**;…を支援する;…を支える, (家族など)を養う.

They *supported* my plan.
彼らは私の計画を支持してくれた.

Which soccer team do you *support*?
あなたはどのサッカーチームを応援してるの？

Four pillars *support* the roof.
4本の柱が屋根を支えている.

He *supports* a large family.
彼は大家族を養っている.

📣プレゼン
It's important to *support* each other and work together as a team.
おたがいが支え合って, 1つのチームとして協力することが大切です.

── 图 (複数 **supports** [-ts]) **支持**;支え(となるもの);力になること.
in support of …を支持して, …に賛成して.

supporter [səpɔ́rtər サポータァ] 图 支持者;支援者;サポーター;(医療用・運動競技用の)サポーター.

supportive [səpɔ́rtiv サポーティヴ] 形 支えてくれる, 力になってくれる.

suppose 準2 [səpóuz サポウズ] 動 他
1 (たぶん)…と思う, 考える (▶ふつう think よりも根拠が弱い場合に使う;ふつう進行形にしない);(**suppose (that) ... で**) (たぶん)…だと思う (▶ that はしばしば省略される).

I *suppose that* he will be late.
彼は遅れて来ると思う.

I *suppose* we'd better get going.
そろそろ出かけたほうがよさそうだね.

"Is she coming?" "I *suppose* so."
「彼女は来ますか」「ええ, 来ると思います」 (▶ so は that she is coming の代用).

2 (**Suppose ... で**) もし…だとしたら (= if).

Suppose you had a million yen, what would you buy?
もし百万円もっていたら何を買う？

be supposed to ... …することになっている, …しないといけない.

Tom *is supposed to* be here at four. トムは4時にここに来ることになっている.

supreme [su(ː)príːm スープリーム] 形 (地位・権力などが)最高の, 最高位の;(程度・質などが)最高の.
the *Supreme* Court
《米》(国・州の)最高裁判所.

sure 5級 形 確信して
間 いいですよ, もちろん

[ʃuər シュア] フォニックス84 ure は [juər] と発音する.

714 seven hundred and fourteen

◀ **surgeon**

形 (比較) surer (最上) surest 1 (比較変化なし) [名詞の前には使わない] **確信して**, 確かで；(**be sure of [about]** で) **…を確信している**；(**be sure (that) …** で) **きっと [確かに] …だと思う** (▶話し言葉ではふつう that は省略する).

📣スピーキング
Ⓐ Are you *sure*? 確かなの？
Ⓑ Yes, I'm *sure*. ええ, 確かよ.

I'*m sure of* his honesty.
私は彼が正直であると信じている.
Are you *sure about* that?
そのことは確かなの？
I'*m sure that* you'll be able to swim well. きっとじょうずに泳げるようになるさ.
I think it was Monday, but I'*m not sure*. それは月曜だったと思うが, 確かではない.
I'*m not sure* when the movie starts.
映画がいつ始まるかはっきりわからない (▶ sure のあとに what, who, when などに導かれた節が続くことも多い).
2 (比較変化なし) (**be sure to …** で) [話し手の確信を表して] **きっと…する**.
He'*s sure to* win the game. (= I'm sure he'll win the game.) 彼はきっと試合に勝つよ (▶「きっと勝つ」と思っているのは主語 (He) ではなく話し手であることに注意).
3 確かな, 確実な.
There is no one *sure* way to succeed.
成功するのに唯一の方法など存在しない.
Be sure to … かならず…しなさい.
Be sure to be here by ten o'clock.
かならず 10 時までにここに来てください.
for sure きっと, 確かに (= surely).
That's *for sure*.
それはまちがいない, 確かにそのとおりです.
make sure of …を確かめる.
Make sure of the meeting day.
会合の日を確かめてください.
make sure (that) … …ということを確かめる；かならず…する.
Make sure that you go to bed early. かならず早く寝るのよ.
to be sure (譲歩的に) 確かに.
He is kind *to be sure*, but he is also lazy.
彼は確かに親切だが, なまけものでもある.

── 副 **1** [依頼・質問・お礼などの返事として] **いいですよ**, **もちろん**；そうですとも.
"Could I use your smartphone?"
"*Sure*." 「スマホを貸してもらえる？」「いいよ」

📣スピーキング
Ⓐ Is it true? それはほんとうですか.
Ⓑ Sure. もちろん.

2 確かに, **ほんとうに**.
This dog *sure* is cute.
この犬はほんとかわいい.
"This is fun." "It *sure* is."
「これはおもしろいや」「ほんとだね」
sure enough 思ったとおり, 案の定.

surely 2級 [ʃúɚli シュアリ] 副 **1** 確かに, きっと；確実に；[不信・おどろきなどを表して] まさか, いくらなんでも.
Surely I've met him somewhere before.
確かに, 私は彼に以前どこかで会っている.
2 [返事として] そうとも, もちろん (▶ふつう certainly を使う).

surf 2級 [sə́ːrf サ〜フ] 图 (海岸・岩礁に打ち寄せてくだける) 寄せ波, 岸打つ波.
── 動 自 **1** サーフィンをする, 波乗りをする.
go *surfing* サーフィンをしに行く.
2 (コンピューター) (インターネットのサイトを) 見てまわる, ネットサーフィンをする.
──他 (コンピューター) (インターネットのサイト) を見てまわる；(波) に乗る.
surf the Web
ネット上を見てまわる, ネットサーフィンをする.

surface 2級 [sə́ːrfɪs サ〜フェス] (発音注意) 图 **1** 表面, 外面；水面.
the *surface* of the earth 地球の表面, 地表.
2 外見, うわべ.
On the *surface*, he was polite.
うわべでは彼は礼儀正しかった.

surfboard [sə́ːrfbɔːrd サ〜フボード] 图 サーフボード (波乗り用の板).

surfer 2級 [sə́ːrfər サ〜ファ] 图 **1** サーファー, サーフィンをする人.
2 (コンピューター) ネットサーファー.

surfing 4級 [sə́ːrfɪŋ サ〜フィング] 图
1 サーフィン, 波乗り.
2 (コンピューター) ネットサーフィン, (インターネットのサイトを) 見てまわること.

surgeon [sə́ːrdʒən サ〜ヂョン] 图 外科医

seven hundred and fifteen **715**

surgery ▶

医. → physician

surgery [sə́ːrdʒ(ə)ri サ～ヂ(ェ)リィ] 名 (複数 surgeries [-z]) 外科 ; 外科手術.

surname [sə́ːrneim サ～ネイム] 名 姓 , 名字 (= family name).

surprise 3級 [sərpráiz サプライズ] フォニックス50 i は [ai] と発音する.

名 (複数 surprises [-iz]) **1 おどろき** (▶a をつけると , 複数形なし).

She didn't show any *surprise* when she heard the news. その知らせを聞いても彼女は少しもおどろいたようすを見せなかった.

2 びっくりさせること・物 , 思いがけないこと・物.

What a *surprise*! ああびっくりした (▶道などで偶然(ぐうぜん)に人と出会ったときなどにいう).

I have a *surprise* for you. きみをおどろかせる物があるんだ (▶おくり物をしたり , びっくりするような知らせがあったりするときに使う).

a *surprise* party サプライズパーティー , 不意打ちパーティー (▶家族や友人などが本人にはないしょで計画するパーティー . 本人が登場すると , 参加者は Surprise! と言う).

in surprise おどろいて.

He jumped up *in surprise*. 彼はおどろいてとび上がった.

to ...'s surprise …がおどろいたことに.

To my surprise, nobody knew about it. 私がおどろいたことには , だれもそのことを知らなかった.

── 動 (3単現 surprises [-iz]; 過去 過分 surprised [-d]; ing surprising) ▶進行形にしない.

他 **…をおどろかせる** , びっくりさせる. You *surprised* me! びっくりするじゃないか.

The earthquake really *surprised* us. その地震(じしん)は私たちをひどくおどろかせた.

surprised 4級 [sərpráizd サプライズド] フォニックス50

i は [ai] と発音する.

形 (比較 more surprised; 最上 most surprised) **1 おどろいた** , びっくりした.

a *surprised* look おどろいた顔.

He looked *surprised* when I came in.

私が中に入ったとき彼はおどろいたようだった.

2 (be surprised at で) …におどろく ,

びっくりする ; **(be surprised to ... で) …しておどろく** , しておどろく.

I *was surprised* at the news. (= I *was surprised* to hear the news.) 私はその知らせにおどろいた.

📝 ライティング

I *was surprised to* hear that he quit the soccer team. 彼がサッカー部をやめたと聞いてびっくりしました.

surprising 準2 [sərpráiziŋ サプライズィング] 形 おどろくべき , すばらしい.

surprisingly [sərpráiziŋli サプライズィングリィ] 副 おどろくほどに , すばらしく ; [文全体を修飾して] おどろいたことに.

surrender [səréndər サレンダァ] 動 自 (敵などに) 降参する , 降伏する.

── 他 …を引きわたす , 明けわたす.

surround 準2 [səráund サラウンド] 動 他 …を囲む , とり囲む , とり巻く.

His house is *surrounded* by trees. 彼の家は木々に囲まれている.

surrounding 2級 [səráundiŋ サラウンディング] 名 [複数形で] 環境(かんきょう) , 周囲 (の状況(じょうきょう)).

social *surroundings* 社会環境.

── 形 周囲の , 周辺の , とり囲んでいる.

the *surrounding* area 周辺地域.

survey 2級 [sərvéi サヴェイ] 動 他 (アンケートなどで) …を調査する ; …を測量する ; …を概観(がいかん)する.

── [sə́ːrvei サ～ヴェイ] 名 (アンケートなどによる) 調査 ; (土地などの) 測量 ; 見わたすこと ; 概観.

survival [sərváivəl サヴァイヴァル] 名 生き残ること , 生存 ; 生存者 ; 遺物(いぶつ).

the *survival* of the fittest 適者生存.

survive 準2 [sərváiv サ ヴァイヴ] 動 (3単現 survives [-z]; 過去 過分 survived [-d]; ing surviving) 他 **1** (事故・災害など) から生き残る ; (難局など) を切りぬける.

Only one passenger *survived* the plane crash. たった1人の乗客だけがその飛行機の墜落(ついらく)事故で生き残った.

2 (人) より長生きする.

He *survived* his wife. 彼は妻より長生きした ; 彼は妻に先立たれた.

── 自 生き残る , 生存する ; 何とか切りぬける , 何とかやっていく.

716 seven hundred and sixteen

swear

survivor [sərváivər サヴァイヴァ] 名 (事故などの) 生存者, 死なずに助かった人.
a cancer *survivor* がんを克服した人 (がんを経験したすべての人・家族).

Susan [súːz(ə)n スーザン] 名 スーザン(女性の名; 愛称は Sue または Susie).

suspect 2級 [səspékt サスペクト] (動と名のアクセントのちがいに注意) 動 他 (人) をあやしいと思う, 疑う;《**suspect (that)** ... で》…ではないかと疑う, ではないかと思う. → doubt
The police *suspected* him of murder. 警察は彼に殺人の疑いをかけた.
I *suspect* (*that*) he stole my bike.
彼がぼくの自転車をぬすんだとうたがっている (▶ suspect の代わりに doubt を使うと「彼がぼくの自転車をぬすんだということをうたがわしく思う (つまりそうは思わない)」という意味になることに注意).
—— [sʌ́spekt サスペクト] 名 容疑者.

suspend 2級 [səspénd サスペンド] 動 他 **1** …をつるす, ぶら下げる (同 hang).
suspend a lamp from the ceiling
天井からランプをつるす.
2 (事業・活動など) を一時停止する;…を停学にする, 停職にする.
The train service was *suspended* for six hours.
電車は6時間にわたり不通になった.

suspenders [səspéndərz サスペンダズ] 名 [複数あつかい]《米》サスペンダー, ズボンつり.

suspense [səspéns サスペンス] (アクセント注意) 名 はらはらする気持ち, 不安;(小説・映画などの) サスペンス.

suspension [səspénʃən サスペンション] 名 つるすこと;停止.

suspicion [səspíʃən サスピション] 名 (不正・犯罪などの) 疑い, 容疑;(…ではないかという) 疑い.

suspicious 2級 [səspíʃəs サスピシャス] 形 (人・物・行動が) 不審な, 怪しい, 疑わしい;疑い深い.

sustain [səstéin サスティン] 動 他 …を維持する, 持続する.
sustain life
生命を維持する, 生活を維持する.
sustain economic growth
経済成長を維持する.

sustainability [səsteinəbíləti サステイナビリティ] 名 持続可能性, 持続できること, サステイナビリティー.

sustainable [səstéinəbl サステイナブル] 形 持続可能な;環境を破壊しない.
Sustainable Development Goals
SDGs, 持続可能な開発目標 (国連加盟国が2016年から2030年の15年間で達成するとした17の目標. 2015年の国連サミットで採択された).
Sustainable Cities and Communities
持続可能な都市とコミュニティー(国連が掲げるSDGs (持続可能な開発目標) の11番目の目標).

Swahili [swɑːhíːli スワーヒーリ] 名 スワヒリ族;スワヒリ語 (中央アフリカ東部の公用語).

swallow[1] [swɑ́lou スワロウ ‖ swɔ́lou スウォロウ] 動 他 (食物など) を飲みこむ;(人の話など) をうのみにする.

swallow[2] [swɑ́lou スワロウ ‖ swɔ́lou スウォロウ] 名 《鳥》ツバメ.
One *swallow* does not make a summer. 《ことわざ》ツバメが1羽来たからといって夏にはならない.

swam 4級 [swǽm スワム]

動 swim(泳ぐ)の過去形.

swamp [swɑmp スワンプ ‖ swɔmp スウォンプ] 名 沼地, 湿地.

swan [swɑn スワン ‖ swɔn スウォン] 名 《鳥》白鳥.

swarm [swɔːrm スウォーム] 名 (アリ・ハチなど昆虫の) 群れ.
a *swarm* of ants アリの群れ.
—— 動 自 (人・虫などが) 群がる.

sway [swei スウェイ] 動 (3単現 **sways** [-z]; 過去 過分 **swayed** [-d]; ing **swaying**) 他 …をゆさぶる.
—— 自 (ゆっくりと左右に) ゆれる.
—— 名 ゆれ, 動揺.

swear [sweər スウェア] 動 (過去 **swore** [swɔːr]; 過分 **sworn** [swɔːrn]) 自 **1** (口ぎたなく) ののしる.
He *swore* at the referee.
彼は審判員を口ぎたなくののしった.
2 誓う;断言する.
I didn't know about it. I *swear*.
それは知らなかったんだ. 誓うよ.
—— 他 …を誓う;…を断言する.

seven hundred and seventeen **717**

sweat ▶

She *swore* that she would tell the truth. 彼女は真実を述べることを誓った.

sweat [swet スウェット] 名 あせ.

Wipe off your *sweat* with a towel.
タオルであせをふきなさい.

—— 動 (過去)(過分) **sweated** [-id] または **sweat**) 自 あせをかく.

I'm *sweating* all over. あせびっしょりだ.

sweater [4級] [swétər スウェタァ] (発音注意) 名 セーター(▶運動選手が減量を目的として, あせ(sweat)をかくために着用したことから).

sweat pants, sweatpants
[swét pænts] 名 [複数あつかい] (米) スウェットパンツ, トレーニングパンツ(▶この意味での「トレーニングパンツ」は和製英語. 英語で training pants は「幼児のトイレしつけ用パンツ」になるので注意).

sweat shirt [swét ʃəːrt] 名 トレーナー, スウェットシャツ(▶*「トレーナー」は和製英語).

Sweden [swíːdn スウィードゥン] 名 スウェーデン(北ヨーロッパのスカンジナビア半島にある王国;首都はストックホルム(Stockholm)).

Swedish [swíːdiʃ スウィーディシ] 形 スウェーデン(人)の; スウェーデン語の.

—— 名 スウェーデン語; スウェーデン人.

sweep [2級] [swíːp スウィープ] 動 (過去)(過分) **swept** [swept] 他 1 (ほうき・ブラシなどで部屋など) をそうじする, 掃く.

We *sweep* our classroom every day. 私たちは毎日教室をそうじする.

2 …をさっと押し流す, 洗い流す; …をさっとかたづける.

His house was *swept* away by the flood. 彼の家は洪水で押し流された.

—— 自 (ほうき・ブラシで)そうじする.

sweep with a broom
ほうきでそうじをする.

—— 名 そうじ, 掃くこと; (手などで)払いのけるような動き.

sweet [3級] [swíːt スウィート]
[フォニックス64] ee は [iː]と発音する.

形 (比較) **sweeter**; (最上) **sweetest**) 1 (食べ物・飲み物が) **あまい** (反) bitter 苦い).

I love *sweet* things. (= I love sweets.)
私はあまいものが大好きだ.

This cake is too *sweet*.
このケーキはあますぎる.

2 香りのよい; (声・音などが)ここちよい, 美しい.

These flowers have a *sweet* smell.
この花はあまい香りがする.

She has a *sweet* voice.
彼女はいい声をしている.

3 かわいらしい; (人が)優しい, 思いやりのある.

a *sweet* smile 愛らしいほほえみ.

The flower girl was so *sweet*.
フラワーガールはとてもかわいらしかった (▶ flower girl はキリスト教の結婚式で花を持って花嫁を先導する女の子のこと).

Emily is really *sweet*.
エミリーはすごく優しい.

It's *sweet* of you to give her a birthday present. 彼女に誕生日プレゼントをあげるなんてあなたは優しいね.

—— 名 [複数] **sweets** [-ts ツ] (英) **あまい菓子**, キャンディー(=(米) candy); (英) (食後に出る)デザート(=(米) dessert).

sweetheart [swíːthɑːrt スウィートゥハート] 名 恋人(▶古風な言い方で, boyfriend または girlfriend がふつう); [夫婦・恋人などへの呼びかけで] ねえ, あなた, おまえ.

sweetness [swíːtnis スウィートゥネス] 名 あまいこと, あまさ; 芳香; (声などの)美しさ; 愛らしさ; 優しさ.

sweet pea [swíːt piː] 名 《植物》スイートピー.

sweet potato [swíːt pətèitou] 名 (複数 **sweet potatoes** [-z]) サツマイモ.

swell [swel スウェル] 動 (過去 **swelled** [-d] または **swollen** [swóulən]) 自 ふくらむ, はれる.

His right hand *swelled* up.
彼の右手がはれあがった.

swept [swept スウェプト] 動 sweep(…をそうじする)の過去・過去分詞.

swift [swift スウィフト] 形 速い, 迅速な (▶形式ばった語) (反) slow 遅い).

a *swift* runner 足の速い走者.

swiftly [swiftli スウィフトゥリィ] 副 すみやかに, 迅速に.

swim [5級] 動 泳ぐ

[swim スウィム]

718 seven hundred and eighteen

◀ **swollen**

動 [3単現] **swims** [-z]; 過去 **swam** [swæm スワム]; 過分 **swum** [swʌm スワム]; ing **swimming**) 圓 **1 泳ぐ**.

He can *swim* fast. 彼は速く泳げる.
The children are *swimming* in the pool. 子どもたちはプールで泳いでいる.
We *swam* across the river.
私たちは川を泳いでわたった.
Let's go *swimming* in the lake. 湖へ泳ぎに行こう (▶*to the lake* とはしない).

2 (頭が) くらくらする, めまいがする.
My head is *swimming*.
頭がふらふらするよ.

── 他 (海峡・海・湖など) を泳いでわたる, (ある距離 など) **を泳ぐ**; (ある泳ぎ方) で泳ぐ.

I *swam* 5,000 meters yesterday.
私はきのう 5000 メートル泳いだ.
His grandfather *swam* the English Channel.
彼の祖父はイギリス海峡を泳いでわたった.
swim (the) freestyle
自由形で泳ぐ (▶「クロール」は crawl,「平泳ぎ」は breaststroke,「背泳ぎ」は backstroke,「バタフライ」は butterfly (stroke) という).

── 名 [ふつう a をつけて] **泳ぐこと**, 水泳.
Let's go for *a swim*. ひと泳ぎしよう.

swimmer 5級 [swimər スウィマァ] 名 泳ぐ人; 水泳選手.
a good *swimmer* 泳ぎのうまい人.

swimming 5級 [swimiŋ スウィミング] 動 swim (泳ぐ) の -ing 形.
── 名 泳ぐこと, 水泳, スイミング.

swimming pool [swimiŋ pùːl] 名 (水泳用) プール (▶単に pool ともいう).

swimming trunks [swimiŋ trʌ̀ŋks] 名 [複数あつかい] (男性用の) 水泳パンツ (▶単に trunks ともいう).

swims [swimz スウィムズ] 動 swim (泳ぐ) の3人称単数現在形.

swimsuit [swimsuːt スウィムスート] 名 (女性用の) 水着.

swing [swiŋ スウィング] 動 (過去・過分 **swung** [swʌŋ]) 他 …をゆらす, ゆり動かす, ぶらぶらさせる; (バットなど) をふる; …をぐるっとまわす.
The boy sat on the chair, *swinging* his legs.

男の子はいすにすわり足をぶらぶらさせていた.
Jack *swung* his bat at the ball.
ジャックはボールめがけてバットをふった.
── 圓 (つり下げた物が) ゆれる, ぶらぶらする; 回転する, ぐるっとまわる.
The door *swung* open.
ドアがぱっと開いた.
── 名 ふること, ひとふり, (ゴルフ・野球などの) スイング; ぶらんこ; 《音楽》スイング (ジャズ).
We played on the *swings*.
ぼくたちはぶらんこに乗って遊んだ.

swipe [swaip スワイプ] 動 他 …を強く打つ; (スマホなどで画面) をスワイプする (▶画面上で指をすべらせる動作); (クレジットカードや出勤カードなど) を読み取り機に通す.

swirl [swəːrl スワ〜ル] 動 圓 うず巻く, 旋回する.

Swiss [swis スウィス] 形 スイスの, スイス風の; スイス人の. →名 Switzerland
── 名 (複数 **Swiss** 単複同形) スイス人; [the をつけて] スイス人 (全体) (▶国名の「スイス」は Switzerland).

switch 準2 [switʃ スウィッチ] 名 (電気の) スイッチ; 変更, 転換.
Where's the light *switch*?
電灯のスイッチはどこですか.
── 動 他 **1** 《switch ... on で》(電灯など) をつける; 《switch ... off で》(電灯など) を消す.
switch on the TV (= *switch* the TV on) テレビをつける.
switch off the light (= *switch* the light off) 電気を消す.
2 (話題など) を変える; 変更する; …を取りかえる, 交換する.
He *switched* the subject to himself.
彼は自分のことに話題を変えた.
We *switched* seats.
ぼくたちは席を入れかわった.
── 圓 (信号・話題などが) 変わる; 切りかえる.
The light *switched* from red to green. 信号は赤から青に変わった.

Switzerland [switsərlənd スウィッツァランド] 名 スイス (ヨーロッパ中部の共和国; 首都はベルン (Bern)). →形 Swiss

swollen [swóulən スウォウルン] 動 swell (ふくらむ) の過去分詞の1つ.

seven hundred and nineteen 719

sword [sɔːrd ソード] (w は発音しない) 图 剣; 刀; [the をつけて] 武力.

sword 刀

dagger 短剣

The pen is mightier than *the sword*.
(ことわざ)ペンは剣よりも強し(▶ the pen は「言論」, the sword は「武力」を表す).

swore [swɔːr スウォー(ァ)] 動 swear(のの しる)の過去形.

sworn [swɔːrn スウォーン] 動 swear(のの しる)の過去分詞.

swum 3級 [swʌm スワム] 動 swim(泳 ぐ)の過去分詞.

swung [swʌŋ スワング] 動 swing(…をゆ らす)の過去・過去分詞.

Sydney [sídni スィドゥニィ] 图 シドニー (オーストラリア最大の港湾都市).

syllable [síləbl スィラブル] 图 (語の)音節, シラブル.

The word "Japan" has two *syllables*.
Japan という語は2音節から成る.

> ⓘ 参考 音節とはひと続きの音の単位のことで, おもに母音が中心になっている. たとえば, Japan なら Ja・pan のように2つの音節に分けられる.

symbol 3級 [símb(ə)l スィンボル] 图 (複数 **symbols** [-z]) 象徴, シンボル(▶ ×「シンボルマーク」は和製英語. 英語では単に symbol または mark という); (文字・数字などの)記号, 符号.

The dove is a *symbol* of peace.
ハトは平和の象徴である.

a chemical *symbol* 化学記号.

symbolic, symbolical [simbálik スィンバリク ‖ -ból- -ボリ-] [simbálikəl スィンバリカル ‖ -ból- -ボリ-] 形 象徴的な.

sympathetic [sìmpəθétik スィンパセティ ク] 形 同情のある; 思いやりのある; 共感する.

sympathetic words 同情あることば.

sympathize [símpəθaiz スィンパサイズ] 動 ⓐ 1 同情する.

Everyone *sympathized* with him.
みんな彼に同情した.

2 (考え・行動・気持ちなどに)共感する, 賛成する.

sympathy [símpəθi スィンパスィ] 图 (複数 **sympathies** [-z]) 同情, 思いやり; (意見・行動などへの)共感, 共鳴, 支持.

I have no *sympathy* for her.
私は彼女に同情しない.

symphony [símfəni スィンフォニィ] 图 (複数 **symphonies** [-z]) 交響曲, シンフォニー; (米)交響楽団(= symphony orchestra).

symptom [sím(p)təm スィン(プ)トム] 图 (病気などの)症状; 兆候.

flu-like *symptoms*
インフルエンザに似た症状.

synonym [sínənim スィノニム] 图 (ある語の)類義語, 同意語 (反) antonym 反意語).

synthesizer [sínθəsaizər スィンセサイザ] 图 (楽器)シンセサイザー(音の合成装置; 電子楽器の一種).

syrup [sírəp スィラプ, sə́ːrəp サ〜ラプ] 图 シロップ(砂糖, または果汁と砂糖とを煮つめて濃縮した液).

maple *syrup* メープルシロップ.

パンケーキ (pancake) にメープルシロップをかけているところ.

system [sístəm スィステム]

图 1 (社会の)組織, 制度, 仕組み, システム.

educational *system* 教育制度.

the Japanese school *system*
日本の学校制度.

2 体系, 系統; 方法, 方式.

the Japanese writing *system*
日本語の表記体系 (▶日本語の書き表し方のこと).

the metric *system* メートル法.

systematic [sìstəmǽtik スィステマティク] 形 [ふつうほめて] 組織的な, 体系的な, 系統立った.

◀ **tag²**

T t　T t　T t

T, t [ti: ティー] 图 (複数 **T's, t's** [-z] または **Ts, ts** [-z]) ティー (アルファベットの20番目の文字).

[同音語] tea (茶)

t. (略) = ton(s) (トン (重量の単位))

tab [tæb タブ] 图 **1** (缶などの) つまみ, タブ, 口金; (帳簿などについている) 見出し用のラベル.

2 (レストラン・バーなどの) 勘定 (書き), 伝票 (= bill).

3 《コンピューター》タブキー (= tab key); タブ (ブラウザーなどで, 複数のページを開いて切り替えるときの見出し部分).

table 5級 图 テーブル

[téibl テイブル]

图 (複数 **tables** [-z]) **1** テーブル, 食卓; 台 (▶おもに食事用だが, 会議などの日常的仕事にも使う; → desk (図)); テーブルの, 卓上の.

a dinner *table* ディナーテーブル.

Put those dishes on the *table*.
そのお皿はテーブルの上に置いて.

A *table* for two, please.
(レストランで) 2人用のテーブルをお願いします.

She set the *table*.
彼女は食卓の準備をした.

a ping-pong *table* 卓球台.

2 表, 一覧表.

Table 5 shows the results of the experiment. 表5は実験の結果を示している.

a time*table* 計画表, 予定表; 時刻表.

at (the) table 食事中に (▶《米》では the をつけて使うことが多い).

Don't make noise *at the table*.
食事中は音をたてないでね.

tablecloth [téiblklɔ(:)θ テイブルクロ(ー)ス] 图 テーブルクロス.

table manners [téibl mǽnərz] 图 [複数あつかい] テーブルマナー (▶ manners と複数形にすることに注意).

tablespoon [téiblspu:n テイブルスプーン] 图 **1** テーブルスプーン; 大さじ.

2 大さじ1杯 (分の量).

tablespoonful [téiblspu:nful テイブルスプーンフル] 图 (分量が) 大さじ1杯 (分) (▶約15cc).

tablet [tǽblit タブレット] 图 (薬の) 錠剤, タブレット; 銘板, 額; メモ帳; タブレット型コンピューター.

table tennis 3級 [téibl tènis] 图 《スポーツ》卓球, ピンポン (▶ ping-pong ともいう; a をつけず, 複数形なし).

taboo [təbú: タブー] 图 (複数 **taboos** [-z]) タブー, 禁忌 (風習や宗教などによって, してはいけないこと); 禁句.

a religious *taboo* 宗教上のタブー.

tackle [tǽkl タクル] 動 他 (困難・問題・仕事など) に取り組む; 《ラグビー, アメリカン・フットボール》…にタックルする (▶(ボールを持っている) 敵側の選手に組みつき, 前進をはばむこと).

── 图 《ラグビー, アメリカン・フットボール》タックル; 《サッカー》タックル.

taco [tá:kou ターコウ] 图 (複数 **tacos** [-z]) タコス (ひき肉, 野菜などをトルティーヤ (tortilla) にはさんだメキシコ料理).

tadpole [tǽdpoul タドゥポウル] 图 《動物》オタマジャクシ.

tag¹ [tæg タッグ] 图 (番号・定価・あて名などを記した) 札, タグ.

a name *tag* 名札.

a price *tag* 値札.

tag² [tæg タッグ] 图 鬼ごっこ.

Let's play *tag*. 鬼ごっこをしよう.

🔵背景 ❶遊び方は日本と同じで, 鬼を決めたらほかの人は鬼につかまらないようににげる. 鬼につかまった者が次の鬼になり, ほかの人を追いかける. 鬼がつかまえることのできない安全地帯をつくっておくこともある.
❷鬼は it といい, 「きみが鬼だ」は You are it. という.

---

seven hundred and twenty-one　721

tag question ▶

tag question [tǽg kwèstʃən] 名《文法》付加疑問.

tail [2級] [teil テイル] 名 1 尾, しっぽ；尾に似た物；(物の) 後部.
That monkey has a long *tail*.
あのサルは尾が長い.
The dog was chasing his *tail*.
犬は自分のしっぽを追いかけていた.
2 (ふつう複数形で) (硬貨の) 裏面 (反 heads 表面).
Heads or *tails*? 表か裏か？→ head
[同音語] tale (話)

tailor [téilər テイラァ] 名 (紳士服の) 仕立て職人, 洋服店の店主 (▶婦人服は dressmaker).

Taipei [taipéi タイペイ] 名 タイペイ (台北) (台湾の行政の中心地；Taibei ともつづる).

Taiwan [taiwɑ́ːn タイワーン] 名 台湾.

Taj Mahal [tɑ́ːdʒ məhɑ́ːl ターヂ マハール] 名 タージマハル (インドにある霊廟).

take [5級]
…を持っていく, 連れていく；
…を手にとる；
(ある行動) をする, 行う；
(時間) がかかる；
(乗り物) に乗る

[teik テイク] フォニックス48 a は [ei] と発音する.
動 [3単現] **takes** [-s]；[過去] **took** [tuk トゥック]；[過分] **taken** [téikən テイクン]；[ing] **taking**)

(物) を持っていく, (人) を連れていく

…を手にとる　　(乗り物) に乗る

他 **1** (物) **を持っていく**, (人・動物) を連れていく；(take + 人・物 + to + 場所などで) (人・物など) を (場所など) へ連れていく, 持っていく (反 bring…を持ってくる).
Take your umbrella with you.
かさを持っていきなさい.
I *take* my dog *to* the park every morning. 毎朝公園へ犬を連れていく.
I'll *take* you home. 家まで送ってくよ.

2 …**を手にとる**, つかむ；…をとらえる.
She *took* her pencil and started to draw a picture.
彼女は鉛筆を持って絵をかきはじめた.
He *took* my hand.
彼は私の手をつかんだ.
She *took* the baby in her arms.
彼女は赤ちゃんを腕に抱いた.

3 [動作・行動などを表す名詞を目的語にして] (ある行動) **をする**, 行う.
Let's *take* a break here.
ここらでひと休みしよう.
He's *taking* a bath now.
彼はいま入浴中です.

4 (時間など) **がかかる**, …を要する (▶ it を主語にすることが多い；ふつう進行形にしない).

🗨 スピーキング

Ⓐ How long does *it take* to walk to the park?
公園まで歩いてどのくらいかかるの？
Ⓑ *It takes* five minutes.
5分さ.

It took me about an hour to solve this problem.
この問題を解くのに約1時間かかった.

5 (乗り物) **に乗る**, 乗っていく.
He *took* a train to Tokyo.
彼は東京まで列車に乗った.
take a plane 飛行機で行く.

🗨 スピーキング

Ⓐ Does this bus go to Shibuya?
このバスは渋谷へ行きますか.
Ⓑ No, *take* the No.7 bus.
いいえ, 7番のバスに乗ってください.

6 (賞など) **を手に入れる**, もらう；(物) を受けとる；…を受け入れる (= receive).
I *took* first prize in the race.
私はかけっこで1等賞をとった.

◀ **takeaway**

7 (写真) **をとる**；…を書きとる.
I *took* a lot of pictures of animals in the zoo.
動物園で動物の写真をたくさんとった.
Do you *take* notes during class?
授業中はノートをとっていますか.

8 (薬・飲み物) **を飲む**.
Take this medicine after meals.
この薬を食後に飲んでください.

9 (授業・試験など)を受ける；(科目)をとる；(席)をとる.
How many subjects are you *taking*? 何科目とっていますか.
Is this seat *taken*?
この席はふさがっていますか(→この席は空いてますか).

10 …を選ぶ；…を買う (⑱ buy)；(新聞など) を購読する；(部屋・家など) を借りる.
Take any one you like.
どれでも好きなのを１つ取って.
I'll *take* this one.
(店の客が) こっちのほうにします.

11 …をとる，とり去る；(数など)を引く.
Someone has *taken* my umbrella.
だれかが私のかさをとっていった.

be taken ill 病気になる.
He *was taken ill* last week.
彼は先週病気になった.

take after (とくに両親・祖父母など)に(性格・容姿などが) 似ている.
My sister *takes after* my mom.
妹は母に似ている.

take away **…を持ち去る**；連れ去る.
Please *take* the dishes *away*.
お皿を下げてください.

take back (借りていたもの)を返す；(買ったもの)を返品する；…をとりもどす.
I have to *take* this book *back* to the library.
この本を図書館に返さないといけない.

take care 注意する, 気をつける. → care
take care of **…の世話をする**. → care
take down …を降ろす；…を取りはずす；…を解体する；…を書きとめる.
take ~ for ... ~を…と思う；~を…とまちがえる.
I *took* the girl *for* a boy.
その女の子を男の子とまちがえた.

take in …をとり入れる；…を理解する.
Take it easy! 《口語》がんばってね；気楽にやってね；じゃあね. → easy
take off (服・くつなど)**をぬぐ** (⑮ put on …を着る)；…をとり除く；(飛行機が)離陸する (⑮ land 着陸する).
Take off your shoes here.
ここでくつをぬぎなさい.
The plane *took off* on time.
飛行機は時間どおりに離陸した.

take out 1 **…をとり出す**；(人)を連れ出す.
He *took out* a small box.
彼は小さな箱をとり出した.
He *took* her *out* for dinner.
彼は彼女を夕食に連れ出した.
2 《米》(注文した飲食物)を(店で食べずに)持ち帰る；(図書館で)(本)を借り出す.
Two hamburgers to *take out*, please.
持ち帰りでハンバーガーを２つください(▶《英》では take away を使う；また《米》では to go とも言う).

take ... out of ~から…をとり出す.
Take your hands *out of* your pockets. ポケットから手を出しなさい.
take over (事業・責任など)を引き継ぐ；(会社など)を買収する；…を占拠する, 占領する.
take place (事件などが) **起こる**；(行事などが) 行われる. → place
take time 時間がかかる.
take to (人・物)が好きになる.
I *took to* her right away.
ぼくは彼女のことがすぐに好きになった.
take up …をとりあげる；(仕事・趣味など)を始める；(時間・場所など)をとる.
This work *takes up* too much time.
この仕事は時間をとりすぎる.

takeaway [téikəwei テイカウェイ] 形 《英》

taken ▶

(飲食物が) 持ち帰り (用) の, テイクアウトの (= (米) takeout).

── 图 (英) 持ち帰り用の料理 (店), テイクアウトの料理 (店) (= (米) takeout).

taken 【3級】 [téikən テイクン]

動 take (…を持っていく) の過去分詞.

takeout [téikaut テイカウト] 厖 (米) (飲食物が) 持ち帰り (用) の, テイクアウトの；持ち帰りできる (= (英) takeaway).

── 图 (米) 持ち帰り用の料理 (店), テイクアウトの料理 (店) (= (英) takeaway).

takes [teiks テイクス] 動 take (…を持っていく) の3人称単数現在形.

taking [téikiŋ テイキング] 動 take (…を持っていく) の -ing 形.

tale [teil テイル] 图 (架空の) 話, 物語；(ある人・物の) 話. → story¹
a fairy tale おとぎ話. →動 tell
[同音語] tail (尾)

talent [tælənt タレント] 图 (生まれつきの) 才能, 素質；[集合的に] 才能のある人々.
She has a talent for music.
彼女には音楽の才能がある.

┌─ 💬用法 talent と日本語の「タレント」
日本語では芸能人のことを「タレント」というが, 英語の talent にはこのような意味はなく, その意味では personality や celebrity [səlébrəti セレブリティ] などで表す. a TV personality, a TV celebrity (テレビタレント)

talented [tæləntid タレンティド] 厖 才能のある, 有能な.
She is really talented in painting.
彼女にはほんとうに絵の才能がある.

Taliban [tá:ləbɑ:n ターリバーン] 图 [複数あつかい] タリバン (アフガニスタンのイスラム原理主義組織).

talk 【5級】 動 話す, しゃべる

[tɔ:k トーク] (al は [ɔ:] と発音する)
動 (3単現) talks [-s]；(過去) (過分) talked [-t]；(ing) talking) 📘 1 **話す**, 語る, しゃべる；((talk about で)) …について話す；((talk to / talk with で)) …と話す, 話し合う (▶ talk は speak とほぼ同じ意味の語だが,「う

ちとけて話し合う」「あることがらについて話す」という意味で使われる). → say
Stop talking.
おしゃべりはやめなさい.
She talks too much.
彼女はおしゃべりが過ぎる.
Let's talk in English. 英語で話しましょう.
You talk just like my mom. うちのお母さんとまったく同じようなことを言うね.
What are you talking about?
何のことを言ってるの？
Nice talking to you.
お話できてよかったです.
I think you should talk to your parents.
ご両親に話したほうがいいと思うよ.

2 ものを言う, 口をきく.
I was too tired to talk.
つかれすぎてしゃべることもできなかった.
Money talks. (ことわざ) 金がものを言う.

talk over …について (じっくりと) 話し合う
Let's talk it over later.
そのことはあとでよく話し合おう.

talk to myself ひとり言を言う (▶ say to myself は「心の中で思う」という意味).
My mother often talks to herself.
母はよくひとり言を言う.

── 图 (複数) talks [-s] **話**, 会話；(短い) 講演；[しばしば複数形で] (正式な) 会談.
We had a long talk over the phone.
私たちは電話で長話をした.
summit talks (先進国) 首脳会談.

talkative [tɔ́:kətiv トーカティヴ] 厖 (人が) おしゃべりの.

talked [tɔ:kt トークト] 動 talk (話す) の過去・過去分詞.

talking [tɔ́:kiŋ トーキング] 動 talk (話す) の -ing 形.

talks [tɔ:ks トークス] 動 talk (話す) の3人称単数現在形.

── 图 talk (話) の複数形.

tall 【5級】 厖 高い, 身長が…で, 高さが…で

[tɔ:l トール]
厖 (比較) taller；(最上) tallest) (背などが) **高い** (反) short 背が低い)；**身長が…で**, 高さが…で. → high

tall
(背などが) 高い

high
(山などが) 高い

a *tall* boy 背の高い男の子.
a *tall* building 高い建物.
Who is *taller*, you or Bob?
あなたとボブとでは，どっちが背が高いの？
He is the *tallest* player on the basketball team.
バスケットボール部で彼がいちばん背が高い選手だ.

🗣スピーキング

Ⓐ How *tall* are you?
あなたは背の高さがどのくらいありますか.
Ⓑ I'm 1 meter 65 centimeters *tall*.
1m65cmです.
(▶英米では身長はフィートで表すのがふつう. 165cmは約5フィート5インチ. tallを省略して，I'm 1 meter 65 centimeters. ともいう.)

taller [tɔ́:lər トーラァ] 形 tall (背が高い) の比較級.

tallest [tɔ́:list トーレスト] 形 tall (背が高い) の最上級.

tambourine [tæmbərí:n タンバリーン] 名 《楽器》タンバリン.

tame [teim テイム] 形 (動物などが) 飼いならされた，人になれた (反 wild 野生の); (家畜・人などが) おとなしい.
—— 動 他 (野生の動物など) を飼いならす.

tan [tæn タン] 動 (過去)(過分) **tanned** [-d]; (ing) **tanning**) 他 (はだなど) を日焼けさせる.
He is well *tanned*.
あの人はよく日に焼けてるね.
—— 自 日焼けする.

tangerine [tændʒərí:n タンヂェリーン，tǽndʒərì:n タンヂェリーン] 名 《植物》タンジェリン (▶果実は平たい球形で，果皮は橙紅色なので，赤ミカンともいわれる).

tangle [tǽngl タングル] 動 他 …をもつれさせる，からませる.
—— 自 もつれる.

tank [tæŋk タンク] 名 (水・油・ガスなどを貯蔵する) タンク; 戦車.
a water *tank* 水槽.

tanker [tǽŋkər タンカァ] 名 タンカー; タンク車; タンクローリー.

Tanzania [tænzəní:ə タンザニーア] 名 タンザニア (アフリカ東部の連合共和国; 首都はドドマ (Dodoma)).

tap¹ [tæp タップ] 動 (過去)(過分) **tapped** [-t]; (ing) **tapping**) 他 自 (…を) 軽くたたく，軽く打つ; (スマホなどの画面を指で) タップする.
I *tapped* his shoulder. (= I *tapped* him on the shoulder.)
私は彼の肩をポンとたたいた.
—— 名 軽くたたくこと; トントンという音.

tap² [tæp タップ] 名 (水道・ガスなどの) 蛇口 (= (米) faucet); (たるの) 栓.

tape [teip テイプ] 名 (紙・布・セロハンなどの) テープ; (録音・録画用の) テープ.
Scotch *tape* 《米》セロテープ (▶《英》では Sellotape という. ともに商標).
a video*tape* ビデオテープ.
—— 動 他 …をテープでとめる; …をテープに録音する，テープに録画する.

tape measure [téip mèʒər] 名 巻き尺，メジャー.

target 2級 [tá:rgit ターゲト] 名 (弓・銃じゅうなどの) 的ま，標的; (計画などの) 目標.

tart [ta:rt タート] 名 タルト (果物やジャムなどを入れたパイ).

tartan [tá:rtn タートゥン] 名 (スコットランド高地人の) 格子じまの毛織物，タータン; 格子じま，タータンチェック.

Tarzan [tá:rzn ターズン] 名 ターザン (ジャングル冒険物語の主人公).

task 2級 [tæsk タスク ‖ tɑ:sk タースク] 名 仕事，作業，任務 (▶しなければならない，または課せられた仕事をさす). → **work**

taste 3級 [teist テイスト]

名 《複数》**tastes** [-ts ツ] **1** (食べ物の) 味，風味; 味覚.
Chocolate has a bitter *taste*.
チョコレートには苦味がある.
I caught cold and lost my sense of *taste*. かぜをひいて味がわからなかった.
2 好み，趣味しゅ; (服装などの) 美的感覚.
That movie isn't to my *taste*.

tasty ▶

その映画は私の好みに合わない.

3 《**a taste of** で》…のひと口.

Won't you have a *taste* of this dessert? このデザートをひと口いかが？

―― **動**（**3単現** **tastes** [-ts ッ]；**過去** **過分** **tasted** [-id]；**ing** **tasting**）**自**（食べ物が…の）**味がする**.

> 📢**スピーキング**
> **Ⓐ** How does it *taste*?
> 味はいかがですか.
> **Ⓑ** It *tastes* very good.
> とてもおいしいです.

―― **他** …**を味わう**；…の味をみる.

She *tasted* the soup.
彼女はスープを味見した.

tasty **準2** [téisti テイスティ] **形**（**比較** **tastier**；**最上** **tastiest**）（風味があって）おいしい.

tatami [tətɑːmi タターミ]（＜日本語）**名**（**複数** **tatami, tatamis** [-z]）（日本の）たたみ（▶ **tatami mat** ともいう）.

tattoo [tætúː タトゥー] **名** 入れ墨，タトゥー.
―― **動** **他** …に入れ墨をする.

taught **4級** [tɔːt トート] **フォニックス60**

フォニックス36 au は [ɔː] と発音し, gh は発音しない.

動 teach (…を教える) の過去・過去分詞.
Ed *taught* us English yesterday.
エドはきのう私たちに英語を教えてくれた.

tax **2級** [tæks タックス] **名** 税，税金.
an income *tax* 所得税.
a consumption *tax* 消費税.
―― **動** **他**（人・物）に税金をかける，課税する.

taxi **5級** [tæksi タクスィ]

名（**複数** **taxis** [-z]）**タクシー**.
I took a *taxi* to the hotel.
私はホテルまでタクシーに乗った.
Why don't you go by *taxi*?
タクシーで行ったらどうですか？

> 🌐**背景** ニューヨークではアメリカ最大のタクシー会社イエローキャブの黄色いタクシー，ロンドンでは箱型黒ぬりのタクシーが目につく. どちらも自動ドアではない. また料金のほかにチップを払う必要がある.

tea **5級** [tiː ティー] **フォニックス63** ea は [iː] と発音する.

名（**複数** **teas** [-z]）**1** **茶**，紅茶（▶ふつう紅茶をさす. 日本の緑茶 (green tea) と区別する場合には black tea という；ふつう a をつけず，複数形なし）.

"How do you like your *tea*, with milk or with lemon?" "With milk, please."
「紅茶はミルクティーとレモンティーのどちらにされますか」「ミルクを入れてください」

> 📢**スピーキング**
> **Ⓐ** How about some *tea* or coffee?
> 紅茶かコーヒーでもどう？
> **Ⓑ** Thanks. I'll have *tea*.
> ありがとう. 紅茶をいただきます.

2 1杯のお茶，1杯の紅茶.
Three *teas*, please.
紅茶を3つください（▶店などで注文するときの言い方）.

> 📖**文法** **tea の数え方**
> tea はふつう数えられない名詞なので，「1杯のお茶」「2杯のお茶」は a cup of tea, two cups of tea という. しかしレストランなどで注文するときには Two teas, please.（紅茶を2つください）のようにもいう.

3 《英》午後のお茶，ティー.

> 🌐**背景** 一般にイギリス人は紅茶を好む. 午後3時半から5時くらいの間にサンドイッチやケーキ類をそえてお茶を飲む習慣があり，これを afternoon tea とよんでいる. 食事の代用となることもある.

[同音語] T（アルファベットの文字）

teach **5級** **動** …**を教える**

[tiːtʃ ティーチ] **フォニックス63** **フォニックス26** ea は [iː], ch は [tʃ] と発音する.

動（**3単現** **teaches** [-iz]；**過去** **過分** **taught** [tɔːt トート]；**ing** **teaching**）**他**（学科など）**を教える**（**対** learn …を習い覚える）；《**teach ＋人＋学科**など / **teach ＋学科**など **＋ to ＋人**で》（人）に（学科など）**を教える**.

▶ **teamwork**

My father *teaches* history at a college. 父は大学で歴史を教えている.
Mr. Sugita *teaches* us math. (= Mr. Sugita *teaches* math *to* us.)
杉田先生は私たちに数学を教えている.
Jane *teaches* my sister how to play the piano. (=Jane *teaches* my sister the piano.) ジェーンは私の妹にピアノのひき方を教えてくれる.

> 「(人)に(教科など)を教える」の言い方
> He taught them English.
>   人　　　教科
> He taught English to them.
>   教科　　　人

💬用法 **teach** と **tell**, **show**
teach には，教科などをくり返し指導するイメージがあるので，道・名前・住所などを「教える」というときには **tell** や **show** を使う. Could you *tell* me the way to the station? (駅へ行く道を教えてくださいますか) → show

× Teach me the way to the station. ←「道を教える」ときなどには，teach は使えない. tell や show を使う.
○ Tell [Show] me the way to the station.

—圓 **教える**；教師をする.
Where does your mother *teach*?
あなたのお母さんはどこで教えていますか.

teacher 5級 名 **先生**, 教師

[tíːtʃɚ ティーチァ] フォニックス63 フォニックス26 ea は [iː], ch は [tʃ] と発音する.
名 (複数 **teachers** [-z]) **先生**, 教師 (対 student 学生).
She's a science *teacher*. (= She's a *teacher* of science.)
彼女は理科の先生です.

He's a *teacher* at Sumida Senior High School. 彼は墨田高校の先生です (▶ 教科には of, 勤務校には at を使う).
a *teachers'* room 職員室.

✏️ライティング
I like children. I want to be an elementary school *teacher* in the future.
私は子どもが好きです．私は将来，小学校の先生になりたいです．

ℹ️参考 「先生」と呼びかけるとき，英語では Teacher ではなく，Mr. や Ms. などを姓の前につけて，Mr. Smith, I have a question. (スミス先生，質問があります) のように言うのがふつう.

teaches [tíːtʃiz ティーチィズ] 動 teach (…を教える) の3人称単数現在形.
teaching [tíːtʃiŋ ティーチング] 動 teach (…を教える) の -ing 形.
—— 名 教えること，教育；教職；[しばしば複数形で] 教え，教訓.
teacup [tíːkʌp ティーカプ] 名 ティーカップ，紅茶茶わん.

team 5級 [tíːm ティーム] フォニックス63

ea は [iː] と発音する.
名 (複数 **teams** [-z]) (競技などの) **チーム**, 組；仲間，グループ．＝ club, p.728 (図)
He's on the baseball *team*.
彼は野球チーム [野球部] に入っている (▶ (英) では on ではなく in を使う).
I'm a member of the volleyball *team*. 私はバレーボール部員です.
a *team* of doctors 医師団.

🗣スピーキング
Ⓐ What *team* are you on?
  あなたは何のチーム [何部] に入っていますか.
Ⓑ I'm on the tennis *team*.
  テニスチーム [テニス部] に入っています.
Ⓑ I don't belong to any *teams*.
  ぼくはどのチーム [部] にも所属していません.

teammate [tíːmmeit ティームメイト] 名 (複数 **teammates** [-ts ツ]) チームメート，チーム仲間.
teamwork [tíːmwəːrk ティームワ〜ク] 名

seven hundred and twenty-seven　727

チームワーク, 協力.

teapot [tíːpɑt ティーパット ‖ -pɔt -ポト] 名
ティーポット, きゅうす.

tear¹ [tíər ティア]

名 [ふつう複数形で] **なみだ**.
Her eyes were filled with *tears*.
彼女の目はなみだでいっぱいだった.
The girl burst into *tears*.
その女の子はわっと泣きだした.

in tears なみだぐんで.
The boy was *in tears*.
その男の子はなみだぐんでいた.

with tears なみだをためて, なみだながらに.

🔊 発音 tear² と発音がちがうことに注意.

tear² [tέər テア] (ear は例外的に [έər] と発音する) 動 (過去) **tore** [tɔːr]; (過分) **torn** [tɔːrn] 他 (紙・布など)を引きさく, 破る, 引きちぎる.
She *tore* the letter in two.
彼女は手紙を2つに引きさいた.
― 自 さける, 破れる.

tear up …をびりびりに破る, 引きさく.

teardrop [tíərdrɑp ティアドゥラップ ‖ -drɔp -ドゥロップ] 名 涙のしずく; 涙形のもの.

tearoom [tíːruː(ː)m ティールー(ー)ム] 名 喫茶室, 喫茶店.

tease [tíːz ティーズ] 動 他 …をからかう, いじめる.
You shouldn't *tease* girls.
女の子をからかうんじゃありません.
Don't *tease* me. からかわないで.
― 自 からかう, いじめる.

teaspoon [tíːspuːn ティースプーン] 名
1 ティースプーン, 茶さじ; 小さじ.
2 小さじ1杯(分の量).

teaspoonful [tíːspuːnfʊl ティースプーンフル] 名 (分量が)小さじ1杯(分) (▶約5cc).

teatime [tíːtaɪm ティータイム] 名 (午後の)お茶の時間, ティータイム.

technical [téknɪkəl テクニカル] 形 技術的な; 科学技術の, 工業技術の; 専門の.
a *technical* school 工業学校, 専門学校.

technician [tekníʃən テクニシャン] 名 技師, 技術者; (スポーツ・音楽などの)技巧家.

---

sports team / sports club 運動部

badminton team
バドミントン部

baseball team
野球部

basketball team
バスケットボール部

soccer team
サッカー部

swimming team
水泳部

table tennis team
卓球部

tennis team
テニス部

track and field team
陸上部

volleyball team
バレーボール部

◀ **telework**

a computer *technician*
コンピューター技術者.

technique 2級 [tekníːk テクニーク] (アクセント注意) 图 技巧ぎ。，テクニック.

technology [teknάlədʒi テクナロヂィ‖-nɔ́l--ノロ-] (ch は例外的に [k] と発音する) 图
(複数) **technologies** [-z]) 科学技術，工業技術，テクノロジー；工学.
technology and home economics
技術・家庭科.

teddy bear [tédi bèər テディ ベア] 图 テディーベア，クマのぬいぐるみ.

teenage [tíːneidʒ ティーネイヂ] 形 10代の (13歳ぶから19歳の).

teenaged [tíːneidʒd ティーネイヂド] 形 ＝ teenage

teenager [tíːneidʒər ティーネイヂャ] 图
ティーンエージャー，10代の少年，10代の少女 (▶語尾に -teen がつく13歳ぶ(thirteen) から19歳(nineteen)までの若者をさす).

teens [tíːnz ティーンズ] 图 [*my* **teens** で][複数あつかい] 10代 (語尾に -teen がつく13歳ぶ(thirteen) から19歳(nineteen) まで).
My son is in *his* teens.
私の息子は10代です.

teeth 5級 [tíːθ ティース] 图 歯 (tooth の複数形).
Brush your *teeth* before you go to bed. 寝ねる前に歯をみがきなさい.

Tehran, Teheran [te(ə)rάːn テ(ア)ラーン] 图 テヘラン (イランの首都).

tele- [télə- テレ-] 接頭 (▶「遠い，遠距離えんきの，遠距離にわたる」という意味で，名詞や動詞をつくる).
例. telephone (tele + phone 電話) / telescope (tele + scope 望遠鏡) / television (tele + vision テレビ).

telecommute [téləkəmjuːt テレコミュート] 動 自 (パソコンなどを使って) 在宅勤務をする.

telecommuting [téləkəmjuːtiŋ テレコミューティング] 图 (パソコンなどを使った) 在宅勤務.

teleconference [téləkɑnf(ə)rəns テレカンフ(ェ)レンス] 图 (インターネットなどを通じた) 遠隔会議，テレビ会議.

telegram [téləgræm テレグラム] 图 電報，電文 (▶ telegram は1通1通の電文. telegraph は通信手段としての電報をさす).

telegraph [téləgræf テレグラフ‖-grɑːf -グラーフ] 图 電報，電信；電信機.

telephone 5級 [téləfoun テレフォウン]

图 **電話**；電話機；電話の (▶話し言葉ではふつう phone という).
I talked to him on the *telephone*.
ぼくは彼と電話で話した.
Could you answer the *telephone*?
電話に出てもらえますか.
My *telephone* number is 321-5904.
私の電話番号は321-5904です (▶ 321-5904の読み方は three-two-one, five-nine-o-four. 0は電話ではふつう[ou]と読む).

> 🗣 スピーキング
> Ⓐ May I use your *telephone*?
> 電話を貸してもらえますか.
> Ⓑ Sure. Go ahead. ええ，どうぞ.

a pay *telephone* (= a public *telephone*)
公衆電話 (▶ふつう a pay phone という).
a *telephone* booth (=(英)a *telephone* box) 電話ボックス.
── 動 他自 (…に)電話をかける (▶改まった語. 日常語としては call がふつう. また，(英)では ring (up) もよく使う).

telescope [téləskoup テレスコウプ] 图 望遠鏡.
We looked at the moon through a *telescope*. 望遠鏡で月を見た.

television [téləviʒən テレヴィジョン]

图 **1** **テレビ(放送)** (▶略語は TV[tíːvíː]).
I watch *television* in the evening.
私は夜テレビを見る (▶「テレビを見る」というときはふつう the をつけない. 「ラジオを聞く」は listen to the radio といい，the をつける).
We watched a soccer game on *television*.
私たちはサッカーの試合をテレビで見た.
What's on *television*?
いまテレビで何をやっているの？
2 テレビ受像機 (= a television set).
There's something wrong with the *television*. テレビの調子がおかしい (▶テレビの機械そのものをいうときは，a や the をつける).

telework [téləwəːrk テレワ～ク] 動 自

seven hundred and twenty-nine　729

A B C D E F G H I J K L M N O P Q R S **T** U V W X Y Z

teleworking ▶

(パソコンなどを使って) 在宅勤務をする.

teleworking [téləwə̀ːrkiŋ テレワ〜キング]
图 (パソコンなどを使った) 在宅勤務, テレワーク.

---

tell 〔4級〕 動 …を話す, 言う

[tel テル]

(動 〔3単現〕 **tells** [-z]；〔過去〕〔過分〕 **told** [tould トゥルド]；〔ing〕 **telling**) 他 **1 a …を話す**, 言う；**…を告げる**, 教える；(人) に話す；(**tell ＋人＋about＋事で**) (人) に (事) について話す. → say (図)

Don't *tell* lies. うそをつかないで.

Why didn't you *tell* me?
なぜ私に言わなかったの？

I *told* you so! だから言ったでしょ！

Can you *tell* me *about* your father?
お父さんのことを話してくれますか.

b (**tell＋人＋事 / tell＋事＋to＋人で**) (人) に (ある事) を話す [教える].

Tell me the truth.
ほんとうのことを話してよ.

She *told* everyone the secret.
彼女はみんなに秘密を教えた.

I've already *told* it *to* her.
そのことはもう彼女には話した.

> 「(人) に (事) を話す」の言い方
> He told them a story.
>   人   事
> He told a story to them.
>   事   人

Could you *tell* me the way to the nearest bus stop? いちばん近いバス停へ行く道を教えていただけますか.

> **スピーキング**
> Ⓐ Could you *tell* me the way to the stadium?
> 球場へ行く道を教えていただけますか.
> Ⓑ Sure. Go straight down this street. いいですよ. この道をまっすぐ行ってください.
> Ⓑ Sorry, I'm a stranger here myself.
> あいにく, ここの者ではないので.

c (**tell＋人＋(that) ... で**) (人) に…ということを話す [言う]；(**tell＋人＋what [who, where など] ... で**) (人) に何を [だれが [を], どこで] …するかを話す.

I *told* her *that* I wasn't going. (＝ I said to her, "I'm not going.")
彼女に自分は行かないと言った.

She *told* me *where* to change trains.
どこで電車を乗り換えたらいいかを彼女は教えてくれた.

2 (**tell＋人＋to ... で**) (人) に…しなさいと言う [命じる].

My mom *told* me *to* clean up my room.
母は私に自分の部屋をかたづけなさいと言った.

3 〔しばしば can とともに〕 …がわかる.

Can you *tell* the difference?
そのちがいがわかりますか.

― 自 話す；〔しばしば can とともに〕 わかる.

"What do you think?" "I *can't tell*."
「どう思う？」「わからないよ」

→图 tale

tell ～ from ... ～と…を見分ける.

I can't *tell* her *from* her twin sister.
私には彼女とふたごの妹が見分けられない.

tell on (口語) (子どもなどが) …のことを言いつける, 告げ口をする.

Oh, please don't *tell on* me.
ねえ, お願いだからぼくのこと言いつけないで.

to tell the truth じつを言うと. → truth

telling [téliŋ テリング] 動 tell (…を話す) の -ing 形.

tells [telz テルズ] 動 tell (…を話す) の3人称単数現在形.

temper [témpər テンパァ] 图 気分, きげん；怒りっぽいこと, 短気；気質, 気性.

He was in a *temper*.
彼はかんしゃくをおこしていた.

keep *my* ***temper*** 怒りをおさえる, じっとがまんする.

lose *my* ***temper*** かっとなる, 怒りだす.

temperate [témp(ə)rit テンペレト] 形

1 (気候が) 温暖な；温帯の.

a *temperate* climate
温暖な気候.

2 (人・行動などが) 節度ある, 自制した.

temperature 〔準2〕 [témp(ə)rətʃər テンペラチァ] 图 温度, 気温；体温.

730 seven hundred and thirty

◀ tennis

🗣スピーキング
A What's the *temperature*?
いま何度ですか.
B It's 30 degrees Celsius.
(セ氏) 30 度です.

The doctor took her *temperature*.
医者は彼女の体温を計った.

tempest [témpist テンペスト] 名 大あらし, 暴風雨 (▶ storm の激しいもの); [比ゆ的に] 大さわぎ.

temple 3級 [témpl テンプル]

名 (複数 **temples** [-z]) (古代ギリシャ・ローマなどの) **神殿**; (仏教・ヒンズー教などの) **寺**, 寺院.
What *temples* did you visit in Kyoto? 京都ではどのお寺に行ったの？
the Todaiji *Temple* 東大寺.

ⓘ参考 日本ではふつう「寺」を temple, 「神社」を shrine とする.

temporary [témpərèri テンポレリィ ‖ -r(ə)ri -ラリィ] 形 一時的な；仮の (反 permanent 永久の).
a *temporary* worker (派遣社員などの) 臨時労働者 (▶ a temp ともいう).
live in *temporary* housing
仮設住宅に住む.

tempt [tem(p)t テン(プ)ト] 動 他 (人) を誘惑する; (**tempt** + 人 + **to ...** で) (人) に…する気を起こさせる.

temptation [tem(p)téiʃən テン(プ)テイション] 名 誘惑; 誘惑するもの.

ten 5級 形 10 の
名 10

[ten テン]
形 **10 の**; 10 個の, 10 人の; 10 歳で.
I have lived here for *ten* years.
私はここに 10 年住んでいます.
── 名 (複数 **tens** [-z]) **10**; 10 歳, 10 時; [複数あつかい] **10 個**, 10 人.
at *ten* past *ten* 10 時 10 分に.
ten to one 十中八九.
Ten to one, he will succeed.
彼は十中八九成功するだろう.

tend 2級 [tend テンド] 動 自 (**tend to ...** で) …する傾向がある, …しがちである.
She *tends to* talk quickly.
彼女は早口でしゃべる傾向がある.

tendency [téndənsi テンデンスィ] 名 (複数 **tendencies** [-z]) 傾向; くせ.

tender [téndər テンダァ] 形 (比較 **tenderer** または **more tender**; 最上 **tenderest** または **most tender**) (肉などが) やわらかい (反 tough かたい); (人・心などが) 優しい.
tender meat やわらかい肉.
a *tender* heart 優しい心.

tenderly [téndərli テンダリィ] 副 優しく, 親切に.

Tennessee 3級 [tenəsí: テネスィー] 名 テネシー州 (アメリカ南東部の州で, カントリーミュージックを愛する風土で知られる；略語は TN または Tenn.).

tennis 5級 [ténis テニス]

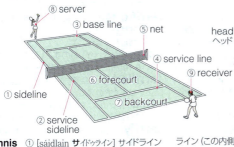

tennis ① [sáidlain サイドゥライン] サイドライン (ダブルスの場合) ②サービス・サイドライン (シングルスの場合はこれがサイドライン) ③ベースライン (この外側からサーブをする) ④サービスライン (この内側にサービスボールを入れる) ⑤ネット ⑥ [fɔ́:rkɔ:rt フォーコート] フォアコート ⑦ [bǽkkɔ:rt バクコート] バックコート ⑧サーバー ⑨レシーバー ⑩ラケット ⑪ボール

seven hundred and thirty-one 731

tenor ▶

图 **テニス**, 庭球 (▶ a をつけず，複数形なし).
She's a good *tennis* player. (= She plays *tennis* well.)
彼女はテニスがじょうずです.

tenor [ténər テナァ] 图 **(音楽)** テナー，テノール (男声の最高音域)；テナー歌手；テナー楽器. → bass.

tense¹ [tens テンス] 厖 **(神経などが)** 緊張（きんちょう）した；(状況などが) 張りつめた，緊迫（きんぱく）した；(綱（つな）などが) 強く張られた.

tense² [tens テンス] 图 **〈文法〉** (動詞の) 時制.
the present *tense* 現在時制.
the past *tense* 過去時制.

tension **2級** [ténʃən テンション] 图 **(精神的な)** 緊張（きんちょう），不安；緊張関係；(ロープなどが) ぴんと張っていること.

tent **4級** [tent テント] 图 テント，天幕.
Let's put up the *tent* here.
ここにテントを張ろう (▶「テントをたたむ」は pull down a tent という).

---

tenth **5級** 厖 **10 番目の** 图 **10 番目**

[tenθ テンス] **フォニックス34** th は [θ] と発音する.
厖 **1** [ふつう the をつけて] **第 10 の**，10 番目の.
The *tenth* month of the year is October. 1 年の 10 番目の月は 10 月です.
2 10 分の1の.
—— 图 **(複数) tenths** [-s] **1** [ふつう the をつけて] **第 10**，10 番目；(月の) 10 日 (▶ 略語は 10th).
2 10 分の 1.
three *tenths* 10 分の 3.

term **2級** [tə:rm ター~ム] 图 **1** (2 学期制，または 3 学期制の) 学期 (▶ semester は 2 学期制の学期を表す)；期間，任期.
the first *term* 1 学期.
the spring *term* 春の学期 (▶ 欧米（おうべい）では学校は 9 月から始まるので，春の学期は学年末になる).
a *term* examination 期末試験.
2 術語，学術用語，専門用語.
technical *terms* 専門用語.
3 [複数形で] (人との) 間がら；(契約・支払（しはら）いなどの) 条件.
I am on good *terms* with him.
私は彼と仲がよい.

in terms of …の点で，…の面で，…に関しては.

terminal [tə́:rmənl ター〜ミヌル] 厖 終わりの；終点の；(病気などが) 末期の.
a *terminal* station 終着駅.
—— 图 **(電車・バスなどの)** 終点，終着駅，始発駅，ターミナル；(空港などの) ターミナル.
an air *terminal* エアターミナル (空港内の建物．あるいは，空港との連絡バスが発着する所).

terrace [térəs テラス] 图 **テラス** (屋内から直接出られるように部屋の前面に石・れんがなどを敷（し）いた床（ゆか）で，いすやテーブルを置いてお茶を飲んだり，子どもが遊び場として使ったりする).

terrible **3級** [térəbl テリブル]

厖 **1** **ひどい**；ひどく悪い.
She said *terrible* things to me.
ぼくは彼女からひどいことを言われた.
It was *terrible* weather.
ひどい天気だった.
The coffee tasted *terrible*.
そのコーヒーはひどくまずかった.

2 **おそろしい**；ものすごい.
a *terrible* earthquake おそろしい地震（じしん）.
War is *terrible*. 戦争はおそろしい.
It was a *terrible* accident.
それはおそろしい事故だった. → 图 terror

terribly **準2** [térəbli テリブリィ] 副 とても，すごく；ひどく.
He was *terribly* injured.
彼はひどいけがをした.

terrific **2級** [tərífik テリフィク] 厖 **1** すごい，すばらしい.
Terrific! すばらしい.
2 (程度・大きさが) ものすごい，猛烈（もうれつ）な.
at a *terrific* speed 猛スピードで.

terrified [térəfaid テリファイド] 厖 こわがって，ひどくおびえて.
I was *terrified* at the earthquake.
地震（じしん）はすごくこわかった. → 图 terror

terrify [térəfai テリファイ] 動 (**3現** **terrifies** [-z]，**過去** **過分** **terrified** [-d]，**ing** **terrifying**) 他 …をおそれさせる，ぞっとさせる. → 图 terror

territory **2級** [térətɔ:ri テリトーリィ || -t(ə)-

-トゥリィ] 名 (複数) territories [-z] (国家の)領土, 領地; (広大な)地域, 地方; (動物の)なわ張り.
This island was once a British *territory*.
この島は以前イギリス領だった.

terror [térər テラァ] 名 (ひじょうな)恐怖. →動 terrify, 形 terrible, terrified

terrorist [térərist テロリスト] 名 暴力革命運動家, テロリスト.

test 5級 [test テスト]

名 (複数) tests [-ts ツ] 1 (学校などの)テスト, 試験 (▶一般的な「試験」の意味では exam または examination を,「小テスト」には quiz を使うことが多い).
a math *test* 数学のテスト.
I had an English *test* today.
今日英語のテストがあった.
My brother passed his driving *test*.
兄は運転免許の試験に合格した.
2 (医療などでの)検査.
a blood *test* 血液検査.
── 動 [3単現] tests [-ts ツ]; [過去] [過分] tested [-id]; [ing] testing 他 …に試験をする; …を検査する.
He *tested* the class in science.
彼はクラスの生徒に理科の試験をした.

Texas [téksəs テキサス] 名 テキサス州 (アメリカ南部にある全米第2の面積(日本の約1.8倍)をもつ州; 略語は TX または Tex.).

text 3級 [tekst テクスト] 名 (本の注釈やさし絵などに対して)本文; (翻訳などに対して)原文,原典; 教科書(= textbook); 《コンピューター》テキスト(データ); (スマホなどの)携帯メール(text message) (▶英語では携帯メールを email とはいわない).
── 動 他 自 携帯電話やスマホで(メッセージを)書く[送信する].

texting [tékstiŋ テクスティング] 名 (スマホなどで)携帯メールを打つこと, メッセージのやりとりをすること.

textbook 5級 [téks(t)buk テクス(トゥ)ブク]

名 (複数) textbooks [-s] **教科書**, テキスト.
Open your *textbooks* to page 10.
教科書の10ページを開きなさい.
a math *textbook* 数学の教科書.

背景 アメリカの公立校では, 教科書は個人の持ち物ではない. 生徒は上級生のお下がりを使うことが多く, 学年末に書きこみを消して学校へ返す.

textile [tékstail テクスタイル, -til -ティル] 名 織物, 布地; 織物の原料.

texture [tékstʃər テクスチャ] 名 手ざわり, 肌ざわり; 舌ざわり, 食感.

-th [-θ -ス] 接尾 ▶1の位が 1, 2, 3 以外の数詞について, 序数(「…番目(の)」を表す数)をつくる.
例. fourth (4番目(の)) / thirty-sixth (36番目(の))(▶ five → fifth, eight → eighth, nine → ninth, twelve → twelfth, また twenty → twentieth など -ty → -tieth には注意).

Thai [tai タイ] 形 タイの; タイ人の, タイ語の.
── 名 タイ人; タイ語.

Thailand 3級 [táilænd タイランド] 名 タイ(アジア南東部の王国; 首都はバンコク(Bangkok)).

Thames [temz テムズ] 名 [the をつけて] テムズ川 (ロンドンを流れ, 北海に注ぐ川).

than 4級 接 …よりも

[ðən ザン, (強めると)ðæn ザン] フォニックス35 th は

◀ than

seven hundred and thirty-three 733

thank ▶

[ð] と発音する.

接 1 (**形容詞・副詞の比較級 + than** で) **…よりも**, …にくらべて.

Mary is taller *than* I am. (= Mary is *taller* than me.) メアリーは私より背が高い
(▶ 話し言葉では than me のほうがふつう. この than は前置詞).

I know him *better than* you do.
彼のことはきみよりもぼくのほうがよく知っている.

2 (**other** または **else** など **+ than** で) …よりほかに.

There was nothing I could do *other than* (to) wait.
私には待つこと以外何もできることはなかった.

3 (**would rather ... than ～** で) ～よりもむしろ…したい.

I'd *rather* stay here a little longer *than* go home.
家に帰るよりもう少しここにいたい.

── **前** (**形容詞・副詞の比較級 + than** で) **…にくらべて, …よりも** (▶ あとには名詞・代名詞などが続く), (**比較級 + than any other + 名詞** で) どの…よりも～だ (▶ any other の後ろにはふつう単数名詞がくる).

He runs much faster *than* me. (= He runs much faster than I do.)
彼はぼくよりずっと速く走る.

This story is more interesting *than* that one.
こっちの話のほうがそっちの話よりもおもしろい.

Kohei swims faster *than any other* student in the class.
康平はクラスのどの生徒よりも泳ぐのが速い.

✍️ライティング
I like summer better *than* winter.
私は冬より夏のほうが好きだ.

more than …より以上. → more

thank

5級 **動** **…に感謝する**
名 **感謝**

[θæŋk サンク] フォニックス34 th は[θ]と発音する.
動 (3単現 thanks [-s]; 過去 過分 thanked [-t]; ing thanking) **他** **…に感謝する**, 礼を言う; (**thank + 人 + for ...** で) (人) に…を感謝する.

I can't *thank* you enough.
どうお礼を申してよいかわかりません.

I *thanked* my aunt *for* her present.
私はおばにプレゼントのお礼を言った.

No, thank you. いいえ, けっこうです.
"May I help you?" "*No, thank you.* I'm just looking."
「(店員が) 何にいたしましょうか」「けっこうです. ちょっと見ているだけです」

🗣️スピーキング
Ⓐ How about another cup of coffee?
コーヒーをもう1杯どうですか.
Ⓑ *No, thank you.*
いや, けっこうです.
Ⓑ Yes, please.
ええ, いただきます.

Thank God! / Thank goodness! / Thank heaven(s)! [ほっとして] ありがたい, ああよかった, やれやれ (助かった).
Thank God, it's Friday!
ありがたい, 金曜日だ (→やれやれ, 1週間が終わった) (▶ 英米では学校や会社は土・日曜は休みだから. TGIF [tiːdʒiːaief] と略して言うことが多い).

Thank you. ありがとう.

🗣️スピーキング
Ⓐ *Thank you very much.*
どうもありがとう.
Ⓑ You're welcome.
どういたしまして.

"How are you?" "Fine, *thank you.* And you?"
「ごきげんいかがですか」「元気です, ありがとう. あなたはいかがですか」

Thank you so much.
どうもありがとうございます.

Thank you just the same.
とにかくありがとう (▶ 相手の申し出を断る場合やこちらからの質問・依頼に対して望む返答が得られなかった場合の言い方. "Would you like another cup of coffee?" "No, but *thank you just the same.*"
「コーヒーをもう1杯いかがですか」「いや, けっこうです. でもどうもありがとう」).

Thank you for your letter.
手紙をありがとう.

Thank you for everything.
いろいろとありがとうございます.

Thank you for calling.
電話をしてくれてありがとう.
Thank you for your time.
時間をとっていただき, ありがとうございます.

プレゼン
This is all for my presentation.
Thank you for listening.
私の発表は以上です. ご清聴ありがとうございました.

用法 Thank you. と I thank you.
Thank you. は感謝を表すときのもっとも一般的な言い方. もともとI thank you. (私はあなたに感謝する)のIが省略された形で, いまでもとくに改まった言い方では I thank you. ということもある.

参考
英米人はどんな小さな行為にも, その時点で Thank you. と礼を言う. しかし過ぎてしまったことには, 「先日はどうも」のように言うことは少ない. だから先週せっかくごちそうしたのに何も礼を言わないからといって不思議に思うことはない.

スピーキング
Thank you. (ありがとう)に対して「どういたしまして」と答えるときは, 次のように言う.
(It's) my pleasure.
You're welcome.
Don't mention it.
Not at all.
No problem.
下にいくほどくだけた言い方になる.

―― 名 (複数) thanks [-s] ▶つねに複数形で使う. **1** [間投詞的に使って] (口語) **ありがとう** (▶ Thank you. よりもくだけた言い方で, 親しい者同士で使う表現).
Thanks a lot. どうもありがとう.
No, *thanks*. いや, けっこうです.
Thanks for the drink. 飲み物をありがとう.
Thanks for coming. 来てくれてありがとう.
"Can I help you (out)?" "No, but *thanks* anyway."
「手伝おうか?」「いいよ, でもありがとう」
2 感謝: 感謝の気持ち.
a word of *thanks* 感謝のことば, お礼.

a letter of *thanks* 礼状. →形 thankful
thanks to …のおかげで.
Thanks to his help, I was able to finish in time.
彼が手伝ってくれたおかげで, 間に合わせることができた.

thanked [θæŋkt サンクト] 動 thank (…に感謝する)の過去・過去分詞.

thankful [θæŋkfəl サンクフル] 形 感謝している. →名 thank

thanking [θæŋkiŋ サンキング] 動 thank (…に感謝する)の -ing形.

thanks [θæŋks サンクス] 動 thank (…に感謝する)の3人称単数現在形.
―― 名 thank (感謝)の複数形.

Thanksgiving (Day) [θæŋksgiviŋ (dèi)] 名 (米)感謝祭(▶11月の第4木曜日).

背景
アメリカへ入植した清教徒(Puritan)が秋の収穫を神に感謝したことに始まる. 家族が集まって, 七面鳥の丸焼きやパンプキンパイなどのごちそうを食べる.

thank-you [θæŋkjù: サンキュー] 形 お礼の, 感謝の.
a *thank-you* card 礼状.
―― 名 お礼, 感謝のことば.

that
5級 代 あれ, それ
形 あの, その
接 …ということ

[ðət ザト, (強めると)ðæt ザット] フォニックス35 th は [ð] と発音する.

代 (複数) those [ðouz] **1** [はなれている物や人をさして] **あれ, あの人**; [相手の近くにある物をさして] **それ** (対) this これ, この人).

this / that

That's a rare bird, isn't it?
あれはめずらしい鳥だね (▶ that is は短縮して that's [ðæts ザッツ] となる).
That's my English teacher.
あの人がぼくの英語の先生だよ.

that ▶

That's a nice bike.
(相手の自転車を見て) それ，いい自転車だね．
"What's *that* on the desk?" "It's a music box." 「机の上にあるそれは何？」「オルゴールだよ」

📖文法 that と it のちがい

that も it も日本語では「それ」と訳されることがあるが，はたらきは異なる．
that は人や物をさし示すはたらきがある．だから，相手の近くにある物をさして「それは何？」と聞くときは What is it? ではなく，What is that? という．
それに対して，**it** は前に話に出てきた物を受けるときに使う．次の文の it は前に出てきた that をさしている．
"Is that a pen?" "No." "What is *it* then?" (「それはペン？」「ちがうよ」「それじゃ何？」)

2 [前に出てきた物事・人をさして] **それ，**そのこと，その人．
That's my favorite movie.
それはぼくの大好きな映画だよ．
I didn't know *that*.
そんなこと知らなかった．
That's good to hear.
それはよかった．

3 [前に出てきた単数名詞のくり返しをさけて]
(**しばしば that of ... で**) (…の) **それ.**
The climate of Japan is different from *that* of Australia.
日本の気候はオーストラリアのそれ (気候) と異なる (▶この that は the climate の代わり)．

4 [関係代名詞として] **…するところの** (▶日本語には訳さないことが多い)．
The student *that* (= who) came late was Yuto.
遅れてきた生徒は勇人だ．[主格]
Who is the first student *that* (= who) came to the classroom this morning?
けさ最初に教室に来た生徒はだれですか．[主格]
He has a dog *that* (= which) swims very well. 彼は泳ぎがとてもじょうずな犬を飼っている．[主格]
I'm going to read all the books (*that*) you lent me.
貸してくれた本は全部読もうと思っている．[目的格]

先行詞	主格	所有格	目的格
人	who	whose	who, whom*
動物・物	which	whose	which**
人・動物・物	that	—	that**

*省略するか，who を使う．whom は話し言葉では使うのはまれ．
**話し言葉では省略するのがふつう．

📖文法 関係代名詞 that の使い方

❶ that は先行詞が人でも物でも使われる．
❷ that が目的格の場合は省略できる．
❸ 先行詞に最上級の形容詞や，the only, the first, the same, all, any などの修飾語句がつくときには原則として that が使われるが，人が先行詞の場合には who が使われることが少なくない．

that is (to say) つまり
The concert takes place next Monday, *that is*, on May 2.
コンサートは来週の月曜日，つまり5月2日にある．

that's a good boy [girl] いい子だから
(▶子どもに言い聞かせたり励ましたりするときに使う)

That's all. それで終わり，それでおしまい，それだけのこと．
That's all for today. 今日はこれで終わります (▶授業の終わりなどに使う表現)．

That's it. そのとおり，ああそれだ．
"Is this the map you were looking for?" "Yeah, *that's it*."
「さがしてたのはこの地図のこと？」「うん，それそれ」

That's too bad. それはいけませんね．
→ bad

—— 形 [複数 those [ðóuz]] [はなれている物・人をさして] **あの；その** (対 this この)．
Do you know *that* girl?
あの女の子を知っていますか．
This textbook is mine, and *that* one is yours.
こっちの教科書がぼくので，そっちのがきみのだ．

◀ **the**

📖文法 that と the
that と the は「その」と訳されることがあるが、はたらきは異なる。that は人や物をさすはたらきがあり、「その、あの」の意味を表す。the には単に前に出てきた人・物を受けるはたらきしかない。そのため、相手が身につけているものや、相手の近くにあるものをさしていう日本語の「その」にあたる英語は the ではなく that のことがよくある。
例.「その帽子はきみに合わないよ」
That hat doesn't look good on you.

―― 副 《口語》それほど、そんなに.
I can't wait *that* long.
そんなに長く待てないよ.
Did you go *that* far?
そんなに遠くまで行ったの?
that much そんなにたくさん.

―― 接 **1** …ということ (▶この that は省略されることが多い).
I know (*that*) you're angry.
きみが怒っているのはわかってるよ.
I think (*that*) she's at home.
彼女は家にいると思う.

2 《it ~ (that) ... で》…ということは〜である (▶ it は that 以下のことをさす). → **it**
It is true (*that*) I saw him.
私が彼に会ったことはほんとうです.
It's strange (*that*) he didn't come.
彼が来なかったのは不思議だ.

3 《名詞+ that ... で》…という〜 (▶ that 以下は前の名詞と同格になる).
The news *that* the president died was wrong.
大統領が死んだというニュースはまちがっていた.

4 《so (that) 〜 can [may] ... で》〜が…できるように、〜が…するために (▶話し言葉ではしばしば that を省略する).
Study hard *so* (*that*) you *can* pass the exam.
試験に合格できるようにしっかり勉強しなさい.

5 《so 〜 (that) ... / such 〜 (that) ... で》**ひじょうに〜なので…、…ほど〜だ** (▶ so のあとには形容詞・副詞、such のあとには「形容詞+名詞」がくる。話し言葉では that はしばしば省略される). → **so, such**
I was *so* busy (*that*) I had no time for lunch.
忙しくて昼食を食べるひまもなかった.
He was *such* a good teacher (*that*) he was liked by every student.
彼はとてもよい先生だったので、生徒みんなに好かれていた.

6 [形容詞のあとにつけて原因・理由を表して] …して、…なので (▶話し言葉では that はしばしば省略される).
I'm glad (*that*) you're with me.
きみがいっしょにいてくれてよかった.

◀発音 一般に that は「あれ」「あの」という意味のときには [ðæt ザット] と強く発音するが、関係代名詞や接続詞のときは [ðət ザット] と弱く発音する.

thatch [θætʃ サッチ] 名 わらぶきの屋根、カヤぶきの屋根；屋根ふきの材料（わら、カヤなど）.
―― 動 他 (わらなどで)(屋根)をふく.
a *thatched* roof カヤぶき屋根.

that'll [ðætl ザットゥル] that will の短縮形.
That'll be fine. それでだいじょうぶでしょう.

that's [ðæts ザッツ] that is または that has の短縮形.
That's a good idea. それはよい考えだ.

the 5級 冠 その, 例の

[(子音の前では) ðə ザ, (母音の前では) ði ズィ; (強めると) ðiː ズィー] フォニックス35 th は [ð] と発音する.

the は、話題になっている語句や状況から相手もわかる語句の前に使う。

冠 **1 その**, この, あの, 例の (▶前ですでに述べている物・人や、状況などから相手にはっきりわかる物・人を表す名詞の前に置く. 日本語ではどれをさすのかはっきりわかる場合は訳さなくてよい). → **that**
I have a cat and a dog. *The* cat is older than *the* dog.
私はネコを1ぴき、犬を1ぴき飼っている。ネコのほうが犬より年上だ (▶前に出てきた名詞をくり返すときに the を使う).
Please close *the* door.
ドアを閉めてください (▶どのドアをさしている

seven hundred and thirty-seven 737

theater, theatre ▶

Who's *the* lady standing over there?
あそこに立っている女の方はどなたですか（▶この場合はあとに説明の語句が続いてその人が特定されている）.

He is *the* tallest student in the class. 彼はクラスでいちばん背が高い生徒だ（▶形容詞の最上級が使われているとき）.

The second Sunday in May is Mother's Day.
5月の第2日曜は母の日です（▶序数が使われているとき）.

📝文法 the と a

the は特定のものを表すときに使い，a は不特定のものを表すときに使う.
例. I want *the* dog. 私はその犬がほしい（▶ the dog は，ある決まった特定の犬のこと）.
I want *a* dog. 私は犬が1ぴきほしい（▶ a dog は，どんな犬でもいい，不特定の犬の中の1ぴきをいう）.

2 [方角・天体など，ただ1つのものの前で]
I live in *the* west of the city.
私は市の西部に住んでいる. [方角]
Turn to *the* right at the corner.
角を右に曲がってください. [方角]
The sun is high in *the* sky.
太陽は空高くのぼっている. [天体]
The moon was almost full.
月はもう少しで満月だった（▶形容詞がつくと，a full moon（満月）のように a [an] を使う）.
3 [固有名詞の前で] ▶大文字で始まる固有名詞にはふつう the をつけない（山・国・公園・湖・駅名など）. ただし，次の場合にはつける. 山脈・群島・家族名などの複数形の語や，川・海・乗り物・公共建造物・新聞・雑誌名など.
the Alps アルプス山脈.
the Ogasawara Islands 小笠原諸島.
the Robinsons ロビンソン家の人々.
the Pacific (Ocean) 太平洋.
the Thames テムズ川.
the Japan Sea 日本海.
the White House ホワイトハウス.
the Times タイムズ紙.
4 ((the ＋形容詞で)) …の人々；…であること.
the old (＝old people) 高齢者たち.

the rich (＝rich people) 金持ちの人たち.
the beautiful (＝beauty) 美.
5 ((the ＋単数形の名詞で)) …というもの（▶改まった言い方）.
The horse is a useful animal.
馬は役に立つ動物である（▶「馬という（種類の）動物は…」という意味. 話し言葉では the をつけずに複数形を使って，Horses are useful animals. とするのがふつう）.
6 ((the ＋単位・量を表す語で)) …につき.
The hose is sold by *the* meter.
ホースは1メートルいくらで売られている.
He is paid by *the* week.
彼は週給でもらっている.
── 剾 **1** ((the ＋比較級, the ＋比較級で)) 〜すればするほど（ますます）….
The more people have, *the more* they want. 人は持てば持つほどほしくなる.
2 ((all) the ＋比較級で)) それだけ…，ますます….
I like him *all the better* for his faults. 彼には欠点があるからかえって好きだ.

theater, (英) **theatre** 4級 [θíətər スィアタァ] 名 **1** 劇場（▶（米）でも劇場名には theatre のつづりを使うことがある）；((おもに米)) 映画館（＝movie theater, (英) cinema）.
I'm going to the *theater* this weekend. 私はこの週末に劇を見にいく.
a drive-in *theater* ドライブイン映画館, ドライブインシアター（▶車に乗ったまま映画が見られる）.
2 [ふつう the をつけて] 演劇，劇.

their 5級 代 彼らの，彼女らの

[ðər ザァ, (強めると)ðeər ゼァ] フォニックス35 th は [ð] と発音する.
代 (they の所有格) **彼らの**, 彼女らの, それらの. → they (表)
Their parents live in New York.
彼らの両親はニューヨークに住んでいる.
Everyone has *their* own weaknesses. だれにでも欠点はある（▶正式には his or her となるが，話し言葉では their が everyone の所有格として使われる）.

theirs 5級 [ðeərz ゼアズ] フォニックス35 th は [ð] と発音する.

◀ **there**

代 (they の所有代名詞) **彼らのもの**, 彼女らのもの. → mine¹ (表)
This car is *theirs*, not ours.
この車は彼らので, ぼくたちのではない.

them 5級 代 **彼らを, 彼らに, 彼女らを, 彼女らに**

[ð(ə)m ゼム, (強めると)ðem ゼム] フォニックス35
th は [ð]と発音する.
代 (they の目的格) **彼らを [に]**, 彼女らを [に], それらを [に] (▶人だけでなく動物や物の場合も使われる). → they (表)
I have two little birds. I like *them* very much. 私は小鳥を 2 羽飼っています.
私はそれらが大好きです.
Have you seen my glasses? I put *them* somewhere.
ぼくの眼鏡, 見なかった? どこかに(それを)置いたんだけど.

🗣 スピーキング
Ⓐ Do you know Jane and Ben?
あなたはジェーンとベンを知っていますか.
Ⓑ Yes, I know *them* well.
はい, 私はその人たちをよく知っています.

theme 準2 [θiːm スィーム] (発音注意) 名
1 主題, テーマ; (話し合いの) 議題, 話題.
2 《音楽》主題, 主旋律; テーマ曲, 主題歌 (= theme song).
theme park [θiːm pɑːrk] 名 テーマパーク (特定のテーマで統一されたレジャー施設).

themselves [ðəmsélvz ゼムセルヴズ]

代 **1** [意味を強めるために使って] **彼ら自身**, 彼女ら自身, それら自体 (▶この用法では themselves を強く発音する). → oneself(表)
They had to do the work *themselves*. 彼らは彼ら自身でその仕事をしなければならなかった.
2 [動詞・前置詞の目的語として] **彼ら自身を [に]**, 彼女ら自身を [に], それら自体を [に].
The children hid *themselves* behind the door.
子どもたちはドアのかげにかくれた.
(all) by themselves 彼らだけで, 彼女らだけで.
They went swimming *by themselves*.
彼らは自分たちだけで泳ぎにいった.
for themselves 彼ら自身のために, 彼女ら自身のために.
They built their house (*for*) *themselves*. 彼らは自分たちのために家を建てた.

then 5級 副 **そのとき, それから** 名 **そのとき**

[ðen ゼン] フォニックス35 th は [ð]と発音する.
副 **1 そのとき**, そのころ, その当時 (▶ then は過去だけでなく未来にも使う).
I was in Kobe *then*.
そのとき私は神戸にいた.
Just *then*, she called me.
ちょうどそのとき, 彼女が電話をしてきた.
I'll show you the pictures *then*.
写真はそのときに見せてあげるね.
2 それから, その次に.
I'm going to visit Los Angeles, (and) *then* Seattle.
ロサンゼルスに行ってからシアトルに行くつもりだ.
3 [ふつう文のはじめか終わりに置いて] **それでは**, それなら.
"Is this yours?" "No." "Whose is it, *then*?"
「これはきみの?」「ちがうよ」「それじゃあ, だれのだろう?」
but then しかしそれにしても; そもそも.
(every) now and then ときどき.
→ now
—— 名 [ふつう前置詞のあとで] **そのとき**.
I haven't seen them since *then*.
私はそのときからずっと彼らに会っていない.
Tom will come soon. Wait till *then*.
トムはまもなく来ます. それまで待っていなさい.

theory 2級 [θí(ː)əri スィ(ー)オリィ] 名 (複数 theories [-z]) 理論 (反 practice 実行); 学説.
in theory 理論上は, 理論的には.
therapy [θérəpi セラピィ] 名 (複数 therapies [-z]) 治療.

there 5級 副 **そこに, そこへ, そこで; (there + be 動詞で)…がある**

[ðər ザァ, (強めると)ðeər ゼア] フォニックス35 th は [ð]と発音する.

seven hundred and thirty-nine **739**

there ▶

副 1 そこに [へ, で], あそこに [へ, で] (対 here ここに).

here

there

Go *there* right away.
すぐそこに行きなさい.

× go to there
— there は「そこへ」の意味の副詞なので, to はつけない.
○ go there

We stayed *there* for a week.
私たちはそこに1週間滞在した.
Don't stop *there*. Move on!
そこで止まらないで. 先に進んで!
Is Mike *there*?
(電話で)マイクは(そこに)いますか.

2 [相手の注意をうながして] **ほら, そら**.
There he comes. ほら, 彼が来た.
There goes the bus.
ほら, バスが出るよ.

🗣 スピーキング
Ⓐ Where is my watch?
ぼくの時計どこだろう?
Ⓑ *There* it is.
ほら, あそこにあるよ.

3 (there + be 動詞で) (ふつう不特定の物) **がある**, (人) **がいる** (▶「there + be 動詞」のあとに主語がくる).

There is a fireplace in the living room.
居間には暖炉がある (▶主語 (a fireplace) が単数形なので be 動詞は is).
There are some pictures on the wall. かべには(何枚か)絵がかかっている (▶主語 (pictures) が複数形なので be 動詞は are).
There are no stores around here.
このあたりには店が1軒もない.
"How many students *are there* in your class?" "*There* are thirty-five."
「クラスに生徒は何人いますか」「35人います」
(▶ thirty-five のあとの students はふつう省略する).

🔷 **文法 There is ... / There are ... の文**
❶主語が単数のときは There is ..., 複数のときは There are ... の形を使う.
❷この there には「そこに」という意味はない. だから「そこに…がある」というときは, ふつう There is a knife (over) there. (そこにナイフがある)のようにいう.
❸疑問文は 「Be 動詞 + there ...?」, 否定文は 「There + be 動詞 + not ...」となる.
❹この文型は不特定の物・人がある, いることを表すもので, your book のような特定の物の場合は, Your book is on the desk. (きみの本は机の上にある) のように表す.

4 (there + be 以外の動詞で) ~が…する (▶おもに小説や物語などで使われる表現).
Once upon a time, *there* lived a lazy boy.
昔々, ものぐさな少年が住んでいました.
There stands an old house on the hill. 丘の上に1軒の古い家が立っている.

◀ **発音 1, 2** のように「そこに」とか「ほら」という意味のときは [ðeər ゼァ] と強めて発音する. 一方, there is / there are のように「そこに」という意味がない場合には [ðər ザァ] と弱く発音する. there is は [ðərz ザァズ], there are は [ðərar ザァラァ] のように続けて発音することが多い.

here and there あちこちに. → here
over there あそこに. → over
There is no -ing …することはできない.
There is no knowing what may happen. 何が起こるかわからない.
up there あそこに[で], あそこの上に[で].
—— **名 そこ**, あそこ (▶ a をつけず, 複数形なし).
What time did you leave *there*?
きみは何時にそこを出発したのですか.
We can see the whole city from *there*. そこから町全体が見える.
—— **間** [はげまし・なぐさめ・満足などを表して] **ほら!, そら!**
There, there, don't cry.

そらそら，泣かないで．
Hi, there. やあ．

there をふくんだ表現
Are you there?
[電話で] もしもし，(だまっているけれど) 聞こえていますか．
I'll be right there.
すぐに行きます．
Hang in there.
がんばって．
There you go.
はい，どうぞ；そうそう，その調子 (▶相手をほめるときの言い方).
Who's there?
そこにいるのはだれ (▶ドアのベルを鳴らしている人などに言う．Who is it? のほうがていねいな言い方．だれかが隠れているのではないかと思ったときにも使われる).

therefore 準2 [ðéərfɔːr ゼアフォー(ァ)] 副
それゆえに，その結果 (▶ (and) so より改まった言い方).
I think, *therefore* I am. われ思う，ゆえにわれあり (▶フランスの哲学者デカルトのことば).

there'll [ðéərl ゼアル] there will の短縮形．

there're [ðéərər ゼアラァ] there are の短縮形．

there's [ðéərz ゼアズ] there is または there has の短縮形．

thermal [θə́ːrməl サ〜マル] 形 熱の．
a *thermal* power station 火力発電所．

thermometer [θərmámətər サマメタァ ‖ -mɔ́mə- -モメ-] (アクセント注意) 名 温度計，寒暖計．
a clinical *thermometer* 体温計．

thermos [θə́ːrməs サ〜マス ‖ -mɔs -モス]
名 魔法びん (▶もとは商標名).

thermos bottle [θə́ːrməs bátl ‖ θə́ːrməs bɔ́tl] 名 《米》魔法びん．

thermostat [θə́ːrməstæt サ〜モスタト] 名 サーモスタット，自動温度調節器．

these 5級 代 これら
形 これらの

[ðiːz ズィーズ] フォニックス35 フォニックス49 th は [ð], 前の e は [iː] と発音する.

代 (this の複数形) [近くのものをさして] こ

れら，これ，この人たち (対 those あれら)
(▶日本語では「これ」ということが多い).

these

those

These are my brothers.
(写真を見せて) これはぼくの兄弟です (▶1人ならば This is my brother. という).
"What're *these*?" "They're koalas."
「これは何？」「コアラだよ」
── 形 (this の複数形) **これらの**，この．
These apples arrived yesterday.
これらのリンゴはきのう着いた．
I don't like *these* dresses.
私はこういうドレスは好きじゃない．
I haven't seen him *these* past five years.
私はこの5年間彼に会っていない．
one of these days 近いうちに．→ day
these days このごろ．→ day

they 5級 代 彼らは，彼らが，彼女らは，彼女らが

[ðei ゼイ, (強めると)ðeː ゼイ] フォニックス35
フォニックス65 th は [ð], ey は [ei] と発音する．
代 **1** (he, she, it の複数形) **彼らは[が]**, 彼女らは[が], それらは[が].

	単数	複数	
主格	he, she it	they	彼(女)らは[が] それらは[が]
所有格	his, her its	their	彼(女)らの それらの
目的格	him, her it	them	彼(女)らを[に] それらを[に]

They are my friends.
彼らは私の友だちです．

文法 they の使い方
they は男性にも女性にも，また動物にも物にも，2人または2つ以上の複数名詞の代わりに使う．

seven hundred and forty-one 741

they'd ▶

彼らは

それらは

2 (自分をふくめないでばくぜんと) **人々**, 世間の人々 (▶日本語に訳さないことが多い).
They sell T-shirts at that store.
あの店ではTシャツを売っている.
They speak English in Australia. (= English is spoken in Australia.)
オーストラリアでは英語が話されている.
They don't have much rain in Kuwait.
クウェートではほとんど雨が降らない.
They say (that) ... **…だそうだ；**…といううわさだ (= It is said that ...; People say (that) ...).
They say that this winter will be very cold. この冬はとても寒くなるそうだ.

they'd [ðeid ゼイド] they would または they had の短縮形.

they'll [ðeil ゼイル] they will の短縮形.
They'll be back by ten.
彼らは10時までにはもどります.

they're [ðear ゼア] they are の短縮形.
They're playing basketball.
彼らはバスケットボールをしている.

they've [ðeiv ゼイヴ] they have の短縮形.

thick 3級 [θik スィック]

形 **1 厚い, ぶ厚い** (反 thin うすい)；厚さが…ある.

thick　　　thin

This book is very *thick*.
この本はたいへん厚い.
The ice is thirty centimeters *thick*.
氷の厚さは30センチある.
2 太い, ずんぐりした (反 thin 細い).
a *thick* rope 太いロープ.

a *thick* neck 太い首.
3 (液体などが) **こい**；(木・髪などが) 密集した, しげった, こい (反 thin うすい).
thick soup
こいスープ.
Blood is *thicker* than water.
(ことわざ) 血は水よりもこい.
The fog was *thick* that morning.
その朝は霧がこかった.
── 副 厚く, こく, 密に.

◀発音▶ sick [sik スィック] (病気の) と発音がちがうことに注意.

thicken [θik(ə)n スィクン] 動 @ 厚くなる, 太くなる, こくなる；複雑になる.
── 他 …を厚くする, 太くする, こくする.

thief [θi:f スィーフ] 名 (複数 thieves [θi:vz]) どろぼう, こそどろ.

🔵用法 thief と robber と burglar
thief は「どろぼう」を表す一般的な語で, ひそかに人の物をぬすむ「こそどろ, かっぱらい」をさす. **robber** は暴力やおどしを使って金品をうばう強盗, **burglar** はふつう夜間に家や店に侵入して金品をうばうどろぼうをさす. また, **pickpocket** は「すり」, **shoplifter** [ʃápliftər シャプリフタァ] は「万引きする人」.

thieves [θi:vz スィーヴズ] 名 thief (どろぼう) の複数形.

thigh [θai サイ] 名 太もも.

thin 3級 [θin スィン]

形 (比較 thinner; 最上 thinnest) **1 うすい** (反 thick 厚い).
a *thin* slice of bread
パンのうすい1切れ.
The ice was too *thin* to skate on.
氷はスケートをするにはうすすぎた.
2 やせた, 細った (反 fat 太った)；細い (反 thick 太い).

thin

fat

She became *thin* after her illness.

◀ **think**

彼女は病気のあとやせた.

用法 thin と slender と slim と skinny
thin は「やせている」という意味の一般的な語だがしばしば「不健康な」というイメージをともなう. slender は「すらりとした」, slim は「細めの」「ほっそりとした」というよい意味になる. 反対に, skinny は「がりがりの」「やせこけた」という悪い意味になる.

3 (液体などが) うすい；(木・髪などが) まばらな, うすい (反 thick 密集した, こい).
thin soup うすいスープ.
thin hair うすくなった髪.

thing
4級 [θiŋ スィング] フォニックス34
th は [θ] と発音する.
名 (複数 things [-z]) **1 物；事.**
Children love sweet *things*.
子どもはあまい物が大好きだ.
I have a lot of *things* to do today.
私は今日やることがたくさんある.

2 [複数形で] **状況, 事態；(一般に) 物事.**
Things are getting better.
状況はよくなってきている.
How are *things* with you? (= How are *things* going?)
(あいさつで) お元気ですか；調子はどう？

3 (*my things* で) **持ち物, 所持品；衣類.**
I have to pack *my things*.
私は持ち物を荷づくりしないといけない.

***for one thing* 1つには,** 1つの理由として (▶あとにふつう for another (thing) がくる).
For one thing, I'm busy; *for another*, I'm tired.
1つには私は忙しいし, また1つにはつかれてもいる.

think
5級 動 **…と思う, 考える**

[θiŋk スィンク] フォニックス34 th は [θ] と発音する.
動 (3単現 thinks [-s]；過去 過分 thought [θɔːt ソート]；ing thinking) 他 **1 …と思う, 考える；(think (that) ... で) …と考える** (▶ that はしばしば省略される).
I *think* (*that*) he is American.
私は彼がアメリカ人だと思う.

I *think* (*that*) she will come soon.
私は彼女はまもなく来ると思う.

スピーキング
🅐 Do you *think* Tom will win the game?
トムは試合に勝つと思う？
🅑 Yes, I *think* so.
うん, そう思う.
🅑 No, I don't *think* so.
いや, そうは思わない.

Who do you *think* will win the game? どっちが試合に勝つと思う？ (▶文中に do you think が組みこまれた形. Who (do you think) will win the game? と考えるとわかりやすい).
I don't *think* it will rain tomorrow.
私はあすは雨が降らないと思う.

「あすは雨が降らないと思う」の言い方
× I think it will not rain tomorrow.
ふつう think のほうを否定する.
○ I don't think it will rain tomorrow.

2 (**think ... + (to be) 名詞または形容詞で) …を～と思う.**
I *thought* it a very difficult problem. (= I *thought* (that) it was a very difficult problem.)
私はそれをとても難しい問題だと思った.

用法 think と日本語の「思う」
think は「…と思う」という意味のもっとも一般的で幅広く使える語. ただし日本語で「思う」といっても, 英語では場合によっていろいろ使い分ける. たとえば「リサは先生になりたいと思っている」のように意志・希望などを表すときは, think は使わずに Lisa *wants*[*hopes*] to be a teacher. という.

一自 **考える, 頭を使う.**
Let me *think*. (= Let me see. / Let's see.)
(質問に答える前に) ちょっと考えさせて；えーと.
Think carefully before you answer.
答える前によく考えなさい. →図 thought
***think about* …のことを考える,** 思う.

seven hundred and forty-three 743

thinking ▶

He is *thinking about* his future.
彼は自分の将来のことを考えている.
What do you *think about* our new teacher? 私たちの新しい先生をどう思う？
(▶ How do you think ...? ではないことに注意).

think highly of = ***think much of*** …を重んじる，高く評価する，よいと思う (▶ much はふつう否定文で使う).
She *thinks highly of* you.
彼女はきみのことを高く買っているよ.

think of …のことを考える；…を思い出す；…しようかと思う；…を思いつく.
I'm always *thinking of* you.
ぼくはいつもきみのことを考えている.
I haven't *thought of* this.
こんなことは考えもしなかったよ.
I'm *thinking of* buying a new bike.
新しい自転車を買おうかと考えている.
What do you *think of* the plan?
その計画をどう思うか (▶ think about と同じ).

think over …をじっくり考える.
Think it *over.* じっくり考えなさい.
We *thought over* the plan.
私たちはその計画をよく検討してみた.

thinking [θíŋkiŋ スィンキング] 動 think (…と思う) の -ing 形.
── 名 考えること，思考；意見.
── 形 考える.
Man is a *thinking* animal.
人間は考える動物だ.

thinks [θiŋks スィンクス] 動 think (…と思う) の3人称単数現在形.

third 5級 形 3番目の 名 3番目

[θə́ːrd サ〜ド] フォニックス34 フォニックス77 th は [θ], ir は [əːr] と発音する.
形 **1** [ふつう the をつけて] **第3の**, 3番目の (▶ 略語は 3rd. 「3の，3つの」は three). → number (表)
the third lesson 第3課.
third base (野球) 3塁.
2 3分の1の.
── 名 (複数 **thirds** [-dz ツ]) **1** [ふつう the をつけて] **第3**, 3番目；(月の) 3日.
the third of June (= June 3) 6月3日

(▶ June 3 は June third または June the third と読む).
Henry *the Third* (= Henry III)
ヘンリー3世.
2 3分の1.
two *thirds* 3分の2.
3 (野球) 3塁.

thirdly [θə́ːrdli サ〜ドゥリィ] 副 (列挙して) 第3に，3番目に. → firstly, secondly, lastly

thirds [θə́ːrdz サ〜ツ] 名 third (3分の1) の複数形.

thirst [θə́ːrst サ〜スト] 名 のどのかわき；切望.

thirsty 4級 [θə́ːrsti サ〜スティ]

フォニックス34 フォニックス77 th は [θ], ir は [əːr] と発音する.
形 (比較 **thirstier**；最上 **thirstiest**) **1** **のどのかわいた**.
I'm *thirsty*. Do you have something to drink?
のどがかわいた. 何か飲み物ある？
2 …を強くほしがって.
He is *thirsty* for success.
彼は成功したいと強く望んでいる.

thirteen 5級 形 13の 名 13

[θə̀ːrtíːn サ〜ティーン] フォニックス34 フォニックス64
th は [θ], ee は [iː] と発音する. 前後の文のリズムによりアクセントの位置が変わり [θə́ːrtiːn] となることがある.
形 **13の**：13個の，13人の；13歳で.
She is *thirteen* years old.
彼女は13歳です (▶ 話し言葉では years old は省略されることが多い).
── 名 (複数 **thirteens** [-z]) **13**：13歳；[複数あつかい] **13個**, 13人.
at *thirteen* past one 1時13分に.

> 背景 キリストの「最後の晩餐」の会食者は13人で，この中に裏切り者のユダがふくまれていた. このことから13を unlucky thirteen (不吉の13) といい，不吉な数字としてきらう. ホテルなどでは13階や13号室はないことが多く，飛行機などでも座席番号13はないことがある.

744 seven hundred and forty-four

◀ this

thirteenth
5級 [θəːrtíːnθ サ〜ティーンス]
形 [ふつう the をつけて] **第13の**, 13番目の.
── **名** [ふつう the をつけて] **第13**, 13番目；（月の）13日（▶略語は 13th）.
Friday *the thirteenth* 13日の金曜日（▶欧米では縁起の悪い日と考える人もいる）.

thirties
[θə́ːrtiz サ〜ティズ] **名** thirty (30) の複数形.

thirtieth
[θə́ːrtiəθ サ〜ティエス] **形** [ふつう the をつけて] 第30の, 30番目の.
── **名** [ふつう the をつけて] 第30, 30番目；（月の）30日（▶略語は 30th）.

thirty
5級 **形** 30の
名 30

[θə́ːrti サ〜ティ] **フォニックス34** **フォニックス77** th は [θ], ir は [əːr] と発音する.
形 **30の**；30個の, 30人の；30歳で.
April has *thirty* days. 4月は30日ある.
── **名** (**複数** thirties [-z]) **1 30**；30分；30歳；[複数あつかい] **30個**, 30人.
2 (**my thirties で**)（年齢の）**30代**；(**the thirties で**)（各世紀の）30年代（▶ the 30s または the 30's とも書く）.
Our teacher is in *his thirties*.
私たちの先生は30代です.
in *the* (nineteen) *thirties*
(19)30年代に.

this
5級 **代** これ
形 この, ここの

[ðis ズィス] **フォニックス35** th は [ð] と発音する.
代 (**複数** these [ðiːz]) **1 これ**, この人（対 that あれ）.
Look at *this*. これを見て.
This is my new bike.
これがぼくの新しい自転車だよ.
Is *this* your umbrella?
これはあなたのかさですか.

💬スピーキング
Ⓐ What is *this*?
これは何ですか.
Ⓑ It's *natto*.
納豆です.

This isn't my textbook.
これはぼくの教科書ではありません.
Mom, *this* is my friend Marina.
お母さん, こちらは友だちの麻里奈さん（▶人を紹介するときの言い方）.

💬スピーキング
Ⓐ Hello?
もしもし.
Ⓑ Hello, *this* is Ken (speaking).
Is *this* [(英) that] Mary?
もしもし, ケンですが, メアリーさんですか.
Ⓐ *This* is she.
そうです.
❶ This is ... speaking.（こちらは…です）は電話での決まった言い方.
❷ 電話では,（米）では「こちら」も「そちら」も this を使う.（英）では「こちら」は this,「そちら」は that を使う.

💬用法 this と that
this は話し手の近くにある物, that ははなれたところにある物をさすときに使う.

2 このこと；これから述べること（▶「いま述べたこと」をさす場合もある）.
But remember *this*. You're still young.
でもこのことは忘れないで. きみはまだ（精神的に）若いということはね.
3 いま, 今日, これ
This is Mother's Day.
今日は母の日です.
This is the first time (that) I saw a panda. (= *This* is the first time (that) I've seen a panda.)
パンダを見たのはこれがはじめてです.
── **形** (**複数** these [ðiːz]) **1** [近くのもの・人をさして] **この**, ここの（対 that あの）.
This game is really exciting.
このゲームはとてもおもしろいね.
Have you seen *this* movie?

seven hundred and forty-five 745

thistle ▶

この映画，見たことある？
2 いまの，現在の．
this morning けさ．
I'll come over *this* afternoon.
今日の午後遊びにいくね．

> **🔍文法 this + 時を表す名詞**
> **this** が時を表す名詞の前につくと，しばしば副詞句となり，前置詞をつけない．
> *this* week 今週．
> *this* month 今月．
> *this* year 今年．

this time 今度は，**今回は．** → time
—— 副 [程度・量などを示す形容詞・副詞の前に置いて]《口語》**このくらい，これだけ，こんなに．**
The box was *this* big.
(手で大きさを示すなどして) 箱はこのくらいの大きさだった．

thistle [θísl スィスル] 名《植物》アザミ (スコットランドの国花)．→ flower (図)

thorn [θɔːrn ソーン] 名 (植物の) とげ，針．
thorough [θə́ːrou サ〜ロウ ‖ θʌ́rə サラ] 形 徹底的な，完全な (同 complete).
a *thorough* examination
徹底的な検査．
thoroughly [θə́ːrouli サ〜ロウリィ ‖ θʌ́rəli サラリィ] 副 徹底的に，完全に．

those 5級 代 **あれら，それら**
形 **あれらの，それらの**

those

these

[ðouz ゾウズ] フォニックス35 フォニックス51 th は [ð], o は [ou] と発音する．

代 (that の複数形) **1** [はなれている複数のもの・人をさして] **あれら，**あれ，あの人たち；[相手の近くにあるものをさして] **それら，**それ (対 these これら) (▶日本語では「あれ」「それ」ということが多い).

Those are my pictures.
あれらは私の写真です．
I like these chocolates better than *those* (ones). 私はあっちよりこっちのチョコレートのほうが好きだ．
2 (**those who ...** で) **…する人々．**
Heaven helps *those who* help themselves. (ことわざ) 天はみずから助くる者を助く (▶「努力すれば報われる」という意味).
3 [前に出てきた複数名詞のくり返しをさけて] (**しばしば those of...** で) (…の) **それら．**
→ that
The gestures of children are different from *those of* adults.
子どものしぐさは大人のそれとはちがう．
—— 形 (that の複数形) **あれらの，あの；それらの，その．**
Look at *those* birds. あの鳥を見て．
***in those days* そのころは．** → day

though [ðou ゾウ]

ou は例外的に [ou] と発音する．
接 **1 …だけれども** (= although).
Though I met her once, I can't remember her name.
彼女には1度会ったが，名前が思い出せない．
Though he is rich, he has few friends. 金持ちではあるが，彼には友人がほとんどいない．
2 [補足的に主節のあとに置いて] **もっとも…ではあるけれども．**
I believe we have a test tomorrow, *though* I'm not sure. あしたはテストじゃなかったかな，確かではないけど．
***as though* …であるように；まるで…みたいに** (= as if).
It sounds *as though* you enjoyed yourself. 楽しかったみたいね．
***even though* …ではあるが；たとえ…だとしても．** → even
—— 副 [文の終わりに置いて]《口語》**…だけど．**

◀ **through**

I didn't buy that T-shirt. I liked it, *though*. そのTシャツは買わなかった. 気に入ってたんだけどね.

thought 【4級】 [θɔːt ソート]
フォニックス34 フォニックス36 th は [θ] と発音し, gh は発音しない. ou は例外的に [ɔː] と発音する.

動 think (…と思う) の過去・過去分詞.
I *thought* (that) she would come.
私は彼女は来ると思っていた.
── 名 [複数] thoughts [-ts ツ] **考えること**, 思考；考え, 意見；思いやり.
after long *thought* 長い間考えてから.
An interesting *thought* came into my head. おもしろい考えが頭に浮かんだ.
→ 動 think

thoughtful [θɔ́ːtfəl ソートゥフル] 形 考えこんでいる；思慮ぶ深い；思いやりのある.
It was very *thoughtful* of you to remember my birthday. 私の誕生日を覚えていてくれてほんとうにありがとう.

thoughtless [θɔ́ːtlis ソートレス] 形 思慮ぶのない；思いやりのない.

thousand 【5級】 形 1000 の 名 1000

[θáuz(ə)nd サウザンド] フォニックス34 フォニックス72 th は [θ], ou は [au] と発音する.
形 **1 1000 の**, 1000 個の, 1000 人の.
two *thousand* cars 2000 台の自動車.
2 多数の, 無数の.
A *thousand* thanks. ほんとうにありがとう.
── 名 [複数] thousands [-dz ヅ] **1000**；[複数あつかい] **1000 個**, 1000 人.
a [one] *thousand* 1000.
ten *thousand* 1万.
a [one] hundred *thousand* 10万.

📖文法 **thousand の使い方**
❶ 2000, 3000 は two thousand, three thousand という. thousand に -s はつけない.
❷ thousand は thousands of (何千もの…) などのとき以外は複数形にしない.

thousands of 何千もの…, 多数の…, 無数の….
Thousands of people went to see the painting. 何千もの人々がその絵を見にいった.

thousandth [θáuz(ə)n(t)θ サウザン(トゥ)ス] 形 [ふつう the をつけて] 第 1000 の, 1000 番目の.
── 名 [ふつう the をつけて] 第 1000, 1000 番目.

thread 【2級】 [θred スレッド] 名 糸, ぬい糸.
sew with cotton *thread* 木綿 糸でぬう.

threat 【2級】 [θret スレット] (発音注意) 名 脅迫 , おどし.

threaten 【2級】 [θrétn スレトゥン] (発音注意) 動 他 …をおどす, 脅迫 する.
The robber *threatened* the clerk with a knife.
強盗 は店員をナイフでおどした.

three 【5級】 形 3 の 名 3

[θriː スリー] フォニックス34 フォニックス64 th は [θ], ee は [iː] と発音する.
形 **3 の**；3 個の, 3 人の；3 歳で.
This stool has *three* legs.
このいすには脚が 3 本ある.
── 名 [複数] threes [-z ズ] **3**；3 歳, 3 時；[複数あつかい] **3 個**, 3 人.
He left at *three*. 彼は 3 時に出かけた.
a *three*-legged race 2 人 3 脚 .

threw [θruː スルー] 動 throw (…を投げる) の過去形.
[同音語] through (…を通りぬけて)

thrill [θril スリル] 名 (恐怖 ・興奮・喜びで) どきどきすること, ぞくぞくすること, スリル.
── 動 他 (人) をどきどきさせる, ぞくぞくさせる.

thrilled [θrild スリルド] 形 わくわくして, ぞくぞくして.

thrilling [θriliŋ スリリング] 形 どきどきさせる, スリリングな.

throat [θrout スロウト] 名 のど.
I have a sore *throat*. 私はのどが痛い.

throne [θroun スロウン] 名 王座, 玉座 ；[the をつけて] 王位, 王権.

through 前 …を通りぬけて 副 通して

[θruː スルー] フォニックス34 フォニックス36 th は [θ]

seven hundred and forty-seven 747

throughout ▶

と発音し、gh は発音しない。ou は例外的に [uː] と発音する。

…を通りぬけて

…の間ずっと

前 1 …を通りぬけて，通って．
The train went *through* the tunnel.
列車はトンネルを通りぬけた．
The cat came in *through* the window. ネコは窓から入ってきた．
2 [時間について] …の間ずっと，…中に．
She kept silent *through* the meal.
彼女は食事の間ずっとだまっていた．
all *through* the year (= throughout the year) 一年中．
3 …のいたる所を[に]，…中を[に]．
They traveled *through* Europe.
彼らはヨーロッパ中を旅行した．
4 [月・日などの前で]《米》…まで．
I go to school from Monday *through* Friday.
学校には月曜から金曜まで通っている．
5 [手段・方法を表して] …で，…を通じて；[理由を表して] …のために．
We looked at onion cells *through* a microscope.
顕微鏡でタマネギの細胞を観察した．
6 …を終えて；(経験)を経て．
I'm halfway *through* this book.
私はこの本を半分読み終えた．

━ 副 1 通りぬけて，通して．
I pushed the door open and walked *through*.
私はドアを押し開けて（ドアから）中に入った．
2 初めから終わりまで，最後まで，ずっと．
She read the letter *through*.
彼女は手紙を最後まで読んだ．
3 すっかり，完全に (= completely).
He was wet all the way *through*.
彼はびしょぬれだった．
4《米》(電話が) 終わって；《英》(電話が) 通じて．
I am *through*. 《米》(電話で) 通話は終わりました；《英》電話が通じた．
be through with …を終える．
Are you *through* with your homework? 宿題は済ませたの？

━ 形 **直通の．**
a *through* train 直通列車．
[同音語] threw (throw (…を投げる) の過去形)

throughout 2級 [θruːáut スルーアウト]

前 [場所を表して] …のいたる所を[に]；[時間を表して] …を通じて．
He has traveled *throughout* Japan.
彼は日本中を旅行している．
throughout the night 夜じゅう．
throughout the world
世界のすみずみの[で]．

━ 副 **いたる所に；すっかり，まったく．**

throw 3級 [θrou スロウ] フォニックス34 フォニックス74 th は [θ]，ow は [ou] と発音する．

動 (3単現 throws [-z]；過去 threw [θruː]；過分 thrown [θroun]；ing throwing) 他
1 (物)を投げる，ほうる．
He *threw* the ball to the first baseman. 彼はボールを一塁手に投げた (▶ throw … to は「相手が受けとめられるように投げてやる」という意味).
He *threw* a snowball at me.
彼はぼくに向かって雪玉を投げつけた (▶ throw … at ～ は「～めがけて…を投げつける」という意味).
2 (光・影・視線など)を投げかける．
The tree *threw* a shadow in the moonlight.
その木は月の光を浴びて影を落としていた．

━ 自 **投げる，ほうる，ほうり投げる．**
You *throw*, and I'll catch.
きみが投げろよ．ぼくがとるから．

throw away …を捨てる，処分する．
Don't *throw away* those magazines yet. その雑誌，まだ捨てないでね．
throw down …を投げ下ろす．
throw off …をぬぎ捨てる；…をほうり出す；(習慣・考えなど)を捨てる．
throw out (不要なもの)を捨てる，処分

する；…を投げ出す．
I have to *throw out* these old clothes.
私はこれらの古着を処分しないといけない．

throw up …を投げ上げる；(食べた物を)もどす，はく．
I think I'm going to *throw up*.
もうはきそうだ．

── 名 《複数》 throws [-z] **1** 投げること．
an overhand *throw* 《野球》上手投げ．
2 投げて届く距離.
within a stone's *throw* of my house
家から石を投げたら届くごく近い所に．

thrown [θroun スロウン] 動 throw (…を投げる) の過去分詞．

thrush [θrʌʃ スラッシ] 名 《鳥》ツグミ．

thrust [θrʌst スラスト] 動 《過去》《過分》thrust)
他自 (…を)強く押す，急に押す，つく；(…を)つきさす．
── 名 ひと押し，ひとつき．

thumb [θʌm サム] (発音注意) 名 (手の)親指．
a *thumb* and four fingers
親指と4本の指．→ finger, hand (図)

thumbs down 不同意 (の合図)，不満足(の合図)．

thumbs up 同意(の合図)，満足(の合図)．

thumb 親指を上へ向けるのは「賛成」「満足」，下へ向けるのは「反対」「不満」のジェスチャー．両手ですることもある．

thumbtack [θʌ́mtæk サムタク] 名 《米》画びょう (=《英》drawing pin)．

thunder [θʌ́ndər サンダァ] 名 雷，雷鳴 (▶ 「いなずま」は lightning)．
── 動 自 《it を主語にして》雷が鳴る．
It *thundered* all night.
一晩中雷が鳴っていた．

thunderbird [θʌ́ndərbəːrd サンダァバード] 名 《鳥》サンダーバード，ライチョウ．

thunderstorm [θʌ́ndərstɔːrm サンダストーム] 名 激しい雷雨，雷をともなったあらし．

Thur. 《略》= Thursday (木曜日)
Thurs. 《略》= Thursday (木曜日)

Thursday 5級 名 木曜日

[θə́ːrzdei サ〜ズデイ, -di -ディ] フォニックス34
フォニックス79 th は [θ]，ur は [əːr] と発音する．
名 《複数》 Thursdays [-z] **木曜日** (▶略語は Thu. または Thur., Thurs.)．
He came on *Thursday*.
彼は木曜日に来た (▶「…曜日に」というときにはふつう on をつける)．
I have an English test next *Thursday*.
来週の木曜日に英語のテストがある(▶ this(今週の), next (次の), last (この前の) などをつけるときは on は使わない)．

○ on Thursday
× on next Thursday
└─ next や last などがつくときは on は使わない．

○ next Thursday
▶曜日名は大文字で書きはじめる．

on *Thursday* morning 木曜日の朝に．

《背景》"Thor (北欧神話の雷神トール；ローマ神話の Jupiter (=木星) に相当) + day (日)" から．

thus 2級 [ðʌs ザス] 副 このように，こうして；それゆえ，したがって (▶改まった語)．

tick¹ [tik ティク] 動 自 (時計・機械などが)カチカチいう．
── 他 (時計が) (時) を刻む；《おもに英》…にチェックマーク (✓) を入れる．
── 名 (時計などの)カチカチいう音；《英》チェックマーク (✓) (=《米》check)．

tick² [tik ティク] 《虫》ダニ．

ticket 5級 [tíkit ティケト] フォニックス27
ck は [k] と発音する．

名 《複数》 tickets [-ts ツ] (乗り物の) **切符**，チケット，乗車券；(遊園地・催し物などの) チケット，入場券．
a one-way *ticket* 《米》=《英》a single *ticket* 片道切符．
a round-trip *ticket* 《米》=《英》a return

ticket office ▶

ticket 往復切符.
an airline *ticket* 航空券.
I got two *tickets* for the concert.
コンサートのチケットを 2 枚買った.

ticket office [tíkit ɔ̀(ː)fis] 图 切符
売り場 (= (英) booking office).

tickle [tíkl ティクル] 動 他 …をくすぐる；…
をむずむずさせる.

ticktack [tíktæk ティクタク] 图 チクタク(▶
時計などのカチカチという音).

tidal [táidl タイドゥル] 形 潮の.

tide [táid タイド] 图 潮_{しお}；潮流.
The *tide* is coming in. 潮が満ちている.
The *tide* is going out. 潮が引いている.

tidy 準2 [táidi タイディ] 形 (比較 tidier；
最上 tidiest) きちんとした；こぎれいな.
She keeps her room *tidy*.
彼女は自分の部屋をいつもきちんとしている.

tie 準2 [tai タイ] (ie は [ai] と発音する)

動 (3単現 ties [-z]；過去 tied [-d]；
ing tying [táiiŋ]) 他 **1** (ひもなどで) …を
結ぶ, しばる.
He bent down and *tied* his shoe-
laces. 彼はかがんでくつひもを結んだ.
2 (試合などで) …と同点になる.
— 自 **1** 結べる.
My dress *ties* at the back.
私のドレスは背中で結びます.
2 (試合などで) 同点になる.
Waseda and Keio *tied*.
早稲田_だと慶應_{おう}は引き分けた.

tie up …をしっかりしばる；…と提携_{けい}す
る, タイアップする.
— 图 (複数 ties [-z]) **1** ネクタイ (▶(米)
では necktie ともいうが, tie のほうがふつう).
He was wearing a red *tie*. (= He

had a red *tie* on.)
彼は赤いネクタイをしていた.
2 (試合などの) 同点, 引き分け.
The game was a *tie*. (= The game
ended in a *tie*.)
その試合は引き分けだった.
3 [ふつう複数形で] きずな, つながり.

tiger 3級 [táigər タイガァ] 图 《動物》トラ
(▶とくにめすをさすときは tigress という).
a paper *tiger*
張り子のトラ (外見は強そうでも, じつは弱いも
の).

tight [táit タイト] 形 (服・くつなどが) ぴっ
たりした, きつい；しっかりした, かたい (反
loose ゆるい)；(ひもなどが) ぴんと張った.
a *tight* knot 固くしまった結び目.
These shoes are too *tight*.
このくつはきつすぎる.
— 副 固く, しっかりと；ぐっすりと.
Sleep *tight*. ぐっすりおやすみ.

tightly [táitli タイトゥリィ] 副 かたく, きつく,
しっかりと.

tights [taits タイツ] 图 [複数あつかい] タイ
ツ；(英) パンティーストッキング.

tigress [táigris タイグレス] 图 《動物》めす
のトラ. → tiger

tile [tail タイル] 图 (屋根用の) かわら；(か
べ・浴室などの) タイル.

till [til ティル, (強めると)til ティル]

▶ until と意味は同じ. 話し言葉では until
よりも till を使う. 書き言葉では until のほ
うが好まれる. → until
前 [時間の継続を表して] …まで(ずっと)
(同 until). → by
from morning *till* night 朝から晩まで.
— 接 **1** …するまで (ずっと)；[前から訳し

**単語力を
つける** ── ticket 切符, チケットのいろいろ

- [ ] an airline ticket 航空券
- [ ] a bus ticket バスの乗車券
- [ ] a concert ticket
  コンサートのチケット
- [ ] a movie ticket
  映画のチケット, 鑑賞券

- [ ] a season ticket 定期券
- [ ] a train ticket 電車の乗車券
- [ ] buy a ticket チケットを買う
- [ ] reserve a ticket. book a ticket
  チケットを予約する

◀ **time**

て〕…してついに（＝⑩ until）.
Let's wait *till* he comes.
彼が来るまで待とう（▶ till のあとの動詞は，未来のことでも現在形を使う）.
2《**not ～ till ...** で》…するまで～しない，…してはじめて～する.
I did*n't* notice it *till* he told me.
彼が言うまで私はそのことに気がつかなかった.
We do *not* realize the importance of health *till* we lose it.
人は健康を失うまではその価値がわからない（→人は健康を失ってはじめてその価値がわかる）.

timber [tímbər ティンバァ] 图 《英》（建築用の）材木，木材（＝《米》lumber）.

---

time 5級 图 時刻，時間，…回，…倍

[taim タイム] フォニックス50 i は [ai] と発音する.
图 《複数》 times [-z] **1 時刻**（▶ a をつけず，複数形なし）.

🔊スピーキング
Ⓐ What *time* is it? いま何時ですか？
Ⓑ It's two (o'clock). 2 時だよ.

Do you have the *time*? (＝《英》Have you got the *time*?)
いま何時ですか（▶日常会話では What time is it? よりもこちらのほうがふつう）.
What *time* do you get up?
何時に起きますか.
The *time* is seven thirty.
時刻は 7 時 30 分です.
2 時間，時（匈 space 空間）（▶ふつう a をつけず，複数形なし）.
It's only a matter of *time*.
それは時間の問題にすぎない.
Time flies. 《ことわざ》時は飛ぶように過ぎる＝光陰矢のごとし.

Time is money. 《ことわざ》時は金なり.
3（ある活動をする）**時**，時間，ひま，余裕（▶ふつう a をつけず，複数形なし）.
It's *time* to go to bed. もう寝る時間よ.
It's *time* for dinner. 晩ご飯よ.
She has no *time* to read.
彼女には本を読むひまがない.
4 [ふつう a をつけて]（一定の）**期間**.
We had to wait for *a* long *time*.
私たちは長い時間待たされた.
I'll be back in *a* short *time*.
すぐにもどります.
5《**have a ＋形容詞 ＋ time** で》…な経験をする；…な目にあう.
I *had a* great *time* at the camp.
キャンプはとても楽しかった.
I *had a* hard *time* finding his house.
彼の家を見つけるのに苦労した.
6 …回，度，…**倍**，…かける（▶「1 回」は once，「2 回，2 倍」は twice または two times で，「3 回，3 倍」以上は … times で表す）.
This is the first *time* I've been here.
ここに来たのははじめてです.
We practice tennis three *times* a week.
私たちは週に 3 回テニスの練習をしている.
How many *times* a year do you travel? 1 年に何回旅行をしますか.
one more *time* もう一度.
Australia is about twenty *times* as large as Japan.
オーストラリアは日本の約 20 倍の広さだ.
7 [しばしば複数形で]（歴史の）**時代**，時期；**時勢，時流，情勢**.
Times have changed. 時代は変わった.
at the *time* of the Pacific War
太平洋戦争の時代に.

all the time その間ずっと；いつも.

単語力をつける

time　時を表すことば

☐ a year　　年
☐ a month　　月
☐ a week　　週
☐ a day　　日

☐ a century　　世紀
☐ an hour　　時間
☐ a minute　　分
☐ a second　　秒

---

seven hundred and fifty-one　751

time capsule ▶

(at) any time いつでも.
Come and see me *at any time*.
いつでも遊びにいらっしゃい.

at a time 一度に, 一回に.

at one time かつては；一度に, 同時に.
At one time he lived in Paris.
かつて彼はパリに住んでいた.
Don't eat too much *at one time*.
一度にあまりたくさん食べないように.

at that time その時には.
There were no telephones in Japan *at that time*.
そのころ日本には電話がなかった.

at times ときどき.

behind the times 時代遅れの.

behind time 遅刻して.

for some time しばらくの間.

for the first time はじめて. → first

from time to time ときどき.
He came to see me *from time to time*. 彼はときどき私に会いに来た.

gain time (時計が) 進む；時をかせぐ.

Have a good time. じゃあ, 楽しくやりなさい；行ってらっしゃい.

🗨 スピーキング

Ⓐ I'm going to the movies now.
いま映画に行くところなんだ.
Ⓑ *Have a good time.*
楽しんでらっしゃい.

in time 間に合って；そのうちに.
I'll be back *in time* for dinner.
夕食に間に合うように帰ります.
You will understand him *in time*.
きみはそのうち彼のことがわかるでしょう.

keep bad time (時計が) 正確でない.

keep good time (時計が) 正確である.
This watch *keeps good time*.
この腕時計は正確です.

kill time ひまをつぶす, 時間をつぶす.
Let's *kill time* by playing cards.
ひまつぶしにトランプでもしようか.

last time 最後.

lose time (時計が) 遅れる.

once upon a time 昔々. → once

on time 時間どおりに.
The train arrived *on time*.
列車は時間どおりに到着した.

some time かなり長い間. → some

take *my* **time** のんびりやる.
Take your time. あせるなよ；ごゆっくり.

this time 今度は.
I'll try sushi *this time*.
私は今度はすしを食べてみよう.

── 動 (3単現 **times** [-z]；過去 過分 **timed** [-d]；ing **timing**) 他 …の時間を計る, 速度を計る；…の時間を合わせる, タイミングを合わせる.
I *timed* his speech.
私は彼の話の時間を計った.

time capsule [táim kǽpsəl ‖ kǽpsjuːl] 名 タイムカプセル.

time difference [táim díf(ə)rəns] 名 時差.
What's the *time difference* between Tokyo and Sydney?
東京とシドニーの時差はどれくらいですか.

timekeeping [táimkiːpiŋ タイムキーピング] 名 時間の計測；時間を守ること.

timely [táimli タイムリィ] 形 (比較 **timelier**；最上 **timeliest**) タイムリーな.
a *timely* hit タイムリーヒット.

time machine [táim məʃiːn] 名 タイムマシーン.

timeout, time-out [taimáut タイムアウト] 名 (スポーツやゲームの)タイム(アウト), 小休止；《コンピューター》接続切断, 時間切れ.

Times [taimz タイムズ] 名 **1** [The をつけて] タイムズ (▶イギリスの権威ある新聞). **2** [一般に新聞名として] …タイムズ.
The New York *Times*
ニューヨークタイムズ.

times [taimz タイムズ] 名 time (…倍) の複数形.
── 動 time (…の時間を計る) の3人称単数現在形.
── 前 …倍, …かける(= multiplied by).
Two *times* eight is sixteen.
8 かける 2 は 16 (8×2 = 16).

Times Square [tàimz skwéar] 名 タイムズスクエア (ニューヨークの繁華街の中心地).

timetable [táimteibl タイムテイブル] 名 予定表；時刻表(= 《米》 schedule).

time zone [táim zòun] 名 時間帯 (同一の標準時を使う地域).
The continental U.S. has four

752 seven hundred and fifty-two

◀ **to**

different *time zones*.
アメリカ本土には4つの異なった時間帯がある.

timid [tímid ティミド] 形 おくびょうな.
Timid dogs often bark at people.
おくびょうな犬はよく人にほえる.

timing [táimiŋ タイミング] 動 time (…の時間を計る) の -ing 形.
—— 名 タイミング, 時機を選ぶこと.
It was good *timing*.
タイミングがよかった.

tin [tin ティン] 名 スズ (金属元素);ブリキ;《おもに英》かん (づめ) (= 《米》can).

ting-a-ling [tíŋəliŋ ティンガリング] 名 チリンチリン (▶自転車のベル・鈴などが鳴る音).

tinkle [tíŋkl ティンクル] 動 他 (鈴など) をチリンチリンと鳴らす.
—— 自 (鈴・電話が) チリンチリンと鳴る.

tiny 準2 [táini タイニィ] 形 (比較) tinier;(最上) tiniest) ごく小さい, ちっちゃな (反 huge とても大きな).
I found a *tiny* cat on the street.
通りでちっちゃなネコを見つけた.

-tion [-ʃən -ション, (sのあとでは)-tʃən -チョン] 接尾 ▶動詞のあとにつけて名詞をつくる. アクセントは直前の音節にくる.
例. áction (act + tion 行動) / invéntion (invent + tion 発明) / objéction (object + tion 反対) / suggéstion (suggest + tion 提案)

tip¹ [tip ティップ] 名 (とがった) 先.
I cut the *tip* of my finger.
指先を切ってしまった.

tip² 2級 [tip ティップ] (日本語との発音のちがいに注意) 名 チップ, 祝儀;ヒント.
Here's a *tip* for you. これはチップです (▶相手にわたすときのことば. Keep the change. (おつりはとっておいて)などともいう).
—— 動 (過去) (過分) tipped[-t];(ing) tipping) 他 …にチップをわたす.
How much should I *tip* the driver?
運転手にどのくらいチップをわたせばいい?

> 背景 欧米ではタクシーの運転手・レストランのウェイター・ホテルのベルボーイなどのサービスに対し, チップをわたす習慣がある. ふつうは料金の15〜20パーセント程度.

tip³ [tip ティップ] 動 (過去) (過分) tipped [-t];(ing) tipping) 他 …を傾ける.

He *tipped* his head to one side.
彼は頭を片方に傾けた.
—— 自 傾く.

tiptoe [tiptou ティプトゥ] 動 自 つま先で歩く;こっそりと歩く.
—— 名 ▶次の成句で使われる.
on tiptoe(s) つま先で.

tire¹ [táiər タイア] 動 他 …をつかれさせる;…をあきさせる. → tired
—— 自 つかれる (▶ get tired, be tired がふつう);あきる.

tire² [táiər タイア] ▶《英》ではtyreとつづる. 名 タイヤ.
I've got a flat *tire*. タイヤがパンクしたよ.

tired 5級 [táiərd タイアド] フォニックス82
ire は [áiər] と発音する.
形 (比較) more tired;(最上) most tired)
1 つかれた;(be tired from で) …でつかれた.
I am *tired*. 私はつかれた.
I get *tired* easily. 私はつかれやすい.
You look *tired*. You should go to bed earlier.
つかれているみたいだから早めに寝なさいね.
She *is tired from* walking.
彼女は歩いてつかれている.
2 (be tired of で) …にあきた, …がいやになった, …にうんざりした.
I'm *tired of* this hairstyle.
私はこの髪型にはあきている.
I'm *tired of* watching TV.
私はテレビは見あきた.

tiring [táiəriŋ タイ(ア)リング] 形 (仕事などが) めんどうな, 骨の折れる, つかれる.
That's *tiring*. それってつかれるよ.

tissue [tíʃuː ティシュー] 名 《生物》(動植物の細胞から成る) 組織;ティッシュペーパー.

title 準2 [táitl タイトル] 名 **1** (本・映画・絵画などの) 題名, タイトル.
I can't remember the *title* of the movie. その映画の題名が思い出せない.
2 肩書き, 敬称 (▶ Lord, Prince, Dr. など);(スポーツ競技の) タイトル.

to 5級 前 …へ, …に, …まで **(to + 動詞の原形で)** …すること, …するための, …するために

[tə トゥ, tu トゥ;(強めると)tuː トゥー]

seven hundred and fifty-three **753**

to ▶

前 1 [到着点・方向を表して] **…へ, …に, …まで, …の方へ** (反 from …から).
I went *to* the park. 公園に行った.
We drove from Tokyo *to* Sendai.
車で東京から仙台まで行った.
China is *to* the west of Japan.
中国は日本の西の方にある.
I was invited *to* the party.
パーティーに招待された.

💬**用法 to と toward と for**
to は目的地に到着することを示すので, He walked *to* the station. (彼は駅へ歩いていった) は駅に着いたことをふくむ. **toward** は「…へ向かって(近づく)」という意味で方向を示す. He walked *toward* the station. (彼は駅の方へ歩いていった) の文からは駅に着いたかどうかはわからない. **for** は「(ある地点から)…へ向けて」という意味で行き先を示し, **leave, start** など出発を表す動詞とともに使う. He left *for* the station. (彼は駅に向かって出かけた) の文は, 出発時のことを表すだけで途中や最後のことはわからない.

2 [対象・関連を表して] **…に, …へ；…には, …にとって.**
Give it *to* me. それをぼくにちょうだい.
Be nice *to* your sister.
妹にやさしくしてあげなさい.
The story was interesting *to* me.
その話は私には興味深かった.

3 [範囲・期限・程度を表して] **…まで；(時刻の) …前** (反 past …過ぎ).
Count from one *to* ten.
1 から 10 まで数えて.
The museum opens from 10 a.m. *to* 5 p.m.
美術館は午前 10 時から午後 5 時まで開館している.
It's a quarter *to* five. 5時 15 分前です.

4 [結果・状態・反応を表して] **…になるまで；…したことには.**
The vase was broken *to* pieces.
花びんはこなごなに割れた.
To my surprise, he joined our club.
おどろいたことに, 彼はうちのクラブに入部した.

5 [比較を表して] **…にくらべて, …に対して；…よりも.**

I prefer summer *to* winter.
私は冬よりも夏のほうが好きだ.
Our team won the game 5 *to* 2.
うちのチームは 5 対 2 で試合に勝った.

6 [目的を表して] **…のために.**
They came *to* our rescue.
彼らが私たちを助けにきた.
To your good health!
(乾杯のあいさつで) あなたの健康を祝して.

7 [一致・適合を表して] **…に合わせて.**
We sang along *to* her guitar.
私たちは彼女のギターに合わせて歌った.

8 [付属・所属を表して] **…の；…に属する.**
This bike belongs *to* me.
この自転車はぼくのです.

9 (**to ＋ 動詞の原形**で) (▶この形を**不定詞**という).

「to ＋ 動詞の原形」の 3 つのはたらき

意味	はたらき
(1) …すること	**名詞**のはたらき. 主語・目的語・補語になる.
(2) …するための …すべき	**形容詞**のはたらき. 名詞・代名詞を修飾する.
(3) …するために …して	**副詞**のはたらき. 動詞・形容詞を修飾する.

(1) [**名詞**のはたらきをして] **…すること.**
I want *to* visit Kyoto.
私は京都に行きたい. [目的語]
To see is *to* believe.
(ことわざ) 見ることは信じることである＝百聞は一見にしかず. [主語・補語] (▶動名詞を使って Seeing is believing. ともいう).
It's fun *to* ride a roller coaster.
ジェットコースターに乗るのは楽しい (▶ it は to 以下をさす形式主語).
Do you know how *to* ski?
スキーのしかたを知ってますか (▶ how to … で「…のしかた」という意味).

(2) [**形容詞**のはたらきをして] **…するための, …すべき.**
Can I have something *to* drink?
何か飲み物をもらえる？
I'd like something hot *to* drink.
何か温かい飲み物をいただけますか.

754 seven hundred and fifty-four

It is time *to* take your medicine.
薬を飲む時間です.

(3) [**副詞**のはたらきをして] **…するために；…して**:

I got up early *to* go fishing.
魚つりに行くために早起きした. [目的]

I'm glad *to* see you.
あなたに会えてよかったよ. [原因・理由]

The boy grew up *to* be a pro baseball player. その子は大きくなってプロの野球選手になった. [結果]

Do you think English is difficult *to* learn? 英語は習得するのが難しいと思いますか. [形容詞を修飾]

To tell the truth, I don't like to study.
正直に言えば，ぼくは勉強はきらいだ. [文全体を修飾]

toad [toud トゥド] 图《動物》ヒキガエル，ガマ (▶一般的にカエルは frog という).

toast[1] [5級] [toust トゥスト] [フォニックス68] oa は[ou]と発音する. 图トースト (▶ a をつけず，複数形なし).

a slice of *toast* トースト1枚.
How about some *toast*?
トースト，食べない？
── 動 他 (パンなど) をこんがり焼く.

toast[2] [toust トゥスト] 图 乾杯，祝杯.
We drank a *toast* to her.
私たちは彼女のために乾杯した.
── 動 他 …のために乾杯する.

toaster [tóustər トゥスタァ] 图 トースター.

tobacco [təbǽkou トバコウ] 图 タバコ (▶原料となる葉，またはパイプにつめるきざみタバコをさす).

today [5級] 图 今日
副 今日 (は)

[tədéi トゥデイ] [フォニックス59] ay は[ei]と発音する. 图 (▶ a をつけず，複数形なし) **1 今日**，本日 (▶「きのう」は yesterday,「あす」は tomorrow).

Today is Friday. 今日は金曜日です.
That's all for *today*.
(授業の最後などで) 今日はここまで，今日はこれでおしまい.

2 今日, 現代.
today's young people 今日の若者.
── 副 **1 今日 (は)**, 本日 (は).
It's hot *today*. 今日は暑い.

> 🗨スピーキング
> Ⓐ *What's the date today?*
> 今日は何日ですか.
> Ⓑ It's January 10.
> 1月10日です.

What day of the month is it *today*?
今日は何月何日ですか (▶ What's the date today? とか What's today's date? などともいう).

> 🗨スピーキング
> Ⓐ *What day is it today?*
> 今日は何曜日ですか.
> Ⓑ It's Friday. 金曜日です.

a week ago *today*
(おもに米) 先週の今日.
a week from *today*
(米) 来週の今日 (▶ (英) では today week または a week (from) today という).
2 今日では, いまでは，現代では.

> 🖥プレゼン
> *Today* even elementary school students have smartphones.
> いまでは小学生でもスマホを持っている.

toddle [tádl タドゥル] 動 自 (赤んぼうなどが) よちよち歩く.

toddler [tádlər タドゥラァ] 图 よちよち歩きの小児.

toe [tou トウ] 图 足の指 (▶「手の指」は finger)；つま先. → foot (図)

today 「今日」を中心とした朝から夜までの言い方

	きのうの…	今日の…	あしたの…
朝	yesterday morning	this morning	tomorrow morning
午後	yesterday afternoon	this afternoon	tomorrow afternoon
夕方	yesterday evening	this evening	tomorrow evening
夜	last night	tonight	tomorrow night

seven hundred and fifty-five 755

together ▶

a big *toe* 足の親指.
stand on *my toes*
つま先立ちする.
the *toes* of my shoes
私のくつのつま先.

together 5級 副 いっしょに

[təgéðər トゥゲザァ] フォニックス35 th は [ð] と発音する.

副 1 いっしょに, ともに.
We went home *together*.
ぼくたちはいっしょに家に帰った (▶ *together* が使えるのは主語が複数のとき.「ぼくは彼といっしょに家に帰った」なら, I went home with him. のようにいう).

🗣 プレゼン

Developing and developed countries should work for world peace *together*.
発展途上じょう国と先進国は力を合わせて世界平和に取り組むべきです.

2 (2つ以上のものを) 合わせて, いっしょにして; 同時に, いっせいに.
Tie these two ropes *together*.
この2本のロープを結びなさい.
Two things happened *together*.
2つのことが同時に起こった.

all together みんないっしょに.
Let's sing *all together*.
みんないっしょに歌おう.

together with …とともに; …に加えて.
to-go [tugóu トゥゴウ] 形 《米》(食物が) 持ち帰り用の.
toilet 3級 [tóilit トイレット] 名 《米》便器; 《英》トイレ, 洗面所. → bathroom (図)
toilet paper [tóilit pèipər] 名 トイレットペーパー.
token [tóukən トウクン] 名 しるし; (地下鉄・バスなどで使う) トークン, 代用硬貨こうか.

told 4級 [tould トウルド]

動 tell (…を話す) の過去・過去分詞.
tolerant [tál(ə)rənt タレラント ‖ tɔ́l- トレ-] 形 寛大かんな, 寛容な.
toll 3級 [toul トウル] 名 (道路・橋などの) 通行料 (金), 使用料(金).

a *toll* road 有料道路.
tollbooth [tóulbuːθ トウルブース] 名 (複数 **tollbooths** [-θs]) 《米》(有料道路などの) 料金所.
toll-free [tòulfríː トウルフリー] 形 《米》(電話が) 料金受信人払はらいの.
a *toll-free* number フリーダイヤル.
tollgate [tóulgeit トウルゲイト] 名 (道路・橋, とくに高速道路の) 料金所.
tomato 5級 [təméitou トメイトウ ‖ təmɑ́ːtou トマートウ] (アクセント注意) 名 (複数 **tomatoes** [-z]) トマト.
tomb [tuːm トゥーム] (発音注意) 名 墓 (▶ 墓石のあるものをさす). → grave¹

tomorrow 5級 名 あす 副 あす (は)

[təmɔ́ːrou トゥモーロウ ‖ -mɔ́rou -モロウ]
名 **あす, あした,** 明日; (近い) 将来, あす (▶ a をつけず, 複数形なし;「きょう」は today,「きのう」は yesterday).
→ today (表)
Tomorrow is my fifteenth birthday.
あしたは私の15歳さいの誕生日です.
Are you ready for *tomorrow*'s class?
あしたの授業の準備はできたの?
Come and see me *tomorrow* morning. あすの朝にいらっしゃい.
the world of *tomorrow*
あすの世界=未来.

── 副 **あす(は), あした(は),** 明日 (は).
See you *tomorrow*. またあしたね.
He's going to leave here *tomorrow*.
彼はあすここをたつ予定だ.

🗣 スピーキング

A Can I see you *tomorrow*?
あすお会いできますか.
B Yes. Please come at ten.
ええ. 10時においでください.

the day after tomorrow あさって, 明後日.
ton [tʌn タン] 名 トン (▶ 重量の単位. 1トンは日本・フランスなどでは1000kg (メートルトン), イギリスでは約1016kg (英トン), アメリカでは約907kg (米トン) になる).
tone [toun トウン] 名 **1** (ことば・声の) 調子,

756 seven hundred and fifty-six

口調；(場所などの) ふんい気.
She spoke in an angry *tone*.
彼女はおこった口ぶりだった.

2 音色, 音調；色合い, 色調.
the *tones* of the flute フルートの音色.

tongs [tɔ(:)ŋz ト(ー)ングズ] [名] [複数あつかい] はさみ道具, …ばさみ；トング.

tongue [2級] [tʌŋ タング] (発音注意) [名]
1 舌.
Stick out your *tongue*.
(医者が患者に) 舌を出してください.

2 話す力, ものを言う能力；ことばづかい.
He has lost his *tongue*.
彼は (おどろいて) 口がきけなかった.
Hold your *tongue*! だまれ！

3 (ある特定の) 言語, 国語 (= language)
(▶改まった語).
my mother *tongue* 母語.

***stick out** my **tongue** 舌をつき出す (▶
軽べつのしぐさ)

tongue twister [tʌŋ twistər トゥウィスタァ] [名] 早口ことば.

> 🌐背景 tongue twister は舌(tongue)
> がもつれて(twist)発音しにくい語句のこと.
> 例. She sells seashells by the
> seashore. (彼女は海辺で貝がらを売る)
> Peter Piper picked a peck of
> pickled peppers. (ピーター・パイ
> パー, どっさり漬け物とりあげた)

tonight [5級] [tənáit トゥナイト]
[フォニックス36] gh は発音しない.
[名] **今夜**, 今晩 (▶ a をつけず, 複数形なし).
I must finish reading this book by
tonight. 今晩までにこの本を読んでしまわな
いといけない.
What's *tonight*'s news?
今晩のニュースは何ですか.
── [副] **今夜 (は)**, 今晩 (は).
What's on TV *tonight*?
今夜はテレビで何が (→どんな番組が) ある？
It looks like it's going to snow
tonight. 今晩は雪になりそうだ.

> 💬用法 「今夜」の言い方
> 「今夜」は today's night とはいわない.
> 「きのうの夜」は last night, 「あすの夜」
> は tomorrow night という. → today
> (表)

◀ **too**

too [5級] [副] …も (また),
あまりにも…すぎる

[tu: トゥー] [フォニックス71] oo は [u:] と発音する.
[副] **1** …も (また) (▶ also よりくだけた言
い方).
I like swimming. I like fishing, *too*.
私は水泳が好きだ. 魚つりも好きだ.
My father likes fishing. I like fishing,
too.
父は魚つりが好きだ. ぼくも魚つりが好きだ.

> 🗣スピーキング
> 🅐 I'm hungry. おなかすいた.
> 🅑 Me, *too*. 私も.

> 📖文法 too の使い方
> ❶ too はふつう, 文の終わりに置くが,
> too の前にコンマを置いても置かなくて
> もよい. 意味がまぎらわしい場合は修飾
> する語のあとに置く.
> ❷ 上の初めの例では fishing と too を
> 強く, 2番目の例では I と too を強く言う.
> ❸否定文で 「〜もまた…ない」 というと
> きは either を使う.
>
> ○ He came, too.
> × He didn't come, too.
> 　 否定文では either
> 　 を使う.
> ○ He didn't come, either.

2 [形容詞や副詞の前に置いて] **あまりにも
…すぎる**.
Don't drive *too* fast.
(車の) スピードを出し過ぎないようにね.
This bed is *too* soft for me.
このベッドは私にはやわらかすぎる.
This is *too* difficult a job for me. (=
This job is *too* difficult for me.)
これは私には難しすぎる仕事だ (▶形容詞のあ
とに名詞がくるときは「too + 形容詞+ (a[an])
名詞」の語順になるので注意).

***cannot** [**can't**] 〜 **too** ... いくら…して
も〜しすぎることはない.
You *can't* be *too* careful.
いくら注意してもしすぎることはない.
***too 〜 to** ... …するには〜すぎる, あま

seven hundred and fifty-seven　757

took ▶

りに〜なので…できない.
I'm sorry, but I'm *too* sick *to* go swimming today. (= I'm sorry, but I'm so sick (that) I can't go swimming today.)
悪いんだけど,今日はぐあいが悪くて泳ぎに行けないんだ.
This problem is *too* difficult for me *to* solve.(= This problem is so difficult that I cannot solve it.)
この問題は難しすぎて私には解けない.
[同音語] two (2の)

took 4級 [tuk トゥック] フォニックス70 oo は [u] と発音する.

動 take (…を持っていく) の過去形.

tool 準2 [tu:l トゥール] 名 道具, 工具 (とくにハンマー, のこぎりなど手で使うものをさす).
carpenter's *tools* 大工道具.
garden *tools* 園芸用具.

tool ① drill (ドリル), ② ax (おの), ③ hammer (ハンマー) などの簡単な道具が tool. ④ microscope (顕微鏡") などの器械や, ⑤ violin (バイオリン) などの楽器は instrument.

toolbox [túːlbɑks トゥールバクス ‖ -bɔx -ボクス] 名 道具箱, 工具箱.

tooth 5級 [tuːθ トゥース] フォニックス71 フォニックス34 oo は [uː], th は [θ] と発音する.

名 [複数 teeth [tiːθ]] 歯 (▶「歯科医」のことは dentist).
a front *tooth* 前歯.
a back *tooth* 奥"歯.
an upper *tooth* 上の歯.
a lower *tooth* 下の歯.
a decayed *tooth* (= a cavity) 虫歯.
Did you brush your *teeth*?
歯はみがいたの?

toothache [túːθeik トゥーセイク] 名 歯痛.
I have a *toothache*. 歯が痛い.

toothbrush [túːθbrʌʃ トゥースブラシ] 名 歯ブラシ.

toothpaste [túːθpeist トゥースペイスト] 名 ねり歯みがき.

toothpick [túːθpik トゥースピク] 名 つまようじ.

top¹ 3級 [tɑp タップ ‖ tɔp トップ]

名 [複数 tops [-s]] 1 [ふつう the をつけて] 頂上, 最上部, てっぺん; (びん・ペンなどの) ふた, キャップ (反) foot ふもと, bottom 底).

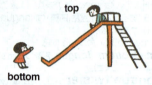

We went up to *the top* of the mountain. 私たちは山の頂上まで登った.
Mom kissed *the top* of my head.
母は頭のてっぺんにキスをしてくれた (▶親から子どもへの愛情表現).
Write your name at *the top* of the answer sheet. 名前は答案用紙のいちばん上に書いてください.

2 [ふつう the をつけて] 首位, トップ (反 bottom 最下位, びり).
He's always at *the top* of the class.
彼はいつもクラスで1番だ.

3 (野球)(回の)表 (反 bottom 裏).

from top to bottom 頭のてっぺんからつま先まで; すっかり.
The players were wet *from top to bottom*. 選手たちは頭のてっぺんからつま先までびしょぬれだった.

on top of …の上に; …に加えて.

—— 形 いちばん上の (反 bottom いちばん下の); 最高の, 一流の.
the *top* floor 最上階.
at *top* speed 全速力で.

—— 動 [3単現 tops [-s]; 過去 過分 topped [-t]; ing topping] 他 (数量などが)…を上まわる; …の1位になる; …の上にのせる.
Sales of the book *topped* a million copies.

758 seven hundred and fifty-eight

その本の売り上げは100万部を突破した.

top² [tɑp タップ‖tɔp トップ] 图 こま.
spin a *top* こまをまわす.

topic 準2 [tápik タピク‖tɔ́pik トピク] 图 話題, トピック, (議論・文章などの)論題.
The World Cup was the main *topic* of conversation.
ワールドカップのことが話題の中心だった.
current *topics* (= *topics* of the day) 時事問題；今日の話題.

topping [tápiŋ タピング‖tɔ́piŋ トピング] 图 上にのせる物；(ケーキにのせた)クリーム.

torch [tɔːrtʃ トーチ] 图 たいまつ；(英) 懐中電灯 (=(米) flashlight).

tore [tɔːr トー(ァ)] 動 tear² (…を引きさく) の過去形.

torn [tɔːrn トーン] 動 tear² (…を引きさく) の過去分詞.

tornado [tɔːrnéidou トーネイドウ] 图 (複数 **tornado(e)s**[-z]) トルネード, 大たつまき (▶とくにアメリカの中西部に起こるもの).

Toronto [tərántou トラントゥ‖-rɔ́n- -ロン-] 图 トロント (カナダ南東部のオンタリオ湖にのぞむ, カナダの都市).

torrent [tɔ́(ː)rənt ト(ー)レント] 图 急流, 激流.

tortoise [tɔ́ːrtəs トータス] (発音注意) 图 カメ (▶とくに陸ガメ・淡水ガメをいう；海ガメは turtle).

torture [tɔ́ːrtʃər トーチァ] 图 ひどい苦痛, 苦もん；拷問.
── 動 他 (人)を激しく苦しめる, なやます；(人)を拷問にかける.

toss [tɔ(ː)s ト(ー)ス] 動 他 (軽く) …をぽいと投げ上げる, ほうり投げる, トスする.
toss a ball ボールをトスする.
Let's *toss* a coin.
コインを投げて決めよう (▶コインを投げ上げ, 表か裏のどちらが出るかで順番などを決める).

── 自 寝返りを打つ；(上下に)ゆれる.

total 3級 [tóutl トウトゥル] 形 **1** 全体の (同 whole)；総計の.
the *total* amount 総額；総量.
2 完全な, まったくの (同 complete).
The apartment was in *total* darkness. アパートは真っ暗だった.
── 图 合計, 総計, トータル.
What's the *total*? 合計いくらですか.
He spent a *total* of 30,000 yen at the store. 彼はその店で合計3万円使った.

in total 全部で, 総計で.
── 動 (過去)(過分) **totaled**, (英) **totalled** [-d]；(ing) **totaling**, (英) **totalling**) 他 …を合計する.
── 自 合計すると (…に) なる.

totally [tóut(ə)li トウタリィ] 副 まったく, 完全に, すっかり.
I *totally* agree. まったく同感です.

totem pole [tóutəm pòul] 图 トーテムポール (アメリカ先住民が家や集会所の門前や墓の前などに立てる, 動植物をえがいたり彫ったりした柱).

touch 4級 [tʌtʃ タッチ] フォニックス26
ch は [tʃ] と発音する. ou は例外的に [ʌ] と発音する.
動 (3単現 **touches**[-iz] 過去 過分 **touched** [-t]；(ing) **touching**) 他 **1** (手・指で) **…にさわる**, ふれる.
Don't *touch* the iron. It's hot.
熱いからアイロンにさわっちゃだめだよ.
2 …に届く (同 reach).
Can you *touch* the ceiling?
天井に手が届く？
3 **…を感動させる**, …の心を打つ (▶喜び・同情・感激などの感情について使う).
His sad story *touched* my heart.
彼の悲しい話は私の心にしみた.

> ✐ ライティング
> I was really *touched* by the warm welcome. 私はその温かい歓迎にほんとうに感動しました.

seven hundred and fifty-nine 759

touchdown ▶

— 自 ふれる, さわる; ふれ合う.
— 名 (複数 touches [-iz]) **1 さわること**; 触覚; 手ざわり, はださわり.
the sense of *touch* 触覚.
This material has a soft *touch*.
この生地は手ざわりがやわらかい.

2 **(a touch of で)** 少しの…, 少量の…; …ぎみの.
I had *a touch of* a cold.
私は少しかぜ気味だった.

3 (絵などの) 筆のはこび, タッチ.

keep in touch (with) (…と) 連絡をとりあう (= keep in contact (with)).
Let's *keep in touch* after we leave school. 卒業してからも連絡をとりあおうね.

touchdown [tʌ́tʃdaun タチダウン] (ou は例外的に [ʌ] と発音する) 名 《ラグビー, アメリカン・フットボール》タッチダウン; 《アメリカン・フットボール》タッチダウンの得点 (1回で6点).

touchdown

tough 準2 [tʌf タフ] (発音注意) 形
1 (問題・仕事などが) 難しい; きびしい.
a *tough* job きつい仕事.
The exam was really *tough*.
試験はすごく難しかった.

2 たくましい; ねばり強い; (物が) がんじょうな; (肉などが) かたい (反) tender やわらかい).
This meat is too *tough*.
この肉はかたすぎるよ.

tour 4級 [tuər トゥア] (our は例外的に [uər] と発音する) 名 (複数 tours [-z]) **1** (観光・視察などの) 旅行, 周遊旅行, ツアー. → travel, trip
I'm going on a *tour* of Kyushu tomorrow.
私はあすから九州を旅行する.
a sightseeing *tour* 観光旅行.
a *tour* guide ツアーガイド.

2 (美術館・工場などの) 見学; (コンサートなどの) ツアー; (スポーツでの) 遠征.
— 動 自他 (…を) 旅行する, 周遊する.

tourism 2級 [tú(ə)rizm トゥ(ア)リズム] 名 観光旅行; 観光事業.

tourist 3級 [tú(ə)rist トゥ(ア)リスト] 名 観光客, 旅行者.

tournament 3級 [túərnəmənt トゥアナメント] (発音注意) 名 トーナメント, (リーグ戦に対する) 勝ちぬき戦.

toward [tɔ́ːrd トード, təwɔ́ːrd トゥウォード]

▶ 《英》ではおもに towards を使う.
前 **1** [場所・方向を表して] **…の方に**, …に向かって.
She walked slowly *toward* the seashore.
彼女はゆっくり海辺の方に歩いて行った.
A police car was coming *toward* us. パトカーがこっちに向かって走ってきた.

💡用法　方向を表す toward
toward は方向を示すので, The man walked *toward* the hotel. (その人はホテルの方へ歩いていった) の文ではホテルへ着いたかどうかは不明. → to

2 [対象を表して] **…に対して**.
His attitude *toward* his parents has changed.
両親に対する彼の態度が変わった.

3 [時間を表して] **…ごろ, …近く**.
Toward dawn it began to rain.
明け方ごろ雨が降り出した.

towards [tɔ́ːrdz トーヅ, təwɔ́ːrdz トゥウォーヅ] 前 = **toward** (▶ towardsはおもに《英》, towardはおもに《米》で使う).

towel 4級 [táu(ə)l タウ(エ)ル] 名 タオル.
a face *towel* フェイスタオル.
a dish *towel* ふきん.

💡背景　入浴中, 体や顔を洗うのに使う小さいタオルは washcloth (=《英》facecloth [féiskloθ フェイスクロ(ー)ス]) という. 入浴後はバスタオル (bath towel) で身体についた水分をとる.

tower [táuər タウア] 名 塔, タワー.
a control *tower* (空港の) 管制塔.
a water *tower* 給水塔.
a clock *tower* 時計台.
Tokyo *Tower* 東京タワー.

Tower of London [táuər əv lʌ́ndən] 名 [the をつけて] ロンドン塔.

◀ **tradition**

背景 中世以来の伝統をもつロンドンの要塞よう。王宮, 監獄ごくとして使われたが, いまは博物館となっている. the Tower ともいう.

town 4級 名 町, 都会

[taun タウン] フォニックス73 ow は [au] と発音する.
名 [複数] towns [-z] 1 町 (▶人口密度が village (村) より高く, city (都市) より低いものをいうが, 日常語では city を town とよぶことも多い).
He lives in a small *town*.
彼は小さな町に住んでいる.
Boston is an old *town*.
ボストンは古い町です.
2 [the をつけて] (いなかに対して) 都会 (反 the country いなか).
She always wanted to live in the *town*.
彼女はいつも都会に住みたいと思っていた.
The *Town* Mouse and the Country Mouse『町のネズミといなかのネズミ』(▶イソップ物語の一話).
3 [a や the をつけずに] (自分の住んでいる, あるいは滞在たいしている) 町.
Is there a good hotel in *town*?
この町にいいホテルはありますか.

town hall [tàun hɔ́:l] 名 町役場, 市役所; 公会堂. → city hall

towns [taunz タウンズ] 名 town (町) の複数形.

toxic [táksik タクスィク] 形 有毒な.

toy 4級 [tɔi トイ] 名 [複数] toys [-z] おもちゃ.
The children were playing happily with their new *toys*.
子どもたちは新しいおもちゃで楽しそうに遊んでいた.
a *toy* store
おもちゃ店, 玩具がん具店 (= (英) toyshop).
a *toy* box おもちゃ箱.

toyshop, toy shop [tɔ́iʃɑp トイシャプ ‖ tɔ́iʃɔp トイショプ] 名 おもちゃ店, 玩具がん具店.

trace 2級 [treis トゥレイス] 名 跡あと, (人・動物の) 足跡そく; (事件などの) 形跡けいせき.
── 動 他 …の跡をたどる, …をさがし出

す; (図面など) をなぞる, トレースする.

track 2級 [træk トゥラック] フォニックス27
ck は [k] と発音する.
名 [複数] tracks [-s] 1 [しばしば複数形で] (人・動物の) 通った足跡そく; (車などの) 通った跡; (ふみならされた) 小道.
car *tracks* 車の (タイヤの) 跡.
2 (鉄道の) 線路; (列車の) …番線; (競技場の) トラック, 走路 (反 field フィールド).
Keep Off the *Tracks*
(掲示) 線路に入るな
The next train leaves from *Track* 3.
次の列車は 3 番線から発車する.

ⓘ参考 truck (トラック, 貨物自動車) と混同しないこと.

track and field [træk ən(d) fi:ld] 名 [集合的に] (米) 陸上競技 (= (英) athletics).

tractor [træktər トゥラクタァ] 名 (農業用の) トラクター; 牽引けん車.

trade [treid トゥレイド] 名 1 貿易; 取り引き, 商売.
foreign *trade* 外国貿易.
the tourist *trade* 観光ビジネス, 観光業.
2 職業, 手仕事.
learn a *trade*
手に職をつける, 商売を覚える.
3 交換かん; (選手の) トレード.
── 動 自 貿易する; 取り引きする; 商売する, 商う.
Japan *trades* with many countries in Asia.
日本はアジアの多くの国々と貿易している.
── 他 …を交換する; (プロ野球などで) (選手) をトレードする.

trademark [tréidmɑːrk トゥレイドゥマーク] 名 商標, トレードマーク.

trader [tréidər トゥレイダァ] 名 貿易商, 取り引き業者; トレーダー (株などを短期的に活発に売り買いする人).

tradition 3級 [trədíʃən トゥラディション]
名 [複数] traditions [-z] 伝統, しきたり; 言い伝え, 伝説.

ライティング
It is a *tradition* in Japan to fly kites during the New Year's holidays.
お正月にたこあげするのは日本の伝統です.

seven hundred and sixty-one 761

traditional ▶

traditional 3級 [trədíʃ(ə)nəl トゥラディシ(ョ)ナル]
形 (比較 more traditional; 最上 most traditional) **伝統的な**, 伝統の; 語り伝えの; 旧来の.
traditional dress 伝統的な服装.
traditional folk songs 民謡.

traffic 3級 [trǽfik トゥラフィク] 名 (車などの)往来, 人通り, 交通(量).
The *traffic* is heavy on this street.
この通りは交通量が多い.
a *traffic* accident 交通事故.
a *traffic* jam 交通渋滞.

traffic light [trǽfik làit] 名 信号機, 交通信号灯 (▶ traffic signal ともいう).

ドイツの信号機.

tragedy [trǽdʒədi トゥラヂェディ] 名 (複数 tragedies [-z]) 悲劇 (対 comedy 喜劇); 悲劇的事件.

trail [treil トゥレイル] 名 (人・動物の通った) 跡, 足跡; 小道; 登山道.
── 動 他 …を引きずる; …の跡を追う.
── 自 引きずる; (…のあとを) ついて行く.

trailer [tréilər トゥレイラァ] 名 (トラクターなどに引かれる) トレーラー, (米) (自動車で引く) トレーラーハウス.

train 5級 [trein トゥレイン] フォニックス59
ai は [ei] と発音する.

名 (複数 trains [-z]) **1 列車**, (車両を連結した) 電車 (▶ 1両の車両は (米) car, (英) carriage または coach という).
a *train* (bound) for Hakata
博多行きの列車.
I got on the *train* at Nagoya.
私は名古屋で列車に乗った.
I'm going to take the 8:30 *train*.
8時30分の電車に乗る予定だ.
He missed the last *train*.
彼は最終電車に乗り遅れた.
I ran into Tom on the *train*.
私は電車の中でトムにばったり会った.
You have to change *trains* at Tokyo Station. 東京駅で電車を乗りかえなければいけませんよ.

train のいろいろ
a super express *train* 超特急列車 / a special express *train* 特急列車 / an express *train* 急行列車 / a local *train* (各駅停車の) 普通列車 / a night *train* 夜行列車 / a commuter *train* 通勤列車 / a freight *train* 貨物列車.

2 列, 行列; 連続.
a *train* of camels ラクダの列.
by train 列車で, 電車で, 鉄道で.

スピーキング
Ⓐ How do you go to school?
学校へはどうやって行ってますか.
Ⓑ I go *by train*.
私は列車で行っています.

「列車で」の言い方
× by the train
× by a train
「by+交通手段」のときは a や the を使わない.
○ by train

── 動 (3単現 trains [-z]; 過去 過分 trained [-d]; ing training) 他 (人) **を訓練する**, 養成する; (動物) をしつける, 調教する.
This dog is well *trained*.
この犬はよく訓練されている.
── 自 訓練する; トレーニングをする.

背景 ❶ train はラテン語の「引く, 引きずる」の意味からきている. そこから車両を連ねて走る「列車」, 人をひっぱって「訓練する」という意味になった.
❷ **英語のアナグラム**
文字の順序を入れかえて, 別の単語や文をつくる遊びをアナグラム (anagram) という. Train. (列車) → It ran! (走った) → anagram

trainer [tréinər トゥレイナァ] 名 訓練する人, (動物の) 調教師; (スポーツ選手などの) コーチ, トレーナー (▶衣服の「トレーナー」

は和製英語で，英語では上（トレーナー）は sweat shirt，下（トレパン）は sweat pants，上下合わせて sweat suit（トレーニングスーツ）という）．

a dog *trainer*
ドッグトレーナー，犬の調教師．

training 準2 [tréiniŋ トゥレイニング] 图 訓練，トレーニング；研修．

a *training* center 訓練センター．

traitor [tréitər トゥレイタァ] 图 裏切り者；(国家などに対する) 反逆者．

tram [trǽm トゥラム] 图 《英》路面電車 (= 《米》streetcar)．

tramp [trǽmp トゥランプ] 图 **1** 浮浪者．
2 [the をつけて] 重い足音．
── 動 自 ドシンドシン歩く；ふみつける．
─他 …を歩いて旅する；…をふみつぶす．

trampoline [trǽmpəli(:)n トゥランポリ(ー)ン] 图 トランポリン．

trans- [trǽns- トゥランス-] 接頭 ▶動詞などの前について，「…をこえて」「別の状態へ」という意味の語をつくる．
例．transform (trans + form …を変化させる) / transport (trans + port …を輸送する)．

transfer 2級 [trænsfə́:r トゥランスファ〜] 動 (過去 過分 transferred [-d]； ing transferring) 他 …を移す；…を転勤させる，転任させる，転校させる．
He was *transferred* to another school. 彼は他校に転任になった．
─自 (乗り物を) 乗りかえる；転勤する，転任する，転校する．
I *transferred* at Times Square.
私はタイムズスクエア (駅) で乗りかえた．
── [trǽnsfər トゥランスファ〜] 图 移動；転勤，転校；乗りかえ．

transform 2級 [trænsfɔ́:rm トゥランスフォーム] 動 他 (人・姿・性質など) をすっかり変える，一変させる (▶ふつうよい変化について使う)．

transistor [trænzístər トゥランズィスタァ] 图 (電気) トランジスター．

translate 準2 [trænsléit トゥランスレイト] 動 他 …を翻訳する，訳す；…を通訳する．
He *translated* a Japanese novel into English.
彼は日本の小説を英語に訳した．

translation 2級 [trænsléiʃən トゥランスレイション] 图 翻訳；翻訳書；訳，訳文．

translator [trænsléitər トゥランスレイタァ] 图 翻訳家，訳者．

transparent [trænspéərənt トゥランスペアレント ‖ -pǽrənt -パレント] 形 透明な，すき通った；見えすいた．

transport 2級 [trænspɔ́:rt トゥランスポート] 動 他 …を輸送する，運送する．
── [trǽnspɔːrt トゥランスポート] 图 《おもに英》輸送，運送；交通機関，交通手段，輸送機関 (= 《おもに米》transportation)．

transportation 2級 [trænspərtéiʃən トゥランスポテイション] 图 《おもに米》輸送，運送；交通機関，交通手段，輸送機関 (= 《おもに英》transport)．
public *transportation*
公共交通機関．

trap 準2 [trǽp トゥラップ] 图 (動物などをとらえる) わな；(人をおとしいれる) 計略，わな．
── (過去 過分 trapped [-t]； ing trapping) 他 (動物など) をわなでとらえる；(人) をだます，おとしいれる．

trash 3級 [trǽʃ トゥラッシ] 图 《米》ごみ，くず (= 《英》rubbish)．
Could you take out the *trash*?
ごみを出してくれる？
a *trash* can
《米》くず入れ，ごみ入れ (= 《英》dustbin)．
a *trash* bag ごみ袋．

travel 4級 [trǽv(ə)l トゥラヴ(ェ)ル]

動 (3単現 travels [-z] 過去 過分 traveled, 《英》travelled [-d]； ing traveling, 《英》travelling) 自 **1** 旅行する，旅をする．
I like to *travel*.
私は旅行するのが好きだ．
I want to *travel* around the world some day.
いつか世界中を旅行したい．
2 (光・音などが) 進む；伝わる．
Light *travels* faster than sound.
光は音より速く伝わる．
─他 (場所) を旅行する．
── 图 (複数 travels [-z]) **1** (一般に) 旅行，旅；[ふつう複数形で] (遠距離の) 旅行．
foreign *travel* 海外旅行．
Did you enjoy your *travels* in Europe?
ヨーロッパ旅行は楽しかったですか．

seven hundred and sixty-three　763

travel agency ▶

> 💬用法 **travel** と **tour** と **trip** と **journey** と **voyage**
> **travel** は意味の広い語で、比較的長い旅行をさすことが多い。**tour** は観光・視察などのためにあちこちまわる旅行。**trip** は《英》では短い旅行をさす。《米》では長い旅行をもさす一般的な語で、どんな旅行にも使われる。**journey** はかなり長い旅、**voyage** は船・航空機などによるかなり長い旅をさす。

2〔複数形で〕旅行記.
Gulliver's Travels『ガリバー旅行記』.

travel agency [trǽv(ə)l èidʒənsi] 图 (複数 **travel agencies** [-z]) 旅行代理店, 旅行案内所.

traveler, 《英》**traveller** 3級
[trǽv(ə)lər トゥラヴ(ェ)ラァ] 图 旅行者, 旅人; 旅行好き (の人).
a space *traveler* 宇宙旅行者.

traveling, 《英》**travelling**
[trǽv(ə)liŋ トゥラヴ(ェ)リング] 图 旅行.

tray [trei トゥレイ] 图 (複数 **trays** [-z]) 盆, トレー; 浅皿.
a bed *tray* ベッドトレー (▶ベッドの上で使える脚つきトレー).

tread [tred トゥレッド] 動 (過去 **trod** [trɑd トゥラッド ‖ trɔd トゥロッド]; 過分 **trodden** [trɑdn トゥラドゥン ‖ trɔdn トゥロドゥン] または **trod**) 圁 歩く, 歩む, 行く (▶ walk のかたい言い方).
― 他 …をふむ; …をふみにじる.

treasure 2級 [tréʒər トゥレジァ]
フォニックス62 **ea** は [e] と発音する. 图 (複数 **treasures** [-z]) **1** 宝物, 財宝.
buried *treasure* 埋蔵された財宝.
2 貴重品, 大切なもの.
a national *treasure* 国宝.
― 動 (3単現 **treasures** [-z]; 過去 過分 **treasured** [-d]; ing形 **treasuring**) 他 (物・事) を大切にとっておく, 大切にする.

treat 準2 [tri:t トゥリート] 動 他 **1** …をあつかう; (問題など) を論じる.
She *treated* me as one of her family. 彼女は私を家族の一員としてあつかった.
The guest was *treated* like a king. その客は王様のようにあつかわれた.
2 (病人・病気) を治療する.
She was *treated* for her injuries.

彼女はけがの治療を受けた.
3 (人) におごる, ごちそうする.
He *treated* me to lunch.
彼にお昼をおごってもらった.
―― 图 (めったにない) 楽しみ; ごちそう; おごり.
This is my *treat*.
これは私のおごりです.

treatment 2級 [trí:tmənt トゥリートゥメント]
图 とりあつかい (方), 対処 (法); (病気・けがの) 治療 (法).

treaty [trí:ti トゥリーティ] 图 (複数 **treaties** [-z]) (国家間の) 条約, 協定.

tree 5級 图 木

[tri: トゥリー] フォニックス64 **ee** は [i:] と発音する.
图 (複数 **trees** [-z]) 木, 樹木 (▶「木材」は wood).

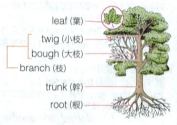
leaf (葉)
twig (小枝)
bough (大枝)
branch (枝)
trunk (幹)
root (根)

There are a lot of cherry *trees* on the school grounds.
校庭にはたくさんの桜の木がある.
The birds are singing sweetly in the *tree*. 木の上で鳥が美しくさえずっている.

trek [trek トゥレック] 動 (過去 過分 **trekked** [-t]; ing形 **trekking**) 圁 (徒歩による) 小旅行をする, トレッキングをする.
go *trekking* in the mountains
山にトレッキングに行く.

tremble [trémbl トゥレンブル] 動 圁 (寒さ・恐怖などで) (体・声などが) ふるえる (類 shudder, shiver); (風などで) (物が) ゆれる; (木の葉などが) そよぐ.
His voice *trembled* with fear.
彼の声は恐怖でふるえた.

tremendous [triméndəs トゥレメンダス]
形 (大きさ・程度などが) すさまじい, ものすごい; すばらしい.

◀ **trod**

trend 2級 [trend トゥレンド] 图 傾向;動向;流行.

trendy [tréndi トゥレンディ] 形 (比較 trendier; 最上 trendiest) 最新流行の, はやりの, トレンディーな.

tri- ▶「3つの」「3倍の」「3重の」の意味の結合形. 例. triangle (三角形), triple (3倍の).

trial 2級 [tráiəl トゥライアル] 图 (性能などを知るための) ためし, 試験; 裁判, 公判.
trial and error 試行錯誤. →图 try

triangle [tráiæŋgl トゥライアングル] 图 三角形; 三角定規; 《楽器》トライアングル (三角形の打楽器).

ⓘ 参考 "tri (3) + angle (角)" から.

triathlon [traiǽθlɑn トゥライアスラン] 图 トライアスロン (▶ 1 人で水泳・自転車・マラソンをする 3 種競技).

tribe 2級 [traib トゥライブ] 图 部族, 種族.

trick 準2 [trik トゥリック] 图 (複数 tricks[-s])
1 (悪意のない) いたずら, わるさ; 計略, たくらみ.
The boy played a trick on his brother.
少年は弟にいたずらをした.
2 芸当; 手品; トリック.
a magic trick 手品.
Trick or treat! 《おもに米》お菓子をくれないといたずらするぞ! (▶ ハロウィーンの晩に子どもたちが家々をまわってお菓子をもらうときの決まり文句. こうすることを go trick-or-treating (お菓子をもらいに家々をまわる) という).
── 動 他 …をだます.

tricky [tríki トゥリキィ] 形 (比較 trickier; 最上 trickiest) (人・行動などが) ずるい; (問題・仕事などが) あつかいにくい.

tricycle [tráisikl トゥライスィクル] 图 (子ども用の) 三輪車 (▶話し言葉では trike [traik トゥライク] ともいう). → unicycle

ⓘ 参考 "tri (3) + cycle (輪)" から.

tried [traid トゥライド] 動 try (…を試みる) の過去・過去分詞.

tries [traiz トゥライズ] 動 try (…を試みる) の 3 人称単数現在形.
── 图 try (やってみること) の複数形.

trifle [tráifl トゥライフル] 图 取るに足りないこ

と, つまらぬこと.

trigger [trígər トゥリガァ] 图 (鉄砲の) 引き金; [比喩的に] 誘因, きっかけ.
pull the trigger 引き金を引く.
── 動 他 (事件など) を引き起こさせる, …の引き金となる.

trillion [tríljən トゥリリョン] 图 兆.
two trillion yen 2 兆円 (▶数字がつくときは複数でも trillion に -s をつけない).
→ million, billion

trim [trim トゥリム] 動 (過去 過分 trimmed [-d]; ing trimming) 他 (しば・生け垣など) を刈りこむ, きちんとする.
── 形 (比較 trimmer; 最上 trimmest) きちんとした; (体が) ほっそりした.

trio [tríːou トゥリーオウ] (発音注意) 图 (複数 trios [-z]) 《音楽》三重奏 (団), 三重唱 (団); 3 人組; トリオ.

trip 5級 [trip トゥリップ]
图 (複数 trips [-s]) (比較的短い) **旅行**, 旅.
→ tour, travel
a day trip
日帰り旅行.
Have a nice trip.
(旅行に出かける人に) 楽しいご旅行を.
How was your trip to Okinawa?
沖縄への旅行はどうでしたか.
We took a trip to Hawaii last month.
私たちは先月ハワイに旅行した.
We went to Nara on a school trip.
ぼくたちは修学旅行で奈良に行った.
── 動 (3単現 trips [-s]; 過去 過分 tripped [-t]; ing tripping) 自 つまずく.
She tripped over a stone and fell down. 彼女は石につまずいてころんだ.

triple [trípl トゥリプル] 形 **1** 三重の.
a triple jump 三段とび.
2 3 倍の; 《音楽》3 拍子の.
── 图 3 倍の数, 3 倍の量.
── 動 他 …を 3 倍にする.
── 自 3 倍になる.

triumph [tráiəmf トゥライアンフ] 图 勝利; 大成功.
We achieved a great triumph.
われわれは大勝利を収めた.

trivia [tríviə トゥリヴィア] 图 つまらないこと; 雑学, 雑学的知識.

trod [trɑd トゥラッド ‖ trɔd トゥロッド] 動 tread

seven hundred and sixty-five **765**

trodden ▶

(歩く) の過去形・過去分詞.

trodden [trádn トゥラドゥン ‖ trɔ́dn トゥロドゥン] 動 tread (歩く) の過去分詞.

trolley [tráli トゥラリィ ‖ tróli トゥロリィ] 名
1 《米》路面電車 (= trolley car)；トロリーバス (= trolley bus).
2 トロッコ.
3 《英》カート，手押し車 (= 《米》cart).

trombone [trambóun トゥランボウン ‖ trɔm-トゥローン-] 名 《楽器》トロンボーン (金管楽器の一種).

troop [tru:p トゥループ] 名 (移動する人・動物の) 群れ，一団；[複数形で] 軍隊，部隊.

trophy [tróufi トゥロウフィ] 名 《複数》 trophies [-z] 優勝記念品 (優勝カップ，優勝たてなど)，トロフィー.

tropic [trápik トゥラピク ‖ trɔ́pik トゥロピク] 名
1 [the tropics で] 熱帯地方.
2 回帰線.
—— 形 = tropical.

tropical [trápikəl トゥラピカル ‖ trɔ́pi-トゥロピ-] 形 熱帯の，熱帯地方の.
tropical fish 熱帯魚.
tropical plants 熱帯植物.

trot [trat トゥラット ‖ trɔt トゥロット] 名 (馬の) 速足；(人の) 急ぎ足.
—— 動 (過去 過分 trotted [-id]；ing trotting) 自 (馬などが) 速足で駆ける；(人が) 急ぎ足で歩く.

trouble 3級 [trʌ́bl トゥラブル] (ou は例外的に [ʌ] と発音する)

名 《複数》 troubles [-z] **1 心配**，苦労，なやみ；**心配の種**，なやみの種.
Are you having any *trouble*?
何かお困りですか.
He was having *trouble* with his homework. 彼は宿題で苦労していた.

> 🔊 スピーキング
> Ⓐ What's the trouble?
> どうかしたの？
> Ⓑ I don't feel good.
> 気分がすぐれないの.

2 困難，めんどう，手間 (▶ a をつけず，複数形なし).
No *trouble* at all.
まったくかまわないよ，おやすいご用ですよ.
You don't have to take the *trouble* to dress up.

わざわざ正装しなくてもいいよ.

> 🔊 スピーキング
> Ⓐ Thank you for your *trouble*.
> お手数をおかけしました.
> Ⓑ It was nothing.
> いや，たいしたことなかったですよ.

3 [しばしば複数形で] **もめごと**，紛争.
family *troubles* 家庭内のもめごと.
4 病気；(機械などの) 故障，トラブル.
heart *trouble* 心臓病.
engine *trouble* エンジントラブル.
be in trouble 困っている；故障している.
Oh, I'm in *trouble*. ああ，困ったなあ.
have trouble with …で困っている.
make trouble ごたごたを起こす.
—— 動 (3単現 troubles [-z]；過去 過分 troubled [-d]；ing troubling) 他 **1 …をなやます**，心配させる.
What's *troubling* you? どこが悪いのですか，何をなやんでいるのですか.
2 …に迷惑をかける，手数をかける (▶改まった語で，ふつう人にものをていねいに頼むときなどに使う).
I'm sorry to *trouble* you, but could you make a copy of this?
お手数をおかけしますが，これを 1 枚コピーしてもらえますか.
Could I *trouble* you for a glass of water?
申し訳ないですが，水を 1 杯いただけませんか.

troublemaker [trʌ́blmeikər トゥラブルメイカァ] 名 [ふつう軽べつして] ごたごたを起こす人，トラブルメーカー.

troublesome [trʌ́blsəm トゥラブルサム] 形 [しばしば軽べつして] やっかいな，手の焼ける.
a *troublesome* issue やっかいな問題.

trousers [tráuzərz トゥラウザァズ] 名 [複数あつかい] 《おもに英》ズボン (▶ 《米》話し言葉では pants ともいう).
a pair of *trousers* ズボン 1 着.

trout [traut トゥラウト] 名 《複数》 trout；種類をいうときは trouts [-ts ツ] 《魚》マス.

truck 2級 [trʌk トゥラック] 名 トラック，貨物自動車 (▶ 《英》では lorry ともいう)；手押し車，トロッコ；《英》屋根のない貨車.
a *truck* driver トラックの運転手.
a dump *truck* 《米》ダンプカー.

a tank *truck* 〔米〕タンクローリー.

true 〔3級〕 [truː: トゥルー]

〔形〕(〔比較〕**truer**; 〔最上〕**truest**) **1 ほんとうの**, 真実の (〔反〕false 誤った).

This is a *true* story.
これはほんとうの話です.

That's *true*.
そのとおりだ, きみの言うとおりだ.

Is it *true* that she is sick?
彼女が病気だというのはほんとうですか.

It's *true* that he is bright, but he doesn't study hard enough. 彼は確かに頭はいいけどあまり勉強しない (▶ It is true ... , but ～は「確かに…だが～」という意味で, 反対の考えを言う前の決まり文句).

2 誠実な, 忠実な.

a *true* friend 誠実な友.

He was *true* to his promise.
彼は約束を忠実に守った.

3 正当な; 当てはまる.

The same is *true* of most of us.
同じことが私たちの大部分に当てはまる.

→〔名〕truth

come true (夢などが) 実現する, かなう.

His dream has *come true*.
彼の夢はかなえられた.

truly [trúːli トゥルーりィ] (つづり注意) 〔副〕ほんとうに; 心から.

She is a *truly* great singer.
彼女はほんとうにすばらしい歌手だ.

I'm *truly* grateful for your advice.
アドバイスをいただいて心から感謝しております.

Yours truly, 敬具 (▶ビジネスレターなどの結びのことばとして使う. 親しい友だちに対しては Your friend, を, ていねいにいうときは Sincerely (yours), を使う).

trumpet 〔5級〕 [trʌ́mpit トゥランペト] 〔名〕《楽器》トランペット, らっぱ.

trunk [trʌŋk トゥランク] 〔名〕(木の)幹;(人の)胴体ᵗⁱ゙; 大型トランク (▶ suitcase より大型で, ふつう 1 人では簡単に持ち運びできないもの);〔米〕(車の)トランク (=〔英〕boot [buːt]); 象の鼻.

trunks [trʌŋks トゥランクス] 〔名〕〔複数あつかい〕(水泳・ボクシング用などの) 男子用パンツ, トランクス.

trust 〔準2級〕 [trʌst トゥラスト] 〔名〕信頼ᵗⁱⁿ, 信用; 委託ᵗᵃⁿ, 信託.

I have no *trust* in him.
私は彼を全然信用していない.

—— 〔動〕〔他〕…を信頼する, 信用する.

Trust me. 信じてよ.

You shouldn't *trust* her.
彼女のことは信用しないほうがいい.

trusting [trʌ́stiŋ トゥラスティング] 〔形〕人を信じやすい.

truth 〔準2級〕 [truːθ トゥルース]

〔名〕〔しばしば the をつけて〕**真実**, 真相 (〔反〕lie² うそ); 真理.

Tell me *the truth*.
ほんとうのことを教えてください.

I just want to know *the truth*.
ぼくは真実が知りたいだけだ.

The truth came out.
ことの真相が明らかになった.

scientific *truth* 科学的真理. →〔形〕true

The truth is (that) ... じつを言うと….

The truth is that I can't swim.
じつを言うと, ぼく, 泳げないんだ.

to tell (you) the truth じつを言うと (▶言いわけをするときなどに使う).

To tell the truth, I don't have any money on me.
じつはぼく, お金を全然持ってないんだ.

truthful [trúːθfəl トゥルースフル] 〔形〕(人が) 誠実な, 正直な; 真実の.

try 〔4級〕 〔動〕…を試みる, やってみる

[trai トゥライ]

〔動〕(〔3単現〕**tries** [-z]; 〔過去〕〔過分〕**tried** [-d]; 〔ing〕**trying**) 〔他〕**1 …を試みる**, ためす, やってみる; 《**try + -ing 形**で》(ためしに) …してみる.

🗨 スピーキング

Ⓐ Here, *try* some sushi.
さあ, すしを食べてみたら.

Ⓑ OK, I will.
よし, 食べてみよう.

Try it again. もう一度ためしてごらん.

Maybe you should *try* something new.
何か新しいことをやってみたらいいかもしれませんね.

seven hundred and sixty-seven **767**

trying ▶

Here, *try* a bite.
ほら，ひと口食べてごらん．
I *tried writing* with my left hand.
私はためしに左手で書いてみた．
2 (try to ... で) …しようと試みる，しよう
と努力する (▶「try ＋ -ing 形」との意味のち
がいに注意)．
He *tried to* open the door.
彼はドアを開けようとした．
I *tried to* call her, but I couldn't
reach her.
彼女に電話をしようとしたが，つながらなかった．
Try not *to* gain weight.
体重を増やさないようにしてください．
3 《法》…を裁判にかける，審理する．
—**自 やってみる**，試みる，努力する．
Let me *try*. 私にやらせて．
You can make it if you *try*.
やってみたらうまくいくから，やってみなさい．
If at first you don't succeed, *try, try*
again.
最初はうまくいかなくても，何度も何度もやっ
てごらん (▶親や先生が子どもをはげますとき
のことば)．
Try and see. ものはためし． →图 trial
try and ... …しようと努める (▶…の部分
には動詞の原形がくる．try to ... のくだけた
言い方)．
I'll *try and* finish the paper by
tonight.
今夜までにレポートを仕上げるよう努力するよ．
try on (服など)をためしに身につけてみる．
Can I *try* this *on*?
(店で) これを試着してもいいですか．
try out …を実際にためしてみる．
——**名 (複数 tries [-z]) 1 やってみること，**
ためすこと，試み．
Why don't you give it a *try*?
やってみたらどう？
Let's have another *try*.
もう一度やってみましょう．
2 (ラグビー) トライ．

trying [tráiiŋ トゥライイング] **動** try (…を試み
る) の -ing 形．
——**形 苦しい，つらい．**

T-shirt 5級 [tíːʃəːrt ティーシャ～ト]

名 (複数 T-shirts [-ts ツ]) Tシャツ (▶T字
型をしていることから)．

---

tub [tʌb タブ] **名 《口語》浴そう，バスタブ**
(＝ bathtub)；たらい，おけ．
tuba [t(j)úːbə テューーバ，トゥーバ] **名 《楽器》**
チューバ (大型の金管楽器で低音を出す)．
tube [t(j)uːb テューブ，トゥーブ] **名 1 (ガラス・**
ゴム・金属などの) 管，くだ；(絵の具・歯
みがきなどの) チューブ．
a plastic *tube* ビニール (製の) 管．
2 (英口語) (ロンドンの) 地下鉄 (▶トンネ
ルが円筒状であることから) (＝《英》
underground，《米》subway)．
→ underground
by *tube* 地下鉄で．
tuck [tʌk タック] **動 他 …をまくる，たくし**
上げる；…を巻きこむ，折りこむ．
tuck up my sleeves そでをまくり上げる．
Tue. 《略》＝ Tuesday (火曜日)
Tues. 《略》＝ Tuesday (火曜日)

Tuesday 5級 名 火曜日

[t(j)úːzdei テューーズデイ，トゥーズ-，-di -ディ]
名 (複数 Tuesdays [-z]) 火曜日 (▶略語は
Tue. または Tues.)．
We had a class meeting on *Tues-
day*.
火曜日に学級会があった (▶「…曜日に」という
ときにはふつう on をつける)．
The concert takes place next
Tuesday.
コンサートはこの次の火曜日に開かれる．

○ on Tuesday
✕ on next Tuesday
└ next や last などが
つくときは on は使わない．
○ next Tuesday
▶曜日名は大文字で書きはじめる．

on *Tuesday* morning 火曜日の朝に．

背景 "Tiu [Tiw] (北欧神話の戦争
の神ティーウ；ローマ神話の Mars (＝
火星) に相当) ＋ day (日)" から．

tug [tʌg タッグ] **動 (過去 過分 tugged [-d]；**
ing tugging) 他 自 (…を) ぐいと引く，強
く引っぱる．
——**名 強く引くこと．**

768 seven hundred and sixty-eight

◀ turn

tug-of-war [tʌ̀gəvwɔ́ːr タグァヴ**ウォー**(ァ)] 图 綱引き.

have a tug-of-war 綱引きをする.

tulip 4級 [t(j)úːlip テ**ュー**リプ, ト**ゥー**-] 图 チューリップ.

Tulips come out in April. チューリップは4月に咲く.

tumble [tʌ́mbl タンブル] 動 (自) 転ぶ, 転倒する；(価格などが) 急落する.

―― 图 転倒, 転落；(価格などの) 急落.

tumbler [tʌ́mblər タンブラァ] 图 タンブラー (大型のコップ).

tuna 5級 [t(j)úːnə トゥーナ, テューナ] 图 (複数 **tuna**；種類をいうときは **tunas**[-z]) 《魚》 マグロ；(食用としての) マグロの肉, ツナ.

tundra [tʌ́ndrə タンドゥラ] (＜ロシア語) 图 ツンドラ, 凍土帯.

tune [t(j)úːn テューン, トゥーン] 图 (音楽の) 曲, 旋律；(音楽の) 正しい調子.

in tune 調子が合って.

out of tune 調子がはずれて.

―― 動 (他) (楽器の) 調子を合わせる, チューニングをする；(エンジンなど) を調整する；(テレビなど) を合わせる.

tune the TV to Channel 6 テレビを6チャンネルにする.

tunnel 準2 [tʌ́nl タヌル] 图 トンネル.

The train went into a long tunnel. 列車は長いトンネルに入った.

turban [tə́ːrbən タ〜バン] 图 **1** (中東やインドの男性が頭に巻く) ターバン；ターバン型の帽子.

2 《貝》 サザエ (▶ turban shell ともいう).

turbine [tə́ːrbin タ〜ビン ‖ -bain -バイン] 图 《機械》 タービン.

turf [təːrf タ〜フ] 图 (複数 **turfs** [-s] または **turves** [-vz]) しば, しばの生えている地面 (▶整えた「しばふ」は lawn).

Turk [təːrk タ〜ク] 图 トルコ人；[the Turks で] [集合的に] トルコ人, トルコ国民.

Turkey 3級 [tə́ːrki タ〜キィ] 图 トルコ (地中海北東岸の共和国；首都はアンカラ (Ankara)).

turkey [tə́ːrki タ〜キィ] 图 (複数 **turkeys** [-z]) 《鳥》 七面鳥；七面鳥の肉 (▶七面鳥の料理は感謝祭やクリスマスのごちそうとして欠かせない).

Turkish [tə́ːrkiʃ タ〜キシ] 形 トルコの；トルコ人の, トルコ語の.

turn
4級 動 …をまわす, まわる 图 回転, 順番

[təːrn タ〜ン] フォニックス79 ur は [əːr] と発音する.

動 (3単現 **turns** [-z]；過去 過分 **turned** [-d]；ing **turning**) 他 **1** …をまわす, 回転させる.

She turned the key to the left. 彼女はかぎを左にまわした.

2 (角など) **を曲がる**；(体の部分) **を向ける**；…の向きを変える.

The car turned the corner. 車は角を曲がった.

He turned his back to the wind. 彼は風の来る方向に背中を向けた.

I turned the chair around. いすを反対向きにした.

3 …をひっくり返す, 裏返す；(ページ) をめくる.

She turned a page of her magazine. 彼女は雑誌のページをめくった.

4 (**turn ~ into ... / turn ~ to ...** で) ~ を…に変える.

Heat turns ice into water. 熱は氷を水に変える.

― (自) **1 まわる**, 回転する.

The earth turns around its axis. 地球は自転している (▶ axis は「地軸」のこと).

2 ふり返る, 向きを変える；**曲がる**.

She turned around when she heard footsteps. 足音がしたので彼女はふり返った.

He turned to us. 彼は私たちの方を向いた.

Turn left at the corner. 角を左に曲がってください.

3 (**turn into / turn to** で) …に変わる.

The rain turned into snow. 雨は雪に変わった.

4 (**turn ＋ 形容詞** で) …になる.

The light turned green. 信号は青になった.

The weather turned colder. 寒い季節になった.

turn around (…の) 向きを変える.

turn away (人) を追い払う；(顔など) を背ける.

seven hundred and sixty-nine　769

turned ▶

The police *turned* the crowd *away*.
警察は群衆を追い払った。

turn back (来た道を)もどる, 引き返す.
We got tired and *turned back*.
私たちはつかれたので引き返した。

turn down (音量など)**を小さくする**；(電気・火力など)を弱くする(反 turn up(音量など)を大きくする, (電気・火力など)を強くする)；(申し出など)を断る(= refuse).
Turn down the TV, please.
テレビの音量を小さくしてください。

turn off (電気製品・明かりなど)**を消す**；(水道・ガスなど)**を止める**(反 turn on …をつける).
Make sure you *turn off* the gas.
ガスは忘れずに消してね。

turn off

turn on

turn on (電気製品・明かりなど)**をつける**；(水道・ガスなど)**を出す**(反 turn off …を消す).

🗨スピーキング
Ⓐ Could you *turn* the TV *on*?
テレビをつけてくれますか？
Ⓑ Sure. Which channel do you want?
いいよ。何チャンネルにするの？

turn out **1** (…であることが)**わかる**.
He *turned out* to be right.
彼が正しいということがわかった。

2 (明かりなど)を消す.
Turn the light *out* before you go to bed. 寝る前に電気を消しなさいね。

turn over …をひっくり返す；(ページ)をめくる.
Turn over your answer sheets.
答案用紙を裏返してください。

turn up (音量など)**を大きくする**；(電気・火力など)を強くする(反 turn down (音量など)を小さくする).
The room was cold, so I *turned up* the heater.
部屋が寒いので私は暖房を強くした。

── 名《複数》turns [-z] **1 回転**；方向転換, 曲がること, 曲げること；**曲がり角**.
She gave the knob a quiet *turn*.
彼女はノブをそっと回した。
The car made a left *turn*.
その車は左折した。

2 順番, 番.
Now, it's your *turn*. さあ, きみの番だよ。

🗨スピーキング
Ⓐ Whose *turn* is it?
だれの番？
Ⓑ My *turn*.
私の番よ。

by turns 代わる代わる, 交代で.
The baby smiled and cried *by turns*. 赤ちゃんは笑ったり泣いたりした。

in turn 順番に.
The students sang *in turn*.
生徒は順番に歌った。

turned [tə́ːrnd タ〜ンド] 動 turn(…をまわす)の過去・過去分詞.

turning 3級 [tə́ːrniŋ タ〜ニング] 動 turn (…をまわす)の -ing形.
── 名 回転；曲がり角.
a *turning* point 転換点；転機.

turnip [tə́ːrnip タ〜ニプ] 名《植物》カブ；カブの根.

turnpike [tə́ːrnpaik タ〜ンパイク] 名《米》(ふつう有料の)高速道路, ターンパイク(▶単に pike ともいう).

turns [tə́ːrnz タ〜ンズ] 動 turn(…をまわす)の3人称単数現在形.
── 名 turn (回転)の複数形.

turtle 4級 [tə́ːrtl タ〜トゥル] 名 カメ(▶厳密には turtle は海ガメをさし, 陸ガメ・淡水ガメのことは tortoise という).

tutor [t(j)úːtər テューター, トゥー-] 名 家庭教師(住みこみのこともある)；《英》(大学の)個別指導教官.
── 動 他 …に個人指導する.

Tuvalu [tuːvɑ́ːluː トゥーヴァールー ‖ túːvəluː トゥーヴァルー] 名 ツバル(太平洋中南部にある人口約1万人の島国；首都はフナフティ(Funafuti)).

TV 5級 [tíːvíː ティーヴィー]
── 名《複数》TVs [-z] **テレビ**；テレビ受像機(▶ television の略).

◀ **twice**

How long do you watch *TV* a day?
1日にどれくらいテレビを見ていますか.
I don't watch much *TV*.
私はテレビはあまり見ない.
I watched the tennis match on *TV*.
そのテニスの試合をテレビで見た.
a *TV* program テレビ番組.
a *TV* station テレビ局.
a *TV* dinner
(米) テレビディナー (加熱するだけで, テレビを見ながらつくったり,食べたりできる冷凍の食品).

tweet [twi:t トゥウィート] 图 **1** (小鳥の) チッチッ, さえずり.
2 ツイート, つぶやき (旧ツイッターでやり取りされた短いメッセージ).
── 動 圓 **1** (小鳥が) さえずる.
2 (旧ツイッターで) つぶやく,ツイートする.

twelfth 5級 形 **12番目の**
图 **12番目**

[twelfθ トゥウェルフス] フォニックス34 th は [θ] と発音する.
形 **1** [ふつう the をつけて] **第12の**, 12番目の.
the twelfth century 12世紀.
── 图 (複数 twelfths [-s]) **1** [ふつう the をつけて] **第12**,12番目;(月の) 12日 (▶略語は12th).
2 12分の1.

twelve 5級 形 **12の**
图 **12**

[twelv トゥウェルヴ]

形 **12の**;12個の, 12人の;12歳で.
There are *twelve* months in a year.
1年には12か月あります.
── 图 (複数 twelves [-z]) **12**;12歳, 12時;[複数あつかい] **12個**, 12人.
at *twelve* noon 昼の12時に.
at *twelve* midnight 夜中の12時に.

twenties [twéntiz トゥウェンティズ] 图 複数形.
twentieth 4級 [twéntiəθ トゥウェンティエス] 形 [ふつう the をつけて] **第20の**, 20番目の.
── 图 (複数 twentieths [-s]) [ふつう the をつけて] 第20, 20番目;(月の) 20日 (▶略語は20th).

twenty 5級 形 **20の**
图 **20**

[twénti トゥウェンティ]

形 **20の**;20個の, 20人の;20歳で.
He came to Japan *twenty* years ago. 彼は20年前に日本に来た.
── 图 (複数 twenties [-z]) **1 20**;20歳;[複数あつかい] **20個**, 20人.
2 《*my* **twenties** で》(年齢の)20代;《**the twenties** で》(各世紀の) 20年代 (▶ the 20s または the 20's とも書く).
She is in *her* twenties. 彼女は20代です.

twice 4級 [twais トゥワイス] フォニックス50
i は [ai] と発音する.

副 **1 2度**, 2回.
I think I saw him once or *twice*.
確か彼には1,2度会ったんじゃないかと思う.
2 2倍.
He can swim *twice* as far as I can.

単語力を
つける | TV　テレビ番組のいろいろ

☐ a comedy show
　　　　コメディーショー, お笑い番組
☐ a cooking program　料理番組
☐ a documentary
　　　　ドキュメンタリー番組
☐ a movie program　映画番組
☐ a music show　音楽番組

☐ a news program　ニュース番組
☐ a quiz show　クイズ番組
☐ a special program　特別番組
☐ a sports program　スポーツ番組
☐ a talk show　トーク番組
☐ a TV drama　テレビドラマ
☐ a variety show　バラエティー番組

twig ▶

彼はぼくの2倍の距離を泳げる.

💬用法 「〜度」「〜倍」の言い方
「2度, 2倍」は twice というのがふつうだが, two times ということもある. 「2, 3回」というときは two or three times という. 3度, 3倍以上は three times, four timesのようにいう.「1度」は once.

---

twig [twig トゥウィッグ] 图 小枝 (▶大枝は bough. branch は「枝」一般をいう). → tree (図)

twilight [twáilait トゥワイライト] 图 夕暮れ(どき), たそがれ(どき);(日の出前・日没後の) うす明かり.

twin [twin トゥウィン] 图 ふたごの一方;[複数形で] ふたご, 双生児.
Tom and Mike are *twins*.
トムとマイクはふたごです.
── 形 ふたごの;ツインの.
a *twin* sister ふたごの姉 [妹].

twinkle [twíŋkl トゥウィンクル] 動 自 (星などが) きらめく;(目が) かがやく.
The stars *twinkled* brightly in the sky. 空には星が明るくかがやいていた.

twirler [twə́ːrlər トゥワ〜ラァ] 图 (バトンなどを) くるくる回す人, トワラー. → baton

twist [twist トゥウィスト] 動 他 (糸など) をよる;…をねじる;(手足など) をねんざする.
twist wires into a rope
針金をより合わせてロープをつくる.
She *twisted* her head to look at me. 彼女は首をまわしてぼくを見た.
I *twisted* my ankle. 私は足首をねんざした.
── 自 (糸が) よれる;(苦痛などで) 身をよじる;(道路・川などが) 曲がりくねる.
── 图 よること, ねじること, ひねり.

twitter [twitər トゥウィタァ] 图 1 さえずり.
2 [Twitter で] ツイッター (▶現在の X (エックス). ユーザーが短い「ツイート (つぶやき)」を投稿するウェブサービス. 2023 年に X へ名称変更した).
── 動 自 1 (小鳥が) さえずる.
2 (ツイッターで) つぶやく, ツイートする.

two 5級 形 2の
图 2

[tu: トゥー]

形 **2の**;2個の, 2人の;2歳で.
I have *two* brothers.
私には2人の兄弟がいる.
── 图 [複数] twos [-z] 2;2歳, 2時;[複数あつかい] 2個, 2人.
It is exactly *two* o'clock.
いまちょうど2時です.
Two and *two* make(s) four.
2+2=4;2足す2は4.
[同音語] too (…も (また))

TX, Tex. (略) = Texas (テキサス州)

tying [táiiŋ タイイング] (つづり注意) 動 tie (…を結ぶ) の -ing 形.

type 3級 [taip タイプ]

图 **1 型**, タイプ, 種類;典型, 手本.
He has a new *type* of car.
彼は新しい型の車をもっている.
There are all *types* of people in the world. 世の中にはいろんな人がいる.
He's my *type*.
彼は私の好みのタイプなの.
2 [集合的に] 活字;字体. → 形 typical
── 動 他 自 (キーボードなどで) (…を) 打つ, 入力する, タイプする.
type a comment
コメントを (入力欄に) 打ちこむ.

typewriter [táipraitər タイプライタァ] 图 タイプライター.

typhoon 3級 [taifúːn タイフーン] (<中国語) 图 台風 (▶北太平洋西部に発生する強い熱帯性低気圧;おもにインド洋で発生するものは cyclone [sáikloun サイクロウン], 北大西洋西部・メキシコ湾沿・カリブ海などで発生するものは hurricane という).
Typhoon No.15 hit Kyushu.
台風15号は九州に上陸した.

typical 準2 [típik(ə)l ティピカル] 形 典型的な, 代表的な.
a *typical* American breakfast
典型的なアメリカ式朝食. → 图 type

typist [táipist タイピスト] 图 タイピスト.

tyrannosaur, tyrannosaurus
[tirǽnəsɔːr ティラノソー(ァ)] [tirǽnəsɔ́ːrəs ティラノソーラス] 图 ティラノサウルス (白亜紀最大の肉食恐竜).

tyrant [tái(ə)rənt タイ(ア)ラント] 图 暴君;専制君主.

tyre [táiər タイア] 图 《英》 = tire²

U u U u U u

U, u [juː ユー] 名 (複数 **U's, u's** [-z] または **Us, us** [-z]) ユー (アルファベットの 21 番目の文字).

UFO [júːefóu ユーエフオウ, júːfou ユーフォウ] 名 (複数 **UFO's** [-z] または **UFOs** [-z]) 未確認飛行物体, ユーフォー (空飛ぶ円盤(えんばん) (flying saucer) など) (▶ unidentified flying object の略).

ugly [ʌ́gli アグリィ] 形 (比較 **uglier**; 最上 **ugliest**) みにくい, ぶさいくな (反 beautiful 美しい); ぶかっこうな.
an *ugly* face ぶさいくな顔.
an *ugly* duckling みにくいあひるの子 (▶ 幼いころはぶさいくで不器用だが, 成長するにつれて美しくなり成功する人のこと (イソップ物語から)).

uh [ə ア, ʌ ア] 間 あー, えー (と) (▶ 次に何を言うか考えているときやためらっているときなどの発声) (同 um).

uh-huh [ʌhʌ́ アハ] 間 (口語) うん, そう, ええ (▶ 相手への賛成や相づちを表す. yes のくだけた言い方).
— yeah, yes
"Thanks." "*Uh-huh*."
「ありがとう」「うん」

U.K., UK [júːkéi ユーケイ]
名 [the をつけて] **連合王国, 英国, イギリス** (▶ the United Kingdom の略).

ukulele [juːkəléili ユークレイリィ] 名 《楽器》ウクレレ.

ultimate [ʌ́ltəmət アルティメト] 形 究極の, 最終の.

ultra [ʌ́ltrə アルトゥラ] 形 極端(きょくたん)な, 過激な, 超…; ある範囲(はんい)外の.
ultra-cool 超クールな.

Uluru [uːlərúː ウールルー] 名 ウルル.
→ Ayers Rock

um, umm [ʌm アム] 間 あー, えー (と) (▶ 次に何を言うか考えているときなどの発声) (同 uh).

umbrella 5級 [ʌmbrélə アンブレラ]
名 (複数 **umbrellas** [-z]) **かさ**, 雨がさ.
open an *umbrella*
かさをさす, かさを開く.
close an *umbrella* かさをたたむ.
Take an *umbrella*. It might rain.
雨が降るかもしれないから, かさを持っていきなさい.
a beach *umbrella* ビーチパラソル.

umpire [ʌ́mpaiər アンパイア] 名 (野球・テニスなどの) 審判(しんぱん)員, アンパイア (▶ サッカー, ボクシングなどの審判員は referee).

UN, U.N. [júːén ユーエン] 名 [the をつけて] 国際連合, 国連 (▶ the United Nations の略).

un- [ʌn- アン-] 接頭 形容詞, 動詞, 副詞, 名詞の前について反意語をつくる.
例. unable (un + able …することができない) / unhappy (un + happy 不幸な) / unkind (un + kind 不親切な) / undo (un + do ほどく, もとにもどす) / unfortunately (un + fortunately 不運にも).

unable 準2 [ʌnéibl アネイブル] 形 [名詞の前では使わない] …できない (反 able …できる) ▶ 次の連語で使う.
be unable to ... …することができない (▶ ふつうは can't または couldn't を使うことが多い).
She *was unable to* get there on time. (= She couldn't get there on time.)
彼女は時間どおりにそこに着けなかった.

unanimous [ju(ː)nǽnəməs ユ(ー)ナニマス] 形 (決定や意見などが)満場一致(いっち)の, 全員異議のない.

unbelievable ▶

unbelievable [ʌnbəlíːvəbl アンビリーヴァブル] 形 信じられない；すごい，すばらしい；とてもひどい．
That's *unbelievable*!
そんなの，信じられない！
She has an *unbelievable* voice.
彼女はすばらしい声をしている．
That chocolate cake was *unbelievable*. そのチョコレートケーキは信じられないくらいおいしかった (▶「ひどい味がした」という意味にもなる).

uncertain [ʌnsə́ːrtn アンサートゥン] 形
1 (物事が) 確かでない，はっきりしない；(人が) 確信がない，疑いを持っている (反 certain 確かな).
uncertain information 不確かな情報．
I'm *uncertain* about which one to choose.
どれを選んだらよいのかよくわからない．
2 不安定な，変わりやすい；当てにならない．
uncertain weather 変わりやすい天気．

unchanged [ʌntʃéindʒd アンチェインヂド] 形 変わらない，もとのままの．

uncle 5級 名 おじ

[ʌ́ŋkl アンクル]
名 (複数 uncles [-z]) **1 おじ** (対 aunt おば).
My aunt and *uncle* live in Tokyo.
私のおばとおじは東京に住んでいる．
This is my *uncle* Bob.
(写真などを見せて) これはおじのボブです；(本人を他の人に紹介して) こちらはおじのボブです．
2 (血縁関係はないが親しみをこめて) おじさん．
Hello, *Uncle* George.
こんにちは，ジョージおじさん (▶名前につけて使うときは大文字で書く).
We call him *Uncle* Sam.
私たちは彼のことをサムおじさんと呼んでいる．

unclean [ʌnklíːn アンクリーン] 形 **1** よごれた，不潔な．
2 不純な．

Uncle Sam [ʌ́ŋkl sæm] 名 アンクル・サム (United States の略称 U.S. と同じ頭文字を持つ．「アメリカ政府」または「典型的アメリカ人」を表し，政治漫画などによくえがかれる). → John Bull

uncomfortable [ʌnkʌ́mfərtəbl アンカンファタブル] 形 **1** (物などが) ここちよくない，快適でない (反 comfortable ここちよい).
uncomfortable shoes
はきごこちの悪いくつ．
an *uncomfortable* chair
すわりごこちの悪いいす．
2 (人が) くつろげない (反 comfortable くつろいだ).
Sarah is *uncomfortable* with strangers. サラは知らない人といると落ちつけない．

uncommon [ʌnkámən アンカモン ‖ -kɔ́m- -コモ-] 形 [しばしばほめて] めったにない，めずらしい；なみはずれた，非凡な (反 common ふつうの).

unconscious [ʌnkánʃəs アンカンシャス ‖ -kɔ́n- -コン-] 形 **1** 意識不明の (反 conscious 意識のある).
2 気づかない．
I was *unconscious* of the danger.
私は危険に気づかなかった．

uncountable [ʌnkáuntəbl アンカウンタブル] 形 数えられない．

uncover [ʌnkʌ́vər アンカヴァ] 動 他 **1** (秘密など) を暴露する，明らかにする，打ち明ける．
2 (容器など) のおおいを取る，ふたを取る．

under 5級 前 …の下に，…の下の，…の下へ

[ʌ́ndər アンダァ]
前 **1** [位置を表して] **…の (真) 下に [の，へ]** (反 over …の上に).
The dog is *under* the table.
犬はテーブルの下にいる．
Who are the girls *under* the tree?
木の下にいる女の子たちはだれですか．
She put a pillow *under* my head.

▶ **understand**

彼女は私の頭の下にまくらを置いてくれた.
What are you wearing *under* that jacket?
そのジャケットの下に何を着ているの?

💬用法 **under** と **below**
under は **over** に対する語で「真下に」,
below は **above** に対する語で「下の方に」という意味.

under …の真下に　　**below** …の下の方に

2 (年齢・数量などが) **…未満で, 未満の,** …より少ない (反 over …より多い).
This toy is for children *under* six.
このおもちゃは6歳未満の子ども向けです (▶ under six は six (6歳) をふくまない.「6歳以下の子ども」は children of six and under という).
No one *under* eighteen is allowed to enter. 18歳未満入場禁止.
The average temperature in November was *under* 10 degrees.
11月の平均気温は10度未満であった.

3 (ある状況・支配・監督などの) **のもとに, もとで.**
The team played well *under* its new captain.
チームは新しいキャプテンのもとでよく戦った.
The road is *under* construction.
その道路は工事中だ.
under pressure プレッシャーの中で.

undergo [ʌ̀ndərɡóu アンダゴウ] 動 (3単現) **undergoes** [-z] (過去) **underwent** [ʌ̀ndərwént アンダウェント] (過分) **undergone** [ʌ̀ndərɡɔ́(ː)n アンダゴ(ー)ン] (ing) **undergoing**) 他 (検査など) を受ける; (変化など) をこうむる, 経験する.
undergo surgery 外科手術を受ける.

underground 準2 [ʌ̀ndərɡráund アンダグラウンド] 形 地下の.
── 名 [the をつけて] (英) 地下鉄 (= (米) subway) (▶ロンドンの地下鉄のことを (英) 話し言葉では tube ともいう).

円筒状のトンネルを特色とするロンドンの地下鉄. プラットホーム (上) とマーク (右).

── [ʌ̀ndərɡráund アンダグラウンド] 副 地下に, 地下で.

underline [ʌ̀ndərláin アンダライン] 動 他 (語・句など) に下線を引く.
Underline the important words with a red marker pen.
重要語には赤いマーカーで下線を引きなさい.
── 名 下線.

underneath [ʌ̀ndərníːθ アンダニース] 前 …の下に, …の下の方に.
underneath the floor 床の下に.

underpants [ʌ́ndərpæ̀nts アンダパンツ] 名 [複数あつかい] (米) パンツ (▶男性用・女性用の下着).

undershirt [ʌ́ndərʃə̀ːrt アンダシャ〜ト] 名 (米) 下着のシャツ, アンダーシャツ (= (英) vest (そでなしの下着のシャツ)). → shirt

understand 4級

動 (…を) **理解する**, (…が) **わかる**

[ʌ̀ndərstǽnd アンダスタンド]
動 (3単現) **understands** [-dz ヅ]; (過去)(過分) **understood** [ʌ̀ndərstúd アンダストゥッド]; (ing) **understanding**) (▶進行形にはしない)

× I am understanding English.
└進行形にはしない.
○ I understand English.

他 **1 …を理解する, …がわかる**; (understand what [why, how] ... で) **何が [なぜ, どのように] …かわかる.**
She *understands* Chinese.

understanding ▶

彼女は中国語がわかる.
Do you *understand* Japanese?
日本語はわかりますか（▶知的な能力をたずねるときに Can you ～? を使うと失礼にひびく）.
I can't *understand why* she said that.
彼女がなぜそんなことを言ったのかわからない.
I *understand how* you feel.
どういうお気持ちかわかります.
2 (*understand (that) ...* で) …と聞いている；…と思う，了解^{りょうかい}する.
I *understand that* you have no objection.
あなたには異議がないものと考えます.
—— 自 **理解する，わかる.**

🔊スピーキング
A Be here on time. Do you *understand*?
ここに時間どおりに来なさい．わかった？
B Yes, Dad, I *understand*.
はい，パパ，わかりました.

*make my*self *understood* 自分の言いたいことを（相手に）わからせる.
I couldn't *make myself understood* in English.
私は英語で自分の言いたいことを伝えられなかった（→私の英語では通じなかった）.

understanding [ʌ̀ndərstǽndiŋ アンダス**タ**ンディング] 名 理解；知識；理解力.
I thanked Chris for his *understanding*.
クリスが私の気持ちをわかってくれたことに感謝した.

🗣️プレゼン
We must have deeper international *understanding*.
私たちは国際理解を深めなければなりません.

—— 形 理解のある，思いやりのある，（人の）気持ちがわかる，ものわかりがよい.
—— 動 understand (…を理解する) の -ing 形.

understands [ʌ̀ndərstǽndz アンダス**タ**ンツ] 動 understand (…を理解する) の3人称単数現在形.

understood 🔶4級

[ʌ̀ndərstúd アンダ**ス**トゥッド]
動 understand (…を理解する) の過去・過去分詞.

undertake [ʌ̀ndərtéik アンダテイク] 動
(3単現) **undertakes** [-s]；過去 **undertook**
[ʌ̀ndərtúk アンダ**トゥック**]；過分 **undertaken**
[ʌ̀ndərtéikən アンダテイクン]；ing **undertaking**)
他 (仕事など) を引き受ける，…を企^{くわだ}てる；…に着手する.
undertake a troublesome task
やっかいな仕事を引き受ける.

underwater [ʌ̀ndərwɔ́ːtər アンダ**ウォー**タァ] 形 水面下の，水中用の.
an *underwater* camera 水中カメラ.
—— 副 水面下で，水中で.

underwear [ʌ́ndərwèər アンダウェア] 名
[集合的に] 下着 (類)，はだ着 (類).

undid [ʌ̀ndíd アンディッド] 動 undo (…をほどく) の過去形.

undo [ʌ̀ndúː アンドゥー] 動 (3単現) **undoes**
[ʌ̀ndʌ́z]；過去 **undid** [ʌ̀ndíd]；過分 **undone**
[ʌ̀ndʌ́n]) 他 **1** (ひも・結び目など) をほどく，(ベルトなど) をゆるめる；(ボタンなど) をはずす；(包みなど) を開ける.
undo a tie ネクタイをほどく.
2 (一度したこと) をもとの状態にもどす；《コンピューター》 (前の操作を取り消して) もとにもどす.

undone [ʌ̀ndʌ́n アンダン] 動 undo (…をほどく) の過去分詞.
—— 形 [名詞の前では使わない] (ひもなどが) ほどけた，ゆるんだ；はずれた.
Your shoelaces are *undone*.
くつのひもがほどけてるよ.

undoubtedly [ʌ̀ndáutidli アンダ**ウ**ティドゥリ] 副 疑問の余地なく，疑いもなく，確かに（▶話し手の自信を表す）.
The internet will *undoubtedly* continue to change our lifestyles.
インターネットが引き続き私たちの生活様式を変えていくことは疑う余地がない.

undress [ʌ̀ndrés アンドゥレス] 動 自 服をぬぐ.
—— 他 …の服をぬがせる.
undress myself 自分の服をぬぐ.

uneasy [ʌ̀níːzi アンイーズィ] 形 (比較
uneasier；最上 **uneasiest**) 不安な，心配な (同 anxious).
She was starting to feel *uneasy*.

776 seven hundred and seventy-six

◀ **unicycle**

彼女はだんだん不安になってきていた.

unemployment [ʌnimplɔ́imənt アンンプロイメント] 名 失業；無職.

unequal [ʌníːkwəl アンイークウァル] 形 等しくない；不平等な（反 equal 等しい）.
These ribbons are of *unequal* length. (=These ribbons are *unequal* in length.) これらのリボンは長さが異なる.

UNESCO [ju(ː)néskou ユ(ー)ネスコウ] 名 ユネスコ，国際連合教育科学文化機関（▶ the *U*nited *N*ations *E*ducational, *S*cientific, and *C*ultural *O*rganization の略）.

unexpected [ʌnikspéktid アネクスペクティド] 形 思いがけない，予期しない.
an *unexpected* guest 不意の客.
Jack met an *unexpected* death. (= Jack's death was *unexpected*.) ジャックは不慮の死をとげた.

unexpectedly [ʌnikspéktidli アネクスペクティドゥリ] 副 思いがけなく，意外に.

unfair [ʌnféər アンフェア] 形 不公平な（反 fair 公平な）；不当な；不正直な.
That's *unfair*! そんなのずるいよ.

unfairly [ʌnféərli アンフェアリィ] 副 不公平に（反 fairly 公平に）；不当に；不正に.

unfamiliar [ʌnfəmíljər アンファミリャ] 形
1 (物事が) (人に) よく知られていない，なじみのない（反 familiar よく知られた）.
The voice was *unfamiliar* to me. その声は聞きなれない声だった.
2 (人がある物事について) よく知らない，(…に) なじみのない，慣れていない（反 familiar よく知っている）.
She was *unfamiliar* with Spanish. (=She didn't know much about Spanish.) 彼女はスペイン語のことをよく知らなかった.

unfold [ʌnfóuld アンフォウルド] 動 他 (折りたたんだもの) を広げる，開く.

unforgettable [ʌnfərgétəbl アンフォゲタブル] 形 忘れられない.

unfortunate [ʌnfɔ́ːrtʃ(ə)nət アンフォーチ(ュ)ネト] 形 運の悪い，不運な，不幸な（反 fortunate 運がよい）.
an *unfortunate* happening 不幸なできごと.

unfortunately 2級 [ʌnfɔ́ːrtʃ(ə)nətli アンフォーチ(ュ)ネトゥリ] 副 不運にも，あいにく（反 fortunately 運よく）.
Unfortunately, I had no money with me. あいにく持ち合わせの金が少しもなかった.

unfriendly [ʌnfréndli アンフレンドゥリ] 形 (比較 **unfriendlier**；最上 **unfriendliest**) 友好的でない；不親切な；好ましくない（反 friendly 友好的な）.
At first, the neighbors were *unfriendly* to us. 最初のうちは近所の人たちは私たちによそよそしかった.

unhappy [ʌnhǽpi アンハピィ] 形 (比較 **unhappier**；最上 **unhappiest**) **1** 不幸な；不運な；みじめな，悲しい，うれしくない（反 happy 幸福な）.
She had an *unhappy* childhood. 彼女は子どものころ不幸だった.
2 不満な（反 happy 満足な）.
Mary is *unhappy* with her life. メアリーは自分の人生に満足していない.

unheard [ʌnhə́ːrd アンハード] 形 聞こえない；聞いてもらえない.

uni- [júːni- ユーニ-] 接頭 ▶「1」「単」という意味を表す.
例．*uni*corn (uni + corn — 角 獣) / *uni*verse (uni + verse 宇宙).

UNICEF [júːnəsef ユーニセフ] 名 ユニセフ，国連児童基金（▶ the *U*nited *N*ations *I*nternational *C*hildren's *E*mergency *F*und (国連国際児童緊急基金) の略．現在の名称は the United Nations Children's Fund (国連児童基金) となっているが，略称は従来のUNICEFがそのまま使われている）.

unicorn [júːnəkɔːrn ユーニコーン] 名 一角獣，ユニコーン（馬に似て，ひたいに 1 本の角を持つ想像上の動物）.

unicycle [júːnəsaikl ユーニサイクル] 名 一輪車.
I can ride a *unicycle*. 私は一輪車に乗れます.

seven hundred and seventy-seven 777

uniform ▶

①参考「uni（1つ）+ cycle（車輪）」という意味．また，bicycle（自転車）は「bi（2つ）+ cycle」，tricycle（三輪車）は「tri（3つ）+ cycle」のこと．

uniform　**4級**　[júːnəfɔːrm ユーニフォーム]

图 [複数] uniforms [-z] (学校・警察・軍隊などの) **制服**；**ユニフォーム**；(特定の階級や集団などに見られる独特の) 外観，服装．
The students were all in *uniform*.
学生はみんな制服姿だった．

🎤プレゼン
I don't think school *uniforms* are necessary for junior high school students.
私は学校の制服は中学生には必要ないと思います．

── 形 (比較変化なし) (形・性質などが) 同じの，均一の．
Their jackets were of a *uniform* color. 彼らの上着は同じ色だった．

unimportant [ʌnimpɔ́ːrt(ə)nt アニンポータント] 形 重要でない，取るに足らない (反important 大切な).

union [júːnjən ユーニョン] 图 組合；同盟；連邦；団結．
a labor *union*
(米) 労働組合 (= (英) trade union).

Union Jack [jùːnjən dʒǽk] 图 [the をつけて] ユニオンジャック，イギリス国旗 (イングランドの聖ジョージ十字，スコットランドの聖アンドルー十字，アイルランドの聖パトリック十字 (それぞれ守護聖人を表す) を組み合わせた図柄で，3国連合を示す).

unique **準2** [juːníːk ユーニーク] 形 独特の；唯一の；ひじょうにめずらしい．
His paintings are *unique*.
彼のかく絵はユニークだ．

unisex [júːnəseks ユーニセクス] 形 (服・髪型などが) 男女差のない，男女両用の．
unisex clothes

男女の区別のない服，ユニセックス．

unit [júːnit ユーニット] 图 (物事や人の集団を構成する) 単位，ユニット；(計量の) 単位；(学習の) 単元．
a kitchen *unit* キッチンユニット．

unite [juːnáit ユーナイト] 動 他 …を1つにする；…を団結させる．
These states were *united* into one nation.
これらの州は結合して1つの国になった．
── 自 1つになる；団結する．

united [juːnáitid ユーナイテッド] 形 団結した；(精神・愛情などで) 結ばれた；(政治的に) 連合した．

United Kingdom [juːnáitid kíŋdəm] 图 [the をつけて] 連合王国 (イギリス本国の名で，正式名は the United Kingdom of Great Britain and Northern Ireland；略語は U.K.).

United Nations [juːnáitid néiʃənz] 图 [the をつけて] [単数あつかい] 国際連合，国連 (1945年に発足；本部はニューヨークにある；略語は UN または U.N.).

United States (of America)

3級 [juːnáitid stéits (əv əmérikə)] 图 [the をつけて] [単数あつかい] **アメリカ合衆国** (首都はワシントン (Washington, D.C.)；略語は U.S.A. または U.S. 単に America または the States (合衆国) ということもある)．→ state

①参考 "united (合併した) + states (州)" のことなので「合州国」とすべきだが，最初に中国語に精通したドイツ人の宣教師などの通訳官たちが「合衆国」と表記したため，今日でもこれにならっている．

unity [júːnəti ユーニティ] 图 [複数] unities

◀ **until**

[-z]) 単一(性);統一体;調和.

universal [jùːnəvə́ːrsəl ユーニ**ヴァ**〜サル]
形 すべての人が利用できる;全世界に通じる;普遍ᐟᐧ的な.
universal design ユニバーサルデザイン
(▶性別や年齢などに関係なく, より多くの人が利用可能な商品や施設などのデザイン).
universal peace 世界平和.
Music is a *universal* language.
音楽は世界共通語である.

Universal Studio(s) [jùːnəvə́ːrsəl st(j)úːdiou(z)] 图 [the をつけて] ユニバーサル・スタジオ (ロサンゼルスにある大手映画会社が運営するテーマパーク).

universe [júːnəvəːrs ユーニ**ヴァ**〜ス] 图
[the をつけて] 宇宙;全世界.

university 4級 [jùːnəvə́ːrsəti
ユーニ**ヴァ**〜スィティ]
フォニックス76 er は [əːr]と発音する.
图 (複数 universities [-z]) **大学** (▶いくつかの学部から成る総合大学である).
the *University* of Hawaii ハワイ大学.
Cambridge *University* ケンブリッジ大学
(▶地名が前につくと the をつけない).
He goes to (the) *university*.
彼は大学に通っている (▶《英》ではふつう the をつけない. また 《米》では go to college ということも多い).
a *university* student 大学生.

▶用法 university と college
本来, **university** は複数の学部から成る総合大学, **college** は単科大学をさすが, 《米》では日常的には総合大学, 単科大学の区別なく **college** を使い, university は大学名を明示するときに使うことが多い. → college

unkind [ʌnkáind アンカインド] 形 不親切な, 思いやりのない (反 kind² 親切な).

unknown [ʌnnóun アンノウン] 形 知られていない, 未知の;無名の (反 known 広く知られている).
an *unknown* writer 無名の作家.

unless [ənlés アンレス] 接 もし…でなければ (= if ... not), …でないかぎり.
Unless you leave now (= If you do not leave now). you'll be late.
いま出発しなければ, 遅刻ᐟᐧしますよ.
Unless you practice more, you'll

never be able to play the piano.
もっと練習しないかぎりピアノをひけるようにはならないよ.

unlike [ʌnláik アンライク] 前 …とはちがって, …に似ていない (反 like² …に似ている).
Unlike his father, he is tall.
お父さんとはちがい, 彼は背が高い.
―― 形 似ていない, ちがった (反 like² 似た).

unlikely [ʌnláikli アンライクリィ] 形 (比較
more unlikely ときにも **unlikelier**;最上 **most unlikely** ときに **unlikeliest**) 起こりそうもない, ありそうもない (反 likely 起こりそうな);
(**be unlikely to ...** で) …しそうにない.
She *is unlikely to* pass the exam.
(=It's *unlikely* that she'll pass the exam.) 彼女は試験に合格しそうにない.

unlock [ʌnlák アンラック‖-lɔ́k -ロック] 動 他
(ドア・箱など) の錠ᐟᐧをあける;[比ゆ的に]
(秘密など) を解き明かす.
unlock a door ドアの錠をあける.

unlucky [ʌnláki アン ラ キィ] 形 (比較
unluckier;最上 **unluckiest**) 運の悪い, 不運な;不吉ᐟᐧな (反 lucky 運のよい).
Yesterday was an *unlucky* day for me. きのうは私にとって運の悪い日だった.

unnecessary [ʌnnésəseri アンネセセリィ
‖-səri -サリィ] 形 必要のない, 無用な (反 necessary 必要な).

unpleasant [ʌnpléznt アンプレズント] 形
不ゆかいな, いやな (反 pleasant 楽しい);
(人が) 感じの悪い.

unplug [ʌnplág アンプラグ] 動 他 …のプラグをぬく.

unreasonable [ʌnríːz(ə)nəbl アンリーズナブル] 形 (人が) 道理をわきまえない;
(物事が) 不合理な, 理不尽ᐟᐧな (反 reasonable 筋道の通った).
an *unreasonable* demand
不当な要求.

unspoiled [ʌnspɔ́ild アンスポイルド] 形 (場所が) 昔のままの;(価値などが) 損なわれていない.

untie [ʌntái アンタイ] 動 (3単現 **unties** [-z];
過去 過分 **untied** [-d];ing **untying** [ʌntáiiŋ
アンタイイング]) 他 (結んだもの) を解く, ほどく.

until 4級 前 …まで (ずっと)
接 …するまで (ずっと)

seven hundred and seventy-nine　779

unused

[əntil アンティル] (つづり注意)
[前] **1** [動作・状態のある時までの継続を表して] **…まで(ずっと)** (同 till). → by
until now いままで.
Let's wait *until* six. 6時まで待ちましょう.
He will stay here *until* the end of this month. 彼は今月末までここにいます.
2 (not ~ until ... で) …まで~しない, …になってはじめて~する.
He did*n't* come home *until* midnight.
彼は夜の12時まで帰宅しなかった.

> **文法** until と till と by
> ❶ **until** と **till** は「…まで(ずっと)」という意味で, 動作・状態が「ある時まで」継続することを表し, **by** は「…までに」という意味で, 動作・状態が「ある時までに」完了することを表す.
> ❷ **until** と **till** は同じ意味だが, 一般に **until** のほうが多く使われる. 話し言葉では **till** のほうが **until** よりもよく使われる.
> ❸ 文頭では, **until** を使う. → till
>
> ○ I can wait until six.
> × Please come until six.
> until は「…まで(ずっと)」の意味. 「…までに」は by で表す.
> ○ Please come by six.

── [接] **1** [継続を表して] **…するまで(ずっと)**; [前から訳して] …してついに.
Can you stay *until* Susie returns? スージーがもどるまできみはいられますか (▶ 未来を表すときでも until のあとの動詞は現在形にする).
Until the snow stopped, the road was closed. 雪がやむまで, 道路は閉鎖されたままだった.
The man worked and worked, *until* he got sick.
その人は働きに働いて, とうとう病気になった (▶ until の前にコンマがあるときは, 前の方から訳して「そしてついに」と考えるほうがわかりやすい).
2 (not ~ until ... で) …するまで~しない, …してはじめて~する.
Do*n't* enter the room *until* I say "All right." 私が「いい」と言うまで部屋に入ってはいけない.

unused [ʌnjúːzd アニューズド] [形] 使用されていない, 未使用の.

unusual 3級 [ʌnjúːʒuəl アニュージュアル] [形] ふつうでない, 異常な; (才能などが)並はずれた (反 usual ふつうの).
It is *unusual* for him to be absent.
彼が欠席するなんてめずらしい.

unusually [ʌnjúːʒuəli アニュージュアリィ] [副] 異常に, いつになく.

unwilling [ʌnwíliŋ アンウィリング] [形] 気の進まない, いやいやながらの; **(be unwilling to ... で) …する気になれない.**
She *was unwilling to* marry him.
彼女は彼と結婚する気になれなかった.

up 5級 [副] 上へ, 近づいて
[前] …を上って

[ʌp アップ] フォニックス46 u は [ʌ] と発音する.
[副] **1 上へ, 上に**, 上がって (反 down¹ 下へ).

up　　　down

> 🗨 スピーキング
> Ⓐ Going *up*?
> (このエレベーターは) 上に行きますか.
> Ⓑ No, down.
> いいえ, 下です.

The sun will come *up* soon.
もうすぐ太陽がのぼるだろう.
I took the elevator *up* to the tenth floor.
ぼくはエレベーターに乗って10階まで上がった.
2 起きて; 体を起こして, 立ち上がって.
Stand *up*! 起立!
She stayed *up* late studying for her exams.
彼女はテストの勉強で遅くまで起きていた.
What time do you get *up* every morning? きみは毎朝何時に起きますか.
**3 (都会・中心地点・話し手などに) 近づい

◀ **upside**

て, (…の) 方へ；(地図上で) 北へ.
The little girl slowly came *up* to me.
ゆっくりとその小さな女の子は私の方に近づいて来た.

The young man went *up* to London.
その青年はロンドンへ行った.

> 💬**用法** up はなぜ「北」なのか
> 特別な場合をのぞき, ふつう地図では北が上なので, up は He went *up* to Alaska. (彼はアラスカへ行った) のように使われる.

4 (価格・数量などが) **上がって**；(勢いが) 出て；(人・物事が) 出現して.
Prices are going *up*.
物価が上がっている.

5 すっかり, 完全に；**終わって**.
My brother has eaten *up* all our cookies.
弟は私たちのクッキーをみんな食べてしまった.

Time is *up*. (テストなどで) もう時間です.

up and down 上がったり下がったり, 上下に；行ったり来たり, あちこちと.
The bear was walking *up and down* in the cage.
クマはおりの中を行ったり来たりしていた.

up to (時間・程度・数量などが) …まで, …にいたるまで；…の責任で；…しだいで.
My daughter can count *up to* 100.
うちの娘は 100 まで数えられる.

This car can hold *up to* 7 people.
この車は 7 人まで乗れる.

It's *up to* you. それはきみしだいだ.

What's up? どうしたんですか？；元気かい？, 調子はどう？
What's up? You look worried.
心配そうな顔をしてるけど, どうしたの？

── 前 **1 …を上って**, …の上の方へ, …を登って (反 down …を下って).
The children ran *up* the stairs to the roof.
子どもたちは屋上まで階段をかけ上がった.

He climbed *up* the tall tree.
彼は高い木によじ登った.

2 (道など) **を通って, …に沿って** (同 along)；…を行ったところに.
The parade goes *up* this street.
パレードはこの通りをねり歩く (▶上り坂でなくても, 目的地に向かうときなどに使う).

The store is just *up* the street.
その店はその通りをもう少し行ったところにあります.

── 形 **上への**, 上りの (反 down 下への).
an *up* elevator
上りのエレベーター.

an *up* train 上りの列車.

update [ˌʌpdéit アプデイト] 動 他 …の内容 [情報など] を最新のものにする.
── [ʌ́pdeit アプデイト] 名 最新化；最新情報.

upload [ˌʌ́ploud アプロウド] 動 他《コンピューター》(データ) をアップロードする, (ウェブサイトに) 載せる.
upload a video to YouTube
動画をユーチューブにアップする.

upon [əpάn アパン ‖ əpɔ́n アポン] 前 …の上に (同 on).

> 💬**用法** upon と on
> ❶ upon は on と同じ意味だが, on のほうが話し言葉でよく使われる.
> ❷ 文のリズムや口調で upon が好まれる場合もある.

once upon a time 昔々. → once

upper [ʌ́pər アパァ] 形 上部の, 上の方の；上位の, 上級の (反 lower 下の方の).
the *upper* lip 上くちびる.
the *upper* class 上流階級.

upright [ʌ́prait アプライト] (発音注意) 形 直立した, まっすぐに立った.
an *upright* piano
アップライトピアノ, たて型ピアノ.

── 副 直立して, まっすぐに.
Stand *upright*. 姿勢をきちんとしなさい.

upset 3級 [ʌpsét アプセット] 動 (過去) (過分) upset；(ing) upsetting) 他 (人) を動揺させる, うろたえさせる, いやな気分にさせる；(計画など) をだめにする；(コップなど) をひっくり返す.
The news *upset* him.
その知らせに彼は動転した.

upset a glass
コップをひっくり返す.

── 形 **1** [名詞の前では使わない] 気を悪くした；動揺した.
Don't get so *upset*.
そう腹を立てないで；落ち着け.

2 ひっくり返った.

upside [ʌ́psaid アプサイド] 名 上側.

seven hundred and eighty-one **781**

upside-down ▶

upside down 上下さかさまに.
That picture is *upside down*.
その絵，上下がさかさまだよ.

upside-down [ˌʌpsaidˈdáun アプサイドゥダウン] 形 さかさまの, 転倒した, ひっくり返った; 混乱した, めちゃくちゃの.

upstairs 準2 [ʌpstéərz アプステアズ] 副 階上へ[で], 上の階へ[で] (反 downstairs 階下へ); (1階から見て) 2階へ[で].
go *upstairs* 2階へ行く, 上の階へ行く (▶ しばしば 2階の寝室またはトイレやシャワーへ行くことを意味する).
Her room is *upstairs*.
彼女の部屋は2階[上の階]にある.
We have four bedrooms *upstairs*.
うちは2階に寝室が4つある.
── 形 上の階の; (1階から見て) 2階の.
an *upstairs* bedroom 2階の寝室.

up-to-date [ˌʌptədéit アプトゥデイト] 形 最新(式)の; 最新の情報をもっている; 現代的な (反 out-of-date 時代遅れの).

upward [ʌ́pwərd アプワド] ▶(おもに英)では upwards という. 副 上の方へ, 上方へ, 上へ (反 downward 下の方へ).
Jack climbed *upward*.
ジャックは上に登っていった.
── 形 上方への, 上方に向かう, 上向きの.

upwards [ʌ́pwərdz アプワッツ] 副 = upward

uranium [juréiniəm ユレイニアム] (発音注意) 名 《化学》 ウラン, ウラニウム.

Uranus [júːr(ə)rənəs ユ(ア)ラナス] 名 **1** (ギリシャ神話) ウラノス (天の神で, 大地の女神のガイア (Gaea) の夫).
2 (天文) 天王星. → planet (図)

urban [ə́ːrbən アーバン] 形 都市の (反 rural いなかの); 都市に住む, 都会に住む.

urban heat island [ˌə́ːrbən híːt áilənd] 名 都市熱, 都市ヒートアイランド (現象)(▶都市部の気温が周辺部より高くなる現象).

urge 2級 [əːrdʒ アージ] 動 (他) …に強く勧める, 強くうながす; …をせき立てる.
He *urged* the horse on.
彼は馬を追いたてた.
── 名 [an をつけて] (…したいという) 衝動, 熱望.

urgent 2級 [ə́ːrdʒənt アージェント] 形 さしせまった, 緊急の.
There is an *urgent* need for food and water.
食糧と水が緊急に必要である.

Uruguay [júː(ə)rəgwai ユ(ア)ラグワイ] 名 ウルグアイ (南米南東部の共和国; 首都はモンテビデオ (Montevideo)).

us 5級 代 私たちを, 私たちに

[əs アス, (強めると) ʌs アス]

代 (we の目的格) **私たちを, 私たちに**, ぼくたちを, ぼくたちに. → we (表)
Dad loves *us* very much.
父は私たちをとても愛している.
Mrs. Sato teaches *us* English. (= Mrs. Sato teaches English to *us*.)
佐藤先生が私たちに英語を教えてくれる.
Let's eat lunch. 昼食を食べよう (▶ Let's は Let us の短縮形).

U.S., US 4級 [júːés ユーエス]
名 [the をつけて] **アメリカ合衆国**, 米国 (▶ the United States の略).

U.S.A., USA [júːeséi ユーエスエイ]
名 [the をつけて] **アメリカ合衆国** (▶ the United States of America の略. ふつう「アメリカ」というときは the U.S. のほうがよく使われる).

use 5級 動 …を使う
名 使用

[juːz ユーズ] フォニックス 52 u は [juː] と発音する. (▶動と名では発音がちがうことに注意).

動は [juːz ユーズ]
名は [juːs ユース]

動 (3単現 **uses** [-iz]; 過去 過分 **used** [-d]; ing **using**) (他) **1 …を使う**, 利用する; (電話・トイレなど) を (一時的に) 借りる.
→ borrow
Use this knife to cut the bread.
パンを切るのにこのナイフを使ってね.
Do you *use* a dictionary?
辞書は使っていますか.
I often *use* the school library.
学校の図書室をよく利用している.

◀ **using**

🗣️ **スピーキング**

Ⓐ Can I *use* your phone?
電話を借りてもいい？

Ⓑ Sure. Go ahead.
うん，いいよ．

（▶筆記用具のように持ち運びができる物を借りて，その場からはなれるようなときには borrow を使う．携帯☆電話の場合は use と borrow のどちらも使える．）
→ borrow

2 （頭・能力など）**を働かせる**，使う．
Use your brains. 頭を使いなさい．

── [juːs ユース] 图 （複数 uses [-iz]）**1 使用**，使うこと，利用；使い方．
He was denied the *use* of her car.
彼は彼女の車を使うことを断られた．

2 使いみち，用途☆；役に立つこと，効用．
This software has a lot of *uses*.
このソフトは使いみちが多い． → 圏 useful

be in use 使われている，使用されている．
Those machines *are* still *in use*.
あの機械はいまも使われている．

be out of use 使われていない，使用されていない．
This word *is out of use* now.
この単語はいまはもう使われていない．

It is no use -ing ＝ ***There is no use (in) -ing*** …してもむだである．
There is no use crying over spilt milk.
《ことわざ》こぼれたミルクをなげいてもむだだ＝覆水☆盆☆に返らず．

make use of …を利用する，使用する．
You should *make* better *use of* your time. 時間をもっと有効に使いなさい．

of use 役に立って（＝ useful）．
This book will be *of* great *use* to us. この本は私たちにとても役立つだろう（▶「役に立たない」は be of no use という）．

used¹ [juːst ユースト] （▶×[juːzd ユーズド] とにごらない）圏 《**be used to** で》…に慣れている；《**get used to** で》…に慣れる（▶ to のあとには名詞か -ing 形がくる）．
I'*m used to* getting up early.
私は早起きには慣れている．

Are you *getting used to* your new job? 新しい仕事には慣れてきましたか．

── 勔 ⊜ 《**used to ...** で》（いまはそう

ではないが以前は）よく…した；（以前は）…だった（▶ to のあとには動詞の原形がくる）．
→ would

I *used to* get up early.
私は以前は早起きしたものだ．

I *used to* go to swimming school.
以前はスイミングスクールに通っていた．

There *used to* be a bridge here.
以前ここには橋があった．

used² 準2 [juːzd ユーズド] 勔 use（…を使う）の過去・過去分詞．

── 圏 中古の（＠ secondhand）；使用済みの．
a *used* car 中古車．
a *used* book 古本．

---

useful 4級 圏 役に立つ

[júːsfəl ユースフル]

圏 （比較 more useful；最上 most useful）
役に立つ，有用な，有益な，便利な（＠ useless 役に立たない）．
useful information 役に立つ情報．
This dictionary is very *useful* to us.
この辞書は私たちにとってたいへん役に立つ．

📊 **プレゼン**

The internet is very *useful* when you want to check something.
調べ物をしたいときインターネットはとても便利です．

→图 use

useless [júːslis ユースレス] 圏 役に立たない；むだな（＠ useful 役に立つ）．

user 準2 [júːzər ユーザァ] 图 使用者，利用者，ユーザー．

user-friendly [jùːzərfréndli ユーザフレンドゥリィ] 圏 （コンピューターなどが）使用者に優しい，（初心者にも）使いやすい．

uses [júːziz ユーズィズ] 勔 use（…を使う）の3人称単数現在形．

── [júːsiz ユースィズ] 图 use（使いみち）の複数形．

usher [ʌʃər アシァ] 图 （劇場などの）（座席）案内係；（法廷☆・会館などの）守衛，受付．

── 勔 ⊕ …を案内する．

using [júːziŋ ユーズィング] 勔 use（…を使う）

seven hundred and eighty-three　**783**

U.S.S.R., USSR ▶

の -ing 形.

U.S.S.R., USSR [júːesesáːr ユーエスエスアー] 名 (旧) ソ連, ソビエト社会主義共和国連邦連邦（▶ the *U*nion of *S*oviet *S*ocialist *R*epublics の略. ふつう the をともなうが省略することもある; 1991年解体).

usual 3級 [júːʒuəl ユージュアル] 形 いつもの, ふつうの (反) unusual ふつうでない).
This morning I got up an hour earlier than *usual*.
けさはいつもより1時間早く起きた.

as usual いつものように.
Bill was late for school *as usual*.
ビルはいつものように学校に遅刻した.

---

usually 5級 副 ふつう(は), たいてい

[júːʒuəli ユージュアリィ]
副 (比較) **more usually** ; (最上) **most usually**)

ふつう(は), いつも(は), たいてい, 通常は. → sometimes (図)
My mother *usually* gets up at six.
母はふつうは6時に起きます.
I *usually* get home around six.
私はふつう6時ごろに家に帰る.
She is *usually* at home in the evening. 彼女は夜はたいてい家にいる.
Usually I eat cereal for breakfast.
朝食はふつうシリアルを食べる.

🔍文法 **usually の位置**
usually は一般動詞と使うときは動詞の前に, be動詞・助動詞と使うときはそのあとに置く. ただし文頭にくることもある.

👤プレゼン
ふだんしていることの言い方
I usually go to school by bike.
私はふつう自転車で学校に通っています.
I usually walk to school.
私はふつう歩いて学校に通っています.
I usually have rice for breakfast.
私はふつう朝食にご飯を食べます.
I usually watch TV after dinner.
私はふつう夕食後にテレビを見ます.
I usually go to bed at eleven o'clock.
私はふつう11時に寝ます.

UT, Ut. (略) = Utah (ユタ州)

Utah [júːtɔː ユートー, júːtɑː ユーター] 名 ユタ州 (アメリカ西部にあるモルモン教徒の多い州；略語は UT または Ut.).

utensil [juːténs(ə)l ユーテンス(ィ)ル] 名 用具, 器具 ; (特に) 台所用品.
kitchen *utensils*
台所用品.
writing *utensils*
筆記用具.

utility [juːtíləti ユーティリティ] 名 **1** [しばしば **utilities** で] (電気・水道・ガスなどの) 公共事業(体).
a *utility* pole
電柱.
2 役に立つこと, 有益, 効用 ; 実用.
combine *utility* with beauty
実用性と美しさをかね備えている.

utility room [juːtíləti rùː(ː)m] 名 ユーティリティールーム (洗たく機やそうじ機などが置いてある小部屋で, 台所の隣や地下室にある).

utmost [ʌ́tmoust アトゥモウスト] 形 最大限の, 最高の, この上ない.
with the *utmost* effort
最大限の努力をして.

utopia [juːtóupiə ユートウピア] 名 [しばしば **Utopia** で] (現実には存在しない) 理想郷, 理想国, ユートピア.

utter¹ [ʌ́tər アタァ] 形 まったくの, 完全な.
utter darkness
まったくの暗やみ.

utter² [ʌ́tər アタァ] 動 他 **1** (呼び声・ことばなど) を発する, 口に出す.
2 (考えなど) をことばで表現する.

Vv

V, v [viː ヴィー] 名 (複数 **V's, v's** [-z] または **Vs, vs** [-z]) ヴィー (アルファベットの 22 番目の文字); (ローマ数字の) 5.

v. (略) = verb (動詞); versus (…対～)

VA, Va. (略) = Virginia (バージニア州)

vacancy [véikənsi ヴェイカンスィ] 名 空き, 空き部屋; 空席.
No *Vacancy* (掲示) 満室

vacant [véikənt ヴェイカント] 形 (場所・家などが) 空いている.
a *vacant* house 空き家.

vacation 4級 名 休暇, 休み

[veikéiʃən ヴェイケイション ‖ və- ヴァ-]
名 (複数 **vacations** [-z]) (おもに米) 休暇, 休日, 休み (= (英) holidays).
go to Hawaii for a *vacation* 休暇でハワイに行く.
Summer *vacation* starts on June 10.
夏休みは 6 月 10 日から始まる (▶英米の学校では新学期が 9 月から始まるので, 夏休みは学年 (school year) の変わり目になり, ふつう 6 月初めごろから約 3 か月ある).

🗨スピーキング

Ⓐ How was your *vacation*?
休暇はどうだった?
Ⓑ Terrific. I really enjoyed it.
すばらしかったよ. ほんとうに楽しかった.

I went to Okinawa during winter *vacation*. 私は冬休みに沖縄に行った.
on vacation 休暇で, 休暇をとって.
She is in Okinawa *on vacation*.
彼女は休暇で沖縄に行っています.

💬用法 **vacation** と **holiday**
(米) では短期でも長期でも休みのことを **vacation** といい, (英) では **holiday(s)** という. (英) では, **vacation** は大学や法廷の休みの期間のこと.

vacuum [vǽkju(ə)m ヴァキュ(ウ)ム] 名 真空; 真空の; 電気そうじ機 (= vacuum cleaner).
── 動 他 自 (…に) 電気そうじ機をかける.

vacuum cleaner [vǽkju(ə)m kliːnər] 名 電気そうじ機 (▶単に vacuum ともいう).

vague [veig ヴェイグ] 形 はっきりしない, ぼんやりした; 明確でない, あいまいな (反 clear はっきりした).

vain [vein ヴェイン] 形 **1** むだな, 無益な; むなしい, はかない.
2 (人が) うぬぼれた, 虚栄心の強い.
in vain [結果を表して] むだに, むなしく.
She tried *in vain* to sleep.
彼女は眠ろうとしたがだめだった.
[同音語] vein (血管)

valentine [vǽləntain ヴァレンタイン] 名 バレンタインカード, バレンタインの贈り物; バレンタインカードを贈る相手 [恋人].
Be my *valentine*! 私の恋人になって (▶バレンタインカードに書く文句).

Valentine('s) Day [vǽləntain(z) déi] 名 聖バレンタインの祝日, バレンタインデー (2 月 14 日; この日に贈るカードや贈り物を valentine という).

🌍背景 聖バレンタインを記念する祭りで, 愛や感謝のしるしとして手紙・カード・プレゼントなどを贈る. 欧米では男性から女性, 家族や級友, 先生などにも贈る. なお, 女性から男性にチョコレートを贈り, それに対して男性からお返しをするホワイトデーは日本独特の習慣. ホワイトデーは和製英語である.

seven hundred and eighty-five 785

valley [vǽli ヴァリィ] 名 谷, 谷間; 低地 (山にはさまれた広い土地); (大河の) 流域.
the Tennessee *Valley*
テネシー川流域.

valuable 準2 [vǽlju(ə)bl ヴァリュ(ア)ブル] 形 高価な; 貴重な, 価値のある; 有益な.
(a) *valuable* experience 貴重な体験.
── 名 (複数) **valuables** [-z] [ふつう複数形で] 貴重品.

value 2級 [vǽlju(:) ヴァリュ(ー)] 名 価値, 値うち; 価格.
A healthy person does not know the *value* of health.
健康な人は健康の価値がわからない.
of value 価値ある (= valuable).
This book is *of* great *value*.
これはたいへん価値ある本です.

valve [vǽlv ヴァルヴ] 名 (機械装置などの) バルブ, 弁; (心臓などの) 弁.

vampire [vǽmpaiər ヴァンパイア] 名 吸血鬼.

van [vǽn ヴァン] 名 バン, 貨物トラック (▶ふつう truck よりも小型のものをいう).

Vancouver [vænkú:vər ヴァンクーヴァ] 名 バンクーバー (カナダ南西部の港湾都市).

van Gogh [væn góu ヴァン ゴウ ‖ gɔ́f ゴフ], **Vincent** 名 ゴッホ (1853-90; オランダの後期印象派の画家).

vanilla [vənílə ヴァニラ] 名 バニラ (熱帯のつる性植物の名; またその実からとったアイスクリームなどの香味料).

バニラのさやと花.

vanish [vǽniʃ ヴァニシ] 動 自 急に消える, 突然に消える, 見えなくなる.

vanity [vǽnəti ヴァニティ] 名 虚栄心, うぬぼれ; 空虚さ, むなしさ.

vapor [véipər ヴェイパァ] ▶ 《英》 では **vapour** とつづる. 名 蒸気, 湯気.

variation [vè(ə)riéiʃən ヴェ(ア)リエイション] 名 変化, 変動; 《音楽》 変奏曲.

variety 2級 [vəráiəti ヴァライエティ] 名 多種多様; 変化に富んでいること; バラエティー (歌・踊り・コントなどを織り交ぜた演芸); 《a variety of で》 いろいろな…, さまざまな….
a *variety of* toys いろいろなおもちゃ.
a *variety* show バラエティー (ショー).

various 準2 [vé(ə)riəs ヴェ(ア)リアス] 形 さまざまな, いろいろな.
She grows *various* types of herbs.
彼女はいろいろな種類のハーブを育てている.

vary 2級 [vé(ə)ri ヴェ(ア)リィ] 動 (3単現) **varies** [-z] (過去) (過分) **varied** [-d] (ing **varying**) 自 異なる; 変わる.
The hotel rooms *vary* in size.
ホテルの部屋はさまざまな広さがある.
── 他 …を変える.

vase [véis ヴェイス, véiz ヴェイズ ‖ vɑ:z ヴァーズ] 名 花びん, (装飾品用の) つぼ.
She put some roses in the *vase*.
彼女は花びんにバラを生けた.

vast [vǽst ヴァスト ‖ vɑ:st ヴァースト] 形 広大な; (数・量・金額・程度などが) ばく大な.
Brazil is a *vast* country.
ブラジルは広大な国です.

Vatican [vǽtikən ヴァティカン] 名 [the をつけて] バチカン宮殿 (ローマ市内にあるローマ教皇の宮殿); ローマ教皇庁.

vegan [ví:gən ヴィーガン] 名 ヴィーガン, 絶対菜食主義者 (卵や乳製品もとらない菜食主義の人).

vegetable [védʒ(ə)təbl ヴェヂタブル]

名 (複数) **vegetables** [-z] [ふつう複数形で] **野菜**, 青物; (動物・鉱物に対して) 植物 (自 plant).
fresh *vegetables* 新鮮な野菜.
What *vegetables* do you eat?
どんな野菜を食べていますか.
a *vegetable* garden 菜園.

vegetarian [vèdʒətéə(ə)riən ヴェヂテ(ア)リアン] 名 菜食主義者.

vehicle 2級 [ví:(h)ikl ヴィーイクル, -ヒクル] (発音注意) 名 乗り物, 車 (▶ とくに車・自転車・バス・トラック・列車など陸上の乗り物一般をさす). → car (図)

veil [véil ヴェイル] 名 ベール (顔をかくすため頭からかぶるうすい布); (一般に) おおいかく

すもの，ベール．
a bridal *veil* 花よめのベール．

vein [vein ヴェイン] 名 血管；(とくに) 静脈；葉脈．
[同音語] vain (むだな)

velvet [vélvit ヴェルヴェト] 名 ベルベット，ビロード (織物の一種)．

vending machine [véndiŋ ヴェンディング məʃíːn] 名 自動販売機．

vendor [véndər ヴェンダァ] 名 販売人；行商人；販売業者，販売会社；自動販売機 (= vending machine)．

Venezuela [venəzwéilə ヴェネズウェイラ] 名 ベネズエラ (南米北部の共和国；首都はカラカス (Caracas))．

Venice [vénis ヴェニス] 名 ベネチア，ベニス (イタリア北東部の港湾都市)．

運河の流れるベネチアの街の風景．

venture [véntʃər ヴェンチァ] 名 冒険；冒険的事業；ベンチャー (ビジネス)．

Venus [víːnəs ヴィーナス] 名 **1** (ローマ神話) ビーナス (愛と美の女神；ギリシャ神話のアフロディテ (Aphrodite) に相当する)．**2** (天文) 金星． → planet (図)

veranda [vərǽndə ヴェランダ]
▶ **verandah** ともつづる．名 ベランダ (▶ (米) では porch ということが多い)．

1階の居間の外側にベランダを張り出させた家．

verb [vəːrb ヴァ〜ブ] 名 《文法》動詞 (▶略語は v.)．

Vermont [vəːrmánt ヴァ〜マント‖vəːmɔ́nt ヴァ〜モント] (アクセント注意) 名 バーモント州 (アメリカ北東部，ニューイングランド地方の州；略語は VT または Vt.)．

vernal [və́ːrn(ə)l ヴァ〜ナル] 形 《文語》春の，春に起こる；[比喩的に] 青春の．
a *vernal* breeze 春風．

Vernal Equinox Day [və́ːrn(ə)l íːkwənɑks déi] 名 春分の日 (▶ Spring Equinox Day ともいう)．

verse [vəːrs ヴァ〜ス] 名 韻文 (反 prose 散文)；[集合的に] 詩歌，詩 (同 poetry)．

version 準2 [və́ːrʒən ヴァ〜ジョン‖-ʃən -ション] 名 (原形に対する) 変形；脚色；(商品・映画などの) …版，バージョン．
a film *version* of a novel
小説の映画版．

versus [və́ːrsəs ヴァ〜サス] (<ラテン語) 前

① peas ② potatoes ③ carrots ④ onion

⑤ cabbage ⑥ spinach ⑦ cucumbers ⑧ tomatoes

vegetable おもな野菜．①エンドウ ②ジャガイモ ③ニンジン ④タマネギ ⑤キャベツ ⑥ホウレンソウ ⑦キュウリ ⑧トマト

vertical ▶

(スポーツの試合などで) …対～ (▶略語は vs. または v.).
Oxford *versus* Cambridge
オックスフォード対ケンブリッジ (の試合).

vertical [vớːrtikəl ヴァ～ティカル] 形 垂直の, 縦の (反 horizontal 水平の).
a *vertical* line 垂直線.

very 5級 副 とても, ひじょうに

[véri ヴェリィ]
副 **1 とても**, ひじょうに, たいへん.

🗨 スピーキング
A Was the movie interesting?
その映画はおもしろかった？
B Yes, *very*.
はい, とても.

This book is *very* useful.
この本はとても役に立つ (▶この very は形容詞を強調).
He is *very* tired. 彼はとてもつかれている.
I'm *very* pleased with the result.
その結果にとても満足している (▶上の2例は過去分詞からできた形容詞を強調).
He came home *very* late.
彼はとても遅く帰宅した (▶副詞 late を強調).
She is a *very* good singer. (= She sings *very* well.)
彼女はとても歌がうまい.
The soccer game was *very* exciting.
そのサッカーの試合はとてもわくわくした.

📖 文法 **very と much**
very は形容詞・副詞の原級を強めて「とても, ひじょうに」の意味を表す. much は形容詞・副詞の比較級・最上級を強めるときに使う. → much

○ This pie is very big.
× This pie is very bigger than that one.
　　　　　　　　　比較級を強めるときは much.

○ This pie is much bigger than that one.

2 [否定文で] **あまり** (…ではない).

🗨 スピーキング
A Are you hungry?
おなかがすいていますか.
B Yes, very.
ええ, とても.
B No, *not very*.
いいえ, そんなには.

I don't like cats *very* much.
私はネコはあまり好きじゃない.

Very good. たいへんけっこうです; 承知いたしました.
── 形 まさにその.
This is the *very* thing I've been looking for.
これこそずっと私がさがしてきたものだ.

vessel [vésl ヴェスル] 名 (ふつう液体を入れる) 容器, 入れ物; (大型の) 船.
a blood *vessel* 血管.

vest [vest ヴェスト] 名 (米) ベスト, チョッキ (= (英) waistcoat); (英) (そでなしの) 下着, はだ着 (= (米) undershirt).

vet [vet ヴェット] 名 (複数 **vets** [-ts ツ]) (口語) 獣医師 (▶ veterinarian の略).

veteran [vét(ə)rən ヴェテラン] 名 (米) 退役軍人; 老練な人; ベテラン.

Veterans Day [vét(ə)rənz dèi] 名 (米) 復員軍人の日 (11月11日; 退役軍人を記念する日でアメリカの法定休日).

veterinarian [vètərənéəriən ヴェテリネアリアン] 名 (米) 獣医師 (▶短縮形は vet).

via [váiə ヴァイア] (<ラテン語) 前 …経由で (= by way of); …によって.
He went to London *via* Singapore.
彼はシンガポール経由でロンドンへ行った.

vibrate [váibreit ヴァイブレイト | vaibréit ヴァイブレイト] 動 (自) (物が) 震動する, 振動する; (音・声が) よく響く.
── (他) …を震動させる, ふり動かす.

vibration [vaibréiʃən ヴァイブレイション] 名 振動, 震動.

vice- [vais- ヴァイス-] ▶役職を表す語につけて「副…」などの意味を表す結合形.
例. *vice*-principal (副校長).

vice-president [vàisprézəd(ə)nt ヴァイスプレズィデント] 名 副大統領, 副総裁, 副会長, 副社長.

◀ **violence**

victim 2級 [víktəm ヴィクティム] 名 犠牲者, 被害者.
victims of war 戦争の犠牲者.

victor [víktər ヴィクタァ] 名 勝利者；優勝者；征服者.

Victoria [viktɔ́:riə ヴィクトーリア] 名 [Queen Victoria で] ビクトリア女王 (1819-1901；イギリスの女王；在位 1837-1901).

victory [víkt(ə)ri ヴィクト(ゥ)リィ] 名 (複数 **victories** [-z]) 勝利 (反) defeat 敗北.
win a *victory* 勝利を得る, 勝つ.

video 4級 [vídiou ヴィディオウ]

名 (複数 **videos** [-z]) **動画**, ビデオ, (音声に対して) 映像.
watch *videos* on YouTube
ユーチューブで動画を見る.
── 形 (音声に対して) 映像の, ビデオの (対) audio 音声の).

video call [vídiou kɔ́:l] 名 ビデオ通話.

video camera [vídiou kǽm(ə)rə] 名 ビデオカメラ.

videocassette [vìdioukəsét ヴィディオウカセット] 名 ビデオカセット, ビデオ (テープ) (▶単に video ともいう).

video game 4級 [vídiou gèim] 名 (複数 **video games** [-z]) テレビゲーム (▶*TV game とはいわない).
play a *video game* テレビゲームをする.
a *video game* creator
テレビゲーム作家.

videotape [vídiouteip ヴィディオウテイプ] 名 ビデオテープ.
── 動 他 …をビデオテープに録画する.

videotape recorder [vídiouteip rikɔ́:rdər] 名 ビデオテープレコーダー (▶略語は VTR).

Vienna [viénə ヴィエナ] 名 ウィーン (オーストリアの首都).

Vietnam [vi:etná:m ヴィーエトゥナーム ‖ -nǽm -ナム] 名 ベトナム (東南アジアのインドシナ半島にある共和国；正式名は the Socialist Republic of Vietnam；首都はハノイ (Hanoi)).

Vietnamese [vi:etnəmí:z ヴィーエトゥナミーズ] 形 ベトナムの, ベトナム人の；ベトナム語の.

view 3級 [vju: ヴュー]

名 (複数 **views** [-z]) **1 ながめ**, 景色, 見晴らし；見えること, 視界, 視野.
The hotel has a nice *view* of the lake. そのホテルは湖のながめがすばらしい.
The *view* from the top was great.
頂上からのながめは最高だった.
The parade came into *view*.
パレードが見えてきた (▶「見えなくなる」は go out of view という).
2 (ものの) **見方**；意見 (同 opinion).
We have different *views* on the issue.
その問題について私たちは意見が異なる.
a point of *view* 観点, 意見.

viewer [vjú:ər ヴューア] 名 テレビの視聴者；(絵画などを) 見る人.

villa [vílə ヴィラ] 名 (郊外やいなかの) 大邸宅；別荘.

village 4級 名 村

[vílidʒ ヴィレッヂ]
名 (複数 **villages** [-iz]) **村** (▶「町」は town,「都市」は city という).
a farm *village* 農村.
They live in a little *village* in England.
彼らはイングランドの小さな村に住んでいる.

villager [vílidʒər ヴィレッヂァ] 名 村人.

vine [vain ヴァイン] 名 つるのある植物；ブドウの木 (▶くわしくは grapevine).

vinegar [vínigər ヴィネガァ] 名 酢, ビネガー.

vineyard [vínjərd ヴィニャド] (発音注意) 名 ブドウ園, ブドウ畑.

viola [vióulə ヴィオウラ] 名 《楽器》ビオラ (▶バイオリンよりやや大きく, 音域が完全5度低い弦楽器).

violence [váiələns ヴァイオレンス] 名 暴力, 乱暴；すさまじい力, 激しさ, 猛威.
domestic *violence* 家庭内暴力.

violent ▶

violent 準2 [váiələnt ヴァイオレント] 形 暴力的な, 乱暴な; 激しい.
a *violent* typhoon 猛烈な台風.

violet [váiəlit ヴァイオレト] 名 《植物》スミレ; すみれ色 (▶こいむらさき色. purple よりも青みがかっている).

violin 5級 [vaiəlín ヴァイオリン] (アクセント注意) 名 《楽器》バイオリン.
play the *violin* バイオリンをひく.

violinist [vaiəlínist ヴァイオリニスト] (アクセント注意) 名 バイオリン奏者.

VIP, V.I.P. [ví:aipí: ヴィーアイピー] 名 (複数 VIPs [-z]) 《口語》重要人物 (▶ very important person の略).

viral [vái(ə)rəl ヴァイ(ア)ラル] 形 1 ウイルスの.
a *viral* infection ウイルス感染.
2 (ウイルスが伝染するように, 情報が) インターネット上で広がる, はやる
go *viral* (ネット上で) 大流行する.

virgin [vá:rdʒin ヴァ〜ヂン] 名 処女, おとめ; 童貞; [the Virgin で] 聖母マリア.
── 形 処女の, 汚れのない; 人の手が入っていない.
virgin snow 新雪.

Virginia [vərdʒínjə ヴァヂニャ] 名 バージニア州 (アメリカ東部, 大西洋岸の州; 植民地時代から建国期にかけて政治の中心だった; 略語は VA または Va.).

Virgin Mother [və:rdʒin mʌ́ðər] 名 [the をつけて] 聖母マリア (▶ Virgin Mary ともいう).

virtual [vá:rtʃuəl ヴァ〜チュアル] 形 仮想上の; 仮の.
virtual reality
バーチャルリアリティー, 仮想現実.

virtue [vá:rtʃu: ヴァ〜チュー] 名 美徳, 徳; 美点, 長所 (園 merit).

a man[woman] of *virtue* 徳を備えた人.

virus 2級 [vái(ə)rəs ヴァイ(ア)ラス] 名 (病原体の)ウイルス; (コンピューター)ウイルス.
the flu *virus* インフルエンザウイルス.
prevent *virus* infection
ウイルス感染を防ぐ.

visa [ví:zə ヴィーザ] 名 ビザ, 査証, 入国許可 (証).

> 背景 外国旅行をする場合はパスポート (passport) を携行しなければならないが, いくつかの特定の国へ入国する場合などは, そのほかに出発前に大使館でビザをもらっておく必要がある場合もある.

visible 2級 [vízəbl ヴィズィブル] 形 目に見える (反 invisible 目に見えない).
The comet was *visible* to the naked eye. そのすい星は肉眼で見ることができた.

vision [víʒən ヴィジョン] 名 視力, 視覚; 先見性; 想像力; 未来像, ビジョン.
She is a person of *vision*.
彼女は先見の明がある人だ.

visit 4級 動 (人) を訪問する
名 訪問, 見物

[vízit ヴィズィト]
動 (3単現 visits [-ts ツ]; 過去 過分 visited [-id]; ing visiting) 他 1 (人) を訪問する, 訪ねる; (人) に会いに行く, 会いに来る; (入院している人) の見舞いに行く.
My grandma *visited* us last weekend. 先週末祖母がうちに来た.
He often *visits* Mr. Jones these days. 彼は最近よくジョーンズ先生の家を訪問している.

単語力をつける **village** 村・町・市などの言い方

☐ a city	都市	☐ a prefecture	県, 府
☐ Nagoya City	名古屋市	☐ Mie Prefecture	三重県
☐ a district	地方	☐ Osaka Prefecture	大阪府
☐ Tohoku district	東北地方	☐ a town	町
☐ a metropolis		☐ a village	村
	主要都市, 巨大都市; 都		

◀ volume

I *visited* a friend in the hospital.
私は入院中の友人のお見舞いに行った.
2 (観光・見学・視察などで) (場所) **を訪れる**；**…に見物に行く**，…を視察する.
Have you ever *visited* New York?
ニューヨークには行ったことがありますか.
We *visited* an auto plant.
私たちは自動車工場の見学に行った.
3 (ウェブサイト) にアクセスする.
— ⑩ **訪問する**；滞在する.
"Do you live in this city?" "No, I'm just *visiting*." 「市内にお住まいですか」「いいえ，遊びに来ているだけです」
Please come and *visit* me anytime.
いつでも私のところに遊びに来てね.
— 名 (複数) **visits** [-ts ツ] **訪問**，**見物**，見学，視察；見舞い.
This is my first *visit* to Nara.
奈良に来るのは今回が初めてです.

pay a visit to …を訪問する.
He *paid a visit to* his teacher.
彼は先生を訪問した.

visited [vízitid ヴィズィテイド] 動 visit (…を訪問する) の過去・過去分詞.

visiting [vízitiŋ ヴィズィティング] 動 visit (…を訪問する) の -ing 形.

visitor 3級 [vízitər ヴィズィタァ]
名 (複数) **visitors** [-z] **訪問者**，来客；観光客. → guest
We had some *visitors* from the United States yesterday.
きのうはアメリカから数人のお客があった.
No *Visitors* 《掲示》面会謝絶

visits [vízits ヴィズィツ] 動 visit (…を訪問する) の3人称単数現在形.
— 名 visit (訪問) の複数形.

visual [víʒuəl ヴィジュアル] 形 視覚の；目に見える.
visual arts 視覚芸術，ビジュアルアート (絵画，彫刻など).

visually [víʒuəli ヴィジュアリィ] 副 視覚的に.
visually impaired 視覚障がいのある.

vital [váitl ヴァイトゥル] 形 生命の；生命にかかわる；きわめて重大な，不可欠な.
vital energy 生命力.
a *vital* wound 致命傷.

vitamin [váitəmin ヴァイタミン ‖ vítə- ヴィタ-] 名 ビタミン.

vitamin B ビタミン B.

vivid [vívid ヴィヴィド] 形 (色彩などが) あざやかな；(記憶・描写などが) 鮮明な，生き生きとした.

vividly [vívidli ヴィヴィドゥリィ] 副 ありありと；あざやかに；生き生きと.

vocabulary 2級 [voukǽbjuleri ヴォウキャビュレリィ‖-ləri -ラリィ] 名 語い (個人などの使うすべての単語をいう).
He has a large *vocabulary*. 彼は語いが豊富だ (→いろいろな言葉を知っている).

vocal [vóuk(ə)l ヴォウカル] 形 声の，音声の；《音楽》声楽の，ボーカルの.
vocal music 声楽.
— 名 [しばしば複数形で]《音楽》(楽器演奏に対して) ボーカル.

voice 3級 [vɔis ヴォイス] フォニックス69
oi は [ɔi] と発音する.

名 (複数) **voices** [-iz] **1** (人の) **声**，音声；(鳥や自然界の) 声，音；意見.
I had a bad cough and lost my *voice*.
私はせきがひどくて声が出なくなった.
I heard someone's *voice* outside.
外で人の声がした.
She called in a loud *voice* again.
彼女はもう一度大きな声で呼んでみた.
The singer has a good *voice*.
その歌手はいい声をしている.
a *voice* actor 声優.
2《文法》態.
the active *voice* 能動態.
the passive *voice* 受動態，受け身.

vol. 《略》= volume (本)

volcano [vɑlkéinou ヴァルケイノウ‖ vɔl- ヴォル-] 名 (複数) **volcanoes** [-z] 火山.
an active *volcano* 活火山.

volleyball 5級 [vɑ́libɔːl ヴァリボール‖ vɔ́li- ヴォリ-]
名 (複数) **volleyballs** [-z] **バレーボール**；バレーボール用のボール (▶「バレーボール」の意味では a をつけず，複数形なし).
We played *volleyball* during the lunch break.
私たちは昼休みにバレーボールをしました.

volume [váljum ヴァリュム‖ vɔ́lju:m ヴォリューム] 名 **1 本**；(全集などの) 巻，冊 (▶略語は vol.).
The dictionary consists of five

seven hundred and ninety-one　791

voluntary ▶

volumes.
その辞典は5巻から成る.
Vol. 1 第1巻 (▶ volume one と読む).
2 量, 体積, 容積; 音量, ボリューム.
Could you turn up the *volume*?
ボリュームを上げていただけますか.

voluntary [válənteri ヴァランテリィ‖ vólənt(ə)ri ヴォランタリィ] 形 自発的な, みずから進んでする; ボランティアの.
a *voluntary* worker
無料奉仕者, ボランティア.

volunteer 4級 [vɑlǝntíǝr ヴァランティア‖ vɔl- ヴォラ-]
フォニックス88 eer は [iǝr] と発音する.
名 (複数 **volunteers** [-z]) ボランティア; 志願者.
Have you ever done *volunteer* work?
ボランティア(活動)をしたことがありますか.
volunteer activities
ボランティア活動.
International *Volunteer* Day
国際ボランティアデー.

> 🎤プレゼン
>
> I want to work as a *volunteer* in developing countries someday.
> 私はいつか発展途上国でボランティアとして働きたいです.

— 動 (3単現 **volunteers** [-z]; 過去・過分 **volunteered** [-d]; ing **volunteering**) 自 (仕事などを)自発的にする; みずから進んで申し出る.
— 他 (意見・援助など)をみずから進んで申し出る, (**volunteer to ...** で)…しようと自発的に申し出る.
She *volunteered* to go with you.
彼女があなたといっしょに行くことを自発的に申し出た.

vomit [vάmit ヴァミット‖ vɔ́m- ヴォミ-] 動 自 (食べた物を)はく, もどす (▶日常語は throw up).

vote 2級 [vout ヴォウト] 名 投票; 票; [the をつけて] 選挙権; 得票(数).
Let's take a *vote*.
投票で決めよう.
— 動 自 投票する.
vote for the plan
その計画に賛成票を投じる.

vote against the plan
その計画に反対票を投じる.
the right to *vote*
選挙権.
— 他 …に投票する.

voter [vóutǝr ヴォウタァ] 名 投票者; (選挙の)有権者.
vow [vau ヴァウ] 名 誓い, 誓約.
— 動 他 …を誓う, 誓約する.
vowel [váuǝl ヴァウエル] 名 母音 (▶子音は consonant).
voyage [vɔ́iidʒ ヴォイエヂ] 名 航海, 船の旅; 宇宙旅行 (▶「海路の長旅」の意味からよく「人生」にたとえられる). → travel
Bon *voyage* [ボン ヴォイエヂ]!
よいご旅行を!(▶フランス語から. 船旅にかぎらず, 旅立つ人へかけることば).
We had a pleasant *voyage*.
私たちは楽しい航海をした.
vs. (略) …対〜 (▶ versus の略).
V sign, V-sign [víː víː-sàin ヴィー サイン] 名 Vサイン (▶ V は victory (勝利) の頭文字.「平和のサイン (peace sign)」として使われることが多い).

「勝利」(victory)を伝えるVサイン.「平和」のサインにもなる. 手の甲を相手に向けると, イギリスでは侮辱を表す.

VTR [víːtíːάːr ヴィーティーアー] 名 ビデオテープレコーダー (▶ *videotape recorder* の略.)
vulgar [vʌ́lgǝr ヴァルガァ] 形 [ふつう軽べつして] 野卑な; 下品な.
vulture [vʌ́ltʃǝr ヴァルチァ] 名 (鳥) ハゲワシ.

◀ wait

W w W w W w

W, w [dábljuː ダブリュー] 名 《複数》W's, w's [-z] または Ws, ws [-z] ダブリュー (アルファベットの 23 番目の文字) (▶もともと v と u は同一文字で, u が 2 つ (double u) で w となった).

W, W. 《略》= west (西)

WA, Wash. 《略》= Washington (ワシントン州)

wade [weid ウェイド] 動 @ (水などの中を) 歩いて通る; [比喩的に] (困難などの中を) 苦労して進む.

wafer [wéifər ウェイファ] 名 ウエハース (▶アイスクリームにそえたりする, うすくて軽い焼き菓子).

waffle [wáfl ワフル ‖ wɔ́fl ウォフル] 名 ワッフル.

🍳背景 小麦粉・牛乳・卵などをまぜ, 焼き型でパリパリに焼いたもの. バターやはちみつをのせて食べる. やわらかくなく, 間にクリームなども入れない.

wag [wæg ワッグ] 動 《過去》《過分》wagged [-d]; 《ing》wagging) 他 (尾・頭など) をふる, ふり動かす.
—@ (尾・頭などが) ゆれ動く, ゆれる.

wage 2級 [weidʒ ウェイヂ] 名 [ふつう複数形で] 賃金, 給料 (▶時間給・日給・週給など短期間の単位で支給され, おもに肉体労働に対する賃金をさす). → salary
low **wages** 安い賃金.
— 動 他 (戦争など) を行う.

wagon [wǽɡən ワゴン] ▶《英》では waggon ともつづる. 名 (4輪の) 荷馬車; 《英》(鉄道の) 屋根のない貨車; 《米口語》

ステーションワゴン;《米》(料理などを運ぶ) ワゴン; (幼児のおもちゃの) 手押し車.

waist [weist ウェイスト] 名 ウエスト (胴のくびれた部分); (服の) ウエスト, 胴部.
[同音語] waste (…をむだに使う)

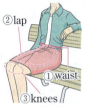

waist ①ウエスト ②ひざ(すわったときのももの上の部分) ③ひざ, ひざこぞう

waistcoat [wéskət ウェスコト, wéis(t)kout ウェイス(トゥ)コウト] 名 《英》ベスト (=《米》vest), チョッキ.

wait 4級 動 待つ

[weit ウェイト] フォニックス 59 ai は [ei] と発音する.
動 《3単現》waits [-ts ツ];《過去》《過分》waited [-id];《ing》waiting) @ **待つ**;《wait for で》…を待つ.
Wait a minute. ちょっと待って.
Please *wait* here until he comes.
彼が来るまでここでお待ちください.
I'm sorry to have kept you *waiting* so long. 長いことお待たせしてすみません.
I can't *wait* to see them.
彼らに会うのが待ち遠しい (→会いたくて待ちきれない).
I *waited for* her at the bus stop.
私はバス停で彼女を待った.

🗣スピーキング
Ⓐ Who are you *waiting for*?
だれを待っているのですか.
Ⓑ I'm *waiting for* Tom.
トムを待っています.

waited ▶

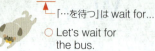

× Let's wait the bus.
「…を待つ」は wait for...
○ Let's wait for the bus.

― 他 (順番・機会など) を待つ．
Please *wait* your turn. 順番をお待ちください．

wait and see 成り行きを見守る．
Just *wait and see*.
ちょっと様子をみましょう．

wait on (レストランなどで) (人) に給仕する; (店員が) (客) の用を聞く．
Have you been *waited on*?
(店員が客に) ご用はうかがっておりますか．

―― 名 (複数 **waits**[-ts ッ]) [ふつう単数形で] 待つこと; 待ち時間．
I had a long *wait* at the hospital.
病院で長い時間待った．
[同音語] weight (重さ)

waited [wéitid ウェイティド] 動 wait (待つ) の過去・過去分詞．

waiter 5級 [wéitər ウェイタァ] 名 (男性の) 給仕, ウェイター, ボーイ (女 waitress)
(▶性差のない言い方は server).

waiting [wéitiŋ ウェイティング] 動 wait (待つ) の -ing 形．

waiting room [wéitiŋ rù(:)m] 名 (駅・病院などの) 待合室．

waitress 準2 [wéitris ウェイトゥレス] 名 (女性の) 給仕, ウェイトレス (男 waiter)
(▶性差のない言い方は server).

waits [weits ウェイツ] 動 wait (待つ) の3人称単数現在形．

wake 4級 [weik ウェイク]

動 (過去) **woke** [wouk] まれに **waked** [-t];
(過分) **woken** [wóukən] まれに **waked**; ing
waking) 自 (**wake** または **wake up** で)
目が覚める, 目を覚ます (反 sleep 眠る).
Wake up, Tom! It's already seven.
トム, 起きなさい. もう7時よ.

> 💬用法 **wake up** と **get up**
> **wake up** は「目を覚ます」ことを表すのに対し, **get up** は横になっている状態から「起き上がる」動作を表す. I *woke up* at six thirty, but didn't *get up* until seven. (私は6時半に目が覚めたが, 7時まで起き上がらなかった (ベッドにいた))

wake up
目を覚ます

get up
起き上がる

―― 他 (**wake** または **wake ... up** で) (人) の目を覚まさせる, (人) を起こす (同 waken).
Could you *wake* me *up* at six?
6時に起こしていただけますか.

waken [wéikən ウェイクン] 動 他 (文語) (人) の目を覚まさせる, (人) を起こす (▶ wake を使うほうがふつう).

Wales [weilz ウェイルズ] 名 ウェールズ (イギリス大ブリテン島の一部で, イングランドの西部に接する地域).
the Prince of *Wales* イギリス皇太子.

walk 5級 動 歩く, 歩いていく
名 散歩, 歩く距離

[wɔːk ウォーク] (al は [ɔː] と発音する)
動 (3単現) **walks**[-s]; (過去)(過分) **walked**[-t];
ing **walking**) 自 **歩く**, 歩いていく; 散歩する.
I *walk* to school. 学校には歩いていく.
We *walked* around downtown Tokyo. 私たちは東京の中心街を歩きまわった.
Walk along this street for about 100 meters.
この通りを100メートルぐらい歩いていきなさい.

▶ **wand**

walk home 歩いて帰る.

上は「止まれ」,下は「進め」の歩行者用信号.

— 他 **1** (道・場所・ある距離など)**を歩く**,歩いていく.
He usually *walks* 5km a day.
彼はたいてい1日に5キロ歩く.
2 (歩いて)(人)を送っていく,…につきそって歩く,(犬など)を散歩させる.
I *walked* her home.
彼女を家まで(歩いて)送っていった (▶「車で送る」ときは drive her home).
I *walked* my dog. 私は犬を散歩させた.
walk up to …に近づく.

— 名 [複数] **walks**[-s] **1 散歩**;歩くこと.
Let's go for a *walk* in the park.
公園へ散歩に行こう (▶to the park とはいわない).
My father takes a *walk* every morning. 父は毎朝散歩します.
I took my dog for a *walk* this morning. けさ犬を散歩に連れていった (▶ふだんの犬の散歩についていうときは I walked my dog this morning. などという).
2 [ふつう a をつけて] **歩く距離**,道のり.
The station is *a* ten-minute *walk* from here.
駅はここから歩いて10分(の距離)です.
3 散歩道,遊歩道;歩道.
4《野球》フォアボール(による出塁)(▶「フォアボール」は和製英語).

walked [wɔːkt ウォークト] 動 walk (歩く)の過去・過去分詞.

walker [wɔ́ːkər ウォーカァ] 名 歩く人,歩行者;散歩の好きな人;歩行器.

walkie-talkie [wɔ̀ːkitɔ́ːki ウォーキートーキィ] 名 トランシーバー,携帯用無線電話機.

walking 3級 [wɔ́ːkiŋ ウォーキング] 動 walk (歩く)の -ing 形.
— 名 歩くこと,ウォーキング.
Walking is good for your health.

ウォーキングは健康にいいですよ.
— 形 歩いている,歩ける;歩行用の;生きている.
walking shoes ウォーキングシューズ.
He is a *walking* dictionary.
彼は生き字引きだ.

walks [wɔːks ウォークス] 動 walk (歩く)の3人称単数現在形.
— 名 walk (散歩)の複数形.

wall 5級 名 かべ, へい

[wɔːl ウォール]
名 [複数] **walls**[-z] **かべ**;**へい**;城壁(じょうへき).
There is a world map on the *wall*.
かべには世界地図がはられている.
There was a small hole in the *wall*.
かべに小さな穴が開いていた (▶ a hole ×on the wall としない).
(The) *walls* have ears.
(ことわざ)かべに耳あり.
A cat was walking along the *wall*.
ネコがへいの上を歩いていた.
the Great *Wall* (of China) 万里の長城.

wallet 4級 [wɑ́lit ワレット‖ wɔ́lit ウォレット] 名 札(さつ)入れ,さいふ. → purse

wallet
札入れ

purse
:きんちゃく型のさいふ

wallpaper [wɔ́ːlpeipər ウォールペイパァ] 名 かべ紙;《コンピューター》かべ紙(パソコンやスマホの画面の背景にする写真など).

walnut [wɔ́ːlnʌt ウォールナット] 名《植物》クルミ(の実);クルミの木.

walrus [wɔ́ːlrəs ウォールラス] 名 [複数] **walruses**[-iz] または **walrus**)《動物》セイウチ.

waltz [wɔ́ːl(t)s ウォールツ, -ルス] (発音注意) 名 ワルツ;ワルツ曲.
— 動 ワルツを踊る;軽やかに歩く.

wand [wɑnd ワンド‖ wɔnd ウォンド] 名 (魔法(まほう)使いや奇術(きじゅつ)師などが使う)細いつえ,棒;魔法のつえ (▶ magic wand と

wander ▶

もいう).

wander [wándər ワンダァ‖wɔ́n- ウォン-] 動
他自 (…を)(あてもなく) 歩きまわる, (ぶらぶら) 歩く, さまよう.
We *wandered* around the town all day. 私たちは一日中町をぶらぶらした.

wanna [wɑ́nə ワナ, wɔ́ːnə ウォーナ‖wɔ́nə ウォナ] 動 (口語) …したい (= want to) (▶ want to の発音を縮めた形, くだけた言い方).
I *wanna* go home. 家に帰りたい.

want 5級 動 …がほしい, (want to ... で) …したい

[wɑnt ワント‖wɔnt ウォント]
動 (3単現 **wants** [-ts ツ]) (過去) (過分) **wanted** [-id] (ing) **wanting**) (▶ふつう進行形・命令形にしない) 他 **1 …がほしい**, …をほしがる.
I *want* a new bike. ぼくは新しい自転車がほしい.
I *want* some more money. もう少しお金がほしい.
What do you *want* for your birthday? 誕生日には何がほしい？
All I *want* is to go to bed. 私が望むのは寝ることだけだ.
2 (want to ... で) …したい.
She *wants to* work in a hospital. 彼女は病院で働きたいと思っている.
Do you *want to* go with me? ぼくといっしょに行きたいの？

🗨 スピーキング
Ⓐ What do you *want to* do? きみは何がしたいの？
Ⓑ I *want to* play soccer. ぼくはサッカーがしたい.

💬用法 want to と would like to
want to は「…したい」と自分の意思をはっきり示す言い方なので, 自分の意思をひかえめに伝えるときやていねいに言うときには would like to を使うことが多い. I'd like to check out. (チェックアウトしたいのですが)

3 (want + 人 + to ... で) (人) に…してもらいたい, …してほしい；(人) が…することを望む.

I *want* you *to* go there. きみにそこに行ってもらいたい.
Do you *want* me *to* cook lunch for you? 昼ごはんをつくってあげようか？
She *wanted* her daughter *to* be a pianist. 彼女は自分の娘にピアニストになってもらいたかった.

🎤プレゼン
したいことやなりたい職業などの言い方
I *want* to study abroad.
私は外国で勉強したいです.
I *want* to go to Canada.
私はカナダに行きたいです.
I *want* to be an English teacher.
私は英語の先生になりたいです.
I *want* to be like my mother.
私は母のようになりたいです.

4 (おもに英口語) …を必要とする (同 need)；**(want + -ing 形で)** …される必要がある (▶ -ing は受け身の意味をもつ).
These clothes *want washing*.
これらの衣服は洗う必要がある.
My watch *wants repairing*.
私の時計は修理する必要がある.
5 (人) に用事がある；(人) を求める；(警察が) (人) をさがしている.
Dad *wants* you. お父さんが呼んでるよ.
The man is *wanted* by the police.
その男は警察に指名手配されている.
── 自 **欠く, 不足する；(want for で)** …がなくて困る.
He does not *want for* money.
彼はお金に困っていません.
── 名 **不足**, 欠乏；必要；貧困.
for want of …がないため.
The flower is dying *for want of* water. 花は水不足で枯れかかっている.
in want of …が必要で.
The house is *in want of* repair.
その家は修理が必要だ.

wanted [wántid ワンティド‖wɔ́ntid ウォンティド] 動 want (…がほしい) の過去・過去分詞.
── 形 (広告で) …を求む；指名手配 (中) の.
Wanted: a computer programmer.
コンピュータープログラマー 1 名求む.

wanting [wántiŋ ワンティング‖wɔ́ntiŋ ウォンティング] 動 want (…がほしい) の -ing 形.

wants [wɑnts ワンツ‖wɔnts ウォンツ] 動

want (…がほしい) の3人称単数現在形.

war [3級] [wɔːr ウォー(ァ)] (ar は [ɔːr] と発音する)

名 [複数 wars [-z]] (一般的に) (国家間などの) **戦争** (反 peace 平和); (個々の) 戦争; 争い, 戦い. → battle

war and peace 戦争と平和.
nuclear *war* 核戦争.
win the *war* 戦争に勝つ.
His son was killed in the *war*.
彼の息子さんは戦争で亡くなった.
World *War* II broke out in 1939.
第 2 次世界大戦は 1939 年に始まった (▶ World War II は World War Two または the Second World War と読む).
a civil *war* 内戦.
the *war* against poverty 貧困との戦い.

> 🎤 プレゼン
> I'm against any *war*.
> 私はいかなる戦争にも反対です.

at war 戦争中で, 交戦中で.
At that time the two nations were *at war* with each other.
当時両国は交戦中だった.

[同音語] wore (wear (…を着ている) の過去形)

ward [wɔːrd ウォード] 名 病棟, 大病室; (都市の) 区.

wardrobe [wɔ́ːrdroub ウォードゥロウブ] 名 洋服ダンス; (個人の持っている) 衣類全体.

ware [wεər ウェア] 名 **1** [wares で] (ふつう行商・露店売りの) 商品.
2 [合成語で]「…製品」「…用器物」などの意味を表す.
kitchen*ware* 台所用品.
hard*ware* ハードウェア, 金物類.

warehouse [wέərhaus ウェアハウス] 名 倉庫.

warm [5級] 形 暖かい

[wɔːrm ウォーム] (ar は [ɔːr] と発音する)
形 ([比較] warmer; [最上] warmest) **1 暖かい**, 温暖な (反 cool すずしい); 温かい.

warm

cool

It's *warm* today, isn't it?
今日は暖かいね (▶ 天候・寒暖・明暗を表すときはふつう it を主語にする).
It is getting *warmer* day by day.
日ごとに暖かくなっている.
In winter Rome is *warmer* than Tokyo. 冬はローマは東京よりも暖かい (▶ 話し言葉では場所や日を主語にして寒暖を表すことがよくある).
Keep yourself *warm*.
体を暖かくしておきなさい.
I'd like to have some *warm* milk.
温かい牛乳が飲みたい.

> 💬用法 **warm** と **hot**
> warm は cool (すずしい) と hot (暑い) の間で, 少し暑い程度ではふつう warm を使う.《英》では, ふつう「暑い」というとき warm を使うが, それはイギリスがだいたいすずしい国で hot にあたる日があまりないからである.《米》では hot を使うことが少なくない.

2 (心の) **温かい**, 思いやりのある (反 cold

単語力をつける warm 寒暖を表すことば

☐ hot	暑い	⟷	☐ cold	寒い
☐ warm	暖かい	⟷	☐ cool	すずしい
☐ humid	湿気の多い		☐ chilly	はだ寒い
☐ muggy	むし暑い		☐ freezing	こごえるほど寒い
☐ sticky	むし暑い		☐ frosty	とても寒い

warmer ▶

冷たい).
She has a *warm* heart.
彼女は温かい心の持ち主だ.
→名 warmth, 副 warmly
— 動 (3単現 warms [-z] 過去 過分 warmed [-d]; ing warming) 他 **…を暖める**, 温める.
Jane *warmed* up some soup for me.
ジェーンは私のためにスープを温めてくれた.
— 自 暖まる, 暖かくなる, 温まる.
The room soon *warmed* up.
部屋はすぐに暖まった.

warm up 暖める; 暖かくなる; 軽い準備運動をする, ウォーミングアップをする.
I *warmed up* before the race.
ぼくはレースの前にウォーミングアップした.

> 🔊 発音 ar はふつう [ɑːr] と発音するが, w のあとの ar は [ɔːr] となることが多い. warm [wɔːrm] / war [wɔːr ウォー(ァ)]. また w のあとの or は [əːr] と発音することが多い. word [wəːrd ワ〜ド] / work [wəːrk ワ〜ク] / worm [wəːrm ワ〜ム].

warmer [wɔ́ːrmər ウォーマァ] 形 warm (暖かい)の比較級.

warmest [wɔ́ːrmist ウォーメスト] 形 warm (暖かい)の最上級.

warm-hearted [wɔ̀ːrmhɑ́ːrtid ウォームハーティド] 形 心の温かい, 情の厚い.

warming [wɔ́ːrmiŋ ウォーミング] 名 暖めること, 温めること, 暖まること, 温まること.

warmly [wɔ́ːrmli ウォームリ] 副 暖かく, 温かく; 心から, 親切に. →形 warm

warmth [wɔːrmθ ウォームス] 名 暖かさ; (心の)温かさ, 優しさ. →形 warm

warm-up [wɔ́ːrmʌ̀p ウォーマップ] 名 準備運動, ウォーミングアップ; [複数形で] (米)運動着, ジャージ (▶ warm-up suit ともいう).

warn 2級 [wɔːrn ウォーン] 動 他 (危険などを)(人)に警告する, 注意する.
He *warned* me of the danger.
彼は危ないから注意するように私に警告してくれた.
Scientists *warn* that the earth is getting warmer.
科学者たちは地球の温暖化が進んでいると警告している.
[同音語] worn (wear (…を着ている)の過去分詞)

warning 準2 [wɔ́ːrniŋ ウォーニング] 名 警告, 注意; 警報.
The referee gave the player a *warning*.
レフェリーはその選手に警告を与えた.
a storm *warning* 暴風雨警報.

warrior [wɔ́(ː)riər ウォ(ー)リア] 名 (文語)武人, 戦士.

was 4級 [wəz ワズ, (強めると) wɑz ワズ ‖ wɔz ウォズ]
動 (be 動詞 am, is の過去形) → be (表)

was は am, is の過去形.

— 自 **…であった**; (人・動物がある場所に)**いた**; (物がある場所に)**あった**.
Today *was* a busy day.
今日は忙しい1日だった.
I *was* in school an hour ago.
1時間前, ぼくは学校にいた.
There *was* a letter on the table.
テーブルに1通の手紙が置いてあった.
"*Was* it on the desk?" "Yes, it *was*."
「それは机の上にあったのですか」「そうです」(▶ 答えの文の was は強く発音される).

— 助 **1** 《was + -ing 形で過去進行形をつくり》…していた, しているところだった.
When you called, I *was taking* a shower.
あなたが電話をくれたとき私はシャワーを浴びていた.

2 《was + 過去分詞で受け身をつくり》**…された**.
This play *was written* by Shakespeare.
この戯曲はシェークスピアによって書かれた.

wash 5級 動 …を洗う, 洗たくする

[wɑʃ ワッシ ‖ wɔʃ ウォッシ] フォニックス32 sh は [ʃ] と発音する.

動 (3単現 washes [-iz]; 過去 過分 washed [-t]; ing washing) 他 **1 …を洗う**; 洗たくする.
My father *washes* his car on Sundays. 父は毎週日曜日に車を洗う.

Wash your hands before every meal. 食事の前にはいつも手を洗いなさい.
Where can I *wash* my hands? どこで手が洗えますか (→お手洗いはどこですか) (▶人の家でトイレの場所をたずねるときの言い方).
Wash up! (顔や手を) 洗ってらっしゃい.
2 [副詞(句)をともなって] **…を押し流す**, 洗い流す.
The flood *washed* away the bridge. 洪水は橋を押し流した.
— 自 (手・顔・体などを) **洗う**; (生地などが) 洗たくがきく.
He *washes* before every meal. 彼は食事の前にいつも手を洗う.
— 名 [a または the をつけて] **洗うこと**, 洗たく; [a または the をつけて] [集合的に] 洗たく物 (▶ふつう複数形なし).
Give your hands a good *wash*. 手をよく洗いなさい.

washbasin [wɑ́ʃbeisn ワシベイスン ‖ wɔ́ʃ- ウォシ-] 名 洗面器.

washcloth [wɑ́ʃklɔ(:)θ ワシクロ(ー)ス ‖ wɔ́ʃ- ウォシ-] 名 《米》(入浴用の小さな)タオル, ボディータオル.

washed [wɑʃt ワッシト ‖ wɔʃt ウォッシト] 動 wash (…を洗う) の過去・過去分詞.

washer [wɑ́ʃər ワシァ] 名 《口語》洗たく機 (= washing machine).

washes [wɑ́ʃiz ワシィズ ‖ wɔ́ʃiz ウォシィズ] 動 wash (…を洗う) の3人称単数現在形.

washing 準2 [wɑ́ʃiŋ ワシング ‖ wɔ́ʃiŋ ウォシング] 動 wash (…を洗う) の -ing 形.
— 名 洗うこと, 洗たく(物).

washing machine [wɑ́ʃiŋ ‖ wɔ́ʃiŋ məʃi:n] 名 洗たく機 (▶話し言葉では washer ともいう).

Washington[1] [wɑ́ʃiŋtən ワシントン ‖ wɔ́ʃ- ウォシ-] 名 **1** ワシントン (アメリカの首都; アメリカ東部の政府の直轄地で, ワシントン州と区別するためにしばしば Washington, D. C. (= District of Columbia コロンビア特別区) という;「アメリカ政府」の意味にも使う).
2 ワシントン州 (アメリカ北西部の太平洋岸の州; 略語は WA または Wash.).

Washington[2] [wɑ́ʃiŋtən ‖ wɔ́ʃ-] . **George** 名 ジョージ・ワシントン (1732-99; アメリカ独立戦争の総司令官で初代大統領; 建国の父とあおがれている).

Washington, D.C. 4級 名 ワシントン. → Washington[1]

wasn't [wɑ́znt ワズント ‖ wɔ́znt ウォズント] was not の短縮形.
He *wasn't* at home then. 彼はそのとき家にいなかった.

wasp [wɑsp ワスプ ‖ wɔsp ウォスプ] 名 《虫》スズメバチ.

waste 3級 [weist ウェイスト]

動 (3単現) **wastes** [-ts ツ] (過去)(過分) **wasted** [-id] (ing) **wasting** 他 (金・時間・労力など) **をむだに使う**, むだにする, 浪費する.
I *wasted* my time and money. 私は時間も金もむだにした.
She *wasted* her money on clothes. 彼女は衣服にお金をむだづかいした.
— 名 (複数) **wastes** [-ts ツ] **1 浪費**, むだ, むだづかい.
It's just a *waste* of time. それは単なる時間の浪費だよ.
2 [しばしば複数形で] **ごみ**, 廃棄物.
industrial *waste* 産業廃棄物.
— 形 廃物の, くずの; (土地が) あれはてた.
waste paper 紙くず.
waste water 廃水.
[同音語] waist (ウエスト)

wastebasket [wéistbæskit ウェイストゥバスケト ‖ -bɑ:s- -バース-] 名 《米》(紙)くずかご (= 《英》wastepaper basket).

wastepaper [wéistpeipər ウェイストゥペイパァ ‖ -péipər -ペイパァ] 名 紙くず.

watch 5級 名 腕時計
動 …を (じっと) 見る

[wɑtʃ ワッチ ‖ wɔtʃ ウォッチ] フォニックス33 tch は [tʃ] と発音する.

名 (複数) **watches** [-iz] **1 腕時計** (= wristwatch); 懐中時計 (▶「置き時計」や「掛け時計」は clock). → clock (図)

watch

clock

seven hundred and ninety-nine 799

watched ▶

🗣スピーキング
Ⓐ What time is it by your *watch*?
あなたの時計では何時ですか.
Ⓑ It's ten five. 10時5分です.

My *watch* is five minutes fast.
ぼくの時計は5分進んでいる.
My *watch* gains two seconds a day. 私の時計は1日に2秒進む.
2 見張り, 警戒, 監視, 警備；見張り人.
a *watch*dog 番犬；監視人.
── 動 (3単現 **watches** [-iz] 過去 過分 **watched** [-t] ing **watching**) 他
1 …を(じっと)見る, 見ている, 見守る；(watch＋人＋動詞の原形で)(人)が…するのを見る.
I like *watching* TV.
ぼくはテレビを見るのが好きだ.
We *watched* a tennis match (on TV). 私たちは(テレビで)テニスの試合を見た.
He *watched* her *go* out of the room.
彼は彼女が部屋から出ていくのをじっと見ていた.

💬用法 watch と look at と see
watch は動き・物の変化・成り行きなどを「じっと見守る」という意味. look at は「…を見ようと目を向ける」, see は「(自然に)目に入ってくる, 見える」という意味.「テレビやスポーツを見る」ときは watch を使う. *Watch* the sky carefully, and you'll *see* a shooting star. (注意深く空を見てごらん. そうすると流れ星が見えるよ)

2 …を見張る, 監視する；…に注意する.
Could you *watch* my suitcase until I get back?
もどってくるまで私のスーツケースを見ていてくれませんか.
Watch your head. 頭上に気をつけて(▶(英)Mind your head. ともいう).
Watch your language. ことばづかいに気をつけなさい(▶(英)では Mind your language. ともいう).
── 自 (じっと)見る, 見張る；気をつける.
watch out 気をつける.
Watch out for cars when you cross a road.
道路をわたるときは車に気をつけてね.

watched [wɒtʃt ワッチト‖ wɒtʃt ウォッチト] 動 watch (…を(じっと)見る)の過去・過去分詞.

watches [wɒtʃiz ワチィズ‖ wɒtʃiz ウォチィズ] 名 watch (腕時計)の複数形.
── 動 watch (…を(じっと)見る)の3人称単数現在形.

watching [wɒtʃɪŋ ワチング‖ wɒtʃɪŋ ウォチング] 動 watch (…を(じっと)見る)の -ing形.

watchmaker [wɒtʃmeikər ワチメイカァ‖ wɒtʃ- ウォチ-] 名 時計職人；時計メーカー.

watchman [wɒtʃmən ワチマン‖ wɒtʃ- ウォチ-] 名 (複数 **-men** [-mən -マン]) 警備員, 夜警 (▶ guard. watch が性差のない語).

water 5級 名 水

[wɔ́:tər ウォータァ] (a は例外的に [ɔ:] と発音する)
名 (複数 **waters** [-z]) **1** 水 (▶ a をつけず, 複数形なし).
Can I have some *water*?
水を少しもらえますか.
She brought me a glass of cold *water*.
彼女は冷たい水を(コップに)1杯持ってきてくれた.
hot *water* お湯 (▶英語では「水」だけでなく「お湯」にも water を使う).
The *water* is boiling. お湯がわいている.
tap *water* 水道水.
mineral *water* ミネラルウォーター.

watch じっと見る

look at …を見ようと目を向ける

see 目に入る

文法 water の数え方

water は数えられない名詞なので,「少しの水」のときは some water,「たくさんの水」のときは much water または a lot of water のようにいう. また,「水1杯, 2杯」と数えるときは glass (コップ) など水を入れる容器を表す語を使って, a glass of water ((コップ) 1杯の水), two glasses of water ((コップ) 2杯の水) のようにいう.

× Can I have a water?
water は数えられない名詞なので, 直接 a はつけない.

○ Can I have some water?
○ Can I have a glass of water?

2 [しばしば the をつけて] (海・湖・川などの) **水**; 水面, 水中; [しばしば複数形で] 海, 湖, 川; 水域, 海域; 領海.
The children enjoyed playing in *the water*.
子どもたちは水遊びを楽しんだ.
He jumped into *the water*.
彼は水の中へとびこんだ.
Still *waters* run deep.
《ことわざ》流れの静かな川は深い (→だまっている人は思慮深い).
by *water* 水路で, 船 (便) で.
── 動 (3単現 **waters** [-z]; 過去 過分 **watered** [-d]; ing **watering**) 他 …に水をやる, 水をまく.
Don't forget to *water* the flowers.
忘れずに花に水をやりなさい.
── 自 (口が) つばでいっぱいになる, (目が) 涙を出す.

water bird [wɔ́ːtər bə̀ːrd] 名 水鳥.
water bottle [wɔ́ːtər bɑtl ‖ bɔ́tl] 名 水筒.
watercolor [wɔ́ːtərkʌ̀lər ウォータカラァ]
▶《英》では watercolour とつづる. 名 水彩絵の具; 水彩画; 水彩画法.
waterfall [wɔ́ːtərfɔ̀ːl ウォータフォール] 名 滝 (▶単に falls ともいう).
water gun [wɔ́ːtər gʌ̀n] 名 水鉄砲 (= water pistol).

▶ **wave**

water lily [wɔ́ːtər lìli] 名 (複数 **-lilies** [-z]) 《植物》スイレン (の花).
watermelon 5級 [wɔ́ːtərmelən ウォータメロン] 名 スイカ.

背景「水の多いメロン」の意味. 欧米のスイカは長円形のものが多く, 長径が1メートル近くになるものもある.

water polo [wɔ́ːtər pòulou] 名《競技》水球, ウォーターポロ.
waterproof [wɔ́ːtərprùːf ウォータプルーフ] 形 防水の.
water-ski, waterski [wɔ́ːtərskìː ウォータスキー] 動 自 水上スキーをする.
water-skiing [wɔ́ːtərskìːiŋ ウォータスキーイング] 名《スポーツ》水上スキー.
waterway [wɔ́ːtərwei ウォータウェイ] 名 水路, 運河.
watt [wɑt ワット ‖ wɔt ウォット] 名 ワット (電力の単位; 略語は W または w; 発明家 James Watt の名前からきている).

wave 準2 [weiv ウェイヴ]

名 **波**, うねり; (音・光・電気などの) 波; (髪の) ウェーブ.
The wind blew and the *waves* were high. 風が吹いて波が高かった.
sound *waves* 音波.
a permanent *wave* パーマ (ネント).
── 動 自 **1** (波のように) **ゆれる**, うねる.
The tree branches *waved* in the wind. 木の枝が風にゆれた.
2 手をふる; (手などで) 合図する.
She *waved* to us from the car.
彼女は車の中から私たちに手をふった.
── 他 (手・旗など) **をふる**; (人に) (手・旗など) をふってあいさつをする, ふって合図をする.
People were *waving* flags along

eight hundred and one 801

wave power ▶

the road. 人々は沿道で旗をふっていた.
I *waved* goodbye to her.
彼女に手をふって別れた.

wave power [wéiv pàuər] 名 波力；
波力発電.
a *wave power* plant 波力発電所.

wax [wæks ワックス] 名 ろう, みつろう；(床・
車・家具などをみがく) ワックス.

way 5級 名 道, 方向, やり方

[wei ウェイ] フォニックス59 ay は [ei] と発音する.
名 (複数 ways[-z]) **1** [しばしば the をつけて]
(…へ行く) 道, 道路；道筋, 通り道.
→ road
I'm afraid we have lost our *way*.
私たちは道に迷ったみたいだ.
a house across *the way*
道の向こう側の家 (→向かいの家).

> 🗣 スピーキング
>
> Ⓐ Excuse me, but could you tell
> me the *way* to the station?
> すみませんが, 駅へ行く道を教えていた
> だけませんか.
> Ⓑ Certainly.
> いいですよ.

道案内の表現
Go down this street. この通りを行っ
てください, この通りを進んでください.
Go straight. まっすぐ行ってください, まっ
すぐ進んでください.
Go two blocks. 2ブロック行ってくださ
い, 2ブロック進んでください.
Turn left at the next corner. 次の
角で左に曲がってください.
Turn right at the post office. 郵便
局のところで右に曲がってください.
You'll see the station on your
left. 左手に駅が見えるでしょう.
You can see the library on your
right. 右手に図書館が見えます.

2 方向, 方角, 向き.
This *way*, please. こちらへどうぞ.
Which *way* is the exit?
出口はどっちですか.
She looked the other *way*.

彼女はそっぽを向いた.
3 [形容詞をともなって] 道のり, 距離.
The park is a long *way* from here.
その公園はここから遠くはなれている.
have a long *way* to go
長い道のりがある.
4 やり方, 方法；習慣；しきたり.
Do it this *way*.
それをこんなふうにやってごらん.
Don't talk that *way*.
そんなものの言い方はやめなさい.
What's the best *way* to lose
weight?
体重を減らすもっともよい方法は何ですか.
This is the *way* I solved the puzzle.
このようにして私はそのパズルを解いた.
the French *way* of life
フランスの生活様式.
5 点, 面；観点, 側面；見方.
He's perfect in every *way*.
彼はあらゆる点で完ぺきだ.
I'm different from my sister in
many *ways*.
私はいろいろな点で姉とはちがう.

all the way 途中ずっと；はるばる；完
全に.
I walked *all the way* with her.
私は途中ずっと彼女といっしょに歩いた.
He came *all the way* from France.
彼はフランスからはるばるやってきた.

by the way [話題を変えるときに] **ところで**,
ときに.
By the way, where are you going?
ところで, きみはどこへ行くんだい (▶日本人は
話の初めによく「ところで」と言うが, それを直
訳して by the way で話しはじめるのはまち
がい. そのような場合は well などで始める).
→ well¹

by way of …を通って, …経由で (= via).
I went to Rome *by way of* London.
私はロンドン経由でローマに行った.

have my (own) way 思いどおりにす
る, 自分勝手にする.
He always wants to *have his (own)
way*. 彼はいつも自分の思いどおりにしたがる.

in a way ある意味では.
He's right *in a way*.
ある意味では彼 (の言っていること) は正しい.

in the same way 同じように. → same

in the way = ***in** my **way***
じゃまになって.
Excuse me, you're *in my way*.
すみませんが, 通してもらえますか.
make** my **way 進む, 行く; 成功する, 出世する.
No way! いやだ, だめだ; まさか.

> 🗣スピーキング
> ⓐ Mom, may I go out now?
> お母さん, 今から出かけてもいい?
> ⓑ *No way!* It's 9 p.m.
> だめよ, もう夜の9時なのよ.

One Way《掲示》一方通行

on the way (to) = ***on** my **way (to)***
(…へ行く) 途中で.
I saw your brother *on my way to* school.
学校へ行く途中できみのお兄さんに会ったよ(▶「学校の帰りに」なら on my way from school, 「帰宅途中に」なら on my way home という).

out of the way じゃまにならない所に.
Get *out of the way*. じゃまだ, どけ.
〔同音語〕weigh (…の重さを量る)

way in [wéi ín] 名《複数 **ways in**》《英》入り口 (= entrance) (反 way out 出口).

way out [wéi áut] 名《複数 **ways out**》《英》出口 (= exit) (反 way in 入り口).

WC [dʌ́blju:síː ダブリュースィー] 名《複数 **WCs** [-z]》《やや古》(公共の) 水洗トイレ, トイレ (▶ water closet の略).

we 5級 代 私たちは, 私たちが

[wi ウィ, (強めると) wi: ウィー]

代 **1 私たちは[が]**, ぼくたちは[が], われわれは[が].

	単数	複数
主格	I 私は	we 私たちは
所有格	my 私の	our 私たちの
目的格	me 私を	us 私たちを

We are friends. 私たちは友だちです.
We live in Kyoto.
私たちは京都に住んでいます.
We were watching TV then.
私たちはそのときテレビを見ていた.

2 [自分をふくめた一般の人々を表して] **人は, 私たちは, われわれは**; 当地では; [自分の所属する組織・店などを表して] うちは, 当社では, 当店では.
We should obey the law.
われわれ[人]は法律を守らなければならない.
We had a lot of snow yesterday.
(当地では)きのうはたくさん雪が降った.
We are open 24 hours.
私たち[当店]は24時間営業しています.

weak 3級 [wi:k ウィーク] フォニックス63

ea は [i:] と発音する.

形《比較 **weaker**; 最上 **weakest**》**1** (力・体・性格が) **弱い**, 弱々しい; (物などが) もろい, こわれやすい (反 strong 強い).

weak

strong

a *weak* team 弱いチーム.
She has a *weak* heart.
彼女は心臓が弱い, 彼女は心臓が悪い.
in a *weak* voice 弱々しい声で.

2 不得意な, 苦手な, へたな; (能力などが) おとった (反 strong 得意な); (**be weak in / be weak at で**) …が不得意である.
a *weak* point 短所, ウィークポイント.
I'm *weak in* math. 私は数学が苦手だ.

3 (コーヒー・茶などが) **うすい** (反 strong こい).

eight hundred and three 803

weaken ▶

weak tea うすい紅茶.
I'd like my coffee *weak*.
コーヒーはうすめにしてください. →副 weakly
[同音語] week (週)

weaken [wíːkən ウィークン] 動 他 …を弱くする, 弱める.
― 自 弱くなる, 弱まる.

weakly [wíːkli ウィークリィ] 副 (比較 weaklier; 最上 weakliest) 弱く, 弱々しく.
→形 weak

weakness [wíːknis ウィークネス] 名 弱さ, もろさ; 弱点, 短所; 大好物.
What are your strengths and *weaknesses*?
あなたの長所と短所は何ですか.
I have a *weakness* for sweet things.
私はあまいものに目がない. →形 weak

wealth [wélθ ウェルス] 名 富, 財産.
a man of *wealth* 財産家.
She has great *wealth*.
彼女にはばく大な財産がある.
Health is better than *wealth*.
(ことわざ) 健康は富にまさる.

wealthy 2級 [wélθi ウェルスィ] 形 (比較 wealthier; 最上 wealthiest) 富裕な, 金持ちの (▶ rich より形式ばった語).
wealthy people 裕福な人々.

weapon [wépən ウェポン] (発音注意) 名 武器, 兵器.
nuclear *weapons* 核兵器.

wear 4級 [wéər ウェア] (ear は例外的に [eər] と発音する)

動 (3単現 wears [-z]; 過去 wore [wɔːr]; 過分 worn [wɔːrn]; ing wearing) 他 **1 …を着ている**, 身につけている; (ひげ・髪)をはやしている (▶服・帽子・ネクタイ・くつ・くつ下・眼鏡などを「身につけている」というときはすべて wear を使う); (wear ... to ~で) …を身につけて~へ行く.
He was *wearing* a long coat.
彼は長いコートを着ていた.
She *wears* glasses for driving.
彼女は運転するときは眼鏡をかける.
The girl *wears* a ponytail.
その女の子は髪をポニーテールにしている.
He *wears* a mustache.
彼は口ひげをはやしている.
She *wore* her new hat *to* the party.
彼女は新しい帽子をかぶってパーティーへ行った.

💬用法 **wear と put on**
wear は「身につけている」という状態を表すが, 実際に着ているということを表すには進行形にするのがふつう. put on は「着る, 身につける」という動作を表す. He *put on* his jacket to go out. (彼は外出するためにジャケットを着た)

wear	put on
身につけている	着る

2 (態度・表情など)を表している, うかべる.
She sometimes *wears* a sad smile.
彼女はときどき悲しそうな笑みをうかべる.

3 (物)をすり減らす, 使い古す.
His shoes were completely *worn* out.
彼のくつはすっかりすり切れていた.

― 自 **1** (服・くつなどが) **すり減る**, すり切れる.
The elbows of his sweater have *worn* out.
彼のセーターのひじのところがすり切れている.

2 (物・衣類などが) **長持ちする**.
This sweater *wore* very well.
このセーターはとても長持ちした.

― 名 **衣服** (しばしば合成語になる); (服の) 着用, 身につけること (▶ a をつけず, 複数形なし).
casual *wear*
ふだん着, カジュアルウェア.
men's *wear* 紳士服.
children's *wear* 子ども服.
under*wear* 下着(類).
sports*wear* 運動着.

wearable [wéərəbl ウェ(ア)ラブル] 形 着られる, 身につけられる.

weary [wíəri ウィ(ア)リィ] 形 (比較 wearier; 最上 weariest) つかれた; うんざりした (▶ tired より形式ばった語).
I am *weary* of her bad temper.
彼女の不きげんさにはうんざりしている.

weasel [wíːzl ウィーズル] 名 (動物)イタチ.

◀ **Wednesday**

weather 5級 [wéðər ウェザァ]
フォニックス62 フォニックス35

ea は [e], th は [ð] と発音する.

图 **天気**, 天候 (▶ a をつけず, 複数形なし).

天候を表す語

名詞	形容詞
cloud (雲)	cloudy (くもった)
sun (太陽)	sunny (晴れた)
rain (雨)	rainy (雨の)
snow (雪)	snowy (雪の)
wind (風)	windy (風が強い)

good *weather* いい天気.
wet *weather* 雨の天気, 雨天.

🗨 **スピーキング**

Ⓐ How's the *weather* outside?
外の天気はどうですか.

Ⓑ It's raining a little.
小雨が降っています.

(▶「天気はどうですか」は What's the weather like? ともいう.)

We'll go hiking if the *weather* is nice.
天気がよかったらハイキングに行くよ.
That depends on the *weather*.
それはお天気しだいだね.
a *weather* satellite 気象衛星.
a *weather* forecaster 気象予報士.
a *weather* map 天気図.

🗨 **用法** weather と climate

weather はそのときどきの「天気」をいう. 長期にわたるある地域の平均的な「気候」には climate を使う.
the *climate* of Japan (日本の気候)

weathercock [wéðərkɑk ウェザァカク ‖ -kɔk -コク] 图 (ニワトリの形をした) 風見; 風見鶏.

weather forecast [wéðər fɔ̀rkæst ‖ fɔ̀rkɑːst] 图 天気予報.

weather vane [wéðər vèin ヴェイン] 图 風見, 風向計.

weave [wiːv ウィーヴ] 動 (過去 wove [wouv]; 過分 woven [wóuvən]) 他 (糸・布など) を織る, (竹・かごなど) を編む; (クモが巣) を張る.

web [web ウェブ] 图 クモの巣; クモの巣状の物; (水鳥の) 水かき; [the Web で] 《コンピューター》ウェブ (= World Wide Web).

website 3級 [wébsait ウェブサイト]
▶ web site ともつづる.

图 (複数 websites [-ts ツ]) 《コンピューター》
ウェブサイト (一般にホームページをさす).

Wed. (略) = Wednesday (水曜日)

we'd [wiː(ː)d ウィ(─)ド] we had, we would の短縮形.

wedding 3級 [wédiŋ ウェディング] 图 結婚式 (= wedding ceremony) (▶結婚は marriage); 結婚記念日 (= wedding anniversary).

I was invited to their *wedding*.
私は彼らの結婚式に招待された.
a *wedding* reception 結婚披露宴.
a *wedding* ring 結婚指輪.

wedding anniversary おもな結婚記念日

その周年にあたる材料でできた品 (25 周年なら銀製品) をおくり物とする.

結婚後	記念日名
1 周年	paper wedding anniversary (紙婚式)
5 周年	wooden wedding anniversary (木婚式)
10 周年	tin wedding anniversary (すず婚式)
15 周年	crystal wedding anniversary (水晶婚式)
20 周年	china wedding anniversary (陶婚式)
25 周年	silver wedding anniversary (銀婚式)
50 周年	golden wedding anniversary (金婚式)
60 周年 / 75 周年	diamond wedding anniversary (ダイヤモンド婚式)

Wednesday 5級
图 水曜日

[wénzdei ウェンズデイ, -di -ディ] (前の d は発音しない)

图 (複数 Wednesdays [-z]) 1 水曜日 (▶

eight hundred and five　805

weed

略語は Wed.).

I have a meeting on *Wednesday*.
水曜日に会議がある (▶「…曜日に」というときはふつう on をつける).

I went to see the movie last *Wednesday*.
この前の水曜日にその映画を見にいった (▶ last (この前の), this (今週の), next (この次の)などを前につけるときは on は使わない).

I take piano lessons on *Wednesdays*.
毎週水曜日にピアノのレッスンがある (▶「水曜日にはいつも」というときは複数形の Wednesdays を使う).

○ on Wednesday
× on next Wednesday
　↳ next や last がつくときは on は使わない.
○ next Wednesday
▶曜日名は大文字で書きはじめる.

I went to see the movie on *Wednesday* evening.
水曜日の夜にその映画を見にいった.

背景 "Woden (北欧神話の主神オーディン；ローマ神話の Mercury (= 水星) に相当) + day (日)"から.

weed [wi:d ウィード] 名 雑草. → grass
I have to pull *weeds* in the yard.
私は庭の草とりをしなければならない.
── 動 他自 (庭などの) 草とりをする.
weed a garden
庭の草をとる.

week 5級 名 週

[wi:k ウィーク] フォニックス64 ee は[i:]と発音する.
名 (複数 **weeks** [-s]) 週, 1週間.
this *week* 今週.
last *week* 先週.
the *week* before last 先々週.
the *week* after next 再来週.
I met him last *week*.
ぼくは先週彼に会った (▶ week の前に this, last, next, every がつくときは前置詞は使わない).

She goes to *juku* three times a *week*.
彼女は週に3回塾に通っている (▶「週に…回」というときは, once [twice, three times, …] a week という. この a は「…につき」という意味). → a

He's going to go to Tokyo in the first *week* of next month.
彼は来月の1週目に東京へ行く予定だ.

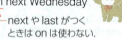
🅐 What day of the *week* is it?
今日は何曜日ですか.
🅑 It's Tuesday.
火曜日です.
(▶ What day is it today? ということが多い.)

I made reservations a *week* ago.
私は1週間前に予約した (▶「(いまから) …週間前 (に)」というときは, a week ago, … weeks ago で表す).

Your suit will be ready in a *week*.
(クリーニング店で) スーツは1週間で仕上がります.

He stayed in Hiroshima for a *week*.
彼は広島に1週間滞在した. → 形 weekly

曜日	days of the week／略語／語源
日曜日	Sunday / Sun. ▶ sun (太陽) から.
月曜日	Monday / Mon. ▶ moon (月) から.
火曜日	Tuesday / Tue., Tues. ▶ Tiu (北欧神話の軍神) から.
水曜日	Wednesday / Wed. ▶ Woden (北欧神話の主神) から.
木曜日	Thursday / Thu., Thur., Thurs. ▶ Thor (北欧神話の雷神) から.
金曜日	Friday / Fri. ▶ Frigg (北欧神話の女神) から.
土曜日	Saturday / Sat. ▶ Saturn (ローマ神話の農耕の神) から.

[同音語] weak (弱い)

weekday 3級 [wi:kdei ウィークデイ] 名
(複数 **weekdays** [-z]) 平日, ウィークデー (▶ふつう土曜・日曜以外の日をさす).

◀ **welcome**

The store is open on *weekdays* from 10 a.m. to 7 p.m.
その店は平日の午前 10 時から午後 7 時まで開いている.

weekend 5級 [wíːkend ウィークエンド]
名 (複数 **weekends** [-dz ヅ]) **週末** (ふつう土曜日, 日曜日).

Do you have any plans for this *weekend*?
この週末は何か予定があるの?

I'm visiting Grandma on the *weekend*.
週末はおばあちゃんのところに行く.

Have a nice weekend! よい週末を, 楽しい週末を (▶月曜日まで会わない人に対する週末の別れのあいさつ).

weekly [wíːkli ウィークリィ] 形 毎週の, 週 1 回の, 週刊の;1 週間の.
a *weekly* magazine 週刊誌.
the *Weekly* Herald
ウィークリー・ヘラルド (アメリカの発明家エジソンが少年時代に発行した週刊の新聞名).
→名 week
── 副 毎週, 週 1 回.
── 名 (複数 **weeklies** [-z]) 週刊誌.

weep [wíːp ウィープ] 動 (過去 過分 **wept** [wept]) 自 泣く, 涙を流す (▶形式ばった語). → cry 図
weep for joy うれし泣きする.
She began to *weep*.
彼女は泣きだした.

weigh 準2 [wéi ウェイ] 動 他 …の重さを量る;(人) の体重を量る.
He *weighed* the package.
彼は小包の重さを量った.
I always *weigh* myself before I take a bath.
私はおふろに入る前にいつも体重を量る.
── 自 重さが…ある, 目方が…ある.

📣スピーキング
Ⓐ How much does it *weigh*?
その重さはどのくらいあるの?
Ⓑ It *weighs* about 50 kilograms.
大体 50 キロだよ.

[同音語] way (道)

weight 準2 [wéit ウェイト] 名 重さ, 重量;目方, 体重.

the *weight* of the suitcase
スーツケースの重さ.
My *weight* has increased (by) two kilograms over the last year.
この 1 年の間に体重が 2 キロ増えた.
I've lost *weight*. 体重が減った.
I'm putting on *weight*. 体重が増えてきた.
[同音語] wait (待つ)

weight lifting [wéit liftiŋ リフティング] 名 《スポーツ》重量挙げ, ウェイトリフティング.

welcome 5級

間 **ようこそ**
形 **歓迎される**
動 **(人) を歓迎する**

[wélkəm ウェルカム] (つづり注意)
間 **ようこそ**, いらっしゃい;《**Welcome to** で》…へようこそ.
Welcome! ようこそ.
Welcome to our home.
わが家へようこそ (→ようこそいらっしゃいました).
Welcome to Japan! 日本へようこそ.
Welcome home! お帰りなさい! (▶ふつうしばらくぶりに帰宅・帰国した人に向かって使うあいさつ).
── 形 (人が) **歓迎される**;(物事が) 喜ばしい, うれしい, ありがたい;《**be welcome to ...** で》自由に…してよい.
You're always *welcome*.
(きみなら) いつでも歓迎だよ.
You *are welcome to* use these dictionaries.
これらの辞書を自由に使っていいよ.

📣スピーキング
Ⓐ Here's your pencil.
ここにあなたの鉛筆があります.
Ⓑ Thank you!
ありがとう.
Ⓐ *You're welcome.*
どういたしまして.
(▶ You're welcome. はお礼のことばに対する決まり文句. 《英》では Not at all. ということも多い.)

── 動 (3単現 **welcomes** [-z];過去 過分 **welcomed** [-d];ing **welcoming**)

eight hundred and seven　807

welcomed ▶

つづりと変化形に注意
[現在形]
welcome
└ l は 1 つだけ.

[過去・過去分詞]…規則変化
welcomed
└ -d をつける.

[-ing 形]
welcoming
└ e をとって -ing.

他 (人)**を歓迎する**, むかえる；(意見・提案など)を喜んで受け入れる.
We *welcomed* her into our home.
私たちは彼女を喜んで家にむかえ入れた.
We always *welcome* any suggestions. 私たちはどんな提案でもいつでも歓迎いたします.
── 名 (複数 welcomes [-z]) **歓迎**, むかえること.
They gave us a warm *welcome*.
私たちは彼らから温かい歓迎を受けた.

welcomed [wélkəmd ウェルカムド] 動
welcome ((人)を歓迎する)の過去・過去分詞.

welcomes [wélkəmz ウェルカムズ] 動
welcome ((人)を歓迎する)の3人称単数現在形.

── 名 welcome (歓迎)の複数形.

welcoming [wélkəmiŋ ウェルカミング] 動
welcome ((人)を歓迎する)の -ing 形.

welfare [wélfeər ウェルフェア] 名 幸福, 繁栄；福祉(事業)；《おもに米》生活保護.
public *welfare* 公共の福祉.

well¹ 5級 副 **じょうずに, じゅうぶんに** 形 **健康で.** 間 **ところで, ええと**

[wel ウェル]
副 (比較 **better** [bétər]；最上 **best** [best])

well
よく

better
さらによく

best
もっともよく

1 じょうずに, よく；うまく, 順調に (反 badly まずく).
Bill dances *well*. (= Bill is a good dancer. / Bill is good at dancing.)
ビルはダンスがじょうずだ.
Jane plays the piano *better* than I do.
ジェーンは私よりピアノ(をひくの)がじょうずだ.
Everything is going *well*.
すべてうまくいっています.

2 じゅうぶんに, よく.
I know her very *well*.
彼女のことならとてもよく知っています.
Did you sleep *well*?
よく眠れた？

as well …もまた, そのうえ.
Bill speaks Japanese, and Chinese *as well*.
ビルは日本語を話すし, そのうえ中国語も話す.

~ as well as ... **…だけでなく~も**, …と同様~も (= not only ... but (also) ~).
He understands German *as well as* English. (= He understands not only English but (also) German.)
彼は英語だけでなくドイツ語もわかる (▶ 2つの表現で German と English の位置が異なることに注意).

be well off 裕福な, 暮らし向きがよい (反 be badly off 貧乏な).
Mr. Smith *is* quite *well off*, I hear.
スミスさんはとても裕福だそうです.

go well うまくいく；よく合う, 調和する.
Did your date *go well*?
デートはうまくいった？

may as well ... **= might as well ...**
…してもよい；…したほうがよい；…するほうがました.
We *might as well* wait until he gets back.
彼がもどるまで待ったほうがいいよ.

may well ... たぶん…するだろう；…するのも当然である, するのももっともである.
It *may well* be true.
それはたぶんほんとうだろう.
You *may well* say so.
きみがそういうのも当然だ.

Well done! よくやった！, うまいぞ！, でかした！

808 eight hundred and eight

were

🗣 スピーキング
🅐 I won first prize.
1等賞とったよ.
🅑 *Well done!*
でかしたぞ!

―― 形 ▶ふつう, 名詞の前には使わない.

1 健康で, 元気で (反 ill, sick 病気で).
You'll get *well* soon. すぐによくなるよ.
I don't feel *well* today.
今日, 私はぐあいがよくありません.

2 都合などがよい, 適切な; 順調な.
I hope all is *well* with you.
万事がうまくいけばいいですね.
All's *well* that ends well.
(ことわざ) 終わりよければすべてよし (▶前の
well は形容詞で, あとの well は副詞).

―― 副 **1** [会話を続けたり, ことばを切り出し
たり, しめくくるときなどに] **ところで**, さて;
じゃあ.
Well, what happened to the girl?
ところでその女の子には何が起きたの?
Well, good luck! じゃあ, がんばってね.

2 [考えるために間をおいて] **ええと**, そうね
え; [ちゅうちょなどを表して] うーん.
Well, let me see. How about tomor-
row evening?
ええと, そうだな. あすの晩はどう?
"What did the teacher say?" "*Well*,
I don't remember." 「先生は何と言った
の?」「うーん, 覚えてないよ」

3 [おどろきなどを表して] **おや**, えっ, まあ.
Well, is that you?
あれっ, きみだったのか?

well² [wel ウェル] 名 井戸.
draw water from a *well*
井戸から水をくむ.

we'll [wil ウィル, (強めると)wiːl ウィール] we
will の短縮形.
We'll (=We will) be leaving for Paris
tomorrow.
私たちはあすパリへたつ.

well-balanced [wèlbǽlənst ウェルバラ
ンスト] 形 (食事などが) バランスのとれた,
つり合いのとれた; (人・性格・考え方など
が) 良識に富んだ, 健全な.

well-being [wèlbíːiŋ ウェルビーイング] 名
幸福, 福祉, 福利 (満ち足りて快適である
こと). → welfare

Good Health and *Well-being*
健康と福祉 (▶国連が掲げる SDGs (持続可
能な開発目標) の 3 番目の目標).

well-done [wèldʌ́n ウェルダン] 形 **1** (ス
テーキが) よく焼けた, ウェルダンの.
→ steak
2 (行為など) りっぱになされた.

Wellington [wéliŋtən ウェリントン] 名
ウェリントン (ニュージーランドの首都).

well-known [wèlnóun ウェルノウン] 形
(比較 better-known [bètər-]; 最上 best-
known [bèst-]) 有名な, よく知られた (同
famous).
a *well-known* fact よく知られた事実.

well-off [wèl(ː)f ウェルオ(ー)フ] 形 裕福な.

Welsh [welʃ ウェルシ] 形 ウェールズの;
ウェールズ人の; ウェールズ語の. → Wales
―― 名 ウェールズ語; [the をつけて] ウェー
ルズ人 (全体).

went 4級 [went ウェント]
動 go (行く) の過去形.

✏ ライティング
I *went* shopping on Saturday and
I *went* to the movies on Sunday.
私は土曜日に買い物に行き, 日曜日には映画
を見に行きました.

wept [wept ウェプト] 動 weep (泣く) の過
去・過去分詞.

were 4級 [wər ワァ, (強めると)wəːr ワ~]
動 (be 動詞 are の過去形) → be (表)
自 **1** …であった; (人・動物がある場所
に) いた; (物がある場所に) あった.
John and I *were* late for school.
ジョンとぼくは学校に遅刻した.
They *were* in Okinawa then.
彼らはそのころ沖縄にいた.
2 [現在の事実と反対の仮定を表して] (仮に)
…であるとしたら.
I wish I *were* a little taller.
もう少し背が高かったらなあ (▶話し言葉では
were の代わりに was を使うことも多い).
―― 助 **1** 《were + -ing 形で過去進行形
をつくり》 …していた, …しているところ
だった.
We *were playing* tennis then.
私たちはそのときテニスをしていた.

eight hundred and nine 809

we're ▶

2 (were + 過去分詞)で受け身をつくり) …された.
Two children *were hit* by a truck.
2人の子どもがトラックにはねられた.

we're [wiər ウィア, (強めると)wiːər ウィーア]
we are の短縮形.

weren't [wɜːrnt ワーント, (強めると)wɜːrnt ワ〜ント] *were not* の短縮形.
There *weren't* any students on the grounds.
グラウンドには生徒が1人もいませんでした.

west 5級 [west ウェスト]

图 **1** (ふつう the をつけて) **西** (▶略語は W または W.); 西方; 西部 (反) east 東).
The sun sets in *the west*.
太陽は西に沈む (▶*to the west* としない).
China is to *the west* of Japan.
中国は日本の西方にある (▶*to the west of* は「…をはなれて西の方に」という意味).

2 (the West で) **西洋**, 西欧; (米) アメリカ西部地方 (ミシシッピ川以西太平洋沿岸まで).
the East and *the West*
東洋と西洋.

—— 形 **西の**; 西部の; (風が) 西からの (反) east 東の; 東からの).
the *west* coast 西海岸.
A *west* wind was blowing all day today. 今日は一日中西風が吹いていた.

—— 副 西へ, 西に (反) east 東へ).
They headed *west*. 彼らは西へ向かった.

western 準2 [wéstərn ウェスタン] 形
1 西の; 西部の, 西方の (反) eastern 東の).
the *western* part of the city 市の西部.

2 [しばしば **Western** で] 欧米の, 西洋の; (米) アメリカ西部地方の.
Western countries 欧米諸国.
Western civilization 西欧文明.
Western culture 西欧文化.

—— 名 [しばしば **Western** で] (映画の) 西部劇; (小説などの) 西部もの.

West Indies [wèst índiz インディズ] 名 [the をつけて] 西インド諸島 (中米にある諸島).

Westminster Abbey
[wès(t)mìnstər æbi ウェス(ト)ミンスター アビィ]
名 ウェストミンスター寺院 (ロンドンにある英国王室直属の教会; 国王の戴冠式はここで行われる. また, ここには国王・詩人・作家・政治家など名士の墓がある).

West Virginia [wèst vərdʒínjə] 名
ウェストバージニア州 (アメリカ東部にある山々にかこまれた州; 略語は WV または W.Va.).

westward [wéstwərd ウェストウッド] 形
(方向が) 西方(へ)の (反) eastward 東方(へ)の).

—— 副 西方へ, 西方に, 西に向かって (反) eastward 東へ).

westwards [wéstwərdz ウェストウッヅ]
副 = westward

wet 3級 [wet ウェット] 形 (比較) wetter;
(最上) wettest) **1** ぬれた, しめった (反) dry かわいた).

dry　　　wet

a *wet* towel ぬれたタオル.
Wipe your hands. They're still *wet*.
手をふきなさい. まだぬれているよ.
Wet Paint (掲示) (米) ペンキぬりたて (= (英) Fresh Paint) → paint

2 雨の, 雨降りの (同) rainy).
the *wet* season 雨季.
We had *wet* weather all last week.
先週はずっと雨だった.

—— 動 (3単現 **wets** [-ts ツ]; 過去 過分 **wet** または **wetted** [-id]; ing形 **wetting**) 他 **…をぬらす** (反) dry …をかわかす).
wet a towel with cold water
冷たい水でタオルをしめらす.
wet the bed おねしょする.

wetland [wétlænd ウェットランド] 名 [しばしば複数形で] 湿地.

we've [wiv ウィヴ, (強めると)wiːv ウィーヴ] *we have* の短縮形.
We've never been to London.
私たちはロンドンへ行ったことがない.

whale [(h)weil (フ)ウェイル] 名 (動物) クジラ (▶英米では食用ではなく, 工業用に捕獲してきた).
whale watching ホエールウォッチング.

wharf [(h)wɔːrf (フ)ウォーフ] 名 (複数 **wharves** [-vz] または **wharfs** [-s]) 波止場, 埠頭.

◀ **what**

what 5級 代 何
形 何の，何という

〔(h)wɑt (フ)**ワット** ‖ wɔt **ウォット**〕

代 **1 何**，どんなもの，どんなこと．

💬**スピーキング**

Ⓐ *What*'s this?
これは何？
Ⓑ Something for you.
きみへのプレゼントだよ．

"*What*'s (= *What* is) his name?" "It's Taro." 「彼の名前は何というの？」「太郎だよ」
What's today's date? (= *What* is the date today?) 今日は何日？
"*What*'s the capital of Britain?" "London."
「イギリスの首都はどこですか」「ロンドンです」
(▶都市名をたずねるときは*Where is ...?* とはいわない． Where's the capital of Britain? (イギリスの首都はどこにありますか) という言い方はふつう地図上の位置をたずねるときに使う)．
"*What* is he?" "He is a teacher."
「彼は何をしている人ですか」「先生です」

💬**用法** What is he? と Who is he?
What is he? はその人の職業などをたずねる言い方． Who is he? (彼はだれですか) はふつう名前や家族関係などをたずねるのに使う． また直接相手に職業をたずねるときは，ふつうWhat (kind of work) do you do? (お仕事は何ですか) という． What are you? という聞き方は失礼になる．

💬**スピーキング**

Ⓐ *What* do you do (for a living)?
お仕事は何ですか．
Ⓑ I'm a high school teacher.
高校の教師をしています．

What do you do on your days off?
休みの日は何をしますか．
What do you want to be in the future? あなたは将来何になりたいですか．
What can I do for you?
(店員が客に) いらっしゃいませ；何をさしあげましょうか；ご用件は何でしょうか．

What do you think of that?
それについてどう思いますか (▶*How do you think ...?*とはいわないが，How do you feel about ...? とはいえる).
She didn't know *what* to do.
彼女はどうしたらいいかわからなかった．
I don't know *what* this is.
これが何かわからない (▶ what などの疑問詞で始まる疑問文が，もっと大きな文の一部に組みこまれると，「疑問詞+主語+動詞」の語順になる．この形を「間接疑問」という)．

📖**文法** wh- で始まる語のまとめ

	意味	例
what	何	*What* is this? これは何ですか．
when	いつ	*When* is your birthday? 誕生日はいつですか．
where	どこに	*Where* do you live? どこにお住まいですか．
which	どちら	*Which* do you like better, summer or winter? 夏と冬とどちらが好きですか．
who	だれ	*Who* is that boy? あの少年はだれですか．
why	なぜ	*Why* do you like math? なぜ数学が好きなのですか．

2 [関係代名詞として] **…する（ところの）もの・こと** (▶ what は先行詞をふくんでいるので，前に先行詞は必要ない)．
What he says is true.
彼の言っていることはほんとうだ．

What about ...? 《口語》[提案・勧誘などを表して] …はいかがですか，…はどうですか (= How about ...?). → about
What about eating out?
外食するというのはどうですか．

What ... for? 何のために…か，どうして…か (= Why ...?).
What's this tool *for*?
この道具は何に使うの？
What did you do that *for*?
どうしてそんなことをしたんだ？

What if ...? (提案して) …してはどうですか；…ならどうするのですか (▶ふつう悪い

eight hundred and eleven 811

whatever ▶

ことを仮定するときに使う).
What if you're found out?
もし見つかったらどうするつもり？

what is called = **what we [you,
they] call** いわゆる.
He is *what is called* a walking
dictionary. 彼はいわゆる生き字引きだ.

What's the matter? どうしたのですか.
→ matter

What's up? 《口語》どうしたの？→ up
── 形 **1** 何の，何という，どんな.
"*What* day is it today?" "It's
Thursday."
「今日は何曜日ですか」「木曜日です」
"*What* day of the month is it
today?" "It's May 9."
「今日は何日ですか」「5月9日です」
What kind of music do you like?
どんな種類の音楽が好きですか.

🗣スピーキング
Ⓐ *What* subjects do you like?
何の教科が好きですか.
Ⓑ I like science.
理科が好きです.

What time is it? いま何時ですか.

🗣スピーキング
Ⓐ *What time is it?* 何時ですか.
Ⓑ It's seven forty. 7時40分です.

2 [感嘆文で] **なんという**，なんと.
What a pretty flower that is!
(= How pretty that flower is!)
あれはなんときれいな花なんでしょう.
What a nice day!
なんていい天気なんだ.
What a surprise! おどろいたなあ!

📝文法 **感嘆文の語順**
「What +(a または an +)形容詞＋名詞
(＋主語＋動詞)！」の語順となる. 文末の
「主語＋動詞」はしばしば省略される.

── 間 [おどろきや怒りなどを表して] **なん
だって!**，なに!
What! You don't have any money?
なんだって！金がないだって.

whatever [(h)wɑtévər (ア)ワトゥ**エ**ヴァ
‖ wɔt-ウォトヴ-] 代 **1** (…する) ものは何でも
(= anything that) (▶関係代名詞の what

を強調した形).
I'll tell you *whatever* I know.
知っていることは何でもきみに話すよ.
2 (たとえ) どんなことが [を] …しても.
Whatever happens, I'll be on your
side.
どんなことがあっても，ぼくはきみの味方だよ.
── 形 **1** どんな…でも；どんな〜が [を]
…しようとも.
You may read *whatever* book you
like. どんな本でもきみの好きなものを読んで
いいよ.
2 [否定を強調して] 少しの…も，まったく (…
ない) (= at all).
There's *no* doubt *whatever* about
it. それについてはまったく疑問の余地がない.

what's [(h)wɑts (ア)ワッツ‖ wɔts ウォッツ]
what is または what has の短縮形.
What's (= What is) your name ?
あなたの名前は何？
What's (= What has) happened?
何が起こったのですか.

wheat 2級 [(h)wiːt (ア)**ウィ**ート] 名 小麦
(▶「小麦粉」は flour という).
Flour is made from *wheat*.
小麦粉は小麦からつくる.

📘背景 麦は日本の米にあたる西洋の主
要穀物である. 大麦 (barley)・ライムギ
(rye)・エンバク (oats) などもあるが，
小麦の生産量がもっとも多く，利用価値
も高い.

whee [(h)wiː (ア)**ウィ**ー] 間 わーい，やった
(▶喜び，おどろきなどを表す).
wheel 準2 [(h)wiːl (ア)**ウィ**ール] 名 (車・
自転車などの) 車輪；[ふつう the をつけて]
(車の) ハンドル (= steering wheel) (▶
×handle とはいわない).
wheelchair 3級 [(h)wiːltʃeər (ア)**ウィ**ー
ルチェア] 名 車いす.

when 5級 副 いつ
接 …するとき

[(h)wen (ア)**ウェ**ン]
副 **1** いつ，何時に.
"*When*'s your birthday?"
"It's December 3."
「誕生日はいつですか」「12月3日です」(▶

812 eight hundred and twelve

◀ **where**

December 3 は December third または December the third と読む).

🗣スピーキング

Ⓐ *When* do you usually play tennis?
テニスはふつういつしているの？
Ⓑ I play it on Sunday morning.
日曜日の午前中にしているよ.

When did you finish your homework? きみは宿題をいつ終えたのですか.

× When have you finished it?
── when は現在完了といっしょに使わない.
○ When did you finish it?

When do you leave for school? (= What time do you leave for school?)
何時に学校に出かけますか.

When's the next train to Chicago?
次のシカゴ行きの電車は何時ですか.

I'll ask him *when* we should leave.
いつ出発したらよいか彼に聞いてみます.

Do you know *when* the movie starts? 何時に映画が始まるか知ってる？(▶ when などの疑問詞で始まる疑問文がほかの文の一部に組みこまれると「疑問詞＋主語＋動詞」の語順になる. この形を「間接疑問」という).

2 [関係副詞として；制限用法]…するところの(時)(▶ふつう日本語に訳さない).

Do you remember the day *when* we first met? ぼくたちがはじめて会った日のことを, 覚えている？

3 [関係副詞として；非制限用法](ふつう前にコンマをつけて) するとそのとき (= and then).

I was just going out at seven, *when* he came to see me.
私が7時にちょうど出かけようとしているところに彼が私に会いにやって来た.

── 接 …**するとき**, …すると.
When I got up this morning, it was snowing. けさ起きたら雪が降っていた.
I was thin *when* I was young.
若いころはやせていた.
I was just about to call her *when*

the phone rang.
電話が鳴ったとき, ぼくはちょうど彼女に電話をするところだった.
Call me *when* you get home.
家に着いたら電話してね (▶「…したら」というとき when のあとの動詞は未来のことでも現在形を使う).

× Call me when you will get home.
この場合, 未来形は使えない.
○ Call me when you get home.

── 代 [前置詞のあとに置いて] **いつ**.
Until *when* will he stay?
彼はいつまで滞在しますか.

Say when. [人に飲み物をつぐときなどに] ちょうどよい分量になったら「いい」って言って (▶答えるときには That's enough. (それでけっこうです)や When! (いいよ) などと言う).

whenever 2級 [(h)wenévər (フ)ウェンエヴァ] 接 **1** (…する) ときはいつでも.
You can use the room *whenever* you like.
いつでも好きなときにその部屋を使っていいよ.
2 たとえいつ…しようとも (= no matter when).
Whenever you come, you can read interesting books.
いつ来ても, おもしろい本が読めます.

when's [(h)wenz (フ)ウェンズ] when is または when has の短縮形.

where 5級 副 どこに, どこへ

[(h)weər (フ)ウェア]
副 **1 どこに, どこへ**, どこで.
Where is your bike?
きみの自転車はどこにあるの？

🗣スピーキング

Ⓐ *Where* do you live?
どこに住んでいるのですか.
Ⓑ I live in Tokyo.
東京に住んでいます.

Where are you going, Bob?
ボブ, どこへ行くの？

where're

Where did you go on the weekend?
週末はどこへ行ったの？
Where did you put the key?
かぎはどこに置いたの？
Where do you go to school?
どこの学校に通っていますか．
Excuse me, but *where* am I?
すみません，ここはどこでしょうか；すみません，私はどこにいるのですか (▶ Where is ˟here? とはいわない).
I don't know *where* to go.
私はどこへ行ったらよいかわからない．
I know *where* he lives. 私は彼がどこに住んでいるか知っている (▶ where などの疑問詞で始まる疑問文がほかの文の一部に組みこまれると「疑問詞＋主語＋動詞」の語順になる．この形を「間接疑問」という)．

× I know where does he live.
「主語+動詞」の語順になる．
○ I know where he lives.

2 [関係副詞として；制限用法]…するところの (場所) (▶ふつう日本語に訳さない)．
This is the house *where* I was born. これが私の生まれた家です．
3 [関係副詞として；非制限用法] (ふつう前にコンマをつけて) そしてそこで (= and there).
He went to London, *where* he stayed for a few weeks. 彼はロンドンへ行って，そこに数週間滞在 {{たいざい}} した．
—— 接 (…する) 所へ，所に．
Stay *where* you are and don't move.
いまいる所でじっとして動かないでね．
Go *where* you like.
あなたの好きな所へ行きなさい．
—— 代 **どこ**．

🗣スピーキング
Ⓐ *Where* are you from?
お国はどちらですか；出身地はどちらですか．
Ⓑ I'm from Canada.
カナダです．

where're [(h)wéərər (フ)ウェアラァ]
where are の短縮形．

where's [(h)wéərz (フ)ウェアズ] *where*

is または *where has* の短縮形．

wherever 準2 [(h)weərévər (フ)ウェアエヴァr] 接 **1** (…する) 所ならどこでも．
I'll follow you *wherever* you go.
きみの行く所ならどこでもついていくよ．
Sit *wherever* you like and make yourself at home. どこでも好きな所にすわってくつろぎしてください．
2 どこに…しようとも (= no matter where).
Wherever I live, I will not forget you.
どこで暮らそうとも，私はきみのことを忘れない．

whether 2級 [(h)wéðər (フ)ウェザァ] 接
1 …かどうか (= if).
I asked Jeff *whether* he was busy or not.
私はジェフに忙しいかどうかたずねた．
Do you know *whether* it is true (or not)?
あなたはそれがほんとうかどうか知っていますか．
2 (whether 〜 or … で) 〜であろうと…であろうと．
Whether he comes *or* not, we'll go on a hike.
彼が来ても来なくてもぼくたちはハイキングに行くよ．

which 5級 代 **どちら**
形 **どちらの，どの**

[(h)witʃ (フ)ウィッチ] フォニックス26 ch は [tʃ] と発音する．

代 **1 どちら**，どちらの物，どちらの人．
Which is your bike?
あなたの自転車はどちらですか (▶ *Which* bike is yours? ともいう)．
"*Which* is larger, the moon or the earth?" "The earth."
「月と地球ではどちらが大きいですか」「地球です」

🗣スピーキング
Ⓐ *Which* would you like, tea or coffee?
紅茶とコーヒーのどちらがよろしいですか．
Ⓑ Tea, please.
紅茶をお願いします．

I asked him *which* he liked better.
どちらのほうが好きか彼にたずねた (▶ which などの疑問詞で始まる疑問文がほかの文の一

▶ while

部に組みこまれると「疑問詞＋主語＋動詞」の語順になる. この形を「間接疑問」という).

× I asked him which did he like better.
　　　　　　　　　　　「主語＋動詞」の語順になる.
○ I asked him which he liked better.

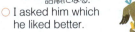

2 [関係代名詞として；制限用法] **…する（ところの）**（物，事）(▶ふつう日本語に訳さない). → that (表)

The moon is the only satellite *which* goes around the earth.
月は地球のまわりをまわる唯一の衛星です. [主格]

This is the DVD (*which*) I bought yesterday.
これがきのう買った DVD だよ. [目的格] (▶話し言葉では目的格の which はふつう省略する).

The movie (*which*) I saw yesterday was very exciting.
きのう見た映画はとてもおもしろかった. [目的格]

📖 文法 関係代名詞 which の使い方
❶ which は先行詞が「物・動物・事」のときに使う.
❷ that に置きかえることができる.
❸ 目的格の which は話し言葉ではふつう省略する.

3 [関係代名詞として；非制限用法]（ふつう前にコンマをつけて）**そしてそれは [を]**.
I bought a watch, *which* (＝and it) keeps good time.
私は時計を買った. そしてそれは時間が正確だ.

── 形 **どちらの, どの**.
Which one? どっちですか.
Which girl is Meg?
どの女の子がメグなの？
Which team won the game?
どちらのチームが試合に勝ったのですか.

🗣 スピーキング
Ⓐ *Which* season do you like better, summer or winter?
夏と冬とではどっちの季節が好き？
Ⓑ I like summer better.
夏のほうが好きです.

💬 用法 which と what
which は選択の範囲が限られているときに使い，what は選択の範囲が限られていないときに使う. *Which* book do you want to read?（どちらの [どの] 本が読みたいですか）[範囲が限定された本の中から選ばせるとき] / *What* book do you want to read?（どんな本が読みたいですか）[範囲が限定されていない本の中から選ばせるとき]

whichever [(h)witʃévər (フ)ウィチエヴァ]
代 **1 どちらでも，どれでも.**
You can take *whichever* you like.
どちらでもあなたの好きなほうがとれます.

2 どちらが [を] …しても.
Whichever you choose, you'll like it.
どちらを選んでも，きみはそれを気に入るだろう.

── 形 **どちらの…でも；どちらの～が [を] …しても.**
I'll give you *whichever* book you like.
どちらの本でもきみの好きなほうをあげるよ.

while ③級 [(h)wail (フ)ワイル]
フォニックス50 i は [ai] と発音する.

接 **1 …する間に，する間は.**
→ during
Work *while* you work, play *while* you play.
(ことわざ) 勉強している間は勉強し，遊ぶ間は遊びなさい＝よく学びよく遊べ.

While (we were) in New York, we visited several museums.
ニューヨークにいる間に，私たちは美術館をいくつか見学した (▶ while … の主語が，文全体の主語と同じとき，while … の主語と be 動詞を省略することがある).

Don't watch TV *while* (you're) eating. 食事中はテレビを見ちゃだめだよ.

2 …なのに，…だが (一方).
Mr. White likes golf, *while* his wife likes tennis.
ホワイト氏はゴルフが好きだが，夫人はテニスが好きだ.

── 名 [ふつう a をつけて]（少しの）**時間，(しばらくの) 間** (▶複数形なし).
The plane arrived *a* little *while* ago.
飛行機はちょっと前に着いた.

eight hundred and fifteen 815

whip ▶

after a while しばらくして.
The baby stopped crying *after a while*. しばらくして赤ちゃんは泣きやんだ.

for a while しばらくの間.
We waited *for a while* there. 私たちはそこでしばらく待った.

It is worth my while to ... [-ing] …することは価値がある. → worth
It is worth your while to buy a good dictionary. いい辞書を買うことは価値がある.

once in a while ときどき, たまには.

whip 2級 [(h)wip (フ)ウィップ] 動 (過去・過分) whipped [-t]; [ing] whipping) 他 (人・動物) をむちで打つ; (クリーム・卵など) を (強くかきまわして) あわ立てる, ホイップする.
whip a horse 馬にむちをあてる.
── 名 むち; むちで打つこと.

whirl [(h)wə:rl (フ)ワール] 動 自 くるくるまわる, ぐるぐるまわる, うず巻く.
── 他 …をくるくるまわす, ぐるぐるまわす, うず巻かせる.
── 名 回転, うずを巻くこと.

whisker [(h)wískər (フ)ウィスカァ] 名 [ふつう複数形で] ほおひげ; (ネコ・ネズミなどの) ひげ. → beard (図)

whiskey, whisky [(h)wíski (フ)ウィスキィ] 名 ウイスキー.

whisper 準2 [(h)wíspər (フ)ウィスパァ] 動 他 自 (…を) ささやく.
She *whispered* to me. 彼女は私にささやいた.
── 名 ささやき声.
speak in a *whisper* ひそひそ声で話す.

whistle [(h)wísl (フ)ウィスル] (発音注意) 動 自 口笛を吹く; 汽笛を鳴らす, ホイッスルを鳴らす; ヒューと音を立てる.
Can you *whistle*? 口笛は吹けますか.
── 他 …を口笛で吹く; …に口笛で合図する, 笛で合図する.
── 名 口笛; ホイッスル, 汽笛, 笛.

white 5級 形 白い 名 白

[(h)wait (フ)ワイト] フォニックス50 i は [ai] と発音する.

形 (比較 whiter; 最上 whitest) **1** 白い, 白色の (▶「黒い」は black).
a *white* shirt 白いシャツ.
white flowers 白い花々.
His hair turned *white*. 彼の髪が真っ白になった (▶「白髪が混じりになる」というときは turn gray という).
a *white* Christmas ホワイトクリスマス (雪のあるクリスマス).

2 (顔色などが) 青ざめた, 血の気のない (同 pale).
turn *white* (顔が) 青ざめる, そう白になる.
His face was *white* with fear. 彼の顔は恐怖で青ざめていた.

3 白人の.
── 名 (複数 whites [-ts ツ]) **1** 白, 白色; 白い服 (▶ a をつけず, 複数形なし).
a girl in *white* 白い服を着た少女.
2 白人; (卵の) 白身 (▶「黄身」は yellow).

whiteboard [(h)wáitbɔːrd (フ)ワイッボード] 名 白板, ホワイトボード.

White House [(h)wáit hàus] 名 [the をつけて] ホワイトハウス (首都ワシントンにあるアメリカ大統領官邸. 大統領とスタッフが国政を行うオフィスであり, 大統領一家の家でもある白ぬりの建物).

whiter [(h)wáitər (フ)ワイタァ] 形 white (白い) の比較級.

whitest [(h)wáitist (フ)ワイテスト] 形 white (白い) の最上級.

WHO [dʌ́bljuːeitfóu ダブリューエイチオウ, huː フー] 世界保健機関 (▶ the World Health Organization の略).

who 5級 代 だれ, だれが

[huː フー; 関係代名詞のときは huフ]

代 **1** だれ, だれが; (口語) だれを, だれ

◀ **whole**

に（= whom）（▶話し言葉では目的格にも who を使うのがふつう）．

主格	who（だれ（が））
所有格	whose（だれの）
目的格	whom，《口語》who（だれを）

🗣 スピーキング

Ⓐ **Who** is that boy?
あの男の子はだれですか．

Ⓑ Oh, that's Tom.
ああ，トムだよ．

(▶直接相手に名前をたずねるときは，*Who are you?* (お前［きみ］はだれだ) は失礼になるので，May I ask your name? などという．)

"*Who* is playing the guitar?" "Beth."
「だれがギターをひいているのですか」「ベスです」

Who ate my cake?
だれがぼくのケーキを食べたの？

× Who did eat my cake?
　　この who は主語．
　　「Who ＋動詞」の形にする．
○ Who ate my cake?

Who can run faster, Tom or Bob?
トムとボブはどちらが速く走れますか．

Who's calling, please?
(電話で) どちらさまですか．

"*Who* is it?" "It's me."
「(ドアをノックした人に) どなたですか」「私です」

Who did you see there? (= Whom did you see there?)
あなたはそこでだれに会ったのですか（▶話し言葉では文頭にくる Whom は Who で代用する）．

I wonder *who* called me.
だれが私に電話してきたんだろう．

I don't know *who* that woman is.
私はあの女性がだれか知りません（▶疑問文 (Who is that woman?) の部分が，全体の文の中の動詞の目的語になるときは「who ＋主語＋動詞」という語順になる．この形を「間接疑問」という）．

2 [関係代名詞として；制限用法] **…する（ところの）**（人）（▶ふつう日本語に訳さない）．

→ that（表）

I know the boy *who* came here yesterday.
私はきのうここへ来た少年を知っています．

The boy (*who* is) riding the horse is my brother. (= A boy is riding the horse. The boy is my brother.)
馬に乗っている少年は私の弟です．

📘 文法 関係代名詞 who の使い方
❶ who は先行詞が「人」のときに使う．
❷ who はそのあとに続く文の主語になり (主格)，ふつう省略されない．

3 [関係代名詞として；非制限用法]（ふつう前にコンマをつけて）そしてその人は．
They had three daughters, *who* (= and they) became teachers.
彼らには 3 人の娘がいて，3 人とも先生になった．

whoever [huːévər フーエヴァ] 代 **1** (…する人は) だれでも (= anyone who).
Whoever wants to come will be welcomed.
来たい人はだれでも歓迎します．

2 だれが…しようとも．
Whoever comes, I can't see them today.
だれが来たって，今日は面会できない．

whole 3級 [houl ホウル]

形 **1 全体の**，全部の，全….
the *whole* world (= all the world)
全世界．

The *whole* thing is over.
すべてが終わった．

He devoted his *whole* life to the study of literature.
彼は一生を文学の研究にささげた．

2 (時間などが) **まる…**．
It rained for three *whole* days.
雨はまる 3 日降った．

3 丸ごとの．
She ate the *whole* cake.
彼女はそのケーキを丸ごと 1 個食べた．
→ 副 wholly

── 名 [ふつう the をつけて] **全体**，全部（対）part 部分）．
From the top, you can see *the whole* of the city.

eight hundred and seventeen　817

wholesale ▶

頂上からは市全体が見わたせる.

as a whole 全体として, まとめて.
This is a problem of society *as a whole*. これは社会全体の問題である.

on the whole 全体的に見て, 全般的に.
On the whole, the people here are kind.
全体的に見てここの人たちは親切です.

[同音語] hole (穴)

wholesale [hóulseil ホウルセイル] 形 卸^{おろ}売りの, 卸の.
a *wholesale* price 卸売り価格.

who'll [hul フル, (強めると)hu:l フール] who will または who shall の短縮形.

wholly [hóu(l)li ホウ(ル)リィ] (つづり注意)
副 すっかり, 完全に　　　　→形 whole

whom [hum フム, (強めると)hu:m フーム]

代 (who の目的格) 1 **だれを, だれに** (▶改まった語で, 話し言葉ではふつう whom の代わりに who を使う). → who
Whom did you see?
あなたはだれに会ったのですか (▶文頭の Whom は話し言葉ではふつう Who になる).
With *whom* did you go fishing?
だれとつりに行ったのですか (▶話し言葉では Who did you go fishing with? という).
Do you know *whom* he likes the best?
彼はだれがいちばん好きなのか知っていますか (▶ whom が文中にきて間接疑問になると, あとの文は「主語＋動詞」の順になる).

2 [関係代名詞として；制限用法] …する (ところの) (人) (▶ふつう日本語に訳さない).
→ that (表)
The doctor (*whom*) you met is my uncle. (＝ You met a doctor. The doctor is my uncle.)
あなたが会った医者は私のおじです.
That's the man (*whom*) I was talking about. あの人が私の話していた人です.

📝文法 **関係代名詞 whom の使い方**
❶ whom は先行詞が「人」のときに使う.
❷ whom はそのあとに続く文の目的語になり (目的格), 話し言葉ではふつう省略される.

3 [関係代名詞として；非制限用法] (ふつう前にコンマをつけて) そしてその人を [に].

I visited my uncle, to *whom* I told the story.
私はおじを訪れた. そして彼にその話をした.

who's [hu:z フーズ] who is または who has の短縮形.
Who's (＝Who is) playing the piano?
だれがピアノをひいているのですか.

[同音語] whose (だれの)

whose 5級 代 だれの, だれのもの

[hu:z フズ, (強めると)hu:z フーズ]
代 (who の所有格；所有代名詞)
1 だれの；だれのもの.
"*Whose* bag is this?" "It's Tom's."
「これはだれのバッグですか」「トムのです」
"*Whose* bike is that?" "It's mine."
「あの自転車はだれの？」「私のよ」

2 [関係代名詞として；制限用法] **その～が…する (ところの)** (人, 物) (▶ふつう日本語に訳さない). → that (表)
I have a friend *whose* father is a famous painter. 私にはお父さんが有名な画家である友だちがいます.

📝文法 **関係代名詞 whose の使い方**
関係代名詞の who, whose, whom は先行詞が「人」のときに使う. しかし, 所有格の whose は「物」にも使う.

3 [関係代名詞として；非制限用法] (ふつう前にコンマをつけて) そしてその.
My aunt, *whose* house is in London, came to see us. おばはロンドンに家があるが, そのおばが会いに来てくれた.

[同音語] who's (who is または who has の短縮形)

why 5級 副 なぜ, どうして

[(h)wai (フ)ワイ]
副 **1** [理由・目的をたずねて] **なぜ, どうして.**

🗨スピーキング
🅐 *Why* are you late?
なぜ遅刻^{ちこく}したのですか.
🅑 Because I missed the train.
電車に乗りおくれたからです.

818 eight hundred and eighteen

▶ **wide**

"*Why* did you go to the park?" "To play tennis."
「どうして公園に行ったの？」「テニスをするためよ」

I just want to know *why*.
私は(それが)どうしてか知りたいだけだ．

Do you know *why*?
なぜだかわかりますか．

I don't know *why* she did that.
どうして彼女がそんなことをしたのか私にはわかりません (▶ why が文中にきて間接疑問になると，あとの文は「主語＋動詞」の順になる).

文法 Why ...? に対する答え方
Why ...? (なぜ…か) と聞かれたら，「理由」を答えるときは Because ... (…だから) で，「目的」のときは「To＋動詞の原形」(…するために) で答える．

2 [関係副詞として]…するところの(理由) (▶ ふつう日本語に訳さない).

This is (the reason) *why* he couldn't come.
これが彼が来られなかった理由です (▶ why か the reason の一方が省略されることが多い).

That's *why* I didn't come by car.
それが私が車で来なかった理由です．

── 間 [おどろき・反対・承認などを表して] おや，あら，だって；そうね (▶ [wai] と発音が多い).

Why, it's already ten o'clock.
おや，もう10時だ．

スピーキング
Ⓐ May I join you?
　仲間に入れてもらえますか．
Ⓑ *Why*, sure!
　ああ，いいとも．

Why don't we ...? いっしょに…しませんか．
Why don't we eat out tonight?
今夜は外で食事をしようよ．

Why don't you ...? …してはどう？ …しませんか．
Why don't you come with me?
私といっしょに行きませんか．
Why don't you leave me alone?
(いいから) ほっといてよ．

Why not? どうしてですか，そうしよう，いいですよ．

スピーキング
Ⓐ I can't go there.
　ぼくはそこへは行けないよ．
Ⓑ *Why not?*
　あら，どうして？
- - - - - - - - - - - - - - - - - -
Ⓐ Let's play soccer.
　サッカーやろう．
Ⓑ *Why not?*
　うん，やろう．
- - - - - - - - - - - - - - - - - -
Ⓐ Can I go?
　帰っていい？
Ⓑ *Why not?*
　どうぞ，どうぞ．
(▶ Why not? はいろいろな場面で使われ，意味もいろいろになる．否定の文に対しては「どうしてなの？」，提案などに対しては「うん，そうしよう」，許可の求めに対しては「いいですよ」となる．)

wicked [wikid ウィキド] (発音注意) 形
(比較 **wickeder** または **more wicked**；最上 **wickedest** または **most wicked**) (道徳的に) 悪い，邪悪な (同 bad)；意地悪な；《口語》いたずらな．

wide ③級 [waid ワイド]

形 **1** (幅が)**の**) **広い** (反 narrow せまい)；**幅が…の，幅が…ある．**

wide　　　　　narrow

a *wide* street 幅の広い通り．
"How *wide* is the river?" "It's about fifty meters *wide*."
「その川は幅がどのくらいありますか」「約50メートルあります」

2 (面積・範囲・知識などが) 広い，幅広い，豊富な．
the *wide* world 広い世界．
He has a *wide* knowledge of science.
彼は科学についての広い知識をもっている．
The store sells a *wide* range of

widely ▶

clothing.
その店はいろいろな衣料品を売っている.

3 (目・口・ドアなどが) 大きく開いた.
Her eyes were *wide* with surprise.
彼女はびっくりして目が丸くなっていた.
→名 width, 動 widen

— 副 広く;(目・口などを) 大きく開いて.
The window was *wide* open.
窓は大きく開いていた.

widely [wáidli ワイドゥリィ] 副 広く, 広範囲にわたって; おおいに.

widen 2級 [wáidn ワイドゥン] 動 (他) …を広くする, 広げる.
— (自) 広くなる. →形 wide

widow [wídou ウィドウ] 名 未亡人, 夫を亡くした女性 (反 widower 妻を亡くした男性).

widower [widouər ウィドウア] 名 妻を亡くした男性 (反 widow 夫を亡くした女性).

width 準2 [widθ ウィドゥス, witθ ウィトゥス] 名 幅, 広さ.
The road is 10 meters in *width*. (= The road is 10 meters wide.)
その道路の幅は 10 メートルあります.
→形 wide

wife 4級 [waif ワイフ] フォニックス50 **i** は [ai] と発音する.
名 (複数) **wives** [waivz] **妻, 夫人** (対 husband 夫).
Tom and his *wife* トムと彼の妻.
My *wife* and I celebrated our 10th wedding anniversary.
妻と私は結婚 10 周年を祝った.

Wi-Fi [wáifài ワイファイ] 名 ワイファイ (無線 LAN の規格) (▶ *Wireless Fidelity* の略).
Free *Wi-Fi* Available Here
(掲示) ここで無料でワイファイ (インターネットへの無線接続) が使用できます

wig [wig ウィッグ] 名 かつら, ウィッグ (頭全体をおおうもの; 付け毛は hairpiece [héərpi:s ヘアピース] という).

wild 3級 [waild ワイルド]
形 **1** (動物・植物が) **野生の** (反 tame 飼いならされた).
a *wild* animal 野生の動物.
wild flowers 野生の花.
2 (土地が) あれはてた; 未開の, 自然のまま.

wild land 荒野.
the *wild* scenery of Yakushima
屋久島の自然のままの景観.
3 (天候・海などが) あれた;(人・行動が) 乱暴な, 手に負えない; 熱狂した, ひどく興奮した.
The sea is growing *wilder* and *wilder*. 海はますますあれてきている.
He was very *wild* when he was young.
彼は若いときはとても手に負えなかった.
The crowd went *wild* when Japan scored the first goal.
日本が最初のゴールを決めると観衆は熱狂した.
→副 wildly

— 名 [the をつけて] 荒野, 野生 (の状態); [the wilds で] あれ地, 未開地, (ある地方の) 荒野.
the call of *the wild*
荒野の呼び声; 野性の呼び声.
animals in *the wild* 野生の動物.

wildcat [wáildkæt ワイルドゥキャット] 名 (動物) ヤマネコ.

wilderness [wildərnis ウィルダネス] 名 (人の住まない) 荒野, あれ地.

wild goose [wáild gú:s] 名 (複数 **wild geese** [gi:s]) (鳥) ガン, カリ.

wildlife 2級 [wáildlaif ワイルドゥライフ] 名 [集合的に] 野生生物, 野生の動植物.

wildly [wáildli ワイルドゥリィ] 副 野生的に; 激しく, 熱狂的に; でたらめに. →形 wild

will¹ 4級 助 …だろう, …するつもりだ

[wəl ウィル, (強めると) wil ウィル]
助 (過去) **would** [wud ウッド]

will は未来のことをいうときに使う.

1 [単なる未来を表して] **…だろう**, …でしょう.
He'*ll* (= He *will*) be here soon.
彼はもうすぐここに来るだろう (▶話し言葉ではふつう he'll (= he will), she'll (= she will), I'll (= I will) などのように短縮形を使う).
I'*ll* (= I *will*) be thirteen years old

◀ **win**

next week.
来週 13 歳になります（▶そうなることが確実な場合は「…します」と訳す）.

スピーキング

Ⓐ *Will* you be home tomorrow?
あなたはあす家にいますか.
Ⓑ Yes, I *will*.
はい, います.

I'll be seeing him soon.
近いうちに彼に会うことになっている（▶「will be ＋ -ing 形」で「(近い将来)…することになっている」という意味）.

"*Will* they believe you?" "No, they *won't*."
「彼らはあなたの言うことを信じるだろうか」「いや, 信じないでしょう」（▶ will not の短縮形は won't [wount ウォウント]）.

I thought she *would* come.
私は彼女が来ると思った.

2 (I will / We will で) [意志を表して] **…しよう, …するつもりだ.**
I'll take this. (店で店員に) これにします.
I'll call you when I get there.
そこに着いたら電話します.
We'll do our best.
私たちは最善をつくします.

3 (Will you ...? で) …してくれませんか, …しませんか (▶相手に依頼したり, 勧めたり, 相手をさそったりするときに使う. please をつけるとていねいになる).
Will you carry this? これ持ってくれる？
Will you pass me the salt, please?
(食卓で) 塩をとってくれませんか.
Will you have some more tea?
お茶をもう少しいかがですか.

用法 ていねいなたのみ方
Will you ...? よりていねいにものをたのむときは Would you ...? や Could you ...? などを使うとよい. *Would you* call me back later? (あとで電話をかけなおしていただけますか)

スピーキング

Ⓐ *Will you* play catch with me?
ぼくとキャッチボールをしませんか.
Ⓑ Sure, I *will*.
もちろん, やるよ.

4 [習慣・傾向などを表して] よく…する；…するものだ；**(will not ... で)** (物が) どうしても…しない.
Accidents *will* happen.
事故は起こるものだ.
The door *won't* open.
ドアがどうしても開かないよ.
I *will* have a glass of milk before going to bed.
私は寝る前に牛乳を 1 杯飲む（▶文脈によっては未来を表す）.

5 [推量] …だろう（▶ may や might よりも確実性の高い推量に使う）.
It'll be snowing in Aomori now.
青森ではいまごろ雪が降っているだろう.

will² [wil ウィル] 图 **意志 (の力)；望み, 願望；遺言, 遺書.**
He has a strong *will*. 彼は意志が強い.
She married him against her *will*.
彼女は心ならずも彼と結婚した.
Where there's a *will*, there's a way.
(ことわざ) 意志のあるところに道は開ける＝精神一到何事か成らざらん.

William [wiljəm ウィリャム] 图 **ウィリアム** (男性の名；愛称は Bill, Billy, Will, Willie または Willy)（▶英米でもっともポピュラーな名前の 1 つ）.

willing [wiliŋ ウィリング] 形 **(be willing to ... で)** (必要ならば・たのまれれば) …するのをいとわない, …してもかまわない, …する用意がある.
I *am willing to* help you.
(おっしゃってくだされば) お手伝いいたしましょう.

willingly [wiliŋli ウィリングリィ] 副 **喜んで, 快く, 進んで, 自発的に.**
I will help you *willingly*.
喜んでお助けします.

willow [wilou ウィロウ] 图 《植物》**ヤナギ.**

win 4級 [win ウィン]

動 [3単現 wins [-z]；過去 過分 won [wʌn]；ing winning) 他 **1** (試合・コンテスト・戦争・選挙など) **に勝つ** (反 lose …に負ける).
We *won* the game six to three.
私たちはその試合に 6 対 3 で勝った.
Which team *won* the game?
どちらのチームが試合に勝ったの？
Waseda *won* their game with Keio.
早稲田が慶応 (との試合) に勝った.

eight hundred and twenty-one **821**

wind¹ ▶

> 💬用法 **win** の使い方
> **win** は試合・コンテスト・戦争などに「勝つ」ことで,「相手に勝つ」の意味では使わない. 相手に「勝つ」場合は **beat** または **defeat**(…を負かす)を使う. Asano High School *beat* Fukano (by) five to nothing.(浅野高校は深野高校を5対0で破った)

2(賞・賞金・名声など)**を獲得する**.
He *won* first prize in the speech contest.
彼はスピーチコンテストで1等賞をとった.
—⸺ **勝つ**, 勝利を得る(反) lose 負ける).

win

lose

You *win*, I lose.
きみの勝ち, ぼくの負けだ.
Which team *won*?
どっちのチームが勝ったの?
win or lose 勝っても負けても.

wind¹ 4級 名 風

[wind ウィンド]
名 (複数 **winds** [-dz ヅ]) **風**(▶種類をいう場合は a をつけたり, 複数形にしたりする. 一般に「風」というときは the wind という).
a cold *wind* 冷たい風.
a gentle *wind* そよ風.
a west *wind* 西風.
wind power 風力.
The *wind* is blowing hard outside.
外は強い風が吹いている(▶天候を表す it を主語にして, It is blowing hard outside. ともいう).
There isn't much *wind* today.
今日はあまり風がない.
A strong *wind* blew all night.
強い風が一晩中吹いた. →形 windy

wind² [waind ワインド](発音注意)動(過去・過分 **wound** [waund])他(ねじ・糸など)を巻く;…を巻きつける.

wind a clock 時計のねじを巻く.
—⸺(道などが)曲がる, 曲がりくねる.

🔊発音 **wind¹** [wind ウィンド](風)と発音がちがうことに注意.

wind farm [wind fɑːrm] 名 風力発電基地, 風力発電地帯.
wind instrument [wind ínstrəmənt] 名 管楽器(▶弦楽器は stringed instrument, 打楽器は percussion instrument).
windmill [wín(d)mil ウィン(ドゥ)ミル] 名 風車(小屋).

window 5級 名 窓

[windou ウィンドウ]
名 (複数 **windows** [-z]) **1 窓**; 窓ガラス.
Could you open the *window*?
窓を開けていただけませんか(▶ふつう英米の窓は上下か前後に開閉する).
He looked out of the *window*.
彼は窓から外をながめた.
Who broke the *window*?
だれが窓ガラスを割ったの?
2 ショーウィンドー;(切符・売り場などの)窓口;(コンピューターの)ウィンドウ.
windowpane [wíndoupein ウィンドウペイン] 名 (1枚の)窓ガラス.
windshield [wíndʃiːld ウィンドゥシールド] 名《米》(自動車の)フロントガラス(▶「フロントガラス」は和製英語).
windsurfing [wíndsəːrfiŋ ウィンドゥサーフィング] 名《スポーツ》ウインドサーフィン.
windy 5級 [wíndi ウィンディ] 形(比較 **windier**; 最上 **windiest**) 風の吹く, 風の強い; 吹きさらしの.

◀ **wise**

a *windy* hill 吹きさらしの丘さ.
a *windy* day 風の強い日.
It's *windy* today. 今日は風が強い.
→图 wind¹

wine [wain ワイン] 图 ワイン, ぶどう酒.
a glass of *wine* ワイン1杯ぱい.
red *wine* 赤ワイン.
a *wine* glass ワイングラス.
Wine is made from grapes.
ワインはブドウからつくられる.

〔背景〕ワインはキリストの血の象徴しょうちょうで, キリストの肉を象徴するパンとともに教会の儀式ぎしきにも使われる.

wing 〔3級〕 [wiŋ ウィング]

图 **1** (鳥などの) **つばさ**, (昆虫こんちゅうなどの) 羽 (▶1本1本の「羽」は feather) ; (飛行機などの) 翼つ.
The bird spread its *wings*.
鳥はつばさを広げた.
2 (建物の) 翼よ, そで (横に張り出した部分) ; (空港などの) ウイング ; (サッカーなどの) ウイング ; [**the wings** で] 舞台のそで.
the north *wing* of the hospital
その病院の北病棟びょうとう.

wingspan [wíŋspæn ウィングスパン] 图 (飛行機などの) 翼よの長さ.

wink [wiŋk ウィンク] 動 圓 ウインクする, 片目で目くばせする ; まばたきする ; (明かりが) 点滅てんめつする.
She *winked* at me.
彼女はぼくにウインクした.
── 图 ウインク, 目くばせ ; まばたき ; [a をつけて] またたく間.

winner 〔3級〕 [wínər ウィナァ] 图 勝利者 ; 受賞者 (反 loser 敗者).

Winnie-the-Pooh [wini ðə pú: ウィニィザ プー] 图 クマのプーさん (イギリスの作家ミルンの童話とその主人公の子グマの名).

winter 〔5級〕 图 冬

[wintər ウィンタァ]
图 (複数 **winters** [-z]) **冬** (▶月名や曜日名とちがい, 小文字で書きはじめる).
a mild *winter* 暖かな冬, おだやかな冬.
We often ski in *winter*.

私たちは冬によくスキーをする (▶「冬に」は in winter で表す).
We've had little snow this *winter*.
今年の冬は雪が少ない (▶ this (今年の), last (この前の, 去年の), next (次の, 来年の) を前につけるときは in は使わない).

○ in winter
× in this winter
this や last などがつくときは in は使わない.
○ this winter

the *winter* vacation (米) (= (英) the *winter* holidays) 冬休み.
winter sports
ウインタースポーツ.

wipe 〔2級〕 [waip ワイプ] 動 他 (物・場所) をふく ; (よごれ・水分など) をふきとる.
Wipe your hands with this towel.
このタオルで手をふきなさい.
She *wiped* her tears away.
彼女はなみだをぬぐった.

wiper [wáipər ワイパァ] 图 (自動車の) ワイパー (= windshield wiper).

wire [wáiər ワイア] 图 **1** 針金, ワイヤー ; 電線.
telephone *wires*
電話線.
2 (おもに米) 電報 (同 telegram).
send a *wire* 電報を打つ.
── 動 他 (おもに米) …に電報を打つ ; …に配線をする.
── 圓 (おもに米) 電報を打つ.

wireless [wáiərlis ワイアレス] 形 ワイヤレスの, 無線の.
wireless internet access
無線インターネット接続.
── 图 無線.

Wisconsin [wiskánsin ウィスカンスィン ‖ -kɔ́n- -コン-] 图 ウィスコンシン州 (アメリカ中北部の州 ; チーズ・バターなどの生産地で, 「アメリカの酪農らくのう地」とよばれる ; 略語は WI または Wis.).

wisdom [wízdəm ウィズダム] 图 かしこいこと ; 知恵 ; 分別.
a man of *wisdom* 賢者けん.

wise [waiz ワイズ] 形 かしこい, 賢明けんめいな (反 foolish おろかな). → clever

eight hundred and twenty-three 823

wisely ▶

a *wise* man かしこい人.
a *wise* decision 賢明な決定.
a *wise* saying 金言読.
You are *wise* to say so. (= It is *wise* of you to say so.)
あなたがそのように言うのは賢明です.

wisely [wáizli ワイズリィ] 副 賢明に, かしこく; 賢明にも.

wish

[wiʃ ウィッシ] フォニックス32 sh は [ʃ] と発音する.

動 (3単現 **wishes** [-iz]; 過去 過分 **wished** [-t]; ing **wishing**) 他 **1** (人のために)…**を祈る**, 願う; (wish＋人＋幸運・成功などで) (人) に (幸運・成功など) がもたらされるよう願う, もたらされるように祈る.

I *wish* you good luck!
幸運をお祈りします.
I *wish* you a Merry Christmas!
クリスマスおめでとう (▶クリスマスカードなどに書くことば. 会話では単にMerry Christmas! という).

2 (文語) (wish to ... で)…**したいと思う**.
I *wish to* become a doctor.
私は医者になれたらと思っています.

> 💬用法 wish と want
> wish は実現が困難なときや, 望みが弱いときなどに使い, want は実現の可能性が高いときや, 望みが強いときに使う.

3 (I wish＋主語＋動詞で)…**であればよいのにと思う**.
I *wish* I were rich. (= (口語) I *wish* I was rich.)
ぼくが金持ちであればいいのだがなあ [実際は金持ちでないのが残念である] (▶現在の事実と反対のことを述べるときは I wish のあとに過去形を使う. ただし be 動詞の場合, 改まった文では were を使うが, 話し言葉では was を使うことが多い).
I *wish* I had a sister.
私に妹がいたらなあ.
I *wish* I could fly.
空を飛べたらいいのになあ.

─ 自 **望む**; (wish for で)…**を望む**, 願う.
wish on a star 星に願いをかける.
We all *wish for* peace.
私たちはみな平和を願っています.

─ 名 (複数 **wishes** [-iz]) **1 願い**, 望み, 希望; 願いごと.
His *wish* to go to college came true.
大学に行きたいという彼の願いはかなえられた.
What *wish* did you make?
どんな願いごとをしたの？(▶ make a wish で「願いごとをする」という意味).

2 [ふつう複数形で] 祝福などのことば.
Please give your parents my best *wishes*. ご両親によろしくお伝えください.
With best *wishes*.
ご多幸をお祈りいたします (▶手紙の結び文句).

wishbone [wíʃboun ウィシボウン] 名 (鳥の胸の) 二またになった骨 (▶食後にこれを2人で引っぱり合い, 長いほうがとれたら願いごとがかなうといわれる).

wit [wit ウィット] 名 機知, ウィット (▶気の利いたことば, あるいは知的なユーモアが使えること). → humor
His speech is full of *wit*.
彼のスピーチは機知にあふれている.

witch [witʃ ウィッチ] 名 魔女 (▶みにくい老婆で, ほうきの柄にまたがって夜空を飛ぶと信じられていた) (男 wizard).

with 5級 前 …といっしょに, …とともに, …を持って

[wið ウィズ, wiθ ウィス; (強めると) wið ウィズ]

with は「…といっしょに」「…を持って」という意味.

前 **1** [同伴・いっしょを表して] …**といっしょに, …とともに, …と; (人) の家に.**
I sometimes play soccer *with* my friends. 友だちとときどきサッカーをする.
"Where's Mom?" "She's in the yard *with* Dad."
「お母さんはどこ？」「お父さんといっしょに庭に

▶ **withdraw**

それはぼくには関係のないことだ.

Mary brought her sister *with* her.
メアリーは妹をいっしょに連れてきた.

I'll be *with* you in a minute.
すぐそちらへ行きます, すぐあなたの所へ行きます.

I stayed *with* my uncle last weekend.
この前の週末におじの家に泊まった.

🗣 スピーキング

Ⓐ How would you like your coffee?
コーヒーはどのようにしますか.

Ⓑ *With* cream and sugar, please.
ミルクとお砂糖を入れてください.

2 [所有・所持・携帯を表して] **…を持って**, …がある (反) without …なしで) ; (人) の身につけて.

Who's that girl *with* long hair?
あの髪の長い女の子はだれですか.

I don't have any money *with* me.
私はいまお金を持ち合わせていない (▶ 《米》では with の代わりに on も使う).

a textbook *with* many exercises
練習問題が豊富な教科書.

3 [道具・手段・材料を表して] **…で**, …を使って.

Cut out the pattern *with* scissors.
型をはさみで切りぬいてください.

Don't write *with* a pencil. Use a pen.
鉛筆で書かないで, ペンを使いなさい.

4 [原因・理由を表して] **…のために**, …のせいで.

My mom is in bed *with* a bad cold.
母はひどいかぜで寝ている.

She shook *with* fear.
彼女はこわくてふるえた.

5 [関連・対象を表して] **…に関して**, …について (は).

🗣 スピーキング

Ⓐ What's wrong *with* you?
どうしたのですか.

Ⓑ I feel dizzy.
目まいがするんです.

She was very pleased *with* the present.
彼女はそのプレゼントがとても気に入った.

It has nothing to do *with* me.

6 [ようすを表して] **…で**, …をもって, …を示して.

Mike solved the puzzle *with* ease.
マイクはそのパズルを簡単に解いてしまった (▶ with ease = easily, with care = carefully (注意深く) など副詞で言いかえられる場合もある).

She read the letter *with* a smile on her face.
彼女は顔に笑みをうかべてその手紙を読んだ.

7 [状況・状態を表して] 《**with ＋ 名詞 ＋ 形容詞 (句) または副詞 (句)** などで》 **～を…の状態にして**, …しながら, …したまま.

Don't speak *with* your mouth full.
食べ物を口に入れたまま話しちゃだめよ.

I fell asleep *with* the light on.
私は電気をつけたまま寝てしまった.

8 [一致・同調・理解を表して] **…と同意見で**, …に賛成して, 味方して ; 《口語》 (人) の言うことが理解できて.

I totally agree *with* you.
きみの意見にまったく賛成だよ.

Are you *with* me, class?
みんな, 私の言ってること, わかりますか.

9 [対立を表して] **…と**, …を相手に.

I sometimes argue *with* my parents.
ときどき両親と口げんかをする.

10 [接触・比較・混合を表して] **…と**.

Get in touch *with* her.
彼女と連絡をとりなさい.

This exam was pretty easy, compared *with* the last one.
今回の試験は前回にくらべるとかなりやさしかった.

Oil does not mix *with* water.
油と水は混ざらない.

with all …にもかかわらず, …を持ちながら.

With all his money, the man wants more.
あれほど金がありながら, その男はまだほしがっている.

withdraw [wiðdrɔ́ː ウィズドゥロー] 動 (過去 withdrew [-drúː] ; 過分 withdrawn [-drɔ́ːn])
他 **1** …を引っこめる ; (申し出・約束など) を撤回する ; (軍隊など) を撤退させる.

He quickly *withdrew* his hand from the hot water.

eight hundred and twenty-five **825**

withdrawn ▶

彼は熱湯からさっと手を引っこめた.

2 (銀行などから)(預金)を引き出す.
withdraw $200 from a bank
銀行から200ドルを引き出す.
― ⾃ (人が)引き下がる, 退く;(軍隊などが)撤退する.

withdrawn [wiðdrɔ́ːn ウィズドゥローン] 動
withdraw (…を引っこめる) の過去分詞.

withdrew [wiðdrúː ウィズドゥルー] 動
withdraw (…を引っこめる) の過去形.

wither [wíðər ウィザァ] 動 ⾃ 枯れる;(愛情・美しさなどが)弱まる.

within [wiðín ウィズィン]

前 (時間・距離・程度などが) **…以内で, …以内に, …の範囲内で**.

I'll be back *within* an hour.
1時間以内にもどります(▶ in an hour とすると「1時間後に, 1時間たったら」の意味になる).

You can return any item *within* a week.
1週間以内ならどの商品でも返品できます.

There are five hotels *within* 1 km of the airport.
空港から1キロ以内に5軒のホテルがある(▶この場合は from the airport としないことに注意).

live *within* my income
(自分の) 収入の範囲内で生活する.

without 3級 前 …なしに, なしで

[wiðáut ウィズアウト] フォニックス35 フォニックス72 th は [ð], ou は [au] と発音する.

前 **1 …なしに, なしで, …のない** (反 with …を持って).

with
…を持って

without
…なしに

He went out *without* an umbrella.
彼はかさを持たずに出かけた.
It's no fun *without* you.
きみがいないとつまんないよ.

> ✏️ライティング
> People cannot live *without* water.
> 人は水なしで生きることはできません.

2 (without + -ing 形で) **…しないで**.
Why did she leave *without* saying goodbye?
彼女はなぜさよならも言わずに立ち去ったのだろうか.

do without …なしですます. → do
without fail かならず, きっと. → fail

witness 2級 [wítnis ウィトネス] 名 (事故・事件などの) 目撃者;(法廷などでの) 証人;証拠.
There were no *witnesses* to the accident.
事故の目撃者はだれもいなかった.
― 動 他 …を目撃する.
― ⾃ 証人となる, 証言をする.

wives [waivz ワイヴズ] 名 wife (妻) の複数形.

wizard [wízərd ウィザド] 名 (男の) 魔法使い (⼥ witch).

woke 4級 [wouk ウォウク] 動 wake (目が覚める) の過去形の1つ.

woken [wóukən ウォウクン] 動 wake (目が覚める) の過去分詞の1つ.

wolf 準2 [wulf ウルフ] (o は例外的に [u] と発音する) 名 (複数 wolves [wulvz]) (動物) オオカミ.

wolves [wulvz ウルヴズ] 名 wolf (オオカミ) の複数形.

woman 5級 名 女の人, 女性

[wúmən ウマン] (o は例外的に [u] と発音する) 名 (複数 women [wímin]) (男性・女の子に対して)(成人した) **女の人**, 女, **女性**, 婦人 (対 man 男の人, 男性) (▶子どもや未成年の女性は girl). → girl, lady
Who's that *woman*?
あの女の人はだれですか.
Women and children were saved first. 女性と子どもが先に救助された.
Women generally live longer than men. 女性は一般に男性よりも長生きをする.
a single *woman* 独身女性.

womanhood [wúmənhud ウマンフド]

◀ **won't**

图 成人女子であること；[集合的に] 女性た
ち；女らしさ（圐 manhood 男らしさ）.

wombat [wάmbæt ワンバット‖ wɔ́n- ウォン-]
图《動物》ウォンバット（オーストラリア産の
草食の有袋類小動物）.

women [wímin ウィミン]（発音注意）

图 woman（女の人）の複数形.
Two *women* and a girl joined our
group. 2人の女性と1人の少女が私たちの
グループに加わった.

won 4級 [wʌn ワン]

動 win（…に勝つ）の過去・過去分詞.
[同音語] one（1つの）

wonder 準2 [wʌ́ndər ワンダァ]

動（3単現 wonders [-z]；過去 過分 won-
dered [-d]；ing wondering）他《wonder
＋疑問詞 [if など] ... で》…だろうか（と
思う），…かしら（と思う）（▶受け身形にしな
い）.
I *wonder* what happened.
何があったんだろう？
I *wonder* if it'll rain tomorrow.
あすは雨が降るかしら.
――自《wonder at で》…におどろく（▶進
行形にしない）.
They *wondered* at his skill.
彼らは彼の腕前におどろいた.
―― 图 [複数 wonders [-z]] 1 おどろき,
驚嘆, 驚異（の念）（▶ a をつけず, 複
数形なし）.
When I saw the Grand Canyon, I
was filled with *wonder*.
グランドキャニオンを見たとき, 私は驚異の念
でいっぱいになった.
2 不思議な物 [こと, 人]；おどろくべき物
[こと, 人].
The Great Pyramid of Giza is one
of the Seven *Wonders* of the
World.
ギザの大ピラミッドは世界の七不思議の1つだ.
It is no wonder (that) ... ＝ *No
wonder (that) ...* …は少しも不思議
ではない, …なのは無理もない.
(*It's*) *no wonder* (*that*) he passed
the exam.
彼が試験に合格したのは不思議でも何でもない.

wonderful 4級
形 すばらしい

[wʌ́ndərfəl ワンダフル]
形（比較 more wonderful；最上 most
wonderful）**1 すばらしい**, すてきな, み
ごとな.
It was a *wonderful* party.
すばらしいパーティーでした.
We had a *wonderful* time.
（私たちは）とても楽しかった（→すばらしいひと
ときを過ごした）.
The weather was *wonderful*.
天気はすばらしかった.
Her performance was *wonderful*.
彼女の演奏 [演技] はみごとだった.

🗣 スピーキング
🅐 Let's go on a picnic tomorrow.
あしたピクニックに行こうよ.
🅑 That's a *wonderful* idea.
わあ, すてきな考えね.

2 不思議な, おどろくべき.
It was a *wonderful* invention.
それはおどろくべき発明であった.

wonderland [wʌ́ndərlænd ワンダランド]
图（童話などの）不思議の国, おとぎの国；
すばらしい所.
Alice's Adventures in Wonderland
『不思議の国のアリス』（▶英国の作家ルイス・
キャロル作の童話の題名）.

won't [wount ウォウント]（発音注意）will
not の短縮形.
He *won't* be in time for the concert.
彼はコンサートに間に合わないだろう.

Won't you ...? [勧誘を表して] …しませ
んか（▶よりていねいに勧めるときは Would
you ...? を使う）.

🗣 スピーキング
🅐 *Won't you* have some more
coffee?
コーヒーをもう少しいかがですか.
🅑 Thank you, I will.
ありがとう, いただきます.
🅑 No, thank you. I've had plenty.
いいえ, けっこうです. もうじゅうぶんに
いただきました.

eight hundred and twenty-seven 827

wood ▶

wood 3級 [wud ウッド]

图 **1** **木材, 材木**；まき, たきぎ.
My desk is made of *wood*.
私の机は木でできている.
Put some more *wood* on the fire.
もっと火にたきぎをくべなさい.
2 [ふつう複数形で] **森, 林**. → forest
We lost our way in the *woods*.
私たちは森で道に迷った. → 形 wooden

> 背景 昔から木は魔力をもつとされ, 自慢をしたあとなどに, 復讐の女神ネメシスのたたりがないように, 木製品にふれたり, たたいたりするまじないがある. このとき knock on wood または touch wood という.

[同音語] would (will' の過去形)

woodchuck [wúdtʃʌk ウッドチャク] 图
(動物) ウッドチャック (北米のリス科の動物).

woodcutter [wúdkʌtər ウドゥカタァ] 图
きこり.

wooden 準2 [wúdn ウドゥン] 形 木の,
木でできた, 木製の, 木造の.
a *wooden* toy 木のおもちゃ.
a *wooden* house 木造の家. → 图 wood

woodpecker [wúdpekər ウドゥペカァ] 图
(鳥) キツツキ.

woodworking [wúdwəːrkiŋ ウドゥワ～キング] 图 木工, 木工業.

woof [wuf ウフ] 間 ウー (犬の低いうなり声).

wool [wul ウル] 图 羊毛；毛糸；毛織物,
ウール.
This carpet is made of *wool*.
このじゅうたんはウールでできている.
a *wool* suit ウールのスーツ.

woolen [wúlən ウレン] ▶(英)では woollen
とつづる. 形 羊毛の, 羊毛製の.

word 4級 图 語, 単語

[wəːrd ワ～ド] (or は [əːr]と発音する)
图 [複数] words [-dz ヅ] **1** **語, 単語**.
Read this *word*. この単語を読みなさい.
What does this *word* mean?
この単語はどういう意味ですか.
What's the English *word* for
'kabocha'?

「カボチャ」にあたる英語は何ですか.

> ❶参考 word は "pen"(ペン)のような1つの単語をさし, p, e, n の3文字はそれぞれを letter (文字) という.

2 **ことば**；[a をつけて] ひと言, 短い話.
a word of advice 忠告のことば.
He went out without saying *a word*. 彼はひと言も言わずに出ていった.
3 [my などをつけて] **約束** (同 promise).
Keep *your word*. 約束を守りなさい.
She never breaks *her word*.
彼女はけっして約束を破らない.
4 **知らせ, たより** (▶ a をつけず, 複数形なし).
He received *word* of her death.
彼は彼女の死の知らせを受けた.
5 [複数形で] 歌詞；(芝居の) せりふ.
in a word ひと言で言うと, 要するに.
In a word, I don't like him.
ひと言で言うと, 私は彼が好きではない.
in other words 言いかえれば, つまり.
In other words, I cannot understand
him. 言いかえれば, 私は彼のことが理解できないのです.

word game [wə́ːrd gèim] 图 ことば遊び.

> ❶参考 いろいろなことば遊び
> anagram ((語句の) つづりかえ) (▶ある語句のつづりの配置をかえて別の語句をつくること).
> palindrome (回文) (▶前から読んでも後ろから読んでも同じ語句や文).
> riddle (なぞなぞ)
> tongue twister (早口ことば)

word processor [wə́ːrd prɑ̀sesər
プラセサァ‖ prous- プロウセ-] 图 ワープロ；ワープロソフト.

Wordsworth [wə́ːrdzwə(ː)rθ ワ～ツワ(～)ス], **William** 图 ウィリアム・ワーズワース (1770-1850；イギリスの詩人；自然を愛し, 感情を自由にうたいあげ, イギリス・ロマン主義のさきがけとなった).

wore 3級 [wɔːr ウォー(ァ)] 動 wear (…を着ている) の過去形.
[同音語] war (戦争)

work 5級 图 仕事, 勉強, 作品
動 働く, 勉強する

◀ workbook

[wəːrk ワ〜ク] (or は [əːr] と発音する)

名 (複数 **works** [-s]) **1 仕事**, 労働；**勉強**
(反 play 遊び) (▶ a をつけず, 複数形なし).

It was hard *work* cleaning up the room.
部屋をかたづけるのはたいへんな仕事だった.

I have a lot of *work* to do today.
今日はやるべきことがたくさんある.

school *work* 学校の勉強.

Stop *work*. 仕事をやめなさい；(テストなど
で) 解答を書くのをやめなさい.

All *work* and no play makes Jack a dull boy.
《ことわざ》勉強ばかりして遊ばないと子どもは
ばかになる＝よく学びよく遊べ.

2 職, 職業, 勤め口；勤務先, 職場 (▶ a
をつけず, 複数形なし).

🔊 スピーキング

🅐 What kind of *work* does he do (for a living)?
彼の職業は何ですか.

🅑 He works as a bank clerk.
銀行員です.

Jim is looking for *work*.
ジムは勤め口をさがしている.

My mother goes to *work* by train.
母は電車で通勤している.

He left *work* at six.
彼は6時に勤務先を出た, 彼は6時に退社した.

3 (美術・音楽・文学などの) **作品**, 著作.

a *work* of art 芸術作品, 美術品.

the complete *works* of Shakespeare シェークスピア全集.

His *works* are widely read.
彼の著作は広く読まれている (▶この read は
過去分詞なので [red レッド] と発音する).

4 [複数形で] [単数・複数両あつかい] **工場**,
製作所.

an iron*works* 製鉄工場, 鉄工所.

at work 仕事中で, 作業中で；職場で；(機
械が) 運転中の.

My father is *at work* now.
父はいま仕事中です, 父はいま職場にいます.

Men *at Work* 《掲示》工事中

out of work 失業して.

── 動 (3単現 **works** [-s]；過去 過分
worked [-t]；ing **working**) 自 **1 働く**,
仕事をする；**勉強する**；努力する；勤めて

いる, 就職している.

We *work* from Monday to Friday.
私たちは月曜日から金曜日まで働く.

My mother *works* for a computer company. 母はコンピューターの会社に勤
めている(▶ work at, work inとしてもよい.
勤務先・場所に重点があり, work for は雇
用関係を表す).

I really *worked* hard to get good grades.
いい成績をとるために一生けんめい勉強した.

She is *working* at mathematics.
彼女は数学を勉強している.

Many people are *working* from home these days.
最近, 多くの人たちが在宅勤務をしています.

🔊 スピーキング

🅐 Where does your father *work*?
お父さんはどちらにお勤めですか.

🅑 He *works* at a bank.
銀行に勤めています.

2 (機械などが) **動く**, 作動する.

My computer isn't *working* well.
ぼくのコンピューターがうまく動かないんだ.

The brakes on this bike don't *work*. この自転車のブレーキがきかない.

3 (やり方・計画などが) うまくいく；(薬な
どが) きく.

The plan *worked* very well.
その計画は非常にうまくいった.

This medicine *works* well.
この薬はよくきく.

── 他 (機械など) **を動かす**.

I don't know how to *work* this computer. 私はこのコンピューターの操作
のしかたがわからない.

work on …に取り組む；…を制作する；(人・
心など) に影響を与える.

She is *working on* a new novel.
彼女は新作小説に取りかかっている.

work out (問題などが) 解ける；規則的に
運動する；(計画など) を考え出す；(問題な
ど) を解く；(合計など) を計算して出す；…
をやりとげる；(ことが) うまくいく, …とい
う結果になる.

Try to *work out* this puzzle.
このパズルが解けるかやってごらん.

workbook [wə́ːrkbuk ワ〜クブク] 名 ワー

eight hundred and twenty-nine **829**

worked ▶

クブック，学習帳.

worked [wə́ːrkt ワ～クト] 🔲 work〈働く〉
の過去・過去分詞.

worker 3級 [wə́ːrkər ワ～カァ] 图 働く人，
仕事をする人；勉強する人；労働者，従業員.
He is a hard *worker*.
彼はよく働く，彼はよく勉強する.
an office *worker* 会社員，サラリーマン.
a factory *worker* 工場労働者，工員.

workforce [wə́ːrkfɔːrs ワ～クフォース] 图
労働人口；労働力.

working [wə́ːrkiŋ ワ～キング] 🔲 work〈働
く〉の -ing 形.
── 形 （人が）働いている，仕事をもって
いる；仕事の，労働の；作業（用）の.
a *working* mother 仕事をもつ母親.
working hours 労働時間.

workman [wə́ːrkmən ワ～クマン] 图 （複数
workmen [-mən]）労働者，職人.

works [wə́ːrks ワ～クス] 🔲 work〈働く〉の
3人称単数現在形.
── 图 work（作品）の複数形.

workshop [wə́ːrkʃɑp ワ～クシャプ ‖ -ʃɔp
-ショプ] 图 仕事場，作業場，工房；講習会，
研究会，ワークショップ.

world 4級 图 世界

[wə́ːrld ワ～ルド] （or は [ə̀ːr] と発音する）
图 （複数 **worlds** [-dz ヅ]）**1** [the をつけて]
世界；世界中の人々.
a map of *the world* 世界地図（▶ a
world map ともいう）.
travel around *the world*
世界一周旅行をする.
Her sudden death shocked *the
world*.
彼女のとつぜんの死は世界中に衝撃を与
えた.
The whole *world* hopes for peace.
世界中の人々が平和を望んでいる（▶「世界中
の人々」をひとまとまりと考えて単数あつかい
にする）.
He set a new *world* record in the
100-meter dash.
彼は 100 メートル走で世界新記録を出した.
2 [the をつけて] **世の中**，世間，社会.
She knows nothing of *the world*.

彼女は世間知らずだ.
3 （特定の集団などの）**世界**，…**界**；…社会；
（自然界の区分として）…界.
the business *world* 実業界.
the animal *world* 動物界.

***all over the world* 世界中で，世界中
の.**
The song is sung *all over the
world*. その歌は世界中でうたわれている.

***in the world* [疑問詞を強めて] いったいぜ
んたい；[最上級を強めて] 世界中で.**
What *in the world* are you doing
here? ここでいったい何をしているの？
You are the most beautiful girl *in
the world*. きみは世界一の美人だよ.

***It's a small world.* 世間はせまいね；奇
遇だね（▶ 思いがけない所で知り合いに会っ
たときに使う）.**

World Cup [wə̀ːrld kʌ́p] 图 [the をつ
けて] ワールドカップ（サッカーなどの世界選
手権試合）.

world-famous [wə̀ːrldféiməs ワ～ルドゥ
フェイマス] 形 世界的に有名な.

World Heritage [wə́ːrld hérətidʒ]
图 世界遺産.
the *World Heritage* List
世界遺産登録リスト.

World War I [wə̀ːrld wɔːr wʌ́n] 图 第
1 次世界大戦 (1914-1918)（= the First
World War）.

World War II [wə̀ːrld wɔːr túː] 图 第
2 次 世 界 大 戦 (1939-1945)（= the
Second World War）.

worldwide 準2 [wə̀ːrldwáid ワ～ルドゥ
ワイド] 形 世界中に広がった，世界的な.
worldwide fame 世界的名声.
Her album was a *worldwide* hit.
彼女のアルバムは世界的にヒットした.
── 副 世界中に，世界中で，世界的に.

World Wide Web [wə̀ːrld waid
wéb] 图 [the をつけて] 《コンピューター》
ワールドワイドウェブ（▶ インターネット上の
情報提供システム. the Web ともいう；略語
は WWW）.

worm [wə́ːrm ワ～ム] 图 （体がやわらかく
細長い）虫（▶ 毛虫，ミミズ，うじ虫など）.
→ insect（図）
The early bird catches the *worm*.
《ことわざ》早起きの鳥は虫をつかまえる＝早

起きは三文の得.

worn 準2 [wɔːrn ウォーン] 動 wear (…を着ている)の過去分詞.
—— 形 (衣類が) 着古した；(物が) 使い古した；(人・顔などが) つかれきった.
worn clothes
すり切れた服.
[同音語] warn (…に警告する)

worn-out [wɔ̀ːrnáut ウォーンアウト] 形 (衣服などが) すっかりすり切れた, 使い古した；(人が) つかれきった.

worried [wə́ːrid ワ〜リド‖wʌ́rid ワリド] 動 worry (心配する)の過去・過去分詞.
—— 形 心配した, 不安な；心配そうな.
a *worried* look 心配そうな顔つき.
I'm *worried* about my finals.
期末テストのことが心配だ.
He looks very *worried*.
彼はとても心配そうな顔をしているよ.

worries [wə́ːriz ワ〜リィズ] 動 worry (心配する)の3人称単数現在形.
—— 名 worry (心配事)の複数形.

worry 4級 動 心配する, …を心配させる 名 心配(事)

[wə́ːri ワ〜リィ‖wʌ́ri ワリィ]
動 (3単現 *worries* [-z]；過去・過去分 *worried* [-d]；ing *worrying*) 自 **心配する**, くよくよする；なやむ.
There's nothing to *worry* about.
何も心配することはないよ.

🗣スピーキング
Ⓐ I'm sorry.
ごめんなさい.
Ⓑ *Don't worry*.
気にしないで.
(▶ Don't worry. は Never mind. と同じで,「気にしないで」「心配しないで」の意味.)

—— 他 **…を心配させる**；…をなやませる, いらいらさせる.
What's *worrying* you?
何をなやんでいるの？
It *worries* me that my daughter hasn't come home yet.
娘がまだ帰宅していないので心配だ (▶ it は that 以下をさす形式主語).

Don't *worry* me with such foolish questions.
そんなばかげた質問で私を困らせないでくれ.
—— 名 (複数 *worries* [-z]) **1 心配**, 不安(▶ a をつけず, 複数形なし).
She was sick with *worry*.
彼女は心配のあまり体調をくずした.
2 心配事, なやみの種.
We have many *worries*.
私たちには心配事が多い.

worrying [wə́ːriiŋ ワ〜リイング] 動 worry (心配する)の -ing 形.

worse 3級 [wəːrs ワ〜ス](or は [əːr] と発音する)
形 (bad, ill の比較級；最上級は worst)
1 (bad の比較級) **より悪い**, いっそう悪い, よりひどい (反 better よりよい).
The weather today is *worse* than it was yesterday.
今日の天気はきのうより悪い.
2 (ill の比較級) (病気などが) **より悪い**, よりぐあいが悪い (▶ 名詞の前には使わない).
She is much *worse* this morning.
けさの彼女はぐあいがずっと悪化している.

get worse (病気が)悪化する；深刻になる.
—— 副 (badly, ill の比較級) **いっそう悪く**, よりへたに；いっそうひどく (反 better よりよく).
No one sings *worse* than me.
ぼくより歌がへたな人はいない.

worship [wə́ːrʃip ワ〜シプ] 名 崇拝；(教会の) 礼拝.
the *worship* of God 神の崇拝.
—— 動 (過去・過去分 *worshiped*, (英) *worshipped* [-t]；ing *worshiping*, (英) *worshipping*) 他 (神・英雄などを)崇拝する. — 自 (教会の) 礼拝に出席する.

worst 3級 [wəːrst ワ〜スト] 形 (bad, ill の最上級；比較級は worse) [ふつう the をつけて] **もっとも悪い, 最悪の**；もっともひどい (反 best もっともよい).

bad 悪い　　worse もっと悪い　　worst もっとも悪い

worth ▶

This is *the worst* score I've ever gotten. これはいままで (とった中で) でいちばん悪い点数だ.
── 副 (badly, ill の最上級) もっとも悪く, いちばんへたに; もっともひどく (反) best もっともよく).
He sang *the worst* of all.
みんなの中で彼がいちばん歌がへただった.
── 名 [the をつけて] もっとも悪いこと, もっとも悪いもの, 最悪の事態 (▶複数形なし).
Hope for the best and prepare for *the worst*. (ことわざ) 最善を期待せよ, しかし最悪に備えよ.
at (*the*) *worst* 最悪の場合には; 最悪の場合でも, いくら悪くても, せいぜい.

worth 準2 [wəːrθ ワ～ス] 形 《worth + 名詞で》 …の価値がある, 値うちがある; 《worth + -ing 形で》 …する (だけの) 価値がある.
The car is *worth* two million yen.
その車は 200 万円の値うちがある.
The museum is *worth* a visit.
その美術館は訪れてみる価値がある.
This book is *worth reading*. (= It is *worth reading* this book.)
この本は読んでみるだけの価値がある.
It is worth my *while to ...* [*-ing*] …することは価値がある. → while
It's worth your while to take [*taking*] the summer course.
その夏期講習は受けてみる価値がある.
── 名 価値; (…だけの) 分量.
a book of great *worth*
非常に価値のある本.
two dollars' *worth* of butter
2ドル分のバター.

worthless [wəːrθlis ワ～スレス] 形 価値のない, 値うちのない; 役に立たない.

worthwhile [wəːrθ(h)wáil ワ～ス(フ)ワイル] 形 時間をかける [骨を折る, 注意を払う] だけの価値がある.

worthy [wəːrði ワ～ズィ] 形 (比較 worthier; 最上 worthiest) 1 《worthy of で》 …に値する, …の価値がある.
His brave actions are *worthy of* praise. 彼の勇敢な行動は賞賛に値する.
2 価値のある, りっぱな, 尊敬すべき.
a *worthy* cause りっぱな目的.

would 4級 助 …するだろう, …するつもりだ

[wəd ウド, (強めると) wud ウッド] (発音注意)
助 (will の過去形; 短縮形は 'd)
1 [時制の一致[1]により will が過去形になって]
…するだろう; …するつもりだ.
I thought that he *would* come.
私は彼が来るだろうと思った.
He said that he *would* call me. (= He said, "I'll call you.")
彼はぼくに電話をくれると言った.
2 《Would you ...? で》 [ていねいな依頼[2]を表して] **…してくださいませんか**.
"*Would you* please open the window?" "Certainly."
「窓を開けていただけませんか」「いいですとも」(▶ please がつくとよりていねいになる).

■用法 Would you ...? はていねいな依頼
相手に「…してください」と依頼するときには, 次のような言い方ができる. 下の言い方ほどていねいな依頼になる.
Please send me the picture.
Will you send me the picture?
Would you (please) send me the picture?
Would you mind sending me the picture?

3 [過去の習慣を表して] よく…したものだ.
I *would* often go to the movies with her. 彼女とはよく映画を見にいったものだ.

■用法 would と used to
過去の習慣を表す would は比較的短い期間の習慣に用い, 動作動詞しか後ろにこない. また, 疑問文や否定文では用いない. 一方, used to は比較的長い期間の習慣に用い, 過去と現在の対比を表し, 後ろには動作動詞・状態動詞ともにくる.

4 《would not ... で》 どうしても…しようとしなかった.
The door *would not* open.
ドアはどうしても開かなかった.
The boy *wouldn't* listen to his mother. その男の子は母親の言うことをどう

▶ **write**

しても聞こうとしなかった.

5 [仮定・条件に対する結果を表して] … (する)だろうに, …するのだが.

I *would* tell you if I knew.
もし知っていたらあなたに話すんだけど (知らないから話せない).

I would like …がほしいのですが.
→ like¹

I would like to ... …したいのですが.
→ like¹

[同義語] wood (木材)

wouldn't [wúdnt ウドゥント] would not の短縮形.

wound¹ 準2 [wuːnd ウーンド] (発音注意) 名 (ナイフ・銃弾などの武器による) 傷, けが (▶戦争・襲撃などで負った傷をさす. 事故や不注意によるけがは injury).

a knife *wound* (ナイフの) 刺し傷.

── 動 他 (人・体など) を傷つける, 負傷させる;(感情など) を傷つける. → hurt
Twelve people were *wounded* in the explosion. 爆発で 12 人が負傷した.

wound² [waund ワウンド] 動 wind² (…を巻く) の過去・過去分詞.

wounded [wúːndid ウーンディド] (発音注意) 形 (ナイフ・銃弾などで) けがを負った, 負傷した;(自尊心などが) 傷つけられた;[the をつけて] [集合的に] 負傷者たち.

wove [wouv ウォウヴ] 動 weave (…を織る) の過去形.

woven [wóuvən ウォウヴン] 動 weave (…を織る) の過去分詞.

wow 5級 [wau ワウ] 間 [口語] [喜び・おどろきなどを表して] うわー, まあ.

Wow! Look at that!
うわー, あれを見て.

Wow, you look different with that hairstyle.
うわぁ, その髪型だと別人みたいだよ (▶髪型を変えた人へのほめことば).

Wow, that dress looks good on you!
うわぁ, そのドレス似合ってるね.

wrap 準2 [ræp ラップ] (発音注意) 動 (過去・過去分詞 wrapped [-t]; ing wrapping) 他 …を包む, くるむ;…を巻く, 巻きつける.

She *wrapped* the present in paper. 彼女はプレゼントを紙に包んだ.

She *wrapped* her baby in a blanket. (= She *wrapped* a blanket around her baby.)
彼女は自分の赤ちゃんを毛布でくるんだ.

I *wrapped* myself in my blanket.
私は自分の毛布にくるまった.

wrapper [ræpər ラパァ] 名 包み紙, 包装紙;(新聞・雑誌用) 帯封.

wrapping paper [ræpiŋ pèipər] 名 包装紙, ラッピングペーパー.

wreath [riːθ リース] (発音注意) 名 花輪, 花の冠, リース.

a Christmas *wreath* クリスマスリース.

wreck [rek レック] (発音注意) 名 難破船;(とくに事故で) 大破した車 [列車, 飛行機];《米》(車・列車などの) 衝突事故.

── 動 他 …を破壊する;(船) を難破させる.

be *wrecked* 難破する.

wrench [rentʃ レンチ] (発音注意) 動 他 …をねじる;…をもぎ取る.

── 名 ねじ曲げ;《おもに米》スパナ, レンチ.

wrestle [résl レスル] (発音注意) 動 自 (人と) 格闘する;レスリングをする;(困難などと) 戦う;(問題などと) 取り組む.

wrestler [réslər レスラァ] (発音注意) 名 レスラー, レスリング選手.

a sumo *wrestler* 相撲取り, 力士.

wrestling 3級 [résliŋ レスリング] (発音注意) 名 《スポーツ》レスリング.

wring [riŋ リング] (発音注意) 動 (過去・過分 wrung [rʌŋ ラング]) 他 …をしぼる.

wring a towel タオルをしぼる.

wrinkle [ríŋkl リンクル] (発音注意) 名 (皮ふ・衣服などの) しわ.

wrist [rist リスト] (発音注意) 名 手首.
→ hand (図)

I took him by the *wrist*. (= I took his *wrist*.) 私は彼の手首をつかんだ.

wristwatch [rís(t)wɑtʃ リス(トゥ)ワッチ ‖ -wɔtʃ -ウォッチ] 名 腕時計.

write 5級 動 (…を) 書く;手紙を書く

[rait ライト] フォニックス41 フォニックス50 w は発音しない. i は [ai] と発音する.

動 (3単現 writes [-ts ツ]; 過去 wrote [rout ロウト]; 過分 written [ritn リトゥン]; ing writing)

eight hundred and thirty-three 833

writer ▶

draw 線でかく
paint 絵の具でかく
write …を書く

⦿他 **1** (文字・語・名前など)**を書く**; (音楽)を作曲する. → paint, draw
Write your name and address here, please.
ここにご住所とお名前を書いてください (▶英米では住所よりも名前を先に書くのがふつう).
Be sure to *write* your answers on the answer sheet.
答えはかならず解答用紙に書いてください.
write a symphony
交響曲を作曲する.

「だれがこの絵をかいたのですか」
× Who wrote this picture?
　　　　　　　　　write は文字を「書く」.
　　　　　　　　　絵を「かく」は draw
　　　　　　　　　か paint.
○ Who painted this picture?

2 (本など)**を書く**, 執筆する.
The poem is *written* in English.
その詩は英語で書かれている.
He is *writing* a new novel.
彼は新しい小説を執筆している.
3 (手紙)**を書く**, 出す;《write ＋人＋手紙／write ＋手紙＋ to ＋人で》(人)**に手紙を書く**.
Lisa *wrote* him a letter. (=Lisa *wrote* a letter *to* him.)
リサは彼に手紙を書いた (▶ Lisa wrote to him. ともいう. この wrote は自動詞).
He *writes* me once a month.
彼は月に1度手紙をくれます.
He *wrote* me that he would not attend the party.
彼はパーティーには出席しないと手紙で私に知らせてきた.
──自 **1** (文字・字を) **書く**.
Please *write* with a pencil. (=Please *write* in pencil.)
鉛筆で書いてください.
write in ink インクで書く.
write in English 英語で書く.
She learned to *write* before starting school.
彼女は学校が始まる前に字が書けるようになった.

2 手紙を書く;《write to で》**…に手紙を書く**.
She *writes to* me every month.
彼女は毎月私に手紙をくれる (▶とくに(米) 話し言葉では to はしばしば省略される. その場合 write は他動詞).

write back (to) (…に) 返事を書く.
I have to *write back to* him soon.
すぐに彼に返事を書かなくちゃ.

write down (メモなどに) **…を書き留める**, 記録する.
I *wrote down* his phone number in my notebook.
彼の電話番号を手帳に書き留めた.

write out …を正式に書く, くわしく書く.
[同音語] right (右の;正しい)

writer 4級 [ráitər ライタァ] フォニックス41
W は発音しない.

名 (複数) writers [-z] **作家**, 著者, ライター; 書く人, 書き手, 筆者.
a famous American *writer*
アメリカの有名な作家.
a good *writer*
文章のうまい人;すぐれた作家 (▶意味が2つあることに注意).

writes [raits ライツ] 動 write (…を書く)の3人称単数現在形.

writing [ráitiŋ ライティング] 名 **1** 書くこと, 執筆;筆跡;書体;書かれたもの, 文書.
reading and *writing*
読み書き.
His *writing* is hard to read.
彼の字は読みにくい.
2 [複数形で] 諸作品, 著作集.
Hemingway's *writings*
ヘミングウェイの諸作品.
── 動 write (…を書く)の -ing 形.

◀ Wyoming

written 3級 [rítn リトゥン] フォニックス41 w は発音しない.

動 write (…を書く) の過去分詞.
The letter was *written* in French.
その手紙はフランス語で書かれていた.

── 形 (文字に) **書かれた**；書面による；(テストが) 筆記の (対 spoken 話される；話し言葉の).
written language 書き言葉, 文語 (▶「話し言葉」は spoken language という).
a *written* exam 筆記試験.

wrong 4級 形 まちがった；悪い；ぐあいが悪い

[rɔː(ː)ŋ ロ(ー)ング] フォニックス41 w は発音しない.
形 (比較 more wrong；最上 most wrong)
1 まちがった, 誤った (対 right 正しい).

wrong　　　　right
まちがった　　正しい

🗨スピーキング
Ⓐ Is my answer right?
ぼくの答えは合っていますか.
Ⓑ No, it's *wrong*.
いいえ, まちがっています.

Your answer is *wrong*.
あなたの答えはまちがっています.
We took the *wrong* bus.
私たちはバスを乗りまちがえた.
Sorry, you have the *wrong* number.
(間違い電話を受けて) 番号がちがいます.

2 (道徳的に) **悪い**, 不正な (対 right 正しい). → bad
It is *wrong* to tell lies. (= Telling lies is *wrong*.)
うそをつくことは悪いことだ.

3 [名詞の前には使わない] **ぐあいが悪い**, 調子が悪い；(機械などが) 故障した.
Something is *wrong* with my computer. パソコンのぐあいがどこかおかしい.
"Is anything *wrong*? You look pale."
"I feel a little sick."
「どうしたの？ 顔色が悪いよ」「ちょっとはき気がするんだ」

🗨スピーキング
Ⓐ Oh, no!
しまった.
Ⓑ *What's wrong*?
どうしたの？
Ⓐ I forgot to bring my umbrella.
かさを持ってくるの忘れちゃった.
(▶ *What's wrong*? は「どうしたの？」「何かあったの？」という意味. *What's the matter*? ともいう.)

── 副 **まちがって**, 誤って.
You spelled the word *wrong*.
きみはその単語のつづりをまちがえてるよ.

get ... wrong …をまちがえる；…を誤解する.
Don't *get* me *wrong*. I don't mean it. 誤解しないで. そういうことじゃないんだ.

go wrong うまくいかない；まちがえる；(機械などが) 故障する.
Everything *went wrong*.
何もかもうまくいかなかった.

── 名 (複数 wrongs [-z]) 悪, 不正 (対 right 正しいこと) (▶ a をつけず, 複数形なし)；悪事, 悪行(あくぎょう), 不正な行為(こうい).

be in the wrong まちがっている；責任がある.
You *are in the wrong*.
きみの言っていること [きみの考え] はまちがっている.

wrongs [rɔː(ː)ŋz ロ(ー)ングズ] 名 wrong (悪事) の複数形.

wrote 4級 [rout ロウト] フォニックス41 フォニックス51 w は発音しない. o は [ou] と発音する.

動 write (…を書く) の過去形.

WV, W.Va. 《略》= West Virginia (ウェストバージニア州)

WWW, www [dʌbljuːdʌbljuːdʌbljuː ダブリュー ダブリュー ダブリュー]《コンピューター》ワールドワイドウェブ (▶ World Wide Web の略).

WY, Wyo. 《略》= Wyoming (ワイオミング州)

Wyoming [waióumiŋ ワイオウミング] 名 ワイオミング州 (アメリカ北西部の州；雄大(ゆうだい)なロッキー山脈が多くの観光客をひきつけている；略語は WY または Wyo.).

X x

X¹, x [eks エックス] 名（複数 **X's, x's** [-iz] または **Xs, xs** [-iz]）エックス（アルファベットの24番目の文字）.

X² [eks エックス] 名 X（エックス，旧ツイッター．2023年にツイッターから名称変更したソーシャル・ネットワーキング・サービス）.

Xing, XING [krɔ́(ː)siŋ クロ(ー)スィング] 名 ふみきり，交差点；横断歩道（= crossing）（▶ cross を X で表したもの．道路標識で使われる）.

Xmas [krísməs クリスマス, éksməs エクスマス] 名《口語》クリスマス（▶商店の広告などに使われることがあるが，ふつうは Christmas とつづる．*X'mas とはしない．X はキリストを表すギリシャ語の頭文字）.

X-ray [éksrei エクスレイ] 名（複数 **X-rays** [-z]）〖ふつう複数形で〗エックス線（ドイツの物理学者レントゲンが発見し，正体不明の放射線ということから X 線と命名した）；レントゲン写真. take an *X-ray* レントゲンをとる.
── 動〖3単現 **X-rays** [-z] 過去 過分 **X-rayed** [-d] ing **X-raying**〗他 …のレントゲン写真をとる；…をレントゲンで調べる；…をレントゲンで治療する.

xylophone [záiləfoun ザイロフォウン]（発音注意）名《楽器》木琴，シロホン.

Y y

Y, y [wai ワイ] 名（複数 **Y's, y's** [-z] または **Ys, ys** [-z]）ワイ（アルファベットの25番目の文字）.

-y [-i -イ] 接尾 ▶名詞のあとについて形容詞をつくる．
例．noisy（noise + y さわがしい）/ rainy（rain + y 雨の）/ sunny（sun + y 明るく日のさす）（▶ noisy は noise の e をとって -y を，sunny は sun の n を重ねて -y をつける）.

yacht [jɑt ヤット‖ jɔt ヨット]（ch は発音しない）名 大型のヨット，快走船，クルーザー（船室のあるレジャー用の豪華船）；ヨット，小型の帆船.

yachting [jɑ́tiŋ ヤティング‖ jɔ́tiŋ ヨティング] 名 ヨット遊び；ヨット操縦術.

Yankee [jǽŋki ヤンキィ] 名《口語》アメリカ人，ヤンキー（▶アメリカでは北部（とくにニューイングランド）の人，イギリス・ヨーロッパではアメリカ人をさす）.
Yankee Stadium ヤンキー・スタジアム（野球場）.

yard¹ 4級 [jɑːrd ヤード] フォニックス75 ar は [ɑːr] と発音する. 名（複数 **yards** [-dz ヅ]）庭，中庭；囲い地，構内.
Go play in the *yard*. 庭で遊びなさい．
Stay in the *yard*. 庭にいなさい（▶「家の中に入れませんよ」と親が子をしかるときの決まり文句）．
the school*yard* 校庭．

📖背景 yard とは家のまわりの土地のことで，通りに面した部分を front yard（前庭），建物の裏側を backyard（裏庭）という．アメリカではふつうしばが植えられているが，そこに花や野菜が植えてあれば garden とよぶ．yard は舗装されていて物置き場や運動場などに使われることもある．→ garden

yard
庭

garden
花や野菜が植えてある庭

◀ **yen**

yard² [jɑːrd ヤード] 图 ヤード (長さの単位; 1 ヤードは 3 フィート, 約 0.914m;略語は yd.).

yarn [jɑːrn ヤーン] 图 (織物・編み物用の) 糸, 毛糸.

yawn [jɔːn ヨーン] 動 圓 あくびをする.
He *yawned* many times during class. 彼は授業中何度もあくびをした.
—— 图 あくび.

yea [jei イェイ] 圓 《おもに米》(口頭の採決で) はい, 賛成.
—— 图 《おもに米》賛成, 賛成投票.
—— 圕 やったね!, イエイ!

yeah 4級 [jeə イェア] 圓 《口語》うん, ああ, そうだよ (▶ yes のくだけた言い方で, 親しい者同士の間で使う).

year 5級 图 年, 1 年, 歳

[jiər イア ‖ jəː ヤ~] フォニックス86 ear は [iər] と発音する.

图 《複数》 **years** [-z] **1** 年, 1 年;1 年間.
last *year* 昨年, 去年.
the *year* before last おととし, 一昨年.
the *year* after next 再来年.
every *year* 毎年.
every other *year* 1 年おきに.
We've had little rain this *year*.
今年は雨が少ない (▶ year の前に this, last, next, every などがつくときは前置詞は使わない).

▶スピーキング◀

Ⓐ *Happy New Year!*
新年おめでとう.
Ⓑ Same to you!
おめでとう.

There are twelve months in a *year*.
1 年は 12 か月だ.
I was born in (the *year*) 2009.
私は 2009 年に生まれた.
My grandfather died three *years* ago. 祖父は 3 年前に亡くなった.
2 [数を表す語をともなって] 歳;[複数形で] 年齢 (圓 age).
His son is ten *years* old. 彼の息子は 10 歳だ (▶ years old は省略してもよい).
a five-*year*-old girl 5 歳の女の子 (▶ five-✗years-old としない. 「…歳の」という

ときは「数字 + -year-old」で表す).
3 学年;年度.
She is a first *year* student at Nishi Junior High School.
彼女は西中学の 1 年生だ.
In Japan the new school *year* starts in April. 日本では新しい学年は 4 月に始まる. →圏 yearly

all (the) year round 一年中.
Hawaii is warm *all year round*.
ハワイは一年中暖かい.

once a year 1 年に 1 回.

year after year くる年もくる年も, 毎年.
The cherry tree in my garden blooms *year after year*.
うちの庭の桜は毎年花を咲かせる.

year by year 年ごとに, 年々.
Prices are going up *year by year*.
物価は年々上昇している.

yearbook [jiərbuk イアブク ‖ jəːbuk ヤ~ブク] 图 **1** 年鑑, 年報.
2 《米》卒業記念アルバム.

yearly [jiərli イアリィ ‖ jəːli ヤ~リィ] 圏 年に 1 度の, 年ごとの;1 年間の.
a *yearly* income 年収. →图 year
—— 圓 年ごとに, 年に 1 度;毎年.

yell 準2級 [jel イェル] 動 圓 大声でさけぶ, わめく.
—— 图 さけび声, どなり声;《米》エール (競技で味方を応援する喚声).

yellow 5級 圏 黄色の 图 黄色

[jélou イェロウ]
圏 《比較》 **yellower** または **more yellow**;《最上》 **yellowest** または **most yellow**)**1** 黄色の, 黄色い.
Lemons are *yellow*. レモンは黄色い.
2 皮ふの黄色い, 黄色人種の.
—— 图 《複数》 **yellows** [-z] **1** 黄色;黄色の服 (▶ a をつけず, 複数形なし).
Yellow is my favorite color.
黄色は大好きな色だ.
She was dressed in *yellow*.
彼女は黄色の服を着ていた.
2 (卵の) 黄身 (▶「白身」は white).

yen [jen イェン] (発音注意) (<日本語)

eight hundred and thirty-seven 837

yes ▶

5級 名 [複数] **yen** 単複同形 **円** (日本の通貨単位:記号は¥またはY).

1,000 *yen* (=¥1,000) 1000円.

yes 5級 副 はい

[jes イェス]

副 1 [問いに答えて] **はい**, **ええ**, **そうです** (反 no いいえ).

▶🗣スピーキング

🅐 Are you from Japan?
あなたは日本からいらしたのですか.

🅑 *Yes*, I am.
はい, そうです.

"Do you have a ticket?" "*Yes*, I do."
「チケットはお持ちですか」「はい, 持っています」

📝文法 **yes** の使い方

❶肯定文に使い, 否定文には使わない.
❷ふつう文頭に置く.
❸ **Yes** を単独で使うときは次にピリオドをつける. 語句が続くときには, **Yes** のあとにコンマをつける.
❹否定形の疑問文の答えでは, **yes** の意味に注意. Aren't you tired? (つかれていませんか) という疑問文に対して, 「いいえ, つかれています」というときは英語では Yes, I am. と答える. つまり, 英語では質問の形が肯定か否定かにかかわらず, 「つかれているかいないか」という質問の内容に対して, つかれていれば **yes** で, つかれていなければ **no** で答える.

Are you tired?(つかれていますか)
○ Yes, I am.(はい, つかれています)
Aren't you tired?
　　　　　　　(つかれていませんか)
○ Yes, I am.
　　　　　　(いいえ, つかれています)
　└─答えが肯定のときは
　　　いつも Yes.

❺yesは日本語の「はい」にあたる改まった言い方で, 日常的には yeah や uh-huh などがよく使われる. → yeah, uh-huh

2 [同意を表して] **はい**, **ええ**, **そうです**, そ

のとおりです (反 no いいえ).

"What a beautiful day!" "*Yes*, it really is."
「いいお天気ですね」「ええ, ほんとうに」

3 [呼びかけ・命令などに対して] **はい**.

"Peter!" "*Yes*." 「ピーター!」「はい」

"Stand up, Kate." "*Yes*, sir."
「立ちなさい, ケート」「はい, 先生」

4 [依頼・提案・さそいなどに応じて] **はい**, **ええ** (反 no いいえ).

"Could I use your computer for a few minutes?" "*Yes*, of course."
「ちょっとだけパソコンを使わせてもらえる?」「ええ, どうぞ」

"Would you like some more tea?" "*Yes*, please."
「紅茶をもう少しいかがですか」「ええ, お願いします」

5 [ふつう疑問形で, 上昇調で発音して] [呼びかけに対して] **はい** [えっ], **何でしょうか**; [相手に話の先をうながして] **それで?**, **それから?**

"Excuse me." "*Yes*? What can I do for you?"
(店で)「すみません」「はい, 何でしょうか」

"So I went there alone." "*Yes*?"
「だから1人でそこへ行ったんだよ」「それで?」

── 名 [複数] **yeses** または **yesses** [-iz]
「はい」ということば [返事]; 肯定; 賛成票.
He said *yes*. 彼は承知した.

yeses, yesses [jésiz イェスィズ] 名 yes (「はい」ということば) の複数形.

yesterday 4級 名 きのう 副 きのう (は)

[jéstərdei イェスタデイ, -di -ディ]

名 **きのう**, 昨日 (▶ a をつけず, 複数形なし); きのうの, 昨日の (▶「きょう」は today, 「あす」は tomorrow). → today (表)

Yesterday was Friday.
きのうは金曜日だった.

Where is *yesterday*'s paper?
きのうの新聞はどこ?

yesterday morning
きのうの朝 (▶ night を使って「きのうの晩, 昨夜」というときは yesterday night ではなく last night という).

the day before yesterday おととい, 一昨日.

838　eight hundred and thirty-eight

I met with her *the day before yesterday*. おととい彼女に会った.

── 副 **きのう(は)**, 昨日(は).
I had a math exam *yesterday*.
きのう数学のテストがあった.
It rained *yesterday*. きのうは雨だった.
It was cold *yesterday*.
きのうは寒かった.

yet 4級 副 [否定文で] **まだ**(…ない) [疑問文で] **もう**

[jet イェット]

(否定文) まだ
(疑問文) もう

副 **1** [否定文で] **まだ**(…ない).
I haven't had lunch *yet*.
昼食はまだ食べていない.
She hasn't come home *yet*.
彼女はまだ家に帰っていない.
You don't have to decide *yet*.
まだ決めなくてもいいよ.
Mary's letter has not arrived *yet*.
メアリーの手紙はまだ届かない.

🔖 文法 **yet の位置**
yet は Tom has not come yet. (トムはまだ来ない) のように文の終わりか, Tom has not yet come. のように not のすぐあとに置く.

2 [疑問文で] **もう**, すでに.
Is breakfast ready *yet*?
朝食の用意はもうできてるの？
Have you finished the book *yet*?
その本はもう読み終わったの？

🔖 文法 **yet と already**
「もうすでに」の意味では, ふつう yet は疑問文に使い, 肯定文では already を使う. He has *already* left. (彼はもう出かけた). 疑問文に already を使うと「おどろき・意外」を表す. Has he left *already*? (えっ, もう彼は出かけたのですか) → already

3 [肯定文で] **まだ, いままでも**.
I have a lot of work *yet* to do.
私にはまだ仕事がたくさんある.

🔖 文法 **yet と still**
「まだ」の意味では, ふつう yet は否定文に使う (→**1**). 肯定文ではふつう still を使って, It is *still* snowing. (まだ雪が降っている) のようにいう. 肯定文に yet を使うと, いずれそのことが解消するという気持ちがこもる. It is *yet* snowing. (まだ雪は降っているが, いずれやむさ)

and yet それでも, しかし.
We did our best, *and yet* we lost the game. 私たちは最善をつくしたが, それでも試合に負けた.

not yet (いいえ)まだです.

🗣 スピーキング
Ⓐ Has Jim come home *yet*?
ジムはもう帰宅しましたか.
Ⓑ No, *not yet*.
いいえ, まだです.
(▶ not yet は He has not come home yet. を短くした言い方.)

── 接 しかし, だが (= and yet).
a strict, *yet* kind teacher
厳しいけれどもやさしい先生.

yield [ji:ld イールド] 動 他 (作物など)を産する；…をゆずる, 与える.
── 自 ((yield to で))…に負ける, 屈服する；(要求など)に譲歩する, 応じる.

Y.M.C.A. [wàiemsi:éi ワイエムスィーエイ] 名 [the をつけて] キリスト教青年会, YMCA (▶ *Young Men's Christian Association* の略). → Y.W.C.A.

yogurt 5級 [jóuɡərt ヨウガト ‖ jɔ́ɡət ヨガト]
▶《英》では yoghurt とつづることが多い.
名 ヨーグルト.
plain *yogurt* プレーンヨーグルト.

yolk [jouk ヨウク] 名 (卵の)黄身, 卵黄.

Yosemite [jousémətɪ ヨウセミティ] 名 [the をつけて] ヨセミテ (米国カリフォルニア州東部の大峡谷. ヨセミテ国立公園内にある).
Yosemite National Park
ヨセミテ国立公園.

you 5級 代 **あなた(たち)は, あなた(たち)を**

[ju ユ, (強めると)ju: ユー]

you'd ▶

代 (複数) you 単複同形 **1** [主語として] **あなたは [が], きみは [が]; あなたたちは [が], きみたちは [が]** (▶日本語では相手のことを話していることがはっきりわかる場合は訳さないのがふつう).

	単　数	複　数
主　格	you あなたは	you あなたたちは
所有格	your あなたの	your あなたたちの
目的格	you あなたを	you あなたたちを

You look very tired.
(きみは) とてもつかれているようだね.
"Are *you* high school students?"
"Yes, we are."
「きみたちは高校生ですか」「はい, そうです」(▶ students と複数になっているので you も複数である).
You and I are in the same club.
きみとぼくは同じクラブに入っている.

○ You and I
× I and you
ふつう You は最初, I は最後にくる.
○ You, Jim (,) and I

2 [目的語として] **あなたを [に], きみを [に]; あなたたちを [に], きみたちを [に].**
I'm sure he'll help *you*.
彼はきっときみを手伝ってくれると思うよ.
I want to go with *you*.
私はあなた (たち) といっしょに行きたい.

3 [相手もふくめた一般の人を表して] **人は (だれでも)** (▶ふつう日本語には訳さない).
You must be kind to elderly people.
お年寄りには親切にしなければいけない.
Do *you* have much snow in winter?
(あなたの地方では) 冬は雪が多いですか.

4 あなた (たち) の言う [考える] ことは [を].
You are right. そのとおり.

you know **あのう; ほら; わかるでしょう.** → know
You see. **いいですか; ほら, ね.** → see

you'd [jud ユド, (強めると) ju:d ユード] you had または you would の短縮形.

you'll [jul ユル, (強めると) ju:l ユール] you will の短縮形.
You'll soon be able to swim.
じきにきみは泳げるようになるよ.

young 5級 形 若い, 年下の

[jʌŋ ヤング] (ou は例外的に [ʌ] と発音する)
形 (比較) younger [jʌ́ŋgər]; (最上) youngest [jʌ́ŋgist] **1** (人・動植物が) **若い**; (子どもが) **幼い** (反 old 年とった).

young

old

young people 若者たち, 若い人たち.
young leaves 若葉.
Tom's mother looks *young* for her age.
トムのお母さんは年のわりには若く見える.
She is married with two *young* children.
彼女は結婚して 2 人の幼い子どもがいる.
This song is loved by the *young* (= *young* people).
この歌は若い人たちに好まれています (▶ 「the + young」で「若い人たち」の意味となる).

📝ライティング
I lived in Nagoya when I was *young*.
私は若いころ名古屋に住んでいました.

2 [比較級・最上級で] **年下の, 下の** (反 old 年上の).
My sister Saki is two years *younger* than me.
妹の早紀は私より 2 つ下です.
My *younger* brother goes to elementary school. ぼくの弟は小学生だ (▶ younger sister は 「妹」).
My mother was the *youngest* of three children.
母は 3 人きょうだいの末っ子だった.

→ 名 youth

◀ **youthful**

younger [jʌ́ŋɡər ヤンガァ] 形 young（若い）の比較級.

youngest [jʌ́ŋɡist ヤンゲスト] 形 young（若い）の最上級.

your 5級 代 **あなた（たち）の**

[jər ユァ；(強めると)juar ユァ ‖ jɔː ヨー]
代 (you の所有格) **あなたの, きみの；あなたたちの, きみたちの.** → you（表）

> 🗣スピーキング
> Ⓐ Is this *your* racket?
> これはあなたのラケットですか.
> Ⓑ Yes, that's mine. はい, 私のです.

Is Mrs. Suzuki *your* teacher?
鈴木先生はあなた（がた）の先生ですか.

you're [jər ヤ, (強めると)ju(ː)ər ユ(ー)ァ]
you are の短縮形.

yours 5級 代 **あなた（たち）のもの**

[juərz ユァズ ‖ jɔːz ヨーズ]
代 (you の所有代名詞)
1 あなたのもの, きみのもの；あなたたちのもの, きみたちのもの. → mine¹（表）

> 🗣スピーキング
> Ⓐ Is this book *yours*?
> この本はあなたのですか.
> Ⓑ Yes, it's mine. はい, 私のです.

My bike is old, but *yours* is new.
ぼくの自転車は古いけど, きみのは新しい（▶ yours は your bike のこと）.

2 [手紙の結びの句で] 敬具, 草々（▶ Yours, と単独で使うときは相手が友人のとき）.

Yours sincerely, = Sincerely yours,
敬具, 草々.

> 🔵用法 **手紙の結びのことば**
> ❶ このほか Yours truly, や Truly yours, などがあるが, これは商業文で使う言い方. 友だちどうしには Your friend, (あなたの友だち) や Yours, などを使う.
> ❷ いずれもあとにかならずコンマを打ち, その下に自分の名前をサインする.

yourself [juərsélf ユァセルフ ‖ jɔː-ヨー-]
代 (複数) **yourselves** [-sélvz] **1** [意味を強めるために使って] **あなた自身, きみ自身**（▶ この用法では yourself を強く発音する）.
→ oneself（表）

You *yourself* said so. ＝You said so *yourself*. (ほかの人ではない) きみ自身がそう言ったんだよ.

Do it *yourself*. それは自分でやりなさい.
→ do-it-yourself

> 🗣スピーキング
> Ⓐ Some more coffee?
> コーヒーをもっとどう？
> Ⓑ Yes, thanks. How about *yourself*?
> ああ, ありがとう. きみは？

2 [動詞・前置詞の目的語として] **あなた自身を [に], きみ自身を [に].**

You have to know *yourself*.
あなたは自分自身を知らなくてはいけない.

Please take care of *yourself*.
お体を大切にしてください.

Don't wash *yourself* in the bathtub.
浴そうで体を洗っちゃだめだよ.

by yourself ひとりぼっちで（＝ alone）；だれの力も借りずに, 独力で（＝ on your own）.

Do you live there (all) *by yourself*?
あなたはそこに（たった）1人で暮らしているのですか（▶ 意味を強めるために all をつけることがある）.

for yourself 自分のために；自分(自身)で.
You must do it *for yourself*.
きみはそれを自分のためにやらなくてはいけない.

help yourself to …を自分でとって食べる [飲む]. → help

yourselves [juərsélvz ユァセルヴズ ‖ jɔː-ヨー-] 代 (yourself の複数形) あなたたち自身；あなたたち自身を[に]. → oneself(表)

youth [juːθ ユース] (ou は例外的に [uː] と発音する) 名 (複数) **youths** [juːθs, juːðz]) **1** 若いころ, 青春時代；若さ.

He visited Australia in his *youth*.
彼は若いころにオーストラリアを訪れた.

2 若い人；(とくに) 若い男性（▶ ときに軽べつ的に使われる）.　→形 young

youthful [júːθfəl ユースフル] 形 [ふつうほめ

eight hundred and forty-one **841**

youth hostel ▶

て] 若々しい, 元気のよい.

youth hostel [júːθ hɑ̀stl ハストゥル ‖ hɔ̀stl ホストゥル] 图 ユースホステル (▶安価で泊まれる若者向けの宿泊施設).

YouTube [júːt(j)uːb ユーテューブ, -トューブ] 图 ユーチューブ (▶商標. 動画共有サイト).
I like to watch people play video games on *YouTube*.
私はユーチューブでほかの人たちがゲームをするのを見るのが好きです.

YouTuber [júːt(j)uːbər ユーテューバァ, -トューバァ] 图 ユーチューバー (▶動画を作ってYouTube で定期的に公開する人. またそれにより収入を得る職業).

> ✏ ライティング
> I want to be a *YouTuber* when I grow up.
> 大人になったらユーチューバーになりたいです.

you've [juv ユヴ, (強めると)juːv ユーヴ] you have の短縮形.
You've never been to London, have you?
あなたはロンドンへ行ったことはないですね.

yo-yo [jóujòu ヨウヨウ] 图 (複数 **yo-yos**[-z]) (おもちゃの)ヨーヨー.
play with a *yo-yo* ヨーヨーで遊ぶ.

Yugoslavia [juːgouslɑ́ːviə ユーゴウスラーヴィア] 图 ユーゴスラビア (▶ヨーロッパ南東部にあった連邦共和国).

yum [jʌm ヤム] 間 (食べ物が)おいしい, うまい (= yum-yum).

yummy [jʌ́mi ヤミィ] 形 おいしい, うまい.

Y.W.C.A. [wáidʌbljuː(ː)síːéi ワイダブリュ(ー)スィーエイ] 图 [the をつけて] キリスト教女子青年会, YWCA (▶ *Young Women's Christian Association* の略).
→ Y.M.C.A.

アメリカの YWCA の建物.

◀ zone

Z z

Z, z [zi: ズィー ‖ zed ゼッド] 名 (複数 **Z's, z's** [-z] または **Zs, zs** [-z]) ズィー, ゼッド (アルファベットの 26 番目(最後)の文字).

Zambia [zæmbiə ザンビア] 名 ザンビア(アフリカ南部の共和国; 首都はルサカ(Lusaka)).

zeal [zi:l ズィール] 名 (政治・宗教などの)熱意, 熱中.

zebra [zí:brə ズィーブラ] 名 (動物)シマウマ.

zebra crossing [zí:brə krɔ́(:)siŋ] 名《英》(白黒のしまにぬってある)歩行者優先横断歩道(=《米》crosswalk).

zero [zí(ə)rou ズィ(ア)ロウ]
名 (複数 **zeros** しばしば **zeroes** [-z]) **ゼロ**, 零, 0, ゼロの数字; (温度計などの)零度.
The temperature is ten degrees below *zero*. 温度は零下10度である.

> 📢 発音 **0 の読み方**
> ❶ 電話番号: 703-6002…seven-o [ou]-three, six-o-o [double o]-two
> ❷ 部屋番号, 番地: No. 203…number two-o-three / 720…seven twenty または seven-two-o.
> ❸ 小数: 3.06…three point o six.
> ❹ 年号: 1900…nineteen hundred. 2020…twenty twenty または two thousand twenty
> ❺ 得点: 3:0…three to nothing.

Zeus [zu:s ズース ‖ zju:s ズュース] 名《ギリシャ神話》ゼウス(神々の王にして天の支配者; オリンポス山頂に住居を構えていた. ローマ神話のジュピター(Jupiter)にあたる).

zigzag [zígzæg ズィグザグ] 名 ジグザグ, いなずま形.
── 副 ジグザグに.
── 動 自 ジグザグに進む.

zip [zip ズィップ] 名《英》ジッパー, ファスナー (=《米》zipper).
── 動 (過去) (過分) **zipped** [-t]; (ing) **zipping**) 他 …のジッパー[ファスナー]をしめる, …のジッパー[ファスナー]をあける.
She *zipped* the bag open.
彼女はかばんのファスナーをあけた.

zip code [zip kòud] (▶ **ZIP code** ともつづる). 名《米》ジップコード, 郵便番号.

> 🔍 背景 5けたの数字からなるアメリカの郵便番号で, あて名の最後, 州名のあとにつける. イギリスの場合は, アルファベットと数字を組み合わせたもので **postcode** [póus(t)kòud ポウス(トゥ)コウド] とよばれる. 日本の郵便番号は **postal code** という.

zipper [zípər ズィパァ] 名《米》ファスナー, ジッパー.

zodiac [zóudiæk ゾウディアク] 名 [the をつけて]《天文》黄道帯(太陽, 月, おもな惑星などが通る想像上の帯); 十二宮(黄道帯にふくまれる12の星座で, 星占いに使う).

→ horoscope

zone [zoun ゾウン] 名 地帯, 区域.
a safety *zone* 安全地帯.
a war *zone* 戦闘地帯.

zoo ▶

a no-parking *zone* 駐車禁止区域.

zoo 5級 [zuː ズー] フォニックス71 ooは[uː]と発音する.

图（複数）**zoos**[-z]　**動物園**.

We went to Tama *Zoo* on the weekend.

私たちは週末に多摩動物園に出かけた.

zookeeper [zúːkiːpər ズーキーパァ] 图 動物園の飼育係.

zoological [zouəládʒikəl ゾウオラヂカル ‖ -lɔ́dʒ-　-ロヂ-] 形 動物学の；動物の.

zoologist [zouálədʒist ゾウアロヂスト ‖ -ɔ́l-　-オロ-] 图 動物学者.

zoology [zouálədʒi ゾウアロヂ ‖ -ɔ́l-　-オロ-] 图 動物学.

zoom [zuːm ズーム] 動 ⾃ 《口語》(車・飛行機などが)(ビューンと音を立てて)猛スピードで進む；(飛行機が)急上昇する；(カメラが) クローズアップする.

── 图 《口語》(飛行機の)急上昇(する音)；(車などの)ビューンという音.

zucchini [zuːkíːni ズーキーニィ] 图 （複数）**zucchini** または **zucchinis**[-z]《米》（植物）ズッキーニ (太いキュウリに似た緑色の野菜；カボチャの一種).

ZZZ, zzz [zː ズー] 間 グーグー（▶漫画などのいびきの音）.

単語力をつける　ZOO　動物園の動物

☐ an alligator	ワニ	☐ a lion	ライオン
☐ a bear	クマ	☐ a monkey	サル
☐ a camel	ラクダ	☐ an orangutan	[ɔːrǽŋutæn] オランウータン
☐ a cheetah	チーター	☐ a panda	パンダ
☐ a deer	シカ	☐ a polar bear	ホッキョクグマ
☐ an elephant	ゾウ	☐ a rhino	サイ
☐ a fox	キツネ	☐ a skunk	スカンク
☐ a giraffe	キリン	☐ a snake	ヘビ
☐ a gorilla	ゴリラ	☐ a tiger	トラ
☐ a hippo	カバ	☐ a tortoise	カメ
☐ a kangaroo	カンガルー	☐ a wolf	オオカミ
☐ a koala	コアラ	☐ a zebra	シマウマ
☐ a leopard	ヒョウ		

参 考 資 料

参考資料1　発音記号の読み方と発音のしかた

1　発音記号について …………………………846

2　音の種類 ……………………………………846

3　母音 …………………………………………846

4　子音 …………………………………………850

参考資料2　フォニックス 英語のつづり字と発音

1　フォニックスとは …………………………854

2　子音字 ………………………………………856

3　母音字 ………………………………………857

参考資料3　やさしい英文法

1　品詞の種類とはたらき ……………………860

2　文のしくみと語順 …………………………861

3　文の種類 ……………………………………862

4　動詞と5文型 ………………………………863

5　名詞の複数形 ………………………………864

6　代名詞 ………………………………………865

7　現在の文 ……………………………………866

8　過去の文 ……………………………………867

9　現在進行形 …………………………………868

10　現在完了形 …………………………………869

11　受け身形 ……………………………………870

12　助動詞 ………………………………………871

13　接続詞 ………………………………………872

14　不定詞 ………………………………………873

15　分詞・動名詞 ………………………………874

16　比較 …………………………………………875

17　仮定法 ………………………………………876

参考資料4　英語の歌 ………………………877

参考資料5　Eメール・手紙の書き方 ………882

参考資料6　ローマ字一覧表 ………………890

参考資料7　不規則動詞変化表 ……………891

eight hundred and forty-five　845

参考資料1　発音記号の読み方と発音のしかた

1 発音記号について

① 発音記号
発音記号はアルファベットをもとにつくられた記号で，1つの記号が1つの音を表しています。単語の音を伝える手段として便利なので，『ジュニア・アンカー英和辞典』でもほぼすべての見出し語につけています。はじめての単語に出会っても，発音記号がわかればかなり正確に発音できるようになります。

② カナ発音
『ジュニア・アンカー英和辞典』では，英語の勉強を始めたばかりの人のためにカタカナでの読み方ものせています。
しかし英語の音は日本語にくらべてずっと種類が多く，たとえば，日本語の「ア」で示される音が英語では [ɑ] [ʌ] [æ] [a] [ə] などのように5つくらいあります。カタカナでは正確な音を表すことはできないので，あくまでもおおざっぱな目やすと考えてください。

③ 発音記号とカナ発音
単語の音を記号で表すのは困難で，じつは発音記号も完全ではなく，辞書や教科書によって多少表記がちがうことがあります。しかしカタカナで表すよりはずっと実際の音に近いので，ぜひ発音記号を覚えて学習に活用してください。

2 音の種類

① 母音と子音
母音は，のどの声帯をふるわせてつくられる声が，舌・歯・くちびるなどにさえぎられずに出る音です。日本語の母音は「ア・イ・ウ・エ・オ」の5つですが，英語にはその倍以上あります。子音は息や声が口の中でさえぎられて出る音です。

② 有声音と無声音
肺から出る息だけの音を無声音，のどの声帯をふるわせて声となって出る音を有声音といいます。のどに手をあてて発音してみて，ふるえの感じられる音が有声音，ふるえのないのが無声音です。

3 母音 🎧 Eiwa 21

① 短母音と長母音と二重母音
母音には，短く発音する短母音と，長めに発音する長母音（発音記号では [ː] がついているもの）があります。さらに二重母音といって，2つの母音をまとめて発音するものもあります。二重母音は最初の母音を強く長めに，2番目の母音を弱く発音します。

② 母音の発音方法
母音は口の開きかげんや舌の位置で，さまざまな音色となります。下の図は母音を発音するときの口の開きと舌の位置を示したものです。

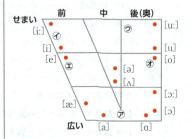

㋐〜㋔は日本語のア，イ，ウ，エ，オの母音の位置を示す。

発音記号の読み方と発音のしかた

発音記号	発音のしかた	例
❶[iː]	日本語の「イー」よりくちびるを左右に引いて，はっきり発音する．単に[i]をのばした音ではない．	eat [iːt] …を食べる tree [triː] 木 people [píːpl] 人々
❷[i]	日本語の「イ」と「エ」の中間の音．上下の歯の間を小指が入るくらいに開けて言う．[iː]とはまったくちがう音．	big [big] 大きい English [íŋgliʃ] 英語 city [siti] 市
❸[e]	日本語の「エ」とだいたい同じ音．ただ，「エ」よりもう少し口を大きく開け，あごを引いて，はっきり言う．	pen [pen] ペン head [hed] 頭 many [méni] 多くの
❹[æ]	日本語の「ア」と「エ」の中間の音．「ア」と言うときの口の形をして「エ」と発音する．	hand [hænd] 手 bat [bæt] バット family [fǽm(ə)li] 家族
❺[ɑː]	あくびをするときのように口をたてに大きく開いて，口の奥から「アー」と発音する．つづりに r がつくと[ɑːr]となり，[ɑː]と言いながら舌の先を立てて，少し後ろにそらせるようにする．	father [fáːðər] 父 calm [kɑːm] 落ち着いた car [kɑːr] 自動車 garden [gáːrdn] 庭
❻[ɑ]	上の[ɑː]を少し短めに発音する．口を大きく開いて，口の奥で「ア」と言う．	hot [hɑt ‖ hɔt] 暑い box [bɑks ‖ bɔks] 箱 sock [sɑk ‖ sɔk] くつ下 want [wɑnt ‖ wɔnt] 　…がほしい
[ɔ]	[ɑ]は英音では[ɔ]となる．[ɑ]の口の開け方で，くちびるはもっと丸くして口の奥で「オ」と言う．	

eight hundred and forty-seven 847

発音記号の読み方と発音のしかた

発音記号	発音のしかた	例
❼ [ɔː]	日本語の「アー」よりくちびるを少し丸くして「オー」と言う. 遠くにいる人に「オーイ」と呼びかけるときの「オー」に似た音. つづりに r がつくと[ɔːr]となり, [ɔː]と言いながら舌の先を立てて少し後ろにそらせるようにする.	all [ɔːl] 全部 ball [bɔːl] ボール walk [wɔːk] 歩く August [ɔ́ːgəst] 8月
❽ [uː]	口笛を吹くときのように, くちびるを丸めてぐっとつき出して, 強く「ウー」と発音する.	two [tuː] 2の June [dʒuːn] 6月 school [skuːl] 学校
❾ [u]	日本語の「ウ」よりもくちびるを丸め, 声は腹の底から押し出すように短く出す. [uː]をただ短くするのではない.	good [gud] よい foot [fut] 足 put [put] …を置く
❿ [ʌ]	米音では口をあまり開けず, ややのどの奥の方で「ア」と発音する. 英音では舌が米音より前寄りで, 日本語の「ア」に近い.	sun [sʌn] 太陽 much [mʌtʃ] 多くの money [mʌ́ni] お金
⓫ [ə]	口をあまり開けず, どこにも力を入れずに弱く発音する. 「ア」と「ウ」と「オ」の中間のようなあいまいな音. つづりに r がつくと[ər]となり, [ə]と言いながら舌の先を立てて後ろにそらせるようにする.	ago [əgóu] …前に about [əbáut] …について second [sékənd] 　2番目の sofa [sóufə] ソファー color [kʌ́lər] 色 paper [péipər] 紙
⓬ [əːr]	上の[ə]の音を少しのばし, 舌の先を立てて後ろにそらせるようにする. 英音では舌の動きはなく, [əː]と言う.	girl [gəːrl] 女の子 word [wəːrd] 単語 early [ə́ːrli] 早い

発音記号の読み方と発音のしかた

発音記号	発音のしかた	例
⓭ [ei]	[e]を強めに言い, 軽く[i]をそえた音. 剣道^{けんどう}などのかけ声の「エーイ」という感じで言う.	eight [eit] 8の lake [leik] 湖 say [sei] …を言う
⓮ [ai]	日本語の「ア」を口をやや大きめにして言い, 軽く[i]をそえた音.「アーイ」と言うつもりで発音する.	nine [nain] 9の try [trai] …を試みる light [lait] 光
⓯ [ɔi]	[ɔ]を強めに言い, 軽く[i]をそえた音.「オーイ」と人を呼ぶときの感じで言う.	boy [bɔi] 男の子 enjoy [indʒɔi] …を楽しむ
⓰ [au]	日本語の「ア」を口をやや大きめにして言い, くちびるを丸めて軽く[u]をそえた音.「アーウ」のように言う.	now [nau] いま(は) town [taun] 町 house [haus] 家
⓱ [ou]	米音では日本語の「オ」よりくちびるを丸くして言い, くちびるを少しせばめて軽く[u]をそえる. 英音では[ə:]と同じような母音で始まり, [əu]となることが多い.	go [gou] 行く old [ould] 年とった show [ʃou] …を見せる hope [houp] …を望む

eight hundred and forty-nine　849

発音記号の読み方と発音のしかた

発音記号	発音のしかた	例
⓲ [iər]	[i]のあとに軽く[ər]をつける. 英音では[ə]だけをつける.	ear [iər] 耳 here [hiər] ここに year [jiər] 年
⓳ [eər]	口を大きめに開いて「エ」と言い, 軽く[ər]をつける. 英音では[ə]だけをつける.	chair [tʃeər] いす care [keər] 注意 where [(h)weər] どこに
⓴ [uər]	くちびるを丸めた[u]のあとに, 軽く[ər]をつける. 英音では[ə]だけをつける.	poor [puər] 貧しい sure [ʃuər] 確信して

🔲 子音 🎧 Eiwa 22

① 子音の発音方法

母音以外のすべての音を子音といいます. 子音は, 息や声が舌・歯・くちびるなどによってさえぎられて出る音です. 子音は, 有声音か無声音か (のどの声帯をふるわせる音かどうか), 音をつくるのにおもに口の中のどこを使うのか, そのとき息をどんなふうに出すのかなどによって, いろいろな音のちがいとなります.

② 「子音だけ」の発音に注意

日本語では, 「ン」以外の子音はいつでも母音と結びついて, 母音といっしょに発音されるので, 私たちは子音だけの発音に慣れていません. 一方, 英語の単語では子音が連続したり, 最後が子音で終わったりすることがしばしばあります.

たとえば street (通り) を日本語の感覚で発音するとス・ト・リー・トとなり, どの音にも母音がふくまれることになります. ところが英語の発音は[striːt], つまり母音は[iː]だけで, あとはみな子音なのです. 母音を後ろにつけずに言えるように練習しましょう.

発音記号の読み方と発音のしかた

発音記号	発音のしかた	例
❶ [p] [b]	[p]は日本語の「パ行」の子音に近い音. [b]は「バ行」の子音. くちびるを閉じて息を止め, 急に「プッ」と息だけを強く出すと[p]になる. 日本語の「プ」よりも強く発音する. そのとき「ブッ」と声を出すと[b]になる.	park [pɑːrk] 公園 cup [kʌp] カップ bad [bæd] 悪い table [téibl] テーブル
❷ [t] [d]	[t]は日本語の「タ・テ・ト」のときの子音, [d]は「ダ・デ・ド」の子音に近い. 舌の先を上の歯ぐきにつけて息を止め, 急に舌先をはなして「トゥ」と息を出すと[t]となる. そのとき声を出して「ドゥ」と言うと[d]になる.	ten [ten] 10の take [teik] …を持っていく get [get] …を得る dark [dɑːrk] 暗い dear [diər] だいじな read [riːd] …を読む
❸ [k] [g]	[k]は日本語の「カ行」の子音, [g]は「ガ行」の子音に近い. 舌の奥の方を上あごにつけて息を止め, 急に「クッ」と息だけを出すと[k]になる. そのとき「グッ」と声を出すと[g]になる.	class [klæs ‖ klɑːs] クラス take [teik] …を持っていく give [giv] …を与える big [big] 大きい
❹ [f] [v]	日本語にない音. 日本語の「フ」「ブ」とはちがう音. 下くちびるを上の歯に軽く当て, そのすき間から息を強く摩擦して出すと[f]になる. そのとき声を出すと[v]になる.	four [fɔːr] 4の half [hæf ‖ hɑːf] 半分 very [véri] とても live [liv] 住む
❺ [θ] [ð]	日本語にない音. 日本語の「ス」「ズ」とはちがう音. 舌の先を上の歯先に軽く当て, そのすき間から息を摩擦して出すと[θ]になる. そのとき声を出すと[ð]になる.	three [θriː] 3の mouth [mauθ] 口 that [ðæt] あれ mother [mʌ́ðər] 母
❻ [s] [z]	[s]は日本語の「サ・セ・ソ」のときの子音に近い. [z]は「ザ・ゼ・ゾ」のときの子音に近い. 舌の先を上の歯ぐきに近づけて, そのすき間から息を摩擦して出すと[s]になる. そのとき声を出すと[z]になる.	seven [sévən] 7の bus [bʌs] バス easy [íːzi] 簡単な season [síːzn] 季節

eight hundred and fifty-one 851

発音記号の読み方と発音のしかた

発音記号	発音のしかた	例
❼ [ʃ] [ʒ]	[ʃ] は犬やネコを追いはらうときの「シー」に似ている. [ʒ] は日本語にない音で, [ʃ] をにごらせた音. くちびるを丸くつき出し, 舌の先を上の歯ぐきより少し奥に近づけて, そのすき間から息を摩擦して出すと [ʃ] になり, そのとき声を出すと [ʒ] になる.	shop [ʃɑp ‖ ʃɔp] 店 fish [fiʃ] 魚 pleasure [pléʒər] 楽しみ television [téləviʒən] テレビ
❽ [tʃ] [dʒ]	[tʃ] は日本語の「チ」の子音に近い. くちびるを丸くつき出し, 舌の先を上の歯ぐきのつけ根に当て, それをはなすときに勢いよく息を出す. そのとき声を出すと [dʒ] になる. 記号は2つだが, 音は1つ.	child [tʃaild] 子ども teach [tiːtʃ] …を教える lunch [lʌntʃ] 昼食 June [dʒuːn] 6月 large [lɑːrdʒ] 大きい
❾ [h]	日本語の「ハ・ヘ・ホ」のときの子音に近い. 窓ガラスふきで「ハー」と息を吹きかけるときのように, のどの奥から息を出して発音する. 口は次に続く母音の形にする.	happy [hǽpi] 幸福な hill [hil] 丘 who [huː] だれ
❿ [m]	日本語の「マ行」の子音. 上下のくちびるをしっかり閉じたまま, 鼻を通して声を出す.	May [mei] 5月 name [neim] 名前 summer [sʌ́mər] 夏
⓫ [n]	日本語で「反対」と言うときの「ン」の音. 舌の先を上の歯ぐきにしっかりとつけたまま, 鼻を通して声を出す. とくに単語の最後の [n] は, 軽く「ヌ」のように言うとよい.	night [nait] 夜 aunt [ænt] おば one [wʌn] 1の clean [kliːn] 清潔な eleven [ilévən] 11の
⓬ [ŋ]	日本語で「銀行」と言うときの鼻にかかった「ン」の音. [g] と同じように, 舌の奥の方を上あごにつけて, 鼻を通して声を出す. 日本語の「ング」のように2語にならないように注意.	spring [spriŋ] 春 think [θiŋk] …と思う evening [íːvniŋ] 晩

発音記号の読み方と発音のしかた

発音記号	発音のしかた	例
⓭ [l]	日本語にない音．日本語の「ラ行」とはちがう音． 舌の先を上の歯ぐきにしっかりつけたまま舌の両側から声を出す．listen は［ンリッスン］のように，最初に軽く「ン」の音を言う感じで言うとよい． 単語の最後や子音の前の［l］は舌の奥が少し上がり，「ウ」に似た音になる．	listen ［lísn］ 聞く play ［pléi］（スポーツなど）をする cool ［kúːl］ すずしい milk ［mílk］ 牛乳
⓮ [r]	日本語にない音．日本語の「ラ行」とはちがう音． 舌の先を立てて上あごに近づけ，少し後ろにそらせるようにして，そのすき間から声を出す．日本語の「ラ行」とちがい，舌を上あごにふれさせてはいけない．rain は［ゥレイン］のように，最初に軽く「ゥ」の音を言う感じで言うとよい．	rain ［réin］ 雨 write ［ráit］ …を書く green ［gríːn］ 緑の carry ［kǽri］ …を運ぶ
⓯ [j]	日本語の「ヤ・ユ・ヨ」の子音． 舌の中央を上あごに近づけて，そのすき間から声をきしませる．にくらしい相手に「イイーッ」と言うときの感じ．	yes ［jés］ はい young ［jʌ́ŋ］ 若い year ［jíər］ 年
⓰ [w]	［u］よりもっと口をつき出し，くちびるを鉛筆の先が入る大きさくらいにすぼめて「ウ」と声を出す．	wind ［wínd］ 風 one ［wʌ́n］ 1の swim ［swím］ 泳ぐ twelve ［twélv］ 12の

● 注意すべき子音

日本語の「ツ」に近い音です．「トゥス」ではありません．たとえば，cats は［kǽts キャッツ］と発音します．［キャットゥス］ではありません．

「ツ」をにごらせた音です．［ドゥズ］ではありません．たとえば，beds は［bédz ベッヅ］と発音します．［ベッドゥズ］ではありません．

参考資料2　フォニックス　英語のつづり字と発音

1 フォニックスとは

つづり字と発音の間にはある一定のルールがあります．その関連性を見つけて，つづり字の読み方を指導するのがフォニックス（phonics）です．

たとえば，boat（ボート）という単語なら，bは[b]，oaは[ou]，tは[t]と発音します．

子 音 字

ルール I　次の子音字は規則的な音を表す

フォニックス	つづり	音	例
1	b	[b ブ]	big, job
2	d	[d ドゥ]	dog, bed
3	f	[f フ]	fast, leaf
4	h	[h ハ]	hat, hot
5	j	[dʒ ヂ]	jet, just
6	k	[k ク]	king, milk
7	l	[l ル]	leg, hill
8	m	[m ム]	map, room
9	n	[n ン]	noon, run
10	p	[p プ]	pen, cap
11	q(u)	[kw クウ]	quickly, queen
12	r	[r ル]	red, story
13	s	[s ス]	sea, bus
14	s	[z ズ]	music, rose
15	t	[t トゥ]	ten, pet
16	v	[v ヴ]	visit, five
17	w	[w ウ]	way, swim
18	x	[ks クス]	box, six
19	x	[gz グズ]	example, exam
20	y	[j イ]	yes, year
21	z	[z ズ]	zoo, jazz

ルール II　c, g はあとにくる文字によって2とおりの音に発音される

	つづり	音	例
22	c+e	[s ス]	cent, face
	c+i		city, cinema
	c+y		cycle
23	c+a	[k ク]	cat, cake
	c+o		coin, cook
	c+u		cup, cube
	c+子音字		class, cross
	語末の c		music, topic

フォニックス	つづり	音	例
24	g+e	[dʒ ヂ]	general, page
	g+i		giant, giraffe
	g+y		gym
25	g+a	[g グ]	gas, game
	g+o		go, golf
	g+u		gun, gum
	g+子音字		glass, green,
	語末の g		dog, pig

ルール III　次の二重子音字は規則的に発音される（三重子音字をふくむ）

	つづり	音	例
26	ch	[tʃ チ]	child, lunch
27	ck	[k ク]	back, sick
28	dg	[dʒ ヂ]	bridge, judge
29	gh	[f フ]	enough, laugh
30	ng	[ŋ ング]	sing, long
31	ph	[f フ]	phone, photo
32	sh	[ʃ シ]	shop, fish
33	tch	[tʃ チ]	watch, kitchen
34	th	[θ ス]	three, think, tenth
35	th	[ð ズ]	this, that, mother

ルール IV　次の子音字は発音しない

		例
36	語末の gh(t) の gh	eight, high, taught
37	語末の gn の g	sign, foreign
38	語頭の kn の k	knife, know, knock
39	語末の mb の b	climb, comb
40	語末の mn の n	autumn
41	語頭の wr の w	write, wrong, wrist

854　eight hundred and fifty-four

フォニックス　英語のつづり字と発音

それで，boat は[bout]と読めるのです．

このように，つづり字と発音の規則を覚えれば，初めて出会う単語でも，大半は発音記号がなくても読めるようになるでしょう．

この辞典の本文では，重要な語を中心に，発音記号のあとに該当する の読み方を示しました．ただし，全ルールのうちから，次のフォニックス番号のものにかぎりました．

子音字：フォニックス11，26〜29，31〜41

母音字：フォニックス46〜53，58〜91

母 音 字 （アクセントのある場合にかぎる）

ルール V 単語の終わりが「母音字＋子音字」なら，母音字は短音になる

フォニックス	つづり	音	例
42	a	[æ ア]	hat, cat
43	e	[e エ]	pet, ten
44	i	[i イ]	win, sit
45	o	[ɑ ア‖ɔ オ]	hop, pot
46	u	[ʌ ア]	cut, sun
47	y	[i イ]	gym

ルール VI 単語の終わりが「母音字＋1つの子音字＋e」なら，母音字は長音になる

48	a	[ei エイ]	hate, name
49	e	[i: イー]	Pete, eve
50	i	[ai アイ]	wine, nice
51	o	[ou オウ]	hope, home
52	u	[ju: ユー]	cute, use
53	y	[ai アイ]	type, style

ルール VII 「母音字＋重子音字」なら，母音字は短音になる

54	a	[æ ア]	happy, rabbit
55	e	[e エ]	letter, lesson
56	i	[i イ]	dinner, middle
57	o	[ɑ ア‖ɔ オ]	hobby, cotton
58	u	[ʌ ア]	summer, supper

ルール VIII 次の二重母音字は規則的に発音される

59	ai, ay	[ei エイ]	rain, play
60	au	[ɔ: オー]	August, taught
61	aw	[ɔ: オー]	law, saw
62	ea	[e エ]	head, bread
63	ea	[i: イー]	speak, team
64	ee	[i: イー]	week, sleep
65	ei, ey	[ei エイ]	eight, veil, obey

フォニックス	つづり	音	例
66	ew	[ju: ユー]	few
67	ie	[i: イー]	field, piece
68	oa	[ou オウ]	boat, road
69	oi, oy	[ɔi オイ]	oil, boy
70	oo	[u ウ]	book, foot
71	oo	[u: ウー]	food, moon
72	ou	[au アウ]	out, house
73	ow	[au アウ]	now, town
74	ow	[ou オウ]	snow, low

ルール IX 「母音字＋r」は規則的に発音される

75	ar	[ɑ:r アー]	car, park
76	er	[ə:r ア〜]	term, certain
77	ir	[ə:r ア〜]	bird, shirt
78	or	[ɔ:r オー]	fork, sport
79	ur	[ə:r ア〜]	turn, surf

ルール X 「母音字＋r＋e」は規則的に発音される

80	are	[eər エア]	care, share
81	ere	[iər イア]	here, sincerely
82	ire	[áiər アイア]	fire, tired
83	ore	[ɔ:r オー(ァ)]	store, more
84	ure	[juər ユア]	pure, cure

ルール XI 「二重母音字＋r」は規則的に発音される

85	air	[eər エア]	hair, chair
86	ear	[iər イア]	hear, near
87	ear	[ə:r ア〜]	early, learn
88	eer	[iər イア]	cheer, engineer
89	oar	[ɔ:r オー(ァ)]	board, oar
90	our	[áuər アウア]	hour, sour
91	our	[ɔ:r オー(ァ)]	four, pour

eight hundred and fifty-five　855

フォニックス　英語のつづり字と発音

各つづり字が表す音は，前の一覧表のとおりですが，それぞれのルールを少しくわしく解説してみましょう．

2 子音字

ルールⅠ

フォニックス 1 ～ フォニックス 21

● 子音字の **b, d, f, h, j, k, l, m, n, p, q(u), r, s, t, v, w, x, y, z** は規則的な音を表す．

たとえば，**b** というつづり字はいつも[b]と発音される．

b [b]	*b*ag	（袋）
	*b*ig	（大きい）
d [d]	*d*og	（犬）
	*d*ad	（お父さん）
f [f]	*f*ruit	（果物）
	*f*ar	（遠くに）
h [h]	*h*ot	（暑い）
	*h*and	（手）
j [dʒ]	*J*uly	（7月）
	*J*une	（6月）
k [k]	*k*ind	（親切な）
	mil*k*	（牛乳）
l [l]	*l*isten	（聞く）
	*l*arge	（大きい）
m [m]	fa*m*ily	（家族）
	*m*an	（男の人）
n [n]	ru*n*	（走る）
	so*n*	（息子）
p [p]	Se*p*tember	（9月）
	to*p*	（頂上）
q(u) [kw]	*qu*estion	（質問）
	e*qu*al	（等しい）
r [r]	*b*ring	（…を持ってくる）
	*r*ice	（米）
s [s]	*s*tory	（物語）
	*s*afe	（安全な）
s [z]	Tue*s*day	（火曜日）
	ri*s*e	（のぼる）

t [t]	s*t*and	（立つ）
	pe*t*	（ペット）
v [v]	*v*ery	（とても）
	fi*v*e	（5の）
w [w]	*w*elve	（12の）
	*w*alk	（歩く）
x [ks]	ne*x*t	（次の）
	e*x*ercise	（運動）
x [gz]	e*x*ist	（存在する）
	e*x*act	（正確な）
y [j]	*y*oung	（若い）
	*y*ard	（庭）
z [z]	*z*ero	（ゼロ）
	si*z*e	（大きさ）

[注1] **q** はいつもあとに **u** が続き，あわせて[kw]と発音する．

[注2] **y** は子音字にも母音字にもなるが，あとに母音字が続くときは子音字として[j]と発音する．

ルールⅡ

フォニックス 22, フォニックス 24

● **c, g** はあとに母音字 **e, i, y** がくるとき，[s]，[dʒ]と発音される．

この **c, g** を「やわらかい c」「やわらかい g」という．

c [s]	ra*c*e	（競走）
	*c*ity	（市）
g [dʒ]	*g*esture	（身ぶり）
	en*g*ine	（エンジン）

[注3] **g** の場合には，*g*irl（女の子），*g*et（…を得る）など例外的に[g]と発音される語がいくつかある．

フォニックス 23, フォニックス 25

● **c, g** はあとに母音字 **a, o, u** や子音字がくるとき，および単語の終わりでは [k]，[g]と発音される．

この **c, g** を「かたい c」「かたい g」という．

フォニックス　英語のつづり字と発音

c [k]	*c*ap	（帽子）
	*c*lock	（時計）
	*c*omic	（喜劇の）
g [g]	*g*ate	（門）
	*g*row	（大きくなる）
	ba*g*	（袋）

ルールⅢ

フォニックス26 〜 フォニックス35

● 二重子音字（1音を示す2つの子音字）は規則的に1つの音を表す.

たとえば，cとhが重なると，[kh]ではなく，[tʃ]（チに近い音）という1つの音として発音される.

ch [tʃ]	Mar*ch*	（3月）
	whi*ch*	（どちら）
ck [k]	ro*ck*	（岩）
	bla*ck*	（黒い）
dg [dʒ]	lo*dg*e	（山小屋）
	e*dg*e	（端^{はし}）
gh [f]	rou*gh*	（あらい）
	tou*gh*	（難しい）
ng [ŋ]	stro*ng*	（強い）
	buildi*ng*	（建物）
ph [f]	gra*ph*	（グラフ）
	al*ph*abet	（アルファベット）
sh [ʃ]	*sh*ort	（短い）
	ca*sh*	（現金）
tch [tʃ]	swi*tch*	（スイッチ）
	ma*tch*	（試合）
th [θ]	*th*ing	（物）
	mon*th*	（月）
th [ð]	*th*en	（そのとき）
	fa*th*er	（父）

[注4] **ch** は s*ch*ool（学校）などのように，例外的に[k]と発音することもある.

[注5] **dg** は単語の終わりではあとにeがつく.

[注6] **ng** が[ŋ]の発音になるのはおもに単語の終わりにくるとき.

ルールⅣ

フォニックス38, フォニックス41

● 単語のはじめの **kn-** の k，**wr-** の w は発音されない.

kn- の k	*k*nee	（ひざ）
	*k*nit	（…を編む）
wr- の w	*w*rap	（…を包む）
	*w*riter	（作家）

フォニックス36, フォニックス37
フォニックス39, フォニックス40

● 単語の終わりの **-gh(t)** の gh，**-gn** の g，**-mb** の b，**-mn** の n は発音されない.

-gh(t) の gh	ri*gh*t	（右の）
	ni*gh*t	（夜）
	hi*gh*	（高い）
-gn の g	desi*g*n	（デザイン）
	si*g*n	（標識）
-mb の b	bom*b*	（爆弾^{ばく}）
	thum*b*	（親指）
-mn の n	colum*n*	（円柱）
	autum*n*	（秋）

3 母音字

母音字の文字は a, e, i, o, u それに y だけですが，それぞれに短音と長音があります. また，以下の母音字のルールは，その音にアクセントがある場合にのみあてはまります.

● 母音字の a, e, i, o, u, y には基本的に短音と長音がある.

	短音	長音
a	[æ]	[ei]
e	[e]	[iː]
i	[i]	[ai]
o	[ɑ ‖ ɔ]	[ou]
u	[ʌ]	[juː]
y	[i]	[ai]

eight hundred and fifty-seven　857

フォニックス　英語のつづり字と発音

[注 7] 長音とは，短音をのばした音ではないので注意（アがアーになるのではない）．長音は y を除いてアルファベットとしての読み方と同じである．

[注 8] y が母音字あつかいになるのは，子音字のあとにきたときで，その場合は i と同じと考えてよい．

ルールV

フォニックス42 ～ フォニックス47

● 単語の終わりで，母音字のあとに子音字がきたら，その母音字は短音として発音される．

a	[æ]	plan（計画）
		fat（太った）
e	[e]	pen（ペン）
		desk（机）
i	[i]	win（…に勝つ）
		swim（泳ぐ）
o	[ɑ‖ɔ]	hot（暑い）
		god（神）
u	[ʌ]	jump（とぶ）
		cup（カップ）
y	[i]	gym（体育館）

[注 9] u を[u]と発音しないように注意．

ルールVI

フォニックス48 ～ フォニックス53

● 単語の終わりが，「母音字＋1つの子音字＋e」なら，その母音字は長音として発音される．

a	[ei]	plane（飛行機）
		game（ゲーム）
e	[i:]	Japanese（日本の）
		these（これら）
i	[ai]	wine（ワイン）
		smile（ほほえむ）
o	[ou]	note（メモ書き）
		nose（鼻）
u	[ju:]	cube（立方体）

excuse（言いわけ）

| y | [ai] | type（型） |

ルールVの単語 plan[plæn]とルールVIの単語 plane[plein]，同じくルールVの単語 win[win]とルールVIの単語 wine[wain]を比較してみるとわかりやすい．

ルールVII

フォニックス54 ～ フォニックス58

● 語の中で重子音字（同じ子音字が重なったもの）の前の母音字に強いアクセントがあれば，その母音字は短音として発音される．

a	[æ]	latter（あとの）
		happen（起こる）
e	[e]	tennis（テニス）
		better（よりよい）
i	[i]	mitten（ミトン）
		different（ちがった）
o	[ɑ‖ɔ]	college（大学）
		common（ふつうの）
u	[ʌ]	supper（夕食）
		butter（バター）

これらは later[léitər]と latter[lætər]，super[súːpər]と supper[sʌpər]などの単語を比較してみるとわかりやすい．

ルールVIII

フォニックス59 ～ フォニックス74

● 二重母音字（1 音を示す 2 つの母音字）は規則的に 1 つの音を表す．

ただし，あとに r がつくとルールXIに従う．

ai,ay	[ei]	wait（待つ）
		day（日）
au	[ɔ:]	daughter（娘）
		because（…なので）
aw	[ɔ:]	draw（（線）を引く）
		straw（麦わら）
ea	[e]	breakfast（朝食）
		ready（用意ができた）
	[i:]	sea（海）
		clean（清潔な）

フォニックス　英語のつづり字と発音

ee [iː]　　tree（木）
　　　　　　　feel（感じる）

ei,ey [ei]　eighty（80 の）
　　　　　　　they（彼らは）

ew [juː]　news（ニュース）
　　　　　　　dew（露）

ie [iː]　　believe（…と信じる）
　　　　　　　chief（長）

oa [ou]　coat（コート）
　　　　　　　goal（目標）

oi,oy [ɔi]　voice（声）
　　　　　　　enjoy（…を楽しむ）

oo ⌈[u]　look（見る）
　　　　　cook（…を料理する）
　　　└[uː]　school（学校）
　　　　　　cool（すずしい）

ou [au]　sound（音）
　　　　　　　cloud（雲）

ow ⌈[au]　down（下へ）
　　　　　　powder（粉）
　　　└[ou]　grow（大きくなる）
　　　　　　below（…より下に）

[注 10] ai，ei，oi は語末ではそれぞれ
ay，ey，oy となる.

[注 11] ie は，単語の終わりで，そこにアクセントがあれば die（死ぬ），pie（パイ）のように[ai]という音になる.

ルール IX

フォニックス75 ～ フォニックス79

● 母音字のあとに r がつくと，いっしょになって規則的な音を表す.

ar [ɑːr]　farm（農場）
　　　　　　　hard（かたい）

er [əːr]　person（人）
　　　　　　　certainly（確かに）

ir [əːr]　first（第 1 の）
　　　　　　　girl（女の子）

or [ɔːr]　important（重要な）
　　　　　　　forty（40 の）

ur [əːr]　Thursday（木曜日）
　　　　　　　hurt（…を傷つける）

ルール X

フォニックス80 ～ フォニックス84

● 母音字のあとに re がつくと，いっしょになって規則的な音を表す.

are [eər]　fare（（乗り物の）料金）
　　　　　　　dare（思いきって…する）

ere [iər]　severe（厳しい）
　　　　　　　sphere（球，球体）
　　　　　　　here（ここに）

ire [áiər]　admire（…に感心する）
　　　　　　　desire（強い願い）
　　　　　　　fire（火）

ore [ɔːr]　before（…の前に）
　　　　　　　score（得点）

ure [juər]　secure（安心な）
　　　　　　　pure（純粋な）

ルール XI

フォニックス85 ～ フォニックス91

● 二重母音字のあとに r がつくと，いっしょになって規則的な音を表す.

air [eər]　pair（1 組み）
　　　　　　　fair（公平な）

ear ⌈[iər]　dear（だいじな）
　　　　　　clear（明快な）
　　　└[əːr]　pearl（真珠）
　　　　　　earn（…をかせぐ）

eer [iər]　career（職業）
　　　　　　　deer（シカ）

oar [ɔːr]　roar（ほえる）
　　　　　　　board（板）

our ⌈[áuər]　our（私たちの）
　　　　　　hour（1 時間）
　　　└[ɔːr]　fourth（第 4 の）
　　　　　　course（課程，科目）

以上は基本的なルールである. それぞれに補則や例外があるが，ここでは省いた.

eight hundred and fifty-nine　859

参考資料3　やさしい英文法

1 品詞の種類とはたらき

英語の単語は，文中のはたらきや語形の変化のしかたによって，8種類の品詞に分類することができます．この辞典では，名，代，動，形，前のように表記しています．

名は名詞，動は動詞のことだよ！

品詞	はたらき	例
名 名詞 (Noun)	人・物の名を表す．主語・目的語・補語などになる．	book(本)，house(家)，history(歴史)，water(水)，news(ニュース)，virus(ウイルス)，musician(音楽家)，Australia(オーストラリア)，Ken(ケン)
代 代名詞 (Pronoun)	名詞の代わりに使う．主語・目的語・補語などになる．	I(私は)，we(私たちは)，you(あなたは)，this(これは)，that(あれは)，all(すべて)，some(いくらか)，what(何が)
動 動詞 (Verb)	人・物の動作・状態を述べる．	run(走る)，live(住む)，swim(泳ぐ)，walk(歩く)，know(…を知っている)，learn(…を習い覚える)，eat(…を食べる)，understand(…を理解する)
形 形容詞 (Adjective)	名詞・代名詞の性質・状態などを表す．修飾語や補語になる．	long(長い)，short(短い)，kind(親切な)，hot(暑い)，cold(寒い)，easy(やさしい)，afraid(恐れて)，happy(幸福な)，sad(悲しい)，white(白い)，black(黒い)
副 副詞 (Adverb)	場所・時・様子などを表す．動詞・形容詞・他の副詞などを修飾する．	here(ここに)，there(あそこに)，always(つねに)，very(とても)，too(あまりに)，slowly(ゆっくり)，easily(かんたんに)
前 前置詞 (Preposition)	名詞・代名詞の前につき，他の語との関係を示す．	at(…に)，on(…の上に)，in(…の中に)，with(…とともに)，during(…の間に)，to(…へ)，for(…のために)
接 接続詞 (Conjunction)	語と語・句と句・節と節を結びつける．	and(そして)，but(しかし)，because(なぜならば)，when(…するときに)，if(もし…ならば)
間 間投詞 (Interjection)	感情を表したり，呼びかけたりするときに使う．他の語と関係なく使う．	oh(おお)，ah(ああ)，ouch(いたい)，hi(やあ)，hello(こんにちは)

※ 冠 冠詞(Article)は形容詞に，助 助動詞(Auxiliary verb)は動詞に分類されます．

860　eight hundred and sixty

やさしい英文法

2 文のしくみと語順

① [だれは] [なにを] [どうする] の文

「私はテニスをします」と英語で表現してみましょう.

日本語	[だれは] 私は	[なにを] テニスを	[どうする] します.

英語	[だれは] I 主語	[どうする] play 動詞	[なにを] tennis. 目的語

日本語と英語では [なにを] と [どうする] の語順が逆になります.

② [だれは] [なに] [である] の文

「私は日本人です」と英語で表現してみましょう.

日本語	[だれは] 私は	[なに] 日本人	[である] です.

英語	[だれは] I 主語	[である] am 動詞	[なに] Japanese. 補語

日本語と英語では語順が異なり, 英語では主語のあとに動詞がきます.

③ 主語・動詞・目的語・補語

上の①②の文をまとめると, 次のようになります.

主語 S	動詞 V	目的語 O	補語 C
だれは I	どうする play	なにを tennis.	
だれは I	である am		なに Japanese.

(1) [だれは] にあたる語を主語, [どうする] や […である] にあたる語を動詞, そして [なにを] にあたる語を目的語といいます.
また②の Japanese のように [なに] であるかや [どんな] であるかを説明する語を補語といいます.
(2) 主語は S, 動詞は V, 目的語は O, 補語は C という記号で表されることがあります.

eight hundred and sixty-one 861

やさしい英文法

3 文の種類

① 4種類の文

文は，それがどういう意味を表すかによって，**平叙文**，**疑問文**，**命令文**，**感嘆文**の4つの種類に分けられます.

感嘆文以外は，それぞれに**肯定形**と**否定形**があります.

種類	意味内容	例	文末の記号
平叙文	「〜は…だ」と述べる文	Ed is American. （エドはアメリカ人です）	ピリオド（.）
疑問文	相手にたずねる文	Are you Japanese? （あなたは日本人ですか）	疑問符（?）
命令文	相手に命じる文	Come over here.（こっちに来なさい） Don't be silly!（ばか言わないで）	ピリオド（.） 感嘆符（!）
感嘆文	驚きなど強い感情を表す文	What a beautiful girl she is! （彼女はなんと美しい少女なんだろう） How terrible!（なんてひどいんだ）	感嘆符（!）

② 疑問文・否定文のつくり方 （現在時制の場合）

（1）動詞が一般動詞のとき

動詞が一般動詞のとき，**疑問文は主語の前に do または does をおき，文末に ?** をつけます．**否定文にするときは，動詞の前に don't または doesn't をおきます．**

I play tennis.（私はテニスをします）

疑問文　Do you play tennis?（あなたはテニスをしますか）

否定文　I don't play tennis.（私はテニスをしません）

主語が3人称単数のときは does, doesn't を使います．

疑問文　Does he play tennis?（彼はテニスをしますか）

否定文　He doesn't play tennis.（彼はテニスをしません）

（2）動詞が be 動詞のとき

動詞が be 動詞のときは，**疑問文は be 動詞を主語の前に出し，文末に ?** をつけます．**否定文にするときは，be 動詞のうしろに not をおきます．**

I am Japanese.（私は日本人です）

疑問文　Are you Japanese?（あなたは日本人ですか）

否定文　I'm not Japanese.（私は日本人ではありません）

862　eight hundred and sixty-two

やさしい英文法

4 動詞と5文型

① 動詞（Verb）の種類

動詞には2種類あります．1つは，am（…である）や walk（歩く）のように，あとに目的語がいらない動詞（自動詞）で，もう1つは，make（…をつくる）のように，あとに目的語が必要な動詞（他動詞）です．

> I walk fast.（私は速く歩く）
> └→walk は自動詞なので，目的語なし．
>
> My mother made me a new dress.（母は私に新しいドレスをつくってくれました）
> └→made は他動詞なので，目的語あり．

多くの動詞はあとに目的語がくるときと，こないときがあります．つまり他動詞としても自動詞としても使います．

Let's play tennis.（テニスをしましょう）
　　　└→play は他動詞なので，目的語あり．

They are playing in the yard.（彼らは庭で遊んでいます）
　　　　　　└→play は自動詞なので，目的語なし．

② 5文型

英文は，ふつう次の5つの基本文型に分けられます．

文型	記号と意味	例
I	① S + V （S は V する）	A baby is crying.（赤ちゃんが泣いています） 　S　　　V
	② S + V ＋副詞(句) （S は～に V する）	He runs fast.（彼は速く走ります） S　　V　　副詞
II	S + V + C （S は C だ）（S = C）	He is my uncle.（彼は私のおじです） S　V　　C
III	① S + V + O （S は O を V する）	He kicked the ball.（彼はボールをけりました） S　　V　　　O
	② S + V + O ＋副詞(句) （S は O を～に V する）	He put the book on the desk. S　V　　O　　　副詞(句) （彼は本を机の上に置きました）
IV	S + V + O₁ + O₂ （S は O₁ に O₂ を V する）	He gave me this book. S　V　O₁　O₂ （彼は私にこの本をくれました）
V	S + V + O + C （S は O を C に V する） （O = C）	He called his dog Gon. S　V　　O　　C （彼は自分の犬をゴンと呼びました） He made her angry.（彼は彼女をおこらせました） S　V　O　　C

※ O₁ は間接目的語，O₂ は直接目的語といいます．

eight hundred and sixty-three 863

やさしい英文法

5 名詞の複数形

数えられる名詞は単数と複数の区別をします．ものが1つの場合は単数形を使い，2つ以上の場合は複数形を使います．
複数形をつくるときは，大部分の語は単数形のうしろに -s や -es をつけますが，o や f や y などで終わる語のように語尾のつづりが変わるものもあります（規則変化）．また全体のつづりが大きく変化するものもあります（不規則変化）．

① 規則変化

語尾	複数形のつくり方	単数形	複数形
大部分の語	-s をつける	apple（リンゴ）	apples
		cup（カップ）	cups
-s, -x, -ch, -sh で終わる語	-es をつける	bus（バス）	buses
		box（箱）	boxes
		bench（ベンチ）	benches
		dish（皿）	dishes
「子音字＋y」で終わる語	y を i に変えて -es をつける	city（市）	cities
		country（国）	countries
-o で終わる語	-s または -es をつける	piano（ピアノ）	pianos
		tomato（トマト）	tomatoes
-f, -fe で終わる語	f, fe を v に変えて -es をつける	leaf（木の葉）	leaves
		wife（妻）	wives
		例外 roof（屋根）	roofs

② 不規則変化

複数形のつくり方	単数形	複数形
母音字が変化する	man マン（男）	men メン
	woman ウマン（女）	women ウィメン
	foot フット（足）	feet フィート
	tooth トゥース（歯）	teeth ティース
	mouse マウス（ハツカネズミ）	mice マイス
語尾に -en, -ren を加える	child チャイルド（子ども）	children チルドゥレン
	ox アックス（お牛）	oxen アクスン
単数形と複数形の形が同じもの	Japanese ヂャパニーズ（日本人）	
	deer ディア（シカ）	
	sheep シープ（羊）	

③ -s, -es の発音

［z ズ］，［s ス］，［iz イズ］の3とおりに発音します．

［z ズ］，［ʒ ジ］，［dʒ ヂ］以外の有声音のあと	［z ズ］	pens［penz ペンズ］
		dogs［dɔ(ː)gz ド(ー)グズ］
［s ス］，［ʃ シ］，［tʃ チ］以外の無声音のあと	［s ス］	cups［kʌps カップス］
		books［buks ブックス］
［s ス］，［z ズ］，［ʃ シ］，［tʃ チ］，［ʒ ジ］，［dʒ ヂ］のあと	［iz イズ］	benches［béntʃiz ベンチィズ］
		dishes［díʃiz ディッシィズ］

やさしい英文法

🔢 代名詞

he, she, they, all, both など，名詞の代わりに使う語を代名詞 (Pronoun) といいます．主語や目的語，補語などになります．

① 人称代名詞

I, you, he のように，人や物を指すのに使われる代名詞を人称代名詞といいます．人称代名詞は，人称・数・格によって形が変化します．

人称			格 主格 …は [が]	所有格 …の	目的格 …を [に]	所有代名詞 …のもの
単数	1人称	私	I	my	me	mine
	2人称	あなた	you	your	you	yours
	3人称	彼	he	his	him	his
		彼女	she	her	her	hers
		それ	it	its	it	—
複数	1人称	私たち	we	our	us	ours
	2人称	あなたたち	you	your	you	yours
	3人称	彼ら 彼女たち それら	they	their	them	theirs

② 指示代名詞

this, that のように，人や物を指し示す代名詞を指示代名詞といいます．

This is my pen.（これは私のペンです）

③ 不定代名詞

one, some, all のように，ばく然と人・物・数量を表す代名詞を不定代名詞といいます．

I'll give you some of my books.（あなたに私の本の中から何冊かあげよう）

④ 疑問代名詞

who, what のように疑問を表す代名詞を疑問代名詞といいます．

What is this?（これは何ですか）

⑤ 関係代名詞

代名詞と接続詞の両方のはたらきをする代名詞を関係代名詞といいます．

I have a friend who lives in Tokyo.（私には東京に住んでいる友だちがいます）

💬用法 who のほかに which, that, whose, whom などの関係代名詞があり，先行詞（関係代名詞のあとの文が修飾する語句）の種類や，主格・所有格・目的格のちがいによる使い分けがあります．

先行詞の種類	主格	所有格	目的格
人	who	whose	whom
物・動物	which	whose of which	which
人・物・動物	that	—	that

eight hundred and sixty-five 865

7 現在の文（主語が3人称単数の場合）

① 3単現（3人称単数現在形）

be動詞(am, are, is)以外の動詞を<u>一般動詞</u>といいます。一般動詞の現在形は，主語が3人称単数のときだけ plays, lives, teaches のように動詞の語尾に -s または -es をつけます。

この -s または -es は <u>3単現の -(e)s</u> とよばれることがあります。

3単現の -(e)s は，現在の文で主語が3人称単数のときにつくよ。発音のしかたも覚えておこう。

> Meg plays tennis.（メグはテニスをします）
> ↑
> 3単現の -s

② 3単現の -(e)s のつけ方

語尾	-(e)s のつけ方	原形（もとの形）	3単現（3人称単数現在形）
ふつうの語	そのまま -s をつける	play（遊ぶ） live（住む） speak（…を話す） run（走る）	plays lives speaks runs
語尾が -o, -s, -ch, -sh の語	-es をつける	go（行く） pass（通る） teach（…を教える） wash（…を洗う）	goes passes teaches washes
「子音字＋y」 で終わる語	y を i に変えて -es をつける	study（勉強する） cry（泣く） fly（飛ぶ）	studies cries flies

注1 語尾が〈母音字＋y〉の語はそのまま -s をつけます。
　　play（遊ぶ）→ plays, stay（滞在する）→ stays
注2 have は主語が3人称単数のとき has になります。

③ -s, -es の発音

[z ズ]，[s ス]，[iz イズ]の3とおりに発音します。

[z ズ]，[ʒ ジ]，[dʒ ヂ] 以外の有声音のあと	[z ズ]	lives [livz リヴズ] knows [nouz ノウズ] plays [pleiz プレイズ]
[s ス]，[ʃ シ]，[tʃ チ] 以外の無声音のあと	[s ス]	likes [laiks ライクス] speaks [spiːks スピークス] jumps [dʒʌmps ヂャンプス]
[s ス]，[z ズ]，[ʃ シ]，[tʃ チ]，[ʒ ジ]，[dʒ ヂ] のあと	[iz イズ]	passes [pǽsiz パスィズ] watches [wɑ́tʃiz ワチィズ] touches [tʌ́tʃiz タッチィズ]

やさしい英文法

8 過去の文

① 一般動詞を使った過去の文

一般動詞の過去形は，主語が何であっても形は同じです．

> 現在 I play tennis every day. (私は毎日テニスをします)
> 過去 I played tennis yesterday. (私はきのうテニスをしました)
> └─主語が何であっても同じ形

② be 動詞の過去形

be 動詞の過去形は was と were の 2 つです．

主語 \ 時制	現在	過去
1 人称・単数	am	was
3 人称・単数	is	was
you（2 人称）と複数	are	were

③ 一般動詞の過去形のつくり方

動詞の原形に -d または -ed をつけて過去形をつくる動詞を規則動詞，それ以外の動詞を不規則動詞といいます．

（1）規則動詞の過去形

語尾	過去形のつくり方	原形（もとの形）	過去形
大部分の語	そのまま -ed をつける	play（…をする）	played（…をした）
		walk（歩く）	walked（歩いた）
発音しない -e で終わる語	そのまま -d をつける	live（住む）	lived（住んだ）
		like（…を好む）	liked（…を好んだ）
「アクセントのある短母音＋子音字」で終わる語	子音字を重ねて -ed をつける	drop（落とす）	dropped（落とした）
		plan（計画する）	planned（計画した）
		stop（…をやめる）	stopped（…をやめた）
「子音字＋ y」で終わる語	y を i に変えて -ed をつける	study（勉強する）	studied（勉強した）
		cry（泣く）	cried（泣いた）

（2）不規則動詞の過去形については，「参考資料 7 不規則動詞変化表」を参照．

④ -d, -ed の発音

[d ド]，[t ト]，[id イド] の 3 とおりに発音します．

[d ド] 以外の有声音のあと	[d ド]	lived [livd リヴド] ordered [ɔ́ːrdərd オーダァド]
[t ト] 以外の無声音のあと	[t ト]	liked [laikt ライクト] walked [wɔːkt ウォークト]
[t ト]，[d ド] のあと	[id イド]	wanted [wántid ワンティド] tested [téstid テスティド] needed [níːdid ニーディド] ended [éndid エンディド]

eight hundred and sixty-seven 867

やさしい英文法

9 現在進行形

① 現在進行形の文

現在進行形とは,「いま…しています」という意味を表す動詞の形で,〈be + -ing 形〉になります. be は主語の人称や単数・複数のちがいによって変わります.

| 現在 | I play tennis every day. （私は毎日テニスをします） |
| 現在進行形 | I am playing tennis now. （私はいまテニスをしています） |

└─〈be + -ing 形〉

A baby *is sleeping*. （赤ちゃんは(いま), 眠っています）
Meg *is reading* a book. （メグは(いま), 本を読んでいます）
We *are watching* TV. （私たちは(いま), テレビを見ています）
They *are swimming*. （彼らは(いま), 泳いでいます）

② -ing 形のつくり方

進行形に使う -ing 形を<u>現在分詞</u>といいます. 大部分の語は動詞の原形にそのまま -ing をつけてつくります.

語尾	-ing 形のつくり方	原形（もとの形）	-ing 形（現在分詞）
大部分の語	そのまま -ing をつける	go （行く）	going
		study （勉強する）	studying
発音しない -e で終わる語	-e をとって -ing をつける	come （来る）	coming
		make （…をつくる）	making
「アクセントのある短母音 ＋子音字」で終わる語	子音字を重ねて -ing をつける	run （走る）	running
		swim （泳ぐ）	swimming
-ie で終わる語	-ie を y に変えて -ing をつける	die （死ぬ）	dying
		lie （横たわる）	lying

③ 現在進行形をふくむ疑問文と否定文

疑問文は be 動詞を主語の前に出し,否定文は be 動詞のあとに not をおいてつくります.

疑問文	*Are* you *studying* English?
	（あなたは英語の勉強をしているのですか）
否定文	I *am not studying* English.
	（私は英語の勉強をしていません）

💬**用法** be 動詞を過去形にすると,過去進行形になります.

I was playing tennis then. （私はそのとき, テニスをしていました）
They were swimming then. （彼らはそのとき, 泳いでいました）
What were you doing then? （あなたはそのとき, 何をしていましたか）
A baby wasn't sleeping. （赤ちゃんは眠っていませんでした）
Meg wasn't reading a book then. （メグはそのとき, 本を読んでいませんでした）

やさしい英文法

⑩ 現在完了形

① 現在完了形の形と意味

現在完了形とは〈have ＋過去分詞〉の形をいいます．主語が３人称単数のときは have の代わりに has を使います． 完了・結果・継続・経験の４つの意味を表します．

（１）完了　He *has* just *come* to London.
> （彼はたったいまロンドンに来たところです）

（２）結果　He *has* already *left* for London.
> （彼はもうロンドンに向けて出発してしまいました）

（３）継続　He *has lived* in London for one year.
> （彼はここ１年ロンドンに住んで[住みつづけて]います）

（４）経験　He *has visited* London before.
> （彼は以前ロンドンを訪れたことがあります）

② 過去分詞のつくり方

（１）規則動詞の場合
> 過去形と同じです．動詞の原形に -d または -ed をつけます．

（２）不規則動詞の場合
> 変化のパターンは次の４とおりです．

変化のパターン	例
A－A－A 型 原形・過去形・過去分詞が同じ形	cut（…を切る）－ cut － cut hit（…を打つ）－ hit － hit put（…を置く）－ put － put
A－B－A 型 原形と過去分詞が同じ形	become（…になる）－ became － become come（来る）－ came － come run（走る）－ ran － run
A－B－B 型 過去形と過去分詞が同じ形	buy（…を買う）－ bought － bought make（…をつくる）－ made － made say（言う）－ said － said
A－B－C 型 ３つとも異なる形	do（…をする）－ did － done go（行く）－ went － gone give（…を与える）－ gave － given see（…を見る）－ saw － seen

💬**用法** 動作を表す動詞が継続の意味を表すときは，現在完了進行形〈have ＋ been ＋ -ing 形〉を使います．

I have been playing tennis for three hours.

（私は３時間テニスをして[しつづけて]います）

It has been raining since last night.

（昨夜から雨が降って[降りつづいて]います）

eight hundred and sixty-nine　869

11 受け身形

① 受け身形の形と意味

〈be 動詞＋過去分詞〉の形を**受け身形**または**受動態**といい，「…される」「…されている」の意味を表します．

English *is spoken* in many countries.
（英語は多くの国で話されています）

「…によって」をつけ加えるときは，ふつう by ... の形で表します．

The novel *was written by* Natsume Soseki.
（その小説は夏目漱石によって書かれました）

② 態の転換（能動態→受け身形）

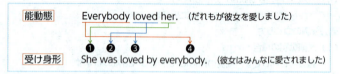

❶ 能動態の文の目的語→受け身形の文の主語に．代名詞は格の変化に注意（目的格→主格）．
❷ be 動詞の変化形をつける．人称・数・時制に注意．
❸ 能動態の文の動詞の過去分詞をつける．
❹ 〈by＋能動態の主語（目的格にして）〉をつける．代名詞の場合は格の変化に注意（主格→目的格）．

③ 受け身形をふくむ文の疑問文と否定文

疑問文は be 動詞を主語の前に出し，否定文は be 動詞のあとに not をおきます．

> Meg is liked by him. （メグは彼に好かれています）
> 疑問文 Is Meg liked by him? （メグは彼に好かれていますか）
> 否定文 Meg isn't liked by him. （メグは彼に好かれていません）

④ 注意すべき受け身形

(1) ＳＶＯＯの受け身形

目的語を２つとる SVOO の文は，動詞が give や show などのときは２つの受け身形ができます．

My father gave me a new bicycle. （父は私に新しい自転車をくれました）
→ *I was given* a new bicycle by my father.
→ *A new bicycle was given* (to) me by my father.

(2) by 以外の前置詞を使う受け身形

She is known *to* everybody. （彼女はみんなに知られています）
I was surprised *at* the news. （私はその知らせにおどろきました）
The mountain is covered *with* snow. （山は雪におおわれています）

12 助動詞

① 助動詞のはたらき

「（…することが）できます」「（…する）でしょう」などのように，動詞にいろいろな意味を添える語が助動詞です．文字どおり「動詞を助ける語」というわけです．

(1) 助動詞の形は主語が何であっても同じです（be, have, do は除く）．
(2) 助動詞のあとには動詞の原形がきます．

② 助動詞をふくむ疑問文・否定文

(1) can, may, must など助動詞を使った文は，助動詞を主語の前に出せば疑問文になります．答えるときはふつう同じ助動詞を使います．
　　Can she swim well?（彼女はじょうずに泳げますか）
　　→ Yes, she *can*.（はい，泳げます）／ No, she *can't*.（いいえ，泳げません）
(2) can など助動詞を使った文は，助動詞のあとに not をおけば否定文になります．
　　I *cannot* speak English well.（私は英語がじょうずに話せません）

③ おもな助動詞の種類

助動詞	現在	過去	おもな意味・用法
be	am, are, is	was, were	進行形や受け身形に使う
have	have, has	had	完了形に使う
do	do, does	did	疑問文・否定文に使う
shall	shall	should	未来に使うほか特別な用法がある
will	will	would	未来に使うほか特別な用法がある
can	can	could	「…できる」「…してもよい」という意味を表す
may	may	might	「…してもよい」「…かもしれない」の意味を表す
must	must	—	「…ねばならない」「…にちがいない」の意味を表す

やさしい英文法

13 接続詞

語と語や句と句, 節（文の中で主語と動詞を含む語句のまとまり）と節などを結ぶはたらきをする語を接続詞（Conjunction）といいます.

（1）等位接続詞

語, 句, 節などを同等の関係で結ぶ接続詞を等位接続詞といいます. and, but, or, so などがあります.

Mike is friendly *and* kind.
（マイクは親しみやすくて親切です）

It's sunny *but* cold today.
（今日は晴れですが寒いです）

Which do you like better, cats *or* dogs?
（ネコと犬ではどちらのほうが好きですか）

Do you like tea *or* coffee?
（あなたは紅茶が好きですか, それともコーヒーが好きですか）

Sam was sleepy, *so* he went to bed early.
（サムは眠かったので, 早く寝ました）

（2）従属接続詞

❶節と節を主節と従属節の関係で結ぶ接続詞を従属接続詞といいます. 接続詞 that は「～ということ」という意味で, 従属節を導きます.

I think *that* Lisa is from Canada.
主節　　　　　従属節
（私はリサはカナダ出身だと思います）

I knew *that* his father was a teacher.
主節　　　　　従属節
（私は彼のお父さんが教師だと知っていました）

❷接続詞 when は「～のとき」という意味で, 時を表す従属節を導きます.

Mark was watching TV *when* I called him.
主節　　　　　　　従属節
（私が電話をしたとき, マークはテレビを見ていました）

It was snowing *when* I got up.
主節　　　　従属節
（私が起きたとき, 雪が降っていました）

❸because, as, if は, 理由や条件などを表します.

Jack was absent from school *because* he had a cold.
（ジャックは風邪をひいていたので, 学校を休みました）

As you know, she studies very hard.
（あなたが知っているように, 彼女はとても一生懸命勉強します）

I'll go hiking next Saturday *if* it's sunny.
（もし晴れたら, 私は次の土曜日にハイキングに行くつもりです）

872　eight hundred and seventy-two

やさしい英文法

🔟 不定詞

① 不定詞（Infinitive）の形と意味

〈to ＋動詞の原形〉の形を<u>不定詞</u>といいます．不定詞は，文の中でいろいろなはたらき
をします．

その中でも次の3つが代表的な使われ方です．

名詞のはたらきをする． ▶ 名詞的用法 「…すること」	主語・目的語・補語 になる．	I want to go to New York. 目的語 （私はニューヨークに行きたいです）
形容詞のはたらきをする． ▶ 形容詞的用法 「…するための」	名詞・代名詞を 修飾する．	Can I have something to drink? 修飾する （何か飲みものをいただけますか）
副詞のはたらきをする． ▶ 副詞的用法 「…するために」 「…して」	動詞・形容詞などを 修飾する． 「目的」「原因」 などを表す．	She came to see me. 目的 （彼女は私に会いに来ました）

② 注意すべき不定詞

（1）how to ...「…のやり方」

　　　I know *how to skate*.（私はスケートのやり方を知っています）

　　　※how to ... 以外に what to ...，where to ... などの言い方もあります．

　　　I don't know *what to do* next.

　　　（次に何をしたらいいのかわかりません）

（2）tell［ask］＋人＋ to ...「人に…するように言う［頼む］」

　　　My mother *told me to clean* my room.

　　　（母は私に部屋をそうじするように言いました）

（3）It ～ to ....「…することは～だ」

　　　It is easy *to answer* this question.（この質問に答えるのはやさしいです）

　　　It is easy *for* me *to read* this book.（この本は私には読みやすいです）

　　　※ for me は不定詞（to read）の意味上の主語．

（4）too ～ to ...「あまり～すぎて…できない」

　　　This question is *too* difficult for me *to answer*.

　　　（この質問は私にはむずかしすぎて答えられません）

（5）enough to ...「…するのに必要なだけ」

　　　She worked hard *enough to pass* the test.

　　　（彼女はテストに合格するくらい熱心に勉強しました）

用法 to をつけない動詞の原形だけの形を原形不定詞といいます．

　　　I helped my brother cook dinner.

　　　（私は兄が夕食をつくるのを手伝いました）

eight hundred and seventy-three　873

やさしい英文法

15 分詞・動名詞

① 分詞（Participle）

分詞は，動詞の変化形の1つで，現在分詞と過去分詞があります．

（1）現在分詞は〈動詞の原形＋ -ing〉で表されます．次のはたらきがあります．

ア．進行形をつくる．

The baby was *crying*. （赤ちゃんが泣いていました）

イ．形容詞として名詞を修飾する．「…している」の意味を表す．

Look at that *crying* baby. （あの泣いている赤ちゃんをごらんなさい）

修飾する

The *boy* watching TV is Pete. （テレビを見ている少年はピートです）

修飾する

（2）過去分詞は，規則動詞なら -ed 形で表されます（不規則動詞は「参考資料7」を参照）．次のはたらきがあります．

ア．受け身形（受動態）をつくる．

That book was *written* by Mark Twain.

（この本はマーク・トウェインによって書かれました）

イ．現在完了・過去完了をつくる．

I have already *taken* an aspirin. （アスピリンはもう飲みました）

ウ．形容詞として名詞を修飾する．ふつう「…された」という受け身の意味を表す．

That is the window *broken* by Bill. （あれがビルによって割られた窓です）

修飾する

② 動名詞（Gerund）

動名詞は，現在分詞と同じく，〈動詞の原形＋ -ing〉で表されます．目的語や補語をとるという動詞としてのはたらきを保ちつつ，「…すること」という意味になり，文の中で名詞のようなはたらきをします．次のような文の要素になります．

（1）文の主語として

Playing video games is fun. （テレビゲームをすることはおもしろいです）

（2）文の補語として

My hobby is *listening to music*. （私の趣味は音楽を聴くことです）

Seeing is *believing*. （見ることは信じることです＝百聞は一見にしかず）

主語　　　補語

（3）文の目的語として

I like *watching soccer games*. （私はサッカーの試合を見るのが好きです）

（4）前置詞の目的語として

He insisted on *going to college*. （彼はどうしても大学に行くのだと言いはりました）

I'm looking forward to *seeing you*.

（私はあなたに会うことを楽しみにしています）

やさしい英文法

16 比 較

① 比較とは？　比較変化とは？

2つ以上のものの性質・程度・数量などを比べる言い方を比較（Comparison）といいます．そのとき語形が変化しますが，これを比較変化といい，次の3つの段階があります．

❶ 原級…比較級・最上級に対して変化していないもとの形のことです．

❷ 比較級…2つ［2人］を比べて，一方が他方より程度が高いことを表す形です．

❸ 最上級…3つ［3人］以上を比べて，その中の1つ［1人］がもっとも程度が高いことを表す形です．

② 比較級・最上級のつくり方

（1）規則変化

語尾	比較級・最上級の作り方	原級	比較級	最上級
大部分の語	-er, -est をつける	tall（背が高い） long（長い）	taller longer	tallest longest
発音しない -e で終わる語	-r, -st をつける	large（大きい） nice（すてきな）	larger nicer	largest nicest
「アクセントのある短母音＋子音字1つ」で終わる語	子音字を重ねて -er, -est をつける	big（大きい） hot（暑い）	bigger hotter	biggest hottest
「子音字＋ y」で終わる語	y を i にして -er, -est をつける	easy（やさしい） pretty（かわいい）	easier prettier	easiest prettiest
多くの2音節語と，3音節以上の語	前に more, most をつける	useful（役に立つ） beautiful（美しい）	more useful more beautiful	most useful most beautiful

（2）不規則変化

原級	比較級	最上級
good（よい），well（健康で）	better	best
bad（悪い），ill（病気の）	worse	worst
little（量の少ない）	less	least
many（数の多い），much（量の多い）	more	most

③ 原級，比較級，最上級の基本的な使い方

（1）as ＋原級＋ as …「…と同じくらい〜」
He is *as tall as* she.（彼は彼女と同じくらいの背たけです）

（2）比較級＋ than …「…よりも〜」
He is *taller than* she.（彼は彼女よりも背が高いです）

（3）the ＋最上級＋ of[in] …「…の中でいちばん〜」
You are *the tallest of* the three.（あなたは3人の中でいちばん背が高いです）

eight hundred and seventy-five　875

やさしい英文法

17 仮定法

① 仮定法過去

現在の事実に反することを仮定するときや, 実現の可能性が低いことについていうときには, 仮定法過去を使います.

(1) 〈If + 主語 + be 動詞の過去形 〜, 主語 + would [could] + 動詞の原形 .... 〉

If I were you, I would help her.
→ be 動詞の過去形は were がよく使われます

（もし私があなたなら, 彼女を手伝うのに）

If I were you, I would ask him for help.

（もし私があなたなら, 彼に手伝ってもらうよう頼むのに）

If I were you, I wouldn't say that.

（もし私があなたなら, そんなことは言わないでしょう）

If I were rich, I could get the car.

（もし私がお金持ちなら, その車を買うことができるのに）

If you were here, she would be very happy.

（もしあなたがここにいれば, 彼女はとてもうれしいだろうに）

(2) 〈If + 主語 + 一般動詞の過去形 〜, 主語 + would [could] + 動詞の原形 .... 〉

If I had enough money, I would buy a new bike.

（もし私が十分にお金を持っていれば, 新しい自転車を買うのですが）

If I had time, I would go with you.

（もし私に時間があれば, あなたといっしょに行くのですが）

If I had a sister, I could play with her.

（もし私に姉[妹]がいれば, 彼女と遊べるのですが）

If I knew how to use computers, I could get a good job.

（もし私がコンピューターの使い方を知っていれば, いい仕事につけるのですが）

② いろいろな仮定法の表現

〈I wish + 仮定法〉は願望を表し,「〜であればいいのに」という意味です. 現在の時点で実現できない願望を表します.

〈I wish + 主語 + 動詞の過去形 [助動詞の過去形 + 動詞の原形] 〜.〉

I wish I were rich.

（私がお金持ちだったらいいのになあ）

I wish I had a sister.

（私に姉[妹]がいればいいのになあ）

I wish I could speak French.

（フランス語が話せればいいのになあ）

I wish I could fly.

（飛べたらいいのになあ）

876　eight hundred and seventy-six

参考資料 4　英語の歌

The Alphabet Song
アルファベットの歌　🎧 Eiwa 23

A B C D E F G,
H I J K L M N,
O P Q R S T U,
V W and X Y Z.
A B C D E F G,
I am singing A B C.

♬ この歌で，AからZまでのアルファベットの順番と発音のしかたを覚えましょう．

London Bridge
ロンドン橋　🎧 Eiwa 24

1. London Bridge is falling down,
   Falling down, falling down,
   London Bridge is falling down,
   My fair lady!
2. Build it up with iron bars,
   Iron bars, iron bars,
   Build it up with iron bars,
   My fair lady!

♬ イギリスに古くからある童謡．子どもの遊び歌としても有名．2人が向かい合ってつないだ手を高く上げ，その間を子どもたちが歌いながら通りぬける．歌詞の「My fair lady!」のところで上げていた手を下げ，そのとき通っていた人をつかまえる．

Old MacDonald Had a Farm
マクドナルドじいさんは農場を持っていた　🎧 Eiwa 25

1. Old MacDonald had a farm, E-I-E-I-O!
   And on this farm he had some chicks, E-I-E-I-O!
   With a chick, chick here, and a chick, chick, there,
   Here a chick, there a chick, ev'rywhere a chick, chick.
   Old MacDonald had a farm, E-I-E-I-O!
2. Old MacDonald had a farm, E-I-E-I-O!
   And on this farm he had some ducks, E-I-E-I-O!
   With a quack, quack here, and a quack, quack there,
   Here a quack, there a quack, ev'rywhere a quack, quack.
   Old MacDonald had a farm, E-I-E-I-O!

♬ 動物の鳴き声を英語でなんと表すかがわかります．日本語との違いを楽しみましょう．

英語の歌

Good Morning
おはよう 🎧 **Eiwa 26**

1. Good morning. Good morning. Good morning, Jimmy.
   Good morning. Good morning. How are you today?
2. Good-bye. Good-bye. Good-bye, Lisa.
   Good-bye. Good-bye. See you tomorrow.

♪「おはよう」のあいさつの表現を学びましょう.

Hello! Hello!
こんにちは！ こんにちは！ 🎧 **Eiwa 27**

Hello! Hello! Hello! Hello!
We are glad to meet you.
We are glad to greet you.
Hello! Hello! Hello! Hello!

♪「こんにちは，お会いできてうれしいです」という表現を学びましょう.

Good Night, Ladies
おやすみなさい，ご婦人がた 🎧 **Eiwa 28**

Good night, ladies!
Good night, ladies!
Good night, ladies!
We're going to leave you now.
Merrily we roll along,
Roll along, roll along,
Merrily we roll along,
O'er the dark blue sea.

♪ 船乗りが寄港した港町で出会った女性たちと別れて，夜の海へ出発するようすを歌っています.

Seven Steps
セブン・ステップ 🎧 **Eiwa 29**

One, two, three, four, five, six, seven.
One, two, three, four, five, six, seven.
One, two, three.
One, two, three.
One, two, three, four, five, six, seven.
One, two, three.
One, two, three.
One, two, three, four, five, six, seven.

♪ 有名な数え歌です. 歌にあわせて足踏みしたり，輪になって歩いたりして楽しみましょう.

英語の歌

How Do You Do?
はじめまして　🎧 **Eiwa 30**

1. How do you do, (Richard Williams),
   how do you do? (how do you do)
   Is there anything that we can do for you? (do for you)
   We are glad to welcome you,
   and we hope you like us, too.
   How do you do, (Richard Williams),
   how do you do? (how do you do)
2. How do you do, (Mary Brown),
   how do you do? (how do you do)
   Is there anything that we can do for you? (do for you)
   We are glad you're back today,
   for we missed you while away.
   How do you do, (Mary Brown),
   how do you do? (how do you do)

♫ はじめて会った人にするあいさつの表現を学びましょう.

Twinkle, Twinkle, Little Star
きらきら星　🎧 **Eiwa 31**

Twinkle, twinkle, little star,
How I wonder what you are!
Up above the world so high,
Like a diamond in the sky,
Twinkle, twinkle little star,
How I wonder what you are!

♫ いろいろな言葉に翻訳され，世界中で愛唱されている有名な童謡です.

Roy G. Biv
虹の歌　🎧 **Eiwa 32**

Red, orange, yellow, then comes green.
Blue, indigo, violet.
It's Roy G. Biv.
And he's a rainbow.
It's Roy G. Biv.
And he's a rainbow.
Red, orange, yellow, green, blue, indigo, violet.
A rainbow. A rainbow.

♫ アメリカで虹の色を覚えるのに使われる歌. *r*ed, *o*range, *y*ellow, *g*reen, *b*lue, *i*ndigo, *v*iolet の頭文字をとって，Roy G. Biv と人の名前のようにして覚えます.

英語の歌

Head, Shoulders, Knees and Toes
頭，肩，ひざ，つま先　🎧 **Eiwa 33**

Head, shoulders, knees and toes, knees and toes;
Head, shoulders, knees and toes, knees and toes,
and Eyes and ears and mouth and nose,
Head, shoulders, knees and toes, knees and toes.

🎵 歌詞に合わせて頭，肩，ひざ，つま先にタッチしながら歌いましょう.

Row, Row, Row Your Boat
こごうよ，ボートをこごう　🎧 **Eiwa 34**

Row, row, row your boat,
Gently down the stream,
Merrily, merrily, merrily, merrily,
Life is but a dream.

🎵 輪唱形式で歌われることが多い，アメリカで作られた 1 曲です.

I've Been Working on the Railroad
線路は続くよどこまでも　🎧 **Eiwa 35**

I've been working on the railroad,
All the livelong day;
I've been working on the railroad,
Just to pass the time away.
Don't you hear the whistle blowing,
Rise up so early in the morn;
Don't you hear the captain shouting,
"Dinah, blow your horn!"

🎵 アメリカ民謡．大陸横断鉄道の工事に携わった人々によって歌われ始めたといわれています.

Bingo
ビンゴ　🎧 **Eiwa 36**

1 ～ 5. There was a farmer had a dog And Bingo was his name-o.
1. B-I-N-G-O, B-I-N-G-O, B-I-N-G-O, And Bingo was his name-o.
2. ×-I-N-G-O, ×-I-N-G-O, ×-I-N-G-O, And Bingo was his name-o.
3. ×-×-N-G-O, ×-×-N-G-O, ×-×-N-G-O, And Bingo was his name-o.
4. ×-×-×-G-O, ×-×-×-G-O, ×-×-×-G-O, And Bingo was his name-o.
5. ×-×-×-×-O, ×-×-×-×-O, ×-×-×-×-O, And Bingo was his name-o.

🎵 英米の子どもたちは，同じ歌詞を繰り返し歌いながら，BINGO のつづりを 1 文字ずつ手拍子などに置き換えたりして遊びます.

英語の歌

When the Saints Go Marchin' In
聖者が街にやってくる　🎧 Eiwa 37

Oh, when the saints,
Go marchin' in,
Oh, when the saints go marchin' in.
I want to be in that number
When the saints go marchin' in.
And when the saints,
Go marchin' on,
And when the saints go marchin' on
I want to be in that number
When the saints go marchin' in

♪ 黒人霊歌のひとつ．現在はスポーツの応援歌としても使われることがあります．

Skinnamarink
スキナマリンク　🎧 Eiwa 38

Skinnamarink a-dink-a-dink,
Skinnamarink a-doo,
I love you, (I love you)
Skinnamarink a-dink-a-dink,
Skinnamarink a-doo,
love me, too.
I love you in the morning and in the afternoon.
I love you in the evening and underneath the moon,
Oh, Skinnamarink a-dink-a-dink,
Skinnamarink a-doo,
I love you. (I love you)

♪ Skinnamarink という言葉に意味はありませんが，バレンタインのときや，林間学校などで大勢が集まったときに，みんなでこれを歌って踊ったりします．Skidamarink ともいいます．

Yankee Doodle
ヤンキー・ドゥードル　🎧 Eiwa 39

Yankee Doodle went to town,
a-riding on a pony.
He stuck a feather in his cap and called it macaroni!
Yankee Doodle, keep it up,
Yankee Doodle dandy;
Mind the music and the step,
and with the girls be handy!

♪ アメリカの民謡で，独立戦争の際の愛国歌です．

参考資料5　Eメール・手紙の書き方

■ Eメール　email

・Eメールの返事は，できるだけ早めに出す.
・無断で他人のメールを第三者に転送したり，引用したりしない.

> To: cindy-white@pc-net.com　①
>
> CC: daniel-lee@pc-net.com　②
>
> BCC: john-f-kent@pc-net.com　③
>
> Subject: Our school　④
>
> Dear Ms. White, ⑤
>
> ------------------------------------
> ------------------------------------
> ------------------------------------
> ------------------------------------　⑥
> ------------------------------------
> ------------------------------------
> ------------------------------------
>
> Sincerely yours, ⑦
>
> SASAKI Ichiro<ichi-sasaki@popnet.ne.jp>
> 2-11-8, Nishi-Gotanda, Shinagawa-ku, Tokyo, 141-8413 Japan　⑧
> Phone: +81 3-1234-5678

① To (あて先)
・あて先人のメールアドレスを入力する.

② CC (カーボンコピー)
・あて先人以外にも同じメールを送りたい場合，そのメールアドレスを入力する.
　送信先は全員にわかる.

③ BCC (ブラインド・カーボンコピー)
・基本的には CC と同じだが，あて先人は他の送信先を知らされない.
・BCC の受信者は，BCC として送られたことがわかる.

④ Subject (件名)
・メールの内容を簡潔に表すものにする.
・返信機能を使うと，送信された件名の前に Re: がついた形で自動的に入力されるが，変更することもできる.

Eメール・手紙の書き方

⑤ 敬辞 (「拝啓」に相当するあいさつ)
- 親しい場合は，Dear を省いて Cindy，と名前だけで呼びかけてもよい．

⑥ 本文
- 平易な英語で，簡潔に具体的に書くことを心がける．
- 読みやすいように，1 行の長さは半角で 65 字程度にする．
- パラグラフごとに 1 行あける．
- 感情を表現する場合，「エモーティコン」を使うこともできるが，あらたまったメールでは使わない．

⑦ 結辞 (「敬具」に相当する結びのことば)
- 省略することもできる．

⑧ 署名
- メッセージの最後に自分の名前を入力する．必要に応じて，連絡先なども加える．
- 電話番号の＋は国際通話番号を示す．81 は日本の国番号，市外局番の頭につく 0 は省略する．

♥ よく使われるエモーティコン (横向きに見る)

形	意味	形	意味	形	意味
:-)	笑顔	:-(	しかめっつら	;-)	ウインク
:-D	大笑い	>:-(	立腹	:-*	キス
:'-(	悲しい	|-O	うんざりした	:-P	あっかんべー
;-(	泣きたい	:-C	がっかり	:-*)	からかい
:-&	(おどろきなどで) 口がきけない	:-O	びっくり	%-)	ばかげた

♥ よく使われる略語

ASAP (as soon as possible) ……できるだけ早く
b/c (because) ……なぜなら
b4 (before) …… ～の前に
bfn (Bye for now.) ……じゃあね．
btw (by the way) ……ところで
cu (See you.) ……じゃあね．
cul (See you later.) ……あとでね．/それではまた．
ez (easy) ……簡単
FAQ (frequently asked questions) ……よく尋ねられる質問
fyi (for your information) ……参考までに
ic (I see.) ……了解．/わかりました．
idk (I don't know.) ……知りません．
lol (laughing out loud) ……大笑い
pls (please) ……どうぞ～してください，…をよろしくお願いします
thx/THX/TKS/TNX (thanks) ……ありがとう
ttul (Talk to you later.) ……また後で連絡します．
u (you) ……あなた
w/ (with) ……一緒に
w/o (without) ……～なしで

Eメール・手紙の書き方

● Eメール例文

To: cindy-white@pc-net.com

CC:

BCC:

Subject: Introducing myself

Dear Ms. White,

I found your mail address in a communication board. My name is Yamada Satoshi. I'm a junior high school student.
I'm interested in English, so I listen to English radio programs every day.
At our school, I am on the baseball team. Baseball is very popular in Japan, too.

Have you ever been to any foreign countries? If you come to Tokyo, I'll show you around the city. I want to have a mail friend, and I hope we will become good friends. I'm looking forward to receiving your email soon.

Yours,
YAMADA Satoshi
<sato-yamada@popnet.ne.jp>

（日本語訳）

あて先：cindy-white@pc-net.com
件名：自己紹介

ホワイト様
掲示板であなたのメールアドレスを知りました．私の名前は山田さとしで，中学生です．私は英語に興味があるので，毎日ラジオの英語講座を聞いています．学校では野球部に所属しています．野球は日本でも大変人気があります．あなたは外国に行ったことがありますか？　もしあなたが東京に来られたら，私が都内を案内してあげましょう．私はメール友だちがほしいし，いい友だちになれたらいいなと思っています．メールを楽しみにしています．それでは．

山田さとし <sato-yamada@popnet.ne.jp>

Eメール・手紙の書き方

■ 封筒 ふうとう ENVELOPE

```
SASAKI Ichiro
2-11-8, Nishi-Gotanda         ①
Shinagawa-ku, Tokyo
141-8413  JAPAN

            Ms. Nancy Williams
            1134 East Wallaby Street    ②
            Rochester, WA 98589
            U.S.A.

AIR MAIL  ③                             ④
```

① 差し出し人の住所と名前
1行目：差し出し人の名前
2行目：番地, 町村名
3行目：市区郡名, 都道府県名
4行目：郵便番号, 国名

- 封筒の左肩に書く, 裏ぶたに書くこともある.
- 通り, 町, 区, 市, 郡はそのままローマ字で表すのが一般的. ただし, 横浜, 名古屋などの大都市の場合は -shi は省略してよい.
- 都, 府, 県は -to, -fu, -ken をつけなくてもよい.

② あて名
1行目：受け取り人の名前
2行目：番地, 街路名
3行目：市町村名, 州名, 郵便番号
4行目：国名

- 封筒の中央あたりから書きはじめる.
- 受け取り人の姓名の前に Mr.（男性）, Ms.（女性）などをつける.
- 国名は目立つように大文字にしたり, アンダーラインを引いたりする.

③ 航空便の表示
④ 切手
- 右肩にはる.

■ はがき POSTCARD

```
SASAKI Ichiro
2-11-8, Nishi-Gotanda
Shinagawa-ku, Tokyo
141-8413  JAPAN
                   Oct.19, 2025
Dear Jane,
```

AIR MAIL

Ms. Jane Smith
2624 Durant Ave.
Berkeley, CA 94707
U.S.A.

                Yours, *Ichiro*

eight hundred and eighty-five 885

Eメール・手紙の書き方

- 絵はがきの場合，右側にあて名，左側に内容を書く．
- 自分の住所は省略してよい．書く場合は本文の上に書く．
- 日付は省略形でよい．
- 本文は改行しなくてもよい．
- 結辞は省略してもよい．
- 欧米では，はがきは略式のものなので，礼状にはふつう使わない．
- 外国から日本へ出す場合は，AIR MAIL と JAPAN 以外は日本語で書いてもよい．

■ 手紙　LETTER

- 全体のバランスを考えて書きはじめる．上，下ともに3cm以上あける．

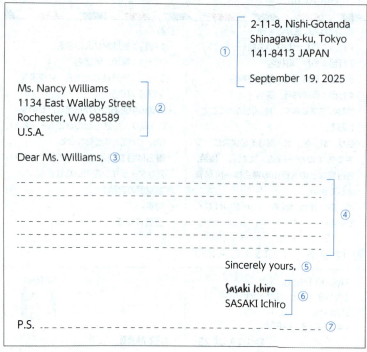

① 差し出し人の住所と日付

- 封筒の左肩に書くものと同じ住所を日付の上に書く．親しい場合は省いてもよい．
- 日付は省略しないで書くほうがよい．

アメリカ式では September 19, 2025（月，日，年）の順，イギリス式では 19(th) September 2025（日（序数），月，年）の順が一般的．

Eメール・手紙の書き方

② 受け取り人の住所と名前
・封筒のあて名と同じものを書く．親しい場合は省略してもよい．

③ 敬辞（「拝啓」に相当するあいさつ）
・Dear Ms. Williams,（Dear ＋敬称＋姓＋コンマ）が一般的．
・親しい場合は，Dear Nancy,（Dear ＋名＋コンマ）とする．かなり親しい場合は Nancy, と名前だけで呼びかけてもよい．
・× Dear Ms. Nancy, や× Dear Ms. Nancy Williams, とはしない．

◆ 敬称のつけ方

対象	参考例
男性	Mr.
女性	Ms.（最近では，未婚，既婚を問わないこの敬称が好まれる） （未婚）Miss （既婚）Mrs.
医師，博士号所持者	Dr.
大学の准教授以上（アメリカでは大学の教師すべてに対して使える）	Professor （親しい場合は Prof. と略すこともある）

◆ 相手の名前がわからない場合の敬辞表現

対象	参考事例
男性	Dear Sir （複数）Dear Sirs
女性	Dear Madam （複数）Dear Madams
性別不明の個人	Dear Sir or Madam Dear Sir/Madam
企業や団体	Dear Sir or Madam Dear Sir/Madam

④ 本文
・日本的な時候のあいさつはぬきにして，すぐに用件に入る．
・内容は具体的に書く．
・パラグラフごとに 1 行あける．
・各パラグラフはできるだけ短く簡潔にする．

⑤ 結辞（「敬具」に相当する結びのことば）
・敬辞同様，相手と自分の親しさ，手紙の内容によって表現を選択する．ただし，個人の好みによって多少のちがいがある．

ていねい度	参考例
かなりていねい	Respectfully, Respectfully yours,
ていねい	Very truly yours, Yours truly, Yours very truly, Very sincerely yours,
ふつう一般的な表現	Sincerely, Sincerely yours,
親しい	Best regards, Best wishes, Faithfully yours, Your friend, Yours, Always, Love,
女性が好んで使う表現	With love, Affectionately,

⑥ 署名
・かならず手書きにする．親しい場合は名前のみでもよい．

⑦ 追伸（つん）
・本文で書き忘れてしまったことなどを書く．内容を強調するために使うこともある．
・あらたまった手紙の場合は使わない．

Eメール・手紙の書き方

● 手紙例文―1
ホームステイする前

August 15, 2025

Dear Johnson Family,

How do you do? My name is Sasaki Ichiro. Sasaki is my family name. This is the first time for me to visit the U.S.A. and have a homestay. I'm very happy that I'll be able to stay with you next month.

I'd like to tell you a little about myself and my family. I'm a junior high school student. I'm in the ninth grade now. I like English and math very much. I like sports very much, too. I like baseball the best. I hope to watch Major League Baseball games. In the future I want to be an astronaut.

There are four people in my family. My father works for a bank. He is always busy. My mother is an English teacher. She sometimes teaches me English. I have a brother who goes to college. He wants to be a doctor.

I'm looking forward to meeting you soon.

Sincerely,

Sasaki Ichiro

（日本語訳）

2025 年 8 月 15 日

ジョンソン家のみなさんへ

はじめまして．私の名前は佐々木一郎です．佐々木が姓です．私にとって，アメリカを訪れホームステイをするのは初めてのことです．来月みなさんといっしょに過ごせることをたいへんうれしく思います．

私自身と私の家族について少しお話しします．私は中学生で，現在 3 年生です．私は英語と数学が大好きです．私はスポーツもとても好きで，野球がいちばん好きです．メジャーリーグの野球の試合が見られたらなあと思っています．将来は宇宙飛行士になりたいと思っています．

家族は 4 人です．父は銀行で働いていて，いつも忙しいです．母は英語の教師です．母はときどき私に英語を教えてくれます．私には大学に行っている兄がいます．兄は医師になりたいと思っています．

もうすぐみなさんにお会いするのを楽しみにしています．

それでは．

佐々木　一郎

Eメール・手紙の書き方

● 手紙例文―2
ホームステイした後

October 12, 2025

Dear Johnson Family,

How are you? I'm back to Japan and doing well. I really enjoyed my stay with you. Thank you very much for your kind hospitality.

One month passed very quickly, but I had many good experiences. The school life was very interesting and the classmates were very kind. The Major League Baseball game that we went was very exciting. The barbecue party with the neighbors was just wonderful. I'll never forget the taste of the beef that Dad grilled for me.

Please be sure to come to Japan. Our family will welcome you. I hope to visit you again some day.

I hope to see you soon. Until then, I send my love and many thanks.

With best wishes,

Sasaki Ichiro

（日本語訳）

2025年10月12日

ジョンソン家のみなさんへ

お元気ですか．私は日本へもどり，元気でやっています．ほんとうに楽しく滞在できました．みなさんの親切なおもてなしに感謝しています．

1か月はあっというまに過ぎましたが，私はたくさんのいい経験をしました．学校生活はとてもおもしろく，クラスメートたちは私にとても親切にしてくれました．私たちが見に行ったメジャーリーグの野球の試合はとてもわくわくしました．ご近所を招いてのバーベキューパーティーは最高でした．お父さんが焼いてくれたお肉の味は一生忘れないでしょう．

みなさん，ぜひ日本へいらしてください．私たちの家族はみなさんを歓迎いたします．私もいつかまたみなさんに会いに行きたいと思います．

早くお会いしたいです．その日まで，どうかお元気で．

それでは．

佐々木　一郎

参考資料6　ローマ字一覧表 （ヘボン式. カッコ内は訓令式）

a ア	i イ	u ウ	e エ	o オ	—	—	—
ka カ	ki キ	ku ク	ke ケ	ko コ	kya キャ	kyu キュ	kyo キョ
sa サ	shi (si) シ	su ス	se セ	so ソ	sha (sya) シャ	shu (syu) シュ	sho (syo) ショ
ta タ	chi (ti) チ	tsu (tu) ツ	te テ	to ト	cha (tya) チャ	chu (tyu) チュ	cho (tyo) チョ
na ナ	ni ニ	nu ヌ	ne ネ	no ノ	nya ニャ	nyu ニュ	nyo ニョ
ha ハ	hi ヒ	fu (hu) フ	he ヘ	ho ホ	hya ヒャ	hyu ヒュ	hyo ヒョ
ma マ	mi ミ	mu ム	me メ	mo モ	mya ミャ	myu ミュ	myo ミョ
ya ヤ	—	yu ユ	—	yo ヨ	—	—	—
ra ラ	ri リ	ru ル	re レ	ro ロ	rya リャ	ryu リュ	ryo リョ
wa ワ				o ヲ	—	—	—
n ン							
ga ガ	gi ギ	gu グ	ge ゲ	go ゴ	gya ギャ	gyu ギュ	gyo ギョ
za ザ	ji (zi) ジ	zu ズ	ze ゼ	zo ゾ	ja (zya) ジャ	ju (zyu) ジュ	jo (zyo) ジョ
da ダ	ji (zi) ヂ	zu ヅ	de デ	do ド	ja (zya) ヂャ	ju (zyu) ヂュ	jo (zyo) ヂョ
ba バ	bi ビ	bu ブ	be ベ	bo ボ	bya ビャ	byu ビュ	byo ビョ
pa パ	pi ピ	pu プ	pe ペ	po ポ	pya ピャ	pyu ピュ	pyo ピョ

※ tempura (てんぷら)のように，はねる音 (ん)は，p, b, mの前ではmを使う.
※ Hokkaido (北海道)のように，つまる音 (っ)は，その次の字を重ねて表す.

参考資料7 不規則動詞変化表

現在（原形）	過去	過去分詞	-ing形
アム ビー am (be) …である	ワズ was	ビ(ー)ン been	ビーイング being
アー ビー are (be) …である	ワ～ were	ビ(ー)ン been	ビーイング being
アライズ arise 発生する	アロウズ arose	アリズン arisen	アライズィング arising
アウェイク awake 目が覚める	アウォウク awoke, アウェイクト awaked	アウォウクン アウォウク awoken, awoke, アウェイクト awaked	アウェイキング awaking
ビー be …である	ワズ ワ～ was, were	ビ(ー)ン been	ビーイング being
ベア bear …に耐える，…を産む	ボー(ベア) bore	ボーン ボーン born, borne	ベ(ア)リング bearing
ビート beat …を打つ	ビート beat	ビートゥン ビート beaten, beat	ビーティング beating
ビカム become …になる	ビケイム became	ビカム become	ビカミング becoming
ビギン begin 始まる	ビギャン began	ビガン begun	ビギニング beginning
ベンド bend …を曲げる	ベント bent	ベント bent	ベンディング bending
ベット bet …を賭ける	ベット ベティド bet, betted	ベット ベティド bet, betted	ベティング betting
バインド bind …をしばる	バウンド bound	バウンド bound	バインディング binding
バイト bite …をかむ	ビット bit	ビトゥン ビット bitten, bit	バイティング biting
ブリード bleed 出血する	ブレッド bled	ブレッド bled	ブリーディング bleeding
ブレス bless …を祝福する	ブレスト ブレスト blessed, blest	ブレスト ブレスト blessed, blest	ブレスィング blessing
ブロウ blow 吹く	ブルー blew	ブロウン blown	ブロウイング blowing
ブレイク break …をこわす	ブロウク broke	ブロウクン broken	ブレイキング breaking
ブリング bring …を持ってくる	ブロート brought	ブロート brought	ブリンギング bringing
ブロードゥキャスト broadcast …を放送する	ブロードゥキャスト broadcast, ブロードゥキャスティド broadcasted	ブロードゥキャスト broadcast, ブロードゥキャスティド broadcasted	ブロードゥキャスティング broadcasting
ビルド build …を建てる	ビルト built	ビルト built	ビルディング building
バーン burn …を燃やす	バ～ンド バ～ント burned, burnt	バ～ンド バ～ント burned, burnt	バ～ニング burning
バースト burst 破裂する	バ～スト burst	バ～スト burst	バ～スティング bursting
バイ buy …を買う	ボート bought	ボート bought	バイイング buying
キャン can …できる	クッド could		
キャスト cast …を投げる	キャスト cast	キャスト cast	キャスティング casting

eight hundred and ninety-one　891

不規則動詞変化表

現在（原形）	過去	過去分詞	-ing 形
キャッチ catch …をつかまえる	コート caught	コート caught	キャチング catching
チューズ choose …を選ぶ	チョウズ chose	チョウズン chosen	チューズィング choosing
クリング cling くっつく	クラング clung	クラング clung	クリンギング clinging
カム come 来る	ケイム came	カム come	カミング coming
コ(ー)スト cost （金）がかかる	コ(ー)スト cost	コ(ー)スト cost	コ(ー)スティング costing
クリープ creep そっと歩く，はう	クレプト crept	クレプト crept	クリーピング creeping
カット cut …を切る	カット cut	カット cut	カティング cutting
ディール deal …を配る	デルト dealt	デルト dealt	ディーリング dealing
ディッグ dig …を掘る	ダッグ dug	ダッグ dug	ディギング digging
ドゥー ダズ do, does …をする	ディッド did	ダン done	ドゥーイング doing
ドゥー ダズ do, does（疑問文・否定文などに用いる）	ディッド did	────	────
ドゥロー draw …を引く	ドゥルー drew	ドゥローン drawn	ドゥローイング drawing
ドゥリーム dream （…な）夢を見る	ドゥリームド/ドゥレムト dreamed, ドゥレムト dreamt	ドゥリームド/ドゥレムト dreamed, ドゥレムト dreamt	ドゥリーミング dreaming
ドゥリンク drink …を飲む	ドゥランク drank	ドゥランク drunk	ドゥリンキング drinking
ドゥライヴ drive …を運転する	ドゥロウヴ drove	ドゥリヴン driven	ドゥライヴィング driving
イート eat …を食べる	エイト ate	イートゥン eaten	イーティング eating
フォール fall 落ちる	フェル fell	フォールン fallen	フォーリング falling
フィード feed …に食べ物を与える	フェッド fed	フェッド fed	フィーディング feeding
フィール feel （…と）感じる	フェルト felt	フェルト felt	フィーリング feeling
ファイト fight 戦う	フォート fought	フォート fought	ファイティング fighting
ファインド find …を見つける	ファウンド found	ファウンド found	ファインディング finding
フライ fly 飛ぶ	フルー flew	フロウン flown	フライイング flying
フォビッド forbid …を禁じる	フォバッド/フォベイド forbade, フォバッド forbad	フォビドゥン forbidden	フォビディング forbidding
フォーキャスト forecast …を予測[予報]する	フォーキャスト forecast, フォーキャスティド forecasted	フォーキャスト forecast, フォーキャスティド forecasted	フォーキャスティング forecasting
フォゲット forget …を忘れる	フォガット forgot	フォガトゥン フォガット forgotten, forgot	フォゲティング forgetting
フォギヴ forgive …を許す	フォゲイヴ forgave	フォギヴン forgiven	フォギヴィング forgiving

不規則動詞変化表

現在（原形）	過去	過去分詞	-ing 形
フリーズ freeze …を凍らせる	フロウズ froze	フロウズン frozen	フリーズィング freezing
ゲット get …を得る	ガット got	ガット ガトゥン got, gotten	ゲティング getting
ギヴ give …を与える	ゲイヴ gave	ギヴン given	ギヴィング giving
ゴウ go 行く	ウェント went	ゴ(-)ン gone	ゴウイング going
グラインド grind …をひいて粉にする	グラウンド ground	グラウンド ground	グラインディング grinding
グロウ grow 大きくなる	グルー grew	グロウン grown	グロウイング growing
ハング hang …を掛ける	ハング hung	ハング hung	ハンギング hanging
…を絞首刑にする	ハングド hanged	ハングド hanged	ハンギング hanging
ハヴ ハズ have, has …を持っている	ハッド had	ハッド had	ハヴィング having
ハヴ ハズ have, has （完了形をつくる）	ハッド had	——	——
ヒア hear …が聞こえる	ハード heard	ハード heard	ヒ(ア)リング hearing
ハイド hide …をかくす	ヒッド hid	ヒドゥン ヒッド hidden, hid	ハイディング hiding
ヒット hit …を打つ	ヒット hit	ヒット hit	ヒティング hitting
ホウルド hold …を手に持つ	ヘルド held	ヘルド held	ホウルディング holding
ハ〜ト hurt …を傷つける	ハ〜ト hurt	ハ〜ト hurt	ハ〜ティング hurting
イズ ビー is (be) …である	ワズ was	ビ(-)ン been	ビーイング being
キープ keep （ある期間）…を持っている	ケプト kept	ケプト kept	キーピング keeping
ニール kneel ひざまずく	ネルト ニールド knelt, kneeled	ネルト ニールド knelt, kneeled	ニーリング kneeling
ニット knit …を編む	ニティド ニット knitted, knit	ニティド ニット knitted, knit	ニティング knitting
ノウ know …を知っている	ニュー knew	ノウン known	ノウイング knowing
レイ lay …を置く	レイド laid	レイド laid	レイイング laying
リード lead …を導く	レッド led	レッド led	リーディング leading
リーン lean 寄りかかる	リーンド レント leaned, leant	リーンド レント leaned, leant	リーニング leaning
リープ leap とぶ	リープト レプト/リープト leaped, leapt	リープト レプト/リープト leaped, leapt	リーピング leaping
ラ〜ン learn …を習う，覚える	ラ〜ンド/ラ〜ント ラ〜ント learned, learnt	ラ〜ンド/ラ〜ント ラ〜ント learned, learnt	ラ〜ニング learning
リーヴ leave …を去る	レフト left	レフト left	リーヴィング leaving
レンド lend …を貸す	レント lent	レント lent	レンディング lending
レット let 〜に…させる	レット let	レット let	レティング letting
ライ lie 横になる	レイ lay	レイン lain	ライイング lying

eight hundred and ninety-three 893

不規則動詞変化表

現在（原形）	過去	過去分詞	-ing 形
ライト light …に火をつける	ライティド　リット lighted, lit	ライティド　リット lighted, lit	ライティング lighting
ルーズ lose …をなくす	ロ(ー)スト lost	ロ(ー)スト lost	ルーズィング losing
メイク make …をつくる	メイド made	メイド made	メイキング making
メイ may …かもしれない	マイト might	———	
ミーン mean …を意味する	メント meant	メント meant	ミーニング meaning
ミート meet …に会う	メット met	メット met	ミーティング meeting
ミステイク mistake …を誤解する	ミストゥック mistook	ミステイクン mistaken	ミステイキング mistaking
ミサンダスタンド misunderstand …を誤解する	ミサンダストゥッド misunderstood	ミサンダストゥッド misunderstood	ミサンダスタンディング misunderstanding
オウヴァカム overcome …に打ち勝つ	オウヴァケイム overcame	オウヴァカム overcome	オウヴァカミング overcoming
オウヴァスリープ oversleep 寝すごす	オウヴァスレプト overslept	オウヴァスレプト overslept	オウヴァスリーピング oversleeping
ペイ pay …を支払う	ペイド paid	ペイド paid	ペイイング paying
プルーヴ prove …を証明する	プルーヴド proved	プルーヴド　プルーヴン proved, proven	プルーヴィング proving
プット put …を置く	プット put	プット put	プティング putting
クウィット quit …をやめる	クウィット　クウィティド quit, quitted	クウィット　クウィティド quit, quitted	クウィティング quitting
リード read …を読む	レッド read	レッド read	リーディング reading
リッド rid 〜から(…を)取り除く	リッド　リディド rid, ridded	リッド　リディド rid, ridded	リディング ridding
ライド ride 乗る	ロウド rode	リドゥン ridden	ライディング riding
リング ring 鳴る	ラング rang	ラング rung	リンギング ringing
ライズ rise のぼる	ロウズ rose	リズン risen	ライズィング rising
ラン run 走る	ラン ran	ラン run	ラニング running
セイ say …を言う	セッド said	セッド said	セイイング saying
スィー see …が見える	ソー saw	スィーン seen	スィーイング seeing
スィーク seek …をさがす	ソート sought	ソート sought	スィーキング seeking
セル sell …を売る	ソウルド sold	ソウルド sold	セリング selling
センド send …を送る	セント sent	セント sent	センディング sending
セット set …を置く	セット set	セット set	セティング setting
ソウ sew …をぬう	ソウド sewed	ソウン　ソウド sewn, sewed	ソウイング sewing
シェイク shake …をふる	シュック shook	シェイクン shaken	シェイキング shaking
シャル shall …でしょう	シュッド should	———	

不規則動詞変化表

現在（原形）	過去	過去分詞	-ing 形
シェイヴ shave （ひげを）そる	シェイヴド shaved	シェイヴド　シェイヴン shaved, shaven	シェイヴィング shaving
シェッド shed …を流す	シェッド shed	シェッド shed	シェディング shedding
シャイン shine かがやく	ショウン shone	ショウン shone	シャイニング shining
…をみがく	シャインド shined	シャインド shined	シャイニング shining
シュート shoot …を撃つ	シャット shot	シャット shot	シューティング shooting
ショウ show …を見せる	ショウド showed	ショウン　ショウド shown, showed	ショウイング showing
シャット shut …を閉める	シャット shut	シャット shut	シャティング shutting
スィング sing 歌う	サング sang	サング sung	スィンギング singing
スィンク sink 沈む	サンク　サンク sank, sunk	サンク sunk	スィンキング sinking
スィット sit すわる	サット sat	サット sat	スィティング sitting
スリープ sleep 眠る	スレプト slept	スレプト slept	スリーピング sleeping
スライド slide すべる	スリッド slid	スリッド slid	スライディング sliding
スメル smell …のにおいがする	スメルド　スメルト smelled, smelt	スメルド　スメルト smelled, smelt	スメリング smelling
ソウ sow （種）をまく	ソウド sowed	ソウン　ソウド sown, sowed	ソウイング sowing
スピーク speak 話す	スポウク spoke	スポウクン spoken	スピーキング speaking
スピード speed 急ぐ	スペッド　スピーディド sped, speeded	スペッド　スピーディド sped, speeded	スピーディング speeding
スペル spell …をつづる	スペルド　スペルト spelled, spelt	スペルド　スペルト spelled, spelt	スペリング spelling
スペンド spend …を使う	スペント spent	スペント spent	スペンディング spending
スピル spill …をこぼす	スピルド　スピルト spilled, spilt	スピルド　スピルト spilled, spilt	スピリング spilling
スピン spin くるくるまわる	スパン spun	スパン spun	スピニング spinning
スピット spit つばをはく	スパット　スピット spat, spit	スパット　スピット spat, spit	スピティング spitting
スプリット split …を割る	スプリット split	スプリット split	スプリティング splitting
スポイル spoil …をだいなしにする	スポイルド　スポイルト spoiled, spoilt	スポイルド　スポイルト spoiled, spoilt	スポイリング spoiling
スプレッド spread …を広げる	スプレッド spread	スプレッド spread	スプレディング spreading
スプリング spring とぶ	スプラング　スプラング sprang, sprung	スプラング sprung	スプリンギング springing
スタンド stand 立つ	ストゥッド stood	ストゥッド stood	スタンディング standing
スティール steal …をぬすむ	ストウル stole	ストウルン stolen	スティーリング stealing
スティック stick …をつきさす	スタック stuck	スタック stuck	スティキング sticking
スティング sting …をさす	スタング stung	スタング stung	スティンギング stinging

eight hundred and ninety-five　895

不規則動詞変化表

現在（原形）	過去	過去分詞	-ing 形
ストゥライド stride　大またで歩く	ストゥロウド strode	ストゥリドゥン stridden	ストゥライディング striding
ストゥライク strike　…にぶつかる	ストゥラック struck	ストゥラック struck	ストゥライキング striking
スウェア swear　…を誓う	スウォー(ァ) swore	スウォーン sworn	スウェ(ア)リング swearing
スウェット sweat　あせをかく	スウェティッド　スウェット sweated, sweat	スウェティッド　スウェット sweated, sweat	スウェティング sweating
スウィープ sweep　…を掃く	スウェプト swept	スウェプト swept	スウィーピング sweeping
スウェル swell　ふくらむ	スウェルド swelled	スウェルド　スウォウルン swelled, swollen	スウェリング swelling
スウィム swim　泳ぐ	スワム swam	スワム swum	スウィミング swimming
スウィング swing　…をゆり動かす	スワング swung	スワング swung	スウィンギング swinging
テイク take　…を持っていく	トゥック took	テイクン taken	テイキング taking
ティーチ teach　…を教える	トート taught	トート taught	ティーチング teaching
テア tear　…を引きさく	トー(ァ) tore	トーン torn	テ(ア)リング tearing
テル tell　…を話す	トゥルド told	トゥルド told	テリング telling
スィンク think　…と思う	ソート thought	ソート thought	スィンキング thinking
スロウ throw　…を投げる	スルー threw	スロウン thrown	スロウイング throwing
スラスト thrust　…を強く押す	スラスト thrust	スラスト thrust	スラスティング thrusting
アンダスタンド understand　…を理解する	アンダストゥッド understood	アンダストゥッド understood	アンダスタンディング understanding
アンドゥー undo　…をほどく	アンディッド undid	アンダン undone	アンドゥーイング undoing
アプセット upset　…を動揺させる	アプセット upset	アプセット upset	アプセティング upsetting
ウェイク wake　目が覚める	ウォウク　ウェイクト woke, waked	ウォウクン　ウェイクト woken, waked	ウェイキング waking
ウェア wear　…を着ている	ウォー(ァ) wore	ウォーン worn	ウェ(ア)リング wearing
ウィーヴ weave　…を織る	ウォヴ wove	ウォウヴン woven	ウィーヴィング weaving
ウィープ weep　泣く	ウェプト wept	ウェプト wept	ウィーピング weeping
ウェット wet　…をぬらす	ウェット　ウェティッド wet, wetted	ウェット　ウェティド wet, wetted	ウェティング wetting
ウィル will　…だろう	ウッド would	————	————
ウィン win　…に勝つ	ワン won	ワン won	ウィニング winning
ワインド wind　…を巻く	ワウンド wound	ワウンド wound	ワインディング winding
ウィズドゥロー withdraw　…を引っこめる	ウィズドゥルー withdrew	ウィズドゥローン withdrawn	ウィズドゥローイング withdrawing
ライト write　…を書く	ロウト wrote	リトゥン written	ライティング writing

THE
JUNIOR
ANCHOR

JAPANESE - ENGLISH DICTIONARY

ジュニア・アンカー
中学 和英辞典

第8版

Gakken

英文手紙, Eメールの書き方

Waei 01

手紙・はがき

英語で手紙が書けるようになれば、外国にもたくさん友だちができるかもしれないな〜！

名前, 住所の正しい書き方

- ①**差し出し人の名前**
- ②**差し出し人の住所**
  封筒の左上に書く。「〒141-8510 東京都品川区西五反田2-11-8」。丁目→番地→町名→市（区・郡）→都道府県→郵便番号→国名（大文字）の順。
- ③**受け取り人の名前**
  封筒の真ん中あたりに書く。友だちどうしなら敬称はつけなくてもよいが、目上の人には、必ず Mr.（男性）、Ms.（既婚・未婚に関係なく女性）、Mrs.（既婚女性）、Miss（未婚女性）、Mr. and Mrs.（夫妻）をつける。
- ④**受け取り人の住所**
  国名には目立つように下線などを引く。
- ⑤**航空便の指示**
  書かないと船便になるので注意．
- ⑥**切手**
  封筒の右上に貼る。2枚以上貼るときは横に並べる。料金は国内郵便とはちがうので郵便局などで確認する。

手紙・はがきの書き方

Point 1　日付と呼びかけのことば
右上に日付を入れる。相手の名前がErica, 名字が Jackson の場合, Dear Erica, または, Dear Ms. Jackson, と書く。Dear Erica Jackson, などとフルネームにはしない。

Point 2　結びのことば
「敬具」などにあたる Sincerely yours, などを一般的には使う。友人には Your friend, などが、とても親しい相手には、Yours, や Love, などが使える。最後にコンマをつける。

Point 3　署名・追伸
正式な手紙の場合、署名の下に姓名を書くが、右の例のように親しい相手の場合は省略することも可能。P.S. は postscript（追伸）の略。本文で書き忘れたことなどを書く。

December 2nd

Dear Erica,

　My name is Yoshida Ken. I am Japanese. I am a seventh grader at Sonan Junior High School.

　I have one sister. Her name is Yuka. This is a picture of my family. Please write and tell me about yourself.

　　　　　　　　　　　　　Your friend,
　　　　　　　　　　　　　Yoshida Ken

P.S. I sent you a Japanese doll by sea mail.

LETTERS & EMAILS

Eメール

早く伝えたいことは，手紙よりもメールで送るといいよね！

英文メールを書くときの3つの注意点

Point 1 わかりやすい件名にする
Point 2 伝えたいことを簡潔に書く
Point 3 全角文字が入らないようにする

To: candy@1234.com
Cc:
From: tomo2020@gnet.jp
Subject: Big news! ── 件名

Hi, Anna, ── 呼びかけのことばと相手の名前

How are you doing these days? ── 本題に入る前のあいさつ

I have big news for you!
I'm going to stay in Hawaii from August 10th to 20th.
── 伝えたいこと

I hope to see you again then.
I'll write again soon!

Your friend, ── 結びのことば
Tomo ── 自分の名前

（訳）
やあ，アンナ，
最近元気にしている？
きみにビッグニュースがあるんだ！
8月10日から20日までハワイに滞在するんだ．
そのときにまた，きみに会えるといいなあ．
近いうちにまた連絡するね！
きみの友だち，
ともより

ぼくにも書けそう！

今すぐ使えるメール表現

★ 出だしのことば
Thanks[Thank you] for your email.
（メール，ありがとう．）

I just wanted to say hi.
（ちょっとメールしてみました．）

★ 結びのことば
See you. （またね．）

I hope to hear from you soon.
（メール待ってます．）

（訳） 12月2日
エリカさま，
　ぼくの名前は吉田健です．日本人です．総南中学校の1年生です．
　姉[妹]が1人います．彼女の名前は由香です．これは家族の写真です．あなた自身について書いて教えてください．
　　　　　あなたの友だち，
　　　　　吉田健
追伸　船便で日本人形を送りました．

3

Waei 02

メールで使える略語

A — **ASAP** as soon as possible / できるだけ早く

B — **bfn** Bye for now. / じゃあね。　　**b4** before / …の前に

C — **cu** See you. / じゃあね。　　**cul** See you later. / あとでね。/ それではまた。

E — **ez** easy / 簡単

F — **fyi** for your information / 参考までに

I — **ic** I see. / 了解。

J — **jk** Just kidding. / 冗談です。

L — **lol** laughing out loud / 大笑い

P — **pls** please / どうぞ…してください

T — **ttus** Talk to you soon. / それではまた。　　**ttul** Talk to you later. / それではまたね。

2 — to / …へ

略語は親しい人どうしで使われるよ.

顔文字を覚えて使おう！

プラス気分:
- :-) 笑顔
- :-D 大笑い
- ;-) ウインク
- :-* キス

マイナス気分:
- :-P あっかんべー
- :-O ビックリ
- >:-(立腹
- ;-(泣きたい
- :-(しかめ面

横向きに見て！

あいさつ状 Greeting Cards

LETTERS & EMAILS

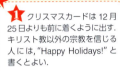

クリスマスカード
Christmas card

メリークリスマス！
楽しいクリスマスに
なりますように！
そして幸せな新年を！
マミより

Point

1. クリスマスカードは12月25日よりも前に着くように出す．キリスト教以外の宗教を信じる人には，"Happy Holidays!" と書くとよい．

2. クリスマスカードは，英米などでは日本の年賀状にあたる．そのため，クリスマスのあいさつのあとに新年のあいさつを加えることもある．

新年のあいさつは，
Happy New Year!
あけましておめでとう！

バースデーカード
Birthday card

招待状
Invitation

アイへ
私の誕生日会に来てね！
7月1日の2時からだよ．
ケイトより

お誕生日おめでとう．
すてきな1年になりますように！

こんなフレーズも！
Happy 13th Birthday!
13歳のお誕生日おめでとう！

バレンタインカード
Valentine card

いつもあなたのことを
思っています．
ハッピーバレンタインデー！

スピーチ・プレゼンテーション

スピーチやプレゼンテーションでは，口頭で発表したり，資料を見せながら説明したりします．英語でのスピーチは，発音や文法のまちがいを心配したり，自信がなかったりして，つい声が小さくなりがちですが，自信をもってはっきりと大きな声で話しましょう．それが成功のコツの1つです．

スピーチやプレゼンテーションのコツ

- 意味のまとまりを意識して，順序立てて話す
- 熱意をもって伝え，適切なジェスチャーも入れる
- 聞き手の目を見ながら話す

Hello, everyone. I'm Kenta.
こんにちは，みなさん．私はケンタです．

Today, I'd like to tell you about my dreams.
今日は，私の夢についてお話ししたいと思います．

導入でよく使われる表現

Let me introduce myself first.
最初に自己紹介をさせてください．

I'd like to talk about ....
…についてお話ししたいと思います．

My presentation today is about ....
今日の私のプレゼンテーションは…についてです．

SPEECH, PRESENTATION, AND WRITING

発表でよく使われる表現

This graph shows ....
このグラフは…を示しています.

Let me show you some examples.
いくつか例をお見せしましょう.

For example, ...
例えば, ….

First, ... Second, ... In addition, ... Finally, ...
第一に, …. 第二に, …. さらに, …. 最後に, ….

Did you know that ...?
…であることを知っていましたか.

Have you ever heard of ...?
みなさんは今まで…について聞いたことがありますか.

ことばにつまったときは, Well,（そうですね…,）, Let me see,（ええと,）, I mean,（つまり,）などのつなぎのことばをうまく使おう.

最後によく使われる表現

Thank you very much for listening.
お聞きいただいて, どうもありがとうございました.

Do you have any questions?
何か質問はありますか.

ライティング

授業などで，英語で自分の意見や考えを伝えるときによく使う表現を覚えましょう．
ライティングで大切なことは，スピーキングと同様に，内容を順序立てて意見を述べることです．「意見→理由→補足説明」のように，文を展開していくと，相手に伝わりやすい文を書くことができます．

こんなテーマが出るよ！

Which season do you like (the) best?
あなたはどの季節がいちばん好きですか．

What do you want to do in high school?
あなたは高校で何がしたいですか．

What do you want to be in the future?
あなたは将来何になりたいですか．

自分の好きなこと，自分の意見や考えについて書くことが多いです．
解答例といっしょに，ポイントとなる表現を見てみましょう．

例 I like winter (the) best.
It is because I'm good at skiing.

私は冬がいちばん好きです．それは，私はスキーが得意だからです．

- I like ... (the) best. は「私は…がいちばん好きです．」の意味．
- It is because .... は「それは…だからです．」の意味．

例 I'm interested in science.
So, I want to join the science club.

私は理科に興味があります．なので，私は理科部に入りたいです．

- I'm interested in .... は「私は…に興味があります．」の意味．
- I want to .... は「私は…したいです．」の意味．

例 I want to be a doctor. I want to help sick people.

私は医者になりたいです．私は病気の人たちを助けたいのです．

- I want to be .... は「私は…になりたいです．」の意味．

SPEECH, PRESENTATION, AND WRITING

こんなテーマが出るよ！

Do you think we should use smartphones when we study?
あなたは勉強するときにスマートフォンを使うべきだと思いますか．

What do you think about this?
あなたはこれについてどう思いますか．

与えられたテーマに対して自分の意見を述べることが多いです．また，テーマに対して賛成・反対などの立場を伝える場合もあります．ライティングだけでなく，ディスカッションにも使える表現です．

例 **I think we should use smartphones to study English. You can learn pronunciation easily.**

私たちは英語の勉強にスマートフォンを使うべきだと思います．発音を簡単に学ぶことができます．

例 **I don't think we should use smartphones when we study English.**

私たちは英語を勉強するときにスマートフォンを使うべきではないと思います．

例 **I agree with you. / I don't think so.**

私はあなたの意見に賛成です．/ 私はそう思いません．

自分の意見をしっかり伝えよう！

よく使われる表現

I think (that) .... 私は…と思います．

In my opinion, ... 私の意見では，…．

I agree. / I think so, too. 私は賛成です．/ 私もそう思います．

I disagree. / I don't think so. 私は反対です．/ 私はそう思いません．

これが日本だよ！

日本のことをいろいろな角度からまとめてみたよ．外国の友だちにも伝えてね．

場所 Location

Japan is the most eastern country in Asia. Japan has four main islands and many other small islands. The four main islands are Hokkaido, Honshu, Shikoku and Kyushu.

日本はアジアでもっとも東にある国．日本には４つのおもな島とそのほかのたくさんの小さな島がある．４つのおもな島とは，北海道，本州，四国，九州である．

人口 Population

Japan's population is about 125 million. The number of elderly people is increasing. A lot of people live in big cities such as Tokyo, Yokohama, Osaka and Nagoya.

日本の人口は約１億2,500万人だ．高齢者の人口が増えている．多くの人々が東京，横浜，大阪，名古屋などの大都市に住んでいる．

首都 Capital

Tokyo is the capital city of Japan. It has the largest population among Japan's 47 prefectures. About 14 million people live there. You can see both modern buildings and traditional-style buildings in Tokyo.

東京は日本の首都である．人口は日本の47都道府県の中でもっとも多く，約1,400万人が住んでいる．東京では近代的な建物と伝統的な様式の建物の両方を見ることができる．

ABOUT JAPAN

面積 Total Area

The total area of Japan is about 378,000 km². Japan is about the same size as Germany or Finland.

日本の面積は約 37 万 8,000 km². ドイツやフィンランドと同じくらいの広さである.

気候 Climate

Japan has four distinct seasons. Also, since Japan is a long country from north to south, it has several different climates. In the northern parts of Japan, it gets really cold in winter and snows a lot. However, in Okinawa and the southern islands, it's warm throughout the year and doesn't snow at all.

日本は四季のちがいがはっきりしている. また, 日本は南北に長い国なのでいくつかの異なる気候が存在する. 日本北部の地域では冬はとても寒く雪も多く降るが, 沖縄や南方の島々では 1 年を通じて暖かく雪はまったく降らない.

春 spring　夏 summer　秋 fall　冬 winter

お金 Money

The Japanese unit of currency is the yen. The number of people who use credit cards and e-money is increasing.

日本の通貨単位は円. クレジットカードや電子マネーを使う人が増えてきている.

11

日本を読み解くキーワード

いつも時間どおり Always on Time

For Japanese people, it's very important to be on time. Trains and buses usually run on schedule without any big delays.

日本人にとって時間を守ることはとても重要. 電車やバスは大幅なおくれがなく, 通常時間どおりに運行している.

ハイテクノロジー High Technology

Japan is famous for its high technology. It exports a lot of electrical products to many countries around the world. Japan's high-tech toilets are really unique, and some foreign tourists even buy one and bring it home.

日本はハイテクノロジーで有名. 世界各国に多くの電気製品を輸出している. 日本のハイテクトイレはとてもユニークで, 外国人観光客の中には買って帰る人もいる.

桜の花 Cherry Blossoms

Japanese people look forward to seeing cherry blossoms in spring. Japanese people have a culture to admire the beauty of flowers and plants.

日本人は春に桜の花を見るのを心待ちにしている. 日本人には花や植物の美しさをめでる文化がある.

ABOUT JAPAN

多彩な食文化 Food Variety

In urban areas such as Tokyo, you can enjoy food from around the world, for example, Italian, Korean and Indian food.

東京などの都市部では,イタリア料理,韓国・朝鮮料理,インド料理など,世界各国の料理を楽しむことができる.

とっても便利 Very Convenient

You can get food and daily goods anytime at convenience stores or 24-hour supermarkets. Also, it's easy to buy drinks in Japan because there are vending machines everywhere in town.

コンビニや 24 時間営業のスーパーでいつでも食品や日用品を買うことができる.また,町のいたる場所に自動販売機があるので,日本では手軽に飲み物が買える.

きれいで安全 Clean and Safe

Japan is one of the safest countries in the world. In Japan, there are police boxes called *koban* in every town. The *koban* system is a good way to keep communities safe, and some police in other countries are now also using this system.

The streets, train stations and public toilets in Japan are usually very clean. Foreign tourists are often surprised when they see them.

日本は世界でもっとも安全な国の1つ.日本には交番と呼ばれる警察官のつめ所がどの町にもある.交番制度は地域の安全を守る上で有効な手段で,外国の警察でも現在この制度を採用しているところがある.

日本の街路や駅,公衆トイレはたいがいとても清潔.外国人観光客はしばしばそれを見ておどろく.

13

英語になった日本語

マンガ Manga

Manga has become popular in many foreign countries. Lots of Japanese manga are translated into other languages. In the U.S., Japanese *shojo-manga* is also getting popular among girls because there are no comics like it there.

マンガは多くの外国で人気になっており、たくさんの日本のマンガが外国語に翻訳されている。アメリカでは少女マンガのようなマンガがないため、日本の少女マンガも女の子たちの間で人気が出てきた.

かわいい Kawaii

Japanese girls often use the word "kawaii." It means "cute" or "lovely" in English. Some young women overseas are also beginning to use this word. When they see a cute thing, they say "kawaii."

日本の女の子たちはよく「かわいい」ということばを使う。これは英語では"cute"(かわいらしい)や"lovely"(きれいな)という意味.海外の若い女性もこのことばを使うようになってきていて、かわいらしいものを見ると「かわいい」と言う.

Kawaii！
(かわいい！)

アニメ / オタク Anime/Otaku

Japanese anime is very popular around the world. You can watch Japanese anime programs on TV outside of Japan, too. The word "anime" comes from the English word "animation." But now, many foreign people also say "anime" when they talk about Japanese animation.

An otaku is a person who has a strong interest in a particular thing, for example, anime characters, pop idols, railroads or video games. The word "otaku" is used in some foreign countries, too. It is especially used for people who are great fans of anime or manga.

日本のアニメは世界中でとても人気がある。日本国外でも日本のアニメ番組がテレビで見られる。「アニメ」ということばは英単語の"animation"(アニメーション)に由来する。しかしいまでは、多くの外国人も日本のアニメーションのことを話すときに、「アニメ」を使う.
オタクではアニメのキャラクターやアイドル歌手、鉄道、テレビゲームなど、ある特定のものに強い関心を持つ人のこと。「オタク」ということばは外国でも使われており、とくにアニメやマンガの大ファンの人に使われる.

ABOUT JAPAN

塾 Juku

Some junior high school students in Japan go to juku after their regular classes at school. They take lessons at juku to improve their school grades or to prepare for entrance exams.

日本の中学生の中には放課後に塾に行く人がいる。彼らは学校の成績を上げたり入試の準備をしたりするために塾の授業を受ける。

カラオケ Karaoke

Karaoke was invented in Japan. Karaoke is now enjoyed in many countries around the world, but it is not so popular in the U.K.

カラオケは日本で発明された。カラオケはいまでは世界中の多くの国で楽しまれているが、イギリスではそれほど人気がない。

弁当 / すし / すきやき Bento/Sushi/Sukiyaki

A bento is a portable meal. It's usually packed in a plastic box or a wooden box, and includes several items, such as rice, vegetables and meat. Bento are now getting popular in the U.S., the U.K. and France because you can eat a variety of food with one bento.

Japanese food is eaten all over the world now. Some of the most popular Japanese foods, such as "sushi" and "sukiyaki" are used as English words.

弁当は持ち運びのできる食事。たいていプラスチック製の箱や木製の箱につめられていて、ごはんや野菜、肉などの料理が数品入っている。1つの弁当でいろいろな食品が食べられるので、アメリカ、イギリス、フランスではいま、弁当の人気が出てきている。

日本食は、いまでは世界中で食べられている。「すし」や「すきやき」などもっとも人気のある日本食は、英語として使われている。

都道府県紹介

北海道 Hokkaido

1 Sapporo Snow Festival
さっぽろ雪まつり

This is a festival of snow and ice. People make sculptures out of snow and ice. About two million people come to see them every year.

雪と氷の祭り．人々は雪と氷から像を作る．毎年約200万人もの人々が見に訪れる．

2 Shiretoko Peninsula
知床（しれとこ）半島

Shiretoko is in eastern Hokkaido. It is a World Heritage Site. You can see floating ice and many rare animals there.

知床は北海道の東部に位置する．世界遺産の1つで，そこでは流氷やたくさんのめずらしい動物が見られる．

brown bear ヒグマ

北海道は日本でいちばん北にある都道府県だよ．

Ishikari 石狩
lavender [ラヴェンダァ] ラベンダー
Sapporo 札幌
melon メロン
Shiretoko 知床
kelp 昆布（こんぶ）

3 *Ishikari-nabe*
石狩（いしかり）なべ

Ishikari-nabe is a hot pot with salmon, cabbage, onions and other vegetables. You cook it with *miso*.

石狩なべはサケとキャベツ，タマネギなどの野菜が入ったなべもので，みそで調理する．

なべは体が温まるよ．

p.16～27の地図は略図です．

JAPANESE PREFECTURES

東北地方 Tohoku

Aomori 青森県

1. Aomori Nebuta Festival
青森ねぶた祭

You can see many big floats at the Aomori Nebuta Festival. The dancers at the festival are called *haneto*. The streets are filled with floats and *haneto*.

青森ねぶた祭ではたくさんの大きな山車が見られる。祭りの踊り手はハネトと呼ばれ、通りは山車とハネトであふれる。

Akita 秋田県

2. Namahage
なまはげ

Namahage is a traditional folk event seen in Oga Peninsula in Akita Prefecture. A pair of men with demon masks visit children at their homes on New Year's Eve.

なまはげは秋田県男鹿半島で見られる伝統的な民俗行事。大みそかに鬼の面をかぶった2人組の男が子どもたちの家々を訪れる。

apple リンゴ

Aomori

Akita rice 米 Iwate

Iwate 岩手県

3. Wanko-soba わんこそば

This is *soba* from Iwate. As you eat, the server keeps adding a small amount of *soba* into your bowl.

岩手のそば。食べるのに合わせ、給仕する人が少量のそばをおわんに足し続ける。

Yamagata Miyagi

cherry サクランボ

Fukushima

Yamagata 山形県

5. Koma 将棋の駒

Koma are wooden pieces used in the game of *shogi*. Over 90% of *koma* in Japan are made in Tendo, Yamagata.

駒は将棋の対局で使用される木片で、日本の駒の90%以上が山形県の天童市で作られている。

Miyagi 宮城県

4. Gyutan 牛タン

Sendai is famous for its grilled beef tongue dish. The dish is called *gyutan*. There are many *gyutan* restaurants in Sendai.

仙台は網焼きされた牛の舌の料理で有名で、その料理は牛タンと呼ばれる。仙台にはたくさんの牛タン料理店がある。

Fukushima 福島県

6. Akabeko 赤べこ

Akabeko is a traditional toy of Aizu, Fukushima. The word "*beko*" means "cow" in the Tohoku area.

赤べこは福島県会津の伝統的なおもちゃ。「べこ」ということばは東北地方で「牛」を意味する。

関東地方 Kanto

Gunma
群馬県

1 *Takasaki-daruma*
高崎だるま

Daruma are red dolls. They are believed to bring good luck to people. When they are sold, their eyes are not painted. First, you make a wish and paint one eye. When your wish comes true, you paint the other eye.

だるまは赤い人形で、人々に幸運をもたらすと信じられている。売られているときには目はかかれていない。まず願いごとをして片方の目をかき入れる。願いごとがかなうともう片方の目をかき入れる。

Saitama
埼玉県

2 Chichibu Night Festival
秩父夜祭

This is a festival with a history of over 300 years. At the festival, you can see beautiful fireworks and lanterns on floats.

300年以上の歴史がある祭り。祭りでは、美しい花火と、山車の美しいちょうちんが見られる。

Tokyo
東京都

5 National Diet Building
国会議事堂

The National Diet Building is where Japan's politics and policies take shape.

国会議事堂は日本の政治と政策が実施される場所である。

東京スカイツリーは，高さが634mもあるよ．

Tokyo
東京都

6 *Ningyo-yaki* 人形焼き

Ningyo-yaki is a kind of Japanese cake. It's a baked sponge cake with sweet bean paste inside. The name comes from the district of Ningyo-cho because the cake was born there.

人形焼きは和菓子の一種で、カステラの生地の中にあんこを入れて焼いたもの。人形町という町で生まれたので、その名前がつけられた。

JAPANESE PREFECTURES

Tochigi
栃木県

3 Nikko Toshogu Shrine
日光東照宮

Nikko Toshogu is a shrine. It has many beautiful buildings. One proverb says, "Never say 'Wonderful!' until you've seen Nikko."

日光東照宮は美しい社殿が多くある神社。「日光見ずして結構と言うなかれ」という格言がある。

見ざる・言わざる・聞かざる！

Kanagawa
神奈川県

7 Kamakura Daibutsu
鎌倉大仏

Kamakura Daibutsu, the Great Buddha of Kamakura, is 11.312 meters tall. You can go inside the statue.

鎌倉大仏，鎌倉の偉大な仏像は高さが11.312メートル。像の中に入ることもできる。

Ibaraki
茨城県

4 Kairaku-en Garden
偕楽園

Kairaku-en is one of the three most famous landscape gardens in Japan. About 3,000 Japanese apricot trees are planted in the garden.

偕楽園は日本三名園の1つ。園内には約3,000本の梅の木が植えられている。

Chiba
千葉県

8 Inubosaki Cape
犬吠埼

Inubosaki is a cape in Choshi City. It is on the eastern edge of the Kanto Plain. The Inubosaki Lighthouse is known as one of the top 50 lighthouses in Japan.

犬吠埼は銚子市にある岬で，関東平野の最東端に位置する。犬吠埼灯台は，日本の灯台50選の1つとして知られている。

19

Waei 10
中部地方 Chubu

Ishikawa 石川県

1 Kenroku-en Garden 兼六(けんろく)園

Kenroku-en is one of the three most famous landscape gardens in Japan. You can enjoy beautiful scenery there throughout the year.
兼六園は日本三名園の1つ．1年を通して美しい景色が楽しめる．

firefly squid
ホタルイカ

Niigata

rice
米 8

9 Toyama

Nagano

Ishikawa

2

Fukui

grape, peach
ブドウ，モモ

Yamana(shi)

Gifu 3

nozawana
野沢菜 7

4

Aichi

Shizuoka

Japanese orange
ミカン

green tea
茶 5

Fukui 福井県

2 *Echizen-gani* Crabs
越前(えちぜん)ガニ

Echizen-gani crabs are caught in winter in the sea near Fukui Prefecture. Their name comes from the former name of this area.

越前ガニは冬に福井県近海でとれる．その名はこの地域の旧国名に由来する．

Gifu 岐阜県

3 Nagara-gawa *Ukai*
長良川鵜飼(う)

The Nagara River is famous for *ukai*. *Ukai* is a way of fishing that uses birds. The birds are called *U*. Fishing masters called *Usho* train the birds to catch fish.
長良川は鵜飼で有名．鵜飼は鳥を使った漁法の1つで，その鳥は鵜と呼ばれる．鵜匠(うしょう)と呼ばれる漁の師匠がその鳥を飼いならして魚をとる．

Aichi 愛知県

4 *Miso-katsu*
みそカツ

Miso-katsu is a specialty of Aichi Prefecture. It is a pork cutlet with *miso*-based sauce. Aichi Prefecture is famous for *miso* called *hatcho-miso*.
みそカツは愛知県の名物の1つ．とんカツにみそダレをかけたもの．愛知県は八丁みそと呼ばれるみそで有名．

JAPANESE PREFECTURES

Niigata
新潟県

8 *Koshihikari* Rice
コシヒカリ

Niigata Prefecture is famous for producing rice. *Koshihikari* rice produced in the Uonuma area is known for its high quality.

新潟県は米どころとして有名。魚沼産のコシヒカリは高品質の米として知られている。

Toyama
富山県

9 Tulips　チューリップ

Toyama Prefecture is famous for tulips. At the Tonami Tulip Fair, you can see three million tulips in bloom.

富山県はチューリップが有名。となみチューリップフェアでは300万本ものチューリップの花が見られる。

Nagano
長野県

7 Matsumoto Castle
松本城

Matsumoto Castle is a national treasure of Japan. It was called Fukashi-jo before.

松本城は日本の国宝の1つ。以前は深志城と呼ばれていた。

Yamanashi
山梨県

6 Fuji Five Lakes
富士五湖

Shizuoka
静岡県

5 Green Tea　茶

名古屋城にあるしゃちほこも有名。

"Fuji Five Lakes" are at the foot of Mt. Fuji. The five lakes are Lake Motosu, Lake Shoji, Lake Sai, Lake Kawaguchi and Lake Yamanaka.

「富士五湖」は富士山のふもとにある5つの湖で、本栖湖、精進湖、西湖、河口湖、山中湖のこと。

Shizuoka Prefecture is the largest producer of tea leaves in Japan. About 40% of the tea leaves in Japan are produced in Shizuoka.

静岡県は茶葉の生産で日本一。日本の約4割の茶葉が静岡で生産されている。

Waei 11

近畿きんき地方 Kinki

Hyogo 兵庫県

1 Himeji Castle 姫路ひめじ城

Himeji Castle is one of the most beautiful castles in Japan. People call it Shirasagi-jo. It is a national treasure and is registered as a World Heritage Site.

姫路城は日本でもっとも美しい城の1つで、白鷺しらさぎ城とも呼ばれている。国宝であり、世界遺産として登録されている。

Shiga 滋賀県

2 Lake Biwa 琵琶びわ湖

kyoyasai 京野菜

black soybean 黒豆

奈良は歴史的な都市！

Wakayama 和歌山県

4 *Umeboshi* 梅干し

Wakayama Prefecture produces the largest amount of Japanese apricots in Japan. Pickled Japanese apricots are called *umeboshi* and they taste very sour and salty.

和歌山県は梅の実を日本でいちばん多く生産している。塩づけにされた梅の実は梅干しと呼ばれ、とてもすっぱくて塩からい味がする。

Nara 奈良県

5 Horyuji 法隆ほうりゅう寺

Horyuji is a temple built by Prince Shotoku in the early 7th century. It is the oldest wooden building in the world.

法隆寺は聖徳太子によって7世紀初期に建てられた寺である。世界でもっとも古い木造建築である。

JAPANESE PREFECTURES

Kyoto
京都府

3 Gion Festival 祇園祭

The Gion Festival in Kyoto is one of the most famous festivals in Japan. Every year in July, decorated floats called *yama* or *hoko* parade through the streets of Kyoto.

京都の祇園祭は日本でもっとも有名な祭りの1つ．毎年7月に，山や鉾と呼ばれる飾りつけされた山車が京都の街を練り歩く．

Lake Biwa is the largest lake in Japan. It covers about one-sixth of the area of Shiga Prefecture. It is larger than Awaji Island in Hyogo Prefecture.

琵琶湖は日本でもっとも面積が広い湖．滋賀県の面積の約6分の1を占めている．兵庫県の淡路島よりも広い．

祇園祭のある7月の京都はとてもにぎやか！

Mie
三重県

6 Ise Jingu
伊勢神宮

Matsusaka beef
松阪牛

Ise Jingu is a shrine in Ise City, Mie Prefecture. The official name is simply "Jingu." It has a nickname of "Oisesan."

伊勢神宮は三重県の伊勢市にある神社．正式名称は単に「神宮」といい，「お伊勢さん」という愛称がある．

Osaka
大阪府

7 Takoyaki たこ焼き

Takoyaki is a very popular food in Osaka. It is mainly made of flour, eggs and water, and a special pan is used to make it into a ball. Each ball has a piece of octopus inside.

たこ焼きは大阪でとても人気のある食べ物．おもに小麦粉と卵と水で作られ，ボール状にするために特別な鉄板が使われる．1つ1つにタコが入っている．

関西人は，たこ焼きやお好み焼きが大好きやでぇ．

Waei 12

中国地方 Chugoku

Shimane 島根県

1 Iwami Ginzan Silver Mine
石見銀山

Iwami Ginzan is a silver mine that produced a large amount of silver *ore in the 16th and 17th centuries. Now it is closed.
(※ore [ɔːr オー(ァ)] 図鉱石)

石見銀山は16〜17世紀に大量の銀鉱石を産出した銀鉱山．いまは閉山している．

Tottori 鳥取県

2 Tottori-sakyu Sand Dunes
鳥取砂丘

The Tottori-sakyu ※Sand Dunes are a famous tourist sight in Tottori Prefecture. You can see beautiful wave-like patterns on the sand there.
(※sand dune [sǽnd djuːn サンド デューン] 図砂丘)

鳥取砂丘は鳥取県の有名な観光地．砂の上に美しい波状の模様が見られる．

shijimi シジミ

Tottori

Shimane

Okayama

Hiroshima

peach モモ

blowfish フグ

Okayama 岡山県

5 Momotaro
桃太郎

"Momotaro" is a popular fairy tale in Japan. The title comes from the name of the story's hero. They say that the setting of this story is in Okayama.

『桃太郎』は日本で人気のあるおとぎ話．題名は物語に登場する主人公の名前に由来する．この物語の舞台は岡山だといわれている．

Yamaguchi

Yamaguchi 山口県

oyster カキ

3 Akiyoshido 秋芳洞

Akiyoshido is one of the largest *limestone caves in the world. You can enjoy mysterious sights there.
(※limestone [láimstoun ライムストウン] 図石灰石)

秋芳洞は世界最大級の石灰洞窟の１つ．神秘的な景観が楽しめる．

Hiroshima 広島県

4 Genbaku Dome
原爆ドーム

The Genbaku Dome in Hiroshima is a symbol of the realization of world peace. Many people from all over the world visit there and think about the importance of peace.

広島にある原爆ドームは世界平和実現の象徴．世界中から多くの人がここを訪れ，平和の重要性について考える．

24

JAPANESE PREFECTURES

四国地方 Shikoku

Ehime
愛媛県

1 Dogo Onsen Hot Spring
道後温泉

Dogo Onsen is in Matsuyama City, Ehime Prefecture. It is one of the oldest hot springs in Japan. It appears in the famous novel "Botchan" by Natsume Soseki.

道後温泉は愛媛県の松山市にある。日本でもっとも古い温泉の1つ。夏目漱石の有名な小説『坊っちゃん』に登場する。

Kagawa
香川県

2 *Sanuki-udon*
讃岐うどん

There are many *udon* restaurants in the prefecture. The *udon* noodles made in Kagawa are called *Sanuki-udon*. The name comes from the former name of this area.

県内には多くのうどん店がある。香川産のうどんは讃岐うどんと呼ばれる。その名はこの地域の旧国名に由来する。

udon
うどん

Japanese orange
ミカン

Kagawa

Tokushima

Kochi

Ehime

sweet potato
サツマイモ

bonito
カツオ

Kochi
高知県

3 Sakamoto Ryoma
坂本龍馬

Sakamoto Ryoma is one of the most popular historical figures in Japan. He was born and raised in Kochi.

坂本龍馬は日本の歴史上の人物でもっとも人気のあるうちの1人。彼は高知で生まれ育った。

Tokushima
徳島県

4 *Awa-odori* Dance
阿波おどり

Tokushima is famous for the *Awa-odori* dance festivals. *Awa-odori* is a kind of Bon dance festival. It is usually held in the middle of August. Performers dance in rows and parade through the streets.

徳島は阿波おどり（祭り）で有名。阿波おどりは盆踊りの一種で、例年8月中旬頃に開かれる。踊り手は列になって踊り、街を練り歩く。

25

九州・沖縄地方 Kyushu/Okinawa

Fukuoka
福岡県

1 Hakata Dontaku Festival
博多どんたく

Hakata Dontaku is one of the most famous festivals in Japan. It is held in downtown Fukuoka City on May 3rd and 4th. A large number of tourists come to see its parade every year.

博多どんたくは日本でもっとも有名な祭りの1つ．5月3，4日に福岡市の中心街で行われる．毎年たいへん多くの観光客が祭りの行列を見物に来る．

Nagasaki
長崎県

4 *Champon* ちゃんぽん

Champon is a kind of noodle dish. It is said that it was invented by the owner of a Chinese restaurant in Nagasaki. You can eat a lot of vegetables with this dish.

ちゃんぽんは，めん類の一種．長崎にある中国料理店の店主によって考案されたといわれる．この料理でたくさんの野菜が食べられる．

Oita
大分県

2 Beppu Onsen Hot Spring
別府温泉

Beppu is a well-known hot spring resort in Japan. Beppu produces more hot spring water than any other resort in Japan.

別府は日本の有名な温泉地．別府は日本のほかのどの温泉地よりも多くの温泉水を産出する．

Saga
佐賀県

3 *Arita-yaki* 有田焼

Arita-yaki is a type of ceramic *ware made in the Arita region, Saga. It is also called *Imari-yaki* because it was exported from the port of Imari before.

(※ware [wεər ウェア] 陶製品)

有田焼は佐賀県の有田地方で作られる陶磁器．かつては伊万里港から輸出されていたため，伊万里焼とも呼ばれている．

Kumamoto
熊本県

5 Kumamoto Castle
熊本城

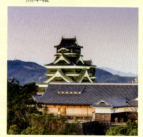

Kumamoto Castle was built by Kato Kiyomasa in the 17th century. It was one of the strongest castles in Japan.

熊本城は加藤清正によって17世紀に建てられた．日本でもっとも堅固な城の1つだった．

おいは西郷隆盛．鹿児島（かごっま）の出身じゃっど．

JAPANESE PREFECTURES

6 Mangoes
マンゴー

Miyazaki Prefecture is located in the southern part of Japan. Thanks to its warm weather, rich and juicy mangoes are produced.

宮崎県は日本の南部に位置する．温暖な気候のため，濃厚でみずみずしいマンゴーが生産されている．

シーサーは魔よけ．建物の門や屋根にいるんだ．

8 Shurijo Castle
首里城

Shurijo Castle is a symbol of Okinawa's history and culture. Shurei Gate is very famous.

首里城は沖縄の歴史と文化の象徴だ．守礼門はとても有名．

*In 2019, the main hall and other buildings were destroyed by a fire.
2019 年に正殿やほかの建造物が火災による被害を受けた．

Kagoshima 鹿児島県

7 Yakushima
屋久島

Yakushima is an island in Kagoshima Prefecture. It is a World Heritage Site. It is rich in nature. Old giant trees called *yaku-sugi* grow in the forest there.

屋久島は鹿児島県にある島．世界遺産の１つで，自然が豊か．島の森の中には屋久杉と呼ばれる巨大な古木が生い茂っている．

日本の文化紹介

日本文化を英語で紹介してみましょう．

茶道 *Sado* (tea ceremony)

The ceremony involves inviting guests and making matcha tea (powdered green tea) and serving it to them. At tea ceremonies, Japanese sweets are served with tea.
客を招き，抹茶（粉末の緑茶）をたててもてなす作法．茶道では，お茶とともに和菓子がふるまわれる．

華道 *Kado* (flower arrangement)

The unique Japanese art of flower arrangement from the Heian period. *Kado* is also called *Ikebana*.
平安時代から続く日本独特のさし花の技術．華道は「いけばな」とも呼ばれる．

歌舞伎 Kabuki

A highly-stylized traditional Japanese play. It was established in the Edo period. Kabuki dramas are performed exclusively by males. Players who take the female roles are called *onnagata*.
高度に様式化された日本の古典演劇．江戸時代に確立された．
歌舞伎は男性だけで演じられる．女性役を演じる俳優は女形と呼ばれる．

能 Noh

A classical masked drama. Performers dance and sing to the music of flutes and drums.
古典的仮面劇．笛やつづみにあわせて舞いうたう．

JAPANESE CULTURE

すもう Sumo

The Japanese national sport. A sumo wrestler, called a *rikishi*, loses when he touches the ground with any part of his body or when he steps out of the ring, called *dohyo*.
日本の国技.力士と呼ばれる選手が体の一部を地面についたり,土俵と呼ばれる競技場の外に出たりすると負けとなる.

柔道 Judo

Contestants fight by throwing their opponents to the floor, or by pinning them on the floor.
選手が相手を投げたり,床に押さえこんだりして技を競い合う.

空手 Karate

A martial art of unarmed self-defense. A karateist uses mainly their fists, hands, and legs as a weapon. *Kata* is a demonstration of a series of offensive and defensive movements.
武器を持たない自己防衛の武道.空手家は武器としておもにこぶし,手,足を用いる.「型」は攻撃と防御の一連の動きを表現したもの.

将棋 Shogi

The game is similar to chess. Each player has 20 *koma* (pieces) and tries to check-mate the opponent's king.
チェスに似たゲーム.各自20枚の駒を進めあい,相手の王将を詰ます(動けなくする)ことを競う.

柔道や空手は,いまでは世界中で人気のスポーツになっているよ.

🎧 Waei 15

着物 Kimono

Nowadays "kimonos" are commonly worn only on special occasions like New Year's Day or at weddings. Most people wear western style clothes.

着物は，いまでは元日や結婚式などの特別な場合のみに着られることが一般的．ほとんどの人が，洋服を着ている．

Furisodes are formal kimonos for unmarried women.

振袖(ふりそで)は未婚(みこん)さんの女性のための改まった着物だよ．

元日 New Year's Day

The beginning of a new year. Many people pay their first visit of the year to shrines and temples on this day.

1年の始まり．この日多くの人が，神社や寺院に初詣(はつもうで)に行く．

浴衣 Yukata

"*Yukatas*" are casual kimonos which are worn in summer or after taking a bath. You can see a lot of young people wearing *yukatas* at fireworks displays in summer.

浴衣は夏や入浴後に着られるカジュアルな着物である．夏の花火大会では，浴衣を着た多くの若者が見られる．

浴衣は改まった場面（formal occasions）では着ないよ。

JAPANESE CULTURE

日本語 Japanese

Japanese is written using four types of characters: *kanji*, *hiragana*, *katakana* and *Romaji*.
日本語は，漢字，ひらがな，カタカナそしてローマ字の4種類の文字で書き表す．

漢字　*Kanji* (Chinese characters)

They were made in ancient China. Each of them has its own meaning.
漢字は古代中国でつくられた．それぞれの文字に意味がある．

ひらがなとカタカナ　*Hiragana* and *Katakana*

They were created in Japan. Each of them represents sounds only.
ひらがなとカタカナは日本で考案された．それぞれの文字は，音のみを表す．

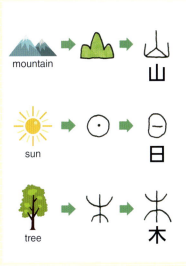

外国の人たちに，名前を漢字で書いてあげると喜ばれるよ．

書道　*Shodo* (Calligraphy)

The art of writing aesthetically using "*fude*" (Japanese brush) and "*sumi*" (Japanese-style black Indian ink). "*Kakizome*" is the first calligraphy of the year. We usually write special words on January 2nd.
筆と墨を使い，文字を美しく書く芸術．「書き初め」はその年の最初に行う書道．たいてい1月2日に特別なことばを書く．

和食 Japanese food

Traditional Japanese food called *washoku* was registered as a UNESCO Intangible Cultural Heritage in 2013. *Kaiseki* (a simple tea-ceremony dish served before tea) and *shojin* (vegetable dishes without meat) are typical traditional Japanese dishes.

和食と呼ばれる伝統的な日本の食べ物は，2013年にユネスコの無形文化遺産に登録された．日本の伝統的な料理としては，懐石（茶の湯で，茶の前に出す軽い食事）や精進料理（肉類を使わず，植物性食品だけを使った料理）が代表的．

家庭の食事　Meals at home

Rice and *miso* soup are the staples. Such side dishes as fish or shellfish, meat, seaweed, vegetables, and tofu (bean curd) are also served.

ご飯とみそ汁が基本．魚介類や肉，海藻，野菜，豆腐などを使ったおかずも食卓にのぼる．

はしの使い方　How to use chopsticks

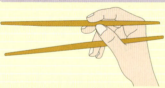
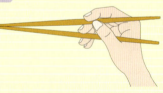

- Hold one of the chopsticks steady between the middle and third fingers.
  一本のはしを，中指と薬指の間にはさんで安定させる．

- Hold the other chopstick with your thumb, index and middle fingers so that it can move to pick up food.
  もう一本のはしを，親指，人差し指，中指で支えて動かして食べ物をつかむ．

Before eating, we say "Itadaki-masu," and after eating, we say "Gochiso-sama."
食べる前に「いただきます．」，食べ終わったら「ごちそうさま．」と言うの．

第6版，第7版はしがき（抜粋）

　国際言語としての英語は，現在ますます重要になってきています．インターネットをはじめとした通信手段の発達によって，いまやおとなだけでなく中学生も日常的に英語を使う機会が出てきました．

　このことは英語で書かれていることが理解できさえすればいいということではなく，自分が相手に伝えたいことを英語で表現することの必要性が出てきたことを意味します．

　このような社会の状況を反映してか，教科書の基本方針が書かれている中学校学習指導要領では，「話す」技能を，［やり取り］と［発表］という2つの領域に分けていっそう重視するようになりました．これからの中学生は英語を使って，みずからの意思を表現することがより大切になってきたというわけです．

　しかし，自分が知っている英単語や英語表現だけで自分の考えていることや伝えたいことを表すのはなかなかむずかしいものです．たとえば自分が陸上競技部に所属していると言いたいとき，soccer（サッカー），tennis（テニス），baseball（野球），basketball（バスケットボール），volleyball（バレーボール）などのスポーツ名は習っているので知っているけれど「陸上競技」は何というのかわからない，というようなことが起こるかもしれません．そのようなときに和英辞典で「りくじょうきょうぎ」を引けば，track and field ということがわかります．このように，和英辞典は自分が相手に伝えたいことを英語でどう表現すればいいのか知りたいときに，強い味方になってくれます．

　"いまの中学生に合った和英辞典"を目ざして作られてきた『ジュニア・アンカー和英辞典』が，ますますみなさんの英語学習の役に立つことを心から願っています．

羽鳥博愛

使 い 方 解 説 図

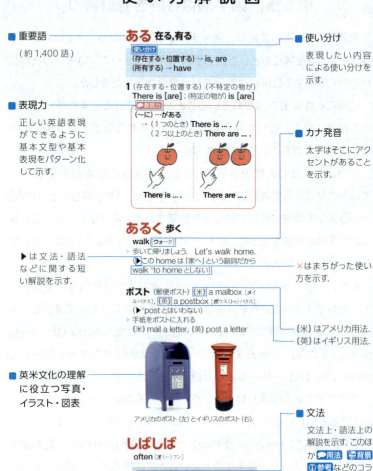

- **重要語**
  (約 1,400 語)

- **表現力**
  正しい英語表現ができるように基本文型や基本表現をパターン化して示す.

- ▶は文法・語法などに関する短い解説を示す.

- **英米文化の理解**に役立つ写真・イラスト・図表

- **参照項目**
  →は参照すべき他の項目を示す.

- **使い分け**
  表現したい内容による使い分けを示す.

- **カナ発音**
  太字はそこにアクセントがあることを示す.

- ×はまちがった使い方を示す.

- 《米》はアメリカ用法.
  《英》はイギリス用法.

- **文法**
  文法上・語法上の解説を示す. このほか ●用法 ●背景 ①参考 などのコラムがある.

- **スピーキング**
  会話に役立つ表現を示す. このほか ●プレゼン では発表に役立つ表現, ●ライティング では作文に役立つ表現を示す.

2　two

この辞典の使い方

1 総項目数

総項目数　　この辞典には約 17,600 項目を収録する．そのうち，見出し語は約11,300，派生語・慣用句・複合語 [合成語]・基本表現などは約6,300.

2 見出し語

重要語　　重要な見出し語は赤い大きな活字で示す．

見出し語の
選択基準
1. 中学生にとって必要と思われる単語を精選する．中学校の教科書，高校入試問題など多くの資料から選定する．
2. 日常語を中心に収録する．俗語的な語彙も必要と判断されるものは収録する．
3. インターネット，テレビなどによく出てくる新しいことばをできるだけ多く収録する．

ひらがなと
カタカナ
　　原則として，ふつうの日本語はひらがなで示す．外来語や動植物名などはカタカナで示す．

配列
1. 国語辞典と同じように五十音順に並べる．同一のかなの中では，
   ① 清音 → 濁音 → 半濁音の順．
   　　[例] **はは** 母 → **はば** 幅 → **パパ**
   ② 直音 → 促音（つまった音「っ」），拗音（ゃ，ゅ，ょ）の順．
   　　[例] **しつけ** → **しっけ** 湿気
   　　　　じゆう 自由 → **じゅう** 十 (の)
   ③ 独立語 → 接頭語 → 接尾語の順．
   　　[例] **こ** 子 → **-こ** …個
   ④ カタカナ→ひらがなの順．
   　　[例] **カエル** → **かえる** 帰る
2. カタカナに長音記号「−」のあるものは，前のカナにふくまれる母音を重ねて書いたものと同じにあつかう．
   　　[例] **カード** → カアド；**キーボード** → キイボオド

three　3

この辞典の使い方

3. 同一の音で意味の異なるものは，原則として別の見出し語とし，右肩に小数字をつけて区別する.

[例] **きゅうこう**¹ 急行；**きゅうこう**² 休校

3 訳語・発音・語形変化

訳語の区分　　訳語の区分は太字の数字で大別し，セミコロン（;）で小区分を行う.

配列順序　　訳語の配列は原則として使用度の高いものから順に示す. 重要語につい
太字の訳語　　ては，使用度の高い訳語を太字で示す.

[例] **あう**² 合う

1（形・サイズが）**fit**［フィット］；（適する）**be right**《for》；（調和する）**match**［マッチ］
2（意見が）**agree**［アグリー］《with》

カナ発音　　カナ発音は訳語のあとに [ ] に入れて示す. スペースの許す範囲ででき
るだけ多くの語に示す.

アクセント　　カナ発音では，アクセント（強勢）のある部分を太字で示す.

[例] **アイスクリーム**（an）ice cream［**アイス**クリーム］

米音と英音　　原則として米音のみを示す. 米音と英音が著しく異なる場合には，米音・英音の順に示し，間に「‖」を置く.

[例] **どちらか(の)**

either［**イ**ーザァ‖**ア**イザァ］；（～か…のどちらか）**either ～ or …**（▶「どちらも」は **both**（～ and …））

発音，アクセント上注意を要する語には，（発音注意）（アクセント注意）と示す.

[例] **ようもう** 羊毛 wool［ウル］（発音注意）
ギター a guitar［ギ**ター**］（アクセント注意）

この辞典の使い方

名詞の複数形

名詞の複数形は,

1. 不規則に変化するものは [複数] の記号をつけて示す.

    [例] **しんし** 紳士 a gentleman [チェントゥルマン]

    ([複数] gentlemen)

2. 規則的に変化するものは,語末が o, f, fe のとき以外は原則として示さない.

    [例] **は**² 葉 a leaf [リーフ] ([複数] leaves);(稲などの細長い) a blade [ブレイド]

動詞・形容詞・副詞の変化形

動詞・形容詞・副詞の変化形のうち不規則に変化するものは,巻末の不規則変化表を参照のこと.

4 用 法・語 法 解 説

使い分け

重要語については,必要に応じて語の使い分けを示す.

[例] **いくつ** 幾つ

> **使い分け**
> (数が) → how many
> (年齢が) → how old

いけない

> **使い分け**
> (禁止) → mustn't, may not
> (必要) → must, have to
> (よくない) → bad

表現力

正しい英語表現ができるように,基本文型や基本表現をパターン化して示す.

[例] **あげる**¹ 上げる, 挙げる

> **表現力**
> (人) に (物) をあげる
> → give ＋人＋物 /
> 　 give ＋物＋ to ＋人

> ▶ あなたにこのリンゴをあげよう.
> I'll *give* you this apple. / I'll *give* this apple *to* you.

five　5

この辞典の使い方

まちがいやすい点を図示

正しい語の使い方を図示する．中学生がまちがいやすい点を指摘する．

[例]

名詞の前の a, an, the

訳語の名詞には a, an や the がついたものと，何もつかないものがある．

1. a, an がついた名詞は1つ，2つと数えられ，複数形で用いられるときがあることを示す．

    [例] **ほし** 星 a star

2. (a), (an) がついた名詞は数えられるときと数えられないときがあることを示す．

    [例] **しょうり** 勝利 (a) victory

3. the のついた名詞は，ふつう the をつけて用いることを示す．

    [例] **たいよう**[1] 太陽 the sun

4. a, an, the のつかない名詞は数えられない名詞であることを示す．

    [例] **みず** 水 water

連語表示

訳語のあとの（　）の中の前置詞，（　）の中の副詞は訳語としばしば結びつくことを示す．（　），（　）のない場合は必ず続けて使うことを示す．

[例] **あくしゅ** 握手する shake hands (with)

あきらめる give up

コラム

語の理解を深めるために，次のようなコラムを設けて解説する．

- 🗨文法　文法上・語法上の解説．
- 💬用法　ライティング，スピーキング，プレゼンに役立つようなことばの使い方を解説．
- 🌐背景　ことばの背景となる英米の文化やものの考え方などを解説．
- ⓘ参考　その他の学習上参考になる事がらを解説．
- 🗣スピーキング　日常よく使う会話表現を示す．
- 🎤プレゼン　発表するときに役立つ表現を示す．
- ✏ライティング　作文などに役立つ表現を示す．

この辞典の使い方

5 用例

用例

1. スペースの許す範囲で，できるだけ多くの用例を示す．とくに重要語には多めに用例を収録する．

2. 会話にすぐ使えるよう，口語表現を多くし，必要な場合には対話形式で示す．

3. 用例の中のイタリック体は訳語およびその派生語・慣用句・複合語の該当部分を示す．

[例] **あい** 愛

love [ラヴ] →あいする
▶ 愛は何物よりも強い．
Love is stronger than anything else.

6 派生語・慣用句・複合語

派生語

見出し語の派生語（…する，…の，…に，などのついたことば）は，訳語または用例のあとに示す．

[例] **いんさつ** 印刷 printing [プリンティング]

印刷する print

慣用句

1. 見出し語をふくむ慣用的な語句は，訳語または用例のあとに示す．

[例] **め**¹ 目

1 an eye [アイ]；(視力) eyesight [アイサイト]
目がくらむ be dazzled [ダズルド]
目が覚める wake (up)
目がない have a weakness 《for》
目がまわる feel dizzy [ディズィ]

2. 簡単なことばに言いかえれば調べられる慣用的な語句は，参照すべき見出し語を示し，ⓘ **日本語NAVI** にまとめて示す．

複合語

[合成語]

見出し語をふくむ複合語は最後に示す．

[例] **やきゅう** 野球

baseball [ベイスボール] (▶スポーツ名には冠詞はつかない)
野球場 《米》a ballpark [ボールパーク], a baseball stadium [スティディアム]；(グラウンド) a baseball field
野球選手 a baseball player
野球部 a baseball team [club]

seven 7

この辞典の使い方

▣ 写真・イラスト・図表

写真・イラスト・図表

1. 視覚的に語を理解できるよう，写真・イラスト・図表を多数収録する．
2. とくに英米の生活がわかるように，家庭生活・学校生活・掲示・標識・看板など特色のある写真をのせる．
3. 文法上・語法上重要な語や使い方をまちがいやすい語については，注意すべき点を必要に応じて図解する．
4. 関連する他の語とのちがいや相関関係を明示するため，できるだけ多くの図表を用いる．

[例]

> 💬**用法**「青」と green
> 日本語では「青葉」「青信号」のように緑を青ということがあるが，英語では **blue** と **green** をはっきり区別する．
>
> | | 青 | blue |
> |---|---|---|
> | 青い | 緑 | green |
> | | 青白い | pale |

▣ 注意すべき記号

( )と[ ]

1. ( ) 内の部分は省略可能であることを表す．

[例] ▶ つかれてるようだね．
You *look* tired. / You *seem* (to be) tired.

2. [ ] 内の部分は置き換え可能であることを表す．

[例] ▶ 私の彼は私より1つ年上だ．
My boyfriend is one year *older than* me [I am]. (▶「年下」は younger)

→, ▶, ×

1. →は他の項目を「参照せよ」の意味を表し，▶は「注意」「補足」「解説」などの意味を表す．

[例] **しがつ** 四月　→いちがつ，つき¹ (表)
April [エイプリル] (▶ 語頭は必ず大文字；Apr. と略す)

8　eight

この辞典の使い方

[例] **あるいは**

▶ きみ, あるいは弟さんのどちらかがそこに
行かなくてはいけない.
Either you *or* your brother has to go
there. (▶ either ～ or ... の部分が主語
になったときは, 動詞は or のあとの語に
一致させるのが原則)

2. まちがった使い方には×印をつけて注意を喚起する.

[例] ▶ 弟は病気だ. My brother *is sick*. (▶
My brother is ×sickness. とはいわない)

9 CLIL（クリル）

Introduction
to CLIL

CLIL* の,「みずから実際に考え伝えたいと思う《内容》を, 相手に《こ
とば》として（英語で）発信する」という考え方をもとに, 16 トピックに
ついてまとまった情報量の英文を示す.

＊ CLIL は Content and Language Integrated Learning の略で,「内容言語統合型学習」
と訳される教育法. 具体的には《言語》と, 教科などの《内容教育》を統合して指導される.

■ CLIL 一覧

音楽	141	地球	500
学校紹介	176	天気・気候	546
環境問題	195	我が家のペット	714
趣味	370	道案内	759
人体	395	メディア・通信手段	777
数学	403	夢	807
世界	432	料理	832
食べ物	485	歴史	837

略 語 一 覧

同	同意語	男	男性形	《米》	アメリカ用法
反	反意語	女	女性形	《英》	イギリス用法
対	対語	複数	複数形		

nine　9

無料英単語アプリ・無料音声再生アプリについて

■ 無料英単語アプリ

ジュニア・アンカー 中学英和辞典の重要な英単語を，クイズ形式で確認するアプリです．下記の二次元コードを読み取るか，URLにアクセスしてください．

https://gakken-ep.jp/extra/ja/

※ iPhoneの方は，Apple ID，Androidの方はGoogleアカウントが必要です．
　対応OSや対応機種については，各ストアでご確認ください．
※ お客様のネット環境及び携帯端末によりアプリを利用できない場合や，音声をダウンロード・再生できない場合，当社は責任を負いかねます．ご理解・ご了承をいただきますよう，お願い申し上げます．
※ アプリは無料ですが，通信料はお客様の負担になります．

■ 無料音声再生アプリ

🎧マークの音声と，ジュニア・アンカー 中学 英和辞典の見出し語の音声（原則として発音記号のあるもの）を，専用アプリで再生することができます．
下記の二次元コードを読み取るか，URLにアクセスしてください．

https://gakken-ep.jp/extra/myotomo/

※ iPhoneの方は，Apple ID，Androidの方はGoogleアカウントが必要です．
　対応OSや対応機種については，各ストアでご確認ください．
※ お客様のネット環境及び携帯端末によりアプリを利用できない場合や，音声をダウンロード・再生できない場合，当社は責任を負いかねます．ご理解・ご了承をいただきますよう，お願い申し上げます．
※ アプリは無料ですが，通信料はお客様の負担になります．

さくいん

文 法

あ行

あさ¹：「朝に」の言い方 ································ 25
あした：tomorrow の使い方 ················· 27
あの：that と those ································· 36
ある：不特定の物が主語のとき ········· 43
ある：特定の物が主語のとき ············· 43
いいえ：否定は No! ································ 50
いぜん：ago と before ························· 63
いちがつ：in と on ······························ 65
いちばん：「いちばん…」の言い方 ······· 67
いつ：when の使い方の注意点 ········· 68
いっぱい：2杯以上の表し方 ·············· 71
いつも：always, usually の位置 ········ 72
いる¹：不特定の物が主語のとき ······· 78
いる¹：特定の物が主語のとき ··········· 78
－(して)いる：進行形にしない動詞 ········ 79
うみ¹：sea の使い方 ···························· 93
おおく：many・much と a lot of ······· 110
おおく：many of the … と many … ······· 110
おなじ：as ～ as … の使い方 ·········· 128
おぼえている：remember -ing と
　　remember to … ························· 130

か行

かぐ²：furniture の数え方 ·················· 158
かぞく：family の使い方 ···················· 168
かね¹：money は数えられない ··········· 181
かみ¹：paper の数え方 ······················ 183
－から：from と since ······················· 186
きのう¹：yesterday の使い方 ············· 214
ぎゅうにゅう：milk の数え方 ············· 222
きょねん：last は「この前の」 ············· 229
くだもの：fruit の使い方 ···················· 241
くつ：「くつ」の数え方 ························ 243

ケーキ：cake の数え方 ······················ 258
ごご：afternoon と前置詞 ················· 285
－こと：「to ＋動詞の原形」と -ing ······· 291

さ行

－さえ：even の位置 ·························· 313
－しか：only の位置 ·························· 332
しばしば：often の位置 ···················· 350
すくない：few と little ······················ 407
すこし：few と little と some ············· 409
すべて：all と every ························· 416
ぜんぶ：all と every ························· 444

た行

たくさん：many, much と a lot of ······· 471
－(し)たら：条件を表すときの時制 ······· 489
－(し)たら：仮定を表すときの時制 ······· 489
だれも…ない：none の使い方 ··········· 491
できる：be able to の使い方 ············· 536
どう¹：what と how ··························· 554
ときどき：sometimes の位置 ············· 564

な行

－ならない：must と have to ············· 602
なんて：how と what の感嘆文 ·········· 606
－の：-'s と of … ······························ 628

はまや行

はい¹：Yes と No の使い方 ·············· 638
ひとつ：a と an ································· 678
まい－：every ＋「時」 ······················ 736
－まで：until [till] と by ··················· 746
もっとも¹：形容詞・副詞の最上級と the ······· 785
やめる：stop -ing と stop to … ·········· 798

用 法

あ行

あいだ：during と for ························· 18
あいだ：during と while ····················· 18
あお：「青」と green ··························· 21
あそび：「遊びに行く」の言い方 ·········· 28
あたま：「頭」と head ························· 30
あたる：「人の…に当たる」の言い方 ······· 31

あつめる：gather と collect ··············· 33
あなた：「あなた」と you ···················· 35
アパート：apartment と apartment house と
　　apart ··································· 36
あまり¹：a のない few と little ············ 38
ある－：a certain と some ················ 44
いう：say と speak と talk と tell ········ 52

eleven　11

さくいん

いえ：house と home ······························53
-いか：「以下」と less than ·····················54
いく：go と come ···································56
いくつ：how many と how old ··············58
いくら：「いくら」のたずね方 ·················59
-いじょう：「以上」と more than ············62
いただきます：いただきます．···············64
いちど：もう一度おっしゃってください．·······66
うそ：うっそー！·································86
うつくしい：「美しい」のいろいろ ···········89
うまれ：お生まれは？·····························92
え¹：picture, painting, drawing など ······98
ええと：Let me see, と Well, ···············101
おおきい：big と large ·························109
おかあさん：呼びかけの「お母さん！」·····112
おかえり：お帰り（なさい）．··················112
おかわり：お代わりはいかが．···············113
-おき：「2日おき」の言い方は？··············113
おく¹：leave と keep ····························114
おこる¹：with と at と about ···············117
おしえる：teach と tell と show ············119
おじゃま：おじゃまします．／
　　おじゃましました．·····················120
おつかれさま：おつかれさま．···············124
おとうさん：呼びかけの「お父さん！」·····125
おどろく：「驚く」と be surprised ··········127
おはよう：Good morning. ·····················129
おめでとう：「おめでとう」と言われたら？·····132
おもしろい：「おもしろい」のいろいろ ·····135

か行

かいがん：「海岸」のいろいろ ···············146
がいこく：foreigner の使い方 ···············147
かく¹：さまざまな「かく」·····················157
かげ：shade と shadow ························161
かしこい：wise, clever, bright, smart ······165
かつ：win と beat ·······························172
かぶる：put on と wear ·······················182
-から：原料・材料の表し方 ···················187
がんばる：「がんばって」のいろいろな
　　言い方 ··201
きがきく：気がきくね．··························204
きく¹：hear と listen と ask ··················206
きゅうじつ：holiday と vacation ············221
きょうだい¹：「きょうだい」の表し方 ·······226
きる²：put on と wear と have ... on ·······231
きをつける：体に気をつけて．···············233
ください：「…してください」「いいですよ」·····240
くれる¹：… （して）くれる．··················252
くれる¹：…してくれますか．··················252

けつえき：血液型は何型？·····················261
-こ：物の数え方 ·································270
こうちゃ：tea と black tea ···················277
ごご：午後の区分 ·······························285
ごちそう：ごちそうさま．·····················289
-こと：…（する）こと ··························292
ごはん：ごはんよ！·····························297
ごめん：I'm sorry. と Excuse me. ···········299
こんにちは：「こんにちは」と hello ········305
こんばんは：Good evening. を使う時間帯·····306

さ行

さようなら：「さようなら」のいろいろ ·······323
さら：dish, plate, saucer ·····················324
-さん：「…さん」の言い方 ·····················325
しぬ：die と dead ·······························350
しぬ：die of と die from と be killed in ····350
しゅみ：hobby と pastime ····················369
しる¹：「知りません」は
　　I'm sorry I don't know. ·················389
しんじる：信じられない！·····················393
する¹：「…（を）する」の言い方 ··············421
せいれき：A.D. の使い方 ·····················430
せまい：「せまい」の表し方 ···················437
せん¹：4けたの数字の読み方 ················438
せんしゅう：「先週の」の表し方 ···············440
せんせい¹：「…先生」の表し方 ···············441
せんぱい：「先輩」の言い方 ···················443

た行

-たい¹：「…したい」の使い分け ···············460
たかい¹：high と tall ···························469
たかさ：「高さ」の言い方 ·····················470
-だけ：only の位置 ·····························472
ただいま：ただいま．··························476
たぶん：probably と perhaps と maybe ·····483
ちいさい：small と little と tiny ············495
つく¹：「着く，到着する」を表す言い方 ·······518
つくる：be made of と be made from ······520
つまらない：つまらないものですが… ·······524
-で：in と at ····································530
ていあん：提案するときの言い方 ···········531
てんき：天気を表す言い方 ···················545
-と：イントネーションに注意 ···············552
とけい：clock と watch ························568

な行

なおす：repair と mend と fix ···············590
なぐさめる：なぐさめるときの言い方 ·······594
-（し）なさい：命令的な言い方 ···············595

12　twelve

さくいん

ならう：learn と study ……………601
にっき：日記の書き方 ……………613
にわ：yard と garden ……………618

は行
はなす[1]：talk と speak と tell ……………655
はは：「お母さん！」の言い方 ……………656
ばんごう：番号の読み方 ……………664
ピクニック：「ピクニック」と「ハイキング」……………671
ひじょうに：very と very much ……………673
ふね：ship と boat ……………700
ぶんすう：分数の読み方 ……………707
ほう[1]：should と had better ……………719
ほめる：ほめるときの言い方 ……………732
ほんとう：really の発音のしかた ……………735

ま行
まなぶ：learn と study ……………747
マンション：「マンション」と mansion ……………752
みち[1]：road と street と path と way ……………760
みる：see と look at と watch ……………765
めいわく：ご迷惑をおかけしてすみません。……………774
もちろん：さまざまな「もちろん」……………783
もったいない：「もったいない」の表し方 ……………784

やら行
よろしい：「よろしいですか」「よろしい」……………820
よろしく：よろしく（お願いします）．……………821
ラッキー：ラッキー！……………824
りょこう：「旅行」を表すことば ……………833

使い分け

あ行
あいだ ……………18
あう[1] ……………19
あう[2] ……………20
あがる ……………21
あげる[1] ……………24
あたま ……………29
あたる ……………30
あと[1] ……………34
ある ……………43
あるいは ……………44
いい ……………49
いかが ……………54
いくつ ……………58
いけない ……………59
いちばん ……………67
いつか[1] ……………68
いま[2] ……………74
いる[1] ……………77
−（して）いる ……………78
うえ[1] ……………82
うごく ……………85
うすい ……………86
うつ[1] ……………89
うつす[1] ……………89
おおい[1] ……………108
おおきい ……………109
おく[1] ……………114
おくる[1] ……………115
おこる[1] ……………117

おしえる ……………119
おそい ……………121
おもう ……………133
おりる ……………138

か行
−か ……………143
かかる[1] ……………154
かく[1] ……………157
かける[1] ……………162
−から ……………186
かりる ……………189
かんがえ ……………192
かんがえる ……………193
きく[1] ……………206
きめる ……………217
きる[1] ……………231
きる[2] ……………231
きれい ……………232
きれる ……………232
くみ ……………245
−くらい ……………247
くる ……………250
けす ……………260
けっこう[1] ……………261
こころ ……………286
こちら ……………290
−こと ……………291

さ行

thirteen　13

さくいん

さがる	314
さき	315
-させる	319
-さん	325
じかん	333
した²	341
しばらく	351
しめる¹	354
しらべる	387
すぎる	406
すぐ	406
すくない	407
すこし	409
すすめる¹	411
ずっと	412
すみません	418
する¹	420
せまい	436
そう²	445
-そう	445

た行

たかい	469
たくさん	471
だす	474
たつ¹	478
だって	479
たてる¹	480
-ため	487
だれ	490
ちいさい	495
ちかい¹	496
ちがう	497
つかう	515
つき¹	516
つく¹	518
つくる	519
つける¹	520
つよい	526
-で	529
できる	536
でる	542
-と	552
どう¹	554
どうぞ	558
-ところ	569
とし¹	570
どちら	572
どのくらい	577
とる	583

どんな	586

な行

-ない, (い) ない	587
なおす	590
なか¹	590
- (に) なる	603
-に	608
ねる¹	626
-の	628
のこる	630
のせる	630
のぼる	633
のむ	633
のる¹	634

は行

はいる	640
-ばかり	642
はなし	654
はやい	657
はやく	658
ひ¹	667
ひく¹	670
ひくい	671
ひらく	684
ひろい	686
-へ	709

まやらわ行

まえ	737
また¹	742
まだ	742
まったく	745
-まで	746
まもる	749
みえる	753
みる	764
もう	779
もつ	783
やすみ	794
やすむ	795
やぶる	797
よい¹	809
-よう¹	810
よく²	814
よぶ	817
-れる, -られる	839
わるい	851
-を	852

◀ **あいさつ**

あ Oh! [オウ] →あっ
▸ あ, そうだ. *Oh*, yes.
▸ あ, きみか. *Oh*, it's you.

ああ¹ (感動・驚き) Oh! [オウ], Ah! [アー]
▸ ああ, おいしい. *Oh*, it's good.
▸ ああ, びっくりした.
Oh! What a surprise! / Oh, you surprised me.

2 (返事) Yes. [イェス]
▸ ああ, わかりました.
Yes, I understand.
▸ ああ, そうするよ.
Sure I will.

🗨 スピーキング
🅐 サッカー部のヒロシを知ってる？
Do you know Hiroshi on the soccer team?
🅑 ああ, 知ってるよ.
Yes, I know him.

ああ²
▸ ああしろ, こうしろって言わないで.
Don't tell me what to do or (what) not to do.
▸ ぼくもああいう人になりたい！
I want to be a person like *that*!

アーケード an arcade [アーケイド]
アーチ an arch [アーチ]
アーチェリー archery [アーチ(ェ)リイ]
▸ アーチェリーを練習する
practice *archery*
アーティスティックスイミング
artistic swimming [アーティスティク スウィミング]
アーティスト an artist [アーティスト]
アート art [アート] →びじゅつ, げいじゅつ
アーモンド 《植物》an almond [アーモンド]

あい 愛

love [ラヴ] →あいする
▸ …に愛を告白する
confess *my love* to …
▸ 愛は何物よりも強い.
Love is stronger than anything else.

▸ 子どもに対する母の愛はとても深い.
A mother's *love* for her children is very deep.
▸ 愛をこめて. With *love*, (▶手紙の結びの言葉で, 単に Love, とも書く)

あいかぎ 合いかぎ a duplicate [デュープリケト] key, a spare [スペア] key
あいかわらず 相変わらず as before, still [スティル], as usual [ユージュアル]
▸ 麻耶は相変わらず魅力的だ.
Maya is as charming *as before*. / Maya is *still* charming.
▸ 相変わらず部活でいそがしいんだ.
I'm busy with club activities *as usual*.

あいきょう 愛きょうのある charming [チャーミング]；(こっけいでかわいい) humorous [ヒューモラス]
▸ あの女の子はとても愛きょうがある.
That girl is very *charming*.
▸ 彼はどこか愛きょうがあるね.
There is something *humorous* about him.

あいけん 愛犬 my pet dog
▸ 愛犬ステラ *my pet dog* Stella
あいこ even [イーヴン]
▸ じゃんけんぽん. あいこでしょ.
Rock, scissors, paper! We are *even*. →じゃんけん
あいことば 合い言葉 a password [パスワ〜ド] →パスワード；(仲間内の主義などを表す語, スローガン) a slogan [スロウガン]
アイコン (絵文字) an icon [アイカン]
▸ アイコンをクリックする click on the *icon*

あいさつ

a greeting [グリーティング]
あいさつする greet
▸ あいさつをかわす exchange *greetings*
▸ 先生に「おはようございます」とあいさつした.
We *greeted* our teacher by saying, "Good morning."
あいさつ状 a greeting card

あ
か
さ
た
な
は
ま
や
ら
わ

あ ア あ ア あ ア

fifteen 15

あいしょう¹ ▶

🎤 スピーキング

あいさつ (Greetings)

① 朝のあいさつ

Ⓐ お母さん，おはよう．
Good morning, Mom.

Ⓑ エリ，おはよう．
Good morning, Eri.

Ⓐ いただきます．Let's eat.

Ⓐ ごちそうさま．I'm finished.

(▶「いただきます」「ごちそうさま」にあたる決まった英語はない．「いただきます」は Let's eat. や It looks delicious., 「ごちそうさま」は I'm finished. などという)

Ⓐ お母さん，行ってきます．
Goodbye, Mom.

Ⓑ 行ってらっしゃい，エリ．
Have a nice day, Eri.

(▶「行ってきます」は Goodbye. とか Bye. という．「行ってらっしゃい」も Goodbye. とか Bye. というが，「楽しんでらっしゃい」という感じで Have a nice day. などともいう)

Ⓐ 寛太くん，おはよう．
Hello, Kanta.

Ⓑ おはよう，エリ．
Hi, Eri.

(▶友達どうしでは，朝・昼・晩ともに Hello! とか Hi! ということが多い)

② 午後のあいさつ

Ⓐ 後藤さんのおばさん，こんにちは．
Good afternoon, Mrs. Goto.

Ⓑ エリちゃん，こんにちは．
Good afternoon, Eri.

Ⓐ お母さん，ただいま．
Hello, Mom. I'm home.

Ⓑ おかえり，エリ．
Hello, Eri.

(▶「ただいま」「おかえり」にあたる決まった英語はない．人に会ったときのあいさつと同じく Hello. や Hi. といえばよい)

③ 夕方のあいさつ

Ⓐ こんばんは．
Good evening.

Ⓑ こんばんは，エリ．
Good evening, Eri.

④ 別れるときのあいさつ

Ⓐ さようなら．
Goodbye.

Ⓑ さようなら．またあしたね．
Goodbye. See you tomorrow.

(▶ Bye. や So long. もくだけた言い方で使う．夜，別れるときは Good night. (おやすみなさい) も使われる)

⑤ 夜のあいさつ

Ⓐ お父さん，おやすみなさい．
Good night, Dad.

Ⓑ おやすみ．
Good night, dear.

⑥ 久しぶりに会った人とのあいさつ

Ⓐ こんにちは，久しぶりだね．元気にしてた？
Hi. It's been a long time.
How have you been?

Ⓑ 元気だよ，ありがとう．あなたは？
Fine, thank you. And you?

(▶「久しぶりだね」は I haven't seen you for a long time. ともいう．くだけた言い方では Long time no see. ともいう)

⑦ はじめて会った人とのあいさつ

Ⓐ はじめまして，小川さん．
Hello. Nice to meet you, Mr. Ogawa.

Ⓑ どうぞよろしく，スミスさん．
Hello. Happy to meet you, too, Mr. Smith.

(▶ How do you do? も初対面のあいさつだが，改まった言い方で若者どうしではあまり使わない)

あいしょう¹ 愛称 a nickname [ニクネイム]
▶ マイクはマイケルの愛称です．
Mike is a *nickname* for Michael.

あいしょう² 相性
▶ 私と彼は相性がいい．
I *get along with* him.

あいじょう 愛情 love [ラヴ], affection [アフェクション] →あい
▶ 親の子どもに対する愛情
parents' *love* for their children
▶ 愛情のこもった手紙
a *warm-hearted* letter

アイス (氷) ice [アイス]；(アイスクリーム) (an) ice cream；(コーンつきの) an

16 sixteen

ice-cream cone
▶ アイスちょうだい.
Give me some *ice cream*, please.
アイスキャンディー (米) a popsicle [パプスィクル] (▶もとは商標名), (英) an ice lolly [アイス ラリィ]

アイスキャンディー.

アイスコーヒー iced coffee
アイススケート ice skating
アイスダンス ice dancing
アイスティー iced tea
アイスバーン an icy patch [パッチ]
アイスホッケー ice hockey [ハキィ]; (米) hockey
あいず 合図 a sign [サイン], a signal [スィグナル]
合図する make a sign, signal
▶ 警官が止まれって合図してるよ.
The police officer *is giving* us *a sign* to stop.
アイスクリーム (an) ice cream [アイスクリーム]; (コーンつきの) an ice-cream cone

コーンつきの
アイスクリーム.

▶ 私はアイスクリームが大好きなんだ.
I like *ice cream* very much. / I love *ice cream*.
▶ アイスクリームを2つください.
Two *ice creams*, please.
アイスクリーム店 an ice cream parlor

🔊スピーキング
Ⓐ 何味のアイスクリームがいちばん好き?
What flavor of ice cream do you like (the) best?
Ⓑ バニラが大好き.
I love vanilla.

アイスランド Iceland [アイスランド]
あいする 愛する
love [ラヴ] (反 にくむ hate) →あい

📣表現力
…を愛する, …を愛している
→ love …

love はふつう
進行形にしない.

▶ 私はリサを愛している.
I *love* Lisa. / I'm *in love with* Lisa.

🔊スピーキング
Ⓐ 洋一くん, 愛してる!
Yoichi, I love you!
Ⓑ ぼくも愛してるよ, 春香.
I love you, too, Haruka.

▶ 彼らはおたがいに愛し合っていた.
They *loved* each other.
▶ 彼はみんなから愛されています.
He *is loved* by everyone.
▶ 愛する人 / 愛する人たち
a *loved* one / *loved* ones
▶ 平和を愛する人々
peace-*loving* people
あいそ(う) 愛想
▶ リズはみんなに愛想がよい.
Liz *is nice to* everybody. / Liz *tries to please* everybody.
あいた 開いた, 空いた (ドアなどが) open [オウプン]; (席などが) vacant [ヴェイカント]; (時間などが) free [フリー]
▶ 窓は開いたままだった.
The windows were left *open*.
▶ 空いた時間に
in *my free* time

あいだ 間

使い分け
(時間) → for, during, between
(場所・関係) → between, among

for four days
4日間

during June
6月の間

between Yuri and Emi
ユリとエミの間で

among girls
女の子たちの間で

1 (時間)**for**[フォー(ァ)], **during**[デュ(ア)リング, ドゥ(ア)リング], **between**[ビトゥウィーン], **while**[(フ)ワイル]
▶ 長い間 *for* a long time
▶ 3日の間(ずっと) *for* three days
▶ 少しの間 *for* a little while
▶ 冬の間 *during* winter
▶ 休暇(きゅうか)の間に(期間中に)
during the vacation

用法 during と for
ともに「期間」を表すが、「夏の間」や「休暇の間」のようにある特定の時を表す語の場合は **during** を使う. *during* the summer vacation(夏休みの間に).
一方、「1週間」「2時間」など期間の長さを表す場合は **for** を使う. *for* two weeks(2週間)

表現力
…している間に
→ while ... / during ...

▶ 留守の間に電話があったよ. There was a call *while* you were out.

用法 during と while
during のあとには *during* the vacation (休暇の間に)のように語句がくるが、**while** のあとには *while* you were out (留守の間に)のように「主語+動詞」がくることが多い.

▶ 1時から2時の間に
between one o'clock *and* two o'clock

2 (場所・関係)(2つの間) **between**; (3つ以上の間) **among**[アマング]
▶ 山川先生は生徒の間で人気がある.
Mr. Yamakawa is popular *among* his students.

表現力
〜と…の間 → between 〜 and ...

▶ 東京と新大阪の間にいくつ駅がありますか.
How many stations are there *between* Tokyo *and* Shin-Osaka?
▶ ぼくたち2人の間だけの話だけど、彼女はきみのことが好きだと思うよ. *Between* you *and* me, I think she loves you.

あいつ that guy[ガイ](▶男性をさす表現. 複数形では女性をふくむこともある)
▶ あいつはいいやつだ. He's a nice guy.
あいつら they[ゼイ]→かれら
あいづち 相 づ ち を 打 つ nod yes, make sounds of agreement

スピーキング
● なるほど、わかりました. I see.
● へえ、そうですか.
　Is that so? / Is that right?
● そのとおり. That's right.
● ほんと? / うっそー. Really?
(▶軽い相づちは、Uh-huh[アハ](肯定(こうてい))とか Uh-uh[アァ](否定)という. 肯定するときは Yes[イェス]ということも多いが、そのほか、上のような言い方をする)
Ⓐ きのうディズニーランドに行ったんだ.
　I went to Disneyland yesterday.
Ⓑ へえ、そう. Oh, did you?
(▶相手の言ったことを疑問文の形にして上のように問いかけることも多い)

あいて 相手
▶ 遊び相手 a friend to play with
▶ 競争相手 a rival, an opponent
▶ 相手チームを破る
beat the *opposing* team
▶ 話し相手がほしい．
I want *someone* to talk to.
▶ 相手の身になってみなさい．
Put yourself in *his* [*her*] place.

アイデア an idea [アイディ(ー)ア]
▶ ぼくにいいアイデアがある．
I have a good *idea*.
▶ それはいいアイデアだね．
That's a good *idea*.
▶ 何かアイデアがありますか．
Do you have any *ideas*?
▶ いいアイデアが思いうかばない．
I can't come up with a good *idea*.

アイティー IT (▶ *information technology* (情報技術) の略)
▶ 私の父はIT関係の会社で働いている．
My father works for an *IT* business firm.

アイディーカード (身分証明書) an ID card (▶ an *identification* card の略)

訪問先でアイディーカードを見せる男性．

あいている 開いている，空いている（ドアなどが）open [オウプン]；（席などが）vacant [ヴェイカント]；（時間などが）free [フリー] →あく¹, あいた

あいどくしょ 愛読書 *my* favorite book

アイドル an idol [アイドゥル]
▶ アイドル歌手 a pop *idol*
▶ アイドルグループ an *idol* group

あいにく unfortunately [アンフォーチ(ュ)ネトゥリィ]
▶ あいにく雨で試合が中止になった．
Unfortunately, the game was canceled because of rain.

▶ それはあいにくですね．
Oh, *that's too bad*. / *I'm sorry* about that.

アイヌ (1人) an Ainu [アイヌー]；(全体) the Ainu(s)
アイヌの Ainu
アイヌ語 Ainu

あいま 合間
▶ 授業の合間に *between* classes

あいまいな vague [ヴェイグ]
▶ あいまいな返事をする
give a *vague* answer

あいよう 愛用の favorite [フェイヴァリト]
▶ 愛用のペン my *favorite* pen

アイルランド Ireland [アイアランド]
アイルランドの Irish [アイ(ア)リシ]

アイロン an iron [アイアン] (発音注意)
アイロンをかける iron, press
▶ 私はハンカチにアイロンをかけた．
I *ironed* my handkerchief.

アインシュタイン，アルベルト
(人名) Albert Einstein [アインスタイン]

あう¹ 会う, 遭う

使い分け
(人に) → meet, see
(事故などに) → have

1 (人に) meet [ミート], see [スィー]
▶ 「何時に会おうか」「きみの好きなときでいいよ」
"What time shall we *meet*?" "Any time you like."
▶ どこで会おうか．Where will we *meet*?

表現力
…に会う → meet ... / see ...

▶ 今度いつきみに会える？
When can I *see* you again?
▶ あした会おう．*See* you tomorrow.
▶ またいつか会いましょう．
See you again. (▶ See you again. はいつまた会うかわからない相手にいう言い方．「じゃあまた」とか「またあした」というような場面では使えない．その場合は単に See you. などという)
▶ 私はバスで佐藤先生に会った．
I *met* Ms. Sato on the bus.
▶ ぼくはずっとケンに会っていない．

あう² ▶

I *haven't seen* Ken for a long time.
▶ きょう堀さんにばったり会った.
I *ran into* Mr. Hori today. / I *happened to meet* Mr. Hori today.

🗣スピーキング
🔴 お会いできてうれしいです.
(I'm) glad to meet you.
(It's) nice to meet you.
(▶初対面のときには meet を使う)
(I'm) glad to see you (again).
(It's) nice to see you (again).
(▶初対面以外の場合（友達どうしなどが久しぶりに会ったときなど）には see を使う)
🅰 お会いできてうれしいです.
I'm glad to meet you.
🅱 私もです.
I'm glad to meet you, too.
(▶答えるときは，初対面の場合も初対面以外の場合も，相手のあいさつに，too をつけた形を使えばよい)
🔴 お会いできてうれしかったです.
Nice to have met you.
(I'm) glad to have met you.
It's (been) nice meeting you.
(▶初対面の人と別れるときの言い方)

2 (事故や不幸なことに) **have** [ハヴ], meet with
▶ 弟は帰宅途中で交通事故にあった.
My brother *had* a traffic accident on his way home.

あう² 合う

使い分け
(形・サイズが) → fit
(意見が) → agree
(正確である) → be correct

1 (形・サイズが) **fit** [フィット]；(適する) be right (for)；(調和する) match [マッチ], go with
▶ このスニーカーはぼくの足に合わない. 大きすぎるんだ. These sneakers don't *fit*. They are too big.
▶ 自分に合った塾を選びなさいね.
You should choose a *juku* that is *right for* you.
▶「このブラウスには何色のスカートが合うか

な？」「絶対グリーンよ」
"What color skirt will *go with*[*match*] this blouse?" "A green one, I bet."
2 (意見が) **agree** [アグリー] (with)
▶ 父とは意見が合わなかった.
I didn't *agree with* my father.
▶ ボブとは気が合うんだ.
I *get along well with* Bob.
▶ 目が合うと，彼はにっこりしてくれた.
I *caught his eye* and he smiled.
3 (正確である) **be correct** [コレクト]

🗣スピーキング
🅰 きみの時計，合ってる？
Is your watch correct?
🅱 いや，5 分おくれているよ.
No, it's five minutes slow.

アウェー an away game [match]
▶ インテルはアウェーでチェルシーに勝った.
Inter defeated Chelsea in the *away match*.
アウト アウトの《野球》out [アウト] (反) セーフ safe)
▶ 三振！バッター，アウト.
Strike three! You're *out*.
アウトドア アウトドアの outdoor [アウトゥドー(ァ)]
▶ アウトドアライフを楽しむ
enjoy my *outdoor* life
アウトドアスポーツ an outdoor sport
アウトプット 《コンピューター》output[アウトゥプット] (反) インプット input)
アウトレット outlet [アウトゥレット]
あえて あえて…する dare [デア]
▶ 私はあえてそれを否定しなかった.
I didn't *dare* (to) deny it.
あえん 亜鉛 zinc [ズィンク] (記号 Zn)

あお 青(い)

1 (青色) **blue** [ブルー]
▶ こい青 dark *blue*
▶ うすい青 light *blue*
▶ 青い海 the *blue* ocean
▶ ジェーンは青い目をしている.
Jane has *blue* eyes.
2 (緑色) **green** [グリーン]
▶ ほら，信号が青だよ.
Look! The traffic light is *green*.

◀ **あがる**

3 (顔色が) pale [ペイル] →あおじろい
▸ 青くなる turn *pale*
▸ 顔が青いよ. どうしたの？
　You look *pale*. What's the matter?
青信号 a green light
青空 the blue sky

💬用法 「青」と green

日本語では「青葉」「青信号」のように緑を青ということがあるが, 英語ではblueとgreenをはっきり区別する.

	青	blue
青い	緑	green
	青白い	pale

あおぐ¹ 仰ぐ (上を見る) look up (at)；(指示などを) ask (for)
あおぐ² (うちわなどで) fan [ファン]
▸ 私はうちわであおいだ.
　I *fanned* myself with an *uchiwa*.
あおざめる 青ざめる turn pale
▸ 母はその知らせに青ざめた.
　My mother *turned pale* at the news.
あおじろい 青白い (顔色が) pale [ペイル]
▸ トムは青白い顔をしている.どうしたんだろう.
　Tom looks *pale*. I wonder what happened (to him).
あおむけ あおむけに on *my* back (反)うつぶせに on *my* face [stomach])
▸ あおむけに寝る
　lie *on* my *back*

あか¹ 赤(い)

red [レッド]
▸ こい赤 dark *red* / deep *red*
▸ 赤みがかった茶色 *reddish* brown
▸ 信号が赤になった.
　The traffic light changed to *red*.
▸ 重要語に赤えんぴつでアンダーラインを引きなさい.
　Underline the important words with a *red* pencil.
赤くなる (葉などが) turn red；(はずかしくて) blush [ブラッシ]
▸ 久美はすぐ赤くなる.
　Kumi *blushes* easily.
赤信号 a red light

▸ 赤信号を無視する run a *red light*
あか² 垢 dirt [ダ〜ト]
▸ あかを落とす wash the *dirt* off
アカウント an account [アカウント]
▸ メールアカウント an email *account*
あかじ 赤字 the red (反) 黒字 the black)；(損失) a loss
▸ 赤字である be in *the red*
▸ 赤字になる get into *the red*
あかちゃん 赤ちゃん a baby [ベイビィ]
▸ 男の赤ちゃん a *baby* boy
▸ ライオンの赤ちゃん a *baby* lion
▸ 赤ちゃんみたいなことしないの！
　Don't act like a *baby*! / Grow up!
▸ 私の姉に赤ちゃんが生まれたんだ.
　My sister had a *baby*.
アカデミー アカデミー賞 an Academy Award [アウォード]
あかり 明かり a light [ライト]
明かりをつける light, turn on the light
▸ 明かりをつけてください.
　Turn on the light, please.
▸ 教室の明かりが消えている.
　The *lights* are off in the classroom.

あがる 上がる

使い分け
(のぼる) → go up, rise
(値段・温度が) → go up, rise
(食べる) → have

1 (のぼる) go up, rise [ライズ] (反) 下がる go down, fall)
▸ 屋上に上がってごらん. すばらしいながめだよ.
　Go up on the roof, and you'll have a wonderful view.
▸ 妹は今年小学校に上がるの.
　My sister will *enter* elementary school this year.

🗣スピーキング
Ⓐ おあがりください.
　Come on in.
Ⓑ おじゃまします.
　Thank you.
(▸訪ねてきた人に「あがって (＝家に入って)」というときは, Come on in. という)

twenty-one **21**

あかるい ▶

2 (値段・温度が) **go up**, **rise**
▶ 来月からバス代が上がります.
The bus fares *are going up* next month.
▶ あすは気温が上がるだろう.
The temperature will *go up* [*rise*] tomorrow.
3 (向上する) **improve** [インプルーヴ]
▶ 今学期はあまり成績が上がらなかった.
My grades did not *improve* much (in) this term.
4 (神経質になる) **get nervous**, **feel nervous**
▶ 私はとてもあがってしまって, 決勝戦で負けた.
I *got* so *nervous* that I lost the finals.
5 (食べる) **have** [ハヅ] →たべる
▶ このケーキをおあがりください.
Please *have* a piece of this cake. / Please *help yourself to* a piece of this cake.

あかるい 明るい

1 (光がさして) **light** [ライト] (反 暗い dark);
(輝くような) **bright** [ブライト]
▶ 外が明るくなってきた.
It is getting *light* outside.
▶ この部屋はとても明るいですね.
This room is very *bright*. / It's (*nice and*) *bright* in this room.
▶ 私は明るい色が好きです.
I like *bright* colors.
▶ 明るいうちに (→暗くなる前に) 帰ってらっしゃい.
Come home *before dark*.
▶ きみには明るい未来がある.
You have a *bright* future.
2 (性格が) **cheerful** [チアフル]
▶ 鈴木先生はいつも明るい.
Mr. Suzuki is always *cheerful* [*happy*].
明るく brightly; cheerfully
▶ 太陽は明るく輝いている.
The sun is shining *brightly*.
▶ 気持ちが明るくなる feel *happier*
▶ 明るくふるまう behave *cheerfully*
あかんぼう 赤ん坊 a baby [ベイビィ] →あかちゃん

あき 秋 →きせつ (図)

(米) **fall** [フォール], (英) **autumn** [オータム]
(▶ 月や曜日の名とちがって小文字で書きはじめる)
▶ 秋に in (the) *fall*
▶ 2020年の秋に in the *fall* of 2020
▶ ことしの秋 this *fall*
▶ いま秋です.
It is *fall* now. / *Fall* is with us now.
▶ 読書の秋だ.
It's *fall*, the best season for reading.
▶ 秋晴れの1日
a fine *autumn* day
あき‐ 空き… **empty** [エン (プ) ティ]
▶ 空きびん an *empty* bottle
▶ 空きかん an *empty* can
▶ 空き地 a *vacant* [ヴェイカント] lot
▶ 空き室あり (掲示)
(ホテルの) Vacancy / (貸し間の) For Rent, (英) To Let
▶ 空き室なし (掲示)
(ホテルの) No Vacancy
空き巣 (人) a burglar [バ～グラァ], a sneak [スニーク] thief
空き家 a vacant house, an empty house

あきらか 明らかな

(はっきりした) **clear** [クリア]; (わかりやすい) **plain** [プレイン]
▶ 明らかな事実 a *plain* fact
▶ 明らかな証拠 *clear* evidence
▶ 明らかなまちがい
an *obvious* mistake
▶ 真実を明らかにする *reveal* the truth
明らかに clearly; plainly
▶ 明らかにあなたがまちがっている.
Clearly you are wrong. / It is *clear* that you are wrong.
あきらめる give up
▶ あきらめちゃだめだよ.
Don't *give up*.
▶ 夢をあきらめないで.
Never *give up* your dream.
▶ 彼は留学することをあきらめた.
He *gave up on* studying abroad. (▶ gave up ×to study abroad とはいわない)

22 twenty-two

◀ **アクセント**

▶ あきらめるのはまだ早いよ．
It's too soon to *give up*.
あきる 飽きる get tired 《of》；(あきている) be tired 《of》
▶ あきた！ *I'm bored*. (▶現在形で表す)
▶ この曲は聞きあきたよ．
I'm sick of hearing this song.
アキレスけん an Achilles(') tendon
[アキリーズ テンドン]
▶ アキレスけんを切る
tear an *Achilles(') tendon*
あきれる (いやになる)be disgusted [ディスガスティド] 《at, with, by》；(あっけにとられる) be amazed [アメイズド] 《at》
▶ 私は自分のばかさかげんにあきれている．
I *am disgusted by* my foolishness.

あく¹ 開く，空く
1 (ドアなどが) **open** [オウプン] (反 閉まる close, shut)
▶ ドアが急に開いた．
The door *opened* suddenly.
▶ あの書店は10時に開きます．
That bookstore *opens* at ten.
▶ びんが開かないの．
The jar won't *open*.
▶ ドアは開いています．お入りください．
The door's *open*. Please come in.
2 (席などが) **become empty** [エン(プ)ティ]；(ひまである) **be free** [フリー]
▶「この席は空いていますか」「ええ，空いてます」
"Is this seat taken?" "No, it isn't."

🗣スピーキング
Ⓐ あした，あいてる？
Are you free tomorrow?
Ⓑ うん，あいてるよ．
Yes, I am.
Ⓑ ごめん，あいてない．
I'm sorry, I'm not.

あく² 悪 evil [イーヴル] (反 善 good)；(悪…) bad [バッド], ill [イル]
▶ 善と悪 good and *evil*
悪意のある，悪質な vicious [ヴィシャス]
▶ 悪質な犯罪 a *vicious* crime
悪意 ill will
▶ 悪意はなかったのです．
I didn't mean any *harm*.

悪影響 a bad effect / a harmful effect

📝ライティング
プラスチックは環境に悪影響を及ぼす．
Plastic is bad for the environment.

あくしゅ 握手する shake hands 《with》
▶ ジムはクリスと握手をして別れた．
Jim *shook hands with* Chris and left. (▶ handsと複数形にすることに注意)

🔵背景

❶握手は，右手（素手）で行う．そのときは強くにぎること．
❷握手をするときは，相手の目を見る．
❸このときにおじぎをする必要はない．

あくしゅう 悪臭 a bad smell
▶ 悪臭を放つ
give off a *bad smell* / *smell bad*
アクション an action
アクション映画 an action movie
アクセサリー jewelry [ヂューエルリィ], accessories [アクセサリィズ]
▶ アクセサリーをつける put on *jewelry*
▶ アクセサリーをつけている wear *jewelry*
アクセス (an) access [アクセス]
アクセスする access
▶ インターネットにアクセスする
access the internet
▶ 彼のウェブサイトにアクセスする
access his website
アクセル an accelerator [アクセラレイタァ], a gas pedal
▶ アクセルをふむ
step on the *accelerator*
アクセント an accent [アクセント], a stress [ストゥレス]
アクセントをおく accent

あくび

▶ tomorrowのアクセントは第2音節にある.
The *accent* of "tomorrow" is on the second syllable.

あくび 欠伸 a yawn [ヨーン]
▶ あくびをする yawn

あくま 悪魔 a devil [デヴ(ィ)ル], a demon [ディーモン], Satan [セイトゥン]

あくまで(も)
▶ これはあくまでもぼくの考えだよ.
This is *just* my opinion.

あくむ 悪夢 a nightmare [ナイトメア], a bad dream
▶ 悪夢を見る have a *nightmare*

あくめい 悪名 a bad reputation [レピュテイション], a bad name

あくやく 悪役 a villain [ヴィラン], the bad guy

あくゆう 悪友 a bad friend, a bad companion [コンパニョン]; (集合的に) bad company

あぐら あぐらをかく sit cross-legged

あくりょく 握力 a grip [グリップ]
▶ 握力が強い have a strong *grip*

アクロバット (曲芸) acrobatics [アクロバティクス]; (軽わざ師) acrobat [アクロバット]

あけがた 明け方 daybreak [デイブレイク], dawn [ドーン]
▶ 明け方に at *daybreak* / at *dawn*

あける¹ 開ける, 空ける

1 (ドアなどを) open [オウプン] (反 閉める close, shut)
▶ 窓を開けてくれませんか.
Would you *open* the window?
▶ 教科書の10ページを開けなさい.
Open your textbooks to page ten.
▶ 「はい,プレゼント」「ありがとう.開けてもいい?」
"Here's a present for you." "Thank you. May I *open* it?"
▶ その窓は開けっぱなしにしておいてください.
Please leave the window *open*.
▶ 武志は口を大きく開けて寝ていた.
Takeshi was sleeping with his mouth wide *open*.

2 (場所を) make room; (中身を) empty [エン(プ)ティ] → から¹
▶ トムは立ち上がって,そのおじいさんのために席を空けた.

Tom stood up and *made room* for the old man.

3 (穴を) make a hole → あな

あける² 明ける (夜が) break [ブレイク]; (年が) begin [ビギン]
▶ 夜が明けてきた.
Day *is breaking*. (▶日本語と異なり, night (夜) を主語にしない)
▶ 夏休み明けに
after the summer vacation
▶ 年が明けた. A new year *has begun*.

🗨 スピーキング
🅐 明けましておめでとう!
Happy New Year!
🅑 おめでとう.
Same to you.

あげる¹ 上げる, 挙げる

使い分け
(高くする) → raise, put up
(与える) → give
(式などを) → have
(例などを) → give
(向上させる) → improve

raise   give

1 (高くする) raise [レイズ], put up
▶ 顔を上げる look up
▶ 質問があれば手をあげなさい.
Raise your hand if you have any questions.

2 (与える) give [ギヴ] → あたえる

表現力
(人) に (物) をあげる
→ give + 人 + 物 /
  give + 物 + to + 人

▶ あなたにこのリンゴをあげよう.
I'll *give* you this apple. / I'll *give* this apple *to* you. / This apple is *for* you.
▶ 健の誕生日祝いに何をあげたの?
What did you *give* Ken for his

birthday?
▶ 私はそれを弟にあげた.
I *gave* it *to* my brother. (▶「物」を表す語が代名詞のときは ×I gave my brother it. のようにはいわない)

🗣スピーキング
Ⓐ これ, あなたにあげるわ.
This is for you.
Ⓑ ありがとう.
Thank you.

🗣スピーキング
💬 そのバッグ, 持ってあげよう.
I'll carry that bag for you.
💬 私は忙しい友人のために夕食をつくってあげた.
I cooked dinner for my busy friend.
(▶英語には日本語の「…してあげる」にあたる決まった言い方はない. for you や to you などをつけて, 「(人)のために…する」のように表せばよいことが多い)
💬 いいこと教えてあげようか.
I'll tell you some good news.
(▶「教えてあげる」というときは「教える」という意味の tell をそのまま使えばよい)
Ⓐ 手伝ってあげようか？
Can I help you?
Ⓑ お願い！ Yes, please!

3 (式などを) **have** [ハヴ], **hold** [ホウルド]
▶ お兄さんはいつ結婚式をあげるのですか.
When is your brother going to *have* [*hold*] his wedding?

4 (例などを) **give**

👔プレゼン
いくつか例をあげます.
I'll give you some examples.

5 (向上させる) **improve** [インプルーヴ]
▶ 彼は数学の成績を上げた.
He *improved* his grade(s) in math.

あげる² 揚げる **deep-fry** [ディープフライ], **fry**
▶ 夕食に魚を油であげた.
I *deep-fried* some fish for dinner.

あご a **jaw** [ヂョー]; (あご先) a **chin** [チン]
▶ 上あご the upper *jaw*
▶ 下あご the lower *jaw*
あごひげ a **beard** [ビアド]
▶ あごひげをはやす grow a *beard*

chin (あご先)   jaws (上あごと下あご)

アコーディオン an **accordion** [アコーディオン]
▶ アコーディオンをひく
play the *accordion*
あこがれ あこがれる **admire** [アドゥマイア]
▶ 彼は女の子たちのあこがれの的だ.
He has the *admiration* of the girls.
▶ あこがれの職業 a *longed-for* job

あさ¹ 朝

morning [モーニング]（対 午後 afternoon, 晩 evening, 夜 night）
▶ 私は朝7時に起きる.
I get up at seven in the *morning*.

📖文法 「朝に」の言い方
❶ふつう「朝に」「朝には」というときは **in the morning** という.「日曜日の朝に」のように特定の日の朝の場合は **on** を使う.
❷ **morning** の前に every, this, yesterday などがつくときは, in, on などはつけない.

○ in the morning
× in Sunday morning
　⬆特定の日がつくときは on.
○ on Sunday morning
× on every morning
　⬆every がつくときは前置詞は不要.
○ every morning

▶ ケンは日曜日の朝にここをたった.
Ken left here on Sunday *morning*.
▶ 母は毎朝私を起こしてくれます.
Mother wakes me up every *morning*.
▶ あしたの朝 tomorrow *morning*

あさ²
- 朝から晩まで from *morning* till night
- ぼくは朝が弱いんです.
  Mornings are hard for me.

あさ² 麻 hemp [ヘンプ]; (麻製品) linen [リネン]

あざ (生まれつきの) a birthmark [バースマーク]; (打ち身による) a bruise [ブルーズ]
- ころんであざだらけだ.
  I fell down and got *bruised* all over.

あさい 浅い

1 (水深などが) shallow [シャロウ] (反 深い deep)
- 浅い川 a *shallow* river

2 (傷が) slight [スライト]; (眠りが) light [ライト]
- きみの傷は浅いよ.
  You are *slightly* wounded.
- 浅い眠り a *light* sleep

3 (知識が) superficial [スーパフィシャル], shallow
- 私は歴史についての知識が浅かった.
  I had only a *superficial* knowledge of history.

あさいち 朝いち (朝いちばん) で first thing in the morning
- あす朝いちで電話します.
  I'll call you *first thing in the morning*.

アサガオ 朝顔《植物》a morning glory [モーニング グローリィ]

あさごはん 朝ごはん breakfast [ブレクファスト] →ごはん
- 朝ごはんはしっかり食べてます.
  I eat a good *breakfast*.

あさって the day after tomorrow
- あさって英語の試験がある.
  We are going to have an English exam *the day after tomorrow*.

あさひ 朝日 the morning sun, the rising sun (▶後者は「のぼりかけている太陽」という意味)

あさめしまえ 朝めし前 (簡単なこと) an easy job, a piece of cake
- そんなの朝めし前さ.
  It's *a piece of cake*. / That's *very easy*.

あざやか 鮮やかな vivid [ヴィヴィド], bright [ブライト]
- あざやかな赤 *vivid* [*bright*] red
- 色あざやかな衣装 a *colorful* costume

アザラシ 《動物》a seal [スィール]

アサリ 《貝》a short-necked clam, a littleneck clam

あされん 朝練 morning practice, morning training
- あした朝練がある.
  We'll have (*early*) *morning practice* tomorrow.

あし 足, 脚

(足首から先) a foot [フット] (複数 feet)
(対 手 hand); (足首から上) a leg [レッグ]
(対 腕 arm); (いすなどの) a leg; (犬・ネコなどのつめのある) a paw [ポー]
- ぼくたちの先生は足が長い.
  Our teacher has long *legs*.
- 足が太い [細い]
  have thick [slender] *legs*
- 歩くと足が痛いんだ.
  My *legs* hurt when I walk.
- 私はだれかの足をふみました.
  I stepped on someone's *foot*.
- (自分の) 足を組む cross my *legs*
- いすの脚 the *legs* of a chair
- ジェーンは足が速い [おそい] (→速く [おそく] 走る).
  Jane *runs* fast [slowly]. / Jane is a fast [slow] *runner*.
- 自分の足で立つ
  stand on my own (two) *feet* (▶比ゆ的にも使える)

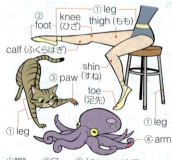

① 脚 ② 足 ③ (犬やネコの) 足
④ (タコやイカの) 足

足首 an ankle [アンクル]
足の裏 a sole [ソウル]
足の甲 an instep [インステプ]

あじわう

足の指 a toe [トゥ]

① 日本語NAVI
足が地に着かない ☞現実的でない
　→**げんじつ**
足が棒になる ☞足が疲れる →**つかれる**
足を洗う ☞やめる →**やめる**
足を引っ張る ☞邪魔する →**じゃま**

アジ 《魚》a horse mackerel[ホース マケレル]
あじ 味 taste [テイスト]
　味がする taste
　味がよい tasty
　味をみる taste；(試食する) try
▶ このスープはほとんど味がない.
　This soup has little *taste*.
▶「それはどんな味なの？」「グレープフルーツみたいだよ」
　"What does it *taste* like?" "It *tastes* like a grapefruit."

🎤スピーキング
Ⓐ お味はいかがですか.
　How do you like it?
Ⓑ おいしいです.
　It tastes good.

ⓘ参考 いろいろな味
甘い **sweet** / 塩からい **salty** / からい **hot** / すっぱい **sour** / 苦い **bitter** / 濃い **strong** / 薄い **weak** / あっさりした **simple, plain**

アジア

Asia [エイジァ]
▶ 日本はアジアの東にある.
　Japan is in the east of *Asia*.
　アジア(人)の Asian
　アジア人 an Asian
　アジア大陸 the Asian Continent
あしあと 足跡 a footprint [フットプリント]
あしおと 足音 a footstep [フットステプ]
▶ シー，足音がする. お母さんよ.
　Shh, I hear *footsteps*. Mother is coming.
アシカ 《動物》a seal [スィール], a sea lion
あしこし 足腰
▶ 足腰を (→体を) きたえる

strengthen my *body*
アジサイ 《植物》a hydrangea [ハイドゥレインヂァ]
アシスタント an assistant [アスィスタント]
アシスト (サッカーなどの) an assist [アスィスト]

あした 明日

tomorrow [トゥモーロウ] (▶「きのう」は yesterday, 「きょう」は today) →**きょう**
▶ あしたの朝 *tomorrow* morning
▶ あしたのこの時間に
　at this time *tomorrow*
▶ あしたは月曜日だ.
　Tomorrow is Monday.
▶ あしたは中間テストだ.
　We're having a midterm exam *tomorrow*.
▶ あしたは休日だ.
　Tomorrow is a holiday. / We'll have a holiday *tomorrow*. (▶「あしたは学校が休みだ」なら School is off tomorrow. という)
▶「トムはあしたここに来ますか」「たぶんね」
　"Will Tom come here *tomorrow*?" "Probably."
▶ じゃあ，またあした.
　See you *tomorrow*.

📖文法 tomorrow の使い方
❶ a や the はつけない. 原則として未来の文に使うが，近い未来ということで，現在の文で使うことも多い.
❷「あした…する」など，tomorrow を副詞として使う場合は at, in, on などはつけない.

あしなみ 足並み step [ステップ], pace [ペイス]
▶ 足並みをそろえて歩く walk in *step*
あしもと 足元
▶ 足元に気をつけなさい.
　Watch your *step*! (▶ ×steps としない)
あじわう 味わう taste [テイスト], enjoy [エンヂョイ]
▶ フランス料理を味わう
　enjoy [have] French food
▶ 満足感 [緊張感] を味わう
　feel satisfied [nervous]

あす ▶

あす 明日 tomorrow [トゥモーロウ] →あした
あずかる 預かる **1** (保管する) keep [キープ]
▶ お金は私が預かりましょう.
I'll *keep* the money for you.
2 (引き受けて世話をする) take care of,
take charge of →せわ
▶ マリが留守の間, 彼女のネコを預かった.
I *took care of* Mari's cat while she was away.
アズキ 小豆 an adzuki [アヅーキ] bean
あずける 預ける leave [リーヴ]; (預金する) deposit [ディパズィット]
▶ コートをクロークに預けましょう.
Let's *leave* our coats in the cloakroom.
▶ 私は銀行に1万円預けた.
I *deposited* [*put*] 10,000 yen in the bank.
アスパラガス (植物) asparagus [アスパラガス]
アスファルト asphalt [アスフォールト]
▶ 道路をアスファルトで舗装する
pave a road with *asphalt*
あせ 汗 sweat [スウェット]
あせをかく sweat
▶ 顔のあせをふく
wipe *sweat* from my face
▶ ぼくを見て！あせでびっしょりだよ.
Look at me. I'm *sweating* all over.
▶ このTシャツはあせくさい (→あせのにおいがする).
This T-shirt smells of *sweat*.
あせる¹ 焦る
▶ 3時にデートなんで, あせってるんだ.
I have a date at three. I'm *in a hurry*.
▶ あせるなよ！
Take it easy. / Take your time.
▶ けさ寝ぼうしてしまってあせった.
I *got upset* when I overslept this morning.
▶ 受験シーズンが近づいてきてだんだんあせってきた.
As the entrance exam season approaches, I *am getting nervous*.
あせる² (色が) fade [フェイド]
▶ カーテンの色があせてしまった.
The curtain *has faded*.

あそこ there [ゼア], over there →そこ²
▶ あそこにハンバーガー屋さんがあるよ.
There is a hamburger shop *over there*.

あそび 遊び

play [プレイ]; (ゲーム) a **game** [ゲイム]
▶「外に遊びに行こう」「うん, 行こう」
"Let's go out to *play*." "Yes, let's."
▶ いつでも遊びに来てね.
Come and see me any time.

🗨️スピーキング

A あした遊びに行ってもいいですか.
May I come and see you tomorrow?
B ええ, どうぞ.
Sure thing.
(▶ 話し相手の方へ「行く」という場合は, ×go ではなく come を使う)

💬用法 「遊びに行く」の言い方
話し相手のところへ「遊びに行く」とか,
人が「遊びに来る」というとき, 英語では
come and see とか **come to see**
などという. 話し相手以外のところへ「遊びに行く」ときは **go to see** などという.

▶ 先週末, 友達のところに遊びに行った.
I *went to see* a friend last weekend.
遊び時間 playtime
遊び道具 a toy, a plaything
遊び友達 a friend to play with, a playmate
遊び場 a playground

あそぶ 遊ぶ

1 (遊戯などをする) **play** [プレイ] (反 勉強する, 働く work)
▶ 公園で遊ぶ *play* in the park
▶ トランプをして遊ぶ *play* cards
▶ モバイルゲーム [スマートフォンのゲーム] で遊ぶ *play* a mobile game
▶ もっと遊びたい.
I want to *play* some more.
▶ 遊んでいないで勉強しなさい.
Stop *playing* and study.
2 (何もしない) be idle [アイドゥル]
▶ 兄は毎日ぶらぶら遊んでいる.

28 twenty-eight

My brother *is idle* [*fooling around*] every day.
あたい 値する be worth [ワ~ス] →かち¹
▶ この本は一読に値する.
This book *is worth* reading.

あたえる 与える

give [ギッ] (反 受け取る take) →あげる¹
▶ 私にもう一度チャンスを与えてください.
Give me another chance.
▶ 優勝チームにカップが与えられた.
The winning team *was given* a cup. / A cup *was given* (to) the winning team.
▶ 動物にえさを与えないでください (掲示)
Don't *Feed* the Animals

▶ ジミーは彼らによい印象を与えた.
Jimmy *made* a good impression on them.

 ライティング
地震は私たちの市に大きな被害を与えた.
The earthquake caused serious damage to our city.

あたたかい 暖かい, 温かい

1 (温度が) **warm** [ウォーム] (反 涼しい cool) →あつい²
▶ 暖かい部屋 a *warm* room
▶ きょうは暖かい. It is *warm* today. (▶寒暖を表すときは, ふつう It を主語にする)
▶ 暖かいね. It's *warm*, isn't it?
▶ 日ましに暖かくなっていく.
It is getting *warmer* day by day.
▶ 何か温かい飲み物をください.
Can I have something *hot* to drink? (▶飲み物についていう場合は, hot を使うことが多い) →あつい¹

2 (心などが) **warm** →やさしい²

▶ 私たちは温かい歓迎を受けた.
We received a *warm* welcome.
温かく warmly, kindly
▶ スミス家の人々は私を温かくむかえてくれた.
The Smiths *warmly* welcomed me.
あたたまる 暖まる, 温まる warm [ウォーム] (up); (体が) warm *myself*
▶ 部屋はすぐに暖まった.
The room soon *warmed up*.
▶ こたつに入って暖まりなさい.
Warm yourself at the *kotatsu*.
▶ 心温まる話 a *heartwarming* story
あたためる 暖める, 温める warm [ウォーム] (up), heat [ヒート] (up)
▶ 部屋を暖める *warm* (*up*) the room
▶ 私は電子レンジで冷やごはんを温めた.
I *warmed up* some cold rice in the microwave (oven).
▶ おふろに入って体を温めなさい.
You should take a bath and *warm yourself* (*up*).
アタック アタックする (バレーボールで) attack [アタック]
あだな あだ名 a nickname [ニクネイム]
▶ 先生のあだ名は「パンダ」です.
Our teacher's *nickname* is "Panda."
あだ名をつける nickname
▶ 彼女はお菓子が大好きなので, 私たちは彼女に「キャンディー」というあだ名をつけた.
We *nicknamed* her "Candy" because she loves sweets.

あたま 頭

使い分け
(頭部) → head
(頭髪) → hair
(頭脳・知力) → brains

1 (頭部) a **head** [ヘッド]; (頭髪) **hair** [ヘア]
▶ 頭が痛い. I have a *headache*.
▶ 立つときには頭に注意しなさい.
Watch your *head* when you stand up.
▶ 頭を洗いなさい. Wash your *hair*.
▶ 父の頭は白くなった.
My father's *hair* turned gray.
▶ 頭がふらふらする. I feel *dizzy*.
▶ はげ頭 a bald *head*
▶ ぼうず頭 close-cropped *hair*

あたらしい ▶

▶ 石頭(かたい頭) a hard *head*; (がんこな) stubborn [スタボン]

> 💬用法 「頭」と head
> 日本語の「頭」はふつう顔をふくまないが, head は首から上全体をさし, 顔をふくむ。そこで次のような言い方には head を使う。「窓から顔を出すな」Don't put your head out of the window. / 「(自分の)首を横にふる」shake my head

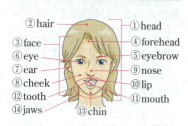

① 頭, 頭部　② 髪　③ 顔　④ おでこ　⑤ まゆ
⑥ 目　⑦ 耳　⑧ ほお　⑨ 鼻　⑩ 唇　⑪ 口
⑫ 歯　⑬ あご先　⑭ あご

2 (頭脳・知力) **brains** [ブレインズ], a **head**; (理性) **mind** [マインド]

▶ 頭を使いなさい.
Use your *brains* [*head*].
▶ 彼は頭がいい. He is *smart*.
▶ 彼は頭が悪い. He is *stupid*.
▶ 自分の頭で考える
think with my own *head*
▶ きょうは頭がさえている.
I feel very *clear-headed* today.
▶ いい考えが頭に浮かんだ.
A good idea occurred to me.
▶ 星野さんは頭の回転が速い.
Hoshino has a quick *mind*.
▶ あいつには頭にきたよ.
I got *mad* at him. / He made me *angry* [*sick*].

> 📘日本語NAVI
> 頭が固い ☞理解が悪い →りかい
> 頭が切れる ☞かしこい →かしこい
> 頭をひねる ☞工夫する →くふう
> 頭を冷やす ☞(気持ちを)落ち着かせる
> →おちつく

あたらしい 新しい

new [ニュー] (反 古い old); (新鮮な) **fresh** [フレッシ]

▶ 新しい単語 a *new* word
▶ 新しい (→新鮮な) 卵 a *fresh* egg
▶ 新しいファッション the *latest* fashions
▶ 新しいゲームソフト買って!
Get me a *new* video game software, please!
▶ 新しい友達はできた?
Have you made *new* friends?
▶ 毎日が新しい発見だ.
I discover something *new* every day.

新しく newly; freshly
▶ 新しくオープンした店
a *newly* opened store

あたり¹ あたりに[を] **around** [アラウンド], **about** [アバウト] →まわり

▶ あたりを見回す look *around*
▶ このあたりにバス停はありませんか.
Is there a bus stop *around* [*near*] here?
▶ あたり一面バラが満開だった.
Roses were in full bloom *all around* [*all over*].

あたり² 当たり a **hit** [ヒット]
▶ 当たり! (命中) *Bull's-eye*! / You *hit* it! / (クイズなどで) *Good guess*! / You *guessed right*!
▶ その映画は大当たりだった.
The movie was a big *hit* [*success*].

あたりまえ 当たり前の **natural** [ナチュラル] →とうぜん

▶ 彼がおこったのもあたりまえだ.
It is *natural* that he got angry.
▶ きみがみんなにそう思われるのもあたりまえだ.
No wonder people think about you that way.

あたる 当たる

> 使い分け
> (ぶつかる) → hit
> (予想などが) → turn out right
> (日光に) → get some sunshine
> (火に) → warm *myself*

◀ **あつい**¹

1 (ぶつかる) **hit** [ヒット]

> 表現力
> …に当たる → **hit** ...

▸ もう少しでボールが当たるところだったよ.
The ball almost *hit* me.

> 表現力
> (人)の…に当たる
> → **hit** ＋人＋ **on** [**in**] **the** ...

▸ ボールが彼の頭に当たった.
The ball *hit* him *on the* head.

> 用法 「人の…に当たる」の言い方
> 「人の…に当たる」は, ふつう上の例のように「hit＋人＋on [in など]＋the ...」で表す. The ball hit his head. は当たった部分 (ここでは頭) を強調した言い方.

2 (予想などが) **turn out right, come true**

▸ きょうの天気予報は当たったな. 雨が降りだしたよ.
Today's weather forecast *has turned out right*. It's starting to rain.

▸ 星占いっていつも当たるのかなあ.
Does one's horoscope always *come true*?

▸ 宝くじで1億円が当たった.
I *won* a hundred million yen in a lottery.

3 (日光に) **get some sunshine**; (火に) **warm** [ウォーム] *myself*

▸ 私の部屋は日がよく当たる.
My room *gets* a lot of *sunshine*. / My room is *sunny*.

▸ 寒そうだね. 火にあたりなさい.
You look cold. *Warm yourself* by the fire.

4 (休日などが) **fall on**

▸ ことしのクリスマスイブは日曜日にあたる.
Christmas Eve *falls on* Sunday this year.

▸ 「いとこ」にあたる英語は何ですか.
What is the English *for* "itoko"?

5 (指名される) **be called on**

▸ 私は英語の時間によく当たる. I *am* often *called on* in English class(es).

6 (つらいめにあわせる) **be hard on, treat**

[トゥリート] **badly**

▸ 彼にそんなにつらくあたるなよ.
Don't *be* too *hard on* him.

7 (担当して) **in charge** [チャージ] **of**

▸ 合唱部は高橋先生が指導に当たっている.
Ms. Takahashi is *in charge of* the chorus.

あちこち **here and there**

▸ ぼくたちはボールをあちこちさがした.
We looked *here and there* for the ball.

▸ コンビニは街のあちこちにある.
Convenience stores can be found *all over* town.

あちら

1 (場所・方向) **there** [ゼア], **over there** (対 こちら **here**) →そこ²

> スピーキング
> Ⓐ バス停はどこですか.
> Where's the bus stop?
> Ⓑ あちらです.
> It's over there.

▸ あちらこちら **here and** *there*

2 (人・物) **that** [ザット] (複数 **those**) (対 こちら **this**)

▸ 「あちらの女性はどなたですか」「ああ, あちらはブラウンさんです」
"Who's *that* lady?" "Oh, *that*'s Ms. Brown."

あっ **Oh!** [オゥ], **Ah!** [アー]

▸ あっ, しまった.
Oops. / *Oh* dear.

▸ あっ, かわいそう!
Ah, poor thing!

▸ あっ, 痛い! *Ouch!* It hurts!

▸ あっ, ちょっと待って.
Er. Wait a minute.

▸ あっ, わかった.
Aha! Now I've got it [you].

あつい¹ 熱い

hot [ハット] (反 冷たい **cold**)

▸ 熱いうちにシチューをどうぞ.
Help yourself to the stew while it's *hot*. (▸ while it's hot の代わりに before it gets cold でもよい)

▸ あちっ, このスープは熱すぎるよ.

thirty-one 31

あつい² ▶

Ouch! This soup is too *hot*.
▶ 鉄は熱いうちに打て.《ことわざ》
Strike while the iron is *hot*.
▶ うちのコーチはいつもすぐ熱くなる (→興奮する).
Our coach always *gets excited* easily.

あつい² 暑い

hot [ハット] (反) 寒い cold ; (やや暑い)
warm [ウォーム] →あたたかい, あつさ¹
▶ 暑いなあ. I'm *hot*. / It's *hot*.
▶ きょうは暑い. It is *hot* today. (▶寒暖を表すときは, ふつう It を主語にする)
▶ シンガポールは 1 年中暑い.
Singapore is *hot* all (the) year around. (▶話し言葉では場所や日を主語にして寒暖を表すことがよくある)
▶ きょうもまた暑いね.
Another *hot* day, isn't it?
▶ このところ暑い日が続いている.
It's been *hot* lately.
▶ 天気予報ではあすはもっと暑くなるらしい.
The weather forecast says it will be *hotter* tomorrow.

あつい³ 厚い

1 thick [スィック] (反) うすい thin) →あつさ²
▶ 大きくて厚い本 a big *thick* book
▶ 厚いステーキが食べたい.
I want to eat a *thick* steak.
▶ 厚い雲 *thick* cloud(s)
2 (心のこもった) **warm** [ウォーム], **kind** [カインド]
▶ 厚いもてなし a *warm* welcome
▶ ご親切に厚くお礼申しあげます.
Thank you *very much* for your kindness.

あつかう 扱う

1 (機械・道具などを) **handle** [ハンドゥル] ; (使う) **use**
▶ 私はこの機械のあつかい方がわからない.
I don't know how to *use* this machine.
2 (人・動物などを) **treat** [トゥリート], **deal** [ディール] with
▶ 子どもみたいにあつかわないでよ.
Don't *treat* me like a little child.

▶ 彼はあつかいにくい.
He is hard to *deal with*.
3 (売る) deal in, carry [キャリィ]
▶ 当店では漫画本はあつかっておりません.
We don't *carry* comic books.
4 (問題にしている) be concerned [コンサ～ンド] with [about]
▶ この映画は環境問題をあつかっている.
This film *is concerned with* environmental issues.

あつかましい 厚かましい pushy [プシィ] →ずうずうしい
▶ 彼はあつかましいやつだ.
He is the *pushy* type.

あつぎ 厚着する wear [ウェア] thick clothes

あつくるしい 暑苦しい hot and humid [ヒューミド], muggy [マギィ]
▶ 暑苦しい夜 a *hot and humid* night

あっけない
▶ 我々のチームはあっけなく負けた.
Our team was beaten *too easily*.

あつさ¹ 暑さ heat [ヒート]
▶ この暑さはたまらない (→耐えられない).
I can't stand this *heat*.

あつさ² 厚さ thickness [スィクネス]
▶ この板は厚さが 2 センチある.
This board is two centimeters *thick*.

あっさり
▶ ケンはその難問をあっさり解いた.
Ken solved the difficult problem *quite easily*.
▶ 晩ごはんは何かあっさりしたものが食べたいな.
I want to eat something *light* for dinner.

あっしゅく 圧縮 compression [コンプレッション]
圧縮する compress [コンプレス]
▶ ファイルを圧縮する *compress* a file

あっち there[ゼア], over there ; that[ザット] →あちら
▶ あっちへ行け. Go *away*.
▶ あっちのを見せてください.
Show me *that one* [*the one over there*], please.

あっちこっち →あちこち
あっというま あっという間に in an instant [インスタント]

◀ **あてる**

▶ それはあっという間の出来事だった.
It all happened *in an instant.*

あっとう 圧倒する overwhelm [オゥヴァ(フ)ウェルム]；(完全に負かす) completely defeat
▶ わがチームは相手チームを圧倒した. We *completely defeated* the opponent.
▶ 圧倒的多数 an *overwhelming* majority

アップ up [アップ]
▶ アップの写真 a *close-up* picture
アップする (アップロードする) upload；(物価などが) go up, rise；(向上する) improve [インプルーヴ]
▶ SNS に写真をアップする
upload a picture to my SNS
▶ 今学期は英語の成績がアップした.
My grades in English *have improved* this term.

アップデート an update [アプデイト]
アップデートする update [アプデイト]
アップルパイ (an) apple pie [アップル パイ]
アップロード アップロードする upload [アプロゥド] →アップ

あつまり 集まり a meeting [ミーティング]

あつまる 集まる

1 (集合する) come [get] together [トゥゲザァ], gather [ギャザァ]
▶ みんな集まって!
Gather around, everybody.
▶ 今晩集まりましょう.
Let's *get together* this evening.
▶ 集まれ! 《号令》Fall in! / Line up!
2 (群がる) crowd [クラゥド]
▶ ファンがその歌手のまわりにどっと集まった.
Fans *crowded* around the singer.

あつめる 集める

gather [ギャザァ], collect [コレクト]
▶ 署名を集める *gather* signatures
▶ ごみを集める *collect* garbage
▶ 地元の高校の情報を集める
collect information about local high schools
▶ 注目を集める *attract* attention
▶ 私の趣味はポケモンカードを集めることです.
My hobby is *collecting* Pokémon cards.

📖**用法** gather と collect
gather は人・物を「1か所に寄せ集める」という意味で広く使われ, **collect** はおもにお金・物を「計画的に集める」「収集する」という意味で使われる.

あつらえる order [オーダァ]
▶ 父は新しいスーツをあつらえた.
My father *ordered* a new suit.

あつりょく 圧力 pressure [プレシァ]
圧力をかける put pressure 《on》
圧力なべ a pressure cooker

あて 当て (目標) an aim [エイム]
▶ 私は町の中をあてもなく歩いた.
I walked about (in) the city *aimlessly*.
あてにする (たよりにする) rely [リライ] on [upon], depend [ディペンド] on [upon]；(期待する) expect [イクスペクト]
▶ ぼくをあんまりあてにしないで.
Don't *expect* too much of me.
あてになる reliable [リライアブル], dependable [ディペンダブル]
▶ トムの言うことはあてにならない.
We cannot *believe* Tom. / We cannot *depend upon* Tom's word.
▶ そんなのあてにならないよ.
You can't *depend on* that!
-あて for [フォー-(ァ)], to [トゥー]
▶ 私あての手紙
a letter *addressed to* me
▶ 私あての伝言はありますか.
Are there any messages *for* me?

あてな あて名 an address [アドゥレス, アドゥレス]
▶ この手紙はあて名がちがう.
This letter *is* wrongly *addressed*.

アテネ (地名) Athens [アセンズ]
あてはまる 当てはまる apply [アプライ] to, be true [トゥルー] of
▶ この規則はあらゆる場合にあてはまる.
This rule *applies to* all cases. / This rule *is true of* all cases.

あてる 当てる

1 (命中させる) hit [ヒット]
▶ 彼は的に矢を当てた.
His arrow *hit* the mark.

thirty-three 33

あと¹ ▶

2 (あてがう) **put** [プット]
▶ レールに耳を当てて聞いてごらん.
Put your ear to the rail and listen.

3 (推測する) **guess** [ゲス]
▶ 何だか当ててごらん. *Guess* what?
▶ 私がだれだか当てられるかな.
Guess who. / Can you *guess* who I am?

4 (指名する) **call on**
▶ きょう国語の時間に当てられた.
I *was called on* during (the) Japanese class today.

5 (使う) **spend** [スペンド]
▶ もっと勉強に時間をあてなさい.
Spend more time studying.

あと¹ 後

使い分け
(位置が) → **back, behind**
(時間・順序が) → **after, later**

1 (位置が) **back** [バック], **behind** [ビハインド]
→うしろ
▶ あとへ下がる
go *back* [*backward*] / step *back* [*backward*]
▶ 私があとに残った. I stayed *behind*.

2 (時間・順序が) **after** [アフタァ], **later** [レイタァ]
→〜ご
▶ 夕食のあと *after* dinner
▶ 私のあとについて言いなさい.
Repeat *after* me.

スピーキング
Ⓐ では, またあとでね.
See you later.
Ⓑ さようなら.
Goodbye.

▶ 「あとで電話するよ」「わかった」
"I'll call you *later*." "All right."
▶ あとでけっこうです. *Later* will be fine.

3 (残り) **the rest** [レスト]
▶ あと (の仕事) は私がします.
I'll do *the rest* of the work.
▶ それがわかればあとは簡単だよ.
Once you understand that, *the rest* is easy.
▶ あとは練習あるのみ！
Now all we have to do is (to)

practice!

4 (さらに) **more** [モー(ァ)]
▶ あと3分 three *more* minutes
▶ 「東京まであとどのくらいかかるの？」「30分ぐらいだよ」
"How much *longer* will it take to get to Tokyo?" "About 30 minutes."
▶ もうあとがない. This is the end. / (もうにげ道がない) There is no way out.

あと² 跡 a **mark** [マーク]；(物が通った跡) a **track** [トゥラック]
▶ クマの通った跡
tracks of a bear
▶ にきびはあとが残ることが多い.
Acne often leaves *marks*.
▶ 私はその男のあとを追った.
I *followed* him.

あとあじ 後味 an **aftertaste** [アフタテイスト]
▶ 後味がよい [悪い]
leave a pleasant [bad] *aftertaste*
▶ この映画は後味が悪い.
This movie left me with a *bad taste* in my mouth.

あとかたづけ 後片づけ
▶ テーブルのあとかたづけをしましょう.
Let's *clear* the table.
▶ ちゃんとあとかたづけしなさい！
Put your things *away*!

あとで 後で **later** [レイタァ] →あと¹
▶ またあとで. See you *later*.
▶ あとで (携帯電話から) メールするね.
I'll text you *later*.

アドバイス **advice** [アドゥヴァイス]
アドバイスする **advise** [アドゥヴァイズ]
▶ 先生はぼくにその試験を受けるようにアドバイスしてくれた.
My teacher *advised* me to take the exam.

アドバンテージ **advantage** [アドゥヴァンテヂ]

アトピー **atopy** [アトピィ]
アトピー性皮膚炎 **atopic dermatitis** [エイトピック ダ〜マタイタス]

あとまわし 後回し
▶ 宿題を後回しにしてはだめだ.
Don't *put off* doing your homework.

アトラクション an **attraction** [アトゥラクション]；(ショー) a **stage show**

アトリエ a **studio** [ステューディオゥ], an

34　thirty-four

atelier [アトゥリェイ]

アドレス an address [アドレス, アドゥレス]
- メールアドレス an email *address*
- アドレス帳 an *address* book

あな 穴 a hole [ホウル]
- 穴をあける make a *hole*
- 道路に大きな穴があいていた.
  There was a big *hole* in the road.
- くつ下に穴があいてしまった.
  I've got a *hole* in my sock.

穴うめ問題 a fill-in-the-blank question

アナウンサー an announcer [アナウンサァ]

アナウンス an announcement [アナウンスメント]

アナウンスする announce [アナウンス]

あなた

1 (あなたは) **you** [ユー] (複数 you)
- あなたと私 *you* and I (▶*I and you の語順にはしない)

you あなた　　you あなたたち

	あなた	あなたたち
…は，…が	you	you
…の	your	your
…を，…に	you	you
…のもの	yours	yours
…自身	yourself	yourselves

🗨表現力
あなたは…ですか → Are you ...?

- 「あなたはアメリカ人ですか」「はい，そうです」
  "*Are you* American?" "Yes, I am."
- この帽子はあなたには大きすぎる. あなたのではない.
  This cap is too big for *you*. It isn't *yours*.
- これ，あなたの？ Is this *yours*?
- あなた自身でやりなさい.
  Do it *yourself*.

🗨スピーキング
Ⓐ いい日を過ごしてね (行ってらっしゃい).
  Have a nice day!
Ⓑ ありがとう．**あなたもね**．
  Thanks. Same to you.

🗨用法 「あなた」と you
日本語では相手の人をさして「あなた」「きみ」「おまえ」「あんた」などといろいろにいうが，英語ではすべて **you** で表す.

2 (呼びかけ) (夫婦の間で) **dear** [ディア], **darling** [ダーリング]
- 「あなた，用意はできた？」「うん，出かけよう」
  "Are you ready, *dear*?" "Yes, let's go."

アナログ analog(ue) [アナログ]

あに 兄

a **brother** [ブラザァ]; (とくに強調して) an older [[英] elder] brother →きょうだい¹
- (人に紹介して) 兄の健太郎です.
  This is my *brother* Kentaro.
- 私には兄はいません.
  I don't have any *older brothers*.
- 私には兄と姉がいます.
  I have an *older brother* and sister.
- 義理の兄
  a *brother*-in-law (複数 brothers-in-law)

🗨プレゼン
ぼくには**兄**が 2 人います．上の**兄**は大学生で，下は高校生です．
I have two older brothers. The older (brother) is a college student and the younger (one) is a high school student.

アニメ(ーション) anime [アニメイ] (▶英語化している), an animated cartoon [アニメイティド カートゥーン]
アニメ映画 an animated movie
アニメキャラ an anime character, a cartoon character
アニメ作家 an animator, an animation cartoonist

あね

アニメソング an anime song

あね 姉
a **sister** [スィスタァ]; (とくに強調して) an older [《英》elder] sister →**きょうだい**¹
- いちばん上の姉 the *oldest* sister
- 2番目の姉 the second *oldest* sister
- 義理の姉
 a *sister*-in-law (複数 *sisters*-in-law)
- 私には姉がいます. I have an older *sister*.
- ぼくには10歳年上の姉がいます. I have a *sister* who is ten years older.
- 姉は今年高校を卒業しました.
 My *sister* graduated from high school this year.

あの
that [ザット] (複数 **those**) (対 この **this**) →**その, あれ**¹

💬表現力
あの…
→（1つのとき）**that** ... /
（2つ以上のとき）**those** ...

📖文法 **that** と **those**
単数のものをさして「あの」というときは **that** を使い, 複数のものをさして「あの」というときは **those** を使う.

「あの本」
○ that book
✕ that books
  ↑ あとが複数形のときは those.
○ those books

- あの建物 *that* building
- あの人
 (男性) *that* man / he; (女性) *that* woman / she
- あの人たち *those* people / they
- あのころ in *those* days
- きみのあの時計 *that* watch of yours
 (▶ ✕your that watch とはいわない)
- あのとき以来ビルから便りがありません.
 I haven't heard from Bill since *then*.
- あのくつはあなたのですか.
 Are *those* shoes yours?

あの(う) Excuse me. [イクスキューズ ミー]
- 「あのう, 田中さん. ちょっと時間をいただけますか」「いいですよ」
 "*Excuse me*, Mr. Tanaka. Can you give me a few minutes?" "Sure."

あのね Say [セイ], Well [ウェル]
- あのね, 悪いんだけど時間がないんだ.
 Well, uh, I'm sorry I really don't have (the) time.

あのような such [サッチ], like that →**あんな**
- あのような口のきき方をしてはいけません.
 You shouldn't speak *like that*.

あのように like that, (in) that way

アパート 《米》an apartment [アパートゥメント] (house), 《英》a flat [フラット]
- 私たちはアパートに住んでいる.
 We live in an *apartment*.
- このアパートには10世帯が住んでいる.
 Ten families live in this *apartment house* [*building*].

💬用法 **apartment** と **apartment house** と **apart**
apartment は1世帯が住む部分をいい, **apartment house** はその部分が集まった1つの建物をいう. **apart** は「はなれて」という意味で,「アパート」の意味はない.

あばれる 暴れる be violent [ヴァイオレント]; (走りまわる) run about
- 教室であばれるな.
 Don't *run about* in the classroom.

アパレル apparel [アパレル]
- アパレルメーカー an apparel maker

アピールする appeal [アピール]
- 自己アピールする
 show off my strong points

アヒル (鳥) a duck [ダック] →**とり** (図)
- アヒルはガーガー鳴く. *Ducks* quack.
- アヒルの子 a *duckling*

あびる 浴びる (水浴・入浴する) take a bath [バス], bathe [ベイズ]; (かぶる) be covered (with)
- シャワーを浴びる *take a shower*

36　thirty-six

▶ 日の光を十分に浴びる get enough sun
あぶく foam [フォウム], a bubble [バブル] (▶ bubble は一つ一つのあわで, それが集まったものが foam)

あぶない 危ない

(危険な) **dangerous** [デインヂ(ャ)ラス] (反 安全な safe);(危険にさらされている) be in danger →**きけん**¹
▶ いま, 地球が危ない.
The earth *is in danger* now.
▶ 父は命が危ない.
My father's life *is in danger*.
▶ 危ない! 車が来た.
Watch [*Look*] *out*! Here comes a car.

> 🗨 表現力
> …するのは危ない
> → It is dangerous to … .

▶ この川で泳ぐのは危ない.
It is dangerous to swim in this river.
▶ この道は交通量が多いから危ないよ.
There's a lot of traffic on this road, so it's *dangerous*.
危なく nearly [ニアリィ], almost [オールモウスト]
▶ 危なく車にひかれるところだった.
I was *nearly* run over by a car.
あぶら 油 (液体の) oil [オイル];(固形の) fat [ファット]
▶ 油と水は混じらない.
Oil doesn't mix with water. / *Oil* and water do not mix.
▶ 自転車に油をさしなさい.
Oil your bicycle.
▶ ジャガイモを油であげる
fry the potato (in *oil*)
油っこい greasy [グリースィ]
油絵 an oil painting
アブラムシ 油虫 (アリマキ) an aphid [エイフィド], a plant louse [ラウス] (複数 lice [ライス]);(ゴキブリ) a cockroach [カクロウチ]
アフリカ Africa [アフリカ]
アフリカ(人)の African
アフリカ人 an African
アフリカ大陸 the African Continent
アプリ(ケーション) an application [アプリケイション], an app [アップ]

▶ アプリケーションソフト
an *application* software
あぶる grill [グリル], roast [ロウスト], broil [ブロイル] →**やく**¹
あふれる run over, overflow [オウヴァフロウ]
▶ 湯ぶねからお湯があふれている.
The bathtub *is overflowing*.
▶ 新入生はみんな希望にあふれている.
All freshmen *are full of* hope.
▶ 彼女の目にはなみだがあふれていた.
Her eyes *were filled with* tears.
あべこべ →**ぎゃく, はんたい**
▶ 健太はセーターを前後あべこべに着ていた.
Kenta was wearing his sweater *back to front*.
アボカド (植物) an avocado [アヴォカードゥ] (複数 avocados)
アポストロフィー an apostrophe [アパストゥロフィ] (') →**くとうてん**(表)

あまい 甘い

1 (味・香りが) **sweet** [スウィート] (反 苦い bitter)
▶ 私はあまい物が好きです.
I am fond of *sweet* things. / I have a *sweet* tooth.
▶ はちみつはあまい. Honey tastes *sweet*.

▶ このユリはあまい香りがする.
This lily smells *sweet*.
2 (厳しくない)
▶ 佐藤先生はいつも点があまい (→いい点をくれる). Mr. Sato always *gives good grades*. / Mr. Sato is an *easy grader*.
3 (考えが) optimistic [アプティミスティク]
▶ 自分の考えがあまかった.
I was too *optimistic*.
あまく sweetly

あまえる ▶

▶ 相手チームをあまく見るな(→軽く見るな).
Don't *underestimate* your opponent.

あまえる 甘える
▶ あまえる(→赤ちゃんのようにする)のはやめなさい. Stop *acting like a baby*.

あまがさ 雨傘 an umbrella
あまぐつ 雨靴 rain boots
アマゾン アマゾン川 the Amazon [アマゾン]
アマ(チュア) an amateur [アマタ(〜)] (反)プロ professional)
あまったれる 甘ったれる →あまえる
あまど 雨戸 a (storm) shutter [シャタァ], a storm door; (引き戸) a sliding door
▶ 雨戸を開ける[閉める]
open [close] the *shutters*

あまのがわ 天の川 the Milky Way
あまもり 雨漏り a leak [リーク]
▶ 屋根から雨漏りがする.
The roof has *a leak*. / There is *a leak* in the roof.

あまやかす 甘やかす spoil [スポイル]
▶ 須賀(すが)さんは子どもをあまやかしてしまった.
Mr. Suga *spoiled* his children.

あまやどり 雨宿りする take shelter [シェルタァ] from the rain
▶ 私たちはコンビニにかけこんで雨宿りした.
We ran into the convenience store to *get out of the rain*. / We ran into the convenience store and *took shelter from the rain*.

あまり¹

(過度に)**too**[トゥー]; (非常に)**very**[ヴェリィ]
▶ この本はあまりにも高すぎる.
This book is *too* expensive.
▶ 太郎, あまり食べすぎちゃだめよ.
Don't eat *too much*, Taro.
▶ だから, あまり気にしないで.
So, don't worry *too much*.
▶ 多田先生, あまりにも厳しすぎない？
Isn't Ms. Tada *too* strict?

●表現力
あまり〜なので…ない
→ so 〜 (that) — not … /
too 〜 to …

▶ この問題はあまりにも難しいので答えられない.
This question is *so* difficult *(that)* I *cannot* answer it. / This question is *too* difficult for me *to* answer. (▶ so 〜 that … の that はよく省略される)

●表現力
あまり…ない
→ (程度が) not … very [so] /
not … much
(数が) few …
(量が) little …

▶ 私は英語があまり好きじゃない.
I *don't* like English *very much*.
▶ 今年はあまり雨が降らなかった.
We *didn't* have *much* rain this year.
▶ ぼくの父はあまり背が高くない.
My father is *not very* tall.
▶ それを知っている生徒はあまりいない.
Few students know it.
▶ ぼくはあまりお金がない.
I *don't* have *much* money. / I have *little* money.
▶ ぼくにはあまり友達がいない.
I *don't* have *many* friends. / I have *few* friends.
▶ 時間がもうあまりないよ.
We *don't* have *much* time left.

●用法 a のない few と little
a のない few と little には「あまり…がない」という否定の意味がふくまれているので, さらに not をつけたりしない.

few は「(数が) あまり…ない」, little は「(量が) あまり…ない」.

あまり² 余り **1** (残り) the rest [レスト] → のこり
2 (少し多い) over [オウヴァ], more than
▶ 私は2時間あまり彼女を待った.
I waited for her *over* two hours.

あまる 余る be left (over)
▶ いくつ余っているの？

◀ **あめ**²

How many *are left over*?
▶ 時間はたっぷり余っている.
There is plenty of time *left*.

あみ 網 a net [ネット]
▶ 魚をとる網 a fishing *net*
▶ 虫取り網 an insect *net*
▶ 金網の囲い
a wire *fence*
▶ チョウを網でとる
catch butterflies with a *net*
網棚 a (luggage) rack
網戸 a window screen
網の目 (a) mesh

あみばり 編み針 a knitting needle [ニティング ニードゥル]; (かぎ編み針) a crochet hook [クロウシェイ フック]

あみぼう 編み棒 a knitting needle [ニティング ニードゥル]

あみもの 編み物 knitting [ニティング]
編み物をする knit
▶ 母はすわって編み物をしていた.
Mother was sitting *knitting*.

あむ 編む (編み棒で) knit [ニット]; (髪を) braid [ブレイド]

▶ 洋介にセーターを編んでるんだ.
I'*m knitting* a sweater for Yosuke.
▶ 母が私に手袋を編んでくれた.
Mother *knitted* me a pair of gloves.

あめ¹ 雨

rain [レイン]
雨の, 雨の多い rainy, wet
雨が降る rain

●表現力
雨が降る. → It rains.

▶ 雨が降ってるわ. It's raining. (▶天候を表すときは, ふつう It を主語にする)
▶ あすは雨が降るだろう.

It will *rain* tomorrow. / We will have *rain* tomorrow. / *It* will *be rainy* tomorrow.
▶ 雨が降りそうだ. It looks like *rain*.

「きょうはずっと雨だった」
○ It rained all day today.
○ It was rainy all day today.
× It was rain all day today.
　　　　　↑
　　　「雨」という名詞にしない.

○ We had rain all day today.

▶ 雨が降りだした.
It began [started] to *rain*. / *It* began *raining*.
▶ 昨夜はひどい雨でした.
It rained hard last night. / We had (a) heavy *rain* last night.
▶ 雨があがった.
It has stopped *raining*. / The *rain* has stopped.
▶ 雨がすぐやむといいなあ.
I hope the *rain* stops soon.
▶ 私は帰る途中雨にあった.
I was caught in the *rain* on my way home.
▶ 雨の日は何をしますか.
What do you do on *rainy* [*wet*] days?
▶ (天気予報で) くもり, ときどき雨.
Cloudy, with occasional *rain*.
▶ 雨の中を走る run in the *rain*
▶ 雨でびしょびしょになる
be soaked through with *rain*
▶ 雨で試合は中止 [延期] になった.
The game was canceled [postponed] because of *rain*.
▶ 雨降って地固まる. (ことわざ)
After a *storm* comes a calm.

ⓘ参考 **雨のいろいろ**
大雨 (a) **heavy rain** / 小雨 (a) **light rain** / にわか雨 **a shower** / どしゃぶりの雨 (a) **pouring rain**, **a downpour** [ダウンポー(ァ)] / 霧雨 **drizzle** [ドゥリズル]

あめ² 《米》(a) candy [キャンディ], 《英》

アメリカ ▶

sweets [スウィーツ]；(棒についた) lollipop [ラリパップ]
▶ あめ玉1個 a (piece of) candy
▶ あめをなめる
suck (on) a candy／(ペロペロキャンディーを) lick a lollipop
◗ のどあめ a cough drop
◗ 綿あめ《米》cotton candy，《英》candyfloss [キャンディフロ(ー)ス]

アメリカ

America [アメリカ]（▶正式な国名は the United States of America（アメリカ合衆国）．U.S.A. または U.S. と略す．ふつうは the United States あるいは the U.S. とよばれることが多い）
▶ 北アメリカ North America
▶ 南アメリカ South America
▶ 中央アメリカ Central America
▶ アメリカ大統領
the U.S. [American] President
アメリカ(人)の American
▶ ロイはアメリカ人だ． Roy is American.
アメリカ人 an American；(全体) the Americans
アメリカンフットボール American football（▶アメリカでは単に football ともいう．イギリスでは football はサッカーのことをさす）

あやうく nearly [ニアリィ] →あぶない
あやしい 怪しい (変な) strange [ストゥレインヂ]；(あてにならない) not sure [シュア], doubtful [ダウトゥフル]；(疑わしい) suspicious [サスピシャス]
▶ あやしい物音 a strange sound [noise]
▶ 彼が来るかどうかあやしいものだ．
I am not sure whether he will come.
▶ トムがあやしいと思う． Tom looks suspicious. ／ I suspect Tom.
あやしむ 怪しむ (～ではないと) doubt [ダウト]；(～らしいと) suspect [サスペクト]
あやとり あや取り cat's cradle [クレイドゥル]
▶ あやとりをしよう．
Let's play cat's cradle.
あやまち 過ち (過失) a fault [フォールト]；(まちがい) an error [エラァ], a mistake [ミステイク]
過ちをおかす do something wrong, make a mistake

▶ 人はだれでも過ちをおかす．
Everybody makes mistakes.
▶ 同じ過ちをくり返さないようにね． Try not to make the same mistake again.
あやまり 誤り a mistake [ミステイク], an error [エラァ] →まちがい
▶ 誤りがあれば直しなさい． Correct any errors. ／ Correct errors, if any.
あやまる¹ 謝る apologize [アパロヂャイズ]
▶ すぐに彼に謝りなさい．
Apologize to him right away.
▶ 謝れよ．きみが悪いんだ．
Say you're sorry. You're wrong.
あやまる² 誤る mistake [ミステイク] →まちがえる
誤って by mistake
▶ 誤って別の人にメールを送ってしまった．
I sent an email to the wrong person by mistake.
誤っている be wrong, be in the wrong
あら Oh, my!, Oh, no!
▶ あら，まあ． Oh, my!
▶ あら，困ったわ．
Oh, no! I'm in trouble.
アラーム alarm [アラーム]
アラーム時計 an alarm clock
あらい¹ 荒い rough [ラフ]
▶ 今日は波があらい．
The sea is rough today.
▶ 太郎はことばづかいがあらい．
Taro uses rough language.
▶ 彼女は金づかいがあらい．
She spends money like water.
あらい² 粗い (きめが) coarse [コース]；(手ざわりが) rough [ラフ]
▶ この粉はあらくてケーキには向かない．
This flour is too coarse for cake.
▶ この布は手ざわりがあらい．
This cloth feels rough.
アライグマ 《動物》a raccoon [ラクーン]

あらう 洗う

wash [ワッシ]；(髪などを) shampoo [シャンプー]
▶「顔を洗いなさい，ケン」「はい，ママ」
"Wash your face, Ken." "Yes, Mom."
▶ 食事の前に手を洗いなさい．

◀ **あらわす**¹

Wash your hands before dinner.
▶ 石けんで体を洗わなくてはだめよ.
You have to *wash* yourself with soap.
▶ 食器を洗うのは私の役目です.
It's my job to *wash* the dishes.
▶ 父は庭先で車を洗っている.
Father *is washing* the car in the yard.
▶ ケイトは髪を週に4回洗う. Kate *shampoos* her hair four times a week.

あらえる 洗える washable [ワシャブル]
▶ このコートは洗えますか.
Is this coat *washable*?

あらかじめ in advance
▶ あらかじめそれについて話し合いましょう.
Let's have a talk about it *in advance*.

あらし 嵐 a storm [ストーム]
あらしの stormy
▶ 嵐になりそうだ.
It is getting *stormy*. / It looks like a *storm* is coming.
▶ 嵐の夜に on a *stormy* night

あらす 荒らす damage [ダメヂ]
▶ みんなの机の中があらされた.
All of our desks *were broken into*.
▶ カラスが作物をあらした.
Crows *damaged* the crops.

あらすじ あら筋 an outline [アウトゥライン], a plot [プラット]
▶ その話のあら筋
the *outline* of the story
▶ 映画のあら筋
the *plot* of the movie [film]

あらそい 争い（口げんか）a quarrel [クウォ(ー)レル], a fight [ファイト]（▶なぐり合いなどのけんかも fight という）；（競争）competition [カンペティション]

あらそう 争う（口げんかする）quarrel [クウォ(ー)レル], fight [ファイト]；（なぐり合ってけんかする）fight；（競う）compete [コンピート]
▶ そんなつまらないことであなたと争うのはいやだ.
I don't like to *quarrel* with you about such little things.
▶ 4チームが優勝を争った.
Four teams *competed* for the championship.

あらたまる 改まる be formal [フォーマル]
改まった formal
改まって formally
▶ そう改まらなくていいですよ.
Make yourself at home. / You don't have to *be so formal*.
▶ 改まったことばで話す speak *formally*

あらためて 改めて（ふたたび）again [アゲン]；（あとで）later [レイタァ]
▶ また改めてうかがいます.
I'll come *again* (some other time).
▶ 家族の大切さを改めて感じた.
I felt *again* the importance of family.

🔊 スピーキング
Ⓐ 改めてお電話しましょうか.
Shall I phone you later? / Shall I call you back?
Ⓑ ええ，そうしてください.
Yes, please.

あらためる 改める（変える）change [チェインヂ]；（訂正する）correct [コレクト]
▶ 考えを改める *change* my mind
▶ 計画を改める *change* a plan
▶ 良夫，態度を改めなさい.
Correct your attitude, Yoshio.

アラビア Arabia [アレイビア]
アラビア(人)の Arabian [アレイビアン]
アラビア語 Arabic [アラビク]
アラビア人 an Arab [アラブ]
アラビア数字 Arabic numerals [ニューメラルズ]

アラブ（アラブ人）an Arab [アラブ]；（アラブ諸国）Arab countries

あらゆる
（すべての）all [オール]；（どの…もみな）every [エヴリィ] →すべて，ぜんぶ
▶ あらゆる手段を試みる
try *every* possible means
▶ あらゆる種類の本 *all* kinds of books

あられ hail [ヘイル]
▶ 今朝あられが降った.
It *hailed* this morning.

あらわす¹ 表す
1（表現する）express [イクスプレス]；（感情・方法などを）show [ショウ]
▶ 感情を表す *express* my emotions

forty-one 41

あらわす²

プレゼン
先生方に感謝の気持ちを表したいと思います。
I'd like to express my gratitude to the teachers.

2 (意味する) stand for
▶ きみの学校の記章は何を表しているの？
What does your school badge *stand for*?

あらわす² 現す appear [アピア], show [ショウ] up
▶ ジェット機が雲の間から姿を現した。A jet *appeared* from between the clouds.

あらわれる 現れる

appear [アピア] (反 見えなくなる disappear), **come out**, **show up**
▶ きのう UFO が現れたよ。
A UFO *appeared* yesterday.
▶ 太陽が雲の陰から現れた。The sun *came out* from behind the clouds.
▶ 武がまだ現れないんだ。どうしたんだろう。
Takeshi hasn't *shown up* yet. I wonder what happened (to him).

アリ (虫) an ant [アント]
ありうる possible [パスィブル]
▶ それはじゅうぶんありうるね。
That's quite *possible*.
ありえない impossible [インパスィブル]
▶ それはありえないことだ。
That's *impossible*. / It *can't be true*.
ありがたい
▶ ありがたい，やっと金曜日だ。
Thank God(,) it's Friday! (▶週末をむかえる喜びを表すことば。各語の頭文字をとって T.G.I.F. [ティーヂーアイエフ] ということも多い)
▶ そう言ってくださるとありがたいです。
It's *very nice* of you to say so.
▶ きみの親切ありがたく思っています。
Thank you very much for your kindness. / Many *thanks* for your kindness.
ありがたいことに luckily [ラキリィ]
▶ ありがたいことに，雨がやんだ。
Luckily, it stopped raining.
ありがためいわく ありがた迷惑 an unwelcome favor

▶ 彼のアドバイスはありがた迷惑だった。
His advice was *unwelcome*.

ありがとう

Thank you. [サンキュー]; (口語)
Thanks. [サンクス]
▶ どうもありがとう (ございます)。
Thank you very much.

表現力
…をありがとう
→ **Thank you for … .**

▶ お手紙ありがとう。
Thank you for your letter.
▶ お招きくださってありがとうございます。
Thank you very much *for* your kind invitation. / *It's* very *kind of you to* invite me.

表現力
…してくれてありがとう
→ **Thank you for -ing.**

▶ お電話ありがとう。
Thank you for calling.

スピーキング
Ⓐ ありがとう。
Thank you.
Ⓑ どういたしまして。
You're welcome.

スピーキング
💬 ありがとうございます。
Thank you (very much).
Thank you so much. (女性が好む表現)
(▶もっともふつうの言い方)
💬 どうもありがとう。
Thanks.
Many thanks.
Thanks a lot.
Thanks a million.
(▶くだけた言い方)
💬 ～に感謝しています。
I'm really grateful to you for … .
I really appreciate your … .
I'm very much obliged to you for your … .
(▶改まった言い方や書きことばとして)

42 forty-two

ありさま（状態）state [ステイト], condition [コンディション] →ようす

ありそうな likely [ライクリィ], possible [パスィブル]

▶ それはありそうな話だ.
That's a *likely* story.（▶反語的に「どうもあやしい」という意味でも使う）

▶ それはじゅうぶんありそうなことだ.
That's quite *possible*.

ありのまま the truth [トゥルース]

▶ ありのままを言いなさい.
Tell me *the truth*.

▶ ありのままの自分を出せたらいいんだけど.
I want to show my *true* self. / I want to show myself *as I really am*.

ありのままに frankly [フランクリィ]

▶ ありのままに言えば
frankly speaking / to tell *the truth*

アリバイ an alibi [アリバイ]

▶ アリバイがある have an *alibi*

ありふれた common [カモン], ordinary [オーディネリィ] →ふつう¹

▶ ありふれた名前 a *common* name

‐(では)ありませんか Isn't ...?, Aren't ...?

▶ あの人は岡先生ではありませんか.
Isn't that Ms. Oka?

▶ あなたはおなかがすいているのではありませんか. *Aren't* you hungry?

ある 在る, 有る

使い分け
(存在する・位置する) → is, are
(所有する) → have

1(存在する・位置する)(不特定の物が) There is [are]; (特定の物が) is [are]

表現力
(〜に) …がある
→ (1つのとき) There is ... . /
　 (2つ以上のとき) There are ... .

There is ... .

There are ... .

▶ テーブルの上にリンゴが1つあります.
There is an apple on the table.（▶この文では an apple（単数）が主語なので, There *is* ... . となる）

▶ テーブルの上にリンゴが3つあります.
There are three apples on the table.（▶この文では three apples（複数）が主語なので, There *are* ... . となる）

文法 不特定の物が主語のとき
不特定の物が1つあるときは **There is +物 (+場所).** で表す. 複数のときは **There are +物 (+場所).** で表す.

There is +単数名詞.
There are +複数名詞.

▶ この近くにコンビニはありますか.
Is there a convenience store near here?

▶ 中学時代には楽しいことがたくさんあった.
I *have had* many happy times in junior high school.

スピーキング
Ⓐ きみの町に大学はある？
　 Is there a college in your city?
Ⓑ うん, あるよ.
　 Yes, there is.
Ⓑ ううん, ない.
　 No, there isn't.

表現力
〜は…にある
→ (1つのとき) 〜 is ... . /
　 (2つ以上のとき) 〜 are ... .

▶ ぼくらの教室は3階にある.
Our classroom *is* on the third floor.

文法 特定の物が主語のとき
「私たちの教室」のような特定の物について言うときは「物+ is [複数なら are]」で表す. 不特定の物のときには「**There is [複数なら are] +物.**」で表す.

▶「お母さん, ぼくの自転車のかぎどこにあ

ある -

る？」「テーブルの上にあるわよ」
"Where *is* my bike key, Mom?" "It's on the table."

▶「きみのくつはどこにあるの？」「ベッドの下よ」
"Where *are* your shoes?" "Under the bed."

▶ テーブルの上には何があるの？
What *is* on the table? (▶What is there on the table? とはふつういわない)

▶ 私たちの学校は山のふもとにある.
Our school *stands* at the foot of the mountain.

▶ 左に曲がるとそのバス停がありますよ.
Turn left, and you'll *find* the bus stop.

2 (所有する) **have** [ハヴ]

💬表現力
…がある
→ have ... / There is [are] ... .

▶ 日本にもディズニーランドがあります. We *have* a Disneyland in Japan, too. / *There is* a Disneyland in Japan, too.

▶ うちに新しいコンピューターがある. We *have* a new personal computer at home.

▶ タコに足は何本あるのだろう？
How many arms does an octopus *have*?

▶ きょうは英語の小テストがある.
We *have* an English quiz today.

3 (起こる) **happen** [ハプン]；(行われる) **be held** [ヘルド]

▶「何があったの？」「特に何も」
"What *happened* to you?" "Nothing in particular."

▶ きのう運動会があった.
Our sports day *was held* yesterday. / We *had* a sports day yesterday.

▶ きのうの夜，地震があった.
There was an earthquake last night. / We *had* an earthquake last night.

4 (長さなどが) **be** [ビー]

▶ ここから駅までどのくらいありますか.
How far *is* it from here to the station?

5 (経験する)

💬表現力
…したことがある → have ＋過去分詞

🗣スピーキング
🅐 奈良へ行ったことがありますか.
Have you ever been to Nara?
🅑 はい，あります.
Yes, I have.
🅑 いいえ，ありません.
No, I haven't.

▶ 外国へ行ったことがある？
Have you ever *been* abroad?

▶ リエには前に会ったことがある.
I *(have) met* Rie before. / I *once* met Rie.

6 (…である) **be**

▶ あの人は有名な歌手である.
That man *is* a well-known singer.

ある-

a [ア], **one** [ワン], **some** [サム], **a certain** [サ～トゥン]

▶ ある日 *one* day
▶ あるとき once
▶ ある人 someone
▶ ある程度
to *a certain* degree / to *some* extent
▶ ある意味で
in *a* sense
▶ ある女性がロビーであなたをさがしていました.
A certain lady was looking for you in the lobby.

💬用法 a certain と some
a certain は知っていてもあいまいにしたい場合に使う. **some** はふつう自分でもはっきりしない場合に使うが，失礼に聞こえることもあるので注意.

あるいは

使い分け
(または) → or
(かもしれない) → maybe

1 (または) **or** [オー(ア)]

▶ 土曜日，あるいは日曜日におうかがいします.
I'll visit you on Saturday *or* Sunday.

▶ きみ，あるいは弟さんのどちらかがそこに

44 forty-four

行かなくてはいけない.
Either you *or* your brother has to go there. (▶ either 〜 or ... の部分が主語になったときは，動詞は or のあとの語に一致させるのが原則)

2 (かもしれない) **maybe** [メイビィ], **perhaps** [パハップス]
▶ あるいはあなたの言うとおりかもしれない.
Maybe you are right.

アルカリ alkali [アルカライ] (反 酸 acid)
アルカリ(性)の alkaline [アルカライン]
アルカリ電池 an alkaline battery

あるく 歩く

walk [ウォーク]
▶ 私は学校へ歩いて行きます.
I *walk* to school.
▶ 歩いて帰りましょう. Let's *walk* home. (▶この home は「家へ」という意味の副詞なので walk *to home とはしない)
▶ きみは学校へ自転車で行きますか，それとも歩いて行きますか.
Do you go to school by bicycle or on foot? (▶ on foot はふつう by bicycle (自転車で) など他の方法と対照していうときに使う)
▶ 歩いてすぐです.
It's a short *walk*.
▶ 駅まで歩いて10分かかります.
It is a ten-minute *walk* to the station. / It takes ten minutes to *walk* to the station.
▶ 歩きまわる *walk* around

🗨 スピーキング
Ⓐ 学校へはどうやって行きますか.
How do you go to school?
Ⓑ 歩いて行きます.
I walk.

アルコール alcohol [アルコホ(ー)ル]
アルコールの alcoholic [アルコホ(ー)リク]
アルコールランプ a spirit lamp

アルゼンチン Argentina [アーヂェンティーナ]
アルゼンチン(人)の Argentine [アーヂェンタイン]

アルツハイマー(びょう) アルツハイマー(病) Alzheimer's [アールツハイマァズ] disease

アルト (音楽) alto [アルトゥ]
アルバイト →バイト
アルバム an album [アルバム]
▶ 卒業アルバム a graduation *album*, (米) a yearbook
▶ あなたのアルバムを見せてくれませんか.
Will you show me your (photo) *album*?

アルファベット the alphabet [アルファベト]
▶ 単語をアルファベット順にならべる
put the words in *alphabetical* order

アルプス アルプス山脈 the Alps [アルプス]
▶ 日本アルプス the Japan *Alps*
アルプスの(アルプス山脈の) Alpine [アルパイン]

アルミ(ニウム) (化学) (米) aluminum [アルーミナム], (英) aluminium [アラミニアム] (記号 Al)
アルミかん an aluminum can
アルミサッシ an aluminum sash
アルミホイル aluminum foil

あれ[1]

that [ザット] (複数 **those**) (対 これ this)

🗨 表現力
あれは…です
→ (1つのとき) **That is ... .** /
　(2つ以上のとき)
　Those are ... .

▶ あれは私の本です. *That is* my book. (▶「あれ」が複数の物をさしている場合は Those are my books. となる)
▶ あれはきみの本ですか.
Is that your book?
▶ あれは私の本ではありません.
That is not my book.
▶ あれは由紀の両親よ.
Those are Yuki's parents.
▶ 「あれは何だ」「ウナギだ」
"What's *that*?" "It's an eel."
▶ あれを見てごらん. Look at *that*.

あれ²

あれから (あのあと) after that；(あれ以来) since then
- あれから何が起こったの？
What happened *after that*?
- あれから彼には会っていない．
I haven't seen him *since then*.

あれ² Oh!；Huh [ハ]？
- あれ，ぼくのかさがない．
Oh! My umbrella is gone.

あれら those [ゾウズ] (▶ that の複数形) →あれ¹

あれる 荒れる be rough [ラフ]；(天候が) be stormy [ストーミィ]
- 台所仕事のため父の手はあれた．
Father's hands *got rough* from working in the kitchen.
- 今夜は天気があれそうだ．
It will *be stormy* tonight. / We'll have a *stormy* night tonight.

アレルギー (an) allergy [アラヂィ]
- 私は卵アレルギーです．
I have an *allergy* to eggs. / I am *allergic* to eggs.

あわ 泡 (1個の) a bubble [バブル]；(いくつもまとまった) foam [フォウム]

左が **bubble**，右が **foam**．

- 生クリームをあわ立てる
whip fresh cream
あわ立てる beat
あわ立つ bubble, foam
あわ立て器 a whisk [(フ)ウィスク]

あわい 淡い light [ライト], pale [ペイル]
- 淡い色 a *light* color (▶ a soft color ともいう)

あわせて 合わせて altogether [オールトゥゲザァ], in all
- 合わせて8千円になります．
It's 8,000 yen *altogether* [*in all*].

あわせる 合わせる

1 (1つにする) put together [トゥゲザァ]；(協力する) work together
- 私たちは試合に勝つために全員で力を合わせた．We *worked together* to win the game.
- ぼくたちは顔を合わせるといつもモバイルゲーム[スマートフォンのゲーム]の話だ．
When we *meet*, we always talk about mobile games.
- 彼は私と話している間，目を合わせなかった．
He didn't *make eye contact* while talking to me.

2 (機械を調整する) set [セット]；(照合する) check [チェック]
- 目覚まし時計を7時に合わせる
set an alarm clock for seven o'clock
- さあ，音楽に合わせて踊ろう．
Let's dance *to* the music.
- 答えを合わせる *check* the answers

あわただしい busy [ビズィ]
- あわただしい年末
a *busy* end-of-the-year
あわただしく in a hurry, in *my* hurry, in a rush

あわてる be confused [コンフューズド] (at, by)
あわてて confusedly, in a hurry, in *my* hurry
- そうあわてるな．Don't be so *hasty*. (▶「気を楽にして，落ち着け」という意味合いなら Be calm. / Don't be upset. / Take it easy.)
- あわててさいふを忘れてきちゃった．
In my hurry I forgot my purse.

アワビ an abalone [アバロウニ]

あわれ 哀れな poor [プァ] →かわいそう
あわれむ pity [ピティ]
- 私はその子ネコをあわれに思った．
I felt *sorry* for the kitten.

あん¹ 案

(計画) a **plan** [プラン]；(考え) an **idea** [アイディ(ー)ア] (アクセント注意)
- 案を立てる make a *plan*
- それは名案だ．That's a good *idea*.
- 何かいい案はない？
Do you have any good *ideas*?
- その案には賛成[反対]だ．
I'm for [against] the *plan*.

あん² →あん(こ)

アンカー (リレー競技の) an anchor [アン

◀ あんしん

カァ] (person); (いかり) an anchor

あんがい 案外 unexpectedly [アネクスペクティドゥリィ]
▶ 結果は案外よかった．
The result was *unexpectedly* good.
▶ 試験は案外やさしかった．
The exam was easier *than I expected*.
あんき 暗記する learn ... by heart, memorize [メモライズ]
▶ 私はその文を全部暗記した．
I *learned* all the sentences *by heart*.
▶ 英単語の効果的な暗記法
an effective way to *memorize* English words
暗記力 (a) memory
▶ ぼくの暗記力はあまりよくない．
I don't have a very good *memory*.
アンケート (質問紙) a questionnaire [クウェスチョネア]（▶「アンケート」はフランス語の enquête（調査）から）; （調査） survey [サヴェイ]
▶ アンケートをとる
conduct a *survey*
▶ アンケートに答える
answer a *questionnaire*
あん(こ) sweet bean jam
あんパン a bun stuffed with sweet bean jam
あんまん a steamed sweet bean jam bun
あんごう 暗号 a code [コウド]
▶ 暗号を解読する decipher [ディサイファ] a *code* / break a *code*
アンコール an encore [アーンコー(ァ)]（▶ フランス語で「さらに，ふたたび」などの意味）
アンコールする encore
▶ 聴衆はアンコールを求めた．
The audience called for an *encore*.
▶ アンコールで 2 回歌う
sing two *encores*
あんさつ 暗殺する assassinate [アサスィネイト]
暗殺者 an assassin
あんざん 暗算 mental arithmetic, calculations in *my* head
暗算する calculate in *my* head
あんじ 暗示 a hint [ヒント], (a) suggestion [サ(グ)ヂェスチョン]
暗示する give a hint, suggest
▶ 私は暗示にかかりやすい．I am easily influenced by *suggestion*.
あんしつ 暗室 a darkroom [ダークル(ー)ム]（▶ a dark room は「暗い部屋」）
あんしょう 暗唱する（暗記していう） repeat ... from memory; （詩などを） recite [リサイト]
▶ 基本文を暗唱する
repeat basic sentences *from memory*
▶ 英語の詩を暗唱する
recite an English poem
暗唱大会 a recitation contest
あんしょうばんごう 暗証番号 a PIN (number)（▶ PIN は *p*ersonal *i*dentification *n*umber（個人識別番号）の略）; a code number
▶ 暗証番号を入力する enter my *PIN*

あんしん 安心
relief [リリーフ]
安心する（安全だと思う） feel safe, feel secure; （ほっとする） be relieved [リリーヴド], feel relieved
▶ きみがいっしょにいてくれると安心だ．
I *feel safe* with you.
▶ どうぞご安心ください．Don't worry.

💬表現力
…して安心する
→ be [feel] relieved to ...

forty-seven 47

アンズ

▶ その知らせを聞いて安心しました.
I *was relieved to* hear the news. / I *was relieved at* the news.

アンズ（植物）an apricot [アプリカト]

あんせい 安静
安静にする rest [lie] quietly
▶ しばらく安静にしていなさい.
Lie quietly in bed for a while.

あんぜん 安全

safety [セイフティ]（反）危険 danger, security [スィキュ(ア)リティ]
安全な safe（反）危険な dangerous）
▶ ここにいれば安全です.
If we stay here, we will be *safe*. / If we stay here, we will be *out of danger*.
▶ お金は安全な場所にしまっておきなさい.
Keep your money in a *safe* place.
▶ 安全運転で気をつけてね.
Be careful and drive *safely*.（▶自転車なら drive の代わりに ride を使う）
安全に safely, in safety
安全第一（標語）Safety First
安全地帯 a safety zone
安全ピン a safety pin
安全ベルト a safety belt, a seat belt

あんた you [ユー] →あなた
▶ あんた, だれ？
Who are *you*?

あんだ 安打（野球）a hit [ヒット]
▶ 安打を打つ
make a *hit*

アンダースロー（野球）an underhand [アンダハンド] throw

アンダーライン an underline [アンダライン]
アンダーラインを引く underline
▶ 重要語にアンダーラインを引きなさい.
Underline the important words.

あんてい 安定した stable [ステイブル]
▶ 安定した職業 a *stable* job
▶ このテーブルは安定していない.
This table is not *stable*.

アンテナ an antenna [アンテナ]
▶ アンテナを立てる set up an *antenna*

あんな

（あのような）such [サッチ], like that, so [ソウ];（あの）that [ザット]
▶ あんな人
a person *like him* [*her*] / a person *like that*
▶ あんな美しい女性
such a beautiful lady
▶ あんなおいしい食事ははじめてだ.
I've never eaten *such* a good meal.
▶ あんなTシャツがほしい.
I want a T-shirt *like that*.

あんない 案内する

show [ショウ];（先導して）lead [リード]
▶ あとで町を案内しましょう.
I'll *show* you around the city later.
▶ 東京を案内してくれる？
Can you *show* me around Tokyo?
▶ あなたが先に立って案内してください, 私たちはあとからついて行きます.
You *lead*, and we'll follow.
案内係 a guide;（映画館などの）an usher [アシャ]
案内書 a guide(book)
案内所 an information desk
▶ 案内所はどこですか.
Where is the *information desk*?
案内図 a (guide) map
案内人 a guide

アンパイア an umpire [アンパイア]
アンプ an amplifier [アンプリファイア]
あんまり →あまり¹
▶ あんまりスピードを出さないでくれ.
Don't drive *too* fast.
▶ そいつはあんまりだよ.
That's *too much*.

あんらく 安楽 comfort [カンフォト]
安楽な comfortable [カンファタブル]
安楽いす an easy chair
安楽死 mercy killing / euthanasia [ユーサネイジャ]

◀ いい

いイ いイ いイ

い 胃 a stomach [スタマク] →おなか
▶ 胃が痛い. I have a *stomachache*. /
My *stomach* hurts.
▶ ぼくは胃がじょうぶだ [弱い].
I have a strong [weak] *stomach*.
-い …位 a place [プレイス]
▶ 1位になる win first *place*

> 📣プレゼン
> 私はマラソン大会で50人中3位になり
> ました.
> I won third place out of 50 in the
> marathon.

いい

> 📘使い分け
> (好ましい) → good, fine, nice
> (申し分のない) → all right, OK
> (適当な, ふさわしい) → good, right
> (十分な) → enough
> (正しい) → right, good

1 (好ましい) **good** [グッド] (反 悪い **bad**) ,
fine [ファイン] ; (感じがよい) **nice** [ナイス] ;
(すばらしい) **wonderful** [ワンダフル] ; (た
めになる) **good**
▶ いい考えがある. I have a *good* idea.
▶ 今学期はいい成績だった.
I got *good* grades this term.
▶ なんていいタイミングだ！
What *good* timing!
▶ 彼はとてもいい人だ. He's very *nice*.
▶ いい天気ですね.
Beautiful day, isn't it?

> 📣表現力
> …にいい → be good for ...

▶ ウォーキングは健康にいい.
Walking *is good for* your health.

> 📣表現力
> …することはいいことだ
> → It is good to ... .

▶ 新しい友達をつくることはいいことだ.
It is good to make new friends.
2 (申し分のない) **all right** [オール ライト],
OK [オウケイ]
▶ それでいいよ.
That's *OK*.
▶ 「(あなたは) それでいいですか」「もちろん
です」
"Is that *OK* with you?" "Sure."
▶ あすでいいですか.
Will tomorrow be *all right*?
3 (適当な, ふさわしい) **good**, **right** [ライト]
▶ 散歩するのにいい日だね.
It's a *good* day for walking, isn't it?
▶ 動物園へ行くにはこのバスでいいですか.
Is this the *right* bus to the zoo?
4 (十分な) **enough** [イナフ]
▶ (おなかがいっぱいになって) もういいです.
I've had *enough*. (▶「もうたくさんだ」
「いいかげんにしろ」という意味もあるので
使い方に注意) / I'm *full*.
5 (正しい) **right**, correct [コレクト] (反 まち
がった wrong) ; (道徳的に正しい) **good**
(反 悪い bad)
▶ 答えはこれでいいですか.
Is this answer *right*?
6 (好む) **like** [ライク] ; (…のほうを) prefer [プ
リファ～]

> 🗣スピーキング
> 「飲み物は何が**いい**ですか」「コーヒーが
> **いい**です」
> "What would you like to drink?" "I'd
> like some coffee."

7 (親しい) **good**, close [クロウス], friendly
[フレンドゥリィ]
▶ 彼女はいい友達です.
She's a *good* friend.
8 (…してもいい) **can**, **may** (▶話し言葉で
は can がふつう)

> 📣表現力
> …してもいい → can ... / may ...

い
か
さ
た
な
は
ま
や
ら
わ

forty-nine 49

いいあらそう ▶

▶ もう帰ってもいいよ.
You *can* go home now.

▶ 「あなたの辞書, 使ってもいいですか」「どうぞ」
"*Can* [*May*] I use your dictionary?"
"Go ahead." (▶ may のほうがていねい)

▶ お名前をうかがってもいいですか.
Could [*May*] I have your name?

💬 スピーキング
Ⓐ これをもらってもいいかな.
Can [May] I have this?
Ⓑ いいよ.
Sure.

▶ 「窓を開けてもいいですか」「もちろんかまいませんよ」
"Do you mind if I open the window?" "No, I don't (mind). / Of course not." (▶ Yes, I do. と答えると「いや, ひかえてください」というとても強い拒否感を表す)

9 (…したほうがいい) should, had better (▶ You had better は命令的な言い方なので目上の人には使わない)

💬 表現力
…したほうがいい
→ should ... / had better ...

▶ ちょっと熱があるから, 今日は家にいたほうがいいよ.
You have a slight fever. You *should* stay home today.

▶ 彼のスマホにすぐ電話したほうがいいね.
I'*d better* call his smartphone right away.

▶ 今は彼女には話さないほうがいいよ.
You'*d better* not tell her now.

10 (…しなくてもいい) don't have to ... , don't need to ...

💬 表現力
…しなくてもいい
→ don't have to ... /
don't need to ...

▶ 明日はお弁当を持ってこなくてもいいですよ.
You *don't have to* bring your lunch tomorrow.

いいあらそう 言い争う（口論する）

quarrel [クウォ(ー)レル]；(議論する) argue [アーギュー]；(…と言い争う)argue with ...；(…のことで言い争う) argue about [over] ...

いいあらわす 言い表す express [イクスプレス]

▶ その絵の美しさは口では言い表せません.
The beauty of the painting is *beyond words*.

いいえ

1 (質問に対して) no [ノウ] (対) はい yes

💬 スピーキング
Ⓐ 魚は好きですか.
Do you like fish?
Ⓑ いいえ, きらいです.
No, I don't.

▶ 「何かぼくにできることはありますか」「いいえ, ないみたいね」
"Is there anything I can do?" "*No*, I don't think so."

▶ 「彼に会いましたか」「いいえ, 会いませんでした」
"Did you see him?" "*No*, I didn't."

▶ 「彼に会わなかったのですか」「いいえ, 会いました」
"Didn't you see him?" "*Yes*, I did."

📖 文法 否定は No!
英語では, 問いの文がどんな形でも答えの内容が肯定のときは Yes を, 否定のときは No を使う.

2 (感謝・わびに対して)

💬 スピーキング
Ⓐ あっ, すみません.
Oh, excuse me.
Ⓑ いいえ, だいじょうぶです.
That's OK. / That's all right.

いいかえす 言い返す talk [トーク] back

▶ 私は両親には一度も言い返した（→口答えした）ことがない.
I *have* never *talked back* to my parents.

いいかえる 言い換える say in other words

▶ それをほかのことばで言いかえなさい.

50 fifty

◀ **いう**

Say it *in other words*.
言いかえれば in other words, that is (to say) →すなわち

いいかげん いい加減
▶ もういいかげんにやめなさい(→それでじゅうぶんだ).
That's *enough*. / *Enough* is *enough*.
▶ あいつはいいかげんな (→おおざっぱな) 男だ. He is an *easygoing* type.

いいかた 言い方 how to say
▶ 英語で「桜」の言い方がわかりません.
I don't know *how to say* "sakura" in English.

いいき
▶ いい気 (→生意気) になるな.
Don't *be stuck-up*. / Don't *be fresh*.

いいすぎる 言い過ぎる say too much, go too far
▶ それはきみの言いすぎだ.
You *said too much*. / You *went too far* (when you said that).

イースター (復活祭) Easter [イースタァ]
▶ イースターおめでとう! Happy *Easter*!

いいつける 言いつける **1** (命令する) order [オーダァ], tell [テル]
2 (告げ口をする) tell on
▶ 先生に言いつけるぞ.
I will *tell on* you to the teacher.

いいつたえ 言い伝え (a) tradition [トゥラディション], a legend [レヂェンド]

いいとも sure [シュア]
▶「この漫画借りてもいい?」「いいとも」
"Can I borrow this comic book?"
"*Sure*. / *Go ahead*."

いいなり 言いなり
▶ エマは父親の言いなりになっている.
Emma is *under* her father's *thumb*.

いいはる 言い張る insist [インスィスト] 《on》
▶ 彼は自分が正しいと言い張った.
He *insisted* (that) he was right.

いいぶん 言い分 my say [セイ]
▶ 彼女の言い分も聞こうじゃないか.
Let her have *her say*.

イーメール →メール

いいわけ 言い訳 an excuse [イクスキュース]
▶ うまい言いわけ a good *excuse*
▶ へたな言いわけ a poor *excuse*
言いわけをする make an excuse

▶ ボブは遅刻の言いわけをした.
Bob *made an excuse* for being late.
▶ 言いわけをするな.
Don't *make excuses*.

いいん¹ 委員 a member of a committee [コミティ], (…の委員) a member of ...
▶ クラス委員 a class *representative*

> 🗨️プレゼン
> 私は3年間ずっと生徒会の**委員**をしていました.
> I've been a member of the student council for three years.

委員会 (組織) a committee; (会議) a committee meeting
▶ 委員会は毎週水曜日に開かれる.
The *committee meeting* is held every Wednesday.
委員長 a chair, a chairperson

> **おもな委員・委員会の言い方**
> 学級委員　a class representative
> 書記　　　a secretary
> 体育委員会 the athletic committee
> 図書委員会 the library committee
> 風紀委員会
> 　　　　　the discipline committee
> 保健委員会
> 　　　　　the health care committee
> 美化委員会
> 　　　　　the cleaning committee
> 広報委員会
> 　　the public relations committee
> 放送委員会
> 　　the broadcasting committee

いいん² 医院 a doctor's office [ダクタァズオ(ー)フィス], a clinic [クリニック]

いう 言う

1 say [セイ]; (しゃべる) speak [スピーク], talk [トーク]; (告げる) tell [テル] →はなす¹ (図)
▶ もっと大きな声で言ってくれませんか.
Would you *speak* more loudly?

> 🗨️表現力
> …と言う → say ...

fifty-one 51

いう

- ケン、お願いしますと言いなさい.
  Ken, *say* please.
- 何と言えばいいんだろう.
  What should I *say*?
- きみに何と言われようがかまわないよ.
  Whatever you *say*, I don't care.

> 表現力
> 「…」と言う → **say, "..."**

- 「私、歌手になりたい」とユカは言った.
  Yuka *said*, "I want to be a singer." /
  Yuka *said* (that) she wanted to be a singer.

> ライティング
> 日本は安全な国だと言われている.
> It is *said* (that) Japan is a safe country.

> 表現力
> …に言う → **tell ...**

- 言っただろう、ぼくは泳げないって.
  I *told* you. I can't swim.

> 表現力
> …を言う → **say ... / tell ...**

- そんなこと言わないで!
  Don't *say* that!
- 彼女に会ったとき私は何も言わなかった.
  I didn't *say* anything when I met her.
- 言いたいことがあったら言いなさいよ.
  Say what you want.
- それはだれにも言うな. ここだけの話だぞ.
  Don't *tell* it to anyone. It's (just) between you and me.
- 本当のことを言えば、今はそのことは話したくない.
  To *tell* the truth, I don't want to talk about it right now.

> 表現力
> (人)に「…」と言う
> → **say to ＋人, "..." /**
>   **tell ＋人＋ that ...**

- 母は私たちに「ごはんですよ」と言った.
  Mother *said to* us, "Dinner is ready." / Mother *told* us (*that*) dinner was ready.

> 表現力
> (人)に…するように言う
> → **tell ＋人＋ to ...**

- 母はいつも私に早くしなさいと言う.
  Mother always *tells* me *to* do things quickly.

> 用法 say と speak と talk と tell
> **say** は事がらや言葉を「言う」ことを表す. **speak** は口に出すという動作に重点があり、**talk** はうちとけて「語る、しゃべる」ことを表す. **tell** は事がらを「告げる」、情報を「伝える」というときに使う.

say (言葉を)述べる　　**tell** (情報を)伝える

- 私の言うことをよく聞きなさい.
  Listen to *me* carefully.
- 言われたとおりにしなさい.
  Do as you *are told*. / Do as I *tell* you.
- はっきり言うと、きみはその仕事に向いていないよ.
  To be honest, you're not the right person for the job.
- もう一度言ってください.
  I beg your pardon? ↗ (▶上げ調子で言う. Pardon? ↗ や Sorry? ↗ もよく使う)
  →いちど
- いったいきみは何が言いたいの?
  What on earth *are* you *getting at*?

2 (呼ぶ) **call** [コール]

> 表現力
> …を〜と言う → **call ... 〜**

> ライティング
> この鳥は日本語で「ツル」と言います.
> We *call* this bird "tsuru" in Japanese. / This bird is *called* "tsuru" in Japanese.

- この果物は英語で何と言いますか.

◀ **イエス・キリスト**

What do you *call* this fruit in English? / What *is* this fruit *called* in English?

🗣スピーキング
Ⓐ 英語で「おかしい」を何と言いますか.
How do you say "okashii" in English?
Ⓑ funnyと言います.
We say "funny."

× go to home
　　　↑このhomeは「家に」という副詞. toはつかない.

○ go home
× come to home
○ come home

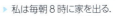

いうまでもない 言うまでもない
needless to say, ; (…だけでなく) to say nothing of ...

▶ 言うまでもないが, しっかり準備しておくこと. *Needless to say*, you have to be well prepared.

▶ あの人は英語は言うまでもなく, ドイツ語やフランス語も話す.
He speaks German and French, *to say nothing of* English.

いえ 家

(建物) a **house** [ハウス] (複数) houses [ハウズィズ] ; (家庭) (a) **home** [ホウム] →うち¹
家へ[に] home

▶ 庭のあるあんな大きな家に住みたい.
I want to live in a large *house* with a yard like that one.

▶ 私はふつう5時に家に帰ります.
I usually go *home* at five.

▶ 私は毎朝8時に家を出る.
I leave *home* at 8:00 every morning.

▶ 3年前に家を新築した.
We built a new *house* three years ago.

▶ きのう, 友達の家に遊びに行った.
I visited a friend's *house* yesterday.

▶ 私はきのうは一日中家にいました.
I stayed at *home* all day yesterday.
(▶《米》ではatを省略することもある)

▶ 私はおばの家に3日泊まった.
I stayed with my aunt for three days.

💬用法 **house**と**home**
「家屋」には**house**を,「家庭」には**home**を使うが,「家屋」の意味で**home**を使うこともある.

イエス・キリスト Jesus Christ [ヂーザス クライスト] →キリスト

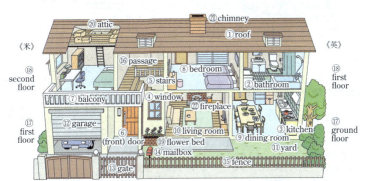

家 ①屋根 ②浴室 ③台所 ④窓 ⑤階段 ⑥げんかん ⑦バルコニー ⑧寝室 ⑨食堂 ⑩居間 ⑪庭 ⑫ガレージ ⑬門 ⑭郵便受け ⑮囲い, さく ⑯通路, ろうか ⑰1階 ⑱2階 ⑲花だん ⑳屋根裏部屋 ㉑えんとつ ㉒だんろ

fifty-three　53

いえで ▶

いえで 家出する run away from home, leave home
家出少年[少女] a runaway boy [girl]
イエローカード a yellow card
▶ 久保選手にイエローカードが出た.
Kubo was given a *yellow card*.
いおう 硫黄 sulfur [**サ**ルファ]
イカ (コウイカ類) a cuttlefish [**カ**トゥルフィシュ] (複数) cuttlefish [cuttlefishes]）;（スルメイカなど) a squid [スク**ウィ**ッド] (複数) squid [squids]）

–いか …以下

1 (数量・程度) **less than** (反 …以上 more than), **under** [**アン**ダァ] (反 …以上 over)
▶ 10秒以下で in *less than* ten seconds
▶ 部屋の温度は20度以下に下がった.
The temperature of the room dropped *below* 20°C.
▶ ぼくは数学は平均以下だった.
I was *below* average in math. / My grade in math was *below* average.
▶ 6歳以下の子どもは入場無料です.
Children *under* six years are admitted free of charge.

> 💬用法 「以下」と less than
> 日本語の「6歳以下」は6歳をふくむが, 英語の less than や under は6歳をふくまない. したがって厳密には six or under という (数量などの場合は ... or less という). →-いじょう, -みまん

2 (下記の事がら)the following [**ファ**ロウイング]
▶ 以下省略. *The rest* is omitted.
▶ 以下次号. To be continued.
いがい 意外な unexpected [アネクス**ペ**クティド]
意外に unexpectedly →あんがい
▶ 意外な結果 an *unexpected* result
▶ これは意外に(→思っていたより)おいしいよ.
This tastes better *than I expected*.
–いがい …以外 except [イク**セ**プト] →ほか
▶ ぼく以外は家族全員が犬好きだ.
Everyone in my family, *except* me, likes dogs.

いかが

使い分け
(どんなぐあいで) → How ...?
(勧めるとき) → How about ...? / Would you like ...?

1 (どんなぐあいで) **how** [ハゥ] →どう¹

🔊スピーキング
Ⓐ ごきげんいかがですか.
How are you?
Ⓑ おかげさまで, 元気です.
(I'm) fine, thank you.

▶ 気分はいかがですか.
How are you feeling?
▶「いかがお過ごしですか」「かなりいいです. あなたは？」
"*How* are you getting along?" "Pretty well, and you?"
▶「京都へのご旅行はいかがでしたか」「とてもすばらしかったです」
"*How* was your trip to Kyoto?" "(It was) wonderful."
2 (勧めるとき) **How about ...?** / **What about ...?** / **Would you like (to ...)?** →-(し)ませんか

🔊スピーキング
Ⓐ コーラはいかがですか.
How about some cola?
Ⓑ ええ, いただきます.
Okay, thanks.
Ⓑ' いや, けっこうです.
No, thank you.

▶ あすはいかがですか.
How about tomorrow?
いがく 医学 medicine [**メ**デ(ィ)スン]
医学部 the school of medicine, the medical school
いかす 生かす (…を活用する) make use [ユース] of;（経験などを生かす) draw [ド**ロ**ー] on
▶ 過去の経験を生かす
draw on my past experience

📣プレゼン
私は英語を生かせる仕事に就きたいです.
I'd like to get a job where I can make good use of my English.

54 fifty-four

いかだ a raft [ラフト]
▶ いかだで川を下る
go down a river on a *raft*

いかに how [ハウ] →どうやって

いかり¹ 怒り anger [アンガァ] →おこる¹
▶ 私は怒りをおさえられなかった．
I couldn't control my *anger*.
▶ 怒りを爆発させる lose my *temper*

いかり² (船の) an anchor [アンカァ]
▶ いかりを上げる weigh *anchor*
▶ いかりを下ろす drop *anchor*

いき¹ 息

(a) **breath** [ブレス]
息をする breathe [ブリーズ] (発音注意)
▶ 息を切らしている be out of *breath*
▶ 息を深く吸って． *Breathe* in deeply. / Take a deep *breath*.
▶ ちょっと息を止めて．
Hold your *breath* for a second. / Stop *breathing* for a second.
▶ 息を吐いて［吸って］．
Exhale [Inhale]. / *Breathe* out [in].

日本語NAVI
息が合う ☞仲よくやっていく →**なかよく**
息が上がる ☞息が切れる →**いき¹**
息がつまる ☞緊張する →**きんちょう**
息をこらす ☞息を止める →**いき¹**
息をつく ☞安心する →**あんしん**
息をぬく ☞休けいする →**やすむ**
息をひそめる ☞じっとしている →**じっと**

いき² 行き
▶ 行きはバスで帰りはタクシーでした．
I went by bus and came back by taxi.

-いき …行き
▶ 東京行きの列車 a train *for* Tokyo / a train *bound for* Tokyo
▶ このバスはどこ行きですか．
Where does this bus *go*? / Where is this bus *bound for*? (▶ is bound for の主語は乗り物)

いぎ¹ 異議 an objection [オブジェクシャン]
異議を唱える object
▶ (会議で) 異議あり！ *Objection*!
▶ 異議なし！ No *objection*!

いぎ² 意義 a meaning [ミーニング]
▶ 意義のある人生 a *meaningful* life

いきいき 生き生きした (元気な) lively [ライヴリィ]；(鮮明な) vivid [ヴィヴィド]
▶ 生き生きとした子どもたち *lively* children
▶ 生き生きした表現 a *vivid* expression

いきおい 勢い (力) power [パウア]
▶ 勢いがなくなる lose *power*

いきがい 生きがい
▶ あなたの生きがいは何ですか．
What do you *live for*?

いきかえる 生き返る come to life
▶ 雨のおかげで草木が生き返った．
Thanks to the rain, the plants have *come to life*.

いきかた¹ 生き方 my way of life；(生活スタイル) a lifestyle [ライフスタイル]
▶ 日本人の生き方
the Japanese *way of life*

いきかた² 行き方 the way to ... , how to get [go] to ...
▶ 郵便局への行き方を教えていただけますか．
Could you tell me *how to get to* the post office?
▶ 駅への一番近い行き方
the shortest *way to* the station

いきごみ 意気込み enthusiasm [エンス(ュ)ーズィアズム]
▶ その教師は教育への意気込みを語った．
The teacher spoke about his *enthusiasm* for education.

いきちがい 行き違いになる
▶ 私たちの手紙は行きちがいになった．
Our letters *have crossed* in the mail.
▶ 兄と私は行きちがいになった．
My brother and I *missed each other*.

いきどまり 行き止まり a dead end
この先行き止まり 《掲示》 Dead End / 《英》 No Through Road

いきなり

▶ この道はここで行き止まりだ。
This road *ends* here.
いきなり suddenly [サドゥンリィ] →とつぜん
いきのこる 生き残る survive [サヴァイヴ]
▶ その女の子は飛行機事故にあったが，幸い生き残った。Fortunately, the girl *survived* the airplane accident.
いきもの 生き物 a living thing, a creature [クリーチァ] (発音注意)

イギリス

Britain [ブリトゥン], Great Britain, the United Kingdom [ユーナイテイド キングダム] (▶ England (イングランド) はイギリスの構成国の1つ)
イギリス人 (全体) British [ブリティシ] people, the British (▶ Englishman [複数] Englishmen), Englishwoman [複数] Englishwomen) は「イングランド人」という意味になる)
イギリス(人)の British
▶ ジョンはイギリス人です。
John is *British*.

> **背景** イギリスの正式名称は **the United Kingdom of Great Britain and Northern Ireland** (グレートブリテンおよび北部アイルランド連合王国) といい，**England** (イングランド)，**Wales** (ウェールズ)，**Scotland** (スコットランド)，**Northern Ireland** (北アイルランド) の4つの国から成る連合国家である。**UK** または **U.K.** とも略す。

いきる 生きる

live [リヴ] (反 死ぬ die);(生きている) be alive [アライヴ]
▶ 我々は21世紀に生きている。
We *live* in the twenty-first century. (▶日本語は「生きている」だが，英語ではふつう進行形にはしない)

> **ライティング**
> 私たちは空気なしでは生きられません。
> We can't *live* without air.

▶ 祖父は100歳まで生きた。
My grandfather *lived* to be one hundred years old.

▶ 生きた魚 a *live* [ライヴ] fish (▶ ×alive fish とはいわない)
▶ この魚は生きている。This fish *is alive*. (▶ ×This fish is live. とはいわない)

いく 行く

1 (出かける) go [ゴウ] (反 来る come);(相手の方へ) come [カム]
▶ さあ，行こう。
Let's *go*. / Here we *go*.
▶ おそくなった。もう行かなくては。
It's late. I must *go* now. (▶ I must be going now. ともいう)

> **用法 go と come**
> 話し手のいる所からはなれて「…へ行く」というときは **go**,「相手の方へ行く」ときや「同行する」というときは **come** を使う。

> **スピーキング**
> Ⓐ ごはんよ。
> Dinner is ready.
> Ⓑ すぐ行くよ。ちょっと待ってて。
> I'm *coming*. Wait a minute.

▶ 今度の日曜日お宅へ行ってもいいですか。
May I *come* to see you next Sunday?

> **表現力**
> …へ行く → go to ...

a 【場所】 …へ[に] 行く go to ... (▶ go のあとに there などの副詞が続く場合は to は入らない);(遊びや楽しみのために行く) visit [ヴィズィト] (▶ to はつけない);(着く) get [ゲット] to ...
▶ 私は月曜から金曜まで学校に行く。
I *go to* school from Monday to Friday. (▶授業を受けるために「学校に行く」というときは，school に the をつけない)

◀ **いく**

🔊 スピーキング
Ⓐ どこの中学へ行ってるの？
Which junior high school do you go to?
Ⓑ ABC 中学へ行っています．
I go to ABC Junior High School.

▶ この前の日曜，友達数人と映画に行った．
I *went to* the movies with some friends last Sunday.
▶ すみません．このバスは上野駅へ行きますか．
Excuse me, but does this bus *go to* Ueno Station?
▶ いつかスイスに行ってみたい．
I want to *visit* Switzerland someday.
▶ 青山にはどう行くのですか．
Could you tell me the way to Aoyama? / How can I *get to* Aoyama? →おしえる
▶ 1 時ごろそちらに行きます．
I'll *be* there around one.

b【手段】…で行く go by ... ；（…へ徒歩で行く）walk［ウォーク］to ... ；（…へ車で行く）drive［ドゥライヴ］to ... ；（…へ飛行機で行く）fly［フライ］to ...

┌─「行く」（交通手段）に関する言い方─┐
│ 歩いて行く walk
│ 車で行く drive, go by car
│ バスで行く go by bus
│ 電車で行く go by train, take a train
│ 飛行機で行く fly, go by plane [air]
│ (▶交通手段を表す by のあとにくる名詞の前には the や a はつけない)
└─────────────────────┘

▶ 父は車で仕事に行く．My father *drives to* work [the office].
▶ 母はバスで仕事に行っている．My mother *goes to* work [the office] *by* bus.
▶ 私はふつう学校には歩いて行っている．
I usually *walk to* school.
▶ うちの車で行きましょう．We can *go in* my car. (▶ go ˣ*by my car* とはしない)
▶ 美術館まで電車で行った．
We *took* the train *to* the art museum.
▶ 今晩，飛行機でニューヨークに行きます．
I'*m flying to* New York tonight. (▶現在進行形は個人的な近い未来の予定を表すのによく使われ，その手配や約束がすでにできているという感じがある)
▶ 私たちは急いで学校へ行った．
We *hurried to* school.

💬 表現力
…に行く → go for ...
…しに行く → go -ing

c【目的】…に行く go for ... ；…(し)に行く go -ing

▶ 今度の日曜，ドライブに行こうか．
Why don't we *go for* a drive this Sunday?
▶ 私の誕生日のお祝いにみんなで食事に行った．
We *went out for* dinner for my birthday.
▶ 私たちはデパートに買い物に行った．
We *went shopping* at the department store.
▶「川へつりに行かない？」「いいね」
"How about *going fishing* in the river?" "That's great!" (▶ ˣto the river としないこと)

┌─「…しに行く」─────────┐
│ 大磯へサーフィンをしに行く
│ go surfing at Oiso
│
│ 海へ泳ぎに行く
│ go swimming in the ocean [sea]
│
│ スキーをしに蔵王に行く
│ go skiing at Zao
│
│ ▶ go より -ing の部分に重点が置かれている．
│ swim in the ocean [sea], ski at Zao と考えればよい．
└─────────────────────┘

💬 表現力
[経験] …へ行ったことがある
→ have been to ...

▶ 私はロンドンへ 2 度行ったことがある．
I *have been to* London twice.

💬 表現力
[完了] …へ行ってしまった（今はいない）
→ have gone to ...

いくじ ▶

▶ おじはブラジルへ行ってしまった.
My uncle *has gone to* Brazil.
▶ 「どこへ行ってきたの？」「コンビニよ」
"Where *have* you *been*?" "I've *been to* the convenience store."

> 💬表現力
> 【あいさつ】じゃあ, 行ってきます.
> → See you later. / Bye-bye.

> 🗣スピーキング
> **行ってきます. ／行ってらっしゃい.**
> ❶出かけるときの「行ってきます」や見送るときの「行ってらっしゃい」に当たる英語の決まった表現はなく, **Bye./ See you later.** などを使う. 他に, **Have a good day!** なども使われる.
> Ⓐ お母さん, 行ってきます.
> 　 Bye, Mom!
> Ⓑ 行ってらっしゃい.
> 　 Take care!
> ❷行楽などに出かける人には, 「楽しんできてね」という意味で, **Have fun!/ Have a good time!** などという.
> ❸旅に出る人には, **Have a nice trip!** （よい旅を！）というのが決まった言い方.

2 (入学する) get into, enter [エンタァ]; (進む) go on to →はいる
3 (うまくいく) go well, be successful [サクセスフル]
▶ すべてうまくいくものと期待してます.
I expect (that) everything will *go well*.
▶ テストはうまくいきましたか.
Did you *do well* in the exam?

いくじ 育児 childcare [チャイルドゥケア], child raising [レイズィング]
いくじなし 意気地なし a coward [カウァド], a chicken [チキン]
▶ 意気地がないなあ！ What a *coward*!

いくつ 幾つ

> 使い分け
> (数が) → how many
> (年齢が) → how old

1 (数) how many [メニィ]
▶ 「上野駅はいくつ目ですか」「３つ目です」
"*How many* stations before Ueno?"

"There are two." (▶「…駅はいくつ目？」は英語では「…駅までに駅がいくつありますか」のように表現する. stations は stops としてもよい)
▶ いくつでもほしいだけとっていいですよ.
You may take *as many as* you want. (▶数えられる物の場合に使う. 数えられない物には as much as を使う)

> 🗣スピーキング
> Ⓐ イチゴをいくつ食べたの？
> 　 How many strawberries did you eat?
> Ⓑ ８つ.
> 　 Eight.

2 (年齢) how old [オウルド]
▶ 「あなたのお父さんはおいくつですか」「40歳です」 "*How old* is your father?" "He's forty (years old)."
▶ お姉さんはいくつ年上ですか.
How much older is your sister?

> 🗣スピーキング
> Ⓐ きみ, いくつ？
> 　 How old are you?
> Ⓑ 13です.
> 　 I'm thirteen (years old).

> 💬用法 **how many と how old**
> ❶「いくつ」と**数**をたずねるときは **How many …?** という. あとに名詞がくるときはその名詞を複数形にする. なお, 日本語では「いくつ」のほか「何本」「何冊」「何人」のように物の種類によっていろいろな言い方をするが, 英語では数をたずねるときはいつも **How many** という.
> ❷「いくつ」と**年齢**をたずねるときは **How old …?** という.

いくつか 幾つかの several [セヴラル]; (ばくぜんと) some [サム] →いくらか
▶ これにはいくつかの理由がある.
There are *several* reasons for this.
▶ ケンは私よりいくつか年上だ.
Ken is *several* [*a few*] years older than me.

いくら 幾ら

1 (金額が) how much

58　fifty-eight

いけない

スピーキング
Ⓐ いくら？
How much?
Ⓑ 500円です．
500 yen.

▶ 「お金をいくら持ってるの？」「5000円だよ」
"*How much* money do you have?" "I have 5,000 yen."
▶ 毎月食費にいくらかかっていますか．
How much do you spend on food every month?
▶ いくらでも好きなだけ持っていっていいよ．
You can take *as much as* you like.
(▶ 数えられないものの場合は much を，数えられるものの場合は many を使う)

用法「いくら」のたずね方
「いくら」と金額や量をたずねるときには **How much ...?** というのがふつう．price (値段) という語を使って値段をたずねるときは，×**How much is the price?** ではなく **What's the price?** という．

表現力
…はいくらですか
→ **How much is ...?**

▶ 「このＴシャツはいくらですか」「3000円です」
"*How much is* this T-shirt?" "It's 3,000 yen."
▶ 東京まで (の切符) はいくらですか．
How much is a ticket to Tokyo? / *What's the fare* to Tokyo?
▶ 全部でおいくらですか．
How much is it altogether?

2 (どんなに…しても) **however** [ハウエヴァ], **no matter how**
▶ いくらがんばっても泳げなかった．
No matter how hard I tried, I couldn't swim.

いくらか 幾らか **1** (数量) **some** [サム]；(疑問文で) **any** [エニィ] → すこし
▶ いくらかお金の持ち合わせがある．
I have *some* money with me.
2 (程度) (少し) **a little** [リトゥル]
▶ 今日はいくらか気分がいい．
I feel *a little* better today.

いけ 池 **a pond** [パンド]

いけない

使い分け
(禁止) → **mustn't, may not**
(必要) → **must, have to**
(よくない) → **bad**

1 (禁止) **mustn't** [マスント], **may not**；(命令文で) **Don't** [ドウント] ...；(すべきでない) **shouldn't** [シュドゥント]

表現力
…してはいけない
→ **You mustn't ... . /**
You may not ... . / Don't ... .

▶ そんなふうに言ってはいけない．
You mustn't talk like that. / *Don't* talk like that.
▶ そんなに食べちゃいけないよ．病気になるよ．
You shouldn't eat so much. You'll get sick.
▶ しばふに入ってはいけない (掲示)
Keep off the Grass

スピーキング
Ⓐ お母さん，テレビ見ていい？
May I watch TV, Mom?
Ⓑ いけません．
No, you may not.

❶ May I ...? に対して「いけない」と答えるときはふつう **I'm sorry, you can't.** などという．その理由をつけ加えることもある．**No, you may not. / No, you must not.** や，「いいですよ」と答えるときの **Yes, you may.** といえるのは，親が子に，または先生が生徒に答えるような場合．

❷ 規則などで「…してはいけない」というときは，**I'm sorry, it's not allowed.** とか，**I'm sorry, it's not permitted.** という．

いけばな ▶

2 (必要) **must** [マスト], **have to** [ハフトゥ]
→-ならない

―――（表現力）―――
…しなければいけない
→ **must …** / **have to …**
―――――――――――

▶ 6時までに帰らなければいけないよ.
You *must* be back by six.
▶ ぼくは歯医者に行かなくちゃいけない.
I *have to* see the dentist.
3 (よくない) **bad** [バッド]

―――（スピーキング）―――
Ⓐ 母はかぜをひいています.
My mother has caught a cold.
Ⓑ まあ, それはいけませんね.
Oh, that's too bad.
―――――――――――

▶ あっ, いけない! どうしよう.
Oh, *no*! What shall I do?

―――（表現力）―――
…（すると）いけないから → **in case …**
―――――――――――

▶ 雨が降るといけないから, かさを持っていきなさい.
Take your umbrella with you *in case* it rains.
いけばな 生け花 **flower arrangement**
▶ 生け花を習う
take lessons in *flower arrangement*
生け花部 a *flower arrangement* club
いける¹ 行ける **1** (行くことができる) **can go**
▶ そこへは自転車で行けます.
You *can get* there by bicycle.
▶ この電車で原宿へ行けますか.
Does this train *go* to Harajuku? / Is this the right train to Harajuku?
2 (うまい) **be good** [グッド]
▶ このハンバーガーはけっこういけるよ.
This hamburger *is* very *good*.
いける² 生ける **arrange** [アレインヂ]
▶ 花びんに花を生ける
arrange flowers in a vase

いけん 意見

1 (考え) an **opinion** [オピニョン]; (ものの見方) a **view** [ヴュー]
▶ それについてのあなたのご意見は?
What is your *opinion* about that?

▶ 私はこの問題について意見を述べた.
I gave my *opinion* on this subject.
(▶ say, speak は使わない)
▶ 私の意見を言えば, あなたがまちがっている.
In my *opinion*, you are wrong.
▶ ほかの人たちの意見も聞いてみたい.
I'd like to hear what other people *think*.
▶ 意見を述べてよろしいですか.
Could I make a *comment*?
▶ 私は彼と意見が合う [合わない].
I agree [disagree] with him.
2 (忠告) **advice** [アドゥヴァイス]
▶ 彼の意見に従ったほうがいいですよ.
You should follow his *advice*.
いげん 威厳 **dignity** [ディグニティ]
威厳のある **dignified** [ディグニファイド]
いご¹ 囲碁 **go**, the game of **go** →ご³
囲碁部 a *go* club
いご² 以後 (…以後) after [アフタァ], since [スィンス]; (今後) from now on →こんご
▶ 私は午後4時以後はたいていうちにいます.
I am usually at home *after* four every afternoon.
▶ 以後もっと気をつけなさい.
Be more careful *from now on*.
いこう 以降 →いご²
▶ 9月20日以降
(on and) after September 20
▶ 私は9時以降はテレビを見せてもらえない.
I'm not allowed to watch TV *after* nine.
▶ ケンにはそれ以降会っていない.
I have not seen Ken *since then*.
イコール (…に等しい) **equal** [イークウォル]
▶ 3足す7イコール10.
Three plus seven *equals* ten. / Three and seven *make* ten.
いごこち 居心地のよい **comfortable** [カンファタブル]
▶ この部屋は居心地がよい.
I feel *comfortable* in this room.
いざこざ a **trouble** [トゥラブル]
いさましい 勇ましい **brave** [ブレイヴ]
いさん 遺産 an **inheritance** [インヘリタンス], a **legacy** [レガスィ], a **heritage** [ヘリティヂ]
▶ 遺産を残す leave a *legacy*
▶ 遺産をつぐ
come into an *inheritance*

60 sixty

◀ いしゃ

> ✎ ライティング
> 原爆ドームは1996年に世界遺産になった.
> The Atomic Bomb Dome became a World Heritage site in 1996.

いし¹ 石
(a) stone [ストウン], 《米》(a) rock [ラック]
(▶ 1つ1つの石ころは数えられる名詞, 材料としての石は数えられない名詞あつかい)
▶ 石の門 a *stone* gate
▶ その橋は石でできている.
The bridge is built of *stone*.
石がき a stone wall
石段 stone steps
石橋 a stone bridge

いし² 意志 (a) will [ウィル]
▶ 武は意志が強い[弱い].
Takeshi has a strong [weak] *will*. / Takeshi is strong-*willed* [weak-*willed*].

いし³ 意思 (an) intention [インテンション]
▶ 彼には医者になる意思はまったくない.
He has no *intention* of becoming a doctor.

いし⁴ 医師 a doctor [ダクタァ] →いしゃ
▶ 森田医師 *Dr*. Morita

いじ¹ 意地
▶ そんなに意地をはるなよ.
Don't be so *obstinate*.
意地が悪い mean [ミーン] →いじわる
▶ 彼女ったら意地が悪いのよ.
She is very *mean*.
意地っぱりな obstinate [アブスティネト], stubborn [スタボン]

いじ² 維持する maintain [メインテイン], keep [キープ]
▶ 世界平和を維持する
maintain world peace
▶ ランニングは健康を維持するいい方法だ.
Running is a good way to *keep* fit.

いしき 意識
my senses [センスィズ], consciousness [カンシャスネス]
▶ その若者には罪の意識というものがなかった.
The young man had no *sense* of guilt.
意識する be conscious of
▶ きみは自分の責任を意識しすぎだ.
You *are* too *conscious of* your responsibility.
意識のある conscious [カンシャス]
意識を失う[回復する] lose [regain] consciousness

いしけり 石けり hopscotch [ハプスカチ]
▶ 石けりをする play *hopscotch*

いしつぶつ 遺失物 →おとしもの
遺失物取扱所 the lost and found (office) (▶ lost は lose (…を失う) の, found は find (…を見つける) の過去分詞)
▶ すみません. 遺失物取扱所はどこですか.
Excuse me, but where is *the lost and found*?

空港内の遺失物取扱所.

いじめ bullying [ブリング]

> ✎ ライティング
> 学校でのいじめは深刻な社会問題です.
> Bullying at school is a serious social problem.

いじめる (弱い者を) bully [ブリィ]; (からかって) tease [ティーズ]; pick on
▶ 弱い者をいじめるな.
Don't *bully* weak people.
▶ 久美はきのう学校でいじめられた.
Kumi *was bullied* at school yesterday.
▶ 健太がいじめる! Kenta *picks on* me.
いじめっ子 a bully
いじめられっ子 a bullied child

いしゃ 医者
a doctor [ダクタァ]
▶ かかりつけの医者 my family *doctor*
(▶ ✕home doctor とはいわない)
▶ 医者にみてもらったほうがいいよ.

いじゅう

You should see a *doctor*.

いじゅう 移住する（外国へ） emigrate [エミグレイト]；（外国から） immigrate [イミグレイト]
▶ 祖父母は沖縄へ移住した（転居した）. My grandparents *moved* to Okinawa.

いしょう 衣装（舞台などの）(a) costume [カステューム]；（一般的な） clothes [クロウズ]（▶集合的に使う）

いじょう¹ 異常な（ふつうでない） unusual [アニュージュアル]；（正常でない） abnormal [アブノーマル]
▶ この暑さは異常だ. This heat is *unusual*.
▶ 東京の地価は異常に高い. Land prices in Tokyo are *extremely* high.
　異常気象 abnormal weather, unusual weather

いじょう² 異状 something wrong, trouble [トゥラブル]
▶ この車にはどこか異状がある. *Something* is *wrong* with this car.
▶ すべて異状なし!
Everything is all right!

−いじょう …以上

1（数量・程度） more than（反 …以下 less than）, over [オウヴァ]（反 …以下 under）

💬表現力
…以上の → more than ...

▶ 教室には10人以上の生徒がいた.
There were *more than* ten students in the classroom.
▶ もうこれ以上待てないよ.
I can't wait *any longer*.
▶ それ以上もう言わないで.
Don't say *any more*.
▶ 3歳以上の子ども
children aged three and *over*
▶ 以上です. That's all.

💬用法 「以上」と more than
日本語の「10人以上」は10人をふくむが, 英語の more than ten や over ten は10人をふくまない. だから厳密には, これらは日本語の「11人以上」にあたる. 正確に「10人以上」といいたければ ten and [or] more という.

2（…するからには） since [スィンス], once [ワンス]
▶ 約束をした以上は守らなければならない.
Once you have made a promise, you should keep it.

いしょく 移植 a transplant [トゥランスプラント]
▶ じん臓移植手術を受ける
have a kidney *transplant*

いじる play with
▶ 私のスマホ, いじらないでよ.
Don't *play with* my smartphone.

いじわる 意地悪な mean [ミーン], nasty [ナスティ]
▶ 意地悪な子 a *nasty* boy [girl]
▶ 意地悪しないで.
Don't be *mean* to me.

いしん 維新 restoration [レストレイション]
　明治維新 the Meiji Restoration

いじん 偉人 a great person

いす

a chair [チェア]；（背やひじかけのない） a stool [ストゥール]
▶ どうぞそのいすに腰かけてください.
Please sit on the *chair*. (▶ sit in とすると「ゆったりとかける」という気持ちをふくむ)
▶ 彼はいすから立ち上がった.
He got up from his *chair*.

いずみ 泉（自然の） a spring [スプリング],（人工の） a fountain [ファウンテ(イ)ン]

イスラエル Israel [イズリアル]

イスラムきょう イスラム教 Islam [イスラーム, イズラーム]
　イスラム教徒 a Muslim [マズリム]；（集合的に） Islam

いずれ（近いうちに） soon [スーン]；（いつか） someday [サムディ]；（おそかれ早かれ） sooner or later；（とにかく） anyway [エニウェイ]
▶ いずれまたお会いしましょう.
Let's meet again *someday*.
▶ いずれにせよ, 彼に会うつもりです.
Anyway, I'm going to see him.

いせい 異性 the opposite [アポズィト] sex
▶ 太郎には異性の友達がいない.
Taro doesn't have any *female* friends.

いせき¹ 遺跡 ruins [ルーインズ], remains [リ

◀ いたい

メインズ]

▶ ローマの遺跡 the *ruins* of Rome

いせき² 移籍する move [ムーヴ], transfer [トゥランスファ〜]

▶ ヨーロッパのチームに移籍する
move to a European team

いぜん 以前

ago [アゴウ], **before** [ビフォー(ァ)]；(かつて) **once** [ワンス] →まえ

▶ 祖父はずっと以前に亡くなった.
My grandfather died long *ago*.

▶ 以前あなたにお会いしたことを覚えてます.
I remember meeting you *before*.

▶ 以前どこかでお会いしませんでしたっけ？
Haven't we met somewhere *before*?

▶ 私たちの先生は以前仙台に住んでいた.
Our teacher *once* lived in Sendai.

🔖文法 **ago** と **before**

ago は ten years や long など時間を表す語といっしょに使い，動詞は過去形を使う. **before** は「(ばくぜんと)以前に」という意味. 動詞は過去形・完了形のどちらも使うことができる.

💬表現力
以前は…だった → **used to ...**

▶ 母は以前は医者だった.
My mother *used to* be a doctor. / My mother *was* a doctor *once*.

いそがしい 忙しい

busy [ビズィ] (反 ひまな **free**)

▶ あの人は忙しい人だ.
He is a *busy* man.

▶ 忙しい1日だった. It was a *busy* day.

▶ 忙しくてテレビも見られない.
I'm too *busy* to watch TV.

💬表現力
…で忙しい → **be busy with ...**

▶ 彼は宿題で忙しい.
He *is busy with* his homework.

💬表現力
…するのに忙しい → **be busy -ing**

▶ 姉は試験勉強をするのに忙しい.
My sister *is busy preparing* for the exam.
いそがしく busily

いそぐ 急ぐ

hurry [ハ〜リィ]

急いで in a hurry, in a rush, in haste

▶ 急げ！
Hurry up! / (*Be*) *quick!* / *Rush!*

▶ 急ぎなさい，そうしないと学校におくれますよ.
Hurry up, or you will be late for school.

▶ 急いで学校のしたくをしなさい.
Hurry up and get ready for school.

▶ 急ぐことないよ.
Don't *hurry*. / There's no *hurry*. / Take your time.

▶ トム，何でそんなに急ぐの？
Why are you *in such a hurry*, Tom?

▶ 雨が降りそうだ. 急いで家に帰ろう.
It looks like rain. Let's *hurry* home.

▶ 急がばまわれ. 《ことわざ》
Make haste slowly. (▶「ゆっくり急げ」の意味)

イソップ Aesop [イーサプ]

『*イソップ物語*』*Aesop's Fables*

いた 板 a board [ボード]；(金属の) a plate [プレイト]

(-)いた (▶ be動詞の過去形や過去進行形で表せることが多い) →いる¹, -していた

▶ ぼくはエドの家にいた.
I *was* at Ed's house.

▶ ぼくたちは音楽を聞いていた.
We *were listening* to music.

いたい 痛い

painful [ペインフル]；(ひりひりと) **sore** [ソー(ァ)] →いたむ¹

▶ 痛い！ *Ouch!* [アウチ] / It *hurts*!

▶ 痛そう. It looks like it *hurts*.

▶ 「どこが痛いの？」「ここが痛い」
"Where does it *hurt*?" "It *hurts* here."

▶ 歯が痛い.
I *have* a *toothache*. / My tooth *hurts*.

▶ 頭が痛い.

sixty-three 63

いだい ▶

I *have* a *headache*. / My head *hurts*.

▶ のどが痛い. I have a *sore* throat.

▶ 痛い目にあった.
I had a *terrible* experience.

いだい 偉大な great [グレイト]

▶ 偉大な科学者 a *great* scientist

いだく 抱く (心に持つ) have [ハヅ], hold [ホゥルド]；(かかえる) hold →もつ

いたずら mischief [ミスチフ], (悪ふざけ) a trick [トゥリック]

いたずらな mischievous [ミスチヴァス]；(わんぱくな) naughty [ノーティ]

いたずらをする do mischief, play a trick (on)

▶ いたずら電話 a *prank* call

▶ デニスはいたずらっ子だ.
Dennis is a *naughty* boy.

▶ いたずらばかりするな.
Don't be *mischievous*. / Stop being *mischievous*.

いただきます

💬用法 **いただきます.**
「さあ, 食べようよ」と人をうながす場合には Let's eat. ということもあるが, 食事の始めの「いただきます」に当たる英語表現はない. アメリカなどでは料理がテーブルの上に並べられたら何も言わずに食べ始めるのが一般的. 信仰のあついキリスト教徒の中にはお祈りをしてから食べ始める人もいる.
食事に招かれた時は, It looks delicious!（おいしそう！）や It smells good!（いいにおい！）などと言うとよい.

いただく

1 (もらう) →もらう

🗨スピーキング
🅰 これを**いただいていいですか**.
May I have this?
🅱 ええ, どうぞ.
Certainly.

▶ (買い物で)いいですね！それいただきます.
Good! I'll *take* it.

2 (食べる, 飲む) have [ハヅ], eat [イート]

▶ もう1ぱいお茶をいただきたいです.

I'd like to *have* another cup of tea.

3 (…してもらう) →くれる¹

💬表現力
…**していただきたい**
→ I'd like you to ... .

▶ 手伝っていただきたいのですが.
I'd like you to help me.

💬表現力
…**していただけますか**
→ Would you ...? /
Would you mind -ing?

🗨スピーキング
「写真をとって**いただけますか**」「ええ, いいですよ」
"Would you take my picture?"
"Sure."

▶ 「電気を消していただけますか」「ええ, いいですよ」
"*Would you mind turning* off the lights?" "No, not at all."

イタチ (動物) a weasel [ウィーズル]

いたまえ 板前 a cook at a Japanese restaurant

いたみ 痛み (a) pain [ペイン]

▶ 軽い痛み a slight *pain*

▶ はげしい痛み a severe *pain*

▶ するどい痛み a sharp *pain*

▶ あまり痛みはない.
I don't feel much *pain*.

痛み止め a painkiller [ペインキラァ]

いたむ¹ 痛む (体・傷などが) hurt [ハ〜ト]

▶ ひどく痛むの？ Does it *hurt* you a lot?

▶ そのニュースを聞いて胸が痛んだ.
My heart *ached* when I heard the news.

いたむ² 傷む go bad [バッド]；(傷んでいる)be bad；(物が)be damaged[ダメヂド]

▶ このバナナは傷んでいる.
This banana *has gone bad*. / This banana *is spoiled*.

▶ 荷物はひどく傷んでいた.
The package *was* badly *damaged*.

いためる¹ 痛める hurt [ハ〜ト]

▶ 母はころんでひじを痛めた.
My mother fell down and *hurt* her elbow.

いためる² 炒める stir-fry [スタ〜フライ] → りょうり (図)
▶ 野菜を油でいためる
　stir-fry vegetables in oil

イタリア Italy [イタリィ] (発音注意)
　イタリア(人・語)の Italian [イタリャン]
▶ 彼はイタリア人です． He is *Italian*.
　イタリア語 Italian
　イタリア人 an Italian

イタリック italics [イタリクス]
　イタリック体の italic

いたるところ いたる所に everywhere [エヴリ(フ)ウェア]

いたわる (親切にする) be kind [カインド] (to) ; (大事にする) take care 《of》
▶ お年寄りをいたわりなさい．
　Be kind to elderly people.

いち¹ 一 →かず (表)

1 (数) one [ワン]
▶ 1 から10まで数える
　count from one to ten
▶ 1，2か月 a month or two
2 (第 1 の) the first [ファ〜スト] (▶1st. と略す)
▶ (教科書などの) 第 1 課 the first lesson / Lesson One
3 (いちばん)「the +形容詞の最上級」で表す． →いちばん
▶ 世界一高い山
　the highest mountain in the world
いち² 市 (常設の) a market [マーケット]
▶ ノミの市 a flea *market*

いち³ 位置

a **position** [ポズィション], a **place** [プレイス]
▶ この机の位置を変えなさい．
　Change the *position* of this desk. / Move this desk to some other *place*.
▶ 地図で我々の位置を確かめてみた．
　We found our *position* on the map.
▶ 位置について，よーい，どん！
　《米》*Ready*, set, go! / 《英》*Ready*, steady, go! / On your *mark*, get set, go!
▶ 市役所は市の中心に位置する．
　The city hall *is located* in the center of the city.

いちい 一位 the first [ファ〜スト] →いちばん

いちいち (1つ1つ) one by one ; (ことごとく) every [エヴリィ]
▶ いちいち気にするな．
　Don't worry about *everything*. / Don't worry about *every little thing*.

いちいん 一員 a member [メンバァ]
いちおう 一応
▶ いちおうかさを持っていきなさい．
　Take your umbrella with you, *just in case*.
▶ 私たちはいちおう仲直りした．
　We made up *for the time being*.

いちおし いち押しする highly recommend
▶ この映画は私のいち押しだ．
　I *highly recommend* this movie.

いちがつ 一月 →つき¹ (表)

January [ヂァニュエリィ] (▶語頭は必ず大文字 ; Jan. と略す)
▶ 1 月上旬に early in *January*
▶ 1 月下旬に late in *January*
▶ 1 月は寒い． It is cold in *January*.
▶ 2020年の 1 月に in *January* of 2020 / in *January*(,) 2020
▶ 2020年 1 月20日に on the 20th of *January*, 2020 / 《米》on *January* 20, 2020 (▶ January 20は ふ つ う January (the) twentieth と読む)

> **📖文法 in と on**
> 「1 月に」というときは前置詞は in を使い，特定の日がつくときは on を使う．

いちがっき 一学期 →がっき¹
イチゴ a strawberry [ストゥローベリィ]
▶ イチゴ狩りに行く
　go to pick *strawberries*
　イチゴジャム strawberry jam

いちじ¹ 一時

1 (時刻の) one o'clock [オクラック]
▶ ちょうど1時です． It's just *one o'clock*.
▶ コンサートは 1 時半に始まる．
　The concert starts at *one* thirty.
2 (かつて) once [ワンス]
▶ ぼくらは一時とても仲がよかった．

sixty-five 65

いちじ² ▶

We were *once* very good friends. /
We *used to* be very good friends.

3 (しばらく)**for a time**, for a while [(ア)ワ
イル]

▶ おじは一時仙台ᵃˢˢに住んでいた.
My uncle lived in Sendai *for a time*.

いちじ² 一次 (最初の) first [ファ〜スト]；(予
備の) preliminary [プリリミネリィ]

一次試験 a preliminary examination
一次方程式 a linear equation

イチジク 〖植物〗a fig [フィッグ]

いちじるしい 著しい remarkable [リマー
カブル]

著しく remarkably

▶ 彼の英語は著しく上達した.
He has made *remarkable* progress
in English.

いちど 一度

1 (1回) once [ワンス]

▶ 智恵美ᵃˢˢは週に一度ピアノのレッスンを受
けている.
Chiemi has a piano lesson *once* a
week.

▶ それをもう一度やってみなさい.
Try it *once more*. / Try it *once
again*.

┌─💬表現力─────────────────┐
│ **一度…したことがある**
│ → **have +過去分詞+ once**
└──────────────────────┘

▶ 京都には一度行ったことがある.
I *have been* to Kyoto *once*.

┌─💬表現力─────────────────┐
│ **一度も…ない**
│ → **have never +過去分詞**
└──────────────────────┘

▶ 東京には一度も行ったことがない.
I *have never been* to Tokyo.

┌─💬用法 **もう一度おっしゃってください.**──┐
│「もう一度おっしゃってください」と頼ᵃˢむ
│ 時は，終わりを上げ調子で **Pardon?** ↗
│ または **I beg your pardon?** ↗ など
│ と言う．なお，Once more, please.
│ と言うと，先生が生徒に「もう一度」と命
│ 令するときのような口調になるので注
│ 意．
└──────────────────────┘

2 (同時に) at a time, at once

▶ 一度に2つのことはできないよ.
You can't do two different things *at
a time*.

いちにち 一日

a day [ディ], one day

▶ 一日中 all *day* (*long*)

▶ 我々は1日に3回食事をする.
We eat three meals *a day*.

▶ きのうは1日きみを待っていた.
I waited for you *all day long*
yesterday.

▶ (その荷物は) 1日か2日で届くらしいよ.
It's going to arrive in *a day* or two.

▶ 私は1日休みをとってドライブにいった.
I took *a day* off and went for a
drive.

▶ ローマは1日にして成らず. (ことわざ)
Rome was not built in *a day*.

▶ 彼は1日おきにここへ来る.
He comes here every other *day*.

▶ 1日1日暖かくなっていく.
It is getting warmer *day by day*.

いちにんまえ 一人前 (食べ物などの) a
portion [ポーション]，a serving [サ〜ヴィング]

一人前になる (成人する) come of age；
(大人になる) grow up

▶ 一人前の俳優
a *full-fledged* [フルフレヂド] actor

いちねん 一年

a year [イア]，one year

▶ その会は1年に1回開かれる.
The meeting is held once *a year*.
(▶×one in a year とはいわない)

▶ ハワイは一年中暖かい.
Hawaii is warm *all the year round*.

▶ 1年おきに every other *year*

いちねんせい 一年生 a first-year
student (▶ふつう student は中学生以
上に使い，小学生には pupil を使う)；(小
学校の)《米》a first grader [グレイダァ]；(中
学校の) a seventh grader；(高校の) a
freshman [フレシマン]；(大学の) a
freshman →**がくねん** (表)

▶ 弘ᵃˢ子は中学1年生です.
Hiroko is in *the first year* of junior
high school. / Hiroko is in *the*

66　sixty-six

◀ **いちるい**

seventh grade. / Hiroko is a seventh grader.

プレゼン
ぼくは明治中学の **1年生**です.
I'm in the first year at Meiji Junior High School. (▶学校名をいうときは, 学校名の前に at をおく)

いちば 市場 a market [マーケット] →いち²

いちばん 一番

使い分け
(順番が) → the first
(もっとも) → the ＋形容詞 [副詞] の最上級

1 (順番が) the **first** [ファ～スト] **(place)**
▶ 宏ひろはクラスで1番です.
Hiroshi is at the *top* of the class.
▶「100メートル競走ではだれが1番だった？」「ケンです」
"Who won *first place* in the 100-meter dash?" "Ken did."
▶ ぼくはこの前のテストで1番をとった.
I came *first* in the last exam. / I got the *top grade* in the last exam.

プレゼン
それがこの学校を選んだ **1番**の理由です.
That's the primary reason why I chose this school.

▶ 1番打者 (野球)
the *lead-off* man [batter]
2 (もっとも)

表現力
いちばん…
→ the ＋形容詞 [副詞] の最上級

▶ 星野くんがクラスでいちばん背が高い.
Hoshino is *the tallest* in the class.
▶ 川崎さんが4人の中でいちばん年上だ.
Kawasaki is *the oldest* of the four.

ライティング
これが今まで見た中でいちばんおもしろかった映画です.
This is the most interesting movie that I have ever seen.

スピーキング
Ⓐ どんなスポーツが**いちばん**好きですか.
What sport do you like (the) best?
Ⓑ 野球が**いちばん**好きです.
I like baseball (the) best.

文法 「いちばん…」の言い方
3つ以上の物をくらべて「いちばん…」という意味をいうときは, 形容詞・副詞の**最上級**を使う. 原則として tall のように1音節の語にはあとに -est をつけ, amusing のように2音節以上の語にはその前に (the) most をつける.

いちぶ 一部 **1** (一部分) (a) part [パート] (反) 全部 whole)；(全体ではなく) some [サム]
▶ 一部の人はそれを信じなかった.
Some people did not believe it.
2 (本などの1冊) a copy [カピィ]
▶ その本を1部送ってくれ.
Send me *a copy* of the book.

いちまい 一枚 (…1枚) (紙など) a sheet [シート] of ..., a piece [ピース] of ...；(パンなど) a slice [スライス] of ...
▶ 紙1枚 *a piece* [*sheet*] *of* paper
▶ パン1枚 *a slice of* bread

いちめん 一面 all over
▶ 一面の雪景色だった.
Everything was covered with snow.

いちやづけ 一夜漬け
▶ 一夜漬けで英語のテスト勉強をした.
I *crammed all night* for the English test.

イチョウ 《植物》a ginkgo [ギンコウ]

いちらんひょう 一覧表 a list [リスト]
▶ …の一覧表をつくる make a *list* of ...

いちりゅう 一流の leading [リーディング], top [タップ], first-class [ファ～ス(トゥ)クラス]
▶ 一流の歌手
a *leading* singer / a *top* singer
▶ 一流ホテル
a *first-class* hotel

いちりんしゃ 一輪車 a unicycle [ユーニサイクル], a monocycle [マノサイクル]

いちるい 一塁 《野球》first base [ファ～ス

sixty-seven **67**

いつ

[トベイス]
- 1塁を守る play *first base*
- 1塁手 a first baseman

いつ

when [(フ)ウェン]; (何時に) what time

🗣スピーキング
- Ⓐ ふだんは，いつテニスをするの？
  When do you usually play tennis?
- Ⓑ 毎週土曜日に(するよ)．
  Every Saturday.

▸ 彼女はいつ来るだろうか．
When will she come?

▸ 彼がいつ来るかわからない．
I don't know *when* he will come. (▶ when he will come の語順に注意)

▸ いつ出発したらいいかわからない．
I don't know *when* to start.

▸ 「いつがいい？」「いつでもいいよ」
"*When* is good for you?" "Anytime."

▸ 「あなたはいつ出発するのですか」「8時に出発します」
"*What time* will you leave?" "I'll leave at eight."

📖文法 when の使い方の注意点

when は現在完了形といっしょには使わない．「いつ宿題を終えたの？」は When *did* you *finish* your homework? という．

× When have you finished it?
  └ when は現在完了形の文では使えない．

○ When did you finish it?

いつか¹

(未来の) someday [サムデイ]; (過去の) once [ワンス], before [ビフォー(ア)]

使い分け
- (未来の) → someday
- (過去の) → once, before

💭プレゼン
- いつか京都に行ってみたいです．
  I want to go to Kyoto someday.

▸ 彼女にはいつかパーティーで会いました．
I *once* met her at a party.

▸ いつかどこかでお目にかかりましたね．
I have met you somewhere *before*.

いつか² 五日 (日付) the fifth [フィフス]

いっか 一家 my family [ファミリィ]

▸ 私の一家全員がインフルエンザにかかった．
All *my family* caught the flu.

▸ 吉田さん一家は東京へ越した．
The Yoshidas moved to Tokyo. (▶ the ...s で「…一家」の意味を表す．the Yoshidas は the Yoshida family ともいう)

いっかい¹ 一階 the first floor, 《英》 the ground floor →-かい²(図)

▸ 彼の部屋はアパートの1階にある．
His apartment is on *the first floor*. (▶ 英語の apartment は建物全体ではなく，アパートの1部屋をさす)

いっかい² 一回 once [ワンス] →いちど

▸ 彼らは週1回デートする．
They have a date *once* a week.

▸ (トーナメントの) 1回戦第2試合
the second of the *round-one* games

いつから

(どのくらい長く) how long

▸ 夏休みはいつからなの？
When does the summer vacation start? (▶ ×from when ... とはいわない)

🎨表現力
いつから…ですか
→ How long ＋現在完了(進行)形？

🗣スピーキング
- Ⓐ いつから東京に住んでいるの？
  How long have you lived in Tokyo?
- Ⓑ 5年前から．
  For five years.

▸ 「ジムはいつから病気なの？」「3日前から」
"*How long has* Jim *been* sick?" "He has been sick for three days."

いっしょうけんめい ◀

いっきに 一気に（中座せずに）at [in] one sitting [スィティング]；（短期間に）in a short [ショート] time；（ひと飲みで）in one gulp [ガルプ]
▶ 私は宿題を一気に仕上げた.
I finished my homework *at one sitting*.
▶ 彼は水を1杯一気に飲みました.
He emptied a glass of water *in one gulp*.

いっけん 一見
▶ 百聞は一見にしかず．（ことわざ）
Seeing is believing.
一見して at first sight

いっこ 一個 one [ワン] →ーこ, ひとつ
▶ ケーキ1個
（まるごと）a cake /（ひと切れ）a piece of cake
▶ このリンゴは1個200円です.
These apples are 200 yen *each*.
▶ せっけん1個
a bar of soap / a cake of soap

いっこう 一行 a party [パーティ], a group [グループ]
▶ 捜索隊の一行 a search *party*
▶ 観光客の一行
a tour *group* / a *group* of tourists

いっこうに 一向に
▶ いっこうにかまいません.
That's *quite* all right. / I don't mind *at all*.

いっさい all [オール] →すっかり, まったく

いっさくじつ 一昨日 the day before yesterday

いっさんかたんそ 一酸化炭素 carbon monoxide [モナクサイド]

いっしき 一式 a set；（道具などの）a kit [キット]

いっしゅ 一種 a kind [カインド]
一種の a kind of, a sort [ソート] of
▶ 俳句は詩歌の一種です.
Haiku is *a kind of* poetry.

いっしゅう 一周する go around
▶ 世界を一周する *go around* the world
▶ トラックを1周する
run one lap around the track

いっしゅうかん 一週間（for）a week [ウィーク]
▶ 1週間後にまた会いましょう.

I'll see you again in *a week*.（▶今から「…後」というときは in を使う．×a week later とはいえない）→ーご
▶ ここに来て1週間になる.
We've been here for *a week*.
▶ 1週間に30時間授業がある.
We have thirty classes *a week*.

いっしゅん 一瞬 a minute [ミニト], a moment [モウメント]
▶ 一瞬にして in *a minute* / in *a moment*
▶ 一瞬わが目を疑った.
I couldn't believe my eyes for *a moment*.

いっしょ 一緒に

1（みんなで）(all) together [トゥゲザァ]；（…とともに）with [ウィズ]
▶ みんなでいっしょに歌いましょう.
Let's sing *together*.
▶ 彼といっしょにいると楽しい.
It's fun to be *with* him.

> 🗣スピーキング
> Ⓐ ごいっしょしていいですか.
> May I go with you?
> Ⓑ ええ，もちろん.
> Sure, of course.

▶「ぼくらはハイキングに行くけど，いっしょにどうだい」「ぜひ行きたいね」
"We are going on a hike. Won't you *join* us?" "Yes, I'd like to."

2（同じ）the same [セイム]
▶ ぼくは絵美といっしょのクラスだ.
I am in *the same* class with Emi.

3（同時に）→どうじ

いっしょう 一生（all）my life [ライフ] →しょうがい¹
▶ その画家は一生この地で暮らした.
The artist lived here *all her life*.
▶ これは一生に一度のことだ.
This only happens once in *your life*.

いっしょうけんめい 一生けんめい hard [ハード]
▶ 一生けんめい勉強しなさい.
Study *hard*.
▶ 一生けんめいがんばります.
I'll *do my best*.
▶ ぼくは一生けんめい走った.
I ran *as fast as I could*. / I ran *as*

い
か
さ
た
な
は
ま
や
ら
わ

sixty-nine　69

いっせいに ▶

fast as possible.
いっせいに (いっしょに) all together [トゥゲザァ]；(声をそろえて) in unison [ユーニスン, -ズン]
▶ 彼らはいっせいに「おはよう！」と私に言った．
They said to me "Good morning!" *in unison*.
▶ みんないっせいに走りだした．
They started to run *all together*.
いっせきにちょう 一石二鳥
▶ それは一石二鳥のチャンスだ．
It's a chance to *kill two birds with one stone*.
いっそ →むしろ
いっそう (▶形容詞・副詞の比較級を用いて表す) →さらに
▶ エレンは白い服を着るといっそう美しく見える．
Ellen looks *more beautiful* in white.
▶ 雨はいっそうはげしくなっている．
It's raining *even harder*.
いっそく 一足 a pair [ペァ]
▶ 1足のくつ a pair of shoes
いったい on earth [アース]
▶ いったい何が言いたいのですか．
What *on earth* do you want to say?
いったん once [ワンス]
▶ 彼女はいったん決めたら決してあきらめない．
Once she makes up her mind, she never gives up. (▶この once は接続詞)
いっち 一致する agree [アグリー] (with, to)
▶ 私はあなたと意見が一致しています．
I *agree with* you.
▶ 理論と実際はかならずしも一致しない．
Theory and practice do not always *go together*.
いっちょういったん 一長一短
▶ どの計画にも一長一短がある．
Every plan has both its *merits and demerits*.
いつつ 五つ five [ファイヴ] →ご¹
いってい 一定の (決まった) fixed [フィクスト]；(安定した) steady [ステディ]
▶ 一定の収入を得る get a *fixed* income
いってきます 行ってきます．Bye. [バイ], Goodbye. [グ(ドゥ)バイ] →いく

いつでも
(つねに) always [オールウェズ]；(どんなときでも) (at) any time
▶ 京子はいつでも勉強している．
Kyoko is *always* studying.

🔊スピーキング
Ⓐ いつ訪ねたらいい？
When shall I visit you?
Ⓑ いつでもいいよ．
Any time. (▶「いつでもいいよ」は (At) any time you like. などともいう)

いってらっしゃい 行ってらっしゃい．
Bye. [バイ], Goodbye. [グ(ドゥ)バイ] →いく
いっとう 一等 (競走などの) (the) first prize [ファーストプライズ]；(乗り物などの) (the) first class [クラス] →いちばん

🎁プレゼン
私はマラソン大会で1等になった．
I won *first prize* in the marathon.

いつのまにか いつの間にか
▶ ジェーンはいつのまにか (→私が気がつく前に) いなくなっていた．
Jane was gone *before I knew it*.

いっぱい 一杯
1 (容器1杯の) a cup [カップ] of, a glass [グラス] of

💬表現力
1杯の…
→ **a cup of ... / a glass of ...**

a cup of

a glass of

▶ コーヒー1杯 *a cup of* coffee
▶ 水を1杯ください．
Can I have *a glass of* water, please?
▶ もう1杯いただけますか．
I'd like another *cup*.

◀ いつも

文法 2杯以上の表し方
2杯以上のときは容器を複数にして，**two glasses of water**のようにいう．ふつう温かい飲み物には **cup**，冷たい飲み物には **glass** を用いる．

2 (人・物が満ちあふれた)**be full** [フル] 《of》, **be filled** [フィルド] 《with》
▶「ごはんをもう1膳いかが？」「もう，けっこうです．おなかがいっぱいです」
"How about another bowl of rice?" "No, thanks. I'm *full*."

表現力
…でいっぱいだ
→ **be full of ...** / **be filled with ...**

▶ コンサート会場は若者でいっぱいだ．
The concert hall *is full of* young people.
▶ 彼女の目は涙でいっぱいだった．
Her eyes *were filled with* tears.
▶ 街は車や人でいっぱいだった．
The streets *were crowded with* cars and people.

いっぱん 一般の general [ヂェネラル]
▶ 世間一般の意見 the *general* opinion
▶ その宮殿は一般の人に公開されている．
The palace is open to *the public*.
一般(的)に generally, usually [ユージュアリィ]
▶ 一般的にいうと *generally* speaking
▶ 一般に子どもはあまい物が好きだ．
Children *generally* like sweets.

いっぺん once [ワンス], one time →いちど

いっぺんに at a time →いちど

いっぽ 一歩 a step [ステップ]
▶ 1歩前へ進む take *a step* forward
▶ 成功への第一歩
the first step to success
一歩一歩 step by step

いっぽう 一方 **1** (片方) one [ワン]; (もう片方) the other [ズィ アザァ]
▶ 犬を2匹飼っています．一方は白で，もう一方は黒です．
I have two dogs. *One* is white, and *the other* is black.
2 (一方では) while [(フ)ワイル]

▶ 鈴木氏は肉が好きです．一方奥さんは魚が好きです．
Mr. Suzuki likes meat, *while* his wife likes fish.
一方的な one-sided
一方通行 (掲示) One Way

いっぽん 一本 (1本の) a [ア]; (強めるとき) one [ワン]; (チョークなど) a piece [ピース] of; (液体など) a bottle [バトゥル] of →こ, いっこ
▶ 鉛筆1本 a pencil
▶ チョーク1本 *a piece of* chalk
▶ コーラ1本 *a bottle of* cola

いつまで
(どのくらい長く) how long

表現力
いつまで… → **How long ...?**

▶ いつまでここにご滞在ですか．
How long are you going to stay here?
▶ いつまで起きているつもり？
How late are you going to stay up?
(▶ How much longer ～? とも表せる)

スピーキング
Ⓐ この本はいつまで借りられますか．
How long can I keep this book?
Ⓑ 来週の月曜までです．
Until next Monday.

いつまでも forever [フォレヴァ]
▶ いつまでもあなたといたいの．
I'd like to stay with you *forever*.
▶ いつまでも私のこと忘れないでね．
Please don't *ever* forget me.

いつも
(つねに) **always** [オールウェズ]; (通常)

いつわり ▶

usually [ユージュアリィ]
▶ 母はいつも私に「早くしなさい」と言う.
Mom *always* says to me, "Hurry up!"
▶ 私はいつも5時に帰宅する.
I *usually* come home at five.

> 📝**文法** **always, usually の位置**
> be動詞, 助動詞があるときはその後ろに置き, 一般(いっぱん)動詞のときはその前に置く.

▶ 弟はいつもテレビを見ている.
My brother watches television *all the time*.
いつものように as usual
▶ 母はいつものように仕事の帰りにスーパーに立ち寄った.
My mother stopped at the supermarket on her way home from work *as usual*.
いつもより than usual
▶ 私はいつもより早く起きた.
I got up earlier *than usual*.

> 💬**表現力**
> いつも…しない → never ...

▶ 弟はいつも宿題をしない.
My brother *never* does his homework. (▶「いつも…しない」は never で表し, not always は使わない. not always は「いつも…とはかぎらない」という意味) →-(とは) かぎらない
いつわり 偽り a lie [ライ] →うそ
いつわる lie, tell a lie
イディオム an idiom [イディオム]
いてざ いて座 the Archer [アーチァ], Sagittarius [サヂテ(ァ)リアス] →せいざ (表)
いでん 遺伝 heredity [ヒレディティ]
遺伝する inherit [インヘリト]
遺伝子 a gene [ヂーン]
▶ 遺伝子組み換え食品
genetically-modified food
いと¹ 糸 (ぬい糸) (a) thread [スレッド], (a) string [ストゥリング] (▶ string のほうが太い); (つり糸) a line [ライン]
▶ たこ糸 (a) kite *string*
▶ 針に糸を通す *thread* a needle
いと² 意図 (an) intention [インテンション] → いし³

いど¹ 井戸 a well [ウェル]
井戸水 well water
いど² 緯度 latitude [ラティテュード] (対 経度 longitude)
▶「青森市の緯度は何度ですか」「北緯40度です」
"What's the *latitude* of Aomori City?" "It's forty degrees north *latitude*."
いどう 移動する move [ムーヴ]
移動教室 a field trip class
いとこ a cousin [カズン] (発音注意) (▶ 男性にも女性にも使う)

いない 居ない →いる¹

(不在である) is [am, are] not ; (所有しない) don't [doesn't] have [ハヴ]
▶ 母は今家にいない.
Mother *isn't* at home now.
▶ だれかいないの? *Is* anybody *in*?
▶ ぼくにはきょうだいがいません.
I *don't have* any brothers or sisters.
▶ いないいないばぁ! Peekaboo!

-いない …以内に[で]

within [ウィズイン]
▶ 1時間以内にもどってきなさい.
Come back *within* an hour. (▶ in an hour ともいう)
▶ 図書館はここから歩いて30分以内のところにある.
The library is *within* thirty minutes' walk from here.
▶ あなたの家族について500語以内で作文を書きなさい.
Write a composition about your family *within* 500 words. (▶ in *less than* 500 words という言い方もある)

いなか 田舎

(都会に対して) (the) country [カントゥリィ]; (ふるさと) my home [ホゥム], my hometown [ホゥムタゥン]

> ✏️**ライティング**
> 私は都会に住むよりも田舎に住むほうがよいと思います.
> I think it's better to live in the country than in the city.

72　seventy-two

◀ いはん

▸ 夏休みには父の田舎へ行きます.
I am going to *my father's hometown* during summer vacation.
イナゴ 《虫》a locust [ロウカスト]
いなずま 稲妻 lightning [ライトゥニング]
イニシャル an initial [イニシャル]
▸ 私のイニシャルは I. H. です.
My *initials* are I. H. (▶複数形を使うことに注意)
イニング 《野球》an inning [イニング] →-かい¹

イヌ 犬

a dog [ド(ー)グ]
▸ 犬はワンワンと鳴く.
Dogs go "Bowwow."
▸ 私は犬を2匹飼っている.
I have two *dogs*.
▸ 犬のふんはきちんと始末しましょう.
Clean up after your *dogs*.

▸ 犬にリードをつけて散歩に連れていった.
I put my *dog* on his leash and took him for a walk. (▶動物に親しみをこめて, it の代わりに he や she を使うことがある)
犬小屋 a doghouse, a kennel [ケヌル]

> **ⓘ参考** 幼児は犬のことを **doggie** とか **doggy**（ワンちゃん）とか **bowwow** という. 子犬は **puppy** [パピィ] という. The puppy yipped [yelped].（子犬がキャンキャン鳴いた）→おや¹(図), なく¹(図)

イヌイット an Inuit [イヌイト] (▶北米・グリーンランドの先住民)
イネ 稲 rice [ライス]
稲刈り rice harvesting
いねむり 居眠り a nap [ナップ]

居眠りする sleep in [during] ... , nap, doze [ドウズ] off, fall asleep in [during] ...
▸ 彼はよく授業中に居眠りする.
He often *falls asleep during* class.
いのこり 居残りする
▸ 居残り勉強しなければならなかった.
I had to *stay after school* to study.
イノシシ 《動物》a wild boar [ボー(ァ)]

いのち 命

(a) life [ライフ] (複数 lives)
▸ あの先生 [医者] は私の命の恩人だ.
That doctor saved my *life*. / I owe my *life* to that doctor. (▶ save *my* life で「(私の) 命を救う」の意)
▸ 飛行機の墜落事故で70名の命が失われた.
Seventy people lost their *lives* in the plane crash. (▶ Seventy people died ... または Seventy people were killed ... などとも表せる)

> **✎ライティング**
> あのころはバレーボールに命をかけていた.
> In those days I put my whole life into volleyball.

いのり 祈り (a) prayer [プレア] (発音注意); (食前・食後の) grace [グレイス] →いただきます
▸ (食前・食後の) お祈りを言う say *grace*
いのる 祈る (神に) pray [プレイ]; (希望する, 願う) wish [ウィッシ]
▸ 神に祈る *pray* to God
▸ ご成功を祈ります.
I *wish* you success.

> **🗨スピーキング**
> Ⓐ 幸運を祈るわ.
> Good luck!
> Ⓑ ありがとう.
> Thanks.

いばる (おごり高ぶる) be proud [プラウド] (of); (えらそうにする) put on airs
▸ あまりいばるなよ.
Don't *be* so *proud*. / Don't *show off*.
いはん 違反 (a) violation [ヴァイオレイション]

seventy-three 73

いびき

違反する break [ブレイク], violate [ヴァイオレイト] (▶ break のほうが口語的)
▶ 校則に違反する
  break the school rules
▶ 学校にスマートフォンを持ってくるのは校則違反だ.
  It is *against* the school rule to bring a smartphone to school.
▶ 交通違反 a traffic *violation*

いびき a snore [スノー(ァ)]
  いびきをかく snore

イブ Eve [イーヴ]
▶ クリスマスイブに on Christmas *Eve*

いふく 衣服 clothes [クロウズ] (発音注意) (▶つねに複数形で使う) →ふく¹

イベント (行事) an event [イヴェント]

いま¹ 居間 a living room [リヴィング(ー)ム]

いま² 今

使い分け
(現在) → now
(今日) → today
(たった今) → just, just now
(今すぐに) → right now

1 (現在) now [ナウ]; (今日) today [トゥデイ]
今の present [プレズント], current [カーレント], (of) today
▶ 今の日本 Japan *today*
▶ 今の首相 the *present* prime minister
▶ 「今, 何時ですか」「6時です」
  "What time is it?" "It's six o'clock."
  (▶ふつう now はつけない)
▶ ぼくは今中学2年です.
  I'm in the eighth grade *now*.
▶ 私は今ニューヨークにいます.
  I am *now* in New York.
▶ 今, 豆腐はアメリカで人気がある.
  Today tofu is popular in the United States.
▶ 今となっては手おくれだ.
  It's too late *now*.
▶ 今からでもおそくないよ.
  It's not too late *now*. / Even *now* it's not too late.

表現力
今…している
  → is [am, are] -ing now

▶ もしもし, 今何しているの？
  Hello, what *are* you *doing* now?

2 (たった今) just [ヂャスト], just now

表現力
今…したところだ
  → have just ＋過去分詞 /
    過去形＋ just now

▶ 私は今もどったところです.
  I *have just come* back. / I *came* back *just now*.

○ I have just come back.
× I have come back just now.

just now は,
現在完了形では使えない.

○ I came back just now.

▶ 絵里は今出かけたところなの.
  Eri *has just gone* out. / Eri *just went* out. / Eri *went* out *just now*.

3 (今すぐに) right now, at once

スピーキング
Ⓐ ルーシー, チャーリーから電話よ.
  Lucy, Charlie wants you on the phone.
Ⓑ 今行くよ.
  I'm coming. / I'll be right there.

いまいち not quite right
▶ この自転車はデザインがいまいちだ.
  The design of this bike is *not quite right*.

いまから 今から from now (on), after this →こんご
▶ 今から10年前に ten years *ago*
▶ 今から10年後に ten years *from now*

いまごろ 今ごろ about this time, by now
▶ 彼らは今ごろもう家に着いているだろう.
  They must be at home *by now*.
▶ きのうの今ごろ
  about this time yesterday

いまさら 今さら
▶ いまさら謝ってもおそいよ.
  It's too late *now* to apologize.

◀ **いや¹**

いまに 今に (すぐに) soon [スーン]；(まもなく) before long；(いつか) someday [サムデイ] →まもなく
▶ 今にわかるよ. You'll see *someday*.
▶ 今に見ていろ! Just you wait and see!

いまにも 今にも
▶ 妹は今にも泣きだしそうだった.
My sister *was just about to* cry.
▶ 今にも雨が降りそうだ.
It *is going to* rain *at any moment*.

いまのところ 今のところ (当分) for the time being；(現在) at present；(これまでのところ) so far
▶ 今のところ順調です.
Everything is going well *so far*.

いままで 今まで till now；(今までに) ever [エヴァ]

━━ **表現力** ━━━
今までに…したことがある
→ **have ＋過去分詞**
━━━━━━━━

━━ **プレゼン** ━━━
私は奈良に今までに2度行ったことがあります.
I have been to Nara twice.
━━━━━━━━

▶ 今までディズニーランドに行ったことがありますか.
Have you (ever) been to Disneyland? (▶ ever があるほうが意味が強まる)
▶ 「今までどこにいたの？」「(今まで) 一郎君の家に行ってたんだ」
"Where *have* you *been all this while*?" "I've *been* at Ichiro's home *till now*."

━━ **表現力** ━━━
今まで一度も…したことがない
→ **have never ＋過去分詞**
━━━━━━━━

▶ 今まで一度も外国に行ったことがない.
I've *never been* abroad. (▶ abroad は副詞なので, ˣto abroad としない)

いみ 意味
(a) meaning [ミーニング], a sense [センス]
意味する mean；(表す) stand for
▶ ある意味では, きみのいうとおりだ.
In a *sense*, you're right.

━━ **表現力** ━━━
…はどういう意味ですか
→ **What does ... mean?**
━━━━━━━━

▶ この単語はどんな意味ですか.
What does this word *mean*? / What's the *meaning* of this word?
▶ (つまり) それはどういう意味ですか.
What do you *mean* by that? (▶相手の真意をたずねる言い方)
▶ 「ありがとう」は Thank you. という意味です. "Arigato" *means* "Thank you."
▶ 「V サイン」は勝利を意味する.
The "V sign" *stands for* victory.
▶ おっしゃる意味がわかりません.
I don't understand you. / I don't understand what you *mean*.

いみん 移民 (外国への移住者) emigrant [エミグラント]；(外国からの移住者) immigrant [イミグラント]
移民する (外国へ) emigrate [エミグレイト]；(外国から) immigrate [イミグレイト]

イメージ an image [イメヂ] (発音注意)
イメージチェンジする change *my* image
イメージアップする improve *my* image
イメージダウンする damage *my* image
イメージトレーニング image training

イモ (ジャガイモ) a potato [ポテイトウ] [複数] potatoes；(サツマイモ) a sweet potato
▶ 焼きいも a baked *sweet potato*

いもうと 妹

a **sister** [スィスタァ]；(とくに強調して) a younger sister, a little sister →きょうだい¹
▶ 私には妹が1人います.
I have a *younger sister*.

イモムシ 芋虫 a caterpillar [キャタピラァ]

いや¹ no [ノウ], uh-uh [アァ] (▶ uh-uh はくだけた言い方) →いいえ
▶ いやよ! *No!* / *Never!*

━━ **スピーキング** ━━━
Ⓐ ねえ, お茶でも飲まない？
How about a cup of tea?
Ⓑ いや, けっこうです.
No, thanks.
━━━━━━━━

seventy-five **75**

いや² ▶

いや² 嫌な

bad [バッド], unpleasant [アンプレズント]

いやになる get sick [スィック] 《of》, be sick 《of》

▶ いやなにおい a *bad* smell
▶ いやな天気 *unpleasant* weather
▶ あいつはいやなやつだ.
He's a *disgusting* guy.
▶ 学校で何かいやなことがあったの？
Did something *bad* happen to you at school?
▶ 勉強がいやでいやでたまらない！
I'*m* absolutely *fed up with* my studies! (▶ be fed up with ... で「…にあきあきしている，うんざりしている」という意味)

> **●表現力**
> …はいやだ → do not like ...

▶ こんどの先生はいやだ.
I *don't like* our new teacher.

> **●表現力**
> …するのがいやだ
> → do not like -ing /
> hate -ing / do not want to ...

▶ 歯医者に行くのはいやだ.
I *don't like going* to the dentist. / I *hate going* to the dentist. (▶後者のほうが強い言い方)
▶ 友達と別れるのはいやだ.
I *don't want to* be separated from my friends.

> **●表現力**
> …がいやになる
> → get tired of ... / be tired of ...

▶ 学校へ行くのがいやになった.
I *got tired of* going to school.

いやいや reluctantly [リラクタントゥリィ], unwillingly [アンウィリングリィ], against *my* will

いやがらせ harassment [ハラスメント]

いやがる 嫌がる do not like, hate [ヘイト]

▶ 子どもは歯医者に行くのをいやがる.
Children *don't like* going to the dentist.

いやしい 卑しい mean [ミーン], bad [バッド]

いやす heal [ヒール], cure [キュア]

▶ きずをいやす *heal* a wound

イヤホン an earphone [イアフォウン]

いやみ 嫌味 (皮肉) (an) irony [アイロニィ]；a sarcastic [サーキャスティク] remark

いやみを言う make sarcastic remarks / say a nasty thing

いやらしい dirty [ダ~ティ]

イヤリング an earring [イアリング]

▶ イヤリングをする put on *earrings*

いよいよ 1 (ついに) at last

▶ いよいよ夏休みです (→夏休みが来た).
At last summer vacation has come.
▶ いよいよぼくの番だ.
Now it's my turn. / My turn has come *at last*.

2 (ますます) ▶ 「比較級＋ and ＋比較級」で表す.

▶ いよいよおもしろくなってきた.
It's getting *more and more* exciting.

いよく 意欲 (a) will, (an) enthusiasm [エンス(ュ)ーズィアズム] →やるき

いらい¹ 以来 since [スィンス] →～から

▶ それ以来 *since* then
▶ 中学卒業以来，高橋くんには会っていない.
I haven't seen Takahashi *since* we graduated from junior high school.

いらい² 依頼 (a) request [リクウェスト] →きょか

依頼する request, ask →たのむ

いらいらする be irritated [イリテイティド], get irritated

▶ そんなにいらいらするな.
Don't *be so irritated*. / Take it easy.
▶ あいつにはいらいらさせられるよ.
He *gets on my nerves*. / He *irritates* me. (▶女性なら She を使う)

イラク Iraq [イラーク]

イラスト an illustration [イラストゥレイション]

▶ 小学生たちがその物語のイラストをかいた.
The schoolchildren drew *illustrations* for the story.
▶ 私はイラストをかくのが好きです.
I like to draw *pictures*. (▶この「イラスト」は単なる「絵」のこと)

イラストレーター an illustrator [イラストゥレイタァ]

76　seventy-six

いらっしゃい

▶ どうぞこちらへいらっしゃい.
(*Come*) this way, please. / Come here, please.

▶ どうぞまたいらっしゃい.
Please *come* again.

▶ (訪問客に対して) いらっしゃい.
Come on in.

▶ おばあちゃん, いらっしゃい.
Hello, Grandma.

▶ ようこそいらっしゃいました.
Welcome. / I am glad to see you.

▶ (店員が客に対して) いらっしゃいませ.
May I help you? / What can I do for you?

いらっしゃる (▶英語ではこの日本語に相当する敬語表現はない)

1 (来る) come ; (行く) go

▶ 本日はようこそいらっしゃいました.
How nice of you to *come* today!

▶ あなたのお姉さんはいつパリへいらっしゃった (→行った) のですか.
When did your sister *go* to Paris?

2 (いる, です)

▶ 本田さんはいらっしゃいますか.
Is Mr. Honda at home?

▶ スミスさんでいらっしゃいますか.
Excuse me, *are* you Mr. Smith?

いられない cannot

💬表現力
… (しては) いられない → **cannot …**

▶ 一日中勉強ばかりしてはいられない.
We *can't* keep studying all day.

💬表現力
… (せずに) いられない
→ **cannot help -ing**

▶ その話を聞いたとき, 笑わずにはいられなかった.
We *couldn't help laughing* when we heard the story.

▶ 弟を見ているといつもこわいと感じずにはいられない. 危険なことばかりしている.
I *can't help feeling* scared whenever I watch my little brother. He's always doing something dangerous.

イラン Iran [イラーン]

いりぐち 入り口 an entrance [エントゥランス] (反) 出口 exit)

▶ 入り口で待っていてください.
Please wait for me at the *entrance*.

▶ チケットは入り口で拝見します.
We will check your tickets at the *entrance*.

いりょう¹ 医療 medical care [メディカル ケア], medical treatment [メディカル トゥリートゥメント]

医療従事者 a healthcare [ヘルスケア] worker, a medical worker

▶ 医療従事者たちは自分たちの命をかけて患者の治療にあたった.
Healthcare workers risked their lives to care for patients.

医療費 medical expenses
医療保険制度 a health insurance system
在宅医療 home health care

いりょう² 衣料 (衣料品) clothing [クロウズィング] ; (服) clothes [クロウズ]

▶ 衣料品店
a *clothing* store

いりょく 威力 power [パウァ]
威力のある powerful [パウァフル]

いる¹ 居る →いない

使い分け
(存在する・位置する) → **be**
(所有する) → **have**
(留まる) → **stay**

1 (存在する・位置する) be

💬表現力
(〜に) …がいる
→ (1人・1匹のとき) **There is … .** /
(2人・2匹以上のとき)
There are … .

▶ いすの上にネコが1匹いる.
There is a cat on the chair.

📣プレゼン
私のクラスには35人の生徒が**いる**.
There are thirty-five students in my class.

▶ 日本語のわかる人はいませんか.

seventy-seven 77

いる² ▶

Is there anyone who can understand Japanese?
▶ この動物園にペンギンはいますか.
Are there any penguins at this zoo?

> 📝**文法 不特定の物が主語のとき**
> 不特定の人や動物が「いる」ときは **There is ＋人 [動物] (＋場所).** で，複数のときは **There are ＋人 [動物] (＋場所).** で表す.

> 💬**表現力**
> 〜は…にいる
> → （1人・1匹のとき）〜 is … . /
> （2人・2匹以上のとき）
> 〜 are … .

▶ 私のネコはいすの上にいる.
My cat *is* on the chair. (▶✕There is my cat on the chair. とはいわない)
▶「ママ，どこにいるの？」「台所よ」
"Where *are* you, Mom?" " (I'*m*) in the kitchen."

> 📝**文法 特定の物が主語のとき**
> 特定の人や動物の場所をいうときは**人 [動物] ＋ is ＋場所.** で表す. is は主語が I なら am に，you や複数の人 [動物] なら are になる.

2 (所有する) **have** [ハヴ]

> 💬**表現力**
> （〜に）…がいる → have

▶ きみにはきょうだいがいるの？
Do you *have* any brothers or sisters?
3 (留まる) **stay** [ステイ]
▶ しばらくここにいてもいいですか.
Can I *stay* here for a while?
▶「日本にどのくらいいますか」「2年います」
"How long *have* you *been* in Japan?" "For two years."

いる² 要る

(必要とする) **need** [ニード] →ひつよう
▶ 私はちょっとお金がいる.
I *need* some money.
▶ それはいりません.

I don't *need* it.
▶ 何も心配はいらないよ.
There's no *need* to worry.
▶ あしたは朝食いらないよ.
I'll *skip* breakfast tomorrow. (▶ skip breakfast で「朝食をぬく」という意味) / I don't *need* (any) breakfast tomorrow.
▶ ほかに何かいる物がありますか.
Do you *want* anything else?
▶ 合宿には何がいりますか.
What do I *need* for the training camp?

-(して)いる

> **使い分け**
> (動作が進行中である) → -ing
> (持続した状態である) → 動詞の現在形

1 (動作が進行中である) **-ing**

> 💬**表現力**
> …している〜 → -ing 〜

▶ 泣いている赤んぼう a *crying* baby
▶ 眠っている生徒 a *sleeping* student
▶ 試合を見ている人々
the people *watching* the game (▶「…している」の部分が watching the game のように2語以上のときは名詞 (この例では people) の後ろにつける)

> 💬**表現力**
> (今) …している → be 動詞＋ -ing

▶ 彼らは音楽を聞いている.
They *are listening* to music.
▶「今何しているの？」「数学の勉強をしているんだ」
"What *are* you *doing* now?" "I'*m studying* math."

> 💬**表現力**
> (ある期間) …している
> → have ＋過去分詞 /
> have been -ing

▶ もう3日間雨が降っている.
It *has rained* for three days. / It *has been raining* for three days. (▶後者の言い方のほうが「3日間ずっと」という感じが出る)

78　seventy-eight

2 (持続した状態・現在の状況である) ▶ 動詞の現在形で表す.
▶ おなかがへっている. I'm hungry.
▶ ぼくは福岡に住んでいます.
I *live* in Fukuoka. (▶これがふつうの言い方.I'm living in Fukuoka. というと「今はたまたま福岡に住んでいる」という意味になる)

> **文法 進行形にしない動詞**
> **love** (愛している), **know** (知っている), **remember** (覚えている), **understand** (わかっている), **belong** (属している) など状態を表す動詞はふつう進行形にしない.

× I am loving you.
○ I love you.
× I am knowing him.
○ I know him.
▶状態を表す動詞はふつう進行形にしない.

3 (…の状態である) **be** [ビー]; (…のままでいる) **keep** [キープ]
▶ あの店は毎日開いている.
That store *is* open daily.
▶ 静かにしていなさい.
Keep quiet.

いるい 衣類 clothes [クロウズ]; (全体) clothing [クロウズィング]
▶ 彼女は衣類(→着るもの)にお金をかけている.
She spends a lot of money on *clothes*.

イルカ 《動物》a dolphin [ダルフィン]

いれかえる 入れ替える replace [リプレイス] 〜 with ..., change [チェインヂ] 〜 for ...
▶ 古い電池を新しいものに入れ替える
replace an old battery *with* a new one

いれば 入れ歯 false [フォールス] teeth

イレブン (アメリカンフットボールやサッカーなどの11人の1組み) (an) eleven [イレヴン]

いれもの 入れ物 a case [ケイス], a container [コンテイナァ]

いれる 入れる

1 (物を) **put** [プット] ... in
▶ ポケットに手を入れないで.
Don't *put* your hands *in* your pockets.
▶ バケツに水を入れてくれませんか.
Can you *pour* water *into* the bucket?
▶ 「コーヒーには何か入れますか」「ミルクを入れてください」
"How would you like your coffee?"
"*With* milk, please."

2 (人などを) **let in**, **admit** [アドミット]
▶ 私を中に入れてください.
Please *let* me *in*.
▶ 「仲間に入れてくれる？」「いいとも」
"Can I *join* you?" "Sure."
▶ 彼は自分の息子を大学に入れた.
He *sent* his son to college.

3 (お茶などを) **make** [メイク]
▶ 「お茶を入れましょうか」「ありがとう」
"Shall I *make* tea for you?" "Thank you." (▶「お茶を注ぐ」動作は pour tea という)

4 (ふくむ) **include** [インクルード]
▶ ぼくを入れて5人が集まった.
Five people got together, *including* me.

いろ 色

1 a **color** [カラァ]
▶ 明るい色 bright *colors*
▶ 暗い色 dark *colors*
▶ うすい色 light *colors*
▶ こい色 deep *colors*

> 🗣スピーキング
> Ⓐ あなたは何色がいちばん好きですか.
> What's your favorite color?
> Ⓑ ブルーがいちばん好きです.
> I like blue the best.

▶ これの色ちがい(→ほかの色)はありますか.
Do you have this in any other *colors*?

2 (皮ふの色)
▶ 慶子さんは色が白い[黒い].
Keiko has *fair* [*dark*] skin.

色をぬる （ペンキなどで） paint [ペイント]；
（色鉛筆などで） color
色鉛筆 a colored pencil
色紙 colored paper

いろいろ

（種々の） **many kinds of**， **various**
[ヴェ(ァ)リアス]；（たくさんの） **many** [メニィ]，
a lot of；（ちがった） different [ディフ(ェ)レ
ント]
▶ いろいろな（種類の）花
many kinds of flowers
▶ あなたにいろいろ話したいことがある.
I have *a lot of* things to tell you.
▶ いろいろとありがとうございました.
Thank you for *everything*.
▶ 世界にはいろいろな人たちがいる.
There are *different kinds of* people
in the world.
いろは （仮名文字の） the Japanese
alphabet[アルファベット]；（初歩）the ABC(s),
the basics
いろんな many [メニィ] →いろいろ
▶ この3年間，いろんなことがありました（→
経験しました）.
I've experienced *many* things
during these last three years.
いわ 岩 (a) rock [ラック]
▶ 岩の多い山 a *rocky* mountain
岩登り rock climbing
いわい 祝い a celebration[セレブレイション]；
（祝いのことば） congratulations [コングラ
チュレイションズ] →おめでとう
▶ お祝いを申しあげます.
I offer you my *congratulations*.
いわう 祝う（事がらを） celebrate [セレブレ
イト]；（人を） congratulate [コングラチュレイト]
〈on〉
▶ 友達が私の誕生日を祝ってくれました.
My friends *celebrated* my birthday.
イワシ （魚）a sardine [サーディーン]
いわば 言わば so to speak
▶ ラクダはいわば砂漠の船だ.
The camel is, *so to speak*, the ship
of the desert.
いわゆる so-called, what we call
▶ 彼はいわゆる生き字引きだ.
He is *what is called* a walking
dictionary.

-（と）いわれている …（と）言われている
（…ということだ） They say (that) …,
be said to …；（…と呼ばれる） be
called [コールド]

> ✏ライティング
>
> 日本人はよく働くと**いわれている**.
> They say that Japanese work very
> hard. / Japanese are said to work
> very hard.

▶ バッハは近代音楽の父といわれている.
Bach *is called* the father of modern
music.
いんかん 印鑑 a seal [スィール]
いんき 陰気な dark [ダーク], gloomy [グ
ルーミィ]
インク ink [インク]
▶ インクで書く
write in *ink*
イングランド England [イングランド] →イ
ギリス
いんけんな 陰険な mean[ミーン], sly [ス
ライ]
インコ （鳥）a parakeet [パラキート] (▶「セ
キセイインコ」は a budgerigar [バヂャリ
ガー], （口語）a budgie [バディ] という)
インコース （野球の）the inside[インサイド]；
（陸上競技の） the inside track
いんさつ 印刷 printing [プリンティング]
印刷する a print
印刷所 a printing office
印刷物 printed matter
印刷用紙 printing paper

いんしょう 印象

（an) impression [インプレション]
印象的な impressive [インプレスィヴ]
印象を与える impress [インプレス]
▶ …に良い [悪い] 印象を与える
make a good[bad] *impression* on …
▶ 日本の印象はいかがでしたか.
What were your *impressions* of
Japan? / What did you think of
Japan?
▶ その映画のラストシーンはとても印象的
だった.
The last scene of that movie was
very *impressive*. / The last scene of
that movie *impressed* me a lot.

いんりょく

プレゼン

彼女の勇気ある行動はとても**印象深かった**.
I was deeply impressed by her courageous act.

いんしょく 飲食 eating and drinking (▶日本語とは順序が異なる)

インスタント instant［インスタント］
　インスタントコーヒー instant coffee
　インスタント食品 instant food
　インスタントラーメン instant *ramen*

インストール installation［インストレイション］
　インストールする install［インストール］
▶きのう，新しいソフトをインストールした.
　I *installed* new software on my computer yesterday.
▶このソフトをどうやってインストールするのか教えてよ.
　Can you tell me how to *install* this software program?

インストラクター an instructor［インストゥラクタァ］
▶スキーのインストラクター
　a ski *instructor*

インスピレーション (an) inspiration［インスピレイション］
▶突然インスピレーションがわいた.
　I suddenly got an *inspiration*.

いんせい 陰性の negative［ネガティヴ］
▶彼女はそのウイルスの検査では陰性だった.
　She tested *negative* for the virus.

いんせき いん石 a meteorite［ミーティオライト］

いんそつ 引率する lead［リード］

インターセプト インターセプトする intercept［インタセプト］

インターチェンジ an interchange［インタチェインヂ］

インターネット the Internet［インタネト］, the internet；the Net
▶インターネットでその情報を得る
　get the information on *the Internet*
▶インターネットでネコのことを調べる
　search *the Internet* about cats
▶インターネットで調べてみれば？
　Why don't you do an *Internet* search?

インターホン an intercom［インタカム］

▶インターホンを鳴らす ring the *doorbell*

いんたい 引退する retire［リタイア］(from)，(口語) quit［クウィット］
▶ぼくは部活から引退しました.
　I *retired* from my club activities.

インタビュー an interview［インタヴュー］
　インタビューする interview, have an interview (with)

インチ an inch［インチ］(▶約2.54cm)

インディアン a Native American (▶an American Indian という言い方は不可. 単に Indian というと「インド人」という意味にもなる)

インテリア (室内装飾) interior design［インティ(ア)リア デザイン］
　インテリアデザイナー an interior designer

インド India［インディア］
　インド(人)の Indian
　インド人 an Indian
　インド洋 the Indian Ocean

イントネーション (an) intonation［イントネイション］

インドネシア Indonesia［インドニージァ］

インフォメーション (情報) information［インフォメイション］
　インフォメーションカウンター an information counter

インプット (コンピューター) input［インプト］(反 アウトプット output)

インフルエンザ influenza［インフルエンザ］, (口語) (the) flu［フルー］
▶姉がインフルエンザにかかった.
　My sister caught *the flu*.

インフルエンサー (影響力をもつ人物) an influencer［インフルエンサァ］

インフレ inflation［インフレイション］(反 デフレ deflation)

いんよう 引用する quote［クウォウト］
　引用符 quotation marks (▶" " と ' ' の２種類がある) →くとうてん (表)
　引用文 a quotation

いんりょう 飲料 a drink［ドゥリンク］, a beverage［ベヴァレヂ］
▶清涼飲料 soft *drinks*
　飲料水 drinking water, water for drinking

いんりょく 引力 gravitation［グラヴィテイション］, gravity［グラヴィティ］

eighty-one　81

ウイークエンド

うウ ぅゥ ぅゥ

ウイークエンド a weekend [ウィーケンド]
ウイークポイント a weak point
ウィーン (地名) Vienna [ヴィエナ]
ウイスキー whisk(e)y [(フ)ウィスキィ]
ウイルス (生物・コンピューターの) a virus [ヴァイ(ア)ラス]
▶ ウイルス対策ソフト
  anti*virus* software
▶ 私のパソコンがウイルスに感染している.
  My computer is infected with a *virus*.
ウインク a wink [ウィンク]
  ウインクする wink (at)
ウインタースポーツ winter sports [ウィンタァ スポーツ]
ウインドー a (show) window [ウィンドゥ]
▶ ウインドーショッピングに行く
  go *window* shopping
ウインドサーフィン windsurfing [ウィンドゥサ～フィング]
▶ ウインドサーフィンをする windsurf
▶ ウインドサーフィンをしに行く
  go *windsurfing*

ウインドブレーカー (米) a windbreaker [ウィンドゥブレイカァ]
ウインナー → ソーセージ
ウール wool [ウル]
  ウールの woolen
▶ ウールのセーター a *woolen* sweater
ウーロンちゃ ウーロン茶 oolong [ウーロ(ー)ング] (tea)
うーん ugh [アグ], mmm [ムー]
▶ うーん, 重たい. *Ugh*! How heavy!

▶ うーん, おいしい.
  Mmm! This is delicious!
ううん no [ノゥ] → いいえ

うえ¹ 上(に)

使い分け
(表面に)接して → on
(おおいかぶさって)上に → over
(はなれて)上に → above
(動きを表して)上の方へ → up

1 (上部に) (表面に接して) on [アン]; (真上をおおって) over [オゥヴァ] (反 下に under); (はなれて上に) above [アバヴ] (反 下に below); (上の方へ) up [アップ] (反 下の方へ down)

on   above

over

(▶ すべて「…の上に」という意味だが, on はくっついていること, above ははなれて上の方にあること, over ははなれておおいかぶさるような感じを表す)

▶ テーブルの上にコップがある.
  There is a glass *on* the table.
▶ ほら. へいの上にネコがいるよ.
  Look. There's a cat *on* the wall.
▶ 川の上には橋がかかっている.
  There is a bridge *over* the river.
▶ 飛行機が雲の上を飛んでいる.
  A plane is flying *above* the clouds.
▶ 次郎の教室はちょうどこの上です.

▶ うかぶ

Jiro's classroom is just *above* (us).

🔊スピーキング
Ⓐ (このエレベーターは)**上に**行きますか.
Up?
Ⓑ いいえ, 下です.
No, down.

▶ (エレベーターなどで) 上にまいります.
Going *up*!

2 (頂上・上部) the **top** [タップ] (反 ふもと
foot；底 bottom)
▶ 丘の上に立つ
stand at *the top* of the hill
▶ 上から3行目
the third line from *the top*

3 (年上の) **older** [オウルダァ] (反 年下の
younger) →としうえ
▶ 姉は私より2つ上です.
My sister is two years *older* than I
(am). (▶話し言葉では than me ともい
う)
▶ いちばん上の息子 the *oldest* son

4 (上位の) upper [アパァ], higher [ハイア]
(反 下位の lower)；(よりすぐれた)
better [ベタァ]
▶ 上の地位 a *higher* position
▶ テニス(の腕前)は彼女のほうが私より上
だ. She can play tennis *better than*
I (can).

5 (前のところに) above
▶ 上で書いた[述べた]ように
as (I) mentioned *above*

うえ² 飢え (空腹) hunger [ハンガァ]；(飢
餓) starvation [スターヴェイション]
飢えた hungry [ハングリィ] →すく
飢える get hungry, starve [スターヴ]
▶ 多くの人々が飢えで死んだ.
Many people died of *hunger*.

ウエーター a waiter [ウェイタァ] (▶性差
のない言い方は server)

ウエート weight [ウェイト] (重量；比重)
ウエートトレーニング weight training
ウエートリフティング weight lifting

ウエートレス a waitress [ウェイトゥレス] (▶
性差のない言い方は server)

ウエーブ a wave [ウェイヴ]；(応援の) (米)
the wave, (英) a Mexican wave
▶ 智子の髪はウエーブがかかっている.
Tomoko has *wavy* hair. / Tomoko's

hair is *wavy*.
▶ スタジアムでウエーブをする
do *the wave* in the stadium

うえき 植木 a garden tree, a garden
plant
植木職人 a gardener
植木ばち a flowerpot

ウエスト a waist [ウェイスト], a waistline
[ウェイストゥライン]
▶ 私のウエストは60センチです.
My *waist* is 60 centimeters.

ウエディング a wedding [ウェディング]
ウエディングケーキ a wedding cake
ウエディングドレス a wedding dress

ウェブ the Web [ウェブ] →インターネット
ウェブサイト a website, a site
ウェブデザイナー a web designer

うえる 植える plant [プラント]
▶ 私は庭にチューリップを植えた.
I *planted* tulips in the garden.

うお 魚 a fish [フィッシ] →さかな
うお座 the Fishes, Pisces [パイスィーズ]
→せいざ (表)
魚市場 a fish market

ウォーキング walking [ウォーキング]

ウォーミングアップ a warm-up
[ウォーマプ]
ウォーミングアップする warm up

うがい a gargle [ガーグル]
うがいする gargle
▶ 外から帰ったらうがいをしなさい.
Gargle when you get home.

うかがう 伺う **1** (訪問する) visit [ヴィズィト]
▶ あすうかがいます.
I'll *visit* you tomorrow.

2 (質問する) ask [アスク]
▶ ちょっとうかがいますが, 入り口はどこでしょ
うか.
Excuse me, but could you tell me
where the entrance is? / May I *ask*
you where the entrance is?

うかぶ 浮かぶ

1 (水などに) float [フロウト] (反 沈む sink)
▶ 氷は水に浮かぶ. Ice *floats* on water.
▶ 白い雲が空に浮かんでいる.
White clouds *are floating* in the sky.

2 (心に) occur [オカ～] (to), come [カム]
(to)

eighty-three 83

うかべる

- ある名案が浮かんだ.
  I *hit upon* a good idea. / A good idea *occurred to* me. / A good idea *came to* mind.

うかべる 浮かべる float [フロウト]
- とうろうを川に浮かべよう.
  Let's *float* the paper lanterns on the stream.
- 愛子は目に涙を浮かべてさようならと言った.
  Aiko said goodbye *with* tears in her eyes.

うかる 受かる (合格する) pass [パス] (反)落ちる, 落第する fail) →ごうかく
- 姉はK大学 (の入試) に受かった.
  My sister *passed* the entrance exam for K University.

うき[1] 雨季 the rainy season (▶「乾季」is the dry season) →つゆ[2]

うき[2] 浮き (つりの) a float [フロウト]; (浮き袋) a swimming ring [リング]; (救命用) a life belt, a buoy [ブーイ ‖ ボイ]

うきうき
- ぼくはうきうきして (→希望をいっぱいいだいて) 入学した.
  I started the school year *with a lot of hope*.

うく 浮く float [フロウト] →うかぶ

ウグイス 《鳥》a bush warbler [ブッシウォーブラァ]

うけ 受け
- 彼はクラスメートの受けがいい.
  He is *popular* among his classmates.

うけいれる 受け入れる accept [アクセプト]
- うちでは, 毎年アメリカの高校生をホームステイに受け入れている.
  We *accept* American high school students for a homestay every year.

うけつぐ 受け継ぐ (仕事などを) take over, succeed [サクスィード] to; (財産・性質などを) inherit [インヘリット]
- 家の仕事を受け継ぐ
  take over the family business
- 伝統を受け継ぐ *follow* tradition

うけつけ 受付 reception [レセプション], a reception desk
- 田中様, 受付までお越しください.
  Mr. Tanaka, please come to the reception desk.

🗣 スピーキング

Ⓐ すみませんが, 受付はどこか教えてもらえますか.
Excuse me, but could you tell me where the reception desk is?

Ⓑ いいですよ. そこを右に曲がった左側です.
Sure. Turn right there and you'll see it on your left.

受付係 a receptionist

うけつける 受け付ける accept [アクセプト]
- 申しこみはあすまで受け付けます.
  Applications will *be accepted* until tomorrow.

うけとめる 受け止める (反応する) react [リ(ー)アクト], respond [リスパンド]
- 彼女がそれをどう受けとめるかわからない.
  I don't know how she will *react* to it.
- 両親は私の気持ちをしっかり受けとめてくれた.
  My parents completely *understood* my feelings.

うけとり 受け取り (領収書) a receipt [リスィート] (発音注意)

うけとる 受け取る

receive [リスィーヴ], get [ゲット], accept [アクセプト]; take [テイク]
- 1月20日付けのメールを受け取りました.
  I *received* your email of January 20.
- 明子さんはぼくのプレゼントを受け取ってくれた.
  Akiko *accepted* my present.

うけみ 受け身 《文法》the passive (voice) (対 能動態 the active (voice));

◀ **うしろ**

(柔道などの) *ukemi*, (a) breakfall

うけもち 受け持ち charge [チャーヂ]
受け持つ be in charge 《of》
▶ 和田先生はぼくたちの受け持ちです.
Ms. Wada is our *homeroom teacher*. / Ms. Wada *is in charge of* our class.
▶ あなたの受け持ちの先生はどなたですか.
Who is your *homeroom teacher*? / Who *is in charge of* your class?

うける 受ける

1 (得る) receive [リスィーヴ], get [ゲット]
▶ 彼は生まれ故郷で温かい歓迎を受けた.
He *received* a hearty welcome in his hometown.
▶ いい教育を受ける
get a good education
2 (試験・授業などを) take [テイク], have [ハヴ]
▶ 私は K 高校 (の入学試験) を受ける.
I'm going to *take* an entrance exam for K High School.
▶ 私たちは週 4 回英語の授業を受けている.
We *have* four English lessons every week.
3 (検査・手術などを) have, take
▶ 私たちは毎年 4 月に健康診断を受けます.
We *have* a physical checkup every April.
▶ 手術を受ける *have* an operation
4 (被害を) suffer [サファ]; (影響を) be affected [アフェクティド]
▶ 東京はこの暴風雨で大きな被害を受けた.
Tokyo *has suffered* heavy damage from the storm.
5 (人気を得る) be popular [パピュラァ]
▶ このジョークはクラスメートにすごく受けた.
This joke *was* very *popular* among my classmates.
▶ それはきっと受けるよ.
I'm sure that'll *be a hit*.

うごかす 動かす

1 (移動させる) move [ムーヴ]
▶ 教室の後ろに机といすを動かしてください.
Please *move* your desks and chairs to the back of the classroom.
2 (体などを) move

▶ 頭を動かさないでください.
Don't *move* your head, please.
3 (作動させる) work [ワ~ク], run [ラン]
▶ 耕うん機の動かし方を知りません.
I don't know how to *run* a cultivator.

うごき 動き (a) movement [ムーヴメント], (a) motion [モウション]

うごく 動く

> **使い分け**
> (移動する) → move
> (作動する) → work, run

1 (移動する) move [ムーヴ]
▶ そこを動くな. Don't *move*. / Freeze!
2 (作動する) work [ワ~ク], run [ラン]
▶ このエレベーターは現在動いていません.
This elevator *is* not *working* now.
▶ この自動車は電気で動く.
This car *runs* on electricity.

ウサギ a rabbit [ラビット]; (野ウサギ) a hare [ヘア]

ウシ 牛

a cow [カウ]
▶ 牛を飼う raise *cows*
▶ 牛はモーと鳴く. *Cows* moo [ムー].
▶ 牛の乳をしぼる milk a *cow*

> ⓘ**参考** 一般に牛を cow という. とくに区別する必要があるとき, 雌牛を cow, 去勢した雄牛を ox (複数 oxen), 去勢していない雄牛を bull という. 集合的に見た家畜としての牛は cattle という. 子牛は calf という.

うしなう 失う lose [ルーズ], miss [ミス]
▶ 彼女は幼いころに両親を失った.
She *lost* her parents at an early age.

うしろ 後ろ

the back [バック] (反) 前 front) →あと¹
後ろの back, rear [リァ]
後ろに (裏手に) at the back 《of》 (反) …の前に in front of); (かげに) behind [ビハインド]; (後ろの部分に) in the back 《of》
▶ 車の後ろの席 the *back* seat of a car

eighty-five 85

うすい

- 後ろへ下がりなさい. Move *back*.
- 彼女は後ろをふり向いた.
  She looked *behind*. / She turned *back*.
- 後ろから答案を集めなさい.
  Pass your papers from *the back* of the room.
- ぼくはその木の後ろにかくれた.
  I hid *behind* the tree.

back　　　　behind

後ろ足 a *hind* [ハインド] leg
後ろ前に *back to front*

うすい　薄い

使い分け
(厚さが) → thin
(液体が) → weak, thin
(色が) → light

1 (厚さが) **thin** [スィン] (反 厚い thick)
- うすい問題集 a *thin* drill book
- パンをうすく切る
  cut bread into *thin* slices
- 父の髪はうすくなってきた.
  My father's hair has gotten *thin*.

2 (コーヒー・お茶などが) **weak** [ウィーク]
(反 こい strong); (スープ・牛乳などが)
thin (反 こい thick)
- うすいスープ *thin* soup
- うすいお茶 *weak* tea

3 (色が) **light** [ライト] (反 こい dark), **pale** [ペイル]
- うすい青 *light* blue / *pale* blue

うずうず　うずうずする itch to ...
- 子どもたちは外で遊びたくてうずうずしていた.
  The children *were itching to* play outdoors.

うすぎ　薄着する
- 私は冬でも薄着です.
  I *dress lightly* even in winter.

うすぐらい　薄暗い dim [ディム]
- うす暗い光 *dim* light

- うす暗い部屋 a *dim* room
- うす暗くなってきた. It is getting *dark*.

うずまき　渦巻き a whirlpool [(フ)ワールプール]

うすめる　薄める thin [スィン]
- スープを水で薄める
  thin soup with water / *water down* soup

うせる　失せる
- 失せろ! *Get lost!* / *Get out of* here!

うそ
a **lie** [ライ] (反 ほんとう truth)
うそをつく lie, tell a lie
- うそをつかないで. Don't *tell lies*. (▶複数形でいうことが多い)
- 私は母にうそをついた.
  I *lied* to my mother. / I *told* my mother *a lie*.

🔴スピーキング
Ⓐ きのう, 駅でシカを見たよ.
　I saw a deer at the station yesterday.
Ⓑ うっそー！
　No kidding!

うそつき a liar [ライア]
- ママのうそつき！
  You *lied* to me, Mom.
うそ発見器 a lie detector

💬用法　うっそー！
日本語の「うっそー」は「冗談でしょ」というような軽いことばなので, 英語では **No kidding.** とか **You're kidding.**, **Are you serious?** とか **Really?** などという. 英語の lie は日本語の「うそ」より強い意味で, 人格までも疑われるような悪意のあるうそを表すので, **You're a liar.** (大うそつき) はよほどのことでもないかぎり使わない.

うた　歌
a **song** [ソ(ー)ング]
- リサは日本の歌を数曲歌った.
  Lisa sang some Japanese *songs*.
- 「歌がうまいですね」「ありがとう」
  "You are a good *singer*." "Thank

▶ あした歌のテストがある.
I have a *singing* test tomorrow.
▶ 歌番組 a *music* program

参考 歌のいろいろ
わらべ歌 a traditional children's song [トゥラディショナル チルドレンズ ソ(ー)ング], a nursery rhyme [ナーサリィ ライム] / 子守歌 a lullaby [ララバィ] / 校歌 a school song / 国歌 a national anthem [ナショナル アンセム] / フォーク(ソング) a folk song

うたう 歌う

sing [スィング]
▶ さあ、いっしょに歌おう.
Let's *sing* together.
▶ 春子はとてもじょうずに歌った.
Haruko *sang* very beautifully.
▶ 大きな声で歌って. *Sing* out loud.
▶ 私たちはピアノに合わせて歌った.
We *sang* to the piano.

プレゼン
私はカラオケで歌うのが好きです.
I like singing *karaoke*. (▶カラオケは英語でも karaoke [キャリオウキ] で通じる)

うたがい 疑い

(疑問) (a) doubt [ダウト] (発音注意); (疑惑) (a) suspicion [サスピション]
▶ 健の成功は疑いない(→きっと健は成功するだろう).
I have no *doubt* about Ken's success. / I'm sure Ken will succeed.
▶ 疑い深いね.
You are very *suspicious*. / You have a very *suspicious mind*.

うたがう 疑う

(本当は…ではないと思う) doubt [ダウト] (発音注意) (反 信じる believe); (本当は…だと思う) suspect [サスペクト] (▶どちらも進行形にしない)
▶ きみを疑ったりしてごめん.
I'm sorry I *suspected* you.
▶ そんなに人を疑うものじゃないよ.

Don't *be* so *suspicious* of others.

表現力
…かどうかを疑う
→ doubt if [whether] ...
…だと疑う → suspect that ...

▶ 健はきみが来るかどうか疑っているよ.
Ken *doubts if* [*whether*] you will come. (▶「健はきみが来ないのではないかと思っている」の意味. Ken *suspects that* you will come. だと、「健はきみが来るのではないかと思っている」の意味)
▶ ぼくは彼女がぼくにうそをついていると疑っている.
I *suspect* she's lying to me.

うたがわしい 疑わしい

questionable [クウェスチョナブル]; doubtful [ダウトフル]; (あやしい) suspicious [サスピシャス]
▶ トムが本当のことを言うか疑わしい.
It is *questionable* whether Tom will tell the truth. / We *can't expect* Tom to tell the truth.

うち¹

(家庭) my home [ホウム]; (建物) a house [ハウス] →いえ; (家族) a family [ファミリィ]
うちへ[に] home
うちに帰る go *home*

× go to home
— この home は「うちへ」という意味の副詞だから to はつけない.
× come to home
○ go home
○ come home

▶ うちに電話をしなくちゃ.
I must call *home*.
▶ あしたうちに遊びに来ない？ Will you come and see *me* tomorrow?
▶ うちじゅう(→家族はみんな)とても元気です.
Everyone in *my family* is very well.
▶ うちは4人家族です.
There are four people in *my family*. / We are *a family* of four.

うち² ▶

- お母さんはおうちにいらっしゃいますか.
Is your mother *home*?
- うち (→私の家族) は来月引っ越しする.
We're moving next month.
- うち (→私) の門限は午後8時です.
My curfew is 8 p.m.

うち² 内

1 (内部) the **inside** [インサイド] ; (屋内に) **indoors** [インドーズ], **inside** →なか¹
- 私は一日中うちにとじこもっていた.
I stayed *indoors* all day. / I stayed *home* all day. (→うち¹)

2 (時間内に) **in** [イン], **within** [ウィズイン] ; (…の間に) **while** [(フ)ワイル]
- 夏休みのうちに
during (the) summer vacation
- 「この本貸してもらえる? 2, 3日のうちに (→2, 3日したら) 返すよ」「うん, いいよ」
"Can I borrow this book? I'll return it *in* a couple of days." "OK, sure."

💬表現力
…しないうちに → before ...

- 雨が降らないうちに (→降る前に) 出かけよう.
Let's leave *before* it rains. (▶この before のあとは, 未来の内容でも現在形で表す)

3 (…のうちで) **of** [アヴ], **out of**
- ジムは3人のうちでいちばん背が高い.
Jim is the tallest *of* the three. (▶最上級の前には the をつける)
- 2人のうちではどっちが背が高いの?
Who is the taller *of* the two? (▶2人の間で比較する場合は比較級でも the をつける)
- 10人のうち8人がおくれた.
Eight *out of* ten people were late.

うちあける 打ち明ける (信頼できる人に話す) **confide** [コンファイド] ; (正直に言う) **tell honestly [frankly]**
- 私は友人に悩みごとを打ち明けた.
I *told* my troubles to a friend.

うちあげる 打ち上げる (ロケットなどを) **launch** [ローンチ, ランチ], **send up** ; (花火を) **set off**
- 最初の人工衛星は1957年に打ち上げられた.
The first artificial satellite *was*

launched in 1957.
- 花火は小舟から打ち上げられた.
Fireworks *were set off* from small boats.

うちあわせ 打ち合わせ **arrangements** [アレインヂメンツ] (▶複数形で使う)
打ち合わせをする **make arrangements, arrange** [アレインヂ]
- 私たちはパーティーの打ち合わせをした.
We *made arrangements* for the party.

うちかつ 打ち勝つ **overcome** [オウヴァカム], **get over**
- 困難に打ち勝つ
overcome difficulties

うちがわ 内側 the **inside** [インサイド] (反 外側 **outside**)
- 部屋は内側からかぎがかかっていた.
The room was locked from *the inside*.

うちき 内気な **shy** [シャイ]

うちこむ 打ち込む

🔲プレゼン
私は中学校時代サッカーに**打ち込みました**.
I put all my energy into playing soccer in my junior high school days.

うちとける 打ち解ける **feel at home** ; (友達になる) **make friends with**
打ち解けて **frankly** [フランクリィ]
- 彼女はだれとでも打ち解けて話す.
She talks *frankly* to everybody.

うちゅう 宇宙

the **universe** [ユーニヴァ～ス] ; (宇宙空間) **space** [スペイス]
- 宇宙はなんと広大なのだろう.
How vast *the universe* is!

🔲プレゼン
私の夢は**宇宙**旅行をすることです.
My dream is to travel through space.

宇宙時代 the space age
宇宙食 space food
宇宙人 an alien [エイリアン]
宇宙ステーション a space station

◀ **うつす**¹

宇宙船 a spaceship
宇宙飛行士 an astronaut [アストゥロノート]
宇宙服 a spacesuit
宇宙旅行 space travel

うちょうてん 有頂天
▶ 有頂天になる
be *beside* my*self* with joy / become *ecstatic* / go into *ecstasy*

うちわ¹ an *uchiwa*, a round Japanese fan
▶ うちわであおぐ fan myself with a *fan*

うちわ² 内輪
▶ 内輪でパーティーをする
have a party *within a family*

うつ¹ 打つ

使い分け
(たたく) → hit, beat
(感動させる) → move

1 (たたく) hit [ヒット]；(連続して) beat [ビート]
▶ 金づちでくぎを打つ
hit a nail with a hammer
▶ その男の子はころんでおでこを打った.
The boy fell down and *hit* his forehead.
▶ 彼はきょうホームランを打った？
Did he *hit* a home run today?
▶ 強い雨が窓を打っている.
The heavy rain *is beating* against the windows.
▶ 鉄は熱いうちに打て. (ことわざ)
Strike while the iron is hot.
2 (感動させる) move [ムーヴ], impress [インプレス] →かんどう

プレゼン
漫画にも私たちの心を打つものがある.
Some comic book stories can move us deeply.

▶ その歌の歌詞にとても心を打たれました.
I *was* deeply *moved* by the words of the song.

うつ² 撃つ

(発射する) shoot [シュート], fire [ファイア]
▶ 彼は銃で熊をうった.
He *shot* the bear with a gun.

▶ うて！(号令) *Fire!*

うっかり
▶ うっかりして (→不注意で) 答案用紙に名前を書かなかった.
I was so *careless* (that) I didn't write my name on the exam paper.
▶ うっかりして (→まちがって) ほかの人のくつをはいてしまった.
I put on someone else's shoes *by mistake*.

うつくしい 美しい

beautiful [ビューティフル] (反 みにくい ugly), **pretty** [プリティ], **lovely** [ラヴリィ], **handsome** [ハンサム]
▶ 美しい花 a *beautiful* flower
▶ 美しい少女 a *pretty* girl / a *lovely* girl
▶ なんて美しい景色だろう.
What a *beautiful* scenery!
▶ 桜の花は美しい.
Cherry blossoms are *beautiful*.
美しく beautifully, prettily
▶ 新婦はとても美しく見える.
The bride looks very *beautiful*. (▶ looks ˣbeautifully とはしない)

用法 「美しい」のいろいろ
beautiful は人・物の両方に使われ, 完全無欠な美しさを表す. 人について いう場合, **pretty** は「かわいらしく美しい」, **lovely** は「愛くるしい」という感じを表す. 男性にはふつう **handsome** を使う.

うつくしさ 美しさ beauty [ビューティ]
▶ 自然の美しさ natural *beauty*
うつし 写し a copy [カピィ] →コピー

うつす¹ 写す, 映す

使い分け
(文書などを) → copy
(写真を) → take

1 (文書などを) copy [カピィ]
▶ 黒板を写す時間がほしいです.
I need time to *copy* what's on the board.
▶ 私はその問題をノートに写した.
I *copied* the questions in my notebook.

eighty-nine 89

うつす² ▶

2 (写真を) **take** [テイク] →しゃしん
▶ すみませんが，私を写してくれませんか．
Excuse me, but could you *take* a picture of me? (▶ 簡単に Take my picture, please. (私を写して) ともいえる)
▶ 私は写真を写してもらった．
I had my picture *taken*. (▶ 「物を…してもらう」は「have＋物＋過去分詞」で表す)
3 (鏡・水面などが) **reflect** [リフレクト]
▶ メイは鏡に自分の姿を映して見た．
May looked at herself *in the mirror*.

うつす² 移す

1 (場所・位置を) **move** [ムーヴ]
▶ 「この机をあそこに移してくれませんか」「ええ，いいですよ」
"Could you *move* this desk over there?" "Yes, sure."
2 (病気を) **give** [ギヴ], **pass** [パス]
▶ きみにかぜをうつしたくない．
I do not want to *give* you my cold.

うったえる 訴える (呼びかける) **appeal** [アピール] (to)；(不満・痛みなどを) **complain** [コンプレイン] (of)
▶ 世論に訴える *appeal to* the public
▶ 空腹を訴える *complain of* hunger
▶ 暴力に訴える *use* violence

うっとうしい (ゆううつな) **gloomy** [グルーミイ]；(どんよりした) **dull** [ダル]
▶ うっとうしい天気 *gloomy* weather

うっとり うっとりする
▶ 私たちはその音楽にうっとりした．
We *were fascinated with* the music.

うつぶせ うつぶせに **on my** face, on **my** stomach (反 あおむけに **on my** back)
▶ うつぶせになってください．
Lie down *on your stomach*. / Lie *face down*.

うつむく hang *my* head, look down
▶ 少女はうつむいてすわっていた．
The girl was sitting *with her head down*.

うつりかわり 移り変わり (a) **change** [チェインヂ]
▶ 近ごろは流行の移り変わりが激しい (→流行はたいへん早く移り変わる).
These days fashions *change* very quickly.
▶ 季節の移り変わり
the *change* of seasons

うつる¹ 写る, 映る

1 (テレビに) **be on TV**；(水面・鏡などに) **be reflected** [リフレクティド]
▶ きのうきみの学校がテレビに映っていたよ．
Your school *was on TV* yesterday.
▶ 山が湖に映っていた．
The mountain *was reflected* in the lake.
2 (写真が)
▶ この写真，あなたがよく写っているわ．
This is a *good picture* of you. / You *look good* in this picture.

うつる² 移る

1 (引っ越す) **move** [ムーヴ]；(転校する) **transfer** [トゥランスファ〜]
▶ 最近東京の郊外に移りました．
We *have* recently *moved* to the suburbs of Tokyo.
▶ リサはほかの学校に移った．
Lisa *transferred* to another school.
2 (変わる) **change** [チェインヂ]
▶ 話題が次から次へと移った．
Our talk *changed* from one topic to another.
3 (病気が) **catch** [キャッチ]
▶ 同じクラスの子のかぜがうつった．
I *caught* a cold from a classmate.

うで 腕 →て (図)

1 (肩と手の間の部分) an **arm** [アーム] (対 脚 leg)
▶ 私は腕を折った．I broke my *arm*.
▶ エレンは両腕に大きな袋をかかえていた．
Ellen had a big bag in her *arms*.
▶ (仲よく) 腕を組んで *arm in arm*
▶ 腕組みをする fold my *arms*
2 (腕前) **skill** [スキル]；(能力) **ability** [アビリティ]
▶ 腕をみがく improve my *skill*
▶ 腕のいい大工
a *skilled* carpenter / a *skillful* carpenter
腕ずもう arm wrestling
▶ 腕ずもうをしようよ．
Let's *arm-wrestle*.

90 ninety

◀ **うまい**

腕立てふせをする do push-ups

日本語NAVI
腕が上がる ☞ 上達する → **じょうたつ**
腕が落ちる ☞ へたになる → **へた**
腕が立つ ☞ 優れた → **すぐれる**
腕をふるう ☞ 能力を発揮する
→ **のうりょく**

うでどけい 腕時計 a wristwatch [リストゥワッチ], a watch → **とけい**(図)
うてん 雨天 rainy weather
▶ 雨天の場合は，運動会は来週に延期されます．
If it *rains*, our sports day will be put off until next week.
うどん udon, udon noodles [ヌードゥルズ]
ウナギ 《魚》an eel [イール]
▶ ウナギのかば焼き
broiled *eels*
うなずく nod [ナッド]
▶ 彼女はほほえんでうなずいた．
She *nodded* with a smile.
うなる (低い声で) groan [グロウン] ; (犬などが) growl [グラウル]
▶ うちの犬は知らない人によくうなる．
Our dog often *growls* at strangers.
ウニ 《生物》a sea urchin [ア〜チン]
うぬぼれ too much pride, conceit [コンスィート]
うぬぼれる be conceited
▶ うぬぼれるんじゃないよ．
Don't *be* so *conceited*.
▶ うぬぼれが強い be full of *conceit*
▶ あいつはうぬぼれてるよ．
He *thinks too highly of himself*.
うばう 奪う **1**（ぬすむ）rob [ラブ] ... (of)
▶ 兄さんはぼくの両手からボールを奪いとった．
My older brother *took* the ball *from* my hands.

表現力
(人・場所) から (物) を奪う
→ **rob** + 人・場所 + **of** + 物

▶ あの男が私のバッグを奪ったのです．
That man *robbed* me *of* my bag.
▶ 2人組の男が銀行から1000万円を奪った．
Two men *robbed* the bank *of* ten million yen.

▶ 私たちはあり金を残らず奪われた．
We *were robbed of* all our money.
2（心などを）fascinate [ファスィネイト]
▶ 健はロックに心を奪われている．
Ken *is fascinated* by rock music.
うばぐるま 乳母車 《米》 a baby carriage, 《英口語》 a pram [プラム] ; (折りたたみ式の) a stroller [ストゥロウラァ]

ウマ 馬

a horse [ホース]
▶ 馬はヒヒーンと鳴く．
Horses neigh [ネイ].

プレゼン
私は馬に乗ることが好きです．
I like riding a horse. /
I like horseback riding.

▶ その男は馬から降りた．
The man got off the *horse*.
馬小屋 a stable [ステイブル]

背景「(おすの) 子馬」は **colt** で，小形の品種の「ポニー」は **pony** である．「競走馬」は **racehorse** で，「サラブレッド」は **thoroughbred** [サ〜ロウブレド] という．

代表的なポニーの一種，シェトランドポニー．

うまい

1（じょうずな）good [グッド]
▶ うまい考え a *good* idea
▶ ダンスがうまい人 a *good* dancer
▶ うまい（→よくやった）．ナイスプレー．
Well done! It was a nice play.

表現力
…がうまい
→ **be a good ...** / **be good at ...**
(▶ **at** の後ろには名詞や -ing 形が続く)

ninety-one 91

うまく ▶

▶ 父は料理がうまい.
Father *is a good* cook. / Father *is good at* cooking.

▶ 「ミカってテニスうまいんだってね」「どのくらいうまいの？」
"I hear Mika *is a good* tennis player. / I hear Mika *is good at* tennis." "How *good is* she?"

▶ ミラーさんは日本語がうまい.
Ms. Miller *is a good* speaker of Japanese. / Ms. Miller speaks Japanese *well*.

▶ 直美は玉美よりダンスがうまい.
Naomi *is a better* dancer than Tamami. / Naomi can dance *better* than Tamami.

2 (おいしい) **good** [グッド], **nice** [ナイス] → おいしい

▶ うまそう！
It looks *good*! / (においが) It smells *good*!

▶ このパイはうまい.
This pie tastes *good*.

うまく well[ウェル]；(運よく)luckily[ラキリィ]

▶ 人の前ではうまく話せない.
I can't speak *well* in front of people.

💬 表現力
うまくいく → **go well**

▶ すべてうまくいった.
Everything *went well*.

▶ うまくいきますように.
I hope everything *goes well*.

▶ きっとうまくいくよ.
I'm sure you'll *make it*.

▶ テストはうまくいった？
Did you *do well* on the exam?

▶ うまくやれよ.
Good luck!

うまる 埋まる (うめられる)be buried[ベリィド]；(いっぱいになる) be filled [フィルド]

▶ スタジアムはサポーターでうまっていた.
The stadium *was filled* with supporters.

うまれ 生まれ birth [バ～ス]

👤 プレゼン
私は3月3日生まれです.
I was born on March 3.

💬 用法 お生まれは？
「どこのお生まれですか (=どこのご出身ですか)」とたずねるときは **Where are you from?** とか **Where do you come from?** という. 答えるときは **Nagoya.** とか **I'm from Nagoya.** とか **I come from Nagoya.** という. 「出身」をいうときには「現在形」を使うことに注意.

▶ 私は8月生まれのしし座です.
I *was born* in August. I'm a Leo.

うまれつき 生まれつき by nature [ネイチァ]

▶ 和也は生まれつき (性格が) 明るい.
Kazuya is cheerful *by nature*.

▶ 姉は生まれつき音楽の才能がある.
My sister has a *natural* talent for music.

うまれる 生まれる

be born [ボーン]

📕 プレゼン
ぼくは2012年[平成24年]12月16日に生まれました.
I was born on December 16 in 2012 [in the twenty-fourth year of Heisei / in Heisei 24].

🎤 スピーキング
🅐 あなたはどこで生まれたの？
Where were you born?
🅑 長崎で生まれました.
(I was born) in Nagasaki.

▶ 彼は東京で生まれ育った.
He *was born* and raised in Tokyo.

▶ 山田さんのお宅で男の赤ちゃんが生まれた.
A baby boy *was born* to the Yamadas. / The Yamadas *had a baby* boy.

▶ 私は生まれてはじめて富士山に登った.
I climbed Mt. Fuji for the first time *in my life*.

うみ¹ 海

the sea [スィー] (対) 陸 land)；(大洋) the

92 ninety-two

ocean [オウシャン] (▶《米》では sea と同じ意味でも使われる)

▶ おだやかな海
a calm *sea*

▶ あれた海
a rough *sea*

▶ ぼくは海が大好きだ.
I like *the sea* very much. / I'm very fond of *the sea*.

▶ 日本は海に囲まれている.
Japan is surrounded by *the ocean*. (▶ by water ともいう)

▶ 海へ泳ぎに行こう.
Let's go swimming in *the sea*. (▶ ×to the sea とはいわない)

▶ ことしの夏は海に行きます.
We're going to *the beach* this summer.

📄文法 sea の使い方

sea はふつう the をつけて使う. a calm sea のように形容詞がつくときは, a や an がつく. ただし, 次のような決まった言い方では冠詞はつけない. **by sea** (船で) / **at sea** (航海中で) / **go to sea** (船乗りになる)

海の家 a beach hut
海の日 Marine Day
うみ² (傷などの) pus [パス]
うみべ 海辺 the seaside [スィーサイド], the beach [ビーチ]

▶ 海辺で遊ぶ
play on *the beach*

▶ 海辺で育つ
grow up *by the sea*

うむ 生む, 産む

1 (子を) have [ハヴ] a baby, give birth to; (卵を) lay [レイ]

▶ ママが男の子を産んでくれるといいなあ.
I hope Mom will *have a baby* boy.

▶ うちの犬がゆうべ子を産んだ.
Our dog *had puppies* last night.

▶ カモノハシはほにゅう動物だが, 卵を産む.
A duckbill is a mammal, but it *lays* eggs.

2 (産出する) produce [プロデュース]

▶ フランスは多くの偉大な芸術家を生んできた.
France *has produced* many great artists.

ウメ 梅《植物》(実) a Japanese apricot [アプリカト], a plum [プラム], an *ume*; (花) plum blossoms [ブラサムズ]
梅干し a pickled plum, an *umeboshi*

うめあわせる 埋め合わせる make it up 《to》

▶ 約束やぶってごめんね. 今度うめあわせするから.
I'm sorry that I broke my promise. I'll *make it up to* you soon.

うめたてる 埋め立てる reclaim [リクレイム]
埋め立て地 reclaimed land

うめる 埋める put ... in the ground, bury [ベリィ]

▶ ぼくらはタイムカプセルを地中にうめた.
We *put* a time capsule *in the ground*.

▶ 空所をうめよ.
Fill in the blanks.

うやまう 敬う respect [リスペクト], look up to; (神を) worship [ワ〜シブ]

▶ お年寄りはうやまうべきだ.
We should *show respect* to elderly people.

うやむや

▶ 話し合いはうやむやに (→はっきりした答えが出ないで) 終わった.
Our discussion ended *without a clear answer*.

うら 裏

1 (表に対する) the **back** [バック] (反 表 front), the reverse side; (服の裏地) the lining [ライニング]

▶ 写真の裏
the back of a picture

▶ (野球の) 9回の裏
the bottom of the ninth inning

▶ 裏もごらんください.
《米》*Over*. /《英》Please turn *over*. (▶ P.T.O. と略す)

▶ リカはセーターを裏表に着ている.
Rika is wearing her sweater *inside out*.

▶ 「(コインを投げて) 表か裏か」「裏!」
"Heads or *tails*?" "*Tails*!"

ninety-three　93

うらがえし ▶

2 (後ろ) the **back** (反 前 front)
▶ その家の裏にはテニスコートがある.
There is a tennis court *at the back of* the house.
裏口 the back door
裏通り a back street, an alley [アリィ]
裏庭 a backyard
裏技 a trick [トゥリック]
うらがえし 裏返しに inside out
▶ まあ，セーター裏返しよ！
Oh, my! Your sweater is *inside out*. / You're wearing your sweater *inside out*.
▶ カードを裏返しに置く
put the cards *face down*
うらがえす 裏返す (紙などを) turn ... over; (くつ下・ポケットなどを) turn ... inside out
▶ 解答用紙を裏返しなさい.
Turn your papers *over*.
うらぎる 裏切る betray [ビトゥレイ]; (失望させる) disappoint [ディサポイント]
▶ 私は友達を裏切るようなことはしない.
I won't *betray* my friends.
▶ 両親の期待を裏切るわけにはいかない.
I can't *disappoint* my parents.
裏切り者 a betrayer [ビトゥレイア]
うらない 占い fortune-telling [フォーチュンテリング]
占う tell *my* fortune
▶ トランプ占い[星占い]をする
tell fortunes with cards [by the stars]
▶ 私は運勢を占ってもらった.
I *had* my fortune told. (▶「物を…してもらう」は「have +物+過去分詞」で表す)
占い師 a fortuneteller; (とくに手相を見る) a palmist [パーミスト]
うらみ 恨み a grudge [グラッヂ]

うらむ，うらみをいだく have a grudge (against), have ill feelings (against)
▶ きみのことは少しもうらんでない. ぼくのせいだったんだ.
I *have no grudge against* you. It was my fault.
▶ これでうらみっこなしだ.
No *hard feelings*. (▶仲直りのことば)
うらやましい envious [エンヴィアス] (of)
▶ うらやましそうな顔つき
an *envious* look
▶ 私は彼女の成功がうらやましかった.
I was *envious of* her success.
▶ いいな. うらやましいな.
Good for you! I *envy* you. (▶ envious, envy は「ねたましい」というしっとの感情をふくむことがあるので，使用するときには注意する)
ウラン (化学) uranium [ユレイニアム] (記号 U)
ウリ (植物) a melon
▶ 私は姉とうりふたつです.
I *look just like* my sister.
うりきれ 売り切れる be sold out
▶ 本日売り切れ (掲示)
Sold out Today
うりだし 売り出し a sale [セイル]
▶ 歳末(さいまつ)大売り出し
end of year *sale* (▶ 英米では Christmas sale ともいう)

歳末大売り出しの看板.

▶ 本日大売り出し (掲示)
Special Sale Today
売り出し中 be on sale (▶(米) では「特売中」という意味にもなる)
▶ 彼は今売り出し中の作家だ.
He is an *up-and-coming* writer.
うりば 売り場 a counter [カウンタァ], a section [セクション]; (デパートなどの) a department [ディパートゥメント]

◀うれしがる

- 文房具(ぶんぼうぐ)売り場
  the stationery *counter*
- 切符(きっぷ)売り場
  a ticket *office*
- 食品売り場はどこですか.
  Where is the food *department*?

うる 売る

sell [セル] (反) 買う buy

💬表現力
…を売る → sell ...

- Tシャツならあの店で売ってるよ.
  That store *sells* T-shirts. / They *sell* T-shirts at that store. / T-shirts *are sold* at that store.
- ぼくはノートパソコンを3万円で売った.
  I *sold* my laptop for thirty thousand yen.

🎤スピーキング
Ⓐ 電池はどこで売っていますか.
  Where can I buy batteries?
Ⓑ あの店で売ってますよ.
  They have batteries at that store. / That store sells batteries.

💬表現力
**(人) に (物) を売る
  → sell ＋人＋物 /
  sell ＋物＋ to ＋人**

- 私は彼にキーボードを売った.
  I *sold* him my keyboard. / I *sold* my keyboard *to* him.

うるうどし うるう年 a leap year [リープ イ ア]

うるおう 潤う moisten [モイスン]
- 雨で木々がうるおった.
  The rain *moistened* the trees.
  潤す moisten, moisturize [モイスチャライズ]
  潤い moisture [モイスチャ]

うるさい 1 (騒(さわ)がしい) noisy [ノイズィ];
  (せんさく好きな) nosy [ノウズィ]
- うちのクラスはとてもうるさい.
  Our class is very *noisy*.
- うるさい, 静かに!
  Be quiet! / Cut it out! (▶ Shut up! だ と非常に強い言い方で「だまれ!」という感

じになるので注意)
- うるさい, じゃまするな!
  Stop bothering me. / Leave me alone.
- うちの両親ってうるさいのよ.
  Our parents are *nosy*.

2 (こだわって) particular [パティキュラァ]
- ケンはジーンズにうるさい.
  Ken is *particular* about jeans.

うれしい

glad [グラッド], **happy** [ハピィ] (反) 悲しい sad)

- うれしい知らせだよ.
  There's *good* news.
- うれしい! I'm *happy*! / I'm *glad*!

💬表現力
…してうれしい → be glad to ...

- はじめまして, スミスさん. お会いできてうれしいです.
  How do you do, Ms. Smith? I'm *glad to* meet you. (▶くだけた言い方で は Nice to meet you.)
- またお会いできてうれしいです.
  I'm *glad to* see you again. (▶くだけ た言い方では Nice to see you again.)
- お会いできてうれしかったです. (別れると きのあいさつ)
  I'm *glad to* have seen you. / It's *been nice* seeing you. (▶初対面の場 合は seeing の代わりに meeting を使う)
- その知らせを聞いてとってもうれしかった.
  I *was* very *happy to* hear the news.

💬表現力
**〜が…してうれしい
  → be glad (that) 〜 ...**

- きみがそばにいてくれてうれしい.
  I'm *glad* you're with me.
- あなたが来てくださってとてもうれしいです.
  I *am* very *glad* you could come.

✏ライティング
私たちのチームが優勝してとても**うれし かった**.
I was very happy our team won the championship.

うれしがる be glad, be happy, be

ninety-five **95**

うれる

pleased → よろこぶ

うれる 売れる

1 (物が) sell [セル], be sold [ソウルド]
- この辞書はよく売れる.
  This dictionary *sells* well.
- その家は2000万円で売れた.
  The house *was sold* for twenty million yen.

空き家にFOR SALE (売ります) の掲示を立てて宣伝したら売れたので，SOLD (売れました) の札が上にはられている.

2 (名前が) be popular [パピュラァ]
- だれがいちばん売れている歌手ですか.
  Who *is* the most *popular* singer?

うろこ a scale [スケイル]

うろつく hang around, wander [ワンダァ] (about)

うわぎ 上着 a jacket [ヂャケット], a coat [コウト]
- 上着を着る
  put on a *jacket*
- 上着をぬぐ
  take off a *jacket*

うわさ (a) rumor [ルーマァ]; (他人に関する話) gossip [ガスィプ]
- 単なるうわさですよ.
  It's just *talk*.

> 💬 表現力
> …といううわさだ
> → I hear (that) ... . /
>   There is a rumor that ... .

- 小野先生，近く結婚するといううわさだよ.
  I hear Ms. Ono will get married soon. / *There is a rumor that* Ms. Ono will get married soon.

> 💬 表現力
> …のうわさをする
> → talk about [of] ...

- 今あなたのうわさをしていたんだよ.
  We *were* just *talking about* you.
- うわさをすれば影がさす. (ことわざ)
  Talk of the devil and he will appear.
  (▶「悪魔のうわさをすると姿を現す」という意味)

> 💬 表現力
> …のうわさを聞く
> → hear of ...

- それ以来，彼女のうわさを聞いていない.
  I've never *heard of* her since then.

うわっ oh [オウ], wow [ワウ]

うわばき 上ばき indoor shoes, slippers [スリパァズ]
- 上ばきにはきかえなさい.
  Change your footwear to *indoor shoes*.

うん¹ 運

luck [ラック], fortune [フォーチュン]
運のよい lucky, fortunate
運の悪い unlucky, unfortunate
- 運がついてるよ. 天気がよくなってきた.
  We're in *luck*. The weather is clearing up.
- あなたは運が悪かった.
  You were *unlucky*. / You had bad *luck*.
- 亜紀子さんの隣にすわれたなんて，きみはとても運がよかった.
  You were very *lucky* to get a seat next to Akiko.

運よく luckily, fortunately
運悪く unluckily, unfortunately

うん² Yes. [イェス], OK. [オウケイ], Sure. [シュア]; (くだけて) Yeah. [イェア], Uh-huh. [アハ]
- 「ケン，キャッチボールやろう」「うん」
  "Let's play catch, Ken." "*Yes*, let's."
- 綾子は「うん」と言わなかった.
  Ayako didn't say *yes*.

> 🗣 スピーキング
> Ⓐ 電話貸して.
>   May I use your phone?
> Ⓑ うん，いいよ.
>   Sure. Go ahead.

うんが 運河 a canal [カナル]
- パナマ運河 the Panama *Canal*

パナマ運河にかかるセンテニアル橋.

うんざり うんざりする be sick [スィック] (of), be fed [フェッド] up (with), be disgusted [ディスガスティド] (with)
▶ もううんざりだ.
I'm *disgusted*. / I'm really *fed up*. / I've had enough.
▶ ぼくらはみんな勉強にうんざりしている.
We *are* all *sick of* studying.

うんちん 運賃 a fare [フェア]
片道運賃 a one-way fare
往復運賃 a round-trip fare

うんてん 運転

(車の) driving [ドゥライヴィング]; (機械の) operation [アペレイション]
運転する (車を) drive; (機械を) operate [アペレイト]
▶ あなたのお母さんは車の運転をしますか.
Does your mother *drive* a car?
▶ 父は車の運転がうまい.
My father is a good *driver*.
▶ このエレベーターは運転中です.
This elevator is *in operation*.
運転手 (車の) a driver; (電車の) a train driver, a train engineer; (バス[トラック]の) a bus [truck] driver
運転免許証 a driver's license

うんどう 運動

1 (身体の) exercise [エクササイズ], (a) sport [スポート]
運動する exercise; (体をきたえる) work out; (スポーツをする) play sports
▶ もっと運動したほうがいいですよ.
You should *exercise* more often.
▶ ぼくは運動不足だ.
I don't *exercise* enough. / I don't get enough *exercise*.
▶ 運動はストレス解消に役立つ.
Exercise helps reduce stress.
▶ 久美子は運動が得意だ.
Kumiko is good at *sports*. / Kumiko is a good athlete.
▶ ふだんから運動していますか.
Do you *work out* regularly?

2 (政治的・社会的) a campaign [キャンペイン]
▶ 交通安全運動
a *campaign* for traffic safety / a traffic safety *campaign*

3 (物体の) (a) movement [ムーヴメント], (a) motion [モウション]
運動会 《米》 a field day, 《英》 a sports day
▶ 今日は運動会があった.
We had a *sports day* today.
運動具 sporting goods
運動ぐつ sneakers, sports shoes
運動場 a playground; (グラウンド) an athletic field; (コース) a track

イギリスの小学校の運動場.

運動神経 reflexes [リフレクスィズ]
▶ リカは運動神経が発達している.
Rika has quick *reflexes*.
運動選手 an athlete [アスリート]
運動部 (総合的に) sports teams; an athletic club

うんめい 運命 fate [フェイト], (a) destiny [デスティニィ]
▶ 運命ってあると思う？
Do you believe in *fate*? (▶ここでの believe in ... は「…があると信じる」という意味)
▶ ぼくはこうなる運命なんだ.
This is my *fate*.
▶ だれも自分の運命からのがれられない.
No one can escape his [her] *destiny*.

えエ えエ えエ

え¹ 絵

a **picture** [ピクチァ]；(絵の具でかいた) a **painting** [ペインティング]；(線画) a **drawing** [ドゥローイング] →かく¹

▶ 絵をかく
paint a *picture* / draw a *picture* (▶ paint はふつう絵の具で色をぬるとき, draw は鉛筆, クレヨン, チョークなどで形をえがくときに使う)

▶ 私は絵を見るのが好きだ。
I like looking at *paintings*.

▶ マイクは絵がうまい。 Mike is good at *drawing*. / Mike is a good *painter*.

▶ これは浅間山の絵です。
This is a *picture* of Mt. Asama.

▶ 絵入りの本 an *illustrated* book
絵日記 a picture diary
絵筆 a paintbrush

> 💬 **用法** picture, painting, drawing など
> 一般的に「絵」は **picture** というが, とくに油絵・水彩画のように絵の具類を使った色のある絵を **painting**, ペンや鉛筆などでかいた線画を **drawing** という. また, さし絵やイラストは **illustration** という.

drawing

painting

> ℹ️ **参考** 絵のいろいろ
> 水彩画 a watercolor / 写生画 a sketch / 肖像画 a portrait / 静物画 a still life / 風景画 a landscape

え² 柄 a **handle** [ハンドゥル]

▶ 包丁の柄
the *handle* of a knife

エアコン (装置) an **air conditioner** [エア コンディショナァ]；(空調) air conditioning

▶ エアコンをつけていい？
Can I turn on the *air conditioner*?

▶ エアコンが故障しているんです。
The *air conditioner* doesn't work.

▶ 私の部屋にはエアコンがある。
My room is *air-conditioned*.

エアロビクス aerobics [エ(ア)ロウビクス]

えいえん 永遠の **eternal** [イタ～ヌル]
永遠に forever [フォレヴァ]

▶ 永遠の愛
eternal love

▶ 永遠の平和
everlasting peace

▶ 私たちの友情は永遠に続くだろう。
Our friendship will last *forever*.

えいが 映画

(1本の) a **movie** [ムーヴィ], a **film** [フィルム]；(集合的に) the movies

▶ スピルバーグ監督の映画
a *movie* directed by Spielberg

▶ ABC シネマでいい映画をやってるよ。
A good *movie* is on at the ABC Cinema. / There's a good *movie* playing at the ABC Cinema. (▶映画館の名前には the をつける)

▶ その映画はどんな映画なの？
What's the *movie* about?

映画を見に行く go to a movie, go to see a movie, go to the movies (▶ ˣgo to see the movies とはいわないので注意)

▶ 映画を見に行かない？
Why don't we *go to a movie*?

▶ 「映画をいっしょに見に行きませんか」「ええ, ぜひ」
"Would you like to *go to the movies* with me?" "Yes, I'd love to."

えいご

映画の種類
アニメ映画 an animated cartoon [movie, film]
SF映画 an SF movie [film], a sci-fi [サイファイ] movie
外国映画 a foreign movie [film]
日本映画, 邦画 a Japanese movie [film]
ドキュメンタリー [記録] 映画 a documentary film
ミュージカル映画 a musical (movie [film])
ホラー映画 a horror movie [film]

映画音楽 screen music
映画館 a movie theater
映画監督 a movie director
映画祭 a film festival
映画スター a movie star
映画俳優 a movie actor
映画ファン a movie fan

えいかいわ 英会話 English conversation [カンヴァセイション]
▶ 英会話の練習をしよう.
Let's practice *English conversation*.
英会話学校 an English conversation school
英会話クラブ the English Speaking Society(▶ESSと略す; 日本での言い方)

えいきゅう 永久に forever [フォレヴァ] → えいえん

えいきょう 影響

(an) influence [インフル(ー)エンス]
影響する influence, have an effect [イフェクト] (on)
影響を受ける be influenced
▶ 友達から悪い影響を受けることだってある.
Friends can be a bad *influence on* you. (▶この can は可能性を表す)
▶ 彼らの音楽は若い人々に大きな影響を与えた.
Their music greatly *influenced* young people. / Their music had a great *effect on* young people.
▶ 台風の影響で(→ために)今日は電車がおくれている.
Trains run behind the schedule today *because of* the typhoon.

えいぎょう 営業 business [ビズネス]
営業する (店など) be open; (会社など) do business
▶ 営業中 (掲示) *Open*

ドアにかけられた「営業中」の掲示.

▶ 営業時間午前9時〜午後5時 (掲示)
Business Hours 9 a.m. - 5 p.m. / *Open* from 9 a.m. to 5 p.m.
▶ 営業時間は何時から何時までですか.
What are your *business* hours?
▶ そのコンビニは深夜12時まで営業している.
The convenience store *is open* until midnight.
営業所 an office [オ(ー)フィス]

えいけん 英検《商標》the EIKEN test
▶ 今年英検3級に挑戦するつもりだ.
I plan to take the EIKEN Grade 3 *test* this year.

えいご 英語

English [イングリシ], the English language [ラングウィヂ]
▶ 英語の先生 an *English* teacher / a teacher of *English* (▶「英語の先生」という意味では、English teacher は English を強く言う. teacher を強く言うと「イングランド人の先生」という意味になる)
▶ 英語の手紙 an *English* letter

🎤プレゼン
いちばん好きな科目は英語です.
My favorite subject is English.

🎤スピーキング
Ⓐ 英語を話せますか.
Do you speak English?
Ⓑ ええ, でも少しだけです.
Yes, but only a little.

▶ 英語ができるようになりたい.

えいこう ▶

I want to become good at *English*.

▶ 学校で英語を勉強しています.
I'm studying *English* at school.

▶ あした英語の試験がある.
I have an *English* exam tomorrow.

▶ 次の文を英語にしなさい.
Put the following sentences into *English*. (▶ put ～ into … で「～を…に訳す」という意味)

スピーキング

Ⓐ 「電話」は英語で何といいますか.
What's the English for "denwa"?

Ⓑ telephone です.
It's "telephone."

表現力

英語で → in English

▶ 太郎は英語で日記を書いた.
Taro wrote in his diary *in English*.

▶ これ,英語で何というの?
How do you say this *in English*? / What's the *English* for this? / What's this *in English*?

えいこう 栄光 glory [グローリィ]
えいこく 英国 →イギリス
えいさくぶん 英作文 English composition [カンポズィション]
えいじゅう 永住する settle down [セトゥル ダウン]
エイズ (医学) AIDS [エイツ] (▶ *a*cquired *i*mmune *d*eficiency *s*yndrome (後天性免疫不全症候群) の略)
えいせい¹ 衛生 health [ヘルス], sanitation [サニテイション]
衛生的な sanitary [サニテリィ]
▶ この台所は衛生的ではない.
This kitchen is not *clean*.
▶ 公衆衛生 public *health*
▶ 食品衛生 food *sanitation*
えいせい² 衛星 a satellite [サテライト]
▶ 月は地球の衛星です.
The moon is a *satellite* of the earth.
▶ 気象衛星 a weather *satellite*
▶ 人工衛星 an artificial *satellite* / a man-made *satellite*
▶ 通信衛星 a communications *satellite*
衛星中継 satellite relay

▶ 衛星中継でオリンピックを見た.
I watched the Olympics broadcast by *satellite*.
衛星都市 a satellite city
衛星放送 broadcast via satellite, satellite broadcasting
えいぞう 映像 a picture [ピクチァ], an image [イメヂ]
えいぶん 英文 English [イングリシ], an English sentence [センテンス] →えいご
▶ 英文の手紙 an *English* letter / a letter (written) in *English*
えいべい 英米 Britain and America, the U.K. and (the) U.S.
英米の British and American
英米人 the British and (the) Americans
えいやく 英訳 (an) English translation [トゥランスレイション] (▶ 訳された具体的なものをさすときは数えられる名詞)
英訳する translate … into English, put … into English
▶ 私は『羅生門』の英訳を読んだ.
I read the *English translation* of *Rashomon*.
えいゆう 英雄 a hero [ヒーロウ] (複数 heroes) (▶ 一般的には男性を指すことが多いが,最近は女性に対しても使われる); (女性の) heroine [ヘロウイン]
▶ 国民的英雄 a national *hero*
えいよう 栄養 nourishment [ナ～リシメント], nutrition [ニュートゥリション]
▶ チーズは栄養がある.
Cheese is *nourishing*. / Cheese is a *nutritious* food.
▶ 栄養のバランスのとれた食事をとる
eat a balanced diet / eat balanced meals
栄養士 a dietician [ダイエティシャン]
えいわじてん 英和辞典 an English-Japanese dictionary
ええ yes [イェス] →はい¹
エーエルティー an ALT [エイエルティー] (▶ *A*ssistant *L*anguage *T*eacher (外国語指導助手) の略)
エース an ace [エイス]
▶ 彼はジャイアンツのエースだ.
He is the Giants' *ace* pitcher.
ええと Let me [Let's] see; Well [ウェル]

◀ えこひいき

> 🗣スピーキング
> Ⓐ ポール，今日は何月何日だい？
> What's the date today, Paul?
> Ⓑ ええと，12月2日だよ．
> Let's see, it's December 2.

▶ ええと，きみの用は何だっけ？
Well, what can I do for you?

> 💬用法 **Let me see, と Well,**
> **Let me see,** や **Let's see,** は相手の問いに対してちょっと考えるときなどに，**Well,** は答えに迷ったり，答えの語調をやわらげたり，会話を次に続けたりするときなどに使うのがふつう．

エープリルフール April Fools' Day, All Fools' Day

> ⓘ参考 日本語の「エープリルフール」は4月1日の日をさすが，英語の **April fool** はこの日に「まんまとだまされた人」または「その日のうそ[いたずら]」をさす．

えがお 笑顔 a smile [スマイル], a smiling face
▶ 笑顔で with a *smile*
▶ その女の子は笑顔がすばらしい．
The girl has a beautiful *smile*.

えがく 描く (ペン・鉛筆などで) draw [ドゥロー]; (絵の具で) paint [ペイント]; (ことばで) describe [ディスクライブ] →**かく**¹
▶ かべには2頭のトラがえがかれていた．
Two tigers *were painted* on the wall.

えき 駅
a (train) station [ステイション], a railroad [レイルロウド] station, a stop [スタップ]

ニューヨークのペンシルベニア駅．

▶ 次の駅で降ります．
I'm getting off at the next *station*.
▶ さあ駅へ着いたぞ！
Here we are at the *station*!
▶ この列車は各駅停車です．
This train stops at every *station*.
▶ 東京駅へおばさんを出むかえに行った．
I went to Tokyo *Station* to meet my aunt. (▶駅名には冠詞をつけない)
▶ 渋谷は3つ目の駅です．
Shibuya is three *stops* from here.
駅員 a station employee
駅長 a stationmaster
駅長室 a stationmaster's office
駅ビル a railroad station building (which includes a shopping complex) (▶カッコ内は「商業施設のある」という意味．駅舎のことではないと伝えるための説明)
駅弁 a box lunch sold at a train station (▶日本のものなので説明的に訳す)

エキサイト エキサイトする get excited [イクサイティド]

えきしょう 液晶 liquid crystal [リクウィド クリスタル]
液晶テレビ an LCD TV (▶LCDは *l*iquid *c*rystal *d*isplay の略)

エキスパート an expert [エクスパート]

えきたい 液体 (a) liquid [リクウィド] (▶「固体」は solid, 「気体」は gas という)

えきでん 駅伝 (競走) an ekiden (▶説明するときは a long-distance relay race のようにいう)

えくぼ a dimple [ディンプル]
▶ その赤ちゃんのほおにはえくぼがある．
The baby has *dimples* in her cheeks. / The baby has *dimpled* cheeks.

エクレア an éclair [エイクレア]

エゴイスト an egotist [イーゴウティスト], an egoist [イーゴウイスト]

エコカー an eco car [イーコウ カー], an eco-friendly car

エコシステム (生態系) an ecosystem [イーコウスィステム, エコウ-]

エコバッグ an eco bag [イーコウ バッグ]

えこひいき えこひいきする favor [フェイヴァ], be partial [パーシャル] to

エコロジー ▶

▶ なかにはよくできる生徒をえこひいきする
先生もいる.
Some teachers unfairly *favor*
students who have good grades.

エコロジー (生態学) ecology [イカロヂィ]

えさ food [フード]；(つりなどの) bait [ベイト]
えさをやる feed [フィード]
▶ ポチにえさをやるのを忘れないでね.
Be sure to *feed* Pochi. / Don't
forget to *feed* Pochi.

エジプト Egypt [イーヂプト]
エジプトの Egyptian [イヂプシャン]

エス (S サイズ) a small size

エスエフ SF [エスエフ], sci-fi [saifái サイファ
イ] (▶ *science fiction* の略)
SF映画 an SF movie
SF小説 an SF novel

エスエフエックス SFX [エスエフエクス]
(▶ *special effects* の略)

エスオーエス an SOS [エスオウエス]
▶ エスオーエスを発信する
send out an *SOS*

エスカレーター an escalator [エスカレ
イタァ] (アクセント注意)
▶ エスカレーターに乗る
get on the *escalator*
▶ 上り[下り]のエスカレーター
an up [a down] *escalator*

エステ beauty treatment [トゥリートゥメント]
エステサロン a beauty treatment
salon

エスニック ethnic [エスニック]
エスニック料理 ethnic food

エスプレッソ espresso [エスプレソウ]

えだ 枝 a branch [ブランチ]；(大枝) a
bough [バウ]；(小枝) a twig [トゥウィッグ]
▶ 枝が折れてサルは地面に落ちた.
The *branch* broke and the monkey
fell to the ground.
▶ 私は木の枝を切り落とした.
I cut some *branches* off a tree.

えたい 得体
▶ 得体の知れない人
a *suspicious-looking* stranger
▶ 得体の知れない病気
a *mysterious* illness

エチケット etiquette [エティケット]
▶ そんな行為はエチケットに反する. Such
behavior is not good *etiquette*.

えつ Excuse [イクスキューズ] me, What
[(フ)ワット]？：Say what?：Huh [ハ]？
▶ 「えっ，アメリカに行くの？」「ええ，来月にね」
"*What*? Are you going to the
United States?" "Yes, next month."
▶ えっ，ジョンが亡くなったって？
Huh? John's passed away?
▶ えっ，まさか. *Oh*, no! / *Oh*, no way.

エックスせん X線 X-rays [エクスレイズ]

エッセー an essay [エセイ]

エッチ 1 (鉛筆のしんのかたさ)
▶ HBの鉛筆 a *hard* black pencil
2 (ものがいやらしい) dirty [ダ〜ティ]；(人が
いやらしい) dirty-minded [ダ〜ティマインディ
ド] (▶ 「エッチ」は変態 (hentai) の頭文字
から)

えと 干支 →じゅうにし
▶ 今年の干支はさるだ.
This is the year of the Monkey
according to *the Oriental Zodiac*.

エヌジー N.G. [エンヂー] (▶ *no good* の
略)

エヌジーオー an NGO [エンヂーオウ] (▶
nongovernmental organization (非政
府組織) の略)

エヌピーオー an NPO [エンピーオウ] (▶
nonprofit organization (民間非営利団
体) の略)

エネルギー energy [エナヂィ]

> 🖋 ライティング
>
> 再生可能エネルギーの発展を促すこと
> が大切です.
> It is important for us to promote
> the development of renewable
> energy.

エネルギー危機 an energy crisis

えのぐ 絵の具 paints [ペインツ], colors [カ
ラァズ] (▶ふつう複数形で使う)
▶ 油絵の具 oil *colors* / oil *paints*
▶ 水彩絵の具 water*colors*

えはがき 絵はがき a postcard [ポウ
ス(トゥ)カード]
▶ 沖縄から絵はがき送るね. I'll send you
a *postcard* from Okinawa.

エビ (動物) (イセエビのような大エビ) a
lobster [ラブスタァ]；(クルマエビ) a prawn
[プローン]；(小エビ) a shrimp [シリンプ]
エビフライ a deep-fried prawn

102 one hundred and two

◀ **えりごのみ**

エピソード an episode [エピソゥド]
エフエム FM放送 an FM broadcast [ブロードゥキャスト]
▶ FMで on *FM*
FM放送局 an FM station
エプロン an apron [エイプロン]
▶ エプロンをかけている wear an *apron*
エフワン F1 [エフワン] (▶ Formula *One* の略)
F1グランプリ F1 Grand Prix [グラーンプリー]
F1ドライバー an F1 driver
エベレスト Mt. Everest [エヴェレスト]
▶ エベレストに登る climb *Mt. Everest*
えほん 絵本 a picture book
えま 絵馬 a votive picture tablet [ヴォゥ ティヴ ピクチャ タブレット]
▶ 絵馬に願い事を書く
write my wish on the *votive picture tablet*
エム (Mサイズ) a medium size
エメラルド an emerald [エメラルド]
えもの 獲物 game [ゲイム]
▶ 獲物をとらえる
catch *game* / capture wild *game*
えら (魚の) gills [ギルズ]
▶ えら呼吸をする
breathe through *gills*
エラー an error [エラァ]
▶ エラーをする make an *error*

えらい 偉い

(偉大な) **great** [グレイト]；(重要な) **important** [インポートゥント]
▶ えらい人 a very *important* person (▶ VIPと略し，「重要人物・大物」をさす)
▶ 太郎の父はえらい学者だった.
Taro's father was a *great* scholar.
▶ えらい！ Well done! / That's *great*!

━━ 🔊スピーキング ━━━━━━━━
Ⓐ これ全部一人でやったんだよ.
I finished this all by myself.
Ⓑ えらいぞ.
Good job!
━━━━━━━━━━━━━━━━

▶ えらそうなことを言うな.
Don't talk so *big*.
▶ えらそうにする
put on airs / act *big*

えらぶ 選ぶ

(選択する) **choose** [チューズ], **pick** [ピック], **select** [セレクト] (▶ choose がもっとも一般的, pick は口語的, select はややかたい語)；(投票で選ぶ) **elect** [イレクト]

━━ 💬表現力 ━━━━━━━━━
…を選ぶ → choose ...
━━━━━━━━━━━━━━━━

▶ 次の3つのうちから正しいものを1つ選びなさい.
Choose the correct answer from the three choices below.
▶ いちばん好きなのを1つ選んで.
Pick the one you like best.
▶ この学校を選んで正解だった.
I was right to *choose* this school.
▶ どの問題集を選べばよいかわからなかった.
I didn't know which drill book to *choose*.
▶ 私はいちばん大きいパイを選んだ.
I *selected* the biggest piece of pie.
(▶ select は「多くの中から厳選する」こと)

━━ 💬表現力 ━━━━━━━━━
(人) を…に選ぶ
→ choose ＋人＋ (as) ... /
choose ＋人＋ (to be) ... /
(選挙で) elect ＋人＋ (as) ...
━━━━━━━━━━━━━━━━

▶ 私たちは吉田さんを新しいキャプテンに選んだ.
We *chose* Yoshida *to be* our new captain.
▶ 吉田さんが新しいキャプテンに選ばれた.
Yoshida *was chosen* (as) our new captain.
▶ 田村君が学級委員長に選ばれた.
Tamura *was elected* (as) class representative. (▶ 1名しかいない役職名には a や the はつけない)
えり (服の) a collar [カラァ]；(えりもと) a neck [ネック]
▶ 学生服のえりがきつい.
The *collar* of my school uniform is tight.
エリート (集合的に) the elite [エイリート]
エリートの elite
えりごのみ えり好みする

one hundred and three　103

えりまき ▶

▶ 彼は食べ物をえり好みする.
He *is picky about* his food.

えりまき えり巻き a scarf [スカーフ]
▶ えり巻きをしている
wear a *scarf*

エル (L サイズ) a large size

える 得る gain [ゲイン], get [ゲット]; (勝ちとる) win [ウィン]
▶ 努力しなければ何も得られない.
Nothing can *be gained* without effort.
▶ ぼくらは合唱コンクールで特別賞を得た.
We *got* a special prize at the chorus contest.

エルエル (語学実習室) a language laboratory [ラングウィヂ ラボラトーリィ] (▶ LL は和製英語); (サイズ) an extra-large size

エレキ(ギター) an electric guitar

エレクトーン an electronic organ (▶ Electone は商標名)

エレベーター (米) an elevator [エレヴェイタァ], (英) a lift [リフト]
▶ エレベーターで 5 階まで行く
take the *elevator* to the fifth floor
▶ エレベーターで上がる [降りる]
go up [down] in an *elevator*
▶ 3 階でエレベーターを降りた.
I got off the *elevator* at the third floor.

えん¹ 円 **1** (円形) a circle [サ～クル] →かたち (図), わ¹
▶ 直径5cm の円をかきなさい.
Draw a *circle* 5cm in diameter. (▶ 5cm は five centimeters と読む)
▶ だ円 an oval / an ellipse [イリプス]
2 (お金の単位) yen [イェン] (複数 yen) (▶ 記号は¥または￥)
▶ 千円札 a thousand-*yen* bill
▶「これいくらですか」「1 万 3 千円です」
"How much is this?" "It's 13,000 *yen*." (▶ 13,000 yen は thirteen thousand yen と読む. なお yens とはしない)
円グラフ a pie chart
円周 a circumference [サカムフェレンス]
円周率 pi [パイ] (記号π)
円すい a cone [コウン]
円高 a strong yen
円柱 a cylinder [スィリンダァ]
円安 a weak yen

えん² 縁 (親せきなど) relation [リレイション]; (結びつき) (a) connection [コネクション]; (機会) a chance [チャンス]

えんがん 沿岸 the coast [コウスト]

🔵 プレゼン
私の町は日本海沿岸にあります.
My town is located on the coast of the Japan Sea.

えんき 延期する put off, postpone [ポウスト(トゥ)ポウン] (▶後者はかたい言い方)
▶ 体育祭は雨のため 1 週間延期になった.
Because of the rain, the sports day *was put off* for a week.
▶ 東京オリンピックは2021年に延期された.
The Tokyo Olympics *were postponed* until 2021.

えんぎ¹ 演技 (a) performance [パフォーマンス]
▶ 彼女の演技は実にみごとだった.
Her *performance* was very impressive.

えんぎ² 縁起 (運) luck [ラック]; (きざし) (an) omen [オウメン]
▶ 縁起がいい [悪い] be *lucky* [*unlucky*]

えんきょり 遠距離
▶ 遠距離通学はつかれる.
Commuting a *long distance* is tiring.

えんげい¹ 園芸 gardening [ガードゥニング]
園芸家 a gardener
園芸部 a gardening club

えんげい² 演芸 (an) entertainment [エンタテインメント]

えんげき 演劇 drama [ドゥラーマ]; (個々の劇) a play [プレイ], a drama
演劇部 a drama club

えんし 遠視の farsighted [ファーサイティド] (反) 近視の nearsighted)

エンジニア an engineer [エンヂニア]

えんしゅつ 演出する direct [ディレクト]
▶ 野田秀樹演出の『マクベス』
Macbeth directed by Noda Hideki
演出家 a director

えんじょ 援助 help [ヘルプ], support [サポート]
援助する help →たすける

mothers everywhere.
2(追い求める)
▶ 流行を追う *follow* fashion
▶ 自分の夢を追う *follow my* dream
3(追われる)
▶ ぼくはいつも宿題に追われている.
I'm always too *busy with* my homework.
おう³ 負う **1**(責任を) take [テイク], accept [アクセプト]
▶ 自分のしたことは自分で責任を負うべきだ.
You should *take* responsibility for what you have done.
2(背負う) carry ... on *my* back →**おんぶ**
おうえん 応援する(チームなどを)《米》root [ルート] for;(競技場で声援する)cheer [チア] for;(力になる)support [サポート], help [ヘルプ]

🔵 スピーキング
Ⓐ どのチームを応援しているの.
Which team do you root for?
Ⓑ タイガースだよ.
The Tigers.
(▶進行形で Which team are you rooting for? といってもよい)

▶ ぼくたちのチームの応援に行きました.
I went and *cheered for* our team.
応援演説 a campaign speech
応援団 a cheerleading squad, cheerleaders
応援団員 a cheerleader

おうぎ 扇 a fan [ファン], a folding fan
扇であおぐ fan
おうきゅう 応急の first-aid [ファ〜ストゥエイド]
▶ 応急処置をする(受ける)
give [receive] *first-aid* treatment
おうごん 黄金 gold [ゴウルド] →**きん**
黄金の golden
黄金時代 the golden age
おウシ 雄牛 (去勢した) an ox [アックス](複数)oxen [アクスン];(去勢していない)a bull [ブル];(対) 雌牛^{めう}し a cow [カウ] →**ウシ**
おうし座 the Bull, Taurus [トーラス] →**せいざ**(表)
おうじ 王子 a prince [プリンス]
▶ 『星の王子さま』 *The Little Prince*
おうじょ 王女 a princess [プリンセス]
おうじる 応じる **1**(答える) answer [アンサァ]
▶ 質問に応じる *answer* a question
2(受ける) accept [アクセプト]
▶ ご親切なご招待に応じられなくて残念です.
I'm sorry, but I can't *accept* your kind invitation.

🟠 表現力
…に応じて → **according to ...**

▶ この塾^{じゅく}では生徒の能力に応じてクラス分けされる.
This *juku* groups students *according to* their ability.
おうしん 往診 a doctor's visit
▶ かかりつけの医師に往診してもらった.
I had my regular doctor *come to the house to see me*.
おうせつま 応接間(大きい家の)a drawing room [ドゥローイングル(ー)ム](▶英米の一般の家庭ではふつう居間(a living room)が応接間を兼^かねている)
おうだん 横断 crossing [クロ(ー)スィング]
横断する cross, go across
▶ 道路を横断する *cross* a street
▶ ここを横断してはいけません.
Don't *cross* here.
横断禁止《掲示》No Crossing
横断歩道 a pedestrian crossing;《米》a crosswalk,《英》a zebra crossing
おうどいろ 黄土色 ocher [オウカァ]
おうひ 王妃 a queen [クウィーン]
おうふく 往復する go and (come)

おうべい

back, go and return
- 母は車で職場を往復している.
  My mother *drives to and from* work.
- 湖まで往復するとどのくらい時間がかかりますか.
  How long does it take to *go to the lake and back*?
- このバスは上野と銀座の間を往復している.
  This bus *runs between* Ueno *and* Ginza.

往復切符 (米) a round-trip ticket, (英) a return (ticket) (反) 片道切符 (米) a one-way ticket, (英) a single (ticket))
往復はがき a postcard with an attached reply card (▶英米には日本のような往復はがきはない)

おうべい 欧米 Europe [ユ(ア)ロブ] and America [アメリカ]; (西洋) the West [ウェスト]
欧米の European and American; (西洋の) Western
欧米諸国 European and American countries
欧米人 Europeans and Americans, Westerners

おうぼ 応募する (求人に) apply [アプライ] (for); (クイズなどに) reply [リプライ]; (懸賞などに) enter [エンタァ]
- 姉はマンガコンテストに応募した.
  My sister *entered* a comic competition.

応募者 an applicant [アプリカント]

オウム (鳥) a parrot [パロット] →とり (図)

おうよう 応用 application [アプリケイション]
応用する apply [アプライ] (to)
- 科学を日常生活に応用する
  apply science *to* daily life

応用問題 an application problem

おうらい 往来 (行き来) traffic [トゥラフィク]; (道路) a road

オウンゴール an own goal

おえる 終える

finish [フィニシ], end [エンド]; (完成する) complete [コンプリート] →おわる

▶表現力
…を終える → finish ...

- 「太郎, 宿題は終えたの？」「いや, まだだよ」
  "*Have* you *finished* your homework, Taro?" "No, not yet."
- 兄は今年高校を終えた. My brother *finished* high school this year.

▶表現力
…し終える → finish -ing
(▶「…し終える」は×「finish to＋動詞の原形」とはしない)

- その本を読み終えたばかりです. I *have just finished reading* the book.

おお Oh! [オウ]
- おお, 寒い. *Oh*, it's cold!
- おお, 気味が悪い. *Oh*, how scary!

おおあめ 大雨 a heavy rain →あめ¹

おおい¹ 多い

▶使い分け
(数が) → many
(量が) → much
(数・量ともに) → a lot of

many　　much

▶ many は数えられる名詞, much は数えられない名詞の前につく.

1 (数が) many [メニィ] (反 少ない few); (量が) much [マッチ] (反 少ない little); (数・量ともに) a lot [ラット] of, plenty [プレンティ] of →おおく, たくさん
- 次郎は友達が多い.
  Jiro has *a lot of* friends.
- 6月は雨が多い.
  We have *a lot of* rain in June.
- うちのクラスは女子が男子より多い.
  There are *more* girls than boys in my class.

▶ライティング
アフリカでは飢えに苦しんでいる人が多い.
In Africa many people are suffering from hunger.

▶ あいつはいつも一言多いんだ．
He always says one word too *many*.
▶ 多ければ多いほどよい．
The *more*, the better.
2 (ひん度・回数が) **often** [オ(ー)フン] →しばしば
▶ 直樹は学校に遅刻することが多い．
Naoki is *often* late for school.
多かれ少なかれ more or less
おおい² 覆い a cover [カヴァ]；(光をさえぎるもの) a shade [シェイド]
おおいをかける put a cover (on)
おおい³ Hello! [ヘロウ], Hey! [ヘイ] (▶ Hey you! は非常に乱暴な言い方)
おおいそぎ 大急ぎで in a great hurry →いそぐ
おおいに very [ヴェリィ], much [マッチ] →ひじょうに
▶ おおいにけっこう．
That's *very* fine.

おおう 覆う

cover [カヴァ]
▶ 私は両手で顔をおおった．
I *covered* my face with both hands.
▶ 山頂は雪でおおわれていた．
The mountaintop *was covered* with snow.

オーエス (コンピューターの) OS (▶ operating system の略)
オーエル a (female) office worker [オ(ー)フィス ワーカァ] (▶*office lady も，その略語の*OL もともに和製英語．英語では office worker を男女の区別なく使う)
おおがた 大型の large [ラージ], big [ビッグ], large-sized [ラージサイズド]
オーガニック オーガニックの organic [オーギャニック] (アクセント注意)
オーガニック野菜 organic vegetables
オオカミ 《動物》a wolf [ウルフ] (複数 wolves)
▶ オオカミの群れ a pack of *wolves*

おおきい 大きい

使い分け
(形が) → big, large
(背が) → tall
(音が) → loud

big, large　　tall　　loud

1 (形が) **big** [ビッグ] ((反) 小さい little), **large** [ラージ] ((反) 小さい small)；(背が) **tall** [トール]
▶ 彼は，大きい家に住んでいるんだよ．
He lives in a *big* house.
▶ 日本とイギリスではどちらが大きいですか．
Which is *larger*, Japan or Britain?
▶ これは大きすぎます．もう少し小さいのはありませんか．
This is too *big* for me. Do you have any smaller ones?
▶ 東京は世界でもっとも大きい都市の１つです．
Tokyo is one of the *biggest* cities in the world.
▶ 私は大きな会社で働いています．
I work for a *large* company.
▶ ジムは父親より大きい (背が高い)．
Jim is *taller* than his father.

💬用法 **big** と **large**
big は口語的な語でたいていの場合に使える．**large** は広がりの大きさをいう．なお，**big** には「重要な」という意味があるが，**large** にはない．a *big* [×*large*] mistake (大きなまちがい)

2 (音量・声が) **loud** [ラウド]
▶ 音楽が大きすぎます．
The music is too *loud*.
▶ あまり大きい声で話さないでください．
Please don't be so *loud*.
▶ もう少し大きい声で話してくれますか．
Would you speak a little *louder*, please?
3 (程度が) **big**, **great** [グレイト]；(深刻な) **serious** [スィ(ア)リアス]；(ひどい) **terrible** [テリブル]；(重大な) **major** [メイヂァ]
▶ 大きな成功
a *great* success / a *big* success
▶ きのう，近くで大きな車の事故があった．
There was a *terrible* car accident in

おおきく ▶

my neighborhood yesterday.
▶ 祖母は最近大きな手術を受けた.
My grandmother had *major* surgery recently.
▶ 大きな地震
a *big* earthquake
▶ そんなことは大きなお世話だ.
That's none of your business.

おおきく 大きく

1 (形が) **big** [ビッグ], **large** [ラージ]
大きくする enlarge [エンラージ]
大きくなる (成長する) grow up
▶ 文字のサイズを大きくしてください.
Please *enlarge* the text size.

> **プレゼン**
> 大きくなったら先生になりたいです.
> I want to be a teacher when I grow up.

▶ さきちゃん, 大きくなったね.
You've *grown* so *much*, Saki.
2 (広く) **wide** [ワイド]
▶ もう少し口を大きく開けてください.
Open your mouth a little *wider*, please.
おおきさ 大きさ size [サイズ]
▶ 「あの公園の大きさはどれくらいですか」
「東京ドーム５つ分ぐらいの大きさです」
"How *large* is that park?" "It's about five times the *size* of Tokyo Dome."
▶ それは大人の手のひらぐらいの大きさだ.
It's about the *size* of an adult's palm.

> **表現力**
> ～の…倍の大きさだ
> → ... times as big [large] as ～

> **ライティング**
> オーストラリアは日本の約20倍の大きさだ.
> Australia is about twenty times as large as Japan.

おおきな 大きな big [ビッグ] →おおきい
おおきめ 大きめ
▶ もう少し大きめの(もの)を見せてください.
Please show me a little *larger* one.

おおく 多く(の)

1 (数が) **many** [メニィ]；(量が) **much** [マッチ]；
(数・量ともに) **a lot** [ラット] **of** →おおい¹
▶ 多くの人がその曲を知っている.
A lot of [Many] people know the song.
▶ 先生はぼくに多くの質問をした.
The teacher asked me *a lot of* questions.

> **ライティング**
> その計画には多くのお金が使われた.
> A lot of [Much] money has been spent on the project.

▶ 一郎はそれについて多くを語らなかった.
Ichiro didn't talk *much* about it.

> **文法** many・much と a lot of
> 話し言葉では **many** や **much** はおもに否定文や疑問文で使われ, 肯定文では **a lot of**, **lots of**, **plenty of** などが好まれる.

> **表現力**
> …の多くは
> → many of (the) ... /
> most of (the) ...

▶ 生徒の多くは自転車で通学しています.
Many of the students come to school by bike. / *A lot of* students come to school by bike. / *Most of the* students come to school by bike. (▶前の２つの用例はばく然と数が多いことを表し, 最後の用例は「たいていの生徒」という意味になる)

> **文法** many of the ... と many ...
> **many of the ...** は特定のものに使い, **many ...** は不特定のものに使う. 次の **most** の用法も同じ.

2 (大部分) **most** [モウスト]；(おもに) **mostly** [モウストゥリィ]
▶ クラスの生徒の多く (→大部分) がインフルエンザにかかった. *Most* of the students in the class caught the flu.
おおぐい 大食いの人 a big eater

110 one hundred and ten

オブン

オークション (an) auction [オークション]
▶ オークションで買う[売る]
buy [sell] at *auction*

オーケー

OK, O.K., Okay [オウケイ] (▶ All right.
よりくだけた言い方)
▶ 万事オーケーだ. Everything is *O.K.*
▶ ぼくはそれでオーケーだ.
It's *OK* with me.

スピーキング
Ⓐ サッカーやろう.
Let's play soccer.
Ⓑ オーケー. いいね.
O.K. Sounds great.

▶ 父はぼくの計画をオーケーした.
Dad *okayed* my plan. / I got Dad's
O.K. for my plan. / Dad *approved*
my plan.

おおげさ 大げさな exaggerated [イグザ
ヂェレイティド]
おおげさに言う exaggerate
▶ その話は大げさだよ. That story *is
exaggerated.* / You're *exaggerating*.

オーケストラ an orchestra[オーケストゥラ]

おおごえ 大声 a loud [ラゥド] voice [ヴォ
イス] →こえ
▶ 大声で話す
speak *loudly* / speak in a *loud voice*

おおざっぱ 大ざっぱな
▶ 大ざっぱに言って *roughly* speaking

おおさわぎ 大騒ぎ a fuss [ファス]
▶ 大騒ぎをする make a *fuss*

オーストラリア Australia [オ(ー)ストゥレイ
リャ]
オーストラリアの Australian
オーストラリア人 an Australian

オーストリア Austria [オ(ー)ストゥリア]
オーストリアの Austrian
オーストリア人 an Austrian

おおぜい 大勢の a lot [ラット] of, many
[メニィ], a large [great] number of →お
おく

ライティング
その戦争では大勢の人がなくなった.
A lot of [Many] people lost their
lives in the war.

▶ 駅は大勢の人で混雑していた.
The station was crowded with *a
large number of* people.

おおそうじ 大掃除 (a) general cleaning
[ヂェネラル クリーニング]
▶ 今日は学校で大そうじをした.
We *cleaned the whole* school
today.

オーダー (注文) an order [オーダァ]
オーダーする order

オーディオ audio[オーディオゥ](▶「ビデオ」
は video)

オーディション an audition[オーディション]
オーディションを受ける audition (for),
go to an audition
▶ 彼女はそのミュージカルのオーディション
を受けた.
She *auditioned for* the musical. /
She had an *audition* for the
musical.
▶ オーディションに合格する
pass an *audition*

おおどおり 大通り a main street →と
おり

オートバイ a motorcycle [モゥタサイクル]
(▶「オートバイ」は和製英語) →バイク

オードブル an hors d'oeuvre [オー ダ～
ヴ](▶ フランス語で「前菜」のこと)

オートミール oatmeal [オゥトゥミール]

オーナー an owner [オウナァ]

オーバー¹ (衣服の) a coat [コゥト], an
overcoat [オゥヴァコゥト]
▶ オーバーを着る[ぬぐ]
put on [take off] an *overcoat*

オーバー² (誇張された)exaggerated
[イグザヂェレイティド]
▶ きみはオーバーだな.
You're *exaggerating*!

オーバー³ (超過する) exceed [イクスィード]
▶ 予算をオーバーする
exceed the estimate / *go beyond*
the estimate

オーバーワーク overwork[オゥヴァワ～ク]

オービー OB (卒業生) a graduate [グラ
ヂュエット];(クラブなどの) a former
member

オーブン an oven [アヴン]
▶ オーブンでケーキを焼く
bake a cake in an *oven*

one hundred and eleven 111

オープン ▶

オーブントースター a toaster oven
オーブンレンジ an electric and microwave oven
オープン open [オウプン]
▶ 本日オープン (掲示) *Opening* Today
オープン戦 (野球) an exhibition [エクスィビション] game [match] (▶ ✕open game とはいわない)
オーボエ (楽器) an oboe [オウボウ]
おおみそか 大みそか the last day of the year, New Year's Eve
オオムギ 大麦 barley [バーリィ]
おおめ¹ 多め
▶ ごはん，いつもより多めにしてください.
Give me *a little more* rice than usual.
おおめ² 大目
▶ 大目に見てよ.
Please give me a break. / Be nice to me. / Don't be too hard on me.
おおもじ 大文字 a capital letter (対 小文字 small letter)
おおもり 大盛り a large serving
▶ ラーメンの大盛り
a *large serving* of ramen
おおやけ 公の public [パブリク]
おおゆき 大雪 a heavy snowfall →ゆき
おおらか 大らか (心の広い) broad-minded [ブロードゥマインディド]；(寛大な) generous [ヂェネラス]
オール (ボートの) an oar [オー(ァ)]
オールスター(の) all-star [オールスター]
オールスターゲーム an all-star game
オーロラ an aurora [オローラ]，(北極の) the northern [ノーザン] lights
おか 丘 a hill [ヒル]
▶ 丘に登る go up a *hill*
▶ 丘の上の教会 the church on the *hill*

おかあさん お母さん

my **mother** [マザァ] (対 お父さん father)
(▶ 自分の母親をいうときは my をつけずに，Mother ということもある)
▶ お母さんはお元気ですか.
How is your *mother*?
▶ 「お母さん，ただいま」「お帰りなさい，メアリー」"Hi, *Mom*!" "Hello, Mary." (▶ 「ただいま」は Hi! や Hello! のほかに，I'm home. / I'm back. ということもある)

用法 呼びかけの「お母さん！」
「お母さん！」と呼びかけるときには，**Mother, Mom** [マム]，**Mommy** [マミィ] などを使う. どれを使うかは家庭や年齢によって異なる. 厳格な家では **Mother** をよく使う. また，**Mommy** は小さな子どもがよく使う.

おかえし お返しに in return [リターン] (for)
▶ 手伝ってもらったお返しに彼女にお昼をごちそうした.
I treated her to lunch *in return for* her help.
おかえり お帰り →ただいま

用法 お帰り(なさい).
英語には，帰宅した人に対して言う「お帰り(なさい)」に当たるあいさつはない. 通学や通勤などの短い外出から帰った人を出むかえるときは，**Hi.** や **Hello.** などと言うのが一般的.
「お母さん，ただいま」「お帰りなさい，今日はどうだった？」" Hi, Mom. I'm back." "*Hi*, how was your day?"
「ナンシー，久しぶり！」「お帰り，マーク！」"Long time no see, Nancy!" "*Welcome back*, Mark!" (▶ 長い旅行などから帰ってきた人に対してはこのように言うと，待ちわびていたという感情が表現できる)

▶ 「お母さん，ただいま」「お帰りなさい，ジュディー」
"Hi, Mom!" "*Hello*, Judy."
▶ お帰りなさい. アメリカ旅行はどうでしたか.
Welcome home! How was your trip to the United States?
おかげで thanks to ... , thank you for ...
▶ あなたが手伝ってくれたおかげで私はそれを仕上げることができました.
Thanks to your help, I was able to finish it.
▶ 大雨のおかげで電車が遅れたよ.
The train was delayed *because of* the heavy rain. (▶ 原因・理由を表すときは because (of) を使う)

112　one hundred and twelve

おきて

おかしい →おもしろい

1 (こっけいな) **funny** [ファニィ] ; (おもしろい) **amusing** [アミューズィング]
▸ おかしな話 an *amusing* story
▸ 何がそんなにおかしいの？
What's so *funny*?

2 (変な) **strange** [ストゥレインヂ] ; (調子が悪い) **wrong** [ロ(ー)ング]
▸ おかしいな．この辺にさいふを置いたはずだけどな．
That's *strange*. I think I left my wallet around here.
▸ ノートパソコンの調子がおかしい．
Something is *wrong* with my laptop.
▸ なんかおかしな空模様になってきた．
The weather looks a little *threatening*.
▸ 近ごろ，彼のようすがおかしいよ．
Lately he has been acting *strange*.

3 (正しくない) **bad** [バッド], **unfair** [アンフェア]
▸ そういうのっておかしい (→よくないことだ) と思わない？
Don't you think that's *bad* [*unfair*]?

おかす 犯す,冒す (規則を)**break** [ブレイク] ; (罪を) **commit** [コミット] ; (危険を) **run (a risk)**
▸ 罪を犯す *commit* a crime
▸ 生命の危険をおかして
at the *risk* of my life
▸ 彼はがんにおかされている．
He *is suffering* from cancer.
▸ 彼のプライバシーをおかす
invade his privacy

おかず (料理) a **dish** [ディッシ] (▸英米には「主食」と「おかず」という区別はない．a side dish はメインの料理に添える料理のこと)
▸ お母さん，今晩のおかずなあに？
What's for *dinner* tonight, Mom?
▸ どんなおかずがいちばん好きですか．
What's your favorite *dish* [*food*]?

おかまい お構い
▸ どうぞおかまいなく．Don't mind me. / Please don't trouble yourself. / Please don't go to any trouble.
▸ 彼らは病人がいるのにおかまいなしに大声でしゃべっている．

They are talking loud *with no regard for* the fact that there are sick people here.

おがむ 拝む (祈る) **pray** [プレイ] ; (崇拝する) **worship** [ワ～シプ]

おがわ 小川 a **stream** [ストゥリーム]

おかわり お代わり **seconds** [セカンツ], **another helping** [ヘルピング] →かわり²
▸ お代わりをください．
Can I have *seconds*? / Please give me *another helping*.

💬 **用法 お代わりはいかが**
「ケーキのお代わりはいかがですか」ときくときは **Would you like some more cake? / Would you like another helping of cake?** などと言う．これに対して「もうけっこうです．十分いただきました」と答えるときは **No, thank you. I've had enough.** と言う．

▸ お飲み物はお代わり自由です (→無料です)．
Refills are free.

おき 沖
▸ その島は海岸から5キロ沖にある．
The island is five kilometers *offshore*.

-おき **every** [エヴリィ]
▸ 1日おきに
every other day / *every* second day

🗣 **スピーキング**
Ⓐ このバスはどのくらいの間隔で運行していますか．
How often does this bus run?
Ⓑ 15分おきです．
It runs every fifteen minutes.

💬 **用法 「2日おき」の言い方は？**
every は「…につき1度」を表すので，「2日おき」つまり3日に1度なら **every three days**, **every third day** のようにいう．ただし「10分おき」のように10分に1度を表すときは **every ten minutes** でよい．

おきあがる 起き上がる **get up** ; (上半身を起こす) **sit up**

おきて 掟 (規則，約束事) a **rule** [ルール],

one hundred and thirteen　113

おきどけい

(法律，自然界などの法則) a law [ロー]

おきどけい 置き時計 a clock [クラック]
→とけい (図)

おぎなう 補う (不足分を) make up for, compensate [カンペンセイト] for；(記入する) fill in, complete [コンプリート]
▶ 損失を補う make up for a loss
▶ 空所に適当な語を補え．
Fill in the blanks with suitable words.

おきにいり お気に入り (人・物) a favorite [フェイヴ(ァ)リット]；(人) a pet [ペット] (▶しばしば軽べつ的な意味で使う)
お気に入りの favorite →きにいる
▶ 私のお気に入りのブレスレット
my favorite bracelet
▶ 紗枝さんは先生のお気に入りなの．
Sae is our teacher's favorite. (▶ pet を使うとしばしば軽べつ的な意味になる)

おきる 起きる

1 (起床する) get up (反) 寝る go to bed)；(目を覚ます) wake [ウェイク] up

get up　　　wake up

▶ get up は「起き上がる」という動作，wake up は「目を覚ます」ことを表す．

▶「ふつう朝何時に起きますか」「いつも7時に起きます」
"What time do you usually get up in the morning?" "I always get up at seven."
▶「敬介，起きなさい」「眠いよう」
"Wake up, Keisuke." "I'm sleepy."
(▶ Wake up. は「目を覚ませ」の意味．「床から出ろ」は Get up.)
▶ 早く起きなさい．Get up right now.
▶ もう起きる時間よ．It's time to get up.
▶ 一晩中起きてサッカーワールドカップを見ていた．
I stayed up all night watching World Cup soccer games.

2 (事件などが) happen [ハプン] →おこる²

おきわすれる 置き忘れる leave [リーヴ], forget [フォゲット]
▶ しまった．バスにスマホを置き忘れたぞ．
Oh no! I've left my smartphone on the bus. (▶「バスに」など場所を表す語句があるときは，ふつう leave を使う)
▶ 父はよくかさを置き忘れる．
Dad often forgets his umbrella.

おく¹ 置く

使い分け
(物を) → put, set
(残していく) → leave
(そのままにする) → leave, keep

1 (物を) put [プット], set [セット]

表現力
〜を…に置く → put 〜 on など …

▶ 腕時計をテーブルの上に置くな．
Don't put your watch on the table.
▶ 母はテーブルに花びんを置いた．
Mother set a flower vase on the table. (▶ set は「特定の場所にきちんと置く」こと)

2 (残していく) leave [リーヴ]
▶ 学校に教科書を置いておいちゃだめよ．
Don't leave your textbooks at school.

3 (そのままにする) leave, keep [キープ]

表現力
〜を…にしておく
→ leave 〜 … / keep 〜 …

▶ ドアを開けたままにしておいてね．
Please leave the door open.
▶ 電気をつけたままにしておいたのはだれかな．Who has left the light on?
▶ いつも体は清潔にしておきなさい．
Always keep yourself clean.

用法 leave と keep
leave はある状態をそのままほうっておくこと，keep は意識的にある状態を保つこと．

おく² 奥
▶ 引き出しの奥に
in the back of a drawer
▶ 森の奥に deep in the forest

◀ **おくる**¹

奥につめてください.
Please move all the way over.

おく³ 億 a hundred million →**かず**(表)
▶ 1億2000万人 a *hundred* and twenty *million* people
▶ 10億 a billion

おくがい 屋外の outdoor [アウットドー(ァ)], open-air [オウプンネア] (反 屋内の indoor)
屋外で outdoors [アウツドーズ], in the open air
▶ 天気のいい日には屋外で運動しなさい.
Exercise *in the open air* on fine days. / Exercise *outdoors* on fine days.
屋外スポーツ outdoor sports

おくさん 奥さん my wife [ワイフ]
▶ 山田さんの奥さん
Mrs. Yamada / Mr. Yamada's *wife*

おくじょう 屋上 a roof [ルーフ] (複数 roofs), a rooftop [ルーフタプ]

オクターブ an octave [アクティヴ]

おくない 屋内の indoor [インドー(ァ)] (反 屋外の outdoor) →**しつない**
屋内で indoors [インドーズ]
▶ 今日は雨が降っていたので, 体育の授業は屋内であった.
We had P.E. class *indoors* today because it was raining outside.
屋内スポーツ indoor sports
屋内プール an indoor swimming pool

おくびょう おく病な cowardly [カウアドゥリィ], timid [ティミド]
おくびょう者 a coward,《口語》a chicken [チキン]

おくやみ お悔やみ condolence [コンドゥレンス];(お悔やみのことば) condolences (▶「お悔やみのことば」の意味のときは複数形で使われることが多い)
▶ 心からお悔やみ申し上げます.
Please accept my sincere *condolences*.

おくらせる 遅らせる delay [ディレイ]
▶ 大雨のため出発を遅らせることにした.
We have decided to *delay* our departure because of the heavy rain.

おくりもの 贈り物
a present [プレズント], a gift [ギフト] (▶

gift は present より改まった言い方)
▶ 誕生日のおくり物 a birthday *present*
▶ 結婚のおくり物 a wedding *gift*
▶ おくり物ありがとう.
Thank you for the *present*.
▶ こんなにすてきなおくり物を送ってくださってどうもありがとう.
Thank you very much for sending me such a nice *present*.

┌─ **スピーキング** ──────────
Ⓐ これはあなたへのおくり物です.
Here's a present for you.
Ⓑ まあ, どうもありがとうございます.
Oh, thank you very much.
└────────────────────

▶ それをおくり物用に包んでください.
Please wrap it as a *gift*. / Please *gift-wrap* it.

┌─ **背景** ❶ おくり物をするとき, **I hope you like it.** (気に入ってくれるといいのですが) などと言う. 日本のように, 「つまらないものですが」とか「粗末なものですが」などとけんそんした言い方はしない.
❷ おくり物は, その場で開いて, お礼を言うのがふつう.
❸ 英米では日本ほどおくり物をしない. お歳暮やお中元などの習慣もない.
└────────────────────

おくる¹ 送る

使い分け
(物を) → send
(見送る) → see off
(送って行く) → take

1(物を) send [センド] (反 受け取る receive);(手紙・メールなどを) mail [メイル]
┌─ **表現力** ──────────
…を送る → send …
└────────────────────

▶ 私はその小包を航空便で送った.
I *sent* the package by airmail.
┌─ **表現力** ──────────
(人) に (物) を送る
→ send +人+物 /
send +物+ to +人
└────────────────────

one hundred and fifteen 115

おくる² ▶

▶ 私は彼女に誕生日のカードを送った.
I *sent* her a birthday card. / I *sent* a birthday card *to* her.

▶ あとでメール送るからね.
I'll *email* you later. / I'll *send* you an email later.

▶ この絵はがきを日本へ送りたいのですが.
I'd like to *send* this postcard *to* Japan.

▶ すてきな切手を送っていただいてありがとう.
Thank you for *sending* me these lovely stamps. / Thanks for the lovely stamps you *sent* me.

2（人を見送る）**see ... off**；（送っていく）**take**［テイク］

▶ 父は友達を送りに空港へ行った.
My father went to the airport to *see* his friend *off*.

💬表現力
（人）を…まで送る
→ take［drive］＋人＋場所を表す語(句)

▶ 家までお送りしましょう.
I'll *take* you home.（▶歩いて「送る」は walk you home，車で「送る」は drive you home）

▶ ママ，駅まで車で送ってくれる？
Can you *drive* me *to* the station, Mom?

3（時を）

▶ おばは息子たちに囲まれて幸福な人生を送った.
My aunt *lived* happily with her sons.

✏ライティング
楽しい学校生活を送ってください.
I hope you enjoy your school life.

おくる² 贈る give［ギヴ］, present［プリゼント］（アクセント注意）（▶present は give より改まった言い方）

▶ あなたに日本人形をおくります.
I'll *give* you a Japanese doll.

おくれる 遅れる, 後れる

1（予定時刻に）**be late**［レイト］(for)；（乗り遅れる）**miss**［ミス］

▶ 遅れちゃだめだよ.
Don't *be late*.

🎤スピーキング
Ⓐ 遅れてごめんね.
I'm sorry I'm late.
Ⓑ どうかしたの？
What happened?
Ⓐ 遅れてはいないよ. ぼくも今ここに来たばかりなんだ.
You're not late. I just got here myself.

▶ 私は飛行機に乗り遅れた.
I *missed* my flight.

▶ 私たちの乗った飛行機は1時間遅れた.
Our plane arrived an hour *late*. / Our plane *was delayed* one hour.

▶ ノートパソコンで動画を見るとき音が遅れて聞こえることがあります. When I watch a video on my laptop, sometimes there is a sound *delay*.

💬表現力
…に遅れる → be late for ...

▶ 急がないとバスに遅れるよ. Hurry up, or you will *be late for* the bus. / If you don't hurry, you will *miss* the bus.

2（進歩などに・他に比べて）**be behind**［ビハインド］

▶ 彼は仕事が遅れている.
He's *behind* in his work.

▶ ぼくは勉強がだいぶ遅れているんだ.
I'm far *behind* in my studies.

▶ ぼくはクラスのほかの人より数学が遅れてるんだ.
I'm *behind* the others in math class.

3（時計が）**lose**［ルーズ］（反 進む gain）

▶ うちの時計は1日に3分遅れる. Our clock *loses* three minutes a day.

▶ 私の時計，遅れてるにちがいないわ. いま何時? My watch must *be slow*. What time is it?（▶「遅れている」状態は be slow,「進んでいる」は be fast）

おこす¹ 起こす

1（目を覚まさせる）**wake**［ウェイク］(up) → おきる

💬表現力
…を起こす
→ wake ... up / wake up ...

116　one hundred and sixteen

お母さん，あしたの朝は6時に起こしてね．
Please *wake* me *up* at six tomorrow morning, Mom.

2 (立ち上がらせる)
私は女の子を起こして(→立たせて)あげた．
I helped the girl *up*.

3 (引き起こす) **cause** [コーズ] →おこる²
不注意な運転が事故を起こす．
Careless driving *causes* accidents.

それでは問題を起こすだけだ．
It will only *cause* trouble.

おこす² (火を) make a fire

おこたる 怠る neglect [ネグレクト] →なまける
ピアノの練習をおこたる
neglect piano practice
注意をおこたる be careless

おこない 行い (個々の)an action[アクション]；(ふるまい) behavior [ビヘイヴァ], conduct [カンダクト] (▶後者は改まった語)
行いには十分気をつけなさいよ．
You have to be very careful about your *behavior*.

彼女は日頃の行いがよい．
She always *behaves* well. / Her *behavior* is always good.

おこなう 行う

1 (する) **do** [ドゥー], **act** [アクト] →する¹
あすの授業では実験を行います．
We're going to *do* an experiment in tomorrow's class.

2 (会・選挙などを)[人が主語で]**have**[ハヴ], **hold** [ホウルド]；[物が主語で] **be held**, **take place**；(試験などを) **give** [ギヴ]
会議は3時から行います．
The meeting will *be held* at three. / The meeting will start at three.

✐ライティング
卒業式は3月20日に**行われる**．
The graduation ceremony will be held on March 20.

来週数学のテストを行います．I'm going to *give* you a math test next week.

おこり 起こり (起源) the origin [オ(ー)リヂン]；(原因) the cause [コーズ]

おごり a treat [トゥリート] →おごる
これはぼくのおごりだよ．

This is *on* me. / This is my *treat*.

おこりっぽい 怒りっぽい short-tempered [ショートゥテンパド] →たんき

おこる¹ 怒る

1 (腹を立てる) **get angry** [アングリィ] 《at, with》, **get mad** [マッド] 《at, with》 (▶後者のほうがくだけた言い方)；(おこっている) **be angry** 《at, with》, **be mad** 《at, with》 →ひょうじょう (図)

使い分け
(人に) → **get angry at** [**with**] ＋人
(物事・行為に) → **get angry at** [**about**]＋物事・行為

お父さんはすぐにおこる．
My father *gets angry* easily. / My father is *quick-tempered*.

まだ私のことおこってるの？
Are you still *angry with* me?

彼はぼくのことをおこっていた．He *was angry with* me. / He *was mad at* me.

何をそんなにおこっているの？
What *are* you so *angry about*?

彼はその話を聞いてすごくおこった．
He *got* very *angry* when he heard the story.

私は母をおこらせた．
I *made* my mother *angry*.

きみがおこるのも無理ないよ．
You have a right to *be angry*.

妹はおこって部屋から出て行ってしまった．
My sister walked *angrily* out of the room.

💬用法 with と at と about
「人」に対しておこる場合は **with** や **at**，「物事や行為など」に対しておこる場合は **at** や **about** を使うことが多い．

2 (しかる) (おもに子どもなどを) **scold** [スコウルド]；**tell** [テル] **off** →しかる
遅刻が多いのでおこられた．I *was scolded* because I was often late.

おこる² 起こる

(事件などが) **happen** [ハプン], **occur** [オカ～] (アクセント注意)；(問題などが) **arise** [アライズ]；(戦争・災害などが) **break out**

おこる²

お
か
さ
た
な
は
ま
や
ら
わ

one hundred and seventeen 117

おごる ▶

▶ 何が起こったの．What *happened*?

> **プレゼン**
> クラスで問題が起きています．
> Some problems have arisen in my class.

▶ 雨の日には自動車事故がよく起こる．Car accidents often *occur* on rainy days.

おごる (ごちそうする) treat [トゥリート]
▶ 私が昼食をおごるよ．
I will *treat* you to lunch.
▶ これはぼくがおごるよ．
This is my *treat*. / This is *on* me.
▶ 先輩(ば)，何かおごってください．*Sempai*, please *buy* something *for* me.

おさえる 押さえる，抑える hold [ホウルド]；
(感情などを) control [コントゥロウル]
▶ いすをしっかりおさえていてね．
Please *hold* the chair steady.
▶ 私は自分の気持ちをおさえられなかった．
I couldn't *control* my feelings.

おさない 幼い young [ヤング]
▶ 幼い子どもたち *young* children
▶ 幼いころ，母はよくお話をしてくれた．
My mother used to tell me stories when I was *small*.

> **プレゼン**
> 漫画(まんが)家になるのが幼いころからの私の夢です．
> I've dreamed of becoming a cartoonist since my childhood.

幼なじみ a childhood friend
▶ 私たちは幼なじみだった．
We were *childhood friends*.

おさまる 治まる，収まる (静まる) go down, calm [カーム] down；(やむ) stop [スタップ]；(解決する) be settled [セトゥルド]
▶ 風がおさまった．
The wind *has calmed down*.
▶ 夕方になって雨はおさまった．
The rain *stopped* in the evening.
▶ 痛みはもう治まった．
The pain *has stopped*.
▶ ごたごたがようやく収まった．
The troubles *were* finally *settled*.

おさめる¹ 治める rule [ルール] (over), govern [ガヴァン]

おさめる² 納める pay [ペイ]

▶ 私はまだ授業料を納めていません．
I *haven't paid* my tuition yet.

おじ →かぞく (図)

an **uncle** [アンクル] (対) おば aunt)
▶ ぼくにはおじが３人います．
I have three *uncles*.
▶ 青森のおじさんが宅配便でリンゴを送ってくれた．My *uncle* in Aomori sent us apples by home delivery.

おしい 惜しい **1** (残念な) too bad
▶ おしい！
What a pity! / What a shame!
▶ きみがいっしょに来られないのはおしい．
It's *too bad* you can't come with me.

2 (だいじな) dear [ディア], precious [プレシャス]
▶ だれだって命はおしい．
Life is *precious* to everybody.
▶ ぼくは時間がおしい (→むだにできない)．
I *can't waste* my time.
▶ この本を捨てるのはおしい．This book is *too good* to be thrown away.

おじいさん

(祖父) a **grandfather** [グラン(ドゥ)ファーザァ] (対) おばあさん grandmother), a grandpa [グラン(ドゥ)パー]；(老人) an **old man**
▶ あなたのおじいさんは今年おいくつですか．
How old is your *grandfather* this year?
▶ ひいおじいさん a great-*grandfather*

おじいちゃん a grandpa [グラン(ドゥ)パー]
▶ おじいちゃん，また遊びにきてね．Please come to see me again, *Grandpa*.

おしいれ 押し入れ oshiire, a closet (▶説明するときは，a Japanese-style closet with sliding doors (引き戸のついた日本式のクローゼット) のように言えばよい)

おしえ 教え teachings [ティーチングズ]；(教訓) a lesson [レスン]
▶ キリストの教え Christ's *teachings*
教え子 (今の) my student(s), my pupil(s)；(かつての) my former student(s), my former pupil(s)

おしえかた 教え方 how to teach

◀ **おしえる**

▶ 私の数学の先生は教え方がうまい[よくない]. My math teacher is [isn't] good at *teaching*.

おしえる 教える

使い分け
(学科・技術を) → teach
(ことばで道などを) → tell
(図や実演で) → show

1 (学科・技術を) **teach** [ティーチ] (反 学ぶ learn) → せんせい[1]

▶ 教えることは学ぶことです.
Teaching is learning.

表現力
…を教える → teach ...

▶ おじは朝日中学で理科を教えている.
My uncle *teaches* science at Asahi Junior High School. / My uncle is a science *teacher* at Asahi Junior High School.

表現力
(人)に…を教える
→ teach +人+ ... /
teach ... to +人

▶ 土井先生が私たちに数学を教えてくれます.
Ms. Doi *teaches* us math. / Ms. Doi *teaches* math *to* us.
▶ 彼女は近所の子どもたちにピアノを教えている.
She *is giving* piano *lessons to* neighborhood children. (▶ give lessons は音楽などを個人的に教えること)

表現力
(人)に…のしかたを教える
→ teach +人+ how to ...

▶ 将棋のやり方を教えてあげましょう.
I'll *teach* you *how to* play *shogi*.

2 (ことばで道などを) **tell** [テル]
▶ どうやったらいいか教えて. *Tell* me how.
▶ 「だれが好きなの？」「教えない！」"Who do you love?" "I'*m* not *telling*!"
▶ あなたのお国のことを教えてください.
Please *tell* me about your country.
▶ 彼にほんとうのこと教えてあげたら？
Why don't you *tell* him the truth?

表現力
(人)に…(道など)を教える
→ tell [show] +人+ ...

スピーキング
🅐 すみませんが, 駅へ行く道を教えてくださいませんか.
Excuse me, but could you tell me the way to the station?
🅑 いいですよ.
Certainly.

▶ 電話番号を教えてください.
Please *give* me your phone number. / (よりていねいに) May I *have* your phone number?
▶ その店がどこにあるか教えてください.
Please *tell* me where the store is.

3 (図や実演で) **show** [ショウ]

表現力
(人)に…のしかたを(見せて)教える
→ show +人+ how to ...

▶ パソコンの使い方を教えてあげるよ.
I'll *show* you *how to* use a computer.

用法 teach と tell と show
teach は「学問や技術など努力のいることを指導する」こと. tell は「ことばで説明する」こと. show は「実際にやったり, 図で示したりする」こと. すなわち, 道を教えるときに show を使うと, 地図を使ったり, 同行したりすることを表す.

teach

tell

show

おじぎ ▶

おじぎ a bow [バウ]；（軽い）a nod [ナッド]
おじぎをする bow, take a bow

> **プレゼン**
> 日本では生徒は授業の前後に先生におじぎをする.
> In Japan, students bow to the teacher before and after class.

おじさん （親せき）an uncle [アンクル]（▶呼びかけるときは Uncle! という）；（よその男性）a gentleman [ヂェントゥルマン]（▶呼びかけるときは sir（非常にていねいな言い方）とか mister（くだけた言い方）という）

おしたおす 押し倒す push down
おしだす 押し出す push out 《of》
おしつける 押しつける push against；（強制する）force [フォース]《on》
> 私は壁に頭を押しつけた.
> I *pushed* my head *against* the wall.
> こんな難しい仕事を私に押しつけないでよ.
> Don't *force* this difficult job *on* me.

おしっこ (a) pee [ピー], number one（▶後者は子どもが使う言い方）
おしっこする pee, go number one（▶遠回しには pass water という）

おしつぶす 押しつぶす crush [クラッシ]
おしまい （終わり）an end [エンド] →おわり
> これで私の話はおしまいです.
> That's the *end* of my story.
> （授業などで）今日はこれでおしまいにします.
> *That's all* for today.
> おしまい（→これですべて終わった）！
> *All done*!

おしむ 惜しむ（けちけちする）spare [スペァ]；（残念に思う）be sorry (for), feel sorry (for)
> 努力をおしむな. *Spare* no effort.
> だれもが彼の死をおしんだ.
> Everybody *regretted* his death.

おしめ →おむつ
おしゃべり a chat [チャット]
おしゃべりする talk, have a chat, chat
おしゃべりな talkative [トーカティヴ]
> 母と姉はおしゃべりが好きだ.
> My mother and sister like *chatting*.
> サマーキャンプではぼくたちは夜遅くまでおしゃべりした.
> At summer camp we stayed up late *talking*.

> **表現力**
> …（人）とおしゃべりをする
> → talk with [to] ＋人

> 私は放課後友達とおしゃべりした.
> I *talked with* my friends after school.

おじゃま お邪魔 →じゃま
> おじゃまします. Hello. May I come in?
> おじゃましました.
> （時間をとらせたとき）Thank you for your time. / I'm sorry I *interrupted* you for so long. /（帰りぎわ）I must be going now.

> **用法** おじゃまします. ／おじゃましました.
> 英語では，招待してくれた人の家を訪問したときに「おじゃまします」というあいさつはしない. **Thank you for inviting me.**（ご招待ありがとう）などのお礼を伝えるのがふつう. 帰宅する際に「おじゃましました」と言いたいときにも使える. 他には，**Thank you. I had a great time.**（ありがとう.とっても楽しかったよ）というように，楽しい時間を過ごしたお礼を伝えて「おじゃましました」の代わりにするのもよい.

おしゃれ おしゃれな（流行の）fashionable [ファシ（ョ）ナブル], stylish [スタイリシ]
> おしゃれな服
> *fashionable* clothes
> 彩はおしゃれだ. Aya is *stylish*.
> 芳子おばさんはおしゃれだ.
> Aunt Yoshiko is *a good dresser*. /（センスがいい）Aunt Yoshiko has *good fashion sense*.
> わあ！ずいぶんおしゃれしてるね！
> Boy! You're *dressed up*!

おじょうさん お嬢さん *my* daughter [ドータァ]；（呼びかけ）young lady, miss [ミス]

おしんこ(う) お新香 →つけもの

おす¹ 押す

1 （物・人を）push [プッシ]（反 引く pull, draw）；（しっかりと押しつける）press [プレス]

120　one hundred and twenty

◀ おそく

- ボタンを押す
push a button / press a button
- 私はドアを押し開けた.
I pushed the door open.
- キーボードのエンターキーを押してください.
Press the enter key on the keyboard.
- 押さないでください.
Don't push me, please.

2 (印を) stamp [スタンプ]
- 封筒に住所を印す押す
stamp my address on an envelope

おす² 雄 a male [メイル] (対 めす female), (口語) a he [ヒー]
おすの male
- あなたの犬はおすですか, めすですか.
Is your dog a he or a she? / Is your dog male or female?

おすすめ お勧め, お薦め
- おすすめのデザートはどれですか.
Which dessert do you recommend?

おせじ お世辞 (ほめことば) a compliment [カンプリメント]; (へつらい) flattery [フラタリィ]
おせじを言う compliment; flatter
- 「きみとってもきれいだよ」「おせじでしょ」
"You're very beautiful." "You flatter me! / You're flattering me! / You flatterer!"

おせち おせち料理 special dishes for the New Year

おせっかい おせっかいな (口語) nosy [ノウズィ] → うるさい
おせっかいな人 a busybody [ビズィバディ]
おせっかいを焼く meddle [メドゥル]
- そんなことよけいなおせっかいだ.
That's none of your business. / Mind your own business.

おせん 汚染 pollution [ポルーション]
汚染する pollute [ポルート]
- 大気汚染 air pollution

📝ライティング
環境汚染は人類にとって深刻な問題である.
Environmental pollution is a serious problem for humanity. (▶自然環境を汚染する場合には pollution を使うことが多い)

- 放射能汚染
radioactive contamination [レイディオウアクティヴ コンタミネイション] (▶毒物や放射能などの汚染物質で不純にする場合は contamination を使うことが多い)

おそい 遅い

使い分け
(時間が) → late
(速度が) → slow

late

slow

1 (時間が) late [レイト] (反 早い early)
- リエは遅いなあ. どうしたんだろう.
Rie is late. I wonder what happened to her.
- 父は昨晩帰りがとても遅かった.
Dad came home very late last night.
- もう遅いから帰ります.
I must be going. It's getting late.
- うちでは日曜日は朝食が遅い.
We have a late breakfast on Sundays.

2 (速度が) slow [スロウ] (反 速い fast, quick)

💬表現力
…が遅い → be slow in [at] …

- 道子は計算が遅い.
Michiko is slow in calculating.
- 私は走るのが遅い.
I can't run fast. / I run slowly. / I'm a slow runner.

おそう 襲う attack [アタック]
- 彼らはハチに襲われた.
They were attacked by bees.

おそかれはやかれ 遅かれ早かれ sooner or later
- 遅かれ早かれ本当のことはわかるものだ.
Sooner or later the truth comes out.

おそく 遅く

おそらく ▶

1 (時間が) **late** [レイト] (反 早く early)
▶ 遅くなってすみません.
I'm sorry I'm *late*.
▶ 母はいつもより遅く帰宅した.
Mother came home *later* than usual.
▶「ずいぶん眠そうだねえ」「ゆうべ遅くまで起きてたんだ」
"You look very sleepy." "I stayed up *late* last night."
2 (速度が) **slowly** [スロウリィ] (反 速く fast, quickly) →ゆっくり, おそい
遅くとも at (the) latest
▶ 遅くとも６時までには帰ってきなさい.
Be back by six *at the latest*.

おそらく (十中八九) **probably** [プラバブリィ]; (おそらく…だろう) **be likely to ...** ; (たぶん) **maybe** [メイビィ] →たぶん
▶ あすはおそらく雨だろう.
It'll *probably* rain tomorrow. / It's *likely* to rain tomorrow.

おそれ 恐れ (a) **fear** [フィア]
▶ 今日は大雪になるおそれがある.
There is a *fear* that there will be a lot of snow today.

おそれいりますが 恐れ入りますが
Excuse me, but ...
▶ おそれいりますが, 駅へ行く道を教えていただけませんか.
Excuse me, but could you tell me the way to the station?

おそれる 恐れる

be afraid [アフレイド] (of), **fear** [フィア] →こわがる
▶ おそれなくてもだいじょうぶよ.
You don't have to *be afraid*.

╭─ 💬表現力 ─────────╮
…をおそれる
  → be afraid of ... / fear ...
╰────────────────╯

▶ 英語を話すときはまちがいをおそれるな.
Don't *be afraid of* making mistakes when you speak English.
▶ 失敗をおそれちゃだめ.
Don't *be afraid* to fail. / Don't *be afraid of* a failure.

おそろい
▶ あの姉妹はいつもおそろいの服を着ている.
Those sisters always wear *matching* dresses.

おそろしい 恐ろしい

(ひどい) **terrible** [テリブル]; **frightening** [フライトゥニング], (口語) **scary** [スケアリィ] →こわい
▶ ゆうべおそろしい夢を見た.
I had a *terrible* dream last night.
▶ 今まででいちばんおそろしい経験は何ですか.
What has been your most *frightening* experience?
おそろしく (非常に) **very** [ヴェリィ], **terribly**
▶ その部屋はおそろしく寒かった.
The room was *terribly* cold.

おそわる 教わる **learn** [ラ～ン] →ならう
▶ ぼくらは英語を堀先生に教わっている.
We're *learning* English from Ms. Hori. / Ms. Hori *teaches* us English. / Ms. Hori is our English *teacher*.

オゾン **ozone** [オウゾウン]
オゾン層 the ozone layer [レイア]
オゾンホール an ozone hole

おたがい お互い **each other** [イーチ アザァ] →たがい
▶「ありがとう」「お互いさまだよ」
"Thank you." "*Don't mention it*." (▶「お礼なんか気にしないで」と表現する)

オタク a **nerd** [ナ～ド], a **geek** [ギーク]
▶ コンピューターオタク a computer *nerd*
▶ アニメオタク an animation *geek*

おたく お宅 （家） **your house**, **your home**；（人） **you**
▶ お宅にうかがってもよろしいですか.
May I come over to *your house*?
▶ お宅のお嬢さんは今年中学生になるんでしたっけ？
Is *your* daughter going to be a junior high school student this year?

╭─ 💬スピーキング ──────╮
Ⓐ もしもし, 田中さんのお宅ですか.
   Hello! Is this Mr. Tanaka's residence?
Ⓑ はい, そうです.
   Yes, it is.
Ⓑ いいえ, ちがいます.
   No, it isn't.
╰────────────────╯

おだちん お駄賃 a **reward** [リウォード]

◀ **おつかい**

▶ 母の手伝いをしてお駄賃をもらった.
I got *a reward* for helping my mother.

おだてる flatter [フラタァ]
▶ おだてないでくれよ.
Don't *flatter* me. / You're *flattering* me! / Stop *flattering* me!

オタマジャクシ 《動物》a tadpole [タドゥ ポウル] →おや¹(図)

おだやか 穏やか

(海などが) calm [カーム]；(人・性質が) gentle [ヂェントゥル]；(気候が) mild [マイルド]
▶ 今夜は海がおだやかだ.
The sea is *calm* tonight.
▶ おだやかな風が吹いていた.
A *gentle* wind was blowing.
▶ 藤田先生はおだやかなかたです.
Mr. Fujita is a *gentle* teacher.
▶ こちらの気候はおだやかです.
The climate here is *mild*.
おだやかに gently, quietly [クワイエトゥリィ]
▶ 父は私におだやかに話した.
Father spoke to me *quietly*.

おちこぼれ 落ちこぼれ (中途退学者) a dropout [ドゥラパウト]

おちこむ 落ち込む feel blue, feel low
▶ 落ちこんでいるみたいだけど,どうしたの？
You look *blue*. What's the matter?
▶ ジョンは彼女にふられて落ち込んでいる.
John *is feeling down* because he was dumped by his girlfriend.

おちつき 落ち着きのない restless [レストゥ レス]
▶ あの男の子はいつも落ち着きがない.
That boy is always *restless*.

おちつく 落ち着く **1** (気持ちが) calm [カーム] down, settle down
▶ 落ち着きなさい.
Calm down. / Don't be upset. / Take it easy.
▶ 落ち着いて勉強できない.
I can't *settle down* to study.
2 (場所に) settle down
▶ 私たち家族はこの町に落ち着いた.
Our family *has settled* (*down*) in this town.
3 (色・服装などが) quiet [クワイエト]；(様子が) relaxed [リラクスト]

▶ 落ち着いた服装を心がけなさい.
You should try to wear *quiet* colors and styles.
▶ 落ち着いた雰囲気のレストラン
a restaurant with a *relaxed* atmosphere

おちば 落ち葉 a fallen leaf
おちゃ お茶 tea [ティー] →ちゃ
おちゃめ お茶目な mischievous [ミスチ ヴァス], playful [プレイフル]

おちる 落ちる

1 fall [フォール]；(急に落ちる) drop [ドゥラップ]
▶ 階段から落ちる *fall* down the stairs (▶ *fall from …* とはいわない)
▶ 川に落ちる *fall* into the river
▶ 落ちないように気をつけなさい.
Be careful and don't *fall*.
▶ 秋には木の葉が落ちる. Leaves *fall* from the trees in autumn.
▶ コップがテーブルから落ちた.
A glass *dropped* from the table.
2 (成績が) go down；(試験に) fail [フェイル] (反 受かる pass)
▶ 去年は学校の成績が落ちた.
My grades *went down* last year.
▶ 一生けんめい勉強しないと試験に落ちますよ. If you don't work hard, you'll *fail* (in) the examination. (▶ fail in the examination より fail the examination というのがふつう)
▶ 兄さんは志望する高校(の入試)に落ちてしまった.
My older brother *failed* the entrance exam to the high school of his choice.
3 (日が) set [セット]
▶ 日が落ちるのが早くなってきた.
The sun *is setting* faster these days. / The days are getting shorter.
4 (よごれ・色などが) fade [フェイド]
▶ 洗濯したら,ジーンズの色が落ちちゃったよ.
My jeans *faded* in the wash.

おつかい お使い an errand [エランド] → つかい
お使いに行く go on an errand, run an errand
▶ お使いに行ってきてくれる？

one hundred and twenty-three　123

おっかけ

Will you *go on an errand* for me? / Will you do some shopping for me?（▶後者は買い物を頼む場合のみ）

おっかけ 追っかけ a groupie [グルーピィ]
▶ 姉はあのアイドルグループの追っかけをしている。
My sister is *a groupie* of that idol group.

おつかれさま お疲れ様
▶（1日の終わりに）おつかれさま，またあしたね。
Take care and see you tomorrow.

> **用法 おつかれさま．**
> 帰宅した家族などに「おつかれさま」と言いたいときは，**How was your day?**（今日はどうだった？）とか **You must be tired.**（疲れたでしょう）のような表現を使う．

おっくうな 億劫な troublesome [トゥラブルサム]

おっしゃる say [セイ], tell [テル] →言う
▶ 何とおっしゃいましたか．
I beg your pardon?（▶文の終わりを上昇調で言う．単に Pardon? ともいう）
▶ あなたのおっしゃることがよくわからないのですが．
I'm sorry, but I don't understand what *you're saying*.
▶ あなたのおっしゃるとおりにいたします．
I will do as you *tell* me.

おっと¹ 夫 a husband [ハズバンド]（対 妻 wife）

おっと² oops [ウ(ー)プス]
▶ おっとっと！ *Oops!*
▶ おっと，危ないよ！ *Oh*, watch out!

オットセイ（動物）a seal [スィール], a fur [ファ〜] seal

おっとり おっとりした gentle [ヂェントゥル]; easygoing [イーズィゴウイング]

おっぱい（乳）milk [ミルク];（乳ぶさ）a breast [ブレスト]
▶ 赤ちゃんにおっぱいを飲ませる
breast-feed a baby / give a baby the *breast*

おつり change [チェインヂ] →つり²

おてあげ お手上げ
▶ お手上げだ．
I give up. / I can't help it. / It's too much for me. / I'm done for.

おてあらい お手洗い →トイレ（ット）

おでこ a forehead [フォ(ー)レド]

おてだま お手玉 a beanbag [ビーンバグ]
▶ お手玉をする play with *beanbags*

> **参考** 欧米のお手玉は日本のものよりも大きく，豆がつまっていて，主としてボールのように投げて遊ぶのに使う．

おてつだいさん お手伝いさん a helper [ヘルパァ], a housekeeper [ハウスキーパァ]

おでん oden, (a) Japanese hodgepodge [ハヂパヂ]

おてんば お転婆 a tomboy [タムボイ]
▶ 妹はおてんばだ．My little sister is *a tomboy.* / My little sister is *boyish*.

おと 音

(a) sound [サウンド];（騒音・雑音）(a) noise [ノイズ]

sound

noise

▶ 大きな音 a loud *sound* / a loud *noise*
▶ 小さな音 a low *sound*
▶ 高い[低い]音 a high [low] *tone*
▶ 変な音 a strange *sound*
▶ 車の音 traffic *noise*
▶ 食べるとき音を立ててはいけない．
You mustn't make *noise* when you eat.
▶ このバイオリンはいい音がするね．
This violin *sounds* nice, doesn't it?
▶ テレビの音を小さく[大きく]してください．
Please *turn down* [*up*] the TV.

◀ おとうさん

音を表すことば
① [ディング(ー)ング] ゴーンゴーン
② [バンク] ボコン
③ [スマッシ] バリン
④ [ズィップ] ヒュー
⑤ [クラック] カーン
⑥ [パップ パップ] ポンポン
⑦ [スクウィール] キーッ
⑧ [ティクタク] チクタク
⑨ [スプラッシ] バシャ
⑩ [ティンガリング] チリンチリン
⑪ [スナップ] プツン
⑫ [サッド] ドサッ
⑬ [ビープ] ビーッ
⑭ [クラップ クラップ] パチパチ
⑮ [クラッシ] ガチャン
⑯ [キック] バシッ
⑰ [ラップ ラップ] コツコツ

> (i)参考 日本語では「ガチャンと」「ポタリと」など副詞で表現するが，英語では動詞や名詞で表すことが多い。「皿がガシャンと床に落ちて割れた」The dishes *crashed* to the floor. / The dishes fell to the floor with a *crash*.

おとうさん お父さん

my **father** [ファーザァ]（対 お母さん mother）（▶自分の父親をいうときは my をつけず，文中でも大文字で Father ということもある）

▶「お父さんのお仕事は何ですか」「父は大工です」 "What does your *father* do (for a living)?" "He's a carpenter."
▶ お父さん，カメラ買ってよ。
Please buy me a camera, *Dad*.

> 💬用法 呼びかけの「お父さん！」
> 「お父さん！」と呼びかけるときには，**Father**, **Dad** [ダッド], **Daddy** [ダディ] などを使う。どれを使うかは各家庭や年齢によって異なる。厳格な家では **Father** をよく使う。また，**Daddy** は小さい子どもがよく使う。

おとうと 弟

a **brother** [ブラザァ], a younger brother, a little brother →きょうだい¹
▶ 弟は9歳です.
My *brother* is nine years old.
▶ 一番下の弟 my *youngest brother*
▶ 下から2番目の弟
my second *youngest brother*
▶ 弟は私より3歳年下です.
My *brother* is three years younger than me.

> 🗣スピーキング
> Ⓐ 兄弟はいますか.
> Do you have any brothers?
> Ⓑ はい, 弟が1人います.
> Yes, I have a younger brother.

おどおど おどおどした timid [ティミド], nervous [ナ〜ヴァス], restless [レストゥレス]
▶ その男の子はいつもおどおどしている.
The boy always looks *timid*.

おどかす scare [スケア] →おどす
▶ おどかさないでよ.
You *scared* me. / Don't *scare* me.
(▶前者はおどかされたあとの言い方. 後者はおどかされる前でもあとでも使う)

おとぎのくに おとぎの国 a fairyland [フェ(ア)リィランド]

おとぎばなし おとぎ話 a fairy tale [フェ(ア)リィ テイル], a nursery [ナ〜サリィ] tale

おとこ 男

a **man** [マン] (複数 men) (対 女 woman); (男性) a male [メイル] (対 女性 female)
男の male
男らしい manly [マンリィ]
▶ 男の先生 a *male* teacher
▶ あそこに立っている男の人はだれだい?
Who is that *man* standing over there?
▶ 男も家事をしなくちゃ.
Men should also do housework.
▶ これは男物ですか, それとも女物ですか.
Is this *men's* or women's wear?
男友達 (男から見て) a friend; (女から見て) a male friend (▶英語の boyfriend は「恋人」という意味になるので注意)
男の子 a boy; (赤んぼう) a baby boy

おとしだま お年玉 a New Year's gift (of money)
▶ おじさんはお年玉を5000円くれた.
My uncle gave me 5,000 yen as a *New Year's gift*.

おとしもの 落とし物 (米) a lost article, (英) lost property [プラパティ]
▶ 落とし物をしたみたい.
I'm afraid I *lost* something.
落とし物取扱所 the lost and found (office)
▶ 落とし物取扱所はどこですか.
Where's *the lost and found*? / Where's *the lost property office*?

おとしより お年寄り →としより

おとす 落とす

drop [ドゥラップ]; (なくす) **lose** [ルーズ]
▶ 何か落としましたよ.
You *dropped* something.
▶ しまった. どこかに財布を落としたよ.
Oh, no! I *lost* my wallet somewhere.
▶ スピード落とせ (掲示) Slow *Down*

▶ the を落としました (→書き落とした).
I *left* "the" *out*.
おどす threaten [スレトゥン]
▶ その男はナイフで私をおどした.
The man *threatened* me with a knife.

おとずれる 訪れる

(訪問する) **visit** [ヴィズィト]; (人を) **call** [コール] on; (来る) **come** [カム]
▶ 秋には多くの観光客が日光を訪れる.
Many tourists *visit* Nikko in the fall.
▶ 北海道にもやっと春が訪れた.
Spring *has* finally *come* to

◀ おどろく

Hokkaido.

おととい the day before yesterday
▶ おとといの夜に
(on) the night *before last*

おととし the year before last

おとな 大人

(男の) a **man** [マン] (複数) men；(女の)
a **woman** [ウマン] (複数) women；(男女
の区別なく) a grown-up [グロウナプ], an
adult [アダルト]
大人になる grow up
大人の grown-up, adult

> 🔊プレゼン
大人になったら野球の選手になりたいで
す.
I want to be a baseball player
when I grow up.

▶ 少しは大人になったら.
Act your age. / Grow up! / Don't be
a baby!
▶ (切符・売り場などで) 大人2枚, 子ども
4枚ください.
Two *adults* and four children,
please.
▶ 彼女は年より大人っぽく見える.
She looks *mature* for her age.

おとなしい (もの静かな) quiet [クワイエト],
(おだやかな) gentle [ヂェントゥル], mild [マ
イルド]
おとなしく quietly, gently
▶ おとなしくするんですよ.
Be *quiet*! / Be *good*! / Be a *good*
boy [girl] ! / Behave yourself! (▶最後
の文は「お行儀よくしなさい」という意味)
▶ おとなしくここで待っていなさい.
Wait here *quietly*.

おとめざ おとめ座 the Virgin [ヴァ〜ヂン],
Virgo [ヴァ〜ゴウ] →せいざ (表)

おどり 踊り (踊ること)dancing [ダンスィング]；
(1回の) a dance
▶ 彼女は踊りがうまい.
She is good at *dancing*. / She is a
good *dancer*.
▶ 盆踊り a *Bon* dance
踊り場 (階段の) a landing

おとる 劣る (より悪い) be worse [ワ〜ス]
《than》

▶ このスマホはあれよりも品質が劣る.
The quality of this smartphone *is
worse than* that one.

おどる 踊る

dance [ダンス]
▶ 踊りましょうか. Shall we *dance*?
▶ 音楽に合わせて踊る
dance to music

> 🔊スピーキング
Ⓐ 踊っていただけますか.
Would you dance with me?
Ⓑ 喜んで.
I'd love to.

おとろえる 衰える become weak
おどろかす 驚かす surprise [サプライズ]
▶ 驚かすなよ.
You *surprised* me. / You *scared*
me! / Don't *scare* me.
▶ 驚かすことがあるんだ.
I've got a big *surprise* for you.
おどろき 驚き (a) surprise [サプライズ]；
(驚嘆) wonder [ワンダァ]
▶ そいつは驚きだ.
That's *surprising*. / What a *surprise*!

おどろく 驚く

be surprised [サプライズド] 《at, to ...》
→ひょうじょう (図)
▶ ああ, 驚いた.
Oh, I'*m surprised*. / Oh, you
surprised me. / What a *surprise*!
▶ 別に驚くことじゃないよ.
That's not *surprising*.

> 💬表現力
…に驚く → be surprised at ...

▶ そのニュースにとても驚いた.
I *was* very *surprised at* the news. /
I *was* very *surprised* to hear the
news.

> 💬用法 「驚く」と be surprised
surprise は「(物事が人を) 驚かす」と
いう意味なので, 「(人が) 驚く」という
ときはふつう受け身の **be surprised** で
表す.

one hundred and twenty-seven　127

おないどし ▶

> 🗨️表現力
> …して驚く → be surprised to ...

▶ コーチが結婚したって聞いて驚いたわ.
I *was surprised to* hear that our coach got married.

> 🗨️表現力
> …ということに驚く
> → be surprised that ...

▶ 真理子が入試に落ちたのにはとても驚いた.
I *was* very *surprised that* Mariko failed the entrance exam.
驚いたことに to my surprise
▶ 驚いたことに, エドがマイクとけんかしたんだ.
To my surprise, Ed had a quarrel with Mike.
驚いて in surprise, with surprise
▶ 先生は驚いて私を見た.
The teacher looked at me *in surprise*.
驚くべき surprising

> 🗨️プレゼン
> ここに驚くべき事実があります.
> Here's a surprising fact.

おないどし 同い年
▶ あの歌手は私と同い年よ.
That singer is *the same age* as I am. / That singer is *as old as* I am.
(▶くだけた言い方では I am の代わりに me を使う)
おなか a stomach [スタマク] →い, はら¹
▶ おなかがいっぱいで, もう食べられません.
I'm *full*. I can't eat any more.
▶ 「おなかがすいたよ」「さっき食べたばかりじゃないの」"I'm *hungry*." "You just ate a little while ago."
▶ おなかがぺこぺこだ.
I'm *starving*. / I'm *very hungry*.
▶ おなかがいたい. I have a *stomachache*.
/ My *stomach* hurts.

おなじ 同じ

1 (同一の・同じ種類の) the same [セイム]
▶ 俊樹とぼくは同じクラスです.
Toshiki and I are in *the same* class.
/ Toshiki is in *the same* class with

me.
▶ この2本の万年筆はほとんど同じものだ.
These two fountain pens are almost *the same*.
▶ これらは両方ともだいたい同じ値段です.
These are both about *the same* price.

> 🗨️スピーキング
> Ⓐ チーズバーガーをください.
> I'll have a cheeseburger.
> Ⓑ 私にも同じものを.
> I'll have the same.

▶ 同じものを2つください.
Please give me two of *the same*.

> 🗨️表現力
> …と同じ〜
> → the same 〜 as [that] ...

▶ ぼくは兄と同じ学校に通っている.
I go to *the same* school *as* my brother.
▶ 横田先生はきのうと同じスーツを着ているね. Mr. Yokota is wearing *the same* suit (*that* [*as*]) he wore yesterday.
(▶話し言葉ではこの that や as は省略することが多い)
▶ 私の誕生日は母と同じです.
My birthday is *the same as* my mother's. (▶ mother's のあとには birthday が省略されている)
▶ (店で) これと同じものがありますか.
Do you have *the same* one as this?

> 🗨️表現力
> …と同じくらい〜
> → as ＋形容詞・副詞＋ as ...

▶ この犬はあの犬と同じくらいの大きさだ.
This dog is *as* big *as* that one.
▶ ぼくは健と同じくらいじょうずに泳げる.
I can swim *as* well *as* Ken.

> 📖文法 as 〜 as ... の使い方
> as と as の間にはふつう形容詞・副詞の原級がくる. また「同じほどには〜ない」と否定するときは not as 〜 as ... とする. This dog is *not as* big *as* that one. (この犬はあの犬ほど大きくない)

128 one hundred and twenty-eight

◀ おはよう

2 (似ている)similar[スィミラァ], alike[アライク]
▶ あそこにいるネコは，私にはみんな同じに
見える.
All those cats look *alike* to me.
▶ 私にも同じような経験がある.
I have had a *similar* experience.

おなら 《米》gas[ギャス]，《英》wind[ウィンド]
おならをする 《米》pass gas, 《英》
break wind

おに 鬼 (おとぎ話の) an ogre [オウガァ]；
(悪魔) a demon [ディーモン]；(鬼ごっこの)
it [イット]
▶ 鬼は外，福は内. Out with *bad luck*,
and in with good.
▶ あなたが鬼よ. You're *it*!
鬼ごっこ tag [タッグ]
▶ 鬼ごっこをしよう. Let's play *tag*.

おにいさん お兄さん a brother[ブラザァ]
→にいさん, あに

おにぎり an *onigiri*, a rice ball [ライス
ボール]

おねえさん お姉さん a sister [スィスタァ]
→ねえさん, あね

おねがい お願い a wish [ウィッシ], a
favor [フェイヴァ] →ねがい

🗨スピーキング
Ⓐ お願いがあるんですけど.
Can you do me a favor?
Ⓑ ええ，何でしょうか.
Sure. What is it?

▶ お願いがあるのですが.
Would you do me a *favor*? / (さらに
ていねいに) May I ask you a *favor*?
▶ (電話で) リエさんをお願いします.
May I speak to Rie-san, *please*?
▶ お願い，新しいブラウス買って.
Please buy me a new blouse.

おねしょ bed-wetting [ベドウェティング]
おねしょをする wet *my* bed

おの an ax [アックス]；(手おの) a hatchet
[ハチェト]

おのおの(の) 各々の each
▶ 生徒はおのおの自分のかばんを持っている.
Each student has their own bag.

おば →かぞく(図)

an **aunt** [アント] (対) おじ uncle)
▶ 私には明子おばさんと麗子おばさんとい

う2人のおばがいます. I have two
aunts, Aunt Akiko and *Aunt* Reiko.

おばあさん

(祖母) a **grandmother** [グラン(ドゥ)マザァ]
((対) おじいさん grandfather), a grandma
[グラン(ドゥ)マー]；(老人) an **old woman**
▶ おばあさんは少し耳が遠い.
My *grandmother* is a little hard of
hearing.
▶ ひいおばあさん a great-*grandmother*

おばあちゃん a grandma [グラン(ドゥ)
マー]

おばけ お化け (幽霊) a ghost[ゴウスト]；
(怪物) a monster [マンスタァ]
お化け屋敷 a haunted [ホーンティド]
house

おばさん (親せき) an aunt [アント] (▶呼
びかけるときはAuntie! [アンティ]という)；(よ
その女性) a lady [レイディ], a woman [ウ
マン] (▶呼びかけるときは ma'am という).
▶ 恵子おばさん *Aunt* Keiko
▶ おばさん，これはおばさんのですか.
Is this yours, *ma'am*?

おはよう

Good morning.

🗨スピーキング
Ⓐ おはようございます，スミス先生.
Good morning, Ms. Smith.
Ⓑ おはよう，ケン.
Good morning, Ken.

▶ 「カナ，おはよう!」「おはよう，サム!」
"Hi, Kana!" "Hi, Sam!"

💬用法 Good morning.
❶相手の名前をあとにつけることが多
い. **Good morning, Ken.** (おはよう，
ケン)
❷ **Good morning.** は午前中のあいさ
つ. 午前中ならば昼近くでも使われるの
で，「こんにちは」に相当することがある.
❸ Good を略して，単に **Morning,
Ken.** などと言うこともある.
❹ **Good morning.** はやや改まった
言い方なので，若い人どうしでは
Hello! とか **Hi!** と言うことが多い.

one hundred and twenty-nine **129**

おび ▶

おび 帯 a sash [サッシ]；(日本の) an *obi*
▶ 帯を結ぶ tie an *obi*

おびえる be frightened [フライトゥンド]
(at), be scared [スケアド] (of)
▶ 何もおびえることはない.
There is nothing to *be scared of*.

おひつじざ おひつじ座 the Ram [ラム],
Aries [エ(ァ)リーズ] **→せいざ** (表)

おひとよし お人よしの good-natured
[グドゥネイチァド]；(だまされやすい) gullible
[ガラブル]

おひなさま おひな様 a Dolls' Festival
doll [ダルズ フェスティヴァル ダル], a *Hina* doll
▶ おひなさまをかざる
display *Hina dolls* (of the Dolls'
Festival)

おひる お昼 (正午) noon [ヌーン]；(午後)
afternoon [アフタヌーン]；(昼食) lunch [ランチ]

オフィス an office [オ(ー)フィス]
オフィスビル an office building

オフェンス offense [オフェンス] (反) ディ
フェンス defense]

おふくろ お袋 (米) my mom [マム], (英)
my mum [マム]

オフサイド offside [オ(ー)フサイド]
オフサイドトラップ an offside trap
オフサイドライン an offside line

オペラ an opera [アペラ]
▶ オペラを上演する perform an *opera*

オペレーター an operator [アペレイタァ]

おぼえる 覚え memory [メモリィ]
▶ 君にそんなことを言った覚えはない.
I don't *remember* telling you that.
▶ 一度そこへ行った覚えがある.
I think I've been there once.

おぼえている 覚えている

remember [リメンバァ] (反) 忘れる forget)
(▶進行形にしない) **→おもいだす**

┌─ 💬表現力 ─────────────┐
…を覚えている **→ remember** ...
└────────────────────────┘

┌─ 🗣スピーキング ──────────┐
Ⓐ ぼくのこと覚えてる？
Do you *remember* me?
Ⓑ ええ，もちろん．ジョンでしょ．
Yes, of course. You're John,
aren't you?
└────────────────────────┘

▶ メロディーは覚えているんだけど，歌詞が
思い出せない.
I *remember* the melody but can't
remember the words.

┌─ 💬表現力 ─────────────┐
…したことを覚えている
→ remember -ing
└────────────────────────┘

▶ ここで泳いだことを覚えていますか.
Do you *remember swimming* here?

┌─ 📖文法 remember -ingとremember ─┐
to ...
過去にしたことを「覚えている」という
ときは **remember -ing** を使う.
remember to ... とすると，これから
先にすることを「覚えておく」，つまり「忘
れずに…する」という意味になる.
└────────────────────────┘

┌─ 💬表現力 ─────────────┐
…ということを覚えている
→ remember (that) ...
└────────────────────────┘

▶ いつも私がそばにいることを覚えていてね
(→忘れないでね).
Remember I'm always with you.

おぼえる 覚える

(習い覚える) **learn** [ラ〜ン] **→ならう**；(記
憶する) memorize [メモライズ], learn ...
by heart **→あんき**
▶ 1 日に単語を 5 つずつ覚えなさい.
You should *learn* five words a day.
▶ どうやって中国語を覚えたのですか.
How did you *learn* Chinese?
▶ 英語の歌の歌詞を覚えるのは難しい.
It's hard to *memorize* the words of
English songs.
▶ いっぺんに覚えようとしたらだめだよ.
Don't try to *memorize* everything all
at once.

おぼれる drown [ドゥラゥン], be
drowned
▶ かわいそうにネコが池でおぼれた.
The poor cat *drowned* in the pond.
(▶ drown は「おぼれて死ぬ」という意味)
▶ きのうプールでおぼれそうになったんだ.
I almost *drowned* in the pool
yesterday.

130　one hundred and thirty

◀ おめでとう

おぼん お盆 the Bon Festival
おまいり お参りする visit [ヴィズィト]
▶ 私たちは合格祈願のために神社にお参りした.
We *visited* the shrine to pray that we would pass our entrance examinations.

おまえ you [ユー] →あなた, きみ¹
▶ おまえってやつは,本当にしようがないなあ!
You are just impossible!

おまけ a giveaway [ギヴァウェイ]
▶ このシールはおまけです.
This sticker is a *free gift*.

おまけに
▶ おまけに (→さらに悪いことに) 雨まで降りだした.
What is worse, it started raining. / *To make matters worse*, it began to rain.

おまじない (幸運をもたらす) a charm [チャーム], (魔力をもつ) a spell [スペル]

おまちどおさま お待ち遠さま
▶ お待ちどおさま.
I'm sorry to have kept you waiting so long. / I hope I didn't keep you waiting too long. / (レストランなどで) Here is your order. (▶英米のレストランなどでは「お待たせしました」と言う文化はなく,「ご注文の品です」のように言うのが一般的)

おまもり お守り a charm [チャーム], a good luck charm
▶ 交通安全のお守り
a *lucky charm* for safe driving

西洋ではよくお守りにされる, てんとう虫, 四つ葉のクローバー, ホースシュー (蹄鉄).

おまわりさん お巡りさん a police officer [ポリース オ(ー)フィサァ] (▶呼びかけるときは Officer! [オ(ー)フィサァ] という)

おみくじ *omikuji*, a fortune-telling [フォーチュンテリング] paper strip, a fortune slip
▶ 私はおみくじを引いた. 吉だった.
I drew a *fortune slip*. It predicted good fortune for me.

おみこし an *omikoshi*, a portable shrine [ポータブル シライン]
▶ おみこしをかつぐのが好きだ.
I like to carry a *portable shrine* on my shoulder.

おみや お宮 a shrine [シライン]
おみやげ お土産 →みやげ
おむつ 〖米〗a diaper [ダイ(ア)パァ], 〖英〗a nappy [ナピィ]
▶ 赤ちゃんのおむつをかえる
change the baby's *diaper*

オムレツ an omelet [アムレト]

おめでとう

congratulations [コングラチュレイションズ] (▶複数形で使う)

🗨 スピーキング
Ⓐ おめでとう.
Congratulations!
Ⓑ ありがとう.
Thank you.

▶「ご卒業おめでとう」「ありがとう」
"*Congratulations* on your graduation!" "Thank you very much."
▶ ご結婚おめでとう.
Congratulations on your wedding! / I wish you every happiness.
▶「お誕生日おめでとう」「ありがとうございます」
"*Happy* birthday!" "Thank you very much." (▶誕生日を祝う手紙では Many Happy returns (of the day)! (今日のよき日が何度もめぐってきますように!) と書くことも多い)
▶ 新年おめでとう. *Happy* New Year!

🔖 背景 カードなどには, A Merry Christmas and a Happy New Year! とか A Merry Christmas and a Happy 2025! あるいは Season's Greetings! などと書く. →クリスマス

one hundred and thirty-one 131

おめにかかる ▶

用法 「おめでとう」と言われたら？
Merry Christmas! (クリスマスおめでとう), Happy New Year! (新年おめでとう) と言われたら，**(The) same to you.** / **Thank you. And the same to you!** / **Thank you. You, too!** などと答える.

おめにかかる　お目にかかる meet [ミート], see [スィー] →あう¹
▶ お目にかかれてうれしいです.
I'm glad to *meet* you. (▶初対面のあいさつでは meet を使う. 前に会ったことのある人の場合は see を使って I'm glad to see you. という)
▶ お目にかかれてうれしかったです.
It was nice *meeting* you. / It was nice to *have met* you. (▶初対面の人と別れるときのあいさつ)
▶ またお目にかかれればと思います.
I'd like to *see* you again.

おもい¹　重い

1 (重さが) heavy [ヘヴィ] (反 軽い light)
▶ 重い石
a *heavy* stone
▶ 去年より体重が重くなった.
I've *become heavier* since last year. / I've *gained weight* since last year.
2 (病気が) serious [スィ(ア)リアス]
▶ ぼくは今まで重い病気にかかったことがない.
I have never been *seriously* ill.
3 (気分が)
▶ 今日は気分が重い.
I feel *depressed* today.
4 (データ・画像ファイルなどが) heavy [ヘヴィ], large [ラーヂ]
▶ この画像データは重い.
This image is *heavy*.

おもい²　思い (考え) (a) thought [ソート]；(愛情) love [ラヴ]；(気持ち) feelings [フィーリングズ]；(願望) a wish [ウィッシ]
▶ 思いにふける
be lost in *thought*
▶ うちのチームが負けるなんて，思いもしなかった.
I never *thought* our team would

lose the game.
▶ こんないやな思いをするのは初めてだ.
I've never *felt* so unhappy.

おもいあたる　思い当たる
▶ 何か思い当たることはないですか.
Doesn't it *remind* you *of* something?

おもいがけない　思いがけない unexpected [アネクスペクティド] →いがい
▶ 思いがけないできごと
something *unexpected*
思いがけなく unexpectedly

おもいきって　思いきって
▶ 思いきってやってみなさい.
Go for it.
▶ さあ，思いきって言ってごらんよ.
Come on. Speak up.
▶ 彼は思いきって彼女をデートにさそった.
He *dared to* ask her out for a date.

おもいきり　思いきり as ... as one can
▶ 思いきりバットをふりなさい.
Swing the bat *as* hard *as you can*.

おもいだす　思い出す

remember [リメンバァ]；(思い出させる) remind [リマインド] ... (of) (▶主語には思い出すきっかけとなる物や人がくる)
▶ どうしても彼の名前が思い出せない.
I just can't *remember* his name.
▶ あっ，それで思い出した！
Oh, that *reminds* me! / Now I *remember*! (▶過去形にはしない)
▶ この写真を見ると学生時代を思い出す.
This picture *reminds* me *of* my school days.

プレゼン
この３年間，思い出せば楽しいことがたくさんありました.
I have many pleasant memories of the past three years.

▶ それをきのうのことのように思い出す.
I *remember* it as if it were yesterday. (▶話し言葉では were の代わりに was もよく使われる)

おもいちがい　思いちがい (a) misunderstanding [ミサンダスタンディング]
▶ それはきみの思いちがいにすぎない.
It's just your *misunderstanding*.

おもいつき 思いつき an idea [アイディ(ー)ア] →かんがえ

▸ 彼は思いつきで行動する.
He acts *without much thinking*. / He does things *on a whim*. (▸ whim [(フ)ウィム] は「気まぐれな思いつき」という意味)

おもいつく 思いつく think of

┌─ 🗨 プレゼン ─┐
適当なことばを**思いつき**ません.
I can't *think of* the right word.
└──────────┘

▸ いいことを思いついた.
I've got a good idea. / A good idea *occurred* to me.
▸ 思いつくことはこれぐらいだ.
This is all I can *think of*.

おもいで 思い出

a memory [メモリィ]
▸ 多田先生, すばらしい思い出をありがとうございました.
Ms. Tada, thank you for all the wonderful *memories*.
▸ 楽しかった思い出が胸にこみ上げてきます.
Pleasant *memories* flow into my mind. / My heart is filled with pleasant *memories*.

┌─ 🗨 プレゼン ─┐
中学時代の楽しい**思い出**がいっぱいあります.
I have a lot of happy memories from my junior high school days.
└──────────┘

▸ この旅行はたいせつな思い出になるだろう.
This trip will remain my treasured *memory*.

おもいどおり 思いどおり
▸ (私の) 思いどおりにする
go my own way / have my own way
▸ すべて思いどおりにいった.
Everything went *as I expected*.
▸ 人生はいつも思いどおりにいくわけではない.
Life doesn't always go *the way you want* (it to).

おもいやり 思いやり thoughtfulness [ソートゥフルネス], consideration [コンスィダレイション]

思いやりがある be thoughtful[ソートゥフル] (of), be considerate [コンスィダレト] (of), be kind [カインド] (to)
思いやりがない be thoughtless (of), be inconsiderate (of), be unkind (to)
▸ 彼女はいつも思いやりがある.
She's always *kind and caring*. / She's always *thoughtful*.
▸ もっと思いやりの心をもちなさい.
You should *be* more *considerate of* others. / You should *care* more *about* others.

おもう 思う

┌─ 使い分け ─┐
(考える) → think
(確信する) → believe, be sure
(推測する) → guess, be afraid
(予期する) → expect
(望む) → want, hope
(意図する) → be going to
└──────────┘

1 (考える) think [スィンク] ; (感じる) feel [フィール] ; (想像する) dream [ドリーム]

┌─ 🗨 表現力 ─┐
…だと思う → think (that) ...
└──────────┘

▸ 「このTシャツは高すぎると思う」「ぼくもそう思うな」
"I *think* this T-shirt is too expensive." "I *think* so, too."
▸ ね, ね, それって変だと思わない?
Say, don't you *think* that's strange?

┌─ 🗨 スピーキング ─┐
Ⓐ あすは晴れると思う?
Do you think the weather will clear up tomorrow?
Ⓑ うん, そう思う.
Yes, I think so.
Ⓑ いや, 晴れないと思うな.
No, I don't think so.
└──────────┘

▸ お母さんに話してみたらいいと思うよ.
I *think* you should tell your mother.
▸ ケンは来ないと思います.
I don't *think* Ken will come. (▸ 英語では, ふつう think のほうを打ち消した言い方をする)

one hundred and thirty-three 133

おもう

× I think Ken will not come.
動詞 think のほうを打ち消す．

○ I don't think Ken will come.
(▶英語では「ケンが来るとは思わない」という発想になる)

▶ 私はいつもあなたのことを思っている．
I'm always *thinking* of you.
▶ あの人をだれだと思いますか．
Who do you *think* he is?
▶ それはいい考えだと思った．
I *thought* that was a good idea. (▶過去形の thought になると，後ろの「主語+動詞」の動詞も過去形にする)

●表現力
…をどう思う
→ (どう考えているか)
What do you think of ...?
→ (どう感じているか)
How do you feel about ...?

▶ 新しい制服をどう思いますか．
What do you think of our new uniforms? / *How do you feel about* our new uniforms?
▶ まさか彼が高校受験に失敗するとは思わなかった．
I never *dreamed* (that) he would fail the high school's entrance exam.

2 (確信する) **believe** [ビリーヴ], **be sure** [シュア]

▶ 私はマミが正しいと思う．
I *believe* (that) Mami is right. (▶確信がある場合には believe を使う)

●表現力
きっと…だと思う
→ be sure (that) ...

▶ きっと彼女は成功すると思います．
I'm *sure* she will succeed.

3 (推測する) **guess** [ゲス], **suppose** [サポウズ]；(心配する) **be afraid** [アフレイド]；(予期する) **expect** [イクスペクト]

▶ あのテレビタレントは30すぎだと思うわ．
I *guess* that TV star is over thirty years old.
▶ 試験は思ったよりやさしかった．
The exam was easier than I *expected*.
▶ 電車が遅れるなんて思っていなかった．
I didn't *expect* the train would be late.

●表現力
…ではないかと思う
→ be afraid (that) ...
(▶望ましくないことを推測するときに使う)

▶ あした雨が降るんじゃないかと思う．
I'm *afraid* it will rain tomorrow.
▶ コンサートは中止されると思う．
I'm *afraid* the concert will be canceled.

4 (…したい) **want** [ワント], **would like**；(希望する) **hope** [ホウプ]

●表現力
…したいと思う
→ want to ... , would like to ...
(▶ would like のほうがひかえめ)

▶ 私はおいしいパイの作り方を習いたいと思う．I *would like to* learn how to make a good pie.
▶ 彼はジャーナリストになりたいと思っている．
He *wants to* be a journalist. / He *hopes to* be a journalist. (▶ want は意志，hope は希望を表す)

●表現力
…だといいと思う → hope (that) ...

▶ あしたは晴れればいいと思う．
I *hope* it will clear up tomorrow.

望ましいことを思う
→ hope (that) ...
望ましくないことを思う
→ be afraid (that) ...

5 (意図する) **be going to** ...

●表現力
…しようと思う → be going to ...

◀ おもちゃ

- ゴールデンウィークは北海道に行こうと思っている. We're going to go to Hokkaido for our Golden Week holidays.
- 今度の週末に健をたずねようと思ってるんだ. I'm going to visit Ken this weekend.

6 (…かしらと思う) **wonder** [ワンダァ]
- 彼女はぼくのことを覚えているだろうかと思った. I *wondered* if she would remember me.

おもさ 重さ **weight** [ウェイト]
(…の)重さがある **weigh** [ウェイ]
- 「この小包の重さはどのくらいあるの？」「10キロだよ」
"What is the *weight* of this package?" "10kg." (▶ How much does this package *weigh*? ともいう)

おもしろい

(興味・関心をひく) **interesting** [インタレスティング]; (おかしい) **funny** [ファニィ], **amusing** [アミューズィング]; (わくわくさせる) **exciting** [イクサイティング]
- おもしろい！
It's *interesting*! / I'm *interested*!
- おもしろそう！
(見るからに) It looks *interesting*! / (聞いていて) It sounds *interesting*!
- おもしろい質問だね.
That's an *interesting* question.
- その本はとてもおもしろかった.
The book was very *interesting*.
- 数学は私にはおもしろい.
Math is *interesting* to me. / I *am interested in* math.

> 「数学は私にとっておもしろい」
> × I am interesting in math.
> ↑ interesting はあるもの[こと]が人に「興味を起こさせる」ということ.
> ○ I am interested in math.
> ○ Math is interesting to me.

- 加藤先生の授業, とてもおもしろいよ.
(内容が) Mr. Kato's class is very *interesting*. / (楽しい) Mr. Kato's class is a lot of *fun*. (▶このfunは名詞)
- この本はあの本よりおもしろい. This book is more *interesting* than that one.
- 高木君はおもしろいやつだ.
(おもしろいことをする) Takagi is *funny*. / (楽しい) Takagi is *fun*.
- なんかおもしろいジョークない？
Do you have any *funny* jokes?
- その本の話はどれもとてもおもしろいよ.
All the stories in the book are very *amusing*.

> ◆表現力
> …するのはおもしろい
> → (興味をひく) It is interesting to … .
> → (楽しい) It is fun to … .

> ✎ライティング
> 他文化について学ぶことはおもしろい.
> It's interesting to learn about other cultures.

- 新しいことに挑戦するのはおもしろい.
It is fun to try new things.
- このゲーム, ほんとにおもしろいね.
This game is really *exciting*, isn't it?

> ◆用法 「おもしろい」のいろいろ
> **interesting** は「知的な興味をそそっておもしろい」. **funny** は「こっけいでおかしい」という意味. a *funny* joke (おかしな冗談). **exciting** は「わくわくしておもしろい」. an *exciting* game (おもしろい試合). **fun** は名詞で「おもしろいこと, おもしろさ」という意味.

interesting

funny

おもしろがる **be amused** [アミューズド] 〈at, by, with〉
- みんなは私の冗談をおもしろがった.
Everyone *was amused at* my joke.

おもちゃ a **toy** [トイ]

おもて ▶

- ▶ おもちゃの自動車 a *toy car*
- ▶ 子どもはおもちゃで遊ぶのが好きです. Children like playing with *toys*.
  おもちゃ店 a toy store, a toyshop
  おもちゃ箱 a toy box

おもて 表

1 (裏に対して) the **front** [フラント] (反) 裏 the back), the **face** [フェイス]
- ▶ 封筒の表 *the front* of an envelope
- ▶ (硬貨を投げて)「表か裏か?」「表!」 "*Heads* or tails?" "*Heads!*" (▶かけをしたり, 何かを決めたりするときのことば) →じゃんけん
2 (戸外に) outside [アウッサイド], out of doors →そと
- ▶ 表へ行って遊びなさい. Go and play *outside*.
3 (野球の) the **top** [タップ] (反) 裏 the bottom)
- ▶ 3回の表 *the top* of the third inning

おもな 主な

main [メイン], **principal** [プリンスィパル]; **major** [メイヂァ], **chief** [チーフ]
- ▶ 日本のおもな都市 the *major* cities of Japan
- ▶ 何がおもな理由だと思いますか. What do you think the *main* reason is?
- ▶ 宮部みゆきのおもな作品は全部読んだ. I've read all of Miyabe Miyuki's *major* works.

おもなが 面長 an oval face [オウヴァル フェイス]

おもに[1] 主に mainly [メインリィ], chiefly [チーフリィ]
- ▶ この問題集はおもに復習用に使っている. I'm using this drill book *mainly* for reviewing.

おもに[2] 重荷 a heavy load [ロウド]; (心の) a burden [バ～ドゥン]

おもり[1] お守り babysitting [ベイビィスィティング] →こもり

おもり[2] 重り a weight [ウェイト]; (釣りの) a sinker [スィンカァ]

おもわず 思わず in spite of *my*self
- ▶ 私は思わず笑ってしまった. I laughed *in spite of myself*.

- ▶ 私はうれしくて思わず涙がこぼれた. I was so happy that tears fell *in spite of myself*.

おもんじる 重んじる value [ヴァリュー]

おや[1] 親

(父または母) my **parent** [ペ(ア)レント]; (両親) my **parents**
- ▶ 親の愛情 *parental* love
- ▶ 親孝行しなさい. Be good to your *parents*.
- ▶ 私は親不孝でした (→悪い娘だった). I was a bad daughter.
- ▶ 親に感謝する気持ちを忘れないで. Don't forget to thank your *parents*.
- ▶ 親には心配をかけたくない. I don't want my *parents* to worry about me.
- ▶ この親にしてこの子あり. (ことわざ) Like *father*, like son. (▶この like は「…のような」「…に似た」の意味)

おや[2] Oh [オウ]!, Oh dear [ディア]!, Boy [ボイ]!, Well [ウェル]!
- ▶ おや, まあ. *Oh dear!*
- ▶ おや, 変だぞ. *Well*, this is strange.

おやこ 親子 parents and children [ペアレンツ アン チルドゥレン]
- ▶ パンダの親子 a panda and its baby

おやじ 親父 my dad [ダッド]

おやすみ お休みなさい

Good night. [グ(ドゥ)ナイト]

▶スピーキング

Ⓐ お父さん, おやすみなさい. Good night, Dad.
Ⓑ はい, おやすみ. Good night, son.

- ▶ おやすみ. またあした. *Good night*. See you tomorrow. (▶夜, 人と別れるときのあいさつ)

おやつ a snack [スナック], refreshments [リフレシュメンツ]
- ▶ お母さん, おやつちょうだい. Mom, can I have a *snack*? (▶ Can I have *something to eat*? などともいう)
- ▶ おやつよ! *Snack* time!
- ▶ 今日のおやつは何? What can I have for a *snack* today?

136 one hundred and thirty-six

◀ **おり**

親と子

おやゆび 親指 (手の) a thumb [サム];
(足の) a big toe [トゥ] →ゆび (図)

おゆ お湯 →ゆ

およぐ 泳ぐ

swim [スウィム]
泳ぎ swimming
泳ぐ人 a swimmer

▶ 私は泳げない. I can't *swim*.
▶ 兄 [弟] は泳ぐのがうまい.
My brother *swims* well. / My brother is a good *swimmer*.
▶ クロール [平泳ぎ, 背泳ぎ] で泳ぐ
swim the crawl [breaststroke, backstroke]
▶ この夏は海に泳ぎに行く予定だ. We're going to go *swimming* in the sea this summer. (▶ *to the sea* とはいわない)
▶ 何メートル泳げるの?
How many meters can you *swim*?
▶ きのう500m泳いだ.
I *swam* 500 meters yesterday.

およそ about [アバウト] →-くらい

および 及び **1** (続く) last [ラスト]

▶ その試合は5時間におよんだ.
The game *lasted* five hours.

2 (匹敵する) match [マッチ]

▶ 水泳ではだれもきみにおよばない. No one can *match* you in swimming.

⚑表現力
…するにはおよばない
→ **do not have to** …

▶ あしたここに来るにはおよびません.
You *don't have to* come here tomorrow. / *It isn't necessary* for you *to* come here tomorrow.

オランウータン 《動物》 an orangutan [オランゥウタン]

オランダ Holland [ハランド]; (公式名) the Netherlands [ネザランヅ]
オランダ (人・語) の Dutch [ダッチ]
オランダ語 Dutch
オランダ人 (1人) (男) a Dutchman (複数 Dutchmen), (女) a Dutchwoman (複数 Dutchwomen); (全体) the Dutch

おり a cage [ケイヂ]; (家畜などの) a pen [ペン]

one hundred and thirty-seven 137

オリーブ

オリーブ 《植物》an olive [アリヴ]
オリーブ油 olive oil
オリエンテーション an orientation [オーリエンテイション]
▶ 学校で新入生のオリエンテーションがあった.
Our school gave an *orientation* to the new students.
オリエンテーリング orienteering [オーリエンティ(ア)リング]
おりかえし 折り返し（マラソンなどの）the turn [ターン]
▶ すぐに折り返しお電話いたします.
I will call you *back* soon.
おりがみ 折り紙 origami [オーリガーミ]；（折り紙をすること）paper folding [フォウルディング]；（色紙）origami [colored] paper
▶ 折り紙でツルを折る
fold *colored paper* into a crane
オリジナル the original [オリヂナル]
オリジナルの original
おりたたみ 折り畳みの folding [フォウルディング]
▶ 折りたたみがさ a *folding* umbrella
おりまげる 折り曲げる bend [ベンド]
▶ 針金を折り曲げる *bend* a wire

おりる 下りる, 降りる

使い分け
（バス・電車などを）→ get off
（車・タクシーなどを）→ get out of
（高い所から）→ come down

get off　　come down

1（バス・電車・自転車などを）get off（反 乗る get on）；（車・タクシー・エレベーターなどを）get out of
▶ 次の駅で電車を降りよう.
Let's *get off* the train at the next station.
▶ 私はその病院でタクシーを降りた.
I *got out of* the taxi at the hospital.
▶ 自転車から降りて駐輪場まで押していった.
I *got off* the bike and walked it to the parking lot. (▶ walk a bike で「自転車を押して歩く」, walk a dog なら「犬を散歩させる」という意味になる)
2（高い所から）come down, go down
▶ 階段を降りてきなさい.
Come down the stairs.
▶ 私ははしごを降りた.
I *went down* the ladder.
▶ サルが木から降りてきた.
A monkey *came down* the tree.
▶ 彼らは山を降りてきた.
They *came down* the mountain.
3（途中でやめる）give up, quit [クウィット]
▶ (ゲームなどを) 降りた！
I'll *quit* this game!
オリンピック（大会）the Olympic Games, the Olympics [オリンピクス]
▶ オリンピックは4年ごとに開かれる.
The Olympic Games are held every four years.
▶ オリンピック開催地
venue [ヴェニュー] for *the Olympic Games*
▶ 夏季オリンピック
the Summer *Olympics* / the *Olympic* Summer *Games*
オリンピック記録 an Olympic record
オリンピック選手 an Olympic athlete
オリンピック村 an Olympic village

おる¹ 折る

（骨などを）break [ブレイク]；（折りたたむ）fold [フォウルド]
▶ 私は転んで右腕を折った.
I fell down and *broke* my right arm.
▶ 紙を半分に折ってください.
Fold the paper in half.
▶ 花を折らないでください.
Do not *pick* the flowers.
おる² 織る weave [ウィーヴ]
オルガン（パイプオルガン）an organ [オーガン]；（足ぶみ式の）a reed organ, a harmonium [ハーモウニアム]；（電子オルガン）an electric [イレクトゥリック] organ
▶ オルガンをひく
play the *organ*
オルガン奏者 an organist
オルゴール a music box (▶「オルゴール」はオランダ語から)

おわる

おれ 俺 Ⅰ[アイ] (▶英語では「おれ」も「わたくし」も「ぼく」も，1人称単数はすべてⅠで表す) →わたし

おれい お礼 thanks [サンクス] →れい¹
▶ お礼状
a letter of *thanks* / a *thank-you* letter
▶ お礼のことばもありません.
I can't *thank* you enough.

おれる 折れる break [ブレイク], be broken [ブロウクン] →おる¹
▶ この鉛筆 (のしん) はすぐ折れる.
This pencil *breaks* easily.
▶ 強風で庭の木の1本が2つに折れた.
One of the trees in the yard *was broken* in two by the strong wind.

オレンジ (木・実)an orange[オ(ー)レンヂ]；(色) orange
オレンジジュース orange juice

おろか 愚かな foolish [フーリシ] →ばか

おろす 下ろす, 降ろす

1 (高い所から) take down, get down；(幕などを) pull down
▶ 生徒たちは網だなからバッグを下ろした.
The students *got* their bags *down* from the rack.
▶ ブラインドを下ろしてくれる？
Can you *pull down* the shade?

2 (乗り物から) drop [ドゥラップ] off, let off
▶ このあたりで降ろしてくれますか.
Can you *drop* me *off* around here?

3 (お金を) get ~ out of ... , take ~ out of ...
▶ 銀行から3万円を下ろした.
I *got* 30,000 yen *out of* the bank.

おろそか おろそかにする neglect [ネグレクト]
▶ 勉強をおろそかにする
neglect my studies

おわかれかい お別れ会 a going-away party, a farewell party [フェアウェル パーティ]

おわらいげいにん お笑い芸人 a comedian [コミーディアン]

おわらいばんぐみ お笑い番組 a comedy program [カメディ プロウグラム]

おわり 終わり

an end [エンド] (反 初め beginning)
終わりの last, final
▶ (映画などで) 終わり
The End
▶ 初めから終わりまで
from beginning to *end*
▶ 私は6月の終わりに順子に会った.
I met Junko at the *end* of June.
▶ この本を終わりまで読みましたか.
Did you read this book through to the *end*?
▶ 長かった夏休みも終わりになった.
The long summer vacation has come to an *end*.
▶ (授業などで) 今日はこれで終わりです.
That's all for today. / It's time to *stop*. / Let's call it a day.
▶ ぼくたちの仲はもう終わりだ.
It's all *over* between us.
▶ 終わりまで聞きなさい.
Hear me *out*.
▶ 終わりまで言わせてください.
Let me *finish*.
▶ 終わりよければすべてよし. 《ことわざ》
All's well that *ends* well. (▶シェークスピアの同名の作品から)

おわる 終わる

(おしまいになる) be over [オウヴァ], end [エンド] (反 始まる begin)；(完了する) finish [フィニシ], be through [スルー] →おえる

🔊 **スピーキング**

Ⓐ その映画は何時に**終わるの**？
What time does the movie finish?

Ⓑ 9時20分よ.
It finishes at 9:20.

▶ 塾の授業は9時までには終わる.
Juku classes *are over* by nine.
▶ 「試験が終わるまで漫画はだめよ」と母が言った.
Mother said, "No more comic books till the exam *is over*."
▶ これで今日の放送を終わります.
This is the *end* of today's program.
▶ 部活の練習が終わって帰宅すると7時ごろになる.

おん ▶

After practice for club activities, I get home around seven.

▶ 中学校での3年間はあっという間に終わる。
The three years of junior high school *goes by* in a flash.

💬表現力
…に終わる → end in ...

▶ 文化祭は失敗に終わった。
The school festival *ended in* failure.

💬表現力
…を終わる → finish ...

「宿題，もう終わったの？」「うん，もう終わったよ」
"*Have* you *finished* your homework yet?" "Yes, I've already *finished* it."

💬表現力
…し終わる → finish -ing

▶ この本を読み終わったばかりです。
I *have* just *finished* (*reading*) this book. (▶ finish のあとには名詞か -ing 形がくる。✗finish to read とはしない)

おん 恩 kindness [カイン(ドゥ)ネス], a favor [フェイヴァ]

▶ ご恩はけっして忘れません。
I'll never forget your *kindness*.

おんがく 音楽

music [ミューズィク]

▶ 音楽の先生 a *music* teacher
▶ 音楽の授業
a *music* class
▶ 音楽を聞く
listen to *music*
▶ 音楽をかける
play *music*
▶ 私は音楽が大好きです。
I love *music*. / I like *music* very much.

💬スピーキング
🅐 どんな音楽が好きなの？
What kind of music do you like?
🅑 ロックが大好きです。
I love rock music.

音楽家 a musician [ミューズィシャン]
音楽会 a concert [カンサ(〜)ト]

音楽学校 a music school, a music academy
音楽室 a music room
音楽部 a music club

音楽のジャンルいろいろ
クラシック音楽 classical music
現代音楽 modern music
ポピュラー音楽 popular music, pop music
ジャズ jazz
ロック rock (music), rock'n'roll
ソウル soul
フュージョン fusion
ディスコ disco (music)
ラップ rap (music)
ヒップホップ hip-hop (music)
軽音楽 light music
フォーク(ソング) a folk song
歌謡曲
  a Japanese popular song
演歌
  (an) *enka*, a Japanese ballad

おんけい 恩恵 (a) benefit [ベネフィット]
おんし 恩師 *my* former teacher
おんしつ 温室 a greenhouse [グリーンハウス]

温室効果 the greenhouse effect
温室効果ガス greenhouse gas

✏ライティング
私たちは気候変動の原因となる温室効果ガスの排出を削減しなければなりません。
We must reduce the greenhouse gas emissions that is responsible for climate change.

おんじん 恩人
▶ 彼は私の命の恩人です。
I owe my life to him.
おんせい 音声 audio [オーディオウ]
▶ 映像は見えますが音声が聞こえません。
I can see the video, but I can't hear the *audio*.
音声認識 voice recognition [ヴォイス レコグニション]
おんせつ 音節 a syllable [スィラブル]
おんせん 温泉 a hot spring

140　one hundred and forty

音楽　Music

Introduction to **CLIL**

イラスト:大管雅晴

ベートーベンの交響曲第9番を聞いたことがありますか？
Have you ever listened to Beethoven's Symphony No. 9?

ベートーベンの**交響曲**第9番は、**クラシック音楽**でもっとも人気の高い曲の一つです。日本ではよく「だいく（第九）」と呼ばれます。日本語で「第9番」という意味です。この交響曲の中にある合唱曲はとても有名です。

Beethoven's **Symphony** No. 9 is one of the most popular pieces of **classical music**. It is often called "Dai-ku" in Japan. That means "No. 9" in Japanese. The *choral sections of this symphony is very famous.

*choral [kɔ́:rəl コーラル] 合唱の

Beethoven
[béit(h)ouvən ベイト(ホ)ウヴェン]

第九の呪(のろ)い
*Curse of the ninth

*curse [kə:rs カ〜ス] 呪い

ベートーベンは10番めの交響曲を完成する前に亡くなりました。つまり交響曲第9番が彼の最後の交響曲となったのです。ベートーベンの死後、著名な**作曲家たちの**中にも交響曲第9番を**作曲する**と亡くなる人がいました。

オーストリアの作曲家のマーラーは、これは「第九の呪い」のせいだと信じていました。彼は呪いをさけるために、9番めに作った交響曲に「交響曲第9番」という名前をつけず、「大地の歌」という**名前をつけました。**

Mahler
[má:lər マーラァ]

Beethoven died before he completed his tenth symphony. So his Symphony No. 9 was his last symphony. After his death, some other famous **composers** also died after **composing** their ninth symphony.

Mahler, an Austrian composer, believed this was because of the "curse of the ninth." To *avoid the curse, he didn't name his ninth symphony "Symphony No. 9," but he **named** it "The Song of the Earth."

*avoid [əvɔ́id アヴォイド] …をさける

第9交響曲を作曲後に亡くなった作曲家

Schubert
[ʃú:bərt シューバァト]
シューベルト

Bruckner
[brúknər ブルックナァ]
ブルックナー

Dvořák
[d(ə)vɔ́:rʒɑːk ドゥヴォージャーク]
ドボルザーク

one hundred and forty-one　141

おんたい ▶

イタリアの温泉. 人々は水着を着用して入る.

おんたい 温帯 the Temperate Zone [テンペレト ゾウン]
おんだん 温暖な warm [ウォーム] →あたたかい
 地球温暖化 global warming
おんち 音痴の tone-deaf [トゥンデフ]
▶ 音楽を聞くのは好きだけど, 音痴だから歌うのはきらいなんだ.
 I like listening to music, but I don't like singing because I'm *tone-deaf*.
▶ ぼくが方向音痴って知ってるでしょ.
 You know I have no sense of direction.
おんてい 音程 an interval [インタヴ(ァ)ル]; (調子) tune [テューン]
▶ 正しい音程で歌う sing in *tune*

おんど 温度

 temperature [テンペラチァ]
▶ 温度を計る take the *temperature*
▶ 温度が少し上がった[下がった].
 The *temperature* rose [fell] a little.
▶ 油の温度が高すぎる[低すぎる].
 The oil *temperature* is too high[low].

> 📢 スピーキング
> Ⓐ 温度は今何度ですか.
> What's the temperature now?
> Ⓑ 30℃です.
> It's 30 degrees Celsius.

 温度計 a thermometer [サマメタァ]
おんどく 音読する read ... aloud [アラウド]
おんどり 雄鶏 (米) a rooster [ルースタァ], a cock [カック] (対 めんどり hen) →とり(図)

おんな 女

 a woman [ウマン] ([複数] women [ウィメン])
(対 男 man); (女性) a female [フィーメイル]
(対 男性 male)
女の female
女らしい feminine [フェミニン], womanly
▶ 女の先生 a *female* teacher
▶ 女の赤ちゃん
 a baby *girl*
 女友達 (女から見て) a friend; (男から見て) a female friend (▶英語の girlfriend は「恋人」という意味になるので注意) → ガールフレンド
 女の子 a girl; (赤んぼう) a baby girl
おんぱ 音波 sound wave
 超音波 supersonic wave
おんぶ おんぶする carry ... on *my* back (▶「だっこする」は carry ... in *my* arms)
▶ そのお母さんは赤んぼうをおんぶしていた.
 The mother *was carrying* a baby *on her back*.
▶ パパ, おんぶ.
 Carry me, Daddy!
おんぷ 音符 a (musical) note [ノゥト]
▶ 私は音符 (→楽ふ) が読めない.
 I can't read *music*. / I can't read a *music score*.
オンライン オンラインの online, on-line [アンライン]
▶ 私はよくオンラインでチケットを買う.
 I often buy tickets *online*.
 オンライン英会話 online English classes [lessons]
▶ 週に1回, オンライン英会話の授業があります.
 We have *online English classes* once a week.
▶ 私は家で毎日オンライン英会話を受講しています.
 I take *online English lessons* at home every day.
 オンラインゲーム an online game
 オンライン授業 online classes [course]
 オンラインショッピング online shopping
おんわ 温和な (天気・気候が) mild [マイルド]; (人がらが) gentle [ヂェントゥル] →おだやか
▶ 温和な天気／温和な気候
 mild weather / a *mild* climate
▶ ジョージおじさんは温和な人です.
 Uncle George is a *gentle* person.

◀ **カーテン**

か カ か カ か カ

あ
か
さ
た
な
は
ま
や
ら
わ

カ 蚊〔虫〕a mosquito [モスキートゥ]〔複数〕mosquito(e)s
▶ キャンプ中に蚊にさされた.
I was bitten by *mosquitoes* while camping.

か¹ 課 (教科書の) a lesson [レスン]；(会社などの) a section [セクシン], a division [ディヴィジョン], a department [ディパートゥメント]
▶ (教科書の) 第1課
Lesson One / the First *Lesson*
▶ 経理課 the accounting *department*
課長 the chief of a section

か² 科 (動植物の) a family [ファミリィ]；(病院の) a department [ディパートゥメント]；(学校・大学の) a course [コース] →**きょうか¹**
▶ トラはネコ科に属する.
Tigers belong to the cat *family*.
▶ 普通 [商業] 科
the general [commercial] *course*

か³ 可
▶ 可もなく不可もなく.
Neither *good* nor bad.

-か

1 《疑問を示して》動詞の種類によって次のような語順になる.

使い分け
be 動詞をふくむ疑問文
→ be 動詞+主語 ...?
一般動詞をふくむ疑問文
→ Do など+主語+動詞の原形 ...?
助動詞 (can, will など) をふくむ疑問文
→助動詞+主語+動詞の原形 ...?
疑問詞 (what, when など) をふくむ疑問文
→疑問詞+ be 動詞[do など / 助動詞]+主語 ...?

▶ あなたは今, 忙しいですか.
Are you busy now?
▶ 飛行機は時間どおりに到着しましたか.
Did the plane arrive on time?
▶ あなたのお姉さんはギターをひけますか.

Can your sister play the guitar?
▶ どこに住んでいますか.
Where do you live?
2 (申し出・誘い) →-(し) ませんか
▶ 「テニスをしようか」「うん, そうしよう / いや, よそう」
"*Let's* play tennis." "Yes, let's. / No, let's not."
3 (〜か…か) 〜 or ... ；(〜か…かどちらか) either [イーザァ] 〜 or ... →あるいは
▶ 「イエス」か「ノー」か答えなさい.
Answer "Yes" *or* "No."
▶ きみがぼくか, どちらかがまちがっている.
Either you're wrong *or* I am.

ガ 〔虫〕a moth [モ(ー)ス]

-が

1 《主語を示して》
▶ おまえが悪い. *You* are wrong.
▶ テーブルに1通の手紙があった.
There was *a letter* on the table.
2 《目的語を示して》
▶ 私は犬が好きだ. I like *dogs*.
3 (しかし) but [バット] →しかし
▶ 寒かったが, 泳ぎに行った.
It was cold, *but* I went swimming.
4 (そして) and [アンド] →そして
▶ 川田先生にはお嬢さんが3人いるが, みんな教師だ.
Mr. Kawada has three daughters *and* they are all teachers.

カー a car [カー]
カーステレオ a car stereo (set)

があがあ があがあ鳴く (アヒルが) quack [クワック]

かあさん 母さん *my* mother [マザァ] →おかあさん

ガーゼ gauze [ゴーズ]

カーソル 《コンピューター》a cursor [カ〜サァ]

カーディガン a cardigan [カーディガン]

ガーデニング gardening [ガードゥニング]

カーテン a curtain [カ〜トゥン]

one hundred and forty-three 143

カード ▶

- ▶ カーテンを開けて [閉めて] ください.
  Open [Close] the *curtains*, please.
- ▶ カーテンを引く draw the *curtains* (▶ 開ける場合にも, 閉める場合にも使う)

カード a card [カード]
- ▶ クレジットカードで支払う
  pay by credit *card*
- ▶ ID カード (身分証明書)
  an ID *card* / an identity *card* / an identification *card*
- ▶ キャッシュカード
  (米)an ATM *card* / a bank *card*, (英) a cash *card*
- ▶ クリスマスカード a Christmas *card*
- ▶ バースデーカード a birthday *card*
- ▶ ポイントカード
  a reward(s) *card*, a point *card*, (英) a loyalty *card*

ガード¹ (陸橋) an overpass [オウヴァパス]
ガード² (警備) guard [ガード]
- **ガードする** protect [プロテクト], guard
- **ガードマン** a guard, a security guard (▶ ×guardman とはいわない)
- **ガードレール** a guardrail

カートリッジ a cartridge [カートゥリヂ]
カーナビ a car navigation[ナヴィゲイション] system
カーニバル a carnival [カーニヴァル]
カーネーション 《植物》a carnation [カーネイション]
カーブ (道路の) a curve [カ～ヴ], a bend [ベンド];(野球の) a curve, a curve ball
- **カーブする** curve
- ▶ カーブを投げる throw a *curve*
- ▶ 急にカーブを切る
  turn sharply / make a sharp *turn*

カーペット a carpet [カーペット]
ガーリック garlic [ガーリク]
カーリング 《スポーツ》curling [カ～リング]
カール a curl [カ～ル]
- ▶ 髪をカールする *curl* my hair
- ▶ カールした髪 *curly* hair

ガールスカウト (組織) the Girl Scouts [ガ～ル スカウツ];(個人) a girl scout
ガールフレンド a girlfriend [ガ～ルフレンド] (対) ボーイフレンド boyfriend) (▶ girlfriend は「恋人」といった親密な女友だ

ちをさすことがあるので, ふつうの友だちの場合は単に friend でよい)

かい¹ 会

1 (会合)a meeting [ミーティング];(社交的な) a party [パーティ]
- ▶ 会に出席する attend a *meeting*
- ▶ 誕生日会 a birthday *party*
- ▶ お別れ会
  a going-away *party* / a farewell *party*
- ▶ 生徒会 a student *council*
- ▶ 保護者会 a parents' *meeting*

2 (団体)(同好会)a club[クラブ];(協会など) a society [ソサイエティ]
- ▶ 会に入る join a *club*

かい² 貝 a shellfish [シェルフィシ];(貝がら) a shell
- ▶ 貝を拾う gather *shells*

かい³ 甲斐 worth [ワ～ス];(…するかいがある) worth -ing
- ▶ 努力のかいがあった.
  My hard work *has paid off*. / My efforts *have been rewarded*.
- ▶ やりがいのある仕事
  the work *worth doing*

-かい¹ …回

1 (回数) a time [タイム]
- ▶ 1 回 once
- ▶ 2 回 twice(▶two *times* ということもある)
- ▶ 1 回か 2 回 once or twice
- ▶ もう 1 回
  once more / again / one more *time*
- ▶ 数回, 何回か several *times*
- ▶ 何回も many *times* →なんかい
- ▶ 2 回目 the second *time*
- ▶ 週に 5 回 five *times* a week
- ▶ 私は 3 回京都に行ったことがある.
  I have been to Kyoto three *times*.

2 (野球の) an inning [イニング];(ボクシングの) a round [ラウンド]
- ▶ 9回の表 the top of the ninth *inning*(▶「…の裏」の場合は the bottom of …)
- ▶ (ボクシングで) 12回戦
  a twelve-*round* fight

-かい² …階

a floor [フロー(ア)], a story [ストーリィ] (▶ floor はそれぞれの階をいい, story は「…

144 one hundred and forty-four

◀ **かいがん**

階建て」のように高さをいう)

🗣 **スピーキング**

Ⓐ おもちゃ売り場は何階ですか.
What floor is the toy department on?

Ⓑ 5階です.
It's on the fifth floor. / (英) It's on the fourth floor.

(▶アメリカとイギリスでは「階」の数え方が異なる)

（米）　　（英）

《米》と《英》では図のように階の数え方が1階ずつずれる.

▶ お住まいのマンションは何階建てですか.
How many *floors* [*stories*] does your condo have?

▶ 女子トイレは1つ上［下］の階にあります.
The ladies' room is one *floor* up [down].

▶ 私たちの家は2階建てです.
Our house has two *stories*.

▶ うちは3階建ての家に住んでいます.
We live in a three-*story* house. (▶ three-*storied* としてもよい)

がい 害

harm [ハーム], **damage** [ダメヂ]
害する hurt [ハ〜ト], injure [インヂァ]

▶ 父は過労で健康を害した.
My father *injured* his health by overwork.

▶ 台風は作物に大きな害を与えた.
The typhoon did a lot of *damage* to the crops.

かいいん 会員 a member [メンバァ]

▶ 私はスヌーピー・ファンクラブの会員です.
I'm a *member* of the Snoopy Fan Club. / I *belong to* the Snoopy Fan Club.

会員証 a membership card

かいえん 開演

▶ 開演は午後7時です.
The *curtain rises* at 7 p.m.

かいおうせい 海王星 Neptune [ネプテューン] →わくせい (表)

かいが 絵画 a picture, (絵の具でかいた) a painting, (鉛筆やクレヨンなどでかいた) a drawing

かいかい 開会 the opening [オウプニング] of a meeting, the opening of an event

開会する open [オウプン] a meeting, open an event

▶ 加藤氏が開会のあいさつをした.
Mr. Kato gave an *opening* address.

開会式 an opening ceremony

かいがい 海外の overseas [オウヴァスィーズ] →がいこく

海外へ[に] abroad [アブロード], overseas

▶ 海外に留学する study *abroad*

▶ 海外からの留学生
a *foreign* student / an *overseas* student / a student from *overseas*

▶ 布施さん一家は海外で暮らしたことがある.
The Fuse family has lived *abroad*.

海外旅行 an overseas trip, traveling abroad

プレゼン

私はいつも海外旅行がしたいです.
I want to travel abroad someday.

かいかく 改革 (a) reform [リフォーム]
改革する reform

かいかつ 快活な cheerful [チアフル]

かいかん 会館 a hall [ホール]

かいがん 海岸

the **shore** [ショー(ァ)], the **seashore** [スィーショー(ァ)]; (浜辺) a **beach** [ビーチ]; (海辺) the **seaside** [スィーサイド]; (沿岸) a **coast** [コウスト]

▶ 海岸沿いを車で走った.
We drove along *the shore*.

▶ 私は毎年, 夏を海岸で過ごす. I spend every summer at *the seaside*.

one hundred and forty-five　145

がいかん ▶

💬用法 「海岸」のいろいろ
shore と **seashore** は水に接する陸地をいい，もっとも一般的に海岸をさす．**beach** は砂などがある浜辺を，**seaside** は町をふくめた海岸地帯（とくに行楽地）をいう．**coast** は広い範囲の海岸・沿岸で，地図などで使われる．

海岸線 a coastline
がいかん 外観 (an) appearance [ア ピ(ア)ランス], (a) look
かいぎ 会議 a meeting [ミーティング], a conference [カンフ(ェ)レンス] (▶後者は専門的で大きなものに使うことが多い)
▶ 会議を開く
have a *meeting* / hold a *meeting*
▶ 彼は今，会議中です．
He's in a *meeting* at the moment.
▶ 会議中（入室禁止）《掲示》
Now in *Session*. Don't Disturb
会議室 a meeting room, a conference room
かいきゅう 階級 a class [クラス]
▶ 上流階級 the upper *class*(es) (▶「中流」なら middle, 「下層」なら lower)
かいきょう 海峡 a strait [ストゥレイト], a channel [チャヌル]
▶ 津軽海峡 the Tsugaru *Straits*
▶ イギリス海峡 the English *Channel*
かいきん 皆勤 perfect attendance [パ〜フェクト アテンダンス]
かいぐい 買い食いする
▶ 帰りに買い食いをしてはいけない．
We are not allowed to *buy and eat* snacks on our way home.
かいぐん 海軍 the navy [ネイヴィ] (▶「陸軍」は army, 「空軍」は air force)
海軍の naval
かいけい 会計 (勘定)《米》a check [チェック], 《英》a bill [ビル]；(経理) accounting [アカウンティング]
▶ (飲食店などで) 会計お願いします．
Check, please. / 《英》*Bill*, please.
会計係 (経理の) an accountant；(レジの) a cashier [キャシァ]
会計士 an accountant
かいけつ 解決する solve [サルヴ]

▶ 問題を解決する *solve* a problem
解決策〔法〕a solution, an answer
かいけん 会見 an interview [インタヴュー]
▶ 記者会見 a press *conference*
がいけん 外見 (an) appearance [ア ピ(ア)ランス]
▶ 外見で人を判断してはいけない．
You should not judge people by their *appearances*.
カイコ 蚕 (虫) a silkworm [スィルクワーム]
かいこ 解雇する dismiss [ディスミス], 《口語》fire [ファイア] →くび
かいご 介護 nursing [ナ〜スィング], care [ケア]
介護する care for, nurse
▶ 彼女が私の祖母の介護をしている．
She *cares for* my grandmother.
介護福祉士 a care worker
介護施設 nursing facilities
介護保険 nursing care insurance
かいこう 開校する open a school
▶ 私たちの学校は1964年に開校した．
Our school *was opened* in 1964.
開校記念日 the anniversary of the foundation of the school
かいごう 会合 a meeting [ミーティング] →かい
がいこう 外交 diplomacy [ディプロウマスィ]
外交の diplomatic [ディプロマティク]
外交官 a diplomat [ディプロマト]
外交政策 a foreign policy
外交問題 foreign affairs

がいこく 外国

a **foreign country** [フォ(ー)リン カントゥリィ] →かいがい
外国の foreign
外国へ[で] abroad [アブロード]
▶ この夏は外国へ行きたい．
I want to go *abroad* this summer. (▶✕go to abroad とはいわない)
▶ 外国へ行ったことがありますか． Have you ever been *abroad*? / Have you ever been to *foreign countries*?
▶ きのう外国にいる兄にEメールを送った．
I emailed my brother *abroad* yesterday.
外国語 a foreign language
外国人 a foreigner [フォ(ー)リナァ]

◀ **かいすいよく**

💬用法 **foreigner** の使い方
外国人に対して **foreigner** ということばを使うと，相手の気分を害することが多いので注意．Are you a foreigner? (あなたは外国人ですか) のような質問はさけて，**Where are you from?** (どこのご出身ですか) のように聞くとよい．

▶ 外国人の先生 a *foreign* teacher / (日本で) a *non-Japanese* teacher
外国製品 foreign goods, foreign products
かいさい 開催する hold [ホゥルド]
▶ 第31回オリンピック競技大会は2016年にリオデジャネイロで開催された．
The 31st Olympic Games *were held* in Rio de Janeiro in 2016.
かいさつ 改札口 a ticket gate, a (station) turnstile [タ〜ンスタイル] (▶後者は回転式入口のこと)

1人ずつ通すための回転式入口．

▶ 駅の改札口で待ち合わせしよう．
Let's meet at the *ticket gate*.
自動改札口 an automatic ticket gate
かいさん 解散する (会・グループなどが) break up, (国会が) dissolve [ディゾルヴ]
▶ そのバンドは2010年に解散した．
The band *broke up* in 2010.
かいし 開始する start [スタート], begin [ビギン] → **はじめる**

かいしゃ 会社

(組織) a **company** [カンパニィ] (▶会社名につけるときは Co. と略す); (仕事をする場所) an **office** [オ(ー)フィス]
▶ 会社に行く
go to *work* / go to the *office* (▶ go to the ˣcompany とはいわない)
▶ お父さんは電車で会社に通勤している．My father goes to the *office* by train.
▶ きみのお父さんはどこの会社で働いてるの？ Who does your father work for? (▶ who は会社などの組織にも使える．会社名の前に at ではなく for がくるのも company を「場所」ではなく「組織」としてとらえているためである)
会社員 a company employee, an office worker (▶ salaried employee, salaried worker ということもある．「サラリーマン」は和製英語)
株式会社 a corporation, 《英》a limited company
がいしゃ 外車 an imported car [インポーティド カー], a foreign [フォ(ー)リン] car
かいしゃく 解釈 (an) interpretation [インタープリテイション]
解釈する interpret [インタープリト]
かいしゅう (集める) 回収する collect [コレクト]; (取り戻す) recover [リカヴァ]
▶ 解答用紙を回収する
collect answer sheets
かいじゅう 怪獣 a monster [マンスタァ]
がいしゅつ 外出する go out [アウト]
外出して(いる) (be) out
▶「外出してもいい？」「いいわよ」
"Can I *go out*?" "Sure."
▶ すみません，母は今，外出しています．
I'm sorry, but Mother *is out* now.
かいじょ 介助 help [ヘルプ], assistance [アスィスタンス]
介助犬 a service dog
かいじょう¹ 会場 a hall [ホール]
▶ コンサート会場 a concert *hall*
かいじょう² 海上に[で] on the sea, at sea
海上保安庁 the Japan Coast Guard
がいしょく 外食する eat out
▶ 今夜は外食にしよう．
Shall we *eat out* this evening?
かいすい 海水 seawater [スィーウォータァ] (⇔ 淡水 fresh water)
海水パンツ swimming trunks → **みずぎ**
かいすいよく 海水浴 swimming in the sea
▶ 私たちは伊豆へ海水浴に行った．
We went to Izu to *swim in the sea*. / We went *swimming* at Izu.
海水浴場 a beach, a seaside resort

かいすう 回数 the number of times
かいすうけん 回数券 a coupon [クーパン] ticket
かいせい¹ 快晴の very fine, very clear
▶ 今日は快晴です. It is *very fine* today.
かいせい² 改正 revision [リヴィジョン], amendment [アメンドゥメント]
改正する revise [リヴァイズ], amend [アメンド]
▶ 憲法を改正する
amend the constitution
かいせつ 解説 (an) explanation [エクスプラネイション]; (a) commentary [カメンタリ]
解説する explain; comment (on)
▶ ニュース解説 a news *commentary*
解説者 a commentator
かいぜん 改善 (an) improvement [インプルーヴメント]
改善する make ... better, improve
かいそう 海藻 seaweed [スィーウィード]; sea vegetable
かいぞう 改造する remodel [リーマドゥル], convert [コンヴァ~ト]
▶ 屋根裏を改造して子ども部屋にする
remodel an attic into a child's room
かいそく 快速の rapid [ラピド], high-speed [ハイスピード]
快速電車 a rapid(-service) train
かいぞく 海賊 a pirate [パイ(ア)レト]
海賊船 a pirate ship
かいたく 開拓する develop [ディヴェロプ]
開拓者 a pioneer [パイオニア]

かいだん¹ 階段

(屋内の) **stairs** [ステアズ]; (特に屋外の) **steps** [ステップス]; (1段) a stair, a step; (手すりもふくめた階段全体) a staircase [ステアケイス]
▶ 階段を上がる go up the *stairs* / (1階上に) go *upstairs*
▶ 階段を降りる go down the *stairs* / (1階下に) go *downstairs*
▶ 階段から落ちる fall down the *stairs*
かいだん² 会談 talks [トークス]
会談する talk (together), have a talk (with)
首脳会談 a summit meeting, summit talks
かいだん³ 怪談 a ghost [ゴウスト] story
ガイダンス guidance [ガイダンス]

▶ 音声ガイダンス audio *guidance*
かいちく 改築する rebuild [リービルド]
▶ 私たちの校舎は改築中だ.
Our school building *is being rebuilt*.
がいちゅう 害虫 a harmful insect [インセクト]; (全体) vermin [ヴァ~ミン]
かいちゅうでんとう 懐中電灯 (米) a flashlight [フラシライト], (英) a torch [トーチ]
かいちょう 会長 (組織の) the president [プレズ(イ)デント]
▶ 生徒会の会長
the president of the student council
かいつう 開通する open [オウプン], be opened
▶ このトンネルは10年前に開通した. This tunnel *was opened* ten years ago.
かいてい¹ 海底 the bottom of the sea
海底ケーブル a submarine cable
海底トンネル an undersea tunnel
かいてい² 改訂する revise [リヴァイズ]
改訂版 a revised edition
かいてき 快適な comfortable [カンファタブル], pleasant [プレズント]
▶ 快適な空の旅 a *pleasant* flight
かいてん¹ 回転する turn [タ~ン]; (ぐるぐる) spin [スピン] →まわる
回転ずし(店) a conveyor-belt sushi restaurant
回転木馬 a merry-go-round
回転ドア a revolving door

かいてん² 開店する open [オウプン]
▶ この店は昨年開店しました.
This store *opened* last year.
▶ 最近開店したレストラン
a newly-*opened* restaurant
▶ 本日開店《掲示》*Opening* Today
ガイド (案内人・案内書) a guide [ガイド]; (教科書の) a guide
ガイドブック a guidebook

◀ **かいもの**

かいとう¹ 解答 an answer [アンサァ]；(数学などの) a solution [ソルーション]
▶ このパズルの解答 the *solution* to this puzzle / the *answer* to this puzzle
解答する answer
解答者 (クイズ番組の) a panelist [パネリスト]
解答用紙 an answer sheet
解答欄 an answer column
かいとう² 回答 an answer, a reply [リプライ]
回答する answer, reply
かいどく 買い得
▶ これはお買い得です. This is a *bargain*. / This is a *good buy*.
かいぬし 飼い主 a keeper, an owner [オウナァ]
かいはつ 開発 development [ディヴェロプメント]
開発する develop
▶ 新製品を開発する *develop* new products
開発途上国 a developing country
かいばつ 海抜 above sea level
▶ 富士山は海抜3776mだ. Mt. Fuji is

3,776 meters *above sea level*.
かいひ 会費 membership fees [フィーズ]
がいぶ 外部 the outside [アウトゥサイド. アウトゥサイド] (反) 内部 inside)
かいふく 回復 recovery [リカヴァリィ]
回復する get well, get better, get over, recover
▶ 父は病気から回復した. My father *has recovered* from his illness.
▶ 午後になって天気は回復した. The weather *got better* in the afternoon.
かいぶつ 怪物 a monster [マンスタァ]
かいほう¹ 開放する open [オウプン]
▶ 校庭を一般に開放する *open* the playground to the public
▶ 開放厳禁 (掲示) Don't *Leave* the Door *Open*
かいほう² 解放する set ... free
▶ リンカーンは奴隷を解放した. Lincoln *set* the slaves *free*.
かいぼう 解剖する dissect [ディセクト]
▶ カエルを解剖する *dissect* a frog

かいもの 買い物

🔊 スピーキング
買い物
①売り場を聞く
🅐 すみません，婦人用品売り場はどこでしょう.
Excuse me. Where is the women's department?
🅑 2階です.
It's on the second floor.
②品物を選ぶ
🅐 いらっしゃいませ.
May I help you?
(▶店員が言う決まった言い方)
🅑 スカーフをさがしているんです.
Yes, I'm looking for a scarf.
🅐 スカーフはこちらにございます. こちらはいかがですか.
The scarves are over here. How about this one?
🅑 スカーフは母のなんです. 少しはですぎるみたい.
This is for my mother. I'm afraid it's too loud for her.
あの花柄のを見せてください.

May I see that one with the flowers?
🅐 はい，どうぞ. Here you are.
🅑 これが気に入りました. きっと母の新しいスーツに合います.
This is nice. I'm sure it'll match her new suit.
③買う
🅐 これをください. いくらですか.
I'll take this. How much is it?
🅑 消費税込みで3300円です. おくり物ですか (→ギフト用に包みますか).
It's 3,300 yen, including consumption tax. Would you like it gift-wrapped?
🅐 ええ. はい，5000円です.
Yes. Here's 5,000 yen.
🅑 1700円のおつりです.
Here's your change, 1,700 yen. ありがとうございました. またお越しください.
Thank you very much. Please come again.

one hundred and forty-nine 149

がいや ▶

shopping [シャピング]
買い物をする do the shopping, do *my* shopping, (英) go to the shops
買い物に行く go shopping

▶ 母はいつもスーパーで買い物をする.
My mother always *does her shopping* at the supermarket.

> 表現力
> …へ買い物に行く
>   → go shopping in [at] ...

▶ デパートへ買い物に行こう.
Let's *go shopping at* a department store. (▶ *to a department store* とはいわない)

▶ 渋谷へ買い物に行った.
I *went shopping in* Shibuya.

> 「渋谷へ買い物に行った」
> × I went to shopping to Shibuya.
> × I went shopping to Shibuya.
>
> go より shopping に重点が置かれているので in を使う.
>
> ○ I went shopping in Shibuya.
> ○ I went to Shibuya to shop.

買い物かご (かご) a shopping basket; (カート) a shopping cart
買い物客 a shopper
買い物袋 a shopping bag

がいや 外野 (野球) the outfield [アウトゥフィールド] (対 内野 infield)
外野手 an outfielder
外野席 the outfield bleachers

がいらいご 外来語 a loanword [ロウンワード], a borrowed [バロウド] word

かいりゅう 海流 a current [カ～レント], an ocean current
▶ 日本海流 the Japan *Current* (▶ 海流名には the をつける)

かいりょう 改良する make ... better, improve [インプルーヴ]
▶ この車はエンジンが改良されている.
This car's engine *has been improved*.

カイロ (地名) Cairo [カイ(ア)ロウ]
かいろ 懐炉 a portable body [hand] warmer
がいろ 街路 a street
街路樹 roadside trees

かいわ 会話

(a) **conversation** [カンヴァセイション], a **talk** [トーク]
▶ 英会話 English *conversation*
▶ 日常会話 everyday *conversation* / daily *conversation*
▶ 親子の会話 *conversation* between parents and children

▶ ぼくは最近, あまり親と会話をしない.
I don't *talk* much to my parents these days.

かう¹ 買う

buy [バイ] (反 売る sell); (食料・日用品を) **get** [ゲット]; **purchase** [パ～チェス]
▶ 今が買いどきだよ.
Now is the time to *buy*.

> 表現力
> …を買う → buy ...

▶ ノートを 1 冊買った.
I *bought* a notebook. / I *got* a notebook.

▶ 母はデパートでこのコートを買った.
Mother *bought* this coat at a department store.

> 表現力
> …を～から買う → buy ... from ～

▶ この DVD, ケンから買ったんだ.
I *bought* these DVDs *from* Ken.

> 表現力
> (金額) で (物) を買う
>   → buy [get] +物+ for +金額 / pay [spend] +金額+ for +物

▶ 太郎はその本を1000円で買った.
Taro *bought* the book *for* 1,000 yen.
▶ その本, いくらで買ったの？
How much did you *pay for* the book?

◀ **カエル**

> **表現力**
> (人) に (物) を買ってやる
> → buy ＋人＋物 /
>   buy ＋物＋ for ＋人

▶ 両親は私の誕生日に新しい自転車を買ってくれた.
My parents *bought* me a new bike for my birthday. (▶ *bought* a new bike *for* me としてもよい)

> **表現力**
> 買える
> → (人が) can buy /
>   (物が) available
> (▶ available は「手に入る, 利用できる」という意味)

▶ この雑誌はたいていの本屋で買えます.
This magazine is *available* at most bookstores. / You *can buy* this magazine at most bookstores.

かう² 飼う

(ペットを)**have** [ハヴ]；(飼育する)**raise** [レイズ], **keep** [キープ]

▶ うちでは犬を飼っています.
We *have* a dog at home.

> **スピーキング**
> Ⓐ ペットを飼ってますか.
> Do you have any pets?
> Ⓑ ええ, 金魚を20匹ほど.
> Yes, we have about twenty goldfish.

ガウン a gown [ガウン], a dressing gown；a robe [ロウブ]

カウンセラー a counselor [カウンスラァ]

カウンセリング counseling [カウンセリング]

▶ カウンセリングを受ける
receive *counseling* / see a counselor / talk to a counselor

カウンター a counter [カウンタァ]

カウント (野球などで) a count [カウント]
カウントする count
カウントダウン a countdown [カウントゥダウン]

かえす 返す

return [リターン], give back；(お金を) pay back；(もとの位置に) put back

> **表現力**
> …を〜に返す
> → return ... to 〜 /
>   give ... back to 〜

▶ 返してよ. それ私のよ.
Give it *back to* me. That's mine.

▶ あの本, 図書館に返したの？
Did you *return* the book *to* the library?

▶ この前貸した3000円, いつ返してくれるの？
When will you *pay* me *back* the 3,000 yen I lent you the other day?

▶ 本は本だなに返してください.
Put the book *back* on the shelf, please.

> **表現力**
> …を〜から返してもらう
> → get ... back from 〜

▶ きのう, マイクからその本を返してもらった.
I *got* the book *back from* Mike yesterday.

かえって all the more；(反対に) on the contrary

▶ さゆりは欠点があるからかえって好きだ.
I like Sayuri *all the more* for her faults.

カエデ 《植物》a maple [メイプル] (tree)

かえり 帰り →おかえり

return [リターン]

▶ 帰りを急ぐ
hurry *home* / hurry *back*

▶ 今夜は帰りが遅くなるよ.
I'll *come home* late tonight.

▶ ディズニーランドへの行きはバス, 帰りはタクシーだった.
We went to Disneyland by bus and *returned* by taxi.

帰り道に on *my* way home, on *my* way back

▶ 帰り道でマリに会った.
I met Mari *on my way home*.

カエル a frog [フロ(ー)グ], (ヒキガエル) a

one hundred and fifty-one **151**

かえる¹ ▶

toad [トゥド]
▶ カエルの子はカエル. (ことわざ)
Like father, like son.

かえる¹ 帰る

come back, **go back**, **return** [リターン] (▶話し言葉では come back, go back のほうが使われる)
▶ 学校から帰る
come home from school
▶ 帰る途中_{ちゅう}
on my way *home* / on my way *back*
▶ もう帰ろう. Let's *go home*. (▶×go to home とはいわない)
▶ 急いで帰っていらっしゃい.
Hurry *back*. / Hurry *home*.

> 🗨スピーキング
> Ⓐ 次郎はいつ帰ってきますか.
> When will Jiro come back?
> Ⓑ もうすぐ帰ってきます.
> He'll be back soon.

▶ すぐ家に帰ったほうがいいよ.
You'd better *go home* at once.
▶ ええっ, もう8時だ. 帰らなくちゃ.
Gee, it's already eight. I have to *go back*. (▶話し相手から「はなれて帰っていく」という意味では go back を使う.「年末年始は実家に帰ります」は We're going back home during our New Year's vacation.)

> 🗨スピーキング
> Ⓐ 暗くならないうちに帰ってきなさい.
> Come back before dark, dear.
> Ⓑ うん, 6時までには帰るよ.
> Okay, I'll be back by six.

▶ 加藤先生は先月奈良から帰ってきた.
Mr. Kato *returned home* from Nara last month.
▶ もうそろそろ帰らなければなりません.
I must *say goodbye* now. / I must *leave* now. / I must *go* now.

かえる² 変える, 替える, 換える

change [チェインヂ], **turn** [ターン]

> 🗨表現力
> …を変える → change …

▶ 計画を変える
change my plan
▶ 決心を変える
change my mind
▶ 話題を変えましょう.
Let's *change* the subject.
▶ チャンネルかえてもいい？
Can I *change* channels? (▶「6チャンネルにかえてもいい？」なら, Can I *change* to Channel 6? といえばよい)
▶ あなたと私の席をかえましょうか.
Shall I *change* seats with you?

> 🗨表現力
> …を～に変える
> → change [turn] … into ～

▶ この千円札を百円硬貨_か10枚にかえてください.
Please *change* this one-thousand-yen bill *into* ten one-hundred-yen coins.
▶ 熱は氷を水に変える.
Heat *turns* ice *into* water.
▶ 古いタイヤを新品にかえる
replace a worn tire with a new one

かえる³ (卵・ひなが) be hatched
▶ ひながかえった.
Chicks *came out of the eggs*. / The chicks *were hatched*.

かお 顔 →からだ (図)

1 (顔面) a **face** [フェイス]; (首から上) a **head** [ヘッド]
▶ 丸い [四角い] 顔
a round [square] *face*
▶ きれいな [ふつうの] 顔
(男) a handsome [plain] *face* / (女) a beautiful [plain] *face*
▶ 顔を洗う wash my *face*
▶ 顔を見合わせる look at each other
▶ 窓から顔を出さないでください.
Don't put your *head* out of the window. (▶英語では face ではなく head を使う)
2 (表情) a **look** [ルック] →かおいろ
顔を赤らめる blush [ブラッシ]
顔をしかめる frown [フラウン]
▶ 母は驚いた顔で私のほうをふり向いた.
My mother turned to me with a *look*

◀ **かかげる**

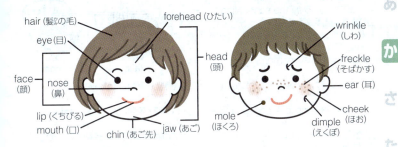

hair (髪の毛), forehead (ひたい), eye (目), head (頭), wrinkle (しわ), freckle (そばかす), face (顔), nose (鼻), ear (耳), lip (くちびる), mole (ほくろ), cheek (ほお), mouth (口), chin (あご先), jaw (あご), dimple (えくぼ)

of surprise.
▶ マキはうれしそうな [悲しそうな] 顔をしていた.
　Maki *looked* happy [sad].
▶ 彼はおこって顔が真っ赤になった.
　His *face* turned red with anger.
3 (比ゆ的に)
▶ 顔がつぶれる lose *face*
▶ …に顔がきく have influence on ...
▶ 田中さんは顔が広い.
　Mr. Tanaka knows a lot of people.

【日本語NAVI】
顔が合わせられない ☞会えない →あう¹
顔が広い ☞知っている人が多い →しる¹
顔を合わせる ☞会う →あう¹
顔を出す ☞①現れる ②出席する
　→①あらわれる ②しゅっせき
顔を見せる ☞①現れる ②出席する
　→①あらわれる ②しゅっせき

かおいろ 顔色
▶ トムはそのことばを聞くと顔色を変えた.
　Tom changed *color* when he heard those words.

【スピーキング】
Ⓐ ちょっと顔色が悪いですね.
　You look a little pale.
Ⓑ 今日はあまり気分がよくないのです.
　I don't feel so good today.

▶ 今日はとても顔色がいいですね.
　You *look* very well today.
かおり 香り (a) smell [スメル]
かおる smell
▶ よい [甘い] かおり a sweet *smell*
▶ このバラは香りがよい.

　This rose *smells* good.
がか 画家 an artist [アーティスト], a painter [ペインタァ] (▶ artist は広い意味では「芸術家」であるが, とくに「画家」をさすことが多い)
かがい 課外の extracurricular [エクストゥラカリキュラァ]
　課外活動 extracurricular activities
　課外授業 an extracurricular lesson; a supplementary lesson
かかえる 抱える hold [ホウルド]
▶ 若い女性が赤ちゃんをかかえてすわっていた.
　A young woman sat *holding* her baby in her arms.
かかく 価格 a price [プライス] →ねだん
かがく¹ 科学 science [サイエンス]
　科学の, 科学的な scientific [サイエンティフィク]
　科学的に scientifically
▶ 空想科学小説 *science* fiction (▶ sci-fi [サイファイ] または SF と略す)
　科学技術 technology
　科学者 a scientist [サイエンティスト]
　科学博物館 a science museum
　科学部 a science club

【プレゼン】
私は科学部です.
I'm in the science club.

かがく² 化学 chemistry [ケミストゥリィ]
　化学の, 化学的な chemical [ケミカル]
　化学式 a chemical formula
　化学実験室 a chemical laboratory
　化学者 a chemist
　化学反応 a chemical reaction
かかげる 掲げる (旗を) fly [フライ]; (掲示・

かかさない ▶

看板などを) put up
▶ 校旗をかかげる *fly* the school flag

かかさない 欠かさない
▶ 私は毎朝ヨーグルトを欠かさない（→いつも食べる）.
I eat yogurt every morning.

> 🎤 プレゼン
> ぼくはサッカーの練習を欠かしたことがありません.
> I've never missed soccer practice.

かかし a scarecrow [スケアクロウ]
かかと a heel [ヒール]
▶ かかとの高いくつ high-*heeled* shoes
▶ かかとの低いくつ low-*heeled* shoes

かがみ 鏡 a mirror [ミラァ]
▶ 鏡を見る look in the *mirror* （▶ look ×at the mirror とはあまりいわない）
▶ 鏡で自分の姿を見てごらん.
Look at yourself in the *mirror*.

かがむ bend [ベンド] (down)
かがやかしい 輝かしい bright [ブライト]
▶ 輝かしい未来 a *bright* future

かがやく 輝く

shine [シャイン]；(星などが) twinkle [トゥウィンクル]；(宝石などが) glitter [グリタァ]
▶ 太陽は昼輝き, 月は夜輝く.
The sun *shines* by day and the moon *shines* by night.
▶ 星が夜空に輝いていた.
The stars *were twinkling* in the night sky.
▶ ダイヤが彼女の指に輝いていた.
A diamond *was glittering* on her finger.

かかり 係

> 🎤 プレゼン
> 私は花に水をやる係です.
> I'm in charge of watering flowers.

かかる¹ 掛かる, 懸かる

> 使い分け
> (時間・手間が) → take
> (お金が) → cost
> (とりかかる) → start
> (ぶら下がる) → hang

take　　　cost

1 (時間・手間が) take [テイク]

> 表現力
> (時間・手間) がかかる → take ...

▶ この課題はたぶん2時間ぐらいかかるだろう.
This assignment will probably *take* about two hours.

> 表現力
> …するのに (時間・手間) がかかる
> → It takes ～ to ... .

▶ 学校まで自転車で行くと10分かかる.
It takes (me) ten minutes *to* go to school by bike.
▶ 「駅までどのくらいかかるの？」「ここから歩いて20分くらいだね」
"How long does *it take to* get to the station?" "It's about a twenty-minute walk from here."

2 (お金が) cost [コ(ー)スト]

> 表現力
> (お金) がかかる → cost ...

▶ お金はどれくらいかかりますか.
How much does it *cost*?

> 表現力
> …するのに (金額) がかかる
> → It costs ～ to ... .

▶ ロンドンへ行くにはいくらかかるの？
How much does *it cost to* go to London?
▶ 車を修理してもらうのにだいぶお金がかかった.
It cost a lot of money *to* have the car repaired.

3 (とりかかる) start [スタート]
▶ そろそろ仕事にかからないと.
It's about time to *start* working.

4 (ぶら下がる) hang [ハング]
▶ 大きな絵が壁にかかっていた.
A large picture *hung* on the wall. /

There was a large picture (*hanging*) on the wall.
5 (電話が) have a call
▶ 由美ちゃんから電話がかかってきた.
I *had* a phone *call* from Yumi.
6 (かぎが) be locked [ラックト]
▶ ここのドアはいつもかぎがかかっている.
This door *is* always *locked*.
7 (成否が) depend on
▶ ぼくらの優勝は今日の試合にかかっている.
Our victory *depends on* today's game.
8 (医者に) see [スィー]
▶ 医者にかかったほうがいい.
You'd better *see* a doctor.
9 (相手になる)
▶ さあ，かかってこい. Now come on!

---表現力---
- (し)かかる → be about to ...

▶ 家を出かかったとき，電話が鳴った.
I *was about to* leave when the phone rang.
かかる² (病気に) have [ハヴ], suffer [サファ] (from)
▶ 先月インフルエンザにかかった.
I *had* the flu last month.
▶ 弟ははしかにかかっている.
My brother *is suffering from* the measles.
-(にも)かかわらず though [ゾウ], in spite [スパイト] of
▶ 大雨にもかかわらず全員が出席した.
Everyone was present *though* it was raining heavily. / Everyone was present *in spite of* the heavy rain.
かかわる 関わる →かんけい
▶ 私はその件に何もかかわっていない.
I have nothing to *do with* that.
カキ¹ 柿《植物》a persimmon [パスィモン]
▶ 干し柿
a dried *persimmon*
カキ² 《貝》an oyster [オイスタァ]
カキフライ fried oysters
生ガキ raw oysters
かき¹ 夏期，夏季 summer [サマァ], summertime [サマタイム]
夏期休暇 the summer vacation
夏期講習 a summer (school) course

かき² 下記
▶ 詳細は下記のとおり.
The details are as *follows*.
▶ 下記の文を英語にしなさい.
Put the *following* sentences into English.
かき³ 垣 a fence [フェンス] →かきね
▶ 石がき
a stone *wall*

かぎ
a **key** [キー]; (錠じょう) a **lock** [ラック]

key
lock

かぎをかける lock
かぎをあける unlock
▶ 金庫のかぎ a *key* to a safe (▶×of a safe とはいわない)
▶ 合いかぎ
a spare *key* / a duplicate *key*
▶ 私は自転車のかぎをなくした.
I lost my bike *key*.
▶ 入って. かぎはかかっていないよ.
Come in. It's not *locked*.
▶ (ホテルなどで) 部屋にかぎを置いたままドアを閉めてしまったんです.
I *locked* myself out.
▶ これが問題解決のかぎだ.
This is the *key* to the problem.
かぎ穴 a keyhole
かきいれる 書き入れる fill in
▶ 空所に書き入れて文を完成せよ.
Fill in the blanks to complete the sentences.
かきうつす 書き写す copy [カピィ], copy down
▶ これらの英文をノートに書き写してください.
Copy these English sentences into your notebook, please.
かきかえる 書き換える（書き直す）rewrite [リーライト]; (更新こうしんする) renew [リ

かきかた ▶

ニュー]
かきかた 書き方 how to write
▶ マイクは漢字の書き方を覚えたがっている.
　Mike wants to learn *how to write kanji.*

かきごおり かき氷 shaved ice

かきこみ 書き込み
▶ 彼は教科書にたくさんの書きこみをしている.
　He writes a lot of *notes* in his textbooks.
　書きこむ write in, fill in, (投稿する) post
▶ そのサイトにコメントを書きこんだ.
　I *wrote* a comment on the website.

かきぞめ 書き初め *kakizome*

> **✍ライティング**
> 書き初めは新年の最初に筆で字を書く伝統的な行事です.
> *Kakizome* is a traditional event of doing calligraphy with a brush for the first time in the New Year.

かきとめ 書留 registered mail
▶ この手紙は書留でお送りください.
　Please send this letter by *registered mail.*

かきとり 書き取り (a) dictation [ディクティション]
▶ (先生の指示で) あす書き取りのテストをします.
　I will give you a *dictation* test tomorrow.
▶ 漢字の書き取り
　a *kanji writing* exercise (▶「漢字」は Chinese character としてもよい)

かきなおす 書き直す rewrite [リーライト]
▶ 私は作文を何度も書き直した.
　I *rewrote* the essay many times.

かきね 垣根 a fence [フェンス]; (生けがき) a hedge [ヘッヂ]

かきまぜる かき混ぜる mix [ミックス], stir [スター]; (卵を) beat [ビート]

かきまわす かき回す stir [スター]
▶ 紅茶に砂糖を入れ, スプーンでかき回した.
　I put some sugar in the tea and *stirred* it with a spoon.

かきゅう 下級の lower [ロウア] (反 上級の senior)
　下級生 a younger student, a lower-

class student, a lower-grade student

-(とは)かぎらない not always, not all, not every (▶部分的に否定する)
▶ 親がいつも正しいとはかぎらない.
　Parents are *not always* right.
▶ だれもがきみのように運がいいとはかぎらないんだ.
　Not all people are lucky like you.
▶ 光るものすべてが金とはかぎらない. (ことわざ)
　All that glitters is *not* gold.

かぎり 限り

1 (限度) a limit [リミト]

> **✍ライティング**
> 地球上の資源には限りがあります.
> There's a limit to natural resources on earth.

限りない limitless

2 (…だけ) only [オウンリィ], just [ヂャスト]
→だけ
▶ 今回にかぎり許してやるが, もう二度とこんなことをするんじゃないぞ.
　I'll forgive you *just* this once, but don't ever do it again.

3 (…するかぎり) (程度) as far as; (できるかぎり) as ... as possible
▶ ぼくの知るかぎりすべて順調です.
　As far as I know, everything is OK.
▶ できるかぎり早く寝なさいね.
　Go to bed *as early as possible.* / Go to bed *as* early *as* you *can.*

4 (…でないかぎり) unless [アンレス] ..., if ... not (▶どちらも後ろには文がくる)
▶ 雨が降らないかぎり, 私はそこへ行くつもりだ.
　I'm going to go there *unless* it rains.

かぎる 限る

(制限する) limit [リミト]
▶ 修学旅行のこづかいは5000円に限られている.
　My spending money during the school trip *is limited* to 5,000 yen.
▶ 寒い日はラーメンに限る.
　Nothing is better than ramen on a cold day.

156 one hundred and fifty-six

◀ かく⁵

かく¹ 書く, 描く

使い分け
(文字・文を) → write
(絵などを鉛筆・ペンで) → draw
(絵などを絵の具で) → paint

1 (文字・文を) write [ライト]

表現力
…を書く → write ...

▶ 鉛筆で書く
write with a pencil / *write* in pencil
▶ 漢字で書く
write in *kanji* / *write* in Chinese characters
▶ ここにご住所とお名前を書いていただけますか.
Would you please *write* your name and address here? (▶英米では住所より名前を先に書く)
▶ 何か書くものはありませんか.
(紙・ノートなど) Do you have anything to *write* on? /
(ペン・鉛筆など) Do you have anything to *write* with?
▶ 英語で手紙を書けるようになりたい.
I want to be able to *write* a letter in English.
▶ この詩はフランス語で書いてある.
This poem *is written* in French. (▶「書かれている」という受け身の文にする)
▶ この用紙に書いてください.
Please *fill out* this form. (▶ fill in でもよい)
▶ 彼の手紙に何て書いてあるの?
What does his letter *say*?
▶「アンカー」は英語でどう書くの?
How do you *spell* "Ankā" in English?

表現力
…に手紙を書く → write (to) ...

▶ すぐに私に手紙を書いてね.
Please *write* (*to*) me soon.
▶ 彼にお礼の手紙を書いた.
I *wrote* him a thank-you letter. / I *wrote* a thank-you letter *to* him.

2 (絵などを) (鉛筆・ペンで) draw [ドゥロー];
(絵の具などで) paint [ペイント]
▶ 地図をかく *draw* a map
▶ 円をかく *draw* a circle
▶ 油絵[水彩画]をかく
paint with oils [watercolors]
▶ 駅からうちまでの略図をかきましょう.
I'll *draw* a rough map from the station to my house.

用法 さまざまな「かく」
write は文字や文を書くこと. **draw** は鉛筆・ペンなどで線, 絵, 図をかくこと. **paint** は絵の具・ペンキなどで絵をかくこと.

かく² scratch [スクラッチ]
▶「かゆい, かゆい」「でも, かいちゃだめ」
"Itchy, itchy!" "But don't *scratch*."
▶ 蚊にさされたところをかいちゃだめよ.
Don't *scratch* the mosquito bite.

かく³ 欠く lack [ラック] →かける²

ライティング
水は私たちの生活に**欠く**ことができない.
We can't do without water. (▶ do without は「…なしで済ます」の意味)

かく⁴ 角 an angle [アングル]
▶ 鋭角 an acute *angle*
▶ 直角 a right *angle*
▶ 鈍角 an obtuse [オブテュース] *angle*

かく⁵ 核 a nucleus [ニュークリアス] (複数 nuclei [ニュークリアイ])
核の nuclear [ニュークリア]
核エネルギー nuclear energy
核家族 a nuclear family
核実験 a nuclear test

かく- ▶

核戦争 a nuclear war
核燃料 nuclear fuel
核兵器 nuclear weapons

かく- 各… (それぞれの) each [イーチ]；(どの) every [エヴリィ] (▶あとに続く名詞は単数形にする)

▶ 各階に on *each* floor
▶ 各教室にクーラーがついている.
Each classroom has air conditioning.

かぐ¹ (においを) smell [スメル]；(鼻をならして) sniff [スニフ] (at)

▶ 私はユリの花のにおいをかいだ.
I *smelled* lilies.
▶ その犬は見知らぬ人のにおいをクンクンとかいだ.
The dog *sniffed at* the stranger.

かぐ² 家具 furniture [ファ〜ニチァ]
家具を備えつける furnish

▶ 家具一式 a set of *furniture*
▶ 家具つきの部屋
a *furnished* room
▶ わが家には家具がたくさんある.
We have a lot of *furniture*.

📖**文法** furniture の数え方

furniture は数えられない名詞で，a をつけたり複数形にしたりしない. 数えるときは **a piece of furniture** (家具1点) / **two pieces of furniture** (家具2点) のようにいう.

家具店 a furniture store

がく 額 **1** (金額) an amount [アマウント], a sum [サム]

▶ 多額の金
a large *amount* of money / a large *sum* of money
▶ 少額の金
a small *amount* of money / a small *sum* of money

2 (額縁ぶち) a frame [フレイム], a picture frame

かくう 架空の imaginary [イマヂナリィ], fictitious [フィクティシャス]

▶ 架空の人物
an *imaginary* character

かくえきていしゃ 各駅停車 →かくてい
▶ 各駅停車の列車

a *local* train / a train which *stops at every station*

がくえん 学園 a school [スクール]
学園祭 a school festival

がくげいかい 学芸会 the students' musical and theatrical performances / a drama festival (▶英米には日本の学芸会と同じ形式のものはない)

かくげん 格言 a proverb [プラヴァ〜ブ] → ことわざ (表)

かくご 覚悟する be ready [レディ] (for), be prepared [プリペアド] (for)

▶ 何事があろうと覚悟はできています.
I'*m ready for* anything. / I'*m prepared for* anything.

🗨**スピーキング**

Ⓐ 覚悟はいい？
Are you ready (for it)?
Ⓑ ああ，覚悟はできてるよ.
Yes, I'm ready.

かくさ 格差 a gap [ギャップ]
格差社会 an unequal society

かくじつ 確実な certain [サ〜トゥン], sure [シュア] →きっと，たしか

▶ 健が試験に合格するのは確実だ.
Ken *is sure to* pass the exam. / I'*m sure* Ken will pass the exam.

がくしゃ 学者 a scholar [スカラァ]

がくしゅう 学習 learning [ラ〜ニング] →べんきょう

学習する learn, study →ならう, まなぶ
学習参考書 a study aid
学習者 a learner
学習塾 a *juku*, a cram school →じゅく
学習障害 a learning disability
学習机 a study desk
学習発表会 a student exhibition

かくしん¹ 確信する be sure [シュア] (of), really believe

▶ 彼女は正直だと確信している.
I *am sure* that she is honest.
▶ それについて確信がありますか.
Are you *sure* about that?

かくしん² 革新 innovation [イノヴェイション]
革新的な innovative [イノヴェイティヴ]

かくす 隠す

hide [ハイド]

◀ **かくり**

> **━表現力━**
> …をかくす → hide ...

▶ この日記は引き出しにかくしておこう.
I'll *hide* this diary in the drawer.

> **━表現力━**
> (人) に…をかくす
> → hide ... from ＋人

▶ 彼は私に何かかくしている.
He *is hiding* something *from* me.

がくせい 学生 →せいと

a **student** [ステューデント] (対 先生 teacher)
▶ 中学生
a junior high school *student*
▶ 男子 [女子] 学生
(年少) a boy [girl] *student* / (年長) a male [female] *student*
▶ 中央大学の学生
a *student* at Chuo University (▶ at を*of*としない)
学生時代 my school days
学生証 my student ID card
学生生活 my student life
学生服 a school uniform
学生割引 →がくわり

かくだい 拡大する magnify [マグニファイ]
拡大鏡 a magnifying glass

かくちょう 拡張する widen [ワイドゥン] → ひろげる

かくてい 各停 a local [ロウカル] (train)
(対 急行 express) →かくえきていしゃ
▶ その駅には各停しかとまらない.
Only *local trains* stop at the station.

かくど 角度 an angle [アングル] →かく⁴
▶ 角度を測る measure an *angle*

かくとう 格闘 a fight
格闘家 a professional fighter, (武道家) a martial [マーシャル] artist
格闘技 a combative [コンバティヴ] sport, (武道) martial arts

かくとく 獲得する get [ゲット], win [ウィン] →える
▶ 賞を獲得する *win* a prize

かくにん 確認する check [チェック], make sure 《of》, confirm [コンファ~ム]
▶ 確認させてください.

I'd like to *confirm* it. / I'd like to *check* it over.
▶ 会合の日を確認してください.
Make sure of the meeting day.
確認テスト a comprehensive test

がくねん 学年

(学校の 1 年) a **school year**; (学年) a **grade** [グレイド] → p.160 (表), ねん¹
▶ 健と私は同学年です.
Ken and I are in the same *grade*.
▶ 私の姉は私より 2 学年上だ.
My sister is two *years* ahead of me.
▶ 日本では学年は 4 月に始まり, 3 月に終わります.
In Japan the *school year* begins in April and ends in March.
学年末試験 an annual exam, 《米》 a final exam

がくひ 学費 school expenses [スクール イクスペンシズ]; (授業料) tuition fees [テューイション フィーズ]

がくふ 楽譜 a score [スコー(ァ)]; (集合的に) music [ミューズィク]
▶ 楽譜が読めますか.
Can you read *music*?
▶ 彼女は楽譜を見ないで『月光』をひいた.
She played the *Moonlight Sonata* without looking at the *score*.

がくぶ 学部 a department [ディパートゥメント]; (専門学部) a school [スクール]

かくめい 革命 a revolution [レヴォルーション]
▶ 産業革命 the Industrial *Revolution*
▶ フランス革命は1789年に起こった.
The French *Revolution* occurred in 1789.

がくもん 学問 (学習)learning [ラ~ニング]; (研究・学業) study [スタディ]
▶ 学問のある人
a *learned* person (▶ learned [ラ~ニド] の発音に注意) / (高等教育を受けた) an *educated* person
▶ 学問に王道なし. 《ことわざ》
There is no royal road to *learning*.

がくようひん 学用品 school supplies [サプライズ]; (文房具) stationery [スティショネリィ]

かくり 隔離 isolation [アイソレイション], quarantine [クウォ(ー)ランティーン]

one hundred and fifty-nine 159

学年の言い方

① grade を使った言い方

be in the ... grade という形で表す.
小学生から高校生までに使い, 1年から12年 (高校3年) まで通算して数える.
ただし, 英米では, 日本のように小学校6年, 中学校3年, 高校3年と決まっていないので注意.
- 小学1年 the first *grade*
- 小学2年 the second *grade*
- 小学3年 the third *grade*
- 小学4年 the fourth *grade*
- 小学5年 the fifth *grade*
- 小学6年 the sixth *grade*
- 中学1年 the seventh *grade*
- 中学2年 the eighth *grade*
- 中学3年 the ninth *grade*
- 高校1年 the tenth *grade*
- 高校2年 the eleventh *grade*
- 高校3年 the twelfth *grade*

▶妹は小学3年です.
My sister is in the third *grade*.
▶ぼくは中学3年です.
I'm in the ninth *grade*.

② grader を使った言い方

be a ... grader という形で表す.
grader は「…年生」にあたる言い方.
小学生から高校生まで使え, 数え方はgrade と同じ.
- 小学1年生 a first *grader*
- 小学2年生 a second *grader*
- 小学3年生 a third *grader*
- 小学4年生 a fourth *grader*
- 小学5年生 a fifth *grader*
- 小学6年生 a sixth *grader*
- 中学1年生 a seventh *grader*
- 中学2年生 an eighth *grader*
- 中学3年生 a ninth *grader*
- 高校1年生 a tenth *grader*
- 高校2年生 an eleventh *grader*
- 高校3年生 a twelfth *grader*

▶私は中学2年です.
I'm an eighth *grader*.
▶兄は高校2年です.
My brother is an eleventh *grader*.

③ year を使った言い方

be in the ～ year of ... (…学校の～年生である) という言い方で, 日本語の表現にもっとも近い. 小学生から大学生まで使える.
- 小学2年
  the second *year* of elementary school
- 中学1年
  the first *year* of junior high (school)
- 中学2年
  the second *year* of junior high (school)
- 中学3年
  the third *year* of junior high (school)
- 高校2年
  the second *year* of high school
- 大学2年
  the second *year* of college

▶弟は小学6年です.
My brother is in the sixth *year* of elementary school.
▶姉は大学1年です.
My sister is in the first *year* of college.

④ freshman, sophomore, junior, senior を使った言い方

高校生と大学生にのみ使える表現. 日本の高校は3年, 大学は4年なので下の表のように junior の指す学年がずれてくる. アメリカでは高校が4年のところもあり, その場合は大学と同じ.

学年	高校	大学
1年	a freshman	a freshman
2年	a junior	a sophomore
3年	a senior	a junior
4年	―	a senior

▶姉は高校1年です.
My sister is a *freshman* in high school.
▶兄は大学4年です.
My brother is a *senior* in college.

▶ 彼は14日間の自己隔離を行わなければならなかった. He had to be in self-*isolation* for 14 days.

かくりつ 確率 probability [プラバビリティ]

がくりょく 学力 scholastic ability [スカラスティク]
▶ ぼくは英語の学力があまりない (→英語があまりできない).
I'm poor in English.
学力テスト an achievement test

がくれき 学歴 *my* educational background, *my* academic background
▶ 鈴木さんは高学歴だ.
Mr. Suzuki is highly *educated*. / Mr. Suzuki has had a good *education*.
学歴社会 an education-oriented society, an education-conscious society

かくれる 隠れる

hide [ハイド]
▶ かくれた才能 a *hidden* talent
▶ ネコはベッドの下にかくれた.
The cat *hid* under the bed.
▶ 次郎は親にかくれてバイトしているそうだ.
I hear Jiro works part-time *without his parents knowing* it.

かくれんぼ(う) hide-and-seek [ハイドゥンスィーク]
▶ かくれんぼをしよう.
Let's play *hide-and-seek*.

> 背景 「もういいかい」にあたる言い方は **Ready or not? Here I come.** かくれたほうはふつう何も返事しない.

がくわり 学割 a student discount [ディスカウント]
▶ 学割はありますか.
Can I get a *student discount*? / Do you offer a *student discount*?

かけ 賭け a bet [ベット]; (かけ事) gambling [ギャンブリング]
かけをする bet 《on》
▶ かけてもいいよ. きっと気に入るよ.
I *bet* you will like it.

かげ 陰, 影

1 (日陰・物陰) (the) shade [シェイド]

▶ 日陰にすわろう.
Let's sit in *the shade*.
2 (影法師) a shadow [シャドウ]; (水などにうつる影) a reflection [リフレクション]
▶ 夕方は影が長くなる.
Shadows become longer in the evening.

> 用法 shade と shadow
> **shade** は光が当たらない所や光がさえぎられてできる暗い所をいう.
> **shadow** は光が物に当たってできるくっきりした影をいう.

3 (かげで [に]) behind [ビハインド]
▶ かげで人の悪口を言っちゃだめだよ.
You shouldn't talk about others *behind* their backs.

がけ 崖 a cliff [クリフ]
かけあし 駆け足 a run [ラン]
▶ タカシはかけ足でやってきた.
Takashi came *running*.
かけい 家計 (家庭の予算) a family budget; (生活費) living expenses
家計簿 a household account book
かげえ 影絵 a shadow picture [シャドウピクチャ]
かげき¹ 歌劇 an opera [アペラ]
かげき² 過激な radical [ラディカル]
かげぐち 陰口 →かげ
かけごえ 掛け声 a call, a shout
かけ声をかける call
▶ さやかに「がんばれ」とかけ声をかけた.
We *called* to Sayaka, "Do your best."
かけざん 掛け算 multiplication [マルティプリケイション] ((反) 割り算 division)
かけ算をする multiply [マルティプライ], do multiplication →かける¹
かけ算九九表 a multiplication table

かけつ ▶

かけつ 可決する pass, carry
▶ 議案は賛成多数で可決された.
The bill *was passed* by a majority vote.

かけっこ 駆けっこ a race [レイス]
かけっこをする have a race, run a race
▶ 門の所までかけっこしよう.
Let's *have a race* to the gate.

-(に)かけて
▶ 私は火曜日から金曜日にかけて留守にします. I will not be at home *from* Tuesday *to* Friday.
▶ 九州, 四国, 近畿にかけて大雨が降った.
It rained heavily *across* Kyushu, Shikoku, and the Kinki region.

かけぶとん 掛け布団 a quilt [クウィルト], 《米》a comforter [カンファタァ]

かけまわる 駆け回る run around
かけら a broken piece [ピース]

かける¹ 掛ける

使い分け
(つるす) → hang
(電話を) → call, phone
(眼鏡を) → put on, wear
(かぶせる) → put ... on, cover
(音楽, CD などを) → put on, play

1 (つるす) **hang** [ハング]; (ひもなどで) **sling** [スリング]
▶ コートをハンガーにかけなさい.
Hang your coat on a hanger.
▶ この絵, どこにかけたらいい?
Where should we *hang* this picture?
▶ 彼女はバッグを肩にかけていた.
She *was slinging* her bag over her shoulder.

2 (電話を) **call** [コール], **phone** [フォウン]
▶ あとでまた電話をかけます.
I'll *call* you again later.

スピーキング
Ⓐ 何時に電話を**おかけすれば**よろしいでしょうか.
What time would you like me to call?
Ⓑ 5 時に**かけて**ください.
Please call me at five.

3 (眼鏡を) **put on**, **wear** [ウェア] (▶ put on は「かける」という動作, wear は「かけている」という状態を表す)
▶ ミキは眼鏡をかけている. Miki *wears* glasses. / Miki *has* glasses *on*.

4 (かぶせる) **put ... on**, **cover** [カヴァ]; (毛布などを) **pull up**
▶ テーブルにそのテーブルクロスをかけてください. *Put* that tablecloth *on* the table, please. / *Cover* the table with that tablecloth, please.
▶ 私は寒いので毛布をかけた.
I felt cold and *pulled up* the blanket.
▶ やかんを火にかける
put a kettle *on* the fire

5 (音楽, CD などを) **put on**, **play** [プレイ]
▶ 音楽でもかけよう.
Let's *put on* some music.

6 (水などを) **pour** [ポー(ァ)]; (調味料などを) **put ... on**, **sprinkle** [スプリンクル] ... **on** [over]
▶ 花火のあとは, 火に水をかけてね.
Pour water on the fire after playing with the fireworks.
▶ サラダにドレッシングをかける
put dressing *on* the salad

7 (エンジンを) **start** [スタート]; (ラジオを) **turn** [**switch**] **on**
▶ エンジンがかからない.
I can't *start* the engine.

8 (かぎを) **lock** [ラック]
▶ ドアにはかならずかぎをかけてね.
Make sure you *lock* the door.

9 (時間・費用を) **spend** [スペンド] (on)
▶ 私は着る物にあまりお金をかけない.
I don't *spend* much money *on* clothes.

10 (迷惑・心配などを) **give** [ギヴ]
▶ 彼女にはたいへん迷惑をかけた.
I *gave* her a lot of trouble.

11 (すわる) **sit** [スィット] **down**

スピーキング
Ⓐ どうぞ**おかけください**.
Please have a seat.
Ⓑ どうも.
Thank you.
(▶ Please have a seat. は Please sit down. よりもていねいな表現)

162 one hundred and sixty-two

◀ **かさなる**

12 (掛け算で) multiply [マルティプライ]
▶ 3 かける 4 は 12（3×4＝12）．
3 *times* 4 is 12. →ばい
13 (ことばを) speak to
▶ あいつは女の子ならだれにでも（→会う女の子みんなに）声をかける．
He *speaks to* every girl he sees.
かける² 欠ける lack [ラック] →かく³；(一部がこわれる) break off
▶ 私は音楽的才能に欠けている．
I *lack* musical talent.
▶ コーヒーカップのふちが欠けている．
The rim of the coffee cup *is broken off*.
かける³ 駆ける run [ラン] →はしる
▶ ぼくたちは階段をかけおりた．
We *ran* down the stairs.
かける⁴ 賭ける bet [ベット]
▶ かけてもいい．ぼくが勝つよ．
I *bet* I will win.
かげん 加減 いいかげん
▶ お父さん、湯かげんはどう？
How's the bath, Dad?

かこ 過去

the *past* [パスト]（▶「現在」は present，「未来」は future）
▶ 過去に(おいて) in *the past*
▶ 過去 5 年間 for the *past* five years
▶ 過去をふり返るな．
Don't look back on *the past*.
過去形《文法》the past tense form
▶ go の過去形は went です．
The *past tense form* of "go" is "went."
過去時制《文法》the past tense
過去分詞《文法》a past participle（▶ pp. と略す）
かご a basket [バスケット]；(鳥かご) a cage [ケイジ]
▶ かごにはオレンジがいっぱい入っている．
The *basket* is full of oranges.
かこい 囲い a fence [フェンス]
▶ 古い井戸のまわりに囲いをしなさい．
Make a *fence* around the old well.
かこう¹ 加工する process [プロセス]
加工食品 processed food
かこう² 河口 the mouth of a river
▶ 利根川の河口

the *mouth of* the Tone River
かこう³ 火口 a crater [クレイタァ]
かこむ 囲む surround [サラウンド]
▶ 城は堀で囲まれている．
The castle *is surrounded* by a moat.
▶ 正しい答えを○で囲みなさい．
Circle the correct answer.

かさ 傘

(雨がさ) an **umbrella** [アンブレラ]；(日がさ) a parasol [パラソ(一)ル]
▶ 折りたたみがさ a folding *umbrella*
▶ かさをさす
open an *umbrella* / put up an *umbrella*
▶ かさをたたむ close an *umbrella*
▶ 雨が降るかもしれないから、かさを持っていきなさい．
Take an *umbrella* with you in case it rains.
▶ 私のかさに入りませんか．
How about coming under my *umbrella*?
かさ立て an umbrella stand
かさい 火災 a fire [ファイア] →かじ¹
火災報知機 a fire alarm

壁に取りつけられた火災報知機．レバーをおろすと消火システムが作動する．

火災保険 fire insurance
かさかさ (乾燥した) dry [ドゥライ]
▶ 冬は手がかさかさになる．
My hands get *dry* in winter.
がさがさ (ざらざらした) rough [ラフ]
かざぐるま 風車 a pinwheel [ピン(フ)ウィール], a whirligig [(フ)ワ〜リギグ]
かさなる 重なる (かち合う) fall on；(物の上に物がのる) be piled [パイルド] (up)
▶ 今年はこどもの日が日曜日と重なる．
Children's Day *falls on* Sunday this year.

one hundred and sixty-three 163

かさねる ▶

かさねる 重ねる (物を) pile [パイル] (up); (きちんと) stack [スタック]; (…の上に重ねる) put ~ on top of ...
▶ 彼の机の上には本が重ねてあった.
The books were *piled up* on his desk.

かさばる be bulky [バルキィ], be very big

かざむき 風向き the direction of the wind

かざり 飾り a decoration [デコレイション]
▶ クリスマスのかざり
Christmas *decorations*

かざる 飾る decorate [デコレイト]; (展示する) display [ディスプレイ], set up
▶ みんなでクリスマスツリーをかざった.
We all *decorated* our Christmas tree.
▶ 桃の節句にはひな人形をかざる.
We *display* Hina dolls for the Dolls' Festival.
▶ 彼は本当にかざらない (→ひかえめな) 人です.
He is a very *modest* man.

かざん 火山 a volcano [ヴァルケイノウ] (複数) volcano(e)s)
▶ 日本は火山が多い. There are a lot of *volcanos* in Japan. / Japan has a lot of *volcanos*.
▶ 海底火山 a submarine *volcano*
▶ 活火山 an active *volcano*
火山帯 a volcanic zone
火山灰 volcanic ash

カシ (植物) an oak [オウク]

カ氏 カ氏(の) Fahrenheit [ファレンハイト] (▶ F または F. と略す. 英米などで使われている温度の単位) →セし
▶ カ氏32度 32°*F*
(▶thirty-two degrees Fahrenheit と読む. 0℃に相当する)

カ氏とセ氏の目盛りがついた温度計.

かし¹ 菓子 (ケーキ類) (a) cake [ケイク]; (キャンディー類) (米) (a) candy [キャンディ], (英) sweets [スウィーツ]; (クッキー類) a cookie [クッキィ]; (ケーキ・キャンディー・クッキーなど全体) confectionery [コンフェクショネリィ]

① cake
② candies / sweets
③ cookies

▶ ママ, お菓子ちょうだい.
Give me some *candy*, please, Mom.
菓子店 (米) a candy store, (英) a sweet shop

かし² 貸し a loan [ロウン] →かす
▶ ビルに1000円貸しがある.
Bill *owes* me 1,000 yen.
貸し自転車 a rental bicycle
貸しボート a rental boat

かし³ 歌詞 the words [ワ~ツ] (of a song), the lyrics [リリクス]
▶ この歌の歌詞, 知ってる？
Do you know *the words of* this *song*?
歌詞カード a lyrics sheet

かじ¹ 火事 a fire [ファイア]
▶ 山火事
a forest *fire*
▶ 昨夜, 近所で火事があった.
A *fire* broke out in my neighborhood last night.
▶ 冬場は火事が多い.
There are many *fires* in winter.
▶ 火事だ！火事だ！
Fire! Fire!

かじ² 家事 housework [ハウスワ~ク], household chores [ハウスホウルド チョー(ァ)ズ]
家事をする do housework, do household chores, keep house
▶ あなたは家事を手伝っていますか.
Do you help with the *housework*? / Do you help around the house?
▶ 両親は共働きなので家事を分担している.
My parents both work so they share the *housework*.

かじ³ 舵 (船・飛行機の) a rudder [ラダァ]
かじをとる steer [スティア]

◀ **かす**

がし 餓死 starvation [スターヴェイション]
　餓死する starve to death
かしきり 貸し切りの（乗り物など）
chartered [チャータァド]；（店など）
reserved [リザ〜ヴド]
▶ 貸し切りバス
　a *chartered* bus
▶ レストランを貸し切る
　reserve the *whole* restaurant

かしこい 賢い

wise [ワイズ], **clever** [クレヴァ], **bright** [ブ
ライト], **smart** [スマート]
▶（きみは）なんてかしこい男なんだろう.
　What a *wise* man (you are)！
▶ あの女の子はかしこそうな顔をしている.
　That girl looks *bright*.

> 💬**用法** wise, clever, bright, smart
> **wise** は知識・判断力があり賢明なこ
> と. **clever** は頭がよく器用だが, 悪が
> しこさもあること. **bright** は頭がよくき
> れて学校の成績もいいこと. とくに子ど
> もに使われる. **smart** は頭がよくぬけ
> 目がないこと.

かしこまりました Certainly. [サ〜トゥン
リィ], Of course. [オヴコース, オフコース]

> 🎤**スピーキング**
> Ⓐ おくり物用に包んでいただけますか.
> 　Would you please gift-wrap it?
> Ⓑ **かしこまりました.**
> 　（男性客に）Certainly, sir. ／（女性客
> 　に）Certainly, ma'am.

かしつ 過失 a mistake [ミステイク] →あや
まち
かしや 貸し家 〘米〙 a house for rent,
〘英〙 a house to let；（掲示）〘米〙 For
Rent, 〘英〙 To Let
かしゅ 歌手 a singer [スィンガァ]
▶ ロック歌手 a rock *singer*
▶ 人気歌手 a popular *singer*
かじゅ 果樹 a fruit tree
　果樹園 an orchard [オーチャド]
カジュアル casual [キャジュアル]
▶ カジュアルウエア
　casual wear ／ *casual* clothes
かしょ 箇所（場所）a place [プレイス]；（点）

a point [ポイント]
▶ 行ってみたいところが数か所ある.
　There are several *places* I'd like to
　visit.
▶ きみの作文には5か所誤りがある.
　There are five mistakes in your
　composition.
かじょう 箇条（項目など）an item [アイテム]；
（法律など）an article [アーティクル]
　箇条書きにする itemize [アイテマイズ]
かしょくしょう 過食症 bulimia [ブリミア]
　（対）拒食症 anorexia
▶ 過食症になっている
　suffer from *bulimia*
-かしら I wonder [ワンダァ] …

> 💬**表現力**
> …かしら
> 　→ **I wonder who** [where, if など]
> 　　**… .**

▶ あの背の高い人はだれかしら.
　I wonder who that tall man is.

> 🎤**スピーキング**
> Ⓐ あすは晴れる**かしら.**
> 　I wonder if it'll be fine tomorrow.
> Ⓑ そうだといいね.
> 　I hope so.

かしらもじ 頭文字（名前の）an initial [イ
ニシャル]；（大文字）a capital (letter) [キャ
ピトゥル (レタァ)]
かじる bite [バイト]；（ネズミなどが）gnaw
[ノー]（発音注意）
▶ リンゴをかじる
　bite an apple

かす 貸す

1（物・金を）**lend** [レンド]（反）借りる
borrow）

> 💬**表現力**
> （人）に（物）を貸す
> 　→（物に重点があるとき）**lend ＋人**
> 　　**＋物** ／
> 　　（人に重点があるとき）**lend ＋物**
> 　　**＋ to ＋人**

▶ 1000円, 貸してくれない？
　Can you *lend* me 1,000 yen? ／ Can
　you *lend* 1,000 yen *to* me?

あ
か
さ
た
な
は
ま
や
ら
わ

one hundred and sixty-five　165

かず ▶

🗣 **スピーキング**

Ⓐ ペンを貸していただけませんか.
Would you please lend me your pen?

Ⓑ ええ，どうぞ.
Sure. Here you are.

▶ 手を貸して，お願い.
Give me a hand, please.
▶ トイレを貸してもらえますか.
May I *use* the bathroom?
▶ 電話，貸してくれる？
Can I *use* [*borrow*] your phone? (▶固定電話の場合にはふつう use を使い，携帯電話の場合には use と borrow のどちらも使える)

2 (有料で) rent (out)
▶ あの店は自転車を貸している.
They *rent out* bicycles at that shop.
▶ 車貸します (掲示) *Rent* a Car

かず 数

(a) **number** [ナンバァ]；(…の数) the number of ... →かぞえる
▶ 数を数える count the *number*
▶ 各クラスの生徒の数は何人ですか.

How many students are there in each class?
▶ 日本では子どもの数が減り続けている.
The number of children has been decreasing in Japan.

数多くの a lot of, lots of, a large number of, a great number of →おおく, たくさん

ガス 1 (都市ガス) gas [ギャス] (▶英語では「ガソリン」のことも gas というので注意)
▶ ガスをつける [消す]
turn on [off] the *gas*
▶ 天然ガス natural *gas*
▶ 排気ガス
exhaust [イグゾースト] (gas)
2 (腸内の) gas
ガスストーブ a gas heater (▶a gas stove は料理用の「ガスコンロ」のこと)
ガス代 the gas charge
ガス中毒 gas poisoning
ガス湯わかし器 a gas water heater
ガスレンジ 《米》a gas range, 《英》a gas cooker

かすかな (光・音・力などが) faint [フェイント]；(ぼんやりした) dim [ディム]
▶ かすかな音

数 (かっこの中は序数とその略語. ＊はつづりに注意)

1 one (first, 1st)	21 twenty-one
2 two (second, 2nd)	22 twenty-two
3 three (third, 3rd)	30 thirty
4 four (fourth, 4th)	40 forty＊
5 five (fifth＊, 5th)	50 fifty
6 six (sixth, 6th)	60 sixty
7 seven (seventh, 7th)	70 seventy
8 eight (eighth＊, 8th)	80 eighty
9 nine (ninth＊, 9th)	90 ninety
10 ten (tenth, 10th)	100 one hundred
11 eleven	101 one hundred (and) one
12 twelve	200 two hundred
13 thirteen	1,000 one thousand
14 fourteen	1万 ten thousand
15 fifteen	10万 one hundred thousand
16 sixteen	100万 one million
17 seventeen	1000万 ten million
18 eighteen	1億 one hundred million
19 nineteen	10億 one billion
20 twenty	0 zero

◀ **かそう**

a *faint* sound / a *very low* sound
▶ かすかな記憶
a *dim* memory / a *vague* memory
かすかに vaguely；dimly
▶ 子どものころにそこへ行ったのをかすかに覚えている.
I *vaguely* remember I went there when I was a child.

カスタネット《楽器》castanets [キャスタネッツ]（▶ふつう複数形で使う）
▶ カスタネットを鳴らす click *castanets*

カステラ (a) sponge cake [スパンヂ ケィク]（▶「カステラ」はポルトガル語から）

かすみ (a) haze [ヘイズ], (a) mist [ミスト]
かすむ be hazy；(目が) be dim [ディム]
▶ 涙で目がかすんだ.
My eyes *were dim* with tears.

かぜ¹ 風

(the) wind [ウィンド]（▶ wind に形容詞がつくときは a をつけることが多い）；(そよ風) a breeze [ブリーズ]
▶ 強い風が吹いている.
The wind is blowing hard. / It*'s blowing* hard.
▶ 暖かい風が吹いていた.
A warm *wind* was blowing.
▶ 冬になると，冷たい北風が吹く.
In winter cold *winds* blow from the north.（▶くり返し吹く風は複数形にする）
▶ 今日は風がまったくない.
There is no *wind* at all today.
▶ 風が出てきた. It's getting *windy*.
▶ 風がおさまってきた.
The wind is dropping. / *The wind* is dying down.
▶ 今日は風が強いですね.
It's *windy* today, isn't it?
▶ いい風が入ってきます.
A nice *breeze* is blowing in.

かぜ²

(病気の) (a) cold [コウルド]；(インフルエンザ) influenza [インフルエンザ], (the) flu [フルー]
▶ かぜをひく catch (a) *cold*
▶ かぜをひいている have a *cold*
▶ ぼくはかぜをひいている.
I have a *cold*.（▶ ✕I'm having a cold.

とはいわない）
▶ 姉は鼻かぜをひいている.
My sister has a head *cold*.（▶ ✕nose cold とはいわない）
▶ 家族全員かぜをひいた.
The whole family had *colds*.（▶複数形の colds を使う）
▶ ぼくはかぜ気味なんだ.
I have a slight *cold*.
▶ 母はひどいかぜをひいている.
My mother has a bad *cold*.
▶ かぜをひかないようにね.
Be careful. Don't catch (a) *cold*. / Take care not to catch (a) *cold*.
▶ 友だちのかぜがうつった.
I caught (a) *cold* from a friend. / I got (a) *cold* from a friend.
▶ かぜで3日間寝ていました. I've been in bed for three days with a *cold*.
▶ 佐藤先生は今日はかぜでお休みです.
Mr. Sato is absent today because he has a *cold*. / Mr. Sato is absent with a *cold* today.
▶ かぜがはやっています.
The flu is going around.
▶ やっとかぜがなおった.
I finally got over my *cold*.
かぜ薬 cold medicine
▶ かぜ薬を飲む take *cold medicine*

かせい 火星 Mars [マーズ] →**わくせい**(表)
火星人 a Martian [マーシャン]

かせき 化石 a fossil [ファス(ィ)ル]
化石燃料 fossil fuel

かせぐ 稼ぐ earn [ア〜ン]
▶ 最新型のコンピューターを買うお金は自分でかせぎなさい.
Earn money to buy the latest computer by yourself.

かせつ 仮設の temporary [テンポレリィ]
仮設住宅 temporary housing

カセット a cassette [カセット]

かせん 下線 an underline [アンダライン]
下線を引く underline
▶ 重要語に下線を引きなさい.
Underline the important words.

かそう 仮装
▶ 子どもたちはハロウィーンの仮装をしていた.
The children *were wearing* Halloween *costumes*.

あ

か

さ

た

な

は

ま

や

ら

わ

one hundred and sixty-seven　167

かぞえる ▶

仮装行列 a costume parade, a fancy dress parade

かぞえる 数える

count [カウント]
▶ 指で1から10まで数えなさい. Count from one to ten on your fingers.
▶ 2, 4, 6, 8, …と数える count by twos (▶「3, 6, 9, 12, …と数える」なら count by threes という)

かぞく 家族

(全体) a **family** [ファミリィ]; (1人1人) a family member

🗣スピーキング
Ⓐ 家族は何人ですか.
　How many people are there in your family?
Ⓑ 3人です.
　Three.

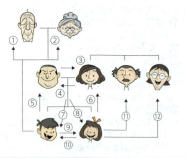

▶ 山田さんの家族 the Yamadas / the Yamada *family* →いっか
▶ うちは4人家族です.
We are a *family* of four. / There are four people in my *family*.
▶ うちの家族はみんな仲がいい.
My *family* is very close.
▶ うちの家族はみんなネコが好きだ.
All my *family members* like cats.
▶ 私の家族の写真を何枚かお送りします.
I am sending you some pictures of my *family*.
▶ 京子のうちは家族が多い[少ない].
Kyoko's *family* is large [small]. / Kyoko has a large [small] *family*. (▶×Kyoko has many families. とはいわない)
▶「ご家族のみなさんはいかがですか」「みんな元気です. ありがとう」
"How is your *family*?" "They're all fine, thank you."
▶ 2つの家族が同じ家に住んでいます.
Two *families* live in the same house.

📖文法 **family** の使い方
❶家族全体を1つのまとまりとみて表すときは単数あつかい. 家族の1人1人を表す場合は複数あつかいにする. ただし,《米》では単数あつかいのことも多い.
❷ **families** は, いくつかの「家族・世帯」があることを表す.

ガソリン《米》gas [ギャス], gasoline [ギャソリーン],《英》petrol [ペトゥロル]
ガソリンスタンド《米》a gas station,《英》a petrol station, a filling station (▶×gasoline stand とはいわない)

家族 ① grandfather (おじいさん) ▶「孫むすこ」は grandson,「孫むすめ」は granddaughter という. ② grandmother (おばあさん) ③ wife (妻) ④ husband (夫) ⑤ father (お父さん) ⑥ mother (お母さん) ⑦ son (むすこ) ⑧ daughter (むすめ) ⑨ sister (女のきょうだい) ⑩ brother (男のきょうだい) ⑪ uncle (おじさん) ▶「おい」は nephew,「めい」は niece という.「いとこ」は cousin という. ⑫ aunt (おばさん)

かた¹ 肩 →からだ (図)

- a shoulder [ショウルダァ] (▶日本語の「肩」よりも広く上背部をさす)
- 肩をすくめる shrug my *shoulders* (▶困ったときやあきらめたときのジェスチャー)
- 肩の力を抜いて．
Relax your *shoulders*.
- 先生がぼくの肩をポンとたたいた．
Our teacher tapped me on the *shoulder*.
- 肩がこってるんだ．
I have stiff *shoulders*.
- 発表が終わって，肩の荷が下りた．
The presentation is over, and a big load has been lifted from my *shoulders*.

> **日本語NAVI**
> 肩入れする ☞ひいきする →ひいき
> 肩を落とす ☞がっかりする →がっかり
> 肩を並べる ☞同じくらいすごい
> →おなじ，すぐれる
> 肩を持つ ☞味方になる →みかた¹

かた² 型 (共通の特性) a type [タイプ]；(様式) a style [スタイル]；(自動車などの型) a model [マドゥル]；(形) a form [フォーム]

- 2020年型の車
a 2020 *model* car
- 「血液型は何型？」「A 型だよ」
"What's your blood *type*?" "*Type* A."
- 最新型のスマホ
the latest *models* of smartphones

かた³ 方

- あそこにいらっしゃるかたはどなたですか．
(男性の場合) Who is that *gentleman* over there? / (女性の場合) Who is that *lady* over there?

-かた …方 (気付き) c/o, c.o. (▶in care of [ケ(ア)ロヴ] と読む)

- ジョン・スミス様方，キャシー・ミラー様
Ms. Cathy Miller *c/o* Mr. John Smith

-(し)かた …(し)方 a way [ウェイ] of -ing, how to ... →しかた

- この本が私の考え方を変えました．
This book changed my *way of thinking*.

かたい 堅い，硬い，固い

1 (物が) hard [ハード] (反 やわらかい soft)；(固形の) solid [サリド] (反 液状の liquid)；(肉などが) tough [タフ] (反 やわらかい tender)
- 鉄はかたい．Iron is *hard*.
- このステーキ，かたすぎてかめないよ．
This steak is too *tough* to chew.
- シャーベットは凍ってかたくなった．
The sherbet has frozen *solid*.

2 (強固な) firm [ファ～ム], strong [ストゥロ(ー)ング]
- かたい約束 a *firm* promise
- ぼくたちはかたい友情で結ばれている．
We have a *strong* friendship.

3 (比喩的に)
- 私は口がかたいのよ (→私のくちびるは封をされている)，だから話して．
My lips *are sealed*, so tell me about it.
- きみが考えているほど彼は頭がかたくないよ (→がんこじゃないよ)．
He's not as *stubborn* as you think.

かだい 課題 (問題) a problem [プラブレム]；(宿題) an assignment [アサインメント], homework

かたおもい 片思い unrequited [アンリクワイティド] love, one-sided love

- 私の片思いだった．
My love *was not returned*.
- 私，彼に片思いしてるの．
I *have a crush on* him. (▶「彼に夢中だ」という意味)

ガタガタ

- 風で窓ガラスがガタガタ鳴った．
The windows *rattled* in the wind. / The windows *made a lot of noises* in the wind. / The wind *rattled* the windows.
- 彼は恐怖でガタガタふるえていた．
He *was shaking* with fear.

かたかな 片仮名 (全体) *katakana*；(1文字) a *katakana* character

- 外来語はカタカナで書く．
Loanwords are written in *katakana*. / We use *katakana* for loanwords.

かたがわ 片側 one side
片側通行 (掲示) One Side Only

かたく ▶

かたく 堅く, 硬く, 固く

1 (固まって) **hard** [ハード]; (しっかりと) **tightly** [タイトゥリィ]
▶ かたくゆでた卵
a *hard*-boiled egg
▶ くつひもをかたく結ぶ
tie my shoelaces *tightly*

2 (強固に) **firmly** [ファ〜ムリィ]
▶ 彼女は彼の無罪をかたく信じている.
She *firmly* believes in his innocence.
かたくなる
▶ そうかたくならないで.
Take it easy. / Don't be so *nervous*.
▶ だれでも試合の前はかたくなるものです.
Everybody *becomes nervous* before a game.

かたくるしい 堅苦しい **formal** [フォーマル]
▶ かたくるしいあいさつ
(very) *formal* greetings

かたぐるま 肩車 a **piggyback ride** [ピギィバック ライド]
▶ 彼は娘を肩車した.
He gave his daughter a *piggyback ride*. / He *carried* his daughter *on his shoulders*.

かたち 形

(a) **shape** [シェイプ], (a) **form** [フォーム]

> 🗣スピーキング
> Ⓐ そのおもちゃはどんな形なの？
> What shape is the toy? / What does the toy look like?
> Ⓑ 卵みたいな形だよ.
> It looks like an egg.

▶ 葉っぱの形のお皿
a plate in the *shape* of a leaf
▶ その花だんは形が丸い.
The flower bed is round in *shape*.
▶ イタリアは長ぐつのような形をしている.
Italy *is shaped* like a boot.
形づくる shape, form

かたづく 片づく **1** (整とんされている) **neat** [ニート], **tidy** [タイディ] (反 散らかった untidy), **in order**
▶ 兄さんの部屋はいつもかたづいている.
My brother's room is always *neat*.
▶ 家の中はきちんとかたづいている.
Everything in our home *is in order*.

2 (仕上がる) **be finished**
▶ 宿題は夕食前にかたづいた.
My homework *was finished* before supper.

かたづける 片づける

1 (整とんする) **put ... in order**; (散らかっている物をとり除く) **clear up**; (きれいにそうじする) **clean up**; (物をほかの場所へしまう) **put ... away**
▶ 部屋をきちんとかたづけなさい.
Put your room *in order*. / *Clear up* your room.
▶ (食事が終わって) テーブルをかたづけてくれる？
Can you *clear* the table?

2 (仕上げる) **finish** [フィニシ]; (解決する) **clear up**, **settle** [セトゥル]
▶ もう数学の宿題はかたづいた.
I've already *finished* the math homework.

カタツムリ a **snail** [スネイル]

triangle
(三角)

square
(正方形)

circle
(円)

oval
(だ円)

rectangle
(長方形)

heart
(ハート形)

crescent
[クレスント]
(三日月形)

cylinder
(円柱形)

cube
(立方体)

cone
(円すい)

sphere
(球)

diamond
(ひし形)

star
(星形)

parallelogram
(平行四辺形)

かたな 刀 a sword [ソード]
かたほう 片方 (片側) one side;(2つのうちの)(片方) one [ワン], (もう片方) the other [ズィ アザァ] →いっぽう
▶ 手袋を片方なくした.
I lost *one* of my gloves.
かたまり 塊 (比較的小さい) a lump [ランプ]; (大きい) a mass [マス]
▶ ねん土のかたまり
a *lump* of clay
かたまる 固まる (固くなる) harden [ハードゥン]; (液体などが) set [セット]
かたみち 片道 one way
▶ 横浜駅まで片道350円です.
The *one-way* fare to Yokohama is 350 yen.
片道切符 (米) a one-way ticket, (英) a single, a single ticket
かたむく 傾く (ななめになる) lean [リーン]; (日が) set [セット]
▶ 日が傾いた.
The sun *is setting*.
▶ この塔は左に傾いている.
This tower *leans* to the left.
かたむける 傾ける (ななめにする) tilt [ティルト], lean [リーン]; (耳を) listen [リスン] (to)
▶ 首をゆっくり左に傾けて.
Slowly *tilt* your head to the left side.
▶ 町田先生は生徒の声によく耳を傾けてくれる.
Mr. Machida *listens* carefully *to* his students.
かためる 固める (固くする) harden [ハードゥン]; (液体などを) set [セット]
かためん 片面 one side [サイド]
かたよる 偏る (不公平である) be partial [パーシャル]; (偏見がある) be prejudiced [プレデュディスト], be biased [バイアスト]
▶ 栄養のかたよった食事
unbalanced meals
▶ 彼の意見は少しかたよっている.
His opinion *is* a little *partial*.
かたる 語る talk [トーク], tell [テル]
▶ 私は自分の人生観を語った.
I *talked* about my view of life.
語り手 a narrator
カタログ a catalog [キャタロ(ー)グ], a catalogue

かだん 花壇 a flower bed

かち¹ 価値

value [ヴァリュー], **worth** [ワ〜ス]
価値のある valuable [ヴァリュアブル] (反 価値のない valueless, worthless); (役立つ) useful (反 役に立たない useless)
▶ 価値のある本
a *valuable* book
▶ 価値のない指輪
a *valueless* ring / a *worthless* ring
▶ この絵の価値はどのくらいですか.
What is the *value* of this picture? / How much is this picture *worth*?
▶ この切手は大変な価値がある.
This stamp is really *valuable*. / This stamp is of great *value*.

> 💬表現力
> …(の) 価値がある → be worth ...
> …する価値がある → be worth -ing

▶ この皿は10万円の価値がある.
This plate *is worth* 100,000 yen.
▶ それはやってみるだけの価値がある.
It's *worth trying*. / It's *worth* a try.
かち² 勝ち (a) victory [ヴィクト(ゥ)リィ] (反 負け defeat)
▶ きみの勝ちだ.
You *win*. / The game is yours.
▶ 早い者勝ち.
First come, first served.
-(し)がち tend to ... , be apt to ...
▶ 若者は夜ふかししがちだ.
Young people *tend to* stay up late.
▶ 母は病気がちだ.
Mother gets sick *easily*.
かちかち (音を立てる) tick [ティック]; (固い) hard
▶ 時計がかちかちと動いている.
The clock *is ticking*.
▶ 水がかちかちにこおった.
The water has frozen *hard*.
かちく 家畜 farm animals, domestic [ドメスティク] animals; (集合的に) livestock [ライヴスタク]
▶ 家畜を飼う
raise *livestock*
ガチャン
▶ ガチャンと皿の割れる音がした.

かちょう ▶

There was a *crash* of breaking dishes. →おと (図)

かちょう 課長 the section chief [セクションチーフ]

ガチョウ 《鳥》a goose [グース] (複数 geese [ギース])

カツ 《料理》a cutlet [カトゥレット]
▶ とんカツ
a fried pork *cutlet*

かつ 勝つ

(試合・レースなどに) win [ウィン] (反 負ける lose)；(相手に) beat [ビート]
▶ 勝った！
I *won*! (▶「負けた」は I lost.)
▶ うちのチームが7対5で試合に勝った.
Our team *won* the game by 7 to 5.

┌─💬表現力───────────┐
…に勝つ → beat ...
└────────────────┘

▶ テニスで森くんに勝った.
I *beat* Mori at tennis. (▶ ×I won Mori ... とはいわない)

┌─💬用法 win と beat ──────┐
win は試合などに「勝つ」ことで，game, match, race などを目的語とする. beat は相手 (人・チーム) に「勝つ」「相手を負かす」こと.
└─────────────────┘

カツオ 《魚》a bonito [ボニートウ] (複数 bonito)

がっか 学科 a subject [サブヂェクト], a school subject →きょうか¹

がっかつ 学活 (学級活動) homeroom activities [アクティヴィティズ]

がつがつ がつがつ(と) greedily [グリーディリィ]
▶ がつがつ食べる
eat *greedily*

がっかり がっかりする be disappointed [ディサポインティド] (at, with, in, by), be discouraged [ディスカ～レヂド]
▶ がっかりだよ.
I'm *disappointed*. / How *disappointing*!
▶ がっかりするなよ.
Don't *be discouraged*! / Don't *lose heart*!

┌─💬表現力───────────┐
…にがっかりする→be disappointed
　　　　　　　at [with, in, by] ...
(▶前置詞 at は原因・理由，with は物や人，in は人やその行為や物など，by は出来事などに使う)
└────────────────┘

▶ 私はそのニュースにがっかりした.
I *was disappointed at* the news.
▶ 私はその映画にがっかりした.
I *was disappointed with* the movie.
▶ 小林さんが来なかったのでがっかりした.
I *was disappointed* (that) Mr. Kobayashi didn't come.

かっき 活気のある lively [ライヴリィ]
活気のない dull [ダル]
▶ 朝の市場は活気に満ちている.　The market is full of *life* in the morning.

がっき¹ 学期 (3学期制の) 《米》a trimester [トライメスタァ], 《英》a term [タ～ム]；(2学期制の) 《米》a semester [セメスタァ]
▶ 1学期 the first *term*
▶ 2学期 the second *term*
▶ 3年の3学期
the third *term* of the third year
▶ 1学期は4月8日から始まり，7月19日で終わる.　The first *term* starts on April 8 and ends on July 19.
▶ 日本の中学は3学期制です.
Japanese junior high schools use a *trimester* system. / In Japanese junior high schools, there are three *terms*.
▶ アメリカでは新学期 (→新学年) は9月に始まる.
In the United States the new *school year* starts in September.
学期末試験 a term exam →しけん

がっき² 楽器 a musical instrument

┌─🔊スピーキング──────────┐
Ⓐ 楽器は何をひきますか.
What musical instruments do you play?
Ⓑ ピアノをひきます.
I play the piano.
(▶「楽器の演奏をする」というときには楽器名の前にふつう the をつける)
└────────────────┘

楽器店 a musical instrument store

◀ **がっこう**

楽器 (musical instruments)
①**管楽器** (wind instruments)
フルート flute
ピッコロ piccolo
クラリネット clarinet
オーボエ oboe
バスーン bassoon
リコーダー recorder
サキソホン saxophone
トランペット trumpet
トロンボーン trombone
フレンチホルン French horn
チューバ tuba
スーザホン sousaphone
②**弦楽器** (stringed instruments)
バイオリン violin
ビオラ viola
チェロ cello
コントラバス double bass
ギター guitar
ウクレレ ukulele
マンドリン mandolin
バンジョー banjo
ハープ harp
③**打楽器** (percussion instruments)
ドラム drums
ティンパニ timpani
シンバル cymbals
トライアングル triangle
タンバリン tambourine
木琴 xylophone
④**鍵盤楽器** (keyboard instruments)
ピアノ piano
パイプオルガン (pipe) organ
リードオルガン reed organ
電子オルガン electronic organ

かっきてき 画期的な epoch-making
［エポクメイキング］
▶ 画期的な発明
an *epoch-making* invention

がっきゅう 学級 a class ［クラス］→クラス
学級委員長 a class representative,
《口語》a class rep
学級会 a class meeting, a home-
room meeting (▶ homeroom は1語)
学級活動 class activities
学級新聞 a class newsletter

学級担任 a homeroom teacher
学級日誌 a class diary

かつぐ 1 (背負う) carry ... on *my*
shoulder(s)
▶ ケンはスキーを肩にかついだ.
Ken *carried* a pair of skis *on his
shoulder*.
2 (だます) play a trick 《on》, fool ［フール］,
take in
▶ ヤダー. まんまとかつがれちゃった.
Oh, no! I *was* really *taken in*. / Oh,
no! He *fooled* me.

かっこ¹ (丸かっこ) a parenthesis ［パレンセ
スィス］［複数］parentheses ［パレンセスィーズ］）;
(大かっこ { }) a brace ［ブレイス］; (角かっこ
[ ]) a bracket ［ブラケット］ (▶ どれもふつう
一対で使われるので複数形で使うことが
多い)
▶ かっこの中の単語は省略可能です.
A word or words in *parentheses*
can be omitted.

かっこ² →かっこう

かっこいい cool
▶ うわっ, かっこいい!
Wow, (that's / it's / you're) *cool*!
▶ かっこいい自転車だね!
Cool bike!
▶ 太郎くんってかっこいいね.
Taro looks *cool*, doesn't he?
▶ いじめってかっこ悪い.
Bullying is not *cool*.
▶ かっこつけんなよ.
Don't show off.

カッコウ (鳥) a cuckoo ［ク(ー)クー］

かっこう 格好
▶ 彼女の前でかっこうよく見せたい.
I want to *look good* in front of her.
▶ 全然知らない人に声かけちゃってかっこう
悪かったよ (→はずかしかった).
I *felt embarrassed* when I called
out to a total stranger.

がっこう 学校

(a) school ［スクール］ (▶ 建物を表すとき
は a や the をつけるが, 「授業」などの意
味のときは a も the もつけない)
▶ 学校に行く
go to *school* / (学校に来る) come to
school

one hundred and seventy-three　173

がっこう ▶

「学校へ授業を受けに行く」
× go to the school
　　　授業を受けに行くときは a や the をつけない.

○ go to school
▶先生が「学校へ授業をしに行く」ときも go to school という.

学校の種類
小学校 an elementary school
中学校 a junior high school, a middle school
高校 a high school
中高一貫校 a combined junior and senior high school
公立学校 a public school (▶(英) では public school は上流子弟のための全寮制私立中高一貫校をさす)
私立学校 a private school

▶ 学校に遅刻する be late for school
▶ 学校から帰る (学校から見て) go home from school / (家から見て) come home from school
▶ 学校を早退する leave school early
▶ 学校を休む be absent from school / (口語) stay away from school
▶ 学校を卒業する graduate from school / (英) leave school
▶ 学校をサボる cut school / skip school (▶授業をサボるときは cut class / skip class)
▶ 学校をやめる (→退学する) drop out of school / (口語) quit school
▶ 学校は8時40分に始まる. School starts at 8:40.
▶ 学校は3時20分に終わる. School is over at 3:20.
▶ あしたは学校は休みだ. There's no school tomorrow. / We have no school tomorrow.

🎤 スピーキング
Ⓐ どこの学校に通ってるの？
Where do you go to school? / What school do you go to?
Ⓑ 東中学です. I go to Higashi Junior High School.

▶ 「学校にはどうやって行ってるの？」「バスで」 "How do you go to school?" "By bus." →いく
▶ 子どもたちは今, 学校に行っています. The children are at school.

学校行事
入学式 entrance ceremony
始業式 opening ceremony
健康診断 physical exam, physical checkup
授業参観 a school [class] open house
短縮授業 shortened school periods
中間試験 midterm exam
遠足 outing
期末試験 term exam
水泳大会 swim [swimming] meet
大掃除 general cleaning [cleanup]
終業式 closing ceremony
夏休み summer vacation
キャンプ camping
移動教室 field trip class
合唱コンクール choral [chorus] competition
生徒会選挙 student council election
球技大会 ball game tournament
修学旅行 school trip, school excursion
体育祭 field day, sports day
陸上競技大会 track and field meet
マラソン大会 long-distance race
文化祭 school festival
開校記念日 school anniversary
弁論大会 speech contest
火災訓練 fire drill
冬休み winter vacation
学年末試験 final exam
実力テスト achievement test
お別れ会 farewell party
卒業式 graduation, graduation ceremony
春休み spring vacation

◀ **がっしゅく**

▶ うちから学校まで歩いて20分です.
It's a 20-minute walk from my house to *school*. / My *school* is 20 minutes' walk from my house.

▶ 学校まで自転車で10分です.
It takes me ten minutes to go to *school* by bike.

▶ 学校まで2キロある.
My *school* is two kilometers away.

📝**ライティング**
うちの**学校**の生徒数は約400人です.
My school has about four hundred students. / There are about four hundred students in my school.

学校給食 (a) school lunch →きゅうしょく

🗣**スピーキング**
学校生活
①一般的なこと
Ⓐ 学校はどこに行っているの？
What school do you go to?
Ⓑ 鎌倉市立西浜中学校です.
I go to Kamakura Municipal Nishihama Junior High School.
Ⓐ 何年何組ですか.
What grade and class are you in?
Ⓑ 2年5組です.
I'm in Class 5 of the 2nd grade.
②クラスや先生のこと
Ⓐ クラスは気に入ってる？
Do you like your class?
Ⓑ うん，ほとんどの男子と女子は仲がよくて，クラスがまとまっているんだ.
Yes. Most of the boys and girls are good friends, so the whole class is friendly with each other.
Ⓐ 担任は何先生？
Who's your homeroom teacher?
Ⓑ 小川先生.
Ms. Ogawa.
Ⓐ 何の先生なの？
What does she teach?
Ⓑ 社会だよ.
She teaches social studies.
Ⓐ どんな先生？
What's she like?

く
学校行事 a school event
学校時代 *my* school days (▶「中学時代」なら，*my* junior high school days)
学校新聞 a school paper
学校生活 *my* school life
学校だより a school newsletter
学校図書館 a school library
学校友だち a schoolmate, a school friend (▶「同級生」は a classmate)

がっしゅく 合宿 a training camp
合宿する hold a training camp
▶ テニス部は山中湖で5日間合宿をする.
Our tennis club is going to *hold a five-day training camp* at Lake Yamanaka.

Ⓑ よくおもしろいことを教えてくれるし，やさしいから，みんなに人気があるよ.
She often teaches us about interesting things and she is kind, so she is liked by everyone.
③学校の1日
Ⓐ 学校は8時半始まり？
Do your classes begin at eight thirty?
Ⓑ そう．終わるのが3時半．6時間授業だよ.
Yes, and they finish at three thirty. We have six classes a day.
Ⓐ どの科目が好きなの？
What subjects do you like?
Ⓑ 国語と体育がいちばん好き．数学がだめなんだ．それでお母さんに塾へ行けって言われているんだ.
I like Japanese and P.E. the best. I'm not very good at math, so Mom says I'd better go to a *juku*.
Ⓐ 放課後は何をするの？
What do you do after school?
Ⓑ 教室をそうじしてから，部活をするよ.
We clean our classrooms. After that, we go to some club activities.

あ
か
さ
た
な
は
ま
や
ら
わ

one hundred and seventy-five　175

学校紹介 Information about Our School

イラスト：大管雅晴

スカイプで自分たちの学校のことを紹介しよう。
Let's tell students in other countries about your school on Skype.

サウススター・ミドルスクールのみなさん、こんにちは。
私たちは青山中学校の**3年生**です。私たちの学校は**創立69年**です。生徒数は476人で、先生は21人**います**。

Hello, everyone at South Star Middle School!
We are *ninth graders at Aoyama Junior High School. Our school is 69 years old. There are 476 students and 21 teachers.

* ninth grader 9年生(ninth-year student ともいう。日本の制度に合わせて、We are third-year students of Aoyama Junior High School. ともいえる。ページ下の表を参照。)

私たちの学校には制服があります。
このリボン、かわいいでしょ。
私はこのリボンを気に入っています。

We have school uniforms.
This ribbon is very cute, isn't it?
I like this ribbon.

これがぼくらの学校の校章です。
3本のペン先は「勉強」を表しています。

This is the *emblem of our school.
These three **nibs represent "study."

*emblem [émbləm エンブレム] 校章
**nib [nib ニブ] ペン先

日本・韓国・イギリス・アメリカの学校制度

(標準的な例。アメリカでは州により異なり、また飛び級制度もある)

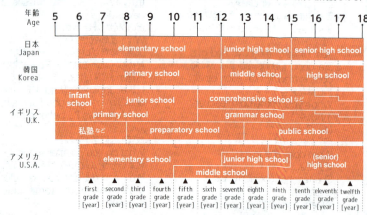

◀ かっぱつ

がっしょう 合唱 a chorus [コーラス]
　合唱する sing in chorus
▶ ぼくたちは校歌を合唱した.
　We *sang* our school song *in chorus*.

　🎤プレゼン
　私たちのクラスが合唱コンクールで1位になりました.
　Our class won first place in the school chorus competition. (▶「コンクール」はフランス語からきた語)

　合唱曲 a choral music
　合唱祭 a chorus festival
　合唱団 a chorus

がっそう 合奏 an ensemble [アーンサーンブル] (▶フランス語より)
　合奏する play in concert
　合奏団 an ensemble
▶ 弦楽合奏
　a string *ensemble*

かっそうろ 滑走路 a runway [ランウェイ]

カッター a cutter [カタァ]

がっちり がっちりしている (からだが) muscular [マスキュラァ], strong [ストゥロ(ー)ング]; (けちな) stingy [スティンヂィ]
▶ 柔道部の山田ってがっちりしているな.
　Yamada of the judo team is very *strong and muscular*.
　がっちりと (固く) firmly [ファ〜ムリィ]
▶ がっちりと握手する
　shake hands *firmly*

ガッツ guts [ガッツ] →こんじょう
▶ そのボクサーはガッツがある.
　That boxer has a lot of *guts*.
▶ ガッツポーズをする
　raise my fist(s) over my head in triumph

かつて

once [ワンス], before [ビフォー(ア)], former [フォーマァ], formerly; (否定文で) never [ネヴァ]; (疑問文・最上級のあとで) ever [エヴァ]
▶ スミス先生のかつての教え子
　Mr. Smith's *former* student
▶ 父はかつて東京に住んでいた.
　My father *once* lived in Tokyo. / My father has lived in Tokyo *before*.

　🎤プレゼン
　私はいまだかつて外国へ行ったことはありません.
　I've never been abroad.

▶ パブロ・ピカソはかつてない偉大な芸術家であった.
　Pablo Picasso was the greatest artist that *ever* lived.

かって 勝手
▶ 勝手にやって (→きみの好きなようにして) かまわないよ.
　You can do *as you like*. / You can do *as you please*.
▶ 勝手にしなさい!
　Have it *your own way*! / *Suit yourself*! / *See if I care*. / *Who cares*? (▶最後の2例は「私の知ったことではない」という意味)
▶ 私のペンを勝手に使わないで.
　Don't use my pen *without my permission*.
▶ 大学へ行くか行かないかはあなたの勝手です.
　It's *up to you* whether or not you go to college.

カット (切ること) a cut [カット]; (さし絵) an illustration [イラストゥレイション], a picture [ピクチァ]
▶ 彼の給料は半分にカットされた.
　His salary *was cut* in half.
　カットモデル a haircut model

かつどう 活動 (an) activity [アクティヴィティ] (▶グループで行う活動は複数形で使う)
　活動的な active [アクティヴ]
　活動する be active
▶ フクロウは夜になると活動する.
　Owls *are active* at night.
▶ 部活動
　club *activities* →ぶかつ(どう)(表)

　🎤プレゼン
　私は中学校時代はボランティア活動に取りくみました.
　I have worked on volunteer activities in my junior high school days.

かっとなる get mad [マッド] →おこる¹
かっぱつ 活発な active [アクティヴ]

one hundred and seventy-seven　177

カップ ▶

活発に actively
カップ (賞杯) a cup [カップ], a trophy [トゥロウフィ]; (茶わん) a cup →コップ
カップケーキ a cupcake [カプケイク]
カップラーメン instant noodles, noodles in a cup
カップル a couple [カプル]
▶ あの人たちは魅力的なカップルです.
They are an attractive *couple*.
がっぺい 合併する combine [コンバイン]; (会社などが) merge [マ～ヂ]
かつやく 活躍 activity [アクティヴィティ]
活躍する be active [アクティヴ], play an active part
▶ 綾子さんは生徒会長として活躍した.
As president of the student council, Ayako *played an active part*.
かつよう 活用する make use of
▶ もっとうまく時間を活用するようにしなさいね.
You need to *make* better *use of* your time.
かつら a wig [ウィッグ]; (部分的な) a hairpiece [ヘアピース]
▶ かつらをつける

put on a *wig* / **wear** a *wig*
かつりょく 活力 vitality [ヴァイタリティ], energy [エナヂィ]
活力にあふれた energetic [エナヂェティク], full of vitality

かてい¹ 家庭 →いえ

a **home** [ホウム], a **family** [ファミリィ]
家庭の，家庭内の，家庭的な home, domestic [ドメスティク]
▶ 家庭で
at *home*
▶ 温かい家庭
a warm *home*
▶ 家庭のしつけ
home training
▶ リンカーンは貧しい家庭に育った.
Lincoln grew up in a poor *family*.
▶ 父は家庭的な人です.
My father is a *family* man. / My father is a *home*-loving person.
▶ 彼女は家庭の事情で高校に行けなかった.
She couldn't go to high school because of *family* circumstances.
家庭科 home economics, home-

🗣 スピーキング

家庭生活
①おつかい
🅐 まい子，ちょっとおつかいに行ってくれない？ Maiko, will you run an errand for me?
🅑 いいよ．何を買うの？ Sure, what do you want me to buy?
🅐 今晩すきやきにしたいから，牛肉・シイタケ・白菜・ネギ・焼き豆腐ね. I want to make *sukiyaki* tonight. So pick up some beef, *shiitake*, Chinese cabbage, long green onion, and *yakidofu* (broiled soybean curd).
🅑 牛肉はどんなところ？ What kind of beef do you want?
🅐 サーロイン，１パック3000円のを買ってきて． Get a 3,000-yen package of sirloin.
🅑 オーケー，じゃあ，ママ，行ってきま～す. OK, I'm off! See you later, Mom.

②ごみ捨て
🅐 ママ，行ってきます. I'm going, Mom.
🅑 ちょっと待って．今日は，燃えないごみの日だから，これを出してね. Just a minute. The garbage collectors are picking up nonflammable items today. Will you take this out?
🅐 できないよ．急いでるのに…. I can't. I'm in a hurry.
🅑 さあ，若くて力があるんでしょ．たまには力仕事をしなさい．公園の前に置いてきて！ Come on. You're young and strong. You can do some heavy work once in a while. Put it in front of the park.
🅐 まいったな！ 学校とは反対方向じゃないか. Gee, it's in the opposite direction from school.

◀ **かなしむ**

making, domestic science
家庭教師 a tutor [テュータァ], a private teacher
家庭菜園 a vegetable garden, a kitchen garden
家庭生活 home life, family life
家庭内暴力 domestic violence [ドメスティク ヴァイオレンス]
家庭訪問 (先生の) a home visit by a teacher
家庭用品 household articles, household goods
家庭料理 home cooking

かてい² 仮定する suppose [サポウズ]
▶ 彼の報告が本当だと仮定しよう.
  Suppose that his report is true.

かてい³ 過程 a process [プラセス]

かど 角 a corner [コーナァ]
▶ 角に交番がある.
  There is a police box at the *corner*.
▶ 3番目の角を左へ曲がりなさい.
  Take the third *turn* to the left. / Turn left at the third *corner*.

かとう 下等な low [ロウ]
下等動物 a lower animal

かどう 華道 flower arrangement [フラウァ アレインヂメント], flower arranging

-かどうか

if [イフ], **whether** [(フ)ウェザァ] (▶話し言葉では if のほうがよく使われる)
▶ 真子が来るかどうか知らない.
  I don't know *if* Mako will come.
▶ 本当かどうかためしてごらん.
  Try *if* it is true.

カトリック カトリック教 Catholicism [カサリスィズム]
カトリックの Catholic [キャソリク]
カトリック教徒 a Catholic

かな 仮名 (全体) *kana* ; (1文字) a *kana* character [キャラクタァ], the Japanese syllabary [スィラベリィ] →かたかな, ひらがな
▶ かなで書く write in *kana*

-かな I wonder ... ; (依頼) Will you please ...?
▶ エミは来るかな.
  I *wonder* if Emi will come.
▶ あとで電話をくれないかな？
  Will you please call me later?

かなう 1 (望みが) come true
▶ ついにきみの願いがかなったね.
  At last, your wish *has come true*.

2 (匹敵する)
▶ 英語であいつにかなうものはいない.
  No one can *match* him in English. / He has no *equal* in English.
▶ 数学ではトムにかなわない.
  I am no *match* for Tom in math. / I can't *beat* Tom in math.

3 (かなわない)
▶ こう暑くてはかなわない (→がまんできない) よ. I *can't stand* this heat.

かなえる (願いを) grant [グラント]；(実現する) realize [リ(ー)アライズ]
▶ 私の願いをかなえてください.
  Please *grant* my request.

かなしい 悲しい

sad [サッド], **unhappy** [アンハピィ] (反) うれしい glad, happy)
▶ 悲しい気持ち a *sad* feeling
▶ 悲しい結末の物語
  a story with a *sad* ending
▶ なんて悲しいことだ (→悲しいニュースだ).
  What *sad* news!
▶ 悲しいの.
  I'm *sad*. / I feel *sad*.
▶ そんなに悲しい顔しないで.
  Don't look so *sad*.

┌─〈表現力〉────────────┐
│ …して悲しい → I'm sad that ... .│
└───────────────────┘

▶ ロンが死んでしまってとっても悲しい.
  I'm very *sad that* Ron died. / *I'm* very *sad because* Ron died.
  悲しそうに sadly

かなしみ 悲しみ sadness [サドゥネス], sorrow [サロウ]
▶ アンの胸は悲しみでいっぱいだった. Anne's heart was full of *sorrow*. / Anne's heart was filled with *sadness*.
▶ ハムレットは悲しみに沈んでいた.
  Hamlet was in a state of *grief*.

かなしむ 悲しむ

be [feel] sad (at)，**feel sorry** (for)；(深く) grieve [グリーヴ]
▶ 母はその知らせを聞いて悲しんだ.

one hundred and seventy-nine　179

カナダ ▶

My mother *felt sad* when she heard the news.

カナダ Canada [キャナダ]
カナダ(人)の Canadian [カネイディアン]
カナダ人 a Canadian

かなづち a hammer [ハマァ]
▶ ぼくはかなづちです (→全然泳げない).
I *can't swim at all*.

かなもの 金物 hardware [ハードゥウェア]
金物店 a hardware store

かならず 必ず

1 (きっと) surely [シュアリィ], certainly [サ～トゥンリィ], definitely [デフ(ィ)ニトゥリィ], I'm sure (that) ...

▶ きみは必ず成功するさ.
You'll *surely* [*certainly*, *definitely*] succeed. / *I'm sure* you'll succeed.

スピーキング
Ⓐ 必ず電話ちょうだいね.
Be sure to call me.
Ⓑ ええ, 必ず.
I sure will.

▶ 次郎は必ずここへ来る.
I'm sure (that) Jiro will come here. / Jiro will *surely* come here.

▶ 必ず戸じまりを確かめてね. *Make sure* you lock the door. / *Be sure to* lock the door. / *Don't fail to* lock the door.

2 (つねに) always [オールウェズ]
▶ 土曜日には必ず散歩します.
I *always* take a walk on Saturdays.

表現力
必ずしも…ない → not always ...

▶ 名選手が必ずしも名監督になれるわけではない. A good player *can't always* be a good manager.

かなり

pretty [プリティ], **rather** [ラザァ], **fairly** [フェアリィ]

▶ きょうはかなり寒い.
It is *rather* cold today.

▶ 数学のテストはかなりやさしかった.
The math exam was *pretty* easy. (▶ fairly, rather としてもよい)

▶ あの政治家はかなりじょうずに英語をしゃ

べる. That statesman speaks English *fairly* well.

かなりの considerable [コンスィダラブル], quite a few
▶ かなりの大金
a *considerable* amount of money
▶ 花火大会はかなりの人出だった.
Quite a few people turned out to see the fireworks display.

カナリア (鳥) a canary [カネ(ア)リィ]
かなわない →かなう
カニ (動物) a crab [クラブ]
かに座 the Crab, Cancer [キャンサァ]
かにゅう 加入する join [ヂョイン], enter [エンタァ], become a member
カヌー a canoe [カヌー]

かね¹ 金

money [マニィ]

「お金」を使った言い方
お金をもうける make money, earn money
お金をためる save money, set aside money
お金を使う spend money (on)
お金を払う pay money (for)
お金を借りる borrow money (from)
お金を貸す lend money (to)
お金がかかる cost money
お金を預ける deposit money
お金を引き出す withdraw money
お金をなくす lose money
お金を浪費する waste money

▶ 私, お金がないの. I have no *money*.
▶ お母さん, お金ちょうだい!
Mom, please give me some *money*!
▶「今いくらお金を持っていますか」「全然持っていません」
"How much *money* do you have with you?" "I don't have any *money*."

表現力
金がかかる → cost ...

▶ 船旅はお金がかかる. Traveling by ship *costs* a lot of money. / It *costs* a lot to travel by ship.

180 one hundred and eighty

◀ **カバ**

📘文法 money は数えられない

money は数えられない名詞なので，a をつけたり，複数形にしたりしない。「たくさんのお金」は **a lot of money** や **much money**，「少しのお金」は **(a) little money** で表す．しかし，**coin**（硬貨）や **bill**（紙幣）は数えられる名詞なので，aをつけたり複数形にしたりする．

× many money
○ much money
○ a lot of money
○ many coins
○ a lot of coins

かね[2] 鐘 a bell [ベル]
▶ 鐘を鳴らす
　ring a *bell*
▶ 教会の鐘が鳴っている．
　The church *bells* are ringing.

かねがね
▶ おうわさは，かねがねうかがっております．
　I've heard *a lot* about you. / I've heard *so much* about you.

かねもち 金持ちの rich [リッチ]（反 貧しい poor）
▶ 金持ちが必ずしも幸福だとは限らない．
　The *rich* aren't always happy. (▶ the rich は「金持ちの人々」という意味)
▶ 正直じいさんは大金持ちになりました．
　The honest old man became very *rich*.

かねる 兼ねる
▶ この部屋は食堂と居間を兼ねている．
　This room *serves both as* a dining room *and* a living room.

かねんぶつ 可燃物 combustibles [コンバスティブルズ]
可燃ごみ burnable trash [バ～ナブル トゥラッシ]

かのう[1] 可能な possible [パスィブル]（反 不可能な impossible）→できる
可能である can；（許される）may
▶ 配達は可能ですか．
　Is it *possible* to deliver it? / *Can* you deliver it?
▶ 可能なら，週末までに届けてください．
　I'd like you to deliver it by this weekend, if *possible*.
可能性 (a) possibility, (a) chance (▶ 可能性の大小をいうときは chance を使う)
▶ 何かまちがえた可能性がある．
　There is a *possibility* of a mistake.
▶ 合格の可能性は70%だ．
　I have a 70% *chance* of getting in.

かのう[2] かのうする become infected [インフェクティド]
▶ 傷がかのうした．
　My wound *became infected*.

かのじょ 彼女

1（あの女性）**she** [シー]（複数 they）（対 he）

	彼女	彼女ら
…は，…が	she	they
…の	her	their
…を，…に	her	them
…のもの	hers	theirs
…自身	herself	themselves

🗣️表現力
彼女は…です → She is … .

▶ あそこに小さい女の子が見えるでしょう．彼女が私の妹です．
　You see that little girl over there. *She is* my sister.
▶ 彼女の名はアンです．
　Her name is Ann.
▶ 私は彼女を愛しています．
　I love *her*.
▶ この帽子は彼女のものです．
　This cap is *hers*.
▶ 彼女が自分でそれを編みました．
　She knitted it *herself*.

2（恋人）a girlfriend [ガールフレンド]（▶男性から見た女友だちは a female friend, a woman friend という）
▶ 彼女を紹介しろよ．
　Why don't you introduce your *girlfriend* to me?

カバ《動物》a hippopotamus [ヒポパタマ

カバー ▶

ス], 《口語》a hippo [ヒポウ]

カバー a cover [カヴァ]；(ベッドの) a bedspread [ベッドスプレド]；(本の) a jacket [ヂャケト] (▶ cover は本の「表紙」のこと)

カバーする (補う) cover, make up for

かばう (弁護する) speak up for；(守る) stick up for, protect [プロテクト]

▶ だれも私をかばってくれなかった.
No one *spoke up for* me.

▶ 本当の友だちなら，彼女のことをかばってあげないと.
If you are a true friend, you should *stick up for* her.

かばん

a **bag** [バッグ]

▶ あなたはかばんに何を入れているの？
What do you have in your *bag*?

かはんすう 過半数 a [the] majority [マヂョ(ー)リティ]

▶ 過半数を獲得する
gain a *majority* / get a *majority*

かび (チーズやパンの) mold [モウルド]
かびが生える get moldy

▶ このパン，カビが生えたよ.
This bread *got moldy*.

かびの生えた，かびくさい moldy

かびょう 画びょう a thumbtack [サムタク]

▶ 画びょうでとめる tack [タック]

かびん 花瓶 a vase [ヴェイス]

カブ (植物) a turnip [ターニプ]

かぶ 株 (株式) (a) stock [スタック]；(木の切り株) a stump [スタンプ]

株式会社 a corporation [コーポレイション]

株主 a stockholder

カフェ a café [キャフェイ]

カフェオレ café au lait [キャフェイ オウ レイ] (▶ フランス語から)

カフェテラス a sidewalk café

カフェテリア a cafeteria [キャフィティ(ア)リア]

がぶがぶ がぶがぶ飲む guzzle [ガズル], gulp [ガルプ] (down)

かぶき 歌舞伎 kabuki, a kabuki drama

▶ 歌舞伎を見る
watch *kabuki*

歌舞伎役者 a kabuki actor

かぶせる (上に置く) put ... on；(おおう)

弟に帽子をかぶせてやった.
I *put* a hat *on* my brother's head.

▶ 種に土をかぶせてください.
Cover the seeds with soil.

カプセル a capsule [キャプスル]

カプチーノ (a) cappuccino [カプチーノウ]

カブトムシ (虫) a beetle [ビートゥル]

かぶる

1 (動作) put on；(状態) **wear** [ウェア] (反 ぬぐ take off)

▶ マイクは帽子をかぶった.
Mike *put on* his cap. / Mike *put* his cap *on*.

▶ 彼女は帽子をかぶっていた.
She *was wearing* a hat.

💬用法 put on と wear

put on は「着用する」という動作を，**wear** は「着用している」という状態を表す．帽子に限らず身につけるもの全般に使われる．→きる²

---

2 (おおわれている) be covered 《with》

▶ 机はほこりをかぶっていた.
The desk *was covered with* dust.

かぶれる (発疹ができる) get a rash [ラッシ]

かふん 花粉 pollen [パルン]

花粉症 a pollen allergy [パルン アラヂィ], hay fever

▶ 私は花粉症です.
I have *hay fever*. / I have a *pollen allergy*. / I'm *allergic to pollen*. / I have an *allergy to pollen*.

かべ 壁 a wall [ウォール]；(障壁) a barrier [バリア]

▶ 壁に世界地図が掛かっている.
There is a world map on the *wall*.

▶ 壁に耳あり. 《ことわざ》
Walls have ears.

▶ 言葉の壁を越える
overcome a language *barrier*

壁紙 wallpaper

かへい 貨幣 money [マニィ] →かね¹

カボチャ a pumpkin [パン(プ)キン]

カボチャちょうちん a jack-o'-lantern [ヂャコランタン]

◀ **かみ**¹

ハロウィーンに玄関などにかざるカボチャちょうちん。

かま¹ 釜 an iron pot [アイアン パット]
かま² 鎌 a sickle [スィクル]

かまう 構う

(気にかける) mind [マインド], care [ケア] (about) (▶ care は否定文・疑問文で使うことが多い)

▶ 私にかまわないで (→ほっといて).
Leave me alone.

▶「お茶を1ぱいいかがですか」「どうぞ, おかまいなく」
"Would you like a cup of tea?"
"Please don't bother. / Oh, please don't go to any trouble."

> 🗨 表現力
> …であろうとかまわない
> → do not care ... /
> do not mind ...

▶ 他人が何と思おうとかまわない.
I don't care what other people think.

> 🗨 表現力
> …してかまいませんか
> → Do [Would] you mind if ...?
> (▶ 許可を得るときのていねいな言い方)

▶ ここにすわってかまいませんか.
Do you mind if I sit here?

> 🗨 スピーキング
> Ⓐ 窓を閉めてもかまいませんか.
> *Do you mind if I close the window?*
> Ⓑ ええ, かまいません.
> *No, it's okay.*
> Ⓑ できればご遠慮いただきたいです.
> *I'd rather you didn't.*
> (▶ mind は「気にする, 気にかける」という意味なので,「ええ, どうぞ」と答えるときは no となることに注意)

> 🗨 表現力
> …していただいてかまいませんか
> → Would you mind -ing ...?
> (▶ ものを頼むときのていねいな言い方)

▶ ここでちょっと待っていただいてかまいませんか.
Would you mind waiting here for a minute?

カマキリ (虫) a (praying) mantis [(プレイング) マンティス]

がまん 我慢

がまんする stand [スタンド], put up with (▶ stand はふつう否定文・疑問文で can や can't といっしょに使われることが多い)

がまん強い patient [ペイシェント]

▶ がまんしなさい. *Be patient.*
▶ がまんできない. *I can't stand it.*
▶ この暑さにはがまんできない.
I cannot stand this heat. / I cannot put up with this heat.

かみ¹ 紙

paper [ペイパァ]
▶ 色紙(いろがみ) colored *paper*
▶ 1枚の紙
a piece of *paper* / a sheet of *paper*
▶ 厚い [うすい] 紙 thick [thin] *paper*
▶ これを紙に包んでください.
Please wrap this up in paper.

> 📖 文法 **paper** の数え方
> **paper** はふつう数えられない名詞なので, 前に直接 a をつけたり, 複数形にしたりしない. 枚数をいうときは **a piece of ...** , **a sheet of ...** を使う.

紙切れ (細長い) a slip of paper
紙コップ a paper cup
紙芝居 a picture card show
紙テープ a streamer
紙粘土 paper clay
紙飛行機 a paper airplane
紙風船 a paper balloon
紙袋 a paper bag
紙ふぶき confetti [コンフェティ]
紙やすり sandpaper

あ
か
さ
た
な
は
ま
や
ら
わ

one hundred and eighty-three 183

かみ² 髪 →け

(全体) **hair** [ヘァ]；(1本) a **hair**

▶ アリスの髪は長い.
Alice has long *hair*.
▶ あの黒い髪の女の子はだれですか.
Who is that girl with black *hair*?
▶ 髪をとかしたの？
Did you comb your *hair*?
▶ 髪が伸びてきたなあ.
My *hair* is getting very long.
▶ 髪を茶色に染める dye my *hair* brown
▶ 髪をカットしてもらった.
I had my *hair* cut. (▶「物を…してもらう」というときは「have + 物 + 過去分詞」の形で表す)
▶ 母の髪が白くなってきた.
My mother's *hair* is turning gray.

髪型 a hairstyle [ヘアスタイル]；(女性の) a hairdo [ヘアドゥー]

▶ きみの新しい髪型なかなかいいよ.
Your new *hairstyle* looks pretty good.

かみ³ 神

a **god** [ガッド] (▶「女神」は goddess)；(キリスト教の) **God**

▶ ああ, 神さま助けてください.
Oh, *God*. Please help me.
▶ 私は神を信じます.
(キリスト教の) I believe in *God*. / (神道の) I believe in the Shinto *gods*.
▶ 神に祈りましょう. Let's pray to *God*.

かみくず 紙くず **wastepaper** [ウェイストゥペイパァ]

かみそり a **razor** [レイザァ]
▶ かみそりの刃 a *razor* blade
▶ 電気かみそり an electric *razor*

かみつ 過密な (場所・都市などが) **overcrowded** [オウヴァクラウディド]；(人口の) **overpopulated** [オウヴァパピュレイティド]
▶ 過密スケジュール a *tight* schedule

かみなり 雷 **thunder** [サンダァ]；(いなずま) **lightning** [ライトゥニング]
▶ 雷が鳴りだした. It began to *thunder*.
▶ その大木に雷が落ちた.
The big tree was struck by *lightning*. / *Lightning* struck the big tree.

かむ¹

(歯で) **bite** [バイト]；(食べ物を) **chew** [チュー]

▶ つめをかむのはよしなさい.
Stop *biting* your nails.
▶ あの犬に足をかまれた.
That dog *bit* me on the leg. / That dog *bit* my leg.
▶ よくかんで食べなさい.
Chew your food well.

かむ² (鼻を) blow *my* nose
▶ 鼻をかみなさい. *Blow* your nose.

ガム **gum** [ガム], chewing gum
▶ 風船ガム bubble *gum*
▶ ガムをかむ chew *gum*

ガムテープ packing tape, adhesive tape

カメ 《動物》(陸ガメ) a **tortoise** [トータス]；(海ガメ) a **turtle** [タ~トゥル]

かめ (容器) a **jar** [ヂャー]

がめつい (欲深い) **greedy** [グリーディ]；(けちな) **stingy** [スティンヂィ]

カメラ a **camera** [キャメラ]
▶ デジタルカメラ a digital *camera*

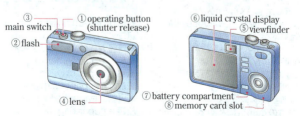

カメラ ①シャッターボタン ②フラッシュ ③メーンスイッチ ④レンズ
⑤ファインダー ⑥液晶画面 ⑦電池入れ ⑧メモリーカードスロット

◀ **から¹**

▶ 水中カメラ an underwater *camera*
▶ スマートフォンのカメラで写真をとる
take a picture with a smartphone *camera*
カメラ店 a camera shop
カメラマン a photographer [フォ**タ**グラファ]
(▶ cameraman はふつう映画・テレビの カメラマンをいう)
カメレオン 〔動物〕a chameleon [カミー レオン]

かめん 仮面 a mask [**マ**スク]
▶ 仮面をかぶる
(動作) put on a *mask* / (状態) wear a *mask*
▶ 仮面をとる take off a *mask*

がめん 画面 (パソコンなどの) a screen [ス**ク**リーン]；(映像の) a picture [**ピ**クチァ]
▶ パソコンの画面に何も出ないぞ.
Nothing is showing on the computer *screen*.

カモ 〔鳥〕a wild duck [**ダ**ック]
かもく 科目 a subject [**サ**ブヂェクト] →きょ うか¹
▶ 選択科目 an elective *subject*
▶ 必修科目
a compulsory *subject* / a required *subject*
▶ 得意科目 my strong *subject*
▶ 不得意科目 my weak *subject*
▶ 主要5科目 five core *subjects*
▶ 好きな科目は国語です.
My favorite *subject* is Japanese.

カモシカ 〔動物〕an antelope [**ア**ンティロウ プ] (▶「ニホンカモシカ」は Japanese serow [**セ**ロウ] という)

−かもしれない →たぶん

may [メイ], (たぶん) **maybe** [**メ**イビィ]

💬表現力
…かもしれない → **may** …

▶ それは本当かもしれない.
It *may* be true. / *Maybe* it's true.
▶ 明子はあした来ないかもしれない.
Akiko *may* not come tomorrow. / *Maybe* Akiko won't come tomorrow.
▶ この本は役に立つかもしれない.
This book *may perhaps* help you.

▶ あすは雨かもしれない.
I *am afraid* it will rain tomorrow.

💬スピーキング
Ⓐ 彼は来るかな？
Do you think he will come?
Ⓑ 来るかもしれないね.
Maybe he will.
Ⓑ 来ないかもしれない.
Maybe he won't.

かもつ 貨物 freight [フ**レ**イト], (英) goods [**グ**ッズ]
貨物船 a freighter, a cargo boat
貨物列車 a freight train, (英) a goods train

カモノハシ 〔動物〕a platypus [プ**ラ**ティパス]
カモメ 〔鳥〕a seagull [**スィ**ーガル]
がやがや
▶ となりの教室の男の子たちががやがやさ わいでいた.
The boys in the next classroom were very *noisy*.

かやく 火薬 gunpowder [**ガ**ンパウダァ]
かゆ rice porridge [**ポ**(ー)リヂ]
かゆい feel itchy [**イ**チィ], itch [**イ**ッチ]
▶ 背中がかゆいよ. My back *itches*.
▶「かゆいよ, かゆいよ」「でもかいちゃだめ」
"*Itchy, itchy*." "But don't scratch."

かよう 通う →いく

go to, **come to**；(学校・教会などに) **attend** [ア**テ**ンド] (▶かたい言い方)；(長距 離の通勤) **commute** [コ**ミュ**ート]
▶ 学校へ通う *go to* school
▶「学校へはいつもどうやって通ってくるの？」 「電車でだよ」
"How do you usually *come to* school?" "By train."
▶ 父は歩いて会社へ通っています.
My father *walks to* his office.

かようきょく 歌謡曲 a popular song
がようし 画用紙 drawing paper

かようび 火曜日 →ようび (表)

Tuesday [**テュ**ーズディ] (▶語頭は必ず大文 字；Tue. または Tues. と略す)
▶ 火曜日はピアノのレッスンの日だ.
I have a piano lesson on *Tuesdays*.

から¹ 空の empty [**エ**ン(プ)ティ] (反) いっぱ

あ
か
さ
た
な
は
ま
や
ら
わ

one hundred and eighty-five 185

から²

いの full)
▶ 空の箱 an *empty* box
▶ そのバケツはほとんど空だ.
The bucket is almost *empty*.
空にする empty

から² 殻 (穀物の) a husk [ハスク］；(貝・実の) a shell [シェル]
▶ 卵のから an egg*shell*

−から

使い分け

(場所) → from /
　(…から外へ) → out of
(時間) → from /
　(…以来) → since
(原因・理由) → because

1 (場所) **from** [フラム]；(…から外へ) **out of**；(はなれて) **off** [オ(ー)フ]

スピーキング
Ⓐ どこから来たの？
Where are you *from*?
Ⓑ 日本から来ました.
I'm *from* Japan.

▶ ここから駅まではどのくらい距離がありますか. How far is it *from* here to the station?
▶ その女の子はブランコから落ちた.
The girl fell *off* a swing.
▶ ぼくたちは車から降りて,レストランに入った.
We got *out of* the car and went into the restaurant.
▶ 15ページから始めましょう.
Let's begin *at* page 15. / Let's start *from* page 15.
▶ ぼくは勝手口から入ったんだ.
I entered *through* the kitchen door.
▶ 太陽は東からのぼる.
The sun rises *in* the east. (▶ ×*from* the east とはいわない)

2 (時間) **from**；(…以来) **since** [スィンス]；(…のあと) **after** [アフタァ]

▶ これからは本当のことを話すよ.
I'll tell you the truth *from* now on.
▶ ぼくは今朝から何も食べていない.
I haven't eaten anything *since* this morning.
▶ 父がなくなってから10年になる.

It's been ten years *since* my father died. / Ten years have passed *since* my father died. / My father has been dead for ten years.
▶ 授業は8時40分から (→ 8時40分に) 始まる.
Classes begin *at* 8:40.
▶ 夏休みは7月21日から (→ 7月21日に) 始まる. My summer vacation begins *on* July 21. (▶話し言葉では on を省略することがある)
▶ 2学期は9月から (→ 9月に) 始まる.
The second term begins *in* September.

× It begins from July 21.
begin from とはいわない. いつも「から」= from とはかぎらない.
○ It begins on July 21.

スピーキング
Ⓐ (店などで) あすは何時からやっていますか.
What time do you open tomorrow?
Ⓑ 朝10時からです.
Ten in the morning.

表現力
〜から…まで → from 〜 to …

▶ 朝から晩まで
from morning *till* night / *from* morning *to* night
▶ 父は月曜から金曜まで働いている.
My father goes to work *from* Monday *to* Friday.
▶ 私たちは東京から京都へ行った.
We went *from* Tokyo *to* Kyoto.

文法 from と since
from は始まりの時点を示すだけだが, **since** は,現在完了形といっしょに使い,過去のある時に始まったことが現在までずっと続いていることを示す.

3 (原因・理由) **because** [ビコ(ー)ズ], **since**
▶「どうしてきのう欠席したの？」「かぜをひいていたからです」
"Why were you absent from school yesterday?" "*Because* I had a cold."

4 (原料・材料) **from**, **of** [アヴ]
▶ ワインはブドウからつくられる.
Wine is made *from* grapes.
▶ それは何からできているの？
What is it made *of*？

> **用法** 原料・材料の表し方
> 素材の質や成分が変化する場合は **from**, 変化しない場合は **of** を使うことが多い. a bench made *of* wood (木製のベンチ)

5 (対人関係) **from**
▶ これはジョンから来た手紙です.
This is a letter *from* John.
▶ 私はその知らせをケンから聞いた.
I heard the news *from* Ken.

がら 柄 a pattern [パタン]
▶ 花柄のドレス
a dress with a flower *pattern*

カラー¹ (色) (a) color [カラァ]
▶ この映画はカラーではない.
This movie is not in *color*.
▶ スクールカラー
(校風) characteristics of my school, my school culture / (学校の色) school *colors*
カラーコピー a color copy
カラー写真 a color photo
カラーペン a colored (ballpoint) pen

カラー² (えり) a collar [カラァ]

からあげ 唐揚げ
から揚げの deep-fried
▶ 鶏のから揚げ *deep-fried* chicken

からい 辛い (塩からい) salty [ソールティ]; (ひりひりと) hot [ハット]
▶ (塩)からいつけ物 *salty* pickles
▶ このカレーはとてもからい.
This curry is very *hot*.
▶ 佐藤先生は点がからい (→評価が厳しい).
Mr. Sato is *strict* in grading.

カラオケ (a) karaoke [キャリオウキ]

▶ テストが終わったら，みんなでカラオケに行こうよ.
Let's go (and) sing *karaoke* after our tests are finished.

からかう tease [ティーズ], make fun of
▶ 女の子をからかうんじゃありません.
Don't *tease* girls. / Don't *make fun of* girls.

からくち 辛口の hot [ハット]
▶ 辛口のカレーライス *hot* curry and rice

からし mustard [マスタド]
▶ からしは少なめ [多め] にしてください.
Easy [Heavy] on the *mustard*, please.

カラス a crow [クロウ] →とり (図)
▶ カラスが鳴いている.
A *crow* is cawing.

ガラス
glass [グラス]; (窓ガラス) a windowpane [ウィンドウペイン]
▶ ガラスの破片 a broken piece of *glass*
▶ シンデレラのくつはガラスでできていた.
Cinderella's slippers were made of *glass*.
▶ 窓ガラスを割ったのはだれですか.
Who broke the *windowpane*？

からだ 体
1 (身体・肉体) a **body** [バディ]; (体格) (a) build [ビルド]
▶ 人間の体 a human *body*
▶ 体を洗う wash my*self* (▶×wash my body とはいわない)
▶ 体をきたえる build my*self* up
▶ 彼はレスラーのような体つきをしている.
He has a wrestler's *build*.

2 (健康) **health** [ヘルス]
▶ 最近体の調子がよい.

からて ▶

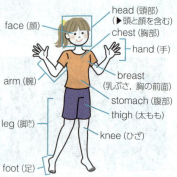
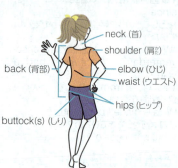

Recently I have been in good *health*.
▶ 海藻は体にいい.
Seaweed is good for your *health*.
▶ (病人などに) お体をおだいじに.
Please take care of *yourself*.
▶ 体に気をつけて！Take care!
▶ あの子は体が弱い.
That little boy is weak. (▶女の子の場合は girl にする)

からて 空手 *karate* [カラーティ]
▶ 空手をする practice *karate* / do *karate*

カラフル カラフルな *colorful* [カラフル]

からまる 絡まる *get entangled* [エンタングルド]
▶ 糸がからまった.
The threads *got entangled*.

カリ (鳥) a wild goose [ワイルド グース] (複数 wild geese [ギース])

かり¹ 仮に (もしも) *if* [イフ]
▶ かりにきみがぼくの立場だったらどうする？
If you were in my place, what would you do?

かりの (一時的な) *temporary* [テンポレリィ]
仮免許 a *temporary* license / a learner's permit

かり² 借り (a) *debt* [デット] (発音注意)
▶ ケンに1000円の借りがある.
I owe Ken 1,000 yen. / I am in *debt* to Ken for 1,000 yen.

かり³ 狩り *hunting*, a *hunt* [ハント]
狩りをする *hunt*
▶ 彼らは山へ狩りに行った.
They went *hunting* in the mountains. (▶*to the mountains* とはしない)
▶ きのこ狩り mushroom *gathering*
▶ いちご狩り strawberry *picking*

カリウム 《化学》 *potassium* [ポタスィアム] (記号 K)

かりかり かりかりした *crisp* [クリスプ]
▶ かりかりに焼いたベーコン
crispy grilled bacon

がりがり (やせた) *skinny* [スキニィ]
▶ 彼はがりがりにやせている.
He is *terribly skinny*.

がりがりかじる *gnaw* [ノー] (発音注意)

カリキュラム a *curriculum* [カリキュラム]

カリスマ *charisma* [カリズマ] (発音注意)

カリフラワー (a) *cauliflower* [コ(ー)リフラウア]

がりべん がり勉 《米口語》 a *grind* [グラインド]

かりゅう 下流に *down the river*, *downstream* (対 上流に *up the river*, *upstream*)
▶ 200メートル下流に橋がある.
There is a bridge 200 meters *down*

かりょく 火力 heating power [ヒーティング パウァ]
火力発電 thermal power generation
火力発電所 a thermal power plant

かりる 借りる

使い分け
(物・金を) → borrow
(トイレなど移動できないもの) → use
(家などを有料で) → rent

1 (物・金を) borrow [バロウ] (反 貸す lend); (借りている) owe [オウ]; (その場で使う) use [ユーズ]

🗣 スピーキング
🅐 きみのノート借りていい?
  Can I borrow your notebook?
🅑 いいよ, どうぞどうぞ.
  Sure, why not?

▶ トイレ, お借りできますか.
  May I *use* the bathroom? (▶移動できないものを借りるときはふつうuseを使う)
▶ 電話, 借りてもいい?
  Can I *use* the phone? (▶ふつう固定電話の場合は use を使い, 携帯電話の場合は use と borrow のどちらも使える)
▶ この本, いつまで (→どのくらい) 借りてていい?
  How long can I *borrow* this book?
▶ あなたにいくら借りてたかしら.
  How much do I *owe* you? (▶買い物で「いくらになりますか」という意味も表す)

💬 表現力
(人など) から (物) を借りる
 → borrow +物+ from +人など

▶ 私はよく学校の図書室で本を借りる.
  I often *borrow* books *from* the school library.
2 (有料で) rent [レント]
▶ 私たちはボートを1時間借りた.
  We *rented* a boat for an hour.
▶ 兄はアパートを借りている.
  My brother *is renting* an apartment.

かる 刈る (しばふを) mow [モウ]; (穀物を) reap [リープ]; (髪を) cut [カット]
▶ しばふを刈る *mow* the lawn
▶ 稲を刈る *reap* the rice
▶ 髪を短く刈ってください.
  I want my hair *cut* short.

-がる …したがる want to ...
▶ 由紀子があなたに会いたがっています.
  Yukiko *wants to* see you.

かるい 軽い

1 (重さが) light [ライト] (反 重い heavy)
軽く lightly
▶ 軽いバッグ a *light* bag
▶ ガソリンは水よりも軽い.
  Gasoline is *lighter* than water.
▶ 私の体重は洋子より軽い.
  I am *lighter* than Yoko.
2 (程度が) slight [スライト]
▶ 軽いけが a *slight* injury
▶ 軽いかぜ a *slight* cold
▶ 軽い食事 a *light* meal
▶ 軽い運動 *light* exercise
▶ 何か軽いものが食べたいのですが.
  I'd like to eat something *light*.

かるがる 軽々と (やすやすと) easily [イーズィリィ]

カルシウム (化学) calcium [キャルスィアム] (記号 Ca)

カルタ cards [カーツ] (▶「カルタ」はポルトガル語から)
▶ いろはカルタをする
  play *Iroha cards*

カルチャー (a) culture [カルチァ]
カルチャーショック (a) culture shock
▶ カルチャーショックを受ける
  experience *culture shock*

カルテ (病院の中で) *my* chart, *my* medical record(s) (▶「カルテ」はドイツ語から)

カルト a cult [カルト]

かれ 彼

1 (あの男性) he [ヒー] (複数 they) (対 彼女 she)

he

she

カレイ ▶

	彼	彼ら
…は、…が	he	they
…の	his	their
…を、…に	him	them
…のもの	his	theirs
…自身	himself	themselves

💬**表現力**
彼は…です → He is ... .

▶ 「あの男の子はだれ？」「彼は私のいとこです」 "Who is that boy?" "*He is* my cousin."
▶ 私は彼に（彼の）新しい住所をたずねた. I asked *him his* new address.
▶ この筆跡は彼のものです. This handwriting is *his*.
▶ 彼は自分でそれを書いたのです. He wrote it *himself*.
2 (恋人) a boyfriend [ボイフレンド] (▶女性から見た男友だちは a male friend という)
▶ 美香にはすてきな彼がいます. Mika has a nice *boyfriend*.

カレイ (魚) a flatfish [フラトゥフィシ] (複数 flatfish)

カレー (a) curry [カ〜リィ]；(カレーライス) curry and rice, curry with rice (▶ ×curry rice とはいわない)
▶ わーい，今日はカレーだ！ Wow, we're having *curry and rice* today!
カレー味 curry flavor
カレー粉 curry powder
カレー料理 curried food

ガレージ a garage [ガラージ]

かれら 彼ら →かれ (表)

(３人称複数) they [ゼイ]

💬**表現力**
彼らは…です → They are ... .

▶ 「ブラウン夫妻をご存じですか」「ええ. 彼らはいい人たちです」 "Do you know Mr. and Mrs. Brown?" "Yes. *They are* nice people."
▶ 私は彼らに（彼らの）子どもたちのことを知らせてあげました.

I told *them* about *their* children.
▶ 彼らは自分たちでジャムをつくった. *They* made the jam *themselves*.

かれる¹ 枯れる die[ダイ], be dead[デッド]；(しおれる) wither [ウィザァ]
▶ 枯れ葉 *dead* leaves
▶ この木は枯れている. This tree *is dead*.
▶ 切り花は夏にはすぐ枯れる. Cut flowers will *wither* soon in summer.

かれる² (声が) get hoarse [ホース]
▶ 五郎は大声を出したので声がかれた. Goro shouted himself *hoarse*.

カレンダー a calendar [キャレンダァ] (アクセント注意)

かろう 過労 overwork [オウヴァワ〜ク]
▶ 母は過労で病気になった. Mother got sick from *overwork*.
過労死 death from overwork

かろうじて barely [ベァリィ] →やっと

カロリー a calorie [キャロリィ] (▶ cal. と略す)
▶ 1日に2500キロカロリーとる take in 2,500 kilo*calories* a day
▶ 低カロリー食品 (a) low-*calorie* food

かわ¹ 川

a river [リヴァ]；(流れ) a stream [ストゥリーム]；(小川) a brook [ブルック]
▶ 利根川 the Tone *River* (▶川の名前には the をつける. また River は省略することもある)
▶ 川をさかのぼる go up a *river*
▶ 川を下る go down a *river*
▶ 川をわたる cross a *river*
▶ 川を泳いでわたる swim across a *river*
▶ 川で泳ぐ swim in the *river*
▶ 川へつりに行こう. Let's go fishing in the *river*. (▶この場合 ×to the river とはいわない)
川岸 a riverside
川原 the shores of a river

かわ² 皮，革 (なめし革) leather [レザァ]；(皮ふ) (a) skin [スキン]；(果物の) (a) skin, (a) peel [ピール]；(木の) bark [パーク]
▶ このかばんは革でできている. This bag is made of *leather*.
▶ バナナの皮 a banana *peel*

◀ **かわる**¹

- オレンジの皮をむく *peel* an orange
革ぐつ leather shoes
革製品 leather products
皮むき器 a peeler

がわ 側 a side [サイド]
- 右側 the right *side*
- 道路の両側に桜の木がある.
There are cherry trees on both *sides* of the road.
- 川のこちら側に小さな小屋が見えた.
We found a small hut on this *side* of the river. (▶「向こう側」は the other side)
- 窓の外側をふきなさい.
Wipe the *outside* of the window. (▶「内側」なら inside)
- 「窓側か通路側,どちらの席になさいますか」「窓側をお願いします」
"Which would you prefer, a window or an aisle seat?" "A window seat, please."

かわいい

（きれいな）**pretty** [プリティ]；（愛らしい）**lovely** [ラヴリィ], **cute** [キュート]；（いとしい）**dear** [ディア]
- かわいい！ How *cute*!
- エミってほんとかわいいね.
Emi is really *pretty*.
- かわいい子には旅をさせよ.《ことわざ》
Spare the rod and spoil the child. (▶「むちをおしめば子どもはだめになる」という意味)

かわいがる love [ラヴ] →あいする
- 彼女はその子ネコをとてもかわいがっている.
She *loves* the kitten very much.

かわいそう

poor [プア]；（みじめな）**miserable** [ミゼラブル]
- かわいそうな話 a *sad* story
- かわいそー！ Oh, it's a *pity*!
- かわいそうなやつだ！ *Poor* fellow!
- かわいそうにマイクは寒さでこごえていた.
Poor Mike was freezing.
- 彼にふられちゃったの？ かわいそうに.
Did he dump you? That's too *bad*.

かわいらしい lovely [ラヴリィ] →かわいい

かわかす 乾かす dry [ドゥライ]
- 私は洗たく物を日なたでかわかした.
I *dried* the laundry in the sun.
- ドライヤーで髪をかわかす
blow-dry my hair

かわく¹ 乾く dry [ドゥライ]
- かわいたタオル a *dry* towel
- この生地はかわくのが速い.
This cloth *dries* fast.
- あなたのシャツはまだかわいてないよ.
Your shirt is not *dry* yet.

かわく² 渇く（のどが）be thirsty [サ～スティ], feel thirsty
- ジョギングをしたらのどがかわいた.
I *felt thirsty* after jogging.

かわった 変わった（めずらしい）new [ニュー], strange [ストゥレインヂ]；（異常な）unusual [アニュージュアル]
- 何か変わったことがありますか.
Is there any *news*? / Is there anything *new*? / What's *new*?

かわら a tile [タイル]
- かわら屋根の家 a *tile*-roofed house

かわり¹ 変わり change [チェインヂ]
- 「最近お変わりありませんか（→最近いかがお過ごしですか）」「ええ,元気です」
"How are you getting along these days?" " (I'm) OK, thank you."

かわり² 代わり **1**（…の代わりに）instead [インステッド] of →そのかわり
- うちではバターの代わりにオリーブ油を使っている.
We use olive oil *instead of* butter.
2（お代わり）another helping →おかわり
- お代わりしていい？
Can I have *seconds*? / Can I have *another helping*?

かわりやすい 変わりやすい changeable [チェインヂャブル]
- 春山の天気はとても変わりやすい.
The weather in the mountains is very *changeable* in the spring.

かわる¹ 変わる

change [チェインヂ], **turn** [ターン]；（位置・方向・方針などが）**shift** [シフト]
- すべてのことばは時代とともに変わる.
All languages *change* with the times.

one hundred and ninety-one　191

かわる²▶

🔊スピーキング
Ⓐ 何か変わったことある？
What's new?
Ⓑ 別に.
Nothing much.

▶「やあクラーク，ひさしぶり．むかしと全然変わっていないね」「きみのほうこそ」
"Long time no see, Clark. You *haven't changed* a bit." "Neither have you."

💬表現力
…に変わる
→ change into [to] ... /
turn into [to] ...

▶午後遅くなって雨は雪に変わった.
Late in the afternoon, the rain *changed into* snow.
▶風向きが南に変わった.
The wind *has changed to* the south.

💬表現力
～から…に変わる
→ change from ～ to ... /
turn from ～ to ...

▶ちょうど信号が赤から青に変わった.
The traffic light *has* just *changed from* red *to* green.

かわる² 代わる，替わる（とって代わる）take the place of；(席などを) change [チェインヂ]
▶席をかわろうよ.
Let's *change* seats.
▶（電話で）少々お待ちください. 今, テッドと代わります.
Hold the line, please. I'll *put* Ted *on*.

かわるがわる 代わる代わる（交互に）by turns；(順々に) in turn

かん¹ 缶 a can [キャン], (おもに英) a tin [ティン] →かんづめ
▶空き缶 an empty *can*
▶アルミ缶 an aluminum *can*
缶切り a can opener
缶ジュース a can of juice

かん² 巻 a volume [ヴァリュム] (▶ vol. と略す)
▶第7巻 the seventh *volume* / *Vol.* 7

かん³ 勘 a hunch [ハンチ]
▶あいつはかんがいい.
He is *intuitive*.
▶私のかんが当たった.
My *hunch* was right. (▶「かんが外れた」なら wrong を使う)

かん⁴ 管 a pipe [パイプ], a tube [テューブ]
▶ガス管 a gas *pipe*
▶水道管 a water *pipe*
▶試験管 a test *tube*

-かん …間（時間）(ずっと) for [フォー(ァ)], (…間で) in [イン]；(場所) (2地点の) between [ビトゥウィーン], (3地点以上の) among [アマング] →あいだ
▶3日間雪が降りつづいた.
It snowed *for* three days.
▶そのフェリーは仙台‐名古屋間を運行している.
The ferry runs *between* Sendai and Nagoya.

ガン¹ (鳥) a wild goose [ワイルド グース] (複数 wild geese [ギース])

ガン² →じゅう²
▶マシンガン a machine *gun*
ガンマン a gunman

がん (病気) (a) cancer [キャンサァ]
▶がんにかかっている have *cancer*
▶がんで死ぬ die of *cancer*

かんいっぱつ 間一髪で by a hair's breadth
▶間一髪でのがれる
escape ... *by a hair's breadth* / have a *narrow* escape

かんか 感化する influence [インフルエンス]
▶彼女は友だちに感化されやすい.
She *is* easily *influenced* by her friends.

がんかい 眼科医 an eye doctor

かんがえ 考え →かんがえる

使い分け
(意見) → opinion, thoughts
(思いつき) → idea

1 (意見) an opinion [オピニオン], thoughts [ソーツ]
▶私の考えでは in my *opinion*
▶この計画について, きみの考えはどうなの？
What's your *opinion* about this

◀ **かんかく²**

plan?

2 (思いつき) an **idea** [アイディ(ー)ア]
▶ いい考えがある！
I have a good *idea*!

🔊スピーキング
Ⓐ つりに行くのはどう？
How about going fishing?
Ⓑ それはいい**考え**だ．行こう．
That's a good idea. Let's go.

3 (思考) **thought** [ソート]
▶ ぼくは考えごとをしていたんだ．
I *was thinking*. / I was deep in *thought*.

4 (意図) (an) **intention** [インテンション], a **mind** [マインド]
▶ あなたに留学する考えはありますか．
Do you have any *intention* of studying abroad? / Do you have a *mind* to study abroad?
▶ きみは考えがころころ変わるね．
You're constantly changing your *mind*.
考え方 *my* way of thinking
▶ きみの考え方にはついていけないよ．
I can't follow your *way of thinking*.
かんがえこむ 考えこむ be deep in thought, think seriously
かんがえなおす 考え直す think over
▶ もう一度考え直してみなさい．
Think it *over* again.

かんがえる 考える

使い分け
(思考する) → think, consider
(意図する) → think of
(想像する) → imagine

1 (思考する) **think** [スィンク] 〔of, about〕；(よく考える) **consider** [コンスィダァ]；(意図する) **think of**
▶ よく考えてからしゃべりなさい．
Think well before you speak.
▶ 今，考えてるところなの．
I'*m thinking* now.

💬表現力
…について考える
→ think about ... / think of ...

▶ きみは今，何を考えているの？
What *are* you *thinking about*?
▶ 一晩考えさせてください．
Let me *think about* it overnight. / Let me *sleep on* it.
▶ その意見についてどう考えますか．
What do you *think of* the opinion?
(▶×How do you think ...? とはいわない)
▶ 「ぼくらのクラブに入れよ」「考えさせてくれ」
"Why don't you join our club?" "Give me time to *think* it *over*." (▶ think over は「よく考える」こと)

💬表現力
…しようと考えている
→ be thinking of -ing / be considering -ing

▶ サッカー部をやめようかと考えているんだ．
I'*m thinking of quitting* the soccer team.
2 (想像する) **imagine** [イマヂン]；(予期する) **expect** [イクスペクト]
▶ テレビのない生活を考えてもごらん！
Just *imagine* life without television!
▶ だれも彼が試合に勝つなんて考えなかった．
Nobody *expected* him to win the game.
3 (見なす) **think of** [regard] ... **as**
▶ 私をあなたの親友と考えてね．
Think of me *as* your best friend.
かんかく¹ 間隔 (物と物との) (a) **space** [スペイス]；(時間・距離°の) an **interval** [インタヴァル]
▶ ここからバスが10分間隔で（→10分おきに）出ている．
Buses leave here *every* ten minutes.
かんかく² 感覚 (a) **sense** [センス]
▶ 方向感覚 a *sense* of direction
▶ 彼は金銭感覚がない．
He has no *sense* of the value of money.
▶ 寒さで手の感覚がなくなった．
My hands are *numb* with cold.
▶ 親とは友だち感覚で話をする．
I talk to my parents *just like* I talk to my friends.

one hundred and ninety-three 193

カンガルー ▶

「感覚」のいろいろ
視覚 the sense of sight
聴覚_{ちょうかく} the sense of hearing
味覚 the sense of taste
きゅう覚 the sense of smell
触覚_{しょっかく} the sense of touch
五感 five senses
第六感 the sixth sense

カンガルー （動物）a kangaroo ［キャンガルー］（[複数] kangaroos）

かんかん
▶ かんかん照りの日
a *blazing* ［ブレイズィング］ hot day
▶ 彼はかんかんに怒った.
He hit the ceiling. （▶直訳は「彼は天井にぶつかった」で，比ゆ的に怒りが頂点に達したことを意味する）

がんがん
▶ 頭ががんがんする.
I have a *splitting* headache.
▶ 音楽をがんがんかける
play music *loudly*

かんき 換気 ventilation ［ヴェンティレイシュン］
換気する ventilate ［ヴェンティレイト］
▶ 部屋の換気をする
ventilate a room / *air* a room

かんきゃく 観客 （映画・演劇などの）an audience ［オーディエンス］；（スポーツなどの）a spectator ［スペクテイタァ］
▶ 劇場には観客が大勢いた. There was a large *audience* in the theater.
▶ そのサッカーの試合にたくさんの観客が集まった. There were a lot of *spectators* at the soccer game.
観客席 a seat；（スタンド）the stands

かんきょう 環境 (an) environment ［エンヴァイ(ア)ロンメント］；（周囲）surroundings ［サラウンディングズ］
▶ 家庭環境 my home *environment*
▶ 生活環境 my living *environment*
▶ 自然環境 the natural *environment*
▶ 地球環境 Earth's *environment*
環境の environmental；（周囲の）surrounding
▶ 環境意識を高める
promote *environmental* awareness
▶ 環境にやさしい

eco-friendly / *environmentally* friendly

📝ライティング

私たちは環境を保護しなければなりません。
We have to protect the environment.

環境汚染 environmental pollution
環境破壊 environmental destruction
環境保護 environmental protection
環境ホルモン environmental hormone
環境問題 an environmental problem

かんけい 関係

(a) **relation** ［リレイシュン］, (a) relationship ［リレイシュンシプ］
関係する concern ［コンサ～ン］
▶ 人間関係 human *relations*
▶ 国際関係 international *relations*
▶ 「その人とはどういう関係ですか」「ぼくのおじです」
"What's your *relationship* to him?" "He's my uncle."
▶ 友だち関係で(→友だちのことで)悩んでいる.
I have a problem with friends.

💬表現力

…と関係がある
→ **have ~ to do with ...**
（▶「~」には something, nothing, anything, little などがくる）

▶ その政治家はその事件と関係がある.
The politician *has* something *to do with* the case.
▶ そんなこと私には関係ないよ.
I *have* nothing *to do with* such things. / They don't *concern* me.
▶ きみには関係ないよ.
It's none of your business. / Mind your own business. / It *has* nothing *to do with* you.
関係者以外立ち入り禁止 （掲示）Off Limits to Unauthorized Persons / Staff Only
関係代名詞《文法》a relative pronoun
関係副詞《文法》a relative adverb

かんげい 歓迎 (a) welcome ［ウェルカム］
歓迎する welcome

環境問題 Environmental Problems

イラスト：大管雅晴

桜の開花日が早くなってる?
Have cherry blossoms started to bloom earlier in spring?

The cherry blossom front on April 1
桜前線（4月1日）

2001 - 2010
1961 - 1970

日本の桜が55年前よりも春に早く開花しているって知ってましたか。
Did you know that cherry blossoms in Japan bloom earlier in spring than they did fifty-five years ago?

この地図を見てください。4月1日時点での桜前線が北上しているのがわかります。
Look at this map. You can see that the cherry blossom front on April 1 has moved north.

このことは日本の多くの場所で桜の開花日が早くなっていることを意味しています。科学者たちは、これは気温が上昇したからだと言っています。
This means that cherry blossoms are blooming earlier in most parts of Japan. Scientists say that it is because the temperatures have risen.

地球温暖化を英語で説明してみよう！
Explain global warming to the class.

地球の気候はだんだん暖かくなっています。この気候の変化を「地球温暖化」といいます。地球温暖化の影響で、北極海の氷の量が減少したり、干ばつが増えたりしています。

地球温暖化の原因のひとつに温室効果ガスがあります。このガスは太陽からの熱を大気に閉じこめます。

温室効果ガスは主に化石燃料を燃やすことで生じるので、このガスを減らすためにも私たちはふだんからエネルギーを節約するようにしなければなりません。

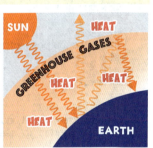

The earth's climate is getting warmer. This climate change is called "global warming." Because of global warming, the amount of ice in the Arctic Ocean is getting smaller and the number of *droughts is increasing.

One of the causes of global warming is greenhouse gases. These gases **trap the heat from the sun in the atmosphere.

They are mainly produced by burning fossil fuels. So we must try to save energy in everyday life to reduce them.

*drought [draut ドゥラウト] 干ばつ　**trap [træp トゥラップ] …を閉じこめる

かんげき ▶

▶ 私たちは彼らから温かい歓迎を受けた.
We received a warm *welcome* from them.

▶ きみなら大歓迎だ.
We would *welcome* you heartily. / You will *be* heartily *welcomed*.
歓迎会 a welcome party, a reception [リセプション]

かんげき 感激する be deeply moved
▶ 観客は感激して涙を流した.
The audience *was moved* to tears.

かんけつ 簡潔な brief [ブリーフ]
簡潔に briefly
▶ 簡潔に説明してください.
Please explain it *briefly*.

かんげんがく 管弦楽 orchestral [オーケストゥラル] music
管弦楽団 an orchestra [オーケストゥラ]

かんご 看護 nursing [ナ〜スィング]
看護する nurse;（世話をする）look after, care for

がんこ がんこな stubborn [スタボン]

かんこう 観光 sightseeing [サイトゥスィーイング] →けんぶつ
観光する see the sights (of ...), do some sightseeing
観光に行く go sightseeing

> ╭─ スピーキング ─╮
> Ⓐ 滞在の目的は？
> What's the purpose of your visit?
> Ⓑ 観光です.
> Sightseeing.

▶ 彼は観光でロンドンに行った.
He went *sightseeing* in London. / He went to London to *see the sights*.

観光案内所 a tourist [トゥ(ア)リスト] information center
観光客 a tourist, a sightseer
観光地 a sightseeing spot
▶ 私たちの町は観光地です.
Our town is a *tourist resort*.
観光バス a sightseeing bus
観光旅行 a sightseeing tour

かんこく 韓国 South Korea [サウス コリ(ー)ア]（▶正式には the Republic of Korea（大韓民国）という）

韓国(人・語)の Korean
韓国人 a Korean

かんごく 監獄 a prison [プリズン]
かんごし 看護師 a nurse [ナ〜ス]
かんさい 関西（地方）the Kansai district, the Kansai area
かんさつ 観察する observe [オブザ〜ヴ];（見守る）watch [ワッチ]
▶ 昆虫を観察するのはおもしろい.
It is interesting to *observe* insects.

かんし¹ 冠詞《文法》an article [アーティクル]（▶定冠詞 the と不定冠詞 a, an がある）
かんし² 監視する watch [ワッチ], keep an eye on ...

かんじ¹ 感じ（心持ち）(a) feeling [フィーリング];（印象）(an) impression [インプレション]
感じがする feel →かんじる
▶ そのときどんな感じがしたの？
How did you *feel* then?

▶ かぜをひいた感じがする.
I *feel like* I have a cold.

▶ あのレストランは落ち着いた感じだ.
That restaurant has a relaxed *atmosphere*.

▶ 絵美は感じのいい女の子だ.
Emi is a *pleasant* girl.（▶「感じが悪い」なら an unpleasant とする）

▶ 何かいい事が起こりそうな感じがする.
I have a *feeling* that something good is going to happen.

> ╭─ スピーキング ─╮
> Ⓐ 新しい先生はどんな感じ？
> What's your new teacher like?
> Ⓑ やさしくってすてきなの.
> He seems nice and gentle.

かんじ² 漢字 (a) kanji, a Chinese character（▶ *kanji* は単複同形）
▶ 漢字の読み書き
reading and writing *kanji*
▶ あした漢字のテストがある.
I have a *kanji* quiz tomorrow.（▶ quiz は「小テスト」のこと）
▶ 真央は自分の名前を漢字で書いた.
Mao wrote her name in *Chinese characters*.

がんじつ 元日 New Year's Day
-(に)かんして …(に)関して →-(に)ついて

196 one hundred and ninety-six

かんしゃ 感謝

thanks [サンクス] (▶複形で使う)
感謝する thank
▶ ご親切を心から感謝いたします.
I *thank* you very much for your kindness. / I really *appreciate* your kindness.
▶ 何と言って感謝してよいかわかりません.
I don't know how to *thank* you. / I have no words to *thank* you.
感謝祭 Thanksgiving Day (▶アメリカの祝日で11月の第4木曜日)

家族そろって感謝祭のお祝いの食卓を囲む.

かんじゃ 患者 a patient [ペイシェント]
かんしゅう 観衆 spectators [スペクテイタァズ] →かんきゃく
かんじゅせい 感受性 sensibility [センスィビリティ], a feeling [フィーリング]
がんしょ 願書 an application [アプリケイション], an application form
▶ 入学願書
an *application* for admission
▶ この願書に記入してください.
Please fill out this *application form*.
▶ 北高校に願書を出すことにしている.
I'm *applying for* Kita High School.
かんしょう¹ 干渉する interfere [インタフィア] 《in, with》
▶ この問題に干渉するな. Don't *interfere* in this matter. / Don't *stick your nose into* this matter.
かんしょう² 鑑賞する appreciate [アプリーシエイト]
▶ 絵を鑑賞する *appreciate* pictures

> 📣 プレゼン
> 私の趣味(しゅみ)は音楽鑑賞です.
> My pastime is listening to music.

かんしょう³ 感傷的な sentimental [センティメントゥル]
▶ 感傷的な小説
a *sentimental* novel

かんじょう¹ 感情

feelings [フィーリングズ]; (強い感情) (an) emotion [イモウション]
▶ 父はめったに感情を外に出さない.
My father seldom shows his *feelings*.
▶ 私は友だちの感情を害してしまった.
I hurt my friend's *feelings*.
▶ 彼は感情が激しい人だった.
He was a man of strong *emotions*.
感情的な emotional
感情的に emotionally
▶ そんなに感情的にならないでよ.
Don't get so *emotional*.
かんじょう² 勘定 counting [カウンティング]; (勘定書き) 《米》a check [チェック], 《英》a bill [ビル]
▶ 私が勘定を払います.
I'll pay the *check*. / I'll pay for it. / (私のおごりです) It's on me.
▶ (店員に) 勘定をお願いします.
Check, please. / I'd like to pay the *check*, please.
がんじょう 頑丈な strong [ストゥロ(ー)ング]
かんしょく 間食する eat between meals

かんじる 感じる

feel [フィール]

> 📣 表現力
> …と感じる, …を感じる → feel …

▶ 私は足にするどい痛みを感じた.
I *felt* a sharp pain in my leg.
▶ 私は急に空腹を感じた.
I suddenly *felt* hungry. (▶×*felt hunger* とはいわない)

> 📣 表現力
> …だと感じる → feel (that) …

▶ 外はまだ寒いけど, 春がきているなあと感じます.
It's still cold outside, but I *feel (that)* spring is coming.

かんしん¹ ▶

💬表現力
～が…するのを感じる
→ feel ～＋動詞の原形

▶ 家がゆれるのを感じなかった？
Didn't you *feel* the house *shake*?

💬表現力
～が…しているのを感じる
→ feel ～ -ing

▶ その女の子がぼくをじっと見ているのを感じた.
I *felt* the girl *staring* at me.

かんしん¹ 感心する admire [アドゥマイア]
▶ きみの勇気に感心しています.
I *admire* your courage. / I *am* deeply *impressed* by your courage.
感心な admirable [アドゥミラブル]

かんしん² 関心 (an) interest [インタレスト]
▶ 子どもたちはその実験にとても関心を示した.
The children showed great *interest* in the experiment.

💬表現力
…に関心がある
→ be interested in … /
 have an interest in …

✒ライティング
私は環境問題に**関心**があります.
I am interested in environmental problems.

▶ 彼はスポーツにまったく関心がないみたいだ. He seems to *have* no *interest in* sports.

かんじん 肝心な important [インポートゥント], essential [エセンシャル]

かんすう 関数 a function [ファンクション]

-(に)かんする … (に) 関する about [アバウト], on →-(に)ついて
▶ 日本に関する本
books *about* Japan / books *on* Japan

かんせい¹ 完成する

complete [コンプリート], finish [フィニシ]
▶ 展覧会用にこの作品を完成させるつもりです.

I am going to *finish* this work for the exhibition.

かんせい² 歓声 a cheer [チア], a shout of joy
▶ 歓声をあげる give *a shout of joy*

かんぜい 関税 customs [カスタムズ], duties [デューティズ]
▶ 関税のかからない *duty*-free

かんせつ¹ 間接の, 間接的な indirect [インディレクト] (反) 直接の direct)
間接(的)に indirectly
▶ 彼女を間接的に知っている.
I know her *indirectly*. / I've *heard of* her.
間接目的語 (文法) an indirect object
間接話法 (文法) indirect narration

かんせつ² 関節 a joint [ヂョイント]

かんせん¹ 感染する (病気が人に) infect [インフェクト]
▶ 彼はウイルスに感染したらしい.
I hear he *was infected* with the virus.
感染者 an infected person
▶ 数か月で世界の感染者は数百万人にのぼった.
In a few months, millions of people *were infected* globally.
感染症 an infectious disease

かんせん² 観戦する watch [ワッチ]
▶ テレビでオリンピックを観戦した.
I *watched* the Olympic Games on TV.

かんぜん 完全な

(欠点のない) perfect [パ～フェクト]；(全部そろった) complete [コンプリート]
▶ 完全な勝利 a *complete* victory
完全に perfectly；completely
▶ 仕事がまだ完全には終わっていないんだ.
I haven't finished my work *completely*.
完全試合 (野球の) a perfect game
完全犯罪 a perfect crime

かんそう¹ 乾燥した dry [ドゥライ]
▶ 冬は空気が乾燥している.
In winter the air is *dry*.
乾燥機 a dryer

かんそう² 感想 an impression [インプレション]

◀ **かんでん**

🎤スピーキング

Ⓐ 日本についてのご感想は？
What's your impression of Japan? / How do you like Japan?

Ⓑ すばらしいです．とても気に入りました．
Great! I love it.

▶ 読書感想文 a book report
▶ 記事の感想を聞かせてください．
Please let me know *what you think of* the article.

かんぞう 肝臓 a liver [リヴァ]

かんそく 観測 (an) observation [オブザヴェイション]
観測する observe [オブザ〜ヴ]
▶ 土星を望遠鏡で観測した．
We *observed* Saturn with a telescope.
気象観測 weather *observation*
観測所 an observatory

かんたい 寒帯 the frigid zone [フリヂドゾウン]

かんだい 寛大な generous [ヂェネラス], broad-minded [ブロードゥマインデド]

かんだかい かん高い high-pitched [ハイピッチト]；(反) 低音の low-pitched；(金切り声の) shrill [シリル]
▶ 健太はかん高い声で話す．
Kenta speaks in a *high-pitched* voice.

かんたん¹ 簡単な

1 (容易な) **easy** [イーズィ]；(単純な) **simple** [スィンプル] (反) 複雑な complicated)；(手軽な) **light** [ライト]
▶ 英語のテストはとても簡単だった．
The English exam was very *easy*. / (口語) The English exam was a *cinch*.
▶ そんなの簡単だよ．
It's a *breeze*. / It's a *cinch*. (▶ a breeze, a cinch はいずれも話し言葉で「楽にできること，朝めし前」という意味)
▶ このパソコンは簡単に使えるね．
This computer is *easy* to use.
▶ 簡単な英語で話してもらえませんか．
Could you speak *simple* English?

▶ 朝食は簡単にすませた．
I had a *light* breakfast.

📣表現力
…するのは簡単だ
→ **It is easy to … .**

▶ 私にはこの問題を解くのは簡単だ．
It is easy for me *to* solve this problem.
▶ どんな外国語でも習得するのは簡単ではない．
It's not *easy to* master any foreign language.

2 (手短な) **brief** [ブリーフ]
▶ 簡単なメモ a *brief* note
簡単に easily；simply；briefly
▶ 簡単に言えば
in short / *in a word*

かんたん² 感嘆する admire [アドゥマイア]
感嘆符 (文法) an exclamation mark (！)
→ **くとうてん (表)**
感嘆文 (文法) an exclamatory sentence

がんたん 元旦 (the morning of) New Year's Day
▶ 元旦に on *New Year's Day*

かんだんけい 寒暖計 a thermometer [サマメタァ]

かんちがい 勘違い (a) misunderstanding [ミサンダスタンディング]
かんちがいする misunderstand；mistake
▶ きみはかんちがいしているよ．
You're *mistaken*.
▶ それは私のかんちがいでした．
It was my *misunderstanding*.
▶ 私はあの人をきみのお兄さんだとかんちがいした．
I *mistook* him for your brother.

かんづめ 缶詰 a can [キャン]，(おもに英) a tin [ティン]；(かんづめの食品) canned food
▶ ツナのかんづめ
a *can* of tuna / *canned* tuna

かんてん 観点 a point of view, a viewpoint
▶ きみとは観点がちがう．
You and I have different *points of view*.

かんでん 感電する get an electric

あ

か

さ

た

な

は

ま

や

ら

わ

one hundred and ninety-nine 199

かんでんち

shock [イレクトゥリク シャック]
かんでんち 乾電池 →でんち
かんとう 関東(地方) the Kanto district, the Kanto area

かんどう 感動する

be moved [ムーヴド], **be impressed** [インプレスト]
▶ 私たちは感動して泣いた.
  We *were moved* to tears.
▶ 私はその映画に深く感動した.
  I *was* deeply *moved* by the film. / The film *moved* me deeply. (▶ moved は impressed としてもよい)
▶ この感動(→今,このこと)は一生忘れません.
  I'll never forget *this moment*.
感動的な moving, impressive
▶ 感動的な場面 an *impressive* scene
かんとうし 間投詞《文法》an interjection [インチヂェクション]
かんとく 監督(仕事の) a supervisor [スーパヴァイザァ];(映画の) a director [ディレクタァ];(野球・サッカーなどの) a manager [マネヂァ];(サッカー・バスケットボールなどの) coach [コウチ]
監督する supervise;direct
▶ 彼は3作目の映画を監督した.
  He *directed* his third film.
▶ 木村先生はぼくらのサッカーチームの監督です.
  Mr. Kimura is the *coach* of our soccer team.
カントリー(ミュージック) country music (▶単に country ともいう)

カンナ〔植物〕a canna [キャナ]
かんな〔道具〕a plane [プレイン]
かんなをかける plane
カンニング カンニングする cheat [チート] (▶英語の cunning (ずるい,ずるさ) にはカンニングの意味はない)
▶ 彼は数学の試験でカンニングした.
  He *cheated* on the math exam.
▶ カンニングペーパー
  a *crib* sheet / a *cheat* sheet (▶ ×cunning paper とはいわない)
かんねん 観念(意識) a sense [センス];(考え) an idea [アイディ(ー)ア]
▶ きみは時間の観念がない.
  You have no *sense* of time.
▶ 固定観念 a stereotype / a fixed *idea*
カンパ a fund-raising campaign, chipping in (▶「カンパ」はロシア語から)
カンパする contribute [コントゥリビュ(ー)ト], chip in
かんぱ 寒波 a cold wave
かんぱい¹ 乾杯 a toast [トウスト]
乾杯する toast
▶ 乾杯! Here's to you! / To your health! / Cheers! / Bottoms up! (▶ 最後の2つはくだけた言い方)
▶ 佐藤さんの成功を祝って,乾杯!
  Let's *drink* (*a toast*) to Mr. Sato's success. / Let's *toast* Mr. Sato's success.
かんぱい² 完敗 a complete defeat [コンプリート ディフィート]
完敗する be completely defeated
かんばつ 干ばつ a drought [ドゥラウト]
がんばりや a hard worker

がんばる

(努力する) try hard;(全力をつくす) do *my* best;(もちこたえる) hold out;(言いはる) insist [インスィスト] (on)
▶ 兄は入学試験に合格できるようにがんばっている.
  My brother *is studying hard* to pass the entrance exam.
▶ 姉はやせようとがんばっている.
  My sister *is trying to* lose weight.
▶ がんばらなくっちゃ.
  I'll *try* my *best*. / I'll *do* my *best*.

> 🎤 プレゼン
> 高校では勉強,スポーツに**がんばる**つもりです.
> I'll do my best at my studies and my sports activities in high school.

▶ かんわ

▶ もう少しだ！がんばれ！
You're almost there! *Don't quit now!*

スピーキング
Ⓐ 試験がんばってね！
Good luck on your test!
Ⓑ ありがとう.
Thank you.

用法「がんばって」のいろいろな言い方
Do your best.「ベストをつくして」
Keep trying.「そのまま努力し続けて」
Keep it up.「今の調子を続けて」
That's the spirit.「その調子」
Stick to it.「食らいついていけ」
Come on.「どうしたんだ, しっかりしろ」
Never give up.「あきらめるな」
Hang in there.「そこにふみとどまれ」
That's the way.「そのとおり. その調子」

▶ よくがんばったね.
Well done! / *Good for you*!
▶ 太郎は相手が降参するまでがんばった.
Taro *held out* till his opponent gave in.

かんばん 看板 (標識) a sign [サイン]; (標識板) a signboard [サインボード]

かんぱん 甲板 a deck [デック]

かんびょう 看病する nurse [ナ〜ス], take care of; (介護する) care for
▶ 私は病気の母を看病した.
I *nursed* my sick mother. / I *took care of* my sick mother.

かんぶ 幹部 (企業の) an executive [イグゼキュティヴ]; (経営陣) management [マネヂメント]; (部活の) a leader [リーダァ]

かんぶん 漢文 Chinese classics (▶複数形で表す.「中国の古典」という意味)
▶ 漢文を読む read *Chinese classics*

かんぺき 完ぺきな perfect [パ〜フェクト], complete [コンプリート]
▶ これで完ぺき.
This should be *perfect*. / This is *perfect*.
▶ 完ぺきな人間なんていないよ.
Nobody is *perfect*.

かんべん 勘弁する forgive [フォギヴ] →ゆ

るす
▶ (謝って) どうぞかんべんしてください.
Please *forgive* me.
▶ これ以上はかんべんして (→もうやめて).
Please no more.

カンボジア Cambodia [キャンボウディア]
カンボジア(人)の Cambodian [キャンボウディアン]
カンボジア人 a Cambodian

カンマ (記号) a comma [カマ] →コンマ
かんまつ 巻末 the end of a book
かんむり 冠 a crown [クラウン]
かんゆう 勧誘 (an) invitation [インヴィテイション] →さそう
勧誘する invite
▶ 新入生をサッカー部に勧誘する
invite new students to the soccer team

かんようく 慣用句 an idiom [イディオム]
かんらんしゃ 観覧車 a Ferris wheel [フェリス (ブ) ウィール]
▶ 観覧車に乗る ride on a *Ferris wheel*

かんり 管理する manage [マネヂ]
管理人 (管理責任者) a manager [マネヂァ]; (ビルなどの)《米》a janitor [ヂャニタァ],《米》a superintendent [スーパリンテンデント],《英》a caretaker [ケアテイカァ]
▶ 鈴木さんがこのアパートの管理人です.
Mr. Suzuki is the *superintendent* of this apartment.

かんりゅう 寒流 a cold current [カ〜レント]
かんりょう 完了する complete [コンプリート], finish [フィニシ]
▶ 卒業式の準備は完了した.
The preparations for the graduation ceremony are *complete*.
▶ アプリのアップデートが完了した.
The app's update is *complete*.

かんれん 関連 (a) relation [リレイション] →かんけい
かんろく 貫禄 dignity [ディグニティ], presence [プレズンス]
▶ あなたのお父さんは貫禄があるね.
Your father is a man of *dignity*.

かんわ 緩和する relieve [リリーヴ], ease [イーズ]
▶ 交通渋滞を緩和する
relieve traffic congestion / *ease* a traffic jam

two hundred and one　201

き¹ 木

1 (樹木) a tree [トゥリー]; (低木) a bush [ブッシ], a shrub [シラブ]
- 高い木 a tall tree (▶「低い木」は a short tree)
- 桜の木 a cherry tree
- 木を植える plant a tree
- 木に登る climb up a tree

> ✏ライティング
> 毎年たくさんの木が切り倒されている.
> A lot of trees are cut down every year.

- ほら. あの木に白いネコがいるよ.
  Look. There's a white cat in that tree.

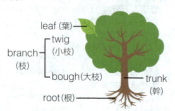

leaf (葉)
twig (小枝)
branch (枝)
bough (大枝)
root (根)
trunk (幹)

2 (木材) wood [ウッド] (▶ a をつけず, 複数形にしない)
- この箱は木でできている.
  This box is made of wood.
- **木の** wooden
- 木の人形 a wooden doll
- **木登り** climbing trees, tree climbing
- **木の実** a nut

> ⓘ参考 木のいろいろ
> いちょう ginkgo [ギンコウ] / 梅 ume tree / カシ oak [オウク] / ケヤキ zelkova [ゼルコヴァ] / 桜 cherry tree / 杉 Japanese cedar [スィーダァ] / 椿 camellia [カミーリャ] / 松 pine (tree) / 桃 peach (tree)

き² 気

1 (気持ち・気分) (a) mind [マインド], (a) heart [ハート], (an) intention [インテンション]
- 私は気が変わった.
  I've changed my mind.
- 彼は気がやさしい.
  He has a kind heart.
- 気を落とさないで.
  Don't be discouraged. / Don't be depressed.
- 成績のことを考えると気が重くなる.
  I feel depressed when I think about my grades.
- 次回のテストが心配で気が気でない.
  I'm very anxious about the upcoming exams.
- 私はそこへ行く気はない.
  I have no intention of going there.

2 (気質) temper [テンパァ]
- あいつは気が小さい.
  He is timid. / He doesn't have the guts. / He's (a) chicken.
- メグは気が強い.
  Meg is assertive. / Meg has a lot of guts.
- 後藤先生は気が長い (→がまん強い) けど, 斎藤先生はとても気が短い.
  Mr. Goto is very patient, but Mr. Saito is very short-tempered.

3 (意識・正気) mind, senses [センスィズ]
- リカは自動車事故を見て気を失った.
  Rika fainted at the sight of the car accident.
- あなたの気のせいですよ.
  It's just your imagination. / It's all in your mind.
- 暑さで気が遠くなった.
  The heat made me feel faint.
  (▶ feel faint で「気が遠くなる」)
- 気が変になりそうだ.
  I'm almost out of mind. / I'm going to lose my mind.

◀ きおく

気が合う →きがあう
気がある →きがある
気がきく →きがきく
気がする →きがする
気がつく →きがつく
気に入る →きにいる
気にする →きにする
気になる →きになる
気をつかう →きをつかう
気をつける →きをつける

ℹ 日本語NAVI

気が済む ☞満足する →**まんぞく**
気が散る ☞集中できない →**しゅうちゅう**
気が遠くなる ☞ぼうっとする →**いしき**
気が抜ける ☞緊張がゆるむ →**ほっとする**
気が早い ☞せっかちである →**せっかち**
気が引ける ☞相手に悪いと思う
　　　　　　　→**-(し)にくい**
気が向く ☞その気になる
　　　　　　　→**-たい¹, きになる**
気に食わない ☞いやだと思う
　　　　　　　→**いや², ふゆかいな**
気を配る ☞こまかな点にも注意する
　　　　　　　→**きをつける, ちゅうい**
気を抜く ☞油断する →**ゆだん**
気を引き締める ☞緊張させる
　　　　　　　→**きんちょう**

ギア a gear [ギア]
きあい 気合い spirit [スピリット]
▶ 気合いを入れて練習しよう.
　Let's put *spirit* into our practice.
きあつ 気圧 atmospheric pressure [アトゥモスフェリク プレシァ], air pressure
▶ 低気圧 low *atmospheric pressure*
▶ 高気圧
　high *atmospheric pressure*
　気圧計 a barometer [バラミタァ]
キー a key [キー] →**かぎ**
▶ ピアノのキー (鍵盤ばん) the *keys* of a piano
▶ 自転車のキー a bike *key*
　キーポイント (手がかり) a key point; (要点) the point
　キーホルダー a key ring
　キーワード a key word
キーパー (サッカーなどの) a goalkeeper [ゴウルキーパァ], 《口語》a goalie [ゴウリィ]
キーボード (鍵盤ばん・パソコンの) a

keyboard [キーボード]; (鍵盤楽器) a keyboard (▶複数形でもよく使う)
▶ キーボードを演奏する
　play the *keyboard* / play *keyboards*
　キーボード奏者 a keyboardist, a keyboard player

きいろ 黄色(の)

yellow [イェロウ]
▶ 信号が黄色に変わった.
　The traffic light turned *yellow*.
ぎいん 議員 (日本の国会の) a member of the Diet [ダイエト]; (アメリカ議会の) a member of Congress [カングレス]; (イギリス議会の) a member of Parliament [パーラメント] (▶ MP と略す)
▶ 衆議院議員 a *member* of the House of Representatives
▶ 参議院議員 a *member* of the House of Councilors
▶ 県会議員
　a *member* of the prefectural assembly (▶「市会議員」は prefectural を city に, 「町会議員」は town, 「村会議員」は village にする)
キウイ 《鳥》a kiwi [キーウィー]; 《果物》a kiwi fruit

きえる 消える

1 (火・明かりなどが) go out; (消火される) be put out
▶ とつぜん電気が消えた.
　Suddenly the lights *went out*.
▶ 火事はすぐに消えた.
　The fire *was* soon *put out*.
2 (姿・形が) disappear [ディサピァ] (反 現れる appear), go away
▶ その男は人ごみの中に消えた.
　The man *disappeared* in the crowd.
▶ 痛みはまもなく消えるでしょう.
　The pain will *go away* soon.

きおく 記憶 →おぼえる

(a) **memory** [メモリィ]
記憶する memorize [メモライズ], keep ... in mind; (覚えている) remember [リメンバァ]
▶ あなたは記憶力がよい.
　You have a good *memory*. (▶「記憶

two hundred and three　203

キオスク ▶

▶ その日のできごとは今も私たちの記憶に新しい.

The events of that day are still fresh in our *memories*.

▶ ぼくはそんなこと言った記憶はない.

I don't *remember* saying any such thing. (▶「過去に…したことを記憶している」は remember -ing を使う. この場合, *remember to say とはしない)

キオスク a kiosk [キ(ー)アスク]

きおん 気温 temperature [テンペラチァ] → おんど, カし, セし

▶ 今日は気温が30度まで上がった.

The *temperature* rose to 30℃ today. (▶ 30℃ は thirty degrees Celsius [セルスィアス] [centigrade]と読む)

きか¹ 幾何 geometry [ヂアメトゥリィ]

きか² 帰化する become a citizen of, be naturalized [ナチ(ュ)ラライズド]

▶ 彼女は日本に帰化した.

She *became a citizen of* Japan.

きが 飢餓 hunger [ハンガァ]

きがあう 気が合う get along well

▶ 私は美奈子と気が合う.

I *get along well* with Minako.

きがある 気がある（興味がある）be interested [インタレスティド] (in)

▶ 彼はリンダに気があるようだ.

He seems to *be interested in* Linda.

きかい¹ 機会 →チャンス

an opportunity [アパテューニティ], a chance [チャンス] (▶ chance は偶然性を強調することが多い)

▶ 自分の力をためす絶好の機会だと思うよ.

I think this is your golden *opportunity* to test your ability.

▶ この機会をのがすな！

Don't miss this *chance*!

▶ 奈良に行ったときに法隆寺を訪れる機会があった.

While I was in Nara, I had a *chance* to visit Horyuji Temple.

▶ 教育の機会均等

equal *opportunities* for education

きかい² 機械

a **machine** [マシーン]

機械の, 機械的な mechanical [メキャニカル]

機械的に mechanically

▶ この機械は動かない.

This *machine* won't work.

▶ この機械はどこか故障している.

There is something wrong with this *machine*.

▶ 機械的に覚える learn *by rote*

機械科 (学校の) a mechanics course

機械工 a mechanic [メキャニク]

ぎかい 議会 an assembly [アセンブリィ]；(日本の国会) the Diet [ダイエト]；(アメリカの) Congress [カングレス]；(イギリス・カナダなどの) Parliament [パーラメント] →ぎいん

▶ 市議会 a city *assembly*

議会政治 parliamentary government

きがえ 着替え spare clothes [クロウズ]

着がえる change *my* clothes

▶ 早く着がえなさい.

Change your *clothes* quickly.

きがかり 気がかりである be worried (about)

きがきく 気がきく

▶ あいつはまったく気がきかない（→おそろしく鈍感な）やつだ.

He is terribly *insensitive*.

🔲用法 気がきくね.
日本語で「気がきく」とは「気持ちが行き届いていて適切な行動がとれること」を意味するが, 英語にはぴったりの訳語がない. 代わりに「思いやりのある, 親切な」という意味の nice や kind, attentive を使って, **It is kind of you./How nice of you. / You're attentive**. (やさしいね) のように言うのが一般的. また, 思慮深いというニュアンスを表現したいときは **thoughtful** を使うとよい.

きかく 企画（企画すること）planning [プラニング]；(個々の) a plan [プラン]

▶ 企画する plan / make a *plan*

きかざる 着飾る dress [ドゥレス] up

きがする 気がする（感じる）feel [フィール]；(…したい気がする) feel like -ing

▶ 彼がここに来るような気がする.

I *have a feeling* he'll come here.

◀ **きぎょう**²

―**表現力**―
…**したい気がする → feel like -ing**

▸ 今日は勉強する気がしない.
I don't *feel like studying* today. / I don't *want to* study today.

きかせる 聞かせる (話して) tell [テル]; (読んで) read [リード]; (歌って) sing [スィング]
▸ おばけの話を聞かせてあげる.
I'll *tell* you a ghost story.

きがつく 気がつく **1** (知る) become aware [アウェア] (of), notice [ノウティス]; (見いだす) find [ファインド] (out)
▸ 彼はやっと自分の誤りに気がついた.
He finally *became aware of* his own faults.
▸ 私は彼女がそこにいないことに気がついた.
I *noticed* that she wasn't there.
2 (意識をとりもどす) come around
▸ アリスはやっと気がついた.
Alice finally *came around*.

きがる 気軽に (喜んで) readily [レディリィ]; (遠慮しないで) freely [フリーリィ]
▸ 健はだれにでも気軽に話しかける.
Ken *readily* speaks to anyone.
▸ いつでもお気軽に (→ご遠慮なく) お立ち寄りください.
Please *feel free to* drop in anytime.

きかん¹ 期間 a period [ピ(ア)リオド]
▸ この切符の有効期間は1週間です.
This ticket is valid *for* a week.
▸ テスト期間中は学校が早く終わる.
School ends earlier *during* exams.

―**スピーキング**―
Ⓐ **どのくらいの期間**ロンドンにいらっしゃるのですか.
How long will you be staying in London?
Ⓑ 約1か月です.
About a month.

きかん² 機関 (エンジン) an engine [エンヂン]; (組織) an institution [インスティテューション]; (手段) a means [ミーンズ] (▸単複同形)
▸ 医療機関 a medical *institution*
▸ 交通機関 a *means* of transportation
▸ 報道機関 the news *media*
機関士 an engineer

機関車 an engine, a locomotive [ロウコモウティヴ]
機関銃 a machine gun

きかん³ 器官 an organ [オーガン]
▸ 消化器官 digestive *organs*

きき 危機 a crisis [クライスィス] (複数) crises [クライスィーズ]
▸ エネルギー危機 an energy *crisis*
▸ 食糧危機 a food *crisis*

―**ライティング**―
トラは絶滅の**危機**にひんしています.
Tigers are in danger of extinction.

▸ 彼らは危機一髪のところで助かった.
They escaped *by a hair's breadth*.

ききいれる 聞き入れる take [テイク], follow [ファロウ], accept [アクセプト]
▸ どうして私の忠告を聞き入れないのですか.
Why won't you *take* my advice?
▸ 彼の願いを聞き入れる
accept his request / *agree to* his request

ききかえす 聞き返す ask again
ききとり 聞き取り hearing [ヒ(ア)リング]
聞き取りテスト a listening comprehension test (▸ hearing test は「聴力検査」のこと)

ききとる 聞き取る hear [ヒア] →きく¹
▸ 電話が遠いみたい. よく聞き取れないんだ.
I think we have a bad connection. I can't *hear* you well.

ききめ 効き目 (an) effect [イフェクト]
ききめのある effective →きく²
▸ この薬はききめが早い.
This medicine *works* quickly.

ききゅう 気球 a balloon [バルーン]
▸ 気球を上げる fly a *balloon*
キキョウ (植物) a balloon flower
きぎょう¹ 企業 a business [ビズネス], a company [カンパニィ], an enterprise [エンタプライズ]
▸ 大企業
a big *business* / a big *company*
きぎょう² 起業する start a business

―**プレゼン**―
私は将来**起業**したいです.
I want to start a business in the future.

two hundred and five **205**

ききん¹ 飢きん famine [ファミン]
ききん² 基金 a fund [ファンド]
ききんぞく 貴金属 a precious metal
キク 菊（植物）a chrysanthemum [クリサンセマム], （口語）a mum [マム]

きく¹ 聞く, 聴く →きこえる

💬使い分け
(耳に入る) → hear
(注意して) → listen
(たずねる) → ask
(聞き入れる) → obey, follow

1 (耳に入る) **hear** [ヒア]；(注意して) **listen** [リスン] (to)；(伝え聞く) **hear of**

💬表現力
…を聞く → hear ... / listen to ...

▶ 物音を聞く hear a noise
▶ 音楽を聞く listen to music
▶ そんな話, 聞いたことがない.
I've never *heard of* such a thing.
▶ 私の言うことをよく聞きなさい.
Listen to me carefully.
▶ ぼくらはラジオでニュースを聞いていた.
We *were listening to* the news on the radio.

💬用法 **hear** と **listen** と **ask**
ふつう **hear** は「音や声が自然に耳に入る」ことを表し, **listen** は「意識的に聞き取ろうとして耳をかたむける」場合に使う. また「人に何かをたずねる」という意味では **ask** を使う.

hear　　listen

ask

▶ 池田さんですって？ そんな人のことは聞いたことありませんね.
Mr. Ikeda? I've never *heard of* him.
▶ 林先生が結婚するって話, 聞いた？
Did you *hear* about Mr. Hayashi's marriage?
▶ 私はよくラジオを聞きながら勉強する.
I often study *with* the radio *on*.

💬表現力
…だと聞いている
→ I hear (that) ... .

▶ 岡さんは今アメリカにいると聞いています.
I *hear* (*that*) Ms. Oka is now in America.

💬表現力
(人・物) が…するのを聞く
→ hear ＋人・物＋動詞の原形

▶ あの先生が英語をしゃべるのを聞いたことある？
Have you ever *heard* the teacher *speak* English? (▶「…するのを」には動詞の原形を使う)

💬表現力
(人・物) が…しているのを聞く
→ hear ＋人・物＋ -ing

▶ だれかがやってくる音を聞いて, 子どもたちはかくれた.
The children hid when they *heard* someone *coming*. (▶「…しているのを」には -ing 形を使う)

2 (たずねる) **ask** [アスク] →たずねる¹
▶ 聞かないで.
(知らないとき) Don't *ask* me. / (言いたくないとき) Don't *ask*.

💬表現力
(人に) …を聞く → ask (＋人) ...

▶ 男の人がぼくに学校へ行く道を聞いた.
A man *asked* me the way to the school.

💬表現力
(人に) …について聞く
→ ask (＋人＋) about ...

▶ それについてお聞きしてもよろしいですか.
May I *ask* you *about* it?

◀ **きげん**⁴

あ
き

表現力
(人に)「…か」と聞く
→ ask (+人), "...?"

▶ 私は由貴に「あしたはひま？」と聞いた.
I *asked* Yuki, "Are you free tomorrow?"

▶ ケンはぼくに「何がほしい？」と聞いた.
Ken *asked* me, "What do you want?" / Ken *asked* me what I wanted.

3 (聞き入れる)(人・命令などに従う) **obey** [オベイ];(助言などを) **follow** [ファロウ], **take** [テイク]

▶ 親の言うことは聞きなさい.
You should *obey* your parents.

▶ 医者の言うことを聞くべきだ.
You should *follow* your doctor's advice.

きく² 効く, 利く (薬などが) be effective [イフェクティヴ], be good;(作用する)work[ワ〜ク]

▶ この薬は頭痛によくきく.
This medicine *is effective* for headaches. / This medicine *works* well for headaches.

▶ たいへんだ！ ブレーキがきかないぞ！
Oh, no! The brakes don't *work*!

きぐ 器具 an instrument [インストゥルメント];(家庭用電気器具など) an appliance [アプライアンス]

▶ 実験器具
a laboratory *instrument*

▶ 電気器具
an electrical *appliance*

きげき 喜劇 a comedy [カメディ] (対 悲劇 tragedy)
喜劇的な comic [カミク], comical [カミカル]
喜劇俳優 a comedian [コミーディアン]

きけん¹ 危険

(a) **danger** [デインヂァ]
危険な dangerous [デインヂ(ャ)ラス]

▶ 危険. 立ち入り禁止《掲示》
Danger. Keep off

▶ 彼の命は危険にさらされている.
His life is in *danger*.

▶ 彼らは危険な状態を脱した.
They got out of *danger*.

表現力
…するのは危険だ
→ It is dangerous to ... .

▶ 夜遅く1人で歩くのは危険だ.
It's dangerous to walk alone late at night.
危険物 a dangerous object

きけん² 棄権する (投票を) abstain [アブステイン] (from voting);(競技を) withdraw [ウィズドゥロー] (from a race);(途中で) drop out 《of》

▶ マラソンを途中で棄権する
drop out of the marathon

きげん¹ 機嫌 a mood [ムード], (a) humor [ヒューマァ] →ごきげん

▶ 父は今はきげんがいい[悪い].
My father is in a good [bad] *mood* now. (▶ mood は humor でもよい)
きげんよく cheerfully [チアフリィ]

スピーキング
Ⓐ ごきげんいかがですか.
How are you?
Ⓑ ありがとう, 元気です. あなたは？
Fine, thanks. And you?
(▶くだけた言い方では, How are you doing? とか How are you getting along? とか How are things with you? などともいう. 久しぶりに会って「ごきげんいかがでしたか」ときくときは How have you been? という)

きげん² 期限 a time limit, a deadline [デドゥライン]

▶ 期限に間に合う make the *deadline* (▶「遅れる」なら miss にする)

▶ レポートは必ず期限までに提出しなさい.
Be sure to hand in your paper before the *time limit*.

▶ 宿題の提出期限は明日です.
The *deadline* for the homework is tomorrow. / The homework *is due* tomorrow.

きげん³ 起源 an origin [オ(ー)リヂン], a beginning [ビギニング]

▶ 文明の起源 the *origin* of civilization

▶ 地球の起源
the *beginning* of the earth

きげん⁴ 紀元 →せいれき

さ
た
な
は
ま
や
ら
わ

two hundred and seven **207**

きこう ▶

▶ 紀元前245年に
in 245 *B.C.* (▶ B.C. は *before Christ*
（キリスト生誕前）の略で，年を表す数字
のあとにつけて使う．そのまま ［ビースィー］
と発音する）

きこう 気候 →てんき

(a) **climate** ［クライメト］

▶ 日本は気候がおだやかである．
The *climate* in Japan is mild. / We
have a mild *climate* in Japan.

> ✒️ライティング
> 気候の変わりめですのでお体にご注意
> ください．
> The seasons are changing. Please
> take care of yourself.

気候変動 climate change

きごう 記号 a **sign** ［サイン］, a **symbol** ［スィ
ンボル］；（しるし）**mark** ［マーク］

▶ 発音記号
a phonetic *sign* / a phonetic *symbol*

▶ 化学記号 a chemical *symbol*

きこえる 聞こえる →きく¹

1 （耳に入る）**hear** ［ヒア］

▶ もしもし…．もしもし…．聞こえますか．
Hello …. Hello …. Can you *hear* me?

▶ 大久保さん，聞こえません．もう少し大き
い声でお願いします．
Mr. Okubo, I can't *hear* you. Speak
louder, please.

> 💬表現力
> （人・物）が…するのが聞こえる
> → **hear** ＋人・物＋動詞の原形

▶ 2階でだれかがくしゃみをするのが聞こえた．
I *heard* someone *sneeze* upstairs. (▶
「…するのが」には動詞の原形を使う)

> 💬表現力
> （人・物）が…しているのが聞こえる
> → **hear** ＋人・物＋ -ing

▶ 今，電話が鳴っていたけど聞こえた？
Did you *hear* the phone *ringing*
right now? (▶ 「…しているのが」には
-ing 形を使う)

2 （…に聞こえる）**sound** ［サウンド］

▶ それは本当のように聞こえる．

That *sounds* true.

きこく 帰国する go **home**, come
home；return from abroad

▶ おじが5年ぶりにフランスから帰国した．
My uncle *came home* from France
after five years' absence.

帰国子女 a returnee ［リターニー］ student

ぎこちない **awkward** ［オークワド］,
clumsy ［クラムズィ］

▶ ぎこちない態度
an *awkward* manner

きざ きざな

▶ あいつはきざなやつだ．
He is a *show-off*.

きさく 気さくな （友好的な）**friendly** ［フレン
ドゥリィ］；（率直な）**frank** ［フランク］

▶ 彼はとても気さくな人だ．
He is very *friendly*.

きざし 兆し a **sign** ［サイン］

▶ 春のきざし *signs* of spring

きざむ 刻む **1** （切り刻む）**cut** ［カット］；（細
かく）**chop** ［チャップ］ (up)

▶ ニンジンを細かく刻んでくれる？
Will you *chop* the carrot into small
pieces? (▶ chop は cut でもよい)

2 （彫りつける）**cut**, **carve** ［カーヴ］

▶ ぼくは彼女のイニシャルを木に刻みこんだ．
I *carved* her initials on the bark of
the tree. (▶ carved は cut でもよい)

きし¹ 岸 （海・湖・大河などの）a **shore**
［ショー(ア)］；（沿岸）a **coast** ［コウスト］；（川・
湖の土手）a **bank** ［バンク］ →かいがん

▶ その川岸に古い城がある．
There is an old castle on the *bank*
of the river.

きし² 騎士 a **knight** ［ナイト］

キジ （鳥）a **pheasant** ［フェザント］

きじ¹ 記事 an **article** ［アーティクル］, **news**
［ニューズ］, a **story** ［ストーリィ］

▶ 新聞記事 a newspaper *article*

▶ 第一面の記事 front page *news*

きじ² 生地 （布）**cloth** ［クロ(ー)ス］, **fabric**
［ファブリク］；（服地）**material** ［マティ(ア)リアル］；
（パンなどの）**dough** ［ドゥ］

ぎし 技師 an **engineer** ［エンヂニア］

▶ 電気技師
an electrician / an electrical
engineer

ぎしき 儀式 a **ceremony** ［セレモウニィ］

◀ **ぎせい**

▶ おごそかな儀式 a solemn *ceremony*
▶ 儀式を行う hold a *ceremony*

きじつ 期日 a date [デイト], a fixed date, a due [デュー] date →きげん²
▶ 期日までにレポートを提出してください.
You must hand in your paper by the *due date*.

きしゃ¹ 記者 a reporter [リポータァ], a newspaper reporter
記者会見 a press conference

きしゃ² 汽車 a train [トゥレイン] →れっしゃ

きしゅ 機種 a model [マドゥル]
▶ スマホの機種変更をした（→新しい機種にした）.
I got a new *model* of smartphone.

きじゅつ 奇術 magic [マヂク]
奇術師 a magician [マヂシャン]

ぎじゅつ 技術 (専門的な) a technique [テクニーク]; (技能) a skill [スキル]
技術的な technical [テクニカル]
技術・家庭 《学科》 technology and home economics, industrial arts and homemaking
技術者 an engineering technician, a technician, an engineer

きじゅん 基準 a standard [スタンダド]
▶ 基準に合う meet the *standard*

きしょう¹ 気象 weather [ウェザァ]
▶ 異常気象 unusual [extreme] *weather*
気象衛星 a weather satellite
気象台 a weather station
気象庁 the Meteorological Agency
気象予報士 a certified weather forecaster

きしょう² 起床する get up →おきる

きしょう³ 気性 a temper [テンパァ]
▶ 気性の激しい人
a person with a violent *temper*

キシリトール xylitol [ザイリト(ー)ル] (発音注意)

キス a kiss [キス]
キスをする kiss
▶ ロイはジェーンに別れのキスをした.
Roy *kissed* Jane goodbye.
▶ 母親は彼女のほおにキスをした.
Her mother *kissed* her on the cheek.

きず 傷 →けが

(事故・不注意による) (an) **injury** [インヂュリィ]; (ナイフ・銃弾などによる) a **wound** [ウーンド]; (切り傷) a cut [カット]; (ひっかき傷) a scratch [スクラッチ]
傷を負った injured, wounded
▶ 重い傷
a serious *injury* / a serious *wound*（▶「軽い傷」の場合は serious を slight にする）
▶ 彼はその事故でひどい傷を負った.
He *was* terribly *injured* in the accident.
▶ 傷はまだ痛みますか.
Does your *cut* still hurt?
傷あと a scar [スカー]

きすう 奇数 an odd number（対 偶数 even number）

きずく 築く build [ビルド]
▶ この城は中世に築かれた.
This castle *was built* in the Middle Ages.
▶ 幸せな家庭を築けるようがんばります.
We'll do our best to *make* a happy home.

きずつく 傷つく get hurt, get injured, get wounded（▶心が傷つくことを表すには hurt が一般的）; (家具などが) get scratched →きず
▶ ぼくのプライドが傷ついた.
My pride *got hurt*.

きずつける 傷つける wound [ウーンド]; (体・心を) injure [インヂァ], hurt [ハート]
▶ あなたの気持ちを傷つける気はなかったのです.
I didn't mean to *hurt* your feelings.

きずな 絆 a bond [バンド]
▶ 友情のきずな *bonds* of friendship

きせい¹ 既製の ready-made [レディメイド]
既製服 ready-made clothes

きせい² 帰省 homecoming [ホウムカミング]
帰省する go home, come home, return home

ぎせい 犠牲 a sacrifice [サクリファイス]; (犠牲者) a victim [ヴィクティム]
犠牲にする sacrifice
▶ 多くの人々がその災害の犠牲になった.
Many people fell *victim* to the disaster.
▶ 彼は自分の時間を犠牲にしてその事業を成しとげた.

two hundred and nine 209

きせき

He completed the project *at the cost of* his own private time.
犠牲バント《野球》a sacrifice bunt
▶ 犠牲バントを打つ hit a *sacrifice bunt*
きせき 奇跡 a miracle [ミラクル]
▶ 奇跡を行う
 work a *miracle* / perform a *miracle*
▶ 奇跡的にだれ1人としてけがをしなかった.
 It's a *miracle* no one was hurt.
奇跡的な miraculous [ミラキュラス]

きせつ 季節

a **season** [スィーズン]

🗣 **スピーキング**
Ⓐ どの**季節**がいちばん好きですか.
 Which season do you like the best?
Ⓑ 春がいちばん好きです.
 I like spring the best.

▶ 秋は勉強にいちばんよい季節だ.
 Fall is the best *season* for studying.

✏️ **ライティング**
日本には春夏秋冬の4つの**季節**がある.
In Japan there are four seasons : spring, summer, fall, and winter.

▶ カキは今が季節だ.
 Oysters are in *season* now. (▶「季節はずれ」の場合は in を out of にする)
▶ 季節の果物 *seasonal* fruit
▶ 季節の変わり目に
 at the change of the *seasons*
季節風 a seasonal wind
きぜつ 気絶する faint [フェイント]
きせる 着せる dress [ドゥレス], get ... dressed →きる²
▶ お人形さんに服を着せようと.
 I'll *dress* my doll.

▶ 赤ちゃんに服を着せてね.
 Please *get* the baby *dressed*.
ぎぜん 偽善 hypocrisy [ヒパクリスィ]
偽善者 a hypocrite [ヒパクリト]

きそ 基礎 →きほん

a **basis** [ベイスィス] (複数 **bases** [ベイスィーズ]), the **foundation** [ファウンデイション], the **basics** [ベイスィクス]
▶ 基礎を築く lay *the foundation*(s)
▶ 基礎を固める
 master *the basics* / go through *the basics*
▶ 英語を基礎からやり直しなさい.
 Start English again from *the basics*.
基礎的な basic, fundamental

きそく 規則

a **rule** [ルール] ;（公共の）a **regulation** [レギュレイション]
規則的な regular [レギュラァ]
規則的に regularly
▶ 学校の規則を守る
 follow the school *rules*
▶ 学校の規則を破る
 break the school *rules*
▶ 例外のない規則はない.
 There are no *rules* without exceptions.
▶ 夏休み中は，規則正しい生活を送るのが難しい.
 It is difficult to keep *regular* hours during the summer vacation.
規則動詞《文法》a regular verb
きぞく 貴族 an aristocrat [アリストクラト]
貴族的な aristocratic [アリストラティク], noble [ノウブル]

きた 北 →ほうがく（図）

the **north** [ノース] (反 南 south) (▶ N. と略す)
北の north, northern [ノーザン]
北へ[に] north, northward [ノースワド]
▶ 青森県は本州の北にある.
 Aomori Prefecture is in *the north* of Honshu. / Aomori Prefecture is in *the northern part* of Honshu. (▶ in the north of ... は「…の北部に」という意味.「…の北（の方）に」なら to the north

◀ きたない

of ..., 「接して…の北に」なら on the north (side) of ... を使う)
▶ さいたま市は東京の北にある.
Saitama City is to *the north* of Tokyo.
▶ この部屋は北向きです.
This room faces *north*.
▶ 車は北に向かって進んでいる.
Our car is going *north*.
北アメリカ North America
北風 a north wind
北国 (地方) a northern district; (国) a northern country
北半球 the Northern Hemisphere

ギター a guitar [ギター] (アクセント注意)
▶ ギターをひく play the *guitar*
▶ エレキギター an electric *guitar*
ギタリスト a guitarist [ギターリスト]

きたい¹ 期待

expectation(s) [エクスペクテイション(ズ)], (a) hope [ホウプ]
期待する expect [イクスペクト], hope
▶ ご期待にそえなくてすみません.
I'm sorry I couldn't meet your *expectations*.
▶ コンサートは期待はずれだった.
The concert wasn't as good as I *expected*.

（表現力）
(人) に…を期待する
→ expect ... of [from] +人

▶ 母親がぼくに期待をかけすぎるんだ.
My mother *expects* too much *of* me.
▶ 妹はおじさんからプレゼントが来るのを期待していた.
My sister *was expecting* a present *from* our uncle.

（表現力）
(人) が…するよう期待する
→ expect +人+ to ... /
　expect (that) +人+ ...

▶ コーチはきみがそのレースに勝つことを期待しているよ.
The coach *expects* you *to* win the race. / The coach *expects* (*that*) you will win the race.

きたい² 気体 gas [ギャス] (▶「液体」は liquid,「固体」は solid)

ぎだい 議題 a subject [サブヂェクト], a topic [タピク]; (協議する項目) an agenda [アヂェンダ]
▶ 次の議題に移りましょう.
Let's move on to the next *subject*.

きたえる 鍛える train [トゥレイン]; (体を) build up
▶ 間近にせまった試合に向けて体をきたえている.
I'm *training* for the upcoming game.
▶ 野球部でコーチにびしびしきたえられた.
Our coach put us through very hard *training* on the baseball team.

きたく 帰宅する go home, come home (▶この home は「家に」という意味の副詞なので go [come] ˣto home とはしない) →かえる¹
▶ 父が帰宅するのはいつも7時ごろだ.
My father usually *comes home* about seven.

きたちょうせん 北朝鮮 North Korea [ノース コリ(ー)ァ] (▶正式な国名は the Democratic People's Republic of Korea (朝鮮民主主義人民共和国))

きだて 気立て
▶ 道子さんは気だてのよい人ですね.
Michiko is a *good-natured* person, isn't she?

きたない 汚い

1 (よごれた) dirty [ダ~ティ] (反 きれいな clean); (散らかった) messy [メスィ], untidy [アンタィディ] (反 かたづいた tidy)

dirty

messy

▶ そのきたないハンカチを洗ったら.
You should wash the *dirty* handkerchief.
▶ きみの部屋, きたないなあ.
Your room is so *messy*.

2 (ずるい) dirty; (いやしい) mean [ミーン]

two hundred and eleven　211

きたる ▶

▶ そんなきたない手を使うなよ.
Don't play such *dirty* tricks.
▶ あいつは金にきたないね.
He is *unfair* about money, isn't he?

きたる 来る coming, next
▶ 来る土曜日にコンサートがあります.
The concert will be held this *coming* Saturday.

きち 基地 a base [ベイス]
▶ 空軍基地 an air *base*

きちょう 貴重な precious [プレシャス],
valuable [ヴァリュアブル]
▶ 貴重な時間 *precious* time
▶ 貴重な経験 a *valuable* experience
▶ 生命ほど貴重なものはない.
Nothing is more *precious* than life.
貴重品 valuables

ぎちょう 議長 the chair [チェア], the
chairperson [チェアパ～スン]
▶ 議長！
(男性に) Mr. *Chairman*! /（女性に)
Madam *Chair*!
▶ 高志が議長に選ばれた.
Takashi was elected *chairperson*.

きちょうめん 几帳面な（厳密な）
precise [プリサイス]；(時間に) punctual [パ
ン(ク)チュアル]
▶ 高橋君ってすごくきちょうめんだよね.
Takahashi is very *precise*, isn't he?
▶ うちの担任は時間にきちょうめんだ.
Our homeroom teacher is *punctual*.

きちんと 1 (服装・部屋が) neatly [ニートゥ
リィ]
▶ 部屋はいつもきちんとしておきなさい.
Always keep your room *neat and
tidy*.
2 (規則的に) regularly [レギュラリィ]；(時間ど
おりに) punctually [パン(ク)チュアリィ]
▶ 毎日きちんと勉強しなさいよ.
You must study *regularly* every day.
▶ 時間はきちんと守りなさい.
You should be *punctual*.

きつい 1 (仕事などが) hard [ハード]；(こ
とばが) harsh [ハーシ]
▶ 剣道部の練習はかなりきつかった.
Practices in the *kendo* team were
very *hard*.
▶ 加藤先生はどうしていつもあんなきつい言
い方をするのだろう. Why does Ms.

Kato always speak so *harshly*?
2 (きゅうくつな) tight [タイト]
▶ このシャツは少しきつい.
This shirt is a little too *tight* for me.
きつく tightly

きづかう 気遣う be anxious [アン(ク)シャ
ス]《about》, be worried《about》
▶ 友人の安否を気づかう
be anxious about my friend's safety

きっかけ a chance [チャンス]
▶ 勇くんと話すきっかけがないの.
I can't get a *chance* to talk to
Isamu.

きっかり exactly [イグザクトゥリィ], just [ヂャス
ト], sharp [シャープ] →ぴったり
▶ 10時きっかりにここへ来なさい.
Come here *exactly* at ten o'clock. /
Come here at ten o'clock *sharp*.

キック a kick [キック]
キックする kick
▶ ボールをキックする *kick* a ball
キックオフ a kickoff

きづく 気づく →きがつく

きっさてん 喫茶店 a café [キャフェイ], a
tearoom [ティール(ー)ム],《米》a coffee
[コ(ー)フィ] shop,《英》a coffee bar

ぎっしり
▶ スケジュールはぎっしりつまっていた.
I had a very *tight* schedule.
▶ 箱にはクッキーがぎっしりつまっていた.
The box was *tightly* packed with
cookies.

キッチン a kitchen [キチン]
キツツキ《鳥》a woodpecker [ウドゥペ
カァ]

きって 切手

a **stamp** [スタンプ] (▶ postage [ポウステヂ]
stamp (郵便切手) ともいう)
▶ 切手を集めています.
I am collecting *stamps*.

🔊スピーキング

Ⓐ この手紙にはいくらの切手をはればいいんですか.
How much is the postage for this letter?
Ⓑ 110円です.
It's one hundred and ten yen.

▶ はがきに切手をはりましたか.
Have you put a *stamp* on the postcard?

🗣スピーキング
Ⓐ 85円切手を5枚ください.
Can I have five 85-yen *stamps*?
Ⓑ はい，どうぞ.
Here you are.

きっと →かならず

sure [シュア], **certainly** [サ～トゥンリィ], **definitely** [デフ(ィ)ニトゥリィ], **surely** [シュアリィ], **without fail**
▶ きっとよ．約束ね．
OK? Do you promise? / OK, it's a promise!

💬表現力
きっと…する
→ will certainly … / will surely … / will definitely … / I'm sure (that) … . / be sure to …

▶ あしたはきっと晴れね．
I'm sure it'll be fine tomorrow. / It'll *certainly* be fine tomorrow.
▶ 今夜きっと電話してね．
Be sure to call me tonight. / Call me tonight *without fail*.

キツネ (動物) a fox [ファクス]
きつね色 light brown

きっぱり
▶ 彼のことはきっぱりあきらめたわ．
I gave up on him *completely*.
▶ きっぱり断る refuse *flatly*

きっぷ 切符

a **ticket** [ティケト]
▶ コンサートの切符
a *ticket* for the concert
▶ 片道切符
《米》a one-way *ticket* / 《英》a single, a single *ticket*
▶ 往復切符
《米》a round-trip *ticket* / 《英》a return, a return *ticket*
▶ 名古屋までの切符を2枚ください．
Two *tickets* to Nagoya, please.

切符売り場 (駅の) a ticket office；(劇場の) a box office

ロンドンのメリルボーン駅の切符売り場．

切符自動販売機 a ticket vending machine

きている 着ている be wearing [ウェアリング], have … on, be dressed [ドゥレスト] in →きる²

きてん 機転 wit [ウィット]
▶ 彼は機転がきく．He is *quick-witted*.

きどう¹ 軌道 (天体・電子などの) an orbit [オービト]

きどう² 起動する start [スタート]；(コンピューター) boot [ブート] up
▶ コンピューターを起動させた．
I *booted up* my computer.

きとく 危篤の critical [クリティカル] →じゅうたい¹
▶ 祖母は危篤です．
My grandmother is in *critical* condition.

きどる 気取る put on airs [エアズ]
気どった affected
▶ 彼女は気どった話し方をする．
She speaks in an *affected* way.

きない 機内
▶ このバッグは機内に持ち込めますか．
Can I carry this bag *onto the plane*?
機内食 an in-flight meal
機内持ち込み手荷物 (総称) carry-on baggage；(1個) a carry-on

きにいる 気に入る

like [ライク]

💬表現力
…が気に入る → like …

▶ このセーターとっても気に入っているの．
I *like* this sweater very much.

きにする ▶

🎤 **スピーキング**

Ⓐ 京都はいかがでしたか.
How did you like Kyoto?
Ⓑ すばらしくて,とても**気に入りました**.
It was great. I liked it a lot.

お気に入りの favorite [フェイヴ(ァ)リト]
▶ これはブラウンさんのお気に入りの車だ.
This is Mr. Brown's *favorite* car.

きにする 気にする worry [ワ〜リィ]
《about》;《否定文で》care [ケア], mind
[マインド]
▶ 気にするな! Never *mind*.
▶ あいつらがぼくのことを何と言おうと気にしないさ.
I don't *care* what they say about me.
▶ 健は服装のことはあまり気にしない.
Ken doesn't *care* much *about* his clothes.

きになる 気になる(気にかかる)be anxious [アン(ク)シャス]《about》;(…する気持ちになる)feel like -ing →きがする
▶ 来週の試験のことがとても気になるんだ.
I'm very *anxious about* the exams next week.
▶ 今は出かける気になれない.
I don't *feel like going* out right now.

きにゅう 記入する fill out, fill in
▶ この用紙に記入してください.
Fill out this form, please.

きぬ 絹(の)silk [スィルク]
▶ 絹のブラウス a *silk* blouse

きねん 記念 commemoration [コメモレイション];(思い出)(a) memory [メモリィ]
記念する commemorate [コメモレイト]
▶ 私たちは卒業記念に桜の木を植えた.
We planted cherry trees in *memory* of our graduation.
記念切手 a commemorative stamp
記念写真 a souvenir picture
▶ 記念写真をとる
take a *souvenir picture*
記念碑 a monument [マニュメント]
記念日 an anniversary [アニヴァ〜サリィ]
記念品 a memento [ミメントウ]

きのう¹ 昨日 →きょう

yesterday [イェスタディ](▶「今日」は

today,「あした」は tomorrow,「おととい」は the day before yesterday)
▶ きのうの朝 *yesterday* morning
▶ きのうの午後 *yesterday* afternoon
▶ きのうの晩 *yesterday* evening
▶ きのうの夜 *last* night(▶ ×yesterday night とはいわない)
▶ きのうの新聞 *yesterday*'s paper
▶ きのうは日曜日だった.
Yesterday was Sunday. / It was Sunday *yesterday*.
▶ きのう図書館でスーに会った.
I met Sue in the library *yesterday*.

✎ **文法** **yesterday の使い方**

❶ a や the はつけない.「きのう…した」など, **yesterday** を副詞として使う場合は at, in, on などはつけない.
❷ ふつう時を表す語句(上の例文では **yesterday**)は, 場所を表す語句(in the library)よりあとにくる.

きのう² 機能 a function [ファンクション]
機能する work, function
キノコ a mushroom [マシル(ー)ム]
▶ 毒キノコ a poisonous *mushroom*

きのどく 気の毒な

sorry [サリィ]
気の毒に思う feel sorry, be sorry, feel pity [ピティ]
▶ お気の毒です. I'm very *sorry*.
▶ それはお気の毒です.
I'm *sorry* to hear that. / What a *pity*!

🎤 **スピーキング**

Ⓐ 母はかぜで寝ているんです.
My mother is in bed with a cold.
Ⓑ それはお気の毒に.
Oh, that's too bad.

📢 **表現力**

…を気の毒に思う
→ feel sorry for … /
   be sorry for …

▶ あの人たちは気の毒だと思います.
We *feel sorry for* them.
きば(象などの)a tusk [タスク];(オオカミ・ヘビなどの)a fang [ファング]

---

214 two hundred and fourteen

◀ きぼう

きばをむく snarl [スナール]

きばつ 奇抜な（新しい）novel [ナヴ(ェ)ル]；
（変わった）unusual [アニュージュアル]，
eccentric [エクセントゥリク]

きばらし 気晴らし a pastime [パスタイム]，
(a) recreation [レクリエイション]

> プレゼン

ぼくのいちばんの気晴らしはテニスで
す．
My favorite pastime is tennis.

▶ 気晴らしに買い物にでも行こうか．
Why don't we go shopping *for a change*? (▶ for a change は「気分転換に」という意味)

きびしい 厳しい

（厳格な）strict [ストゥリクト]，tough [タフ]，
severe [スィヴィア]；（程度がはげしい）
hard [ハード]；（深刻な）serious [スィ(ア)リアス]，severe

▶ 野球部のコーチはとても厳しい．
The baseball coach is very *strict*.

▶ うちの学校は校則がとても厳しい．
Our school rules are very *severe*.

▶ 父はぼくにとても厳しい．
My father is very *tough* on me.

▶ この夏はとりわけ暑さが厳しい．
It's *very, very* hot this summer.

▶ ぼくはサッカー部に入ったが，練習はとても厳しかった．
I joined the soccer team and the practices were very *hard*.
厳しく strictly, severely；hard

▶ 京子は母親に厳しくしかられた．
Kyoko was scolded *severely* by her mother.

きふ 寄付 (a) donation [ドゥネイション]，(a) contribution [カントゥリビューション]
寄付する donate [ドゥネイト]，contribute [コントゥリビュ(ー)ト]

▶ その年配の男性は母校に100万円を寄付した．The old man *donated* a million yen to his old school.
寄付金 a contribution, a donation

ぎふ 義父（夫または妻の父）a father-in-law [ファーザリンロー]；（継父）a stepfather [ステプファーザァ]

ギブアップ ギブアップする give up

ギプス a cast, a plaster [プラスタァ] cast
（▶「ギプス」はドイツ語の *Gips* から）

▶ 腕を骨折してひと月ギプスをしていた．
I broke my arm and wore a *cast* for a month.

ギフト a gift [ギフト]
ギフト券 a gift certificate
ギフトショップ a gift shop

きぶん 気分 →きもち

(a) feeling [フィーリング]，a mood [ムード]
(…の)気分がする feel [フィール]

▶ ぼくは彼女の気分を害してしまった．
I hurt her *feelings*.

▶ いまは冗談を言う気分じゃない．
I'm not in the *mood* to tell jokes now.

▶「今日の気分はどうですか」「ずいぶんよくなりました」
"How *are* you *feeling* today?" "I *feel* much better."

▶ 今日は気分がいい．I *feel* fine today.

▶ 気分が悪いんです．
I'm not *feeling* well.

▶ 気分がめいっています．I'm *down*.

▶ ゆううつな気分だ．
I *feel* blue. / I *feel* low.

> 表現力

…したい気分だ → feel like + -ing

▶ 彼女は泣きたい気分だった．
She *felt like crying*.

▶ 気分が悪くて，吐き気がする．
I *feel* sick. I *feel like throwing* up.

きぼ 規模 a scale [スケイル]

▶ 小規模に on a small *scale*

▶ 大規模な計画 a large-*scale* plan

ぎぼ 義母（夫または妻の母）a mother-in-law [マザリンロー]；（継母）a stepmother [ステプマザァ]

きぼう 希望

(a) hope [ホウプ]；（願い）a wish [ウィッシ]；
（夢）a dream [ドゥリーム]
希望する hope；wish →のぞむ，ねがう

▶ 希望を捨てるな．Don't give up *hope*.

▶ 私たちの将来は希望に満ちている．
Our future is full of *hope*.

▶ ローマへ行きたいという希望がかなった．

two hundred and fifteen 215

きほん ▶

My *dream* to visit Rome came true.

▶ Y高校に入るのがぼくの希望だ.
It is my *wish* to get into Y High School.

▶ 彼は希望どおり医者になった.
He became a doctor just as he *wished*.

> **●表現力**
> …することを希望する
> → hope to ... / hope that ...

▶ 久美は留学することを希望している.
Kumi *hopes to* go abroad to study. / Kumi *hopes that* she can go abroad to study.

きほん 基本 →きそ

the basics [ベイスィクス], a basis [ベイスィス] (複数) bases [ベイスィーズ])
基本的な basic, fundamental [ファンダメントゥル]
基本的に basically, fundamentally
▶ 英語の基本 *the basics* of English
▶ 勉強もスポーツも基本が大切だ.
The basics are important in both studies and sports.
▶ トムの言っていることは基本的には正しい.
Tom is *basically* correct.
基本的人権 fundamental human rights

きまえ 気前がいい be generous [チェネラス] (with, to)
▶ おじは気前よく金を出した.
My uncle *was generous with* his money.

きまぐれ 気まぐれな(変わりやすい) changeable [チェインヂャブル]
▶ 気まぐれな天気 *changeable* weather

きまずい 気まずい embarrassed [エンバラスト], awkward [オークワド]
▶ 気まずい沈黙 an *awkward* silence

きまつ 期末 the end of a term [ターム]
期末試験 a term exam, (米)(学年末の) a final exam →しけん

きまま 気ままに
▶ 彼はいつも気ままにふるまっている.
He always behaves *as he likes*.

きまり¹ 決まり a rule [ルール] →きそく
▶ 学校の決まりを守らない生徒がいる.

Some students break school *rules*.

▶ よし, それで話は決まりだ.
OK. That *settles* it. / All right. It's a *deal*.
決まり文句 a set phrase [フレイズ]

きまり² きまり悪い be embarrassed [エンバラスト]
▶ 大勢の人の前で転んでひどくきまりが悪かった.
I *was* very *embarrassed* when I fell down in front of many people.

きまる 決まる

1 (決定される) be decided [ディサイディド] (on, upon), be set [セット], be fixed [フィクスト]
▶ それはもうこの前のミーティングで決まったことだ.
It *was* already *decided upon* at the last meeting.
▶ 遠足は5月10日に決まった.
Our school excursion date *was set* for May 10.

2 (確実である) be sure [シュア]
▶ スージーは来るに決まっている.
Susie *is sure* to come. / *I am sure* Susie will come.

3 (さまになっている)
▶ そのドレス, きまってるね.
You *look* very *sharp* in that dress. / You *look good* in that dress.

きみ¹ 君 you [ユー] →あなた
▶ きみきみ! ここに自転車を置いちゃいかん.
Hey *you*! Don't leave your bike here.

きみ² 黄身 (a) yolk [ヨウク], yellow [イェロウ] (▶「白身」は white)

きみ³ 気味の悪い weird [ウィアド]

-ぎみ …気味 a touch [タッチ] of, a slight [スライト] ... →すこし
▶ ぼくはかぜぎみだ.
I have *a slight* cold. / I have *a little* cold.

きみじか 気短な short-tempered, quick-tempered, easy to get angry →たんき

きみどり 黄緑 yellow-green [イェロウグリーン], yellowish [イェロウイシ] green

きみょう 奇妙な strange [ストゥレインヂ]

216 two hundred and sixteen

◀ **きもち**

▶ 奇妙な風習 *strange* customs
▶ 奇妙なことに彼は真夜中に外出した.
Strangely, he went out in the middle of the night.

ぎむ 義務

(a) **duty** [デューティ]
▶ 権利と義務 rights and *duties*
▶ 義務を果たす fulfill my *duty*

> 💬表現力
> …するのは〜の義務だ
> → It is 〜 's duty to … . /
> 〜 should …

▶ しっかり勉強するのは生徒の義務だ.
It is a student*'s duty to* study hard.
/ Students *should* study hard.
義務教育 compulsory education

きむずかしい　気難しい hard to
please (▶「喜ばせるのが難しい」の意味)
▶ あいつは気難しい.
He is *hard to please*.

きめる 決める →けっしん

> **使い分け**
> (決定する) → decide, fix
> (決心する) → decide, make up *my mind*
> (選ぶ) → choose

1 (決定する)**decide**[ディサイド], **fix**[フィックス];
(決心する) **decide**, **make up** *my mind*, **determine**[ディター～ミン]

> 💬表現力
> …を決める → decide …

▶ 彼のホームランが試合を決めた.
His home run *decided* the game. /
It was his home run that *decided* the game.
▶ 次の集まりの日取りを決めなくては.
We have to *fix* a date for the next meeting.

> 💬表現力
> …することに決める
> → decide to … / decide that …

▶ ぼくはサッカー部に入ることに決めた.
I *decided to* join the soccer team.

▶ 私はインテリアデザイナーになろうと決めた.
I *decided to* be an interior designer.
/ I *decided that* I would be an interior designer.

> 🎤スピーキング
> Ⓐ このドレスに決めたわ.
> I've decided to buy this dress.
> Ⓑ いいんじゃない. すてきよ.
> Good choice. It looks nice.

▶ ぼくらのクラスは来月ハイキングに行くことに決めた.
Our class *decided that* we (should) go hiking next month. (▶ 《米》ではふつう should を使わない)
▶ 私は11時前に寝ることに決めている (→ 習慣にしている).
I have the habit of going to bed before eleven.

> 📊プレゼン
> 毎朝ランニングすることに決めています.
> I run every morning. / I make it a point to run every morning. (▶後者はかたい言い方)

2 (選ぶ) **choose** [チューズ]
▶ どっちの服に決めたの？
Which dress *have* you *chosen*?

きもち 気持ち →かんじ¹

feelings [フィーリングズ]
気持ちがする feel

> 🎤スピーキング
> Ⓐ いまのお気持ちは？
> How do you feel now?
> Ⓑ 最高です.
> I feel great.

▶ お気持ちはよくわかります.
I know how you *feel*.
気持ちのよい nice [ナイス], pleasant [プレズント]
▶ いい気持ち！
I *feel* good! / It's *comfortable*!
▶ 気持ちのよい部屋
a *nice* room / a *comfortable* room
▶ 気持ちのよいそよ風
a *nice* breeze / a *pleasant* breeze

two hundred and seventeen　217

きもの ▶

> 📣表現力
> …するのは気持ちいい
> → It is pleasant to ... .

▶ 朝早く散歩するのは気持ちいい.
It is pleasant to take a walk early in the morning. (▶×I am pleasant ... とはいわない)
気持ちの悪い unpleasant, uncomfortable
▶ 食べすぎて気持ちが悪い.
I ate too much, so I feel sick.
▶ 吉田先生, 気持ちが悪いんです. 保健室へ行っていいですか.
Mr. Yoshida, I feel sick. Can I go to the nurse's room?
気持ちよく pleasantly

きもの 着物 (和服) a kimono [キモウノウ]; (衣服) clothes [クロウズ] (▶集合的に使う) →ふく¹
▶ 着物を着る put on a *kimono*
▶ 着物を脱ぐ take off a *kimono*
▶ エミは着物がよく似合う.
Emi looks nice in a *kimono*.

ぎもん 疑問 →うたがい, しつもん

(質問) a **question** [クウェスチョン]; (疑い) (a) **doubt** [ダウト] (発音注意)
疑問に思う doubt →うたがう
疑問のある doubtful
▶ そのことは疑問の余地がない.
There's no *doubt* about it.
▶ このことについて疑問があれば, 私に聞きなさい.
Please ask me if you have any *questions* about this.

> 📣表現力
> …かどうか疑問だ
> → I doubt if ... . /
> It is doubtful if ... .

▶ これをロイ自身が書いたかどうか疑問だ.
I doubt if Roy wrote this himself. / *It is doubtful if* Roy wrote this himself. (▶ふつう肯定文では doubt, doubtful のあとに if を, 否定文・疑問文では that を使う)
疑問符 《文法》a question mark (?) → くとうてん (表)
疑問文 《文法》a question, an interrogative sentence

きゃあ ee(e)k [イーク] →キャッ

きゃく 客

(招待した客・宿泊客) a **guest** [ゲスト]; (訪問客) a visitor [ヴィズィタァ]; (店のお客) a customer [カスタマァ]; (乗客) a passenger [パセンヂァ]; (弁護士などの顧客) a client [クライアント]; (観客) audience [オーディエンス]
▶ あしたアメリカからお客さんがみえます.
We'll have a *guest* from the United States tomorrow.
▶ あの店はいつも客でいっぱいだ.
That store is always crowded with *customers*.
▶ お母さん, お客様よ.
There's someone to see you, Mom.

guest

customer

passenger

ぎゃく 逆 the **reverse** [リヴァ〜ス], the opposite [アポズィト], the contrary [カントゥレリィ]
逆にする reverse; (上下を) turn upside down; (裏表を) turn inside out
逆の contrary, opposite
▶ 逆は必ずしも真ならず. (ことわざ)
The reverse is not always true.
▶ 逆効果
an *opposite* effect / a *contrary* effect
▶ トムはポロシャツを裏表逆に着ている.
Tom is wearing his polo shirt *inside out*.

ギャグ a gag [ギャッグ]
ギャグを言う gag, tell a gag

きゃくしつじょうむいん 客室乗務員

◀ キャンディー

a flight attendant [アテンダント], a cabin attendant

ぎゃくたい 虐待 abuse [アビュース]
虐待する abuse [アビューズ], treat cruelly
▶ 動物を虐待してはいけない.
Don't *be cruel to* animals. / Don't *treat* animals *cruelly*.
▶ 児童虐待 child *abuse*

ぎゃくてん 逆転する
▶ タイガースが逆転して勝った.
The Tigers *came from behind* and won the game.

きゃくほん 脚本 (劇・映画・テレビドラマの) a play [プレイ], a scenario [スィネ(ア)リオゥ], a script [スクリプト] (▶映画の脚本は screenplay ともいう)
脚本家 (劇作家) a dramatist [ドゥラマティスト], a playwright [プレイライト]; (映画の) a screenwriter [スクリーンライタァ]; (映画やテレビなどの) a scriptwriter [スクリプトゥライタァ]

きゃくま 客間 a drawing room (▶欧米窓では大邸宅窓のほかはとくに客間はなく, 居間 (living room) に入ってもらうのがふつう)

きゃしゃな slender [スレンダァ], slim [スリム], thin [スィン]

キャスター (ニュースキャスター) an anchor [アンカァ], 《米》a newscaster [ニューズキャスタァ], 《英》a newsreader [ニューズリーダァ]; (小さな車輪) a caster

キャッ eek [イーク], eeek
▶ キャッとさけぶ
scream [スクリーム], shriek [シリーク]

ギャッ eek [イーク], eeek
▶ ギャッとさけぶ yell [イェル]

きゃっかんてき 客観的な objective [オブジェクティヴ] (反 主観的な subjective)
客観的に objectively

キャッシュカード 《米》an ATM card [エイティーエム カード], a bank card, 《英》a cash [キャッシ] card

キャッシュレス cashless [キャッシレス]
キャッシュレス決済 cashless payment

キャッチ a catch [キャッチ]
キャッチする catch

キャッチフレーズ a catchphrase [キャチフレイズ]

キャッチボール catch [キャッチ]
▶ キャッチボールをしよう.

Let's play *catch*. (▶×play catchball とはいわない)

キャッチホン call waiting (▶×catch-phone とはいわない)

キャッチャー (野球) a catcher [キャチァ]
キャッチャーミット a catcher's mitt

キャップ (ふた) a cap [キャップ], a top [タップ]; (帽子?) a cap
▶ びんのキャップが取れない.
I can't take the *cap* off the bottle.

ギャップ a gap [ギャップ]
▶ 理想と現実の間には大きなギャップがある.
There is a big *gap* between the ideal and reality.

キャプテン a captain [キャプテン]
▶ 鈴木はバスケットボールチームのキャプテンだ.
Suzuki is (the) *captain* of the basketball team. (▶captain には the をつけないこともある)

キャベツ (a) cabbage [キャベヂ]

キャミソール a camisole [キャミソウル]

ギャラ (出演料) a performance fee [フィー]; pay [ペイ], a fee (▶「ギャラ」は guarantee (保証するもの) から)

キャラクター (a) character [キャラクタァ]
キャラクターグッズ character goods

キャラメル a caramel [キャラメル]

ギャラリー a gallery [ギャラリィ]

キャリア a career [カリア] (アクセント注意)
▶ 彼は教師としての長いキャリアがある (→多くの経験がある). He has *a lot of experience* as a teacher.
▶ キャリア教育
career education / *career* training

ギャング (1人) a gangster [ギャングスタァ]; (一団) a gang [ギャング]
ギャング映画 a gangster movie

キャンセル (a) cancellation [キャンセレイション]
キャンセルする cancel [キャンスル]
▶ 予約をキャンセルしたいんです.
I'd like to *cancel* my reservation.

キャンディー 《米》(a) candy [キャンディ], 《英》sweets [スウィーツ] (▶candy は日本語の「キャンディー」より意味が広く, キャラメル・ドロップ・チョコレートなど砂糖を主とした菓子?をさす) →かし¹(図)
▶ キャンディー 1 個

two hundred and nineteen 219

キャンバス ▶

a *candy*, a piece of *candy*
▶ 棒つきキャンディー a *lollipop* [ラリパプ]
キャンバス (画布) a *canvas* [キャンヴァス]；(生地) canvas
キャンパス a *campus* [キャンパス]
▶ キャンパスで on *campus*
キャンピングカー (米) RV [アーヴィー] (▶ *recreational vehicle*の略)，a *camper* [キャンパァ], (英) a *camper van* [ヴァン] (▶ ×*camping car* とはいわない)
キャンプ a *camp* [キャンプ], *camping*
キャンプする *camp*
▶ キャンプに行こう！
Let's go *camping*!
キャンプ場 a *campground*, a *campsite*, a *camping site*

アメリカのチャタフーチー国有林のクーパークリークキャンプ場の看板.

キャンプファイア a *campfire*
ギャンブル a *gamble* [ギャンブル]
ギャンブルをする *gamble*
キャンペーン a *campaign* [キャンペイン]
きゅう¹ 九(の) *nine* [ナイン] →く¹
きゅう² 級 (学級) a *class* [クラス]；(学年) a *grade* [グレイド]；(等級・順位) a *rank* [ランク]
▶ ぼくは春菜と同級でした.
I was in the same *class* as Haruna.
▶ ジョンはメアリーの1級上だった.
John was one *grade* higher than Mary. (▶「下」なら *higher* を *lower* にする)
▶ 私は英検3級に合格しました.
I passed the EIKEN *Grade* 3 Test.

きゅう³ 急な

1 (とつぜんの) *sudden* [サドゥン]；(急ぎの) *urgent* [ア～ヂェント]
急に *suddenly*
▶ 彼女は急に話すのをやめた.
All of a sudden she stopped talking.

▶ バスが急停車した.
The bus made a *sudden* stop.
▶ 天気が急に変わった.
The weather changed *suddenly*.
▶ 母は急な用事で出かけています.
My mother is away on *urgent* business.
2 (流れが) *rapid* [ラピド]；(坂が) *steep* [スティープ] (反) ゆるやかな *gentle*)
▶ 足元に気をつけて．階段が急だよ.
Watch your step. The stairs are *steep*.
急カーブ a *sharp* curve
急流 a *rapid* stream, a *rapid* current
きゅうえん 救援 *relief* [リリーフ], *rescue* [レスキュー]
救援物資 *relief supplies*

きゅうか 休暇 →きゅうじつ，やすみ

(長期の) (米) a *vacation* [ヴェイケイション], (英) a *holiday*, *holidays* [ハリデイ(ズ)]；(休日) a *holiday*, (仕事を休む) a *day off*
休暇をとる (長期の) *take a vacation*, *take holidays*；(1日の) *take a day off*
▶ 夏期休暇 the summer *vacation*
▶ 冬期休暇 the winter *vacation*
▶ 1週間の休暇をとる *take* a week *off*
▶ 夏の休暇のご予定は？
What is your plan for the summer *vacation*?
▶ 休暇はどこで過ごすの？
Where are you going to spend your *vacation*?
▶ よい休暇をお過ごしください.
Have a nice *holiday*!

> ✏ライティング
> 日本の学校では春，夏，冬と1年に3回休暇がある.
> Japanese schools have vacations three times a year: spring, summer, and winter.

> 背景 英米の学校のおもな休暇は the Christmas vacation (クリスマス休暇), the Easter vacation (イースター休暇), the summer vacation (夏期休暇).

きゅうじょ ◀

きゅうかく 嗅覚 the sense of smell

きゅうがく 休学する be absent from school, stay away from school
▶ 妹は病気で休学している.
My younger sister *has been staying away from school* because of illness.

きゅうぎ 球技 a ball game
球技大会 a ball game tournament

きゅうきゅう 救急の first-aid [ファ～ストゥエイド]
救急救命士 a paramedic [パラメディク]
救急車 an ambulance [アンビュランス]
▶ 救急車を呼んでください.
Call an *ambulance*, please.
救急処置 first aid
救急箱 a first-aid kit
救急病院 an emergency hospital

きゅうぎょう 休業する (店などを閉める) close [クロウズ]
▶ 本日休業 《掲示》 *Closed* Today

きゅうくつ 窮屈な (小さい) small [スモール]；(きつい) tight [タイト]
▶ きゅうくつな上着 a *tight* jacket

きゅうけい 休憩 →やすみ

(休息) (a) rest [レスト]；(仕事などの合間の) a break [ブレイク]
休憩する (休息) take a rest, rest；(仕事などの合間に) take a break
▶ お昼の休憩時間 (→昼食時間)
a lunch *break* / lunchtime
▶ 10分間休憩しよう.
Let's *take a* ten-minute *break*.
休憩時間 a recess [リーセス]；(幕間の) intermission [インタミション]
▶ 私たちは昼に50分の休憩時間がある.
We have a 50-minute *recess* at lunchtime.
休憩室 (ホテルの) a lounge [ラウンヂ]

きゅうげき 急激な sudden [サドゥン] → きゅう³
▶ 急激な変化 a *sudden* change

きゅうこう¹ 急行 (列車) an express [イクスプレス], an express train
▶ この列車は急行ですか, 各駅停車ですか.
Is this train an *express* or a local?
急行券 an express ticket
急行料金 express charges

きゅうこう² 休校 school closure [クロウジァ]；no school
▶ 休校がもう1か月延長された.
The *school closures* were extended for another month.
▶ きょうは休校だ.
The school is *closed* today. / There is *no school* today.
休校する close (a) school

きゅうこん 球根 a bulb [バルブ]

きゅうし 急死 (a) sudden death

きゅうしき 旧式の out-of-date, old-fashioned
▶ 旧式の携帯電話
an *old-fashioned* cellphone

きゅうじつ 休日 →きゅうか, やすみ

a holiday [ハリデイ]；(仕事が休み) my day off
▶ 今日は休日だ.
Today is a *holiday*. / (仕事が休み) Today is my *day off*.
▶ お父さんは休日はたいがい釣りに出かける.
My father usually goes fishing on his *day(s) off*.
▶ 今度の休日に北海道へスキーに行かない?
How about going skiing in Hokkaido on our next *holidays*?

💬用法 holiday と vacation
(米) では「祝祭日」という意味のときは holiday を使い, 何日かの長い休みには vacation を使う. (英) では長い休みに holidays を使い, vacation は大学の休暇や法廷の休廷期をいう.

きゅうしゅう¹ 吸収する absorb [アブソーブ]；(内容を) take in
▶ 子どもは新しい知識をすぐに吸収する.
Children easily *take in* new knowledge.

きゅうしゅう² 九州 (地方) the Kyushu district, the Kyushu area

きゅうじゅう 九十(の) →かず(表)

ninety [ナインティ]
第90(の) the ninetieth (▶90th と略す)
91 ninety-one

きゅうじょ 救助 rescue [レスキュー],

two hundred and twenty-one **221**

きゅうじょう ▶

saving [セイヴィング]
救助する rescue, save →たすける
救助隊 a rescue party
きゅうじょう 球場（観客席のある）《米》a ballpark [ボールパーク], a baseball stadium [スティディアム]；（グラウンド）a baseball field
▶ 甲子園球場
Koshien *Stadium*
きゅうしょく 給食（学校の）(a) school lunch
▶ 今日はぼくが給食当番だ.
It's my turn to serve *lunch at school* today.
給食費 school lunch expenses
きゅうしん 球審《野球》a plate umpire [アンパイア]（対）塁審 base umpire）
きゅうじん 求人 a job offer [オ(ー)ファ]
きゅうすい 給水 a water supply [サプライ]
きゅうそく¹ 急速な rapid [ラピド]；（すばやい）quick [クウィック]
▶ 急速冷凍
quick freezing
▶ 急速に進歩する
make *rapid* progress
急速に rapidly；quickly
きゅうそく² 休息 (a) rest [レスト]
休息する rest, take a rest →やすむ
きゅうでん 宮殿 a palace [パレス]
▶ バッキンガム宮殿 Buckingham *Palace*
きゅうどう 弓道 *kyudo*（▶説明的にいうと Japanese archery）
ぎゅうにく 牛肉 beef [ビーフ] →にく（表）

ぎゅうにゅう 牛乳

milk [ミルク]
▶ 牛乳を飲む drink *milk*
▶ 牛乳びん a *milk* bottle
▶ 牛乳コップ1ぱい a glass of *milk*
▶ 牛乳2パック two cartons of *milk*

📝文法 **milk の数え方**
milk は数えられない名詞なので，数えるときはそれを入れる容器を単位として **a glass of milk**, **two cartons of milk** のように数える.

牛乳店 a milk shop, a dairy
牛乳配達人 a milk deliverer

キューバ Cuba [キューバ]
キューバ(人)の Cuban
キューバ人 a Cuban
きゅうびょう 急病 a sudden illness, a sudden sickness
▶ 旅行中に急病になったらどうしよう.
What should I do if I *suddenly get sick* during my trip?
急病人 an emergency case
きゅうめい 救命 lifesaving [ライフセイヴィング]
救命胴衣 a life jacket
救命ボート a lifeboat
きゅうゆう¹ 級友 a classmate [クラスメイト]
きゅうゆう² 旧友 an old friend
きゅうよう¹ 休養 (a) rest [レスト]
休養する take a rest
▶ 彼らには休養が必要だ.
They need some *rest*.
きゅうよう² 急用 urgent business [ア～ヂ(ェ)ント ビズネス]
▶ 急用なんです. あすまで待てません.
It's *urgent*. I can't wait till tomorrow.
キュウリ a cucumber [キューカンバァ]
きゅうりょう 給料 pay [ペイ]；（会社・役所などの）a salary [サラリィ]；（時給・日給などで支払われる）wages [ウェイヂィズ]
▶ よい給料をもらう
get good *pay* / get a good *salary*
給料日 a payday [ペイデイ]
ぎゅっと tightly [タイトゥリィ]；（強く）strongly
▶ 彼女は子どもをぎゅっとだきしめた.
She hugged her child *tightly*.
きよう 器用な skillful [スキルフル], handy [ハンディ]
▶ 「ぼくがこの箱をつくったんだよ」「まあ，手先が器用なのね」
"I made this box." "Oh, you're really *skillful* with your fingers."
▶ その男の子はとても器用にはさみを使う.
The boy is very *handy* with scissors.

きょう 今日

today [トゥデイ], this day（▶「きのう」は yesterday,「あした」は tomorrow）
▶ 今日の朝（今朝）*this* morning
▶ 今日の午後
this afternoon

222 two hundred and twenty-two

◀ きょういん

	きのう (yesterday) の	今日 (today) の	あした (tomorrow) の
朝	yesterday morning	this morning	tomorrow morning
午後	yesterday afternoon	this afternoon	tomorrow afternoon
夕方	yesterday evening	this evening	tomorrow evening
夜	last night	tonight	tomorrow night

▶ 今日の夜 (今夜) tonight
▶ 今日の新聞
today's paper
▶ 先週の今日
a week ago *today*
▶ 来週の今日
a week from *today*
▶ 今日は数学の小テストがある.
We have a math quiz *today*.

💬表現力
今日は…です.
→ Today is ... . /
　It is ... today.

▶ 今日は金曜日です.
Today is Friday. / *It*'s Friday *today*.
▶ 今日は5月9日です.
Today is May 9. (▶ May 9 は May (the) ninth と読む)
▶ 「今日は何曜日ですか」「火曜日です」
"What day *is* (*it*) *today*?" "*Today is* Tuesday. / *It*'s Tuesday (*today*)."
▶ 「今日は(何月)何日ですか」「9月10日です」
"What's the date *today*? / What's *today*'s date?" "It's September 10."
(▶ September 10 は September (the) tenth と読む)
▶ 今日は私の13歳の誕生日です.
Today is my 13th birthday. (▶ 13th は thirteenth と読む)
▶ 今日はついてるなあ.
Today is my day. (▶ 「今日はついてないなあ」は, It's not my day. などという)
▶ 今日はよい天気ですね.
It's a beautiful day, isn't it?

ぎょう 行 a line [ライン]
▶ 20ページの5行目を見なさい.
Look at page 20, *line* 5.
▶ 孝さん, 10行目から読んでください.
Start reading from *line* 10, Takashi.
▶ 上から3行目

the third *line* from the top (▶ 「下から」なら top を bottom にする)
▶ 1行おき
every other *line*

きょうい¹ 驚異 wonder [ワンダァ]
　驚異的な wonderful, surprising [サプライズィング]
▶ 次郎は2学期に驚異的に英語がのびた.
Jiro made *surprising* progress in English during the second term.
きょうい² 脅威 a threat [スレット], a menace [メナス]
きょうい³ 胸囲 chest measurement [メジャメント]
▶ そのレスラーは胸囲が120センチある.
The wrestler *measures* 120cm *around his chest*. / The wrestler has a *chest measurement* of 120cm.

きょういく 教育
education [エデュケイション]
教育の, 教育的な educational
教育する educate [エデュケイト]
▶ 学校教育 school *education*
▶ 義務教育 compulsory *education*
▶ 家庭教育 home *training*
▶ 彼女は外国で教育を受けた.
She *was educated* abroad.
教育委員会 the Board of Education
教育実習 teaching practicum [プラクティカム], student teaching
教育実習生 a student teacher
教育者 an educator
教育制度 an educational system
教育番組 an educational program
教育費 educational expenses
きょういん 教員 a teacher [ティーチァ]
　教員室 a teachers' room, a staff room, a faculty room
　教員免許 a teaching certificate, a

あ
き
さ
た
な
は
ま
や
ら
わ

two hundred and twenty-three　223

きょうか¹ ▶

teaching license

きょうか¹ 教科

a **subject** [サブヂェクト]

🔊 スピーキング

🅐 どの教科がいちばん好きですか.
What subject do you like the best?

🅑 音楽がいちばん好きです.
I like music the best.

いろいろな教科

英語	English
音楽	music
技術・家庭	technology and home economics
国語	Japanese
社会	social studies
数学	mathematics, math
道徳	moral education
美術	fine arts
保健体育	health and physical education, P.E.
理科	science

きょうか² 強化する **strengthen** [ストゥレング(ク)スン]

強化合宿 a **training camp**, **camp training**

きょうかい¹ 教会 (a) **church** [チャ~チ]
▶ 私たちは毎週日曜日に教会へ（礼拝に）行く.
We go to *church* every Sunday. (▶礼拝に行くときは church に the をつけない)

きょうかい² 境界 a **boundary** [バウンダリィ], a **border** [ボーダァ]
境界線 a **borderline**

きょうかい³ 協会 an **association** [アソウスィエイション], a **society** [ソサイエティ]
▶ 日本サッカー協会
Japan Football *Association*

きょうがく 共学 **coeducation** [コウエデュケイション]
共学の 《米》**coed** [コウエド], **coeducational**, 《英》**mixed** [ミクスト]
▶ 私は男女共学の高校に通っています.
I go to a *coed* high school.
▶ あなたの学校は男女共学ですか.

Is your school *coed*?

きょうかしょ 教科書

a **textbook** [テクスト(トゥ)ブク], a **schoolbook** [スクールブク], 《米口語》a **text** [テクスト], 《英》a **coursebook** [コースブク]
▶ 数学の教科書
a math *textbook*
▶ ふだんから教科書の内容を復習しておくことが大切だ.
It is important to review your *textbooks* regularly.

きょうぎ 競技 →しゅもく, スポーツ

(運動競技) **athletics** [アスレティクス]；(試合) a **game** [ゲイム], a **match** [マッチ], a **contest** [カンテスト]
▶ 陸上競技
track and field *events*
▶ 水上競技
water *sports*
競技大会 《米》a **meet**, a **competition**
▶ 陸上競技大会
a track and field *meet*
競技者 (陸上の)an **athlete** [アスリート]；(球技などの) a **player**
競技種目 an **event** [イヴェント]
競技場 a **field** [フィールド], 《英》a **pitch** [ピッチ]；(観客席のある) a **stadium** [ステイディアム]

ぎょうぎ 行儀 **manners** [マナァズ], **behavior** [ビヘイヴァ]
▶ 直子はお行儀がいい.
Naoko has good *manners*. / Naoko is well-*mannered*.
▶ 健太は行儀が悪い.
Kenta has bad *manners*.
▶ ルーシーちゃん, お行儀はどうしたの？
Where are your *manners*, Lucy? (▶子どもをしかるときのきまった言い方)
▶ お行儀よくしなさい.
Behave yourself! / Be good. / (男の子に) Be a good boy! / (女の子に) Be a good girl!

きょうきゅう 供給 **supply** [サプライ] (反 需要 demand)
供給する **supply**
▶ 需要と供給
supply and demand (▶ふつう日本語

◀ **きょうしつ**

きょうぐう 境遇 circumstances [サ~カムスタンスィズ], condition [コンディション]

きょうくん 教訓 a lesson [レスン]
▶ これを教訓にしなさい.
You should learn a *lesson* from this.

きょうけん 狂犬 a mad dog
狂犬病 hydrophobia [ハイドゥロフォウビア]

きょうげん 狂言 (能) *kyogen*, a Noh comedy
▶ 狂言は伝統的な日本の喜劇です.
Kyogen is a traditional Japanese comical play.

ぎょうざ 餃子 *gyoza*, a Chinese dumpling [ダンプリング], Chinese ravioli [ラヴィオウリィ]

きょうざい 教材 teaching materials [マティ(ア)リアルズ]

きょうさん 共産
共産主義 communism [カミュニズム]
共産主義者 a communist
共産党 the Communist Party

きょうし 教師 a teacher [ティーチァ] →せんせい¹

ぎょうじ 行事
an event [イヴェント]
▶ 学校行事
a school *event* →がっこう (表)
▶ 年中行事 an annual *event*

日本のおもな年中行事
正月 New Year's Day
節分 *Setsubun*, the eve of the first day of spring (▶「節分の豆まき」は bean-throwing ceremony)
バレンタインデー St. Valentine's Day
ひなまつり Dolls' Festival
春分の日 Vernal Equinox Day, Spring Equinox Day
こどもの日 Children's Day
母の日 Mother's Day
父の日 Father's Day
七夕祭 Star Festival
夏休み summer vacation
全国高校野球大会 National High School Baseball Tournament
お盆 *Bon* Festival
秋分の日 Autumnal Equinox Day
七五三 *Shichi-Go-San*, the celebration for boys of three and five, and girls of three and seven
クリスマス Christmas
大晦日 New Year's Eve

きょうしつ 教室
a classroom [クラスル(ー)ム]
▶ 教室を移動する change *classrooms*

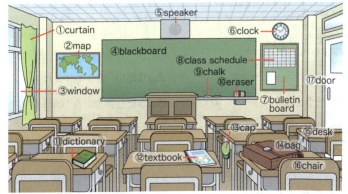

教室 ①カーテン ②地図 ③窓 ④黒板 ⑤スピーカー ⑥時計 ⑦掲示板 ⑧時間割 ⑨チョーク ⑩黒板消し ⑪辞書 ⑫教科書 ⑬帽子 ⑭かばん ⑮机 ⑯いす ⑰ドア

two hundred and twenty-five 225

きょうじゅ ▶

- 教室では帽子をぬぎなさい. Take off your caps in the *classroom*.
- 私は水泳教室に通っています.
  I take swimming *classes*.

> **①参考 教室のいろいろ**
> 視聴覚室 an audio-visual room /
> 理科室 a science room / 音楽室 a music room / 美術室 an art room /
> コンピューター教室 a computer room / 図書室 a library / 放送室 a broadcasting room / 職員室 a teachers' room, a staff room /
> 校長室 a principal's office

きょうじゅ 教授 a professor [プロフェッサァ]
(▶「准教授」is associate professor)
- 渡辺教授 *Professor* Watanabe

きょうせい 強制する force [フォース],
compel [コンペル]
- 彼は私にその会合に出席するよう強制した. He *forced* me to attend the meeting.
  強制的な compulsory [コンパルソリィ]

きょうそう¹ 競争

competition [カンペティション], a contest
[カンテスト]
競争する compete [コンピート]《with》
- 生存競争 a *struggle* for existence
- だれが競争に勝つだろうか.
  Who will win the *competition*?
  競争相手 a competitor, a rival
  競争率 the competitive rate
きょうそう² 競走 a race [レイス]
  競走する run a race, race
- 競走に勝つ win a *race*
- 競走に負ける lose a *race*
- 100メートル競走 the 100-meter *dash*
きょうそうきょく 協奏曲 a concerto
[コンチェアトゥク]
きょうそん 共存 coexistence [コウイグズィステンス]
  共存する coexist [コウイグズィスト]
- 自然と共存する *live together* with nature / *coexist* with nature

きょうだい¹ 兄弟

(男の) a **brother** [ブラザァ]；(女の) a

sister [スィスタァ]
- 「何人きょうだいですか」「私には 1 人もきょうだいがいません」
  "How many *brothers and sisters* do you have?" "I have no *brothers* or *sisters*. / I don't have any *brothers* or *sisters*."
- 私は 3 人兄弟です (→兄弟が 2 人います).
  I have two *brothers*.
- 太郎と花子はきょうだいです.
  Taro and Hanako are *brother and sister*. (▶この場合 brother や sister の前に a をつけない)

> **🔊スピーキング**
> Ⓐあなたにはきょうだいがいますか.
> Do you have any brothers or [and] sisters?
> Ⓑはい, 弟が 2 人います.
> Yes, I have two younger brothers.

- ぼくはよく弟ときょうだいげんかをする.
  I often argue with my *brother*.

> **💬用法 「きょうだい」の表し方**
> 日本語では兄弟・姉妹をまとめて「きょうだい」というが, 英語では男のきょうだい (**brother**) と女のきょうだい (**sister**) を区別する.
>
> | きょうだい | 男 | 兄 | brother |
> |---|---|---|---|
> | | | 弟 | |
> | | 女 | 姉 | sister |
> | | | 妹 | |

きょうだい² 鏡台 《米》a dresser [ドゥレサァ], 《英》a dressing table
きょうだしゃ 強打者 (野球)《米口語》a slugger [スラガァ]
きょうだん 教壇 a platform [プラトゥフォーム]
きょうちょう 強調する emphasize [エンファサイズ], stress [ストゥレス]
- 先生は復習の重要性を強調した.
  The teacher *emphasized* the importance of reviewing.
きょうつう 共通の common [カモン],

226 two hundred and twenty-six

◀ **きょうりょく**¹

mutual [ミューチュアル]
▶ 姉と私には共通点が多い.
My older sister and I have a lot *in common*.
▶ エミは私たちの共通の友人です.
Emi is our *mutual* friend.
共通語 a common language

きょうど 郷土 *my* hometown
▶ 彼は郷土の誇りです.
He is the pride of our *hometown*.
郷土料理 local dishes

きょうとう 教頭 an assistant principal, a vice-principal

きょうどう 共同 cooperation [コウアペレイション] →きょうりょく¹
共同の common [カモン]
▶ この部屋は妹と共同で使っている.
I *share* this room *with* my younger sister.
共同声明 a joint statement
共同募金 a community chest

きょうはく 脅迫する threaten [スレトゥン]
脅迫状 a threatening letter

きょうふ 恐怖 (a) fear [フィア], terror [テラァ], horror [ホ(ー)ラァ]
▶ 私は恐怖で青ざめた.
I turned pale with *fear*.

きょうふう 強風 a strong wind, a gale [ゲイル] →かぜ¹

きょうほ 競歩 a walking race
▶ 20km 競歩
20-kilometer *walk*

きょうみ 興味

(an) interest [インタレスト]
興味がある,興味をもつ be interested (in), take an interest (in), have an interest (in)
興味深い interesting [インタレスティング]
▶ その科学番組を興味深く見た.
I watched the science program with great *interest*.

💬表現力
…に興味がある
→ be interested in … /
 have an interest in …

▶ 私は歴史に興味があります.
I *am interested in* history. / I *have*

an interest in history. (▶ ×I am interesting in … とはいわない)
▶ 私は漫画^{まん}にはまったく興味がない.
I'm not *interested in* comics at all. / I *have* no *interest in* comics at all.
▶ ボブ,きみは何に興味があるの？
What *are* you *interested in*, Bob?

💬スピーキング
Ⓐ 野球には興味がありますか.
 Are you interested in baseball?
Ⓑ うん,すごく.
 Yes, very much.
Ⓑ いいえ,たいくつだもん.
 No, it's boring.

💬表現力
…することに興味がある
→ be interested in -ing

▶ あなたは俳句をつくることに興味がありますか.
Are you *interested in* writing haiku poems?

きょうむ 教務
教務主任 the head of the registrar's office

きょうゆう 共有する share, have … in common
▶ みんなと情報を共有する
share information with everyone

きょうよう 教養 culture [カルチャ]；(学校で得た知識) education [エデュケイション]
教養のある cultured；(十分な教育を受けた) well-educated
▶ 鈴木さんは教養がある.
Ms. Suzuki is *cultured*. / (高い教育を受けた) Ms. Suzuki had a *good education*. / Ms. Suzuki is *well-educated*.

きょうり 郷里 *my* hometown [ホウムタウン], *my* home [ホウム] →こきょう
▶ 郷里に帰る go *home*, go back *home*

きょうりゅう 恐竜 a dinosaur [ダイナソー(ァ)]

きょうりょく¹ 協力

cooperation [コウアペレイション]
協力する help each other, work with … , cooperate [コウアペレイト]

two hundred and twenty-seven　227

きょうりょく²

協力的な cooperative [コウアペラティヴ]
- ご協力に感謝します.
  Thank you for your *cooperation*.
- いつでも喜んであなたたちに協力します.
  I'm ready to *help* you.

> **プレゼン**
> みんなで協力してこのビデオをつくりました.
> We all worked together to make this video.

きょうりょく² 強力な strong [ストゥロ(ー)ング], powerful [パウアフル]

きょうれつ 強烈な strong [ストゥロ(ー)ング]
- 強烈な印象 a *strong* impression
- 強烈な一撃 a *hard* blow

ぎょうれつ 行列 (順番を待つ列) a line[ライン], (英) a queue [キュー]; (行進の列) a parade [パレイド]
- 店の前には長い行列ができていた.
  There was a long *line* outside the store.
- 私たちは切符を手に入れるために行列して待った.
  We waited *in line* to get the tickets.

きょか 許可 permission [パミション], leave [リーヴ]
許可する permit [パミット] (反 禁止する prohibit) →ゆるす
- 写真撮影は許可されなかった.
  We *were* not *permitted* to take pictures.
- 許可なく入室することを禁ず (掲示)
  Don't Enter Without *Permission*
- 「外出の許可をいただけますか」「よろしい」
  "May I have your *permission* to go out?" "Sure."

ぎょぎょう 漁業 fishery [フィシ(ャ)リィ], the fishing industry
- 遠洋漁業
  deep-sea *fishery*
- 近海漁業
  coastal *fishery*

きょく 曲 (短い旋律) a tune [テューン]; (歌) a song [ソ(ー)ング]; (楽曲) music [ミューズィク]
- これは私のお気に入りの曲です.
  This is my favorite *tune*. (▶ tune は song ともいう)

きょくげい 曲芸 acrobatics [アクロバティクス]

きょくせん 曲線 a curve [カ〜ヴ], a curved line →せん²
- 曲線をかく draw a *curve*

きょくたん 極端な extreme [イクストゥリーム]

> **スピーキング**
> **①許可を求める**
> Ⓐ 辞書を見てもいいですか.
>   May I look at my dictionary?
> Ⓑ いいですよ. Certainly.
> (▶不許可の場合は No, you can't. と答えるのがふつう)
> Ⓐ この本借りていい？
>   Can I borrow this book?
> Ⓑ いいわよ. Sure.
> (▶ Can I ...? は May I ...? よりくだけた言い方)
> Ⓐ テレビをつけてもかまいませんか.
>   Would you mind if I turned on the TV?
> Ⓑ ええ, どうぞ. Not at all.
> (▶ mind は「…を気にする」という意味なので, Yes と答えると「だめです」と断りの返事になる. ていねいに断る場合は I'd rather you didn't. (ご遠慮ください) のように答える)
> **②依頼をする**
> Ⓐ アイスクリームを買ってきてよ.
>   Please go and get some ice cream.
> Ⓑ ああ, いいよ.
>   All right.
> Ⓐ それをすぐやっていただけませんか.
>   Will you please do it right away?
> Ⓑ すみませんが, いまとってもいそがしくて.
>   I'm sorry, but I'm very busy now.
> Ⓐ 頼みがあるんですが.
>   Can you do me a favor? / Can I ask you a favor?
> Ⓑ はい. どんなこと？
>   Sure. What is it?

◀ きらい

極端に extremely
▶ これは極端な例だ.
This is an *extreme* case.
▶ 極端なことをする go to *extremes*
きょくとう 極東 the Far East
きょくめん 局面 a phase [フェイズ], a stage [ステイヂ]
▶ 新しい局面に入る
enter a new *phase*
ぎょこう 漁港 a fishing port
きょじゅうしゃ 居住者 an inhabitant [インハビタント]
きょしょくしょう 拒食症 anorexia [アナレクスィア] (対 過食症 bulimia)
きょじん 巨人 a giant [ヂャイアント]
きょぜつ 拒絶 (a) refusal [リフューザル]
拒絶する refuse, turn down →ことわる
ぎょせん 漁船 a fishing boat
ぎょそん 漁村 a fishing village
きょだい 巨大な huge [ヒューヂ], enormous [イノーマス]
ぎょっと ぎょっとする be startled [スタートゥルド] (by)
▶ 電話の音にぎょっとした.
I *was startled by* the phone ringing.

きょねん 去年

last year (▶「今年」は this year,「来年」は next year)
▶ 去年の秋に *last* fall
▶ 去年の今ごろ
about this time *last year*
▶ ぼくは去年野球部に入っていた.
I was on the baseball team *last year*. (▶ ×in last year とはいわない)
▶ 姉は去年の9月に結婚した.
My sister got married *last* September.

📖**文法 last は「この前の」**
last September を「去年の9月」の意味で使えるのは今年の9月より前に発言するとき. 10月以後に言うと「今年の9月」をさす.「去年の9月に」とはっきり言いたいときには **in September last year** のようにする. →こんしゅう

きょひ 拒否する refuse [リフューズ] →ことわる

きょり 距離

(a) **distance** [ディスタンス]
▶ 短距離 a short *distance*
▶ 中距離 a middle *distance*
▶ 長距離 a long *distance*
▶ 東京-京都間の距離は約500キロです.
The *distance* between Tokyo and Kyoto is about 500 kilometers.
▶ 駅まではここから歩いていける距離ですか.
Is the station within easy walking *distance* from here?

💬**表現力**
距離はどのくらいですか
　→ **How far is it ...?**

▶「ここから駅までどのくらいの距離がありますか」「約800メートルです」
"*How far is it* from here to the station?" "It's about 800 meters."

きらい 嫌い

(好きではない)**do not like**, **dislike** [ディスライク] (反 好き like);(ひどくきらう) **hate** [ヘイト] (反 愛する love)

💬**表現力**
…が [は] きらいだ → **do not like ...**

▶ 魚はきらいなんだ.
I *don't like* fish. / I *dislike* fish. (▶ 後者のほうが強い気持ちを表す)
▶ 絵理はニンジンがきらいです. Eri *doesn't like* carrots. (▶「…が」にあたる語が数えられる名詞のときは複数形にする. I don't like ×a carrot. とはいわない)

🗣**スピーキング**
🅐 数学は好きですか.
　Do you like math?
🅑 いいえ, きらいです.
　No, I don't. / No, I don't like it.

▶ 私は食べ物の好ききらいが激しい.
I have strong *likes* and *dislikes* about food.

💬**表現力**
…することがきらいだ
　→ **do not like -ing /**
　　do not like to ...

---

two hundred and twenty-nine　**229**

きらう ▶

▶ 私は部屋のそうじをすることがきらいです.
I *don't like cleaning* my room. / I *don't like to* clean my room.
▶ ぼくは人に負けるのはきらいだ.
I *don't want to* lose.

きらう 嫌う (好きではない) do not like, dislike [ディスライク]；(ひどくきらう) hate [ヘイト] →きらい

きらきら きらきらする (星・光・目などが) twinkle [トゥウィンクル]；(宝石などが光を反射して) glitter [グリタァ] →かがやく
▶ 空には星がきらきら輝いていた.
Stars *were twinkling* in the sky.

きらく 気楽な easy [イーズィ]；(のんきな) easygoing [イーズィゴウイング]
気楽に easily, at home
▶ 気楽にしてください.
Make yourself *at home*. (▶来客などに対して言う)
▶ 試験のまったくない気楽な学校生活を送りたいなあ.
I want an *easy* time at school without any tests.
▶ そんなに緊張しないで, 気楽にいけよ.
Don't be so nervous. *Take it easy*.

きり¹ 霧 (こい) (a) fog [フォ(ー)グ]；(うすい) (a) mist [ミスト]
霧のかかった foggy；misty
▶ 今朝は霧が深い.
It's *foggy* this morning.
▶ 霧が晴れた.
The *fog* cleared up.
霧雨 a misty rain, drizzle [ドゥリズル]

きり² (終わり) an end [エンド]；(限度) limits [リミッ]
▶ 人の欲望にはきりがない.
There is no *end* to human desire. (▶ end は limits ともいう)
▶ ピーナッツは食べはじめるときりがない.
Once you start eating peanuts, you *can't stop*.

きり³ (道具) (ねじきり) a gimlet [ギムレット]；(ドリル) a drill [ドゥリル]

ぎり 義理
▶ あいつは義理がたいやつだ.
He has a sense of *duty*.
▶ 義理の兄 [弟] my brother-*in-law*

きりかえる 切り替える change [チェインヂ], switch [スウィッチ]

▶ 頭 (→考え方) を切りかえた.
I *changed* my way of thinking.

きりきず 切り傷 a cut [カット]；(深い) a gash [ギャッシ] →きず

ぎりぎり
▶ ぎりぎり終電に間に合った.
I *just* made it on the last train. (▶ make it は「間に合う」という意味)

キリギリス (虫) a grasshopper [グラスハパァ] (▶バッタ・イナゴなどの総称)

ギリシャ Greece [グリース]
ギリシャ(人・語)の Greek [グリーク]
ギリシャ語 Greek
ギリシャ人 a Greek

キリスト Jesus Christ [ヂーザス クライスト]
キリスト教 Christianity [クリスチアニティ]
キリスト教徒 a Christian [クリスチャン]

きりたおす 切り倒す cut down, chop down
▶ ジョージはその桜の木を切り倒した.
George *cut down* the cherry tree.

きりつ¹ 規律 discipline [ディスィプリン]；(規則) a rule [ルール] (▶複数形で使うことが多い)
▶ この学校は規律が厳しい.
The *discipline* in this school is strict.
▶ 規律は守らなければいけない.
You must follow the *rules*.

きりつ² 起立
▶ 起立！(号令) *Stand up!* / *All rise!* (▶後者はより形式ばった言い方)

きりつめる 切り詰める reduce [リデュース], cut down ((on))
▶ これ以上生活費を切りつめられない.
We can no longer *cut down on* our living expenses.

きりぬき 切り抜き 《米》 a clipping [クリピング], 《英》 a cutting [カティング]
▶ 新聞の切りぬき a newspaper *clipping*

きりぬく 切り抜く cut out, clip [クリップ]
▶ 新聞からこの連載マンガをずっと切りぬいている.
I've *been clipping* this comic strip from the paper.

きりゅう 気流 an air current [エア カ～レント]

きりょく 気力 (元気) energy [エナヂィ]；(精神力) willpower [ウィルパウァ]
▶ 気力じゅうぶんだ. I'm full of *energy*.

▶ とても疲れていたので，宿題をする気力がなかった．
I was so tired that I didn't have the *energy* to do my homework.

キリン〔動物〕a giraffe [ヂラフ]

きる¹ 切る

使い分け
(刃物で) → cut
(スイッチを) → turn off, switch off
(電話を) → hang up

cut

turn off

hang up

1 (はさみ・刃物で) **cut** [カット]；(うすく) slice [スライス]；(刻む) chop [チャップ]
▶ パイを6つに切ってくれませんか．
Will you *cut* the pie into six pieces?
▶ ナイフで指を切った．
I *cut* my finger with a knife.
▶ つめを切りなさい．
Trim your nails. / *Cut* your nails.
▶ マミちゃん，タマネギをうすく切って．
Please *slice* the onion, Mami.
▶ 先週，髪を切った．
I had my hair *cut* last week.

2 (スイッチを) **turn off**, switch off
▶ 五郎，テレビを切って宿題をやりなさい．
Goro, *turn off* the TV and do your homework.

3 (電話を) **hang** [ハング] **up**
▶ じゃあ，もう切るわね．
I've got to *hang up* now.（▶電話を切るときのきまった言い方）

4 (トランプなどを混ぜる) **shuffle** [シャフル]
▶ 手品師はトランプをよく切った．
The magician *shuffled* the cards well.

きる² 着る →みにつける

使い分け
(動作) → put on
(状態) → wear, have ... on

1 (動作) **put** [プット] **on**（反 ぬぐ take off）
▶ 上着を着なさい．*Put* your jacket *on*. / *Put on* your jacket.
▶ 服を着なさい．Get dressed.

2 (状態) **wear** [ウェア], have ... on
▶ 夏にはときどきゆかたを着ます．I sometimes *wear* a yukata in summer.
▶ 誕生日会に何を着て行けばいいかな？
What shall I *wear* to the birthday party?

表現力
…を着ている → be wearing ...

▶ すてきなブラウスを着ていますね．
You're wearing a pretty blouse.
▶ 彼女は赤いドレスを着ていた．
She *had* a red dress *on*. / She *was dressed in* a red dress.

スピーキング
Ⓐ これを着てみてもいいですか．
May I try this on?
Ⓑ はい，どうぞ．
Sure, go ahead.

▶ 次郎ったら服を着たまま寝てしまったわ．
Jiro fell asleep *with* his clothes *on*.

用法 put onとwearとhave ... on
❶ **put on** は「着る」という動作を，**wear** と **have ... on** は「着ている」という状態をいう．また，wearは進行形でもよく使われる．
❷ **put on**, **wear**, **have ... on** は「着る」だけでなく，帽子，眼鏡，くつなどを「身につける」の意味でも使う．

put on

wear

-(し)きる ▶

-(し)きる finish [フィニシ] →おえる
▶ 1時間でその本を読みきった.
I *finished* reading the book in an hour.
▶ 一日中練習したので疲れきっていた.
I was worn *out* after practicing all day.

キルティング quilting [クウィルティング]

きれ 切れ **1**（布）cloth [クロ(ー)ス]
▶ 白い木綿のきれ
white cotton *cloth*
2（小片）a piece [ピース];（うすい物）a slice [スライス]
▶ 紙切れ a *piece* of paper
▶ 肉 3 切れ
three *pieces* of meat / three *slices* of meat
▶ パン 1 切れ a *slice* of bread

きれい きれいな

使い分け
（美しい）→ beautiful
（かわいらしい）→ pretty
（清潔な）→ clean
（かたづいた）→ tidy, neat

beautiful　　　　clean

1（美しい）**beautiful** [ビューティフル]（反 みにくい ugly);（かわいらしい）**pretty** [プリティ], **lovely** [ラヴリィ] →うつくしい
▶ きれいな花 a *beautiful* flower
▶ きれいな少女 a *pretty* girl
▶ あなたはとてもきれいよ.
You're very *beautiful*.
2（清潔な）**clean** [クリーン]（反 きたない dirty);（かたづいた）**tidy** [タイディ], **neat** [ニート]
▶ この川の水はきれいだ.
The water in this river is *clear*. (▶ clear はすけて下まで見えるようすをいう. 汚染されていないようすをいうときは clean を使う)
▶ きれいなタオルをとってください.

Please hand me a *clean* towel.
▶ 部屋はいつもきれいにしておきなさい.
Keep your room *neat and tidy*.
▶ 小野先生はきれいな字を書く.
Mr. Ono writes *neatly*.
▶ きれいな選挙 a *clean* election
▶ 久美子はきれい好きだ.
Kumiko is *neat and tidy*. / Kumiko likes everything *just so*.
3（すっかり）completely [コンプリートゥリィ]
▶ そのことはきれいさっぱり忘れた.
I've forgotten *all* about it.

きれる 切れる

使い分け
（刃物などが）→ cut well, be sharp
（ひもなどが）→ break, snap
（なくなる）→ run out
（期限が）→ be up, run out, expire

1（刃物などが）**cut well**, **be sharp** [シャープ]（反 切れない be dull)
▶ ぼくのナイフはよく切れる.
My knife *cuts well*. / My knife *is sharp*.
▶ 切れないはさみ
dull scissors / *blunt* scissors
2（ひもなどが）**break** [ブレイク];（プツンと）**snap** [スナップ]
▶ 魚が大きくて，つり糸が切れてしまった.
The fish was so big that the fishing line *broke*.
3（なくなる）**run out**（of);（電池が）**go dead**
▶ しまった！ ガソリンが切れかかっている.
Oh, no! We're almost *out of* gas. / We're *running out of* gas.
▶ 懐中電灯の電池が切れてるよ.
The batteries in the flashlight *are dead*.
4（時間・期限が）**be up**, **run out**, **expire** [イクスパイア]
▶ 時間切れです.
Time's up! (×Time up とはいわない)
▶ バスの定期券が来週切れる.
My bus pass will *expire* next week.
5（電話が）**be cut off**, **be disconnected**
▶ 話の途中で電話が切れた.
We *were cut off* in the middle of the

◀ **きん**¹

conversation.

6 (頭が)
▶ あいつは切れる男だ.
He is an *able* man. / He's *sharp*.

7 (比ゆ的に) snap [スナップ]
▶ 最近の若者はすぐキレると言う人もいる.
Some people say that today's young people *snap* easily.

キロ (キログラム) a kilogram [キログラム] (▶ kg と略す), a kilo [キーロウ]; (キロメートル)a kilometer [キラメァタァ] (▶ km と略す); (キロバイト) a kilobyte [キロバイト] (▶ KB と略す)
▶ ぼくの体重は約50キロだ.
I weigh about 50 *kilograms*. (▶50 kilos ともいう)
▶ 駅まで約10キロある.
It's about 10 *kilometers* to the station. (▶キロメートルの場合は10 ×*kilos* とはいわない)

きろく 記録

a record [レカド]
記録する record [リコード] (▶名詞とは発音, アクセントがちがうので注意)
▶ 新記録を出す set a new *record* / make a new *record*
▶ 世界記録を破る break the world *record*
▶ この夏は記録的な暑さだ. This summer has been the hottest on *record*.
▶ 読んだ本を記録する keep a *record* of the books I read
記録映画 a documentary film
記録係 (競技の) a scorer [スコアラァ]; (書き留める人) a recorder
記録保持者 a record holder

ぎろん 議論 (a) discussion [ディスカション], (an) argument [アーギュメント]
議論する discuss, argue about, talk [トーク] about; (細部まで) talk over
▶ 私たちは一晩中そのことを議論した.
We *discussed* the matter all night. (▶×*discussed about* とはしない)
▶ 私は母とそれについて議論した.
I *argued* with my mother *about* it.

きわどい (接戦の) close [クロウス]
▶ きわどいところで助かった.
I was *close* to dying. / I *narrowly*

survived.

きわめて very [ヴェリィ] →ひじょうに
きわめる 極める master [マスタァ]
▶ 英語をきわめる *master* English
きをつかう 気をつかう be kind [カインド], be thoughtful [ソートゥフル]
▶ 気をつかわなくてもいいよ (→そんなに心配しないで).
Don't *worry* so much.
きをつけ 気をつけ! 《号令》 Attention! [アテンシャン]

きをつける 気をつける

be careful [ケアフル] (of, about), take care (of), watch [ワッチ]
▶ 車に気をつけなさい.
Be careful of cars. / *Watch out for* cars.
▶ おじいちゃんは食事には気をつけている.
My grandfather *is careful about* what he eats.
▶ お体に気をつけてください.
Please *take care of* yourself.
▶ じゃあ気をつけてね. バイバイ.
Take care. Bye-bye.
▶ 足元に気をつけて.
Watch your step. / *Mind* your step.
▶ ことばづかいに気をつけなさい.
Watch your language.
▶ 気をつけろ (あぶない) !
Watch out! / Look out! / Be careful!

> 💬**用法** 体に気をつけて.
> 別れるときの「体に気をつけて」は **Take (good) care of yourself.** あるいは **Take care.** などという. これに対しては **Thanks, you too.** とか **Thanks, I will.** と答える.

きん¹ 金, 金(製)の gold [ゴウルド]
金色の, 金のような golden (▶ gold (金でできた) に対し, golden は比ゆ的に使われる)
▶ 金の指輪 a *gold* ring
▶ 純金 pure *gold*
▶ この指輪は金でできている.
This ring is made of *gold*.
金貨 a gold coin
金髪 golden hair, blond(e) hair

two hundred and thirty-three　233

きん² ▶

金メダル a gold medal, 《口語》a gold

きん² 菌 a germ [ヂャ~ム]; bacteria [バクティ(ァ)リア]
ぎん 銀, 銀(製)の silver [スィルヴァ]
▶ 銀のさじ a *silver* spoon(▶比ゆ的に「富, 財産」という意味もある)
銀貨 a silver coin
銀髪 silver hair
銀メダル a silver medal, 《口語》a silver
きんえん 禁煙する give up smoking, 《口語》quit smoking
▶ ここは禁煙です.
Smoking is prohibited here. / *Smoking is not allowed* here.
禁煙《掲示》No Smoking
禁煙車 a nonsmoking car
ぎんが 銀河《天文》the Milky Way, the Galaxy [ギャラクスィ]
銀河系 the Galaxy
きんがく 金額 an amount of money
▶ 少しの金額 a small *amount of money*
▶ 多くの金額 a large *amount of money*
きんがしんねん 謹賀新年 Happy New Year! →しんねん¹
きんがん 近眼の《米》nearsighted [ニアサイティド],《英》shortsighted [ショートゥサイティド]
▶ 私は近眼だ. I am *nearsighted*.
きんき 近畿(地方) the Kinki district, the Kinki area
きんきゅう 緊急の urgent [ア~ヂェント]
▶ 緊急の用事で
on *urgent* business
▶ 緊急の場合は警察に電話しなさい.
In an *emergency*, call the police. / In case of *emergency*, call the police.
▶ 緊急事態が発生した.

There's an *emergency*. / We have an *emergency*.
緊急事態宣言 the declaration [デクラレイション] of the state of emergency
きんぎょ 金魚《魚》a goldfish [ゴウルドゥフィシ]《複数》goldfish)
金魚すくい goldfish scooping
金魚ばち a goldfish bowl
きんく 禁句 a taboo [タブー]
▶ それは禁句だ.
That's *taboo*. / That's *off limits*.
キング(王様) a king [キング]
▶ スペードのキング
the *king* of spades
きんこ 金庫 a safe [セイフ]《複数》safes)
きんこう 近郊 the suburbs [サバ~ブズ]

🟠プレゼン
私は京都近郊に住んでいます.
I live in the suburbs of Kyoto.

ぎんこう 銀行

a bank [バンク]
▶ 銀行に100万円預けた.
I put one million yen in the *bank*.
▶ 銀行から2万円おろした.
I withdrew twenty thousand yen from the *bank*.
▶ 私は銀行にいくらか預金がある.
I have some money in the *bank*.
銀行員 a bank clerk, a bank employee
銀行口座 a bank account
きんし¹ 禁止 prohibition [プロウヒビション], a ban [バン]
禁止する forbid [フォビッド];(公的に)prohibit [プロウヒビト];(法律などで)ban
▶ 飲酒運転は法律で禁止されている.
Drunken driving *is prohibited* by law.
▶「でも…」と言うのを禁止します.
I *forbid* you to say "But."
▶ 駐車禁止《掲示》
No Parking
▶ 遊泳禁止《掲示》
No Swimming Here
▶ 立入禁止《掲示》
(しばふなど)*Keep Off*;(関係者以外)Private / *Off* Limits / Staff Only

◀ きんろうかんしゃ

「しばふに立入禁止」という掲示.

きんし[2] 近視の nearsighted [ニアサイティド]（反 遠視の farsighted）→きんがん

きんじょ 近所 →ちかく

the neighborhood [ネイバフド]
近所の nearby, neighboring
近所に（住まいの）in the neighborhood；(…の) near

▶スピーキング
Ⓐ この近所にコンビニはありませんか．
Isn't there a convenience store near here?
Ⓑ 学校の向かい側にありますよ．
It's across from the school.

▶ 近所の店
a *nearby* store / a *neighborhood* store
▶ 近所の人 a *neighbor*
▶ 野田先生は私の家の近所に住んでいます．
Mr. Noda lives *in my neighborhood*.

きんじる 禁じる →きんし[1]
きんせい 金星《天文》Venus [ヴィーナス] →わくせい (表)
きんぞく 金属 (a) metal [メトゥル]
金属の,金属製の metal
▶ このフレームは金属でできている．
This frame is made of *metal*.
▶ 金属バット a *metal* bat
きんだい 近代 modern [マダン] ages, modern times
近代の,近代的な modern
近代化 modernization
きんちょう 緊張 tension [テンション]
緊張する（人が）get nervous [ナ～ヴァス], feel nervous；（事態・状況などが）become tense [テンス], grow tense, get tense
緊張した（人が）nervous；（人・状況などが）tense

▶ 試験を受けるときはいつも緊張する．
I always *get nervous* when I take an exam.
▶ 緊張した雰囲気
a *tense* atmosphere（▶ a ˟*nervous* atmosphere とはいわない）

ギンナン 銀杏《植物》a ginkgo nut [ギンコウ ナット]（▶ gingko ともつづる．中国語から）
きんにく 筋肉 (a) muscle [マスル]
筋肉の,筋肉のついた muscular [マスキュラァ]
▶ 筋肉をきたえる
strengthen my *muscles*
▶ 筋肉をつける build up my *muscles*
筋肉痛 a muscle ache [エイク], a muscle pain [ペイン]
筋トレ a muscle-building workout, muscle training
きんねん 近年 in recent years, lately
きんべん 勤勉な diligent [ディリヂェント]
▶ ハックは勤勉ではない．
Huck is not *diligent*.
きんむ 勤務（仕事）work [ワ～ク], service [サ～ヴィス]；（職務）duty [デューティ]（▶ ふつう複数形で使う）
勤務する work [ワ～ク]
勤務時間 working hours, hours of work
▶ 母は勤務中です．
My mother is *at work*.
▶ 今夜は夜間勤務だ．
I'm on the night *duty* tonight.（▶看護師のような交替勤務の仕事について使う）
▶ お母さんの勤務先はどちらですか．
Where does your mother *work*?

きんようび 金曜日 →ようび (表)

Friday [フライディ]（▶語頭は必ず大文字；Fri. と略す）
▶ 金曜日に on *Friday*
▶ やった，今日は金曜日だ！
Thank God. It's *Friday*!（▶学校や会社は土日が休みのため，生まれた言い方．T.G.I.F. と略す）
きんろうかんしゃ 勤労感謝の日 Labor Thanksgiving Day [レイバァ サンクスギヴィング デイ]

くク くク くク

く¹ 九(の) →かず（表）

nine [ナイン]
第9(の) the ninth（つづり注意）（▶9th と略す）
第9番 No. 9, no. 9（▶ number nine と読む）
▶ 私は昨夜は9時に寝た.
I went to bed at *nine* last night.
▶ ベートーベンの交響曲第9番
Beethoven's Symphony *No. 9*

く² 区（都市の）a ward [ウォード]；（区域）a district [ディストゥリクト]
▶ 大阪市には24区ある.
Osaka City has twenty-four *wards*.
▶ 学区 a school *district*
区役所 a ward office

ⓘ参考 手紙のあて名などで日本の「区」を表記するときは, ward を使わずに -ku と書くのが一般的. たとえば,「中央区」なら Chuo-ku のように書く.

く³ 句（文法）a phrase [フレイズ]

ぐあい 具合（方法）a way [ウェイ]；（状態）a condition [コンディション]
▶ こういう具合にやりなさい.
Do it this *way*.

📣スピーキング
Ⓐ どこか具合が悪いの？
Is anything the matter?
Ⓑ ええ, 頭が痛いのです.
Yes, I have a headache.

▶ 祖父は最近体の具合が悪い.
My grandfather *hasn't been feeling well* lately.
▶「メグ, 今日は体の具合はどうだい？」「とってもよくなりました」"How're you *feeling* today, Meg?" "I *feel* much better."

くい¹ a stake [ステイク]
▶ くいを打ち込む drive in a *stake*

くい² 悔い (a) regret [リグレット] →こうかい¹

悔いる regret
▶ 全力をつくしたので, 悔いはない.
I did my best, so I have no *regrets*.

クイーン a queen [クウィーン]
▶ ハートのクイーン
the *queen* of hearts

くいき 区域 a zone [ゾウン], a district [ディストゥリクト], an area [エ(ア)リア]
▶ 危険区域 a danger *zone*
▶ 立入禁止区域 an off-limits *area*
▶ 住宅区域 a residential *district*

くいしんぼう 食いしん坊（大食家）a big eater, (軽べつして) a glutton [グラトゥン]；(美食家) a gourmet [グァメイ, グァメイ]（▶ フランス語から）

クイズ a quiz [クウィズ]（複数 quizzes)
▶ クイズに答える answer a *quiz*
▶ テレビのクイズ番組
a TV *quiz* show / a TV *quiz* program
▶ 雑学クイズ a general knowledge *quiz*

くいちがう 食い違う
▶ 私と彼の意見は食いちがっている.
He and I *disagree with each other*.

くいとめる 食い止める check [チェック], stop [スタップ]

✏️ライティング
私たちは地球温暖化を食い止めるよう努力すべきです.
We should try to stop global warming.

くう 食う eat [イート], have [ハヴ] →たべる
▶ 私は蚊に食われた.
I *was bitten* by mosquitoes.
▶ 道草を食わないで, まっすぐ家に帰りなさい.
Don't *wander off*. Just come straight home.

ぐう (じゃんけんで) rock [ラック] →じゃんけん

くうかん 空間 (a) space [スペイス]；(余地) room [ル(ー)ム]

くうき 空気

1 air [エア]（▶ふつう a をつけず, 複数形に

236 two hundred and thirty-six

◀ **くがつ**

しない)
▶ 窓を開けて新鮮な空気を入れよう.
  Let's open the windows to let fresh *air* in.
▶ この部屋は空気がよごれている.
  The *air* in this room is dirty.
2 (雰囲気) (an) atmosphere [アトゥモスフィア]
▶ 私はこのクラスの空気になじめない.
  I can't get used to the *atmosphere* of this class.
▶ 彼は空気が読めない (→雰囲気から状況を理解することが下手な) 人だ.
  He's not good at reading a situation from the *atmosphere*.
空気入れ (自転車の) a bicycle pump
空気清浄器 an air cleaner [クリーナァ]

グーグー
▶ おなかがグーグーいっている.
  My stomach *is rumbling*.
▶ オオカミはグーグーいびきをかいていた.
  The wolf *was snoring* loudly.

くうぐん 空軍 the air force [エア フォース] (▶「海軍」は navy, 「陸軍」は army)
空軍基地 an air base

くうこう 空港 an airport [エアポート]

▶ 空港ビル an *airport* terminal
▶ 成田国際空港 Narita International Airport (▶空港名には the をつけない)
▶ 国際空港 an international *airport*
▶ 空港まで車でむかえに行くよ.
  I'll pick you up at the *airport*.

くうしゅう 空襲 an air raid [レイド]
くうしょ 空所 a blank [ブランク]
▶ 空所に記入せよ. Fill in the *blanks*.
ぐうすう 偶数 an even [イーヴン] number (対 奇数 odd number)

ぐうぜん 偶然
(a) chance [チャンス]; (偶然のできごと) (an) accident [アクスィデント]; (偶然の一致) coincidence [コウインスィデンス]
偶然に by chance, accidentally [アクスィデンタリィ]

▶**表現力**
偶然…する → happen to ...

▶ 通りで偶然祐介に会った.
  I *happened to* meet Yusuke on the street. / I met Yusuke on the street *by chance*.

くうそう 空想 (a) fantasy [ファンタスィ, -ズィ]; (楽しい) a daydream [デイドゥリーム]; (想像) (an) imagination [イマヂネイション]
空想する daydream, fancy [ファンスィ]
▶ アリスったらまた空想にふけっている.
  Alice *is daydreaming* again.
空想上の imaginary [イマヂナリィ]

くうちゅう 空中 in the air
空中ブランコ a trapeze [トゥラピーズ]

くうふく 空腹 hunger [ハンガァ]
空腹な hungry
▶ 私は空腹です. I'm *hungry*.
▶ 空腹にまずいものなし. (ことわざ)
  Hunger is the best sauce. (▶「空腹は最高のソースである」という意味)

クーポン a coupon [クーポン]
クーラー ((1台の) 空気調節装置) an air conditioner; (システム全体) air conditioning [エア コンディショニング] (▶ cooler は飲み物などを冷やす冷却器をさす)
▶ この部屋はクーラーがよくきいている.
  The *air conditioner* in this room works well.

クール クールな (かっこいい) cool [クール]; (冷静な) cool-headed [クールヘディド]

クエスチョンマーク a question mark (疑問符) →**くとうてん** (表)

クォーテーションマーク quotation marks (引用符) →**くとうてん** (表)

くがつ 九月 →**いちがつ**, **つき**¹ (表)

September [セプテンバァ] (▶語頭は必ず大文字; Sep. または Sept. と略す)
▶ 9月に in *September*
▶ 9月9日に on *September* 9
  (▶ *September* (the) ninth と読む)
▶ アメリカでは9月に学校が始まる.

two hundred and thirty-seven 237

くき ▶

The school year starts in *September* in America.

くき 茎 a stem [ステム], a stalk [ストーク]

くぎ a nail [ネイル]
▶ くぎを打つ
hammer a *nail* / drive a *nail*
▶ このくぎをぬいて．Pull out this *nail*.
くぎぬき pincers [ピンサァズ]

くぎり 区切り（終わり）an end [エンド]；
（間）a pause [ポーズ]；（文章の）
punctuation [パン(ク)チュエイション]

くぎる 区切る divide [ディヴァイド]；（句読点を打つ）punctuate [パン(ク)チュエイト]
▶ その部屋はカーテンで区切られていた．
The room *was divided* by a curtain.

くぐる（通りぬける）go through, pass through；（下を）go under, pass under
▶ トンネルをくぐる *go through* a tunnel
▶ 橋の下をくぐる *go under* a bridge

くさ 草

grass [グラス]；（雑草）a weed [ウィード]
▶ 草を刈る
cut the *grass* /（草刈り機などで）mow the *grass*
▶ 庭は草ぼうぼうだ．
The garden is full of *weeds*.
▶ 庭の草むしりをする *weed* the garden
草刈り機 a mower [モウァ]
草花 a flowering plant, a flower

くさい 臭い smell (bad)
▶ ガスくさいぞ．I *smell* gas.
▶ わっ，くさい！
What a *terrible smell*! / Oh, it really *stinks*!
▶ この生ごみはくさい．
This garbage *smells bad*.

くさり 鎖 a chain [チェイン]
▶ 犬をくさりでつないだ．
I *chained* my dog.

くさる 腐る **1**（腐敗する）go bad, rot [ラット], spoil [スポイル]
くさった rotten
▶ くさった魚 *rotten* fish
▶ くさったタマネギ a *bad* onion
▶ 夏は食物がくさりやすい（→すぐにくさる）．
Food *goes bad* quickly in summer.
2（ふさぎこむ）

▶ そうくさるなよ．
Don't *be* so *discouraged*. / Cheer up!

くし¹（髪をとかす）a comb [コゥム]
くしでとかす comb
▶ くしで髪をとかした．
I *combed* my hair.

くし²（焼き鳥などの）a skewer [スキューア], a spit [スピット]
くしでさす skewer

くじ a lot[ラット]；（景品があたる）a raffle[ラフル]；（宝くじ）a lottery [ラテリィ]
▶ 宝くじ a public *lottery*
▶ ぼくはくじ運がいい．
I'm always lucky in the *lottery*. (▶「くじ運が悪い」は be unlucky in the lottery)
▶ くじに当たった．I won the *lottery*.(▶「外れた」なら won を lost にする)
くじ引きをする draw lots
▶ くじ引きで決めよう．
Let's decide by *drawing lots*.

くじく（手足を）sprain [スプレイン]；（勇気などを）discourage [ディスカ〜レヂ]
▶ 転んで右の足首をくじいた．
I fell down and *sprained* my right ankle.

くじける（気が）be discouraged [ディスカ〜レヂド]
▶ たった1回の失敗でくじけるな．
Don't *be discouraged* at a single failure.

クジャク（鳥）（おす）a peacock[ピーカク]；（めす）a peahen [ピーヘン]

くしゃくしゃ くしゃくしゃの rumpled [ランブルド]
くしゃくしゃにする crumple [クランプル]
▶ 紙をくしゃくしゃに丸める
crumple paper into a ball

くしゃみ a sneeze [スニーズ]
くしゃみをする sneeze

ⓘ参考 くしゃみの音は a(h)choo [アーチュー]とか atishoo [アティシュー]で表す．くしゃみをした人には (God) bless you! (神様がお守りくださいますように / お大事に）と言う．これに対しては Thank you. と答える．

238 two hundred and thirty-eight

くじょう 苦情 a complaint [コンプレイント]
　苦情を言う complain (about, of), make a complaint (about, of)

クジラ (動物) a whale [(フ)ウェイル]

くしん 苦心 efforts [エフォツ], pains [ペインズ]
　苦心する take pains, work hard
▶ 彼は苦心して作品を完成した.
　He completed the work by *hard work*.

くず waste [ウェイスト], (米) trash [トゥラッシ] →ごみ
▶ 紙くず *waste*paper
　くずかご a wastebasket

ぐず ぐずな slow [スロウ]
▶ ぐずねえ. 急いで.
　You're too *slow*. Hurry up!

くすくす くすくす笑う chuckle [チャクル]; (とくに女の子や若い女性が) giggle [ギグル]
▶ 何をくすくす笑ってるの？
　What *are* you *chuckling* about?

ぐずぐず
▶ ぐずぐずしていないで早く朝ごはんを食べなさい. 学校に遅れますよ.
　Hurry up and eat breakfast, or you'll be late for school.
▶ 何をぐずぐずしているの？
　What's *taking* so much *time*? / What's *taking* you *so long*?
▶ ぐずぐずしてはいられない.
　I have *no time to lose*. / There is *no time to lose*.

くすぐったい
▶ くすぐったい.
　I'm *ticklish*. / It *tickles*.
▶ 背中がくすぐったい.
　My back *tickles*.

くすぐる tickle [ティクル]
▶ くすぐったい. くすぐるのやめて.
　How ticklish! Stop *tickling* me.

くずす break [ブレイク]; (両替する) change [チェインヂ]
▶ この1万円札をくずしてくれますか.
　Can you *change* this 10,000-yen bill? (▶ change の代わりに break ともいう)

くすり 薬
(a) medicine [メディ(イ)スン], a drug [ドゥラッグ] (▶ drug は「麻薬」という意味もあるので注意)
▶ 毎食後にこの薬を飲んでください.
　Take this *medicine* after each meal.
▶ この薬は頭痛にきく.
　This *medicine* is good for headaches.
▶ 車酔いの薬をください.
　I'd like some *medicine* for carsickness, please. (▶「飛行機酔い」なら airsickness,「船酔い」なら seasickness という)

> **①参考** 薬のいろいろ
> 錠剤 a tablet, a pill / 粉薬 a powder / カプセル a capsule / 丸薬 a pill / ぬり薬 ointment

くすりゆび 薬指 the third finger (▶結婚指輪をはめる左手の薬指は ring finger ともいう) →ゆび (図)

くずれる (崩壊する) fall down, collapse [コラプス]; (形を失う) lose *its* shape
▶ そのビルは地震でくずれた.
　The building *fell down* in the earthquake.

くせ 癖
(習慣) a habit [ハビト]; (やり方) a way [ウェイ]
▶ 悪いくせがつく
　fall into a bad *habit* / get a bad *habit*
▶ 悪いくせを直すには時間がかかる.
　It takes time to break a bad *habit*.
▶ それがぼくのいつものくせさ.
　That's my usual *way* (of doing things).

-(の)くせに ▶

> 📣表現力
> …するくせがある
> → have a habit of -ing

▶ 父は寝言ぎを言うくせがある.
Father *has a habit of talking* in his sleep.

くせ毛（まとまりにくい髪が）unruly hair；（ちぢれた髪）curly hair

▶ くせ毛を直す *tame my unruly hair*

-(の)くせに though ［ゾゥ］, although ［オールゾゥ］

▶ へたなくせに, 千賀子はテニスをするのが好きだ.
Chikako likes playing tennis, *though* she is a poor player.

くだ 管（チューブ）a tube ［テューブ］；（パイプ）a pipe ［パイプ］ →かん⁴

ぐたいてき 具体的な concrete［カンクリート］（反 抽象ちゅう的な abstract）

▶ そのことをもっと具体的に話してくれますか.
Can you be more *specific* about it?

くだく 砕く break ［ブレイク］

▶ 氷をくだく *break* the ice

くたくた be dead tired, be exhausted ［イグゾースティド］

▶ 部活でくたくただよ.
I'm *dead tired* from club activities.

くだける 砕ける break ［ブレイク］

▶ コップは落ちてこなごなにくだけた.
The glass fell and *broke* into pieces.

ください

▶ チーズバーガーを 2 つください.
Two cheeseburgers, *please*.

> 🗣スピーキング
> Ⓐ これください.
> I'll take this.
> Ⓑ かしこまりました.
> Certainly.

▶ ステーキをください. I'll *have* a steak.

▶ 何か冷たい飲み物をください.
Give me something cold to drink, *please*.

> 📣表現力
> …してください
> → Please … . / Will you …?

▶ 手伝ってください.
Please help me. / *Will you* help me?

> 📣表現力
> …しないでください
> → Please don't … .

▶ 戸は開けっぱなしにしないでください.
Please don't leave the door open.

> 📘用法 「…してください」「いいですよ」
> 「…(して)ください」のいろいろ
> 人に「…してください」とたのむときには, **Please … ., Will you …?, Could you …?, Would you mind -ing?** などという.
> お名前を教えてください.
> Your name, *please*. / May I have your name, *please*?
> こちらにおいでください.
> *Will you* come over here?
> エスカレーターはどこか教えてください.
> *Could you* tell me where the escalator is?
> ちょっとつめてください.
> *Would you mind moving* over a little?
> 「ええ, いいですよ」のいろいろ
> 「ええ, いいですよ」と答えるときは **All right.** とか **Sure.** という. よりていねいに答えるには **Surely.**. とか **Certainly.** とか **I'd be happy to.**. **It would be my pleasure.** という.「残念ですが, できません」と断るときは, **I'm sorry I can't.** といって理由を述べる.

> 「…してください」
> Please … .
> Will you …?
> Could you …?
> Would you mind -ing?
> 「いいですよ」
> OK.
> Sure.
> All right.
> Certainly.
> I'd be happy to.
> It would be my pleasure.
>
> 下にいくほど, ていねいな言い方になるよ.

▶ **くち**

くだす
▶ おなかをくだしているの.
I *have stomach trouble*. →げり

くたびれる be tired[タイアド] (of, from)
→あきる, つかれる

くだもの 果物
(a) **fruit** [フルート]
▶ 果物が大好きです. I love *fruit*.

> 🔊 スピーキング
> Ⓐ どんな果物が好きですか.
> What kind of fruit do you like?
> Ⓑ リンゴとスイカです.
> I like apples and watermelons.

> おもな果物
> アボカド avocado
> イチゴ strawberry
> イチジク fig
> オレンジ orange
> カキ persimmon
> キウイ kiwi fruit
> グレープフルーツ grapefruit
> サクランボ cherry
> スイカ watermelon
> ナシ Japanese pear (▶西洋ナシは pear という)
> パイナップル pineapple
> バナナ banana
> パパイヤ papaya
> ブドウ grapes
> プラム plum
> マンゴー mango
> ミカン *mikan*, tangerine, Japanese orange
> メロン melon
> モモ peach
> リンゴ apple
> レモン lemon

▶ マンゴーは熱帯の果物だ.
A mango is a tropical *fruit*. (▶特定の種類を表すので a をつける)
▶ 果物や野菜はビタミンをふくんでいる.
Fruit(s) and vegetables contain vitamins.
▶ トマトは野菜ですか, 果物ですか.
Is a tomato a vegetable or a *fruit*?

> 📝 文法 **fruit** の使い方
> ふつう「果物」とまとめていう場合は a をつけず, 複数形にしない. ただし, 個々の果物や種類をいうときは a をつけたり複数形にしたりすることもある.

果物店 a fruit store, a fruit shop
果物ナイフ a fruit knife, a paring knife
くだらない (取るに足りない) trashy [トゥラシィ], trifling [トゥライフリング]; (ばかげた) silly [スィリィ] →つまらない

くだり 下りの down [ダウン] (反 上りの up)
▶ 道はここから下りになる.
The road *goes down* from here.
▶ 下りのエスカレーター
a *down* escalator
下り坂 a downward slope, a downhill road
▶ 天気は下り坂だ (→悪くなる).
The weather *is changing for the worse*.
下り列車 a down train (▶(米) では上りや下りではなく, a train for Boston のように行き先をいうのがふつう)

くだる 下る
go down (反 上る go up); (山を) climb down (反 登る climb up)
▶ 私たちは午後早めに山を下りはじめた.
We started to *go down* the mountain in the early afternoon.
▶ 私たちはライン川を船で下った.
We *went down* the Rhine River in a boat.
…(を)下らない
▶ 爆発ぼうで死んだ人は1000人を下らなかった.
No less than 1,000 people died in the explosion.

くち 口 →あたま (図)
1 a **mouth** [マウス]; (味覚) the taste [ティスト]
▶ 口を大きく開けて. あーん.
Open your *mouth* wide. Say ahh.
▶ 口をいっぱいにしたまま話してはいけない.
Don't speak with your *mouth* full.

two hundred and forty-one **241**

ぐち

- こっちのほうが口に合うと思うよ.
  I think you'll find this more to your *taste*.
- 良薬は口に苦し.（ことわざ）
  Good medicine *tastes* bitter.

2 (ことば) **words** [ワーヅ], a **tongue** [タング]
- 彼は口が重い.
  He is a man of few *words*.
- 口を出す
  cut in; (おせっかいをやく) stick my nose into ...
- 口をつつしみなさい.
  Watch your *tongue*.
- あいつとは口をききたくない.
  I don't want to *talk* to him.
- マイクは口がかたい.
  Mike can keep a secret.
- あいつは口がうまい.
  He is a smooth *talker*.

3 (びんなどの) a **mouth**
- びんの口 the *mouth* of a bottle

> **日本語NAVI**
> 口うるさい ☞こまかいことをいろいろ言う
>   →うるさい
> 口が重い ☞①口数が少ない ②言いにくい
>   →①むくち ②-(し)にくい
> 口がかたい ☞おしゃべりではない
>   →おしゃべり, かたい
> 口が軽い ☞おしゃべり →おしゃべり
> 口がすべる ☞うっかり言う →うっかり
> 口が悪い ☞けなす →わるくち
> 口をすっぱくする ☞何度も注意する
>   →ちゅうい
> 口を出す ☞割り込んで意見を言う
>   →でしゃばる, わりこむ

ぐち (a) **complaint** [コンプレイント] →ふへい
ぐちをこぼす complain [コンプレイン]
- 彼はいつもぶつぶつぐちをこぼしている.
  He *is* always *complaining*.

くちうるさい 口うるさい **nagging** [ナギィング]
くちうるさく言う nag [ナッグ]
- お母さんは勉強のことでいつも口うるさい.
  My mother *is* always *nagging* me about my studies.

くちごたえ 口答えする **talk back**
- ジェフ, お父さんに口答えしてはいけません.
  Don't *talk back* to your father, Jeff.

くちコミ 口コミ **word of mouth**
- そのカフェは口コミで人気が出た.
  The café became popular by *word of mouth*.

くちさき 口先
- あいつは口先だけだよ.
  He is *all talk*. / He *talks big*.

くちばし (ハト・アヒルなどの) a **bill** [ビル]; (ワシなどのかぎ状の) a **beak** [ビーク]

くちびる 唇 a **lip** [リップ] (▶上下あるので, 複数形で使うことが多い)
- 上くちびる the upper *lip*
- 下くちびる the lower *lip*

くちぶえ 口笛 a **whistle** [(フ)ウィスル]
口笛を吹く whistle
- 彼は口笛で好きな歌を吹いている.
  He's *whistling* his favorite song.

くちべた 口下手 a **poor speaker**
くちべに 口紅 (a) **lipstick** [リプスティク]
- 口紅をつける put on *lipstick*
- ルミは口紅をつけている.
  Rumi is wearing *lipstick*. / Rumi has *lipstick* on.

くちょう 口調 a **tone** [トゥン]
- 興奮した口調で言う
  say something in an excited *tone*

くつ 靴

(短ぐつ) a **shoe** [シュー]; (ブーツ) a **boot** [ブート]; (スニーカー) a **sneaker** [スニーカァ] (▶左右合わせて複数形で使う)

shoes

boots

- くつ1足
  a pair of *shoes*
- くつをみがく
  polish my *shoes* / shine my *shoes*
- 美香ちゃん, くつをはきなさい.
  Put your *shoes* on, Mika. / Put on your *shoes*, Mika.
- トム, ここでくつをぬいでください.
  Will you take off your *shoes* here, Tom?
- このくつはきつい.

◀ **くとうてん**

These *shoes* are too tight.

🗣スピーキング
Ⓐ くつのサイズはいくつですか.
What size shoes do you wear?
Ⓑ 9サイズです.
I wear size 9.

📖文法 「くつ」の数え方
両足にはくのでふつう複数形で使う.「1足」「2足」と数えるときは **a pair of shoes, two pairs of shoes** という.なお,「片方のくつ」は **a shoe** のように単数形で表す.

くつ職人 a shoemaker (▶「くつ店の店主」もさす)
くつずみ shoe polish
くつ店 a shoe store
くつひも (米) a shoelace, a shoestring
くつべら a shoehorn
くつみがき (人)(米) a bootblack, (英) a shoeblack ; (店) a shoeshine stand
くつう 苦痛 (a) pain [ペイン]
クッキー (米) a cookie [クキィ], (英) a biscuit [ビスケト]
▶ クッキーを焼く
bake *cookies*

くっきり clearly [クリアリィ] →はっきり

くつした 靴下

(短い) a **sock** [サック]; (長い) a **stocking** [スタキング] (▶ともにふつう複数形で使う.「1足」「2足」と数えるときはa pair of socks, two pairs of stockingsのようにいう)
▶ くつ下をはく
put on my *socks*
▶ くつ下をぬぐ

take off my *socks*
クッション a cushion [クション]
ぐっすり fast [ファスト], sound [サウンド], well [ウェル]
▶ 赤んぼうはぐっすり眠っている.
The baby is *fast* asleep. (▶ fast の代わりに sound ともいう)
▶「ゆうべはぐっすり眠れましたか」「はい,よく眠れました」
"Did you sleep *well* last night?" "Yes, I slept *fine*."
▶「お休み」「ぐっすり眠ってね」
"Night(y) night!" "Sleep *tight*!" (▶親子でよく使うあいさつ表現)

ぐったり
▶ そのマラソンランナーは疲れてぐったりしていた.
The marathon runner was *dead tired*.
くっつく stick [スティック] (to) →つく²
▶ ぬれたシャツがはだにくっついた.
The wet shirt *stuck to* my skin.
▶ チューインガムがくつにくっついた.
Chewing gum *stuck to* my shoe.
くっつける →つける¹
ぐっと
▶ 私は彼の手をぐっとにぎった.
I held his hand *firmly*.

🎤プレゼン
私はこの小説のラストシーンに**ぐっと**きました.
The last scene of this novel touched my heart.

くつろぐ make *my*self at home, feel relaxed
▶ どうぞおくつろぎください.
Make yourself at home, please.
▶ 夕食を終えてくつろいだ気分になった.
We *relaxed* after supper.
くどい
▶ くどいぞ. Don't be so *wordy*.
▶ 同じことを何度も何度もくどいよ.
Cut it out! You're saying the same thing over and over again. (▶ Cut it out! は「いいかげんにして」という意味)
くとうてん 句読点 a punctuation [パン(ク)チュエイション] mark
句読点をつける punctuate

two hundred and forty-three 243

くに ▶

英文で使われるおもな句読点

記号	呼び名	おもな使い方
.	period (ピリオド)	ふつうの文の終わりや略語のあとに
?	question mark (疑問符)	疑問文の終わりにつける
!	exclamation mark (感嘆符)	感嘆文の終わりにつける
,	comma (コンマ)	文中の軽い区切りにつける
:	colon (コロン)	会話の話し手の名前のあとなどに
;	semicolon (セミコロン)	コンマとピリオドの間の区切り
'	apostrophe (アポストロフィー)	短縮形や所有を表すとき
" "	quotation marks (引用符)	日本語のかぎかっこと同じ働き
-	hyphen (ハイフン)	2つの語を結んで1つにするとき
—	dash (ダッシュ)	言い換えや挿入語句を置くとき

くに 国

1 a **country**[カントゥリィ], a **nation**[ネイション]
▶ 日本は長い歴史をもつ国です.
　 Japan is a *country* with a long history.

> **✎ライティング**
> 世界には多くの国がある.
> There are many countries in the world.

▶ いつかあなたの国に行ってみたいと思います. I would like to visit your *country* someday.
▶ 私は国中を旅行したい.
　 I want to travel all over the *country*.

2 (故 郷) my **home** [ホ ウ ム], my hometown[ホウムタウン]

> **🗣スピーキング**
> **Ⓐ** おくにはどちらですか.
> 　 Where are you from?
> **Ⓑ** 青森です.
> 　 I'm from Aomori.

▶ 夏休みにはくにへ帰ります.
　 I'm going *home* during the summer vacation.

くばる 配る hand out, pass out；(配達する) deliver [ディリヴァ]
▶ 早く配って！
　 (手わたしで) *Hand* them *out* quickly, please.
▶ 先生は問題用紙をクラスに配った.
　 The teacher *handed* question sheets *out* to the class.

くび 首 →あたま (図)

1 a **neck** [ネック]；(頭部) a head [ヘッド]
▶ 太い首 a thick *neck*
▶ キリンは首が長い.
　 A giraffe has a long *neck*.
▶ 彼は首にマフラーを巻いていた.
　 He was wearing a scarf around his *neck*.
▶ 首を横にふるのは「いいえ」を意味する.
　 Shaking your *head* means "no." (▶ 承知する場合は nod(首を縦にふる)を使う)

2 (比ゆ的に)
▶ 私たちは父の帰りを首を長くして待った.
　 We *looked forward to* our father's coming home.
▶ (おまえは) 首だ！《口語》 You're *fired*. (▶ fire は「首にする, 解雇する」という意味)

首飾り a necklace [ネクレス] →ネックレス
首輪 (犬の) a collar [カラァ]

> **ℹ️日本語NAVI**
> **首をかしげる** ☞疑問に思う
> 　→ぎもん, うたがう
> **首をつっこむ** ☞自分からすすんで関わる
> 　→かんけい
> **首を長くする** ☞楽しみに待つ →まつ
> **首をひねる** ☞疑問に思って考え込む
> 　→かんがえる, ぎもん

くふう 工夫 (しかけ) a device[ディヴァイス]；(アイデア) an idea [アイディ(ー)ァ]
工夫する devise [ディヴァイス]
▶ 何かうまい工夫はないですか.
　 Do you have any good *ideas*?
▶ 問題の解き方を工夫する
　 think of ways to solve a problem

くべつ 区別する tell ... from, distinguish

244 two hundred and forty-four

◀ **クモ**

[ディスティングウィシ]
▶ 湖と池の区別ができますか.
Can you *tell* a lake *from* a pond?
▶ ヒキガエルはほかのカエルと簡単に区別がつく.
Toads are easy to *distinguish* from frogs.
くぼみ (木などの) a hollow [ハロウ]；(道路などの) a pothole [パトゥホウル]
▶ 道路のくぼみ a *pothole* in the road
くぼむ become hollow [ハロウ]
▶ くぼんだ目 *hollow* eyes
クマ 熊《動物》a bear [ベア]
▶ 北極グマ, シロクマ a polar *bear*
▶ ヒグマ a brown *bear*

くみ 組

使い分け
(学級) → **class**
(集団) → **group, team**
(ひとそろい) → **set**

1 (学級) a class [クラス]
▶ 1年2組
1st Grade, *Class* 2 / 2nd *Class* of the 1st Grade
▶ 1年D組20番
1st Grade, *Class* D, No. 20

スピーキング
Ⓐ きみは何組ですか.
What class are you in?
Ⓑ B組です.
I am in Class B.

プレゼン
うちの学校は各学年とも4組まであります.
There are four classes for each grade in our school.

2 (集団) a group [グループ]；(競技のチーム) a team [ティーム]
▶ 各学年は紅白の2組に分けられた.
Each grade was divided into two *teams*, Red and White.
▶ 3人ずつ組になりなさい.
Make *groups* of three.
3 (ひとそろい) a set [セット]；(一対) a pair [ペア]

▶ 1組の茶器 a tea *set*
グミ (菓子) gummy [ガミ]
くみあい 組合 a union [ユーニョン]
▶ 労働組合
《米》a labor *union*, 《英》a trade *union* (▶単に union ともいう)
くみあわせ 組み合わせ a combination [カンビネイション]；(試合などの) pairing [ペ(ア)リング]
組み合わせる combine [コンバイン]；(つり合わせる) match [マッチ]
▶ 色の組み合わせ a color *combination*
▶ 洋服の組み合わせを考える
think about how to *coordinate* my outfit (▶服の場合, combination, combine はふつう使わない)
▶ サッカーの試合の組み合わせ
the *pairings* for the soccer tournament
くみたてる 組み立てる put together
▶ 機械を組み立てる
put a machine *together*
▶ パソコンを自分で組み立てた.
I *put together* my computer myself.

くむ¹ 組む

1 (人が) join forces《with》；(競技などで) pair [ペア] (up)《with》
▶ われわれが組めばきっと成功する.
If we *join forces*, we'll surely succeed.
▶ 私はダブルスで和子とペアを組んだ.
I *paired up* with Kazuko in doubles.
2 (足を) cross [クロ(ー)ス]；(腕を) fold [フォウルド]
▶ 彼は腰をかけるとよく足を組む.
He often *crosses* his legs when he sits.
▶ コーチは腕を組んでチームの練習を見ていた
The coach *folded* his arms as he watched our team practice.
▶ アンはボーイフレンドと腕を組んで歩いた.
Ann walked *arm in arm* with her boyfriend.
くむ² (水などを) draw [ドゥロー]
▶ 井戸の水をくむ
draw water from a well
クモ 《虫》a spider [スパイダァ]

two hundred and forty-five　245

くも ▶

▶ クモの糸 a *spider*'s thread
クモの巣 a *spider*'s web

くも 雲

(a) **cloud** [クラウド]
▶ 雨雲 rain *clouds*
▶ 入道雲 thunderheads
▶ 黒い雲が出てきたよ．
Black *clouds* are gathering.
▶ 空は厚い雲におおわれている．
The sky is covered with thick *clouds*.
▶ 空には雲ひとつなかった．
There was not a *cloud* in the sky.

くもり 曇り

cloudy [クラウディ]
くもりの cloudy
▶ 天気予報ではあすはくもりだよ．
The weather forecast says it'll be *cloudy* tomorrow. (▶天候を表すときは it を主語にすることが多い)
▶ 晴れのちときどきくもり．
Fair, later occasionally *cloudy*.
くもりガラス frosted glass
くもり空 a cloudy sky

くもる 曇る

1 (空が) get **cloudy** [クラウディ], become cloudy
▶ 外はくもってるよ．It's *cloudy* outside.
▶ 夕方にかけてくもってきた．
It *got cloudy* toward evening.
2 (ガラスなどが) **fog** [フォ(ー)グ] (up), **cloud** [クラウド] (up); (顔が) **cloud** (over)
▶ 湯気で眼鏡がくもった．
The steam *fogged up* my glasses.

▶ 母の顔は悲しみでくもった．
Mother's face *was clouded* with sorrow.

くやしい 悔しい (ものごとが) disappointing [ディサポインティング]

▶ 結果が出せず，くやしかった(→がっかりした)．
I *was disappointed* that I couldn't perform well.
▶ すごくくやしいよ．優勝したかった．
I'm so *disappointed*. I wanted to win the championship.
▶ くやし泣きする cry with *frustration*

くやみ 悔やみ condolences [コンドウレンスィズ]

▶ 心からおくやみ申しあげます．
I'd like to offer my deepest *condolences*. / Please accept my deepest *sympathy*.

くやむ 悔やむ be sorry (for), regret [リグレット]

▶ あとになってくやむぞ．
You'll *be sorry for* it someday. / You'll *regret* it later.

くよくよ くよくよする worry [ワ〜リィ] (about)

▶ くよくよするなよ．
Take it easy. / Cheer up!
▶ そんなつまらないことにくよくよするな．
Don't *worry about* such little things.

くら 倉, 蔵 a warehouse [ウェアハウス]

くらい¹ 暗い

(光・色などが) **dark** [ダーク] (反 明るい light); (気分が) **gloomy** [グルーミィ]
暗くなる get dark, become dark
▶ 地下室の中はいつも暗い．
It is always *dark* in the basement. (▶明暗を表すときはふつう it を主語にする)
▶ 暗くならないうちに帰ってきなさい．
Come back before it *gets dark*.
▶ 堀さんは性格がとても暗い．
Mr. Hori has a very *gloomy* personality.
▶ 一日中雨が降っていると気分が暗くならない？ Don't you feel *gloomy* when it's raining all day?

くらい² 位 1 (階級) a rank [ランク], a grade [グレイド]

▶ 位が高い be high in *rank* (▶「低い」なら low という)
2 (数字の) (小数点以上) the ... digit [ディヂ

◀ **クラブ**

ト], (小数点以下) the ... place [プレイス]
▶ 10の位 the ten's digit
▶ 10分の1の位 the tenth place

-くらい

使い分け
(およそ) → about, around
(同じ程度) → as ... as 〜
(少なくとも) → at least

1 (およそ) **about** [アバウト], **around** [アラウンド], ... or so
▶ 私たちは電話で2時間くらいしゃべった.
We talked on the phone for *about* two hours. (▶ for は省略することもある)
▶ 「ここから駅までどのくらいかかりますか」「歩いて30分くらいです」
"How long does it take from here to the station?" "It takes *about* 30 minutes on foot." →どのくらい

2 (同じ程度) **as ... as 〜** →おなじ

表現力
〜と同じくらい… → as ... as 〜

▶ このゲームは前回のと同じくらいおもしろい. This game is *as* exciting *as* the last one.
▶ 私の弟はきみと同じくらい背が高い.
My brother is *as* tall *as* you.

3 (少なくとも…くらい) **at least**
▶ 少なくとも1日1時間くらいは英語の勉強をしなさい. Study English *at least* one hour a day.

グライダー a glider [グライダァ]
クライマックス a climax [クライマクス]
クラウドファンディング crowd funding [クラウド ファンディング]
グラウンド a field [フィールド], a ground [グラウンド]；(コース) a track [トゥラック]；(運動場) a playground [プレイグラウンド], schoolyard [スクールヤード]
▶ 大介は毎日グラウンドを5周走ります.
Daisuke runs five laps around the *schoolyard* every day.
クラゲ (動物) a jellyfish [チェリフィシ] (複数 jellyfish)

くらし 暮らし

(a) life [ライフ], (a) living [リヴィング]

▶ 豊かな暮らしがしたい.
I want to have a good *life*.
▶ 千代はデザイナーとして暮らしを立てている. Chiyo makes her *living* as a designer.
クラシック 《音楽》classical music (▶ ×classic music とはいわない)

クラス

(授業・クラスの生徒全体) a **class** [クラス]
▶ 英語のクラス an English *class*

ライティング
私たちのクラスには30人の生徒がいます.
There are 30 students in our class.

▶ 優子はクラスでいちばんよくできる.
Yuko is the brightest in the *class*.

プレゼン
英語のテストで私はクラスで1番になりました.
I got the highest score in the class on the English exam.

クラス委員 a class representative [レプリゼンタティヴ]
クラス会 a class meeting；(卒業後の) a class reunion [リーユーニョン]
クラス対抗リレー an interclass relay
クラスメート a classmate [クラスメイト]

くらす 暮らす

live [リヴ]
▶ 幸せに暮らす
live happily / *live* a happy life
▶ 父は今は札幌で1人で暮らしている.
My father *is living* alone in Sapporo.
(▶ 「たまたま今は」という一時的な状態は現在進行形で表す)
グラス (コップ) a glass [グラス] →コップ
▶ グラス1ぱいのワイン a *glass* of wine
グラタン gratin [グラトゥン] (▶ フランス語から)
▶ マカロニグラタン macaroni au *gratin*
クラッカー a cracker [クラカァ]

クラブ

1 a **club** [クラブ] (▶ 団体競技の運動部のときは team も使える)

two hundred and forty-seven　247

グラフ ▶

スピーキング

A 何の**クラブ**に入ってるの？
What club are you in?

B テニス**クラブ**です.
I'm in the tennis club.

▶ あなたの学校にはどんなクラブがありますか.
What kind of *clubs* do you have at your school?

▶ うちのクラブは（部員が）10人しかいない.
Our *club* has only ten members.

▶ 私たちのクラブは週3回あります.
Our *club* meets three times a week.
クラブ活動 club activities →ぶかつ(どう)

2(トランプの) clubs

▶ クラブのジャック the jack of *clubs*

3(ゴルフの) a (golf) club

グラフ a graph [グラフ], a chart [チャート]

▶ 棒グラフ a bar *graph*

▶ 円グラフ a circle *graph*

▶ 折れ線グラフ a line *graph*

▶ グラフをかく
draw a *graph* / make a *graph*
グラフ用紙 graph paper

グラブ a glove [グラヴ]

くらべる 比べる compare [コンペア] 〈with, to〉

▶ この絵とあの絵を比べてみよう.
Let's *compare* this painting *with* that one.

▶ 小学校のころに比べたら，ほとんど自由な時間がない.
Compared to my elementary school days, I have little free time.

くらむ （目が）be blinded [ブラインディド], be dazzled [ダズルド]

▶ フラッシュで目がくらんだ.
I *was blinded* by the flash.

グラム a gram [グラム] (▶ g と略す)

くらやみ 暗闇 darkness [ダークネス], the dark [ダーク]

▶ 真っ暗やみ total *darkness*

▶ 私は暗やみがこわいの.
I'm afraid of *the dark*.

クラリネット （楽器）a clarinet [クラリネット]

▶ クラリネットを吹く play the *clarinet*

グランド →グラウンド

グランドピアノ （楽器）a grand piano

グランプリ a grand prix [グラーン プリー] (▶フランス語から)

クリ （植物）a chestnut [チェスナト]

くりあげる 繰り上げる move up, advance [アドヴァンス]

▶ 予定を1週間くり上げる
move up the schedule by a week

クリーニング cleaning [クリーニング]；（クリーニング店）a laundry [ローンドゥリィ], the cleaners [クリーナズ]

▶ ドライクリーニング dry *cleaning*

▶ このコート，クリーニングに出してくれる？
Will you send this coat to *the cleaners*? (▶「クリーニングに出す」というときは店に出すことなので，the cleaners にする)

ⓘ **参考**「コインランドリー」は coin-operated laundry とか laundromat （商標名）という.

クリーム cream [クリーム]

▶ シュークリーム a *cream* puff

▶ 生クリーム fresh *cream*

▶ リップクリーム (a) lip balm

▶「コーヒーに何か入れる？」「クリームをお願い」
"How do you like your coffee?"
"With *cream*, please." (▶コーヒーに入れるものをたのむときに，With ˣmilk, please. とはふつういわない)

▶ 手にクリームを塗る
apply *cream* to *my* hands
クリームソーダ an ice-cream float

グリーン （緑）green [グリーン]

グリーンピース green peas

クリエイター a creator [クリエイタァ]

くりかえし 繰り返し (a) repetition [レペティション]；（曲の）a refrain [リフレイン]

▶ 単語を覚えるにはくり返しがよい方法です.
Repetition is a good way to learn words.

くりかえす 繰り返す

repeat [リピート]

▶ 歴史はくり返す. 《ことわざ》
History *repeats* itself.

▶ 同じまちがいをくり返すな.
Don't make the same mistake

◀ **クリック**

again.
▶ 聞こえません. もう一度くり返してください.
I can't hear you. Will you *say* it *again*, please?

クリケット 《競技》cricket [クリケト]

くりさげる 繰り下げる move back, put off
▶ 運動会は1週間くり下げて行われた.
The sports day was *put off* for a week.

クリスチャン a Christian [クリスチャン]

クリスマス

Christmas [クリスマス] (つづり注意)

🗨 スピーキング
Ⓐ クリスマスおめでとう.
Merry Christmas!
Ⓑ おめでとう.
(Thank you. And) the same to you. / You, too.

▶ クリスマス, おめでとうございます.
I wish you a merry *Christmas*.
▶ クリスマスおめでとう. 新年もすばらしい年でありますように!
A Merry *Christmas* and a Happy New Year! (▶クリスマス期間には元日もふくまれるので, 新年を祝う文もいっしょに書くことが多い. 書くときには a をつけ, 会話のときにはつけないのがふつう)
クリスマスイブ Christmas Eve
クリスマス会 a Christmas party
クリスマスカード a Christmas card
クリスマスキャロル a Christmas carol
クリスマス休暇 the Christmas vacation, the Christmas holidays (▶日本の冬休みにあたるが, もっと早く始まり早く終わる)
クリスマスケーキ a Christmas cake
クリスマスツリー a Christmas tree
クリスマスプレゼント a Christmas present, a Christmas gift

ⓘ参考 ポスターなどでは, **Christmas** を Xmas と書くこともあるが, 略して書くのをきらう人もいるので注意. なお ˟X'mas と書くのは誤り.

クリック 《コンピューター》a click [クリック]
クリックする click
▶ アイコンをクリックする *click* on the icon
▶ ダブルクリックする double *click*

アメリカの家庭のクリスマスの飾りつけ.
① wreath　リース
② candle　ろうそく
③ star　星
④ Christmas tree
　クリスマスツリー
⑤ stocking　くつ下
⑥ fireplace　暖炉(だんろ)
⑦ Christmas present
　クリスマスプレゼント

two hundred and forty-nine　249

クリップ ▶

クリップ a clip [クリップ]
　クリップでとめる clip
クリニック a clinic [クリニック]
グリル a grill [グリル]

くる 来る

使い分け
(やってくる) → come
(…になる) → get
(由来する) → come from

1 (やってくる) come [カム] (反) 行く go) (▶ 日本語では「行く」というときでも英語では come を使う場合がある. →いく); (着く) arrive [アライヴ]

come 来る
go 行く

▶ 早く来て. *Come* quick.
▶ こっちに来なさい. *Come* here.
▶ 日本に来るのはいつですか.
When are you going to *come* to Japan? / When are you *coming* to Japan? (▶後者のほうが日本に来るのが確実なとき)
▶ 昼休みにここに来てくれる？
Can you *be* here at lunchtime?
▶ やっと夏休みが来た.
Summer vacation *has come* at last!
▶ バスが来たよ. Here *comes* the bus.
▶ さあ，かかって来い！
Come on and try me!

ライティング
毎年多くの観光客が京都に来ます．
A lot of tourists come to Kyoto every year.

表現力
…しに来る
→ come and ... / come to ...

▶ あした遊びに来ないか？
Won't you *come to* see me tomorrow? (▶「遊びに来る」は ˣcome to play とはいわない． come to see とか come and see で表す)
▶ 電車はまもなく来るだろう．
The train will *arrive* before long.
▶ チャーリー，ルーシーが来てるよ．
Charlie, Lucy *is here*.
▶ さっき友だちからメールが来たんだ．
I *got* an email from a friend some time ago.

2 (…になる) get [ゲット]； (始まる) begin [ビギン]

表現力
…(になって)くる
→ get ... / come to ...

▶ 日ましに寒くなってきた．
It *is getting* colder day by day.
▶ 私は原先輩が好きになってきた．
I've *come to* like Hara-*sempai*. (▶「…するようになる」は come to ... で表し，become は使わない)
▶ 雪が降ってきた．
It *has begun to* snow.
▶ ああ，歯が痛くなってきた．
Oh, my tooth *is beginning to* hurt.

3 (由来する) come from
▶ opera という語はイタリア語からきている．
The word "opera" *comes from* Italian.

くるう 狂う (気が) go crazy [クレイズィ], go mad； (機械・予定などが) go wrong [ロ(ー)ング], get out of order
▶ この時計はくるっている．
This watch *isn't working* correctly.
▶ 私たちの計画がくるった．
Our plans *went wrong*.

グループ a group [グループ]
▶ グループに分かれて学習する
study in *groups*
　グループ学習 group study, group work
　グループ活動 group activities

くるくる (くるくる回る) spin [スピン]
▶ 風車がくるくる回りはじめた．
The windmill began to *spin*.

ぐるぐる (ぐるぐる回る) circle [サ〜クル], roll [ロウル]
▶ 腕をぐるぐる回す

swing my arm *in circles*

くるしい 苦しい

(困難な) **hard** [ハード]; (苦痛な) painful [ペインフル]

- 苦しい仕事 *hard* work / a *hard* job
- 胸が苦しい．
  I *have a pain* in my chest.
- うちは生活が苦しい．
  We *are badly off*.
- 苦しいのはみんな同じなんだ（→自分だけではない）．I'm not the only one who's *having trouble*.

くるしみ 苦しみ (苦難) hardship(s) [ハードゥシプ(ス)]; (苦痛) (a) pain [ペイン]

- おばはさまざまな苦しみを経験してきた．
  My aunt has lived through all kinds of *hardships*.

くるしむ 苦しむ

suffer [サファ] 《from》

- 昨夜はひどい頭痛に苦しんだ．
  I *suffered from* a bad headache last night.

▶ライティング
アフリカは水不足に苦しんでいる．
Africa suffers from water shortages.

くるしめる 苦しめる hurt [ハート]
くるぶし an ankle [アンクル]

くるま 車

1 (乗用車) a **car** [カー]
- 車に乗る get in a *car* / get into a *car*
- 車を降りる get out of a *car*
- 車に気をつけて．Watch out for *cars*.
- 車で行こう．Let's go by *car*.
- ぼくの車で行かない？
  Why don't we go in my *car*? (▶ go ˣby my car としない)
- 駅まで車でむかえに来てくれる？ Can you please *pick* me *up* at the station?
- 球場まで車で10分ほどです．It's about a ten-minute *ride* to the ballpark.
- 家まで車で送りましょう．
  I'll *drive* you home.
- きみのお母さんは車の運転ができますか．

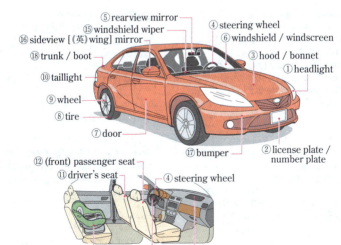

車 ①ヘッドライト ②ナンバープレート ③ボンネット ④ハンドル ⑤バックミラー ⑥フロントガラス ⑦ドア ⑧タイヤ ⑨車輪 ⑩尾灯 ⑪運転席 ⑫助手席 ⑬チャイルドシート ⑭エアバッグ ⑮ワイパー ⑯サイドミラー ⑰バンパー ⑱トランク

クルミ ▶

Can your mother drive a *car*?

車	vehicle	乗用車	car
		バス	bus
		トラック	truck
		ダンプカー	dump truck

2 (車輪) a **wheel** [(フ)ウィール]
車いす a wheelchair

クルミ 〔植物〕a **walnut** [ウォールナト]

グルメ a **gourmet** [グァメイ, グァメイ] (▶フランス語から)

くれ 暮れ (年の) the end of the year, the year-end

グレー 〔色〕**gray** [グレイ]

クレープ a **crepe** [クレイプ] (▶フランス語から．crêpe ともつづる)

グレープ 〔植物〕(ブドウ)(1粒) a **grape** [グレイプ] (▶ふつう複数形 grapes で使う); (1房) a bunch of grapes
グレープジュース grape juice

グレープフルーツ 〔植物〕(a) **grapefruit** [グレイプフルート]

クレーム (苦情・不平) a **complaint** [コンプレイント] (▶ claim は「主張」「要求」という意味で,「苦情」「不平」の意味では使わない)
▶ 値段についてクレームをつける
make a *complaint* about the price

クレーン a **crane** [クレイン]
クレーン車 a crane truck

くれぐれも
▶ くれぐれもお大事に．*Be sure to* take good care of yourself.
▶ ご家族にくれぐれもよろしく．
Please give my best regards to your family.

クレジット credit [クレディト]
▶ クレジットで…を買う buy ... on *credit*
クレジットカード a credit card

クレヨン (a) **crayon** [クレイアン]

くれる[1] →あげる[1], あたえる

give [ギヴ]
▶ おじがこの辞書をくれた．
My uncle *gave* me this dictionary. /
My uncle *gave* this dictionary *to* me.
▶ 明夫が電話をくれた．Akio *called* me.

▶ メアリーが手紙をくれた．
Mary *wrote* me a letter.

💬**用法** …(して)くれる．
「…してくれる」にあたる決まった英語はない．「…する」を表す動詞を使い,「動詞＋人」で表すことができる．
父がタブレットを買ってくれた．
My father bought me a tablet.
マミがいつも宿題の答えを教えてくれる．
Mami always gives me the answers to our homework.
真理は親切にも手伝ってくれた．
Mari was kind enough to help me.

💬**表現力**
…してくれますか
→ Will you ...? / Would you ...?

▶ 電話に出てくれますか．
Will you answer the phone?
▶ あした来てくれますか．
Can you come tomorrow?

💬**用法** …してくれますか．
「…してくれますか」という依頼表現は,
Will you ...? より
Would you ...? が,
Can you ...? より
Could you ...? がていねいな言い方．

Would you ...? と Could you ...? は改まった表現．

答えには,
Sure. / OK. / All right. / Yes. / Of course. / Certainly. / I'd be glad to. / (It would be) my pleasure.
などがある．

くれる[2] 暮れる

1 (日が)**get dark**[ダーク], grow dark；(年が) end [エンド]
▶ 冬は日が早く暮れる．
It *gets dark* early in winter.
▶ 日が暮れかかっている．
It's *getting dark*.

◀ くわえる¹

▶ 日が暮れないうちに家へ帰ろうよ．
Let's go home before it *gets dark*.
▶ 今年も暮れた．
The year *has come to an end*.
2 (思案などに)
▶ 彼女は娘に何と言えばよいのか途方に暮れた． She *was at a loss* what to say to her daughter.

くろ 黒(の)

black [ブラック]；(皮ふ・髪などが) dark [ダーク]
▶ 黒いネコ a *black* cat
▶ 黒い目 *dark* eyes
▶ 黒っぽいスーツ a *dark* suit
▶ 次郎は色が黒い． Jiro is *dark*-skinned.
(▶日に焼けて「黒い」なら Jiro has a good tan. のようにいう)
▶ あいつはクロだ（→有罪だ）．
He is *guilty*.

くろう 苦労

(めんどう) (a) **trouble** [トゥラブル]；(困難) (a) **difficulty** [ディフィカルティ]；(苦難・苦痛) (a) **hardship** [ハードゥシプ]；(骨折り) **pains** [ペインズ]

苦労する have trouble, have difficulty

🗣 スピーキング
Ⓐ いろいろとご苦労さまでした．
Thank you very much for your trouble.
Ⓑ どういたしまして．
You're welcome.

▶ 私はさまざまな苦労を重ねてきた．
I went through a series of *hardships*.
▶ 彼女は何の苦労もなく（→苦もなく）その問題を解いた． She solved the problem *with no difficulty*.

📝 表現力
…に苦労する
→ have trouble (in) -ing /
   have difficulty (in) -ing

▶ 明美の家をさがすのにとても苦労した．
I *had* great *difficulty* (in) *finding* Akemi's house.
▶ 姉さんは何の苦労もなくその大学に入った．
My sister *had no trouble getting* into the university.

くろうと 玄人 (本職の人) a professional [プロフェシ(ョ)ナル]，(口語) a pro [プロウ] (複数 pros) (反 しろうと amateur)；(熟練者) an expert [エクスパート]

クローク a cloakroom [クロウクル(ー)ム]
クローバー 《植物》 a clover [クロウヴァ]
▶ 四つ葉のクローバー a four-leaf *clover*

グローバル グローバルな global [グロウバル]
▶ グローバルな視点で物事を考える
think about things from a *global* viewpoint
グローブ a glove [グラヴ]
クロール 《水泳》 the crawl [クロール] → およぐ
▶ クロールで泳ぐ swim *the crawl*
クローン a clone [クロウン]
▶ クローン羊 a *cloned* sheep
くろじ 黒字 the black, (a) profit [プラフィト]
グロス¹ (リップグロス) (a) lip gloss [リプ グロ(ー)ス]
グロス² (12ダース) a gross [グロウス]
クロスカントリースキー cross-country skiing
クロスワード(パズル) a crossword (puzzle)
▶ クロスワード(パズル)をとく
do [solve] a *crossword* (*puzzle*)
グロテスク グロテスクな weird [ウィアド]
(▶ grotesque は話し言葉ではあまり使わない)
クロワッサン a croissant [クルワーサーント]
(▶ フランス語から)
クワ 桑 《植物》 a mulberry [マルベリィ]
くわ 《農具》 a hoe [ホウ]

くわえる¹ 加える

two hundred and fifty-three 253

くわえる² ▶

1 (足す) **add** [アッド] (to)
▶ 10に2を加えなさい． *Add* 2 *to* 10.
▶ 10に2を加えると12になる．
Ten *and* two are twelve. (▶ are は is とすることもある) / Ten *and* two make(s) twelve. / If you *add* 2 *to* 10, you have 12.
▶ 水を少々加えて． *Add* a little water.
2 (仲間に入れる) **join** [ヂョイン]
▶ 私も仲間に加えてちょうだい．
Please let me *join* you.

くわえる²
▶ 犬はその骨をくわえた．
The dog *held* the bone *in its mouth*.

クワガタムシ (虫) a stag beetle [スタグ ビートゥル]

くわしい 詳しい

1 (詳細な) **detailed** [ディテイルド]
くわしく in detail
▶ その高校についてもっとくわしい情報がほしいのですが．
I need more *detailed* information about the high school.
▶ そのできごとについてくわしく説明してくれますか．
Can you tell me about the incident *in detail*?
2 (精通している) **know ... very well, be familiar with**
▶ 大井さんはサッカーにくわしい．
Mr. Oi *knows quite a lot* about soccer.
▶ パソコンにくわしい？
Are you *familiar with* computers?

くわわる 加わる

join [ヂョイン] (in)
▶ 私はその話し合いに加わった．
I *joined in* the discussion.
▶ 「みなさんの仲間に加わっていいですか」「いいとも」
"May I *join* you?" "Sure."

-くん …君 →-さん
▶ 清志くんが最後にやってきた．
Kiyoshi was the last to come.
▶ 伊藤くん，最初の節を読んでください．
Will you read the first paragraph, *Ito*?

背景 英米では友人や年下の人にはもちろん，ときには親しい年上の人に対してもファーストネームで呼び合う習慣があるので，「…くん」というときには名前の前には何もつけないのがふつう．

ぐん 郡 a county [カウンティ]

参考 手紙のあて名などで日本の「郡」を表記するときには，county を使わずに，「中郡」なら Naka-gun のように **-gun** と書くのが一般的．

ぐんぐん (急速に) rapidly [ラピドゥリィ] ; (大いに) remarkably [リマーカブリィ]
▶ 私の英語力はこの1年でぐんぐん伸びました．
My English has improved *rapidly* over the past year.

ぐんしゅう 群衆，群集 a crowd [クラウド]
▶ 広場には大勢の群衆がいた．
There was a large *crowd* in the square.

くんしょう 勲章 a decoration [デコレイション] ; (コイン形の) a medal [メドゥル] ; (勲位を示す) an order [オーダァ]

ぐんじん 軍人 (陸軍の) a soldier [ソウルヂァ] ; (海軍の) a sailor [セイラァ] ; (空軍の) an airman [エアマン] (複数 airmen) , (女性の) an airwoman (複数 airwomen) ; (海兵隊の) a marine [マリーン] ; (将校，士官) an officer [オ(ー)フィサァ]

くんせい くん製の smoked [スモウクト]
▶ くん製のサケ *smoked* salmon

ぐんたい 軍隊 armed forces, an army [アーミィ]
▶ 軍隊に入る join the *army*

ぐんび 軍備 armaments [アーマメンツ]

くんれん 訓練 training [トゥレイニング] , a drill [ドゥリル]
訓練する train, drill
▶ 火災訓練 a fire *drill*
▶ 防災訓練
a disaster *drill* / an emergency *drill*
▶ 英語の上達には耳の訓練が欠かせない．
It is essential to *train* your ears to improve your English.
訓練士 a trainer
訓練所 a training school

け 毛

(人の髪の毛・動物の毛) (a) hair [ヘア] (▶全体をさすときはaをつけず，複数形にもしない. 1本ずつ数えるときはa hair, two hairsとする);(動物のやわらかい毛) fur [ファ~];(羊毛) wool [ウル](発音注意);(羽毛) a feather [フェザァ]

- かたい毛 stiff *hair*
- やわらかい毛 soft *hair*
- 縮れ毛 curly *hair*
- 毛深い *hairy*
- 毛のない *hair*less;(頭のはげた) bald [ボールド]
- セーターにネコの毛がいっぱいついてるよ.
  Your sweater is covered with cat *hairs*.

-け 家 →いっか
- 野田家 the Nodas / the Noda *family*

ケア care [ケア]
- スキンケア skin *care*
  ケアワーカー a caretaker

げい 芸 (演技) a performance [パフォーマンス];(動物の曲芸) a trick [トゥリック]
- 犬に芸をしこむ teach a dog *tricks*

けいい 敬意 respect [リスペクト]
- 目上の人に敬意をはらう
  show *respect* to *my* superiors

けいえい 経営 management [マネヂメント]
経営する manage, run [ラン]
- 会社を経営する *manage* a company
- スーパーを経営する *run* a supermarket
経営者 a manager

けいえん 敬遠する keep away from ...
- 彼は私のことを敬遠している.
  He *keeps away from* me.
- ピッチャーはそのバッターを敬遠した.
  The pitcher *walked* the batter *intentionally*.

けいおんがく 軽音楽 light music
けいか 経過する pass [パス] →たつ³
けいかい¹ 警戒 (注意) watch [ワッチ];(警備) guard [ガード];(用心) caution [コーション]

警戒する watch out (for), look out (for);(警備する) guard
- 台風を警戒する
  watch out for the typhoon

けいかい² 軽快な light [ライト]
- 軽快な足どりで with *light* steps
- 軽快なリズム a *swinging* rhythm

けいかく 計画

a plan [プラン], a program [プログラム];(大規模な) a project [プラヂェクト]
計画する plan, make a plan
- 学習計画を立てる
  make *my* study *plan*
- 夏休みの計画は？
  What are your *plans* for the summer vacation?
- 計画はうまくいった.
  The *plan* worked well.
- すべては計画どおり進んでいる.
  Everything is going as *planned*.
- 計画を立てるのはやさしいが，実行するのは難しい.
  It is easy to make *plans*, but difficult to carry them out.

> 🔵表現力
>
> …する計画である → plan to ...

- 北海道へ旅行する計画です.
  I *plan to* take a trip to Hokkaido.

けいかん 警官 a police officer [ポリースオ(ー)フィサァ] (▶性差のない言い方);(警官全体) (the) police (▶ふつう複数あつかい) →けいさつ

けいき 景気 (商売の) business [ビズネス];(生活一般などの) things [スィングズ]
- 景気がいい.
  Business is good. (▶「悪い」なら bad という)
- 景気はどう？ How's *business*?
- 不景気 a recession / a slump

けいぐ 敬具 Sincerely yours, [スィンスィアリ ユアズ]

けいけん ▶

けいけん 経験

(an) **experience** [イクスピ(ア)リエンス]
- 貴重な経験 a valuable *experience*
- 私の経験では in my *experience*
- 経験がものをいう. *Experience* talks.
- ボランティア活動の経験はありますか.
  Do you have any *experience* in volunteer work?
- 彼女は人生経験が豊富だ.
  She's rich in life *experience*.

プレゼン
海外旅行は私にとってすばらしい経験になりました.
Traveling abroad was a great experience for me.

経験する experience
- こんな暑さは経験したことがない.
  I *have* never *experienced* such hot weather.

けいこ (a) practice [プラクティス] →れんしゅう
けいこをする practice
- 私は毎晩ピアノのけいこをする.
  I *practice* the piano every evening.

けいご 敬語 an honorific [アノリフィク], (ていねいな言葉づかい) a polite expression [ポライト イクスプレション]
- 敬語を使う use *honorifics*

けいこう¹ 傾向 a tendency [テンデンスィ]; (一般的な) a trend [トゥレンド]
- 最近の音楽の傾向を教えてください.
  Tell me about recent *trends* in music.

けいこう² 蛍光
蛍光灯 a fluorescent [フル(オ)レセント] light
蛍光ペン a highlighter [ハイライタァ]
- 蛍光ペンで重要語をマークする
  mark important words with a *highlighter*

けいこく 警告 (a) warning [ウォーニング]
警告する warn
- 警告しておきますよ. I'm *warning* you.

けいざい 経済 (an) economy [イカノミィ]
経済の economic [イーコナミク]
経済的な economical [イーコナミカル]
- 日本経済 the Japanese *economy*

経済学 economics [イーコナミクス]
経済学者 an economist [イカノミスト]
経済問題 an economic problem

けいさつ 警察 (the) police [ポリース] (▶ふつう複数あつかい)
- 警察を呼んで! Call *the police*!
- 警察はその事故を調べている.
  The police are looking into that accident.
警察官 a police officer →けいかん
警察犬 a police dog
警察署 a police station

けいさん 計算 (a) calculation [キャルキュレイション]
計算する calculate [キャルキュレイト], make a calculation, do a calculation
- 計算が速い be quick at *calculations*
計算器 a calculator

けいじ¹ 掲示 (紙に書かれた一時的な) a notice [ノウティス]; (公示, 広報) a bulletin [ブレトゥン]; (紙・板などに書かれた) a sign [サイン]
掲示する put up a notice
掲示板 (米) a bulletin board, (英) a noticeboard
- 掲示板には何て書いてあるの?
  What's on the *bulletin board*?

けいじ² 刑事 a detective [ディテクティヴ], a police investigator [インヴェスティゲイタァ]

けいしき 形式 (a) form [フォーム] (▶「内容」は content)
形式的な formal
- きみは形式にこだわりすぎるよ.
  You stick too much to *form*(s).

けいしゃ 傾斜 a slope [スロウプ]
- 急な傾斜 a steep *slope*

げいじゅつ 芸術

(an) **art** [アート]; (芸術全般) the arts
芸術的な artistic [アーティスティク]
- 彼には芸術的センスがある.
  He has (an) *artistic* sense.
芸術家 an artist
芸術作品 a work of art

けいしょく 軽食 a light meal [ミール]; (間食・おやつ) a snack [スナック] →スナック

けいせい 形勢 the situation [スィチュエイション]
- 形勢は私たちに有利だった.

◀ **けいれき**

The situation was in our favor.

けいぞく 継続する continue [コンティニュー] →つづける
継続的に continuously

けいそつ 軽率な careless [ケアレス]
▶ また軽率なミスをやったな.
You made a *careless* mistake again.
軽率に carelessly

けいたい 携帯する carry [キャリィ]《with》, bring [ブリング]《with》
▶ 外国へ行ったら, パスポートは常時携帯していなければならない.
You must always *carry* your passport *with* you in a foreign country.
携帯用の portable [ポータブル]
▶ 携帯用の充電器
a *portable* charger

けいたいでんわ 携帯電話 《米》a cellphone [セルフォウン] (▶ cell phone ともつづる)《英》a mobile [モウバイル] phone(▶スマートフォンは a smartphone [スマートフォウン]という)
▶ 携帯電話に電話していい？
Can I call your *cellphone*?

けいと 毛糸 wool [ウル], woolen yarn [ウレン ヤーン]
毛糸の woolen
▶ 毛糸の手袋 *woolen* gloves
▶ 毛糸でベストを編む
knit a vest out of *wool*

けいど 経度 longitude [ランヂテュード]（対 緯度 latitude)
▶「明石市の経度は何度ですか」「東経135度です」
"What's the *longitude* of Akashi City?" "It's 135 degrees east *longitude*."

げいとう 芸当 a trick [トゥリック] →げい
げいにん 芸人 an entertainer [エンタテイナァ], a comedian [コミーディアン]
げいのう 芸能 entertainment [エンタテインメント]
芸能界 show business, 《口語》showbiz [ショウビズ]
芸能人 an entertainer [エンタテイナァ]；(テレビタレント) a TV personality

けいば 競馬 horse racing [ホース レイスィング]
競馬場 《米》a racetrack, 《英》a racecourse

けいひ 経費 expense(s) [イクスペンス(イズ)] →ひよう

けいび 警備する guard [ガード]
警備員 a guard, a security guard (▶ ×guardman とはいわない)

けいひん 景品 (商品のおまけ) a giveaway [ギヴァウェイ]；(くじなどの) a prize [プライズ]

けいべつ 軽べつする look down on (反 尊敬する look up to), despise [ディスパイズ]
▶ あなたを軽べつするわ！I *despise* you!
▶ 人から軽べつされたくない.
I don't want others to *look down on* me.

けいほう 警報 a warning [ウォーニング], an alarm [アラーム]
警報を出す issue a warning, give an alarm
▶ 暴風警報 a storm *warning*
▶ 火災警報 a fire *alarm*
警報器 an alarm

けいむしょ 刑務所 (a) prison [プリズン], (a) jail [ヂェイル]
▶ 刑務所に入る go to *prison*
▶ 彼は刑務所に入っている.
He's in *prison*.

けいやく 契約 an agreement [アグリーメント]；(書面による) a contract [カントゥラクト]；(賃貸の) a lease [リース]
契約する contract
契約書 a contract

けいゆ 経由で via [ヴィア], by way of ...
▶ この飛行機はサンフランシスコ経由ニューヨーク行きです.
This plane flies to New York *via* San Francisco.

けいようし 形容詞 《文法》an adjective [アヂェクティヴ] (▶ a. または adj. と略す)

けいりゃく 計略 a trick [トゥリック], a trap [トゥラップ]
▶ 彼の計略にはまってしまった.
I fell into his *trap*.

けいりん 競輪 keirin
けいれい 敬礼 a salute [サルート]
けいれき 経歴 (家庭・学歴・職歴など)

あ
け
さ
た
な
は
ま
や
ら
わ

two hundred and fifty-seven　257

けいれん ▶

my background [バクグラウンド]；(職歴)
my career [カリア] (発音注意)
▶ その人はどんな経歴のかたですか.
What is his *background*?

けいれん (a) cramp [クランプ]
▶ 筋肉のけいれん muscle *cramps*

けいろうのひ 敬老の日 Senior
Citizens' Day [スィーニャ スィティズンズ デイ],
Respect-for-the-Aged Day

ケーオー a KO [ケイオウ] (▶ knockout
の略)

ケーキ

(a) cake [ケイク]
▶ クリスマスケーキ a Christmas *cake*
▶ バースデーケーキ a birthday *cake*
▶ おやつにケーキを２切れ食べた.
I ate two pieces of *cake* for a
snack.

> **プレゼン**
> 私はケーキを焼くのが得意です.
> I'm good at baking cakes.

> **参考 ケーキのいろいろ**
> ショートケーキ (a) shortcake／チー
> ズケーキ (a) cheesecake／チョコ
> レートケーキ a chocolate cake／
> デコレーションケーキ a decorated
> cake (▶×decoration cake とはいわ
> ない. 小型のものは fancy cake という)
> ／パウンドケーキ a pound cake／パ
> ンケーキ a pancake／フルーツケー
> キ (a) fruitcake／ホットケーキ a
> pancake

ケーキ店 a pastry [ペイストゥリィ] shop

> **文法 cake の数え方**
> 大きな丸い台型のケーキは a cake,
> two cakes と数えるが, ナイフを入れ
> ていくつかに切りわけたケーキの１切
> れ, ２切れは a piece of cake, two
> pieces of cake と数える.

ケース¹ (入れ物) a case [ケイス]；(食品
包装用の) a package [パケジ]
ケース² (場合) a case [ケイス]
▶ 彼のケースは大変めずらしい.

His *case* is unique. (▶×very unique
としない)
▶ それはケースバイケースです (→それは場
合による).
That depends. / It depends. (▶
case by case は「１件ずつ」という意味
なので, この場合には使えない)

ケースワーカー a caseworker [ケイス
ワ〜カァ]

ゲート a gate [ゲイト]
▶ 成田行き156便をご利用のお客様は３番
ゲートよりご搭乗願います.
Flight 156 to Narita is now boarding
at *Gate* 3.

ゲートボール gateball, Japanese
croquet [クロウケイ]

ケーブル a cable [ケイブル]
ケーブルカー a cable car
ケーブルテレビ cable TV, cable
television (▶ CATV と略す)

ゲーム a game [ゲイム] →しあい
▶ このゲームはどうやってやるの？
How do we play this *game*?
▶ ゲームに勝つ win a *game*
▶ ゲームに負ける lose a *game*
▶ テレビゲーム a video *game*

> **参考 ゲームのいろいろ**
> アクションゲーム an action game／
> アドベンチャーゲーム an adventure
> game／オンラインゲーム an online
> game／シミュレーションゲーム a
> simulation game／ロールプレイン
> グゲーム a role-playing game

ゲームセンター 《米》a video arcade [アー
ケイド], 《英》an amusement arcade (▶
話し言葉では単に arcade という)
ゲームソフト game software

けが →きず

(事故・不注意による) (an) injury [インヂュ
リィ], (a) hurt [ハ〜ト]；(ナイフ・銃弾などに
よる) a wound [ウーンド]；(切り傷) a
cut [カット]；(すり傷) a scrape [スクレイプ]；
(ひっかき傷) a scratch [スクラッチ]
けがをさせる hurt
けがをする be hurt, get hurt, be
injured, get injured, hurt *myself*；(体

◀ **げじゅん**

のある部分に) hurt ... , injure ...
▶ けがをする. I *got hurt*.
▶ 手をけがしちゃった. I *hurt* my hand.
▶ 木村さんは柔道の練習中に足をけがした.
Kimura *injured* her leg during judo practice.
▶ そのお年寄りは戦争でひどいけがをした.
The old man *was* seriously *wounded* in the war.
▶ その事故で10人がけがをした.
Ten people *were injured* in the accident.

🗣 **スピーキング**

Ⓐ おけがはありませんか.
Did I hurt you?
Ⓑ ええ, だいじょうぶです.
No, I'm OK.
(▶「私がけがをさせてしまったのではないですか」という場合の言い方)

けが人 an injured person, a wounded person；(全体) the injured, the wounded
げか 外科 surgery [サ～ヂェリィ]
外科医 a surgeon [サ～ヂョン]
けがわ 毛皮 (a) fur [ファ～]
▶ 毛皮のコート a *fur* coat

げき 劇

a drama [ドゥラーマ], a play [プレイ]
▶ 劇を上演する
put on a *play* / perform a *play*
▶ 劇を見に行こうよ. Let's go to a *play*.
▶ シェークスピアの劇を見たことがありますか.
Have you ever seen a Shakespeare *play*?
劇的な dramatic [ドゥラマティク]
▶ 劇的な変化が起こった.
There was a *dramatic* change.
劇作家 a dramatist, a playwright [プレイライト]
劇団 a theatrical company
げきが 劇画 a comic strip (with a plot)
げきから 激辛の extremely hot
げきじょう 劇場 a theater [スィアタァ]
▶ 劇場へ行く go to the *theater*
▶ 野外劇場 an open-air *theater*
げきれい 激励する encourage [エンカ～

レジ] →はげます
げこう 下校する leave school, go home from school
▶ 登下校する go to and *from school*
▶ 下校時間ですよ.
It's time for you to *go home*.

けさ 今朝

this morning
▶ 今朝は寒い. It's cold *this morning*.
(▶*in this morning* とはいわない)
▶ 今朝早く early *this morning*
ケシ（植物）a poppy [パピィ]
げし 夏至 the summer solstice [サマァサルスティス]（対）冬至 the winter solstice)
けしいん 消印 a postmark [ポウス(トゥ)マーク]
けしき 景色 (全体の)scenery[スィーナリィ]；(一場面) a scene [スィーン]；(ながめ) a view [ヴュー]
▶ いい景色だ! What a nice *view*!
▶ ここからの景色はすばらしい.
The *view* from here is great.

✏️ **ライティング**

ナイアガラの滝は美しい景色で有名です.
Niagara Falls is famous for its fine scenery.

けしゴム 消しゴム an eraser [イレイサァ],（英）a rubber [ラバァ]
▶ まちがいを消しゴムで消す
erase my mistakes with an *eraser*
けじめ
▶ 公私のけじめをつける
make a *distinction* between public and private matters
げしゃ 下車する get off（反）乗車する get on)
▶ 次の駅で下車する
get off at the next station
げしゅく 下宿する board [ボード], lodge [ラッヂ], room [ル(ー)ム]
▶ 兄はおじのところに下宿しています.
My brother *is boarding* at our uncle's.
げじゅん 下旬
▶ 桜は3月下旬に開花するでしょう.
Cherry blossoms will bloom toward

two hundred and fifty-nine 259

けしょう ▶

the end of March. (▶「3月下旬に」は in late March ともいう)

けしょう 化粧 makeup [メイカプ], make-up

化粧する put on (*my*) makeup, make *my*self up

化粧している wear makeup, have makeup on

化粧をとる remove (*my*) makeup, take off (*my*) makeup

▶ 母はお化粧するのに30分かかる.
It takes my mother half an hour to *put on* her *makeup*.

化粧室 a bathroom, a restroom
化粧水 (a) lotion [ローション]
化粧品 cosmetics [カズメティクス]
化粧品店 a cosmetics store

けす 消す

【使い分け】
(火を) → put out
(電灯・テレビ・ガスなどを) → turn off, switch off
(文字などを) → erase

turn off

erase

1 (火を) **put out** (反 つける light)
▶ 水をかけて火を消せ.
Put out the fire with water.
▶ 女の子はバースデーケーキのろうそくを吹き消した. The girl *blew out* the candles on her birthday cake. (▶ blow out で「吹き消す」という意味)

2 (電灯・テレビ・ガスなどを) **turn off**, **switch off** (反 つける turn on, switch on)
▶ もうテレビを消したら.
Turn off the TV now.
▶ 寝る前に電気を消してね.
Turn off the light before you go to bed.
▶ パソコンを消し忘れているよ.
You forgot to *switch off* the computer.

3 (文字などを) **erase** [イレイス]
▶ 黒板を消しておいてちょうだい.
Please *erase* the blackboard.

げすい 下水 sewage [スーエヂ]; (排水管・みぞ) a drain [ドゥレイン]; (地下の下水道) a sewer [スーア]

ゲスト a guest [ゲスト]

けずる 削る sharpen [シャープン]
▶ 鉛筆をナイフでけずる
sharpen pencils with a knife
▶ 鉛筆けずり a pencil *sharpener*

けた 桁 a digit [ディヂト], a figure [フィギュア]
▶ 1けたの数
a single-*digit* number / a number of one *figure*
▶ 2けたの数
a two-*digit* number / a number of double *figures*

げた 下駄 geta (▶ 説明的にいうと Japanese clogs. clogs は木ぐつのこと)
▶ げた1足 a pair of *geta*
▶ げたをはく put on *geta*
げた箱 a shoe cabinet, a shoe cupboard [カバド]

けだかい 気高い noble [ノウブル]

けち (人) (けちんぼう) a miser [マイザァ], a stingy [スティンヂィ] person
けちな stingy, (口語) tight-fisted [タイトゥフィスティド]
▶ あいつはけちだ.
He is *stingy*. / He is a *miser*.
▶ 人にけちをつけるな.
Don't *find fault with* others.

ケチャップ ketchup [ケチャプ]
▶ オムレツにケチャップをかけた.
I put *ketchup* on my omelet.

けつあつ 血圧 blood pressure [ブラドプレシャ]

◀ **けっこう**¹

▶ 血圧を測る check my *blood pressure*
▶ 父は血圧が高い.
My father has high *blood pressure*.
(▶「低い」なら low という)

けつい 決意する make a decision →
けっしん

けつえき 血液 blood [ブラッド]
血液型 《米》a blood type, 《英》a
blood group
血液検査 a blood test

💬用法 **血液型は何型？**
「血液型は何型ですか」とたずねるときは
What's your blood type? という.
「A 型です」と答えるときには **It's A.** と
いう.

けっか 結果

(a) **result** [リザルト], (an) effect [イフェクト]
(⊚ 原因 cause)
▶ 原因と結果 cause and *effect*
▶ 試験の結果 the *results* of the exam
▶ 成功したのはきみが努力した結果だ.
This success is a *result* of your
efforts.
▶ 戦争の結果，多くの人々が家族を失った.
As a *result* of the war, a large
number of people lost their families.
▶「試験の結果はどうでしたか」「かなりよかっ
たです」
"How did the exam *turn out*?" "It
turned out pretty good." (▶ turn
out は「…という結果になる」という意味)

💬表現力
…という結果に終わる → **result in …**

▶ 試合は引き分けという結果に終わった.
The game *resulted in* a draw.

けっかく 結核 tuberculosis [テュバ〜キュ
ロウスィス], 《口語》TB [ティービー]

けっかん¹ 欠陥 a defect [ディフェクト]
欠陥のある defective [ディフェクティヴ]
欠陥車 a defective car
欠陥商品 a defective product

けっかん² 血管 a blood vessel [ヴェスル]

げっかん 月刊の monthly [マンスリィ] (▶
「週刊の」は weekly, 「日刊の」は daily)
月刊雑誌 a monthly (magazine)

げっきゅう 月給 monthly pay, a
monthly salary [サラリィ] →きゅうりょう
月給日 (a) payday [ペイデイ]

けっきょく 結局 after all, in the end →
ついに
▶ 2 時間待ったが，結局彼女は来なかった.
I waited for her for two hours, but
she didn't come *after all*.
▶ 結局，ホテルの予約はキャンセルした.
In the end, we canceled our hotel
reservations.

げっけいじゅ 月桂樹 《植物》a laurel
[ロ（ー）レル]

けっこう¹

使い分け
(よい) → good
(承知して) → OK., All right.
(かなり) → pretty
(まあまあ) → fairly

1 (よい)**good** [グッド], **fine** [ファイン], **nice** [ナ
イス]
▶ けっこうなおくり物をありがとうございました.
Thank you for such a *nice* gift.
▶ これでけっこうです (→じゅうぶんです).
This is *good enough*. / This will *do*.

2 (承知して) **OK.** [オウケイ], **All right.**,
Sure. [シュア], Certainly. [サ〜トゥンリィ];
(断って) No, thank you.

🗣スピーキング
🅐 もう少しコーヒーをいかがですか.
Would you like some more
coffee?
🅑 いいえ，もうけっこうです.
No, thank you. I've had enough.

▶ それでけっこうです. That's *all right*.
▶ 私はそれでけっこうです.
That's *OK* with me. / That suits me
fine.
▶「いらっしゃいませ（お手伝いしましょうか）」
「けっこうです. ちょっと見ているだけです
から」"May I help you?" "*No, thank
you*. I'm just looking."

3 (かなり) **pretty** [プリティ]
▶ その本はけっこうおもしろかった.
The book was *pretty* interesting.

4 (まあまあ) **fairly** [フェアリィ]

two hundred and sixty-one 261

けっこう² ▶

> **プレゼン**
> ぼくは野球部で補欠でしたが，**けっこう**楽しかったです．
> I was a bench warmer on the baseball team, but I had a fairly good time.

けっこう² 欠航する be canceled [キャンスルド]

けっこう³ 決行する carry out, hold
▶ 試合は雨天にもかかわらず決行された．
The game *was held* in spite of the rain.

げっこう 月光 moonlight [ムーンライト]
▶ 『月光の曲』The Moonlight Sonata

けっこん 結婚

(a) marriage [マリヂ]
結婚する marry [マリィ], **get married (to)**
▶ 恋愛結婚 a love *marriage*
▶ 見合い結婚 an arranged *marriage*
▶ 小野先生は昨年結婚した．
Mr. Ono *got married* last year.

> **表現力**
> …と結婚する
> → marry ... / get married to ...

▶ ウィリアムはマーガレットと結婚した．
William *married* Margaret. / William *got married to* Margaret. (▶ married ×with とはいわない)
▶ 結婚してくれるかい．
Will you *marry* me?

> **表現力**
> …と結婚している
> → be married to ...

▶ 姉はアメリカ人と結婚している．
My sister *is married to* an American.
▶ うちの両親は結婚して15年になる．
My parents *have been married* for fifteen years.
結婚記念日 a wedding anniversary
結婚式 a wedding, a wedding ceremony
▶ 結婚式をあげる
have a *wedding ceremony*
結婚披露宴 a wedding reception

結婚指輪 a wedding ring
けっさく 傑作 a masterpiece [マスタピース]

けっして 決して…ない

never [ネヴァ]；(まったく…ない) not ... at all
▶ あなたのことは決して忘れません．
I'll *never* forget you.
▶ ご親切は決して忘れません．
I'll *never* forget your kindness.
▶ 心配いりません．彼女は決しておこってはいません．
Don't worry. She is *not* angry *at all*.

げっしゃ 月謝 a monthly fee
▶ 月謝を払う pay my *monthly fee*

けっしょう¹ 決勝 the final [ファイヌル], the final match, the final game；(準々決勝・準決勝などもふくめて) the finals
▶ われわれのチームはトーナメント戦で決勝に進んだ．
Our team made it to *the final* of the tournament.
▶ 準決勝 semi*finals*
▶ 準々決勝 quarter*finals*

けっしょう² 結晶 a crystal [クリストゥル]
▶ 雪の結晶 a snow *crystal*

げっしょく 月食 a lunar eclipse [ルーナァ イクリプス], an eclipse of the moon
▶ 皆既月食
a total *eclipse of the moon*

けっしん 決心

(a) decision [ディスィジョン]；(決意) (a) determination [ディター～ミネイション]
決心する decide [ディサイド], **make up my mind**, determine [ディター～ミン], make a decision
▶ もう決心はついた．
I've already *decided*. / I've already *made up my mind*.

> **表現力**
> …する決心をする
> → decide to ... /
> make up *my* mind to ...

▶ 私はバスケットボール部に入る決心をした．
I *decided to* join the basketball team. / I *made up my mind to* join the basketball team.

262 two hundred and sixty-two

◀ **げひん**

▶ 妹は宇宙飛行士になる決心をしている.
My sister *is determined to* become an astronaut.

けっせき 欠席

(an) **absence** [アブセンス] (反 出席 presence)

欠席する be absent (from), miss, stay away (from) →やすむ

♦スピーキング

Ⓐ 欠席しているのはだれですか.
Who is absent?
Ⓑ ジャックとベスです.
Jack and Beth.

▶ 裕美は今日学校を欠席した.
Yumi *wasn't at* school today. / Yumi *missed* school today.

▶ ジャックは先週からずっと学校を欠席している.
Jack *has been absent from* school since last week. / Jack *has been staying away from* school since last week.

▶ ベスはかぜで学校を欠席している.
Beth *is absent from* school because of a cold.

欠席者 an absentee [アブセンティー]

欠席届 a report of absence, a notice of absence

欠席日数 the number of days absent

けつだん 決断 (a) **decision** [ディスィジョン]

決断する decide [ディサイド]

▶ 私たちはすばやく決断した.
We *decided* quickly.

▶ 決断力のある人 a *decisive* person

けってい 決定 (a) **decision** [ディスィジョン]

決定する decide [ディサイド] →きめる

けってん 欠点 a **fault** [フォールト], a weak point

▶ だれにでも欠点はある.
Everyone has some *faults*.

▶ 彼のいちばんの欠点はそそっかしいところだ.
His worst *fault* is his carelessness.

ゲット ゲットする (手に入れる) get ; (得点する) **score (a goal)**

▶ レアアイテムをゲットした.
I *got* a rare item.

けっぱく 潔白な innocent [イノセント] (反 有罪の guilty)

げっぷ a belch [ベルチ], 《口語》a burp [バ～プ]

げっぷをする belch, 《口語》**burp**

▶ 人前でげっぷをしてはいけません.
Don't *belch* in the presence of others.

　🌐背景 欧米恕では，人前でげっぷをするのは日本以上にマナー違反恕と考えられている.

けっぺき 潔癖な (きれい好きな) be particular about cleanliness [クレンリネス]

けつまつ 結末 an end [エンド]; (物語などの) **an ending** [エンディング] →おわり

▶ 予想外の結末 an unexpected *ending*

げつまつ 月末 the end of the month

げつようび 月曜日 → ようび (表)

Monday [マンディ] (▶語頭は必ず大文字; Mon. と略す)

▶ 月曜日に on *Monday*

▶ 「今日は何曜日？」「月曜日です」
"What day is it today?" "It's *Monday*."

けつろん 結論 a conclusion [コンクルージョン]

▶ 結論として in *conclusion*

結論を下す conclude [コンクルード]

▶ さんざん話し合ったが，結論に達しなかった.
We talked and talked, but couldn't arrive at a *conclusion*.

けとばす け飛ばす kick [キック] →ける

けなす say bad things about, speak badly of, speak ill of →わるくち

ケニア Kenya [ケニャ]

けはい 気配 a sign [サイン]

▶ 春の気配
a *sign* of spring

けばけばしい showy [ショウイ], **gaudy** [ゴーディ], **loud** [ラウド]

▶ けばけばしい色 a *gaudy* color

げひん 下品な vulgar [ヴァルガァ] (反 上品な elegant); (ことばなどが) **foul** [ファウル]; (人・行いなどが) **rude** [ルード]

▶ 下品なジョーク *vulgar* jokes

▶ 彼は下品なことばを使う.

two hundred and sixty-three　263

あ
け
さ
た
な
は
ま
や
ら
わ

けむい ▶

けむい 煙い smoky [スモウキィ]
▶ なんてけむいんだろう. How *smoky*!

けむし 毛虫 a caterpillar [キャタピラァ]

けむり 煙 smoke [スモゥク]
▶ その部屋は煙でいっぱいだった.
The room was filled with *smoke*.
▶ 火のないところに煙は立たない. (ことわざ)
There is no *smoke* without fire.

けむる 煙る smoke [スモゥク]
▶ コンロがけむっている.
The stove *is smoking*.

けもの 獣 a beast [ビースト]

げり 下痢 diarrhea [ダイアリーア]
▶ 下痢をする
have *diarrhea* /《口語》have the *runs*
▶ 下痢がひどいのです.
I have a bad case of *diarrhea*.

ゲリラ a guerrilla [ゲリラ]

ける kick [キック]
▶ そのボールをけって! *Kick* the ball!

けれども →だが, しかし

but [バット], **though** [ゾゥ], **although** [オールゾゥ]
▶ 音楽は大好きだけれども歌うのは上手ではない.
I love music *but* can't sing well.
▶ 由美は疲れていたけれども, 踊りつづけた.
Although Yumi was tired, she kept on dancing.

ゲレンデ a ski slope [スロゥプ] (▶「ゲレンデ」はドイツ語から)

げろ 《口語》barf [バーフ], vomit [ヴァミト]
げろをはく throw up, barf →はく²

けわしい 険しい steep [スティープ]
▶ 険しい坂道 a *steep* slope

けん¹ 県 a prefecture [プリーフェクチァ]
県(立)の prefectural →けんりつ

> **プレゼン**
> 私は秋田県の出身です.
> I come from Akita Prefecture. / I'm from Akita Prefecture.

県大会 a prefectural contest, a prefectural tournament, a prefectural competition
県知事 a prefectural governor
県庁 a prefectural office

ⓘ**参考** 手紙のあて先などで日本の「県」を表記するときは, **prefecture** とか **-ken** をつけずに表記することが多い.

けん² 剣 a sword [ソード] (発音注意)

けん³ 券 (切符類) a ticket [ティケト]
▶ 商品券 a gift *certificate*
▶ 定期券 a commuter *pass*
▶ 入場券 an admission *ticket*
券売機 a ticket machine, a ticket vending machine

けん⁴ 件 a matter [マタァ]
▶ その件については何も知りません.
I don't know anything about the *matter*.

げん 弦 a string [ストゥリング]
弦楽器 a stringed instrument ; (オーケストラの) the strings, the string section

けんい 権威 authority [オサリティ] ; (人) an authority ; (専門家) an expert [エクスパート], a specialist [スペシャリスト]
▶ 山本教授は天文学の権威だ.
Professor Yamamoto is an *authority* on astronomy.

げんいん 原因

a **cause** [コーズ] (反 結果 effect)
原因となる cause
▶ 原因と結果 *cause* and effect
▶ その事故の原因は何ですか. What was the *cause* of the accident? / What *caused* the accident?
▶ ストレスは病気の原因になる.
Stress *causes* illness.

けんえき 検疫 quarantine [クウォ(ー)ランティーン]

げんえき 現役の active [アクティヴ]
▶ 現役選手 a player on the *active* list

けんか

(口 げんか) a **fight** [ファイト], an argument [アーギュメント], a quarrel [クウォ(ー)レル] ; (なぐり合いの) a fight
けんかする (口 げんか) fight, argue, quarrel ; (なぐり合いの) fight
▶ 友だちと, ちょっとした誤解がもとでけんかをした. I had a *fight* with a friend over a minor misunderstanding.

◀ **げんきん**

▶ 部活のことで，親とよくけんかした．
I often *quarreled* with my parents over my club activities.

けんがい 圏外
▶ 携帯電話は圏外だった．
My cellphone *was out of range*.

げんかい 限界 a limit [リミト] →げんど
▶ 私は自分の体力の限界はわかっています．
I know the *limit*(s) of my strength.
▶ もうがまんの限界だ．
I can't stand it anymore.

けんがく 見学する visit ... on a field trip, make a study trip 《to》 (▶ field trip は「校外学習」のこと)
▶ うちのクラスはテレビ局の見学に行った．
Our class *visited* a TV station *on a field trip*.

げんかん 玄関 (ドア) the front door；(入り口) the entrance [エントゥランス]；(ポーチ) the porch [ポーチ]
▶ 玄関にだれかが来ている．
There's someone at *the door*.
▶ 成田空港は日本の玄関だ．
Narita Airport is the *gateway* to Japan.

げんき 元気な
(健康上) fine [ファイン], well [ウェル]；(活気のある) lively [ライヴリィ]
▶ 元気な男の子
an *energetic* boy / a *lively* boy
▶ 真也は元気いっぱいだ．
Shinya is very much *alive*. / Shinya is full of *energy*.

🗨 **スピーキング**
🅐 お元気ですか．
How are you?
🅑 元気です．ありがとう．
Fine, thank you.

▶「スミスさん，こんにちは，お元気ですか」「おかげさまで，元気です．あなたは？」
"Hello, Mr. Smith. *How are you*?" "(I'm) *fine*, thank you. And you?" (▶ 友だちどうしなどでは "*How are things with you*?" "*Fine*, thanks. / *Not so bad*, thanks." などという)
▶ 元気にしてた？ *How've you been*? (▶「お久しぶり」という意味のあいさつ)

▶ ぼくの祖母は今年で88歳ですが，とても元気です．
My grandmother will turn 88 this year and she is *in* very *good health*.
▶ 進一，元気を出せよ．来年があるじゃないか．
Cheer up, Shinichi! You can try again next year.

元気づける encourage [エンカ〜レヂ]
▶ われわれのチームは応援団に大いに元気づけられた．
Our team *was* greatly *encouraged* by the cheerleaders.

元気になる (病気などから) get well, get better
▶ 早く元気になってくださいね．
I hope you'll *get better* soon.

けんきゅう 研究
(a) study [スタディ], research [リサ〜チ]
研究する study, research
▶ アメリカ文学の研究
the *study* of American literature
▶ 私は電子工学を研究するつもりだ．
I intend to *study* electronics.
研究室 a lab, a study, an office
研究者 a researcher
研究所 a research institute [インスティテュート], a research center [センタァ]；(自然科学の) a (research) laboratory [ラボラトーリィ]

けんきょ 謙虚な modest [マデスト]

けんきん 献金 a donation [ドウネイション], a contribution [カントゥリビューション]
献金する donate [ドウネイト], contribute [コントゥリビュート]
▶ 政治献金 a political *donation*

げんきん 現金**1** cash [キャッシ]
現金にする cash

🗨 **スピーキング**
🅐 (お支払いは)現金ですか，カードですか．
Cash or charge?
🅑 現金でお願いします．
Cash, please.

▶ 現金で払います．I'll pay in *cash*.
▶ 現金の持ち合わせがない．
I'm out of *cash*. / I don't have any *cash* on me.

あ
け
さ
た
な
は
ま
や
ら
わ

two hundred and sixty-five **265**

けんけつ ▶

▶ 父は自動車を現金で買った.
Father paid for the car in *cash*.

2 (打算的) calculating [キャルキュレイティング]；
(金のことしか頭にない) mercenary [マ～スィネリィ]

▶ 彼は現金なやつだ. He's *calculating*.

現金自動支払機 an ATM (▶automated *teller machine*の略), a cash machine, a cash dispenser

けんけつ 献血 blood donation [ブラッドドゥネイション]

献血する give blood, donate blood

げんご 言語 (a) language [ラングウィヂ] →ことば

言語学 linguistics [リングウィスティクス]

けんこう 健康

health [ヘルス]

健康な well [ウェル], healthy [ヘルスィ]

▶ 私はとても健康です.
I am in very good *health*. / I am very *well*. / I am very *healthy*.

× I am health.

health は名詞. この場合は形容詞がくる.

○ I am healthy.

▶ 彼女は健康がすぐれない.
She isn't *healthy*. / She isn't in good *health*.

🗣 スピーキング

Ⓐ 健康に気をつけてください.
Take care of yourself.

Ⓑ ありがとう. あなたも.
Thanks, you too!
(▶人と別れるときなどのあいさつとして使う)

▶ あなたの健康を心配しています.
I worry about your *health*.

💬 表現力

…は健康によい [悪い]
→ be good [bad] for you /
be good [bad] for your
health
(▶この you, your は人間一般を表す)

▶ 運動は健康によい.
Exercise *is good for your health*.

▶ 食べすぎも食べなさすぎも健康によくない.
It's *bad for your health* to eat too much or too little.

健康食品 health food

健康診断 a physical [フィズィカル] (examination), a physical checkup →けんしん

健康保険 health insurance

健康保険証 a health insurance card

げんこう 原稿 a manuscript [マニュスクリプト]

原稿用紙 manuscript paper

げんこうはん 現行犯で in the act (of)

▶ その男は現行犯でつかまった.
The man was caught *in the act*.

けんこくきねんのひ 建国記念の日
National Foundation Day [ナショ)ナルファウンデイション デイ]

げんこつ a (clenched) fist [フィスト]

▶ 兄は私をげんこつでなぐった.
My brother hit me with his *fist*.

けんさ 検査 (an) examination [イグザミネイション], a check [チェック], a test [テスト]

検査する examine [イグザミン], check, test

▶ 学力検査 an achievement *test*

▶ 血液検査 a blood *test*

▶ 視力検査 an eye *test*

▶ あす身体検査がある.
We have a physical *examination* tomorrow.

▶ 空港で手荷物の検査を受けた.
I had my baggage *checked* at the airport.

げんざい 現在 →いま²

the **present** [プレズント] (▶「過去」は the past, 「未来」は the future)

現在の present；(現時点での) current

現在は now, at present

▶ 現在の住所 the *present* address

▶ 現在のところ部員は25名いる.
There are twenty-five members in this club *now*.

▶ 現在, ジャイアンツが3点リードしている.
The Giants are leading by three runs *at the moment*.

◀ **けんせつ**

けんさく 検索 a search [サ~チ]
検索する search, do a search, run a search
▶ インターネットで情報を検索する
  search the internet for information
  検索エンジン（コンピューター）a search engine
げんさく 原作 the original [オリヂナル] (work)
  原作者（著者）the author [オーサァ], （作家）the writer [ライタァ]
げんさん …原産の native [ネイティヴ] to
▶ 中国原産の野菜
  vegetables *native to* China
けんじ 検事 a prosecutor [プラスィキュータァ]
げんし¹ 原子 an atom [アトム]
  原子(力)の atomic [アタミック]
▶ 原子は太陽系に似ている．
  The *atom* is like the solar system.
  原子爆弾 an atomic bomb [バム]
  原子力 atomic energy, nuclear energy
  原子力時代 the atomic age
  原子力発電所 a nuclear power plant
  原子炉 a nuclear reactor
げんし² 原始的な primitive [プリミティヴ]
  原始時代 the primitive age
  原始人 a primitive man
  原始林 a virgin forest
けんじつ 堅実な steady [ステディ]
▶ 堅実な人 a *steady* person
げんじつ 現実 (a) reality [リアリティ] →じっさい
  現実の actual [アクチュアル]
  現実的な realistic [リーアリスティク]
▶ 現実に向き合う face *reality*
▶ 私の長年の夢が現実のものとなった．
  My long-cherished dream has become a *reality*.
けんじゅう けん銃 a pistol [ピストゥル], a handgun [ハン(ドゥ)ガン] →じゅう²
げんじゅう 厳重な strict [ストゥリクト]
▶ 厳重な警戒 *strict* precautions
  厳重に strictly
げんじゅうしょ 現住所 my present address
げんしゅく 厳粛な solemn [サレム]（発音注意）

けんしょう 懸賞（品）a prize [プライズ]
▶ 懸賞に応募する
  enter a *prize* contest
▶ 懸賞に当たる win a *prize*
  懸賞金 a prize, a reward [リウォード]
げんしょう¹ 減少 (a) decrease [ディクリース]（反 増加 increase）
  減少する decrease [ディクリース] →へる

> 🖊 ライティング
> 私たちの町の人口は**減少している**．
> The population of our town is decreasing.

げんしょう² 現象 a phenomenon [フィナメナン]（複数 phenomena）
▶ 自然現象 a natural *phenomenon*
げんじょう 現状
▶ 日本経済の現状
  the *current situation* of Japanese economy
▶ 現状では
  under (the) *present conditions*
けんしん 検診（定期的な）a checkup [チェカプ];（よりくわしい）a physical [フィズィカル] (examination);（人間ドック）a complete physical exam [イグザム]
▶ 歯科検診 a dental *checkup*
▶ 定期検診 a regular *checkup*
けんしんてき 献身的な devoted [ディヴォウティド]
▶ 献身的な看護に感謝します．
  Thank you for your *devoted* care.
けんすい 懸垂（米）a chin-up [チナプ],（英）a pull-up [プラプ]
▶ けんすいを50回する do 50 *chin-ups*

けんせつ 建設 construction [コンストゥラクション]
  建設する construct, build [ビルド]
▶ そのホテルは今建設中だ．

けんぜん ▶

The hotel is now under *construction*.
建設的な constructive
▸ 建設的な意見 a *constructive* opinion
建設会社 a construction company
建設現場 a construction site

けんぜん 健全な healthy [ヘルスィ],
sound [サウンド]
▸ 子どもの健全な育成
the *healthy* development of children
▸ 健全な肉体に健全な精神が宿らんことを.
（ことわざ）
A *sound* mind in a *sound* body.

げんそ 元素 an element [エレメント]
元素記号 the (chemical) symbol of
an element

げんぞう 現像 (photo) developing [ディ
ヴェロピング], (photo) development [ディ
ヴェロプメント]
現像する develop
▸ フィルムを現像する *develop* a film

げんそく 原則 a principle [プリンスィプル]
▸ 自転車通学は原則禁止だ.
In principle, riding a bike to school
is prohibited.

けんそん 謙そんな modest [マデスト]
▸ そんなにご謙そんなさらないで!
Please don't be so *modest*.

げんそん 現存の existing [イグズィスティン
グ]；living [リヴィング]
▸ 現存する最古の寺
the oldest *existing* temple

げんだい 現代

the present day, the present age,
today [トゥデイ]
現代の modern [マダン], contemporary
[コンテンポレリィ], current [カ〜レント],
present-day
現代的な modern；(最新の) up-to-date
[アプトゥデイト]
▸ 現代の科学 *modern* science
▸ 現代の日本
modern Japan ／ Japan *today* ／
present-day Japan
▸ 現代的なデザイン
an *up-to-date* design
▸ 現代ではスマホはなくてはならないものだ.
A smartphone is absolutely
necessary *today*.

けんだま 剣玉 a cup and ball [カップ ア
ン(ド) ボール], *kendama*
▸ けんだまをする play *cup and ball*

げんち 現地 the spot [スパット]
現地の local [ロウカル]
▸ 現地の人たち the *local* people
現地時間 local time

けんちく 建築

（建造）construction [コンストゥラクション],
building [ビルディング]；(建築物) a
building (▸広く建物をさす語で，「ビル」
のほか「家」などもすべてふくまれることに
注意)
建築する build；(高い建物を) put up；
construct
▸ 家を建築する *build* a house

> **✎ライティング**
> 法隆寺は世界最古の木造建築だ.
> Horyuji Temple is the world's oldest
> wooden building.

建築家 an architect [アーキテクト]
建築学 architecture [アーキテクチァ]

けんちょう 県庁 →けん¹

けんていしけん 検定試験 a certifi-
cation [サ〜ティフィケイション] examination,
a license examination
▸ 漢字検定試験
the Kanji *Proficiency* [プロフィシェンスィ]
Test

げんてん 減点する subtract [サブトゥラクト]
▸ ああ，10点減点されちゃった.
Oh, ten points *was subtracted* from
my score.

げんど 限度 a limit [リミト]
▸ ものには限度というものがある.
There is a *limit* to everything.

けんとう¹ 見当 a guess [ゲス]
見当をつける guess
▸ あなたは見当ちがいをしている.
Your *guess* is wrong. ／ You are
making a wrong *guess*.
▸ 見当がつきません. I have no *idea*.
▸ ここがどこだか見当がつかない.
I can't *guess* where we are now.

けんとう² 検討する examine [イグザミン],
consider [コンスィダァ]

けんとう³ 健闘する put up a good

◀ げんろん

fight
▶ 健闘を祈ります. Good luck!

けんどう 剣道 *kendo*, Japanese fencing
▶ 剣道のけいこをする practice *kendo*
▶ 剣道をする do *kendo* (▶武道には play は使わない)
▶ 父は剣道3段です.
My father has a third degree in *kendo*.

げんば 現場 the scene, the site
▶ 事故現場 the *scene* of the accident

けんばいき 券売機 a ticket machine, a ticket vending machine
▶ 券売機で切符を買う
buy a ticket from a *ticket machine*

げんばく 原爆 an atomic bomb, A-bomb [エイバム]
原爆記念日 an anniversary of the atomic bombing of Hiroshima [Nagasaki]
原爆ドーム the Atomic Bomb Dome

けんびきょう 顕微鏡 a microscope [マイクロスコウプ]

けんぶつ 見物 sightseeing [サイトゥスイーイング] →かんこう
見物する visit [ヴィズィト], see, do some sightseeing 《in, at》, see the sights 《of》(▶簡単に visit や see で表現することが多い)
▶ 私たちは京都を見物した.
We *visited* Kyoto. / We *went sightseeing* in Kyoto.
見物人 (観光客) a visitor, a sightseer; (観客) a spectator

けんぽう 憲法 a constitution [カンスティテューション]
▶ 日本国憲法 the *Constitution* of Japan
憲法記念日 Constitution Day

げんまい 玄米 brown rice

げんみつ 厳密な strict [ストゥリクト]
厳密に strictly
▶ 厳密に言えば, それは正しくはない.
Strictly speaking, it is not correct.

けんめい¹ 賢明な wise [ワイズ]
▶ きみがあのグローブを買ったのは賢明だったよ. 今じゃ2万円もするよ.
It was *wise* of you to buy that glove. It costs twenty thousand yen

now.

けんめい² 懸命に very hard; (できるだけ…に) as ... as possible →いっしょうけんめい

げんめつ 幻滅する be disillusioned [ディスィルージョンド]
▶ 私はその結果に幻滅した.
I *was disillusioned* with the result.

けんやく 倹約 thrift [スリフト]
倹約する save [セイヴ]
▶ 彼はおこづかいを倹約している.
He *is saving* his allowance.

けんり 権利

a right [ライト] (▶「義務」は duty)
▶ 他人の権利は尊重しなければなりません.
We should respect the *rights* of others.
▶ ぼくにはそのお金をもらう権利がある.
I have a *right* to receive that money.

げんり 原理 a principle [プリンスィプル]
▶ 多数決の原理 majority *rule*
▶ アルキメデスの原理
Archimedes' *principle*
▶ 言論の自由は民主主義の根本原理の1つです.
Freedom of speech is one of the fundamental *principles* of democracy.

けんりつ 県立の prefectural [プリフェクチュラル]
▶ ぼくは県立高校を受験するつもりだ.
I'm going to take an entrance exam for a *prefectural* high school.

げんりょう 原料 (raw) materials [(ロー)マティ(ア)リアルズ]
▶ 日本はほかの国から多くの原料を輸入している.
Japan imports a lot of *raw materials* from other countries.
▶ 豆腐の原料は何ですか (→豆腐は何からできていますか).
What (*ingredients*) is *tofu* made from?

けんりょく 権力 power [パウァ]
権力者 a person in power (複数 people in power)

げんろん 言論 speech [スピーチ]
▶ 言論の自由 freedom of *speech*

two hundred and sixty-nine **269**

こコ こコ こコ

こ 子

（人間の）a **child** [チャイルド] (複数)
children[チルドゥレン]，《口語》a **kid**[キッド]；
（男の）a **boy** [ボイ]；（女の）a **girl** [ガ〜ル]；
（動物の）the young ... →**おや**¹（図）

▶ うちの子
（娘）my *daughter* /（息子）my *son*
▶ 私は一人っ子だ．I'm an only *child*.
▶「お子さんは何人いらっしゃいますか」「2
人います．男の子と女の子です」
"How many *children* do you have?"
"I have two (*children*), a *boy* and a
girl."

-こ …個

▶ オレンジ 5 個 five oranges
▶ 石けん 2 個
two *bars* of soap / two *cakes* of
soap
▶ 角砂糖 1 個
a *lump* of sugar / a *cube* of sugar
▶ ケーキ 1 個（1 切れ）a *piece* of cake
▶ リンゴは 1 個150円です．
Apples are 150 yen *each*.

> 💬用法 物の数え方
> 日本語では…個，…本，…冊などの単
> 位をつけるが，英語ではとくにこれらに
> 相当する語はない．ふつうは **one [a,
> an]**，**two**，**three** ... を名詞の前に置き，
> 2 個以上なら名詞を複数形にする．
> soap (石けん)，sugar (砂糖) などの数
> えられない名詞の場合は，上の例のよう
> に **bar**，**lump** などを使う．

ご¹ 五(の) →かず (表)

five [ファイヴ]
第5(の) the fifth [フィフス] (▶5th と略す)

▶ 5 回 *five* times
▶ 5 感 the *five* senses
▶ 5 分の 1 one *fifth* / a *fifth* (▶ 5 分の 2
以上は two fifths のように複数形にする)

五角形 a pentagon [ペンタガン]
五大湖 the Great Lakes

ご² 語

（単語）a **word** [ワ〜ド]；（言語）a
language [ラングウィヂ]

▶ 英単語を 1 日 1 語覚えましょう．
Let's memorize one English *word* a
day.
▶「あなたの国では何語が話されていますか」
「英語です」
"What *language* is spoken in your
country?" "English."

ご³ 碁 go

▶ トムは碁が打てる．Tom can play *go*.
碁石 a *go* stone
碁盤 a *go* board

-ご …後

after [アフタァ] (反) …前 before)；(…時間
後など) **in** [イン] ... ， ... **later** [レイタァ]；
(…後ずっと) **since** [スィンス] →**あと**¹

▶ 夕食後にテレビを見ます．
I watch TV *after* dinner.
▶ 帰宅後に少し仮眠した．
I took a quick nap *after* I came
home.
▶ 1 時間後に出発します．
We're leaving *in* an hour. (▶今から「…
後」という場合，after ではなくふつう in
を使う)
▶ それから 1 週間後私はまた彼女に会った．
A week *later* I met her again.

コアラ 《動物》a koala [コゥアーラ] (bear)

コイ 《魚》a carp [カープ] (複数 carp)
こいのぼり a carp streamer

こい¹ 恋

love [ラヴ]
恋する love, fall in love 《with》；(恋して
いる) love, be in love 《with》

▶ 初恋 my first *love*
▶ ポリーはバートに恋している．

270 two hundred and seventy

◀ **こういしつ**

Polly *loves* Bert. / Polly *is in love with* Bert.
▶ 2人は一目で恋に落ちた.
The two *fell in love* at first sight.
恋占い love fortune-telling
恋人 a love, a sweetheart; (男) *my* boyfriend; (女) *my* girlfriend (▶ lover は「愛人」という意味)
▶ 前の恋人
(男性) my ex-*boyfriend* / (女性) my ex-*girlfriend*
▶ 私の恋人になって. Be my *valentine*. (▶ バレンタインカードに書くことが多い)
恋わずらい lovesickness

こい[2] 濃い

1 (色が) **deep** [ディープ]; (暗めの) **dark** [ダーク] (反) うすい pale, light)
▶ 濃い青 *deep* blue / *dark* blue
2 (スープなど濃さ・密度が) **thick** [スィック] (反) うすい thin; (コーヒーなどが) **strong** [ストゥロ(ー)ング] (反) うすい weak)
▶ 濃いスープ *thick* soup
▶ 濃いコーヒーのほうが好きだ.
I prefer *strong* coffee.
▶ 濃い霧 a *thick* fog

ごい 語い (a) vocabulary [ヴォウキャビュレリィ]
▶ 彼は語いが豊富だ.
He has a large *vocabulary*. (▶ ×many vocabulary とはいわない)
▶ 語いを増やす build up *my vocabulary*

こいし 小石 a small stone; (川底や川岸などにある丸い) a pebble [ペブル]
こいしい 恋しい miss, long 《for》
▶ 故郷が恋しい. I *miss* my hometown.
こイヌ 子犬 a puppy [パピィ], a pup [パップ] →おや[1] (図)

コイン a coin [コイン]

▶ コインを投げて決めよう. 表か裏か?
Let's toss a *coin*. Heads or tails?
コインランドリー a coin-operated laundry, (米) a laundromat [ローンドゥロマト], (英) a launderette [ローンダレット]
コインロッカー a coin-operated locker, a locker

こう

(このように) like this, (in) this way; (次のように) as follows
▶「こうするのよ」と言って直美は扇子を使った.
"Use it *this way* [Use it *like this*]," said Naomi as she used a fan.
▶ 新聞にはこう書いてある.
The newspaper says *as follows*.

ごう 号 (番号) a number [ナンバァ]; (雑誌などの) an issue [イシュー]
▶ (…の) 4月号 the April *issue* (of ...)
▶ 台風18号 typhoon *number* 18

こうい[1] 行為 (1回の) an act [アクト]; (一連の行動) (an) action [アクション]; (ふるまい) behavior [ビヘイヴャ]; conduct [カンダクト] →おこない
▶ 親切な行為 an *act* of kindness

こうい[2] 好意 goodwill [グドゥウィル], kindness [カイン(ドゥ)ネス]
▶ 私は好意からそう言ったのです.
I said that out of *goodwill*.
好意的な kind, friendly [フレンドゥリィ]
▶ 彼女は私に好意的でした.
She was *friendly* to me.

こうい[3] 厚意 hospitality [ハスピタリティ], kindness [カイン(ドゥ)ネス]
▶ ご厚意に感謝いたします.
Thank you for your *hospitality*.

こうい[4] 校医 a school doctor [スクール ダクタァ]

ごうい 合意 an agreement [アグリーメント]
合意する agree [アグリー]
▶ 両国は合意に達した.
The two nations reached an *agreement*.

こういう such ... as this, like this
▶ こういうシャツがほしい.
I want a shirt *like this*. / I want a shirt *of this kind*.

こういしつ 更衣室 (体育館などの) a

two hundred and seventy-one 271

こういしょう ▶

locker room [ラカァル(一)ム], a changing room；(劇場などの) a dressing room

こういしょう 後遺症 an aftereffect [アフタレフェクト]

こういち 高1 →がくねん (表)

こういん 光陰
▶ 光陰矢のごとし. 《ことわざ》*Time* flies.

ごうう 豪雨 heavy rain, a downpour [ダウンポー(ァ)]

こううん 幸運

(good) fortune [フォーチュン] (反) 不運 misfortune), **(good) luck** [ラック]
幸運な fortunate, lucky
幸運にも fortunately, luckily
▶ 幸運にも宝くじに当たった.
I had the *good fortune* to win the lottery. / *Fortunately* I won the lottery.
▶ 幸運を祈る！*Good luck* (to you)！

こうえい 光栄 (an) honor [アナァ]
▶ あなたにお会いできてほんとうに光栄です.
It's a great *honor* to meet you.

こうえい 後衛 a back [バック]

こうえん¹ 公園

a **park** [パーク]
▶ 国立公園 a national *park*
▶ 上野公園に行ったことがありますか.
Have you ever been to Ueno *Park*?
(▶ 公園名には the をつけない)
▶ 私たちは先週の日曜は公園に散歩に行った.
We went for a walk in the *park* last Sunday.

こうえん² 後援する sponsor [スパンサァ], support [サポート]
▶ オリンピックの後援企業
a *sponsor* of the Olympics / a *sponsoring* company of the Olympics
後援会 a supporters' association, a fan club

こうえん³ 講演 a lecture [レクチァ]；(演説) an address [アドゥレス]
講演する give a lecture
▶ 山田博士は「原子力と平和」について講演した.
Dr. Yamada *gave a lecture* on "atomic energy and peace."

講演会 a lecture meeting

講演者 a lecturer, a speaker

こうえん⁴ 公演 a performance [パフォーマンス]

公演する perform [パフォーム]

こうか¹ 効果 (an) effect [イフェクト]
▶ この薬は効果がほとんどない.
This medicine has little *effect*.
▶ 音響効果 sound *effects*
効果的な effective
▶ 英語を学ぶ効果的な方法
an *effective* way to learn English

こうか² 高価な expensive [イクスペンスィヴ] (反) 安価な inexpensive) →たかい

こうか³ 校歌 a school song

こうか⁴ 硬貨 a coin [コイン] (対) 紙幣 bill) →コイン

ごうか 豪華な luxurious [ラグジュ(ァ)リアス], gorgeous [ゴーヂャス]
▶ 豪華な食事 a *luxurious* dinner
▶ 豪華なドレス a *gorgeous* dress

こうかい¹ 後悔

(a) regret [リグレット]
後悔する regret, be sorry [サリィ] (for)
(▶ 会話では後者のほうがよく使われる)
▶ そう言ったことを後悔しています.
I'm sorry I said that.
▶ あとで後悔するぞ.
You'll *regret* it later.
▶ いまさら後悔してもおそいよ.
It's too late to *be sorry*.
▶ 後悔先に立たず. 《ことわざ》
It's no use crying over spilt milk. (▶「こぼしたミルクを嘆いてもしかたがない」という意味)

こうかい² 公開の public [パブリク], open [オウプン]
▶ 公開の席で in *public*
公開する open ... to the public
▶ ロンドン塔は一般に公開されている.
The Tower of London *is open to the public*.
公開授業 an open class
公開討論会 an open forum

こうかい³ 航海 a voyage [ヴォイエヂ]
航海する sail [セイル], go by sea
▶ 航海の無事を祈ります.
I wish you a safe *voyage*. / Have a

◀ **こうきゅう**¹

nice *trip!*

こうがい¹ 郊外 the suburbs [サバーブズ]
郊外の suburban [サバ〜バン]
▶ 私は東京の郊外に住んでいます.
I live in *the suburbs* of Tokyo. / I
live just *outside* Tokyo.

こうがい² 公害 (environmental)
pollution [ポルーション] →おせん
公害問題 a pollution problem

こうがい³ 校外
校外学習 a field trip
校外活動 out-of-school activities

ごうがい 号外 an extra [エクストゥラ]

こうかいどう 公会堂 a public hall →か
いかん

こうかがくスモッグ 光化学スモッグ
photochemical smog [フォウトケミカル スマッ
グ]

こうがく 工学 engineering [エンヂニ(ア)リ
ング]
▶ 遺伝子工学 genetic *engineering*

ごうかく 合格

(試験) a pass [パス]; (成功) (a)
success [サクセス] (反) 不合格 failure)
合格する pass, succeed [サクスィード]
(in) (反) 落ちる fail)

💬スピーキング

Ⓐ 合格おめでとう.
Congratulations on passing the
exam!
Ⓑ ありがとう.
Thank you.

💬表現力

…に合格する
→ pass … / succeed in …

▶ オーディションに合格した.
I *passed* the audition.
▶ ぼくは試験に1回で合格した.
I *passed* the exam on the first try.
▶ 兄は第一志望の高校に合格した.
My brother *passed* the entrance
exam for his first-choice high
school.
合格者 a successful candidate
合格点 a passing score, a passing
grade

合格率 the passing rate

こうかん¹ 交換 (an) exchange [イクスチェ
インヂ] →かえる²
交換する exchange, change
▶ 意見を交換する *exchange* ideas
▶ 電池を交換する *change* the battery

💬表現力

〜と…を交換する
→ exchange 〜 for …

▶ 私の赤いセーターとあなたの青いセー
ターを交換しない？
Won't you *exchange* my red
sweater *for* your blue one?
▶ この上着をもっと大きいものと交換しても
らえますか.
Could you *exchange* this jacket *for*
a bigger one?
交換学生 an exchange student

こうかん² 好感 a good impression [イン
プレション]
▶ 好感のもてる人 a *pleasant* person
▶ 新任の先生は生徒たちに好感を与えた.
The new teacher made *a good
impression* on the students.

こうき¹ 校旗 a school flag

こうき² 後期 the latter period; (学期の)
the second semester [セメスタァ]

こうき³ 好機 a good chance [チャンス]
▶ 好機をつかむ take a *chance*

こうぎ¹ 抗議 (a) protest [プロウテスト]
抗議する protest [プロテスト] (against),
make a protest (against)
▶ バッターは審判然の判定に抗議した.
The batter *protested against* the
umpire's decision.

こうぎ² 講義 a lecture [レクチァ]
講義する give a lecture (on)

こうきあつ 高気圧 high (atmospheric)
pressure [(アトゥモスフェリク) プレシァ] (反) 低
気圧 low (atmospheric) pressure)

こうきしん 好奇心 curiosity [キュ(ア)リア
スィティ]
好奇心の強い curious [キュ(ア)リアス]
▶ 子どもというのは好奇心が強いものだ.
Children are naturally *curious*.

こうきゅう¹ 高級な high-class [ハイクラス];
(ぜいたくな) luxurious [ラグジュ(ア)リアス]
▶ 高級レストラン a *high-class* restaurant

two hundred and seventy-three **273**

こうきゅう² ▶

高級車 a luxury car
高級品 high-quality goods
こうきゅう² 硬球 a hard ball [ハードゥ ボール]
こうきょ 皇居 the Imperial Palace [インピ(ア)リアル パレス]
こうきょう 公共の public [パブリク]
公共交通機関 public transportation
公共事業 a public enterprise
公共施設 public facilities
公共料金 public utility charges
こうぎょう¹ 工業 (an) industry [インダストゥリィ]
工業の industrial
▶ 工業国 an *industrial* nation
▶ 重工業 heavy *industry*
▶ 自動車工業 the automobile *industry*
工業高校 a technical high school
工業地帯 an industrial district, an industrial area
▶ 京浜工業地帯
the Keihin *Industrial District*
こうぎょう² 鉱業 mining [マイニング], the mining industry
こうきょうがく 交響楽 a symphony [スィンフォニィ]
交響楽団 a symphony orchestra
こうきょうきょく 交響曲 a symphony [スィンフォニィ]
▶『田園交響曲』
The Pastoral Symphony
こうきん 抗菌(の) antibacterial [アンティバクティ(ア)リアル]
▶ 抗菌グッズ *antibacterial* products
こうくう 航空
▶ 日本航空 Japan *Airlines* (▶航空会社の名称では複数形を使うのがふつう)
航空会社 an airline
航空機 an aircraft
航空券 an airline ticket
航空写真 an aerial photograph
航空便 airmail (対 地上便 surface mail)
航空路 an airway
こうけい 光景 a scene [スィーン], a sight [サイト] →けしき

ごうけい 合計

a sum [サム], a total [トゥートゥル]

合計する add up, total
合計で altogether, in all
▶ 3と9と8の合計は20です.
The *sum* of 3, 9, and 8 is 20.
▶ かかった費用を合計してくれる？
Will you *add up* all the expenses?
▶ 合計で2万円の募金が集まった.
We raised funds of twenty thousand yen *in total*.

▶ **表現力**
合計で…になる
→ **be ... altogether /
amount to ...**

▶ **スピーキング**
Ⓐ 合計でいくらですか.
How much is it altogether?
Ⓑ 50ドルです.
50 dollars.

▶ 学園祭の経費は合計50万円だった.
The cost of the school festival *amounted to* 500,000 yen.
こうげき 攻撃 (an) attack [アタック], (an) offense [オフェンス] (反 防御 defense)
攻撃する attack, make an attack (on)；(野球で) be at bat
攻撃的な offensive
▶ 攻撃は最善の防御である. (ことわざ)
Offense is the best defense.
▶ (野球で) 今マリナーズが攻撃中です.
The Mariners *are at bat* now.
こうけん 貢献 (a) contribution [カントゥリビューション]
貢献する contribute (to)

▶ **ライティング**
コンピューターは私たちの生活に大きな貢献をしてきた.
Computers have made a great contribution to our lives.

こうげん 高原 highlands [ハイランヅ], heights [ハイツ]
▶ 志賀高原 the Shiga *Highlands* (▶高原の名称には the をつける)
こうご¹ 交互に by turns, alternately [オールタネトゥリィ]
▶ 女子と男子が交互に並んだ.
Girls and boys stood in line

alternately.

こうご[2] 口語 (the) spoken language (対 文語 written language)
口語英語 spoken English

こうこう[1] 高校
《米》(a) (senior) high school
▶ 兄は高校へ通っています。
My brother goes to *high school*.
▶ 高校1年生 a freshman / a first-year student at *high school*
高校生 a high school student
高校入試 a high school entrance exam

こうこう[2] 孝行する
▶ 親孝行をしよう。
Take care of your parents. / *Be good to* your parents.

こうごう 皇后 the empress [エンプレス]
(男 天皇 emperor)
皇后陛下 Her Majesty the Empress

こうこがく 考古学 archaeology [アーキアロヂィ]
考古学者 an archaeologist

こうこく 広告 an advertisement [アドヴァタイズメント], 《口語》an ad [アッド]
広告する advertise [アドヴァタイズ]
広告を出す put an advertisement, place an advertisement
▶ 新聞広告
a newspaper *advertisement*
▶ テレビ広告 a TV *commercial*
▶ 求人広告
a job *advertisement* /《米》a want *ad*
広告代理店 an advertising agency

こうさ 交差する cross [クロ(ー)ス]
交差点 a crossing, an intersection
▶ 次の交差点を左に曲がりなさい。
Turn left at the next *crossing*.

こうざ[1] 講座 a course [コース]
▶ 毎朝, ラジオの英語講座を聞いている。
I listen to a radio English *course* every morning.

こうざ[2] 口座 an account [アカウント]
▶ 私はABC銀行に口座がある。
I have an *account* with ABC Bank.

こうさい 交際 association [アソウスィエイション]
交際する be friends (with), make friends (with), keep company (with); (男女の) go out (with);《米》date (with)

> 表現力
> …と交際する
> → make friends with … / keep company with …

▶ (友人として) 彼と交際してもう長い。
I've *been keeping company with* him for a long time.
▶ ぼくと交際してください。
Will you *go out with* me?
▶ 次郎は交際範囲が広い。
Jiro *has* a lot of *friends*. / Jiro *has* a large circle of *friends*.

こうさく 工作 handicraft [ハンディクラフト]
▶ 工作の授業 a *handicraft* class

こうさん[1] 降参する give in (to), yield [イールド] (to);(あきらめる) give up

こうさん[2] 高3 →がくねん(表)

こうざん[1] 高山 a high mountain
高山の alpine [アルパイン]
高山植物 an alpine plant
高山病 mountain sickness

こうざん[2] 鉱山 a mine [マイン]

コウシ 子牛 a calf [キャフ] (複数 calves) →おや[1](図)

こうし[1] 講師 《米》an instructor [インストゥラクタァ],《英》a lecturer [レクチ(ァ)ラァ]

こうし[2] 公私 public and private matters
▶ 公私混同する
mix *public and private matters*

こうじ 工事 construction [コンストゥラクション]
▶ その道路は工事中だ。
The road is under *construction*.
工事中 (掲示) Under Construction / Men At Work / Men Working

「工事中」の標識.

two hundred and seventy-five 275

こうしき ▶

こうしき 公式（数学などの）a formula [フォーミュラ]
公式の（正式な）formal [フォーマル]（反）非公式の informal）；（公務の）official [オフィシャル]
▶ **公式発表** an *official* statement
公式に formally；officially
公式試合 a regular game, a regular match
公式戦（野球）a pennant race

こうじつ 口実（言いわけ）an excuse [イクスキュース] →いいわけ
▶ それは口実にすぎない.
That's just an *excuse*.

こうして (in) this way

こうしゃ¹ 校舎 a school building,（とくにいなかの小さな学校の）a schoolhouse

こうしゃ² 後者 the latter [ラテァ]（対）前者 former）

こうしゅう¹ 公衆 the public [パブリク]
公衆の public
公衆電話 a pay phone, a public telephone
公衆便所 a public lavatory
公衆浴場 a public bath（▶アメリカにはない）

こうしゅう² 講習 a course [コース], a class [クラス]
▶ ぼくは夏期講習を受けるつもりだ.
I'm going to take a summer *course*.

こうしょう¹ 交渉 negotiations [ニゴウシエイションズ]
交渉する negotiate [ニゴウシエイト]

こうしょう² 校章 a school emblem [エンブレム]；a school badge [バッヂ]

こうじょう¹ 工場

a **factory** [ファクトゥリィ]；（製材・製粉などの）a mill [ミル]；（製鉄などの）works [ワ〜クス]；（大規模な）a plant [プラント]
▶ 製紙工場 a paper *mill*
▶ 自動車工場
an automobile *plant* / a car *plant*（▶plant は factory でもよい）
▶ 修理工場で働く work at a repair *shop*

こうじょう² 向上（改善）improvement [インプルーヴメント]；（進歩）progress [プラグレス]
向上する improve；make progress
▶ 私の英語は向上している.

My English *is improving*. / I'm *making progress* in English.

ごうじょう 強情な hard to treat；(生まれつきがんこな) stubborn [スタボン]

こうしょきょうふしょう 高所恐怖症（医学）acrophobia [アクロフォウビア]
▶ 私は高所恐怖症なの.
I'm *scared of heights*. / I have *acrophobia*.

こうしん 行進 a march [マーチ]；（パレード）a parade [パレイド]
行進する march, parade
▶ デモ隊が町中を行進した.
The demonstrators *marched* through the town.
行進曲 a march

こうすい 香水 (a) perfume [パ〜フューム]（アクセント注意）
▶ 堀先生は香水をつけている.
Ms. Hori is wearing *perfume*.

こうずい 洪水 a flood [フラッド]
▶ その橋は洪水で流された.
The bridge was washed away by the *flood*.

こうせい¹ 公正な fair [フェア]
▶ 裁判は公正でなければならない.
Trials must be *fair*.

こうせい² 構成する make up
▶ その委員会は 8 人のメンバーで構成されている.
The committee *is made up* of eight members.

こうせい³ 恒星 a fixed star, a star（▶「惑星[わくせい]」は planet,「衛星」は satellite）

こうせい⁴ 厚生 public welfare [パブリクウェルフェア]
厚生労働省 the Ministry of Health, Labour and Welfare

ごうせい 合成 composition [カンポズィション]；《化学》synthesis [スィンセスィス]
合成写真 a montage photograph
合成保存料 artificial preservatives

こうせき 功績（貢献[こうけん]）contribution [カントゥリビューション]；（業績）an achievement [アチーヴメント]
▶ 彼らの功績をたたえる
praise their *achievement*

こうせん 光線（光の筋）a ray [レイ], a beam [ビーム]；（光）light [ライト]

276　two hundred and seventy-six

▶ 太陽光線 the sun's *rays*
▶ レーザー光線 a laser *beam*

こうぜん 公然の open [オウプン], public [パブリック]
▶ 公然の秘密 an *open* secret
公然と openly, in public

こうそう 高層の high-rise [ハイライズ]
▶ 高層ビル
a high-rise building, (超高層の) a skyscraper

こうぞう 構造 (a) structure [ストゥラクチァ]
▶ 人体の構造
the *structure* of the human body
▶ 文の構造
sentence *structure* / the *structure* of a sentence

こうそく¹ 高速 (a) high speed
高速道路 《米》an expressway, a freeway, 《英》a motorway

こうそく² 校則 school regulations, school rules

💬プレゼン
学校の校則は厳しいと思いますか.
Do you think our school regulations are strict?

▶ 茶髪は校則違反だよ.
Dyeing your hair brown is against the *school rules*.
▶ 校則を破る break *school rules*

こうたい¹ 交代する, 交替する take turns, take ...'s place
▶ 正午にきみと交代しよう.
I'll *take your place* at noon.
交代で in turn, by turns
▶ トムとジムは交代で運転した.
Tom and Jim *took turns* driving. / Tom and Jim drove *in turn*.

こうたい² 抗体 antibody [アンティバディ]
抗体検査 an antibody test

こうだい 広大な vast [ヴァスト]
▶ 広大な砂漠 a *vast* desert

こうたいし 皇太子 the Crown Prince
皇太子妃 the Crown Princess

こうちゃ 紅茶 tea [ティー], black tea → ちゃ
▶ 紅茶を入れる make *tea*
▶ 紅茶をもう1杯いかがですか.
How about another cup of *tea*?

💬用法 tea と black tea
ふつうは tea だけで紅茶を表す. 日本の緑茶 (**green tea**) などと区別するときには **black tea** という.

こうちょう¹ 校長 a principal [プリンスィパル]
▶ 副校長 an assistant *principal* / a vice *principal*
校長室 the principal's office

こうちょう² 好調で in good condition, all right
▶ すべて好調にいっている.
Everything is going *all right*.
▶ 彼は今絶好調だ.
He *is doing great* right now.

🎤スピーキング
Ⓐ どう, 調子は.
How are you?
Ⓑ 絶好調さ.
I'm in my best condition.

こうつう 交通

(人・車の往来) traffic [トゥラフィク]; (輸送) transportation [トゥランスポテイシャン]
▶ この通りは交通が激しい.
There is heavy *traffic* on this street. / *Traffic* is heavy on this street.
▶ 私の家は交通の便がよい (→公共の乗り物を利用するのに便利です). My house is convenient for public *transportation*.
▶ 交通違反をする break *traffic* rules
交通事故 a car accident, a traffic accident
▶ 交通事故にあう have a *traffic accident*
交通渋滞 a traffic jam
交通手段 a means of transportation
交通信号 a traffic light, a traffic signal

アメリカの交通信号機. 色は red (赤), yellow (黄色), green (緑) の3種類.

two hundred and seventy-seven 277

こうつごう ▶

交通整理 traffic control
交通費 travel expenses
交通標識 a traffic sign
交通ルール traffic rules
▶ 交通ルールを守る obey *traffic rules*

こうつごう 好都合な convenient [コンヴィーニェント]《for》→つごう

こうてい¹ 校庭 a schoolyard；(遊具などが設置されている場所) a school playground

こうてい² 肯定する affirm [アファ〜ム]，《口語》say yes
肯定文《文法》an affirmative sentence

こうてい³ 皇帝 an emperor [エンペラァ]

こうてつ 鋼鉄 steel [スティール]
▶ この橋は鋼鉄でできている．
This bridge is made of *steel*.

こうど 高度 (高さ) (a) height [ハイト]；(海抜，標高) an altitude [アルティテュード]
高度な (程度が)high[ハイ]，advanced[アドゥヴァンスト]
▶ 高度1万メートルで
at an *altitude* of 10,000 meters

こうとう¹ 高等の high [ハイ]，higher，advanced [アドゥヴァンスト]
高等学校 a (senior) high school
高等教育 higher education
高等専門学校 a technical college

こうとう² 口頭の oral [オーラル]
口頭試験 an oral examination

こうどう¹ 行動

(an) action [アクション]；(ふるまい) behavior [ビヘイヴァ]；conduct [カンダクト]
行動する act, take action →おこなう
▶ 今こそ行動に移すときだ．
Now is the time to *take action*.
▶ 彼は行動力がある．
He's a man of *action*.
▶ 私たちは午後は自由行動だ．
We will have free time in the afternoon.

こうどう² 講堂《米》an auditorium [オーディトーリアム]，an assembly hall

ごうとう 強盗 (人) a robber [ラバァ]；(行為) (a) robbery [ラバリィ]→うばう，ぬすむ
▶ 昨夜銀行に強盗が入った．
The bank *was robbed* last night. / There was a *robbery* at the bank

last night.

ごうどう 合同の combined [コンバインド]，joint [ヂョイント]
▶ 音楽の授業は2クラス合同で行われた．
Music class was given to two classes *together*.
合同演奏会 a joint concert

こうない 校内で in school, on the school grounds；(大学の) on campus
▶ 校内バレーボール大会
a *school* volleyball meet
校内放送 the school PA system (▶ PA system は *public-address* system (拡声装置) の略)
校内暴力 school violence

こうに 高2 →がくねん (表)

こうにゅう 購入する buy [バイ]→かう¹

コウノトリ (鳥) a stork [ストーク]

こうば 工場 a factory [ファクトゥリィ]→こうじょう¹

こうはい 後輩 my junior [ヂューニャ]《対先輩 senior)，a lower-grade member (▶英米では「先輩・後輩」という考え方が日本ほど強くないので文脈に合わせて訳し分ける必要がある)
▶ 麻美はクラブの後輩です．
Mami is a *lower-grade member* of our club.
▶ 直美は私の2年後輩です．
Naomi is two years *behind* me. / Naomi is two years *my junior*.

こうばいぶ 購売部 (学校の) a school store

こうはん 後半 the latter half, the second half (対前半 the first half)
▶ 試合は後半にますますおもしろくなった．
The game got more exciting in *the latter half*.
後半戦 the second half of the game

こうばん 交番 a police box, a *Koban*

こうひょう¹ 好評な popular [パピュラァ]，well-received
好評である go over well, go over big
▶ 私たちの劇は大好評だったよ．
Our play *went over* very *well*. / Our play *was well-received*.

こうひょう² 公表する publish [パブリシ]，make public [パブリク]
▶ 私は真実を公表した．

◀ こうよう

I *made* the truth *public*.
こうふう 校風 (a) school culture, (a) school tradition (▶×school color とはいわない. school colors は, その学校を特徴づける旗や衣服などの色のこと)

こうふく¹ 幸福

happiness[ハピネス](反 不幸 unhappiness)→しあわせ
　幸福な happy[ハピィ](反 不幸な unhappy)
▶ 私たちは幸福な結婚生活を送っている.
　We have a *happy* marriage.
▶ 私は今とても幸福です.
　I am very *happy* now.

× I am happiness.
　↳ happiness は名詞.
　　この場合, 形容詞がくる.

○ I am happy.

幸福に happily
▶ 彼らは幸福に暮らした.
　They lived *happily*.
こうふく² 降伏 surrender [サレンダァ]
　降伏する surrender
▶ 敵に降伏する *surrender* to the enemy
こうぶつ¹ 鉱物 a mineral [ミネラル] (▶「動物」は animal, 「植物」は plant という)
こうぶつ² 好物 my favorite[フェイヴ(ァ)リト] food;（料理）my favorite dish (▶前後関係からわかるときは単に my favorite でよい)
▶ ラーメンはぼくの大好物だ.
　Ramen is my *favorite*.

こうふん 興奮

excitement [イクサイトゥメント]
　興奮させる excite[イクサイト]
　興奮する get excited
▶ あんまり興奮するな.
　Don't *get* so *excited*. / Take it easy.
▶ 次郎は興奮のあまり口がきけなかった.
　Jiro *was* too *excited* for words.

💬表現力
…で興奮する
→ be excited by ... /
　be excited at ...

▶ その知らせを聞いてとても興奮した.
　I *was* very *excited by* the news. / I *was* very *excited to* hear the news.
▶ 私はその映画を見て興奮した.
　I *got excited by* the film. / The film *excited* me.
こうへい 公平な fair [フェア](反 不公平な unfair)
▶ 公平な判断 a *fair* decision
　公平に fairly
▶ 人を公平にあつかう treat people *fairly*
▶ みんなで公平に分けなさい.
　Divide them *fairly* among you.
こうほ 候補
▶ 大統領候補者
　a *candidate* for president →りっこうほ
▶ 彼はノーベル賞候補の1人だ.
　He is among the *nominees* for the Nobel Prize.
ごうほう 合法的な legal [リーガル]
コウマ 小馬, 子馬 (小型の馬) a pony [ポウニィ];（おす）a colt [コウルト];（めす）a filly [フィリィ]
ごうまん 傲慢な arrogant [アロガント]
こうみょう 巧妙な skillful [スキルフル], clever [クレヴァ], cunning [カニング]
▶ 巧妙な手口
　a *clever* trick / a *cunning* trick
こうみん 公民 (教科) civics [スィヴィクス]
こうみんかん 公民館 a public hall
こうむいん 公務員 a civil servant [サ～ヴ(ァ)ント], a public servant,（地位の高い）an official [オフィシャル]
▶ 父は公務員です.
　My father is a *civil servant*.
▶ 国家公務員 a *government employee*
▶ 地方公務員
　a local *government employee*
こうむる 被る suffer [サファ]
▶ その台風で大きな被害をこうむった.
　We *suffered* a lot of damage from the typhoon.
こうもく 項目 an item [アイテム]
コウモリ 《動物》a bat [バット]
こうもん 校門 a school gate
こうよう 紅葉 red leaves, colored leaves
　紅葉する turn red, turn colors
▶ 木の葉は紅葉し始めている. The leaves

こうようご

are beginning to *turn red*.
こうようご 公用語 an official language
こうらく 行楽
▶ 行楽に出かける
visit /（観光）go *sightseeing* (in)
行楽客（米）a *vacationer*［ヴェイケイショナァ］,（英）a *holidaymaker*［ハリデイメイカァ］; a *visitor*［ヴィズィタァ］
行楽地 a holiday resort
こうり 小売り retail［リーテイル］（対）おろし売り wholesale）
小売りする retail
小売価格 a retail price
小売店 a retail store, a retail shop
ごうり 合理的な reasonable［リーズナブル］（反）不合理な unreasonable）;（理性的な）rational［ラショナル］（反）理性のない irrational）
合理的に reasonably, rationally
こうりつ 公立の public［パブリク］（反）私立の private）
▶ 公立高校 a *public* high school
こうりゅう 交流 exchange［イクスチェインヂ］
▶ 文化交流 cultural *exchange*
交流試合 a friendly match
ごうりゅう 合流する join［ヂョイン］
▶ 駅で友だちと合流した.
I *joined* my friends at the station.
こうりょ 考慮 consideration［コンスィダレイション］
考慮する consider, take ... into consideration
▶ 私たちは彼らの意見を考慮すべきだ.
We should *take* their opinions *into consideration*.

こうりょく 効力 effect［イフェクト］
▶ その薬は効力を発揮した.
The medicine had an *effect*.
効力のある effective
効力のない ineffective
こうれい 高齢の aged［エイヂド］
高齢化社会 an aging society
高齢者（個人）a person of advanced age;（一般）elderly people, older people, senior citizens
ごうれい 号令 a command［コマンド］, an order［オーダァ］
▶ 号令をかける
give a *command* / give an *order*
こうろん 口論 an argument［アーギュメント］, a quarrel［クウォ(ー)レル］→けんか
口論する argue (with), quarrel (with)
▶ こづかいのことで母と口論になった.
I *argued with* my mother over my allowance.

こえ 声

（人の）a voice［ヴォイス］;（鳥の）a song［ソ(ー)ンヶ］;（鳥や虫の）a chirp［チャープ］
▶ 彼はいい声をしている.
He has a sweet *voice*.
▶ 彼女は声が小さい.
She has a small *voice*.
▶ 大きい声で話しなさい.
Speak in a loud *voice*.（▶「小さい声」なら loud を low にする）
▶ もう少し小さな声で話してくださいませんか. Would you speak a little more *softly*?（▶「大きな声」なら more softly を louder にする）

人間の発声を表すことば
① [ムー] ウーン, おいしい!
② [パフ] フー（▶息を吹く）
③ [ワウ] ワーッ（▶驚嘆，喜び）
④ [ヤムヤム] ムシャムシャ
　（▶おいしい物を食べる）
⑤ [ウ(ー)プス] オッと, いけない.
⑥ [コ(ー)フ] ゴホン（▶せき）
⑦ [アウチ] 痛い!
⑧ [ブーフー] ワーン, ワーン（▶泣き声）
⑨ [フュー] ヒェーッ, やれやれ
　（▶おどろき，不満，疲労）

◀ **コーヒー**

- 声を出して本文を読みなさい.
  Read the text *aloud*.
- ひどいかぜをひいて声が出ない.
  I've lost my *voice* from a bad cold.
  声変わり a change of voice

ごえい 護衛する guard[ガード]；escort[エ
スコート]

こえだ 小枝 a twig [トゥウィッグ] →えだ

こえる 越える，超える →こす

1 〈こえていく〉**go over, get over, cross**
[クロ（ー）ス]
- 山を越える *go over* a mountain
- 国境を越える *cross* a border
- 男の子たちは塀を乗り越えた.
  The boys *got over* the fence.

2 〈上回る〉**be over, be more than** →-い
じょう
- 彼は40を超えている. He *is over* forty.
  / He *is more than* forty.
- 気温は30度を超えた.
  The temperature has risen *above*
  30 degrees.

ゴーグル goggles [ガグルズ] （▶複数あつ
かい. 数えるときは a pair of goggles,
two pairs of goggles などとする)

ゴージャス ゴージャスな（はなやかな）
gorgeous [ゴーヂャス]；（ぜいたくな）
luxurious [ラグジュ（ア）リアス]
- ゴージャスなホテル a *luxurious* hotel

コース （マラソンなどの)a course[コース]；
（競走・競泳の）a lane [レイン]；（課程）a
course；（料理の）a course
- 私は4コースを泳いだ.
  I swam in the fourth *lane*.
- ハイキングコース
  a hiking *trail* / a hiking *course*
- 初級コース an elementary *course* /
  beginners' *course*
- フルコースの食事 a full-*course* dinner

コーチ a coach [コウチ]
  コーチする coach
- 彼がうちのサッカー部のコーチをしている.
  He *coaches* our soccer team.

コーディネーター a coordinator [コウ
オーディネイタァ]
- インテリアコーディネーター
  an interior *coordinator*

コーディネート コーディネートする

coordinate [コウオーディネイト]
- 彼女はコーディネートが上手だ.
  She is good at *coordinating* an
  outfit.

コーデュロイ corduroy [コードゥロイ]

コート¹ （テニスなどの）a court [コート]
- テニスコート a tennis *court*

コート² （オーバーコート）a coat [コウト],
an overcoat [オウヴァコウト]
- コートを着る put on a *coat*

コード¹ （電気の）a cord [コード]

コード² （和音）a chord [コード]

コード³ （きまり・符号など）a code [コウド]

コーナー （曲がり角）a corner [コーナァ]；
（売り場）a department [ディパートゥメント], a
section [セクション]
- デパートの文房具コーナー
  the stationery *section* of a
  department store
  コーナーキック a corner kick

コーヒー

coffee [コ（ー）フィ]
- こいコーヒー strong *coffee*
- うすいコーヒー weak *coffee*
- アイスコーヒー
  iced *coffee*
- インスタントコーヒー instant *coffee*
- コーヒーを入れる
  make some *coffee* / fix some
  coffee
- 「何になさいますか」「コーヒー2つお願い
  します」
  "What would you like?" "Two
  coffees, please." （▶ coffee はふつう
  数えられない名詞なので「コーヒー2杯」
  は two cups of coffee という. しかし店
  で注文するときなどは Two *coffees*,
  please. ともいう)

🗨 **スピーキング**

🅐 コーヒーに何か入れますか.
  How would you like your
  coffee?
🅑 ミルクとお砂糖を入れてください.
  With cream and sugar, please.

コーヒーカップ a coffee cup
コーヒーショップ a coffee shop
コーヒー豆 coffee beans

あ

こ

さ

た

な

は

ま

や

ら

わ

two hundred and eighty-one 281

コーラ ▶

コーヒーメーカー a coffee maker

コーラ (a) cola [コウラ]；(コカコーラ) (a) Coke [コウク] (▶後者は商標)

コーラス a chorus [コーラス] →がっしょう

コーラス部 a choral club, a chorus

こおり 氷

ice [アイス]

▶ 氷のかたまり a block of *ice*

▶ (冷蔵庫で作る) 四角い氷
an *ice* cube / a cube of *ice*

▶ 池に氷が張っている.
The pond is covered with *ice*.

氷砂糖 (米) rock candy, (英) sugar candy

氷まくら an ice bag

氷水 (冷水) ice water, iced water；(かき氷) shaved ice

こおる 凍る

freeze [フリーズ]；(凍っている) be frozen

▶ 水はセ氏零度で凍る.
Water *freezes* at zero degrees Celsius. (▶温度が 0 度 (zero) のときでも zero degrees と複数形で表す)

▶ きのうは水道管が凍った.
The water pipe *froze* yesterday.

▶ 気をつけて. 道路が凍ってすべりやすくなっているから.
Take care. The road *is frozen* and slippery.

ゴール (球技の) a goal [ゴウル]；(レースの) a finish [フィニシ] (line)

▶ (レースで) ゴールインする
cross the *finish line*

▶ ぼくはその試合でゴールを決めた.
I made a *goal* in the game.

ゴールキーパー a goalkeeper, (口語) a goalie, (米) a goaltender

ゴールキック a goal kick

ゴールポスト a goalpost

ゴールライン a goal line

ゴールデンウイーク *Golden Week*, the *Golden Week* holidays (▶「ゴールデンウイーク」は和製語)

ゴールデンタイム prime time (▶×golden time とはいわない)

コールドゲーム a called game

▶ その試合はコールドゲームになった.

The game *was called off*.

コオロギ (虫) a cricket [クリケット]

▶ コオロギが鳴いていた.
Crickets were chirping.

コーン¹ (米) corn [コーン]

コーンフレーク cornflakes

コーン² (アイスクリームの) a cone [コウン]

ごかい 誤解 (a) misunderstanding [ミサンダスタンディング]

誤解する misunderstand, take ... wrong, get ... wrong

▶ 誤解しないで. Don't *get* me *wrong*.

▶ きみはぼくを誤解している.
You *misunderstand* me.

▶ この説明は誤解を招きやすい.
This explanation is *misleading*.

▶ 誤解を解く
clear up a *misunderstanding*

ごがく 語学 language study

▶ 美代子は語学ができる.
Miyoko is good at *languages*.

> 🔸 **プレゼン**
> 私は語学力を伸ばしたいのです.
> I'd like to improve my language skills.

ごかくけい 五角形 a pentagon [ペンタゴン]

こかげ 木陰 the shade of a tree →かげ

こがす 焦がす (食べ物を) burn [バ〜ン]；(表面を) scorch [スコーチ] →こげる

▶ トーストをこがさないようにね.
Don't *burn* the toast.

▶ 私はアイロンで衣服をこがしたことがある.
I *have scorched* my clothes with the iron.

こがた 小型の small [スモール]

小型車 a small car, a compact car

ごがつ 5月 →いちがつ, つき¹ (表)

May [メイ] (▶語頭は必ず大文字；May は略さない)

▶ 5 月に in *May*

▶ 5 月 5 日はこどもの日だ.
May 5 is Children's Day. (▶ May 5 は May (the) fifth と読む)

こがらし 木枯らし a cold winter wind

ごきげん →きげん¹

▶ ごきげんいかがですか.

282　two hundred and eighty-two

◀ こくどう

How are you? / (久しぶりの人に) How have you been?
▶ ごきげんよう. Goodbye.

こぎって 小切手 a check [チェック], (英) a cheque [チェック]
▶ 小切手で支払う pay by *check*

ゴキブリ (虫) a cockroach [カクロウチ]

こきゅう 呼吸 breathing [ブリーズィング]; (一呼吸) a breath [ブレス]
呼吸する breathe [ブリーズ]
▶ 深呼吸する
breathe deeply / take a deep *breath*
▶ 人工呼吸 artificial *respiration*
呼吸困難 difficulty in breathing

こきょう 故郷

my home [ホウム]; *my* hometown [ホウムタウン]
▶ 年に1度は故郷に帰っています.
We go back *home* once a year.
▶ 故郷をはなれる leave *home*

プレゼン
奈良が私の故郷です.
Nara is my hometown. / I come from Nara.

スピーキング
Ⓐ あなたの故郷はどこですか.
Where are you from?
Ⓑ 三重です.
I'm from Mie.

こぐ row [ロウ]
▶ 湖でボートをこいだ.
I *rowed* a boat on the lake.
ごく¹ very [ヴェリィ] →たいへん
ごく² 語句 words [ワ～ズ] and phrases [フレイズィズ]
こくおう 国王 a king [キング]
こくがい 国外の foreign [フォ(ー)リン] (反 国内の domestic) →がいこく
こくぎ 国技 a national sport

ライティング
すもうは日本の国技です.
Sumo is the national sport of Japan.

こくご 国語

(日本語) **Japanese** [ヂャパニーズ], the Japanese language; (言語) a **language** [ラングウィヂ]
▶ 国語の授業 a *Japanese* class
彼は5か国語を話す.
He speaks five *languages*.
国語辞典 a Japanese dictionary

こくさい 国際的な

international [インタナショ(ュ)ナル]
▶ 英語は国際的な言語です.
English is an *international* language.
国際化する internationalize
国際会議 an international conference
国際空港 an international airport
▶ 成田国際空港
Narita *International* Airport
国際結婚 an intercultural [インタカルチ(ュ)ラル] marriage, an international marriage
国際交流 international exchange
国際電話 an international (phone) call
国際都市 a cosmopolitan city
国際連合 the United Nations →こくれん

こくさん 国産の domestic [ドメスティク]
▶ これは国産車です. This is a *domestic* car. / (日本車) This is a *Japanese* car. / This car *was made in Japan*.
国産品 domestic products

こくじん 黒人 a black [ブラック] person, black people; (アメリカの) an African-American [アフリカンアメリカン]

こくせき 国籍 nationality [ナショナリティ]

スピーキング
Ⓐ あなたの国籍はどこですか.
What is your nationality?
Ⓑ アメリカです.
I'm American.

こくたい 国体（国民体育大会）the National Athletic Meet
こくてい 国定
国定公園 a quasi[クウェイザイ]-national park (▶ quasi- は「準…」という意味)
こくど 国土 a country [カントゥリィ]
▶ 日本は国土がせまい.
Japan is a small *country*.
こくどう 国道 a national highway
▶ 国道1号線

two hundred and eighty-three 283

こくない ▶

National Highway 1 / *Route* 1

こくない 国内の domestic [ドメスティク], home [ホウム] (反) 国外の foreign)
▶ 国内のニュース *domestic* news
国内総生産 gross domestic product (▶ GDP と略す)

こくはく 告白 (a) confession [コンフェション] 告白する confess [コンフェス]
▶ 勇気を出して彼女に告白した.
I took my courage to *confess* my love to her.

こくばん 黒板 a blackboard [ブラクボード], (米) a chalkboard [チョークボード]
▶ 黒板に名前を書いてください.
Write your name on the *blackboard*, please.
▶ 黒板をふいてください.
Erase the *blackboard*, please. (▶ erase の代わりに clean ともいう)
▶ 電子黒板 an electronic *blackboard*
黒板ふき an eraser [イレイサァ]

> ⓘ参考 緑色の黒板も **blackboard** と呼んでもよい. **green blackboard** とか **greenboard** ともいう.

こくふく 克服する get over, overcome [オウヴァカム]
▶ 自分の弱点を克服する
get over my weak points / *overcome* my weak points

こくほう 国宝 a national treasure
▶ 人間国宝
a living *national treasure*

こくみん 国民

(全体)a nation [ネイション], a people [ピープル]; (1人) a citizen [スィティズン]
国民の national [ナショナル]
▶ 日本国民
(全体) the Japanese *people* / the Japanese *nation* / (1人) a Japanese (*citizen*)

> ✏ライティング
> 日本人は勤勉な国民だと言われている.
> The Japanese are said to be a diligent people.

▶ 世界の諸国民
the *peoples* of the world
▶ 国民の祝日 a *national* holiday
国民栄誉賞 the People's Honor Award
国民性 the national character
国民総生産 gross national product (▶ GNP と略す)
国民体育大会 the National Athletic Meet
国民投票 a referendum [レフェレンダム]

こくもつ 穀物 grain [グレイン], cereals [スィ(ア)リアルズ]

ごくらく 極楽 (a) paradise [パラダイス]

こくりつ 国立の national [ナショナル]
国立競技場 the National Stadium
国立公園 a national park
国立大学 a national university

こくれん 国連 (国際連合) the United Nations (▶ UN と略す)
国連本部 the United Nations Headquarters

ごくろうさま ご苦労様. Thank you for your trouble. →くろう

コケ 〖植物〗moss [モ(−)ス]
▶ その古い壁はコケでおおわれていた.
The old wall was covered with *moss*.

コケコッコー (おんどりの鳴き声) cock-a-doodle-doo [カカドゥードゥルドゥー] →とり (図)

こけし a *kokeshi* (doll [ダル])
▶ こけしは伝統的な木製の人形です.
A *kokeshi* is a wooden folk doll.

こける fall [フォール]
▶ 女の子はつまずいて地面にこけた.
The girl tripped and *fell* to the ground. (▶ trip は「つまずく」という意味)

こげる 焦げる (食べ物が) burn [バ〜ン]; (表面が) scorch [スコーチ] →こがす

ここ ここ(に)

1 (場所) here [ヒア] (反) そこ there), this place

here　　there

◀ **こごと**

▶ ここへおいで. Come *here*.
▶ ここには10年間住んでいます.
　I have lived *here* for ten years.
▶ (ファストフード店で) ここでお召し上がりになりますか, それともお持ち帰りですか.
　For *here*, or to go?
▶ ここはどこですか. Where am I? (▶自分のいる所をたずねるときの決まった言い方. ˟Where is here? とはいわない. 2人以上のときは Where are we? という)

スピーキング
Ⓐ ぼくの帽子はどこだろう.
　Where is my cap?
Ⓑ ここにあるよ.
　Here it is. / Here you are.
(▶ 「はい, どうぞ」と相手に物を差し出しながらいう言い方. 物をさしていうときは It's here. という)

▶ 「ここから最寄りの地下鉄の駅までどのくらいの距離がありますか」「約500m です」
　"How far is it from *here* to the nearest subway station?" "It's about 500 meters."

▶表現力
ここに…がある
→ (1つのとき) **Here is … .** /
　 (2つ以上のとき) **Here are … .**

▶ ここにリンゴの木があります.
　Here is an apple tree. / *Here are* some apple trees.

▶表現力
ここが…だ → **This is … .**

▶ ここが私たちの学校です.
　This is our school. (▶建物や場所をさして「ここが」というときには Here is … . は使わない)

2 (期間)
▶ ここしばらく健二に会ってない.
　I haven't seen Kenji *for a while*.
▶ ここ2, 3日は暑い天気が続くでしょう.
　We will have hot weather *for a few days*.

ごご 午後

afternoon [アフタヌーン] (翅 午前 morning); (時刻のあとにつけて) p.m.

[ピーエム] (翅 午前 a.m.)

▶用法 午後の区分
昼どき (正午～1時): **lunchtime**
昼過ぎ (1～2時): **early afternoon**
2～4時ごろ: **midafternoon**
4～6時ごろ: **late afternoon**
6時以降: **evening**

▶ 午後に in the *afternoon*
▶ 午後2時に
　at two in the *afternoon* / at 2 *p.m.*
▶ 午後遅く late in the *afternoon* / in the late *afternoon*
▶ 日曜日の午後に on Sunday *afternoon*
▶ 4月1日の午後に
　on the *afternoon* of April 1 (▶ April 1は April (the) first と読む)
▶ 9月1日の午後早くに
　in the early *afternoon* of September 1 (▶ early や late を使うときはふつう in にする)
▶ 今日の午後 (に) this *afternoon*
▶ あすの午後 (に) tomorrow *afternoon*

▶文法 afternoon と前置詞
単に「午後に」というときは in を使い, 特定の日の「午後に」という場合は on を使う. this や every, yesterday などがつくときは in や on をつけない.

ココア cocoa [コウコウ] (▶ 「飲み物」としてのココアは hot chocolate ともいう)
こごえる 凍える be frozen [フロウズン]
▶ 凍えそうです. *It's freezing*.
▶ 凍え死ぬ *be frozen* to death
ここだけ
▶ これはここだけの話よ.
　This is *just between you and me*.
ここち 心地よい comfortable [カンファタブル], pleasant [プレズント]
▶ このベッドは寝心地がよい.
　This bed is *comfortable* to sleep in.
▶ 心地よい風 a *pleasant* breeze
こごと 小言を言う (ぶつぶつ言う) grumble [グランブル]; (不平を言う) complain [コンプレイン]; (しかる) scold [スコウルド], tell off →しかる
▶ 彼はいつも食べ物のことで小言を言ってい

two hundred and eighty-five　285

ココナッツ ▶

る. He's always *grumbling* about his food.

ココナッツ 《植物》a coconut [コウカナット]

ここのつ 九つ nine [ナイン] →く¹

こころ 心

使い分け
(知・考え) → mind
(気持ち・感情) → heart
(意志) → will

1 (知・考え) mind [マインド]
▶ 弘ぷは心も体も健康だ.
Hiroshi is sound in *mind* and body.
▶ 私たちの先生は心の広い人だ.
Our teacher is a broad-*minded* person. (▶「心のせまい人」は a narrow-minded person という)

2 (気持ち・感情) heart [ハート]
▶ 心温まる映画 a *heart*warming movie
▶ 彼女はとても心の優しい人です.
She has a very kind *heart*.
▶ あなたには心(の底)から感謝しております.
I appreciate you from the bottom of my *heart*.
▶ 心からおわびします.
I apologize with all my *heart*.
▶ 大統領は日本で心からの歓迎を受けた.
The president received a *hearty* welcome in Japan.

3 (意志) (a) will [ウィル]
▶ リサは心ならずもその提案を受け入れた.
Lisa accepted the proposal against her *will*.

日本語NAVI

心が通う ☞理解しあう →**わかる, りかい**

心がせまい ☞ほかの考えを受け入れない
→**うけいれる, かんがえ**

心がはずむ ☞うれしくなる
→**うれしい, -(に)なる**

心が広い ☞寛大な →**かんだい**

心に刻む ☞しっかりと記憶する
→**きおく, おぼえる**

心に残る ☞忘れられない, 印象的な
→**わすれる, おぼえている, いんしょう**

心を打つ ☞感動させる →**かんどう**

心をこめる ☞愛情をこめる →**あいじょう**

こころあたり 心当たり
▶ 真也½がどこへ行ったか心当たりがない.
I have no *idea* where Shinya went.

こころがけ 心がけ
▶ 心がけがよい
always try to do the right thing(s)

こころがける 心がける try [トゥライ]
▶ 私はいつも正直でいるように心がけている.
I always *try to* be honest.

こころがまえ 心構え
▶ 私は試験を受ける心構えができている.
I *am prepared for* the exam.

こころがわり 心変わり a change of mind
▶ 突然, マイケルは心変わりした.
Suddenly Michael *changed his mind*.

こころづかい 心づかい (思いやり) thoughtfulness [ソートゥフルネス], kindness [カイン(ドゥ)ネス]; (配慮) consideration [コンスィダレイション]
▶ お心づかいありがとう.
That was very *thoughtful* of you. / Thank you for your *consideration*.

こころぼそい 心細い (さびしい) lonely [ロウンリィ]; (たよるものがない) helpless [ヘルプレス]
▶ あなたがいないと心細い.
I feel *lonely* without you. / I *miss* you.

こころみ 試み a trial [トゥライアル], an attempt [アテンプト], 《口語》a try [トゥライ]
試みる try (to ...), attempt (to ...)
▶ 初めての試み the new *trial*

こころよい 快い pleasant [プレズント]
▶ 小鳥のさえずりは耳に快かった.
The singing of the little birds was *pleasant* to the ear.

こころよく 快く (喜んで) gladly [グラドゥリィ], willingly [ウィリンヶリィ]
▶ 彼は快く私たちに手を貸してくれた.
He *willingly* lent us a hand.

ござ a rush mat [ラッシ マット], a mat

コサージュ a corsage [コーサージ]

ございます be, have →-です
▶ こちらが私の兄でございます.
This *is* my brother.

こさめ 小雨 (少量の雨)(a) light rain ; (こぬか雨) (a) fine drizzle [ドゥリズル]

▶ 午後は小雨がぱらつくでしょう.
There will be a *light rain* in the afternoon.

こし 腰

(背中の下部) a (lower) **back** [バック]; (左右に張り出した部分) **hips** [ヒップス]; (ウエスト) a **waist** [ウェイスト] (発音注意) (▶日本語の「腰」にあたる1語の英語はない. 場所によって言い方を変える必要があるので注意)

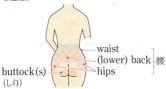

waist
(lower) back } 腰
buttock(s) (しり)
hips

▶ 腰を下ろす sit down
▶ 腰を伸ばす stretch *my*self
▶ 腰が痛いよ.
I have a pain in my *lower back*.
▶ エレンの髪は腰まで伸びている.
Ellen's hair comes down to her *waist*.

> 💬 日本語NAVI
> 腰が抜ける ☞立てない →たつ¹
> 腰が低い ☞態度がひかえめである, 礼儀正しい →ひかえめ, れいぎ
> 腰が引ける ☞びくびくする →びくびく
> 腰を上げる ☞①立ちあがる ②とりかかる →①たちあがる ②とりかかる
> 腰を下ろす ☞座る →すわる

こじ 孤児 an **orphan** [オーファン]
こしかける 腰かける sit [スィット] →すわる
こじき a **beggar** [ベガァ]
ゴシップ (話・記事) (a) **gossip** [ガスィプ]

ごじゅう 五十(の) →かず (表)

fifty [フィフティ]
第50(の) the **fiftieth** (▶50th と略す)
▶ おじは50代です.
My uncle is in his *fifties*.
51 fifty-one
52 fifty-two
五十音 the Japanese **syllabary** [スィラベリィ]

ごじゅうのとう 五重の塔 a five-storied pagoda [パゴウダ]
ごじゅん 語順 word order [ワ~ド オーダァ]
コショウ pepper [ペパァ]

こしょう 故障

trouble [トゥラブル]
▶ エンジンの故障 engine *trouble*
故障する **do not work**, (調子がよくない) **have trouble**; (時計などが) **be broken**; (機械などが) **break down**; (エレベーターなどが) **be out of order**
▶ 目覚まし時計が故障しちゃった.
The alarm clock *is broken*.
▶ 旅行中に車が故障した.
The car *broke down* during the trip.
▶ パソコンがまた故障だよ.
My computer *is having trouble* again.

> 💬 表現力
> …が故障している
> → Something is wrong with … . /
>   … doesn't work.

▶ このテレビは故障している.
This TV set *is not working*. / *Something is wrong with* this TV set.
▶ そのエレベーターは故障していた.
The elevator *was out of order*.
故障中《掲示》Out of Order
こしらえる make [メイク] →つくる
こじれる get complicated [カンプリケイティド], get worse [ワ~ス]; (関係が) go sour [サウア]
▶ それではよけいにこじれるだけだ.
That'll *make* things *worse*.
▶ 2人の関係はこじれてしまった.
Their relationship *has gone sour*.

こじん 個人

an **individual** [インディヴィデュアル]
個人の,個人的な **personal** [パ~ソナル], **private** [プライヴェト]
▶ 個人個人はみな自由に生きる権利がある.
Every *individual* has a right to live freely.
▶ 個人的なことをおうかがいしてもよろしいですか.
Do you mind if I ask you a *personal*

こす ▶

question?
個人的に personally
▶ 個人的にお話ししたいのですが.
I'd like to talk with you *personally*.
個人教授 a private lesson
個人主義 individualism
個人情報 personal information
個人面談 private consulting, private guidance
個人練習 individual practice

こす 越す, 超す

1 (越える) go over, get over
▶ 山を越す *go over* a mountain
2 (上回る) be more than, be over
▶ きみは度を越してるんじゃないか.
I think you've *gone too far*.
3 (時期を過ごす) spend [スペンド], get through
▶ 彼らは厳しい南極大陸の冬を越した.
They *got through* the severe Antarctic winter.
4 (引っ越す) move [ムーヴ] →ひっこす
▶ クラスメートが佐賀に越していった.
One of my classmates *moved* to Saga.
5 (来る) come [カム]
▶ どうかまたお越しください.
Please *come* again.

こずえ the top of a tree, treetops [トゥリータプス]
コスト (a) cost [コ(ー)スト]
コスプレ cosplay [カスプレイ], playing dress-up as an anime character (▶「アニメ」のキャラクターの場合.「マンガ」なら an anime を a manga,「ゲーム」なら a video game にする)
コスモス 〔植物〕a cosmos [カズモス]
こする rub [ラブ]
▶ その女の子は眠たくて目をこすった.
The girl felt sleepy and *rubbed* her eyes.
▶ タオルで体をこする
scrub my body with a towel

こせい 個性 individuality [インディヴィデュアリティ], (a) personality [パ~ソナリティ]
▶ 個性を伸ばす
develop my *personality*
▶ 個性を発揮する show my *originality*

▶ 彼は個性的な人だ.
He has a unique *personality*.
▶ 生徒はみなそれぞれ個性をもっている.
Every student has their own *personality*.

こぜに 小銭 small change [チェインヂ], change
▶「1000円札をくずしてくれない？」「ごめん, 小銭の持ち合わせがないんだ」
"Can you change a 1,000-yen bill?"
"I'm sorry I don't have any *change*."
小銭入れ 〔米〕a change purse, a coin purse, 〔英〕a purse

ごぜん 午前

morning [モーニング] (対) 午後 afternoon;
(時刻のあとにつけて) a.m. [エイエム] (対) 午後 p.m.)
▶ 午前に in the *morning*
▶ 午前7時に
at seven in the *morning* / at 7 *a.m.*
▶ 月曜日の午前に on Monday *morning*
▶ 5月5日の午前に
on the *morning* of May 5 (▶ May 5 は May (the) fifth と読む)
▶ 今日の午前(に) this *morning*
▶ きのうの午前(に) yesterday *morning*
▶ 午前中ずっと眠ってしまった.
I have slept all *morning*.
▶ 遊園地は午前10時から午後6時までやっています.
The amusement park is open from 10 *a.m.* to 6 p.m.
▶ 午前6時半発博多行きの列車に乗ります.
I'll take the 6:30 *a.m.* train for Hakata.

> ○ in the morning
> × in the morning of May 5
> ↑ 特定の日がつくときは on を使う.
> ○ on the morning of May 5
> × in this morning
> ↑ this や tomorrow がつくときは in や on は使わない.
> ○ this morning

-こそ

▶ これこそぼくのほしかったものだ.

This is the *very* thing (that) I wanted. / This is *just* the thing I wanted.
▶ 今度こそ勝ってみせる.
I'll win this time *for sure*.

こそこそ secretly [スィークレトゥリィ] →こっそり
▶ こそこそ話す talk *secretly*

こそだて 子育て parenting [ペ(ア)レンティング], child rearing, child care

ごぞんじ ご存じ →しる¹
▶ ご存じのとおり As you *know*, ...

こたい 固体 a solid [サリド] (▶「液体」は liquid, 「気体」は gas)

こだい 古代 ancient [エインシェント] times
古代の ancient
▶ 古代ローマ *ancient* Rome
古代文明 an *ancient* civilization

こたえ 答え

an **answer** [アンサァ] (反 問い question)
▶ 解答用紙に答えを書きなさい.
Write your *answers* on the answer sheet.
▶ 正しい答えを○で囲みなさい.
Circle the correct *answer*.
▶ きみの答えは全部合っている.
Your *answers* are all correct.

こたえる¹ 答える

answer [アンサァ] (反 たずねる ask)

ask   answer

▶ 私の質問に答えなさい.
Answer my question. / *Reply to* my question. (▶後者はかたい言い方)
▶ 私は「わかりません」と答えた.
I *answered*, "I don't know." / I *answered* that I didn't know.

こたえる² 応える (期待・要求などに) meet [ミート], fulfill [フルフィル]; (悪影響を与える) be hard [ハード] (on)
▶ みなさんのご期待にぜひおこたえしたいと思います.

I'd really like to *meet* your expectations.
▶ この寒さは私にはとてもこたえる.
This cold *is* very *hard on* me.

ごたごた (混乱) a mess [メス]; (問題) trouble(s) [トゥラブル(ズ)]
▶ うちのクラスはごたごたが絶えない.
Our class is never free from *troubles*.
▶ ごたごた言うなよ.
Don't *grumble*.

こたつ a *kotatsu* (▶説明的にいうと, a table with an electric heater attached to the underside)
▶ こたつで暖まる get warm at a *kotatsu*

こだま an echo [エコウ] (複数 echoes)
こだまする echo

こだわる (好みなどが) be particular [パティキュラァ] (about), stick [スティック] to
▶ 私ってシャンプーにはこだわってるの.
I am *particular about* my shampoo.

ごちそう (豪華な食事) a lavish [ラヴィシ] meal; (すばらしい食べ物) wonderful food, wonderful dishes
ごちそうする treat [トゥリート]
▶ おばはよくぼくらにごちそうしてくれた.
My aunt often *treated* us to dinner.
▶ わぁ, ごちそうだ! Oh, what a *treat*!

🗨 スピーキング
🅐 ケーキをもう1切れいかがですか.
Would you like another piece of cake?
🅑 いや, けっこうです. じゅうぶんごちそうになりました.
No, thanks. I'm full.

💬 用法 ごちそうさま.
英語には「ごちそうさま」に当たるあいさつはない. 食事が済んだことを伝えるときは **I'm full.** (おなかいっぱい)や **I'm finished.** (食べ終わったよ) のように言う. 食事をごちそうになったときは **That was delicious.** (とてもおいしかったです) や **That was a wonderful dinner.** (すばらしい夕食でした) などのように積極的にほめて感謝の気持ちを表す.

ごちゃごちゃした ▶

ごちゃごちゃした (散らかった) messy [メスィ]; (混乱した) confused [コンフューズド]
▶ ぼくの部屋はいつもごちゃごちゃしている.
My room is always *messy*.

こちょう 誇張 (an) exaggeration [イグザ ヂェレイション]
誇張する exaggerate [イグザヂェレイト]
▶ 誇張しているんじゃないよ.
I'm not *exaggerating*.

こちら

使い分け
(場所) → **here**
(物・人) → **this**

1 (場所) **here** [ヒア] (対 あちら there); (こちらの方へ) this way

スピーキング
Ⓐ こちらへどうぞ.
This way, please.
Ⓑ ありがとう.
Thank you.

▶ こちらへいらっしゃって何年になりますか.
How long have you been *here*?
▶ 入り口はこちらです.
This is the way in.

2 (物・人) **this** [ズィス] (対 あちら that)

表現力
(紹介するとき) こちらは…です
→ **This is ... .**

▶「真理子，こちらはアメリカから来たケンです」「ケン，こちらは私の友人の真理子です」
"Mariko, *this is* Ken from the United States." "Ken, *this is* my friend Mariko." (▶ふつう先に男性を女性に，また年下の人を年上の人に紹介する)

表現力
(電話で) こちらは…です
→ **This is ... speaking.**

▶ (電話で) もしもし，こちらは鈴木ですが.
Hello, *this is* Suzuki *speaking*.
こちらこそ
▶「おいでいただいてどうも」「こちらこそ」
"Thank you for coming." "*It's my pleasure. / The pleasure is mine.*"
(▶くだけた言い方では My pleasure. という)

こぢんまり こぢんまりした cozy [コウズィ]
▶ こぢんまりした家
a *cozy little* house

こつ (要領) a knack [ナック]; (秘訣こっ) the secret [スィークレト] (to)
こつをつかむ get the knack (of) , get the hang (of)
▶ そのうちこつがつかめるよ.
You'll *get the knack of* it before long.
▶ おいしいカレーを作るこつ
the secret to making good curry
▶「このはさみ切れないよ」「こつがあるんだよ」
"These scissors don't cut well." "There is a *knack* to it."

こっか¹ 国家 a nation [ネイション], a country [カントゥリィ], a state [ステイト]
国家の national
国家公務員 a government employee
国家試験 a national examination, a state examination

こっか² 国歌 a national anthem [アンセム]
▶ 国歌を斉唱する
sing the *national anthem* in unison

こっか³ 国花 a national flower
▶ 日本の国花は桜です.
The *national flower* of Japan is the cherry blossom.

こっかい 国会 (日本の) the Diet [ダイエト]
→ ぎかい
▶ 国会は今開会中です.
The Diet is now in session.
▶ 国会を解散する dissolve *the Diet*
国会議員 → ぎいん
国会議事堂 (日本の) the Diet [ダイエト] Building

こづかい 小づかい (定期的な) 《米》an allowance [アラウァンス], 《英》pocket money; spending money
▶ 私は月に3000円のおこづかいをもらっています. I get an *allowance* of 3,000 yen a month.

こっき 国旗 a national flag [フラッグ]
▶ 国旗を掲揚ようする
(動作) hoist the *national flag* / (状態) fly the *national flag*

こっきょう 国境 a border [ボーダァ]

290 two hundred and ninety

▶ 国境を越える
cross the *border*
▶ カナダはアメリカと国境を接している．
Canada *is bordered* by the U.S.
国境線 a borderline [ボーダーライン]

コック (料理人) a cook [クック] (発音注意)
コック長 a chef [シェフ] (複数) chefs)

こっけい こっけいな funny [ファニィ], comical [カミカル]
▶ こっけいな話 a *funny* story

こつこつ (着実に) steadily [ステディリィ]；(たたく音) a tap [タップ]
▶ 私はこつこつ英語の勉強を続けている．
I keep studying English *steadily*.

こっせつ 骨折 (a) fracture [フラクチァ]
骨折する break a bone
▶ サッカーの試合中に右足を骨折した．
I *broke* my right leg during a soccer game.

こっそり secretly [スィークレトリィ], in secret
▶ 父はこっそりとおこづかいをくれた．
My father *secretly* gave me some money.

こっち here [ヒア], over here →こちら

Ⓐ どこにいるの？
Where are you?
Ⓑ こっちだよ．
Over here.

▶ こっちへ来て！ Come *over here*.

こづつみ 小包 a parcel [パーセル], a package [パケヂ]；(小包便) parcel post
▶ その本，小包で送るね．
I'll send the book by *parcel post*.

コップ →カップ
(ガラスの) a glass [グラス] (▶「コップ」はオランダ語の *kop* から)

glass

cup

▶ **glass** はガラス製で冷たい飲み物用．**cup** はおもに取っ手のある温かい飲み物用．

▶ コップに水を1杯ください．
Can I have a *glass* of water?
▶ コップが割れた． A *glass* was broken.
▶ 紙コップ a paper *cup* (▶ paper ˣ*glass* とはいわない)

こてい 固定する fix [フィックス]
固定観念 a fixed idea

こてん 古典 (全体) the classics [クラスィクス]；(1編の作品) a classic
古典の classic, classical
▶ われわれはもっと古典を読まなければならない．
We must read more *classics*.
古典文学 classical literature, the classics

こと¹ 事

a thing [スィング]；(事がら) a matter [マタァ]
▶ そんなことをしちゃいけない．
Don't do such *things*.
▶ 今日はやることがいっぱいある．
I have lots of *things* to do today.
▶ 何か困ったことでもおありですか．
Is anything the *matter* with you?
▶ ことはうまく運んだ．
Things worked out fine.
▶ これは笑いごとではない．
This is no laughing *matter*.

こと² 琴 a koto, a Japanese harp
▶ 琴をひく play the *koto*

−こと

使い分け
…すること → to ... , -ing
…したことがある → have +過去分詞
…ということ → that ...

1 (…すること) to ... , -ing

文法「to +動詞の原形」と **-ing**
「to +動詞の原形」は**不定詞**，**-ing** は**動名詞**と呼ばれる．不定詞は「その行為に気持ちが向かうこと」に重点があるので，未来のことを述べるときによく使われる．一方の動名詞は「実際にその行為を思い浮かべること」に重点があるので，過去のことを述べるときによく使われる．

こどう ▶

▶ 歩くことが好きだ.
I like *to walk*. / I like *walking*.

▶ 私の趣味は映画を鑑賞することです.
My pastime is *watching* movies.

💬表現力
…することは〜だ
→ *-ing* is 〜 . / It is 〜 to ... .

▶ 英語を学ぶことは楽しい.
Learning English *is* fun. / *It's* fun *to learn* English.

▶ その問題を解くことは私には難しかった.
It was hard for me *to solve* the problem. (▶「…には」は for ... で表す)

▶ 英語を話すことは私には簡単ではない.
It is not easy for me *to speak* English.

💬表現力
… (する) ことになっている
→ be 動詞＋ to ...

▶ 私たちは7時に会うことになっている.
We *are to meet* at seven. (▶「be 動詞＋ to ＋動詞の原形」で未来の予定を表す)

2 (…したことがある) have ＋過去分詞

💬表現力
…したことがある → have ＋過去分詞

▶ この本は何度も読んだことがある.
I *have read* this book many times.

▶ 今まで奈良へ行ったことがありますか.
Have you ever *been* to Nara?

💬表現力
…したことがない
→ have not ＋過去分詞 /
have never ＋過去分詞

✏ライティング
私は京都へ行った**ことがありません**.
I have never been to Kyoto.

▶ 私はそんなに美しい花を見たことがない.
I *have never seen* such beautiful flowers.

3 (…ということ) that ...

▶ 亜矢子がぼくに気があるってことは知ってるよ.
I know (*that*) Ayako is interested in me.

💬用法 … (する) こと
「… (する) こと」のように忠告や勧告をするときは命令文で表せる.
「野菜をもっと食べること」
Eat more vegetables.
「ごみを散らかさないこと」
(米) No litter. / Don't litter.

こどう 鼓動 (a) heartbeat [ハートゥビート]
鼓動する beat [ビート]
▶ 胸の鼓動が高まった.
My heart *beat* fast.

ごとうちキャラ ご当地キャラ (a) local mascot character [ロウカル マスカト キャラクタァ]

ごとうちグルメ ご当地グルメ a local delicacy [ロウカル デリカスィ]

ことがら 事柄 →こと¹

こどく 孤独 loneliness [ロウンリィネス], solitude
孤独な lonely, solitary [サリテリィ]
▶ どんなときに孤独を感じますか.
When do you feel *lonely*?

ことごとく every [エヴリィ] →すべて

ことし 今年

this year
▶ 今年は雨が多かった.
We have had a lot of rain *this year*.

▶ 今年の夏はどこへ行きましょうか.
Where shall we go *this* summer? (▶ this year や this summer の前には in や at などをつけない)

▶ (年賀状で) ご家族のみなさまにとって今年が幸せな一年でありますように.
We wish you and your family every happiness throughout *this year*.

ことづけ 言づけ a message [メセヂ]
ことづける leave a message
▶ ここに先生からきみへのことづけがあります.
Here is a *message* for you from your teacher. / I have a *message* for you from your teacher.

▶ (電話で)「おことづけがあればうかがっておきましょうか」「けっこうです. あとでかけ直しますから」
"Can I *take a message*? / Would you like to *leave a message*?" "No,

thanks. I'll call back later."
ことなる 異なる be different [ディフ(ェ)レント]《from》→ちがう
ことに especially [エスペシァリィ], particularly [パティキュラリィ] →とくに

-ごとに …毎に

every [エヴリィ]
▶ 2日ごとに every two days / every second day / every other day
▶ オリンピックは4年ごとに開かれる．
 The Olympic Games take place *every* four years.
▶ 電車は10分ごとに来ます．
 The train comes *every* ten minutes.

ことによると maybe [メイビィ], possibly [パスィブリィ] →もしかしたら

ことば 言葉

1 (言語) (a) language [ラングウィヂ]
▶ 話しことば spoken *language*
▶ 書きことば written *language*
▶ 人はことばを使ってお互いの考えを伝え合う．
 People use *language* to communicate with each other.

各国のことば

日本語	Japanese	こんにちは
英語	English	Hello!
スペイン語	Spanish	Buenas tardes!
フランス語	French	Bonjour!
ドイツ語	German	Guten Tag!
ロシア語	Russian	Здравствуйте!
中国語	Chinese	你好！
韓国・朝鮮語	Korean	안녕하십니까？
スワヒリ語	Swahili	Jambo!

▶「こんにちは」の読み方は，上から［ヘロゥ］／［ブエナス タルデス］／［ボンジュール］／［グーテンターク］／［ズドラーストヴィチェ］／［ニーハオ］／［アンニョン ハシムニカ］／［ヂャンボ］

2 (単語) a word [ワ～ド]；(話すことば・ことばづかい) language, speech [スピーチ]
▶ 別のことばで言えば in other *words*
▶ うまいことばが見つからない．
 I can't find the right *words*.
▶ ことばづかいが悪いよ．ことばに気をつけなさい．
 You use bad *words*. Watch your *language*. (▶ language のかわりに tongue, mouth も使う)
▶ 合いことば
 (敵味方を分ける) the pass*word*；(標語) a slogan, a motto
▶ 花ことば the *language* of flowers
 ことば遊び a word game

> 🔍 **日本語 NAVI**
> 言葉をにごす ☞ はっきり言わない
> →はっきり，いう，あいまいな
> 言葉をはさむ ☞ 話に割り込む
> →わりこむ

こども 子供

a child [チャイルド] (複数) children [チルドゥレン]；(《口語》) a kid [キッド]

child

children

▶ **children** は **child** の複数形．
▶ 私が子どものころ
 when I was a *child* / in my *childhood*
▶ 私には子どもが2人います．
 I have two *children*.
▶ これが私の子どもです．
 (息子) This is my *son*. /(娘) This is my *daughter*. (▶ This is my ×child. とはふつういわない)
▶ 子どもあつかいしないでよ！
 Don't treat me like a *child*.
▶ 7歳以下の子どもは無料です．
 Children aged seven or under are free.
 子どもっぽい childish [チャイルディシ]
▶ 彼は子どもっぽい人だ．He is *childish*.
 (▶ childish は悪い意味で使われる)
 こどもの日 Children's Day

ことり 小鳥 a little bird [バ～ド], a bird
ことわざ a proverb [プラヴァ～ブ]
▶「時は金なり」ということわざがある．
 There is a *proverb*: "Time is money."
▶ ことわざにいうとおり「光陰矢のごとし」だ．
 As the *proverb* says, time flies.

ことわり ▶

ことわざ (proverbs)

All that glitters is not gold.
光るものかならずしも金ならず. ＝見かけだけではわからない.

All work and no play makes Jack a dull boy.
勉強ばかりして遊ばないと, 子どもはばかになる. ＝よく学びよく遊べ.

Birds of a feather flock together.
同じ羽の鳥は群れ集う. ＝類は友を呼ぶ.

The early bird catches the worm. 早起きの鳥は虫をつかまえる.
＝早起きは三文の得 [徳].

Everybody's business is nobody's business.
みんなの仕事はだれの仕事でもなくなる. ＝共同責任は無責任.

A friend in need is a friend indeed. 困ったときの友こそ真の友.

The pen is mightier than the sword.
ペンは剣よりも強し.

Practice makes perfect.
練習すれば完全になる. ＝習うより慣れろ.

Rome was not built in a day.
ローマは一日にして成らず. ＝大事業は一朝一夕にはできない.

Seeing is believing.
見ることは信じることである. ＝百聞は一見にしかず.

Strike while the iron is hot. 鉄は熱いうちに打て. ＝よい機会をのがすな.

ことわり 断り (拒絶) (a) refusal [リフューザル]；(許可) permission [パミション]
▶ 入場お断り《掲示》
No Admittance / Off Limits
▶ 断りなしに人の手紙を読むものではない.
You shouldn't read others' letters without *permission*.

ことわる 断る (拒絶する) refuse [リフューズ]；(ていねいに) decline [ディクライン]；(きっぱりと) reject [リヂェクト]
▶ 彼女にデートを申しこんだんだけど, あっさり断られちゃったよ.
I asked her out, but she flatly *refused*.
▶ どう断ったらいいんだろう.

I don't know how to *say no*.

🗣 スピーキング

①**軽い失礼を断るとき**
Ⓐ ちょっと失礼します.
Excuse me.
Ⓑ どうぞ.
Sure.
(▶ Excuse me. は, 人の前を通ったり, 話し中にせきやくしゃみが出たり, 見知らぬ人に話しかけたりするときに使う)
🔊 すみませんが, ちょっと失礼します.
Excuse me for a minute.
🔊 すみませんが, このバスは渋谷へ行きますか.
Excuse me, but does this bus go to Shibuya?

②**自分の落ち度をわびるとき**
Ⓐ ごめんなさい.
I'm sorry.
Ⓑ いいんですよ.
That's all right.
(▶ I'm sorry. は, 足をふんだり, ぶつかったり, 物をこわしたりなど, 不注意で人に迷惑をかけたときに使う)

③**遅れたとき**
Ⓐ 遅くなってほんとうにすみません.
I'm very sorry I'm so late.
Ⓑ いいんですよ.
That's quite all right.
Ⓐ 待たせちゃってごめんね.
I'm sorry to have kept you waiting.
Ⓑ なあに, いいとも.
That's OK.

④**思いがけなく迷惑をかけたとき**
Ⓐ ご迷惑をおかけしてすみません. そんなつもりではなかったのです.
I'm sorry I troubled you so much. I didn't mean to.
Ⓑ 何でもありませんよ, 気にしないで.
It's OK [all right]. Don't worry about it.

⑤**失敗を打ち明けて, わびるとき**
Ⓐ ごめん, きみの消しゴム, なくしちゃった.
I'm sorry, I've lost your eraser.
Ⓑ 気にするなって. だいじょうぶだよ.
Never mind. That's OK.

◀ **このさき**

こな 粉 powder [パウダァ]
　粉薬 a powder, powdered medicine
　粉チーズ grated cheese (▶ grated は「すりおろした」という意味)
　粉ミルク powdered milk
　粉雪 powder snow, powdery snow (▶単に powder ともいう)

こなごな
▶ コップがこなごなに割れた．
　The glass broke *into pieces*.

こにもつ 小荷物 a parcel [パースル], a package [パケジ]

コネ connections [コネクションズ], contacts [カンタクツ], 《口語》an in
　コネがある have connections 《with, in, at》, have contacts 《with, in, at》
▶ 父はその会社にコネがある．
　My father *has connections with* the company.

コネコ 子猫 a kitten [キトゥン] →**おや**¹(図)

こねる (粉などを) knead [ニード]
▶ パン生地をこねる
　knead dough [ドゥ]

この

1 (近くの人・物をさして) this [ズィス] (複数 these) (対 あの that)

> 表現力
> この… → (1つのとき) this ...
> 　　　 → (2つ以上のとき) these ...

▶ このかさ
　this umbrella
▶ きみのこのかさ
　this umbrella of yours (▶語順に注意．×your this umbrella とはいわない)
▶ この本はぼくのです．
　This book is mine. (▶「この」が複数(これら)を表しているときは *These* books are mine. となる)

2 (時間) (季節) this ... ; (この1週間[1か月など]) the last ... , the past ...
▶ この冬は雪が多い．
　There's been a lot of snow *this* winter. (▶ ×*in this winter* とはしない)
▶ この数か月，彼に会っていない．
　I haven't seen him for *the past* few months.

このあいだ この間 (先日) the other day ; (最近) recently [リーセントゥリィ]

> 🗨 スピーキング
> Ⓐ このあいだはどこへ行ったの？
> 　Where did you go the other day?
> Ⓑ ちょっと新宿まで．
> 　Just to Shinjuku.

▶ このあいだ，新しいパソコンを買ったんだ．
　I *recently* bought a new computer.

このあたり near here, around here →**このへん**
▶ おれ，このあたりはくわしいんだ．
　I'm familiar with *this area*.

このうえ この上 (これ以上) anymore [エニモー(ァ)] ; (ほかに) else [エルス]
▶ このうえご迷惑はかけません．
　I won't trouble you *anymore*.

このかた この方 (この人) (男性) this gentleman, (女性) this lady
▶ このかたはオルソン夫人です．
　This is Mrs. Olson.

このくらい this [ズィス] ; (このように) like this →**こんな**
▶ (手で大きさを示して) その魚，このくらいあったよ．
　The fish was about *this* big.
▶ このくらいの失敗でがっかりするな．
　Don't feel bad about a failure *like this*.

このごろ この頃 these days [ズィーズ デイズ] ; (今日では) nowadays [ナウアデイズ] ; (最近) recently [リーセントゥリィ], lately [レイトゥリィ] →**さいきん**¹
▶ このごろ太ってきたんだ．
　I'm putting on weight *these days*.
▶ このごろ，篠田くんには会ってない．
　I haven't seen Shinoda *lately*.

このさき この先 (前方) ahead [アヘッド] ;

two hundred and ninety-five　295

このつぎ ▶

(今後) from now (on)
▶ この先右折禁止 《掲示》
No Right Turn *Ahead*
▶ 銀行はこの先にあります.
There is a bank just *ahead*.
▶ この先どうするつもり？
What will you do *from now on*?

このつぎ この次 (次の) next [ネクスト]；(いつか) some other time, some other day
▶ この次の土曜日につりに行かない？
How about going fishing *next* Saturday?（▶×on next Saturdayとはいわない）
▶ またこの次にしましょう.
Let's make it *some other time*.（▶ make it は「都合ぷをつける」という意味）

このとおり この通り like this [ライク ズィス] →とおり
▶ このとおりに書いてごらん.
Try to write it *like this*.

このところ →このごろ, さいきん¹

このは 木の葉 →は²

このへん この辺 **1** (近所に) near here, around here, in this neighborhood [ネイバフド]
▶ この辺にバス停はありますか.
Is there a bus stop *near here*?
2 (この程度で)
▶ 今日はこのへんにしましょう.
Let's call it a day. /（授業などで）*That's all* for today.

このまえ この前

1 (この間) →このあいだ
▶ この前会ったとき，彼は元気そうだったよ.
The last time I saw him, he looked fine.
2 (この前の) **last** [ラスト]；(以前の) former [フォーマァ]
▶ この前のEメールで
in my *last* email
▶ この前の生徒会長
the *former* student council president
▶ この前の月曜日に公園でお昼を食べた.
We had lunch in the park *last* Monday.（▶×on last Mondayとはいわない）

> 🗨 スピーキング
> Ⓐ この前会ったのはいつだったっけ.
> When did I see you last?
> Ⓑ ええと，3か月前だったと思う.
> Well, I think it was three months ago.

このましい 好ましい good [グッド], nice [ナイス]；(望ましい) desirable [ディザイ(ア)ラブル]
▶ 両親に隠しごとをするのは好ましくない.
I don't think it's *good* to hide things from your parents.

このまま as it is, as they are
▶ 書類はこのままにしておきなさい.
Leave the papers *as they are*.

このみ 好み (a) taste [テイスト]
▶ この色は私の好みにピッタリです.
This color is exactly to my *taste*.
▶ 雄作ぷは私の好みのタイプなの.
Yusaku is my *type*.
▶ それは好みの問題だ.
It's a matter of personal *taste*.

このむ 好む like [ライク] →すき¹

このよ この世 this world [ワールド]

このような like this →こんな

このように like this, (in) this way
▶ このようにまず円をかきます.
Draw a circle first *like this*.

こばむ 拒む refuse [リフューズ] →ことわる

こはるびより 小春日和 an Indian summer, warm autumn day

こはん 湖畔 a lakeside [レイクサイド]
▶ 湖畔のホテル a *lakeside* hotel

ごはん ご飯

rice [ライス], boiled rice, cooked rice；(食事) a meal [ミール]

ご は ん	米飯	boiled rice	
	食事	meal	朝食 breakfast
			昼食 lunch
			夕食 dinner, supper

▶ ごはんを食べる have a *meal*
▶ ごはんをたく cook *rice* / boil *rice*
▶ たきたてのごはん freshly cooked *rice*
▶ お昼ごはんまだ（→昼ごはんの準備はまだできていないの）？ おなかすいちゃった.

296 two hundred and ninety-six

Isn't *lunch* ready? I'm hungry.
▶ 今日の晩ごはんなあに？
What are we going to have for *dinner* tonight?
▶ ごはんよそって.
Could I have some *rice*?

💬用法 ごはんよ!
「ごはんよ！」"*Breakfast* is ready."
「いま行く！」"*I'm coming!*"
(▶朝なら **breakfast**, 昼なら **lunch**, 晩なら **dinner** または **supper** と具体的にいう)

コピー a copy [カピィ]
コピーする copy, make a copy
▶ このページのコピーを10枚とってください.
Please *make* ten *copies* of this page.
コピー機 a copy machine, a copier
コピーライター a copywriter

こヒツジ 子羊 a lamb [ラム] →おや¹ (図)

こびと 小人 a dwarf [ドゥウォーフ] (複数 dwarfs または dwarves)
▶『白雪姫と７人のこびと』
Snow White and the Seven Dwarfs
こぶ (打ぼくによる) a bump [バンプ], a lump [ランプ]; (ラクダの) a hump [ハンプ]
▶ おでこにこぶができた.
I got a *bump* on my forehead.
ごぶさた
▶ ごぶさたしています.
(手紙などで) I'm sorry for my *long absence*. / (人に会ったとき) I haven't seen you for a long time.
こぶし a fist [フィスト] →げんこつ
▶ こぶしをにぎる clench *my fist*
こぶり 小降りになる let up
▶ 雨が小降りになってきた.

The rain *is letting up*.
こふん 古墳 an ancient tomb [エインシェントトゥーム]
こぶん 古文 《教科》the Japanese classics
ゴボウ 《植物》a burdock [バ〜ダク] (▶欧米ではそこでは食用としない人が多い)
こぼす 1 (液体・粉などを) spill [スピル]; (食べ物などを) drop [ドゥラップ]; (涙を) shed [シェッド]
▶ 砂糖をこぼす *spill* sugar
▶ (子どもに) 食べ物をこぼさないようにね.
Be careful not to *drop* your food.
2 (ぐちを) complain [コンプレイン] (about, of), grumble [グランブル] (about)
▶ 彼は日本の蒸し暑い夏にぐちをこぼしている.
He *complains about* the hot and humid summers in Japan.
こぼれる (液体・粉などが) spill [スピル]; (こぼれ落ちる) fall [フォール], drop [ドゥラップ]
▶ 水がグラスからテーブルにこぼれた.
Water *spilled* from the glass onto the table.
▶ 彼の目から涙がこぼれた.
Tears *fell* from his eyes.
ゴホン cough [コ(−)フ]
こま¹ a top [タップ]
▶ こまを回す spin a *top*
こま² 駒 (チェス・将棋の) a piece [ピース]
チェスの駒 a chess piece
ゴマ 《植物》sesame [セサミィ]
(比喩的に) ごまをする flatter [フラタァ], 《口語》apple-polish [アプルパリシ]
▶ 彼はごますりだ.
He's a *flatterer*. / 《口語》He's an *apple-polisher*.
コマーシャル a commercial [コマ〜シャル]

こまかい 細かい

1 (小さい) small [スモール], fine [ファイン]
▶ その海岸は砂が細かい.
The beach is covered with *fine* sand.
▶ タマネギを細かく切る
cut an onion *into pieces*
▶ ルミ, キャベツを細かく切って.
Cut the cabbage *into small pieces*,

ごまかす ▶

Rumi.

▶ この500円玉を細かくしてください.
Please *change* this 500-yen coin.

2 (ささいな) small, little [リトゥル]；(神経が)
sensitive [センスィティヴ]

▶ 細かいことは気にするな.
Don't worry about *small* things.

▶ 彼女は神経が細かい. She is *sensitive*.

ごまかす cheat [チート], deceive [ディスィーヴ]

▶ トムはうそをついて私をごまかそうとした.
Tom tried lying to *deceive* me.

▶ 店員は1000円ごまかした.
The clerk *pocketed* 1,000 yen.

▶ 自分をごまかしちゃだめ.
Don't *cheat* yourself.

こまらせる 困らせる trouble [トゥラブル]

▶ 親を困らせるな.
Don't *trouble* your parents.

こまる 困る

have trouble [トゥラブル], **have a
problem** [プラブレム]；(苦労する) have a
hard time：(途方にくれる) be at a loss
[ロ(ー)ス]

▶ 困ったな. I've got a *problem*.

▶ 何か困ったことでも？
Are you *having* any *trouble*? / Is
there *anything wrong*?

▶ アメリカでインフルエンザになったときは
困りました.
I *had a hard time* when I had the flu
in America.

▶ どうすればよいのか困ってしまった.
I *was at a loss* what to do.

ごみ (紙・びん・ぼろなどの) 《米》trash [トゥ
ラッシ], 《英》rubbish [ラビシ]；(台所から出
る生ごみ) 《米》garbage [ガーベヂ]；(紙く
ず) wastepaper [ウェイストゥペイパァ]；(道路
上の紙くずなど) litter [リタァ]；(ほこり)
dust [ダスト]；(廃棄物) waste

▶ 燃やすごみ burnable *trash*

▶ 燃やさないごみ unburnable *trash*

▶ 資源ごみ recyclable *waste*

▶ ごみを捨てる throw out the *garbage*

▶ ごみを出してきて.
Please take out the *garbage*.

▶ (外で)ごみを捨てちゃだめ. Don't *litter*.

▶ ごみ捨て禁止 《掲示》No *Littering*

▶ ごみは持ち帰りましょう《掲示》
Please Do Not Leave *Trash* Behind

ごみ収集車 《米》a garbage truck, 《英》
a dustcart

ごみ箱 《米》a trash can, a garbage
can, 《英》a dustbin

ごみ袋 a plastic garbage bag

こみあう 込み合う be crowded [クラウディ
ド] 《with》→こむ

こみいる 込み入る be complicated [カ
ンプリケイティド]

▶ その映画の筋はとてもこみ入っていた.
The plot of the movie *was* very
complicated.

こみち 小道 a lane [レイン]；(山の) a
path [パス], a trail [トゥレイル]

コミック (漫画本) a comic [カミク] (book),
comics

▶ 少女コミック
a *comic book* for young girls / a
young girls' *comic book*

コミュニケーション communication
[コミューニケイション]

┌─ プレゼン ─────────────
ぼくは部活を通じて**コミュニケーション**
の大切さを学びました.
I've learned the importance of
communication through club
activities.

こむ 込む, 混む

be crowded [クラウディド] 《with》；be
jammed [ヂャムド]

▶ 電車はとてもこんでいて，ずっと立ちどお
しでした.
The train *was* so *crowded* that I
had to stand all the way.

▶ 道路がこんでいて，遅れました.
I was late because of a traffic *jam*.

▶ この道路はこんでいる(→交通量が多い).
Traffic is *heavy* on this road.

▶ こんだバス a *crowded* bus

ゴム rubber [ラバァ]

▶ 輪ゴム
a *rubber* band / 《英》an elastic band

▶ ゴム底のくつ *rubber*-soled shoes

ゴム印 a rubber stamp

ゴムボート a rubber boat

◀ **こや**

コムギ 小麦 wheat [(フ)ウィート]
▶ 小麦畑 a *wheat* field
　小麦粉 flour [フラウア]
　小麦色 light brown；(肌が) tan

コメ 米

rice [ライス]
▶ 米をつくる grow *rice*
▶ 米をたく boil *rice* / cook *rice*
▶ お米をとぐ wash *rice* / rinse *rice*
▶ 米は日本人の主食だ． *Rice* is the staple food of the Japanese.

　背景 欧米では米を主食とはせず，料理や菓子類の材料として使う．

こめかみ a temple [テンプル]
コメディアン a comedian [コミーディアン]
コメディー (a) comedy [カメディ]
こめる
▶ 心をこめて彼らにお礼を言った．
　I thanked them with all my heart.

ごめん →すみません，もうしわけ

1 (過失の謝罪に) **I'm sorry.** [サリィ]；(軽くわびるときに) **Excuse me.** [イクスキューズ ミィ]，**Pardon me.** [パードゥン ミィ]
▶ ごめんなさい，お母さん．
　I'm sorry, Mom.

　スピーキング
　Ⓐ ごめんなさい．
　　I'm sorry.
　Ⓑ どういたしまして．
　　That's all right.

▶ ごめんなさい．ちょっと通してください．
　Excuse me, could I get past?
▶ 横から口を出してごめんなさい．
　Pardon me for jumping in.

　用法 I'm sorry. と Excuse me.
　《米》では **I'm sorry.** は自動車をぶつけるとか，皿を割るとか，人に大きな迷惑をかけたときの謝罪のことば．**Excuse me.** は，人にちょっとした迷惑をかけたときや，かけそうなとき (話の途中にせきをしたとか，げっぷが出たとかの場合など) に使う．

　表現力
　…してごめんなさい
　→ I'm sorry (that) ... . / I'm sorry to ... .

▶ 遅れてごめんなさい．
　I'm sorry I'm late.
▶ もっと早く返事が書けなくてごめんなさい．
　I'm sorry I haven't answered you sooner.
▶ いろいろご迷惑をおかけしてごめんなさい．
　I'm sorry to have caused you so much trouble.
2 (訪問したとき) May I come in?

　スピーキング
　Ⓐ ごめんください．
　　May I come in?
　Ⓑ どちらさまでしょうか．
　　Who is it, please?

3 (拒否)
▶ あいつに会うのはごめんだ．
　I absolutely *refuse* to see him. / *No, thanks*. I don't want to see him.

コメンテーター a commentator [カメンテイタァ]

コメント a comment [カメント]
　コメントする comment
▶ その件について何かコメントがありますか．
　Do you have any *comment* on that issue?

こもじ 小文字 a small letter (⊛ 大文字 capital letter)；(印刷) a lowercase letter

こもり 子守 babysitting [ベイビィスィティング]；(人) a babysitter
　子守をする babysit
　子守歌 a lullaby [ララバイ]，a cradle-song

こもる (充満する) be full of (→いっぱい)；(人が) shut *myself* up 《in》 →とじこもる

こもん 顧問 an adviser [アドゥヴァイザァ]，a consultant [コンサルタント]

こや 小屋 a hut [ハット]；a cottage [カテヂ]，a cabin [キャビン]；(物置) a shed [シェッド]
▶ 山小屋 a mountain *cabin*
▶ 丸太小屋 a log *cabin*
▶ 犬小屋 《米》a doghouse, a kennel

two hundred and ninety-nine　299

こヤギ ▶

こヤギ 子ヤギ a kid [キッド]

ごやく 誤訳 mistranslation [ミストゥランスレイション]
誤訳する mistranslate [ミストゥランスレイト]
こやま 小山 a hill [ヒル]
こゆう 固有の peculiar [ピキューリャ] (to)
▶ どの国にも固有の習慣がある.
Every country has its own *peculiar* customs.
固有名詞《文法》a proper noun
こゆび 小指（手の）a little finger [フィンガァ]; (足の) a little toe [トゥ] →ゆび (図)
こよみ 暦 a calendar [キャレンダァ]
こら Hey! [ヘイ]
▶ こら, 待ちなさい! Hey! Stop!
こらえる stand [スタンド], bear [ベア]; （涙・怒りなどを）hold back
▶ 悲しみをこらえる bear my sorrow
▶ 彼らは涙をこらえて校歌を歌った.
They sang their school song, *holding back* their tears.
ごらく 娯楽 (a) recreation [レクリエイション]; a pastime [パスタイム]; (an) entertainment [エンタテインメント], (an) amusement [アミューズメント] →しゅみ
▶ 彼の唯一の娯楽は魚つりだ.
His only *recreation* is fishing.
娯楽映画 an entertaining movie
娯楽番組 an entertainment program
こらしめる teach ... a lesson, give ... a lesson, punish [パニシ]
▶ 二度とあんなことをしないようにこらしめてやる. I'll *teach* you *a lesson* so you won't do that again.
コラム a column [カラム]
ごらん ご覧（見る）look（at）; （試みる）try [トゥライ]
▶ これをごらんください.
Please take a *look at* this.

▶ もう一度やってごらん. *Try* it again.
こりごり
▶ もうこりごりだ. I'm *sick and tired of it*. / I'm *sick to death of it*.
こりつ 孤立 isolation [アイソレイション]
孤立する be isolated [アイソレイティド]
ゴリラ 《動物》a gorilla [ゴリラ]
こりる 懲りる（教訓を学ぶ）learn a lesson
▶ あいつもこれでこりるだろう.
He'll *learn a lesson* from this.
▶ あいつはこりないやつだ.
He is never going to *learn*.
こる 凝る **1**（熱中する）be into; （すごく）be crazy（about）

> 🎤 プレゼン
> 私は鉄道模型にとてもこっています.
> I am really *into* model railroading. /
> I am *crazy about* model railroading.

2（肩などが）be stiff
▶ 肩がこった.
I *have stiff* shoulders. / My shoulders *are stiff*.
コルク（栓）a cork [コーク]
コルク抜き a corkscrew
ゴルフ golf [ガルフ]
▶ ゴルフをする play *golf*
▶ ゴルフに行く go *golfing*
ゴルフクラブ a golf club
ゴルフ場 a golf course
ゴルファー a golfer [ガルファ]

これ

1（近くのものをさして）this [ズィス]（複数 these）（対 あれ that）

this　　that

> 💬 表現力
> これは…です
> →（1つのとき）This is ... . /
> （2つ以上のとき）
> These are ... .

◀ **ころ**

▶ これは私の机です.
This is my desk.
▶ これはぼくの眼鏡です.
These are my glasses. (▶ glasses
は複数形の名詞なので, ×this ではなく
these を使う)

---**表現力**---
これは…ではない
→ (1つのとき) **This isn't … .** /
(2つ以上のとき)
These aren't … .

▶ これはぼくの消しゴムじゃない.
This isn't my eraser.
▶ これ, 私のくつじゃない.
These aren't my shoes. (▶ shoes は
複数形の名詞なので, ×this ではなく
these を使う)

---**表現力**---
これは…ですか
→ (1つのとき) **Is this …?** /
(2つ以上のとき) **Are these …?**

▶ これはあなたのですか. *Is this* yours?
▶ (たくさんのマンガ本をさして) これみんな,
きみのマンガ本？
Are these all your comic books? /
Are all *these* your comic books?

---**スピーキング**---
Ⓐ これは何？
What is this?
Ⓑ キウイフルーツです.
It's a kiwi fruit.

▶ (店で) これください.
I'll take *this*. / I'll take *these*.
▶ これは英語で何と言うのですか.
What do you call *this* in English?
2 (人を紹介して) **this** →こちら
▶ これは弟の直紀です.
This is my younger brother, Naoki.
▶ (写真を見せて) これがぼくです.
This is me.
3 (相手に差し出して) **Here … .**
▶ 「ぼくのボールペン, 見なかった？」「はい,
これでしょ」
"Have you seen my ballpoint pen?"
"*Here* it is."
これから (これ以降)after this；(今後ずっ

と) from now on
▶ これからはもっと気をつけます.
I'll be more careful *from now on*.
コレクション (a) collection [コレクション]
▶ 私のテディーベアのコレクション
my teddy bear *collection*
コレクトコール a collect call [コレクト
コール]
▶ コレクトコールでかけてもいい？
Can I *call* you *collect*?
これほど so [ソゥ], such [サッチ] →こんな
▶ 彼がこれほど人気があるとは知らなかった.
I didn't know (that) he was *so*
popular.
これまで 1 (今まで) so far, till now,
until now →いままで
▶ これまでのように as *usual* / as *before*
▶ これまでのところ順調. *So far*, so good.
2 (最後)
▶ 今日はこれまで. That's *all* for today.
/ *So much* for today.
コレラ (病気) cholera [カレラ]
これら these [ズィーズ] →これ

ころ 頃

1 (時期) **time** [タイム]；(およそ) **about** [ア
バゥト], around [アラゥンド]
▶ お昼ごろ *about* noon
▶ あのころ (は) in those *days*
▶ そのころ
then / at that *time* / in those *days*
▶ このごろ these *days*
▶ 毎年このころに at this *time* every year
▶ 去年の今ごろ at this *time* last year
▶ 私は毎朝6時ごろ目が覚めます.
I wake up *about* six every morning.

---**スピーキング**---
Ⓐ いつごろがいちばん都合がいいです
か.
What time is most convenient
for you?
Ⓑ 午後3時ごろです.
Around three in the afternoon.

---**表現力**---
もうそろそろ…してもいいころだ
→ **It is about time to … .** /
It's (high) time … .
---

three hundred and one　301

ゴロ ▶

▶ そろそろ山下君が来るころだけど.
Yamashita should be here *by now*.
(▶ should は「…するはずだ」という意味)

2 (…のとき) **when** [(フ)ウェン] →-(する)とき
▶ 中学生のころ
when one was a junior high student
/ *in* junior high (school) →じだい

╭─📝ライティング─────────────╮
│ 子どものころ私は一流の野球選手になり │
│ たかった. │
│ I wanted to be a baseball star │
│ when I was a child. │
╰───────────────────────╯

ゴロ (野球) a grounder [グラウンダァ]
ころがす 転がす roll [ロウル]
▶ ネコは, まりを転がしてあとを追いかけた.
The cat *rolled* the ball and ran after
it.
ころがる 転がる roll [ロウル]; (倒れる)
fall [フォール]
▶ クマはごろりと転がった.
The bear *rolled* over on his side.
ごろごろ
▶ 雷がごろごろ鳴っている.
Thunder is *rumbling*.
▶ きのうは一日中家でごろごろしていた.
I spent *doing nothing* all day at
home yesterday.

ころす 殺す

kill [キル]; (意図的に) **murder** [マ～ダァ]
▶ 彼はだれに殺されたのですか.
Who *was* he *killed* by?
コロッケ a croquette [クロウケット]
コロナウイルス coronavirus [コロウナ
ヴァイ(ア)ラス]
▶ 新型コロナウイルス
a novel *coronavirus*
▶ 新型コロナウイルス感染症
novel *coronavirus* disease [ディズィー
ズ]; COVID-19 [コウヴィド ナインティーン] (▶
COVID は *coronavirus disease* の略.
19 は発生年の 2019 から)
ころぶ 転ぶ fall [フォール] (down)
▶ 近所のお年寄りが凍った道ですべって転
んだ.
An old neighbor slipped and *fell
down* on the icy road.
▶ 転ばぬ先のつえ. (ことわざ)

Look before you leap. (▶「とぶ前によ
く見なさい」つまり「よく考えてから行動し
なさい」という意味)
ころもがえ 衣がえ a seasonal
changing of clothing
コロン a colon [コウロン] (:) →くとうてん
(表)

こわい 怖い

(物事がおそろしい) **terrible** [テリブル],
terrifying [テリファイイング], frightening [フラ
イトゥニング], scary [スケアリィ]; (人にこわがっ
て) scared [スケアド]; (厳しい) strict [ストゥ
リクト] →おそろしい
▶ ああ, こわい!
(It's) *scary*! / I'm *scared*.
▶ こわかった.
That was *scary*. / I was *scared*. / It
was *terrible*.
▶ こわい経験だった.
It was a *frightening* experience.
▶ こわい? Are you *scared*?
▶ 数学の山田先生はすごくこわい.
I'm really *scared* of my math
teacher Mr. Yamada.
▶「きみの担任の先生はこわいですか」「ええ,
とっても」
"Is your homeroom teacher *strict*?"
"Yes. Very."
▶ ゆうべこわい夢をみた.
I had a *terrible* dream last night.

╭─💬表現力───────────────╮
│ …がこわい → be afraid of … │
╰───────────────────────╯

▶ ぼくは犬がこわい.
I *am afraid of* dogs.
こわがる 怖がる be afraid [アフレイド]
(of), be scared [スケアド] (of)
▶ こわがらなくていいよ. この犬はかみつか
ないから.
Don't *be afraid of* the dog. It won't
bite you.

こわす 壊す

1 break [ブレイク]; **destroy** [ディストゥロイ];
(こなごなにする) smash [スマッシ]
▶ だいじなクラリネットをこわしちゃった.
I *broke* my treasured clarinet.
▶ 純は花びんをこなごなにこわしてしまった.

302 three hundred and two

Jun *smashed* the vase to pieces.
▸ 多くの家が台風でこわされた.
Lots of houses *were destroyed* by the typhoon.
2 (体を) damage [ダメヂ]
▸ おじは働きすぎて体をこわした.
My uncle *damaged* his health by working too hard.
3 (おなかを) have an upset stomach
▸ 食べすぎておなかをこわした.
I *had an upset stomach* from eating too much.

こわれる 壊れる

break [ブレイク], be broken：be destroyed；(こなごなに) be smashed；(故障する) be out of order
▸ カップはこなごなにこわれた.
The cup *broke* into pieces.
▸ 自転車がこわれた.
The bike *is broken*.
▸ エアコンがこわれていた.
The air conditioner *was out of order*.
▸ こわれ物, 取扱注意 (掲示)
Fragile — Handle With Care

荷物にはられた「こわれ物, 取扱注意」のステッカー.

こん 紺 dark blue, navy blue
こんかい 今回 this time →こんど
こんき 根気 patience [ペイシェンス]
根気のよい patient
▸ 阿部くんは根気が足りないよね.
Abe doesn't have enough *patience*, does he?
こんきょ 根拠
▸ どういう根拠があってそんなことを言うのですか.
On what *grounds* do you say that?
コンクール a contest [カンテスト] (▸「コンクール」はフランス語から)
▸ 合唱コンクール a chorus *contest*
コンクリート concrete [カンクリート]
▸ 鉄筋コンクリートの建物
a reinforced *concrete* building

こんげつ 今月

this month
▸ 今月の初めに
at the beginning of *this month* / early *this month* (▸後者のほうが日にちの幅が広い)
▸ 今月の中ごろに
in the middle of *this month*
▸ 今月の終わりに
at the end of *this month* / late *this month* (▸後者のほうが日にちの幅が広い)
▸ 今月の10日に
on the 10th of *this month*
▸ 今月は忙しい.
I've been busy *this month*. (▸×in this monthとはしない)
今月号 the current issue
こんご 今後 after this, from now on, in the future
▸ 今後, 二度とうそはつきません.
I will never tell a lie *after this*. / I will never tell a lie *from now on*.
▸ 今後の予定 a *future* plan
こんごう 混合 mixture [ミクスチァ]
混合する mix →まぜる
混合ダブルス the mixed doubles
コンサート a concert [カンサ(ー)ト]
▸ コンサートに行く go to a *concert*
コンサートホール a concert hall
こんざつ 混雑する be crowded [クラウディド] (with) →こむ
コンサルタント a consultant [カンサルタント]
▸ 経営コンサルタント
a management *consultant*

こんしゅう 今週

this week
▸ 今週は雨が多い.
It's been raining a lot *this week*. (▸×in this weekとはしない)
▸ レポートは今週中に (→今週の終わりまでに) 提出のこと.

こんじょう ▶

You must hand in your paper by the end of *this week*.
▶ 今週の金曜日に英語のテストがある.
I have an English test *this* (*coming*) Friday. (▶ next Friday というと，今週の金曜日か，来週の金曜日かわからない場合があるので，明確にするには今週ならば this (coming) Friday, 来週ならば on Friday next week という)

こんじょう 根性 (意志・やる気) will [ウィル], willpower [ウィルパウア], spirit [スピリト]；(勇気)(口語) guts [ガッツ]

根性がある have guts, be strong-willed
▶ きみはほんとうに根性があるな.
You *are* really *strong-willed*. / You really *have guts*.
▶ 根性が悪い be *ill-natured*

コンセンサス (a) consensus [コンセンサス]

コンセント a socket [サケト],《米》an outlet [アウトゥレト] (▶ ✗consent とはいわない)
▶ プラグをコンセントに差しこむ
put a plug into the *outlet*

コンソメ《料理》consommé [カンソメイ] (▶ フランス語から. clear soup ともいう)

コンダクター a conductor [コンダクタァ]
コンタクトレンズ a contact lens [カンタクトレンズ]
▶ コンタクトレンズをはずす
take out *my contact lenses* (▶「入れる」なら put in とする)
▶ 私はコンタクトレンズをしている.
I wear *contact lenses*.

こんだて 献立 (メニュー) a menu [メニュー]
▶ 今日の献立
today's *menu* / the *menu* for today

▶ 夕食の献立は何？
What're we having for dinner?

こんちゅう 昆虫 an insect [インセクト],《おもに米》a bug [バッグ]
昆虫採集 insect-collecting

コンディショナー conditioner [コンディショナァ]

コンディション condition [コンディション]
▶ コンディションがいい
be in (a) good *condition*
▶ コンディションが悪い
be in (a) bad *condition*

コンテスト a contest [カンテスト], a competition [カンペティション]
▶ 写真コンテスト a photo *contest*

> 🎤 プレゼン
> 私はスピーチコンテストで1位になりました.
> I won first prize in a speech contest.

▶ コンテストに出る take part in a *contest*

コント (芸人の) a comic skit；(軽妙で風刺のきいた寸劇) a (comic) short play

こんど 今度

1（今回）now [ナウ], this time；(新しい) new [ニュー]
▶ 清，今度はきみの番だよ.
Now it's your turn, Kiyoshi.
▶ 今度はうまくいったぞ.
I made it *this time*.
▶ 今度の英語の先生はとても厳しい.
The *new* English teacher is very strict.

2（次回）next [ネクスト], next time
▶ 今度はガールフレンドを連れてこいよ.
Bring your girlfriend with you *next time*.
▶ 今度の日曜日はデートなんだ.
I have a date *next* Sunday.
▶ 今度また会いたいですね.
I'd like to see you again *some day*.

こんどう 混同 confusion [コンフュージョン]
混同する confuse [コンフューズ] (with), mix [ミックス]
▶ 公私混同してはいけない.
Don't *confuse* work and private

◀ **こんばん**

matters.

コントロール control [コントゥロウル]
コントロールする control
▶ ぼくらのチームのピッチャーはコントロールが悪い. The pitcher on our team has poor *control*.

こんな

so [ソウ], (like) **this**, such [サッチ]; **this**;(この種の) this kind of, this sort of

> 🗣スピーキング
> Ⓐ こんなに遅くまで何してたの?
> What made you so late?
> Ⓑ 部活だってば.
> Ah, you know, club activities.

▶ こんなふうにやってごらん.
Do it *this* way.
▶ こんなやさしい問題がどうしてできないの?
Why can't you answer *this* easy question?
▶ こんな映画は見る価値がない. *This sort of* movie is not worth seeing.

> 💬表現力
> こんな…は〜したことがない
> → have never +過去分詞 … like this /
> have never +過去分詞+ such … /
> This is the +最上級 … (that) —
> have ever +過去分詞.

▶ こんなおいしいパイは食べたことないよ.
I've never eaten delicious pie *like this*. / I've never eaten such delicious pie. / *This is the most delicious pie (that) I have ever eaten.*

こんなん 困難 (a) difficulty [ディフィカルティ];(やっかいなこと)(a) trouble [トゥラブル]
困難な difficult, hard →むずかしい
▶ 困難な仕事 a *difficult* job / a *hard* job
▶ 困難にぶつかる face a *difficulty* / face some *difficulties*
▶ その問題を今月中に解決するのは困難だ.
It is *difficult* to solve the problem by the end of this month.

こんにち 今日 today [トゥデイ], nowa-

days [ナウアデイズ]
▶ 今日の世界
today's world / the world (of) *today*
▶ 私が今日あるのはすべて両親のおかげだ.
I owe what I am entirely to my parents.

こんにちは

(時間に関係なく) **Hello.** [ヘロウ],(親しい人に) **Hi.** [ハイ];(午前中) **Good morning.** ;(午後) Good afternoon.

> 🗣スピーキング
> Ⓐ グリーン先生, こんにちは.
> Hello, Mr. Green.
> Ⓑ こんにちは, 健.
> Hello, Ken.

▶「ジェンキンズさん,こんにちは」「やあ,ボブ.今日も元気でな」 "*Hello*, Mr. Jenkins!" "*Hi*, Bob! Have a nice day."

> 💬用法 「こんにちは」と hello
> ❶ hello は朝でも午後でも時間に関係なく使える. **Good morning.** , **Good afternoon.** は改まった言い方なので,親しい人どうしでは朝でも午後でも **Hello.** とか **Hi.** をよく使う.
> ❷ hello のあとには相手の名前をつけるのがふつう.

コンパ a (students') party [パーティ] (▶ 英語には「コンパ」に相当する表現がない)
▶ 新入生歓迎コンパをしようよ.
Let's have a welcome *party* for the freshmen, shall we?

コンパクト 1 (化粧道具) a compact [カンパクト]
2 (小さくまとまった, 小型の) compact [コンパクト]
コンパクトカー a compact car
コンパクトディスク a compact disc (▶ CD と略す)

コンパス (製図用)(a pair of)compasses [カンパスィズ],(口語)a compass;(方位磁石)a compass
▶ コンパスで円をかく
draw a circle with a *compass*

こんばん 今晩 →こんや

three hundred and five **305**

こんばんは ▶

this evening, tonight [トゥナイト]
▶「今晩ひま？」「うん，どうして？」
"Are you free *this evening*?" "Yes,
why?" (▶×*in* this evening とはいわな
い)

こんばんは 今晩は

Good evening., Hello. [ヘロウ]

🔊スピーキング

Ⓐ こんばんは，ブラウンさん.
Good evening, Ms. Brown.
Ⓑ こんばんは，ケン.
Good evening, Ken.

▶「佐藤先生，こんばんは」「アキラ，こんば
んは」 "*Good evening*, Mr. Sato." "Hi,
Akira."

💬用法 Good evening. を使う時間帯
Good evening. は夕方だけでなく，
夜 遅くなっても使われる. **Good
night.** は「お休みなさい」という意味で，
寝るときや別れるときのあいさつ.

コンビ (2 人組) a pair [ペア] (▶「コンビ」
は combination (組み合わせ) から)
コンビを組む pair up
コンビーフ corned beef
コンビニ（エンスストア） a con-
venience store [コンヴィーニェンス ストー(ァ)]
コンピューター a computer [コンピュー
タァ] →パソコン

コンピューター ①プリンター ②モニター
③画像表示装置 ④ディスク駆動装置 ⑤
中央処理装置 ⑥ USB メモリー ⑦マウス (▶
本来は「ハツカネズミ」の意味) ⑧キーボード

コンピューターウイルス a computer
virus [ヴァイ(ァ)ラス]

▶ コンピューターウイルスに感染する
get infected with a *computer virus*
コンピューターグラフィックス computer
graphics (▶ CG と略す)
コンピューターゲーム a computer
game
コンピューター室 a computer room
コンピューター部 a computer club
コンブ 昆布 kelp [ケルプ]
コンプレックス an inferiority [インフィ(ァ)リ
オーリティ] complex →れっとうかん
▶ 彼女は自分の外見にコンプレックスを持っ
ていた.
She had an *inferiority complex*
about her appearance.
こんぽん 根本的な fundamental [ファンダ
メントゥル], basic [ベイスィク]
根本的に fundamentally, basically
コンマ a comma [カマ] (,) →くとうてん
(表)
▶ コンマを打つ put a *comma*

こんや 今夜

tonight [トゥナイト], **this evening**
▶ 今夜電話します.
I'll call you *tonight*. / I'll call you *this
evening*. (▶この場合 tonight や this
evening には in や on はつけない)
こんやく 婚約 an engagement [エンゲイ
ヂメント]
婚約する be engaged (to), get
engaged (to)
▶ 姉は会社の同僚と婚約している.
My sister *is engaged to* a coworker.
(▶ engaged ×with とはいわない)
婚約者 (女) *my* fiancée [フィーアーンセイ] ;
(男) *my* fiancé [フィーアーンセイ]
婚約指輪 an engagement ring (▶
×engage ring とはいわない)
こんらん 混乱 (a) confusion [コンフュージョ
ン]
混乱する be confused [コンフューズド]
▶ 頭が混乱してるんじゃないか.
Aren't you *confused*?
▶ 混乱してます. *I'm* mixed up.
こんろ 《米》a stove [ストゥヴ], 《英》a
cooker [クカァ]
▶ ガスこんろ a gas *stove*
▶ 電気こんろ an electric cooking *stove*

306 three hundred and six

さ サ さ サ さ サ

さ 差 (a) difference [ディフ(ェ)レンス]
▶ 両者には大きな差がある.
There is a big *difference* between them.
▶ 彼のチームは2点差で負けた.
His team lost *by* two points.

さあ

1 (うながして) **Now** [ナゥ], Come on. [カモン]
▶ さあ, もう一度やってみよう.
Now, let's try it again.
▶ さあ, こい. *Come on!*
▶ (物を手わたすとき) さあ, どうぞ.
Here you are.

2 (ためらって) **Well** [ウェル], Let me see. →ええと
▶ さあ, 確か今度の火曜日は祭日だと思うけど.
Well, I think next Tuesday is a holiday.
▶ さあ, それでいいと思うけど.
Let me see, I think it'll be all right.

【表現力】
さあ…しよう → Let's ... .

▶ さあサッカーをやろう.
Let's play soccer.

【スピーキング】
🅐 さあ行こう.
Let's go.
🅑 うん, 行こう.
Yes, let's.
❶ 「さあ…しよう」と誘ったり提案したりするときは **Let's ... .** という.
❷ これに対して, 「うん, しよう」と答えるときは Yes, let's. とか OK., All right. などという. 「いや, よそう」と答えるときは No, let's not. という.

サーカス a circus [サ〜カス]
サーキット (自動車レース場) a racing circuit
サークル a club [クラブ] →かい¹, クラブ

ざあざあ (降る) pour [ポー(ァ)]
▶ 雨がざあざあ降っている.
It is *pouring.* / It is *raining heavily*.
サード (野球) (3塁) third base; (3塁手) a third baseman
サーバー (バレーボールなどの) a server [サ〜ヴァ]; (コンピューターの) a server
サービス service [サ〜ヴィス] (▶日本語の「サービス」には「無料」という意味があるが, 英語の service にはそうした意味はなく「客に対する仕事全般」を表す)
▶ そのレストランはサービスがよい.
The *service* at the restaurant is good. (▶「サービスが悪い」なら good のかわりに poor を使う)
▶ (お店で) これサービスしておきますね. (→これは無料です)
You can have this *for free*. / You can have this *free of charge*.
サービスエース a service ace, an ace
サービスエリア (高速道路の) (米) a rest area, (英) a service area
サービスステーション a service station
サービス料 the service charge
サーブ (バレーボールなどの) a serve [サ〜ヴ], a service [サ〜ヴィス]
サーブする serve, serve a ball
▶ サーブを受ける receive a *serve*
サーファー a surfer [サ〜ファ]

サーフィン surfing [サ〜フィング]
サーフィンをする surf
▶ サーフィンに行く go *surfing*

サーフボード ▶

サーフボード a surfboard [サ～フボード]
サーモン (魚)(サケ) salmon [サモン]
サイ (動物)a rhinoceros[ライナスラス], (口語)a rhino [ライノウ]

-さい …歳

… year(s) old
▶ 7歳の少女 a seven-*year*-old girl
▶ 武は私よりも2歳年上です.
Takeshi is two *years* older than I am. (▶会話では than me も使われる. また「年下」なら older のかわりに younger を使う)
▶ 私の母は50歳で亡くなりました.
My mother died at the *age* of fifty.

┌─ 💬表現力 ─────────────┐
│ (私は) …歳です
│ → I am … (years old).
└──────────────────────┘

▶ 私は14歳です.
I am fourteen *years old*.
▶ 「ジムは何歳ですか」「15歳です」
"How *old* is Jim?" "He *is* fifteen (*years old*)."
さいあい 最愛の dearest [ディアレスト], beloved [ビラヴッド]
▶ 最愛の家族 my *beloved* family
さいあく 最悪の(の) the worst [ワ～スト]
▶ せっかくの遠足の日にかぜをひいて最悪だった.
I caught cold on the day of the school excursion of all days! It was *awful*.
▶ 最悪の場合には in *the worst* case
ざいあく 罪悪 (道徳・宗教上の)a sin[スィン]; (法律上の)a crime [クライム]
さいかい¹ 再会する meet again
さいかい² 再開する restart [リースタート], reopen [リーオウブン]
▶ その店は来週営業を再開する.
The store will *reopen* next week.
さいかい³ 最下位 the last place, the bottom [バタム]
▶ 私は英語ではクラスの最下位だった.
I was at *the bottom* of my class in English.
さいがい 災害 a disaster [ディザスタァ]
▶ 自然災害 a natural *disaster*
ざいがく 在学する be in school, be at

school; (学校に登録されている) be enrolled [エンロウルド] at school, be enrolled in school
▶ 兄は北高校に在学しています.
My brother *is* currently *enrolled at* Kita High *School*.
在学証明書 a certificate of student registration
さいかくにん 再確認 reconfirmation [リーコンファメイション]
再確認する reconfirm [リーコンファ～ム]
▶ 予約を再確認したいのですが.
I would like to *reconfirm* my reservation.
さいきょう 最強の the strongest [ストゥロ(ー)ンゲスト]
▶ 最強のチーム *the strongest* team

さいきん¹ 最近

lately [レイトゥリ], recently [リースントゥリ], these days, nowadays [ナウアデイズ]; (最後に) last [ラスト] →このごろ
最近の the latest, recent
▶ 最近の流行 *the latest* fashion
▶ 最近, どうしてる？
How're you doing *these days*?
▶ 私は最近ツトムに会ってない.
I haven't seen Tsutomu *lately*.
さいきん² 細菌 a germ [チャ～ム], bacteria [バクティ(ア)リア]
さいく 細工 (製品)(a piece of) work[ワ～ク]
▶ 竹細工 (a piece of) bamboo *work*
サイクリング cycling [サイクリング]
▶ サイクリングに行く go *cycling*
サイクル a cycle [サイクル]
サイクルヒット (野球)the cycle
さいけつ 採決する take a vote [ヴォウト]
▶ 提案を採決する
take a vote on the proposal
さいげつ 歳月 time, years
▶ 彼に最後に会ってから10年の歳月が流れた.
Ten *years* have passed since I saw him last.

さいご 最後

the last [ラスト] (反 最初 first), the end [エンド] (反 最初 beginning)
最後の the last, final [ファイヌル]

308 three hundred and eight

◀ **さいしょうげん**

最後に last, lastly, finally
▶ それは私にとって最後の試合だった.
That was *the last* match for me.
▶ おばさんに最後に会ったのは2年前だ.
It is two years ago when I saw my aunt *last*.
▶ 最後に来たのはだれ？
Who came *last*?
▶ 列の最後に並んだ.
I joined *the end* of the line.

さいこう 最高(の)

(程度・質が) the **greatest** [グレイテスト], the **highest** [ハイエスト] (反 最低の lowest)；(最良の) the **best** [ベスト] (反 最悪の the worst)；(理想的な) ideal [アイディ(ー)アル]
▶ 最高！ *Great! / Super!*
▶ 気分は最高！ I feel *great*. / Couldn't be better. (▶後者は「これ以上よいことはないだろう」という意味)
▶ 運動会は最高だった.
The field day was *great*.
▶ だれが英語の最高点をとったの？
Who got *the highest* score in English? (▶「最高点」は the highest mark, the highest points ともいう)

スピーキング
🅐 むこうはお天気はどうだった？
How was the weather there?
🅑 ハイキングには最高だったよ.
It was ideal for hiking.

最高気温 the highest temperature；(天気予報で) high
▶ 今日の最高気温は32℃でした. Today's *high* was 32 degrees Celsius.
最高記録 the best record
最高裁判所 the Supreme Court [ス(ー)プリーム コート]

ざいこう 在校
▶ この学校の在校生は何名ですか.
How many students *are there in this school*?

さいころ a die [ダイ] (複数 dice [ダイス])
▶ さいころをふる
cast the *dice* / throw the *dice*

さいこん 再婚する get married again [マリド アゲン], remarry [リーマリィ]

ざいさん 財産 a fortune [フォーチュン]
▶ 財産を築く make a *fortune*

さいじつ 祭日 a national holiday [ハリデイ], a holiday →しゅくじつ (表)

さいしゅう¹ 最終(の) the last [ラスト]
最終回 (野球の) the last inning [イニング]；(連続ドラマの) the last episode [エピソウド], the final episode
最終電車 the last train
▶ もう少しで電車終電に乗り遅れるところだった.
I almost missed *the last train*.

さいしゅう² 採集する collect [コレクト], gather [ギャザァ] →あつめる
▶ 昆虫ぶつ採集に行く
go *collecting* insects

さいしょ 最初

the **first** [ファ〜スト] (反 最後 last) , the **beginning** [ビギニング] (反 最後 end)
最初の the first
最初のうちは at first
最初に (まず) first；(いちばん先に) first of all
▶ 最初から最後まで from *first* to last / from *beginning* to end
▶ Aはアルファベットの最初の文字です.
A is *the first* letter of the alphabet.
▶ 最初に到着したのは健だった.
Ken was *the first* to arrive.
▶ 最初に鹿児島に行き，それから熊本に行った.
We *first* went to Kagoshima and then to Kumamoto.
▶ 最初のうち私は麻衣まいのことがあまり好きじゃなかった.
At first I didn't like Mai so much.

さいしょう 最小(の) (大きさが) the smallest [スモーレスト]；(量・程度が) the least [リースト]
▶ 世界最小のサル
the smallest monkey in the world
最小公倍数 the least common multiple / the lowest common multiple (▶ LCM と略す)

さいじょう 最上(の) the best [ベスト]
最上級 (文法) the superlative [スパ〜ラティヴ] degree

さいしょうげん 最小限 a minimum [ミニマム]

three hundred and nine 309

さいしん

最小限の minimum

さいしん 最新(の) the latest [レイティスト], the newest [ニューエスト]
- 最新の流行 the latest fashion
- 最新のニュース the latest news

最新型 the latest model, the newest model

サイズ

(a) size [サイズ]

サイズが合う fit [フィット]
- サイズを測る take my *size*; (体の) take my *measurements*

> 🗣️ **スピーキング**
> Ⓐ あなたの服のサイズはいくつですか.
>   What size dress do you wear?
> Ⓑ 9号よ.
>   I wear size 9.

- このくつはサイズが合わない.
  These shoes are not my *size*.
- 京子はMサイズの新しいセーターを買った.
  Kyoko bought a new medium-*size* sweater.
- この帽子はフリーサイズです.
  This cap is one-*size*-fits-all. (▶ ×free size とはいわない)
- ウエストのサイズはいくつですか.
  What's your waist *size*? / What *size* is your waist?
- サイズは合ってますか.
  How do they *fit*? (▶ズボン (pants) やくつ (shoes) など1対で1組みのものは複数形で使うので代名詞は they)

さいせい 再生 (録音・録画の) a playback [プレイバク]; (廃物の) recycling [リーサイクリング]

再生する (録音・録画を) play back; (廃物を) recycle

再生可能エネルギー renewable energy
再生工場 a recycling plant
再生紙 recycled paper
再生品 a recycled product

ざいせい 財政 finance [ファイナンス]

さいせん[1] 再選する (選ぶ) reelect [リーイレクト]; (選ばれる) be reelected

さいせん[2] さい銭 an offertory [オ(ー)ファトリィ]

さい銭箱 an offertory box

さいぜん 最善(の) the best [ベスト]
- (結果はどうあれ) 最善はつくした. I did my *best*. / I did everything I could.

さいせんたん 最先端 the frontiers [フランティアズ], the leading edge, the cutting edge, the state of the art

最先端の state-of-the-art, on the leading-edge, the most advanced
- 科学技術の最先端
  the leading edge of technology

さいそく 催促する press, urge [ア〜ヂ]
- 彼にマンガを返してくれるよう催促した.
  I *pressed* him to return my comic book.

サイダー pop [パップ], soda pop, soda (▶英語の cider は(米)では「リンゴジュース」,(英)では「リンゴ酒」のこと)

さいだい 最大(の) the largest [ラーヂェスト], the greatest [グレイテスト]

> ✏️ **ライティング**
> 東京は世界最大の都市の1つです.
> Tokyo is one of the largest cities in the world.

最大公約数 the greatest common divisor (▶ GCD と略す)

さいだいげん 最大限 the maximum [マクスィマム]

最大限の maximum
- 時間を最大限に活用する
  make the most of my time

ざいたく 在宅
在宅介護 home nursing care, in-home care
在宅勤務 telecommuting [テレコミューティング], teleworking [テレワ〜キング], remote [リモウト] working
- 私は在宅勤務です.
  I'm a *telecommuter*.

さいちゅう 最中(に) during [デュ(ア)リング], in the middle of; while [(フ)ワイル]
▶ 試合の最中に *during* the game / *in the middle of* the game
▶ きのう授業の最中に眠ってしまった. Yesterday I fell asleep *during* class.
▶ うちは食事の最中はテレビを見ない. We don't watch TV *while* (we're) eating.

さいてい 最低(の) the lowest [ロウエスト]; (最悪の) the worst [ワースト]
▶ ぼくは数学で最低点をとった. I got *the lowest* mark in math.
▶ 最低! That's *disgusting*!
▶ 今日は最低の日だった. Today was *the worst* day ever.
最低気温 the lowest temperature; (天気予報で) low

さいてきの 最適 the best [ベスト], the most suitable [スータブル]
▶ ここはこの植物には最適の環境です. This is *the best* environment for these plants.

さいてん 採点する (答案などを)（米）grade [グレイド],（英）mark [マーク]
▶ 篠田先生は採点が厳しい. Ms. Shinoda is strict in *grading*.

サイト (インターネットの) a website [ウェブサイト], a site [サイト], a Web site
▶ そのサイトにアクセスする access the *website*

サイド a side [サイド]
サイドスロー a sidearm throw
サイドミラー a sideview mirror
サイドライン a sideline

さいなん 災難 a misfortune [ミスフォーチュン]
▶ 災難にあう have a *misfortune* / meet with a *misfortune*
▶ とんだ災難だったね. What a *nightmare*! (▶ nightmareは「悪夢」という意味)

ざいにん 罪人（法律上の) a criminal [クリミヌル]

さいのう 才能
(生まれつきの) (a) talent [タレント], a gift [ギフト]; (能力) (an) ability [アビリティ]
才能のある talented; gifted

▶ 慎太郎には絵の才能がある. Shintaro has a *talent* for painting.
▶ きみには音楽の才能を伸ばしてほしい. I want you to develop your *talent* for music.

さいばい 栽培する grow [グロウ]
▶ おじは温室でトマトを栽培している. My uncle *grows* tomatoes in a greenhouse.

さいはっこう 再発行する reissue [リーイシュー]
▶ クレジットカードを再発行していただきたいのですが. I'd like to have my credit card *reissued*.

さいばん 裁判 (a) trial [トゥライアル]; (訴訟) a case [ケイス], a lawsuit [ロースート], a suit [スート]
▶ 裁判に勝つ win a *case* / win a *(law)suit* (▶「負ける」なら win を lose にする)
裁判官 a judge
裁判所 a court (of law), a law court
▶ 最高裁判所 the Supreme *Court*
▶ 高等裁判所 a high *court*
▶ 地方裁判所 a district *court*
▶ 家庭裁判所 a family *court*
裁判員制度（日本の) the lay judge system

さいふ 財布 (札入れ) a wallet [ワレト],（米) a billfold [ビルフォウルド]; (小銭入れ)（米) a change purse [パ～ス], a coin purse,（英) a purse

purse　　　wallet

▶ 私はきのうさいふを落とした. I lost my *wallet* yesterday.

日本語NAVI
さいふのひもをしめる ☞お金を節約する →せつやく
さいふのひもをにぎる ☞家のお金を管理する →かんり
さいふのひもをゆるめる ☞お金をたくさん使う →たくさん, つかう

さいほう 裁縫 sewing [ソウイング], needlework [ニードゥルワ~ク]
裁縫する sew

さいぼう 細胞 a cell [セル]

さいほうそう 再放送 a rerun [リーラン], a repeat [リピート]
再放送する rerun [リーラン], repeat
▶ あのドラマの再放送が見たい.
I want to watch the *rerun* of that drama.

さいまつ 歳末 the end of the year
歳末の year-end

さいみんじゅつ 催眠術 hypnotism [ヒプノティズム]

ざいむしょう 財務省 the Ministry of Finance, 《米》the Treasury

ざいもく 材木 (一般に) wood [ウッド]; (角材など)《米》lumber [ランバァ],《英》timber [ティンバァ]

さいよう 採用する (案などを) adopt [アダプト]; (人を) employ [エンプロイ]
▶ 私のプランが採用された.
My plan *was adopted*.
▶ その会社は今年5人採用した.
The company *employed* five people this year.

さいりよう 再利用 recycling [リーサイクリング]
再利用する recycle, reuse [リーユーズ]
▶ 資源を再利用する
recycle resources

さいりょう 最良(の) the best [ベスト]
▶ 今年が人生の最良の年でありますように.
I hope this will be *the best* year of my life.

ざいりょう 材料 (木材・金属などの) material(s) [マティ(ア)リアル(ズ)]; (料理の) ingredients [イングリーディエンツ]
▶ 建築材料
building *materials*
▶ すきやきの材料は何ですか.
What are the *ingredients* for sukiyaki?

サイレン a siren [サイ(ア)レン]
▶ 真夜中に救急車のサイレンが聞こえた.
I heard ambulance *sirens* in the middle of the night.

さいわい 幸い happiness [ハピネス]; (幸運) good luck [ラック]

幸いな (幸せな) happy; (幸運な) lucky, fortunate
▶ あなたにお会いできて幸いです.
I'm *happy* to meet you.
幸いに (幸せにも) happily; (幸運にも) luckily, fortunately
▶ 車にぶつけられたが, 幸いにもけがはなかった.
I was hit by a car, but *fortunately* I wasn't injured.

サイン (書類や手紙などの) a signature [スィグナチ(ュ)ア]; (有名人の) an autograph [オートグラフ]; (合図) a sign [サイン]; (野球などの) a signal [スィグナル]

signature　　autograph

サインする (署名する) sign; (有名人が) sign *my* autograph, give ... *my* autograph
▶ 手紙にサインする
sign a letter / *sign my* name on a letter
▶ (宅配便の人などが) ここにサインしてください.
Can I have your *signature* here? / Please *sign* here.
▶ (有名人に) サインしてくれませんか.
Can I have your *autograph*?
▶ サイン入りのポスター
an *autographed* poster
サイン会 an autograph session
サイン帳 an autograph album
サインペン a felt-tip pen, a felt pen
(▶ ˣsign pen とはいわない)

サウジアラビア Saudi Arabia [サウディアレイビア]
サウジアラビア人 a Saudi Arabian, a Saudi

サウナ a sauna [ソーナ], a sauna bath

サウンド sound [サウンド]
サウンドトラック a soundtrack

-さえ

1 (…ですら) even [イーヴン]
▶ そんなことは子どもでさえできる.

◀ **さがす**

Even a child can do things like that.
▶ ハワイでは真冬でさえ暖かい.
In Hawaii it's warm *even* in the middle of winter.
▶ 良太は犬がこわいのでさわることさえできない.
Ryota is afraid of dogs, so he can't *even* touch them.

📝**文法** even の位置
even は主語 (上の最初の例) や副詞句 (2番目の例) などを修飾するときはその直前に置き, 動詞を修飾するときは, 一般動詞であればその前に置く (最後の例) のがふつう.

2 (ただ…だけ) only [**オ**ウンリィ]
▶ もっと時間さえあればなあ.
If *only* I had more time. (▶「実現しない願望」を表すときに使う言い方. If only のあとは過去形にする)

💬**表現力**
…しさえすればよい
→ All ~ have to do is (to) … /
only have to …

▶ この申込書に記入しさえすればよい.
All you *have to do is to* fill in the form. (▶ is のあとの to は省略することもある) / You *only have to* fill in the form.

さえぎる 遮る interrupt [**イ**ンタラプト]
▶ 人の話をさえぎってはいけない.
Don't *interrupt* when someone is talking.

さえずる sing [**ス**ィング];(高い声で) chirp [**チャ**〜プ]
▶ 夜明けとともに, 小鳥がさえずりはじめた.
Birds began to *chirp* at dawn.

さえる (澄んでいる)be clear[ク**リ**ア];(頭の働きが) be sharp [**シャ**ープ];(目が) be wide awake [ア**ウェ**イク]
▶ さえた音色
a *clear* sound
▶ 今日はなかなか (頭が) さえてるね.
You're really *sharp* today.
▶ ゆうべは目がさえて眠れなかった.
I *was wide awake* last night.

さお a pole [**ポ**ウル], a rod [**ラ**ッド]

▶ つりざお
a fishing *rod* / 《米》a fishing *pole*
さか 坂 a slope [ス**ロ**ウプ]
▶ 急な坂 a steep *slope*
▶ ゆるやかな坂 a gentle *slope*
▶ 上り坂
an upward *slope* / an up *slope*
▶ 下り坂
a downward *slope* / a down *slope*
▶ 坂を上る go up a *slope*
▶ 坂を下る go down a *slope*
▶ 道はわずかに上り坂になっている.
The road *goes up* slightly.
さかあがり 逆上がり a reverse somersault [**サ**マ **ソ**ールト] on the (horizontal) bar [(ホ(ー)リ**ザ**ントゥル) **バ**ー], backward somersault on the (horizontal) bar
▶ 逆上がりをする
do a *reverse somersault on the horizontal bar*
さかい 境 a border [**ボ**ーダァ]
さかえる 栄える prosper [プ**ラ**スパァ], flourish [フ**ラ**〜リシ]
▶ 角館はかつて城下町として栄えた.
Kakunodate once *prospered* as a castle town.
さかさま 逆さまに upside down [アプサ イド **ダ**ウン]
▶ ケーキの箱をさかさまにしないで!
Don't turn the box of cakes *upside down*.
▶ 彼は海にまっさかさまに落ちた.
He fell *headlong* into the sea.

さがす 捜す, 探す

1 look for, search [**サ**〜チ] for;(ある場所を) search

💬**表現力**
…をさがす
→ look for … / search for …

▶「何をさがしているの？」「かさをさがしているんだ」
"What *are* you *looking for*?" "I'm *looking for* my umbrella."
▶ 救助隊は行方不明者をさがした.
The rescuers *searched for* missing persons.

three hundred and thirteen 313

さかだち

表現力
…がないかと〜（の中）をさがす
→ search 〜 for ...

▶ 私はいなくなった犬を見つけようと町中をさがした.
I *searched* all over town *for* our missing dog.

2 (地図・辞典などで) look up
▶ 辞書でこの単語をさがしなさい.
Look up this word in the dictionary.

さかだち 逆立ちする stand on *my* hands, do a handstand
▶ どのくらい長く逆立ちできる？
How long can you *stand on your hands*?

さかな 魚

a fish [フィッシ] (複数 fish) (▶種類についていうときは複数形を fishes にすることがある); (魚肉) fish

おもな魚介類
アジ horse mackerel
アユ sweetfish / イワシ sardine
ウナギ eel / カツオ bonito
カレイ flatfish / コイ carp
サケ salmon / サバ mackerel
サメ shark / サンマ (Pacific) saury
タイ sea bream, porgy / タラ cod
ナマズ catfish / ニシン herring
フグ globefish / フナ crucian carp
ブリ yellowtail / マグロ tuna
マス trout / イカ cuttlefish
エビ lobster, prawn, shrimp
カキ oyster / カニ crab
ザリガニ crayfish / タコ octopus

魚をつる fish
▶ 父は魚を20匹もつってきた.
My father caught as many as twenty *fish*. (▶ twenty *fishes* としない)
▶ 魚と肉, どちらが好きですか.
Which do you like, *fish* or meat?
▶ 魚は (→魚を食べると) 健康によい.
Eating *fish* is good for your health.
▶ 魚のフライ deep-fried *fish*
魚つり fishing
鮮魚店 a fish store, a fishmonger [フィシマンガァ] (▶鮮魚店の人をさしていう場合は a fish dealer, a fishmonger)

さかのぼる (川を) go up; (時代を) trace back 《to》
▶ この祭りの始まりは中世までさかのぼることができる.
The origin of this festival can *be traced back to* the Middle Ages.

さかみち 坂道 a slope [スロウプ] →さか
さからう 逆らう disobey [ディソウベイ] (反 したがう obey), go against
▶ 彼女は親に逆らったことがない.
She *has* never *disobeyed* her parents.
▶ ヘリは風に逆らって飛んだ.
The helicopter flew *against* the wind.

さかり 盛り the height [ハイト], the peak [ピーク]
▶ 夏のさかりに
in *the height* of summer / at *the peak* of summer
▶ 桜は今がさかりだ.
The cherry blossoms are now *at their best*. / The cherry blossoms are now *in full bloom*.

さがる 下がる

使い分け
(低くなる) → go down, fall
(ぶら下がる) → hang
(後ろへ) → move back

1 (低くなる) **go down**, **fall** [フォール] (反 上がる go up, rise)
▶ 熱が下がった.
My fever *has gone down*. / My fever *has fallen*.
▶ 物価は下がるだろうか.

◀ さぎょう

Will prices *go down*? / Will prices *fall*?
▶ 数学の成績が下がってしまった．
My math grade *has gone down*.
2（ぶら下がる）**hang**［ハング］
▶ 窓からロープが１本下がっている．
A rope *is hanging* from the window.
3（後ろへ）**move back**
▶ １歩下がってください．
Please *take* a step *back*. / Please *move back* a step.

さかん 盛んな（人気のある）**popular**［パピュラァ］；（心からの）**warm**［ウォーム］
▶ この町ではサッカーがさかんだ．
Soccer is a *popular* game in this city.
▶ ぼくらはさかんな歓迎を受けた．
We received a *warm* welcome.
さかんに
▶ 火がさかんに燃えている．
The fire is burning *briskly*.

さき 先

使い分け
（先端）→ the end, point
（将来）→ future
（前方に）→ ahead
（順番が）→ before

1（先端）**the end**［エンド］；（とがったものの）**a point**［ポイント］

the end   point

▶ 棒の先 *the end* of a stick
▶ 鉛筆の先 *the point* of a pencil
2（将来）**the future**［フューチャ］
▶ 先のことを考えなさい．
Think of your *future*.
▶ これから先 *after* this / *in the future*
3（前方に，先行して）**ahead**［アヘッド］，**before**［ビフォー（ア）］（反）あと after）
▶ 100メートル先 100 meters *ahead*
▶ 先に行ってて．あとから追いつくから．
You go *ahead*. I'll catch up with you.
▶ ぼくは弟より先に帰宅した．
I got home *before* my brother did.

スピーキング
Ⓐ お先にどうぞ．
After you.
Ⓑ どうも．
Thank you.
（▶ After you. は順番などをゆずるときに使う）

▶（会社などで帰るとき）お先に失礼します．
Good night. / Goodbye.
▶ 先を続けて．Please *go on*.
▶ 先に行くよ．I'll go *first*.

日本語NAVI
先がある ☞未来が明るい，将来が有望な
　→**みらい，しょうらい**
先が見える ☞①将来の見通しがよくない ②するどい知能があり，将来を見通せる ③終わりに近づく
　→①**みとおし** ②**ちのう，するどい**
　　③**おわり，おわる**
先を読む ☞将来を予想する →**よそう**¹

サギ（鳥）**a heron**［ヘロン］
さぎ 詐欺 **a swindle**［スウィンドゥル］，（a）**fraud**［フロード］
　詐欺師 **a swindler**，《口語》**a conman**（複）**conmen**）
サキソホン《楽器》**a saxophone**［サクソフォウン］，《口語》**a sax**［サックス］
さきどり 先取り
▶ 彼女はいつも流行を先取りしている．
She *is* always *ahead of* fashion trends.
さきほど 先ほど **a little while ago, some time ago**
▶ 彼は先ほど学校を出ました．
He left school *a little while ago*.
さきゅう 砂丘 **a sand dune**［デューン］，**a dune**
▶ 鳥取砂丘
the Tottori *sand dunes*
さぎょう 作業 **work**［ワ～ク］
▶ 彼らは作業中だ．
They're now *working*. / They're now *at work*.
作業員 **a worker**
作業時間 **working hours**

さく¹ ▶

作業中 (掲示) Men Working / Men At Work

「作業中」の標識.

作業服 working clothes, work clothes

さく¹ 咲く

(草花が) **bloom** [ブルーム]; (果樹の花が) **blossom** [ブラサム]; **come out**, be out, open [オウプン]

▶ チューリップは来週咲くだろう.
The tulips will *come out* next week.
(▶ come out は bloom ともいう)

▶ リンゴの花が咲きだした.
The apple trees are beginning to *blossom*.

▶ 庭のバラが咲いている.
The roses in the garden *are in bloom*.

さく² 裂く, 割く (破る) **tear** [テア]; (時間・金銭を) **spare** [スペア]

▶ ほんの少し時間をさいてくださいますか.
Could you *spare* me a few minutes?

さく³ (木や金網などの) a **fence** [フェンス]

さくいん 索引 an **index** [インデクス] (複数) indexes, indices [インディスィーズ]

さくさく さくさくした (食べ物が) **crisp** [クリスプ], **crispy** [クリスピィ]

▶ さくさくしたリンゴ a *crisp* apple

さくし 作詞する **write the words** (for the song)

▶ きみたちの校歌はだれの作詞作曲ですか.
Who composed your school song and (who) *wrote the words*?

作詞家 a songwriter

さくじつ 昨日 yesterday [イェスタディ] → きのう¹

さくしゃ 作者 an **author** [オーサァ], a **writer** [ライタァ]

▶ この小説の作者はだれですか.
Who is the *author* of this novel? / Who *wrote* this story?

さくじょ 削除する **delete** [ディリート]
削除キー a delete key

さくせん 作戦 (戦略) (a) **strategy** [ストゥラテヂィ], (個々の戦術) **tactics** [タクティクス]; (軍事行動) **operations** [アペレイションズ]

▶ 作戦を立てる
plan a *strategy* / work out a *strategy*

さくねん 昨年 last year →きょねん

さくばん 昨晩 last night →さくや

さくひん 作品 a **work** [ワーク]
▶ 文学作品 a literary *work*
▶ 芸術作品 a *work* of art

さくぶん 作文 (小論・感想文) an **essay** [エセイ], a **composition** [カンポズィション]

▶ …について作文を書く
write an *essay* about … / write a *composition* about …

▶ きみの作文はよく書けていると思います.
I think your *essay* is well written.

▶ きみは英作文がうまいね.
You are good at writing English *compositions*.

さくもつ 作物 a **crop** [クラップ]
▶ 作物を収穫する harvest *crops*
▶ 台風で作物がだめになった.
The typhoon damaged the *crops*.

さくや 昨夜 **last night**, yesterday evening

▶ 昨夜大きな地震があった.
We had a big earthquake *last night*.

サクラ 桜 (木) a **cherry tree** [チェリィ トゥリー]; (花) **cherry blossoms** [ブラサムズ]

▶ 今年は桜がいつごろ咲くんだろう.
I wonder when the *cherry blossoms* will come out this year.

◀ **ささやく**

▶ 桜は今が満開だ.
The *cherry trees* are now in full bloom.

ライティング
吉野山は桜の花で有名です.
Mt. Yoshino is famous for its cherry blossoms.

サクラソウ 桜草《植物》a primrose [プリムロウズ]

サクランボ《植物》a cherry [チェリィ]

さぐる 探る search [サ〜チ]→さがす;(手足などで) feel
▶ かぎがないかとポケットをさぐった.
I *felt* in my pocket for the key.

ザクロ《植物》a pomegranate [パムグラニト]

サケ 鮭《魚》a salmon [サモン]《複数 salmon)
▶ 塩ザケ salted *salmon*

さけ 酒 alcohol [アルコホ(ー)ル], liquor [リカァ];(日本酒) sake [サーキィ]
▶ 強い酒 strong *liquor*
▶ 酒に酔う get *drunk*
酒を飲む drink [ドゥリンク]
▶ 父は酒も飲まないしタバコもすわない.
My father doesn't *drink* or smoke.
酒店 a liquor store, a liquor shop

さけびごえ 叫び声 a cry [クライ];(大声) a shout [シャウト];(高い声) a scream [スクリーム]
▶ 助けを求めるさけび声が聞こえた.
I heard *cries* for help.

さけぶ 叫ぶ

cry [クライ] (out);shout [シャウト]
▶ その少年は「助けて」とさけんだ.
The boy *cried out*, "Help."
▶ 私たちは声をかぎりにさけんだ.
We *shouted* at the top of our voices.

さける¹ 避ける

avoid [アヴォイド];(近づかない) stay away 《from》, keep away 《from》
▶ ラッシュアワーをさける
avoid the rush hour
▶ 地球温暖化はさけられない問題だ.
Global warming is a problem that

we can't *avoid*.
▶ 最近直子は私のことをさけているみたい.
I think Naoko *has been staying away from* me lately.

表現力
… (すること) をさける → avoid -ing

▶ そのことについて話すのをさけたかった.
I wanted to *avoid talking* about that. (▶ avoid ˣto talk としない)

さける² 裂ける tear [テア]
▶ この紙はすぐさける.
This paper *tears* easily.

さげる 下げる

1 (低くする) lower [ロウァ];(頭を) bow [バウ]
▶ 値段を下げる *lower* the price
▶ ぼくは太郎に頭を下げて部屋を出た.
I *bowed* to Taro and left the room.

2 (ぶら下げる) hang [ハング]
▶ 看板を下げる *hang* a signboard

ササ 笹《植物》bamboo grass [バンブーグラス];(ササの葉) a bamboo leaf [リーフ]

ささいな small [スモール], trifling [トゥライフリング], trivial [トゥリヴィアル]
ささいなこと a trivial matter, a trifle [トゥライフル]
▶ そんなささいなことでけんかするな.
Don't fight over such *small things*.

ささえ 支え (a) support [サポート]
▶ チームの仲間がいつも支えになってくれる.
My team members *have* always *been supporting* me.

サザエ《貝》a top shell [シェル], a turban shell

ささえる 支える support [サポート]
▶ 母は一家の暮らしを支えている.
My mother *supports* our family.
▶ 人は支え合って生きている.
People live by *supporting* each other.

ささげる (献身する) devote [ディヴォウト];(神仏に) offer [オ(ー)ファ]
▶ 野口博士は医学に一生をささげた.
Dr. Noguchi *devoted* his life to medicine.

ささやく whisper [(フ)ウィスパァ]
▶ ささやき合う *whisper* to each other

three hundred and seventeen **317**

さきる

ささる stick [スティック]
▶ 魚の骨がのどにささった。
I've got a fishbone *stuck* in my throat.

さじ a spoon [スプーン] →スプーン
▶ 小さじ a tea*spoon*
▶ 大さじ2杯の砂糖
two table*spoon*fuls of sugar

さしあげる 差し上げる give [ギヴ] →あげる¹

さしえ 挿絵 an illustration [イラストゥレイション]
▶ この辞書はさし絵が豊富だ。
This dictionary is full of *illustrations*.

さしこむ 差し込む put ... in, insert ... into；(プラグを) plug ... in
▶ プラグをコンセントに差しこんで。
Please *put* the plug *in* the outlet.

▶ 月の光が窓から差しこんでいる。
The moonlight *is shining in* through the window.

さしず 指図 directions [ディレクションズ]；(命令) orders [オーダーズ]
指図する direct, order
▶ きみの指図は受けないよ。
I won't take *orders* from you.

さしだす 差し出す hand [ハンド]；hold out
▶ スーザンは私に右手を差し出した。
Susan *held out* her right hand to me.
差し出し人 a sender

さしつかえ 差し支え
▶ さしつかえなければ、お名前をうかがえますか。
If you don't mind, may I have your name, please?

さしみ 刺身 *sashimi*, sliced raw fish

さす¹ 刺す (針・とげなどで) prick [プリック]；(刃物などで) stab [スタッブ]；(蚊が) bite [バイト]；(ハチが) sting [スティング]
▶ 指に針をさしちゃった。
I *pricked* my finger on the needle.
▶ おでこをハチにさされた。 I *got stung* on the forehead by a bee.
▶ 蚊にたくさんさされちゃったよ。
I *was* badly *bitten* by mosquitoes.

さす² 差す
▶ 花びんに花をさす
put some flowers *in* the vase
▶ かさをさす *put up* an umbrella
▶ この目薬をさしてください。
Please *put in* the eye drops.
▶ ぼくの部屋は西日がさす。
The late afternoon sun *comes into* my room.

さす³ 指す (指さす) point ((to, at))；(指名する) call on →あてる
▶ 先生は黒板を指さした。
The teacher *pointed to* the blackboard.
▶ ミラー先生はよくジェニーをさす。
Ms. Miller often *calls on* Jenny.

さすが really [リー(ア)リィ]；(さすがの) even [イーヴン]
▶ 17キロも歩いたので、さすがのぼくもつかれました。
Even I got tired after walking for 17 kilometers.
▶ さすがだね。
(すごいね) That's *great*. / (いかにもきみらしい) That's you *all over*!

🗣 スピーキング
Ⓐ 伊藤さん、優勝したんだって。
　Ito has won the championship.
Ⓑ さすがだね。
　Good for her!

◀ **ざつ**

サステナビリティ sustainability [サステ
イナビリティ]

サスペンス suspense [サスペンス]

ざせき 座席 a seat [スィート] →せき¹
座席指定券 a reserved-seat ticket

ざせつ 挫折 (a) failure [フェイリャ]
ざせつする fail halfway through, give
up halfway through

▶ 洋平はざせつして落ちこんでいる.
Yohei feels depressed because he
failed halfway through.

−させる

使い分け

(強制的に) (人)に…させる
→ **make** +人+動詞の原形

(本人の希望どおりに) (人)に…させる
→ **let** +人+動詞の原形

(頼んで) (人)に…させる
→ **have** +人+動詞の原形

(説得して) (人)に…させる
→ **get** +人+ to +動詞の原形

1 (強制的に) **make** [メイク] (▶「make +人
+動詞の原形」の形で使う)

▶ コーチは私に運動場を3周させた.
The coach *made* me *run* around
the track three times.

▶ ぼくはふろそうじをさせられた.
I *was made to clean* the bathroom.
(▶受け身になると動詞の原形に to をつけ
る)

2 (本人の希望どおりに) **let** [レット] (▶「let +
人+動詞の原形」の形で使う) →ゆるす

▶ もう一度私にトライさせてください.
Let me *try* it again.

▶ 両親がスマホをもたせてくれた.
My parents *let* me *get* a
smartphone. / My parents *allowed*
me *to get* a smartphone.

▶ どうしても行きたいのなら行かせてあげよう.
I'll *let* you *go* if you really want to.

3 (頼んで) **have** [ハヴ] (▶「have +人+動
詞の原形」の形で使う) →もらう

▶ あとで彼に電話させます.
I'll *have* him *call* you later.

4 (相手を説得して) **get** [ゲット] (▶「get +人
+ to +動詞の原形」の形で使う)

▶ どうやって彼女の考えを変えさせたの？

How did you *get* her *to change* her
mind?

ざぜん 座禅 Zen meditation [メディテイショ
ン] (▶ Zen は英語化している)

▶ 座禅を組む practice *Zen meditation* /
sit in *Zen meditation*

さそう 誘う

ask [アスク], **invite** [インヴァイト] (▶会話で
は前者のほうが使われる)

表現力

…をさそう → **ask** ... / **invite** ...

▶ …を昼食に誘う
ask ... for lunch / *invite* ... for lunch

▶ 誘ってくれてどうもありがとう.
Thank you so much for *inviting* me.

▶ だれかをデートに誘ったことある？
Have you ever *asked* anyone *out*?
(▶ ask ... out は「…をデートに誘う」とい
う意味)

表現力

(人)を…するように誘う
→ **ask** +人+ to +動詞の原形

▶ ぼくは絵美をコンサートに誘った.
I *asked* Emi *to* go to the concert
with me.

サソリ 《動物》a scorpion [スコーピオン]
さそり座 the Scorpion, Scorpio [スコー
ピオウ] →せいざ (表)

さだめる 定める →きめる

ざだんかい 座談会 a discussion [ディス
カッション], a discussion meeting, a
round-table talk

さつ 札 《米》a bill [ビル], 《英》a note [ノウ
ト], a bank note

▶ 千円札 a thousand-yen *bill*

−さつ …冊 (同じ本のとき) a copy [カピィ]

▶ 先生は生徒用にその教科書を10冊注文し
た. The teacher ordered ten *copies*
of the textbook for his students.

▶ 私は毎月, 本を10冊読む.
I read ten *books* every month.

ざつ 雑な (いいかげんな) sloppy [スラピィ];
(大ざっぱな) careless [ケアレス]

▶ 雑な仕事 a *sloppy* job

▶ 彼はすることが雑だ.
He does things *carelessly*.

three hundred and nineteen 319

さつえい ▶

さつえい 撮影する（写真を）take a picture (of);（映画・テレビ用に）film [フィルム], shoot [シュート] →とる
撮影禁止《掲示》No Pictures / No Photographs / No Cameras
撮影所 a film studio [ステューディオウ],《米》a movie studio

ざつおん 雑音 noise [ノイズ]

さっか 作家（文章を書く人）a writer [ライタァ]; an author [オーサァ];（小説家）a novelist [ナヴェリスト]
▶ あなたの好きな作家はだれですか.
Who is your favorite *writer*?

ざっか 雑貨 general goods [チェネラル グッヅ], sundries [サンドゥリィズ]
雑貨店 a variety store, a general store

サッカー soccer [サカァ],《英》football [フトゥボール]（▶《米》では football は「アメリカンフットボール」のこと）
▶ サッカーをする play *soccer*
▶ ロイはサッカーが得意だ.
Roy is good at playing *soccer*.
サッカー競技場 a soccer stadium

サッカー選手 a soccer player
サッカー部 a soccer team

さっかく 錯覚 an illusion [イルージョン]
▶ 目の錯覚 an optical *illusion*

さっき a little while ago →さきほど
▶ さっき山本君から電話があったよ.
There was a call from Yamamoto *a little while ago*.

さっきょく 作曲 composition [カンポズィション]
作曲する compose [コンポウズ]
▶ だれがこの曲を作曲しましたか.
Who *composed* this music?
作曲家 a composer

ざっくばらんな frank [フランク]

ざっくばらんに frankly; freely
▶ 多田先生はざっくばらんな先生だ.
Mr. Tada speaks *frankly*.

さっきん 殺菌する sterilize [ステリライズ];（低温で）pasteurize [パスチャライズ]

さっさと（速く）quick [クウィック], quickly;（急いで）hurriedly, in a hurry
▶ さっさと仕事をかたづけなさい.
Finish your work *quickly*.
▶ 授業が終わるとみんなさっさと帰ってしまった.
As soon as classes were over, everybody went home *hurriedly*.

サッシ a sash [サッシ]
▶ アルミサッシの窓
an aluminum *framed* window

ざっし 雑誌

a **magazine** [マガズィーン];（専門的な）a journal [ヂャ～ヌル]
▶ 月刊の雑誌［月刊誌］
a monthly *magazine* / a monthly
▶ 週刊の雑誌［週刊誌］
a weekly *magazine* / a weekly
▶ 漫画(まんが)雑誌
a comic *magazine* / a comic
▶ 少女雑誌 a girls' *magazine*

ざっしゅ 雑種 a cross [クロ(ー)ス], a crossbreed [クロ(ー)スブリード];（特に犬や猫）a mixed breed;（雑種犬）a mongrel [マングレル]
▶ うちの犬は雑種だ.
Our dog is a *mixed breed*.

さつじん 殺人 (a) murder [マ～ダァ]
▶ 殺人を犯す commit (a) *murder*
殺人事件 a murder case
殺人者 a murderer
殺人未遂(みすい) an attempted murder

ざつぜん 雑然として messy [メスィ], in a mess →きたない
▶ ボブの部屋は雑然としていた.
Bob's room was *messy*. / Bob's room was *a mess*.

ざっそう 雑草 a weed [ウィード] →くさ
雑草をとる weed
▶ 庭の雑草をとる *weed* a garden

さっそく 早速 right away →すぐ
▶ わかりました. さっそく仕事にかかります.
OK. I'll get to work *right away*.

◀ **さびしい**

ざつだん 雑談 a chat [チャット]
雑談する chat, have a chat
さっちゅうざい 殺虫剤 an insecticide [インセクティサイド]
さっと (急に) suddenly [サドゥンリィ]; quickly [クウィクリィ]
▶ さっと通りすぎる pass *quickly*
ざっと 1 (およそ) about [アバウト], roughly [ラフリィ]
▶ ざっと500人が公園に集まった.
About five hundred people gathered in the park.
2 (簡単に) briefly [ブリーフリィ]; (ざっと見る) look over, skim [スキム] through
▶ 朝刊にざっと目を通した.
I *looked over* the morning paper.
さっとう 殺到する (押し寄せる) rush [ラッシ] (to); (苦情などが) be flooded [フラディド] (with)
▶ 人々は出口へ殺到した.
People *rushed to* the exit.
▶ テレビ局には視聴者からの苦情が殺到した.
The TV station *was flooded with* viewer complaints.
さっぱり 1 (服装が) neat [ニート]; (性格が) frank [フランク]; (味が) light [ライト], plain [プレイン], simple [スィンプル]; (気分が) refreshed [リフレシト]
▶ 少年たちはみなさっぱりとした身なりをしていた.
The boys were all *neatly* dressed.
▶ 夏はさっぱりした食べ物がいい.
I prefer *lighter* food in summer.
▶ 冷たいシャワーを浴びてさっぱりした.
I felt *refreshed* after a cold shower.
2 (まったく…ない) not ... at all →ぜんぜん
▶ 彼の話, さっぱりわからないよ.
I *don't* understand him *at all*.
サツマイモ (植物) a sweet potato
ざつよう 雑用 (家庭の) a chore [チョー(ァ)]
▶ 雑用をする do *chores*
さて Now [ナウ], Well [ウェル]; (ところで) By the way, So [ソウ]
▶ さて, お昼は何を食べようかな.
Well, what shall I have for lunch?
サトイモ (植物) a taro [ターロウ]
さとう 砂糖 sugar [シュガァ]
▶ 砂糖1さじ a spoonful of *sugar* (▶「2

さじ」なら two spoonfuls of ... という)
▶ 角砂糖1つ
a cube of *sugar* / a lump of *sugar*
▶ 氷砂糖
《米》rock candy /《英》sugar candy
▶「コーヒーに砂糖を入れますか」「ええ, 2さじお願いします」"Would you like some *sugar* in your coffee?" "Yes, two spoonfuls of *sugar*, please."
砂糖入れ a sugar bowl
砂糖キビ sugarcane
さどう 茶道 (the) tea ceremony [ティーセレモウニィ]
茶道部 a tea ceremony club
サドル a saddle [サドゥル]
さなぎ 《虫》a pupa [ピューパ] (複数 pupae [ピューピー], pupas)
サバ 《魚》a mackerel [マケレル] (複数 mackerel)
サバイバル survival [サヴァイヴァル]
さばく¹ 砂漠 (a) desert [デザト]
▶ サハラ砂漠 the Sahara *Desert*
砂漠化 desertification [デザ〜ティフィケイション]
▶ この地域では砂漠化が進んでいる.
Desertification is progressing in this area.
さばく² 裁く judge [ヂャッヂ]
▶ 事件を裁く *judge* a case
さび (鉄などの) rust [ラスト]
さびる rust, gather rust
さびた rusty
▶ さびたナイフ a *rusty* knife

さびしい 寂しい →こどく

lonely [ロウンリィ],《米》lonesome [ロウンサム]; (…がいなくて) miss [ミス]

lonely　　　　　miss

さびしがる feel lonely
▶ さびしい場所 a *lonely* place
▶ 健, きみがいなくてさびしかったよ.
I *missed* you, Ken.
▶ あなたがいなくなるとさびしくなります.

サブ ▶

We'll *miss* you.

サブ (補欠選手) a substitute [**サブ**スティテュート]

サブキャプテン a subcaptain

サブリーダー a subleader

サファイア (a) sapphire [**サファイ**ア] (アクセント注意)

サファリパーク (米) an animal park, (英) a safari [**サファー**リ] park

サブスク(リプション) (定額制サービス) subscription [サブスク**リプ**ション]

ざぶとん 座布団 a zabuton, a (Japanese) floor cushion [ク**ショ**ン]

サプリメント a supplement [**サプ**リメント], a dietary supplement

さべつ 差別 discrimination [ディスクリミ**ネイ**ション]

差別する discriminate [ディスク**リ**ミネイト]

▶ 人種差別 racial *discrimination*

▶ 性差別

gender *discrimination* / sexual *discrimination*

▶ 先生はぼくらを差別しない (→平等にあつかう).

Our teacher *treats* us *equally*.

さほう 作法 manners [**マ**ナァズ]; etiquette [**エ**ティケト] →ぎょうぎ

▶ よい作法 good *manners*

▶ 悪い作法 bad *manners*

▶ ぼくの両親は礼儀作法にうるさい.

My parents are strict about *manners*.

サポーター (ファン) a supporter [サ**ポー**タァ]; (手足の関節などを保護する) an athletic [アス**レ**ティク] supporter

▶ 彼はレアル・マドリードの熱狂的なサポーターだ.

He's an enthusiastic *supporter* of Real Madrid.

サボテン (植物)a cactus[**キャ**クタス]((複数)) cacti [**キャ**クタイ], cactuses)

サボる (授業・学校などを)(米口語)cut[**カッ**ト], skip [ス**キッ**プ]; (ずる休みする) (米) play hooky [**フキ**イ], (英) play truant [トゥ**ルー**アント] (▶「サボる」はフランス語の *sabotage* から)

▶ ぼくは数学の授業をサボった.

I *cut* my math class.

-さま …様 (男性) Mr. [**ミ**スタァ]; (未婚の・既婚に関係なく女性) Ms. [ミズ]; (未婚の女性)Miss[ミス]; (既婚の女性)Mrs. [ミスィズ] →-さん

▶ 鈴木弘じろ様 *Mr.* Suzuki Hiroshi

▶ 川田美紀様, おいででしたらフロントまでおこしください.

Paging *Ms.* Kawada Miki, please come to the front desk. (▶呼び出しのときの決まった言い方)

▶ トマス・ウィリアムズ様方

c/o *Mr.* Thomas Williams (▶ c/o [スィー**オウ**] は (in) care of の略)

サマー summer [**サ**マァ]

サマーキャンプ (a) summer camp

サマースクール (a) summer school

サマータイム (米) daylight saving time (▶ DST と略す), (英) summer time

さまざま さまざまな various [**ヴェ**(ア)リアス]; many different [**ディ**フ(ェ)レント] →いろいろ

▶ 日本にはさまざまな方言がある.

There are *various* dialects in Japan.

🔊 **プレゼン**

私は中学時代さまざまな経験をしました.

I had many different experiences in junior high school.

さます¹ 覚ます wake [**ウェイ**ク] up

▶ 携帯けいの音で目を覚ました.

I *was woken up* by the ring of the cellphone.

さます² 冷ます cool [**クー**ル]

▶ ココアが熱くて飲めないよ. ちょっと冷ましてくれない？

This cocoa is too hot to drink. Will you *cool* it a bit?

さまたげる 妨げる disturb [ディス**タ**～ブ]

▶ いやな夢を見て眠りがさまたげられた.

Bad dreams *disturbed* my sleep.

さまになる 様になる

▶ それじゃ様にならないよ.

That won't do. / That won't make it.

さまよう wander [**ワ**ンダァ] (about)

▶ 私たちは森の中をさまよい歩いた.

We *wandered about* in the woods.

さみしい 寂しい lonely [**ロウ**ンリィ] →さびしい

322 three hundred and twenty-two

サミット（(先進国) 首脳会談）a summit [サミト], a summit meeting
▶ 2023年5月に広島でG7サミットが開かれた．
The G7 *summit* was held in Hiroshima in May 2023.

さむい 寒い
cold [コウルド] (反 暑い hot)；(肌寒い) chilly [チリィ]；(とても寒い) freezing [フリーズィング]

cold

hot

▶ 寒いね．It's *cold*, isn't it?
▶ 少し肌寒いね．
It's a little *chilly*, isn't it?
▶ 外はすごく寒いね！
It's *freezing* outside! / It's *freezing cold* outside! / It's really *cold* outside!
▶ 最近，寒くなってきた．
It's getting *cold* these days.

さむけ 寒け a chill [チル]
▶ 寒けがするの．I have the *chills*.

さむさ 寒さ (the) cold [コウルド]
▶ 少女は寒さでふるえていた．
The little girl was shivering from *the cold*.
▶ 今朝はこの冬でいちばんの寒さだった．
This morning was *the coldest* this winter.

さむらい 侍 a *samurai*, a warrior [ウォーリア]

サメ (魚) a shark [シャーク]

さめる¹ 覚める (目が) wake [ウェイク] up → おきる
(目が)覚めている be awake
▶ ときどき真夜中に目が覚める．
I sometimes *wake up* in the middle of the night.
▶ 大きな物音で目が覚めた．
A loud noise *woke* me *up*.

さめる² 冷める (熱いものが) get cold
▶ さあ，早く来ないとスープが冷めるよ．

Hurry up. The soup will *get cold*.
▶ そのバンドへの熱は冷めてしまった．
My passion for the band *has cooled down*.

さめる³ (色が) fade [フェイド]
▶ 色のさめたセーター
a sweater with *faded* colors

さもないと (命令文のあとで) or [オー(ァ)]
→そうしないと

さや (豆の) a pod [パッド]；(刀の) a sheath [シース]

さゆう 左右 right and left
▶ (子どもに) 道をわたるときは左右を見なさいよ．
You must look *right and left* before you cross the road.
▶ しっぽを左右にふっている犬
a dog wagging its tail *right and left*
▶ 飛行機が左右 (→両側) にゆれた．
The airplane tilted to *both sides*.

さよう 作用 (an) effect [イフェクト]
副作用 a side effect

さようなら
Goodbye. [グ(ドゥ)バイ], So long., Bye. [バイ]

🗨スピーキング
Ⓐ リサ，さようなら．
Goodbye, Lisa.
Ⓑ スー，さようなら．
Goodbye, Sue.

▶ 「さようなら，ジェフ，気をつけて」「うん，またね，さようなら」
"*Goodbye*, Jeff. Take care." "OK. I'll be seeing you. *Bye*."

💭用法「さようなら」のいろいろ
ふつうの言い方：Goodbye. / Good night. (▶ Good night. は夜別れるとき)
くだけた言い方：So long! / Bye! / Bye-bye! / See you!

さよなら →さようなら
▶ さよなら，ジミー，またあした．
Bye, Jimmy. See you tomorrow.
さよならホームラン 《野球》 a game-ending home run

さら 皿 (料理皿・盛り皿) a dish [ディッシ]；(平皿・とり皿) a plate [プレイト]；(深皿・はち) a bowl [ボウル]；(受け皿) a saucer [ソーサァ]；(食器全体) the dishes
- ぼくがお皿を洗うよ．
 I'll wash *the dishes*. / I'll do *the dishes*.
- お皿をかたづけてくれる？
 Will you clear away *the dishes*?

> **用法** dish, plate, saucer
> ふつう料理を入れて運ぶ皿が dish で，それから個々の plate に取り分ける．cup ((コーヒーや紅茶の) カップ) の受け皿は saucer という．皿類，食器類をまとめていうときは the dishes という．

さらいげつ 再来月 the month after next
さらいしゅう 再来週 the week after next
さらいねん 再来年 the year after next
さらさら
- さらさらした雪 *dry* snow
- さらさらと書く
 write *smoothly* / write *easily*
- 小川のさらさら流れる音
 the *murmur* of a stream
ざらざら ざらざらの (表面が) rough [ラフ] (反) なめらかな smooth；(砂・ほこりで) sandy [サンディ], dusty [ダスティ]
- ざらざらした手 *my rough* hands
- 床は砂でざらざらだ．
 The floor is *sandy*.
さらす expose [イクスポウズ]
- 肌を直射日光にさらす
 expose my skin to direct sunlight
サラダ (a) salad [サラド]
- 野菜サラダ (a) vegetable *salad*
- サラダをもっといかがですか．
 Would you like some more *salad*?
- 今晩はポテトサラダをつくるね．
 I'm making (a) potato *salad* tonight.
 サラダオイル salad oil, cooking oil
 サラダドレッシング salad dressing
 サラダボウル a salad bowl

さらに (ますます) even [イーヴン] (▶比較級を使って表すことが多い)；(数とともに) another [アナザァ], more [モー(ァ)]
- 事態はさらに悪くなった． The situation has become *even* worse.
- さらに2週間かかりそうだ．It'll probably take *another* two weeks. / It'll probably take two *more* weeks.
サラブレッド a thoroughbred [サ〜ロウブレド]
サラリー (a) salary [サラリィ]
 サラリーマン a company employee, an office worker, a white-collar worker (▶サラリーマンは日本語だと主に男性を指すが，上に示した表現は男女どちらにも使える)
- 父はサラリーマンです．
 My father is a *company employee*. / My father is an *office worker*.
ザリガニ 《動物》 a crayfish [クレイフィシ] (複数) crayfish, a crawfish [クローフィシ] (複数) crawfish
サル 猿 《動物》 a monkey [マンキィ]；(ゴリラ・チンパンジーなどの類人猿) an ape [エイプ]
- サルも木から落ちる．(ことわざ)
 Even Homer sometimes nods.(▶「ホメロス (のような大詩人) でもときには居眠りをする」の意味)

さる 去る
1 (立ち去る) leave [リーヴ], go away
- 彼は東京を去った． He *left* Tokyo.

2 (過ぎる) **be over** [オウヴァ], **pass** [パス]

▶ 嵐は去った．The storm *is over*. (▶ ×was over とはしない)

▶ 去る1月(に) *last* January

ざる a bamboo colander [カランダァ]

-された →-れる

-されている →-れる

-される

1 (受け身) (▶「be ＋過去分詞」で表す)
→ -れる

💬表現力

…される → be ＋過去分詞

▶ ぼくの財布がぬすまれた．
My wallet *was stolen*. / I *had* my wallet *stolen*. (▶「have ＋物＋過去分詞」で「〜を…される」という意味)

▶ 私は自転車をこわされた．
I *had* my bike *broken*.

2 (敬語) (▶英語には決まった表現はない)

▶ 小田先生も出席されました．
Mr. Oda also *attended*.

さわがしい 騒がしい noisy [ノイズィ] (反) 静かな quiet)

さわぎ 騒ぎ (騒音) (a) noise [ノイズ]；(もめごと) (a) trouble [トゥラブル]

▶ あのさわぎは何？What's that *noise*?

さわぐ 騒ぐ make (a) noise [ノイズ]

▶ そんなにさわいではいけません．
Don't *be* so *noisy*. / Don't *make* so much *noise*.

さわやか さわやかな refreshing [リフレシング]；(新鮮な) fresh [フレッシ]

▶ さわやかな風
a *refreshing* breeze / a *fresh* breeze

▶ さわやかな味 a *refreshing* taste

さわる 触る

touch [タッチ], **feel** [フィール]

▶ お母さんは眠っている赤ちゃんのほおにさわった．
The mother *touched* her sleeping baby on the cheek.

▶ さわらぬ神にたたりなし．(ことわざ)
Let sleeping dogs lie. (▶「眠っている犬は寝かしておけ」という意味)

▶ さわらないでください．
Don't *touch* this. / Keep your hands

off. / (《掲示》) Hands Off!

さん¹ 三(の) →かず (表)

three [スリー]
第3(の) the third [サ〜ド] (▶3rd と略す)

▶ 3冊の本 *three* books

▶ 3学期 *the third* term

▶ 5月の第3日曜日に
on *the third* Sunday in May

▶ 3分の1 a *third* / one *third*
三冠王 (野球・競馬の) the Triple Crown
三重奏，三重唱，3人組 a trio
3乗 a cube [キューブ]

▶ 3の3乗は27だ．The *cube* of 3 is 27.
3人称 《文法》 the third person

さん² 酸 (化学) (an) acid [アスィド]
酸性の acid
酸性雨 acid rain

-さん

使い分け

(男性) → Mr.
(未婚・既婚に関係なく女性) → Ms.
(既婚の女性) → Mrs.
(未婚の女性) → Miss

(男性) **Mr.** [ミスタァ]；(未婚・既婚に関係なく女性) **Ms.** [ミズ]；(既婚の女性) **Mrs.** [ミスィズ]；(未婚の女性) **Miss** [ミス] (▶女性の場合，未婚・既婚を区別せず Ms. を使うことが多い．また，《英》ではいずれもピリオドはつけないことが多い)

💬用法「…さん」の言い方

Mr., Ms., Mrs., Miss は日本語の「…さん」や「…様」にあたり，いずれもファミリー・ネーム (姓，たとえば鈴木や Smith など) の前につける．ファースト・ネーム (名) につけることはない．
○ Mr. Suzuki / Ms. Smith
× Mr. Daisuke / Ms. Nancy
(▶書きことばでは，Ms. Nancy Smith のように姓名にも敬称はつける)

▶ 佐藤さん，お電話がかかっております．
Mr. Sato, you are wanted on the phone. (▶佐藤さんが女性なら，Mr. を

◀ -さん

あ
か
さ
た
な
は
ま
や
ら
わ

three hundred and twenty-five　325

さんいん 山陰（地方）the San'in region, the San'in area

さんか 参加する（加わる）join [ヂョイン], take part in; (競技・コンテストに) enter [エンタァ]
▶ ピクニックの計画を立てているんだけど，参加しない？
We are planning to go on a picnic. Will you *join* us?
▶ マラソン大会に参加した.
I *took part in* the marathon.
参加者 a participant [パーティスィパント]
参加賞 a prize for participation

さんかく 三角形 a triangle [トゥライアングル]
→かたち（図）
三角(形)の triangular [トゥライアンギュラァ]
三角定規 a triangle
三角州 a delta

さんがつ 三月 →いちがつ，つき¹（表）
March [マーチ] (▶語頭は必ず大文字; Mar. と略す)
▶ 3月に in *March*
▶ 3月3日はひなまつりです.
March 3 is the Dolls' Festival. (▶ March 3 は March (the) third と読む)

さんかん 参観する visit [ヴィズィト]
▶ 今日，授業参観があった.
Our parents *visited* our classroom today.
参観日 (米) an open house / (英) an open day

さんぎいん 参議院 the House of Councilors [カウンスィラァズ]
参議院議員 a member of the House of Councilors

さんきゃく 三脚 (カメラの) a tripod [トゥライパド]

さんぎょう 産業 (an) industry [インダストゥリィ]
産業の industrial [インダストゥリアル]
▶ 主要産業 the chief *industries*
産業革命 the Industrial Revolution
産業廃棄物 industrial waste

ざんぎょう 残業 overtime work [オウヴァタイム ワーク]

サングラス sunglasses [サングラスィズ], dark glasses, (口語) shades [シェイヅ] (▶どれも複数形で使う．数えるときは a pair of sunglasses, two pairs of sunglasses のようにする)
▶ サングラスをかけている
wear *sunglasses*

サンゴ coral [コ(ー)ラル]
サンゴ礁 a coral reef [リーフ]

さんこう 参考 (a) reference [レフ(ェ)レンス]
参考にする refer [リファ〜] to
▶ 最初は注を参考にしないで英文を読んでください.
First, read the English text without *referring to* the notes.
▶ 彼の意見はとても参考になった.
His advice was very *helpful*.
参考書 a reference book (▶英語の reference book は日本の学習参考書とちがって，事典・地図類をさす．学習参考書は a study aid とか a handbook for students などという)

ざんこく 残酷な cruel [クルーエル]
▶ 残酷なことをするな．Don't be *cruel*.
▶ 子どもはときに残酷だ.
Children are sometimes *cruel*.

さんざん 散々
▶ 「どうだった？」「さんざんだったよ」
"How did it go? / How did you get along?" "*Terrible*."
▶ さんざんな目にあったよ.
We had a *hard* time.

さんじゅう¹ 三十(の) →かず（表）
thirty [サ〜ティ]
第30(の) the thirtieth (▶30th と略す)
▶ 30分 *thirty* minutes
▶ 12月30日に
on December 30 (▶ December (the) thirtieth と読む)

▶ (各世紀の) 30年代に in *the thirties*
31 thirty-one
32 thirty-two
さんじゅう[2] 三重の triple [トゥリプル]
さんしゅつ 産出する produce [プロデュース]
▶ イラクは世界有数の石油産出国である.
Iraq is one of the largest oil-*producing* countries in the world.
ざんしょ 残暑 the late summer heat
▶ 今年は残暑が厳しい.
The late summer heat is severe this year.
さんしょう 参照する refer [リファ~] to
▶ 26ページを参照せよ.
See page 26. / cf. p.26 (▶ cf. は [スィーエフ] または [コンペア] と読む)
さんしん 三振《野球》a strikeout [ストゥライクアウト]
 三振する be struck out, strike out
 三振をとる strike out
さんすう 算数 arithmetic [アリスメティク]

さんせい[1] 賛成する

agree [アグリー]《with, on, about, to》(▶ with のあとには「人やその意見」, on, about のあとには「事」, to のあとには「提案」などがくる)(反 反対する disagree); be for (反 反対する be against)
▶ 「ちょっと休もうよ」「賛成」
"Let's have a rest, shall we?" "*Yes, let's.* / *OK.* / *All right.*"
▶ 大賛成！
I definitely *agree*!

💬 スピーキング
Ⓐ サッカーやろう.
 Let's play soccer.
Ⓑ 賛成.
 OK.

💬 表現力
…に賛成する → agree with ...

▶ 本田さんの新しい提案には賛成できません.
I can't *agree with* Mr. Honda's new proposal.
▶ きみの意見に賛成だ.
I *agree with* you.
▶ 「あなたはこの計画に賛成なのですか, 反対なのですか」「賛成です」
"*Are* you *for* or against this plan?" "*I'm for it.*"

💬 表現力
…することに賛成する → agree to ...

▶ みんなはパーティーを開くことに賛成した.
Everybody *agreed to* have a party.

親指を立てるのは「賛成」「うまくいった」のジェスチャー.

さんせい[2] 酸性の acid [アスィド] (対 アルカリ性の alkaline)
 酸性雨 acid rain
さんそ 酸素《化学》oxygen [アクスィヂェン]《記号 O》
サンタクロース Santa Claus [サンタクローズ] (発音注意) (▶ 守護聖人, 聖ニコラス (Saint Nicholas) の名から.《英》では Father Christmas ともいう)
サンダル sandals [サンドゥルズ] (▶ 複数形で使う. 数えるときは a pair of sandals, two pairs of sandals のようにする)
▶ サンダルをはく
 (動作) put on *sandals* / (状態) wear *sandals*
さんだんとび 三段跳び the triple jump；the hop, step and jump
さんち 産地

✏️ ライティング
青森はリンゴの**産地**として有名だ.
Aomori is famous for its production of apples.

さんちょう 山頂 the top of a mountain, a mountaintop [マウンテンタプ]
サンデー（アイスクリーム）a sundae [サンディ]
▶ チョコレートサンデー
 a chocolate *sundae*
さんど 三度 three times →-かい[1]
▶ 私は東京へ 3 度行ったことがある.

サンドイッチ ▶

I have been to Tokyo *three times*.
サンドイッチ a sandwich [サン(ドゥ)ウィチ]
▶ サンドイッチをつくる make a *sandwich*

ざんねん 残念だ

be sorry [サリィ]
▶ それを聞いて残念だ.
I'm sorry to hear that.
▶ 残念！ バスに間に合わなかったよ.
Shoot! I missed the bus.
▶ 残念だけど，もう行かなくちゃ.
It's a shame, but I must be going.

─●スピーキング
Ⓐ 英語の試験で悪い点をとっちゃった.
I got a poor mark on the English exam.
Ⓑ それは残念だね.
That's too bad.

─●表現力
… (ということ) を残念に思う
→ be sorry (that) …

▶ あなたがいっしょに来られないなんて残念です.
I'm sorry you can't come with me.
/ *It's too bad* you can't come with me.

─●スピーキング
Ⓐ パーティーに来られますか.
Can you come to the party?
Ⓑ 残念ながら，行けません.
I'm sorry I can't.

▶ 試合に負けたのは残念だ.
I'm sorry we lost the game.
さんねんせい 三年生 (小学) a third-year pupil, (米) a third grader；(中学) a third-year student, (米) a ninth grader →がくねん (表)

─●プレゼン
私は中学 3 年生です.
I'm in the ninth grade. / I'm a ninth grader. / I'm a third-year student in junior high school.

サンバ a samba [サンバ]
▶ サンバを踊る
dance the *samba*

さんばい 三倍 three times →ばい
3倍の triple [トゥリプル]
さんぱい 参拝する visit [ヴィズィト]
さんぱつ 散髪 a haircut [ヘアカト]
散髪する have a haircut, have *my* hair cut, get a haircut, get *my* hair cut
さんびか 賛美歌 a hymn [ヒム]
さんぷく 山腹 a mountainside [マウンテンサイド], a hillside [ヒルサイド]
さんふじんか 産婦人科 obstetrics and gynecology [オブステトゥリクス　アンド　ガイネカロヂィ]
さんぶつ 産物 a product [プラダクト]
▶ 農産物 agricultural *products*
▶ 海産物 marine *products*
サンフランシスコ （地名）San Francisco [サン フランスィスコウ]
サンプル （見本）a sample [サンプル]

さんぽ 散歩

a **walk** [ウォーク]
散歩する take a walk, have a walk
▶ 散歩に出かける go (out) for a *walk*
▶ ぼくは散歩が好きだ.
I like *walking*.
▶ 彼は毎朝公園を散歩します.
He *takes a walk* in the park every morning.
▶ パパ，街へ散歩に連れてってよ.
Take us *for a walk* in town, Dad.
▶ ポチを散歩させてくれる？
Would you *walk* Pochi? / Would you *take* Pochi *for a walk*?
散歩道 a walk, a walkway
サンマ 《魚》a Pacific saury [ソーリィ], a saury
さんみゃく 山脈 a mountain range
▶ 奥羽山脈 the Ohu *Mountains*
さんりんしゃ 三輪車 a tricycle [トゥライスィクル]
▶ 三輪車に乗る
ride a *tricycle*
さんるい 三塁 《野球》third base
3塁手 a third baseman
3塁打 a three-base hit, a triple [トゥリプル]
▶ 3塁打を打つ
hit a *triple*

328 three hundred and twenty-eight

◀ **しあい**

し シ し シ し シ

し¹ 四 (の) four →よん

し² **市**

a **city** [スィティ]
▶ 小田原市
the *City* of Odawara / Odawara *City*
▶ ニューヨーク市 New York *City*
▶ 私たちの学校は市の中心部にある.
Our school is in the center of the *city*.

> ⓘ**参考** 手紙などで住所を示すには, たとえば和歌山市は Wakayama-shi のようにしたほうがわかりやすい.

し³ **死**

(a) **death** [デス] →しぬ
▶ 病死 *death* by disease
▶ 事故死 an accidental *death*

し⁴ **詩** (集合的に) poetry [ポウエトゥリィ]; (1編の) a poem [ポウエム]
▶ 詩を書く write a *poem*
▶ 「詩は好きですか」「ええ, とくに相田みつをが好きです」
"Do you like *poetry*?" "Yes, I'm especially fond of *poems* written by Aida Mitsuo."

-し …**氏** →-さん

Mr. [ミスタァ] (複数 Messrs. [メサズ]) (▶ 女性には Ms., Mrs., Miss を使う. 《英》ではピリオドを打たないことが多い)
▶ 中村氏 *Mr.* Nakamura

じ 字

(アルファベット・かななど) a **letter** [レタァ]; (漢字) a character [キャラクタァ]; (筆跡) handwriting [ハンドゥライティング]
▶ 英語のアルファベットは26字です.
The English alphabet has 26 *letters*.
▶ 漢字 (a) *kanji*, Chinese *characters*
▶ この字, 読める？

(漢字) Can you read this *character*?
/ (アルファベット・かななど) Can you read this *letter*?
▶ この字, 何て読むの？
How do you read this *character*?
▶ きみは字がうまいね.
You have good *handwriting*.
▶ 弟は字がへただ.
My brother has poor *handwriting*.

-じ …**時** →じかん

o'clock [オクラック] (▶ ちょうど「…時」というときにだけ使うが, 省略することも多い)

> 💬**表現力**
> (今) …時です → It's ... (o'clock).

▶ 2時だ. *It's* two (*o'clock*).
▶ もうすぐ8時だ. *It's* almost eight.
▶ もう5時だよ. *It's* already five.

> 💬**表現力**
> (今) …時～分です → It's ... ～ .

▶ 今4時10分です. *It's* four ten.

> 🗨**スピーキング**
> 🅐 お母さん, 今何時？
> What time is it, Mom?
> 🅑 8時10分だよ.
> It's eight ten.

▶ 私たちは12時半に昼食を食べます.
We have lunch at twelve thirty. (▶ 「…時 (～分) に」というときは at を使う)
▶ 飛行機は午前11時ちょうどに離陸した.
The plane took off at exactly eleven in the morning. / The plane took off at exactly 11 a.m.

しあい **試合**

a **game** [ゲイム], a **match** [マッチ] (▶ 《米》では baseball (野球) など -ball のつくスポーツには game を, それ以外のスポーツには match を使うことが多い. 《英》ではふつうどちらにも match を使う)

あ か **し** た な は ま や ら わ

three hundred and twenty-nine 329

しあがる ▶

- ▶ 試合に勝つ win a *game* / win a *match*
- ▶ 試合に負ける
  lose a *game* / lose a *match*
- ▶ きのう瑞希*とテニスの試合をした.
  I played a *game* of tennis [a tennis *match*] with Mizuki yesterday.
- ▶ きのうの試合どうだった？
  How was the *game* yesterday?
- ▶ あす西中学校とのサッカーの試合があるんだ.
  We're going to have a soccer *game* against Nishi Junior High School tomorrow.
- ▶ 試合相手 an opponent
- ▶ 練習試合
  a practice *game* / a practice *match*
- ▶ 対校試合 an interschool *game*

しあがる 仕上がる be finished [フィニッシト]
- ▶ ついに作品が仕上がった.
  At last the work *is finished*.

しあげ 仕上げ (a) finish [フィニッシ]
しあげる 仕上げる finish [フィニッシ]
- ▶ 金曜日までにレポートを仕上げないといけないんだ.
  I have to *finish* my paper by Friday.

しあさって (3日後に) in three days, three days from now ; (3日のうちに) within three days

しあわせ 幸せ

happiness [ハピネス] →こうふく¹
幸せな happy [ハピィ]
幸せに happily
- ▶ とっても幸せです. I'm very *happy*.
- ▶ どんなときに幸せだと感じますか.
  When do you feel *happy*?
- ▶ いい友だちに恵まれて幸せです.
  I'm *happy* to have good friends.
- ▶ お幸せに.
  Good luck. / Best wishes. / I hope you'll be very *happy*. (▶最後の例は結婚式で花よめや花むこに言うことば)
- ▶ それから2人は幸せに暮らしましたとさ.
  The two lived *happily* ever after. (▶ ever after はおとぎ話の最後で使われる決まった表現)

シーエム a commercial [コマ〜シャル] (▶ 英語では*CM とはいわない)
- ▶ CM の時間 a *commercial* break

しいく 飼育する (家畜を) breed [ブリード], raise [レイズ]
飼育員 (動物園の) a zookeeper
シージー CG, computer graphics
シーズン a season [スィーズン] →きせつ
- ▶ 水泳のシーズンがやってきた.
  The swimming *season* has just started.
- ▶ 今はサクランボのシーズンだ.
  Cherries are now *in season*.
シーソー a seesaw [スィーソー]
- ▶ シーソーで遊ぶ play on a *seesaw*
  シーソーゲーム (接戦) a seesaw game
シイタケ 《植物》a *shiitake*, a *shiitake* mushroom
シーツ a sheet [シート]
- ▶ ベッドにシーツを敷く
  put *sheets* on the bed (▶英米では上下2枚めくので複数形にする)
しーっ (静かに) Sh! , Shh! [シ], Hush! [ハッシ] ; (追いはらうとき) shoo [シュー]
- ▶ しーっ, 静かに. 図書館ではおしゃべりしないように.
  Shh! Be quiet. No talking in the library.
シーディー a CD (▶ compact *disc* の略)
  CDプレーヤー a CD player
シーディーロム a CD-ROM (▶ ROM は read-only memory (読み出し専用メモリー) の略)
シート¹ (座席) a seat [スィート] →せき¹
- ▶ チャイルドシート a child (safety) *seat*
  シートベルト a seat belt, a safety belt
シート² (おおう物) a cover [カヴァ] ; (切手の) a sheet [シート]
シード シードする 《競技》seed [スィード]
- ▶ 第1シードの選手 a top-*seeded* player
  シード選手 a seed, a seeded player
ジーパン jeans [チーンズ] →ジーンズ
ジープ a jeep [チープ]
シーフード seafood [スィーフード]
シール a sticker [スティカァ], a seal [スィール]
- ▶ かおるはノートにシールをはった.
  Kaoru put a *sticker* on the notebook.
シーン (映画・ドラマなどの)a scene [スィーン] ; (光景) a sight [サイト]

330 three hundred and thirty

▶ 感動的なシーン a moving *scene*

しいん¹ 子音 a consonant [カンソナント] （対 母音 vowel）

しいん² 死因 the cause of death

じいん 寺院 a temple [テンプル] →てら

ジーンズ jeans [ヂーンズ]
▶ ジーンズ1本
a pair of *jeans* (▶「2本」なら two pairs of jeans となる)
▶ ジェームズはジーンズをはいている．
James is wearing *jeans*.

シェア シェアする share [シェア]
▶ SNSで写真をシェアするのが好きだ．
I like to *share* my pictures on SNS.

しえい 市営の city [スィティ], municipal [ミュ(ー)ニスィパル]
市営バス a city bus

じえい 自衛 self-defense [セルフディフェンス]
自衛する defend *myself*
自衛隊 the Self-Defense Forces

ジェーリーグ Jリーグ《サッカー》the J-League (▶ Japan Professional Football Leagueの略)

ジェスチャー a gesture [ヂェスチァ]
ジェスチャーをする gesture
▶ 彼は「こっちへ来て」というジェスチャーをした．
He *gestured* to me to come here.

ジェット ジェット機 a jet, a jet plane
ジェットエンジン a jet engine
ジェットコースター a roller coaster (▶ *jet coaster* とはいわない)

シェパード（犬）《米》a German shepherd [シェパド],《英》an Alsatian [アルセイシャン] (▶ 単に shepherd というと「羊飼い」のこと)

シェフ a chef [シェフ]

ジェル gel [ヂェル]
▶ 彼はジェルで髪をスタイリングしている．
He styles his hair with *gel*.

シェルター（避難所）a shelter [シェルタァ];（核戦争用の）a nuclear shelter

しえん 支援する support [サポート]
▶ 復興を支援する
support recovery / *support* reconstruction (▶ reconstruction [リーコンストゥラクション] は「再建」という意味)

しお¹ 塩 salt [ソールト]
塩の，塩からい salty

🎤 スピーキング
Ⓐ 塩を取っていただけますか．
Will you pass me the salt, please?
Ⓑ はい．さあどうぞ．
Sure. Here you are.

▶ 塩ひとつまみ
a pinch of *salt*
▶ このスープはいやに塩からい．
This soup is too *salty*.
塩水 salt water

しお² 潮（干満の）(a) tide [タイド];（潮流）a current [カ～レント]
▶ 引き潮 ebb / ebb *tide* / low *tide*
▶ 満ち潮 flood / flood *tide* / high *tide*
▶ 潮風 a sea breeze
▶ 潮が引いた．The *tide* is out. (▶「満ちた」なら out を in にする)
▶ このあたりは潮の流れが速い．
The *current* is strong around here.
潮干狩り
▶ 潮干狩りに行こうよ．
Let's go *clam digging*. / Let's go *clam gathering*.

しおり（本にはさむ）a bookmark [ブクマーク];（案内書）a guide [ガイド]
▶ 本の間にしおりをはさむ
put a *bookmark* between the pages
▶ 旅行のしおり a travel *guide*

しおれる（植物が）wither [ウィザァ]
▶ 暑い日照りで草がしおれた．
The grass *withered* in the hot sun.

シカ 鹿《動物》a deer [ディア]《複数》deer
シカの角 an antler

しか 歯科 dentistry [デンティストゥリィ] →はいしゃ¹
歯科医 a dentist [デンティスト]

-しか

only [オウンリィ] (▶ only だけで「～しか…ない」と否定の意味を表すので, not はつけない)
▶ 100円しか持っていない．
I have *only* 100 yen.
▶ 1度しか京都へ行ったことがない．
I have been to Kyoto *only* once.
▶ 持っているお金はこれしかない．
This is *all* the money I have.

しかい¹

> **💠文法 only の位置**
> **only** はふつう修飾する語句のすぐ前に置く.

しかい¹ 司会をする (テレビ・催し物などの) host [ホウスト], act as (a) master of ceremonies；(会議の) chair [チェア]
▶ ぼくが学級会の司会をした.
I *chaired* the class meeting.
司会者 (テレビなどの)a host；(催し物の) an MC (▶ master of *ceremonies* の略)；(会議の) a chair, a chairperson →ぎちょう

しかい² 視界 sight [サイト]；(見通し) visibility [ヴィズィビリティ]
▶ 霧で視界が悪い.
Visibility is poor because of the fog.

しがい¹ 市街 city streets [スィティ ストゥリーツ]
市街地 (a) downtown, a downtown area, a city area

しがい² 市外 (郊外) a suburb [サバ〜ブ]；(郊外全体) the suburbs
市外局番 an area code

しがいせん 紫外線 ultraviolet rays[アルトゥラヴァイオレト レイズ] (▶ ultraviolet は UV と略す)

しかえし 仕返しする get even (with), get back (at), get *my* revenge [リヴェンヂ] (on)
▶ いつかあいつに仕返しをしてやる.
I will *get even with* him someday.

しかく¹ 資格 qualification(s) [クワリフィケイション(ズ)]
資格がある be qualified [クワリファイド]
▶ 母は看護師の資格がある.
My mother *is qualified* as a nurse.
▶ あなたはどんな資格をもっていますか.
What are your *qualifications*?
▶ きみには文句を言う資格(→権利)はないよ.
You have no *right* to complain.

しかく² 四角 (正方形)a square[スクウェア]；(長方形) a rectangle [レクタングル]
▶ 四角い箱 a *square* box

しかく³ 視覚 sight [サイト]

じかく 自覚する be aware[アウェア]《of》, be conscious [カンシャス]《of》
▶ ぼくは自分の弱点をよく自覚している.
I'*m* well *aware of* my weak points.

しかけ 仕掛け (装置)a device[ディヴァイス]；(からくり) a trick [トゥリック]
▶ これには種もしかけもありません.
There is no *trick* to this.

しかし

but [バット], however [ハウエヴァ]
▶ 買い物に行きたかった. しかし行けなかった.
I wanted to go shopping, *but* I couldn't.

じかせい 自家製の homemade [ホムメイド]
▶ 自家製のクッキー *homemade* cookies

しかた 仕方

(やり方) a **way** [ウェイ]；(…のやり方) **how to ... , the way of -ing**

> **⬭表現力**
> **…のしかた → how to ...**

▶ 英語の勉強のしかたがよくわからない.
I don't know *how to* study English very well.
▶ 人によって練習のしかたはさまざまだ.
Different people exercise in different *ways*.

> **⬭表現力**
> **しかたがない**
> **→** (…してもむだだ)
> **There's no use -ing. /**
> **It's no use -ing. /**
> (さけられない) **can't help ...**

▶ 心配してみたってしかたがない.
There's no use worrying about it.
▶ しかたがない.
I *can't help* it. / It *can't be helped*. / (だれにでも起こることだ) Things happen. / (ほかにはどうしようもない) I have no choice.

-しがち tend [テンド] to ... , be apt [アプト] to ... →-(し)がち

しがつ 四月 →いちがつ, つき¹(表)

April [エイプリル] (▶語頭は必ず大文字；Apr. と略す)
▶ 日本では1学期は4月に始まる. In Japan, the first term begins in *April*.
4月ばかの日 April Fools' Day, April

◀ **じかん**

Fool's Day (▶ April fool は「4月1日にだまされた人」)

じかに (直接に) directly [ディレクトゥリィ]；(本人自身で) personally [パ〜ソナリィ]
▶ 彼にじかに話したほうがいいと思うよ.
I think you should talk to him *personally*.

しがみつく cling [クリング] to
▶ その男の子は母親にしがみついた.
The boy *clung to* his mother.

しかめっつら しかめっ面 a grimace [グリミス，グリメイス]
しかめっ面をする make a face, grimace

しかも (そのうえ) besides [ビサイヅ]；(それなのに) and yet
▶ 彼はスポーツ万能で，しかも頭がいい.
He's good at all kinds of sports. *Besides*, he's smart.
▶ あのレストランはおいしくて，しかも安い.
The food at that restaurant is delicious *and yet* inexpensive.

しかる (口語) tell off；scold [スコウルド]
▶ 母は姉がうそをついたので厳しくしかった.
Mother *scolded* my sister severely for lying.
▶ 今日，学校でしかられちゃった.
I *was told off* at school today.

しがん 志願する apply [アプライ]
▶ 多くの学生が毎年この学校を志願します.
Many students *apply* to this school every year.
志願者 an applicant [アプリカント]

じかん 時間 →とき

使い分け
(時・時刻) → (a) time
(1時間) → an hour
(学校の時限) → a period

1 (時・時刻) (a) **time** [タイム]
▶ お昼の時間だ！It's *time* for lunch!
▶ ちょっと時間ある？ Do you have *a minute*? / (くだけて) Got *a minute*?

✍ ライティング
私たちは奈良ではほんとうに楽しい時間を過ごしました.
We had *a* great time in Nara.

▶ 時間があったら行きます.
If I have *time*, I'll come.
▶ 時間がなくなってきた.
Time is running out. / We're running out of *time*.
▶ (試験のときに) 時間です. 書くのをやめなさい.
Time is up. Put down your pencils.
▶ 列車は時間どおりに到着した.
The train arrived on *time*.
▶ 彼は終電の時間に間に合った.
He was in *time* to catch the last train.

💬 表現力
…する時間だ
→ It's time (that) ... . /
It's time to ... .

▶ もう寝る時間よ.
It's time you went to bed. / *It's time* for you *to* go to bed.
▶ そろそろ出かける時間だ.
It's about time to go.
▶ もう時間がない. 急いで.
We don't have much *time* left. Hurry up!

💬 表現力
…する時間がない
→ have no time to ...

▶ 宿題を済ませる時間がなかった.
I *had no time to* finish my homework.
▶ 部活が忙しくて，テレビを見る時間もない.
I'm so busy with club activities that I *have no time to* watch TV.

💬 表現力
…する時間が少しある
→ have some time to ...

▶ お話をする時間が少しありますか.
Do you *have some time to* talk with me?

2 (1時間) an **hour** [アウア]
▶「毎晩何時間寝てますか」「たいてい8時間寝ます」
"How many *hours* do you sleep every night?" "I usually sleep for eight *hours*."

three hundred and thirty-three 333

じかんわり ▶

表現力

…するのに〜時間かかる
→ **It takes 〜 hours to … .**

▶ 神戸まで車で約2時間かかる.
It takes about two *hours to* drive to Kobe. / It's about a two-*hour* drive to Kobe.

▶ 営業時間
(会社) business *hours* / (店) opening *hours* / store *hours*

3 (学校の時限)a **period**[ピ(ア)リオド] ; (授業) (a) **class**[クラス], a **lesson**[レスン]

▶ 1時間目は国語だ.
We have Japanese in the first *period*.

▶ 今日は何時間授業があるの？
How many *classes* do you have today?

▶ 自習時間
(米) study hall / a study *hour*

スピーキング

① 「…時です」 というとき
Ⓐ 今何時ですか？
What time is it? / (何時かわかりますか) Do you have the time?
Ⓑ 5時です.
It's five. / It's five o'clock.
Ⓒ 7時15分です.
It's seven fifteen. / (7時15分過ぎ) It's a quarter past seven. (▶ quarterは1時間の4分の1で「15分」のこと)
Ⓓ 8時半です.
It's eight thirty. / (8時30分過ぎ) It's half past eight. (▶ halfは1時間の2分の1で「30分」のこと)
Ⓔ 9時40分です.
It's nine forty. / (10時20分前) It's twenty to ten.

② 「…時に」 というとき
Ⓐ 午後の授業は何時に始まるの？
What time does the afternoon class start?
Ⓑ 1時20分に始まるよ.
It starts at one twenty.

③ 「…時まで (継続)」 と 「…時までに (期限)」

じかんわり 時間割 (米) a schedule [スケヂュール], a class schedule, (英) a timetable [タイムテイブル]

▶ これが月曜から金曜までの私の時間割です.
This is my Monday-through-Friday *class schedule*.

しき¹ 式 **1** (儀式) a **ceremony** [セレモウニィ]

▶ 式を行う
hold a *ceremony* / have a *ceremony*

▶ 卒業式は体育館で行われる.
The graduation *ceremony* will be held in the gym.

2 (数学・化学などの) an **expression** [イクスプレション] ; (公式) a **formula** [フォーミュラ]

▶ 方程式
an **equation** [イクウェイジョン, —ション]

▶ 化学式
a chemical *formula*

Ⓐ 私, あしたは10時までうちにいます.
I'll be home till ten tomorrow.
Ⓑ わかりました. 9時半までにお電話します.
Good. Then I'll call you by nine thirty.

④ 「…時発の」 というとき
Ⓐ いつ神戸に行くんですか？
When are you leaving for Kobe?
Ⓑ あすの朝6時発の急行に乗ります.
I'm taking the 6:00 express tomorrow morning.

⑤ 「…時間」 というとき
Ⓐ ゆうべは3時間も宿題をやったよ. 8時から11時まで.
I did my homework for three hours last night — from eight till eleven.
Ⓑ じゃ, 終わったんだね.
Then, you've finished it, haven't you?
Ⓐ いや, あと2時間はかかりそう.
No, not yet. It'll take two more hours. / It'll take another two hours.

◀ **しく**

式のいろいろ

入学式	an entrance ceremony
始業式	an opening ceremony (▶英米の学校にはない)
終業式	a closing ceremony (▶英米の学校にはない)
卒業式	a graduation ceremony
開会式	an opening ceremony
表彰式	an awards ceremony
成人式	a coming-of-age ceremony, a ceremony for new adults (▶英米にはない)

しき² 四季 four seasons
▶ 日本は四季がはっきりしている. There are *four* distinct *seasons* in Japan.
▶ その庭園は四季を通じて花でいっぱいです. The garden is full of flowers *all the year round*.
▶ 四季の中で春がいちばん好きだ. I like spring the best of the *four seasons*.

しき³ 指揮する (楽団などを) conduct [コンダクト]; (軍隊などを) command [コマンド]
　指揮者 a conductor

-しき …式 way [ウェイ], style [スタイル]
▶ イギリス式の生活 the British *way* of life
▶ 洋式トイレ a Western-*style* toilet

じき¹ 時期 time [タイム]; (ある特定の) the season [スィーズン]
▶ 今がピクニックにいい時期だ. Now is the *time* for picnics. / Now is the good *season* for picnics.

じき² 磁気 magnetism [マグネティズム]
　磁気の magnetic [マグネティク]

じき³ 磁器 china [チャイナ], porcelain [ポーセリン]

じき⁴ (まもなく) soon [スーン] →すぐ, まもなく

しきさい 色彩 a color [カラァ] →いろ
　色彩豊かな colorful

しきし 色紙 a *shikishi*, a square paperboard used for calligraphy or autographs

しきち 敷地 (用地) a site [サイト]
▶ ホテル建築用の敷地 the *site* for a hotel

しきゅう¹ 至急 immediately [イミーディエトゥリィ], 《口語》at once, right away, as soon as possible →すぐ

▶ 至急もどりなさい. Come back *right away*. / Come back *at once*.
▶ 至急ご連絡ください. Please reply *immediately*.

しきゅう² 死球 →デッドボール
しきゅう³ 四球 →フォアボール
じきゅう 時給 hourly pay
▶ 時給はいくらですか. What is the *hourly pay*? / How much do you *pay an hour*?

じきゅうじそく 自給自足の self-sufficient [セルフサフィシェント]
▶ 食糧を自給自足している国もある. Some countries are *self-sufficient* in food.

じきゅうそう 持久走 a long-distance run

じきゅうりょく 持久力 stamina [スタミナ]
じぎょう 事業 (a) business [ビズネス], an enterprise [エンタプライズ]
▶ おじは事業に成功した. My uncle succeeded in *business*.

しぎょうしき 始業式 an opening ceremony (▶英米の学校にはない)
▶ 始業式は4月8日に行われる. The *opening ceremony* will be held on April 8.

しきり 仕切り a partition [パーティション]
しきりに (何度も) frequently; (熱心に) eagerly [イーガァリィ]
▶ 薫は弘美にしきりにメールを送った. Kaoru emailed Hiromi *frequently*.
▶ 子どもたちはしきりにパンダを見たがっている. The children *are eager to* see pandas.

しきる 仕切る (分ける) divide [ディヴァイド]; (取り仕切る) manage [マネヂ]
▶ パーティーは私が1人でしきった. I *managed* the party by myself.

しきん 資金 funds [ファンヅ]; (資本金) (a) capital [キャピトゥル]
▶ 資金を集める raise *funds* / collect *funds*

しく 敷く lay [レイ], spread [スプレッド]
▶ リビングの床に新しいカーペットを敷いた. We *laid* a new carpet on the living room floor.

---

three hundred and thirty-five 335

しぐさ ▶

▶ ふとんを敷く
lay out my *futon* / *lay out* my bedding

しぐさ (身ぶり) a gesture [ヂェスチァ]

ジグザグ a zigzag [ズィグザグ] →せん²
ジグザグの zigzag
▶ ジグザグに走る run in a *zigzag*

しくじる (失敗する) fail [フェイル]；(まちがいをする) make a mistake [ミステイク]

ジグソーパズル a jigsaw puzzle [ヂグソー パズル]

シグナル a signal [スィグナル]
シグナルを送る signal, send a signal

しくみ 仕組み a mechanism [メカニズム], (a) structure [ストゥラクチァ]
▶ コンピューターのしくみ
the *mechanism* of a computer

シクラメン 《植物》a cyclamen [スィクラメン]

しけい 死刑 the death penalty
▶ …に死刑を宣告する
sentence ... to death

しげき 刺激する stimulate [スティミュレイト]
刺激的な exciting, sensational
▶ 彼の講義は生徒たちの好奇心を刺激した.
His lecture *stimulated* the students' curiosity.

しげみ 茂み a thicket [スィケト], a [the] bush [ブッシ]

しげる 茂る (草木が) grow thick

しけん 試験 →テスト

1 an **examination** [イグザミネイション],《口語》an **exam** [イグザム], a **test** [テスト]；(小テスト)《米》a quiz [クウィズ]

▶ 数学の試験
a math *exam* / an *exam* in math
▶ 試験を受ける take an *exam*
▶ A 高校の入学試験を受ける
take the entrance *exam* for A High School
▶ 入学試験に合格する
pass an entrance *exam*
▶ あした数学の試験があるんだ.
We have a math *exam* tomorrow.
▶「試験はどうだった？」「うん，英語以外はまあうまくいったと思うよ」
"How were the *exams*?" "I think I did pretty well except English."

▶（先生が）ここは試験に出ますよ.
This will be on the *exam*.
▶ 国語の試験でつまらないミスをした.
I made a stupid mistake on the Japanese *exam*.
▶ 英語の試験で90点をとった.
I got 90 points on the English *exam*. / My score on the English *exam* was 90.
▶ 中間試験は来週の月曜から始まる.
Midterm *exams* start on Monday next week.
▶ きのうは徹夜で期末試験の勉強をした.
I stayed up all night yesterday studying for my final *exams*.

試験・テストの種類
中間試験 a midterm exam
期末試験 a term exam,
（学年末の）a final exam
追試験 a makeup (exam)
実力テスト a proficiency test,
an achievement test
模擬試験 a trial exam, a mock exam, a practice exam
入学試験 an entrance exam
筆記試験 a written exam
面接試験 an interview
○×式のテスト a true-false test
ぬき打ちテスト a surprise test,
a pop quiz

試験科目 exam subjects
試験監督官《米》a proctor,《英》an invigilator
試験期間 the exam period
試験場 an exam room
試験日 an exam day
試験問題 an exam question
2（実験）an experiment [イクスペリメント], a test
試験管 a test tube

しげん 資源 resources [リーソースィズ]
▶ 地下資源 underground *resources*
▶ その国は天然資源が豊かだ.
That country is rich in natural *resources*.

じけん 事件（重要な）an event [イヴェント]；（小さな）an incident [インスィデント]；（法的

◀ しさつ

な) a case [ケイス]
▶ 殺人事件 a murder *case*
じげん¹ 時限 a time limit；(授業時間) a
period [ピ(ア)リアッド], a class [クラス]
▶ 月曜から金曜までは1日に6時限あります.
We have six *classes* each day,
Monday to Friday.
時限爆弾 a time bomb
じげん² 次元 (数学の) a dimension [ディ
メンション]；(レベル) a level [レヴェル]
▶ 二次元 two *dimensions*

じこ¹ 事故

an accident [アクスィデント]
▶ 交通事故 a traffic *accident*
▶ このふみきりではよく事故が起こる.
Accidents often happen at this
railroad crossing.
▶ 健は帰宅途中で自動車事故にあった.
Ken had a car *accident* on his way
home.
▶ 事故を起こす cause an *accident*
じこ² 自己 self [セルフ] (複数) selves,
myself [マイセルフ] →じぶん (表)
▶ 自己を知ることは難しい.
It is difficult to know *yourself*. (▶こ
の yourself は人間一般を表す)
▶ 私のピアノは自己流です.
I play the piano in *my own* way.
自己紹介 self-introduction
▶ 自己紹介させてください. 山田太郎といい
ます.
Let me *introduce myself*. I'm
Yamada Taro.
自己中心的な selfish, self-centered
しこう 思考 thought[ソート], thinking[スィ
ンキング] →かんがえ
じごうじとく 自業自得
▶ そりゃ, 自業自得だよ!
You asked for it! / That serves you
right! (▶ That は It でもよい)
しこく 四国 (地方) the Shikoku district,
the Shikoku area
しごく
▶ コーチは彼をしごいた (→厳しくきたえた).
The coach *gave* him a *good
workout*. / The coach *worked* him
hard.
じこく 時刻 time [タイム] →じかん

じこく 地獄 hell [ヘル] (対) 天国 heaven)

しごと 仕事

work [ワ～ク]；(職) a job [ヂャブ]；(商売)
business [ビズネス]；(家事) housework
[ハウスワ～ク]；(果たすべき) task [タスク]
仕事をする work, do *my* job, do *my*
work
▶ 姉は仕事を探している.
My older sister is looking for a *job*.

> **プレゼン**
> 私は将来, 映画関係の仕事がしたいです.
> I want to work in a movie-related
> field in the future.

▶ 兄は出版社に仕事が決まった.
My brother got a *job* with a
publishing company.
▶ 彼女は先月仕事をやめた.
She quit her *job* last month.

> **スピーキング**
> Ⓐ お父さんのお仕事は?
> What does your father do?
> Ⓑ 商社に勤めています.
> He works for a trading
> company.
> (▶ 「どこにお勤めですか」と聞くときは
> Who does your father work for? な
> どという)

▶ 何時から仕事を始めるのですか.
What time do you start *work*?
▶ 今日は仕事がたくさんある.
I have a lot of *work* to do today.
▶ 犬の世話はぼくの仕事です.
It's my *task* to take care of our dog.
/ Taking care of our dog is my *task*.
じさ 時差 (a) time difference
▶「東京・シドニー間の時差はどれくらいです
か」「1時間あります」
"What's the *time difference*
between Tokyo and Sydney?"
"There is a one-hour *difference*."
時差ぼけ jet lag
▶ 時差ぼけに悩む suffer from *jet lag*
しさつ 視察 (an) inspection[インスペクション]
視察する inspect

three hundred and thirty-seven　337

じさつ ▶

じさつ 自殺 (a) suicide [スーイサイド]
自殺する kill *myself*, commit suicide

じさん 持参する (持ってくる) bring [ブリング] (with)；(持っていく) take [テイク] (with)
▶ 弁当は各自持参のこと.
Each student should *bring* their lunch.

しじ¹ 支持 support [サポート]
支持する support, back up
▶ 私はあなたの計画を支持します.
I'll *support* your plan.
支持者 a supporter

しじ² 指示 directions [ディレクションズ], instructions [インストラクションズ]
指示する direct [ディレクト, ダイ-]；indicate [インディケイト]；instruct [インストゥラクト]
指示を与える give *directions*
▶ みんな先生の指示に従った.
We all followed the teacher's *directions*.

じじ 時事的な current [カ〜レント]
時事英語 English for current topics, media English, news English
時事問題 current topics

ししざ しし座 the Lion [ライオン], Leo [リーオウ] →せいざ (表)

じじつ 事実

(a) fact [ファクト]；(真実) the truth [トゥルース]
事実の true [トゥルー]
▶ 事実に基づいた話
a story based on *fact*
▶ それは事実に反する.
It is contrary to the *facts*.
▶ それが事実だよ. That's a *fact*.
▶ 事実は小説よりも奇なり.（ことわざ）
Fact is stranger than fiction.

> 表現力
> …というのは事実だ
> → It is true that ... . /
>   It is a fact that ... .

▶ 小野先生が学校をやめるというのは事実ですか.
Is it true that Mr. Ono will leave school?

ししゃ¹ 死者 (1人) a dead person；(全体) the dead [デッド]

▶ その事故で多くの死者が出た.
A lot of *people were killed* in the accident.

ししゃ² 支社 a branch [ブランチ], a branch office（対）本社 head office)

ししゃ³ 使者 a messenger [メセンヂァ]

ししゃかい 試写会 a preview [プリーヴュー]

じしゃく 磁石 a magnet [マグネット]；(羅針盤) a compass [カンパス]

ししゃごにゅう 四捨五入する round [ラウンド]（off）
▶ 4.8を四捨五入すると5になる.
4.8 can *be rounded off* to 5.

じしゅ 自主的な independent [インディペンデント]；(自発的な) voluntary [ヴァランテリィ]
自主的に independently；voluntarily
▶ 彼は自主的にマラソン大会に参加しました.
He took part in the marathon *voluntarily*.
自主トレ voluntary training, independent training

ししゅう¹ 詩集 collected poems

ししゅう² 刺しゅう embroidery [エンブロイダリィ]
ししゅうをする embroider [エンブロイダァ]
▶ タオルに鳥を刺しゅうする
embroider a towel with a bird

じしゅう 四十(の) forty [フォーティ] →よんじゅう

じしゅう 自習する study ... on *my* own, do ... on *my* own, (米) have study hall
▶ 先生がお休みだったので, 私たちは自習した.
Our teacher was absent, so we *studied on our own*.
自習時間 (米) study hall, a study hour

しじゅうそう 四重奏 (音楽) a quartet [クウォーテット]

338 three hundred and thirty-eight

◀ **しずか**

じしゅく 自粛する refrain 《from》
▶ 私たちは外出を自粛した.
We *refrained from* going out.

ししゅつ 支出 (an) outgo [アウトゥゴウ], expenses [イクスペンスィズ], spending [スペンディング] (反) 収入 income)
支出する spend, pay

ししゅんき 思春期 adolescence [アドゥレスンス]

ししょ 司書 a librarian [ライブレ(ア)リアン]

じしょ 辞書

a dictionary [ディクショネリィ]
▶ 英和辞書
an English-Japanese *dictionary*
▶ 和英辞書
a Japanese-English *dictionary*
▶ 辞書を引く
consult a *dictionary* / check a *dictionary*
▶ この単語を辞書で調べてごらんなさい.
Look up this word in your *dictionary*.

じじょ 次女 the second daughter [ドータァ]

しじょう 市場 a market [マーケト]
▶ 国内市場
a home *market* / a domestic *market*
▶ 海外市場 an overseas *market*

じじょう 事情 (状況) circumstances [サ~カムスタンスィズ], a situation [スィチュエイション]; (理由) (a) reason [リーズン]
▶ 谷くんは家の事情で学校をやめた.
Tani left school for family *reasons*.

ししょうしゃ 死傷者 casualties [キャジュアルティズ]
▶ 幸い死傷者はいなかった.
Fortunately there were no *casualties*.

じしょく 辞職する resign [リザイン], 《口語》 quit [クウィット]
▶ 大臣は辞職した.
The minister *resigned* from his job.

しじん 詩人 a poet [ポウエト]

じしん¹ 地震

an earthquake [ア~スクウェイク]
▶ 日本は地震が多い.
We often have *earthquakes* in Japan.
▶ 昨夜強い地震があった.
There was a strong *earthquake* last night. / We had a strong *earthquake* last night.
▶ 地震だ! 机の下にかくれろ!
Earthquake! Get under your desk!

じしん² 自信

confidence [カンフィデンス], self-confidence [セルフカンフィデンス]
自信のある confident
▶ ぼくは数学にあまり自信がない.
I don't have much *confidence* in my math ability.
▶ 今度の試合に勝つ自信がある.
We're sure to win the next game. / We're *confident* of winning the next game.
▶ もっと自信をもちなさい.
Have more *confidence* in yourself.
▶ 自分に自信をなくしちゃだめ.
Don't lose *confidence* in yourself.
▶ 自信がついたよ.
I've gained *confidence* in myself.
▶ 彼は自信満々だった.
He was full of *confidence*.

じしん³ 自身 myself [マイセルフ] →じぶん (表)
自身の own
▶ 自分自身でやりなさい.
Do it *yourself*.
▶ それはきみ自身の問題だよ.
That's your *own* problem.

しずか 静かな

quiet [クワイエト]; silent [サイレント] (反) さわがしい noisy); (おだやかな) calm [カーム]

quiet

noisy

▶ 静かな夜
a *quiet* night / a *silent* night
▶ 静かな湖

しずく ▶

a *calm* lake
▶ 静かな口調で
in a *soft* voice / in a *gentle* voice
▶ 物静かな人 a *quiet* person
静かに quietly, silently；calmly
▶ 静かにしなさい！
Be *quiet*! / Be *silent*! / *Silence*!
▶ 赤ちゃんは静かに眠っている.
The baby is sleeping *peacefully*.

しずく a drop [ドゥラップ]
▶ 雨の1しずく
a *drop* of rain / a rain*drop*

しずけさ 静けさ silence [サイレンス]；
quiet [クワイェト], calm [カーム]
▶ 嵐の前の静けさ
the *calm* before the storm

システム a system [スィステム]
システムエンジニア a systems engineer

しずまる 静まる become quiet；calm
[カーム] down, die down
▶ ようやく嵐が静まった.
The storm *has* finally *calmed down*.

しずむ 沈む

1 (没する) sink [スィンク] (反) うかぶ float)；
(太陽が) set
▶ 船はゆっくり海に沈んでいった.
The ship *sank* slowly in the sea.
▶ 日が西に沈もうとしている.
The sun *is setting* in the west.
2 (気分が) be in low spirits, feel
depressed [ディプレスト]
▶ 由紀は物思いに沈んでいる.
Yuki *is lost in* thought.

しずめる¹ 沈める (物を)sink [スィンク]
しずめる² 静める (気分を) calm down

しせい 姿勢 (a) posture[パスチァ]；(態度)
an attitude [アティテュード]
▶ きみは姿勢がよい.
Your *posture* is good. / You have
good *posture*. (▶「悪い」なら good を
poor にする)
▶ 姿勢をよくしなさい.
(立っているとき) Stand up *straight*. /
(すわっているとき) Sit up *straight*.

じせい 自制 self-control [セルフコントゥロウ
ル]

しせき 史跡 a historic site, a historic
spot

しせつ 施設 an institution [インスティテュー
ション]；(設備) facilities [ファスィリティズ]；(児
童・高齢者などの) a home [ホウム]
▶ 公共施設 a public *institution*
▶ 高齢者介護施設
a nursing *home*

しせん 視線 my eyes [アイズ]
▶ 彼女と視線が合った.
My eyes met with hers.
▶ 彼は私から視線をそらした.
He turned *his eyes* from me.

しぜん 自然

1 nature [ネイチァ]
自然の natural [ナチ(ュ)ラル]
▶ 母なる自然 Mother *Nature*
▶ 私たちの町は美しい自然に囲まれている.
Our town is surrounded by the
beauties of *nature*. / Our town is
surrounded by beautiful *scenery*.
2 (当然・ありのまま)
自然な, 自然の natural
▶ 彼女の日本語は自然だ.
Her Japanese is *natural*. / She
speaks Japanese *naturally*.

> **表現力**
> …するのは自然だ
> → It is natural to ... . /
> It is natural that ～ (should)
> ... .

▶ そう感じるのはごく自然なことだ.
It's only *natural to* feel that way.
▶ 子どもが親のまねをするのはごく自然だ.
It's quite *natural that* children
(*should*) imitate their parents. / *It's*
quite *natural* for children *to* imitate
their parents.
自然に naturally；(ひとりでに) by itself,
of itself
▶ ドアが自然に開いた.
The door opened *by itself*.
自然科学 natural science
自然食品 natural foods；(有機の)
organic foods
自然破壊 environmental destruction,
the destruction of nature
自然保護 nature conservation

じぜん 慈善 charity [チャリティ]

340 three hundred and forty

慈善コンサート a charity concert
慈善事業 charitable work, charities
慈善団体 a charitable organization

しそう 思想 thought [ソート]
▶ 思想の自由
freedom of *thought*
思想家 a thinker

-しそう be likely to ... →-そう

-しそうもない be unlikely to ... →-そう

じそく 時速 speed per hour
▶ この車は時速50キロで走っている．
This car is going at a *speed* of 50 kilometers *per hour*. (▶ kilometers per hour は kph と略す)

じぞく 持続する last [ラスト], continue [コンティニュー]
▶ 持続可能な社会 sustainable society
(▶ sustainable [サステイナブル] は「持続できる」という意味)

-しそこなう fail [フェイル] to ... →-(し)そこなう

しそん 子孫 a descendant [ディセンダント]
（対 先祖 ancestor）

じそんしん 自尊心 pride [プライド], self-respect [セルフリスペクト]
自尊心のある proud [プラウド]
▶ ぼくは自尊心を傷つけられた．
My *pride* was hurt.

した¹ 舌 a tongue [タング]
▶ 舌の先 the tip of my *tongue*
▶ その男の子は舌を突き出した．
The boy stuck his *tongue* out. (▶相手を軽べつするしぐさ)

① 日本語NAVI
舌が回る ☞よくしゃべる →しゃべる
舌を出す ☞①かげでばかにする ②失敗したきまり悪さをまぎらす
→①ばか（にする）②きまり²
舌を巻く ☞非常に驚いて感心する
→おどろく，かんしん¹

した² 下

使い分け
下に，真下に → under
はなれて下に → below
（動きを伴い）下の方へ → down

under

below

down

1 (下に, 真下に) **under** [アンダァ] (対 上に over);（はなれて下に）**below** [ビロウ] (対 上方に above);（下の方へ）**down** [ダウン] (対 上の方へ up)
▶ 下へ降りる go *down* / come *down*
▶ このエレベーターは下へ行きますか．
Is this elevator going *down*?
▶ 太陽が地平線の下に沈んでいく．
The sun is sinking *below* the horizon.
▶ リサは木の下にすわっている．
Lisa is sitting *under* the tree.

2 (下部) the **bottom** [バトム] (対 上部 top)
▶ 地図ではたいてい南が下になる．
Maps usually have south at *the bottom*.
▶ いちばん下の引き出し
the *bottom* drawer

3 (年下の) **younger** [ヤンガァ] (対 年上の older)
▶ 弟は私より2つ下です．
My brother is two years *younger* than I am.

4 (下位の) **lower** [ロウア] (対 上位の upper)
▶ ぼくの成績はきみより下だった．
My grades were *lower* than yours.

① 参考「下」の反意語
under ↔ over / below ↔ above / down ↔ up / bottom ↔ top / younger ↔ older / lower ↔ upper

-した (▶ふつう動詞の過去形で表す)
→-(し)た

したい ▶

したい 死体 a body, a dead body

-したい want to … , would like to …
→-たい¹

-しだい 1 (…するとすぐ) as soon as
▶ 東京に着きしだい電話します.
I'll call you *as soon as* I arrive in Tokyo.

2 (…による) depend [ディペンド] on
▶ 勝つかどうかはきみの努力しだいだ.
Victory *depends on* your efforts.

じたい¹ 事態 a situation [スィチュエイション]
▶ 手のつけようのない事態だった.
The *situation* was out of control.

じたい² 辞退する decline [ディクライン]

じだい 時代

1 (時期) a **period** [ピ(ア)リオド], an era [イ(ア)ラ, エラ], an **age** [エイジ]; (人生の一時期) **days** [デイズ]
▶ 江戸時代
the Edo *period* / the Edo *era*
▶ 石器時代 the Stone *Age*
▶ インターネット時代
the internet *age*
▶ 私の中学時代に
in junior high / in my junior high *days* / when I was a junior high school student
▶ 父は高校時代柔道をしていた.
My father practiced judo in high school.

2 (時の流れ) (the) **times** [タイムズ]
時代遅れの out-of-date, behind the times
▶ 時代の移り変わり
the change of *the times*
▶ 時代に遅れないようにしないとね.
We have to keep up with *the times*.
▶ こんな音楽, もう時代遅れだよ.
This kind of music is *out of date*.

┌─💬 表現力 ──────────┐
今は…の時代だ
→ This is a time when … . /
Ours is a time when … .
└────────────────┘

▶ 今はみんなが簡単に海外旅行に行ける時代だ.
This is a time when everybody can easily go overseas.

時代劇 a *samurai* drama

しだいに 次第に gradually [グラヂュアリィ]

したう 慕う respect very much, adore [アドー(ァ)]
▶ 早川先生は生徒からしたわれている.
Mr. Hayakawa *is respected very much* by his students.

したがう 従う

1 (人・命令などに) **obey** [オベイ]; (助言などに) **follow** [ファロウ], take [テイク]
▶ 校則には従いなさい.
You must *obey* the school rules.
▶ お医者さんの言うことに従わないとだめだよ.
You'd better *follow* your doctor's advice.

2 (あとについていく) **follow**
▶ ガイドに従って美術館を見学した.
Following our guide, we visited the museum.

したがき 下書き (原稿などの) a draft [ドゥラフト], a rough draft; (下絵) a sketch [スケッチ], a rough sketch

したがって 従って **1** (それゆえ) therefore [ゼアフォー(ァ)]; (だから) so [ソウ]
▶ 私たちはみんなあなたの計画に反対です. したがって, あなたを支持することはできません.
We are all against your plan. *Therefore* we can't support you.

2 (…につれて) as [アズ]
▶ 人は年をとるにしたがって記憶がおとろえていく.
As you get older, your memory fades.

3 (…どおりに) according [アコーディング] to, just as … tell
▶ 医師の指示に従ってこの薬を飲んでください.
Take this medicine *according to* your doctor's instructions.

-したがる want to … →-(し)たがる

したぎ 下着 underwear [アンダウェア]

したく 仕度 →じゅんび, ようい¹
preparation(s) [プレパレイション(ズ)]
したくする **get ready** [レディ] (for), **prepare** [プリペァ] (for)

◀ **しちがつ**

▶ 朝ごはんのしたくできたよ.
Breakfast *is ready*. / It's time to eat breakfast.
▶ さあさあ, したくしなさい!
Come on, *get ready*!

┌─ 🗨表現力 ─────────────┐
│ …のしたくをする
│ → **get ready for** ... /
│ **prepare for** ...
└────────────────────┘

▶ もう8時だよ. 早く学校のしたくをしなさい.
It's already eight. *Get ready for* school quickly.
▶ 旅行のしたくをする
make preparations for a trip / *prepare for* a trip

┌─ 🗨表現力 ─────────────┐
│ …のしたくができている
│ → **be ready for** ... /
│ **be ready to** ...
└────────────────────┘

▶ 「出かけるしたくはできた?」「まだだよ. もう少し待ってくれない?」
"*Are* you *ready to* go?" "Not yet. Can you wait for a few more minutes?"

じたく 自宅 my house, *my* home
-したくてたまらない be dying [ダイイング] to ... →たまらない
▶ そのコンサートに行きたくてたまらないんだ.
I'm dying to go to the concert.

-したことがある have +過去分詞→ある, -こと

したしい 親しい

（密接な）**close** [クロウス]；（仲のよい）**friendly** [フレンドゥリィ]
▶ 親しい友人
a *close* friend / a *good* friend
▶ 真央とは小学校のころとても親しかった.
Mao and I were very *close* in elementary school.

┌─ 🗨表現力 ─────────────┐
│ …と親しくなる
│ → **make friends with** ... /
│ **become friendly with** ...
└────────────────────┘

▶ ぼくはジョーと親しくなった.
I *made friends with* Joe. / I *became*

friendly with Joe.

したじき 下敷き a plastic sheet (for writing)（▶英米にはノートなどに書くときに使う「下じき」はない）
下敷きになる be buried 《under》

したしみ 親しみ
▶ なぜか私は美帆に親しみを感じない.
Somehow I don't *feel close to* Miho.
▶ 健は親しみやすい. Ken is *friendly*.

したしむ 親しむ →したしい
▶ もっと読書に親しむようにしなさい.
You should *get* more *familiar with* reading.
▶ この本は世界じゅうの人たちに親しまれている.
This book *is familiar to* people all over the world.

したたる drip [ドゥリップ]
-したところだ have +過去分詞→-ところ

じたばたする（あわてる）panic [パニック], get panicky [パニッキィ]；（おおげさにさわぐ）make a fuss [ファス]
▶ じたばたするな.
（あわてるな）Don't *panic*. /（落ち着け）Calm down.
▶ 今さらじたばたしてもむだだよ.
There's no use *panicking* now.

-したほうがよい should [シュッド] →ほう¹

したまち 下町 the old part (of), the old town

-したら¹ if [イフ], when [(フ)ウェン] →-(し)たら

-したら² How about ...?, What about ...?
▶ もっと運動したら?
How about getting more exercise?

しち 七(の) →なな, かず (表)

seven [セヴン]
第7(の) the seventh（▶7th と略す）
▶ 7匹の子やぎ *seven* kids

しちがつ 七月 →いちがつ, つき¹ (表)

July [ヂュライ]（▶語頭は必ず大文字；Jul. と略す）
▶ 7月に in *July*

three hundred and forty-three **343**

しちごさん ▶

▶ 7月4日はアメリカの独立記念日だ.
July 4 is Independence Day in the United States.

しちごさん 七五三 *Shichi-go-san* (▶ 説明的にいうと, the celebration for boys aged three and five, and girls aged three and seven)

しちじゅう 七十(の) →かず(表)

seventy [セヴンティ]
第70(の) the seventieth (▶70th と略す)

▶ 祖母は70歳です.
My grandmother is *seventy* years old.
71 seventy-one

じちたい 自治体
▶ 地方自治体 a local *government*

シチメンチョウ 七面鳥 (鳥) a turkey [ターキィ] (肉) turkey →とり(図)

しちゃく 試着する try on
▶ このコート, 試着していいですか.
Can I *try* this coat *on*?
試着室 a fitting room

シチュー (a) stew [ステュー]
▶ ビーフシチュー beef *stew*

しちょう 市長 a mayor [メイア]
▶ 京都市長 the *Mayor* of Kyoto

しちょうかく 視聴覚の audio-visual [オーディオウヴィジュアル]
視聴覚教材 audio-visual material(s), audio-visual aids
視聴覚教室 an audio-visual room, an AV room

しちょうしゃ 視聴者 (テレビの) a viewer [ヴューア] ; (視聴者全体) an audience [オーディエンス]

しちょうりつ 視聴率 a rating [レイティング] (▶ふつう複数形で使われる)
▶ この番組は視聴率が高い.
This program has high *ratings*.

しつ¹ 質 quality [クワリティ] (対 量 quantity)
▶ 質のよいウール good *quality* wool
▶ 量より質.
Quality is more important than quantity.

しつ² 室 a room [ル(ー)ム]
▶ こちらは310号室です.

This is *Room* 310.

しっ Sh!, Shh! [シ], Hush! [ハッシ] → しーっ

じつ 実の

true [トゥルー], **real** [リー(ア)ル, リアル]
実に truly [トゥルーリィ], really [リー(ア)リィ]
▶ あの人が彼女の実の父親だ.
He's her *real* father.

┌─ ▶表現力 ─────────────
│ 実は…なんだ
│ → In fact, ... /
│   As a matter of fact, ... /
│   To tell the truth, ... /
│   The fact is that ... .
└──────────────────────

▶ 実はまだその雑誌を読んでないんだよ.
In fact, I haven't read that magazine yet.
▶「プールへ行こうよ」「実を言うと, あまり泳げないんだ」
"Let's go to the swimming pool." "*To tell the truth*, I can't swim very well."

しっかく 失格する be disqualified [ディスクワリファイド] (from)

しっかり

(けんめいに) hard [ハード] ; (かたく) tight [タイト], tightly, firm [ファ～ム], firmly
▶ しっかり勉強しなさい.
Study *hard*. / Work *hard*.
▶ 私にしっかりつかまりなさい.
Hold on to me *tightly*.
▶ その少年はコインをしっかりにぎりしめた.
The boy grasped the coin *firmly*.
▶ しっかりしろ.
Cheer up! / Pull yourself together! / Come on! / Don't give up! / Keep it up!
▶ 今井さんはしっかりした (→信頼できる) 青年です.
Mr. Imai is a *reliable* young man.

しっき 漆器 lacquerware [ラカァウェア]
じつぎ 実技 practical skills
実技試験 a practical skills test

しつぎょう 失業 unemployment [アニンプロイメント]
▶ 彼は失業中だ. He is *out of work*.

344 three hundred and forty-four

◀ **-してもいいですか，-してもよいですか**

ント］；able [エイブル]

▶ 謙二くんは英語の実力がある.
Kenji has *real ability* in English. / Kenji has a *good command* of English. (▶あとの文は「英語が自由に使える」という意味)

▶ 私は試験で実力を発揮した.
I showed my *real ability* in the exam.
実力テスト a proficiency test, an achievement test

しつれい 失礼

1 (過失の謝罪に) **I'm sorry.** [サリィ]；(軽いわびや人にたずねるとき) **Excuse me.** [イクスキューズ ミ] →ごめん

> 🗣 スピーキング
> Ⓐ どうも失礼しました.
> I'm sorry.
> Ⓑ いえ，いいんですよ.
> That's all right.

▶ 失礼ですが，今何とおっしゃいましたか.
I beg your pardon? (▶最後を上げ調子で言う)

> 🗣 スピーキング
> Ⓐ ちょっと失礼.
> Excuse me.
> Ⓑ どうぞ.
> Sure. / OK.

> 💬 表現力
> 失礼ですが…
> → Excuse me, but ... .

▶ 失礼ですが，お名前をうかがいたいのですが.
Excuse me, but may I have your name?

▶ (電話で) 失礼ですが，どちらさまですか.
May I ask who's calling?

2 (別れのあいさつ)

▶ そろそろ失礼します.
I must *be going* now.
失礼な rude [ルード], impolite [インポライト]

▶ 口いっぱいに食べ物を入れたままで話すのは失礼です.
It's *rude* to talk with your mouth full.

じつれい 実例 an example [イグザンプル]

→れい²

しつれん 失恋
▶ ケンはまた失恋した.
Ken *is broken-hearted* again.

してい 指定する (日時・場所などを)
appoint [アポイント]
▶ 場所を指定する *appoint* the place
▶ 指定の時間 the *appointed* time
指定席 a reserved seat

-していい →いい
-していいですか →いい
-していた was -ing, were -ing →-(して) いる
▶ そのときぼくはテレビを見ていた.
I *was watching* TV then.

-している am -ing, are -ing, is -ing →-(して) いる
-しておく →おく¹
してき¹ 指摘する point out
▶ この文の誤りを指摘しなさい. *Point out* the mistakes in this sentence.

してき² 私的な private [プライヴェット],
personal [パ~ソナル]
▶ 私的な事がら *personal* matters

-してください →ください
-してくれませんか →くれる¹
-してしまう →しまう
-してしまった →しまう
してつ 私鉄 《米》a private railroad,
《英》a private railway

-(に)しては for [フォー(ァ)]
▶ 今日は4月にしては寒すぎる.
It's too cold *for* April today.

-してはいけない →いけない
-してはどうですか → -(し)ませんか
-してほしい →ほしい
-してみませんか → -(し)ませんか
-してみる try [トゥライ] ... →みる

-(に)しても (たとえ…としても) even
[イーヴン] if (→たとえ (…でも))；(どんなに…でも) however [ハウエヴァ] ... →どんなに
▶ 行くにしても私はあまり長くはいられません. *Even if* I go, I can't stay very long.
▶ どんなに忙しくても約束は守るよ.
However busy I am, I will keep my promise.

-してもいい,-してもよい →いい,
よい¹
-してもいいですか,-してもよい

three hundred and forty-seven 347

-してもらいたい ▶

ですか →いい, よい¹
-してもらいたい →-たい¹
-してもらう →もらう
してん 支店（会社の）a branch, a branch office（対 本店 head office, headquarters）；（店の）a branch, a branch store（対 本店 main store）
支店長 a branch manager
しでん 市電《米》a streetcar [ストゥリートゥカー], 《英》a tram [トラム]
じてん¹ 事典（百科事典）an encyclopedia [エンサイクロピーディア]
じてん² 辞典 a dictionary [ディクショネリィ] →じしょ
▶ 英和辞典
an English-Japanese *dictionary*
▶ 和英辞典
a Japanese-English *dictionary*
じでん 自伝 an autobiography [オートバイアグラフィ]

じてんしゃ 自転車

a **bicycle** [バイスィクル], 《口語》a **bike** [バイク]
▶ 自転車に乗る ride a *bike*
▶ ぼくは自転車通学している.
I go to school by *bike*.
▶ 弟の自転車で買い物に行った.
I went shopping on my brother's *bike*.

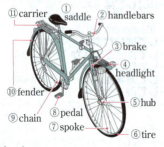

bicycle
① [サドゥル] サドル（▶ seat ともいう） ② [ハンドゥルバーズ] ハンドル（▶単に handle とはいわない） ③ブレーキ ④ [ヘドゥライト] ヘドゥランプ ⑤ [ハブ] ハブ ⑥タイヤ ⑦ [スポゥク] スポーク ⑧ペダル ⑨チェーン ⑩ [フェンダァ] どろよけ ⑪ [キャリア] キャリア, 荷台

自転車旅行 a bicycle trip, a cycling tour
自転車専用道路 a bicycle path, a bicycle lane

自転車専用道路の標識.

しどう 指導 guidance [ガイダンス]；（教育）teaching [ティーチング]
指導する guide, lead [リード]；（学科を）teach；（スポーツを）coach [コウチ]
▶ 進路指導の先生
a career *guidance* counselor
▶ 彼はうちのテニス部を指導しています.
He *coaches* our tennis team.
指導員 an instructor [インストラクタァ]
指導者 a leader
指導力 leadership
じどう¹ 自動（式）の automatic [オートマティク]
自動的に automatically
自動改札 an automatic ticket gate
自動ドア an automatic door
自動販売機 a vending machine
じどう² 児童 a child [チャイルド]（複数 children [チルドゥレン]）；（学童）a schoolchild（複数 schoolchildren）
▶ 児童向けの本 a *children*'s book / a book for *children*
児童虐待 child abuse [アビュース]
児童文学 children's literature, juvenile [デューヴェナイル] literature
じどうし 自動詞《文法》an intransitive verb (▶ vi. または v.i. と略す)

じどうしゃ 自動車 →くるま

a **car** [カー], 《米》an **automobile** [オートモビール], 《英》a **motorcar** [モウタカー]
▶ 自動車に乗る
get in a *car* / get into a *car*
▶ 自動車を降りる get out of a *car*
▶ 電気自動車 an electric *car*

◀ **しぬ**

自動車教習所 a driving school
自動車産業 the automobile industry
自動車事故 a car accident [アクスィデント]

> **①参考** 自動車のいろいろ
> 日本語の「自動車」には乗用車・バス・トラックなどがふくまれるが，英語の car は乗用車のことで，トラックやバスはふくまれない.
> 乗用車 **a car** / バス **a bus** / トラック **a truck** / ダンプカー **a dump truck** / キャンピングカー **a camper** / バン **a van**

自動車メーカー a car manufacturer, a carmaker

しとしと しとしと降る drizzle [ドゥリズル]
▶ 1日中雨がしとしと降っていた.
It *drizzled* all day long.

しとやか しとやかな graceful [グレイスフル]
▶ 恵美子はしとやかな女の子です.
Emiko is a *graceful* girl.

じどり 自撮り a selfie [セルフィ]
▶ 自撮りする take a *selfie*
自撮り棒 a *selfie* stick

しな 品 (品物) an article [アーティクル], an item [アイテム]；(商品) goods [グッヅ] (▶ 集合的に使う)；(品質) quality [クワリティ]
▶ この品はよく売れている.
This *article* is selling well.
品切れ
▶ その本は品切れです.
The book is *out of stock*.

しない¹ 市内に，市内の in the city
▶ 健二は新潟市内に住んでいます.
Kenji lives *in the city* of Niigata.
市内電話 a local call

しない² 竹刀 a shinai, a bamboo sword
-しない →-ない
-しないうちに →うち²
-しないで →-(し)ないで
-しないでください →ください
-しなくていい,-しなくてよい →いい, よい¹
-しなくてはいけない →-ならない
-しなくてもよい →いい, よい¹
-しなければならない →-ならない
-しなさい →-(し)なさい
しなもの 品物 →しな

シナモン cinnamon [スィナモン]
しなやか しなやかな supple [サプル]；(よく曲がる) flexible [フレクスィブル]；(やわらかな) soft [ソ(ー)フト]
▶ 彼女は身体がしなやかだ. She is *supple*.
▶ しなやかな枝 a *flexible* branch

シナリオ a scenario [スィネ(ア)リオウ]
シナリオライター a scenario writer

じなん 次男 the second son [サン]
-しに →-ため
-しにくい →-(し)にくい
しにものぐるい 死に物狂いの desperate [デスパレト]
死に物狂いで desperately；(命がけで) for *my* life
▶ 彼は死に物狂いで泳いだ.
He swam *for his life*.

しぬ 死ぬ →なくなる

die [ダイ] (反 生きる live)；(事故・災害・戦争などで) be killed [キルド]；pass [パス] away (▶ die の遠まわしな言い方)
▶ その作曲家は2000年に35歳で死んだ.
The composer *died* in 2000 at the age of 35.
▶ おばが死んでから4年たつ. My aunt *has been dead* for four years. / It is four years since my aunt *died*.
▶ その作家は若くして死んだ.
The writer *died* young.

> **●表現力●**
> …で死ぬ
> → (病気・飢えなどで) **die of ...** / (けがなどで) **die from ...** , **die of ...** / (事故・戦争などで) **be killed in ...**

▶ その男はがんで死んだ.
The man *died of* cancer.
▶ 彼女の息子は交通事故で死んだ.
Her son *was killed in* a traffic accident.
▶ ぼくは死んだ兄のことをよく思い出す.
I often think of my brother who *passed away*.
▶ 死にそう!
I'm *dying*. (▶ dying は die の -ing 形)
▶ 退屈で死にそう! I'm bored to *death*!
▶ あなたに死ぬほど会いたい.

あ
か
し
た
な
は
ま
や
ら
わ

three hundred and forty-nine　349

しのびこむ ▶

I'm *dying* to see you.

📘用法 die と dead
die は動詞で「死ぬ」，dead は形容詞で「死んだ」という意味．混同しやすいので注意．

○ a dead dog (死んだ犬)
× The dog was died.
　↳ 動詞 was と動詞 died はいっしょに使わない．

○ The dog was dead.
　(その犬は死んでいた)
○ The dog died.
　(その犬は死んだ)

📘用法 die of と die from と be killed in
病気・飢え・老齢などで死ぬときは **die of** を使う．けがや不注意などで死ぬときは **die from** を使うが，die of も使われる．die *of* hunger (飢えで死ぬ) / die *from* a wound (けがで死ぬ)
なお，事故・災害・戦争などで死ぬときは **be killed in** を使う．

しのびこむ 忍び込む steal into, sneak into ; (どろぼうが) break into

しば 芝 (the) grass [グラス], a lawn [ローン] →しばふ
▶ 芝を刈る
　mow the *lawn* / cut *the* grass
　芝刈り機 a lawn mower [モウア]

しはい 支配 rule [ルール]
　支配する rule
　支配者 a ruler
　支配人 a manager [マネヂァ]

しばい 芝居 a play [プレイ], (a) drama [ドゥラーマ]
▶ その芝居は大当たりだった．
　The *play* was a great success.

じはく 自白する confess [コンフェス], make a confession

しばしば

often [オ(ー)フン]

always
いつも

usually
ふつう

often
しばしば，よく

sometimes
ときどき

▶ 夏休みにはしばしば友だちと泳ぎに行った．
　I *often* went swimming with my friends during (the) summer vacation.
▶ 私はしばしば学校に遅れた．
　I was *often* late for school.

📝文法 often の位置
ふつう often は一般動詞の前に置く．be 動詞・助動詞があればそのあとに置く．

-しはじめる →はじめる
しはつ 始発 (始発列車) the first train
▶ 東京行きの始発は何時ですか．
　What time does *the first train* to Tokyo leave?
　始発駅 the starting station

じはつ 自発的な voluntary [ヴァランテリィ]
　自発的に of *my* own will, voluntarily

しばふ 芝生 (the) grass [グラス], a lawn [ローン] →しば
▶ 芝生に入らないでください (掲示)
　Keep Off *The Grass*

◀ **しへい**

しはらい 支払い (a) payment [ペイメント]
支払う pay →はらう
▶ (支払いは) 現金ですか, カードですか.
Cash or charge?

しばらく

使い分け
(少しの間) → **for a while**
(長い間) → **for a long time**

1 (少しの間) **for a while** : (ほんのちょっとの間) (for) a minute, (for) a moment
▶ 私はしばらくこの町にいます.
I will stay in this town *for a while*.
▶ しばらくお待ちください.
Please wait *a minute*. / Just *a minute*, please.

2 (長い間) **for a long time**

スピーキング
Ⓐ やあ, 元気だった?
Hi! How've you been?
Ⓑ しばらくぶりだね.
Long time no see.

▶ お会いするのはしばらくぶりですね.
I haven't seen you *for ages*. / We haven't seen each other *for a long time*.

しばる 縛る tie [タイ], bind [バインド]
▶ エレンはいつも髪を黄色いリボンでしばっている.
Ellen always *ties* her hair with a yellow ribbon.
▶ 新聞紙をひもでしばってちょうだい.
Bind up newspapers with the string.

じはんき 自販機 a vending machine [ヴェンディング マシーン]

じひ¹ 慈悲 mercy [マ〜スィ]
慈悲深い merciful

じひ² 自費で at *my* own expense
▶ 彼女は自費で留学した.
She studied abroad *at her own expense*.

じびき 字引き a dictionary [ディクショネリィ]
→じしょ
▶ 生き字引き a walking *dictionary*

じひょう 辞表 a resignation [レズィグネイション]

じびょう 持病 a chronic disease

しびれる (感覚が)become numb[ナム], go numb ; (足が) (口語) go to sleep
▶ ああ, 足がしびれた.
Oh, my legs *have gone to sleep*.

しぶい 渋い **1** (味が) bitter [ビタァ]
▶ しぶいお茶 *bitter* tea / *strong* tea
2 (色などが) quiet [クワイエト]
▶ しぶい色 a *quiet* color
▶ 野田先生のネクタイ, なかなかしぶい (→趣味がいい) ね.
Mr. Noda's tie is *in good taste*.

しぶき a splash [スプラッシ], (霧状の) spray [スプレイ]

しふく 私服
▶ うちの学校は私服です.
We wear *our own clothes* at our school.

しぶしぶ unwillingly [アンウィリングリィ], reluctantly [リラクタントゥリィ]

しぶとい tough [タフ], persistent [パスィステント]

じぶん 自分

1 (…自身) *my*self [マイセルフ] (▶人称に応じて表のように変化させて使う)

	単数	複数
1人称	myself	ourselves
2人称	yourself	yourselves
3人称	himself herself itself	themselves

自分で (おもに強調) *my*self ; (助けなしに) by *my*self ; (本人が) for *my*self
▶ 自分でやりなさい. Do it *yourself*.
▶ 自分のことは自分でやりなさい.
Do your work *by yourself*.
自分の *my* own
▶ あなたは自分の部屋をもっていますか.
Do you have *your own* room?
2 (私) I [アイ], me [ミー]
▶ 自分が悪いんです. *I* am to blame.

じぶんかって 自分勝手な selfish[セルフィシ]
▶ 彼は自分勝手すぎる. He is too *selfish*.

しへい 紙幣 paper money ; (1枚の) 《米》a bill [ビル], 《英》a note [ノウト], a

three hundred and fifty-one **351**

しほう ▶

bank note（**対** 硬貨 coin）
しほう 四方（場所）all sides；（方角）all directions

> ✏️ライティング
> 日本は四方を海に囲まれた国です。
> Japan is a country surrounded by the sea on all sides.

しぼう¹ 志望する hope [ホウプ], wish [ウィッシ]
▶ 五郎は政治家志望だ。
Goro *hopes* to be a politician.（▶ hope を wish にすると改まった言い方になる）
▶ 第一志望の高校
my *first-choice* high school
志望校 a school of *my* choice
▶ 志望校はどこですか。
What's *the school of your choice*?

しぼう² 死亡 death [デス]
死亡する die [ダイ], be killed →しぬ
死亡率 the death rate

しぼう³ 脂肪 fat [ファット]
▶ 脂肪の多い食べ物 *fatty* food

しぼむ wither [ウィザァ]
▶ 花がしぼんでしまった。
The flowers *have withered*.

しぼる（タオルなどを）wring [リング]《out》；（果汁などを）squeeze [スクウィーズ]
▶ タオルをしぼる *wring out* a washcloth
▶ レモンをしぼる *squeeze* a lemon
▶ 歯みがきをチューブからしぼり出す
squeeze toothpaste out of the tube
▶ もっと知恵をしぼってごらん。
Use your head. / *Use* your brains.

しほん 資本 (a) capital [キャピトゥル]
資本主義 capitalism

しま¹ 島

an island [アイランド]（つづり注意）
▶ 淡路島 Awaji *Island*
▶ 日本は4つの大きな島から成り立っている。
Japan is made up of four main *islands*.
▶ 島の人たちはとても親切にしてくれました。
People on the *island* were very kind to us.（▶「島の人たち」は the islanders ともいう）

しま² 縞 a stripe [ストゥライプ] →もよう（図）

しま模様の striped
▶（買い物で）この青いしまのシャツをもらいます。
I'll take this blue *striped* shirt.

しまい 姉妹 a sister [スィスタァ]（**対** 兄弟 brother）→きょうだい¹
姉妹校 a sister school
姉妹都市 a sister city
▶ 千葉市はテキサス州ヒューストンの姉妹都市です。
Chiba is a *sister city* of Houston, Texas.

しまう

1（ものをかたづける）put away；（しまっておく）keep [キープ]
▶ マンガ本をしまいなさい。
Put those comic books *away*.
▶ このぼうしは箱にしまっておきましょう。
Let's *keep* this hat in the box.
2（店を）close [クロウズ] →しめる¹

> 💬表現力
> …してしまう → finish ...

▶ 早く宿題をやってしまいなさい。
Finish your homework quickly.
▶ それ、すぐにやってしまうよ。
I'll *finish* it soon.

> 💬表現力
> …してしまった → have ＋過去分詞

▶ 宿題はやってしまったの？
Have you *finished* your homework?
▶ めがねを忘れてきてしまった。
I've *forgotten* my glasses.

シマウマ（動物）a zebra [ズィーブラ]

じまく 字幕 subtitles [サブタイトルズ]

しまぐに 島国 an island [アイランド] country

-しましょう →-(し)ましょう

-しましょうか →-(し)ましょう

-します

1（現在）（▶動詞の現在形で表す）→する¹
2（予定）will ...，be going to ...
▶ この夏休みはオーストラリアを旅行します。
We're *going to* go on a trip to Australia this summer vacation.
▶ 帰ったら電話します。

352 three hundred and fifty-two

◀ しめきり

I'll call you when I get home.
3 (意志・申し出などで) will ...
▶ (買い物で) これにします. I'll take this.
▶ これからはもっと注意します.
I'll be more careful from now on.
-しませんか →-(し)ませんか
しまった Oh, no!, Gee! [ヂー]; Oops!
[ウ(ー)プス]
▶ しまった. もう12時過ぎだ.
Oh, no! It's already past noon.
▶ しまった. またやっちゃった.
Oops, I did it again.

しまる¹ 閉まる

close [クロウズ], **shut** [シャット] (反 開く
open)
▶ とびらはひとりでに閉まった.
The door *closed* by itself.

> ──── 💬スピーキング ────
> 🅰 何時に閉まりますか.
> What time do you close?
> 🅱 約10分後です.
> In about ten minutes.

▶ このドア, どうしても閉まらないよ.
This door won't *shut*.
しまる²
▶ (野球などで監督(%)などが)しまっていこう!
(しまっていけ!)
Hang in there! / Get tough [タフ]!

じまん 自慢する

be proud [プラウド] (of); **boast** [ボウスト]
(of)
▶ 矢田先生は娘さんのことが自慢だ.
Mr. Yada *is proud of* his daughter.
▶ 翔太(ヒ┐)は頭がいいのを自慢している.
Shota *boasts* that he is bright.
▶ そんなの, 自慢にならないよ.
That's nothing to *be proud of*.
しみ a stain [ステイン], a spot [スパット]
しみをつける blot [ブラット], stain
▶ スカートにしみがついてるよ.
Your skirt has a *stain*. / There is a
stain on your skirt.
じみ 地味な quiet [クワイエト], plain [プレイン]
(反 はでな bright, loud)
▶ このドレス, 地味すぎるかな?
Do you think this dress is too *plain*?

しみこむ 染み込む (液体が) soak [ソウク]
(through, into)
▶ 雨がくつにしみこんだ.
The rain *soaked through* my shoes.
シミュレーション (a) simulation [スィ
ミュレイション]
シミュレーションゲーム a simulation
game
しみる (液体が) soak [ソウク]
▶ 煙が目にしみる.
My eyes *smart* from the smoke.
▶ 彼女のやさしいことばが身にしみた.
Her kind words really *got to* me. (▶
get to で「…の心を打つ」という意味)
しみん 市民 a citizen [スィティズン]; (住民)
a resident [レズィデント]
▶ 京都市民は自分たちの町を誇(し)りに思って
いる.
The *residents* of Kyoto are proud of
their city.
市民権 citizenship
ジム (体育館) (口語) a gym [ヂム] (▶
gymnasium の略)
じむ 事務 office work
事務員 a clerk [クラ〜ク]
事務室 an office
事務所 an office
事務用品 office supplies
しめい¹ 氏名 a name [ネイム], a full
name →なまえ
▶ ここに氏名を書いてください.
Please write down your *full name*
here.
しめい² 使命 a mission [ミション]
▶ 使命を果たす
carry out my *mission*
しめい³ 指名する name [ネイム],
designate [デズィグネイト]
▶ 谷さんが議長に指名された. Mr. Tani
was named as chairperson.
指名打者 (野球) a designated hitter [デ
ズィグネイティド ヒタァ] (▶ DH と略す)
しめきり 締め切り a deadline [デドゥライン]
▶ 締め切りに間に合う
meet the *deadline*
締め切り日 the deadline, the due
date
▶ このレポートの締め切り日, いつだった?
When's *the deadline* for this paper?

あ
か
し
た
な
は
ま
や
ら
わ

three hundred and fifty-three 353

しめきる ▶

しめきる 締め切る，閉め切る **1** (申しこみなどを) be due [デュー], close [クロウズ]
▶ コンテストの応募はあすで締め切られる．The application for the contest *is due* tomorrow.
2 (戸などを) keep ... closed
▶ 妹は部屋のドアを閉め切ったまま一日中出てこなかった．My sister *kept* her room door *closed*, and didn't come out all day.

じめじめした damp [ダンプ]
▶ じめじめした部屋 a *damp* room

しめす 示す

1 (見せる) show [ショウ]
▶ 実力を示す *show* my ability
▶ 実例を示す *give* an example
▶ 赤ちゃんはパンダに興味を示した．The baby *showed* interest in the pandas.
2 (さし示す) point [ポイント]
▶ 磁石の針はつねに北を示す．The needle of a compass always *points* north.
▶ 温度計は30度を示している．The thermometer *says* thirty degrees. (▶ says は shows, reads ともいう)

しめた (よかった) Great!, Good!; (やった) I've done it!, I made it!
▶ しめた！これですべてうまくいきそうだ．*Good!* Everything will probably go well now.

しめる¹ 閉める，締める

使い分け
(ドアなどを) → close, shut
(しっかり留める) → fasten

1 (ドアなどを) close [クロウズ], shut [シャット] (反 開ける open)

open

close / shut

▶ 入ってきたらドアを閉めなさい．Please *close* the door behind you.

▶ 店は何時に閉めますか．What time do you *close* the store?
2 (しっかり留める) fasten [ファスン]; (ネクタイなどを) put on; wear [ウェア]
▶ シートベルトをお締めください．*Fasten* your seat belts, please.

「ご着席中はシートベルトをお締めください」という表示．

▶ 1人でネクタイが締められるの？Can you *put on* a tie by yourself?

しめる² 占める occupy [アキュパイ]
▶ バスの席の大半は観光客で占められていた．Most of the seats on the bus *were occupied* by sightseers.

しめる³ 湿る become damp [ダンプ], get damp; (適度に) become moist [モイスト], get moist
しめった moist; (不快な) damp
▶ しめった空気は体に悪い．*Damp* air is bad for your health.

じめん 地面 the ground [グラウンド]
▶ 地面をはう crawl on *the ground*

しも 霜 (a) frost [フロ(ー)スト]
▶ 昨晩は霜が降りた．There was *frost* last night.

じもと 地元の local [ロウカル], home [ホウム] →ちほう
▶ 地元住民 *local* residents
▶ 地元のチームを応援する support the *home* team

しもやけ 霜焼け frostbite [フロ(ー)ストバイト], chilblains [チルブレインズ]

しもん 指紋 a fingerprint [フィンガプリント]
▶ 指紋を残す leave a *fingerprint*

しや 視野 (a) view [ヴュー], vision [ヴィジョン]
▶ 視野を広げる expand my *horizons* / broaden my *horizons*

ジャー (魔法びん)《米》 a Thermos [サ〜マス],《英》 a vacuum flask [フラスク] (▶

◀ **しゃしん**

Thermos は商標．英語の jar はガラス・
陶磁器 ${}_{(とうじき)}$ などの広口びんのこと）

じゃあ well [ウェル]，then [ゼン] →では
▶ じゃあね． See you later.

ジャージ （運動着）（米）a warm-up [ウォーマプ] (suit)，（英）a tracksuit [トゥラックスーツ]；（運動用上下）a sweat suit；（生地）jersey [ヂャ〜ズィ]；（サッカー選手などが着るシャツ）a jersey

ジャーナリスト a journalist [ヂャ〜ナリスト]

ジャーナリズム journalism [ヂャ〜ナリズム]

シャープ （音楽）a sharp [シャープ]（記号♯）
（反）フラット flat）

シャープペンシル （米）a mechanical [メキャニカル] pencil，（英）a propelling [プロペリング] pencil（▶英語で sharp pencil というと「とがった鉛筆」という意味）

シャーベット （米）(a) sherbet [シャ〜ベト]，（英）(a) sorbet [ソーベト]

しゃいん 社員 an employee [エンプロイイー]，a staff member；（集合的に）the staff →スタッフ

しゃおんかい 謝恩会 a thank-you party for the teachers

しゃかい 社会

(a) **society** [ソサイエティ]；the world [ワ〜ルド]

社会の social
▶ 高齢化社会
an aging *society* / a graying *society*
▶ 社会人になる go out into *the world*

> 🎤 プレゼン
> 私は将来，社会のために何かしたいです．
> I want to do something for society in the future.

社会科 social studies
社会科見学 a field trip / a study trip
社会主義 socialism
社会人 （社会の一員）a working member of society，a member of society
社会生活 social life
社会福祉 social welfare
社会保障 social security
社会問題 a social problem

ジャガイモ a potato [ポテイトウ]（複数 potatoes）

しゃがむ crouch [クラウチ]，squat [スクワット]

しゃく しゃくにさわる be irritated [イリテイティド]《with, at, about》，be offended [オフェンディド]《by, at》
▶ ああ，しゃくにさわる．
It's *irritating*. / It *gets on my nerves*.
▶ 彼のことばを聞いてぼくはしゃくにさわった．
His words *offended* me. / I *was offended by* his words.

-じゃく …弱 a little less than
▶ 私たちは1時間弱でそこに着いた．
We got there in *a little less than* an hour.

しゃくしょ 市役所 a city hall

じゃぐち 蛇口 （米）a faucet [フォーセト]，（英）a tap [タップ]

じゃくてん 弱点 a weak point →たんしょ
▶ 弱点を克服 ${}_{(こくふく)}$ する
overcome my *weak points*
▶ だれでも弱点はある．
Everyone has *weak points*.

しゃくほう 釈放する release [リリース]，set ... free

しゃくや 借家 a rented house

しゃげき 射撃 shooting [シューティング]

ジャケット （上着）a jacket [ヂャケト]；(CD などの) a jacket

しゃこ 車庫 （車の）a garage [ガラージ]，a carport [カーポート]（▶後者は柱と屋根だけのもの）

しゃこう 社交的な outgoing [アウトゥゴウイング]，sociable [ソウシャブル]（反）社交的でない unsociable）
▶ 亜季子は社交的だ．
Akiko is an *outgoing* person.
社交ダンス social dancing

しゃざい 謝罪 (an) apology [アパラヂィ]
▶ 謝罪を求める ask for an *apology*
謝罪する apologize [アパロヂャイズ] →あやまる¹

しゃしょう 車掌 a conductor [コンダクタァ]

しゃしん 写真

a **picture** [ピクチァ]，a photograph [フォウトグラフ]，（口語）a photo [フォウトウ]
写真をとる take a picture，take a photo
▶ 写真をとってもらえませんか．

three hundred and fifty-five　355

ジャズ

Would you *take* my *picture*?
- ここで写真をとってもいいですか.
Is it OK to *take photos* here?
- 私は写真をとってもらった.
I had my *picture* taken.
- 写真をとります. 笑って!
I'll *take* your *photo*. Say cheese.
- キャンプで写真をたくさんとったよ.
I *took* lots of *snapshots* at camp.
- あなたの写真を送ってくださいませんか.
Would you send me a *photo* of yourself?
- これは家族の写真です.
This is a *picture* of my family.
- その写真はよくとれていた.
That *picture* came out well.
- この写真はピンボケだ.
This *picture* is out of focus.
- 絵美は写真うつりがいい.
Emi is *photogenic*. / Emi looks good in *photos*.
- 写真を現像する develop a *film*
- 写真を引き伸ばす enlarge a *photo*
- 写真撮影禁止 (掲示)
No *Photographs*
写真家 a photographer [フォタグラファ]

> **参考** 写真に関することばいろいろ
> スナップ写真 a snapshot, a snap / カラー写真 a color photo / 白黒写真 a black-and-white photo / 記念写真 a souvenir photo / 航空写真 an aerial photo

ジャズ jazz [チャズ], jazz music
- ジャズを演奏する play *jazz*
ジャズダンス jazz dancing
-しやすい easy [イーズィ] →−(し)やすい
ジャスミン (植物) jasmine [チャズミン]
ジャスミン茶 jasmine tea
しゃせい 写生する sketch [スケッチ]
- 多くの学生たちが公園で写生をしていた.
Many students *were sketching* in the park.
しゃせつ 社説 an editorial [エディトーリアル], (英) a leading article
しゃたく 社宅 a company house
しゃちょう 社長 a president [プレズィデント]

- 副社長 a vice-*president*

シャツ

(ワイシャツ・スポーツシャツ) a shirt [シャ〜ト]; (下着の) (米) an undershirt [アンダシャ〜ト], (英) a vest [ヴェスト]

shirt   undershirt

- シャツを着る put on my *shirt*
- シャツをぬぐ take off my *shirt*
- T シャツ a T-*shirt*
- 半そでのシャツ a short-sleeved *shirt*

> **参考** 英語で **shirt** といえば「ワイシャツ」をさすことが多い.「ワイシャツ」は white [(フ)ワイト] *shirt* がなまったもの.

しゃっきん 借金 (a) debt [デット]
借金する borrow money →かりる
- 私は借金を返した. I paid my *debt*.
- 太郎に2000円の借金がある.
I *owe* Taro two thousand yen.
ジャック (トランプの) a jack [チャック]
しゃっくり a hiccup [ヒカプ]
しゃっくりをする hiccup, have the hiccups
ジャッジ (審判) (a) judgment [チャヂメント]; (審判員) a judge [チャッヂ]
シャッター (カメラ・よろい戸の) a shutter [シャタァ]
- すみません, (カメラの) シャッターを押してもらえますか.
Excuse me, but could you press the *shutter*?
- シャッターを下ろす pull down a *shutter*
しゃどう 車道 a road [ロウド], a roadway [ロウドゥウェイ]
シャトル a shuttle [シャトゥル]; (バドミントンの) a shuttlecock [シャトゥルカク]
- スペースシャトル a space *shuttle*
シャトルバス a shuttle bus
しゃぶる suck [サック]
- 親指をしゃぶる *suck* my thumb
シャベル a shovel [シャヴ(ェ)ル] →スコッ

◀ じゃんけん

プ

しゃべる talk [トーク]；(告げる) tell [テル]
- 姉はよくしゃべる．
My sister *talks* a lot.
- このことはだれにもしゃべらないでよ．
Please don't *tell* this to anyone else.

シャボンだま シャボン玉 a soap bubble
- シャボン玉を飛ばす
blow *soap bubbles*

じゃま 邪魔する (妨害する) disturb [ディスタ〜ブ], interrupt [インタラプト]
- じゃましないで． Don't *disturb* me. / Don't *bother* me.
- じゃまよ，どいて． Get out of my way.
- 勉強のじゃましないでちょうだい．
Don't *disturb* my studies.
- 通行のじゃまだよ (→私の通り道にいる)．
You're in my way.

▶スピーキング
Ⓐ お話し中，おじゃましてすみません．
I'm sorry to interrupt you.
Ⓑ いいんですよ．
That's OK.

- どうも長い間おじゃましました．
I'm afraid I've *taken up* too much of *your time*.
- 今日の午後お宅へおじゃましてもよろしいでしょうか．
May I *visit* you at your home this afternoon?

▶スピーキング
Ⓐ こんにちは．おじゃまします．
Hello! May I come in?
Ⓑ どうぞ．
Sure.

しゃみせん 三味線 a *shamisen*
- 三味線をひく play the *shamisen*

ジャム jam [ヂャム]
- イチゴジャム strawberry *jam*
- パンにジャムをぬる
spread *jam* on bread

しゃめん 斜面 a slope [スロウプ]
- 急な斜面 a steep *slope*

じゃり 砂利 gravel [グラヴェル]
じゃり道 a *gravel* road

しゃりょう 車両 (乗り物) a vehicle [ヴィー

イクル, -ヒクル]；(列車の) a car [カー]
- 車両通行止め (掲示) No *Vehicles*

しゃりん 車輪 a wheel [(フ)ウィール]

しゃれ 1 (冗談) a joke [ヂョウク]；(語ろ合わせの) a pun [パン]
- タケシはしゃれがうまい．
Takeshi is good at telling *jokes*.
- だじゃれを言う play on words

2 (身をかざること) →おしゃれ

しゃれた
- しゃれた帽子 a *fashionable* hat

シャワー a shower [シャウア]
- 汗びっしょりね．シャワーを浴びなさい．
You're sweating a lot. Take a *shower*.

ジャンクフード junk food
ジャングル the jungle [チャングル]
ジャングルジム a jungle gym

じゃんけん janken
じゃんけんをする play *janken*, play rock, paper, scissors
- じゃんけんで決めよう．
Let's *play rock, paper, and scissors*.
- じゃんけんぽん．あいこでしょ．
Rock, paper, scissors. We're even. Let's do it over.

背景 じゃんけんは，ある程度は外国で知られていて，*janken* とか rock, paper, scissors といわれている．「ぐう」は rock (岩) または stone (石)，「ぱあ」は paper (紙)，「ちょき」は scissors (はさみ) という．ただし，アメリカなどでは，物事を決める手段としては使われない．物事を決めるには，コイントスをすることが多く，Let's toss for it! (それはコイントスで決めよう) などという．

three hundred and fifty-seven 357

シャンソン ▶

シャンソン a chanson [シャーンソーン] (▶ フランス語から)

シャンデリア a chandelier [シャンデリア]

ジャンパー (上着) a windbreaker [ウィンドッブレイカァ], a jacket [ヂャケット] (▶英語の jumper は《米》では「ジャンパースカート」, 《英》では「セーター」のこと)

ジャンパースカート a jumper

ジャンプ a jump [ヂャンプ]
ジャンプする jump, leap [リープ]

シャンプー (a) shampoo [シャンプー]
シャンプーする shampoo my hair

ジャンボ (ジャンボジェット機) a jumbo jet

ジャンル a genre [ジャーンル]；a category [キャテゴリィ]

しゅい 首位 (the) first place
首位打者 (野球) a leading hitter

しゆうの 私有の private [プライヴェット]

しゅう¹ 州 (アメリカなどの) a state [ステイト]；(イギリスの) a county [カウンティ]
▶ アメリカ合衆国は50の州からできている.
There are fifty *states* in the U.S. / The U.S. is made up of fifty *states*.
▶ 日本はカリフォルニア州より少し小さい.
Japan is a little smaller than the *State* of California.

しゅう² 週 →ようび

a **week** [ウィーク]
▶ 先週 last *week*
▶ 今週 this *week*
▶ 来週 next *week*
▶ 毎週 every *week*
▶ 隔週 every other *week*
▶ 週に1度クラブの集まりがある.
The members of our club meet once a *week*.
▶ 1週間に4回英語の授業がある.
We have four English classes a *week*.
▶ 彼女とはここ2週間顔を合わせていない.
I haven't seen her for these two *weeks*.

じゆう 自由

freedom [フリーダム]；**liberty** [リバティ]
自由な free
▶ 言論の自由 *freedom* of speech

▶ うちの学校は自由な雰囲気がある.
Our school has a *free* atmosphere.

━━ プレゼン ━━
私は自由な時間に音楽を聞くのが好きです.
I like to listen to music in my free time.

自由に freely

━━ 表現力 ━━
自由に…する → feel free to …

▶ ぼくのパソコン, 自由に使っていいからね.
Please *feel free to* use my computer.
▶ 「おいしそうですね!」「ご自由に, 何でもお好きなものをどうぞ」
"This looks delicious!" "Please *help yourself to* whatever you like."
自由主義 liberalism
自由の女神像 the Statue of Liberty

じゅう¹ 十(の) →かず (表)

ten [テン]
第10(の) the tenth (▶10th と略す)
▶ 1ケースに卵が10個入っている.
There are *ten* eggs in the package.
▶ 右から10番目の生徒
the *tenth* student from the right
▶ 10分の1 a *tenth* / one *tenth*
▶ 何十人もの人 *dozens of* people
▶ 十人十色. (ことわざ)
So many people, so many minds. (▶「人の数だけ心がある」という意味)
10セント ten cents；(硬貨) a dime [ダイム]

じゅう² 銃 a gun [ガン]；(けん銃) a handgun [ハン(ドゥ)ガン], a pistol [ピストゥル]
▶ 機関銃 a machine *gun*

-じゅう …中

1 (期間) **all** [オール] …, **throughout** [スルーアウト] …, the **entire** [エンタイア] …
▶ きのうは一日中テレビゲームをした.
I played a video game *all* day *long* yesterday.
▶ ここの気候は一年中すずしい.
The climate here is cool year-*round*. (▶「一年中」は all year round や

358 three hundred and fifty-eight

◀ **しゅうかん**³

throughout the year ともいう)
▶ 夏休み中
throughout the summer vacation
▶ 一晩中雨が降った.
It rained *all* night.
2 (場所) **all over ...** , throughout ...
▶ その会社は日本中に支店がある.
The company has its branches *throughout* Japan. (▶「日本中」は all over Japan ともいう)
▶ 私は世界中を旅行したい.
I want to travel *all over* the world. (▶「世界中」は throughout the world ともいう)
▶ うわさは町中に広まった.
The rumor spread *throughout* the town.
▶ 私は家中でいちばん早く起きます.
I get up the earliest *in our family*.

しゅうい 周囲に [を] around [アラウンド] → まわり
▶ この池は周囲が約10キロある.
This pond is about ten kilometers *around*.
▶ ぼくは立ち上がって周囲を見まわした.
I stood up and looked *around*.
▶ 学校の周囲にはほとんど店がない.
There are few stores *around* the school.

じゅうい 獣医 a veterinarian [ヴェテリネアリアン], 《口語》a vet [ヴェット]

じゅういち 十一(の) →かず(表)

eleven [イレヴン]
第11(の) the eleventh (▶11th と略す)
▶ サッカーはふつう11人ずつの2チームで対戦する.
Soccer is usually played by two teams of *eleven* players.

じゅういちがつ 十一月
→いちがつ, つき¹(表)
November [ノ(ウ)ヴェンバァ] (▶語頭は必ず大文字;Nov. と略す)
▶ 11月に in *November*

しゅうかい 集会 a meeting [ミーティング];(総会) an assembly [アセンブリィ]
▶ 全校集会 a school *assembly*
▶ 今日の午後,講堂で集会を開いた.

We had a *meeting* in the hall this afternoon.

しゅうかく 収穫 (a) harvest [ハーヴェスト], a crop [クラップ]
収穫する harvest
▶ 今年はジャガイモの収穫が多かった.
The potato *crop* was large this year. / There was a large *crop* of potatoes this year. (▶「少なかった」なら large を small にする)
▶ 収穫(→よい結果)があった.
We got *good results*.
収穫期 harvest time

しゅうがくりょこう 修学旅行 a school trip, a school excursion [イクスカ～ジョン]
▶ 10月初めに修学旅行で京都・奈良へ行きます.
We'll go on a *school trip* to Kyoto and Nara in early October.
▶ 修学旅行のスケジュールはきつかった.
The schedule for the *school trip* was tight.

じゅうがつ 十月 →いちがつ, つき¹(表)
October [アクトウバァ] (▶語頭は必ず大文字;Oct. と略す)
▶ 10月に in *October*

しゅうかん¹ 習慣 →くせ
(個人の) (a) **habit** [ハビット];(社会の, しきたりの) (a) **custom** [カスタム]
▶ よい習慣 a good *habit*
▶ 悪い習慣 a bad *habit*
▶ 姉は朝にシャワーを浴びる習慣がある.
My sister has a *habit* of taking a shower in the morning.
▶ 習慣は国によって異なる.
Each country has its own *customs*. / So many countries, so many *customs*.

しゅうかん² 週間 a week [ウィーク]
▶ 父はハワイに1週間滞在した.
Father stayed in Hawaii for a *week*.
▶ 千晶には2週間前に会ったよ.
I met Chiaki two *weeks* ago.
▶ 交通安全週間 Traffic Safety *Week*
▶ 読書週間 Book *Week*
しゅうかん³ 週刊の weekly[ウィークリィ](▶「日刊の」は daily, 「月刊の」は monthly)

あ
か
し
た
な
は
ま
や
ら
わ

three hundred and fifty-nine 359

しゅうき ▶

週刊誌 a weekly, a weekly magazine
しゅうき 周期 a cycle [サイクル]；(期間) a period [ピ(ア)リオド]
しゅうぎいん 衆議院 the House of Representatives [レプリゼンタティヴズ]
衆議院議員 a member of the House of Representatives
しゅうきゅう 週休 a weekly holiday [ウィークリィ ハリデイ]
▶ うちの学校は週休2日(→週5日制)です. Our school is using a five-day week. / Our school is on a five-day week.
じゅうきょ 住居 a house [ハウス], a residence [レズィデンス] (▶後者は改まった言い方)
しゅうきょう 宗教 (a) religion [リリヂョン]
宗教の religious
▶ 宗教を信じる believe in religion
じゅうぎょういん 従業員 an employee [エンプロイイー], a staff [スタフ] member；(一般に労働者) a worker [ワ〜カァ]；(従業員全体) the staff →スタッフ
しゅうぎょうしき 終業式 a closing ceremony (▶英米の学校にはない)
しゅうきん 集金する collect money

じゅうく 十九(の) →かず(表)

nineteen [ナインティーン]
第19(の) the nineteenth (▶19thと略す)
シュークリーム a cream puff [パフ] (▶「シュークリーム」はフランス語の *chou à la crème* から. shoe cream は「くつずみ」)
しゅうげき 襲撃 an attack [アタック]
襲撃する attack

じゅうご 十五(の) →かず(表)

fifteen [フィフティーン]
第15(の) the fifteenth (▶15thと略す)
▶ 私は来年15歳になります. I will be *fifteen* next year.
しゅうごう 集合する gather [ギャザァ], assemble [アセンブル], meet [ミート] →あつまる
▶ 生徒たちは講堂に集合した. The students *gathered* in the hall.
▶ 何時に集合しようか. What time shall we *meet*?

集合時間 a meeting time
集合場所 a meeting place
じゅうごや 十五夜 a full moon night, a night of the full moon
ジューサー a juicer [ヂューサァ]
しゅうさい 秀才 a bright [ブライト] person
▶ 草太は秀才だ. Sota is a *bright* boy.

じゅうさん 十三(の) →かず(表)

thirteen [サ〜ティーン]
第13(の) the thirteenth (▶13thと略す)
▶ 13日の金曜日 Friday *the thirteenth* (▶欧米 では不吉な日とされる)

「13階」は不吉とされ, エレベーターのボタンにも示されていない.

しゅうじ 習字 (毛筆) calligraphy [カリグラフィ]；(ペン) penmanship [ペンマンシプ]
▶ 習字を習う
take *calligraphy* lessons
▶ 習字道具 a *calligraphy* tool

じゅうし¹ 十四(の) →かず(表)

fourteen [フォーティーン]
第14(の) the fourteenth (▶14thと略す)
じゅうし² 重視する emphasize [エンファサイズ], put emphasis [エンファシス] on ..., put stress [ストゥレス] on ...
▶ そのテストでは読解力が重視されている. The test *emphasizes* reading comprehension. / The test *puts emphasis on* reading comprehension.
じゅうじ 十字 a cross [クロ(ー)ス]
▶ 赤十字 the Red *Cross*
▶ 南十字星 the Southern [サザン] *Cross*
十字架 a cross
十字路 a crossroads

じゅうしち 十七(の) →かず(表)

seventeen [セヴンティーン]
第17(の) the seventeenth (▶17thと

◀ **じゅうたく**

略す)

じゅうじつ 充実した full [フル], fulfilled [フルフィルド]；(充実感を与える) fulfilling [フルフィリング]
▶ 充実した生活を送る
live a *full* life / live a *fruitful* life
▶ 充実した夏休みだった． I enjoyed my summer vacation *to the fullest*. / I had a *fruitful* summer vacation.

しゅうしふ 終止符《文法》《米》a period [ピ(ア)リオド]，《英》a full stop →くとうてん (表)
▶ 終止符を打つ put a *period*

しゅうしゅう 収集 (a) collection[コレクション]
収集する collect [コレクト] →あつめる
▶ 私の趣味は切手収集です．
My hobby is *collecting* stamps.
▶ ゴミの収集日 a garbage *collection* day

じゅうじゅん 従順な obedient [オウビーディエント]，(反) 従順でない disobedient)
▶ 従順な犬 an *obedient* dog

じゅうしょ 住所

an **address** [アドゥレス，アドゥレス]
▶ ここに住所氏名をお書きください．
Please write your name and *address* here. (▶英米では name and address と氏名・住所の語順となる)
▶ うちの住所は東京都品川区西五反田2 -11-8 です．
My *address* is 2-11-8, Nishigotanda, Shinagawa-ku, Tokyo. (▶英語で日本の住所をいうときは，番地→町名→市区町村名→都道府県名の順でいう)
▶ (電話で) ご住所をお願いいたします．
May I have your *address*? (▶ ×Where is your address? とはいわない)
住所録 an address book

じゅうしょう 重傷 (事故・不注意による) a serious injury [インヂュリィ]；(ナイフ・銃弾などによる) a serious wound [ウーンド]
重傷を負う be seriously injured [インヂド]；be seriously wounded [ウーンディド]
▶ ケンが車にはねられて重傷を負った．
Ken was hit by a car and *was seriously injured*.

しゅうしょく 就職する get a job, find a

job
▶ もう就職，決まったの？
Have you *found a job* yet?
▶ 兄は地元の銀行に就職した． My brother *got a job* at a local bank.
就職活動 job hunting
▶ 就職活動をする
hunt for a *job* / look for a *job*
就職試験 an employment test

しゅうしん 就寝する go to bed →ねる¹
シューズ shoes [シューズ] →くつ
ジュース¹ juice [ヂュース] (▶果汁 100%のものをいう．そうでないものはふつう soft drink, orange drink などのようにいう)
▶ オレンジジュース orange *juice*
ジュース² (テニスなどの)deuce [デュース]

しゅうせい 修正する (誤りを正す) correct [コレクト]；(変更する) revise [リヴァイズ]
修正液 correction fluid [フルーイド]，《米》whiteout [(フ)ワイトアウト]
修正テープ a correction tape

しゅうぜん 修繕する (衣服・くつなどを) mend [メンド]；(修理する) repair [リペァ]，fix [フィックス] →なおす，しゅうり

じゅうたい¹ 重態，重体 (a) serious condition
▶ その患者は重態だ．
The patient is in *serious condition*. / The patient is *seriously ill*.

じゅうたい² 渋滞 a traffic jam
▶ 私たちは帰り道で渋滞に巻きこまれた．
We were caught in a *traffic jam* on our way home.

じゅうだい¹ 重大な important [インポートゥント]；(深刻な) serious [スィ(ア)リアス]
▶ それは重大な問題だ． It's an *important* matter. / It's a *serious* matter.

じゅうだい² 十代 *my* teens [ティーンズ] (▶英語の teens は正確には -teen のつく13-19歳の年齢をいう)
▶ 彼女は10代前半だ．
She is in her early *teens*.
▶ 10代の少年 [少女] a *teenager*

じゅうたく 住宅 a house [ハウス]
住宅地 a residential area
住宅問題 a housing problem
住宅ローン a home loan, a housing

three hundred and sixty-one 361

しゅうだん ▶

loan

しゅうだん 集団 a group [グループ]
▶ 私たちは集団で登校している。
We go to school in *groups*.

じゅうたん （床全体に敷く）a carpet [カーペト]；（一部に敷く）a rug [ラッグ]
▶ 床にじゅうたんを敷く lay a *carpet* on the floor / lay a *rug* on the floor

しゅうちゅう 集中 concentration [カンセントゥレイション]
集中する concentrate [カンセントゥレイト] (on)
▶ 人口は大都市に集中している。
The population *is concentrated* in large cities.
▶ どうしたらもっと勉強に集中できるかなあ。
I wonder how I can *concentrate* more *on* my studies.
集中豪雨 a localized torrential downpour [ダウンポー(ァ)]

しゅうてん 終点 a terminal [ターミヌル], the last station, the last stop
▶ ここが終点です。This is the *terminal*.
▶ 終点で降りて、列車を乗りかえなさい。
Get off at the *terminal* and change trains.

しゅうでん 終電 the last train

じゅうてん 重点 (an) emphasis [エンファスイス], an important point
重点を置く put (an) emphasis (on), put stress (on), emphasize
重点的に intensively

じゅうでん 充電する charge [チャーヂ]
▶ スマホを充電する
charge my smartphone
▶ 充電式の電池 a *rechargeable* battery
充電器 a charger

シュート （サッカーなどの）a shot [シャット]；（野球のシュートボール）a screwball [スクルーボール]
シュートする shoot [シュート]；（サッカーなど）score [スコー(ァ)] a goal
▶ ロングシュート a long *shot*

しゅうと （男）a father-in-law；（女）a mother-in-law.

じゅうどう 柔道 judo [デュードウ]
▶ 柔道のけいこをする practice *judo*
▶ 隆太は柔道3段だ。
Ryuta is a third degree in *judo*.
柔道部 a judo team

しゅうとく 習得する learn [ラ～ン]；（熟達する）master [マスタァ]
▶ 外国語をわずか2, 3年で習得するのは難しい。It is difficult to *learn* a foreign language in only a few years.

しゅうとくぶつ 拾得物 a find [ファインド]

しゅうとめ a mother-in-law

じゅうなな 十七(の) seventeen [セヴンティーン] →じゅうしち

じゅうなん 柔軟な flexible [フレクスィブル]
柔軟体操 stretching

じゅうに 十二(の) →かず（表）

twelve [トゥウェルヴ]
第12(の) the twelfth (▶12thと略す)
▶ 私は12歳です。I am *twelve*.

じゅうにがつ 十二月

→いちがつ, つき¹（表）
December [ディセンバァ] (▶語頭は必ず大文字；Dec. と略す)
▶ 12月に in *December*

じゅうにし 十二支 the twelve signs of the Oriental Zodiac

ぼくはいぬ年の生まれだよ。
I was born in the year of the Dog.

ね the Rat　うし the Cow　とら the Tiger　う the Rabbit　たつ the Dragon
み the Snake　うま the Horse　ひつじ the Sheep　さる the Monkey　とり the Rooster　いぬ the Dog　い the Boar

◀ じゅうよう

しゅうにゅう 収入 (an) income [インカム]
（反 支出 outgo）
▶ 彼は収入が多い.
He has a large *income*. (▶「少ない」
なら large を small にする)

しゅうにん 就任する take office

‐しゅうねん …周年 an anniversary [ア
ニヴァ～サリィ]
▶ 今日は学校の20周年記念だ. This is the
20th *anniversary* of our school.

しゅうバス 終バス the last bus

じゅうはち 十八(の) →かず(表)

eighteen [エイティーン] (つづり注意)
第18(の) the eighteenth(▶18thと略す)
十八番(もっとも得意なこと)*my specialty*

しゅうばん 週番 weekly duty
▶ 今週は週番だ. I'm *on duty* this *week*.

じゅうびょう 重病の seriously ill,
seriously sick
▶ 彼のお母さんは重病です.
His mother is *seriously ill*.

じゅうぶん 十分な

enough [イナフ]
じゅうぶんに enough
▶ 卵は5個もあればじゅうぶんだ.
Five eggs will be *enough*.
▶ 時間はじゅうぶんある.
There is *enough* time.
▶ この部屋にはベッドを置くじゅうぶんなス
ペースはない.
This room doesn't have *enough*
space for a bed.

━💬スピーキング━
ⓐ もう少しクッキーをいかが？
Would you like some more
cookies?
ⓑ ありがとう. でも, もうじゅうぶんで
す.
Thanks, but I'm pretty full. / I
have had enough, thanks.

▶ 健康にはじゅうぶん注意すること.
Take *good* care of yourself.

━💬表現力━
…するのにじゅうぶん〜
→ 〜 enough to ...

▶ おまえはもうじゅうぶん世の中がわかる年
ごろだ.
You are old *enough to* understand
the world. (▶形容詞を修飾する
enough は形容詞のすぐあとに置く)

━💬表現力━
…するのにじゅうぶんな〜がある
→ have enough 〜 to ...

▶ そのセーターを買うじゅうぶんなお金があ
るの？
Do you *have enough* money *to* buy
that sweater?

しゅうぶんのひ 秋分の日 Autumnal
Equinox [イークウィナクス] Day

しゅうまつ 週末 a weekend [ウィークエン
ド]
▶ 週末に on the *weekend*
▶ この週末は何か予定ある？
Do you have any plans for this
weekend?
▶ 週末はいつもどのように過ごしていますか.
How do you spend your *weekends*?
▶ 楽しい週末を！ Have a nice *weekend*!

じゅうまん 十万(の) a hundred
thousand, one hundred thousand
▶ 40万 four *hundred thousand* (▶
thousand を複数形にしない)

じゅうみん 住民 a resident [レズィデント],
an inhabitant [インハビタント]

じゅうやく 重役 an executive [イグゼキュ
ティヴ], a director [ディレクタァ]

しゅうゆうけん 周遊券 an excursion
ticket

しゅうよう 収容する hold [ホウルド];
take [テイク], admit [アドゥミット],
accommodate [アカマデイト]
▶ この球場は観客を5万人収容する.
This stadium *holds* 50,000
spectators.
▶ 負傷者は病院に収容された.
The injured *were taken* to the
hospital.

じゅうよう 重要(性)

importance [インポートゥンス]
重要な important
▶ 重要な問題 an *important* problem
▶ そんなことは重要ではない.

あ
か
し
た
な
は
ま
や
ら
わ

three hundred and sixty-three　363

しゅうり

It is not *important*.
▶ 国際理解はとても重要です. International understanding is very *important*.

> 🗨 表現力
> …することが重要だ
> → It is important to … . /
>   It is important that … .

▶ 英語に慣れることが重要だよ.
It's important to get used to English. / *It's important that* you get used to English.
▶ 試験でいい点がとれるかどうかは重要ではない. つねに努力することが重要なのだ.
It's not *important to* get good grades on tests. *It's important to* make continuous efforts.
重要人物 a very important person (▶ VIP [ヴィーアイピー] と略す)
重要文化財 an important cultural asset

しゅうり 修理

repair(s) [リペア(ズ)]
修理する repair, fix [フィックス]; (衣服・くつなどを) mend [メンド] →なおす
▶ このテレビは修理する必要がある.
This TV set needs *repairing*. / This TV set needs to get *fixed*.
修理中 (掲示) Under *Repair*

> 🗨 表現力
> …を修理してもらう
> → have … repaired /
>   have … fixed

▶ 私はカメラを修理してもらった.
I *had* my camera *repaired*.

しゅうりょう¹ 終了 an end [エンド], a finish [フィニッシュ] →おわり

終了する end, finish, come to an end
▶ 会合はいつもより早く終了した.
The meeting *ended* earlier than usual.
しゅうりょう² 修了する finish [フィニッシュ]; complete [コンプリート] →おえる
▶ 兄はこの春修士課程を修了した.
My brother *finished* his master's degree this spring.
じゅうりょう 重量 weight [ウェイト]
重量あげ weight lifting
重量あげ選手 a weight lifter
じゅうりょく 重力 gravity [グラヴィティ]
▶ 重力の法則 the law of *gravity*

じゅうろく 十六(の) →かず(表)

sixteen [スィクスティーン]
第16(の) the sixteenth (▶16thと略す)
しゅえい 守衛 a guard [ガード], a security guard
しゅえん 主演する star [スター], play the leading part, play the leading role
▶ トム・クルーズがこの映画で主演している.
Tom Cruise *is starring* in this movie. / Tom Cruise *plays the leading part* in this movie.
シュガーレス(の) sugar-free [シュガァフリー]
しゅかんてき 主観的な subjective [サブヂェクティヴ] (反 客観的な objective)
▶ きみの意見は主観的すぎる.
Your opinion is too *subjective*.
しゅぎ 主義 a principle [プリンスィプル]
▶ 私は肉を食べない主義だ.
It's my *principle* not to eat meat.

じゅぎょう 授業

(a) class [クラス], a lesson [レスン]
授業する teach [ティーチ], give a lesson
▶ 授業を受ける
take *lessons* / have (a) *class*
▶ 英語の授業 (an) English *class*

> 🗨 スピーキング
> Ⓐ 何の授業がいちばん好きですか.
>   What class do you like the best?
> Ⓑ 英語です.
>   English.

◀ **じゅくすい**

▶ 授業は 8 時40分に始まる.
Classes begin at 8:40.

▶ 1 時間目の授業は何ですか.
What *class* do you have in the first period?

▶ 金曜日は授業が 5 時間ある.
We have five *classes* on Friday.

▶ あしたは授業はありません.
We have no *classes* tomorrow. / We have no *school* tomorrow.

🗣 **スピーキング**

Ⓐ あすは何時間授業があるの？
How many classes do you have tomorrow?

Ⓑ 6 時間です.
We have six. / We have six classes.

▶ 今朝，授業に30分遅刻した.
I was late for *class* by thirty minutes this morning.

▶ きょうは授業が終わったら，サッカーの練習だ.
I'm having soccer practice after *classes* today.

▶ 坂田先生の授業は楽しい.
Ms. Sakata's *class* is fun.

▶ 授業を休む
miss *class* / be absent from *class*

▶ 授業をサボる
cut *class* / skip *class*

▶ 授業中はもっと注意を払ったほうがいいよ.
You should pay more attention in *class*.

▶ ボブは授業中によく居眠りをする.
Bob often falls asleep during *class*.
授業参観 class open house(▶「参観日」は《米》an open house, 《英》an open day という)
授業時間 school hours
授業料 school fees

じゅく 塾 a *juku* ; a cram school
▶ 塾には週 3 回通っています.
I go to *juku* three times a week.

じゅくご 熟語 an idiom [イディオム]；(慣用句) an idiomatic phrase [イディオマティクフレイズ]

しゅくさいじつ 祝祭日 a national

holiday [ハリデイ], a holiday →しゅくじつ

しゅくじ 祝辞 congratulations [コングラチュレイションズ]；a congratulatory speech
祝辞を述べる
congratulate [コングラチュレイト]

しゅくじつ 祝日 a national holiday [ハリデイ], a holiday

国民の祝日	
元日	New Year's Day
成人の日	Coming-of-Age Day
建国記念の日	National Foundation Day
天皇誕生日	The Emperor's Birthday
春分の日	Spring Equinox Day, Vernal Equinox Day
昭和の日	Showa Day
憲法記念日	Constitution Day
みどりの日	Greenery Day
こどもの日	Children's Day
海の日	Marine Day
山の日	Mountain Day
敬老の日	Senior Citizens' Day
秋分の日	Autumnal Equinox Day
スポーツの日	Sports Day
文化の日	Culture Day
勤労感謝の日	Labor Thanksgiving Day

(▶「敬老の日」は Respect-for-the-Aged Day ともいう)

しゅくしょう 縮小 (a) reduction [リダクション]
縮小する make ... smaller, reduce [リデュース]

じゅくす 熟す ripen [ライプン]
熟した ripe
▶ サクランボは初夏に熟します.
Cherries *ripen* in early summer.

じゅくすい 熟睡する sleep well, sleep soundly, have a good sleep
▶ ゆうべは熟睡できましたか.
Did you *sleep well* last night? / Did you *have a good sleep* last night?

three hundred and sixty-five　365

しゅくだい ▶

しゅくだい 宿題

homework [ホウムワ〜ク] (▶ a をつけず, 複数形にしない)；《米》an **assignment** [アサインメント]

▶ 宿題をやる
do my *homework*

▶ 数学の宿題
math *homework*

▶ 宿題があるの？
Do you have any *homework*?

▶ 宿題はもう終えましたか.
Have you finished your *homework* yet?

▶「宿題手伝ってくれる？」「いいよ」
"Would you help me with my *homework*?" "Sure."

じゅくどく 熟読する read carefully
▶ この詩を熟読してごらん.
Read this poem *carefully*.

しゅくはく 宿泊する stay (at, in), put up (at, in) →とまる²
宿泊客 a guest [ゲスト]
宿泊料 room charges

しゅくふく 祝福 a blessing [ブレスィング]
祝福する bless
▶ 神の祝福がありますように.
May God *bless* you!

しゅくめい 宿命 (a) destiny [デスティニィ], fate [フェイト]

じゅくれん 熟練 skill [スキル]
熟練した skilled, skillful

しゅげい 手芸 handicrafts [ハンディクラフツ]

> 👤 プレゼン
> 私の趣味は手芸です.
> My hobby is handicrafts.

じゅけん 受験する

take an exam [イグザム] take an examination [イグザミネイション]；(出願する) apply [アプライ] to
▶ 受験勉強する
prepare for *entrance exams* / study for *entrance exams*
▶ ぼくは野田高校を受験するんだ.
I'll *take the entrance examination* for Noda High School.
▶ 3年生は受験のことで忙しい.

Third year students are busy preparing for *entrance exams*.
受験科目 exam subjects
受験校 a school to apply to
受験者 an examinee [イグザミニー]；(志願者) an applicant [アプリカント]
受験生 a student preparing for entrance exams
受験番号 an examinee's number, an examinee's seat number
受験料 an exam fee

しゅご 主語 (文法) a subject [サブヂェクト]

じゅこう 受講する take a course, attend a course
▶ 夏期講習を受講するつもりだ.
I'm going to *take a* summer *course*.

しゅさい 主催する sponsor [スパンサァ], organize [オーガナイズ]
▶ 英語のスピーチコンテストは中部新聞が主催した.
The English speech contest *was sponsored* by the Chubu Shimbun.
主催者 a sponsor, an organizer

しゅざい 取材する (報道機関が) cover [カヴァ]；(人を)interview[インタヴュー]；(データを収集する) gather [ギャザァ] data, collect data

しゅし¹ 趣旨 (ねらい) an aim [エイム]；(目的) an object [アブヂェクト], a purpose [パ〜パス]

しゅし² 種子 a seed [スィード]

しゅじゅつ 手術 an operation[アペレイション]
手術する (患者が手術を受ける) have an operation；(医者が)perform[パフォーム] an operation, operate [アペレイト] (on)
▶ ひざの手術
a knee *operation* / an *operation* on my knee
▶ ぼくは盲腸の手術をした.
I *had an operation* for appendicitis.
手術室 an operating room

しゅしょう¹ 首相 a prime minister [プライム ミニスタァ] (▶ しばしば Prime Minister で用いる. 略語は PM, P.M.)
▶ 田中首相
Prime Minister Tanaka
▶ インドの首相

366 three hundred and sixty-six

◀ **しゅっしん**

the *Prime Minister* of India

しゅしょう² 主将 a captain [キャプテン]
▶ 中村君がサッカー部の主将です.
Nakamura is the *captain* of the soccer team.

じゅしょう 受賞する win a prize
▶ 山中伸弥さんは2012年にノーベル生理学・医学賞を受賞した.
Mr. Yamanaka Shinya *won* the Nobel *Prize* in Physiology or Medicine in 2012.
▶ 私はスピーチコンテストで1等賞を受賞した.
I *won* first *prize* in the speech contest.
受賞者 a prizewinner

しゅしょく 主食 a staple [スティプル] food
▶ 米は日本人の主食だ.
Rice is the *staple food* for Japanese people.

しゅじん 主人 (夫) *my* husband [ハズバンド]; (店の) a storekeeper [ストーキーパァ]; (客に対して) (男) a host [ホウスト], (女) a hostess [ホウステス]
主人公 the main character [キャラクタァ]; (男) a hero [ヒーロウ] (複数 heroes); (女) a heroine [ヘロウイン]

じゅしん 受信 reception [リセプション]
受信する receive [リスィーヴ]
▶ メールを受信する
receive an email
受信料 a subscription fee

しゅだい 主題 (研究などの) a subject [サブヂェクト]; (小説などの) a theme [スィーム]
主題歌 a theme song

しゅだん 手段 a means [ミーンズ] (複数 means) (▶単複同形なので注意)
▶ あらゆる手段をつくす
try every possible *means*
▶ 最後の手段として
as the last *resort*
▶ ことばは伝達の手段だ.
Language is a *means* of communication.

しゅちょう 主張する insist [インスィスト] (on)
▶ 彼は自分の無実を主張した.
He *insisted on* his innocence. / He *insisted* that he was innocent.

しゅつえん 出演する appear [アピァ], perform [パフォーム] (in)
▶ ジョニー・デップは数多くの映画に出演している.
Johnny Depp *has appeared* in a lot of movies.
出演者 a performer [パフォーマァ]

しゅつがん 出願する apply [アプライ] (for), make an application (for); (願書を送る) send an application (to)

しゅっきん 出勤する go to work, go to *my* office

しゅっけつ¹ 出血 bleeding [ブリーディング]
▶ 出血が止まらない.
The *bleeding* won't stop.

しゅっけつ² 出欠をとる call the roll, take the roll

しゅっこう 出港する set sail

しゅっこく 出国する leave a country (▶「入国する」は enter a country)
▶ 出国手続きをする
go through *departure* formalities

しゅっさん 出産 birth [バ～ス]
出産する have a baby, give birth to→うむ
▶ 姉は10月出産の予定だ.
My sister is going to *have a baby* in October.

しゅつじょう 出場する take part (in), enter [エンタァ], participate [パーティスィペイト] (in)
▶ ぼくは弁論大会に出場した.
I *took part in* the speech contest.
出場者 a participant [パーティスィパント]

しゅっしん 出身である

(故郷) **come from, be from** (▶どちらも現在形で使う); (学校) **graduate** [グラデュエイト] from

┌─ 🔵表現力 ─────────
│ …の出身です
│ → be from ... / come from ...
└──────────────────

▶ 私は東京の出身です.
I'm from Tokyo. / I *come from* Tokyo. (▶ I came from Tokyo. というと「東京から来ました」という意味になる)
▶ 私は札幌の出身です.
My hometown is Sapporo.

three hundred and sixty-seven **367**

あ
か
し
た
な
は
ま
や
ら
わ

しゅっせ ▶

> 🔵**スピーキング**
> **A** ご出身はどちらですか.
> Where are you from? / Where do you come from?
> **B** 千葉です.
> I'm from Chiba. / I come from Chiba.

▶ 私たちの先生はH大学の出身です (→ H大学を卒業した).
Our teacher *graduated from* H University. / (H大学の卒業生だ) Our teacher is a *graduate of* H University.
出身校 *my* old school / *my* alma mater [アルマ マータァ] / the school *I* graduated from
出身地 *my* hometown
しゅっせ 出世する succeed in life, get ahead
しゅっせい 出生 (a) birth [バ～ス]
出生率 a birthrate [バ～スレイト]
▶ 日本の出生率は低下している.
The *birthrate* in Japan is declining.

しゅっせき 出席

attendance [アテンダンス], presence [プレズンス] (反) 欠席 absence)
出席する **be present**, go (to), come (to), attend [アテンド] (反) 欠席する be absent)
▶ 出席をとる take the roll / call the roll (▶ roll は「出席簿」のこと)
▶ (先生が生徒に) 授業にはきちんと出席するように.
You must come to class regularly.
▶ 生徒全員が集会に出席した.
All the students *were present* at the assembly.
▶ 両親は私のいとこの結婚式に出席した.
My parents *attended* my cousin's wedding.
出席者 a person (who is) present; (集合的に) an attendance
しゅっちょう 出張 a business trip
出張する go ... on business, make a business trip, go on a business trip
▶ 父は先月オーストラリアへ出張しました.
My father *made a business trip* to

Australia last month. / My father *went* to Australia *on business* last month.
▶ 母は出張中です.
My mother is *on a business trip*.

しゅっぱつ 出発

departure [ディパーチァ] (反) 到着 arrival)
出発する **leave** [リーヴ], **start** [スタート] (from), depart [ディパート] (反) 到着する arrive)
▶ 私たちの乗る飛行機は正午に出発する.
Our plane *leaves* at noon. / Our plane *takes off* at noon.
▶ 私たちはあす朝早く出発しなければならない.
We must *start* early tomorrow morning.

> 🔴**表現力**
> …を出発する
> → leave ... / start from ...

▶ 父はあす名古屋を出発します.
Father will *leave* Nagoya tomorrow. (▶ ×leave from とはいわない)
▶ その新幹線は東京駅を10時50分に出発する.
The Shinkansen train *leaves* Tokyo at 10:50.

> 🔴**表現力**
> …へ向かって出発する
> → leave for ... / start for ...
> (▶ leave ×to ..., start ×to ... とはいわない)

▶ 私は6時前に頂上へ向かって出発した.
I *started for* the top of the mountain before six.
▶ いつニューヨークに出発するの？
When *are* you *leaving for* New York?

> 🔴**表現力**
> ～へ向かって…を出発する
> → leave ... for ～ /
> start from ... for ～

▶ 真理子はきのう大阪へ向けて東京を出発した.

◀ じゅみょう

Mariko *started from* Tokyo *for* Osaka yesterday.
▶ その電車は京都を午後 8 時に出発して神戸に向かう.
The train *leaves* Kyoto *for* Kobe at 8 p.m.
出発時刻 the departure time
出発ロビー a departure lounge

○ leave Osaka (大阪を出発する)
○ start from Osaka (大阪を出発する)
× leave from Osaka
　この leave は他動詞. from といっしょには使わない.
○ leave for Osaka (大阪へ出発する)
○ start for Osaka (大阪へ出発する)
○ leave Osaka for Hawaii (ハワイへ向けて大阪を出発する)

しゅっぱん 出版 publication [パブリケイション]
出版する publish [パブリシ]
▶ 報道・出版の自由
freedom of *the press*
出版社 a publishing company [カンパニィ]
出版物 a publication

しゅっぴ 出費 expenses [イクスペンスィズ]
▶ 出費がかさむ
have to spend a lot of money

しゅっぴん 出品する exhibit [イグズィビト], enter [エンタァ]
▶ コンテストに絵を出品する
enter a painting in the contest
▶ オークションサイトに古着を出品する
put some old clothes *up* for sale at an auction site

しゅと 首都 a capital, a capital city
▶ イギリスの首都はロンドンです.
The *capital* of Britain is London.
▶ アメリカの首都はどこですか.
What's the *capital* of the United States?
首都圏 the metropolitan area

しゅどう 手動の manual [マニュアル]

しゅとして 主として mainly [メインリィ] → おもに[1]

ジュニア (年少者, 息子) a junior [ヂューニャ] (反) シニア senior)

しゅにん 主任 a chief [チーフ], a head [ヘッド]
▶ 国語科の主任
the *head* teacher of Japanese

ジュネーブ (地名) Geneva [ヂェニーヴァ]

シュノーケル a snorkel [スノークル]

しゅび 守備 defense [ディフェンス]; (野球の) fielding [フィールディング]
守備をする defend; (野球の) field
▶ (野球などで) 守備につく take the *field*

しゅふ[1] 首府 a capital, a capital city → しゅと

しゅふ[2] 主婦 a housewife [ハウスワイフ] (複数) housewives (▶男性の「主夫」は a house husband [ハズバンド] という); (家事をする人) a homemaker [ホウムメイカァ]

しゅみ 趣味

1 a **hobby** [ハビィ]; (娯楽{ごらく}) a **pastime** [パスタイム]
▶ 趣味は何ですか.
What are your *hobbies*?

🎤プレゼン
私の**趣味**は古銭を集めることです.
My hobby is collecting old coins.

▶ 母の趣味はクラシックを聞くことです.
My mother's *pastime* is listening to classical music.

💬用法 **hobby** と **pastime**
英語の **hobby** は切手やコインの収集, 楽器の演奏のように自分で積極的に作業するものに対してふつう使われるので, 読書や音楽鑑賞, 映画鑑賞, ショッピング, スポーツなどにはふつう **pastime** を使う.

2 (好み) (a) **taste** [テイスト]
▶ ジェーンは服の趣味がいい.
Jane has good *taste* in clothes.
▶ ロックはぼくの趣味じゃない.
Rock music isn't to my *taste*.

じゅみょう 寿命 life [ライフ], a life span, life expectancy

three hundred and sixty-nine 369

趣味　Hobbies

イラスト：大管雅晴

何かおもしろい趣味や興味のあることはありますか？
Do you have any interesting hobbies or *interests?

*interest [íntərist インタレスト] 興味のあること、関心事

何かおもしろい趣味や興味のあることはありますか？
Do you have any interesting hobbies or interests?

はい。ぼくの趣味はプラモ作りです。
戦車と戦闘機のプラモをよく作っています。
Yes. **My hobby is** making plastic models.
I often make models of tanks and fighters.

はい。私は編み物に興味があって、
おばあちゃんから教わっています。
Yes. **I'm interested in** knitting.
I'm learning it from my grandmother.

いいえ。ぼくは特にないです。
でも暇なときはよくユーチューブで動画を見ています。
No. **Nothing in particular.** But I often
watch videos on YouTube in my free time.

いろいろな趣味　Hobbies

- ギターを弾くこと　playing the guitar　・電車の写真を撮ること　taking pictures of trains
- 泳ぐこと　swimming　・絵を描くこと　painting　・マンガを描くこと　drawing manga
- プラモデルを作ること　making plastic models　・曲を作ること　song writing　・スケートボード　skateboarding　・将棋　(playing) shogi　・アイドルと握手すること　shaking hands with pop idols　・登山　mountain climbing　・手品　magic　・お菓子作り　making sweets
- ケーキ作り　baking cakes　・手芸　handicrafts　・日曜大工　do-it-yourself（D.I.Y.）
- 城めぐり　visiting castles　・アニメのフィギュア集め　collecting anime figurines [fígjəríːnz フィギュリーンズ]　・天体観測　astronomical [æstrənáːmikəl アストゥロナーミカル] observation

ちょっと変わったコレクター
Unique collectors

趣味で変わったものを集める人がいます。
There are some people who collect strange things **as a hobby**.

▶ 醤油鯛（しょうゆだい）　single-portion fish-shaped soy sauce *containers
▶ 人面石　stones that look like human faces
▶ エチケット袋　air sickness bags
　（飛行機よい用の）

*container [kəntéinər コンテイナァ] 容器

◀ **しゅんかん**

▶ いまや先進国の平均寿命は80歳前後になっている.
The average *life span* in developed countries is now around eighty years.

▶ ストレスをためると寿命を縮めますよ.
You will shorten your *life* if you feel stressed out.

しゅもく 種目 (競技の) an event [イヴェント] →りくじょう

じゅもん 呪文 a spell [スペル], a charm [チャーム]

▶ 呪文をとなえる
cast a *spell* / put a *spell*

しゅやく 主役 the leading part, the leading role；(演じる人) the lead [リード] →しゅえん

主役を演じる star [スター], play the leading part, play the leading role

▶ 彼女はその劇で主役を演じた.
She *starred* in the play. / She *played the leading part* in the play.

しゅよう 主要な (中心的な) main [メイン]；(重要な) major [メイジァ] →おもな

▶ 主要科目 the *main* subjects

▶ 主要国 *major* countries

じゅよう 需要 demand [ディマンド] (反 供給 supply)

▶ 需要と供給
supply and *demand* (▶日本語とは順序が逆になる)

▶ 供給が需要に追いつかない.
Supply cannot meet *demand*.

しゅりょう 狩猟 hunting [ハンティング]；(銃による) shooting [シューティング]

▶ 狩猟に出かける
go on a *hunt* / go *hunting*

しゅるい 種類

a kind [カインド], a sort [ソート], a type [タイプ]

▶ こんな種類の映画
this *kind* of movie / a movie of this *kind* (▶ this kind of ˣa movie とはいわない)

▶ あらゆる種類の犬
all *kinds* of dogs / all *breeds* of dogs (▶ breed は「品種」という意味)

▶ その図書館にはいろいろな種類の本がある.

The library has many *kinds* of books.

▶ あなたはどんな種類の音楽が好きですか.
What *kind* of music do you like?

▶ この動物園には何種類の動物がいますか.
How many *kinds* of animals do you have in this zoo?

しゅわ 手話 sign language [サイン ラングウィヂ]

▶ 手話で話す
use *sign language* / talk in *sign language*

じゅわき 受話器 a receiver [リスィーヴァ]

▶ 受話器をとる pick up the *receiver*

▶ 受話器を置く hang up the *receiver*

じゅん¹ 順

(順序) **order** [オーダァ]；(順番) *my* **turn** [ターン]

▶ 番号順に in numerical *order*

▶ 年齢の順に in *order* of age

▶ 先着順で
on a first-come, first-served basis

▶ 単語カードをアルファベット順に並べなさい.
Put the word cards *alphabetically*. / Arrange the words cards *in alphabetical order*.

▶ すわっている順に当てていきます.
I'll call on you in the *order* of your seats.

▶ 私たちは順々に歌った.
We sang *in turn*.

じゅん² 純な (混じりけのない) pure [ピュア]；(純真な) innocent [イノセント]

純愛 pure and innocent love

純金 pure gold

純毛 pure wool

じゅんい 順位 (a) ranking [ランキング]；(スポーツなどの順位表) standings [スタンディングズ]

じゅんえん 順延 →えんき

▶ 運動会は雨天順延です.
If it rains, the sports day will be *put off* till the next fine day.

しゅんかん 瞬間 a moment [モウメント], an instant [インスタント]

▶ 次の瞬間
the next *moment*

▶ それは瞬間のできごとだった.

あ
か
し
た
な
は
ま
や
ら
わ

three hundred and seventy-one 371

じゅんかん ▶

It happened in *a moment*.

じゅんかん 循環 circulation [サ〜キュレイション]
▶ 血液の循環
the *circulation* of blood

じゅんきょうじゅ 准教授 an associate professor [アソウシエイト プロフェサァ]

じゅんけっしょう 準決勝 (個々の試合) a semifinal [セミファイヌル]; (準決勝の段階) the semifinals
▶ 準決勝に進む
go to *the semifinals*

じゅんじょ 順序 order [オーダァ] →じゅん¹
▶ これは順序がまちがっている.
These are in the wrong *order*.

じゅんしん 純真な pure [ピュア]; innocent [イノセント]

じゅんすい 純粋な pure [ピュア]
純粋に purely

じゅんちょう 順調に well [ウェル], all right
▶ すべて順調です.
Everything is going *well*.

じゅんばん 順番 my turn [タ〜ン] →ばん²
▶ 順番を待つ wait for my *turn*
▶ 次は私の順番よ. Now it's my *turn*.
▶ 生徒たちは順番にスピーチをした.
The students made speeches *in turn*.

じゅんび 準備 →ようい¹

preparation(s) [プレパレイション(ズ)]
準備する prepare [プリペア] (for), get ready (for); make preparations (for)

> 🗣 スピーキング
> Ⓐ 夕食の準備ができましたよ.
> Dinner is ready.
> Ⓑ 今行きます.
> I'm coming.

▶ 準備できたわ. I'm *ready*.
▶ 準備完了(かんりょう). It's all *set*.

> 💬 表現力
> …の準備をする
> → prepare for ... /
> get ready for ...

▶ みんな学園祭の準備で忙しい.
Everyone is busy *preparing for* the school festival.

> 💬 表現力
> …する準備ができている
> → be ready to ...

▶ 出かける準備はできましたか.
Are you *ready to* go?
準備体操 a warm-up [ウォーマプ]

しゅんぶんのひ 春分の日 Spring Equinox [イークウィナクス] Day, Vernal Equinox Day

じゅんゆうしょう 準優勝 the second place
▶ 私たちのチームは市大会で準優勝した.
Our team won *second place* in the city tournament.

しよう¹ 使用 use [ユース] (発音注意)
使用する use [ユーズ] →つかう
▶ 使用中止 (掲示) Out of *Use* (▶エレベーターなどの掲示)
▶ 使用中 (掲示) Occupied (▶トイレなどの表示)

上は「使用中」,下は「空き」の表示.

使用法 how to use, directions [ディレクションズ]

しよう² 私用の private [プライヴェト]
▶ 彼は私用で外出しています.
He is out on *private* business.

しょう¹ 賞 a prize [プライズ]
▶ 賞を与(あた)える
award a *prize* / give a *prize*
▶ 賞をとる win a *prize* / get a *prize* →じゅしょう
▶ アカデミー賞 an Academy *Award*
▶ ノーベル賞 the Nobel *Prize*
▶ 芥川(あくたがわ)賞 the Akutagawa *Prize*

しょう² 章 a chapter [チャプタァ]
▶ 第3章 the third *chapter* / *Chapter* III

◀ **しょうがい**¹

(▶ chapter three と読む)

しょう³ 省（イギリスと日本の官庁）a ministry [ミニストゥリィ]；（アメリカの）a department [ディパートゥメント]

日本の省	
内閣府	Cabinet Office, Government of Japan
総務省	Ministry of Internal Affairs and Communications
法務省	Ministry of Justice
外務省	Ministry of Foreign Affairs
財務省	Ministry of Finance
文部科学省	Ministry of Education, Culture, Sports, Science and Technology
厚生労働省	Ministry of Health, Labour and Welfare
農林水産省	Ministry of Agriculture, Forestry and Fisheries
経済産業省	Ministry of Economy, Trade and Industry
国土交通省	Ministry of Land, Infrastructure, Transport and Tourism
環境省	Ministry of the Environment
防衛省	Ministry of Defense

-しょう let's [レッツ] →-（し）ましょう
▶「テニスをしよう」「うん, しよう」
"*Let's* play tennis." "Yes, *let's*. / OK. / All right."

-しょう →-でしょう

じょう¹ 錠（錠前）a lock [ラック] →かぎ

じょう² 条 an article [アーティクル]
▶憲法第9条
the ninth article of the Constitution

-じょう …畳
▶6畳の部屋
a six-*tatami* room / a six-*mat* room

じょうえい 上映する show [ショウ]
上映されている be on
▶あの映画館では, いま何を上映しているの?
What's *on* now at that movie theater?

じょうえん 上演する put on, stage [ステイヂ], perform [パフォーム]
上演されている be on, be running

▶私は英語で劇を上演したい.
I want to *put on* a play in English.

しょうか¹ 消化 digestion [ダイヂェスチョン]
消化する digest [ダイヂェスト]
消化がよい digestible [ダイヂェスティブル]
消化が悪い indigestible
▶めん類は消化がよい.
Noodles are easy to *digest*. / Noodles are *digestible*.
消化器(官) digestive organs
消化不良 indigestion

しょうか² 消火する put out the fire, extinguish [イクスティングウィシ] the fire →けす
消火器 a fire extinguisher[イクスティングウィシァ]
消火訓練 a fire drill
消火せん a fire hydrant [ハイドゥラント]

ショウガ 《植物》ginger [ヂンヂァ]

しょうかい 紹介

introduction [イントロダクション]
紹介する introduce [イントロデュース]；（すすめる）recommend [レコメンド]

> 💬表現力
> 自己紹介する → introduce my**self**

▶自己紹介させてください.
Let me *introduce myself*. / I'd like to *introduce myself*.
▶健, 友だちのジョンを紹介するよ. Ken, I want you to *meet my friend*, John.

> 💬表現力
> ～を…に紹介する
> → introduce ～ to ...

▶私をブラウンさんに紹介してください.
Please *introduce* me *to* Mr. Brown.
(▶✕introduce Mr. Brown to me (ブラウンさんを私に紹介する) だと私のほうが偉そうに聞こえ, 失礼な言い方になる)
▶友人をご紹介します. 関さんです.
Let me *introduce* my friend *to* you. This is Mr. Seki.
▶いいレストランを紹介してください.
Can you *recommend* a good restaurant?
紹介状 a letter of introduction

しょうがい¹ 生涯 a life [ライフ]（複数）

three hundred and seventy-three　373

しょうがい²

🗣 **スピーキング**

①自分の友人どうしを紹介するとき

Ⓐ リサ，こちらクラスメートの健くん．健，こちらがリサ．今，両親と日本にいらしてるんだよ．
Lisa, this is my classmate Ken. Ken, this is Lisa. Lisa is visiting Japan with her parents now.

(▶異性の場合は，まず女性に呼びかけて，男性を先に紹介するのがエチケット)

Ⓑ こんにちは，健．どうぞよろしくね．
Hello, Ken. Nice to meet you.

Ⓒ こんにちは，リサ．こちらこそよろしく．
Hello, Lisa. Nice to meet you, too.

(▶ Hello. は気さくな言い方．改まった場面では How do you do? が使われる)

②年齢のちがう人を紹介するとき

Ⓐ スミスさん，こちらが佐藤健さん．私のクラスメートです．健，このかたがスミスさん．リサのお父さんだよ．
Mr. Smith, this is Sato Ken. Ken is my classmate. Ken, this is Mr. Smith, Lisa's father.

(▶まず年上の人に呼びかけて，年下の人を先に紹介するのがエチケット)

Ⓑ 健，はじめまして．よろしく．きみのことはリサからいろいろ聞いてます．
How do you do, Ken? Glad to meet you. Lisa's told me a lot about you.

Ⓒ はじめまして，スミスさん．どうぞよろしく．
How do you do, Mr. Smith? I'm glad to meet you, too.

③大勢の人に人を紹介するとき

🗣 みなさん，今日は特別ゲストをお呼びしています．クラークさんです．クラークさんは有名なピアニストです．
Everyone, we have a special guest today. This is Ms. Clark. She's a famous pianist.

④自己紹介をするとき

Ⓐ 自己紹介をさせてください．私は武井明です．May I introduce myself? My name is Takei Akira.

Ⓑ リサ・スミスです．はじめまして，武井さん．I'm Lisa Smith. How do you do, Mr. Takei?

lives）；all *my* life →いっしょう
生涯を送る live a life, lead a life
▶祖父は幸福な生涯を送った．
My grandfather *led a* happy *life*.
▶私は悔いのない生涯を送りたい．
I'd like to *live* my *life* without regrets.
生涯学習 lifelong learning, lifelong study
生涯教育 lifelong education

しょうがい² 障害 an obstacle [アブスタクル]；(身心の) disability [ディサビリティ]
▶目的を達成するためにはどんな障害も乗りこえるつもりだ．
I'm determined to overcome any *obstacles* to achieve my goal.
障がい者 a disabled person
障害物競走 an obstacle race

しょうがくきん 奨学金 a scholarship [スカラシプ]
▶ジェーンは奨学金をもらっている．
Jane is on a *scholarship*. (▶ a はつけないこともある)

しょうがくせい 小学生 a schoolchild [スクールチャイルド] (複数 schoolchildren [スクールチルドゥレン])，(米) an elementary school student, (英) a primary school pupil →がくねん(表)
▶妹は小学生です．
My younger sister is *in elementary school.* / My younger sister is a *schoolchild*.

しょうがつ 正月

(新年) the New Year；(元日) New Year's Day →しんねん¹

はごいた (hagoita)
お年玉 (New Year's gift of money)
こま (top)
おもち (rice cake)

374 three hundred and seventy-four

◀ **しょうこ**

▶ あと何日でお正月？
How many days do we have before *New Year's Day*?

▶ 正月休み the *New Year* vacation

しょうがっこう 小学校
《米》an elementary [エレメンタリィ] school, 《英》a primary [プライメリィ] school

▶ 妹は小学校へ行ってます． My sister goes to (an) *elementary school*.

▶ 弟は小学校5年です．
My brother is in the fifth grade. / My brother is a fifth grader.

しようがない cannot help →しかた

▶ しようがない． I *can't help* it. / It *can't be helped*. / There's nothing I can do about it. / I *have no choice*.

しょうき 正気 senses [センスィズ], sanity [サニティ]

正気の sane [セイン]

▶「正気で言ってるの？」「ああ，正気だとも」
"Do you *really* mean it?" "Yes, I *really* do."

しょうぎ 将棋 shogi, Japanese chess

▶ 将棋をさす play *shogi*

将棋盤 a *shogi* board

将棋部 a *shogi* club

じょうき 蒸気 steam [スティーム], (空気中の) vapor [ヴェイパァ]

蒸気機関車 a steam locomotive

じょうぎ 定規 a ruler [ルーラァ]

▶ 三角定規 a triangle

じょうきげん 上機嫌で in high spirits, in a good mood

▶ ぼくらの先生は今日は上きげんだ．
Our teacher is *in high spirits* today.

しょうきゃく 焼却する incinerate [インスィネレイト]

焼却炉 an incinerator

じょうきゃく 乗客 a passenger [パセンヂァ]

じょうきゅう 上級の (レベルの高い) advanced [アドヴァンスト]; (先輩の) senior [スィーニャ] (反 下級の junior); (年齢が上の) older [オウルダァ]

▶ 上級クラスの英語 *advanced* English

上級生 an older student, an upper-class student, a senior student

しょうぎょう 商業 business [ビズネス], commerce [カマ〜ス]

商業の commercial [コマ〜シャル]

商業英語 business English

商業高校 a commercial high school

じょうきょう¹ 状況 a situation [スィチュエイション]; (事情) circumstances [サ〜カムスタンスィズ]

▶ それは状況しだいだ．
It depends on the *circumstances*.

じょうきょう² 上京する go to Tokyo, come to Tokyo

▶ 私は大学に通うために18歳のときに上京した．
I *came to Tokyo* at the age of eighteen to attend college.

しょうきょく 消極的な (否定的な) negative [ネガティヴ] (反 積極的な positive); (受け身の) passive [パスィヴ] (反 積極的な active)

▶ 消極的な意見 a *negative* opinion

しょうきん 賞金 a prize [プライズ], prize money →しょう¹

▶ 兄は模型飛行機コンテストで10万円の賞金をもらった．
My older brother won a *prize* of 100,000 yen in the model plane contest.

じょうくう 上空

▶ 飛行機は東京の上空を飛んだ．
The plane flew *over* Tokyo.

じょうげ 上下に up and down

▶ その絵は上下がさかさまだ．
That picture is *upside down*.

じょうけい 情景 a scene [スィーン]

しょうげき 衝撃 a shock [シャック]

衝撃的な shocking [シャキング]

▶ 衝撃を与える give a *shock*

じょうけん 条件 a condition [コンディション]

▶ あなたの意見に賛成だが1つ条件がある．
I agree with you on one *condition*.

しょうこ 証拠 evidence [エヴィデンス], (a) proof [プルーフ]

▶ 彼らを有罪にできる十分な証拠がなかった．
There wasn't enough *evidence* to convict them.

▶ 確かな証拠
positive *proof*

three hundred and seventy-five 375

しょうご ▶

しょうご 正午

noon [ヌーン]
▶ 正午に at *noon*
▶ 正午のニュース
noon news / the *twelve o'clock* news

しょうこう 将校 an officer [オ(ー)フィサァ]
しょうこうぐち 昇降口 an entrance [エントゥランス]
しょうさい 詳細 details [ディテイルズ] →くわしい
　詳細な detailed
　詳細に in detail
▶ 計画を詳細に説明した.
I explained the plan *in detail*.

じょうざい 錠剤 a tablet [タブレト]
しょうさん 賞賛する praise [プレイズ], admire [アドゥマイア] →ほめる
しょうじ 障子 a *shoji*, a sliding paper door
じょうし 上司 my boss [ボ(ー)ス]
しょうしか 少子化 a declining birthrate [ディクライニング バースレイト]
▶ 少子高齢化社会
an aging society with a *low birthrate*

しょうじき 正直

honesty [アネスティ]
　正直な honest [アネスト]
▶ 正直な人 an *honest* person
▶ 正直な考えを聞かせてくれない？
Can you tell me your *honest* opinion?
▶ 正直は最善の策.《ことわざ》
Honesty is the best policy.
　正直に honestly；(率直に) frankly [フランクリィ]
▶ 正直に言って, 彼女のことは好きじゃない.
Frankly speaking, I don't like her. / To be *honest* with you, I don't like her.
▶ 正直に言いなさい, そうすれば許してあげる.
Tell me *the truth*, and I'll forgive you.

じょうしき 常識 (知識) common knowledge [ナレヂ]；(分別) common sense

▶ きみには常識というものが欠けているよ.
You have no *common sense*.
▶ それは常識だ.
It is a matter of *common knowledge*. / (だれでも知っている) Everybody knows it.

しょうしゃ 商社 a business firm；(貿易会社) a trading company
じょうしゃ 乗車する get on (反 下車する get off) →のる¹
▶ みなさん, ご乗車ください.
All *aboard*, please.
　乗車券 a ticket
　乗車賃 a fare
しょうしゅう 招集する call [コール]
じょうじゅん 上旬
▶ 6月上旬に
early in June / at *the beginning* of June
しょうしょ 証書 (証明書) a certificate [サティフィケト]
▶ 卒業証書 a diploma [ディプロウマ]

しょうじょ 少女

a **girl** [ガール] (対 少年 boy) (▶ girl は若い女性をさすことがあるので，「少女」を a young girl, a little girl ということも多い)
▶ かわいい少女
a pretty *girl*
　少女雑誌 a magazine for girls, a girls' magazine
　少女時代 my girlhood
しょうしょう 少々 (量が) a little [リトゥル]；(数が) a few [フュー] →すこし
▶ 塩を少々加えてください.
Please add *a little* salt.
しょうじょう¹ 賞状 a certificate [サティフィケト]
しょうじょう² 症状 a symptom [スィン(プ)トム]
▶ かぜの症状が出る
have the *symptoms* of a cold
じょうしょう 上昇する rise [ライズ], go up

🖉 ライティング
地球温暖化により海面が上昇している.
Sea levels are rising due to global warming.

◀ **しょうたい²**

じょうず 上手な

good [グッド]（at）（反）へたな bad, poor) →うまい
上手に well [ウェル]
▶ 裕美と麻也ではどちらがテニスが上手ですか.
Who plays tennis *better*, Hiromi or Maya?
▶ どうしたら英語が上手になりますか.
How can I *improve* my English?

📢表現力
…が上手だ
→ be good at … / be a good …

▶ 優衣はダンスが上手です.
Yui *is good at* dancing. / Yui *is a good* dancer. / Yui dances *well*.

じょうすいき 浄水器 a water purifier [ピュ(ア)リファイア]

しょうすう¹ 少数の（少数の…がある）a few [フュー];（ほとんどない）few,《口語》only a few →すこし
▶ 少数の生徒がその試験に合格した.
A few students passed the exam.
▶ ごく少数の生徒しかその試験に合格しなかった.
Few students passed the exam.
少数意見 a minority opinion

しょうすう² 小数《数学》a decimal [デスィマル]
小数点 a decimal point
▶ 小数第2位まで計算する
calculate to two *decimal* places
▶ 小数点以下を切り捨てる
omit *decimals*

ℹ️参考 **小数の読み方**
小数を読むときは小数点を **point** と読み, **3.14** なら **three point one four** のようにいう. 小数点以下はふつう1けたずつ読む.

じょうせい 情勢 the situation [スィチュエイション]
▶ 国際情勢 the international *situation*

しょうせつ 小説（長編の）a novel [ナヴ(ェ)ル];（物語）a story [ストーリィ];（総称）fiction [フィクション]

▶ 推理小説
a detective *story* / a mystery
▶ 短編小説 a short *story*
▶ 恋愛小説 a love *story*
小説家 a novelist

じょうせん 乗船する go aboard, go on board

しょうぞうが 肖像画 a portrait [ポートゥレト]（▶「肖像写真」のこともいう）

しょうそく 消息 news [ニューズ]
消息がある（連絡がある）hear from;（うわさを聞く）hear of
▶ 彼が海外に行ってから何の消息もない.
I've *heard* nothing at all *from* him since he went abroad.

しょうたい¹ 招待

(an) invitation [インヴィテイション]
招待する invite [インヴァイト], ask [アスク]
▶ きみはその招待に応じるつもりですか.
Are you going to accept the *invitation*?

📢表現力
（人）を招待する → invite ＋人

▶ あなたはクラスメートを招待しましたか.
Did you *invite* your classmates?

🗣スピーキング
Ⓐ ようこそおいでくださいました.
Oh, it's very nice of you to come.
Ⓑ ご招待くださいましてありがとう.
Thank you for inviting us.

📢表現力
（人）を…に招待する
→ invite ＋人＋ to … /
ask ＋人＋ to …

▶ ケンを私の誕生日会に招待するつもりです.
I'll *invite* Ken *to* my birthday party.
▶ 私は夕食に招待された.
I *was invited to* dinner.
招待券 a complimentary ticket
招待状 an invitation, an invitation card

しょうたい² 正体 *my* true character [キャラクタァ];（身元）*my* identity [アイデンティティ]

あ
か
し
た
な
は
ま
や
ら
わ

three hundred and seventy-seven　377

じょうたい ▶

じょうたい 状態

condition(s) [コンディション (ズ)], a state
[ステイト]
▶ 天候状態
weather *conditions*
▶ 最近うちの祖父は健康状態がよい.
My grandfather has been in good
health lately.

しょうだく 承諾 consent [コンセント]
承諾する consent 《to》
▶ 両親は私の留学を承諾してくれた.
My parents *consented to* my
studying abroad.

じょうたつ 上達する improve [インプルーヴ], make progress [プラグレス]

┌─ 📢表現力 ──────────────┐
│ …が上達する   │
│ → ... improve / improve in ... / │
│ make progress in ...   │
└────────────────────────┘

▶ ジャックの日本語は上達したね.
Jack's Japanese *has improved*. /
Jack *has improved in* Japanese. /
Jack *has made progress in*
Japanese.

じょうだん 冗談 a joke [ヂョウク]
冗談を言う joke, tell a joke, make a
joke
▶ 冗談だよ.
I'*m joking*. / It's a *joke*. / It's only a
joke. / It's just a *joke*.
▶ (軽く「ウッソー」という感じで) 冗談でしょ.
No *kidding*! / You must *be joking*.
▶ (本気で) 冗談はよせ.
Stop *joking*. / You've got to *be
kidding*.
▶ ぼくたちの先生は授業中によく冗談を言う.
Our teacher often *makes jokes* in
class.
▶ 冗談で言ったんだよ.
I just said it *for fun*.

しょうち 承知する (知っている) know [ノ
ウ]; (承諾する) say yes; (許す)
forgive [フォギヴ]
▶ 今度したら承知しないよ.
I'll never *forgive* you if you do it
again.
▶ (店員などが) はい, 承知いたしました.

Yes, certainly. / (男性の客に) *Yes, sir.*
/ (女性の客に) *Yes, ma'am.*

┌─ 📢スピーキング ──────────────┐
│ Ⓐ あす私の家へ来てくださいますか.   │
│ Could you please come over to │
│ my house tomorrow?   │
│ Ⓑ 承知しました.   │
│ Certainly.   │
└────────────────────────┘

しょうちょう 象徴 a symbol [スィンボル]
象徴する symbolize [スィンボライズ]
▶ ハトは平和を象徴する.
Doves *symbolize* peace.
▶ 天皇は日本国の象徴である.
The Emperor is the *symbol* of
Japan.

じょうでき 上出来
▶ 上出来だ! Well done! / Good job!

しょうてん¹ 商店 (米) a store [ストー (ァ)],
(おもに英) a shop [シャップ]
▶ 直美さんのお父さんは大きな商店を経営
している.
Naomi's father runs a big *store*.
商店街 a shopping street, a
shopping mall [モール]
商店主 (米) a storekeeper; (おもに英)
a shopkeeper

しょうてん² 焦点 a focus [フォウカス]
焦点を合わせる focus

しょうとう 消灯する turn off the light,
switch off the light
消灯時間 lights-out [ライツアウト]

しょうどう 衝動 an impulse [インパルス]
衝動的に impulsively [インパルスィヴリイ]
▶ クマのぬいぐるみを衝動買いした.
I bought a teddy bear *impulsively*.

じょうとう 上等な good quality,
excellent [エクセレント]
▶ 上等なワイン
excellent wine / *good quality* wine

しょうどく 消毒 disinfection [ディスインフェ
クション]
消毒する disinfect

-しようとしている → -(して)いる

┌─ 📢表現力 ──────────────┐
│ …しようとしている → be going to ... │
└────────────────────────┘

▶ 何をしようとしているのですか.
What *are* you *going to* do?

◀ **しょうひん**²

-しようとする try to ... ; (難しいことを) attempt to ... , make an effort to ...

📌**表現力**
…しようとする → try to ...

▶ その戸を開けようとしたが，どうしても開かなかった.
I *tried to* open the door, but it wouldn't open.

しょうとつ 衝突 a crash [クラッシ]
衝突する crash into, run into, collide [コライド]（with）;（意見が）clash [クラッシ]（with）, argue [アーギュー]（with）

▶ 車がガードレールに衝突した.
A car *ran into* the guardrail.

▶ ぼくたちはよく意見が衝突する.
Our opinions often *clash*. / We often *argue with* each other.

▶ 車の衝突事故
a car *crash*

▶ 正面衝突する
have a head-on *collision*

しょうに 小児 an infant [インファント], a small child
小児科医 a children's doctor, a pediatrician [ピーディアトゥリシャン]

しょうにん¹ 商人 a merchant [マ〜チャント];（商店経営者）（米）a storekeeper [ストーキーパァ],（おもに英）a shopkeeper [シャプキーパァ] →しょうばい

しょうにん² 証人 a witness [ウィトゥネス]

しょうにん³ 承認 approval [アプルーヴァル]
承認する approve [アプルーヴ] →みとめる

しょうにんずう 少人数 a small number of people

▶ 少人数のクラス
a *small* class

じょうねつ 情熱 passion [パション]

▶ 彼らは野球に情熱を燃やしている.
They have a *passion* for baseball.

情熱的な passionate

▶ 情熱的な恋
passionate love

しょうねん 少年

a **boy** [ボイ]（対）少女 girl）

▶ 少年少女 *boys* and girls

▶ ロイはアメリカの少年です.
Roy is an American *boy*.

▶ 少年よ大志をいだけ.
Boys, be ambitious.（▶アメリカ人のW・S・クラーク博士のことば）

少年らしい，少年のような boyish
少年時代 my boyhood, *my* childhood

▶ 父は少年時代を青森で過ごした.
My father spent his *boyhood* in Aomori. / My father lived in Aomori when he was a *boy*.

少年犯罪 juvenile [ヂューヴ(ェ)ナ(イ)ル] crime
少年法 the Juvenile Act

じょうば 乗馬（米）horseback riding [ホースバック ライディング],（英）horse riding
乗馬クラブ a riding club

しょうはい 勝敗 victory [ヴィクト(ゥ)リイ] or defeat [ディフィート]

▶ 勝敗を決めたのは山口君のホームランだった.
It was Yamaguchi's home run that *decided the game*.

しょうばい 商売 business [ビズネス]
商売する deal [ディール] in, sell

▶ 商売を始める
start my *business* / set up my *business*

▶ 商売をやめる
close my *business* / give up my *business*

じょうはつ 蒸発する evaporate [イヴァポレイト];（人が）disappear [ディサピア]

▶ 水は熱すると蒸発する.
Water *evaporates* when it is heated.

じょうはんしん 上半身 the upper part of the body

しょうひ 消費 consumption [コンサンプション]
消費する consume [コンス(ュ)ーム]
消費者 a consumer
消費税 a consumption tax

しょうひょう 商標 a trademark [トゥレイドゥマーク]

しょうひん¹ 商品 a product [プラダクト], an item [アイテム];（総称的に）goods [グッヅ]
商品券 a gift certificate

しょうひん² 賞品 a prize [プライズ]

▶ 写真コンテストでたくさん賞品をもらった.
I won a lot of *prizes* in the photo

three hundred and seventy-nine　379

じょうひん 上品な graceful [グレイスフル], elegant [エレガント] (反 下品な vulgar)
▶ 上品な婦人
an *elegant* lady / a *graceful* lady
▶ 彼女は上品な身なりをしていた．
She was *elegantly* dressed.

ショウブ (植物) a sweet flag [スウィートフラッグ]；(ハナショウブ) a Japanese iris [アイ(ア)リス]

しょうぶ 勝負 a game [ゲイム] →しあい
勝負する play [プレイ] (with), have a game
▶ 正々堂々と勝負しよう． Let's *play* fair.
▶ 勝負に勝つ win a *game*
▶ 勝負に負ける lose a *game*
勝負ごと gambling

じょうぶ 丈夫な
(健康な) healthy [ヘルスィ]；(強い) strong [ストゥロ(ー)ング]

healthy

strong

▶ 父はじょうぶでかぜひとつひかない．
Father is very *healthy* and never catches cold.
▶ このジーンズはとてもじょうぶな生地でできている．
These jeans are made of very *strong* material.

しょうべん 小便 urine [ユ(ア)リン]；(おしっこ) (口語) pee [ピー] →おしっこ
小便をする urinate [ユ(ア)リネイト]；(おしっこする) (口語) pee, take a pee, have a pee
▶ 小便に行く
go to the bathroom / go to the restroom
▶ 立ち小便をする
urinate by the roadside
▶ 弟はよく寝小便をする．
My brother often *wets his bed*.

しょうぼう 消防 fire fighting
消防士 a firefighter, a fire fighter

消防車 a fire engine, (米) a fire truck
消防署 a fire station

じょうほう 情報
information [インフォメイション] (▶ an をつけず，複数形にしない)
▶ 1件の情報 a piece of *information*
▶ たくさんの情報 a lot of *information*
▶ いくつかの情報
several pieces of *information*
▶ 最新の情報
the latest *information* / the latest *news*
▶ 信頼できる情報 reliable *information*
▶ 情報を集める
collect *information* / gather *information*

【プレゼン】
私はインターネットから情報を得る必要があると思います．
I think we should get information from the internet.

情報化社会 an information-oriented society
情報技術 information technology, IT
情報通信技術 information and communication(s) technology, ICT
情報産業 information industry

しょうみきげん 賞味期限 the best-before date

じょうみゃく 静脈 a vein [ヴェイン] (対 動脈 artery)

しょうめい¹ 証明 proof [プルーフ]
証明する prove [プルーヴ]
証明書 a certificate
▶ 在学証明書
a *certificate* of student registration
▶ 成績証明書

◀ **じょおう**

〈米〉a transcript

しょうめい[2] 照明 lighting [ライティング]
▶ 舞台の照明
stage *lighting*
▶ このホールは照明がよい.
This hall *is* well *lighted*. (▶「悪い」なら well を poorly にする)

しょうめん 正面 the front [フラント]
正面の front
▶ 学校の正面にバス停がある.
There's a bus stop *in front of* our school.
正面玄関 the front door
正面衝突 a head-on collision

しょうもう 消耗する consume [コンス（ュ）ーム]；(体力を) exhaust [イグゾースト]
消耗品 a consumable

じょうやく 条約 a treaty [トゥリーティ]
▶ 条約を結ぶ
conclude a *treaty*
▶ 日米安全保障条約
the Japan-US Security *Treaty*

しょうゆ soy sauce [ソイ ソース] (▶単に soy ともいう. soy は「しょう油」という日本語から)

じょうようしゃ 乗用車 a car [カー], a passenger car →じどうしゃ

しょうらい 将来

the future [フューチァ]
▶ 日本の将来 *the future* of Japan
▶ 将来の夢
a dream for *the future*
▶ 近い将来(に) in *the* near *future*

◆プレゼン
将来はアナウンサーになりたい.
I want to be an announcer in the future.

◆スピーキング
Ⓐ きみは将来何になりたいの.
What do you want to be in the future?
Ⓑ 宇宙飛行士になりたい.
I want to be an astronaut.

将来性のある promising

しょうり 勝利 (a) victory [ヴィクト(ゥ)リィ] (反) 敗北 defeat →かつ

勝利する win a victory, win
勝利者 a victor, a winner
勝利投手 〈野球〉a winning pitcher

じょうりく 上陸 (a) landing [ランディング]
上陸する land [ランド] (on, in, at)
▶ 台風が九州に上陸した.
The typhoon *reached* Kyushu. / (襲った) The typhoon *struck* Kyushu. (▶ struck は hit ともいう)

しょうりゃく 省略 (an) omission [オウミション]；(短縮すること) (an) abbreviation [アブリーヴィエイション]
省略する (省く) omit [オウミット]；(語などを短縮する) abbreviate [アブリーヴィエイト]
▶ ここは the を省略してもいい.
You may *omit* "the" here.
▶ 住所氏名を省略せずに書きなさい.
Write your name and address in full.
▶ kilometer を省略すると km になる.
'Kilometer' *is abbreviated* to 'km'.

じょうりゅう 上流 **1** (川の上流に) up the river, upstream [アプストゥリーム] (反) 下流に down the river, downstream
▶ 1 キロ上流にダムがある.
There is a dam one kilometer *up the river*.
2 (社会の階級) (上流階級) the upper class(es)

しょうりょう 少量の a little [リトゥル] (反) 多量の much) →すこし

じょうろ a watering can [ウォータリング キャン]

しょうわ 昭和 Showa
▶ 父は昭和55年11月3日に生まれた.
My father was born on November 3, *Showa* 55. →へいせい, れいわ

ショー a show [ショウ]
▶ 自動車ショー
a motor *show* / a car *show* / an auto *show*
▶ ドッグショー
a dog *show*
▶ ファッションショー
a fashion *show*
ショーウインドー a show window

じょおう 女王 a queen [クウィーン] (対) 王 king)
▶ エリザベス女王 *Queen* Elizabeth

three hundred and eighty-one 381

ジョーカー ▶

▶ テニスの女王 a tennis *queen*
女王バチ a queen bee
ジョーカー (トランプの) the joker [ヂョウ
カァ]
ジョーク a joke [ヂョウク]
ジョークを言う joke, tell a joke, make
a joke →じょうだん
ショート 《野球》(a) shortstop [ショートゥス
タプ]
ショートカット (髪型) a short haircut
[ヘアカト]；(コンピューター) a shortcut
[ショートゥカト]
ショートケーキ (a) shortcake [ショートゥ
ケイク]
ショートパンツ shorts [ショーツ]
ショール a shawl [ショール]
しょか 初夏 early summer
▶ 初夏に in *early summer* / *early* in
(the) *summer*
しょき¹ 初期 the beginning [ビギニング]
初期の early [ア〜リィ] (反) 後期の late)
▶ 明治時代の初期に
in the *early* Meiji period / at *the
beginning* of the Meiji period
▶ 私は漱石の初期の作品が好きだ.
I like Soseki's *early* works.
初期化する (コンピューター) initialize [イ
ニシャライズ], format [フォーマト]
しょき² 書記 a clerk [クラ〜ク], a
secretary [セクレタリィ]
しょきゅう 初級の elementary [エレメンタ
リィ]；(初心者向けの) beginners'
▶ 初級コース
an *elementary* course / a *beginners'*
course
ジョギング jogging [ヂャギング]
ジョギングをする jog
しょく 職 a job [ヂャブ] →しごと
しょくいく 食育 dietary education [ダイ
エテリィ エデュケイション]
しょくいん 職員 (1人) a staff member；
(全体) the staff [スタフ]
職員会議 (学校の) a teachers' meeting
職員室 (学校の) a teachers' room；a
staffroom
しょくえん 食塩 salt [ソールト] →しお¹
食塩水 saline [セイリーン] solution

しょくぎょう 職業

a job [ヂャブ], an occupation [アキュペイショ
ン]；(専門的な) a profession [プロフェション]
▶ 父の職業は弁護士です.
My father is a lawyer.
職業体験 work experience

おもな職業

アナウンサー **an announcer**	消防士 **a firefighter**
医師 **a doctor**	政治家 **a statesman, a politician**
音楽家 **a musician**	僧侶 **a priest**
介護福祉士 **a care worker**	大工 **a carpenter**
会社員 **an office worker**	調理師 **a cook**
画家・芸術家 **an artist**	通訳 **an interpreter**
歌手 **a singer**	農業従事者 **a farmer**
看護師 **a nurse**	パートタイマー **a part-timer**
技術者 **an engineer**	歯医者 **a dentist**
客室乗務員 **a flight attendant**	パイロット **a pilot**
教師 **a teacher**	生花店の店主 **a florist**
銀行員 **a bank clerk**	パン職人 **a baker**
警察官 **a police officer**	秘書 **a secretary**
公務員 **a public servant,**	美容師 **a hairdresser**
a government employee	プロ野球選手 **a professional**
ジャーナリスト **a journalist**	**baseball player**
獣医 **a veterinarian,** (口語) **a vet**	弁護士 **a lawyer**
商店主 **a storekeeper,**	保育士 **a nursery school teacher**
a shopkeeper	理髪師 **a barber**
	漁師 **a fisher**

◀ **しょくじ**

> 🗨 **スピーキング**
> Ⓐ ご職業は何ですか.
>   What do you do?
>   (▶ What's your job? あるいは What's your occupation? ともいう)
> Ⓑ コンピューター関係の会社に勤めています.
>   I work for a computer company.
> Ⓑ コンピュータープログラマーです.
>   I'm a computer programmer.
>   (▶日本では「会社員です」とか「サラリーマンです」のようなあいまいな答え方をよくするが,英米ではⒷのようにどんな会社に勤めているのか (I work for [at] ...),またはⒷのように何をしているのか (I'm a ...) を具体的に答えるのがふつう)

しょくご 食後 after a meal [ミール]

しょくじ 食事 →ごはん

a **meal** [ミール]

> 🗨 **スピーキング**
> ①家庭で
> Ⓐ 食事 (夕食) の準備ができたよ.
>   Dinner's ready.
> Ⓑ ネッド,きみにはこのカレー,からすぎるんじゃない？
>   Ned, isn't this curry too hot for you?
> Ⓒ いや,とってもおいしい.
>   No, it's very good.
> Ⓒ どうもごちそうさまでした.
>   The dinner was delicious.
> Ⓐ 気に入ってもらえてよかった.
>   I'm glad you liked it.
> Ⓑ お皿洗うの手伝ってね,ネッド.
>   Please help me do the dishes, Ned.
> Ⓒ うん,いいよ.
>   OK, sure.
>
> ②ハンバーガーショップで
> Ⓐ ハンバーガー 4 つとコーラ 2 つ,持ち帰りで.
>   Four hamburgers and two colas to go, please.

食事をする have a meal, eat a meal, eat
▶ 軽い食事 a light *meal*
▶ ボリュームのある食事 a big *meal*
▶ 食事制限する go on a *diet* / *diet* (▶「食事制限している」は be on a diet)
▶ 食事の前には手を洗いなさい.
  Wash your hands before *eating*.
▶ 食事中に電話がかかってきた.
  I had a phone call during the *meal*.
▶ 食事は済みましたか. Have you finished *breakfast*? (▶時間帯によって breakfast, lunch, dinner を使い分ける)

> 🗨 **スピーキング**
> Ⓐ 食事 (朝食) ができたよ.
>   Breakfast is ready.
> Ⓑ 今行きます.
>   I'm coming.

▶「お父さん,今晩は外で食事をしようよ」「そうしよう」 "How about *eating* out this evening, Dad?" "OK."

> Ⓑ 全部で 1420 円です.
>   That'll be 1,420 yen altogether.
> Ⓒ 割りかんにしよう.
>   Let's split the bill.
>
> ③レストランで
> Ⓐ メニューを見せてください.
>   May I see the menu, please?
> Ⓑ はい,どうぞ.
>   Here you are, sir.
> Ⓑ ご注文はお決まりでしょうか.
>   Are you ready to order?
> Ⓐ 2 人ともステーキ定食にします.
>   We'll both have the steak dinner.
> Ⓑ 肉の焼きかげんはどういたしますか.
>   How would you like your steak?
> Ⓐ 私はミディアムに.
>   Medium, please.
>   (▶「軽くあぶるだけ」は rare,「ミディアム・レア」は medium-rare という)
> Ⓒ ぼくはよく焼いて.
>   Well-done for me.
> Ⓑ かしこまりました.
>   Very well, sir.

しょくたく ▶

しょくたく 食卓 a table, a dining table
▶ 食卓を用意する set the *table*
▶ 食卓をかたづける clear the *table*
▶ 食卓につく sit at the *table*

しょくちゅうどく 食中毒 food poisoning
▶ 食中毒になる get *food poisoning*

しょくどう 食堂 （家庭の）a dining room［ダイニング（ー）ム］；（レストラン）a restaurant［レストラント］；（セルフサービスの）cafeteria［キャフェティ（ア）リア］
食堂車 a dining car, a diner

しょくにん 職人 a craftsperson［クラフツパ～スン］（[複数] craftspeople）；a craftworker
職人芸 craftspersonship

しょくば 職場 my place of work, my workplace［ワ～クプレイス］
職場体験 work experience, internship
▶ 私は職場体験でスーパーへ行きました.
I went to a supermarket to have *work experience*. / I had my *work experience* at a supermarket.

しょくパン 食パン bread［ブレッド］

しょくひ 食費 food expenses［イクスペンスィズ］

しょくひん 食品 (a) food［フード］
▶ インスタント食品 instant *foods*
▶ 冷凍食品 frozen *foods*

しょくぶつ 植物

a **plant**［プラント］
▶ 野生の植物 a wild *plant*
▶ 熱帯植物 a tropical *plant*
植物園 a botanical garden
植物学 botany［バタニィ］

しょくみんち 植民地 a colony［カロニィ］

しょくもつ 食物 food［フード］ →たべもの

しょくよう 食用の edible［エディブル］
食用油 cooking oil

しょくよく 食欲 (an) appetite［アペタイト］
▶ 食欲がある have a good *appetite*
▶ 食欲がない
have a poor *appetite* / have no *appetite*

しょくりょう¹ 食糧 food［フード］
▶ 1週間分の食糧を備蓄する
stock *food* for a week
食糧危機 a food crisis［クライスィス］

食糧問題 the food problem

しょくりょう² 食料（品）(a) food［フード］
食料品店 a grocery, a grocery store

しょくりん 植林 afforestation［アフォーレステイション］
▶ 山に植林する
plant a mountain *with trees*

しょくん 諸君 Everyone!［エヴリワン］, Everybody!［エヴリバディ］；（少年・少女に）Boys and girls!；（男性に）Gentlemen!［チェントゥルマン］ →みな, みんな

しょげる （落ちこむ）feel down, be depressed
▶ 麻衣はテストの結果のことですっかりしょげていた.
Mai *felt* really *down* because of her test results.

じょげん 助言 advice［アドゥヴァイス］
助言する advise［アドゥヴァイズ］
▶ 彼に助言を求めた.
I asked him for *advice*.
▶ 先生の助言に従った.
I followed my teacher's *advice*. / I took my teacher's *advice*.

▶━━表現力━━
（人）に…するように助言する
→ advise ＋人＋ to ...

▶ 医者は私にもっと運動するように助言してくれた.
The doctor *advised* me *to* get more exercise.

じょこう 徐行する go slowly, go slow, slow down
▶ 徐行（掲示）
Slow / Slow Down / Go Slow

しょさい 書斎 a study［スタディ］

じょさんし 助産師 a midwife［ミドゥワイフ］（[複数] midwives）

じょし 女子

（女の子）a **girl**［ガ～ル］（[対] 男の子 boy）；（成人の女性）a **woman**［ウマン］（[複数] women）（[対] 男性 man）
▶ このクラスは男子より女子のほうが多い.
There are more *girls* than boys in this class.
女子高校 a girls' high school
女子高生 a female high school

◀ **しょどう**

student, a female high schooler
女子生徒 a female student；a girl student
女子大学 a women's college
女子トイレ 《米》a ladies' room, a women's room, 《英》the ladies

じょしゅ 助手 an assistant [アスィスタント]
助手席 a passenger seat

しょしゅう 初秋 early fall, 《英》early autumn
▸ 初秋に in *early fall* / *early* in (the) *fall*

しょしゅん 初春 early spring
▸ 初春に
in *early spring* / *early* in (the) *spring*

じょじょ 徐々に gradually [グラデュアリィ]；(ゆっくりと) slowly [スロウリィ]；(少しずつ) little by little →だんだん

しょしんしゃ 初心者 a beginner[ビギナァ]
▸ テニスの初心者
a *beginner* tennis player
▸ 初心者歓迎 《掲示》
Welcome *Newcomers* / Welcome *Beginners*

じょせい 女性

a **woman**[ウマン] (複数) women[ウィメン])
(対) 男性 man；a **lady** [レイディ] →おんな
女性の female, woman
女性的な (女性らしい) feminine
▸ 女性美 *feminine* beauty
▸ 一般的に女性は男性よりも長生きだ.
Women generally live longer than men.

しょせき 書籍 a book [ブック] →ほん
電子書籍 an e-book, an electronic book

しょぞく 所属する belong [ビロ(ー)ング] to →ぞくする

しょたい 所帯 (家族) a family [ファミリィ]；(1軒の家に住む人) a household [ハウスホウルド] →かぞく

しょたいめん 初対面
▸ 彼とは初対面でした.
I *met* him *for the first time.*

しょち 処置 (手段)a measure[メジァ]；(治療) (a) treatment [トゥリートゥメント]
処置する treat, deal with
▸ 応急処置 first-aid *treatment*

しょちゅう 暑中

▸ 暑中見舞い a *summer* greeting card
▸ 暑中お見舞い申しあげます.
How are you getting along *in all this heat*? (▸英米には暑中見舞い状を出し合う習慣はない)

しょっかく 触覚 the sense of touch

しょっき 食器 (類) the dishes [ディシィズ]；(全体) tableware [テイブルウエア]
▸ 食器をかたづける
clear away *the dishes*
▸ 食器を洗う
wash *the dishes* / do *the dishes*
食器洗い機 a dishwasher
食器だな a cupboard [カバド]

ジョッキ a beer mug [マグ]

ショッキング(な) shocking [シャキング]

ショック (a) shock [シャック]
▸ ほんと？ショックだわ.
Really? What a *shock*! / Really? I'm *shocked.*
▸ その人気歌手の自殺はショックだった.
I *was shocked* by the popular singer's suicide.

しょっちゅう always [オールウェズ], constantly [カンスタントゥリィ], all the time →いつも
▸ 彼はしょっちゅう遅刻する.
He's *always* late.

しょっぱい salty [ソールティ] →しお¹

ショッピング shopping [シャピング]
▸ ショッピングに行く go *shopping*
ショッピングセンター a shopping center, 《米》a mall [モール], a shopping mall

しょてん 書店 《米》a bookstore [ブクストー(ァ)], 《英》a bookshop [ブクシャプ]

しょとう¹ 初等の elementary [エレメンタリィ], primary [プライメリィ]
初等科 an elementary course
初等教育 elementary education, primary education

しょとう² 初冬 early winter
▸ 初冬に
in *early winter* / *early* in (the) *winter*

しょとう³ 諸島 islands [アイランヅ]
▸ ハワイ諸島 the Hawaiian *Islands*

しょどう 書道 calligraphy [カリグラフィ]
▸ 書道を習う
learn *calligraphy* / practice

three hundred and eighty-five 385

じょどうし ▶

calligraphy
書道部 a calligraphy club
じょどうし 助動詞 《文法》 an auxiliary [オーグズィリャリィ] verb
しょとく 所得 (an) income [インカム]
所得税 (an) income tax
しょばつ 処罰 (a) punishment [パニシメント] →ばつ¹
しょぶん 処分する (始末する) dispose [ディスポウズ] of；(処罰を加える) punish [パニシ]
▶ 彼はカンニングをして処分された.
He *was punished* for cheating.
▶ 古い洋服を処分した.
I *disposed* of my old clothes.
しょほ 初歩 the ABC('s) [エイビースィー(ズ)]；(基礎) the basics [ベイシックス]
▶ 算数の初歩 *the ABC's* of arithmetic
▶ 初歩から *from the beginning*
▶ 科学の初歩的な知識
an *elementary* knowledge of science
▶ このテキストは初歩の人に役立つ.
This textbook is good for *beginners*.
しょみん 庶民 the common people [ピープル], the ordinary people
しょめい 署名 a signature [スィグナチュア] →サイン
署名する sign [サイン]
▶ ここに署名してください.
Please *sign your name* here.
署名運動 a signature-collecting campaign
じょめい 除名する expel [イクスペル]
▶ 彼はサッカー部から除名された.
He *was expelled* from the soccer team.
しょもつ 書物 a book [ブック] →ほん
じょやのかね 除夜の鐘 New Year's Eve bells
しょゆう 所有する have [ハヴ], own [オウン], possess [ポゼス] →もつ
▶ この土地はだれが所有しているのですか.
Who *owns* this land? / Who is the *owner* of this land?
所有格 《文法》 the possessive case
所有者 an owner
所有物 *my* property, *my* belongings
じょゆう 女優 an actress [アクトゥレス] (対 男優 actor) (▶ 最近では性別に関係なく

actor を使う傾向にある)
しょり 処理する handle [ハンドゥル], deal [ディール] with；(コンピューターで) process [プラセス] →あつかう, かたづける
じょりゅう 女流の woman [ウマン], female [フィーメイル], lady [レイディ]
女流作家 a woman writer
しょるい 書類 papers [ペイパァズ], documents [ダキュメンツ]
▶ 重要書類 important *papers*
じらい 地雷 a landmine [ラン(ドゥ)マイン]
しらが 白髪 (a) gray hair
▶ 白髪になる go *gray* / turn *gray* / *gray*
シラカバ 《植物》 a white birch [バ〜チ]
しらける
▶ 先生のだじゃれでみんなしらけた.
The teacher's joke *spoiled* the whole atmosphere.
じらす keep ... hanging, keep ... in suspense
▶ じらさないで, ほんとうのことを言ってよ.
Don't *keep* me *hanging*. Tell me the truth.
しらずしらず 知らず知らず
▶ 知らず知らずのうちに私たちは仲よくなった.
We became good friends with each other *before we realized it*.

しらせ 知らせ

(ニュース) **news** [ニューズ] (▶数えるときは a piece of news, two pieces of news などと表す)
▶ 残念だけど悪い知らせがあるんだ.
I'm afraid I have some bad *news*.
▶ ぼくらはその知らせを聞いてびっくりした.
We were surprised at the *news*.

しらせる 知らせる

tell [テル], let ... know, inform [インフォーム]

> ●表現力●
> **(人)に…を知らせる**
> → let ＋人＋ know ... /
>   inform ＋人＋ of ...

▶ そのことについては手紙でお知らせします.
We'll *inform* you (*of* that) by letter. / We'll *let* you *know* about that by letter.
▶ 駅に着いたら知らせてください.

▶ しりつ¹

Please *let* me *know* when you arrive at the station.
▶ どうしてほんとうのことを私に知らせなかったのですか.
Why didn't you *tell* me the truth?
▶ (アナウンスで) お知らせいたします.
May I have your attention, please?

しらべ 調べ (調査) (an) examination [イグザミネイション]; (検査) (an) inspection [インスペクション]; (音楽の) a tune [テューン], a melody [メロディ]

しらべる 調べる

使い分け
(調査する) → examine
(辞書などで) → look up

examine

look up

1 (調査する) **examine** [イグザミン]; check [チェック]; (捜査する) investigate [インヴェスティゲイト]
▶ この花を顕微鏡で調べてごらん.
Examine this flower under the microscope.
▶ 警察はその殺人事件を調べている.
(The) police *are investigating* the murder case.

2 (辞書などで) **look up**, consult [コンサルト]
▶ 新しい単語は必ず辞書で調べること.
You must *look up* new words in the dictionary.
▶ 地図を調べる *consult* a map

シラミ (虫) a louse [ラウス] (複数 lice)

しらんかお 知らん顔をする ignore [イグノー(ア)]
▶ 徹也は私が話しかけても知らん顔をした.
Tetsuya *ignored* me when I talked to him.

しらんぷり 知らんぷりをする (出会って) pretend not to recognize; (ものごとを) pretend to know nothing 《about》

しり 尻 the buttocks [バトックス], (口語) the bottom [バトム] →こし (図)

▶ 彼はしりもちをついた.
He fell on his *bottom*.

① 日本語NAVI
しりが重い ☞すぐにやろうとしない
 →おそい, なかなか
しりが軽い ☞①軽はずみに行動する ②動作がすばやい → ①けいそつ ②はやい
しりに火がつく ☞ものごとがさしせまる
 →きんきゅう

しりあい 知り合い an acquaintance [アクウェインタンス]; (友だち) a friend [フレンド]
知り合う meet; get to know, come to know, become acquainted 《with》, get acquainted 《with》
▶ 田中さんは母の昔からの知り合いです.
Mrs. Tanaka is an old *friend* of my mother's.
▶ 私は大阪に知り合いが多い.
I have many *acquaintances* in Osaka.
▶ 知り合いになれてうれしいです.
I'm glad to *meet* you. / Nice to *meet* you.
▶ 山下さんとはどのようにして知り合ったのですか.
How did you first *meet* Mr. Yamashita? / How did you *get to know* Mr. Yamashita?

シリアル (コーンフレーク・オートミールなどの) cereal(s) [スィ(ア)リアル(ズ)]

シリーズ a series [スィ(ア)リーズ] (複数 series) (▶単複同形なので注意)
▶ (野球の) 日本シリーズ
the Japan *Series*
▶ スターウォーズのシリーズ
the Star Wars *series*

しりぞく 退く (下がる) draw back, step back; (やめる) retire [リタイア], step down

しりつ¹ 市立の municipal [ミュ(ー)ニスィパル], city [スィティ]
▶ 私の学校は市立です.
Mine is a *municipal* school. / I go to a *city* school.
市立高校 a municipal high school, a city high school
市立中学校 a municipal junior high school, a city junior high school

しりつ²

市立病院 a city hospital, a municipal hospital

しりつ² 私立の private [プライヴェト] (反 公立の public)
▶ ぼくらの学校は私立の男子校です.
Our school is a *private* boys' school.
▶ 私は私立の女子中学に行っています.
I go to a *private* junior high school for girls.
私立高校 a private high school
私立探偵 a private detective

じりつ 自立 independence [インディペンデンス]
▶ 親から自立する
become *independent* from parents

しりとり shiritori, a word-chain game

しりょう 資料

material [マティ(ァ)リアル]; (データ) data [デイタ] (▶ data は本来は datum [デイタム] の複数形だが単数・複数のどちらのあつかいにもなる)
▶ 必要な資料を集めることが重要だ.
It is important to gather necessary *material*.
▶ これは実験の資料です.
These are *data* on the experiment.
資料集 a source book, a reference book

しりょく 視力 eyesight [アイサイト], sight [サイト]
▶ 私は視力がいい. I have good *eyesight*.
(▶「悪い」なら good を poor にする)
▶ 視力を失う lose my *sight*
▶ 彼は視力がおとろえてきた.
His *eyesight* is getting worse.
視力検査 an eye test

しる¹ 知る →わかる

know [ノウ]; (見聞きして) learn [ラ~ン]; (気づく) realize [リ(ー)アライズ]

💬 表現力
…を知る, …を知っている → know ...

▶ 私たちはみんなそのことを知っている.
We all *know* that. (▶「知っている」は状態を表しているので, *We are all knowing ...* と進行形にしない)

know は進行形にしない.

💬 スピーキング
Ⓐ サッカー部の本田って知ってる？
Do you *know* Honda on the soccer team?
Ⓑ うん, よく知ってるよ.
Yes, I *know* him well.

▶ 早紀のことならよく知ってる.
I *know* Saki very well.
▶「彼女を知ってる？」「名前だけはね」
"Do you *know* her?" "Yes. I *know* her only by name."
▶ 大きな病気をして健康の大切さを知った.
When I was seriously sick, I *realized* the importance of health.
▶ 大輔は幼稚園のころから知ってるよ.
I *have known* Daisuke since we were kindergartners.

💬 表現力
…について知っている
→ know about ... / know of ...

▶ つい先週そのことを知りました.
I *knew about* it only last week.
▶ 絵理子のことについて何か知ってますか.
Do you *know* anything *about* Eriko?
▶ テレビゲームのことなら健が何でも知ってるよ.
Ken *knows* all *about* video games.
▶ この近くでおいしいハンバーガー店を知らない？
Do you *know of* a good hamburger shop near here? (▶ 直接でなく, うわさなどで「知っている」ときは know of ... を使う)
▶ 田中さんのことは知っていますが, 会ったことはありません.
I *know of* Ms. Tanaka, but I haven't met her.
▶ ぼくはその歌手の死を 7 時のニュースで知った.
I *learned of* the singer's death on the 7:00 news. (▶ learn of は読んだり, 聞いたり, 経験によって「知る」ことに使われる)

◀ しろ¹

💬表現力
…だと知っている → know (that) ...

▶ 私はあなたが水泳が好きなのを知っている.
I *know* (that) you like swimming.
▶ 川田が病気だとは知らなかった.
I didn't *know* (that) Kawada was sick.

💬表現力
…かどうか知っている
→ know ＋疑問詞 ... / know ＋ if ...

▶ リサが来るかどうか知りません.
I don't *know* if Lisa will come.
▶ 私はいつ出発したらいいかを知らなかった.
I didn't *know* when to start.
▶ 絵美の家がどこにあるか知っていますか.
Do you *know* where Emi's house is?
▶ 彼女がなぜニューヨークへ行ってしまったのか知っています.
I *know* why she's gone to New York.

💬表現力
…のやり方を知っている
→ know how to ...

▶ 私はスケートのやり方を知りません.
I don't *know* how to skate.

💬表現力
…に知られている → be known to ...

▶ そのCMはみんなに知られている.
That commercial *is known* to everyone. / Everyone *is familiar* with that commercial.
▶ もう知らない！ I don't *care* anymore.

💬用法 「知りません」は I'm sorry I don't know.
「知りません」「わかりません」は単に I don't know. と言うと，唐突でぶっきらぼうな感じがするので，I'm sorry をつけて I'm sorry I don't know. とする.
「彼の住所を知っていますか」「知りません」"Do you know his address?" "I'm sorry I don't know."

I don't know.
(知らない)の
ジェスチャー.

しる² 汁 (果物・野菜などの) juice［ヂュース］;（吸い物）soup［スープ］
▶ レモン汁をしぼる squeeze a lemon

シルエット a silhouette［スィルエト］

シルク silk［スィルク］
シルクロード the Silk Road

しるこ *shiruko*, sweet adzuki bean soup with rice cakes

しるし 印 (目印) a mark［マーク］;（チェックマーク）《米》a check［チェック］,《英》a tick［ティック］;（記号・符号）a sign［サイン］;（証拠・記念）a token［トウクン］
印をつける mark, check
▶ この印はどういう意味ですか.
What does this *mark* mean?
▶ 重要語には蛍光ペンで印をつけなさい.
Mark the important words with a highlighter.
▶ これは感謝のしるしです.
This is a *token* of my gratitude.

シルバーシート seats for senior citizens and disabled passengers, a priority［プライオーリティ］seat

じれったい (人・ものが) irritating［イリテイティング］;（人が）irritated［イリテイティド］
▶ じれったいなあ．It makes me *irritated*. / It *irritates* me.
▶ 雅子ったら，何てじれったいの.
How *irritating* Masako is!

しれん 試練 a trial［トゥライアル］, a test［テスト］
▶ 厳しい試練にたえる
endure a severe *trial*

しろ¹ 白(い)

white［(フ)ワイト］;（皮ふが）fair［フェア］
▶ 白いウエディングドレス
a *white* wedding dress
▶ 雪のように白い as *white* as snow
▶ エレンは色が白い.

しろ² ▶

Ellen has *fair* skin. / Ellen has a *fair* complexion. （▶ fair のかわりに×white は使えない. complexion は「顔の色」のこと）

▶ 母は髪が白くなってきた.
My mother is going *gray*. （▶ go gray で「白髪になる」という意味）

▶ 彼はシロ（→無実）です. He's *innocent*.

しろ² 城 a castle ［キャスル］

しろうと 素人 an amateur ［アマタ（~）］ （反 くろうと professional）
素人の amateur （反 くろうとの professional）

シロクマ 白熊（動物）a white bear ［ベア］, a polar bear

じろじろ じろじろ見る stare ［ステア］(at)
▶ 人をじろじろ見るものではありません.
Don't *stare at* people!

しろバイ 白バイ a police motorcycle ［ポリース モウタサイクル］

シロップ syrup ［スィラプ］

しろみ 白身（卵の）(an) egg white, the white, the white of an egg （▶黄身は yolk ［ヨウク］とか yellow という）

しわ a wrinkle ［リンクル］
▶ 祖父の顔はしわだらけだ.
My grandfather's face is full of *wrinkles*.
▶ シャツのしわをアイロンでのばす
iron out the *wrinkles* in the shirt

しわざ 仕業
▶ これはだれのしわざだ？
Who *did* this? / Who *was behind* this?

しん¹ 芯（リンゴなどの）a core ［コー（ア）］;（鉛筆の）lead ［レッド］;（ランプ・ろうそくの）(a) wick ［ウィック］
▶ このリンゴはしんまでくさっている.
This apple is rotten to the *core*.
▶ このシャープペンシルのしんはよく折れる.
The *lead* in this mechanical pencil breaks easily.

しん² 真の true ［トゥルー］, real ［リー（ア）ル, リアル］
▶ 真の友情 *true* friendship

しん- 新… new ［ニュー］…
新学期 a new term ［ターム］
新曲 a new number, a new song
新製品 a new product

しんあい 親愛なる dear ［ディア］
▶ 親愛なる由美子さん *dear* Yumiko

しんか¹ 進化 evolution ［エヴォルーション］
進化する evolve ［イヴァルヴ］
▶ 人間はサルから進化したといわれる.
It is said that human beings *evolved* from apes.
進化論 the theory of evolution

しんか² 真価 real worth, true value

シンガー a singer ［スィンガァ］
▶ ジャズシンガー a jazz *singer*
▶ シンガーソングライター
a *singer*-songwriter

しんがく 進学する go to …, go on to …
▶ 娘は来春, 高校へ進学します.
My daughter is going to *go to* high school next spring.
▶ 兄は大学進学を希望している.
My brother hopes to *go on to* college.

じんかく 人格 character ［キャラクタァ］
▶ 田中さんは人格者です.
Tanaka is a man of good *character*.

しんがた 新型 a new model, a new style
▶ 最新型
the *latest model* / the *latest style*
▶ 新型のノートパソコン
a *new-model* laptop
新型コロナウイルス novel coronavirus ［ナヴ（ェ）ル コロウナヴァイ（ア）ラス］
▶ 新型コロナウイルス感染症
novel coronavirus disease ［ディズィーズ］ / COVID-19 ［コウヴィド ナインティーン］ （▶ COVID は *coronavirus disease* の略. 19は発生年の2019から）

シンガポール Singapore ［スィンガポー］

しんかんせん 新幹線 the Shinkansen
▶ 東北新幹線 *the* Tohoku *Shinkansen*
▶ 新幹線に乗る take *the Shinkansen*

しんきゅう 進級する move up (to) the next grade, be promoted ［プロモウティド］ to the next grade
▶ 弟は4月に6年生に進級します.
My brother will *move up to the* sixth grade this April.

しんきろう a mirage ［ミラージ］
しんきろく 新記録 a new record ［レカド］

390 three hundred and ninety

→きろく
- 世界新記録 a *new* world *record*
- 新記録を出す make a *new record*

しんきんかん 親近感をもつ feel close to ...
- 私たちは新しい先生に親近感をもった. We *felt close to* our new teacher.

しんくう 真空 a vacuum [ヴァキュ(ウ)ム] 真空管 a vacuum tube

ジンクス (▶英語の jinx は「縁起の悪い人や物」などの意味で, 日本語の「ジンクス」とは異なる)
- 新大関は初日に勝てないというジンクスがある. There is a *popular belief* that a new *ozeki* never wins on the first day of the first tournament.

シングル (野球)(シングルヒット) a single [スィングル], a single hit;(ホテルの) a single, a single room
シングルベッド a single bed
シングルマザー a single mother

シングルス (競技) singles [スィングルズ]
(対 ダブルス doubles)

シンクロナイズドスイミング
synchronized [スィンクロナイズド] swimming →アーティスティックスイミング, すいえい

しんけい 神経 a nerve [ナ〜ヴ]
神経質な nervous
- 神経にさわる get on my *nerves*
- 奈菜は神経が細い. Nana is *sensitive*.
- そんなに神経質になるなよ. Don't be so *nervous*.
- 芳樹は運動神経がいい. Yoshiki has quick reflexes.
神経痛 neuralgia [ニュ(ア)ラルヂア]

> 🗾 **日本語NAVI**
> **神経が細かい** ☞細かいことを気にする
> →きにする
> **神経が太い** ☞細かいことを気にしない
> →きにする
> **神経にさわる** ☞いらいらする
> →いらいらする
> **神経をすり減らす** ☞気をつかってつかれる
> →つかれる
> **神経をとがらす** ☞気をはりつめる, 緊張する
> →きんちょう

しんげつ 新月 a new moon
しんけん 真剣な serious [スィ(ア)リアス]
真剣に seriously
- 真剣な顔で with a *serious* look
- 「将来のことをもっと真剣に考えなきゃだめだよ」「ぼく真剣だよ!」
"You must think more *seriously* about your future." "I am *serious*!"

じんけん 人権 human [ヒューマン] rights
- 人権を守る defend *human rights*
- 基本的人権
fundamental *human rights*
人権侵害 human rights violations

しんげんち 震源地 the center of an earthquake

しんこう¹ 進行 progress [プラグレス]
進行する make progress
- 工事は現在進行中です. Construction is now in *progress*.
進行形《文法》the progressive form

しんこう² 信仰 (a) faith [フェイス], (a) belief [ビリーフ]
信仰する believe in →しんじる
- 信仰の自由 freedom of *religion*

しんごう 信号

a signal [スィグナル] ;(交通信号) a light, a traffic light

- 次の信号を左に曲がってください. Please turn left at the next *light*.
- 信号が青になった. The *light* turned green.
- 車は赤信号を無視して走っていった. The car ran through the red *light*.

じんこう¹ 人口

(a) population [パピュレイション]
- この市は人口が多い. This city has a large *population*. (▶

じんこう² ▶

「人口が多い」というときは many は使わない. large を使う.「少ない」は small)

━━スピーキング━━

Ⓐ この市の人口はどのくらいですか.
What is the population of this city?

Ⓑ 約15万です.
About 150,000.
(▶「人口はどのくらいですか」は How large is the population? ともいえる. ×How many population ...? とはいわない)

▶ 東京の人口はロンドンよりも多い.
The *population* of Tokyo is larger than that of London. (▶×larger than London としない)

▶ インドは世界で最も人口が多い.
India has the largest *population* in the world.
人口密度 population density

じんこう² 人工の artificial [アーティフィシャル] (対 自然の) natural)
人工衛星 an artificial satellite
人工呼吸 artificial respiration
人口知能 artificial intelligence, AI

しんこきゅう 深呼吸する take a deep breath [ブレス], breathe [ブリーズ] deeply

しんこく¹ 深刻な serious [スィ(ア)リアス]
▶ あの人は深刻な顔をしていた.
He looked *serious*.
深刻に seriously
▶ そんなに深刻に考えないで.
Don't take it so *seriously*.

しんこく² 申告する declare [ディクレア]
▶ (税関で)「何か申告するものはありますか」「いいえ, 何もありません」
"Do you have anything to *declare*?"
"No. I have nothing to *declare*."

しんこん 新婚の newly-married [ニューリィマリド, ヌー-.]
▶ その夫婦は新婚ほやほやだ.
The couple *has just married*.
新婚夫婦 a newly-married couple, newlyweds
新婚旅行 a honeymoon [ハニムーン]
▶ 新婚旅行はどこに行くの? Where are you going on your *honeymoon*?

しんさ 審査 (a) judgment [チャヂメント]
審査する judge;(選考する) screen
審査員 a judge

しんさい 震 災 an earthquake disaster [ア〜スクウェイク ディザスタァ]
▶ 多くの人がその震災で被害にあった.
A lot of people suffered from the *earthquake*.

しんさつ 診察する examine [イグザミン]
▶ 診察を受ける *see* a doctor
▶ 医者に診察してもらったほうがいいよ.
You'd better go and *see* a doctor.
診察室 a consulting room

しんし 紳士 a gentleman [チェントゥルマン] (複数 gentlemen) (対 婦人 lady)
紳士服 men's wear, men's suit

しんしつ 寝室 a bedroom [ベドゥルム(ー)ム]

しんじつ 真実 (the) truth [トゥルース] (反 うそ lie) →ほんとう
真実の true [トゥルー], real [リー(ア)ル, リアル]
▶ 真実を語る tell *the truth*
▶ 真実を明らかにする必要がある.
We must bring *the truth* to light.

━━表現力━━

…というのは真実だ
→ It is true that ... .

▶ 地球の温度が上がっているというのは真実だ. *It is true that* the temperature of the earth has risen.

しんじゃ 信者 a believer [ビリーヴァ]

じんじゃ 神社 a shrine [シライン], a Shinto shrine
▶ 神社にお参りする visit a *shrine*
▶ 靖国神社 Yasukuni *Shrine*

ジンジャーエール (a) ginger ale [チンヂァ エイル]

しんじゅ 真珠 a pearl [パール]
▶ 真珠のネックレス a *pearl* necklace

じんしゅ 人種 a race [レイス]
人種の racial [レイシャル]
人種差別 racial discrimination

━━プレゼン━━

人種差別はあってはならない.
There should be no racial discrimination.

人種問題 a racial problem

しんしゅつ 進出する move into, advance

392 three hundred and ninety-two

◀ しんせつ

▶ 決勝戦に進出する
advance to the finals

しんじる 信じる

(人の言うことなどを) **believe** [ビリーヴ] (反 疑う doubt);(存在・人柄・価値などを信じる) **believe in**;(信用する) **trust** [トゥラスト]

believeは進行形にしない.

●表現力
…を信じる, …を信じている
→ (人の言うことなどを) **believe** … /(存在・人柄・価値などを) **believe in** …

▶ (私の言うことを) 信じてよ!
Believe me!
▶ 隆の言ったこと, 信じる?
Do you *believe* Takashi? / Do you *believe* what Takashi said?
▶ 妹はいまでもサンタクロースがいると信じている. My sister still *believes in* Santa Claus.
▶ 彼は神 (の存在) を信じている.
(キリスト教) He *believes in* God. / (神道) He *believes in* the Shinto gods.
▶ ぼくたちはコーチを信じている.
We *trust* our coach.

●表現力
…ということを信じる
→ **believe (that)** …

▶ ぼくはその話がほんとうだと信じた.
I *believed* (that) the story was true.
▶ 彼女がそんなことをしたなんて信じられない. I can't *believe* she did that.

●用法 信じられない!
「信じられない」は, **I can't believe it.** / **I don't believe it.** / **(It's) unbelievable.** / **That's incredible.** / **That's impossible.** などで表せるが, もっと軽い感じでは, **Really?**「ほんと? 信じられないなあ」/ **No kidding!**「ほんと? 冗談でしょ」のようにも言う.

しんしん 心身 mind and body
▶ 心身ともに健康だ.
I am healthy in *mind and body*.
しんじん 新人 a newcomer[ニューカマァ], a new face;(スポーツの) a rookie [ルキィ]
▶ 新人歌手 a *new* singer
新人王 the rookie of the year
新人賞 an award for "Rookie of the Year"
新人戦 a rookie match
しんすい 浸水する be flooded [フラディド]
▶ その豪雨で家が浸水した.
My house *was flooded* by the heavy rain.
しんせい¹ 申請する apply [アプライ] (for)
▶ パスポートを申請する
apply for a passport
しんせい² 神聖な holy [ホウリィ], sacred [セイクレド]

じんせい 人生

(a) **life** [ライフ] (複数 lives)
▶ 人生を楽しむ enjoy *life*
▶ 芭蕉は人生を旅にたとえている.
Basho compared *life* to a journey.
▶ あなたのいない人生なんて何の意味もない.
Life means nothing without you.
▶ 祖母は幸せな人生を送った.
My grandmother lived a happy *life*.
▶ 人生は一度きりだ.
You only *live* once.
人生観 a view of life
しんせき 親戚 a relative [レラティヴ], a relation [リレイション] →しんるい
▶ うちは福岡に親せきがいます.
We have *relatives* in Fukuoka.
シンセサイザー 《楽器》a synthesizer [スィンセサイザァ]
▶ シンセサイザーをひく
play the *synthesizer*

しんせつ 親切

(a) **kindness** [カイン(ドゥ)ネス]
親切な **kind** (反 不親切な unkind)
親切に **kindly**
▶ その女性はとても親切な人だった.
She was a very *kind* woman.

three hundred and ninety-three 393

しんせん

- ご親切にありがとうございます.
  Thank you for your *kindness*.
- ご親切はけっして忘れません.
  I'll never forget your *kindness*.

> 🗨 スピーキング
> Ⓐ 必要なら，ぼくの辞書を使ってもいいよ．
> You can use my dictionary if you want.
> Ⓑ それはご親切にありがとう．
> That's very kind of you.

> 💬 表現力
> …に親切だ → be kind to …

- 人に親切にしなさい.
  Be kind to others.
- ベスはみんなに親切だった.
  Beth *was kind to* everyone.

> ✗ She was kindness to me.
> ┗ 形容詞 kind（親切な）がくる．
> ○ She was kind to me.

> 💬 表現力
> 親切にも…する
> → be kind enough to …

- デビッドは親切にも私をバス停のところまで見送ってくれた.
  David *was kind enough to* see me off at the bus stop. / David *had the kindness to* see me off at the bus stop. / David *kindly* saw me off at the bus stop.

しんせん 新鮮な fresh [フレッシ] →あたらしい
- 新鮮な卵 a *fresh* egg
- 新鮮な空気 *fresh* air
- 新鮮なミルク *fresh* milk
- この野菜はとても新鮮だ.
  These vegetables are very *fresh*.

しんぜん 親善 friendship [フレンドゥシプ]
- 国際親善を深める
  promote international *friendship*
  親善試合 a goodwill game, a friendly game

しんそう 真相 the truth, the fact(s)
- 真相が明らかになった.
  The *truth* has come out.

しんぞう 心臓 **1** a heart [ハート]
- 母は心臓が悪い.
  My mother has *heart* trouble.
- 桑田君に話しかけられると心臓がドキドキするの.
  My *heart* beats fast when Kuwata talks to me.

2 (比ゆ的に)
- あいつは心臓が弱い.
  He's shy. / He's *nervous*.
- あいつは心臓が強い（→心臓に毛がはえている）．He's got *a lot of nerve*.
  心臓移植 a heart transplant
  心臓病 (a) heart disease
  心臓発作 a heart attack
  心臓マッサージ a heart massage
  心臓まひ heart failure

じんぞう[1] 人造の artificial [アーティフィシャル], man-made [マンメイド]
  人造湖 a man-made lake

じんぞう[2] じん臓 a kidney [キドゥニィ]

しんだ 死んだ dead [デッド] →しぬ

しんたい 身体 a body [バディ]
  身体検査 a physical examination, a physical checkup
- 今日身体検査があった.
  We had a *physical examination* today.
  身体障がい者 a disabled person
  身体測定 body measurement

しんだい 寝台 (船・列車の) a berth [バ〜ス], a bunk [バンク]; (ベッド) a bed [ベッド]
  寝台車 a sleeping car, a sleeper

じんたい 人体 the human body [ヒューマン バディ]

しんたいそう 新体操 rhythmic gymnastics [リズミック ヂムナスティクス]

しんだん 診断 (a) diagnosis [ダイアグノウシス] (複数) diagnoses
  診断する diagnose [ダイアグノウス]
- 健康診断 a medical *examination*; (定期健診) a checkup
  診断書 a medical certificate

しんちゅう 真ちゅう brass [ブラス]

しんちょう[1] 身長 height [ハイト] →せ, たかい
- 身長を測る measure my *height*

人体　The Human Body

イラスト：大管雅晴

きみの心臓は1日に何回鼓動する？
How many times does your heart beat in a day?

人の**心臓**は1分間におよそ70〜80回鼓動します。ということは、1日の総**鼓動**数だと約10万回に達します。平均的な人の一生では、30億回も心臓が**鼓動する**のです。

The human **heart** beats about 70 to 80 times a minute. That *amounts to around 100,000 **heartbeats** in a day. Over an average **lifetime, it **beats** as many as three billion times.

*amount to [əmáunt tu: アマウントゥ] 全部で…に達する
**lifetime [láiftaim ライフタイム] 一生

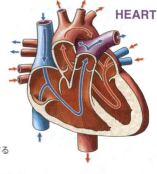

HEART

心臓に関する情報
Facts about the Heart

人の心臓は1分間に5リットルの血液を送り出す

The human heart pumps 5 liters of blood in a minute.

小さな動物ほど心拍が早い

20 times/min.
70 times/min.
300 times/min.

The hearts of smaller animals beat faster.

心臓は自分のこぶしと同じくらいの大きさ

Your heart is about the same size as your fist.

●「人体に関する英語」●

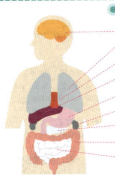

脳　brain
肺　lung(s)
心臓　heart
肝臓　liver
胃　stomach
腎臓　kidney(s)
すい臓　pancreas [pǽŋkriəs パンクリアス]
大腸　large intestine [intéstin インテスティン]
小腸　small intestine
ぼうこう　bladder [blǽdər ブラダァ]

筋肉　muscle(s)
骨　bone(s)
頭蓋骨　skull
血管　blood vessel(s)
神経　nerve(s)

しんちょう²

- 身長がのびる grow *taller*
- 私の身長は155センチです.
  I'm 155 centimeters *tall*. (▶身長をいう場合は tall を使い,high は使わない.なお,155は a hundred (and) fifty-five と読む)
- 私は母より少し身長が高くなった.
  I grew a little *taller* than my mother.

> ●スピーキング
> Ⓐ 身長はどのくらいありますか.
> How tall are you?
> Ⓑ 160センチあります.
> I'm 160 centimeters tall.

しんちょう² 慎重な careful [ケアフル]
慎重に carefully
- 雨のときは慎重に運転しなさい.
  Drive *carefully* when it rains.

しんてん¹ 親展(手紙の表書き)
Confidential [カンフィデンシャル]

しんてん² 進展する develop [ディヴェロプ],
progress [プログレス]

しんど 震度 a seismic intensity [サイズミ
ク インテンスィティ]
- 昨夜の地震は震度3だった.
  The earthquake we had last night was a 3 on *the Japanese seismic scale*.

しんどう 振動 (a) vibration [ヴァイブレイショ
ン];(ふりこなどの) (a) swing [スウィング]
振動する vibrate;swing

じんどう 人道的な humane [ヒュ(ー)メイン]
人道支援 humanitarian aid

しんにゅう 侵入する invade [インヴェイド];
(家屋などへ) break into
- だれかが家に侵入した.
  Someone *broke into* my house.

しんにゅうせい 新入生 a new student;
(高校・大学の1年生) a freshman [フレシ
マン] (複数) freshmen)(▶女子にも使う)
- 私たちは新入生歓迎会の準備で忙しい.
  We're busy preparing for the welcome party for *new students*.

しんにん 新任の new [ニュー]
- 新任の先生 a *new* teacher

しんねん¹ 新年 a new year
- 謹賀が新年
  A happy *New Year*! / I wish you a happy *New Year*!

「五郎くん,新年おめでとう」「ブラウンさん,おめでとうございます」
"Happy *New Year* to you, Goro."
"Same to you, Mr. Brown."
新年会 a New Year's party

しんねん² 信念 (a) belief [ビリーフ]
- 父の信念はかたかった.
  My father was firm in his *belief(s)*.

しんぱい 心配

worry [ワーリィ], anxiety [アングザイアティ]
心配する be worried (about), worry
(about), be anxious [アン(ク)シャス]
(about)
- 何を心配しているの?
  What's *worrying* you?
- 心配のしすぎだよ.
  You *worry* too much.
- とても心配しています.
  I'm very *worried*.
- 心配しないで.
  Never *mind*. / Don't *worry*.
- あなたが病気だと聞いて,心配しています.
  I *am sorry* to hear that you are ill.
- いろいろご心配かけてすみません.
  I'm sorry to *have troubled* you so much.
- 母は家庭内での心配ごとが多い.
  My mother has a lot of family *problems*.

> ●表現力
> …を心配する
> → worry about ... /
> be worried about ...

- あしたの天気が心配だ.
  I'm *worrying about* tomorrow's weather.
- そんなこと心配するなよ.
  Don't *worry about* things like that.
- 入試のことが心配だ. I'm *worried about* my entrance exams.

> ●表現力
> …ではないかと心配する
> → be afraid (that) ...

- 雨が降ってくるんじゃないかと心配だ.
  I'm *afraid (that)* it'll begin to rain.
- 発表会であがるんじゃないかと心配です.

◀ **しんまい**

I'm afraid I will get nervous at the recital.
心配性
▶ 広之は心配性だ.
Hiroyuki *takes things too seriously*.

シンバル cymbal [スィンバル] (▶対で使われる場合は cymbals と複数形にする)

しんぱん 審判(員)(野球・テニス・バドミントンなどの) an umpire [アンパイア]; (バスケット・バレー・サッカー・ラグビー・ボクシングなどの) a referee [レフェリー]; (競技・討論などの) a judge [ヂャッヂ]

しんぴ 神秘 (a) mystery [ミステリィ]
▶ 自然の神秘 the *mysteries* of nature
神秘的な mysterious [ミスティ(ア)リアス]

しんぴん 新品の new [ニュー], brand-new [ブラン(ドゥ)ニュー]
▶ 新品の自転車 a *brand-new* bicycle
▶ このTシャツは新品同様だ.
This T-shirt is as good as *new*.

しんぷ¹ 神父 a priest [プリースト]; Father (▶呼びかけや名前に使う)
▶ フラナガン神父 *Father* Flanagan

しんぷ² 新婦 a bride [ブライド]

シンフォニー a symphony [スィンフォニィ]

じんぶつ 人物 (人) a person [パ～スン]; (人格・人柄など) (a) character [キャラクタァ], (a) personality [パ～ソナリティ]
▶ 歴史上の人物 a historical *person*
人物画 a portrait [ポートゥレト]

しんぶん 新聞

a **newspaper** [ニューズペイパァ], a **paper** [ペイパァ]
▶ 今日の新聞を読みましたか.
Have you read today's *paper*?
▶ それは新聞で読んだ.
I read it in the *newspaper*.
▶ 新聞にパンダの赤ちゃんがきのう生まれたことが出ている.
The *paper* says that a baby panda was born yesterday.
▶ うちは朝日新聞をとっています
We take the Asahi. (▶新聞名には the をつける)
新聞記事 a newspaper article
新聞記者 a newspaper reporter
新聞紙 newspaper
新聞社 a newspaper company

新聞配達 (店)a newspaper distributor; (人) a newspaper deliverer
新聞部 a newspaper club

> ⓘ**参考** 新聞に関することばいろいろ
> 朝刊 a morning paper / 夕刊 an evening paper / 日刊新聞 a daily, a daily paper / 週刊新聞 a weekly, a weekly paper / 英字新聞 an English newspaper, an English-language newspaper / 学校新聞 a school newspaper / 学級新聞 a class newspaper, a class newsletter

しんぽ 進歩 progress [プラグレス]
進歩する make progress
進歩的な progressive [プログレスィヴ]

> 🗨**表現力**
> …が進歩する
> → make progress in ...

▶ 弟は勉強がちっとも進歩しない.
My brother hasn't *made* any *progress in* his studies.

しんぼう 辛抱 patience [ペイシェンス]
しんぼう強い patient
しんぼう強く patiently
しんぼうする put up with →がまん
▶ じっとしんぼうするしかないよ.
We'll have to *put up with* it. / We'll have to *grin and bear it*. (▶ grin and bear it で「じっとがまんする」という意味)

じんぼう 人望 popularity [パピュラリティ]
▶ 彼はクラスメートに人望がある.
He is *popular* with his classmates.

しんぼく 親睦 friendship [フレンドゥシプ]
親睦会 (口語) a get-together
▶ 今度の日曜日に親睦会を開きます.
We are having a *get-together* next Sunday.

シンポジウム a symposium [スィンポウズィアム]

シンボル a symbol [スィンボル]→しょうちょう
シンボルマーク a symbol

しんまい 新米 (新顔) a newcomer [ニューカマァ]; (初心者)a beginner [ビギナァ]→しんじん; (米など) new rice

three hundred and ninety-seven　397

じんましん ▶

じんましん hives [ハイヴズ]
▶ チーズを食べるとじんましんが出る.
　Cheese gives me *hives*.

しんみ 親身
▶ 私は親身になって彼女の話を聞いた.
　I listened to her *sympathetically*.

しんみつ 親密な friendly [フレンドゥリィ],
close [クロウス] →したしい

じんみん 人民 the people [ピープル] (▶
複数あつかい)
▶ 中華人民共和国
　the *People*'s Republic of China

じんめい 人命 a life, a human life
人命救助 lifesaving

しんや 深夜 the middle of the night,
the dead of night
深夜に late at night, in the middle of
the night, in the dead of night
深夜まで till late, till late at night
▶ ゆうべは深夜まで起きていた.
　I sat up *till late* last *night*. (▶ till は省
略してもよい)
深夜番組 a late-night program
深夜放送 a late-night broadcasting

しんゆう 親友 a close friend, a good
friend, a best friend
▶ 美代子は私の親友です.
　Miyoko is my *best friend*.

しんよう 信用 trust [トゥラスト]
信用する trust
▶ あいつを信用してはいけない.
　Don't *trust* him.
▶ ぼくを信用してよ. You can *trust* me.
▶ 大人はもう信用できない.
　I can't *trust* adults any more.
▶ サムは信用できる男だと思う. I'm sure
(that) Sam is a *trustworthy* man.

しんらい 信頼 trust [トゥラスト]
信頼する trust, rely [リライ] 《on, upon》
▶ ぼくを信頼してくれていいよ. You can
trust me. / You can *rely on* me.
▶ この記事は信頼できる.
　This report is *reliable*.

しんり¹ 真理 (a) truth [トゥルース]
▶ 真理を探究する search for *truth*

しんり² 心理 (感情)feelings [フィーリングズ];
(精神状態) psychology [サイカロヂィ]
▶ ぼくには女の子の心理がわからない.
　I don't understand girls' *feelings*.

心理学 psychology
心理学者 a psychologist [サイカロヂスト]
心理テスト a psychological test

しんりゃく 侵略 (an) invasion [インヴェイ
ジョン]
侵略する invade [インヴェイド]

しんりょうじょ 診療所 a clinic [クリニック]

しんりょく 新緑 fresh greenery
▶ 新緑の季節となりました.
　It is the season of *fresh green
leaves*.

しんりん 森林 a forest [フォ(ー)レスト]; (小
さな森) the woods [ウッヅ] →もり
▶ 森林浴をする
　go for a walk in *the woods*
森林公園 a forest park
森林資源 forest resources
森林破壊 the deforestation

しんるい 親類 a relative [レラティヴ]
▶「泰子さんはあなたの親類ですか」「ええ,
私の遠い親類です」
　"Is Yasuko your *relative*?" "Yes,
she's a distant *relative*."

じんるい 人類 humankind [ヒューマンカイン
ド], the human race [ヒューマン レイス]
人類の human
▶ 人類の歴史 *human* history
▶ 人類は将来どうなるのだろう. What will
become of *humankind* in the future?
人類学 anthropology [アンスロパロヂィ]

しんれい 心霊
▶ 心霊現象
　a *psychic* phenomenon [サイキク フィナメ
ナン] (▶ phenomenon の複数形は
phenomena [フィナメナ])
心霊写真 a psychic picture

しんろ 進路 a course [コース]
▶ 進路を誤る take a wrong *course*
▶ 私はまだ卒業後の進路を決めていません.
　I haven't decided yet what to do
after graduation.
▶ 人生の進路 my *course* in life
▶ 台風が進路を変えた.
　The typhoon changed its *course*.

しんろう 新郎 a bridegroom [ブライドゥグ
ル(ー)ム]

しんわ 神話 a myth [ミス]
▶ ギリシャ神話 (the) Greek *myths* / (the)
Greek *mythology*

398 three hundred and ninety-eight

すいじ

す ス す ス す ス

す[1] 巣（鳥などの）a nest [ネスト]；(ハチの) a honeycomb [ハニコウム]；（クモの）a web [ウェブ]
▶ 春は鳥たちは巣作りで忙しい．
In spring birds are busy building their *nests*.
巣箱 a birdhouse
す[2] 酢 vinegar [ヴィネガァ]
ず 図（さし絵など）an illustration [イラストゥレイション]；(図解) a figure [フィギュア]；(図表) a diagram [ダイアグラム]；（絵）drawing [ドゥローイング]
▶ 図2 *figure* 2 (▶ fig. 2と略す)
ずあし 素足 bare feet [ベア フィート]
ずあん 図案 a design [ディザイン]
スイーツ sweets [スウィーツ]
スイートピー 《植物》a sweet pea

すいえい 水泳

swimming [スウィミング]
水泳をする swim [スウィム] →およぐ
▶ 水泳をする人，水泳選手 a swimmer

おもな水泳種目など
クロール crawl
背泳ぎ backstroke
平泳ぎ breaststroke
バタフライ butterfly
自由型 freestyle
個人メドレー individual medley
メドレーリレー medley relay
飛びこみ diving
アーティスティックスイミング artistic swimming

水泳教室 a swimming class
水泳大会 a swim meet
水泳パンツ swimming trunks
水泳部 a swimming team
水泳帽（ぼう）a swimming cap
スイカ a watermelon [ウォータメロン]
▶ スイカ１切れ
a piece of *watermelon* / a slice of *watermelon*

すいがい 水害（洪水（こうずい））a flood [フラッド]；(洪水による被害（ひがい））a flood disaster [ディザスタァ]
▶ この地方は毎年水害にみまわれる．
This district suffers from *floods* every year.
水害地 a flooded district
すいきゅう 水球（競技）water polo [ポウロウ]
スイギュウ 水牛《動物》a water buffalo [バファロウ] （複数）buffalo(e)s または buffalo)
すいぎん 水銀（化学）mercury [マ〜キュリィ]（記号 Hg）
すいげん 水源 the source, the source of a river
すいこむ 吸い込む (息を) breathe [ブリーズ] in；(息・空気・煙（けむり）などを) inhale [インヘイル] →すう[1]
▶ 深く息を吸いこみなさい．
Breathe in deeply. / *Take a deep breath*.
すいさい 水彩
水彩絵の具 watercolors
水彩画 a watercolor, a watercolor painting
▶ 水彩画をかく
paint in *watercolors* / paint with *watercolors*
すいさんぶつ 水産物 marine products [マリーン プラダクツ]
すいじ 炊事 cooking [クキング] →りょうり

すいしつ ▶

炊事する cook
炊事道具 cooking utensils, kitchen-ware

すいしつ 水質 water quality
水質汚染 water pollution

すいしゃ 水車 a waterwheel [ウォータ(フ)ウィール]
水車小屋 a water mill

すいじゅん 水準 (標準) a standard [スタンダド]；(程度) a level [レヴェル]
▶ 日本人の生活水準はかなり高い.
The living *standard* of the Japanese is fairly high.

すいしょう 水晶 《鉱物》crystal [クリストゥル]

すいじょう 水上の on the water
水上スキー water-skiing

すいじょうき 水蒸気 (湯気) steam [スティーム]；(空気中の) vapor [ヴェイパァ]

スイス Switzerland [スウィツァランド]
スイス人 (1人) a Swiss；(全体) the Swiss
スイス(人)の Swiss

すいせい¹ 水星 (天体) Mercury [マ～キュリィ] →わくせい (表)

すいせい² 彗星 (天体) a comet [カメト]
▶ ハレーすい星 Halley's *Comet*

スイセン 水仙 《植物》a narcissus [ナースィサス]；(ラッパズイセン)a daffodil [ダフォディル]

すいせん¹ 推薦 recommendation [レコメンデイション]
推薦する recommend [レコメンド]
▶ リサをキャプテンに推薦します.
I *recommend* Lisa as captain.

💬表現力

(人) に…を推薦する
→ recommend ... to ＋人

▶ 何かいい本を推薦してください.
Will you *recommend* some good books *to* me?
推薦状 a letter of recommendation
推薦図書 recommended reading
推薦入学 admission by recommendation

すいせん² 水洗便所 a flush toilet

すいそ 水素 《化学》hydrogen[ハイドゥロヂェン]《記号 H》

すいそう 水槽 a water tank；(魚などを飼う) an aquarium [アクウェ(ア)リアム]

すいそうがく 吹奏楽 wind music, wind instrument music
吹奏楽団 a brass band
吹奏楽部 a school brass band
▶ 私は吹奏楽部に入ってます.
I'm a member of the *school brass band*.
吹奏楽器 a wind instrument

すいそく 推測する guess [ゲス], make a guess
▶ ぼくの推測が当たった.
I *guessed* right.
▶ きみの推測ははずれた.
You *guessed* wrong.

すいぞくかん 水族館 an aquarium [アクウェ(ア)リアム]

すいちゅう 水中に, 水中で in the water, under water
▶ どのくらい水中にもぐっていられる？
How long can you stay *under water*?
水中カメラ an underwater camera
水中めがね swimming goggles

すいちょく 垂直な vertical [ヴァ～ティカル] (反) 水平な horizontal)
垂直に vertically
垂直線 a vertical line
垂直跳び a vertical jump

スイッチ a switch [スウィッチ]
スイッチを入れる turn on, switch on
スイッチを切る turn off, switch off
▶ テレビのスイッチを入れて！
Switch on the television, please!
▶ どうして (それの) スイッチを切ったの？
Why did you *turn* it *off*?

すいてい 推定する estimate[エスティメイト]

すいでん 水田 a paddy [パディ], a paddy field, a rice paddy

すいとう 水筒 a canteen [キャンティーン], 《英》a water bottle

すいどう 水道 (設備) water supply；(水道(水)) the water；(水道水) tap water, running water
▶ 水道の蛇口 《米》a faucet / 《英》a tap
▶ 水道を出す
turn on *the water* / turn on *the faucet*
▶ 水道を止める

400 four hundred

◀ **すう**¹

turn off *the water* / turn off *the faucet*
▸ 水道が出っぱなしだよ.
The water is running. / *The water* is on.
▸ 水道が止まってしまった.
The *water supply* has been cut off.
水道管 a water pipe
水道工事 waterworks
水道料金 water charges
すいとる 吸いとる absorb [アブソーブ], soak [ソック] up
▸ スポンジで水を吸いとる
soak up the water with a sponge
すいばく 水爆 an H-bomb [エイチバム], a hydrogen [ハイドゥロヂェン] bomb
すいはんき 炊飯器 a rice cooker
ずいひつ 随筆 an essay [エセイ]
随筆家 an essayist
すいぶん 水分 moisture [モイスチァ]；(水) water [ウォータァ]；(果物などの)juice[ヂュース]
▸ 暑いときは必ず水分を十分とりなさいね.
Always drink plenty of *water* when it's hot.
▸ このメロンはとても水分が多い.
This melon is very *juicy*.
ずいぶん very [ヴェリィ], a lot [ラット] →ひじょうに
▸ 今日はずいぶん寒いね.
It is *very* cold today, isn't it?
▸ 吉野君, ずいぶん変わったな.
Yoshino has changed *quite a lot*.
▸ 映画はずいぶん見てないなあ.
I haven't seen a movie *for a long time*.
すいへい 水平な level [レヴェル], horizontal [ホ(ー)リザントゥル]（反）垂直な vertical）
水平に horizontally
水平線 the horizon [ホライズン]
▸ 太陽が水平線の下にしずんだ.
The sun has sunk below *the horizon*.
すいみん 睡眠 (a) sleep [スリープ] →ねむる
睡眠をとる sleep
▸ 昨夜はじゅうぶんに睡眠をとった.
I had a good *sleep* last night.

▸ 最近睡眠不足なんだ.
I *haven't been sleeping* well recently. / I haven't gotten enough *sleep* lately.
睡眠時間 sleeping hours, hours of sleep
睡眠薬 a sleeping pill
スイミング swimming [スウィミング]
スイミングクラブ a swimming club
スイミングスクール a swimming school
すいめん 水面 the surface of the water
▸ 水面に on the *water*

すいようび 水曜日 →ようび
(表)

Wednesday[ウェンズディ]（つづり注意）(▸ 語頭は必ず大文字；Wed. と略す)
▸ 水曜日は6時間授業だ.
We have six classes on *Wednesday(s)*. (▸「…曜日に」というときは on を使う. Wednesdays と複数形にすると「水曜日にはいつも」という意味になる)
▸ 水曜日の朝に
on *Wednesday* morning
▸ 先週の水曜日にコンサートに行った.
I went to the concert last *Wednesday*. (▸ last, next, every, this などがつくときは on はつけない)
すいり 推理する guess [ゲス], reason [リーズン]
推理小説 a mystery, a mystery story；(探偵(たんてい)小説) a detective story
すいりょく 水力 waterpower [ウォータパウァ]
水力発電 waterpower generation
水力発電所 a hydroelectric [ハイドゥロウイレクトゥリク] power plant
スイレン 《植物》a water lily
スイング (バットなどのふり) a swing [スウィング]；(音楽の) swing, swing music

すう¹ 吸う

(空気・息などを) breathe [ブリーズ] (in), inhale [インヘイル]；(タバコを) smoke [スモウク]；(液体を) suck [サック]
▸ 早起きして新鮮(しんせん)な空気を吸いなさい.
Get up early and *breathe* fresh air.
▸ 息を吸って, はいて！

four hundred and one 401

すう² ▶

Inhale, then exhale! / *Breathe in, breathe out*.
▶ その女の子はストローでジュースを吸った．
The girl *sucked* juice through a straw.

すう² 数 a number [ナンバァ] →かず
▶ 奇数 an odd *number*
▶ 偶数 an even *number*
▶ 生徒数 the *number* of students

すう- 数… several [セヴラル], some [サム], a few [フュー]
▶ 数日間 for *several* days
▶ 数年前
several years ago / *some* years ago / *a few* years ago →まえ
▶ 数回 *several* times
▶ 数十名の人 *dozens of* people

スウェーデン Sweden [スウィードゥン]
スウェーデンの Swedish [スウィーディシ]
スウェーデン人 (1人) a Swede [スウィード]；(全体) the Swedish

スウェットスーツ a sweat suit

すうがく 数学

mathematics [マセマティクス]，《米口語》math [マス]，《英口語》maths (▶単数あつかい)
▶ 数学の試験 a *math* exam
▶ 数学の先生 a *math* teacher
▶ 数学はきらいです．I don't like *math*.
数学者 a mathematician [マセマティシャン]

すうじ 数字 a figure [フィギュァ]；(数) a number [ナンバァ]
▶ 数字の2 the *figure* 2 / the *numeral* 2
▶ 母は数字に強い．
My mother is good with *numbers*.

すうしき 数式 a numerical formula [ニューメリカル フォーミュラ]

ずうずうしい (あつかましい) impudent [インピュデント]；(はじ知らずの) shameless [シェイムレス]
▶ ずうずうしいやつだ．
He's *impudent.* / He's *shameless.* / He has *a lot of nerve*.

スーツ a suit [スート]

スーツケース a suitcase [スートゥケイス]

スーパー(マーケット)
a supermarket [スーパマーケト]，《米》a grocery, a grocery store (▶*super* と

はいわない)

スーパーマン Superman [スーパーマン] (▶アメリカの漫画などのヒーロー)

スープ (a) soup [スープ]
▶ スープを飲む
(スプーンを使って) have *soup*, eat *soup* / (カップから直接) have *soup*, drink *soup*

eat soup   drink soup

ズームレンズ a zoom lens

すえ 末 (終わり) the end [エンド]
▶ 父は1月末にアメリカから帰ってきます．
My father will come back from America at *the end* of January.
末っ子 the youngest child；(男の) the youngest son；(女の) the youngest daughter
▶ ボブは3人きょうだいの末っ子だ．Bob is *the youngest* of three brothers.

スエード suede [スウェイド]

すえる 据える (置く) set [セット], put [プット], install [インストール]；(固定する) fix [フィックス]
▶ 舞台の中央にピアノをすえる
put a piano in the center of the stage

ずが 図画 (線画の) drawing [ドゥローイング]；(絵の具などによる) painting [ペインティング]
図画工作 arts and crafts

スカート a skirt [スカート]
▶ スカートをはく
(動作) put on a *skirt* / (状態) wear a *skirt*, have a *skirt* on
▶ スカートをぬぐ take off a *skirt*

スカーフ a scarf [スカーフ] (複数 scarfs または scarves)

ずかい 図解 an illustration [イラストゥレイション], a diagram [ダイアグラム]
図解する illustrate [イラストゥレイト]

ずがいこつ 頭がい骨 a skull [スカル]

スカイダイビング skydiving [スカイダイヴィング]

スカイプ Skype (▶商標．マイクロソフト

数学 Mathematics

π（パイ）って何？
What is *pi(π)?

*pi [pai パイ] 円周率、パイ(π)

3.1415926535897932384626433832795028841971693993751058209749445923078164062862089986280348253421170679821480865132823066470938446095505822317253594081284811745028410270193852110555964462294895493038196442881097566593344612847564823378678316527120190914...

円の周りの長さを円の幅（直径）で**割る**と、パイが求められます。パイはふつう数学の公式では、ギリシャ語の文字でπと書かれます。パイの**値**はおよそ3.14です。しかし実際には小数点以下の**数字**は永遠に続きます。

ちなみにアメリカでは3月14日はパイの日です。

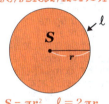

$S = \pi r^2 \quad \ell = 2\pi r$

If you divide the distance around a circle by its width, you can get pi. Pi is usually *represented by the Geek letter π in math **formulas. The value of pi is about 3.14. But actually the numbers after the ***decimal point in pi go on forever.

By the way, March 14 is Pi Day in the United States.

*represent [reprizént レプリゼント] （記号が）…を表す　**formula [fɔ́ːrmjulə フォーミュラ] 公式
***decimal point 小数点（[désəm(ə)l デシマル]）

● 「英語ではこう読む！『数式』」 ●　・読み方は一例です。

2 + 3 = 5　▶ Two **plus** three **equals** five. ／ Two **and** three **is** [**makes**] five.

5 − 3 = 2　▶ Five **minus** three **equals** two. ／ Five **less** three **is** two.

2 × 3 = 6　▶ Two **times** three **is** six. ／ Two **multiplied by** three **equals** six.

6 ÷ 3 = 2　▶ Three **into** six **is** two. ／ Six **divided by** three **equals** two.

$\dfrac{1}{2} + \dfrac{2}{3} = \dfrac{7}{6}$　▶ **One half** plus **two thirds** equals **seven sixths**.

4 × (−2) = −8　▶ Four times **negative two** is **negative eight**.

$(a+b)^2 = a^2 + 2ab + b^2$

▶ a plus b **squared** equals a **squared** plus two ab **plus** b **squared**.

---

four hundred and three　403

スカウト ▶

社のビデオ通話サービス)
スカイプで話す Skype《with》
スカウト (スポーツ・芸能で)(新人の)a scout [スカウト]
スカウトする scout 《for》
すがお 素顔
▶ 彼女の素顔(→化粧していない顔)を見たことがありますか.
Have you ever seen her *face without makeup*?
すがすがしい refreshing [リフレシング] → さわやか
▶ すがすがしい空気 *refreshing* air

すがた 姿

(体つき) a **figure** [フィギュァ]; (外見) an **appearance** [アピ(ア)ランス]
▶ 鏡に自分の姿をうつしてみなさい.
Look at *yourself* in the mirror.
姿を現す come, 《口語》 show up, appear →あらわれる
▶ 1時間待ったけど,良太は姿を現さなかったよ. We waited for an hour, but Ryota didn't *show up*.
姿を消す disappear [ディサピア]
すがる cling [クリング] 《to》; (しっかりつかまる) hold [ホウルド] on 《to》; (頼る) depend on
▶ その小さな女の子は母親のそでにすがりついて泣いた.
The little girl *clung to* her mother's sleeve and wept.
ずかん 図鑑 an illustrated book
▶ 動物図鑑
an *illustrated book* of animals
スカンク (動物) a skunk [スカンク]

すき¹ 好き

like [ライク], **be fond** [ファンド] **of**; (大好き) **love** [ラヴ]
好きな (いちばん好きな) favorite [フェイヴ(ァ)リト]

🗨️ 表現力
…が好きだ → like ...

▶ 私はテニスが好きです. I *like* tennis.
▶ ぼくは犬が好きです. I *like* dogs. (▶一般的に「…が好きだ」というとき,数えられる名詞の場合は dogs のように複数形にする)

× I like a dog.
└ 数えられる名詞のときは複数形にする.
○ I like dogs.
○ I like this dog.

🗨️ スピーキング
Ⓐ ネコは好きですか.
Do you like cats?
Ⓑ はい,好きです.
Yes, I do.

▶ 彼女は音楽が大好きです.
She *loves* music. / She *likes* music very much. / She *is* very *fond of* music. (▶ be fond of のほうが like より意味が強い)
▶ きみのこと,すごく好きなんだ.
I really *love* you. / I'm really *in love with* you.

🗨️ 表現力
…が好きではない
→ don't like ... / don't care for ...

▶ クラシックは好きじゃない.
I *don't like* classical music. / I *don't care for* classical music. (▶後者のほうがひかえめな表現)
▶ この色はあまり好きじゃない.
I *don't like* this color very much.

🗨️ 表現力
…することが好きだ
→ like -ing / like to ...

▶ ぼくはバスケットボールをするのが好きだ.
I *like playing* basketball. / I *like to play* basketball.

🗨️ 表現力
…より~が好きだ
→ like ~ better than ... /
  prefer ~ to ...

🗨️ プレゼン
ぼくは数学より英語が好きです.
I like English better than math. / I prefer English to math.

◀ **すききらい**

▶「夏と冬ではどっちが好き？」「夏．だって休みが長いから」
"Which do you *like better*, summer or winter?" "I *like* summer *better* because the summer vacation is longer."

【表現力】
…がいちばん好きだ
→ *like ... the best* / *like ... best*
(▶ *the* はつけないこともある)

▶ ぼくはすべてのスポーツの中でサッカーがいちばん好きだ．
I *like* soccer (*the*) *best* of all sports.

【スピーキング】
Ⓐ どの教科がいちばん好き？
Which subject do you like (the) best?
Ⓑ 英語がいちばん好きよ．
I like English (the) best.

【表現力】
(いちばん)好きな… → *favorite ...*

▶ 野球は私の大好きなスポーツの１つです．
Baseball is one of my *favorite* sports.

【プレゼン】
私が大好きなものはマンガに恋愛小説にミッキー・マウスです．
My favorite things are comics, love stories, and Mickey Mouse.

【スピーキング】
Ⓐ 好きな食べ物は何？
What's your favorite food?
Ⓑ ステーキ．
Steak.

▶ 好きなだけ食べてもいいわよ．
You may eat as much as you *want*.
▶ 好きなようにしなさい． Do as you *like*.
▶ どちらでも好きなほうをとりなさい．
Take whichever you *like*.
▶ あなたは私の好きなタイプなの．
You're my *type*.

すき² (すきま) an *opening* [オープニング]；(機会) a *chance* [チャンス]
▶ 彼は逃げ出すすきをねらっていた．
He waited for a *chance* to escape.

スギ 杉 (植物) a Japanese *cedar* [スィーダァ]
スギ花粉 cedar *pollen* [パルン]

-すぎ …過ぎ

1 (時刻) *past* [パスト], *after* [アフタァ]；(年齢) *over* [オウヴァ], *past*
▶ 今８時15分過ぎだ．
It is a quarter *past* eight. / It is a quarter *after* eight. / It's eight fifteen.
▶ もうお昼過ぎだよ．
It's already *past* noon.
▶ ５時ちょっと過ぎにまた電話します．
I'll call again shortly *after* five.
▶ 祖父は80過ぎですが，今でも元気です．
My grandfather is *over* 80 and still going strong.

2 (程度) *too* [トゥー] →すぎる
▶ きみは勉強のしすぎだ．
You are studying *too* hard.

スキー

skiing [スキーイング]；(スキーの板) a *ski* (▶ふつう複数形で使う．数えるときは a pair of を使う)
スキーをする ski

スキー場 (ski resort)
ゲレンデ (ski slope)
スキーウエア (skiwear)
スキーヤー (skier)
ストック (ski pole)
スキーぐつ (ski boots)
スキー板 (skis)

▶ スキーはできますか． Can you *ski*?
▶ 私は北海道へスキーに行った．
I went *skiing* in Hokkaido.
スキー場 a ski resort
スキーヤー a skier

すききらい 好き嫌い *likes and dislikes*
▶ ケンは食べ物の好ききらいがない．
Ken has no *likes and dislikes* in food.
▶ 食べ物の好ききらいをしちゃだめよ．

four hundred and five 405

スキップ ▶

Don't be too *picky* about your food.

スキップ a skip [スキップ]

スキップする skip

すきとおる 透き通る

透き通った clear [クリア], transparent [トランスペアレント]

▶ 透き通った水 *clear* water

-(に)すぎない only [オウンリィ]

▶ それはほんの推測にすぎない.
It's *only* a guess.

すきま すき間 an opening [オウプニング]

▶ ネコはへいのすきまから入ってきた.
The cat came through an *opening* in the fence.

すきま風 a draft [ドゥラフト]

スキャナー a scanner [スキャナァ]

スキャンダル a scandal [スキャンドゥル]

スキューバ (潜水装置) a scuba [スキューバ]

スキューバダイビング scuba diving

スキル (技能) a skill [スキル]

すぎる 過ぎる

使い分け
(時間が)	→ pass
(場所を)	→ pass
(程度が)	→ too

1 (時間が) pass [パス], go by; (時刻が過ぎる) be past ...; (…歳を過ぎる) be over ...; (終わる) be over

✐ライティング
この中学校へ入ってからもう2年間が過ぎた.
Two years have passed since we entered this junior high school.

▶ たいへん, もう12時を過ぎているわ.
Gosh! It's *past* twelve already.

▶ 夏が過ぎて秋が来た.
Summer *is over*, and fall has come.

▶ 祖母は70歳を過ぎているが, 気持ちは若い.
Although my grandmother *is over* seventy, she's still young at heart.

2 (場所を) (通り過ぎる) pass; (通り抜ける) go through [スルー]

▶ 「今どの辺ですか」「ちょうど横浜を過ぎたところです」
"Where are we now?" "We just

passed Yokohama."

3 (程度が) too [トゥー], over- [オウヴァ-]

▶ 食べすぎないようにね.
Be careful not to eat *too* much. / Be careful not to *over*eat.

▶ 彼は働きすぎて病気になった.
He worked *too* hard and got sick.

▶ このシャツ, もうぼくには小さすぎるよ.
This shirt is now *too* small for me.

▶ 体にはどんなに注意してもしすぎるということはない.
You can't be *too* careful about your health.

表現力
~すぎて…ない
→ too ~ to ... /
so ~ that − not ...

▶ 私はおなかがすきすぎて眠れなかった.
I was *too* hungry *to* sleep. / I was *so* hungry *that* I *couldn't* sleep.

▶ この本は難しすぎて私には読めない.
This book is *too* difficult for me *to* read. / This book is *so* difficult (*that*) I *can't* read it.

スキンケア skincare [スキンケア]

スキンダイビング skin diving

スキンヘッド a skinhead [スキンヘド]

すく (腹が) be hungry [ハングリィ], feel hungry; (乗り物が) be not crowded [クラウディド]

▶ おなかがすいた.
I'm *hungry*. / I feel *hungry*.

▶ 電車はすいていた.
The train *was not crowded*.

すぐ

使い分け
(ただちに)	→ right away, at once
(もうすぐ)	→ soon
(近くに)	→ near
(簡単に)	→ easily

1 (ただちに) right away, at once, immediately [イミーディエトゥリィ]; (…するとすぐに) as soon as ...

▶ すぐにもどります.
I'll be *right* back.

▶ すぐに追いつくよ.

406 four hundred and six

I'll be with you *in a minute*.

スピーキング
Ⓐ ごはんだよ.
Dinner is ready.
Ⓑ **今すぐ行くよ.**
I'll be right there.

▸ すぐやりなさい. Do it *right away*. / Do it *immediately*.
▸ すぐここへ来てください.
Please come here *at once*.
▸ 彼は家に帰ってくるとすぐテレビをつけた.
He turned on the TV *as soon as* he came home.

2 (もうすぐ) **soon** [スーン]
▸ クリスマスはもうすぐだ.
Christmas is coming *soon*. / Christmas is just *around the corner*.
▸ もうすぐ期末テストだ.
We're going to have final exams *soon*.

3 (近くに) **near** [ニア]
▸ ぼくの家は駅からすぐの所にある.
My house is *near* the station. / My house is *close to* the station.
▸ スーパーはここから歩いてすぐです.
The supermarket is a *short* walk from here. / The supermarket is an *easy* walk from here.

4 (簡単に) **easily** [イーズィリィ]
▸ 私たちの先生はすぐおこる.
Our teacher gets angry *easily*.
▸ ホテルは駅の横だから，すぐにわかるよ.
The hotel is next to the station. So you can't miss it.

すくい 救い help [ヘルプ]
▸ おぼれている男性が大声で救いを求めた.
The drowning man cried for *help*.

スクイズ 《野球》a squeeze play [スクウィーズ プレイ]

すくう¹ 救う

(助ける) **help** [ヘルプ]；(救助する) **save** [セイヴ]

表現力
…を救う → save ...

▸ その医者は母の命を救ってくれた.
The doctor *saved* my mother's life.

表現力
(人) を…から救う
→ save ＋人＋ from ... /
help ＋人＋ out of ...

▸ 消防士は燃えている家からその少年を救い出した.
The firefighter *saved* the boy *from* the burning house.
▸ 友人みんながぼくを苦境から救ってくれた.
All my friends *helped* me *out of* my difficulties.

すくう² scoop [スクープ] 《up》
▸ 網で魚をすくう
scoop up a fish with a net

スクーター a scooter [スクータァ]
スクープ a scoop [スクープ]
スクール a school [スクール]
▸ 英会話スクール an English *school*
スクールカウンセラー a school counselor
スクールバス a school bus

すくない 少ない →すこし

使い分け
(数が) → few
(量が) → little

1 (数が) **few** [フュー] (反) 多い many)
▸ その少年は友だちが少なかった.
The boy had *few* friends. / The boy *didn't* have *many* friends.
▸ 試験に合格した学生はとても少なかった.
Very *few* students passed the examination.

2 (量が) **little** [リトゥル] (反) 多い much)
▸ 今年は雨が少ない.
We have had *little* rain this year.
▸ 残り時間が少ないですよ.
You have *little* time left.
▸ アラビアは雨が少ない.
They have *little* rain in Arabia.

文法 few と little
few, little は **a** がつくと「少しある」という意味. **a** がつかないと「ほとんどない」「少ししかない」と否定の意味を表す. →すこし

four hundred and seven 407

すくなくとも ▶

3 (金額・人数などが) **small** [スモール]
▶ 彼は収入が少ない.
He has a *small* income. (▶「多い」場合は large を使う)
▶ コンサートは聴衆が少なかった.
The audience at the concert was *small*.

すくなくとも 少なくとも **at least**[リースト]
▶ 少なくとも毎日30分はピアノの練習をしなさいね.
Try to practice the piano *at least* thirty minutes a day.

すくなめ 少なめ
▶ からしは少なめにしてください.
Go *easy* on the mustard, please.

すくめる (肩を) **shrug** [シュラッグ]; (首を) **duck** [ダック]
▶ 彼は肩をすくめた.
He *shrugged* his shoulders.

スクラップ (新聞などの切りぬき) a **clipping** [クリピング], (英) a **cutting** [カティング]; (不用品) **scrap** [スクラップ]
スクラップブック a scrapbook

スクラム (ラグビー) a **scrum** [スクラム]

スクランブルエッグ **scrambled** [スクランブルド] **eggs**

スクリーン a **screen** [スクリーン]
スクリーンセーバー a screen saver

スクリプト a **script** [スクリプト]

スクリュー a **screw** [スクルー] (発音注意)

すぐれる 優れる **1** (まさっている) be **better** (than), be **superior**[ス(ー)ピ(ア)リア] (to)
優れた **good** [グッド], **great** [グレイト], **excellent** [エクセレント]
▶ きみの自転車のほうがぼくのより優れている.
Your bike *is better than* mine.
▶ ピカソは20世紀の最も優れた芸術家の1人である.
Picasso is one of the *greatest* artists of the 20th century.
▶ 彼は運動能力が優れている.
He has *excellent* athletic ability.
2 (気分・顔色などがよくない)
▶ 今日は気分がすぐれない.
I *don't feel so well* today.

ずけい 図形 a **figure** [フィギュア] →**かたち**(図)
図形をかく draw a figure →**かく¹**

スケート
skating [スケイティング]
スケートをする **skate**
▶ スケートできる？
Can you *skate*?
▶ 私たちは湖にスケートに行った.
We went *skating* on the lake.
▶ スピードスケート speed *skating*
▶ フィギュアスケート figure *skating*
スケートぐつ **skates** (▶数えるときは a pair of を使う)
スケートリンク a skating rink

スケートボード (板) a **skateboard** [スケイトゥボード]; (スポーツ) **skateboarding**
スケートボードをする skateboard

スケール a **scale** [スケイル]
▶ スケールの大きい計画
a large-*scale* plan

スケジュール a **schedule** [スケヂュール]; (予定) a **plan** [プラン]
▶ ハードスケジュール
a heavy *schedule* / a tight *schedule*
(▶ a ˣhard schedule とはふつういわない)
▶ スケジュールどおりに on *schedule*
▶ 今週はスケジュールがつまっている.
My *schedule* is full this week.
スケジュールを立てる schedule, make a schedule

スケッチ a **sketch** [スケッチ]
スケッチをする sketch, make a sketch
▶ ポールはその山をスケッチした.
Paul *made a sketch* of the mountain.
スケッチブック a sketchbook

スケボー →**スケートボード**

スコア (競技の得点・音楽の楽譜) a **score** [スコー(ァ)]
▶ スコアをつける
keep the *score* (▶ the はつけないこともある)
スコアブック a scorebook
スコアボード a scoreboard

すごい
1 (すばらしい) **wonderful** [ワンダフル], **great** [グレイト], **terrific** [テリフィク]
▶ すごい！ *Great!* / *Terrific!*

408 four hundred and eight

◀ **すこし**

🔊 スピーキング
Ⓐ きのうホームラン打ったよ.
I hit a home run yesterday.
Ⓑ すっごーい！
That's great!

▸ すごいできばえだね.
You did a *wonderful* job.
▸ 彼の姉さんはすごい人気だ.
His sister is *really* popular.
2（おそろしい）**terrible**［テリブル］；（はげしい）**heavy**［ヘヴィ］
▸ すごい雨だ．It's raining *heavily*.
▸ すごい地震だった.
It was a *terrible* earthquake.
ずこう 図工 arts and crafts［アーツ アンド クラフツ］
▸ 図工の先生 an *art* teacher
スコーン a scone［スコウン］
すごく really［リー(ア)リィ］；（ひどい）terribly［テリブリィ］
▸ その映画，すごくおもしろかったよ.
The movie was *really* interesting.
▸ すごく楽しかった．
It was *a lot of* fun. / I had *a lot of* fun.
▸ すごくおなかが痛い.
I have a *terrible* stomachache.

すこし 少し

使い分け
（数が）少しはある → **a few**
（数が）少ししかない → **few**
（量が）少しはある → **a little**
（量が）少ししかない → **little**

(a) few　　　(a) little

1（数が）（少しはある）**a few**［フュー］（反 たくさん many），**some**［サム］；（少ししかない）**few**
▸ かごには少しリンゴが入っている.
There are *a few* apples in the basket.
▸ かごには少ししかリンゴが入っていない.
There are *few* apples in the basket.
▸ ケンは中国の切手を少し持っている.
Ken has *a few* Chinese stamps.
▸「少しですがクッキーをどうぞ」「まあ，どうも」
"Here are *some* cookies for you."
"Oh, thanks."
2（量が）（少しはある）**a little**［リトゥル］（反 たくさん much），**some**；（少ししかない）**little**
▸ 少しずつ *little* by *little*
▸ コップに水が少し入っている.
There is *a little* water in the glass.
▸ コップには水が少ししか入っていない.
There is *little* water in the glass.
▸「コーヒーをもう少しいただけますか」「いいですよ，どうぞ」
"Can I have *some* more coffee?"
"Sure, go ahead."

> 📖 文法 **few と little と some**
> ❶ 同じ物について，**a few** は「少しはある」と肯定の気持ちを表し，**few** は「少ししかない」と否定の気持ちを表す．ともにあとには数えられる名詞の複数形がくる．同様に **a little** は量が「少しはある」，**little** は「少ししかない」ことを表し，あとには数えられない名詞がくる．
> ❷ **a few** は **many**（多い）の反意語で，「多くない」数を表し，2，3 からそれ以上の数をさすが，**some** は具体的な数量を問題にせず，ばくぜんと「いくつか，いくらか」あることを表す．

3（程度）**a little**；（もう少し）**almost**［オールモウスト］
▸ 母はイタリア語が少し話せる.
My mother speaks *a little* Italian.
▸ このブラウス，私には少し大きすぎるわ.
This blouse is *a little* too large for me.
▸ 少しは勉強しなさい.
You must study at least *a little bit*.
▸ もう少しで死ぬところだった.
I *almost* died.
4（時間が）**a minute**［ミニト］，**a moment**［モウメント］，**a while**［(フ)ワイル］
▸ 少しお待ちください.
Wait *a minute*, please. / One

four hundred and nine　409

すこしも ▶

moment, please.

5 (距離が)
▶ 駅は通りを少し行ったところにあります.
The station is *just* down the street.

すこしも 少しも…ない not ... at all → ぜんぜん

すごす 過ごす

spend [スペンド], pass [パス]

── スピーキング ──
Ⓐ いかがお過ごしですか.
How are you getting along?
Ⓑ 元気ですよ.
I'm all right.

── 表現力 ──
…を過ごす → spend ...

▶ この夏はどうやって過ごすの？
How will you *spend* this summer?

── プレゼン ──
私は今年の夏休みをいなかで過ごしました.
I spent this summer vacation in the country.
この夏は沖縄で楽しい時間を過ごしました.
We had a great time in Okinawa this summer.

── 表現力 ──
…して〜を過ごす → spend 〜 -ing

▶ 日曜の朝は音楽を聞いて過ごすのが好きです.
I like to *spend* Sunday mornings *listening* to music.

スコットランド Scotland [スカトゥランド]
スコットランド(人)の Scottish
スコップ (小型の) a scoop [スクープ]; (シャベル) a shovel [シャヴ(ェ)ル]; (園芸用の) a trowel [トゥラウ(ェ)ル]
すごろく *sugoroku*, Japanese snakes and ladders
すし 寿司 sushi [スーシ]
すし店 a sushi restaurant, a sushi bar
すじ 筋 **1** (話の展開) a story line [ストーリィライン], a plot [プラット]; (論理) logic [ラヂク]

▶ あら筋 an outline
▶ 「あの映画の筋を知ってるかい？」「いや,ぼくもまだ見てないんだ」
"Do you know the *plot* of the film?"
"No, I haven't seen it yet, either."
▶ きみの言っていることは筋が通ってないよ.
What you're saying isn't *logical*.

2 (線) a line [ライン]; (しま) a stripe [ストゥライプ] → せん², しま²

── 日本語 NAVI ──
すじがいい ☞ 才能や素質がある
→ さいのう, そしつ

ずじょう 頭上に over *my* head, above *my* head; overhead [オウヴァヘッド]
▶ 頭上注意(掲示)
(落下物の危険) Danger *Overhead*! /
(低い天井など) Watch Your *Head*!

すす soot [スット]
すず¹ 鈴 a bell [ベル]
▶ 鈴を鳴らす ring a *bell*
▶ 鈴が鳴っている. The *bell* is ringing.
すず² (化学) tin [ティン]
ススキ (植物) Japanese pampas grass
すすぐ rinse [リンス]
▶ 口をすすぐ *rinse* my mouth

すずしい 涼しい

cool [クール] (反 暖かい warm)

cool　　　　　　warm

▶ すずしい風 a *cool* breeze
▶ 「今日はとてもすずしいね」「ほんとうに. すがすがしいわね」
"It's very *cool* today." "Yes, it is. It's very refreshing."
▶ ここはとてもすずしくて気持ちいいね.
It's nice and *cool* here.

すすむ 進む

1 (前進する) go forward, move forward
▶ もうちょっと前へ進んでください.

◀ **スタイル**

Please *move* a little *forward*.
▶ 立ち止まらないで前に進んでください.
Don't stop. *Move on*, please. (▶ on は「動作を続ける」という意味)

2（はかどる）**go**;（進歩する）**make progress** [プラグレス]
▶ 勉強は進んでるの？
How *are* your studies *going*?
▶「前回の授業はどこまで進んだんだったかな？」「20ページの8行目までです」
"How far did we *get* last time?" "To line 8 on page 20, sir."

3（進学する）**go on to**, **go to**
▶ いちばん上の姉はこの春大学に進んだ.
My oldest sister *went on to* college this spring.

4（時計が）（進む）**gain** [ゲイン]（反）遅れる lose;（進んでいる）**be fast**
▶ 私の時計は1日に5秒進む.
My watch *gains* five seconds a day.
▶ あの時計はいつも5分進んでいる.
That clock *is* always five minutes *fast*.

すずむ 涼む enjoy the cool air
スズムシ 鈴虫 a bell-ringing cricket [クリケット]
すすめ 勧め（忠告）advice [アドゥヴァイス]；（推奨）recommendation [レコメンデイション]
▶ 父は医者のすすめでジョギングを始めた.
Father started jogging on his doctor's *advice*.
▶（レストランで）おすすめ料理は何ですか.
What do you *recommend*?

スズメ（鳥）a sparrow [スパロウ] →とり（図）

すすめる¹ 勧める, 薦める

〔使い分け〕
（推薦する）→ recommend
（忠告する）→ advise
（差し出す）→ offer

1（推薦する）**recommend** [レコメンド]；（忠告する）**advise** [アドゥヴァイズ]

💬表現力
（人）に…をすすめる
→ recommend ... to +人 /
recommend +人 ...

▶ あなたにこの辞書をすすめます.
I *recommend* this dictionary *to* you.
/ I *recommend* you this dictionary.

💬表現力
（人）に…することをすすめる
→ advise +人+ to ...

▶ 医者は彼女に減量（→体重を減らすこと）をすすめた.
The doctor *advised* her *to* lose weight.

2（差し出す）**offer** [オ(ー)ファ]
▶ パーティーでホワイトさんは私たちにクッキーをすすめた.
Mr. White *offered* us some cookies at the party.

すすめる² 進める **1**（進展させる）**go on with**, **go ahead with**, **go along with**
▶ その計画を進めなさい.
Go on with the plan.

2（時計を早くする）**set ... ahead**
▶ 私は時計を5分進めた.
I *set* my watch five minutes *ahead*.

スズラン（植物）a lily of the valley
すずり 硯 an inkstone [インクストウン]
すすりなく すすり泣く sob [サブ] →なく¹
すすんで 進んで willingly [ウィリングリィ], voluntarily [ヴァランテリリィ]
▶ 彼は進んで食事のあとかたづけをした.
He cleared the table *willingly*.

すそ（服などの）a hem [ヘム]
▶ すそを上げる take up a *hem*
▶ すそを下ろす take down a *hem*

スター a star [スター]
▶ 映画スター a movie *star*

スターティングメンバー the start-ing lineup
スタート a start [スタート]
スタートする start, make a start
▶ 彼らはいいスタートを切った.
They *made a* good *start*.
スタート地点 a starting point
スタートライン a starting line
スタイリスト（モデルなどの衣装を決める人）a stylist [スタイリスト], a fashion coordinator
スタイル（服装などの型）a style [スタイル]；（体型）a figure [フィギュア]
▶ 最新流行のスタイル the latest *style*

four hundred and eleven　411

スタジアム ▶

▶ 里佳子はスタイルがいい.
Rikako has a good *figure*. (▶「スタイルが悪い」なら good を poor にする)

スタジアム a stadium [スティディアム]

スタジオ a studio [ステューディオウ] (複数 studios)

スタッフ (集合的に) the staff [スタフ]; (1人) a staff member

▶ その美容院, スタッフは何人いるの?
How many *staff members* are there in the beauty salon? (▶ How many ×staffs ... とはいわない)

スタミナ stamina [スタミナ]

スタメン →スターティングメンバー

すたれる (流行・ことばなどが) go out of fashion; (使用が) go out of use [ユース]

▶ ミニスカートは一時すたれた.
Miniskirts *went out of fashion* for a while.

スタンド (見物席) the stands [スタンツ] (▶ 複数形で使う); (売店) a stand; (電気スタンド) (机に置く) a desk lamp, (床に置く) a floor lamp

▶ 外野スタンド the outfield *stands*

▶ ガソリンスタンド
(米) a gas *station* / (英) a petrol *station*

スタントマン a stunt person [スタントパースン], a stunt double [ダブル]

スタンバイ a standby [スタン(ドゥ)バイ]
スタンバイする stand by

スタンプ a stamp [スタンプ]
スタンプを押す stamp

スチーム steam [スティーム]
▶ スチームアイロン a *steam* iron

スチール (野球) (2塁に盗塁する) steal second; (鋼鉄) steel [スティール]

スチュワーデス (客室乗務員) a flight attendant [フライト アテンダント]

-ずつ
▶ 少しずつ little *by* little
▶ 1つずつ one *by* one
▶ 1人ずつ部屋に入りなさい.
Enter the room one *by* one.
▶「これを1つずつください」「かしこまりました. はい, どうぞ」
"I'll take *one of each*, please." "All right. Here you are."

ずつう 頭痛 a headache [ヘデイク]
▶ 少し頭痛がする.
I have a slight *headache*.
▶ ひどい頭痛 a bad *headache*

すっかり all [オール], completely [コンプリートゥリィ], quite [クワイト]
▶ 母はそのことをすっかり忘れていた.
My mother forgot *all* about it. / My mother *completely* forgot about it.
▶ もうすっかりよくなりました.
I feel *quite* well.
▶ すっかり秋になってしまった.
Fall has *really* arrived.

すっきり すっきりした (こぎれいな) neat [ニート]; (気分が) refreshed [リフレシト]
▶ シャワーを浴びたらすっきりした.
I felt *refreshed* after taking a shower.

すっごく →すごく

ずっと

使い分け
(時間) → all the time, through, all through
(距離) → all the way
(程度) → much, far

1 (時間) (続けて) all the time, through [スルー], all through; (長い間) for a long time

表現力
ずっと…してきた
→ have +過去分詞 /
have been -ing

▶ ケン, 今までずっとどこにいたの?
Where *have* you *been all this time*, Ken?
▶ あのときからきみのことをずっと考えていたんだ.
I *have been thinking* about you since then.
▶ 佐藤君とはずっと会っていない.
I *haven't seen* Sato *for a long time*.
▶ 一晩中ずっと雨が降った.
It rained *all through* the night.

2 (距離) all the way
▶ 電車はこんでいたので, 名古屋までずっと立っていなければならなかった.

◀ ストーブ

I had to stand *all the way* to Nagoya because the train was crowded.

3（程度）（はるかに）**much** [マッチ], **far** [ファー], **a lot** [ラット]（▶いずれも比較級・最上級を強めるのに使う）

📣表現力
（より）ずっと… → much ＋比較級

▶ 今日はきのうよりもずっと寒い.
It's *much colder* today than yesterday.
▶ ずっと遠くに
far away / in the distance
▶ ずっと以前に a *long* time ago

すっぱい 酸っぱい **sour** [サゥア]
▶ このブドウはすっぱい.
These grapes are *sour*.

すで 素手 a bare hand
▶ 素手で魚をとる
catch a fish with *bare* hands

スティック a stick [スティック]
▶ スティックのり a glue *stick*

ステーキ (a) steak [ステイク]

ステージ a stage [ステイヂ]
▶ ステージでピアノを演奏する
play the piano on *stage*

ステーションワゴン《米》a station wagon [ステイション ワゴン]

すてき 素敵な

nice [ナイス]；（すばらしい）**wonderful** [ワンダフル]

▶ すてき！ Very *nice*! / Fantastic!

📣スピーキング
🅐 今度の週末，原宿に行かない？
Would you like to go to Harajuku this weekend?
🅑 すてき.
That sounds like fun. / That sounds like a good idea.

▶ すてきなジャケットね！
What a *nice* jacket!
▶「これどうぞ」「すてきなプレゼントをありがとう」
"This is for you." "Thank you for such a *wonderful* present."

ステッカー a sticker [スティカァ]

▶ ステッカーをはる put a *sticker*

ステッキ a cane [ケイン],《英》a stick [スティック], a walking stick

ステップ a step [ステップ]
▶ ホップ，ステップ，ジャンプ！
Hop, *step*, and jump! / Hop, skip, and jump!

すでに →もう

already [オールレディ]

📣表現力
すでに…した
→ have already ＋過去分詞

▶「もう電車は出てしまいましたか」「ええ，すでに出ました」
"Has the train left yet?" "Yes, it *has already left*."

すてる 捨てる

1（不要なものを）**throw away**
▶ そんな破れたシャツは捨てなさい.
Throw away that torn shirt.
▶ それは捨てないで.
Don't *throw* it *away*. (▶ ✕throw away it とはしない)
▶ ゴミを捨てるな《掲示》Don't Litter

2（放棄する）**give up**
▶ 希望をすてちゃだめだよ.
Don't *give up* hope.

ステレオ（方式）stereo [ステリオウ]；（セット）a stereo (set)

ステンレス《金属》stainless [ステインレス] steel

スト (a) strike [ストゥライク] →ストライキ

ストア a store [ストー(ァ)] →みせ

ストーカー a stalker [ストーカァ]

ストーブ a heater, a stove (▶ stove はふつうは〔（料理用のオーブン付きの）こ

four hundred and thirteen 413

ストール ▶

んろ」のこと)

▶ 電気ストーブ an electric *heater*
▶ ガスストーブ a gas *heater*
▶ 石油ストーブ an oil *heater*
▶ ストーブをつける
turn on a *heater* / switch on a *heater* (▶「消す」は turn off, switch off)

ストール a stole [ストゥル]

ストッキング stockings [スタキングズ] (▶ふつう複数形で使う. 数えるときは a pair of を使う) →くつした
▶ ストッキングをはく
pull on my *stockings* (▶「ぬぐ」なら on を off にする)

ストック 1 (スキーの) a ski pole [ポゥル], a ski stick [スティック] (▶ふつう複数形で使う)

2 (在庫品) (a) stock [スタック]
▶ この商品はもうストックがありません.
We don't have this product in *stock* any more.

ストップ stop [スタップ]
ストップする stop
ストップウォッチ a stopwatch

ストライキ (a) strike [ストゥライク]
▶ 彼らはストライキ中だ.
They are on *strike*.

ストライク (野球) a strike [ストゥライク]

ストライプ a stripe [ストゥライプ]
▶ ストライプのシャツ a *striped* shirt

ストラップ a strap [ストゥラップ]
▶ スマホにストラップをつける
put a *strap* on a smartphone

ストレート straight [ストゥレイト]; (野球の) a fastball [ファス(トゥ)ボール]
▶ (テニスなどで)ぼくたちはストレートで勝った.
We won in *straight* sets.
▶ ストレートにものを言う speak *frankly*

ストレス (a) stress [ストゥレス]
▶ 現代人はストレスが多い.
People today are under a lot of *stress*.
▶ ストレスがたまっているんだ.
I'm getting *stressed* out.
▶ ストレスを発散する relieve *stress*

ストレッチ stretching exercises
ストレッチをする do stretching exercises

ストロー a straw [ストゥロー]

ストロベリー a strawberry [ストゥローベリィ]

すな 砂 sand [サンド]
▶ 目に砂が入った.
I've got *sand* in my eye(s).
砂時計 a sandglass [サン(ドゥ)グラス]
砂場 (米)a sandbox [サン(ドゥ)バクス], (英)a sandpit [サン(ドゥ)ピト]
砂浜 a beach, a sandy beach, the sands
▶ 砂浜で遊ぶ play on the *beach*

すなお 素直な (性格がおだやかな) gentle [チェントゥル]; (従順な) obedient [オウビーディエント]
▶ 圭介はすなおだ.
Keisuke is *gentle* by nature. / Keisuke has a *gentle* nature.
▶ すなおな生徒 an *obedient* student

スナック (軽食・おやつ) a snack [スナック]; (店)a bar, (英)a pub (▶ snack bar は「軽食を出す飲食店」で, お酒は出さない)
▶ スナック菓子 snacks / snack food

スナップ (写真) a snapshot [スナプシャト], (英)a snap [スナップ] →しゃしん

すなわち that is, that is to say, or [オー(ァ)]
▶ その事件は1週間前, すなわち5月2日に起きた.
The accident happened a week ago, *that is*, on May 2.

スニーカー sneakers [スニーカァズ] (▶ふつう複数形で使う. 数えるときは a pair of を使う)

スヌーピー Snoopy [スヌーピィ] (アメリカの漫画『ピーナッツ』に登場するビーグル犬の名)

すね a shin [シン] →あし(図)
▶ あいつのすねをけってやりたい.
I want to kick him in the *shin*.
▶ 彼はいまだに親のすねをかじっている.
He *is* still *sponging off* his parents.

すねる be sulky [サルキィ]
▶ そうすねるな.
Don't *be* so *sulky*.

ずのう 頭脳 brains [ブレインズ], a head [ヘッド] →あたま

スノー snow [スノゥ]
スノータイヤ a snow tire

すべて

スノーモービル a snowmobile

スノーボード (板) a snowboard；(スポーツ) snowboarding
スノーボードをする snowboard

スパート a spurt [スパ〜ト]
スパートする spurt
▶ ラストスパートをかける
make a last *spurt*

スパイ a spy [スパイ]
スパイ行為をする spy

スパイク (くつ) spikes [スパイクス], spiked shoes；(バレーボールの打ちこみ) a spike

スパイス (a) spice [スパイス]
▶ スパイスのきいたカレー *spicy* curry

スパイラル (らせん) a spiral [スパイ(ア)ラ]

スパゲッティ spaghetti [スパゲティ] (▶イタリア語から)
スパゲッティミートソース spaghetti with meat sauce

すばしこい quick [クウィック]

ずばぬけて ずば抜けて 《最上級とともに》by far
▶ ケンはずばぬけて成績のいい生徒だった.
Ken was *by far* the best student.

スパムメール (おもに広告などの不要なメール) spam [スパム] (mail)

すばやい 素早い quick [クウィック] →はやい
素早く quickly [クウィクリィ]

すばらしい

wonderful [ワンダフル]，《口語》great
▶ すばらしい！
Great! / Wonderful! / Terrific!
▶ すばらしいながめ a *wonderful* view

┌─ 🔊スピーキング ─────────┐
🅐 映画はどうだった？
How did you like the movie?
🅑 すばらしかった.
It was great.
└────────────────────┘

スパンコール spangles [スパングルズ]

スピーカー (装置) a speaker [スピーカァ], a loudspeaker [ラウドゥスピーカァ]

スピーチ a speech [スピーチ]
スピーチをする make a speech, give a speech

▶ 学校生活についてスピーチをした.
I *made a speech* on my school life.
スピーチコンテスト a speech contest

スピード (a) speed [スピード]
▶ フルスピードで at full *speed*
▶ スピードを上げる
speed up / gather *speed* / pick up *speed*
▶ スピードを落とす
slow down / reduce *speed* (▶ ˣspeed down とはいわない)
スピード違反 speeding

ずひょう 図表 a chart [チャート]

スプーン a spoon [スプーン]
▶ スプーン1杯の塩 a *spoonful* of salt

ずぶぬれ ずぶぬれになる get wet through, get soaked [ソゥクト] to the skin
▶ 私は雨でずぶぬれになった.
I *got soaked to the skin* in the rain.

スプレー a spray [スプレイ]
スプレーする spray
▶ ヘアスプレー (a) hair *spray*

スペア スペアの spare [スペア]
スペアキー a spare key
スペアタイヤ a spare tire

スペイン Spain [スペイン]
スペイン(人・語)の Spanish [スパニシ]
スペイン語 Spanish →ことば (表)
スペイン人 (1人)a Spaniard [スパニャド]；(全体) the Spanish

スペース (余地) room [ル(ー)ム], (a) space [スペイス]
▶ ここにもう1つ机を置くスペースはないよ.
We don't have enough *room* to put another desk here.
スペースシャトル a space shuttle

スペード (トランプの) a spade [スペイド]

-すべきだ should [シュッド] →-べき

スペシャル (特別の) special [スペシャル]
▶ スペシャル番組 a *special* program

すべて →ぜんぶ, みんな

all [オール]；(どれも) everything [エヴリスィング]
すべての all；(どれもみな) every [エヴリィ]；whole [ホウル]
▶ すべてが順調だ.
Everything is going fine.

four hundred and fifteen　415

すべりだい

- できることはすべてやります.
  I'll do *everything* I can. / I'll do *all* I can.
- すべての人に生きる権利がある.
  All people have the right to live. / *Every* person has the right to live.
- ぼくの答えはすべて合っていた.
  All my answers were correct. / My answers were *all* correct.
- すべてを覚えることはできないよ.
  I can't memorize *all* of them. / I can't memorize them *all*.
- その話はすべて知っている.
  I know the *whole* story. / I know *all* the story.

> 💬 **表現力**
> すべての〜が…とはかぎらない
> → Not all ＋複数名詞 … /
> 　 Not every ＋単数名詞 …

- すべてのサメが危険なわけではない.
  Not all sharks are dangerous. / *Not every* shark is dangerous.

> 📝 **文法 all と every**
> ❶ all は全体をまとめて「すべて」という意味. every は1つ1つをとりあげて「すべて」の意味.
> ❷ all のあとには複数形の名詞が, every のあとには単数形の名詞がくる.

all / every

すべりだい 滑り台 a slide [スライド]
- すべり台で遊ぼう.
  Let's play on the *slide*.

すべる 滑る

1 (なめらかに) slide [スライド]; (スキーで) ski [スキー]; (スノーボードで) snowboard [スノウボード]; (スケートで) skate [スケイト]
- 子どもたちは斜面をすべり降りた.
  The children *slid* down the slope.
- ランナーは2塁にすべりこんだ.
  The runner *slid* into second base.

2 (つるっと) slip [スリップ]

slide

slip

- 痛い! バナナの皮ですべった.
  Ouch! I *slipped* on a banana peel.
  すべりやすい slippery [スリパリィ]
- すべりやすいので注意 (掲示)
  Caution. *Slippery* Surface

「注意! すべりやすい床(ゆか)です」という掲示.

3 (試験に落ちる) fail [フェイル]
- 息子が大学入試にすべった.
  My son *failed* his college entrance exams.

スペル (語のつづり) (a) spelling [スペリング] (▶ ✗spell とはいわない. spell は「つづる」という意味の動詞) →つづり, つづる
- 「ninth のスペルはどう書くの?」「N-I-N-T-H です」
  "How do you *spell* 'ninth'?" "N-I-N-T-H." (▶ スペルをいうときはアルファベットで1文字ずついう)
- その単語のスペルがわからない.
  I don't know the *spelling* of the word. / I don't know how to *spell* the word.
- 英語の作文をスペルチェックする
  check the *spelling* in an English composition
- スペルミス
  a *spelling* mistake / a *spelling* error

◀ **スマートフォン**

(▶ *spell miss とはいわない)

スポーツ

(a) sport [スポート] (▶英語では「つり」「ハンティング」などもふくまれる)

スポーツの sports

スポーツをする play sports, do sports, enjoy sports

▶ 好きなスポーツは何ですか.
What's your favorite *sport*?

▶ スポーツは何かしますか.
Do you play any *sports*?

▶ 美沙はスポーツ万能だ.
Misa is good at all kinds of *sports*.

🗣 スピーキング

Ⓐ どんなスポーツが好きですか.
What sports do you like?

Ⓑ テニスです.
I like tennis.

スポーツウエア sportswear, sports clothes
スポーツカー a sports car
スポーツクラブ a sport club
スポーツ新聞 a sports newspaper
スポーツテスト a physical fitness test
スポーツドリンク a sports drink
スポーツニュース sports news
スポーツの日 Sports Day
スポーツ番組 a sports program
スポーツマン an athlete [アスリート]

スポーツマンシップ sportsmanship
スポーツ用品 sporting goods
スポーティー スポーティーな sporty [スポーティ]；(服装が) casual [キャジュアル]
スポットライト a spotlight [スパトライト]
ズボン trousers [トゥラウザァズ]，《おもに米》 pants [パンツ] (▶どちらも複数形で使う. 数えるときは a pair of を使う) →パンツ

▶ 半ズボン shorts

▶ ズボンをはく
put on my *trousers*

▶ ズボンをぬぐ
take off my *trousers*

スポンサー a sponsor [スパンサァ]
スポンジ a sponge [スパンヂ]

▶ スポンジで皿を洗う
wash dishes with a *sponge*

スポンジケーキ (a) sponge cake
スマート スマートな (ほっそりした) slim [スリム]，slender [スレンダァ] (▶英語の smart には「ほっそりした」という意味はない)；(センスのいい) stylish [スタイリシ]，smart [スマート]

▶ 久美はとてもスマートだ. Kumi is very *slim*. / Kumi is very *slender*.

スマートウォッチ a smart watch
スマートスピーカー a smart speaker
スマートフォン a smartphone[スマートゥフォウン]

▶ 彼のスマートフォンにメールを送った.
I sent a text message to his

スポーツ・運動・競技のいろいろ (「…をする」というとき)

①「play +スポーツ名」にするもの
(例) ゴルフをする play golf
アメフト **American football**
ゴルフ **golf**
サッカー **soccer, football**
ソフトボール **softball**
卓球 **table tennis**
テニス **tennis**
バスケットボール **basketball**
バドミントン **badminton**
バレーボール **volleyball**
ハンドボール **handball**
フットボール **football**
野球 **baseball**
ラグビー **rugby**

② もとの動詞にするもの
(例) ジョギングをする jog
ジョギング **jogging (jog)**
水泳 **swimming (swim)**
スキー **skiing (ski)**
スケート **skating (skate)**
登山 **climbing (climb)**
ボウリング **bowling (bowl)**

③「practice +スポーツ名」にするもの
(例) 剣道をする practice *kendo*
剣道 ***kendo***
柔道 ***judo***
体操 **gymnastics**
ボクシング **boxing**

あ
か
す
た
な
は
ま
や
ら
わ

four hundred and seventeen 417

すまい 住まい a house [ハウス]
▶ すてきなお住まいですね！
What a nice *house* you have!

> 🗨 スピーキング
> Ⓐ お住まいはどちらですか．
>   Where do you live?
> Ⓑ 横浜です．
>   I live in Yokohama.

すます 済ます
(終わらせる) finish [フィニシ]；(間に合わせる) do [ドゥー]
▶ もう夕食は済ませたの？
Have you *finished* your dinner yet?
▶ 昼食はハンバーガーで済まそう．
Hamburgers will *do* for lunch.
▶ 今日はお金がないから，昼食ぬきで済ましちゃおう． I have to *go* without lunch because I have no money today.
▶ それは笑って済ませられることじゃない．
It's no laughing matter.

スマッシュ a smash [スマッシ]
 スマッシュする smash
すまない I'm sorry. →すみません
▶ ほんとうにすまないと思っています．
I'm really *sorry* about that.
スマホ →スマートフォン
すみ¹ 隅 a corner [コーナァ]
▶ ベスははずかしがり屋で，いつも部屋のすみに立っている．
Beth is a shy girl and always stands in one *corner*.
すみ² 墨 Indian ink, Chinese ink；(棒状の) an ink stick [インク スティック]，*sumi*
▶ 墨で書くのは苦手だ．I'm not good at writing in *Chinese ink*.
すみ³ 炭 charcoal [チャーコウル]

すみません

> 使い分け
> (軽いわびに・頼みごとをするときに)
>   → Excuse me.
> (過失の謝罪に) → I'm sorry.
> (お礼に) → Thank you.

1 (軽いわびに・頼みごとをするときに)
Excuse me. [イクスキューズ ミィ]

> 🗨 スピーキング
> Ⓐ すみません．
>   Excuse me.
> Ⓑ いいですよ．
>   Sure. / Certainly.

▶「すみません，手伝ってくれますか」「もちろん」
"*Excuse me*, but can you help me?"
"Sure."
▶ すみません，駅はどこですか．
Excuse me, but where is the train station?

2 (過失の謝罪に) I'm sorry. [アイム サリィ]

> 🗨 スピーキング
> Ⓐ すみません．
>   I'm sorry.
> Ⓑ いいですよ．
>   That's all right.

▶ 遅れてすみません．*I'm sorry* I'm late.
▶ お待たせしてすみません．
I'm sorry to have kept you waiting.

3 (お礼に) Thank you. [サンキュー]

> 🗨 スピーキング
> Ⓐ すみません．
>   Thank you.
> Ⓑ どういたしまして．
>   You're welcome.

▶ すみません．助かりました．
Thank you for your help.

▶ 「おすわりください」「どうもすみません」
"Have a seat, please." "Thank you."

スミレ (植物) a violet [ヴァイオレト]；(三色スミレ) a pansy [パンズィ]
すみれ色 violet

すむ¹ **住む**

live [リヴ]

表現力
…に住む，…に住んでいる → live in ...

スピーキング
Ⓐ あなたはどこに住んでいるの？
Where do you live?
Ⓑ 藤沢に住んでいます．
I live in Fujisawa.

▶ 私は5年前，京都に住んでいました．
I *lived in* Kyoto five years ago.
▶ ケイトは日本に2年間住んでいます．
Kate *has lived in* Japan for two years.
▶ 私はマンション［アパート］に住んでいます．
I *live in* an apartment.
▶ 兄は今，パリに住んでいる．
My brother *is* now *living in* Paris. (▶「一時的に暮らしている」というときは現在進行形を使う)
▶ 彼はウエスト通り143番に住んでいる．
He *lives at* 143 West Street. (▶「番地」があとに続くときは at を使う)
▶ 彼はウエスト通りに住んでいる．
He *lives on* West Street. (▶「通りの名前」があとに続くときは《米》では on，《英》では in を使うのがふつう)

すむ² **済む** **1** (終わる) finish [フィニシ], be over [オウヴァ]
▶ 宿題は済んだの？
Have you *finished* your homework?
▶ ごはんは済んだの？
Are you *finished* with your dinner?
▶ あしたの授業の用意は済んだの？
Have you *finished* preparing for tomorrow's classes?
▶ 試験が済んだ．My exams *are over*.
2 (間に合う)
▶ ハワイでは英語を話さないで済むってほんとう？
I hear that we *don't have to* speak English in Hawaii. Is that true?

すむ³ 澄む become clear [クリア]
澄んだ clear
▶ 澄んだ水
clear water
▶ 空が澄んでいる．
The sky is *clear*.
▶ 赤ちゃんは澄んだ目をしている．
Babies have *clear* eyes.

スムージー a smoothie [スムーズィ]

スムーズ スムーズな smooth [スムーズ]
スムーズに smoothly
▶ 車はスムーズに流れている．
The traffic is flowing *smoothly*.

すもう 相撲 sumo, sumo wrestling [レスリング]
すもうをとる wrestle 《with》, do sumo wrestling 《with》
▶ すもうは日本の国技です．
Sumo is the national sport of Japan.
すもう取り a sumo wrestler

ⓘ 参考 「横綱ポジ」は ***Yokozuna*** または **grand champion** という．そのほかはふつう日本語どおりにいう．「前頭2枚目」は **No. 2 *Maegashira***.

スモッグ (a) smog [スマッグ]
スモッグ警報 a smog warning
-すら even [イーヴン] → -さえ
スライス a slice [スライス]
スライスする slice
▶ スライスチーズ
sliced cheese / *slice* cheese
スライディング (野球) a sliding [スライディング]
▶ 1塁にヘッドスライディングする
slide headfirst into first base

スライド ▶

スライド (映写用) a slide [スライド]
ずらす move [ムーヴ], shift [シフト]
▶ 机を右へずらす
 move a desk to the right
すらすら (簡単に) easily [イーズィリィ]; (順調に) smoothly [スムーズリィ]; (外国語を) fluently [フルーエントゥリィ]
▶ シャーロック・ホームズはそのなぞをすらすらと解いた.
 Sherlock Holmes solved that mystery very *easily*.
▶ 万事すらすら運んだ.
 Everything went *well*. / Everything went *smoothly*.
▶ マークスさんは日本語をすらすら話す.
 Mr. Marks speaks Japanese *fluently*.
スランプ a slump [スランプ]
▶ スランプからぬけ出す
 come out of a *slump*
▶ そのバッターはスランプだ.
 The batter is in a *slump*.
すり (人) a pickpocket [ピクパケト]
▶ すりにご用心 (掲示)
 Beware of *Pickpockets*
スリーディー 3Dの 3-D [スリーディー], three-D (▶ three-dimensional [スリーディメンショナル] の短縮語)
すりきず すり傷 a scrape [スクレイプ], a scratch [スクラッチ]
すりきれる すり切れる wear out
▶ 上着のひじのところがすり切れている.
 My jacket *is worn out* at the elbows.
スリッパ mules [ミュールズ], (米)scuffs [スカフス]; (室内ばき) slippers [スリパァズ] (▶ ふつう複数形で使う. 英語の slippers はふつうひものない簡単にはける室内用のくつをいうことが多い. かかとを覆う部分がついている場合もついていない場合もある)

▶ スリッパをはく
 put on a pair of *mules*
スリップ (車の横すべり) a skid [スキッド]; (女性の下着) a slip [スリップ]
スリップする (車が) skid (▶ 人が「すべる」ときは slip でよい)
▶ 車は凍った道路でスリップした.
 The car *skidded* on the icy road.
すりつぶす mash [マッシ], (粉にする) grind [グラインド]
スリム スリムな slim [スリム]
すりむく 擦りむく scrape [スクレイプ], skin [スキン]
▶ ひざをすりむく
 scrape my knee / *skin* my knee
スリル a thrill [スリル]
スリルのある thrilling
▶ スリル満点の映画
 a movie full of *thrills* / a *thrilling* movie

する¹

使い分け
(行う) → do
(球技・ゲームなどを) → play
(状態に) → be, make
(職業を) → be
(値段が) → cost
(病気を) → have

do

play

make

1 (行う) do [ドゥー]
▶ 「何をしているの？」「宿題をしているんだ」
 "What *are* you *doing*?" "I'm *doing* my homework."
▶ 母には毎日しなくてはならない仕事がたくさんある.
 Mother has a lot of work to *do* every day.

◀ -することがある

> トランプをしよう.
> Let's *play* cards.

3 (状態に・職業などを) **be** [ビー] ; (状態・職業などに) **make** [メイク]

> 静かにしてください.
> Please *be* quiet!

> おじは高校の教師をしている.
> My uncle *is* a high school teacher. /
> My uncle *teaches* at a high school.

💬表現力

(人) を…にする → **make** ＋人＋ …

> 彼は彼女を幸せにした.
> He *made* her happy.

> 私たちは彼をキャプテンにした.
> We *made* him captain.

4 (値段が) **cost** [コ(ー)スト]

> このスニーカーは7千円した.
> These sneakers *cost* me 7,000 yen.

5 (病気を) **have** [ハヴ]

> 「どうしたの？」「寒気がするの」
> "What's wrong?" "I *have* the chills."

> 頭痛がするんだ.
> I *have* a headache.

6 (決める)

> (レストランで) 私はローストビーフにします.
> I'll *have* roast beef, please.

💬表現力

…することにする → **be going to** …

> ぼくはサッカー部に入ることにするよ.
> I'*m going to* join the soccer team.

する² 擦る (マッチを)strike[ストゥライク] ; (こする) rub [ラブ]

> マッチをする *strike* a match

する³ pick [ピック]

> すられた！I had my pocket *picked*.

ずる ずるをする cheat [チート]

> ずるすんなよ！
> Play fair! / Be fair!

ずるい cunning[カニング], unfair[アンフェア]

> あいつは (キツネのように) ずるいやつだ.
> He is (as) *cunning* (as a fox).

> そんなのずるいよ！
> It's *not fair*!

スルーパス 《サッカー》a through pass, a through ball

-することがある sometimes [サムタイムズ]

💬用法「…（を）する」の言い方

❶「勉強（を）する」が **study**,「旅行（を）する」が **travel** のように, 英語では動詞1語で表すことが多い. Will you *study* English at home today?（今日は家で英語の勉強をしますか）

❷ do, have, take, make, give などの動詞を名詞と組み合わせると,「…（を）する」という意味のさまざまな表現ができる.

1）do ＋名詞
料理をする *do* the cooking
そうじする *do* the cleaning, *do* cleaning
買い物する *do* the shopping
皿洗いをする *do* the dishes
洗濯をする *do* the laundry, *do* the washing
庭仕事をする *do* the gardening, *do* gardening

2）have ＋名詞
休息する *have* a rest
話をする *have* a talk
散髪する *have* a haircut
水泳をする *have* a swim

3）take ＋名詞
入浴する *take* a bath
昼寝する *take* a nap
散歩する *take* a walk
旅行する *take* a trip

4）make ＋名詞
電話する *make* a call
スピーチする *make* a speech
約束する *make* a promise

5）give ＋名詞
テストをする *give* a test（▶ have a test は「テストがある」という意味）

2 (球技・ゲームなどを) **play** [プレイ] →スポーツ (表)

💬スピーキング

Ⓐ サッカーをしますか.
Do you play soccer?
Ⓑ はい, します. Yes, I do.
Ⓑ いいえ, しません. No, I don't.

> 何のゲームをしようか.
> What game shall we *play*?

---

four hundred and twenty-one　421

-することになっている

▶ 父は車で通勤することがある.
My father *sometimes* drives to work.

-することになっている be to ... →-こと

-するために (in order) to ... →-ため

-するための to ... →-ため

-するだろう will... →-でしょう

-するつもりだ be going to ... →-つもり

するどい 鋭い

sharp [シャープ], keen [キーン] (反) にぶい dull

▶ するどい刃
a *sharp* edge

▶ 犬は嗅覚がするどい.
Dogs have *keen* noses. / Dogs have a *keen* sense of smell.

▶ 急に胃にするどい痛みを感じた.
Suddenly I felt a *sharp* pain in my stomach.

するどく sharply, keenly

-するところ be going to ... →-ところ

-するとすぐ as soon as ... →-すぐ

-するな Don't ... ; (けっして) Never ... (▶ Never ... のほうが Don't ... より強い禁止を表す)

▶ 勝手に [許可なく] パソコンを使うな.
Don't use the computer without permission.

▶ 心配するな.
Don't worry.

▶ もう二度とそんなことするなよ.
Never do such a thing again.

▶ 二度と遅れるな.
Never be late again.

-するほうがいい would rather ...

▶ ぼくは家にいるほうがいいよ.
I'd *rather* stay home.

ずるやすみ ずる休みする 《米》 play hooky [フキィ], 《英》 play truant [トゥルーアント]

▶ 学校をずる休みするな.
Don't *play hooky* from school.

-するようになる come to ... →-(に)なる

ずれ a gap [ギャップ], (a) difference [ディフ(ェ)レンス] ; (時間の) a lag [ラッグ]

▶ 世代間のずれ
the generation *gap*

▶ 母と私には考え方にずれがある.
There are *differences* of opinion between Mother and me.

すれちがう すれ違う pass each other

▶ 2人のライバルは無言ですれちがった.
The two rivals *passed each other* without a word.

-すればするほど the +比較級, the +比較級 →-ほど

ずれる (正しい位置から) slip [スリップ] ; (要点から) be off the point ; (ピントから) be out of focus [フォウカス]

▶ あなたの意見はポイントから少しずれているよ.
Your opinion *is* a little *off the point*.

▶ 机の位置がずれている.
The desk *is not in the right place*.

スローイン 《サッカー》 a throw-in [スロウイン]

スローガン a slogan [スロウガン]

スロープ (坂) a slope [スロウプ]

スローモーション slow motion

すわる 座る

sit [スィット] (down) (反) 立つ stand

sit down　　　stand up

▶ ここにすわってもいい？ Can I *sit* here?

▶ どうぞすわってください.
Please *sit down*. / Please *have a seat*. / Please *take your seat*. / (改まって) Please *be seated*.

▶ おすわり! *Sit!* (▶犬への命令)

▶ 私たちはベンチにすわった.
We *sat on* a bench. (▶ソファーなどに深くすわるときは sit in ... で表す)

▶ みんな，ちゃんとすわりなさいよ.
Sit up straight, children. (▶姿勢を正させるときの表現)

すんぽう 寸法 (測定値) measurements [メジャメンツ] ; (サイズ) (a) size [サイズ] →サイズ

せせせせせせ

せ,せい¹ 背 →せなか

1 (背中) the **back** [バック], *my* back;(いすなど物の) the back
▶ いすの背
the back of a chair
▶ 背のびをする
stretch myself
▶ 彼はドアに背を向けて立っている.
He stands with his *back* to the door.

back

tall short

2 (身長) **height** [ハイト]
背が高い **tall** [トール]
背が低い **short** [ショート]
▶「きみとお父さんとでは，どちらが背が高いの？」「ぼくです」
"Who is *taller*, you or your father?" "I am."
▶ 私は家族の中でいちばん背が低い.
I am the *shortest* in my family.
▶ ぼくは今年10センチ背がのびた.
I have grown 10 centimeters *taller* this year.
▶ もっと背が高くなりたい.
I hope I grow *taller*.

🗣スピーキング
Ⓐ 背の高さはどのくらいですか.
How tall are you?
Ⓑ 160センチです.
I am a hundred and sixty centimeters tall.

▶ 背の順に並びなさい.
Line up in order of *hight*.
▶ 背くらべをしよう.
Let's see who's the *tallest*.

日本語NAVI
背にする ☞①(物が)背景にくるようにする ②背負う
→①はいけい² ②せおう,おう³,うける
背に腹は変えられない ☞大切な物のためには多少の損はしかたがない
→しようがない,しかた
背を向ける ☞①うしろ向きになる ②反対する
→①うしろ ②さからう,はんたい,そむく

せい² 性 (性別) **sex** [セックス];(セックス) sex
性の **sexual** [セクシュアル]
性教育 sex education

せい³ 姓 a family name, a last name
→なまえ
▶ 私の姓は鈴木です.
My *family name* is Suzuki.
▶ アメリカとイギリスでもっとも多い姓はスミスです.
The most common *family name* both in America and Britain is Smith.

せい⁴ 精 **1** (精力) **energy** [エナヂィ]
▶ ぼくは精いっぱいやりました.
I did my *best*.
▶ 勉強に精を出しなさい.
Study *harder*. / Hit the books.
▶ 精いっぱい働く
work *hard*, work as *hard* as possible

2 (精霊(れい)) a **spirit** [スピリット]
▶ 花の精
the *spirit* of a flower

せい⁵ …のせいで (…のために) **because** [ビコーズ] **of**, **due** [デュー] **to**
…のせいにする **blame** [ブレイム]
▶ きみの失敗は不注意のせいだ.
Your failure is *due to* your carelessness.
▶ 祖父は年のせいで耳がよく聞こえない.
My grandfather doesn't hear well *because of* his age.

-せい

▶ 大雪のせいで列車が遅れた.
The train was delayed *due to* the heavy snow. (▶ due to は because of でもよい)

▶ それをぼくのせいにしないで.
Don't *blame* me *for* that.

-せい …製 (…国産の) made in ... ; (…を材料とした) made of ...

▶ スイス製の時計
a watch *made in* Switzerland / a Swiss-*made* watch

▶ 革製のバッグ
a bag *made of* leather / a leather bag

ぜい 税 (a) tax [タックス]

▶ 税を納める
pay *taxes*

▶ 消費税
a consumption *tax*

▶ 所得税
an income *tax*

税務署 a tax office

せいい 誠意 sincerity [スィンセリティ]
誠意のある sincere [スィンスィア]

せいいっぱい 精いっぱい as hard as possible →せい⁴

セイウチ (動物) a walrus [ウォーラス]

せいえん 声援 cheering [チアリング]；(米) rooting [ルーティング] →おうえん
声援する cheer (for), (米) root (for)

せいおう 西欧 (西ヨーロッパ) Western Europe [ウェスタン ユ(ア)ロプ]；(西洋) the West

せいか¹ 聖火 (オリンピック会場の) the Olympic flame [フレイム]；(聖火リレーの) the Olympic torch [トーチ]
聖火ランナー a torch bearer
聖火リレー the Olympic torch relay

せいか² 成果 the result [リザルト], the fruit [フルート]

▶ コンサートの成功は彼らの努力の成果だ.
The success of the concert is *the fruit* of their efforts.

せいかい 正解 a correct answer, a right answer

▶ きみは正解だよ.
Your answer is *correct*. / You are *right*.

せいかく¹ 性格

(a) character [キャラクタァ]；(人柄) (a) personality [パ~ソナリティ]

▶ 彼は強い性格だ.
He has a strong *character*. (▶「弱い」なら strong を weak にする)

▶ 留美子は性格が明るい.
Rumiko is always cheerful.

▶ 最近, 彼の性格は変わったね.
His *personality* has changed lately, hasn't it?

▶ ぼくと兄さんは性格が正反対だ.
My brother and I have completely opposite *personalities*.

▶ あいつは性格が悪い. He's mean.

せいかく² 正確な

(正しい) correct [コレクト]；(厳密な) exact [イグザクト]；(精密な) accurate [アキュレト]

▶ 正確な時刻わかる？
Do you know the *exact* time? / Do you know the *correct* time?

▶ この時計は正確だ.
This watch is *accurate*. / This watch keeps *good* time.

正確に correctly；exactly

▶ 正確にはわかりません.
I don't know *exactly*.

▶ 正確に言うと, 私は絵美より5ミリ背が低い.
To be exact, I am five millimeters shorter than Emi.

せいかつ 生活

(a) life [ライフ]；(生計) a living [リヴィング]
生活する live [リヴ], lead a life；(生計を立てる) make a living, earn a living

▶ 都会の生活 city *life* / urban *life*

▶ いなかの生活 country *life*

▶ 日常生活 everyday *life* / daily *life*
▶ 学校生活
school *life* / (大学) campus *life*
▶ 彼女は水泳のインストラクターをして生活している. She *makes a living* as a swimming instructor.
▶ 2人は裕福な生活をしている.
The couple *are well off*. (▶「貧しい生活」なら well を badly にする)
生活水準 the standard of living
生活費 *my* living costs, *my* living expenses, the cost of living
生活様式 a way of life, a lifestyle [ライフスタイル]

ぜいかん 税関 (the) customs [カスタムズ]

せいかんざい 制汗剤 antiperspirant [アンティパ～スピラント]

せいき¹ 世紀 a century [センチュリィ]
▶ 3世紀の間 for three *centuries*
▶ 21世紀の初めに
in the early twenty-first *century*
▶ われわれは21世紀に生きている.
We are living in the 21st *century*.

せいき² 正規の regular [レギュラァ]

せいぎ 正義 (公正さ) justice [ヂャスティス]; (正しさ) right [ライト]
▶ 正義の味方 a friend of *justice*
▶ 敬一郎は正義感が強い.
Keiichiro has a strong sense of *justice*.

せいきゅう 請求 a demand [ディマンド]
請求する ask, demand
請求書 a bill, 《米》 a check

せいきょう 生協 (生活協同組合) a co-op [コウアプ]

ぜいきん 税金 (a) tax [タックス] →ぜい

せいけい 生計 (a) living [リヴィング]
▶ 生計を立てる
make a *living* / earn a *living*

せいけつ 清潔な clean [クリーン]
▶ 清潔なタオル a *clean* towel
▶ 流しはいつも清潔にしておきなさい.
Always keep the sink *clean*.

せいげん 制限 a limit [リミト]
制限する limit
▶ 私は食事制限をしている. I'm on a *diet*.
▶ この高速道路の制限速度は時速80キロだ.
The speed *limit* on this expressway is 80 kilometers per hour.

▶ 制限時間は20分です.
The time *limit* is twenty minutes.

せいこう 成功

(a) success [サクセス] (反 失敗 failure)
成功する succeed [サクスィード] 《in》, be successful 《in》 (反 失敗する fail)

🗨 スピーキング
Ⓐ 成功をお祈りしております.
I wish you success.
Ⓑ ありがとう.
Thank you.

▶ 学園祭は大成功だった. The school festival was a great *success*.
▶ やったあ,大成功!
We *did it*! / We *made it*!

💬 表現力
…に成功する
→ succeed in ... /
succeed in -ing

▶ 私たちはやっとその実験に成功した.
We finally *succeeded in* the experiment.
▶ 1969年に月ロケットの打ち上げに成功した.
They *succeeded in launching* a moon rocket in 1969.

せいざ 星座 a constellation [カンステレイション]; (星占いの) a sign

ℹ 参考 「あなたは何座ですか」は What's your sign? といい,「うお座です」と答えるときは Mine is Pisces. や I'm a Pisces. という.「何座ですか」は What sign were you born under? などともいう.

せいさく¹ ▶

おひつじ座	**Aries** [エ(ア)リーズ]	3/21-4/19
おうし座	**Taurus** [トーラス]	4/20-5/20
ふたご座	**Gemini** [ヂェミナイ, -ニィ]	5/21-6/21
かに座	**Cancer** [キャンサァ]	6/22-7/22
しし座	**Leo** [リーオゥ]	7/23-8/22
おとめ座	**Virgo** [ヴァ～ゴゥ]	8/23-9/22
てんびん座	**Libra** [ライブラ, リー]	9/23-10/23
さそり座	**Scorpio** [スコーピォゥ]	10/24-11/22
いて座	**Sagittarius** [サヂテ(ア)リアス]	11/23-12/21
やぎ座	**Capricorn** [キャプリコーン]	12/22-1/19
みずがめ座	**Aquarius** [アクウェ(ア)リアス]	1/20-2/18
うお座	**Pisces** [パイスィーズ, ピ-]	2/19-3/20

せいさく¹ 製作する **make** [メイク], **produce** [プロデュース]
▶ 映画を製作する
 make a film / *produce* a film (▶ a film は a movie ともいう)
 製作者 a maker, a producer
 製作所 a factory
 製作費 production costs
せいさく² 政策 a policy [パリスィ]
▶ 経済政策 an economic *policy*
せいさん¹ 生産 production [プロダクション]
 生産する make [メイク], produce [プロデュース]
▶ 大量生産 mass *production*
▶ 国内総生産 gross domestic *product* (▶ GDP と略す)
 生産者 a producer
 生産高 (an) output
 生産物 products
せいさん² 精算する adjust [アヂャスト]
▶ 運賃を精算する *adjust* the fare
せいさんじょ 精算所 fare adjustment office [フェア アヂャストゥメント オ(ー)フィス]
せいし¹ 生死 life and death
▶ それは生死にかかわる問題だ.
 It's a matter of *life and death*.
せいし² 制止する stop [スタップ], control [コントゥロウル]

せいじ 政治

politics [パリティクス]; (行政) government

[ガヴァ(ン)メント]
 政治の political [ポリティカル]
▶ 民主政治 democratic *government*
 政治家 a statesman [ステイツマン] (**複数** statesmen), a politician [パリティシャン] (▶ statesman は「国を代表するようなりっぱな政治家」という意味で使われるが, politician は「営利・私利をはかる政治家」という意味をふくむことがある)
 政治学 politics
せいしき 正式な formal [フォーマル]; (公式な) official [オフィシャル]
 正式に formally
▶ 正式な晩餐会 a *formal* dinner party

せいしつ 性質 →せいかく¹

(生まれつきの) (a) nature [ネイチァ]
▶ 性質のよい good-*natured*
▶ 彼女はおとなしい性質だ.
 She has a quiet *nature*. / She is quiet by *nature*.
せいじつ 誠実な sincere [スィンスィア]; (忠実な) faithful [フェイスフル]
 誠実に sincerely, faithfully
せいしゅく 静粛な quiet [クワイエト] →しずか
▶ 静粛に. Be *quiet*, please.
せいじゅく 成熟する (身体が) mature [マテュア]; (作物が) ripen [ライプン]
▶ 一般的に女の子のほうが男の子より成熟するのが早い.
 Girls generally *mature* earlier than boys.

せいしゅん 青春

my youth [ユース]
 青春の youthful, young [ヤング]
▶ 若者は青春をじゅうぶんに楽しむべきだ.
 Young people should enjoy *their youth* to the fullest.
▶ 私は青春のすべてをバレエにささげた.
 I devoted my entire *youth* to ballet.
 青春時代(に) (in) *my* youth
▶ 母は青春時代を仙台で過ごした.
 My mother spent *her youth* in Sendai.
せいしょ¹ 聖書 the Bible [バイブル], the Holy Bible
▶ 新約聖書 the New *Testament*

◀ **せいそう**

▶ 旧約聖書 the Old *Testament*

せいしょ[2] 清書 a clean copy, a fair copy
　清書する make a clean copy (of)

せいしょう 斉唱 unison [ユーニスン]
　斉唱する sing in unison

せいじょう 正常な normal [ノーマル]
▶ 事態はじきに正常にもどるだろう.
　Things will soon return to *normal*.

せいしょうねん 青少年 young people [ヤング ピープル], the youth [ユース]
　青少年犯罪 juvenile delinquency [デューヴィ（ェ）ナ（イ）ル ディリンクウェンスィ]

せいしん 精神

　mind [マインド], **spirit** [スピリト] (対 肉体 body)
　精神の mental [メントゥル] (対 物質の material)
　精神的な spiritual [スピリチュアル]
　精神的に mentally, spiritually
▶ 精神と肉体
　mind and body
▶ スポーツマン精神
　sportsmanship / the *spirit* of fair play
▶ あいつは精神的にはまだ子どもだ.
　He's still a child *mentally*.
▶ 彼女は精神的ショックを受けた.
　She got *emotionally* shocked.
　精神状態 a mental condition
　精神年齢 a mental age
　精神病 (a) mental illness, (a) mental disease
　精神力 mental strength

せいじん[1] 成人 an adult [アダルト], (口語) a grown-up [グロウナプ]
　成人する (成人に達する) come of age; (おとなになる) grow up
▶ いちばん上の姉は今年成人になる.
　My oldest sister will *come of age* this year.
▶ 真理は成人して有名な芸術家になった.
　Mari *grew up* to be a famous artist.
▶ 成人向き (未成年者お断り) 《掲示》
　Adults Only
　成人式 a coming-of-age ceremony
　成人の日 Coming-of-Age Day

せいじん[2] 聖人 a saint [セイント]

せいず 製図 drawing [ドゥローイング]
　製図する draw

せいぜい 1 (多くても) at most; (よくても) at best
▶ それは高くてもせいぜい200円くらいでしょう.
　It will be two hundred yen *at most*. / It *won't* cost *more than* two hundred yen.

2 (できるだけ) as ... as I can
▶ 休み中はせいぜい羽をのばしなさい.
　Enjoy yourself *as much as* you *can* during your vacation.

せいせいした
▶ これでせいせいした.
　Finally, I can *relax*.

せいせいどうどう 正々堂々と fairly [フェアリィ]
▶ 正々堂々と戦う play *fair*

せいせき 成績

　(学校での) 《米》 a **grade** [グレイド], 《英》 a **mark** [マーク]; (結果) a result [リザルト]
　→しけん, けっか
▶ よい成績をとる
　get good *grades* / get good *marks*

> **スピーキング**
> Ⓐ 成績はどうだった?
> How were your grades?
> Ⓑ 英語の成績はよかったけど, 数学があまりよくなかった.
> I got a good grade in English but not so good in math.

> **プレゼン**
> 今学期は成績が上がりました.
> I got better grades this term. / My grades went up this term.

▶ 中学2年になって成績が下がった.
　My *grades* went down in the eighth grade.
▶ 彼は学校の成績がよかった.
　He *did well* in school.
　成績表 a report card

せいせんしょくりょうひん 生鮮食料品 fresh foods, perishable [ペリシャブル] foods

せいそう 清掃 cleaning [クリーニング] →そ

four hundred and twenty-seven　427

せいぞう ▶

うじ¹

せいぞう 製造する make [メイク]；(工場などで) manufacture [マニュファクチァ]
製造業 the manufacturing industry
製造元 a maker, a manufacturer

せいぞん 生存 existence [イグズィステンス], life [ライフ]
生存する exist, live, be alive；(生き残る) survive [サヴァイヴ] →いきる
▶ 適者だけが生存できる.
Only the fittest can *survive*.
生存競争 a struggle for existence
生存者 (事故などの) a survivor

せいだい 盛大な big [ビッグ], grand [グランド]
▶ いとこは盛大な結婚披露宴を開いた.
My cousin held a *grand* wedding reception.

せいたいけい 生態系 an ecosystem [イーコウシステム]

ぜいたく luxury [ラクシ(ュ)リィ]；(ぜいたく な物) a luxury
ぜいたくな luxurious [ラグジュ(ア)リアス]
▶ その歌手はぜいたくな暮らしをしている.
The singer is living in *luxury*.

せいちょう 成長, 生長

growth [グロウス]
成長する, 生長する grow (up)
▶ 竹は生長が速い.
Bamboo *grows* quickly.
▶ みにくいアヒルの子は成長して美しい白鳥となった.
The ugly duckling *grew up* to be a beautiful swan.

せいてん 晴天 fine weather [ウェザァ], good weather, fair weather
▶ この2週間晴天が続いている.
We have had *fine weather* for the past two weeks. / The weather has been *fine* for the past two weeks.

せいと 生徒

(学校の) a **student** [ステューデント], a **pupil** [ピューブル]；(個人指導の) a pupil (対 先生 teacher) (▶ (米)では小・中・高とも student というが, 小学校の生徒は pupil ともいう. (英)では小学校・中等学校 (日本の中・高に相当) の生徒は pupil

といったが, 最近では student ともいう)
▶ 女子生徒 a girl *student* / a schoolgirl
▶ 男子生徒
a boy *student* / a schoolboy

> **🔲プレゼン**
> 私は明治中学の生徒です.
> I'm a student at Meiji Junior High School. (▶ at を of としないこと) / I go to Meiji Junior High School.

▶ きみの学校には何人の生徒がいますか.
How many *students* are there in your school?
生徒会 a student council
▶ 私は生徒会の会長に選ばれた.
I was elected president of the *student council*.
生徒会選挙 an election for the student council
生徒会長 the president of a student council
生徒集会 a student meeting
生徒総会 a student council assembly / a general meeting of the student council
生徒手帳 a student handbook；(学生証) a student ID

せいど 制度 a system [スィステム]
▶ 入試制度
an entrance examination *system*

せいとう¹ 正当な (正しい) just [ヂャスト]；(公正な) fair [フェア]
▶ 正当な手段で by *fair* means
正当化する justify [ヂャスティファイ]
正当防衛 self-defense

せいとう² 政党 a political party

せいどう 青銅(の) bronze [ブランズ]
青銅器時代 the Bronze Age

せいどく 精読する read carefully

せいとん 整頓 →せいり¹

せいなん 西南 the southwest [サウスウェスト] (▶ S.W. または s.w. と略す. 日本語では「西南」とも「南西」ともいうが, 英語ではつねに南を先にいう)
西南の southwest, southwestern

せいねん 青年 a youth [ユース]；(全体) young people
青年時代(に) (in) *my* youth, (in) *my* young days

428 four hundred and twenty-eight

せいめい³

青年海外協力隊 the Japan Overseas Cooperation Volunteers

せいねんがっぴ 生年月日 the date of (*my*) birth [バ〜ス]

▶「生年月日はいつですか」「2013年3月3日です」
"What's your *birth date*?" "It's March 3, 2013." / "When were you born?" "I was born on March 3, 2013." (▶ March 3, 2013は March third, two thousand (and) thirteen と読む. 2013は twenty thirteen とも読む)

せいのう 性能 performance [パフォーマンス]；(効率) efficiency [イフィシェンスィ]
性能がよい efficient

せいび 整備する (修理する) fix [フィックス], repair [リペア], maintain [メインテイン]
整備士 a mechanic [メキャニク]

せいひれい 正比例 direct proportion
▶ …に正比例する
be in *direct proportion* to ...

せいひん 製品 a product [プラダクト]
▶ 新製品 a new *product*
▶ 外国製品 foreign *products*
▶ プラスチック製品 plastic *goods*

せいふ 政府 the government [ガヴァ(ン)メント]
▶ 日本(国)政府
the Japanese *Government*

せいぶ 西部 the western part, the west [ウェスト]；(アメリカの) the West
西部の west, western

> ✏️ライティング
> 私たちの市は福岡の**西部**にあります.
> Our city is in the **western** part of Fukuoka. / Our city is in the **west** of Fukuoka.

西部劇 a Western

せいふく¹ 制服 a uniform [ユーニフォーム]；(学校の) a school uniform
▶ 彼は学校の制服を着ていた.
He was wearing his *school uniform*. / He was in *school uniform*.

> 👤プレゼン
> うちの学校には**制服**があります.
> We have **uniforms** in our school. / Our school has **uniforms**.

せいふく² 征服 (a) conquest [カンクウェスト]
征服する conquer [カンカァ]
征服者 a conqueror

せいぶつ¹ 生物 a living thing；(集合的に) life [ライフ]
▶ 生物はすべて水を必要とする.
All *living things* need water.
▶ 月には生物はいない.
There is no *life* on the moon.
生物学 biology [バイアロヂィ]
生物学者 a biologist
生物多様性 biodiversity [バイオウディヴァ〜スィティ]

せいぶつ² 静物 still life
静物画 a still life

せいぶん 成分 an ingredient [イングリーディエント]

せいぼ¹ 聖母マリア the Virgin Mary, the Madonna [マダナ]

せいぼ² 歳暮 a year-end gift, a winter gift (▶ 英米にはお中元やお歳暮をおくる習慣はない)

せいぼう 制帽 (学校の) a school cap

せいほうけい 正方形 a square [スクウェア] → かたち (図)

せいほく 西北 the northwest [ノースウェスト] (▶ N.W. または n.w. と略す. 日本語では「西北」とも「北西」ともいうが, 英語ではつねに北を先にいう)
西北の northwest, northwestern

せいみつ 精密な precise [プリサイス]；(くわしい) detailed [ディテイルド]
▶ 精密な地図 a *detailed* map
精密機械 a precision instrument, a precision machine
精密検査 (健康の) a thorough checkup；(機械などの) a close examination

せいめい¹ 生命 → いのち

(a) life [ライフ] (複数 lives [ライヴズ])
▶ 患者の生命は危険な状態だった.
The patient's *life* was in danger.
▶ その事故で多くの生命が失われた.
Many *lives* were lost in the accident.
生命保険 life insurance

せいめい² 姓名 a name, a full name → しめい¹

せいめい³ 声明 a statement [ステイトゥメント]

four hundred and twenty-nine 429

せいもん

- 声明を出す make a *statement*
- 共同声明 a joint *statement*

せいもん 正門 the front gate, the main gate

せいゆう 声優 a voice actor (▶男女どちらにも使う. 女性の声優はa voice actressともいう);(吹(ふ)き替えの) a dubber [ダバァ]

せいよう 西洋 the West [ウェスト] (対 東洋 East);(西洋諸国) the Western countries
西洋の Western
西洋人 a Westerner
西洋文明 Western civilization

せいり¹ 整理する tidy [タィディ] (up), put ... in order
- 引き出しの中を整理しないと.
  I have to *tidy up* the drawers.
- 整理整とんをしなさい.
  Keep things *in order*.
整理券 a numbered ticket
整理番号 a reference number

せいり² 生理 my period(s)[ピ(ア)リオド[ッ]]
- 今, 生理中です.
  I'm having my *period*.

せいりつ 成立する (組織が) be formed [フォームド];(条約などが) be concluded [コンクルーディド]

せいりょういんりょう 清涼飲料 a soft drink [ソ(ー)フトドゥリンク]

せいりょく¹ 勢力 (権力) power [パウア];(影響(えいきょう)力) influence [インフル(ー)エンス]
- 台風の勢力が弱まってきている.
  The typhoon is decreasing in *power*.
勢力のある powerful; influential [インフルエンシャル]

せいりょく² 精力 (an) energy [エナヂィ]
精力的な energetic [エナヂェティク]
- キュリー夫人はラジウムの研究に全精力を注いだ.
  Madame Curie put all her *energy* into the study of radium.

せいれき 西暦 the Christian era [クリスチャン イ(ア)ラ];(年数とともに使って) A.D. [エイディー] (対 紀元前 B.C.)
- 西暦395年に
  in *A.D.* 395 / in 395 *A.D.*

💬用法 **A.D.の使い方**
A.D.は年号の前に置いてもあとに置いてもよい. ふつう年号の若い場合にだけ使う. ラテン語の **Anno Domini** (主(しゅ)の年にして) の略.

せいれつ 整列する line up;(縦1列に) stand in a line;(横1列に) stand in a row
- 私たちは縦2列に整列した.
  We *lined up* in two lines.
- ろうかに整列しなさい.
  Line up in the corridor.

セーター a sweater [スウェタァ]
- ウールのセーター a wool *sweater*

セーフ セーフの《野球》safe [セイフ] (反 アウトの out)

セーブ セーブする《コンピューター》save [セイヴ]

セーラーふく セーラー服 a middy blouse and skirt, a sailor-style school uniform

セール (安売り) a sale [セイル]
- バーゲンセール a *sale* (▶a bargain saleよりもa saleがふつう. 英語のbargainは「お買い得品」という意味)
- その店は日曜日までセールをやってるよ.
  The store is having a *sale* till Sunday.
- このTシャツ, セールで買ったんだ.
  I bought this T-shirt on *sale*. (▶on saleはat a saleともいう)

「セール 最大40%オフ」の掲示.

セールスマン a salesperson [セイルズパースン] (複数 salespeople) (▶外交販売員だけでなく店員もさす)

せおう 背負う carry [キャリィ] ... on *my* back
- 彼はリュックサックを背負っていた.

◀ **せきがいせん**

He was *carrying* a backpack *on his back*.

せおよぎ 背泳ぎ the backstroke [バックストゥロウク]

▸ 弟は背泳ぎができる.
My brother can swim *the backstroke*.

せかい 世界

the **world** [ワ〜ルド]

> ✏️ **ライティング**
> 東京は世界最大の都市の1つだ.
> Tokyo is one of the largest cities in the world.

▸ シュルツの書いたマンガ『ピーナッツ』は世界中で読まれている.
The *Peanuts* comic strip by Schulz is read all over *the world*.

▸ 彼は世界的に有名な科学者です.
He is a *world*-famous scientist.

> 📣 **プレゼン**
> 世界一周旅行が私の夢です.
> It is my dream to travel around the world.

▸ 子どもの世界 *the world* of children
▸ 第2次世界大戦 *World* War Ⅱ (▶ World War two, the Second World War と読む)
世界遺産 a World Heritage site
世界記録 a world record
▸ 世界新記録を出す
set a new *world record*
世界史 world history
世界選手権大会 a world championship, a world championship meet
世界平和 world peace

せかす 急かす hurry [ハ〜リィ] (up), rush [ラッシ]

▸ 急かさないで.
Don't *rush* me. / Don't *push* me.

せがたかい 背が高い tall [トール] →せ, せい¹

セカンド 《野球》(2塁) second base;（2塁手）a second baseman

▸ セカンドを守る play *second base*

せき¹ 席

a **seat** [スィート]
▸ 席につく sit down / take a *seat*
▸ 予約席 a reserved *seat*
▸ 窓側の席
a *seat* by the window / （乗り物の）a window *seat*
▸ 通路側の席 an aisle *seat*
▸ 私の席はどこですか？
Where is my *seat*?
▸ 「席がえしようよ」「うん,やろう / いやだあ」
"Let's change our *seats*." "Yes, let's. / No, let's not."

> 💬 **スピーキング**
> 🅐 この席は空いていますか.
> Is this seat taken?
> 🅑 ええ,空いています.
> No, it isn't.

▸ どうぞ席についてください.
Please have a *seat*. / Please sit down. / Please take your *seat*.
▸ 電車でそのおばあさんに席をゆずってあげた.
I gave my *seat* to the old woman on the train.
▸ 少し席をつめていただけないでしょうか.
Would you *move over* a little, please?
▸ （店で）あいにくですが,ただいま満席になっております.
I'm sorry, but there're no *tables* available.

> ℹ️ **日本語NAVI**
> **席につく** ☞すわる →**すわる**
> **席を立つ** ☞その場から立ち去る →**さる**
> **席を外す** ☞しばらくの間, 自分の席からはなれる
> →**はなれる**

せき² a cough [コ(ー)フ] →こえ（図）
せきをする cough, have a cough
▸ ひどいせきがでる.
I *have a* bad *cough*.
▸ せきがとまらないんです.
I can't stop *coughing*.
せきばらいをする clear *my* throat
せきどめ a cough medicine;（ドロップの）a cough drop

せきがいせん 赤外線 infrared [インフラレッド] rays

four hundred and thirty-one　431

世界　The World

世界の中で日本は何番め？
Where does Japan *fit in the world?

*fit [fit フィット] 当てはまる

世界には約200の国があります。面積において日本は世界で**61番めに大きい国**で、実は世界の中ではどちらかというと大きい国の方に入るのです。

日本の**人口は**約1億2400万人で、世界で12番めに多いです。なお、人口が1億人を超える国は、世界に16か国しかありません。(2024年国連の世界人口推計より)

また、世界には3000から8000もの言語があると言語学者の多くが言っています。その中で日本語は**13番めに多くの人に話されている言語**です。

There are about 200 countries in the world. By area, Japan is the sixty-first largest country in the world. It's actually one of the bigger countries.

Japan has a *population of around 124 million, and it's the twelfth largest country in the world in population. In fact, there are only 16 countries in the world with populations over 100 million.

Also, many **linguists say there are between 3,000 and 8,000 languages in the world. Among them, Japanese is the thirteenth most-spoken language.

*population [pɑpjuléiʃən パピュレイション] 人口　　**linguist [líŋgwist リングウィスト] 言語学者

「世界で1番」を知っているかな？（下に解答があります）
Do you know the "number ones" in the world?

1. 最大の国　**the largest country**
2. 最小の国　**the smallest country**
3. 最高峰　**the highest mountain**
4. 最長の川　**the longest river**
5. 最大の島　**the largest island**
6. 最大の湖　**the largest lake**
7. 最深の海溝　**the deepest *oceanic trench**
   *[ouʃiǽnik tréntʃ オウシアニク トゥレンチ]
8. 最深の湖　**the deepest lake**
9. 落差最大の滝　**the highest waterfall**
10. 最大の岩　**the biggest rock**

1. ロシア **Russia** [rʌ́ʃə ラシァ]　2. バチカン **Vatican** [vǽtik(ə)n ヴァティカン]　3. エベレスト山 **Mt. Everest** [évərist エヴェレスト]　4. ナイル川 **The Nile** [náil ナイル]　5. グリーンランド(デンマーク) **Greenland**
6. カスピ海 **the Caspian** [kǽspiən キャスピアン] **Sea**　7. マリアナ海溝 **the Mariana** [meəriǽnə メアリアナ] **trench**
8. バイカル湖(ロシア) **Lake Baikal** [baikǽl バイカル]　9. エンジェル・フォールズ(ベネズエラ) **Angel Falls**
10. マウント・オーガスタス(オーストラリア) **Mount Augustus** [ɔːgǽstəs オーガスタス]

◀ **せっきょく**

せきじゅうじ 赤十字 a red cross；(赤十字社) the Red Cross, the Red Cross Society

せきたん 石炭 (a) coal [コウル]

せきどう 赤道 the equator [イ(ー)クウェイタァ]
▶ その国は赤道直下にある.
The country is right on *the equator*.

せきにん 責任

(a) responsibility [リスパンスィビリティ]
責任のある responsible [リスパンスィブル] (for)
▶ 責任を果たす fulfill my *responsibility*
▶ 責任をのがれる avoid *responsibility*
▶ 自分でやったことは自分で責任とりなさい.
You have to take *responsibility* for what you did.

━ 💬 表現力 ━━━━━━━━━━
…に責任がある
→ be responsible for ...
━━━━━━━━━━━━━━━━

▶ あなたはこのことに責任がある.
You *are responsible for* this.
▶ 彼は責任感が強い.
He has a strong sense of *responsibility*.
責任者 a person in charge

せきはん 赤飯 *sekihan*, rice boiled with red beans

せきゆ 石油 oil [オイル], petroleum [ペトゥロウリアム]；(灯油) (米) kerosene [ケロスィーン], (英) paraffin [パラフィン]
石油会社 an oil company
石油ストーブ a kerosene heater, an oil heater →ストーブ

せきり 赤痢 dysentery [ディセンテリイ]

せく 急く hurry [ハーリィ]
▶ 急いてはことをし損じる.《ことわざ》
Haste makes waste.

セクション a section [セクション]

セクハラ sexual harassment [セクシュアル ハラスメント]

せけん 世間 (世の中)the world [ワールド]；(人々) people [ピープル]
▶ あいつはまったくの世間知らずだ.
He knows nothing of *the world*.
▶ 世間はせまい. It's a small *world*.
世間話をする chat, have a chat

せこい (けちな) stingy [スティンヂィ]；(みみっちい) small-minded [スモールマインディド]
せこい人 (米) a tightwad [タイトゥワド]

せし セ氏(の) Celsius [セルスィアス], centigrade [センティグレイド]（▶ C または C.と略す）→かし
▶ 今, 気温はセ氏20度だ.
The temperature is now 20°*C*.（▶ twenty degrees Celsius と読む）

-せずにいられない cannot help -ing →いられない

せだい 世代 a generation [ヂェネレイション]
▶ 若い世代
the younger *generation*
▶ 親子の間には世代の断絶がある.
There is a *generation* gap between parents and their children.

せつ¹ 節 (文章の段落) a paragraph [パラグラフ], a passage [パセヂ]

せつ² 説 (学説) a theory [スィ(ー)オリィ]；(意見) an opinion [オピニョン]
▶ UFO についてはいろいろな説がある.
There are many different *opinions* about UFOs.

せっかい 石灰 lime [ライム]
石灰岩 limestone [ライムストウン]

せっかく
▶「日曜日に遊びに来ませんか」「せっかくですが, 行けません」
"Won't you come and see me on Sunday?" "*I'm afraid* I won't be able to come."

せっかち せっかちな impatient [インペイシェント]

せっきょう 説教 (教会の) a sermon [サ〜モン]；(お説教, 小言) a sermon, a lecture [レクチァ]
説教する preach [プリーチ], lecture
▶ 私たちは先生から1時間も説教された.
We got a one-hour *lecture* from our teacher.

せっきょく 積極的な (態度・考え方などが前向きな) positive [パズィティヴ] (反) 消極的な negative；(活動的な) active [アクティヴ] (反) 消極的な passive)
積極的に positively, actively
▶ 拓也は何ごとにも積極的だ.
Takuya is *active* in everything.

four hundred and thirty-three　433

せっきん ▶

▶ 人生に対する積極的な態度
a *positive* attitude toward life

🎤 **プレゼン**

ぼくは**積極的に**ボランティア活動をしています.
I'm *actively* doing volunteer activities. / I'm *actively* involved in volunteer activities.

せっきん 接近する go near, come near, approach [アプロウチ] →ちかづく

▶ ハレー彗星（すい）は76年ごとに地球に接近する.
Halley's Comet *comes near* the earth every seventy-six years.

せっく 節句 *sekku*, a seasonal festival
▶ 桃（もも）の節句 the Girls' *Festival*
▶ 端午（たんご）の節句 the Boys' *Festival*

セックス sex [セックス]
セックスする make love 《with, to》, have sex 《with》

せっけい 設計 (a) design [ディザイン], a plan [プラン]
設計する design, make a plan 《for》

▶ 父がこの家を設計しました.
My father *made the plans for* this house.

▶ このホテルは小川氏の設計です.
This hotel *was designed* by Mr. Ogawa.
設計者 a designer
設計図 a plan, a blueprint

せっけん 石けん soap [ソウプ]
▶ 洗顔せっけん facial *soap*
▶ 浴用せっけん bath *soap*
▶ 洗たくせっけん washing *soap*
▶ せっけん 1個
a cake of *soap* / a bar of *soap*

▶ せっけんでよく手を洗いなさい.
Wash your hands well with *soap* and water.

▶ このせっけんは落ちがいい.
This *soap* cleans well.

ゼッケン (番号) an athlete's number [ナンバァ]; (布) a bib [ビッブ]
▶ ゼッケン3番のランナー
the runner wearing *number* 3

せっこう 石こう plaster [プラスタァ]
ぜっこう¹ 絶好の (最善の) the best [ベス

ト]; (申し分のない) perfect [パ～フェクト]
▶ 今日はピクニックに絶好の日だ.
It's a *perfect* day for a picnic.

▶ うちのチームは試合に勝つ絶好のチャンスをのがした.
Our team missed *the best* chance to win the game.

ぜっこう² 絶交する break off 《with》
▶ シンディーとは絶交しました.
I *broke off with* Cindy.

ぜっさん 絶賛する praise highly

せっし →セし

せつじつ 切実な serious [スィ(ア)リアス], acute [アキュート]

せっしゅ 接種 (an) inoculation [イナキュレイション]; (ワクチン) (a) vaccination [ヴァクスィネイション]

▶ インフルエンザの予防接種を受ける
get an *inoculation* against influenza

せっしょく 接触する touch [タッチ]; (連絡) contact [カンタクト] →ふれる

せっする 接する (ふれる) touch [タッチ]; (人と出会う) meet [ミート]

▶ 直線 *l* はこの点で円に接する.
The line *l* *touches* the circle at this point.

▶ もっと外に出て人と接するようにしなさい.
Make more efforts to go out and *meet* people.

せっせと hard [ハード]
▶ ボブはせっせと働いている.
Bob works *hard*.

▶ 由美はせっせとお金をためている.
Yumi saves *as* much money *as* she *can*.

せっせん 接戦 a close [クロウス] game
▶ 決勝はたいへんな接戦だった.
The final was a very *close game*.

せつぞく 接続 (a) connection [コネクション]
接続する connect [コネクト] 《with, to》

▶ この列車は盛岡（もりおか）で「やまびこ」に接続する.
This train *connects with* the "Yamabiko" at Morioka.

▶ インターネットの接続のしかたを教えてくれる？
Could you show me how to *connect to* the internet?

接続詞 (文法) a conjunction

434 four hundred and thirty-four

◀ **ぜつぼう**

ぜったい 絶対(に)

1 absolutely [アブソルートゥリィ]
絶対の absolute
▶ 彼の案には絶対反対だ.
I'm *absolutely* against his plan.
▶ 絶対まちがいない.
I'm *absolutely* sure. / *No doubt* about it.
▶ 絶対だめだ！
Absolutely not! / *Definitely* not! / No way!
▶ ぼくたちがその試合に勝つのは絶対無理だよ.
It's *absolutely* impossible for us to win the game.

> 🗨 スピーキング
> Ⓐ 彼は来るだろうか.
> Will he come?
> Ⓑ 絶対来るよ.
> Absolutely.
> Ⓑ 絶対来ないよ.
> Absolutely not.

2 [否定・禁止・強い要請などを表して] (決して…ない) never [ネヴァ]；(必ず…する) be sure to ...
▶ 絶対にもうしないから. 約束するよ.
I'll *never* do that again. I promise.
▶ このことは絶対にだれにも言ってはいけないよ.
Never tell anyone about this.
▶ あしたは絶対来いよ.
Be sure to come tomorrow. (▶ Be sure to ... で「必ず…しなさい」という意味)

ぜったいぜつめい 絶体絶命
▶ 絶体絶命のピンチだ.
I'm *in a desperate situation*. / I'm *in a terrible pinch*.

せっちゃくざい 接着剤 (a) glue [グルー], (an) adhesive [アドゥヒースィヴ]

ぜっちょう 絶頂 the height [ハイト], the peak [ピーク]
▶ そのグループは90年代の初期に人気の絶頂にあった.
The group was at *the height* of their popularity in the early 90's.

せつでん 節電する save electricity [イレクトゥリスィティ]

セット (食器の) a set [セット]；(道具の) a kit [キット]；(テニス・バレーボールなどの) a set；(髪の) a set
▶ (食器の) ティーセット a tea *set*
▶ ドラムセット a drum *kit*
▶ 5セットマッチの試合 a five-*set* match
セットする set
▶ 目覚ましを6時にセットしてくれる？
Would you *set* the alarm for six?
▶ 髪をセットしてもらった.
I had my hair *set*. (▶「have ＋物＋過去分詞」で「…してもらう」という意味)
セットポイント (a) set point

せっとく 説得する persuade [パスウェイド]

> 💬 表現力
> 説得して(人)に…してもらう
> → persuade ＋人＋ to ...

▶ 母を説得してパソコンを買ってもらった.
I *persuaded* my mother *to* buy a computer. / I *talked* my mother *into* buying a computer.

せつない 切ない
▶ せつないメロディーの歌
a song with a *sweet and painful* melody (▶ sweet and painful は「甘いが心が痛くなる」という意味)
▶ 友とのせつない別れ
a *bittersweet* parting with a friend (▶ bittersweet [ビタスウィート] は「苦くて甘い」という意味)

ぜっぱん 絶版で out of print
▶ この絵本は絶版だ.
This picture book is *out of print*.

せつび 設備 (備品などの) equipment [イクウィプメント]；(施設) facilities [ファスィリティズ]
▶ 設備のよい病院
a well-*equipped* hospital

せつぶん 節分 Setsubun, the eve of the first day of spring

ぜっぺき 絶壁 a cliff [クリフ]
▶ 絶壁から転落する fall off a *cliff*

ぜつぼう 絶望 despair [ディスペア]
絶望する give up hope, lose hope, despair
▶ 決して絶望してはいけない.
Never despair. / *Never give up hope*.

four hundred and thirty-five 435

せつめい ▶

絶望的な hopeless [ホウプレス]
▶ 試験の結果は絶望的だ.
The results of the exams are *hopeless*.

せつめい 説明

(an) explanation [エクスプラネイション]
説明する explain [イクスプレイン]；(述べる) tell
▶ 私の説明を聞いてください.
Please listen to my *explanation*.
▶ それをどう説明していいかよくわからない.
I don't really know how to *explain* it.

┌─ 📣表現力 ─────────────┐
(人)に…を説明する
　→ explain ... to ＋人
└──────────────────────┘

▶ ぼくはみんなにそのゲームのルールを説明した.
I *explained* the rules of the game *to* everybody.

┌─ 📣表現力 ─────────────┐
(人に)…だと説明する
　→ explain (to ＋人＋) that ... /
　　explain (to ＋人＋) 疑問詞 ...
└──────────────────────┘

▶ どうして遅れたのか説明しなさい.
Please *explain why* you were late.
▶ この語がどういう意味か私に説明できますか.
Can you *explain to* me *what* this word means?
説明会 an explanation meeting
説明書 a manual [マニュアル], an instruction book

ぜつめつ 絶滅 extinction [イクスティンクション]

絶滅する become extinct, die out

┌─ ✏️ライティング ─────────┐
トラは絶滅の危機にある.
Tigers face extinction. / Tigers are in danger of extinction.
└──────────────────────┘

絶滅危惧種 (an) endangered species [エンデインヂァド スピーシーズ]

せつやく 節約 saving [セイヴィング], (an) economy [イカノミィ]
節約する save

▶ 母からこづかいを節約するように言われた.
My mother told me to *save* my allowance.

せつりつ 設立する establish [エスタブリッシ], found [ファウンド], set up →そうりつ
▶ 新しい学校を設立する
set up a new school
▶ その大学は1858年に設立された.
The university *was founded* in 1858.
設立者 a founder

せともの 瀬戸物 (集合的に) china [チャイナ]

せなか 背中 →せ, せい¹

the **back** [バック], *my* **back**
▶ 背中をしゃんとのばしなさい.
Straighten *your back*. / Straighten up.
▶ ああ, 背中がかゆい. かいて.
Oh, *my back* itches. Please scratch it.
▶ 背中合わせにすわる sit *back* to *back*

せのび 背伸びする **1** (背をのばす) stand on *my* toes [トゥズ] (▶「つま先で立つ」という意味)
▶ 窓の外を見ようと背伸びした.
I *stood on my toes* in order to see outside the window.
2 (実力以上のことをする)
▶ きみはいつも背伸びしすぎるよ.
You always *set your sights too high*.

せばんごう 背番号 a uniform number
▶ 背番号10をつける wear *number* ten
ぜひ be sure [シュア] to ... →かならず
セピア (色) sepia [スィーピア]
せびろ 背広 a suit [スート]
せぼね 背骨 the backbone [バックボウン], the spine [スパイン]

せまい 狭い

(幅が) **narrow** [ナロウ] (反 広い wide)；
(面積が小さい) **small** [スモール] (反 広い large)

┌─ 使い分け ─────────────┐
(幅が) → narrow
(面積が小さい) → small
└──────────────────────┘

▶ せまい通り a *narrow* street
▶ せまき門 a *narrow* gate
▶ せまい部屋 a *small* room
▶ 彼は心がせまい.
He's *narrow*-minded.
▶ 彼女はせまい道路での運転がうまい.
She drives skillfully on *narrow* roads.
▶ 道路はここでせまくなっている.
The road *narrows* here.

💬用法 「せまい」の表し方
日本語の「せまい」には「幅がせまい」と「面積が小さい」という意味があるが, narrow には「幅がせまい」という意味しかない.「せまい部屋」というときは「小さな部屋」ということなので, a small room という.「せまい運動場」も a small playground という.

narrow　　**small**
▶ narrow は「幅がせまい」, small は「面積がせまい」の意味.

せまる 迫る **1** (近づく) approach [アプローチ], be near at hand, draw near
▶ 期末テストがせまっている.
The final exams *are approaching*. / The final exams *are drawing near*. / The final exams *are near at hand*.
2 (せきたてる) press [プレス]
▶ 和夫は私に返事をせまった.
Kazuo *pressed* me for an answer.
セミ (虫) a cicada [スィケイダ, スィカーダ]
ゼミ a seminar [セミナー]
セミコロン a semicolon [セミコウロン] (;)
→くとうてん(表)
セミナー a seminar [セミナー]
せめて at least [リースト] →すくなくとも
せめる¹ 責める (問題の責任があるとする) blame [ブレイム]; (非難する) criticize [クリティサイズ]
▶ 自分を責めないで.
Don't *blame* yourself.

💬表現力
…のことで人を責める
→ blame +人+ for ... /
criticize +人+ for ...

▶ 健はぼくの不注意を責めた. Ken *criticized* me *for* my carelessness.
せめる² 攻める attack [アタック] (反 守る defend)
セメント cement [スィメント]
ゼラチン gelatin [ヂェラティン]
セラミックス ceramics [セラミクス]
ゼリー (米) (a) Jell-O [ヂェロウ], jello, (英) (a) jelly [ヂェリィ] (▶ Jell-O は商標)
せりふ lines [ラインズ] (▶複数形で使う)
▶ せりふを言う say my *lines*
▶ せりふを覚える memorize my *lines*
▶ せりふを忘れる forget my *lines*
-せる →-させる
セルフィー →じどり
セルフサービス self-service [セルフサ〜ヴィス]
セルフタイマー a self-timer [セルフタイマァ]
セレブ a celebrity [スィレブリティ]
セレモニー a ceremony [セレモウニィ]
ゼロ (a) zero [ズィ(ア)ロウ]→れい³
セロテープ (米) Scotch tape, (英) Sellotape [セロテイプ], sticky tape (▶前の2つは商標. 小文字でつづることもある)
セロハン cellophane [セロフェイン]
セロリ 《植物》celery [セルリィ]
せろん 世論 public opinion [パブリック オピニョン] →よろん

せわ 世話

1 (めんどう) care [ケア]; (助け) help [ヘルプ]

💬表現力
…の世話をする
→ take care of ... / look after ...

▶ 千夏はいつもよく弟の世話をする.
Chinatsu always *takes* good *care of* her little brother.
▶ 母は病気の祖母の世話をしている.
My mother *cares for* my sick grandmother.
▶ アメリカにいる間, スミスさんのお宅でお世話になった (→泊めてもらった).

せん¹ ▶

I *stayed with* the Smith family when I was in the US.

🔊スピーキング

Ⓐ いろいろお世話になりました.
Thank you very much for everything.
Ⓑ どういたしまして.
You're very welcome.

▶ お世話になりありがとうございました.
Thank you for your *help*.
▶ 大きなお世話だ.
It's none of your business! / Mind your own business!
2 (やっかい) **trouble** [トゥラブル]
▶ あの子は世話のやける子だ.
He's a *troublesome* boy.

📘日本語NAVI

世話がやける ☞めんどうである
→めんどう, てすう
世話をやく ☞めんどうをみる
→めんどう, せわ

せん¹ 千(の) →かず (表)

a **thousand** [サウザンド]
▶ 3千 three *thousand* (▶前に2以上の数がついても ×thousands と複数形にしない)
▶ 1万2千台の車 twelve *thousand* cars
▶ 学校で何千もの漢字を覚えないといけない.
We have to memorize *thousands of* Chinese characters in school. (▶ thousands of「何千もの…」のときは thousands と複数形にする)
千円札 a thousand-yen bill

💬用法 4けたの数字の読み方

❶ 2,134 = **two thousand one hundred (and) thirty-four**
❷ (年) 1997 = **nineteen ninety-seven** (▶このような年はふつう2つずつ区切って読む)
2000 = **the year two thousand**
2025 = **twenty twenty-five, two thousand and twenty-five**
❸ (電話) 8391 = **eight, three, nine, one** (▶電話番号は1つずつ読む)

せん² 線

(図形) a **line** [ライン] ; (鉄道) a **line** ; (線路) a **track** [トゥラック] ; (車線) a **lane** [レイン]
▶ 線を引く draw a *line*
▶ 列車は3番線から発車する.
The train leaves from *Track* 3.
▶ 4車線の幹線道路 a four-*lane* highway

straight line (直線)
curve (曲線)
parallel lines (平行線)
dotted line (点線)
zigzag line (ジグザグ)
crossed lines (交差した線)

せん³ 栓 (びんなどの) a **stopper** [スタパァ] ; (コルクの) a **cork** [コーク] ; (浴そう・流し台などの) a **plug** [プラグ]
▶ ワインのせんをぬく
uncork a wine bottle
▶ びんの (コルクの) せんをしておいてね.
Put the *cork* in the bottle.
▶ ガスのせんをしめる turn off the gas
せんぬき a bottle opener ; (コルク用) a **corkscrew** [コークスクルー]

ぜん¹ 善 good [グッド] (反) 悪 evil [イーヴル]
▶ もう善悪の区別がわかる年ごろだろ.
You are old enough to tell *good* from evil.
▶ 善は急げ. (ことわざ)
Don't hesitate in doing a *good* deed.

ぜん² 禅 Zen [ゼン] (▶日本語から)

ぜん-¹ 全… all [オール], whole [ホウル]
▶ 全世界
the *whole* world / *all* the world
▶ 全日本チーム the *all*-Japan team

ぜん-² 前… (以前の) ex- [エクス], former [フォーマァ], previous [プリーヴィアス]
▶ 前市長 a *former* mayor

せんい 繊維 (a) fiber [ファイバァ]
▶ 化学繊維 (a) chemical *fiber*
▶ 食物繊維 dietary *fiber*
▶ 食物繊維の多い食べ物
food high in *fiber*

ぜんい 善意 goodwill [グドゥウィル], good intentions

438 four hundred and thirty-eight

▶ ぼくはそれを善意でやったんです.
I did it with *good intentions*. / I did it with a feeling of *goodwill*.

せんいん 船員 a sailor [セイラァ]；(集合的に) the crew [クルー]

ぜんいん 全員 all the members
▶ (学校などで) 全員起立！
Stand up, *everybody*!
▶ クラス全員がその案に賛成した.
All the members of the class agreed to the plan.

ぜんえい 前衛 (球技の) a forward [フォーワド] (対 後衛 back)

ぜんかい¹ 全快する
▶ 早く全快されますように.
I hope you'll *get well* soon.

ぜんかい² 前回 the last time

せんがん 洗顔する wash *my* face
洗顔フォーム a facial foam

ぜんき 前期 the first half；(2学期制の) the first semester [セメスタァ]

せんきょ 選挙

(an) election [イレクション]
選挙する elect [イレクト]
▶ 総選挙 a general *election*
▶ きのう生徒会の選挙があった.
Yesterday the student council *election* was held.
選挙運動 an election campaign [キャンペイン]
選挙演説 a campaign speech
選挙権 the right to vote, the vote

せんきょうし 宣教師 a missionary [ミショ(ョ)ネリィ]

せんげつ 先月

last month [マンス]
▶ 先月の初めに
at the beginning of *last month*
▶ 私たちは先月, 北海道を旅行してまわった.
We took a trip around Hokkaido *last month*. (▶ last の前に in や at をつけない)
先月号 last month's issue

せんげん 宣言 (a) declaration [デクラレイション]
宣言する declare [ディクレア]
▶ アメリカは1776年に独立を宣言した.

The United States *declared* their independence in 1776.
▶ (アメリカの) 独立宣言
the *Declaration* of Independence

アメリカの独立宣言と合衆国憲法が採択された独立記念館.

せんご 戦後の postwar [ポウストゥウォー(ァ)] (対 戦前の prewar)
戦後に after the war

ぜんご 前後 (およそ) about [アバウト]；(方向) back and forth；(時間) before and after
▶ あの先生は40歳前後だと思います.
I think that teacher is *about* forty years old.
▶ 私は立ち上がって前後左右を見まわした.
I stood up and looked *around* me.
▶ 前後に動く move *back and forth*

せんこう¹ 専攻 (専攻科目)《米》a major [メイヂァ]；a specialty [スペシャルティ]
専攻する《米》major in；specialize [スペシャライズ] in

せんこう² 線香 an incense stick [インセンス スティック]
▶ 線香を上げる offer *incense sticks*
線香花火 a sparkler

せんこう³ 先攻する attack first；(野球) bat first

ぜんこう 全校 the whole school
▶ 全校生徒
all the students of the school
全校集会 an assembly for the whole school (▶単に assembly ともいう)

ぜんこく 全国 the whole country
▶ 全国各地 all parts of the country
全国の national
全国的な nationwide [ネイションワイド]
全国(的)に all over the country
全国大会 (競技の) a national athletic

センサー ▶

meet
全国ツアー a nationwide tour
センサー a sensor [センサァ]
せんさい 繊細な delicate [デリケト], sensitive [センスィティヴ]
せんざい 洗剤(洗たく・食器洗いの) (a) detergent [ディタ〜ヂェント]；(トイレなどの) (a) cleaner [クリーナァ]
せんさく 詮索する nose around, nose (into), poke *my* nose (into)
せんし 戦死する be killed in the war
せんしつ 船室 a cabin [キャビン]
せんじつ 先日 the other day
▶ 先日はいろいろお世話になりありがとうございました.
Thank you very much for everything you did for me *the other day*.
ぜんじつ 前日 the previous day；(…の前日) the day before …
▶ 前日の晩 the night *before*
▶ 期末試験の前日は午後の授業はない.
We have no afternoon classes *the day before* final exams.
せんしゃ 戦車 a tank [タンク]
ぜんしゃ 前者 the former [フォーマァ] (対 後者 latter)

せんしゅ 選手

(球技などの) a **player** [プレイア]；(運動選手) an athlete [アスリート]
▶ サッカー選手 a soccer *player* (▶サッカー・野球・バスケットボール・テニスなどのゲームの選手には player を使う)
▶ マラソン選手 a marathon *runner*
▶ 代表選手 a representative *player*
▶ 最優秀選手 the most valuable *player* (▶ MVP と略す)
▶ スケート選手 a *skater*
▶ オリンピック選手 an Olympic *athlete*
選手権 a championship [チャンピオンシプ], a title [タイトゥル]
▶ 選手権をとる win the *championship*
選手権大会 a championship tournament

せんしゅう 先週 →こんしゅう

last week
▶ 先週の月曜日に on Monday *last week*
▶ 先週の今日 *a week ago* today

▶ これが先週買った本です.
This is the book I bought *last week*.
▶ 先週の金曜日, 私たちは公園に行った.
We went to the park *last* Friday.

> 💬用法 「先週の」の表し方
> **last** は「すぐ前の」という意味なので, 土曜日に last Monday といえば「今週の月曜日」をさすことに注意. 「先週の月曜日に」をはっきりさせる場合は on Monday *last week* とする.

ぜんしゅう 全集 complete works
▶ ゲーテ全集
the *complete works* of Goethe / Goethe's *complete works*
せんじゅつ 戦術 tactics [タクティクス]
せんじょう 戦場 a battlefield [バトゥルフィールド]
ぜんしょう¹ 全勝する win all the games
▶ 全勝優勝する
win the championship *with a perfect record*
ぜんしょう² 全焼する be burned down
▶ その寺は1950年に全焼した.
The temple *was burned down* in 1950.
せんしょくたい 染色体 a chromosome [クロウモソウム]
ぜんしん¹ 前進 (an) advance [アドゥヴァンス]
前進する go forward, move forward, go ahead, advance
▶ 前進!(号令) *Forward*, march!
ぜんしん² 全身 the whole body
▶ 水泳は全身の運動になる.
Swimming exercises *every part of the body*.
せんしんこく 先進国 a developed country
センス (感覚) (a) sense [センス]；(好み) (a) taste [テイスト]
▶ ぼくたちの先生はユーモアのセンスがある.
Our teacher has a *sense* of humor.
▶ 久美は洋服のセンスがいい.
Kumi has good *taste* in clothes. (▶「センスが悪い」なら good を bad にする)
せんす 扇子 a folding fan
せんすい 潜水する dive [ダイヴ]

◀ せんそう

潜水艦 a submarine [サブマリーン, サブマリーン]
潜水士 a diver

せんせい¹ 先生

1 (教師) a **teacher** [ティーチァ] (対 生徒 student); (大学の) a **professor** [プロフェサァ]
▶ 山田先生 (男性の場合) *Mr.* Yamada
(▶ ˟Yamada teacher とはいわない)

💬用法「…先生」の表し方
❶英語で「…先生」は男性なら **Mr.** …, 女性なら **Ms.** … といい, Teacher … とか … teacher とはいわない. 未婚女性なら **Miss** …, 既婚女性なら **Mrs.** … と呼ぶこともある.
❷名前を使わない「先生！」という呼びかけは, 男性には **Sir!** を, 女性には **Ma'am!** を使う.

「ロス先生, トイレに行ってもいいですか」
「はい, 行ってらっしゃい」
"*Mr.* Ross, may I go to the bathroom?" "Yes, you may."
なお, 病院の「先生」(医師) にはふつう **Dr.** (呼びかけには **Doctor!**) を使う.

▶ 英語の先生
an English *teacher* / a *teacher* of English
▶ 父は高校の先生です.
My father is a high school *teacher*.
▶ 佐藤先生が私たちのクラスの担任です.
Mr. Sato is our homeroom *teacher*.
2 (医師) a **doctor** [ダクタァ]
▶ (医師の) 田中先生
Dr. Tanaka
▶「先生, どこか悪いのでしょうか」「かぜをひいただけです」
"Is there anything wrong, *doctor*?"
"You've just caught cold."

せんせい² 宣誓 an oath [オゥス]
宣誓する take an oath
▶ 彼は開会式で選手宣誓した.
He *took an oath* at the opening ceremony.

ぜんせい 全盛(期) the golden age; *my* best days
▶ その歌手は今が全盛期だ.
The singer is now in *her best days*.

せんせいじゅつ 占星術 astrology [アストゥラロヂィ]

せんぜん 戦前の prewar [プリーウォー(ァ)]
(対 戦後の postwar)
戦前に before the war

ぜんぜん 全然

1 (少しも…ない) not ... at all
▶ 中国語は全然話せません.
I *can't* speak Chinese *at all*.
▶ 彼女のことは全然信用していない.
I *don't* trust her *at all*.
▶ 全然わかりません.
I have *no* idea. / I *can't* understand it *at all*.
▶ 先週から全然雨が降っていない.
We've had *no* rain since last week.
2 (まったく) completely [コンプリートゥリィ]
▶ これはぼくがほしいものと全然ちがうよ.
This is *completely* different from what I want.

せんせんげつ 先々月 the month before last

せんせんしゅう 先々週 the week before last

せんぞ 先祖 an ancestor [アンセスタァ]
(対 子孫 descendant)

せんそう 戦争

(a) **war** [ウォー(ァ)] (反 平和 peace)
▶ 核戦争 a nuclear *war*
▶ 戦争中で (be) at *war*
▶ 戦争をする make *war*; go to *war*
▶ 戦争に勝つ win the *war*
▶ 戦争に負ける lose the *war*
▶ 戦争で多くの人が亡くなった.
Many people were killed in the *war*.
▶ 太平洋戦争は1941年12月8日に始まった.
The Pacific *War* broke out on

ぜんそく

December 8, 1941.
ぜんそく〈病気〉asthma [アズマ]
▶ ぜんそくに苦しむ suffer from *asthma*
▶ ぜんそくの発作におそわれる have an *asthma* attack
ぜんそくりょく 全速力で at full speed
▶ 全速力で走る run *at full speed*
センター（中心地）a center [センタァ]；（野球）center field；（選手）a center fielder

ぜんたい 全体 →すべて, ぜんぶ

the whole [ホウル]（対 部分）(a) part）
全体の whole, all [オール]
▶ 全体で in *all*
▶ 全体として as a *whole*
▶ 村全体
 the whole village / *the whole* of the village
▶ どうしたらクラス全体をまとめられるんだろう.
 I wonder how we can unite *the whole* class.（▶ the whole のあとには名詞の単数形が続く）
▶ 全体的に見て, 文化祭は大成功だった.
 On *the whole*, the school festival was a great success.

せんたく¹ 洗濯

(a) wash [ワッシ], washing [ワシング]
洗濯する wash, do the laundry [ローンドゥリィ]
▶ 私は毎日洗濯する.
 I *do the laundry* every day. / I *wash* every day.
洗濯機 a washing machine
洗濯ばさみ〈米〉a clothes pin, 〈英〉a clothes peg
洗濯物 (the) wash, (the) washing, (the) laundry
▶ 洗濯物を干す
 hang *the wash* out to dry
▶ 洗濯物を取りこむ
 take in *the wash*
▶ 今日は洗濯物がたくさんある.
 I have a lot of *washing* to do today.
せんたく² 選択する choose [チューズ] → えらぶ
選択科目 an elective subject

センチ（メートル） a centimeter [センティミータァ]（▶ cm と略す）
▶ 30センチ 30 *centimeters*
ぜんちし 前置詞〈文法〉a preposition [プレポズィション]
センチメンタル センチメンタルな sentimental [センティメントゥル]
せんちゃく 先着
▶ チケット販売は先着順です.
 Tickets are sold on a *first-come, first-served basis*.
せんちょう 船長 a captain [キャプテン]
ぜんちょう¹ 前兆 a sign [サイン], (an) omen [オウメン]
▶ この風は雨の前兆だ.
 This wind is a *sign* of rain.
ぜんちょう² 全長 the full length [レングクス], the total length
▶ その橋の全長は約200メートルだ.
 The full length of the bridge is about two hundred meters.
せんでん 宣伝 (an) advertisement [アドゥヴァタイズメント] →こうこく
宣伝する advertise [アドゥヴァタイズ]
▶ テレビで新車の宣伝をする
 advertise new cars on TV
宣伝ポスター an advertising poster
セント a cent [セント]（▶ アメリカ・カナダ・オーストラリアなどの通貨単位）

アメリカの硬貨. 左から1セント, 5セント, 10セント, 25セント.

ぜんと 前途 (a) future [フューチャ]
▶ この若者たちは前途有望だ.
 These young people have a bright *future* ahead of them.
せんとう¹ 先頭（首位・トップ）the lead [リード]；（列などの）the head [ヘッド]
▶ 先頭のランナー *the front* runner
▶ 先頭に立っているのはだれ？
 Who's in *the lead*? / Who's taking *the lead*?

▶ 私は列の先頭だった.
I was at *the head* of the line.
先頭打者(野球) a lead-off batter

せんとう² 戦闘 a battle [バトゥル]

せんとう³ 銭湯 a *sento*, a public bath

ぜんにちせい 全日制
全日制高校 a full-time high school

せんにゅうかん 先入観 a preconception [プリーコンセプション], (偏見) prejudice [プレデュディス]

ぜんにん 善人 a good person (⚥ 悪人 bad person)

せんぬき 栓抜き(コルクの) corkscrew [コークスクルー]; (びんの) a bottle opener [バトゥル オプナナ]

せんねん 専念する devote [ディヴォゥト] *my*self (to)
▶ 今は勉強に専念しなさい.
Now is the time to *devote yourself* to your studies.

ぜんねん 前年 (前の年) the previous [プリーヴィアス] year; (…の前年) the year before ...; (昨年) last year

せんぱい 先輩

my senior [スィーニャ] (⚥ 後輩 junior)
▶ クラブでは先輩にいろいろ教えてもらった.
Our seniors in the club taught us many things.
▶ 中野さんは中学の2年先輩です.
Mr. Nakano is two years *my senior* at junior high school. / Mr. Nakano is *my senior* by two years at junior high school.

💬用法「先輩」の言い方
日本語の「先輩」にぴったりのことばは英語にはない. 年上・(最)上級・先任という意味の **senior** を使ったり, 文脈によっては年長・年配という意味の **elder** を使ったりすることが必要になる. 呼びかけのときなど, 日本語の「先輩」**Sempai** をそのまま使うほうがよい場合もある.

▶ 中2になると後輩ができて,みんなから「先輩」と呼ばれた.
When I became an 8th grader, my juniors called me "*Sempai*."

◀ ぜんぶ

せんぱつ 選抜する select [セレクト] →えらぶ
選抜試験 a selective examination
選抜チーム an all-star team

せんぱつ 先発
先発投手 a starting pitcher
先発メンバー the starting lineup

ぜんはん 前半 the first half (⚥ 後半 the second half); (…代前半) *my* early ... (⚥ …代後半 *my* late ...)
▶ 試合の前半が見られなかった.
We couldn't see *the first half* of the game.
▶ 彼はまだ20代の前半だ.
He's still in *his early* twenties.

ぜんぶ 全部 →すべて, ぜんたい

all [オール]; (どれも) everything [エヴリスィング]; (全体の) the whole [ホゥル]
全部の…,…全部 all; (どれもみな) every [エヴリィ]; (全体の) whole
▶ だれがクッキーを全部食べちゃったの?
Who ate up *all* the cookies?
▶ あいにくですが, 切符は全部売り切れです.
I'm sorry, but *all* the tickets are sold out.

× the all tickets.

— all は the や my などの前に置く.

○ all the tickets

▶ ここにある本は全部読んだ.
I read *all* the books here. / (本はどれも読んだ) I read *every* book here.
▶ 知っていることを全部話しなさい.
Tell me *everything* you know.
▶ 卵は全部割れていた.
All the eggs were broken. / The eggs were *all* broken.
▶ 白秋の詩を全部読んだわけではない.
I haven't read *all* of Hakushu's poems.
▶ 全部の携帯電話にその機能がついているわけではない.
Not every cellphone has that function.

four hundred and forty-three 443

せんぷうき ▶

> 🔵**文法 all と every**
> **all** は全体をまとめて述べる場合に使い，あとに数えられる名詞がくるときは複数形にする．**every** は 1 つ 1 つを意識して全体をさす場合に使い，あとに単数形の名詞がくる．**all** も **every** も，**not** といっしょに使われると，ふつう「全部が全部…とはかぎらない」(**部分否定**) という意味になる．

全部で in all, altogether [オールトゥゲザァ]
▶ スズメが全部で12羽いる．
　There are twelve sparrows *in all*.

> 💬**スピーキング**
> Ⓐ **全部**でいくらですか．
> 　How much is it altogether?
> Ⓑ 1 万円になります．
> 　It comes to ten thousand yen.

せんぷうき 扇風機 an electric fan [ファン], a fan
▶ 扇風機をかける turn on an *electric fan*
せんべい a *sembei*, a Japanese rice cracker
ぜんぽう 前方へ [に，を] ahead [アヘッド], forward [フォーワド]
▶ 前方を見なさい．　Look *ahead*.
▶ 100 メートル前方に橋があります．
　There is a bridge a hundred meters *ahead*.
ぜんまい a spring [スプリング]
▶ ぜんまいを巻く wind [ワインド] a *spring*
せんまん 千万 ten million [ミリョン]
▶ 何千万もの人々
　tens of millions of people
せんめい 鮮明な clear [クリア], vivid [ヴィヴィド]
ぜんめつ 全滅する be completely destroyed [ディストゥロイド]
せんめん 洗面
洗面器 a washbowl
洗面所 (家庭の) 《米》a bathroom；(公共の場所の) 《米》a restroom →トイレ(ット)
洗面台 《米》a bathroom sink, a sink
洗面用具 toiletries
ぜんめん¹ 前面 the front [フラント]
ぜんめん² 全面 the whole surface [ホ

ウル サ〜フェス]
全面的に completely [コンプリートゥリィ]
せんもん 専門 a specialty [スペシャルティ]
専門の special
専門家 a specialist, an expert
専門学校 a vocational [ヴォウケイ(シ)(ョ)ナル] school
専門店 a specialty store
ぜんや 前夜 the night before；(祝祭日や重要な日の) the eve [イーヴ] 《of》
▶ クリスマスの前夜 Christmas *Eve*
前夜祭 an eve
せんよう 専用
▶ この入り口は従業員専用です．
　This entrance is *for* staff *only*.
▶ 女性専用 《掲示》Ladies *Only*
せんりつ 旋律 (a) melody [メロディ]
ぜんりゃく 前略 Dear [ディア] …

> 🟢**背景** 英文の手紙では，時候のあいさつなどを省略してすぐ用件に入るのがふつうで，「前略」に相当することばはない．しいて言えば書き出しの **Dear …** が「前略」や「拝啓」にあたる．

せんりょう 占領 occupation [アキュペイション]
占領する occupy [アキュパイ]
ぜんりょう 善良な good [グッド], honest [アネスト]
ぜんりょく 全力で with all *my* might [マイト]
▶ 全力をつくす do my *best*
▶ ケンは全力で走った．
　Ken ran *as fast as* he *could*.
せんれい 洗礼 baptism [バプティズム]
ぜんれつ 前列 the front row [フラント ロウ]
▶ 前列の席にすわる
　take a seat in *the front row*
せんれん 洗練された refined [リファインド], sophisticated [ソフィスティケイティド]
▶ 洗練されたふるまい *refined* manners
せんろ 線路 《米》a railroad track [トゥラック], a railroad line, 《英》a railway track, a railway line (▶ 単に track, line ともいう)
▶ 線路に入るな 《掲示》
　Keep Off the *Tracks*

◀ -そう

そソ そソ そソ

そいつ that guy [ガイ], that man (▶女性なら that woman)

–ぞい …沿い (…に並行して) along [アロ(ー)ング], (…に面して) on [アン]
▶ 川沿いの家 a house *on* the river
▶ 海岸沿いにドライブしよう.
Let's take a drive *along* the coast.

そう¹ 沿う, 添う (…に並行して) along [アロ(ー)ング]; (…に面した) on [アン]; (期待などに) meet [ミート]
▶ バス停までこの通りに沿って行きなさい.
Go *along* this street until you come to the bus stop.
▶ あなたのご期待にはそえません. I'm afraid I can't *meet* your expectations.

そう²

使い分け
(そのとおり) → yes
(そのように) → so

1 (そのとおり)**yes**[イェス], (《口語》)**yeah**[イェァ]; (否定の疑問文などで) **no** [ノゥ] →はい¹, いいえ
▶ 「出かけるの？」「そうだよ」
"Are you going out?" "*Yes.*"
▶ 「これはあなたのペンですか」「そうです」
"Is this your pen?" "*Yes, it is.*"
▶ 「西高校に行こうって思ってるの？」「そうだよ」
"Are you thinking of going to Nishi High School?" "*Yeah. / That's right.*" (▶ Yeah. は Yes. の代わりに使われるくだけた言い方)
▶ 「きのうは学校に行かなかったの？」「そうだよ」
"Didn't you go to school yesterday?" "*No,* I didn't."

2 (そのように) **so** [ソゥ], **that** [ザット]
▶ ぼくもそう思うよ. I think *so,* too.
▶ ぼくはそうは思わない.
I don't think *so.* / I doubt *it.*
▶ そうだといいね. I hope *so.*
▶ (うわさで) そうらしいよ.

So they say. / *So* I hear.
▶ 残念だけどそうみたい. I'm afraid *so.*
▶ 「彼女はかわいいね」「そうだね」
"She is cute." "*So* she is."
▶ そういうわけにもいかないよ.
We can't do *that.*

3 (そんなに) **so** →そんなに
▶ そうおこるなよ. Don't be *so* mad.

4 (応答・その他)
▶ 「吉田さん，来月引っ越すんだって」「そうなの？」
"The Yoshidas are going to move next month." "*Really?*"
▶ 「啓太ね，彼女がいるんだって」「へえ，そうなんだ」
"I've heard Keita has a girlfriend." "Is that *right?*"
▶ 「シャワーでも浴びたら？」「そうするよ」
"Why don't you take a shower?" "*I will.*"

そう³ 僧 a Buddhist priest [ブ(ー)ディスト プリースト]

–そう

使い分け
(…のように見える) → look
(…のように思われる) → seem
(…しそうだ) → be likely to ...
(ほとんど…そうだ) → almost, nearly
(…という話だ) → I hear (that) ...

1 (…のように見える) **look** [ルック], **appear** [アピァ]; (…のように思われる) **seem** [スィーム]
▶ 子どもたちはたいくつそうだ.
The children *look* bored.
▶ この問題は難しそうだ.
This problem *seems* (to be) difficult.
▶ その映画，おもしろそうだね.
The movie *sounds* interesting. / The movie *sounds like* fun. (▶名詞が続くときは sound like を使う)
▶ おいしそうだね.

four hundred and forty-five 445

ゾウ ▶

(見た目が)(It) *looks* good. / (においが)
(It) *smells* good.

2 (…しそうだ) **be likely to ... , look like** (▶名詞か動名詞が続く。《米》では文も続く)

▶ 雨が降りそうだ.
It's *likely to* rain. / It *looks like* rain. / It *looks like* it's going to rain.

▶ うちのチームは今度の試合に勝ちそうにない.
We're *unlikely* to win the next game. / It's *unlikely* we'll win the next game.

3 (ほとんど…そうだ) **almost** [オールモウスト],
nearly [ニアリィ]

▶ あやうく車にひかれそうになった.
I was *almost* run over by a car.

4 (当然…だ)

▶ 彼はもう来てもよさそうなのに.
He should be here any minute now.

5 (…という話だ) **I hear (that) ... , They say (that) ...**

▶ エリカのお母さんはドイツ人だそうだ.
I hear (*that*) Erika's mother is German. / *They say* (*that*) Erika's mother is German.

ゾウ 象 (動物) an elephant [エレファント]

ぞう 像 an image [イメヂ]; (彫刻など) a statue [スタチュー]

そうい¹ 相違 (a) difference [ディフ(ェ)レンス] →ちがい

そうい² 創意 originality [オリヂナリティ]
創意に富んだ original, creative

そういう such [サッチ], like that →そんな

▶ そういうふうにスープを飲んじゃだめよ.
You shouldn't eat soup *like that*.

▶ そういうものはほしくない.
I don't want things *like that*.

そういえば (それはそうと) So ... ; (ところで) By the way ; (思い出して) That reminds me.

▶ そういえば, お母さんはお元気ですか.
By the way, how's your mother?

▶ そういえば, めぐみちゃんから電話があったわよ.
That reminds me. There was a call from Megumi.

そうおん 騒音 (a) noise [ノイズ]

騒音公害 noise pollution

ぞうか¹ 増加 (an) increase [インクリース]
(反) 減少 decrease)
増加する increase [インクリース] →ふえる

> ✎ライティング
> 65歳以上の人口が年々増加している.
> The number of people over 65 is increasing year by year.

ぞうか² 造花 an artificial [アーティフィシャル] flower

そうかい 総会 an assembly [アセンブリィ], a general meeting

▶ 国連総会
the United Nations *General Assembly*

そうがく 総額 the total [トウトゥル] amount, the sum [サム] total
総額…になる amount [アマウント] to ... , total

▶ 費用は総額500万円になった.
The cost *amounted to* five million yen.

そうがんきょう 双眼鏡 binoculars [ビナキュラズ], field glasses

そうき 早期の early [ア〜リィ]

▶ 彼の病気は早期に発見された.
His illness was found in its *early* stages.

そうぎ 葬儀 →そうしき
葬儀場 a funeral hall

ぞうき 臓器 internal organs [オーガンズ]
臓器移植 an organ transplant
臓器移植者 (受け取る人) a recipient [リスィピエント]
臓器提供者 an organ donor

そうきん 送金 remittance [リミタンス]
送金する send money

ぞうきん 雑巾 a cleaning cloth [クロ(ー)ス], a rag [ラグ]

ぞうげ 象牙 ivory [アイヴォリィ]

そうけい 総計 the total [トウトゥル], the sum [サム] total →そうがく

▶ 総計でいくら？ What is *the total*?

そうげい 送迎
送迎デッキ (空港の) an observation deck
送迎バス (ホテルなどの) a courtesy bus

そうげん 草原 (牧草地) grassland [グラ

---

446 four hundred and forty-six

◀ そうすれば

スランド］；(大草原) grasslands
そうこ 倉庫 a warehouse [ウェアハウス]
そうご 相互の mutual [ミューチュアル]
▶ 相互理解
mutual understanding
そうごう 総合的な general [ヂェネラル]
総合大学 a university [ユーニヴァ～スィティ]
総合病院 a general hospital
そうさ¹ 捜査 (an) investigation [インヴェスティゲイション]
捜査する investigate [インヴェスティゲイト], look into；search [サ～チ]
▶ 警察はその殺人事件を捜査中だ．
The police *are investigating* the murder case.
そうさ² 操作する use [ユーズ]；work [ワ～ク], run [ラン], operate [アペレイト]
▶ このソフト, 操作が難しいよ．
This software is difficult to *operate*.
そうさく¹ 創作 creation [クリエイション]；(創作活動) creative activities [クリエイティヴ アクティヴィティズ]；(独創的な作品) a creative work；(本人の作品) *my* original work
創作する create [クリエイト]；(小説を) write a novel
そうさく² 捜索 a search [サ～チ]
捜索する search →さがす
捜索隊 a search party

そうじ¹ 掃除

cleaning [クリーニング]
そうじする clean [クリーン]；(はく) sweep [スウィープ]；(ふく) wipe [ワイプ]
▶ うちでは毎日, 家のそうじをする．
We *clean* the house every day.
▶ 窓ガラスのふきそうじをお願いできる？
Can you *wipe* the windows?
▶ うちではいつも年の暮れに大そうじをします．
We always *do the* general *cleaning* at the end of the year.
そうじ機 a cleaner, a vacuum cleaner
そうじ当番 someone who has classroom cleaning duty (▶英米には, 生徒が教室などをそうじする習慣はない)
▶ 今日は私たちが教室のそうじ当番だ．
It's our *turn to clean* the classroom today.
そうじ² 送辞 a farewell speech [フェアウェル スピーチ]

そうしき 葬式 a funeral [フューネラル]
▶ 葬式に参列する
attend a *funeral* / go to a *funeral*
そうして (そのようにして) like that, in that way；(それから) (and) then, after that →そして, それから
▶ そうして彼女は体重を減らした．
In that way she lost weight.
そうしないと 《命令文のあとで》or [オー(ァ)], otherwise [アザワイズ]
▶ 急ぎなさい. そうしないと電車に間に合わないよ．
Hurry up, *or* you'll miss the train.
そうしゃ 走者 a runner [ラナァ]
そうじゅう 操縦する (飛行機を) fly [フライ]；(船を) sail [セイル], steer [スティア]；(機械を) operate [アペレイト]
操縦士 (飛行機の) a pilot [パイロット]
操縦席 a cockpit [カクピト]
そうしゅん 早春 early spring
▶ 早春に
in *early spring* / *early* in *spring*
ぞうしょ 蔵書 a library [ライブラリィ], a collection of books
そうしょく¹ 装飾 decoration [デコレイション]
装飾する decorate [デコレイト] →かざる
▶ 室内装飾
interior *decoration* / interior *design*
そうしょく² 草食の grass-eating [グラスイーティング], herbivorous [ハ～ビヴォ(ォ)ラス]
草食動物 a herbivore [ハ～ビヴォー(ァ)]
そうしん 送信する send [センド]
▶ メールを送信する
send an email
そうしんぐ 装身具 accessories [アクセサリィズ]
ぞうすい 増水する rise [ライズ], swell [スウェル]
▶ 川が 2 メートル増水した．
The river *has risen* by two meters.
そうすると then [ゼン], so [ソウ]
▶ そうすると, だれがキャプテンになるの？
So, who's going to be the captain?
そうすれば 《命令文などのあとで》and, and then, then
▶ 急ぎなさい. そうすればバスに間に合うよ．
Hurry up, *and* you will be able to catch the bus.

four hundred and forty-seven 447

ぞうせん ▶

ぞうせん 造船 shipbuilding [シプビルディング]

造船業 the shipbuilding industry
造船所 a shipyard

そうそう 早々に early[ア～リィ]；soon[スーン]

▶ 姉は来月早々に結婚します.
My sister will get married *early* next month.

▶ きみは早々にここを引きあげたほうがいい.
You should leave here *soon*.

そうぞう¹ 想像(力)

(an) imagination [イマヂネイション]
想像する imagine [イマヂン]；(推量する) guess [ゲス]

▶ スマホがない生活を想像できる？
Can you *imagine* life without a smartphone?

▶ 想像が当たった. I *guessed* right. (▶「はずれた」なら right を wrong にする)

▶ 想像力を働かせてごらん.
Use your *imagination*.

▶ それはご想像におまかせします.
I'll leave it to your *imagination*.

▶ あなたは想像していたとおりの人ね.
You're just as I *imagined* you.

そうぞう² 創造 creation [クリエイション]
創造する create [クリエイト]
創造的な creative

🎤 プレゼン

将来は創造的な仕事につきたいと思います.
I'd like to have a creative job in the future.

そうぞうしい 騒々しい noisy [ノイズィ]

▶ 騒々しいぞ！
Don't be so *noisy*! / Be quiet!

そうぞく 相続する inherit [インヘリト]
相続人 an heir [エア]

そうたい 早退する (学校を) leave school early

▶ 今日は気分が悪かったので学校を早退した.
I *left school early* today because I felt sick.

そうだい 壮大な magnificent [マグニフィスント], grand [グランド]

▶ 壮大な景色

magnificent scenery

そうだん 相談する

talk [トーク] to, talk with；talk over with；ask someone's advice [アドヴァイス]；(医師などに) consult [コンサルト]

▶ だれか相談する人はいるの？
Do you have anybody to *talk with*?

▶ 進路のことで先生と相談しないといけない.
I need to *talk to* my teacher about my future.

▶ ちょっと相談に乗ってくれる？ Can I *ask* your *advice* on something?

▶ どうするか両親と相談してみます.
I'll *talk* it *over with* my parents.

▶ 医者に相談したほうがいいと思うよ.
I think you should *consult* your doctor.

そうち 装置 a device [ディヴァイス]；(舞台などの) a setting [セティング]

▶ 安全装置 a safety *device*

そうちょう 早朝に early in the morning

そうとう 相当 (かなり) pretty [プリティ]；(とても) very →かなり

▶ 数学の試験は相当難しかった.
The math test was *pretty* difficult.

▶ 次の試合に勝つ自信は相当ある.
I'm *very* confident I'll win the next game.

相当する be equal [イークウォル] to

▶ 1マイルは1.6キロメートルに相当する.
One mile *is equal to* 1.6 kilometers.

▶ 700万円相当の宝石類
jewelry *worth* seven million yen

そうどう 騒動 (もめごと) trouble(s) [トラブル(ズ)]

▶ 騒動を起こす
cause *trouble* / make *trouble*

そうなん 遭難する (事故にあう) meet with an accident [アクスィデント]；(道に迷う) get lost；(立ち往生する) get stranded

▶ 兄は谷川岳で遭難した.
My brother *got lost* on Mt. Tanigawa.

遭難者 a victim [ヴィクティム]

ぞうに 雑煮 zoni / soup with rice cakes, chicken or fish, vegetables, and so on, often enjoyed as a part of the New Year's celebration

そうにゅう 挿入 (an) insertion [インサ—]

448 four hundred and forty-eight

ション]

そうび 装備 equipment [イクウィプメント]
装備する equip

そうべつ 送別 (a) farewell [フェアウェル]
送別会 a farewell party；(親しい仲間の)
a going-away party
▶ ぼくたちは遠藤君の送別会を開いた.
We held a *farewell party* for Endo.

ぞうり *zori*, Japanese sandals

そうりだいじん 総理大臣 the Prime
Minister [プライム ミニスタァ] →しゅしょう[1]

そうりつ 創立 foundation [ファウンデイション]
創立する found [ファウンド]
▶ 私たちの学校は50年前に創立された.
Our school *was founded* fifty years
ago.
創立記念日 the anniversary [アニヴァ〜サ
リィ] of the foundation
創立者 a founder

そうりょ 僧侶 a priest [プリースト]

そうりょう 送料(配送料)delivery
charges, shipping；(郵送料)postage
▶ この本の送料はいくらですか.
How much is the *postage* to send
this book?

そえる 添える attach [アタッチ] (to)；(つ
け加える)add [アッド] (to)
▶ このおくり物にはカードがそえてあった.
A card *was attached to* this
present.

ソース (a) sauce [ソース]；(ウスターソー
ス)Worcester [ウスタァ] sauce (▶
Worcestershire sauce ともいう)
▶ コロッケにソースをかける
put *sauce* on croquettes

ソーセージ (a) sausage [ソ(ー)セヂ]
▶ ウインナーソーセージ
(a) Vienna *sausage* / 《米》(a) wiener
▶ フランクフルトソーセージ
a frankfurter / 《米》a frank

ソーダ soda [ソウダ]
ソーダ水 soda, soda water

ソーラー solar [ソウラァ]
ソーラーエネルギー solar energy [エナ
ヂィ]
ソーラーカー a solar car
ソーラーパネル a solar panel

-そく …足 a pair [ペア] (of)

▶ くつ下1足 a *pair of* socks
▶ くつ2足 two *pairs of* shoes

ぞくご 俗語 slang [スラング]

そくし 即死する be killed instantly, be
killed on the spot

そくしん 促進する promote [プロモウト]

ぞくする 属する be in, be a member
《of》, belong [ビロ(ー)ング] 《to》

🔊 プレゼン

私はコーラス部に**属している**.
I'm in the chorus. / I'm a member
of the chorus. / I belong to the
chorus.

× I'm belonging to … .

─ 状態を表す語はふつ
う進行形にしない.

○ I belong to … .

そくせき 即席の instant [インスタント]
即席ラーメン instant ramen

ぞくぞく 続々と one after another
▶ バスが続々と到着した. The buses
kept arriving *one after another*.

ぞくぞくする (寒さや恐怖^{きょう}で)shiver
[シヴァ]；(うれしさで)be excited [イクサイティ
ド]
▶ 寒くてぞくぞくした.
I *shivered* with cold.

そくたつ 速達 special delivery [スペシャ
ル ディリヴ(ァ)リィ], express [イクスプレス]
delivery
▶ 手紙を速達で送る
send a letter by *special delivery*

そくてい 測定する(長さ・量などを)
measure [メジャ]；(重さを)weigh [ウェイ]
▶ 体重測定 a weight *check* / weight
measurement
▶ 体力測定 a *test* of physical strength
and fitness

そくど 速度

(a) speed [スピード]
…の速度で at a speed of …
▶ 速度を上げる *speed up*
▶ 速度を落とす *slow down* / reduce

four hundred and forty-nine　449

そくとう ▶

speed (▶ ×speed down とはいわない)
▶ 台風は1時間に30kmの速度で北東に進んでいる。
The typhoon is moving northeast *at a speed of* 30 kilometers per hour.
▶ 制限速度
the *speed* limit
速度計 a speedometer [スピーダメタァ]

「スクールゾーン. 子どもたちがいるときは制限速度時速25マイル」という標識.

そくとう 即答 a prompt answer [プランプトアンサァ]
即答する answer promptly, give a prompt answer
そくばく 束縛 (a) restraint [リストゥレイント]
束縛する tie [タイ] down, restrain [リストゥレイン]
▶ ぼくは何にも束縛されたくない.
I don't want to *be tied down* to anything.
そくほう 速報（ニュース）（米）a news bulletin [ニューズ ブレトゥン],（おもに英）a newsflash [ニューズフラシュ]
そくめん 側面 a side [サイド]; an aspect [アスペクト]
そくりょう 測量 (a) survey [サ〜ヴェイ]
測量する survey [サヴェイ]
ソケット a socket [サケト]

そこ¹ 底

the **bottom** [バトム];（くつの）the sole [ソウル]
▶ 机の引き出しの底に古い写真を見つけた.
I found an old photo *at the bottom* of a desk drawer.

> **日本語 NAVI**
> **底が浅い** 内容に深みがない、価値のない
> →かち¹
> **底をつく** たくわえていたものが完全になくなる
> →なくなる

そこ²

there [ゼア]（対 ここ here）

here ここ　　there そこ

▶ 私たちもそこへ行くところですよ.
We're going *there*, too.
▶ そこにナイフがあるよ.
There is a knife *over there*.
▶ そこが音楽室です.
That is the music room.

> × They went to there.
> there は副詞なのでto はつかない.
> ○ They went there.

> **スピーキング**
> Ⓐ バス停はどこですか.
> Where is the bus stop?
> Ⓑ そこです.
> It's over there.

▶ 春はもうそこまで来ている.
Spring is *just around the corner*. / Spring is *close at hand*.
▶ ぼくはそこまでしか知りません.
I only know *that much*.
そこく 祖国 *my* country, *my* homeland
そこそこ →せいぜい, まあまあ
▶ テストはそこそこできたよ.
I did *fairly well* on the exams.
▶「景気はどうですか？」「そこそこですね」
"How's your business?" "*So-so. / Not too bad.*"
そこで（だから）so;（次に）then [ゼン]
▶ だれも返事をしなかった. そこで私が答えた.
Nobody else answered, *so* I did.
-(し)そこなう fail [フェイル] to ...; miss [ミス]
▶ 期限までにレポートを出しそこなった.
I *failed to* hand in my paper by the deadline.

◀ **そつぎょう**

- 父は1分の差で最終電車に乗りそこなった.
  My father *missed* the last train by one minute.

そざい 素材 (a) material [マティ(ア)リアル]; (料理の) ingredients [イングリーディエンツ]

そしき 組織 an organization [オーガニゼイション]; (体系) a system [スィステム]
組織する organize [オーガナイズ]

そしつ 素質 (才能) (a) talent [タレント]
素質のある talented [タレンティド], gifted [ギフティド]

- あなたには絵の素質がある.
  You are *talented* in painting.

そして

and [アンド]; (それから) and then [ゼン], then →それから

- ぼくの好きな食べ物はハンバーガーにスパゲッティ, そしてカレーだ.
  My favorite foods are hamburgers, spaghetti *and* curry.
- そして, どうしたの?
  And then, what did you do?

そしょう 訴訟 a lawsuit [ロース(ュ)ート], a suit [ス(ュ)ート]

- その会社を相手に訴訟を起こした.
  I filed a *lawsuit* against that company.

そせん 祖先 an ancestor [アンセスタァ] (対子孫 descendant)

そそぐ 注ぐ (容器に) pour [ポー(ァ)]; (川が) flow [フロウ] (into)

- コップに牛乳を注ぐ
  pour milk *into* a glass
- 信濃川は日本海に注ぐ. The Shinano River *flows into* the Sea of Japan.

そそっかしい careless [ケアレス]

- また弁当を忘れたの? きみもそそっかしいなあ.
  You forgot to bring your box lunch again? How *careless* you are!

そそのかす put ... up to, tempt ... 《to》

- お前が彼をそそのかしたのか?
  Did you *put* him *up to* it?

そだいごみ 粗大ごみ oversized trash
そだち 育ち →そだつ

- 育ちざかりの子 a *growing* child
- 私は青森生まれの青森育ちです.
  I *was* born and *brought up* in Aomori.

そだつ 育つ

grow [グロウ] (up); (育てられる)《米》be raised [レイズド],《英》be brought [ブロート] up

grow

be raised

- 日光がなければ植物は育たない.
  Plants cannot *grow* without sunlight.

> 📣プレゼン
> 私は弘前で生まれ,東京で育ちました.
> I was born in Hirosaki and grew up in Tokyo. / I was born in Hirosaki and raised in Tokyo.

そだてる 育てる

(人・動植物を)《米》raise [レイズ],《英》bring [ブリング] up; (植物・作物を) grow [グロウ]

- おばは3人の子を育てた.
  My aunt *raised* three children.
- この子犬は牛乳で育てられた.
  This puppy *was raised* on cow's milk.
- 彼は庭の畑でトマトを育てている.
  He *grows* tomatoes in his garden.

そち 措置 measures [メジャズ]

- 政府はインフルエンザのまん延に対して緊急措置をとった.
  The government took emergency *measures* against the spread of the flu.

そちら there [ゼァ], over there

- 加藤さんはそちらにいらっしゃいますか.
  Is Ms. Kato *there*?
- 「もしもし,そちらは大塚さんのお宅でしょうか」「はい, そうです」 "Hello, is *this* Mr. Otsuka's residence?" "Yes."

そつぎょう 卒業

four hundred and fifty-one 451

ソックス ▶

graduation [グラデュエイション]
卒業する graduate [グラデュエイト] (from) (▶《米》ではすべての学校に使う. 《英》ではおもに大学に使い, 大学以外には finish や leave を使う), **finish** [フィニシ]

▶ 私は来年中学校を卒業します.
I'll *graduate from* junior high school next year.

▶ 卒業おめでとう!
Congratulations on your *graduation*!

卒業アルバム a yearbook
卒業式 a graduation, a graduation ceremony, 《米》a commencement [コメンスメント]
卒業証書 a diploma [ディプロウマ]
卒業生 a graduate

▶ 北中学の卒業生
a *graduate* of Kita Junior High School

卒業文集 collection of the graduates' writings, a graduation anthology

ソックス socks [サックス] →くつした
▶ ソックス1足 a pair of *socks*
▶ ハイソックス knee *socks*

そっくり 1 (似ている) be like, look like; (親ゆずり) take after →にる¹

▶ 美保はお姉さんにそっくりだ.
Miho *is just like* her sister. / (見た目が) Miho *looks just like* her sister.

▶ 俊太はお父さんにそっくりだ.
Shunta *takes after* his father.

2 (全部) all
▶ 賞金をそっくり赤十字に寄付した.
I donated *all* the prize money to the Red Cross.

そっけない 素っ気ない (冷淡な) cool [クール]; (ぶっきらぼうな) blunt [ブラント]

▶ 彼はみんなにいつもそっけない.
He is always *cool* with everyone.

そっせん 率先する take the lead, be the first

▶ 彼はいつも率先してごみ出しをする.
He *is* always *the first* to take out the garbage.

そっち there [ゼア] →そちら
▶ 今, そっちへ行くよ.
I'll come *over there* right away.

そっちょく 率直な frank [フランク]
▶ 率直な意見 a *frank* opinion

率直に frankly [フランクリィ]
▶ 率直に言うと, きみがその学校に入れる可能性は低いと思うよ.
Frankly speaking, I think you have little chance of getting into that school.

そって 沿って along [アロ(ー)ング] →そう¹
そっと (静かに) quietly [クワイエトゥリィ]; (優しく) gently [ヂェントゥリィ], softly [ソ(ー)フトゥリィ]; (軽く) lightly [ライトゥリィ]

▶ 子どもを起こしてしまわないようにドアをそっとしめた.
I closed the door *quietly* so that I wouldn't wake the child.

▶ 私は彼の腕にそっとさわった.
I touched his arm *lightly*.

▶ あいつをそっとしておいてやれ.
Leave him *alone*.

ぞっとする
▶ 私はヘビを見るとぞっとする.
The sight of a snake *gives* me *the creeps*. / The sight of a snake *makes* me *shiver*. / I *shudder* when I see snakes.

そで 袖 a sleeve [スリーヴ]
▶ 長そでのシャツ a long-*sleeved* shirt (▶「半そで」なら short-sleeved という)
▶ そでをまくる roll up *my sleeves*

そと 外

(外側・外面) the **outside** [アウトゥサイド] (⊠ うち inside) →そとがわ
外の outside; (屋外の) outdoor
外で,外に out, outside; (屋外で) outdoors
…の外で,…の外に outside ...
外に出る go out, go outside (▶ go out はふつう「外出する」という意味)

▶ 外は寒い. It's cold *outside*.
▶ すみませんが, 彼女は今, 外に出ています.
I'm afraid she is *out* now.

▶ 外に出て星を見た.
I went *outside* to see the stars.

▶ 外でお弁当を食べない?
Why don't we eat our lunch *outdoors*?

▶ 建物の外に駐車場があります.
There's a parking lot *outside* the building.

452 four hundred and fifty-two

◀ そのころ

- 今夜は外で食事をしよう．
  Let's eat *out* tonight.

そとがわ 外側 the outside [アウトゥサイド]（反 内側 inside）
外側の outer, outside
- 箱の外側 *the outside* of a box

そなえる 備える（用意する）prepare [プリペア]（for）；（備えつける）furnish [ファ〜ニシ]
- 中3生は入試に備えて勉強を始めている．
  The ninth graders are beginning to *prepare for* entrance exams.
- 各教室にはエアコンが備えられています．
  Each classroom *is furnished* with an air conditioner.

その →それ

1（相手の近くの）that [ザット]（複数 those）
- その本，貸して．
  Lend me *that* book, please.
- その眼鏡とって．
  Get me *those* glasses, please.
- そのとおり！ *That*'s it!

2（前に出た名詞をくり返したり，何を指すかがわかる名詞の前で）the [ザ]
- 家族の写真を持っています．これがその写真です．
  I have a picture of my family. This is *the* picture.
- そのドアを閉めて．
  Close *the* door, please.

3（前に言った名詞を受けて）its [イッツ]（複数 their）（▶ its は it の所有格）
- カバがその大きな口を開けた．
  The hippo opened *its* big mouth.
- 私は犬を飼っています．その名前はローバーです．
  I have a dog. *Its* name is Rover.（▶ 犬などのペットについては his name, her name ということも多い）

× It's name is Rover.
　It's は It is, It has の短縮形．「その」は its.
○ Its name is Rover.

そのうえ besides [ビサイヅ], besides that

- 恵子は頭がよくて，そのうえとても優しい．
  Keiko is smart. *Besides that*, she is very kind.

そのうち 1（もうすぐ）soon [スーン]；（まもなく）before long；（近いうちに）one of these days；（時間がたてば）in time
- そのうちまたおいでください．
  Please come again *soon*.
- 父はそのうちもどります．
  My father will be back *before long*.
- そのうち動物園に連れていってあげるよ．
  We'll take you to the zoo *one of these days*.
- 痛みはそのうち治まりますよ．
  The pain will go away *in time*.

2（いつの日か）someday, some time
- そのうちカナダを訪問したいと思います．
  I'd like to visit Canada *someday*.

そのかわり その代わり（代理で）instead [インステッド]；（お返しに）in return [リタ〜ン]
- きみが行けないんだったら，ぼくがその代わりに行くよ．
  If you can't go, I'll go *instead*.

そのくせ still [スティル], and yet
- 彼は文句ばかり言っているが，そのくせ自分は働こうとしない．
  He is always complaining, *and yet* he won't work.

そのくらい →それくらい

そのご その後

1（そのあと）after that, later [レイタァ]
- その後彼女に何が起こったのかだれも知らなかった．
  Nobody knew what happened to her *after that*.
- その後数年たってポールは結婚した．
  A few years *later* Paul got married.

2（そのとき以来）since [スィンス] then
- その後，裕子から便りがありません．
  I haven't heard from Yuko *since then*.

そのころ

then [ゼン]；（そのとき）at that time；（当時）in those days
- そのころまでにはもどります．
  I'll be back by *then*.

four hundred and fifty-three 453

そのた

- そのころは私はまだ小学生だった.
  I was still in elementary school *at that time*.
- そのころは宇宙旅行などまったく不可能だと思われていた.
  In those days space travel just seemed impossible.

そのた その他 the others [アザァズ]

- 机の上には鉛筆と消しゴムを置いて, その他のものはかたづけなさい.
  Leave your pencils and eraser on your desk and put *everything else* away.

そのため 1 (理由・原因) because [ビコーズ] of that, for that reason [リーズン]

- そのために彼は学校に来なかった.
  He didn't come to school *for that reason*. / *That's why* he didn't come to school.

2 (結果) so [ソウ]

- 陽太は寝ぼうした. そのためいつものバスに乗り遅れた.
  Yota overslept, *so* he missed his usual bus.

3 (目的) for that purpose [パ~パス]

- 両親はそのために貯金をしている.
  My parents have been saving money *for that purpose*.

そのとおり その通り

- そのとおりだ.
  That's right. / *You're right.*
- まったくそのとおりだ.
  Exactly. / *Absolutely.* / *You said it.*

そのとき その時 then [ゼン], at that time

- そのとき私は友人とテニスをしていた.
  I was playing tennis with my friends *then*.
- あなたはそのときどこにいましたか.
  Where were you *at that time*?

そのば その場で on the spot [スパット]

- 万引き犯はその場でつかまった.
  The shoplifter was caught *on the spot*.

そのへん その辺に around there

- どこかその辺にぼくのケータイない？
  Can you see my cellphone somewhere *around there*?

そのほか その他 the others [アザァズ]

そのほかの other

- 3人は救助されたが, そのほかの人たちは行方が不明のままだ.
  Three people were saved but *the others* are still missing.
- そのほかに質問はありませんか.
  Do you have any *other* questions?

そのまま (今の状態のまま) as it is (▶複数のときは as they are)

- 机の上のものはすべてそのままにしておいて.
  Please leave everything on your desk *as it is*.
- (電話を切らずに)そのままお待ちください.
  Hold the line, please.
- そのままのきみでいてほしい.
  I want you to stay *the way you are*.

そのもの

- そのものずばりだ.
  That's the *very* thing.
- うちの父は健康そのものだ.
  My father is in *perfect* health. / My father is *the picture* of health.

そのような like that →そんな

- 彼に向かってそのような口のきき方をするな.
  Don't speak to him *like that*.

そば¹ (食品) *soba*, buckwheat [バク(フ)ウィート] noodles

そば店 a *soba* shop

そば² (…のそばに) by [バイ], beside [ビサイド]; (近く) near [ニア]

by / near　　　　　　**far**

そばの nearby

- そばのスーパー
  a *nearby* supermarket / a supermarket *nearby*
- 駅はすぐそばだから歩いていけるよ.
  The station is *nearby*, so we can walk there.
- ぼくの机は窓のそばにある.
  My desk is *by* the window.
- 私の家はそのバス停のすぐそばです.

◀ そり

My house is just *near* the bus stop.
- 武はうちのそばに住んでいる.
  Takeshi lives *close to* us. / Takeshi lives *in my neighborhood*.
- 私のそばに来てすわりなさい.
  Come and sit *beside* me. / Come and sit *next to* me.
- あなたがそばにいてくれてうれしい.
  I'm glad you're *with* me.
- そばに来ないでくれ.
  Keep away. / Don't come *near* me.

そばかす freckle [フレックル] (▶ふつう複数形で使う)
- 彼女は鼻にそばかすがある.
  She has *freckles* on her nose.

そびえる rise [ライズ]
- 塔は空高くそびえていた.
  The tower *rose* high in the sky.

そふ 祖父 a grandfather [グラン(ドゥ)ファーザァ] (対 祖母 grandmother)

ソファー a sofa [ソウファ]

ソフト soft [ソ(ー)フト]
  ソフトウエア software (対 ハードウエア hardware)
  ソフトクリーム an ice cream cone
  ソフトテニス soft tennis
  ソフトドリンク soft drinks
  ソフトボール softball
- ソフトボールをする play *softball*

そふぼ 祖父母 grandparents [グラン(ドゥ)ペ(ア)レンツ]

ソプラノ (音楽) soprano [ソプラノウ]
  ソプラノ歌手 a soprano

そぼ 祖母 a grandmother [グラン(ドゥ)マザァ] (対 祖父 grandfather)

そぼく 素朴な simple [スィンプル] →しっそ
- 素ぼくな生活 a *simple* life
- 彼は素ぼくな人だ (→かざり気のない人だ).
  He is a *nice*, *simple* person.
- 素ぼくな質問 a *simple* question

そまつ 粗末な poor [プア]; (みすぼらしい) shabby [シャビィ]
  そまつにする (むだにする) waste; (大切にしない) not take care of
- そまつな食事 a *poor* meal
- そまつな服 *shabby* clothes
- 時間をそまつにするな.
  Don't *waste* your time.

そまる 染まる dye [ダイ]
- 黒く染まる be *dyed* black
- 山が夕日に赤く染まっていた.
  The mountain *turned red* in the setting sun.

そむく 背く disobey [ディソベイ]
  …にそむいて against [アゲンスト]
- 彼女は校則にそむいた.
  She *disobeyed* the school rules.

そむける 背ける (顔を) turn away, turn *my* face away; (目を) look away
- 目が合うと彼は顔をそむけた.
  When our eyes met, he *turned his face away*.

そめる 染める (染料で) dye [ダイ]
- 髪を茶色に染める *dye* my hair brown

そよかぜ そよ風 a breeze [ブリーズ], a gentle breeze
- 海からそよ風が吹いている.
  There is a *breeze* from the sea.

そら¹ 空

the sky [スカイ]; (空中) the air [エア]
- 青い空 a blue *sky* (▶単独で「空」というときは the sky となるが, 形容詞がつくと a ... sky となることもある)
- 晴れた空 a sunny *sky*
- 空には雲１つない.
  There isn't a cloud in *the sky*.
- 空には美しい虹がかかった.
  A beautiful rainbow appeared across *the sky*.
- 風船は空高く舞い上がった.
  The balloon flew high into *the sky*.
  空色 sky blue

そら² there [ゼア]
- そら, 言わんこっちゃない!
  There! I told you. / *There!* You see.

そらす 逸らす (話を) change [チェインヂ]; (注意を) distract [ディストゥラクト]; (方向を) turn ... away
- 話をそらす *change* the subject

そらで by heart [ハート]
- 詩をそらで覚える
  learn the poem *by heart*

ソラマメ 《植物》a broad bean [ブロードビーン]

そり (小型の) a sled [スレッド], a sledge [スレッヂ]; (馬などが引く) a sleigh [スレイ]

four hundred and fifty-five **455**

そる¹ ▶

▶ そりで遊ぶ play on a *sled*

そる¹ shave [**シェイヴ**]

▶ 父は毎朝ひげをそる.
My father *shaves* every morning.

そる² (板など) warp [**ウォープ**]；(曲がる) bend [**ベンド**]

▶ 体をそらす *bend* myself backward

それ →あれ¹

1 (相手の近くの) that [**ザット**] (複数) those)

━━●表現力━━━━━━━━━━━
それは…です． → That's … .
━━━━━━━━━━━━━━━

▶ それはイギリスのコインです.
That's a British coin.

▶ それはいけませんね． *That's* too bad.

┏━●スピーキング━━━━━━━┓
Ⓐ それ何?
What's that?
Ⓑ マンゴーだよ.
It's a mango.
┗━━━━━━━━━━━━━━━┛

▶ それを見せてください.
Show me *that one*, please.

▶「これがさがしていた本じゃないの?」「うん, それそれ」
"Isn't this the book you're looking for?" "Yeah, *that's* it."

2 (前に言った名詞を受けて) it [**イット**] (複数) they [**ゼイ**])

	それ	それら
…は, …が	it	they
…の	its	their
…を, …に	it	them
…のもの	——	theirs
…自身	itself	themselves

▶「新しい自転車を買ったよ」「それ, 何色?」
"I bought a new bicycle." "What color is *it*?"

▶ 彼はリンゴを1つ手にとって, それを食べた.
He picked up an apple and ate *it*.

それいぜん それ以前 before that time
それいらい それ以来 →それから

それから

then [**ゼン**], and then；after that；since then

▶ ねえ, それからどうなったの?
Well, what happened *then*?

▶ まずローマ, それからパリに行きます.
First we'll visit Rome, *and then* Paris.

▶ それからすぐ家に帰った.
Soon *after that* I went home.

▶ それから彼とは連絡をとっていない.
I haven't kept in touch with him *since then*.

それくらい

▶ それくらいぼくでもできるよ.
Even I could do *that*.

▶ それくらいのことでおこるなよ.
Don't get upset over *such a* small thing.

▶ 今日はそれくらい [これくらい] にしておきましょう.
That's all for today. (▶仕事や授業の終わりなどに使う決まった言い方)

それぞれ each [**イーチ**] (▶単数あつかい)

▶ それぞれの部屋にパソコンがある.
Each room has a personal computer.

▶ 人にはそれぞれの生き方がある.
Everybody has *their* own way of life.

それだけ (程度) that, that much；(全部) all [**オール**]

▶ それだけあれば1週間はだいじょうぶだ.
That much will do for a week.

▶ 言いたいことはそれだけだ.
That's all I want to say.

▶ 練習はきつかったけど, それだけのこと (→そうする値打ち) はあった.
The practice was very hard but it was *worth* doing.

それっきり since then

▶ ジャックとジルはそれっきり会っていません.
Jack and Jill haven't seen each other *since then*.

それで

(だから) so [**ソウ**]；(そして) and [**アンド**]；(それから) then [**ゼン**]；(それだけ) that [**ザット**]

▶ ボールペンをなくしちゃった. それで新しいのを買わなきゃならないんだ.
I've lost my ballpoint pen, *so* I have to buy a new one.

◀ **そろう**

▶ それで健太に何て言ったんだ？
And what did you say to Kenta?

▶ それできのう授業をサボったの？
Is that why you cut classes yesterday?

▶ それでいいよ.
That'll do. / *That*'s OK with me.

それでは then [ゼン]

▶ それでは，いったいだれがやったんだ？
Who did it, *then*?

それでも （でも）but, and yet；（なお）still [スティル]

▶ スープは少しさめていたが，それでもおいしかった.
The soup was slightly cold, *and yet* tasted good.

▶ 父がそのことを説明してくれたけど，それでもわからなかった.
My father explained it to me, but I *still* couldn't understand it.

それどころ

▶ 忙しくていまそれどころじゃないよ.
I'm *too* busy *to think about it* now.

それどころか on the contrary [カントゥレリィ]

▶ 「ナイターは楽しかった？」「それどころか，たいくつな試合だったよ」
"Did you enjoy the night game?"
"*On the contrary!* It was boring."

それとなく （間接的に）indirectly [インディレクトゥリィ]

▶ それとなく申し出を断った.
I *indirectly* declined the offer.

それとも or [オ，オー(ァ)] →あるいは

> 💬**表現力**
> ～それとも… → ～ or ...

▶ 紅茶にしますか，それともコーヒーにしますか.
Which would you like, tea *or* coffee?

▶ 私がうかがいましょうか，それともあなたが来てくれますか.
Shall I visit you *or* will you come to see me?

それなのに but [バット]

▶ 夜遅くまで試験勉強をした. それなのにいい点数がとれなかった.
I stayed up late studying for the exams, *but* I couldn't get good grades.

それなら if so, in that case [ケイス]

▶ お父さんが「うん」て言ったの？それなら問題ないじゃない.
You have got your father's OK? *If so*, there's no problem.

それに besides [ビサイヅ] →そのうえ

それにしても （そうだとしても）even so

▶ それにしてもマイクがおこる理由はない.
Even so, there is no reason for Mike to get angry.

それはそうと by the way →ところで

それほど so much →そんなに

▶ それほど心配しなくてもいいよ.
You don't have to worry *so much*.

▶ あの子のことがそれほど好きなら，デートにさそっちゃえよ.
If you like her *that much*, why don't you ask her for a date?

それまで （そのときまでは）until then, till then；（そのときまでに）by then →-まで

▶ それまでは家にいます.
I'll be home *until then*.

それまでには by that time →-まで

▶ それまでには家に帰ります.
I'll be home *by then*.

それる （話題が）wander [ワンダァ] （off, from）；（的から）miss [ミス]

▶ 校長先生の話はときどき本題からそれる.
The principal sometimes *wanders off* the subject.

ソロ a solo [ソウロウ] （複数 solos）
ソロの solo

そろい 揃い a set [セット]

▶ 絵の具ひとそろい
a *set* of colors

▶ このシャツ，彼のとおそろいなの.
This shirt has *the same design as* that of my boyfriend.

そろう 揃う

1 （集まる）gather [ギャザァ], get together [トゥゲザァ]

▶ 生徒全員が集合場所にそろった.
All the students *gathered* at the meeting place.

▶ 「みんなそろった？」「はい」

あ
か
そ
た
な
は
ま
や
ら
わ

four hundred and fifty-seven **457**

そろえる ▶

"Is everybody here?" "Yes."
2 (同じである) be equal [イークウォル]
▶ 須賀さんのところはそろって背が高い.
Everyone in the Suga family is tall.
▶ このリンゴは大きさがそろっている.
These apples *are all equal* in size.
3 (品物が) have a large selection [セレクション] (of)
▶ その書店, 参考書がよくそろってるよ.
The bookstore *has a large selection of* study aids.
4 (完全にする) complete [コンプリート]
▶ あと1巻でこのシリーズは全部そろう.
One more volume will *complete* this series.

そろえる 揃える (正しく整える) put ... neatly [ニートゥリィ]; (準備する) get everything ready [レディ]; (完全にする) complete [コンプリート]
▶ くつはきちんとそろえなさい.
Put your shoes *neatly* side by side.
▶ あしたまでに必要なものはすべてそろえておいてね.
Please *get everything ready* by tomorrow.
▶ このコミックシリーズはぜひそろえたい.
I really want to *complete* this comic series.

そろそろ (まもなく) soon [スーン], before long
▶ そろそろ電車が来るよ.
The train will come in *soon*.
▶ そろそろ寝る時間よ.
It's about time to go to bed. (▶ it's about time to ... で「そろそろ…する時間だ」という意味)

そろばん an abacus [アバカス]

そわそわ そわそわする be restless [レストゥリィ]
▶ 何でそんなにそわそわしているの？
Why *are* you so *restless*?

そん 損 (a) loss [ロ(ー)ス] (反) 得 profit)
損をする lose [ルーズ]
▶ 彼は競馬で5万円損をした.
He *lost* fifty thousand yen on horse racing.

そんがい 損害 damage [ダメヂ]
▶ その地震は大きな損害をもたらした.
The earthquake caused great damage.

そんけい 尊敬

respect [リスペクト]
尊敬する respect；look up to (反) 軽べつする look down on)
▶ 私はその先生をしだいに尊敬するようになった.
I gradually came to *respect* the teacher.
▶ だれか尊敬する人はいますか.
Do you have anyone you *look up to*?

そんざい 存在 existence [イグズィステンス]
存在する exist

そんしつ 損失 (a) loss [ロ(ー)ス] →そん

そんちょう¹ 尊重する respect [リスペクト]
▶ 私たちは他人の権利を尊重しなければなりません.
We must *respect* the rights of others.

そんちょう² 村長 a mayor [メイア], a village mayor

そんな →それほど

such [サッチ], like that
▶ そんな人知りません.
I don't know *such* a person. (▶ 「such ＋冠詞＋名詞」の順になることに注意)
▶ そんな話, 聞いたことがないよ.
I've never heard *such* a story.
▶ そんなことしちゃだめだよ.
Don't do *that*. / Don't do a thing *like that*.
▶ そんなことがよくも言えるね.
How could you say things *like that*?
▶ そんなはずはない.
That can't be true.

そんなに so [ソウ], that [ザット]
▶ そんなに心配しなくてもいいよ.
Don't worry *so* much.
▶ テストはそんなにやさしくなかった.
The test wasn't *so* easy.
▶ 状況がそんなにひどいなんて知らなかったよ.
I didn't realize things were *that* bad.

そんみん 村民 a villager [ヴィレヂァ]; (全体) the village [ヴィレヂ]

458 four hundred and fifty-eight

た タ た タ た タ

た¹ 田 a rice field [フィールド], a (rice) paddy [パディ]
▶ 田を耕す plow a *rice paddy*

た² 他 the other(s) [アザァ(ズ)] →そのほか

-(し)た (▶過去の動作・状態・事実などを述べるときはふつう動詞の過去形で表す。規則動詞の場合は原形の語尾に -ed をつける。不規則動詞の場合は，巻末の不規則動詞変化表を参照)
▶ ぼくたちはきのうテニスをした．
We *played* tennis yesterday.
▶「いつボブに会ったの？」「きのうの朝会ったんだ」
"When did you see Bob?" "I *saw* him yesterday morning."
▶ わかりました．I *see*. (▶日本語では過去形で表すことでも，英語では現在形で表すことがある．次の例も同様である)
▶ 電車が来たよ．Here *comes* the train.

-だ →-です

ターゲット a target [ターゲト]

ダース a dozen [ダズン] (▶ doz. または dz. と略す)
▶ 1ダースのえんぴつ a *dozen* pencils
▶ 2ダースのボール two *dozen* balls (▶ dozen が，このように形容詞的に使われるときは複数形にならない)
▶ このえんぴつは1ダース900円です．
These pencils are 900 yen a *dozen*.

ダーツ darts [ダーツ]

ダービー 《競馬》the Derby [ダ～ビィ]

ターミナル a terminal [ターミヌル] →しゅうてん
▶ バスターミナル a bus *terminal*

ターン a turn [ターン]
ターンする turn, make a turn (▶ make のかわりに do を使うこともある)
▶ Uターンする make a *U-turn*

タイ¹ Thailand [タイランド]
タイ(人，語)の Thai
タイ人 a Thai (複数 Thais または Thai people)
タイ語 Thai

タイ² (魚) a sea bream [ブリーム] (複数 sea bream；(種類をいうとき) sea breams)
タイ焼き a *taiyaki*, a fish-shaped pancake stuffed with sweet bean paste

タイ³ (同点) a tie [タイ] →どうてん
タイになる tie 《with》
タイ記録 a tie
▶ 彼は世界タイ記録を出した．
He *tied* the world record.

タイ⁴ (ネクタイ) a tie [タイ]
タイピン a *tie*pin

たい 隊 a party [パーティ]

-たい¹

(…したい) want [ワント] to ..., would like to ..., hope [ホウプ] to ...

▶表現力
…したい
→ want to ... / would like to ...

▶ 私は出版社で働きたいです．I *want to* work for a publishing company.
▶ そのコンサートにはぜひ行きたい．
I really *want to* go to the concert.
▶ 今日は学校に行きたくない．
I don't *want to* go to school today.
▶ ぼくはもう一度彼女に会いたいと思った．
I *wanted to* see her again.

「私は彼女に会いたいと思う」
× I think to see her.
「…したいと思う」の「思う」に引っぱられないこと．
○ I want to see her.

▶「将来は何になりたいですか」「医者になりたいです」
"What *would* you *like to* be in the future?" "I'd *like to* be a doctor."

four hundred and fifty-nine 459

あ
か
さ
た
な
は
ま
や
ら
わ

- たい² ▶

💬用法「…したい」の使い分け

want は「…したい」ことをはっきり表す
一般的な語. ただし, 相手に失礼な感じ
を与えることもあるので, 会話ではより
ていねいでひかえめな言い方である
would like (…したいです) または **I'd
like** (I would like の短縮形) がよく使
われる. **hope** は実現しそうなことを望
む場合に使う.

▶ コーヒーが一杯飲みたいのですが.
I'd *like* to drink a cup of coffee. / I'd
like a cup of coffee.

┌─💬表現力────────────
│ (人)に…してもらいたい
│ → want ＋人＋ to … /
│   would like ＋人＋ to …
└──────────────────

▶ 手伝ってもらいたいのですが.
I *want* you *to* help me. / I *would like*
you *to* help me.

▶ 今夜のパーティーに来ていただきたいので
すが. I'd *like* you *to* come to the
party tonight.

┌─💬表現力────────────
│ (できれば)…したい → hope to …
└──────────────────

▶ またあなたにお会いしたいです.
I *hope to* see you again.

−たい² …対 (…対〜) (得点／点数) ... to
〜; (チーム名) between ... and 〜, ...
vs. 〜 (▶ versus [ヴァ〜サス] の略)

▶ うちのチームが3対2で勝った.
Our team won the game (by a
score of) 3 *to* 2.

▶ 今晩テレビでブラジル対フランスのサッ
カーの試合がある.
The soccer game *between* Brazil
and France is on TV tonight.

▶ ジャイアンツ対ドジャース
the Giants *vs.* the Dodgers

だい¹ 台 (物をのせる) a stand [スタンド]

だい² 題 (曲・本などの題名) a title [タイトゥ
ル]; (主題) a subject [サブヂェクト]

だい−¹ 第… (▶順序は「the ＋序数」で表
す) →かず (表)

▶ 第1巻 the *1st* volume

▶ 第2ラウンド the *2nd* round

▶ 第3番 *No.* 3 (▶ number three と読む)

だい−² 大… (大きい) big, large [ラーヂ],
great [グレイト]; (深刻な) serious [スィ(ア)リ
アス]

▶ 大都市 a *big* city

▶ 大問題 a *serious* problem

−だい …代 **1** (年代・時代) (西暦) (▶年
号の後ろに s をつける); (年齢層) (▶数を
複数形にする. ただし, 10代には teens
を使う)

▶ 1990年代に in the 1990*s* (▶ 1990s は
nineteen nineties と読む)

▶ きみのお母さん, 20代に見えるね.
Your mother looks to be in her
twenties.

2 (代金) (乗り物) a fare [フェア]; (使用料・
手数料) a charge [チャーヂ]; (請求書) a
bill [ビル]

▶ バス代 a bus *fare*

▶ 電話代 telephone *charges*

▶ 電気代 the electric *bill*

たいあたり 体当たりする throw *myself*
(against)

たいい 大意 an outline [アウトゥライン], a
summary [サマリィ]

たいいく 体育 (教科名) physical
education [フィズィカル エヂュケイション], P.E.,
(口語) gym [ヂム]

▶ 体育の授業 a *P.E.* class

体育館 (口語) a gym, a gymnasium [ヂ
ムネイズィアム]

体育祭 a sports day, a field day, an
athletic meet

だいいち 第一(の)

the **first** [ファ〜スト]

▶ 第1課 lesson *one* / *the first* lesson

第一に (順に提示して) first, firstly; (何よ
りも) first of all

┌─🔊スピーキング────────────
│ 第一に, 私は動物が好きです.
│ First, I like animals.
│ まず第一に, 私たちは他の文化について
│ 学ぶ必要があります.
│ First of all, we need to learn about
│ other cultures.
└──────────────────

▶ 第一志望の大学はどこですか.
Which university is your *first*

460 four hundred and sixty

◀ だいきらい

choice?
第一印象 my first impression
▶ 東京の第一印象はどうでしたか.
What was your *first impression* of Tokyo?

たいいん 退院する leave [リーヴ] the hospital [ハスピトゥル], get out of the hospital（▶「入院する」は go into the hospital）
▶ ベスはきのう退院した.
Bess *left the hospital* yesterday.

ダイエット a diet [ダイエト]
ダイエットする diet, go on a diet;（している）be on a diet
▶ ダイエットしたほうがいいよ.
You should *go on a diet*.
▶ 私，ダイエット中なの.
I'm *on a diet*. / I'm *dieting*.
ダイエット食品 diet food

ダイオキシン dioxin [ダイアクスィン]

たいおん 体温 (a) temperature [テンペラチャ]
体温を計る take *my* temperature
▶ 体温はどのくらいあった？
What's your *temperature*?（▶ ˣHow much is your temperature? とはいわない）
体温計 a (clinical) thermometer [サマメタァ]

たいか¹ 大火 a big fire [ファイア]
たいか² 大家（権威者）an authority [オサリティ];（巨匠）a great master [グレイト マスタァ]
▶ 日本史の大家
an *authority* on Japanese history
▶ 書道の大家
a *great master* of calligraphy

たいかい 大会（競技会）a competition [カンペティション],（おもに米）a meet [ミート];（選手権）a tournament [トゥアナメント];（総会）a general [ヂェネラル] meeting
▶ 全国大会（スポーツなどの）
a national *meet*
▶ 地区大会（スポーツなどの）
a regional [リーヂョナル] *tournament*
▶ 陸上競技大会 a track *meet*
▶ 全国高校野球選手権大会
the National High School Baseball *Tournament*

たいがい（ほとんど）mostly [モウストゥリィ] →たいてい
たいかく 体格 (a) build [ビルド]
▶ 近藤さんは体格がいい.
Mr. Kondo has a good *build*.
▶ 姉はほっそりとした体格だ.
My sister has a slim *build*.
たいがく 退学する（やめる）leave [リーヴ] school,（口語）quit [クウィット] school;（中退する）drop out of school;（退学処分になる）be expelled [イクスペルド] from school
▶ 彼女は退学してから働き始めた.
She started working after she *left school*.

だいがく 大学

a university [ユーニヴァ～スィティ], a college [カレヂ]（▶(米)では，大学名をいうとき以外はcollegeを使うのがふつう）
大学に通う go to college / go to (the) university（▶ the を省略するのはおもに(英)）
大学に入る enter college / enter (the) university
▶ オックスフォード大学 Oxford *University*
▶ カリフォルニア大学
the *University* of California
▶ お兄さんはどこの大学に通ってるの？
Where does your brother go to *college*?
▶ 姉は大学で生物学を専攻している.
My sister is majoring in biology in *college*. →せんこう¹
大学院 a graduate school
大学生 a college [university] student
大学入試 a college [university] entrance exam

だいかつやく 大活躍する be very active [アクティヴ], play a very active part

たいき 大気 the air [エア]
大気汚染 air pollution [ポルーション]
大気圏 the atmosphere [アトゥモスフィア]

だいぎし 代議士（国会議員）a Diet [ダイエト] member, a member of the Diet →ぎいん

だいきらい 大嫌い hate [ヘイト]
▶ 彼女はそうじが大きらいだ.

four hundred and sixty-one 461

たいきん ▶

She *hates* cleaning.
たいきん 大金 a large sum [サム] of money
だいきん 代金（商品の）the price [プライス]；（サービスの）the charge [チャーヂ]
▶ 今日その代金を払います．
I will pay for it today.
だいく 大工 a carpenter [カーペンタァ]
大工道具 carpenter's tools
たいぐう 待遇 treatment [トゥリートゥメント]
▶ よい待遇を受ける
be treated well / receive good *treatment*
たいくつ 退屈な boring [ボーリング], dull [ダル]
退屈する be bored (with), be tired (of)
▶ 退屈なドラマ a *boring* drama
▶ 彼の長い話には退屈した．
I *was bored with* his long talk.
退屈させる bore
たいけん 体験 (an) experience [イクスピ(ア)リエンス]
体験する experience；（とくにつらいことなどを）go through
▶ ぼくはそこで貴重な体験をした．
I had a valuable *experience* there.
体験学習 learning by experience

> ✏ ライティング
> 私は**体験学習**としてスーパーで働きました．
> I worked at a supermarket to learn through experience.

たいこ 太鼓 a drum [ドゥラム]
▶ 太鼓をたたく beat a *drum*
▶ 大太鼓 a bass *drum*
▶ 小太鼓 a snare *drum*
たいこう¹ 対抗（競う）compete (with)；（互角である）match；（反対する）oppose [オポウズ]
▶ クラス対抗リレー
an interclass relay [リーレイ] race
たいこう² 対校の interschool [インタスクール]
対校試合 an interschool game
ダイコン 大根（植物）a daikon, a *daikon* radish [ラディシ]
大根おろし（おろした大根）grated [グレイティド] *daikon*；（おろし金）a *daikon* grater [グレイタァ]
たいざい 滞在 a stay [ステイ]
滞在する stay (in, at, with)（▶ in, at はホテルなどの場所を示し，with は人の家などを示す）→ とまる²
▶ ニューヨークにはどれくらい滞在するつもり？
How long are you going to *stay in* New York?
▶ そのとき私は北海道のおばさんのところに滞在していた．
I *was staying with* my aunt in Hokkaido at that time.
たいさく 対策 a measure [メジャ]（▶ しばしば複数形で使う）
▶ 対策をとる take *measures*
だいさんしゃ 第三者 a third party
たいし 大使 an ambassador [アンバサダァ]
▶ 駐米日本大使
the Japanese *ambassador* to the United States
大使館 an embassy [エンバスィ]
▶ 日本大使館 the Japanese *Embassy*

ロンドンにある日本大使館．

たいじ 退治する（害虫などを）get rid of
▶ ゴキブリを退治する
get rid of cockroaches / *kill* cockroaches

だいじ 大事な → たいせつ

1（たいせつな）important [インポートゥント]；（貴重な）valuable [ヴァリュ(ア)ブル], precious [プレシャス]
▶ 大事なデータ *valuable* data
▶ きみに大事な話があるんだ．
I have something *important* to tell you.

◀ **たいじょう**

▶ この腕時計はぼくにとって大事なものです.
This watch is *precious* to me.

📢スピーキング
🅐 お体をお大事にね.
Please take care of yourself.
🅑 ありがとう, そうします.
Thanks, I will.

💬表現力
…にとって大事だ
→ be important to ...

▶ 私にとって家族ほど大事なものはない.
Nothing *is* more *important to* me than my family.

💬表現力
…することは大事だ
→ It is important to ... . /
It is important that ... .

▶ それを 1 人でやることが大事だ.
It's important to do it on your own. / *It's important that* you (should) do it on your own.

2 (重大な) serious [スィ(ア)リアス]

▶ 火は大事にいたる前に鎮火した.
The fire was put out before it got *serious*.

たいした 大した

▶ 原田さんの英語はたいしたものだな.
Ms. Harada's English is really *something*.

📢スピーキング
🅐 どうかしたの.
What's the matter?
🅑 なに, たいしたことじゃないよ.
It's nothing.

▶ 心配しないで. たいしたことないから.
Don't worry. It's no *problem*.

▶ 母の病気はたいしたことありません.
My mother's illness is not *serious*.

たいして 大して…ない

not very

▶ きょうはたいして暑くはないですね.
It's *not very* hot today.

-(に)たいして … (に) 対して (向かって) to [トゥー], toward [トード], for [フォー(ァ)] ;

(対抗して) against [アゲンスト] →たいする

▶ 久美はだれに対しても親切です.
Kumi is kind *to* everybody.

▶ ご親切に対して深く感謝します.
Thank you very much *for* your kindness.

▶ この薬はがんに対して効果がある.
This medicine is effective *against* cancer.

たいしゅう 大衆 the (general) public [パブリク]
大衆(向き)の popular [ポピュラァ]

たいじゅう 体重

weight [ウェイト]

▶ 体重が増える
gain *weight* / put on *weight*

▶ 体重が減る lose *weight*

▶ (自分の) 体重を量る weigh myself

▶ 最近, 体重が増えた.
I've gained *weight* recently.

▶ 「体重はどれくらいありますか」「50キロ」
"How much do you *weigh*?" "I *weigh* 50 kilograms." / "What's your *weight*?" "It's 50 kilograms."
体重計 the scales [スケイルズ]

たいしょう¹ 対照 (a) contrast [カントゥラスト]

▶ リサとは対照的に, エマはおとなしい.
In contrast to Lisa, Emma is quiet.

▶ 父の性格は母と対照的(→正反対)だ.
My father is *just the opposite of* my mother in personality.

たいしょう² 対象 an object [アブヂェクト]

▶ 子どもを対象にした番組
a program (intended) *for* children

たいしょう³ 対称 symmetry [スィメトゥリィ]
対称の symmetrical [スィメトゥリカル]

たいしょう⁴ 大将 (陸軍・空軍) a general [ヂェネラル] ; (海軍) an admiral [アドゥミラル]

たいじょう 退場する (去る) leave [リーヴ] ; (試合から) be ejected [イヂェクティド] ; (脚本のト書きで) (1 人が) exit [エグズィト], (2 人以上が) exeunt [エクスィアント]

▶ 彼はレッドカードで退場になった.
He *was ejected* with a red card. / He *was* red-carded and *ejected* from the match.

four hundred and sixty-three **463**

だいじょうぶ 大丈夫

all right [オール ライト], **OK** [オウケイ]；(確かな) **sure** [シュア]；(安全な) **safe** [セイフ]

🗣スピーキング
- Ⓐ お母さん，だいじょうぶ？
  Are you all right, Mom?
- Ⓑ ええ，だいじょうぶよ．ありがとう．
  I'm OK. Thanks.

▶「11時はどう？」「私はそれでだいじょうぶ」
"How about eleven?" "That's *fine* with me."

▶この水，飲んでもだいじょうぶ？
Is this water *safe* to drink?

たいしょく 退職 **retirement** [リタイアメント]
退職する (定年で)**retire** [リタイア]；(辞める) **quit** [クウィット]

▶私の父は来年の3月に定年で退職します．
My father will *retire* next March because of the age limit.

退職金 retirement allowance [アラウアンス]

だいじん 大臣 (日本の) **a minister** [ミニスタァ] →しょう³

ダイズ 大豆 (植物)**a soybean** [ソイビーン]

だいすき 大好きだ →すき¹

love [ラヴ], **like** [ライク] ... **very much**, **be very fond** [ファンド] **of**

▶パパ，大好き．
I *love* you, Dad.

▶彼女は和菓子が大好きだ．
She *loves* Japanese sweets. / She *likes* Japanese sweets *very much*. / She *is very fond of* Japanese sweets.

大好きな favorite [フェイヴァリト]

▶これはぼくの大好きな曲だ．
This is my *favorite* song.

たいする …に対する (向かう) **to** [トゥー], **toward** [トード], **for** [フォー(ァ)]；(対抗する) **against** [アゲンスト] →-(に)たいして

▶質問に対する答え
an answer *to* a question

たいせいよう 大西洋 **the Atlantic** [アトゥランティク] **(Ocean)**

たいせき 体積 **volume** [ヴァリュム]

▶この立方体の体積
the *volume* of this cube

たいせつ 大切な

(重要な) **important** [インポートゥント]；(貴重な) **valuable** [ヴァリュ(ア)ブル], **precious** [プレシャス] →だいじ

大切さ importance [インポータンス]
大切に carefully [ケアフリィ], **with care**

▶いまいちばん大切なのは基本に立ち返ることだ．
The most *important* thing right now is to go back to the basics.

▶だれにとっても時間は大切だ．
Time is *valuable* [*precious*] for everyone.

💬表現力
…することは大切だ
→ **It is important to … .**

▶外国語を学ぶことは大切です．
It is important to learn foreign languages.

💬表現力
…を大切にする
→ (大事にする) **take care of …** / (やさしくする) **be nice to …**

▶もっと物を大切にしなさい．
Take better *care of* your things.

▶お体を大切になさってください．
Please *take care of* yourself.

▶お父さんお母さんを大切にしようね．
Be nice to your parents.

▶水を大切にしよう．
Let's *not waste* water.

たいせん 大戦 **a great war** [ウォー(ァ)]；(世界大戦) **a world war**

▶第二次世界大戦
World War II [トゥー]

たいそう 体操

exercises [エクササイズィズ]; **gymnastics** [ヂムナスティクス], 《口語》 **gym** [ヂム]
体操をする exercise [エクササイズ], do exercises
▶ 新体操 rhythmic *gymnastics*
▶ 器械体操 apparatus *gymnastics*
体操選手 a gymnast [ヂムナスト]
体操部 a gymnastics team
体操服,体操着 a gym suit, sportswear

たいだ 怠惰な (性格が) **lazy** [レイズィ]; (何もしない) idle [アイドゥル]

だいたい

(およそ) **about** [アバウト]; (ほとんど) almost [オールモウスト]; (大部分の)most[モウスト]《of》; (たいてい) generally [ヂェネラリィ]
▶ 家から駅まではだいたい3キロくらいです。
It is *about* three kilometers from my house to the station.
▶ 宿題はだいたい終わった。
I've *almost* finished my homework.
▶ 試験はだいたいできた (→質問の大部分に答えられた).
I was able to answer *most of* the questions on the exam.

だいたすう 大多数 the majority [マヂョ(ー)リティ]
大多数の most [モウスト]《of》 →だいぶぶん

たいだん 対談 a talk [トーク]; (会見) an interview [インタヴュー]
対談する talk《with》, have a talk《with》

だいたん 大胆な bold [ボウルド]
大胆に boldly [ボウルドゥリィ]

だいち¹ 大地 the ground [グラウンド], the earth [ア〜ス]

だいち² 台地 a plateau [プラトウ]

たいちょう¹ 体調 condition[コンディション], physical [フィズィカル] condition, shape [シェイプ]
体調がよい be in good condition
体調が悪い be in bad condition; (気分がすぐれない) do not feel well
▶ 体調はとてもよい。
I'm *in* very *good condition*.

▶ 母は最近体調が悪い。
My mother *isn't feeling well* these days. / My mother *has been sick* recently.

たいちょう² 隊長 a captain [キャプテン], a leader [リーダァ]

タイツ tights [タイツ]

たいてい

(ふつう) **usually** [ユージュアリィ] (▶ふつう一般動詞の前, be動詞・助動詞のあとにおく. →いつも); (一般に) generally [ヂェネラリィ]; (大部分は) mostly [モウストゥリィ]

🟥プレゼン
ぼくは**たいてい**7時に起きます.
I *usually* get up at seven.

▶ 最近の若者はたいてい親より背が高い。
Today's young people are *generally* taller than their parents.

🟥表現力
たいていの…
→ most … / almost all …

▶ たいていの子どもはカレーライスが好きだ。
Most children like curry and rice.
▶ たいていの生徒は歩いて通学している。
Almost all (the) students walk to school.

「たいていの子ども」
× almost children
　↑
　almost は副詞.
　名詞を修飾できない.

○ most children
○ most of the children
○ almost all the children
○ almost all children

たいど 態度 (姿勢)an attitude[アティテュード]; (人に対する) a manner [マナァ]
▶ あの生徒は態度がよい。
That student has a good *attitude*.
▶ 彼の授業中の態度はあまりよくなかった。
His *attitude* in class wasn't very good.
▶ 彼の態度が気にくわない。
I don't like his *manner*.

たいとう 対等の equal [イークウァル]
　対等に equally [イークウァリィ]
だいとうりょう 大統領 a president [プレズィデント]
▶ ケネディ大統領 President Kennedy
▶ 副大統領 a vice-president
　大統領選挙 the presidential election
だいどころ 台所 a kitchen [キチン]
▶ 母は台所で料理をしています．
Mom is cooking in the *kitchen*.
　台所仕事 kitchen work
　台所用品 kitchen utensils [ユーテンス(ィ)ルズ], kitchenware [キチンウェア]
タイトル (題名)a title [タイトゥル]；(選手権)a title
　タイトルマッチ a title match
だいなし 台なしにする damage [ダメヂ], spoil [スポイル]
▶ 雨で遠足が台なしになった．
The rain *spoiled* the field trip.
ダイナマイト dynamite [ダイナマイト]
ダイナミック ダイナミックな dynamic [ダイナミク]
ダイニングルーム a dining [ダイニング] room
　ダイニングキッチン a kitchen with a dining area, an eat-in kitchen (▶「ダイニングキッチン」は和製英語)
ダイバー a diver [ダイヴァ]
ダイバーシティ diversity [ダイヴァ〜スィティ]
たいばつ 体罰 corporal punishment [コーポラル パニシメント]
▶ …に体罰を加える
inflict *corporal punishment* on …
たいはん 大半 most [モウスト] →たいてい
たいびょう 大病 a serious illness
だいひょう 代表 a representative [レプリゼンタティヴ]，《口語》a rep [レップ]
　代表する represent [レプリゼント]
▶ 彩はうちのクラスの代表です．
Aya *represents* our class. / Aya is a *representative* of our class.
▶ ラグビー日本代表チーム
Japan's national rugby team
ダイビング diving [ダイヴィング]
　ダイビングをする dive [ダイヴ]
▶ スカイダイビング
sky*diving*
▶ スキューバダイビング
scuba *diving*
たいぶ 退部する leave a club [クラブ], quit [クウィット] a club
タイプ a type [タイプ]
▶ きみはまさにぼくの好みのタイプだ．
You're just my *type*.
だいぶ (ひじょうに)very [ヴェリィ]；(かなり)pretty [プリティ]；(比較級・最上級につけて)much [マッチ]
▶ 彼女，だいぶつかれてるみたい．
She looks *very* tired.
▶ きょうのテストはだいぶやさしかった．
Today's test was *pretty* easy.
▶ (病人が)きょうはだいぶ気分がいい．
I feel *much* better today.
▶ だいぶ待った？
Have you waited *for a long time*?
たいふう 台風 a typhoon [タイフーン]
▶ 台風9号が紀伊半島に上陸した．
Typhoon No. 9 hit the Kii Peninsula.
だいぶつ 大仏 a great statue of Buddha [ブ(ー)ダ]
▶ 奈良の大仏
the *Great Buddha* of Nara
だいぶぶん 大部分 →たいてい
most [モウスト]；(ほとんど)almost [オールモウスト], nearly [ニアリィ]
　大部分の almost all《of》, most《of》
▶ 大部分の生徒は高校に進学する．
Almost all of the students go to high school.
▶ 大部分の日本人がスマートフォンをもっている．
Most Japanese own smartphones.
▶ 橋は大部分できあがっている．
The bridge is *nearly* completed.
タイプライター a typewriter [タイプライタァ]

◀ **たいよう²**

たいへいよう 太平洋 the Pacific [パスィフィク] (Ocean)
太平洋戦争 the Pacific War [ウォー(ァ)]

たいへん 大変 →とても, ひじょうに

1 (ひじょうに) **very** [ヴェリィ], (口語) **really** [リー(ァ)リィ]

▶ きょうはたいへん暑かった.
It was *very* hot today.

▶ お待たせしてたいへん申しわけありません.
I'm *terribly* sorry to have kept you waiting.

2 (重大な)

▶ たいへんな事故が起こった.
There was a *terrible* accident.

▶ たいへんだ. また遅刻する.
Oh no, I'll be late again.

▶ それはたいへんだね.
That's *too bad*.

3 (むずかしい) **difficult** [ディフィカルト], **hard** [ハード]; (きつい) **tough** [タフ]

▶ たいへんな試合だった.
It was a *tough* game.

┌─ ●**表現力**
│ …するのはたいへんだ
│ → It is hard to … . /
│ It is difficult to … .
└─

▶ 一流選手になるのはとてもたいへんだ.
It's very *hard to* be a top player.

▶ この単語を全部覚えるなんてたいへんだ.
It's difficult to memorize all these words.

┌─ ●**表現力**
│ たいへん〜なので… → so 〜 that …
└─

▶ ゆうべはたいへん暑くてよく眠れなかった.
It was *so* hot last night *that* I couldn't sleep well.

だいべん 大便 **feces** [フィースィーズ], **stool(s)** [ストゥール(ズ)]
大便をする have a BM (▶ BM は bowel movement [バウエル ムーヴメント] (便通, 大便) の省略形)

たいほ 逮捕 (an) **arrest** [アレスト]
逮捕する arrest

▶ おまえを逮捕する!
You are under *arrest*!
逮捕状 an arrest warrant [ウォ(ー)ラント]

たいほう 大砲 a **gun** [ガン]; (旧式の) a **cannon** [キャノン]

だいほん 台本 a **script** [スクリプト], a **scenario** [スィネ(ァ)リオウ] (複数 scenarios)

タイマー a **timer** [タイマァ]

たいまつ a **torch** [トーチ]

たいまん 怠慢 **neglect** [ネグレクト]
怠慢な negligent [ネグリヂェント]

タイミング **timing** [タイミング]

▶ タイミングがよかった.
The *timing* was good.

タイム (時間) **time** [タイム]; (試合中の一時休止) (a) **timeout** [タイムアウト]
タイムを計る time

▶ タイム! *Time out*!

▶ タイムを要求する
call for a *timeout*
タイムカプセル a time capsule [キャプスル]
タイムマシン a time machine

タイムリー タイムリーな **timely** [タイムリィ]
タイムリーヒット (野球) a clutch hit, an RBI hit (▶ RBI は *run batted in* の略)

だいめい 題名 a **title** [タイトゥル]

だいめいし 代名詞 《文法》a **pronoun** [プロウナウン] (▶ pron. と略す)

タイヤ a **tire** [タイア], (英) a **tyre**

▶ タイヤがパンクしちゃった.
I've got a flat *tire*. / The car has a flat *tire*.

ダイヤ (列車の運行) a **train schedule** [スケヂュール]

▶ ダイヤどおりに on *schedule*

ダイヤモンド (a) **diamond** [ダイ(ァ)モンド]

たいよう¹ 太陽

the **sun** [サン]
太陽の solar [ソウラァ]

▶ 太陽は東からのぼり西に沈む.
The sun rises in the east and sets in the west. (▶ ×from the east, ×to the west とはいわない)
太陽エネルギー solar energy [エナヂィ]
太陽系 the solar system [スィステム]
太陽光発電 solar power generation
太陽電池 a solar battery

たいよう² 大洋 the **ocean** [オウシャン]

あ
か
さ
た
な
は
ま
や
ら
わ

four hundred and sixty-seven **467**

たいら ▶

たいら 平らな

flat [フラット]；(水平な) **level** [レヴェル]
平らにする level

▶ 平らな地面
level ground

▶ 人々は地球が平らだと信じていた.
People used to believe the earth was *flat*.

▶ 練習の前に運動場を平らにした.
We *leveled* the athletic field before practice.

だいり 代理で for, in *my* place

▶ 和美さんが私の代理でその会に出席してくれた.
Kazumi went to the meeting *for* me.
代理店 an agency [エイヂェンスィ]
代理人 an agent

だいリーグ 大リーグ the major leagues
大リーグ選手, 大リーガー a major leaguer

たいりく 大陸 a continent [カンティネント]
大陸の continental [カンティネントゥル]
▶ アジア大陸 the Asian *Continent*

だいりせき 大理石 marble [マーブル]

たいりつ 対立する (反対である) be against [アゲンスト], be opposed [オポウズド] (to)；(意見が) disagree [ディサグリー] (with)

▶ 私はよく母と意見が対立する.
My mother and I often *disagree with* each other.

▶ その件に関し彼らの意見は対立している.
They have *opposing* views on the subject.

たいりょう¹ 大量(の) a large amount [アマウント]《of》, a large quantity [クワンティティ]《of》
大量に in large quantities
▶ 大量の食料 *a large amount of* food
▶ 日本は中東から大量の石油を輸入している.
Japan imports oil *in large quantities* from the Middle East.
大量生産 mass production [プロダクション]

たいりょう² 大漁 a good catch [キャッチ]

たいりょく 体力 physical strength [フィズィカル ストゥレング(ク)ス]
▶ 一郎は体力がある.
Ichiro is (*physically*) strong.

▶ ぼくは体力がない.
I am (*physically*) weak.
体力テスト a test of physical strength (and fitness)

タイル a tile [タイル]
▶ タイルばりにする tile

ダイレクトメール direct mail [ディレクト メイル]

たいわ 対話 a talk [トーク]；(会話) (a) conversation [カンヴァセイション]；(a) dialog, (a) dialogue [ダイアロ(ー)グ]
…と対話する talk with

たいわん 台湾 Taiwan [タイワーン]
台湾(人,語)の Taiwanese
台湾人 a Taiwanese (複数 Taiwanese)
台湾語 Taiwanese

たうえ 田植え rice planting
田植えする plant rice

ダウン¹ ダウンする (病気などで) come down (with), be down (with)；(ボクシングで) be knocked down, be floored
▶ 試験が終わってから熱を出してダウンした.
I *came down with* fever after I took the exams.

ダウン² (羽毛) down [ダウン]

ダウンロード (a) download [ダウンロウド]
ダウンロードする download
▶ インターネットから音楽をダウンロードする
download music from the internet

たえず 絶えず always [オールウェイズ], constantly [カンスタントゥリ] →いつも
▶ その少女は絶えず泣いてばかりいた.
The girl was *always* crying.

たえまない 絶え間ない continuous [コンティニュアス], constant [カンスタント]
絶え間なく all the time, continuously [コンティニュアスリィ], without a break →たえず
▶ 絶え間なく雨が降っていた.
It was raining *all the time*.

たえる¹ 耐える →がまん

1 (がまんする) stand [スタンド] (▶ can とともに使うことが多い), bear [ベア], put up with
▶ この暑さにはもう耐えられない.
I can't *stand* this heat anymore.
▶ ホームシックで耐えられないほどつらかった.
My homesickness was hard to

bear.

2 (もちこたえる) stand up ((to))
▶ この橋は大地震にも耐える設計になっている.
This bridge is designed to *stand up to* a major earthquake.

たえる[2] 絶える (終わる) end [エンド] ; (絶滅する) die [ダイ] out →ぜつめつ
▶ この動物の種は絶えてしまった.
This species of animal *has died out*.

だえん だ円 an oval [オウヴ(ァ)ル]; (数学) an ellipse [イリプス]

たおす 倒す

(投げ倒す) throw [スロウ] down [ダウン]; (打ち倒す・押し倒す) knock [ナック] down; (切り倒す) cut [カット] down
▶ そのボクサーは男を一発で倒した.
The boxer *knocked down* the man with a single blow.
▶ 金太郎はクマを投げ倒した.
Kintaro *threw* the bear *down*.
▶ 庭にあるかれた桜の木を切り倒した.
I *cut down* the dead cherry tree in the yard.

タオル a towel [タウ(エ)ル]
▶ バスタオル a bath *towel*
▶ このタオルで手をふきなさい.
Dry your hands with this *towel*.
タオルケット a terry-cloth blanket

たおれる 倒れる (ころぶ) fall [フォール] down; (つかれや病気などで) collapse [コラプス]; (病気になる) fall ill
▶ 台風で多くの木が倒れた.
Many trees *fell down* because of the typhoon.
▶ 父は過労で病に倒れた.
My father *fell ill* from overwork.

タカ 《鳥》 a hawk [ホーク]

だが (2つの文をつないで) but [バット]; (…だが) though ... [ゾウ] →-が, しかし, けれども

たかい 高い

使い分け
(高さが高い) → high, tall
(値段が) → expensive
(程度が) → high

high　　　　tall

expensive

1 ((てっぺんの) 位置が高い) high [ハイ] (反 低い low); (細長く高い) tall [トール] (反 低い short)
▶ 富士山は日本一高い山だ.
Mt. Fuji is the *highest* mountain in Japan.
▶ 私の妹は私より (10センチ) 背が高い.
My younger sister is (10cm) *taller* than me.
▶ 神社には高いスギの木があった.
There was a *tall* cedar tree in the shrine.

用法 **high** と **tall**
high は高度に重点がおかれ, また高さがあるうえに幅も広いことを表す. a *high* mountain (高い山) / a *high* shelf (高いたな)
tall は下から上にのびていることに重点がおかれ, 身長など細長くて高さがあることを表す. a *tall* man [woman] (背の高い人) / a *tall* building (高い建物)

2 (品物が高価な) expensive [イクスペンスィヴ] (反 安い cheap, inexpensive), (値段自体が高い) high (反 安い low)
▶ このシャツは高すぎます. もっと安いのを見せてください.
This shirt is too *expensive*. Could you show me a cheaper one?
▶ 大都市は物価が高い.
Prices are *high* in big cities.

3 (程度が) high (反 低い low)
▶ レベルの高い大学
a *highly*-ranked university

たがい ▶

▶ 高いレベル [水準] a high level

たがい 互い(に)

each other [イーチ アザァ], **one another**
[ワン アナザァ]

▶ 私たちはたがいに助け合わなければならない.
We must help *one another*.

▶ 次郎と健はおたがいに顔を見合わせた.
Jiro and Ken looked at *each other*.
(▶ each other は代名詞. at を忘れないこと. one another でも同様)

▶ 私たちはたがいのちがいを尊重すべきだ.
We should respect *each other's*
differences.

たかく 高く →たかい

1 (上方に) high [ハイ]

▶ たこが空高く飛んでいる.
A kite is flying *high* up in the sky.

2 (高価に)

▶ 車を高く売った.
I sold my car *at a high price*.

お高くとまる be stuck-up

▶ あの娘, お高くとまっているよ.
She's so *stuck-up*. / She's too
proud.

たがく 多額の a large sum of, a large
amount of

たかくけい 多角形 a polygon [パリガン]

たかさ height [ハイト]

💬用法 「高さ」の言い方
「〜の高さは…です」というときは形容詞
の **high** や **tall** を使って, 〜 is ... high
[tall] の形で表すことが多い.

▶ 大雪山(だいせつざん)は高さが2290メートルある.
Mt. Taisetsu is 2,290 meters *high*.

▶ 私たちは背の高さがほぼ同じだ.
We are about the same *height*.

▶ 奈良の大仏の高さはどのくらいですか.
How *high* is the Great Buddha of
Nara?

▶ 東京の物価の高さは本当にひどい.
The *high* prices in Tokyo are just
terrible.

だがし 駄菓子 cheap sweets, cheap
candies

たかだい 高台 heights [ハイツ]; (丘など) a
hill [ヒル]

だがっき 打楽器 a percussion
instrument [パカション インストゥルメント]

たかとび 高とび the high jump

▶ 走り高とび the (running) *high jump*

▶ 棒高とび the pole *vault* [ヴォールト]

たかまる 高まる rise [ライズ]

▶ 人々の環境への意識が高まっている.
People's environmental awareness
is rising.

たかめる 高める raise [レイズ]; (向上させる) improve [インプルーヴ]

▶ 生活水準を高める
raise the standard of living

たがやす 耕す plow [プラウ], (英)
plough, cultivate [カルティヴェイト]

▶ 田畑を耕す *plow* a field

たから 宝, 宝物 (a) treasure [トゥレジァ]

▶ 友だちは私の宝です.
My friends are my *treasures*.

宝くじ a lottery [ラテリィ]

▶ 宝くじにあたる win the *lottery*

▶ 宝くじにはずれる lose the *lottery*

宝さがし a treasure hunt [ハント]

▶ 宝さがしに行く go *treasure hunting* /
go on a *treasure hunt*

だから

1 《理由を述べたあとで》 so [ソウ],
therefore [ゼアフォー(ァ)]

╭─📣表現力─────────────╮
…, だから〜 → …, so 〜
╰────────────────────╯

▶ 彼女はひどいかぜをひいていた. だから学校へ行けなかった.
She had a bad cold, *so* she
couldn't go to school.

▶ ちょっと話したいことがあってね. だから来たんだ.
I've got something to tell you.
That's why I'm here.

2 《理由を述べる文の頭につけて》 because
[ビコ(ー)ズ]; since [スィンス], as [アズ]

╭─📣表現力─────────────╮
…だから, 〜
→ 〜 because … /
Because … , 〜 .
╰────────────────────╯

470 four hundred and seventy

◀ **たくさん**

▶ 雨が激しく降っていた。だから，午後はずっと家にいた。
I stayed home all afternoon *because* it was raining hard.

▶ 「どうして食べないの？」「お昼が遅かったから」
"Why aren't you eating?" "*Because* I had a late lunch."

▶ 会合に出たのは行きたかったからじゃなくて，行かなきゃいけなかったからだ。
I went to the meeting not *because* I wanted to but *because* I had to.

▶ だから言ったじゃないの。
I told you *so*. / *See*, I told you.

たかる (虫などが群がる) swarm [スウォーム]; (せびる) bum [バム] (▶くだけた言い方)

▶ エドはよく友人にお金をたかる。
Ed often *bums* money off his friends.

-(し)たがる →-たい¹

want [ワント] to ...

💬 **表現力**

…したがる → want to ...

▶ 姉がきみに会いたがってるんだ。
My sister *wants to* meet you.

たき 滝 a waterfall [ウォータフォール], falls [フォールズ]

▶ 華厳の滝 Kegon *Falls*
▶ ナイアガラの滝 Niagara *Falls*

タキシード a tuxedo [タクスィードウ]

だきしめる 抱きしめる hug [ハッグ], embrace [エンブレイス]

たきび たき火 a fire [ファイア]
たき火をする make a fire, build a fire

たく 炊く cook [クック], boil [ボイル]

▶ 炊飯器でごはんをたくのは簡単だ。
It's easy to *cook* rice with a rice cooker.

だく 抱く hold [ホウルド]; (抱きしめる) hug [ハッグ]

▶ ちょっと赤ちゃんを抱いててくれる？
Would you *hold* my baby a minute?

▶ その女の子はかわいい人形を抱いていた。
The girl *was holding* a cute doll in her arms.

抱き合う hug each other

▶ ボブとジェーンはかたく抱き合った。
Bob and Jane *hugged each other* tightly.

たくあん pickled radish [ピクルド ラディシ]

たくさん →おおい¹

🔷 **使い分け**
(数が) → many, a lot of
(量が) → much, a lot of

1 (数が多い) **many** [メニィ], **a lot of**, lots of, plenty of (反 少し a few)

▶ たくさんの子どもたちが公園で遊んでいた。
A lot of children were playing in the park.

▶ 1日でそんなにたくさんの場所を見物できないよ。
We can't visit so *many* places in a day.

2 (量が多い) **much** [マッチ], **a lot of**, lots of, plenty of (反 少し a little)

▶ きょうは宿題がたくさんある。
I have *a lot of* homework today.

▶ 食べ物はまだたくさん余っていた。
There was still *a lot of* food left.

▶ 私はそんなにたくさんお金を使わなかった。
I didn't spend so *much* money.

🔷 **文法** **many, much と a lot of**
many のあとには数えられる名詞の複数形がくる。**much** のあとには数えられない名詞がくる。**a lot of, lots of, plenty of** は数・量どちらにも使われる。**many, much** は so, too, how などの語がつく場合や主語になる場合以外は，話し言葉では否定文や疑問文に使われるのがふつうである。

many

much

3 (じゅうぶん) **enough** [イナフ]
▶ (うんざりして) もうたくさんだ！
That's *enough*! / *Enough* of that! /

four hundred and seventy-one 471

タクシー ▶

Enough is *enough*.

タクシー a taxi [タクスィ], a cab [キャブ]
▶ タクシーに乗る take a *taxi*
▶ タクシーをひろう get a *taxi*
▶ タクシーで行く
go by *taxi* / take a *taxi* (▶ by のあとには a や the はつけない)
▶ タクシーを呼んでもらえますか.
Could you call me a *taxi*? / Could you call a *taxi* for me?
▶ タクシーの運転手 a *taxi* driver
タクシー乗り場 (米) a taxi stand, (英) a taxi rank
タクシー料金 a taxi fare [フェア]

タクト a baton [バトン]

たくはいびん 宅配便 a home delivery service
▶ 荷物は宅配便で送るからね.
I'll send the package by *home delivery*.

たくましい (強い) strong [ストゥロ(ー)ング], tough [タフ]; (がっしりした) robust [ロバスト], sturdy [スターディ]
▶ たくましい青年 a *strong* young man

たくみ 巧みな (じょうずな) good [グッド]; (熟練した) skillful [スキルフル] →うまい
たくみに skillfully, cleverly [クレヴァリィ]
▶ たくみにうそをつく tell a lie *cleverly*

たくらみ a secret plan, a plot [プラット]
たくらむ plan secretly, plot

たくわえ 蓄え (物の) a store [ストー(ァ)], a stock [スタック]; (お金の) savings [セイヴィングズ]
たくわえる store (up), save
▶ うちでは地震に備えて食糧をたくわえています.
We *store up* food in case of earthquakes.

タケ 竹 (植物) (a) bamboo [バンブー] (複数 bamboos)
▶ このかごは竹でできている.
This basket is made of *bamboo*.
竹細工 bamboo work
竹ざお a bamboo pole
竹の子 a bamboo shoot
竹やぶ a bamboo grove [グロウヴ]

たけ 丈 (長さ) length [レング(ク)ス]; (高さ) height [ハイト]
▶ (自分の) ジーンズの丈を直す

adjust the *length* of my jeans

-だけ

1 (…しかない) **only** [オウンリィ], **just** [ヂャスト], **alone** [アロウン]
▶ 私だけがほんとうのことを知っている.
Only I know the truth.
▶ (店で) 「何をお探しですか」「ちょっと見ているだけですので」
"May I help you?" "*Just* looking, thanks."
▶ このボタンを押すだけです.
All you have to do is press this button.
▶ きみだけにこれを教えてあげるよ.
I'm telling this *only* to you.
▶ 「氷水飲んでいい？」「ちょっとだけよ」
"Can I drink some ice(d) water?"
"Yes, but *just* a little." (▶ just は only よりゆるやかな限定を表し, 話し言葉でよく使われる)

🗨用法 only の位置
only は修飾する語句の直前に置くのが原則なので, 位置により文意が変わってくる.
Only I eat beef. (私だけが牛肉を食べる) / I *only* eat beef. (私は牛肉を食べるだけだ [料理などしない]) / I eat *only* beef. (私は牛肉だけを食べる)
ただし会話では **only** は動詞の前に置き, 強調したい語句を強めて言うことが多い.

📢表現力
〜だけでなく…も
→ not only 〜 but (also) … /
… as well as 〜

▶ その歌手は10代の若者たちだけでなく, おとなたちにも人気がある.
The singer is popular *not only* among teens *but* (*also*) among adults.
▶ 彼は英語だけでなくスペイン語も得意だ.
He is good at Spanish *as well as* English.

2 (できるかぎり) **as … as possible**
▶ できるだけ早く帰ってきなさい.

Come back *as* soon *as possible*.
3 (…に見合う) **enough** [イナフ]
▶ 新車を買うだけの金がない.
I don't have *enough* money to buy a new car. / (余裕がない) I can't *afford* (to buy) a new car.
▶ この番組, 見るだけの価値はあるよ.
The program is *worth* seeing.
たけうま 竹馬 stilts [スティルツ]
▶ 竹馬に乗る walk on *stilts*

竹馬に乗っておどるハバナのパフォーマー.

だげき 打撃 a blow [ブロウ], a shock [シャック]; (野球の) batting
▶ その歌手の死はぼくにとって大きな打撃だった.
The singer's death was a great *shock* to me.
▶ うちのチームは打撃が強い.
Our team is good at *batting*.
だけど but [バット] →しかし
タコ (動物) an octopus [アクトパス]

ⓘ参考 "octo (8) + pus (足)" から.

たこ 凧 a kite [カイト]
たこあげ kite-flying
▶ たこをあげる fly a *kite*
ださい (ファッションなどが) uncool [アンクール]; (人が) nerdy [ナ〜ディ]
▶ わー, ださい!
Oh, no! How *uncool* [*tacky*]!
だし¹ 山車 a float [フロウト]
▶ 山車を引く pull a *float*
だし² 出し (出し汁) stock [スタック]

たしか 確かな →かくじつ

sure [シュア], **certain** [サ〜トゥン]; (まちがいない) positive; (信頼できる) reliable [リライアブル]
確かに sure, surely, certainly [サ〜トゥン

リィ], definitely [デフ(ィ)ニトゥリィ]

💬スピーキング
Ⓐ 私はここにかばんを置きました.
I put my bag right here.
Ⓑ 確かかい?
Are you *sure*?
Ⓐ もちろん.
Sure.

▶ きみの答えは確かなの?
Are you *sure* of your answer?
▶ 「確かに彼女を見たの?」「確かだよ」
"Are you *sure* you saw her?" "*Positive*."
▶ あの子, 確かに彼の妹だよ.
She is *definitely* his sister.

💬表現力
…するのは確かだ
→ be sure to … /
be certain to … /
It is certain that … . /
I'm sure (that) … .

▶ うちのチームがあしたの試合に勝つのは確かだ.
Our team *is sure to* win tomorrow's game. / *It is certain that* our team will win tomorrow's game. / *I'm sure* (*that*) our team will win tomorrow's game.
▶ 健が今晩来るかどうか確かではない.
I am not *sure* whether Ken will come this evening.
たしかめる 確かめる make sure, check [チェック]
▶ 戸じまりを確かめてくれる?
Can you *make sure* everything is locked up?
▶ それを辞書で確かめたら?
Why don't you *check* it in the dictionary?
たしざん 足し算 《数学》 addition [アディション] (対 引き算 subtraction)
足し算をする add [アッド]
だしゃ 打者 (野球) a batter [バタァ]
▶ 先頭打者 a lead-off *batter*
▶ 強打者 《口語》 a slugger [スラガァ]
だじゃれ (つまらない冗談) a dull joke [ダル ヂョウク]; (語呂合わせ) a pun

たしょう ▶

[パン]
▶ だじゃれを言う make a *pun*

たしょう 多少 (いくらか) some [サム] (▶ 数にも量にも使われる); (数が) a few [フュー]; (量が) a little [リトゥル]

🗨️ スピーキング
Ⓐ 英語を話しますか.
　Do you speak English?
Ⓑ ええ, *多少*は.
　Yes, *a little*.

▶ 料理本は多少持っているよ.
　I have *some* cookbooks.

たす 足す (加える) add [アッド]
▶ 10足す3は13 (10＋3＝13).
　Ten *plus* three is thirteen. / Ten *and* three make(s) thirteen.
▶ 3に10を足す *add* ten *to* three

だす 出す

使い分け
(とり出す) → take out ...
(提出する) → hand in ; take
(メールを書く) → email
(郵便物を送る) → send

hand in

send

1 (とり出す, 持ち出す) take out ... ; (つき出す) put out ...
▶ 私はかばんからスマホをとり出した.
　I *took* the smartphone *out* of the bag.
▶ ゴミ, 出しておくよ.
　I'll *take out* the garbage.
▶ 窓から顔を出してはだめだよ.
　Don't *put* your head *out* of the window.

2 (提出する) hand in ; (もっていく) take
▶ ぼくはきょう宿題を出した.
　I *handed in* the assignment today.
▶ このジャケット, クリーニング屋に出してくれる？ Can you *take* this jacket to the cleaners?

3 (メールを書く) email ; (手紙を書く) write ; (郵便物を送る) send ; (米) mail, (英) post
▶ きのう久美にメールを出したのにまだ返事が来ない. I *emailed* Kumi yesterday, but I haven't gotten a reply yet.
▶ 小包はきのう近くの郵便局から出したよ.
　I *sent* the parcel from a nearby post office yesterday.
▶「あの手紙, 出してくれた？」「ごめん, 忘れてた. あした出すよ」
　"Did you *mail* that letter?" "I'm sorry I forgot. I'll *mail* it tomorrow."

4 (食事などを) serve [サ〜ヴ] ; (お金を) pay
▶ お客さまにコーヒーをお出しして.
　Will you *serve* coffee to the guests?
▶ お金は両親が出してくれた.
　My parents *paid* for it.

5 (発する)
▶ 声を出して教科書を何度も読んでみなさい.
　Read your textbooks *aloud* over and over again.
▶ 元気を出せよ.
　Cheer up! / Keep your chin up.
▶ 勇気を出して. Have courage.

💬 表現力
… (し) だす
→ start to ... / start -ing / begin to ... / begin -ing

▶ 雨が降りだした.
　It *began to* rain. / It *began raining*. / It *started to* rain. / It *started raining*.

たすう 多数の many [メニィ], a lot of → たくさん
多数決 a majority decision
▶ 私たちはそれを多数決で決めた.
　We decided it by a *majority vote*.

たすかる 助かる **1** (楽になる)
▶ あなたがいてくれて助かるよ.
　You're a great *help*.

🗨️ スピーキング
Ⓐ おかげで助かりました.
　Thank you very much for your help.
Ⓑ どういたしまして.
　That's all right.

◀ ただ

2 (救助される) be saved；(生き残る)
survive [サ**ヴァ**イヴ]

▶ 乗組員は全員助かった.
All the crew *were saved*.

▶ その事故で助かったのは 2 人だけだった.
Only two people *survived* the accident.

たすけ 助け (a) help [ヘルプ]

▶ その女性には私たちの助けがいる.
The woman needs our *help*.

たすける 助ける

1 (力になる) help [ヘルプ]
助け合う help each other

▶ みんな助け合わないとね.
We all have to *help each other*.

💬表現力
(人) が…するのを助ける
→ help ＋人＋ with ... /
help ＋人＋ (to) ...

▶ 英語の宿題，ちょっと助けてくれない？
Could you *help* me *with* my English homework?

▶ おばあさんがバスに乗るのを助けてあげた.
I *helped* an old woman (*to*) get on the bus. (▶ to は省略されることが多い)

▶ 彼は家計を（支えるのを）助けるためにバイトをした.
He worked part-time to *help* (*to*) support his family.

2 (救助する) help，save [セイヴ]，rescue [レスキュー]

▶ 赤ちゃんは炎の中から助け出された.
The baby *was saved* from the fire.

▶ 助けてください. *Help* me, please.

たずねる¹ 尋ねる →きく¹

ask [アスク] (反 答える answer)

▶ あのおまわりさんにたずねてみよう.
Let's *ask* that police officer.

💬表現力
(人) に…をたずねる → ask ＋人＋ ...

▶ 女の人から市役所に行く道をたずねられた.
A woman *asked* me the way to the city hall.

▶ おたずねしたいことがあるのですが.
May I *ask* you a question? / I have

something to *ask* you.

💬表現力
(人) に…についてたずねる
→ ask ＋人＋ about ...

▶ 私は母の容体について医者にたずねた.
I *asked* the doctor *about* my mother's condition.

💬表現力
(人) に…かをたずねる
→ ask ＋人＋疑問詞 [if, whether]
...

▶ 彼は私に彼女を知っているかどうかたずねた.
He *asked* me *if* I knew her.

💬表現力
〜は「…か」とたずねる
→ 〜 ask, "...?" / "...?" ask 〜

▶ 「どうしたの？」と結衣はたずねた.
Yui *asked*, "What's the matter?" /
"What's the matter?" *asked* Yui. (▶
Yui の代わりに she などの代名詞を使う
場合は，she asked の語順になる)

たずねる² 訪ねる

visit [ヴィズィト]，call [コール] on (＋人)，
call at (＋場所)；(口語) go to see

💬表現力
(人) をたずねる
→ visit ＋人 / call on ＋人
(場所) をたずねる
→ visit ＋場所 / call at ＋場所

▶ 私はきのう健二を訪ねた.
I *visited* Kenji yesterday.

▶ ぼくはあした遠藤先生のお宅を訪ねます.
I'll *visit* Mr. Endo's house tomorrow.

▶ 留守中に森さんという方が訪ねてきました.
A Mr. Mori *came to see* you while you were out.

だせい 惰性 (習慣) habit [ハビト]；(慣性)
inertia [イナ〜シャ]

ただ

1 (…だけ) just [ヂャスト]，only [オウンリィ]

▶ その男の子はただ泣き続けるばかりだった.
The boy *just* kept crying.

four hundred and seventy-five **475**

だだ

- ただあなたの顔を見たかっただけだよ.
  I *just* wanted to see you.
- 100点満点をとったのは山本君ただ1人だった.
  Yamamoto was the *only* one who got a perfect score.

2 (無料の) **free** [フリー］;（無料で）for free, free of charge [チャーヂ], for nothing → むりょう, サービス

- このDVDをただでもらったんだ.
  I got this DVD *for free*.

💬 スピーキング
Ⓐ これはいくらですか.
  How much is this?
Ⓑ ただです.
  It's free.

- その映画をただで見られる券を2枚もらったんだ.
  I got two *free* tickets for the movie.
- ただほど高いものはない.《ことわざ》
  There is no such thing as a *free* lunch. / You never get something *for nothing*.

カフェの入り口にかけられた「お入りください. ただ（無料）のwi-fiがあります」という掲示.

3 (ふつうの) **common** [カモン], **ordinary** [オーディネリィ]；（ほんの）**just**

- ただのかぜだよ.
  It's just a *common* cold.
- 彼はただの学生ではない.
  He is no *ordinary* student.
- ただの冗談だよ. It's *just* a joke.

4 (無事)

- そんなことしたら，ただじゃすまないぞ.
  You can't get away with that.

だだ だだをこねる **whine** [(フ)ワイン]

ただいま ただ今（現在）**now** [ナゥ], at the moment [モウメント]；（たったいま）**just** [ヂャスト]; **just now**（▶ふつうは過去の文で使う）→ いま²

💬 スピーキング
Ⓐ ただいま, お母さん.
  Hi, Mom!
Ⓑ おかえり, マイク.
  Hello, Mike.

💭 用法 ただいま.
英語には「ただいま」にぴったりの表現はない. 帰宅したときには **Hi.** や **Hello.** がいちばん多く使われる.
また, **I'm back.**（短い外出から帰ったとき）や **I'm home.**（学校や仕事からもどったとき）はその場にいない人に対して, 声だけで「もどったよ！」と知らせたいときに使う.

- あいにく父はただいま外出中です.
  I'm sorry my father is out *now*.
- 吉田先生はただいまお帰りになりました.
  Mr. Yoshida went home *just now*. / Mr. Yoshida has *just* gone home.
- （呼ばれたときの返事）ただいままいります.
  I'm coming *right now*.

たたえる **praise** [プレイズ]

- コーチはぼくたちの健闘をたたえてくれた.
  The coach *praised* our good fight.

たたかい 戦い **a fight** [ファイト], **a battle** [バトゥル]；(a) **war** [ウォー(ァ)] → せんそう

- それは時間との戦いだった.
  It was a *fight* against time.

たたかう 戦う **fight** [ファイト]《against, with》；（試合で）**play** [プレイ] against

- 太平洋戦争で日本はアメリカと戦った.
  Japan *fought against* the U.S. in the Pacific War.
- 自由のために戦う
  fight for freedom
- 病気と戦う *fight* disease
- 正々堂々と戦おう.
  Let's *play* fair.

たたく

hit [ヒット], **strike** [ストゥライク]；（くり返し強く）**beat** [ビート]；（軽く）**pat**[パット], **tap**[タップ]；（手を）**clap** [クラップ]；（ドアを）**knock** [ナック]

hit

clap

knock

tap / pat

▶ 父はおこってテーブルをたたいた.
My father got angry and *hit* the table.
▶ 先生はぼくの肩をポンとたたいた.
The teacher *patted* my shoulder. / The teacher *patted* me on the shoulder.
▶ 全員が手をたたいた (→拍手した).
Everybody *clapped* (their hands).
▶ だれかがドアをたたいてるよ.
Someone *is knocking* on the door.
▶ 太鼓をたたく *beat* a drum

ただし but [バット] →しかし

ただしい 正しい

right [ライト] (反 まちがった wrong);(正確な) **correct** [コレクト] (反 不正確な incorrect)
▶ 正しい答え
a *right* answer / a *correct* answer
▶ きみの言うことはまったく正しい.
You're quite *right*.

💬表現力
…するのは正しい
→ **be right to ...** /
 It is right that ... .

▶ きみがそう言うのは正しい.
You *are right to* say so. / It *is right* of you *to* say so. / It *is right that* you should say so.
正しく rightly;correctly
▶ 漢字は正しく書くようにしなさいね.
Try to write kanji *correctly*.
正す correct →ていせい

ただちに right away [ライト アウェイ] →すぐ
▶ ただちに自分の席にもどりなさい.
Please go back to your seats *right away*.
たたみ 畳 a *tatami* (mat) (▶ 「6畳の部屋」は a six-*tatami* room / a six-*mat* room という)
たたむ 畳む fold [フォウルド] (up)
▶ 洗たく物をたたんでくれる?
Can you *fold up* the laundry?
ただよう 漂う drift [ドゥリフト], float [フロウト]
▶ 1 そうのボートが波間に漂っていた.
A boat *was drifting* on the waves.
たち 性質 (a) nature [ネイチァ];(気質) a temper [テンパァ]
-たち 名詞の複数形で表す.
▶ 生徒たち students
▶ 子どもたち children
▶ エマたち Emma *and* (*the*) *others* (▶ the がつくと「残り全員」, the がないと「残り何人か」を表す)
たちあがる 立ち上がる stand (up) →たつ¹
たちいり 立ち入り
▶ 立ち入り禁止 (掲示)
Keep Out / Keep Off / No *Trespassing* / No Admittance

農地の木にかけられた「立ち入り禁止」の看板.

たちいる 立ち入る (入る) enter [エンタァ];(不法侵入する) trespass [トゥレスパス];(干渉する) interfere [インタフィア]
たちぎき 立ち聞きする eavesdrop [イーヴズドゥラップ];(偶然に) overhear [オウヴァヒア]
たちさる 立ち去る leave [リーヴ] →さる
たちどまる 立ち止まる stop [スタップ] →とまる¹
▶ みんなが立ち止まって, ジムと話した.
Everybody *stopped* to talk to Jim. (▶ Everybody *stopped talking* to

four hundred and seventy-seven 477

たちなおる ▶

Jim. なら「みんながジムと話すことをやめた」という意味)

たちなおる 立ち直る get over, recover [リカヴァ] 《from》
▶ 彼女は別れのショックから立ち直った.
She *got over* the shock of her breakup.

たちのぼる 立ち上る go up, rise [ライズ]

たちば 立場 a place [プレイス], a position [ポズィション]; a situation [スィチュエイション]
▶ ちょっとはぼくの立場にもなってみてよ.
Just put yourself in my *place*.
▶ ぼくはむずかしい立場に置かれていた.
I was in a difficult *situation*.

たちまち right away, immediately [イミーディエトゥリィ], at once [ワンス] →すぐ
▶ コンサートのチケットはたちまち売り切れた.
The concert tickets were sold out *immediately*.

ダチョウ (鳥) an ostrich [アストゥリチ]

たちよみ 立ち読みする
▶ 彼はよく書店で雑誌を立ち読みする.
He often *stands reading* magazines in bookstores.

たちよる 立ち寄る drop [ドゥラップ] by, drop in (at, on) (▶「家」を訪ねるときは at,「人」を訪ねるときは on を使う); stop [スタップ] by
▶ お近くまでいらしたときはお立ち寄りくださいね. Please *drop in on* me when you're in the neighborhood.
▶ 帰りにちょっと近くのスーパーに立ち寄るから. I'll *stop by* (*at*) the local supermarket on my way home.

たつ¹ 立つ

使い分け
(立っている) → stand
(立ち上がる) → stand up
(出発する) → leave, start

stand up

leave

1 (立っている) stand [スタンド]; (立ち上がる) stand up (反 すわる sit)
▶ 彼女は立ち上がって部屋から出ていった.
She *stood up* and left the room.
▶ 電車がとてもこんでいて, ずっと立っていなければいけなかった.
The train was very crowded, so I had to *stand* all the way.

2 (出発する) leave [リーヴ], start [スタート] →しゅっぱつ

🔊 スピーキング
Ⓐ いつ日本をおたちですか.
When are you leaving Japan?
Ⓑ あすの午後です.
Tomorrow afternoon.

▶ 彼はきのう成田をたってロンドンに向かった.
He *left* Narita for London yesterday.
/ He *started* from Narita for London yesterday.

たつ² 建つ →たてる²
▶ このホテルが建ったのは10年前だ.
This hotel *was built* ten years ago.

たつ³ 経つ

(時間が) pass [パス], go by

💡 表現力
…してから (期間) がたつ
→ It has been (期間) since ... .

▶ あれから5年の歳月がたつ.
It has been five years *since* then. / *It is* five years *since* then. / Five years *have passed since* then.
▶ 時間がたつにつれて, そのことについてはすっかり忘れていた.
As time *passed*, I forgot all about it.
▶ 1週間たったら (→ 1週間後に) また来てください.
Please come again *in* a week.

たつ⁴ 断つ, 絶つ (さえぎる, 止める) cut off; (やめる) give up; (関係を) break [ブレイク] off

たつ⁵ 竜, 辰 a dragon [ドゥラゴン]

たっきゅう 卓球 table tennis, ping-pong [ピンポン(ー)ング]
▶ 卓球をする play *table tennis*
卓球台 a ping-pong table

ダッグアウト 《野球》a dugout [ダグアウト]

ダックスフント 《動物》a dachshund [ダークスフント]

タックル a tackle [タクル]
　タックルする tackle

だっこ だっこする hold ... in *my* arms
▶ ママ，だっこして！
　Carry me, Mom! / *Pick* me *up*, Mom!

だっしめん 脱脂綿 absorbent cotton

たっしゃ 達者な **1** (じょうぶな) in good health
▶ 祖父はいまでも達者にしています．
　My grandfather is still *in good health*.
2 (じょうずな) good 《at》
▶ 直人は英語がじつに達者だ．
　Naoto is really *good at* English.

ダッシュ (突進など) a dash [ダッシ]；(句読点の) a dash (一の記号) →**くとうてん**(表)
　ダッシュする dash

たっする 達する

1 (行きつく) reach [リーチ], get to
▶ 私たちはお昼前に山の頂上に達した．
　We *reached* the top of the mountain before noon.
2 (数量が) reach；(総額が) amount [アマウント] to
▶ 過半数に達する *reach* a majority
▶ その会社の負債総額は100億円に達する．
　The debts of the company *amount to* 10 billion yen.
3 (達成する) achieve [アチーヴ]
▶ 私はとうとう目的を達した．
　I finally *achieved* my goal.

たっせい 達成する achieve [アチーヴ], accomplish [アカンプリシ]
▶ 彼は目的を達成するために努力した．
　He tried hard to *achieve* his goal.
　達成感 a sense of achievement [アチーヴメント]

だっせん 脱線する run off the rails, derail [ディレイル]；(話が) go off the subject [サブヂェクト]
▶ けさそこで列車が脱線した．
　A train *derailed* there this morning.

たった 1 (わずか) only [オウンリィ]
▶ そのクラスの生徒はたった8人だった．

The class had *only* eight students.
▶ 私のこづかいは月にたった2000円です．
　My allowance is *only* 2,000 yen a month.
2 (ちょうど) just [ヂャスト], just now
▶ 父はたったいま帰ってきたところです．
　My father has *just* come home. / My father came home *just now*.

タッチ a touch [タッチ]
　タッチする touch
▶ 和田は3塁でタッチアウトになった．
　Wada *was tagged* out at third.
　タッチダウン a touchdown
　タッチライン a touchline

だって

　使い分け
　(…でさえ) → even
　(…もまた) → also
　(なぜならば) → because

1 (…でさえ) even [イーヴン]；(…もまた) too [トゥー], also [オールソウ]
▶ 子どもだってそんなことは知ってるぞ．
　Even a little child knows things like that.
▶ 私にだってできるもん．
　I can do it, *too*. / I can *also* do it. (▶ too のほうが話し言葉でよく使われる)
2 (なぜならば) because [ビコーズ]；(しかし) but
▶「なぜだまっているの？」「だって何も知らないんだもの」
　"Why are you so quiet?" "*Because* I know nothing about it."

たづな 手綱 reins [レインズ]

だっぴ 脱皮する shed *its* skin

タップダンス tap dancing

たっぷり (じゅうぶんに) plenty [プレンティ] 《of》；(まるまる) full [フル]
▶ あわてないで，時間はまだたっぷりあるよ．
　Don't hurry. There's still *plenty of* time.

たつまき 竜巻 a tornado [トーネイドウ] (複数) tornado(e)s)
▶ 近くで竜巻があった．
　A *tornado* hit nearby.

たて 縦 (長さ) length [レング(ク)ス] (対)横 width)

four hundred and seventy-nine　479

-(し)たて ▶

▶ このプールは縦25メートルです.
This swimming pool is 25 meters *long*. (▶ long の代わりに in length を使うこともある)
縦の (垂直の) vertical [ヴァ〜ティカル]
縦に (垂直に) vertically [ヴァ〜ティカリィ]
縦じま vertical stripes

-(し)たて fresh [フレッシ]
▶ 産みたての卵 a *fresh* egg
▶ このパンは焼きたてです.
This bread is *hot from the oven*.

-だて …建てだ be ... stories high
…建ての -story, -storied
▶ 3階建ての校舎
a three-*story* [three-*storied*] school building
▶ うちのマンションは5階建てだ.
Our condo *is* five *stories high*.

たてうり 建て売り住宅 a ready-built house

たてかえる 立て替える
▶ 悪いけど，勘定5をうを立て替えておいてくれる？ あとで返すから.
Sorry, but could you *pay* the bill *for me*? I'll pay you back later.

たてかける 立て掛ける lean [リーン] ... against
▶ はしごを木に立て掛ける
lean a ladder *against* a tree

たてがみ a mane [メイン]

たてぶえ 縦笛 a recorder [リコーダァ]
▶ 縦笛を吹ふく play the *recorder*

たてふだ 立て札 a sign [サイン], a signboard [サインボード], (掲示板) (米) a bulletin board [ブレトゥン ボード]

たてもの 建物

a **building** [ビルディング]
▶ 法隆ほうりゅう寺は世界最古の木造の建物です.
The Horyuji Temple is the oldest wooden *building* in the world.

たてる¹ 立てる

使い分け
(計画・スケジュールを) → make
(物を) → stand

1 (計画・スケジュールを) **make** [メイク]；(目標を) **set** [セット] (**up**)

▶ 夏休みの計画はもう立てたの？
Have you *made* plans for the summer vacation?

2 (物を) **stand** [スタンド]，(動かないように) set up；(音を) **make**
▶ ほうきはかべに立てかけておいてください.
Please *stand* the broom against the wall.
▶ どこにビーチパラソルを立てようか？
Where should we *set up* the beach umbrella?
▶ スープを飲むときにそんなに音を立ててはだめですよ.
Don't *make* so much noise while you're eating your soup.

たてる² 建てる

build [ビルド]

表現力
…を建てる → build ...

▶ 岡先生は家を建てた.
Mr. Oka *built* his house. / Mr. Oka *had* his house *built*.
▶ この校舎は1968年に建てられた.
This school building *was built* in 1968.

たどうし 他動詞 《文法》a transitive verb [トゥランスィティヴ ヴァ〜ブ] (▶ vt. または v.t. と略す)

たとえ (比喩ひ) a metaphor [メタファァ]；(例) an example [イグザンプル]

たとえ(…でも) even if ..., even though [ゾゥ] ...
▶ たとえあした雨が降っても，サッカーの試合は行われます.
Even if it rains tomorrow, we will hold the soccer match.

たとえば 例えば

for example [イグザンプル]；like [ライク], **such** [サッチ] as
▶ 私は，たとえばラーメンやそばのようなめん類が大好きです.
I love noodles *like* ramen and soba.
▶ 私のおじは野菜をつくっている. たとえばトマトやキュウリ，ニンジンです.
My uncle grows vegetables *such as* tomatoes, cucumbers and

carrots.
▶ 私の妹はあまい物，たとえばチョコレートが好きだ．
My sister likes sweets, *for example*, chocolate.
たとえる compare [コンペア] (A to B)
▶ 徳川家康は人生を長旅にたとえた．
Tokugawa Ieyasu *compared* life *to* a long journey.
たどる 辿る follow [ファロウ]
たな 棚 a shelf [シェルフ] (複数 shelves)；(列車の) a rack [ラック]
▶ たなからあの箱をとってくれない？
Could you take that box from the *shelf*?
たなばた 七夕 the *Tanabata* Festival [フェスティヴァル], the Star Festival
たに 谷 a valley [ヴァリィ]

アメリカのデスバレー(直訳：死の谷)国立公園．

ダニ a tick [ティック]

たにん 他人

others [アザァズ], other people
▶ 自分と他人を比べるのはやめなさい．
Stop comparing yourself with *others*.
▶ 他人をあまりあてにするな．
Don't depend on *others* too much.
タヌキ (動物) a *tanuki*, a raccoon [ラクーン] dog
▶ たぬき寝入りをする (→寝ているふりをする) pretend to be asleep
▶ とらぬタヌキの皮算用．(ことわざ)
Don't count your chickens before they are hatched. (▶「ひながかえる前にその数を数えるな」の意味)

たね 種

1 (種子) a seed [スィード]；(果実の大きくかたい) a stone [ストウン]；(リンゴ・トマトなどの) a pip [ピップ]
種をまく plant seeds；sow [ソウ]
▶ 庭にコスモスの種をまいた．
I planted some cosmos *seeds* in the garden.
▶ まかぬ種ははえぬ．(ことわざ)
No pain, no gain. (▶「苦労しなければ何も得られない」の意味)
▶ 種なしブドウ *seedless* grapes
2 (原因) a cause [コーズ]；(話の) a topic [タピク]；(手品の) a trick [トゥリック]
▶ けんかの種 the *cause* of a quarrel
▶ 弟はいつも母親の心配の種です．
My little brother is always a great *worry* to our mother.
▶ 種もしかけもありません．
There's no secret *trick* to this.

たのしい 楽しい

happy [ハピィ], pleasant [プレズント]；(すばらしい) wonderful [ワンダフル]；(楽しさ) fun [ファン]
▶ 楽しいな．This is *fun*. / It's *fun*.
▶ 楽しかった？
Was it *fun*? / Did you *enjoy* it? / Did you have *fun*?
▶ すごく楽しかった．It was a lot of *fun*.
▶ 沖縄は楽しかった．
We had a *good* time in Okinawa.

🔊スピーキング
Ⓐ 学校はどう？
How do you like your school?
Ⓑ 楽しいよ．
I enjoy it.

✏️ライティング
私には中学のころの楽しい思い出がたくさんある．
I have a lot of happy memories of my junior high school days.

💬表現力
…するのは楽しい → It is fun to …

▶ 彼女といっしょにいるととても楽しい．
It's a lot of *fun to* be with her.
楽しく pleasantly；happily
▶ ぼくらは一日中楽しく過ごした．

たのしませる ▶

We spent the whole day *happily*.
たのしませる 楽しませる (芸などで) entertain [エンタテイン]; (喜ばせる) please [プリーズ]; (おもしろがらせる) amuse [アミューズ]

たのしみ 楽しみ

(a) pleasure [プレジァ]

💬 表現力
…するのが（ふだんの）楽しみだ
→ enjoy -ing

▶ スポーツを見るのがぼくの楽しみだ．
I *enjoy watching* sports. / Watching sports gives me *pleasure*.

💬 表現力
…するのを楽しみにしている
→ look forward to -ing

▶ 来週会えるのを楽しみにしています．
I'm *looking forward to seeing* you next week.
▶ あしたが楽しみだ．
I'm *looking forward to* tomorrow. / (あしたまで待てない) I can't wait until tomorrow.

たのしむ 楽しむ

enjoy [エンヂョイ]; (楽しい時間を過ごす) have a good time
▶ 楽しんでますか．
Are you *enjoying* yourself?
▶ 楽しんできてね！
Have a good time! / *Have fun!*
▶ トムは日本での生活を楽しんでいる．
Tom *is enjoying* his life in Japan.

💬 表現力
…をして楽しむ → enjoy -ing

▶ つりをして楽しむ
enjoy fishing (▶ enjoy の目的語は名詞 または -ing 形)

× enjoy to fish
↳ enjoy の目的語 には to … はこない．

○ enjoy fishing

🔊 プレゼン
そこでは水泳やキャンプやハイキングをして楽しめます．
You can enjoy swimming, camping, and hiking there.

たのみ 頼み

a request [リクウェスト]; (相手の親切にうったえてするお願い・頼み事) a favor [フェイヴァ]

🔊 スピーキング
Ⓐ きみに頼みがあるんだけど．
Will you do me a favor?
Ⓑ ええ，どうぞ．何？
Sure. What is it?

▶ 父は私の頼みを聞いてくれた．
My father said yes to my *request*.
▶ きみは私の頼みの綱（→頼れる最後の人）だ．
You're my *last hope*.

たのむ 頼む →きょか

1 (依頼 いらい する) ask [アスク]
▶ ケン，ちょっと頼んでもいい？ Can I *ask* you a little *favor*, Ken? / Can you *do* me a little *favor*, Ken?

💬 表現力
（人）に（物）を頼む
→ ask +人+ for +物

▶ 私たちは彼に手伝いを頼んだ．
We *asked* him *for* help.

💬 表現力
（人）に…してくれるように頼む
→ ask +人+ to …

▶ 女の子は母親にケーキをつくってと頼んだ．
The girl *asked* her mother *to* bake a cake.
▶ ぼくは買い物を頼まれた．
I *was asked to* do some shopping.

2 (注文する) order [オーダァ]

🔊 スピーキング
Ⓐ 何を頼んだの？
What did you order?
Ⓑ プリン．
Custard pudding.

たのもしい 頼もしい (信頼できる) reliable [リライアブル]; (将来有望な) promising [プラミスィング]
▶ 頼もしい友だち
  a *reliable* friend
▶ 彼は将来が頼もしいサッカー選手だ.
  He's a *promising* soccer player.

たば 束 a bundle [バンドゥル]; (花やかぎなど小さなものの) a bunch [バンチ]
たばねる bundle, make a bundle, tie ... into a bundle
▶ 花たば
  a *bunch* of flowers
▶ たばねた新聞
  a *bundle* of newspapers
▶ ほうれん草を1束100円で買った. I bought spinach at 100 yen *a bunch*.
▶ 彼女は髪を後ろでたばねている.
  She has her hair *tied* at the back.

タバコ (紙巻き) a cigarette [スィガレット]; (葉巻き) a cigar [スィガー]; (パイプ用の) tobacco [トゥバコウ]
タバコを吸う smoke
▶ 父は10年前にタバコをやめた. My father quit *smoking* ten years ago.
▶ おタバコはご遠慮ください (禁煙)〈掲示〉
  No *Smoking*

タバスコ Tabasco [タバスコウ] (▶商品名)
たび¹ 旅 a trip [トゥリップ] →りょこう
旅をする travel, go on a trip
▶ 私は去年,一人旅をした.
  I *went on a trip* alone last year.
たび² 足袋 *tabi*, Japanese-style socks [サックス]
▶ 足袋1足
  a pair of *tabi*

-(する)たび every time
▶ 彼らは会うたびにけんかする.
  They quarrel *every time* they meet.
▶ この本は読むたびに新しい発見がある.
  Every time I read this book, I discover something new.

たびたび many times, often [オ(ー)フン] →よく²
たびびと 旅人 a traveler [トゥラヴ(ェ)ラァ]
タフ タフな tough [タフ]
タブー a taboo [タブー] (複数 taboos)
だぶだぶの loose [ルース], baggy [バギィ]
▶ だぶだぶのズボン
  baggy pants

ダブル double [ダブル] (対 シングル single)
ダブルクリック《コンピューター》a double click
ダブルプレー《野球》a double play
ダブルベッド a double bed

ダブる (日程が)
▶ エリの誕生日と試合日がダブるんだ.
  Eri's birthday and our game *fall on the same day*.

ダブルス《競技》a doubles [ダブルズ] (対 シングルス singles)
▶ 男子ダブルス
  men's *doubles*

タブレット《コンピュータ》a tablet [タブレット]

たぶん 多分 →おそらく
(可能性が高い) probably [プラバブリィ]; (もしかしたら) perhaps [パハップス], maybe [メイビィ]; (たぶん…しそうである) be likely to ...
▶ たぶん今夜は雪だろう.
  It'll *probably* snow tonight. / It's *likely to* snow tonight.
▶ たぶん彼は途中で道に迷ったのだろう.
  Perhaps he got lost on his way.
▶ 「週末に予定ある？」「たぶん映画に行くと思う」"Do you have plans for this weekend?" "*I think* I'm going to go to a movie."

> **用法** probably と perhaps と maybe
> **probably** は「十中八九は」の意味で,起こる確率が高い場合に使う.
> **perhaps** と **maybe** は「もしかしたら」「…かもしれない」の意味で,可能性はあるが確実性がないときに使う.

たべあるき ▶

たべあるき 食べ歩き
▶ 私たちは大阪で食べ歩きをした.
We made *an eating tour* of Osaka.

たべもの 食べ物

food [フード]

🗣️スピーキング
Ⓐ クリス，**食べ物**では何がいちばん好きなの？
Chris, what kind of food do you like (the) best?
Ⓑ さしみだよ.
Sashimi.

📊プレゼン
ピザはぼくの好きな**食べ物**の1つです．
Pizza is one of my favorite foods.

▶ ママ，おなかすいちゃった．何か食べ物ない？
Mom, I'm hungry. Can I have *something to eat*?

たべる 食べる

eat [イート], **have** [ハヴ]
▶ そんなに急いで食べてはいけません.
Don't *eat* so fast.
▶ 早く食べてしまいなさい．時間がないよ．
Hurry up and finish *eating*. You have no time left.
食べ過ぎる eat too much
▶ 食べ過ぎちゃったよ．I *ate too much*.

💬表現力
…を食べる → eat ... / have ...

▶ 「朝食に何を食べますか」「たいていトーストを食べます」
"What do you *have* for breakfast?"
"I usually *have* toast."
▶ 「もっと食べる？」「ごちそうさま．もうおなかいっぱい」
"Do you want to *have* more?"
"Thank you, but I'm full."
▶ 私はけさから何も食べていない．
I've *had* nothing since this morning.
▶ マイケル，おすしを食べてみた？
Have you *tried* sushi, Michael? (▶try は「試食する」の意味)

▶ 今晩は外で食べる（→外食する）ことにしているの．
We're *eating* out tonight.
▶ 食べ放題のレストラン
an all-you-can-*eat* restaurant

たま 玉，弾，球 a ball [ボール]；(鉄砲の) a bullet [ブレト]；(電球) a bulb [バルブ]
▶ あのピッチャーの球は速い．
That pitcher throws a fast *ball*.

たまご 卵

an **egg** [エッグ]（▶一般的にはニワトリ

① curry and rice ② *ramen*, Chinese noodles in soup ③ hamburger (▶hamburger steakともいう) ④ pork cutlet ⑤ chow mein, fried Chinese noodles

⑥ pilaf ⑦ spaghetti ⑧ sushi ⑨ fried chicken

食べ物 ①カレーライス ②ラーメン ③ハンバーグ ④とんカツ ⑤焼きそば ⑥ピラフ ⑦スパゲッティ ⑧すし ⑨フライドチキン

食べ物 Food

世界一作られている穀物(こくもつ)は？
What is the most produced *grain in the world?

*grain [gréin グレイン] 穀物

■ 米・小麦・トウモロコシの生産量 (2022)
World Rice, Wheat, and Corn Production 2022

『日本国勢図会』より

米、小麦、トウモロコシは世界の三大穀物です。
いちばん生産量が多いのはトウモロコシで、
2022年には11億トン以上が生産されました。

日本人は米を主食としています。そのため米は全国各地で栽培され、大量に収穫されます。しかしグラフを読むと、日本の米の生産量は世界の総量のたった1.3%でした。

Rice, wheat, and corn are the world's three most important grains.
The most produced grain is corn, and the amount of corn produced
in 2022 was more than 1.1 billion tons.

Japanese people eat rice as a *staple food.　So rice is grown all over
Japan, and a lot of rice is harvested there.　But according to the graph,
Japan's rice production was only 1.3 percent of the world's total amount.

*staple [stéipl スティプル] 主な、重要な

世界の小麦粉を使った料理
Foods made of wheat around the world

小麦は中東が起源で、今では世界中で食べ
られています。世界には小麦粉を使ったい
ろいろな料理があります。
小麦粉の料理を挙げられますか？

Wheat originated in the Middle East.
And it is now eaten all over the world.
There are various foods made of wheat around
the world.　Can you name some of them?

パスタ (イタリア)
pasta
[pá:stə パースタ]

ナン (インド)
naan
[nɑ:n ナーン]

ピロシキ (ロシア)
piroshki
[pirɔ́:ʃki ピローシキィ]

うどん (日本)
udon
[ú:dɑn ウーダン]

four hundred and eighty-five　485

たましい ▶

の卵をさすことが多い)
▶ 卵1パック
a carton of *eggs* / (12個) a dozen of *eggs* (▶英語では a pack of ... とはふつう言わない)
▶ このめんどりは毎日卵を産む。
This hen lays an *egg* every day.
▶ ジョンは今まで卵を生_{なま}で食べたことはない。
John has never had *eggs* raw.

🎤 スピーキング
Ⓐ 卵をどのようにして召_めし上がりますか。
How do you like (to have) your eggs?
Ⓑ 目玉焼きにしてください。
Sunny-side up, please.
(▶片面だけ焼いた目玉焼きのことを特に sunny-side up という)

ⓘ 参考 いろいろな卵料理
ゆで卵 **a boiled egg** / 半熟卵 **a soft-boiled egg** / いり卵 **scrambled eggs** / 玉子焼き **a Japanese omelet** / 目玉焼き **a fried egg** / ベーコンエッグ **bacon and eggs** / ハムエッグ **ham and eggs** / オムレツ **an omelet**

たましい 魂 a soul [ソウル]；a spirit [スピリト]

✏️ ライティング
彼女の新作には魂がこもっていない。
Her new work has no soul.

▶ マキの歌には魂がこもっている。
Maki sings with *soul*.
だます deceive [ディスィーヴ], cheat [チート]
たまたま by chance [チャンス] →ぐうぜん

💬 表現力
たまたま…する → happen to ...

▶ 事故が起こったとき，私はたまたまそこにいあわせた。
I *happened to* be there when the accident occurred.
たまつき 玉突き事故 a pileup [パイラプ]
たまに sometimes [サムタイムズ], once in

a while [(フ)ワイル], occasionally [オケイジ(ョ)ナリィ]
▶ 東京で暮らしている兄はたまに電話してくる。
My brother living in Tokyo calls us *occasionally*.
▶ たまには (うちに) 立ち寄ってよ。
Stop by *once in a while*.

🔶 プラゼン
私はテレビはたまにしか見ません。
I *seldom* watch TV.

タマネギ 玉ネギ an onion [アニョン]
たまらない →たえる¹
▶ とにかくこう寒くてはたまらない。
I simply *can't stand* this cold. (▶ can't stand で「…をがまんできない」の意味)
▶ ぼくはアニーに会いたくてたまらない。
I'*m dying to* see Annie. (▶ be dying to ... で「…したくてたまらない」の意味)
▶ おかしくてたまらなかった (→笑わずにいられなかった)。
I *couldn't help* laughing. (▶ can't help -ing で「…せずにはいられない」の意味)
たまりば たまり場 a haunt [ホーント]
たまる
▶ 庭のあちこちに水がたまっている。
There are pools of water in the yard.
▶ 机の上にほこりがいっぱいたまっている。
There is a lot of dust on the desk.
▶ お金がちょっとたまった。
I'*ve saved* a bit of money.

だまる 黙る

become silent [サイレント]；(だまっている) keep silent, keep quiet
▶ だまりなさい！
(Be) quiet! / Stop talking! (▶ Shut up! はひじょうに強い言い方なのでふつうは使わない)
▶ 子どもたちはみんなだまっていた。
The children all *kept quiet*.
▶ そのことは健太にはだまっていてね。
Please *don't say anything* about it to Kenta.
▶ 彼は親にだまって (→何も言わずに) 家を

486 four hundred and eighty-six

出ていった.
He left home *without telling* his parents.

ダム a dam [ダム]
▶ ダムをつくる
build a *dam*

オーストラリアのダム.

-ため

【使い分け】
(利益・対象) → for
(目的) → for ; to ...
(原因・理由) → because (of)

1 (利益・対象) **for** [フォー(ア)]
▶ きみのためなら何でもするよ.
I'll do anything *for* you.
▶ 牛乳は体のためによい.
Milk is good *for* your health.
▶ 子どものためのお話し会
a storytelling session *for* children

2 (目的) **for** ; **to** [トゥー] ...
▶ 正義のための戦い
a fight *for* justice
▶ きみたちは何のために勉強しているの？
What're you studying *for*?

【表現力】
…するための〜 → 〜 to ...

▶ 英語を学ぶための何かよい方法がありますか.
Is there any good way *to* learn English?
▶ 父はぼくたちといっしょに過ごすための時間がほとんどない.
My father has little time *to* spend with us.

【表現力】
…するために → to ... / in order to ...

▶ その学校に入るためにはもっと一生けんめいに勉強しないとだめだ.
You have to work harder *to* get into that school.

【プレゼン】
環境を守る*ために*私たちは何ができるでしょうか.
What can we do *in order to* protect the environment?

3 (原因・理由) **because** [ビコ(ー)ズ] **of** ; **because**

【表現力】
(原因・理由) のために
→ because of ...

▶ 雨のため遠足は中止になった.
The outing was canceled *because of* rain.
▶ ぼくたちが窓を割ったため先生は怒った.
Our teacher got angry *because* we broke the window.

だめ

1 (役に立たない) **no good** [グッド] ; (得意でない) **not good** 《at》
▶ このノートパソコンはもうだめだ (→使いものにならない).
This laptop *doesn't work* anymore.
▶ ぼくは英語がだめだ.
I'm *not good at* English.
だめにする ruin [ルーイン], **spoil** [スポイル]
▶ 悪天候のため, 私たちの計画はだめになった.
Our plan *was spoiled* by the bad weather.

【スピーキング】
Ⓐ きょうの試験, どうだった？
How were today's exams?
Ⓑ だめだったよ.
I didn't do very well.

【表現力】
…してもだめだ
→ It's no good -ing ...

▶ 彼に話してもだめだよ.
It's no good telling him.
2 (…してはいけない)

ためいき ▶

表現力

…したらだめだ
→ Don't ... . / You shouldn't ... .

▶ アイロンにさわっちゃだめだよ.
Don't touch the iron.
▶ ここに自転車を置いちゃだめだ.
Don't leave your bike here.
▶「ねえ,テレビ見てもいいでしょ」「だめ,さきに宿題を終わらせなさい」
"May I watch TV, please?" "*No*. Finish your homework first."
▶ 絶対にだめ.
Absolutely *not*. / Definitely *not*. / *No way*!

スピーキング

Ⓐ もうだめだ!
I give up!
Ⓑ そんなこと言っちゃだめよ.
You shouldn't say that.

「だめだ」　　　「もうだめだ」

(左) 親指を立てて下に向けるしぐさは不同意・不満足などを表す (thumbs down).
(右) 肩をすくめ,手を外側へ広げるようにするのはあきらめ・とまどいを表す (shrug *my* shoulders).

表現力

…しなくてはだめだ
→ have to ... / must ...

▶ もっと運動しないとだめだ.
You *have to* exercise more.
▶ 部屋をかたづけないとだめだぞ.
You *must* clean up your room.

ためいき ため息 a sigh [サイ]
ため息をつく sigh
▶ 私はほっとしてため息をついた.
I *sighed* with relief. / I gave a *sigh* of relief.

ダメージ damage [ダメヂ]
▶ ダメージを受ける be damaged

ためす 試す try [トゥライ], have a try
試し a try, a test [テスト]; (口語) a shot [シャット]

表現力

…をためす → try ...

▶ ためしにやってごらん. *Try* it. / *Have a try* at it. / *Give it a try*.
▶ どうなるかためしてみよう.
Let's *try* and see what'll happen.
▶ ためしにこれ食べてみたら?
Why don't you *try* this?

スピーキング

Ⓐ ためしに着てみてもいいですか.
Can I try it on?
Ⓑ ええ,どうぞ.
Certainly.

表現力

ためしに…してみる → try -ing

▶ ジュディはためしにさしみを食べてみた.
Judy *tried eating* sashimi.

ためになる good [グッド]; useful [ユースフル]; instructive [インストゥラクティヴ]
▶ この本はきみたちにとって大いにためになるだろう.
This book will *do* you a lot of *good*.
▶ その科学番組はおもしろいし,ためにもなる.
The science program is *instructive* as well as interesting.

表現力

…のためになる → be good for ...

▶ このサイトはとくに中学生のためになる.
This site *is* especially *good for* junior high students.

ためらう hesitate [ヘズィテイト]
▶ ジャックはその部屋に入るのをためらった.
Jack *hesitated* to go into the room.
ためらい hesitation [ヘズィテイション]
ためらいがちに hesitantly [ヘズィタントゥリィ], with hesitation [ヘズィテイション]
ためらわずに without hesitation

ためる (貯蔵する) store [ストー(ァ) up]; (お金を) save [セイヴ]
▶ 私は旅行のためにお金をためている.

I'm saving money for a trip.

たもつ 保つ keep [キープ] →いじ²
▶ 彼女は健康を保つためにジョギングを始めた。
She started to jog to keep fit.

たようせい 多様性 diversity [ダイヴァ〜スィティ]

たより¹ 便り

(手紙) a **letter** [レタァ]；(知らせ) **news** [ニューズ] (▶単数あつかい)
▶ お便りありがとう。
Thank you for your letter.
▶ 初めてお便りします。
This is my first letter to you.
▶ またお便りします。 I'll write you again.
▶ 便りがないのはよい便り。《ことわざ》
No news is good news.

> 💬**表現力**
> …から便りがある
> → hear from ... /
> get a letter from ...

▶ 奈々から長い間便り (連絡) がない。
I haven't heard from Nana for a long time.
▶ きのうケンから便りがあった (手紙がきた)。
I got a letter from Ken yesterday.

たより² 頼り

(信頼) reliance [リライアンス]；(援助) help [ヘルプ]
たよりになる reliable [リライアブル]
たよりにする rely [リライ] on；(依存する) depend [ディペンド] on
たよりない unreliable
▶ たよりにしてるよ。
I'm depending on you.
▶ たよりにしてね。 You can rely on me.
▶ うちの監督はたよりになる人です。
Our manager is a reliable person.
▶ 彼はほんとにたよりにならない。
He's so unreliable.

たよる 頼る rely [リライ] on；(依存する) depend [ディペンド] on
▶ 彼女は友人をたよって東京に出てきた。
She came to Tokyo counting on her friends. (▶ count on は「…を当てにする」の意味)

> 💬**表現力**
> …にたよる
> → depend on ... / rely on ...

▶ 両親にあまりたよるな。
Don't depend too much on your parents.

> ✏️**ライティング**
> 日本は石油を輸入にたよっている。
> Japan depends on imported oil.

タラ (魚) a cod [カッド], a codfish
-(し)たら 1 (条件) (もし…なら) if [イフ]；(…のとき) when [(フ)ウェン]
▶ 雨が降ったら外出しないよ。
If it rains, I won't go out.
▶ きみの準備ができたら、出かけよう。
When you are ready, let's go.

> 📖**文法** 条件を表すときの時制
> if や when で「…したら」と条件を表す場合, 未来のことでも現在形を使う。

2 (仮定) if
▶ きみがぼくだったらどうしますか。
What would you do if you were me?
▶ 英語がじょうずに話せたらなあ。
I wish I could speak English well.

> 📖**文法** 仮定を表すときの時制
> 現在の事実とは異なることを「…たら」と仮定する場合は過去形を使う。[仮定法]

3 (提案・勧誘) (…したらどうですか) Why don't you ...?, How about ...?

> 💬**表現力**
> … (し) たらどうか
> → Why don't you ...? /
> How about -ing?

▶ 彼女に電話してみたらどうなの？
Why don't you call her? / How about calling her?
たらい a washtub [ワシタブ]
だらく 堕落 corruption [コラプション]
堕落する be corrupted
-だらけ be full [フル] of；be covered [カ

four hundred and eighty-nine **489**

だらしない ▶

ヴァド with
▶ きみの英作文はまちがいだらけだよ.
Your English composition *is full of* mistakes.
▶ ぼくのくつはどろだらけだった.
My shoes *were covered with* mud.

だらしない （服装などが）sloppy[スラピィ], untidy[アンタイディ]；（仕事・行動などが）loose[ルース]
▶ 彼はいつもだらしない服装をしている.
He is always dressed *untidily*.
▶ あいつ，ほんとにだらしないやつだ.
He's such a *slob*.（▶ slob[スラブ]は「だらしないやつ」の意味）
▶ 彼は金にだらしがない.
He's *careless* with his money.

たらす 垂らす（ぶら下げる）hang down [ハングダウン]；（液体を）drip[ドゥリップ]
▶ 私は窓からロープを垂らした.
I *hung down* a rope from the window.

-たらず …足らず less than；（以内に）within[ウィズィン]
▶ 車だったら30分足らずで行けますよ.
If you go by car, you can get there *within* thirty minutes.

たらたら
▶ 彼は額から汗をたらたら流しながら働いている.
Sweat *is dripping* from his forehead as he works.

だらだら だらだらと sluggishly[スラギシィ]
▶ だらだらと仕事をする
work *sluggishly* / *linger over* my work
▶ きのうは一日中だらだらと過ごした.
I *idled away* the whole day yesterday.（▶ idle away で「（時間を）だらだら過ごす」の意味）

タラップ a ramp[ランプ]

-たり and[アンド]
▶ この1週間，雨が降ったりやんだりした.
It rained on *and* off all this week.

ダリア （植物）a dahlia[ダリャ]

だりつ 打率（野球）a batting average[バティング ア(ェ)レヂ]

たりょう 多量の much[マッチ], a large amount[アマウント] of →たくさん

たりる 足りる
be enough[イナフ]（for）
▶ 1000円で足りますか.
Will one thousand yen *be enough*?
▶ お金が5000円足りない.
I am 5,000 yen *short*.
▶ 私には睡眠時間が7時間あれば足ります.
Seven hours' sleep *is enough for* me.
▶ 岡田先生はユーモアのセンスが足りない.
Mr. Okada *lacks* a sense of humor.

たる 樽 a barrel[バレル]

だるい sluggish[スラギシ], dull[ダル]
▶ けさは体がだるい.
I feel tired and *dull* this morning.
▶ 足がだるい.
My legs feel *heavy*.

たるむ （ひもなどが）get loose[ルース]；（気分が）be slacking[スラッキング]（off）
▶ 最近，たるんでるぞ.
You're *slacking* (*off*) these days.

たれ （かけ汁）sauce[ソース]

だれ

使い分け

だれが	→ who
だれの	→ whose
だれを	→ whom,（口語）who
だれに	→ whom,（口語）who

（だれが）who[フー]；（だれの）whose [フーズ]；（だれを・だれに）whom[フーム],《口語》who
▶ あんた，だれ？
Who are you?（▶ぞんざいな聞き方なので，直接相手に名前をたずねたいときは May I ask your name? などという）
▶「あの先生はだれですか」「英語の武田先生です」
"*Who*'s that teacher?" "She's Ms. Takeda, an English teacher."

表現力
だれが…? → Who ...?

▶「この絵，だれがかいたの？」「和也だよ」
"*Who* drew this picture?" "Kazuya did."（▶ ×It's Kazuya. とは答えない）

490 four hundred and ninety

◀ **だん²**

🔊スピーキング

Ⓐ (ドアのノックに対して) **どなた？**
Who is it?

Ⓑ **ぼくだよ.**
It's me.

💬表現力
だれの…？ → **Whose ...?**

▶ これはだれの自転車？
Whose bike is this?

▶「そのギターはだれの？」「ぼくのだよ」
"*Whose* guitar is it?" "It's mine."

💬表現力
だれを…？ → **Who [Whom] ...?**
(▶話し言葉では Who を使う)

▶ だれを待ってるの？
Who are you waiting for?

▶「(電話が)あなたにだよ」「だれから？」
"It's for you." "From *who*? / *Who* from?"

だれか

(肯定文で) **someone** [サムワン],
somebody [サムバディ];(疑問文・否定文で) **anyone** [エニワン], **anybody** [エニバディ] (▶ somebody, anybody のほうがくだけた言い方)

▶ 玄関にだれか来てるよ.
Someone is at the door.

▶ だれか答えがわかる人？
Can *anyone* answer?

▶ もしだれか電話してきたら，起こしてくれる？
Would you wake me up if *anyone* calls me?

だれでも

(どんな人でも) **anyone** [エニワン], **anybody** [エニバディ];(みんな) **everyone** [エヴリワン], **everybody** [エヴリバディ] (▶すべて単数あつかい)

▶ そんなことはだれでも知っている.
Anybody knows that.

▶ だれでも車の運転はできるようになる.
Anyone can learn to drive.

▶ だれでもほめられるのは好きだ.
Everyone likes to be praised.

だれも…ない

no one, **nobody** [ノウバディ], **none** [ナン]

▶ 教室にはだれもいなかった.
There was *nobody* in the classroom. / There was*n't anybody* in the classroom.

▶ だれもその質問に答えられなかった.
No one could answer the question.

▶ だれもが幸せになれるとはかぎらない.
Not everybody can become happy.

▶ 私の家族はだれもインフルエンザにかかりませんでした.
None of my family caught the flu.

📝文法 none の使い方

❶ **none** はふつう複数あつかい. **no one**, **nobody** は単数あつかい.

❷ **none** のあとに〈of ＋複数名詞〉が続くとき, 話し言葉では複数あつかい, 書き言葉では単数あつかいのことが多い.

たれる 垂れる hang [ハング];(水などが) drip [ドゥリップ]

タレント a personality [パ～ソナリティ];(芸人) an entertainer [エンタテイナァ]

▶ テレビタレント
a TV *personality* / a TV *star*

-だろう →-でしょう

-だろうに (仮定を表して) would [ウド], could [クド] →もし

▶ もしここにケンがいたら, 私を助けてくれるだろうに.
If Ken were here, he *would* help me.

タワー a tower [タウア]

▶ 東京タワー Tokyo *Tower*

たわし a scrub brush

タン tongue [タング]

▶ タンシチュー stewed *tongue*

たん (のどの) phlegm [フレム]

だん¹ 段 (階段の) a step [ステップ];(柔道・剣道の) (a) *dan*, a grade

▶ 石段 stone *steps*

▶ 父は剣道3段だ.
My father has a third *degree* [*dan*] in *kendo*.

だん² 壇 a platform [プラトゥフォーム]

あ
か
さ
た
な
は
ま
や
ら
わ

four hundred and ninety-one 491

だんあつ ▶

だんあつ 弾圧 suppression [サプレション]
弾圧する suppress [サプレス]
たんい 単位 (計算の) a unit [ユーニト]; (学科の) a credit [クレディト]
▶ グラムは重さの単位です.
A gram is a *unit* of weight.
▶ 彼は卒業に必要な単位がとれていない.
He doesn't have enough *credits* to graduate.
たんか¹ 短歌 a tanka (poem)
たんか² 担架 a stretcher [ストゥレチァ]
タンカー a tanker [タンカァ]
だんかい 段階 a stage [ステイヂ], a phase [フェイズ]
段階的な gradual [グラヂュアル]
だんがん 弾丸 a bullet [ブレト]
たんき 短気な short-tempered [ショートゥテンパァド], quick-tempered [クウィクテンパァド]
▶ 彼はちょっと短気だ.
He's a little *short-tempered*.
▶ いいか, 短気を起こすなよ.
Remember not to *lose* your *temper*.
たんきだいがく 短期大学 →たんだい
たんきょりそう 短距離走 a short-distance race
短距離走者 a sprinter
タンク (石油などの) a tank [タンク]; (戦車) a tank
タンクトップ (米) a tank top
タンクローリー a tanker, (米) a tank truck

だんけつ 団結する get together [トゥゲザァ], unite [ユーナイト]
たんけん 探検 (an) exploration [エクスプロレイション], (an) expedition [エクスペディション]
探検する explore [エクスプロー(ァ)]
探検家 an explorer
探検隊 an expedition
タンゴ 《音楽》 a tango [タンゴゥ] 〔複数 tangos〕

たんご 単語

a word [ワ~ド]; (語い) (a) vocabulary [ヴォウキャビュレリィ]
▶ 英単語 an English *word*
▶ その単語はどうつづるのですか.
How do you spell the *word*?
▶ その単語はどういう意味ですか.
What's the meaning of the *word*?
▶ 私は英語の単語力をつける必要がある.
I need to increase my English *vocabulary*.
単語帳 a wordbook
だんご a dumpling [ダンプリング]

左上から時計回りにウクライナ, ドイツ, 中国, 日本のdumpling.

▶ 花よりだんご. (ことわざ)
Cake before flowers. / *Pudding* before praise. (▶ 後者は「ほめことばよりプディング」という意味)
たんこう 炭坑 a coal mine [コウル マイン]
たんごのせっく 端午の節句 the Boys' Festival
ダンサー a dancer [ダンサァ]
たんさん 炭酸 《化学》 carbonic acid [カーバニク アスィド]
炭酸飲料 a carbonated [カーボネイティド] drink, soda [ソウダ]
炭酸ガス 《化学》 carbon dioxide [カーボン ダイアクサイド]
だんし 男子 (男の子) a boy [ボイ] (対 女の子 girl), (男性) a man [マン] (複数 men) (対 女性 woman) →おとこ
男子学生 a boy student; a male student
男子校 a boys' school
男子トイレ (米) a men's room, (英)

◀ **だんだん**

the gents

たんしゅく 短縮する shorten [ショートゥン]
▶ 来週は短縮授業だ.
School hours will *be shortened* next week.
短縮形《文法》a shortened form

たんじゅん 単純な simple [スィンプル](反 複雑な complicated)
▶ あいつは子どものように単純だ.
He is as *simple* as a child.
▶ 数学のテストで単純なまちがいをした.
I made some *simple* mistakes on the math exam.
単純に simply [スィンプリィ]

たんしょ 短所 (性格上の) a fault [フォールト], shortcomings [ショートゥカミングズ]；(弱点) a weak point [ウィーク ポイント](反 長所 strong point)
▶ 私は自分の短所はわかっています.
I know my own *shortcomings*.

だんじょ 男女 men and women；(子ども) boys and girls；(男女両性) both sexes
男女共学の coeducational [コウエデュケイシ(ョ)ナル], coed [コウエド]
▶ あなたの学校は男女共学ですか.
Is your school *coed*?
男女平等 equality [イ(ー)クワリティ] between men and women

たんじょう 誕生 birth [バ～ス]
誕生する be born [ボーン] →うまれる
誕生石 a birthstone

たんじょうび 誕生日

my **birthday** [バ～スデイ]

┌─ 🔊**スピーキング** ──────────┐
Ⓐ あなたの誕生日はいつですか.
When is your birthday?
Ⓑ 12月27日です.
It's December 27.
└───────────────────┘

▶ 今日は私の14歳の誕生日です.
Today is my fourteenth *birthday*.

┌─ 🔊**スピーキング** ──────────┐
Ⓐ ジェフ, お誕生日おめでとう.
Happy birthday, Jeff!
Ⓑ ありがとう.
Thank you.
└───────────────────┘

▶ 誕生日祝いのプレゼント
a *birthday* present
誕生日会 a birthday party
▶ 私の誕生日会に来て!
Please come to my *birthday party*!

たんしん¹ 単身で alone [アロウン], by *myself*, on *my* own
▶ 父は大阪に単身赴任しています.
My father lives in Osaka *on his own* because of his job.

たんしん² 短針 the short [ショート] hand, the hour [アウア] hand

たんす (洋服だんす) a wardrobe [ウォードゥロウブ], (整理だんす) a chest of drawers [ドゥロー(ァ)ズ]

ダンス (踊ること) dancing [ダンスィング]；(踊り) a dance [ダンス]
ダンスをする dance
▶ 社交ダンス a social *dance*
▶ フォークダンス a folk *dance*
ダンスパーティー a dance

たんすい 淡水 fresh water [フレッシ ウォータァ](対 塩水 salt water)

たんすいかぶつ 炭水化物 (a) carbohydrate [カーボハイドゥレイト]

たんすう 単数《文法》the singular [スィンギュラァ] (number) (▶ sing. と略す) (対 複数 plural (number))
単数形《文法》a singular form, the singular

だんせい 男性 a man [マン] →おとこ
男性の male [メイル]

だんぜん 断然 (はるかに) much [マッチ], a lot [ラット]；by far [ファー]
▶ 恵美は私よりも断然足が速い.
Emi runs *much* faster than me.
▶ アルバムの中ではこの曲が断然いい. This is *by far* the best song in the album.

たんそ 炭素《化学》carbon [カーボン]《記号 C》
▶ 二酸化炭素 *carbon* dioxide [ダイアクサイド]

たんそく 短足 short legs

たんだい 短大 a junior college [デューニャ カレヂ]

だんたい 団体 a group [グループ]
団体競技 team sports
団体旅行 a group tour [トゥア]

だんだん

four hundred and ninety-three　493

だんち ▶

gradually [グラヂュアリィ], more and more (▶「比較級+ and +比較級」の形で表すことも多い)
▶ だんだん彼女のことがわかってきた.
I'm *gradually* getting to know her.

💬表現力
だんだん…になる
→ get +比較級+ and +比較級

▶ だんだん暖かくなってきた.
It *is getting warmer and warmer*.

だんち 団地 a housing complex[ハウズィング カンプレクス], a housing development [ディヴェロプメント]
▶ 私たちは団地に住んでいます.
We live in an apartment in a *housing complex*.

たんちょう¹ 単調な dull [ダル], monotonous [モナト(ゥ)ナス]
▶ いなかの単調な生活にはあきた.
I am tired of the *dull* life in the country.

たんちょう² 短調(音楽)a minor [マイナァ] (反 長調 major)
▶ ハ短調 C *minor*

たんてい 探偵 a detective [ディテクティヴ]
▶ 私立探偵 a private *detective*
探偵小説 a detective story

たんとう¹ 担当する take charge (of), be in charge (of)
▶ 私は広告を担当している.
I'*m in charge of* advertising.

たんとう² 短刀 a dagger [ダガァ]

たんなる 単なる only [オウンリィ], just [ヂャスト]
▶ それは単なるうわさだ.
It's *only* a rumor.
▶ 彼女は単なる友だちだ.
She is *just* a friend.

たんに 単に only [オウンリィ], just [ヂャスト]
▶ それは単に偶然のことだった.
It was *only* an accident.
▶ 私は単にあなたと話したかっただけです.
I *just* wanted to talk with you.

💬表現力
単に〜だけでなく…も
→ not only 〜 but (also) …

▶ この本は単におもしろいだけでなく, ため

になる.
This book is *not only* interesting *but* (*also*) instructive.

たんにん 担任である be in charge [チャーヂ] (of) →うけもち
▶ 野田先生が私たちのクラスの担任です.
Mr. Noda *is in charge* of our class.
担任教師 a homeroom teacher

たんぱ 短波 a shortwave [ショートゥウェイヴ]
短波放送 shortwave broadcasting

たんぱくしつ たん白質 protein [プロウティーン]

タンバリン a tambourine [タンバリーン]
▶ タンバリンをたたく
play the *tambourine*

ダンプカー (米)a dump truck[ダンプ トゥラック], (英)a dumper [ダンパァ] (▶ ×dump car とはいわない)

ダンベル a dumbbell [ダンベル]

たんぺん 短編(短編小説)a short story (反 長編小説 novel)
短編映画 a short film

だんぺん 断片 a fragment [フラグメント]
断片的な fragmentary
▶ 断片的な知識
fragmentary knowledge

たんぼ 田んぼ a paddy [パディ], a rice field [フィールド] →た¹

だんぼう 暖房 heating [ヒーティング]
▶ この部屋には暖房がない.
This room has no *heating*.
暖房器具 a heater
▶ 暖房(器具)のスイッチを入れる[切る]
turn on [off] the *heater*
暖房装置 a heating system; (米)heat, (英)heating

だんボール 段ボール cardboard [カードゥボード]
段ボール箱 a cardboard box

タンポポ 《植物》a dandelion [ダンディライオン]

だんめん 断面 a cross section

だんらく 段落 a paragraph [パラグラフ]

だんりゅう 暖流 a warm current [ウォーム カ〜レント]

だんりょく 弾力 elasticity [エラスティスィティ]
弾力のある elastic [イラスティク]

だんろ 暖炉 a fireplace [ファイアプレイス]

◀ ちいさい

ち チ ち チ ち チ

ち¹ 血 →けつえき
blood [ブラッド] (発音注意)
血が出る **bleed** [ブリード]
▶ シャツに血がついていた．
There was some *blood* on the shirt.
▶ おでこから血が出てるよ．
Your forehead *is bleeding*.

📖 日本語NAVI
血がさわぐ ☞興奮してじっとしていられない
→こうふん，じっと，おちつく
血の通った ☞温かみがある
→あたたかい，にんじょう
血の出るような ☞（努力などが）必死の，死に物ぐるいの
→ひっし，しにものぐるい
血もなみだもない ☞思いやりがなくつめたい
→つめたい，れいこく

ち² 地（大地）the earth [ア〜ス]；（地面）the ground [グラウンド]
▶ 地の果て
the ends of *the earth*

チアガール a cheerleader [チアリーダァ]
（▶×cheergirl は和製英語）

チアリーダー a cheerleader [チアリーダァ]

チアリーディング cheerleading [チアリーディング]

ちあん 治安（安全）security [スィキュ(ア)リティ]；（秩序）order [オーダァ]；（平和）peace [ピース]
▶ 治安を維持する maintain *order*

ちい 地位（a）position [ポズィション]；（位）(a) rank [ランク]

ちいき 地域 an area [エ(ア)リア]；（地区）a district [ディストゥリクト]；（広い）a region [リージョン]
地域の（地元の）local [ロウカル]
地域社会 a local community
地域住民 local residents

ちいさい 小さい

使い分け
（大きさが）→ small, little
（背が）→ short
（年が）→ young
（音・声が）→ low

small

little

short

young

▶ **small** も **little** も「小さい」だが，**little** には「かわいい」という感じが含まれる．

1（大きさが）**small** [スモール]（反 大きい large）；（小さくてかわいい）**little** [リトゥル]（反 大きい big）；（ごく小さい）**tiny** [タイニィ]；（背が）**short** [ショート]（反 大きい tall）
▶ 小さい家 a *small* house
▶ このズボンはぼくには小さすぎる．
These pants are too *small* for me.
▶ リカは小さい人形を集めている．
Rika collects *little* dolls.
▶ 妹は年のわりには小さい．
My sister is *short* for her age.

💬 用法 small と little と tiny
small は客観的に「小さい」ことを表すだけだが，**little** には「かわいらしい」「ちっぽけな」といった気持ちがこもる．**tiny** は「ごく小さい」．

2（年が）**young** [ヤング], little, small → おさない
▶ 麻衣とは小さいころから仲よしだ．

four hundred and ninety-five 495

ちいさな ▶

Mai and I have been good friends since we were *little*.
3 (音・声が) **low** [ロウ] (反 大きい loud)
▶ 小さい声で話してください.
Please talk in a *low* voice.
ちいさな 小さな small [スモール], little [リトゥル] →ちいさい
ちいさめ 小さめ
▶ 少し小さめのを見せてください.
Show me a little *smaller* one.
チーズ (a) cheese [チーズ]
▶ チーズ1切れ a slice of *cheese*
▶ (写真をとるとき) はい, チーズ.
Say *cheese*!
チーズケーキ (a) cheesecake
チーズバーガー a cheeseburger
チーター (動物) a cheetah [チータ]
チーフ (長) a chief [チーフ]
チーム a team [ティーム]
▶ 弟は少年野球のチームに入っている.
My brother is on the boy's baseball *team*.
チームメート a teammate
チームワーク teamwork
ちえ 知恵 wisdom [ウィズダム]; (思いつき) an idea [アイディ(ー)ア]
知恵のある wise [ワイズ]
▶ 何かいい知恵があったら教えてください.
Please let me know if you have any good *ideas*.
知恵の輪 puzzle rings [パズル リングズ]
チェーン a chain [チェイン]
チェーンストア a chain store
チェコ (チェコ共和国) the Czech [チェック] Republic
チェス chess [チェス]
▶ チェスをする play *chess*

チェック (照合) a check [チェック]; (格子じま) (a) check →もよう (図)

チェックする check
チェックアウト (a) checkout
▶ 10時までにチェックアウトする
check out by 10 o'clock
チェックイン (a) check-in
▶ チェックインしたいのですが.
I'd like to *check in*.
チェリー (サクランボ) a cherry [チェリィ]
チェロ (楽器) a cello [チェロウ] (複数 cellos)
▶ チェロをひく play the *cello*
チェロ奏者 a cellist [チェリスト]
チェンジ a change [チェインヂ]
チェンジする change
チェンジアップ (野球) a change-up [チェインヂアプ]
ちか 地下(の) underground [アンダグラウンド]
▶ 食料品売り場は地下1階です.
The food department is on *the* first *basement* (*floor*).
地下に[で] underground [アンダグラウンド]
地下街 an underground shopping mall [モール]
地下室 a basement [ベイスメント]
地下水 underground water
地下鉄 →ちかてつ
地下道 (米) an underpass, (英) a subway

ちかい¹ 近い →ちかく

使い分け
(距離が) → near
(時間が) → near

1 (距離が) **near** [ニア] (反 遠い far); (すぐ近く) close [クロウス] (to)
▶ ぼくの家は学校に近い.
My house is *near* the school. (▶ near ˟to the schoolとはいわない) / (すぐ近く) My house is *close to* the school.
▶ おじの家は駅から近い.
My uncle's house is *near* the station. (▶ near ˟from the stationとはいわない)
▶「すみません. いちばん近いバス停へ行く道を教えていただけませんか」「いいですよ」
"Excuse me, but could you tell me the way to *the nearest* bus stop?"

"Sure."
▶ 学校へはこっちから行ったほうが近い.
This is the *shorter* way to school.
2 (時間が) **near**
近いうちに soon [スーン], before long
▶ 近い将来に in the *near* future
▶ 期末試験が近い.
We'll have final exams *soon*.
▶ 近いうちにサムは日本に来ます.
Sam is coming to Japan *soon*.
▶ 近いうちに会わない? Why don't we meet *one of these days*?
3 (程度が) nearly, almost [オールモウスト]
▶ 祖父はもう90に近い.
My grandfather is *nearly* ninety years old.

ちかい[2] 誓い an oath [オウス]

ちがい 違い →さ

(a) **difference** [ディフ(ェ)レンス]
▶ ちがいを生む make a *difference*
▶ この2つのスマホのちがいは何ですか.
What's the *difference* between these two smartphones?

ライティング
アメリカ英語とイギリス英語には多くのちがいがある.
There are a lot of differences between American and British English.

-(に)ちがいない →きっと, たしか

must [マスト]; (確信して) I'm sure [シュア] (that) ...
▶ それはほんとうにちがいない.
It *must* be true. / *I'm sure* it is true.
▶ 真理はあす来るにちがいない.
Mari *is sure to* come tomorrow. / Mari will *certainly* come tomorrow.

ちかう 誓う take an oath, swear [スウェア]

ちがう 違う

使い分け
(…ではない) → **be not**
(異なっている) → **be different**
(まちがっている) → **be wrong**

1 (…ではない) **be not**
▶「失礼ですが, 山田さんですか」「いいえ, ちがいます」
"Excuse me, are you Mr. Yamada?"
"No, I'*m not*."
▶ (電話で)「吉田さんのお宅ですか」「いいえ, ちがいます」
"Is this Mr. Yoshida's residence?"
"No, it *isn't*."
2 (異なっている) **be different** [ディフ(ェ)レント] 《from》 →ちがった
▶ ポールと私はちがう街に住んでいる.
Paul and I live in *different* cities.
▶ ぼくとちがって弟はとてもよく勉強するよ.
Unlike me, my little brother studies very hard.
▶ 今日のきみ, いつもとちがうみたい.
You look *different* today.

表現力
…とちがう → be different from ...

▶ ぼくの意見は彼とはちがう.
My opinion *is different from* his. (▶ この his は his opinion(彼の意見)のこと)
3 (まちがっている) **be wrong** [ロ(ー)ング]
▶ きみの答えはちがっています.
Your answer *is wrong*.
▶「電話番号がちがいますよ」「すみません」
"You've got the *wrong* number."
"Oh, I'm sorry."

ちかく 近く →ちかい[1]

1 (距離が) (…の近くに) **near** [ニア]; (…のすぐ近くに) close [クロウス] to; (近くの, 近くに) nearby [ニアバイ]; (この近所に) in this neighborhood [ネイバフド]
▶ この近くに郵便局はありますか.
Is there a post office *near* here? / Is there a post office *nearby*?
▶ 銀行は駅のすぐ近くです.
The bank is *close to* the station.
▶ きのう, うちの近くで (→近所で) 火事があった.
There was a fire *in my neighborhood* yesterday.
▶ おたくからいちばん近くの駅はどこですか.
What is the *nearest* station to your house?
▶ 近くのスーパーに買い物に行った.

ちがく ▶

I went shopping at my *nearby* supermarket.

「近くのスーパー」
× a near supermarket
○ a supermarket nearby
○ a nearby supermarket
○ a neighborhood supermarket

2 (時間が) **soon** [スーン]
▶ 私たちは近く引っ越します．
We are going to move *soon*.
3 (程度が) **nearly** [ニアリィ], **almost** [オールモウスト]
▶ 私たちは2時間近くも待たされた．
We were kept waiting for *nearly* two hours.

ちがく 地学 **earth science** [アース サイエンス], **geoscience** [ヂーオウ サイエンス]

ちかごろ 近ごろ **recently** [リースントゥリィ], **lately** [レイトゥリィ] →このごろ，さいきん¹
▶ 近ごろ天気がよくない．
We have bad weather *recently*.
近ごろの **recent** [リースント]

ちかづく 近づく

come near [ニア], **approach** [アプロウチ], **come up to**, **draw** [ドゥロー] **near**; (こちらから) **go up to**
▶ 見知らぬ人が近づいてきていた．
A stranger *was coming near* (*to*) me. / A stranger *was coming up to* me.
▶ 彼に近づくな．
Keep away from him.
▶ 大型の台風が町に近づいている．
A big typhoon *is approaching* our town.
▶ クリスマスが近づいている．
Christmas *is coming soon*. / Christmas *is just around the corner*.
ちかづける 近づける
▶ 明かりを近づけてください．
Please *bring* the light *closer to* me.
ちがった 違った **different** [ディフ(ェ)レント]
▶ 人にはそれぞれちがった考えがある．
Different people have *different* ideas.

ちかてつ 地下鉄 (米) **a subway** [サブウェイ], (英) **an underground** [アンダグラウンド], (英口語) **a tube** [テューブ]

ニューヨークの地下鉄の入り口．

▶ 地下鉄に乗る take the *subway* / (乗り込む) get on the *subway*
▶ 上野まで地下鉄で行った．
I went to Ueno by *subway*. / I took the *subway* to Ueno.
ちかみち 近道 **a shortcut** [ショートゥカト]
▶ 学校まで近道をして行った．
I took a *shortcut* to school.
ちかよる 近寄る **come near**, **approach** →ちかづく

ちから 力

1 power [パウア]; (体力) **strength** [ストゥレングクス]
力の強い[弱い] **strong** [**weak**]
▶ 水の力 the *power* of water
▶ ぼくは力いっぱいそれを引っぱった．
I pulled it with all my *strength*.
2 (能力) **ability** [アビリティ], **power**
▶ 人間の力 human *power*
▶ 彼女には人を導く力がある．
She has the *ability* to lead others.
▶ 私は英語の力をつけたい (→英語を上達させたい)．
I want to *improve* my English.
▶ 自分の力でやってごらん．
Do it *by yourself*.
3 (助力) **help** [ヘルプ]
▶ 力を貸してくれてありがとう．
Thank you for your *help*.
▶ 健ならきっときみの力になってくれるよ．
I'm sure Ken will *help* you. / Ken will surely *help* you.
ちかん 痴漢 (人の体をさわる) **a groper** [グロウパァ], **a molester** [モレスタァ]

◀ **ちず**

ちきゅう 地球 →わくせい（表）

the **earth** [ア～ス]（▶ Earth ともつづる）
▶ 地球は太陽のまわりをまわる.
The earth goes around the sun.
地球温暖化 global warming
地球儀 a globe [グロウブ]

ちぎる tear [テア]
▶ 彼女はその手紙を細かくちぎった.
She *tore* the letter into pieces.

チキン （肉）chicken [チキン] →にく（表）
▶ フライドチキン fried *chicken*
チキンナゲット a chicken nugget [ナゲト]
チキンライス chicken fried rice seasoned with ketchup

ちく 地区 （行政上の区画など）a district
[ディストゥリクト]；（地域）an area [エ（ア）リア]；（広い）a region [リージョン] →ちいき
▶ 住宅地区 a residential *area*
▶ 地区大会 a *regional* tournament
▶ 地区予選 *regional* preliminaries

ちくさん 畜産 stock raising [スタック レイズィング]

ちくしょう 畜生 （ののしりことば）Damn
[ダム] it!, Shoot!, Shit!（▶ いずれも公的な席では使われないことば. 軽々しく使わないこと）

ちくちく ちくちくする
▶ うでにちくちくする痛みがある
have a *prickling* pain in my arm
▶ このセーター，首のところがちくちくする.
The neck of this sweater feels *scratchy*.

ちぐはぐ
▶ 箱とふたがちぐはぐだ.
The box and the lid *don't match*.
▶ きみの行為はきみの言うこととちぐはぐだ.
Your actions are *inconsistent* with your words.

ちけい 地形 topography [トパグラフィ]

チケット a ticket [ティケト] →きっぷ
▶ 3000円の席のチケットを2枚予約した.
I reserved two 3,000-yen *seats*.（▶ ticket を使わず「席を2つ予約した」と表せばよい）

ちこく 遅刻する

be late [レイト]（for）
▶ すみません，遅刻しました.

I'm sorry I'm late.

┌─ **表現力** ─────────────
│ …に遅刻する → be late for ...
└────────────────────────

▶ 学校に遅刻しちゃいけないよ.
Don't *be late for* school.
▶ 部活に10分遅刻してしまった.
I *was* ten minutes *late for* (the) club activities.

ちじ 知事 a governor [ガヴァナァ]
▶ 宮城県知事
the *Governor* of Miyagi Prefecture / the Miyagi *Governor*

ちしき 知識

knowledge [ナレヂ]；（情報）**information** [インフォメイション]
▶ 彼は日本の文化についてかなり知識がある.
He has a good *knowledge* of Japanese culture. / He knows a lot about Japanese culture.

┌─ **ライティング** ─────────────
│ 百科事典は私たちに多くの役立つ知識
│ を与えてくれる.
│ Encyclopedias give us a lot of useful information.
└────────────────────────

知識人 an intellectual [インテレクチュアル], an educated [エヂュケイティド] person

ちじょう 地上の，地上に above the ground [グラウンド]
▶ この建物は地上33階，地下3階です.
This building has thirty-three stories *above the ground* and three below.

ちじん 知人 an acquaintance [アクウェインタンス]；（友人）a friend [フレンド]

ちず 地図

（1枚の）a map [マップ]；（地図帳）an atlas [アトゥラス]
▶ ぼくのうちまでの地図をかいてあげるよ.
I'll draw a *map* to my house.
▶ （地図を見せて）私はいまこの地図のどこにいるのですか.
Where am I now on this *map*?
▶ 日本地図 a *map* of Japan
▶ 世界地図
a world *map* / a *map* of the world
▶ 道路地図 a road *map*

four hundred and ninety-nine 499

地球 The Earth

Introduction to **CLIL**
イラスト：大菅雅晴

地球について話そう。
Let's talk about the earth.

地球の内部
Inside the earth

外核
outer core

内核
inner core

●地球の周囲は約4万kmあります。
休まずに時速4kmで歩いても、
1年以上はかかります。
The *circumference of the earth is
about 40,000 kilometers.
If you walk that distance at four
kilometers per hour without taking
any rest, it'll take more than a year.
* circumference
[sərkʌ́mfərəns サカムフェレンス] 周囲

マントル **mantle**
[mǽntl マントゥル]

地殻 **crust**
[krʌst クラスト]

●地球は太陽の周りを公転しています。
1秒間に約28km動きます。
The earth goes around the sun.
It moves about 28 kilometers
a second.

●地球は24時間で1回自転します。
赤道での自転速度は時速1,670kmくらいに達します。
The earth *rotates once every twenty-four hours. The ** rotation speed
at the equator reaches about 1,670 km per hour.
*rotate [róuteit ロゥテイト] 自転する　　**rotation [routéiʃən ロゥテイション] 自転

地球の歴史を1年で表したら。
Represent the history of the earth as one year.

地球ができてからの年数はおよそ46億年です。次のカレンダーは地球の歴史を1年
で表したものです。私たち人類は「生後1日の赤ちゃん」のようですね。
The earth is 4.6 billion years old. The following calendar shows the
history of the earth which is *compressed into one year.　We humans
are like "one-day-old babies."
* compress [kəmprés コンプレス] 短縮する

January 1　1月1日 地球が誕生した The earth was born.	**December 11**　12月11日 90%の種が絶滅した 90 percent of species died out.
January 16　1月16日 初めて海ができた The first oceans were formed.	**December 16**　12月16日 恐竜の時代が始まった The era of dinosaurs started.
March 4　3月4日 生命が生まれた Life began.	**December 26**　12月26日 恐竜が絶滅した Dinosaurs became extinct.
November 9　11月9日 新生物が急激に増えた New species appeared rapidly.	**December 31**　12月31日 人類が現れた Human beings appeared.

◀ **ちほう**

▶ 白地図 a blank *map*

ちすじ 血筋 blood[ブラッド], descent[ディセント]

ちせい 知性 intellect [インテレクト]；(知能) intelligence [インテリヂェンス]

　知性的な intellectual [インテレクチュアル]；(知能の高い) intelligent [インテリヂェント]

ちたい 地帯 a zone [ゾウン], an area [エ(ア)リア], a region [リーヂョン]

▶ 安全地帯 a safety *zone*

▶ 工業地帯 an industrial *area*

▶ 山岳地帯 a mountainous *region*

ちち¹ 父 →かぞく(図)

a **father** [ファーザァ] (対 母 mother)

▶ 父と母 mother and *father*(▶語順注意)

▶ 父は会社員です．
My *father* is an office worker.

父の日 Father's Day

▶ 父の日おめでとう．
Happy *Father's Day*!

ちち² 乳 milk [ミルク]；(乳ぶさ) a breast [ブレスト]

▶ 牛の乳をしぼる *milk* a cow

▶ 赤んぼうに乳を飲ませる
give some *milk* to a baby / *breast*-feed a baby

ちぢこまる 縮こまる curl [カ〜ル] up

▶ 寒くて体が縮こまった．
I *curled up* from the cold.

ちぢむ 縮む shrink [シリンク]

▶ お気に入りのセーター，洗ったら縮んじゃった．
My favorite sweater *shrank* when I washed it. (▶ shrunkとつづることもある)

ちぢめる 縮める shorten [ショートゥン]

▶ スカートのたけを少しだけ縮めた．
I *shortened* my skirt a little.

ちちゅうかい 地中海 the Mediterranean [メディテレイニアン] (Sea)

ちぢれる 縮れる curl [カ〜ル]

　縮れた curly [カ〜リィ]

▶ 縮れ毛 *curly* hair

ちつじょ 秩序 order [オーダァ]

▶ 秩序を保つ keep *order*

ちっそ 窒素 (化学) nitrogen [ナイトゥロヂェン] (記号 N)

ちっそく 窒息する can't breathe [ブリーズ], choke [チョウク]

ちっとも (not) at all →ぜんぜん

チップ¹ a tip [ティップ] (発音注意)
　チップをあげる tip

▶ (チップをわたすときに) これはチップです．
Here's your *tip*. / Here's a *tip* for you. / This is for you.

チップ² a chip [チップ]

▶ ポテトチップス
《米》potato *chips* / 《英》(potato) crisps

ちっぽけな tiny [タイニィ]

ちてき 知的な intellectual [インテレクチュアル], intelligent [インテリヂェント]

▶ 彼女は知的に見える．
She looks *intelligent*.

ちなんで after [アフタァ]

> 🔴 プレゼン
> 私は祖父に**ちなんで**正信と名づけられました．
> I was named Masanobu after my grandfather.

ちのう 知能 intelligence [インテリヂェンス]

▶ 知能の高い intelligent [インテリヂェント]
　知能検査 an intelligence test, a mental test；(知能指数 [IQ] を調べる) an IQ [アイキュー] test
　知能指数 an intelligence quotient [クウォウシェント] (▶ IQ, I.Q. と略す)

ちのみご 乳飲み子 a baby [ベイビィ], a suckling [サクリング]

ちびちび (少しずつ) little by little

▶ 緑茶をちびちび飲む (→すする)
　sip green tea

ちぶさ 乳房 a breast [ブレスト]

チフス (腸チフス) typhoid [タイフォイド] (fever)

ちへいせん 地平線 the horizon [ホライズン]

▶ 太陽が地平線のすぐ上にある．
The sun is just above *the horizon*.

ちほう 地方

(地域) a district [ディストゥリクト], an area [エ(ア)リア]；(広い) a region [リーヂョン]；(いなか) the **country** [カントゥリィ]
　地方の (その地域の) local [ロウカル]

▶ 関東地方 the Kanto *district*

▶ この地方は冬に雪が多い．
It snows a lot in this *district* in winter.

あ
か
さ
ち
な
は
ま
や
ら
わ

five hundred and one　501

ちめい¹ ▶

▶ 直樹は地方の出身だ.
Naoki comes from *the country*.
地方色 local color
ちめい¹ 地名 a place name
ちめい² 致命的な fatal [フェイトゥル]
致命傷 a fatal wound [ウーンド], a fatal injury [インヂュリィ]

ちゃ 茶

tea [ティー] (▶英米では tea といえばふつう紅茶 (black tea) をさす. 日本茶は green tea という)

▶ お茶を1ぱい飲む
have a cup of *tea*
▶ こい [うすい] お茶 strong [weak] *tea*
▶ 絵美は私にお茶を入れてくれた.
Emi made *tea* for me.
▶ お茶が入りましたよ.
Tea is ready.
▶ お茶をいかがですか.
Would you like some *tea*?
▶ お茶の時間にしましょう.
Let's have a *tea* break.
▶ まっ茶 *matcha* / powdered green *tea*
茶さじ a teaspoon
茶の湯 (the) tea ceremony [セレモウニィ]

チャーター チャーターする charter [チャータァ]
▶ バスをチャーターする *charter* a bus
チャート a chart [チャート]
▶ ヒットチャート *charts*
チャーハン (Chinese) fried rice [フライド ライス]
チャーミング チャーミングな (魅力的な)charming [チャーミング], attractive [アトゥラクティヴ]; (かわいい) pretty [プリティ]
チャイム chimes [チャイムズ]
▶ ほら, チャイムが鳴るよ.
Oh, listen to the *chimes*.
ちゃいろ 茶色(の) brown [ブラウン]
▶ こげ茶色 dark *brown*
▶ うす茶色 light *brown*
ちゃかす 茶化す make fun (of)
-ちゃく …着 **1** (到着)
▶ この飛行機の成田着は午後3時だ.
This plane will *arrive at* Narita at 3 p.m.
2 (着順)
▶ 彼はマラソンで2着になった.

He *finished second* in the marathon.
3 (衣服の数)
▶ ジャケットを1着買う buy *a* jacket
ちゃくじつ 着実な steady [ステディ]
着実に steadily [ステディリィ], step by step
▶ 着実に進歩する
make *steady* progress
ちゃくしょく 着色する color [カラァ]; (ペンキ・絵の具で) paint [ペイント]
着色料 coloring
ちゃくしん 着信
▶ メールの着信
arrival of a text message
着信音 ringtone [リングトウン] (▶「着信メロディー」の意味にもなる)
ちゃくせき 着席する have a seat, take *my* seat, be seated, sit down
▶ どうぞご着席ください.
Please *take your seat(s)*. / Please *be seated*. / Please *sit down*.
ちゃくちゃく 着々と steadily [ステディリィ]
▶ 工事は着々と進んでいる.
The construction work is progressing *steadily*.
ちゃくにんしき 着任式 an inauguration [イノーギュレイション]
ちゃくばらい 着払いにする pay on delivery, pay C.O.D. [cash on delivery]
ちゃくりく 着陸する land [ランド] (反 離陸リくする take off)
▶ 私たちの乗った飛行機は定刻に成田空港に着陸した.
Our plane *landed* at Narita Airport on time.
ちゃっかり ちゃっかりした shrewd [シルード]
▶ 弟はちゃっかりしている.
My brother is *shrewd*.
チャック a zipper [ズィパァ] →ファスナー
チャット a chat [チャット]
チャットする chat
チャットルーム a chat room
ちゃのま 茶の間 a living room
ちゃぱつ 茶髪 brown hair
▶ 茶髪にする dye my hair *brown*
ちゃほや ちゃほやする make a fuss

[ファス] over, (甘やかす)pamper[パンパァ]

チャリティー charity[チャリティ]
チャリティーコンサート a charity concert
チャリティーショー a charity show

チャレンジ a challenge[チャレンヂ]→ちょうせん¹
チャレンジする try[トゥライ]
▶ 何か新しいことにチャレンジしてみたい.
I'm looking for a new *challenge*.

ちゃわん 茶わん (ごはんの) a rice bowl[ボウル]; (湯のみ) a teacup[ティーカプ]
▶ 茶わん1ぱいのごはん a *bowl* of rice

チャンス a chance [チャンス], an opportunity [アパチューニティ]→きかい¹
▶ もう一度チャンスをください.
Please give me another *chance*.
▶ 私はその絶好のチャンスをのがしてしまった.
I've missed my golden *opportunity*.

ちゃんと (きちんと) properly [プラパリィ], neatly [ニートゥリィ]; (よく) well [ウェル]→きちんと
▶ ちゃんと食べなさい.
Eat *properly*.
▶ ちゃんと(→背筋を伸ばして)すわりなさい. Sit up *straight*.
▶ ちゃんと言ったとおりにやって！
Do *just* as I told you.

チャンネル a channel[チャヌル]
▶ 6チャンネルでいま何をやっているの？
What's on *Channel* 6 now?
▶ 1チャンネルに変える
turn to *Channel* 1

チャンピオン a champion [チャンピオン], (口語) a champ[チャンプ]

ちゅう¹ 注 a note[ノウト]
▶ 脚注 a foot*note*
▶ 下の注をごらんください.
See *notes* below.

ちゅう² 中 (平均) the average [アヴ(ェ)レヂ], (大きさ) the medium[ミーディアム]
▶ 中以上 above *average*
▶ 中以下 below *average*

-ちゅう …中

1 (…の間に) during [デュ(ア)リング, ドゥ-], in [イン]
▶ 午前中に
in the morning
▶ 夏休み中に
during the summer vacation
▶ 今週中に (→今週の終わりまでに)
by the end of this week
▶ 授業中は静かにしなさい.
Please be quiet *in* class.
▶ 父は数日中にもどります.
My father will be back *in* a few days.

2 (…の最中) under [アンダァ], in
▶ 道路は工事中だ.
The road is *under* construction.
▶ 松田先生は会議中です.
Mr. Matsuda is *in* a meeting.
▶ (電話で) お話し中です.
(The) line is *busy*.

3 (…のうちで) out of
▶ 8人中6人 six *out of* eight

ちゅうい 注意

1 (気をつけること) care [ケア]; (関心) attention [アテンション]
注意する (用心する) be careful 《of, about》, take care 《of》; (注意を向ける) pay attention 《to》→きをつける
▶ 通りを横断するときは注意してね.
Be careful when you cross the street.
▶ くれぐれも体に注意してね.
Please *take* good *care of* yourself.
▶ ミルクをこぼさないように注意してね.
Be careful not to spill your milk.
▶ 授業は注意して聞いてるの？
Do you *pay attention* in class?
▶ 足元注意《掲示》 *Watch* Your Step

▶ こわれ物. 取りあつかい注意《掲示》
Fragile. Handle with *Care*

2 (忠告) advice [アドゥヴァイス]; (警告) (a) warning [ウォーニング]
注意する (忠告する) advise [アドゥヴァイズ]; (警告する) warn [ウォーン]

ちゅういぶかい ▶

▶ 医者からもっと野菜を食べるように注意された.
The doctor *advised* me to eat more vegetables.

▶ 暗い夜道をひとりで歩かないように，先生は生徒たちに注意した.
The teacher *warned* the students not to walk dark streets alone.

ちゅういぶかい 注意深い careful [ケアフル] (反) 不注意な careless
注意深く carefully [ケアフリィ]

チューインガム (chewing) gum [（チューイング）ガム]

▶ チューインガムをかむ chew *gum*

ちゅうおう 中央 →ちゅうしん

(中心) the **center** [センタァ]；(真ん中付近) the **middle** [ミドゥル]
中央の central [セントゥラル]；middle

▶ ぼくらの学校は市の中央にある.
Our school is in *the center* of the city.

▶ 道路の中央に
in *the middle* of the road
中央アメリカ Central America
中央郵便局 the Central Post Office

ちゅうか 中華
中華街 Chinatown [チャイナタウン]
中華料理 Chinese food
中華料理店 a Chinese restaurant

> ⓘ参考 **中華料理のいろいろ**
> ぎょうざ *gyoza*, a Chinese dumpling / シューマイ a steamed dumpling / 春巻き a spring roll / チャーハン (Chinese) fried rice

ちゅうがえり 宙返り a somersault [サマソールト]
宙返りする do a somersault

ちゅうがく 中学

a **junior high school** [ヂューニャ ハイ スクール] (▶ school を省略することもある)

> 🙋プレゼン
> 私は南中学に通っています.
> I go to Minami Junior High School.

▶ ぼくは公立の中学に通っています.

I go to (a) public *junior high school*.

▶ 私は中学 2 年です.
I'm a second-year student at (a) *junior high school*. / I'm in the eighth grade. / I'm an eighth grader. (▶アメリカでは学年を小学校から中学校まで，時には高校まで通して数えるので，「中学 1 年」は in the seventh grade, a seventh grader,「中学 2 年」は in the eighth grade, an eighth grader のようにいう) →**がくねん**(表)
中学生活 *my* junior high school life

ちゅうがくせい 中学生

a junior high school student [ステューデント]

▶ ぼくは中学生です.
I'm a *junior high school student*. / I go to (a) *junior high school*.

ちゅうがっこう 中学校 a junior high school →**ちゅうがく**

ちゅうかん 中間 the middle [ミドゥル]
…**の中間に** halfway [ハフウェイ], midway [ミドゥウェイ]

▶ 福島は東京と盛岡の中間にある.
Fukushima is *halfway* between Tokyo and Morioka.
中間試験 midterm exams, midterms

ちゅうきゅう 中級の intermediate [インタミーディエト]

▶ 中級クラス an *intermediate* class

ちゅうきょり 中距離の middle-distance [ミドゥルディスタンス]
中距離走者 a middle-distance runner

ちゅうけい 中継 (中継放送) (a) relay [リーレイ]
中継する relay；(放送する) broadcast

▶ 試合は全国に中継された.
The game *was broadcast* nationwide.

ちゅうげん 中元 a midyear gift, a summer gift (▶英米には中元や歳暮をおくる習慣はない)

ちゅうこ 中古の used [ユーズド], secondhand [セカンドゥハンド]
中古車 a used car

ちゅうこく 忠告 →アドバイス

advice [アドゥヴァイス]

504 five hundred and four

忠告する advise [アドゥヴァイズ] (▶名詞とのつづり・発音のちがいに注意)
▶ 彼は医者の忠告に従わなかった.
He didn't follow his doctor's *advice*.
▶ きみに一言忠告しておこう.
Let me give you a piece of *advice*.
(▶ ×an advice とはいわない)

💬表現力
(人)に…するよう忠告する
→ advise +人+ to …

▶ 医者は彼女に休養をとるように忠告した.
The doctor *advised* her *to* take a rest.

ちゅうごく¹ 中国 China [チャイナ] (▶正式名は the People's Republic of China (中華人民共和国))
中国(人・語)の Chinese [チャイニーズ]
中国語 Chinese →ことば(表)
中国人(1人)a Chinese; [複数] Chinese; (全体)the Chinese

ちゅうごく² 中国(地方)the Chugoku district [region]

ちゅうし 中止する (試合・催しなどを) cancel [キャンセる], call off; (動作・行為などを) stop [スタップ]
▶ マラソン大会は雨で中止になった.
The marathon *was canceled* because of the rain.

ちゅうじつ 忠実な faithful [フェイすふる] (to), true [トゥルー] (to)
▶ 犬は飼い主に忠実だ.
Dogs are *faithful to* their masters.
忠実に faithfully [フェイすふり]

ちゅうしゃ¹ 駐車 parking [パーキング]
駐車する park
駐車違反 a parking violation [ヴァイオレイション]
駐車禁止 〈掲示〉No Parking

「駐車禁止」の標識.

駐車場 〈米〉a parking lot, 〈英〉a car park
駐車スペース a parking space

ちゅうしゃ² 注射 an injection [インヂェクション], 〈口語〉a shot [シャット]
注射する give a shot, inject
▶ 医者はその女の子に注射をした.
The doctor *gave* the girl *a shot*.

ちゅうじゅん 中旬に (…月中旬に) in the middle of … , in mid-…
▶ ぼくらのクラスは8月中旬にキャンプに行く.
Our class will go camping *in the middle of* August [*in mid-*August].

ちゅうしょう 抽象的な abstract [アブストゥラクト] (反) 具体的な concrete)
抽象画 an abstract painting

ちゅうしょうきぎょう 中小企業 small and middle-size business

ちゅうしょく 昼食 →ごはん(表)

lunch [ランチ]
▶ 私たちは昼食にすしを食べた.
We had sushi for *lunch*.
▶ 昼食はもう済みましたか.
Have you had your *lunch* yet?
▶ 軽い昼食をとってから出かけた.
We had a light *lunch* and left. (▶形容詞などをつけて昼食の内容を表すときは a [an] をつけるのがふつう)
昼食時間 lunchtime

ちゅうしん 中心

the **center** [センタァ], 〈英〉the centre
中心の central [セントゥラる]
▶ 円の中心 *the center* of a circle
▶ 私たちの学校は町の中心にある.
Our school is in *the center* of the town.
▶ 横浜の中心街に
in *downtown* Yokohama
中心人物 a key person
中心点 the central point

ちゅうすいえん 虫垂炎 appendicitis [アペンディサイティス]

ちゅうせい¹ 中世 the Middle Ages [ミドゥる エイヂズ]
中世の medieval [ミーディイーヴ(ァ)る]

ちゅうせい² 中性の neutral [ニュートゥラる]

ちゅうせん 抽選 (くじ, くじ引き) (a) lot

ちゅうたい ▶

[ラット]；(くじ引き)《米》(a) drawing [ドゥローイング]；(福引き)《米》(a) lottery [ラテリィ]
→くじ
抽選する draw lots
抽選で by lot, by drawing lots
▶ キャプテンは抽選で選ばれた.
The captain was chosen *by lot*.
抽選券 a lottery ticket

ちゅうたい 中退する (成績不良などで) drop out of school；(自分の意志で) quit [クウィット] school
中退者 a dropout [ドゥロパウト]

ちゅうだん 中断する interrupt [インタラプト], stop [スタップ]
▶ 試合は雨のために中断された.
The game *was interrupted* by rain.

チューチュー (ネズミなどが) チューチュー鳴く squeak [スクウィーク]

ちゅうちょ (a) hesitation [ヘズィテイション]
ちゅうちょする hesitate [ヘズィテイト] →ためらう
▶ ちゅうちょせずに
without *hesitation*

ちゅうと 中途で halfway [ハフウェイ], on the way
中途はんぱに halfway, by halves
▶ 物事を中途はんぱにするな.
Don't do things *halfway*.

ちゅうとう 中東 (地名)the Middle East

ちゅうどく 中毒 poisoning [ポイズニング]；(依存症) addiction [アディクション]
▶ …で中毒にかかる be *poisoned* by ...
▶ 食中毒になる
get food *poisoning*
▶ アルコール中毒
(依存症) alcoholism [アルコホ(ー)リズム] / (急性の) *poisoning* by alcohol
▶ 仕事中毒の人
a workaholic [ワーカホ(ー)リク]

チューナー a tuner [テューナァ]

ちゅうねん 中年 middle age [ミドゥル エイヂ]
中年の middle-aged
▶ 中年の男性 [夫婦]
a *middle-aged* man [couple]

チューバ (楽器)a tuba [テューバ]

チューブ a tube [テューブ]

ちゅうぶ 中部 the central part
中部地方 the Chubu district [region]

ちゅうふく 中腹 a hillside [ヒルサイド]
▶ 赤城山の中腹まで登る
go *halfway up* Mt. Akagi

ちゅうもく 注目 attention [アテンション]
注目する pay [ペイ] attention (to)
▶ 彼女の演技は大きな注目を集めた.
Her performance attracted a lot of *attention*.

ちゅうもん 注文 an order [オーダァ]
注文する order
▶ ご注文は何にいたしましょうか.
May I take your *order*? / Are you ready to *order*?
▶ すみません, 注文をお願いします.
Excuse me, I'm ready to *order*. / Excuse me, I'd like to *order* now.

💬 表現力 ～を…に注文する → order ～ from ...

▶ 私は雑誌を書店に注文した.
I *ordered* a magazine *from* the bookstore. (▶ to the bookstore とはいわない)

ちゅうりつ 中立 neutrality [ニュートゥラリティ]
中立の neutral [ニュートゥラル]
中立国 a neutral nation

チューリップ (植物)a tulip [テューリプ]

ちゅうりゅう 中流 (川の) the middle [ミドゥル] of a river；(社会の) the middle class
中流の middle-class

ちゅうりんじょう 駐輪場 a bicycle parking lot

チュンチュン チュンチュン鳴く chirp [チャ～プ]

チョウ 《虫》a butterfly [バタフライ]

ちょう¹ 腸 the bowels [バウエルズ], the intestines [インテスティンズ]
▶ 大腸 the large *intestine*
▶ 小腸 the small *intestine*

ちょう² 兆 a trillion [トゥリリョン]
▶ 3兆円 three *trillion* yen

ちょう- 超… super-, ultra-
▶ 超むかつく.
It's *absolutely* frustrating.
超大国 a superpower [ス(ュ)ーパパウア]

-ちょう …調 (音楽)
▶ ハ長調 C *major* [メイヂァ]

506 five hundred and six

あ か さ ち な は ま や ら わ

▶ ヘ短調 F minor [マイナァ]
ちょういん 調印 signing [サイニング]
調印する sign [サイン]
ちょうおんそく 超音速の supersonic [ス(ュ)ーパソニック]
ちょうおんぱ 超音波 ultrasound [アルトゥラサウンド]
超音波の ultrasonic [アルトゥラソニック]
ちょうか 超過 an excess [イクセス]
超過する exceed [イクスィード]
ちょうかい 朝会 a morning assembly [アセンブリィ]
▶ 全校朝会
a *morning assembly* at school
ちょうかく 聴覚 hearing [ヒ(ア)リング], the sense of hearing
ちょうかん 朝刊 a morning paper (対 夕刊 evening paper)
ちょうきょう 調教 training [トゥレイニング]
調教する train [トゥレイン]
調教師 a trainer [トゥレイナァ]
ちょうきょり 長距離 a long distance
長距離走 a long-distance race
長距離電話 a long-distance call
ちょうこう 兆候 a sign [サイン]；(病気の) a symptom [スィン(プ)トム]
ちょうこうそう 超高層の high-rise [ハイライズ]
超高層ビル a high-rise building, a skyscraper [スカイスクレイパァ]
超高層マンション a high-rise apartment building
ちょうこく 彫刻 (a) sculpture [スカルプチァ], (a) carving [カーヴィング]
彫刻する sculpt [スカルプト], carve [カーヴ]
彫刻家 a sculptor [スカルプタァ]
彫刻刀 a chisel [チズル]
ちょうさ 調査 (統計・測量などによる) (a) survey [サ〜ヴェイ]；(事件・事故などの) (an) investigation [インヴェスティゲイション]
調査する look into, survey, investigate [インヴェスティゲイト]
▶ 彼がその殺人事件を調査している.
He *is investigating* the murder case.
▶ その件は調査中だ.
The matter is under *investigation*.
調査書 (内申書) a school report；(調査報告) a survey report；(調査用紙) a questionnaire [クウェスチョネア]

ちょうし 調子

1 (体調・ぐあい) condition [コンディション], shape [シェイプ]
▶ きょうは体の調子がいい.
I'm in good *condition* today. / I feel well today.
▶ きょうは体の調子が悪い.
I'm in bad *shape* today. / I'm out of *condition* today. / I don't feel well today.

ⓐ 調子はどう？
　How are you doing?
ⓑ 順調です.
　I'm doing all right.
(▶「調子はどう」は How are things with you? / How's everything? ともいえる)

▶ パソコンの調子がおかしい.
The computer isn't working well. / There's something wrong with the computer.
2 (やり方) a way [ウェイ]
▶ そうそう, その調子！
That's the *way*! / That's it!
3 (音の) tune [テューン]；(声の) tone [トウン]
▶ 調子っぱずれで歌う sing out of *tune*
調子に乗る get carried away
ちょうしゅう 聴衆 an audience [オーディエンス]
▶ 聴衆は多かった.
There was a large *audience*. (▶「少なかった」というときは large の代わりに small を使う)
ちょうしょ 長所 a strong point, a good point (反 短所 weak point)
▶ だれにでも長所と短所がある.
Everyone has (their) *good* and bad *points*.

ぼくの長所は正直だということです.
My strong point is that I am honest. / Honesty is my strong point.

ちょうじょ 長女 the oldest daughter [ドータァ] (▶ むすめが 2 人の場合は the

ちょうじょう ▶

older daughter)
▶ 私は長女です．
I am *the oldest daughter* (in the family).

ちょうじょう 頂上

the **top** [タップ], the **summit** [サミト]
▶ われわれは正午前に頂上に着いた．
We reached *the summit* before noon.
▶ 山の頂上からのながめはすばらしかった．
The view from *the top* of the mountain was wonderful.

ちょうしょく 朝食 →ごはん（表）

breakfast [ブレクファスト]
▶ 朝食は7時にとります．
I have *breakfast* at seven.
▶ 朝食には何を食べますか．
What do you have for *breakfast*?
▶ 私は日曜日にはおそい朝食をとります．
I have a late *breakfast* on Sundays.
(▶ late などの形容詞がつくときは a [an] をつけるのがふつう；breakfast は "break (…を破る)＋fast (断食)" から)

ちょうしん 長針 the **long hand**, the **minute** [ミニト] **hand**

ちょうせつ 調節する **adjust** [アヂャスト], (機械・温度などを) **regulate** [レギュレイト]
▶ いすの高さを調節してもらえる？
Could you *adjust* the height of the chair?
▶ 部屋の温度を調節する
regulate the temperature of a room

ちょうせん[1] 挑戦 a **challenge** [チャレンヂ]
挑戦する （やってみる） **try** [トゥライ]；（人にいどむ） **challenge**
▶ いつか富士登山に挑戦してみたい．
I'd like to *try* to climb Mt. Fuji some day. (▶ I'd like to ˣ*challenge* to climb Mt. Fuji ～. とはいわない)
▶ ぼくはテニスの試合でプロの選手に挑戦した．
I *challenged* a pro to a game of tennis.
挑戦者 a **challenger**

ちょうせん[2] 朝鮮 **Korea** [コリ(ー)ア]
朝鮮(人・語)の **Korean**
朝鮮語 **Korean** →ことば (表)
朝鮮人 a **Korean**

ちょうだい （ください） **give me** … ；（…してちょうだい） **Please** … , **Will you** …？；（もらう） **receive** [リスィーヴ]
▶ ママ，おこづかいちょうだい．
Mom, *give me* some pocket money, please.
▶ 咲希，お皿を洗ってちょうだい．
Will you wash the dishes, Saki?
▶ 今日お手紙をちょうだいいたしました．
I *received* your letter today.

チョウチョ →チョウ

ちょうちょう[1] 町長 a **mayor** [メイア]

ちょうちょう[2] 長調《音楽》a **major** [メイヂァ]（反）短調 **minor**
▶ ホ長調 E *major*

ちょうちん a (paper) **lantern** [ランタン]

ちょうてん 頂点 the **top** [タップ], the **peak** [ピーク]

ちょうど

just [ヂャスト], **exactly** [イグザクトゥリィ]
▶ いまちょうど3時です．
It's *exactly* three o'clock.
▶ ちょうどいまお客さんが来てるんだ．
I have a guest *right now*.
▶ ちょうど授業に間に合った．
I was *just* in time for class.
▶ さいふにはちょうど1万円あった．
I had *exactly* ten thousand yen in my wallet.
▶ これはちょうどいい大きさのテーブルだ．
This is the *right* size table.

> 💬 表現力
> ちょうど…したところだ
> → **have just ＋過去分詞**

▶ 私はちょうど来たところです．
I've *just come*. / I came *just now*.
(▶ just now はふつう過去形とともに使い，現在完了形の文には使わない)

> × I have come just now.
> just now は現在完了形の文では使えない．過去形とともに使う．
> ○ I have just come.
> ○ I came just now.

◀ **ちょくせん**

💬**表現力**

ちょうど…するところだ
→ be about to ...

▸ ちょうど外出しようと思ったら電話が鳴った.
When I *was about to* go out, the bell rang.

▸ 映画はちょうど始まるところだ.
The movie *is just beginning*.

ちょうどうけん 聴導犬 a hearing [ヒアリング] dog

ちょうとっきゅう 超特急 a super-express [ス(エ)ーパイクスプレス] (train)

ちょうなん 長男 the oldest son (▸むすこが 2 人の場合は the older son)

▸ ぼくは長男です.
I am *the oldest son*.

ちょうのうりょく 超能力 (a) super-natural power

超能力者 a person with supernatural power

ちょうはつ 長髪 long hair

ちょうほうけい 長方形 a rectangle [レクタングル](▸「正方形」は square[スクウェア])

ちょうまんいん 超満員の over-crowded [オウヴァクラウディド], jam-packed [ヂャムパクト]

ちょうみりょう 調味料 (a) seasoning [スィーズニング]

ℹ️**参考** 調味料のいろいろ

塩 salt ／ 砂糖 sugar ／ みそ miso, soybean paste ／ しょうゆ soy sauce ／ ウスターソース Worcester sauce ま た は Worcestershire sauce ／ こしょう pepper ／ 酢 vinegar ／ 酒 sake ／ みりん mirin, sweet sake (for cooking) ／ マヨネーズ mayonnaise ／ ケチャップ ketchup

---

ちょうみん 町民（町の人々）towns-people [タウンズピープル]

ちょうやく 跳躍 a jump [ヂャンプ]

跳躍する jump

ちょうり 調理 cooking [クキング]

調理する cook

調理器具 cookware [クックウェア]

調理師 a cook

調理台 a kitchen table

調理法 a recipe [レスィピ]

ちょうりゅう 潮流 a current [カ〜レント], a tide [タイド]

ちょうりょく¹ 聴力 hearing [ヒ(ア)リング]

聴力検査 a hearing test

ちょうりょく² 張力 tension [テンション]

▸ 表面張力 surface *tension*

ちょうれい 朝礼 a morning assembly [アセンブリィ]

ちょうわ 調和 harmony [ハーモニィ]

調和する go well (with), harmonize [ハーモナイズ] (with)

▸ このカーテンはかべ紙と調和している.
This curtain *goes well with* the wallpaper.

チョーク chalk [チョーク](▸数えるときは a piece of chalk, two pieces of chalk のようにいう)

▸ 黒板にチョークで書く
write in *chalk* on the blackboard

チョキ (じゃんけんの) scissors [スィザズ] →じゃんけん

ちょきん¹ 貯金 savings [セイヴィングズ]

貯金する save [セイヴ]

▸ ぼくはギターを買うために貯金している.
I'm *saving* money to buy a guitar.

▸ 私は貯金が少ない.
I don't have much *savings*.

▸ 銀行から貯金をおろした.
I withdrew my *savings* from the bank.

貯金通帳（米）a bankbook [バンクブク],（英）a passbook [パスブク]

貯金箱 a moneybox；(子ども用でふつう子ブタ形の) a piggy bank

ちょきん² ちょきんと切る snip [スニップ]

ちょくせつ 直接の direct [ディレクト]（反間接の indirect）

直接に direct(ly)；(本人みずから) in person [パ〜スン]

▸ それについては先生に直接聞きなさい.
Ask your teacher about that *directly*. (▸ in person を使ってもよい)

ちょくせん 直線 a straight line [ストゥレイトライン] →せん²(図)

▸ 直線を引く draw a *straight line*

▸ 家から学校まで直線距離で 3 キロだ.
It is three kilometers from my house

ちょくつう ▶

to school in a *straight line*.
▶ ボールは一直線にレフトスタンドへ飛んでいった。
The ball went *straight* into the left stands.
直線コース (競技場の) the homestretch

ちょくつう 直通の direct [ディレクト], through [スルー]
▶ 品川まではこの電車で直通で行けます。
This train goes *directly* to Shinagawa.
直通列車 a through train；(途中停車なしの) a nonstop train

ちょくめん 直面する be faced (with)
▶ トラは絶滅の危機に直面している。
Tigers *are faced with* extinction.

ちょくやく 直訳 (a) literal translation
直訳する translate ... literally

ちょくりつ 直立の upright [アプライト]
直立する stand straight, stand upright

チョコレート chocolate [チャコレト]；(チョコレート菓子) a chocolate
▶ 板チョコ１枚
a *chocolate* bar / a bar of *chocolate*
▶ チョコレートひとかけ
a piece of *chocolate*

ちょさくけん 著作権 copyright [カピライト]

ちょしゃ 著者 an author [オーサァ], a writer [ライタァ]

ちょしょ 著書 a book；(作品) writings [ライティングズ]

ちょすいち 貯水池 a reservoir [レザヴワー]

ちょぞう 貯蔵 storage [ストーリヂ]；(貯蔵品) (a) stock [スタック]
貯蔵する store, stock
貯蔵庫 a storehouse

ちょちく 貯蓄 savings [セイヴィングズ] →ちょきん¹

ちょっかい ちょっかいを出す (干渉する) meddle in；(からかう) tease [ティーズ]；(言い寄る) make a pass at

ちょっかく 直角 a right angle [アングル]
直角三角形 a right triangle [トゥライアングル]

ちょっかん 直感 intuition [インテュ(ー)イション]
▶ 直感でピンとくる feel ... in my bones

直感的に by intuition

チョッキ (米) a vest [ヴェスト], (英) a waistcoat [ウェスコト]

ちょっきゅう 直球 a fastball
▶ 直球を投げる
throw a *fastball*

ちょっけい 直径 a diameter [ダイアメタァ] (対 半径 radius)
▶ この円の直径は10センチです。
This circle is ten centimeters in *diameter*.

ちょっこう 直行する go straight [ストゥレイト], go direct [ディレクト]
▶ 学校から塾に直行する
go straight to *juku* from school
▶ ニューヨークへは直行便で行きます。
I'll take a *direct* flight to New York.

ちょっと →すこし

1 (少し) a little [リトゥル], a bit [ビット], just [ヂャスト]
▶ 母は中国語がちょっとだけ話せる。
My mother can speak *a little* Chinese.
▶ この服は私にはちょっと丈が短い。
This dress is *a little* short for me.
▶ 2学期は成績がちょっと上がった。
I got my grades up *a little* in the second term.

📢スピーキング
A 出かけるの？
Going out?
B うん、**ちょっと**.
Yeah, for a little while ... .

▶ 「お出かけですか」「ちょっとそこまで」
"Are you going somewhere?" "*Just* around the corner."

2 (少しの間) just a minute
▶ ちょっとお待ちください。
Wait *a minute*, please. / *Just a minute*, please.
▶ ちょっと時間ある？
Do you have *a minute*?

3 (呼びかけ) (親しい人に) Say! [セイ]；(ていねいに) Excuse me.
▶ ちょっと、ケンちゃん.
Say, Ken!

ちょろちょろ ちょろちょろ流れる trickle

510 five hundred and ten

◀ **ちんれつ**

[トゥ**リ**クル]

ちらかす 散らかす scatter [ス**キャ**タァ]；(ごみなどを) litter [**リ**タァ]；(部屋などを) make ... a mess

▶ ごみを散らかさないでください．〔掲示〕
Don't *Litter* / No *Littering* / No *Litter*, Please

ちらかる 散らかる be messy [**メ**スィ]，be a mess [**メ**ス]，be littered [**リ**タァド]，be scattered [ス**キャ**タァド]

▶ 部屋が散らかってるわよ．かたづけなさい．
Your room *is a mess*. Clean it up.

▶ 床は紙切れで散らかっていた．
The floor *was littered* with bits of paper.

ちらし 散らし (ビラ) a flier [フ**ラ**イァ]，a flyer；(手で配る) a handbill [ハン(ドゥ)ビル]；(折りこみの) a leaflet [**リ**ーフレト]

▶ ちらしを配る
distribute *fliers*

ちらちら ちらちら光る (かすかに光る) shimmer [**シ**マァ]；(ついたり消えたりする) flicker [フ**リ**カァ]

▶ 小雪がちらちら舞っている (→軽く降っている)．
A light snow is falling.

ちらっと ちらっと見る glance, take a glance

▶ 彼女は私の方をちらっと見た．
She *glanced* at me. / She *took a quick look* at me.

ちらばる be scattered [ス**キャ**タァド]

▶ 地面には落葉がちらばっていた．
The ground *was scattered* with the fallen leaves.

ちらほら (あちこちで) here and there
ちらり

▶ 人混みの中に彼女の姿がちらりと見えた．
I *caught a glimpse* of her in the crowd.

チリ (南米の国) Chile [**チ**リィ]
ちり¹ 地理 geography [ヂ**ア**グラフィ]
ちり² dust [**ダ**スト]
ちりとり a dustpan

ちりがみ ちり紙 tissue [**ティ**シュー]；(トイレ用の) toilet paper

ちりょう 治療 (medical) treatment [トゥ**リ**ートゥメント]
治療する treat；(治す) cure [**キュ**ア]

治療を受ける get treatment
▶ 私はまだ治療中です．
I am still under *treatment*.

▶ 私は歯の治療をしなければならない．
I need to *have* my teeth *treated*.

ちる 散る fall [**フォ**ール]
▶ 桜が散ってしまった．
The cherry blossoms *have fallen*. / The cherry blossoms *are all gone*.

チワワ 〔動物〕a chihuahua [チ**ワ**ーワ]
ちんぎん 賃金 wages [**ウェ**イヂズ] (▶時給・日給などで支払われるものをいう．ふつう複数形で使う)；(給料) pay [**ペ**イ] → きゅうりょう

チンする (電子レンジで) heat in a microwave [**マ**イクロウェイヴ]，《米口語》 zap [**ザ**ップ]

ちんたい 賃貸契約 a lease [**リ**ース]
賃貸料 (a) rent [**レ**ント]

ちんつうざい 鎮痛剤 a painkiller [**ペ**インキラァ]

ちんでん 沈殿 sedimentation [セディメン**テ**イション]
沈殿する settle [**セ**トゥル]

チンパンジー 〔動物〕a chimpanzee [チンパンズィー] (アクセント注意)，《口語》 a chimp [**チ**ンプ]

ちんぷんかんぷん

▶ この説明書はちんぷんかんぷんだ (→まったく理解できない)．
I *can't understand* this manual *at all*.

ちんぼつ 沈没する sink [**スィ**ンク]
▶ タイタニック号は初航海で沈没した．
The Titanic *sank* on her first voyage.

ちんもく 沈黙 silence [**サ**イレンス]
沈黙した (無言の) silent
沈黙する fall silent

▶ 沈黙を守る
keep *silent*

ちんれつ 陳列する (商品などを) display [ディス**プレ**イ]；(展覧会などで) exhibit [イグ**ズィ**ビト]，display

▶ チョウはこの部屋に陳列してある．
Butterflies *are exhibited* in this room.

陳列室 a showroom, a display room
陳列棚 a showcase
陳列品 an exhibit

five hundred and eleven 511

ツアー ▶

つ ツ つ ツ つ ツ

ツアー （旅行）a tour [トゥァ]；（団体旅行）a group tour
▶ 姉はツアーでパリへ行った.
My sister visited Paris on a *group tour*.
▶ そのバンドは 5 年ぶりのワールドツアーが決まった.
The band will go on its first world *tour* in five years.
ツアーガイド a tour guide
ツアーコンダクター a tour conductor
つい¹ 対 a pair [ペァ]
▶ 対になる
make *a pair*
▶ 1 対の茶わん
a pair of cups
つい² **1** （ほんのいま）only [オウンリィ]，just [チャスト]；（ついいましがた）just now （▶ふつう過去形とともに使う）
▶ ついけさほど東京に着きました.
I arrived in Tokyo *only* this morning.
▶ ついさっき帰ってきたところだ.
I came home *just now*.
2 （うっかり）by mistake [ミステイク]；（思わず）in spite of myself →うっかり，おもわず
ツイート ツイートする tweet [トゥウィート]（▶ tweet はもとは「(小鳥が) さえずる」という意味. X（エックス）ではポスト (post) という表現が使われる）
ツイード （織物）tweed [トゥウィード]；（服）tweeds [トゥウィーツ]
▶ ツイードのスーツ a *tweed* suit
ついか 追加 an addition [アディション]
▶ 「コーヒー 2 つ追加」「かしこまりました」
"Two *more* coffees, please." "Certainly."
追加する add [アッド]（to）
追加の additional [アディショナル]
▶ 追加料金を払う
pay an *additional* fee
ついきゅう¹ 追及する look into, examine [イグザミン]
▶ 事故の責任を追及する

look *into* who is responsible for the accident
ついきゅう² 追求（目的のものなどの）pursuit [パス(ュ)ート]
追求する pursue [パス(ュ)ー]
ついし(けん) 追試（験）a makeup [メイカプ] exam, a makeup test, 《口語》a makeup
▶ 数学の追試を受けなきゃならないんだ.
I've got to take a *makeup exam* in math.
ついしん 追伸 a postscript [ポウス(トゥ)スクリプト]（▶ P.S. と略す）
ついせき 追跡 a chase [チェイス], pursuit [パス(ュ)ート]
追跡する chase, pursue [パス(ュ)ー], run after ... to catch
▶ 警察は誘拐犯を追跡している.
The police *are pursuing* the kidnapper.
-(の)ついた …(の)付いた with [ウィズ]
▶ スヌーピーの絵のついたセーター
a sweater *with* Snoopy on it
▶ 引き出しの 3 つついた机
a desk *with* three drawers
ついたち 一日 the first day of the month
▶ きょうは 3 月 1 日です.
Today is March (the) *first* [1].
ついたて a screen [スクリーン], a partition [パーティション]
ツイッター Twitter [トゥウィタァ]（▶現在の X（エックス）. Twitter は2023年に X へ名称変更した）

-(に)ついて

1 （関して）about [アバウト], on [アン]
▶ 地球温暖化についての本
a book *about* global warming （▶専門的な内容をあつかっている本なら on を使う）
▶ そのことについては何も知らない.
I know nothing *about* it.

◀ つうこう

> **プレゼン**
> みなさんは環境破壊**について**どう思いますか.
> What do you think about environmental destruction?

2 (…のもとで) **under** [アンダァ], **with** [ウィズ]
▶ 家庭教師について英語を習っている.
I am studying English *with* a private tutor at home.

3 (…ごとに) →-(に)つき

ついで →-(する)とき, とちゅう
▶ 街へ出るついでに買ってきてあげますよ.
I'll buy it for you *when* I go downtown.
▶ ついでのときにでも立ち寄ってね.
Please drop by *if you have a chance*.

ついていく ついて行く (いっしょに) go with; (あとから) follow [ファロウ]; (遅れずに) keep up with
▶ 「いっしょについていってもいい？」「もちろんいいよ」
"Can I *go with* you?" "Sure."
▶ 生徒は先生のあとについていった.
The students *followed* the teacher.
▶ 数学の授業についていけない.
I can't *keep up with* my math class.

ついている be lucky [ラキィ]
▶ きょうはついている.
I'*m lucky* today.
▶ きょうはついてないよ.
This just isn't my day.
▶ ついてるね！
Lucky you! / You *have all the luck*!

ついてくる ついて来る (いっしょに) come with; (あとから) follow [ファロウ]
▶ 私についてきて！
Follow me! / *Come* (*along*) *with* me!

ついとう 追悼 mourning [モーニング]
追悼する mourn [モーン]
追悼式 a memorial service

ついとつ 追突する hit ... from behind (▶ hit の代わりに strike を使ってもよい)
▶ 彼女の車はトラックに追突された.
Her car *was hit from behind* by a truck.

ついに

at last [ラスト], **finally** [ファイナリィ]; (結局) after all; (最後に) in the end
▶ ついにぼくの夢が実現した.
At last my dream has come true.
▶ 田中君はついに姿を見せなかった.
Tanaka didn't show up *after all*.

ついばむ peck [ペック] 《at》
ついほう 追放する expel [イクスペル], (国から) exile [エグザイル]
▶ アダムとイヴはエデンの園から追放された.
Adam and Eve *were expelled* from the garden of Eden.

ついやす 費やす spend [スペンド] →つかう

ついらく 墜落 a fall [フォール]; (飛行機の) a crash [クラッシ]
墜落する fall; crash

ツイン (部屋) a twin [トゥウィン]
ツインベッド twin beds
ツインルーム a twin (room)

つうか 通過する pass [パス], go through, get through
▶ 新幹線はちょうど静岡を通過した.
The Shinkansen train *has* just *passed* Shizuoka.

つうがく 通学する go to school; (学校に来る) come to school (▶ 学校にいるときや学校に視点をおいているときに使う)
▶ ぼくは自転車で通学している.
I *go to school* by bike.
▶ 雨の日は歩いて通学している.
I *walk to school* on rainy days.
通学区域 a school district
通学路 a school route

つうきん 通勤する go to work, go to *my* office, commute [コミュート] 《to》
▶ 父は電車で通勤している.
My father *goes to work* by train.
▶ 母は車で通勤している.
My mother *drives to and from work*.
通勤者 a commuter [コミュータァ]
通勤電車 a commuter train
通勤ラッシュ commuter rush

つうこう 通行
通行する pass (through)
▶ 日本では車は左側通行だ.
In Japan cars *drive on* the left.
▶ 一方通行 《掲示》
One Way

あ
か
さ
つ
な
は
ま
や
ら
わ

five hundred and thirteen 513

つうしょう ▶

「一方通行」の標識.

▶ 右側通行 (掲示) *Keep* (*to*) *the*) *Right*
(車の) 通行止め (掲示) *No Thoroughfare* [サ〜ロウフェア]

通行人 a passer-by (複数 passers-by)

通行料金 (高速道路などの) a toll [トゥル]

つうしょう 通商 (大きな取引) commerce [カマース]; (貿易) trade [トゥレイド]

通商条約 a commercial treaty

ツーショット a snapshot of two people
▶ ともちゃんとのツーショット
 a *snapshot of me with Tomo-chan*

つうじる 通じる

1 (道などが) lead [リード] (*to*), go [ゴゥ] (*to*); (電話が) get through (*to*)
▶ この道は地下のショッピング街に通じています.
 This road *leads to* the underground shopping area.
▶ 綾子に電話したけど通じなかった.
 I tried to call Ayako but couldn't *get through*.
2 (理解される) be understood
▶ 私の英語は通じなかった.
 I couldn't *make myself understood* in English.

つうしん 通信

(交信) (a) communication [コミューニケイション]; (文通) correspondence [コ(ー)レスパンデンス]

通信する correspond (*with*)
▶ データ通信
 data *communication*
▶ 光通信
 optical *communication*

通信衛星 a communication(s) satellite [サテライト]

通信教育講座 a correspondence course

通信社 a news agency

通信販売 mail order

通信簿 (米) a report card, (英) a (school) report

つうち 通知 (a) notice [ノゥティス]

通知する give ... a notice → しらせる

通知表 (米) a report card, (英) a (school) report

つうちょう 通帳 (銀行の) (米) a bankbook [バンクブク], (英) a passbook [パスブク]

つうどく 通読する read through

つうやく 通訳 interpretation [インタ〜プリテイション], (翻訳) translation [トゥランスレイション]; (通訳者) an interpreter [インタ〜プリタァ], (翻訳者) a translator [トゥランスレイタァ]

通訳する interpret [インタ〜プリト], (翻訳する) translate [トゥランスレイト]

▶ 日本を訪問しているオーストラリアの学生に通訳してあげた.
 I *interpreted* for Australian students visiting Japan.
▶ 同時通訳
 simultaneous [サイマルティニアス] *interpretation*

つうよう 通用する (お金が) be current [カーレント]; (言語が) be spoken [スポゥクン]; (受け入れられる) be accepted [アクセプティド]

▶ このコインはまだ通用しますか.
 Is this coin still *current*? / Can we *use* this coin now?

通用門 a side gate

つうろ 通路 a passage [パセヂ], a way [ウェイ]; (座席間の) an aisle [アイル] (発音注意)

▶ 通路を開けてください.
 Please clear the *way*.
▶ (予約のときに) 通路側の席をお願いします.
 An *aisle* seat, please.

つうわ 通話 a (phone) call

通話料 telephone charges

つえ 杖 a cane [ケイン], a (walking) stick [スティック]

▶ つえをついて歩く
 walk with a *cane*

514　five hundred and fourteen

◀ **つかまる**

つかい 使い an errand [エランド]; (人) a messenger [メセンヂァ]
▶ エマ, お使いに行ってきて!
Will you run an *errand* for me, Emma? / (買い物) Will you *do some shopping* for me, Emma?

つかいかた 使い方 how to use [ユーズ]
▶ このコーヒーメーカーの使い方を教えてくれますか.
Could you show me *how to use* this coffee maker?

つかいこなす 使いこなす (物を) handle [ハンドゥル]; (ことばを) have a good command of

つかいすて 使い捨ての disposable [ディスポウザブル], throwaway [スロウアウェイ]
▶ 使い捨ての紙の皿
a *throwaway* paper plate

つかいわける 使い分ける
▶ 授業でノートをとるとき, 赤と青のペンを使い分けている.
When I take notes in class, I *use* red and blue pens *differently*.

つかう 使う

使い分け
(道具などを) → use
(時間・金を) → spend

1 (道具などを) use [ユーズ]

💬**表現力**
…を使う, 使っている → use ...

▶ 父はよくネットを使ってショッピングをします.
My father often *uses* the internet for shopping.
▶ このナイフを使ってパンを切ってね.
Use this knife to slice the bread.
▶ この辞書は使いやすい.
This dictionary is easy to *use*.
▶ このデジカメ, どうやって使うの?
How do you *use* this digital camera?
▶ 「これは何に使うの?」「ニンニクをつぶすのに使います」
"What's this *used* for?" "It's *used* for crushing garlic."
▶ ちょっとは頭を使ったら?
Try to *use* your brains a bit.

💬**スピーキング**
Ⓐ きみのペン使っていい?
Can I use your pen?
Ⓑ いいよ, どうぞ.
Sure. Here you are.

2 (時間・金を) spend [スペンド]
▶ 「お金ばっかり使って!」と母はよく言う.
Mother often says, "You always *spend* too much money."

💬**表現力**
~に…を使う → spend ... on ~

▶ 父は本にたくさんお金を使う.
My father *spends* a lot of money *on* books.

3 (やとう) employ [エンプロイ]
▶ そのレストランでは多くのアルバイトを使っている.
That restaurant *employs* a lot of part-timers.

つかえる¹ 仕える serve [サ~ヴ]

つかえる² (つまる) get stuck; (ことばが滞る) stumble [スタンブル]
▶ もちがのどにつかえた.
A piece of rice cake *got stuck* in my throat.

つかまえる 捕まえる catch [キャッチ], get [ゲット]; (しっかりと) catch hold of
▶ つかまえてみろよ.
Try to *catch* me.
▶ 私はビルの手首をつかまえた.
I *caught* Bill by the wrist.
▶ さあ, つかまえたぞ.
Now I *got* you.
▶ どろぼう! つかまえて!
Thief! *Stop* him!

つかまる 捕まる **1** (とらえられる) be caught [コート]; (逮捕される) be arrested [アレスティド]
▶ どろぼうが警察につかまった.
A thief *was caught* by the police.
▶ 高見先生はいつもいそがしくて, なかなかつかまらない.
Ms. Takami is always busy, so it's difficult to *catch* her.

2 (すがる) hold [ホウルド] on (to)
▶ 手すりにおつかまりください.
Please *hold on to* the handrail.

five hundred and fifteen 515

つかむ

1 take [テイク], catch [キャッチ], grasp [グラスプ], hold [ホウルド]

▶ ウナギをつかむのはむずかしい.
It is difficult to *catch* eels.

> 表現力
> (人)の…をつかむ
> → take +人+ by the …

▶ 父はぼくの腕をつかんだ.
My father *took* me *by the* arm. (▶ by ×my arm とはいわない) / My father *took* my arm.

2 (手に入れる) get [ゲット]; (理解する) grasp, get, understand [アンダスタンド]

▶ チャンスをつかむ *get* a good chance
▶ 要点をつかむ *get* the point
▶ この公式の使い方がまだつかめない.
I still can't *understand* how to use this formula.

つかる 浸かる

▶ (ふろで)肩までよくつかりなさい.
Soak up to your shoulders.
▶ 大雨で地下室が水につかった.
The heavy rain *flooded* the basement.

つかれ 疲れ tiredness [タイアドネス], fatigue [ファティーグ]; (極度の) exhaustion [イグゾースチョン]

▶ つかれがたまってきたなあ.
I guess I'm getting more and more *tired*.

つかれる 疲れる

be tired [タイアド]; (くたくたに) be tired out, be worn [ウォーン] out, be exhausted [イグゾースティド]

> スピーキング
> Ⓐ つかれた？
> Are you tired?
> Ⓑ いや, 少しも.
> No, not at all.

▶ ああ, つかれた.
Ah, I'm *tired*.
▶ あまりにもつかれてもう一歩も歩けないわ.
I'm too *tired* to walk any more.
▶ 「つかれているようだね」「ああ, もうくたくたにつかれきってます」
"You look *tired*." "Yes, I'm *exhausted*."
▶ それってつかれる. That's *tiring*.

> 表現力
> …でつかれる → be tired from …

▶ 一日中歩いてとてもつかれた.
I'm very *tired from* walking all day.

つき¹ 月

> 使い分け
> (天体の) → the moon
> (こよみの) → month

1 (天体の) the moon [ムーン]

▶ 東の空に月が出た.
The moon came out in the eastern sky. (▶ 「月が出ていた」ならば The moon was out … とする)
▶ 今夜は月が出ている.
There is a *moon* tonight. (▶ 「出ていない」ならば There is no moon …)

> **おもな月の形の言い方**
> 満月 a full moon
> 半月 a half moon
> 新月 a new moon
> 三日月 a crescent [クレスント] moon
> (▶ 特定の時期・形の月についていうときは a をつけることが多い)

2 (こよみの) a month [マンス]

▶ 月の初めに
at the beginning of the *month*
▶ 月の半ばに
in the middle of the *month*
▶ 月の終わりに
at the end of the *month*

◀ つきあたる

▶ 私たちは月に1度ここに集まる.
We meet here once a *month*.

▶ 私は月に3000円のおこづかいをもらっています.
I get an allowance of 3,000 yen a *month*. (▶ a month の a は「…ごとに」の意味)

12か月の言い方と略語

1月	**January**	Jan.
2月	**February**	Feb.
3月	**March**	Mar.
4月	**April**	Apr.
5月	**May**	略さない
6月	**June**	Jun.
7月	**July**	Jul.
8月	**August**	Aug.
9月	**September**	Sep., Sept.
10月	**October**	Oct.
11月	**November**	Nov.
12月	**December**	Dec.

つき² luck [ラック] →うん¹

▶ 今夜はつきがあるぞ.
Luck is with me tonight.

▶ つきがないなあ.
I'm not *lucky*. / I'm *unlucky*. / *Unlucky* me!

-つき …付き with [ウィズ]

▶ 土地つきの家 a house *with* land

-(に)つき 1 (…だから) so [ソウ]; because [ビコ(ー)ズ] (of) →だから

2 (…ごとに) per [パァ] … , a [ア] …

▶ パーティーの参加費は1人につき1000円です.
The party costs 1,000 yen *per* person.

つぎ¹ 次(の)

next [ネクスト]

▶ 次の土曜日に
next Saturday; (今週の) *this coming* Saturday; (来週の) on Saturday *next week*

▶ 次の日曜日にスケートに行こう.
Let's go skating *next* Sunday. (▶ next Sunday に on はつけない)

▶ 次の角を左に曲がりなさい.
Turn left at the *next* corner.

▶ 次はどこの駅ですか.
What's the *next* stop?

▶ 次の日ポールに電話した.
I called Paul the *next* day.

▶ 次はもっとしっかりと計画をたてなさい.
Next time you should plan better.

▶ 次のかた, どうぞ. *Next*, please.

▶ 次はだれですか. Who's *next*?

▶ 次の問いに答えなさい.
Answer the *following* question(s).
次に next;(…の次に) next to

▶ 次に何をしたらいい?
What should I do *next*?

▶ 健はクラスでぼくの次に背が高い.
Next to me, Ken is the tallest boy in our class.
次から次へ one after another →つぎつぎ

つぎ² 継ぎ a patch [パッチ]
つぎをあてる patch (up), sew a patch on

つきあい 付き合い

▶ 彼はつきあいがよい.
He's *outgoing*. / He's a *people person*. (▶ people person は「人づきあいのよい人, 社交的な人」の意味)

▶ 健とは長いつきあいだ.
Ken and I *have been friends* for a long time.

つきあう 付き合う (友だちとして) be friends (with);(男女が) see (▶ふつう進行形で使う), go out (with),《米》date [デイト]

▶ 母は私に「あの子とはつきあうな」と言った.
Mother said to me, "Don't *be friends with* that boy."

▶ つきあってる人がいるの?
Are you *seeing* anyone?

▶ いとこは会社の同僚とつきあっている.
My cousin *is going out with* a coworker.

つきあたり 突き当たり the end [エンド]

▶ 彼の家はこの道のつきあたりにあります.
His house is at *the end* of this road.

つきあたる 突き当たる (ぶつかる) bump against, bump into

▶ 線路につきあたるまでこの道をまっすぐ進んでください.
Go along this street till you *come to*

five hundred and seventeen **517**

つぎあわせる ▶

a railroad track.

つぎあわせる 継ぎ合わせる join [ヂョイン] (together)；(ぬって) patch [パッチ] together

つきさす 突き刺す stick [スティック]；(刃物で人を) stab [スタッブ]

つきそい 付き添い an attendant [アテンダント]，(介護人)《おもに米》a caretaker [ケアテイカァ]

つきそう 付き添う take care [ケア] of；(同伴する) go with
▶ 2人の看護師が患者につきそった.
Two nurses *took care of* the patient.
▶ 母親がむすめにつきそった.
The mother *went with* her daughter.

つきだす 突き出す (体の一部を) stick out；(突いて外へ) push out

つぎつぎ 次々に one after another [アナザァ]
▶ 次々と事件が起こった.
Incidents happened *one after another*.

つきっきり 付きっ切り
▶ リサはつきっきりで私の宿題を手伝ってくれた.
Lisa *stayed by my side the entire time* and helped me with my homework.

つきでる 突き出る stick out；(出っ張る) project [プロヂェクト]

つきとおす 突き通す pierce [ピアス]
▶ たたみに針をつき通す
pierce a tatami mat with a needle / *stick* a needle *through* a tatami mat

つきとばす 突き飛ばす push ... away, shove [シャヴ] ... away

つきひ 月日 (時) time [タイム]；(日) days [デイズ]
▶ 月日がたつのは早いですね.
Time flies, doesn't it?

つきまとう 付きまとう follow [ファロウ] ... about

つきみ 月見 moon-viewing
▶ 私たちは月見をした.
We enjoyed *looking at the moon*.

つぎめ 継ぎ目 a joint [ヂョイント]；(布などの) a seam [スィーム]
つぎ目のない jointless；seamless

つきゆび 突き指する sprain [スプレイン] *my* finger

つきる 尽きる →なくなる
▶ 力がつきた.
My strength *is all gone*.
▶ 食糧がつきた.
The food *has run out*. / We *have run out of* food.

つく¹ 着く

1 (到着する) arrive [アライヴ] (at, in), get to, reach [リーチ]

使い分け
(場所)に着く → arrive at [in] ＋場所
　　　　　→ get to ＋場所
　　　　　→ reach ＋場所

▶ 7時50分に学校に着いた.
I *got to* school at 7:50. (▶ get to はくだけた言い方)
▶ この列車は何時に博多駅に着きますか.
What time does this train *arrive at* Hakata Station?
▶ 彼はきのうハワイに着いた.
He *arrived in* Hawaii yesterday. (▶ 国・大都市など広い場所には in を使う)
▶ 5時に家に着いた.
I *got* home at five.

× get to home
home は副詞だから to や at はつかない.
○ get home
○ arrive home

▶ さあ，駅に着いたよ.
Here we're *at* the station.

用法 「着く，到着する」を表す言い方
get to はくだけた言い方. **arrive at** は駅・建物など比較的せまい場所 (地点) に「着く」ときに，**arrive in** は国・大都市など比較的広い場所 (地域) に「着く」ときに使う. **reach** のあとにはすぐに「場所」が続き，at や in はつかない.

2 (すわる) sit [スィット]，take a seat [スィート]，have a seat →すわる

518 five hundred and eighteen

◀ **つくる**

- どうぞ席についてください.
  Please *have a seat*. / Please *take your seat*. / Please *sit down*.

つく² 付く,点く **1** (くっつく)stick[スティック]; (しみなどがつく) be stained[ステインド]
- このテープはつきがよくない.
  This tape won't *stick* well.
- 彼のTシャツにコーヒーのしみがついていた.
  His T-shirt *was stained* with coffee.
- 手にどろがついていた.
  There *was* mud on my hands.

2 (明かり・電気が) come on; (ついている) be on; (電気製品などが) work[ワ~ク]; (火が) light[ライト]
- 明かりがつかない.
  The light won't *come on*.
- 家の明かりがついていた.
  The lights in the house *were on*.
- テレビがつかない.
  The TV doesn't *work*.
- マッチがつかない.
  The match doesn't *light*.

つく³ 突く (指などで) poke[ポゥク]; (針などで) prick[プリック]; (刃物などで) stab[スタッブ]

つぐ¹ (そそぐ) pour[ポー(ア)]
- 優子, お茶をついでくれる？
  Will you *pour* me a cup of tea, Yuko?

つぐ² 継ぐ (人を) succeed[サクスィード]; (財産・家業を) succeed to, take over
- ぼくは父のあとをつぎます.
  I will *succeed* my father. / I will *succeed to* my father's job [position].

つくえ 机

a desk[デスク]
- 私は机に向かって勉強していた.
  I was studying at my *desk*.

desk

table

ツクシ 《植物》a field horsetail shoot
つくす 尽くす do[ドゥー], try[トゥライ]
- ベストをつくせ. *Do* your best.
- あらゆる手をつくしてうちの犬をさがしたが, 見つからなかった.
  I *tried* everything to find our dog, but couldn't.

つくづく
- 自分は運がよかったとつくづく思う.
  I *really* think that I was lucky.
- 姉といっしょの部屋を使うのがつくづくいやになった.
  I'm *quite* sick of sharing a room with my sister.

つぐなう 償う make up for; (罪などを) pay for
つくりかた 作り方 how to make
つくりなおす 作り直す remake[リーメイク]; make over
つくりばなし 作り話 a made-up story; (架空の物語) (a) fiction[フィクション]

つくる 作る, 造る

使い分け
(製造する) → make
(建造する) → build
(創作する) → write
(栽培する) → grow

1 (製造する) **make**[メイク], produce[プロデュース]; (大規模な工場などで) manufacture[マニュファクチァ]

表現力
…をつくる → make ...

- 大きな雪だるまをつくろう.
  Let's *make* a big snowman.
- ぼくは自動車のプラモデルをつくった.
  I *made* a plastic model of a car.
- その工場では自転車がつくられている.
  Bikes *are manufactured* in the factory.

表現力
(人) に (物) をつくってやる
→ make +人+物 /
  make +物+ for +人

- 私は妹に人形をつくってあげた.
  I *made* my sister a doll. / I *made* a

つくろう ▶

doll *for* my sister. (▶ ˣto my sister とはしない)

💬 表現力
…は～でつくる [つくられる]
→ ... be made of +材料 /
　 ... be made from +原料

▶ このテーブルは木でつくられている．
This table *is made of* wood.
▶ チーズは牛乳からつくられる．
Cheese *is made from* milk.

💬 用法 **be made of** と **be made from**
「…でつくられる」というとき，材料や質に変化がなく，外から見てわかれば **be made of** ... を，原料の質が変化し，見ただけではわからなければ **be made from** ... を使うのが原則．

2（建造する）**build**［ビルド］
▶ 橋をつくる *build* a bridge
▶ 鳥たちはいま巣をつくっている．
Birds *are* now *building* their nests.
3（創作する）（文・詩・曲などを）**write**［ライト］, **compose**［コンポウズ］;（映画などを）**produce**, **make**
▶ さゆりは美しい詩をつくった．
Sayuri *wrote* a beautiful poem.
▶ ぼくは将来アニメ映画をつくってみたい．
I'd like to *make* an animated film in the future.
4（栽培する）**grow**［グロウ］, **raise**［レイズ］
▶ 父は庭で野菜をつくっている．My father *grows* vegetables in his garden.
5（組織する）**form**［フォーム］, **organize**［オーガナイズ］
▶ 私たちは演劇部をつくるつもりだ．
We're going to *form* a drama club.
6（料理・食事を）**make**;（火を使って）**cook**［クック］
▶ ぼくが夕飯をつくるよ．I'll *make* dinner.
7（家庭・友だちなどを）**make**

🔸 プレゼン
高校ではたくさんの友だちをつくりたいです．
I'd like to make a lot of friends in high school.

つくろう 繕う **mend**［メンド］;（つぎをあてる）**patch**［パッチ］

-づけ …付け
▶ 3月2日付けの新聞
a newspaper *dated* March 2
つげぐち 告げ口する（子どもなどが）**tell on ...**（to）
▶ 真央は私のことを先生に告げ口した．
Mao *told on* me *to* the teacher. /
Mao *told* the teacher *on* me.
つけくわえる 付け加える **add**［アッド］（to）
▶ あなたの説明につけ加えることはありません．
I have nothing to *add to* your explanation.
つけこむ 付け込む **take advantage of**
▶ 他人の弱みにつけ込むな．
Don't *take advantage of* the weaknesses of other people.
つけもの 漬け物 **pickles**［ピクルズ］
▶ 白菜のつけ物
pickled Chinese cabbage

つける¹ 付ける，着ける，点ける

使い分け
（とりつける）→ put, fix
（身につける）→ put on, wear
（電気・ガスなどを）→ turn on,
　　　　　　　　　　switch on

put on

turn on

1（とりつける）**put**［プット］**(on)**, **fix**［フィックス］**(to)**;（くっつける）**attach**［アタッチ］**(to)**
▶ 玄関のドアに新しい錠をつける
put a new lock *on* the front door
▶ かべにたなをつける
fix a shelf *to* the wall
▶ 小包に荷札をつける
attach a label *to* a package
2（身につける）**put on**（反 はずす **take off**），**wear**［ウェア］→きる²
▶ 由美はお母さんからもらったブローチをつけた．

◀ つたわる

Yumi *put on* the brooch her mother gave her. (▶ put on ... は「…を身につける」という動作を表す)
▶ 彼女はイヤリングをつけていた.
She *was wearing* earrings. (▶ wear は「身につけている」という状態を表す)

3 (電気・テレビ・ラジオ・ガスなどを) **turn** [タ〜ン] **on** (反) 消す turn off), (点火する) **light** [ライト](反) 消す put out)
▶ テレビをつけてくれますか.
Could you *turn on* the TV?
▶ コンロの火をつけてお湯をわかした.
I *turned on* the stove and boiled some water.
▶ ろうそくに火をつける *light* a candle

4 (薬などを) **put**, **apply** [アプライ]; (バターなどを) **spread** [スプレッド]
▶ 母は傷口に薬をつけてくれた. My mother *put* some medicine on my cut.
▶ パンにピーナッツバターをつけた. I *spread* peanut butter on my bread.

5 (日記・記録などを) **keep** [キープ]
▶ 今年は日記をつけるつもりだ.
I will *keep* a diary this year.
▶ 重要語に蛍光ペンで印をつけた.
I *marked* important words with my highlighter.

6 (尾行する) **follow** [ファロウ]
▶ ぼくたちはこっそりその男のあとをつけた.
We *followed* the man secretly.

つける² 浸ける,漬ける (水などに) **soak** [ソウク]; (つけ物を) **pickle** [ピクル]

つげる 告げる **say** [セイ], **tell** [テル]
▶ (…に) 別れを告げる
say goodbye (to ...)

つごう 都合

convenience [コンヴィーニェンス]
都合がよい be convenient, be good
▶ 次の木曜日の都合はどうですか.
Is next Thursday *all right* with you?
▶ 都合のいいときにおいでください.
Please come and see me at your *convenience*.

> ●表現力
> …にとって都合がよい
> → be convenient for ... /
>   be good for ...

▶ いつがご都合よろしいですか.
When *is convenient for* you?
▶ あしたは都合が悪いんです.
Tomorrow *isn't good for* me.

ツタ 〔植物〕(an) **ivy** [アイヴィ]

つたえる 伝える

1 (知らせる) **tell** [テル]
▶ あなたに伝えたいことがあります.
I have something to *tell* you.
▶ 電話をくれるよう次郎君に伝えてください.
Please *tell* Jiro to call me.
▶ 少し遅れると彼女に伝えていただけますか.
Could you *tell* her that I'll be a bit late?
▶ ご家族のみなさんによろしくお伝えください.
Say hello to your family for me. /
Give my best regards to your family.

2 (紹介する) **introduce** [イントゥロデュース]; (伝承する) **hand down**
▶ ポルトガル人が鉄砲を日本に伝えた.
The Portuguese *introduced* guns into Japan.

3 (伝導する) **conduct** [コンダクト]
▶ 銅は電気をよく伝える.
Copper *conducts* electricity well.

つたわる 伝わる (知れわたる) **spread** [スプレッド]; (紹介される) **be introduced** [イントゥロデュース]
▶ そのニュースはすぐ世界中に伝わった.
The news soon *spread* around the world.
▶ 仏教はインドから中国を経由して日本へ伝わった.
Buddhism *was introduced* to Japan from India through China.
▶ 光は音より速く伝わる.
Light *travels* faster than sound.

つち

つち 土
earth [ア~ス]; (土壌) soil [ソイル]; (地面) the ground [グラウンド]
▶ 種に土をかける cover seeds with *soil*
▶ この畑の土は肥えている。
The *soil* in this field is rich.
▶ …を土にうめる bury ... in *the ground*

つつ 筒 a cylinder [スィリンダァ], a pipe [パイプ]

つづき 続き (記事・話などの)continuation [コンティニュエイション]; (連続) run [ラン]
▶ この記事の続き
the *continuation* of this article
▶ 晴天続き a *run* of fine weather

つつく poke [ポウク]; (くちばしで) peck [ペック]
▶ つつかないでよ. Don't *poke* me.
▶ キツツキが木をつついて穴をあけた.
A woodpecker *pecked* a hole in the tree.

つづく 続く

(継続する) continue [コンティニュー], go on, keep (on); (ある期間) last [ラスト]; (あとに従う) follow [ファロウ]
▶ 雪は一日中降りつづいた.
The snow *continued* all day. / It *kept* (on) snowing all day.
▶ 会議は4時間続いた.
The meeting *lasted* for four hours.
▶ こちらではとても暑い日がずっと続いている。
It *has been* very hot here.
▶ これでもう1週間雨が降りつづいている.
It *has been raining* for a week. (▶「ずっと…しつづけている」というときは「have [has] been + -ing 形」で表す)
▶ 私のあとに続いて来てください.
Please *follow* me.
▶ (連載物が)次号に続く.
To *be continued*.
続いて (次々に) one after another
▶ 難題が続いて生じた. Difficulties came up *one after another*.

つづける 続ける

go on, keep (on), continue [コンティニュー]
▶ どうぞ続けてください. Please *go on*.

表現力

…しつづける
→ keep (on) -ing /
continue to ... /
continue -ing

▶ きのうは一日中その小説を読みつづけた.
I *kept on reading* the novel all day yesterday.
▶ ぼくは6時まで健太を待ちつづけた.
I *continued to* wait for Kenta till six.

つっこむ 突っ込む put into; (ぶつかる) run into
▶ ぼくはポケットに片手をつっこんだ.
I *put* my hand *into* my pocket.
▶ その車はレンガのへいにつっこんだ.
The car *ran into* the brick wall.

ツツジ (植物) an azalea [アゼイリャ]

つつしみ 慎み modesty [マデスティ]
慎み深い modest [マデスト]

つつしむ 慎む (気をつける) be careful [ケアフル] (about, of)
▶ ことばをつつしみなさい.
Be careful of your language. / *Watch* your language.
▶ 暴飲暴食をつつしみなさい.
Be careful not to eat or drink too much. (▶ be careful not to ... で「…しないように注意する」の意味)

つつみ¹ 包み a package [パケヂ]; (小さな)(おもに英) a parcel [パースル]
▶「この包み開けていい？」「いいよ」
"Can I open this *package*?" "Sure!"
包み紙 wrapping paper

つつみ² 堤 a bank [バンク]; (堤防) an embankment [エンバンクメント]

つつむ 包む

wrap [ラップ] (up); (おくり物用に) gift-warp [ギフトゥラプ]

◀ **つばさ**

▶ これをおくり物用に包んでください.
Please *wrap* this *up* as a present. /
Please *gift-wrap* this.

▶ 村は霧に包まれていた.
The village *was wrapped* in fog. /
The village *was covered* with fog.

つづり 綴り (a) spelling [スペリング]

▶ 彼の名字のつづりがまちがっている.
The *spelling* of his family name is
wrong.

▶ その単語のつづりを教えてください.
Could you tell me how to *spell* the
word?

つづる 綴る spell [スペル]

▶「お名前はどうつづりますか」「P-A-U-L です」
"How do you *spell* your name?"
"P-A-U-L." (▶ [ピー，エイ，ユー，エル] と読む)

▶「ナイフ」はどうつづるのか知っていますか.
Do you know how to *spell* "knife"?

つとめ 勤め，務め (仕事) work [ワ〜ク]；
(勤め) a job [チャブ]；(任務) (a) duty
[デューティ]

▶ 彼はきのうの勤めを休んだ.
He stayed away from *work*
yesterday.

▶ 兄はアルバイトの勤め先を探している.
My brother is looking for a part-time
job.

▶ クラス委員としての務めを果たす
do *duty* as a class representative
勤め先 *my* office [オ(ー)フィス]

つとめる 勤める，努める，務める

1 (勤務する) work [ワ〜ク]

> 💬表現力
> …に勤める
> → work at [in] ... / work for ...

▶ 母は出版社に勤めています.
My mother *works at* a publishing
company.

▶「お父さんはどちらにお勤めですか」「銀行
に勤めています」
"Where does your father *work*?" "He
works for a bank."

2 (努力する) try [トゥライ]

> 💬表現力
> …しようと努める → try to ...

▶ 私は毎晩11時までに寝るように努めてい
ます.
I *try to* go to bed by eleven every
night.

3 (役目を果たす) act as

▶ 学級会の司会を務める
act as chairperson at the class
meeting

ツナ tuna [トゥーナ]
ツナかん canned tuna

つな 綱 (太い) a rope [ロウプ]；(やや細い)
a cord [コード]

▶ 綱を張る stretch a *rope*
綱引き (a) tug of war

▶ 綱引きをする have *a* tug of war
綱わたり tightrope walking

つながる be connected [コネクティド],
be joined [ヂョインド]

▶ 島と本土は橋でつながっている.
The island *is connected* with the
mainland by a bridge.

▶ 彼女は私と血がつながっていない.
She *is* not *related* to me by blood.

つなぐ

(結ぶ) tie [タイ] (to)；(接続する) connect
[コネクト] (to)

▶ ひもの両端をつないで.
Tie the two ends of the string
together.

▶ プリンターをパソコンとつないだ？
Have you *connected* the printer *to*
the computer?

▶ 手をつないで歩く walk *hand in hand*

つなみ 津波 a tsunami [ツナーミ] (複数
tsunamis または tsunami) (▶英語化し
ている), a tidal [タイドゥル] wave

つねに 常に always [オールウェズ], at all
times →いつも

つねる pinch [ピンチ]

▶ つねらないで. Don't *pinch* me.

つの 角 (牛・羊などの) a horn [ホーン]；(シ
カの) an antler [アントゥラァ]

つば spit [スピット]
つばをはく spit

ツバキ 《植物》a camellia [カミーリャ]

つばさ 翼 a wing [ウィング]

▶ 鳥はつばさを広げた.
The bird spread its *wings*.

あ
か
さ
つ
な
は
ま
や
ら
わ

five hundred and twenty-three 523

ツバメ ▶

ツバメ (鳥) a swallow [スワロウ]

つぶ 粒 a grain [グレイン]; (水の) a drop [ドゥラップ]
▶ 米つぶ a *grain* of rice
▶ 大つぶの雨が降ってきた.
 Large *drops* of rain began to fall.

つぶす (押しつぶす) crush [クラッシ]; (時間を) kill [キル]
▶ 空きかんをつぶす
 crush an empty can
▶ オリビアはよくウインドーショッピングをして時間をつぶす.
 Olivia often goes window-shopping to *kill* time.
▶ ゆでたジャガイモをつぶす
 mash boiled potatoes

つぶやく say in a soft low voice, murmur [マ〜マァ], mutter [マタァ]; (ツイッターで) tweet

つぶれる be broken [ブロウクン], be crushed [クラッシト]; (破産する) go bankrupt [バンクラプト]
▶ 卵がいくつかつぶれていた.
 Some of the eggs *were broken*.
▶ その車は倒れてきた木につぶされた.
 The car *was crushed* by a falling tree.
▶ その会社は先月つぶれた.
 The company *went bankrupt* last month.
▶ 私たちの旅行計画は資金不足でつぶれた.
 Our travel plan *fell through* because of a lack of money.

ツベルクリン tuberculin [トゥバ〜キュリン]
 ツベルクリン反応 a tuberculin reaction

つぼ 壺 a pot [パット]; (広口の) a jar [チャー]

つぼみ a bud [バッド]
▶ バラはまだつぼみだ.
 The roses are still in *bud*.

▶ チューリップのつぼみが出てきた.
 The tulips are coming into *bud*.

つぼめる (かさを) close [クロウズ], fold [フォウルド]; (口を) pucker [パカァ]
▶ 口をつぼめる *pucker my* lips

つま 妻 a wife [ワイフ] (複数 wives) (対 夫 husband)
▶ 妻はいま留守です.
 My *wife* is out now.

つまさき つま先 (a) tiptoe [ティプトゥ]
▶ つま先で歩く walk on *tiptoe*
▶ このくつはつま先がきつい.
 These shoes feel tight at the *toes*.

つまずく trip [トゥリップ] (on, over), stumble [スタンブル] (on, over)
▶ 彼は大きな石につまずいてころんだ.
 He *tripped over* a big stone and fell.

つまむ (拾いあげる) pick [ピック] (up); (指先で) pinch [ピンチ]
▶ 鼻をつまむ
 pinch my nose / *hold my* nose (▶後者は悪臭がするとき)

つまようじ a toothpick [トゥースピク]

つまらない

1 (ささいな) trivial [トゥリヴィアル], trifling [トゥライフリング], small [スモール]

> **用法** つまらないものですが…
> おくり物をする際, 日本語では「つまらないものですが」という言い方をするが, これを直訳すると英語圏では「なぜつまらないものをくれるの?」と誤解されてしまう. **This is for you.** (これをあなたにあげます) や **This is a little something for you.** (ささやかなものですが, どうぞ) といった表現を使うのが自然.

▶ そんなつまらないことでくよくよするなよ.
 Don't worry about such a *trivial* thing.
▶ つまらないこと言うなよ!
 Don't talk *nonsense*! / Stop talking *nonsense*!

2 (たいくつな) dull [ダル], boring [ボーリング]; (人がたいくつした) bored [ボード]
▶ つまらない試合 a *dull* game

◀ つめたい

- つまらない本 a *boring* book
- つまらないなあ．Oh, I'm *bored*.
- (それ) つまらなそうだね．
  (見た目が) (It) looks *boring*. / (聞いたところ) (It) sounds *boring*.

  > 表現力
  …するのはつまらない
  → It is boring to … .

- 1人で野球を見に行ってもつまらない．
  It is boring to go to the ballpark alone.
- 遊び相手がいなくてはつまらない．
  It is boring to play alone.

つまり (すなわち) that is (to say), or [オー(ァ)]; (要するに) in short [ショート]; (言いかえれば) in other words

- 彼は次の月曜日，つまり5月2日に来るでしょう．
  He will come next Monday, *that is*, on May 2.

  > プレゼン
  つまり，私たちは世界を変えられるのです．
  In short, we can change the world.

つまる 詰まる (鼻が) be stuffed [スタフト] up; (トイレ・流しなどが) be clogged [クラッグド] (up); (コピー機などが) be jammed [チャムド] (up)

- 鼻がつまってるんだ．
  My nose *is stuffed up*.
- トイレがつまっちゃった．
  The toilet *is clogged up*.
- 何かがのどにつまった．
  Something *got stuck* in my throat.

つみ 罪 (法律上の) a crime [クライム]; (道徳上の) (a) sin [スィン] →ばつ¹
罪のある guilty [ギルティ], sinful
罪のない innocent [イノセント]

- 罪と罰 *crime* and punishment
- 罪を犯す
  commit a *crime* / commit a *sin*
- うそをつくのは罪だ．
  It is a *sin* to tell a lie.

つみき 積み木 a (building) block [ブラック]

- 積み木で遊ぶ
  play with (*building*) *blocks*

つむ¹ 積む (荷物を) load [ロウド]; (積み重ねる) pile [パイル] (up)

- 彼は車に荷物を積んだ．
  He *loaded* his luggage into the car.
- お父さんの机には本がどっさり積まれている．
  My father's desk *is piled up* with books.

つむ² 摘む pick [ピック]

- 花をつまないでください．
  Please don't *pick* the flowers.

つむぐ 紡ぐ spin [スピン]

つめ 爪 (人の) a nail [ネイル]; (鳥獣の) a claw [クロー]

- つめを切りなさい．Cut your *nails*.
- つめをかむのはやめなさい．
  Stop biting your *nails*.
- つめがのびてるよ．
  Your *nails* are too long.
  つめ切り nail clippers

-づめ …詰め

- びんづめのソーダ
  bottled soda
- 箱づめのオレンジ
  oranges *packed in* a box
- きょうは朝から働きづめだった．
  I worked *straight through* from this morning.

つめえり a stand-up collar [スタンダプ カラァ], a stiff [スティフ] collar

- 制服はつめえりだ．
  Our school uniform is a jacket with a *stand-up collar*.

つめこむ 詰め込む pack [パック]; (ぎゅうぎゅうに) cram [クラム] →つめる

- スーツケースに衣類をつめこんだ．
  I *packed* my clothes into a suitcase.

つめたい 冷たい

1 (温度が) cold [コウルド] (反 熱い hot); (適度に) cool [クール]

つめる ▶

- 冷たい風 a cold wind
- スープが冷たくなるよ.
  The soup will get cold.
- 何か冷たい飲み物ある？
  Is there anything cold to drink?

2（態度が）**cold**（反 温かい warm），**unfriendly**［アンフレンドゥリィ］

- あいつは冷たい男だ.
  He's a cold man.
- どうして私には冷たいの？
  Why have you been cold to me?

つめる 詰める

1（いっぱいにする）**fill**［フィル］《with》，**pack**［パック］《with》

- 私は箱にリンゴをつめた.
  I filled the box with apples.
- 恵子は衣類をスーツケースにつめた.
  Keiko packed her clothes in the suitcase. / Keiko packed the suitcase with her clothes.

2（席を）**move**［ムーヴ］**over**

- 席を少しつめていただけますか.
  Could you move over a little?
- 前につめて！
  Move up! / Move ahead!

-つもり →-します

1（…する予定である）**be going to …**

▶ 表現力
…するつもりだ → be going to …

- これからはもっと一生けんめい勉強するつもりだ．I'm going to study harder from now on.

▶ スピーキング
Ⓐ 今夜テレビを見るつもりですか.
Are you going to watch TV tonight?
Ⓑ はい，そのつもりです.
Yes, I am.
Ⓑ いいえ，そのつもりはありません.
No, I'm not.

- 仙台へ行くつもりです.
  I'm going to (go to) Sendai.（▶「…へ行くつもり」の場合は be going to go to … としなくてもよい）

2（…することを意図する）**mean**［ミーン］**to …**, **intend**［インテンド］**to …**

- きみを傷つけるつもりじゃなかったんだよ.
  I didn't mean to hurt you.
- そんなつもりじゃなかったんだ.
  I didn't mean it.
- 医者になるつもりだ.
  I intend to be a doctor.

3（思いこんでいる）**think**［スィンク］

- 彼女は自分ではりこうなつもりでいる.
  She thinks she's smart.
- 「ぼくの言ってること，わかる？」「わかっているつもりだけど」
  "Do you understand what I'm saying?" "I think I do."

つもる 積もる **lie**［ライ］

- 地面に雪がたくさん積もっている.
  The snow lies deep on the ground. / The ground is covered with deep snow.

つや¹ 艶 **gloss**［グロ(ー)ス］
つやのある **glossy**［グロ(ー)スィ］, **shiny**［シャイニィ］

つや² 通夜 a **wake**［ウェイク］

つゆ¹ 露 **dew**［デュー］

- 草がつゆにぬれている.
  The grass is wet with dew.

つゆ² 梅雨 **the rainy season**

- 梅雨に入った.
  The rainy season has set in.
- 梅雨はまもなく明けるでしょう.
  The rainy season will soon be over.
- きょう梅雨明けが発表された.
  The end of the rainy season was announced today.

つゆ³（吸い物）**soup**［スープ］;（そばなどの）**sauce**［ソース］;（果物などの）**juice**［ヂュース］

つよい 強い

▶ 使い分け
（力などが）→ strong
（得意な）→ good

strong　　weak

◀ つり²

1 (力などが) **strong** [ストゥロ(ー)ング] (反 弱い weak), **powerful** [パウアフル]
▶ 強い風 a *strong* wind
▶ 彼は大きくて力が強い．
He's big and *strong*.
▶ 姉は気が強い．
My big sister is *strong*-minded.
▶ きのう強い地震があった．
There was a *strong* [*powerful*] earthquake yesterday.
2 (得意な) **good** [グッド] (at) (反 弱い bad, poor)
▶ 太郎は数学は強いが，国語が弱い．
Taro is *good at* math, but poor at Japanese.
強く strongly ; (はげしく) hard [ハード]
▶ 風が強く吹いている．
The wind is blowing *hard*.
▶ 風が強くなってきた．
The wind has become *strong*.

つよがる 強がる
▶ 彼は強がってみせた．
He *put on a bold front*.

つよき 強気な **aggressive** [アグレスィヴ]
▶ 強気な態度をとる
take an *aggressive* attitude

つよさ 強さ **strength** [ストゥレング(ク)ス]

つよみ 強み **strength** [ストゥレング(ク)ス]；(長所) a strong point；(有利な点) **advantage** [アドゥヴァンテヂ]

つらい

hard [ハード], **tough** [タフ]
▶ 彼はつらい人生を送ってきた．
He has had a *hard* life.
▶ きのうの練習はつらかった．
Yesterday's practice was *hard*.
▶ 先生はどうしてぼくにつらくあたるんだろう．
I wonder why the teacher is *hard* on me. (▶ *be hard on* で「…に厳しくする」の意味)

　表現力
…するのはつらい → It is hard to …．

▶ 冬の寒い朝に早起きするのはつらい．
It's hard to get up early on cold winter mornings.

つらぬく 貫く (貫通する) **go through**；(やりとげる) **stick to**

つらら an **icicle** [アイスィクル]
▶ つららが屋根から下がっている．
Icicles are hanging from the roof.

つられる
▶ 人だかりにつられて，何が起こっているか見に行った．
I *was drawn* by the crowd and went to see what was happening.
▶ 男性がおじぎをしたので，私もつられて頭を下げた．
The man bowed, *which led* me to bow also.

つり¹ 釣り

(魚つり) **fishing** [フィシング]
つりをする fish
▶ ぼくの趣味はつりです．
My hobby is *fishing*.
▶ 川へつりに行こう．
Let's go *fishing* in the river.

「川へつりに行く」
× go fishing to the river
○ go fishing in the river

つり船 a fishing boat
つり堀 a fishing pond

① つり人　② リール　③ つりざお　④ つり糸
⑤ 魚(▶「えもの」は catch という)　⑥ えさ
⑦ うき　⑧ おもり　⑨ つり針　⑩ ルアー，疑似餌　⑪ びく　⑫ クーラー

つり² (つり銭) **change** [チェインヂ]
▶ 「1万円札でおつりはありますか」「すみませんが，おつりはありません」

つりあい ▶

"Can you give me *change* for a 10,000-yen bill?" "I am sorry I have no small *change*."

🗨 スピーキング
Ⓐ はい，おつりです．
Here's your change.
Ⓑ おつりはとっておいてください．
Keep the change.
Ⓐ どうも．
Thank you.

▶ おつりがまちがっています．
I'm afraid you gave me the wrong *change*.

つりあい つり合い（均衡）(a) balance [バランス]；(組み合わせ) a match [マッチ]
つり合う balance；match
つりかわ つり革 a strap [ストゥラップ]
▶ つり革につかまる
hold on to a *strap*
つりばし つり橋 a hanging bridge；(規模の大きい) a suspension bridge

ツル 鶴（鳥）a crane [クレイン]
▶ 千羽鶴
a thousand paper *cranes*

つる¹ 釣る

fish [フィッシ], catch [キャッチ]
▶ 次郎はマスをつった．
Jiro *caught* a trout.
つる² (植物) a vine [ヴァイン]
つる³ have a cramp [クランプ]
▶ 痛い！右の足がつった．
Ouch! I've *got a cramp* in my right leg.
つる⁴ 弦 a string [ストゥリング]
つるす (掛ける) hang [ハング]
▶ 洋服をハンガーにつるした．
I *hung* my clothes on a hanger.

つるつる つるつるした（すべりやすい）slippery [スリパリィ]；(なめらかな) smooth [スムーズ]
▶ ろうかはつるつるすべるので足元に気をつけなさい．
Watch your step. The hallway is *slippery*.
つるはし a pickax [ピカクス]
-(に)つれて as [アズ]
▶ 時がたつにつれて，私はそのことについて忘れていった．
As time went on, I forgot about it.
▶ 高く登るにつれて寒くなった．
As we climbed higher, it became colder.

つれていく 連れて行く

take [テイク]
▶ 犬を散歩に連れていって．
Take the dog for a walk.
▶ ぼくは弟を公園へ連れていった．
I *took* my brother to the park.
つれている 連れている be with
▶ その女性は子どもを2人連れていた．
The woman *was with* her two children.

つれてくる 連れて来る

bring [ブリング]
▶ 友だちをうちに連れてきた．
I've *brought* my friends home.
▶ 彼は弟をいっしょに連れてきた．
He *brought* his brother with him.

bring 連れて来る
take 連れて行く

つんと
▶ つんとすました女の子
a *stuck-up* girl
▶ つんとくるにおい
a *pungent* smell
▶ わさびが鼻につんときた．
The wasabi *set* my nose *on fire*.

て テ て テ て テ

て 手

1 (手首から先) a **hand** [ハンド]; (腕) an **arm** [アーム] (対) 足 foot; 脚 leg)

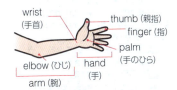

wrist (手首)
thumb (親指)
finger (指)
palm (手のひら)
elbow (ひじ)
hand (手)
arm (腕)

▶ 右手 my right *hand*
▶ 彼女は彼の手をしっかりにぎっていた.
She held his *hand* firmly.
▶ 手に何を持っているの?
What do you have in your *hand*(s)?
(▶両手のときは hands となる)
▶ いい子だから手を洗ってらっしゃい.
Be a good boy [girl]. Go and wash your *hands*.
▶ 質問があれば手をあげなさい.
Raise your *hand* if you have any questions.
▶ 健はさよならと言って手をふった.
Ken said goodbye and waved his *hand*.
▶ 私たちは手をつないで歩いていた.
We were walking *hand* in *hand*.
▶ そのコンピューターに手をふれないで.
Please keep your *hands* off that computer. / Please don't touch that computer.
▶ 手をふれるな 《掲示》 *Hands* Off

2 (人手・手間など) a **hand**
▶ 「ちょっと手を貸してくれない?」「ちょっと待って. いま手がはなせないの」
"Can you give me a *hand*?" "Hang on. I'm tied up at the moment." (▶ give ... a hand で「…に手を貸す」の意味. be tied up は「手がはなせない」の意味)
▶ 仕事の手をぬかないで (→きちんと仕事をしなさい). Do your work properly. / Get your work done right.

日本語NAVI

手がかかる ☞手間がかかる, めんどうな
→てま, めんどう
手がつけられない ☞どうしようもない
→どうしようもない
手が出ない ☞①むずかしくてどうにもできない ②高くて買えない →①むずかしい, どうにも, できる ②たかい, かう¹
手が届く ①手に入れることができる ②注意や世話が行きわたる ③もう少しでなる
→①てにいれる, える, できる ②じゅうぶん ③-(に)なる
手にあせをにぎる ☞はらはらする
→はらはら
手にする ☞①手に持つ ②自分のものにする
→①もつ ②てにいれる, える
手につかない ☞落ち着いてできない
→おちつく, できる, する¹
手も足も出ない ☞どうすることもできない
→できる
手を貸す ☞手伝う →てつだう
手を加える ☞補ったり直したりする
→なおす, しゅうせい
手をつける ☞①とりかかる, はじめる ②(お金などを) 使う ③食べはじめる
→①とりかかる, はじめる ②つかう ③たべる, はじめる
手をぬく ☞いい加減にすます
→てきとう, すます
手を焼く ☞てこずる →こまる

-で

使い分け

(場所) → in, at, on
(時間) → in, within
(手段・方法) → by, on, with, in
(原因・理由) → with, from, of
(材料・原料) → of, from
(価格・費用) → for, at
(年齢など) → at

five hundred and twenty-nine 529

であい ▶

at the door
ドアのところで

by car
車で

on the phone
電話で

with a pen
ペンで

1 (場所) (広い) **in** [イン]; (せまい・移動の通過点) **at** [アット]; (通りなど) **on** [アン]

▶「どこで生まれたの？」「東京で生まれたの」
"Where were you born?" "I was born *in* Tokyo."

▶ 琵琶湖は日本でいちばん大きな湖です.
Lake Biwa is the largest lake *in* Japan.

▶ このリンゴはスーパーで買ったんだ.
I bought these apples *at* the supermarket.

▶ 名古屋で電車を乗りかえた.
We changed trains *at* Nagoya.

> 💬用法 **in** と **at**
> **in** はふつう比較的広い場所に，**at** は場所の一点や移動の通過点などせまい場所や特定の場所に使う.

2 (時間) (…後に) **in**; (…以内に) **within** [ウィズィン]

▶ あと10分ぐらいで着くよ.
We'll arrive *in* about ten minutes.

▶ これらの質問に30分以内で答えなさい.
Answer these questions *within* half an hour.

3 (手段・方法) (交通手段・通信手段) **by** [バイ]; (テレビ・電話など) **on**; (筆記用具など) **with** [ウィズ]; (英語など) **in**

▶「学校にはどうやって通ってるの？」「自転車で [バスで，電車で]」
"How do you go to school?" "*By* bike [bus, train]." (▶一般の交通手段を表す場合には by と名詞の間には a や the などの冠詞や my などの所有格はつけない)

▶ そのうち，メールで連絡するよ.
I'll get in touch soon *by* email.

▶ きのうおばと電話で話した.
I talked with my aunt *on* the phone yesterday.

▶ 解答用紙にはえんぴつで書きなさい.
Write *with* a pencil on the answer sheet.

▶ その手紙は英語で書かれていた.
The letter was written *in* English.

4 (原因・理由) **with**, **from** [フラム], **of** [アヴ], **because of**

▶ 彼女はひどいかぜで寝ている.
She is in bed *with* a bad cold.

▶ 睡眠不足でめまいがした.
I felt dizzy *from* lack of sleep.

▶ 彼女は過労がもとで亡くなった.
She died *from* overwork. (▶ die from は「…がもとで亡くなる」の意味)

▶ 祖母はがんで亡くなった.
My grandmother died *of* cancer. (▶ die of は「(病気) で亡くなる」の意味)

5 (材料) **of**; (原料) **from** →つくる

▶ このおもちゃは紙でできている.
This toy is made *of* paper.

▶ 豆腐は大豆でつくられる.
Tofu is made *from* soybeans.

6 (価格) (…の値段で) **at**; (…を払って) **for** [フォー(ァ)]

▶ このDVDプレーヤー, セールで買ったんだ.
I bought this DVD player *at* a sale.

▶ ぼくはTシャツを1000円で買った.
I bought the T-shirt *for* 1,000 yen.

7 (年齢) **at**; (速度) **at**

▶ 15歳で *at* the age of fifteen

▶ 全速力で *at* full speed

であい 出会い a meeting [ミーティング], (偶然の遭遇) an encounter [エンカウンタァ]

▶ それは不思議な出会いでした.
It was *a* strange *encounter*.

であう 出会う meet [ミート] →あう¹

てあし 手足 hands and feet, arms and legs

▶ 手足をしっかりとのばして.
Stretch your *arms and legs* as far as you can.

◀ **ていぎ**

であし 出足 a start [スタート]
▶ 私たちのチームの出足は好調です.
Our team has made *a* good *start*.

てあたりしだい 手当たり次第に at random [ランダム]

てあて 手当て (a) medical treatment [メディカル トゥリートゥメント]
手当てする treat [トゥリート]
▶ 少年は病院で手当てを受けた.
The boy *was treated* at a hospital.
▶ 応急手当 first-aid *treatment*

てあらい 手洗い a bathroom [バスル(ー)ム] →トイレ(ット)

-である am [アム], is [イズ], are [アー] →-です

ていあん 提案 (積極的な)a proposal [プロポウザル]；(ひかえめな) (a) suggestion [サ(グ)ヂェスチョン]
提案する suggest [サ(グ)ヂェスト], propose [プロポウズ]

💬**用法 提案するときの言い方**

「さあ…しよう」と提案するときは Let's … . という.「…してはどうですか」は How about -ing …? や What about -ing …? という. また Why don't you …? や「いっしょに」の気持ちをこめた Why don't we …? もよく使う.
答えるときは, That sounds interesting. や That's a good idea. また, OK., All right. などという. 断るときは, I'm sorry I can't. I don't have the time. などという.

💬**表現力**
…しようと提案する
→ suggest [propose] that …

▶ 彼はハイキングに行こうと提案した.
He *suggested* that we (should) go hiking.

ティー (紅茶) tea [ティー] →ちゃ
▶ アイスティー iced *tea*
▶ ミルクティー *tea* with milk
▶ レモンティー *tea* with lemon
ティーカップ a teacup [ティーカプ]
ティースプーン a teaspoon [ティースプーン]
ティータイム a coffee break [ブレイク], a

tea break
ティーバッグ a tea bag

ディージェー a DJ [ディーヂェイ], a disc jockey [ディスク ヂャキィ]

ティーシャツ a T-shirt [シャ〜ト]
▶ ティーシャツを着る put on a *T-shirt*

ディーゼル (ディーゼルエンジン) a diesel [ディーゼル] (engine)
ディーゼル機関車 a diesel locomotive
ディーゼル車 a diesel car, a diesel engine vehicle [ヴィーイクル]

ディーブイディー a DVD [ディーヴィーディー] (複数) DVDs, DVD's (▶ digital versatile [video] disc の略)
▶ DVD プレーヤー a *DVD* player
▶ DVD レコーダー a *DVD* recorder

ていいん 定員 (a) capacity [カパス(イ)ティ]
▶ このホールは定員1000名です.
This hall has a *capacity* of 1,000 seats. / This hall has *seats* for 1,000 people.

ティーンエージャー a teenager [ティーネイヂァ], (口語) a teen [ティーン] (▶13歳 (thirteen) から19歳 (nineteen) までをいう)

ていえん 庭園 a garden [ガードゥン]

ていか¹ 定価 a (fixed) price [プライス]；(表示価格) a (list) price
▶ この本の定価はいくらですか.
What's the *price* of this book?

ていか² 低下 drop [ドゥラップ], decline [ディクライン]
▶ 気温の低下 a *drop* in temperature
低下する drop, decline

📣**プレゼン**
日本では出生率の低下は深刻な問題です.
The declining birth rate is a serious problem in Japan.

ていき 定期の regular [レギュラァ]
定期的に regularly
定期入れ a pass holder
定期演奏会 a regular concert
定期券 (米) a commuter pass, (英) a season ticket
定期試験 regular exams
定期預金 a time [fixed] deposit

ていぎ 定義 a definition [デフィニション]

five hundred and thirty-one　531

ていきあつ ▶

定義する define [ディファイン]

ていきあつ 低気圧 low (atmospheric) pressure [(アトゥモスフェリク) プレシァ] (対) 高気圧 high (atmospheric) pressure → きあつ

ていきゅうび 定休日 a regular holiday [レギュラァ ハリデイ]

▶ この店は火曜日が定休日です.
This store *is closed* on Tuesdays.

ていきょう 提供 an offer [オ(ー)ファ]
提供する give [ギヴ], offer, provide [プロヴァイド]；(番組などを) sponsor [スパンサァ], present [プリゼント]

▶ この番組は ABC 社の提供でお送りします.
This program *is presented* by the ABC Company.

テイクアウト (米) (a) takeout [テイカウト], (英) (a) takeaway [テイカウェイ] (▶「持ち帰り用の料理」の意味)
テイクアウトする (米) take out, (英) take away
テイクアウトで to go

🗨 スピーキング
テイクアウトでチーズバーガーを 2 つお願いします.
Two cheeseburgers to go, please.

ディクテーション (書き取り) (a) dictation [ディクテイション] →かきとり

ていこう 抵抗 resistance [リズィスタンス]
抵抗する resist
抵抗力 resistance

ていこく¹ 定刻 the appointed [アポインティド] time

ていこく² 帝国 an empire [エンパイア]
帝国主義 imperialism [インピ(ア)リアリズム]

ていさい 体裁(見かけ) (an) appearance [アピ(ア)ランス]

▶ 大貴は体裁を気にしない.
Daiki doesn't care about his *appearances*.

ていし 停止 a stop [スタップ]；(停止処分) (a) suspension [サスペンション]
停止する stop

ていじ 定時に at a regular [レギュラァ] [fixed フィクスト] time；(電車など) on time
定時制高校 a part-time high school；(夜間高校) a night high school

ていしゃ 停車 a stop [スタップ]
停車する stop, stand

▶ この列車は名古屋まで停車しない.
This train does not *stop* until Nagoya.

▶ あれは各駅停車です.
That is a local train. / That train *stops* at every station.

▶ バスは急停車した.
The bus *stopped* suddenly.

ていしゅつ 提出する hand in

▶ レポートは来週の金曜日までに提出しなさい.
Hand in your paper by next Friday.

ていしょく 定食 a set meal [ミール]；(昼食) a set lunch [ランチ]；(夕食) a set dinner [ディナァ]

▶ お昼に定食を食べた.
I had a *set lunch*.

ディスカウント a discount [ディスカウント] →わりびき
ディスカウントショップ a discount store

ディスクジョッキー a disc jockey [ヂャキィ], a DJ [D.J.] [ディーヂェイ]

ディスコ a disco [ディスコウ] (複数 discos), a discotheque [ディスコテク]

ディズニーランド Disneyland [ディズニィランド]

ていせい 訂正 (a) correction [コレクション]
訂正する correct [コレクト]

▶ 誤りがあれば訂正しなさい.
Correct errors, if any.

ていたく 邸宅 a residence [レズィデンス]；(大邸宅) a mansion [マンション]

ティッシュ(ペーパー) (a) tissue [ティシュー], (a) Kleenex [クリーネクス] (▶商標；英語の tissue paper は「うすい包装紙」のこと)

▶ ティッシュ 1 箱 a box of *tissues*

ていでん 停電 a power failure [フェイリャ], a blackout [ブラカウト]

▶ あっ, 停電だ!
Oh, the *power's out*!

▶ 昨夜は台風で 3 時間停電した.
We had a three-hour *blackout* last night because of the typhoon.

ていど 程度 (度合い)a degree [ディグリー]；(水準) a level [レヴェル]

▶ ある程度まであなたに同意します.
I agree with you to some *degree*.

▶ これは中学程度の問題だ.
This is a question at a junior high school *level*.
ディナー dinner [ディナァ] (▶1日のうちでもっとも手の込んだ食事のことで, ふつうは夕食のことをさす)

ていねい 丁寧

(注意深い) careful [ケアフル]；(礼儀正しい) polite [ポライト]
ていねいに carefully；politely
▶ 彼は仕事がていねいだ.
He does a *careful* job.
▶ ていねいにあつかってください.
Please handle *with care*.
▶ 谷先生からていねいな手紙をいただいた.
I got a *polite* letter from Mr. Tani.
ていねん 定年 the retirement age [リタイアメント エイヂ], the age limit [リミト]

> 🔴 プレゼン
> 私は定年制は廃止されるべきだと思います.
> I think mandatory retirement age should be abolished. (▶ mandatory [マンダトーリィ] は「強制的な」の意味)

定年退職する retire
ていはく 停泊する anchor [アンカァ]
ていばん 定番の standard [スタンダド], basic [ベイスィク]
▶ 定番のジーンズ
standard jeans
ディフェンス defense [ディフェンス]（反 オフェンス offense）
ディベート a debate [ディベイト]
ていへん 底辺 (数学) the base [ベイス]；(比ゆ的に) the bottom [バトム]
ていぼう 堤防 a bank [バンク]
ていぼく 低木 a shrub [シラブ]
でいり 出入りする go in and out
出入り口 a doorway [ドーウェイ]
ていりゅうじょ 停留所 a stop [スタプ]
▶ バスの停留所はどこでしょうか.
Where is the bus *stop*?
ていれ 手入れする (世話をする) take care [ケア] of；(髪・ひげなどを) trim [トゥリム]；(修理する) repair [リペア]
▶ 父は日曜日に庭の手入れをする.
My father *takes care of* the garden on Sundays.
ディレクター a director [ディレクタァ]
ティンパニ timpani [ティムパニィ]
データ data [デイタ]
▶ データを集める
collect *data*
データベース a database
デート a date [デイト]
デートする have a date (with), date (with)
デートにさそう ask ... out (for a date)
▶ あした絵美とデートだ.
I'm going on a *date* with Emi tomorrow.
▶ きのう康介とデートした.
I *had a date with* Kosuke yesterday.
▶ きのうのデートは楽しかった.
We *had a* pleasant *date* yesterday.
▶ きみをデートにさそってもいい？
Can I *ask* you *out*?
テーピング taping [テイピング]
テープ (紙・布などの) (a) tape [テイプ]，(送迎用の紙テープ) a (paper) streamer [ストゥリーマァ]；(録音・録画用の) (a) tape, (a) videotape [ヴィディオウテイプ]
テープレコーダー a tape recorder

テーブル

a **table** [テイブル]

table   desk

▶ テーブルの用意, してくれる？
Can you set the *table*?
▶ さあ, テーブルについてください.
Now, please sit at the *table*.
▶ 恵美, テーブルをかたづけてちょうだい.
Please clear the *table*, Emi.
テーブルクロス a tablecloth
テーブルスピーチ a speech at a dinner, an after-dinner speech (▶ ×table speech とはいわない)
テーブルマナー table manners
テーマ a subject [サブヂェクト]；(主題) a theme [スィーム]；(話題) a topic [タピク]
▶ 作文のテーマ, もう決めた？

ておくれ ▶

スピーキング

①デートの約束

Ⓐ キャシー，今度の日曜日，遊園地に行かない？
Cathy, will you go to the amusement park with me next Sunday?

Ⓑ いいわね！ ジェットコースターに乗ってみたいな。
That's a great idea! I'd love to ride the roller coaster.

Ⓐ じゃあ，バス停に10時．いい？
Then I'll meet you at the bus stop at ten. OK?

Ⓑ うん，いいよ。
That's fine.

②デートの待ち合わせ

Ⓐ やあ，キャシー．待った？
Hi, Cathy! Have I kept you waiting long?

Ⓑ いいえ，いま来たところ。
No, I just got here.

Ⓐ すてきなセーターだね。
That's a pretty sweater.

Ⓑ ありがとう。
Thank you.

③デートの終わり

Ⓑ あ，もうこんな時間．そろそろ帰らなくちゃ。
Oh, it's late. I should be on my way.

Ⓐ そう．送っていくよ。
OK. I'll take you home.

Ⓑ いろいろありがとう。とっても楽しかった。
Thank you for everything. I had a very nice time.

Ⓐ ぼくもさ．今度はいつ会える？
Me, too. When can I see you again?

Ⓑ 次の日曜日は？
How about next Sunday?

Ⓐ いいね．そのときは動物園に行こう。今週また電話するよ。
Good. Let's go to the zoo next time. I'll call you sometime this week.

Ⓑ わかった．電話待ってるね．じゃあね。
All right. I'll be waiting for your call. See you.

Ⓐ さよなら，キャシー。
Goodbye, Cathy.

Have you chosen a *subject* for your composition?

テーマソング a theme song

テーマパーク a theme park

ておくれ 手遅れの too late [レイト]

▶ 手おくれにならないうちにお医者さんにみてもらいなさい。
See the doctor before it's *too late*.

デオドラント deodorant [ディーオウド(ゥ)ラント]

デオドラントスプレー a deodorant spray

でかい very big, huge [ヒューヂ]

▶ ほら，あの船，でかいよ。
Look at thal ship. It's *huge*.

▶ そんなでかい声出すなよ。Don't *yell*.

てがかり 手掛かり a clue [クルー]

▶ まだ手がかりが１つとしてないんだ。
I haven't found a single *clue* yet.

でかける 出かける

go out：(出発する) leave [リーヴ], start

［スタート］

出かけている be out

▶ 何時に出かけましょうか。
What time shall we *go out*?

▶ 母はいま出かけています。
My mother *is out* now.

▶ ちょっと散歩に出かけてくるよ。
I'm just *going* for a walk.

▶ 学校には何時に出かけるの？
What time do you *leave* for school?

てかげん 手加減する go easy [イーズィ] (on)

▶ 彼は子どもだよ。手加減してあげて。
He is a child. *Go easy on* him.

てかてか てかてかしている shiny [シャイ二ィ]

でかでか でかでかと（大きな文字で）in big letters [レタァズ]

てがみ 手紙

a letter [レタァ]（▶「はがき」は card)

◀ できたて

手紙を書く write [ライト] 《to》
▶ お手紙どうもありがとう.
Thank you for your *letter*.
▶ 東京にいる桃子から手紙をもらった.
I got a *letter* from Momoko in Tokyo.
▶ その手紙, だれから？
Who is the *letter* from?
▶ この手紙出してきてもらえる？
Could you please mail this *letter*?
▶ お父さん, 私に来た手紙, 開けないでよ.
Don't open *letters* for me, Dad.
▶ お手紙うれしく拝見しました.
I really enjoyed your *letter*.

表現力

(人)に手紙を書く
→ write ＋人（＋ a letter）/
write (a letter) to ＋人

▶ きのうエマに手紙を書いた.
I *wrote* (*to*) Emma yesterday.
▶ 私は昨夜, 真人に長い手紙を書いた.
I *wrote* a long *letter* to Masato last night.
▶ お手紙, ちょうだいね.
Drop me a *line*. (▶ drop ... a line で「…に一筆たよりを書く」の意味)

てがら 手柄
▶ お手がらだよ (→よくやった)！
Fine! / Excellent [エクセレント]! / You did it! / Well done! / You made it!

てがる 手軽な (たやすい) easy [イーズィ]；(軽い) light [ライト]
手軽に easily [イーズィリィ]
▶ 手軽な食事 a *light* meal
▶ このスープ, 手軽につくれておいしいんだ.
This soup is *easy* to cook and tastes good.

てき¹ 敵 an enemy [エネミィ]《反 味方 friend》；(競争相手) a rival [ライヴァル]；(対戦相手) an opponent [オポウネント]
▶ 汝の敵を愛せ. Love your *enemies*.
(▶『新約聖書』のことば)

てき² 滴 a drop [ドゥラップ]
▶ 1 滴の水 a *drop* of water

でき 出来
▶ 上できだ！
Good *job*! / Well *done*!
▶ 彼女の新作はすばらしいできだよ.

Her new work is really *great*.

できあがる 出来上がる →かんせい¹
てきい 敵意 hostility [ハスティリティ], a bad feeling 《against》
敵意のある hostile [ハストゥル], unfavorable [アンフェイヴ(ァ)ラブル]

てきおう 適応する adapt [アダプト] *my*self 《to》, go along 《with》
できごと 出来事 (重要な)an event [イヴェント]；(日常の)an occurrence [オカーレンス]；(偶然の) a happening [ハプニング]；(さいない, または異例の) an incident [インスィデント]
▶ 今年の大きなできごとは何でしたか.
What were the big *events* of this year?
▶ これは日常的な (→よくある) できごとだ.
This is a daily *occurrence*. / This is an everyday *phenomenon*.

てきざいてきしょ 適材適所 the right person [ライト パ～スン] in the right place [プレイス]
できし 溺死する drown [ドゥラウン]
テキスト (教科書) a textbook [テクス(トゥ)ブク]；(本文・原文) (a) text
▶ 英語のテキスト an English *textbook*
▶ (コンピューターの) テキストファイル
a *text* file
てきする 適する be suitable [スータブル]《for》, be fit [フィット] 《for》, be good [グッド] 《for》
▶ この本は子どもに適している.
This book *is suitable for* children.
▶ 彼女はこの仕事に適していない.
She *is* not *fit for* this job.
▶ この水は飲用に適していますか.
Is this water *good* to drink?
てきせい 適性 aptitude [アプティテュード]
適性検査 an aptitude test
てきせつ 適切な (ふさわしい) proper [プラパァ]；(ぴったりの) right [ライト] →てきとう
▶ 適切な処置
proper treatment
▶ 適切なことばが思いつかない.
I can't think of the *right* words.
できたて 出来立ての fresh [フレッシ]
▶ このパンはできたてだ.
This bread is *hot* from the oven. / This bread is *freshly baked*.

five hundred and thirty-five **535**

てきちゅう ▶

てきちゅう 的中する（予想・予言などが）
come true [トゥルー]；（的に）hit the
mark [マーク] →あたる
▶ 予想はみごとに的中した.
The prediction *has* certainly *come
true*.
てきど 適度な moderate [マデレト],
proper [プラパァ]
▶ 毎日適度な運動をしたほうがいいよ.
You should exercise *moderately*
every day.

てきとう 適当な

1（ふさわしい）suitable [ス（ュ）ータブル],
good [グッド], fit [フィット]
▶ 空所にもっとも適当な語を書き入れなさい.
Fill in the blanks with the most
suitable words.
2（その場に合わせて要領よく）
▶ 適当に答えておいてよ.
Just answer *as you like*.
てきぱき（さっさと）quickly [クウィクリィ]；
（効率的に）efficiently [イフィシェントゥリィ]
▶ 彼は仕事をてきぱきこなす.
He works *quickly and efficiently*.

できる

使い分け
（可能である）→ can, be able to ...
（優れている）→ able, bright
（…が得意だ）→ be good at
（できあがる）→ be ready

1（可能である）can [キャン], be able [エイ
ブル] to ...

表現力
…（すること）ができる → can ...
…（すること）ができない
　　→ can't ... / cannot ...

▶ 浩一は100メートルを12秒で走ることがで
きる.
Koichi *can* run 100 meters in 12
seconds.
▶ ピアノをひくことができますか.
Can you play the piano?
▶ ぼくはコンピューターを使うことができな
いんだ.
I *can't* use a computer.

スピーキング
Ⓐ スキーができますか.
Can you ski?
Ⓑ はい, できます.
Yes, I can.
Ⓑ いいえ, できません.
No, I can't.

表現力
…することができた／…ができた
　　→ was [were] able to ... /
　　　could ...

▶ 彼はその質問にすばやく答えることができ
た. He *was able to* answer the
question quickly.
▶ 遠足に行くことができなかった.
I *wasn't able to* go on the outing. /
I *couldn't* go on the outing.

表現力
…ができるだろう
　　→ will be able to ...

▶ 数日もすれば歩くことができますよ.
You*'ll be able to* walk in a few days.

文法 be able to の使い方
❶ could には「（やろうとすれば）できる
のだが」の意味もあるので, 明確に「でき
た」というときには was [were]
able to を使う.
❷ will や may などのあとには can は
使えないので, be able to を使う.

表現力
…できるように
　　→ so (that) ～ can [may] ...

▶ 私たちは試合に勝つことができるように一
生けんめい練習した.
We practiced very hard *so* we
could win the game.

表現力
…できるようになる → learn to ...

▶ マイクもすぐに日本語を話すことができる
ようになるさ.
Mike will soon *learn to* speak
Japanese.

536 five hundred and thirty-six

▶ **てさげ**

💬 **表現力**
〜できる（ほど）…
→ … enough to 〜

▶ 自分のことはもう自分でできる年でしょ．
You're old *enough to* take care of yourself.

2 (優れている) **able**, **bright** [ブライト]；(…が得意だ) **be good at**
▶ できる生徒 an *able* student
▶ 圭太は数学がとてもよくできる．
Keita *is* very *good at* math.

3 (できあがる) **be ready** [レディ]；(完成する) **be finished**
▶ 食事の用意ができたよ．
Dinner *is ready*.
▶ 出かける準備はできた？
Are you *ready* to go?
▶ そのタワーはまだできていない．
The tower *isn't finished* yet.

4 (つくられる) (材料) **be made of**; (原料) **be made from** →つくる
▶ このいすは石でできている．
This chair *is made of* stone.
▶ ワインはブドウからできる．
Wine *is made from* grapes.

5 (育つ) **grow** [グロウ]
▶ 当地ではサツマイモがよくできる．
Sweet potatoes *grow* well here.

できるだけ as … as 〜 can, as … as possible [パスィブル]

💬 **表現力**
できるだけ…
→ as … as 〜 can /
as … as possible

▶ できるだけ早く帰るよ．
I'll be back *as* soon *as* I *can* [*as* soon *as possible*].
▶ 私たちはできるだけ早く寝た．We went to bed *as* early *as* we *could*.

できれば if possible [パスィブル], if one can …
▶ できれば駅まで車でむかえにきてくれないかな？ Could you pick me up at the station *if possible* [*if* you *can*]?

てぎわ 手際のよい skillful [スキルフル]
手際よく skillfully

でぐち 出口 an exit [エグズィト], (英) a way out (反 入り口 entrance)
▶ 「出口はどちらですか」「こちらが出口です」
"Where's the *exit*?" "This is the *way out*."

高速道路の出口の掲示．

テクニック (a) technique [テクニーク]
テクノロジー technology [テクナロヂィ]
てくび 手首 a wrist [リスト]
▶ ジョンは私の手首をつかんだ．
John took me by the *wrist*.
てこ a lever [レヴァ]
でこぼこ でこぼこした（道路などが）rough [ラフ], bumpy [バンピィ]
▶ でこぼこ道 a *rough* road (▶ rough の代わりに bumpy も使える)
デコレーション decoration [デコレイション]
　デコレーションケーキ a fancy [ファンスィ] cake, a decorated cake (▶×decoration cake とはいわない) →ケーキ
てごろ 手ごろな（値段が）reasonable [リーズナブル]；(使いやすい) handy [ハンディ]
▶ 手ごろな値段で at a *reasonable* price
てごわい 手強い tough [タフ]
デザート dessert [ディザート]
▶ デザートを食べる eat some *dessert*
デザイナー a designer [ディザイナァ]
▶ ファッションデザイナー
a fashion *designer*
デザイン (a) design [ディザイン]
　デザインする design
▶ グラフィックデザイン
(a) graphic *design*
てさぐり 手探りする grope [グロウプ], feel [フィール]
▶ 暗やみで，わたしはスイッチを手探りした．
In the dark, I *groped* for the switch.
てさげ 手さげ（手さげかばん）a tote [トウト] bag；(買い物袋) a shopping [シャピング] bag

five hundred and thirty-seven 537

てざわり ▶

てざわり 手触り
▶ この布は手ざわりがやわらかい.
This cloth *feels* soft.

でし 弟子 a pupil [ピュープル], a disciple [ディサイプル]

-でした
be 動詞の過去形 (▶主語によって次のように変化する)

I	was	we	were
you	were	you	were
he she it	was	they	were

▶ きのうは雨でした.
It *was* rainy yesterday.
▶ あのころ私たちは小学生でした.
We *were* in elementary school then.

デジタル digital [ディヂトゥル]
デジタルカメラ a digital camera
デジタル教科書 a digital textbook

てじな 手品 a (magic [マヂク]) trick [トゥリック]; (総称) magic
手品をする conjure [カンヂァ], do magic tricks
▶ 吉田先生は手品がうまい.
Mr. Yoshida is good at *magic tricks*.
手品師 a magician [マヂシャン]

でしゃばる 出しゃばる put [poke] *my* nose (into)
▶ ぼくはでしゃばる人は好きじゃない.
I don't like those who often *poke their noses into* other people's affairs.
▶ でしゃばるな.
Mind your own business. / It's none of your business.

-でしょう
1 (未来を表して) **will** [ウィル]

> 💬 表現力
> …でしょう → will ＋動詞の原形

▶ あしたは晴れるでしょう.
It *will* be fine tomorrow. (▶話し言葉ではふつう It will は It'll のように短縮形を使う)

> 💬 表現力
> …でしょうか → Will ...?

▶ 「彼らはここに来るでしょうか」「いいえ, 来ないでしょう」
"*Will* they come here?" "No, they *won't*." (▶ won't [ウォウント] は will not の短縮形)

2 (推測を表して) (…と思う) I think [スィンク] (that) ... ; (確信して) I'm sure (that) ...
▶ メグならそれができるでしょう.
I *think* Meg can do it.
▶ きっと健太は電話をくれるでしょう.
I'm sure Kenta will call me.

3 (念を押して) →ね
▶ このスニーカーはきみのでしょう？
These sneakers are yours, *aren't they*?

4 (感嘆文で) →なんて
▶ これはなんておいしいパイなんでしょう！
What a delicious pie this is!

-です
be 動詞の現在形 (▶主語によって次のように変化する)

I	am	we	are
you	are	you	are
he she it	is	they	are

▶ 私は日本人です. I *am* Japanese.
▶ 「あなたは幸せですか」「はい, 幸せです」
"*Are* you happy?" "Yes, I *am*."
▶ 彼女は私のおばです. She *is* my aunt.

てすう 手数 trouble [トゥラブル]
手数をかける trouble, bother [バザァ]
▶ お手数をおかけしてすみません.
I'm sorry to *bother* you. / I'm sorry to give you so much *trouble*.
▶ お手数ですが, 水を1ぱいいただけませんか.
I'm sorry to *trouble* you, but could you give me a glass of water?
手数料 a fee [フィー], a charge [チャーヂ]

デスク a desk [デスク]
デスクトップパソコン a desktop (computer)

テスト a test [テスト], an exam [イグザム],

538 five hundred and thirty-eight

てつだう

an examination [イグザミネイション]；(小テスト)《米》a quiz [クウィズ] →しけん
テストする test, give a test
▶「きょうのテスト，どうだった？」「よくできたと思うよ」
"How was today's *test*? / How did you do in today's *test*?" "I think I did very well."

-ですね →-ね
てすり 手すり a handrail [ハン(ドゥ)レイル]
▶ 手すりにおつかまりください．
Hold Onto the *Handrail* (▶エスカレーターの掲示)

てせい 手製の handmade [ハン(ドゥ)メイド]
てそう 手相 the lines on the palm [パーム]
▶ 手相を見る
read my *palm*
手相うらない palmistry [パーミストゥリィ]
手相見 a palm reader, a palmist
でたらめ
▶ でたらめ言うなよ．
Don't talk *nonsense*.
▶ 彼の言ってることはほとんどでたらめだよ．
Most of what he says is *nonsense*.
てぢか 手近な handy [ハンディ], at hand
▶ 私はいつも辞書を手近に置いている．
I always keep a dictionary *at hand*.
てちょう 手帳 a (pocket) notebook [ノウトブック]
▶ 生徒手帳 a student's *pocketbook*
てつ 鉄 iron [アイアン]；(鋼鉄) steel [スティール]
▶ この門は鉄でできている．
This gate is made of *iron*.
▶ 鉄は熱いうちに打て．《ことわざ》
Strike while the *iron* is hot.
でっかい very big, huge [ヒューヂ] →でかい

てつがく 哲学 philosophy [フィラソフィ]
哲学者 a philosopher
てつき 手つき
▶ 不器用な手つきで with clumsy *hands*
てっき 鉄器 ironware [アイアンウェア]
デッキ (船の) a deck [デック]；(テープデッキ) a (tape) deck
てっきょ 撤去する remove [リムーヴ]
てっきょう 鉄橋 an iron bridge [ブリッヂ], a steel bridge；(鉄道の) a railroad bridge
てっきん¹ 鉄筋
▶ 鉄筋コンクリートのビル
a reinforced [リーインフォーストゥ] concrete building
てっきん² 鉄琴 a glockenspiel [グラーケンスピール]
てづくり 手作りの (自家製の)homemade [ホウムメイド]；(手でつくった)handmade [ハン(ドゥ)メイド]
▶ 手づくりのパイ a *homemade* pie
▶ 手づくりのかご a *handmade* basket
てっこう 鉄鋼 steel [スティール]
てっこうじょ 鉄工所 ironworks [アイアンワ~クス]
デッサン a sketch [スケッチ] (▶「デッサン」はフランス語から)
デッサンをする sketch
てつじょうもう 鉄条網 a barbed wire fence [バーブド ワイア フェンス]
てつだい 手伝い help [ヘルプ]；(人) a help, a helper [ヘルパァ]
▶ 何かお手伝いできることある？
Is there anything I can *do* for you?

📣スピーキング
Ⓐ お手伝いしましょうか．
May I help you?
Ⓑ はい，お願いします．
Yes, please.

お手伝いさん a part-time housekeeper, a (domestic) helper, 《英》a home help

てつだう 手伝う

help [ヘルプ]；give ... a hand, give ... some help
▶ 私は台所で父を手伝った．
I *helped* my father in the kitchen.

five hundred and thirty-nine 539

てつづき ▶

スピーキング

Ⓐ ちょっと手伝って.
　Can you give me a hand? / Can you give me some help? / Can you help me a little?

Ⓑ うん, いいよ.
　Yeah, sure.

表現力

(人) の (物事) を手伝う
→ help ＋人＋ with ＋物事

▶ 兄はときどき宿題を手伝ってくれる.
My brother sometimes *helps* me *with* my homework. (▶ *helps* my homework とはいわない)

× help my homework
└ help のあとには「人」がくる.

○ help me with my homework

表現力

(人) が…するのを手伝う
→ help ＋人 (＋ to) ...

▶ この洗たく物を干すのを手伝ってね, 恵美.
Please *help* me hang up these clothes, Emi.

てつづき 手続き (a) procedure [プロスィーヂャ]
▶ 正規の手続きをふむ
follow the regular *procedure*

てってい 徹底的な thorough [サ～ロウ]
徹底的に thoroughly [サ～ロウリィ]
▶ 教科書を徹底的に復習した.
I did a *thorough* review of the textbook. / I reviewed the textbook *thoroughly*.

てつどう 鉄道 《米》a railroad [レイルロウド], 《英》a railway [レイルウェイ]
鉄道事故 a railroad accident

デッドボール (野球)
▶ デッドボールを受ける
be hit by a pitch [ピッチ] (▶ dead ball はファウルなどでプレーが一時中断されているときのボールをいう)

てっぱん 鉄板 iron plate [アイアン プレイト]
てっぺん the top [タップ], the summit [サミト] →ちょうじょう
てつぼう 鉄棒 (体操の) a horizontal [ホ(ー)リザントゥル] bar ; (鉄製の棒) an iron bar
▶ 鉄棒の練習をする
practice on the *horizontal bar*
てっぽう 鉄砲 a gun [ガン], a rifle [ライフル]
▶ 鉄砲をうつ fire a *gun* / shoot a *gun*
てつや 徹夜する stay up all night, sit up all night
▶ ゆうべ, 兄は徹夜で試験勉強をしていた.
My brother *stayed up all* last *night* studying for the exams.
でていく 出て行く (外に出る) go out ; (出かける) leave [リーヴ]
▶ 出て行け!
Get out! / *Get away!*
テディベア a teddy bear [テディ ベア]
でなおす 出直す come again ; (最初からやり直す) make a fresh start
▶ また出直します.
I'll *come again*. / I'll *be back*.
▶ 一から出直しだ.
I've got to *make a fresh start*.
てにいれる 手に入れる get [ゲット] ; (買う) buy [バイ] →かう¹
▶ このチケット, どこで手に入れたの?
Where did you *get* these tickets?
テニス tennis [テニス]
▶ テニスをする
play *tennis*
▶ 健はテニスがうまい.
Ken is a good *tennis* player. / Ken is good at (playing) *tennis*.
▶ テニス部に入るつもりだ.
I'm going to join the *tennis* team.
▶ ソフト [軟式の] テニス soft *tennis*
テニスコート a tennis court
テニスシューズ tennis shoes
テニス部 a tennis team
デニム denim [デニム]
てにもつ 手荷物 baggage [バゲヂ]
▶ 手荷物 1 個 a piece of *baggage* (▶「2 個」の場合は two pieces of *baggage* となる)
▶ 機内持ち込み手荷物
a carry-on / carry-on *baggage*

540　five hundred and forty

手荷物一時預かり所《米》a baggage room, 《英》a left-luggage office
テノール（音楽）tenor [テナァ]
テノール歌手 a tenor
てのひら 手のひら a palm [パーム]（対 手の甲ぅ back of the hand）
では 1（それでは）then [ゼン]；（さて）now [ナウ], well [ウェル]
▶「この消しゴムはぼくのじゃないよ」「では，だれのだろう」
"This eraser isn't mine." "Whose is it, *then*?"
▶ では，次の質問．
Now, next question.
▶（電話で）では，また．
I'll talk to you later. / I'll let you go *now*.
2（…の点で）in [イン]
▶ ぼくの考えでは，それは正しい．
In my opinion, it is true.
デパート a department store [ディパートゥメント ストー(ァ)]
▶ きのういくつかのデパートで買い物した．
I went shopping at some *department stores* yesterday.
てばなす 手放す part [パート] with
▶ 彼は車を手放さなければならなかった．
He had to *part with* his car.
てびき 手引き a guide [ガイド]
デビュー a debut [デイビュー]
デビューする make *my* debut
でぶ でぶの fat [ファット] →ふとる

てぶくろ 手袋
（5本指の）a glove [グラヴ]；（親指だけ分かれている）a mitten [ミトゥン]（▶ふつう複数形で使い，数えるときは a pair of gloves, two pairs of gloves のようにいう）

gloves　　　mittens
▶両手にはめるので，ふつう複数形で使う．
▶ 手ぶくろをする
（動作）put on my *gloves* /（状態）wear *gloves*, have *gloves* on
▶ 手ぶくろをとる
take off my *gloves*
てぶら 手ぶら
▶「何を持っていったらいい？」「手ぶらで来て」
"What should I bring?" "Just bring yourself."
デフレ deflation [ディフレイション]（反 インフレ inflation）
テヘラン（地名）Teh(e)ran [テ(ィ)ラーン]
てほん 手本 a model [マドゥル], a good example [イグザンプル]
▶ 美月ゔきは学生の手本だ．
Mizuki is a *model* student.
▶ 彼は私たちによい手本を示してくれた．
He set a *good example* to us.
てま 手間（時間）time [タイム]；（労力）effort [エフォト]
▶ この小説を書き上げるのにかなりの手間がかかった．
It took a lot of *time and effort* to finish writing this story.
デマ a false [groundless] rumor [ルーマァ]（▶「デマ」はドイツ語の *Demagogie* から）
▶ デマを信じないで．
Don't believe *false rumors*.
てまえ 手前
▶「銀行はどこにありますか」「教会の手前です」
"Where is the bank?" "It's on *this side of* the church."
でまえ 出前 food delivery [ディリヴ(ァ)リィ] service
てまねき 手招きする beckon [ベコン]
▶ こっちにおいでと彼女が手招きしている．
She *is beckoning* me to come over.
でむかえ 出迎える meet [ミート]
▶ きのうおじを出むかえに駅へ行った．
I went to the station to *meet* my uncle yesterday.
-ても →たとえ（…でも），- でも
デモ a demonstration [デモンストゥレイション]
デモをする demonstrate [デモンストゥレイト], hold [give] a demonstration
デモ行進 a demonstration march
デモ隊 demonstrators
でも but [バット], though [ゾウ] →しかし
▶「みんなで旅行に行かない？」「でもそんなお金ないじゃない」

- でも ▶

"Why don't we take a trip?" "*But* we can't afford it."

–でも

1 (…さえ) **even** [イーヴン]
▶ いまでもあの日のことを思い出す.
Even now I remember that day.
▶ 雨の日でもサッカーの試合は行われる.
Soccer games are held *even* on rainy days.

2 (たとえば)
▶ 理科の先生にでも聞いてごらん.
Ask, *say*, a science teacher.

3 (選択) (どの…でも) **any** [エニィ]

●表現力
どの…でも → any …

▶ えんぴつを貸してください. どの色でもいいです.
Will you lend me a pencil? *Any* color will do.

4 (たとえ…でも) **even if**

●表現力
たとえ…でも → even if …

▶ たとえ1人でもぼくは行きます.
Even if I'm the only one, I will go.

デモクラシー democracy [ディマクラスィ]

てもと 手元に (near) **at hand** [ハンド]
▶ 辞書はつねに手元に置いておきなさい.
Always keep your dictionary (*near*) *at hand*.

デュース (テニスなどの) **deuce** [デュース]

デュエット a duet [デューエット]
▶ 私たちはデュエットした.
We sang a *duet*.

てら 寺 a temple [テンプル], a Buddhist [ブ(ー)ディスト] temple
▶ 京都には1500以上の寺がある.
There are more than 1,500 *temples* in Kyoto.

テラス a terrace [テラス]

てらす 照らす **light** [ライト]
▶ 満月が夜空を明るく照らしていた.
The full moon *lit up* the night sky.

デラックス デラックスな deluxe [ディラックス]
▶ デラックスな自動車 a *deluxe* car

テリア (動物) a terrier [テリア]

デリケート デリケートな (微妙な) delicate [デリケト]; (敏感な) sensitive [センスィティヴ]

てる 照る

shine [シャイン]
▶ 太陽が明るく照っていた.
The sun *was shining* brightly.

でる 出る

使い分け
(外へ出る) → go out, get out
(出発する) → leave, start
(応対する) → get, answer
(出席する) → go to, be present
(現れる) → come out, appear

go out   **answer**

1 (外へ出る) **go out**, **get out** (反 入る come in), **leave** [リーヴ]; (出てくる) **come out**; (出ている) **be out**
▶ テストが終わるまで教室を出ないでください.
Please don't *leave* the classroom before the test is over.
▶ 出て行きなさい!
Get out! / Get away!
▶ 父は出ています (→外出しています).
My father *is out* now.

2 (出発する) **leave**, **start** [スタート]
▶ 私はふつう8時に家を出る.
I usually *leave* home at eight.
▶ 次のバスは何時に出ますか.
What time does the next bus *leave*?

3 (応答する) **get**, **answer** [アンサァ]
▶ だれか来たよ. ぼくが出る.
Someone's at the door. I'll *get* it.
▶ だれか電話に出てくれない?
Would somebody *get* the phone?

4 (出席する) **go to**, **be present** [プレズント] (at); (公式な会議などに) **attend** [アテンド]
▶ 300人以上の学者がその会議に出た.

542 five hundred and forty-two

More than three hundred scholars *attended* the conference.

5 (出場する) **enter** [エンタァ], **take part in**
▶ 由香は400メートルリレーに出た.
　Yuka *took part in* the 400-meter relay.

6 (現れる) **come out**, **appear** [アピア]; (テレビ・ラジオに) be on, appear on
▶ 夜空に星が出た.
　The stars *came out* in the evening sky.
▶ きみ, ほんとうにテレビに出たの？
　Were you really *on* TV? / Did you really *appear on* TV?

7 (卒業する) **graduate** [グラデュエイト] (from)
▶ 兄は去年大学を出た.
　My brother *graduated from* college last year.

8 (着く) **get to**; (通じる) **lead to**, **go to**
▶ この道をまっすぐ行くと駅に出ます.
　Go straight along this street and you'll *get to* the station.

てるてるぼうず 照る照る坊主 a paper doll you hang hoping for nice weather

テレパシー telepathy [テレパスィ]
▶ 私は火星人とテレパシーで話し合える.
　I can talk with a Martian using *telepathy*.

テレビ

(受像機) a **TV** [ティーヴィー] (set), a **television** [テレヴィジョン] (set); (テレビ放送) TV, television
▶ テレビをつけてもいい？
　May I turn on the *TV*?
▶ 彼は突然テレビを消した.
　He suddenly turned off the *TV*.
▶ テレビの音を小さく [大きく] してくれる？
　Could you turn the *TV* down [up]?
▶ 今晩はテレビで何があるの？
　What's on *TV* tonight?
▶ ゆうべ, 彼がテレビに出ていたよ.
　He was on *TV* last night.

> 💬表現力
> テレビを見る → **watch TV**

▶ うちでは夕食後にテレビを見る.
　We *watch TV* after dinner.
▶ ぼくはテレビをよく見る.
　I *watch* a lot of *TV*.
▶ 父はあまりテレビを見ない.
　My father *watches* a little *TV*.

> 💬表現力
> テレビで…を見る → **watch [see] ... on TV**

▶ その試合, テレビで見たよ.
　I *watched* [*saw*] the game *on* TV.

テレビ会議 a teleconference [テレカンフ(ェ)レンス] (▶インターネットなどによる遠隔会議)

テレビカメラ a TV camera
テレビ局 a TV station
テレビゲーム a video game
テレビショッピング TV home shopping; (テレビ番組) shopping channels
テレビタレント a TV personality, a TV star
テレビディレクター a TV director
テレビ番組 a TV program [show]

> **テレビ番組に関することば**
> アニメ **an anime**
> 歌番組 **a music show**
> クイズ番組 **a quiz show**
> 天気予報 **a weather forecast, a weather report**
> トーク番組 **a talk show**
> ドラマ **a drama**
> ニュース番組 **a news program**
> バラエティー **a variety show**
> 報道番組 **a news report**
> 料理番組 **a cooking program**
> ワイドショー **a long variety show**
> 　(▶*wide show* とはいわない)

five hundred and forty-three　543

テレホン ▶

スピーキング

①テレビをつける・消す
- Ⓐ テレビをつけてください.
  Please turn on the TV.
- Ⓑ はい.
  All right.
- Ⓐ テレビの音を大きくしてよ.
  Please turn the TV up.
- Ⓑ いいよ. これくらいでどう?
  OK. Is this all right?
- Ⓐ テレビを消しましょうか.
  Shall I turn the TV off?
- Ⓑ ええ, お願いします.
  Yes, please.

(▶ラジオも「つける」は turn on,「消す」は turn off という)

②テレビを見る・聞く
- Ⓐ 毎日どのくらいテレビを見るんですか.
  How many hours a day do you watch TV?
- Ⓑ 毎晩夕食のあと2時間ほどですね.
  I watch it for about two hours after dinner every night.
- Ⓐ ぼくはテレビでスポーツ番組を見るのが好きなんだ. きみはどう?
  I like to watch sports programs on TV. How about you?
- Ⓑ 私はクイズやアニメが好きだよ.
  I like quiz shows and anime.
- Ⓐ 今夜は何かいいテレビがあるかな.
  Are there any good programs on TV tonight?
- Ⓑ うん, 9時から11チャンネルで『スター・ウォーズ』があるよ.
  Yes, *Star Wars* is on Channel 11 at nine.

テレホン a phone [フォウン], a telephone [テレフォウン]
テレホンサービス telephone information service
てれる 照れる feel shy [シャイ]
▶ 彼女にほめられてぼくは照れてしまった.
Her praise embarrassed me.
▶ 人前でしゃべるのは照れくさい.
I *feel shy* speaking in front of people.
照れ屋 a shy person

▶ 彼はすごい照れ屋なんです.
He is a very *shy person*.
テレワーク telework [テレワ~ク]

テロ(リズム) terrorism [テロリズム]
サイバーテロ cyberterrorism
テロリスト a terrorist
▶ 爆弾テロ
terrorist bombing
てわけ 手分けする divide [ディヴァイド]
▶ この作業は私たちで手分けしてやろう.
Let's *divide* this work among us.
てわたす 手渡す hand [ハンド] →わたす
▶ 私は彼女に直接手紙を手渡した.
I *handed* her the letter directly.

てん¹ 点

1 (記号) a **point** [ポイント], a dot [ダット]; (問題点) a **point**; (観点) way [ウェイ]
▶ 小数点 a decimal *point*
▶ その点は賛成します.
I agree with you on that *point*.
▶ いろんな点でぼくはまちがっていたよ.
I was wrong in many *ways*.
2 (成績) (米) a **grade** [グレイド], (英) a mark [マーク]; (点数) (米) a **score** [スコー(ァ)]
▶ ぼくは英語のテストでいい点をとった.
I got a good *score* [*grade*] on the English exam.
▶ 裕子が社会で100点とったんだって.
I hear Yuko got a perfect *score* in social studies.
▶ 理科のテストは85点だったよ. I got 85 *points* on the science exam.
3 (スポーツ) a **score** (▶「…点」という言い方はスポーツによってちがうので, p.545の表を参照のこと)
▶ (サッカーで) うちのチームが先制の1点を入れた. Our team scored the match's

◀ **てんき**

first *goal*.

記号		dot, point
成績	評価・評点	grade 《米》 mark 《英》
スポーツ	テニス, バスケットボール, ラグビーなど	point
	サッカー, ホッケー	goal
	野球, クリケット	run

score が一番右の列にまたがる

てん² 天 the heaven(s) [ヘヴン(ズ)]；(空) the sky [スカイ]
▶ 星が天に輝いている. The stars are shining in *the heavens*.
▶ 天はみずから助くる者を助く.《ことわざ》 *Heaven* helps those who help themselves.

でんあつ 電圧 voltage [ヴォウルティヂ] (▶単位は volt で表す) →ボルト¹

てんいん 店員 a salesperson [セイルズパ〜スン], (複数) salespeople), 《米》a salesclerk [セイルズクラ〜ク], 《英》a shop assistant [アスィスタント]

でんえん 田園 the countryside [カントゥリサイド], the country [カントゥリィ] (対 都会 town)
田園の rural [ル(ア)ラル]
▶ 車窓には美しい田園風景が広がっている. Outside the car [train] window, there's a beautiful view of *the countryside*.

でんかせいひん 電化製品 electric(al) appliances [イレクトゥリク(-リカル) アプライアンスィズ]
▶ 引っ越ししたときに電化製品を新しくそろえた. I bought a new set of *electrical appliances* when I moved.

てんかぶつ 添加物 an additive [アディティヴ]
▶ このパンには添加物は入っていない. This bread contains no *additives*.

てんき 天気
the **weather** [ウェザァ]
▶ 今日は天気がいい. *It's* a lovely day today. / *The weather* is nice today. (▶《英》では nice より fine のほうが使われる)
▶ いい天気ですね.

Nice day, isn't it? / Beautiful *weather*, isn't it?
▶ いやな天気ですね. Bad *weather*, isn't it?

💬 **スピーキング**
Ⓐ 今日の天気はどう？
How's the weather today? / What's the weather like today?
Ⓑ 天気予報だと, 午後から雨だよ.
The weather forecast says it'll rain in the afternoon.

▶ 春は天気が変わりやすい. *The weather* is changeable in spring.
天気図 a weather chart [map]

💬 **用法 天気を表す言い方**
天候や寒暖を表すときは, ふつう It を主語にする. **How's the weather outside?** (外の天気はどう？) などと聞かれたら次のように答えればよい.
晴れだよ. **It's sunny.**
くもりだよ. **It's cloudy.**
雨だよ. **It's rainy. / It's raining.**
雪だよ. **It's snowy. / It's snowing.**
霧が深い. **It's foggy.**
風が強いよ. **It's windy.**
嵐だよ. **It's stormy.**
暑いよ. **It's hot.**
すごく暑いよ. **It's very hot. /**
(うだるように) **It's boiling hot.**
むし暑いよ. **It's muggy.**
寒いよ. **It's cold.**
すごく寒いよ. **It's very cold. /**
(こごえるように) **It's freezing.**
暖かいよ. **It's warm.**
すずしいよ. **It's cool.**

天気予報 a weather forecast [フォーキャスト], a weather report
▶ 天気予報によればあすは雨だ. According to the *weather forecast*, it will rain tomorrow.
▶ 天気予報, 当たったね. The *weather forecast* was right, wasn't it? (▶「はずれた」は right の代わりに wrong を使う)
▶ 天気予報官 a *weather forecaster*

five hundred and forty-five 545

天気・気候 Weather and Climate

イラスト：大管雅晴

天気予報に挑戦してみよう！
Present the weather forecast!

天気図
the weather map

気象予報士
the weather forecaster

天気予報です。今、渋谷では**日が照って**います。**気温**は23度。東京は今日は1日の大半が**くもり**ですが、夕方雨が降る可能性もあるので、傘を忘れずにお出かけください。

それでは全国の天気を見てみましょう。西日本は台風3号の影響で1日中**雨**、また非常に**風が強い**でしょう。東北、関東、中部地方はくもりで、北海道はおおむね晴れでしょう。

Welcome to the weather forecast. It's sunny in Shibuya now. The temperature is *23° Celsius. In Tokyo, it'll be cloudy most of the time today, but there is a chance of rain this evening. So don't leave home without your umbrella.
Now, let's see what the weather will be like in Japan today. In the western part of Japan, it'll be rainy and very windy all day because of Typhoon No. 3. In the Tohoku, Kanto, and Chubu **regions, the weather will be cloudy. And in Hokkaido, it'll be mainly sunny.

*twenty-three degrees Celsius [sélsiəs セルスィアス]と読む。 **region [ríːdʒən リーヂョン] 地方

使える表現					
■ 晴れて	sunny, clear	■ 雨の	rainy	■ くもりの	cloudy
■ 雪の	snowy	■ 風の強い	windy	■ 暑い	hot, warm

日本の気候変動とその影響
Climate change in Japan and its impacts

日本の平均気温は**この100年で**約1.3度上昇しています。これは農業にも**影響を与えています**。日本は大半が温帯に属していますが、アボカドやパイナップルといった熱帯・亜熱帯果樹の栽培面積が**増えています**。

Japan's average temperature has risen by about 1.3 degrees Celsius over the last 100 years. This affects agriculture. Japan is mostly in the *temperate zone, but the areas for growing tropical and **subtropical fruits like avocados or pineapples have been increasing.

*temperate [témp(ə)rit テンペレト] 温帯の
**subtropical [sʌbtrápikəl サブトゥラピカル] 亜熱帯の

熱帯果樹など※の栽培面積（2020年）

品目	栽培面積（ha）	15年比	主産県
アセロラ	6.9	115%	沖縄
アテモヤ	8.6	66%	沖縄、鹿児島
アボカド	26.8	705%	和歌山、愛媛
オリーブ	546.1	158%	香川、大分
スターフルーツ	3.6	138%	沖縄
パイナップル（沖縄県除く）	1.9	136%	鹿児島
パッションフルーツ	57.9	99%	鹿児島、沖縄
バナナ	51.4	161%	沖縄、鹿児島
パパイア	36.1	124%	鹿児島、宮崎
グァバ	1.3	65%	沖縄
ドラゴンフルーツ	14.6	56%	沖縄、鹿児島
フェイジョア	0.6	100%	福島
マンゴー	440.9	103%	沖縄、鹿児島
ヤマモモ	13.0	37%	徳島、高知
ライチ	7.8	144%	宮崎、鹿児島

※かんきつ類以外の常緑果樹
（農水省の特産果樹の統計を基に作成）（出典：日本農業新聞）

◀ てんこう²

🗣**スピーキング**

①あいさつ
Ⓐ いい天気ですねえ.
It's a beautiful day, isn't it?
Ⓑ ええ. Yes, it is.
(▶天候を表すときには主語に it を使うことが多い)
Ⓐ 今日はとっても暑い.
It's a very hot day today.
Ⓑ 暑いうえにむしむしするね.
It's not only hot, but sticky.

②天候をたずねるとき
Ⓐ 外の天気はどうかしら.
How's the weather outside?
Ⓑ くもってる. 雨になりそうだ.
It's cloudy. Looks like rain.

③気温をたずねるとき
Ⓐ 気温は何度?
What's the temperature?
Ⓑ もう30度だよ. まだ朝の10時なのにね. It's already 30℃. It's just ten o'clock in the morning.
(▶30℃ は thirty degrees Celsius と読む)

④天気予報
Ⓐ 天気予報では, 午後から雨が上がるって. The weather forecast says it'll stop raining this afternoon.
Ⓑ 早くつゆが明けるといいねえ.
I hope the rainy season will soon be over.

⑤気候
Ⓐ ここらは雪が多いですか. Do you have a lot of snow here?
Ⓑ ええ, ときには 2 メートルになることがあります.
Yes, the snow sometimes gets two meters deep.

でんき¹ 電気

electricity [イレクトゥリスィティ]; (電灯) a light [ライト], an electric light
電気の electric [イレクトゥリク], electrical [イレクトゥリカル]
▶ この自動車は電気で動く.
This car is powered by *electricity*.
▶ 電気をつけてくれる?
Would you turn on the *light*?

▶ 電気, 消してくれた?
Did you turn off the *light*?
▶ 電気つけたままで寝てしまった.
I slept with the *light* on.
電気器具 an electrical appliance [アプライアンス]
電気自動車 an electric vehicle
電気炊飯器 an electric rice cooker
電気スタンド a desk lamp (▶床に置くタイプは floor lamp という)
電気製品 electrical appliances
電気そうじ機 a vacuum [ヴァキュ(ウ)ム] cleaner
電気毛布 an electric blanket
でんき² 伝記 a biography [バイアグラフィ]
▶ リンカーンの伝記
a *biography* [*life*] of Lincoln
でんきゅう 電球 a light bulb [バルブ]
▶ 電球が切れたよ.
The *light bulb* burned out.
てんきん 転勤する be transferred [トゥランスファード] (to), (口語) be moved [ムーヴド] (to)
▶ ジェームズ先生がほかの学校に転勤になるんだって. Mr. James will be *transferred to* another school.
てんぐ 天狗 a *tengu*, a Japanese long-nosed goblin [ガブリン]
でんぐりがえる でんぐり返る do a somersault [サマソールト]
てんけい 典型的な typical [ティピカル]
▶ 日本人の典型的な朝食
a *typical* Japanese breakfast
てんけん 点検する check [チェック]
▶ エンジンを点検する *check* an engine
でんげん 電源 (電力の供給) a power supply [パウア サプライ]
てんこ 点呼 a roll [ロゥル] call
▶ 点呼をとる take a *roll call*
てんこう¹ 天候 the weather [ウェザァ] → てんき
▶ このごろ天候が不順だ. *The weather* is changeable these days.
▶ 悪天候 bad *weather*
てんこう² 転校する change schools, change *my* school; (…に) transfer [トゥランスファ〜] to
▶ 私はこの春にこの学校に転校してきた.
I *transferred to* this school this

あ
か
さ
た
て
な
は
ま
や
ら
わ

five hundred and forty-seven **547**

てんごく ▶

spring.
転校生 a transfer student
てんごく 天国 heaven [ヘヴン]（対 地獄ごく hell）；（楽園）a paradise [パラダイス]
▶ 天国に行く（→死ぬ）go to *heaven*
でんごん 伝言 a message [メセヂ] →ことづけ
伝言する give ... a message；（受ける）take a message
▶ 彼に伝言をお願いしてもよろしいですか.
Could I ask you to *give* him *a message*? / Can I leave him *a message*?
▶ 伝言をおうかがいしましょうか.
Can [May] I *take a message*?

> 🗨 スピーキング
> Ⓐ ご伝言をおうかがいしましょうか.
> May I take a message?
> Ⓑ ええ，お願いします．折り返し電話するよう伝えてください． Yes, please. Tell her to return my call.
> Ⓑ いえ，けっこうです．あとでまた電話します．
> No, thank you. I'll call back later.

伝言板 a message board
てんさい¹ 天才（人）a genius [ヂーニアス]；（才能）(a) genius
▶ アインシュタインは数学の天才だった.
Einstein was a mathematical *genius*.
▶ きみって天才だね！ You're a *genius*!
てんさい² 天災 a natural disaster [ディザスタァ]
▶ 天災は忘れたころにやってくる.
Natural disasters strike when we have forgotten about them.
てんさく 添削 (a) correction [コレクション]
添削する correct [コレクト]
▶ 私の英作文を添削していただけますか.
Could you please *correct* my English composition?
てんし 天使 an angel [エインヂ(ェ)ル]
てんじ¹ 展示 (a) show [ショウ]
展示する show, display [ディスプレイ]
▶ 美術室には生徒の作品が展示されている.
The students' works are *displayed* in the art room.
展示会 a show, an exhibition
展示即売会 an exhibition and spot

sale
展示品 an exhibit [イグズィビト]
てんじ² 点字 braille [ブレイル], Braille
▶ 点字で書いた本 a book in *braille*
▶ 点字を読む read *braille*

エレベーターのボタンの点字表示.

点字ブロック a tactile [タクトゥル] paving
でんし 電子 an electron [イレクトゥラン]
電子の electronic [イレクトゥラニク]
電子オルガン an electronic organ
電子音楽 electronic music
電子計算機 a computer
電子顕微鏡 an electron microscope
電子工学 electronics
電子辞書 an electronic dictionary
電子出版 electronic publishing
電子書籍 an electronic book, an e-book, a digital book
電子手帳 an electronic datebook
電子ピアノ an electronic piano
電子マネー electronic money, e-money
電子メール (an) email, (an) e-mail →メール
電子レンジ a microwave (oven)

でんしゃ 電車

a train [トゥレイン]；（路面電車）《米》a streetcar [ストゥリートゥカー], 《英》a tram [トゥラム]
▶ 電車に乗る
take a *train* /（乗りこむ）get on a *train*
▶ 電車を降りる
get off a *train*
▶ 電車を乗りかえる change *trains*（▶複数形の trains を使うことに注意）
▶ この電車は千葉行きです.
This *train* is bound for Chiba.
▶ 京都まで電車で行った.
We took the *train* to Kyoto.
▶ 10時20分の新宿行きの電車に乗った.
I took the 10:20 *train* for Shinjuku.
▶ 品川で電車に乗って池袋で降りた.
I got on the *train* at Shinagawa and

got off at Ikebukuro.
▶ 最終の電車に乗りおくれた．
I missed the last *train*.
▶ 電車は満員だった．
The *train* was crowded.
▶ 姉は電車で高校に通っている．My sister goes to high school by *train*.
▶ 電車が来た．Here comes the *train*. / The *train* is coming (in).

> **電車のいろいろ**
> 特急 a limited [special] express train
> 急行 an express train
> 快速 a rapid-service [fast] train
> 各駅停車 a local train
> 通勤電車 a commuter train
> 始発電車 the first train
> 終電車 the last train

電車賃 a train fare [フェア]
てんじょう 天井 a ceiling [スィーリング]
てんすう 点数 (米) a score [スコー(ァ)] →てん¹
▶ 理科の点数は65点だった．My science *score* was 65 points [percent]. / I got a *score* of 65 in science.
でんせつ 伝説 a legend [レヂェンド]；(言い伝え) an old saying
伝説上の legendary [レヂェンダリィ]
てんせん 点線 a dotted [ダティド] line →せん²(図)
でんせん¹ 電線 an electric wire [ワイア]
でんせん² 伝染する spread [スプレッド]
▶ インフルエンザはせきやくしゃみで伝染する．
The flu *spreads* through coughing or sneezing.
てんそう 転送する（メール・手紙を）forward [フォーワド]
▶ 彼からのメール，転送するね．
I'll *forward* the mail from him.
てんたい 天体 a heavenly [ヘヴンリィ] body
天体望遠鏡 an astronomical telescope [アストゥラナミカル テレスコウプ]
天体観測 an astronomical observation [アブザヴェイション]
でんたく 電卓 a (pocket) calculator [キャルキュレイタァ]

でんち 電池 a battery [バテリィ], a cell [セル]
▶ 私の携帯は電池がない．
My cellphone *battery* is dead.
▶ 私の携帯は電池が切れそうだ．
My cellphone *battery* is dying.
でんちゅう 電柱 a utility pole [ポウル]；(電話線用の) a telephone pole
テント a tent [テント]
▶ テントを張る put up [pitch] a *tent*
▶ テントをたたむ take down a *tent*
でんとう¹ 電灯 a light [ライト], an electric light →でんき¹
でんとう² 伝統 (a) tradition [トゥラディション]

> 🎤プレゼン
> 日本には自然を尊とうぶ長い**伝統**があります．
> Japan has a long tradition of appreciating nature.

伝統的な traditional
でんどう 伝道 mission [ミション] work
テントウムシ (虫) (米) a ladybug [レイディバグ], (英) a ladybird [レイディバード]
てんどん 天丼 a bowl [ボウル] of rice topped with *tempura*
てんにゅう 転入する move in
転入生 a transfer [トゥランスファ～] student
てんにん 転任する be transferred [トゥランスファード] to ...
▶ 吉田先生がK中学に転任された．
Mr. Yoshida *was transferred to* K Junior High School.
てんねん 天然の natural [ナチュラル]
天然ガス natural gas
天然記念物 a natural monument
天然資源 natural resources
天然パーマ naturally curly [カ～リィ] hair
てんのう 天皇 an emperor [エンペラァ]
(女) 皇后 empress)
天皇誕生日 the Emperor's Birthday
天皇陛下 His Majesty the Emperor
てんのうせい 天王星 (天文) Uranus [ユ(ア)ラナス] →わくせい(表)
でんぱ 電波 a radio wave；(電波の強さ) signal, reception
▶ この辺は携帯の電波が入りにくい．
Cellphone *reception* isn't good here.

でんぴょう ▶

🎤**スピーキング**
Ⓐ もしもし? 聞こえますか?
Hello? Can you hear me?
Ⓑ よく聞こえません. 電波が悪くて.
I can't hear you well. I have bad reception.

電波時計 a radio-controlled clock [watch]

電波望遠鏡 a radio telescope[テレスコウプ]

でんぴょう 伝票 (請求書)a check [チェック], a bill [ビル];(取り引きの)a slip [スリップ]
▶ (レストランなどで) 伝票をお願いします.
May I have the *check*, please?

てんびんざ てんびん座 the Balance [バランス], Libra [ライブラ, リーブラ] →せいざ(表)

てんぷく 転覆する be turned upside down, be overturned [オウヴァタ〜ンド]

てんぷら *tempura* (▶英語化している)
▶ イカのてんぷら squid *tempura*

でんぷん 澱粉 starch [スターチ]

テンポ a tempo [テンポウ] (**複数**) tempos または tempi [テンピー];(生活などの)(a) pace [ペイス]
▶ テンポの速い曲
a song in quick *tempo*

てんぼう 展望 (見晴らし)a view [ヴュー];(見通し)a prospect [プラスペクト]
展望台 an observation deck [アブザヴェイション デック]

でんぽう 電報 a telegram[テレグラム],(おもに米口語) a wire [ワイア]
▶ 電報を打つ send a *telegram*

デンマーク Denmark [デンマーク]

てんめつ 点滅する flash [フラッシ] on and off, blink

てんもん 天文(学) astronomy[アストゥラノミィ]
天文学者 an astronomer [アストゥラノマァ]
天文台 an (astronomical) observatory [((アストゥラナミカル) オブザ〜ヴァトーリィ]
天文部 an astronomy club

てんらんかい 展覧会 an exhibition [エクスィビション], a show [ショウ]
▶ 展覧会を開く hold an *exhibition*
▶ 先日友だちとピカソの展覧会を見てきました.
Recently I went to see the Picasso *exhibition* with a friend.

でんりゅう 電流 an electric current [イレクトゥリク カ〜レント]

でんりょく 電力 (electric) power[パウア]
電力会社 a power company, an electric power company

でんわ 電話

(口語) a phone [フォウン], a telephone [テレフォウン];(通話)a (phone) call[コール]
電話する,電話をかける call, phone
▶ 愛子, 電話よ! *Phone* for you, Aiko! / Aiko, there's a (*phone*) *call* for you!
▶ きのう徹と電話で話をした. I talked with Toru on the *phone* yesterday.
▶ けさ淳から電話があった.
I got a *phone call* from Jun this morning. / Jun *called* me this morning.
▶ 電話が鳴ってる. だれか出てくれる?
The *phone* is ringing. Would somebody answer it? (▶ answer の代わりに get も使える)
▶ ごめん, 電話が遠いんだけど.
I'm sorry I can't hear you.
▶「電話, 借りてもいい?」「うん, いいよ」
"Can I use your *phone*?" "Sure, go ahead."
▶ ケンは急に電話を切った.
Ken suddenly *hung up*.
▶ 彼は電話中です. He is on the *phone*.

📖**表現力**
…に電話する, 電話をかける → call …

▶ あとで電話するね. I'll *call* you later.

🎤**スピーキング**
Ⓐ 今夜, 電話してね.
Call me tonight.
Ⓑ うん, するよ.
OK.

▶ 携帯に電話してくれる?
Would you *call* my cellphone?
▶ 折り返し電話するよ.
I'll *call* you back soon.
▶ 何度かきみに電話したけど出なかったよ.
I *called* you several times but you didn't answer.
▶ 遅くなりそうなときは家に電話するようにしているよ. I try to *call* home when

◀ でんわ

I'm going to be late.
▶ 何時ごろまでだったら電話していい？
How late can I *call* you?

電話のいろいろ
携帯電話 〔米〕a cellphone, a cellular phone, 〔英〕a mobile (phone)
公衆電話 a pay [public] phone
コードレス電話 a cordless phone
固定電話 a landline phone
国際電話 an international call
市内電話 a local call
長距離電話 a long-distance call
留守番電話 an answering machine, a voicemail

🗨 スピーキング
①電話がつながったとき
Ⓐ もしもし木村ですが、ビルをお願いします。
Hello, this is Kimura. Can I speak to Bill?
Ⓑ ちょっと待ってください。
Just a minute, please.
②本人が電話に出たとき
Ⓐ フォードさんとお話ししたいのですが。
May I speak to Ms. Ford?
Ⓑ 私ですが。
Speaking. / This is me.
③相手を確かめるとき
Ⓐ もしもし、グレーさんのお宅ですか。
Hello, is this Mr. Gray's residence?
Ⓑ そうですが、どちら様でしょうか。
Yes, it is. Who's calling, please?
④まちがい電話のとき
Ⓐ そちらは市立図書館ですか。
Is this the City Library?
Ⓑ いいえ、番号ちがいですよ。
I'm sorry, but you have the wrong number.
Ⓐ どうも失礼しました。
Oh, I'm sorry.
⑤よく聞きとれないとき
Ⓐ こちら××××。
This is ××××.

電話インタビュー a telephone interview
電話番号 a phone number
▶ きみの携帯の電話番号教えてくれない？
Can you tell me your *cellphone number*?

🗨 スピーキング
Ⓐ 電話番号をお願いできますか。
May I ask your phone number?
Ⓑ はい。3720-1628です。
Sure. It's 3720-1628.
(▶ 電話番号は1つずつ three-seven-two-o [オゥ], one-six-two-eight のようにいう。0は[オゥ]という)

電話料金（請求書）a phone bill

Ⓑ 電話の声が遠いのですが、もう少し大きな声でお願いします。
I'm sorry I can't hear you very well. Could you speak a little louder, please?
⑥伝言を頼むとき
Ⓐ ジュディーさんいますか。
Is Judy in?
Ⓑ いま出かけてます。こちらから電話させましょうか。
She's out now. Can I have her call you back?
Ⓐ いや、けっこうです。伝言をお願いできますか。
No, that's all right. May I leave a message?
Ⓒ ええ、お願いします。ケンと申しますが、ぼくに電話をくれるように伝えていただけませんか。
Yes, this is Ken. Please have her call me.
Ⓓ ええ、千晶から電話があったと伝えてください。
Yes. Please tell her Chiaki called.
⑦会話を切りあげるとき
Ⓐ もう電話を切らなくちゃ。じゃあね、トム。
I've got to hang up now. Bye, Tom.
Ⓑ 電話をくれてありがとう。さようなら。
Thanks for calling. So long.

とト とト とト

と¹ 戸

a **door** [ドー(ァ)]
- 引き戸 a sliding *door*
- 戸を閉めなさい． Close the *door*.
- 「戸を開けてくれない？」「いいよ」
  "Would you open the *door* for me?"
  "Sure."
- 戸が開けっぱなしだよ．
  You left the *door* open.
- だれかが戸をたたいています．
  Someone is knocking on the *door*.

と² 都 a metropolis [メトゥラポリス]

- 東京都 Tokyo *Metropolis* (▶ 単に Tokyo とすることも多い)
  都大会 metropolitan competition [カンペティション]
  都知事 the Governor of Tokyo, the Tokyo Governor
  都庁 the Tokyo Metropolitan Government [ガヴァ(ン)メント] Office
  都バス a metropolitan bus
  都民 a Tokyoite [トウキオウアイト], a citizen of Tokyo
  都立 →とりつ

> **ⓘ参考** 手紙のあて名などで「東京都港区」と書くときには Minato-ku, Tokyo とする．

‒と

> **使い分け**
> （そして）→ **and**
> （…といっしょに）→ **with**
> （…ということ）→ **that**
> （…するとき）→ **when**

1 （そして）**and** [アンド]；（比較して）**or** [オ．オー(ァ)]

> **表現力**
> 〜と… → 〜 and …

- トムとジェリー
  Tom ↗ *and* Jerry ↘
- 一郎と二郎と三郎
  Ichiro ↗, Jiro ↗ (,) *and* Saburo ↘ (▶ 3つ以上を並べるときは途中のはコンマだけをつけ，最後に and をつける．and の前のコンマは省略されることもある)
- あなたは英語と数学のどちらが好きですか．
  Which do you like better, English ↗ or math ↘ ?

> **用法** イントネーションに注意
> 語を並べて言うときのイントネーションは，and や or の前では上げ調子で，あとでは下げ調子で言う．

2 （…といっしょに）**with** [ウィズ]；（敵対して）**with, against** [アゲンスト]
- ぼくはスーザンと友だちになった．
  I became friends *with* Susan.
- 日本はその戦争で米国と戦った．
  Japan fought *against* the U.S. in the war.

3 （…ということ）**that** [ザト]
- あしたは雨だと思うよ．
  I think (*that*) it's going to rain tomorrow. (▶ 話しことばでは think のあとの that は省略されることが多い)

4 （…するとき）**when** [(ァ)ウェン]
- 母親の顔を見ると，赤んぼうは泣きやんだ．
  The baby stopped crying *when* [*as soon as*] he saw his mother.

5 （…なら）**if** [イフ]
- 急がないとバスに乗りおくれるよ．
  If you don't hurry, you'll miss the bus.

> **ⓘ参考** 訳さない「と」
> 日本語では「…と」というところでも，英語では「と」に当たる特別な単語を使わずに動詞との関係でその意味を表すことがある．

◀ **トイレ(ット)**

▶ 私は彼と駅で会った.
I met *him* at the station. (目的語)
▶ 私たちはその犬をドンと名づけた.
We named the dog *Don*. (補語)

ど 度
▶ ちょっと度がすぎるよ.
That's *going* a bit *too far*.

-ど …度 →-かい¹

1 (回数) a time [タイム] (▶ 1度は once, 2
度は twice または two times を使う. 「3
度」以降は three times, four times の
ように「数+ times」の形を使う)
▶ もう一度 *once* more
▶ 金沢に来るのはこれが2度目です.
This is the second *time* I've been to
Kanazawa. / This is my second visit
to Kanazawa.
▶ 恵利の家には何度も行ったことがあるよ.
I've been to Eri's many *times*.

2 (温度・角度) ... degrees [ディグリーズ]
▶ いま℃氏20度です.
It's twenty *degrees* Celsius. (▶20℃
と略す)
▶ 60度の角(度)
an angle of 60 *degrees*

ドア a door [ドー(ア)] →と¹
▶ ドアを開けて.
Open the *door*, please. / Will you
open the *door*? (▶「閉めて」は open
の代わりに close を使う)
▶ ドアを開けたままにしてるのはだれ？
Who left the *door* open?
▶ (車内アナウンスで) ドアにはさまれないよ
うにご注意ください.
Please be careful not to get caught
in the *door*.

とい¹ 問い a question [クウェスチョン] →し
つもん
とい² 樋 a gutter [ガタァ]
といあわせる 問い合わせる ask [アスク],
inquire [インクワイア]

╭─⊙表現力────────────╮
│ (人) に…について問い合わせる │
│　→ ask ＋人＋ about ... │
╰──────────────────╯

▶ そのことについてあの人に問い合わせて
みよう.
I will *ask* him *about* the matter.

-という 1 (そういう名前の) named [ネイム
ド] ... ; called [コールド] ...
▶ 氷川さんという人から電話があったよ.
There was a call from *a* Mr. Hikawa.
▶ 山木先生には絵里香という名前の娘さん
がいる.
Ms. Yamaki has a daughter *named*
Erika.
▶ これ, 何というケーキ？
What's this cake *called*? / What's
the name of this cake?

2 (同格) (…という…) of, that
▶ 東京という大都市 the big city *of* Tokyo
▶ わが校のバスケット部が優勝したという知
らせが入った.
News *that* our basketball team won
the championship came in.

3 (…ということを) that

╭─⊙表現力────────────╮
│ …ということ → that ... │
╰──────────────────╯

▶ 松下先生が最近結婚したということを知っ
ていますか.
Do you know (*that*) Mr. Matsushita
got married recently? (▶会話では
that はふつう省略される)

╭─⊙表現力────────────╮
│ …というのに │
│　→ though ... / although ... │
╰──────────────────╯

▶ つゆだというのに雨が全然降らない.
Though it's the rainy season, we
haven't had any rain.

╭─⊙表現力────────────╮
│ 〜というより…だ │
│　→ be not so much 〜 as ... │
╰──────────────────╯

▶ あの人は弁護士というよりはテレビタレン
トだ.
She *isn't so much* a lawyer *as* a TV
personality.

ドイツ Germany [チャ〜マニィ]
ドイツ(人・語)の German [チャ〜マン]
ドイツ語 German →ことば (表)
ドイツ人 a German

トイレ(ット) (家庭の) 《米》a bathroom
[バスル(ー)ム]；(公共の建物などの) 《米》a
restroom [レストゥル(ー)ム]；(男子用) 《米》
a men's room, 《英》the gents [ヂェンッ]；

five hundred and fifty-three　553

とう¹

（女子用）（米）a ladies' room, a women's room, (英) the ladies

女子用のトイレの標示.

▶ （授業中などで）トイレに行ってもいいですか.
May I go to the *restroom*?
▶ トイレをお借りできますか.
Can I use the *bathroom*? (▶ ˣborrow the bathroom とはいわない)
▶ すみません, トイレはどこですか.
Excuse me, where's the *restroom*?
▶ トイレがつまったみたいなんですが.
The *toilet* seems to be clogged (up).

トイレットペーパー (a roll of) toilet paper
▶ お願い, トイレットペーパー, 持ってきて.
Could you bring me some *toilet paper*?

> 背景 **toilet** はアメリカでは「便器」をさすことが多いので, 「トイレ」の意味ではふつう使わない. アメリカの家庭では浴室とトイレがいっしょのところにあるので, トイレのことを遠まわしに **bathroom** という.

とう¹ 党 a (political [ポリティカル]) party [パーティ]
党員 a member of the party
とう² 塔 a tower [タウア]; （東洋風の) a pagoda [パゴウダ]
▶ 五重の塔
a five-storied *pagoda*

-とう¹ …等 (等級) a grade [グレイド]; (乗り物の) a class [クラス]
▶ (船などの) 1 等 first *class*
▶ 弟はかけっこで 3 等だった.
My brother came in *third* in the race.

-とう² …頭 (▶ ふつうは名詞の前に数をつけるだけでよい)
▶ 牛 2 頭 two cows

どう¹

1 （何）**what** [(フ)ワット]; (いかに) **how** [ハウ]

> 使い分け
> (何) → **what**
> (いかに) → **how**

[**what** を使う場合]
▶ どうしたら (→何をすれば) いいんだろう.
What should I do?
▶ どうしたの (→何があったの)？
What happened?
▶ この計画をどう思う？
What do you think of this plan? (▶ ˣHow do you think ...? としない)
▶ 「きみはどう思う？」「それでいいと思うよ」
"*What* do you say?" "I think it's OK."
▶ もしあなたが私だったらどうしますか.
What would you do if you were me?
▶ そのときどうすべきか私にはわからなかった.
I didn't know *what* to do then.

[**how** を使う場合]
▶ （体調をたずねて）いまは気分はどう？
How do you feel now?
▶ 彼女のこと, どう思う？
How do you feel about her?
▶ それは英語でどう言うのですか.
How do you say it in English?
▶ あなたの名前はどうつづるの？
How do you spell your name?
▶ 京都はどうでしたか.
How did you *like* Kyoto?

> スピーキング
> Ⓐ 沖縄は**どうだった？**
> How was Okinawa?
> Ⓑ すばらしかったよ. ほんとうに楽しかった.
> Terrific. I really enjoyed it.

> 文法 **what** と **how**
> **what** は代名詞で, 文の主語, 目的語, 補語のはたらきをする. **how** は副詞で, 動詞や形容詞などを修飾する.

◀ **どうか**

📢表現力
どう…すればいいか → how to ...

▶ それをどう説明したらよいかわからない.
I don't know *how to* explain it.

2 (ものをすすめる) **How about ...?**, **What about ...?**

📢表現力
…はどうですか → How about ...?

▶ アイスティーはどう？
How about (having) some iced tea?

▶ 今晩, 外食するというのはどう？
How about eating out tonight?

▶ スキーに行くんだけど, あなたはどう？
We're going skiing. *How about* you?

どう² 胴 (体の) the trunk [トゥランク] →どうたい

どう³ 道 (都道府県の) a prefecture [プリーフェクチァ]

▶ 北海道 Hokkaido *Prefecture*

どう⁴ 同 the same [セイム]

どう⁵ 銅 copper [カパァ]
銅貨 a copper (coin)
銅メダル a bronze [ブランズ] medal

とうあん 答案 an answer sheet [アンサァシート], (英) a paper [ペイパァ]

▶ 時間です. 答案を出してください.
Time is up. Hand in your *answer sheets*.

どうい 同意 agreement [アグリーメント] →さんせい¹
同意する (提案に) agree (to)；(人に) agree (with)

どういう (何という) what [(フ)ワット]；(どのように) how [ハウ] →どう¹

▶ この単語はどういう意味ですか.
What does this word mean?

▶ 正月休みはどういうふうに過ごすの？
How are you spending your New Year vacation?

どういたしまして

1 (感謝に対して) (ていねい) **You're welcome.**；(ふつう) **My pleasure.**, **Not at all.**；(くだけて) That's all right., No problem.

📢スピーキング
Ⓐ ありがとう.
Thank you.
Ⓑ どういたしまして.
You're welcome.

▶ 「手伝ってくれてありがとう」「どういたしまして」
"Thank you for helping me." "*My pleasure.*"

▶ 「いろいろどうもありがとう」「どういたしまして」
"Thank you for everything." "*Not at all.*"

2 (謝罪に対して) **That's all right.**, That's OK., Don't mention it. (▶ You're welcome. は謝罪に対しては使えない)

📢スピーキング
Ⓐ すみません.
I'm sorry.
Ⓑ どういたしまして.
That's all right.

▶ 「おくれてすみません」「どういたしまして」
"I'm sorry I'm late." "*That's all right.*"

とういつ 統一する unite [ユーナイト]

どうか →どうぞ

1 (どうぞ) please [プリーズ]

📢表現力
どうか…してください → Please ... .

▶ どうか許してください.
Please forgive me.

▶ どうかそのことは忘れてください.
Please forget about that.

2 (どうかしている) be wrong (with), be the matter (with)

📢スピーキング
Ⓐ どうかしたんですか.
What's the matter?
Ⓑ ちょっとはき気がするんです.
I feel a bit sick.

▶ 最近のきみ, どうかしてるよ.
What *is wrong* [*the matter*] with you these days?

あ
か
さ
と
な
は
ま
や
ら
わ

five hundred and fifty-five　555

-(か)どうか ▶

-(か)どうか if [イフ]
- ▶ ネコが泳げるかどうか知りません.
  I don't know *if* cats can swim.

どうが 動画 video [ヴィディオウ]
- ▶ 私はユーチューブでネコの動画を見るのが好きです.
  I like to watch cat *videos* on YouTube.
- ▶ 動画を撮る shoot a *video*
- ▶ ユーチューブに動画を上げる [アップロードする]
  upload a *video* to YouTube
- ▶ 動画を再生する
  play a *video* file

  動画共有サイト a video sharing website
  動画配信サービス a video streaming service
  動画ファイル a video file
  動画編集 video editing

トウガラシ 《植物》 (a) red pepper
どうかん 同感である agree [アグリー]
- ▶ まったく同感です.
  I quite *agree*. / *Exactly*.

とうき¹ 冬期・冬季 winter season [スィーズン], winter
とうき² 陶器 china [チャイナ], chinaware [チャイナウェ ア];(陶器類) pottery [パタリィ]
- ▶ 陶器の花びん
  a *pottery* vase / a *china* vase

とうぎ 討議 (a) discussion [ディスカション] →とうろん
  討議する discuss [ディスカス]
- ▶ 私はその問題について彼と討議した.
  I *discussed* the problem with him.
  (▶ discuss ×about とはしない)

どうき 動機 a motive [モウティヴ]
とうきゅう¹ 投球 pitching [ピチング]
とうきゅう² 等級 a grade [グレイド]
とうぎゅう 闘牛 a bullfight [ブルファイト]
  闘牛士 a bullfighter
どうきゅう 同級
- ▶ 美樹とは同級だった.
  Miki and I were in *the same class*. / Miki and I were *classmates*.
  同級生 a classmate [クラスメイト]
どうきょ 同居する live with, live together [トゥゲザァ]
- ▶ 彼は兄と同居している.

He *lives with* his brother.

とうきょく 当局 the authorities [オ**サ**リティズ]
どうぐ 道具 a tool [トゥール]
- ▶ 大工道具 carpenter's *tools*
  道具箱 a tool box
どうくつ 洞くつ a cave [ケイヴ]
とうげ 峠 a (mountain) pass [パス]
- ▶ 天城峠 Amagi *Pass*
とうけい¹ 統計 statistics [スタティスティクス]
- ▶ 統計をとる take *statistics*
とうけい² 東経 (the) east longitude [ランヂテュード]
どうけん 同権 equal rights [イークウォル ライツ]
とうこう¹ 登校する go to school
- ▶ 8月3日は登校日だ.
  We have to *go to school* on August 3.
  登校拒否 school refusal [リフューザル], refusal to go to school
  登校日 a school day
とうこう² 投稿 (ネットへの) posting [ポゥスティング];(投稿したもの) a post [ポゥスト]
  投稿する post
どうこうかい 同好会 a club [クラブ]
- ▶ 写真同好会 a photo *club*
どうさ 動作 movement(s) [ムーヴメント(-ツ)]
とうざい 東西 east and west
- ▶ 東西 (→東洋と西洋) の文化
  Eastern and Western cultures [カルチァ ズ]
  東西南北 north, south, east, and west (▶英語ではふつう北南東西の順にならべる) →ほうがく (図)
とうさん 倒産する go bankrupt [バンクラプト]
とうし¹ 投資 investment [インヴェストゥメント]
  投資する invest [インヴェスト]
とうし² 闘志 fighting spirit [ファイティング スピリット]
- ▶ 彼は闘志満々だった.
  He was full of *fight*.
とうじ³ 凍死する freeze [フリーズ] to death
とうじ 当時は (そのときは) at that time, then;(そのころは) in those days →そのころ
- ▶ 私は当時, 千葉に住んでました.

◀ とうじょう²

I lived in Chiba *then* [*in those days*].

とうじ² 冬至 the winter solstice [サルスティス] (対 夏至 summer solstice)

とうじ³ 答辞 an address [アドゥレス] in reply [リプライ]
- 私は卒業式で校長先生の祝辞に対する答辞を読んだ.
  I made *an address in reply* to the principal's address at graduation.

どうし 動詞《文法》a verb [ヴァ〜ブ] (▶辞書などでは v. と略す)
- 規則動詞 a regular *verb*
- 不規則動詞 an irregular *verb*

-どうし …同士
- 私たちは友だちどうしです.
  We are *friends* (*with each other*).

どうじ 同時に

at the same time;（一度に）at a time
- ぼくと大介は同時にこの学校に転校してきた.
  Daisuke and I changed to this school *at the same time*.
- ２つのことを同時になんてできやしないよ.
  You can't do two things *at a time*.

とうじつ 当日は on that day;（…の当日）on the day
  当日券 a same-day ticket

どうして →なぜ

（なぜ）why [(フ)ワイ]
- 「きょうは帰りがおそくなるよ」「どうして？」
  "I'll be home late." "*Why*?"
- 「寝つけないんだ」「どうして？」
  "I can't go to sleep." "*Why not?*" (▶「どうして寝つけないの？」という意味なので, Why? ではなく Why not? を使う)
- どうしてきのう学校を休んだの？
  Why didn't you come to school yesterday? / *How come* you didn't come to school yesterday? (▶ How come のあとはふつうの文の語順になることに注意)
- どうしてニューヨークに行きたいの？
  Why do you want to go to New York? /（どんな目的で）*What* do you want to go to New York *for*?
- 自分でもどうしていいかわからなかった.
  I myself didn't know *what to* do.

どうしても

1（肯定文で）**really** [リー(ア)リィ], **just** [チャスト]; **no matter what**
- このゲームソフト, どうしてもほしいな.
  I *really* have to have this game software.
- どうしても文化祭の飾りつけを今日中に終えないと.
  We must finish the decorations for the school festival today *no matter what*.

2（否定文で）（どうしても…しない）**will not**, **won't**
- ドアがどうしても開かない.
  The door *won't* open. (▶ won't は will not の短縮形)
- どこにかぎを置いたのかどうしても思い出せないよ.
  I *just can't* remember where I put the key.

3（ついつい…してしまう）**can't help -ing**; **can't resist -ing**
- どうしてもそのことを考えてしまうんだけどね.
  I *can't help thinking* about it, though.
- かわいい服を見るとどうしても買ってしまうの.
  I *can't resist buying* pretty clothes.

とうしゅ 投手《野球》a pitcher [ピチァ]
- 勝利投手 a winning *pitcher*
- 先発投手 a starting *pitcher*

トウシューズ toe [トゥ] shoes

とうしょ 投書 a letter [レタァ] from a reader, a letter to the editor
  投書する write（to）
- 新聞に投書してみたら？ Why don't you *write to* a newspaper?
  投書箱 a suggestion [サ(グ)チェスチョン] box
  投書欄 a readers' column [カラム]

とうじょう¹ 登場する appear [アピア];（脚本などのト書きなどで）enter [エンタァ]（反 退場する exit）
  登場人物 a character [キャラクタァ]

とうじょう² 搭乗する board [ボード]
- 成田行き154便はただいま５番ゲートで搭乗中です.

どうじょう ▶

Flight 154 to Narita *is* now *boarding* at Gate 5.
搭乗券 a boarding pass

どうじょう 同情 sympathy [スィンパスィ]
同情する feel sorry (for), feel sympathy 《for》

▶ だれもが彼女に同情した.
Everybody *felt sorry for* her.
▶ 深くご同情申しあげます.
I really *feel sorry for* you.

どうしようもない
▶ ほかにどうしようもない.
We *have no other choice*. / We *can't help it*.
▶ あいつはほんとどうしようもないな.
He's *quite impossible*. / He's *just good for nothing*.

とうしんだい 等身大の life-size
どうすれば →どう¹
▶ どうすれば成績を上げられるの？
How can I get my grades up?

どうせ
▶ なぜこんなに練習するんだろう. どうせ負けるに決まってるのに.
I don't know why we're practicing so hard. We'll lose the game *anyway*.
▶ どうせ安夫は来やしないさ.
Yasuo won't come *after all*.
▶ どうせやるんならしっかりやりなさい.
If you do it *at all*, do it well.

とうせん 当選する be elected [イレクティド]；
（くじなどに）win (a prize)
▶ ぼくのおじが市長に当選した.
My uncle *was elected* mayor. (▶ 1人だけの役職名には a や the をつけない)
当選番号 a winning number, a lucky number

とうぜん 当然の

natural [ナチ(ュ)ラル]
当然（ながら） naturally
▶ 当然のこと a matter *of course*

> **🗣 スピーキング**
> Ⓐ あのお金, もらったの？
> Did you receive the money?
> Ⓑ 当然さ.
> Of course.

> **📝 表現力**
> …**するのは当然だ**
> → It is natural (that) ... . /
> It is natural to ... .

▶ 親が自分の子どもたちの将来について心配するのは当然だ.
It's natural that parents are worried about their children's future. / *It's natural* for parents *to* be worried about their children's future.

どうぞ

> **使い分け**
> （人にすすめる）→ please
> （承知する）→ sure

1（人にすすめる）**please** [プリーズ]

> **📝 表現力**
> **どうぞ…**
> → Please ... . / ... , please.

▶ どうぞすわってください.
Please have a seat.
▶ どうぞお入りください.
Please come in.
▶ こちらにどうぞ. This way, *please*.
▶ お茶をどうぞ.
Please have some tea.
▶ お先にどうぞ.
Please go ahead. / After you.
▶ （ものを手わたして）はいどうぞ.
Here you are. / *Here you go*.

> **🗣 スピーキング**
> Ⓐ パイナップルジュースをどうぞ.
> Here's your pineapple juice.
> Ⓑ ありがとう.
> Thank you.

2（承知する）**sure** [シュア], **go ahead** [アヘッド]

▶「きみの本を借りていいかい？」「どうぞ」
"Can I borrow your book?" "*Sure*."

> **🗣 スピーキング**
> Ⓐ 電話を貸してください.
> May I use your phone?
> Ⓑ はい, どうぞ.
> Sure, go ahead.

558 five hundred and fifty-eight

どうぞう 銅像 a bronze statue [スタチュー]

どうそうかい 同窓会 a class reunion [リーユーニョン], a school reunion
▶ 先日中学校の同窓会があった (→同窓会に行ってきた).
Recently I went to my junior high *reunion*.

どうそうせい 同窓生 a schoolmate

とうそつ 統率力 leadership [リーダシプ]

とうだい 灯台 a lighthouse [ライトハウス]

どうたい 胴体 (胴) the trunk [トランク]; (体全体) the body [バディ]
胴体着陸 (a) belly landing

とうちゃく 到着 →つく¹

arrival [アライヴァル] (反 出発 departure)
到着する arrive [アライヴ] 《at, in》, get to, reach [リーチ]

▶ 表現力
…に到着する
→ arrive at [in] +場所 / get to +場所 / reach +場所

▶ 父の乗った飛行機は定刻に成田に到着した.
My father's plane *arrived at* Narita on time.
▶ 私たちが山小屋に到着したのは暗くなる寸前だった.
We *got to* the mountain hut just before dark.
到着ゲート an arrival gate
到着時刻 the arrival time
到着ホーム an arrival platform [プラトフォーム]
到着ロビー an arrival lounge [ラウンヂ]

とうてい hardly [ハードゥリィ] →とても

-(は)どうですか How about ...?, What about ...?, What do you say to ...?

▶ 表現力
… (は)どうですか
→ How about ...? / What about ...?

▶ あすの3時ではどうですか.
How about 3 o'clock tomorrow? / *What do you say to* 3 o'clock tomorrow?

▶ ぼくはホラー映画が好きですが, きみはどうですか. I like horror movies. *How about* you?

どうでも
▶ どうでもいいよ.
It doesn't matter. / It makes no difference.

どうてん 同点 a tie [タイ] (score)
同点になる tie 《with》
▶ うちのチームは後半1ゴールを決め, 同点に追いついた.
Our team *tied* the score *with* a goal in the second half.
同点決勝戦 a playoff
同点ホームラン a tying homer

とうとい 尊い precious [プレシャス]

とうとう finally [ファイナリィ], at last;(結局) after all →ついに
▶ とうとう新しい自転車を手に入れたよ.
I *finally* got a new bike.

どうどう 堂々とした (威厳のある) dignified [ディグニファイド]
▶ 彼は堂々として見えた.
He looked *dignified*.

どうとく 道徳 morals [モ(ー)ラルズ];(教科) moral education
道徳心 a sense of morality [モラリティ]
道徳的な moral

とうとさ 尊さ (重要性) importance [インポータンス], (貴重さ) preciousness [プレシャスネス]
▶ 人命の尊さ
the *preciousness* of human life

とうなん¹ 東南 the southeast [サウスイースト] (▶日本語では「東南」とも「南東」ともいうが, 英語ではつねに南を先にいう)
東南アジア Southeast Asia

とうなん² 盗難 (a) theft [セフト];(強盗) (a) robbery [ラバリィ]
盗難にあう (物が) be stolen [ストウルン]; (人が) have ... stolen →ぬすむ
▶ うちの車が盗難にあった.
Our car *was stolen*. / We *had* our car *stolen*. / Someone *stole* our car.
盗難車 (自動車) a stolen car;(自転車) a stolen bicycle [bike]
盗難品 a stolen article [ストウルン アーティクル], stolen goods

どうにか ▶

どうにか somehow [サムハウ]；(どうにか…する) manage [マネヂ] to ...
▶ どうにか国語の追試に合格した.
I *managed to* pass the Japanese makeup (exam).
▶ どうにか夏休みの宿題が終わりそうだ.
Somehow I'll be able to get through my summer homework.

どうにも
▶ 手おくれで，もうどうにも手のほどこしようがありません.
It's *too* late *to* do anything about it now.
▶ どうにもしようがない.
We can't help it. / There's no way.

とうにゅう 豆乳 soy [ソイ] milk

とうばん 当番 (順番) my turn [ターン]；(義務) my duty [デューティ]
▶ 今日は私たちの班が教室のそうじ当番だ.
It's our group's *turn* to clean the classroom today.
▶ 今日の当番はだれですか.
Who is on *duty* today?

とうひょう 投票 voting [ヴォウティング]
投票する vote [ヴォウト] (for)
▶ だれに投票しますか.
Who are you going to *vote for*?
▶ 投票で決めよう.
Let's *vote* on it. ／ Let's *take a vote*.
▶ 過半数の生徒がその案に賛成の投票をした.
The majority of the students *voted for* the plan. (▶「反対の」と言うときは for の代わりに against を使う)
投票所 a polling station [place]
投票箱 a ballot [バロト] box
投票日 an election day
投票用紙 a ballot

とうふ 豆腐 tofu (▶英語化している)，(soy) bean curd [カ〜ド]
▶ 豆腐1丁
a cake [block] of *tofu*

とうぶ 東部 the eastern part, the east [イースト]
▶ 関東の東部 the eastern part of Kanto

どうふう 同封する enclose [エンクロウズ]
▶ 遊園地でとった写真を同封します.
I enclose [I'm enclosing] some photos we took in the amusement park.

どうぶつ 動物

an **animal** [アニマル]
▶ 野生動物 wild *animals*
▶ 動物にえさを与えないでください (掲示)
Don't Feed the *Animals*

> **プレゼン**
> 人間と動物はうまく共存していくべきです.
> Humans and animals should live together in harmony.

▶ 彼は大の動物好きだ. He loves *animals*.
動物園 a zoo
▶ 旭山動物園 (the) Asahiyama *Zoo*
動物学者 a zoologist
動物病院 an animal hospital

とうぶん¹ 当分 (しばらく) for a while [(フ)ワイル]，for some time；(さしあたり) for now
▶ とうぶんの間，会えないね.
We can't see each other *for a while*.
▶ とうぶんはこれで間に合わせるよ.
I'll make do with this *for now*.

とうぶん² 等分
▶ ケーキを6等分した.
We *cut* the cake *into* six *equal* pieces.

とうほく 東北 the northeast [ノースイースト] (▶日本語では「東北」とも「北東」ともいうが，英語ではつねに北を先にいう)
東北地方 the Tohoku district [region]

どうみゃく 動脈 an artery [アーテリィ] (対 静脈 vein)

とうみん 冬眠 hibernation [ハイバネイション]，《口語》winter sleep
冬眠する hibernate [ハイバネイト]，《口語》go into a winter sleep

とうめい 透明な (水などが) clear [クリア]，transparent [トランスペアレント]
▶ 透明な水 *clear* water
▶ 透明なビニールぶくろ
a *clear* [*transparent*] plastic bag

どうめい 同盟 an alliance [アライアンス]

どうめいし 動名詞《文法》a gerund [チェランド]

どうも

560 five hundred and sixty

◀ **とうろん**

1 (ひじょうに) **very** (**much**) [ヴェリィ（マッチ）], **a lot** [ラット]
▶ どうもありがとう.
　Thank you *very much*. ／（くだけて）Thanks *a lot*.

🗨 スピーキング
Ⓐ どうもすみません.
　I'm very sorry. ／ I'm so sorry.
Ⓑ ああ，いいんですよ.
　That's all right. ／ Don't mention it.

2 (なんだか) **somehow** [サムハウ]
▶ どうも納豆は好きになれないんです.
　I *somehow* don't care for *natto*.
▶ このパソコンはどうも調子が悪い.
　There is *something* wrong with this computer.

どうもう どう猛な **wild** [ワイルド], **fierce** [フィアス]

トウモロコシ (植物)《米》**corn** [コーン],《英》**maize** [メイズ] (▶《英》では corn は小麦などの穀物をさす)
▶ (皮つきの) トウモロコシ１本
　an ear of *corn*

どうやって how [ハウ]
▶ そこへはどうやって行けばいいの？
　How do I get there?

どうやら 1 (どうにか…する) **manage** [マネヂ] **to ..., somehow**
▶ どうやら今晩中に宿題が終わりそうだ.
　I think I'll *manage to* finish the homework by tonight.

2 (どうも…らしい) **be likely** [ライクリィ] **to ...**
▶ どうやら今夜は雨になりそうだ.
　It's likely to rain tonight. ／ *It looks like* rain tonight.

とうよう 東洋 **the East** [イースト] (対 西洋 West), **the Orient** [オーリエント]
東洋の **Eastern, Oriental**
▶ 東洋一大きな動物園
　the biggest zoo in *the East*
東洋人 **an Oriental, an Asian** [エイジャン]
東洋文明 **Oriental civilization** [スィヴィリゼイション]

どうよう¹ 童謡 **a children's song, a nursery rhyme** [ナ～サリィ ライム]

どうよう² …と同様に **like** [ライク] ..., **as ～ as** ... →おなじ

▶ このカメラは新品同様だよ.
　This camera is *as* good *as* new.

どうよう³ 動揺する（心が）**get upset** [アプセット];（動揺している）**be upset**
▶ そんなことで動揺することはないよ.
　You don't have to *get upset* about it.

✏ ライティング
その知らせを聞いて私は動揺しました.
I was upset when I heard the news.

どうり 道理 **reason** [リーズン]
道理にかなった **reasonable**
どうりで **No wonder** [ワンダァ] ..., Now I know why ...
▶ もう１時か. どうりでおなかがすくわけだ.
　It's already one. *No wonder* I'm so hungry.

どうりつ 道立の **Hokkaido Prefectural** [プリフェクチュラル]
▶ 道立の高校
　a *Hokkaido Prefectural* high school

とうるい 盗塁 (野球) **a steal** [スティール]
盗塁する **steal** (a base)

どうろ 道路
a road [ロウド];（街路）**a street** [ストゥリート]
▶ 高速道路
　《米》an express*way* ／ a free*way* ／《英》a motor*way*
▶ 一般道路 a non-express*way*
▶ 有料道路 a toll *road*
▶ 道路で遊んじゃいけません.
　Don't play on the *street*.
▶ 道路は混んでなかった？
　Wasn't the *traffic* heavy?
道路工事（道路建設）road construction;（補修工事）road work, road repairing
道路地図 a road map
道路標識 a road sign [サイン]

とうろく 登録 **registration** [レヂストゥレイション]
登録する **register** [レヂスタァ]

とうろん 討論（話し合い程度の）**(a) discussion** [ディスカション];（本格的な）**(a) debate** [ディベイト]
討論する **discuss; debate**
▶ 討論は３時間続いた.

あかさとなはまやらわ

five hundred and sixty-one　561

どうわ ▶

The *discussion* lasted for three hours.

討論会 a discussion, a debate

どうわ 童話 a children's story；(おとぎ話) a fairy tale [フェ(ア)リ テイル]

とえい 都営の metropolitan [メトゥロパリトゥン]

とお ＋ ten [テン] →**じゅう¹**

▶ 毎月の10日に
on the *10th* of every month

▶ (かくれんぼなどで) 十数えるまで目を開けちゃだめだよ.
Don't open your eyes till you count (up) to *ten*!

とおい 遠い

(距離・関係が) **far** [ファー] (反 近い near)，**be a long way**，**distant** [ディスタント]

📣**スピーキング**

Ⓐ ここから遠いんですか.
Is it far from here?

Ⓑ 遠くありませんよ. 歩いて5分ぐらいです.
Not far. It's about a five-minute walk.

▶ ここから湖まではずいぶん遠いですよ.
It's quite *far* from here to the lake. / It's *a* very *long way* from here to the lake.

▶ 西さんはうちの遠い親せきなんだ.
Mr. Nishi is a *distant* relative of ours.

▶ 祖母は耳が遠い.
My grandmother is *hard of hearing*.

とおく(に) 遠く(に)

far [ファー] **(away)**，**a long way off**，**in the distance**

▶ あまり遠くまで行っちゃだめよ.
Don't go too *far*.

▶ 学校は家からそんなに遠くない.
My school isn't so *far* from my house.

▶ 遠くに富士山が見えるよ.
You can see Mt. Fuji *in the distance*.

とおざかる 遠ざかる move away, go away

▶ パレードは私たちから遠ざかっていった.
The parade *moved away* from us.

とおざける 遠ざける keep ... away 〈from〉

-どおし …通し all ..., the whole [ホウル] ... →**ずっと**

▶ 今日は1日歩き通しだった.
I walked *all* day long today. (▶ all day long の代わりに the whole day も使える)

▶ 東京まで立ち通しでした.
We had to stand *all the way* to Tokyo.

-(を)とおして …を通して through [スルー]，over

とおす 通す

1 (通過させる) **pass** [パス] 〈through〉

▶ 針に糸を通す
pass a thread *through* a needle

▶ ちょっと通してください.
Please let me *pass*. (▶この意味では単に Excuse me. と言ってもよい)

2 (中へ入れる) **show** [ショウ] ... into

▶ お客様を居間にお通ししなさい.
Show the guests *into* the living room, please.

3 (やり通す)

▶ エミリーは一生独身で通した.
Emily *remained* single all her life.

▶ この本に目を通しておくとよい.
You should *read* this book *through*.

トースター a toaster [トウスタァ]

トースト toast [トウスト]

▶ けさはトースト1枚と紅茶だった.
I had a slice of *toast* and tea this morning.

トーテムポール a totem pole [トウテムポウル]

ドーナツ a doughnut [ドウナト]，a donut

トーナメント a tournament [トゥアナメント]

ドーピング doping [ドウピング]

ドーベルマン (動物) Doberman [ドウバマン]

とおまわし 遠回しの indirect [インディレクト]

遠回しに indirectly

▶ 遠回しに言う say *indirectly*

562 five hundred and sixty-two

◀ **とき**

とおまわり 遠回り →まわり
ドーム a dome [ドゥム]
▶ 東京ドーム
Tokyo *Dome*

とおり 通り

a street [ストゥリート], a road [ロゥド]；(大通り) an avenue [アヴェニュー]
▶ この通りをまっすぐ行くと駅に出ます.
Go down this *street*, and you'll find the station. / This *street* goes[leads] to the station.
▶ この通りは交通量が多い.
This *street* [*road*] is busy.

-とおり, -どおり …通り as [アズ]
▶ そのとおり.
That's *right*. / (あなたのいうとおり) You're *right*.
▶ ご存じのとおり *as* you know
▶ いつもどおり練習が始まった.
Practice started *as* usual.
▶ 言われるとおりにしなさい.
Do *as* you are told. / Do *as* I tell you.
▶ 思っていたとおりビルは来なかった.
Just *as* I thought, Bill didn't come.

とおりかかる 通りかかる pass by
とおりすぎる 通り過ぎる pass [パス]
▶ 学校に行く途中_{ちゅう}で救急車が前を通りすぎた.
The ambulance *passed* us on our way to school.

とおる 通る

1 pass [パス] (by)；go [pass] through [スルー]；(運行する) run
▶ 公園を通っていこうよ.
Let's *go through* the park.
▶ この地下鉄は銀座を通りますか (→銀座に行きますか).
Does this subway *go* to Ginza?
▶ バスは20分ごとに通っている.
The buses *run* every 20 minutes.
2 (合格する) pass
▶ 彼は試験に通った.
He *passed* the exam.

トーン a tone [トゥン]

-とか →-など, -や
▶ ヨーロッパには，パリとかローマとか古い

都市がたくさんある.
There are many old cities in Europe, *such as* Paris and Rome.

とかい 都会 a city [スィティ]；a town [タゥン] (反 いなか the country)
▶ 私は都会よりもいなかのほうが好きだ.
I prefer the country to the *city*.
▶ 若者は都会にあこがれる.
Young people are attracted to *cities*.
都会生活 city life, town life, urban life

トカゲ (動物) a lizard [リザド]

とかす[1] 溶かす (熱を加えて) melt [メルト]；(液体に) dissolve [ディザルヴ]
▶ フライパンにバターをとかしなさい.
Melt the butter in a frying pan.
▶ 塩をお湯にとかしなさい.
Dissolve the salt in hot water.

とかす[2] (くしで) comb [コゥム]；(ブラシで) brush [ブラッシ]
▶ 髪_{かみ}をとかしなさい.
Brush [*Comb*] your hair.

どかす move ... out of the way
▶ すみませんが，荷物をどかしてもらえませんか．Excuse me, could you *move* your baggage *out of the way*?

とがる とがった pointed [ポインティド], sharp [シャープ]
▶ とがったえんぴつ a *sharp* pencil (▶「シャープペンシル」は a mechanical pencil という)

トキ (鳥) a Japanese crested ibis [クレ ステイド アイビス]

とき 時 →じかん

(時間・期間) (a) time [タイム]
▶ 時のたつのは早い (＝光陰_{こういん}矢のごとし). (ことわざ)
▶ 時は金なり. (ことわざ) *Time* is money.
▶ だいじょうぶ. 時がたてば彼女のことは忘れるさ. Take it easy. You'll forget her as *time* passes [goes by].
▶ 1人きりになりたい時がある.
There are *times* when I want to be alone.

┌─ ✐ライティング ─┐
沖縄では楽しい**時**を過ごしました.
We had a good time in Okinawa.
└──────────────┘

あ
か
さ
と
な
は
ま
や
ら
わ

five hundred and sixty-three **563**

－(する)とき

when [(フ)ウェン]

▶ 私が10歳のとき，うちは名古屋に引っ越してきた．
We moved to Nagoya *when* I was ten.

▶ ぼくらが中野先生を訪ねたとき，彼は不在だった．
When we visited Mr. Nakano, he was out.

▶ 日本を出発するときは電話をいただけますか？
Could you call me *when* you leave Japan? (▶接続詞の when の文中では未来のことでも現在形で表す)

「日本を出発するときは電話してね」
× Please call me when you will leave Japan.

この場合，未来を表す形は使えない．

○ Please call me when you leave Japan.

ときどき 時々

sometimes [サムタイムズ], **at times**

▶ 大輔はときどき授業に遅刻する．
Daisuke is *sometimes* late for class.

▶ くもり，ときどき雨．
Cloudy, with *occasional* rain. (▶ occasional は「時折の」という意味)

📝ライティング
私は学校の帰りにときどき書店に寄ります．
I *sometimes* stop by at the bookstore on my way home from school.

💬文法 **sometimes** の位置
原則として一般動詞の前か be 動詞のあと，助動詞があればそのあとにくるが，文頭，ときには文末にくることもある．→いつも

どき 土器 an earthen vessel [アースン ヴェセル]

どきっ どきっとする（おどろく）be startled [スタートゥルド]

どきどき (心臓が鼓動する)beat [ビート]; (不安で) feel nervous [ナ～ヴァス]

▶ 由美に会うといつも胸がどきどきする．
Every time I see Yumi, my heart always *beats* very fast.

▶ 試験前はいつもどきどきする．
I *feel nervous* before every exam.

ときめく (胸が) beat [ビート]

▶ 彼に話しかけられて胸がときめいた．
My heart *beat fast* when he talked to me.

ドキュメンタリー a documentary [ダキュメンタリィ]

▶ ドキュメンタリー映画
a *documentary* film

どきょう 度胸がある have guts [ガッツ], have nerves of steel

▶ きみは度胸があるな．
You *have guts*. / You are *brave*!

ときょうそう 徒競走 a footrace [フトゥレイス]

徒競走をする run a *footrace*

とぎれる 途切れる break [ブレイク] (off); (音声が) break up, be choppy [チャピィ]

▶ 2人の会話はふととぎれた．
There was a sudden *break* in their conversation. (▶ break の代わりに pause も使える)

▶ 音がとぎれます．接続が悪いようです．
The sound *is breaking up*. I think we have a bad connection.

とく¹ 解く（問題を）answer [アンサァ], solve [サルヴ]；(ひも・結び目を) undo [アンドゥー], untie [アンタイ]

▶ 次の問題を解きなさい．
Answer the following questions.

▶ この問題の解き方を教えてください．
Please teach me how to *solve* this problem [*answer* this question].

▶ マイケルはその包みをすばやく解いた．
Michael quickly *undid* the package.

とく² 得（利益）(a) profit [プラフィット] (反) 損 loss)

得する make a profit, gain [ゲイン]

▶ このセーター，セールで買って3000円も

得しちゃった (→節約した).
I got this sweater on sale and *saved* 3,000 yen.

▶ そんなことをしてきみに何の得になるのか.
What can you *gain* by doing it?

得な (経済的な)economical[イーコナミカル]

▶ 飛行機で行くよりも新幹線のほうが得だ.
It's more *economical* to go by Shinkansen than by plane.

とぐ 研ぐ (刃物を)sharpen[シャープン]; (米を) wash[ワッシ]

▶ ナイフをとぐ
sharpen a knife

▶ 米をとぐ
wash the rice

どく¹ 毒 (毒物) (a) poison[ポイズン]; (へび・昆虫ちゅうなどの) venom[ヴェノム]; (有害なもの) harm[ハーム]

毒のある poisonous[ポイゾナス]
毒ガス poison gas
毒キノコ a poisonous mushroom
毒ヘビ a poisonous snake
毒薬 a poison

▶ このクモには毒がある.
This spider is *poisonous*.

▶ 喫煙は体に毒だ.
Smoking is *bad* for your health.

どく² →よける

▶ どいて！
Get out of my way! / Step aside!

▶ すみません. どいてもらえますか.
Excuse me, but you're in my way.
(▶ be in *my* way で「(私の行く) 道をふさいでいる」の意味)

とくい 得意

1 (じょうずな) **good**[グッド] (at) (反) 不得意な **bad, poor**; (科目などが) **strong**[ストゥロ(ー)ング]

> 💬表現力
> …が得意だ
> → be good at ... /
> be strong in ...

▶ 健吾は国語が得意だ.
Kengo *is good at* Japanese. /
Kengo *is strong in* Japanese. / (得意科目) Japanese is Kengo's *strong* subject.

> 🎤スピーキング
> Ⓐ 得意な科目は何？
> What are your strong subjects?
> Ⓑ 数学と理科かな.
> Math and science, I think.

▶ 良平はスポーツは何でも得意だ.
Ryohei *is good at* all sports.

> 💬表現力
> …するのが得意だ
> → be good at -ing

▶ 姉は料理 (をするの) が得意だ.
My big sister *is good at cooking*. /
My big sister is a *good* cook. / My big sister cooks *well*.

2 (自慢の) **proud**[プラウド] (of) →じまん

▶ 勇太はテニス大会に優勝して得意になっている.
Yuta is *proud* that he won the tennis championship.

得意そうに, 得意げに proudly

▶ 彼は得意げに新しい携帯恐を私たちに見せた.
He *proudly* showed us his new cellphone.

3 (常連客) a regular customer[カスタマァ]

とくぎ 特技 my specialty[スペシャルティ]

▶ スキーが特技です.
Skiing is my *specialty*.

どくさい 独裁 dictatorship[ディクテイタシプ]
独裁者 a dictator[ディクテイタァ]

とくさんぶつ 特産物 a special product[スペシャル プラダクト]

どくじ 独自の original[オリヂナル]; (自分自身の) my own

▶ それは彼独自の発想だった.
It was his *original* idea.

とくしつ 特質 a characteristic[キャラクタリスティク]

どくしゃ 読者 a reader[リーダァ]
読者欄 a readers' column[カラム]

とくしゅ 特殊な special[スペシャル]

▶ 彼女には音楽に特殊な才能がある.
She has a *special* talent for music.

とくしゅう 特集 (テレビ・雑誌などの) a feature[フィーチァ] (article)
特集する feature
特集号 a special issue[イシュー]

five hundred and sixty-five **565**

どくしょ ▶

どくしょ 読書

reading [リーディング]
読書する read
▶ 読書が私のいちばんの気晴らしです.
Reading is my favorite pastime.
▶ 彼には読書する時間もない.
He has no time to *read*.
読書家 a great reader
読書会 a reading circle [サ～クル]
読書感想文 a book report
読書室 a reading room
読書週間 Book Week

どくしょう 独唱 a (vocal) solo [ソゥロゥ]
（複数 solos)
独唱する sing a solo
独唱会 a (vocal) recital [リサイトゥル]

とくしょく 特色 a characteristic [キャラク
タリスティク] →とくちょう¹

どくしん 独身の single [スィングル],
unmarried [アンマリド] (反 結婚している
married)
▶「お姉さんは独身なの？」「いや，去年結婚
したよ」 "Is your sister *single*?" "No,
she got married last year."
独身生活 a single life

とくせい 特製の specially [スペシャリィ]
made

どくせん 独占する have ... to *my*self
▶ 父はうちのパソコンを独占している.
My father *has* the personal
computer all *to himself*.
▶ 兄は独占欲が強いんだよ.
My brother is very *possessive*.

どくそう¹ 独創的な original [オリヂナル]
▶ 健吾の出した案は独創的だ.
Kengo's plan is *original*.

どくそう² 独奏 a solo [ソゥロゥ] (複数
solos)
独奏する play a solo
▶ バイオリン独奏 a violin *solo*
独奏会 a recital [リサイトゥル]
独奏者 a soloist [ソゥロゥイスト]

とくだね 特種 a scoop [スクープ]

とぐち 戸口 a door, a doorway[ドーウェイ]

とくちょう¹ 特徴

a **characteristic** [キャラクタリスティク], a
feature [フィーチァ];（人の性格上の)quality

特徴のある characteristic, typical
▶ 日本人の特徴を１つ挙げてくれますか.
Can you name one *characteristic* of
the Japanese people?
▶ ケイトのいちばんの特徴はその大きな目だ.
Her big eyes are Kate's best
feature.

とくちょう² 特長 a feature [フィーチァ];
（長所) a strong point, a good point
▶ この新しい携帯電話には，３つの新しい
特長がある. This new cellphone has
three new *features*.

とくてん¹ 得点

（試験)（米) a **score** [スコー(ァ)],（英) a
mark [マーク];（競技) a score, a point
[ポイント]
得点する score
▶「英語の得点は何点だった？」「80点だった」
"What did you *score* [*get*] in
English?" "80 *points* [*percent*]."

📢 スピーキング
Ⓐ 得点はいま何点ですか.
What's the score now?
Ⓑ ２対２です.
It's two to two.

▶ 相手チームが前半に２点得点した.
The opposing team *scored* two
points in the first half.

スポーツの得点の表し方

競技名	得点
American football（アメリカンフットボール)	point
baseball（野球)	run
basketball（バスケットボール)	point
ice hockey（アイスホッケー)	goal
rugby（ラグビー)	point
soccer（サッカー)	goal
table tennis（卓球)	point, game
tennis（テニス)	point, game, set
volleyball（バレーボール)	point, set

566 five hundred and sixty-six

◀ **とけい**

とくてん² 特典 a privilege [プリヴェレヂ]
どくとく 独特の own [オウン], typical [ティピカル], unique [ユーニーク]
▶ この島には独特の風習がある.
This island has its *own* customs. / This island has some *unique* customs.

とくに 特に

(ほかとくらべて) **especially** [エスペシャリィ], (特別の目的で) **specially** [スペシャリィ]; (いくつかあるものの中で特に) **particularly** [パティキュラリィ]
▶ 私は特にこの曲が好きだ.
I *especially* like this song.
▶ 私は勉強が苦手で, 特に理科がだめだ.
I'm not doing well in my studies, *particularly* in science.
▶ この本は特に子どもたちのために書かれた.
This book was written *specially* for children.

とくばい 特売 a sale [セイル] →セール
▶ 本日特売日《掲示》 *Sale* Today
特売で《米》on sale ; at a sale
▶ それ, きのう特売で買ったの.
I bought it *on sale* [*at a sale*] yesterday.
特売品 a bargain [バーゲン]

とくはいん 特派員（新聞などの）a correspondent [コ(ー)レスパンデント]

とくべつ 特別の →とくに

special [スペシャル], **particular** [パティキュラァ]
▶ 遅刻した特別な理由でもあるのですか.
Is there any *special* [*particular*] reason why you were late?
▶ 今日は特別することがない.
I have nothing *particular* to do today.
特別に specially, especially
▶ あなたのために特別にこれらのミートパイを作りました.
I made these meat pies *specially* for you.
特別活動（学校の）extracurricular [エクストゥラカリキュラァ] activities
特別急行 a special express
特別支援学級 a class for special needs education

特別支援学校 a school for special needs education
特別支援教育 special needs education
特別賞 a special prize
特別番組 a special program
特別料金（割増）an extra (charge)；（割引）a discount price

とくめい 匿名の anonymous [アナニマス]
▶ とく名で手紙を書く [投書する]
write an *anonymous* letter
▶ 私はとく名希望です.
I wish to remain *anonymous*.

とくゆう 特有の（独自の）my own [オウン]；（風変わりな）peculiar [ピキューリャ]
▶ どの地域にもその地域特有の習慣がある.
Every region has *its own* customs.

どくりつ 独立

independence [インディペンデンス]
独立の, 独立した independent 《of》
▶ 兄はすでに親から独立している.
My big brother is already *independent of* my parents. / My big brother is already (living) *on his own*. (▶ on *my* own で「自活して」の意味)
独立記念日 Independence Day
独立国 an independent country

どくりょく 独力で by *my*self, for *my*self, on *my* own
▶ 何でも独力でやってみなさい.
Try to do everything *by yourself*. (▶ by yourself の代わりに for yourself, on your own でもよい)

とげ（木材などの）a splinter [スプリンタァ]；（植物の）a thorn [ソーン]
▶ バラにとげあり. (ことわざ)
Roses have *thorns*. / No rose without a *thorn*.
▶ 指にとげがささった. とって！
I got a *splinter* in my finger. Please take it out!

とけい 時計

（置き時計など）a **clock** [クラック]；（腕時計など）a **watch** [ワッチ]
▶ 時計の長針
a minute hand of a *watch* [*clock*] (▶

five hundred and sixty-seven　567

とける ▶

「短針」は an hour hand)
▶ あの時計は進んでいる.
That *clock* is fast. (▶「おくれている」と言うときは fast の代わりに slow を使う)
▶ 私の時計は2分進んでいる.
My *watch* is two minutes fast.
▶ あの古いかけ時計は1日に2分進む.
That old *clock* gains two minutes a day. (▶「おくれる」と言うときは gains の代わりに loses を使う)
▶ きみの時計，合ってる？
Does your *watch* keep good time?
▶ 私は時計を時報に合わせた.
I set my *watch* by the time signal.
▶ 目覚まし時計を6時に合わせた.
I set the *alarm* (*clock*) for six.

💬用法 clock と watch
clock は置き時計やかけ時計に, watch は携帯用の時計に使う.

①・②が clock, ③・④が watch.

時計台 a clock tower
時計店 a watch store [shop] (▶時計製造者や時計修理人は a watchmaker)
時計回りに clockwise [クラクワイズ]

ℹ️参考 時計のいろいろ
腕時計 a wristwatch / 柱時計 a wall clock / 目覚まし時計 an alarm clock / はと時計 a cuckoo clock / 懐中時計 a pocket watch / アナログ時計 an analog watch [clock] / デジタル時計 a digital watch [clock] / クオーツ時計 a quartz watch [clock] / 防水時計 a waterproof [water-resistant] watch / 日時計 a sundial / 砂時計 a sandglass, an hourglass

とける 溶ける, 解ける (固体が) melt [メルト]；(問題などが) be solved [サルヴド]

▶ 氷はすぐにとけてしまった.
The ice *melted* instantly.
▶ その疑問は彼の手紙で解けた.
The problem *was solved* by his letter.

とげる 遂げる
▶ 目的をとげる
achieve [アチーヴ] my end(s) / *achieve* my goal(s)
▶ 思いをとげる
realize my dream
▶ 情報技術はめざましい進歩をとげてきた.
Information technology *has made* remarkable progress.

どける (じゃまなので) get [move] ... out of the way；(かたづける) take away
▶ その箱, どけてもらえますか.
Could you *get* that box *out of the way*?
▶ これ, どけてくれる (→かたづけてくれる)？
Would you *take* this *away*?

とこ 床 a bed [ベッド] →ベッド
▶ 床につく go to *bed* →ねる¹
▶ 病気で床についている be sick in *bed*

どこ

where [(フ)ウェア]
▶ トイレはどこですか.
Where's the restroom?
▶ 学校はどこに通っているの？
Where do you go to school?
▶ 「お母さん, どこに行くの？」「ちょっとスーパーまで」
"*Where* are you going, Mom?" "Just to the supermarket."

🗣️スピーキング
Ⓐ どこの出身ですか.
　Where are you from?
Ⓑ 青森です.
　I'm from Aomori.

▶ 東京のどこにお住まいですか.
Where do you live in Tokyo? / *Where* in Tokyo do you live? / *What part* of Tokyo do you live in?
▶ すみません. ここはどこでしょうか.
Excuse me, *where* am I? (▶2人以上のときは Where are we? という)

◀ - ところ

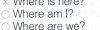
「ここはどこですか」
× Where is here?
○ Where am I?
○ Where are we?

▶ どこに行けばパスポートをつくってもらえるか知ってる？
Do you know *where* to get a passport?
▶ どこにお勤めですか．
Which company do you work for? (▶会社の場所を聞くときは Where's your office? のようにいう)
▶ 沖縄の県庁所在地はどこですか．
What's the prefectural capital of Okinawa?
▶ 京都ではどこのお寺に行ったの？
What [*Which*] temples did you visit in Kyoto?

どこか《ふつう肯定文で》somewhere [サム(フ)ウェア]；《疑問文や if の文で》anywhere [エニ(フ)ウェア]
▶ 以前どこかでお会いしましたね．
I think we've met *somewhere* before.
▶ どこかでそのかぎを見つけたら教えて．
Let me know if you find the key *anywhere*.

🗣スピーキング
Ⓐ きのうはどこかへ行ったの？
Did you go *anywhere* yesterday?
Ⓑ ううん，ずっと家にいたよ．
No, I stayed home all day.

どこ(で)でも（制限なくどこでも）anywhere [エニ(フ)ウェア]；（あらゆるところで）everywhere [エヴリ(フ)ウェア]
▶「どこに行きたい？」「どこでもいいよ」
"Where do you want to go?" "*Anywhere* is all right."
▶ それは世界中のどこででも手に入る．
It is available *everywhere* in the world.

とことん thoroughly [サ〜ロウリィ]
どこにも…ない not ... anywhere [エニ(フ)ウェア], nowhere [ノウ(フ)ウェア]
▶ ぼくにはどこにも行くところがなかった．

I *didn't* have *anywhere* to go. / I had *nowhere* to go.
とこのま 床の間 a *tokonoma*, an alcove [アルコウヴ] (in a Japanese house)
どこまで（距離·程度）how far [ファー]
▶ 遠足はどこまで行くの？
How far are you going on the outing?
どこまでも to the last, to the end
▶ われわれはどこまでも戦うつもりだ．
We are going to fight *to the last*.
とこや 床屋（理髪師）a barber [バーバァ]；(理髪店) a barbershop
▶ きのう床屋へ行った．I went to the *barbershop* yesterday. / (散髪してもらった) I had a haircut yesterday.

ところ 所

1（場所）a **place** [プレイス]；(住所) an **address** [アドゥレス, アドゥレス]
▶ すてきなところね！
What a nice *place* (it is)!
▶ お所とお名前を教えていただけますか．
May I have your name and *address*? (▶英語では名前が先で住所があとに)
▶ 北海道には見る所がたくさんある．
There are a lot of *places* to see in Hokkaido.
▶ 所変われば品変わる．(ことわざ)
So many countries, so many customs. (▶「国の数だけ習慣の数もある」の意味) / Each country has its own customs.
2（部分）a **part** [パート]
▶ その本でいちばん好きなところはどこですか．
What is your favorite *part* of the book?
▶ 由香はちょっとはずかしがりやのところがある．Yuka is *kind of* shy.

-ところ

使い分け
…しているところだ → be -ing
…するところだ → be going to ... / be about to ...
…したところだ → have ＋過去分詞

five hundred and sixty-nine 569

ところが ▶

1 (…しているところだ) **be -ing**
▶ ケンはいまシャワーを浴びているところだ.
Ken *is taking* a shower now.

2 (…するところだ) **be going to ...., be about to ...**
▶ これから買い物に行くところなんだ.
I'*m going to* do some shopping now.
▶ ちょうど出かけようとしていたところに電話がかかってきた.
The phone rang when I *was about to* leave.

3 (…したところだ) **have ＋過去分詞**
▶ 「お昼は食べたの？」「うん，ちょうど食べたところ」
"Did you have lunch?" "Yeah, I'*ve* just *had* it."
▶ 図書館へ行ってきたところなんだ.
I'*ve* just *been* to the library.

4 (もう少しで…するところだった) **almost** [オールモウスト], **nearly** [ニアリィ]
▶ その女の子はもう少しで車にひかれるところだった.
The girl was *almost* run over by a car.

ところが but [バット] →しかし

-どころか (…とはほど遠い) **far from**；(…は言うまでもなく) **not to mention, to say nothing of ...**
▶ 真央は病気どころかぴんぴんしている.
Far from being sick, Mao is actually very active.
▶ 健太はサンドイッチどころかサラダもろくに作れない.
Kenta can't even make salad *not to mention* sandwiches.

ところで (それで) **well** [ウェル]；(さて) **now** [ナウ]；(それはそうと) **by the way**
▶ ところで，試合はどうだった？
By the way, how was your game?

ところどころ 所々 **here and there**

どさっと **with a thud** [サッド]
▶ 雪が屋根からどさっと落ちた.
The snow fell from the roof *with a thud*.

とざん 登山 climbing [クライミング], mountain [マウンテン] climbing
登山する go up a mountain, climb a mountain

▶ この夏，富士登山をしようよ.
Let's *climb* Mt. Fuji this summer.
登山家 a mountaineer [マウンテニア]
登山靴 climbing boots
登山者 a (mountain) climber
登山隊, 登山パーティー a climbing party

とし¹ 年

使い分け
(こよみの) → year
(年齢) → age

1 (こよみの) a **year** [イア]
▶ 年の始めに
at the beginning of the *year*
▶ 年ごとに *year* by *year*
▶ 年がたつにつれて as the *years* go by
▶ どうぞよいお年を.
I wish you a happy New *Year*. (▶□頭では Happy New Year! という)

2 (年齢) an **age** [エイヂ], **years**
年とった old
年をとる grow old
▶ 14の年に at the *age* of fourteen

スピーキング
Ⓐ お年はいくつですか.
How old are you?
Ⓑ 90だよ.
I'm ninety (years old).

▶ 弟はちょうどきみと同じ年だよ.
My brother is just your *age*.
▶ ジャックとジルは同い年です.
Jack and Jill are the same *age*.
▶ 祖父は年をとるにつれて，やさしくなってきた.
As he *grew older*, Grandpa became gentler.

とし² 都市 (市) a city [スィティ]；(都会) a town [タウン] →とかい
▶ 都市部 *urban* areas
都市ガス city gas
都市銀行 a city bank
都市計画 city planning

ドジ ドジな (まぬけな) stupid [ステューピド], silly [スィリィ]
▶ ドジなまちがいをする
make some *stupid* mistakes

570 five hundred and seventy

◀ **とじる**²

▸ 浩太のやつ，またドジをふんだぞ！
Kota *made a blunder* again!

としうえ 年上の older [**オ**ウルダァ]（反 年下の younger）
▸ 私の彼，2歳年上なんだ．
My boyfriend is two years *older* than me.（▸ me の代わりに I am ともいう）.
▸ 玲子と由里子，どっちが年上？
Who is *older*, Reiko or Yuriko?
▸ 浩介はクラブの中でいちばん年上だ．
Kosuke is the *oldest* in the club.

とじこめる 閉じ込める shut [**シャット**] up
▸ 王は王女を塔の中に閉じこめた．
The king *shut up* the princess in a tower.

とじこもる 閉じこもる shut *my*self up (in)
▸ 姉はずっと部屋に閉じこもったままだった．
My sister *shut herself up in* her room for a long time.

としごろ 年ごろ (年配) age [**エ**イヂ]
▸ 私がお前ぐらいの年ごろにはバンドで音楽ばっかりやってたよ．
When I was about your *age*, I played in a band all the time.

としした 年下の younger [**ヤ**ンガァ]（反 年上の older）
▸ 妹はぼくより3歳年下です．
My sister is three years *younger* than me.（▸ me の代わりに I am ともいう）
▸ 修一と武志，どっちが年下なの？
Who is *younger*, Shuichi or Takeshi?
▸ 純はあなたより何歳年下？
How much *younger* is Jun than you?
▸ 私は5人の中でいちばん年下です．
I'm the *youngest* of the five.

-として as [**ア**ズ]
▸ 母は看護師として近くの病院で働いている．My mother works *as* a nurse at a nearby hospital.

-としては for [**フォー**(ァ)]
▸ きょうは12月としては暖かかった．
It was warm *for* December today.

-としても even if ... →たとえ (…でも)
どしどし without hesitation [ヘズィ**テ**イション]

▸ どしどしご応募ください．
Please *don't hesitate to* apply.

とじまり 戸締まりする lock [**ラック**] (up)
→かぎ
▸ 出かける前はちゃんと戸じまりしてね．
Be sure to *lock up* before you leave.

どしゃぶり 土砂降り
▸ 外はどしゃぶりだ．
It's *raining hard* outside. / It's *pouring* outside. / It's *raining cats and dogs* outside.
▸ 降ればどしゃぶり．(ことわざ)
When it rains, it *pours*.

としょ 図書 a book [**ブック**]
▸ 新刊図書 new *books*
図書室 a library, a reading room
▸ 学校の図書室でよく本を借りる．
I often borrow books from the school *library*.

ドジョウ (魚) a loach [**ロ**ウチ]

としょかん 図書館 a library [**ラ**イブレリィ]
▸ 私はこの本を図書館で借りた．
I borrowed this book from the *library*.

としより 年寄り (1人) an older person [**パ**～スン]；(全体) older people, elderly people
▸ 最近は元気なお年寄りが多い．
Nowadays there are many active *elderly people*.
▸ 彼女はお年寄りに親切だ．
She is kind to *the elderly*.

とじる¹ 閉じる

close [**クロ**ウズ], shut [**シャット**]（反 開ける open）
▸ それでは教科書を閉じて，あとについて言ってください．
Now *close* your textbooks and repeat after me.
▸ 目を閉じて10まで数えて．
Close your eyes and count up to ten.
▸ ぼくは本をバンと閉じた．
I *shut* the book with a bang.

とじる² 綴じる file [**ファ**イル]
▸ これらの記事をファイルにとじておいてください．

five hundred and seventy-one　571

としん ▶

Please *keep* these articles *on file*.

としん 都心 the center [センター] of a city

ドシン ドシンと (衝突^{しょうとつ}音など) with a bump [バンプ]; (落下音など) with a thud [サッド] →おと (図)
▶ 私はドシンとしりもちをついた.
I fell on my bottom *with a thud*.

トス a toss [トス]
トスをする toss
▶ ボールをトスする *toss* a ball

どせい 土星 (天文) Saturn [サタン] →わくせい (表)
▶ 土星の輪 *Saturn*'s rings

とそう 塗装 painting
塗装する paint

どそく 土足で (くつをはいたままで) with *my* shoes on
▶ 土足であがらないでもらえますか.
Would you take your shoes off?
▶ 土足厳禁 (掲示) Shoes Off

どだい 土台 (建物の) a foundation [ファウンデイション]; (基礎となるもの) a base [ベイス]

とだな 戸棚 (食器用)a cupboard[カバド], a cabinet [キャビネト]; (衣類用) (米)a closet [クラゼト]

トタン (金属) galvanized iron [ギャルヴァナイズド アイアン] (▶「トタン」はポルトガル語から)
トタン板 galvanized iron, (波形の) corrugated [コ(―)ラゲイティド] iron

-とたん (…するとすぐ) as soon as … →すぐ

どたんば 土壇場で at the last moment [モウメント]

とち 土地
(地所) land [ランド], ground [グラウンド]; (土) soil [ソイル]
▶ 土地を耕す plow the *land*
▶ 肥えた土地 rich *soil* [*land*]
土地の (地元の) local [ロウカル]

とちゅう 途中
1 (道の) on *my* way (to, from), on the way (to, from)
▶ 私は学校から家に帰る途中にいつも書店に寄る.

I always stop by the bookstore *on my way* home *from* school.

📝ライティング
私は学校に行く途中で美樹に会いました.
I saw Miki on my way to school.

2 (物事の) halfway [ハフウェイ]; in the middle [ミドゥル] of
▶ 勉強を途中であきらめるな.
Don't give up your studies *halfway*.
▶ お話の途中ですみませんが.
I'm sorry to interrupt you.
途中下車
▶ 彼は岐阜^{ぎふ}で途中下車した.
He *stopped over* at Gifu.

とちょう 都庁 →と²

どちら

使い分け
(どれ) → which
(どこ) → where
(だれ) → who

1 (どれ) which [(フ)ウィッチ] →どの -, どちらか(の), どちらも

💬表現力
どちらが…か → Which is …?

▶ どちらがあなたのかばんですか.
Which is your bag?
▶ (写真などを見て)「どちらがテッドですか」「これがテッドです」
"*Which is* Ted?" "This is Ted."

💬表現力
〜と…ではどちらが (より) …か
→ Which [Who] is … 比較級, 〜 or …?

▶「理科と英語ではどちらがやさしいですか」「理科です」
"*Which is easier*, science *or* English?" "Science is."

💬表現力
〜と…ではどちらが好きか
→ Which do you like better, 〜 or …?

▶「犬とネコとではどちらが好きですか」「犬

◀ どちらも

です」
"Which do you like better, dogs *or* cats?" "I like dogs better."

▶ 「パンとライス，どちらになさいますか」「パンでお願いします」
"Which would you like, bread *or* rice?" "I'd like bread."

2（どこ）**where**［(フ)**ウェ**ァ］→どこ

▶ どちらにお住まいですか.
Where do you live?

▶ どちらへお出かけですか.
Where are you going?

▶ ご住所はどちらですか.
What's your address?（▶×Where is your address? とはいわない）

3（だれ）**who**［フー］→だれ

▶ どちらさまですか.
May I ask [have] your name, please? / （ドアのノックに）*Who* is it, please?

▶ 「ジョンとマイクのどちらが速く走れるの？」「マイクよ」
"Who can run faster, John or Mike?" "Mike can."（▶「どちら（が）」と人を比較するときは which ではなく who を使うのがふつう）

💬 スピーキング

Ⓐ （電話で）どちらさまですか.
Who's calling, please?

Ⓑ ジョン・スミスです.
This is John Smith (calling).

どちらか(の)

either［イーザァ‖アイザァ］；（〜か…のどちらか）**either 〜 or ...**（▶「どちらも」は both（〜 and ...））

▶ きみかぼくかどちらかがまちがっている.
Either you are wrong *or* I am. / *Either* you *or* I am wrong.

▶ どちらかの日を選んでいいよ.
You can choose *either* date.

どちらかというと **kind**［カインド］of, **sort**［ソート］of；**would rather**［ラザァ］...；**prefer**［プリファ〜］〜 to ...

▶ 千尋はどちらかというと内気だ.
Chihiro is *kind of* shy.

▶ どちらかというと紅茶よりコーヒーが好きだ.
I *prefer* coffee *to* tea.

▶ どちらかというと今日は出かけたくない.
I'd *rather* not go out today.

どちらでも **either**［イーザァ‖アイザァ］；（…のうち）**either of ...**

▶ どちらでもいいよ. *Either* is OK.

▶ このパソコン，どちらでも使って.
You can use *either of* these computers.

どちらの

1（肯定文）（どちらでも）**either**［イーザァ‖アイザァ］...；（両方とも）**both**［ボウス］...

▶ どちらの日でもだいじょぶだよ.
Either day is OK.

▶ どちらの部屋もながめがいい.
Both rooms have good views. / *Both of* the rooms have good views.

2（否定文）**neither**［ニーザァ‖ナイザァ］..., **not 〜 either ...**

▶ どちらの映画もおもしろくなかった.
Neither movie was fun.

3（疑問文）**which**［(フ)ウィッチ］...

▶ 最初の曲と2番目の曲，どちらの曲が好き？
Which song do you like better, the first or the second one?

どちらも →りょうほう

1（肯定文）**both**［ボウス］；（〜も…もどちらも）**both 〜 and ...**

💬 表現力

…はどちらも → both of ... / both ...

▶ 両親はどちらも車の運転ができる.
Both (of) my parents drive a car.

▶ 2人はどちらもピアノをひきます.
Both of them play the piano. / They *both* play the piano.

💬 表現力

〜も…もどちらも → both 〜 and ...

▶ 直毅も渉もどちらも試合に出ることになっている.
Both Naoki *and* Wataru will be playing in the match.

▶ 愛子は勉強とスポーツのどちらもできる.
Aiko is good at *both* studies *and* sports.

2（否定文）**neither**［ニーザァ‖ナイザァ］, **not**

とっか ▶

あ

... **either** [イーザァ ‖ アイザァ]；（〜も…も…ない）**neither** 〜 **nor** ...，**not either** 〜 **or** ...

か

💬表現力
〜はどちらも…ない
→ **neither** 〜 / **not either** 〜

さ

▶ 2冊の本はどちらも役に立たなかった.
Neither book was useful.
▶ 彼らのどちらも知らない.
I *don't* know *either* of them.

と

💬表現力
〜も…もどちらも…ない
→ **neither** 〜 **nor** ... /
not either 〜 **or** ...

な

▶ 久美も恵美もどちらも準々決勝には進めなかった.
Neither Kumi *nor* Emi got through to the quarterfinals.
▶ ぼくはピアノもギターもどちらもひけない.
I *can't* play *either* the piano *or* the guitar.

は

とっか 特価 a bargain [バーゲン] price
▶ このパソコン, 特価で買ったんだ.
I bought this computer at a *bargain price*.

ま

とっかつ 特活 extracurricular activities [エクストゥラカリキュラァ アクティヴィティズ]

とっきゅう 特急（列車）a limited express, a special express

や

とっきょ 特許 a patent [パテント]
特許をとる patent

ドック （船の整備施設）a dock [ダック]

ら

とっくに already [オールレディ], long ago →すでに
▶ もうとっくに知ってるよ.
I knew it *long ago*. / That's no news to me.

わ

とっくん 特訓 special training [スペシャル トゥレイニング], intensive [インテンスィヴ] training
特訓する give a special training；train specially
▶ ぼくはいま英会話の特訓を受けている.
I'm now taking *intensive lessons* in English conversation.

とっけん 特権 a privilege [プリヴェレヂ]

とっさ とっさに（反射的に）reflexively [リ

フレクスィヴリィ]

ドッジボール dodge [ダッヂ] ball （▶単に dodge ともいう）
▶ ドッジボールをする play *dodge ball*

とっしん 突進する rush [ラッシ] (at), dash [ダッシ] (at), make a rush (at), make a dash (at)

とつぜん 突然 suddenly [サドゥンリィ]
とつぜんの sudden；unexpected
▶ とつぜん明かりが消えた.
Suddenly the lights went out.
▶ とつぜんの来客 an *unexpected* guest

どっち which [(フ)ウィッチ] →どちら
▶ 駅はどっち？
Which way is the station?
▶ （試合について）どっちが勝ってるの？
Who's winning?
▶ ぼくはどっちでもいいよ.
Either is OK with me.

どっちみち （いずれにせよ）anyway [エ ニウェイ]；（結局は）after all
▶ どっちみち, みんな助からないんだ.
After all, everyone dies.

とって 取っ手 a handle [ハンドゥル]；（ドアなどの）a knob [ナブ]
▶ 取っ手をまわす
turn a *handle* / turn a *knob*

-(に)とって for [フォー(ァ)], to [トゥー]
▶ このくつはぼくにとってたいせつなんです.
The shoes are precious *to* me.

とっておく 取っておく keep [キープ]；hold [ホウルド]

🗣スピーキング
🅐 おつりはとっておいて.
Keep the change.
🅑 どうも.
Thank you.

▶ あなたが送ってくれた手紙は全部とっておきます.
I'll *keep* all the letters (that) you sent me.
▶ （店の人に）それをあしたまでとっておいてもらえませんか.
Could you *hold* it for me until tomorrow?

とってかわる 取って代わる take the place of →かわる²
▶ CDはレコードにとって代わった.

574 five hundred and seventy-four

◀ **とどける**

CDs *took the place of* records.
とってくる 取って来る get [ゲット], go (and) get, 《英》fetch [フェッチ]
▶ パパ, 新聞とってくるね.
I'll *get* you the paper, Dad. / I'll *get* the paper for you, Dad.
▶ それをとってきてくれない？
Could you *go (and) get* it?
▶ （犬に向かって）さあ, スポッティー, とってこい！
Go get it, Spotty. / Here, Spotty, *fetch*.
ドット （点）a dot [ダット]
どっと
▶ 生徒たちはどっと笑った.
The students *burst out* laughing.
とっぱ 突破する （試合・試験など）win [ウィン], pass [パス]；（障害など）break through
▶ 目標は初戦突破だ（→初戦に勝つことだ）.
Our goal is to *win* the first game.
トッピング a topping [タピング]
トップ the top [タップ], the first [ファ〜ストゥ]
▶ 慶子はクラスでトップだ.
Keiko is at *the top* of our class.
トップバッター 《野球》a lead-off batter [man]
どて 土手 a bank [バンク]

とても →たいへん, ひじょうに

1 very [ヴェリィ]；《口語》really [リー(ア)リィ]；《口語》so [ソウ], a lot [ラット]
▶ 戸川先生はとてもいい先生です.
Ms. Togawa is a *very* good teacher.
▶ その映画はとてもこわかった.
The movie was *really* scary.
▶ 再会できてとてもうれしいです.
I'm *so* glad to see you again.（▶ *so* は女性に好まれる言い方）
▶ 自分の学校がとても好きだ.
I like my school *a lot*.（▶ *a lot* は動詞やその動詞の目的語のあとにおく）

● 表現力
とても〜なので…だ → so 〜 (that) ...
（▶ 会話では that を省略することが多い）

▶ とても寒かったので窓を全部閉めた.
It was *so* cold *(that)* I closed all the windows.

● 表現力
とても〜なので…できない
→ so 〜 (that) – can't[cannot] ... / too 〜 to ...

▶ その夜はとても暑かったので眠ることができなかった（→寝つけなかった）.
It was *so* hot that night *(that)* I *couldn't* go to sleep. / It was *too* hot *to* go to sleep that night. →あまり

2 （とうてい…ない）hardly [ハードゥリィ] ..., not possibly
▶ そんなこととても信じられないよ.
I can *hardly* believe it.
とどうふけん 都道府県
▶ 日本は47都道府県から成り立っています.
We have 47 *prefectures* in Japan.

とどく 届く

1 （着く）《人が主語で》get [ゲット], receive [リスィーヴ]；《物が主語で》be delivered [ディリヴァドゥ]
▶ ぼくのメール, 届いた？
Did you *get* [*receive*] my email?
▶ その小包はまだ届かない.
The parcel *has* not *arrived* yet. / The parcel *has* not *been delivered* (to me) yet.
2 （達する）reach [リーチ]
▶ 私はもうすぐ母の身長に届く.
I'll *reach* my mother's height soon.
▶ これは赤ちゃんの手の届かない所に置いといて.
Keep this out of the baby's *reach*.
とどけ 届(け) a report [リポートゥ], a notice [ノウティス]
▶ 欠席届(け)
a *notice* [*report*] of absence

とどける 届ける

1 （配達する）deliver [ディリヴァ]；（持っていく）take [ティク] ... to
▶ 家まで届けてもらえますか.
Can I have it *delivered* to my home?
▶ 道でさいふを拾ったので交番に届けた.
I found a wallet on the street and

five hundred and seventy-five 575

ととのう ▶

took it *to* the police box.

2 (通報する) **report** [リポート]

▶ すぐに警察に届けよう.
Let's *report* it to the police right away.

ととのう 整う **be ready** [レディ]

▶「準備は整ったの？」「うん，万事整っているよ」
"*Are* you *ready*?" "Yes, we are. Everything *is ready*."

ととのえる 整える（準備を）**get ... ready**；（調子を）**get into shape, get ... in good condition**

▶ すべての準備を整えるまでにどのくらいかかりますか.
About how long will it take to *get* everything *ready*?

▶ 次の試合にそなえて体調を整えておきなさい.
You have to *get into shape* for the next game.

とどまる 留まる **stay** [ステイ]

とどろく **roar** [ロー(ァ)]
とどろき a roar

ドナー a donor [ドゥナァ]
ドナーカード an organ donor card

トナカイ （動物）a reindeer [レインディア]
（[複数] reindeer）

どなた **who** [フー] →だれ

▶（電話で）どなたさまですか.
Who's calling, please? / May I ask *who*'s calling? (▶ Who are you? は「おまえはだれだ」という失礼な言い方になるのでふつうは使わない)

▶（ドアのノックに）「どなたですか」「健です」
"*Who* is it?" "It's Ken."

となり 隣の

next [ネクスト]；（家・部屋が）**next-door** [ネクストゥドー(ァ)]

…の隣の[に] next to ...

▶ 隣の町
the *next* town

▶ うちの隣の人
my (*next-door*) neighbor

▶ 隣の家
the house *next door*

▶ 隣の子
a child *next door*

▶ 航平はうちの隣のクラスだ.
Kohei is in the class *next to* us.

▶ 今度隣に越してきた山田です.
I'm your new *next-door neighbor*, Yamada. / I'm Yamada, your new *next-door neighbor*.

▶ コンビニは小学校の隣です.
The convenience store is *next to* the elementary school.

▶スピーキング

🅐 隣にすわってもいいですか.
May I sit next to you?

🅑 ええどうぞ.
Sure.

隣近所 the neighborhood [ネイバフド]；（人々）neighbors

どなる **shout** [シャウト], **yell** [イェル]

▶ 耳元でどなるのはやめて.
Stop *shouting* in my ear.

とにかく anyway [エニウェイ], anyhow [エニハウ], at any rate [レイト]

▶ とにかく行ってみるよ.
I'll go *anyway*.

▶ とにかくじっくり話し合おう.
Anyhow let's talk things over.

▶ とにかくありがとう.
Thank you *anyway*.

どの-

1 （どちらの）**which** [(フ)ウィッチ], **what** [(フ)ワット]

▶ どの花が好き？
（目の前にある花の中で）*Which* flower do you like? /（一般的に）*What* kind of flowers do you like?

▶ どの自転車がきみのなの？
Which bike is yours?

▶ どの駅で乗り換えればいいの？
What station should I change trains at?

2 （どの…でも）**any** [エニィ]

▶ どのケーキでも好きなのをとって.
You can take *any* cake you like. (▶「どの…でも」の意味のときは any のあとは単数形になる)

▶ どのチームも優勝する可能性がある.
Any of the teams [*Any* team] can win. (▶ any of のあとは複数形が続く)

576 five hundred and seventy-six

◀ **どのように**

> **●表現力**
> どの…よりも 〜
> → 〜 than any other ...

▶ 翔太はクラスのどの生徒よりも速く走る.
Shota can run faster *than any other* student in the class. / Shota can run (*the*) *fastest* in the class. / *No* (*other*) students in the class can run *as* fast *as* Shota.

3《否定文で》(どの…もない) **not any ...**, **no** [ノゥ] **...** (▶ any や no のあとには複数形の名詞がくる)

> **●表現力**
> どの…もない → not any ... / no ...

▶ 私はどの問題にも答えられなかった.
I *couldn't* answer *any* questions. / I could answer *no* questions.
▶ どのクラブにも入りたくない.
I *don't* want to join *any* clubs.

どのくらい

> **使い分け**
> (数が) → how many
> (量・金額が) → how much
> (時間・長さが) → how long
> (距離が) → how far
> (回数が) → how often,
> how many times

1 (数が) **how many** [ハゥ メニィ] →いくつ
▶ DVD はどのくらい持ってるの？
How many DVDs do you have?
▶ 北海道には去年の冬どのくらいの人がおとずれましたか.
How many people visited Hokkaido last winter?

2 (量・金額が) **how much** [ハゥ マッチ] →いくら
▶「お塩はどのくらい入れるの？」「小さじ2はい」
"*How much* salt should I add?" "Two teaspoons."
▶ 修理にどのくらい (の費用が) かかったんですか.
How much did the repairs cost? / *How much* were the repairs?

3 (時間・長さが) **how long** [ハゥ ロ(ー)ング]

▶ トンネルの長さはどのくらいあるの？
How long is the tunnel?

> **●スピーキング**
> A 学校までどのくらい (時間が) かかるの？
> How long does it take you to go to school?
> B 約10分です.
> It takes about 10 minutes.

▶ あとどのくらい (時間が) かかりそう？
How much longer do you think it'll take?

4 (距離が) **how far** [ハゥ ファー]
▶ いちばん近いバス停までどのくらいありますか.
How far is it to the nearest bus stop?

> **●スピーキング**
> A 家から学校までどのくらいですか.
> How far is it from your house to school?
> B 約500メートルです.
> (It's) about 500 meters.

5 (回数が) **how often** [ハゥ オ(ー)フン], how many times
▶「電車はどのくらいの間隔で出ますか」「15分おきです」
"*How often* do the trains run?" "Every 15 minutes."
▶ ひと月にどのくらい外食しますか.
How many times a month do you eat out?

6 (高さが) (山などが) **how high**; (身長・建物などが) **how tall**; (大きさが) how large
▶ この山はどのくらいの高さですか.
How high is this mountain?
▶ 身長はどのくらいあるんですか.
How tall are you?

とのさま 殿様 a lord [ロード]
どのへん どの辺 where [(フ)ウェア]
▶「背中をかいて」「どの辺？」
"Scratch my back." "*Where?*"
▶ 東京ドームは東京のどの辺にありますか.
Where in Tokyo is Tokyo Dome?
どのように how [ハゥ] →どう¹
▶ ステーキはどのように焼いたらよいですか.

あ
か
さ
た
な
は
ま
や
ら
わ

five hundred and seventy-seven　577

とばす ▶

How would you like your steak?

とばす 飛ばす fly [フライ]；(吹⁀き飛ばす) blow off；(飛ばして読む) skip [スキップ]；(急ぐ) hurry [ハ〜リィ]
▶ ぼくは模型飛行機を飛ばすのが好きです.
I like *flying* model planes.
▶ このページはとばそう.
Let's *skip* this page.

トビ (鳥)a kite [カイト]

トビウオ (魚)a flying [フライング] fish

とびあがる 飛び上がる jump up
▶ 少女はうれしくて飛び上がった.
The girl *jumped* for joy.

とびおきる 飛び起きる jump out of bed

とびおりる 飛び降りる jump down
▶ ネコはへいから飛び降りた.
The cat *jumped down* from the wall.

とびきゅう 飛び級する skip grades

とびこえる 飛び越える jump over
▶ 男の子はフェンスを飛びこえた.
The boy *jumped over* the fence.

とびこみ 飛び込み (競技の)diving [ダイヴィング]

とびこむ 飛び込む jump [チャンプ] into
▶ おぼれかけている男の子を助けようとして, 男の人が川へ飛びこんだ.
A man *jumped into* the river to save the drowning boy.

とびだす 飛び出す run out
▶ 女の子は公園から道路に飛び出した.
The girl *ran out* of the park into the street.

とびつく 飛びつく jump at
▶ とつぜんその犬はぼくに飛びついてきた.
Suddenly the dog *jumped at* me.

トピック (話題)a topic [タピク]

とびのる 飛び乗る jump into, jump on
▶ バスに飛び乗る *jump into* a bus

とびばこ 跳び箱 a (vaulting [ヴォールティング]) horse [ホース]
▶ とび箱をとぶ vault [ヴォールト] a *horse*

とびら 扉 a door [ド－(ァ)] →と¹

とぶ¹ 飛ぶ

fly [フライ]；(垂直に) go up
▶ ぼくのたこは空高く飛んだ.
My kite *flew* high in the sky.

▶ 風船は空高く飛んでいった.
The balloon *went up* into the sky.

とぶ² 跳ぶ jump [チャンプ]
▶ 子どもたちがとんだりはねたりしていた.
The children *were jumping* and skipping.

とほ 徒歩で on foot [フット] →あるく
▶ 車だと5分, 徒歩だと20分かかります.
It takes five minutes by car and twenty minutes *on foot*.
▶ ぼくは徒歩で学校に通っています.
I *walk* to school.
▶ バス停までは徒歩で10分ぐらいです.
The bus stop is ten minutes' *walk*.
徒歩遠足 a walking excursion [イクスカ～ジョン]
徒歩旅行 a hike [ハイク]

とほう 途方
▶ 私は途方にくれた.
I didn't know what to do. / I *was at a loss*.

とぼける play dumb [ダム]
▶ とぼけないでよ. あなたのしわざだってこととわかってるんだから.
Don't *play dumb*. I know you did it.

とぼしい 乏しい poor [プァ], short [ショート] (of) →すくない
▶ 日本は天然資源に乏しい.
Japan is *poor* in natural resources.

とぼとぼ とぼとぼ歩く plod [プラッド]

トマト a tomato [トメイトゥ] (複数 tomatoes)
トマトケチャップ tomato ketchup
トマトジュース tomato juice
トマトソース tomato sauce

とまどう 戸惑う be puzzled, be at a loss
▶ どう答えていいかわからなくてとまどった.
I *was puzzled* to know what to answer. / I was *at a loss* what to answer.

とまりがけ 泊まりがけの overnight [オウヴァナイト]

とまる¹ 止まる, 留まる

(停止する) stop [スタップ]
▶ この列車は静岡に止まりますか.
Does this train *stop* at Shizuoka?
▶ 家の前で車が止まった.

A car *stopped* in front of my house.
▶ ぼくの時計が止まってしまった．
My watch *has stopped*.

とまる² 泊まる

stay [スティ]《at, with》(▶ふつう場所のときは at, 人のときは with を使う)
▶ 京都ではどのホテルに泊まるの？
What hotel *are* you *staying at* in Kyoto?
▶ 私はおばの家に泊まっていました．
I *was staying with* my aunt.

とみ 富 riches [リチィズ], wealth [ウェルス]
▶ 富がかならずしも幸福をもたらすとはかぎらない．
Riches do not always bring happiness.

とむ 富む be rich [リッチ]《in》
▶ レモンはビタミン C に富んでいる．
Lemons *are rich in* vitamin C.

とめる¹ 止める，留める

1 (停止させる) **stop** [スタップ]；(車を) **pull up**
▶ 彼はそのスーパーの前で車を止めた．
He *stopped* his car in front of the supermarket.
▶ (タクシーの運転手に) 次の角で止めてもらえますか．
Would you *stop* at the next corner?
(▶ stop の代わりに pull up も使える)
▶ 彼らのけんかを止めて！
Stop their fight!

2 (水道・ガス・ラジオなどを) **turn off**
▶ ガスは止めてくれた？
Did you *turn off* the gas?
▶ ラジオを止めて．
Please *turn off* the radio.

stop

turn off

3 (固定する) **fasten** [ファスン]；(ピンで) **pin** [ピン]
▶ 彼女はそのポスターをかべにピンで留めた．
She *pinned up* the poster on the wall. / She *fastened* the poster on the wall with pins.
▶ 上着のボタンを留めなさい．
Button up your jacket.

とめる² 泊める put ... up《at, in》
▶ できたら今晩泊めてもらえない？
Could you possibly *put* me *up* for the night?

とも 友 a friend [フレンド] → ともだち
▶ まさかのときの友こそ真の友．《ことわざ》
A *friend* in need is a *friend* indeed.
▶ 類は友を呼ぶ．《ことわざ》
Birds of a feather flock together. (▶「同じ羽の鳥は集まる」の意味)

ともかく anyway [エニウェイ], at any rate [レイト] → とにかく
▶ 電車はおくれていたが，ともかく時間に間に合った．The train was late but *anyway*, we made it on time.

ともかせぎ 共稼ぎ → ともばたらき

ともだち 友達 → ゆうじん

a **friend** [フレンド]
▶ 学校の友だち a school *friend*
▶ 小学校からの友だち
a *friend* from elementary school / an elementary school *friend*
▶ 昔からの友だち an old *friend*
▶ メール友だち an email *friend*
▶ 紗枝は私の友だちです．
Sae is a *friend* (of mine). (▶初めて話題になる友だちを指すときは a friend of mine と言う．my friend はすでに話の中に出てきた友だちを指すときや，my friend Tom のように人名と並べて言うときに使う)
▶ 週末に友だちが遊びに来た．
A *friend* (of mine) came over on the weekend.
▶ こちらは友だちの直人です．
This is my *friend* Naoto.
▶ 杏奈は私のいちばんの友だち (→親友) よ．Anna is my best *friend*.
▶ ぼくと剛は友だちです．
Tsuyoshi and I are *friends*. (▶×I and Tsuyoshi ... とはふつういわない．自分以外の人を先に立てて，I は最後に置く)
▶ 直美は友だちの友だちだ．
Naomi is a *friend* of a *friend*.

ともなう ▶

✎ライティング
私は先週の土曜に，何人かの**友だち**と映画を見にいきました．
I went to see a movie with some of my friends last Saturday.

💬表現力
(…と) 友だちになる
→ **make friends (with ...)** /
be friends (with ...)

▶ 中1のときに彩香_{あや}と友だちになった．
I *made friends with* Ayaka in seventh grade.
▶ 友だちになろうよ．Let's *be friends*.
▶ (手紙で) あなたと友だちになりたい．
I want to *be friends with* you. / I want to *be your friend*.

ともなう 伴う go with, take [テイク] ... with
▶ 首相は夫人を伴ってアメリカに行った．
The Prime Minister *took* his wife *with* him to the United States.

ともに together [トゥゲザァ] →いっしょ

-とも(に) 1 (両方とも) both [ボゥス]；(両方とも…でない) neither [ニーザァ ‖ ナイザァ] →どちらも
▶ 2人とも私の友だちです．
Both (of them) are my friends.
▶ 両親ともに元気です．
Both (of) my parents are well.
▶ ぼくらは2人とも正しくなかった．
Neither of us was right.

2 (…につれて) as [アズ]
▶ 父は年とともに口数が少なくなった．
As my father grew older, he became more quiet.

ともばたらき 共働き
▶ 両親は共働きです．My parents *both work*. / *Both* (of) my parents *work*. / My parents *both have jobs*.

どもる stutter [スタタァ], stammer [スタマァ]

どようび 土曜日 →ようび (表)

Saturday [サタディ] (▶語頭はかならず大文字；Sat. と略す)
▶ ぼくは土曜日にサッカーをします．
I play soccer on *Saturdays*.

▶ 私たちの学校は土曜日は休みだ．
We have *Saturdays* off at our school.

トラ (動物) a tiger [タイガァ]

トライ (ラグビー) a try [トゥライ]
▶ トライをあげる score a *try*
▶ お菓子作りにトライ (→挑戦) する
try making sweets

ドライ ドライな (事務的な) businesslike [ビズネスライク]；(現実的な) realistic [リーアリスティク]
ドライアイ dry eye
ドライアイス dry ice
ドライクリーニング dry cleaning
ドライフラワー a dried flower
ドライフルーツ dried fruit

トライアスロン triathlon [トゥライアスラン]
トライアングル (楽器) a triangle [トゥライアングル] (▶「三角形」がもとの意味)
ドライバー (ねじ回し) a screwdriver [スクルードゥライヴァ]；(運転者) a driver [ドゥライヴァ]

ドライブ a drive [ドゥライヴ]
▶ ドライブに行く go for a *drive*
ドライブイン a roadside restaurant [レストラント] (▶英語の drive-in (restaurant) は車を降りずに食事ができる所)
ドライブスルー a drive-thru, a drive-through
ドライヤー (ヘアドライヤー) a blow dryer [ドゥライア], a hairdryer
▶ ドライヤーで髪をかわかす
dry my hair with a *hairdryer*

トラウマ (a) trauma [トゥラウマ]

とらえる 捕らえる catch [キャッチ] →つかまえる

トラクター a tractor [トゥラクタァ]

トラック¹ (自動車の) (米) a truck [トゥラック], (英) a lorry [ロ(ー)リィ]

トラック² (競走路) a track [トゥラック] (対フィールド field)
トラック競技 track events

ドラッグストア (米) a drugstore [ドゥラグストー(ァ)], (英) a chemist's [ケミスツ]

トラブル (a) trouble [トゥラブル]
▶ 彼女はよく学校でトラブルを起こす．
She is a *troublemaker* in school. / She constantly causes *trouble* at school.

580 five hundred and eighty

▶ 私はトラブルに巻きこまれるのがいやでうそをついてしまった．
I told a lie because I didn't want to get into *trouble*.
▶ 体育祭は何のトラブルもなく終わった．
The field day ended without any *trouble*.

ドラマ a drama [ドゥラーマ], a play [プレイ]
ドラマチックな dramatic [ドゥラマティク]
▶ テレビで連続ドラマを見る
watch a serial *drama* on TV

ドラム 《楽器》drums [ドゥラムズ]
▶ ドラムをたたく beat the *drums* / (演奏する) play the *drums*
ドラムかん an oil drum
ドラム奏者 a drummer

とられる 取られる be stolen；(払わされる) be charged
▶ きのうカメラをとられた． My camera *was stolen* yesterday. / Someone *stole* my camera yesterday.
▶ 時計を直してもらったら1万円もとられた．
I *was charged* ten thousand yen for repairing my watch.

トランク (車の) a trunk [トゥランク]；(旅行かばん) a suitcase [スートゥケイス]

トランクス trunks [トゥランクス]

トランシーバー a transceiver [トランスィーヴァ]；《口語》a walkie-talkie [ウォーキトーキィ]

トランジスター a transistor [トゥランズィスタァ]

トランプ cards [カーヅ] (▶ trump は「切り札」のこと)
▶ トランプをする play *cards*
トランプ占い card fortune-telling

トランペット 《楽器》a trumpet [トゥランペト]
▶ トランペットを吹く play the *trumpet*
トランペット奏者 a trumpeter

トランポリン 《商標》a trampoline [トゥランポリ(ー)ン]
▶ トランポリンをする
jump on a *trampoline*

とり 鳥

a bird [バード]
▶ むすこが鳥を飼いたがっている． My son wants to have [keep] a (pet) *bird*.
鳥インフルエンザ bird flu [フルー]
鳥かご a bird cage
とり肉 (ニワトリの) chicken

とりあえず (しばらくの間は) for now, for the time being；(何はさておき) right away
▶ とりあえずかばんをここに置いとくね．
I'll leave the bag here *for now*.
▶ とりあえず警察に電話すべきだ． You should call the police *right away*.
▶ (飲食店などで) とりあえずみんなコーヒーをください．

鳥の名と鳴き声 (鳴き声は2度重ねて表すこともある)
① ハト ▶ [クー] クー
② アヒル ▶ [クワック] ガー
③ フクロウ ▶ [フート] ホー
④ カラス ▶ [コー] カー
⑤ オウム ▶ 「しゃべる」は talk という．
⑥ おんどり ▶ [カカドゥードゥルドゥー] コケコッコー
⑦ 白鳥 ▶ 「鳴く」は cry という．
⑧ スズメ ▶ [トゥウィート] これは一般に小鳥やひなのピーチクさえずる声を表す．
⑨ 七面鳥 ▶ [ガブル] ゴロゴロ

とりあげる ▶

We'll *start with* coffee.

とりあげる 取り上げる (手に) take up, pick up；(うばいとる) take away；(問題として) take up

▶ 受話器をとりあげる
pick up the receiver

▶ 女の子は弟からおもちゃをとりあげた.
The girl *took* a toy *away* from her brother. (▶ took away a toy ともいう)

▶ この問題は次の会議でとりあげたほうがいいと思います. I think we should *take up* this issue at the next meeting.

とりあつかい 取り扱い handling [ハンドゥリング] →あつかう

▶ 取扱注意 (掲示) *Handle With Care*
取扱説明書 a manual [マニュアル], an instruction [インストラクション] manual

とりあつかう 取り扱う handle [ハンドゥル]

とりいれ 取り入れ (収穫) a harvest [ハーヴェスト] →しゅうかく

とりいれる 取り入れる (作物を) harvest [ハーヴェスト]；(考えなどを) adopt [アダプト], take [テイク]

▶ 稲は秋にとり入れられる.
Rice *is harvested* in fall.

とりえ 取り柄 a good point →ちょうしょ

▶ だれでも何かしらとりえはあるものだ.
Everybody has some *good points*.

トリオ a trio [トゥリーオウ] (複数 trios)

とりかえす 取り返す get back, take back

とりかえる 取り替える change [チェインヂ]；exchange [イクスチェインヂ]

▶ ケンと席をとりかえてもいいですか.
Can I *change* seats with Ken?

▶ ろうかの電球, とりかえてくれる？
Could you *change* the (light) bulb in the hallway?

▶ これを大きいサイズととりかえてもらえませんか. Could you *exchange* it for a larger size?

とりかかる 取りかかる start [スタート], begin [ビギン]；set about

▶ 8時から勉強にとりかかった.
I *began* to study at eight.

▶ 彼は精力的に任務にとりかかった.
He *set about* the task with energy.

とりかこむ 取り囲む surround [サラウンド], be around [アラウンド]

▶ その歌手は熱狂するファンにとりかこまれていた. The singer *was surrounded* by excited fans.

とりきめ 取り決め (合意事項) an agreement [アグリーメント]

とりくむ 取り組む work on；tackle [タクル]

▶ 父はいま新しい本の執筆に (→新しい本に) 取り組んでいる. My father *is working* on his new book.

プレゼン

いじめの問題には, 生徒も先生もいっしょになって取り組まなければなりません.
Both students and teachers must tackle the bullying problem.

とりけす 取り消す (予約などを) cancel [キャンセル], call off；(発言などを) take back

▶ 歯医者の予約を取り消した. I *canceled* my appointment with the dentist.

▶ いま言ったことは取り消します.
I *take back* what I just said.

とりこわす 取り壊す demolish [ディマリシ]

とりさげる 取り下げる (主張などを引っ込める) withdraw [ウィズドゥロー]

とりしきる 取り仕切る (管理する) manage [マネヂ]

とりしまる 取り締まる control [コントゥロウル]

▶ 組織犯罪を取り締まる
control organized crime

とりしらべ 取り調べ (an) investigation [インヴェスティゲイション]

取り調べる investigate [インヴェスティゲイト]

▶ 彼は警察の取り調べを受けた.
He *was investigated* by the police.

とりだす 取り出す take out

▶ ぼくはポケットから携帯を取り出した.
I *took* my cellphone *out* of my pocket.

とりちがえる 取り違える (誤解する) misunderstand [ミサンダスタンド]

とりつ 都立の metropolitan [メトゥロパリタン]

都立高校 a Tokyo metropolitan high school

トリック a trick [トゥリック]

とりつける 取り付ける (固定する・くっつ

582 five hundred and eighty-two

◀ **とる**

ける) fix [フィックス] (to), attach [アタッチ] (to);(装置などを) install [インストール]
▶ かべに大きな鏡をとりつけてもらった．
I had a large mirror *fixed to* the wall.
▶ リビングルームに新しいエアコンをとりつける *install* a new air conditioner in the living room

とりのぞく 取り除く take away [off] → のぞく¹

とりはずす 取り外す remove [リムーヴ]

とりはだ 鳥肌 goose bumps [バンプス], goose pimples [ピンプルズ]
鳥肌が立つ get goose bumps [pimples]
▶ 外は寒くて鳥肌が立った． It was so cold outside I *got goose bumps*.

とりひき 取り引き business [ビズネス]
取り引きする do business 《with》

トリプル triple [トゥリプル]
トリプルプレー（野球）a triple play

ドリブル（球技）dribbling [ドゥリブリング]
ドリブルする dribble
▶ ドリブルの練習をする practice *dribbling*, do a *dribbling* drill

トリマー（ペットの美容師）groomer [グルーマァ]

とりまく 取り巻く surround [サラウンド]

とりみだす 取り乱す get upset；be upset
▶ とりみださないで． Don't *get upset*.

とりもどす 取り戻す get back → とりかえす

とりやめ 取り止め → ちゅうし

どりょく 努力

(an) effort [エフォト]
努力する make an effort, work hard；try hard, do *my* best
▶ ぼくたちの努力はむくわれた．
Our *effort* paid off.
▶ ぼくには努力が足りないのかもしれないな．
I think I'm not really *making an effort*.
▶ それはあなたの努力しだいだよ．
It depends on *how hard you work*.
▶ 仕事を終わらせたかったらもっと努力しなさい． *Try hard* if you want to get your work done.

💬 **表現力**
…しようと努力する → try to ...

🎤 **プレゼン**
私たちはおたがいに理解し合うように**努力すべきです**．
We should try to understand each other.

努力家 a hard worker
努力賞 an award [アウォード] for effort

とりよせる 取り寄せる order [オーダァ]；ask for → ちゅうもん
▶ この本はアマゾンからとり寄せた．
I *ordered* this book from Amazon.

ドリル（反復練習）a drill [ドゥリル]；（きり）a drill
▶ 発音ドリル a pronunciation *drill*

ドリンク a drink [ドゥリンク]
▶ ドリンクを飲む have a *drink*（▶「お酒を飲む」という意味にもなる）
▶ スポーツドリンク a sports *drink*

とる 取る, 採る, 捕る, 撮る

使い分け
（手にもつ）→ take, get
（得る）→ get
（写す）→ take
（食べる）→ have, eat
（ぬぐ）→ take off
（休みを）→ take ... off
（つかまえる）→ catch

take　　　**get**

1（手にもつ）take [テイク]；（取ってくる）get [ゲット]；（取ってやる）get；（手わたす）hand [ハンド], pass [パス]
▶ 私はポケットの中からかぎをとった．
I *took* my keys from my pocket.
▶ かさをとりに家にもどった．
I went home to *get* an umbrella.
▶ そこにあるそのジャケットをとってもらえる？
Could you *get* me that jacket over

ドル ▶

there?

🗣スピーキング
Ⓐ だれがジャムを**とってくれない**？
Would someone pass me the
jam?
Ⓑ はい，どうぞ．
Here you are.

2 (得る) (資格・成績などを) **get** ; (賞などを)
win [ウィン]
▶ 姉はこの春，運転免許証を**とった**． My sister
got a driver's license this spring.
▶ 英語の試験では何点**とった**の？
What did you *get* [*score*] on the
English exam?
▶ うちのクラスは合唱コンクールで1等を**とった**．
Our class *won* [*got*] first place in
the chorus contest.
3 (写真を) **take** ; (録画・録音する) **record**
[リコード]，(ビデオテープに) **tape** [テイプ] ;
(ノートを) **take**
▶ 私たちはこの写真を奈良で**とった**．
We *took* these pictures in Nara.
▶ きのうの映画，**とった** (→録画した) の？
Did you *record* the movie yesterday?
▶ 彼はいつもノートを**とっている**．
He always *takes* notes.
4 (食べる) **have** [ハヴ]，**eat** [イート]
▶ 夕食は何時に**とる**の？
What time do you *have* dinner?
▶ 食事はきちんと**とっています**か．
Do you *eat* regularly?
5 (ぬぐ ; とり外す) **take off**
▶ 帽子を**とりなさい**．
Take off your cap.
6 (休みを) **take ... off**
▶ 最近休みが**とれない**．
I can't *take* time *off* these days.
7 (新聞・雑誌を) **get**，**take** ; (配達しても
らう) **order** [オーダァ]，**have ... delivered**
[ディリヴァド]
▶ 父は英字新聞を**とっている**． My father
gets [*takes*] an English newspaper.
▶ ピザでも**とろう**か．
How about *ordering* pizza?
8 (選ぶ) **choose** [チューズ]
▶ どれでも好きなケーキを**とって**ね．
Choose any cake you like.
9 (つかまえる) **catch** [キャッチ]

▶ 小さいころはよくセミを**とった**．
I would often *catch* cicadas when I
was a boy. (▶ would は過去の習慣を
表す)
10 (場所を) **take up**
▶ このパソコンは場所を**とりすぎる**． This
computer *takes up* too much space.
11 (こっそりぬすむ) **steal** [スティール] ; (うば
う) **rob** [ラブ] ... of
▶ 自転車をだれかに**とられた**． My bike *was
stolen*. / Someone *stole* my bike.
▶ その男は私のカメラを**とった**． (むりやり) The
man *robbed* me *of* my camera. /
(こっそりと) The man *stole* my camera.

× My camera was robbed of.
この場合主語には「人」がくる．
○ I was robbed of my camera.
○ The man robbed me of my
camera.
○ My camera was
stolen.

▶ ぼくは時計を**とられた**．
I *had* my watch *stolen*. (▶「〜を…さ
れた」は「have＋物＋過去分詞」で表す)

ドル a dollar [ダラァ] (▶記号は$)
▶ いま1ドルは何円ですか (→ドル・円の為
替レートはいくらですか．
What's the *dollar* to yen exchange
rate now?

トルコ Turkey [ターキィ]
トルコ(人・語)の Turkish
トルコ石 (a) turquoise [ターク(ウ)オイズ]
トルコ語 Turkish
トルコ人 a Turk

ⓘ参考 小文字の **turkey** は「七面鳥」
の意味．

どれ →どちら
which [(フ)ウィッチ]

💬表現力
どれがいちばん…か
→ **Which ... ＋最上級？**

▶「あれ見て！」「**どれ**？」

584　five hundred and eighty-four

◀ **どわすれ**

"Look at that!" "What?"
▶ どれか1つ選びなさい.
Choose one of them.

> 🎤 **スピーキング**
> Ⓐ どれがいちばん好きですか.
> Which do you like best?
> Ⓑ あの赤いのです.
> I like that red one best.

トレイ a tray [トゥレイ] →トレー
どれい 奴隷 a slave [スレイヴ]
　　どれい制度 slavery
トレー a tray [トゥレイ]
トレード トレードする trade [トゥレイド]
　　トレードマーク a trademark
トレーナー （シャツ）a sweatshirt [スウェ
トゥシャ〜ト]；（人）a trainer [トゥレイナァ]
トレーニング training [トゥレイニング]
　　トレーニングする train
　　トレーニングキャンプ a training camp
　　トレーニングシャツ a sweat shirt
　　トレーニングパンツ sweat pants,
　　warm-up pants
トレーラー a trailer [トゥレイラァ]
どれくらい →どのくらい
ドレス a dress [ドゥレス]
とれたて 取れ立ての（新鮮な）fresh [フレッシ]
ドレッシング (a) dressing [ドゥレスィング]
▶ フレンチドレッシング French *dressing*

どれでも →どれも, なんでも

any (one) [エニ （ワン）]

> 🎤 **スピーキング**
> Ⓐ どれがいい?
> Which would you like?
> Ⓑ どれでもいいよ.
> Any one will do.

▶ ここに止まるバスならどれでも駅に行きます.
Any bus that stops here will take you to the station.
▶ これらの本のうちどれでも好きなのを買ってあげる.
I'll buy you *any* of these books you like. （▶「any of ＋名詞」のときは複数の名詞がくる）

どれも

1（肯定文で）all [オール], every →すべて,

ぜんぶ, みんな
▶ 野菜はどれも新鮮です.
All the vegetables are fresh. / *Every* vegetable is fresh.
2（否定文）not ... any [エニ], none of
▶ 彼の小説はまだどれも読んでいない.
I *haven't* read *any* of his novels.
▶ クーポンはどれも有効期限が切れている.
None of the coupons are valid.
とれる 取れる, 捕れる, 撮れる
1（はずれる）come off；（痛みが）be gone
▶ ママ, ボタンがとれちゃったよ.
Mom, a button *has come off*.
▶ やっと肩の痛みがとれた. The pain in my shoulders *is gone* at last.
2（とらえられる）be caught；（生産される）be produced
▶ この湖ではマスがとれる.
Trout *are caught* in this lake.
▶ この地方では米がとれる.
Rice *is produced* in this region. （▶ produced の代わりに grown も使える）
3（写真が）come out
▶ この写真はうまくとれている.
This photo *came out* well.
どろ 泥 mud [マッド]
　　どろだらけの muddy
▶ 私のくつ下はどろだらけだった.
My socks were covered with *mud*.
ドローン（小型無人機）a drone [ドゥロウン]
ドロップ（菓子）a drop [ドゥラップ]
ドロップアウト ドロップアウトする drop [ドゥラップ] out
トロフィー a trophy [トゥロウフィ]
どろぼう 泥棒（夜盗）a burglar [バ〜グラァ]；（こそどろ）a thief [スィーフ]（複数 thieves）；（強盗）a robber [ラバァ]
▶ 彼の家にどろぼうが入った.
A *burglar* broke into his house.
▶ そのどろぼうは警察につかまった.
The *thief* was caught by the police.
▶ どろぼうをつかまえて! Stop *thief*!
トロンボーン《楽器》a trombone [トゥランボウン]
▶ トロンボーンを吹く play the *trombone*
どわすれ 度忘れする《人が主語で》forget for the moment；《物が主語で》slip *my* mind
▶ その映画のタイトルをちょっと度忘れした.

five hundred and eighty-five 585

トン ▶

The title of the movie *has slipped my mind*. / I *forgot* the title of the movie *for the moment*.

トン (重さの単位) a ton [タン] (▶ t または t. と略す)
▶ 4トントラック a four-*ton* truck

ドン bang [バング]
▶ 太鼓のドンという音 a *bang* of a drum

どん 用意, どん. Ready, *go*!

-どん …丼 →どんぶり
▶ 海鮮丼 a seafood *bowl*

とんカツ 豚カツ a fried pork cutlet [カトゥレット]

どんかん 鈍感な dull [ダル] →にぶい

ドングリ (植物) an acorn [エイコーン]

とんだ (ひどい) terrible [テリブル]
▶ 旅行先でとんだ目にあったよ. I had a *terrible* experience on the trip.

とんち wit [ウィット]

とんちんかん (的はずれの) off the point ; (ばかげた) funny [ファニィ]

とんでもない 1 (お礼に対して) Not at all., No problem. ;《強い否定》(まっぴらごめんだ) Not on your life.

> **📣 スピーキング**
> Ⓐ ご迷惑をおかけしました.
> I'm sorry to have troubled you.
> Ⓑ とんでもないです.
> Not at all. / No problem.

2 (たいへんな) terrible [テリブル]
▶ とんでもないまちがいをしちゃったよ.
I made a *terrible* mistake.

トントン トントンとたたく knock [ナック] ; (軽く) tap [タップ]
▶ だれかがドアをトントンたたく音が聞こえた.
I heard someone *knock* on the door.

どんどん 1 (続けて速く) fast [ファスト] ; (休まず) on and on
▶ 暗くなってきたので, 私たちはどんどん歩いた. It became dark, so we walked *on and on*.

2 (たたく音)
▶ ドアをどんどんたたいてるのはだれだ.
Who's *banging* on the door?

どんな

使い分け
(どのような) → what
(いかなる…も) → any
(たとえ…でも) → whatever

1 (どのような) **what** [(フ)ワット] ; (どんな種類の) what kind of
▶ 先生はどんなこと言ってたの？
What did the teacher say?
▶ お母さんの車はどんな車？
What kind of car is your mother's?
▶ 今度の先生ってどんな感じ？
What is the new teacher *like*?

2 (いかなる…も) **any** [エニィ] ...
▶ テーマはどんなものでもかまいません.
You can choose *any* subject.
▶ どんな人でもまちがいはある.
Anyone can make mistakes.
▶ きみのためならどんなことでもするよ.
I'll do *anything* for you.

3 (たとえ…でも) whatever [(フ)ワトゥエヴァ], no matter what
▶ どんなことがあっても, 試合には勝ってみせる. *Whatever* happens [*No matter what* happens], I'll win the game.

どんなに how [ハウ] ; (どんなに…しても) however [ハウエヴァ], no matter how
▶ それを聞いたら, お父さん, どんなに喜ぶか！
How happy your father will be at the news!
▶ どんなにがんばっても, あしたまでにやるのは無理だよ. I can't get it done by tomorrow *however* hard [*no matter how* hard] I try.

トンネル a tunnel [タヌル]
▶ トンネルを通る go through a *tunnel*

どんぶり a bowl [ボウル]

トンボ a dragonfly [ドゥラゴンフライ]
▶ 赤トンボ a red *dragonfly*

ドンマイ Don't worry [ワ〜リィ]！(▶ ×Don't mind. とはふつう言わない)

とんや 問屋 (業者) a wholesaler [ホウルセイラァ] ; (店) a wholesale [ホウルセイル] store

どんよく 貪欲な greedy [グリーディ]

どんよりした (うす暗い) gray [グレイ] ; (陰気な) gloomy [グルーミィ]
▶ 空はどんよりしている.
The sky is *gray*.

586 five hundred and eighty-six

◀ -ない, (い)ない

な ナ な ナ な ナ

な 名 →なまえ

a **name** [ネイム]
名づける name
▶ ホワイト先生はぼくたちを名字ではなく名で呼ぶ.
Mr. White calls us by our *first names*, not by our family *names*.
▶ 赤ちゃんは祖父の名をとって勇一と名づけられた.
The baby *was named* Yuichi *after* his grandfather.
▶ このクラスに佐藤という名の生徒はいますか.
Is there a student *named* Sato in this class?

> **日本語NAVI**
> **名が通った** ☞有名である
>   →ゆうめい, ひょうばん
> **名を上げる [成す]** ☞成功して有名になる
>   →せいこう, ゆうめい, めいせい

-(する)な (▶ Don't [Never] +動詞の原形. Never ... のほうが強い禁止を表す) →いけない, -するな
▶ そんなに大きな声を出すな.
Don't speak so loud.
▶ そんなこと二度とするな.
Never do that again.

「歩くな」という表示の信号機.

-なあ

1 (願い) **I hope** [ホウプ] ... (▶後ろには文が続く); (ふつう実現不可能な願い) **I wish**
[ウィッシ] ... (▶後ろには過去形の文が続く)
▶ あした晴れるといいなあ.
I hope it'll clear up tomorrow.
▶ いっしょに行けたらいいのになあ.
I wish I could go with you.

2 (感心して) **How** [ハウ] ... ! (▶後ろには形容詞・副詞が続く), **What** [(フ)ワット] ... ! (▶後ろには「(a [an] +) 形容詞+名詞」が続く) →なんて
▶ 彼は足が速いなあ！
How fast he's running!
▶ かわいい子犬だなあ！
What a cute little dog!

ナース (看護師) a nurse [ナ~ス]
ナースコール a nurse call
ナースステーション a nurses' station

ナーバス nervous [ナ~ヴァス]
▶ 彼女は発表会が近づいてきてナーバスになっている.
She's *nervous* because the recital is approaching.

-ない, (い)ない

> **使い分け**
> [打ち消し]
> (be 動詞の否定文)
>   → is [am, are, was, were] not
> (一般動詞の否定文)
>   → do [does, did] not
> (名詞を打ち消す)
>   → no ... , none of ... ,
>   not ... any 〜, not ...
> [存在しない]
> (…がない, …がいない)
>   → is [am, are, was, were] not
>   → there is [are, was, were] not ...
>   → there is [are, was, were] no ...
> (持っていない, …なしの)
>   → do not have, have no ...
>   → without ...

1 《打ち消し》**not** [ナット]; (けっして…ない) **never** [ネヴァ]

five hundred and eighty-seven 587

ナイーブ ▶

a 《be 動詞の否定文》（▶ be 動詞のあとに not を続ける. 会話では isn't や aren't などの短縮形を使うことが多い）

▶ これはぼくの自転車じゃない.
This *is not* my bike.
▶ ぼくはサッカーファンではない.
I'*m not* a soccer fan.
▶ いまは雨は降ってないよ.
It'*s not* [It *isn't*] raining now.
▶ そのことを聞いてもおどろかなかった.
I *wasn't* surprised to hear it.

b 《一般動詞 [助動詞] の否定文》（▶一般動詞の前に以下に示す助動詞と not を置く. 会話では短縮形を使うのがふつう）

助動詞 +not の短縮形
（現在形）do *not* → **don't**
　does *not* → **doesn't**
（過去形）did *not* → **didn't**
（現在完了形）have *not* → **haven't**
　has *not* → **hasn't**
（その他の助動詞）will *not* → **won't**
　can*not* → **can't**
　should *not* → **shouldn't** など

▶ 私はネコが好きではない.
I *don't* like cats.
▶ まだ宿題が終わってないの.
I *haven't* finished my homework yet.
▶ 痛くないからね.
It *won't* hurt.
▶ 絶対に許さないからね.
I'll *never* forgive you.

c 《名詞を打ち消す場合》（▶ no ... , none of ... , not ... any ～ , not ...）

▶ だれもそんなこと信じないよ.
No one would believe it.
▶ どの生徒もそのテストに合格できなかった.
None of the students passed the test.
▶ だれの助けも必要ないよ.
I *don't* need *anyone*'s help.
▶ 横田先生は数学じゃなくて理科の先生だよ.
Mr. Yokota teaches science, *not* math.

2 《存在しない》

a 《…がない, …がいない》**is [am, are, was, were] not** （▶ the ... , this ... , my ... などのように特定されるものや, Ken (人名) , I などが「ない, いない」という場合に使う）

▶ 兄はいま家にいません.
My brother *isn't* home now. / My brother *is out* now.

b **there is[are, was, were] not ...** （▶ any ... のように不特定なものが「ない, いない」という場合に使う）; **there is[are, was, were] no ...**

▶ 公園にはまったく人がいなかった.
There weren't any people in the park.
▶ 冷蔵庫に牛乳がないよ.
There's no milk in the fridge.

3 《持っていない》**don't have**, **have no ...**; 《…なしの》**without ...**

▶ いまお金は持ってないよ.
I *don't have* any money. / I *have no* money.
▶ 卓哉は大阪には友だちがいない.
Takuya *doesn't have* any friends in Osaka. / Takuya *has no* friends in Osaka.
▶ テレビのない生活
life *without* television
▶ かぎがない (→どこかにいった).
My keys *are gone* [*missing*].

ナイーブ 《純粋な》**innocent** [イノセント]; 《せんさいな》**sensitive** [センスィティヴ]

▶ 彼はナイーブな人だ.
He's a *sensitive* person. (▶英語の naive [ナーイーヴ] は「世間知らずでだまされやすい, 幼稚な」といった否定的なニュアンスで使われることが多い)

ないか 内科 **internal** [インター～ヌル] **medicine**
　内科医 a **physician** [フィズィシャン]

-(し)ないか →-(し)ませんか

-(では)ないか →-(では)ありませんか

ないかい 内海 an **inland** [インランド] **sea**

ないがい 内外 (内部と外部) **inside** [インサイド] **and outside** [アウトゥサイド], (国内と海外) **home and abroad** [アブロード]

ないかく 内閣 a **cabinet** [キャビネット]

▶ 吉田内閣
the Yoshida *Cabinet*
　内閣総理大臣 the **Prime Minister** [プライム ミニスタァ]

連立内閣 a coalition cabinet

ないしょ 内緒 (a) secret [スィークレット]
▶ ここだけのないしょの話だよ.
This is just *between you and me*. (▶ between you and me で「ここだけの話だが, ないしょだが」の意味)
▶ このことはお父さんにはないしょにしてね.
Please *keep* it (a) *secret* from Dad.
ないしょで secretly [スィークレットリィ], in secret [スィークレット]
▶ おじいちゃんがないしょでおこづかいをくれた.
My grandfather *secretly* gave me some spending money.
ないしょ話 a private talk

ないしん 内心で deep down, inside
▶ 私は内心ほっとした.
I felt relieved *deep down*. (▶ deep down の代わりに inside, in my heart でもよい)
▶ 彼は来ないだろうと内心で思っていた.
In my mind, I was thinking that he wouldn't come.

ないしんしょ 内申書 a school report

ナイス nice [ナイス], good [グッド]
▶ ナイスショット
a *good* shot

ないせん¹ 内線 an extension [イクステンション]

ないせん² 内戦 (a) civil war [スィヴィル ウォー(ァ)]

ないぞう 内臓 internal organs

ナイター a night game (▶×nighter とはふつう言わない)

-(し)ないで without [ウィズアウト] -ing
▶ ぼくらは親には何も言わないで映画を見にいった.
We went to see a movie *without telling* our parents.
▶ 彼女は運動もしないでスナック菓子を食べてばかりいる.
She's always eating snacks *without doing* any exercise.

ナイフ a knife [ナイフ] (複数 knives)
▶ ナイフとフォーク
a *knife* and fork (▶対になる場合には fork の前に a はつけない)
▶ 痛い！ ナイフで指を切っちゃった.
Ouch! I cut my finger with the *knife*.

◑参考 ナイフのいろいろ
包丁(ほうちょう) a kitchen knife
肉切り用ナイフ a carving knife
果物ナイフ a fruit knife
バターナイフ a butter knife
ペーパーナイフ (米)a letter opener, (英)a paper knife
ポケットナイフ, (折りたたみ式の)小型ナイフ a pocketknife, a penknife
ジャックナイフ a jackknife

ないぶ 内部 the inside [インサイド] (対 外部 outside) →なか¹
▶ 内部情報, 内部事情
inside information

ないめん 内面の inner [イナァ]
▶ 彼女の内面の美しさ
her *inner* beauty

ないや 内野 (野球) the infield [インフィールド] (対) 外野 outfield)
内野安打 an infield hit
内野手 an infielder
内野席 infield bleachers [ブリーチャズ]
内野ゴロ an infield grounder (▶単に grounder でもよい)

ないよう 内容 content [カンテント]; (具体的な中身) contents
▶ この辞書は内容が豊富だ.
This dictionary is rich in *content*.
▶ その映画はどんな内容なの？
What's the movie *about*?

ナイル ナイル川 the Nile [ナイル]

ナイロン nylon [ナイラン]
▶ ナイロンのくつ下 *nylon* socks

なえ 苗 a seedling [スィードゥリング]; (苗木) a sapling [サプリング], a young tree [ヤングトゥリー]
▶ イネの苗 a rice *seedling*
▶ 校庭に卒業生が桜の苗木を植えた.
The graduates planted some *young cherry trees* on the school grounds.

なお still [スティル] →さらに, まだ
▶ 奈々にもう好きじゃないと言われてしまった. それでもなおぼくは彼女のことが好きなんだ.
Nana said she doesn't like me any more. But I *still* like her.
▶ なお悪いことに

なおす

to make matters worse

なおす 直す, 治す

使い分け
(修理する) → repair, fix, mend
(訂正する) → correct
(病気を治す) → cure

1 (修理する)(複雑なものを) **repair** [リペア], **fix** [フィックス]；(衣服などを) **mend** [メンド]
▶ 自転車は，いま直してもらってるんだ．
My bike *is being repaired*.
▶ 父は何でも直す．
My father can *fix* anything.
▶ くつ下の穴を直してくれる？
Would you *mend* the hole in my sock?

用法 repair と mend と fix
repair は複雑な修理や大きなものの修理, mend は簡単な修理や（米）では布製品の修理に使う. fix はあらゆる修理に使う.

2 (訂正する) **correct** [コレクト]
▶ まちがったところはかならず直すように．
Be sure to *correct* your mistakes.
3 (病気などを) **cure** [キュア]
▶ 鈴木先生が私のかぜを治してくれた．
Dr. Suzuki *cured* me of a cold.
4 (…しなおす)
▶ 休憩してからやり直そうか．
Let's *try* it *again* after a break.
▶ (電話で) あとでかけ直します．
I'll *call back* later.

なおる 直る, 治る

1 (修理ができる) **be mended** [メンディド], **be repaired** [リペアド], **be fixed** [フィックスト]
▶ 妹のおもちゃは簡単に直った．
My sister's toy *was easily fixed*.
2 (病気などが) **get well**；(回復する) **get over, recover from**
▶ 弟の病気はすぐ治った．
My brother soon *got well*.
▶ かぜはもう治ったの？
Have you *gotten over* your cold yet?
▶ この薬を飲めば頭痛が治るでしょう．
This medicine will *cure* your headache.
▶ 和希は悪いくせが直らない．
Kazuki can't *break* his bad habit.

なか¹ 中 →うち²

使い分け
…の中に, …の中で → in
…の中に, …の中へ → into
…の中から (外へ) → out of
…の中を (通って) → through
(比較して) …の中で → in, of

into　　　in　　　out of
…の中へ　…の中に　…の中から外へ

1 (内部) the **inside** [インサイド]；(…の中に[で]) **in** [イン]
▶ 箱の中に何が入っていると思う？
Guess what's *in* the box.
▶ 子どもたちはまだ車の中にいるよ．
The children are still *inside* the car.
2 (…の中に[へ]) **into** [イントゥー]
▶ クーラーボックスの中に保冷剤いくつ入れた？
How many ice packs did you put *into* the cooler?
3 (…の中から外へ) **out of** [アウト (オヴ)]
▶ ネコがケージの中から飛び出しちゃった．
The cat ran *out of* the cage.
▶ ポケットの中から小銭が落ちた．
Some change dropped *out of* my pocket.
4 (…の中を通って) **through** [スルー]

◀ **なかごろ**

▸ 電車は長いトンネルの中を通りぬけた.
The train passed *through* a long tunnel.
▸ ぼくたちは深い森の中を通りぬけた.
We walked *through* the thick woods.
5 《最上級の文で》(…の中で) **in** (▶家族・クラスなどのグループを表す語がくる); **of** [アヴ] (▶複数の代名詞や数を表す語がくる)

💬表現力
…の中でいちばん～だ
→ **the** +最上級+ **in** [**of**] …

▸ ケンはクラスの中で[3人の中で]いちばん背が高い(少年だ).
Ken is *the tallest* (boy) *in* the class [*of* the three].
▸ 私たちの中だったらたぶん優菜がいちばんじょうずだよ.
Yuna is probably *the best* player *of* us all.

✏️ライティング
それは私がこれまで読んだ中でいちばんおもしろい本でした.
It was the most interesting book I've ever read.

なか² 仲

▸ 綾香とはとても仲がいい.
I'm *good* friends with Ayaka. / Ayaka and I are *good* friends.
▸ なぜか大介とは仲が悪い.
For some reason I don't *get along with* Daisuke.

ながい 長い

1 (寸法・距離が) **long** [ロ(ー)ング] (反 短い short)

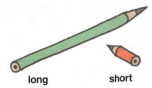

long　　short

▸ 加奈は髪が長い.
Kana has *long* hair. (▶ Kana's hair is *long*. よりもこのほうがふつう)
▸ 明石海峡大橋は世界で最も長いつり橋のひとつだ. The Akashi-Kaikyo Bridge is one of the world's *longest* suspension bridges.
2 (時間が) **long** (反 短い short)
▸ 長い夏休みが始まった. My *long* summer vacation has just started.
▸ 洋平は長い間学校を休んでいる.
Yohei has been absent from school *for a long time*.
▸ 長い間待った？
Have you been waiting *long*?
ながいき 長生きする live long, live a long life
▸ おじいちゃん, 長生きしてね.
I hope you'll *live long* [*live a long life*], Grandpa.
ながいす 長椅子 (ソファー) a couch [カウチ], (ベンチ) a bench [ベンチ]
ながいも 長芋 a Chinese yam [ヤム]

ながく 長く →ながい

for a long time [ロ(ー)ング タイム], **long**
▸ 父は長く待たされるのがきらいだ.
My father hates to be kept waiting *for a long time*.
▸ 日がだんだん長くなってきた.
The days are getting *longer* and *longer*. (▶この day は「1日」ではなく「日中」の意味)

🗣スピーキング
Ⓐ 長くかかるの？
Will it take *long*?
Ⓑ いや, 長くはかからないよ.
No, it won't take *long*.

💬表現力
…を長くする → **make** … **longer**

▸ スカートを少し長くしよう.
I'll *make* the skirt a little *longer*.
ながぐつ 長靴 boots [ブーツ]; (ゴムの) rubber boots; (雨ぐつ) rain boots
なかごろ …の中ごろ about [around] the middle of
▸ 父は9月中ごろアフリカへ行きます.
My father is going to Africa *about the middle of* September.

ながさ ▶

ながさ 長さ

(a) length [レング(ク)ス]
▶ 長さが3メートルの延長コードがいるね.
We need a three-meter (*long*) extension cord.
▶ このホースは長さが30メートルある.
This hose is 30m *long*.

> 📢スピーキング
> Ⓐ 青函就トンネルの長さはどのくらいですか.
> How long is the Seikan Tunnel?
> Ⓑ 約54キロメートルです.
> It's about 54 kilometers long.

ながし 流し (台所の) a (kitchen) sink [スィンク]
なかす 泣かす →なかせる
ながす 流す (血・なみだを) shed [シェッド]; (トイレを) flush [フラッシ]; (押し流す) wash away
▶ なみだを流す *shed* tears
▶ トイレはちゃんと流した？
Did you *flush* the toilet?
▶ その橋は洪水祭で流された.
The bridge *was washed away* by the flood.
なかせる 泣かせる make ... cry, (感動させて) move ... to tears [ティアズ]
▶ 彼女を泣かせたのはだれだ.
Who *made* her *cry*?
ながそで 長袖 long sleeves [スリーヴズ]
長袖の long-sleeved
▶ 長袖シャツ a *long-sleeved* shirt
-(が)なかったら without [ウィズアウト]
▶ きみの助けがなかったら, 私は死んでいただろう.
Without your help, I would have died.
なかづり (電車の) 中吊り広告 an advertising poster [アドヴァタイズィング ポウスタァ] hung [ハング] in a train
ながでんわ 長電話する
▶ 昨夜母は長電話していた.
My mother *was talking for a long time on the phone* last night.
なかなおり 仲直りする make up ((with)); be [make] friends again ((with))
▶ 結衣, 仲直りしようよ.

Let's *be friends again*, Yui.
▶ 瑞希祭とはきっとすぐに仲直りできるよ.
I know you'll be able to *make up with* Mizuki soon.

なかなか

1 (かなり) **pretty** [プリティ], quite [クワイト]
▶ 英語の試験はなかなかむずかしかったよ.
The English exam was *pretty* [*quite*] difficult.
▶ 期末テストはなかなかの出来だった.
I did *pretty* well on my finals.
2 (なかなか…ない)
▶ この単語, なかなか (→簡単に) 覚えられない. I *just can't* memorize this word *easily*.
▶ この問題はなかなか解けなかった (→解くのに時間がかかった).
It took time to solve this problem.
▶ なかなか体重が減らないなあ.
I *just can't* (seem to) lose weight.
なかにわ 中庭 a courtyard [コートゥヤード], a court [コート]
ながねぎ 長ネギ a leek [リーク]
なかば 半ば (半分) half [ハフ]; (真ん中) the middle [ミドゥル]
▶ 6月半ばに in *the middle* of June
▶ 20代半ばに古賀さんはアメリカで暮らした.
Mr. Koga spent *his mid*-twenties in the U.S.
ながびく 長引く
▶ 打ち合わせは思っていたよりも長引いた.
The meeting *took longer* than expected.

なかま 仲間

(友だち) a **friend** [フレンド]; (グループ) a group [グループ], company [カンパニィ]
仲間に入る join [ヂョイン]
▶ 拓真祭とは部活仲間だ (→同じクラブだ).
Takuma is in the same club as me. / Takuma and I are in the same club.

> 📢スピーキング
> Ⓐ 仲間に入れてくれる？
> Can I join you?
> Ⓑ うん, いいよ.
> Sure.

◀ **ながれる**

▶ 午後にサッカーをするんだけど，仲間に入らない？
We're playing soccer in the afternoon. Won't you *join* us?

▶ その女の子はクラスでいつも仲間はずれにされていた.
She *was* always *left out* in the class. (▶ leave out で「仲間はずれにする」の意味)

なかみ 中身 contents [カンテンツ]
▶ 小包の中身は何ですか.
What are the *contents* of the parcel? / What's *in* the parcel?

ながめ 眺め a view [ヴュー]
▶ 最上階からの海のながめがすばらしかった.
The top floor had a nice *view* of the sea.

ながめる 眺める look [ルック]；(じっと) watch [ワッチ]
▶ ぼくは窓から外をながめた.
I *looked* out (of) the window.
▶ 私たちは海に沈む太陽をじっとながめた.
We *watched* the sun set in the sea.

ながもち 長持ちする last long, last (for) a long time
▶ いただいたお花，すごく長もちしました.
The flower you gave me *lasted* so *long*.

なかゆび 中指 (手の) a middle finger [ミドゥル フィンガァ]；(足の) a middle toe [トゥ] →ゆび (図)

なかよく 仲良く

━表現力

(…と) 仲よくなる
→ make friends (with ...) / become friends (with ...)

━ライティング

ぼくはすぐに彼と仲よくなりました.
I soon became friends with him.

▶ (…と) 仲よくやっている
get along well (with ...)
▶ お互いに仲よくしなさいね.
Try to *be good friends*.

なかよし 仲良し a good friend；(大の) a best friend

▶ 春樹とは幼稚園のころから仲よしだ.
Haruki and I *have been good friends* since kindergarten.

━ながら

1 (…する間に) **while** [(フ)ワイル], **as** [アズ]
▶ ぼくは音楽を聞きながら勉強するんだ.
I work *with* music *on*. (▶ with music on は「音楽をかけた状態で」の意味)
▶ うちはテレビを見ながら食事はしない (→ 食事中はテレビを見ない).
We don't watch TV *while* we eat.
▶ 歩きながら話をした.
We talked *as* we walked.
▶ お茶でも飲みながら話そうか.
Why don't we talk *over* a cup of tea or something? (▶この over は「…しながら」という意味)

2 (… であるが) **although** [オールゾウ], **though** [ゾウ]
▶ 今回は残念ながらいっしょに行けません.
I'm afraid [I'm sorry] I can't go with you this time.

ながらく 長らく for a long time [ロ(ー)ング タイム], long →ながく, ながい
▶ 長らくお待たせいたしました. I'm sorry I've kept you waiting *so long*.

━ライティング

(手紙で) 長らくごぶさたしております.
I'm sorry I haven't written you for a long time.

ながれ 流れ a flow [フロウ], a stream [ストゥリーム]
▶ 人の流れ a *stream* of people
▶ 智史のヒットで試合の流れが変わった.
Satoshi's hit changed the *flow* of the game.
▶ 車の流れがよくなりはじめた.
The traffic began to *flow* smoothly.

ながれぼし 流れ星 a shooting star [シューティング スター]
▶ 流れ星に願いをかけました.
I made a wish on a *shooting star*.

ながれる 流れる

1 (水などが) flow [フロウ], run [ラン]
▶ テムズ川はロンドンを流れている.
The Thames *runs* [*flows*] through

five hundred and ninety-three　593

なぎ ▶

London.
▶ 水は低い方へ流れる.
Water *flows* downward.
▶ 時の流れるのはほんとうに早い.
Time really *flies*.
2 (中止になる)
▶ 雨で野球の試合は流れた.
The baseball game *was called off* because of the rain.

なぎ 凪 a calm [カーム]

なきごえ 泣き声, 鳴き声 (人の) a cry [クライ]; (鳥の) a song [ソ(ー)ング] →とり(図)
▶ 赤ちゃんの泣き声がした. I heard a baby's *cry*. / I heard a baby *crying*.
▶ 早朝には鳥の鳴き声が (→鳥が鳴いているのが) 聞こえる. I hear birds *singing* in the early morning.

なきむし 泣き虫 a crybaby [クライベイビィ]
▶ 妹は今でも泣き虫だ.
My sister is still a *crybaby*.

なく¹ 泣く →こえ(図)

(声を出して) **cry** [クライ]; (すすり泣く) **sob** [サブ]; (なみだを流して) **weep** [ウィープ]
▶ 急に泣きだす *burst into tears*
▶ 泣かないで. Don't *cry*.
▶ どうして泣いてるの？
What *are* you *crying* about?
▶ ほんと泣きたい気分だったよ.
I really felt like *crying*.
▶ ぼくたちはうれしくて泣いた.
We *cried* for joy.
▶ その幼い男の子はお母さんをさがしてわんわん泣いた. The little boy *cried* really loud for his mother.

① cry ② weep ③ sing

④ meow ⑤ bark ⑥ chirp

①声を出して泣く ②なみだを流して泣く
③鳥がさえずる ④ネコがニャーオと鳴く
⑤犬がほえる ⑥虫が鳴く

なく² 鳴く →とり(図), なく¹(図)

(鳥・虫が) **sing** [スィング], **chirp** [チャ〜プ]
▶ うちのカナリアはきれいな声で鳴く.
Our canary *sings* sweetly.
▶ ネコがえさがほしいって鳴いてるよ.
The cat *is meowing* for food.

なぐさめ 慰め (a) comfort [カンファト]
なぐさめる comfort
▶ 母のことばは私には大きななぐさめになった.
My mother's words were a great *comfort* to me.
▶ 音楽は心のなぐさめになる.
Music *comforts* the soul.

> **用法** なぐさめるときの言い方
> 相手をなぐさめるときによく使う表現には次のようなものがある.
> 「それは残念だね」That's too bad. / That's a shame. / I'm sorry to hear that.
> 「心配することないよ」Don't worry. / There's nothing to worry about.
> 「元気出せよ！」Cheer up!
> 「その気持ち, わかるよ」
> I know how you feel.
> 「入試に落ちちゃったよ」「心配するな. 次はうまくいくから」
> "I failed the entrance exam."
> "*Don't worry.* Better luck next time."

なくす 無くす, 亡くす →うしなう

lose [ルーズ]
▶ どこかでかさをなくしてしまった.
I *have lost* my umbrella somewhere.
▶ ミキは去年父親をガンでなくした. Miki *lost* her father to cancer last year.

-(では)なくて not 〜 (but ...)
▶ そのペンはぼくのではなくて父のです.
The pen *isn't* mine. It's my father's.

> **表現力**
> 〜でなくて… → not 〜 but ...

▶ クジラは魚類ではなくてほにゅう類です.
A whale is *not* a fish *but* a mammal.

なくてはならない essential [エセンシャル]

◀ -(し)なさい

なくなる 無くなる，亡くなる
→なくす
1 (紛失する) **lose** [ルーズ]，**be gone** [ゴ(ー)ン]；(見当たらない) **be missing**
▶ あっ，かばんがなくなっている.
　Oh, no, my bag *is gone*.
▶ かぎがなくなっちゃったよ．I've lost my key. / My key *is missing*.
2 (使い切る) **run out of**
▶ 時間がなくなってきたぞ．
　We're *running out of* time.
▶ 深夜12時を過ぎると電車がなくなるよ.
　There's *no* train (service) after midnight.
3 (亡くなる)**pass away** (▶ **die** [ダイ] (死ぬ) の遠まわしな言い方) →しぬ
▶ 祖父は82歳でなくなった．My grand-father *passed away* at age 82.

なぐる 殴る **hit** [ヒット]；(なぐり倒す) **knock** [ナック] **down**
▶ 健太はぼくの顔を数回なぐった．Kenta *hit* me in the face several times.
▶ 彼はその男を地面になぐり倒した.
　He *knocked down* the man to the ground.

なげく 嘆く (がっかりしている) **be disappointed** (at, in)；(残念がって) **be sorry** (about, for)，**be sad** (over)
▶ 今さらなげいても (→残念がっても) おそいよ．It's too late to *be sorry*.
▶ ケビンは恋人の心変わりをなげいた．
　Kevin *was sad over* his girlfriend's change of heart.

なげる 投げる
1 (ほうる) **throw** [スロウ]
▶ 犬めがけて石を投げたりしてはいけません．
　Don't *throw* a stone at a dog.
▶ 車の窓からゴミを投げ捨てる人がいる．
　There are people who *throw* trash out of their car windows.
2 (あきらめる) **give up**
▶ そんなすぐに (ものごとを) 投げちゃだめだ．
　Don't *give up* that quickly.

-(が)なければ without [ウィズアウト]
▶ 愛がなければ人生なんて意味がないさ．
　Life is meaningless *without* love.

-(し)なければならない have to [ハフ

トゥ]，must →-ならない

なこうど 仲人 a **matchmaker** [マチメイカァ]，a **go-between** [ゴウビトゥウィーン]

なごむ 和む (くつろぐ) **feel relaxed** [リラックスト]；(落ち着く) **feel calm** [カーム]

なごやか 和やかな friendly [フレンドゥリィ]
▶ なごやかなパーティー a *friendly* party

ナサ NASA [ナサ] (▶ the National Aeronautics and Space Administration (国立航空宇宙局) の略)

-(し)なさい (命令文) (▶動詞の原形を文頭に用いる)

🔵**用法** 命令的な言い方
命令的な言い方を表すにはいろいろな形がある．
❶動詞の原形で文を始める (命令文の基本的な形)
「少し待って」*Wait* a minute.
❷ Please ＋動詞の原形 … . (▶❶よりもていねいになるが，命令文であることに変わりはない)
「こちらに来てください」
Please come this way.
❸ Will you …? (▶相手の意志をたずねる疑問文で，「…してくれる？」「…してちょうだい」の意味．形は疑問文だが，命令文に近い言い方)
「出かける前に犬にえさをやってちょうだいね」*Will you* feed the dog before you leave?
❹ You must ＋動詞の原形 … . (▶❶よりも強い言い方で，「絶対に…しなさい」という意味．親が子どもに言い聞かせるときなどに使う)
「宿題をしなさいよ」
You *must* do your homework.
❺ You'd better ＋動詞の原形 … . (▶いまの状況から考えて，「〜しなさい」と強くすすめる表現．「そうしなければよくない結果になる」というふくみがあり，目上の人には使わない)
「歯医者に行ってみてもらいなさいよ」
You'd better go to the dentist.
❻ Try to … . (▶「…するように努力しなさい」という，語調をやわらげた言い方)
「早く寝るようにしなさいね」
Try to go to bed early.

---

five hundred and ninety-five　595

なさけ ▶

- ベストをつくしなさい. *Do* your best.
- さっさとしなさい. おくれるよ.
  Come on. You'll be late.
- 帰ったらちゃんと手を洗いなさい.
  Wash your hands when you get home.

なさけ 情け (親切) kindness [カイン(ドゥ)ネス]; (慈悲) mercy [マ〜スィ]
情け深い kind; merciful
- 情けは人のためならず. (ことわざ)
  One good turn deserves another. (▶「良いことをすると良いことが返ってくる」という意味)

なさけない 情けない (はずかしい) ashamed [アシェイムド], shameful [シェイムフル]; (みじめな) miserable [ミゼラブル], unhappy [アンハピィ]
- 全然泳げないの？ 情けないな.
  Can't you swim at all? What a *shame*!
- ああ, なさけない.
  I feel *sad* [*unhappy*, *miserable*].

ナシ (植物) a pear [ペア] (▶ pear は西洋ナシでひょうたん型をしている. 日本のナシは Japanese pear という)

pear 西洋ナシ　　Japanese pear ナシ

-なしで without [ウィズアウト]
- これを電卓なしで計算してください.
  Calculate this *without* (using) your calculator.
- 携帯電話なしでは生活できない.
  I can't live *without* my cellphone.

なしとげる 成し遂げる accomplish [アカンプリシュ], do [ドゥー], carry out

なじみ
- 幼なじみ
  a childhood [チャイルドゥッド] friend

なじむ (人・物が環境などに) fit [フィット] in; (くつなどに) break in
- このくつははき始めてすぐになじんだ.

These shoes were easy to *break in*.
- 私は新しい環境にすぐになじんだ.
  I *adapted* to the new environment quickly. (▶ adapt [アダプト] は「(環境に)適応する」の意味)
- このカーテンはリビングにはなじまない.
  This curtain doesn't *go well with* the living room. (▶ go well with ... で「(色・形などが) …と合う」の意味)

ナス (植物) 《米》 an eggplant [エグプラント], 《英》 an aubergine [オウバァヂーン]

なすりつける (塗る) smear [スミア]; (…のせいにする) →せい⁵

なぜ →どうして

why [(フ)ワイ], (目的を聞いて) what ... for, 《口語》 how come (▶ how come のあとは肯定文と同じ語順になる)

◆スピーキング◆
Ⓐ なぜこんなところにいるの？
  Why are you here?
Ⓑ 玲奈をさがしているの.
  Because I'm looking for Rena.

- 「なぜおばあさんに会いにいくの？」「おばあちゃん, 病気で入院しているんだ」
  "*Why* are you going to see your grandmother?" "She is sick and in the hospital." (▶ why で聞かれてもいつも because で答えはじめる必要はない)
- 「あの子と会うのはやめなさい」「なぜ？」
  "You should stop seeing him." "*Why?*" / "You shouldn't see him." "*Why* not?"

なぜか somehow [サムハウ], for some reason [リーズン]
- 今日はなぜか気分がいい.
  Somehow I feel great today.

なぜなら(ば) →だから, -ので

because [ビコ(ー)ズ]
- 伊藤先生はきらいです. なぜならいつも授業で私をあてるから.
  I don't like Ms. Ito, *because* she always calls on me in her class.

なぞ (不思議なこと) a mystery [ミステリィ]; (なぞなぞ) a riddle [リドゥル]
- その若い歌手の死はいまだになぞだ.

The young singer's death is still a *mystery*.
▶ なぞなぞを解く solve a *riddle*
なぞなぞ a riddle [リドゥル]
なぞる trace [トゥレイス]
▶ 文字をなぞる
trace a letter
なた a hatchet [ハチェト]
なだめる calm [カーム], calm down
▶ 母親は息子をなだめようとしたが，息子は泣きやまなかった．
The mother tried to *calm* her boy *down*, but he didn't stop crying.
なだらか なだらかな gentle [チェントゥル] (反 急な steep)
▶ なだらかな坂
a *gentle* slope
なだれ 雪崩 an avalanche [アヴァランチ], a snowslide [スノウスライド]

「危険．なだれ」の標識．

ナチュラル ナチュラルな natural [ナチ(ュ)ラル]
▶ 彼女はいつもナチュラルメークだ．
She always wears her makeup in a *natural* way.

なつ 夏 →きせつ(図)

summer [サマァ] (▶月や曜日とちがって，語頭は小文字で書く)
▶ もう夏だなあ．
It's already *summer*.
▶ ここは夏でもすずしいんです．
It's cool here even in *summer*.
▶ この夏はどこに行きたい？
Where do you want to go this *summer*?
▶ 去年の夏はオーストラリアに行った．
We went to Australia last *summer*.
▶ ぼくは2022年の夏に富士山に登った．
I climbed Mt. Fuji in the *summer* of 2022.
夏時間 (米) daylight saving(s) time, (英) summer time
夏ミカン a large summer orange
夏ばて
▶ 夏ばてしちゃったみたい．
I guess the summer heat is getting to me. (▶ get to は「…が体にこたえる」の意味)
夏服 summer clothes
夏祭り a summer festival
夏休み (米) (the) summer vacation, (英) summer holidays
▶ 夏休みが早く来ないかなあ (→待ち遠しいなあ)．
I can't wait for (the) *summer vacation*.
▶ 夏休みはどんな計画を立ててるの？
What are you planning to do during *the summer vacation*?
なつかしい 懐かしい good old
▶ あのころがなつかしいね．
Those were the *good old* days.
▶ 今日駅でなつかしい友だちにばったり会ったんだ．
I ran into a *good old* friend at the station today.
▶ それもいまではなつかしい思い出だ．
It's now a *sweet* memory.
▶ この歌，なつかしい (→なつかしい思い出をよみがえらせてくれる) なあ．
This song *brings back memories*./(長い間聞いていない) I *haven't heard* this song *in a long time*.
なつく 懐く take to, become friendly
▶ その犬はすぐ私になついた．
The dog *took to* me right away.
なづける 名づける name [ネイム] →な
ナッツ a nut [ナット]
▶ ナッツ入りのチョコレート
chocolate with *nuts*
-(に)なっている …することになっている be supposed [サポウズド] to ...
▶ 彼がこの部屋をそうじすることになっている．
He *is supposed to* clean this room.
なっとう 納豆 natto (▶説明的に言うと fermented soybeans [ファ〜メンティド ソイビーンズ]となる．fermented は「発酵した」

なっとく ▶

の意味)

なっとく 納得する understand [アンダスタンド], be convinced, be satisfied [サティスファイド]

▶ 私は彼のやり方に納得がいかなかった.
I couldn't *understand* his way of doing things.

▶ ぼくの説明に納得できないんだったら, 自分で確かめてみれば.
If you're not *satisfied* [*convinced*] with my explanation, you can check it out (for) yourself.

なでる stroke [ストゥロウク]; (子どもや動物を) pet [ペット]

▶ 母親はむすこの頭をなでてやった.
The mother *stroked* her son's head.

▶ その女の子はネコをなでていた.
The girl was *petting* the cat.

-など →たとえば

and other ..., and so on, and so forth [フォース], etc. [エトゥセトゥラ]; (…などの) such as ...

▶ 野球, サッカーなど
baseball, soccer, *and other* sports

▶ 私はリンゴやイチゴやブドウなどの果物が大好きだ.
I love fruits *such as* apples, strawberries and grapes.

なな 七(の) seven [セヴン] →しち

▶ 世界の七不思議
the *Seven* Wonders of the World

▶ 春の七草
the *seven* herbs of spring

▶ 七つの海
the *seven* seas

ななじゅう 七十(の) seventy [セヴンティ]

ななめ 斜めの diagonal [ダイアゴナル]

▶ 斜めの線を引く draw a *diagonal* line

なに,なん 何 →なん-

1 what [(フ)ワット]

> 🔊 スピーキング
> Ⓐ これは何ですか.
> What's this?
> Ⓑ 納豆(なっとう), すなわち大豆を発酵(はっこう)させたものです.
> It's *natto*, fermented soybeans.

▶ (複数のものについて)「これ, 何?」「バジルの種よ」
"*What* are these?" "They're basil seeds."

▶ いま何しているの?
What are you doing at the moment?

▶ 何があったの?
What happened?

▶ 何て言いましたか?
What did you say?↗ (▶ 文尾は上げ調子で言う)

▶「お母さん, 千円貸してくれない?」「何に使うの?」
"Could you lend me a thousand yen, Mom?" "*What* for?"

▶ 私たちは何をしたらいいかわからなかった.
We didn't know *what* to do.

2 (おどろき・いらだち) What!, Why! [(フ)ワイ]

▶ 何! 学校が火事だって?
What! The school is burning?

なにか 何か

(肯定(こうてい)文で) something [サムスィング]; (疑問文や if の文で) anything [エニスィング]

> 💬 表現力
> 何か…するもの
> → something to ...

▶ 何か温かいものが食べたいな.
I want *something* hot. (▶ something や anything では形容詞は後ろにくる)

▶ 何か (冷たい) 飲み物をいただけますか.
I'd like *something* (cold) *to* drink.

▶ ほかに何か覚えていない?
Do you remember *anything* else? (▶ふつうの疑問文では anything を使う)

▶ 何かいいことがあったんでしょう?
Did *something* good happen? (▶相手のようすなどから肯定の答えが予想されるときは疑問文でも something を使う)

▶ 何か必要な物があったら電話して.
Call me if you need *anything*.

▶ 何か飲み物はいかがですか.
Would you like *something* to drink? (▶ものをすすめたり提案したりするときは something を使う)

▶ 何か質問はありますか.

(Do you have) *any* questions?
▶ 向こうに何か見えますか.
Do you see *anything* over there?

なにがなんでも 何が何でも no matter what, by all means, at any cost, at all costs [cost] →どうしても
▶ 何が何でもその高校へ行きたい.
I want to go to the high school *no matter what* [*by all means*].
▶ 何が何でもこの試合に勝つぞ.
I'm going to win this game *no matter what*.

なにげない 何気ない（深い意図のない）casual [キャジュアル]
▶ 私は母の何気ない一言に傷ついた.
I was hurt by my mother's *casual* remark.

なにげなく 何気なく casually [キャジュアリィ]
▶ 何気なく窓の外を見た.
I *casually* glanced outside the window.

なにしろ 何しろ anyway [エニウェイ] →とにかく

なにもかも 何もかも everything
▶ 何もかもうまくいかなかった.
Everything went wrong. (▶「うまくいった」なら wrong のかわりに well を使う)
▶ 彼は何もかも忘れて何時間もテレビゲームをした.
He forgot about *everything* and played video games for hours.

なにも…ない 何も…ない not ... anything [エニスィング], nothing [ナスィング]
▶ きょうは何もすることがない.
I *don't* have *anything* to do today. / I have *nothing* to do today.
▶ 何も食べたくない.
I *don't* feel like eating *anything*.
▶ トランクには何もないよ.
Nothing is in the trunk. (▶ ˟*Anything* isn't in the trunk. とはいわない)
▶ 何も心配することはないよ.
There's *nothing* to worry about.

なにより 何より
▶ お元気で何よりです (→お元気と聞いてうれしい).
I'm glad to hear that you are well.

▶ 父はコーヒーが何より好きです.
Father likes coffee better *than anything else*.

-なので →-ので, だから
-なのに →-のに
ナプキン (食事の) a napkin [ナプキン]; (生理用) a sanitary [サニテリィ] napkin

なふだ 名札 a name tag, a name card [badge]
▶ 名札を胸にとめる
wear a *name card* on my chest

なべ (浅い) a pan [パン]; (深い) a pot [パット]

なべ物, なべ料理 a hot pot dish cooked at the table (▶「食卓で調理される, 熱い鍋の料理」という意味の説明的な言い方)

なま 生の raw [ロー]; (新鮮な) fresh [フレッシ]; (録画・録音でない) live [ライヴ]
▶ このサッカーの試合はテレビで生中継される.
This soccer game will be broadcast *live* on TV.
生演奏 a live performance
生ごみ 《米》 (raw) garbage [ガーベヂ], kitchen garbage, 《英》 kitchen rubbish [ラビシ] →ごみ
生卵 a raw egg
生ハム uncooked ham [アンクックト ハム]
生水 unboiled [アンボイルド] water
生焼け[生煮え]の half-cooked
生野菜 fresh vegetables

なまいき 生意気な fresh [フレッシ]; 《米口語》 sassy [サスィ]; insolent [インソレント]
▶ 生意気なことを言うな！
Don't get *sassy* [*fresh*] with me! / You're *stuck-up*.

なまえ 名前 →な

なまぐさい ▶

a **name** [ネイム]

▶ 私の名前は吉田留美です.
I'm Yoshida Rumi. / My *name* is Yoshida Rumi. (▶前者の方が一般的)

💬スピーキング

Ⓐ こんにちは. ぼくは高島敦です. お名前は？
Hi, I'm Takashima Atsushi. What's yours?
Ⓑ エド・ホワイトです.
I'm Ed White.
(▶相手の名前を聞くときはまず自分の名前を名のるのがマナー)

▶ すみませんが, もう一度お名前を教えていただけますか.
I'm sorry, may I have your *name* again?

▶ お名前はどうつづるのですか.
How do you spell your *name*?

▶ 名前を呼ばれたら手をあげなさい.
Raise your hand when your *name* is called.

▶ うちはデュークという名前の犬を飼っている.
We have a dog *named* Duke.

▶ この花の名前は何ですか.
What *is* this flower *called*?

ⓘ参考 名前の言い方
❶英米人の名前は, Ed White のように名 (Ed) が先, 姓 (White) があとにくる. 名は最初にくるので **first name** という. 姓は家族の名なので **family name** という.
❷英米人の名前は Martin Luther King のように３つから成ることもある. この場合, 真ん中の名を **middle name** (ミドルネーム) という.
❸日本人の名は辻良太のように, 姓・名の順だが, 欧米人にいうときは Tsuji Ryota という人もいるし, Ryota Tsuji と名・姓の順にいう人もいる.

なまぐさい 生臭い fishy [フィシィ]
なまける 怠ける be lazy [レイズィ], neglect [ネグレクト]

▶ なまけるな.
Don't *be lazy*.

▶ あいつはなまけものだ.

He *is lazy*.

ナマズ 《魚》a catfish [キャトゥフィシ] (複数) catfish)

なまぬるい 生ぬるい (温度が) tepid [テピド], lukewarm [ルークウォーム] →ぬるい

▶ なまぬるい湯
lukewarm water / *tepid* water

なまり¹ (ことばの) an accent [アクセント]

▶ ジェームズさんは山形なまりの日本語を話す.
James speaks Japanese with a Yamagata *accent*.

なまり² 鉛 (化学) lead [レッド] (発音注意) (記号 Pb)

なみ¹ 波 a wave [ウェイヴ]; (さざ波・波紋) a ripple [リプル]

▶ 波はひじょうに高かった.
The *waves* were huge.

▶ 今夜は波が静かだ.
The *sea* is calm tonight. (▶「波があらい」なら calm のかわりに rough を使う)

なみ² 並の (ふつうの) ordinary [オーディネリィ]; (平均的な) average [アヴ(ェ)レヂ]

▶ 彼の成績は並 (→平均) だ.
He has *average* grades.

なみき 並木 a row of trees

▶ イチョウ並木 *a row of* ginkgos
並木道 a tree-lined street

なみだ 涙

tears [ティアズ] (▶ふつう複数形で使う)

▶ チーム全員がうれしなみだを流した.
All the team members cried for joy. / All the team members shed *tears* of joy.

▶ さあ, さあ, なみだをふいて！
There, there, wipe your *tears*.

▶ 私たちは目になみだをうかべて別れのあいさつをした.
We said goodbye with *tears* in our eyes.

ナメクジ a slug [スラッグ]

なめらか 滑らかな smooth [スムーズ] (反 ざらざらの rough)

なめらかに smoothly

なめる lick [リック]; (液体を) lap [ラップ]

▶ その男の子はペロペロキャンディーをなめていた.
The boy *was licking* his lollipop.

▶ 子ネコはミルクを全部なめちゃったよ.
The kitten *lapped* up all the milk.

なや 納屋 a barn [バーン]
なやます 悩ます（心配させる）worry [ワ~リィ];（困らせる）trouble [トゥラブル];（迷惑をかける）bother [バザァ] →なやむ
▶ ぼくをこれ以上なやまさないで.
Don't *bother* me any more.

なやみ 悩み

(a) **worry** [ワ~リィ], (a) **trouble** [トゥラブル], a **problem** [プラブレム]
▶ 人生なんてなやみだらけだ.
Life is full of *troubles* [*worries* / *problems*].
▶ いたずらっ子な息子が彼らのなやみの種だった. Their naughty son was a source of *trouble* to them.
▶ きみにはなやみごとなんて何もないみたいだね.
You look so *carefree*. (▶ carefree は「なやみがない」の意味)

ライティング
私のいちばんのなやみは成績のことです.
My biggest worry is my grades.

なやむ 悩む

worry [ワ~リィ]（about）, **be worried**（about, by）, **be troubled** [トゥラブルド]（about, by）

スピーキング
Ⓐ 何をなやんでいるの？
What's worrying you?
Ⓑ 友だちと部活のこと.
I'm worrying about my friends and club activities.

▶ 誠，そのことでそんなになやむことないよ.
You don't have to *worry* so much *about* it, Makoto.
▶ 美香は勉強のことでなやんでいる.
Mika *is having trouble with* her studies.
▶ ぼくは中2のころからにきびになやんでいる.
I've *been troubled by* pimples since eighth grade.

-なら if [イフ] →もし
▶ あした雨なら家にいます.
If it rains tomorrow, I'll stay (at) home.
ならいごと 習い事 lessons [レスンズ]
習いごとをする take lessons

ならう 習う

learn [ラ~ン]（反 教える teach）, **study** [スタディ];（レッスンを受ける）take lessons →まなぶ
▶ あなたはフランス語を習っていますか.
Are you *learning* French? / Do you *study* French?
▶ 弟は水泳を習っている.
My brother *is learning* (how) to swim. (▶ learn のあとに動詞を続けるときは learn how to *do* か learn to *do* を使う)
▶ フルートを習ってみたい.
I want to *take* flute *lessons*.
▶ 習うより慣れよ.（ことわざ）
Practice makes perfect. (▶「練習を積めば完ぺきになる」の意味)

💬用法 **learn** と **study**
learn は勉強したり練習したり教わったりして「知識や技能を身につける」という意味で，学習の結果や成果に重点が置かれる. それに対して，**study** は「時間をかけて勉強する」という意味で，学習の過程に重点が置かれる.

ならす¹ 鳴らす（ベルを）ring [リング];（音を出す）sound [サウンド];（警笛などを）blow [ブロウ],（車のクラクションを）honk [ハンク]
▶ だれかが玄関のベルを鳴らしたよ.
Someone *rang* the doorbell.
▶ 外でだれかが車のクラクションを何度も鳴

ならす² ▶

らしてる.
Outside someone *is honking* their
horn again and again. (▶ honking の
かわりに blowing や sounding ともいう)

ならす² 慣らす get used [ユーストゥ] to ; (動
物を) tame [ティム] ; (くつなどを) break [ブ
レイク] in
▶ 新しいスニーカーをはきならす
break in a new pair of sneakers
▶ 私は暗がりに目を慣らそうとした.
I tried to *get used to* the darkness.

ならす³ 均す (平らにする) level [レヴ(ェ)ル]

−ならない →いけない

1 (義務・必要性) have to [ハフトゥ], must
[マスト]

💬表現力
…しなければならない
→ have to ... / must ...

▶ 私は試験勉強をしなくてはならない.
I *have to* study for the exams.
▶ この試合には勝たなければならない.
I *must* win this game.
▶ 人から何かしてもらったらお礼を言わなけ
ればならない.
You *must* say thank you when
someone does something for you.

📣プレゼン
私たちはこの地球を守らなければなりま
せん.
We must save this planet.
(▶強い義務を表すときは must を使う
ことが多い)

💬表現力
…しなければならなかった
→ had to ...

▶ 自転車がパンクしたので学校に歩いて行か
なければならなかった.
My bike had a flat (tire), so I *had to*
walk to school.

💬表現力
…しなければならないだろう
→ will have to ... /
be going to have to ...

▶ 私は追試を受けなければならないだろう.

I'll *have to* take a makeup test.

📘文法 **must** と **have to**
must には過去形がないので, 「…しな
ければならなかった」は **had to** で表す.
また 「…しなければならないでしょう」と
未来を表すときは **will have to** を使
う.
また, **have to** は「(状況から) …するよ
りしかたない」というふくみがあり,
must よりやわらかい言い方なので, ふ
だんの会話では **have to** のほうがよく
使われる.

2 (強い禁止) must not ... (▶短縮形は
mustn't [マスント]), Don't ... .

💬表現力
…してはならない
→ mustn't ... / Don't ... .

▶ 試験でカンニングをしてはならない.
You *mustn't* cheat on tests.
▶ 同じまちがいを二度としてはならない.
Don't make the same mistake
again.

ならぶ 並ぶ (1列に) line up, stand in
(a) line
▶ きちんと並びなさい.
Line up nicely.
▶ 2列に並びなさい.
Stand in two *lines*.
▶ 縦1列に並ぶ
line up [*stand*] in single file
▶ 横1列に並ぶ *line up* [*stand*] in a row
並んで side by side
▶ ぼくは綾子と並んですわった.
I sat *side by side* with Ayako. / I sat
next to Ayako.

ならべる 並べる (1列に) line up ; (横に)
put [place] ... side by side ; (縦に)
put [place] ... from top to bottom ;
(展示する) display [ディスプレイ]
▶ その2枚の写真を並べてごらん.
Put those two photos *side by side*.
▶ ぼくはすべてのクリスマスカードをかべに
横に並べてはった.
I *put* all the Christmas cards up on
the wall *side by side*.

−なりそうだ It is likely to ... . →−そう

602 six hundred and two

▶ 今夜は雪になりそうだ.
It *is likely to* snow tonight.

-(に)なりたい want to be
▶ 私はゲームクリエイターになりたい.
I *want to be* a game creator.

なりたつ 成り立つ be made up 《of》, consist [コンスィスト] 《of》
▶ 日本は4つの大きな島から成り立っている.
Japan *consists of* four big islands.

-なりに
▶ おれはおれなりにがんばっているんだ.
I'm trying my best.

なりゆき 成り行き
▶ 成り行きに任せよう.
Let's wait and see. / Just wait and see. / Let nature take its course.

なる¹ 鳴る

(電話・ベルなどが) ring [リング]; (目覚まし・警報装置などが) go off
▶ きみの携帯, 鳴っているんじゃない？
I think your cellphone *is ringing*.
▶ 5時間目のチャイムはもう鳴ったよ.
The bell for fifth period *has* already *rung*.
▶ けさ目覚ましが鳴らなくて学校に遅刻した.
This morning my alarm clock didn't *go off*, so I was late for school.

なる² (実が) grow [グロウ]; (実をつける) bear [ベア]
▶ このカキの木はよくなる.
This persimmon tree *bears* (fruit) well.

なる³ 成る be made up 《of》, consist [コンスィスト] 《of》 →なりたつ

-(に)なる

使い分け
(ある状態になる) → become, be, get
(…に変わる) → turn

1 (ある状態になる) become [ビカム], be [ビー], get [ゲット]; (…に変わる) turn [ターン]
▶ 私の姉は保育士になった.
My sister *became* a nursery school teacher.

▶ 私は映画監督になりたいと思う.
I'd like to *be* a film director. (▶ would like to や want to や will などのあとは become よりも be が使われる)
▶ 大学を卒業したら何になりたいですか.
What would you like to *be* after you graduate from college?

🗨️ スピーキング
Ⓐ 将来は何になりたいの？
What do you want to be in the future?
Ⓑ パイロットになりたいな.
I want to be a pilot.

▶ 剛がいいキャプテンになるなんて思えない.
I don't think Tsuyoshi would *make* a good captain.
▶ 父は来週40歳になる.
My father will *be* [*turn*] forty next week.
▶ 外は暗くなってきた.
It's *getting* dark out(side).
▶ 祖父は忘れっぽくなってきた.
Grandpa *is becoming* forgetful.
▶ 両親も高齢になりました.
My parents *have grown* old.
▶ はずかしくて妹の顔は真っ赤になった.
My sister's face *turned* red with embarrassment.
▶ 祖母は白髪になってきた.
My grandmother *is going* [*turning*] gray.
▶ 2人はどうやって知り合うようになったの？
How did you two *get to* know each other？(▶「…するようになる」は get to ... や come to ... を使う)
▶ 弟はつい最近自転車に乗れるようになった.
My brother *learned to* ride a bike only recently.

📣 表現力
…して (期間) になる
→ have +過去分詞+ for +期間

▶ 田村先生はこの学校に来て5年になる.
Ms. Tamura *has been* in this school *for* five years.
▶ 彼がなくなって10年になる.
It *has been* ten years *since* he died.

なるべく ▶

> **表現力**
> …できるようになるだろう
> → will be able to …

▶ 数日もすれば起きられるようになりますよ。
You'll *be able to* get out of bed in a few days.

2 (季節などが) **come** [カム]
▶ あと数週間で春になる。
Spring will *come* in a few weeks.

3 (計算して…になる) **make** [メイク]; (全部で…になる) **come to**
▶ 7と13を足すと20になる。
Seven and thirteen *make(s)* twenty.
▶「いくらですか」「全部で3600円になります」
"How much is it?" "It *comes to* 3,600 yen."

なるべく (できるだけ) as … as ~ can; (もしできれば) if possible [パスィブル] → できるだけ

なるほど (わかった) I see.; (確かに) indeed [インディード]; (理にかなっている) make sense

> **スピーキング**
> Ⓐ このボタンを押すと写真がとれるよ。
> Push this button to take a picture.
> Ⓑ なるほど。
> I see.

ナレーション (a) narration [ナレイション]
ナレーター a narrator [ナレイタァ]
なれなれしい too friendly
▶ なれなれしくしないでよ。
Don't be *too friendly*.

なれる 慣れる,馴れる

1 get used [ユースト] **to**; (慣れている) **be used to** (▶ to のあとは名詞か動詞の -ing 形がくる)
▶ 中学校にはすぐに慣れた。
I *got used to* junior high school (life) quickly.
▶ 最初のうち姉はホームシックになっていたが、そのうち一人暮らしに慣れた。
At first my sister was homesick, but she soon *got used to* living on her own.

▶ 私は男子としゃべるのに慣れていない。
I'm not *used to* talking with boys.

2 (動物が人に) **be tame** [テイム]
▶ このネコ,人によくなれてるね。
This cat *is* very *tame*, isn't it?

なわ 縄 a rope [ロウプ] → つな
▶ なわでしばる tie with a *rope*
▶ なわを解く untie a *rope*

なわとび 縄跳び (米) jump rope, (英) skipping rope
なわとびをする (米) jump rope, (英) skip rope
▶ なわとびしようよ。 Let's *jump rope*.

なん- 何… → なに,なん

1 what [(フ)ワット]; (数量) **how** [ハウ]
▶ きょうは何曜日?
What day is (it) today?
▶ 平成何年生まれですか。
What year of Heisei were you born in?
▶「何年生ですか」「中2です」
"*What* grade are you in?" "I'm in the eighth grade."
▶ 夏休みまであと何日ある?
How many days are there before the summer vacation starts?

2 (いくらかの) **some** [サム]; (多くの) **many** [メニィ]
▶ 本を何冊か買った。
I got *some* books.
▶ きみに何回も電話したよ。
I called you *many* times.
▶ 何時間も勉強したけれど,テストはあまりできなかった。
I studied for hours but I didn't do well on the exams.

何回,何度 how many times → なんかい
何歳 how old → なんさい

◀ **なんじ**

何冊 how many books →なんさつ
何時 what time →なんじ
何時間 how many hours
何日 how many days →なんにち
何人 how many people →なんにん
何番 →なんばん

なんい 南緯 the south latitude [ラティテュード]

なんかい 何回

how many times；(頻度) how often

▶「ディズニーランドには何回行ったことがある？」「5回以上は行ってるよ」
"*How many times* have you been to Disneyland?" "More than five times."

▶「1年に何回ぐらい映画を見にいく？」「2か月に1度くらい」
"*How often* (in) a year do you go to the movies?" "About once in two months."

何回も many times

▶ その映画はもう何回も見たよ．
I've seen the movie *many times*.

▶ 英単語を何回も何回も書いて練習した．
I practiced writing the English words *over and over again*.

なんかん 難関 a difficulty [ディフィカルティ], a hurdle [ハードゥル]

▶ 難関を切り抜ける
overcome the *difficulty*

なんきゅう 軟球 a rubber [ラバァ] ball → なんしき

なんきょく 南極 the South Pole [サウスポウル] (対 北極 North Pole)

南極の Antarctic [アンタークティク] (対 北極の Arctic)
南極海 the Antarctic Ocean [オウシャン]

南極大陸 the Antarctic Continent
南極探検 an Antarctic expedition [エクスペディション]
南極点 the South Pole [ポウル]

なんこう 軟膏 an ointment [オイントゥメント]

なんさい 何歳

how old

🎤スピーキング
Ⓐ あなたは何歳ですか．
  How old are you?
Ⓑ 14歳です．
  I'm fourteen (years old).

なんさつ 何冊 how many books
▶ あなたは本を何冊持っていますか．
How many books do you have?

なんじ 何時

what time, when [(フ)ウェン] (▶ when は「いつ」という意味だが，「何時」という意味でもよく使われる)

▶ すみません，何時ですか．
Excuse me, do you have the time [*what time* is it]?

🎤スピーキング
Ⓐ 何時ですか．
  What time is it? / Do you have the time?
Ⓑ 3時半です．
  It's three thirty.

▶ 朝は何時に家を出るの？
What time [*When*] do you leave home in the morning?

▶ 次の上映時間は何時ですか．
What time is [*When*'s] the next show?

▶ 何時ごろ帰ってくるの？
(Around) *what time* [*when*] will you be back?

▶ 何時に彼が帰宅するか知っていますか．
Do you know *what time* he will be home?

▶ スーパーは何時から何時まで開いてるの？
What hours [*times*] is the supermarket open? (▶*From what time to what time ...* とはいわない)

▶ 何時までだったら電話してもいい？

six hundred and five 605

なんしき ▶

Until *when* [*what time*] can I call you?

なんしき 軟式

軟式テニス soft tennis (▶日本発祥のスポーツ)

軟式野球 rubberball baseball (▶日本発祥のスポーツ)

なんせい 南西 the southwest [サウスウェスト] (▶ SW または S.W. と略す) →せいなん

南西の southwest, southwestern

ナンセンス nonsense [ナンセンス]

なんだ 何だ Why [(フ)ワイ], What [(フ)ワット]

▶ なんだ. さゆりって芸名だったのかあ.
Why, Sayuri was her screen [stage] name!

▶ なんだ. それでおしまい？
What? Is that all?

なんだか 何だか somehow [サムハウ] → なんとなく

なんちょう 難聴 impaired [インペアド] hearing

▶ 彼は難聴だ.
He is *hard of hearing*.

なんて 何て

（感嘆文）how [ハゥ], what [(フ)ワット]

╭─ 📣表現力 ─────────╮
│ なんて… (なの) だろう │
│ → **How** ＋形容詞 [副詞] ... ! │
╰────────────────╯

▶ なんておいしいんだろう.
How delicious! / It's *really* delicious!

▶ あの人のピアノはなんて美しいんだろう（→あの人はなんて美しくピアノをひくんだろう）.
How beautifully she plays the piano!

▶ なんて暑いんだろう.
It's *so* hot.

╭─ 📣表現力 ─────────╮
│ なんて〜な… (なの) だろう │
│ → **What** (a) ＋形容詞＋名詞 ... ! │
╰────────────────╯

▶ なんて大きなスイカだ.
What a big watermelon!

▶ なんてすばらしい天気だ.
What beautiful weather! (▶ weather は数えられない名詞なので a は不要)

╭─ 🖉文法 how と what の感嘆文 ─╮
「なんて…なのだろう」と感嘆やおどろきを表す場合は,「How ＋形容詞 [副詞] ...！」か「What (a) ＋形容詞＋名詞 ...！」で表す.「主語＋動詞」は文の後ろにくるが, 何をさしているのかはっきりしている場合には, 省略することが多い.

なんで 何で why [(フ)ワイ] →なぜ

なんでも 何でも

（どんなものでも）anything [エニスィング]；（何もかも）everything [エヴリスィング]

▶ 何でも聞いてよ.
Ask me *anything*.

▶ 何でも好きなものを買ってあげるよ.
I'll buy you *anything* you like.

╭─ 💬スピーキング ─────────╮
🅐 お昼ごはん, 何がいいですか.
What would you like for lunch?
🅑 何でもいいです.
Anything will do.
╰────────────────────╯

▶ 由紀はその歌手のことだったら何でも知ってるよ. Yuki knows *everything* about that singer.

何でもない

▶ 10キロを走るぐらいのこと, ぼくには何でもないよ. It's *nothing* for me to run 10 kilometers.

╭─ 💬スピーキング ─────────╮
🅐 どうかしたの？
What's the matter?
🅑 いや何でもない.
Nothing (at all).
╰────────────────────╯

なんてん¹ 難点 a weakness [ウィークネス]

なんてん² 何点

▶ 英語のテスト, 何点だった？
What [*How many points*] did you get on the English exam?

▶ （スポーツで）いま何点？
What's the *score* now?

なんと 何と （感嘆）how [ハゥ], what [(フ)ワット] →なんて

なんど 何度 （回数）how many times, how often [オ(ー)フン] →なんかい

◀ なんようび

なんとう 南東 the southeast [サウスイースト] (▶ SE または S.E. と略す) →とうなん¹
南東の southeast, southeastern

なんとか 何とか（どうにか）somehow [サムハウ]
▶ 何とかなるだろう.
I think we can do it *somehow*.

━━━ 💬表現力 ━━━
何とか…する → **manage to ...**

▶ 何とかして行きます［うかがいます］.
I'll *manage to* go [come].

なんとなく 何となく somehow [サムハウ]
▶ 何となく悲しい.
Somehow I feel sad. / *I don't know why*, but I feel sad.

なんとも 何とも
▶ 何とも言えない.
I can't say for sure.

なんども 何度も many times →なんかい
▶ 鎌倉には何度も行ったことがある.
I've been to Kamakura *many times*.

なんにち 何日（何日間）how many days, (期間) how long
▶ 京都には何日いたの？
How long [*How many days*] did you stay in Kyoto? (▶ how long のほうがふつう)

━━━ 🎤スピーキング ━━━
Ⓐ 今日は何日？
What's the date today?
Ⓑ 5月6日.
It's May 6.
(▶ What's the ˣday today? とはいわない. May 6は May (the) sixth と読む)

▶ 何日も
for (*many*) *days*

なんにん 何人 how many people
▶ 「何人きょうだいなの？」「3人きょうだいだよ」
"*How many brothers and sisters* do you have?" "I have two." (▶ 日本語では自分もふくめて答えるが，英語では自分以外のきょうだいの人数を答える)

なんねん 何年 how many years
▶ 何年英語を勉強しているのですか.
How many years have you studied English?

▶ 何年も for (*many*) *years*

なんの 何の what [(フ)ワット] →なに, なん

なんぱ 難破する be wrecked [レックト]
▶ その船は釧路の沖を20キロのところで難破した.
The ship *was wrecked* twenty kilometers off Kushiro.

ナンバー a number [ナンバァ] (▶ No. と略す)
ナンバープレート 《米》a license plate, 《英》a number plate
ナンバーワン number one, the top

なんばん 何番 **1** （番号）
▶ あなたの電話番号，何番だったっけ.
What was your phone *number* again?
▶ （試験で）何番がむずかしかった？
Which questions were difficult?

2 （何番目）
▶ あなたはきょうだいで何番目なの？
Which child are you in your family?
▶ 「新大阪は何番目の駅ですか」「5つ目です」
"*How many* stations are there before Shin-Osaka?" "There are four." (▶ 英語では「何番目」という表現がなく，「新大阪の手前にいくつ駅があるか」という表現を使うので駅の数が日本語より1つ減る)

なんぶ 南部 the southern [サザン] part, the south [サウス]；（アメリカの）the South
▶ 九州南部
southern Kyushu

なんべい 南米 South America [サウス アメリカ]

なんべん 何べん how many times, how often [オ(ー)フン] →なんかい

なんぼく 南北 north [ノース] and south [サウス] (▶「北と南」と日本語と語順が逆になることに注意) →とうざい

なんみん 難民 refugees [レフュヂーズ]
難民キャンプ a refugee camp
難民問題 a refugee issue

なんもん 難問 a difficult problem, a difficult question

なんようび 何曜日 what day (of the week)
▶ 今日は何曜日ですか.
What day is it today?

six hundred and seven **607**

あ
か
さ
た
な
は
ま
や
ら
わ

に¹ ▶

に二 に二 に二

に¹ 二(の) →かず(表)

two [トゥー]
第2(の) the second [セカンド] (▶2nd と略す)
▶ 2個のリンゴ two apples
▶ 1足す1は2．
One plus one equals [is] *two*. / One and one make(s) *two*.
▶ 5月の第2日曜日
the second Sunday in May
▶ 2か国語放送 *bi*lingual broadcasting
▶ 2分の1 a [one] half
2倍, 2回 twice [トゥワイス] (▶ two times ということもある)

に² 荷 a load [ロウド]

ーに

使い分け

[時間]
(時刻) → at
(午前・午後) → in (特定の日の午前・午後は on)
(日) → on
(月・季節・年) → in
[場所]
(広い場所) → in
(せまい場所) → at
(通りなど) → on

1 [時間] (時刻) **at** [アット]；(午前・午後) **in** [イン]；(日) **on** [アン]；(月・季節・年) **in**
▶ 10時に *at* ten (o'clock)
▶ 午前中に *in* the morning
▶ 日曜日に *on* Sunday
▶ 週末に *on* weekends
▶ 土曜日の朝には熱があった．
I had a fever *on* Saturday morning. (▶特定の日の午前・午後などの場合には on を使う)
▶ 祖父は1952年9月15日に生まれた．
My grandfather was born *on* September 15, 1952. (▶ September 15, 1952は September (the) fifteenth, nineteen fifty-twoと読む)
▶ ヒマワリは夏に咲く．
Sunflowers come out *in* summer.

時の使い分け

in 2024 (2024年に)	広がりのある時間
in June (6月に)	**in**
on May 5 (5月5日に)	
on Monday (月曜日に)	**on**
at 6:00 (6時に)	
at night (夜に)	**at** 時の一点

2 [場所] (広い場所) **in**；(せまい場所) **at**；(通りなどに沿って) **on**
▶ ぼくには京都に住んでいるおばがいる．
One of my aunts lives *in* Kyoto.
▶ 玄関にだれか来ているよ．
Someone is *at* the door.
▶ この通りに車は止められないよ．
You can't park your car *on* this street.

3 [位置関係] (…に接して) **on**；(はなれて…の方向に) **to** [トゥー]；(…にふくまれて) **in**
▶ 中野(の街)は中央線沿線にある．
Nakano is *on* the Chuo Line.
▶ 神戸は大阪の西にある．
Kobe is *to* the west of Osaka.
▶ 羽田は東京の南部にある．
Haneda is *in* southern part of Tokyo.

4 [方向] **to, for** [フォー(ァ)]；[方角] **in**
▶ 学校に歩いて行く．I walk *to* school.
▶ チームは名古屋に向かった(→向けて出発した)．
The team left *for* Nagoya.

608 six hundred and eight

▶ 金星では太陽は東に沈む.
The sun sets *in* the east on Venus.
(▶ ✕ *to* the east とはいわない)
5 [原因・理由] **at**, **with** [ウィズ]
▶ その費用が高いのに (→その高い費用には) びっくりしたよ.
I was surprised *at* the high cost.
6 (…によって) **by** [バイ] →−(に)よって
▶ きのう中田先生にしかられた.
I was told off *by* Mr. Nakata yesterday. (▶ tell off で「…をしかりつける」の意味)
7 [割合] →−(に)つき
▶ 週に1度 once *a* week

にあう 似合う (物が人に) **look good on**, **suit** [スート] (▶進行形にはしない); (人が物を着て) **look nice in**; (ほかの服などに) **match** [マッチ]
▶ そのセーター, とっても似合ってる.
That sweater *looks* really *good on* you. / That sweater *suits* you quite well.
▶ このブラウスはあなたのそのスカートには似合わないよ.
This blouse doesn't *match* your skirt.
…(に)似合わず **for** →−(に)しては
▶ 久美は年齢に似合わず賢い.
Kumi is wise *for* her age.

にいさん 兄さん **a brother** [ブラザァ]; (とくに強調して) **an older** [an elder, a big] **brother** →あに
▶ 私のいちばん上 [2番目] の兄
my *oldest* [second *oldest*] *brother*
▶ お兄さんはいるの？
Do you have any *older brothers*?

にえる 煮える **cook** [クック], **boil** [ボイル] →にる²
▶ よく煮えた
well-*cooked* / well-*boiled* / well-*done*
▶ 生煮えの **underdone** / **rare**
▶ このジャガイモはよく煮えている.
These potatoes are well-*cooked* [well-*boiled*].

におい
(a) **smell** [スメル]
においがする **smell** 《of》

においをかぐ **smell**
▶ おいしそうなにおい！
What a delicious *smell*!

━━ 表現力 ━━
…のにおいがする
→ **smell** +形容詞 /
 smell of +名詞 /
 smell like +名詞

▶ このバラはいいにおいがするね.
This rose *smells* sweet, doesn't it?
▶ この部屋はペンキのにおいがする.
This room *smells of* paint.
▶ このせっけんはオレンジのにおいがするね.
This soap *smells like* oranges.

━━ 表現力 ━━
…のにおいをかぐ → **smell** …

▶ ちょっとこの肉のにおいをかいでみて.
Just *smell* this meat.

におう **smell** [スメル]
▶ この部屋, におうね.
This room *smells*.
▶ ガスがにおう. I *smell* gas.

にかい¹ 二回 **twice** [トゥワイス] →にど
にかい² 二階 《米》 **the second floor**, 《英》 **the first floor** →−かい² (図)
▶ 2階建ての家
a *two-story* [*two-storied*] *house*
▶ ぼくらの教室は2階にある.
Our classroom is on *the second floor*.
▶ お父さんは2階 (→上の階) にいるよ.
Dad is *upstairs*.
2階建てバス a **double-decker** [ダブルデカァ]

にがい 苦い **bitter** [ビタァ] (反 甘い **sweet**)
▶ うわっ, にがい. Wow, it's *bitter*.

ニガウリ ▶

▶ 良薬は口に苦し. 《ことわざ》
A good medicine tastes *bitter*.

▶ 私は苦い経験をした.
I had a *bitter* experience.

▶ 私には初恋のほろ苦い思い出がある.
I have *bittersweet* memories of my first love.

ニガウリ 〔植物〕a bitter gourd［ビ<ruby>ァ<rt></rt></ruby> ゴード］

にがおえ 似顔絵 a portrait［ポートゥレット］

にがす 逃がす（放す）set ... free, let ... go；（チャンスなどを）miss［ミス］

▶ そのチョウをにがしてやった.
I *set* the butterfly *free*.

▶ このチャンスはにがすなよ.
Don't *miss* this chance.

▶ にがした魚は大きい. 《ことわざ》
The one that *got away* is always the biggest.

にがつ 二月 →いちがつ, つき¹（表）

February［フェブルエ<ruby>リィ<rt></rt></ruby>］（▶語頭はかならず大文字；Feb. と略す）

▶ 2 月に in *February*

▶ 2 月14日はバレンタインデーです.
February 14 is Valentine's Day.

にがて 苦手だ

（得意でない）be not good at, be bad［バッド］at；be weak［ウィーク］in［at］；（好きではない）not care for, not like

▶ 数学が苦手だ.
I'*m bad at* math. / I'*m weak in*［at］math. / I'*m not good at* math.

▶ コーヒーが苦手だ.
I *don't care for* coffee.

▶ 秋元先生は苦手だ.（→うまくやっていけない）.
I *can't get along well with* Mr. Akimoto.

にがわらい 苦笑い a bitter［ビ<ruby>ァ<rt></rt></ruby>］smile

にきび a pimple［ピンプル］
にきびができる get pimples

▶ 鼻に大きなにきびができちゃった.
I've got a big *pimple* on my nose.
にきび面 a pimply face［ピンプ<ruby>リィ<rt></rt></ruby> フェイス］

にぎやかな

（通りなどが）**busy**［ビズィ］,（こみ合った）crowded［ク<ruby>ラウディド<rt></rt></ruby>］；（元気のいい）lively［<ruby>ライ<rt></rt></ruby>ヴリィ］；（よくしゃべる）talkative［<ruby>トー<rt></rt></ruby>カティヴ］

▶ 夜おそくに帰るときはにぎやかな通りを歩きなさい.
Walk along *busy* streets when you go home late at night.

▶ あいつはいつもにぎやかだ.
He's always *lively and talkative*.

にぎり 握り（ドアの）knob［ナブ］；（持ち手）grip［グリップ］

にぎる 握る hold［ホウルド］；（強く）grasp［グ<ruby>ラスプ<rt></rt></ruby>］, grip［グリップ］

▶ ロープをにぎる *hold*［*grasp*］a rope

▶ 車のハンドルをにぎる
hold［*grip*］the steering wheel

▶ すしをにぎる *make* a piece of sushi

▶ きみの手をにぎりたい.
I want to *hold* your hand.（▶ビートルズの曲より）

にぎわう be crowded［ク<ruby>ラウディド<rt></rt></ruby>］

▶ ショッピングモールは買い物客でにぎわっていた.
The shopping mall *was crowded* with shoppers.

にく 肉

（食用の）**meat**［ミート］

▶ 私は魚より肉のほうが好きです.
I like *meat* better than fish.
肉団子 a meatball［ミートゥ<ruby>ボール<rt></rt></ruby>］
肉まん a steamed meat bun
精肉店（人）a butcher［ブ<ruby>チァ<rt></rt></ruby>］；（店）《米》a butcher shop,《英》a butcher's

> ① 参考 ❶ **meat** は食用の動物の肉をさす. 人間の体の肉は **flesh**［フ<ruby>レッシ<rt></rt></ruby>］という. **meat** の中に魚肉（fish）はふくまれない.
> ❷動物の名と肉の呼び名は次の表のように変わるものがある.

	動物の名	肉の名
牛	cow, ox	beef
ブタ	pig, hog	pork
羊	sheep	mutton
ニワトリ	hen, rooster	chicken

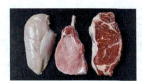
chicken　pork　beef
▶ とり肉は **chicken** [チキン], ぶた肉は **pork** [ポーク], 牛肉は **beef** [ビーフ] という.

にくい 憎い hateful [ヘイトゥフル] →にくむ
▶ あいつはにくいやつだ（→好きではない）.
I *don't like* him *at all*. / (ほめる意味で) He did a very good job.

-(し)にくい

hard [ハード], difficult [ディフィカルト] (反 -(し)やすい easy)

> 🔴表現力
> …しにくい
> → It is hard to … . /
> 　 be hard to …

▶ 彼の字は読みにくい.
His handwriting *is hard to* read. / *It is hard to* read his handwriting.
▶ 言いにくいんだけど, たぶんそれはほんとうだと思う. *I hate to* say this, but it's probably true.

にくしみ 憎しみ hatred [ヘイトゥレド] (反 愛 love)
▶ …ににくしみをいだく
feel *hatred* toward …

にくたい 肉体 a body [バディ] (反 精神 mind, spirit)
　肉体の bodily, physical [フィジィカル]
　肉体的な physical
　肉体的に physically
　肉体美 physical beauty
　肉体労働 physical labor

にくばなれ 肉離れ a torn muscle [トーン マスル]

にくまれぐち 憎まれ口をたたく say spiteful [スパイトゥフル] things

にくむ 憎む hate [ヘイト] (反 愛する love) (▶進行形にしない)
▶ 美穂はあのことで私をにくんでいる.
Miho *hates* me for that.
▶ あなたってにくめない人ね.

It's hard to *hate* you.

にくらしい 憎らしい mean [ミーン], (英) nasty [ナスティ], hateful [ヘイトゥフル]
▶ にくらしい！ How *mean*!

にぐるま 荷車 a cart [カート]

にぐん 二軍《野球》a minor [マイナァ] team, a farm [ファーム]

にげる 逃げる

run away, get away；(脱出だっする) escape [エスケイプ]
▶ ネコがにげた. The cat *got away*.
▶ 早くにげよう！
Let's *run away* quickly!

にこにこ にこにこする smile [スマイル]
▶ 夏希, 何ににこにこしてるの？
Natsuki, what *are* you *smiling* about?
▶「ラブレターをもらったの」と由奈はにこにこしながら答えた.
"I've got a love letter," Yuna answered *with a smile*.

にごる 濁る get muddy [マディ], get cloudy [クラウディ] (▶ get のかわりに become も使える)；(にごっている) be muddy, be cloudy
▶ 暴風雨のあとは川がにごっていた.
The river *was muddy* after the rainstorm.

にさん 二, 三(の) two or three；(少数の) a few [フュー], (2, 3の) a couple [カプル] of
▶ 2, 3日前 *a couple of* days ago

にさんかたんそ 二酸化炭素 carbon dioxide [カーボン ダイアクサイド]

にし 西 →ほうがく（図）

(the) west [ウェスト] (反 東 east) (▶ W. と略す)
　西の west, western
　西へ[に] west, westward
▶ 八王子市は東京の西（→西部）にある.
Hachioji City is in *the west* of Tokyo. (▶ in the west of … は「…の西部に」の意味)
▶ 山形市は仙台市の西の方にある.
Yamagata City is to *the west* of Sendai City. (▶ to the west of … は「…の西の方に」の意味)

にじ[1]

▶ 奈良県は三重県の西の境にある.
Nara Prefecture is on *the west* of Mie Prefecture. (▶ on the west of ... は「接して…の西に」の意味)

▶ 太陽は西に沈む.
The sun sets in *the west*. (▶ *to the west* とはいわない)

西口 the west exit [エグズィト]
西日本 Western Japan
西日 the afternoon sun

にじ[1] 虹 a rainbow [レインボウ]
虹色の rainbow-colored

▶ 空に虹がかかっていた.
There was a *rainbow* in the sky.

LGBTQ などのセクシュアルマイノリティの象徴とされるレインボーフラッグ.

にじ[2] 二次の（2番目の）second [セカンド]; （二次的な）secondary [セカンデリィ]

▶ 2次試験 the *second* entrance exam
▶ 第二次世界大戦
World War II (▶ II は two と読む) / the *Second* World War

-にしては → -(に)しては

にじむ （紙が）blot [ブラット]

▶ この紙はにじみやすい.
This paper *blots* easily.

にじゅう[1] 二十(の) →かず (表)
twenty [トゥウェンティ]
第20(の) the twentieth (▶ 20th と略す)

▶ 姉は20代です.
My sister is in her *twenties*.
21 twenty-one
20世紀 the twentieth century

にじゅう[2] 二重の, 二重に double [ダブル]
二重あご a double chin
二重唱, 二重奏 a duet [デューエット]
二重丸 a double circle

ニシン （魚）a herring [ヘリング] （複数 herring）

ニス varnish [ヴァーニシ]
ニスをぬる varnish

にせ 偽の（うその）false [フォールス] （反）本物の real; （偽造した）fake [フェイク], （口語）phony [フォウニィ]

▶ にせのパスポート
a *false* [*fake*] passport
にせ札 a fake bill
にせ物 a fake;（模造品）an imitation [イミテイション]

▶ 姉が買ったハンドバッグはにせ物だった.
The purse my sister bought was a *fake*.

にせい 二世 （日系のアメリカ人）a nisei; （王・女王の）the second [セカンド]

▶ エリザベス2世 Elizabeth II (▶ Elizabeth the Second と読む)

にせる 似せる（手本とする）model [マドゥル] after,（模倣する）imitate [イミテイト]

にせん 二千(の) two thousand [サウザンド] →かず (表)

にたにた にたにたする smirk [スマーク]

にたりよったり 似たり寄ったり

▶ どれも似たり寄ったりだ（→目を引くようなものはない).
Nothing really stands out.

にち 日 day

▶ 28日間
for 28 *days*
▶ 4月1日
April 1 (▶ 1 は first と読む)

にちえい 日英（日本と英国）Japan and Britain

にちじ 日時 the time and date

にちじょう 日常の everyday [エヴリデイ], daily [デイリィ] →まいにち

▶ あんなことは日常よくあることだ.
Those are *everyday* occurrences.
日常会話 daily conversation
日常生活 everyday life, daily life

にちべい 日米（日本と米国）Japan and the United States

▶ 日米関係
relationship between *Japan and the U.S.*

にちぼつ 日没 (a) sunset [サンセト] （対）日の出 sunrise

▶ 私たちは日没前に帰宅した.

We got home before *sunset*. (▶ before sunset は before the sun set ともいう)

にちや 日夜 (昼も夜も) day and night; (つねに) always [オールウェズ]

にちよう 日用の daily [デイリィ], everyday [エヴリデイ]

日用品 daily necessities, daily goods

にちようだいく 日曜大工 do-it-yourself; (人) a do-it-yourselfer, a Sunday carpenter

にちようび 日曜日 →ようび(表)

Sunday [サンデイ] (▶語頭はかならず大文字; Sun. と略す)

▶ 日曜日の朝, 私は起きるのがおそい.
I get up late on *Sunday* mornings.

> 🗨 スピーキング
> Ⓐ 日曜日にはいつも何をしますか.
> What do you usually do on Sundays?
> Ⓑ たいてい家でゲームをしています.
> I usually play games at home.

-について →-(に)ついて

にっか 日課 daily routine [デイリィ ルーティーン]

にっかん 日刊の daily [デイリィ] (▶「週刊の」は weekly, 「月刊の」は monthly)

日刊紙 a daily (newspaper)

にっき 日記

a diary [ダイ(ア)リィ]; (日誌) a journal [チャ〜ヌル]

▶ 絵日記
a picture *diary*

▶ 私は英語で日記をつけています.
I keep a *diary* in English.

   Monday, August 10. Fine
Today was Mika's birthday.
   Happy birthday, Mika! I gave her a shell pendant and she was very happy.
   Summer vacation is already halfway through now. Tomorrow we'll have to go to school for a special assembly. I'm looking forward to seeing N.S.

▶ アンネ・フランクの日記は世界中の人々に感動を与えてきた.
Anne Frank's *diary* has moved people all around the world.

> 🗨 用法 日記の書き方
> 決まった書き方があるわけではないが, ふつうは次のように書くことが多い.
> ❶曜日, 日付, 天候を最初に書く.
> ❷天候については次のような表現がある.
> (a)「晴れ」fine, clear, fair, sunny /「くもり」cloudy /「雨」rainy, wet /「雪」snowy /「嵐」stormy /「風」windy /「霧」foggy
> (b)「暑い」hot /「むし暑い」muggy, sultry /「暖かい」warm /「寒い」cold, chilly /「すずしい」cool
> (c)「晴れのちくもり」fine, later cloudy /「くもりときどき雨」cloudy, occasionally rainy /「夕方ごろ雪」snowy toward evening
> ❸本文中で「私」(I) が主語のときはよく省略する. また, 言わなくてもわかる場合は動詞も省略する場合がある.

-につき →-(に)つき
ニックネーム a nickname [ニクネイム] →

日記の例
8月10日(月) 晴れ
今日はミカの誕生日だった.
おめでとう, ミカ! 貝がらのペンダントをプレゼントしたら, とっても喜んでくれた.
夏休みも半分過ぎて, あすは特別集会のための登校日だ. N.S. 君に会えるのが楽しみ.

にっけい ▶

あだな
にっけい 日系 Japanese
▶ 日系アメリカ人
a *Japanese*-American
ニッケル (化学) nickel [ニケル] (記号 Ni)

にっこう 日光
sunlight [サンライト], (the) **sunshine** [サンシャイン], the **sun** [サン]
▶ この部屋は日光があまり入らない.
This room doesn't get much *sunlight*.
日光浴 sunbathing [サンベイズィング]
▶ 日光浴をする
sunbathe, do (some) *sunbathing*

にっこり にっこりする smile [スマイル] →にこにこ

にっし 日誌 a journal [チャ〜ヌル]；(日記) a diary [ダイ(ア)リィ]
▶ 私たちは学級日誌をつけている.
We keep a *daily record* of class activities.

にっしょく 日食 a solar eclipse [ソウラァ イクリプス]
▶ 皆既^{かいき}日食
a total *solar eclipse* / a total *eclipse of the sun*

にっすう 日数 (the number of) days
▶ 北海道を一周するにはかなりの日数がかかる.
It takes many *days* to travel around Hokkaido.

にっちもさっちも
▶ にっちもさっちもいかない.
We are *in a fix*.

にっちゅう 日中 the daytime [デイタイム] (対 夜間 the nighttime)
▶ 日中はとても暑かった.
It was very hot in *the daytime*.

にっちょく 日直 day duty [デイ デューティ], class duty (▶英米の学校では一般的でない)
▶ あしたは日直だ.
I'm on *day duty* tomorrow.

にってい 日程 a day's schedule [スケ デュール], a day's program

ニット knits [ニッツ]

にっぽん 日本 Japan [ヂャパン] →にほん

にている 似ている →にる¹

にど 二度
twice [トゥワイス], two times；(ふたたび) **again** [アゲン]
2度目の (the) **second** [セカンド]
▶ 父はアメリカへ 2 度行ったことがある.
My father has been to the U.S. *twice*.
▶ 彼には二度と会いたくない.
I never want to see him *again*.
▶ もう二度としません.
I won't do it *again*.
▶ ここへ来たのはこれが 2 度目です (→これが 2 度目の訪問です).
This is my *second* visit here.

にとう 二等 (2番目)the second [セカンド]；(2 級) the second class
2等賞 (the) second prize
▶ 姉はイラストコンテストで 2 等賞をとった.
My sister won *second prize* [*place*] in the illustration contest.

ににんさんきゃく 二人三脚 a three-legged race [スリーレギド レイス]

にねんせい 二年生 (中学の)a second-year student, (米) an eighth grader →いちねんせい, がくねん (表)
▶ 私は中学 2 年生です.
I am a *second-year student* at junior high school. / I am *in the eighth grade*.

−には →−まで
1 (時・場所) on [アン], at [アット] →−に；(期間) (…以内に) within [ウィズィン], (…までに) by [バイ]
▶ 彼は日曜日にはつりに行く.
He goes fishing *on* Sundays.
▶ 今週中には必ずレポートを出してください.
Be sure to hand in your paper *within* this week.
▶ 5 時までには帰ってるよ.
I'll be home *by* five.
2 (…にとっては) for [フォー(ァ)]；(…に対しては) to [トゥー]
▶ このズボンはぼくには長すぎる.
These pants are too long *for* me.
▶ 女の子にはやさしくしなさい.
Be kind *to* girls.
3 (…するためには) to ... →−ため

614 six hundred and fourteen

▶ このメロンは食べるにはまだ早すぎる.
This melon is too green *to* eat.

にばい 二倍(…の2倍) twice [トゥワイス] as ~ as ... →ばい
2倍にする[なる] double [ダブル]
▶ 新しい家は前の家の2倍の広さだ.
Our new house is *twice as* large *as* the old one.

にばん 二番(目の) the second [セカンド] (▶ 2nd と略す)
▶ 私はこの前のテストで2番だった.
I scored (*the*) *second* best on the last exam.
▶ ぼくはクラスで2番目に背が高い.
I'm *the second* tallest in our class.

にぶい 鈍い dull [ダル] (反) するどい sharp ; (動作が) slow [スロウ]
▶ にぶい痛み
a *dull* pain
▶ この包丁は切れ味がにぶいね.
This kitchen knife is *dull*, isn't it?
▶ あいつは頭がにぶい(→頭があまりよくない).
He's *not very bright*.

にふだ 荷札 (ひもでつける) a tag [タッグ] ; (はりつける) a label [レイベル]

にほん 日本

Japan [ヂャパン]
日本の Japanese [ヂャパニーズ]
▶ 日本の文化
Japanese culture

スピーキング
🅐 きみはどこの出身?
Where are you from?
🅑 日本です.
I'm from Japan.

▶ 日本はアジアの東にある.
Japan is located in the east of Asia.
▶ 日本は島国だ.
Japan is an island country.

プレゼン
日本の面積は約38万km²で,人口は約1億2400万人以上います.
Japan covers an area of about 380,000 square kilometers, and its population is about 124 million.

日本アルプス the Japan Alps
日本海 the Sea of Japan
日本語 Japanese, the Japanese language [ラングウィヂ]
日本国民 the Japanese people
日本語の Japanese
▶ 日本語の本 a *Japanese* book
日本酒 *sake*
日本人 (1人)a Japanese (person), (複数) Japanese (people) ; (全体) the Japanese
日本人の Japanese
▶ 私は日本人です. I'm *Japanese*.
日本代表チーム the all-Japan team
日本舞踊 Japanese dancing
日本料理 Japanese food [dishes]
日本列島 the Japanese Islands [アイランヅ]

> ⓘ参考 **英語になったおもな日本語**
> anime (アニメ) samurai (さむらい)
> haiku (俳句)   sashimi (さしみ)
> judo (柔道)   shoyu (しょう油)
> kimono (着物)   sukiyaki (すき焼き)
> manga (マンガ) sushi (すし)
> Noh, No (能)   tempura (天ぷら)
> otaku (オタク) tofu (豆腐)
> sake (酒)   Zen (禅)

スシ店の看板.

-にもかかわらず in spite [スパイト] of ... →-(にも)かかわらず
にもつ 荷物 (梱包した) a package [パケヂ] ; (小包) a parcel [パーセル] ; (旅行の手荷物) 《おもに米》baggage [バゲヂ], 《おもに英》luggage [ラゲヂ] ; (積み荷) a load [ロウド]
▶ この荷物, 持って.
Please carry this *baggage*.
▶ この荷物を郵便で出してきてもらえますか.
Could you mail this *package*?
▶「荷物はどこで預かってもらえますか」「あち

にもの ▶

らに手荷物取りあつかい所があります」
"Where can I check my *baggage*?"
"There's a *baggage* office over there."

にもの 煮物 food simmered [スィマァド] in broth [ブロ(ー)ス]

ニャー (ネコの鳴き声) (ニャーオ) a meow [ミアゥ]; (ニャー) a mew [ミュー] (▶動詞としても使う)
▶ そのネコがニャーニャーと鳴いてるよ.
The cat *is meowing*.

にやにや にやにやする smirk [スマ〜ク]

ニュアンス nuance [ニューアーンス]

にゅういん 入院する go into [to] the hospital [ハスピトゥル], be hospitalized [ハスピタライズド] (反) 退院する come [get] out of the hospital; (入院している) be in the hospital →びょういん
▶ 祖母は目の手術で入院した.
My grandmother *went into the hospital* for an eye operation.
▶ あなたは入院が必要です.
You need to *be hospitalized*.
▶ 私はどのくらい入院するんですか.
How long will I *be in the hospital*?
入院患者 an inpatient [インペイシェント]

にゅうかい 入会する join [ヂョイン]
▶ 私は彼のファンクラブに入会した.
I *joined* his fan club.
入会金 an entrance fee

にゅうがく 入学する

enter (a) school, get into (a) school
▶ 姉はこの春高校に入学した.
My sister *entered* high school this spring.
▶ 姉はK大学に入学した.
My sister *got into* K University.
入学願書 an application form for admission
入学志願者 an applicant [アプリカント] for admission
入学式 an entrance ceremony
入学試験 an entrance exam →にゅうし
入学手続き admission procedures [アドミション プロスィーヂャズ]

にゅうこう 入港する come into a port [ポート], enter a port

にゅうこく 入国 entry [エントゥリィ]

アメリカとカナダの国境検問所.「カナダへの入国」と表示されている.

にゅうし 入試

an entrance exam [イグザム], an entrance examination [イグザミネイション] →じゅけん
▶ 彩花(%)は公立高校の入試に合格した.
Ayaka passed the *entrance exam* for public high school.
▶ 高校入試
an *entrance examination* for high school / high school *entrance examinations*

ニュージーランド New Zealand [ニュー ズィーランド]

にゅうしゃ 入社する enter [join] a company [カンパニィ], start working (at, for)
▶ 兄は出版社に入社した.
My big brother *started working at [for]* a publishing company.

にゅうしょう 入賞する win a prize [プライズ]

にゅうじょう 入場 (an) entrance [エントゥランス], admission [アドミション]
入場する enter
▶ 選手たちが入場します.
The players *are entering* (the stadium).
▶ 入場お断り (掲示) No *Entrance*
▶ 入場無料 (掲示) *Admission* Free
入場券 an admission ticket
入場行進 an entrance procession [プロセション]
入場料 an admission fee
▶ 入場料はいくらですか.
How much is the *admission fee*?

ニュース

news [ニューズ] (発音注意) (▶ a をつけ

ず単数あつかい. 数えるときは a piece of news のようにいう)

> ⓘ参考 **ニュースのいろいろ**
> 今日のニュース today's news
> 最新のニュース the latest news
> 国内のニュース home news, domestic news
> 海外のニュース foreign news, overseas news
> スポーツニュース sports news
> テレビのニュース TV news

▶ 何かいいニュースある？
Is there any good *news*?
▶ けさ, テレビのニュースを見た？
Did you watch the *news* on TV this morning?
ニュース解説者 a news commentator [カメンテイタア]
ニュースキャスター (メインの) an anchor; (ニュースを読むだけの) a newscaster
ニュース速報 《米》 a news bulletin, 《英》 a newsflash
ニュース番組 a news program

にゅうせん 入選する (賞を取る) win a prize [プライズ]; (選考で受かる) be accepted [アクセプティド]
▶ 私は写真コンテストで入選した.
I *won a prize* in a photo contest.
入選作 a winning work, a selected [セレクティド] work

にゅうぶ 入部する join a club
にゅうもん 入門
▶ 彼は千利休のもとに入門した.
He *became* one of Sen-no-Rikyu's *pupils*.
入門コース a beginners' course
入門書 a beginners' book

ニューヨーク (市) New York [ニューヨーク]; (▶ニューヨーク州と区別するときは New York City という); (州) New York (▶アメリカ北東部の州. NY または N.Y. と略す)

にゅうよく 入浴 a bath [バス]
入浴する take a bath
入浴剤 bath salts

によう 尿 urine [ユ(ア)リン]
-によれば →-(に)よれば

にょろにょろ にょろにょろする (ヘビなどが体をくねらせる) wriggle [リグル]; (はう) crawl [クロール], slither [スリザァ]
にらむ stare [ステア] (at), glare [グレア] (at), look at ... angrily
▶ そんなににらまないでよ.
Don't *stare at* me like that.
にらめっこ a staring game
▶ にらめっこをする
play a *staring game*
にりゅう 二流の second-class, second-rate
▶ 二流の画家 a *second-rate* artist

にる¹ 似る

(似ている) **look like**, look alike, be alike, resemble [リゼンブル] (▶いずれも進行形にしない)
▶ 健太君と弟はよく似てるね.
Kenta and his brother *are alike*.
▶ 秀吉はサルに似ていた.
Hideyoshi *looked like* a monkey.
▶ 琴音は父親に似て頭がいい.
Kotone *is* smart *like* her father.
▶ 千尋はお母さんによく似ている.
Chihiro *takes after* her mother.
▶ ぼくたちは似た者どうしだ.
We're two *of a kind*.

にる² 煮る boil [ボイル]; (とろ火で) simmer [スィマァ]; (火を使って料理する) cook [クック] →にえる, りょうり (図)
▶ 魚をしょう油と砂糖で煮る
cook fish with soy sauce and sugar

にるい 二塁 《野球》 second (base)
2塁手 a second baseman
2塁打 a double, a two-base hit

にわ 庭

(家の周囲の) a **yard** [ヤード]; (花や木・野菜などを植えた) a garden [ガードゥン]

garden

yard

▶ うちの庭はせまい.
My house has a small *yard*.

にわかあめ ▶

▶ 父が庭の手入れをする.
My father takes care of the *garden*.
裏庭 a back*yard*
庭いじり gardening [ガードゥニング]
庭師 a gardener [ガードゥナァ]

💬用法 yard と garden
家のまわりの庭を **yard** といい, (米)で
はしばふを植えることが多い. **garden**
は yard の一部で, 花や木を植えて手
入れした部分.

にわかあめ にわか雨 a shower[シャウア]
▶ 学校から帰る途中, にわか雨にあった.
I got caught in a *shower* on my
way home from school.
にわかに suddenly [サドゥンリィ] →とつぜん
ニワトリ 鶏 a chicken[チキン]; (おんどり)
(米) a rooster [ルースタァ]; (めんどり) a
hen [ヘン]; (ひな) a chick(en)
ニワトリ小屋 a henhouse

にんき 人気

popularity [パピュラリティ]
人気のある popular [パピュラァ]
▶ 人気が出る become *popular*
▶ 人気が落ちる become *unpopular*
▶ いまいちばん人気がある歌手はだれですか.
Who's the most *popular* singer
now?

💬表現力
…に人気がある
→ be popular among [with] …

▶ 洋介は女の子に人気がある. Yosuke *is*
popular with [*among*] girls.
人気投票 a popularity vote
人気者 a favorite [フェイヴ(ァ)リト]
▶ 敬一はクラスの人気者だ.
Keiichi is a *favorite* in our class.
にんぎょ 人魚 a mermaid [マ〜メイド]
▶『人魚姫』The Little Mermaid

にんぎょう 人形

a doll [ダル]
▶ 多くの女の子は人形で遊ぶのが好きだ.
Many girls like playing with *dolls*.
人形劇 a puppet [パペト] show
人形の家 a dollhouse

ⓘ参考 人形のいろいろ
ぬいぐるみ a stuffed toy / 着せかえ
人形 a dress-up doll / あやつり人形
a puppet / 指人形 a hand puppet

にんげん 人間 →ひと

man [マン] (▶この意味では a はつけずに
単数あつかい); a human [ヒューマン], a
human being
人間の, 人間的な human
人間らしく humanly [ヒューマンリィ]
▶ 先生だって人間だ. ときにはまちがえるこ
ともある. Teachers are *human*. They
sometimes make mistakes.
人間関係 human relations
人間性 human nature, humanity
人間国宝 a living national treasure
人間ドック a complete [コンプリート]
medical checkup [チェカプ]
人間不信 a distrust [ディストゥラスト] of
other people
にんじゃ 忍者 a ninja
にんじょう 人情
人情のある kind, warm-hearted
人情のない unkind, heartless
にんしん 妊娠する become pregnant
[プレグナント]; (妊娠している) be pregnant
▶ 姉は妊娠しています. My sister *is*
pregnant. / My sister *is expecting*.
ニンジン (植物) a carrot [キャロト]
にんずう 人数 the number of people
[persons]
▶ きみのクラスの人数は何人？
How many students are there in
your class?
にんそう 人相 looks [ルックス]
にんたい 忍耐 patience [ペイシェンス]
忍耐強い patient →がまん
にんちしょう 認知症 dementia [ディメン
シァ]
ニンニク (植物) garlic [ガーリク]
にんむ 任務 a duty [デューティ]
にんめい 任命する name [ネイム],
appoint [アポイント]
▶ 田島氏はメキシコ大使に任命された.
Mr. Tajima *was appointed* ambassa-
dor to Mexico.

ぬ ヌ ぬ ヌ ぬ ヌ

ぬいぐるみ 縫いぐるみ a stuffed [スタフト] toy
- パンダのぬいぐるみ a *stuffed* panda
- クマのぬいぐるみ a teddy bear (▶英米の子どもたちにひじょうに親しまれている)

ぬいもの 縫い物 sewing [ソウイング]

ぬう 縫う sew [ソウ]
- 服をぬう *sew* a dress
  ぬい目 a seam [スィーム]

ヌードル (めん類) noodles [ヌードゥルズ]

ぬか rice bran [ライス ブラン]

ぬかす 抜かす leave out；(とばす) skip [スキップ]
- ごめんね. うっかりきみの名前をぬかしちゃった. I'm sorry I carelessly *left out* your name.
- お昼をぬかしたのでおなかがすいてきたよ. I *skipped* lunch, so I'm getting hungry.

ぬかるみ mud [マッド]
- 足がぬかるみにはまった. My foot was caught [stuck] in the *mud*.

ぬかるむ (道などが) be muddy [マディ]
- 道がぬかるんでいる. The road *is muddy*.

ぬきうち 抜き打ち surprise [サプライズ]
  抜き打ちテスト a surprise test

ぬく 抜く

1 (引きぬく) **pull** [プル] **out**
- このくぎ, ぬけないよ. I can't *pull out* this nail.
- とげをぬいてくれない？ Can you *pull out* the splinter?
- 今日, 歯をぬいてもらった. I *had* my tooth *pulled* today. (▶「have＋物＋過去分詞」で「～を…してもらう」の意味)
- このびんのせんをぬいてくれませんか. Would you *uncap* this bottle?

2 (追いこす) overtake [オウヴァテイク], **pass** [パス]

- 私は最後の１周で春香をぬいた. I *overtook* Haruka on the last lap. (▶lap は「トラックの１周やプールの１往復」のこと)

3 (省く) skip [スキップ]
- 朝食をぬくのは体によくない. *Skipping* your breakfast isn't good for your health.

ぬぐ 脱ぐ

take [テイク] off (反) 身につける put on), get undressed
- ここでくつをぬいでください. Please *take off* your shoes here.
- とても暑かったので, 私は上着をぬいだ. It was so hot that I *took off* my coat.
- 服をぬいで寝た. I *got undressed* and went to bed.

ぬぐう wipe [ワイプ] (away) →ふく³
- このハンカチでなみだをぬぐいなさい. *Wipe* your tears *away* with this handkerchief.

ぬけがら 抜け殻 a shell [シェル]
- セミの抜け殻 a cicada's *shell*

ぬけめ 抜け目のない clever [クレヴァ], shrewd [シルード]
- トムはまったくぬけめのない子だね. Tom is a very *clever* boy, isn't he?
  抜け目なく shrewdly [シルードゥリィ]

ぬける 抜ける **1** (とれる) come out
- 前歯が１本ぬけた. My front tooth *came out*.
- このコルクのせん, なかなかぬけないよ. This cork won't *come out*.

2 (足りない) be missing [ミスィング]
- この問題集は数ページぬけています. Several pages *are missing* from this workbook.

3 (通過する) go [pass] through [スルー]
- 私たちは公園をぬけて駐車場へ行った. We *went through* the park to the parking lot.

six hundred and nineteen 619

ぬげる ▶

ぬげる 脱げる come off
▶ 私の右側のくつが脱げた.
My right shoe *came off*.

ぬし 主 (持ち主) the owner [オウナァ]

ぬすみ 盗み (a) theft [セフト]; stealing [スティーリング]
▶ あいつはぬすみをはたらいてつかまった.
He was arrested for *stealing*.

ぬすむ 盗む →うばう

steal [スティール]
▶ 人のものをぬすむな.
Don't *steal* from others.
▶ カメラをぬすまれた.
My camera *was stolen*. / I *had* my camera *stolen*. (▶「have+物+過去分詞」で「～を…される」の意味) / (だれかがぬすんだ) Someone *stole* my camera.

× I was stolen my camera.
　この場合,「人」は主語にならない.
○ My camera was stolen.

ぬの 布 cloth [クロ(ー)ス]
▶ 2メートルの布 two meters of *cloth*

ぬま 沼 (沼地) (a) marsh [マーシ]; (木々が生えている) (a) swamp [スワンプ]

ぬらす wet [ウェット] (反) かわかす dry)
▶ このタオルをお湯でぬらしてください.
Please *wet* this towel with hot water.
▶ そでをぬらさないようにね.
Don't *get* your sleeves *wet*.

ぬりえ 塗り絵 coloring [カラリング]
▶ ぬり絵をする *color* a picture
▶ ぬり絵の本 a *coloring* book

ぬる 塗る

(塗料を) paint [ペイント]; (色を) color [カラァ]; (バターなどを) spread [スプレッド]; (つける) put on
▶ そろそろフェンスにペンキをぬらないとね.
It's about time to *paint* the fence.
▶ トーストにバターをぬってくれる?
Would you *spread* butter on my toast?
▶ 日焼け止めをぬったほうがいいね.
We'd better *put on* some sunscreen.

●表現力
～を…色にぬる → paint [color] ～ ...

▶ 彼はドアを白くぬった.
He *painted* the door white.
▶ これを黄色にぬりなさい.
Color this yellow.
▶ ペンキぬりたて (掲示)
(米) Wet *Paint* / (英) Fresh *Paint*

ぬるい lukewarm [ルークウォーム]; (温かくない) not warm enough
▶ ぬるいお湯 *lukewarm* water
▶ おふろがぬるいよ.
The bath *isn't warm enough*.

ぬるぬる ぬるぬるした slimy [スライミィ], greasy [グリースィ]

ぬれぎぬ ぬれ衣 a false accusation [フォールス アキュゼイション]

ぬれる

get wet [ウェット]; (ぬれている) be wet
ぬれた wet
▶ かさをささないとぬれるよ.
Put up your umbrella, or you'll *get wet*.
▶ まだ髪の毛がぬれてたら, かわかしなさい.
If your hair *is* still *wet*, blow-dry it.
▶ ぬれた手をふきなさい.
Dry your *wet* hands.
▶ 妹のほおはなみだでぬれていた.
My sister's cheeks *were wet* with tears.
▶ 雨に降られてびっしょりぬれてしまった.
I was caught in the rain and *got soaked* to the skin.

ねネ ねネ ねネ

ね¹
- ね，わかったでしょ？ (You) see?

ね² 値 a price [プライス] →ねだん

ね³ 根 a root [ルート]
根づく take root
- この木の根はじょうぶだ．
 The *roots* of this tree are tough.
- あの人は根は親切です．
 He is kind *at heart*.

ね⁴ 音 (a) sound [サウンド]；(虫の) a chirp [チャ~プ]；(楽器の) a tone [トゥン] →おと

-ね

1 《肯定文のあとで》否定の疑問文をつける．
- 「あれが大英博物館ですね」「そうです」
 "That is the British Museum, *isn't it*?" "Yes, it is."

2 《否定文のあとで》肯定の疑問文をつける．
- 「きみは犬が好きではありませんね」「はい」
 "You don't like dogs, *do you*?" "No, I don't."

> ◆発音 念を押すときは文末を下げ調子に，疑問の気持ちが強いときは上げ調子にいう．

3 《確認して》..., right? (▶上げ調子で)
- じゃあ私たちは次の電車に乗らないといけないんだね？
 So we have to take the next train, *right*?
- これってきみの自転車だよね？
 This is your bike, *right*?

ねあげ 値上げする raise a price
- バス料金が20円値上げになった．
 The bus fare *was raised* by 20 yen.

ネイビーブルー navy [ネイヴィ] blue

ネイル a nail [ネイル]
ネイルケア nail care

ねうち 値打ち (価値) value [ヴァリュー] →かち¹；(値段) a price [プライス]

ねえ Say [セイ], Look [ルック], Listen [リスン], Hey [ヘイ]

- ねえ，散歩でもしない？
 Say, let's go for a walk.
- ねえ，よく考えてみたら？
 Look, I think you should think it over.
- ねえ，ちょっと待って！ *Hey*, wait up!

ねえさん 姉さん a sister [スィスタァ]；(とくに強調して) an older [elder] sister, a big sister →あね
- 彼のいちばん上 [2番目] のお姉さん
 his *oldest* [second *oldest*] *sister*
- お姉さんはいる？
 Do you have any *older sisters*?

ネーブル a navel orange [ネイヴ(ェ)ル オ(ー)レンヂ] (▶ navel は「へそ」の意味．果頂部（お尻の部分）がおへそのように見えることが名前の由来)

ネーム a name [ネイム]
ネームプレート a nameplate

ねおき 寝起き
- 彼女は寝起きはいつも機嫌が悪い．
 She is always in a bad mood *when she wakes up*.

ネガ (写真) a negative [ネガティヴ] (反) ポジ positive)

ねがい 願い

(願望) a wish [ウィッシ]；(依頼) a request [リクウェスト]
- 願いごとをする make a *wish*
- 私の願いがかなえられた．
 My *wish* has come true.
- お願い，いっしょに来て．
 Will you *please* come with me?

ねがう ▶

スピーキング
Ⓐ お願いがあるのですが.
Would you do me a favor?
Ⓑ いいですよ, 何ですか.
Sure. What is it?

ねがう 願う

(望む・期待する)hope [ホウプ], wish [ウィッシ];(頼む)ask [アスク]

表現力
…を願う → wish for …

▶ だれもが世界の平和を願っている.
Everybody *wishes for* world peace.

表現力
…であることを願う
→ hope (that) … / wish (that) …

▶ 成功を願っています.
I *hope* you'll succeed.
▶ 海外で仕事ができることを願っています.
I *hope* I can work overseas. /(おそらく無理だと思うけど, できたら)I *wish* I could work overseas.
▶ ご協力をお願いします.
We'd like to *ask* for your help.

スピーキング
Ⓐ 窓を開けようか.
Can I open the window for you?
Ⓑ うん, お願い.
Yeah, please.

▶ (電話などで)北原さんをお願いします.
May I speak to Mr. Kitahara?

ねがえり 寝返りをうつ turn over [ターン オウヴァ] in bed

ねかす 寝かす(子どもなどを)put … to bed
▶ 子どもたちを寝かせてくれる？
Would you *put* the children *to bed*?
▶ あと10分でいいから寝かせてよ.
Let me *sleep* just ten more minutes.

ネギ 《植物》a leek [リーク]

ねぎる 値切る bargain [バーゲン], get the price down
▶ 彼はその時計を値切ろうとした.
He tried to *bargain* for the watch.

ねぐせ 寝ぐせ messy [メスィ] morning hair
▶ 彼は寝ぐせを直した.
He fixed his *messy morning hair*.

ネクタイ a tie [タイ], a necktie [ネクタイ];(ちょうネクタイ)a bow [ボウ] (tie)
▶ ネクタイをする put on a *tie*
ネクタイピン a tiepin

ネグリジェ a nightgown [ナイトゥガウン],《口語》a nightie [ナイティ](▶ nighty ともつづる)

ネコ 猫 →なく¹(図)

a cat [キャット]
▶ 子ネコ a kitten [キトゥン]
▶ ペットのネコ a pet *cat*
▶ のらネコ a stray [homeless] *cat*
▶ うちではネコを2ひき飼っている.
We have two *cats*.
▶ ネコがえさをねだって鳴いてるよ.
The *cat* is meowing for food.
▶ ネコの手も借りたいよ.
I'm so busy that I'll take any help I can get.
▶ 夏目漱石(そうせき)は『我輩(わがはい)は猫である』を書いた.
Natsume Soseki wrote *I AM a CAT*.
猫舌
▶ 私は猫舌です(→舌が熱いものに敏感です).
My tongue is sensitive to hot things.
猫背 stoop [ストゥープ] shoulders

日本語NAVI
ネコの手も借りたい ☞非常にいそがしい
→いそがしい, ひじょうに
ネコも杓子(しゃくし)も ☞だれでも, みんな
→だれでも, みんな
ネコをかぶる ☞おとなしく見せかける
→ふるまう, ふり², おとなしい

ねごと 寝言を言う talk in *my* sleep
ねこむ 寝込む(病気で)be in bed《with》
▶ 母はかぜで寝込んでいる.
My mother *is in bed with* a cold.
ねころぶ 寝転ぶ lie [ライ] (down)
▶ 父は寝ころんでテレビを見ていた.
My father *lay* watching TV.
ねさげ 値下げする cut [reduce] the price
ねじ a screw [スクルー](発音注意)

▶ ねじをしめる tighten a *screw*
▶ ねじをゆるめる loosen a *screw*
ねじ回し a screwdriver
ねじる twist [トゥウィスト]
▶ 腕をねじる *twist* my arm
ねすごす 寝過ごす oversleep [オウヴァスリープ]
▶ けさは寝すごしていつものバスに乗りおくれた.
I *overslept* and missed my usual bus this morning.
ネズミ (ドブネズミなど大きい)a rat [ラット]; (ハツカネズミなど小さい) a mouse [マウス]([複数] mice)

rat

mouse

ねずみ色 (dark) gray
ネズミとり a rattrap, a mousetrap
ねたきり 寝たきりである be bedridden [ベドゥリドゥン], be confined [コンファインド] to bed
▶ 祖父は病気で寝たきりです.
My grandfather *is bedridden* [*is confined to bed*] with illness.
ねたむ be jealous [ヂェラス] (of), be green with envy
▶ 白雪姫はとても美しく, 継母は彼女の美しさをねたんだ.
Snow White was very beautiful and her stepmother *was jealous of* her beauty.
ねだる ask [アスク]
▶ 弟は母にそのゲームソフトを買ってとねだった.
My brother *asked* my mother *to* buy him the game software.

ねだん 値段

a price [プライス]

🗨 スピーキング
Ⓐ このＴシャツの値段はいくらですか.
How much is this T-shirt?
Ⓑ 2000円です.
It's 2,000 yen.

▶ この値段なら手ごろだと思うよ.
I think this *price* is reasonable.
▶ 修理にはどのくらいの値段がかかりますか.
How much will the repair *cost*?
▶ ちょっと値段が高い気がするなあ.
I guess it's a little expensive.
▶ このコンピューターをとても安い値段で買った.
I bought this computer at a very low *price*. (▶「高い」と言うときは low の代わりに high を使う)

ねつ 熱

heat [ヒート]; (体温) (a) temperature [テンペラチァ]; (病気の) (a) fever [フィーヴァ]

heat

fever

熱がある(病気で) have a fever
▶ 銀は熱をよく伝える.
Silver conducts *heat* well.
▶ 微熱がある
have a slight *fever* / feel *feverish*
▶ きのうの晩は熱が高かった.
I *had a* high *fever* last night.
▶ 今日になって熱が上がった.
My *temperature* went up today. (▶「熱が下がった」と言うときは up の代わりに down を使う)

🗨 スピーキング
Ⓐ 熱は何度ありますか.
What's your temperature?
Ⓑ 38度です.
It's 38℃.

▶ 熱は測ったの？
Did you take your *temperature*?
▶ 優子への熱がさめた.
My *love* for Yuko has cooled down.
ねつい 熱意 enthusiasm [エンス(ュ)ーズィアズム], eagerness [イーガァネス]
ネッカチーフ a neckerchief [ネカチフ]
ねっき 熱気 excitement [イクサイトゥメント]
ねっきょう 熱狂する get excited [イクサイティド], go wild [ワイルド]; (熱狂している)

ねつじょう ▶

be excited
熱狂的な enthusiastic [エンス(ュ)ーズィアスティク]

▶ 和馬はドラゴンズの熱狂的なファンだ.
Kazuma is a *big* [an *enthusiastic*] fan of the Dragons.

ねつじょう 熱情 passion [パション]
熱情的な passionate [パショネト]

ねつく 寝つく
▶ ぼくは寝つきがいい.
I *fall asleep* easily.

▶ このごろなかなか寝つけない.
I can't *get to sleep* easily these days.

ネックレス a necklace [ネクレス]
▶ ネックレスをしている
wear a *necklace*

▶ 真珠のネックレス
a pearl *necklace*

ねっこ 根っこ a root [ルート] →ね³

ねっしん 熱心な

hard [ハード], hard-working [ハードワ〜キング], eager [イーガァ]

▶ 熱心な生徒 a *hard-working* student
熱心に hard, eagerly

▶ もっと熱心に勉強しなさい.
Study *harder*.

▶ 兄は勉強熱心だ.
My big brother studies *hard*. / My big brother is *hard-working*.

ねっする 熱する heat [ヒート]

ねったい 熱帯 the tropics [トゥラピクス]
熱帯の tropical
熱帯雨林 a tropical rain forest
熱帯魚 a tropical fish
熱帯植物 a tropical plant
熱帯地方 a tropical region [area], the tropics
熱帯夜 a hot and humid night, a tropical night

ねっちゅう 熱中している be really into, be really interested [インタレスティド] in, be crazy [クレイズィ] about

▶ 兄はバイクに熱中している.
My brother *is really into* motorbikes. / My brother *is crazy about* motorbikes.

熱中症 heatstroke [ヒートゥストゥロウク]

ネット (インターネット) the internet [インタネト], the Web [ウェブ] →インターネット; (網) a net
ネットで online [アンライン], on the internet [Web]

▶ 父はネットで本を買っている.
My father buys books *online*.

▶ 私たちはネットを張ってバレーボールの練習を始めた.
We put up the *net* and started practicing volleyball.

ネットゲーム an online game
ネット検索 an online search
ネットサーフィン net surfing
ネット授業 an online class
ネットタッチ a net foul [ファウル]
ネットワーク a network

▶ テレビのネットワーク
a TV *network*

ねっとう 熱湯 boiling water

ねつぼう 熱望 longing [ロ(ー)ンギング], an eager desire [イーガァ ディザイァ]
熱望する long 《for》, be eager 《for》

ねつれつ 熱烈な ardent [アーデント], enthusiastic [エンス(ュ)ーズィアスティク]

ねどこ 寝床 a bed [ベッド] →とこ, ベッド

-ねばならない must [マスト], have to [ハフトゥ] →ならない

ねばねば ねばねばした sticky [スティキィ]

ねばり 粘り
▶ つきたてのもちにはねばりがある.
Rice cakes are *sticky* right after they are made.
ねばり強い persistent [パスィステント]

▶ 大智はねばり強い.
Daichi is *persistent*. / (けっしてあきらめない) Daichi never gives up.

ねばる 粘る (ねばねばする) be sticky [スティキィ]; (ねばり強く続ける) stick [スティック] 《to》

▶ この納豆, よくねばるね.
This *natto is* very *sticky*, isn't it?

▶ 最後までねばれ.
Stick it out to the end. (▶ stick it out で「やりぬく」の意味)

ねびき 値引き (a) discount [ディスカウント]
値引きする discount [ディスカウント, ディスカウント], give ... a discount

▶ 値引きしてもらえませんか.

Can you *give* me *a discount*?
▶ その店は2割値引きしてくれた.
They *gave* me *a 20% discount*. (▶ they は「店の人」をさす)

ねぶくろ 寝袋 a sleeping [スリーピング] bag

ねぶそく 寝不足
▶ 寝不足で体がだるい.
I feel tired because I *didn't sleep well*.

ねぼう 寝坊 (人) a late riser
寝ぼうする get up late; (寝すごす) oversleep [オウヴァスリープ] →ねすごす
▶ 姉は寝ぼうだ.
My sister *gets up late*. / My sister is *a late riser*.
▶ 弟は寝ぼうしてまた学校に遅刻した.
My brother *overslept* and was late for school again.
▶ さあ起きて, お寝ぼうさん.
Come on, *sleepyhead*. It's time to wake up.

ねぼける 寝ぼける be half asleep
ねまき 寝巻き (総称) nightwear [ナイトゥウェア], night clothes; (パジャマ) pajamas [パヂャーマズ]; (女性・子どもの) a nightgown [ナイトゥガウン] →パジャマ

ねむい 眠い

sleepy [スリーピィ]

🗨スピーキング
🅐 ケン, 起きなさい.
　Wake up, Ken.
🅑 まだ眠いよ.
　I'm still sleepy.

▶ 眠そうだね.
You look *sleepy*.
▶ 数学の授業はときどき眠くなる.
I sometimes get *sleepy* during math class.
▶ この薬は眠くなりますか.
Does this medicine make you *sleepy*?

ねむけ 眠気 sleepiness [スリーピネス]
ねむり 眠り (a) sleep [スリープ]
▶ 一眠りする
have a *sleep*
▶ 赤ちゃんは眠りについた.
The baby fell *asleep*.
▶ フレッドは深い眠りに落ちた.
Fred fell into a deep *sleep*.
眠り薬 a sleeping pill

ねむる 眠る

sleep [スリープ] (反) 目が覚める wake up); (寝つく) go to sleep, get to sleep (▶後者はふつう疑問文・否定文で使う)

🗨スピーキング
🅐 ゆうべはよく眠れた?
　Did you sleep well last night?
🅑 うん, ぐっすり眠った.
　Yes. I slept like a log.

▶ ぐっすり眠った.
I *slept* soundly. / I *slept* like a log.
▶ ぐっすり眠るんだよ. *Sleep tight*! (▶寝かしつけるときの決まり文句)
▶ もうちょっと眠りたい.
I want to *sleep* a little longer.
▶ 眠っちゃだめよ.
Don't *go to sleep*.
▶ ぼくはいつの間にか (→知らないうちに) 眠ってしまった.
I *went to sleep* before I knew it.

ねらい (目標) an aim [エイム], a target [ターゲット], an object [アブヂェクト]; (意図) (an) intention [インテンション]

ねる¹

ねらう aim 《for, at》
- よくねらって、うてっ！
  Aim carefully. And fire!
- ぼくは有名私立高校をねらっている。
  I'm *aiming for* a famous private high school.
- うちのチームは県大会の優勝をねらっている。
  Our team *is aiming at* winning the prefectural championship.
- あなたは何がねらいなの？
  What's your *intention*?

ねる¹ 寝る

使い分け
(床につく) → go to bed
(眠る) → sleep

go to bed

sleep

▶ **go to bed** は「ねる」ためにベッドに入るという行動を表す。

1 (床につく) **go to bed** ; (寝ている) be in bed

スピーキング
Ⓐ いつもは何時ごろ寝るの？
　What time do you usually go to bed?
Ⓑ 11時ごろ．
　Around eleven.

- ぼくはいつも早く［おそく］寝る．
  I always *go to bed* early [late].
- 私は昨夜は10時に寝ました．
  I *went to bed* at ten last night.
- もう寝る時間よ．
  It's time *for bed*. / It's time to *go to bed*.
- 父は病気で寝ている．
  My father *is* sick *in bed*.

2 (眠る) **sleep** [スリープ] ; (寝入る) go to sleep
- もうちょっと寝たいな． →ねむる
  I want to *sleep* a little longer.
- ゆうべはよく寝られなかった．
  I didn't *sleep* well last night.
- 私はたいてい8時間くらい寝ます．
  I usually *sleep* for about eight hours.
- 毎晩どのくらい寝てるの？
  How long do you *sleep* every night?

ねる² 練る (粉を) knead [ニード] ; (文章などを) polish [パリシ]

ねん¹ 年

1 a year [イア]
- 年に1度
  once a *year*
- 年々, 年ごとに
  year by *year*
- 2025年に
  in 2025 (▶ 2025は two thousand twenty-five や twenty twenty-five と読む．1999は nineteen ninety-nine, 2000は (the year) two thousand, 2001は two thousand and one のように読む)
- 令和6年に
  in Reiwa 6 / in the sixth *year* of Reiwa era (▶日本の年号を知らない外国人には西暦でいったほうがよい．この場合は in 2024 (two thousand twenty-four) といえばよい)
- 私がここに来て2年になる．
  I've been here for two *years*.

2 (学年) a **year**, 《米》 a **grade** [グレイド]

スピーキング
Ⓐ きみは何年生ですか．
　What grade are you in?
Ⓑ 中学3年生です．
　I'm in the third year of junior high. / I'm in the ninth grade.

◀ ねんれい

▶ 私は3年D組です.
I am in the 3rd *year* D class. / I belong to the 3rd *year* D class.

ねん² 念
念のため (万一にそなえて) just in case；(確認のため) just to make sure
▶ 念のためにかさを持っていったら.
(You'd) better take an umbrella, *just in case*.
▶ 念のため, もう一度言ってもらえますか.
Would you repeat it *just to make sure*?
▶ 念には念を入れよ.
You can't be too careful.

ねんがじょう 年賀状 a New Year's card (▶英米ではクリスマスカードで新年のあいさつをかねることが多い)
▶ 年賀状を出す
send a *New Year's card*
▶ そろそろ年賀状を書かないと.
Now I need to write my *New Year's cards*.

ねんかん 年鑑 a yearbook [イアブク]
ねんきん 年金 a pension [ペンシャン]
ねんごう 年号 an era [イ(ア)ラ, エラ] name, the name of an era (▶日本の年号を表すときは, Reiwa 7 (令和7年) のようにする. また, 「…年代」というときは the Heisei 20s (平成20年代) のようにする) →ねん¹

ねんざ a sprain [スプレイン]
ねんざする sprain
▶ 走っているときに足首をねんざした.
I *sprained* my ankle while running.

ねんじゅう 年中 (一年中) all (the) year round, throughout the year；(いつも) always [オールウェズ], all the time
▶ この花は年中咲いている.
This flower blooms *throughout the year*.
▶ あの店は年中無休だ.
That store is open *365 days*.
▶ あいつは年中文句ばかり言っている.
He's complaining *all the time*.

ねんしょう 年少の younger [ヤンガァ] →としした
-ねんせい …年生 →がくねん, ねん¹, いちねんせい
ねんだい 年代 (世代) a generation [ヂェネレイション]；(年・時代) an age [エイヂ]
▶ (19)90年代に
in the (*nineteen*) *nineties* (▶(19)90's または(19)90sと書く)

ねんちゅうぎょうじ 年中行事 a yearly event [イヴェント], an annual [アニュアル] event →ぎょうじ

ねんちょう 年長の older [オウルダァ], elder [エルダァ], senior [スィーニャ] →としうえ

ねんど 粘土 clay [クレイ]
▶ 粘土遊びをする
play with *clay*

ねんねん 年々 year by year, every year

ねんぱい 年配の elderly [エルダリィ]
▶ 年配の人
an *elderly* person

ねんぴょう 年表 a chronological [クラノラヂカル] table

ねんまつ 年末 the end of the year
年末の year-end
年末大売り出し a year-end sale (▶英米でのa Christmas sale (クリスマスセール) に相当する)

ねんりょう 燃料 fuel [フュ(ー)エル]
燃料タンク a fuel tank

ねんりん 年輪 an annual [アニュアル] ring, growth [グロウス] rings

ねんれい 年齢 an age [エイヂ] →とし¹
▶ 平均年齢
the average *age*
▶ 母は年齢のわりに若く見える.
My mother looks young for her *age*.
▶ 年齢をおうかがいしてもいいですか.
May I ask *how old* you are? (▶年齢はプライバシーに関することで子どもどうしの場合などを除いて直接相手にたずねるのは失礼)
年齢制限 the age limit

six hundred and twenty-seven 627

のノのノのノ

の 野 a field [フィールド]

▶ 野の花 a *wild* flower
▶ 山も野も一面銀世界だった（→雪におおわれていた）.
The mountains and *fields* were covered with snow.

-の

使い分け
（…が所有する，…に属する）→ **-'s, of**
（…に関する）→ **about, on**
（…のための）→ **for, to**
（…でできた）→ **of**
（…にある，…にいる）→ **in, at**

1 （…が所有する，…に属する）（▶代名詞の所有格，名詞+ **'s**, **of** +名詞で表す）

使い分け
私の…	→ **my** ...
私たちの…	→ **our** ...
きみの…	→ **your** ...
きみたちの…	→ **your** ...
彼の…	→ **his** ...
彼らの…	→ **their** ...
彼女の…	→ **her** ...
彼女らの…	→ **their** ...
それの…	→ **its** ...
それらの…	→ **their** ...

（▶ **mine** （私のもの）, **yours** （きみのもの）など, 「…のもの」という意味の代名詞については→**もの¹**）

▶ 私の夢 *my* dream
▶ 父のカメラ my father's camera
▶ 「これ，だれの自転車？」「ぼくの」
"*Whose* bike is this?" "It's *mine*."
▶ 女物のバッグ
ladies' bags （▶ -s で終わる複数名詞には ' だけをあとにつける）
▶ テーブルの脚
the legs *of* a table
▶ 時計の短針
the hour hand *of* a clock

✎文法 -'s と of ...

人・動物の場合はおもに **-'s** を使うが, **of** で表してもよい. テーブルのように無生物の場合は the legs *of* a table （テーブルの脚）のように **of** を使うのが原則. ただし時間・距離などを表す名詞は **-'s** とする. today's newspaper （今日の新聞）

▶ 真帆のお父さんはこのレストランのオーナーなんだ.
Maho's father is the owner *of* this restaurant.
▶ 私は桜中学の生徒です.
I'm a student *at* Sakura Junior High.

2 （…に関する）**about** [アバウト], **on** [アン]；（…のための）**for** [フォー(ァ)], **to** [トゥー]

▶ 野球の本
a book *about* baseball ／ （専門的な内容のとき）a book *on* baseball （▶単に a baseball book ともいう）
▶ 子どもの （→子どものための）ビデオ
videos *for* children
▶ （薬局で）何かよい頭痛の薬はありますか.
Do you have anything good *for* a headache?
▶ 車のかぎ，見なかった？
Did you see the car key? （▶ the key ˣ*of* the car とはいわない）

3 （…でできた）**of**；（…語で書かれた）**in**

▶ 木のいす a wooden chair ／ a chair made *of* wood
▶ ウールのセーター
a woolen sweater ／ a sweater made *of* wool
▶ 中国語の本 a book *in* Chinese

4 （…にある，…にいる）（広い場所）**in** [イン]；（せまい場所）**at**

▶ 週末に名古屋のおばのところに遊びにいった.
We visited my aunt *in* Nagoya on the weekend.

◀ ノート

▶ このお菓子, 京都駅の売店で買ったの.
I bought this sweet at a kiosk *at* [*in*]
Kyoto Station.

5 (…による) **by** [バイ]
▶ ピカソの絵 a painting *by* Picasso

ノイローゼ nervous breakdown [ナ～
ヴァス ブレイクダウン]

のう¹ 脳 a brain [ブレイン]
　脳死 brain death
　脳震とう (a) concussion [コンカション]
　脳卒中 a stroke [ストゥロウク]
　脳波 brain waves

のう² 能 (能楽) Noh ; (作品) a Noh play

のうえん 農園 a farm [ファーム]
▶ 週末に近くの農園でブドウ狩りをした.
We picked grapes at a nearby *farm*
on the weekend.

のうか 農家 (人) a farmer [ファーマァ] ; (建
物) a farmhouse [ファームハウス]
▶ うちは農家です.
We're *farmers*. / We *run a farm*.

のうきょう 農協 an agricultural co-
operative (association) [コウアペラティヴ (ア
ソウスィエイション] →のうぎょう(農業協同組合)

のうぎょう 農業 farming [ファーミング],
agriculture [アグリカルチァ]
　農業の agricultural [アグリカルチ (ュ) ラル]
▶ うちは農業をやっている.
We are engaged in *farming*.
　農業学校 an agricultural school
　農業協同組合 an agricultural co-
operative (association)
　農業高校 an agricultural high school
　農業用水 agricultural water

のうぐ 農具 a farming tool [トゥール]

のうさぎょう 農作業 farming, farm
work

のうさくぶつ 農作物 crops [クラップス],
farm products [プラダクツ]

のうさんぶつ 農産物 farm products
[プラダクツ]

のうじょう 農場 a farm [ファーム]
　農場経営者 a farmer [ファーマァ]

のうそん 農村 a farm(ing) village [ヴィ
レヂ]

のうち 農地 farmland [ファームランド]

のうてんき 能天気な (楽観的な)
optimistic [アプティミスティク]

ノウハウ know-how [ノウハウ]

のうみん 農民 a farmer [ファーマァ]

のうやく 農薬 agricultural chemicals
[アグリカルチ (ュ) ラル ケミカルズ]
　農薬散布 spraying [スプレイイング] of
agricultural chemicals

のうりつ 能率のよい efficient [イフィシェン
ト]
▶ 能率よく英単語を覚える方法はないですか.
Are there any *efficient* ways to
memorize English words?
▶ 今日はとても暑くて勉強の能率が上がらな
い (→あまり勉強できない).
It's very hot today, so I can't study
very well.
　能率的に efficiently [イフィシェントゥリィ]

のうりょう
　納涼花火大会 summer evening fire-
works [ファイアワ～クス]

のうりょく 能力

(an) ability [アビリティ]
▶ きみはまだほんとうの能力を発揮してな
いよ.
You haven't shown your true *ability*
yet.
▶ これがぼくの能力の限界です (→ぼくにで
きる最大限のことです).
This is the best I can do.
▶ 運動能力 athletic *ability*

┌─ 💬表現力 ──────────┐
│ …する能力がある   │
│ → be able to ... / can ...   │
└─────────────────┘

▶ その少女は予知能力 (→将来を占う能
力) がある.
That girl *is able to* tell the future.
　能力別クラス編成 ability grouping

ノーコメント no comment [カメント]

ノースリーブ ノースリーブの sleeveless
[スリーヴレス]
▶ ノースリーブのブラウス
a *sleeveless* blouse

ノート

(帳面) a **notebook** [ノウトゥブク] ; (メモ・
筆記) a note [ノウト]
▶ ノートを見せてくれる？
Can you show me your *notebook*?
▶ ノートをとる take *notes*

six hundred and twenty-nine　629

ノーベル ▶

ノートパソコン a laptop [ラプタプ] (computer), a notebook (computer)

ノーベル ノーベル賞 a Nobel Prize [ノウベル プライズ]

▶ ノーベル賞を受賞する
be awarded a *Nobel Prize*

ノーベル文学賞 the Nobel Prize for[in] Literature, the Nobel Literature Prize (▶文学 (Literature) 以外に，平和 (Peace)，物理学 (Physics)，化学 (Chemistry)，生理学・医学 (Physiology [フィズィアラヂィ] or Medicine)，経済学 (Economics) がある)

のがれる 逃れる run away, escape [エスケイプ] →にげる

のき 軒 eaves [イーヴズ] (▶複数形で使う)

▶ つがいのスズメがうちの軒に巣をつくった.
A pair of sparrows built their nest under our *eaves*.

のこぎり a saw [ソー]
のこぎりで切る saw

▶ 板をのこぎりで切る *saw* a board

のこす 残す

leave [リーヴ]

> 💬 表現力
>
> …を残す → leave ...

▶ おなかいっぱいだ．ごはん残すよ.
I'm full. I'll *leave* some rice.

▶ ぼくにもいくつか[いくらか]残しておいてよ.
Leave some for me, too.

▶ 伝言を残す *leave* a message

のこり 残り the rest [レスト]；(食べ物などの) the leftovers [レフトゥヴァズ]

▶ (レストランで)残りを持ち帰りたいのですが.
We'd like to take *the rest*.

▶ 夏休みも残り少なくなってきた (→終わりに近づいてきた).
My summer vacation is coming to an end.
残り物 leftovers

のこる 残る

> **使い分け**
> (余る) → be left
> (もとのままで) → remain
> (とどまる) → stay

1 (余る) be left
▶ 「お金はいくら残ってる?」「全然残ってないよ」
"How much money do we *have left*?" "We don't *have* any money *left*. / None."

▶ パックにミルクが少し残っている.
There is some milk *left* in the carton. (▶ some を little にすると「ほとんど残っていない」という意味になる)

2 (もとのままで) remain [リメイン]
▶ あなたのことばはいつまでも私の心に残るでしょう.
Your words will *remain* in my mind forever.

3 (とどまる) stay [ステイ]
▶ おそくまで図書館に残った.
I *stayed* late in the library.

のせる 乗せる, 載せる

> **使い分け**
> (車に) → give ... a ride, pick up
> (置く) → put

1 (車に) give ... a ride [lift]；(途中で) pick up
▶ 新車を買ったの? 一度乗せてよ.
You bought a new car? *Give* me a *ride* one of these days.

▶ 健のお母さんは教会へ行く途中ぼくを車に乗せてくれた.
Ken's mother *picked* me *up* on her way to church.

▶ 伊藤先生が病院まで彼の車に乗せていってくれた.
Mr. Ito *took* me to the hospital *in his car*.

2 (置く) put [プット] (on)；(荷物を) load [ロウド] (up)
▶ このテーブルの上に花びんをのせないで.
Don't *put* the vase *on* this table.

▶ もうスーツケースを車にのせたの?
Have you *loaded* the car with your suitcases?

のぞく¹ 除く remove [リムーヴ], take away
▶ いたんだリンゴを箱から除いた.
I *removed* the damaged apples from the box.

630 six hundred and thirty

◀ **-ので**

> **表現力**
> …(を)除いて → except …

▶ 図書館は月曜を除いて毎日やっている.
The library is open every day *except* Monday.

のぞく² look in [into]；(すき間などから こっそりと) peep [ピープ] in [into]

▶ だれかが窓からのぞいているぞ.
Someone *is looking in* [into] through the window.

のそのそ のそのそと (ゆっくりと) slowly [スロウリィ]

のぞみ 望み

(願望) a wish [ウィッシ]；(希望) (a) hope [ホウプ]

▶ 望みがついにかなった.
My *wish* came true at last.

▶ すべては望みどおりになった. Everything happened just as I *wished*.

> **表現力**
> …する望みはほとんどない
> → There is little hope [chance] of … .

▶ 成功する望みはほとんどない.
There is little hope [chance] *of* success.

のぞむ 望む

(これから先のことを) hope [ホウプ]；(いま …したい) want [ワント]；(実現しそうにな いことを) wish [ウィッシ]

> **表現力**
> …を望む
> → want … /
> hope for … / wish for …

▶ おまえは (いったい) 何を望んでいるんだ.
What (on earth) do you *want*?

▶ みんな, あなたが早くよくなってほしいと 望んでいます. We *are* all *hoping for* your quick recovery.

> **表現力**
> …することを望む
> → hope to … /
> want to … / wish to …

▶ 姉は大学進学を望んでいる.
My sister *hopes* [*wishes*] *to* go on to college. (▶ wish to … は改まった言 い方)

> **プレゼン**
> ぼくはボクサーになることを望んでいま す (→ボクサーになりたい).
> I want to be a boxer.

> **表現力**
> (人) が…することを望む
> → hope (that) +人+ … /
> want +人+ to …

▶ あなたがうまくいくことを望んでいます.
I *hope* you will succeed.

▶ 彼女の父親は彼女が幸せになることを望 んでいる.
Her father *wants* her *to* be happy.

のち 後 →あと¹, -ご, のちほど

(のちに) in, later [レイタァ]；(そののち) afterward [アフタワド]

▶ 1週間ののちにまた来てください.
Please come again *in* a week.

▶ 祖父はその3日ののちに亡くなった.
My grandfather passed away three days *later*.

のちほど 後ほど later [レイタァ] →あと¹

▶ のちほどお電話します.
I'll call you *later*.

ノック a knock [ナック]
ノックする knock《on, at》

▶ ドアをノックする
knock on the door

▶ ドアをノックする音がしませんでしたか.
Didn't you hear a *knock* at the door?

ノックアウト a knockout [ナカウト] (▶ KO または K.O.と略す)
ノックアウトする knock out

のっとる 乗っ取る (会社などを) take over；(飛行機などを) hijack [ハイヂャク]

のっぽ a very tall person

-ので

because [ビコ(ー)ズ], since [スィンス]；(だ から) so

▶ 昼からずっと練習だったのでちょっとつかれ

six hundred and thirty-one **631**

てるんだ.
I'm a bit tired *because* I practiced all afternoon. / I practiced all afternoon, *so* I'm a bit tired.

のど 喉 a throat [スロゥト]
▶ のどがかわいた.
I'm *thirsty*.
▶ のどが痛い.
I have a sore *throat*.

> **日本語NAVI**
> のどが鳴る ☞非常に食べたくなる
> → - たい¹, たべる
> のどから手が出る ☞ほしくてたまらない
> →ほしい, たまらない

のど自慢大会 an amateur [アマタ(〜)] singing contest
のどぼとけ an Adam's apple
のどかな peaceful [ピースフル]
▶ のどかな一日
a *peaceful* day

-のに

1 (しかし) but ; (…にもかかわらず) (even) though, although →けれども
▶ 亜矢は来るって言ってたのに来なかった.
Aya said she would come, *but* she didn't.
▶ ダイエット中なのにケーキを食べてしまった.
I ate some cake *even though* I'm on a diet.
2 (…のために) to ...
▶ 留学するのにはお金がかかるよ.
You need a lot of money *to* study abroad.
3 (実現しそうにないことを表して)
▶ いっしょに行けたらいいのにね.
I wish you *could* come with me. (▶ 実現しそうにないことを表すとき, wish 以降の動詞 [助動詞] は過去形を使う (仮定法)) →-なあ

ののしる curse [カ〜ス], swear [スウェア] (at)
▶ その男は私たちをののしった.
The man *swore at* us.

のばす 伸ばす, 延ばす

1 (延期する) put off, delay [ディレイ] ; (延長する) extend [イクステンド]

▶ 生徒会の会合は次の月曜まで延ばした.
We *put off* the student council meeting till next Monday.
▶ チェックアウトの時間を11時まで延ばせますか.
Can we *extend* our checkout till eleven?
2 (長くする) lengthen [レング(ク)スン] ; (手足などを) stretch [ストゥレッチ] ; (髪などを) grow [グロウ] ; (まっすぐにする) straighten [ストゥレイトゥン] ; (取ろうとして手を) reach [リ〜チ] (out) (for)
▶ 上着のそでを伸ばしてもらった.
I *had* my jacket sleeves *lengthened*. (▶「have 〜 過去分詞」で「〜を…してもらう」の意味)
▶ 足を伸ばして.
Stretch your legs.
▶ 背筋をまっすぐ伸ばしてすわりなさい.
Sit up straight.
▶ 母はたなの上のものを取ろうとして手を伸ばした.
My mother *reached* (*out*) *for* something on the shelf.
3 (よくする) improve [インプルーヴ]
▶ どうすれば読解力を伸ばせますか.
How can I *improve* my reading skills?

のはら 野原 a field [フィールド] →の
のばら 野ばら a wild rose [ワイルド ロゥズ]
のび 伸びをする stretch [ストゥレッチ] *myself*
のびのび のびのびと (自由に) freely [フリーリィ]
のびのびする (くつろぐ) feel relaxed [リラクスト]

のびる 伸びる, 延びる

1 (延期される) be put off ; (延長される) be extended [イクステンディド]
▶ ミーティングは来週に延びた.
Our meeting *was put off* till next week.
▶ その宿題のしめきりはあすまで延びたんだよ.
The deadline for the homework *has been extended* to tomorrow.
2 (身長・髪などが) grow [グロウ]
▶ この4月から身長が5センチ伸びた.

◀ のむ

I've *grown* 5cm since this April. (▶ 5cm は five centimeters と読む)
▶ 髪の毛が伸びてきたね.
Your hair *is getting longer*.
3 (成績などが) improve [インプルーヴ], go up
▶ 2学期は成績が伸びた.
My grades *improved* [*went up*] in the second term.
ノブ a knob [ナブ]
のべる 述べる → いう
▶ ぼくはただほんとうのことを述べただけです.
I just *told* the truth.
のぼせる (ふらふらする) feel dizzy [ディズィ]; (…でいい気になる) let ... go to *my* head; (…に夢中だ) be crazy about
▶ 長湯してのぼせちゃった.
I stayed in the bath too long. I *feel dizzy*.
のぼり 上りの, 上りで (エレベーター・電車が) up [アップ] (反 下りの down); (道が) uphill [アプヒル] (反 下りの downhill)
▶ (エレベーターの前で) これは上りですか.
Going *up*?
▶ (駅で) 次の上りは何時ですか.
What time is the next train *to the city center*?
▶ 道はずっと上りだった.
The road went *uphill* all the way.

のぼる 上る, 登る, 昇る

使い分け
(高い所に) → go up, climb
(太陽が) → rise

climb

rise

1 (高い所に) go up; (自分の手足を使って) climb [クライム] (反 下る go down)
▶ 私は富士山に登ったことがない.
I *have* never *climbed* Mt. Fuji.
▶ 東京スカイツリーに上ったことがありますか.

Have you ever *been to the top* of Tokyo Skytree?
2 (太陽が) rise [ライズ] (反 沈む set), come up
▶ 太陽は東からのぼる.
The sun *rises* in the east.
3 (川を) go up
▶ 我々は, 川をボートで上っていった.
We *went up* the river in a boat.
ノミ (虫) a flea [フリー]
のみ (道具) a chisel [チズル]
-のみ only [オウンリィ], alone [アロウン] → だけ
▶ 会員のみ (掲示)
Members *Only*
▶ 人はパンのみにて生くるにあらず.
Man shall not live on bread *alone*. (▶ 『新約聖書』のことば)
のみこむ 飲み込む swallow [スワロウ]; (理解する) understand [アンダスタンド]
▶ その薬を一息に飲みこんだ.
I *swallowed* the medicine in one gulp.
▶ すみません. おっしゃることがまだよく飲みこめないんですが.
I'm sorry, but I still don't *understand* you.
ノミネート ノミネートする nominate [ナミネイト]
のみもの 飲み物 (a) drink [ドゥリンク], something to drink
▶ 温かい飲み物をいただけますか.
I'd like a hot *drink*.
▶ 飲み物はご自由にどうぞ.
Help yourself to *drinks*.
▶ 何か飲み物ある？
Can I have *something to drink*?

のむ 飲む

使い分け
(飲み物を) → drink, have
(薬を) → take

1 (飲み物を) drink [ドゥリンク], have [ハヴ]; (スープをスプーンなどを使って) eat [イート] (▶ カップから直接飲むときは drink)
▶ 水が飲みたい.
I want to *drink* some water.
▶ 何飲む？ What do you want to *drink*?

six hundred and thirty-three 633

- のもの ▶

> 🔊 **スピーキング**
> Ⓐ 何をお飲みになりますか.
> What would you like to drink?
> Ⓑ コーヒーをいただきます.
> I'll have coffee.

▶ 何か飲むものをちょうだい, ママ.
Can I have something to *drink*, Mom?

▶ お茶でも飲もうか.
Let's *have* some tea.

▶ スープはまだ熱すぎて飲めない.
The soup is still too hot to *eat*.

▶ 父は酒を飲むのが好きだ.
My father likes to *drink*. (▶ drink だけで「酒を飲む」の意味がある)

2 (薬を) **take** [テイク] (▶錠剤じょうざい, シロップの区別なく take を使う)

▶ このかぜ薬は1日3回毎食後に飲んでください.
Please *take* this cold medicine three times a day after each meal.

-のもの (所有代名詞) →もの¹

のら- 野良 **stray** [ストゥレイ], **homeless**

▶ 野良犬
a *stray* [*homeless*] dog

▶ 野良猫ねこ
a *stray* [*homeless*] cat

ノリ 海苔 *nori* (▶説明的には, dried seaweed [ドゥライド スィーウィード] という)

のりまき vinegared rice rolled in dried seaweed

のり¹ 糊 (接着用の) (a) **glue** [グルー], (a) **paste** [ペイスト]; (洗たく用の) **starch** [スターチ]

のりではる paste, stick ... with paste [glue]

のり² 乗りのいい (曲が) **catchy** [キャチィ]

▶ 乗りのいい曲 a *catchy* tune

のりおくれる 乗り遅れる **miss** [ミス], **be late** (for)

▶ あーあ. 8時のバスに乗りおくれちゃった.
Oh, no! I *was late for* the 8:00 bus.

▶ 早くしてよ. 飛行機に乗りおくれちゃう.
Quick, or we're going to *miss* our flight.

のりかえ 乗り換え (a) **transfer** [トゥランスファ〜]

乗りかえ駅 a transfer station

のりかえる 乗り換える **change** [チェインヂ], **transfer** [トゥランスファ〜]

▶ 電車を乗りかえる *change* trains (▶ trains と複数形であることに注意)

▶ 東京駅で中央線に乗りかえなさい.
Change (trains) at Tokyo Station to the Chuo Line.

のりくみいん 乗組員 (全員) a **crew** [クルー]; (1人) a crew member

▶ 乗組員は全員救助された. All the *crew* (*members*) were saved.

のりこえる 乗り越える **get over, overcome** [オウヴァカム]

のりこす 乗り越す **miss** *my* stop [station], **pass** *my* stop [station]

▶ 居眠いねむりして乗りこしてしまった.
I dozed off and *missed* my *stop*.

のりすごす 乗り過ごす ride past [パスト] →のりこす

のりば 乗り場 (タクシーの) (米) a taxi stand [タクスィ スタンド], (英) a taxi rank [ランク]; (バスの) a bus stop [バス スタップ], (米) a bus depot [ディーポウ]; (列車の) a platform [プラトゥフォーム]; (船の) a landing pier [ピア]

▶ タクシー乗り場はどこですか.
Where's the *taxi stand*?

▶ 苔寺こけでらへ行くバスの乗り場はどこですか.
Where's the *bus stop* for (the) Kokedera Temple?

のりもの 乗り物 (陸上の) a **vehicle** [ヴィーイクル, -ヒクル]; (海上の) a **vessel** [ヴェスル]; (空の) an **aircraft** [エアクラフト]; (遊園地の) a **ride** [ライド]

乗り物酔い (米) motion sickness, (英) travel sickness; (車酔い) carsickness

▶ 私は乗り物酔いする. I have *motion sickness*. (▶具体的には get carsick (車に酔う), get airsick (飛行機に酔う), get seasick (船に酔う) と言う)

のる¹ 乗る

> **使い分け**
> [乗り物に乗りこむ]
> (車に) → get in [into]
> (バス・電車などに) → get on
> [乗り物を利用する] → take, ride

1 (乗りこむ) (車に) **get** [ゲット] **in** [into]

◀ **ノンフィクション**

🔊スピーキング

①行き方
Ⓐ 自転車で通学してるの？
Do you go to school by bike?
Ⓑ いいえ, 歩きです.
No, I walk.
Ⓐ 銀座へはどうやって行けばいいですか. How can I get to Ginza?
Ⓑ 山手線に乗って, 神田で地下鉄に乗りかえてください.
Take the Yamanote Line and change to the subway at Kanda.
Ⓐ このバスは上野に行きますか.
Does this bus go to Ueno?
Ⓑ いいえ. あっちのバス停から乗ってください.
No. You have to get (on) the bus at the bus stop over there.

②駅で
Ⓐ 切符売り場はどこでしょうか.
Where are the ticket booths?
Ⓑ あそこの左側ですよ.
They are over there on the left.
Ⓐ 新宿までおとな 2 枚.
Two adult tickets to Shinjuku, please.
Ⓑ 券売機をご利用ください.
Please use the ticket vending machine.
Ⓐ 京都へ行く電車は何番線から出ますか.
What track does the train for Kyoto leave from？
Ⓑ 3 番線からです.
From track No. 3.

(反 降りる get out of)；(バス・電車などに) **get on** (反 降りる get off)
▶ 早く車に乗って！ *Get in* the car quick!
▶ 次のバスに乗ろう.
Let's *get on* the next bus.
▶ 名古屋から新幹線に乗って帰宅した.
We *got on* a Shinkansen at Nagoya and went home.
▶ 自転車に乗って駅に向かった. I *got on* my bike and headed for the station.

2 (乗り物を利用する) **take** [テイク],《米》**ride** [ライド]；(自転車・バイクに) **ride**

get on　　　ride

▶ きのうはバスに乗って買い物に出かけた.
We *took* a bus to go shopping yesterday.
▶ 10時30分の電車に乗って大阪まで行った.
We *took* the 10:30 train to Osaka.
▶ 最近自転車に乗ってないなあ.
I *haven't ridden* my bike recently.
▶ 馬に乗る *ride* a horse

3 (物の上などに) **get on**
▶ その子はお父さんのひざの上にのった.

The boy *got on* his father's lap.
のる² 載る (新聞などに) be in, be reported (in), appear (in)
▶ その事故, 夕刊にのってたよ.
The accident *was (reported) in* the evening paper.
ノルウェー Norway [ノーウェイ]
ノルウェーの Norwegian [ノーウィーヂャン]
ノルマ a work quota [クウォウタ]
のろい¹ 呪い a curse [カ~ス], a spell [スペル]
のろい² slow [スロウ] →おそい
のろう 呪う curse [カ~ス]
のろのろ slowly [スロウリィ] →ゆっくり
のんき のんきな happy and carefree [ケアフリー], optimistic [アプティミスティク]
▶ あいつはのんきなやつだ.
He is *happy and carefree*. / He is *happy-go-lucky*. / He is *optimistic*.
ノンステップバス (低床バス) a low-floor [ロウフロー(ァ)] bus
のんびり のんびりする relax [リラックス]
▶ あしたは 1 日のんびりしたいなあ.
I just want to *relax* all day tomorrow.
▶ きのうの日曜はのんびりした.
I had a *relaxing* Sunday yesterday.
▶ のんびりやれよ. Take it easy.
ノンフィクション nonfiction [ナンフィクション]

six hundred and thirty-five　635

は ハ は ハ は ハ

は¹ 歯

a **tooth** [トゥース] （[複数] teeth)

▶ 歯はみがいたの？
Did you brush your *teeth*?

▶ 彼は歯ならびがいい [悪い].
He has straight [crooked] *teeth*.

▶ 歯が痛い.
I have (a) *toothache*. / My *tooth* aches.

▶ きのう歯をぬいてもらった. （▶「have +物+過去分詞」で「〜を…してもらう」の意味）
I had a *tooth* pulled yesterday.

▶ 奥歯が１本ぬけた.
My back *tooth* came out.

▶ 赤ちゃんに歯が生えた.
The baby has cut his [her] *teeth*.

▶ 歯をほじくる pick my *teeth*

▶ のこぎりの歯
the *teeth* of a saw

> **① 参考 歯のいろいろ**
> 前歯 a front tooth
> 奥歯 a back tooth
> 上の歯 an upper tooth
> 下の歯 a lower tooth
> 乳歯 milk [baby] teeth（複数形でいうことが多い）
> 永久歯 a permanent tooth
> 親知らず a wisdom tooth
> 虫歯 a bad [decayed] tooth, a cavity
> 出っ歯 buckteeth
> 入れ歯 false teeth, artificial teeth
> 八重歯 double teeth （▶おどけて vampire [ヴァンパイア] teeth ともいう）

歯ぐき gums [ガムズ] （▶上下合わせて複数形で使う）

歯ブラシ a toothbrush [トゥースブラシ]

歯みがき （チューブ入りの）toothpaste [トゥースペイスト]

> **ⓘ 日本語 NAVI**
> **歯がうく** ☞いやな気持ちになる
> → いや², ふゆかいな
> **歯が立たない** ☞① かたくてかめない ②（強くて）かなわない，（むずかしくて）理解できない
> → ① かたい，かむ¹ ② できる，かなう，かつ
> **歯にきぬを着せない** ☞率直に言う
> → そっちょく，はっきり
> **歯を食いしばる** ☞じっとがまんする
> → がまん，こらえる，じっと

は² 葉 a leaf [リーフ] （[複数] leaves）;（稲などの細長い）a blade [ブレイド]

▶ カエデ [モミジ] の葉
a maple *leaf*

▶ 若葉 a young *leaf*

▶ 枯れ葉 a dead *leaf*

▶ 歩道は落ち葉でおおわれていた.
The sidewalk was covered with fallen *leaves*.

は³ 刃（刃先）an edge [エッヂ]; （刃全体）a blade [ブレイド]

▶ かみそりの刃 a razor *blade*

-は 1 （主語）

▶ 私はイチゴが大好きです.
I like strawberries very much.

▶ 母は看護師です.
My mother is a nurse.

2 （目的語）→ーを

▶ 英語は好きですか.
Do you like *English*?

▶ ゾウの鼻は長い（→ゾウは長い鼻を持っている）.
An elephant has a *long trunk*.

ば 場 a place [プレイス] →ばしょ

バー （酒場）a bar [バー]; （横棒）a bar

ぱあ （じゃんけんの）paper [ペイパァ] →じゃんけん

ばあい 場合 a case [ケイス]; （…の場合）in case of

▶ こういう場合はどうしたらいいの？
What should I do in this *case*?

636 six hundred and thirty-six

◀ **バーベキュー**

- 緊急の場合はこちらまでお電話ください.
  In case of emergency, call this number.
- 来られない場合は知らせてください.
  Please let me know *if* you can't come [*in case* you can't come].

バーゲン(セール) a sale [セイル] (▶英語の bargain は「お買い得品」という意味)
- このジャケット, バーゲンで買ったんだ.
  I bought this jacket at a *sale*.

バーコード a bar code [バー コウド]

バージョン version [ヴァ〜ジョン]

バースデー birthday [バ〜スデイ]
　バースデーケーキ a birthday cake
　バースデーパーティー a birthday party

パーセンテージ percentage [パセンテヂ]

パーセント percent [パセント], per cent
(複数 percent) (《記号%)
- 50パーセント fifty *percent* / 50%
- 約30パーセントの生徒が自転車で通学している. About thirty *percent* of the students come to school by bike.

> 🟥 プレゼン
>
> 日本の人口の30パーセント近くが65歳以上です.
> Nearly thirty percent of the Japanese population is aged 65 or above.

パーツ parts [パーツ]

パーティー a party [パーティ]
- パーティーを開く
  have a *party* / hold a *party*
- パーティーに出席する
  go to a *party* / attend a *party*

> ⓘ参考 「パーティー」のいろいろ
>
> 歓迎パーティー a welcome party
> お別れパーティー a farewell [going-away] party
> 誕生日パーティー a birthday party
> ダンスパーティー a dance (party)
> ティーパーティー a tea party
> クリスマスパーティー a Christmas party
> パジャマパーティー a pajama party

ハート a heart [ハート]

- ハート型のチョコレート
  a *heart*-shaped chocolate
- ハートのクイーン the queen of *hearts*

ハード hard [ハード]；(スケジュールが) tight [タイト]
- 修学旅行のスケジュールはハードだった.
  The schedule for the school trip was *tight*.
　ハードウエア (コンピューター) hardware [ハードゥウェア] (対 ソフトウエア software)
　ハードスケジュール a tight schedule
　ハードディスク a hard disk [ディスク]

パート (仕事) a part-time job [パートゥタイム ヂャブ]；(人) a part-timer [パートゥタイマァ] →バイト；(音楽) a part
　パートで働く work part-time
- 母はスーパーでパートをしている.
  My mother *works part-time* [*works as a part-timer*] at a supermarket.
　パートリーダー a part leader
　パート練習 part practice

バードウォッチング bird-watching [バ〜ドゥワチング]

パートナー a partner [パートゥナァ]

ハードル a hurdle [ハ〜ドゥル]
- ハードルをとびこす
  clear a *hurdle*
- 100メートルハードル
  the 100-meter *hurdles*

はあはあ はあはあ言う pant [パント], gasp [ギャスプ]

ハーフ (競技の前・後半) a half [ハフ] (複数 halves)；(サッカーなどのハーフバック) a halfback [ハフバク]
- 亜美はアメリカ人と日本人のハーフだ.
  Ami is *half* American and *half* Japanese. (▶ Ami is ×*half*. とはいわない)

ハーフタイム halftime [ハフタイム]

ハーブ (薬草) a [an] herb [ア〜ブ, ハ〜ブ]

ハープ (楽器) a harp [ハープ]
　ハープ奏者 a harpist [ハービスト]

パーフェクト パーフェクトな (完全な) perfect [パ〜フェクト]

バーベキュー a barbecue [バーベキュー] (▶ BBQ と略す)
- 週末にバーベキューをした.
  We had a *barbecue* on the weekend.

six hundred and thirty-seven　637

▶パーマ▶

パーマ a permanent [パ～マネント] (wave), 《口語》a perm [パ～ム]
▶ 母はパーマをかけている.
My mother has a *perm*.
ハーモニー harmony [ハ～モニィ]
ハーモニカ 《楽器》a harmonica [ハーマニカ], a mouth organ [マウス オーガン]
▶ ハーモニカを吹ふく play the *harmonica*

はい¹

1 (質問の返事) **yes** [イェス]; (否定の疑問文などに答えるとき) **no**; (承諾でだくの返事) **sure** [シュア]

> 🗨スピーキング
> Ⓐ きみは中学生ですか.
> Are you a junior high school student?
> Ⓑ はい, そうです.
> Yes, I am.

▶「ごきょうだいはいらっしゃるのですか」「はい, 弟がいます」
"Do you have any brothers or sisters?" "*Yes*, I have a little brother."
▶「教科書は復習しなかったの？」「はい. 残念ながらしませんでした」
"Didn't you review your textbook?" "*No*. Unfortunately I didn't."

> 📖文法 **Yes と No の使い方**
> 英語では問いの文がどういう形でも, 答えが否定のときは "No." を使う. ˣYes, I don't. とはいわない. つまり, 上の例文の答え方は Did you review your textbook?（教科書は復習したの？）と聞かれたときと同じになる.

▶「伝言しましょうか」「はい, お願いします」
"Can I take a message?" "*Yes*, please."
2 (出席の返事) **Present** [プレズント]**., Here** [ヒア]**., Yes.**

> 🗨スピーキング
> (出欠をとるときに)
> Ⓐ 小川君.
> Ogawa?
> Ⓑ はい.
> Present. / Here.

3 (物を見せたり, 手わたしたりするときに) **Here you are. / Here it is.** (▶後者は物が1つの場合にだけ使う)
▶「切符ぷを拝見させていただきます」「はい」
"Can I see your ticket, please?" "*Here you are*."
はい² 灰 ashes [アシィズ]
はい³ 肺 a lung [ラング] (▶肺は2つあるので, 複数形で使うことが多い)
-はい …杯 (▶容器に応じて cup, glass などを使い分けて表す. 複数の場合は two cups of ... などとする)
▶ 1ぱいのお茶 a *cup* of tea
▶ 1ぱいのジュース a *glass* of juice
▶ 2はいのご飯 two *bowls* of rice
▶ 塩スプーン2はい
two *spoonfuls* of salt

ばい 倍

1 (2倍) **double** [ダブル]**, twice** [トゥワイス]
→にばい
倍にする[なる] **double**
▶ ぼくのおこづかいは5年で倍になった.
My allowance *has doubled* during the past five years.
2 (…倍) **... times** [タイムズ]
▶ 2の3倍は6である.
Three *times* two is six.
▶ オーストラリアは日本のおよそ20倍の大きさです.
Australia is about twenty *times as* large *as* Japan.
パイ (食べ物) (a) pie [パイ]
▶ アップルパイ (an) apple *pie*
▶ パイをつくる make a *pie*
はいいろ 灰色(の) gray [グレイ]
▶ 空は灰色だった. The sky was *gray*.
ハイウエー 《米》an expressway [イクス

◀ **バイバイ**

プレスウェイ], a freeway [フリーウェイ]；《英》
a motorway [モウタウェイ]（▶英語の
highway は幹線道路のことで，日本の県
道，国道にあたる）

はいえい 背泳 the backstroke [バクストゥ
ロウク]

はいえん 肺炎 pneumonia [ニュ(ー)モウ
ニャ]

バイオ(テクノロジー)
biotechnology [バイオウテクナロヂィ]

バイオリズム a biorhythm[バイオウリズム]

バイオリン a violin [ヴァイオリン]
バイオリン奏者 a violinist

ハイカー a hiker [ハイカァ]

はいかつりょう 肺活量 lung capacity
[ラング カパスィティ]

はいきガス 排気ガス exhaust [イグゾース
ト] (gas) , exhaust fumes [フュームズ]

はいきぶつ 廃棄物 waste [ウェイスト]

ばいきん ばい菌 a germ [チャーム],
bacteria[バクティ(ア)リア](▶bacterium[バ
クティ(ア)リアム]の複数形．単数形で使うこと
はまれ)

ハイキング hiking [ハイキング], a hike [ハ
イク] →ピクニック
ハイキングに行く go hiking, go on a
hike
▶ 今度の日曜日，ハイキングに行こう．
Let's *go hiking* [*go on a hike*] next
Sunday.
▶ 友だちと三輪山にハイキングに行った．
My friends and I *went hiking* on Mt.
Miwa.
ハイキングコース a hiking trail

バイキング a buffet [バフェイ]；《バイキ
ング料理》(a) smorgasbord[スモーガスボー
ド]（▶Viking は 8 -10世紀のスカンジナ
ビアの海賊船のこと）
バイキングの buffet-style；(食べ放題
の) all-you-can-eat

はいく 俳句 a haiku（▶英語化している）
▶ 俳句をつくる
write a *haiku* / compose a *haiku*

バイク a motorcycle [モウタサイクル], 《英》
a motorbike [モウタバイク]（▶英語の bike
はふつう「自転車」のこと）

はいけい¹ 拝啓（親族に）Dear Dad
[Father, Mom, Mother, Aunt など]；
（親しい友人に）Dear ～；(一般的に)

はいけい² 背景 a background [バクグラ
ウンド]
▶ 富士山を背景に写真をとってください．
Please take a picture with Mt. Fuji
in the *background*.

はいざら 灰皿 an ashtray [アシュトゥレイ]

はいし 廃止する abolish [アバリシ], do
away with, put an end to

はいしゃ¹ 歯医者 a dentist [デンティスト]
▶ 歯医者に行く
go to the *dentist* / see a *dentist*

はいしゃ² 敗者 a loser [ルーザァ]

ハイジャック a hijack [ハイヂャク]
ハイジャックする hijack

はいしん 配信する (動画を) stream [ストゥ
リーム]
▶ 動画を配信する *stream* a video

はいすい 排水 drainage [ドゥレイニヂ]

ハイスクール a high school

はいせん¹ 敗戦 defeat [ディフィート]

はいせん² 配線 wiring [ワイ(ア)リング]

ハイソックス a knee socks [ニー サック
ス]

はいたつ 配達 (a) delivery [ディリヴ(ァ)リィ]
配達する deliver；(送る) send
▶ それ，午後に配達されるよ．
It'll *be delivered* in the afternoon.
配達料 a delivery charge

はいち 配置する arrange [アレインヂ]

ハイテク high tech [ハイ テク], high
technology [テクナロヂィ]
ハイテクの high-tech

ばいてん 売店 a stand [スタンド], a
kiosk [キ(ー)アスク]

バイト
a part-time job [ヂャブ]（▶日本語の「ア
ルバイト」はドイツ語の *arbeit* からきた語）
▶ バイト何やってるの？
What kind of *part-time job* do you
have?
▶ 光介はコンビニでバイトをしている．
Kosuke *works part-time* at a
convenience store.

パイナップル 《植物》(a) pineapple [パ
イナブル]

バイバイ bye [バイ], bye-bye [バイバイ]
▶「バイバイ」「またあしたね」

six hundred and thirty-nine　**639**

バイパス

"Bye." "See you tomorrow."

バイパス a bypass [バイパス]

ハイヒール a high heel, a high-heeled shoe [シュー] (▶ふつう複数形で使う)

ハイビジョンテレビ a high-definition [ハイデフィニション] television

はいふ 配布する distribute [ディストゥリビュ(ー)ト]

パイプ (管) a pipe [パイプ], a tube [テューブ]；(タバコの) a pipe

パイプオルガン a pipe organ, an organ

バイブル (聖書) the Bible [バイブル]

ハイフン a hyphen [ハイフン] →くとうてん (表)

はいぼく 敗北 (a) defeat [ディフィート] (反) 勝利 victory) →まける

はいやく 配役 (役者全体) the cast [キャスト]；(役をわりふること) casting [キャスティング]

はいゆう 俳優 an actor [アクタァ] (▶女性にも使う)；(女優) an actress [アクトゥレス]
▶ 映画俳優 a movie *actor* [*actress*]
▶ 舞台俳優 a stage *actor* [*actress*]

ハイライト a highlight [ハイライト]

ばいりつ 倍率 (拡大率) magnifying [マグニファイイング] power；(競争率) competition rate [カンペティション レイト]

バイリンガル a bilingual [バイリングワル] (person)
バイリンガルの bilingual

はいる 入る

使い分け
(中へ) → enter, go in, come in, go into, come into
(クラブなどに) → join
(学校に) → enter
(入れ物に) → hold

enter

join

1 (中へ) enter [エンタァ], go in, come in；(…の中に) go into, come into (▶ go は自分も相手も外にいるときの言い方で, come は中にいる人から見た言い方)
▶ 入ってもいい？
(中にいる人に聞くとき) Can I *come in*?
/ (外にいる人に聞くとき) Can I *go in*?
▶ ぼくはそうっと部屋に入った.
I *entered* the room quietly.

× enter into the room
↳ この enter は他動詞. into はこない.

○ enter the room
○ go [come] into the room

スピーキング
Ⓐ どうぞお入りください.
Please come in.
Ⓑ おじゃまします.
Thank you.

▶ この店に入ってみようよ.
Let's *go into* this store.
▶ しばふに入るな (掲示)
Keep Off the Grass

2 (クラブなどに) join [ヂョイン]；(入っている) be on [in], be a member of
▶ 麻衣はバスケットボール部に入った.
Mai *joined* the basketball team.
▶ ぼくは剣道部に入っている.
I'm *on* the kendo team. / I'm *a member of* the kendo team.

3 (学校に) enter, start [スタート]；(合格して) get into →にゅうがく
▶ 彼はその高校に入りたいと思っている.
He wants to *enter* [*get into*] that high school.
▶ 妹はことし小学校に入る (→就学する).

◀ - ばかり

My sister is going to *start* [*enter*] elementary school this year.

4 (入れ物に) **hold** [ホウルド]
- ▶ このケースには卵が1ダース入る.
  This package *holds* a dozen eggs.
- ▶ ぼくのスマホはバッグに入っているよ.
  My smartphone *is in* my bag.

5 (始まる) **start**, **begin** [ビギン]
- ▶ あすから夏休みに入る.
  My summer vacation *starts* tomorrow.

パイロット a pilot [パイロト]

バインダー a binder [バインダァ]

はう crawl [クロール], creep [クリープ]
- ▶ 赤ちゃんは部屋の中をはいまわっていた.
  The baby *was crawling* around the room.

バウンド a bounce [バウンス], a bound [バウンド]
バウンドする bounce

ハエ (虫) a fly [フライ]
ハエたたき a flyswatter [フライスワタァ], a swatter [スワタァ]

はえる 生える

(植物・毛などが) **grow** [グロウ]；(歯が) **cut** [カット]
- ▶ あごにひげが生えてきた.
  My beard is beginning to *grow* on my chin.
- ▶ 庭に雑草がたくさん生えてきた.
  A lot of weeds *have grown* in our garden.
- ▶ 赤ちゃんの歯が生えてきた.
  The baby is beginning to *cut* his[her] first teeth.

はか 墓 a grave [グレイヴ]
- ▶ 私たちは年に2回彼の墓にお参りします.
  We visit his *grave* twice a year.
墓石 a gravestone [グレイヴストウン]

ばか

(人) a fool [フール], an idiot [イディオト]
ばかな foolish [フーリシ], **stupid** [ステューピド], **silly** [スィリィ] (反 かしこい **wise**)
- ▶ ばかなことを言うな.
  Don't talk *nonsense*. / Don't be *stupid*.
ばかにする make a fool of, put down；

(見下す) look down on
- ▶ 人をばかにするな！
  Don't *make a fool of* me. / Don't *put* me *down*.
- ▶ 彼はいつも人をばかにする.
  He always *looks down on* others.
ばかに very [ヴェリィ] →とても

はかい 破壊する destroy [ディストゥロイ] → こわす

はがき 葉書 a postcard [ポウス(トゥ)カード]；(絵はがき) a (picture) postcard (▶単に card ともいう)
- ▶ このはがき，出してきてもらえる？
  Could you go (and) mail this *postcard*?

> **❶参考** 英語でのはがきの書き方にはとくに定まった形式はないが，スペースを節約するために次のようなことが一般的である.
> ①日付などはできるだけ省略形を使う.
> ②主語や動詞をいわなくてもわかる場合はよく省略する.

はがす tear [テア] (off), peel [ピール] (off)
- ▶ そのポスターはすぐはがされて持ち去られた.
  The poster *was* soon *torn off* and taken away.

はかせ 博士 a doctor [ダクタァ] (▶称号じょうは Dr. と略す)
- ▶ 父は医学博士です.
  My father is a *doctor* of medicine.
- ▶ クラーク博士 *Dr.* Clark

はかどる 捗る make progress [プラグレス], get along with
- ▶ 宿題ははかどっている？
  How are you *getting along with* your homework?

ぱかぱか (馬が) ぱかぱか走る clip-clop [クリップクラプ]

ばかばかしい foolish [フーリシ] →ばか
- ▶ ばかばかしい！*Nonsense!*

はかり a scale [スケイル] (▶しばしば複数形で使う)
- ▶ はかりにかけてごらん.
  Put it on the *scales*.

−ばかり

six hundred and forty-one　641

はかる

使い分け
(およそ) → about
(いつも) → always
(…だけ) → only
(ちょうど) → just

1 (およそ) **about** [アバウト]
▶ 1週間ばかり前にこちらに引っ越してきました.
We moved here *about* a week ago.

2 (いつも) **always** [オールウェズ]；(…だけ) **only** [オウンリィ] →-だけ
▶ おまえはテレビばかり見てるな.
You're *always* watching TV.
▶ まだ始まったばかりだよ.
It's *only* the beginning.

表現力
~ばかりか…も
→ not only ~ but (also) ...

▶ シュバイツァーは医師であるばかりか音楽家でもあった. Schweitzer was *not only* a doctor, *but* (*also*) a musician.

3 (ちょうど) **just** [ヂャスト] →ちょうど
▶ 兄は学校から帰ってきたばかりだ. My brother *just* got home from school.
▶ 「おなかがすいてきたよ」「さっき食べたばかりじゃないの」 "I'm getting hungry." "You *just* ate a short time ago."

4 (ほとんど) **almost** [オールモウスト]
▶ ぼくは飛び上がらんばかりに喜んだ.
I *almost* jumped for joy.

はかる 計る, 測る, 量る, 図る

(寸法などを) **measure** [メジャ]；(重さを) **weigh** [ウェイ]；(温度を) **take** [テイク]

measure　weigh

take

▶ 体重はもうはかったの？
Have you *weighed* yourself yet?
▶ じゅうたんを買う前に部屋の寸法をはかっておかなければいけない.
We need to *measure* the room before we buy a carpet.
▶ 熱をはかってみましょうね.
Let's *take* your temperature.

バカンス (おもに米) (a) **vacation** [ヴェイケイション], (英) **holidays** [ハリデイズ] (▶「バカンス」はフランス語の *vacance* から)

はきけ 吐き気がする **feel sick** [スィック] (to the stomach) →はく²
▶ 車を止めてくれませんか. はき気がするんです.
Would you stop the car? I *feel sick* (*to the stomach*). / I *feel like throwing up*.

パキスタン Pakistan [パキスタン]
パキスタン人 a Pakistani [パキスタニィ]

はきはき はきはきと **clearly** [クリアリィ], **briskly** [ブリスクリィ]
▶ はきはきと話す speak *clearly*

はきもの 履き物 **footwear** [フトウェア]

はく¹ 履く →きる²

put on (反 ぬぐ **take off**)；(はいている) **wear** [ウェア], **have ... on**
▶ くつをはきなさい.
Put your shoes *on*. / *Put on* your shoes.
▶ 姉はあまりスカートをはかない.
My sister doesn't *wear* skirts so often.
▶ 楓はタイトなジーンズをはいていた.
Kaede *had* tight jeans *on*.

スピーキング
🅐 このスカートをはいてみてもいいですか.
Can I try this skirt on?
🅑 ええ，どうぞ. 試着室はあちらです.
Certainly. The fitting room is over there.

はく² 吐く (気分が悪くて) **throw** [スロウ] **up**；(つばなどを) **spit** [スピット] →はきけ
▶ 道路につばをはいちゃだめよ.
Don't *spit* on the sidewalk.

はく³ 掃く **sweep** [スウィープ]

◀ **はげしい**

▶ ろうかははいたの？
Did you *sweep* the hallway?

はぐ tear [テァ] (off) →はがす

バグ （プログラムの誤り）a bug [バッグ]

パグ 《動物》a pug [パッグ]

はくい 白衣 a white coat [(フ)ワイト コウト]

ばくげき 爆撃 (a) bombing [バミング]
　爆撃する bomb [バム]

はくさい 白菜 (a) Chinese cabbage
　[チャイニーズ キャベッヂ]

はくし¹ 博士 a doctor [ダクタァ] →はかせ

はくし² 白紙の （答案などの）blank [ブランク]

▶ 亮りょうは白紙の答案を出した.
Ryo turned in a *blank* answer sheet.

はくしゅ 拍手 clapping [クラピング]
　拍手する clap (*my* hands)

はくじょう¹ 薄情な （心の冷たい）cold-
hearted [コウルドゥハーティド]；（不親切な）
unkind [アンカインド]

▶ あいつはほんとうに薄情だなあ.
He's so *cold-hearted*.

はくじょう² 白状する confess [コンフェス]

▶ 彼はすべて白状したよ.
He *confessed* everything.

ばくしょう 爆笑 a burst [バ～スト] of
laughter [ラフタァ]

ハクション achoo [アーチュー], atishoo
[アティシュー] →くしゃみ

はくじん 白人 a white [(フ)ワイト] person

ばくぜん 漠然とした vague [ヴェイグ]

▶ ばく然とした考え a *vague* idea

ばくだい ばく大な great [グレイト]

▶ ばく大な金額
a *great* amount of money (▶ great
の代わりに huge も使える)

ばくだん 爆弾 a bomb [バム]

▶ 爆弾を投下する
bomb / drop a *bomb*

▶ 時限爆弾 a time *bomb*

▶ 原子爆弾
an atomic *bomb* / an A-*bomb*

ハクチョウ 白鳥 a swan [スワン] →とり
(図)

バクテリア bacteria [バクティ(ア)リア] (▶
ふつう複数形で使う. 単数形は bacterium)

ばくは 爆破する blow [ブロウ] up

ぱくぱく ぱくぱく食べる gobble [ガブル],
munch [マンチ]

はくはつ 白髪の white haired, gray
haired

ばくはつ 爆発 an explosion [イクスプロウ
ジョン]；（火山の）(an) eruption [イラプション]
　爆発する blow up, explode [イクスプロウド]；
（火山が）erupt [イラプト]

▶ ガス爆発 a gas *explosion*

はくぶつかん 博物館 a museum [ミュー
ズィ(ー)アム]

▶ 博物館に見学に行く visit a *museum*

ばくやく 爆薬 an explosive [イクスプロウスィ
ヴ]

はくらんかい 博覧会 an exposition [エ
クスポズィション]，《口語》an expo [エクスポウ]
(複数) expos), a fair [フェア]

▶ 万国博覧会 a world's *fair*

はくりょく 迫力 power [パウア]
　迫力のある powerful [パウアフル]

▶ 迫力のある演奏
a *powerful* performance

はぐるま 歯車 a gear [ギア]

はぐれる （見失う）lose sight [ルーズ サイト]
(of)

▶ 私は友だちとはぐれてしまった.
I *lost sight of* my friends.

ばくろ 暴露する expose [イクスポウズ],
disclose [ディスクロウズ]

はけ 刷毛 a brush [ブラシ]

はげ はげた（頭が）bald [ボールド]
　はげる get bald, become bald

▶ 父ははげてきた.
My father *is getting bald*.
　はげ頭 a bald head
　はげ山 a bare mountain [hill]

はげしい 激しい

（雨などが）**heavy** [ヘヴィ]；（運動などが）
hard [ハード]；（痛みなどが）**severe** [スィヴィ
ア], **sharp** [シャープ]
　激しく hard, heavily

▶ 夕方にはげしい雨が降った.
There was a *heavy* rain in the late
afternoon. / （はげしく降った）It rained
hard in the late afternoon.

▶ はげしい運動のあとにはかならず水分を十
分にとるように.
Be sure to drink plenty of water
after *hard* exercise.

▶ この辺は交通がとてもはげしい.

six hundred and forty-three　643

バケツ ▶

The traffic is very *heavy* around here.
▶ 胸にはげしい痛みがあった.
I had a *severe* pain in my chest.
▶ あの男の子は気性がはげしい.
That boy has a *fierce* temper.

バケツ a bucket [バケト]
▶ バケツ1ぱいの水
a *bucket* [*bucketful*] of water

はげます 励ます cheer [チア] up, encourage [エンカ〜レヂ]

📝 ライティング
ぼくが落ちこんでいたとき，彼はぼくをはげましてくれました.
When I was depressed, he cheered me up.

はげむ 励む work [ワ〜ク] hard
▶ マリー・キュリーは毎日研究にはげんだ.
Marie Curie *worked hard* on her research every day.

ばけもの 化け物 (怪物) a monster [マンスタァ]；(幽霊) a ghost [ゴウスト]
化け物屋敷 a haunted [ホーンティド] house

はげる (ぬったものが) come off；(頭が) get bald [ボールド], become bald →はげ
▶ ドアのペンキがはげた.
The paint on the door *came off*.

はけん 派遣する dispatch [ディスパッチ], send [センド]

はこ 箱

a box [バックス], a case [ケイス]
▶ 段ボール箱 a cardboard *box*
▶ ミカンを1箱買った.
We bought a *box* of *mikans*.

はごいた 羽子板 a hagoita, a battledore [バトゥルドー(ァ)]

はこぶ 運ぶ

1 (運搬する) carry [キャリィ] →もっていく
▶ この机をぼくの部屋まで運んでください.
Please *carry* this desk to my room.
▶ このスーツケースは重くて私には運べない.
This suitcase is too heavy for me to *carry*.

2 (物事が) go [ゴウ]
▶ 事はうまく運んでいる.

Things *are going* well [all right].

バザー a bazaar, a bazar [バザー]

はさまる 挟まる get caught in [between]
▶ かばんが電車のドアにはさまった.
My bag *got caught between* the doors of the train.

はさみ scissors [スィザズ] (▶複数あつかい)
▶ はさみ1丁 a pair of *scissors*
▶ このはさみはよく切れる.
This pair of *scissors* cuts well. / These *scissors* are sharp.

はさむ 挟む (間に入れる) put ... in [between]；(はさまれる) get ... caught
▶ しおりを本にはさんだ.
I *put* a bookmark *between* the pages of the book.
▶ 車のドアに指をはさまないように注意してね.
Be careful not to *get* your fingers *caught* in the car door.

はさん 破産する go bankrupt [バンクラプト], go broke；(破産している) be bankrupt, be broke

はし¹ 橋

a bridge [ブリッヂ]
▶ 川に橋をかける
build a *bridge* over a river
▶ 私たちは瀬戸大橋をわたった.
We crossed the Great Seto *Bridge*.

ⓘ参考 「橋」のいろいろ
石橋 a stone bridge / 鉄橋 an iron bridge；(鉄道の) a railroad bridge / つり橋 a suspension bridge / 歩道橋 a pedestrian overpass

はし² 端 (先端) an end [エンド]；(縁) an edge [エッヂ]；(わき) a side [サイド]
▶ ロープのはし the *end* of a rope
▶ テーブルのはし the *edge* of a table
▶ 道路のはし the *side* of a road

はし³ (食事用の) chopsticks [チョプスティクス] (▶ふつう複数形で使う)
▶ はし1ぜん a pair of *chopsticks*

はじ 恥 (a) shame [シェイム]
▶ はじをかく be [feel] *ashamed* / get *embarrassed*

644 six hundred and forty-four

◀ **はじめて**

- あいつははじ知らずだ.
  He has no (sense of) *shame*.

はしか 〔病気〕(the) measles [ミーズルズ]
- はしかにかかる catch (the) *measles*

はじく (指ではね飛ばす) flip [フリップ]
- コインをはじく *flip* a coin

はしご a ladder [ラダァ]
- はしごで屋根に登った.
  I went up the *ladder* to the roof. (▶ went は climbed でもよい.「はしごを降りる」は go down a ladder という)
  はしご車 a ladder truck

はじまり 始まり the beginning [ビギニング], the origin [オ(ー)リヂン]
- 母の日の始まりを知っていますか.
  Do you know *the origin* of Mother's Day?

はじまる 始まる

start [スタート], begin [ビギン] (反 終わる end); (戦争などが) break out

> 🗨スピーキング
> Ⓐ 試合は何時に始まるの？
> What time [When] does the game start [begin]?
> Ⓑ 2時からよ.
> (At) two o'clock.

- 学校は8時半に始まる.
  School *starts* [*begins*] at eight thirty.
- 新学期(→新学年)は4月から始まる.
  The new school year *starts* [*begins*] in April.

× begin from April
  ↑ begin from とはいわない.
○ begin in April

はじめ 初め →さいしょ

the beginning [ビギニング] (反 終わり end); (最初) the first [ファ～スト] (反 最後 last)
初めの the first
初めのうちは,初めは at first

初めに first; first of all
- 来月初めに
  at *the beginning* of next month
- ぼくは初めから智也のことがきらいだった.
  I didn't like Tomoya from *the beginning* [*the start*].
- その本を初めから終わりまで1日で読んだ.
  I read the book from *beginning* to end in one day.
- 初めのうちは娘は静かにしていたが, しばらくして泣き出した.
  At first my daughter was quiet, but after a while she started to cry.

はじめて 初めて

first [ファ～スト], for the first time
- きみが彼女にはじめて会ったのはいつですか.
  When did you *first* meet her?
- それははじめて聞いたよ.
  That's *news* to me.

> ✏ライティング
> この夏, 私は生まれてはじめて外国に行きました.
> This summer I went abroad for the first time in my life.

> 💬表現力
> …するのはこれがはじめてだ
> → This is the first time ... .

- 京都に来るのはこれがはじめてです.
  This is the first time I've been to Kyoto. / *This is my first* visit to Kyoto.
- 歌舞伎を見るのはこれがはじめてだ.
  This is the first time I've seen a kabuki play. / *This is my first time* to see a kabuki play.

> 💬表現力
> …(して)はじめて～する
> → not ~ until ...

- 健康をそこねてはじめてそのありがたさがわかる.
  We do *not* know the importance of health *until* we lose it.
- きょうになってはじめてそれを知った.
  It was *not until* today that I knew it.

はじめまして ▶

はじめまして 初めまして

(あいさつ) **Nice to meet you.** (▶「お会いできてうれしい」という意味), **How do you do?** (▶かなり改まった表現. 若い人どうしでは Hello! とか Hi! と言うのがふつう)

▶ 涼子です. はじめまして.
I'm Ryoko. *Nice to meet you.*

> 🗣スピーキング
> Ⓐ 吉田さん, はじめまして.
> How do you do, Mr. Yoshida?
> Ⓑ ブラウンさん, お会いできて光栄です.
> I'm very happy to meet you, Mr. Brown.

はじめる 始める

start [スタート], **begin** [ビギン]

▶ 何時から始めるの?
What time *are we starting*?
▶ 何から始めればいいかなあ.
Where should I *start*?
▶ ではきょうの勉強を始めましょう.
Now let's *start* today's class.
▶ 今日は35ページから始めます.
We're going to *start* on [at] page 35 today.

> 💬表現力
> …しはじめる
> → start to ..., begin to ... / start -ing, begin -ing

▶ 雨が降りはじめたよ.
It *started raining*. / It *started to* rain. (▶いずれも started のかわりに began を使ってもよい)
▶ 英語はいつから習いはじめたのですか.
When did you *start learning* English?

ばしゃ 馬車 a carriage [キャリヂ]

はしゃぐ be excited [イクサイティド]

▶ 私が帰宅すると, 子どもたちはいつもはしゃぐ.
The children always *get excited* when I come home.

パジャマ pajamas [パヂャーマズ] (▶複数あつかい. 数えるときは a pair of pajamas, two pairs of pajamas のようにいう)

▶ パジャマの上着 a *pajama* top
▶ パジャマのズボン *pajama* bottoms
▶ パジャマに着替えなさい.
Change into your *pajamas*.
▶ パジャマを着る put on *my pajamas*

ばしょ 場所 →ところ

1 (所) a **place** [プレイス]; (席) a **seat** [スィート]

▶ いい場所がとれるように早めに出かけない?
Why don't we leave earlier to get a good *place* [good *seats*]?
▶ もうすわる場所がなかった.
There were no *seats* left.
▶ 読み終わった本は元の場所に戻してください.
Please return the book (to *where* you found it) after you finish reading it.

2 (スペース) **space** [スペイス], **room** [ル(ー)ム]

▶ この中にはテーブルを置く場所なんてないよ.
There's no *space* [*room*] for a table in here.

はしら 柱 a post [ポウスト]; (屋根をささえる) a pillar [ピラァ]
柱時計 a wall clock

はしりたかとび 走り高跳び the high jump

はしりはばとび 走り幅跳び the long jump

はしる 走る

run [ラン]

▶ 彼は走るのが速い. He *runs* fast.
▶ けさぼくは学校まで走っていった.
I *ran* to school this morning.
▶ 車は時速50キロで走っていた.
The car *was going* 50 kilometers an hour.
▶ その時間帯にバスは走っていますか.
Is there any bus service at that time of day?

はじる 恥じる be ashamed [アシェイムド] 《of》 →はずかしい

ハス 《植物》a lotus [ロウタス]

646 six hundred and forty-six

◀ はずかしい

はず

1 (予定)**be going to ...**, **be supposed to ...** ; (予測) **should** [シュッド]

▶ 彼らの試合は3時に始まるはずだ.
Their game *is going to* start at three.
▶ かぎはいちばん上の引き出しにあるはずだけど.
The key *should* be in the top drawer.
▶ あの店はまだ開いているはずだよ.
The store *should* still be open.

表現力
…のはずがない → can't ...

▶ それがほんとうのはずがない.
That *can't* be true.

2 (もっともだ) **no wonder** [ワンダァ]
▶ またやったの？お父さんがおこるはずね.
You did that again? *No wonder* Dad got angry.

バス¹

a **bus** [バス]
▶ バスに乗る
take a *bus* / ride a *bus* / (乗りこむ) get on a *bus*
▶ バスを降りる get off a *bus*
▶ バスに乗りおくれる miss the *bus*
▶ あのバスに乗ろう.
Let's get on that *bus*.
▶ どこでバスを降りればいいの？
Where should I get off the *bus*?
▶ このバスは市役所に止まりますか.
Does this *bus* stop at (the) City Hall?
▶ バスは15分おきに走っている.
Buses run every fifteen minutes.
▶ バスが来たよ. Here comes the *bus*.

ライティング
私は**バス**で通学しています.
I go to school by bus.
(▶ by ˣa bus としない)

バス運賃 a bus fare
▶ バスの運賃はいくらですか.
What's the *bus fare*?
バスガイド a tour guide on a sightseeing bus
バスターミナル a bus terminal [タ～ミヌル]
バス停 a bus stop
▶ いちばん近いバス停はどこですか.
Where's the nearest *bus stop*?

❶参考 バスのいろいろ
市営バス **a city bus**
路線バス **a transit bus, a public bus, a route bus**
観光バス **a sightseeing bus**
貸し切りバス **a chartered bus**
長距離バス, 高速バス **a long-distance bus**, (英) **a coach**
スクールバス **a school bus**
マイクロバス **a minibus, a microbus**
2階建てバス **a double-decker (bus)**
送迎バス **a pickup bus**, (空港の) **an airport limousine**

アメリカの長距離バス, グレイハウンドバス.

バス² (ふろ) a **bath** [バス] →ふろ
バスタオル a bath towel [タウ(エ)ル]
バスルーム a bathroom
バス³ (音楽) **bass** [ベイス]
パス (球技・トランプの) a **pass** [パス] ; (無料入場券など) a (free) **pass**
パスする (球技・トランプの) **pass** ; (合格する) **pass**
▶ 今日はまずパスの練習から始めた.
We started with a *passing* drill.
▶ (トランプで)「航平, おまえの番だよ」「パス」
"Your turn, Kohei." "*Pass*."
▶ 試験にパスする
pass an examination
▶ おなかいっぱいだから, デザートはパスするよ.
I think I'll *pass* on dessert. I'm full.

はずかしい 恥ずかしい

(きまりが悪い) **be embarrassed** [エン

six hundred and forty-seven 647

バスケット

(バラスト)(about, at);**be ashamed** [アシェイムド](of);(内気な)**be shy** [シャイ]
▶ はずかしがらないで. Don't *be shy*.
▶ 自分のしたことがはずかしいよ.
I'm *ashamed of* what I did.
▶ 真帆(まほ)ははずかしがり屋だ.
Maho *is shy*.
▶ こんな簡単なミスをしちゃった. はずかしい!
I made such an easy mistake. I'm *embarrassed*!

バスケット (かご) a basket [バスケト]
バスケットボール basketball [バスケトゥボール]
▶ バスケットボールをする play *basketball*
バスケットボール部 a basketball team

はずす 外す (取りはずす) take off;(席をはずす) leave
▶ 父はめがねをはずしてレンズをふいた.
My father *took off* his glasses and wiped them.
▶ シャツのボタンをはずす
unbutton my shirt
▶ ぼくはスターティングメンバーからはずされた.
I *was left out of* the starting lineup.
▶ 席をはずす *leave my* seat
▶ スミスさんは今,席をはずしています.
Ms. Smith *is not at her desk* now. (▶「今は机にいない」と表現する)

パスタ pasta [パースタ]
バスト a bust [バスト]
はずべき 恥ずべき shameful [シェイムフル]
パスポート a passport [パスポート]

🗣スピーキング
Ⓐ パスポートを拝見します.
May I see your passport?
Ⓑ はい,どうぞ.
Here you are.

はずむ 弾む bounce [バウンス]
▶ 新しいゴムボールはよくはずむ.
A new rubber ball *bounces* well.
パズル a puzzle [パズル]
▶ パズルを解く solve *a puzzle*
▶ クロスワードパズル
a crossword *puzzle*
▶ ジグソーパズル a jigsaw *puzzle*
はずれ 外れ (終わり) the end [エンド];(末端) the edge [エッヂ];(郊外(こうがい)) the suburbs [サバーブズ], the outskirts [アウトスカーツ]
▶ 通りのはずれに at *the end* of a street
▶ 森のはずれに on *the edge* of a forest
▶ 町はずれに in *the outskirts* of a town
▶ ブー, はずれ.
Boo-oo. You're *wrong*.
はずれる 外れる **1** (はめた物がはずれてとれる) come off;(物をはずしてとる) get ... off;(ボタンがはずれている) be undone [アンダン]
▶ 自転車のチェーンがはずれた.
My bike chain *came off*.
▶ 指輪がはずれないよ.
I can't *get* my ring *off*.
▶ シャツのボタンが1つはずれてるよ.
One of your shirt buttons *is undone*.
2 (当たらない) miss [ミス]
▶ シュートはゴールをはずれた.
The shot *missed* the goal.
▶ 天気予報がはずれたね.
The weather forecast *was wrong*.
パスワード a password [パスワード]
▶ パスワードを変更してください.
Please change your *password*.
パセリ 《植物》parsley [パースリィ]
パソコン a computer [コンピュータ], a PC [ピースィー]
▶ 私はパソコンが苦手だ.
I'm bad with *computers*.

はた 旗

a flag [フラッグ]
▶ 旗をあげる
raise a *flag* / put up a *flag* / (掲(かか)げている) fly a *flag*
▶ 旗を降ろす take down a *flag*
▶ 旗をふる wave a *flag*
旗ざお a flagpole [フラグポウル]

G7 (先進7か国) の旗.

◀ **はち**¹

> **①参考** 「旗」のいろいろ
> 校旗 **a school flag** / 国旗 **a national flag** / 優勝旗 **a champion flag** / 三角形の小旗 **a pennant** [ペナント]

はだ 肌

skin [スキン]
▶ 奈緒のはだはすべすべしている.
　Nao has smooth *skin*.
▶ はだがかさついてきた.
　My *skin* is getting dry.
▶ 絵美ははだが白い [黒い].
　Emi has fair [dark] *skin*.
　はだ着 (集合的に)underwear [アンダウェア]

バター butter [バタァ]
▶ バターをぬったパン bread and *butter*
▶ パンにバターをぬる spread *butter* on bread / *butter* the bread

ばたあし バタ足 the flutter kick [フラタァ キック]

パターン a pattern [パタン]
▶ ワンパターンの
　fixed / without any change

はだか 裸の naked [ネイキド], bare [ベア]
　裸になる (服をぬぐ) get undressed, take off *my* clothes

はたけ 畑

　a field [フィールド] ; (農場) a farm [ファーム]
▶ ジャガイモ畑 a potato *field*
▶ 畑を耕す plow the *field*

はだし bare feet
　はだしの, はだしで barefoot [ベアフット]
▶ 砂浜をはだしで歩くのが大好きだ.
　I love walking *barefoot* on the beach.

はたす 果たす carry out
▶ 責任を果たす
　do my duty / *carry out* my duty
▶ 約束を果たす *keep my* promise

はたち 二十歳 twenty (years old)

ぱたぱた ぱたぱたさせる flap [フラップ]

バタフライ (水泳) the butterfly [バタフライ] (stroke)
▶ バタフライで泳ぐ
　swim *the butterfly*

はたらき 働き (仕事) work [ワ～ク] ; (機

能) a function [ファンクション]
▶ 父は働き者だ.
　My father is a hard *worker*. / My father *works* hard.
▶ 脳のはたらきは複雑だ.
　The *functions* of the brain are complex.
　働き口 a job, a position
　働き者 a hard worker

はたらく 働く

　(仕事をする) work [ワ～ク]
▶ 父はコンピューターの会社で働いている.
　My father *works* in a computer company. (▶ in のかわりに at や for を使ってもよい)
▶ 母は地元の病院で看護師として働いている.　My mother *works* as a nurse at a local hospital.
▶ もっと頭を働かせなさい.
　Use your head more. / *Use* your brain(s) more.

バタン (バタンと閉まる) bang [バング], slam [スラム]
▶ バターン!「どうしたんだ」「戸が風でバタンと閉まったんだ」
　BANG! "What's up?" "The door *banged* shut in the wind."

ハチ (虫) a bee [ビー]
▶ ハチにさされた.
　I was stung by a *bee*.
　ハチの巣 a honeycomb [ハニコウム] ; (巣箱) a (bee)hive
　はちみつ honey

> **①参考** 「ハチ」のいろいろ
> ミツバチ **a honeybee** [ハニビー], (雄バチ) **a drone** [ドゥロウン] / スズメバチ・ジガバチ **a wasp** [ワスプ] / スズメバチ **a hornet** [ホーネット] / 女王バチ **a queen bee** / 働きバチ **a worker bee**

はち¹ 八(の) →かず (表)

　eight [エイト]
　第8(の) the eighth (つづり注意) (▶8th と略す)
▶ 八は日本では縁起ゝのよい数字です.
　Eight is a lucky number in Japan.

six hundred and forty-nine　**649**

はち² ▶

はち² 鉢（どんぶりなど）a bowl [ボウル]；（植木ばち）a (flower)pot

ばち 罰
▶ そら，ばちがあたった.
See. It serves you right!

ばちがい 場違い
▶ 場ちがいな感じだ.
I feel out of place. / I feel like I don't belong here.

はちがつ 八月 →いちがつ, つき¹(表)

August [オーガスト] 〔▶語頭はかならず大文字；Aug. と略す〕
▶ 8月に in August
▶ 私は8月2日に生まれた.
I was born (on) August 2. 〔▶August (the) second と読む〕

はちじゅう 八十(の) →かず(表)

eighty [エイティ]
第80(の) the eightieth 〔▶80th と略す〕
▶ 80年代の歌手たち
singers in the eighties 〔▶eighties は 80s や 80's と略す〕
81 eighty-one

ぱちぱち ぱちぱちと音を立てる crackle [クラクル]

はちまき a hachimaki, a Japanese headband [ヘッドバンド]
▶ はちまきをしめる
wear a hachimaki [headband] / put on a hachimaki [headband]

はちゅうるい は虫類 reptiles [レプトゥルズ]

はちょう 波長 a wavelength [ウェイヴレング(ク)ス]

パチンコ pachinko [パチンコウ]
パチンコ店 a pachinko parlor

-はつ …発 from
▶ 東京発の電車 a train from Tokyo

ばつ¹ 罰 (a) punishment [パニシメント], a penalty [ペナルティ] →ばっする
▶ 罰として放課後残された.
I got detention after school as a punishment.

ばつ² （ばってん）《米》an x [エックス], 《英》a cross [クロ(ー)ス]
ばつをつける put a cross, 《口語》x out
▶ まちがった答えには×をつけてください.
Please x out the incorrect answers.

/ Please put a cross on the incorrect answers.

はついく 発育 growth [グロウス]

はつおん 発音 (a) pronunciation [プロナンスィエイション]
発音する pronounce [プロナウンス]
▶ あなたの英語の発音はとてもよい.
Your English pronunciation is very good.
▶ この単語はどう発音しますか.
How do you pronounce this word?
発音記号 a phonetic [フォネティク] sign [symbol]

ハッカ 《植物》peppermint [ペパミント]

ハツカネズミ a mouse [マウス] (複数 mice)

はつがんせい 発がん性の carcinogenic [カースィノウヂェニク]
発がん性物質 a carcinogen [カースィノヂェン]

はっきり

（くっきりと）clearly [クリアリィ]；（ありありと）vividly [ヴィヴィドゥリィ]
はっきりした clear [クリア]
▶ はっきりと聞こえるように話しなさい.
Speak clearly.
▶ そのことはいまでもとてもはっきり覚えている.
I still remember it very clearly [vividly].
▶ はっきりした目標をもたないとね.
You need to have a clear goal.

> 📋 **プレゼン**
> 1つはっきりとお伝えしたいことがあります.
> There's one thing I'd like to make clear.

> 💬 **表現力**
> …であることははっきりしている
> → It is clear that … .

▶ きみがまちがっていることははっきりしている. It is clear that you are wrong.

ばっきん 罰金 a fine [ファイン]
罰金を払う be fined
▶ 彼はスピード違反で9000円の罰金を払った. He was fined 9,000 yen for

◀ **はったつ**

speeding.

バック (背景) a background [バクグラウンド]
→はいけい²

バックする (車を) back up

▶ 車を少しバックさせてくれる？
Could you *back up* a bit?

バックアップ backing [バキング], support [サポート]；(予備) (a) backup [バカプ]

バックアップする (支援する) back up, support；(データなどを) back up, make a backup of ...

▶ 私がバックアップするよ.
I'll *support* you. / I'll *back* you *up*.

バックスクリーン 《野球》 the center field screen

バックナンバー (雑誌の) a back issue, 《英》 a back number

バックネット 《野球》 a backstop (▶ ×backnet とはいわない)

バックミラー a rearview [リアヴュー] mirror (▶ ×back mirror とはいわない)

バッグ a bag [バッグ]；(ハンドバッグ) 《米》 a purse [パ〜ス], 《英》 a handbag [ハン(ドゥ)バグ] →かばん

パック (紙の) a carton [カートゥン], (包み) a pack [パック]；a package [パケヂ]

▶ 牛乳1パック *a carton of* milk (▶ a ×pack of milk とはいわない)

パック旅行 a package tour

はっくつ 発掘 excavation [エクスカヴェイション]

発掘する excavate [エクスカヴェイト]

ばつぐん 抜群の excellent [エクセレント], outstanding [アウトスタンディング]

▶ 涼太^{りょうた}は水泳が抜群にうまい.
Ryota is *outstanding* at swimming. / Ryota is an *excellent* swimmer.

パッケージ a package [パケヂ]

はっけつびょう 白血病 leukemia [ルーキーミア]

はっけん 発見 (a) discovery [ディスカヴ(ァ)リィ]

発見する discover [ディスカヴァ]

▶ ラジウムは1898年にキュリー夫妻 (→ピエール・キュリーとマリー・キュリー) によって発見された. Radium *was discovered* by Pierre and Marie Curie in 1898.

発見者 a discoverer

はつげん 発言する speak [スピーク]

▶ ご自由に発言してください.
Please *speak* freely.

はつこい 初恋 my first love

▶ 彩音^{あや}はぼくの初恋の人だった.
Ayane was my *first love*.

はっこう 発行する publish [パブリシ]

▶ この雑誌は毎月発行されている.
This magazine *is published* every month.

発行部数 a circulation

バッジ (記章) a badge [バッヂ]

▶ バッジをつける put on a *badge*

はっしゃ¹ 発車する leave [リーヴ], start [スタート]

▶ 「次の特急は何時に発車しますか」「9時30分です」
"When [What time] will the next special express *leave*?" "At 9:30."

▶ 発車いたします. All aboard. (▶ 「みなさん乗車してください」という意味)

はっしゃ² 発射する (銃じゅうなどを) fire [ファイァ]；(ロケットなどを) launch [ローンチ]

はっしょうち 発祥地 the birthplace [バ〜スプレイス]

ばっすい 抜粋する extract [イクストラクト]

ばっする 罰する punish [パニシ]

▶ 母親はむすこがうそをついたので罰した.
The mother *punished* her son for telling a lie.

はっせい¹ 発声 vocalization [ヴォウカラゼイション]

はっせい² 発生する occur [オカ〜], happen [ハプン]

はっそう 発送する send [センド] out

バッタ (虫) a grasshopper [グラスハパァ]

バッター (野球) a batter [バタァ]

バッターボックス a batter's box

はったつ 発達

development [ディヴェロプメント]

発達する develop [ディヴェロプ]

▶ 春樹は運動神経が発達している.
Haruki has quick reflexes.

> 🔵プレゼン
> みなさんは IT の発達がわれわれを幸せにすると思いますか.
> Do you think the development of IT makes us happy?

six hundred and fifty-one **651**

ばったり ▶

ばったり （偶然に出会う）run into, bump into, come across
▶ 今日，映画館の前で武田先生にばったり会った.
I *ran into* Mr. Takeda in front of the movie theater today.

バッチリ
▶ バッチリだよ！
Perfect! / Great!

バッティング （野球）batting［バティング］

バッテリー （電池）a battery［バテリィ］；（野球の）a battery

はってん 発展 (a) development［ディヴェロプメント］, growth［グロウス］
▶ 都市の発展 the *growth* of cities
発展する develop［ディヴェロプ］, grow［グロウ］
発展途上国 a developing country

> 🔲 プレゼン
> 私たちは**発展途上国**の貧困を減らす手助けをしなければなりません.
> We must help reduce poverty in developing countries.

はつでん 発電する generate electricity［ヂェネレイト イレクトゥリスィティ］
▶ 太陽光発電
solar power *generation*
発電機 a generator［ヂェネレイタァ］
発電所 a power plant

はっと はっと驚く start［スタート］

バット （野球）a bat［バット］
▶ バットをふる
swing a *bat*

ハットトリック （サッカーなど）a hat trick［ハット トゥリック］

はつばい 発売する sell；（出版物・製品を）come out (with)；put ... on sale
▶ 彼らは来月新しいテレビゲームを発売する. They are going to *come out with* a new video game next month.
発売日 a release date

ハッピー ハッピーな happy［ハピィ］
ハッピーエンド a happy ending

はっぴょう 発表（公表）
(an) announcement［アナウンスメント］；（授業などでの）presentation［プレゼンテイション］
発表する announce；（授業などで）make a presentation

▶ 合格発表は2月20日です.
The successful candidates will *be announced* on February 20.
発表会 a recital［リサイトゥル］
▶ バイオリンの発表会 a violin *recital*

はつみみ 初耳
▶ それは初耳だ. That's *news* to me.

はつめい 発明 (an) invention［インヴェンション］
発明する invent
▶ アレクサンダー・グラハム・ベルは電話を発明した.
Alexander Graham Bell *invented* the telephone.
発明家，発明者 an inventor
発明品 an invention

はつもうで 初詣 *hatsumode*, the first visit of the year to a shrine or temple
▶ 元日に伏見稲荷大社に初詣に行った.
We made *the first visit to* Fushimi Inari Taisha *on New Year's Day*.

はで 派手な（人や服装などが）showy［ショウィ］, flashy［フラシィ］；（色や柄が）loud［ラウド］（反）地味な quiet）
▶ あの子，いつもはでな服を着てるね.
That girl always wears *showy* clothes.

パティシエ a pastry chef［ペイストゥリィ シェフ］

ばてる be dead tired
▶ おれ，ばてたよ.
I'm *dead tired*.

ハト （鳥）a pigeon［ピヂョン］；（小型の）a dove［ダヴ］ →**とり** (図)
▶ 伝書バト
a carrier *pigeon* / a homing *pigeon*
ハト小屋 a pigeon house
ハト時計 a cuckoo［ク(ー)クー］clock

パトカー a police car, a patrol car

バドミントン badminton［バドゥミントゥン］（▶イギリスの地名から）
▶ バドミントンをする
play *badminton*
バドミントン部 a badminton team

パトロール patrol［パトゥロウル］
パトロールする patrol
▶ パトロール中のおまわりさん
a police officer on *patrol*

バトン a baton [バトン]
バトンガール a baton twirler [トゥワ〜ラァ]
バトンタッチ a baton pass
バトントワラー a baton twirler

はな¹ 花

(一般に) a **flower** [フラウア]; (果樹の)
(a) **blossom** [ブラサム]
花が咲く open, be out, come out, bloom [ブルーム]; (果樹の花が) blossom →さく¹

▶ 忘れずに花に水をやってね．
Be sure to water the *flowers*.
▶ 母は花を育てるのが好きだ．
My mother loves growing *flowers*.
▶ 桜の花が散ってしまった．
The cherry *blossoms* are gone.
▶ 姉は花びんに花を生けていた．
My sister was arranging *flowers* in a vase.
花柄 a floral [フローラル] pattern
花ことば the language of flowers
花畑 a flower field
花屋 (店)a flower shop; (人)a florist [フローリスト]

はな² 鼻

a **nose** [ノウズ]; (犬・馬などの) a muzzle [マズル]; (ゾウの)a trunk [トゥランク]; (ブタなどの) a snout [スナウト]
▶ 私の父は鼻が高い．
My father has a long *nose*. (▶「鼻が低い」なら a flat nose)
▶ ゾウは鼻が長い．
An elephant has a long *trunk*. / Elephants have long *trunks*.
▶ 鼻がつまっちゃった．
My *nose* is stuffy [stuffed up]. / I have a stuffy *nose*.
▶ 鼻水が出るんだ．
My *nose* is running [runny]. / I have a runny *nose*.
▶ 人前で鼻をほじっちゃだめよ．
Don't pick your *nose* in public.
▶ 鼻をかみなさい． Blow your *nose*.

nose (鼻)
snout (ブタの鼻)
muzzle (犬・馬などの鼻)
trunk (ゾウの鼻)

鼻歌 humming [ハミング]
鼻声 a nasal [ネイズル] voice
▶ ひどい鼻声だね．
You have a very *nasal voice*.
鼻血 a nosebleed [ノウズブリード]

花 ①ユリ ②スミレ ③カーネーション ④タンポポ ⑤アジサイ [ハイドゥレインヂャ]
⑥コスモス ⑦アサガオ ⑧ヒマワリ ⑨キク ⑩バラ ⑪モモ ⑫サクラ

はなざかり ▶

- 鼻血を出す have a *nosebleed*
- 鼻血が出た. ティッシュ持ってきて.
  My *nose is bleeding*. Please bring me some tissues.

鼻の穴 a nostril [**ナ**ストゥリル]

日本語NAVI

鼻が高い ☞ほこらしい
　→**ほこり**¹, **じまん**, **とくい**

鼻であしらう ☞相手をばかにしていいかげんにあつかう →**あつかう**, **ばか**

鼻にかける ☞自慢する
　→**じまん**, **うぬぼれ**

鼻につく ☞あきあきしていやになる
　→**あきる**, **いや**², **うんざり**, **ふゆかいな**

鼻をつく ☞(不快なにおいが)鼻を刺激する
　→**におう**, **くさい**

はなざかり 花盛りで in full bloom [ブ**ルーム**], at *its* best →**まんかい**

はなし 話

使い分け
- (会話) → a talk
- (話すこと・物語) → a story
- (話題) → a subject, a topic
- (うわさ) → a story, a rumor

1 (会話) a **talk** [**トーク**]

話をする talk, have a talk →**はなす**¹

- 私は放課後先生と話をした.
  I *talked* to [with] my teacher after school.
- 由美と電話で長話をした.
  I had a long *talk* with Yumi on the phone.

スピーキング

Ⓐ ちょっと話があるんだけど.
　I have something to talk about to [with] you.
Ⓑ いいよ, 何なの?
　Sure. What is it?

- (電話で) また話し中だ.
  The line is busy again.
- 岡先生は話がわかる (→理解がある).
  Mr. Oka is *understanding*.

2 (話すこと・物語) a **story** [**ストーリィ**]

- 彼女の話, 信じられないよ.

I can't believe her *story*. / I can't believe *what she said*.

- これは実際にあった話なんだ.
  This is a true *story*.
- 校長先生は話がじょうずです.
  The principal is a good *speaker*.

3 (話題) a **subject** [**サブ**ヂェクト], a **topic** [**タ**ピク]

- 話をそらさないでよ.
  Don't change the *subject*. / Stay on the *topic*.
- 別の話 (→ほかの話題) にしない?
  Can we *talk about* something else?

4 (うわさ) a **story**, a **rumor** [**ルーマァ**]

表現力

…という話だ
　→ I hear [heard] ... . /
　　They say ... .

- 小野君は転校するという話だよ.
  I hear Ono will change schools. (▶ They say Ono ... . ともいう)

はなしあう 話し合う talk [**トーク**] (about), discuss [**ディスカス**] →**はなす**¹

- それはあした話し合おう.
  Let's *talk about* it tomorrow. / Let's *discuss* it tomorrow. (▶ discuss ×*about* としない)

はなしかける 話しかける talk to, speak to →**はなす**¹

- 明日香に話しかける勇気が出ないんだ.
  I don't have the courage to *talk to* Asuka.

はなしことば 話し言葉 spoken language

はなす¹ 話す

speak [**スピーク**], **talk** [**トーク**], **tell** [**テル**]

- もう少しゆっくり話してもらえますか.
  Would you *speak* a little more slowly?

表現力

…を話す　→ speak ...
…に話しかける　→ speak to ...

- マイクは日本語を話すの?
  Does Mike *speak* Japanese?
- (電話で) スミスさんとお話ししたいのですが.
  May I *speak to* Mr. Smith?

◀ はなみ

> 表現力

…について話す
→ talk about ... /
(議論する) discuss ...

▶ 学級会でいじめについて話し合いました.
We *talked about* bullying in the class meeting. (▶ We *discussed* bullying ... . ともいう)
▶ 何を話していたの？
What were you *talking about*?

> 表現力

…と話す → talk to ... / talk with ...

▶ まずご両親に話したほうがいいと思うよ.
I think you should first *talk to* [*with*] your parents.
▶ ちょっときみと話したいんだけど. Can I *talk to* [*with*] you for a minute?

> 表現力

(人) に…を話す
→ tell +人 ... / tell ... to +人

▶ だれもほんとうのことを話してくれなかった.
Nobody *told* me the truth. / Nobody *told* the truth *to* me.
▶ このことはだれにも話さないでね.
Don't *tell* this *to* anyone.
▶ ちょっと話したいことがあるんだけど.
I have something to *tell* you.

> 表現力

(人) に…について話す
→ tell +人+ about ...

▶ 学校生活について話してもらえますか.
Would you *tell* me *about* your school life?

> 用法 talk と speak と tell

talk は「人とうちとけて話す」場合によく使う. Let's *talk* together. (さあいっしょに話そう) **speak** は「しゃべる」という動作や話しかたに重点がある. Please *speak* more clearly. (もっとはっきり話してください) **tell** は「話の内容を相手に伝える」こと. *Tell* me more about it. (それについてもっと話してください)

speak
(言語を) 話す

talk
(相手と) 話す

tell
(情報を) 話す

はなす² 離す
part [パート]
▶ 姉は携帯電話を片時もはなさない.
My sister always keeps her cellphone with her.
▶ 荷物から目をはなしちゃだめだよ. Keep an eye on your luggage. / Don't *take* your eyes *off* your luggage.
▶ ごめん, いま手がはなせないんだ.
I'm sorry, but I'm *busy* right now.
はなす³ 放す **1** (手を放す) let ... go [ゴウ], let go of ...
▶ 手を放してよ. *Let* me *go*.
▶ (自転車の) ハンドルを放すんじゃないよ.
Don't *let go of* the handlebars.
2 (にがす) set ... free [フリー]
▶ セミを放してやった.
I *set* the cicada *free*.
はなたば 花束 a bouquet [ボウケイ]
▶ バラの花束 a *bouquet* of roses
バナナ (植物) a banana [バナナ]
▶ 1 ふさのバナナ a bunch of *bananas*
はなび 花火 fireworks [ファイアワ〜クス] (▶ 複数形で使う)
▶ 花火をあげる set off *fireworks*
▶ ゆうべ, 友だちと花火 (大会) を見にいった.
My friends and I went to see the *fireworks* (display) last night.
花火大会 a fireworks display [ディスプレイ]
はなびら 花びら a petal [ペトゥル]
はなみ 花見をする (桜の) see cherry

six hundred and fifty-five 655

はなむこ ▶

blossoms
▶ 公園に花見に行こう.
Let's go to the park and *see the cherry blossoms*.

はなむこ 花婿 a bridegroom [ブライドグルーム] (対 花よめ bride)

はなやか 華やかな bright [ブライト], gorgeous [ゴージャス]
▶ はなやかな色 *bright* colors

はなよめ 花嫁 a bride [ブライド] (対 花むこ bridegroom)
花よめ衣装 a wedding dress

はなればなれ 離れ離れになる become separated [セパレイティド]

はなれる 離れる

(去る) leave [リーヴ]; (距離が) be away (from)
▶ 兄は日本をはなれて 3 年になる.
It's been three years since my brother *left* Japan.
▶ ここから駅までは10キロはなれている.
The station *is* 10 kilometers *away from* here.
▶ そのドアからはなれなさい!
Get away from the door!

はなわ 花輪 (ドーナツ型の)a wreath[リース]

はにかむ be shy [シャイ]
はにかんで shyly
▶ 花よめははにかんで私たちににっこりした.
The bride smiled *shyly* at us.

パニック (a) panic [パニック]
パニック(状態)になる panic
▶ 地震が起こったとき, 私たちはパニックになった.
When the earthquake occurred, we *panicked*.

バニラ vanilla [ヴァニラ]
▶ 「アイスクリームはどれがいい?」「バニラがいい」"What flavor of ice cream do you want?" "*Vanilla*, please."
バニラアイス vanilla ice cream

はね 羽 (つばさ) a wing [ウィング]; (羽毛) a feather [フェザァ]

ばね a spring [スプリング]

はねつき 羽根つき Japanese badminton [バドミントン]

ハネムーン a honeymoon [ハニムーン]

▶ ハネムーンはどこに行くの?
Where are you going on your *honeymoon*?

はねる (とび上がる)jump [チャンプ]; (ボールが) bounce [バウンス]; (どろなどが) splash [スプラッシ]; (車が) hit [ヒット]
▶ 魚が水面にはねた.
A fish *jumped* out of the water.
▶ 5 歳の男の子が車にはねられた.
A five-year-old boy *was hit* by a car.

パネル a panel [パネル]

はは 母

a mother [マザァ] (対 父 father)
▶ 母ネコ a *mother* cat
▶ 2 児の母 a *mother* of two children
▶ 義理の母 a *mother*-in-law
▶ まま母 a step*mother*
▶ 母はいま留守です.
My mother is out now.

🔵用法 「お母さん!」の言い方
「お母さん!」と呼びかけるときは, my をつけず **Mom** あるいは **Mother** がふつう. **Mommy** は小さい子どもが使う. →おかあさん

母の日 Mother's Day
▶ 母の日おめでとう!
Happy *Mother's Day*!

はば 幅

width [ウィドゥス]

幅の広い wide [ワイド], broad [ブロード] →ひろい

幅のせまい narrow [ナロウ] →せまい
▶ 幅の広い道 a *wide* road (▶ 「幅のせまい道」は a narrow road)
▶ その川幅がどれくらいあるかわかりますか.
Do you know how *wide* the river is? / Do you know the *width* of the river?

🔴スピーキング
Ⓐ カーテンの幅はどれだけあるの?
How wide is the curtain?
Ⓑ 180cmだよ.
It's 180 centimeters wide.

◀ はやい

幅とび the long jump
パパ a dad [ダッド], a daddy [ダディ] (▶もっとも一般的なのは dad. 小さな子どもは daddy をよく使う. papa はあまり使われない) →おとうさん
パパイア a papaya [パパイヤ]
ははおや 母親 a mother [マザァ]
▶ 母親らしい愛情 *motherly* love
ばばぬき ババ抜き Old Maid [メイド]
パブ a pub [パブ]
パフェ a parfait [パーフェイ] (▶フランス語から)
▶ チョコレートパフェ a chocolate *parfait*
パフォーマンス (a) performance [パフォーマンス]
はぶく 省く (手間などを) save [セイヴ]; (むだなどを) not waste [ウェイスト]
▶ おかげでだいぶ手間が省けました.
Thanks for *saving* me a lot of time and trouble.
▶ 時間のむだを省きなさい.
Do*n't waste* your time.
ハプニング a happening [ハプニング]
▶ 旅行中にちょっとしたハプニングがあった.
Something *happened* during the trip.
はブラシ 歯ブラシ a toothbrush [トゥースブラシ]
バブル a bubble [バブル]
はへん 破片 a broken piece [ブロウクンピース]
▶ ガラスの破片 *pieces of broken* glass
はま 浜 a beach [ビーチ]
ハマグリ 《貝》a clam [クラム]
はまべ 浜辺 a beach [ビーチ]
▶ 浜辺で on the *beach*
▶ 朝, 浜辺を散歩するのはとても気持ちがいい.
It's very nice to walk along the *beach* in the morning.
はまる (ぴったり合う) fit [フィット] (in); (のめりこむ) be really into, get hooked [フックト] on →あう²
▶ 電池のふたがはまらない.
The battery cover doesn't *fit* (*in*).
▶ 弟はそのバンドにはまっている.
My brother *is really into* the band.
はみがき 歯みがき (歯をみがくこと) tooth-brushing; (ねり歯みがき) toothpaste [トゥースペイスト]

ハミング humming [ハミング]
ハミングする hum [ハム]
ハム (肉の加工品) ham [ハム]; (アマチュア無線家) a ham
ハムエッグ ham and eggs
ハムサンド a ham sandwich
ハムスター 《動物》a hamster [ハムスタァ]
ハムレット Hamlet [ハムレト] (▶シェークスピアの四大悲劇の 1 つ; またその主人公の名)
はめつ 破滅 ruin [ルーイン]
破滅する be ruined
はめる 1 (身につける) put [プット] on; (身につけている) wear [ウェア] →つける¹
▶ 外は寒いから, 手ぶくろをはめなさい.
Put on your gloves. It's cold outside.
▶ 彼女は結婚指輪をはめている.
She *is wearing* her wedding ring.
2 (はめ込む, 取りつける) put in [on], fit (in)
▶ 網戸をはめてくれる? Could you *put in* the window screen?
▶ 上着のボタンをはめなさい.
Button up your jacket. (▶ button up のかわりに do up ともいう)
ばめん 場面 a scene [スィーン]
▶ (映画の) 最後の場面にはとても感動した.
I was deeply impressed by the last *scene*.

はやい 早い, 速い

使い分け
(時刻が) → early
(速度が) → fast
(動作が) → quick

early

fast

quick

はやおき ▶

1 (時刻が) **early** [ア～リィ] (反 おそい late)
▶ 父は朝きるのが早い.
My father gets up *early* in the morning.
▶ あきらめるのはまだ早いよ.
It's too *early* to give up.
▶ 早ければ早いほどいい.
The *sooner*, the better.

2 (速度が) **fast** [ファスト] (反 おそい slow);
(動作が) **quick** [クウィック]; (速度・動作が)
rapid [ラピド]
▶ 彼は足が速い.
He is a *fast* runner. / He runs *fast*.
▶ 姉は頭の回転が速い.
My sister is a *quick* thinker.
▶ 時がたつのは早い. Time flies.

💬表現力
…**するのが速い**
→ be quick at ... / be quick to ...

▶ ヒロシは計算が速い.
Hiroshi *is quick at* figures. (▶ at のかわりに with を使うこともある)
▶ 弟はのみこみが早い.
My brother is a *quick* learner. (▶ a *fast* learner ともいう) / My brother *is quick to* learn.

はやおき 早起きする get up early
▶ 早起きは三文の得. (ことわざ)
The *early* bird catches the worm. (▶「早起きの鳥は虫をつかまえる」の意味)

はやがてん 早合点する
▶ 早合点しないで (→結論を急ぐな).
Don't *jump to conclusions*.

はやく 早く, 速く →はやい

使い分け
(時刻が) → early
(すぐに) → soon
(速度が) → fast
(動作が) → quickly

1 (時刻が) **early** [ア～リィ] (反 おそく late);
(すぐに) **soon** [スーン]
▶ 早く帰ってきてね. Come back *early*.
▶ 今日はいつもより20分早く学校に着いた.
I got to school twenty minutes *earlier* today.
▶ 早くよくなってください.

I hope you (will) get well *soon*.
▶ なるべく早く電話して.
Please call me as *soon* as possible.
(▶ as soon as you can ともいう)

2 (速度が) **fast** [ファスト] (反 おそく slowly);
(動作が) **quickly** [クウィクリィ]
▶ もっと速く走れたらなあ.
I wish I could run *faster*.

💬スピーキング
🅐 早くして!
(Be) quick! / Hurry (up)!
🅑 ちょっと待って. あともう少しだから.
Wait a minute. I'm almost ready.

▶ 早くしないと授業におくれるよ.
Hurry, or you'll be late for class.
▶ 早くこっちに来なさい.
Come here *quick(ly)*.

はやくち 早口
▶ きみは早口だね.
You *speak fast* [*quickly*].
早口ことば a tongue twister [タング トゥウィスタア]

ⓘ参考 **早口ことばの例**
She sells seashells by the seashore. (彼女は海辺で貝がらを売る)

はやさ 速さ speed [スピード]
はやし 林 woods [ウッツ] (▶複数形で使うことが多い) →もり
▶ 私たちは林の中へ入っていった.
We walked into the *woods*.
ハヤシライス rice with hashed beef [ハッシト ビーフ]
はやとちり 早とちり →はやがてん
はやね 早寝する go to bed early
はやびけ 早引けする leave early, go home early
▶ おなかが痛いんです. 早引けしていいですか.
I have a stomachache. May I *go home early*?
はやめ 早め
▶ 早めに夕食にしましょう.
Let's have an *early* supper.
はやめる 早める, 速める
▶ パーティーの日どりを早めよう.
Let's *hold* the party *at an earlier*

◀ **ばらばら**

date.

はやり (a) fashion [ファション] →りゅうこう

はやる 1 (人気がある) be popular [パピュ ラァ]；(流行する) be in fashion
▶ いまどんな音楽がはやっていますか.
What kind of music *is popular* now?
▶ ニューヨークではこういうバッグがはやって います.
These bags *are* now *in fashion* in New York.

2 (病気が) go around
▶ いまインフルエンザがはやっている.
The flu *is going around* now.

はら¹ 腹 →おなか

(胃・腹部) the stomach [スタマク]
▶ 腹が痛い. I have a *stomachache*.
▶ 腹が減った. I'm *hungry*.
▶ 腹いっぱいだ. I'm *full*.
▶ 腹を立てる get angry
▶ 彼は腹ばいになって漫画を読んでいる.
He is reading a comic book, lying on his *stomach*.

> **🖋日本語NAVI**
>
> **腹が黒い** 🖙悪いことをたくらんでいる
>   →**たくらみ，ずるい**
> **腹がすわる** 🖙度胸があって落ち着いている
>   →**どきょう**
> **腹をかかえる** 🖙大笑いする
>   →**わらう，こえ，おおごえ**
> **腹をくくる** 🖙覚悟を決める →**かくご**
> **腹を割る** 🖙本心を打ち明ける
>   →**うちあける，ほんしん**

はら² 原 (野原) a field [フィールド]

バラ 《植物》a rose [ロウズ]
▶ 野バラ a wild *rose*
▶ バラはイングランドの国花です.
The *rose* is the national flower of England.
  ばら色の rose-colored, rosy [ロウズィ]

はらいもどし 払い戻し (金) (a) refund [リーファンド]
  払い戻す refund [リファンド]
▶ この切符を払いもどししたいのですが.
I'd like (to get) a *refund* on this ticket, please.

はらう 払う

1 (金を) pay [ペイ]
▶ 現金で払ったの？
Did you *pay* in cash?
▶ 私は2000円払った. I *paid* 2,000 yen.
▶ 電話代はもう払ってるよ.
I've already *paid* the phone bill.

> 💬**表現力**
> **(人) に (金額) を払う**
> → pay ＋金額＋ to ＋人 /
>   pay ＋人＋金額

▶ 康介に1000円払ったよ.
I *paid* 1,000 yen *to* Kosuke. / I *paid* Kosuke 1,000 yen.

> 💬**表現力**
> **(物) に払う → pay for ＋物**

▶ ピアノのレッスン料は両親が払ってくれた.
My parents *paid for* my piano lessons.
▶ ぼくが払うよ.
I'll *pay for* it. / (おごるよ) It's on me.

> 💬**表現力**
> **(物) に (金額) を払う**
> → pay ＋金額＋ for ＋物

▶ そのセーターを買うのに3000円払った.
I *paid* 3,000 yen *for* the sweater.

2 (注意を) pay
▶ 私たちはその男の子に注意を払わなかった.
We didn't *pay* attention to the boy.

3 (ほこりを) dust [ダスト]
▶ 本のほこりを払う *dust* books

バラエティー variety [ヴァライエティ]
  バラエティー番組 a variety show

パラシュート a parachute [パラシュート]

ハラスメント harassment [ハラスメント]

パラソル (日がさ) a parasol [パラ ソ(ー)ル]

はらっぱ 原っぱ an open field

はらはら はらはらする (不安で) feel nervous [ナ～ヴァス], feel uneasy [アンイーズィ]；(興奮して) be excited [イクサイティド]
▶ 彼のスカイダイビングを見てはらはらした.
I *felt nervous* watching him skydive.
▶ はらはらするような試合
an *exciting* game

ばらばら
▶ 弟はおもちゃをばらばらに分解した.

あ

か

さ

た

な

は

ま

や

ら

わ

six hundred and fifty-nine 659

ぱらぱら ▶

My brother took the toy *apart*.
▶ 行きは全員いっしょだったが, 帰りはばらばらだった.
We went there together but came back *separately*.

ぱらぱら (雨がぱらぱら降る) sprinkle [スプリンクル]; (ページをめくる) leaf through
▶ 本のページをぱらぱらとめくる
leaf through the pages of a book

パラリンピック the Paralympics [パラリンピクス]

バランス balance [バランス]
▶ バランスをとる keep my *balance*
▶ バランスを失う lose my *balance*

はり 針 (留め針) a pin [ピン]; (時計の針) a hand [ハンド]; (ぬい針・レコード針) a needle [ニードゥル]; (つり針) a hook [フック]; (ハチなどの針) a sting [スティング]
▶ 針に糸を通す thread a *needle*
▶ 時計には 2 本の針, 短針と長針がある.
A clock has two *hands*, an hour *hand* and a minute *hand*.

パリ (地名) Paris [パリス]

バリアフリー barrier-free [バリアフリー]

ハリウッド (地名) Hollywood [ハリウド]

はりがね 針金 (a) wire [ワイア]

ばりき 馬力 horsepower [ホースパウア] (▶ hp と略す)
▶ 200 馬力のエンジン a 200 *hp* engine
▶ あいつはかなり馬力がある.
He is very *energetic*.

はりきる 張り切る be in high spirits
▶ 「いやに張りきってるね. どうしたの？」「真梨江(まりえ)から手紙をもらったんだ」
"Why *are* you *in such high spirits*?"
"I got a letter from Marie."

バリケード a barricade [バリケイド]
バリケードを築く barricade

ハリケーン a hurricane [ハ〜リケイン]

はりつける 貼り付ける stick [スティック], paste [ペイスト]
▶ URL をコピーしてアドレスバーに貼り付ける
copy and *paste* the URL into the address bar

バリトン 《音楽》 baritone [バリトゥン]

はる¹ 春 →きせつ (図)

spring [スプリング] (▶月や曜日とちがって, 語頭は小文字で書く)

▶ 春先に
early in (the) *spring* / in early *spring*
▶ 春が来た.
Spring is here. / *Spring* has come.
▶ 桜の花は春に咲(さ)く.
Cherry blossoms come out in (the) *spring*. (▶「春に」は in を使う)
▶ 2025 年の春に in the *spring* of 2025 (▶特定の年の春を言うときはふつう the をつける)

> ✎ ライティング
> 私は来年の**春**, 中学を卒業します.
> I will finish junior high school next spring.
> (▶ next, this, last などがつくときは in をつけない)

春風 a spring breeze [ブリーズ]
春雨 (a) spring rain
春巻き an egg roll, a spring roll
春休み (米) a spring vacation [ヴェイケイション]; (英) spring holidays

はる² 張る (テントなどを) set up, pitch [ピッチ]; (ひもなどを) stretch [ストゥレッチ]
▶ この辺にテントを張ろうか.
How about *setting up* the tent around here?
▶ もっとロープをぴんと張って.
Pull the rope *tighter*. / *Stretch* the rope.

はる³ 貼る put [プット], stick [スティック]
▶ はがきに切手をはるのを忘れた.
I forgot to *put* a stamp on the postcard.
▶ 「この写真をかべにはってくれない？」「オーケー」
"Would you *put* this picture *up* on the wall?" "OK."

はるか 1 (遠くに) far [ファー], far away
▶ はるか前方に *far* ahead
2 (程度がより) much [マッチ], a lot [ラット], by far →ずっと
▶ このほうがはるかに重要だ.
This is *much* more important. (▶ a lot more ... ともいう) / This is more important *by far*.

バルコニー a balcony [バルコニィ]

はるばる all the way
▶ その男ははるばる函館(はこだて)からやってきた.

660 six hundred and sixty

He came *all the way* from Hakodate.
パルプ (wood) pulp [パルプ]

はれ 晴れた
fair [フェア], (快晴の) clear [クリア], (明るく日のさす) sunny [サニィ], fine [ファイン]
▶ 晴れた空 clear skies
▶ 晴れの天気
 fair weather / nice weather
▶ 晴れのちくもり. Fair, cloudy later.
▶ あすは晴れでしょう.
 It will be *sunny* tomorrow.

バレエ (舞踊) (a) ballet [バレイ]
▶ バレエを習う take *ballet* lessons

パレード a parade [パレイド]
 パレードする parade

バレーボール volleyball [ヴァリボール]
▶ バレーボールをする play *volleyball*
 バレーボール部 a volleyball team

はれつ 破裂 a burst [バ〜スト]
 破裂する burst, blow up

パレット a palette [パレト]

バレリーナ a ballerina [バレリーナ]

はれる¹ 晴れる
1 (空が) clear [クリア] (up)
▶ じきに晴れるよ. It will *clear up* soon.
▶ 晴れてよかった.
 I'm glad it *cleared up*.
▶ 空が晴れてきた. The sky *is clearing*.
▶ 霧が晴れた.
 The fog *cleared away*.

2 (気分が)
▶ 何をしても気が晴れない.
 Nothing can *cheer* me *up*. /
 Nothing can *make* me *cheerful*.

3 (疑いが)
▶ きみの疑いは晴れたよ.
 Nobody doubts you any more. /
 You *have been found not guilty*.

はれる² 腫れる swell [スウェル]
▶ 足首がはれてしまった.
 My ankle *has swollen*. / I have a *swollen* ankle.

ばれる come out, be out
▶ 私たちの秘密がばれたみたいだ.
 I'm afraid our secret *is out* [*has come out*].

バレンタインデー (Saint) Valentine('s) Day
▶ バレンタインデーに好きな子からチョコレートをもらっちゃったよ.
 On *Valentine('s) Day* I got some chocolate from a girl I like.

> **背景** ❶「バレンタインデー」はキリスト教殉教者聖バレンタイン(**Valentine**)を記念する日で2月14日. 欧米などでは, 愛のしるしとしてカード・手紙・おくり物(チョコレートとはかぎらない)をおくる. 男女どちらからおくってもよい. また家族や級友, 先生などにもおくる.
> ❷この日におくるカードやおくり物のことを **a valentine** という. また「恋人」も **a valentine** といい, カードにはよく **Be my valentine.** (私の恋人になって)と書く.

ハロウィーン Halloween [ハロウィーン], Hallowe'en

> **背景** ハロウィーンは10月31日の夜に行われる祭り. 特にアメリカの子どもたちは魔女や黒ネコなどさまざまな仮装をして "Trick or treat!" (お菓子をくれなければいたずらするぞ)と言って家々をまわり, キャンディーなどをもらう.

パロディー a parody [パロディ]

バロメーター a barometer [バラミタァ]
▶ 食欲は健康のバロメーターだ.
 Your appetite is a *barometer* of your health.

パワー power [パウア]

ハワイ Hawaii [ハワーイー] (▶太平洋上にあるハワイ諸島から成るアメリカの州. HI と略す); (諸島) the Hawaiian Islands
 ハワイの Hawaiian [ハワーヤン]

パワフル powerful [パウアフル]

six hundred and sixty-one 661

はん¹ ▶

あ

はん¹ 半 →はんぶん

(a) **half** [ハフ] (複数) halves)

▶ 3時半です.
It's *half* past three. / It's three *thirty*.

か

▶ そこに行くのに1時間半かかった.
It took one and *a half* hours to get there.

さ

▶ こちらに住んで半年になります.
We've lived here for *six months*.

半ズボン shorts
半そで(シャツ) a short-sleeved shirt

た

はん² 判(はんこ) a *hanko*, a (Japanese) seal [stamp]

判を押す put *my hanko* / put *my* seal [stamp]

な

はん³ 版 (本の) an edition [エディション]

▶ 初版 the first *edition*
▶ 改訂版 the revised *edition*

はん⁴ 班 a group [グループ]

は

▶ 私たちは小さな班に分かれて遠足に行った.
We went on the outing in small *groups*.

班長 a group leader
バン (自動車) a van [ヴァン]

ま

ばん¹ 晩 →よる¹

(日没から寝るまで) (an) **evening** [イーヴニング]; (日没から日の出まで) (a) **night** [ナイト]

や

▶ 晩に in the *evening* / at *night*
▶ 晩は家にいる?
Will you be home in the *evening* [at *night*]?

ら

▶ あしたの晩はひま?
Are you free tomorrow *evening*? (▶ this, tomorrow, yesterday などがつくときは in などはつけない)

▶ 金曜日の晩に桃子が来た.
Momoko came over on Friday *evening*. (▶ 「…曜日の晩に」というときは on をつける)

わ

▶ 私は朝から晩まで働いた.
I worked from morning till *night*.
▶ 一晩じゅう all *night* (long)

ばん² 番

1 (番号) a **number** [ナンバァ] (▶ No. と略す)

▶ 動物園行きのバスは何番ですか.

What *number* is the bus for the zoo?

▶ 「電話番号は何番?」「3432-2502番」
"What's your phone *number*?" "It's 3432-2502." →ばんごう

▶ 「大船行きの電車は何番線ですか」「4番線です」
"What *track* does the train for Ofuna leave from?" "*Track* 4."

2 (順番) *my* **turn** [ターン]; (…番目) (▶ 序数を使う)

▶ 次はぼくの番だ.
It's *my turn* next. / (次はぼくだ) I'm next.

> 🔊スピーキング
> Ⓐ 今度はだれが歌う**番**ですか.
> Whose turn is it to sing now?
> Ⓑ 私が歌う**番**です.
> It is my turn (to sing).

▶ (店で) 右から2番目のをください.
I'd like the *second* one from the right.

▶ 「桜町は何番目の駅ですか」「4番目です」
"*How many* stops are there before Sakuramachi?" "There're *three*." (▶ 英語では「その手前にいくつ駅があるか」と聞くので日本語の場合より駅の数が1つ減る) →なんばん

3 (見張り) (a) **watch** [ワッチ]

番をする watch

▶ 荷物の番をしていてくれますか.
Would you *watch* my baggage?

パン

bread [ブレッド] (▶ a をつけず, 複数形にしない. 日本語の「パン」はポルトガル語から)

▶ パン1枚 a slice of *bread* (▶ 「2枚」なら two slices of *bread*)

▶ 食パン1斤 a loaf of *bread* (▶ 「2斤」なら two loaves of *bread*)

▶ 焼きたてのパン freshly baked *bread*

▶ (トースターで) パンを焼いてくれる?
Would you toast my *bread*? (▶ オーブンで生地からパンを焼くことは bake bread という)

▶ 朝はパンですか, ごはんですか.
Do you eat *bread* or rice for breakfast?

662 six hundred and sixty-two

パン粉 bread crumbs
パンの耳 (a) crust
パン店 a bakery (▶人をさしていう「パン屋さん」は a baker)

> 参考 パンの種類
> あんパン a sweet bean jam bun
> 菓子パン a sweet bun
> クロワッサン a croissant
> シナモンロール a cinnamon roll
> ジャムパン a jam bun
> 食パン white bread
> デニッシュ a Danish pastry
> トースト(1枚) a slice of toast
> フランスパン French bread
> ホットドッグ a hot dog
> ロールパン a roll

シナモンロール

はんい 範囲 a range [レインヂ]；(交際の) a circle [サ〜クル]
▶ 私の血圧は正常の範囲にある．
My blood pressure is within the normal *range*.
▶ 父は交際の範囲が広い．My father has a large *circle* of friends. (▶「範囲がせまい」なら a small circle)
▶ 中間テストの範囲はレッスン3から6までです．The midterm exam *covers* Lesson 3 to Lesson 6.
はんえい 繁栄する prosper [プラスパァ]
はんが 版画 a print [プリント]；(木版画) a woodblock [ウドブラク] print, a woodprint [ウドプリント]；(銅版画) an etching [エチング]
ハンガー a hanger [ハンガァ]
はんがく 半額 (定価の) half [ハフ] (the) price [プライス]；(運賃などの) half (the) fare [フェア]
▶ この時計，半額で買ったんだ．

I got this watch at *half* (*the*) *price*.
▶ 子どもは半額です．
Half fare for children.
ハンカチ a handkerchief [ハンカチフ] (複数) handkerchiefs または handkerchieves, (口語) a hankie [ハンキィ]
ハンガリー Hungary [ハンガリィ]
ハンガリーの Hungarian [ハンゲ(ア)リアン]
バンガロー a cottage [カテヂ], a cabin [キャビン] ▶英語の bungalow は平屋の小別荘や住宅のこと
はんかん 反感 ill [イル] feelings
▶ 彼女は私に反感をもっていると思う．
I think she has *ill feelings* toward me.
はんきょう 反響 (音の) an echo [エコウ]；(反応) a response
▶ その投稿には大きな反響があった．
There were a lot of *responses* to the post.
パンク (タイヤの)a flat (tire) [フラット (タイア)]
パンクする (人・車が主語)have a flat (tire), get a flat (tire)；(タイヤが主語) go flat, blow [ブロウ] out
▶ タイヤがパンクしちゃった．I *got a flat tire.* / My car *got a flat tire.* / The tire *went flat.* / The tire *blew out.*
▶ 私の自転車のパンクを直せますか．
Can you fix the *flat tire* on my bike?
ハンググライダー (器具) a hang glider [ハング グライダァ]；(飛ぶこと) hang gliding

ばんぐみ 番組

a **program** [プログラム]
▶ テレビ番組 a TV *program*
▶ ラジオ番組 a radio *program*

> 🔊スピーキング
> Ⓐ 好きなテレビ番組は何ですか．
> What is your favorite TV program?
> Ⓑ バラエティー番組ならなんでも．
> I like all kinds of variety shows.

▶ その番組は欠かさず見てるよ．
I never miss that *program*.
はんけい 半径 a radius [レイディアス] (対 直径 diameter)
▶ 半径3cmの円をかきなさい．

はんげき ▶

Draw a circle with a *radius* of 3 centimeters.

はんげき 反撃 a counterattack [カウンタラタク]

ばんけん 番犬 a watchdog [ワチド(ー)グ]

はんこ 判こ →はん²

はんこう 反抗 resistance [リズィスタンス]
反抗する rebel [リベル] (against)
反抗的な rebellious [リベリャス]
▶ 娘はいま反抗期です. My daughter is at a *rebellious* age now.

はんごう 飯ごう (炊飯器具) a mess [メス] kit
飯ごう炊さん boiling rice in a mess kit

ばんごう 番号 →ばん²

a number [ナンバァ]
▶ 電話番号 a phone *number*
▶ 部屋番号 a room *number*
▶ 受験番号
an examinee's (seat) *number* / an exam *number*
▶ (電話で) 番号ちがいですが. I'm afraid you have the wrong *number*.
▶ 番号順に並んでください.
Please line up in *numerical* order [in the order of your *numbers*].

💬**用法** 番号の読み方
❶電話番号 ふつう1字ずつ読む. 0は[オゥ]と読む. 同じ数が続く場合は double ～ [ダブル ～]と読んでよい. 432-6002 は four, three, two, six, double o[オゥ], two.
❷部屋番号 1字ずつ読んだり100の位で分けて読んだりする. Room 721は seven, twenty-one または seven, two, one.
❸番地 3けた以上は1字ずつ読む. Park Street 2356 は two, three, five, six.
❹西暦 ふつう2つに分けて読む. 1998年 は nineteen ninety-eight. 2000年は(the year) two thousand. 2001年 は two thousand (and) one. 2025年は twenty twenty-five または two thousand (and) twenty-five.

ばんごはん 晩ごはん (a) supper [サパァ], (a) dinner [ディナァ] →ゆうしょく

はんざい 犯罪 (a) crime [クライム]
▶ 犯罪を犯す commit a *crime*
犯罪者 a criminal [クリミヌル]

ばんざい 万歳 hurray [フレイ], hooray [フレイ]
▶ 万歳, 受かったぞ.
Hurray! I passed!

ハンサムな good-looking [グドゥルキング], handsome [ハンサム]

はんじ 判事 a judge [ヂャヂ]

ばんじ 万事 everything [エヴリスィング]
▶ 万事オーケーだ.
Everything is OK.
▶ 万事休すだ.
It's *all over* with me. / (もうだめだ) I'm done for.

パンジー 《植物》a pansy [パンズィ]

バンジージャンプ bungee [バンヂィ] jumping

はんしゃ 反射 reflection [リフレクション]
反射する reflect [リフレクト]

はんじゅく 半熟の soft-boiled [ソ(ー)フトゥボイルド] (対) 固ゆでの hard-boiled
▶ 卵は半熟でお願いします.
I'd like my egg *soft-boiled*.

はんじょう 繁盛する do good business [ビズネス], prosper [プラスパァ]
▶ あの店, 繁盛してるね.
That store *is prospering* [doing good business], isn't it?

バンジョー 《楽器》a banjo [バンヂョウ]

はんしょく 繁殖する breed [ブリード]

パンスト 《米》pantyhose [パンティホウズ], 《英》tights [タイツ] (▶ともに複数あつかい. ✕panty stockings とはいわない)
▶ パンスト1足 a pair of *pantyhose*

はんする 反する be against [アゲンスト]
▶ きみの行為は規則に反する.
You're acting *against* the rules.

はんせい 反省 reflection [リフレクション]
反省する reflect [リフレクト] (on); (よく考える) think over
▶ 自分のしたことを反省しなさい.
You'd better *reflect on* what you did. / You'd better *think over* what you did. (▶ over の代わりに about としてもよい)

◀ バンド²

反省会 a review meeting

はんせん 反戦の antiwar [アンティ
ウォー(ァ)]

ばんそう 伴奏 (an) accompaniment
[アカンパニメント]

伴奏する accompany [アカンパニィ]
▶ 私はピアノの伴奏で歌った.
I sang to piano *accompaniment*. / I
sang *along with* the piano.
伴奏者 an accompanist [アカンパニスト]

ばんそうこう an adhesive bandage
[アドヒースィヴ バンディチ], a plaster [プラス
タァ], 《商標》a Band-Aid [バンドゥエイド]
▶ 傷口にばんそうこうをはる
apply an *adhesive bandage* to a cut

はんそく 反則 (とくに競技で) a foul [ファ
ウル] (play)
▶ 反則を犯す commit a *foul*

パンダ 《動物》a panda [パンダ]
▶ ジャイアントパンダ
a giant *panda*
▶ レッサーパンダ
a lesser *panda*

はんたい 反対

1 (逆) the **opposite** [アポズィト]
反対の opposite, the other
▶ hot の反対は何ですか.
What is *the opposite* of "hot"?
▶ 駅は反対方向だよ.
The station is in *the opposite*
direction. (▶ the other direction とし
てもよい)
▶ 図書館は通りの反対側にあります.
The library is on *the other* side of
the street. (▶ the opposite side とし
てもよい)

2 (逆らうこと) **opposition** [アポズィション];
(異議) (an) **objection** [オブヂェクション]
反対する be against (反) 賛成する be
for), **object** 〔to〕, disagree [ディサグリー]
(反) 賛成する agree)
▶ 反対!
I *object*! / *Objection*! / I have an
objection.
▶ 両親は私がアメリカに行くことに反対した.
My parents *were against* [*objected
to*] my going to the US. / My
parents *didn't agree to* my going to

the US.

▣プレゼン
私は彼女の意見には反対です.
I am against her opinion.

はんだん 判断

(a) judgment [ヂャヂメント]
判断する judge
▶ 人を外見や身なりで判断するな.
Don't *judge* people by the way they
look and dress.
▶ どちらがいいか判断がむずかしい.
It's difficult to *tell* which is better.

ばんち 番地 (住所) an address [アドレス,
アドレス];(家の番号) a house number
▶ きみの家は何番地ですか.
What is your *house number*?

パンチ a punch [パンチ]

パンツ (下着) underpants [アンダパンツ],
briefs [ブリーフス], shorts [ショーツ], 《英》
pants [パンツ];(ズボン) 《米》pants, 《英》
trousers [トゥラウザズ] (▶ いずれも複数形
で使う)
▶ パンツをはく
put on my *underpants*
▶ パンツ1枚
a pair of *underpants*
▶ 海水パンツ swimming *trunks*

はんてい 判定 (判断) a judgement [ヂャ
ヂメント];(決定) a decision [ディスィジョン]

パンティー panties [パンティズ] (▶ 複数形
で使う)
▶ パンティー1枚 a pair of *panties*
パンティーストッキング pantyhose

ハンデ(ィキャップ) a handicap [ハン
ディキャプ]

パンデミック a pandemic [パンデミク] (▶
疫病等の世界的流行)

はんてん 斑点 a spot [スパット]

バント 《野球》a bunt [バント]
バントする bunt
▶ 犠牲バント a sacrifice *bunt*

バンド¹ (楽団) a (music) band [バンド]
▶ ぼくたちは新しいバンドを結成した.
We formed a new *band*.

バンド² (帯・ひも) a band [バンド];(ベルト)
a belt [ベルト]
▶ ヘアバンド a head*band* [ヘッドゥバンド]

six hundred and sixty-five　665

はんとう

はんとう 半島 a peninsula [ペニンスラ]
▶ 能登半島 the Noto *Peninsula*

はんとし 半年 six months, half a year

ハンドバッグ 《米》a purse [パ~ス], 《英》a handbag [ハン(ドゥ)バッグ]

ハンドブック a handbook [ハン(ドゥ)ブク]

ハンドボール 《競技》handball [ハン(ドゥ)ボール]
▶ ハンドボールをする play *handball*

ハンドル (自動車などの) a (steering) wheel [(フ)ウィール]; (自転車などの) handlebars [ハンドゥルバーズ] (▶どちらの場合も×handle とはいわない)
▶ ハンドルをにぎる
hold a *steering wheel* (▶ hold は grip でもよい)
▶ ハンドルを左に切る
turn the *steering wheel* to the left (▶ turn は cut でもよい)

はんにち 半日 half a day

はんにん 犯人 (犯罪者) a criminal [クリミヌル]; (容疑者) a suspect [サスペクト]

ばんねん 晩年 my later years
▶ その作曲家の晩年は悲惨だった.
The later years of the composer's life were tragic.

はんのう 反応 (a) reaction [リ(一)アクション]; (a) response [リスパンス]
反応する react [リ(一)アクト], respond [リスパンド]

ばんのう 万能の 《米》all-around [オーララウンド], 《英》all-round [オールラウンド]
▶ 駿はスポーツ万能だ.
Shun is an *all-around* athlete. / (どんなスポーツでも得意だ) Shun is *good at all* sports.

はんぱ 半端な odd [アッド]

ハンバーガー a hamburger [ハンバ~ガァ]

▶ ハンバーガー 2つ，持ち帰り用でお願いします.
I'll have two *hamburgers* to go.

ハンバーグ a hamburger, a hamburger steak

はんばい 販売 (a) sale [セイル]
販売する sell [セル]
▶ 自動販売機
a *vending* machine

はんぴれい 反比例 inverse proportion [インヴァ~ス プロポーション]

パンフレット a brochure [ブロウシュア]; a pamphlet [パンフレト], a leaflet [リーフレト]

はんぶん 半分

(a) half [ハフ] (《複数》halves)
▶ 妹はピザを半分食べた.
My sister ate *half* of the pizza.
▶ もう半分は残しておいて.
Save the other *half*.
▶ 部員の半分は 1 年生だ.
Half (of) the club members are first-year students. (▶話し言葉では of は省略される)
▶ 宿題は半分終わった.
I've done *half* (of) my homework.
▶ ケーキを半分に切りなさい.
Cut the cake in *half*.
▶ 九州は北海道の約半分の大きさだ.
Kyushu is about *half* as large as Hokkaido. / Kyushu is about *half* the size of Hokkaido.

ハンマー a hammer [ハマァ]
ハンマー投げ the hammer throw

ばんめし 晩飯 supper [サパァ] →ゆうしょく

はんらん¹ 氾濫 a flood [フラッド]
はんらんする flood, overflow [オウヴァフロウ]
▶ 川がはんらんした.
The river *was in flood*. / The river *ran over* its banks. / The river *overflowed* its banks.
▶ 大都市は車がはんらんしている.
Big cities *are flooded* with cars. (▶ Big cities are overflowing .... ともいう)

はんらん² 反乱 (a) revolt [リヴォウルト]
反乱を起こす rebel 《against》, revolt 《against》

ひヒ ひヒ ひヒ

ひ¹ 日

使い分け
(太陽) → the sun
(こよみの日) → day

1 (太陽) the **sun** [サン]；(日光) **sunshine** [サンシャイン]；(昼間) the day [デイ]
▶ 日がのぼった [沈んだ].
The sun has risen [set].
▶ 日の当たる部屋 a *sunny* room
▶ 日が長く [短く] なってきた.
The days are getting longer[shorter].
▶ 日の暮れないうちに帰ってきます.
We'll be back before *dark*.

2 (こよみの日) a **day** [デイ]；(日どり) a **date** [デイト]
▶ ある日 one *day*
▶ 雨の日は歩いて学校に行っている.
I walk to school on rainy *days*.
▶ 今日はハイキングにはもってこいの日だ.
It's a perfect *day* for hiking today.
▶ 日ごとに暖かくなっている.

It's getting warmer *day* by *day*.
▶ 次に会う日を決めよう.
Let's fix the *date* for our next meeting.
日の入り (a) sunset →ひのいり
日の出 (a) sunrise →ひので

ひ² 火

(a) **fire** [ファイア]；(マッチなどの) a **light** [ライト]

火をつける set fire 《to》；(マッチなどに) light；(こんろなどの) turn on
▶ 火をおこす make a *fire* / build a *fire*(▶ たき火や暖炉などの火には a をつける)
▶ 火がつく catch *fire*
▶ 火を消す
put out the *fire* / (こんろなどの) turn off
▶ ベスはケーキのろうそくに火をつけた.
Beth *lit* the candles on the cake.
▶ こんろの火を強く [弱く] してくれますか？
Would you turn up [down] the *heat*?
▶ なべを火にかけてくれる？

🔊スピーキング

① 「…日です」 というとき
🅐 今日は何日ですか.
What's the date today? / What's today's date?
🅑 3月10日です.
It's March 10.
(▶ March (the) tenth, または, くだけて March ten と読む)
🅐 きみの誕生日はいつ？
When's your birthday?
🅑 8月7日. 私, しし座だよ.
It's (on) August 7. I'm (a) Leo.
🅐 あした何の日か知ってる？
Do you know what tomorrow is?
🅑 11月3日. 何か特別な日なのかい.
It's November 3. Is that something special?

🅐 うん, 日本では文化の日なんだ.
Yes. It's Culture Day in Japan.
② 曜日をいうとき
🅐 今日は何曜日かな.
What day is today?
🅑 水曜日. 今日は英語の小テストの日だよ.
It's Wednesday. We're going to have an English quiz today.
③ 「…日に」 というとき
🅐 私は2012年4月15日生まれ.
I was born on April 15, 2012.
(▶ April fifteenth, two thousand twelve と読む)
🅑 ほんとに？ ぼくとおんなじだ.
Really? I was born (on) the same day!

six hundred and sixty-seven **667**

び ▶

Would you put the pot on the *fire*?
▶ 火のない所に煙は立たぬ. (ことわざ)
There is no smoke without *fire*.
▶ 火の用心 《掲示》
Look[Watch] Out For *Fire* / Beware of *Fire*

び 美 beauty [ビューティ]
▶ 自然の美 the *beauty* of nature

ピアス pierced earrings [ピアスト イアリングズ]
▶ ピアスをつける
put on *pierced earrings*
▶ ピアスをしている
wear *pierced earrings*

ひあたり 日当たりのよい sunny [サニィ]

ピアニスト a pianist [ピアニスト]

ピアノ

a **piano** [ピアノウ] 《複数》pianos)
▶ グランドピアノ a grand *piano* (▶話し言葉では単に grand ともいう)
▶ アップライトピアノ an upright *piano*
▶ 楓はピアノがうまい.
Kaede plays the *piano* well.
▶ 彼女は毎週, 林先生にピアノのレッスンを受けている.
She takes *piano* lessons from Ms. Hayashi every week.

ヒアリング 《語学の》listening (comprehension) [リスニング (カンプリヘンション)]; 《公聴会》a hearing [ヒアリング]
ヒアリングテスト a listening (comprehension) test (▶ hearing test は「聴力検査」のこと)

ピーアール PR, P.R. [ピーアー] (▶ *public relations* の略)

ひいおじいさん a great-grandfather [グレイトグラン(ドゥ)ファーザァ]

ひいおばあさん a great-grandmother [グレイトグラン(ドゥ)マザァ]

ビーカー a beaker [ビーカァ]

ひいき ひいきする favor [フェイヴァ]
ひいきの favorite [フェイヴァリト]
▶ 北野先生は頭のいい生徒をひいきする.
Mr. Kitano *favors* brighter students.

ビーグル 《動物》a beagle [ビーグル]
ビーズ a bead [ビード]
ヒーター a heater [ヒータァ]
ピーターパン Peter Pan (▶童話の主人公の名)

ビーだま ビー玉 a marble [マーブル]
▶ ビー玉遊びをする play *marbles*

ビーチ a beach [ビーチ]
ビーチサンダル beach sandals
ビーチパラソル a beach umbrella [アンブレラ]

ピーティーエー a PTA, a P.T.A. (▶ *Parent-Teacher Association* の略)

ビート 《音楽》a beat [ビート]
ビートルズ the Beatles [ビートゥルズ]
ピーナッツ 《植物》a peanut [ピーナト]
ピーナッツバター peanut butter
ビーバー 《動物》a beaver [ビーヴァ]
ぴいぴい ぴいぴいなく peep [ピープ]
ビーフ beef [ビーフ]
ピーマン 《植物》a green pepper [ペパァ], a sweet pepper
ヒール a heel [ヒール]
ビール beer [ビア]
▶ ビール 1 ぱい a glass of *beer*
▶ ビール 1 かん a can of *beer*
▶ 生ビール
draft *beer* / 《英》draught *beer*

ヒーロー a hero [ヒーロウ] 《複数》heroes)
ひえる 冷える get cold, become cold
▶ 冷えてきたね. 今夜は雪になりそうだ.
It's *getting cold*. It looks like snow tonight.

ピエロ a clown [クラウン] (▶「ピエロ」はフランス語の *pierrot* から)
ビオラ 《楽器》a viola [ヴィオウラ]
ひがい 被害 damage [ダメヂ]
被害を与える cause damage, do damage
被害を受ける be damaged
▶ 台風は農作物に大きな被害を与えた.
The typhoon *caused* great *damage* to crops.
被害者 a victim, a sufferer

ひかえ 控え (写し) a copy
控え選手 a reserve [リザ〜ヴ]

ひかえめ 控え目な (性格・態度が) modest [マデスト], humble [ハンブル]; (おとなしい) quiet [クワイエト]
▶ 優子は(性格が)ひかえめだ.
Yuko is *modest* [*humble*]. / (おとなしい) Yuko is *quiet*.
▶ 塩はひかえめにしなさい.

◀ **ヒキガエル**

Don't use too much salt.

ひがえり 日帰り
▶ 日帰り旅行 a day trip

ひかえる 控える (やめる)refrain[リフレイン] from ; (さける) avoid [アヴォイド] ; (ほどほどにする) cut down on, go easy on ; (書き留める) write down
▶ 外出をひかえてください.
Please *refrain from* going out.
▶ 脂肪分の多い食べ物はひかえたほうがいいよ.
I think you should *cut down on* fatty foods.
▶ この番号はかならずひかえておいてください.
Be sure to *write down* this number.

ひかく 比較 (a) comparison [コンパリスン]
比較する compare [コンペア] 《with, to》
比較的 relatively [レラティヴリィ], comparatively [コンパラティヴリィ]
▶ 両親はぼくと姉さんをよく比較する.
My parents often *compare* me *with* my sister. (▶ with は to でもよい)
比較級 《文法》the comparative degree

ひかげ 日陰 the shade [シェイド]
▶ ぼくたちは日陰でちょっと一休みした.
We took a rest in *the shade*.
日陰の，日陰になった shady [シェイディ]

ひがさ 日傘 a parasol [パラソ(ー)ル]

ひがし 東 →ほうがく (図)

(the) **east** [イースト] (反 西 west) (▶ E または E. と略す)
東の east, eastern
東へ，東に east, eastward
▶ 太陽は東からのぼり西に沈む.
The sun rises in *the east* and sets in the west. (▶×*from the east* とはしない)
▶ 阿蘇山は熊本県の東 (→東部) にある.
Mt. Aso is in *eastern* Kumamoto Prefecture.
▶ うちの学校は公園の東の方にある.
Our school is to *the east* of the park. (▶ to the east of ... は「…の東の方に」の意味)
▶ 岡山県は広島県の東にある.
Okayama Prefecture is on *the east* of Hiroshima Prefecture. (▶ on the

east of ... は「接して…の東に」の意味)
東アジア East Asia [エイジァ]
東口 the east exit [エグジット]
東日本 eastern Japan, the eastern part of Japan

ひがた 干潟 tideland [タイドゥランド]

ぴかぴか ぴかぴかの shiny [シャイニィ]
▶ ぴかぴかのくつ
shiny shoes

ひがむ
▶ そうひがむなよ.
Don't *be so sensitive*. (▶ so は too でもよい)

ひかり 光

(a) **light** [ライト]
▶ 太陽の光
the sun*shine* / sun*light*
▶ 星の光 star*light*
▶ 月の光 moon*light*
光ケーブル an optical cable [アプティカル ケイブル]
光センサー an optical sensor [センサァ]
光ファイバー optical fiber

ひかる 光る →かがやく

shine [シャイン] ; (星などが) twinkle [トゥウィンクル] ; (宝石などが) glitter [グリタァ]
▶ あそこに光っているのは何？
What's that *shining* over there?
▶ ほらっ，星がいっぱい光ってる.
Look. Lots of stars *are twinkling*.
▶ 光るものかならずしも金ならず. (ことわざ)
All that *glitters* is not gold.

ひかん 悲観的な pessimistic [ペスィミスティク] (反 楽観的な optimistic)
▶ 自分の将来に悲観的になるな.
Don't *be pessimistic* about your future.

ひきあげる 引き上げる lift [リフト] up, pull [プル] up

ひきいる 率いる lead [リード]

ひきうける 引き受ける take [テイク] (on), undertake [アンダテイク]

ひきおこす 引き起こす bring about, cause [コーズ]

ひきかえけん 引換券 (手荷物の) a claim [クレイム] tag, a claim check

ヒキガエル 《動物》a toad [トウド]

あ
か
さ
た
な
ひ
ま
や
ら
わ

six hundred and sixty-nine 669

ひきこもる 引きこもる withdraw from social life [society]; (部屋に) hole up in *my* room

ひきざん 引き算 (数学) (a) subtraction [サブトゥラクション] (対) 足し算 addition)
引き算をする subtract

ひきしめる 引き締める tighten [タイトゥン]

ひきずる 引きずる drag [ドゥラッグ]
▶ 彼は右足を引きずっていた.
He *was dragging* his right foot.

ひきだし 引き出し a drawer [ドゥローア]

ひきだす 引き出す get out, take out, draw [ドゥロー] out, withdraw [ウィズドゥロー]
▶ 銀行でお金を引き出した.
I *got* some money *out* of the bank.
(▶ got は took や drew でもよい)

ひきつぐ 引き継ぐ take over, succeed [サクスィード] (to)
▶ 兄は父の仕事を引きついだ.
My brother *has taken over* [*succeeded to*] my father's business.

ひきとめる 引き止める keep [キープ]
▶ もう引き止めはしないよ.
I won't *keep* you any more.

ビキニ a bikini [ビキーニ]

ひきにく ひき肉 minced meat [ミンストミート]

ひきにげ ひき逃げの hit-and-run
▶ ひきにげした車を見た人はいなかった.
Nobody saw the *hit-and-run* car.

ひきぬく 引き抜く pull [プル] out

ひきのばす 引き伸ばす, 引き延ばす
1 (拡大する) enlarge [エンラーヂ]
▶ この写真を2倍に引き伸ばしてください.
Please *enlarge* this photo to twice its size.
2 (延期する) put off, delay [ディレイ]
▶ 雨のため学校は運動会を引き延ばした (→延期した).
My school *put off* the field day because of rain.

ひきはなす 引き離す (差をつける) pull [プル] away (from); (無理にはなれさせる) pull ... apart (from)

ひきょう 卑怯な (おく病な) cowardly [カウアドゥリィ]; (きたない) not fair [フェア]
▶ そんなのひきょうだよ.
That's *not fair*.
ひきょう者 a coward

ひきわけ 引き分け a tie [タイ], a draw [ドゥロー]
引き分ける draw
▶ その試合は引き分けだった.
The game was a *tie* [*draw*].

ひく¹ 引く

使い分け
(引っぱる) → pull, draw
(数・値を) → take, discount
(辞書を) → use, check
(かぜを) → catch
(引きつける) → attract

pull　　　　　draw

1 (引っぱる) pull [プル] (反 押す push), draw [ドゥロー]; (手を引いて連れていく) lead [リード]
▶ 線を引く
draw a line
▶ そんなに腕を引っぱらないでよ.
Don't *pull* my arm like that.
▶ カーテンを引いてくれる?
Would you *draw* the curtain?

2 (数を) take [テイク]; (値段を) discount [ディスカウント], give ... a discount
▶ 10から3を引くと7になる.
If you *take* 3 from 10, 7 is left. / 10 *minus* 3 is 7. / 3 *from* 10 is 7.
▶ 「この値段を少し引いてくれませんか」「わかりました. 2割引きましょう」
"Can I *get a discount* on this?" "OK. I'll *give* you a 20% *discount*."

3 (辞書を) use [ユーズ], check [チェック]; (辞書でことばを) look up, check
▶ 辞書はよく引きますか.
Do you often *use* your dictionary?
(▶ use は check や consult でもよい)
▶ わからない単語は辞書で引きなさい.
Look up words you don't know in your dictionary. (▶ look up は check でもよい)

4 (かぜを) catch [キャッチ] →かぜ²

▸ 私はよくかぜをひく.
I often *catch* (a) cold.
5 (引きつける) **attract** [アトゥラクト]
▸ ぼくは彼女のやさしさにひかれた.
I *was attracted* by her kindness.

ひく² 弾く

(楽器を) **play** [プレイ]

💬表現力
(楽器を) ひく → **play the ...**

▸ 私は音楽会でピアノをひきます.
I will *play the* piano in the concert.

× play a piano
  ↑ 楽器名にはふつう the をつける.
○ play the piano

ひく³ (車が) **run over**
▸ きのうお年寄りが車にひかれた.
An old man *was run over* by a car yesterday.
ひく⁴ (のこぎりで木を) **saw** [ソー]; (粉を) **grind** [グラインド]
▸ 小麦を粉にひく
grind wheat into flour

ひくい 低い

使い分け
(高さが) → **low**
(身長などが) → **short**
(声・音などが) → **low**

low

short

1 (高さが) **low** [ロウ] (反) 高い **high, tall**; (身長などが) **short** [ショート] (反) 高い **tall**)
▸ この部屋, 天井(てんじょう)が低いね.
This room has a *low* ceiling, doesn't it?

▸ 今日は気温がだいぶ低い.
The temperature is pretty *low* today.
▸ ぼくは兄より5センチ背が低い.
I'm five centimeters *shorter* than my big brother.
2 (声・音などが) **low**
▸ 低い声で話す speak in a *low* voice
低く **low** [ロウ]
ピクニック a **picnic** [ピクニク]
ピクニックに行く go on a picnic
ピクニックをする have a picnic

💬スピーキング
Ⓐ 公園へピクニックに行かない？
Why don't we go on a picnic in the park?
Ⓑ いいねえ.
Sounds great.

💬用法 「ピクニック」と「ハイキング」
「ピクニック (**picnic**)」は屋外で食事を楽しむことが目的で, 自宅の庭でするバーベキューパーティーなどについてもいう. 「ハイキング (**hiking**)」は自然散策 (歩くこと) そのものが目的で, 軽い登山などについてもいう.

びくびく びくびくした **timid** [ティミド]
びくびくして **timidly**
▸ びくびくするなよ.
Don't be so *timid*. / Don't be (a) *chicken*.
ぴくぴく ぴくぴくする **twitch** [トゥウィッチ]
ピクルス pickles [ピクルズ]
ひぐれ 日暮れ (日没(にちぼつ)) (a) **sunset** [サンセト]; (夕方) (an) **evening** [イーヴニング]; (たそがれ) **dusk** [ダスク], **dark** [ダーク]
▸ 日暮れ前に
before *dark*
ひげ (あごひげ) a **beard** [ビアド]; (口ひげ) a **mustache** [マスタシ]; (ほおひげ) **whiskers** [(フ)ウィスカズ]
ひげをそる **shave** [シェイヴ]
▸ 彼は毎朝ひげをそる.
He *shaves* every morning.
ひげをはやす **grow a beard**; (はやしている) **have a beard, wear a beard**
▸ 父はひげをはやしている.

ひげき

My father *has a beard*. / My father *wears a beard*.

beard　　mustache　　whiskers
(あごひげ)　(口ひげ)　(ほおひげ)

ひげき 悲劇 a tragedy [トゥラヂェディ]
悲劇的な tragic [トゥラヂク]
ひけつ¹ 秘けつ the secret [スィークレト]
▶ 早寝早起きが健康の秘けつだ.
Keeping early hours is *the secret* of good health.
ひけつ² 否決 rejection [リヂェクション]
否決する reject [リヂェクト]
ひこう¹ 飛行 (a) flight [フライト]
▶ 夜間飛行
a night *flight*
▶ 成田・ニューヨーク間の飛行時間はどれくらいですか.
What is the *flight* time between Narita and New York?
飛行場(空港) an airport [エアポート]
飛行船 an airship
ひこう² 非行 delinquency [ディリンクウェンスィ]
▶ 少年非行
juvenile [ヂューヴ(ェ)ナル] delinquency
非行少年[少女] a juvenile delinquent

ひこうき 飛行機

a **plane** [プレイン], 《米》an **airplane** [エアプレイン], 《英》an aeroplane [エ(ア)ロプレイン]
飛行機に乗る take a plane, fly [フライ]; (搭乗する) board [get on] a plane
▶ 私はこの夏, 飛行機で鹿児島へ行った.
I went to Kagoshima by *plane* this summer. (▶ by で交通手段を表すときは a や the をつけない)
▶ 東京から那覇まで飛行機でどれくらい (時間が) かかりますか.
How long does it take to *fly* from Tokyo to Naha?
飛行機事故 a plane crash
ひこうしき 非公式の unofficial [アノフィシャル]

ひざ

a **knee** [ニー]; a lap [ラップ] (▶腰にかけたときにできる腰からひざまでの平らな部分をさす)

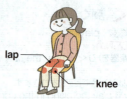

▶ その男の子はひざをすりむいた.
The boy scraped his *knee*.
▶ 赤ちゃんが母親のひざですやすや眠っている.
The baby is sleeping soundly in her mother's *lap*. (▶ in は on でもよい)
▶ ひざ丈のスカート
a *knee*-length skirt
▶ ひざ下までのソックス
knee-high socks
ひざ掛け a lap robe [ロウブ]
ひざがしら a knee
ビザ (査証) a visa [ヴィーザ]
▶ ビザをとる
get a *visa*
ピザ (a) pizza [ピーツァ]
▶ ピザ1切れ
a slice of *pizza*
▶ ピザを配達してもらおうか.
Do you want to have *pizza* delivered?
ピザトースト pizza toast
ひさい 被災する become a victim [ヴィクティム] (of the disaster [ディザスタァ])
▶ その地震でたくさんの人が被災した.
A lot of people *became victims* of the earthquake.
被災者 a victim
被災地 the disaster area [ディザスタァエ(ア)リア]

ひさしぶり 久しぶりに

for the first time in ages, after a long time
▶ ひさしぶりに (→何か月かぶりに) テニスをした.

◀ **ひじょうに**

I played tennis *for the first time in months*.

🔊**スピーキング**
Ⓐ ひさしぶりね. 元気にしてた?
It's been a long time. How've you been?
Ⓑ おかげさまで. きみのほうは?
I've been fine, thank you. And you?
(▶「ひさしぶりですね」はI haven't seen you for ages. あるいはくだけて Long time no see. ともいう)

ひざまずく kneel [ニール], go down on *my* knees [ニーズ] (▶ go は get でもよい)

ひさん 悲惨な (ひどい) terrible [テリブル]; (みじめな) miserable [ミゼラブル]
▶ 試験の結果は悲惨だった.
My test result was *terrible*.

ひじ an elbow [エルボウ]
▶ ひじを曲げる
bend my *elbow*(s)
▶ ひじを伸ばす
stretch my *elbow*(s)
▶ テーブルにひじをつく
rest my *elbow*(s) on the table
ひじかけいす an armchair

ひしがた ひし形 a diamond [ダイアモンド]

ビジネス business [ビズネス]
ビジネスパーソン a business person (複数) business people), (会社員) a company employee, an office worker
ビジネスホテル (宿泊料の安い) a budget hotel; (余分なサービスのない) a no-frills hotel for business people

ひしゃく a dipper [ディパァ]; (おたま) a ladle [レイドゥル]

ひじゅう 比重 specific gravity [スペスィフィク グラヴィティ]; (重要性) weight [ウェイト]

びじゅつ 美術 art [アート], the fine arts
美術学校 an art school
美術館 an art museum [gallery], a gallery
美術室 an art room
美術展 an art exhibit, an art exhibition
美術品 a work of art
美術部 (学校の) an art club

ひしょ¹ 秘書 a (private) secretary [セクレテリィ]

ひしょ² 避暑
▶ うちは毎年那須へ避暑に行きます.
Our family *spends the summer* at Nasu every year.
避暑地 a summer resort [リゾート]

ひじょう 非常 (非常時) (an) emergency [イマ～ヂェンスィ]
▶ 非常の場合には in case of *emergency*
非常階段 a fire escape
非常勤 part-time
▶ 非常勤講師 a *part-time* instructor
非常口 an emergency exit [エグズィト]
非常ベル (火災用の) a fire alarm; (防犯用の) a security alarm, a burglar alarm

びしょう 微笑 a smile [スマイル]
微笑する smile 《at》→ほほえむ

ひじょうしき 非常識な thoughtless [ソートゥレス], absurd [アブサード]
▶ 彼は非常識なやつだ.
He has *no common sense* at all. / He *lacks common sense*.

ひじょうに 非常に →たいへん, とても

《形容詞・副詞を修飾するとき》 very [ヴェリィ], 《口語》 really [リー(ア)リィ]; 《動詞を修飾するとき》 very much, 《口語》 a lot [ラット], really
▶ この本はひじょうにおもしろかった.
This book was *very* [*really*] interesting.
▶ 裕一はギターがひじょうにうまい.
Yuichi plays the guitar *very* well.
▶ 彼女は彼の歌がひじょうに好きだった.
She liked his songs *very much*.
▶ キャンプはひじょうに楽しかった.
We enjoyed camping *very much* [*a lot*]. / We *really* enjoyed camping.

💬**用法** very と very much
very は形容詞や形容詞化した分詞および副詞を修飾する. 動詞を修飾するときは **very much** を使う.

💬**表現力**
ひじょうに～なので…
→ so ～ (that) ...

six hundred and seventy-three **673**

びしょぬれ ▶

▶ ひじょうにつかれていたのでいつもより早めに寝た.
I was *so* tired (*that*) I went to bed earlier than usual. / I was *very* tired, *so* I went to bed earlier than usual.

びしょぬれ びしょぬれになる be soaked, be drenched (▶いずれも be は get でもよい), get soaking wet [ソウキング ウェット] →ずぶぬれ

びしょびしょ びしょびしょになる get soaking wet [ソウキング ウェット] →ずぶぬれ

びせいぶつ 微生物 a microbe [マイクロウブ], a microorganism [マイクロウオーガニズム]

びじん 美人 a beauty [ビューティ], a beautiful woman [girl]

▶ 桃子はとても美人だ.
Momoko is a real *beauty*. / (美しい) Momoko is really *beautiful*.

ビスケット (米) a cookie [クキィ], (英) a biscuit [ビスケト] (▶ biscuit はアメリカではやわらかい小型のパンをさす)

ヒステリー (病気) hysteria [ヒスティ(ア)リア]; (発作で) hysterics [ヒステリクス]

ヒステリーの hysterical [ヒステリカル]

▶ ヒステリーを起こす
get *hysterical* / go into *hysterics*

ピストル a pistol [ピストゥル], a gun [ガン]

▶ ピストルをうつ fire a *pistol*

ひそかに secretly [スィークレトゥリィ] →こっそり

ひたい 額 a forehead [フォ(ー)レド]

ひたす 浸す dip [ディップ], soak [ソウク]

ビタミン a vitamin [ヴァイタミン]

▶ オレンジはビタミン C が豊富だ.
Oranges are rich in *vitamin* C.
ビタミン剤 (錠剤) a vitamin pill [tablet]

ひだり 左

(the) **left** [レフト] (反 右 right)

left 左に **straight** まっすぐに **right** 右に

左の left
左に, 左へ left

▶ 次の信号を左に曲がって.
Turn *left* at the next traffic light.

▶ 郵便局はそのドラッグストアのすぐ左側です.
The post office is just to *the left* of the drugstore.

▶ 左を見て. あれが東京スカイツリーだよ.
Look on your *left*. That's Tokyo Skytree.

左側通行 (掲示) Keep (To the) Left

▶ 車を運転するときは左側通行です.
We *keep to the left* while driving.

ひだりきき 左きき (人) a left-hander [レフトゥハンダァ] (反 右きき right-hander); (野球の投手)《口語》a southpaw [サウスポー]

左ききの left-handed [レフトゥハンディド] (反 右ききの right-handed)

▶ 涼は左ききだ. Ryo is *left-handed*.

ぴちぴち ぴちぴちした lively [ライヴリィ]

▶ ぴちぴちした女の子 a *lively* young girl

ぴちゃぴちゃ ぴちゃぴちゃする splash [スプラッシ]

▶ (水を) ぴちゃぴちゃしないで.
Don't *splash*.

ひっかかる 引っ掛かる

▶ ちょっとひっかかる (→気になる) ところがある. I have something *on my mind*. / There's something that *is bothering* me.

ひっかく 引っかく scratch [スクラッチ]

▶ ネコが私の手をひっかいた.
A cat *scratched* my hand.
ひっかき傷 a scratch

ひっかける 引っ掛ける (つるす) hang [ハング]; (くぎなどにかかってしまう) catch [キャッチ]

ひっき 筆記する write down
筆記試験 a written exam(ination)
筆記体 script, cursive
▶ 筆記体で書く
write in *cursive letters* [in *script*]
筆記用具 writing implements

びっくり びっくりする be surprised [サプライズド] →おどろく
びっくり箱 a jack-in-the-box

ひっくりかえす ひっくり返す upset [アプセット], overturn [オウヴァターン]; (上下を) turn ... upside down

▶ 彼女は花びんをひっくり返してしまった.

◀ **ヒット**

She *upset* the vase.

ひっくりかえる ひっくり返る overturn [オウヴァ**ター**ン], be upset [アプ**セット**] ; (ころぶ) fall down
▶ ぼくたちのボートが強風でひっくり返った.
Our boat *was overturned* by strong winds. / Our boat *was turned upside down* by strong winds.

ひづけ 日付

a **date** [デイト]
日付を入れる date
▶ 正確な日付を覚えていますか.
Do you remember the exact *date*?
▶ 4月1日の日付の新聞
a newspaper *dated* April 1
日付変更線 the (international) date line

ⓘ参考 日付の書き方と読み方
日付の書き方にはいろいろあるが, 月(つづりで表したもの), 日 (数字), 年 (西暦) の順に書くのがふつう. 日と年の間にコンマを入れる. たとえば, 2025年4月1日であれば **April 1, 2025**と書く. 読み方は **April (the) first, two thousand twenty-five**となる.

ひっこし 引っ越し a move [ムーヴ] ; (引っ越すこと) moving [ムーヴィング]
引っ越し業者 a mover, a moving company

ひっこす 引っ越す move [ムーヴ]
▶ きのう引っ越してきました.
We *moved* in yesterday. (▶ 「よそへ引っ越す」は move out)
▶ 福岡にはいつ引っ越すの？
When *are* you *moving* to Fukuoka?
▶ 彼らは新潟から引っ越してきた.
They *moved* from Niigata.

ひっし 必死の desperate [デスパルト]
必死に desperately

ヒツジ 羊《動物》a sheep [シープ] (《複数》 sheep) (▶単数形と複数形が同じ形.「2ひきの羊」は two sheep という)
▶ 羊の群れ a flock of *sheep*
▶ 子羊 a lamb [ラム]
▶ 羊の肉 mutton [マトゥン] →にく (表)
羊飼い a shepherd [シェパド]

ひっしゅう 必修の (科目) required [リクワイアド], compulsory [コンパルソリィ]
▶ 英語は必修科目だ.
English is a *required* subject. (▶ compulsory subject でもよい)

ひつじゅひん 必需品 a necessity [ネセスィティ]
▶ 生活必需品
necessities of life / daily *necessities*

びっしょり びっしょりぬれる get soaking wet [ソウキング ウェット] →ずぶぬれ

ひったくり 引ったくり (行為) a snatch [スナッチ] ; (人) a snatcher
ひったくる snatch, grab
▶ 自転車に乗った男にハンドバッグをひったくられました.
I got my purse *snatched* by a man on a bike.

ぴったり (正確に) exactly [イグ**ザ**クトゥリィ] ; (すき間なく) close(ly) [クロウス(リィ)] ; (完全に) perfectly [パーフェクトゥリィ]
▶ 亜美さんは10時ぴったりに来た.
Ami came at *exactly* ten.
▶ このくつ, ぼくのサイズにぴったりだ.
These shoes fit me *perfectly*. / These shoes are *just* my size.

ピッチ (速度) a pace [ペイス], (a) speed [スピード]
▶ ピッチをあげる quicken the *pace*
▶ 急ピッチで at a fast *pace*

ピッチャー 《野球》a pitcher [ピチァ]
▶ 左投げのピッチャー
a left-handed *pitcher*(▶「左投げのピッチャー」は southpaw [サウスポー] ともいう)
▶ 次はだれがピッチャーをやるの？
Who will *pitch* next? / Who will be the next *pitcher*?

ピッチング 《野球》pitching [ピチング]

ひってき 匹敵する be equal [イークウォル] (to), be a match [マッチ] (for)

ヒット 《野球》a hit [ヒット] ; (シングルヒット) a single [スィングル] (hit) ; (成功) a hit
ヒットを打つ hit, have a hit
▶ 大谷はきのうの試合で3本のヒットを打った.
Ohtani had three *hits* in yesterday's game. (▶ had は got でもよい)
▶ その歌は大ヒットした.
That song was a big *hit*.
ヒットエンドラン a hit and run, a hit-

six hundred and seventy-five **675**

ひっぱる ▶

and-run play
ヒット曲 a hit song
ひっぱる 引っ張る pull [プル] →ひく¹
▶ そでを引っぱらないで.
Don't *pull* (on) my sleeve.
ヒップ (腰) hips [ヒップス]；(おしり) a
bottom [バトム], butt, buttocks [バトクス]
→こし (図)
▶ 私はヒップが大きい.
(腰まわりが) I have big *hips*. / (おしり
が) I have a big *bottom*. / I have big
buttocks. (▶いずれも big は wide でも
よい)

ひつよう 必要

necessity [ネセスィティ]
必要とする need [ニード]
必要な necessary [ネセセリィ]
▶ 睡眠は健康のために必要だ.
Sleep is *necessary* for health.
▶ 必要は発明の母. 《ことわざ》 *Necessity*
is the mother of invention.

> 💬表現力
> …が必要である → need ...

▶ きみの助けが必要だ.
I *need* your help.
▶ ほかに何か必要なものはある?
Do you *need* anything else?

> 💬表現力
> …する必要がある
> → need to ... /
> It is necessary to ... .

▶ きみはすぐに出発する必要があります.
You *need to* start right away. / *It is
necessary* for you *to* start right
away.
▶ このパソコンは修理する必要がある.
This computer *needs to* be
repaired. / This computer *needs*
repairing.

> 💬表現力
> …する必要はない
> → don't have to ... /
> don't need to ...

▶ きみは6時に起きる必要はないよ.
You *don't have to* get up at six. /

You *don't need to* get up at six.

> 🗣スピーキング
> Ⓐ ぼくも行く必要ある?
> Do I need to go, too?
> Ⓑ いや, 行く必要はないよ.
> No, you don't (have to [need
> to]).

ひてい 否定する deny [ディナイ]
否定的な negative [ネガティヴ] (反) 肯定
的な affirmative
▶ 及川氏はそのうわさを否定した.
Mr. Oikawa *denied* the rumor.
否定文 《文法》 a negative sentence
ビデオ (a) video [ヴィディオウ] (複数)
videos)；(ビデオカセットレコーダー) a
videocassette recorder (▶ VCR と略
す)；(ビデオテープ) a videotape [ヴィディ
オウテイプ] (▶単に video とか tape ともいう)
▶ レンタルビデオ店
a *video* (rental) store [shop] (▶
×rental video store とはいわない)
ビデオカメラ a video camera
ひでり 日照り dry weather [ドゥライ ウェ
ザァ]；(干ばつ) (a) drought [ドゥラウト]

ひと 人

1 (個々の人) a person [パ～スン]；(男性) a
man [マン] (複数) men [メン]；(女性) a
woman [ウマン] (複数) women [ウィミン]
▶ あの人はお医者さんです.
(男性のとき) That *man* is a doctor.,
He is a doctor. / (女性のとき) That
woman is a doctor., *She* is a doctor.
▶ 美里さんのお姉さんはやさしい人だ.
Misato's sister is a sweet *person*.
▶ 堤さんはどんな人ですか.
What is Mr. Tsutsumi like?
2 (人々) people [ピープル]；(ほかの人々)
others [アザァズ]
▶ 人の悪口なんて言うものじゃないよ.
Don't say bad things about *others*.
/ Don't speak badly of *others*.

> 📊プレゼン
> スポーツが好きな人もいれば, そうでな
> い人もいます.
> Some people like sports, and
> others don't.

676 six hundred and seventy-six

3 (人類) **man**, humans →にんげん (▶最近では man のかわりに性差のない people がよく使われる)
▶ 人はみな平等だ.
All *people* are equal. / All *men* are equal.
人がよい good-natured [グドゥ ネイチャド]
▶ きみも人がいいね.
You're really *good-natured*. (▶「人が悪い」は ill-natured という)

ひどい

1 (雨・雪などが) **heavy** [ヘヴィ]；(病気などが) **bad** [バッド]；(ひどく悪い) **terrible** [テリブル]
ひどく heavily, hard；badly；terribly；severely
▶ 昨夜はひどい雨だった.
There was a *heavy* rain last night. / (ひどく降った) It rained *heavily* last night.
▶ 外はひどい風が吹いていた.
There was a *strong* wind outside.
▶ ひどいかぜをひいちゃってね.
I have a *bad* cold.
▶ けさはひどく寒かった.
It was *terribly* cold this morning.
▶ 彼はきのうひどい目にあったんだ.
He had a *hard* time yesterday.
2 (残酷な) **cruel** [クルーエル]
▶ ひどいことするね. 私を1人おいていくなんて.
You're so *cruel*. You left me alone.

ひといき 一息
▶ 一息入れよう. Let's take *a break*.
ひとがら 人柄 (a) personality [パ～ソナリティ]
▶ 私は彼の人柄が好きです.
I like his *personality*.
ひとくち 一口 a bite [バイト]；a mouthful [マウスフル]
▶ 一口食べてみて. Have *a bite*.
ひとこと 一言 a word [ワ～ド]
▶ 彼は一言も言わずに帰っていった.
He left without saying *a word*.
▶ あなたはいつも一言多いんだよ.
You always say *one word* too many.
ひとごと 人ごと
▶ 人ごとじゃないよ.

Don't think it has nothing to do with you. / It could happen to you, too.
ひとごみ 人込み a crowd [クラウド]
▶ 通りはたいへんな人ごみだった.
There was a large *crowd* on the street.
ひとごろし 人殺し (行為・事件) (a) murder [マ～ダァ]；(人) a murderer [マ～ダラァ], a killer [キラァ]
▶ 人殺しをする
commit *murder*
ひとさしゆび 人差し指 an index [インデクス] finger, a forefinger [フォーフィンガァ]
→ゆび (図)
ひとしい 等しい equal [イークウァル] (to)
▶ AはBと大きさ [長さ] が等しい.
A is *equal to* B in size [length].
等しく equally [イークウァリィ]
ひとじち 人質 a hostage [ハステヂ]
▶ 人質になっている
be taken [held] *hostage*
ひとそろい 一そろい (食器の) a set [セット], a service [サ～ヴィス]；(道具の) a kit [キット]；(衣服の) a suit [スート]
▶ 茶器一そろい
a tea set / *a tea service*

ひとつ 一つ

1 (数) **one** [ワン] →いち¹
1つの one, a, an
▶ 1つずつ
one by *one*
▶ テーブルの上には1つのコップと1つのリンゴがあった.
There was *a* glass and *an* apple on the table.
▶ (店の注文で) コーヒー1つください.
One coffee, please.
▶ せっけん1つ
a cake of soap / *a bar of* soap
▶ サッカーはぼくの大好きなスポーツの1つだ.
Soccer is *one* of my favorite sports.
▶ 空には雲一つなかった.
There was not *a* cloud in the sky. / There *weren't any* clouds in the sky. / There were *no* clouds in the sky.
▶ このオレンジは1つ80円です.
These oranges are 80 yen *each*.

six hundred and seventy-seven 677

ヒトデ ▶

📝**文法** **a** と **an**

❶ **a** と **an** は数えられる名詞に使う. advice (忠告) や news (ニュース) など数えられない名詞は, *a piece of* advice[news] (1つの忠告[ニュース]) のようにいう.

❷ **a** は発音が子音で始まる語の前に使い, **an** は母音で始まる語の前に使う. *a* box (1つの箱) / *an* egg (1つの卵) / *an* old story (1つの古い話)

---

2 (…さえ) even [イーヴン]
▶ あの男の子はあいさつひとつできない.
That boy can't *even* greet people.

3 (ちょっと) just [ヂャスト]
▶ それじゃひとつもう1回やってみよう.
I'll *just* try again then.

ヒトデ 【動物】a starfish [スターフィシ] [複数] starfish

ひとで 人手 (働き手) a hand [ハンド]; (手助け) help [ヘルプ]
▶ 人手を借りずにやってごらん.
Try to do it by yourself.

ひとどおり 人通り traffic [トゥラフィク]
▶ この通りは人通りが多い.
This street is very *busy* [*crowded*].

ひとなつっこい 人懐っこい friendly [フレンドゥリィ]

ひとなみ 人並みの decent [ディースント] →ふつう¹, へいきん
人並みに decently
▶ 人並みの暮らしがしたい.
I'd like to live *decently*. / I'd like to live just *like others* (*do*).

ひとびと 人々 people [ピープル] →ひと

ひとまえ 人前で in public [パブリク], before other people
▶ 人前でそんなばかなことをしてはいけません.
Don't act so foolishly *in public*.

ひとみ 瞳 a pupil [ピューブル]

ひとみしり 人見知りをする shy [シャイ]
▶ 私は人見知りするたちです.
I am *shy* [*bashful*].

ひとめ¹ 一目で at a glance [グランス], at first sight [サイト]
一目ぼれ
▶ ぼくは彼女に一目ぼれした.

I *fell in love with* her *at first sight*.

ひとめ² 人目 attention [アテンション]
▶ 人目をひく attract others' *attention*
▶ 人目 (→人が自分のことをどう思っているか) を気にするな.
Don't worry about what other people think about you.

ひとやすみ 一休み a rest [レスト]; (仕事などの合間の) a break [ブレイク]
一休みする have [take] a rest; have [take] a break

ひとり 1人, 独り

1 (1人) one [ワン], one person [パ〜スン] (▶ person の代わりに, man, woman などの人を表す語がくることが多い)
1人の one, a, an
▶ 1人, 2人, 3人…
One person, two people, three people … (▶ person の複数形には persons もあるが, ふつうは people を使う)
▶ おばの1人が北海道に住んでいる.
One of my aunts lives in Hokkaido.
▶ 私には兄が1人と妹が2人います.
I have *a* brother and two sisters.
▶ 校長先生は私たち1人1人と握手してくださった.
The principal shook hands with *each* of us.
▶ その問題は1人も解けなかった.
Nobody could solve the problem.
(▶ Nobody は No one でもよい)
▶ 1人はみんなのために, みんなは1人のために.
One for all, and all for *one*.

2 (ほかにだれもいない) alone [アロウン] → ひとりで
▶ 1人にさせて. Leave me *alone*.
▶ 1人にしないで.
Don't leave me *alone*.
▶ あなたは1人じゃない. 私がついてるよ.
You're not *alone*. I'm with you.
一人っ子 an only child
▶ ぼくはひとりっ子です.
I'm *an only child*. (▶ I'm only a child. とすると「ぼくはまだ子どもだ」という意味になる)
ひとりむすこ an only son [サン]

---

678 six hundred and seventy-eight

◀ びびる

ひとりむすめ an only daughter [ドータァ]
ひとり者 a single [スィングル] man [woman]
ひとりごと 独り言を言う talk to myself
▶ 母はよくひとりごとを言う.
My mother often *talks to herself*.

ひとりで 一人で, 独りで

1 (1人きりで) **alone** [アロウン], **by my**self [ワンセルフ], 《口語》 on my own
▶ 今日は1人で留守番なんだ.
I've got to stay at home *alone* today. (▶ alone は on my own でもよい)
▶ 山田先生は1人で暮らしている.
Ms. Yamada lives *alone*. (▶ alone は by herself, on her own でもよい)
2 (独力で) (**by**) my**self**, 《口語》 on my own; (自分で) **for my**self →じぶん
▶ 何一つ1人でできないじゃないの.
You can't do anything *by yourself* [*on your own*].
ひとりでに (自然に) by itself; (自動的に) automatically [オートマティカリィ]
▶ ひとりでにドアが開いたよ.
The door opened *by itself*.

ひとりぼっち 独りぼっち alone [アロウン], lonely [ロウンリィ]
ひな (ひよこ) a chick [チック]
ヒナギク 《植物》 a daisy [デイズィ]
ひなた 日なたで [に] in the sun(shine)
日なたぼっこをする sunbathe [サンベイズ], bask in the sun
ひなまつり ひな祭り the Dolls' Festival [フェスティヴァル], the Girls' Festival
▶ 3月3日はひな祭りだ.
March 3 is *the Dolls' Festival*.
ひなん¹ 非難する blame [ブレイム], criticize [クリティサイズ] →せめる¹
▶ 彼は失敗したのはぼくのせいだと非難した.
He *blamed* me for the failure.
ひなん² 避難 (an) evacuation [イヴァキュエイション]
避難する be evacuated, take shelter [シェルタァ]
避難訓練 an evacuation drill
避難者 a refugee [レフュヂー]
避難所 a shelter
避難命令 an evacuation order [オーダァ]

ビニール vinyl [ヴァイニル], plastics [プラスティクス]
ビニールの plastic [プラスティク]
ビニールハウス a plastic greenhouse [グリーンハウス]
ビニールぶくろ a plastic bag (▶×vinyl bag とはいわない)
ひにく 皮肉 (an) irony [アイ(ア)ロニィ]
皮肉の ironic [アイラニク], ironical
ひにち 日にち (日付) a date [デイト]; (日数) days [デイズ]
▶ 日にちは決めたの？
Did you fix the *date*?
▶ もうあまり日にちがないよ.
We don't have many *days* left.
ひねくれる (性格がゆがむ) get warped [ウォープト]
ひねる (指でまわす) turn [ターン]; (体などを) twist [トゥウィスト]
▶ お湯はこっちの蛇口をひねってください.
Turn on this faucet for hot water.
ひのいり 日の入り (a) sunset [サンセト] (対) 日の出 (a) sunrise
ひので 日の出 (a) sunrise [サンライズ] (対) 日の入り (a) sunset
ひのまる 日の丸 the *Hinomaru*, the Rising Sun flag, the Japanese (national) flag
ひばな 火花 a spark [スパーク]
▶ 火花を散らす spark
ヒバリ 《鳥》 a skylark [スカイラーク] (▶単に lark ともいう)
ひはん 批判する criticize [クリティサイズ]
批判的な critical [クリティカル]

> 🗨 プレゼン
> 私たちは彼らの考えに批判的です.
> We are critical of their ideas. / We don't like their ideas.

ひび a crack [クラック]
ひびき 響き a sound [サウンド]
ひびく 響く sound [サウンド]
ひひょう 批評 (一般的なことがらについて) (a) comment [カメント]; (本や芸術について) (a) criticism [クリティスィズム]
批評する comment 《on》; criticize [クリティサイズ], critique [クリティーク]
批評家 a critic [クリティク]
びびる (おじけづく) get cold feet, get

あ
か
さ
た
な
ひ
ま
や
ら
わ

six hundred and seventy-nine **679**

ひふ ▶

the jitters [ヂタァズ]
▶ びびるなよ.
Don't *get cold feet*. / Don't *get the jitters*. / (こわがるな) Don't *be scared*. / (緊張するな) Don't *be nervous*.

ひふ 皮膚 skin [スキン]
▶ 私は皮ふが弱い.
I have delicate *skin*. / I have sensitive *skin*.
皮ふ科 dermatology [ダ〜マトロヂィ]
皮ふがん skin cancer [キャンサァ]
皮ふ病 (a) skin disease [ディズィーズ]

びふう 微風 breeze [ブリーズ]

ひふくしつ 被服室 a sewing [ソウイング] room

ひま 暇

1 (時間) time [タイム]
▶ テレビゲームをしてひまつぶしした.
We killed *time* playing video games.
(▶ kill time で「ひまつぶしする」の意味)

━━ 表現力 ━━
…するひまがない
→ have no time to ...

▶ 友だちと遊ぶひまもない.
I *have no time to* play with my friends.
▶ すごくいそがしくてほとんど寝るひまもなかった.
I was so busy (that) I *had little time to* sleep.

2 (余暇) free [フリー] time
ひまな free
▶ 兄はひまさえあればギターをひいている.
My brother spends all his *free time* playing the guitar.

━━ スピーキング ━━
Ⓐ あしたはひま?
Are you free tomorrow?
Ⓑ うん. どこかに行く?
Yes. Do you want to go somewhere?

ひまご ひ孫 a great-grandchild [グレイトゥ グラン(ドゥ)チャイルド]
ヒマワリ 《植物》a sunflower [サンフラウァ]
ひまん 肥満 obesity [オウビースィティ], fatness [ファトゥネス]

肥満の overweight [オウヴァウェイト], fat

ひみつ 秘密

a secret [スィークレト]
秘密に secretly [スィークレトゥリィ]
秘密の secret
▶ 秘密を守る keep a *secret*
▶ 秘密をもらしちゃだめだぞ.
Don't let the *secret* out.
▶ 秘密がばれてしまった.
The *secret* was out. / The *secret* came out.
▶ これは2人だけの秘密よ.
This is just *between you and me*.

びみょう 微妙な delicate [デリケト]
▶ 微妙な問題 a *delicate* problem
▶ 女の子の気持ちは微妙だ.
Girls have *delicate* feelings.
微妙に delicately [デリケトゥリィ], subtly [サトゥリィ]

ひめ 姫 a princess [プリンセス]
ひめい 悲鳴 a scream [スクリーム], a loud cry
悲鳴をあげる scream, cry out
▶ その女の子は大きなヘビを見て悲鳴をあげた.
The girl *screamed* when she saw a big snake.

ひも (a) string[ストゥリング], (a) cord[コード]
(▶ cord は string より太い)
▶ ひもを結ぶ tie the *string*(s)
▶ ひもをほどく untie the *string*(s)
▶ 古新聞をひもでしばった.
We bound the old newspapers with *strings* [*cords*].

ひやあせ 冷や汗 (a) cold sweat[スウェト]
▶ 冷や汗が出る
break out in *a cold sweat*

ひやかす 冷やかす tease [ティーズ], make fun of
▶ ぼくは髪型のことでよくひやかされた.
I *was* often *teased* about my hairstyle.

ひゃく 百(の) →かず(表)

a [one] hundred [ハンドゥレド]
第100(の) the hundredth [ハンドゥレドゥス]
▶ 400 four *hundred* (▶ 単位を表す

680 six hundred and eighty

hundred の前に 2 以上の数詞がついて
も*hundreds とはしない）
▶「いくらですか」「850円です」
"How much is it?" "It's eight
hundred and fifty yen."
▶ 何百もの人 *hundreds of* people（▶「何
百もの」というときだけ hundreds of と
複数形を使う）
100円ショップ a 100-yen shop
100点（得点）a hundred points；（満点）
a perfect score
▶ 数学のテストで100点をとったよ.
I got a *perfect score* on my math
exam. / I got *full marks* in the math
exam.

ひゃくまん 百万(の) a[one] million[ミリョ
ン] →かず (表)
▶ 300万円 three *million* yen（▶単位を表
す million の前に 2 以上の数詞がきても
*millions とはしない）
▶ 何百万もの人々 *millions of* people（▶
「何百万もの」というときだけ millions of
と複数形を使う）

ひやけ 日焼け (a) tan [タン], (a) suntan
[サンタン]；（焼きすぎ）(a) sunburn [サンバ
〜ン]
日焼けする get tanned, get a tan
[suntan]；get a sunburn, get
sunburned
日焼けした (sun)tanned
▶ 一日中外で練習していたので日焼けした.
I practiced outdoors all day long,
so I *got a tan*.
▶ いい色に日焼けしてるね.
You *have a* good *tan*.
▶ 日焼けした顔 a (*sun*)*tanned* face
日焼け止めクリーム[ローション]（a）
sunscreen [サンスクリーン] (lotion)

ひやしちゅうか 冷やし中華 cold
Chinese noodles [ヌードゥルズ]

ヒヤシンス 《植物》a hyacinth [ハイアスィ
ンス]

ひやす 冷やす cool [クール]；（飲食物を）
chill [チル]
▶ 父は冷蔵庫にトマトを入れて冷やした.
My father *cooled* some tomatoes in
the fridge.（▶ cooled は chilled でもよ
い）
▶ まず頭を冷やしたほうがいい.

You'd better *cool down* first.

ひゃっかじてん 百科事典 an
encyclopedia [エンサイクロピーディア]

ひゃっかてん 百貨店 a department
store →デパート

ヒヤリング →ヒアリング

ひゆ 比喩 a metaphor [メタファ]

ピュア ピュアな（純粋な）pure [ピュア]

ヒューズ 《電気》a fuse [フューズ]
▶ ヒューズが飛んだ. The *fuse* blew.

ぴゅうぴゅう ぴゅうぴゅういう（風が）
whistle [(フ)ウィスル], howl [ハウル]

ビュッフェ（セルフサービス式の食事）a
buffet [バフェイ]；（車両）a buffet car

ひよう 費用

(an) expense [イクスペンス], a cost
[コ(ー)スト]；（会費など）a fee [フィー]
費用がかかる cost
▶ 生活の費用（生活費）living *expenses*
▶ 参加費用 a participation *fee*
▶ 両親が旅行の費用を全部出してくれた.
My parents paid all my traveling
expenses.

> 🟠**表現力**
> **費用が…だけかかる → cost ...**

▶「費用はどのくらいかかったの？」「2万円
だよ」
"How much did it *cost*?" "It *cost*
(me) twenty thousand yen."
▶ 修理にはどのくらい費用がかかりますか.
How much will the repairs *cost*?

ヒョウ 《動物》a leopard [レパド]；（黒ヒョウ）
a panther [パンサァ]；（アメリカヒョウ）a
jaguar [ヂャグワー]

ひょう¹ 表

a table [ティブル]；（一覧表）a list [リスト]
表にする make a table, make a list
▶ 通知表 a report card
▶ 予定表 a schedule
▶ 電車の時刻表
《米》a train schedule /《英》a train
time*table*
表計算ソフト a spreadsheet [スプレッドシー
ト]

ひょう² 票 a vote [ヴォウト]

ひょう³（空から降る）hail [ヘイル]

six hundred and eighty-one　681

びょう ▶

ひょうが降る hail

びよう 美容
▶ 母は美容のために（→スタイルを保つために）水泳をしている．
My mother swims to keep (herself) slim.
美容院 a beauty [ビューティ] parlor [salon]
美容師 a hairdresser [ヘアドゥレサァ], a beautician [ビューティシャン]
美容整形手術 cosmetic surgery [カズメティク サ～ヂ(ェ)リィ]
美容体操 calisthenics [キャリスセニクス]

びょう¹ 秒

a **second** [セカンド]（▶ sec と略す．「時間」は hour, 「分」は minute）
▶ 1分は60秒だ．
There are sixty seconds in a minute. / A minute has sixty seconds.
▶ 残りはわずか30秒です．
There're only 30 seconds left.
▶ ぼくは50メートルを7秒で走れる．
I can run fifty meters in seven seconds.
▶ 彼女は2時間26分20秒のタイムで金メダルをとった．
She won the gold medal with a time of 2:26:20.（▶ two hours, twenty-six minutes (and) twenty seconds と読む）
秒針 a second hand（▶「長針」は a minute hand, 「短針」は an hour hand という）
秒読み (a) countdown [カウントゥダウン]

びょう² 《米》a tack [タック], a thumbtack [サムタク]；《英》a drawing pin
びょうで留める tack, pin
▶ 絵をかべにびょうでとめる
tack a picture on the wall

びょういん 病院

a **hospital** [ハスピトゥル]
▶ 総合病院 a general hospital
▶ 救急病院 an emergency hospital
▶ 大学病院 a university hospital
▶ 動物病院 an animal hospital
▶ 父は病院に入院中ですが，もうすぐ退院できます．
My father is in (the) hospital, but he'll soon be able to leave.（▶「入院・退院」や「通院」の意味を表すとき，《米》では the をつけるが，《英》では the をつけないのがふつう．）
▶ 病院に通う[入院する]
go to (the) hospital
▶ 結衣を見舞いに病院に行った．
We visited Yui in the hospital.

ひょうか 評価する（認める）value [ヴァリュ(ー)]；（判断する）judge [ヂャッヂ]
▶ 試験の点数だけで評価されたくないなあ．
I don't like to be judged only by my exam scores.
▶ 彼はきみの能力を高く評価しているよ．
He thinks highly of your ability.

ひょうが 氷河 a glacier [グレイシァ]
氷河期 the ice age, the glacial period [ピ(ア)リオド]

びょうき 病気

(a) **sickness** [スィクネス], (an) **illness** [イルネス]；（重い）(a) **disease** [ディズィーズ]
病気の sick, ill
病気である be sick, feel sick
病気になる get sick, become sick
病気が治る get over; recover from
▶ 私は病気の人の手助けをしたい．
I want to help sick people.（▶ ×ill people とはいわない）
▶ 心臓の病気 heart disease
▶ 弟は病気だ．My brother is sick.（▶ My brother is ×sickness. とはいわない）

× My brother is <u>sickness</u>.
形容詞 sick がくる．
○ My brother is sick.
○ sick people
× ill people

▶ おばは重い病気です．
My aunt is very ill.
▶ 母は病気で寝ている．
My mother is sick in bed.
▶ ぼくはきのう病気で学校を休んだ．
I didn't go to school because I was

◀ **びょうじょう**

sick yesterday.
▶ 姉は1週間前から病気だ．
My sister *has been sick* for a week.
(▶ for a week を since last week としてもよい)
▶ 彼は病気になって体重が減った．
He *got sick* and lost weight.
▶ 莉央は病気が治った．
Rio *has gotten over* her *sickness*. / Rio *has recovered* from her *disease*.

> **❶参考 おもな病気・症状**
>
> インフルエンザ flu [フルー]
> かぜ cold [コウルド]
> 花粉症 hay fever [ヘイ フィーヴァ]
> がん cancer [キャンサァ]
> 歯痛 toothache [トゥーセイク]
> 心臓病 heart disease, heart trouble
> じんましん nettle rash, hives [ハイヴズ]
> 頭痛 headache [ヘデイク]
> ぜんそく asthma [アズマ]
> 虫垂炎 appendicitis [アペンディサイティス]
> 肺炎 pneumonia [ニュ(ー)モウニャ]
> はしか measles [ミーズルズ]
> 貧血症 anemia [アニーミア]
> 風しん German measles, rubella [ルーベラ]
> 腹痛 stomachache [スタマケイク]
> へんとうせん炎 tonsillitis [タンスィライティス]

ひょうきん ひょうきんな funny [ファニィ], comical [カミクル]
▶ ケンはひょうきん者です．
Ken is *funny*.

ひょうげん 表現 (an) expression [イクスプレション]
表現する express [イクスプレス]
表現力のある expressive [イクスプレスィヴ]
▶ 表現の自由

freedom of *expression*
▶ アンネの生活はことばで表現できないほどひどいものでした．
Anne's life was too terrible to *talk about* [*describe*].

びょうげんたい 病原体 (ウイルス・細菌) a pathogen [パソヂェン], (ばい菌) a germ [ヂャ〜ム]

ひょうご 標語 (団体の) a slogan [スロウガン]; (生活・仕事上の) a motto [マトウ] [複数] motto(e)s

ひょうさつ 表札 a doorplate [ドープレイト]

ひょうざん 氷山 an iceberg [アイスバ〜グ]

ひょうし¹ 表紙 a cover [カヴァ] (▶「本のカバー」は jacket [ヂャケト] という)

ひょうし² 拍子 time [タイム]
▶ この歌は4分の2拍子だ．
This song is in two-four [two-quarter] *time*.

ひょうしき 標識 a sign [サイン]
▶ 道路標識 a road *sign*

びょうしつ 病室 a sickroom [スィクルーム]; (病院の) a hospital room

びょうしゃ 描写する describe [ディスクライブ]

ひょうじゅん 標準 (基準) a standard [スタンダド]; (平均) the average [アヴ(ェ)レヂ]
標準語 the standard language

ひょうしょう 表彰する honor [アナァ]
▶ 宏は勇敢な行為で表彰された．
Hiroshi *was honored* for his brave act.
表彰式 an award(s) ceremony
表彰状 a testimonial [テスティモウニアル]
表彰台 a winner's podium

ひょうじょう 表情 (an) expression [イクスプレション]
▶ 少女はそのニュースを聞いて表情を変えた．
The girl changed her *expression* at the news.

びょうじょう 病状 condition [コンディション]

表情

laugh　　smile　　cry　　get angry　be pleased　be surprised
(笑う)　(ほほえむ)　(泣く)　(おこる)　 (喜ぶ)　 (おどろく)

ひょうてん¹ ▶

▶ 彼女の病状は改善した.
Her *condition* has improved.

ひょうてん¹ 氷点 the freezing point [フリージング ポイント]

▶ 最低気温は氷点下5度だった.
The low (temperature) was five degrees below *zero* [below the *freezing point*].

ひょうてん² 評点 (成績) a grade [グレイド]

びょうどう 平等 equality [イ(ー)クワリティ]
平等な equal [イークウォル]
平等に equally

▶ 人はみな生まれながらにして平等である.
All men and women are created *equal*.

▶ 男女平等 gender *equality*

> 🗨 プレゼン
> 男女は**平等に**あつかわれるべきです.
> Men and women should be treated equally.

びょうにん 病人 a sick person [パースン]; (患者) a patient [ペイシェント]

ひょうはく 漂白 bleach [ブリーチ]

ひょうばん 評判 (a) reputation [レピュテイション]; (人気) popularity [パピュラリティ]
評判がよい be popular, have a good reputation
評判が悪い not be popular, have a bad [poor] reputation, be notorious

▶ 今度の先生は評判がよい.
The new teacher *is popular*.

▶ あの店はチーズケーキが評判だ.
That place *has a good reputation* for its cheesecake.

ひょうほん 標本 a specimen [スペスィメン]
▶ 昆虫の標本 *specimens* of insects

ひょうめん 表面 the surface [サーフェス]
▶ 地球の表面の4分の3は水である.
Three quarters of the earth's *surface* is water.

びょうよみ 秒読みする count [カウント] down

ひょうりゅう 漂流する drift [ドゥリフト] about

ひょうろん 評論 criticism [クリティスィズム]
評論家 (スポーツ・政治などの) a commentator [カメンテイタァ]; (経済・軍事などの) an analyst [アナリスト]; (芸術分野の) a critic [クリティク]
▶ スポーツ評論家 a sports *commentator*
▶ 経済評論家 an economic *analyst*
▶ 映画評論家 a movie *critic*

ひよけ 日よけ a blind [ブラインド], a sunshade [サンシェイド]

ひよこ (ニワトリのひな) a chick [チック]

ひょっとしたら by any chance
▶ ひょっとしたら, きみが真紀？
Are you Maki *by any chance*?
▶ ひょっとしたら日曜にきみんちに行くかもしれない.
Maybe I'll go to your house on Sunday.

ビラ (手で配る) a flyer [フライア] (▶ flier ともつづる), 《おもに英》a handbill [ハン(ドゥ)ビル]; (はり紙) a poster [ポウスタァ], 《おもに英》a bill [ビル]
▶ ビラを配る give out *flyers* [*handbills*]
▶ ビラをはる put up a *poster* [*bill*]

ひらいしん 避雷針 a lightning rod [ライトゥニング ラッド]

ひらおよぎ 平泳ぎ the breaststroke [ブレストゥストゥロウク]
▶ 平泳ぎで泳ぐ swim *the breaststroke*

ひらがな 平仮名 *hiragana*; (1文字) a *hiragana* letter
▶ ひらがなで書く write in *hiragana*

ひらく 開く

> 使い分け
> (開ける) → open
> (会などを) → have, give
> (花が) → open, bloom

open

have

1 (開ける) open [オウプン] (反 閉める close)
▶ 教科書の10ページを開きなさい.
Open your textbooks to page 10. (▶《英》では to の代わりに at を使う)
▶ (アラビアンナイトの) 開け, ゴマ！

◀ **ひろい**

Open, sesame!

2 (会などを) **have** [ハヴ], **give** [ギヴ], hold [ホウルド]

▶ 今度, 佑太くんのお別れ会を開くんだ.
We're going to *have* a going-away party for Yuta.

▶ 来週, 卒業式が開かれる.
We *have* our graduation ceremony next week. / Our graduation ceremony *is held* next week.

3 (花が) **open**, **bloom** [ブルーム], **come out**

▶ 花が開いたよ. The flowers *opened*.(▶ bloomed, came out でもよい)

ひらたい 平たい flat [フラット] →たいら

ひらひら ひらひらと舞う flutter [フラッァ]

ピラフ pilaf(f) [ピラーフ]

ピラミッド a pyramid [ピラミド]

ヒラメ (魚) a flounder [フラウンダァ], a flatfish [フラットフィシ] (複数) flatfish

ひらめく flash [フラッシ]

▶ すばらしい考えが頭にひらめいた.
A great idea *flashed* through my mind. / A great idea *came into* my mind. / A great idea *occurred to* me.

びり the bottom [バトム], the last [ラスト]

▶ ぼくはクラスでいつもびりだった.
I was always at *the bottom* of the class.

▶ 大志は1500メートル走でびりから2番目だった.
Taishi came in next to *the last* in the 1,500m run.

ピリオド (米) a period [ピ(ア)リオド], (英) a full stop →くとうてん (表)

▶ ここにピリオドを打ち忘れてるよ.
You forgot to put a *period* here.

ひりつ 比率 (a) ratio [レイショウ]

▶ クラブの男女の比率は3対2です.
The *ratio* of boys to girls in the club is three to two.

ぴりっと ぴりっとする (辛い) spicy [スパイスィ], hot

ひりひり ひりひりする (痛む) hurt [ハ〜ト], (ずきずき痛む) smart [スマート]

ビリヤード billiards [ビリャツ], pool
ビリヤードをする play billiards

ひりょう 肥料 (a) fertilizer [ファ〜ティライザァ]

肥料をやる spread fertilizer (on), fertilize

ひる 昼

(正午)**noon** [ヌーン]; (昼間)the **day** [デイ], the daytime [デイタイム]; (昼食) **lunch** [ランチ]

▶ そろそろお昼だよ.
It's almost *noon*. / It's almost *lunchtime*.

▶ お昼までには帰ってきなさい.
Come home by *noon*.

▶ そろそろお昼にしよう.
Let's have *lunch* now.

▶ 兄は昼間は学校に通い, 夜はバイトしている.
My brother goes to school during *the day* and works part-time at night.

昼前に in the late morning; (正午前に) before noon

昼過ぎに in the early afternoon

昼休み a lunch break

▶ 昼休みはどうやって過ごすの？
How do you spend your *lunch break*?

ビル a building [ビルディング] (▶日本語の「ビル」は高い建物をさすが, 英語の building は建物全般をさす.「高い建物」の意味では tall building などを使う)

▶ 10階建てのビル a ten-story *building*

▶ 超高層ビル
a *high-rise*, a *skyscraper*, a high-rise *building*

ビル街 a street of office buildings

ひるね 昼寝 a nap [ナップ]
昼寝をする take a nap, have a nap

ヒレ (牛・ブタの腰の肉) a fillet [フィレト]

ひれ (魚の) a fin [フィン]

ひれい 比例 proportion [プロポーション]

▶ X は Y に比例する.
X is directly *proportional* to Y. (▶「反比例」と言うときは directly の代わりに inversely を使う)

▶ 正比例 direct *proportion*

▶ 反比例 inverse *proportion*

ひれつ 卑劣な mean [ミーン], dirty [ダ〜ティ]

ひろい 広い

six hundred and eighty-five **685**

ヒロイン ▶

(面積が) **large** [ラージ], **big** [ビッグ] ((反)せまい small) ; (幅が) **wide** [ワイド], **broad** [ブロード] ((反)せまい narrow)

使い分け
(面積が) → large, big
(幅が) → wide, broad

large

wide

▶ この公園は広いね.
This park is *big*, isn't it? (▶ This park is ˣwide. とはいわない)

> 「マイクの部屋は広い」
> × Mike's room is wide.
> wide は幅が広いときに使う. 部屋(面積)が広いときは big か large を使う.
> ○ Mike's room is big [large].

▶ 中国は広い国だ.
China is a *big* [*large*] country. (▶ China is a ˣwide country. とはいわない)
▶ その店は広い道路に面している.
The store is on a *wide* street.
広く wide, widely
▶ 門を広く開けなさい.
Open the gate *wide*.
▶ 彼の名は広く知られている.
His name is *widely* known.
広くする widen [ワイドゥン] →ひろげる

ヒロイン a heroine [ヘロウイン]

ひろう¹ 拾う

(手に取る) **pick** [ピック] **up** ; (見つける) **find** [ファインド] ; (タクシーを) **catch** [キャッチ]
▶ 私たちは運動場のゴミを拾った.
We *collected* [*picked up*] trash from the playground.
▶ このさいふ, 道で拾ったんだ.
I *found* this wallet on the road.

▶ 私はタクシーを拾って駅まで行った.
I *caught* [*got*] a taxi to the station.
ひろう² 疲労 tiredness [タイアドゥネス], fatigue [ファティーグ] →つかれる
ビロード velvet [ヴェルヴェット]

ひろがる 広がる

spread [スプレッド], **go around**
▶ そのうわさはすぐに広がった.
The rumor *spread* rapidly.
▶ 最近, インフルエンザが広がっている.
The flu *is going around* these days. →はやる

ひろげる 広げる

(周囲に) **spread** [スプレッド] ; (たたんでいたものを) **unfold** [アンフォウルド] ; (開く) **open** [オウプン] ; (幅などを) **widen** [ワイドゥン] ; (視野などを) **broaden** [ブロードゥン]
▶ 両手を横に広げて.
Spread your arms to the side.
▶ 地図を広げて自分たちの場所を確認した.
We *unfolded* [*spread*] the map and checked our location.
▶ かさを広げる *open* an umbrella
▶ その道を広げる計画がある.
There is a plan to *widen* the road.

> **プレゼン**
> 私は自分の視野を広げるために留学したいと思っています.
> I'd like to study abroad to broaden my horizons.

ひろさ 広さ (面積) (an) **area** [エ(ア)リア] ; (幅は) (a) **width** [ウィドゥス] →はば
▶ 庭の広さは200平方メートルほどです.
The *area* of the yard is about two hundred square meters.
▶ この島の広さはどのくらいなの？
What's the *area* [*size*] of this island? / How *large* [*big*] is this island? (▶「大きさ」をたずねるときは How large [big] で始める)
▶ 歩道はどのくらいの広さがあるのですか.
What's the *width* of the sidewalk? / How *wide* is the sidewalk? (▶「幅」をたずねるときは How wide で始める)
ひろば 広場 (都市の)a **square** [スクウェア], a **plaza** [プラザ] ; (空き地) an **open**

ピンポン ◀

space [place]

ひろま 広間 a hall [ホール]

ひろまる 広まる spread [スプレッド] →ひ ろがる

▶ 健康食品ブームが広まってきている.
The boom in health foods *is spreading*.

ひろめる 広める spread [スプレッド]

▶ 若者たちがこのファッションを日本中に広 めた.
Young people *spread* this fashion all over Japan.

ビワ 《植物》a loquat [ロウクワト]

ひん 品

品がいい elegant [エレガント], graceful [グ レイスフル] →じょうひん

品が悪い (ことばなどが)foul[ファウル]；(人 が) rude [ルード] →げひん

びん¹ 瓶 (細口の)a bottle [バトゥル]；(広口 の) a jar [ヂャー]

▶ ビールびん a beer *bottle*

▶ ジャムのびん a jam *jar*

びん² 便 (飛行機の)a flight[フライト]；(郵便) (米) mail [メイル], (英) post [ポウスト]

▶ 成田行き154便
Flight 154 to Narita

▶ すべての便が欠航になった.
All the *flights* were canceled.

▶ 荷物は宅配便で送った.
I sent the package by home *delivery*.

▶ 航空便ならいくらかかりますか.
How much does it cost by air*mail*?

ピン (留め針)a pin [ピン]；(ボウリング・ゴ ルフの) a pin

▶ 安全ピン a safety *pin*

▶ ヘアピン a hair*pin*

ピンで留める pin

▶ 名札をピンでシャツに留めた.
I *pinned* my name card on my shirt.

びんかん 敏感な sensitive [センスィティヴ]

▶ この花は寒さに敏感だ.
This flower is *sensitive* to the cold.

ピンク ピンク(の) pink [ピンク]

ひんけつ 貧血 anemia [アニーミア]
貧血の anemic [アニーミク]

▶ 貧血になる
suffer from *anemia*

▶ 姉は貧血ぎみなんだ.

My sister has a slight *anemia*.

ビンゴ bingo [ビンゴウ]

▶ ビンゴ!(当たり, やったの意) *Bingo!*

ひんこん 貧困 poverty [パヴァティ]
貧困問題 the problem of poverty

ひんし 品詞 《文法》a part of speech

ひんしつ 品質 quality [クワリティ]
品質がよい be of high [good] quality；
(品質のよい…) high-quality
品質が悪い be of poor quality；(品質 の悪い…) poor-quality

▶ 品質のよい [悪い] 車
a *high-quality* [*poor-quality*] car

ひんじゃく 貧弱な poor [プア]

びんしょう 敏しょうな quick [クウィック]

ピンセット tweezers[トゥウィーザズ] (▶「ピ ンセット」はフランス語から)

びんせん 便せん letter paper, writing paper；(1冊の)a letter pad, a writing pad

ピンチ a pinch [ピンチ], a fix [フィックス] → きき

▶ ピンチなんだ!
I'm in a *pinch*! / I'm in a *fix*! / (お金が ない) I don't have any money!
ピンチヒッター a pinch hitter

ヒント a hint [ヒント]

▶ ヒントを出す give a *hint*

▶ ヒントを得る get a *hint*

▶ ヒントをください. Give me a *hint*.

ピント (a) focus [フォウカス] (▶「ピント」は オランダ語の *brandpunt* から)

▶ ピントを合わせる focus on

▶ ピントが合っている be in *focus*

▶ ピントがずれている be out of *focus*

ぴんと (強く張る)tight [タイト], tightly

▶ ロープをもっとぴんと伸ばして.
Pull the rope *tighter*.

ひんぱん 頻繁に often [オ(ー)フン] →しば しば

びんぼう 貧乏 poverty [パヴァティ]
貧乏な poor [プア] (反) 金持ちの rich) → まずしい

▶ リンカーンは貧乏な家に生まれた.
Lincoln was born in a *poor* family.
貧乏人 a poor person；(総称そう) the poor, poor people

ピンポン ping-pong [ピンポ(ー)ング] (▶ もとは商標名)；(正式名) table tennis

six hundred and eighty-seven **687**

ふフ ふフ ふフ

ふ 府 a prefecture [プリーフェクチァ] →けん¹
府立の prefectural →ふりつ
▶ 京都府 Kyoto *Prefecture*

ぶ 部

1 (クラブ) a **club** [クラブ] ; (運動部) a team [ティーム] →ぶかつ (どう)
▶「何部に入っているの？」「美術部だよ」"Which *club* are you in?" "I'm in the art *club*."
部員 →ぶいん
部活(動) →ぶかつ (どう)
部室 →ぶしつ

2 (部分) a **part** [パート] ; (大学の学部) a school [スクール], a faculty [ファカルティ] ; (会社の部署ぶ) a department [ディパートゥメント]
▶ 第 1 部 *Part* 1
▶ 営業部 the sales *department*
▶ 兄は医学部に通っている． My brother goes to a *school* of medicine.

3 (冊) a copy [カピィ]
▶ このページを 5 部コピーしてください．Make five *copies* of this page.

ファースト (野球) (1 塁ホ) first base [ファ〜スト ベイス] ; (1 塁手) a first baseman
ファーストネーム a first name
▶ ビルとはファーストネームで呼び合う仲だ．I'm on a *first-name* basis with Bill.

ファーストフード →ファストフード
ぶあいそう 無愛想な unfriendly [アンフレンドゥリィ] ; blunt [ブラント]

ファイト (闘志ど) fight [ファイト]
▶ (かけ声で) ファイト！*Fight* it out!

ファイル a file [ファイル]
ファイルする file
ファイル形式 file format [フォーマット]
ファイル名 a file name

ファインプレー an outstanding [アウトゥスタンディング] play

ファウル (競技の反則) a foul [ファウル] ; (野球の) a foul
ファウルする foul

ファウルフライ a foul fly
ファウルボール a foul ball

ファストフード fast food [ファスト フード]
▶ ファストフードの店 a *fast-food* restaurant

ファスナー (米) a zipper [ズィパァ], (英) a zip [ズィップ] ; (留め具) (英) a fastener [ファスナァ]
ファスナーを上げる[しめる] zip up
ファスナーを下げる[あける] unzip

ファックス (a) fax [ファックス] (▶ fax は facsimile の略)
▶ ファックスを受け取る receive a *fax*
▶ その地図をファックスしてあげる．I'll send you the map by *fax*. / I'll *fax* you the map.

ファッション (a) fashion [ファション]
ファッション雑誌 a fashion magazine
ファッションショー a fashion show
ファッションデザイナー a fashion designer
ファッションモデル a (fashion) model

ファミコン (テレビゲーム) a video game (▶「ファミコン」はテレビゲーム用コンピューターの商標名)

ファミリー a family [ファミリィ]
ファミリーレストラン a family restaurant

ふあん 不安 anxiety [アングザイアティ], uneasiness [アンイーズィネス]
不安な anxious [アン(ク)シャス], uneasy [アンイーズィ]

> ✏️ **ライティング**
> 中学に入学したときは不安でいっぱいでした．I started junior high with my heart full of anxiety.

ファン a fan [ファン]
▶ ぼくはジャイアンツファンだ． I'm a Giants *fan*. / I'm a *fan* of the Giants.
ファンクラブ a fan club
ファンレター a fan letter
ファンタジー fantasy [ファンタスィ]

◀ **ブーム**

ファンタジー小説 a fantasy novel [ナヴ(ェ)ル]

ふあんてい 不安定な unstable [アンステイブル]

ファンファーレ a fanfare [ファンフェア]

ふい 不意に suddenly [サドゥンリィ]

フィアンセ (男) my fiancé; (女) my fiancée (▶発音はどちらも [フィーアーンセイ], ともにフランス語から)

フィート a foot [フット] (複数) feet) (▶長さの単位で, 1 フィートは約30.48cm; ft. と略す)

フィールド (競技) a field [フィールド] (対 トラック track)
フィールド競技 a field event

フィギュア (人形) a figurine [フィギュ(ア)リーン]
フィギュアスケート figure skating

フィクション (a) fiction [フィクション]

ブイサイン a V sign [ヴィー サイン] (▶ V サインは victory (勝利) や peace (平和) を表す)

▶ V サインをする
make a V sign

フィナーレ a finale [フィナーレ]
フィニッシュ a finish [フィニシ]
フィフティーン fifteen [フィフティーン]
フィリピン the Philippines [フィリピーンズ]
フィリピン(人)の Philippine, Filipino [フィリピーノウ]
フィリピン人 a Filipino

フィルター a filter [フィルタァ]
フィルム (a) film [フィルム]
▶ カラーフィルム (a) color film

ぶいん 部員 a member [メンバァ]
▶ 私はソフトボール部の部員です.
I'm a *member* of the softball team.
▶ うちの部には部員が20人いる. Our club has twenty *members*. (▶運動部のときは club のかわりに team を使う)

フィンランド Finland [フィンランド]
フィンランド(人・語)の Finnish
フィンランド人 a Finn [フィン]

ふう¹ 風 **1** (やり方) a way [ウェイ]
▶ こんなふうにやってください.

Please do it this *way* [*like* this].
▶ どういうふうにやればいいの?
How should I do it?
2 (様式) (a) style [スタイル] →-しき; (人のようす) a look [ルック]
▶ 和風サラダ Japanese-*style* salad
▶ その人は学生風でした. He *looked like* a student. (▶女性なら主語は She)

ふう² 封 seal [スィール]
ふうき 風紀 (公共の道徳) public morals [パブリック モ(ー)ラルズ]; (規律) discipline [ディスィプリン]

ふうけい 風景 scenery [スィーナリィ]; (ながめ) a view [ヴュー] →けしき, ながめ
▶ わたしたちは美しい風景を楽しんだ.
We enjoyed beautiful *scenery*.
風景画 a landscape [ランドゥスケイプ]

ふうし 風刺 (a) satire [サタイア]
ふうしゃ 風車 a windmill [ウィンドゥミル]
ふうしゅう 風習 (a) custom [カスタム]
ふうしん 風しん rubella [ルーベラ]
ふうせん 風船 a balloon [バルーン]
▶ 風船をふくらます blow up a *balloon*
▶ 風船が割れちゃった.
The *balloon* broke [burst].
風船ガム bubble [バブル] gum

ふうそく 風速 wind speed, the speed of the wind
▶ 風速は20メートルだった. The wind blew 20 meters per second.
風速計 an anemometer [アネモメタァ]

ふうぞく 風俗 (習慣) manners [マナァズ]; (習慣) (a) custom [カスタム]
風俗習慣 manners and customs

ブーツ a boot [ブート] (▶ふつう複数形で使う)
▶ ブーツをはく put on *my* boots / (はいている) wear *my* boots

フード (洋服の) a hood [フッド]
ふうとう 封筒 an envelope [エンヴェロウプ]
プードル (動物) poodle [プードゥル]
ふうふ 夫婦 a (married) couple [(マリド)カプル], husband and wife →ふさい
▶ 2人は夫婦です. They're *husband and wife*. / They're a *married couple*.
▶ 新婚の夫婦 a newly-married *couple*

ブーブー oink [オインク] (▶ブタの鳴き声)
ブーム (にわか景気・急激な人気) a boom [ブーム]; (一時的な流行) a fad [ファッ

six hundred and eighty-nine 689

フーリガン ▶

ド], (a) fashion [ファション]
ブームである (流行している) be popular,
be in
ブームになる boom
フーリガン a hooligan [フーリガン]
ふうりょく 風力 wind force
風力発電 wind power generation [ヂェ
ネレイション]
風力発電所 a wind farm
ふうりん 風鈴 a wind chime [チャイム]
プール a (swimming) pool [プール]
▶ 屋内プール an indoor (swimming) pool
ふうん 不運 bad luck [ラック]
不運な unfortunate [アンフォーチ(ュ)ネト],
unlucky [アンラキィ]
▶ 不運な年 an unlucky year
▶ 不運なことに, ボールは投手の顔に当たった.
Unfortunately, the ball hit the
pitcher in the face.
ふーん huh [ハ]
▶ ふーん, そんなの信じられない.
Huh? I can't believe it.
ふえ 笛 (縦笛) a recorder [リコーダァ]; (横
笛) a flute [フルート]; (合図の) a whistle
[(フ)ウィスル]
笛を吹く (楽器の) play the recorder
[flute]; (合図の) blow a whistle
▶ 笛を吹いたら競技をやめなさい. Stop
the game when I blow the whistle.
フェア¹ (公明正大な) fair [フェア]
▶ そんなのフェアじゃないよ. It's not fair.
フェアプレー fair play
フェア² (展示会) a fair [フェア]
▶ ブックフェア a book fair
フェイクニュース fake news [フェイク
ニューズ]
ふえいせい 不衛生 unsanitary [アンサニ
テリィ]
フェイント a feint [フェイント]
フェイントをかける feint
ブエノスアイレス (地名) Buenos
Aires [ブウェイノス エ(ア)リーズ]
フェリー(ボート) a ferryboat [フェリボウ
ト], a ferry

ふえる 増える

(数量が) **increase** [インクリース], **go up**
(反 減る decrease); (体重などが) **gain**
[ゲイン] (反 減る lose)

▶ 体重が3キロ増えたよ.
I have gained three kilograms.

> 🔲 プレゼン
> 世界人口が増えています.
> The world's population is
> increasing.

フェンシング fencing [フェンスィング]
フェンシングをする fence
フェンス a fence [フェンス]
フォアボール 《野球》 a base on balls,
a walk [ウォーク]
フォーク (食事用の) a fork [フォーク]; 《野
球》 (フォークボール) a forkball
▶ (1組の) ナイフとフォーク (a) knife and
fork (▶この場合 fork には a をつけない)
フォーク(ソング) a folk song [フォウク
ソ(ー)ング]
フォークダンス a dance [ダンス] (▶
folk dance は「民族舞踊」)
フォーマット a format [フォーマト]
フォーマットする format
フォーマル フォーマルな formal [フォーマ
ル]
フォーム (a) form [フォーム]
▶ 投球フォーム my pitching form
フォワード 《競技》 a forward [フォーワド]
(反 バック back)
ぶか 部下 (集合的に) my people [ピープ
ル], my staff [スタフ] (▶1人をいう場合は
one of my people などと表す)
▶ 吉田君は私の部下だ.
Mr. Yoshida works for me.

ふかい¹ 深い

deep [ディープ] (反 浅い shallow); (霧
などが) **thick** [スィック], **dense** [デンス]
▶ 深い川 a deep river
▶ 深い森 a deep forest / a thick forest
▶ この湖はここがいちばん深い.
This lake is deepest here.
▶ けさは霧が深かった. There was a
dense [thick] fog this morning.
▶ 子どもたちは深い眠りに落ちた.
The children fell into a deep sleep.
深く deep; (比ゆ的に) deeply
▶ もっと深く穴を掘って.
Dig the hole deeper.
▶ ご厚意に深く感謝いたします.

690 six hundred and ninety

◀ **ぶかつ(どう)**

I'm *deeply* grateful for your kindness.

ふかい[2] 不快な unpleasant [アンプレズント]

不快指数 a discomfort index ; (湿温指数) a temperature-humidity index

ふかさ 深さ depth [デプス]

▶「このプールはどのくらいの深さがあるの？」「1.3メートルだよ」
"How *deep* is this pool? / What is the *depth* of this pool?" "It's 1.3 meters *deep* [in *depth*]."

ぶかつ(どう) 部活(動)

🗣スピーキング

① **何部に所属しているか**
🅐 きみたちは何部なの？
What club or team do you belong to?
🅑 私は演劇部．
I'm in the drama club.
🅒 ぼくは野球部だ．
I'm on the baseball team.
🅓 私は剣道部だよ．
I'm a member of the *kendo* team.

② **活動状況について**
🅐 あなたの学校にはクラブがいくつあるの？

club activities [アクティヴィティズ]

▶ 今日はサッカーの部活があるんだ．
I have soccer *team practice* today.

🗣スピーキング
🅐 部活は何をやってるの？
What club are you in?
🅑 英語部です．
I'm in the English club.

▶ 今日は部活をサボった．
I skipped today's *club activities*.
▶ 部活は合唱部に入った．

How many clubs and teams do you have in your school?
🅑 21です．文化部が8つと運動部が13．
Twenty-one — 8 culture clubs and 13 sports teams.
🅐 練習は週に何回？
How many times a week do you practice?
🅑 4回です．ときどき朝練もするんです．
Four times a week. Sometimes we practice early in the morning.

おもな部活動 (運動部のうち，チームを構成する部は team ともいう)

● **文化部 culture clubs**
囲碁部 *go* (-game) club
英語部 English club
園芸部 gardening club
演劇部 drama club
科学部 science club
華道部 flower arrangement club
コーラス部 chorus, choral club
コンピューター部 computer club
茶道部 *sado* club, tea ceremony club
写真部 photography club
将棋部 *shogi* club, Japanese chess club
書道部 calligraphy club
新聞部 newspaper club
美術部 art club
ブラスバンド部 brass band, (brass) band club

文芸部 literature club
放送部 broadcasting club
漫画部 cartoon club
● **運動部 sports teams**
剣道部 *kendo* team
サッカー部 soccer team
柔道部 judo team
水泳部 swimming team
すもう部 *sumo* (wrestling) team
ソフトボール部 softball team
体操部 gymnastics team
卓球部 table tennis team
テニス部 tennis team
バスケットボール部 basketball team
バドミントン部 badminton team
バレーボール部 volleyball team
野球部 baseball team
陸上競技部 track-and-field team

six hundred and ninety-one　**691**

ふかのう ▶

I joined the choral *club*.

ふかのう 不可能な

impossible [インパスィブル] (仮) 可能な possible)

▶ 力を合わせれば，不可能なんてないよ.
If we work together, nothing is *impossible*.

表現力
(〜が) …するのは不可能だ
→ It is impossible (for 〜) to … .

▶ 5時までにこの仕事を終わらせるのはぼくには不可能だよ.
It's impossible for me *to* finish this job by five. (▶×I am impossible to ... とはいわない) / I *can't* finish this job by five.

ふかんぜん 不完全な imperfect [インパ〜フェクト] (仮) 完全な perfect)

ぶき 武器 a weapon [ウェポン]；(総称) arms [アームズ]

▶ 武器をとる take up *arms*

ふきかえ 吹き替え dubbing [ダビング]
吹き替える dub [ダブ]

ふきけす 吹き消す blow [ブロウ] out

ふきげん 不機嫌な in a bad mood[ムード], in a bad temper [テンパァ]

▶ 母は今日はなぜか不きげんだった.
My mother was *in a bad mood* for some reason today. (▶ mood は temper でもよい)

ふきこむ 吹き込む blow [ブロウ] into；(録音する) record [リコード]

ふきそく 不規則な irregular [イレギュラァ] (仮) 規則的な regular)
不規則動詞 《文法》an irregular verb

ふきだす 吹き出す (笑う) burst [バ〜スト] out laughing [ラフィング]

ふきつ 不吉な unlucky [アンラキィ] (仮) 幸運な lucky)

ふきとばす 吹き飛ばす (風が) blow away, blow off →ふく²

▶ 風で帽子を吹き飛ばされた.
My hat *was blown off.*

ぶきみ 不気味な weird [ウィアド]

ふきゅう 普及する become popular [パピュラァ], spread [スプレッド]

プレゼン
スマホはかなり**普及しています**.
Smartphones have become quite popular. / Smartphones have come into wide use.

ふきょう 不況 (a) recession [リセション]；(a) depression [ディプレション] →ふけいき

ぶきよう 不器用な clumsy [クラムズィ]

▶ ぼくは手先が不器用だ. I'm *clumsy* with my hands. / I'm *all thumbs.*

ふきん¹ 付近 (a) neighborhood[ネイバフド]
付近の nearby [ニアバイ], neighboring
付近に,付近で near, by, around

▶ この付近にはコンビニが多い.
There are many convenience stores in this *neighborhood*.

ふきん² 布きん (食器用の) a dishtowel [ディシタウ(エ)ル]

ふく¹ 服

clothes [クロウズ] (▶複数形で使う)；(女性・子どものワンピース) a **dress** [ドゥレス]；(スーツ) a **suit** [スート]

▶ 服を着る
put on my *clothes* / get dressed

▶ 服をぬぐ
take off my *clothes* / get undressed

▶ 服を着がえる change my *clothes*

▶ 新しい服を着ている wear new *clothes*

▶ 早く服を着なさい. Put on your *clothes* quickly. / Get dressed quickly.

▶ 先生は今日は茶色の服を着ていた.
Our teacher was wearing a brown *suit* today.

▶ その服，すごく似合ってる.
You look really nice in that *dress*.

参考 服のいろいろ
学生服 a school uniform[ユーニフォーム]
体操服, 体操着 gym clothes
　(▶×jersey とはいわない)
子ども服 children's clothes[wear]
紳士服 men's clothes [wear]
婦人服 women's clothes [wear],
　ladies' clothes [wear]
和服 Japanese clothes / (着物) a kimono

692 six hundred and ninety-two

◀ ふくらます

ふく 2 **吹く**

1 (風が) blow [ブロウ]
▶ 風が強く吹いている.
It *is blowing* hard. (▶ The wind is .... としてもよい)
▶ 今日は全然風が吹かない.
There's no wind at all today.
2 (管楽器を) **play** [プレイ], **blow**
▶ マイクはホルンを吹くのがうまい.
Mike *plays* the horn well.

ふく 3 拭く **wipe** [ワイプ], **clean** [クリーン]; (水分をふきとる) **dry** [ドゥライ]
▶ 窓をふく
wipe a window
▶ ほらタオル. 顔をふきなさい.
Here's a towel. *Dry* your face.

ふく- 副… (人) vice- [ヴァイス]; (補充的な) supplementary [サプリメンタリ]
▶ 副会長 a *vice*-chairperson
▶ 副社長 a *vice*-president
▶ 副大統領 a *vice*-president
▶ 副校長
a *vice*-principal / an *assistant* principal
▶ (部活動などの) 副部長
(文化部の) a *vice*-president / (運動部の) a *vice*-captain

フグ (魚) a **blowfish** [ブロウフィシ] (複数 blowfish), a **globefish** [グロウブフィシ] (複数 globefish)

ふくざつ 複雑な **complicated** [カンプリケイティド] (反 簡単な simple)
▶ 計算がすごく複雑だった.
The calculations were terribly *complicated*.
▶ その話を聞いて複雑な気持ちになった.
I had *mixed* feelings when I heard the story.

ふくさよう 副作用 a side effect [サイド イフェクト]

ふくし 1 福祉 welfare [ウェルフェア]
▶ 社会福祉 social *welfare*
福祉国家 a *welfare* state
福祉事業 *welfare* work
福祉施設 *welfare* facilities

ふくし 2 副詞《文法》 an adverb [アドゥヴァ～ブ] (▶ ad. または adv. と略す)

ふくしゃ 複写 a copy [カピイ] →コピー
複写する copy, make a copy

複写機 a copy(ing) machine, a copier

ふくしゅう 1 復習《米》(a) review [リヴュー], 《英》revision [リヴィジョン]
復習する《米》review, 《英》revise [リヴァイズ]
▶ この前の授業の復習をしましょう.
Let's *review* the last class [lesson].

ふくしゅう 2 復讐 revenge [リヴェンヂ]
復讐する take revenge (on)

ふくじゅう 服従する obey [オベイ] →したがう

ふくすう 複数《文法》plural [プル(ア)ラル] (number), (▶ pl. と略す) (対 単数 singular (number))

ふくせい 複製 (a) reproduction [リープロダクション]; (美術品) a replica [レプリカ]

ふくせん 複線 (鉄道)a double track [ダブル トゥラック]

ふくそう 服装 clothes [クロウズ], (a) dress [ドゥレス] →ふく 1
▶ 美緒は服装にうるさい.
Mio is very particular about her *clothes*.
▶ 兄は服装に無とんちゃくだ.
My brother doesn't care about his *clothes*.

ふくつう 腹痛 (a) stomachache [スタマクエイク]
▶ ひどい腹痛がする.
I have a bad *stomachache*.

ふくびき 福引き a lottery [ラタリィ]

ふくぶくろ 福袋 a grab [グラブ] bag of unknown [アンノウン] contents

ふくむ **含む**

(成分として) contain [コンテイン]; (全体の一部として) include [インクルード] (▶いずれも進行形にしない)
▶ 牛乳はカルシウムをふくんでいる.
Milk *contains* calcium.
▶ これは消費税をふくんだ金額ですか.
Does this price *include* the consumption tax?

ふくめる 含める include [インクルード]
▶ 部員はぼくをふくめて15人だ.
There are 15 members on the team, *including* me.

ふくらはぎ a calf [キャフ] (複数 calves)
ふくらます 膨らます blow [ブロウ] up

six hundred and ninety-three **693**

ふくらむ

- パパ, この風船, ふくらまして.
  Blow up this balloon, Daddy.
- その少女は希望に胸をふくらませていた.
  The girl *was full of* hope.

ふくらむ 膨らむ swell [スウェル]

ふくれる 膨れる（物が）swell [スウェル]；（すねる）sulk [サルク]；（口をとがらせる）pout [パウト]
- そうふくれるな.
  （すねるな）Don't *sulk* like that. /（ふくれっつらするな）Don't *pout* like that.

ふくろ 袋

a **bag** [バッグ]
- 紙ぶくろ
  a paper *bag*
- ビニールぶくろ, レジぶくろ
  a plastic *bag*
- 買い物ぶくろ
  a shopping *bag*
- （店などで）ふくろに入れてもらえますか.
  Can you put it in a *bag*?

フクロウ（鳥）an owl [アウル] →とり（図）

ふくわじゅつ 腹話術 ventriloquism [ヴェントゥリロクウィズム]
腹話術師 a ventriloquist [ヴェントゥリロクウィスト]

ふけいき 不景気 hard times, bad times（▶複数形で使う）, (a) depression [ディプレション]；(a) recession [リセション]
- 最近は不景気だ.
  Times are *hard* [*tough*] these days.

ふけいざい 不経済な uneconomical [アンイーコナミカル]（反 経済的な economical）
- 大きい車は不経済だ.
  A big car is *uneconomical*.

ふけつ 不潔 dirty [ダ〜ティ]
- うちの部室は少し不潔だ.
  Our clubroom is a bit *dirty*.

ふける¹（熱中する）be absorbed [アブソーブド]（in）
- 子どもたちはテレビゲームにふけっていた.
  The children *were absorbed in* (playing) video games.

ふける² 老ける grow old
- 田村さんは年のわりにふけて見える.
  Mr. Tamura looks *old* for his age.

ふける³ 更ける get late, become late；（ふけている）be late
- 夜もだいぶふけてきたね.
  It's *getting* very *late*.

ふけんこう 不健康 unhealthy [アンヘルスィ]

ふこう 不幸 unhappiness [アンハピネス]（反 幸福 happiness）
不幸な unhappy（反 幸福な happy）；（不運な）unfortunate [アンフォーチ(ュ)ネト]
- 彼は不幸な人生を送った.
  He led an *unhappy* life.
不幸にも unfortunately

ふごう 符号 a sign [サイン], a mark [マーク]
- プラス [マイナス] の符号
  a plus [minus] *sign*

ふごうかく 不合格 failure [フェイリャ]（反 合格 pass）
不合格になる fail,（口語）flunk
- 今日の小テストは不合格だった.
  I *failed* [*flunked*] today's quiz.

ふこうへい 不公平な unfair [アンフェア]

ふごうり 不合理な unreasonable [アンリーズナブル]

ふさ 房（果実の）a bunch [バンチ]；（毛糸などの）a tuft [タフト]
- バナナ 1 ふさ a *bunch* of bananas

ブザー a buzzer [バザァ]
- ブザーを押す press a *buzzer*

ふさい 夫妻 husband and wife →ふうふ
- 松田夫妻 *Mr. and Mrs.* Matsuda

ふさがる（傷口などが）close [クロウズ], be closed；（使用中である）be occupied [アキュパイド]
- 傷口がようやくふさがった.
  The wound finally *closed*.

ふさく 不作 a poor crop [クラップ], a bad crop
- ことしは米は不作だった.

◀ ふじゆう

We had a *poor* [*bad*] *crop* of rice this year.

ふさぐ (道路などを) block [ブロック] (up); (穴などを) cover [カヴァ]

▶ トラックが道路をふさいでいるよ.
A truck *is blocking* (*up*) the road.

▶ 子どもたちがうるさいので, 私は耳をふさいだ.
The children were so noisy I *covered* my ears.

ふざける (冗談を言う) joke [ヂョウク]; (からかう) kid [キッド]; (はしゃぎまわる) romp [ランプ] around

▶ ふざけるな.
(冗談はよせ) Stop *joking*. / (ばかなことを言うな) Don't *be silly*.

▶ ふざけるのはやめなさい.
Stop *fooling around*! / Stop *kidding around*!

▶ ふざけて言ってるんだろ?
Are you *kidding*? / No *kidding*?

▶ 子どもたちは雪の中でふざけていた.
The children *were romping around* in the snow.

ふさわしい right [ライト], suitable [スータブル]《for》

▶ ぼくなんて学級委員にはふさわしくないよ.
I'm not the *right* person *for* the class representative.

ふさんせい 不賛成 disapproval [ディサプルーヴ(ァ)ル] →はんたい

ふし 節 (木の) a knot [ナット]; (竹・関節などの) a joint [ヂョイント]; (曲) a melody [メロディ]

フジ 《植物》(a) wisteria [ウィスティ(ア)リア]

ぶじ 無事

(安全) safety [セイフティ]; (健康) good health [ヘルス]

無事な safe; (けががない) all right
無事に safely, safe and sound

▶ 私たちはみんな無事に帰宅した.
We all arrived home *safely* [*safe and sound*].

▶ あなたが無事でよかった.
I'm glad you're *all right*.

🗨 スピーキング

Ⓐ ご無事で, よい旅を.
Have a nice trip.

Ⓑ ありがとう.
Thank you.

ふしぎ 不思議

(不思議なこと) (a) wonder [ワンダァ]; (不可解なこと) (a) mystery [ミステリ]

不思議な strange [ストゥレインヂ]; (不可解な) mysterious [ミスティ(ア)リアス]

不思議に思う wonder

▶ 世界の七不思議
the Seven *Wonders* of the World

▶ 今日, 不思議なことが起こった.
Something *strange* happened today.

▶ どうしてうちのチームが負けたのか不思議だ.
I *wonder* why our team lost.

▶ きみのお母さんが怒っても何の不思議もないぞ.
No *wonder* your mom got angry.

ふしぜん 不自然な unnatural [アンナチ(ュ)ラル] (反 自然な natural)

ぶしつ 部室 a clubroom [クラブルーム]

ふじゆう 不自由な **1** (不便な) inconvenient [インコンヴィーニェント]

不自由 (an) inconvenience

▶ 携帯電話は持ってないけど, 不自由は感じない.
I don't have a cellphone, but I don't feel any *inconvenience*.

2 (障害のある) disabled [ディスエイブルド], 《米》challenged [チャレンヂド]

▶ 体の不自由な physically *challenged* / physically *disabled*

▶ 目の不自由な人たち
the visually *challenged* (people)

▶ 彼は耳が不自由だ.
He is *hard of* hearing.

ふじゅうぶん ▶

ふじゅうぶん 不十分な not enough [イナフ]

ふじゅん¹ 不順な (変動しやすい)unstable [アンステイブル] ; (不規則な) irregular [イレギュラァ]

ふじゅん² 不純な impure [インピュア]

ふしょう 負傷する be injured [インヂャド], be wounded [ウーンディド]
負傷者 an injured person, a wounded person

ぶしょう 無精な lazy [レイズィ]

ぶじょく 侮辱 (an) insult [インサルト]
侮辱する insult [インサルト]
▶ 彼は私を人前で侮辱した.
He *insulted* me in public.

ふしん 不審な suspicious [サスピシャス]

ふじん¹ 婦人 a woman [ウマン] (複数) women [ウィミン] ; a lady [レイディ] (▶ woman よりていねいな語) (対 紳士 gentleman) →おんな
▶ あそこにいるご婦人をごぞんじですか.
Do you know that *lady* over there?
婦人用の women's, ladies'
▶ 婦人用の時計 a *ladies'* watch
婦人服 women's wear, ladies' wear

ふじん² 夫人 a wife [ワイフ] (複数) wives) ; (敬称(けいしょう)) Mrs. [ミスィズ]
▶ 高橋夫人 *Mrs.* Takahashi

ふしんせつ 不親切な unkind [アンカインド] (反 親切な kind)

ふすま a *fusuma*, a Japanese paper sliding door

ふせい 不正な dishonest [ディスアネスト]
不正をする cheat [チート]

ふせいこう 不成功 failure [フェイリャ]

ふせぐ 防ぐ (未然に) prevent [プリヴェント] ; (危害などから守る) protect [プロテクト]
▶ 交通事故を (未然に) 防ぐ
prevent traffic accidents

ふせん 付せん a slip [スリップ] ; a Post-it [ポストゥイット] (▶ Post-it は商標)

ふせんしょう 不戦勝
▶ 不戦勝で勝つ
win by default / win without playing

ぶそう 武装する arm [アーム] *myself*

ふそく 不足

(a) shortage [ショーテヂ], (a) lack [ラック]
不足の short

不足する lack, run short (of)
▶ この夏は深刻な水不足だった.
There was a serious water *shortage* this summer.
▶ 睡眠(すいみん)不足で体がだるい.
I feel tired from *lack* of sleep.
▶ 資金が不足してきたよ.
We're *running short of* funds.
▶ 私は運動不足だ.
I *don't* get *enough* exercise.

ふぞく 付属する be attached [アタッチト] (to)
▶ この高校は A 大学の付属です.
This high school *is attached to* A University.
付属品 accessories [アクセサリィズ]

ふた (箱・なべなどの) a lid [リッド] ; (びんなどの) a cap [キャップ], a top [タップ]
▶ この箱にふたをしてください.
Put the *lid* on this box. / Cover this box with its *lid*.
▶ 彼はびんのふたを開けた.
He took off the bottle *cap*.

ふだ 札 (下げ札) a tag [タッグ] ; (はり札) a label [レイベル] ; (トランプの) a card
▶ 名札 a name *tag*
▶ 値札 a price *tag*

ブタ 豚 (動物) a pig [ピッグ] ; (成長したブタ) (米) a hog [ホ(ー)グ]
ブタ小屋 a pigpen [ピグペン]
ぶた肉 pork [ポーク] →にく (表)

ぶたい 舞台 a stage [ステイヂ]

ふたご 双子 twins [トゥウィンズ] (▶ どちらか一方をいうときは a twin)
▶ 双子のきょうだい
twin brothers [sisters]
▶ 私は双子だ (→双子の 1 人だ).
I'm a *twin*.
ふたご座 the Twins, Gemini [ヂェミナイ]

ふたたび 再び again [アゲン], once again →また¹

ふたつ 二つ(の) →に¹

two [トゥー]
▶ チーズバーガーを 2 つください.
Two cheeseburgers, please.
▶ 母はリンゴを 2 つに切った.
Mother cut the apple in *two*.
▶ 2 つとも必要なの？

◀ **ふっきん**

Do you need *both* of them? →りょう
ほう

ふたり 二人

two people, two persons

▶ 2 人はどこで知り合ったの？
Where did you *two* first meet?

▶ 彼らは 2 人とも高校生です.
They are *both* high school students.
／ *Both* of them are high school students.

ふたん 負担 a burden ［バ〜ドゥン］

ふだん （ふつうは）usually ［ユージュアリイ］；
（いつも）always ［オールウェズ］ →いつも
ふだんの usual

▶ 私はふだんから健康に気をつけている.
I *always* take care of my health.

▶ 今日はふだんより帰りがおそかった.
I got home later (than *usual*).

✎ ライティング

私は**ふだん** 7 時に起きます.
I usually get up at seven.

ふだん着 casual ［キャジュアル］ clothes
［wear］

ふち 縁 an edge ［エッヂ］；（眼鏡などの）a
rim ［リム］

▶ 赤いふちの眼鏡 red-*rimmed* glasses

ふちゅうい 不注意な careless ［ケアレス］
（反 注意深い careful）

▶ テストで不注意なミスをした.
I made some *careless* mistakes on
the test.

▶ さいふをなくすなんて不注意だよ.
It was *careless* of you to lose your
wallet.

ふちょう 不調 disorder ［ディスオーダァ］

ぶちょう 部長 a general manager ［ヂェ
ネラル マネヂャ］；（学校のクラブなどの）the
head；（運動チームの）a captain ［キャプテ
ン］

▶ ぼくはサッカー部の部長に選ばれた.
I was elected *captain* of the soccer
team. （▶ 1 名しかいない役職名には a や
the はつけないことが多い）

ぶつ （なぐる）hit ［ヒット］ →なぐる

▶ ぶたないでよ. Don't *hit* me.

ふつう¹ 普通(は) →いつも，たい
てい

usually ［ユージュアリイ］

ふつうの usual, ordinary ［オーディネリイ］；
（平均的な）average ［アヴ（ェ）レヂ］

▶ ふつうの人々 *ordinary* people

▶ ふつう何時に寝てるの？
What time [When] do you *usually*
go to bed?

▶ ぼくの成績はふつう(→平均)以上[以下]だ.
My grades are above [below]
average.
普通科 a general course
普通名詞《文法》a common noun
普通郵便 ordinary mail
普通列車 a local train

ふつう² 不通

▶ 上越線は雪のため不通になった.
Service on the Joetsu Line *was
suspended* because of snow.

ふつか 二日（日付）second ［セカンド］，（日
数）(for) two days

▶ 4 月 2 日 April (the) *second*

ぶっか 物価 prices ［プライスィズ］

▶ 東京は物価が高い.
Prices are high in Tokyo.

ふっかつ 復活 (a) revival ［リヴァイヴァル］
復活する revive, come back
復活祭 Easter ［イースタァ］ (Day) →イース
ター

ぶつかる

1 （当たる）hit ［ヒット］, run into

▶ 何かが頭にぶつかった.
Something *hit* me on the head. （▶
on ˟my head とはいわない）

▶ 交差点で車が自転車とぶつかった.
A car *ran into* a bike at the crossing.

2 （出くわす）meet with

▶ 彼は多くの困難にぶつかったが，それを乗
りこえた.
He *met with* a lot of difficulties and
overcame them.

ふっきゅう 復旧する restore ［リストー（ァ）］

ぶっきょう 仏教 Buddhism ［ブ（ー）ディズ
ム］
仏教徒 a Buddhist ［ブ（ー）ディスト］

ぶっきらぼう ぶっきらぼうな blunt ［ブラン
ト］
ぶっきらぼうに bluntly

ふっきん 腹筋 abdominal muscles ［ア

six hundred and ninety-seven **697**

ブック

プドミナル マスルズ], abs [アブズ]（▶よく使われる略した言い方）
腹筋運動 sit-ups

ブック a book [ブック]
　ブックカバー a book jacket [ヂャケット]
ぶつける （投げつける）throw [スロウ]（at）;
　（当てる）hit [ヒット]（against）
▶ 子どもたちは雪玉をぶつけ合った.
　The children *threw* snowballs *at* each other.
▶ 彼はひざを机にぶつけた.
　He *hit* his knee *against* the desk.
ぶっしつ 物質（精神に対して）matter [マタァ]
　物質の material [マティ（ア）リアル]（対 精神の spiritual）
　物質文明 material civilization
ぶつぞう 仏像 an image [イメヂ] of Buddha [ブ(ー)ダ], a statue [スタチュー] of Buddha
ぶったい 物体 an object [アブヂェクト]
▶ UFOは未確認飛行物体の略である.
　UFO stands for an unidentified flying *object*.
ぶつだん 仏壇 a family Buddhist altar [ブ(ー)ディスト オールタァ]
ふっとう 沸騰する boil [ボイル]
▶ 沸とうしているお湯 *boiling* water
ぶっとおし ぶっ通しで（休まずに）without a break →ずっと
▶ 5時間ぶっ通しで運転した. I drove for five hours *without a break*.
フットサル futsal [フットサル]
フットボール （競技）football [フットゥボール]
　（▶（米）ではふつうアメリカンフットボールを，（英）ではサッカーまたはラグビーをさす）（ボール）a football
▶ フットボールをする play *football*
フットワーク footwork [フットゥワ〜ク]

ぶつぶつ ぶつぶつ言う（不平を言う）complain [コンプレイン], grumble [グランブル]；（小さい声で言う）murmur [マ〜マァ]
▶ ぶつぶつ言うのはやめなさい.
　Stop *complaining* [*grumbling*].
ぶつり 物理（学）physics [フィズィクス]（▶単数あつかい）
　物理学者 a physicist [フィズィスィスト]

ふで 筆

（毛筆）a writing brush [ブラシ]；（絵筆）a paintbrush [ペイントゥブラシ]
▶ 父は筆で年賀状を書く.
　My father writes his New Year's cards with a *writing brush*.
▶ 弘法(こうぼう)にも筆の誤り. （ことわざ）
　(Even) Homer sometimes nods.（▶「ホメロス（のような大詩人）でもときには居ねむりをする（→へまをする）」の意味）
　筆箱 a pencil case, a pencil box
　筆ぶしょう
▶ 私は筆ぶしょうです.
　I *seldom write letters*. （▶「筆まめです」なら seldom のかわりに often を使う）
　筆ペン a brush pen
ふていき 不定期の irregular [イレギュラァ]
ふていし 不定詞（文法）an infinitive [インフィニティヴ]
ブティック a boutique [ブーティーク]（発音注意）（▶フランス語から）
ふと （何げなく）casually [キャジュアリィ]；（とつぜん）suddenly [サドゥンリィ]；（ふとしたことで）by chance [チャンス] →ぐうぜん
▶ 彼はふと私の前で立ち止まった.
　He *suddenly* stopped in front of me.
▶ 杏奈(あんな)とはふとしたことから知り合った.
　I got to know Anna *by chance*.

ふとい 太い

（太さが）thick [スィック]（反 細い thin）, big [ビッグ]；（声が）deep [ディープ]；（線・字が）bold [ボウルド]

thick

big

◀ **ふね**

- 兄は腕が太い.
  My brother has *big* [*thick*] arms.
- 太い声 a *deep* voice
- 太い線 a *bold* line

ブドウ
(《植物》) a **grape** [グレイプ]; (木) a (grape) vine (▶ a grape は「1つぶのブドウ」の意味. ふつう複数形 grapes で使う)
- ブドウ1ふさ a bunch of *grapes*
  ぶどう酒 wine
- ぶどう酒はブドウでつくる.
  Wine is made from *grapes*. / *Grapes* are made into *wine*.
  ブドウ畑 a vineyard [ヴィニャド]

ふとうこう 不登校
- 中学生のとき私は不登校でした.
  I *refused to go to school* when I was a junior high school student.

ふとくい 不得意な (へたな) bad [バッド], poor [プア], not good [グッド] (at) (反) 得意な good); weak [ウィーク]

▶表現力
…が不得意だ
→ be not good at … /
be bad at … /
be weak in [at] …

- ぼくは数学が不得意だ.
  I'*m not good at* math. / I'*m bad at* math. / I'*m weak in* [*at*] math.
  不得意科目 *my* weak subject (▶「得意科目」は strong subject)

ふところ 懐 (内ポケット) an inside pocket

ふとさ 太さ thickness [スィックネス]
- その木は太さが2メートルある.
  The tree is two meters *thick*.

ふともも 太もも a thigh [サイ]

ふとる 太る
get fat [ファット], grow fat (反) やせる get thin); (体重が増える) gain weight [ウェイト] (反) やせる lose weight)
太った fat (▶露骨なことばなので相手に向かって使わないほうがよい), overweight [オウヴァウェイト]; (丸々した) chubby [チャビイ], plump [プランプ]; (かっぷくがいい) stout [スタウト]

- 最近太ってきた.
  I'*m getting fatter* these days. / (体重が増えてきた) I'*m gaining weight* these days.
- ことしになって5キロ太った.
  I'*ve gained* five kilograms this year.
- うちの父は太っている.
  My father is *fat*. (▶ heavy, big, large でもよい)

ふとん 布団 a futon (▶英語の futon は敷きぶとんのみをさす); (寝具) bedding [ベディング]; (掛けぶとん) a quilt [クウィルト]; (座ぶとん) a (Japanese) cushion [クション]
- ふとんを敷く
  lay out a *futon* [the *bedding*] / spread out a *futon* [the *bedding*]
- ふとんをたたむ
  fold up a *futon* [the *bedding*]
- ふとんをかたづける
  put away a *futon* [the *bedding*]

フナ (魚) a crucian [クルーシャン] carp (複数 crucian carp)

ふなびん 船便で by sea mail, by surface mail (▶航空便は airmail)
- 私はジムに船便で本を送った.
  I sent Jim a book *by sea mail*.

ふなよい 船酔いする get seasick [スィースィク]

ふね 船
a **ship** [シップ]; (小型の) a **boat** [ボット]
- 船に乗る get on (board) a *ship*
- 船を降りる get off a *ship*
- 船に酔う get *seasick*
- 1日半船に乗っていた.
  We were on the *ship* for one and a half days.
- 船で島に行った.
  I went to the island by *ship* [*boat*].

❶参考 **船の種類**	
フェリー	**a ferry**
遊覧船	**a pleasure boat**
定期船	**a liner**
客船	**a passenger ship**
貨物船	**a cargo ship**
タンカー	**a tanker**

six hundred and ninety-nine **699**

ふねんぶつ ▶

> **用法** ship と boat
> ship は「船」を表す一般的な語だが、おもに大型船をさす。boat はオールや小型エンジンで動く小型の船をさすが、話しことばでは船一般をさすこともある。

ふねんぶつ 不燃物 unburnables [アンバーナブルズ]
ふはい 腐敗する go bad [バッド] →くさる
ふひつよう 不必要な unnecessary [アンネセセリィ]
ふびょうどう 不平等 inequality [イニ(ー)クウァリティ]
ぶひん 部品 parts [パーツ]
▶ 車の部品 car *parts*
ふぶき 吹雪 a snowstorm [スノウストーム]; (大ふぶき) a blizzard [ブリザド]
ぶぶん 部分 (a) part [パート] (対) 全体 whole)
▶ クラスの大部分は出席した.
Most of the class were present.
ふへい 不平 (a) complaint [コンプレイント]
不平を言う complain 《about, of》, grumble [グランブル] 《about, at》
▶ うちのおばあちゃんは食事のことでよく不平を言う.
My grandma often *complains* [*grumbles*] *about* meals.
ふべん 不便 inconvenience [インコンヴィーニェンス] (反) 便利 convenience
不便な inconvenient
▶ 不便を感じる
feel *inconvenience*
▶ うちは不便な所にある.
Our house is (located) in an *inconvenient* place.
ふぼ 父母 my father and mother, my parents [ペ(ア)レンツ]
父母会 a parents' association, a PTA
ふほう 不法な illegal [イリーガル]
不法滞在 an illegal stay
不法投棄 illegal dumping [ダンピング]
ふまじめ 不まじめ
▶ きみはふまじめだ(→もっとまじめにやるべきだ).
You should be more serious.
ふまん 不満 dissatisfaction [ディ(ス)サティスファクション]; (不平) (a) complaint [コンプレイント]
不満である be dissatisfied 《with》, be not satisfied 《with》
不満を言う complain 《about, of》, grumble [グランブル] 《about, at》
▶ 何か不満があったら言いなさい.
If you have any *complaints*, please tell me.

> **プレゼン**
> 大半の生徒は新しい服装の規則に不満をもっています.
> Most of the students are dissatisfied with the new dress code.
> (▶ ... the students aren't satisfied with ... としてもよい)

ふみきり 踏切 a (railroad) crossing [クロ(ー)スィング]
▶ 踏切をわたる
go over a *railroad crossing*

ふむ 踏む step [ステップ] 《on》
▶ 痛い! 足をふまないで.
Ouch! Don't *step on* my foot.
ふめい 不明な unclear [アンクリア], not clear; unknown [アンノウン]
▶ 不明な点がいくつかある.
There're some *unclear* points.
▶ ご不明な点がございましたら(→何か質問がございましたら)ご遠慮なくお問い合わせください.
If you have any questions, please feel free to ask us.
ふめいよ 不名誉な dishonorable [ディスアナラブル]
ふめつ 不滅の immortal [イモートゥル]
ふもと the foot [フット]
▶ 私たちは山のふもとにある小さな旅館に泊まった.

700 seven hundred

◀ プラス

We stayed in a little inn at *the foot of the mountain.*

ふやす 増やす increase [インクリース] (反減らす decrease)

▶ おこづかいを増やして.
Would you please *increase* my allowance?

ふゆ 冬 →きせつ（図）

winter [ウィンタァ] （▶月や曜日とちがって、語頭は小文字で書く）

▶ この冬はとくに寒いね.
This *winter* is especially cold, isn't it?
▶ ぼくは冬のスポーツが好きだ.
I love *winter* sports.
▶ うちの家族は冬はスキーをする.
Our family goes skiing in (the) *winter*.
▶ 去年の冬，札幌の雪まつりを見にいった.
We went to see the Sapporo Snow Festival last *winter*. （▶×in last winter とはいわない）

冬服 winter clothes
冬休み 《米》a winter vacation, 《英》winter holidays

ふゆかいな 不愉快な unpleasant [アンプレズント] (反 愉快な pleasant)

▶ きのう不ゆかいなことがあったんだ.
Something *unpleasant* happened yesterday.

ふよう 不要の，不用の（必要ない）unnecessary [アンネセセリィ]；（役に立たない）useless [ユースレス] (反 役に立つ useful)

不要不急の nonessential [ナンエセンシャル] and non-urgent [ナンア~ヂ(ェ)ント]

▶ 不要不急の外出は控えてください.
Please refrain from *nonessential and non-urgent* outings.

ぶよう 舞踊 dancing [ダンスィング]

▶ 日本舞踊 Japanese *dancing*

フライ[1] （野球）a fly [フライ] (ball)

フライを打つ fly, hit a fly (ball)

フライ[2] （あげ物）deep-fried food [ディープフライド フード]

フライにする（油であげる）deep-fry
▶ エビフライ a *deep-fried* shrimp
フライパン a frying pan

フライト a flight [フライト] →びん[2]

プライド pride [プライド]

フライトアテンダント a flight attendant [フライト アテンダント]

フライドチキン fried chicken

フライドポテト 《米》French fries, 《英》chips [チップス]

プライバシー privacy [プライヴァスィ]

▶ プライバシーの侵害だよ.
You're invading my *privacy*.

プライベート private [プライヴェト]

▶ これはプライベートなことです.
This is *private*.

フライング jumping the gun, a false [フォールス] start

▶ フライングしないで.
Don't *jump the gun*.

ブラインド a blind [ブラインド], 《米》a (window) shade [シェイド]

▶ ブラインドを上げる draw up the *blind*（▶「下ろす」は pull down）

ブラウザー a browser [ブラウザァ]

ブラウス a blouse [ブラウス]

▶ ブラウスを着る put on a *blouse*

プラカード a placard [プラカード]

ぶらさがる ぶら下がる hang (down)

▶ ぼくは木にぶらさがった.
I *hung* from the tree.

ぶらさげる ぶら下げる hang [ハング]

▶ 窓のそばに風鈴をぶらさげた.
I *hung* a wind-bell by the window.

ブラシ a brush [ブラシ]

ブラシをかける brush
▶ 歯ブラシ a tooth*brush*
▶ ヘアブラシ a hair*brush*

ブラジャー a bra [ブラー], a brassiere [ブラズィア] （▶ bra のほうがふつう）

ブラジル Brazil [ブラズィル]

ブラジル(人)の Brazilian [ブラズィリアン]
ブラジル人 a Brazilian

プラス plus [プラス] (反 マイナス minus)

▶ 4プラス5イコール9（4＋5＝9）.
Four *plus* five equals [is] nine.

> 💬 プレゼン
>
> それは自分に**プラス**になった（→自分にとっていい経験になった）と思います.
> I think it was a good experience for me.

プラス思考 positive thinking (反 マイナ

seven hundred and one　701

フラスコ

ス思考 negative thinking)
▶ プラス思考でいこうよ.
Let's think *positively*.

フラスコ a flask [フラスク]

プラスチック (a) plastic [プラスティク]
プラスチックごみ plastic waste [ウェイスト]
プラスチックモデル a plastic model

ブラスバンド a brass [ブラス] band

プラチナ platinum [プラティナム] (記号 Pt)

ぶらつく stroll [ストゥロウル], wander [ワンダァ] (around, about)
▶ 友だちとショッピングモールをぶらついた.
My friends and I *wandered around* the shopping mall.

ブラック ブラック(の) black [ブラック]
▶ コーヒーはブラックでお願いします.
I'd like my coffee *black*.
ブラックユーモア black humor [ヒューマァ]

フラッシュ (写真) (a) flash [フラッシ]
▶ フラッシュがつかないよ.
The *flash* doesn't work.

フラット (音楽) a flat [フラット] (記号 ♭) (反) シャープ sharp); (競技) (きっかり) flat
▶ 100メートルを12秒フラットで走った.
I ran 100 meters in 12 seconds *flat*.

プラットホーム a platform [プラトゥフォーム] →ホーム¹

ロンドンの地下鉄のプラットホーム.

プラネタリウム a planetarium [プラネテ(ア)リアム]

ふらふら ふらふらする (めまいがする) feel dizzy [ディズィ]; (つかれて) be exhausted [イグゾースティド]
▶ 熱が高くて頭がふらふらする.
I have a high fever. I *feel dizzy*.

ぶらぶら ぶらぶらする stroll [ストゥロウル]; wander [ワンダァ] (around, about); (何もしないで) be idle [アイドゥル]

▶ 公園までぶらぶらしようか. Why don't we *stroll* down to the park?
▶ 1日ぶらぶらして(→何もしないで)過ごした.
I've spent all day *idly* [*doing nothing*].

フラミンゴ (鳥) a flamingo [フラミンゴウ] (複数) flamingo(e)s)

プラム (植物) a plum [プラム]

プラモデル a plastic model

プラン a plan [プラン]
プランを立てる plan (to ...), make a plan (for, to ...)
▶ 旅行のプランはもう立てたの? *Have you made a plan for* your trip?

プランクトン plankton [プランクトン]

ぶらんこ a swing [スウィング]
▶ ぶらんこに乗る
get on a *swing* / sit on a *swing*

フランス France [フランス]
フランス(人・語)の French [フレンチ]
フランス語 French →ことば(表)
フランス人 (男性) a Frenchman (複数 Frenchmen); (女性) a Frenchwoman (複数 Frenchwomen); (全体) the French
▶ あの人はフランス人ですか.
Is he [she] *French*?
フランスパン French bread
フランス料理 French food

ブランド a brand [ブランド]
ブランドの brand-name [ブランドネイム]
▶ 母はブランドもののバッグを持っている.
My mother has some *brand-name* bags.
ブランド品, ブランドもの a brand-name product, a brand-name item

ふり¹ 不利 (a) disadvantage [ディスアドヴァンテヂ]
▶ 初めはうちのチームが不利だった.
At the beginning, our team was at a *disadvantage*.

ふり² ふりをする pretend [プリテンド]
▶ あいつは何でも知っているふりをする.
He *pretends* to know everything. / He *pretends* that he knows everything.

-ぶり

1 (…のようす) a way [ウェイ], a manner [マナァ] →しかた

▶ 静男は話しぶりがおだやかだ.
Shizuo has a gentle *way* [*manner*] of talking.

2 (…経過して) →いらい¹, -ご
▶ 20日ぶりに雨が降った. It rained *for the first time in* twenty days.
▶ 3年ぶりにマミに会った. I met Mami *after an interval of* three years.
▶ ここに来たのは何年ぶりだろうね.
How long has it been *since* we last came here?

フリー フリーの free [フリー]
　フリーキック a free kick
　フリーサイズの one-size-fits-all
　フリースタイル (水泳) freestyle swimming；(レスリング) freestyle wrestling
　フリースロー a free throw
　フリーダイヤル (米) a toll-free (phone) number (▶×free dial とはいわない)

フリーザー a freezer [フリーザァ]
フリージア (植物) a freesia [フリージア]
フリース (a) fleece [フリース]
▶ フリースのジャケット [プルオーバー]
a *fleece* jacket [pullover]

フリーズ (コンピューター) フリーズする freeze [フリーズ]
▶ このごろパソコンがよくフリーズする.
The computer often *freezes* these days.

フリーター a part-timer
ブリーフ (パンツ) briefs [ブリーフス]
フリーマーケット (ノミの市) a flea [フリー] market
ふりかえる 振り返る turn around, look back
▶ その女の子はふり返って私を見た.
The girl *looked back at* me.

✏ライティング
この3年間をふり返ると、いろいろなことがありました.
Looking back on the past three years, so many things have happened.

ブリキ tin [ティン], (板) tinplate [ティンプレイト] (▶「ブリキ」はオランダ語から)
▶ ブリキのかん a *tin* can
ふりこ 振り子 a pendulum [ペンヂュラム]
フリスビー a Frisbee [フリズビィ] (▶フリ

スビーは商標)
プリズム a prism [プリズム]
ふりつ 府立の prefectural [プリフェクチュラル]
▶ 府立高校 a *prefectural* high school
ふりつけ 振り付け choreography [コーリアグラフィ]
　振り付け師 a choreographer [コーリアグラファ]

プリペイドカード a prepaid[プリーペイド] card
ふりむく 振り向く turn around, look back
▶ ふり向いてみたが、そこにはだれもいなかった. When I *turned around* [*looked back*], there was nobody there.

ブリュッセル (地名) Brussels [ブラスルズ]
ふりょう 不良の bad [バッド]
　不良少年[少女] a bad boy [girl], a delinquent [ディリンクウェント]
　不良品 a defective product

プリン (a) custard pudding[カスタド プディング] (▶「プリン」は pudding がなまったもの)
プリンター a printer [プリンタァ]
プリント (授業などで配る) a handout [ハンダウト]；(プリントもよう・生地も) (a) print [プリント]
　プリントする print
▶ 前回の授業のプリントをもらえませんか.
Can I have a *handout* from the last class?

ふる¹ 降る

1 (雨が)rain[レイン]；(雪が)snow[スノウ](▶いずれも it を主語にする)
▶ 雨 [雪] が降っている.
It's *raining* [*snowing*].
▶ 雨が降ったりやんだりしている. It's been *raining* on and off [off and on].
▶ 雨が降りそうだ. It looks like *rain*.
▶ この冬はほとんど雪は降らなかった.
We *had* little *snow* this winter.

✏ライティング
去年は雪がたくさん降りました.
We had a lot of snow last year.
---

2 (落ちてくる) fall [フォール]
▶ 火山灰は広い範囲に降った.
Volcanic ashes *fell over* a large area.

seven hundred and three　703

ふる² 振る

(ゆさぶる) shake [シェイク]; (ふりこのように) swing [スウィング]; (手などを) wave [ウェイヴ]; (しっぽを) wag [ワッグ]; (交際を断る) drop [ドゥラップ], dump [ダンプ]

shake

swing

wave

▶ 開ける前にびんをよくふってね.
Shake the bottle well before you open it.
▶ バットをふる *swing* a bat
▶ 母は首を横にふって「だめ」と言った.
My mother *shook* her head and said, "No." (▶「首を縦にふる」は nod (*my* head))
▶ 私は手をふってみんなと別れた.
I *waved* goodbye to everyone.
▶ ラッキーはうれしそうにしっぽをふった.
Lucky *wagged* his tail happily.
▶ 詩織は悠太をふった.
Shiori *dumped* Yuta.

-ぶる (ふりをする) pretend [プリテンド]
▶ 彼女はいい子ぶってるよね.
She *pretends* to be very good.

ふるい 古い

old [オウルド] (反 新しい new); (時代おくれの, 旧式の) old-fashioned [オウルドゥファションド], outdated [アウトゥデイティド]; (中古の) used [ユーズド]

old

new

▶ 遠藤さんは父の古い友人だ.
Mr. Endo is an *old* friend of my father's.
▶ 祖父は考えが古い.
My grandfather has *old-fashioned* ideas.
▶ パソコンはすぐに古くなる.
Computers become *outdated* quickly.
▶ うちの車は古い. Our car is *old*. (▶「中古車」というときは a used car という)

ブルー ブルー(の) blue [ブルー]
　ブルージーンズ blue jeans
ブルース (音楽)(the) blues [ブルーズ]
フルーツ (a) fruit [フルート] →くだもの
　フルーツケーキ (a) fruitcake
　フルーツサラダ (a) fruit salad
　フルーツジュース fruit juice
フルート (楽器) a flute [フルート]
▶ フルートを吹く play the *flute*
　フルート奏者 a flute player, 《米》a flutist, 《英》a flautist

ふるえる 震える

(恐怖や怒りなどで) shake [シェイク], tremble [トゥレンブル]; (寒さなどで) shiver [シヴァ]

▶ こわくてふるえる *tremble* with fear
▶ 怒りでふるえる *tremble* with anger
▶ どうしたの？ 声がふるえているよ.
What's the matter? Your voice *is shaking* [*trembling*].
▶ バスを待っている間, 寒くて体がふるえた.
I *shivered* with cold while I waited for the bus.

ふるさと *my* home [ホウム], *my* hometown [ホウムタウン] →こきょう
▶ 神戸が私のふるさとです.
Kobe is my *hometown*.
▶ 長い間, ふるさとに帰ってない.
I haven't been to my *hometown* for a long time.

ブルドーザー a bulldozer [ブルドウザァ]
ブルドッグ a bulldog [ブルド(ー)グ]
ブルペン (野球) a bull pen
ふるほん 古本 a used [ユーズド] book; a secondhand [セカンドゥハンド] book
　古本屋 a used-book store, a secondhand bookstore

ふるまい 振る舞い behavior [ビヘイヴァ]
ふるまう behave
- 子どもっぽいふるまい childish *behavior*
▶ 拓海はいつもリーダーのようにふるまう．
Takumi always *acts* [*behaves*] like a leader.

ぶれい 無礼な rude [ルード]

フレー hooray [フレイ], hurrah [フラー]
▶ フレーフレー，美佳！ *Hurrah* for Mika!
▶ （かけ声として）フレーフレー！
Hip, hip, *hooray*!

プレー (試合ぶり) a play [プレイ]
プレーする play
- 好プレー a fine *play*, a nice *play*
- 珍プレー
  an odd *play*, (口語) a blooper [ブルーパァ]
▶ （野球で）プレーボール！ *Play* ball!
プレーオフ a playoff [プレイオ(ー)フ]
プレーガイド a ticket agency [office]
(▶*play guide* とはいわない)

ブレーキ a brake [ブレイク] (▶しばしば複数形で使う)
ブレーキをかける put [step] on the brakes, brake
▶ ブレーキがきかない！
The *brakes* don't work!
▶ 下り坂でブレーキをかけた．I *put on* the *brakes* on a down slope.

ブレーク ブレークする hit the big time
▶ そのバンドは昨年の夏ブレークした．
The band *hit the big time* last summer.

フレーズ a phrase [フレイズ]
プレート (板) a plate [プレイト]
フレーム a frame [フレイム]
プレーヤー a player [プレイア]
ブレザー(コート) a blazer [ブレイザァ]
ブレスレット a bracelet [ブレイスレト]

プレゼント
a present [プレズント], a gift [ギフト] →おくりもの
プレゼントする give ... a present
- 誕生日プレゼント a birthday *present*
- クリスマスプレゼント
  a Christmas *present*
▶ すてきなプレゼントをありがとう．
Thank you for your nice *present*.

🗣スピーキング
Ⓐ あなたへのプレゼントだよ．
Here's a present [gift] for you.
Ⓑ どうもありがとう．いま開けてもかまわない？
Thanks a lot. May I open it now?

▶ 母の日のプレゼントにエプロンをあげようと思ってるの．I'm going to give my mother an apron as [for] a Mother's Day *present*.

プレッシャー pressure [プレシァ]
フレッシュ フレッシュな fresh [フレッシ]
プレハブ プレハブ住宅 a prefabricated [プリーファブリケイテド] house, (口語) a prefab [プリーファブ]

ふれる 触れる touch [タッチ] →さわる
▶ 展示品に手をふれないでください．
Please don't *touch* (any of) the exhibits.
▶ 手をふれるな！《掲示》Hands Off!
▶ 先生はそのことにはまったくふれなかった．
The teacher didn't *touch* on that at all.

ブレンド a blend [ブレンド]
ブレンドする blend

ふろ 風呂
a bath [バス]
ふろに入る take a bath, have a bath
▶ おふろ，わいてるよ（→準備できてるよ）．
The *bath* is ready.
▶ さっとおふろに入るね．
I'll *take a* quick *bath*.
▶ ぼくが子どもたちをおふろに入れるよ．
I'll give the children a *bath*.
ふろおけ (湯ぶね) a bathtub [バスタブ]
ふろ場 a bathroom [バスル(ー)ム]

プロ ▶

ふろ屋 a public bath

プロ (選手) a professional [プロフェ(ョ)ナル] (反 アマ amateur), 《口語》 a pro [プロウ] (複数 pros)

プロの professional, 《口語》 pro
▶ プロになる turn *pro*
プロ野球 pro(fessional) baseball
▶ プロ野球選手
a *pro(fessional) baseball* player

フロア a floor [フロー(ァ)]

ブローチ a brooch [ブロウチ]
▶ ブローチをつける put on a *brooch*

ふろく 付録 (おまけ) an extra [エクストゥラ]；(追加記事など) a supplement [サプリメント]；(巻末付録) appendix [アペンディクス]

ブログ a blog [ブロ(ー)グ]
▶ このブログは毎日見てるよ.
I read this *blog* every day.
▶ 自分のブログをつくる
set up my *blog* / create my *blog*

プログラマー a (computer) programmer [ブロウグラマァ]

プログラミング programming [ブロウグラミング]

プログラム a program [ブロウグラム]

ふろしき 風呂敷 a *furoshiki*, a Japanese wrapping cloth

ブロック (建築用の) a block [ブラック]；(街区) a block

ブロッコリー (植物) broccoli [ブラコリィ]

プロテスタント a Protestant [プラテスタント]

プロデューサー a producer [プロデューサァ]

プロバイダー an ISP (▶ *Internet Service Provider* の略)

プロパンガス propane [ブロウペイン] (gas)

プロフィール a profile [ブロウファイル]

プロペラ a propeller [プロペラァ]
プロペラ機 a propeller plane

プロポーズ プロポーズする propose [プロポウズ] (to)
▶ 彼はベスにプロポーズした.
He *proposed to* Beth.

プロレス(リング) pro(fessional) wrestling
▶ 直樹は女子プロレスに夢中だ.
Naoki is crazy about women's *pro wrestling*.

プロレスラー a pro(fessional) wrestler

フロンガス CFCs (▶ *chlorofluoro-carbons* の略；「フロン」はその一種をさす商標名 Freon (フレオン) から)

ブロンズ bronze [ブランズ]

フロント (ホテルなどの) the front desk, the reception [リセプション] desk

ブロンド (金髪の人) a blond(e) [ブランド]

ブロンドの blond(e)

フロントガラス 《米》 a windshield [ウィンドゥシールド]，《英》 a windscreen [ウィンドゥスクリーン] (▶✕front glass とはいわない)

ふん¹ 分

a minute [ミニト] (▶「時間」は hour,「秒」は second)
▶ 30分
thirty *minutes* / half an hour
▶ 映画はあと5分で始まるよ.
The movie starts in five *minutes*.
▶ 学校までは歩いて20分です.
It's a twenty-*minute* walk to my school.
▶ (テストで) 残り時間はあと10分です.
You have ten *minutes* left.
▶「いま何時？」「3時10分過ぎ」
"Do you have the time?" "It's ten after three."
▶ 達矢は10時5分前に来た.
Tatsuya came at five (*minutes*) to ten. (▶ to は before でもよい)
▶ 学校は8時15分に始まる.
School begins at eight fifteen. / School begins at a quarter after eight. (▶ a quarter は1時間の4分の1, つまり「15分」のこと)

ふん² 糞 droppings [ドゥラピングズ]

ぶん¹ 分 **1** (分け前) a share [シェア]
▶ これはきみの分だ.
This is *yours* [your *share*]. / This is for you.
▶ 私の分は払います. I'll pay my *share*.
2 (分数) →ぶんすう
▶ 2分の1
a [one] half
▶ 5分の1

a [one] fifth

ぶん² 文
a **sentence** [センテンス]；(作文) a composition [カンポズィション]
- この文の意味がわからない.
I don't understand this *sentence*.
- 次の日本文を英文に直しなさい.
Put the following Japanese into English.

ふんいき 雰囲気 an atmosphere [アトゥモスフィア]
- この旅館はアットホームなふんいきがある.
This inn has a homelike *atmosphere*.

ふんか 噴火 (an) eruption [イラプション]
噴火する erupt
噴火口 a crater [クレイタァ]

ハワイのダイヤモンド・ヘッドの噴火口.

ぶんか 文化
(a) **culture** [カルチァ] (▶「文明」は civilization)
文化の,文化的な cultural [カルチ(ュ)ラル]
- 日本の文化 Japanese *culture*
- 江戸の文化 Edo *culture*
文化遺産 cultural heritage
文化祭 (学校の) a school festival
文化財 cultural asset
文化の日 Culture Day
文化部 a culture club

ぶんかい 分解する take ... apart
- ぼくはこわれた時計を分解した.
I *took* the broken clock *apart*.

ぶんがく 文学 literature [リテラチ(ュ)ア]
文学の literary [リテレリィ]
- 英文学 English *literature*
- 日本文学 Japanese *literature*
文学作品 a literary work
文学史 a history of literature
文学者 a literary person (▶ person の

かわりに man, woman を使うこともある)

ぶんかつ 分割する divide [ディヴァイド]
ぶんこ 文庫 a library [ライブラリィ]
- 学級文庫 a class *library*
文庫本 a pocketbook, a (mass-market) paperback

ぶんこう 分校 a branch school
ふんしつ 紛失する (人が) lose [ルーズ]；(物が) be missing [ミスィング] →なくす
紛失物 a lost article [アーティクル], a missing article

ぶんしゅう 文集 (学校の) a collection of students' compositions
- 卒業文集
a *collection* of the graduates' *writings*

ぶんしょ 文書 a document [ダキュメント]
ぶんしょう 文章 (文) a sentence [センテンス]；(書き物) writing [ライティング]
- 直哉は文章がうまい.
Naoya is a good *writer*. / Naoya *writes* very well.

ふんすい 噴水 a fountain [ファウンテ(ィ)ン]

パリのコンコルド広場の噴水.

ぶんすう 分数 a fraction [フラクション]

> **用法** 分数の読み方
> 分子を基数 (one, two, three など), 分母を序数 (fourth, fifth, sixth など)で表し, 分子を先に読む. 分子が2以上の場合, 分母を複数にする.
> ½ **one [a] half**
> ⅓ **one [a] third**
> ¼ **one [a] quarter, one [a] fourth**
> ⅖ **two fifths**

ぶんせき 分析する analyze [アナライズ]
ふんそう 紛争 a dispute [ディスピュート]
ぶんたん 分担する share [シェア]
- 私たちはみんなで費用を分担した.

ぶんつう

We *shared* the expenses among ourselves.

ぶんつう 文通する *exchange letters* (with), *correspond* [コ(ー)レスパンド] (with)
▶ 文通してくれませんか.
Would you *correspond with* me? / Will you *be my pen pal*?
▶ アメリカの中学生と文通してみたい.
I'd like to *exchange letters with* an American junior high student.
文通友だち a *pen pal*

ぶんとう 奮闘する *struggle* [ストラグル]

ぶんぱい 分配する *distribute* [ディストゥリビュ(ー)ト]

ぶんぷ 分布する *be distributed* [ディストゥリビュ(ー)ティド]

ふんべつ 分別のある *sensible* [センスィブル], *wise* [ワイズ]
▶ あの男の子は年のわりには分別がある.
That boy is *sensible* [*wise*] for his age.

ぶんべつ 分別する
▶ ごみを分別するのを忘れないで. Don't forget to *separate* the garbage.

🗨 プレゼン
ゴミを分別することは、廃棄物を減らすもっとも簡単な方法のひとつです.
Separating the garbage is one of the easiest ways to reduce waste.

ぶんぽう 文法 *grammar* [グラマァ]
▶ 英文法
English *grammar*
▶ 文法上の誤り
a *grammatical* mistake

ぶんぼうぐ 文房具 (集合的に) *stationery* [ステイショネリィ]
文房具店 a *stationery store* [*shop*]

ふんまつ 粉末 *powder* [パウダァ]

ぶんめい 文明 *civilization* [スィヴィリゼイション] (▶「文化」は culture)
▶ 古代エジプト文明
the ancient *civilization* of Egypt
▶ 西洋文明 Western *civilization*
文明国 a *civilized* country
文明社会 a *civilized* society

ぶんや 分野 a *field* [フィールド], an *area* [エ(ア)リア]
▶ あなたのお兄さんの研究分野は何ですか.
What is your brother's *field* of study?

ぶんり 分離する *separate* [セパレイト]

ぶんりょう 分量 (a) *quantity* [クワンティティ], an *amount* [アマウント] →りょう¹

ぶんるい 分類する *classify* [クラスィファイ]; (おおまかに) *group* [グループ]
▶ 本はおおまかに10種類に分類することができる.
We can roughly *classify* books into ten categories.

ぶんれつ 分裂する *split* [スプリット]

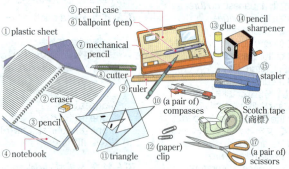

① plastic sheet ② eraser ③ pencil ④ notebook ⑤ pencil case ⑥ ballpoint (pen) ⑦ mechanical pencil ⑧ cutter ⑨ ruler ⑩ (a pair of) compasses ⑪ triangle ⑫ (paper) clip ⑬ glue ⑭ pencil sharpener ⑮ stapler ⑯ Scotch tape 《商標》 ⑰ (a pair of) scissors

文房具 ①下敷き ②消しゴム ③えんぴつ ④ノート ⑤筆箱 ⑥ボールペン ⑦シャープペンシル ⑧カッター ⑨ものさし ⑩コンパス ⑪三角じょうぎ ⑫クリップ ⑬のり ⑭えんぴつけずり ⑮ホチキス ⑯セロハンテープ ⑰はさみ

◀ **へいき¹**

–へ

使い分け
(到着点・方向) → to
(行き先) → for
(…の方へ) → toward
(対象) → for, to
(…の上へ) → on
(…の中へ) → in, into

1 (到着点・方向を示して) **to** [トゥー]；(行き先を示して) **for** [フォー(ア)]；(…の方へ) **toward** [トード] →-に

go **to** school
学校へ行く

a train **for** Tokyo
東京への電車

▶ **to** は到着地点を表し，そこへ行くこと．**for** は行き先や方面を言うときに使う．

▶ このバスは博物館へ行きますか．
Does this bus go *to* the museum?
▶ 彼はきのうローマへたちました．
He left *for* Rome yesterday.
▶ 犬はぼくの方へ走ってきた．
The dog came running *toward* me.
▶ 最初の角を右へ曲がりなさい．
Turn (*to* the) right at the first corner.

2 (対象) **for, to**
▶ きみへのおみやげだよ．
Here's a present *for* you. / This (present) is *for* you.
▶ (おくり物などの上書きに) 七海さんへ
To Nanami

3 (…の上へ) **on** [アン]
▶ かばんを網棚へのせたら？
Why don't you put your bag *on* the rack?

4 (…の中へ) **in** [イン], **into** [イントゥ]
▶ どうぞ中へ入って．

Please come on *in*.
▶ 生徒はみんな教室へ入ってきた．
All the students came *into* the classroom.

ヘア hair [ヘア] →かみ², け
▶ ロングヘアの
long-*haired*
▶ ショートヘアの
short-*haired*

ヘアカラー hair color, hair dye
ヘアスタイル a hairstyle, 《口語》 a hairdo
ヘアスプレー (a) hair spray
ヘアドライヤー a blow dryer, a hair-dryer
ヘアピン a hairpin, 《米》 a bobby pin, 《英》 a hairgrip
ヘアブラシ a hairbrush
ヘアメイクアーティスト a hair and makeup artist

ペア a pair [ペア]
ペアを組む pair up 《with》

へい 塀 a wall [ウォール], a fence [フェンス]
▶ 板べい
a wooden *fence* / a board *fence*

▶ ブロックべい a concrete block *wall*
▶ 彼の車はへいにぶつかった．
His car hit the *wall*.

へいかい 閉会する close [クロウズ]
閉会式 a closing ceremony

へいき¹ 平気である do not mind
▶ 暑いの [寒いの] は平気です．
I *don't mind* the heat [cold].

seven hundred and nine 709

へいき² ▶

> 🗣スピーキング
> Ⓐ ごめんね。痛かった？
> I'm sorry. Did I hurt you?
> Ⓑ ううん，平気。
> No, I'm OK.

へいき² 兵器 a weapon [ウェポン] (発音注意), arms [アームズ]
▶ 核兵器
nuclear [ニュークリア] *weapons*

へいきん 平均

(an) average [アヴ(ェ)レヂ]
平均する average
平均の，平均的な average
平均で on average
▶ 平均をとる[出す]
take the *average* / *average* out
▶ 家では1日平均2時間勉強している。
I study at home two hours a day *on average*.
▶ 理科のテストの点数は平均以上[以下]だった。
My science score was above [below] *average*.
平均気温 the average temperature
平均寿命 the average life span [ライフスパン]
平均台《体操》a balance beam
平均点《米》the average score, 《英》the average mark
▶ この試験の平均点は何点ですか。
What's *the average score* on this exam?
平均年齢 the average age

へいこう 平行な parallel [パラレル] (to)
▶ この2つの道路は平行して走っている。
These two roads run *parallel to* each other.
平行四辺形《数学》a parallelogram [パラレログラム]
平行線《数学》parallel lines
平行棒《体操》parallel bars

へいさ 閉鎖する close [クロウズ]

べいさく 米作 the cultivation [カルティヴェイション] of rice

へいし 兵士 a soldier [ソウルヂァ]

へいじつ 平日 a weekday [ウィークデイ]
▶ 平日は何時まで開いていますか。

How late are you open on *weekdays*?

へいじょう 平常の usual [ユージュアル]
平常どおり as usual
▶ あすは雨なら，平常 (→平常どおり) 授業です。
If it rains tomorrow, we'll have classes *as usual*.

へいせい 平成 Heisei
▶ 妹は平成27年に生まれた。
My sister was born in *Heisei* 27 [in the 27th year of *Heisei* era]. (▶日本の年号を知らない外国人には西暦に換算して in 2015 と言ったほうがよい)

へいたい 兵隊 (兵士) a soldier [ソウルヂァ]; (軍隊) troops [トゥループス]

へいてん 閉店する close [クロウズ]
▶「(店員にたずねて) この店は何時に閉店しますか」「7時です」
"What time do you *close*?" "We *close* at 7 p.m."
▶ 本日閉店《掲示》Sorry We're *Closed* (▶直訳は「申し訳ございませんが閉店です」)

へいほう 平方 a square [スクウェア]
▶ 部屋の面積は200平方メートルある。
The room is 200m² [two hundred *square* meters] in area.
平方根《数学》a square root

へいぼん 平凡な (ふつうの) ordinary [オーディネリィ]; (ありふれた) common [カモン]; (平均的な) average [アヴ(ェ)レヂ]
▶ ぼくはごく平凡な学生生活を送っている。
I'm living an *ordinary* [*average*] student life.
▶ 父は平凡なサラリーマンです。
My father is an *ordinary* [a *common*] office worker.

へいめん 平面 a plane [プレイン]

平面図 《数学》a plane figure; (建築の) a floor [ground] plan
へいや 平野 a plain [プレイン]
▶ 関東平野 the Kanto Plain(s)

へいわ 平和

peace [ピース]
平和な peaceful
▶ 世界平和 world peace
▶ ハトは平和の象徴(しょうちょう)です.
The dove is a symbol of peace.

> プレゼン
> 平和を守るために私たちに何ができるのでしょうか.
> What can we do to keep peace?

平和運動 a peace movement
平和主義 pacifism [パシフィズム]
へえ (おどろき) Oh! [オゥ], Oh, no!;(何だって) What! [(フ)ワット]
▶ へえ, そいつは初耳だ.
Oh, I didn't know that. / Oh, that's news to me. / Oh, I've never heard of that.
▶ へえ, それほんとう？
Oh, is that true?

ベーコン bacon [ベイコン]
ベーコンエッグ bacon and eggs

ページ

a **page** [ペイヂ] (▶ p. と略す. 複数形は pp.)
▶ 10ページを開きなさい.
Open your books to page 10.
▶ 42ページの練習問題2番を見なさい.
Look at Exercise 2 on page 42.
▶ ページをめくってください.
Please turn (over) the page.
▶ 15ページから20ページまで読みなさい.

Read the pages 15 to 20.
ページェント a pageant [パヂ(ェ)ント]
ベージュ (色) beige [ベイジ]
ベース¹ 《野球》a base [ベイス]
▶ 1塁(るい)ベース
first base
ベース² 《音楽》(a) bass [ベイス]
ベースギター a bass guitar
ベース³ (基礎(き そ)) a basis [ベイスィス] (複数 bases)
ペース (a) pace [ペイス]
▶ 自分のペースで
at my own pace
ペースト paste [ペイスト]
ペーパー (紙) paper [ペイパァ]
ペーパータオル a paper towel
ペーパーテスト a written test [examination]

-べき →-ならない, ほう¹

1 (当然…すべきだ) **should** [シュッド], **ought** [オート] **to**;(絶対に…すべきだ) **must** [マスト]

> 表現力
> …すべきだ
> → should ... / (絶対に) must ...

▶ 人には親切にすべきだ.
We should be kind to others. (▶ We ought to be ... . としてもよい)
▶ あなたは約束を守るべきです.
You must keep your promise.

> 表現力
> …すべきでない
> → should not ... /
>   (絶対に) must not ...

▶ かげで人の悪口を言うべきじゃないよ.
You shouldn't speak badly of others behind their backs.
▶ 車を運転するなら絶対に酒を飲むべきではない(→絶対に飲んではいけない).
You must not drink if you drive (a car).

> 表現力
> 何を [いつ, どこへ] …すべきか
> → what [when, where] to ...

▶ 何をすべきなのかわからなかった.

seven hundred and eleven 711

へきが

I didn't know *what to* do.
▶ この花びんをどこに置くべきかぼくは母にたずねた.
I asked my mother *where to* put the vase.
2 (…して当然の) (▶ふつう「名詞+ to +動詞の原形」で表すことが多い)
▶ 決心すべき時だ.
It's time *to* make up your mind.
▶ 今日はやるべきことがたくさんある.
I have a lot of things *to* do today.

> プレゼン
> 京都には訪れるべきお寺がたくさんあります.
> Kyoto has a lot of temples *to* visit.

へきが 壁画 a wall painting, a mural [ミュ(ア)ラル]
ペキン (地名) 北京 Beijing [ベイヂング], Peking [ピーキング]
ヘクタール a hectare [ヘクテア] (▶ ha と略す)
ペケ →ばつ²
ペこペこ
▶ おなかがぺこぺこだ.
I'*m really* hungry. / I'*m starving* [*starved*].
(人に)ペこペこする (こびへつらう) flatter [フラタァ]
へこむ
▶ 車のドアがへこんでるよ.
The car door *is dented*.
ベジタリアン a vegetarian [ヴェヂテ(ア)リアン]
ベスト¹ (最善) (the) best [ベスト]
▶ 心配するな. ベストをつくせばいい.
Don't worry. Just do your *best*.
ベストセラー a bestseller [ベストゥセラァ]
ベストテン the top ten
ベスト² (チョッキ) a vest [ヴェスト]
へそ a navel [ネイヴ(ェ)ル], 《口語》 a belly button

へた 下手な

bad [バッド] (at), **poor** [プァ] (at) (反 じょうずな good)
▶ ぼくは字がへただ.
My handwriting is *bad*. / I have *poor* handwriting.

> 表現力
> …がへただ
> → be bad at … /
>   be poor at … /
>   be not good at …

▶ 良樹はスケートがへただ.
Yoshiki *is bad at* skating. / Yoshiki is a *poor* skater. / (じょうずでない) Yoshiki *isn't good at* skating.
べたべた べたべたした sticky [スティキィ]
ペダル a pedal [ペドゥル]
ペダルをふむ pedal

ヘチマ (植物) a loofah [ルーファ]
ぺちゃくちゃ ぺちゃくちゃしゃべる chatter [チャタァ]
ぺちゃんこ
▶ ぺちゃんこのタイヤ
a *flat* tire
▶ ぺちゃんこになった車
a *crushed* car

べつ 別(の) →ほか

(もう1つの) **another** [アナザァ] (▶単数名詞などが続く); (ほかの) **other** [アザァ] (▶複数名詞などが続く)
▶ (店で) 別のものを見せてもらえますか.
Can I see *another* (one)? (▶*another* のあとには単数名詞がくる)
▶ 別のシャツをいくつか見せてください.
Could you show me some *other* shirts?
▶ 口で言うのと実際にやるのは別だ.
Saying is one thing and doing is *another*.
別に (とくに) particularly [パティキュラリィ]; (分けて) separately [セパレトゥリィ]
▶ 今日は別にいそがしくないよ.
I'm not *particularly* busy today.

◀ へま

🗣スピーキング
Ⓐ どうしたの？
What's wrong?
Ⓑ 別に.
Nothing (in particular).

べっそう 別荘 (小さい)a cottage[カテヂ］；(広大な) a villa [ヴィラ]；(避暑用の) a summer house

ベッド
a bed [ベッド]
▶ シングルベッド a single *bed*
▶ ダブルベッド a double *bed*
▶ 2段ベッド a bunk *bed*
▶ ベビーベッド《米》a crib,《英》a cot
▶ ベッドとふとん，どっちで寝てるの？
 Do you sleep on a *bed* or on a *futon*?
ベッドカバー a bedspread
ベッドシーツ a bed sheet
ベッドタウン bedroom suburbs, a commuter town, a bedroom town (▶ ✕bed town とはいわない)
ベッドルーム a bedroom
ペット a pet [ペット]
▶ ペットは何か飼ってる？
 Do you have any *pets*?
ペットショップ a pet store [shop]
ペットフード pet food
ペットボトル a plastic bottle, a PET bottle
ヘッドホン headphones [ヘドゥフォウンズ]；(マイクロホン付きの) a headset [ヘドゥセト]
ヘッドライト a headlight [ヘドゥライト], a headlamp [ヘドゥランプ] (▶ ともに複数形で使うことが多い)
べつべつ 別々の separate [セパレト]
別々に separately
▶ 私たちは別々の電車に乗った.
 We took *separate* trains.
▶ (レストランで) お勘定は別々にしてください.
 Could we have *separate* checks, please?
▶ 別々に包んでもらえますか.
 Can you wrap them *separately*?
へつらう flatter [フラタァ]
ヘディング 《サッカー》heading [ヘディング]；(ヘディングでのパス・シュート) header [ヘダァ]
ベテラン an expert [エクスパ〜ト] (▶英語の veteran は，ふつう「退役軍人」の意味で使う)
ベテランの (経験を積んだ) experienced [イクスピ(ア)リエンスト]
▶ 吉崎先生はベテラン教師だ.
 Mr. Yoshizaki is an *experienced* teacher.
ベトナム Vietnam [ヴィーエトゥナーム]
ベトナム(人・語)の Vietnamese [ヴィーエトゥナミーズ]
ベトナム人 a Vietnamese
へとへと
▶ もうへとへとだ.
 I'm *exhausted*. / I'm *dead tired*. / I'm *worn out*.
べとべと べとべとした sticky [スティキィ]
ペナルティー a penalty [ペナルティ]
ペナント pennant [ペナント]
べに 紅 (色) crimson [クリムゾン]
ベニヤいた ベニヤ板 plywood [プライウド]
ペパーミント peppermint [ペパミント]

ヘビ 蛇《動物》a snake [スネイク]
▶ 毒ヘビ a poisonous *snake*
ベビー a baby [ベイビィ]
ベビーカー 《米》a stroller, a baby buggy, 《英》a pushchair (▶ ✕baby car とはいわない)
ベビーシッター a babysitter
ベビーフード baby food [フード]
ベビーベッド《米》a crib,《英》a cot (▶ ✕baby bed とはいわない)
へま a blunder [ブランダァ]
へまをする make a blunder
▶ ひどいへまをしちゃったよ.
 I *made* an awful *blunder*.

seven hundred and thirteen 713

我が家のペット　Our Pet

イラスト：大管雅晴

犬と猫、どっちが人気？
Which are more popular, dogs or cats?

かつて日本では犬の方が猫よりも多くペットとして**飼われていました**。しかし、2015年ごろに飼い猫の数のほうが飼い犬**より多くなり**ました。猫の数は**少しずつ**増えている一方で、犬の数は減っています。

アメリカでは猫よりも犬を飼っている世帯の方が多いのですが、犬**より**猫の方が**人気がある**州もあります。

More people in Japan used to own dogs as pets than cats. However, around 2015, there were more pet cats than pet dogs. The number of cats is increasing little by little, while the number of dogs is going down. In the United States, more *households own dogs than cats. However, there are some states where cats are more popular than dogs.

* household [háushould ハウスホウルド] 世帯

■ 日本での犬猫飼育頭数（令和5年 全国犬猫飼育実態調査《一般財団法人ペットフード協会》より）

■ アメリカでの犬猫飼育世帯数（2023-2024 APPA National Pet Owners Survey Statistics より）

Number of U.S. Households that own a pet

| Dogs | 65.1 million | Cats | 46.5 million |

飼っているペットについて教えて。
Tell us about your pets.

私たちは猫を2年前から飼っています。名前はチャコといいます。
チャコはとても**かわいくて**、だれにでも**人なつっこい**です。大切な家族の一員です。

We have had a cat for two years. Her name is Chako.
Chako is very cute and friendly to everybody. She is an important member of my family.

● 「ペットの性格を表す英語」●

おとなしい	quiet
かしこい	smart, clever
活発な	active
やさしい	gentle
気が強い	aggressive
おくびょうな	timid, shy
神経質な	sensitive

へや 部屋

a **room** [ル(ー)ム]
▶ 広い [せまい] 部屋
a large [small] *room*
▶ 部屋をきれいにしなさい.
Clean up your *room*. / Put your *room* in order.
▶ 私は姉と１つの部屋をいっしょに使っています.
My sister and I share a *room*.
▶ 私の家には部屋が４つある.
Our house has four *rooms*. / There are four *rooms* in our house.
▶ 自分の部屋がほしい.
I want a *room* of my own.
▶ これは６畳の部屋です.
This is a six-mat [six-*tatami*] *room*.

へらす 減らす reduce [リデュース], cut down (on); (体重を) lose [ルーズ]
▶ 経費を減らす
reduce expenses / *cut down* expenses
▶ 父はお酒を減らしたほうがいい.
My father should *cut down on* drinking.
▶ 母は体重を減らそうとしたが、だめだった.
My mother tried to *lose* weight but she couldn't.

ぺらぺら (流ちょうに) fluently [フルーエントゥリィ]; (うすっぺらの) thin [スィン]
▶ デビッドは日本語がぺらぺらだ.
David speaks Japanese *very well* [*fluently*].

ベランダ (階上の) a balcony [バルコニィ]; (１階の) a veranda(h) [ヴェランダ], 《米》 a porch [ポーチ]

へり an edge [エッヂ] →ふち
ペリカン 《鳥》 a pelican [ペリカン]
ヘリコプター a helicopter [ヘリカプタァ], 《口語》 a chopper [チャパァ]

へる 減る

1 (数量が) decrease [ディクリース] (反 増える increase); (力・体重が) lose [ルーズ] (反 増える gain)
▶ 最近、体重が減った.
I've *lost* weight recently. (▶ *lost* ×my weight とはいわない)

▎プレゼン
日本の人口はだんだん減っています.
The population of Japan is decreasing.

2 (空腹である)
▶ おなかがへってきたなあ.
I'm getting hungry.

ベル a bell [ベル]
▶ ほら、ベルが鳴ってる.
There goes the *bell*.
▶ ベルを鳴らす ring the *bell*
▶ 非常ベル an emergency *bell*

ペルー Peru [ペルー]
ペルー(人)の Peruvian [ペルーヴィアン]
ペルー人 a Peruvian

ベルギー Belgium [ベルヂャム]
ベルギー(人)の Belgian [ベルヂャン]
ベルギー人 a Belgian

ベルト a belt [ベルト]
▶ ベルトをする put on my *belt*
▶ ベルトをはずす take off my *belt*
▶ ベルトをゆるめる loosen my *belt*
▶ (飛行機の中で) シートベルトをおしめください.
Please fasten your seat *belts*.
ベルトコンベヤー a conveyor belt, a belt conveyor

ヘルパー a helper [ヘルパァ]
ヘルメット (バイクなどの) a helmet [ヘルメト]; (工事現場などの) a hard hat
▶ ヘルメットをかぶる put on a *helmet*

ベルリン (地名) Berlin [バ〜リン]
ベレー ベレー帽 a beret [ベレイ] (▶フランス語から)

へん¹ 変な →おかしい

strange [ストゥレインヂ], odd [アッド]
▶ 変だなあ. That's *strange*.

へん²

- 変な物音がしなかった？
 Didn't you hear a *strange* noise?
- 今日の姉はようすが変だ．
 My sister has been acting *strange* today.
- どうもおなかの調子が変だ．
 I have an *upset* stomach. / My stomach is *upset*.

> **表現力**
> …するのは変だ
> → It is strange (that) … .

- 健太がぼくより前にそれを知っていたなんて変だよ． *It's strange (that)* Kenta knew it before I did.

へん² 辺 **1** (付近) →あたり¹
- この辺はあまり知らないんです．
 I'm not very familiar *around* here.

2 (図形の) a side [サイド]
- 正方形の4辺は等しい．
 A square has all four *sides* equal.

べん 便 **1** (交通の) transport convenience [コンヴィーニェンス]
- 私の家は駅に近くて電車の便がよい．
 My house is *convenient* to the train station.

2 (大便) stools [ストゥールズ]；(便通) a bowel movement [バウェル ムーヴメント]
- 便はゆるい [かたい] です．
 I have soft [hard] *stools*.

-べん …弁 the … dialect [ダイアレクト]；(…なまり) a … accent [アクセント]
- 歩夢は関西弁を話す． Ayumu speaks (in) *the* Kansai *dialect*. / Ayumu speaks with *a* Kansai *accent*.

ペン

a pen [ペン]
- 赤ペン，持ってる？
 Do you have a red *pen*?
- 黒のペンで書いてください．
 Please write with a black *pen*.
- ペンは剣よりも強し．《ことわざ》
 The *pen* is mightier than the sword.

ペン習字，ペンマンシップ penmanship [ペンマンシプ]

ペンネーム a pen name
ペンパル →ペンパル
ペンフレンド →ペンパル

> **参考** ペンのいろいろ
> ボールペン a ballpoint (pen)
> シャープペンシル a mechanical pencil
> 色ペン a color pen
> 蛍光ペン a highlighter
> サインペン a felt-tip (pen), a felt pen
> マジックインキ a Magic Marker (▶商標)，《米》a marker, 《英》a marker pen
> 万年筆 a fountain pen
> 筆ペン a brush pen

へんか 変化

(a) change [チェインヂ]；(多様性) variety [ヴァライエティ]
- 急激な気温の変化
 a sudden *change* in temperature

変化する change [チェインヂ] →かわる¹
変化球 (野球) (シュート) a screwball [スクルーボール]；(カーブ) a curve

べんかい 弁解 (an) excuse [イクスキュース]
弁解する excuse [イクスキュース] (*my*self), make an excuse
- 弁解がましいことを言うな．
 Don't *make up* any *excuses*. / Don't *excuse yourself*.

へんかん¹ 変換 conversion [コンヴァ〜ジョン]
変換する convert [コンヴァ〜ト]
- ひらがなを漢字に変換する
 convert hiragana to kanji

へんかん² 返還 return [リタ〜ン]
返還する return

ペンキ (house) paint [ペイント]
ペンキをぬる paint
- 彼はかべを白いペンキでぬった．
 He *painted* the wall white.
- ペンキぬりたて《掲示》Wet *Paint*

716 seven hundred and sixteen

◀ **へんしょく**

ペンキ屋 a (house) painter

べんきょう 勉強

study [スタディ], **work** [ワ〜ク]；(勉強すること) studying；(学校の) my studies
勉強する study, work
▶ 私は勉強が好きだ.
I like *studying*.
▶ 妹は勉強がよくできる.
My sister is doing well in her *studies*.
▶ 勉強もサッカーの練習もいそがしい.
I'm busy with my *studies* and soccer practice.
▶ ぼくは勉強よりもスポーツのほうがずっと好きだ.
I like sports much better than *studying*.
▶ 勉強についていけない.
I can't keep up with my *studies*. (▶ keep up with で「(おくれずに) ついていく」の意味)
▶ きのうの晩は英語の勉強をしたの？
Did you *study* English last night?
▶ 毎日家でどのくらい勉強してる？
How long do you *study* at home every day?
▶ 母はいつもぼくに「もっと勉強しなさい」と言う.
Mother always tells me, "*Study* [*Work*] harder." / Mother always tells me to *study* [*work*] harder.
▶ 受験勉強はいつごろから始めたらいいんだろう.
When should I start *studying* for my entrance exams?
勉強家 a hard worker
勉強時間 study hours
勉強机 a study desk
勉強部屋 a study；(子どもの) my (bed) room

ペンギン (鳥) a penguin [ペングウィン]

へんけん 偏見 (a) prejudice [プレヂュディス] →さべつ
偏見がある be prejudiced 《against》, be biased [バイアスト] 《against》
▶ 人種的偏見
racial *prejudice*

べんご 弁護する defend [ディフェンド]
弁護士 a lawyer [ローヤァ]

へんこう 変更 (a) change [チェインヂ]
変更する change →かえる²
▶ 時間割に変更があります.
There's a *change* in the class schedule.

へんさい 返済する pay [ペイ] back

へんさち 偏差値 a standard score [スコー(ァ)]
▶ あの学校は偏差値が高い.
That school requires a high *standard score* (to enter).

へんじ 返事

an **answer** [アンサァ]
返事をする answer
▶ 「葉月から返事はきた？」「いや, まだ」
"Did you get an *answer* from Hazuki?" "No, not yet."
▶ (手紙の始めで) 返事がおくれて申しわけありませんでした.
I'm sorry I didn't *answer* you sooner. / I'm sorry for being so late *answering* your letter.
▶ どう返事したらいいのかぜんぜんわからなかった.
I had no idea what to *answer*.

> ✏ **ライティング**
> (手紙やメールの結びで) ご返事お待ちしております.
> I'm looking forward to hearing from you soon. / I'm waiting for your reply.

へんしゅう 編集する edit [エディト]
▶ 学校新聞を編集する
edit a school newspaper
編集者 an editor
編集長 a chief editor [チーフ エディタァ]

べんじょ 便所 (家庭の)《米》a bathroom [バスル(ー)ム]；(公共の建物などの)《米》a restroom [レストゥル(ー)ム] →トイレ(ット)

べんしょう 弁償する pay for
▶ きのう窓ガラスを割っちゃってね. 弁償しないといけないんだ.
I broke the window yesterday, so I have to *pay for* it.

へんしょく 偏食 (バランスのよくない食事) an unbalanced diet [アンバランスト ダイ

あ
か
さ
た
な
へ
ま
や
ら
わ

seven hundred and seventeen　717

ペンション ▶

ペンション a resort inn [リゾート イン]; a B & B [ビーアンビー] (複数 B & Bs) (▶ bed and breakfast の略で,「朝食付き民宿 [小ホテル]」のこと. 英語の pension はふつう「年金」の意味で使われる)

へんしん 変身する change [チェインヂ]

へんじん 変人 an odd person [アッド パ～スン]

へんそう 変装する disguise [ディスガイズ] myself (as)
▶ ルパンは警官に変装した.
Lupin *disguised himself as* a police officer.

ペンダント a pendant [ペンダント]
▶ ペンダントをつける
put on a *pendant*

ベンチ a bench [ベンチ]
▶ ベンチにすわる
sit on a *bench*

ペンチ pliers [プライアズ]

ベンチャー (事業) a venture [ヴェンチァ]
ベンチャー企業 a venture company

べんとう 弁当

(a) lunch [ランチ]; a bento, (箱につめた) a box lunch
▶ 母が私たちの弁当をつくってくれた.
Mom made *lunch(es)* for us.
▶ 私は今日は弁当を持ってきました.
I brought (a) *lunch* [*bento*] with me today.
弁当箱 a lunch box

へんとうせん 扁桃腺 tonsils [タンス(イ)ルズ]
▶ 扁桃腺がはれている.
My *tonsils* are swollen.
扁桃腺炎 tonsillitis [タンスィライティス]

へんな 変な strange [ストゥレインヂ] →へん¹

ペンパル a pen pal [ペン パル], (英) a penfriend [ペンフレンド]

へんぴ 辺ぴな remote [リモウト]
▶ 辺ぴな山村
a *remote* mountain village

べんぴ 便秘 constipation [カンスティペイション]
便秘している be constipated [カンスティペイティド]
▶ 1週間ほど便秘しています.
I've *been constipated* for about a week.

へんぴん 返品 returned [リタ～ンド] goods, returned articles
返品する return, give back; (払いもどしてもらう) get a refund [リーファンド] (on)
▶ これを返品したいのですが.
I'd like to *return* this. / I'd like to *give* this *back*.

ペンフレンド →ペンパル

べんり 便利な

convenient [コンヴィーニェント] (反) 不便な inconvenient); (役に立つ) useful [ユースフル]; (使いやすい) handy [ハンディ]
▶ スマホはとても便利だ.
Smartphones are very *useful*.

┌ 表現力 ─────────────
…に便利だ → be convenient for ...
└─────────────────

▶ ここは買い物に便利だ.
This place *is convenient for* shopping.

┌ 表現力 ─────────────
…するのは便利だ
→ It is convenient to ... .
└─────────────────

▶ 地下鉄で行くほうが便利だ.
It is more *convenient to* go by subway.
▶ この本は索引がついているので便利だ (→使いやすい).
This book has an index, so it's very *easy to use*.

べんろん 弁論
弁論大会 a speech contest

ほ ホ ほ ホ ほ ホ

ほ[1] 帆 a sail [セイル]
ほ[2] 穂 an ear [イア]
▶ 稲の穂 an *ear* of rice
-ほ …歩 a step [ステップ]
▶ 3歩前へ出なさい [後ろへ下がりなさい].
Take three *steps* forward [backward].

-ぽい
▶ 彼にはどこか子どもっぽいところがある.
There is something *childish* about him.

ほいく 保育 child care [チャイルド ケア]
保育園,保育所 a nursery [ナ〜サリィ] school, a day nursery, a day-care [デイケア] center
保育士 a nursery school teacher

ボイコット ボイコットする boycott [ボイカット]

ホイッスル a whistle [(フ)ウィスル]
ホイップ ホイップする whip [(フ)ウィップ]
▶ ホイップしたクリーム *whipped* cream

ホイル foil [フォイル]
▶ アルミホイル aluminum *foil*

ぼいん 母音 a vowel [ヴァウエル] (対) 子音 consonant)

ポイント

(要点) the point [ポイント] →ようてん；(得点) a point →てん[1], とくてん[1]
▶ ここがポイントだよ.
This is *the* (main) *point*.
▶ 重要なポイントを復習する
review *the* important [key] *points*
▶ 「試合はどうなってるの？」「日本が5ポイント負けてる」
"How's the game going?" "Japan is behind 5 *points*."
▶ (競技で) マッチポイント a match *point*
ポイントカード a (customer) loyalty [ロイアルティ] card

ほう[1] 方

1 (方向) a way [ウェイ], a direction [ディレクション]
…の方へ,…の方に toward [トード], to [トゥー]
▶ どうぞこちらの方へ.
This *way*, please.
▶ 「その男の子はどっちの方に行きましたか？」「駅の方へ行きましたよ」
"Which *way* did the boy go?" "He went *toward* [*in the direction of*] the station." (▶×to the direction of とはしない)
▶ 千葉は東京の東の方にある.
Chiba is *to* the east of Tokyo.

2 (比較) (▶形容詞・副詞の比較級を使って表す)
▶ 大きいほうを3つください.
I'd like three of the *larger ones*.
▶ 祐介より大地のほうが背が高いよ.
Daichi is *taller than* Yusuke.
▶ 私はそばよりもうどんのほうが好き.
I like udon *better than* soba.

3 (…したほうがいい) should, had better

🔶表現力
… (した) ほうがよい → should

▶ もっと早く寝たほうがいいと思うよ.
Maybe you *should* go to bed earlier.
▶ 熱があるんだから，今日は出かけるのはやめたほうがいいよ.
You have a fever. You'*d better* not to [You *shouldn't*] go out today.

💬用法 **should** と **had better**
should はどのような場合にでも使える一般的な言い方. **had better** は親しい友人や親，教師などが「こうしたほうがよい，そうしないとよくない結果になる」という含みをもって忠告や提案をするときに使う表現なので，目上の人には使わない. **had better** の否定形は **had better not.** →いい

ほう²

ほう² 法 (the) law [ロー] →ほうりつ
- 法と秩序
  law and order
- だれでも法の下では平等である.
  Everybody is equal under the *law*.
- 運転中の携帯電話の使用は法に違反する.
  It is *illegal* to use a cellphone while driving. (▶ It is against the law to .... ともいう)

ぼう 棒 a stick [スティック]；a pole [ポウル]
- 犬を棒でぶっちゃだめだよ.
  Don't hit the dog with a *stick*.
棒高とび the pole vault [ヴォールト]

ぼうえい 防衛 defense [ディフェンス]
防衛する defend →まもる
防衛省 the Ministry of Defense

ぼうえき 貿易 trade [トゥレイド]
貿易する trade (with)

> 🗨 **プレゼン**
> 日本は多くの国と貿易しています.
> Japan trades with many countries.

貿易会社 a trading company
ぼうえんきょう 望遠鏡 a telescope [テレスコウプ]
- 私は望遠鏡で月を見た.
  I looked at the moon through my *telescope*.

ほうおう 法王 the Pope [ポウプ]
ぼうおん 防音の soundproof [サウンドプルーフ]
- この部屋は防音になっている.
  This room is *soundproof*. / This is a *soundproof* room.

ほうか 放火 arson [アースン]
ぼうか 防火の fireproof [ファイアプルーフ]
防火訓練 a fire drill

ほうかい 崩壊する collapse [コラプス]
ぼうがい 妨害する disturb [ディスタ～ブ]

ほうがく 方角 a direction [ディレクション] →ほう¹, ほうこう
- 駅は南の方角にある.
  The station is *to* the south.
- 北の方角に北斗七星が見えるよ.
  We can see the Big Dipper *in* the north.
- 風は西の方角から吹いている.
  The wind is blowing *from* the west.

- 車は港の方角に走り去った.
  The car went off in the *direction* of the port. (▶ ˟to the direction of としない)

north 北
northwest 北西　N　northeast 北東
west 西　W　　E　east 東
southwest 南西　S　southeast 南東
south 南

ほうかご 放課後 after school
- 今日は放課後に野球の練習がある.
  We're having baseball practice *after school* today.

ほうがんし 方眼紙 graph [グラフ] paper,《英》section paper
ほうがんなげ 砲丸投げ the shot put
- 砲丸投げをする put *the shot*

ほうき¹ a broom [ブルーム]
- ほうきで床をはく
  sweep the floor with a *broom*
- 魔女はほうきにまたがって空を飛ぶ.
  Witches fly about the sky on *broomsticks*.

ほうき² 放棄する abandon [アバンドン]
ぼうぎょ 防御 defense [ディフェンス]《反 攻撃 attack, offense)
防御する defend

ほうけん 封建的な feudal [フュードゥル]
封建時代 the feudal age
ほうげん 方言 a dialect [ダイアレクト]
- 高田先生はときどき九州の方言で話すんだよ.
  Mr. Takada sometimes speaks in Kyushu *dialect*.

ぼうけん 冒険 an adventure [アドゥヴェンチァ]；(危険) a risk [リスク]
冒険する run a risk
- それは私にとって大きな冒険だった.
  That was a great *adventure* for me.
冒険家 an adventurer

ほうこう 方向 a way [ウェイ], a direction [ディレクション] →ほう¹, ほうがく
- バス停はどっちの方向ですか.
  Which *way* is the bus stop?
- 球場は駅と反対の方向だよ.
  The ballpark is in the opposite

720　seven hundred and twenty

◀ ほうそう¹

direction of the station.
▶ ぼくは方向音痴(おんち)だ.
I have no sense of *direction*.

ぼうこう 暴行 violence [ヴァイオレンス]
▶ 学校で暴行犯罪があった.
There was a *violent* crime at school.

ほうこく 報告 a report [リポート]
報告する report
▶ ご両親にはその結果を報告したの？
Did you *report* the results to your parents?
報告者 a reporter
報告書 a report

ぼうさい 防災 prevention [プリヴェンション] of damage by a disaster [ディザスタァ]
防災グッズセット a disaster kit
防災訓練 a disaster drill
防災の日 Disaster Drill Day

ほうさく 豊作 a good [rich] crop [クラップ], good [rich] harvest [ハーヴェスト]
▶ ことしはお米が豊作だ.
We've had a *good* rice *crop* [*harvest*] this year.

ぼうさん 坊さん a Buddhist priest [ブ(ー)ディスト プリースト]; a Buddhist monk [マンク]

ほうし 奉仕する serve [サ～ヴ]
奉仕活動 volunteer work

ほうじ 法事 a Buddhist service [ブ(ー)ディスト サ～ヴィス]

ぼうし¹ 帽子

a hat [ハット]; (野球帽・水泳帽など) a cap [キャップ]

hat

cap

▶ 帽子をかぶりなさい [ぬぎなさい].
Put on [Take off] your *hat*.
▶ その子は麦わら帽子をかぶっていた.
The boy was wearing a straw *hat*. / The boy had a straw *hat* on.
▶ あの白い帽子をかぶっている女性はだれですか.
Who's that woman with a white *hat*?

ⓘ参考 「帽子」のいろいろ
学生帽 a school cap / 野球帽 a baseball cap / 水泳帽 a swimming cap / シャワーキャップ a shower cap / 麦わら帽子 a straw hat / カウボーイハット a cowboy hat / ヘルメット (バイクの) a helmet; (工事現場などの) a hard hat / ベレー帽 a beret [ベレイ]

ぼうし² 防止する prevent [プリヴェント]
ほうしゃ 放射する radiate [レイディエイト]
ほうしゃせん 放射線 radiation [レイディエイション]
▶ 放射線をあびる
be exposed to *radiation*

ほうしゃのう 放射能 radioactivity [レイディオウアクティヴィティ]

ほうしゅう 報酬 reward [リウォード]

ほうしん¹ 方針 (基本) a policy [パリスィ]; (計画) a plan [プラン]; (方向) a course [コース]
▶ 方針を立てる make *plans*
▶ 方針を変える change my *plan* (▶ policy, course でもよい)

ほうしん² 放心状態の absent-minded [アブセントゥマインデイド]

ぼうず 坊主 (お坊さん) a Buddhist priest [ブ(ー)ディスト プリースト]

ぼうすい 防水の waterproof [ウォータプルーフ]
▶ ぼくの新しいスマートフォン, 防水なんだ.
My new smartphone is *waterproof*.

ぼうずがり ぼうず刈りの close-cropped
▶ ぼうず刈りにしている
wear my hair *close-cropped*

ほうせき 宝石 a jewel [ヂューエル], a gem [ヂェム]; (集合的に) jewelry [ヂューエルリィ]
宝石商 (人) a jeweler
宝石店 a jewelry store [shop]
宝石箱 a jewel box [case]

ほうそう¹ 放送

broadcasting [ブロードゥキャスティング]; (1回の) a broadcast
放送する broadcast, air [エア]; (テレビ

seven hundred and twenty-one 721

ほうそう² ▶

で) telecast [テレキャスト]
- ▶ デジタル放送 digital *broadcasting*
- ▶ 2か国語放送 bilingual *broadcasting*
- ▶ 再放送 a rerun
- ▶ ぼくはよく FM 放送を聞く.
  I often listen to FM (*broadcasts*).
- ▶ その番組はいつ放送されるの？
  When will the program *be on* (*the air*)?
- ▶ マラソンの模様は全国に生中継で放送された. The marathon *was broadcast* [*aired*] live across the country.
  放送局 a TV station, a radio station
  放送室 a broadcasting room [studio]
  放送部 a broadcasting club

ほうそう² 包装 (a) wrapping [ラビング]
  包装する wrap [ラップ] →つつむ
  包装紙 wrapping paper

ぼうそうぞく 暴走族 a motorcycle gang [モウタサイクル ギャング]

ほうそく 法則 a law [ロー]

ほうたい 包帯 a bandage [バンデヂ]
  包帯をする bandage
- ▶ ケンは頭に包帯をしていた. Ken had a *bandage* around his head.

ぼうたかとび 棒高跳び the pole vault [ポウル ヴォールト]

ほうちょう 包丁 a kitchen knife
- ▶ 包丁でパンを切る
  slice bread with a *kitchen knife*

ぼうちょう 膨張する expand [イクスパンド], swell [スウェル]
- ▶ 金属は熱で膨張する.
  Metals *expand* with heat. / Heat *expands* metals.

ほうっておく leave [リーヴ] ... alone [アロウン]
- ▶ ほうっておいてくれ.
  Leave me *alone*. / Don't bother me.

ぼうっと →ぼーっと, ぼんやり

ほうてい 法廷 a (law) court [コート]

ほうていしき 方程式 an equation [イクウェイジョン, -ション]
- ▶ 方程式を解く solve an *equation*

ほうどう 報道 news[ニューズ], a report [リポート]
  報道する report
- ▶ 報道の自由
  freedom of *the press*

- ▶ その事件を新聞報道で知った.
  I saw the incident in the newspaper.
  報道機関 the press, the news media
  報道陣 the press
  報道番組 a news program

ぼうどう 暴動 a riot [ライアト]
  暴動を起こす riot, start a riot

ほうにん 放任する leave [リーヴ] ... alone [アロウン]

ぼうねんかい 忘年会 a year-end party [イアエンド パーティ]

ぼうはてい 防波堤 a breakwater [ブレイクウォータァ]

ぼうはん 防犯 crime prevention [クライム プリヴェンション]
  防犯カメラ a security [スィキュ(ア)リティ] camera
  防犯ベル a burglar alarm [バ〜グラァ アラーム]

ほうび a reward [リウォード]
- ▶ ごほうびにこの本をあげよう.
  I'll give you this book as a *reward*.

ほうふ 豊富な rich [リッチ] (in)
- ▶ この本は内容が豊富だ.
  This book is *rich in* contents. / (役立つ情報が多い)This book is *informative*.
- ▶ あの店は品ぞろえが豊富だ.
  That store has a *large* selection.

ぼうふう 暴風 a storm [ストーム]
- ▶ きのう近畿地方はひどい暴風だった.
  There was a terrible *storm* in the Kinki district yesterday.
  暴風雨 a rainstorm, a storm
  暴風警報 a storm warning

ぼうふうりん 防風林 a windbreak [ウィン(ドゥ)ブレイク] forest

ほうほう 方法 →しかた

a **way** [ウェイ]；(体系だった) a **method** [メソド]
- ▶ 新しい方法で
  in a new *way* / by a new *method*
- ▶ いろいろな方法で
  in many *ways*

💬表現力

…する方法
→ way to ... / way of -ing / how to ...

◀ ボーイスカウト

▶ 簡単にやせられる方法ってあるのかな.
I wonder if there's an easy *way to* lose weight. / I wonder if there's an easy *way of losing* weight.

▶ 女の子にもてる方法が知りたいなあ.
I want to know *how to* be popular with girls.

ほうぼう 方々 everywhere [エヴリ(フ)ウェア]

▶ 方々さがしたけど，かぎは見つからないよ.
I've looked *everywhere* for the key, but I can't find it.

ほうむる 葬る bury [ベリィ]

ぼうめい 亡命する take [seek] political asylum [アサイラム] （in）

ほうめん 方面 (地域) an area [エ(ア)リア]；(方向) a direction [ディレクション]；(分野) a field [フィールド]

▶ 大阪方面への電車
a train *for* Osaka / a train bound *for* Osaka

▶ あなたはどの方面に関心があるのですか.
What *field* are you interested in?

ほうもん 訪問
a visit [ヴィズィト], a call [コール]
訪問する visit

▶ クラスメートと近くの老人ホームを訪問した.
I *visited* a nearby nursing home with some of my classmates.

▶ 今日，担任の先生がうちに家庭訪問に来た.
Our homeroom teacher *visited* our house today.
訪問客[者] a visitor

ぼうや 坊や (男の子) a boy [ボイ]，(自分のむすこ) a son [サン]；(呼びかけ) My boy, My son, little boy

▶ ぼうや，年はいくつ？
How old are you, *little boy*?

ほうりだす ほうり出す (投げ出す) throw out；(放棄する) give up

▶ かわいそうに，そのネコは表にほうり出された. The poor cat *was thrown out* of the house.

ほうりつ 法律
(その国・地域の) the law [ロー]；(個々の法律) a law

▶ 法律を守る obey *the law*

▶ 法律を犯す break *the law*

ほうりなげる 放り投げる throw [スロウ] →なげる

ほうりゅう 放流する release [リリース]

ぼうりょく 暴力 violence [ヴァイオレンス]

▶ 家庭内暴力 domestic *violence* （▶略して DV ともいう）

▶ 校内暴力 school *violence*
暴力団 a gang, gangs；(団員) a gangster

ボウリング 《ゲーム》 bowling [ボウリング]
ボウリングをする bowl

▶ 日曜日にボウリングに行かない？
Do you want to go *bowling* on Sunday?

▶ きのうボウリングで200点を出したよ.
I *bowled* 200 yesterday.
ボウリング場 a bowling alley [アリィ] （▶*bowling center* とはいわない）

ほうる throw [スロウ] →なげる

ボウル (容器) a bowl [ボウル]

▶ サラダボウル a salad *bowl*

ぼうれい 亡霊 a ghost [ゴウスト]

ホウレンソウ 《植物》 spinach [スピニチ]

▶ ホウレンソウ1わ a bunch of *spinach*

ほうろう 放浪する wander [ワンダァ]

▶ 西行法師は放浪の旅を続けた.
Saigyo led the life of a *wanderer* and traveled all over.

ほえる (犬が) bark [バーク] (at)；(ライオンなどが) roar [ロー(ァ)]

▶ 隣の犬が一晩中ほえていた.
The dog next door *barked* all night.

▶ 犬にほえられた. A dog *barked at* me. / I *was barked at* by a dog.

▶ ほえる犬はめったにかみない.《ことわざ》
Barking dogs seldom bite.

ほお a cheek [チーク] （▶両方のほおをさすときは cheeks）

▶ その女の子はリンゴのようなほおをしている.
The girl has rosy [pink] *cheeks*.

▶ 母は私のほおにキスをした.
My mother kissed me on the *cheek*.

▶ なみだがほおを流れた.
Tears ran down my *cheeks*.

ボーイ (レストランの) a waiter [ウェイタァ]；(ホテルなどの) a bellboy [ベルボイ]

ボーイスカウト (組織)the Boy Scouts [ボイ スカウツ]；(団員) a boy scout

seven hundred and twenty-three　723

ボーイフレンド

ボーイフレンド a boyfriend [ボーイフレンド]
(対 ガールフレンド girlfriend)
▶ このブレスレット，ボーイフレンドからもらったの.
This bracelet is a present from my (boy)friend. (▶ boyfriend はとくに親密な関係の異性の友だちをさすことが多いので，単なる友だちを表すときは friend を使うほうがよい)

ポーカー poker [ポウカァ]
▶ ポーカーをする play poker

ボーカル a vocal [ヴォウカル]；(人) a vocalist [ヴォウカリスト]；(曲) vocal music
▶ 私はそのバンドでボーカルをしている.
I'm a vocalist in the band.
▶ ぼくたちはボーカルグループを結成した.
We formed a vocal group.

ボーク (野球) a balk [ボーク]
▶ ボークをする balk

ホース a hose [ホウス] (発音注意)

ポーズ[1] (姿勢) a pose [ポウズ]
▶ ポーズをとる pose
▶ ハイ，ポーズ！ Hold that pose!
▶ 写真のポーズをとる pose for a picture

ポーズ[2] (休止) a pause [ポーズ]
▶ ポーズをとる make a pause

ポータブル portable [ポータブル]

ぼーっと (はっきりしないで) vaguely [ヴェイグリィ]；(うわの空で) absent-mindedly [アブセントゥマインディドゥリィ] → ぼんやり
▶ ぼくは一日中ぼーっとしていた.
I was absent-minded all day.

ボート a boat [ボウト], a rowboat [ロウボウト]
▶ ボートに乗る get on a boat
▶ ボートをこぐ row a boat
▶ ボートこぎに行こう. Let's go boating.
▶ 貸しボート (掲示)
Boat Rentals / Boats For Hire

ボートピープル boat people
ボートレース a boat race

ボーナス a bonus [ボウナス]

ホープ a hope [ホウプ]
▶ 大介(だいすけ)はわがチームのホープだ.
Daisuke is the hope of our team.

ホーム[1] (駅の) (米) a track [トゥラック], (英) a platform [プラトゥフォーム]
▶ 次の東京行きの電車は1番ホームから発車します.
The next train for Tokyo leaves from Track 1.

ホーム[2] (家庭・施設) (a) home [ホウム]；(野球の) home (base)
ホームヘルパー a home health aid, a home care worker, (英) a home help
ホームレス a homeless [ホウムレス] person

ホームグラウンド (野球) my home ballpark, my home (grounds)

ホームシック ホームシックの homesick [ホウムスィック]
ホームシックになる get homesick；(なっている) be homesick
▶ ロンドンにいるときにぼくはホームシックになった.
I got homesick when I was in London.
▶ きみはもしかしてホームシックなんじゃない？
You might be homesick.

ホームステイ a homestay [ホウムステイ]
ホームステイする stay with a family
▶ 姉はアメリカで1か月ホームステイした.
My sister stayed with a family in America for a month.

ホームドラマ a soap opera [ソウプ アペラ], a family drama；(ホームコメディー) (a) situation comedy [カメディ], (口語) (a) sitcom [スィトカム] (▶×home drama とはいわない)

ホームプレート (野球) the home plate

ホームページ a website [ウェブサイト], (トップページ) a homepage [ホウムペイジ]
(▶ 英語の homepage はそのサイトの入り口となるページのこと)
▶ ホームページを開設する
launch a website / set up a website
▶ 私はその店の公式ホームページを見た.

◀ **ボクシング**

I visited the official *website* of that store.

ホームラン a home run, 《米□語》a homer [ホウマァ]
▶ ホームランを打つ hit a *home run*
ホームラン王 a home-run king

ホームルーム （教室）(a) homeroom [ホウムル(ー)ム]；（時間）a homeroom hour

ポーランド Poland [ポウランド]
ポーランド(人・語)の Polish [ポウリシ]
ポーランド人 a Pole [ポウル]

ボーリング →ボウリング

ホール （会館）a hall [ホール]
▶ コンサートホール a concert *hall*

ボール¹

a **ball** [ボール]；《野球》(投球の) a ball (反) ストライク strike)
▶ 野球のボール a base*ball*
▶ テニスボール a tennis *ball*
▶ ボールを投げてよ. ぼくが打つから.
You throw the *ball* and I'll hit it.
▶ ボールをとろうとしたけど, とれなかったんだ.
I tried to catch the *ball* but missed it.
▶ 2 ボール, 1 ストライク
two *balls* and one strike

ボール² （容器）a bowl [ボウル] →ボウル
ボールがみ ボール紙 cardboard [カードゥボード]

ボールペン a ballpoint (pen)

ほか 外(の), 他(の)

other [アザァ]；（もう 1 つの）**another** [アナザァ]；（そのほかの）**else** [エルス]
▶ ほかに何かご質問はないですか.
Do you have any *other* questions?
▶ ごめんね. ほかに予定があるんだ.
I'm sorry, but I have *another* plan.
▶ この T シャツは気に入らないな. ほかのものを見せてください.
I don't like this T-shirt. Could you show me *another* one, please?
▶ またほかの日にしよう.
Maybe *another* day. / Maybe *some other* day.
▶ だれかほかの人に頼んでもらえる?
Could you ask someone *else*?
▶ ほかに何かいるものはあったかな?

Do we need anything *else*?
▶ ほかにはだれが行くの?
Who *else* is going?

💬表現力
… (の) ほか → except …

▶ きみのほかはみんな練習に来てたよ.
Everybody came to practice *except* you.
▶ 永田先生は英語のほかにフランス語も話すんだって.
I hear Mr. Nagata speaks French *as well as* English.

ぽかぽか ぽかぽかの nice [ナイス] and warm [ウォーム]

ほがらか 朗らかな cheerful [チアフル]
▶ その女の子たちはほがらかに歌をうたっていた.
The girls were singing *cheerfully*.

ほかん 保管する keep [キープ] →あずかる

ぼき 簿記 bookkeeping [ブ ッ キ ー ピ ン グ]

ボキャブラリー a vocabulary [ヴォウキャビュレリィ]

ほきゅう 補給する supply [サプライ] 《with》
▶ 船に燃料を補給する
supply the ship *with* fuel
▶ 暑い日は水分をしっかり補給することが大切だよ.
You need to *have* [*drink*] plenty of water on hot days.

ぼきん 募金 fund-raising [ファンドレイズィング]

ぼく 僕 I [アイ] →わたし

ほくおう 北欧 Northern Europe [ノーザン ユ(ア)ロブ]

ボクサー a boxer [バクサァ]
ボクサーパンツ boxer shorts

ぼくし 牧師 a pastor [パスタァ]；a minister [ミニスタァ]；a clergyman [クラ〜ヂィマン] 《複数》clergymen

ぼくじょう 牧場 a stock farm, 《米》(大規模な) a ranch [ランチ]；(放牧地) (a) pasture [パスチァ]；(牧草地) a meadow [メドゥ]
牧場主 a rancher

ボクシング boxing [バクスィング]
ボクシングをする box
▶ ボクシングの試合 a *boxing* match

seven hundred and twenty-five　725

ほぐす

ほぐす（緊張を）ease [イーズ]、(からまりを) disentangle [ディセンタングル]

ほくせい 北西 the northwest [ノースウェスト]（▶ N.W. または NW と略す）→せいほく
北西の northwest, northwestern

ぼくそう 牧草 grass [グラス]
牧草地 a meadow [メドゥ]

ぼくちく 牧畜 stock farming

ほくとう 北東 the northeast [ノースイースト]（▶ N.E. または NE と略す）→とうほく
北東の northeast, northeastern

ほくとしちせい 北斗七星 (米) the Big Dipper [ディパァ]

ほくぶ 北部 the northern [ノーザン] part, the north [ノース]

ほくりく 北陸（地方）the Hokuriku district [region]

ほくろ a mole [モウル]
▶ 彼女には右目の下に小さなほくろがある。
She has a small *mole* under her right eye.

ほげい 捕鯨 whaling [(フ)ウェイリング]

ほけつ 補欠 a substitute [サブスティテュート], a bench warmer
▶ ぼくはまだ野球部の補欠だ。
I'm still a *substitute* on the baseball team.

ポケット

a pocket [パケト]
ポケットサイズの pocket-sized
▶ 胸のポケット a breast *pocket*
▶ シャツのポケット a shirt *pocket*
▶ 上着のポケット a jacket *pocket*
▶ 上着の内ポケット
an inside jacket *pocket*
▶ ズボンの後ろのポケット
a back pants *pocket*
▶ ポケットに何が入ってるの？
What do you have in your *pocket*?
▶ 彼は両手をポケットにつっこんだまま歩いていた。
He was walking with his hands in his *pockets*.
ポケットティッシュ pocket tissues

ぼける（ピントが）be out of focus；(忘れっぽくなる) become forgetful
▶ この写真、ぼけてるね。
This photo *is out of focus*, isn't it?
▶ おじいちゃんはこのごろだいぶぼけてきた。
Grandpa *has become* very *forgetful* these days.

ほけん¹ 保健 (preservation [プレザヴェイション] of) health [ヘルス]
保健師 a public health nurse；(学校の) a school nurse
保健室 a nurse's room
保健所 a (public) health center
保健体育 health and physical education

ほけん² 保険 insurance [インシュ(ア)ランス]
保険に入る buy insurance, get insurance；(入っている) have insurance
保険をかける insure [インシュア]
▶ 火災保険 fire *insurance*
▶ 生命保険 life *insurance*
▶ 健康保険 health *insurance*
▶ 自動車保険 auto(mobile) *insurance*
▶ (病院で) これは保険がききますか。
Does the *insurance* cover this?
保険会社 an insurance company
保険金 insurance money
保険証 a health insurance card
保険料 a premium [プリーミアム] (▶ a monthly premium で「毎月の保険料」)

ほご 保護する protect [プロテクト] →まもる
▶ 環境を保護する
protect the environment
保護者（親）a parent；(親以外の) a guardian
保護者会 a parents' meeting, a PTA meeting →ピーティーエー

ぼご 母語 my native language [ラングウィヂ], my mother tongue [タング]

ぼこう 母校 my (old) school, my alma mater [アルマ マータァ]

ほこうしゃ 歩行者 a walker [ウォーカァ], a pedestrian [ペデストゥリアン]

ほしゅ ◀

歩行者天国 a pedestrian mall [paradise], a vehicle-free promenade [ヴィーイクルフリー プラメネイド]

ぼこく 母国　my home (country), *my* mother country
母国語 the language of *my* country；(母語) *my* native language, *my* mother tongue [タング]

ほこり¹ 誇り

pride [プライド]
誇りに思う be proud (of), take[have] pride (in)
▶ お城はわが町の誇りです.
The castle is the *pride* of my town.

┌─ 💬表現力 ────────────
│ …を誇りに思う
│ → be proud of ... /
│ 　 take pride in ...
└──────────────────────

▶ 父は自分の仕事に誇りをもっている.
My father *takes pride in* his job. /
My father *is proud of* his job.

┌─ ✏ライティング ──────────
│ 私は両親のことを**誇りに思っています**.
│ I'm proud of my parents. / I take
│ pride in my parents.
└──────────────────────

ほこり² dust [ダスト]
ほこりっぽい dusty
▶ 彼の机の上はほこりだらけだった.
His desk was covered in *dust*.
▶ ズボンのほこりを払いなさい.
Dust off your pants. / *Dust* your pants *off*.
▶ 部屋はほこりっぽかった.
The room was *dusty*.

ぼさぼさ ぼさぼさの (髪が乱れた) messy [メスィ]

ほし 星

a **star** [スター] (▶「月」は the moon) → わくせい
▶ 星がきれいだね.
What beautiful *stars*! / The *stars* are so beautiful!
▶ 今夜は星が出てないね.
There're no *stars* tonight.
▶ ほら, 星がたくさん出てるよ.

Look. There're a lot of *stars*.
▶ 夜空には星がかがやいていた.
The *stars* were twinkling in the night sky.
▶ 流れ星 a shooting *star*
▶ 5つ星のレストラン
a five-*star* restaurant
星占い (占星術) astrology [アストゥラロディ]；(個々の占い) a horoscope [ホ(一)ロスコウプ] →せいざ
星印 an asterisk [アステリスク]

ほしい 欲しい

want [ワント], would like

┌─ 💬表現力 ────────────
│ …がほしい → want ... /
│ 　　　　　　 would like ...
└──────────────────────

▶ これがどうしてもほしい.
I really *want* this.
▶ 何か飲み物, ほしい？
Do you *want* something to drink? /
Would you *like* something to drink?
▶ 冷たい飲み物がほしいな.
I *want* a cold drink. / I *want* something cold to drink.
▶ コーヒーがほしいな.
I'll have (some) coffee. / I'*d like* (some) coffee.

┌─ 💬表現力 ────────────
│ (人)に…してほしいのですが
│ → I would like ＋人＋ to ... /
│ 　 I want ＋人＋ to ...
│ (▶「want ＋人＋ to ...」より「would
│ like ＋人＋ to ...」のほうがていねいな言
│ い方)
└──────────────────────

▶ きみにすぐ来てほしいのですが.
I'*d like* you *to* come at once. (▶ I want you to .... としてもよい)
▶ 私の両親にぜひ会ってほしいのですが.
I'*d like* you *to* meet my parents.
ぼしかてい 母子家庭 a single-mother family, a fatherless family
ほしがる 欲しがる want [ワント] →ほしい
ほしくさ 干し草 hay [ヘイ]
ポジション (位置)a position [ポズィション]
ほしぶどう 干しぶどう a raisin [レイズン]
ほしゅ 捕手《野球》a catcher [キャチァ] (▶

seven hundred and twenty-seven　**727**

ほしゅう¹

「投手」は pitcher)

ほしゅう¹ 補習 a supplementary [サプリメンタリ] lesson
▶ 来週英語の補習がある.
I'll have English *supplementary classes* [*lessons*] next week.

ほしゅう² 補修する repair [リペア]

ぼしゅう 募集する（会員などを）recruit [リクルート]；（寄付などを）collect [コレクト]
▶ 合唱部が新入部員を募集しているよ.
The choral club *is recruiting* new members.
▶ あの学校の来年度の募集定員は300名だ.
The number of students to *be admitted* to that school next year will be 300.
募集広告 a want ad

ほじょ 補助 assistance [アスィスタンス]
補助する assist, help
補助席, 補助いす a spare seat, a spare chair

ほしょう¹ 保証 a guarantee [ギャランティー], a warranty [ウォ(ー)ランティ]
保証する guarantee, warrant
▶ このテレビは何年保証ですか.
How long is the *guarantee* on this TV?
▶ このエアコンは3年保証です.
This air conditioner is *guaranteed* [*warranted*] for three years.
保証金 security money
保証書 a warranty
保証人 a guarantor [ギャラントー(ァ), -タァ]

ほしょう² 保障 security [スィキュ(ア)リティ]
▶ 社会保障 social *security*

ほしょう³ 補償する compensate [カンペンセイト]

ほす 干す dry [ドゥライ]; air
▶ 洗たく物を干す
hang the laundry out to *dry*
▶ ふとんを干す *air* the *futon* in the sun

ボス a boss [ボ(ー)ス], a head [ヘッド]

ポスター a poster [ポウスタァ]
▶ 私たちは文化祭のポスターをはった.
We put up some *posters* for the school festival.

ポスト（郵便ポスト）（米）a mailbox [メイルバクス],（英）a postbox [ポウス(トゥ)バクス]（▶ ×post とはいわない）
▶ 手紙をポストに入れる
（米）*mail* a letter,（英）*post* a letter
▶ この手紙, 学校へ行く途中にポストに入れてくれる？
Would you *mail* this letter on your way to school?

アメリカのポスト（左）とイギリスのポスト（右）.

ホストファミリー a host family [ホウストファミリィ]

ホスピス a hospice [ハスピス]

ほそい 細い

thin [スィン]（反 太い thick）；（ほっそりした）slender [スレンダァ], slim [スリム]；（幅がせまい）narrow [ナロウ]

slim　　narrow

▶ 祐輔の兄さんは背が高くて細い.
Yusuke's brother is tall and *thin*.
▶ 美咲は細い足をしている.
Misaki has *slender* legs.（▶ slender は全身だけでなく体の部分についても使う）
▶ もうちょっと細くなりたいなあ.
I want to be a bit *slimmer*.
▶ この細い路地をぬけるとお寺に出る.
This *narrow* alley leads through to the temple.

ほそう 舗装する pave [ペイヴ]
舗装道路 (a) pavement, a paved road

ほそく 補足する supplement [サプリメント], add [アッド]

ほそながい 細長い long and narrow

ほぞん 保存する keep [キープ]

◀ ポップス

▸ 食べ物を冷蔵庫に保存しておきなさい．
Keep food in the refrigerator.
保存食 preserved [プリザ～ヴド] food
保存料 preservatives [プリザ～ヴァティヴズ]

ポタージュ potage [ポゥタージ]（▶フランス語から）

ホタル《虫》a firefly [ファイアフライ]

ボタン¹

（洋服の）a **button** [バトゥン]
ボタンをはめる button (up)
ボタンをはずす unbutton, undo
▸ シャツのボタンをはめなさい．
Button up your shirt!
▸ 彼はボタンをはずしてシャツを脱いだ．
He *unbuttoned* [*undid*] his shirt and took it off.
▸ いちばん上のボタンがはずれてるよ．
Your top *button* is open.
▸ このボタン，とれそうだな．
This *button* is coming off.

ボタン²《植物》a (tree) peony [ピーオニィ]

ぼち 墓地（共同墓地）a cemetery [セメテリィ]; a graveyard [グレイヤード]
▸ …を墓地に埋葬する
bury ... in the *cemetery*

ホチキス →ホッチキス

ほちょう 歩調 (a) pace [ペイス], a step [ステップ]
▸ 他の人と歩調を合わせなさい．
Keep *step* [*pace*] with others.

ほちょうき 補聴器 a hearing aid [ヒ(ア)リング エイド]

ほっきょく 北極 the North Pole [ノースポウル]；《対》南極 South Pole）；（北極地方）the Arctic [アークティク]
北極の arctic
北極海 the Arctic Ocean
北極グマ a polar bear
北極星 Polaris, the polestar, the North Star

ホック a hook [フック]
▸ ホックをとめる hook (up)
▸ ホックをはずす unhook, undo

ボックス a box [バックス]
▸ バッターボックス a batter's *box*
▸ クーラーボックス a cooler（▶×cooler box とはいわない）

ホッケー《競技》(field) hockey [ハキィ]

▸ アイスホッケー ice *hockey*

ほっさ 発作 an attack [アタック], a fit [フィット]
▸ 心臓発作を起こす have a heart *attack*

ほっそり ほっそりした slender [スレンダァ], slim [スリム] →ほそい

ホッチキス a stapler [ステイプラァ]（▶Hotchkiss は商標名．「ホッチキスの針」は staple という）
ホッチキスでとめる staple [ステイプル]
▸ このプリント，ホッチキスでとめてね．
Staple the handouts, please.

ほっと ほっとする be relieved [リリーヴド] →ほっとする

ポット（深いなべ）a pot [パット]；（魔法びん）a thermos [サ～モス]（▶もとは商標名）

ぼっとう 没頭する be absorbed [アブソーブド] (in)

ほっとく leave [リーヴ] ... alone [アロウン]
▸ ほっとけよ．
（あいつを）*Leave* him[her] *alone*. /（それを）*Leave* it *as it is*.
▸ ほっといてくれよ．Don't bother me.

ホットケーキ a pancake [パンケイク]

ほっとする（安心する）be relieved [リリーヴド], feel relieved;（くつろぐ）be relaxed [リラックスト], feel relaxed
▸ きみの声を聞いてほっとしたよ．
I'm *relieved* to hear your voice.
▸ ああ，ほっとした．What a *relief*!

ホットドッグ a hot dog
▸ ホットドッグを 4 つください．
Four *hot dogs*, please.

ポップコーン (a) popcorn [パプコーン]
▸ ポップコーンの M サイズ 1 つください．
I'd like a medium(-size) *popcorn*.

ポップス《音楽》pop (music)
▸ ジェームズは日本のポップスにはまっている．
James is really into Japanese *pop*

ぼつぼつ ▶

music.

ぼつぼつ now [ナゥ], soon [スーン] →そ
ろそろ

▶ ぼつぼつ出かけたほうがいい.
We'd better get going.

ほつれる (布・糸などが) fray [フレイ]; (髪
などが) come loose [ルース]

ボディー a body [バディ]
▶ 車のボディー a car *body*

ボディーガード a bodyguard [バディガード]

ボディーチェック (空港などの) a security
check (▶この意味では✕body check と
はいわない)

ボディービル body building

ボディーランゲージ body language

ポテト a potato [ポテイトゥ] (複数 po-
tatoes)

ポテトサラダ (a) potato salad

ポテトチップス 《米》potato chips,《英》
(potato) crisps

ポテトフライ 《おもに米》French fries,
《英》(potato) chips (▶✕potato fry と
はいわない)

ホテル a hotel [ホゥテル]; (比較的小さ
な) an inn [イン]

▶ ホテルに泊まる stay at a *hotel*

▶ ホテル (の部屋) を予約する
reserve (a room at) a *hotel* / make
a *hotel* reservation

－ほど

1 (およそ) **about** [アバゥト], or so (▶名詞
などの後ろにくる)

▶ 練習には10人ほど来ていた.
About ten members came to
practice.

▶ 学校までは1キロほどある.
It's *about* a kilometer to my school.

▶ 配達までふつう2週間ほどかかります.
It usually takes *about* two weeks
[two weeks *or so*] to deliver.

2 (～ほど…ではない) not as ... as ～

💬表現力
～ほど…ではない → not as ... as ～

▶ ぼくは彼ほど速くは走れない.
I ca*nn*ot run *as* fast *as* he.

▶ テニスは見かけほどやさしくない.
Playing tennis is*n't as* easy *as* it

looks.

💬表現力
～ほど…なものはない
→ Nothing is ＋比較級

▶ 命ほどたいせつなものはない.
Nothing is more important *than* life.

▶ これほど簡単なことはない.
Nothing is easier *than* this.

3 (それほどの) such [サッチ]

▶ これほどおもしろい試合, 見たことないよ.
I've never seen *such* an exciting
game *as* this. / (これまで見たうちでい
ちばんおもしろい試合だ) This is the
most exciting game I've ever seen.

▶ 心配で心配で食事ものどを通らないほど
だった.
I was *too* worried *to* eat anything at
all.

4 (～すればするほど…) (▶「the ＋比較級 ...,
the ＋比較級 ... 」で表す)

💬表現力
～すればするほど…
→ the ＋比較級, the ＋比較級

▶ 早ければ早いほどいい. (ことわざ)
The sooner, the better.

▶ 勉強すればするほど, やる気が出るものだ.
The more you study, *the more* you
are motivated.

ほどう¹ 歩道 《米》a sidewalk [サイドゥウォー
ク],《英》a pavement [ペイヴメント]

▶ 横断歩道
《米》a crosswalk [クロ(ー)スウォーク],《英》
a (pedestrian) crossing [((ペデストゥリアン)
クロ(ー)スィング]

歩道橋 a pedestrian overpass

ほどう² 補導する (警察が) put ... under
police guidance [ガイダンス]

ほどく untie [アンタイ]

▶ このひも, ほどいてくれない？
Would you *untie* this string?

ほとけ 仏 (仏陀) the Buddha [ブ(ー)ダ]

▶ 知らぬが仏.《ことわざ》
Ignorance is bliss. (▶「知らないことこ
そ最高の幸せ」の意味)

ほどける

▶ くつのひもがほどけてるよ.
Your shoelace *is untied*.

ホトトギス 〈鳥〉a little cuckoo [ク(ー)クー]

ほどほど
▶ ほどほどに(→やりすぎないように)しなさい.
Don't overdo it. / Don't work too hard.

ほとりに on [アン], near [ニア], by [バイ]
▶ 週末は湖のほとりでキャンプした.
We spent the weekend camping *on* the lake.
▶ ぼくのおじは川のほとりに住んでいる.
My uncle lives *on* the river. (▶ on の代わりに near や by でもよい)

ボトル a bottle [バトゥル]

ほとんど

1 **almost** [オールモウスト], **nearly** [ニアリィ]
▶ 宿題はほとんどできたよ.
I've *almost* done my homework.
▶ 3時前にそこに着くなんて，ほとんど不可能だよ.
It's *almost* impossible to reach there before three.

╭─ 表現力 ────────────────╮
│ ほとんどの… → almost all ... │
╰────────────────────────╯

▶ ほとんどの問題が解けなかった.
I couldn't solve *almost all* (the) problems. (▶ ×almost problems とはいわない)

「ほとんどの問題」
× almost problems
　　↑ almost は副詞なので，すぐ後ろに名詞をもってくることはできない.

　○ almost all (the) problems
　(▶「ほとんどすべての問題」と考えるとよい)

▶ 参加者はほとんどが中学生だった.
The participants are *mostly* junior high students. / *Most* participants were junior high students.
▶ まだほとんど準備できてないんだ.
We're not *nearly* ready yet. (▶ We're not ×almost ready yet. とはい

わない. almost は否定文では使えない)

2 (ほとんど…ない) **hardly** [ハードゥリィ]；(ほとんど…がない) (量が) **little** [リトゥル] ..., (数が) **few** [フュー] ...
▶ 私には何が起こっているのかほとんど理解できなかった.
I could *hardly* understand what was going on.

╭─ 表現力 ────────────────╮
│ ほとんど…ない   │
│ → (量が) little ... / (数が) few ... │
╰────────────────────────╯

▶ 回復する見込みはほとんどない.
There's *little* hope for recovery.
▶ 私は最初のうちはほとんど友だちがいなかった.
At first I had (very) *few* friends.

ポニーテール a ponytail [ポウニテイル]
▶ ジェニーは髪をポニーテールにしている.
Jenny wears her hair in a *ponytail*.

ぼにゅう 母乳 breast milk [ブレスト ミルク], mother's milk
▶ 母乳で育った赤ちゃん
a *breast-fed* baby

ほにゅうびん 哺乳瓶 a baby bottle [ベイビィ バトゥル]

ほにゅうるい ほ乳類 the mammals [ママルズ]
▶ クジラはほ乳類だ.
Whales are *mammals*. / A whale is a *mammal*.

ほね 骨

1 (人・動物の) a **bone** [ボウン]
▶ 腕の骨
my arm *bone*
▶ スキーで左足の骨を折った.
I broke my left leg while skiing.
▶ 魚の骨がのどにささっちゃったよ.
I've got a fish*bone* stuck in my throat. / A fish*bone* got stuck in my throat.

2 (骨折り) **pains** [ペインズ]
▶ 骨を折る
take *pains* / make *efforts*
▶ それはなかなか骨が折れる仕事だ.
The work is quite *hard*.

ほのお 炎 a flame [フレイム]
▶ 車はほのおに包まれた.

ほのぼの

The car went up in *flames*.
ほのぼの ほのぼのする heartwarming [ハートウォーミング]
ほのめかす hint [ヒント], suggest [サ(グ)ヂェスト]
ポピュラー ポピュラーな popular [パピュラァ]
ポピュラー音楽 popular music, pop music
ポプラ 《植物》a poplar [パプラァ]
ほほ →ほお
ほぼ (ほとんど) almost [オールモウスト]
ほほえましい ほほ笑ましい heartwarming [ハートウォーミング], pleasant [プレズント]
▶ それは何ともほほえましい光景だった.
It was a really *heartwarming* [*pleasant*] sight.
ほほえみ ほほ笑み a smile [スマイル]
▶ ほほえみをうかべて with a *smile*
ほほえむ ほほ笑む smile [スマイル] (at)
▶ その女子生徒たちは晴れやかにほほえんでいた.
The girl students *were smiling* happily.
▶ ぼくは絵美にほほえみかけたが無視された.
I *smiled at* Emi, but she ignored me.
ポメラニアン 《動物》a Pomeranian [パメレイニアン]

ほめる 褒める

(賞賛する) praise [プレイズ], speak well of; (感嘆する) admire [アドゥマイア]
▶ 先生はぼくのことをほめてくれた.
The teacher *praised* me. / The teacher *spoke well of* me.
▶「そのTシャツ, よく似合ってるよ」「ほめてくれてありがとう」

"That T-shirt looks really nice on you." "Thank you. / Thank you for your *compliment*."

▶表現力
(人)の…をほめる
→ praise +人+ for …

▶ 両親は私の努力をほめてくれた.
My parents *praised* me *for* my effort.
▶ だれもがケンの勇気をほめた.
Everybody *admired* Ken's courage.

▶用法 ほめるときの言い方
ほめるときには, 形容詞は nice と good, 動詞は like と love がよく使われる.
相手の持ち物などをほめるときには,
I really *like* [*love*] your … . (あなたの…ほんとにいいですね)
What a *nice* … ! (なんてすてきな…なんでしょう)
You have a (really) *nice* … . (すてきな…を持っているね) などと言う.
それに対しては,
Thank you. It's *nice* of you to say so. (ありがとう. そう言ってくれるなんてうれしい) のように答える.
くだけた会話では,
Thanks. I'm glad you *like* it [them]. (ありがとう. 気に入ってくれてうれしい) などと言う.

ぼやける be blurred [ブラ〜ド]
ほら Look! [ルック], Listen! [リスン]
▶ ほら. あそこにいるのが楓のお姉さんよ.
Look. That's Kaede's sister.
▶ ほら (耳をすまして), コオロギが鳴いているよ.
Listen! Do you hear the crickets?
ホラーえいが ホラー映画 a horror movie [ホ(ー)ラァ ムーヴィ]
ほらあな 洞穴 a cave [ケイヴ]

ボランティア

(人) a volunteer [ヴァランティア] (発音注意);
(活動) volunteer work
ボランティア活動をする do volunteer work

▶ 私は週に1回市立図書館でボランティア(活動)をしている.
I *do volunteer work* at the city library once a week.

ほり 堀 a moat [モゥト]

ほりだしもの 掘り出し物 a find [ファインド]；(お買い得品) a bargain [バーゲン]
▶ これは掘り出し物ですよ.
This is a real *find* [*bargain*].

ポリぶくろ ポリ袋 a plastic bag [プラスティック バッグ]

ボリューム volume [ヴァリュム]
▶ ボリューム上げて[下げて]もらえる？
Could you turn the *volume* up [down]?
▶ あそこのピザはかなりボリュームがあるよ.
The pizza at that place is very *filling*.

ほりょ 捕虜 a prisoner [プリズナァ] (of war)
捕虜収容所 a prison camp

ほる[1] 掘る dig [ディッグ]
▶ 穴を掘る *dig* a hole

ほる[2] 彫る carve [カーヴ]
▶ 石像を彫る
carve an image from stone (▶ from は out of でもよい)

ボルト[1]《電気》a volt [ヴォゥルト] (▶ V または V と略す)

ボルト[2] (ねじ) a bolt [ボゥルト]
▶ ボルトをしめる
tighten a *bolt*

ポルトガル Portugal [ポーチュガル]
ポルトガル(人・語)の Portuguese [ポーチュギーズ]
ポルトガル語 Portuguese
ポルトガル人 a Portuguese (person)

ポルノ pornography [ポーナグラフィ],《口語》porn [ポーン], porno [ポーノゥ]

ホルモン (a) hormone [ホーモゥン]
▶ 男性[女性]ホルモン
the male [female] *hormone*

ホルン《楽器》a (French) horn [ホーン]
▶ ホルンを吹く
play the *horn*

ボレー ボレーする《テニス・サッカー》volley [ヴァリィ]

ポロシャツ a polo [ポゥロウ] shirt

ほろびる 滅びる die [ダイ] out, perish [ペリシ]

▶ 鎌倉幕府は1333年にほろびた.
The Kamakura shogunate *was destroyed* in 1333. (▶ shogunate [ショウガネイト] は「幕府」の意味)

🎤プレゼン
このまま地球温暖化が進めば，人類は**ほろびる**かもしれません.
The human race might die out if global warming continues at this rate.

ほろぼす 滅ぼす destroy [ディストゥロイ]
▶ トロイはギリシャ軍にほろぼされた.
Troy *was destroyed* by the Greek army.

ぼろぼろ ぼろぼろの worn-out [ウォーンアウト], shabby [シャビィ]
▶ 圭太はぼろぼろのジーンズをはいていた.
Keita was wearing *worn-out* [*shabby*] jeans.

ホワイトハウス the White House

ほん 本

a **book** [ブック]
▶ 厚い[うすい]本
a thick [thin] *book*
▶ 料理の本
《米》a *cookbook*,《英》a *cookery book*
▶ 何か犬の本, 持ってる？
Do you have any *books* about [on] dogs?
▶ どんな本が好き？
What kind of *books* do you like?
▶ 「何の本を読んでるの？」「ハリー・ポッターだよ」
"What (*book*) are you reading?" "I'm reading Harry Potter."
本だな a bookshelf (複数 book-

ぼん ▶

shelves)
本箱 a bookcase
本屋 (米) a bookstore, (英) a bookshop

ⓘ **参考 「本」のいろいろ**
小説 a novel / 歴史書 a history book / 絵本 a picture book / マンガ本 a comic book / 攻略本 (ゲームの) a strategy guide / 教科書 (米) a textbook, (英) a course book / 参考書 (教科の) a study aid, (辞典・地図などの) a reference book / 問題集 a workbook / 辞書 a dictionary / 百科事典 an encyclopedia / ハードカバー (米) a hardcover, (英) a hardback / 文庫本 a pocketbook, a mass-market paperback / ペーパーバック a paperback

ぼん 盆 **1** (容器) a tray [トゥレイ]
2 (仏教の行事) the *Bon* Festival
盆踊り a *Bon* dance
▶ 近所の人と盆踊りを踊った．
I danced at the *Bon* Festival with my neighbors.
ほんき 本気の serious [スィ(ア)リアス]; (熱心な) earnest [アーネスト]
本気で seriously; earnestly
▶ 本気なの？
Are you *serious*?
▶ あいつの言ってること，本気にとらないほうがいいよ．
It's better not to take what he says *seriously*.
▶ 本気でそう言ってるの？
Do you *really* mean it? (▶ mean は「…のつもりで言う」の意味)
▶ 本気でやれば (→一生けんめいやれば) 絶

対にできるよ．
I know you can do it if you work hard.
ホンコン 香港 Hong Kong [ハングカング]
ぼんさい 盆栽 (a) bonsai [バンサイ] (複数) bansai) (▶ 英語化している), a potted miniature tree
ほんしつ 本質 essence [エスンス]
本質的な essential [エセンシャル]
本質的に essentially [エセンシャリィ]
ほんじつ 本日 today [トゥデイ]
▶ この切符は本日かぎり有効です．
This ticket is good [valid] only (for) *today*.
▶ 本日休業 (掲示) Closed *Today*
ほんしゃ 本社 the main office, the head office (対) 支社 branch (office))
ほんしゅう 本州 Honshu, the Main Island of Japan
ほんしん 本心 *my* true feelings
▶ 直人は本心を隠しているみたいだ．
Naoto seems to be hiding his *true feelings*.
ぼんじん 凡人 an ordinary person [オーディネリィ パースン]
ほんだい 本題
▶ 本題に入ろう．
Let's get down to business.
ぼんち 盆地 a basin [ベイスン]
▶ 会津盆地 the Aizu *Basin*
ほんてん 本店 the main [head] office (対) 支店 branch (office)), the main [head] store (対) branch (store))
ほんど 本土 the mainland [メインランド]
ボンド (接着剤) (a) glue [グルー], (an) adhesive [アドゥヒースィヴ]
ポンド (イギリスの通貨単位) a pound [パウンド] (▶ £と略す); (重量単位) a pound (▶ lb. と略す. 約453.6g)

ほんとう 本当

(the) truth [トゥルース]
ほんとうの true, real [リー(ア)ル]
ほんとうに truly, really
ほんとうは to tell the truth, in reality
▶ ほんとうのことを話しなさい．
Tell me *the truth*.
▶ これはほんとうのことなんです．
This is a *true* story.

ほんるい

🗨️ **スピーキング**

Ⓐ 彼が**ほんとうに**そう言ったんですか.
Did he really say that?

Ⓑ **ほんとうです.**
Yes, I'm sure.

▶ 「慎一郎君がきのう手紙をくれたの」「ほんとう？」
"I got a letter from Shinichiro yesterday." "Really?"

▶ あなたのことがほんとうに好きよ,俊ちゃん.
I really [truly] like you, Shun.

📘**用法** really の発音のしかた
really という語はよく会話で使われるが, 語尾ごの発音のしかたでちがった意味になるので注意. (1) 語尾を強く上げると, 「え, ほんとうですか」と強いおどろき・関心を表す. (2) 語尾を軽く上げると「そうなの」と軽いおどろき・関心を表す. (3) 語尾を下げると「ああ, そう」と無関心の気持ちを表したり, 軽く相づちを打ったりした感じになる.

📙**表現力**
…ということはほんとうだ
→ It is true that … .

▶ 彼女のお父さんが入院しているというのはほんとうだ.
It is true that her father is in (the) hospital.

📙**表現力**
ほんとうは…だ
→ The truth is that … .

▶ ほんとうは泳げないんだ.
The truth is that I can't swim.

ほんにん 本人
▶ 本人が当所へ出頭のこと.
Appear in person at the office.

ほんね 本音 (本当の意図) real intention [リー(ァ)ル インテンション]

ボンネット (自動車の) 《米》 a hood [フッド], 《英》 a bonnet [バネット]

ほんの only [オウンリィ] →ちょっと

ほんのう 本能 (an) instinct [インスティン(ク)ト]
▶ 鳥は本能によって飛ぶことを覚える.

Birds learn to fly by *instinct*.
本能的に instinctively [インスティン(ク)ティヴリィ], by instinct

ほんばん 本番
▶ さあ, これからが本番だ.
Now we've come to the *real test*.

ほんぶ 本部 a center [センタァ], the head office

ポンプ a pump [パンプ]
▶ ポンプで水をくみあげる
pump up the water

ほんぶん¹ 本文 text [テクスト]

ほんぶん² 本分 (務め) duty [デューティ]

ほんみょう 本名 *my* real name
▶ あの歌手の本名は何ていうの？
What is that singer's *real name*?

ほんもの 本物の real [リー(ァ)ル] (反) にせの false), genuine [チェニュイン]
▶ これは本物の真珠ぬです.
This is a *real* [*genuine*] pearl.

ほんもん 本文 text [テクスト]

ほんや 本屋 (書店) a bookstore [ブクストー(ァ)]

ほんやく 翻訳 (a) translation [トゥランスレイション]
翻訳する translate [トゥランスレイト]
▶ 彼はフランスの小説を日本語に翻訳した.
He *translated* a French novel into Japanese.
翻訳家 a translator

ぼんやり (うわの空で) absent-minded [アブセントゥマインディド]；(はっきりしない) not clear [クリア]
▶ 彼は今日は一日中ぼんやりしていた.
He was *absent-minded* all day today.
▶ ぼんやりするな.
Watch out! / Be careful!

ほんらい 本来 originally [オリヂナリィ]

🟠**プレゼン**
人間は**本来**善だという人と, 悪だという人がいます.
Some people say human beings are originally good, and others say human beings are originally bad [evil].

ほんるい 本塁 《野球》home plate
本塁打 a home run, a homer

---

seven hundred and thirty-five **735**

ま ▶

ま マ ま マ ま マ

ま 間 (時間) time [**タ**イム] →じかん, あいだ；
(部屋) a room [ル(一)ム] →へや

まあ 1 (おどろき) Oh! [**オ**ッ], Oh dear!
[**デ**ィア]
▸ まあ, どうもご親切に.
Oh! That's very kind of you.
2 (あいまいにぼかして) well [**ウェ**ル]
▸ まあ, そんなところかな.
Well, something like that.

マーカー a marker [**マ**ーカァ], 《英》a
marker pen

マーガリン margarine [**マ**ーヂャリン]

マーク (印) a mark [**マ**ーク]；(記号) a
sign [**サ**イン]
　　マークする (印をつける) mark, put a
mark 《on》；(相手チームの選手を)
guard, 《英》mark；(記録を) set, make
▸ わからない単語にマークをしなさい.
Mark the words you don't know.
▸ (試合で) 11番をマークしろ.
Guard [*Mark*] number eleven.
　　マークシート an OMR (answer) sheet,
a computer-scored answer sheet
▸ マークシート方式の試験
a *computer-scored* exam

マーケット a market [**マ**ーケット]
▸ 母は毎日, マーケットへ (買い物に) 行く.
Mother goes to *market* every day.

マージャン mah-jong(g) [**マ**ーヂャ(一)ング]
▸ マージャンをする play *mah-jong*

マーチ (行進曲) a march [**マ**ーチ]

まあね well, yes, 《口語》yeah [**イェ**ア]

> 🔊スピーキング
> 🅐 満点とったんだって？
> 　I heard you got a perfect score.
> 🅑 **まあね.**
> 　Well, yeah.

まあまあ 1 (よくも悪くもない) so-so [**ソ**
ウソウ]；(程度がまずまず) not so bad,
not too bad
▸ そのレストランの料理はまあまあだった.
The food at the restaurant was just

so-so.

> 🔊スピーキング
> 🅐 やあ, 元気？
> 　Hi there! How are you?
> 🅑 **まあまあさ.**
> 　Not bad, thanks.

2 (相手をなだめて) Now, now.
▸ まあまあ, そうおこるなよ.
Now, now, don't get so angry.

マーマレード marmalade [**マ**ーマレイド]

まい- 毎…

every [**エ**ヴリィ] …(▸後ろには単数の名詞
が続くことが多い)
▸ 毎日 *every* day →まいにち
▸ 毎晩 *every* evening / *every* night
▸ 毎月 *every* month
▸ 毎年 *every* year
▸ 母は毎朝 6 時に起きる.
My mother gets up at six *every*
morning.
▸ ぼくは毎週金曜に空手を習っている.
I take *karate* lessons *every* Friday.

> 📘**文法** **every** +「時」
> 「時」を表す次のような語句に **every** が
> つくと, 前置詞や冠詞が不要になる.
> in the morning → every morning
> at night → every night
> on Sunday → every Sunday

-まい …枚

(紙) a piece of ... , a sheet of ... ；(パ
ン) a slice of ... (▸ poster (ポスター)
などの数えられる名詞が複数の場合は「数
+複数形」にするだけでよい)
▸ おとな 2 枚, 子ども 2 枚ください.
Two adults and two children,
please.
▸ 紙があともう 2 枚いるよ.
We need two more *pieces* [*sheets*]

736　seven hundred and thirty-six

of paper.
- けさはトーストを1枚だけ食べた.
I only ate *a slice of* toast this morning.

まいあさ 毎朝 every morning[モーニング]

マイカー (自分の車)*my* (own) car[カー]; (自家用車) a private car
- 兄はマイカーを持っている.
My brother has *his* (own) *car*.

マイク a microphone[マイクロフォウン],《口語》a mike[マイク]
- マイクでしゃべる
speak over the *microphone* [*mike*]

マイクロバス a microbus[マイクロウバス], a minibus[ミニバス]

まいご 迷子 a lost child
迷子になる get lost →まよう
迷子になっている be lost;(見当たらない) be missing
- 私たち迷子になっちゃったみたい.
I think we're *lost*.
- 祐輔が迷子なの.
Yusuke *is missing*.

まいしゅう 毎週 every week[ウィーク]
まいそう 埋葬する bury[ベリィ]
まいつき 毎月 every month[マンス]
まいとし 毎年 every year[イア]
マイナー minor[マイナァ]
マイナーリーグ a minor league

マイナス minus[マイナス](反 プラス plus)
- マイナス6（-6） *minus* six
- 8マイナス2は6（8-2=6）.
Eight *minus* two is [equals] six.

まいにち 毎日

every day[エヴリィ デイ]
毎日の everyday[エヴリィデイ], daily
- 菜々子には毎日学校で会うよ.
I see Nanako at school *every day*.
- 毎日の食事
everyday meals / *daily* meals

マイノリティー the minority[ミノーリティ]
マイペース *my* own pace[ペイス];(自分のやり方)*my* way
- マイペースでやれば？
You can do it at *your own pace*.

マイホーム (自分の家)*my* own home, *my* own house

マイル a mile[マイル](▶1マイルは約1,609メートル)

「ラスベガス方面出口まで1マイル」という高速道路の標識.

まいる 参る **1** (降参する) give up
- まいった？ (Do you) *give up*?
- （ゲームなどで）まいった. *You win*.
- まいったなあ.
(困ったなあ) I'm *in trouble*. / (手に負えない) This *beats* me.

2 (行く) come[カム];(参拝する) visit[ヴィズィト] →おまいり
- すぐに参ります.
I'm *coming* right away.

まう 舞う dance[ダンス] →おどる
まうえ 真上に just above →うえ¹
- 彼らはうちの真上に住んでいます.
They live *just above* us.

マウス 《動物》a mouse[マウス]（複数 mice）;(コンピューター) a mouse（複数 mouses ときに mice）

マウスピース a mouthpiece[マウスピース]

マウンテンバイク a mountain bike
マウンド (野球) the mound[マウンド]

まえ 前

使い分け
(時間)
　…の前に, …する前に → before ...
　今から…前に → ... ago
　過去のある時点から…前に
　　　　　　　　　→ ... before
(場所)
　…の前に → in front of ...

1【時間】(…の前に, …する前に) before[ビフォー(ァ)] ...（反 …のあとに after）;(…時間前, …日前, …年前など) ... ago[アゴウ];(以前に) before (▶完了形で使う)
- 夕食前にシャワーを浴びれば？

まえあし ▶

Why don't you take a shower *before* dinner?

▶ 出かける前にかならずエアコンを消してね.
Make sure you turn off the air conditioner *before* you leave.

▶ 北海道に行ったのは2年前です.
We went to Hokkaido two years *ago*.

▶ ここは前にも来たことがあるよ.
I've been here *before*.

🔊スピーキング

Ⓐ 前にどこかでお会いしましたか.
Have we met somewhere before?

Ⓑ ええ, そうですね.
Yes, I believe we have.

2【場所】the **front**［フラント］(⊘ 後ろ the back);(…の前の方に)**in front of**(⊘ …の後ろの方に at the back of);(前方に)**ahead**［アヘッド］(of)

▶ 私たちの席は前から3列目だった.
Our seats were in the third row from *the front*.

💬表現力

…のすぐ前に
　→ in front of ...
(何かをへだてて)…の前に
　→ across from ...

▶ 学校の前にバス停がある.
There's a bus stop *in front of* the school.

▶ その歯医者さんは駅前にあるよ.
The dentist's office is *across from* the station. (▶道などをはさんで正面にあるときは across from を使う)

▶ 前の車に気をつけて.
Watch the car *ahead*.

まえあし 前足 a forefoot［フォーフト］

まえうり 前売り (an) advance sale［アドヴァンス セイル］
　前売り券 an advance ticket

まえむき 前向きに positively［パズィティヴリィ］

▶ もっと前向きに考えようよ.
Let's think more *positively*.

まかす 負かす beat［ビート］, defeat［ディフィート］→かつ

まかせる 任せる leave［リーヴ］《to》

▶ ぼくに任せてよ. Just *leave* it *to* me.

▶ いつでも力になるから任せてよ.
You can always *count on* me. (▶ count on ... で「…をたよりにする」の意味)

まがりかど 曲がり角 a corner［コーナァ］

まがる 曲がる

(道を)**turn**［タ〜ン］;(物が)**bend**［ベンド］, **curve**［カ〜ヴ］

▶ まっすぐ行って2つ目の角を左に曲がると, 銀行があります.
Go straight and *turn* left at the second corner. You'll see the bank.

▶ 曲がるところをまちがったんじゃない？
I think we made a wrong *turn*.

▶ 川は右に曲がっている. The river *bends* ［*curves*］to the right.

▶ 祖母は年をとって腰が曲がっている.
My grandmother *is bent* with age.

マカロニ macaroni［マカロウニ］(▶イタリア語から)
　マカロニグラタン macaroni au gratin

まき firewood［ファイアウッド］, wood

▶ まきを燃やす
burn *firewood* / burn *wood*

まきじゃく 巻き尺 a tape measure［メジァ］

まきちらす まき散らす scatter［スキャタァ］

まきつく 巻きつく

▶ ヘビが枝に巻きついている.
A snake *is winding* itself around a branch.

まきば 牧場 →ぼくじょう

まぎらわしい 紛らわしい (明確でない) confusing［コンフューズィング］;(誤解を与える) misleading［ミスリーディング］

▶ 何もまぎらわしいことは言ってないよ.
I didn't say anything *confusing*.

▶ その広告はまぎらわしかった.
The ad was *misleading*.

まぎわ 間際 (どたん場で) at the last minute［ミニト］;(…の直前に) just before［ビフォー(ァ)］

▶ 私たちはまぎわで旅行を中止した.
We canceled the trip *at the last minute*.

▶ 家を出るまぎわに雨が降り出した.

It started to rain *just before* I left home.

まく¹ 幕 a curtain [カ～トゥン］；(劇の) an act [アクト]
▶ 幕が上がった. The *curtain* has risen.
▶ 第2幕第1場 *Act* II, *Scene* I (▶ act two, scene one のように読む)

まく² 巻く (くくる) tie [タイ], bind [バインド]；(丸める) roll [ロゥル] (up)；(ねじって) wind [ワインド] (up) (発音注意)
▶ 小包にひもを巻いて (→小包をひもで巻いて) くれる？
Could you *tie* [*bind*] the package with a string?
▶ 紙を巻いて筒の形にします.
Roll (*up*) a sheet of paper to make a tube.
▶ パパ, おもちゃのねじを巻いて.
Daddy, can you *wind up* the toy?

まく³ (種を) sow [ソウ]
▶ ヒマワリの種をまく時期だね.
It's time to *sow* sunflower seeds.

まく⁴ (水を) water [ウォータァ]
▶ 庭に水をまく *water* the garden

マグカップ a mug [マグ]

マグニチュード (a) magnitude [マグニテュード]

マグマ magma [マグマ]

まくら 枕 a pillow [ピロウ]
まくらカバー a pillowcase

まくる roll up
▶ ワイシャツのそでをまくる
roll up my shirt sleeves

まぐれ a fluke [フルーク]
▶ ただのまぐれだったんです.
It was only a *fluke*.

マグロ 《魚》(a) tuna [トゥーナ] (複数 tuna)

まけ 負け (a) defeat [ディフィート] (反 勝ち victory)
▶ ぼくの負けだよ. I *lost*.

まけおしみ 負け惜しみ
▶ 絵梨は負け惜しみが強い.
Eri is a *bad loser*.

まけずぎらい 負けず嫌い
▶ 妹は何ごとにも負けず嫌いだ.
My sister *hates to lose* at anything.

まける 負ける

1 (敗れる) **lose** [ルーズ] (反 勝つ win), **be beaten** [ビートゥン], **be defeated** [ディフィーティド]

lose

win

💬表現力
(試合) に負ける → lose ...

▶ ぼくはその試合に負けた.
I *lost* the game.
▶ 私は決勝で負けた.
I *lost* the final. / I *was beaten* [*defeated*] in the final.

💬表現力
(人・チーム) に負ける → lose to ...

▶ うちのチームは西中学に3対1で負けた.
We *lost to* Nishi Junior High by 3 to 1. (▶ 3 to 1は three to one と読む)

2 (値引きする) **cut** [カット] **down**, **give ... a discount**

💬スピーキング
🅐 少しまけてもらえませんか.
Can you give me a discount?
🅑 すみませんが, これで精一杯です.
I'm afraid this is our final price.

まげる 曲げる

bend [ベンド]
▶ ひざを少し曲げるといいショットが打てます.
Bend your knees a little, and you will be able to make a good shot.

まご 孫

a grandchild [グラン(ドゥ)チャイルド] (複数 grandchildren)；(男の) a grandson [グラン(ドゥ)サン]；(女の) a granddaughter [グラン(ドゥ)ドータァ]
▶ 祖母には孫が11人います.
My grandmother has eleven *grandchildren*.

まごころ 真心 sincerity [スィンセリティ], a true heart

まごつく ▶

真心のこもった sincere [スィンスィア]

まごつく be confused [コンフューズド], be embarrassed [エンバラスト]

まことに really [リー(ア)ッリィ] →**ほんとう**

▶ まことに申しわけございません.

I'm *very* [*really*] sorry.

マザーグース *Mother Goose* (rhymes)

まさか Oh, no!, No way! ; (冗談だろ?) No kidding [キディング]! ; (そんなはずはない) That can't be true!

▶ 「ボブが車にはねられたんだ」「まさか」

"Bob was hit by a car." "*Oh, no!*"

まさつ 摩擦 friction [フリクション]

摩擦する rub →**こする**

まさに →**ちょうど 1** (強調) just [ヂャスト], very [ヴェリィ] (▶ very は名詞の前で使う)

▶ まさにそのとおり.

Exactly. / That's *exactly* right. / That's *absolutely* right.

▶ これこそまさにほしかったものだ.

This is *just* what I wanted. / This is the *very* thing I wanted.

2 (まさに…しようとしている) be about to …

▶ 試合はまさに始まろうとしていた.

The match *was* (*just*) *about to* start.

まさる 勝る be better [ベタァ] (than), be superior [ス(ー)ピ(ア)リア] (to)

▶ 友情にまさるものはない.

Nothing *is better than* friendship.

まざる 混ざる, 交ざる mix [ミックス] →**まじる**

まし ましな (よりよい) better [ベタァ]

▶ 少しでもないよりはましだ.

A little is *better* than nothing.

┌─ 表現力 ─────────────┐
│ ～するよりも…するほうがましだ
│ → would rather … than ～
└─────────────────────────┘

▶ そんなことをするくらいなら死んだほうがましだよ.

I'*d rather* die *than* do anything like that.

マジ

▶ 「数学で100点とったぞ」「えっ, マジで?」

"I got a perfect score in math." "*For real? / Really?*"

マジック (手品) magic [マヂク] ; (ペン) a felt-tip [フェルトゥティプ] pen, a marker [マーカァ] (pen)

マジックテープ (商標) Velcro [ヴェルクロウ]

まして (肯定文で) much more, still more ; (否定文で) much less, still less

▶ 英語を覚えるのはむずかしい. ましてラテン語はなおさらだ.

It is hard to learn English, *much more* so to learn Latin.

▶ ぼくは卵焼きもつくれないのに, ましてケーキが焼けるわけがない.

I can't even fry an egg, *much less* bake a cake.

まじない a spell [スペル], a charm [チャーム]

まじめ まじめな

(真剣な) **serious** [スィ(ア)リアス] ; (正直な) **honest** [アネスト] ; (熱心な) **earnest** [アーネスト]

まじめに seriously, honestly, earnestly

┌─ 🗨 スピーキング ─────────┐
│ Ⓐ **まじめに**そう言ってるの?
│   Are you serious?
│ Ⓑ うん.
│   Yeah.
└─────────────────────────┘

▶ そろそろ自分の将来をまじめに考える時期だよ (→考えられる年ごろだよ).

You're old enough to think about your future *seriously*.

▶ 兄さんはまじめだ.

My brother is *serious*. / (正直だ) My brother is *honest*.

▶ まじめにやれ! Get *real*! / Get *serious*!

まじゅつ 魔術 magic [マヂク]

マシュマロ marshmallow [マーシメロウ]

まじょ 魔女 a witch [ウィッチ] (▶男の「魔法使い」は wizard [ウィザド]) →**まほう**

-(し)ましょう →**-(し)よう**

1 (さそい・提案) **Let's** [レッツ] …

┌─ 🗨 表現力 ─────────────┐
│ …しましょう
│ → Let's ＋動詞の原形 ～. /
│   Let's ＋動詞の原形 ～, shall
│   we?
└─────────────────────────┘

▶ 「さあ, 行きましょう」「ええ, そうしましょう」

740 seven hundred and forty

▶ マスター

"Now *let's* go." "Yes, *let's*. / OK."
▶ さあ，始めましょうか．
Let's get started, *shall we*?

> 表現力
> …するのはやめましょう
> → Let's not ＋動詞の原形 ～．

▶ それじゃ，そこへ行くのはやめましょう．
Well, then, *let's not* go there.

2 (相手の意向を聞く) **Shall I ...?, Could I ...?**
▶ 窓を開けましょうか．
Could I open the window for you?
▶ (レストランで) 飲み物はいまお持ちしましょうか． *Shall I* bring your drink now?

3 (自分の意志) **I'll ...**
▶ そのことはのちほど話しましょう．
I'll talk about it later.

ましょうめん 真正面に just in front [フラント] of

まじる 混じる，交じる mix [ミックス]
▶ 水と油は混じらない．
Water and oil don't *mix*. / Oil doesn't *mix* with water.

まじわる 交わる cross [クロ(ー)ス]
▶ 平行な2本の線はけっして交わらない．
Two parallel lines never *cross* each other.

マス (魚) a trout [トゥラウト] ([複数] trout)
ます 増す increase [インクリース]
▶ 台風は速度を増している．
The typhoon *is increasing* its speed.

-(し)ます

1 (現在の習慣や事実) (▶現在形で表す)
▶ ぼくは毎朝7時に起きます．
I *get* up at seven every morning.
▶ 母は月曜から金曜まで働いています．
My mother *works* from Monday to Friday.

2 (意志・予定) **be going to ... , be -ing**
▶ 10月に修学旅行に行きます．
We*'re going to* go on our school trip in October.
▶ 放課後にテニスをします．
I*'m playing* tennis after school.
▶ それでは，またあとでかけ直します．
Then *I'll* call back later.

▶ またあしたうかがいます．
I'll come (and) visit again tomorrow.

まず

1 (最初に) **first** [ファ～スト]；(何よりも) first of all；(まず第一に) to start with
▶ まず体力をつけることだね．
First you have to increase your strength.
▶ 朝起きてまずすることは？
What's the *first* thing you do when you get up in the morning?
▶ まず第一に，きみは若すぎるよ．
First of all, you're too young.

2 (たぶん) **probably** [プラバブリィ]
▶ まず雨は降らないだろう．
Probably it won't rain.

ますい 麻酔 anesthesia [アネススィージァ]
まずい (味が) taste bad；(立場・状況などが) awkward [オークワド]
▶ このおかず，まずいね．
This dish *tastes bad*.
▶ (状況について) こりゃまずいなあ！
Oh, what an *awkward* situation!

マスカット (a) muscat [マスカト]
マスク (仮面) a mask [マスク]；(かぜ用の) a flu [フルー] mask
▶ マスクをつける wear a *mask*

マスコット a mascot [マスカト]
マスコミ mass communication；(報道機関) the (mass) media [ミーディア]

まずしい 貧しい

poor [プァ] (反) 豊かな rich

poor　　　　rich

▶ 貧しい人たち *poor* people / the *poor*
▶ 私は貧しい家に生まれた． I was born *poor*. / I was born into a *poor* family.

マスター (バーなどの主人) a manager [マネヂァ]

マスターする learn；(完全に習得する) master
▶ どうすれば英語がマスターできるの？

マスタード ▶

How can I *learn* [*master*] English?
マスタード mustard [マスタド]

ますます

(▶「比較級＋ and ＋比較級」で表す)

📢表現力

ますます… →比較級＋ and ＋比較級

▶ 空はますます暗くなってきた.
The sky is getting *darker and darker*.
▶ 由奈はますます外向的になった.
Yuna has become *more and more* outgoing.
マスメディア the mass media [ミーディア], the media
まぜる 混ぜる，交ぜる mix [ミックス]《with》；(含める) include [インクルード]
▶ 赤と黄色を混ぜるとオレンジ色になる.
If you *mix* red and yellow, you get orange.
▶ ボウルでサラダオイルと酢を混ぜます.
Mix salad oil *with* vinegar in a bowl.
(▶ with は and でもよい)

-(し)ませんか

(さそい) **How about ...?, What about ...?**；(ていねいに) **Would you like to ...?**

▶「今晩，映画でも見ませんか」「いいですね」
"*How about* a movie tonight?" "Sounds great."
▶ 週末，ドライブに行きませんか.
What about going for a drive on the weekend?

📢スピーキング

Ⓐ 日曜日にうちにいらっしゃいませんか.
Would you like to come over on Sunday?
Ⓑ ええ，ありがとうございます.
Sure, thank you.

また¹

使い分け

(ふたたび) → again
(…もまた) → too, also

1 (ふたたび) **again** [アゲン]；(もう1つの) **another** [アナザァ] (▶後ろに名詞が続く)

📢スピーキング

Ⓐ またいつでも来てね.
Come again, any time.
Ⓑ ありがとう. また来るよ.
Thanks, I will.

▶「またそのうちにお会いできるといいですね」「そうですね」
"I hope we can meet *again* sometime." "So do I."
▶ おれ，また遅刻だよ.
I'm going to be late *again*.
▶ また今度にしよう.
Maybe *another* time.
▶ このことはまた次の機会に話そう.
Why don't we talk about this *another* time?
▶ じゃ，またね． See you *later*.
▶ また電話します．I'll call you *later*.
2 (…もまた) **too** [トゥー]，**also** [オールソウ] →—も¹
▶ その翌日もまた雪だった.
It snowed the next day, *too*.
▶ 姉さんの言うことにもまた一理ある.
What my sister says is *also* true.
3 (そのうえ) **and** [アンド]
▶ 美絵は歌手でありまた女優でもある.
Mie is both a singer *and* (an) actress.
また² 股 a crotch [クラッチ]

まだ

使い分け

(いまだに) → yet
(いまなお) → still
(たった) → only

1 (いまだに) (否定文で) **yet** [イェット] (▶ yet は not のすぐ後ろか文末に置く)
▶ 兄はまだ帰ってこない.
My brother *hasn't* come home *yet*.
▶「用意はできたの？」「まだ」
"Are you ready?" "No, *not yet*."
▶ (仕事や食事などが) まだ終わっていません.
I'm *not* finished *yet*.
2 (いまなお) **still** [スティル] (▶ be 動詞や助動詞があるときはその後ろに，一般動詞

742 seven hundred and forty-two

◀ **まちがい**

のときはその前に置く）
▶ ぼくはまだあの子のことを思っている.
　I *still* think of that girl.
▶ まだチケットはありますか.
　Are there *still* tickets available?
3 (たった) **only** [オウンリィ]
▶ 妹はまだ5歳です.
　My little sister is *only* five (years old).
4 (もっと) **more** [モ−(ァ)]
▶ 牛乳はまだある?
　Is there any *more* milk?
▶ 話しておきたいことがまだある.
　I have something *more* to tell you.
またがる (馬やバイクに乗る) **ride** [ライド]
またぎき また聞きする **hear ... second-hand**
▶ はっきりは言えないけどね. また聞きしただけだから.
　I can't be sure. I only *heard* it *secondhand*.
またぐ step over
▶ ロープをまたいではだめよ.
　Don't *step over* the rope.
またせる 待たせる **keep ... waiting**
▶ お待たせしました.
　I'm sorry I've *kept* you *waiting*. / Thank you for *waiting*.
▶ 病院で2時間も待たされちゃったよ.
　I *was kept waiting* for two hours at the hospital.

> 🎤スピーキング
> 🅐 お待たせして申しわけありません.
> 　I'm sorry to have kept you waiting.
> 🅑 いいんですよ.
> 　That's all right.

またたく 瞬く (星などが) **twinkle** [トゥウィンクル] ; (目を) **wink** [ウィンク] →まばたき
▶ 空に星がまたたいている.
　The stars *are twinkling* in the sky.
またたく間に in a minute, in an instant
または **or** [オ−(ァ)] →あるいは, - か

まち 町, 街

a **city** [スィティ], a **town** [タウン] ; (市街) **town**
▶ ぼくは街 (→都市) が好きだ.

　I like *cities*.
▶ 週末, 母と町 (→市街) に買い物に行った.
　My mother and I went shopping in *town* on the weekend.
▶ 私の町の人口は2万人です. The population of my *town* is 20,000.
町役場 a town hall [ホ−ル]
まちあいしつ 待合室 (駅・病院などの) a waiting room [ウェイティング ル(−)ム]
まちあわせる 待ち合わせる **meet** [ミ−ト]
▶ どこで待ち合わせる?
　Where should we *meet*?
まぢか 間近に **near** [ニァ], **close** [クロウス] **at hand** ; (間近である) **be coming up, be just around the corner**
▶ クリスマスはまぢかだ. Christmas *is coming up*. / Christmas *is just around the corner*.

まちがい 間違い

(ミス) a **mistake** [ミステイク] (▶一般的な語) ; (重大な) an **error** [エラァ]
まちがいの wrong [ロ(−)ング]
まちがいをする make a mistake
▶ テストでつまらないまちがいをした.
　I *made* some careless *mistakes* on the exam.
▶ まちがいは全部直しましたか.
　Did you correct all the *mistakes*?

> 💬表現力
> …はまちがいない
> 　→ be sure of ... /
> 　　be sure (that) ...

▶ それはまちがいないよ. I'*m sure of* it.
▶ ここに置いたのはまちがいないの?
　Are you *sure* you left it here?

> 💬表現力
> まちがいなく…しなさい
> 　→ Be sure to ... . /
> 　　Make sure ... .
> (▶後者は後ろに現在形の文を続ける)

▶ この手紙, まちがいなく内田先生にわたしてね. *Be sure to* hand this note to Ms. Uchida. / *Make sure* you hand this note to Ms. Uchida.
まちがい電話

あ
か
さ
た
な
は
ま
や
ら
わ

seven hundred and forty-three　743

まちがう ▶

▶ 「だれからだった？」「まちがい電話だよ」
"Who was it?" "It was the *wrong number*."
まちがう →まちがえる, まちがい

まちがえる 間違える

1 (ミスをする) **make a mistake** [ミステイク]
▶ 歴史のテストで2つまちがえた.
I *made* two *mistakes* on the history exam.
▶ 道をまちがえちゃった.
I took the *wrong* road.
▶ すみません, 番号をまちがえました.
I'm sorry. I must *have the wrong* number.
まちがって by mistake
▶ あーあ, まちがってファイルを消しちゃったよ.
Oh, shoot! I deleted a file *by mistake*.
2 (取りちがえる) **mistake [take] ... for**
▶ 私は小さいころ男の子とまちがえられた.
I *was mistaken [taken] for* a boy when I was little.

まちがった 間違った **wrong** [ロ(ー)ング]
(反 正しい **right**)
▶ それはまちがってると思うけど.
I think that's *wrong*.

> 💬 表現力
> …するのはまちがっている
> → **It is wrong to ... .**

▶ 自分の失敗を人のせいにするのはまちがってるよ.
It's wrong to blame others for your failure.

まちどおしい 待ち遠しい **look forward** [フォーワド] **to**
▶ あなたにお会いするのが待ち遠しいです.
I'm *looking forward to* seeing you.

まちぶせ 待ち伏せする **wait in ambush** [アンブッシ] **(for)**

マツ 松 《植物》 **a pine** [パイン] **(tree)**
松かさ a pine cone [コウン]

まつ 待つ

1 wait [ウェイト]; (待ち合わせる) **meet** [ミート]; (期待する) **expect** [イクスペクト]
▶ 少々お待ちください.
Wait a minute, please. / (電話で) *Hold on*, please.
▶ これ以上待ってもむだだよ.
There's no use *waiting* any longer.
▶ お待ちどおさま.
I hope I haven't kept you *waiting* a long time. →またせる
▶ それじゃ, 10時に駅で待ってるね.
Then I'll *meet* you at the station at ten.
▶ お待ちしておりました.
I've *been expecting* you.

> 💬 表現力
> …を待つ → **wait for ...**

▶ きみはだれを待ってるの？
Who *are* you *waiting for*?

> 🗣 スピーキング
> Ⓐ ちょっと待って.
> Wait for me.
> Ⓑ うん, でも急げよ.
> OK. Come on.

▶ 歳月％人を待たず. (ことわざ)
Time and tide *wait for* no man.

> 💬 表現力
> 〜が…するのを待つ
> → **wait for 〜 to ...**

▶ 信号が青になるまで待ちなさい.
Stop and *wait for* the light *to* turn green.
▶ 私たちは飛行機が到着するのを待った.
We *waited for* the plane *to* arrive.

2 (楽しみに) **look forward** [フォーワド] **to**(▶後ろには名詞または動詞の -ing 形が続く)
▶ おたよりをお待ちしております.
I *look forward to* hearing from you.

> ✏ ライティング
> お会いできるのを楽しみにお待ちしております.
> I'm looking forward to seeing you.

> × look forward to see you
>
> look forward to ↑
> のあとは名詞か -ing
> 形がくる. 動詞の原
> 形はこない.
>
> ○ look forward to seeing you

まっか 真っ赤(な) (deep) red [レッド]；(暗い赤) crimson [クリムズン]；(明るい赤) scarlet [スカーレット] →あか¹
▶ 先生はおこって真っ赤になっていた.
Our teacher was *red* with anger.

まっくら 真っ暗 quite [クワイト] dark, pitch-dark [ピチダーク]
▶ 外は真っ暗だった.
It was *pitch-dark* outside.

まっくろ 真っ黒(の) (deep) black [ブラック], pitch-black [ピチブラック] →くろ

まつげ eyelashes [アイラシィズ] (▶ふつう複数形で使う)
▶ 彼女はまつげが長い.
She has long *eyelashes*.
つけまつげ false eyelashes

マッサージ (a) massage [マサージ]
マッサージをする massage, give ... a massage
マッサージをしてもらう get a massage
▶ 肩がこっちゃった. マッサージしてくれる？
I've got stiff shoulders. Would you *give* me *a massage*?

まっさいちゅう 真っ最中 in the middle [ミドゥル] of ...

まっさお 真っ青(な) (deep) blue [ブルー], cobalt [コウボールト] blue；(顔色が) pale [ペイル], white [(フ)ワイト] →あお
▶ 空は真っ青だった.
The sky was *deep* [*cobalt*] *blue*.

まっさかさま 真っ逆さまに headlong [ヘドゥロ(ー)ング]

まっさき 真っ先に first [ファ～スト]

マッシュルーム a mushroom [マシル(ー)ム]

まっしろ 真っ白(の) pure [ピュア] white, snow-white →しろ¹
▶ その男性の髪は真っ白だ.
The man's hair is *snow-white*.

まっすぐ 真っすぐな，真っすぐに
straight [ストゥレイト]
まっすぐにする straighten [ストゥレイトゥン]
▶ まっすぐな線を引きなさい.
Draw a *straight* line.
▶ まっすぐ家に帰ってきなさいよ.
Come *straight* home.
▶ まっすぐ 2 つ目の信号まで行って，右に曲がってください.

Go *straight* to the second light and turn right.
▶ 背筋をまっすぐ伸ばして.
Straighten your back.

まったく 全く

使い分け
(ほんとうに) → really
(まったく…ない) → not ... at all

1 (ほんとうに) **really** [リー(ア)リィ], **just** [ヂャスト], **indeed** [インディード]；(完全に) **quite** [クワイト], **completely** [コンプリートゥリィ]
▶ まったく許せない話だよ.
I *really* can't forgive that.
▶ お前はまったくこりないやつだな.
You *just* don't learn, do you?
▶ まったくそのとおりです.
That's *quite* true.

2 (まったく…ない) **not ... at all**
▶ そのことはまったく知らなかったよ.
I *didn't* know anything about it *at all*. / I knew *nothing* about it *at all*.

マッチ¹ a match [マッチ]
マッチをする strike a match, light a match

マッチ² (試合) a match [マッチ]
▶ タイトルマッチ
a title *match*
マッチポイント a match point

マット a mat [マット]
マット運動 mat exercises
マットレス a mattress [マトレス]

まつばづえ 松葉づえ a crutch [クラッチ] (▶複数形で使うことが多い)
▶ 松葉づえで歩く walk on *crutches*

まつり 祭り a festival [フェスティヴァル], (米) a fair [フェア]
▶ 祇園祭り
the Gion *Festival*
▶ 後の祭り. (ことわざ)

- まで ▶

It's too late. / The damage is already done.

−まで

使い分け
(期間) …までずっと → until, till
(期限) …までに → by
(場所) …まで → to
(範囲) 〜から…まで → from 〜 to ...

1 (期間) (…までずっと) **until** [アンティル], **till** [ティル] (▶後ろには名詞か文が続く)

▶ 昨夜は12時まで勉強した. I studied *until* [*till*] midnight last night.

▶ 試合まであまり時間がない. We don't have much time *until* [*till*] the game.

▶ 準備ができるまで待ってくれる? Could you wait *until* [*till*] I'm ready?

▶ いつまでこちらにいらっしゃるのですか. *How long* will you be staying here? (▶ Until when will you ...? としてもよい)

2 (期限) (…までに) **by** [バイ] (▶名詞が続く); (…するまで) **before** [ビフォー(ァ)], **by the time** (▶文が続く)

▶ この本, 金曜までに返さないといけないんだ. I have to get this book back *by* Friday.

▶ お父さんが帰るまでにかたづけなさいよ. Put the things away *before* your Dad gets home. (▶ before のあとは未来のことでも現在形で表す)

▶ 家に着くまでにびしょぬれになっちゃうね. We'll be soaked *by the time* we get home.

📝文法 until [till] と by
日本語に訳すと「…まで」と「…までに」の1字ちがいになるので, まちがえやすい.「その時までずっとある状態が続く」場合は **until** [till],「その時までにある状態が完了する」場合は **by** を使う.

▶ 5時までずっと家にいます. I'll be home *until* five.

▶ 5時までに家に帰ります. I'll be home *by* five.

3 (場所) **to** [トゥー]

▶ 駅まで送るよ.

I'll take you *to* the station.

▶ 新幹線で名古屋まで行って, そこからバスに乗ります. Take a Shinkansen *to* Nagoya and then take a bus.

🗣スピーキング
🅐 (タクシーで) どちらまで?
Where to, sir [ma'am]?
🅑 東京駅まで.
Tokyo Station, please.

4 (範囲) (〜から…まで) **from** [フラム] 〜 **to** [**through**] ... →−から

▶ 学校は月曜から金曜まである. We go to school *from* Monday *to* [*through*] Friday.

▶ スーパーは朝の10時から夜の9時までやっているよ. The supermarket is open *from* 10 a.m. *to* 9 p.m.

▶ ここから駅までどれくらいあるの? How far is it *from* here *to* the station?

まと 的 (標的) a mark [マーク], a target [ターゲット]; (対象) an object [アブヂェクト]

▶ 矢は的に当たった.
The arrow hit the *target* [*mark*].

▶ あこがれの的 an *object* of admiration

まど 窓

a **window** [ウィンドウ]

▶ 窓ぎわの席 (乗り物の) a *window* seat / (レストランで) a *window* table

▶ 窓を閉めて.
Will you close the *window*?

🗣スピーキング
🅐 この窓を開けてもかまいませんか.
Do you mind if I open the window?
🅑 ええ, どうぞ.
No, go ahead.

▶ 窓が開けっぱなしだよ.
You left the *window* open. (▶「leave +物+形容詞」で「〜を…の状態にしておく」の意味)

▶ 窓ふきを手伝ってもらえる? Could you help me clean the *windows*?

▶ 窓から雨が吹きこんでいるよ. The rain is coming through the *window*.

746 seven hundred and forty-six

窓ガラス a window, a windowpane [ウィンドウペイン]
窓枠 a window frame [フレイム]
まとまり →まとめる
▶ 最初は，うちのチームはまとまりがなかった.
At first our team couldn't work well together.
まとまる (団結する) unite [ユーナイト], work well together [トゥゲザァ]；(考え・文章などが) be well organized [オーガナイズド]
▶ 文化祭に向けて，うちのクラスはよくまとまっていた.
Our class *worked well together* for the school festival.
▶ きみのレポート，よくまとまってるよ.
Your essay *is well organized*.
まとめ (要約) a summary [サマリィ]；(要点の) key points

まとめる
(集める) collect [コレクト], get [put] ... together [トゥゲザァ]；(まとまったものにする) organize [オーガナイズ]
▶ 5分で持ち物をまとめなさい.
You have five minutes to *collect* your things.
▶ この辺でみんなの意見をまとめましょう.
Now let's *put* our ideas *together*.
▶ クラスを1つにまとめるのはなかなかむずかしかった. It was pretty hard to *organize* the class.
マドリード (地名) Madrid [マドゥリッド]
マナー manners [マナァズ] (▶複数形で使う) →れいぎ
▶ 最近の子どもはマナーがなってない.
Children today have no *manners*.
マナーモード (携帯電話の) (a) silent mode, (a) vibrate mode, (a) vibration mode (▶×manner mode とはいわない)
▶ 携帯をマナーモードにした.
I set my cellphone to *silent mode*.
まないた a cutting board [カティングボード]
まなつ 真夏 midsummer [ミドゥサマァ] →なつ

まなぶ 学ぶ →ならう，べんきょう
learn [ラ〜ン]；(反) 教える teach；(勉強する) study [スタディ]

teach　　　learn

…を勉強する　　…を研究する
study

用法 learn と study
learn は勉強したり練習したり教わったりして「覚える，身につける」という意味で，学習の結果や成果に重点が置かれる．それに対して，study は努力して「勉強する，研究する」という意味で，学習の過程に重点が置かれる．

▶ 姉は高校でドイツ語を学んでいる.
My sister *is learning* [*studying*] German in high school.
▶ 兄は医学を学んでいる.
My brother *is studying* medicine.

表現力
〜を…から［…で］学ぶ
→ learn 〜 from ...

▶ 私は祖母からこのことを学んだ.
I *learned* this *from* my grandmother.
▶ 職場体験プログラムでいろいろなことを学んだ.
I've *learned* a lot *from* the work experience program.

表現力
…のしかたを学ぶ
→ learn (how) to ...

▶ ぼくはギターのひき方を学びたい.
I want to *learn (how) to* play the guitar.
マニア 《口語》a buff [バフ], 《口語》a

まにあう ▶

freak [フリーク]；(病的なほどの) a maniac [メイニアク]（▶英語の mania [メイニア] は「(異常な)熱狂」という意味で，日本語の「マニア」と異なり人を表さない）
▶ 勇樹はカーマニアだ．
Yuki is a car *buff*. / Yuki is *crazy about* cars.

まにあう 間に合う

1 (時間に) *be in time for, be on time for*；(乗り物に) *catch, make*
間に合わない (おくれる) *be late for*；(乗り物に) *miss*

catch

miss

▶ 急げばまだ間に合うよ．
If you hurry, you can still *be in time*.
▶ 映画の上映時間に間に合った．
We *were in [on] time for* the movie.
▶ しめきりに間に合ったの？
Did you *make* the deadline? (▶ make the deadline で「しめきりに間に合う」の意味)
▶ 1時間目の授業に間に合わなかったの？
Were you *late for* first period?
▶ 終バスに間に合わなかった．
I *missed* the last bus.

2 (役に立つ) *be useful* [ユースフル]；(足りる) *be enough* [イナフ]；(十分である) *do*
▶ 1000円あればたぶん間に合うよ．
One thousand yen will probably *be enough*.

マニキュア (マニキュア液) *nail polish* [ネイル パリシ]，(英) *nail varnish* [ヴァーニシ]；(手とつめの手入れ) *(a) manicure* [マニキュア]
マニキュアをぬる *do my nails*
マニキュアをつける *wear nail polish*

マニュアル *a manual* [マニュアル], *a handbook* [ハン(ドゥ)ブク]

まぬけ 間抜け *a fool* [フール] →ばか
まぬけな *foolish* [フーリシ]

まね *(an) imitation* [イミテイション]
まねる *copy* [カピィ], *imitate* [イミテイト]
▶ ぼくのまねをしないでよ．
Don't *copy* me.
▶ 翔太は担任の先生のまねがうまい．
Shota is good at *imitating* the homeroom teacher.
▶ ばかなまねはよしなさい．
Don't be a fool. / Don't be silly.

マネージャー *a manager* [マネヂァ]；(運動部の) *a caretaker* [ケアテイカァ]
▶ 野球部のマネージャーは女の子だ．
The *caretaker* of our baseball team is a girl.

まねき 招き *(an) invitation* [インヴィテイション]
▶ お招きくださって，ありがとうございます．
Thank you for *inviting* me. / Thank you for your *invitation*.

マネキン (人形) *a mannequin* [マネキン]（▶フランス語から）

まねく 招く →しょうたい¹

1 (招待する) *invite* [インヴァイト]
▶ 私は春菜と友美を招いた．
I *invited* Haruna and Tomomi.

> **表現力**
> (人)を…に招く → *invite* +人+ *to* …

▶ ティムを夕食に招こうよ．
Let's *invite* Tim *to* dinner.
▶ 健のお誕生日会に招かれてるんだ．
Ken *invited* me *to* his birthday party.

2 (引き起こす) *cause* [コーズ], *lead* [リード] *to*, *bring* [ブリング] *about*
▶ 一瞬の不注意がその事故を招いた．
A moment's carelessness *caused* [*led to*] the accident.
▶ 彼は誤解を招くような発言をした．
He said something that *caused* people to misunderstand him.

まばたき *a blink* [ブリンク]；*a wink* [ウィンク]
まばたきする (無意識に) *blink*；(意識的に) *wink*

まばら まばらな *sparse* [スパース]

まひ *paralysis* [パラリスィス]
まひする *be paralyzed* [パラライズド], *be numb* [ナム]
▶ 彼女は腰から下がまひしている．
She *is paralyzed* below the waist.
▶ 寒さで手足がまひした．

◀ まもる

My hands and feet *were numb* with cold.
- 交通まひ a traffic *jam*
- 小児まひ polio ［ポウリオウ］
- 心臓まひ（心不全）heart *failure*

まひる 真昼 midday ［ミドゥデイ］
マフィン a muffin ［マフィン］
まぶしい dazzling ［ダズリング］
- まぶしい日の光 *dazzling* sunlight

まぶた an eyelid ［アイリド］
- 彼女は二重まぶただ.
  She has double *eyelids*.（▶「一重まぶた」なら single eyelids）

まふゆ 真冬 midwinter ［ミドゥウィンタァ］→ ふゆ

マフラー （えり巻き）a scarf［スカーフ］；（車の）《米》a muffler ［マフラァ］,《英》a silencer ［サイレンサァ］
- 外は寒いから, マフラーを巻いたら？
  It's cold outside. Why don't you put on your *scarf*?

まほう 魔法 magic ［マヂク］
- まるで魔法みたいだね.
  It's like *magic*, isn't it?
- 魔女は少女に魔法をかけてネズミに変えた.
  The witch used *magic* over the girl and turned her into a mouse.
- 魔法の呪文 a *magic* spell
- 魔法のじゅうたん a *magic* carpet
  魔法使い（男）a wizard ［ウィザド］;（女）a witch ［ウィッチ］
  魔法びん 《米》a thermos ［サ～マス］(bottle),《英》a thermos flask ［フラスク］（▶ thermos はもとは商標）

まぼろし 幻 a vision ［ヴィジョン］
ママ mom ［マム］, mommy ［マミィ］（▶ mom がもっとも一般的. 小さな子どもは mommy をよく使う）→おかあさん
- 「パパ, 東京ディズニーランドに連れていって」「ママに頼んでごらん」
  "Dad, please take me to Tokyo Disneyland." "Ask *Mom*."

-まま →このまま, そのまま
- 電気はつけたままにしておいて.
  Leave the lights *on*.
- 服を着たまま寝てしまった.
  I fell asleep *with* my clothes *on*.
- このままずっと友だちでいたいね.
  I hope we'll *always* be friends.

ままごと playing house［プレイング ハウス］
ままごとをする play house
マムシ a pit viper ［ピット ヴァイパァ］
マメ 豆《植物》a bean ［ビーン］;（エンドウなど）a pea［ピー］
- 節分に豆まきした？ Did you scatter *beans* on *Setsubun*?
  豆電球 a miniature bulb

---

① 参考「豆」のいろいろ

エンドウ豆 **a pea** / インゲン **a string bean** / ソラマメ **a broad bean** / ダイズ **a soybean** / アズキ **an adzuki bean** / コーヒー豆 **a coffee bean**

まめ¹ （手・足の）a blister ［ブリスタァ］
- 手のひらにまめができた.
  I've got a *blister* on the palm of my hand.

まめ²
- 父はまめにブログを更新する.
  My father updates his blog *regularly* [*frequently*].
- 兄は休日でもまめに働く.
  My brother works *hard* even on his days off.

まもなく 間もなく soon ［スーン］, before long →すぐ
- （車内アナウンスで）まもなく名古屋に到着します.
  We will *soon* be arriving at Nagoya.
- まもなく彼らは姿を見せた.
  Before long they showed up.

まもり 守り defense ［ディフェンス］

まもる 守る

使い分け
（約束などを）→ keep
（規則などを）→ obey
（保護する）→ protect

1（約束などを）**keep** ［キープ］;（規則などを）**obey** ［オベイ］
- 何があっても約束を守ってよ.
  Keep your promise no matter what.
- ほんとうに秘密を守れるの？ Are you sure you can *keep* a secret?
- 最近校則を守らない生徒がいる.
  There are students who don't *obey*

seven hundred and forty-nine **749**

まゆ¹ ▶

the school rules these days.

▶ これからは時間を守るようにするよ.
I'll *be on time* from now on. / I'll *be punctual* from now on.

2 (危険などから) defend [ディフェンド] ; (保護する) protect [プロテクト]

> 🗨 表現力
>
> (人など) を…から守る
> → defend [protect] ＋人など＋ from ...

▶ その犬は主人を危険から守った.
The dog *defended* [*protected*] his master *from* danger.

> 🙋 プレゼン
>
> 自然環境を守るために私たちに何ができるでしょうか.
> What can we do to protect our environment?

まゆ¹ 眉 (まゆ毛) an eyebrow [アイブラウ] (発音注意) (▶複数形で使うことが多い)

▶ 父は, まゆがこい.
My father has thick *eyebrows*. (▶「うすい」なら thick のかわりに thin を使う)

まゆ² 繭 a cocoon [コクーン]

まよう 迷う

1 (道に) get lost [ロ(ー)スト] ; (迷っている) be lost

▶ 道に迷ったらすぐに電話するのよ.
If you *get lost*, call me right away.

▶ 道に迷ったみたいだね.
I think we're *lost*.

2 (困る) be at a loss [ロ(ー)ス]

▶ (どれにするか) 迷っちゃうな (→決められない). I just *can't decide*.

▶ どの学校が自分にいちばんいいか迷ってるんだ. I'm *at a loss* as to which school is the best for me.

▶ 父の誕生日に何を買ってあげたらいいか迷っちゃう. I *don't know* what to buy for my father's birthday.

まよなか 真夜中に in the middle [ミドゥル] of (the) night (▶ at midnight は「深夜０時に」の意味)

▶ 真夜中に何度も目が覚めた.
I kept waking up *in the middle of the night*.

マヨネーズ mayonnaise [メイオネイズ] (発音注意) (▶フランス語から)

マラソン a marathon (race) [マラサン (レイス)] (発音注意)

▶ マラソンをする run a *marathon*
マラソンランナー a marathon runner

まり (ボール) a ball [ボール]

▶ まりつきをする bounce a *ball*

マリンバ 《楽器》 a marimba [マリンバ]

まる 丸 a circle [サ〜クル]

▶ 二重丸 a double *circle*

▶ 正解を丸で囲みなさい.
Circle the correct answer.

▶ ○か×をつけなさい. Put a *circle* or an ×. (▶この×は [エックス] と読む)
○×式テスト a true-false test

まる- 丸… good [グッド] ... , full [フル] ...

▶ その宿題をするのにまる３時間もかかった.
It took me a *good* [*full*] three hours to finish the homework.

まるい 丸い, 円い

round [ラウンド] ; (円形の) circular [サ〜キュラァ]

▶ 私は顔が丸い. I have a *round* face.

▶ 部屋の真ん中に円いテーブルがあった.
There was a *round* [*circular*] table in the center of the room.

▶ 円く輪になって. Form a *circle*.

まるがり 丸刈り close-cropped hair

まるた 丸太 a log [ロ(ー)グ]
丸太小屋 a log cabin [キャビン]

まるで 1 (まるで…のように) just [ヂャスト] like ; as if [▶文が続く]

▶ それはまるで夢のようだった.
It was *just like* a dream.

▶ まるで何でも知っているみたいに話すのはやめてよ. I don't like it when you talk *as if* you know [knew] everything. (▶ as if のあとには話しことばでは現在形, 書きことばでは過去形を使うことが多い)

2 (まったく) completely [コンプリートゥリィ] ; (まったく…ない) not ... at all →まったく

▶ 結果は予想していたものとはまるでちがっていた.
The results were *completely* different from what was expected.

▶ 何が何だかまるでわからないよ.
I have *no* idea *at all*.

◀ **まんかい**

まるめる 丸める roll [ロゥル] up
まれ まれな rare [レァ]
▶ これはかなりまれなケースだと思います.
I think this is a rather *rare* case.
マレーシア Malaysia [マレイジァ]

まわす 回す

1 (回転させる) turn [タ~ン]; (こまなどを) spin [スピン]
▶ 私はかぎを右にまわした.
I *turned* the key to the right.
▶ 弟はこまをまわすのが得意だ.
My brother is good at *spinning* a top.
2 (わたす) pass [パス]
▶ プリントを1枚ずつとって後ろにまわしてください. Take one copy and *pass* the rest back.

📢 スピーキング
Ⓐ 塩をこちらにまわしてください.
Pass me the salt, please.
Ⓑ はい, どうぞ.
All right. Here you are.

まわり 回りに, 周りに

(…のまわりに) around [アラウンド] ...
▶ ぼくらはコーチのまわりにすわった.
We sat *around* the coach.
▶ うちのまわりにはお店が多い.
There're a lot of stores *around* us.
▶ まわりの人に相談してみたら？
Maybe you should talk to people *around* you.
まわり道 the long way, a roundabout way, a detour [ディートゥァ]
▶ まわり道をして学校から家に帰った.
I took *the long way* home from school.

「まわり道」の標識.

まわる 回る

turn [タ~ン]; (…のまわりをまわる) go around, revolve around
▶ 天井の扇風機がまわっていた.
A ceiling fan *was turning*.
▶ 月は地球のまわりをまわっている.
The moon *goes* [*revolves*] *around* the earth.
▶ 急がばまわれ.《ことわざ》
Make haste slowly.

まん 万, 一万(の) →かず(表)

ten thousand [サウザンド]
▶ 2万 twenty thousand (▶ twenty ✗thousands としない)
▶ 30万 three hundred thousand
▶ 500万 five million
▶ 「いくらですか」「2万5千円です」
"How much is it?" "It's twenty-five thousand yen."
まんいち 万一 (just) in case [ケイス]
▶ 万一行けないときは電話します. (*Just*) *in case* I can't come, I'll call you.
▶ 万一緊急の場合には
in case of emergency
まんいん 満員の full [フル]《of》
▶ 球場は観客で満員だった.
The stadium *was full of* spectators.
満員電車 an overcrowded [オウヴァクラウディド] train
まんえん まん延する spread [スプレッド]
▶ ウイルスは急速に世界中にまん延した.
The virus *spread* rapidly throughout the world.
まんが 漫画 a comic (book) [カミク (ブク)], manga (▶いまでは英語化している); (こま続きの)a comic strip [ストゥリップ]; (1こま) a cartoon [カートゥーン]
▶ 漫画をかくのが好きだ.
I like drawing *comics* [*cartoons*].
▶ きみ, こんなに漫画本を持ってるんだ.
You have so many *comic books*.
▶ 漫画ばっかり読んでないでもうちょっと勉強したら？ Why don't you study a bit more instead of reading *comics* all the time?
漫画家 a cartoonist [カートゥーニスト]
まんかい 満開で in full bloom [フル ブルーム]

seven hundred and fifty-one 751

まんげつ ▶

▶ 桜の花が満開です.
Cherry blossoms are *in full bloom*.
まんげつ 満月 a full moon [フル ムーン] (▶ 「新月」は a new moon)
▶ 今夜は満月です.
We have a *full moon* tonight.
マンゴー a mango [マンゴウ]
まんじゅう a steamed bun stuffed with sweet bean jam
マンション (分譲の) (米) a condominium [カンドミニアム], (米口語) a condo [カンドウ]; (賃貸の) (米) an apartment [アパートゥメント] (house), (英) a flat [フラット]
▶ うちはマンションに住んでます.
We live in a *condo*.
▶ ワンルームマンション
(米) a studio *apartment* / an efficiency *apartment*

> 💬用法 「マンション」と mansion
> 英語の mansion は貴族や大金持ちの広い庭つきの「大邸宅」をいう. 日本でいう「マンション」は, 賃貸式の場合は **apartment (house)**, 分譲のときは **condominium**, 略して **condo** という.

ビバリーヒルズの mansion.

まんせい 慢性の chronic [クラニク]

まんぞく 満足

satisfaction [サティスファクション]
満足する be happy [ハピィ], be satisfied [サティスファイド], be pleased [プリーズド]
満足な satisfactory [サティスファクトゥリィ]

> 💬表現力
> …に満足している
> → be happy with … /
> be satisfied with … /
> be pleased with …

▶ 学校生活に満足してる？
Are you *happy with* your school life?
▶ ぼくは期末テストの結果に満足している.
I'*m happy* [*satisfied*] *with* my final exam results.
▶ 私は新しいドレスに満足している.
I *am pleased with* my new dress.
▶ トーナメントに優勝できてとても満足だ.
I'm really *happy* (*that*) I won the tournament.
まんちょう 満潮 high tide [ハイ タイド]
マンツーマン マンツーマンの one-to-one [ワントゥワン]
まんてん 満点 (米) a perfect score, (英) full marks
▶ 英語のテストで満点をとった.
I got a *perfect score* on the English exam.
マンドリン (楽器) a mandolin [マンドリン]
▶ マンドリンをひく play the *mandolin*
まんなか 真ん中 the middle [ミドゥル]; (中心) the center [センタ]
▶ 道の真ん中に男の子が立っていた.
There was a boy standing in *the middle* of the street.
▶ うちの学校は町の真ん中にある.
Our school is in *the middle* [*center*] of the city.
マンネリ a rut [ラット]; (型にはまったもの) a stereotype [ステリオタイプ]
マンネリ化する be (stuck) in a rut
マンネリ化した stereotyped
まんねんひつ 万年筆 a (fountain) pen [(ファウンテ(イ)ン) ペン]
まんびき 万引き shoplifting [シャプリフティング]; (人) a shoplifter
万引きする shoplift
まんぷく 満腹
▶ もう満腹です.
I'm *full*. / I'm *stuffed*.
マンホール a manhole [マンホウル]
まんまえ 真ん前 just in front [フラント] of …
マンモス a mammoth [マモス]
まんるい (野球) 満塁
▶ 2 アウト満塁
with the bases full and two outs
満塁ホームラン a grand slam

◀ **みえる**

みミ みミ みミ

み¹ 実 (果実) (a) fruit [フルート]; (木の実) a nut [ナット]; (イチゴなどの) a berry [ベリィ]
▶ そのモモの木には，毎年たくさん実がなります．
The peach tree bears a lot of *fruit* every year.
▶ きみの努力はきっと実を結ぶよ．
I'm sure your efforts will bear *fruit*.

み² 身 (からだ) a body [バディ], *my* body; (立場) *my* place [プレイス]
▶ もっと身をかがめて．
Bend your *body* more.
▶ ぼくの身にもなってよ．
Put yourself in *my* place.

🇯🇵 日本語NAVI
身にしみる ☞ ①体にこたえる ②深く感じる
　→①こたえる² ②ふかい¹，かんじる
身につく ☞ 習得する
　→しゅうとく，おぼえる，ならう
身を粉にする ☞ 苦労をいやがらず一生けんめいに働く →いっしょうけんめい，はたらく
身をもって ☞ 他者にたよらず，自分で
　→じぶん

みあい 見合い an arranged meeting for marriage
▶ 姉は今日お見合いだ．
My sister is going to an *arranged meeting for marriage*.
　見合い結婚 an arranged marriage
みあげる 見上げる look up (at)
▶ 空を見上げると満月だった．
I *looked up at* the sky and saw a full moon.
みいだす 見出す find [ファインド] →みつける
ミーティング a meeting [ミーティング]
▶ 4時からミーティングだよ．
We have a *meeting* at four (o'clock).
ミート (肉) meat [ミート]
　ミートソース meat sauce
　ミートパイ a meat pie [パイ]
　ミートボール a meatball

ミイラ a mummy [マミィ]
みうごき 身動きする move [ムーヴ]
みうしなう 見失う lose sight [サイト] of
▶ ぼくは球場の人ごみで友人を見失った．
I *lost sight of* my friend in the crowded stadium.
みうち 身内 (家族) family [ファミリィ], (親せき) relatives [レラティヴズ]
みえ 見え (見せびらかし) show [ショウ]
　見えを張る show off
▶ それは単なる見えだよ．
That's just for *show*.
▶ 彼はほんと見えっ張りだよね．
He really likes to *show off*, doesn't he?

みえる 見える

使い分け
(見ることができる) → can see
(目に入る) → see
(…そうに見える) → look

1 (見ることができる)《人が主語で》can see [スィー]；《物が主語で》can be seen；(はっきりと) be clear [クリア]
▶ 夜でも目の見える鳥がいる．
Some birds *can see* at night.
▶ うちの学校から富士山が見える．
We *can see* Mt. Fuji from our school.
▶ 印刷が見えにくい．
The print *isn't clear*. / The print *is unclear*.

2 (目に入る) see；(見えてくる) come in sight [サイト] of

💡 表現力
(人) が…するのが見える
→ **see ＋人＋動詞の原形**

▶ トムが部屋に入るのが見えた．
I *saw* Tom *enter* the room.
▶ 子どもたちがボール遊びをしているのが窓から見えた．

みおくり ▶

Through the window, I *saw* some children playing with a ball. (▶「see ＋人＋ -ing」で「～が…しているのを見る」の意味)

▶ ついに山頂が見えてきた.
At last, the top of the mountain came in sight.

3 (…のように見える) (形容詞が続くとき) **look** [ルック]; (名詞が続くとき) **look like**

💬 表現力
…のように見える
→ look ... / look like ...

▶ めがねをかけるとかしこそうに見えるよ.
You *look* smart when you wear glasses.

▶ 彼はそんな悪いやつには見えないよ.
He doesn't *look like* such a bad guy.

4 (「来る」の尊敬語)

🗣 スピーキング
Ⓐ ご面会の方がお見えです.
  There's someone to see you.
Ⓑ どなた？
  Who is it?

みおくり 見送り →みおくる
みおくる 見送る see off ...
▶ 祖父母を見送りに空港まで行ってきたところなんだ.
I've been to the airport to *see off* my grandparents.

みおとす 見落とす miss [ミス], overlook [オウヴァルック]
▶ いくつかのまちがいを見落とした.
I *missed* several mistakes.

みおぼえ 見覚えがある remember [リメンバァ] seeing
▶ 私は彼女の顔に見覚えがあります.
I *remember seeing* her face.

みおろす 見下ろす look down (at)
▶ 展望台から湖を見下ろした.
We *looked down at* the lake from the observation deck.

みかいけつ 未解決の unsolved [アンサルヴド]
みかく 味覚 the taste [テイスト]
みがく 磨く **1** (光らせる) polish [パリシ]; (ブラシで) brush [ブラシ]

 polish   brush

▶ 歯はみがいたの？
Did you *brush* your teeth?
▶ くつをみがく
polish my shoes / *shine* my shoes

2 (向上させる) improve [インプルーヴ]
▶ もっと腕をみがきなさい.
Improve your skills.
▶ 彼女は英語力をみがくため留学した.
She studied abroad to *improve* her English.

みかけ 見かけ a look [ルック], an appearance [アピ(ア)ランス]
みかける 見かける see [スィー]
みかた¹ 味方 a friend [フレンド] (反 敵 enemy)
味方する be on *my* side, stand by
▶ ぼくはいつもきみの味方だよ.
I'm always *on your side*.
みかた² 見方 a viewpoint [ヴューポイント]
▶ 彼は異なる見方をもっている.
He has a different *viewpoint*.
みかづき 三日月 a crescent (moon) [クレスント (ムーン)]; (新月) a new moon
ミカン 〔植物〕 a mikan (▶英語化している), a Japanese mandarin orange
みかんせい 未完成の unfinished [アンフィニシト], incomplete [インコンプリート]
みき 幹 (木の) a trunk [トゥランク]

みぎ 右

(the) **right** [ライト] (反 左 left)
右の right
右に, 右へ right

▶ 右の足が痛い. My *right* leg hurts.
▶ 最初の角を右に曲がって.
Turn *right* at the first corner.
▶ 銀行は次のブロックの右側にあるよ.
The bank is in the next block on your *right*.
▶ 由美の右にいる少年はだれですか.
Who is the boy on Yumi's *right*?
▶ 右側通行《掲示》Keep *Right*

◀ みしらぬ

「右側通行」の標識.

みぎきき 右きき(人) a right-hander [ライトゥハンダァ]; (反) 左きき left-hander)
右ききの right-handed
▶ 私は右ききだ.
I'm *right-handed*. / I'm a *right-hander*.

ミキサー (ジュース用) a blender [ブレンダァ]; (クリームや小麦粉・バターなどをあわ立てる) a food mixer [ミクサァ]
ミキサー車 a concrete mixer truck

みぐるしい 見苦しい shameless [シェイムレス]
▶ そんなことして見苦しいよ.
That's *mean*.

みけねこ 三毛猫 a calico [キャリコウ] cat, a tortoiseshell [トータスシェル] cat

みこし a portable [ポータブル] Shinto shrine [シライン]
▶ みこしをかつぐ
carry a *portable Shinto shrine* on my shoulder

みごと 見事な

(すばらしい) great [グレイト], wonderful [ワンダフル]
▶ みごとだね. *Great! / Wonderful!*
▶ みごとなバラが咲いた.
The *beautiful* roses came out.
▶ 千晶にみごとにふられちゃったよ.
Chiaki turned me down *flat*.

みこみ 見込み (可能性) (a) chance [チャンス]; (望み) (a) hope [ホウプ]
見こみがある promising [プラミスィング]
▶ ぼくらが勝つ見こみはじゅうぶんある.
We have a good *chance* of winning.
▶ テストに合格する見こみはほとんどない.
There is little *chance* [*hope*] of passing the test.
▶ その子は見こみがある.

The boy [girl] is *promising*.
みこんの 未婚の unmarried [アンマリド]; (独身の) single [スィングル]
▶ 未婚の母 a *single* mother (▶ an unmarried mother よりも好まれる言い方)

ミサ (a) Mass [マス]
ミサイル a missile [ミスィル]
▶ ミサイルを発射する launch a *missile*

みさき 岬 a cape [ケイプ]
▶ 知床岬 *Cape* Shiretoko (▶岬の名称には the をつけない)

みじかい 短い

short [ショート] (反) 長い long)

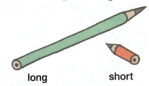

long   short

▶ そでが短すぎるよ.
The sleeves are too *short*.
▶ 真央は髪を短くした.
Mao had her hair cut *short*. (▶「have +物+過去分詞」で「~を…してもらう」の意味)
▶ 短い滞在だったけど, 楽しかった.
It was a *short* stay but an enjoyable one.
▶ 日が短くなってきた.
The days are getting *shorter*.
短くする shorten [ショートゥン]

みじめ 惨めな miserable [ミゼラブル]
▶ 試験に失敗してみじめだった.
I failed the exam and felt *miserable*.

みじゅく 未熟な (子どもっぽい) immature [イマテュア]; (経験不足の) inexperienced [イニクスピ(ア)リエンスト]; (技術が) unskilled; (果物が) unripe
▶ 息子はやることがまだ未熟だ.
Our son is still *immature*.

みしらぬ 見知らぬ strange [ストゥレインヂ]
見知らぬ人 a stranger
▶ いつの日か見知らぬ国を旅してまわりたい.
Someday I'd like to travel around *strange* countries.
▶ 見知らぬ人に話しかけられた.

ミシン ▶

A *stranger* spoke to me.

ミシン a sewing machine[ソウイング マシーン]

ミス¹ a mistake [ミステイク]；(重大な) an error [エラァ] →まちがい

ミスをする make a mistake →まちがえる

ミス² (未婚さん，女性の敬称) Miss [ミス]

▶ ミスユニバース *Miss* Universe

みず 水

water [ウォータァ]；(お湯と区別して) cold water (対 湯 hot water) (▶英語では前後関係ではっきりしているときは「水」も「お湯」も water という)

水をまく water, give ... some water

▶ 水を1ぱいもらえますか.

Can I have a glass of *water*? (▶ Can の代わりに Could でもよい)

🗣 スピーキング

Ⓐ すみません，水を1ぱいください.
Excuse me, may I have a glass of water?

Ⓑ かしこまりました.
Yes, sir [ma'am].

▶ 水を出しっぱなしだよ.
The *water* is running.

▶ テーブルに水をこぼしちゃった.
I spilled *water* on the table.

▶ 忘れないで庭の水やりしてね.
Make sure you *water* the garden.

▶ この国では今，水が不足している.
This country is suffering from a *water* shortage. (▶ suffer from ... は「…に苦しむ」の意味)

水鉄砲 a squirt [スクワ～ト] (gun), a water pistol

水飲み場 a drinking fountain

みずいろ 水色 light blue [ライト ブルー] → あお

みずうみ 湖

a lake [レイク]

▶ 琵琶湖 *Lake* Biwa (▶湖の名称には the をつけない)

▶ 湖で泳ぎを楽しんだ.
We enjoyed swimming in the *lake*. (▶水泳やつりをするときには in the lake

を使う)

▶ 湖にはたくさんのヨットが出ていた.
There were a lot of sailboats sailing on the *lake*. (▶船などが水上を走るときは on the lake という)

みずがめざ 水がめ座 the Water Bearer [ベ(ア)ラァ], Aquarius [アクウェ(ア)リアス] →せいざ (表)

みずぎ 水着 a swimsuit [スウィムスート], a bathing suit [ベイスィング スート]；(ワンピースの) a one-piece swimsuit；(ビキニの) a bikini [ビキーニ]；(男性用の) swimming trunks [トゥランクス] (▶複数あつかい)

みずくさ 水草 a water plant [プラント]

みずくさい 水くさい

▶ 水くさいなあ.
(遠慮しないで) Don't be so polite. / (友だちじゃないか) We're friends, aren't we?

ミスター (男性の敬称) Mr. [ミスタァ]

みずたまもよう 水玉模様 polka dots [ポウルカ ダッツ]

みずたまり 水たまり a puddle [パドゥル], a pool [プール]

ミステリー (神秘) (a) mystery[ミステリィ]；(小説) a mystery (story)

みすてる 見捨てる leave [リーヴ]；(家族などを) abandon [アバンドン], desert [ディザ～ト]

みずとり 水鳥 a water bird [バ～ド]

みずびたし 水浸しになる be flooded[フラディド]

▶ 大雨のせいで床が水びたしになった.
The floor *was flooded* due to the heavy rain.

みずぶくれ 水膨れ a blister [ブリスタァ]

▶ 手のやけどが水ぶくれになった.
The burn on my hand *blistered*.

みすぼらしい

▶ 彼はみすぼらしい身なりをしていた.
He was *poorly* dressed.

みせ 店

(米) a store [スト−(ァ)], (英) a shop [シャップ]

▶ その店は何時に閉まるの？
What time does the *store* close? (▶ What time の代わりに When でもよい)

▶ その店は何時から何時までやってるの？

◀ **- みたい**

What hours is the *store* open?

> **❶参考 さまざまな店の名前**
>
> 家具店　a furniture store
> 喫茶店　a coffee shop, a café
> 薬局　a pharmacy, a drugstore
> 果物店　a fruit store
> くつ店　a shoe store
> クリーニング店　a (dry) cleaners
> ケーキ店　a pastry shop
> 化粧品店　a cosmetic shop
> コンビニ（エンスストア）
> 　a convenience store
> 鮮魚店　a fish store
> 酒店　a liquor store
> スーパー（マーケット）a supermarket,
> 　（米）a grocery store
> デパート　a department store
> 電器店　an electrical appliance
> 　store
> 精肉店　a meat shop,
> 　　　　a butcher shop
> 売店（駅などの）a kiosk
> 生花店　a flower store [shop]
> パン店　a bakery
> 美容院　a beauty parlor [shop]
> 文房具店　a stationery store
> ペットショップ　a pet store [shop]
> 書店　（米）a bookstore,
> 　　　（英）a bookshop
> 青果店　a vegetable store
> 理髪店　（米）a barbershop,
> 　　　　（英）a barber's (shop)
> レストラン，料理店　a restaurant

みせいねん 未成年である be underage
　未成年者 a minor [マイナァ]

ミセス（既婚女性の敬称）Mrs. [ミスィズ]

みせびらかす 見せびらかす show off
▸ 新しいスマホをみんなに見せびらかした.
　I *showed off* my new smartphone
　to everyone.

みせもの 見せ物 a show [ショウ]

みせる 見せる

show [ショウ]
▸ パスポートを見せてください.
　Show me your passport, please.

▸ メニューを見せてください.
　Can I *see* the menu?
▸ ノート，見せてもらえない？
　Could I *see* your notes?

> **💬表現力**
> （人）に（物）を見せる
> → show ＋人＋物 /
> 　 show ＋物＋ to ＋人

▸ （店で）ほかのを見せてください.
　Can you *show* me another one?
▸ おもしろいものを見せてあげるよ.
　I'll *show* you something interesting.
▸ この切符を入り口の人に見せてください.
　Please *show* this ticket *to* the man
　at the gate.
▸ それらを今度見せてあげるね.
　I'll *show* them *to* you sometime.（▸
　「物」が代名詞のときは「show ＋物＋ to ＋
　人」の順になる）

みそ 味噌 miso, soybean paste [ソイビーン ペイスト]
　みそ汁 miso soup [スープ]

みぞ a ditch [ディッチ], a gutter [ガタァ]

みそこなう 見損なう（見誤る）misjudge
　[ミスチャッヂ]；（見のがす）miss [ミス]；（失望
　する）be disappointed [ディサポインティド]
　(in)
▸ 私は健太を見損なっていた.
　I *have misjudged* Kenta.
▸ きのうの晩の最終回，見損なったよ.
　I *missed* the last episode last night.
▸ きみを見損なったよ.
　I'm *disappointed in* you.

みぞれ sleet [スリート]
▸ みぞれが降っていた.
　It *was sleeting*.

-みたい（…のように見える）（形容詞が続
　くとき）look [ルック]；（名詞・文が続くとき）
　look like [ライク]；（…のように思える）
　seem [スィーム] →みえる，-よう¹
▸ ここはぼくにとって第二のふるさとみたい
　な場所だ.
　This place is *like* a second home to
　me.
▸ 今夜は雨みたいだね.
　It *looks like* it's going to rain tonight.
▸ この置き時計，こわれているみたい.
　This clock *seems* to be broken.

あ

か

さ

た

な

は

み

や

ら

わ

seven hundred and fifty-seven　**757**

みだし▶

▶ なんだか夢みたい.
It's just *like* a dream.
▶ ぼくたちは兄弟みたいにいっしょに育った.
We grew up together *like* brothers.
▶ あなたはまるで何でも知っているみたいね.
You look *as if* you knew everything.
→まるで
▶ きみみたいに頭がよければなあ.
I wish I was [were] *as* smart *as* you. (▶《口語》では was, 書きことばでは were)

みだし 見出し (新聞などの) a headline [ヘドゥライン]
見出し語 (辞書などの) a headword, an entry (word)

みだしなみ 身だしなみ
▶ 身だしなみにはもっと気をつけなさい.
Pay more attention to your *appearance*.
▶ 由美はいつも身だしなみがいい.
Yumi *is* always *neatly dressed*.

みたす 満たす fill [フィル];(条件などを) meet [ミート]
▶ バケツに水をいっぱい満たしてくれる？
Would you *fill* (up) the bucket with water?

みだす 乱す disturb [ディスターブ]
▶ 私たちの平和な暮らしを乱さないで.
Don't *disturb* our peaceful life.

みだれる 乱れる be mixed up, be in disorder [ディスオーダァ]
▶ 服装が乱れてるぞ！
Your clothes *are a mess*!
▶ 地震のため鉄道の便が乱れた.
The train services *were disrupted* because of the earthquake.

みち¹ 道

1 a road [ロゥド];(街中の) a street [ストゥリート];(…への道) a way [ウェイ] (to);(小道) a path [パス]
▶ この道を行くと駅に出ます.
This *street* goes [leads] to the station.
▶ 思ったほど道はこんでなかったよ.
The *roads* weren't as crowded as I expected.
▶ すみません. 市立図書館に行く道を教えてもらえますか.
Excuse me, but could you tell me the *way to* the city library?
▶ 私たち, 道をまちがえているんじゃない (→ちがう道を行ってるんじゃない)？
Probably we're going the wrong *way*.
▶ 学校からの帰り道で彩奈に会った.
I saw Ayana on my *way* back from school. →とちゅう

🔊スピーキング

①道順をきくとき
Ⓐ すみませんが, 横浜アリーナへ行く道を教えてください.
Excuse me, could you tell me the way to Yokohama Arena?
Ⓑ ええ. 次の角を右に曲がった左側です.
Sure. Turn right at the next corner and you'll see it on your left.

②距離や時間をきくとき
Ⓐ そのデパートまでどのくらいかしら.
How far is it to the department store?
Ⓑ ここから1キロほどです.
It's about one kilometer from here.

Ⓐ そこまでどのくらいかかりますか.
How long will it take to get there?
Ⓑ バスで10分くらいです.
It'll take about ten minutes by bus.
(▶距離をたずねるときは How far, 時間をたずねるときは How long を使う)

③交通手段をきくとき
Ⓐ 箱根にはどう行くのがいちばんいい？
What's the best way to get to Hakone?
Ⓑ 地下鉄で新宿駅に出て小田急線に乗りかえる. それがいちばんさ.
Take the subway to Shinjuku, then change to the Odakyu Line. That's the best way.

道案内　Showing the Way

イラスト：大管雅晴

カプセルトイ店への道順を外国人観光客に教えよう。
Show the foreign tourist the way to the capsule toy store.

●日本語がわからない観光客に、地図でカプセルトイ店までの道順を案内しましょう。

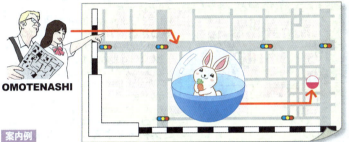

OMOTENASHI

案内例

- あの…。すみません。
- はい。
- このカプセルトイ店**までの道を教えていただけませんか**。
- いいですよ。えーっと。**今ここにいます**ので、まず、この道を先に進んで、2番目の信号を**右に曲がって**ください。そして**2ブロックさらに進んで**、また右に曲がってください。**左側に**お店が見つかりますよ。
- ありがとうございます。
- どういたしまして。楽しんでください。

- Ah…. Excuse me.
- Yes.
- **Could you show me the way to** this capsule toy store?
- Sure. Let me see….
  Now we are here. First walk down this street and **turn right** at the second traffic light. Then **go two more blocks** and turn right again.
  You'll find the store **on the left**.
- Thank you.
- You're welcome. Enjoy your time!

外国人にも人気！ カプセルトイ

日本ではカプセルトイの店舗が**ますます増えていて**、1000台以上のカプセルトイのある店舗もあります。そこには**日本人だけでなく外国人観光客も**訪れています。ミニフィギュアなどの小さいけれど精巧な品々はよいおみやげとなるのです。カプセルトイが設置されている空港や駅もあります。

In Japan, **there are more and more** capsule toy stores, and some of them have more than 1,000 capsule toy machines. **Not only Japanese people but also foreign tourists** visit them. Small but *elaborate items, such as mini figurines, can make good souvenirs for them. Capsule toy machines are also installed in some airports and stations.

* elaborate [ilǽb(ə)ret イラボレト] 精巧な

みち²

用法 road と street と path と way

車の通れるような道は **road** で，ふつう都市と都市を結ぶ道路をさす．両側に建物や商店が立ち並ぶ市内の通りが **street**．野原や公園の車が通らない小道は **path**．**way** は道路というより，ある場所から別の場所へ「至る道」をさす．

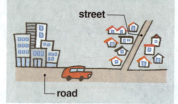

2 (比ゆ的に)
▶ 優勝への道は険しい．There is no easy *road* [*way*] to victory.
▶ これが私の生きる道なんだ．This is the *way* I live.
道案内する show ... the way
道順 a route [ルート], a course [コース]
道しるべ a signpost [サインポウスト]
道のり →きょり
道ばたで,道ばたに by the roadside [ロウドサイド]

みち² 未知の unknown [アンノウン]; (見知らぬ) strange [ストゥレインヂ] →みしらぬ
▶ 地球上に未知の島はなくなった．There are no *unknown* islands left on the earth.
▶ パナマは私にとって未知の国です．I *don't know anything* about Panama.

みちがえる 見違える
▶ きみ，見違えたね．I *hardly recognized* you.

みぢかな 身近な
▶ 身近な人(たち) people *around* me [you]

みちくさ 道草する (立ち寄る) stop [スタップ] by 〔at〕

みちびく 導く lead [リード]

みちる 満ちる (…でいっぱいである) be full [フル] 〔of〕, be filled 〔with〕
▶ 潮が満ちてきたよ．The tide *is coming*

in. (▶「潮が引く」ならば go out)
みつ 蜜 (ハチの) honey [ハニィ]
みつあみ 三つ編み 〔米〕braids [ブレイヅ], 〔英〕plaits [プレイツ] (▶ともに複数形で使う)
▶ 髪を三つ編みにする
braid my hair / wear *my* hair in *braids* / have *my* hair in *braids*

みっか 三日 (日付) third [サ～ド]; (日数) three days
▶ 1月3日 January (the) *third*

みつかる 見つかる (さがし物などが) can find (▶見つける人が主語); (悪いことをして) get found out
▶「どうしたの？」「さいふが見つからないんだ」"What's the matter?" "I *can't find* my wallet."
▶ もし見つかったらどうするつもり？What if you *get found out*?

ミッキー・マウス Mickey Mouse [ミキィマウス]

ミックス ミックスする mix [ミックス]
ミックスジュース mixed juice [ヂュース]

みつける 見つける

find [ファインド], find out; (発見する) discover [ディスカヴァ]
▶ もし私の辞書を見つけたら教えてね．If you *find* my dictionary, please tell me.
▶ 彼は簡単にやせられる方法を見つけたって言ってるけど，疑わしいね．He says he *found* an easy way to lose weight, but I doubt it.
▶ ニュートンは万有引力の法則を見つけた．Newton *discovered* the law of universal gravitation.

みっしゅう 密集する be close together [クロウストゥゲザァ]
▶ せまい部屋に多くの人が密集していた．A lot of people *were close together* in a small room.

ミッションスクール a Christian school [クリスチャン スクール] (▶英語の mission school は布教の使命をもった学校)

みっせつ 密接な close [クロウス] (発音注意)

みっつ 三つ three [スリー] →さん¹
ミット (野球) a (baseball) mitt [ミット]
みつど 密度 density [デンスィティ]

760 seven hundred and sixty

◀ **みなみ**

> **✏ ライティング**
> 東京の人口**密度**はとても高い.
> The population density of Tokyo is very high.

みっともない (ぶかっこうな) ugly [アグリィ]; (はずかしい) shameful [シェイムフル]
> そんなことをしてみっともないと思いませんか. Aren't you *ashamed* of doing such a thing?

ミツバチ (虫) a honeybee [ハニビー]
みつめる 見つめる stare [ステァ] (at)
> そんなにじろじろ見つめるなよ.
> Don't *stare at* me like that.

みつもる 見積もる estimate [エスティメイト]
みつりょう 密漁 poaching [ポウチング]
みつりん 密林 a jungle [ヂャングル]
みてい 未定の not decided [ディサイディド], undecided [アンディサイディド]
> 日取りはまだ未定です. The date *isn't decided* [is *undecided*] yet.

みとおし 見通し
> 見通しは明るい.
> The *future* looks bright.

みとめる 認める (承認する) admit [アドゥミット]; (受け入れる) accept [アクセプト]; (認識する) recognize [レコグナイズ]
> 勝男は自分の誤りを認めようとしない.
> Katsuo won't *admit* his mistake.
> こんな要求を認めるわけにはいかない.
> I can't *accept* a demand like this.

みどり 緑(の) →あお

green [グリーン]
こい緑 dark green
> この町には緑が多い.
> There's a lot of *greenery* in this city. (▶「少ない」なら a lot of のかわりに little を使う)
> **みどりの日** Greenery [グリーナリィ] Day

みとれる 見とれる be fascinated [ファスィネイティド] (by)
ミトン a mitten [ミトゥン]
みな 皆 (…はみな) all [オール], every [エヴリィ]; (人) everyone [エヴリワン], everybody [エヴリバディ] →みんな
> 試験前で学生はみな緊張**きんちょう**していた.
> *All* (of) the students were nervous before the exams.

> 私たちはみな中学1年生だ.
> We're *all* seventh graders.
> 子どもたちはみな自転車を持っている.
> *Every* child has a bike.
> みなさん, おはようございます.
> Good morning, *everyone* [*everybody*].

みなおす 見直す look over ... (again); (答案などを) check [チェック]; (これまでの評価を) think more about
> 答案は見直しましたか.
> *Have* you *checked* your answer sheet?
> その件は見直したほうがよさそうだね.
> We should *think more about* the matter.

みなす 見なす look on [upon] ... as, regard [リガード] ... as
みなと 港 a harbor [ハーバァ], a port [ポート]
> 港にはたくさんの船が停泊**ていはく**していた.
> A lot of ships were at anchor in the *harbor*.
> **港町** a port town [タウン]

みなみ 南 →ほうがく(図)

(the) south [サウス] (⦵ 北 north) (▶ S. と略す)
南の south, southern [サザン]
南へ,南に south, southward [サウスワド]
> 下田は伊豆半島の南にある.
> Shimoda is in *the south* of the Izu Peninsula. (▶ in the south of ... は「…の南部に」の意味)
> 八丈**はちじょう**島は三宅**みやけ**島の南にある.
> Hachijo Island is (to *the*) *south* of Miyake Island. (▶ to the south of ... は「…の南の方に」の意味)
> 山形県は秋田県の南にある.
> Yamagata Prefecture is on *the south* of Akita Prefecture. (▶ on the south of ... は「接して…の南に」の意味)
> 飛行機は南に向かって飛んでいた.
> The plane was flying *south* [*southward*].
> **南風** a south wind
> **南口** the south exit [エグズィト]
> **南十字星** the Southern Cross
> **南半球** the Southern Hemisphere [ヘ

seven hundred and sixty-one　761

みなみアフリカ ▶

みなみアフリカ [ミスフィア] 南アフリカ South Africa (▶公式名は the Republic of South Africa)

みなもと 源 (始まる場所) the source [ソース]; (起源) the origin [オ(ー)リヂン]
▶ 淀川の源は琵琶湖である.
The source of the Yodo River is Lake Biwa.
▶ うわさの源 *the source* of the rumor

みならう 見習う follow ...'s example [イグザンプル]
▶ 理佐ちゃんを見習ったらどう? Why don't you *follow* Risa's *example*?

みなり 身なり →ふくそう, みだしなみ

みなれた 見慣れた familiar [ファミリャ]
▶ 見慣れた顔 a *familiar* face
見慣れない strange [ストゥレインヂ]
▶ 見慣れない人 a stranger

ミニ mini [ミニ]
ミニカー a minicar [ミニカー]
ミニスカート a miniskirt [ミニスカ〜ト], (口語) a mini [ミニ]
ミニチュア a miniature [ミニ(ア)チァ]
ミニバイク a moped [モウペド]

みにくい 醜い ugly [アグリイ] (反 美しい beautiful)
▶ 『みにくいアヒルの子』
The Ugly Duckling

みにつける 身につける (服などを) put on [プット アン] (▶「身につけている」は wear [ウェア]); (習得する) learn

ミニマリスト minimalist [ミニマリスト]

みぬく 見抜く see through [スルー]

みね 峰 a peak [ピーク]

ミネラル a mineral [ミネラル]
ミネラルウォーター mineral water

みのがす 見逃す (見落とす) miss [ミス]; (大目に見る) overlook [オウヴァルック]; (そしらぬふりをする) ignore [イグノー(ァ)]
▶ 今日の試合は絶対に見のがさないぞ.
I wouldn't *miss* today's game for anything.
▶ 今回だけは私の失敗を見のがしてください.
Please *overlook* my error just this once. / Please *ignore* my error just this time.

みのまわり 身の回りのもの my (personal) belongings [ビロ(ー)ンギングズ], my

personal things [スィングズ]

みのる 実る bear fruit
▶ このモモは3年すれば実るでしょう.
This peach tree will *bear fruit* in three years.

みはらし 見晴らし a view [ヴュー] →けしき
▶ その部屋からは東京湾の見晴らしがいい.
The room has a fine *view* of Tokyo Bay.

みはり 見張り (見張ること) guard [ガード]; (人) a guard, (警備員) a security [スィキュ(ア)リティ] guard

みはる 見張る watch [ワッチ], guard [ガード]
▶ 切符を買ってくるからかばんを見張っててね.
Would you *watch* my bag while I go (and) get our tickets?
▶ どう猛な犬が門を見張っている.
A fierce dog *is guarding* the gate.

みぶり 身ぶり a gesture [ヂェスチァ]
▶ 私たちは身ぶり手ぶりで意思を伝え合った.
We communicated with each other by *gestures*.
身ぶり言語 body language

みぶん 身分 (社会的地位) a (social) position [ポズィション]
身分証明書 an identification [アイデンティフィケイション] (card), an ID (card)

みほん 見本 (サンプル) a sample [サンプル]; (手本) an example [イグザンプル], a model [マドゥル] →てほん
▶ 見本のようにこの用紙に記入してください.
Fill in the form like the *sample*.
見本市 a trade fair

みまい 見舞い
みまいに行く (病院に) visit ... in the hospital [ハスピトゥル]
▶ きのう病院へ圭子のおみまいに行ってきた.
I *visited* Keiko *in the hospital* yesterday.

みまもる 見守る watch [ワッチ]

みまわす 見回す look around
▶ その男の子は母親をさがしてあたりを見まわした.
The boy *looked around* for his mother.

みまわり 見回り patrol [パトゥロウル]

-みまん …未満 under [アンダァ], less than →-いか

▶ 18歳未満お断り《掲示》
No One *Under* Eighteen Is Admitted
▶ 5歳未満入場無料《掲示》
Admission Is Free For Children *under* Five

みみ 耳

an **ear**［イア］;（聴力）hearing［ヒアリング］
▶ 耳に水が入っちゃった．
I got water in my *ear*.
▶ 右の耳が痛い．
My right *ear* hurts.
▶ 最近，よく耳鳴りがするんだ．
My *ears* have been ringing a lot recently.
▶ 生徒はしっかりと先生の話に耳を傾けた（→先生の話を聞いた）．
The students *listened to* the teacher carefully.
▶ パンの耳 *crusts* of bread
耳が聞こえない deaf［デフ］;（耳の不自由な）hearing-impaired［インペアド］(▶最近では後者の表現が好まれる)
耳が遠い be hard of hearing
▶ おじいちゃん，最近耳が遠くなってきたね．
Grandpa is getting *hard of hearing* these days, isn't he?
耳あか earwax［イアワクス］
耳かき an earpick［イアピク］
耳せん earplugs［イアプラグズ］(▶ふつう複数形で使う)
▶ 耳せんをする put in my *earplugs*
耳たぶ an earlobe［イアロウブ］

日本語NAVI
耳が痛い ☞自分の弱点を言われて聞くのがつらい
→つらい，きく¹
耳に入れる ☞①（情報などを）聞いて得る ②（人に）知らせる
→①きく¹ ②しらせる，おしえる
耳にする ☞たまたま聞きつける
→きく¹，たまたま，ぐうぜん
耳にたこができる ☞同じことをくりかえし聞かされてうんざりする
→あきる，うんざり，いや²
耳に残る ☞（聞いたことを）忘れることができない
→できる，わすれる
耳をすます ☞注意して聞く
→きく¹，かたむける

ミミズ an earthworm［アースワ～ム］
みみっちい（けちな）stingy［スティンヂィ］, cheap［チープ］
▶ お前，ほんとみみっちいなあ．
How could you be so *stingy*[*cheap*]?
みもと 身元 identity［アイデンティティ］
みゃく 脈 a pulse［パルス］
脈をとる[みる] feel *my* pulse, take *my* pulse
▶ 脈をとってみましょう．
Let me *take* [*feel*] *your pulse*.

みやげ a present［プレズント］;（記念品）a souvenir［スーヴェニア］
▶ これ，京都に行ったおみやげだよ．
Here's a small *present* for you. I brought it back from Kyoto.
▶ おみやげはどこで買えますか．
Where can we buy *souvenirs*?
みやげ物店 a souvenir shop, a gift shop
みやこ 都 a city;（首都）the capital［キャピトゥル］
▶ 京都は千年以上にもわたり都だった．
Kyoto was the *capital* for more than one thousand years.
みやぶる 見破る →みぬく
ミャンマー Myanmar［ミャンマー］(▶旧ビルマ)
ミュージカル a musical［ミューズィカル］
ミュージシャン a musician［ミューズィシャン］
みょう 妙な（変な）strange［ストゥレインヂ］;（おかしな）funny［ファニィ］
▶ 妙な音が聞こえなかった？
Did you hear a *strange* noise?
▶ このアイスクリーム，妙な味だね．
This ice cream tastes *funny*.
みょうごにち 明後日 the day after tomorrow［トモーロウ］

みょうじ ▶

みょうじ 名字 *my* family name, *my* last name

🔊 スピーキング

Ⓐ きみの**名字**は何だっけ？
What is your last name again?

Ⓑ 鈴木だよ.
Suzuki.

みょうにち 明日 tomorrow [トゥモーロウ]
→あした

みょうばん 明晩 tomorrow night [ナイト]

みらい 未来 (the) future [フューチァ]
未来の future

▶ 人類の未来はどうなるのだろう？
What will happen to human beings in *the future*?

▶ 未来の車ってどうなるんだろうね.
I wonder what *future* cars will look like.

ミリ (ミリメートル) a millimeter [ミリミータァ]
(▶単数形も複数形も mm と略す)
ミリグラム a milligram [ミリグラム]

みりょく 魅力 (an) attraction [アトゥラクション]
魅力的な attractive [アトゥラクティヴ]；(人あたりのよい) charming [チャーミング]

▶ あの女の子のどこがそんなに魅力的なの？ What's so *charming* about her?

👤 プレゼン

外国人の観光客にとって京都は**魅力的な**都市です.
Kyoto is an *attractive* city for foreign tourists.

みりん sweet [スウィート] *sake* for cooking

みる 見る

使い分け

(自然に目に入る) → see
(注意して見る) → look at
(じっと見守る) → watch
(ためしてみる) → try

1 (自然に目に入る) **see** [スィー]；(注意して見る) **look** [ルック] **at**；(じっと動きや成り行きを見る) **watch** [ワッチ]

▶ パンダを見るのはこれがはじめてだ.
This is my first time to *see* a panda.

▶ 今日は葵の姿を見てないよ.
I *haven't seen* Aoi today.

▶ 最近何か映画を見た？
Have you *seen* [*watched*] any movies recently?

▶ 部屋の中は暗くて何も見えなかった.
The room was so dark I couldn't *see* anything.

💬 表現力

人・物が…するのを見る
→ see ＋人・物＋動詞の原形

▶ きみが眼鏡をかばんに入れるのを見たよ.
I *saw* you put your glasses in your bag.

▶ ジャンプするから見ててね.
Watch me jump.

💬 表現力

人・物が…しているのを見る
→ see ＋人・物＋ -ing

▶ ぼくはコンビニで浩二がその雑誌を買っているところを見た.
I *saw* Koji *buying* the magazine at the convenience store.

▶ 庭で犬が遊んでいるのを楽しく見ていた.
We enjoyed *watching* the dog *playing* around in the yard.

▶ ほら外を見て，雪が降ってる.
Look out there, it's snowing.

▶ この地図を見て. *Look at* this map.

▶ パソコンの調子がおかしいんだけど，ちょっと見てくれる？ There's something wrong with the computer. Could you *take a look at* it?

▶ 夕食のあと，テレビでアメリカ映画を見た.
We *watched* an American movie on TV after dinner.

▶ シャワーを浴びる間，赤ちゃんを見ててもらえる？
Would you *watch* the baby while I take a shower?

🔊 スピーキング

Ⓐ テレビを**見てもいい**？
May I watch TV?

Ⓑ 宿題がすんでいたらね.
As long as your homework is done.

◀ **みんわ**

用法 see と look at と watch
see は「自然に目に入る,見える」の意味.
look at は「注意して見る」,watch は「動きや変化のあるものを見守る」を表す.

see　　look at
watch

2 (調べる) **check** [チェック];(辞書で) **look ... up**
▶ 辞書は見ましたか.
Did you *look* it *up* in your dictionary?
3 (世話をする) **look after**
▶ 彼女が祖父のめんどうをみている.
She *looks after* her grandfather.
4 (ためしてみる) **try** [トゥライ]
▶ 一口食べてみたら? *Try* a bite.
▶ この服,着てみてもいいですか.
Can I *try* this on? (▶ *try ... on* で「…を試着する」の意味)

表現力
…(して)みる → try -ing

▶ ためしにほかの問題集を使ってみた.
I *tried using* another workbook.

ミルク →ぎゅうにゅう

milk [ミルク];**cream** [クリーム]
▶ 粉ミルク
dried *milk* / powdered *milk* / 《米》formula / 《英》baby *milk*

スピーキング
Ⓐ 紅茶にミルクを入れますか.
Would you like some milk in your tea?
Ⓑ ええ,お願いします.
Yes, please.

ミルクティー tea with milk
ミレニアム a millennium [ミレニアム] 《複数》millennia
みわける 見分ける tell ... from
▶ 生卵とゆで卵を見分けられる?
Can you *tell* a raw egg *from* a boiled one?
みわたす 見渡す look out over, overlook [オウヴァルック]
▶ 展望台からは町中を見わたせる.
The observation deck *looks out over* [*overlooks*] the whole city.
ミンク (動物) a mink [ミンク];(毛皮) mink
みんしゅ 民主的な democratic [デモクラティク]
民主主義 democracy [ディマクラスィ]
みんしゅう 民衆 the people [ピープル]
みんしゅく 民宿《米》a tourist home, 《英》a guesthouse [ゲストハウス], (a) bed and breakfast(▶ B & B と略す)
みんぞく 民族 a people [ピープル](▶「民族・国民」の意味のときだけ数えられる名詞になり,a をつけたり複数形にしたりする);(人種) a race [レイス]
▶ 日本民族 the Japanese *people*
民族衣装 (a) folk costume
民族音楽 ethnic music
ミント mint [ミント]

みんな →ぜんぶ,すべて

(…はみな) **all** [オール], **every** [エヴリィ];(人) **everyone** [エヴリワン], **everybody** [エヴリバディ]
▶ 友だちはみんなスマホ持ってるよ.
All my friends have smartphones.
▶ みんな (ここに) いますか.
Is *everybody* here? (▶ *every* のつく語は単数あつかい)
▶ ぼく以外はみんな出かけた.
Everyone [*Everybody*] except me went out.
みんなで altogether [オールトゥゲザァ]
▶ みんなでいくらですか.
How much is it *altogether*?
みんぽう 民放 commercial broadcasting [コマ〜シャル ブロードゥキャスティング]
みんよう 民謡 a folk [フォウク] song
▶ ナポリ民謡 Naples' *folk songs*
みんわ 民話 a folk tale [フォウク テイル]

seven hundred and sixty-five 765

む ▶

む ム む ム む ム

む 無 nothing [ナスィング]；(ゼロ) zero [ズィ(ア)ロウ]

むいか 六日 (日付) sixth [スィックスス]，(日数) six days
▶ 5月6日 May (the) *sixth*

むいしき 無意識の unconscious [アンカンシャス]
無意識に unconsciously
▶ 無意識にそう言ってしまった.
I said so *unconsciously*.

むいみ 無意味 nonsense [ナンセンス]
無意味な meaningless [ミーニングレス]
▶ 戦争はまったく無意味だ.
War is totally *meaningless*.

ムース (クリーム菓子) (a) mousse [ムース]

ムード (ふんい気) (an) atmosphere [アトゥモスフィア]
▶ クラスのムードはとてもよい (→打ちとけている).
The *atmosphere* of [in] the class is very relaxed.

むえき 無益な useless [ユースレス]

むかい (…の) 向かいに，向かいの opposite [アポズィット]；(通りなどをはさんで) across (the street) from
▶ うちの家の真向かいに書店ができるんだ.
A bookstore will open right *across* (*the street*) *from* my house.
▶ ぼくは友だちと向かい合ってすわった.
I sat *opposite* my friends. / I sat *face to face* with my friends.

むがい 無害の harmless [ハームレス]

むかう 向かう

1 (…方面へ行く) head [ヘッド] for, leave [リーヴ] for；(快方に) get better
▶ 彼はパリへ向かった. He *left for* Paris.
▶ 台風は九州に向かっている.
The typhoon *is heading for* Kyushu.
▶ 父はいま京都へ向かっています.
My father *is on his way to* Kyoto.
▶ 祖母は快方に向かっています.

My grandmother *is getting* better.
2 (面する)
▶ 今日は机に向かう気がしないなあ.
I don't feel like *sitting at* my desk.

むかえる 迎える

1 (出むかえる) meet [ミート]；(歓迎然する) welcome [ウェルカム]
▶ 空港までむかえに行くよ.
I'll *meet* you at the airport.
▶ みんな笑顔でむかえてくれた.
Everyone *welcomed* me with smiles.
2 (車でむかえに行く [来る]) pick up
▶ 車で駅までむかえに来てくれる？
Could you *pick* me *up* at the station?

むかし 昔

the old days
昔(に) a long time ago, long ago；(かつては) once
昔の old
▶ 昔がなつかしいなあ.
I miss *the* good old *days*.
▶ 昔の友だち an *old* friend of mine

▶プレゼン
昔，東京は江戸とよばれていました.
Tokyo was called Edo a long time ago.

▶表現力
昔は…した [だった] → used to ...

▶ 私は昔，金沢に住んでいました.
I *used to* live in Kanazawa *a long time ago*. / I *once* lived in Kanazawa.
▶ 昔はここにお城があった.
There *used to* be a castle here.

▶表現力
昔はよく…した (ものだ) → would

▶ 昔はよく父とキャッチボールをしたなあ.

I *would* [*used to*] play catch with my father.
▶ 昔々，ある村におじいさんとおばあさんが住んでおった．
Once upon a time [*Long, long ago*], there lived an old man and his old wife in a village.
昔話 an old story, an old tale

むかつく (気分が悪くなる) feel sick (to the stomach)
▶ (胸が) むかつくよ．
I *feel sick* (*to the stomach*).
▶ あいつにはむかつく．He's *disgusting*.

むかって 向かって **1** (…に対して) to [トゥー]；(…にめがけて) at [アット]
▶ お母さんに向かってそんなこと言っちゃだめだよ．Don't say those things *to* your mother.
▶ その少年はかべに向かってボールを投げた．The boy threw a ball *at* the wall.
2 (…に面して)
▶ 階段は向かって右側にあります．You'll find the stairs on your right.
3 (…のほうへ) →-に, -へ

ムカデ 〘虫〙 a centipede [センティピード]

むかむか むかむかする (気持ちが悪い) feel sick [スィック]

むかんかく 無感覚な insensitive [インセンスィティヴ]

むかんけい 無関係な irrelevant [イレレヴァント]

むかんしん 無関心な indifferent [インディフ(ァ)レント]
▶ 彼は他人に無関心だ．He is *indifferent* to other people.

むき¹ 向き a direction [ディレクション]
▶ 風向きが急に変わった．Suddenly, the wind changed (its) *direction*.

むき² むきになる get upset [アプセット]
▶ そんなにむきになるなよ．Don't *get* so *upset*.

ムギ 麦 〘植物〙(小麦) wheat [(フ)ウィート]；(大麦) barley [バーリィ]
麦茶 barley tea
麦畑 a wheat field, a barley field
麦わら帽子 a straw hat

むく¹ 向く

1 (向きを変える) turn [ターン] (to)；(顔を向ける) look [ルック] (at)
▶ 母は私の方を向いてほほえんだ．My mother *turned to* me and smiled.
▶ 姉はおこってそっぽを向いた．My older sister *looked away* in anger.
▶ さあ，今度は後ろを向きましょう．Now let's *turn* around. (▶顔だけを後ろに向ける場合は look back)
2 (面する) face [フェイス]
3 (適している) be fit [フィット] (for), be suited [スーティド] (for)
▶ 私，こういう仕事に向いていない．I'm not *fit* [*suited*] *for* this kind of job.

むく² (皮を) peel [ピール]
▶ このジャガイモ，むいてくれる？Could you *peel* these potatoes?

むくいる 報いる reward [リウォード]

むくち 無口な quiet [クワイエット]
▶ 由紀は学校では無口だ．(→あまりしゃべらない)．Yuki *doesn't talk very much* at school.

-むけ …向け for [フォー(ァ)]
▶ 女の子向けの映画 a movie *for* girls

むける 向ける turn [ターン]
▶ 顔をこちらに向けなさい．*Turn* your face toward me.

むげん 無限の infinite [インフィニット], unlimited [アンリミティド]
▶ 宇宙は無限だ．Space is *infinite*.
▶ 子どもたちには無限の可能性がある．Children have *unlimited* potential.
無限に infinitely, unlimitedly

むこ 婿 (娘の夫) a son-in-law [サニンロー]

むこう¹ 向こう

むこう²

1 (向こう側) the other [アザァ] side; (反対側) the opposite [アポズィト] side
▶ パン店は通りをわたった向こう側です.
The bakery is on *the other* [*opposite*] *side* of the street.

2 (あちら) there [ゼア]
▶ 向こうに着いたら家に電話してね.
Call home when you get *there*.
▶ 西口は向こうですよ.
The West Exit is *that way*.
▶ 向こうに,向こうで *over there*
▶ 向こうに東寺の五重塔が見えるよ.
You can see the five-story pagoda of Toji *over there*.

むこう² 無効の invalid [インヴァリド]; (期限切れの) expired [イクスパイアド]
無効になる expire
▶ このクーポン,もう無効だよ.
This coupon *has* already *expired*.

むこうりょう 無香料の perfume-free [パ〜フューム フリー]

むごん 無言の silent [サイレント]

むざい 無罪の innocent [イノセント] (反 有罪の guilty)
▶ 被告は無罪となった.
The accused was found *not guilty*.

むし¹ 虫

(昆虫) an **insect** [インセクト], (おもに米)(小さな) a **bug** [バッグ]; (はう虫) a **worm** [ワーム]

insect

worm

▶日本語の「虫」にあたる英語はない. ハチ,アリ,カブトムシなどのこん虫を **insect**, 毛虫,ミミズなどのはう虫を **worm** と言う. **bug** は小さな虫を指す.

▶ 虫に足をかまれた.
I was bitten on my leg by a *bug*.
▶ 庭で虫が鳴いている.
Some *insects* are chirping in the garden.
▶ このセーター,虫に食われてるよ.
This sweater was eaten by *moths*.

虫かご an insect cage [ケイヂ]

むし² 無視する ignore [イグノー(ァ)]
▶ ごめんね. 無視するつもりなんてなかったんだ. I'm sorry, I didn't mean to *ignore* you.
▶ 信号を無視する *ignore* the traffic light

むしあつい 蒸し暑い humid [ヒューミド], 《口語》 muggy [マギィ]
▶ 今日は蒸し暑いね. It's *muggy*, isn't it?
▶ 日本の夏は蒸し暑い.
Summer in Japan is *humid* [*muggy*].

むじつ 無実の innocent [イノセント]

むしば 虫歯 a cavity [キャヴィティ], a bad tooth, a decayed tooth →は¹

むしめがね 虫眼鏡 a magnifying [マグニファイイング] glass

むじゃき 無邪気な innocent [イノセント]

むじゅうりょく 無重力 zero gravity [ズィ(ア)ロウ グラヴィティ]

むじゅん 矛盾する contradict [カントゥラディクト]
▶ あなたは言うこととすることが矛盾しているように思えるけど.
Your words seem to *contradict* your actions.

むじょうけん 無条件の unconditional [アンコンディショナル]

むしょく¹ 無職の unemployed [アニンプロイド]

むしょく² 無色の colorless [カラレス]

むしろ rather [ラザァ] (than)
▶ あの人は政治家というよりむしろテレビタレントだ.
He is a TV personality *rather than* a politician.

むじん 無人の (空いた) vacant [ヴェイカント]; (島などが) uninhabited [アニンハビテド]; (乗り物が) unmanned [アンマンド] (▶ 性差のない言い方は unstaffed [アンスタフト])

むしんけい 無神経な insensitive [インセンスィティヴ]
▶ そんなこと言うなんて無神経だよ.
It's *insensitive* to say that.

むす 蒸す steam [スティーム]

むすう 無数の countless [カウントレス]
▶ 空には無数の星が見えた.
We saw *countless* stars in the sky.

むずかしい 難しい

1 (困難な) **difficult** [ディフィカルト], **hard** [ハード] (反 やさしい easy); (とても) **tough** [タフ] (▶ difficult より hard や tough のほうが会話ではよく使われる)

difficult　　　　　easy

▶ ぼくにとって数学はむずかしい科目だ．
Math is a *difficult* subject for me.
▶ 今日のテスト，すごくむずかしかったよ．
Today's exam was really *hard*.

●表現力
…するのはむずかしい
→ It is difficult [hard] to ... .

▶ この問題を短時間で解くのはむずかしい．
It's difficult [*hard*] *to* solve this problem in a short time.

●表現力
(人)には…するのはむずかしい
→ It is difficult [hard] for +人+ to ... .

▶ ぼくには英単語を覚えるのがむずかしい．
It's difficult [*hard*] *for* me *to* memorize English words.
▶ 言うのは簡単だけど，実行するのはむずかしいよ．
That's easier said than done.

2 (やっかいな) →やっかい
▶ 娘はいまむずかしい年ごろだ．
My daughter is at a *difficult* age.

3 (気むずかしい)
▶ お前って気むずかしいよな．
You're such a *difficult* person.

むすこ 息子

a **son** [サン] (反 むすめ daughter)
▶ 翔太は私の一人むすこだ．
Shota is my only *son*.
▶ 細川先生にはむすこさんが２人いる．
Ms. Hosokawa has two *sons*.

むすびつき 結びつき **connection** [コネクション]; (きずな) **ties** [タイズ]
むすびつける 結びつける **fasten** [ファスン], (ひもなどで) **tie** [タイ]; (関連させる) **link** [リンク]

むすぶ 結ぶ

(ひもなどを) **tie** [タイ]; (つなぐ) **link** [リンク]
▶ くつのひもがほどけてるから，結びなさい．
Your shoelace is untied. *Tie* it.

▶ 父はシャツを着てネクタイを結んだ．
My father put on his shirt and *tied* his tie.
結び目 a **knot** [ナット]
むずむず むずむずする **itch** [イッチ]

むすめ 娘

a **daughter** [ドータァ] (反 むすこ son); (若い女性) a **girl** [ガール]
▶ いちばん上のむすめが来年中学生になります．
My oldest *daughter* is going to start junior high next year.
むぜい 無税の **tax-free** [タクスフリー]
むせきにん 無責任な **irresponsible** [イリスパンスィブル]
▶ できもしないことを約束するのは無責任だよ．
It's *irresponsible* to promise to do what you can't do.
むせん 無線 **radio** [レイディオウ]
▶ 無線で by *radio*
無線の wireless [ワイアレス]
無線LAN a **wireless LAN**
▶ 私たちの学校には無線 LAN があるので，建物のどこからでもインターネットにアクセスできます．
Our school has a *wireless LAN* so we can access the internet anywhere in the building.

むだ

むだん ▶

(a) **waste** [ウェイスト]
むだな useless [ユースレス], of no use [ユース]
むだにする waste

▶ むだにできるお金はないよ.
We have no money to *waste*.

> 🧑 プレゼン
> 私たちは他人を批判して時間をむだにすべきではありません.
> We shouldn't waste time criticizing others.

> 💬 表現力
> …してもむだだ
> → It is no use -ing … . /
> There is no use [point] (in) -ing … .

▶ 私にかくしごとをしようとしてもむだだよ.
It's no use hiding anything from me. / *There's no use (in) hiding* anything from me. (▶ use は point でもよい)

むだづかい (a) waste
▶ それは時間のむだづかいだ.
It's a *waste* of time.

むだん 無断で without asking;(届け出なしで) without notice;(許可なく) without permission
▶ 無断でものを持っていかないでよ.
Don't take anything *without asking*.
▶ ぼくはきのう学校を無断で休んだ.
I didn't go to school *without notice* yesterday.

むち¹ a whip [(フ)ウィップ]
むち打つ whip
むち打ち症 a whiplash injury [(フ)ウィプラシ インヂュリィ]

むち² 無知な ignorant [イグノラント]

むちゃ むちゃな (無理な) impossible [インパスィブル];(理屈に合わない) unreasonable [アンリーズナブル] →むり
▶ そんなのむちゃだよ!
That's *impossible*! (▶「そんなはずはない」の意味にもなる)
▶ むちゃをしないでよ.
(浅はかなことをしないで) Don't do anything *reckless*. / (がんばりすぎないで) Don't *overdo it*.

むちゃくりく 無着陸の nonstop [ナンスタップ]

むちゅう 夢中である (大好きである) be crazy about, be really into;(一時的に没頭している) be absorbed in
▶ ぼくは夢中でマンガを読んでいた. I was so *absorbed in* a comic book.

> ✏️ ライティング
> いま, 私はマウンテンバイクに夢中です.
> I'm *crazy about* mountain bikes. /
> I'm *really into* mountain bikes.

むっつ 六つ six [スィックス] →ろく
むっと むっとする (気分を害する) be offended [オフェンディド]
むてき 無敵の invincible [インヴィンスィブル]
むてんか 無添加の additive-free [アディティヴフリー]
むとんちゃく 無とん着な indifferent [インディフ(ェ)レント] (to), careless [ケアレス] (of)
▶ 兄は着るものに無とん着だ.
My older brother is *indifferent to* [*careless of*] his clothes.

むなしい empty [エン(プ)ティ], vain [ヴェイン]
むなしくなる feel empty

むね 胸

(胸部) a chest [チェスト];(女性の乳房) a breast [ブレスト] (▶左右両方を指す場合は複数形で使う);(心臓) a heart [ハート]
▶ 胸ポケット
a *breast* pocket / a *chest* pocket

▶ 胸をはる
stick my *chest* out
▶ 胸に名札をつけてください.
Put your name tag on your *chest*.
▶ まだ胸がドキドキしてるよ.
My *heart* is still beating fast.
▶ 大きな喜びで胸がいっぱいになった.
A great joy filled my *heart*.

◀ むれ

日本語NAVI

胸が熱くなる ☞感動がこみあげてくる
→かんどう
胸が痛む ☞つらく思う, 気の毒に思う
→つらい, きのどく
胸がさわぐ ☞不安や期待でどきどきする
→どきどき, わくわく, ふあん
胸が高鳴る ☞喜びや期待でどきどきする
→どきどき, わくわく, よろこび, きたい¹
胸がはずむ ☞うきうきする
→うきうき, うれしい, わくわく
胸に刻む ☞しっかりと記憶する, 忘れずにいる
→きおく, わすれる
胸にせまる ☞強く感動する →かんどう
胸に手を当てる ☞よく考える
→かんがえる, じっくり
胸を打つ ☞強く感動させる, 感激させる
→かんどう, かんげき
胸をおどらせる ☞喜びや期待でわくわくする
→わくわく, たのしみ

むのう 無能な incompetent [インカンピテント]
むのうやく 無農薬の chemical-free [ケミカルフリー], organic [オーギャニク]
無農薬野菜 chemical-free vegetables
むふんべつ 無分別な indiscreet [インディスクリート]
むめんきょ 無免許の, 無免許で without a license
▶ 無免許運転する
drive *without* a driver's *license*
むよう 無用な (役に立たない) useless [ユースレス]

むら 村

a village [ヴィレヂ]
▶ 隣村(となり) a neighboring *village*
▶ その村まで行くバスはありますか.
Is there a bus to the *village*?
村人 a villager
村役場 a village office [オ(ー)フィス]
むらがる 群がる gather [ギャザァ]; (人が) crowd [クラウド]; (動物・鳥が) flock [フラック]
▶ 大群衆が駅のまわりに群がった.
A large crowd *gathered* outside the station.

むらさき 紫(の) (赤みがかった) purple [パ~プル]; (青みがかった) violet [ヴァイオレト]

むり 無理な

(不可能な) impossible [インパスィブル]; (道理に合わない) unreasonable [アンリーズナブル]
▶ そりゃ無理だよ.
That's *impossible*.
▶ 無理言うなよ.
Don't be *unreasonable*.
▶ 無理しないでね. Don't *overdo it*.
▶ 無理なことをお願いしているでしょうか.
Am I asking *too much*?
無理に (力ずくで) by force [フォース]

表現力
…するのは無理だ
→ It is impossible to ... .

▶ この仕事を2時間で仕上げるのは無理だ.
It's impossible to finish this work in two hours.

表現力
…するのも無理はない
→ It is natural to ... . /
It is natural that ~ (should) ... .

▶ きみがそう考えるのも無理はない.
It is natural for you *to* think so. / *It is natural that* you (*should*) think so.
むりょう 無料の, 無料で free [フリー], free of charge [チャーヂ] →ただ
▶ 無料アプリをダウンロードする
download *free* apps
▶ (レストランで) お代わりは無料です.
Refills are *free*.
▶ その冊子は無料です (→その冊子は無料で手に入ります).
You can get the booklet *free* [*free of charge*].
▶ 入場無料《掲示》Admission Free
むりょく 無力な powerless [パウァレス]
むれ 群れ (人の) a crowd [クラウド]; (鳥・羊・ヤギなどの) a flock [フラック]; (牛・ゾウなどの) a herd [ハ~ド]; (魚・クジラ・イルカなどの) a school [スクール]
▶ 人の群れ *a crowd of* people
▶ カラスの群れ *a flock of* crows

seven hundred and seventy-one 771

め¹ 目

1 an **eye** [アイ]；(視力) **eyesight** [アイサイト]

eyebrow (まゆ毛)
eyelid (まぶた)
eyelash (まつ毛)

pupil (ひとみ)
iris (虹彩)

▶ 目を開ける open my *eyes* (▶「閉じる」なら open のかわりに close を使う)
▶ 真由美は目が大きい.
  Mayumi has big *eyes*.
▶ ぼくの目は黒い.
  I have dark *eyes*. (▶ ×black eye(s) は打撲ぼくでできた「目のまわりのあざ」をさす)
▶ 目になみだが浮かんだ.
  My *eyes* filled with tears.
▶ 人と話すときは相手の目を見なさい.
  When you talk to others, look them in the *eye*.
▶ 母は目がいい.
  My mother has good *eyesight*. (▶「悪い」なら good のかわりに poor を使う)
▶ 今日, 菜々美とね, 目が合ったんだ.
  My *eyes* met Nanami's today.

2 (目つき) a **look** [ルック] →めつき；(ものを見る目・注意) an **eye**

▶ 彼は悲しそうな目で窓の外を見つめていた.
  He was staring out the window with a sad *look*.
▶ 彼女は絵を見る目がある.
  She has an *eye* for paintings.
▶ 海外旅行中は荷物から目をはなさないようにね.
  Keep an *eye* on your luggage while traveling abroad.

目がくらむ be dazzled [ダズルド]
目が覚める wake (up)
目がない have a weakness ((for))
▶ アイスクリームには目がないの.
  I *have a weakness for* ice cream.
目がまわる feel dizzy [ディズィ]

目の見えない blind [ブラインド]；(目の不自由な) visually impaired [インペアド] (▶最近では後者の表現が好まれる)
目を合わせる make eye contact [カンタクト] ((with))
目を背ける look away
目を通す (全体を見る) look over, look through；(ざっと見る) skim
目を引く catch ...'s eye
目を向ける (注意する, 心を配る) pay attention ((to))

> **日本語NAVI**
> **目が高い** ☞よいものを見分ける力がある
>   →みわける, センス, め¹
> **目が光る** ☞きびしく監視する →みはる
> **目がまわる** ☞めまいがする →めまい
> **目に見えて** ☞はっきりとわかるほど
>   →いちじるしい, あきらか
> **目の色を変える** ☞①目つきや表情を変える ②必死になる →①かえる², ひょうじょう, めつき ②ひっし
> **目も当てられない** ☞あまりにひどくて見ていられない →ひどい, あまり¹, とても
> **目もくれない** ☞①見ようともしない ②関心がない →①みる, むし² ②かんしん², きょうみ
> **目をこらす** ☞じっと見つめる
>   →みる, みつめる, じっと
> **目を丸くする** ☞びっくりして目を大きく見開く
>   →おどろく, びっくり, みる

め² 芽 a **bud** [バッド]
芽が出る bud, come into bud
▶ チューリップの芽が出てきた.
  The tulips *are budding*.

-め …目 (順序) →ばん²
▶ 神田はいくつ目ですか.
  How many stops are there before Kanda? (▶英語では「神田までにいくつ駅がありますか」と聞くので, 答えは日本語の場合に比べて 1 駅少なくなる)

めあて 目当て
▶ その男は金目当てにリズと結婚こんした.

◀ **めいわく**

The man married Liz *for* her money.

めい 姪 a niece [ニース] (対 おい nephew)

めいあん 名案 a good idea
▶ 名案がうかんだ!
I hit upon a *good idea*!
▶ それは名案だ. That's a *good idea*.

めいおうせい 冥王星 Pluto [プルートゥ]

めいが 名画 a famous picture [フェイマス ピクチァ]

めいかく 明確な clear [クリア]
▶ 明確な目標をもたないといけないよ.
You need to have a *clear* goal.
明確に clearly [クリアリィ]

めいきゅう 迷宮 a labyrinth [ラビリンス]

めいきょく 名曲 a musical master-piece [ミューズィカル マスタピース]

メイク makeup [メイカプ] →けしょう, メーク
メイクする →メーク

めいげつ 名月 →まんげつ

めいさく 名作 (優れた作品)a fine work; (傑作ホ) a masterpiece [マスタピース]

めいさん 名産 a special product [プラダクト], a specialty [スペシャルティ]
▶ 地方の名産品 local *specialties*

┌─ 📱プレゼン ─┐
モモは岡山の名産です.
Peaches are a special product [specialty] of Okayama.
└─────────┘

めいし¹ 名刺 a business [ビズネス] card
▶ セールスマンは名刺をくれた.
The salesperson handed me his [her] *business card*.

めいし² 名詞 《文法》a noun [ナウン] (▶ n. と略す)

めいしゃ 目医者 an eye doctor

めいしょ 名所 (観光名所) the sights [サイツ], a tourist attraction [アトゥラクション]
▶ 鎌倉には歴史的な名所が多くある.
There are a lot of historical *places* in Kamakura.

┌─ 📱プレゼン ─┐
吉野は桜の名所です (→桜で有名だ).
Yoshino is famous for its cherry blossoms.
└─────────┘

めいじる 命じる order [オーダァ] →めいれい

めいしん 迷信 (a) superstition [スーパスティション]
迷信深い superstitious
▶ そんなのただの迷信だよ.
That's just a *superstition*.

めいじん 名人 a master [マスタァ], an expert [エクスパート]
▶ 将棋ゖゖの名人
a *shogi master* / a *shogi expert*
▶ 彼はつりの名人だ.
He is an *expert* at fishing.

めいせい 名声 fame [フェイム]
▶ そのピアニストの名声は世界中に広まった.
The pianist's *fame* spread all over the world.

めいちゅう 命中する hit [ヒット]
▶ 矢は的に命中した.
The arrow *hit* the mark.

めいはく 明白な clear [クリア], evident [エヴィデント] →あきらか

めいぶつ 名物 →めいさん

めいぼ 名簿 a list [リスト]
▶ 会員名簿 a membership *list*

めいめい each [イーチ] →それぞれ

めいよ 名誉 (an) honor [アナァ]
名誉ある honorable [アナラブル]
▶ きみたちは本校の名誉です.
You have brought *honor* to our school.

めいりょう 明瞭な clear [クリア] →はっきり

めいる 滅入る get depressed

めいれい 命令 an order [オーダァ]
命令する order
▶ 命令に従う obey an *order* (▶ 「そむく」なら obey のかわりに disobey を使う)

┌─ 💬表現力 ─┐
(人) に…するように命令する
→ order +人+ to ...
└─────────┘

▶ 彼は私に行けと命令した.
He *ordered* me *to* go.

めいろ 迷路 a maze [メイズ]
▶ アリスは迷路に迷いこんだ.
Alice was lost in the *maze*.

めいろう 明朗な (陽気な) cheerful [チアフル] →あかるい

めいわく 迷惑

あ

か

さ

た

な

は

め

や

ら

わ

seven hundred and seventy-three　773

めうえ ▶

trouble [トゥラブル]
迷惑をかける cause [give] ... trouble, trouble；(じゃまをする) bother [バザァ], disturb [ディスターブ]
▶ みんなにとても迷惑をかけてしまった.
I *caused* everyone so much *trouble*.
▶ ご迷惑でなければテレビをつけたいんですが.
Would it *bother* [*disturb*] you if I turned on the TV?

💬**用法 ご迷惑をおかけしてすみません.**
これから迷惑をかけるときには **I'm sorry to trouble you.** とか **I'm sorry to cause you trouble.** という.
一方，すでに迷惑をかけてしまったときには，**I'm sorry to have troubled you.** という.

迷惑メール (a) spam [スパム], junk mail [チャンク メイル]（▶ junk mail は数えられない名詞なので「1通の迷惑メール」は a piece of junk mail となる)
めうえ 目上の人 (地位が) my superior [ス(ー)ピ(ア)リア]；(年齢が) my senior [スィーニャ], my elder [エルダァ]
▶ 目上の人をうやまいなさい.
Respect *your elders*.
メーカー a maker [メイカァ], a manufacturer [マニュファクチ(ャ)ラァ]
メーク makeup [メイカプ] →けしょう
メークする put on *my* makeup, do *my* makeup
▶ 彼女は毎朝メークする. She *does her makeup* every morning.
メーター (メートル) a meter [ミータァ] → メートル；(計器) a meter
メーデー May Day [メイ デイ]
メートル a meter [ミータァ]（▶ m と略す)
▶ 50メートル fifty *meters* / 50*m*
▶ 100メートル走 the 100-*meter* dash (▶ ✕100-meters dash としない)
▶「この車,どのくらい長さがあるの？」「5メートルぐらい」
"How long is this car?" "It's about five *meters* long."
メートル法 the metric system
メーリングリスト a mailing list [メイリング リスト]

メール (パソコンの) (an) email [イーメイル], (an) e-mail（▶ electronic mail の略. 単に mail ともいう)；(携帯電話やスマートフォンの) a text message [テクスト メセヂ]
メールする email；text
▶ その写真, メールで送ってくれる？
Can you send the photo by *email* [*mail*]?
▶ あとで (携帯やスマホに) メールしてね.
Please *text* me later.
▶ 歩きながら (携帯やスマホで) メールをするのは危険です.
Texting while walking is dangerous.
メールアドレス an email address
▶ メールアドレス, 交換しようよ.
Let's exchange *email addresses*.
めかくし 目隠し (目をおおうもの) blindfold [ブラインドゥフォウルド]
めかた 目方 weight [ウェイト]

めがね 眼鏡

glasses [グラスィズ]（▶複数あつかい. 数えるときは a pair of glasses, two pairs of glasses などとする)
▶ 眼鏡をかける
put on my *glasses* / (かけている) wear my *glasses*
▶ 眼鏡をはずす take off my *glasses*
▶ 姉は眼鏡をかけている.
My sister wears *glasses*.（▶ is wearing とすると「一時的にかけている」という意味になる)
メガホン a megaphone [メガフォウン]
めがみ 女神 a goddess [ガデス]（▶男の神は god)
メキシコ Mexico [メクスィコウ]
メキシコ(人)の Mexican [メクスィカン]
メキシコ人 a Mexican
メキシコ湾 the Gulf [ガルフ] of Mexico
めきめき (いちじるしく) remarkably [リマーカブリィ]
▶ 彼の英語はめきめき上達している.
He has improved his English *remarkably*.
めぐすり 目薬 eye drops [ドゥラップス]；(洗眼液) (an) eyewash [アイワシ]
めぐまれる 恵まれる be blessed [ブレスト] (with)；(才能に) be gifted [ギフティド] (with)

774 seven hundred and seventy-four

◀ **めずらしい**

▶ 私はいい友だちにめぐまれている.
I'm *blessed with* good friends.

▶ 加奈は音楽の才能にめぐまれている.
Kana *is* musically *gifted*.

めぐむ 恵む give [ギヴ]；(神が) bless [ブレス]

めぐりあう めぐり会う（ひょっこり会う）
meet ... by chance, run into ...

▶ 5年ぶりに旧友にめぐり会った.
I *met* an old friend *by chance* for the first time in five years.

めくる （ページを）turn [ターン] (over)

▶ 教科書のページをめくりなさい.
Turn (*over*) the page of your textbook.

めぐる 巡る（回ってくる）come around [アラウンド]

めさき 目先

▶ 目先のことばかり考えてちゃだめ.
Don't be shortsighted.

めざす 目ざす aim [エイム]《at》

▶ 私たちは全国優勝をめざして（→全国優勝できるように）がんばっている.
We're working hard to win the national championship.

めざまし 目覚まし an alarm [アラーム]

▶ 私はスマホで目覚ましをかけた.
I set an *alarm* on my smartphone.

▶ 私はスマホの目覚ましが鳴る前に目が覚めた.
I woke up before my smartphone *alarm* went off.

目覚まし時計 an alarm clock [クラック], an alarm

▶ 目覚まし時計を6時にセットした.
I set my *alarm clock* for six.

めざましい 目覚ましい remarkable [リマーカブル]

▶ 久美子の英語の上達はめざましい.
Kumiko has made *remarkable* progress in English.

めざめる 目覚める wake (up) →おきる

めし 飯（ごはん）(boiled) rice；(食事) a meal [ミール] →ごはん

めしあがる 召し上がる eat [イート], have [ハヴ] →たべる

▶ 何をめしあがりますか.
What *would* you *like to have* [*eat*]?

▶ さあ, めしあがれ. *Enjoy*.（▶英語では「め

しあがれ」にあたる定型表現はない.「どうぞ（食事を）楽しんで」の意味で, Enjoy. と言うこともある）

╔══ スピーキング ══╗

Ⓐ ケーキをご自由に**めしあがれ**.
Please help yourself to the cake.
Ⓑ ありがとう.
Thank you.

めした 目下の人 a junior [ヂューニャ]

めしつかい 召し使い a servant [サ~ヴ(ァ)ント]

メジャー¹ メジャーの major [メイヂァ]
メジャー選手 a major leaguer
メジャーリーグ 《米》the Major Leagues

メジャー² （巻き尺）a tape measure [メジァ]

めじるし 目印 a mark [マーク]

▶ …に目印をつける put a *mark* on ...

▶ 何か目印はありますか.
Are there any *landmarks*?（▶ landmark [ラン(ドゥ)マーク] は,「旅行者などが遠くから見ることができる目印（となる建造物）」のこと）

メス （手術用の）a scalpel [スキャルペル]；a surgical [サ~ヂカル] knife

めす 雌 a female [フィーメイル]（対 おす male), 《口語》a she [シー]（対 おす a he）

▶ うちのネコはめすです.
Our cat is a *female* [a *she*].

めずらしい 珍しい

（まれな）rare [レァ]；（ふつうでない）unusual [アニュージュアル]

▶ 今日, 公園でめずらしい鳥を見たよ.
I saw a *rare* bird in the park today.

▶ でも, そんなのめずらしくないよ.
But that's not *unusual*.

▶ 悠太がおくれるなんてめずらしいね.
It's *rare* [*unusual*] for Yuta to be late.

めずらしく unusually

▶ 8月にしてはめずらしくすずしい.
It is *unusually* cool for August.

▶ 彼女の部屋は今日はめずらしくかたづいている.
Her room is tidy *for a change*.（▶

あ
か
さ
た
な
は
め
や
ら
わ

seven hundred and seventy-five 775

メゾソプラノ ▶

for a change は「ふだんと違って」の意味）

メゾソプラノ mezzo-soprano [メツォゥソプラノゥ]

めそめそ めそめそする（涙ぐむ）get tearful [ティアフル]

メダカ 《魚》a (Japanese) killifish [キリフィシ]

めだつ 目立つ stand [スタンド] out
▶ 俊輔は背が高いからよく目立つ.
Shunsuke is tall, so he *stands* out.
▶ 真琴は目立ちたがり屋だよね.
Makoto is a *show-off*, isn't she?

めだま 目玉 an eyeball [アイボール]
目玉焼き fried [フライド] eggs；（片面だけ焼いた）《米》a sunny-side up egg
目玉商品 a loss leader [ロ(ー)ス リーダァ]

メダリスト a medalist [メダリスト]
▶ 金メダリスト
a gold *medalist*

メダル a medal [メドゥル]
▶ サオリは金メダルをとった.
Saori won a gold *medal*.
▶ 銀メダル a silver *medal*
▶ 銅メダル a bronze *medal*

めちゃくちゃな messy [メスィ]
▶ 高志の部屋はめちゃくちゃだった.
Takashi's room was a *mess*.

めつき 目つき a look [ルック]
▶ 野間先生はするどい目つきでぼくを見た.
Ms. Noma gave me a sharp *look*.

メッセージ a message [メセヂ]
▶ メッセージを送る
send a *message*

めったに

seldom [セルダム], rarely [レアリィ]

⬤表現力

めったに…ない
→ not ... (very) often /
seldom ... / rarely ...

▶ ぼくはめったにかぜをひかない.
I *don't* catch a cold (*very*) *often*.
▶ 彼はめったに本を読まない.
He *seldom* [*rarely*] reads a book.
▶ こんなチャンスはめったにないよ.
Opportunities like this *rarely* come.

めつぼう 滅亡 ruin [ルーイン]
滅亡する（ほろびる）perish [ペリシ]

メディア the media [ミーディア]

めでたい happy [ハピィ] →おめでとう
▶ ことしはめでたいことがたくさんあった.
We had a lot of *happy* events this year.

メドレー 《音楽》a medley [メドゥリイ]；《水泳》a medley
▶ 400メートル個人メドレー
the 400-meter individual *medley*

メニュー a menu [メニュー]
▶ メニューを見せてください.
Can [May] I see the *menu*?
▶ あのカフェの新メニューはもう食べた？
Have you tried the new *item on the menu* at the cafe?（▶ menu は「献立表」の意味. 個々の料理をさすときは item や dish を使う）

めのまえ 目の前に，目の前で before ...'s (very) eyes；（…の前に）in front of
▶ 事故は私の目の前で起こった.
The accident happened *before my very eyes*.
▶「今日の新聞はどこ？」「目の前よ」
"Where's today's paper?" "Just *in front of* you."

めまい めまいがする feel dizzy [ディズィ]
▶ めまいがするんです.
I *feel dizzy*.

メモ a note [ノゥト], a memo [メモゥ]（▶英語の memo はふつう「（会社内などで使う）連絡メモ」のこと）
メモする make a note (of), write down
▶ ノートの余白にメモをする
make a note in the margin of a notebook
メモ帳 a memo pad
メモ用紙 memo paper, note paper, scratch [スクラッチ] paper

めもり 目盛り a scale [スケイル]

メモリー (a) memory [メモリィ]

メリーゴーラウンド a merry-go-round

メリット （利点・強み）an advantage [アドゥヴァンテヂ]
▶ 電子辞書のメリットは何ですか.
What are the *advantages* of using an electronic dictionary?

メルボルン （地名）Melbourne [メルバン]

メロディー a melody [メロディ], a tune

メディア・通信手段 Media and Means of Communication

Introduction to CLIL

イラスト：大管雅晴

メディアのことを調べてみよう！
Let's *find out about the media!

*find out 調べる

これまで時代ごとに様々なメディアが登場してきました。電子書籍は最近登場したメディアの一つです。紙の書籍や雑誌の売り上げが下がる中、電子書籍の発売部数は伸びています。2022年の電子書籍の売り上げのうち86.3%がコミックでした。

Each historical period has had its own type of media. E-books are one of the types of media that have appeared recently. Sales of paper books and magazines are decreasing, but the number of e-books is increasing. Eighty-six point three percent of e-book sales in 2022 came from comic books.

日本のメディアの歴史
The history of media in Japan

立て札
notice boards

かわら版(旧式の新聞)
kawaraban
(old-style newspaper)

雑誌（1867年）
magazines

新聞(1870年)
newspapers

ラジオ（1925年）
radio

テレビ（1953年）
TV

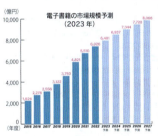

（出典：インプレス総合研究所）

（インター）ネットメディア
internet media
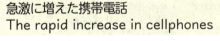

急激に増えた携帯電話
The rapid increase in cellphones

日本で携帯電話が初めて発売されたのは1985年でした。その後、携帯電話の技術はめざましい進化をとげました。40年前には携帯電話を利用する人がほとんどいなかったのが、今では小学生にも普及しています。

Cellphones were first sold in Japan in 1985. After that, the technology *developed at a **remarkable pace. Just 40 years ago, almost no one used cellphones, but now even elementary school students are using them.

* develop [divéləp ディヴェロプ] 発達する　** remarkable [rimáːrkəbl リマーカブル] めざましい

携帯電話・スマホの契約数
（『日本国勢図会』より）

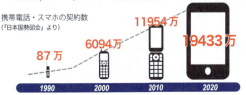

しもしも〜

1985年に発売された「ショルダーホン」。3kgもあった。

seven hundred and seventy-seven　777

メロン ▶

[テューーン]

メロン a melon [メロン]

めん¹ 面 a mask [マスク]；(防具) a face guard [ガード]

めん² 綿 cotton [カトゥン]
▶ 綿のシャツ
a cotton shirt
▶ 脱脂綿
《米》(absorbent) cotton / 《英》cotton wool
綿製品 cotton goods

めん³ 麺 noodles [ヌードゥルズ]

めんえき 免疫 immunity [イミューニティ]
免疫の,免疫のある immune [イミューン]
▶ このウイルスにはだれも免疫がありませんでした.
No one was immune to this virus.
免疫力 (免疫機能) immune system
▶ 私は病気にならないように免疫力をアップしたい.
I want to strengthen my immune system so that I won't get sick.

めんかい 面会する see [スィー], meet [ミート]
▶ 面会のかたが見えています.
Someone wants to see [meet] you.
面会時間 (病院の) visiting hours
面会謝絶 《掲示》No Visitors

めんきょ 免許 a license [ライセンス]
▶ 運転免許をとる get a driver's license

めんこ 面子 menko, pasteboard cards for children's play

めんじょう 免状 a diploma [ディプロウマ]

めんする 面する face [フェイス]

めんぜい 免税の tax-free, duty-free
▶ これは免税で買えますか.
Can I get this tax-free?
免税店 a duty-free shop
免税品 duty-free [tax-free] goods

めんせき 面積 (an) area [エ(ア)リア]
▶ 三角形の面積を求めなさい.
Find the area of the triangle.

めんせつ 面接 an interview [インタヴュー]
面接する interview
▶ きのうの高校の面接があった.
I had an interview for high school yesterday.
面接官 an interviewer [インタヴューア]
面接試験 an interview

メンタル mental [メントゥル]
▶ あの野球選手はメンタルが強い.
That baseball player is mentally tough.

めんだん 面談 an interview [インタヴュー]
▶ 三者面談
a parent-teacher-student interview

めんどう 面倒

1 (わずらわしいこと) trouble [トゥラブル]
めんどうな troublesome [トゥラブルサム], bothersome [バザサム]
▶ めんどうくさいなあ.
I can't be bothered. (▶ can't be bothered (to …) で「めんどうで (…) する気にならない」の意味)
▶ めんどうな仕事だった.
It was a troublesome [bothersome] task.
▶ パソコンのセットアップって, めんどうだなあ. Setting up a computer is troublesome.
めんどうをかける trouble；(迷惑をかける) cause … trouble

🗨️ スピーキング
Ⓐ ごめんどうをおかけしてすみません.
I'm sorry to trouble you.
Ⓑ ちっともかまいませんよ.
No trouble at all.

▶ めんどうをかけないでくれよ.
Stop causing trouble.

2 (世話) care [ケア]
めんどうをみる take care of, look after；(介護する) care for
▶ 犬のめんどうをみるのはぼくの仕事だ.
It's my job to take care of the dog.
▶ だれがその子のめんどうをみるの？
Who looks after the boy [girl]?

めんどり めん鳥 (ニワトリの) a hen [ヘン]

メンバー a member [メンバァ]
▶ サッカー部が新しいメンバーを募集してるよ.
The soccer team is looking for new members.
▶ スターティングメンバー
a starting lineup

めんみつ 綿密な (細心の) careful [ケアフル]；(詳細な) detailed [ディテイルド]

778 seven hundred and seventy-eight

◀ **もう**

もモもモもモ

━も

1 (肯定文で)(…もまた) **too** [トゥー] (▶ふつう文尾に置く)，**also** [オールソウ] (▶ふつう助動詞，be動詞のあとか，一般動詞の前に置く)

▶ ぼくはスキーもできるよ.
I can ski, *too*. / I can ski *as well*.

▶ 「おなか，ぺこぺこだよ」「ぼくも」
"I'm starving." "I am *too*. / Me, *too*. / *So* am I."

▶ 「私，アイスクリーム大好き」「私も」
"I love ice cream." "Me, *too*. / I do *too*. / *So* do I."

> 💬表現力
> ～だけでなく…も
> → not only ～ but also ... /
> ... as well as ～

▶ 運動することは体によいだけでなく精神的にもよい.
Exercise is good *not only* for your body *but also* for your mind. / Exercise is good for your mind *as well as* your body.

2 (否定文で)(～もまた…ない) **not ... either** [イーザァ ∥ アイザァ]

▶ ぼくも知らないよ.
I *don't* know, *either*. (▶I don't know, ˣ*too*. とはいわない. 否定文のときは either を使う)

▶ 「とても信じられないよ」「私もよ」
"I just can't believe it." "I *can't, either*. / Me, *neither*. / *Neither* can I."

3 (～も…も) ～ **and** [アンド] ...，**both** [ボウス] ～ **and** ... ；(～も…も一ない) **neither** [ニーザァ ∥ ナイザァ] ～ **nor** [ノー(ァ)] ...

▶ 私は美術も音楽もとっている.
I take (*both*) art *and* music. (▶ both をつけると「2つとも」という意味が強調される)

▶ 第一に，ぼくには時間もないしお金もないよ.

First of all, I have *neither* time *nor* money.

4 (数量を強調して) **as ... as**

▶ 30分も (の長い時間) バスを待ったよ.
I waited *as* long *as* thirty minutes for the bus.

▶ 今日，2000円も使っちゃったよ.
I spent *as* much *as* 2,000 yen today.

5 (…さえ) **even** [イーヴン] →さえ

▶ サルも木から落ちる.《ことわざ》
Even monkeys sometimes fall from trees. (▶日本語からの直訳で英語ではことわざではない) / *Even* Homer sometimes nod. (▶「大詩人ホメロスもときにはしくじる」という意味の英語のことわざ)

も 藻 seaweed [スィーウィード]

もう

> 使い分け
> (すでに) (肯定文で) → already
> 　　　　 (疑問文で) → yet
> (さらに) → another

1 (すでに) (肯定文で) **already** [オールレディ] ；(疑問文で) **yet** [イェット]

> 💬表現力
> もう…してしまった
> → have already +過去分詞

▶ 父はもう出かけました.
My father *has already gone*.

> 💬表現力
> もう…してしまいましたか
> → Have +主語+過去分詞+ yet?

▶ 「もう宿題は終わった？」「まだ」
"*Have* you *finished* your homework *yet*?" "No, not yet."

▶ もうお昼を食べてしまったの？
Have you *had* lunch *already*? (▶疑問文ではふつう yet を使うが，「おどろき・意外」の気持ちを表すときは already を使う)

あ
か
さ
た
な
は
も
や
ら
わ

seven hundred and seventy-nine　779

もういちど ▶

2 (いますぐ) **now** [ナウ]；(いまごろは) **by now**；(もうすぐ) **soon** [スーン] →すぐ
▶ もう行かないと. I have to go *now*.
▶ 良太はもう起きてるだろう.
Ryota should be awake *by now*.
▶ お母さんはもう帰ってくるよ.
Your mom will be back *soon*.
▶ もうこんな時間！ Look at the time!

3 (さらに) **another** [アナザァ], **more** [モー(ァ)]
▶ もう1ぱいどう？
Do you want *another* cup?
▶ もう10分待ってもらえる？
Could you wait *another* ten minutes?
▶ わかった，もう少し考えてみるよ.
OK, I'll think about it some *more*.

┌─ 💬表現力 ──────────┐
もうこれ以上…ない
  → not ... any more
└────────────────┘

▶ もうがまんできないよ.
I *can't* stand it *any more*.

もういちど もう一度 **once again** [アゲン], **again** →いちど

もうがっこう 盲学校 **a school for the blind** [ブラインド], **a school for visually impaired** [ヴィジュアリィ インペァド] **children**

もうかる **make money** [マ二ィ], **pay** [ペイ], **be profitable** [プラフィタブル]
▶ この仕事はあまりもうからない.
This business doesn't *make* much *money*. / This business doesn't *pay* well.

もうけ (a) **profit** [プラフィト]
もうける **make money**
もうしあげる 申し上げる (言う) **say** [セイ]；(伝える) **tell** [テル]
もうしこみ 申し込み **an application** [アプリケイション]
申しこみ書 **an application form**

もうしこむ 申し込む

(応募する・出願する) **apply** [アプライ] (for, to)；(入会・旅行などを) **sign** [サイン] **up** (for), **join** [ヂョイン]；(結婚を) **ask ~ to marry ...**, **propose** [プロポウズ] (to) (▶ 後者は改まった言い方)
▶ 北高校に入学を申しこむことにしている.
I'm planning to *apply to* Kita High

School.
▶ 彼はスポーツクラブに申しこもうかと考えている. He is thinking about *signing up for* [*joining*] a gym.
▶ 兄は有紀さんに結婚を申しこんだ.
My brother *asked* Yuki *to marry* him.

もうしでる 申し出る **offer** [オ(ー)ファ]
もうしぶん 申し分のない **perfect** [パ〜フェクト], **ideal** [アイディ(ー)アル]
もうじゅう 猛獣 **a fierce** [フィアス] **animal**, **a beast** [ビースト]
もうしわけ 申し訳
▶ 申しわけありません.
I'm sorry. / (おわびのしようもありません)
I don't know how to *apologize*.
▶ お話 [お仕事] のとちゅうで申しわけありません. *I'm sorry* to interrupt you.

もうすぐ
▶ もうすぐお正月だ.
The New Year is *just around the corner*. / The New Year *is coming soon*.

もうすこし もう少し →すこし
▶ もう少し待ってみないか.
Why don't we wait *a little more*?

┌─ 💬表現力 ──────────┐
もう少しで…するところだ
  → almost ... / nearly ...
└────────────────┘

▶ もう少しで課題を出し忘れるところだった.
I *almost* [*nearly*] forgot to hand in my assignment.
▶ ちょっと待って，もう少しで終わるから.
Hold on, I'm *almost* finished.

もうちょう 盲腸 **an appendix** [アペンディクス]
盲腸炎 **appendicitis** [アペンディサイティス]
もうどうけん 盲導犬 **a guide** [ガイド] **dog**；**a Seeing Eye dog**
もうふ 毛布 **a blanket** [ブランケト]
▶ 電気毛布 **an electric** *blanket*
もうもく 盲目の **blind** [ブラインド], (目の不自由な) **visually impaired** [インペァド]
もうれつ 猛烈な **violent** [ヴァイオレント], **terrible** [テリブル]
猛烈に **violently**
もうれんしゅう 猛練習する **train** [トゥレイン] **hard**

780 seven hundred and eighty

◀ モザイク

もえる 燃える

burn [バ〜ン]
- 何かが燃えているようなにおいがしない？
  Do you smell something *burning*?
- あそこの家が燃えています．
  The house over there *is on fire*.
- 私は部活に燃えていた．
  I *put all my energy into* club activities.

モー moo [ム−] (▶牛の鳴き声)

モーグル mogul [モゥグル] skiing

モーター a motor [モゥタァ]；(エンジン) an engine [エンヂン]
　モーターボート a motorboat

モーニング (朝)morning[モ−ニング]；(礼服) (a) morning dress
　モーニングコール a wake-up call
　モーニングサービス a breakfast special (▶英語の morning service は「(教会の)朝の礼拝^{れい}」のこと)

もがく struggle [ストゥラグル]
- シカがにげようともがいていた．
  The deer *was struggling* to escape.

もぎしけん 模擬試験 a mock exam [マック イグザム], a trial [トゥライアル] exam

もぎてん 模擬店 (軽食の売店) a snack [スナック] stand

もくげき 目撃する witness [ウィトゥネス]
　目撃者 a witness

もくざい 木材 wood [ウッド]；(製材したもの)《米》lumber [ランバァ], 《英》timber [ティンバァ]

もくじ 目次 a table of contents [カンテンツ], contents

もくせい¹ 木星 Jupiter [ヂューピタァ] →わくせい (表)

もくせい² 木製の wooden [ウドゥン]
- 木製の机 a *wooden* desk

もくぞう 木造の wooden [ウドゥン], built of wood, made of wood
- 日本の家の多くは木造です．
  Most Japanese houses *are made of wood*.

もくたん 木炭 charcoal [チャーコゥル]

もくてき 目的

　a **purpose**[パ〜パス], an aim[エイム]；(目標) a **goal** [ゴゥル]

🎤 スピーキング

Ⓐ (入国審査で) 旅行の目的は？
　What's the purpose of your visit?
Ⓑ 観光です．
　Sightseeing.

- ようやく目的を達成した．
  I finally achieved my *goal* [*aim*].

💬 表現力

　…する目的で
　→ **in order to** ＋動詞の原形 /
　　for the purpose of -ing

- スミスさんは歌舞伎^{かぶき}を研究する目的で日本に来た．Mr. Smith came to Japan (*in order*) *to* study kabuki. / Mr. Smith came to Japan *for the purpose of studying* kabuki.

目的地 a destination [デスティネイション]

もくとう 黙祷 (a) silent prayer [サイレント プレア]

もくどく 黙読する read silently

もくひょう 目標 a goal [ゴゥル]；(目的) an aim [エイム]
- ぼくの目標は100メートルで12秒を切ることだ．My *goal* [*aim*] is to run 100 meters in under 12 seconds.

もぐもぐ (食べる) munch [マンチ]；(言う) mumble [マンブル]

もくようび 木曜日 →ようび(表)

Thursday [サ〜ズディ] (▶語頭は必ず大文字；Thu. または Thur., Thurs. と略す)
- 木曜日に on *Thursday*
- この次の木曜日 next *Thursday*
- 木曜日の朝に on *Thursday* morning

モグラ 《動物》a mole [モゥル]

もぐる 潜る dive [ダイヴ]
- 水中にもぐる *dive* into the water
- ベッドにもぐりこむ
  get into bed / *slip* into bed
- 2分間もぐっていられるよ．I can *stay underwater* for two minutes.

モクレン 《植物》a magnolia [マグノゥリャ]

もくろく 目録 (一覧表) a list [リスト]；(カタログ) a catalog(ue) [キャタロ(−)グ]

もけい 模型 a model [マドゥル]

モザイク mosaic [モゥゼイイク]

seven hundred and eighty-one　781

もし ▶

もし
if [イフ]

🗨表現力
もし…ならば → if …

▶ もしあした晴れたら，プールに泳ぎに行こうよ.
If the weather is good tomorrow, let's go swimming in the pool. (▶ありうることについて「もし…ならば」というときは，未来のことを表す場合でも if 以下の動詞は現在形を使う)

▶ もしよかったら遊びにきてください.
Please come visit us *if* you like.

▶ もし時間があったらうちに寄って.
Please drop in *if* you have time.

▶ もし私があなただったら彼を手伝うけど.
If I were you, I would help him. (▶ありえないことなどを仮定するときは，if のあとの動詞は過去形を使う. be 動詞は were を使う)

もじ 文字
(アルファベットなどの)a **letter** [レタァ]；(漢字などの) a **character** [キャラクタァ]

▶ 大文字 a capital *letter*
▶ 小文字 a small *letter*
▶ 名前はすべて大文字で書いてください.
Write your name in capital *letters*.
文字化けする be garbled [ガーブルド]

▶ あなたのメールは文字化けしていました.
Your email *was garbled*.

もしかしたら，もしかして maybe [メイビィ], perhaps [パハァプス]；(ひょっとすると) possibly [パスィブリィ]

▶ もしかしたら，久美は病気かもね.
Maybe Kumi is sick. / Kumi *may* [*might*] be sick.

▶ あしたは雨か，もしかしたら雪みたいだよ.
It's going to rain tomorrow, or *possibly* snow.

もしも if [イフ], (just) in case [ケイス]

▶ もしものときのために私の電話番号をメモしておいてください.
Write down my phone number (*just*) *in case*.

もしもし

---

1 (電話で) **Hello.** [ヘロウ]

▶ もしもし，結衣ですが，彩乃さんいらっしゃいますか.
Hello, this is Yui. Is Ayano in? (▶ in は at home ともいう)

🗨スピーキング
Ⓐ もしもし，前田と申しますが，横田さんいらっしゃいますか.
Hello, this is Maeda. May I speak to Mr. Yokota?
Ⓑ はい，私ですが.
Speaking. / This is he.

2 (呼びかけ) **Excuse me.** [イクスキューズミィ], Say [セイ]

▶ もしもし，ハンカチが落ちましたよ.
Say, you dropped your handkerchief.

もじもじ (はずかしそうに) shyly [シャイリィ]

モスク (イスラム教寺院) a mosque [マスク]

モスクワ (地名) Moscow [マスカウ]

もぞう 模造 imitation [イミテイション]

もたもた もたもたする be slow [スロウ] →ぐずぐず

▶ もたもたするな. Don't *be* so *slow*.

もたれる lean [リーン] (against, on)

モダン モダンな modern [マダン]

もち *mochi*, a rice cake

▶ もちを焼く grill *rice cakes*
もちつき rice cake making

もちあげる 持ち上げる lift [リフト]

もちあるく 持ち歩く carry [キャリィ]

もちいる 用いる use [ユーズ] →つかう

もちかえる 持ち帰る (家へ) take … home；(レストランなどから飲食物を) (米) take out, (英) take away

🗨スピーキング
Ⓐ ここでめしあがりますか，それともお持ち帰りになさいますか.
For here or to go?
Ⓑ 持ち帰りにします.
To go, please.

もちこむ 持ち込む bring in

もちだす 持ち出す take out

もちぬし 持ち主 an owner [オウナァ]

もちはこぶ 持ち運ぶ carry [キャリィ] (around) →はこぶ

▶ このノートパソコンは持ち運ぶのに便利だ.

782 seven hundred and eighty-two

▸ もつ

This laptop is easy to *carry around*.
もちもの 持ち物 *my* things, *my* belongings [ビロ(ー)ンギングズ]
▸ 持ち物にはすべて名前を書きなさい．
Put your name on all *your things* [*belongings*].
もちゅう 喪中で in mourning [モーニング]

もちろん

Of course. [オフ コース], Sure. [シュア]; (提案されて) **Why not?** [(フ)ワイ ナット?] (▶ Of course. は多くの場合「そんなことあたりまえでしょう」という強い意味を表すため, 使い方には注意が必要)

▸ 「買い物, いっしょに行く？」「もちろん」
"Do you want to go shopping with me?" "*Sure*, I do."
▸ 「だれにも話さないでね」「もちろん」
"Please don't tell anyone." "*Of course not*." (▶「もちろん話しません」という意味なので not が必要)
▸ 「もうひとつもらっていい？」「もちろん」
"Can I have another one?" "*Sure*, go ahead."
▸ 「今晩, 外食しない？」「うん, もちろん(そうしよう)」
"What do you say we eat out tonight?" "*Sure, why not?*"

💬用法 さまざまな「もちろん」
「手伝って」「もちろん」"Will you help me?" "Of course. / Sure. / Certainly. / With pleasure." (▶あとの2つは, ていねいな言い方)

もつ 持つ

使い分け
(所持する, 所有する) → have, own
(手に持つ) → have, take
(長持ちする) → last, keep

1 (所持する) **have** [ハヴ]; (所有する) **own** [オウン] (▶どちらも進行形にしない)

💬表現力
…を持つ, …を持っている → have …

▸ 新しい携帯電話を持ってるよ．
I *have* a new cellphone. (▶ ×I'm having … としない)
▸ おじは信州に別荘を持っている．
My uncle *has* a summer home in Shinshu. (▶ has は own ともいう)

💬表現力
…を持っていない → do not have …

▸ 私はデジタルカメラを持ってない．
I *don't have* a digital camera.
▸ 紗枝は携帯電話を持ってないよ．
Sae *doesn't have* a cellphone.
▸ そのとき十分なお金を持っていなかった．
I *didn't have* enough money with me then.

💬表現力
…を持っていますか
→ **Do you have …?**

▸ その歌手のCDを何か持ってる？
Do you have any of the singer's CDs?

2 (手に持つ) **have**, **take** [テイク]; (しっかり) **hold** [ホウルド]; (運ぶ) **carry** [キャリィ]

have / hold　　　carry

▸ 手に何を持ってるの？
What do you *have* in your hand?
▸ かばん, 持ってあげるよ．
Let me *take* your bag. (▶ take は carry や hold ともいう)
▸ ロープをしっかり持って．
Hold the rope tightly.

💬表現力
～を持った… → … with ～

▸ あのボールを持っている女の子, だれ？
Who's that girl *with* the ball?

3 (長持ちする) **last** [ラスト]; (食べ物が) **keep** [キープ]

▸ この天気が週末までもつといいけどね．
I hope this weather will *last* until the weekend.
▸ このおかず, 冷蔵庫に入れておけば数日もつよ．

もっきん ▶

This dish *keeps* well in the fridge for several days.

もっきん 木琴〈楽器〉a xylophone [ザイロフォウン]
▶ もっきんをひく play the *xylophone*

もっこう 木工〈作業〉woodworking [ウドゥワ～キング]

もったいない
▶ もったいない！
What a *waste*!
▶ 時間がもったいない（→時間をむだにしたくない）．
I *don't want to waste* time.

> 💬用法「もったいない」の表し方
> 食べ物や時間などの「資源をむだにしている」という場合は **waste**，「惜しい，残念だ」という場合は **shame** を使う．
> 食べ物を残すなんてもったいない（→むだだ）．
> It's a *waste* to leave your food.
> 彼はまだ若い．上をめざさないなんてもったいない（→惜しい）よ．
> He's still young. It's a *shame* not to aim higher.

もっていく 持って行く

take [テイク]（反）持ってくる bring）

▶ かさを忘れずに持っていきなさい．
Don't forget to *take* your umbrella.

> 💬表現力
> （人）に（物）を持っていく
> → take ＋人＋物 /
>   take ＋物＋ to ＋人

▶ お父さんに新聞を持っていってあげて．
Please *take* Dad the paper. / Please *take* the paper *to* Dad.
▶ これ，先生に持っていってくれる？
Could you *take* this *to* the teacher?

(▶ ×take the teacher this とはいわない．物が代名詞のときは「take＋物（代名詞）＋ to ＋人」の順にする)

もってくる 持って来る

bring [ブリング]（反）持っていく take)，get [ゲット]；(行ってとってくる) go (and) get, (英) fetch [フェッチ]

▶ あしたはお弁当を持ってきてください．
Please *bring* your lunch tomorrow.

> 💬表現力
> （人）に（物）を持ってくる
> → bring [get] ＋人＋物 /
>   bring [get] ＋物＋ to [for] ＋人

▶ おばはケーキを持ってきてくれた．
My aunt *brought* us a cake. / My aunt *brought* a cake *to* [*for*] us.

> 🗣スピーキング
> Ⓐ シャンプー持ってきてくれる？
>   Would you *bring* [*get*] me the shampoo?
> Ⓑ はい，どうぞ．
>   Here you are.

▶ 朝刊を持ってきてくれない？
Could you *go* (*and*) *get* the morning paper?

もっと

more [モー(ア)]（▶そのほか形容詞・副詞の比較級で表すことが多い）

▶ もっと食べていい？
Can I have (some) *more*?
▶ もっと睡眠をとったほうがいいよ．
You need to get some *more* sleep.
▶ もっとお小づかいが多かったらなあ．
I wish I had a *bigger* allowance.
▶ もっと勉強しないとだめよ．
You have to study *harder*.
▶ もっと安いのはありませんか．
Do you have a *less* expensive one?

モットー a motto [マトウ]（複数）motto(e)s）
▶「けっしてあきらめない」これがぼくのモットーだ．
Never give up — that's my *motto*.

もっとも¹ 最も →いちばん

(▶ most [モウスト] やその他の形容詞・副

◀ もともと

詞の最上級で表す)

📘**文法** 形容詞・副詞の最上級と the
最上級は特定のものを限定する言い方なので直前に the を置く. ただし, 副詞の場合, (英)では省略されることが多い.

▶ この番組はいままで見た中でもっともおもしろい.
This is *the most* interesting program I've ever seen.

▶ うちの子どもの中では, 真奈美ﾏﾅﾐがもっともよく勉強する.
Of all our children, Manami studies (the) *hardest*.

✏️**ライティング**
信濃しなのの川は日本でもっとも長い川です.
The Shinano is the longest river in Japan.

もっとも²
▶ きみがおこるのももっともだよ.
You *have a right to* get angry. (▶ have a right to ... で「…してあたりまえだ」の意味) / You *may well* get angry.

モップ a mop [マップ]
モップでふく mop

もつれる get [become] tangled [タングルド]
▶ 糸がもつれた.
The thread *got tangled*.

もてなし hospitality [ハスピタリティ]; (歓迎) a welcome [ウェルカム]
▶ 私はアメリカで温かいもてなしを受けた.
I received a warm *welcome* in America.

もてなす (歓迎する) welcome [ウェルカム], receive [リスィーヴ]; (接待する) entertain [エンタテイン]
▶ 客をもてなす *entertain* a guest

もてる (人気がある) be popular [パピュラァ]《with》
▶ 真帆まほは男の子にもてる.
Maho *is* very *popular with* boys.

モデル a model [マドゥル]

もと 元
1 (原因) a cause [コーズ]
▶ けんかのもとは何なの？

What's the *cause* of the fight? / (何でけんかが始まったの)What started the fight?

2 (以前) once [ワンス], before [ビフォー(ァ)] もとの (単語の前につけて) ex-; (過去の) former [フォーマァ]; (この前の) previous [プリーヴィアス]

▶ 葵あおいはもと生徒会長だ.
(歴代の会長の１人) Aoi is a *former* student council president. / (今の会長の前任者) Aoi is the *previous* student council president.

▶ 三上さんは姉のもとカレだ.
Mr. Mikami is my sister's *ex-boyfriend*.

▶ もとの場所にもどしてね.
Put it back where it was *before*. (▶ where it was before で「それがもとにあった場所に」の意味)

💬**表現力**
もとは…だった
→ used to ... →むかし

▶ ここはもとは大きな池だった.
There *used to* be a big pond here.

モトクロス motocross [モゥトゥクロ(ー)ス]

もどす 戻す put ... back《in, into》→かえす
▶ 辞書はかならずもとの場所にもどしてね.
Be sure to *put* the dictionary *back*.

もとづく 基づく be based [ベイスト]
▶ この映画は事実に基づいています.
This movie *is based* on a true story.

もとめる 求める **1** (頼むたのむ) ask for, request [リクウェスト]
▶ 私は彼らに事情を話して助けを求めた.
I told them what was going on and *asked for* help.

2 (さがす) look for →さがす
▶ コーラス部は新入部員を求めている.
The choral club *is looking for* new members.

3 (問題を解く) find [ファインド]
▶ 円すいの体積を求めなさい.
Find the volume of the cone.

4 (買う) buy [バイ] →かう¹

もともと (最初から) from the beginning; (元来) originally [オリジナリィ]; (生まれつき) by nature

seven hundred and eighty-five **785**

もどる ▶

あ か さ た な は **も** や ら わ

もどる 戻る →かえる¹

go [come] back [バック] (to), **return** [リターン]

▶ すぐもどるから.
I'll *be [come] back* right away.

▶ 教室にもどりなさい.
(教室の外で言うとき) *Go back to* the classroom. / (教室の中から外に向かって言うとき) *Come back to* the classroom.

モニター (装置・人) a monitor [マニタァ]

▶ パソコンモニター a computer *monitor*

もの¹ 物

1 (物体・物事) a **thing** [スィング]; (何か…もの) **something** [サムスィング]; (一度出てきた名詞を受けて) **one** [ワン]

▶ (自分の) 物をたいせつにね.
Take good care of your *things*.

▶ 何か食べるものある？
Can I have *something* to eat?

▶ このジャケットはちょっと大きすぎます. 別のものを見せてもらえますか.
This jacket is a bit too large. Can you show me another *one*? (▶この場合, one は jacket をさす)

2 (…の所有物) (▶以下の表のように, 代名詞のときは所有代名詞で, 固有名詞のときは 's(アポストロフィー・エス)をつけて表す)

1人称	mine	(私のもの)
	ours	(私たちのもの)
2人称	yours	(あなたのもの)
	yours	(あなたたちのもの)
3人称	his	(彼のもの)
	hers	(彼女のもの)
	Tom's	(トムのもの)
	theirs	(彼らのもの)

🔊 スピーキング

Ⓐ これはあなたのものですか.
Is this yours?

Ⓑ ええ, 私の (→私のもの) です.
Yes, it's mine.

▶「それ, だれのかさ？」「うちのお母さんのものよ」
"Whose umbrella is that?" "It's my

mother's."

もの² 者 (人) a person [パースン]; (だれか) someone [サムワン], anyone [エニワン]; (みんな) everyone [エヴリワン]

▶ 申しわけございませんが, ただいま担当の者は不在です.
I'm sorry, but the *person* in charge is not in right now.

▶ 何者かに自転車をぬすまれた.
Someone stole my bike.

ものおき 物置 (外の) a shed [シェッド]; (納戸) a closet [クラゼト]

ものおと 物音 a noise [ノイズ]

▶ 私は夜中に物音で目が覚めました.
A *noise* woke me up in the middle of the night.

ものおぼえ 物覚え (a) memory [メモリィ]

▶ 妹は物覚えがいい (→記憶力がいい).
My sister has a good *memory*. (▶「物覚えが悪い」なら good のかわりに bad を使う)

ものがたり 物語 a story [ストーリィ], a tale [テイル]; (寓話) a fable [フェイブル]

▶『イソップ物語』
Aesop's [イーサプス] *Fables*

▶『源氏物語』
The Tale of Genji

ものごと 物事 things [スィングズ]

▶ 物事をあまりまじめに考えすぎるな.
Don't take *things* too seriously.

ものさし 物差し a ruler [ルーラァ], a rule [ルール], a measure [メジャ]

▶ 私はその布をものさしで測った.
I measured the cloth with a *ruler*.

ものずき 物好きな curious [キュ(ア)リアス]

ものすごい terrific [テリフィク]; (悪い意味で) terrible [テリブル] →すごい

▶ このものすごいにおいは何だ？
What's this *terrible* smell?

▶ 遊園地はものすごい人だったよ.
There were *lots and lots of* people at the amusement park.

ものすごく terribly [テリブリィ] →ひじょうに

▶ 先週はものすごくいそがしかった.
I was *terribly* busy last week.

▶ この参考書, ものすごく高かったんだ.
This study aid was *so* expensive.

-(した)ものだ would [ウッド], used to

786 seven hundred and eighty-six

[ユーストゥ] … →むかし

💬表現力
…したものだ
→ would … / used to …

▶ 小さいころは母とよく歌を歌ったものでした.
When I was little, I *would* [*used to*] sing with my mother.

モノトーン (単調) monotone [マノトゥン]
モノトーンの (色が) colorless

ものともしない (なんとも思わない) think nothing [ナシング] (of)
▶ 彼女は早起きをものともしない.
She *thinks nothing of* getting up early.

ものにする →マスターする

ものほし 物干し
物干しざお a clothes-drying bar
物干しづな a clothesline

ものまね 物まね mimicry [ミミクリ]; (ものまねをする人) a mimic [ミミク] →まね
ものまねをする mimic

モノレール a monorail [マノレイル]

ものわすれ 物忘れ
▶ 最近物忘れがひどくてね.
I'm so *forgetful* these days.

もはや (もはや…でない) no longer [ロ(ー)ンガァ]; すでに, もう
▶ 宇宙旅行ももはや夢ではない.
Space travel is *no longer* a dream.

もはん 模範 a model [マドゥル], an example [イグザンプル] →てほん
▶ 美保は模範的な生徒だ.
Miho is a *model* student.

もふく 喪服 a mourning [モーニング] dress

もほう 模倣する imitate [イミテイト]

-もまた (肯定文で) too [トゥー], also [オールソウ]; (否定文で) either [イーザァ]
→-も

モミ¹ 樅 (植物) a fir [ファ〜] (tree)
モミ² 籾 (殻のついた米) paddy [パディ]; (もみ殻) chaff [チャフ]

モミジ (カエデ) a maple [メイプル]; (紅葉) autumn leaves

もむ massage [マサージ], give … a massage
▶ 肩をもんでくれる？

Could you *give* me *a* shoulder *massage*?

もめごと a trouble [トゥラブル]

もめる (ごたごたする) have trouble [トゥラブル]; (口論する) argue [アーギュー], fight [ファイト] (with, about)
▶ 以前に隣の家の人ともめたことがあった.
We *had* some *trouble* with our next-door neighbor before.
▶ 部活のことで両親ともめた.
My parents and I *argued* [*fought*] *about* my club activities.

もめん 木綿 cotton [カトゥン]
木綿糸 cotton thread [スレッド]

モモ 桃 (植物) a peach [ピーチ]
▶ モモの花がもうすぐ咲くよ.
The *peach* blossoms are blooming soon.
桃の節句 →ひなまつり

もも (太もも) a thigh [サイ]

ももいろ 桃色 pink [ピンク]

もや (a) mist [ミスト], (a) haze [ヘイズ]
もやがかかった misty
▶ けさはもやがかかっていた.
It was *misty* this morning.

もやし bean sprouts [ビーン スプラウツ]

もやす 燃やす burn [バ〜ン]
▶ 彼女は古い手紙を燃やした.
She *burned* her old letters.

もよう 模様 **1** (柄) a pattern [パタン]

plain　striped　plaid　checked

⑤polka-dot
 ⑥ flowered

①無地 ②しま ③格子じま ④市松
⑤水玉 ⑥花がら

▶ その花模様のワンピース, すごく似合うね.
You look really nice in that *flowered* dress.
▶ 父はしま模様のネクタイが好きだ.
My father likes *striped* ties.

2 (ようす・状態) a look [ルック]
▶ 空もようはどう？
How does the sky *look*? / What

もよおし ▶

does the sky *look like*?
模様がえする rearrange [リーアレインヂ]

もよおし 催し an event [イヴェント]
もよおす hold, give ; (行事などが行われる) take place

▶ 卒業式は3月15日にもよおされる.
The graduation ceremony *is held* [*takes place*] on March 15.

もより 最寄りの the nearest
▶ 最寄りの駅はどこですか.
Where is *the nearest* station?

もらう

get [ゲット], have [ハヴ], receive [リスィーヴ], be given

▶ クラスメートから昨日メールをもらった.
I *got* an email from my classmate yesterday.
▶ 誕生日に何をもらったの？
What did you *get* for your birthday?
▶ 明はユミからキーホルダーをもらった.
Akira *was given* a key ring by Yumi.
▶ これ，もらえますか.
Can I *have* this one?

> 表現力
> (人)に…してもらう
> → have ＋人＋動詞の原形 /
>   get ＋人＋ to ＋動詞の原形

▶ 父に数学の宿題をチェックしてもらった.
I *got* my father *to* check my math homework.

> 表現力
> (物)を…してもらう
> → have ＋物＋過去分詞 /
>   get ＋物＋過去分詞

▶ 真由美は髪をカットしてもらった.
Mayumi *had* [*got*] her hair *cut*.
▶ パソコンを修理してもらわないと.
I need to *have* my computer *repaired*.

> 表現力
> (人)に…してもらいたい
> → want ＋人＋ to …

▶ きみにはこんなことは二度としてもらいたくない.
I never *want* you *to* do anything like this again.

> 表現力
> …してもらえますか.
> → Can you …? /
>   (ていねい) Could you …? /
>   Would you …?

▶ (お店で) 右から2番目を見せてもらえますか.
Can you show me the second one from the right?
▶ あしたの朝は9時までに来てもらえますか.
Could [*Would*] *you* be here by nine tomorrow morning?

-(して)もらえませんか →くれる¹
もらす 漏らす (秘密などを) let out, leak [リーク]
▶ 秘密をもらしちゃだめだよ，いい？
Don't *let* the secret *out*, OK?

モラル morals [モ(ー)ラルズ], morality [モラリティ]
もり 森 (小さな) woods [ウッヅ] ; (人手の入らない深い) a forest [フォ(ー)レスト]

▶ 森の中に小さな神社があった.
There was a small shrine in the *woods*.

もりあがる 盛り上がる (隆起する) rise [ライズ] ; (高まる) arise [アライズ] ; (議論が熱をおびる) heat up
▶ この運動は大学生の間で盛り上がった.
This movement *arose* among college students.
▶ 彼女のアドバイスのあとで討論は盛り上がり始めた.
The debate began to *heat up* after her advice.

もる 漏る leak [リーク] →もれる
モルモット (動物) a guinea pig [ギニーピグ] (▶ marmot [マーモト] は一般にいう「モ

◀ もんぶかがく

ルモット」とは別の動物)

もれる 漏れる leak [リーク]；(液体がポタポタと) drip [ドゥリップ]
▶ ガスがもれている.
The gas *is leaking*.
▶ 天井（てんじょう）から雨がもれてるぞ!
The roof *is leaking*!
▶ 台所の蛇口（じゃぐち）から水がもれてるよ.
The faucet in the kitchen *is dripping*.

もろい (こわれやすい) be easily broken, be fragile [フラヂル, フラヂャイル]
▶ 近ごろ子どもの骨がもろくなった.
Children's bones *are easily broken* these days.
▶ 母はなみだもろい.
My mother is *easily* moved to tears. / My mother cries *easily*.

もん 門 a gate [ゲイト]
▶ 正門
a main *gate*
▶ 通用門
a side *gate*
▶ 校門
a school *gate*
▶ そしたら5時に校門の前でね.
Then I'll meet you at five at the school *gate*.

もんく 文句 **1** (不平) a complaint [コンプレイント]
文句を言う complain (about)
▶ ぼくに文句があるなら，直接言ってくれよ.
If you have any *complaints* about me, tell me to my face.
▶ いまさら文句を言ってもはじまらないよ.
It's too late to *complain* now.
2 (語句) words [ワ～ヅ]
▶ その歌の文句，覚えてる?
Do you remember the *words* of the song?

もんげん 門限 curfew [カ～フュー]
モンゴル (地名) Mongolia [マンゴウリア]

もんだい 問題

1 (テストの) (文系の) a question [クウェスチョン]；(理系の) a problem [プラブレム]
▶ どの問題がいちばんむずかしかった?
Which *question* [*problem*] was the most difficult for you?

▶ この問題は絶対テストに出るよ.
This *question* will be on the test for sure.
問題を解く (文系の) answer a question；(理系の) solve a problem
問題集 a workbook, an exercise book, a drill book
問題用紙 《米》an exam sheet, a question sheet (▶「解答用紙」は an answer sheet という)
2 (議論すべき・解決すべき) a **question**, a **matter** [マタァ]；(むずかしい) a **problem**；(関心の高い) an issue [イシュー]
▶ それは時間の問題だ.
It's a *question* [*matter*] of time.

> 🗨 **プレゼン**
> いじめは深刻な問題です. たくさんの子どもたちが苦しんでいます.
> Bullying is a serious problem. Many children are suffering from it.

> 💬 **表現力**
> 問題は…だ
> → The problem is (that) ... .

▶ 問題は新入部員が少ないことだ.
The problem is (that) we have few new members. (▶ The ×question is (that) ... とはいわない)

> 💬 **表現力**
> 問題はだれが [どこで，いつ] …かだ.
> → The question is who [where, when など] ... .

▶ それをやるのにどれくらいかかるかが問題だ.
The question is how long it will take to get it done.

もんどう 問答 questions and answers
モントリオール (地名) Montreal [マントゥリオール] (▶カナダ南東部の都市)

もんぶかがく 文部科学省 the Ministry [ミニストゥリィ] of Education, Culture, Sports, Science and Technology (▶略称は MEXT)
文部科学大臣 the Minister [ミニスタァ] of Education, Culture, Sports, Science and Technology

seven hundred and eighty-nine **789**

や ヤ や ヤ や ヤ

や 矢 an arrow [アロウ] (▶「弓」は bow [ボ
ウ])
- ▶ 矢を射る shoot an *arrow*
- ▶ 光陰矢のごとし.《ことわざ》 Time flies.

-や →-と
1 (…と) **and** [アンド]
- ▶ 数学や理科をもっと勉強しないといけない.
  I need to study math *and* science
  harder.
2 (または) **or** [オ, オー(ァ)] →あるいは
- ▶ ほとんどの生徒は自転車やバスで通学します.
  Most students come to school by
  bike *or* by bus.

やあ Hi! [ハイ], Hello! [ヘロウ]
- ▶「やあ, どうしてる?」「相変わらずさ. そっ
  ちは?」
  "*Hi*, how are you doing?" "Same as
  usual. And you?"

ヤード a yard [ヤード] (▶ 1 ヤードは約0.9
メートル)

やえば 八重歯 a double tooth [ダブル
トゥース]

やおちょう 八百長 a fix [フィクス]

やおや 八百屋 (店) a vegetable store
[ヴェヂタブル ストー(ァ)], 《英》a green-
grocer's [グリーングロウサァズ]

やがい 野外の outdoor [アウトゥドー(ァ)],
open-air [オウプンエア]
野外学習 a field trip
野外活動 outdoor activities
野外コンサート an open-air concert
野外ステージ an open-air stage
野外ライブ an open-air concert

やかた 館 a mansion [マンション]

やがて 1 (まもなく) soon [スーン],
before long, by and by
- ▶ 桜の花がやがて咲く. The cherry
  blossoms will come out *soon*.
2 (ほぼ) nearly [ニアリィ], almost [オールモウスト]
- ▶ 東京に引っ越してからやがて10年になり
  ます.
  It is *almost* ten years since we
  moved to Tokyo.

やかましい →うるさい
1 (さわがしい) noisy [ノイズィ]
- ▶ やかましいから, テレビの音を小さくして.
  Turn the TV down. It's *noisy*.
- ▶ やかましいよ (→静かにして). Be quiet.
2 (厳しい) strict [ストゥリクト]; (好みなどが)
particular [パティキュラァ]
- ▶ 両親は私の着るものについてやかましい.
  My parents are *strict* about the
  clothes I wear.
- ▶ 彼は食べ物にすごくやかましい.
  He's really *particular* about food.

やかん¹ 夜間 night [ナイト], nighttime
やかん² a kettle [ケトゥル]
- ▶ やかんで湯をわかす
  boil water in a *kettle*

やき- 焼き… (オーブンで焼いた) baked
[ベイクト]; (フライパンでいためた) fried [フ
ライド]; (グリル (焼き網) で焼いた) grilled
[グリルド]
- ▶ 焼きいも a *baked* sweet potato
- ▶ 焼き魚 a *grilled* fish

ヤギ 《動物》a goat [ゴット]; (子ヤギ) a
kid [キッド]
やぎ座 the Goat, Capricorn [キャプリコー
ン] →せいざ (表)

やきいも 焼きいも a baked [roast]
sweet potato

やきそば 焼きそば *yakisoba*, chow
mein [チャウ メィン], fried Chinese noodles

やきたて 焼きたての (パンやパイが) hot
from the oven [アヴン]

やきつける 焼き付ける print [プリント]

やきとり 焼き鳥 *yakitori*, broiled
[grilled] chicken on a skewer [スキュー
ァ] (▶ skewer は「くし」のこと)

やきにく 焼き肉 broiled [grilled] meat

やきまし 焼き増し a copy [カピィ], a
print [プリント]

やきもち 焼きもち (しっと) jealousy [ヂェ
ラスィ]

790 seven hundred and ninety

やきもちやきの jealous [ヂェラス]
▶ やきもちをやくな. Don't be *jealous*.

やきゅう 野球

baseball [ベイスボール] (▶スポーツ名には冠詞はつかない)
▶ 野球をする play *baseball*
▶ 放課後, 野球の練習がある.
I'm having *baseball* practice after school.
▶ ゆうべ, テレビで野球の試合を見た.
I watched a *baseball* game on TV last night. (▶ watched のかわりに saw でもよい)
野球場 (米) a ballpark [ボールパーク], a baseball stadium [スティディアム]; (グラウンド) a baseball field
野球選手 a baseball player
▶ プロ野球選手になりたい.
I want to be a pro *baseball player*.
野球部 a baseball team [club]
▶ 私は野球部に入っています.
I am on the *baseball team*. (▶ (英)では on のかわりに in を使う)
野球ファン a baseball fan

やきん 夜勤 a night shift [シフト], (特に医師や警察官などの) night duty [デューティ]

やく¹ 焼く

1 (料理する)(焼き網などを使って直火で)《おもに米》**broil** [ブロイル], 《おもに英》 **grill** [グリル]; (肉などをオーブンで) roast [ロウスト]; (フライパンで) fry [フライ]; (パン・クッキーをオーブンで) **bake** [ベイク]; (トーストする) toast [トウスト] →りょうり(図)

bake

toast

roast

grill

▶ もちを焼く *grill* rice cakes

▶ 魚を焼く *broil* fish / *grill* fish
▶ パンを焼く
bake bread / (トーストする) *toast* bread
▶ (レストランで)「ステーキはどのように焼きましょうか」「よく焼いてください」
"How would you like your steak?"
"Well-*done*, please." (▶「中くらい」の焼きかげんは medium,「生焼けの」は rare)
2 (燃やす) **burn** [バ〜ン]
▶ 手紙を焼く *burn* a letter
3 (肌を) tan [タン], get a tan

やく² 役 →やくわり, やくめ
1 (役割) a role [ロウル]; (仕事) a **job** [ヂャブ]
▶ ふろそうじはぼくの役だ.
It's my *job* to clean the bathroom.
2 (芝居の) a **part** [パート], a role
▶ 私はドロシーの役をやりたい.
I want to play the *part* of Dorothy.
役に立つ useful [ユースフル] →やくにたつ

やく³ 訳 (a) translation [トゥランスレイション]
▶ この小説の訳はとてもいい.
The *translation* of this novel is excellent.
▶『ロミオとジュリエット』の日本語訳を読んだ.
I read the Japanese *translation* of *Romeo and Juliet*.

やく⁴ 約 about [アバウト] →〜くらい
▶ 約30分 *about* thirty minutes

やくざいし 薬剤師 a pharmacist [ファーマシスト]

やくしゃ 役者 an actor [アクタァ]; (女) an actress [アクトゥレス] (▶最近は女性でも actor をよく使う)
▶ 彼はいい役者だ. He's a good *actor*. (▶「ひどい役者」なら good のかわりに poor を使う)

やくしょ 役所 a public [パブリク] office, a government [ガヴァ(ン)メント] office
▶ 市役所 《米》a city hall / a city office
▶ 区役所 a ward office

やくす 訳す translate [トゥランスレイト]
▶ この文を日本語に訳しなさい.
Translate [*Put*] this sentence into Japanese.

やくそく 約束

a **promise** [プラミス]; (人に会う) an

やくだつ ▶

appointment [アポイントゥメント]
約束する promise；(人に会う) make an appointment

▶ 約束を破る break a *promise*

▶ 約束は守ってね.
Keep your *promise*. / Don't break your *promise*.

▶ 守れないような約束はするな. Don't make *promises* you can't keep.

▶「あしたまでに返すよ」「約束する？」
"I'll give it back by tomorrow." "*Promise*?"

▶ 今日は伊藤さんと会う約束がある.
I have an *appointment* with Mr. Ito today.

▶ あすは小学校時代の友だちと会う約束をしている. I've *arranged to* meet a friend from elementary school tomorrow.

> **━● 表現力**
> …すると (人) に約束をする
> → promise ＋人＋ to ...
> …ということを (人) に約束する
> → promise ＋人＋ (that) ...
> (▶「人」が省略されることもある)

▶ リサは来るって約束したよ.
Lisa *promised to* come. / Lisa *promised that* she would come.

▶ ぼくは母に二度とうそをつかないと約束した.
I *promised* my mother not *to* lie again. (▶「…しないと約束する」というときは not to ... の形を使う. never to ... ともいう)

▶ 両親はクリスマスに自転車を買ってくれるとぼくに約束してくれた.
My parents *promised* me (*that*) they would buy me a bike for Christmas.

やくだつ 役立つ useful [ユースフル]
やくだてる 役立てる make use of

やくにたつ 役に立つ

(有用である) **useful** [ユースフル]；(助けになる) helpful [ヘルプフル]

▶ 役に立つ本 a *useful* book

▶ ちょっとは役に立つことすれば？ Why don't you make yourself *useful*?

▶ 辞書を貸してくれてありがとう. とても役に立ったよ.

Thanks for lending me your dictionary. It was a great *help*.

▶ お役に立ててうれしいです.
I'm glad I could *help* you.

▶ 何かお役に立てることはありますか.
Is there anything I can *do for* you?

役に立たない useless [ユースレス]

やくにん 役人 a public [パブリク] official →こうむいん

やくば 役場 a public [パブリク] office

やくひん 薬品 (a) medicine [メデ(ィ)スン], a drug [ドゥラッグ]；(化学薬品) chemicals [ケミカルズ] →くすり

やくみ 薬味 condiments [カンディメンツ], (香辛料) spice [スパイス]

やくめ 役目 (務め) (a) duty [デューティ]；(役割) a role [ロウル]；(当番) *my* turn [タ～ン]；(やるべき仕事) a job [ヂャブ]

▶ 由紀はグループのリーダーとしての役目を果たした. Yuki carried out her *duties* as the leader of the group.

▶ 皿洗いはぼくの役目です.
It is my turn [job] to wash the dishes.

やくわり 役割 a role [ロウル], a part [パート] →やく²

役割を果たす play a role [part] (in)

> **◆ プレゼン**
> 車は人々の暮らしに重要な役割を果たしています.
> Cars play an important role in people's lives.

やけ desperation [デスペレイション]
やけになる get desperate [デスペレト]

▶ やけにならないで.
Don't *get desperate*.

やけど やけどする burn [バ～ン], get burned

▶「どうしたの？」「やけどしちゃった」
"What happened?" "I *burned* myself. / I *got burned*."

▶ ストーブで手にやけどした.
I *burned* my hand on the heater.

やける 焼ける (燃える) burn [バ～ン], be burned (down)；(日に焼ける) be [get] tanned；(料理で) be grilled

▶ ゆうべの火事で家が2軒焼けた.
Two houses (*were*) *burned down*

◀ **ヤシ**

in the fire last night.
- 魚が焼けたよ. The fish *is grilled*. / The fish *is ready*. (▶魚が複数なら is のかわりに are を使う)
- 佳樹はよく焼けてるよね. Yoshiki *is* very *tanned*, isn't he?

やこう 夜行列車 a night train [トゥレイン]

やさい 野菜

vegetables [ヴェヂタブルズ] (▶ふつう複数形で使う)
- 野菜は全部食べなさい. Eat all your *vegetables*.
- 果物や野菜はどれくらい (→何度くらい) 食べていますか. How often do you eat fruits and *vegetables*?
- 祖母は庭で野菜をつくっている. My grandmother grows *vegetables* in her garden.
- 生野菜 fresh *vegetables*
- 有機野菜 organic *vegetables*

おもな野菜

カブ	a turnip
カボチャ	a pumpkin
キャベツ	(a) cabbage
キュウリ	a cucumber
ゴボウ	a burdock
サツマイモ	a sweet potato
ジャガイモ	a potato
西洋ネギ	a leek
セロリ	celery
ダイコン	a Japanese radish
タケノコ	a bamboo shoot
タマネギ	an onion
トウモロコシ	(米) corn, (英) maize
トマト	a tomato
ナス	(米) an eggplant, (英) an aubergine
ニンジン	a carrot
ハクサイ	(a) Chinese cabbage
パセリ	parsley
ピーマン	a green pepper
ホウレンソウ	spinach
細ネギ	a green onion
モヤシ	bean sprouts
レタス	(a) lettuce
レンコン	a lotus root

やさしい¹ 易しい

easy [イーズィ] (反 むずかしい difficult); (単純な) **simple** [スィンプル]
- 小テストはすごくやさしかった. The quiz was really *easy*.
- この問題集はやさしすぎる. This workbook is too *easy*.

> **表現力**
> …するのはやさしい
> → be easy to ...
> …するのは ((人) にとって) やさしい
> → It is easy (for ＋人) + to ... .

- この本は読むのがやさしい (→読みやすい). This book *is easy to* read. / *It's easy to* read this book. / You can read this book *easily*.
- きみがその学校に入るのはやさしくない. *It's* not *easy for* you *to* get into that school.

やさしい² 優しい

(親切な) **nice** [ナイス], **kind** [カインド], **sweet** [スウィート]; (温和な) **gentle** [ヂェントゥル]; (思いやりのある) **considerate** [コンスィダリト]
優しく kindly, gently
優しさ kindness
- 両親に優しくしている? Are you *nice* to your parents?
- 動物にはいつも優しくしなさい. Always be *kind* to animals.
- きみのお姉さん, 優しそうな人だね. Your sister looks *gentle*, doesn't she?
- あなたはほんとに優しいね. That's very *sweet* of you. (▶ sweet は女性が好んで使う語)
- どうすれば人にもっと優しくなれるんだろう. I wonder how I can become more *considerate* of others.

ヤシ 《植物》 a (coconut) palm [パーム]
ヤシの実 a coconut [コウカナト]

やじ

やじ booing [ブーイング], jeering [ヂ(ア)リング]
やじを飛ばす boo [ブー], jeer [ヂア]

やじうま 野次馬 a curious onlooker [キュ(ア)リアス アンルカァ]

やしき 屋敷 (邸宅) a residence [レズィデンス]

やしなう 養う (家族を) support [サポート]; (養成する) train [トゥレイン]; (伸ばす) improve [インプルーヴ]
▶ 田中さんは家族6人を養っている.
Mr. Tanaka *supports* a family of six.
▶ きみはもっと忍耐力を養うべきだ.
You should *train* yourself to be more patient.
▶ どうすれば読解力を養う (→伸ばす) ことができるのでしょう.
How can I *improve* my reading skills?

やじゅう 野獣 a wild beast [ワイルド ビースト]

やしょく 夜食 a late-night [レイトゥナイト] snack

やじるし 矢印 an arrow [アロウ] (sign)

やしん 野心 (an) ambition [アンビション]
野心のある ambitious [アンビシャス]

やすい 安い

(もの・サービスなどが) **cheap** [チープ], inexpensive [イニクスペンスィヴ] (反 高い expensive) (▶この意味では cheap が一般的だが, この語には「安物の」という意味合いもある); (手ごろな) reasonable [リーズナブル]; (値段・給料などが) low [ロウ] (反 高い high)
▶ 兄は安い中古車を探している.
My brother is looking for an *inexpensive* used car.
▶ このくつ, 安いけど, 物が悪いよ.
These shoes are *cheap*, but the quality is poor.
▶ あのレストランはわりと安い.
That restaurant is fairly *reasonable*.
▶ 安い値段 a *low* price
安く cheap, at a low price
▶ もうちょっと安くなりませんか.
Can I get *a better price*? / Can I get *a little discount*?
▶ このジャケット, バーゲンで安く買った.
I got this jacket *on sale*.

-(し)やすい …(し)易い →やさしい¹

表現力
…しやすい → be easy to ...

▶ この辞書はわかりやすい. This dictionary *is easy to* understand.
▶ 私はかぜをひきやすい.
I *often* catch cold. / I catch cold *easily*.

やすうり 安売り a sale [セイル]

やすみ 休み →きゅうじつ, きゅうか

使い分け
(休息) → (a) rest
(休けい) → a break
(祝祭日) → a holiday
(休暇) → (米) a vacation,
　　　　 (英) holidays
(欠席) → (an) absence

1 (休息) (a) rest [レスト]; (休けい) a break [ブレイク]; (休けい時間) (米) a recess [リーセス], (英) a break
▶ (仕事などの合間に) 10分ほど休みをとろう.
Let's take a ten-minute *break*.
▶ お昼休みはどれくらいあるの？
How long is your lunch *break*?
▶ じゃあ休み時間に話すよ.
Then I'll talk to you at *recess*.
▶ しばらく休みをとったほうがいいよ.
You should take [have] some *rest*.

2 (祝祭日) a **holiday** [ハリデイ]; (休暇) (米) a **vacation** [ヴェイケイション], (英) holidays; (個人の休日) a day off (▶複数形は days off)
▶ 来週の月曜は休みだ (→祝日だ).
Next Monday is a *holiday*.
▶ 休みはいつからとるつもり？
When are you going to take a *vacation*?

▶ 夏休みが待ち遠しいよ.
I can't wait for (the) summer *vacation*.
▶ 父は休みの日でも家にほとんどいない.
My father is almost never home even on his *days off*.
3 (欠席) (an) **absence** [アブセンス] →やすむ
▶ お休みの人は？
Is anyone *absent*?

やすむ 休む

使い分け
(休けいする)→ rest, take a rest
(欠席する)→ be absent
(寝る)→ go to bed

rest

be absent

1 (休けいする) **rest** [レスト], **take** [**have**] **a rest**; **take** [**have**] **a break** [ブレイク]
▶ 最近はいそがしくて休むひまもないよ.
I'm too busy to *rest* these days.

スピーキング
Ⓐ もう２時間も歩いてるよ. ちょっと休もう.
We've been walking for two hours. Let's take a break [rest].
Ⓑ だめだよ. 休む時間なんてないよ.
No, let's not. We don't have time to rest.

2 (欠席する) **be absent** [アブセント] (**from**)
▶ きのう学校を休んだ. I *was absent from* school yesterday. / I *stayed away from* school yesterday. / I *didn't go to* school yesterday.
▶ きのう学校を休んでいたけど，どうしたの？
How come you *didn't come to* school yesterday?

3 (寝る) **go to bed**; (眠る) **sleep** [スリープ]
▶ つかれているみたいだね. 早く休んだら？
You look tired. You'd better *go to bed* early.
▶ おやすみなさい.
Good night. / (またあしたね) Good night. See you tomorrow. / (いい夢見てね) Sweet dreams.

やすもの 安物 a cheap thing
やすらか 安らかな peaceful [ピースフル]
安らかに peacefully
▶ 心安らかに暮らせたらそれだけでいい.
I just want to live *peacefully*.
▶ 安らかに眠ってください.
Rest *in peace*. (▶死者へのことば. RIP と略される)

RIP と書かれた墓石.

やすらぐ 安らぐ (安らかな気分になる) feel at peace [ピース]
やすり a file [ファイル]
やすりをかける file
▶ 紙やすり sandpaper [サン(ドゥ)ペイパァ]
やせい¹ 野生の wild [ワイルド]
▶ 野生動物 a *wild* animal
▶ 野生生物 (総称) *wild*life
やせい² 野性的な wild [ワイルド]

やせる

get thin [スィン], become thin (反) 太る get [become] fat; (体重が減る) lose weight [ウェイト] (反) 太る gain weight
やせた thin; (引きしまった) slim [スリム]; (ほっそりした) slender [スレンダァ]; (がりがりの) skinny [スキニィ]
▶ やせようとがんばっているんだ.
I'm trying to *lose weight*.
▶ あと３キロやせたい.
I want to *lose* three more kilos. (▶ ×*more three kilos* とはいわない)
▶ 藤田先生は背が高くてやせている.
Mr. Fujita is tall and *thin*.

やだ
▶ やだねったらやだね.

やたい ▶

The answer is "*No*." / When I say "*No*," it means *no*.

▶ あ，やだっ！また体重が増えた．
Oh, *no*! I gained weight again.

やたい 屋台 a stand [スタンド]

やたら (極端に) too, extremely [イクストゥリームリィ]

▶ きのうのテストはやたらむずかしかった．
Yesterday's test was *extremely* difficult.

やちょう 野鳥 a wild [ワイルド] bird

やちん 家賃 (house) rent [レント]

やつ a guy [ガイ]

▶ ケンはいいやつだ．Ken is a nice *guy*.

▶ おまえはほんとおもしろいやつだ．
You're a real funny *guy*.

やつあたり 八つ当たり

▶ 八つ当たりしないで．
Don't take it out on me.

やっかい trouble [トゥラブル] →めんどう

やっかいをかける cause ... trouble

やっかいな tricky [トゥリキィ]

▶ それはやっかいな問題だ．
That's a *tricky* problem.

やっきょく 薬局 a pharmacy [ファーマスィ]；(米) a drugstore [ドゥラグストー(ァ)]，(英) a chemist's [ケミスツ]

やった Yippee![イピィ], Hooray![フレイ]（▶ 喜び，熱狂などの叫び声）

▶ (何かがうまくいって) やった！
Hooray! / Bingo! / I made it!

▶ (相手をほめて) よくやったな．
Way to go! / You made it!

やっつ 八つ eight [エイト] →はち¹

やっつける beat [ビート]

▶ (彼を) やっつけちゃえ！
Beat him! / Get him!

やっていく (人とうまく) get along (well) with

▶ 健はクラスメートとうまくやっていくのがとてもうまい．
Ken can really *get along* (well) with his classmates.

やってくる やって来る come (along)；(近寄って来る) come up (to)；(年・月などがめぐってくる) come around

▶ その男性は私のところにやってきた．
The man *came up to* me.

▶ クリスマスがすぐそこまでやってきた．

Christmas *is coming around* soon. / Christmas *is* just *around the corner*.

やってみる try [トゥライ] →こころみ, ためす

▶ 「このびんが開かないんだけど」「ぼくがやってみようか」
"I can't open this bottle." "Can I *try*? / Can I *have a try*?"

▶ 一度やってみるといいよ．
I think you should *give it a try*.

▶ できるかどうかやってみたら？
Try to see if you can do it.

やっと

1 (ついに) at last [ラスト], finally [ファイナリィ]

▶ やっと中間テストが終わった．
The midterm exams were over *at last*. / The midterm exams were *finally* over.

2 (かろうじて) barely [ベアリィ], just [ヂャスト]

▶ 彼は歩くだけでやっとだった．
He could *barely* walk.

▶ やっと終電に間に合った．
I was *just* in time for the last train.

やっぱり →やはり **1** (なおも) still [スティル]

▶ やっぱりそのコンサートには行きたいな．
I *still* want to go to the concert.

2 (結局) after all [アフタァ オール]

▶ やっぱりわが家がいちばんだ．
Home is the best place *after all*.

▶ やっぱり思ったとおりだ．
That's *exactly* what I thought.

ヤッホー Yoo-hoo! [ユーフー], Yo-ho! [ヨウホウ]

やど 宿 an inn [イン] →りょかん, ホテル

やといぬし 雇い主 an employer [エンプロイア]

やとう¹ 雇う employ [エンプロイ]

やとう² 野党 an opposition [アポズィション] party

ヤナギ 柳 《植物》a willow [ウィロウ] (tree)

やぬし 家主 the owner [オウナァ] of the house

やね 屋根 a roof [ルーフ] (複数) roofs)

▶ 赤い屋根の家 a house with a red *roof* / a red-*roofed* house

屋根裏部屋 an attic [アティク]

やばい

▶ やばい！Oh no! / That's a bit risky.

やはり →やっぱり

1 (思ったとおり) **just as I thought**
- それをやったのはやはり彼だった. He was the one who did it, *just as I thought*.

2 (…もまた) **too** [トゥー], **also** [オールソウ] → また¹, -も
- 私もやはりここに残ります. I'll remain here, *too*.

3 (なおも) **still** [スティル]
- ヒーターをつけたが,それでもやはり寒かった. We turned on the heater, but it was *still* cold.

4 (結局) **after all** [アフタァ オール]
- やはりぼくのほうが正しかった. I was right *after all*.

やばん 野蛮な **savage** [サヴェヂ], **barbarous** [バーバラス]
野蛮人 a savage, a barbarian

やぶ a thicket [スィケット]; (茂み) a bush [ブッシ]

やぶく 破く **tear** [テア], **break** [ブレイク]; (勢いよく) **rip** [リップ]
- ナンシーはプレゼントの包み紙をびりびりと破いた. Nancy *tore* the wrapping off the present. (▶英米人は贈り物の包み紙を勢いよく破ることで喜びを表現したりする)

やぶける 破ける **tear** [テア]; (勢いよく) **rip** [リップ] →やぶれる
- この紙ぶくろ,すぐに破けるよ. This paper bag *tears* easily.

やぶる 破る

使い分け
(引きさく) → tear
(こわす) → break
(約束などを) → break
(負かす) → beat

1 (引きさく) **tear** [テア]; (勢いよく) **rip** [リップ]; (こわす) **break** [ブレイク]
- 豪太はその手紙をびりびりに破いた. Gota *tore* [*ripped*] the letter into pieces.

2 (約束などを) **break**
- きみはしょっちゅう約束を破るね. You always *break* your promises.

3 (負かす) **beat** [ビート] →かつ
- 私たちは北中学を大差で破った. We *beat* Kita Junior High by a wide margin.

やぶれる 破れる, 敗れる

1 (引きさける) **tear** [テア]
- この紙はすぐ破れる. This paper *tears* easily.
- ズボンのひざが破れてるよ. The knee of your pants *is torn*. (▶「すり切れている」なら is worn out)

2 (負ける) (試合に) **lose** [ルーズ]; (相手に) be beaten →まける
- 残念ながら,われわれは決勝戦で敗れた. Unfortunately, we *lost* the final.
- ぼくたちは西中学に敗れた. We *were beaten* by Nishi Junior High.

やぼ やぼな (洗練されていない) **unrefined** [アンリファインド]

やぼう 野望 (an) **ambition** [アンビション]

やま 山

1 a **mountain** [マウンテン]; (小高い) a **hill** [ヒル]; (…山) **Mt.** ...
- 浅間山 *Mt.* Asama
- 高い山 a high *mountain*
- 低い山 a low *mountain*
- 山に登る
climb (up) a *mountain* / go up a *mountain* (▶ climb (up) は自分の手足を使って登るときだけ使う. go up は歩いて登るときにもロープウエーなどで登るときにも使える)
- 山をおりる
climb down a *mountain* / go down a *mountain* (▶ climb down は climb up と同様に手足を使っておりるときだけ使う)

climb　　　　　go down

- あの山の頂上まで登ろう. Let's go (up) to the top of that *mountain*.
- この山は高さがどれくらいあるの？

やまい ▶

How high is this *mountain*?
▶ 裏山にタヌキがいるんだよ.
Raccoon dogs live in the *hill* behind us.

2 (比ゆ的に)
▶ ごみの山 a *heap* of garbage
▶ ここがドラマの山だ.
This is the *climax* of the drama.
▶ (試験などの) 山がはずれたよ.
I *guessed* wrong. (▶「あたった」なら wrong の代わりに right を使う)
山火事 a forest fire
山くずれ a landslide [ラン(ドゥ)スライド]
山国 a mountain [mountainous] country
山小屋 a mountain hut [ハット]
山の日 Mountain Day
山登り mountain climbing
▶ 山登りに行く go *mountain climbing*
山道 a mountain trail [path]
やまい 病 illness [イルネス]
ヤマイモ 山芋 a yam [ヤム]
やましい やましいと感じる feel guilty [ギルティ]
やまびこ 山びこ an echo [エコウ] (《複数》 echoes)
やまわけ 山分け
▶ 半分ずつ山分けしよう.
Let's *split* it *fifty-fifty*. (▶ split は share, divide ともいう)
やみ darkness [ダークネス], the dark
▶ ネコはやみの中でも物が見える.
Cats can see even in *the dark* [*darkness*].

やむ stop [スタップ]

▶ 雨がやんだ.
The rain *has stopped*. / It *has stopped* raining. (▶×stop to rain とはしない)
▶ とつぜん音楽がやんだ.
The music *stopped* suddenly.
▶ 雨が降ったりやんだりしている.
It has been raining on and *off*.
やむをえない やむを得ない have to ..., cannot help -ing
▶ 旅行の中止はやむをえなかった.
We *had to* cancel our trip.

やめさせる (中止させる) stop [スタップ]
▶ 私は彼が外出するのをやめさせた.
I *stopped* him from going out.
▶ 大輝は野球部をやめさせられた.
Daiki *was kicked out of* the baseball team.

やめる

1 (中止する) stop [スタップ]; (悪い習慣などを)**give up**, 《おもに米口語》quit [クウィット]
▶ そんなばかなことはやめなさい.
Stop that nonsense.
▶ やめろよ. *Stop* it! / *Cut* it out!

┌─ 表現力 ───────────
…**するのをやめる**
→ stop -ing /
give up [quit] -ing
└────────────────────

▶ けんかはやめろよ. *Stop fighting*.
▶ みんなおしゃべりをやめてぼくを見た.
Everyone *stopped talking* and looked at me.
▶ 父は半年前にタバコをやめた.
My father *gave up smoking* six months ago.

┌─ 文法 stop -ing と stop to ... ─┐
「…することをやめる」は stop -ing で表す. stop to ... は「…するために立ち止まる [手を休める]」か「立ち止まって [手を休めて] …する」の意味となる. The girls *stopped to* talk. (女の子たちはおしゃべりするために立ち止まった. / 女の子たちは立ち止まっておしゃべりをした.)
└──────────────────────────┘

▶ 頼むからそれはやめてくれ.
Please *don't do* that.
2 (学校・会社などを) **leave** [リーヴ], 《口語》quit
▶ 私は何度もバレー部をやめようとした.
I often tried to *leave* [*quit*] the volleyball team.
やや (少し) a little, 《口語》a bit → すこし
ややこしい (複雑な) complicated [カンプリケイティド]
やり a spear [スピア]; (競技用の) a javelin [チャヴェ(ェ)リン]
やり投げ 《競技》the javelin (throw)

798 seven hundred and ninety-eight

◀ **やんわり**

やりがい やりがいのある challenging [チャレンヂング], worthwhile [ワ〜ス(フ)ワイル]
▶ やりがいのある仕事につきたい.
I'd like to get a *challenging* job.

やりかた やり方 how to ... , a way [ウェイ] ... →しかた
▶ そのやり方を教えて.
Tell me *how to* do it. / Tell me the *way* you do it.

やりすぎ やりすぎる go too far；carry ... too far
▶ これはちょっとやりすぎじゃない？
Aren't you *going too far*?

やりとげる やり遂げる carry out
▶ 私たちはその困難な仕事をやりとげた.
We *carried out* the difficult task.

やりとり やり取り (交換)an exchange[イクスチェインヂ]

やりなおす やり直す do ... over again
▶ もう一度やり直さなくてはいけませんか.
Do I have to *do* it *over again*?

やる

1 (行う) do [ドゥー]；(球技・ゲームなどを) play [プレイ] →する¹

do

play

▶ 言われたようにやったよ.
I *did* as I was told.
▶ きみはこのごろよくやってるね.
You're *doing* well these days.
▶ ありがとう. あとはぼくがやるよ.
Thanks. I'll *do* the rest. (▶この do は take care of ともいう)
▶ サッカーをやろう. Let's *play* soccer.

🗨️ スピーキング
Ⓐ パパ, 数学で満点とったよ.
Dad, I got a perfect score in math.
Ⓑ よくやったな.
Well done. / Good for you.
(▶ Well done. も Good for you. も目上の人にはふつう使わない)

2 (与える) give [ギヴ]
▶ これ, きみにやるよ.
I'll *give* you this. / (持っていていいよ) You *can keep* this.
▶ ネコにえさをやってね.
Will you *feed* the cat?

3 (役を演じる) play [プレイ]
▶ お姫様の役をやった.
I *played* the part of princess.

-(して)やる →あげる¹

やるき やる気
▶ 今日は勉強をやる気がしないなあ.
I don't *feel like studying* today.
▶ どうやったらやる気がわくの？
How can I *motivate* myself?

やれやれ Thank heaven(s)!, Well. [ウェル], Good grief! , Whew! [フュー]
▶ やれやれ, テストが終わった.
Whew! I'm glad the exams are over.

やわらかい 柔らかい, 軟らかい

soft [ソ(ー)フト] (反) かたい hard)；(肉などが) tender [テンダァ] (反) かたい tough)

soft

hard

▶ やわらかいベッド a *soft* bed
▶ このお肉, すごくやわらかい.
This meat is so *tender*.
▶ ジャガイモはやわらかくなるまでゆでます.
Boil potatoes until they are *soft*.

やわらぐ 和らぐ →やわらげる
▶ 寒さがやわらいできた.
It *is getting warmer*.
▶ この薬を飲んだら痛みがやわらいだ (→この薬は痛みをやわらげた).
This medicine *relieved* my pain. (▶ relieved は eased ともいう)

やわらげる 和らげる soften [ソ(ー)フン]；(痛みなどを) ease [イーズ]
▶ 美しい音楽は心をやわらげる.
Listening to good music *relaxes* the mind.

やんわり (おだやかに) mildly [マイルドリィ]

ゆ ユ ゆ ユ ゆ ユ

ゆ 湯 hot water [ウォータァ]（▶英語では区別する必要があるとき以外「水」も「お湯」も water という．区別する場合は「水」を cold water、「お湯」を hot water という）；（ふろ）a bath [バス]
- お湯をわかしてくれる？
  Can you boil some *water*?（▶ boil some ×hot water とはいわない）
- お湯がわいてるよ．
  The *water* is boiling.（▶ The ×hot water is boiling. とはいわない）
- お湯が出ないんです．
  There's no *hot water*.
- 湯（→ふろ）に入る take a *bath*

ゆいいつ 唯一の the only [オウンリィ] …
- 母の唯一の趣味はガーデニングだ．
  My mother's *only* hobby is gardening.

ゆいごん 遺言 a will [ウィル]；（口頭の）*my* last words

ゆう¹ 言う →いう

ゆう² 結う（髪を）do *my* hair

ゆういぎ 有意義な meaningful [ミーニングフル]
- たいへん有意義な1時間でした．
  It's been a very *meaningful* hour.

ゆううつ 憂うつな down [ダウン], blue [ブルー], gloomy [グルーミィ]
- ゆううつそうな顔をしてるけど、どうかしたの？
  You look *down*. What's wrong?
- もうすぐ試験だから何かゆううつだ．
  My exams are coming up soon, so I feel kind of *blue*.
- 月曜日はいつもゆううつだ．
  Mondays always get me *down*.
- 一日中ゆううつな天気だった．
  It was *gloomy* all day.

ゆうえき 有益な useful [ユースフル], helpful [ヘルプフル], instructive [インストゥラクティヴ]

ゆうえつかん 優越感 a superiority complex [スピ（エ）リオーリティ カンプレックス]（⇔劣等感 inferiority complex）

ゆうえんち 遊園地 an amusement [アミューズメント] park

ゆうが 優雅な elegant [エレガント]

ゆうかい 誘拐 (a) kidnap(p)ing [キドゥナピング]
ゆうかいする kidnap [キドゥナプ]
- きのうの近所の男の子がゆうかいされそうになった．
  A neighborhood boy *was* almost *kidnapped* yesterday.
ゆうかい犯 a kidnap(p)er [キドゥナパァ]

ゆうがい 有害な harmful [ハームフル]
- 喫煙は健康に有害です．
  Smoking is *harmful* to your health. / Smoking *damages* your health.
有害物質 harmful substances [サブスタンスィズ]

ゆうがた 夕方 →あさ¹, ばん¹, よる¹

late afternoon [アフタヌーン], (an) **evening** [イーヴニング]（▶ evening は厳密には日没から寝るまでの間）
- 荷物は夕方に届いた． The package was delivered in *the late afternoon*.（▶ in the late afternoon は late in the afternoon ともいう）
- きのうの夕方図書館に行った．
  I went to the library *late* yesterday *afternoon*.（▶ ×the late yesterday afternoon としない）
- 夕方までには帰るよ．
  I'll be home by *evening*.

ゆうかん¹ 勇敢な brave [ブレイヴ]
- 勇敢な行為
  a *brave* act
勇敢に bravely [ブレイヴリィ]

ゆうかん² 夕刊 an evening newspaper [paper]

ゆうき¹ 勇気

courage [カ〜レヂ],（口語）guts [ガッツ]
勇気のある courageous [カレイヂャス]；（勇敢な）brave [ブレイヴ]

800 eight hundred

◀ ゆうしょく

▶ 勇気を出して.
Have *courage*. / Be *brave*.

▶ 人を助けるときは（→人を助けるには）勇気がいるものだ.
It takes *courage* to help others.

💬表現力
…する勇気がある
→ have courage to ... /
have the guts to ...

▶ 先生に話す勇気がないんだ.
I don't *have courage to* tell the teacher.
勇気づける encourage [エンカ～レヂ]

✎ライティング
あなたのことばにとても**勇気づけられました**.
Your words encouraged me a lot.

ゆうき² 有機 organic [オーギャニク]
有機栽培 organic farming [ファーミング]
有機野菜 organic vegetables [ヴェヂタブルズ]
ゆうぎ 遊戯 play [プレイ]；（幼稚ょう園などの）play and dance
ゆうぐれ 夕暮れ dusk[ダスク], twilight[トゥワイライト]

夕暮れに at dusk, at twilight
ゆうげん 有限の limited [リミティド]

ゆうこう¹ 有効な

good [グッド], valid [ヴァリド]
▶ この切符ぷは 2 日間有効です.
This ticket is *good* [*valid*] for two days.
▶ 時間を有効に使いなさい.
Make *good* use of your time.
ゆうこう² 友好 (a) friendship [フレンドゥシプ]
友好的な friendly
ゆうごはん 夕ごはん →ゆうしょく
ユーザー a user [ユーザァ]
ゆうざい 有罪の guilty [ギルティ]（反 無罪の innocent）
ゆうしゅう 優秀な excellent [エクセレント]
▶ 優花ゅうは中学校で優秀な生徒だった.
Yuka was an *excellent* student in junior high.
▶ 最優秀選手 the most *valuable* player（▶ MVP と略す）

ゆうじゅうふだん 優柔不断な indecisive [インディサイスィヴ]
▶ 大祐ゅうは優柔不断なところがある.
Daisuke is rather *indecisive*.
ゆうしょう 優勝（勝利）a victory [ヴィクト(ゥ)リィ]；（選手権）a championship [チャンピオンシプ]

優勝する（選手権で）win [ウィン] the championship；（1位になる）win first prize [place]
▶ うちのクラスはことしの合唱コンクールで優勝した.
Our class *won* the chorus contest this year.
▶ クラス対抗バレーボール大会はどのクラスが優勝すると思う？
Which class do you think will *win the* interclass volleyball *championship*?（▶ interclass [インタクラス] は「クラス対抗の」の意味）
▶ うちのバスケットボール部は県大会に何度も優勝したことがある.
Our basketball team *has won* a lot of prefectural *championships*.
▶ 校内マラソン大会はぜひとも優勝したい.
I really want to *win first prize* in the school long-distance race.
優勝カップ a cup [カップ], a trophy [トゥロウフィ]
優勝旗 a championship flag [フラッグ], a pennant [ペナント]
優勝決定戦 the final [ファイヌル]
優勝者 a winner [ウィナァ], a champion
優勝チーム a winning [ウィニング] team

ゆうじょう 友情

friendship [フレンドゥシプ]
▶ 本当の友情って何だろう？
What is true *friendship*?
▶ 私たちの友情はしだいに深まった.
Our *friendship* gradually deepened.
▶ 友情はお金では買えない.
You can't buy *friendship*.

ゆうしょく 夕食

(a) **dinner**[ディナァ]（▶一般ぱん的な言い方. もともとは「一日でもっとも手の込んだ食事」の意味）, (a) **supper** [サパァ]
▶ 夕食をつくる

あ
か
さ
た
な
は
ま
ゆ
ら
わ

eight hundred and one　801

ゆうじん

make *dinner* /cook *dinner*
- 夕食をとる have *dinner*
- 夕食は何？ What's for *dinner*?
- 夕食は家族でいっしょにとるようにしている.
  I usually have *dinner* together with my family.
- 夕食後はふだん何をしてる？
  What do you usually do after *dinner*?
- 軽い夕食 a light *supper*（▶形容詞がつくときは a [an] をつけるのがふつう）

🔊スピーキング
Ⓐ 夕食ができたよ！
  Dinner is ready!
Ⓑ いま行くよ！
  I'm coming!

ゆうじん 友人 a friend [フレンド] →ともだち

ユースホステル a youth hostel [ユースハステル]

ゆうせい 優勢だ（有利な）have the advantage [アドゥヴァンテヂ], (リードする) lead
- いまのところ私たちのチームが優勢だ.
  So far, our team *is leading*.

ゆうせん¹ 優先 priority [プライオリティ]
- 学校の勉強が最優先だ.
  Schoolwork is my first *priority*.
- 消防車と救急車は他の乗り物よりも優先される.
  Fire engines and ambulances have *priority* over other vehicles.
優先順位 the order of priority
優先席 （電車・バスなどの）a priority seat

ゆうせん² 有線 →ケーブル
有線テレビ closed-circuit television, cable television [TV]（▶ CATV と略す）

有線放送 closed-circuit broadcasting
ゆうそう 郵送する send ... by mail [メイル], (米) mail, (英) post [ポウスト] →ゆうびん
- パンフレットを郵送してもらえますか.
  Could you *send* me your brochure [ブロウシュア]?
郵送先 a mailing address; (荷物の) a shipping address
郵送料 postage [ポウステヂ]
ユーターン a U-turn
ユーターンする make a U-turn
ゆうだい 雄大な magnificent [マグニフィスント], grand [グランド]
- 山頂からの雄大な景色を楽しんだ.
  We enjoyed the *magnificent* view from the top of the mountain.
ゆうだち 夕立 a shower [シャウア]
夕立が降る shower
- うちに帰る途中夕立にあった.
  On my way home I was caught in a *shower*.
ユーチューブ YouTube（▶商標. 動画共有サイト）
- ユーチューブに動画をアップする
  upload a video to *YouTube*
ユーチューバー YouTuber
- 大好きなユーチューバーはいますか.
  Do you have a favorite *YouTuber*?
ゆうとう 優等 honors [アナァズ]
- 姉は大学を優等で卒業した.
  My big sister graduated from college with *honors*.
優等生 an honor student
ゆうどう 誘導する guide [ガイド], lead [リード]
誘導尋問 a leading [リーディング] question
ゆうどく 有毒な poisonous [ポイゾナス]
- アンモニアは有毒だ.
  Ammonia is *poisonous*.
ユートピア Utopia [ユートウピア]
ゆうのう 有能な capable [ケイパブル], able [エイブル]
- おじは有能な弁護士です.
  My uncle is a *capable* lawyer.
ゆうはん →ゆうしょく
ゆうひ 夕日 the evening sun, the setting sun
- 見て！ 夕日が沈んでいくよ.

◀ ゆうやけ

Look! *The sun* is setting.
ゆうび 優美な elegant [エレガント]

ゆうびん 郵便

(郵便・郵便物)《米》**mail** [メィル],《英》
post [ポゥスト]

郵便で出す send ... by mail,《米》mail,
《英》post

▶ 郵便がきてるよ.
You've got some *mail*.

▶ これ, 郵便で出してくれる？
Could you *mail* this for me?

▶ 普通郵便で送ったら何日ぐらいかかりますか.
About how long will it take (to *send*
it) *by* regular *mail*?

郵便受け 《米》a mailbox,《英》a
letterbox
郵便切手 a (postage) stamp →きって
郵便局 a post office

▶ この辺に郵便局はありますか.
Is there a *post office* around here?

郵便局員 a post-office clerk
郵便配達員 a mail carrier, a letter
carrier
郵便はがき a postcard,《米》a postal
card (▶単に card ともいう) →はがき
郵便番号 a postal code number,《米》
a zip code,《英》a postcode
郵便ポスト 《米》a mailbox,《英》a
postbox (▶×post とはいわない)
郵便料金 postage

郵便に関する語
はがき **a postcard**,《米》(官製の) **a postal card**
絵はがき **a (picture) postcard**
手紙 **a letter**
便せん **writing [letter] paper**;(一冊の) **a writing pad**
封筒 **an envelope**
小包 **a parcel, a package**
切手 **a (postage) stamp**
速達 **special delivery, express delivery**
書留 **registered mail**

ユーフォー a UFO [ユーエフオウ, ユーフォウ]
(複数 UFO's または UFOs) (▶ an
unidentified flying object (未確認飛行

物体) の略)
ゆうふく 裕福な rich [リッチ], wealthy
[ウェルスィ]
ゆうべ¹ タベ (夕方) (an) evening [イーヴニング]
ゆうべ² (昨夜) last night, yesterday
evening
ゆうべん 雄弁な eloquent [エロクウェント]
ゆうぼう 有望な promising [プラミスィング],
hopeful [ホウプフル]

▶ きみは有望な学生だ.
You are a *promising* student.

ゆうめい 有名な

famous [フェイマス];(よく知られた)
well-known [ウェルノウン]

▶ **有名作家** a *famous* writer
▶ 彼は陶芸家としても有名だ.
He is also *famous* as a potter.

清水寺は世界的に**有名な**京都のお寺です.
Kiyomizu-dera is a world-famous
temple in Kyoto.

…で有名だ → be famous for ...

▶ そのレストランはピザで有名だ.
That restaurant *is famous for* its
pizza.

▶ エジソンは努力家として有名だ.
Edison *is known as* a hard worker.

有名校 a top school, a big-name
school
有名人 a famous person, a celebrity

ユーモア humor [ヒューマァ];(冗談) a
joke [ヂョウク]

▶ 水田先生はユーモアのセンスがある.
Ms. Mizuta has a good sense of
humor.

▶ 母にはぼくのユーモアが通じない.
My mother doesn't understand my
jokes.

ユーモラス ユーモラスな humorous
[ヒューモラス]
ゆうやけ 夕焼け the evening glow, a
sunset [サンセット]

▶ ほら, 夕焼けがきれいだよ.

eight hundred and three 803

ゆうらんせん ▶

Look! The *sunset* is beautiful.
ゆうらんせん 遊覧船 a pleasure boat
ゆうよう 有用な useful [ユースフル]
ゆうり 有利 (an) advantage [アドゥヴァンテヂ]
有利な advantageous [アドゥヴァンテイヂャス]
▶ 外国語を習っていると有利だ.
It's to your *advantage* to learn a foreign language.
ゆうりょう 有料の pay [ペイ]
有料駐車場 a pay parking lot
有料道路 a toll [トゥル] road
ゆうりょく 有力な (主要な) leading [リーディング]; (影響力のある) influential [インフルエンシャル]
有力者 an influential person
ゆうれい 幽霊 a ghost [ゴウスト]
▶ 幽霊はいると思う？
Do you believe in *ghosts*?
幽霊屋敷 a haunted [ホーンティド] house
ゆうわく 誘惑 (a) temptation [テン(プ)テイション]
誘惑する tempt [テン(プ)ト]
▶ 誘惑に負けちゃいけない.
Don't give in to *temptation*.
▶ 都会には誘惑が満ちている.
Cities are full of *temptations*.
ユーロ a euro [ユ(ア)ロウ]

ゆか 床 a floor [フロー(ァ)]
床運動 floor exercises

ゆかい 愉快な →たのしい

(物が) **pleasant** [プレズント], enjoyable [エンヂョイアブル]; (物・人が) delightful [ディライトゥフル]; (人が) cheerful [チアフル]
▶ その本は読んでみたらじつにゆかいだった.
I found the book really *enjoyable*.
▶ 紘一郎はゆかいなやつだ.
Koichiro is a *cheerful* guy.

ゆかいに pleasantly
▶ ゆかいにやろう！ Let's *have fun*!
ゆかいなこと fun [ファン]
ゆかた a *yukata*, an informal summer kimono
▶ 私たちはゆかたを着て花火を見に行った.
We wore *yukatas* and went out to see the fireworks.
ゆがむ be twisted [トゥウィスティド], be warped [ウォープト]
▶ 彼の顔は苦痛でゆがんだ.
His face *was twisted* with pain.
ゆがめる twist [トゥウィスト], distort [ディストート]

ゆき 雪

snow [スノウ]
雪の多い snowy
雪が降る snow (▶主語には天候を表すitを使う)
▶ ことしの冬は雪が多かった.
We've had a lot of *snow* this winter.
▶ きのうは大雪だった.
It *snowed* heavily yesterday. / We had a heavy *snow* yesterday.
▶ 今日, 初雪が降った.
We had the first *snow* of the season today.
▶ あしたは雪でしょう.
It will *snow* tomorrow.
▶ 外は雪が降ってるよ.
It's *snowing* outside.
▶ 雪はもうやんだ.
It has stopped *snowing*.
▶ 雪が30センチ積もった.
We got 30 centimeters of *snow*. / The *snow* was 30 centimeters deep.
▶ 雪はすっかりとけてしまった.
The *snow* has melted away.
▶ ことしは数年のうちでいちばん雪の多い冬だ.
This is the *snowiest* winter in a few years. (▶ snowiest [スノウイエスト] は snowy の最上級)
雪おろし shoveling [シャヴ(ェ)リング] snow off the roof
雪かき snow shoveling
雪国 (the) snow country

804 eight hundred and four

雪合戦 a snowball fight
▶ 運動場で雪合戦をした.
We had a *snowball fight* on the playground.
雪だるま a snowman (複数 snowmen)

アメリカの雪だるま. 3段で, シルクハットをかぶり, ニンジンの鼻と石炭の目をもち, 腕は木の枝でできている.

雪祭り a snow festival [フェスティヴ(ァ)ル]
-ゆき …行き →-いき
ゆきさき 行き先 a destination [デスティネイション]
ゆきづまり 行き詰まり (物事の) a deadlock [デドラク]
ゆきどまり 行き止まり a dead [デッド] end →いきどまり
ゆきわたる 行き渡る (分け前などが) go around [アラウンド]; (全体に広がる) spread
ゆく 行く →いく
ゆくえ 行方
▶ うちのネコが行方不明なんだ.
Our cat *has been missing*.
ゆげ 湯気 steam [スティーム]
湯気を立てる steam
ゆけつ 輸血 (a) blood transfusion [ブラッド トゥランスフュージョン]
▶ 私は輸血をしてもらった.
I was given a *blood transfusion*.
ゆしゅつ 輸出 (an) export [エクスポート] (反 輸入 import)
輸出する export [エクスポート]

📣プレゼン
日本は世界じゅうにひじょうに多くの車を輸出しています.
Japan exports a great many cars to all over the world.

輸出国 an exporting country
輸出品 exported goods, exports
ゆすぐ rinse [リンス] (out), wash out
▶ 歯をみがいたら口をゆすぐのよ.

Rinse (*out*) your mouth after brushing your teeth.
ゆする¹ 揺する shake [シェイク]
▶ 木をゆすらないで!
Don't *shake* the tree!
ゆする² (人をおどす) blackmail [ブラクメイル]; (金品をおどしとる) extort [イクストート]

ゆずる 譲る

1 (与ええる) give [ギヴ]; (引きわたす) hand over
▶ 友だちからこのゲームをゆずってもらったんだ. A friend *gave* me this game.
▶ 私はそのおばあさんに席をゆずった.
I *gave* (*up*) my seat to the old woman.
▶ 小田さんはむすこに財産をゆずった.
Mr. Oda *handed over* his property to his son.
2 (譲歩する) give in (to)
▶ この点はだれにもゆずれないよ. I can't *give in to* anyone on this point.
ゆそう 輸送する transport [トゥランスポート]
輸送機関 means of transportation [トゥランスポテイション]
輸送船 a transport ship
ゆたか 豊かな rich [リッチ] (反 貧しい poor); wealthy [ウェルスィ] →かねもち, ほうふ
豊かにする enrich [エンリッチ]
▶ 彼は豊かな家に生まれた.
He was born into a *rich* family.

📣表現力
…が豊かである → be rich in …

📣プレゼン
日本は森林が豊かです.
Japan is rich in forests.

ユダヤ Judea [ジュ(ー)ディ(ー)ア]
ユダヤ(人)の Jewish [ジューイシ]
ユダヤ人 a Jew [ジュー]

ゆだん 油断する be careless [ケアレス]; (自信過剰である) be overly confident [カンフィデント]
▶ 油断するな. (注意しろ) Be careful. / Watch out. / (自信過剰になるな) Don't *get overconfident*.
▶ 私は油断をしたので試験に落ちた.

ゆっくり ▶

I *was overly confident* and failed the exam.

ゆっくり

1 (急がずに) **slowly** [スロウリィ] (反 速く quickly)
ゆっくりやる take *my* time
▶ もう一度，今度はゆっくり読んでごらん．
Read it again *slowly* this time.
▶ 急がなくてもいいから．ゆっくりやりなさい．
You don't have to hurry. Just *take your time*.
▶ (お客さんに) ゆっくりしていってね (→いただけいてね)．
You can stay as long as you like.

2 (十分な) **good** [グッド]
ゆっくりする (のんびりする) **relax** [リラックス]
▶ ゆっくり休んでね．
Have a *good* night's sleep.
▶ ゆっくりしているひまがない．
I don't have time to *relax*.

ゆったり ゆったりとした (ゆるい) **loose** [ルース]；(くつろいだ) **relaxed** [リラクスト]

ゆでたまご ゆで卵 a **boiled** [ボイルド] egg

ゆでる **boil** [ボイル] →**りょうり** (図)
▶ 卵をゆでる *boil* an egg

ゆでん 油田 an oil field

ゆとり →**よゆう**
▶ ゆとりのある学校生活を送りたい．
I'd like to have a *relaxed* school life.

ユニーク ユニークな **unique** [ユーニーク]

ユニセフ UNICEF [ユーニセフ] (▶ the United Nations Children's Fund (国連児童基金). 略称は旧名称 the United Nations International Children's Emergency Fund より)

ユニット ユニット式の **unit** [ユーニト], **modular** [マデュラァ]
ユニット家具 unit furniture, modular furniture
ユニットバス a modular bathroom (▶ ×unit bath とはいわない)

ユニフォーム a **uniform** [ユーニフォーム] (▶×an uniform としない) →**せいふく**¹

ゆにゅう 輸入 (an) **import** [インポート] (反 輸出 export)
輸入する **import** [インポート]
▶ 日本は石油をほぼ100パーセント輸入している．   Japan *imports* nearly 100 percent of its oil.
輸入品 imported goods, imports

ユネスコ UNESCO [ユ(ー)ネスコウ] (▶ the United Nations Educational, Scientific and Cultural Organization (国際連合教育科学文化機構)の略)

ゆび 指

(手の) a **finger** [フィンガァ]；(足の) a **toe** [トゥ]

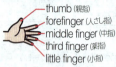

thumb (親指)
forefinger (人さし指)
middle finger (中指)
third finger (薬指)
little finger (小指)
big toe (足の親指)
toes (足の指)

▶ 彼女はほっそりした指をしている．
She has slender *fingers*. (▶「太い指」なら slender のかわりに thick を使う)
指切りをする promise by linking little fingers with each other
指先 a fingertip
指人形 a hand puppet, a glove puppet

ゆびさす 指差す **point** [ポイント] (at, to)
▶ 人を指さすのは失礼だよ．
It's rude to *point at* people.

ゆびわ 指輪 a **ring** [リング]
▶ 指輪をはめる
put on a *ring* / (はめている) wear a *ring*, have a *ring* on
▶ 婚約指輪 an engagement *ring* (▶ ×engage ring とはいわない)
▶ 結婚指輪 a wedding *ring*
▶ ダイヤの指輪 a diamond *ring*

ゆぶね 湯船 a **bathtub** [バスタブ]

ゆみ 弓 a **bow** [ボウ]
▶ 弓を引く draw a *bow*
弓矢 a bow and arrows

ゆめ 夢

a **dream** [ドゥリーム]
夢を見る dream, have a dream (▶ ×see a dream とはいわない)
▶ 正夢 a true *dream* (▶「逆夢」なら true のかわりに false を使う)
▶ 楽しい夢を見る
have a pleasant *dream*

夢   Your Dream

将来何になりたい？
What do you want to be in the future?

ぼくは総理大臣になりたいです。
もしなれたら日本の教育制度を変えようと思っています。
I want to be the Prime Minister.
If I become the Prime Minister,
I will change Japan's education system.

私は国際機関で働きたいです。世界中で困っている
難民を助けたいからです。
I want to work at an international organization
because I hope to help *refugees around the world
who are in need.   * refugee [refjuʤíː レフュヂー] 難民

中学生のなりたい職業ランキング The Top Dream Jobs of Junior High School Students

男子　Boys
1. エンジニア・プログラマー（機械・技術・IT系）
   engineer, programmer (machinary, technology, and IT-related jobs)
2. 会社員　office worker
3. プロサッカー選手　professional soccer player
4. 公務員　public worker [servant]
5. プロ野球選手　professional baseball player
6. その他のスポーツ選手（野球、サッカー、水泳以外）
   professional athlete of other sports (except baseball, soccer, and swimming)
7. eスポーツプレーヤー・プロゲーマー
   e-sports player, professional gamer
8. 医師（歯科医師含む）　doctor (including dentist)
8. コック・板前（料理人）　cook, cook in a Japanese restaurant
8. 自動車関連　automobile-related job

女子　Girls
1. 学校の教師・先生　school teacher
2. 看護師　nurse
3. 公務員　public worker [servant]
4. 薬剤師　pharmacist
5. 保育士・幼稚園教諭　nursery school teacher, kindergarten teacher
6. パティシエ（ケーキ屋）　pastry chef / patissier
7. 漫画家・イラストレーター　manga artist, illustrator
8. 会社員　office worker
9. エンジニア・プログラマー（機械・技術・IT系）
   engineer, programmer (machinary, technology, and IT-related jobs)
9. ダンサー　dancer
9. デザイン関係（ファッション・ゲームなど）
   design-related job (fashion, game, etc.)

（学研教育総合研究所 2024）

大人になったら何をしたい？
What do you want to do when you grow up?

運転免許を取ってドライブしたい。
I want to get a driver's license and drive a car.

アイスランドに行って、オーロラを見たい。
I want to go to Iceland and see the northern lights.

NBAの試合を実際に見てみたい。
I want to watch live NBA games.

ユリ ▶

▶ きみの夢を見たよ.
I *had a dream* about you. / (夢に出てきた) You appeared in my *dream*.

▶ 友だちとディズニーランドに行っている夢を見た. I *had a dream* that my friends and I went to Disneyland. (▶ I dreamed that …. としてもよい)

▶ 悪い夢を見たの？ Did you *have a bad dream*? / (こわい夢を見たの？) Did you *have a nightmare*?

▶ 初夢はどんな夢だった？
What was your first *dream* of the New Year like?

▶ 私には夢がある. I have a *dream*.

▶ 私の夢は歌手になることだ. My *dream* is to become [be] a singer.

▶ 夢がとうとうかなった.
At last my *dream* came true.

📣**スピーキング**
Ⓐ 私たちのチームが優勝したよ.
Our team won the championship.
Ⓑ 夢みたい.
It's like a dream.

💬**表現力**
…とは夢にも思っていない
→ **never dream (that) …**

▶ オーディションに受かるなんて夢にも思わなかった. I *never dreamed that* I would pass the audition.

▶ スリにあうなんて夢にも思わなかった (→ 考えもしなかった). I *never thought* my pocket would be picked.

▶ まさかこんなことになるなんて夢にも思わなかったよ. It was the last thing I expected. (▶ the last thing … で「もっとも…しそうもないこと」の意味)

ユリ 《植物》a lily [リリイ]

ゆりかご 揺りかご a cradle [クレイドゥル]

ゆるい 緩い loose [ルース] (反 きつい tight)

▶ このスカートは私にはゆるい.
This skirt is too *loose* for me.

▶ (道路の) ゆるいカーブ a *gentle* curve

ゆるし 許し permission [パミション] →きょか

ゆるす 許す

1 (勘弁ぷする) forgive [フォギヴ]；(がまんする) can stand

▶ お願い, 許して. 悪気はなかったんだ.
Please *forgive* me. I didn't mean to hurt you.

▶ どうしてもあいつのこと, 許せないよ.
I simply can't *forgive* him.

📣**スピーキング**
Ⓐ そんなのって許せる？
Do you think you can stand it?
Ⓑ 許せない, 許せない.
No, never.

2 (許可する) let [レット], allow [アラウ], permit [パミット]

💬**表現力**
(人) が…するのを許す
→ **let ＋人＋動詞の原形 /**
allow [permit] ＋人＋ to …

▶ 両親は私がキャンプに行くのを許してくれた.
My parents *let* me go camping. / My parents *allowed* [*permitted*] me *to* go camping.

ゆるむ 緩む **1** (ひもなどが) get loose [ルース]；(ゆるんでいる) be loose

▶ ねじがいくつかゆるんでるよ.
Some of the screws *are loose*.

2 (気が) get relaxed [リラクスト]；(ゆるんでいる) be relaxed

▶ 気がゆるみすぎじゃないの？
Don't you think you're too *relaxed*?

ゆるめる 緩める (結び目などを) loosen [ルースン]；(力などを) relax [リラックス]

▶ ベルトをゆるめる *loosen* my belt

ゆるやか 緩やかな (なだらかな) gentle [チェントゥル] (反 急な steep)；(おそい) slow [スロウ] (反 速い fast)

▶ ゆるやかな坂 a *gentle* slope

ゆれ 揺れ a shake [シェイク]

ゆれる 揺れる shake [シェイク], sway [スウェイ], swing [スウィング]

▶ 地震ぷで家が揺れた.
The earthquake *shook* our house.

▶ 木は風で静かに揺れていた.
The trees *were* gently *swaying* in the breeze.

ゆわかし 湯沸かし a kettle [ケトゥル]

▶ ガス湯沸かし器 a gas *water heater*

◀ **よい**²

よ ヨ よ ヨ よ ヨ

よ¹ 世 the world [ワールド]
▶ この世 this *world*
▶ あの世 the other *world* / the *afterlife*
▶ この世でいちばんたいせつなものは何だと思う？
What do you think is the most important thing in *the world*?

よ² 夜 (a) night [ナイト] →よる¹

よあけ 夜明け dawn [ドーン], daybreak [デイブレイク]
▶ 夜明けに at *dawn*

よい¹ 良い →いい

使い分け

(良好な) → good
(うれしい) → happy, glad
(ためになる) → good
(申し分のない) → all right, OK
(適当な) → good, right
(正しい) → right

1 (良好な) **good** [グッド] （反 悪い bad), **nice** [ナイス], **fine** [ファイン]
▶ あした天気がよかったらピクニックに行こうか．
If the weather is *good* tomorrow, why don't we go on a picnic?

スピーキング

Ⓐ その問題1人で解けたよ．
I solved the problem on my own.
Ⓑ よかったね．
(すごいね) That's great. / (よくやったね) Good job. / Well done.

「よい」「よかったね」
親指を立て，上に向けるしぐさは賛成・満足などを表す．

2 (うれしい) **happy** [ハピィ], **glad** [グラッド]
▶ それはよかったね(→それを聞いてうれしい)．

I'm *glad* to hear that.
▶ 婚約，おめでとう！ ほんとうによかったね．
Congratulations on your engagement! I'm so *happy* for you.

3 (ためになる) **good**

表現力

…によい → be good for …

▶ 牛乳は子どもによい．
Milk *is good for* children.
▶ 早起きは健康によい．
Getting up early *is good for* you. / It's *good for* your health to get up early.

4 (申し分のない) **all right** [オール ライト], **OK** [オゥケイ]
▶ この中で写真をとってもよい（→よろしい）ですか．
Is it *all right* to take pictures in here? / *Can I* take pictures in here?

5 (適当な) **good**, **right** [ライト]
▶ ここはピクニックするのによい場所だね．
This is a *good* place for a picnic.

6 (正しい) **right** （反 まちがった wrong), **correct** [コレクト]
▶ 水族館に行くにはこのバスでよいのですか．
Is this the *right* bus to the aquarium?

7 （…してもよい）**can**, **may** →いい

8 （…したほうがよい）**should**, **had better** →いい

9 （…しなくてもよい）**do not have to**, **do not need to** →いい

10 （…すればよかった）（▶「should have +過去分詞」で表す）
▶ ちゃんと試験勉強をしておけばよかった．
I *should have prepared* for my exams.
▶ あんなこと言わなければよかったよ．
I *shouldn't have said* that.

よい² 宵 early evening
▶ まだ宵の口だ．
It's still *early in the evening*. / The

night is still young.

よう¹ 用

（用事）something to do，（会社の）business [ビズネス]

▶ ごめんね．ちょっと用があるんだ．
I'm sorry. I have *something to do*.

▶ 父は会社の用で九州へ行きました．
My father went to Kyushu on *business*.

よう² 酔う（お酒に）get drunk [ドゥランク]；（一般に乗り物に）get sick [スィック]；（車に）get carsick [カースィック]；（船に）get seasick [スィースィック]

▶ 父は酔うとよく歌う．
My father often sings when he *gets drunk*.

▶ 私はバスによく酔う．
I often *get sick* on buses.

ーよう¹

使い分け
（…のように）→ like
（…のとおり）→ as
（…のように見える）→ look
（…のように思える）→ seem

1（…のように，…のような）like [ライク]；（…のとおり）as [アズ]

▶ いつものように *as* usual

▶ このように持ってごらん．
Hold *like* this. / Hold this way.

▶ 高橋先生のような先生になりたい．
I want to be a teacher *like* Ms. Takahashi.

▶ 私の言うように（→言うとおりに）やってください．
Please do *as* I say.

▶ 白雪姫の肌は雪のように白い．
Snow White's skin is *as* white *as* snow. （▶ as ～ as ... は「…のように～だ」）

▶ そのようなことばを使うものではありません．
You shouldn't use *such* words. （▶ such ... は「そのような…」）

2（…のように見える）look [ルック]；（…のように思える）seem [スィーム] →ーみたい

▶ つかれてるようだね．
You *look* tired. / You *seem* (to be) tired.

▶ その家はお城のようだった．
The house *looked like* a castle. （▶ 名詞を続けるときは「look like ＋名詞」の形）

3（…になりそうだ）look like，be likely to

▶ あしたは雪のようね．
It *looks like* snow tomorrow. / It *looks like* it's going to snow tomorrow. / It*'s likely to* snow tomorrow.

4（…するために）(in order) to ...；（…するように）so that ...

▶ 試験に合格するようにがんばります．
I will work hard (*in order*) *to* pass the exam.

▶ 忘れないように書きとめておいたら？
Maybe you can write it down *so that* you won't forget it.

5（…するように努める）try to ...；（…しないように努める）try not to ...

▶ 私は11時までに寝るようにしている．
I *try to* go to bed by eleven.

-よう² …用 ...'s, for [フォー（ァ）]

▶ 女子用トイレ ladies' room

▶ これは紳士用ですか．Is this *for* men?

-(し)よう Let's [レッツ] ... →-(し)ましょう

▶ 「ここでお昼にしよう」「うん，そうしよう」
"*Let's* have lunch here." "Sure."

▶ あの新しくできたレストランに行ってみようか．
Why don't we try that new restaurant?

ようい¹ 用意 →したく，じゅんび

preparation(s) [プレパレイション（ズ）]
用意する get ready (for)，prepare [プリペア] (for)

▶ 旅行の用意をする
prepare for a trip / *get ready for* a trip

▶ 夕ごはんの用意ができたよ．
Dinner *is ready*.

スピーキング

Ⓐ 用意はいい？
Are you ready?

Ⓑ ああ，いつでもいいよ．
Yes, I'm ready.

◀ **ようじん**

▶ 用意ができたら教えて.
Tell me when you're ready.

💬表現力
…の用意ができている
→ be ready for ...

▶ あしたの学校の用意はできてるの？
Are you ready for school tomorrow?

💬表現力
…する用意ができている
→ be ready to ...

▶ 出発する用意はできてるよ.
I'm ready to leave.

ようい[2] 容易な easy [イーズィ] →やさしい[1]
容易に easily

ようか 八日 (日数) eight days; (暦の) (the) eighth [エイス, エイトゥス]

ようが 洋画 (絵) a Western [European] painting; (映画) a foreign [フォ(ー)リン] movie [film]

-(し)ようが →たとえ (…でも)

ようかい 妖怪 a monster [マンスタァ]

ようかん 羊かん yokan, sweet bean jelly [ヂェリィ]

ようがん 溶岩 lava [ラーヴァ]

ようき[1] 陽気な cheerful [チアフル]

▶ 瑞希は陽気な子だ.
Mizuki is a cheerful girl.
陽気に cheerfully

ようき[2] 容器 a container [コンテイナァ]

ようぎ 容疑 suspicion [サスピション]
容疑者 a suspect [サスペクト]

ようきゅう 要求 a demand [ディマンド]
要求する demand

▶ 彼らは会社に謝罪を要求した.
They demanded an apology from the company.

ようけん 用件 business [ビズネス]

▶ どういったご用件でしょうか.
How can I help you? / What can I do for you?

▶ では，用件に入りましょう.
Let's get down to business.

ようご[1] 養護 nursing [ナ〜スィング]
養護学級 (特別支援学級) →とくべつ
養護学校 (特別支援学校) →とくべつ
養護教諭 a school nurse [ナ〜ス]

ようご[2] 用語 a term [タ〜ム]

ようこそ Welcome! [ウェルカム]

▶ ようこそいらっしゃいました.
Welcome! / Thank you for coming.

💬表現力
…へようこそ → Welcome to ... .

▶ わが家 [わが校] へようこそ.
Welcome to our house [school].

ようさい 洋裁 dressmaking [ドゥレスメイキング]

ようさん 養蚕 sericulture [セリカルチァ]

ようし[1] 用紙 (紙) (a) paper [ペイパァ]; (記入用の) a form [フォーム]

▶ この用紙に記入してください.
Fill in this form, please.

▶ 申しこみ用紙 an application form

▶ 解答用紙 an answer sheet

ようし[2] 養子 an adopted child
養子にする adopt [アダプト]

ようじ[1] 用事 →よう[1]

▶ 用事があるので先に帰ってもいいですか.
Could I go home early? I have something to do.

ようじ[2] 幼児 an infant [インファント]
幼児教育 preschool education [プリスクール エヂュケイション]

ようじ[3] 幼時 childhood [チャイルドゥフド]

ようじ[4] (つまようじ) a toothpick [トゥースピク]

ようしき 様式 a style [スタイル]

ようしょく[1] 洋食 Western food

ようしょく[2] 養殖 culture [カルチァ], farming [ファーミング]
養殖の cultured

▶ カキの養殖 oyster culture

▶ 養殖のウナギ a farmed eel
養殖魚 a farmed [ファームド] fish
養殖場 a farm [ファーム]

ようじん 用心する beware [ビウェア] (of); (注意する) be careful [ケアフル] (of),

ようす

take care 《to》；(危険なものなどに) watch out →きをつける

▶ 知らない人には用心しなさい.
Beware of strangers.

▶ かぜをひかないように用心しなさい.
Be careful not to catch (a) cold.

用心深い cautious [コーシャス]，careful
用心深く cautiously，carefully

ようす 様子 (外観) a look [ルック]；(態度) a manner [マナァ]；(状況) a situation [スィチュエイション]

▶ 期末テスト前でみんな緊張したようすだった.
Everyone *looked* nervous before the finals.

▶ 赤ちゃんのようすが何かおかしいよ.
Something is wrong with the baby.

ようする 要する require [リクワイア]
ようするに 要するに (簡単に言えば) in short；(言いかえれば) in other words

🗨プレゼン
要するに，私はこの案に反対です.
In short, I'm against this plan.

ようせい¹ 妖精 a fairy [フェ(ア)リィ]
ようせい² 養成する train [トゥレイン]
ようせい³ 陽性の positive [パズィティヴ]

▶ 彼女は検査の結果，そのウイルスに陽性だと判明した.
She tested *positive* for the virus.

ようせき 容積 capacity [カパスィティ]
ようそ 要素 (構成要素) an element [エレメント]；(要因) a factor [ファクタァ]

-ようだ like [ライク] →-よう¹
ようだい 容体，容態 (a) condition [コンディション]

▶ 母の容体はあまりよくない.
My mother isn't in very good *condition*.

ようち 幼稚な childish [チャイルディシ]
ようちえん 幼稚園 a kindergarten [キンダガートゥン]

幼稚園児 a kindergartner [キンダガートゥナァ]

ようちゅう 幼虫 a larva [ラーヴァ]
ようつう 腰痛 backache [バケイク]
ようてん 要点 the (main) point [ポイント]

▶ ここは，忘れてはいけない要点ですよ.
This is *the point* you shouldn't

forget.

▶ このレッスンの要点をまとめてみなさい.
Try to summarize *the main points* of this lesson.

ようと 用途 a use [ユース]

▶ プラスチックは用途が広い.
Plastic has a wide variety of *uses*.

-(し)ようとする **1** (試みる) try [トゥライ] to ... →こころみ

▶ きのうの宿題を仕上げようとしたけど，できなかった.
I *tried to* finish my homework yesterday, but I couldn't.

2 (…するところだ) →-ところ

-(の)ような →-よう¹
-ように →-よう¹

ようび 曜日

a day of the week

🗨スピーキング
Ⓐ 今日は何曜日？
What day is it today?
Ⓑ 木曜日だよ.
It's Thursday.

▶ 日曜日にはいつも何をしますか.
What do you usually do on *Sundays*? (▶「…曜日に」というときは前に on をつける)

▶ 金曜日にはスイミングスクールに行っている.
I go to swimming school on *Fridays*.

▶ 今度の土曜日，映画に行かない？
Why don't we go to a movie this *Saturday*? (▶曜日に this, last, next などがつくときは前に on をつけない)

曜日の言い方と略語		
日曜日	**Sunday**	Sun.
月曜日	**Monday**	Mon.
火曜日	**Tuesday**	Tue. / Tues.
水曜日	**Wednesday**	Wed.
木曜日	**Thursday**	Thu. / Thur. / Thurs.
金曜日	**Friday**	Fri.
土曜日	**Saturday**	Sat.

ようひん 用品 (必需品) supplies [サプライズ]，necessities [ネセスィティズ]；(商品) goods [グッヅ]；(器具) utensils [ユーテン

ス(ィ)ルズ]
- 学用品 school *supplies*
- 家庭用品 household *goods*
- 事務用品 office *supplies*
- スポーツ用品 sporting *goods*
- 台所用品
kitchen *utensils* / kitchenware
- 日用品 daily *necessities*

ようふく 洋服 clothes [クロウズ]；(和服に対して) Western clothes
- 洋服を着る
put on my *clothes*
- 姉は洋服にうるさい.
My big sister is particular about her *clothes*.
洋服だんす a wardrobe [ウォードゥロウブ]
ようぶん 養分 nourishment [ナーリシメント]
ようほう 用法 (ことばの)usage [ユースィヂ]
ようもう 羊毛 wool [ウル] (発音注意)
羊毛の woolen [ウレン]
ようやく¹ (やっと) at last, finally [ファイナリィ] →やっと
- ようやく雨がやんだ.
The rain *finally* stopped. / The rain stopped *at last*.
ようやく² 要約 a summary [サマリィ]
要約する summarize [サマライズ], sum [サム] up
ようりょう 要領 the point [ポイント]
- その説明は要領を得ていた.
The explanation was to *the point*.
- 恵利は何をするにも要領がよい.
Eri is *efficient* in everything she does.
- あいつは何をやらせても要領が悪い.
(おそい) He's *slow* about everything. / (うまくできない) He can't do anything right.
ようれい 用例 an example [イグザンプル]
ヨーグルト yogurt, yoghurt [ヨウガト] (発音注意)
ヨーヨー a yo-yo [ヨウヨウ] (**複数** yo-yos)
- ヨーヨーで遊ぶ
play with a *yo-yo*

ヨーロッパ
Europe [ユ(ア)ロプ] (発音注意)
ヨーロッパ(人)の European [ユ(ア)ロピー

アン]
- ハンガリーはヨーロッパの国だ.
Hungary is a *European* country. (▶ ×an European country としない)
ヨーロッパ人 a European
ヨーロッパ連合 the European Union [ユーニョン] (▶ EU と略す)

よか 余暇 leisure [リージァ ‖ レジァ] (time), spare time, free time
- 余暇には何をしますか.
What do you do in your *free time*?
ヨガ yoga [ヨウガ]

よかん 予感 a premonition [プリーモニション], a feeling [フィーリング], a hunch [ハンチ]
- 何か悪いことがありそうな予感がする.
I have a *feeling* that something bad is going to happen.
よき 予期する expect [イクスペクト]
よきょう 余興 entertainment [エンタテインメント]
よきん 預金 a deposit [ディパズィト]；(銀行口座) a bank account [アカウント]
預金する deposit
- 普通預金
a regular savings *account*
- 定期預金
a time *deposit*
- これを預金口座に入れたいのですが.
I'd like to deposit this into my *bank account*.
預金通帳 《米》a bankbook, 《英》a passbook
よく¹ 欲 greed [グリード]；(a) desire [ディザイア]
- 金銭欲
(a) *desire* for money
- 知識欲
a *desire* for knowledge
欲深い greedy [グリーディ] →よくばり

eight hundred and thirteen **813**

よく² 良く

使い分け
(うまく) → well
(じゅうぶんに) → well
(しばしば) → often

1 (うまく) **well** [ウェル]
▶ よくやったね.
Well done. / (You did) a *good* job.
▶ そのTシャツ, よく似合ってるよ.
That T-shirt looks *good* on you. / You look very *nice* in that T-shirt.

2 (じゅうぶんに) **(very) well**
▶ ゆうべはよく眠れた.
I slept *well* last night. / I had a *good* sleep last night.

スピーキング
Ⓐ 小川さんをごぞんじですか.
Do you know Mr. Ogawa?
Ⓑ ええ, よく知っています.
Yes. I know him very well.

▶ ねえ, よく聞いて.
Now, listen to me *carefully*.

3 (しばしば) **often** [オ(−)フン]
▶ そんなことはよくあることだよ.
That *often* happens. / That's just one of *those things*.
▶ 小学生のころは友だちとよくこの公園で遊んだ.
My friends and I *used to* play in this park when we were in elementary school.

4 (健康状態が) **well**
▶ 早くよくなってね.
I hope you (will) get *well* soon. (▶ well は *better* ともいう)

5 (感嘆を表す)
▶ よく来てくれたね.
It's very *nice* of you to come.
▶ よくもそんなことが言えるな.
How could you say that? / Look who's talking. (▶「だれが話しているか確かめろ→よく言えるな」という意味)

よく- 翌… the next [ネクスト] ... , the following [ファロウイング] ...
▶ 翌日
the next day / *the following* day / (明日) tomorrow
▶ 翌月
the next month / *the following* month / (来月) next month (▶ the をつけないと現在を基準にして「その次の月」, つまり「来月」の意味になる)
▶ 遠足の翌日 the day *after* the outing

よくしつ 浴室 a bathroom [バスルー(−)ム] →ふろ

よくじつ 翌日 the next day, the following [ファロウイング] day

よくせい 抑制する control [コントゥロウル]
▶ 感染拡大を抑制する
control the spread of infection

よくそう 浴槽 a bathtub [バスタブ]

よくなる 良くなる get better, improve [インプルーヴ] →よく²
▶ 今学期は成績がよくなった.
My grades *got better* [*improved*] this term. / (よい成績がとれた) I got better grades this term.

よくばり 欲張りな greedy [グリーディ]
▶ この欲張り! You're so *greedy*.

よくばる 欲張る be greedy [グリーディ]
▶ そんなに欲張るなよ.
Don't *be* so *greedy*.

よくぼう 欲望 (a) desire [ディザイア]

よくも
▶ よくもまあ, そんなことが言えたものだ.
How dare you say such a thing?

よけい 余計な (不必要な) unnecessary [アンネセセリィ]
▶ よけいな物は買うな.
Don't buy anything *unnecessary*.
▶ 説明してもらったらよけいにわからなくなった (→その説明が私をさらに混乱させた).
The explanation made me *more* confused.
▶ よけいなお世話よ.

◀ よし

Mind your own business. / It's none of your business.

よけいに (量) too much；(数) too many

▶ ぼうっとしていたので, 200円よけいに払ってしまった.

I was so careless (that) I paid 200 yen *too much*.

▶ 一言よけいだよ (→一言多いよ).

That's one word *too many*.

よける (さける) avoid [アヴォイド]；(わきへ) step aside；(身をかわす) dodge [ダッヂ]

▶ 道を渡っている犬をよけるのに急ブレーキをかけざるをえなかった.

I had to hit the brakes to *avoid* a dog crossing the road. (▶ hit the brakes は「ブレーキをガクンとかける」という意味)

よげん 予言 (a) prediction [プリディクション], (a) prophecy [プラフェスィ]

予言する predict

▶ 私の予言が当たった.

My *prediction* came true.

予言者 a prophet [プラフィト]

よこ 横

1 (横幅) width [ウィドゥス] (対 縦 length)

▶ その生地は横が110センチある.

The cloth is 110 centimeters *wide*.

▶ 縦5センチ, 横10センチの長方形をかきなさい.

Draw a rectangle 10cm *wide* and 5cm high. (▶英語ではふつう横を先にいう)

2 (側面) a side [サイド]

▶ これを横にどけてくれる？

Could you move this to the *side*?

▶ 由実がぼくの横にすわった.

Yumi sat *next to* me.

横になる lie [ライ] (down) →よこたわる

▶ ベッドで横になったら？

Why don't you *lie down* on the bed?

横顔 a profile [プロウファイル]

よこうえんしゅう 予行演習 a rehearsal [リハーサル]

▶ 卒業式の予行演習があった.

We had a *rehearsal* for the graduation ceremony. / We had a

graduation *rehearsal*.

よこぎる 横切る cross [クロ(ー)ス]

▶ 道路を横切るときは気をつけなさい.

Be careful when you *cross* the street.

(…を)横切って across

よこく 予告 (a) notice [ノウティス]

予告する notice, give notice 《of》

▶ 八木先生はよく予告なしにスペリングテストをする.

Mr. Yagi often gives us spelling tests without *notice*.

予告編 《映画》 a trailer [トゥレイラァ], a preview [プリーヴュー]

よごす 汚す get ... dirty [ダ~ティ]

▶ その本をよごさないでね.

Don't *get* that book *dirty*.

よこたえる 横たえる lay [レイ]

よこたわる 横たわる lie [ライ] (down)

▶ 公園に犬が横たわっていた.

A dog *was lying* in the park.

よこづな 横綱 a *yokozuna*, a grand champion in sumo wrestling

よこどり 横取りする (盗む) steal [スティール]

よごれ 汚れ dirt [ダ~ト]；(しみ) a stain [ステイン]

▶ 白い車はよごれが目立つ.

White cars show the *dirt* more.

▶ このよごれはどうにも落ちないよ.

This *stain* won't come out.

よごれ物 dirty things；(洗たく物) (the) washing

よごれる 汚れる

get dirty [ダ~ティ]

よごれた dirty

▶ 白い服はすぐによごれる.

White clothes *get dirty* easily [quickly].

▶ 手がよごれてるね. 洗ってきなさい.

Your hands are *dirty*. Go and wash them.

よさん 予算 a budget [バヂェト]

予算を立てる budget

▶ ご予算は？

What's your *budget*? / What's your *price range*?

よし (よい) good [グッド]；(承知) all right [オール ライト], OK [オウケイ] →よい¹, よろし

eight hundred and fifteen　815

よじのぼる ▶

よじのぼる よじ登る climb [クライム] (up)

よしゅう 予習 preparation [プレパレイション]
　予習する prepare [プリペア] for a class (▶「復習する」は 《米》 review, 《英》 revise)
▶ あしたの予習をしなくちゃ.
　I've got to *prepare* (*for*) tomorrow's *class*.

よす stop [スタップ] →やめる

よせあつめ 寄せ集め (ごたまぜ) a jumble [チャンブル]；(いろいろなものの組み合わせ) a patchwork [パチワーク]

よせる 寄せる **1** (近づける) put ... close [クロウス] to
▶ いすをかべに寄せてください.
　Put your chairs *close to* the wall.
2 (思いを) →こい¹
▶ 私はある上級生に思いを寄せていた.
　I *was in love with* an upperclass student.

よせん 予選 a preliminary [プリリミネリィ]
▶ うちのチームは予選を通過した.
　Our team got through the *preliminaries*.
▶ ぼくは1次予選で負けた.
　I was defeated in the first round of the *preliminary*.

よそ よその another [アナザァ] →ほか
▶ どこかよそに行こうよ.
　Let's go to *another place*. / Let's go *somewhere else*.
　よその人 a stranger [ストゥレインヂァ]

よそう¹ 予想

(an) expectation [エクスペクテイション]
　予想する expect [イクスペクト]
▶「結果はどうだった？」「予想したほどではなかったよ」
　"What was the result?" "It didn't meet my *expectations*."
▶ うちの学校のチームは予想どおり試合に勝った.
　Our school team won the game as *expected*.
▶ だれもこんな事故を予想しなかった.
　Nobody *expected* an accident like this.

よそう² serve [サ〜ヴ]

▶ ごはんをよそってくれる？
　Can you *give* me a helping of rice?

よそく 予測 (a) prediction [プリディクション]

よそみ よそ見
▶ よそ見しないで！
　Don't *look away*!

よだれ (a) slobber [スラバァ]
　よだれをたらす slobber [スラバァ], drool [ドルール]
▶ 赤ちゃんがよだれをたらしているよ.
　The baby *is slobbering* [*drooling*].
▶ (おいしそうで) よだれが出そうだ.
　My mouth is *watering*.

よち¹ 予知 (a) prediction [プレディクション]
　予知する predict [プレディクト]

よち² 余地 room [ル(ー)ム]
▶ まだ話し合いの余地は残っているよ.
　There's still *room* for discussion.

よちよち よちよち歩く toddle [タドゥル]

よっか 四日 (日数) four days；(暦の) (the) fourth

よつかど 四つ角 a crossroads [クロ(ー)スロウヅ] (複数) crossroads；(交差点) a crossing [クロ(ー)スィング]

よっきゅう 欲求 a desire [ディザイア]
　欲求不満 frustration [フラストゥレイション]

よっつ 四つ four [フォー(ァ)] →よん

-(に)よって by [バイ] で
▶『坊っちゃん』は夏目漱石によって書かれた.
　Botchan was written *by* Natsume Soseki.

ヨット (小型の) 《米》a sailboat [セイルボウト], 《英》a sailing boat；(大型の) a yacht [ヤット]
　ヨットレース yacht racing [レイスィング]

よっぱらい 酔っ払い a drunk [ドゥランク], a drunken person；(大酒飲み) a drunkard [ドゥランカド]
　酔っぱらい運転 drunk(en) driving

よてい 予定

(計画) a **plan** [プラン]；(スケジュール) a schedule [スケヂュール]
　予定を立てる plan 《for》, make a plan 《for》
▶ この週末の予定は？
　What are your *plans for* this weekend?

816 eight hundred and sixteen

◀ よぶ

スピーキング
- Ⓐ あした何か予定がある？
  Do you have any plans for tomorrow?
- Ⓑ いや，別に予定はないよ．
  Nothing special.
- Ⓑ ごめん，予定があるんだ．
  I'm sorry, I'll be tied up.

▶ ぼくは夏休みの予定を立てた．
  I *made plans for* summer vacation.
▶ いっしょに行けるように予定を変更するよ．
  I'll change my *schedule* so that I can go with you.
▶ 飛行機は予定どおりに到着した．
  The plane arrived on *schedule*. (▶「おくれて到着する」なら on のかわりに behind を使う)

表現力
…する予定である
→ be going to ... /
be planning to ...

▶ 冬休みはスキーに行く予定だ．
  We're *going to* go skiing during winter vacation.
▶ 飛行機は10時に出発の予定だ．
  Our plane *is scheduled to* leave at ten.
予定表 a schedule
よとう 与党 the ruling [ルーリング] party
よなか 夜中に (夜おそく) late at night；(真夜中) in the middle of the night
▶ こんな夜中に電話してこないで．
  Don't call me this *late at night*.
▶ 夜中に何度も目が覚めた．
  I kept waking up *in the middle of the night*.
よねんせい 四年生 (小学) a fourth grader →がくねん (表)
よのなか 世の中 the world [ワ～ルド] →よ¹
▶ 世の中，捨てたもんじゃないよ (→そんなに悪くない)．
  The world isn't so bad.
▶ 世の中とはそんなものさ．
  That's *life*. / That's the way things go.
よはく 余白 a margin [マージン], a blank

[ブランク]
よび 予備の spare [スペア]
▶ 予備の電球，どこだっけ？
  Do you know where the *spare* bulbs are?
予備校 (高校受験の) a cram school for high school entrance exams (▶大学受験の予備校の場合は high school のかわりに college を使う)
よびかける 呼びかける call (out) to
▶ 私は知らない人に呼びかけられた．
  A stranger *called out to* me.
よびだす 呼び出す call [コール]；(館内放送で) page [ペイヂ]
▶ 母は学校に呼び出された．
  My mother *got called* to the school.
▶ お呼び出し申し上げます．田中様，受付までお越しください．
  Paging Mr. Tanaka. Please come to the reception desk.
▶ 絵美も呼び出そうよ．
  Let's *call and ask* Emi to join us.

よぶ 呼ぶ

使い分け
(呼びかける) → call
(呼びよせる) → call
(招く) → invite
(名づけて言う) → call

call　　　invite

1 (呼びかける) call [コール]；(さけぶ) call out, cry [クライ] out
▶ 呼ばれたら返事をしなさい．
  Answer when you're *called*.
▶ 私は大声で助けを呼んだ．
  I *called* [*cried*] *out* for help.
2 (呼びよせる) call；(用がある) want [ワント]
▶ 警察を呼んで！ *Call* the police!
▶ 救急車を呼んでください．
  Call an ambulance, please.
▶ 医者を呼んでもらえますか．
  Would you *call* a doctor? / (緊急の場

よふかし ▶

合) *Send for* the doctor.
▶ お父さんが呼んでるよ.
　Dad *wants* you.
3 (招く) **invite** [インヴァイト]
▶ きのう理香の誕生日パーティーに呼ばれた.
　I *was invited* to Rika's birthday party yesterday.
4 (名づけて言う) **call**

╭─ ●表現力 ─────────────╮
│ (人など) を…と呼ぶ │
│ → call ＋人など＋ … │
╰──────────────────────╯

▶ ぼくは高橋佳樹といいます. ヨシと呼んでください.
　I'm Takahashi Yoshiki. Please *call* me Yoshi.
▶ これは英語で何と呼びますか.
　What do you *call* this in English?
　(▶×How do you call ...?とはいわない)
よふかし 夜更かしする **stay up late, sit up late**
▶ きのうは夜ふかしした.
　I *stayed up late* last night.
よふけ 夜更けに **late at night**
▶ ロイは夜ふけまで起きていた.
　Roy stayed up (till) *late*.
よぶん 余分な **extra** [エクストゥラ] ;(予備の) **spare** [スペア]
▶ 余分なお金は持ち合わせてないよ.
　I have no *extra* money with me.
▶ 余分なものは処分しなさい.
　Get rid of the *things you don't need*.
よほう 予報 a **forecast** [フォーキャスト]
予報する forecast
▶ 天気予報だと, あしたは雨だって.
　The weather *forecast* says it will rain tomorrow.
よぼう 予防 (a) **prevention** [プリヴェンション]
予防する prevent [プリヴェント]
▶ 石けんで手を洗えばこの病気は予防できる.
　Washing hands with soap can *prevent* this disease.
予防接種 (a) **vaccination** [ヴァクスィネイション]
▶ 今日インフルエンザの予防接種を受けた.
　I got a flu *shot* today.
よほど **so** [ソウ] ; **much** [マッチ], **a lot** [ラット]
▶ 彩花はよほどうれしいらしい.
　Ayaka seems (to be) *so* happy.

▶ こっちのほうがよほどいいよ.
　This one is *much* better.
よみがえる (思い出などが) **come back** ; (生き返る・元気になる) **revive** [リヴァイヴ]
よみもの 読み物 (本) a **book** [ブック] ; a **read** [リード]
▶ これは若者によい読み物だ.
　This is a good *book* for young people.
▶ 何か読み物でも持っていったらどう？
　Why don't you take *something to read* with you?

よむ 読む

read [リード]
▶ (先生が) みんな, 私のあとについて読んでください.
　Read after me, class.
▶ 父は新聞を2紙読んでいる.
　My father *reads* two newspapers a day.
▶ その本を1日で読んだ.
　I *read* the book in one day. (▶ read [リード] の過去形は read [レッド])
▶ 『ロミオとジュリエット』は世界中で広く読まれている.
　Romeo and Juliet is widely *read* throughout the world. (▶この read [レッド] は過去分詞)
▶ 小さいころ母はよく絵本を読んでくれた.
　My mother used to *read* me picture books when I was little.
よめ 嫁 (花よめ) a **bride** [ブライド] ; (妻) *my* **wife** [ワイフ] ; (むすこの妻) *my* **daughter-in-law**, *my* **son's wife**
▶ 大きくなったらジョンのお嫁さんになりたい.
　I want to be John's *wife* when I grow up.
よやく 予約 (部屋・席などの) a **reservation** [レザヴェイション] ; (医者などの) an **appointment** [アポイントゥメント]
予約する (部屋・席などを) **reserve** [リザ～ヴ], **make a reservation** ; (医者などに) **make an appointment**
▶ ホテルはもう予約したの？
　Have you *made a* hotel *reservation* yet? / *Have* you *reserved* a room at the hotel yet?
▶ 5時に歯医者さんに予約してるんだ.

◀ **よる**³

I *have a* dentist's *appointment* at five.
予約席 a reserved seat

よゆう 余裕
▶ 時間の余裕がないよ.
We have *no time to spare*. / We're *running out of time*.
▶ ここには机を置くような余裕はないね.
There's no *space* for a desk here.
▶ いまは新車を買うような余裕はないよ.
We can't *afford* (to buy) a new car now. (▶ can't afford (to buy) で「…を買う余裕はない」の意味)

-より

1 (比較) **than** [ザン]

💬表現力
…より〜 →比較級+ than ...

▶ ぼくはまだ父より背が低い.
I'm still *shorter than* my father.
▶ 私の彼は私より1つ年上だ.
My boyfriend is one year *older than* me [I am]. (▶「年下」は younger)
▶ あなたのことなら,彼女より私のほうがよくわかっているわ.
I know you *better than* she does.
▶ 高志はクラスのどの生徒よりもよくできる.
Takashi is *brighter than* any other student in the class.

💬表現力
…よりずっと〜
→ **much** +比較級+ **than** ... /
  a lot +比較級+ **than** ...

▶ ぼくはそっちよりずっとこっちが好きだ.
I like this one *much better than* that one.

2 (…から) **from** [フラム] →-から

▶ (手紙などで) 杏奈より. *From* Anna.
3 (…以来) **since** [スィンス] →いらい¹
よりかかる 寄り掛かる **lean** [リーン] (against, on)
▶ へいに寄りかかっちゃだめ.
Don't *lean against* the fence.
よりみち 寄り道 →みちくさ,よる²
▶ 寄り道をしないでまっすぐ帰ってらっしゃい.
Come straight home without *stopping on the way*.

よる¹ 夜 →あさ¹, ばん¹, ゆうがた

(a) **night** [ナイト] (対) 朝 morning, 昼 day, 晩 evening) (▶日の入りから日の出までをいう. 日の入りから寝るまでの間は evening) →ゆうがた
夜に at night
▶ 夜になると気温が急に下がった.
The temperature dropped suddenly *at night*.
▶ 日曜の夜にお客さんが来た.
We had guests on Sunday *night*. (▶特定の日の「夜に」というときは on を使う)
▶ 5日の夜に地震があった.
We had an earthquake on the *night* of the fifth.
▶ きのうの夜は寒かった.
It was cold last *night*. (▶ last や tomorrow (あす) などがつくときは at はつけない)
▶ きのうの夜はおそくまで起きていた.
I stayed up late last *night*.
▶ 夜が明けてきた.
Day [Dawn] is breaking.
▶ ぼくは夜型だ.
I'm a *night* person.

よる² 寄る

1 (近づく) **come near** (to), **come close** (to)
▶ もっと近くに寄りなさい.
Come nearer [*closer*].
2 (立ち寄る) **drop in**, **drop by** →たちよる
よる³ 因る **1** (…しだいである) **depend** [ディペンド] (on)
▶ うまくいくかどうかはきみ自身の努力によるな.
Your success *depends on* your own efforts.

eight hundred and nineteen **819**

-(に)よれば ▶

▶ それは時と場合によるね.
That *depends*. / It all *depends*.

2 (…が原因である) be due [デュー] to

▶ その事故は飲酒運転によるものだった.
The accident *was due to* drunk driving.

-(に)よれば according [アコーディング] to

▶ 優人くんによれば，彼のお母さんは入院しているそうだ.
According to Yuto, his mother is in the hospital.

よれよれ よれよれの worn-out [ウォーナウト]

よろい armor [アーマァ]

▶ よろいをつける put on *armor*

よろこばす 喜ばす please [プリーズ], make ... happy [ハピィ]

▶ どうすれば親を喜ばせることができるだろうか.
How can I *please* my parents? / How can I *make* my parents *happy*?

よろこび 喜び

(a) joy [ヂョイ], (a) pleasure [プレジァ]

▶ 音楽は私の人生の喜びだ.
Music is the *joy* of my life.

▶ 子どもたちは喜びのあまり飛び上がった.
The children jumped for *joy*.

▶ 「今のお気持ちは？」「この喜びはとても表現できません」
"How do you feel now?" "I can't tell you how *happy* I am."

よろこぶ 喜ぶ

be happy [ハピィ], be glad [グラッド], be pleased [プリーズド]

▶ おじいちゃん，私たちに会ったら喜ぶよ.
Grandpa will *be happy* to see us.

▶ みんなが無事だと聞いて私は喜んだ.
I *was glad* to hear nobody was hurt.

▶ きみがこんなに早くよくなってとても喜んでいます.
I *am* very *glad* that you got well so soon.

▶ 母は私たちのおくり物を喜んでくれた.
My mother *was pleased* with our presents.

🖊ライティング
合唱コンクールに優勝してみんなで喜びました． We were all happy that we won the chorus contest.

💬表現力
喜んで…する → be happy to ... / be glad to ...

▶ 喜んでお手伝いするよ.
I'll *be glad* [*happy*] *to* help you.

🗣スピーキング
Ⓐ いっしょにやらない？
Won't you join us?
Ⓑ うん，喜んで.
Sure, I'd love to.

よろしい All right. [オール ライト] →よい¹

▶ (電話などで)「いまよろしいですか」「ええ，どうぞ」 "Is it *all right* to talk to you now?" "Sure."

▶ (学校などで)「早退してもよろしいですか」「よろしい」
"*May I* go home early?" "*All right*."

💬用法「よろしいですか」「よろしい」

「…してよろしいですか」とたずねるときは **May I ...?** という．これに対して「よろしい」というときは **All right.** や **Sure.** や **OK.** や **Certainly.** などと言う.
Ⓐ 伊藤先生，帰ってよろしいですか.
May I go home, Mr. Ito?
Ⓑ よろしい.
All right.

よろしく (初対面で) Nice to meet you.

🗣スピーキング
Ⓐ 辻さん，どうぞよろしく.
Nice to meet you, Mr. Tsuji.
Ⓑ こちらこそよろしく.
Nice to meet you, too.

▶ 小野広志です．どうぞよろしく.
I'm Ono Hiroshi. *Glad to meet you*.

💬表現力
…によろしく伝えてください
→ Say hello [hi] to ... . / Give my best regards to ... .

820 eight hundred and twenty

▶ 美咲(みさき)によろしくね.
Say hello to Misaki.

用法 よろしく(お願いします).
❶初対面の相手に「よろしく」とあいさつする場合は, Nice to meet you. が定番の表現.
❷だれかに伝言をたのむ際などに「〜によろしく伝えてください」と言いたい場合は, Say hello to 〜. とか Please give my regards to 〜. などと言う.
❸何かたのみごとをしたときに「よろしくお願いします」と言うときは, Thank you. や Thanks. と言い添えるとよい.

よろめく stagger [スタガァ]
よろよろ よろよろする stagger [スタガァ]
よろん 世論 public opinion [パブリク オピニョン]
世論調査 a public opinion poll [ポウル]

よわい 弱い

1 (力がない) weak [ウィーク] (反 強い strong)

weak   strong

▶ 最初はうちのチームは弱かった.
At first our team was *weak*.
▶ ぼくは小さいころ体が弱かった.
I got *sick easily* when I was little.
▶ 私は意志が弱い.
I have a *weak* will.
2 (苦手な) weak, poor [プァ] →にがて
▶ ぼくは英語が弱い.
I'm *poor* at English. (▶ poor は bad でもよい)
▶ 私は朝が弱い (→朝起きるのに苦労する).
I *have trouble* waking up in the morning.
▶ 父はお酒が弱い (→すぐによっぱらう).
My father gets drunk easily.
弱くする weaken [ウィークン], (ガスなどを) turn down
▶ ガスの火を弱くしてくれる？
Can you *turn* the gas *down*?
よわき 弱気な (おく病な) timid [ティミド]
▶ 弱気になるな.
(簡単にあきらめるな) Don't give up so easily. / (勇気を出せ) Have courage.
よわさ 弱さ weakness [ウィークネス]
よわね 弱音
▶ 弱音をはくな.
Never say die. / (あきらめないで) Don't give up.
▶ 彼はすぐ弱音をはく.
He always *whines*. (▶ whine [(フ)ワイン] は「泣き言をいう」の意味)
よわみ 弱み a weakness [ウィークネス]; (弱点) a weak point [ポイント]
▶ 人の弱みにつけこむな.
Don't take advantage of others' *weaknesses*.
▶ 自分の弱みを見せちゃだめだ.
You shouldn't show your *weak points*.
よわむし 弱虫 a coward [カウアド], a wimp [ウィンプ], a chicken [チキン]
▶ この弱虫！
You *wimp*! / You *chicken*!
よわる 弱る **1** (弱くなる) get weak [ウィーク], become weak
▶ 祖父は目が弱くなってきていた.
My grandfather's eyes *were getting weak*.
2 (困る) →こまる
▶ 弱ったなあ (→どうしよう).
What should I do?

よん 四(の) →かず(表)

four [フォー(ァ)]
第4(の) the fourth (▶4th と略す)
▶ 4分の1
a *fourth* / a *quarter*
▶ 4分の3
three *fourths* / three *quarters*

よんじゅう 四十(の) →かず(表)

forty [フォーティ] (つづり注意)
第40(の) the fortieth (▶40th と略す)
▶ 母は40代です.
My mother is in her *forties*.
41 forty-one
42 forty-two

ら ラ ら ラ ら ラ

-ら …ら → -(し)たら
ラーメン ramen, Chinese noodles in soup
▶ カップラーメン
noodles in a cup
らい- 来… …(次の) next [ネクスト] …
らいう 雷雨 a thunderstorm [サンダストーム]
▶ 学校から帰る途中雷雨にあった.
I was caught in a *thunderstorm* on my way home from school.
ライオン (動物) a lion [ライオン] ; (めす) a lioness [ライオネス]
らいきゃく 来客 a visitor [ヴィズィタァ]

らいげつ 来月
next month [マンス]
▶ 私は来月で15歳になる.
I'll be fifteen *next month*.
▶ 来月の3日から期末テストだ.
Finals start on the 3 of *next month*.
▶ 再来月
the month after *next*

らいしゅう 来週
next week [ウィーク]
▶ 来週買い物に行かない?
Do you want to go shopping *next week*?
▶ 来週の金曜日に英語のテストがある.
I have an English test *next* Friday. (▶ next Friday は「次の金曜日」という意味で「今週の」こともありうる.「来週の」をはっきりさせるときは on Friday next week という)
▶ 来週の日曜日の午後はあいてる?
Are you free *next* Sunday afternoon?
▶ 来週のいまごろはアメリカにいるんだね.
You'll be in the U.S. a *week* from today.
▶ 再来週
the week after *next*
ライセンス (a) license [ライスンス]

ライター a lighter [ライタァ]
ライト¹ (照明) a light [ライト]
▶ ライトをつける
turn on a *light* (▶「消す」は turn off を使う)
ライト² (野球) right (field); (選手) a right fielder
ライトバン a station wagon [ステイション ワゴン]

ライナー (野球) a liner [ライナァ]

らいねん 来年
next year [イア]
▶ 来年は中学3年だ.
I'll be in the ninth grade *next year*.
▶ 弟は来年4月に中学にあがります.
My younger brother is starting junior high *next* April. (▶ next April は in April next year としてもよい)
▶ 再来年
the year after *next*
ライバル a rival [ライヴ(ァ)ル]
▶ 西中学はわが校のライバルだ.
Nishi Junior High is our *rival*.
ライバル意識 rivalry [ライヴ(ァ)ルリィ]
▶ 彼らはライバル意識をもっている.
There is *rivalry* between them.
らいひん 来賓 a guest [ゲスト]
来賓席 the guests' seats [ゲスツ スィーツ]
ライフ (a) life [ライフ]
ライフスタイル a lifestyle
ライフワーク my lifework
ライブ(コンサート) a concert [カンサ(ー)ト], a live [ライヴ] concert
▶ きのう, 大好きなバンドのライブに行った.
I went to a *concert* of my favorite

band yesterday.
ライブの,ライブで live
▶ やっぱり音楽はライブに限るな.
Music has to be *live*.
▶ そのバンドをライブで聞いてみたいなあ.
I want to hear the band (perform) *live*.
ライブハウス a place with live music
(▶ *live house* とはいわない)
ライフル ライフル銃 a rifle [ライフル]
らいめい 雷鳴 thunder [サンダァ], a clap of thunder
ライン¹ (線) a line [ライン]; (水準) (a) standard [スタンダド]
▶ 合格ライン (→点)
a passing *score*
ライン² ライン川 the Rhine [ライン]
ラウンジ a lounge [ラウンヂ]
ラウンド (ゴルフ・ボクシングなどの) a round [ラウンド]

らく 楽な

1 (容易な) **easy** [イーズィ]
楽に easily; (すぐに) quickly
▶ 楽な作業に思えたが, やってみるとたいへんだった.
The work had seemed *easy*, but I found it hard.
▶ そこは車で行ったほうが楽だよ.
It's *easier* if you drive there.
▶ こんな問題, 楽に解けちゃうよ.
I can solve this problem *easily*.
2 (安楽な) **comfortable** [カンファタブル], **easy**
▶ 気を楽に持てよ!
Take it *easy*!
▶ (お客さんに対して) どうぞ楽になさってください.
Please make yourself *comfortable*.
(▶ *comfortable* は *at home* ともいう)
▶ 楽あれば苦あり. (ことわざ)
After *pleasure* comes pain.
らくえん 楽園 (a) paradise [パラダイス]
らくがき 落書き a scribble [スクリブル]; (公共のかべなどに書かれた) graffiti [グラフィーティ]
落書きする scribble; (公共物に) write [draw] graffiti
落書きを消す remove graffiti

▶ 落書き禁止 (掲示)
No *Scribbling* Here
らくご 落語 *rakugo*, (総称) comic storytelling, (個々の) a comic story
落語家 a professional comic storyteller
らくしょう 楽勝 (口語) a cinch [スィンチ], a breeze [ブリーズ], a piece of cake
▶ 英語のテストは楽勝だったよ.
The English exam was a *cinch*.
らくせい 落成 (建物が完成する) be completed [コンプリーティド]
らくせん 落選 (選挙で) be defeated [ディフィーティド]
ラクダ (動物) a camel [キャメル]
らくだい 落第 (留年する) repeat [リピート] the year; (試験に不合格になる) fail [フェイル], (米口語) flunk [フランク]
らくてん 楽天的な optimistic [アプティミスティク] (反) 悲観的な pessimistic)
楽天家 an optimist
らくのう 酪農 dairy farming [デ(ア)リィファーミング]
酪農家 a dairy farmer [ファーマァ]
ラグビー rugby [ラグビィ] (▶ 正式名は rugby football)
▶ ラグビーをする
play *rugby*
▶ 兄は高校のラグビー部に入っている.
My older brother is on his high school's *rugby* team.
らくらく 楽々と easily [イーズィリィ]
ラクロス lacrosse [ラクロ(ー)ス]

ラケット (テニス・バドミントンの) a racket [ラケト]; (卓球の) (米) a paddle [パドゥル], (英) a bat [バト]
▶ ラケットのすぶりの練習をした.
I practiced swinging my *racket*.

-らしい

ラジオ ▶

1 (…だそうだ) I hear [ヒァ] ... , I heard [ハ～ド] ... , They say [セイ] ...
▶ 来週新しい先生が来るらしいよ.
I hear a new teacher will come to our school next week.
2 (…のように見える) look [ルック], appear [アピア]; (…のように思える) seem [スィーム] →みえる, -よう¹
▶ あしたはどうも雪らしい.
It looks like snow tomorrow. / It's likely to snow tomorrow. / It looks like it's going to snow tomorrow.
▶ 彼はどうもぼくのことがきらいらしい.
He doesn't seem to like me.
3 (ふさわしい)
▶ そんなことするなんていかにもお前らしいよな.
It's just like you to do things like that.

ラジオ →テレビ

(家電製品) a **radio** [レイディオウ] (**set**); (ラジオ放送) the **radio**
▶ ラジオをつけてくれる？
Can you turn on the radio? (▶「消す」は turn off)
▶ ラジオの音を大きくする
turn up the radio (▶「小さくする」は turn down)
▶ ラジオはよく聞くの？
Do you listen to the radio much?
▶ ラジオでそのニュースを聞いた.
I heard the news on the radio. (▶「ニュースを聞く」というときは hear)
▶ ぼくはラジオで音楽を聞くのが好きだ.
I like listening to music on the radio.
▶ ラジオでいま何をやってる？
What's on the radio now?
ラジオ英語講座 a radio English course [コース]
ラジオ局 a radio station
ラジオ体操 radio gymnastic [ヂムナスティク] exercises
ラジオ番組 a radio program
ラジカセ a radio cassette [カセット] recorder
ラジコン (無線操縦) radio control [コントゥロウル]
▶ ラジコンカー a radio-controlled car
らしんばん 羅針盤 a compass [カンパス]
ラスト the last [ラスト] →さいご
ラストシーン the last scene
らせん a spiral [スパイ(ア)ラル]
らっかせい 落花生 a peanut [ピーナト]

らっかん 楽観的な optimistic [アプティミスティク] (反) 悲観的な pessimistic)
ラッキー ラッキーな lucky [ラキィ]

🔵用法 ラッキー！
自分が「ラッキー」だというときは **I am [was] lucky.** とか **Lucky me!** という. 相手が「ラッキー」だというときは **Lucky you!** という.
Ⓐ どうだった？
How did you do?
Ⓑ ラッキー！ 98点とった
I was lucky! I got a 98.

ラッコ (動物) a sea otter [アタァ]

ラッシュ(アワー) (the) rush hour(s)
▶ 朝の電車のラッシュはとにかくひどい.
Morning rush-hour trains are simply terrible.
らっぱ a trumpet [トゥランペト]; (軍隊用の) a bugle [ビューグル]; (金管楽器) a brass instrument
ラッピング wrapping [ラピング]

ラッピングする wrap [ラップ]；(プレゼント用に) gift-wrap [ギフトゥラップ]
▶ これをクリスマス用にラッピングしてください. Can you *wrap* this for Christmas?
▶ これをプレゼント用にラッピングしてもらえますか. Could you *gift-wrap* it?

ラップ¹ (食品の) plastic wrap [プラスティックラップ]

ラップ² (音楽) rap (music)

ラップ³ (陸上などの1周) a lap [ラップ]

ラテン ラテン語 [民族, 系] の Latin [ラテン]
ラテンアメリカ Latin America
ラテン音楽 Latin (American) music

ラフ ラフな rough [ラフ]
▶ ラフプレー
rough play

ラブ love [ラヴ]；(テニス) (零[れい]点) love
▶ 2人はラブラブだ.
They're very much in *love*.
ラブゲーム (テニス) a love game
ラブストーリー a love story
ラブレター a love letter

ラベル a label [レイベル]
▶ …にラベルをはる
put a *label* on ...

ラムネ ramune, (a) soda pop [ソウダ パップ] (▶「ラムネ」は lemonade [レモネイド] (レモネード) がなまったもの)

ラリー (テニスなどの) a rally [ラリィ]；(自動車などの) a rally

-られる → -れる

ラン 蘭《植物》an orchid [オーキド]

らん 欄 (新聞などの) a section [セクション], a page [ペイヂ], a column [カラム]
▶ スポーツ欄
a sports *section*
▶ 投書欄
the readers' *column*
▶ ぼくはたいていテレビ欄を最初に見る.
I usually check the TV *section* first.

らんかん 欄干 a railing [レイリング]

ランキング (順位) (a) ranking [ランキング]
▶ ランキング上位の歌
top-*ranking* songs

ランク (a) rank [ランク]

らんし 乱視の astigmatic [アスティグマティク]

ランチ (昼食) (a) lunch [ランチ]；(食堂などの)《米》a lunch special [スペシ(ャ)ル],《英》a set lunch
▶ お子様ランチ
a kid's *lunch special*

らんとう 乱闘 a scuffle [スカフル]

ランドセル a (school) satchel [サチャル]
(▶「ランドセル」はオランダ語から)

ランドリー a laundry [ローンドゥリィ]
▶ コインランドリー
a laundromat [ローンドゥロマト] (▶もとは商標名)

ランナー (走者) a runner [ラナァ]
▶ 長距離[きょり]ランナー
a long-distance *runner*
▶ 短距離ランナー
a sprinter [スプリンタァ]

らんにゅう 乱入する burst [バ~スト] into

ランニング ランニングする go running, go jogging, run, jog
ランニングシャツ (下着)《米》a sleeveless undershirt,《英》a vest (▶ *running shirt* とはいわない)
ランニングホームラン an inside-the-park home run [homer]

ランプ (照明) a lamp [ランプ]

らんぼう 乱暴な violent [ヴァイオレント]；(あらっぽい) rough [ラフ]
乱暴に violently, (あらっぽく) roughly
▶ 乱暴はよしなさい.
Don't be *violent*.
▶ 乱暴なことばはだめよ.
Don't speak so *roughly*. / Don't use *rough* words.

らんよう 乱用する abuse [アビューズ]

リアル ▶

り リ り リ り リ

リアル リアルな realistic [リーアリスティク]
リアルに realistically

リーグ (連盟) a league [リーグ]
リーグ戦 (野球など) a league game；(テニスなど) a league match
▶ セ・リーグ
the Central *League*
▶ パ・リーグ
the Pacific *League*
▶ (アメリカの) メジャーリーグ，大リーグ
the Major *Leagues*

リーダー (指導者) a leader [リーダァ]

リーダーシップ leadership [リーダシプ]

リード リードする lead [リード]
▶ 前半を終わって，うちのチームが 2 対 1 でリードしていた．
At half time, our team *led* 2 to 1.

リール (つり用の) a reel [リール]

りえき 利益 (a) profit [プラフィト]
▶ 利益を得る make a *profit*

リオデジャネイロ (地名) Rio de Janeiro [リーオウ デイ ジャネ (ア) ロウ]

りか 理科 science [サイエンス]
▶ ぼくは理科が好きです．I like *science*.
理科室 a science lab [classroom], a science room
理科部 a science club

りかい 理解

(an) understanding [アンダスタンディング]
理解する understand (▶進行形にしない) →わかる
理解のある understanding
▶ 私の言ってることが理解できますか．
Do you *understand* me? / Do you *understand* what I'm saying?
▶ 彼がどうしてそんなことを言ったのか私には理解できない．I don't *understand* why he said that.
▶ きみのお父さん，とても理解があるよね．
Your father is very *understanding*, isn't he?

りく 陸 land [ランド] (対 海 sea)

▶ 遠くに陸が見えた．
We saw *land* in the distance.
▶ 私は空の旅よりも陸の旅のほうが好きです．
I like traveling by *land* better than by air.

リクエスト a request [リクウェスト]
リクエストする request, make a request (for)

りくぐん 陸軍 the army [アーミィ]

りくじょう 陸上競技 《米》 track and field, 《英》 athletics [アスレティクス]
陸上部 a track and field team

おもな陸上競技種目

50m 走	the 50-meter dash
(▶短距離走には dash を使う)	
100m 走	the 100-meter dash
400m 走	the 400-meter dash
800m 走	the 800-meter run
(▶800m 以上には run を使う)	
1500m 走	the 1500-meter run
3000m 走	the 3000-meter run
110m ハードル	the 110-meter hurdles
障害物競走	an obstacle race
400m リレー	the 400-meter relay
走り高とび	the high jump
走り幅とび	the long jump
三段とび	the triple jump
棒高とび	the pole vault
砲丸投げ	the shot put
ハンマー投げ	the hammer throw
やり投げ	the javelin throw
円盤投げ	the discus throw

りくつ 理屈 (道理) reason [リーズン]；(論理) logic [ラヂク]
理屈に合った reasonable；logical

りこ 利己的な selfish [セルフィシ], egoistic [イーゴウイスティク, エゴウ—]
利己主義 egotism [イーゴウティズム, エゴ—]
利己主義者 an egotist [イーゴウティスト, エゴ—]

◀ りったい

りこう 利口な →かしこい
《米》smart [スマート], 《英》clever [クレヴァ]
(反) ばかな stupid; (勉強ができる) bright [ブライト]
▶ りこうな子 a *smart* child
▶ あの女の子は年のわりにはりこうだ.
That girl is *smart* for her age.
▶ ひとつりこうになったよ.
I've *learned* my lesson. (▶つらい経験をして「ためになった」と言いたいときに使う)

リコーダー a recorder [リコーダァ]
リコール リコールする recall [リコール]
りこん 離婚 (a) divorce [ディヴォース]
離婚する divorce, get divorced
▶ 万里子は去年夫と離婚した.
Mariko *divorced* her husband last year. / Mariko *got divorced* from her husband last year.
リサイクル recycling [リサイクリング]
リサイクルする recycle
▶ 私たちは新聞やペットボトル, かんを分別してリサイクルしている.
We separate newspaper, plastic bottles and cans to *recycle* them.

> 🗨 プレゼン
> リサイクルは環境を守るためのもっともよい方法のひとつです.
> Recycling is one of the best ways to protect the environment.

リサイクルショップ a recycled-goods shop, 《米》a thrift store [shop], 《英》a secondhand shop
リサイタル a recital [リサイトゥル]
▶ ピアノリサイタルを開く
have [give] a piano *recital*
りし 利子 interest [インタレスト]
リス (動物) a squirrel [スクワ～レル]
りすう 理数 science and mathematics
▶ 理数系はぼくの得意教科だ.
Math and science are my strong subjects.
リスト a list [リスト]
▶ リストにのせる list / put ... on a *list*
▶ ブラックリスト a black*list*
リストアップする make a list (of)
リストラ (人員削減) downsizing [ダウンサイズィング]; (企業の再構築) (a) restructuring [リーストゥラクチャリング]
リストラする downsize; restructure
リストラされる get laid off
リスニング listening [リスニング]
リスニングテスト a listening (comprehension) test (▶ hearing test は「聴力検査」のこと)
リズム (a) rhythm [リズム]
▶ サンバのリズムに合わせて踊りましょう.
Let's dance to the samba *rhythm*.
リズム・アンド・ブルース rhythm and blues
りせい 理性 reason [リーズン]
理性的な rational [ラシ(ョ)ナル]
▶ 理性を失うな.
Be *reasonable*.
リセット リセットする reset [リーセット]

りそう 理想
an ideal [アイディ(ー)アル]
▶ 姉は理想が高い.
My older sister has high *ideals*.
▶ 理想と現実の間には大きなギャップがある.
There is a wide gap between *ideals* and reality.
理想の, 理想的な ideal
▶ あなたの理想の男性はどんな人？
What's your type (of man)?
▶ ハイキングには理想的な天気だった.
It was *ideal* weather for hiking. (▶ ideal のかわりに perfect も使える)
リゾート (リゾート地) a resort [リゾート]
リゾートホテル a resort hotel
りそく 利息 interest [インタレスト]
りつ 率 a rate [レイト]
▶ 打率 a batting *average*
りっきょう 陸橋 an overpass [オウヴァパス]
りっけん 立憲の constitutional [カンスティテューショナル]
りっこうほ 立候補する 《おもに米》run (for)
▶ 私は生徒会長に立候補した.
I *ran for* student council president.
立候補者 a candidate [キャンディデイト]
りっしょう 立証する prove [プルーヴ]
りったい 立体 a solid [サリド] (figure)
立体の solid
▶ 立体感のある絵
a picture with a *three-dimensional*

eight hundred and twenty-seven 827

リットル ▶

effect（▶ three-D effect, 3-D effect のようにも表す）

リットル（単位）a liter [リータァ]，《英》a litre（▶ L または l と略す）

りっぱ 立派な

fine [ファイン]，nice [ナイス]，good [グッド]，great [グレイト]，impressive [インプレスィヴ]

▶ りっぱなお宅ですね。
Your house is *really nice*.

▶ 友樹はりっぱな先生になるだろう。
Tomoki will be a *good* teacher.

▶ 森田さんはりっぱな家に住んでいる。
The Morita family lives in an *impressive* house.

━━ スピーキング ━━
Ⓐ 数学で満点をとったよ。
　 I got a perfect score in math.
Ⓑ りっぱ！（→たいしたもんだ）
　 That's something.

りっぱに very well [ウェル]

▶ むすこさんはりっぱに勉強されています。
Your son has been doing *very well* in his studies.

リップ（くちびる）lips [リップス]
リップクリーム《米》a chapstick [チャプスティック]（▶商標 Chap Stick から），lip balm [リップ バーム]

りっぽう¹ 立方 a cube [キューブ]
立方体 a cube

りっぽう² 立法 legislation [レヂスレイション]

リトルリーグ Little League [リトゥル リーグ]

リニアモーター a linear motor [リニア モウタァ]
リニアモーターカー a linear motor car

りにん 離任する leave [リーヴ] *my* position [ポズィション]
離任式 the farewell ceremony [フェアウェル セレモウニィ]

リハーサル（a）rehearsal [リハ～サル]
リハーサルをする rehearse

リバーシブル リバーシブルの reversible [リヴァ～スィブル]

リバイバル（a）revival [リヴァイヴァル]

リバウンド リバウンドする rebound [リバウンド]

リハビリ（テーション） rehabilitation [リーハビリテイション]，《口語》rehab [リーハブ]

リハビリをする rehabilitate

りはつ 理髪
理髪師 a barber [バーバァ]
理髪店《米》a barbershop [バーバシャプ]，《英》a barber's [バーバァズ]（shop）

リバプール（地名）Liverpool [リヴァプール]

リビング リビングルーム a living room [リヴィング ル（ー）ム]

リフォーム リフォームする（改築する）remodel [リーマドゥル]；（洋服などを作り直す）remake [リーメイク]（▶「リフォーム」は和製英語。reform は「（制度などを）改革する」の意味）

リフト（スキー場の）a（ski）lift [リフト]，a chairlift [チェアリフト]

▶ リフトに乗る take a（*ski*）*lift*

リベンジ revenge [リヴェンヂ]

リボン a ribbon [リボン]（▶帽子などについているものは band ともいう）；（かざり用の細長い）a streamer [ストゥリーマァ]

リムジン a limousine [リムズィーン]
リムジンバス（空港の）an airport bus [limousine]

リモート リモートの（遠隔の）remote [リモウト]

▶ リモート授業 a *remote* class
リモートで（遠隔で）remotely [リモウトリィ]

▶ リモートで働く work *remotely*
リモートワーク（職場以外で働くこと）teleworking, remote working；（在宅勤務）working from home

▶ 母は今日はリモートワークです。
My mother *is working from home* today.

リモコン a remote [リモウト]（control）

▶ テレビのリモコン，どこに行ったんだろう。
Where did the TV *remote* go?

りゃく 略 →しょうりゃく
略す abbreviate [アブリーヴィエイト]

▶ UNICEF は何の略ですか。
What does UNICEF *stand for*?（▶ stand for は「…の略である」の意味）

▶ お宅までの略図を書いていただけますか。
Could you draw a *rough* map to your house?
略語 an abbreviation [アブリーヴィエイション]

りゆう 理由 →なぜ

（a）**reason** [リーズン]

828　eight hundred and twenty-eight

◀ **りょうがえ**

▶ 遅刻した理由を言いなさい.
Tell me *why* you were late.
▶ 健人は健康上の理由で部活をやめた.
Kento quit the club for health *reasons*.
▶ どういう理由でそんなことをしたんだ？
Why did you do that?

りゅう 竜 a dragon [ドゥラゴン]
りゅうがく 留学する study abroad [アブロード], go abroad for study
▶ 姉は英語を勉強するためアメリカに留学している. My sister has been staying in the U.S. to study English.
留学生（日本に来ている）a foreign student；（外国へ行っている）a student studying abroad
りゅうかん 流感 →インフルエンザ

りゅうこう 流行

(a) fashion [ファション], (a) vogue [ヴォウグ]；(病気の) an epidemic [エピデミク]
流行する come into fashion →はやる
流行している be in fashion, be popular, be in vogue；(病気などが) be prevalent, go around
▶ 最近の流行 the latest *fashions*
▶ このヘアスタイルはことしの流行だ.
This hairstyle *is popular* this year.
▶ こういう音楽はもう流行おくれだよ.
This kind of music has gone out of *style* [*fashion*]. (▶ out of style [fashion] で「流行おくれで」の意味)
▶ インフルエンザが流行している.
The flu *is going around*.
流行歌 a popular song
流行語 a trendy word
りゅうせい 流星（流れ星）a shooting star, a meteor [ミーティア]
流星群 a meteor swarm
りゅうちょう 流ちょうな fluent [フルーエント]
流ちょうに fluently
▶ 吉田さんは流ちょうに英語を話す.
Ms. Yoshida speaks English *fluently*. / Ms. Yoshida speaks *fluent* English.
りゅうひょう 流氷 drift [ドゥリフト] ice
リュック（サック） a backpack [バクパク], 《米》a knapsack [ナプサク], 《英》a rucksack [ラクサク]
▶ リュックを背負う carry a *backpack*

りよう 利用 →しよう¹
use [ユース]（発音注意）
利用する use [ユーズ], make use of
▶ 私は学校の図書室をよく利用する.
I often *use* the school library.
▶ この橋はあまり利用されていないようだ.
This bridge doesn't seem to *be used* much.
▶ 時間は有効に利用するようにしなさいね.
Try to *make* good *use of* your time.

りょう¹ 量 (a) quantity [クワンティティ]（対）質 quality), an amount [アマウント]
▶ 量より質. Quality before *quantity*.
りょう² 猟 hunting [ハンティング], shooting [シューティング]
猟をする hunt
▶ 森に猟に行く go *hunting* in the woods
猟犬 a hunting dog
猟師 a hunter
りょう³ 漁 fishing [フィシング] →つり¹
漁をする fish
▶ 海に漁に出る go *fishing* in the sea
漁師 a fisher [フィシャ]
りょう⁴ 寮 《米》a dormitory [ドーミトーリィ], (口語) a dorm [ドーム]
▶ 兄はいま大学の寮で暮らしている.
My brother is living in a college *dorm*.
▶ 全寮制の学校 a *boarding* school
りょうおもい 両思い
▶ 彼らは両思いだ.
They *love each other*.
りょうかい¹ 了解する understand [アンダスタンド]
▶ 了解しました. I *understand*.
▶（くだけた話し言葉で）了解！ I *got* it!（▶さらにくだけて Got it! と言うことも多い）
▶（無線の応答で）了解！ *Roger!* [ラヂャ]
りょうかい² 領海 territorial [テリトーリアル] waters
りょうがえ 両替する（くずす）break [ブレイク] ...（into), change [チェインヂ] ...（into）；(他の通貨に) exchange [イクスチェインヂ] ...（into, for）, change ...（into, for）
▶ これを1000円札に両替してもらえますか.
Could you *change* this *into* 1,000-yen bills?

りょうがわ ▶

▶ 円をドルに両替する
exchange yen *for* dollars

りょうがわ 両側 both sides

▶ 道の両側にガードレールがあります.
There are guardrails on *both sides* of the street.

りょうきん 料金

charge(s) [チャージ(ズ)]；(入場料や会費など) a **fee** [フィー]；(乗り物の) a **fare** [フェア]；(一定の規準による) a **rate** [レイト]

▶ 公共料金
public utility *charges*

▶ 入場料金
an admission *fee* / an entrance *fee*

▶ 駐車じゅう料金 a parking *fee* [*rate*]

▶ シングルの部屋の料金はいくらですか.
What's the *charge* [*rate*] for a single room?

▶ 神戸までの料金はいくらですか.
How much is the *fare* to Kobe?
料金所 a tollgate
料金表 a price list

りょうくう 領空 **territorial** [テリトーリアル] **air**

りょうこう 良好な **good** [グッド]

▶ 良好な関係 a *good* relationship

▶ 万事良好です.
Everything is going *well*. (▶ *well* のかわりに *OK* や *all right* も使える)

りょうじ 領事 a **consul** [カンスル]
領事館 a **consulate** [カンスレト]

▶ 日本領事館
Japanese *Consulate*

りょうしき 良識 **good sense** [センス]；(常識) **common sense**

▶ 良識で判断しなさい.
Use your *good sense*.

りょうしゅうしょ 領収書 a **receipt** [リスィート] (発音注意)

▶ 領収書をもらえますか.
Can I have a *receipt*?

りょうしん¹ 両親

my **parents** [ペ(ア)レンツ] →おや¹

▶ 両親とも働いています.
My *parents* both work. / Both (of) my *parents* have jobs.

りょうしん² 良心 (a) **conscience** [カン

シェンス]

良心的な conscientious [カンシエンシャス]

▶ おまえには良心というものがないのか.
Don't you have a *conscience*?

▶ ぼくは良心がとがめた. I felt guilty.

りょうど 領土 (a) **territory** [テリトーリィ]

▶ 北方領土 the Northern *Territories*
領土問題 a territorial issue [イシュー]

りょうほう 両方 →どちらも

1 《肯定》 **both** [ボウス]

╭─ 🗨️スピーキング ─────────╮
│ Ⓐ ケーキとパイとどっちがほしい？ │
│   Which do you want, cake or │
│   pie? │
│ Ⓑ **両方**もらえる？ │
│   Can I have both? │
╰─────────────────────╯

╭─ 💬表現力 ─────────────╮
│ …の両方とも → **both (of) ...** │
╰─────────────────────╯

▶ そのマンガは両方とも持ってるよ.
I have *both of* the comics.

╭─ 💬表現力 ─────────────╮
│ ～と…の両方とも → **both ～ and ...** │
╰─────────────────────╯

▶ その店は紳士じん服と婦人服の両方とも置いている.
The store carries *both* men's *and* women's clothes.

2 《否定》(両方とも…ない) **neither** [ニーザァ ‖ ナイザァ]

╭─ 💬表現力 ─────────────╮
│ ～は両方とも…ない │
│   → **neither ～ / not either ～** │
╰─────────────────────╯

▶ 答えは両方とも正解ではありません.
Neither (of the) answer(s) is correct.

▶ その映画は両方とも見たことがない.
I've *never* seen *either* of the movies.

╭─ 💬表現力 ─────────────╮
│ ～も…も両方とも…ない │
│   → **neither ～ nor ... /** │
│   **not either ～ or ...** │
╰─────────────────────╯

▶ きみの答えもぼくのも両方ともまちがっている.

◀ りょこう

Neither your answer *nor* mine is correct.
▶ 私はスキーもスケートも両方ともできない.
I can *neither* ski *nor* skate.

りょうり 料理

1 (調理) **cooking** [クキング]
料理する cook, **make**, prepare (▶ cook は火を使って料理する場合にいう)
▶ 料理をするのは好きですか.
Do you like *cooking*?
▶ 母は料理がうまい.
My mother is a good *cook*. / My mother *cooks* well.
▶ 毎週日曜日は父が家族のために料理をつくってくれる.
My father *cooks* for the family on Sundays.
▶ 姉は料理教室に通っている.
My sister is taking *cooking* classes.
▶ 料理の本
《米》a cookbook /《英》a cookery book
料理学校 a cooking school
料理人 a cook;(料理長) a chef [シェフ]
料理番組 a cooking program [プログラム]

2 (1皿に盛った) a **dish** [ディッシ];(食べ物) **food** [フード]
▶ おいしい料理
a delicious *dish*
▶ 肉 [魚] 料理
a meat [fish] *dish*
▶ この料理, ちょっとしょっぱいね.
This *dish* is kind of salty, isn't it?
▶ 好きな料理は何？
What's your favorite *dish* [*food*]？
▶ ぼくはあっさりした料理が好きだ.
I like plain *food*. (▶「あぶらっこい料理」なら fatty food)
▶ 母の得意料理はカレーだ.
My mother's specialty is curry.
▶ この料理のつくり方, 教えて.
Can you give me the recipe for this *dish*? (▶ recipe [レスィピ] は「レシピ, 調理法」のこと)
▶ 中国料理とイタリア料理, どっちが食べたい？
Which sounds better, Chinese or Italian (*food*)?

りょうりつ 両立させる
▶ 勉強と部活を両立させるのはそんなに簡単ではない.
It's not so easy to *manage* your studies and club activities *at the same time*.

りょかく 旅客 a traveler [トゥラヴ(ェ)ラァ];(乗客) a passenger [パセンヂァ]
旅客機 a passenger plane

りょかん 旅館 a Japanese-style hotel [ホウテル];(小さな) an inn [イン]
▶ きのうは有馬の温泉旅館に泊まった.
We stayed at a hot spring *inn* in Arima yesterday.

りょくちゃ 緑茶 green tea

りょこう 旅行

(個々の旅行) a **trip** [トゥリップ]; **travel** [トゥラヴェル];(周遊) a **tour** [トゥア];(長期の) a **journey** [ヂャ～ニィ];(船旅) a **voyage** [ヴォイエヂ]

旅行する travel, take [make] a trip, go on a trip

❶参考 旅行のいろいろ
電車の旅 train travel
バスの旅 bus travel,《英》coach travel
空の旅 air travel
船の旅 sea travel
海外旅行 foreign travel, overseas travel
修学旅行 a school trip
新婚旅行 a honeymoon

▶ いつか海外旅行に行きたい.
I want to *travel* abroad some day.

煮る
(boil)

焼く
(grill)

あげる
(deep-fry)

いためる
(stir-fry)

ゆでる
(boil)

蒸す
(steam)

料理 Cooking

Introduction to **CLIL**
イラスト：大管雅晴

「グミ」を作ってみよう！
Let's cook "*gummy candy."

*gummy [gʌ́mi ガミィ] グミ

グミの作り方 How to cook gummy candy

材料 ingredients [ingríːdiənts イングリーディエンツ]

- ジュース　　juice　　　　　50cc
- 砂糖　　　　sugar　　　　　10g
- 粉ゼラチン　gelatin powder　5g
  [dʒélətin ヂェラティン]

1. ジュースとゼラチンを混ぜる
Mix juice with gelatin

2. 電子レンジで40秒チンする
Heat in the microwave for 40 sec.

3. 砂糖を加える
Add sugar

4. 電子レンジで20秒チンする
Heat again in the microwave for 20 sec.

5. 型に流しこむ
Pour into a mold

6. 冷蔵庫で冷やして固める
Place into the fridge to set up

●「料理で使える英語」●

＊＊＊ 調理器具 ＊＊＊

鍋	**pot**
フライパン	**frying pan**
やかん	**kettle**
ボウル	**bowl**
包丁	**(kitchen) knife**
まな板	**cutting board**
ざる	**colander** [kʌ́ləndər カランダァ]
おたま	**ladle** [léidl レイドゥル]
泡立て器	**whisk** [(h)wisk (フ)ウィスク]

＊＊＊ 下ごしらえ ＊＊＊

皮をむく	**peel**
薄切りにする	**slice**
きざむ	**chop**
みじん切りにする	**mince** [mins ミンス]

＊＊＊ 計量法 ＊＊＊

＊1カップの **a cup of …**
小さじ1杯の **a teaspoon of …**
大さじ1杯の **a tablespoon of …**
ひとつまみの **a pinch of …**

＊1カップは、日本では 200cc,
アメリカでは 約240cc

832　eight hundred and thirty-two

◀ **りんり**

> **スピーキング**
> **A** 楽しいご旅行を！
> Enjoy your trip!
> **B** ありがとう.
> Thank you.
> (▶「楽しいご旅行を」は Have a nice trip! / I hope you have a nice trip. ともいえる)

▶ そろそろ旅行の予定を立てないとね.
It's about time to plan our *trip*.

▶ スペイン旅行はどうでしたか.
How was your *trip* to Spain?

▶ 祖父母は来週, 北海道旅行に行く.
My grandparents are going to *take a trip* to Hokkaido next week.

▶ 来月に修学旅行でハワイに行きます.
We are going on our school *trip* to Hawaii next month.

旅行案内所 a tourist information office
旅行会社, 旅行代理店 a travel agency [エイヂェンスィ]
旅行ガイド a travel guide；(本) a travel book
旅行客 a traveler；a tourist

> **用法**「旅行」を表すことば
> **trip** はどんな旅行にも広く使われる. **travel** は移動に重点があり, (英) では長めの旅行に使う. 観光などで周遊してくる旅行には **tour**, かなり長期の旅行には **journey** を使うことが多い.

りょひ 旅費 traveling expenses [トゥラヴェリング イクスペンスィズ]

リラックス リラックスする relax [リラックス]
▶ 今日は家でのんびりリラックスしたいなあ.
I'd rather just stay home and *relax*.

リリーフ 《野球》(投手) a relief [リリーフ] pitcher, a reliever [リリーヴァ]
リリーフする relieve

りりく 離陸する take off (反) 着陸する land)
▶ 飛行機はまもなく離陸いたします.
We will *be taking off* (very) shortly.

リレー 《競技》a relay [リーレイ] (race)
▶ 400メートルリレー
a 400-meter *relay*

▶ メドレーリレー a medley *relay*

りれき 履歴 a personal history [パ～ソナル ヒスト(ゥ)リィ]
履歴書 a résumé [レズメイ] (▶フランス語から), a CV (▶ curriculum vitae [カリキュラム ヴァイティー] の略)

りろん 理論 (a) theory [スィ(ー)オリィ]
▶ 理論と実践 *theory* and practice
理論的な theoretical [スィ(ー)オレティカル]
理論的に theoretically [スィ(ー)オレティカリィ]

りんかいがっこう 臨海学校 (a) summer camp at the seaside

りんかく 輪郭 outline [アウトライン]

りんかんがっこう 林間学校 (a) summer camp in the woods

りんきおうへん 臨機応変に according [アコーディング] to the circumstances [サ～カムスタンスィズ]

りんぎょう 林業 forestry [フォ(ー)レストゥリィ]

リンク¹ (スケートリンク) a (skating) rink [リンク]

リンク² (コンピューター) a link [リンク]

リング (指輪) a ring [リング]；(ボクシングの) a (boxing) ring
▶ エンゲージリング
an engagement *ring*
リングサイド (ボクシングなどの) a ringside

リンゴ 《植物》an apple [アプル]
▶ このリンゴはどこ産ですか.
Where is this *apple* from?
▶ リンゴの木 an *apple* tree

りんじ 臨時の (一時的な) temporary [テンポレリィ]；(特別の) special [スペシャル]
▶ 臨時の仕事 a *temporary* job
臨時集会 a special meeting
臨時電車 [バス] a special train [bus]
臨時ニュース breaking news, a newsflash

りんしょう 輪唱 a round [ラウンド]
輪唱曲 (カノン) a canon [キャノン]

りんじん 隣人 a neighbor [ネイバァ]

リンス (a) (hair) conditioner [コンディショナァ]
リンスする condition
▶ リンスするのを忘れちゃった.
I forgot to *condition* my hair.

りんり 倫理 ethics [エスィクス]
倫理的な ethical [エスィカル]

eight hundred and thirty-three　833

ルアー ▶

る ル る ル る ル

ルアー a lure [ルア]
るい¹ 塁 (野球) a base [ベイス]
▶ 本塁
home base / home plate
▶ 1 [2, 3] 塁
first [second, third] base
るい² 類 a sort [ソート], a kind [カインド] → しゅるい
▶ 類は友を呼ぶ. (ことわざ)
Birds of a feather flock together.
るいご 類語 a synonym [スィノニム]
るいじ 類似する →にる¹
類似点 a similarity [スィミラリティ]
類似品 an imitation [イミテイション]
▶ 類似品にご注意ください.
Beware of imitations.
ルーキー (新人) a rookie [ルキィ]
ルーズ ルーズな (あてにならない) unreliable [アンリライアブル] ; (いいかげんな) sloppy [スラピィ] ; (時間に) late [レイト]
▶ 彼はルーズだから,信用しないほうがいいよ.
He's unreliable, so you shouldn't trust him.
▶ お前はほんとに約束の時間にルーズだな.
You're always late for appointments.
ルーズリーフ (ノート) a loose-leaf [ルースリーフ] notebook (▶loose の発音に注意)

ルート¹ (道筋) a route [ルート] ; (手続きなどの) channels [チャヌルズ]
▶ どのルートで行く?
Which route should we take?
ルート² (数学) a square root [ルート] (記号√)

▶ ルート25は 5 だ.
The root of 25 is 5.
ルーマニア Romania [ロウメイニア]
ルーム a room [ル(ー)ム]
ルームサービス room service
ルール a rule [ルール]
▶ サッカーのルール
the rules of soccer
▶ ルールを守る
obey the rules
▶ それはルール違反だ.
It's against the rules.

るす 留守

absence [アブセンス]
留守である be out, be not in, be not (at) home ; (遠くに出かけている) be away
▶ 琴音はいま留守です.
Kotone is out now. / (家にいません) Kotone isn't (at) home now.
▶ 父は出張で留守です.
My father is away on a business trip.
▶ 「留守中に電話があったよ」「だれからだった?」
"You got a phone call while you were out." "Who was it?"
▶ 留守番してて. すぐに帰ってくるから.
Would you look after the house? I'll be back soon.
留守番電話, 留守電 an answering machine [マシーン]
▶ 航太に電話したんだけど, 留守電だった.
I called Kota, but I got his answering machine.
ルックス (容ぼう)
▶ 私の彼, とてもルックスがいいんだ.
My boyfriend is very handsome. (▶handsome は good-looking ともいう)
ルネサンス the Renaissance [レネサンス] (▶フランス語から)
ルビー (a) ruby [ルービィ]

834 eight hundred and thirty-four

れレ れレ れレ

レア (肉の焼き加減) rare [レア]

れい¹ 礼
1 (感謝のことば) thanks [サンクス]; (謝礼) a reward [リウォード]
礼を言う thank [サンク]
▶ あいつ，お礼も言わずに行っちゃったよ．
He left without a word of *thanks*.
▶ 心からお礼申し上げます．
I'm deeply *grateful*. (▶ grateful は「ありがたく思う」の意味)
▶ お礼のことばもありません．
I can't tell you how *grateful* I am. / I can't *thank* you enough.
▶ これはほんのお礼の気持ちなんだけど．
This is just a little something to say *thank* you.
2 (おじぎ) a bow [バウ]
礼をする bow (to)
▶ 起立，礼，着席！
All stand, *bow*, sit down.

れい² 例
an example [イグザンプル]
▶ 典型的な例 a typical *example*

🔖 プレゼン
いくつか例をあげてみましょう．
I'll give you some *examples*. / Let me give you some *examples*.

れい³ 零
(a) zero [ズィ(ア)ロウ] [複数] zero(e)s
▶ 私たちは3対0で試合に勝った．
We won the game three to *nothing*.
▶ (電話番号で) 932-1203
nine-three-two, one-two-o [オゥ] -three (▶ 0はふつう [オゥ] と読むが，zero と読むこともある)
零下 below zero
▶ 気温は零下5度まで下がった．
The temperature dropped to five degrees *below zero*.

零点 (a) zero
▶ 小テストは0点だった．
I got a *zero* on the quiz.
れい⁴ 霊 the spirit [スピリット], (霊魂) the soul [ソウル]

レイアウト layout [レイアウト]
れいか 冷夏 a cool [クール] summer
れいがい 例外 an exception [イクセプション]
▶ 例外のない規則はない．
There is no rule without *exceptions*.
れいかん 霊感 inspiration [インスピレイション]

れいぎ 礼儀
(礼儀作法) manners [マナズ]
礼儀正しい have good manners, be polite [ポライト]
▶ あそこの子どもは礼儀正しいね．
Their children *have good manners*. / Their children *are polite*.
▶ あいつは礼儀がなってない．He has bad *manners*. / He is impolite. (▶ impolite は「礼儀知らずの」の意味)
▶ お客さまの前では礼儀正しくしなさい．
Behave *properly* in front of our guest. (▶ 子どもに対して使う表現)
れいこく 冷酷な cruel [クルーエル]
▶ 冷酷な人 a *cruel* person
れいしょう 冷笑 a sneer [スニア]
れいじょう 礼状 a thank-you letter, a letter of thanks
れいせい 冷静な calm [カーム], cool [クール]
▶ よく冷静でいられるね．
How can you be so *calm*?
▶ 冷静になって． *Calm down*.
れいぞうこ 冷蔵庫 a refrigerator [リフリチェレイタァ], (口語) a fridge [フリッヂ]
▶ 牛乳は冷蔵庫にもどしておいてね．
Put the milk back in the *fridge*.
れいだい 例題 an example question, an example problem
れいたん 冷淡な cold [コウルド]

冷淡に coldly [コゥルドゥリィ], indifferently [インディフ(ァ)レントゥリィ]
れいとう 冷凍する freeze [フリーズ]
冷凍の frozen [フロゥズン]
冷凍庫 a freezer
冷凍食品 frozen food
れいねん 例年の annual [アニュアル]
れいはい 礼拝 worship [ワ〜シプ]; (教会での) (a) service [サ〜ヴィス]

礼拝する worship
▶ 教会へ礼拝に行きましょう.
Let's *go to church*.
礼拝堂 a chapel [チャペル]
れいぶん 例文 an example (sentence)
れいぼう 冷房 air conditioning [エア コンディショニング]; (クーラー) an air conditioner
冷房のある air-conditioned
▶ 教室には冷房がある.
My classroom has *air conditioning*. / My classroom is *air-conditioned*.
▶ ぼくの部屋には冷房がない.
My bedroom doesn't have an *air conditioner*.
れいわ 令和 Reiwa
▶ 令和の時代は2019年5月1日に始まった.
The *Reiwa* era began on May 1, 2019.
▶ 令和7年は2025年にあたる.
Reiwa 7 corresponds to the year 2025. (▶日本の元号制度を知らない外国人には西暦で言うほうがよい)
レインコート a raincoat [レインコウト]
レインシューズ rain boots [ブーツ]
レーサー (米) a race car driver, (英) a racing driver
レーザー a laser [レイザァ]
▶ レーザー光線
a *laser* beam / *laser* beams
レーシングカー (米) a race car, (英) a racing car [レイスィング カー]
レース¹ (スポーツ) a race [レイス]
▶ レースに出る enter a *race* (▶ enter は run や take part in ともいう)
▶ レースに勝つ win a *race* (▶「負ける」なら win のかわりに lose を使う)
レース² (カーテンなどの) lace [レイス]
▶ レースのカーテン a *lace* curtain
レーズン a raisin [レイズン]
レーダー (a) radar [レイダァ]
レール a rail [レイル]
▶ カーテンレール a curtain *rail*
レーン a lane [レイン] (▶ボウリングの「レーン」と道路の「車線」の両方をさす)

れきし 歴史

(a) history [ヒスト(ゥ)リィ]
歴史の, 歴史上の historical [ヒスト(ー)リカル]
歴史的(に重要)な historic [ヒスト(ー)リク]
▶ 日本の歴史
Japanese *history* / the *history* of Japan
▶ 歴史上の人物 a *historical* figure
▶ 歴史的な事件 a *historic* event
▶ 歴史的な (→歴史上有名な) 建物
a *historic* building
▶ わが校は長い歴史がある.
Our school has a long *history*.
▶ ぼくは歴史の本を読むのが好きだ.
I like reading *history* books.
歴史家 a historian
歴史小説 a historical novel
歴史年表 a history chart
レギュラー (スポーツ)(正選手) a regular [レギュラァ] (player)
レギュラーの regular
▶ ぼくは2年生でレギュラーになった.
I became a *regular player* in my second year.
レクリエーション (a) recreation [レクリエイション]
レゲエ (音楽) reggae [レゲイ]
レコード 1 (レコード盤) a record [レカド]
▶ レコードをかける play a *record*
レコードプレーヤー a record player
2 (記録) a record [レカド] →きろく
レジ (場所) a checkout [チェカウト] (counter); (人) a cashier [キャシア]; (機械) a (cash) register [レヂスタァ]

歴史 History

Introduction to **C L I L**
イラスト：大管雅晴

「古墳」を英語で発表してみよう！
Explain "Kofun tomb" to class.

古墳は日本の**古代の**権力者の墓で、**3世紀から7世紀の間に**作られました。最も大きな古墳が大阪にある大仙陵古墳（仁徳天皇陵）で、世界でいちばん大きな墓でもあります。

Kofun are *ancient Japanese **tombs of persons in power. They were built from the third to seventh centuries. The biggest *kofun* is Daisenryo-*kofun*, or the tomb of emperor Nintoku, in Osaka. It's also the biggest tomb in the world.

*ancient [éinʃənt エインシェント] 古代の
**tomb [tu:m トゥーム] 墓

クフ王の大ピラミッド
The Great Pyramid of Khufu [kú:fu: クーフー]
← 230m →

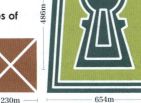
486m / 840m / 654m
大仙陵古墳
Daisenryo-*kofun*

外国の友だちに「忍者」のことを話そう。
Tell your friends abroad about "ninja."

忍者
Ninja

15、16世紀の日本では、大名は生き残るため領地を**広げる**必要がありました。**そのため**、大名は敵国に潜入して情報を集めたり敵を暗殺したりするスパイを使いました。そのようなスパイは「忍者」**として知られています**。忍者は、手裏剣やまきびしなどの特殊な**武器**を使いました。彼らの使う技は「忍術」と呼ばれます。日本には忍術を学べる学校があります。

In 15th and 16th century Japan, *daimyo*, or *feudal lords, needed to expand their **domains in order to survive. For that reason, they used spies who went into enemy domains secretly to gather information and sometimes kill their targets. The spies are known as "ninja." Ninja used special weapons like *shuriken*, *makibishi* and so on. The techniques they used are called "ninjutsu." There are some schools where you can learn ninjutsu in Japan.

* feudal lord [fjú:dl lɔ́:rd フュードゥル ロード] 大名、領主   ** domain [douméin ドウメイン] 領地

| 手裏剣
shuriken
 | 敵に対して投げて使う武器
Weapons that were thrown at enemies. | まきびし
makibishi
 | 追ってくる敵を傷つけるために道にまく武器
Weapons that were scattered on the path to injure *pursuing enemies.
* pursue [pərs(j)ú: パスー，パスユー] …を追いかける |

eight hundred and thirty-seven 837

レシート ▶

レジ係 a cashier [キャシア]
レジ袋 a plastic [プラスティク] bag
レシート a receipt [リスィート] (発音注意)
レシーバー a receiver [リスィーヴァ]
レシーブ レシーブする receive [リスィーヴ]
レシピ a recipe [レスィピ] (発音注意)
レジャー (余暇に行う遊び)recreation [レクリエイション]; (余暇) leisure [リージャ]
レスキューたい レスキュー隊 a rescue [レスキュー] team [party]
レストラン a restaurant [レストラント] (発音注意)
▶ ファミリーレストラン a family *restaurant*
レスラー a wrestler [レスラァ]
▶ プロレスラー
a professional [pro] *wrestler*
レスリング wrestling [レスリング]
レスリングをする wrestle
レター a letter [レタァ]
▶ ラブレター a love *letter*
レタス (植物) (a) lettuce [レタス]
▶ レタス1個 a head of *lettuce*

れつ 列

(人・物の) a line [ライン]; (横に並んだ) a row [ロウ]; (順番を待つ人・車などの)《米》a line, 《英》a queue [キュー] (発音注意)

line　　　　**row**

列をつくる form a line [row], line up
列に並ぶ stand in (a) line
▶ これは何の列ですか？
Do you know what this *line* is for?
▶ 2列になって並んでください． *Make* two *lines*. / *Line up* in two *lines*.
▶ 列に割りこまないで． Don't cut in *line*.
レッカーしゃ レッカー車《米》a tow truck [トゥトゥラク], a wrecker [レカァ],《英》a breakdown truck
れっしゃ 列車 a train [トゥレイン] →でんしゃ
▶ 夜行列車 a night *train*
列車事故 a train accident [アクスィデント]
レッスン (習いごと) a lesson [レスン]
レッスンをする give ... a lesson
レッスンを受ける take a lesson, have a lesson
▶ 金曜にピアノのレッスンを受けている．
I *take* piano *lessons* on Fridays.
レッテル a label [レイベル] (発音注意) ▶ 「レッテル」はオランダ語から)
レッテルをはる label
▶ 彼は問題児のレッテルをはられている．
He *is labeled* (as) a troublemaker.
れっとう 列島 an archipelago [アーキペラゴウ], (a chain of) islands [アイランヅ]
▶ 日本列島 the Japanese *Archipelago*
れっとうかん 劣等感 an inferiority complex [インフィ(ア)リオーリティ カンプレクス]
(反 優越感 superiority complex)
▶ どうしたら劣等感を克服できますか．
How can I overcome my *inferiority complex*?
レッドカード (サッカー) a red card
レトリバー (動物)a retriever [リトゥリーヴァ]
レトルト レトルト食品 pouch-packed [パウチパクト] food
レトロ レトロな retro [レトゥロウ]; (昔風の) old-fashioned [オウルドゥファションド]
▶ その喫茶店はレトロなふんい気だよ．
The coffee shop has a *retro* feel.
レバー¹ (てこ・取っ手) a lever [レヴァ]
レバー² (肝臓) (a) liver [リヴァ]
レパートリー a repertoire [レパトゥワー] (発音注意) ▶フランス語から)
▶ そのバンドは曲のレパートリーが広い．
The band has a wide *repertoire* of tunes.
レフェリー a referee [レフェリー]
レフト (野球) left (field); (選手) a left fielder
レベル a level [レヴェル]
▶ 北高校は学力のレベルが高い．
The academic *level* of Kita High School is high.
レベルアップする improve [インプルーヴ]
レポーター a reporter [リポータァ]
▶ テレビレポーター a TV *reporter*
レポート (報告書) a report [リポート]; (学校の) a paper [ペイパァ], an essay [エセイ]
▶ レポートは今週の金曜日までに提出しなさい． Turn in your *essay* by this Friday.
レモネード lemonade [レモネイド]
レモン (植物) a lemon [レモン]

◀ れんそう

レモンティー tea with lemon

–れる、–られる

使い分け
(受け身) → be ＋過去分詞
(可能) → can, be able to …

1 (受け身) (▶「be ＋過去分詞」で表す. ただし，日本語の文が受け身でも英語では受け身で表さないことも多い)
▶ 英語は世界中で話されている.
English *is spoken* all over the world. / They speak English all over the world.
▶ 足を蚊（か）にかまれた. I *was bitten* on the leg by a mosquito. (▶×My leg was bitten by … とはしない)
▶ 旅行中にパスポートをぬすまれた.
My passport *was stolen* during the trip. / I had my passport stolen during the trip.
▶ 健太はみんなから好かれている.
Everyone likes Kenta. (▶ Kenta is liked by everyone. というよりも一般的)
▶ 私は山田先生からもっと勉強するように注意された.
Mr. Yamada told me to study harder. (▶ I was told to study harder by Mr. Yamada. というよりも一般的)

2 (可能) can [キャン]，be able to … →できる
▶ うちの車，いくらで売れると思う？
How much do you think we *can* get for our car?
▶ 最後までやれるかどうかわからない.
I don't know if I'll *be able to* get it done.
▶ 結衣（ゆい）が 3 時までにもどれたらいいけど.
I hope Yui will be back by three.
▶ よく眠（ねむ）れた？ Did you sleep well？ / Did you have a good sleep？ (▶ ×Could you sleep well？ とはいわない)

3 (敬語)
▶ 細田先生は来週帰国されます.
Mr. Hosoda will be coming back to Japan next week.

れんあい 恋愛 love [ラヴ] →あい，こい¹
▶ あの 2 人は恋愛中だ. They're in *love*.
恋愛結婚 a love match, a love marriage
恋愛小説 a love story [ストーリィ]

れんが (a) brick [ブリック]
▶ れんが造りの家 a *brick* house

れんきゅう 連休 consecutive [コンセキュティヴ] holidays
▶ 来月は 3 連休があるね. There's a three-day *holiday* next month.

れんごう 連合 union [ユーニョン]
連合軍 the allied forces [アライド フォースィズ]

レンコン a lotus root [ロウタス ルート]

れんさい 連載の serial [スィ(ア)リアル]
▶ 連載漫画（まんが） *serial* comics

れんさはんのう 連鎖反応 a chain reaction [チェイン リ(ー)アクション]

レンジ (電子レンジ) a microwave (oven) [マイクロウェイヴ (アヴン)]；(オーブン) an oven [アヴン]
レンジで調理する[温める] microwave

れんしゅう 練習

(a) practice [プラクティス]，an exercise [エクササイズ]；(反復練習) (a) drill [ドゥリル]
練習する practice
▶ 今日は練習がきつかった.
Practice was tough today.
▶ 放課後にバレーボールの練習がある.
I'm having volleyball *practice* after school.
▶ 自信がつくまでこの練習をくり返しなさい.
Repeat these *exercises* until you feel confident.
▶ 姉は毎日 1 時間ピアノを練習している.
My sister *practices* (playing) the piano for an hour every day.
▶ 英語を話す練習をしましょう.
Let's *practice* speaking English.
練習試合 a practice game
練習問題 an exercise
▶ それでは次のページの練習問題 2 に移りましょう. Let's go on to *Exercise* 2 on the next page.

レンズ a lens [レンズ] (複数) lenses)
▶ 凸（とつ）レンズ a convex *lens* (▶「凹（おう）レンズ」ならconvexのかわりにconcaveを使う)
▶ コンタクトレンズ a contact *lens*
▶ 望遠レンズ a telephoto *lens*

れんそう 連想する associate [アソウシエイ

あ
か
さ
た
な
は
ま
や
れ
わ

eight hundred and thirty-nine　839

れんぞく ▶

ト]《with》;(連想させる) remind [リマインド]
... 《of》→おもいだす

▶ 雪といえば何を連想しますか.
What do you *associate with* when you hear the word snow?

れんぞく 連続 a series [スィ(ア)リーズ]
▶ 連続テレビ番組 a television *series*
▶ 連続殺人事件 a *series* of murders
連続の serial [スィ(ア)リアル]
▶ 連続ドラマ a *serial* drama
▶ 連続殺人犯 a *serial* killer

レンタカー a rental car, a rent-a-car
レンタカーを借りる 《米》rent a car, 《英》hire a car

レンタル レンタルの rental [レントゥル]
レンタルする rent [レント]
レンタルショップ a rental store [shop]
レンタルビデオ a rental video
レンタル料金 a rental fee [フィー]

レントゲン (エックス線) X-rays [エクスレイズ];(写真) an X-ray (▶「レントゲン」は X 線を発見したドイツの物理学者の名前から)
▶ 胸のレントゲンをとった.
I got a chest *X-ray*. / (とってもらった)
I had a chest *X-ray* taken.
レントゲン検査 an X-ray examination [イグザミネイション]

れんぱ 連覇する win consecutive [コンセキュティヴ] championships
れんぱい 連敗する lose ... straight[ストゥ

レイト] games(▶ ... には連敗の数を入れる)
れんぽう 連邦の federal [フェデラル]
れんめい 連盟 a league [リーグ]

れんらく 連絡

1 (知らせること) contact [カンタクト]
連絡する get in touch [タッチ] 《with》, contact
▶ おじいちゃんに連絡した? Did you *get in touch with* your grandpa?
▶ あとで連絡します.
I'll *contact* you later.
▶ ご不明の点がありましたら, お気軽にご連絡ください.
If you have any questions, please don't hesitate to *contact* us.
▶ 卒業しても連絡をとり合おうね.
Let's *keep in touch* after we graduate. (▶ keep in touch で「連絡をとり合う」の意味)

2 (交通の) (a) connection [コネクション]
連絡する connect [コネクト] 《with, to》
▶ この電車は名古屋駅で博多行きの「のぞみ」に連絡している.
This train *connects* at Nagoya *with* a Nozomi bound for Hakata.
連絡先 (住所) a contact address;(電話) a contact number
連絡網 (電話の)a phone tree;network, networking

ろ ロ ろ ロ ろ ロ

ろう wax [ワックス]
ろうか 廊下 a corridor [コーリダァ], a hallway [ホールウェイ], 《米》a hall [ホール];《英》(細い) a passage [パセジ]
▶ ろうかを走っちゃだめだよ.
Don't run in the *hallway*.
ろうがっこう 聾学校 a school for the deaf [デフ], a school for hearing-impaired [ヒ(ア)リングインペアド] children
ろうしゃ 聾者 a deaf [デフ] person, the deaf, a hearing-impaired [ヒ(ア)リングインペアド] person (▶最後の言い方がいちば

ん丁寧で, 最近はこの言い方が一般的)
ろうじん 老人 an old man [woman];(総称) old people, the aged (▶ old は「老いた」という直接的なひびきがあるので,「高齢者」や「お年寄り」にあたる. a senior citizen [スィーニャ スィティズン], elderly [エルダリイ] people という言い方が好まれる.)
老人ホーム a nursing home, a home for the elderly
ろうすい 老衰で死ぬ die of old age
ろうそく a candle [キャンドゥル]

◀ ろくおん

▶ ケーキのろうそくに火をつけて.
Will you light the *candles* on the cake?
▶ さあ，ろうそくの火を吹き消しましょう.
Let's blow out the *candles*.
ろうそく立て a candlestick

ろうどう 労働 work [ワ～ク]；（主として肉体労働）labor [レイバァ]
▶ 肉体労働 physical *labor*
▶ 重労働 hard *work*
労働組合 a union [ユーニョン]，《米》a labor union，《英》a trade union
労働時間 working hours
労働者 a worker, a laborer
労働条件 working conditions

ろうどく 朗読 (a) recitation [レスィテイション]
朗読する recite [リサイト], read aloud
▶ この詩を朗読してくれますか.
Could you *recite* this poem?

ろうにん 浪人
▶ 兄は大学受験に失敗し，いま浪人中だ.
My brother failed to get into college and is preparing for another chance. (▶英語には「浪人」にあたる語がないので，このように説明的に訳す)

ろうねん 老年 old age [オウルド エイヂ]

ろうひ 浪費 (a) waste [ウェイスト]
浪費する waste
▶ 時間を浪費する *waste* my time

ろうりょく 労力 labor [レイバァ]；（骨折り）(an) effort [エフォト]

ローカル local [ロウカル] (▶英語の local は「その地域の」という意味で，日本語の「いなかの」という意味合いはない) →ちいき
ローカル線 a local line
ローカルニュース local news

ローション lotion [ロウション]

ロースト ローストする roast [ロウスト]
ローストビーフ roast beef [ビーフ]

ロータリー （環状交差点）《米》a rotary [ロウタリィ], a traffic circle,《英》a roundabout [ラウンダバウト]

ローテーション （順番）rotation [ロウテイション]

ロードショー a (special) first-run showing, a road show

ロードレース 《競技》road racing [ロウド レイスィング]

ロープ (a) rope [ロウプ] (▶太い綱をさす)
ロープウエー a cable car, a ropeway

ローマ （地名）Rome [ロウム]
▶ ローマは一日にして成らず. (ことわざ)
Rome was not built in a day.
ローマの Roman [ロウマン]
ローマ教皇 the Pope
ローマ字 *Romaji*, Roman letters
ローマ人 a Roman
ローマ数字 Roman numerals

ローラー a roller [ロウラァ]

ローラースケート （スポーツ）roller skating [ロウラァ スケイティング]；（くつ）roller skates (▶ふつう複数形で使う)
ローラースケートをする roller-skate

ロールキャベツ a cabbage roll [キャベヂ ロウル]

ロールパン a roll [ロウル]

ロールプレイ role-play [ロウルプレイ]
ロールプレイングゲーム a role-playing [ロウルプレイング] game

ローン a loan [ロウン]
▶ 銀行ローン
a bank *loan*
▶ 住宅ローン
a home[housing] *loan* / a mortgage [モーゲヂ]
▶ ローンの支払い (a) *loan* payment

ろく 六(の) →かず（表）

six [スィックス]
第6(の) the sixth (▶6thと略す)
▶ けさは6時に起きた.
I got up at *six* this morning.
▶ 私は6着だった. I came in *sixth*.
六角形 a hexagon [ヘクサガン]
6年生 a sixth grader

ろくおん 録音 (a) recording [リコーディング]
録音する record [リコード]

eight hundred and forty-one 841

ろくが ▶

▶ 私はその音声をスマホで録音した.
I *recorded* the audio with my smartphone.
録音室 a recording room
録音テープ a (magnetic) tape；(カセット用の) a cassette tape
ろくが 録画 (a) video (tape) recording [ヴィディオウ (テイプ) リコーディング] →ビデオ
録画する record [リコード], (ビデオテープに) tape

ろくがつ 六月 →いちがつ, つき¹ (表)
June [ヂューン] (▶語頭はかならず大文字；Jun. と略す)
▶ 6月の花嫁
a *June* bride
▶ 日本では6月は雨が多い.
In *June* we have a lot of rain in Japan.

ろくじゅう 六十(の) →かず (表)
sixty [スィクスティ]
第60(の) the sixtieth (▶60th と略す)
61 sixty-one
62 sixty-two
ろくでなし a good-for-nothing [グドゥフォナスィング]
ろくな
▶ 今日はろくなことがないよ.
Nothing *good* has happened today.
ログハウス a log [ロ(ー)グ] house
ロケ(ーション) (a) location [ロウケイション]
ロケット a rocket [ラケト]
▶ ロケットを発射する
launch a *rocket*
ロケット発射台 a launch pad [ローンチ パド]
ロゴ a logo [ロ(ー)ゴウ]
ロサンゼルス (地名) Los Angeles [ローサンヂェルス], L.A. [エルエイ]
ロシア Russia [ラシァ]
ロシア(人・語)の Russian [ラシャン]
ロシア語 Russian →ことば (表)
ロシア人 (1人) a Russian；(全体) the Russians
ロシア連邦 the Russian Federation
ろしゅつ 露出する expose [イクスポウズ]
ろせん 路線 a route [ルート]
▶ バス路線 a bus *route*

路線図 a route map
ロッカー a locker [ラカァ]
▶ コインロッカー
a coin(-operated) *locker* / (駅の) a station *locker*
ロッカールーム a locker room
ロッキー ロッキー山脈 the Rockies [ラキィズ], the Rocky Mountains
ロック (音楽) rock [ラック] (music), rock'n'roll [ラクンロウル]
▶ ぼくたちはロックバンドを結成した.
We formed a *rock* band.
ロック歌手 a rock singer
ロッククライミング rock climbing [ラック クライミング]
ろっこつ 肋骨 a rib [リブ]
ロッジ a lodge [ラッヂ]
ろてんぶろ 露天風呂 an open-air [オウプネア] bath
ロバ (動物) a donkey [ダンキィ]
ロビー a lobby [ラビィ]
ロブスター (動物) a lobster [ラブスタァ]
ロフト (屋根裏部屋) a loft [ロ(ー)フト], an attic [アティク]
ロボット a robot [ロウバト]
ロボット工学 robotics [ロウバティクス]
ロマンス a romance [ロ(ウ)マンス]
ロマンチック ロマンチックな romantic [ロ(ウ)マンティク]
▶ ロマンチックな映画 a *romantic* movie
ロング long [ロ(ー)ング]
ロングセラー a long seller [ロ(ー)ング セラァ]
ろんじる 論じる discuss [ディスカス]；(話し合う) talk [トーク] about
▶ その問題について論じるには情報が足りない.
We don't have enough information to *discuss* the problem.
ろんそう 論争 (a) controversy [カントゥロヴァースィ], (a) dispute [ディスピュート]
論争する dispute
ロンドン (地名) London [ランドン]
ろんぶん 論文 a paper [ペイパァ]；(評論) an essay [エセイ]；(新聞・雑誌の) an article [アーティクル]
ろんり 論理 logic [ラヂク]
論理的な logical
▶ きみの考えは論理的じゃない.
Your opinion is not *logical*.

◀ わかす

わワ わワ わワ

わ¹ 輪 (円) a circle [サ~クル]; (円状のもの) a ring [リング]
▶ 手をつないで輪になってすわりましょう.
Let's hold hands and sit in a *circle*.
▶ 土星の輪
the *rings* of Saturn
わ² 和 harmony [ハーモニィ]
わあ (喜び・おどろき) Wow! [ワゥ] →こえ(図)
▶ わあ,こんなところで会うなんて.
Wow! I never expected to see you here.
▶ わあ,こんなにきれいな虹見たことないよ.
Wow! This is the most beautiful rainbow I've ever seen.
ワーク (仕事) work [ワ~ク]
ワークブック a workbook [ワ~クブク]
ワースト (最悪の) the worst [ワ~スト]
▶ ワースト記録
the *worst* record
ワープロ a word processor [ワ~ド プロセサァ]
ワールド the world [ワ~ルド]
ワールドカップ the World Cup
ワールドシリーズ the World Series [スィ(ア)リーズ]
ワイシャツ a shirt [シャ~ト] (▶「ワイシャツ」は white shirt がなまったもの)
▶ 半そでのワイシャツ
a short-sleeved *shirt*
▶ ワイシャツを着る
put on a *shirt* / (着ている) wear a *shirt*
わいせつな obscene [オブスィーン]
ワイド (幅の広い) wide [ワイド]
ワイドショー a long (TV) variety show (▶「ワイドショー」は和製英語)
ワイパー (米) a windshield wiper [ウィンドゥシールド ワイパァ], (英) a windscreen [ウィンドゥスクリーン] wiper
ワイファイ (コンピューター) Wi-Fi [ワイファイ]
▶ ここでは Wi-Fi は使えますか.
Do you have *Wi-Fi* here?

ワイファイ接続 a Wi-Fi connection
ワイヤ, ワイヤー (a) wire [ワイア]
わいろ a bribe [ブライブ]
ワイン (a) wine [ワイン] (▶種類を述べるとき以外は数えられない名詞)
▶ 赤ワイン
red *wine*
▶ ワイン1本 a bottle of *wine* (▶ a wine bottle なら「ワインのびん」のこと)
▶ ワインをもう少しいかがですか.
Would you like some more *wine*?
▶ これは高級なワインですね.
This is an expensive *wine*, isn't it? (▶ 種類を表すときは数えられる名詞)
ワイングラス a wineglass
わえいじてん 和英辞典 a Japanese-English dictionary
わか 和歌 a *waka*, a Japanese traditional poem of thirty-one syllables
わかい¹ 若い young [ヤング] (反) 年とった old)

young　　　old

▶ 若い人たち *young* people
▶ 若い世代 the *younger* generation
▶ 父は年齢のわりに若く見える.
My father looks *young* for his age.
▶ 母は父より5歳若い.
My mother is five years *younger* than my father.
▶ 若いうちに勉強しておきなさい.
You should learn while you're *young*.
わかい² 和解する make a settlement [セトゥルメント]
わかさ 若さ youth [ユース]
わかす 沸かす boil [ボイル]; (温める) heat

eight hundred and forty-three 843

わかば ▶

[ヒート]
▶ やかんでお湯を沸かしてくれる？
Would you *boil* some water in the kettle?
▶ ふろを沸かす *heat* the bath (▶ heat の かわりに prepare も使える)
わかば 若葉 young leaves [リーヴズ]
わがまま わがままな selfish [セルフィシ]
▶ どうしてあなたはそんなにわがままなの？
How could you be so *selfish*?
▶ わがまま言うな．Don't be so *selfish*.
わかめ soft seaweed [スィーウィード]
わかもの 若者（男性）a young man,（女性）a young woman；(総称的に) young people, the young
わからずや 分からず屋
▶ このわからず屋！You're so *stubborn*!
わかりきった 分かりきった obvious [アブヴィアス]
▶ そんなわかりきったことを聞くな．
Don't ask such an *obvious* question.
わかりにくい 分かりにくい difficult to understand
▶ この文はわかりにくい．
This sentence is *difficult to understand*.（▶ difficult のかわりに hard も使える）
わかりやすい 分かりやすい easy to understand
▶ この本はわかりやすい．
This book is *easy to understand*.

わかる 分かる

1（理解する）**understand** [アンダスタンド]，**see** [スィー]，《口語》**get** [ゲット]（▶進行形にしない）
▶ やっとわかりました．
Now I *understand*. / Now I *get* it.
▶ まだわかりません．
I still don't *understand*. / I still don't *get* it.

> 🗨 スピーキング
> Ⓐ わかりましたか．
> Do you understand?
> Ⓑ はい，わかりました．
> Yes, I do.
> Ⓑ いいえ，わかりません．
> No, I don't.

▶ 「言っていることわかりますか」「ええ，わかっているつもりです」
"Do you *understand* me?" "Yes, I think I do."
▶ 両親は私のことをわかってくれないことがある．
My parents sometimes don't *understand* me.
▶ すみません．質問の意味がわかりません．
I'm sorry. I don't *understand* your question.
▶ 彼らが何を考えてるかさっぱりわからないよ．
I *have* no *idea* what they're thinking about.
▶ そのうち，きみにもわかるよ．
You'll *see* one day.
▶ どう，簡単だってわかったでしょ．
See how easy it is.
▶ この問題がわかる（→解ける）？
Can you *solve* this problem?
▶（先生が）みんな，わかりますか？
Are you with me, class?
▶ 暗くならないうちに帰りなさいよ，わかった（→聞いてるの）？
Be back before dark, you hear?

2（知る）**know** [ノウ]；（調べて）**find** [ファインド] **out**；（判断できる）**can tell**
▶（言わなくても）わかってるよ．
I *know*.
▶ わかった，わかったよ．
I *know*, I *know*.
▶ お気持ち，わかります．
I *know* how you feel.
▶ おっしゃりたいことはよくわかります．
I *know* exactly what you mean.
▶ そのときはどうしていいかわからなかった．
At that time, I didn't *know* what to do.

> 💬 表現力
> …のしかたがわかる
> → **know how to ...**

▶ ネクタイのしめ方がわからない．
I don't *know how to* wear a tie.

> 💬 表現力
> …が〜だとわかる → **find ... 〜**

▶ 箱の中は空だとわかった．
I *found* the box (to be) empty.

844 eight hundred and forty-four

◀ わくわく

- 何かわかったらすぐに連絡するね.
  I'll get back to you as soon as I *find out* anything.
- 彼がだれかわからなかった.
  I *couldn't tell* who he was.

わかれ 別れ

(a) parting [パーティング], (a) farewell [フェアウェル]；(さようなら) (a) goodbye [グドゥバイ]

- お別れ会
  a *going-away* party / a *farewell* party
- 別れはつらいものだ.
  Parting is painful.

わかれる¹ 別れる

leave [リーヴ], part [パート] (from)；(さよならを言う) say goodbye (to)；(恋人などが) break up 《with》；(離婚する) divorce [ディヴォース]

- 私は校門で楓と別れた.
  I *left* Kaede at the school gate. / I *said goodbye to* Kaede at the school gate.
- あなたと別れたくありません.
  I don't want to *break up with* you.
- 森さんは先月奥さんと別れた(→離婚した).
  Mr. Mori *divorced* his wife last month.

わかれる² 分かれる (区分される) be divided [ディヴァイディド]

- クラスは6班に分かれた.
  Our class *was divided* into six groups.
- みんなの意見が分かれた.
  Our opinions *were divided*.

わき 脇 (すぐそば) the side [サイド]
(…の)わきに beside, by →そば

- 有理がぼくのわきにすわった.
  Yuri sat *beside* me. / (となりに) Yuri sat *by* me. / Yuri sat *next to* me.
- マイクはラケットをわきにかかえていた.
  Mike had a racket *under his arm*.

わきあいあい 和気あいあいの friendly [フレンドゥリィ]

わきのした 脇の下 the armpit [アームピト]

わきばら 脇腹 *my* side [サイド]

- 彼はとつぜん立ち止まってわき腹をおさえた.

He suddenly stopped and held his *side*.

わきまえる know [ノウ]

- 自分の立場をわきまえなさい.
  You need to *know* your position.
- そのくらいわきまえてるよ (→それ以上のことをわかっているよ).
  I *know better* than that.

わく¹ 沸く

boil [ボイル]

- お湯が沸いてるよ.
  The water *is boiling*.

- おふろが沸いてるよ (→用意ができてるよ).
  The bath *is ready*.

わく² 湧く

- 最近, 勉強に興味がわいてきた.
  I'm *getting interested in* my studies.

わく³ 枠 (窓などの) a frame [フレイム]；(制限) a limit [リミト]

わくせい 惑星 a planet [プラネト]

日本名	英語名	ローマ神話
水星	Mercury	商業の神
金星	Venus	美と愛の女神
地球	Earth	
火星	Mars	戦争の神
木星	Jupiter	神々の中の主神
土星	Saturn	農耕の神
天王星	Uranus	天の神
海王星	Neptune	海の神

ワクチン (a) vaccine [ヴァクスィーン]

- ワクチンを接種する
  vaccinate [ヴァクスィネイト]

わくわく わくわくする be excited [イクサイティド], get excited
わくわくして excitedly

- わくわくしてコンサートまで待ちきれない.

わけ

I'm so *excited* I can't wait for the concert.
▶ わくわくする試合だね.
This game is so *exciting*.

わけ 訳 →なぜ, りゆう

1 (理由) (a) **reason** [リーズン]
▶ 詩織がおこるのにはわけがある.
Shiori has good *reason* to be angry. / (おこるのは当然だ) It's natural that Shiori gets angry.
▶ わけを聞かせてもらえますか.
Let me hear *why*.
▶ どういうわけで遅刻したのか話してごらん.
Tell me *why* you were late.
▶ どういうわけか部品が1つ足りないよ.
Somehow one of the parts is missing.

2 (意味) **sense** [センス]
▶ そんなわけのわからないことを言うな.
Don't talk such non*sense*.
▶ どうなってるのかまるでわけがわからないよ.
I have no idea what's going on.

-(する)わけがない can't ... →はず
-(する)わけではない
▶ 私はいつも早起きしているわけではない.
I *don't always* get up early.

-(する)わけにはいかない can't ...
▶ これはいただくわけにはいきません.
I *can't* take this.

わけまえ 分け前 a share [シェア]

わける 分ける

(分割する) **divide** [ディヴァイド]; (分配する) **share** [シェア]; (髪を) **part** [パート]
▶ 私たちを3つのグループに分けよう.
Let's *divide* ourselves into three groups.
▶ 私は妹とケーキを分け合った.
I *shared* the cake with my sister.
▶ どのあたりで髪を分けますか.
Where do you *part* your hair?

わゴム 輪ゴム a rubber band [ラバァ バンド], (英) an elastic [イラスティク] band
ワゴン (ワゴン車) (米) a station wagon [ステイション ワゴン], (英) an estate car [エステイト カー]; (料理などを運ぶ) (米) a (tea) wagon, (英) a (tea) trolley [トゥラリィ]
わざ 技 (技術) (a) skill [スキル] →ぎじゅつ

▶ 柔道の技 judo *techniques*
▶ 練習して技をみがきなさい.
Polish your *skills* with practice.

わざと on purpose [パ〜パス]
▶ 春樹はわざと遅刻してきた.
Haruki came late *on purpose*.
▶ わざとやったんじゃないよ.
I didn't do it *on purpose*. / I didn't *mean to* do it.
▶ 私はわざと知らないふりをした.
I *pretended* not *to* know.

わざわい 災い (a) misfortune [ミスフォーチュン], troubles [トゥラブルズ]

わざわざ
▶ わざわざ東京からおいでいただきありがとうございます.
Thank you for coming *all the way* from Tokyo.
▶ わざわざ車でむかえにきてくれなくてもいいよ.
You don't have to *go through the trouble of* picking me up.
▶ 彼はわざわざ文句を言いに来た.
He came *all the way* here to complain.

ワシ (鳥) an eagle [イーグル]
わしつ 和室 a Japanese-style room, (たたみの部屋) a tatami room
わしょく 和食 Japanese food
▶ 私は洋食より和食のほうが好きだ.
I like *Japanese food* better than Western food.

ワシントン (アメリカ合衆国の首都) Washington, D. C. [ワシングトン ディースィー] (▶州名と区別するため, D. C. (= District of Columbia コロンビア特別区) をつけることが多い); (州) Washington (▶アメリカ北西部の太平洋岸の州. WA または Wash. と略す)

ワシントン D.C. のワシントン記念塔.

◀ **わすれる**

わずか →すこし

(数が) **a few** [フュー]；(量が) **a little** [リトゥル] (▶ a をとると「わずかしかない」という否定的な意味合いになる)

▶ 期末テストまであとわずかだ.
Finals are only *a few* days away.

▶ お金はあとわずかしか残ってない.
We have only *a little* money left.

▶ このブラウスはわずか1000円だった.
This blouse cost *only* 1,000 yen.

▶ 参加者はほんのわずかしかいませんでした.
There were *few* participants.

▶ 夏休みはあとわずかだ.
My summer vacation is almost over.

わすれっぽい 忘れっぽい **forgetful** [フォゲトゥフル]

▶ 祖父は忘れっぽくなってきた.
My grandfather is getting *forgetful*.

わすれもの 忘れ物

▶ 忘れ物はない (→全部持った)？
Do you have everything?

▶ あっ, いけない. 学校に忘れ物しちゃった.
Oh, no. I *left something* at school.

▶ (車内アナウンスで) 東京, 東京. お降りの際は忘れ物をしないようにお願いします.
Tokyo, Tokyo. Don't *forget* (*to take*) your *belongings* when you get off.

わすれる 忘れる

1 (覚えていない) **forget** [フォゲット] (反 覚えている remember)

> ─ スピーキング ─
> Ⓐ あの手紙, 出した？
> Did you mail that letter?
> Ⓑ あっ, 忘れた.
> Oh, I forgot.

▶ 私のこと, 忘れないでね.
Don't *forget* me.

▶ きみのことは忘れないよ.
I'll never *forget* you.

▶ 彼はその住所を忘れた.
He *forgot* the address.

▶ 宿題のことをすっかり忘れていた.
I *forgot* all about my homework.

> ─ 表現力 ─
> …するのを忘れる → forget to …

▶ 宿題を忘れちゃった.
(持ってくるのを) I *forgot to* bring my homework. / (してくるのを) I *forgot to* do my homework.

> ─ 表現力 ─
> 忘れずに…して
> → Don't forget to … . /
> Remember to … .

▶ ヒーターを消し忘れないでね.
Don't forget to turn off the heater.(▶ Don't forget to のかわりに Remember to を使うこともできる)

▶ 出かける前に忘れないで犬にえさをやってね.
Remember to feed the dog before you leave.

> ─ 表現力 ─
> (過去に) …したことを忘れる
> → forget -ing / forget (that) …

▶ あいつにゲームを貸していたことを忘れてたよ.
I *forgot lending* him the game. / I *forgot* (*that*) I lent him the game.

▶ パーティーで彼に会ったのを忘れた.
I *forgot* meeting him at the party. / I *forgot that* I met him at the party.

▶ ゲームをしていると時間のたつのを忘れてしまう.
I *lose track of* the time when I'm playing video games. (▶ lose track of … は「…がわからなくなる」の意味)

2 (置き忘れる) **leave** [リーヴ], forget

> ─ 表現力 ─
> …を (ある場所) に忘れる
> → leave … (in, at など) 〜

▶ どこにかさを忘れてきたの？
Where did you *leave* your umbrella?

▶ しまった. さいふを忘れてきちゃった.
Oh, no. I *forgot* my wallet.

▶ 英語の教科書を学校に忘れてきた.
I *left* my English textbook *at* school.
(▶ 場所をいうときはふつう forget は使わない)

eight hundred and forty-seven 847

わすれんぼう ▶

「私は教科書を家に忘れた」
× I forgot my textbook (at) home. ▶ 場所を表す語といっしょにはふつう使わない.
○ I forgot my textbook.
○ I left my textbook (at) home.

forget

leave

わすれんぼう 忘れん坊 a forgetful [フォゲットフル] person
▶ きみは忘れん坊だね.
You're a *forgetful person*, aren't you?

わせい 和製の made in Japan

わた 綿 cotton [カトゥン]
綿あめ 《米》cotton candy, 《英》candy-floss

わだい 話題 a topic [タピク], a subject [サブヂェクト]
▶ ブラウン先生は話題が豊富だ.
Mr. Brown can talk on a variety of *topics*.
▶ 話題を変えない？
Why don't we change the *subject*?
▶ 学校で友だちとはどんな話題について話しますか.
What do you *talk about* with your friends at school?
▶ このカフェは話題の店だよ.
This café *is attracting* a lot of *attention* right now. (▶ attract attention は「注目を集める」の意味) / This café *is the talk of the town*. (▶ the talk of the town は「町の話題（の種）」の意味)

わだかまり hard feelings, ill feelings
▶ ぼくらの間にはわだかまりがあった.
There were some *ill feelings* between us.
▶ きみにはもう何のわだかまりもないよ.
I have no *hard feelings* against you

any more.

わたくし 私 I [アイ] →わたし
わたくしりつ 私立 →しりつ²

わたし 私

(私は) I [アイ] (複数 we) (▶ いつも大文字で書く. 英語では男女や年齢に関係なく，自分のことはつねに I で表す. 日本語のような「わたし」「ぼく」「おれ」などの区別はない)

	私	私たち
…は, …が	I	we
…の	my	our
…を, …に	me	us
…のもの	mine	ours
…自身	myself	ourselves

●表現力
私は…です → I am ... .
(▶ 話しことばでは短縮形の I'm を使う)

▶ 私は中学生です.
I'm a junior high student. / *I'm* in junior high.
▶ 私は日本人です.
I'm Japanese.

●スピーキング
🅐 (ドアのノックに) どなたですか.
Who is it?
🅑 私だよ.
It's me.
(▶ × Who are you? とはいわない.「お前はだれだ」という失礼な言い方になる)

▶ これは私のかさじゃない.
This isn't *my* umbrella.
▶ 私を置いていかないで.
Don't leave *me* alone.
▶ 青いほうが私のよ.
The blue one is *mine*.

●表現力
私たちは…です → We are ... .

▶ 私たちは小学校の友だちです.
We are friends from elementary school.
▶ 私たちの部には部員が50人ほどいる.
Our club has about fifty members.

▶ わら

- ▶ それを私たちにも使わせてよ.
  Please let *us* use it.
- ▶ このスーツケースは私たちのではありません.
  This suitcase isn't *ours*.

わたしたち 私たち we
- ▶ 私たちは中学生です.
  We are junior high school students.

わたす 渡す give [ギヴ], hand [ハンド]

> 💬 表現力
> **(人)に(物)をわたす**
> → give [hand] +人+物 /
>   give [hand] +物+ to +人

- ▶ 先生に解答用紙をわたした.
  I *handed* the teacher my answer sheet.
- ▶ 車のかぎはお父さんにわたしたよ.
  I *gave* the car key *to* Dad.
- ▶ これをお母さんにわたしてくれる?
  Could you *give* this *to* Mom? (▶ ×give Mom this とはいえない. 物が this や it などの代名詞の場合は「give +物(代名詞)+ to +人」の形を使う)

わたりどり 渡り鳥 a migratory [マイグラトリィ] bird

わたりろうか 渡り廊下 a walkway [ウォークウェイ]

わたる 渡る

cross [クロ(ー)ス], go across
- ▶ 左右を確かめないで道路をわたっちゃだめだよ.
  Don't *cross* the street without looking both ways.
- ▶ 道を走ってわたっちゃだめ.
  Don't *run across* the road.
- ▶ 信号が青に変わったので, 横断歩道をわたった.
  When the light turned green, I walked (*across*) the crosswalk.

ワックス wax [ワックス]
ワックスをぬる[かける] wax

ワット (電気) a watt [ワット] (▶ W または w と略す)
- ▶ 60ワットの電球
  a 60-*watt* bulb

わっと
- ▶ 久美はわっと泣きだした.

Kumi *burst into* tears. / Kumi *burst out* crying.

ワッフル a waffle [ワフル]

ワッペン an emblem [エンブレム] (▶「ワッペン」はドイツ語から)

わな a trap [トラップ]
わなをしかける trap, set [lay] a trap

わなげ 輪投げ quoits [クウォイツ]
- ▶ 子どもたちは輪投げをして遊んでいた.
  The children were playing *quoits*.

ワニ 〖動物〗(大型の) a crocodile [クロコダイル]; (小型の) an alligator [アリゲイタァ]

わび (おわび) (an) apology [アポロヂィ]
わびる apologize [アポロヂャイズ]
- ▶ 一言のおわびもなかった.
  There was no word of *apology*.
- ▶ いろいろご迷惑をおかけしたことをおわびいたします.
  I *apologize* for causing you so much trouble. / I'm really *sorry* for causing you so much trouble.

わふく 和服 Japanese clothes

わぶん 和文 (日本語の文) a Japanese sentence [センテンス]
- ▶ 次の和文を英訳しなさい.
  Put the following *Japanese sentence* into English.

わへい 和平 peace [ピース]

わめく shout [シャウト], yell [イェル]; (泣きわめく) cry [クライ] out
- ▶ そんなにわめかなくても聞こえるよ.
  Don't *shout*, please. I can hear you.

わやく 和訳する translate [トゥランスレイト] ... into Japanese
- ▶ このページを和訳しなさい.
  Translate this page *into Japanese*.

わら (a) straw [ストゥロー]
- ▶ おぼれる者はわらをもつかむ. (ことわざ)
  A drowning man will catch at a

eight hundred and forty-nine 849

わらい

straw.
▶ わらぶきの屋根 a *thatched* roof

わらい 笑い

a laugh [ラフ]; (ほほえみ) a smile [スマイル]
▶ みんなぼくのジョークに大笑いした.
Everyone had a good *laugh* over my joke.
▶ 笑いごとじゃないよ.
It's no *laughing* matter.
▶ どうにも笑いが止まらなかった.
I just couldn't stop *laughing*.
笑い声 laughter [ラフタァ]
笑い話 a funny story, a joke
(笑) (メールやSNSで笑いを表す) haha; lol (▶ lolは *laughing out loud* の略. 絵文字のみで表すことも多い)
▶ 全然勉強してない(笑).
I didn't study at all, *haha*.

わらう 笑う

(声を出して) laugh [ラフ]; (ほほえむ) smile [スマイル]

laugh

smile

▶「声に出して笑う」は laugh, 「ほほえむ, にっこり笑う」は smile.

▶ 私の母はよく笑う.
My mother *laughs* a lot.
▶ みんな大声で笑った.
Everyone *laughed* loudly.
▶ さあ, 笑って. はい, チーズ.
Smile. Say cheese.

🗨 表現力
…のことを笑う → laugh at ...

▶ 私のことを笑わないでよ!
Don't *laugh at* me!
▶ 何がおかしくて笑ってるの?
What *are* you *laughing at*?
▶ その光景を見て笑わずにはいられなかった.
I couldn't help *laughing at* the sight.

わらべうた 童歌 a nursery rhyme [ナ～サリ ライム]; a children's song

わり 割 (…割) ... percent [パセント] (記号%); (割合) a rate [レイト]
▶ その高校は生徒の7割(70%)が女子だ.
Seventy *percent* of the students in the high school are girls.
わりに (…のわりに) for ; (比較的) rather, relatively
▶ おばあちゃんは年のわりに若く見える.
Grandma looks young *for* her age.
▶ 今度のテストはわりにやさしかった.
This exam was *rather* easy.

わりあい 割合 **1** (率) a rate [レイト]; (比率) a ratio [レイショウ] (複数 ratios), proportion [プロポーション]
▶ うちのクラスでは5人に1人の割合でめがねをかけている.
One *out of* five students in my class wears glasses.

🗨 プレゼン
日本は世界でもっとも高齢者の割合が高い国です.
Japan has the highest proportion of elderly citizens in the world.

2 (比較的) relatively [レラティヴリィ]
▶ 今日はわりあい暖かかった.
It was *relatively* warm today.

わりあてる 割り当てる assign [アサイン]
▶ また給食当番に割り当てられたよ.
I *was assigned* to lunch duty again.

わりかん 割り勘にする split [スプリット] the bill; (別々に払う) pay separately
▶ 割りかんにしよう.
Let's *split the bill*.

わりこむ 割り込む (列に) cut in line; (話に) cut in
▶ 列に割りこまないでください.
Don't *cut in line*, please.

わりざん 割り算 division [ディヴィジョン] (反) かけ算 multiplication) →わる
割り算をする divide [ディヴァイド]

わりばし 割り箸 (使い捨てのはし) disposable chopsticks [ディスポウザブル チャプスティクス]

わりびき 割引 (a) discount [ディスカウント]
割引する discount [ディスカウント], give ... a discount
▶ このパソコン, 3割引で買ったんだ.

I bought this computer at a 30% *discount*. / I bought this computer at 30% *off*.
割引券 a discount ticket [coupon]

洋服売り場の掲示.「セール50%割引」とある.

わる 割る（こわす）break [ブレイク]；（分ける）divide [ディヴァイド]
▶ だれが窓ガラスを割ったの？
Who *broke* the window?
▶ ボウルに卵を3つ割って入れてくれる？
Can you *break* three eggs into a bowl?
▶ 72割る8は9（72÷8＝9）.
Seventy-two *divided by* eight is nine.

わるい 悪い

使い分け
（道徳的・質的に）→ bad
（まちがった）→ wrong
（調子・ぐあいが）→ wrong
（体に）→ bad

1 （道徳的・質的によくない）**bad** [バッド]（反 よい good）；（まちがった）**wrong** [ロ(ー)ング]（反 正しい right）
▶ 週末まで天気は悪いみたいだよ.
I hear the *bad* weather will last until the weekend.
▶ いい知らせと悪い知らせ，どっちを先に聞きたい？
Do you want the good news or the *bad* news first?
▶ 彼は悪い仲間に入ってしまった.
He got into a *bad* group.
▶ ぼくが悪かった.
I was *wrong*.

表現力
…するのは悪い → It is wrong to ….

▶ うそをつくのは悪い.
It's wrong to tell a lie.
2 （調子・ぐあいが）**wrong**；（体調が）**sick** [スィック]
▶ パソコンの調子が悪い.
There's something *wrong* with my computer.

スピーキング
Ⓐ 顔色が悪いけど，どこか悪いの？
What's wrong? You look pale.
Ⓑ ちょっと頭が痛いんだ.
I have a slight headache.

▶ 朝から調子が悪いんだよ.
I've been *sick* since this morning.
3 （体に）**bad**（for）；（体が）**bad**
▶ 夜ふかしは体に悪いよ.
Staying up late is *bad for* your health.
4 （申しわけない）→すみません
▶ 悪いんだけど，行けないんだ.
I'm sorry, but I can't come.
わるがしこい 悪賢い cunning [カニング]
わるぎ 悪気
▶ きみのことを笑ったけど，悪気はなかったんだ.
I laughed at you, but meant no *harm*.
わるくち 悪口を言う say bad things about, speak ill [badly] of
▶ 人の悪口を言うのはよせよ.
Stop *saying bad things about* others.
▶ 彼はだれの悪口も決して言わなかった.
He never *spoke ill of* anyone.
ワルツ a waltz [ウォールツ]
▶ ワルツを踊る dance a *waltz* / waltz
わるふざけ 悪ふざけ（人を困らせるいたずら）a practical joke [プラクティカル ヂョウク]
わるもの 悪者 a bad person
▶ 悪者あつかいしないでくれ.
Don't make me a *bad guy*.
われ 我（私は）I [アイ]→わたし
われに返る come to *myself*
われを忘れる（…に熱中する）be absorbed in, get carried away
われる 割れる（こわれる）break [ブレイク]
▶ その花びんは割れやすい.
The vase *breaks* easily.

われわれ ▶

▶ コップは落ちて粉々に割れた.
The glass fell and *broke* into pieces.

▶ 頭が割れるように痛い (→ひどい頭痛だ).
I have a *terrible* headache.

われわれ 我々 →わたしたち, わたし

ワン one [ワン] →いち¹

▶ (店で) これのワンサイズ上はありますか.
Do you have this in *one* size larger?

▶ あいつの言っていることはワンパターンだ.
He's always saying the same thing.

わん¹ 湾 (小さい) a bay [ベイ]; (大きい)
a gulf [ガルフ] [複数] gulfs

▶ 東京湾 Tokyo *Bay* (▶地名が前につく湾
の名称には the をつけない)

▶ メキシコ湾 the *Gulf* of Mexico

わん² 椀, 碗 (食べ物をもる) a bowl [ボウル]

ワンタッチ ワンタッチの one-touch [ワ
ンタッチ]

わんぱく わんぱくな naughty [ノーティ],
mischievous [ミスチヴァス]

▶ ぼくは小さいころはわんぱくだった.
I was *naughty* when I was a little
boy.

ワンパターン ワンパターンの (型には
まった) stereotyped [ステリオタイプト]

▶ 彼はいつもワンパターンだ (→同じパター
ンを繰り返す).
He always *follows the same pattern*.

ワンピース a dress [ドゥレス]

▶ ワンピースを着る put on my *dress*

▶ ワンピースの水着 a one-piece swimsuit

ワンボックスカー a minivan [ミニヴァン]
(▶「ワンボックスカー」は和製英語)

ワンマン (独裁者) an autocrat [オートクラ
ト], a dictator [ディクテイタァ]; (ショーなどが
単独の) solo [ソウロウ]

わんりょく 腕力 physical strength [フィ
ズィカル ストゥレング(ク)ス]; force [フォース]

▶ 健は腕力が強い.
Ken is *physically strong*.

ワンルームマンション a studio [ス
テューディオウ], (米) a studio apartment,
(英) a studio flat(▶×one-room mansion
とはいわない)

ワンワン (犬の鳴き声) bowwow [バウワ
ウ]; (犬) (小児語) a doggy, a doggie
[ド(ー)ギイ]

ワンワンほえる bark [バーク]

を ヲ を ヲ を ヲ

―を

1 《他動詞の目的語》(▶名詞または代名詞
の目的格で表す. 代名詞の場合は, 以下
の表のようになる)

使い分け

私を → me	私たちを → us
あなたを → you	あなたたちを → you
彼を → him	彼らを → them
彼女を → her	彼女らを → them
それを → it	それらを → them

▶ 私は彼を知っている. I know *him*.

▶ きのうはテレビゲームをしなかった.
I didn't play *video games* yesterday.

▶ 手を洗ったの？
Did you wash *your hands*?

▶ ぼくを信じて. Trust *me*.

2 《前置詞の目的語》(▶自動詞の場合は名
詞を直接続けることはできないので, 前置
詞を置いてその後に続ける)

▶ 黒板を見てください.
Look *at* the board.

▶ 姉はアパートを探している.
My big sister is looking *for* an
apartment.

▶ 公園を散歩しようか.
Why don't we take a walk *in* the
park?

▶ 来週, 京都を旅行するんだ.
We're going on a trip *to* Kyoto next
week.

852 eight hundred and fifty-two

参考資料1　自己表現の英語

赤い文字の部分は，右の欄の表現に言いかえられます．いろいろ言いかえて使ってみましょう．

1 自分自身について

A： What's your name?
あなたの名前は何ですか．

B： My name is Mikako.
Please call me Mika.
私の名前は美香子です．
ミカと呼んでください．

▶ていねいに聞く場合は，May I have your name? といいます．
▶名前は first name，姓は last name や family name といいます．
▶You can call me …. や My nickname is …. などということもできます．

A： How old are you?
何歳ですか．

B： I'm thirteen years old.
13歳です．

▶「12歳」は twelve,「14歳」は fourteen,「15歳」は fifteen といいます．

A： When is your birthday?
誕生日はいつですか．

B： My birthday is (on) October 14th.
10月14日です．

▶October 14th は October (the) fourteenth と読みます．

A： How many people are there in your family?
何人家族ですか．

B： There are four people in my family.
4人家族です．

▶「私は一人っ子です」は I am an only child. といいます．

A： What do you want to be when you grow up?
大きくなったら，何になりたいですか．

▶in the future（将来は）も使えます．

B： I want to be a fashion model.
ファッションモデルになりたいです．

▶警察官 a police officer／科学者 a scientist／電車の運転手 a train driver[operator]／料理人 a chef [cook]／教師 a teacher／看護師 a nurse／医師 a doctor／弁護士 a lawyer／ユーチューバー a YouTuber／俳優 an actor／歌手 a singer／漫画家 a cartoonist／プロ野球[サッカー]選手 a professional baseball [soccer] player／動物園の飼育係 a zookeeper

eight hundred and fifty-three　853

自己表現の英語

A : What's your hobby?
趣味は何ですか.

B : My hobby is drawing pictures.
私の趣味は絵をかくことです.

▶英語の hobby はふつう自分で積極的に作業したり探求したりするものに使われるので，手軽にできるものにはあまり使わない.

▶切手収集 collecting stamps ／ 園芸 gardening ／ つり fishing ／ 日曜大工 doing home carpentry ／ 写真撮影 taking pictures ／ プラモデルづくり building plastic models

A : What are you interested in?
何に興味がありますか.

B : I'm interested in computers.
コンピューターに興味があります.

▶コンピューターゲーム computer games ／ バスケットボール basketball ／ テニス tennis ／ 芸能界 show business ／ ペット pets ／ 料理 cooking

A : What kind of music do you listen to?
どんな音楽を聞きますか.

B : I listen to Japanese popular music.
日本のポップスを聞きます.

▶ポピュラー音楽 popular[pop] music ／ クラシック classical music ／ ジャズ jazz ／ ロック rock (music), rock'n'roll ／ 演歌 Japanese ballads ／ ラップ（ミュージック）rap (music)

●その他の表現

A : I go to bed at eleven (o'clock).
11 時に寝ます.

A : I get up at seven (o'clock).
7 時に起きます.

A : I take my dog out for a walk every morning.
毎朝犬を散歩させます.

A : I spend the evenings watching TV and playing video games.
夜はテレビを見たり，テレビゲームをしたりして過ごします.

▶読書 reading ／ 音楽鑑賞 listening to music

A : I go to *juku* three times a week.
週に3度，塾に通っています.

A : I do volunteer work twice a month.
月に2度，ボランティア活動をしています.

▶「1度」は once，「2度」は twice といいます.

A : I often access the Internet.
たびたびインターネットにアクセスします.

854   eight hundred and fifty-four

自己表現の英語

2 学校生活について

A : What grade are you in?
何年生ですか.

B : I'm in the eighth grade.
8年生(中学2年生)です.

▶「7年生（中学1年生）」は seventh,「9年生（中学3年生）」は ninth といいます.

A : What time does your school begin?
学校は何時に始まりますか.

B : My school begins at 8:30.
8時30分に始まります.

A : What subject do you like (the) best?
いちばん好きな科目は何ですか.

B : I like English (the) best.
英語がいちばん好きです.

▶国語 Japanese / 理科 science / 外国語 foreign language / 社会 social studies / 音楽 music / 美術 art / 技術・家庭 technology and home economics / 体育 P.E.

A : What club or team do you belong to?
何部に入っていますか.

B : I'm on the tennis team.
テニス部です.

●その他の表現

A : I walk to school.
歩いて学校へ行きます.

A : Some friends go to school by bus.
バスで学校へ通う友だちもいます.

A : It takes about 30 minutes from my house to school.
家から学校まで約30分かかります.

A : I usually come home from school at five o'clock.
たいてい5時に学校から家に帰ってきます.

A : I'm a class representative.
学級委員です.

A : I practice tennis after school every day.
放課後は毎日テニスの練習をします.

▶美術部 art club / 放送部 broadcasting club / 漫画部 cartoon club / コーラス部 chorus / 演劇部 drama club / 茶道部 tea ceremony club / 華道部 flower arrangement club / 野球部 baseball team / サッカー部 soccer team / バスケットボール部 basketball team / ソフトボール部 softball team / バレーボール部 volleyball team / 陸上競技部 track-and-field team / 水泳部 swimming team / 柔道部 judo team / 剣道部 kendo team

▶図書委員 a library helper / 美化委員 a maintenance helper / 保健委員 a student in charge of health problems / 体育委員 a student in charge of P.E. activities

参考資料2　教室での英語

赤い文字の部分は，右の欄の表現に言いかえられます．いろいろ言いかえて使ってみましょう．
Tは先生，Sは生徒です．

T: What day is it today?
今日は何曜日ですか．

S: It's Wednesday.
水曜日です．

▶日曜日 Sunday / 月曜日 Monday / 火曜日 Tuesday / 木曜日 Thursday / 金曜日 Friday / 土曜日 Saturday

T: What's the date today?
今日は何月何日ですか．

S: It's June 5th.
6月5日です．

▶1月 January / 2月 February / 3月 March / 4月 April / 5月 May / 7月 July / 8月 August / 9月 September / 10月 October / 11月 November / 12月 December

T: It's a beautiful day, isn't it?
いい天気だね．

S: Yes, it's going to be hot today.
はい，今日は暑くなりそうですね．

▶くもった cloudy / 雨の rainy / 暖かい warm / 蒸し暑い muggy / 寒い cold / すずしい cool / 風が強い windy / 嵐の stormy / 雪の snowy / じめじめする humid / うっとうしい gloomy

T: What time is it?
いま何時ですか．

▶Do you have the time? ということもできます．

S: It's ten forty-five.
10時45分です．

▶(a) quarter to eleven（11時15分前）ということもできます．
その他のいろいろな時刻の言い方：10時15分 ten fifteen, (a) quarter past ten / 10時30分 ten thirty, half past ten

S: May I ask you some questions?
質問してもいいですか．

T: Sure. Go ahead.
いいですよ．どうぞ．

T: How do you say "ringo" in English?
「リンゴ」は英語で何と言いますか．

▶What is "ringo" in English? ということもできます．

S: Let's see .... Apple.
ええと…．Apple です．

▶Let me think. / Let me see. / Uh.... / Um.... ということもできます．

T: Well done.　よくできました．

▶Good. / Excellent. ということもできます．

S: Mr. Sato, I don't understand this word.
佐藤先生，この単語の意味がわかりません．

T: Look it up in your dictionary.
辞書で調べなさい．

▶Consult ということもできます．

856　eight hundred and fifty-six

参考資料3　変化形のつくり方

名詞の複数形

語尾	複数形のつくり方	単数形	複数形
大部分の語	そのまま -s をつける	apple（リンゴ）	apples
		cup（カップ）	cups
-s, -x, -ch, -sh で終わる語	-es をつける	bus（バス）	buses
		box（箱）	boxes
		bench（ベンチ）	benches
		dish（皿）	dishes
「子音字＋ y」で終わる語	y を i に変えて -es をつける	city（市）	cities
		country（国）	countries
-o で終わる語	-s または -es をつける	piano（ピアノ）	pianos
		tomato（トマト）	tomatoes
-f, -fe で終わる語	f, fe を v に変えて -es をつける	leaf（木の葉）	leaves
		wife（妻）	wives
		〈例外〉roof（屋根）	roofs

動詞の変化形　①3人称単数現在形のつくり方

語尾	-(e)s のつけ方	原形（もとの形）	3単現（3人称単数現在形）
大部分の語	そのまま -s をつける	play（遊ぶ）	plays
		live（住む）	lives
		speak（…を話す）	speaks
		run（走る）	runs
語尾が -o, -s, -ch, -sh の語	-es をつける	go（行く）	goes
		pass（通る）	passes
		teach（…を教える）	teaches
		wash（…を洗う）	washes
「子音字＋y」で終わる語	y を i に変えて -es をつける	study（勉強する）	studies
		cry（泣く）	cries
		fly（飛ぶ）	flies

動詞の変化形　②過去形のつくり方

語尾	過去形のつくり方	原形（もとの形）	過去形
大部分の語	そのまま -ed をつける	play（遊ぶ）	played（遊んだ）
		walk（歩く）	walked（歩いた）
発音しない -e で終わる語	そのまま -d をつける	live（住む）	lived（住んだ）
		like（…を好む）	liked（…を好んだ）
「アクセントのある1短母音字＋1子音字」で終わる語	子音字を重ねて -ed をつける	drop（…を落とす）	dropped（…を落とした）
		plan（…を計画する）	planned（…を計画した）
		stop（…をやめる）	stopped（…をやめた）
「子音字＋ y」で終わる語	y を i に変えて -ed をつける	study（勉強する）	studied（勉強した）
		cry（泣く）	cried（泣いた）

eight hundred and fifty-seven　857

変化形のつくり方

動詞の変化形 ③ -ing 形のつくり方

語尾	-ing 形のつくり方	原形（もとの形）	-ing 形（現在分詞）
大部分の語	そのまま -ing をつける	go（行く）	going
		study（勉強する）	studying
発音しない -e で終わる語	-e をとって -ing をつける	come（来る）	coming
		make（…をつくる）	making
「アクセントのある短母音 ＋子音字」で終わる語	子音字を重ねて -ing をつける	run（走る）	running
		swim（泳ぐ）	swimming
-ie で終わる語	-ie を y に変えて -ing をつける	die（死ぬ）	dying
		lie（横たわる）	lying

形容詞・副詞の比較級・最上級

語尾	比較級・最上級 のつくり方	原級	比較級	最上級
大部分の語	-er，-est をつける	tall（背が高い） long（長い）	taller longer	tallest longest
発音しない -e で 終わる語	-r，-st をつける	large（大きい） nice（すてきな）	larger nicer	largest nicest
「アクセントのある 短母音＋子音字 1つ」で終わる語	子音字を重ねて -er，-est をつける	big（大きい） hot（暑い）	bigger hotter	biggest hottest
「子音字＋ y」 で終わる語	y を i に変えて -er，-est をつける	easy（やさしい） pretty（かわいい）	easier prettier	easiest prettiest
多くの2音節の語と， 3 音節以上の語	前に more，most を置く	useful（役に立つ） beautiful（美しい）	more useful more beautiful	most useful most beautiful

参考資料4　形容詞・副詞の不規則変化表

原級	比較級	最上級
good（よい），well（健康で）	better	best
bad（悪い），ill（病気の）	worse	worst
little（量の少ない）	less	least
many（数の多い），much（量の多い）	more	most
old（年をとった）	older；elder	oldest；eldest
far（距離が）遠くに （時間・程度・距離が）離れて	farther further	farthest furthest
late（時間が）おそい （順序が）あとの	later latter	latest（最新の） last（最後の）

参考資料5　不規則動詞変化表

現在（原形）	過去	過去分詞	-ing 形
am (be)　…である	was	been	being
are (be)　…である	were	been	being
arise　発生する	arose	arisen	arising
awake　目が覚める	awoke, awaked	awoken, awoke, awaked	awaking
be　…である	was, were	been	being
bear　…に耐える，…を産む	bore	born, borne	bearing
beat　…を打つ	beat	beaten, beat	beating
become　…になる	became	become	becoming
begin　始まる	began	begun	beginning
bend　…を曲げる	bent	bent	bending
bet　…を賭ける	bet, betted	bet, betted	betting
bind　…をしばる	bound	bound	binding
bite　…をかむ	bit	bitten, bit	biting
bleed　出血する	bled	bled	bleeding
bless　…を祝福する	blessed, blest	blessed, blest	blessing
blow　吹く	blew	blown	blowing
break　…をこわす	broke	broken	breaking
bring　…を持ってくる	brought	brought	bringing
broadcast　…を放送する	broadcast, broadcasted	broadcast, broadcasted	broadcasting
build　…を建てる	built	built	building
burn　…を燃やす	burned, burnt	burned, burnt	burning
burst　破裂する	burst	burst	bursting
buy　…を買う	bought	bought	buying
can　…できる	could	―	―
cast　…を投げる	cast	cast	casting

eight hundred and fifty-nine　859

不規則動詞変化表

現在（原形）	過去	過去分詞	-ing 形
キャッチ catch …をつかまえる	コート caught	コート caught	キャッチング catching
チューズ choose …を選ぶ	チョウズ chose	チョウズン chosen	チューズィング choosing
クリング cling くっつく	クラング clung	クラング clung	クリンギング clinging
カム come 来る	ケイム came	カム come	カミング coming
コ(ー)スト cost （金）がかかる	コ(ー)スト cost	コ(ー)スト cost	コ(ー)スティング costing
クリープ creep そっと歩く，はう	クレプト crept	クレプト crept	クリーピング creeping
カット cut …を切る	カット cut	カット cut	カティング cutting
ディール deal …を配る	デルト dealt	デルト dealt	ディーリング dealing
ディッグ dig …を掘る	ダッグ dug	ダッグ dug	ディギング digging
ドゥー ダズ do, does …をする	ディッド did	ダン done	ドゥーイング doing
ドゥー ダズ do, does (疑問文・否定文などに用いる)	ディッド did	———	———
ドゥロー draw …を引く	ドゥルー drew	ドゥローン drawn	ドゥローイング drawing
ドゥリーム dream （…な）夢を見る	ドゥリームド／ドゥレムト dreamed, ドゥレムト dreamt	ドゥリームド／ドゥレムト dreamed, ドゥレムト dreamt	ドゥリーミング dreaming
ドゥリンク drink …を飲む	ドゥランク drank	ドゥランク drunk	ドゥリンキング drinking
ドゥライヴ drive …を運転する	ドゥロウヴ drove	ドゥリヴン driven	ドゥライヴィング driving
イート eat …を食べる	エイト ate	イートン eaten	イーティング eating
フォール fall 落ちる	フェル fell	フォールン fallen	フォーリング falling
フィード feed …に食べ物を与える	フェッド fed	フェッド fed	フィーディング feeding
フィール feel （…と）感じる	フェルト felt	フェルト felt	フィーリング feeling
ファイト fight 戦う	フォート fought	フォート fought	ファイティング fighting
ファインド find …を見つける	ファウンド found	ファウンド found	ファインディング finding
フライ fly 飛ぶ	フルー flew	フロウン flown	フライイング flying
フォビッド forbid …を禁じる	フォバッド／フォベイド forbade, フォバッド forbad	フォビドゥン forbidden	フォビディング forbidding
フォーキャスト forecast …を予測[予報]する	フォーキャスト forecast, フォーキャスティド forecasted	フォーキャスト forecast, フォーキャスティド forecasted	フォーキャスティング forecasting
フォゲット forget …を忘れる	フォガット forgot	フォガトゥン フォガット forgotten, forgot	フォゲティング forgetting
フォギヴ forgive …を許す	フォゲイヴ forgave	フォギヴン forgiven	フォギヴィング forgiving

不規則動詞変化表

現在（原形）	過去	過去分詞	-ing 形
フリーズ freeze …を凍らせる	フロウズ froze	フロウズン frozen	フリーズィング freezing
ゲット get …を得る	ガット got	ガット ガトゥン got, gotten	ゲティング getting
ギヴ give …を与える	ゲイヴ gave	ギヴン given	ギヴィング giving
ゴウ go 行く	ウェント went	ゴ(ー)ン gone	ゴウイング going
グラインド grind …をひいて粉にする	グラウンド ground	グラウンド ground	グラインディング grinding
グロウ grow 大きくなる	グルー grew	グロウン grown	グロウイング growing
ハング hang …を掛ける	ハング hung	ハング hung	ハンギング hanging
…を絞首刑にする	ハングド hanged	ハングド hanged	ハンギング hanging
ハヴ ハズ have, has …を持っている	ハッド had	ハッド had	ハヴィング having
ハヴ ハズ have, has （完了形をつくる）	ハッド had	————	————
ヒア hear …が聞こえる	ハード heard	ハード heard	ヒ(ア)リング hearing
ハイド hide …をかくす	ヒッド hid	ヒドゥン ヒッド hidden, hid	ハイディング hiding
ヒット hit …を打つ	ヒット hit	ヒット hit	ヒティング hitting
ホウルド hold …を手に持つ	ヘルド held	ヘルド held	ホウルディング holding
ハート hurt …を傷つける	ハート hurt	ハート hurt	ハーティング hurting
イズ ビー is (be) …である	ワズ was	ビ(ー)ン been	ビーイング being
キープ keep （ある期間）…を持っている	ケプト kept	ケプト kept	キーピング keeping
ニール kneel ひざまずく	ネルト ニールド knelt, kneeled	ネルト ニールド knelt, kneeled	ニーリング kneeling
ニット knit …を編む	ニティド ニット knitted, knit	ニティド ニット knitted, knit	ニティング knitting
ノウ know …を知っている	ニュー knew	ノウン known	ノウイング knowing
レイ lay …を置く	レイド laid	レイド laid	レイイング laying
リード lead …を導く	レッド led	レッド led	リーディング leading
リーン lean 寄りかかる	リーンド レント leaned, leant	リーンド レント leaned, leant	リーニング leaning
リープ leap とぶ	リープト レプト／リープト leaped, leapt	リープト レプト／リープト leaped, leapt	リーピング leaping
ラーン learn …を習う，覚える	ラーンド／ラーント ラーント learned, learnt	ラーンド／ラーント ラーント learned, learnt	ラーニング learning
リーヴ leave …を去る	レフト left	レフト left	リーヴィング leaving
レンド lend …を貸す	レント lent	レント lent	レンディング lending
レット let …に…させる	レット let	レット let	レティング letting
ライ lie 横になる	レイ lay	レイン lain	ライイング lying

eight hundred and sixty-one　861

不規則動詞変化表

現在（原形）	過去	過去分詞	-ing 形
ライト light …に火をつける	ライティド　リット lighted, lit	ライティド　リット lighted, lit	ライティング lighting
ルーズ lose …をなくす	ロ(ー)スト lost	ロ(ー)スト lost	ルーズィング losing
メイク make …をつくる	メイド made	メイド made	メイキング making
メイ may …かもしれない	マイト might	———	———
ミーン mean …を意味する	メント meant	メント meant	ミーニング meaning
ミート meet …に会う	メット met	メット met	ミーティング meeting
ミステイク mistake …を誤解する	ミストゥック mistook	ミステイクン mistaken	ミステイキング mistaking
ミサンダスタンド misunderstand …を誤解する	ミサンダストゥッド misunderstood	ミサンダストゥッド misunderstood	ミサンダスタンディング misunderstanding
オウヴァカム overcome …に打ち勝つ	オウヴァケイム overcame	オウヴァカム overcome	オウヴァカミング overcoming
オウヴァスリープ oversleep 寝すごす	オウヴァスレプト overslept	オウヴァスレプト overslept	オウヴァスリーピング oversleeping
ペイ pay …を支払う	ペイド paid	ペイド paid	ペイイング paying
プルーヴ prove …を証明する	プルーヴド proved	プルーヴド　プルーヴン proved, proven	プルーヴィング proving
プット put …を置く	プット put	プット put	プティング putting
クウィット quit …をやめる	クウィット　クウィティド quit, quitted	クウィット　クウィティド quit, quitted	クウィティング quitting
リード read …を読む	レッド read	レッド read	リーディング reading
リッド rid 〜から(…を)取り除く	リッド　リディド rid, ridded	リッド　リディド rid, ridded	リディング ridding
ライド ride 乗る	ロウド rode	リドゥン ridden	ライディング riding
リング ring 鳴る	ラング rang	ラング rung	リンギング ringing
ライズ rise のぼる	ロウズ rose	リズン risen	ライズィング rising
ラン run 走る	ラン ran	ラン run	ラニング running
セイ say …を言う	セッド said	セッド said	セイイング saying
スィー see …が見える	ソー saw	スィーン seen	スィーイング seeing
スィーク seek …をさがす	ソート sought	ソート sought	スィーキング seeking
セル sell …を売る	ソウルド sold	ソウルド sold	セリング selling
センド send …を送る	セント sent	セント sent	センディング sending
セット set …を置く	セット set	セット set	セティング setting
ソウ sew …をぬう	ソウド sewed	ソウン　ソウド sewn, sewed	ソウィング sewing
シェイク shake …をふる	シュック shook	シェイクン shaken	シェイキング shaking
シャル shall …でしょう	シュッド should	———	———

不規則動詞変化表

現在（原形）	過去	過去分詞	-ing 形
シェイヴ shave （ひげを）そる	シェイヴド shaved	シェイヴド　シェイヴン shaved, shaven	シェイヴィング shaving
シェッド shed …を流す	シェッド shed	シェッド shed	シェディング shedding
シャイン shine かがやく	ショウン shone	ショウン shone	シャイニング shining
…をみがく	シャインド shined	シャインド shined	シャイニング shining
シュート shoot …を撃つ	シャット shot	シャット shot	シューティング shooting
ショウ show …を見せる	ショウド showed	ショウン　ショウド shown, showed	ショウイング showing
シャット shut …を閉める	シャット shut	シャット shut	シャティング shutting
スイング sing 歌う	サング sang	サング sung	スインギング singing
スインク sink 沈む	サンク　サンク sank, sunk	サンク sunk	スインキング sinking
スイット sit すわる	サット sat	サット sat	スイティング sitting
スリープ sleep 眠る	スレプト slept	スレプト slept	スリーピング sleeping
スライド slide すべる	スリッド slid	スリッド slid	スライディング sliding
スメル smell …のにおいがする	スメルド　スメルト smelled, smelt	スメルド　スメルト smelled, smelt	スメリング smelling
ソウ sow （種）をまく	ソウド sowed	ソウン　ソウド sown, sowed	ソウイング sowing
スピーク speak 話す	スポウク spoke	スポウクン spoken	スピーキング speaking
スピード speed 急ぐ	スペッド　スピーディド sped, speeded	スペッド　スピーディド sped, speeded	スピーディング speeding
スペル spell …をつづる	スペルド　スペルト spelled, spelt	スペルド　スペルト spelled, spelt	スペリング spelling
スペンド spend …を使う	スペント spent	スペント spent	スペンディング spending
スピル spill …をこぼす	スピルド　スピルト spilled, spilt	スピルド　スピルト spilled, spilt	スピリング spilling
スピン spin くるくるまわる	スパン spun	スパン spun	スピニング spinning
スピット spit つばをはく	スパット　スピット spat, spit	スパット　スピット spat, spit	スピティング spitting
スプリット split …を割る	スプリット split	スプリット split	スプリティング splitting
スポイル spoil …をだいなしにする	スポイルド　スポイルト spoiled, spoilt	スポイルド　スポイルト spoiled, spoilt	スポイリング spoiling
スプレッド spread …を広げる	スプレッド spread	スプレッド spread	スプレディング spreading
スプリング spring とぶ	スプラング　スプラング sprang, sprung	スプラング sprung	スプリンギング springing
スタンド stand 立つ	ストゥッド stood	ストゥッド stood	スタンディング standing
スティール steal …をぬすむ	ストウル stole	ストウルン stolen	スティーリング stealing
スティック stick …をつきさす	スタック stuck	スタック stuck	スティキング sticking
スティング sting …をさす	スタング stung	スタング stung	スティンギング stinging

eight hundred and sixty-three　863

不規則動詞変化表

現在（原形）	過去	過去分詞	-ing 形
ストゥライド stride 大またで歩く	ストゥロウド strode	ストゥリドゥン stridden	ストゥライディング striding
ストゥライク strike …にぶつかる	ストゥラック struck	ストゥラック struck	ストゥライキング striking
スウェア swear …を誓う	スウォー(ア) swore	スウォーン sworn	スウェ(ア)リング swearing
スウェット sweat あせをかく	スウェティド　スウェット sweated, sweat	スウェティド　スウェット sweated, sweat	スウェティング sweating
スウィープ sweep …を掃く	スウェプト swept	スウェプト swept	スウィーピング sweeping
スウェル swell ふくらむ	スウェルド swelled	スウェルド　スウォウルン swelled, swollen	スウェリング swelling
スウィム swim 泳ぐ	スワム swam	スワム swum	スウィミング swimming
スウィング swing …をゆり動かす	スワング swung	スワング swung	スウィンギング swinging
テイク take …を持っていく	トゥック took	テイクン taken	テイキング taking
ティーチ teach …を教える	トート taught	トート taught	ティーチング teaching
テア tear …を引きさく	トー(ア) tore	トーン torn	テ(ア)リング tearing
テル tell …を話す	トウルド told	トウルド told	テリング telling
スィンク think …と思う	ソート thought	ソート thought	スィンキング thinking
スロウ throw …を投げる	スルー threw	スロウン thrown	スロウイング throwing
スラスト thrust …を強く押す	スラスト thrust	スラスト thrust	スラスティング thrusting
アンダスタンド understand …を理解する	アンダストゥッド understood	アンダストゥッド understood	アンダスタンディング understanding
アンドゥー undo …をほどく	アンディッド undid	アンダン undone	アンドゥーイング undoing
アプセット upset …を動揺させる	アプセット upset	アプセット upset	アプセティング upsetting
ウェイク wake 目が覚める	ウォウク　ウェイクト woke, waked	ウォウクン　ウェイクト woken, waked	ウェイキング waking
ウェア wear …を着ている	ウォー(ア) wore	ウォーン worn	ウェ(ア)リング wearing
ウィーヴ weave …を織る	ウォウヴ wove	ウォウヴン woven	ウィーヴィング weaving
ウィープ weep 泣く	ウェプト wept	ウェプト wept	ウィーピング weeping
ウェット wet …をぬらす	ウェット　ウェティド wet, wetted	ウェット　ウェティド wet, wetted	ウェティング wetting
ウィル will …だろう	ウッド would	——	——
ウィン win …に勝つ	ワン won	ワン won	ウィニング winning
ワインド wind …を巻く	ワウンド wound	ワウンド wound	ワインディング winding
ウィズドゥロー withdraw …を引っこめる	ウィズドゥルー withdrew	ウィズドゥローン withdrawn	ウィズドゥローイング withdrawing
ライト write …を書く	ロウト wrote	リトゥン written	ライティング writing

ジュニア・アンカー 中学 英和・和英辞典
第8版

1987年2月　　初版発行
2024年12月24日　第8版第1刷発行

監修	羽鳥博愛　永田博人
発行人	土屋徹
編集人	代田雪絵
発行所	株式会社Gakken
	〒141-8416　東京都品川区西五反田2-11-8
印刷所	TOPPAN株式会社／TOPPANクロレ株式会社
製本所	株式会社若林製本工場
製函所	森紙販売株式会社
表紙	大比良工業株式会社

●この本に関する各種お問い合わせ先
本の内容については、下記サイトのお問い合わせフォームよりお願いします。
https://www.corp-gakken.co.jp/contact/
在庫については　Tel 03-6431-1199（販売部）
不良品（落丁・乱丁）については　Tel 0570-000577
　学研業務センター　〒354-0045 埼玉県入間郡三芳町上富279-1

●上記以外のお問い合わせは
　Tel 0570-056-710（学研グループ総合案内）

© Gakken
本書の無断転載、複製、複写（コピー）、翻訳を禁じます。
本書を代行業者等の第三者に依頼してスキャンやデジタル化することは、
たとえ個人や家庭内の利用であっても、著作権法上、認められておりません。

学研グループの書籍・雑誌についての新刊情報・詳細情報は、下記をご覧ください。
学研出版サイト　　https://hon.gakken.jp/

読者アンケートのお願い

本書に関するアンケートにご協力ください。右のコードから
アクセスし、以下のアンケート番号を入力してご回答ください。
ご協力いただいた方の中から抽選で「図書カードネットギフト」を贈呈いたします。
※アンケートやプレゼント内容は予告なく変更となる場合があります。あらかじめご了承ください。

アンケート番号：　305942

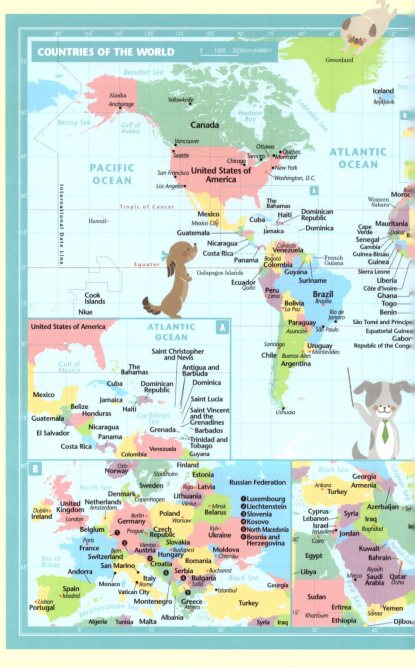